城市交通经典文丛

交通规划手册

原书第 4 版

美国交通运输工程师学会（ITE） 编著

张晓春　段进宇　刘婉欣　曾文鼎　朱辛格
陈　阳　黄宸钰　欧阳新加　任驰　徐主梁　沈元君　译

机械工业出版社
CHINA MACHINE PRESS

良好、安全运行的交通运输系统,决定了一个地区的经济状况和居民生活质量。《交通规划手册 原书第4版》聚焦于交通规划师需要掌握的专业要素,以及交通规划过程中的特定条件和应用语境,系统探讨了以下六大问题:什么是交通规划?交通系统有哪些基本概念,它们与公共环境之间的关系是什么?交通规划有哪些分析与研究方法?如何完成一项专题交通规划?如何规划一个多式联运网络?在一些特殊的交通规划应用中有哪些注意事项?

本手册由美国交通运输工程师学会(ITE)组织编写,迈克尔·D.迈耶(Michael D. Meyer)博士主持编写工作,在《交通规划手册(第3版)》的基础上修订而成,紧跟交通规划领域的多方面变化,引入了丰富的新专题资料和参考文献。

本手册可作为交通规划、交通工程、城市规划相关领域工作者、研究者,以及交通相关专业高校师生的参考读物或教学资料。

Copyright©2016 by John Wiley & Sons, Ltd.

All Right Reserved. This translation published under license. Authorized translation from the English language edition, entitled Transportation Planning Handbook, ISBN: 978-1-118-76235-6, by Institute of Transportation Engineers, Published by John Wiley & Sons. No part of this book may be reproduced in any form without the written permission of the original copyrights holder.

本书中文简体字版由Wiley授权机械工业出版社独家出版,未经出版者书面允许,本书的任何部分不得以任何方式复制或抄袭。
版权所有,翻印必究。
北京市版权局著作权合同登记 图字:01-2020-1886。

图书在版编目(CIP)数据

交通规划手册:原书第4版/美国交通运输工程师学会编著;张晓春等译.—北京:机械工业出版社,2022.7
(城市交通经典文丛)
书名原文:Transportation Planning Handbook
ISBN 978-7-111-71126-1

Ⅰ.①交… Ⅱ.①美…②张… Ⅲ.①交通规划–美国–手册
Ⅳ.①U491.1-62

中国版本图书馆 CIP 数据核字(2022)第 115036 号

机械工业出版社(北京市百万庄大街22号 邮政编码100037)
策划编辑:孟 阳　　　　　责任编辑:孟 阳 王 婕
责任校对:郑 婕 张 薇　责任印制:刘 媛
盛通(廊坊)出版物印刷有限公司印刷
2023年1月第1版第1次印刷
216mm×276mm·60.5印张·2插页·1977千字
标准书号:ISBN 978-7-111-71126-1
定价:399.00元

电话服务　　　　　　　网络服务
客服电话:010-88361066　机 工 官 网:www.cmpbook.com
　　　　　010-88379833　机 工 官 博:weibo.com/cmp1952
　　　　　010-68326294　金　书　网:www.golden-book.com
封底无防伪标均为盗版　机工教育服务网:www.cmpedu.com

译者序

自 2020 年 4 月至今，在深圳市城市交通规划设计研究中心股份有限公司（以下简称深城交）张晓春董事长的组织和支持下，经过段进宇副教授领衔的深城交专业翻译团队（成员皆有英语国家交通专业留学经历）与机械工业出版社编辑团队的紧密合作和不懈努力，《交通规划手册》（Transportation Planning Handbook）这部美国交通规划行业的宝典，首次以中文形式呈现在国内读者面前。

相当多的读者可能都学习过交通规划教材或对相关学术著作有所涉猎，迄今为止，这些作品的内容形式虽各有千秋，但共性是编撰方式相对偏重理论体系的表达和阐释，并大都以一位讲师、专家或者学者的个体视角来呈现和解读交通规划知识。

而《交通规划手册》的体裁在国内交通规划领域独树一帜，其特点在于既保证了知识体系的完整性和系统性，又注重以官方立场指导交通规划知识的实践应用，并通过梳理应用场景和实战案例来有效引导读者。可以说，这是一本帮助交通规划师们上手实操的工具书，更是一本让相关政府机构、投资机构和开发商的决策者、咨询人员、工程设计人员乃至民意代表，在认知和实践层面系统把握交通规划的工具书。此外，这本手册的内容仔细折中了知识视角与应用视角，既没有因为强调知识体系而艰深枯燥，也没有因为照顾使用者而失掉对知识体系的全面准确理解。

深城交翻译团队的成员们对此深有体会。举例而言，场地交通规划和交通影响分析等内容在同类其他作品中所占篇幅往往较小，因为在理论上可讲的知识并不多。但实际上，这些内容涉及的相关工作在交通规划实践中大量存在。《交通规划手册》难能可贵地详细介绍了为什么做、什么情况下做、怎么做，以及实操注意事项等内容，并引述了大量案例，以夹叙夹议的方式呈现。

这本手册所阐述的美国当代交通规划理论，根植于美国的经济社会和法律制度，对相关背景知识了解有限的国内读者，可能需要一个熟悉和适应的过程。举例而言，美国的高度法制化使得大量交通规划工作都直接面对联邦和州的法律框架，比如清洁空气法案（Clean Air Act），就对美国当代交通规划目标和方法产生了非常明显且直接的影响，阅读这本手册的过程中时时能感觉到这一点。这些内容对应到我国来看，类似于对国家、省、市相关政策的梳理，但法律的刚性明显强于政策，理解起来感觉有所不同。

整体而言，这本手册为我国读者提供了有关美国交通规划实操的全景描述，我们熟悉的相关规划理论都融入了实践背景中。由于美国交通规划工作的发展状况相较我国更为成熟，理解和研究这种带有完整应用背景的规划实践体系，可以引发对我国交通规划实践的对比审视，以及对未来演变趋势的思考。多年来的实践也证明，仅仅将发达国家的一些碎片化方法论植入我国既有规划体系中，所取得的成果终归有限。我国的交通规划实践在结束大建设期、进入存量盘整和精益发展期后，需要更深入地研究、更系统地解析发达国家的先进体系，以获得启示并不断前行。

最后，深城交翻译团队在工作过程中得到了很多业界朋友的热忱支持与无私帮助，在此一并致谢。

感谢王江燕博士帮助联系到《交通规划手册》的主要编写者 Michael D. Meyer 博士，Meyer 博士原本表达了为中文版作序的意愿，但最终碍于客观原因未能实现，令人深感遗憾。

感谢方守恩教授、王瑾博士、谷依霖女士以令人钦佩的专业精神，分工完成了译文的审校工作。

深城交翻译团队
2022 年 11 月

前 言

本手册在《交通规划手册（第 3 版）》（Transportation Planning Handbook third edition）的基础上，增添了新的参考文献和更丰富的专题资料。21 世纪以来，对每一个章节的更新都呼应了交通规划领域在多个方面所发生的变化，包括对绩效导向规划的重视、环境品质及社会公正性的提升、交通系统及车辆技术的革命性创新、数据收集技术的提升、不断多样化的交通项目融资方案以及社会人口特征的变化，这些都从根本上影响了人们的出行方式。每一次看似简单的进步，其实都对历史产生了重要影响。交通规划所面临的诸多挑战和相应机遇，自 21 世纪以来愈发显著。

除对《交通规划手册（第 3 版）》某些章节进行修订外，本手册还增加了新的章节，以反映上述主题对当代交通规划领域的重要影响，包括交通财政与资金、道路和公路规划、出行需求管理、地方／城市交通规划及公众参与等内容。

此外，自 21 世纪以来，图书出版技术也发生了巨大变化，在书中可以交叉引用某个章节并与关键概念链接。因此，本手册没有重复阐述交通规划的固有概念，而是侧重于对各州、各都市区和地方规划的背景资料进行介绍。例如，第 1 章提出了交通规划的组织架构，概述了交通规划过程固有的主要步骤。为避免赘述，后文有关各州、各都市区和地方交通规划的章节均参考该组织架构编写。以此类推，每个章节都可能参考其他章节的内容，以便更有针对性地了解每个概念的实质内容和必要解释。

本手册的修订还反映了交通规划的动态性。正如本手册编辑在既有版本中所指出的，交通规划涉及当下的关键政策问题和重要决策背景。21 世纪之初的交通规划师也许无法想象交通规划事业能使气候变化、自动驾驶车辆、3D 打印（及其对物流的影响）、云服务等议题成为公众参与的工具，并通过新技术的应用来改变社会人口的出行特征。本手册论述的是一个面向未来的规划过程，它预测了影响未来交通系统性能的社会属性及技术特征。此外，相关政策问题和专业分析能力将成为交通规划者和决策者需要考虑的重要议题。未来，交通规划将继续影响政策决策过程，并进一步提高社区活力。

致 谢

《交通规划手册 原书第 4 版》的组稿与编写是团队合作的成果。在此要特别感谢 Adam N. Rosbury，他参与了从资料收集到章节审查的全过程，协助本手册编辑编写了各个章节，没有他的辛勤付出，就不可能有本手册的付梓。

本手册的编写还有赖于许多人的努力，他们制订了大纲，并自愿参与审查工作，保障了内容质量。本手册的初版大纲由一个咨询小组负责审查，他们就一些章节提供了有针对性的反馈。该咨询小组的成员如下：

Thomas W.Brahms	Aliyah Horton	Richard A.Retting
Steven B.Gayle	Leslie Meehan	Donald R.Samdahl
Jamie Henson	Michael D.Meyer	Sam D.Zimbabwe

担任本手册各章节初稿志愿审查员的专家如下：

Bernard Alpern	Fred M. Greenberg	Jo Laurie Penrose
Joel Anders	Mark D. Greenwood	Michael Perrotta
Amit Armstrong	Lewis G. Grimm	Guy Rousseau
William Bachman	Perry D. Gross	Byron Rushing
Saeed Asadi Bagloee	Daniel K. Hardy	Elizabeth Sanford
Eileen Barron	Susan Herbel	Sudipta Sarkar
Roxanne Bash	Arturo Herrera	Gary W. Schatz
Michael Becker	Charlie Howard	Robert G. Schiffer
Wayne Berman	Phani Rama Jammalamadaka	Robert M. Shull
Claudia Bilotti	Hal Kassoff	Douglas Smith
Mark M. Boggs	Phelia Kung	William J. Sproule
Candace Brakewood	Lorrie Lau	Moses K. Tefe
Peter Chen	Susan Law	Erin Toop
Stan Clauson	David M. Levinsohn	Karl Tracksdorf
Steven B.Colman	Herbert S. Levinson	Daniel H. Vriend
Christopher J. Comeau	Ross P. Liner	James Wagner
James M. Considine	Todd A. Litman	Tania Wegwitz
Jenna Cooley	William Long	Brian T. Welch
Sean T. Daly	Greg Macfarlane	Julie M. Whitcher
Brian E. Dempsey	Mark J. Magalotti	Cain Williamson
Karen K.Dixon	Peter C. Martin	Philip L. Winters
Daniel B. Dobry Jr.	Zaher Massaad	Tom M. Worker-Braddock
Michael J. Dorweiler	Donald J. Mckenzie	Linda Wu
Nelson M. Filipi	Karen L. Mohammadi	KC Yellapu
Rajesh H. Gajjar	Ravi K. Narayanan	Jiguang Zhao
Steven B. Gayle	Philip H. Nitollama	Amit Armstrong
Rebecca G. Goldberg	Patrick O'Mara	
Sudhir Gota	Praveen V. Pasumarthy	

美国交通运输工程师学会的工作人员也为本手册的编写做出了重要贡献。Thomas W. Brahms 阐明了本手册的出版愿景，并为制订大纲提供了重要帮助。Courtney L. Day 在协调各章节审查工作以及与出版社对接沟通等

方面发挥了重要作用。

最后，本手册基于《交通规划手册（第3版）》修订，新增的章节均反映了2009年以来交通规划专业所关注领域的变化。本手册的大部分素材是在原作者编写资料的基础上改写而来的，引用的新参考文献和应用案例的原作者如下：

Marsha Bomar Anderson	Paula Dowell	Jerome Lutin
Song Bai	Anne E. Dunning	Michael D. Meyer
Sandra K. Beaupre	Leon Goodman	Debbie Niemeier
Greg Benz	Jane Hayse	Matthew Ridgway
Wayne Berman	Susan Herbel	Jerry B. Schutz
Stephen B. Colman	Jeremy Klop	Mary S. Smith
Jeffrey M. Cosello	Herbert S. Levinson	Vukan R. Vuchic

主要编写者简介

迈克尔·D. 迈耶（Michael D. Meyer）博士是 WSP/Parsons Brinckerhoff 公司高级顾问、TransportStudio LLC 公司联合创始人、Modern Transport Solutions LLC 公司总裁。2012 年退休前，他是美国佐治亚理工学院土木工程学教授，并兼任佐治亚州交通运输研究所所长。1983—1988 年，他担任美国马萨诸塞州交通规划和发展主任，负责全州的规划、项目开发、交通工程运营以及交通研究工作。他投入了大量时间与州交通规划人员共同制订了全州、都市区以及各级交通通道的规划方案。此外，他还与地方官员密切协同，针对土地综合利用及开发策略与多家研究机构开展合作。在此之前，他是麻省理工学院土木工程系教授。迈耶博士目前是丹佛大学交通学院副教授。

在交通规划和政策方面，迈耶博士发表了 200 余篇专业论文，撰写或与他人合著过 28 本图书，其中包括一本关于交通规划的大学教材。在过去 20 年中，迈耶博士参与了 300 多次专题演讲和会议报告，并就交通政策及规划相关议题与国会理事会合作，包括近期的可持续性与交通决策融合重要性相关研究。迈耶博士是美国最早研究绩效评估在交通规划和决策中的作用的学者之一，并作为第一批交通行业专家撰写了以气候变化与交通系统绩效评估关系为主题的论文。他获得过许多专业奖项，于 2006 年担任美国交通研究委员会执行主席。

目 录

译者序
前言
致谢
主要编写者简介

第1章 交通规划概论 ··· 1
1.1 引言 ··· 1
1.2 本手册架构 ··· 1
1.3 交通规划过程 ··· 2
1.4 处于变化中的交通规划语境 ································· 8
1.5 其他信息来源 ··· 11
1.6 总结 ··· 11
参考文献 ··· 12

第2章 出行特征及数据 ·· 13
2.1 引言 ··· 13
2.2 交通系统特征 ··· 13
2.3 城市出行特征 ··· 21
2.4 估算出行特征与流量 ······································· 29
2.5 出行方式研究 ··· 52
2.6 统计考量 ··· 57
2.7 总结 ··· 61
参考文献 ··· 61

第3章 土地使用与城市设计 ······································ 65
3.1 引言 ··· 65
3.2 驱动城市发展及其形态形成的因素 ··························· 65
3.3 城市形态 ··· 76
3.4 城市设计 ··· 77
3.5 土地使用预测与交通规划 ··································· 82
3.6 城市形态的情景分析 ······································· 88
3.7 公路设施相关策略 ··· 91
3.8 总结 ··· 94
参考文献 ··· 95

第4章 环境考量 ·· 99
4.1 引言 ··· 99
4.2 交通规划及决策中的环境考量 ······························· 99
4.3 考虑环境因素和细节水平的一般原则 ························· 109

4.4	土地使用及经济发展影响	112
4.5	社会及社区影响	116
4.6	自然资源影响	122
4.7	建设行为影响	132
4.8	系统规划过程中的缓解策略	132
4.9	总结	133
	参考文献	133

第 5 章 交通财政与资金 137

5.1	引言	137
5.2	关键概念和术语	137
5.3	交通资金来源	138
5.4	交通金融策略	145
5.5	公私合作伙伴关系	148
5.6	投资规划和收入估算	151
5.7	环境公正性分析	165
5.8	未来挑战	166
5.9	总结	166
	参考文献	167

第 6 章 出行需求与交通网络建模 171

6.1	引言	171
6.2	出行需求建模	171
6.3	需求模型及分析工具	181
6.4	总结	195
	参考文献	196

第 7 章 评估及优先级排序 199

7.1	引言	199
7.2	评估过程特征	200
7.3	案例研究	223
7.4	总结	231
	参考文献	232

第 8 章 交通资产管理 235

8.1	引言	235
8.2	交通资产管理的定义	236
8.3	美国交通资产管理简史	240
8.4	资产管理与交通规划	244
8.5	资产管理的挑战和机遇	261
8.6	总结	262
	参考文献	263

第 9 章 道路和公路规划 267

9.1	引言	267

9.2 城市道路系统最佳实践 267
9.3 情境敏感性解决方案 272
9.4 交通稳静化 273
9.5 绿色道路 276
9.6 完整街道 278
9.7 系统性能和承载力测算 279
9.8 条件评测和管理系统 284
9.9 州公路规划和城市通道规划 289
9.10 道路投资计划和绩效监测 294
9.11 总结 295
参考文献 296

第10章 交通系统管理和运营 299

10.1 引言 299
10.2 理解路网和设施性能 301
10.3 交通系统管理和运营的规划与组织 304
10.4 主动交通及其需求管理 308
10.5 管理与运营策略案例 310
10.6 连接交通规划与运营规划 321
10.7 运营数据的发布 336
10.8 彼此衔接的交通系统 337
10.9 总结 340
参考文献 341

第11章 停车规划 347

11.1 引言 347
11.2 停车管理组织 348
11.3 分区规划要求 349
11.4 停车供给策略和选择 353
11.5 停车管理 360
11.6 停车需求分析 367
11.7 常规的土地使用 378
11.8 共享停车方法论 390
11.9 停车费用 393
11.10 停车设施融资 400
11.11 总结 403
参考文献 404

第12章 公共交通规划 409

12.1 引言 409
12.2 所有权及管控方式 410
12.3 北美公共交通系统现状 412
12.4 公共交通模式及其组成类型 414
12.5 公共交通费用结构 437

12.6　系统性能及服务质量 ………………………………………………………… 438
12.7　公共交通规划步骤 …………………………………………………………… 444
12.8　客运站规划 …………………………………………………………………… 451
12.9　车站设计 ……………………………………………………………………… 458
12.10　线路和网络 …………………………………………………………………… 474
12.11　公共交通路线规划 …………………………………………………………… 479
12.12　未来的公共交通问题 ………………………………………………………… 483
12.13　总结 …………………………………………………………………………… 485
参考文献 ………………………………………………………………………………… 485

第 13 章　步行和骑行交通规划　489

13.1　引言 …………………………………………………………………………… 489
13.2　步行和骑行交通规划目标及基准 …………………………………………… 489
13.3　步行和骑行的安全性 ………………………………………………………… 491
13.4　美国步行和骑行交通规划的演变 …………………………………………… 493
13.5　步行和骑行交通规划 ………………………………………………………… 497
13.6　步行和骑行交通规划设计问题 ……………………………………………… 517
13.7　亚洲、大洋洲和欧洲的步行和骑行交通 …………………………………… 530
13.8　总结 …………………………………………………………………………… 531
参考文献 ………………………………………………………………………………… 531

第 14 章　出行需求管理　537

14.1　引言 …………………………………………………………………………… 537
14.2　出行需求管理的目标和效能评估 …………………………………………… 539
14.3　出行需求管理策略 …………………………………………………………… 542
14.4　出行需求管理策略的潜在影响 ……………………………………………… 558
14.5　数据、模型应用和结果 ……………………………………………………… 561
14.6　总结 …………………………………………………………………………… 562
参考文献 ………………………………………………………………………………… 565

第 15 章　州域交通规划　569

15.1　引言 …………………………………………………………………………… 569
15.2　联邦政府的作用 ……………………………………………………………… 570
15.3　州域交通规划 ………………………………………………………………… 572
15.4　州域出行方式规划 …………………………………………………………… 606
15.5　总结 …………………………………………………………………………… 607
参考文献 ………………………………………………………………………………… 608

第 16 章　都市交通规划　611

16.1　引言 …………………………………………………………………………… 611
16.2　美国都市交通规划的立法背景 ……………………………………………… 611
16.3　都市交通规划的制度框架 …………………………………………………… 615
16.4　交通规划过程 ………………………………………………………………… 619
16.5　监测体系和项目效能 ………………………………………………………… 642

16.6	公众参与	642
16.7	都市交通规划的一些专题	643
16.8	总结	648
	参考文献	648

第 17 章　交通通道规划　653

17.1	引言	653
17.2	通道交通规划的性质	653
17.3	通道选择	666
17.4	通道规划方法	668
17.5	通道管理规划	697
17.6	总结	700
	参考文献	701

第 18 章　地方和活动中心规划　705

18.1	引言	705
18.2	地方交通规划	706
18.3	活动中心规划	723
18.4	交通规划的实施	741
18.5	总结	742
	参考文献	742

第 19 章　场地规划与影响分析　745

19.1	引言	745
19.2	行政管理要求	746
19.3	重要术语定义	749
19.4	场地规划数据审查	750
19.5	交通出入及影响分析	751
19.6	分析步骤	765
19.7	场地交通要素	778
19.8	实施行动与策略	782
19.9	组织报告	783
19.10	总结	785
	参考文献	786

第 20 章　乡村及保留地规划　789

20.1	引言	789
20.2	乡村交通规划	789
20.3	保留地规划	800
20.4	总结	810
	参考文献	810

第 21 章　休闲度假地规划　813

21.1	引言	813
21.2	休闲度假出行特点	813

21.3	为休闲度假区服务的交通系统特点	814
21.4	休闲度假者交通相关特征	820
21.5	休闲度假地交通规划	821
21.6	信息沟通的必要性	840
21.7	总结	841
参考文献		842

第22章 将货运纳入交通规划 — 845

22.1	引言	845
22.2	美国货流概况	845
22.3	货运对社区、货运行业及交通系统的影响	848
22.4	货运规划	856
22.5	货运站设计	881
22.6	总结	885
参考文献		886

第23章 安全性规划：交通规划过程中的安全考量 — 891

23.1	引言	891
23.2	美国国家统计数据	892
23.3	美国的体制和政策框架	895
23.4	为交通安全规划奠定基础	899
23.5	将安全要素纳入交通规划	899
23.6	公路安全手册	921
23.7	交通安全规划与战略性公路安全规划的关系	921
23.8	国际社会的经验教训	922
23.9	总结	923
参考文献		924

第24章 公众参与 — 927

24.1	引言	927
24.2	定义公众参与过程	927
24.3	了解公众及利益相关者	931
24.4	公众参与规划	934
24.5	公众参与的方法和途径	936
24.6	技术及社交媒体角色的演变	941
24.7	公众参与和项目开发	944
24.8	如何衡量有效性	945
24.9	一些明智的建议	950
24.10	总结	951
参考文献		951

第 1 章

交通规划概论

1.1 引言

运行良好且安全的交通系统决定了一个地区的经济情况和居民的生活质量。在美国以及许多其他国家,出行费用是一个家庭除住房成本之外最大的开支之一。这笔开支包括购买、使用汽车以及公共交通出行所产生的费用。如果考虑交通拥堵的出行时间成本,这笔开支还会显著增加。同时,交通成本所带来的物流成本,也将转嫁给消费者。

交通系统的可达性及机动性会对土地使用方式造成影响,这一影响在时间作用下,会进一步改变我们的生活方式。第二次世界大战后,包括美国在内的很多国家在大城市的郊区兴建公路,后来这些城市的大规模郊区化就很好地说明了这一关系。到了今天,交通建设投资还包括公共交通、步行设施、骑行设施以及管控需求,这些往往结合了对经济和城市发展计划的综合考量。这项投资将改变整片区的发展方向。在这场变革中,谁是受益者?谁又承担了变革的代价?这些问题也是交通规划研究的组成部分。

公众还非常关注交通系统对环境造成的影响,许多与环境相关的法律和条例中,都对交通规划的实施做出了相关约束。

众多要素表明,交通系统是现代经济与社会的重要组成部分,预测其机遇与挑战不仅有助于提升交通运行效率,更对经济发展及社会福祉至关重要。

本手册将对交通系统的诸多方面进行剖析。交通规划是一门技术含量较高的专业,要依靠计算机建模和其他技术手段来模拟复杂的交通关系。同时,在这一涉及公共关系的规划过程中,交通规划师还需要经常与利益相关者及公众进行广泛合作,并参与重要决策的制定。

一些交通规划师可能更关注供给水平,以满足可预测的基础设施及服务需求,而另外一些交通规划师则通过对出行行为的研究,致力于提供更具经济性和环境可持续性的出行选择。

交通规划师可参与决定的命题维度很广,因此,交通规划这一学科涵盖了广泛的兴趣选择、职业技能与专业知识,它将在区域规划与决策的动态过程中发挥重要作用。交通规划应保持灵活应变的特性,随着社会人口变化与科学技术发展,在未来几十年中,交通系统的投资及决策类型还将不断发展,这种灵活性也将变得更加重要。

1.2 本手册架构

本手册适用于对交通规划有不同程度了解的人群。它所介绍的相关内容包括交通规划师需要掌握的专业要素,以及交通规划过程中的特定条件及应用语境。此外,交通规划还能应用于多式联运过程,例如在国家或大城市的研究范围内,需要考虑全部的交通出行种类,或针对某交通专项的策略及要素,例如货运交通规划。

本手册主要探讨以下六大问题:

1. 什么是交通规划?

第 1 章 交通规划概论

2. 交通系统有哪些基本概念?它们与公共环境的关系是什么?

第 2 章 出行特征及数据

第 3 章 土地使用与城市设计

第4章 环境考量

第5章 交通财政与资金

3. 交通规划有哪些分析与研究方法？

第6章 出行需求与交通网络建模

第7章 评估及优先级排序

第8章 交通资产管理

4. 如何完成一项专题交通规划？

第9章 道路和公路规划

第10章 交通系统管理和运营

第11章 停车规划

第12章 公共交通规划

第13章 步行和骑行交通规划

第14章 出行需求管理

5. 如何规划一个多式联运网络？

第15章 州域交通规划

第16章 都市交通规划

第17章 交通通道规划

第18章 地方和活动中心规划

第19章 场地规划与影响分析

第20章 乡村及保留地规划

第21章 休闲度假地规划

6. 在一些特殊的交通规划应用中有哪些注意事项？

第22章 将货运纳入交通规划

第23章 安全性规划：交通规划过程中的安全考量

第24章 公众参与

本手册各个章节间相互关联。例如，第12章主要讲述了公共交通规划的相关内容，而从其他章节也能更加深入地了解到与公共交通出行需求模型及数据收集相关的应用案例。

因此，如果某些内容需要进行较大篇幅的阐述（例如公共交通需求分析），本手册将引导读者在其他章节中索引到相关的辅助信息。考虑到交通规划领域的维度之广，本手册中每个章节都可能与某个专项研究产生关联。

此外，鉴于指标评价在现今交通规划研究中的重要性，本手册不会在某一个章节中对其内涵进行单独定义，而会在相关语境下加以探讨。这样就可以展现评价指标体系是如何具体地应用于交通规划中不同的出行方式及场景。

接下来，本章将探讨交通规划设计过程，以及现代交通系统框架如何应用于美国的法律及监管体系。

1.3　交通规划过程

交通规划设计的过程追求秩序性和合理性，在逻辑上应前后相通。在一个实际项目中，规划设计及项目开展会更加复杂，常伴随规划的多个步骤同时发生。如图1-1所示，首先要了解区域现状及问题并解决问题（通过规划设计及开展实际项目）。在一些特定的情况下，很多步骤可能已经先于规划发生，因此不需要特意去研究。例如，美国的都市规划组织（Metropolitan Planning Organization，MPO）几十年来一直致力于交通规划设计，只需对其已有成果进行更新调整即可。图1-1中，在目标研判、研究对象确定以及指标评价体系建立的过程中，还可能包括对先前版本的规划进行验证。即便能预知这些情况，图1-1所示的规划过程也同样有助于组成要素的明确以及它们之间关系的界定。图1-1所示的规划过程将贯穿本手册始终。

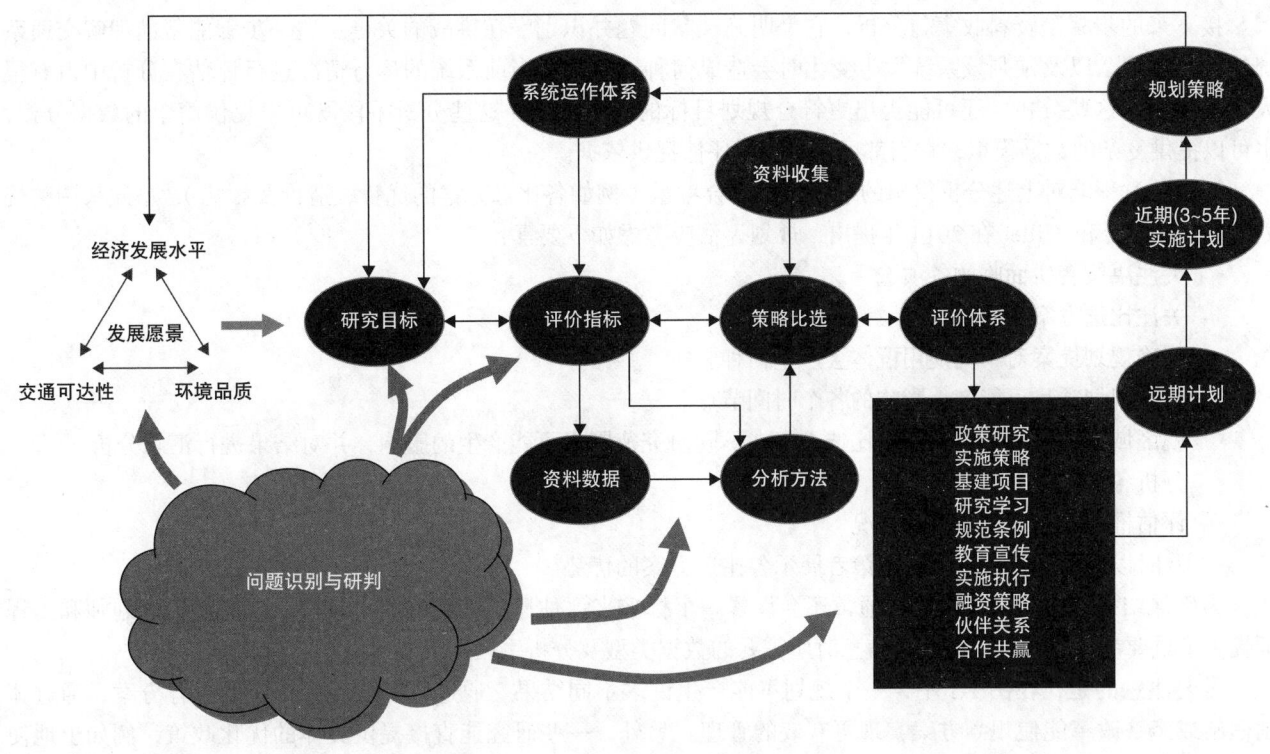

图 1-1 交通规划的概念设计框架

来源：Adapted from Meyer and Miller, 2014, Reproduced with permission of M. Meyer.

1.3.1 交通规划设计的主要步骤

在交通规划设计的主要步骤中，首先要了解该体系下的人口资料、土地使用及经济情况，然后要识别出以国家、省或地区为研究范围的现状问题以及所面临的机遇、挑战与不足。这些通常会牵涉众多方面的考量，包括处于动态变化中的交通效率评估，并剖析其面临的挑战。规划设计机构通常会以此前的规划及分析为基础开展研究，一些内容的更新可能会就此发生，或在这一过程中识别出一些能通过交通规划来解决的具体问题。因此，明确一个片区所面临的挑战将为后续规划的开展奠定关键性基础。

接下来是为片区制定发展愿景。图 1-1 中的发展愿景从多个层面反映了经济发展、环境品质和社会公正性之间的相互作用。可持续发展理念在近年来得到了充分发展和广泛接受（请参见第 3 章关于土地使用与城市设计的内容）。为实现可持续发展目标，以上三个要素至关重要，它们也共同决定了一个片区的发展愿景。

发展愿景一般包括对远期规划目标的展望，或对近期土地使用方式的详细描述。这一过程通常需要广泛的公众宣传，因此也被认为是在规划过程中最具公众互动性的阶段。

明确了发展愿景后，接下来就是收集与该愿景相关的资料。一个合理的交通系统是什么样的？交通发展将对片区生活产生怎样的积极作用？为了使片区未来的定位更加明确，一般应通过研究目标及对象的确定来指引规划过程，这样不仅能进一步明确规划将如何服务大众，还能帮助建立一个清晰的标准体系来对比选方案进行评估。

研究目标及对象的确定将引出评价指标体系这一概念。系统监测与评估是交通规划领域中的一项新兴研究课题 [请参考 2012 年美国联邦运输法对交通评估提出的管理与要求——《迈向 21 世纪进程》(Moving Ahead for Progress in the 21st Century，MAP-21)]。收集系统评估关键特征的首要目的，是向决策者提供他们最为关心的指标。与此同时，这些指标可用于检测交通拥堵状况、衡量平均车速、评估系统可靠性以及给出备选交通方式。很多规划也制定了与环境品质、经济发展以及生活质量息息相关的评价指标。在这一语境下，交通规划是促进片区整体发展的一项关键因素。

接下来的步骤是资料收集与分析，它是明确现状问题并识别潜在挑战的关键。这一步骤能帮助理解交通系统的运作过程，以及预判该系统发生变化时会造成何种影响。对当前系统的运行情况进行评估在分析中占有很大比重。通过这些分析，还可能提出更符合规划目标的比选方案。这些分析手段既可以提供简单的数据分析，也可以提供复杂的数据模拟，它们都可以为规划评估提供依据。

评估的过程能对上述分析得出的结论进行综合考量（例如各比选方案的优势、造价及影响），藉此来调整规划策略。Meyer 和 Miller 在 2014 年提出，规划评估应考虑如下要素：

- 关注决策者所面临的各项选择。
- 关注比选方案的研究目标及对象。
- 明确规划提案对不同使用群体会产生何种影响。
- 关注规划项目可能产生影响的各个时间节点。
- 就区域交通规划而言，预测比选方案在不同研究范围内可能产生的影响，并对结果进行汇总分析。
- 分析各比选方案的实施条件。
- 评估推荐方案的成本控制情况。
- 及时以清晰易懂的方式向决策者展示各比选方案的优势。

为确保结果能正向引导决策，通常还会设置一个标准来评估比选方案的成本效益。该标准为规划师和工程师提供了重要参考，明确了在获取信息时所需要的数据类型及分析手段。

需要注意的是，在图 1-1 中，一个规划可能产生许多不同结果。通过研究能得到特定的推荐方案，通过体制框架或经济改革能使规划方案实现更有效的管理。另外，一些研究能直接提供具体的优化政策，例如土地使用和发展应如何与交通规划方案相衔接。在美国，交通规划方案是各州交通系统以及都市交通系统中的重要组成部分。本手册将介绍完成这项规划所需的必要步骤。通常，现行规划已经产生了许多积极效果，它们提升了交通运行系统的效率，带动了片区的经济发展，提高了居民的生活质量。

在美国，大城市都会有一项都市区交通改善计划（Transportation Improvement Program，TIP），各州则有州交通改善计划（State Transportation Improvement Program，STIP）。这种改善计划通过植入相应的功能来实现规划意图，通过资金投入来支持评估过程，以确定最迫切的需求，再使植入的功能与需求相匹配。当资金不足时，应区分规划内容的优先级，这一过程通常会结合不同的重要性考量，包括政治要素、分析手段以及项目的紧迫性。

当项目进行到实施阶段时，需要对规划加以完善，并进一步探讨实施效果。这一过程可称为方案深化。方案深化有多种形式，具体要取决于项目规模以及预期效果。方案深化的主要步骤有三个：概念设计、初步设计及施工图设计。如果该项目可能对环境产生重大影响，则方案深化阶段通常会依据法律规范的要求进行环境影响评估分析。

规划框架的最后一步是体系监测。监测能为规划目标的实现提供反馈机制。如果监测结果较差，则需要进一步的分析以解决潜在问题，或重新制定规划目标及研究对象。

图 1-1 所示的规划过程与传统方式有很大不同。首先，它展示了宏观层面的规划步骤。许多关于交通规划的书籍几乎完全侧重于分析与评估部分，包含愿景分析、方案设计与实施以及规划师职责外的体系监测。而本手册中的规划方法具备更宏观的视角。

指标评价体系是交通规划领域中出现相对较晚的版块。如图 1-1 所示，它是整个框架的核心概念。在本手册中，规划与决策之间的重要联系是决定性的核心概念，因此指标评价应着重考虑决策者最关心的内容。这套体系不仅有助于明确数据需求进而生成分析方法，还能在决策阶段为过往决定提供反馈机制。

规划的一个主要目的是通过判别分析得到最优方案，该方案既可针对传统的基础设施项目，也可影响出行行为和服务水平。出行需求管理策略（Travel Demand Management，TDM）就是其中一个，它包含了灵活的工作时间、合乘计划以及停车收费等措施，如今这些已经成为许多大型城市降低交通需求的重要手段。同样，智能交通系统（Intelligent Transportation System，ITS）虽然不算一类实际项目，但它能通过科学手段，系统性地提升交通系统的整体服务水平。图 1-1 中的框架体系相较以往的交通系统提供了更广泛的策略与思路。

图 1-1 主要展示的是美国的规划体系，在其他国家会有不同的考量，例如发展中国家往往遵循世界银行等国际贷款机构的要求。即便与美国的规划语境不同，例如研究目标和对象、建模和分析手段以及策略措施等方面，这套宏观的规划思路也同样适用。

最后一个要素是通过系统管理与运营为愿景构想、目标陈述以及评估指标阶段性地提供反馈意见。系统管理与运营是交通服务水平的重要考核依据，是判断规划系统是否得到改善的重要指标。

图 1-1 还展现了在处理某个特定问题时，规划过程是怎样展现其综合性的。例如，从图 1-1 提炼出的表 1-1，就探讨了如何评估交通规划中的安全要素。对于一个片区的其他各项专题，都可以总结出类似的框架。

表 1-1 评估交通规划过程中的安全性考量

愿景
- 目前的规划愿景是否考虑了安全性要素？如果没有，原因是什么？
- 在规划过程中，安全是否成为相关部门的强制任务和授权立法内容？
- 安全是否成为公众和各利益相关方所关注的内容？如果不是，原因是什么？
- 目标片区对安全性有何特殊考量？
- 一个安全交通系统的重要性应如何传达给公众？

研究目标及对象
- 现行交通系统是否对安全性进行了充分考量？如果没有，原因是什么？如果有，哪些内容需要更新？
- 在描述愿景的过程中提炼出片区对安全性的理解，那么安全这一目标的制定是如何与该理解相关联的？
- 安全目标是否仅为推动项目落地及运营策略？是否进一步涉及执法、教育和应急服务等方面？
- 安全目标是否涵盖全部交通，即是否满足多式联运要求？
- 是否有目标导向的研究能具体指导规划意图实现？这些目标是否可以被量化？
- 该目标是否反映了管辖范围内最重要的安全问题？
- 交通系统中涉及的安全要素能否被预测？如果不能，是否有备用措施来保障安全需求？
- 作为规划目标的一部分，应如何向公众传达规划安全的重要性？
- 如果对目标值进行量化（例如，将致命危险发生概率降低 20%），该目标的实现是否能通过技术手段来核验？

指标评价
- 交通系统中由外展服务衍生的最重要的安全要素是什么？这些特性是否明确反映在指标评价中？
- 设计策略是否符合指标评价中所定义的安全要求？指标评价是否具备足够的敏感度，以识别规划落地后发生的变化？
- 安全措施是否足以解决规划过程中识别出的安全问题？是否有可能对安全性的提升效果产生误解？
- 能否收集到安全措施的相关数据？数据和数据收集技术能否有效提升规划的安全性？由谁负责数据的收集和应用工作？
- 规划过程中，安全措施能否与评价标准形成关联，并应用于项目之间的比较？如果可以，这些措施能否被预估？

数据分析
- 结合愿景和目标阶段对安全性的理解，需要哪些数据来实现片区的安全需求？
- 能否获取这些数据？如果没有，应由谁来收集？应采用何种方法收集？是否有替代方案以降低数据收集成本？
- 一个国家（或地区）是否有收集相关数据的系统或程序？如果没有，应由谁来开发？
- 是否有某种质量保障策略，以确保数据的有效性？如果没有，应由谁来研发？
- 将数据收集技术应用在基础设施建设或在车辆购买过程中即做考虑。这种方案是否可行？（利用监控摄像头或速度传感器）
- 安全相关的数据是否涵盖了规划过程提出的全部交通方式（例如行人、骑行者、公共交通使用者等）？如果没有，这些数据应如何收集？应由谁来负责？
- 为了最大化利用数据库，可应用哪些管理或分析手段（例如地理信息系统）？这些手段是否可以为决策者提供必需的信息？
- 在某个州或地区，是否存在其他可能与规划安全性建立关系的数据来源（例如保险公司、医院以及非营利组织等）？如果有，应由谁来负责与这些组织交涉？
- 当数据出现问题时，是否有相应的责任划定？如果有，如何使当事机构尽量少受影响？

分析手段
- 一旦发生安全问题，影响规模有多大？是区域级别、通道级别还是具体地点级别？是否有手段能提前分析类似研究范围的安全问题？

资料来源：Washington, Meyer, et al. 2006. Permission granted by the Transportation Research Board.

1.3.2 交通规划及政策与其他法律条例的联系

交通规划是顺应一个国家或地区的需求制定的，从业人员需要完成的大部分工作都由法律所规定。在美国，宪法确立了政府组织及各层级部门的职权，其中，联邦政府的权力要大于州和地方政府。因此，虽然各州交通部门（Departments of Transportation，DOT）和都市规划组织（MPO）的研究对象是所在地区的交通问题，联邦法律还是会要求他们采取一些具体的行动。例如，联邦法律要求每个州以及都市都要制定各自的交通规划规则。通过条例的制定，联邦法律还要求这些规划具备某些特定要素，例如公众参与等。在某些不符合联邦法律所规定的空气质量标准的地区，交通系统、改进发展计划及一些确定的项目必须对此做出回应。本章对涉及交通规划的联邦法律不做赘述，但会补充一些关键法条阐述［更详尽的介绍请参见（Gayle，2009; Meyer 和 Miller，2014）］。

对一个国家来说，交通的重要性体现在国家安全和公民福祉等多个方面。在美国，联邦法律对国家交通规划进行了合理的介入和指导，全国各地的交通规划研究都需要采用上下贯通、原则一致的手段来进行投资管控，尤其是在涉及联邦基金的情况下。美国国会在1962年制定的《联邦援助公路法案》对都市交通规划做出了要求。这项法律要求人口超过50000人的城市化地区与州和地方政府合作，制定一个可持续的、全面的、协同合作的交通规划，藉此获取联邦交通基金的支持。这一要求是当今交通规划的政策基础，被称为3C规划过程（Continuing、Comprehensive、Cooperative）。

1973年版《联邦援助公路法案》和之后的《城市轨道交通管理联合条例》对交通规划的职能划分产生了深远影响。由联邦支持的城市交通规划首次获得了专项赞助——0.5%的联邦援助资金将应用于该领域，并根据城市化地区的人口组成分配给各州。这些资金将提供给负责片区综合交通规划的MPO。根据规划条例的要求，人口超过50000人的城市化地区需要建立这样的MPO。

联邦规划资金的获取是有条件的，MPO必须提交一份远期发展规划来具体说明片区所有与交通相关的规划活动，并接受年度审查以确认其有效性。规划内容必须包含远期发展目标和近期管理体系发展目标，以推动现有交通系统在现实条件下的运行。同时，还需根据现有交通规划，制定一项多年改善计划。这项改善计划需包括未来五年内建设落地的公路和跨境交通项目。改善计划还需包含一个"年度要素"，帮助联邦政府对未来一年的投资项目进行决策。这些条例将规划重点从长期规划转向近期管理，更紧密地连接了规划与方案。除远期发展目标外，其他条例到今天仍然有效（Weiner，1992，2008）。

到1991年，《多式联运地面运输效率法案》（Intermodal Surface Transportation Efficiency Act，ISTEA）开创了美国都市和州级交通规划的新纪元。这项法律充分确立了公共交通组织在都市地区交通规划和投资决策中的核心定位。它所需的公众参与过程有效地为联邦资本计划基金的赞助方式提供了全新思路，而不再仅仅是限定资助项目的类别和资格。在交通规划过程中应考虑不同要素，以更好地理解土地使用与交通规划之间的联系。在拨款方面，该法案还要求规划及更新项目必须拥有合理的资金来源。

尽管许多州都做了类似的规划，但是在《多式联运地面运输效率法案》出台之前，并没有来自联邦政府对全州交通规划的要求。《多式联运地面运输效率法案》的出台与都市交通规划一起，要求各地区建立一个远程的、多式联运的全州交通计划和一个短期项目库。虽然全州计划的过程和内容不必像MPO那样严格，但是国会还是列出了各州应加以考虑的要素清单。

在2012年通过的《迈向21世纪进程》（MAP-21）中明确将许多资助项目合并，各州交通部门和MPO也开始采取指标评价措施（FHWA，2014a）。同时，美国交通部为安全等级、路面条件、桥梁条件、州域公路运行性能、国家公路体系中的非州域公路运行性能、货运移动、移动源排放和拥堵制定了指标评价措施。在公共交通规划方面，美国交通部要求"建立国家公共交通资产管理制度和履约措施，使公共交通整体环境保持稳定"，各公共交通组织应为这些约定措施制定目标，并采取"基于履约的方法"。这种以指标为基础的规划和方案编制对国家和MPO实施的指标评价要求，考虑到对公众的影响，还要求MPO评估和上报TIP/STIP投资的结果（FHWA，2014a）。

考虑到货运交通在国家、州和地区经济中的重要作用，MAP-21要求美国国防部每两年报告一次"国家货运交通网络"的状况和性能，并"用以成果为导向、以业绩为基础的方法，评估货运交通和其他交通项目"。该法为联邦公路项目规定的目标包括：

- 安全性——大幅减少公共交通系统中的伤亡数量。

- 基础设施状况——保持公路基础设施体系处于良好的弹性状态。
- 缓解拥堵——显著缓解国家公路系统的拥堵状况。
- 系统可靠性——提高地面交通运行效率。
- 货运交通及经济活力——改善国家货运网络，加强郊区进入国家和国际贸易市场的能力，支持区域经济发展。
- 环境可持续性——在保护和改善自然环境的同时，提高交通系统的性能。
- 减少项目交付延误——通过消除方案深化和交付过程中的延误，包括减轻监管负担和改进机构的工作做法，来减少项目成本，促进就业和经济，加快人员和货物的流动。

最近的联邦运输立法（截至本手册出版之日）是《修复美洲水陆运输法》(Fixing America's Surface Transportation Act, FAST Act)。该法重申了 MAP-21 的规划要求，并在都市规划过程中增加了以下要求：

- 要求继续改善城市交通计划，提供服务于多式联运系统，包括步行和骑行基础设施。此处增加了城际交通的设施需求（包括城际公共汽车、城际公共汽车设施和通勤车供应商）。
- 扩大都市规划过程的考虑范围，包括：提高交通系统的复原力和可靠性；降低地面交通对地表径流的影响；扶植出行业活动。希望通过这些策略减轻现有交通基础设施受自然灾害的影响（FHWA，2016）。
- 将公共港口、城际公共汽车集团和通勤计划添加到 MPO 的计划中。

由于交通运输在一个国家的经济以及促进公民福祉方面发挥着巨大作用，这一行业还影响了经济发展和环境质量等方面的立法。同样地，全部相关法律的研究超出了本手册的研究范围，在此仅列举对交通规划及相关项目开发影响最大的几部法律，包括：《国家环境政策法案》(National Environmental Policy Act, NEPA)、《清洁空气法》（及其修正案）和《美国残疾人法》(Americans with Disabilities Act, ADA)。在规划过程中，与环境相关的法律条例以及交通规划过程对环境的考量将在第 4 章集中讨论，公共交通规划及步行与骑行规划将在第 12 章和第 13 章分别讨论，第 15 章和第 16 章分别讨论了涉及州域及都市交通规划的具体条例（Gayle, 2009）。

州政府还负责制定和执行其他交通相关的法律（联邦法律不能取代这些法律）。例如，州政府可以通过立法来限制货车或其他运输物品的车辆，但不能影响受宪法保护的商业行为。州法律在交通系统中的作用很重要，有如下几个原因。第一，它们为都市一级的交通规划建立了基本框架。各州的法律中定义了各州交通部门的作用和义务，都市规划组织也是如此。第二，市、县等地方政府单位是由州政府组织管理的，这些地方政府未经国家立法机构的授权，不可通过法律政策的制定来提高税收。在大多数州，未经国家批准，不能对交通运输行为征收销售税。第三，州政府可以通过法律对交通规划施加重大影响。在华盛顿和加利福尼亚，州环境法要求对交通规划进行环境审查，以确定相关交通投资对环境造成的潜在影响。最后，州政府拥有独立的交通投资经费，比联邦对各州交通建设的资金支持更加重要。

交通规划会产生全局影响，与联邦法律相似，州域的各个专项规划通常也将交通作为实现规划目标的手段之一。接下来将举例介绍交通规划与其他专项规划间的相互作用。

俄勒冈州：在许多州，地方政府负责编制土地使用规划，州法律仅提供指导。1973 年，俄勒冈州成立了土地保护和发展委员会，并对地方规划提出了严格的政策要求。该委员会制定具有法律效力的目标，将影响力覆盖到交通规划与城市规划的多个方面，明确了交通规划的内容以及用地红线扩张的限制。在俄勒冈州，州法律明确影响了交通规划过程中的一系列行动（Abbot, 2014）。

新罕布什尔州：交通规划能展现都市区或各州的交通需求，无论公路还是公共交通。然而，在一个规划中划定一条路，开发商就会认为其周边将为极好的潜力开发地块，土地会因此溢价，进而提高相关设施的建设投资。新罕布什尔州立法机构通过一项法律，使规划人员能够为交通通道的规划提供灵活的资金安排与土地使用保护（New Hampshire Statutes, 1993）。

佐治亚州：许多州要求地方司法机构进行全面规划以促进片区有序发展。《佐治亚州地方综合交通规划法》要求对片区综合规划中的以下内容进行评估（Georgia DCA, 2013）。

- 路网结构：道路、公路及桥梁。
- 其他方式：步行与骑行设施及公共交通服务。
- 停车规划：缺乏停车场或停车设施不完备的区域。
- 铁路、卡车、港口及机场。
- 交通政策及规划方案与当地土地使用发展规划的一致性。

许多州已经通过了精明增长立法，以指导州和片区交通基础设施建设，或通过开发商介入提供更多发展机会。第 3 章会对此进行更详细的描述。

市县等地方政府也会通过立法来保障公民的健康、安全及福祉。地方政府通过对当地街道体系及土地使用分区规划来影响交通规划，进而保障公民的健康及幸福生活。由于交通与土地使用之间的密切联系，这些地方政策的制定和监管措施对城市交通规划至关重要。随着时间的推移，综合规划和分区规划所确定的土地用途和开发潜力会创造出新的城市形态，进而对交通系统提出更多要求和限制。此外，交通系统的改善能影响片区发展，如果二者互不协调，就会出现不相容的局面。

地方政府还会利用一些法律手段来解决交通带来的影响，包括出入口管理条例、完整街道设计、合理收费以及公共设施布置的相关条例。一些比较直接的例子包括：

- 出入口管理策略能减少主干道上的冲突点数量，从而提高道路容量和安全性。出入口控制主要沿道路两侧不断发展的商业活动布置，在每个控制点都会布置车道接入点。
- 制定公共设施条例，提供足够的基础设施以满足发展需求。这些条例可以确保学校、道路系统、给排水系统、救援反应时间以及其他基础设施满足需要。开发商只负责内部地块的交通设施，地方政府如果不增加其税负，则会解决由此产生的交通拥堵、学校不堪重负、公园绿地匮乏以及污水处理等问题。但地方政府逐渐认识到，为处于发展中的片区提供基础设施服务的成本甚至会超过发展带来的税收增量，因此，通过确立一项条例，要求开发商负责建设充足的公共设施以满足未来居民的需求。
- 各级政府会利用交通规划的影响，并承担与发展相关的交通改善成本。这些内容通常由州法律规定，并由地方政府立法执行。这项支出所带来的红利将被地方政府用于改善异地交通。这一模式常用于发展较快的地区，以帮助各独立的地区产生聚集效应。

在第 3 章关于土地使用的内容中，将更深入地探讨可行的控制手段及其对交通规划的影响。

上述内容集中讨论了美国的交通规划政策和法律法规背景，其他国家也有此类能为规划活动提供法律基础的体系（例如英联邦国家历史悠久的综合规划立法），交通规划的实施反映了一个国家、州 / 省和地方政府的体制框架。此外，社会文化、经济发展和技术要素都是交通系统的规划背景，交通规划师要考虑到未来的发展趋势，并预测其可能产生的影响。

1.4 处于变化中的交通规划语境

交通规划的过程反映了社会不断变化的特点，市场经济和交通技术的发展提升了交通系统的效率。图 1-2 展示了这些变化是如何融入规划愿景的。

Meyer 在 2007 年指出，可能影响交通系统未来发展的 10 个要素如下。

1. 人口增长

即便整个体系都已经与过去有很大不同，为满足交通需求并达到交通设施服务水平，人口的增长和分布在各个层面上还是给政府带来了越来越大的压力。在未来几十年里，美国的人口将会大幅增加，而移民将占其中很大一部分。2015—2045 年，美国人口将增加 700 万，增量比目前纽约州、佛罗里达州和得克萨斯州的人口总和还要多。如果缺乏相应的管控政策，这些人口中的很大一部分将持续促进城市郊区增长（U.S.DOT 2015）。同样，中心城市可能也会经历人口增长（取决于该都市区的定位），特别是当"空巢一族"回到城市中心的时候。

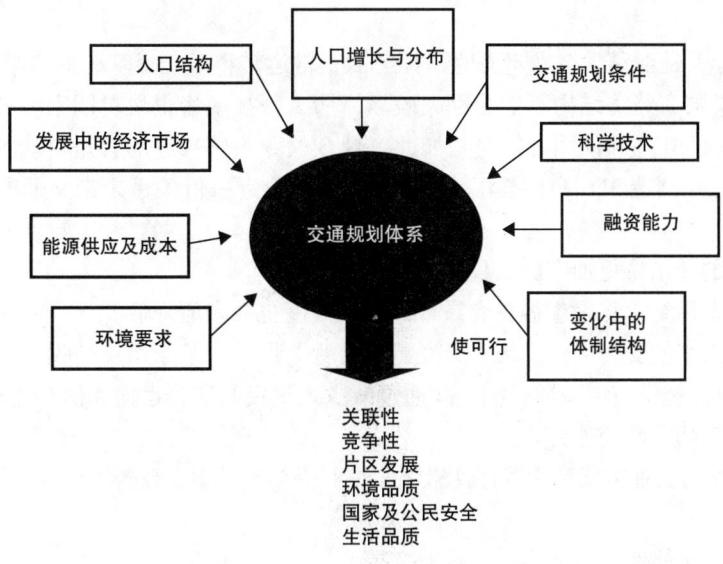

图1-2 变化中的交通规划语境

来源：Meyer, 2007, Reproduced with permission of M. Meyer.

2. 人口结构的变化

美国人口老龄化和不断变化的人口结构将对交通出行产生深远影响，并会产生可能与目前截然不同的服务需求，例如更多老年人的需求。平均而言，65岁以上的美国人数量是25～64岁美国人数量的一半。对比2001年来看，在2009年，18～34岁之间的美国人的驾驶距离减少了21%。2000—2013年，郊区低收入人口数量的增长速度是城市低收入人口的两倍。这些变化所产生的住房和片区服务需求、文化和娱乐场所升级需求以及跨州便捷出行需求，都导致交通系统无法像满足个体出行方式那样满足所有群体（U.S.DOT，2015）。

3. 发展中的经济市场（进而到地域市场）

未来美国的经济走向将与各国经济中心以及全球的经济状况息息相关。2008年，11个都市圈支撑了75%的美国人口就业，承担了超过80%的地区生产总值，容纳了92%的世界五百强公司总部，是美国超过92%的专利诞生的地方。这表明，对交通领域的投资不应局限在出入境港及相关服务设施，还应侧重于这些经济中心的内部交通联系（Ross and Woo，2011）。

4. 基础设施维护

在许多国家，基础设施维护已经占据了交通项目支出的主导地位。这不是一个如今才出现的问题，而是20世纪60—70年代基础设施繁荣建设造成的局面之一。2012年，美国的607000座公共桥梁中约有67000座被认定有结构缺陷，另有85000座被认为功能已无法满足需求。在过去的10年里，超过15%的国家资本花费在公路桥梁的修复和更换上。虽然从政治上看这不是一个严重的问题，但在未来几十年里，花费在基础设施维护上的支出将不容忽视（U.S.DOT，2015）。在大多数州及都市区，这些需求将很快开始主导国家投资的优先顺序。

5. 交通系统的韧性

交通系统很容易受到人为或自然破坏。世界上最易遭受恐怖袭击的系统便是交通系统，例如以色列公共汽车事件、东京地铁事件、伦敦公共汽车事件和马德里通勤铁路事件等，以及试图使美铁列车脱轨的阴谋。此外，极端天气，例如飓风、雨洪、极端温度、干旱和龙卷风也会对交通系统造成重大破坏。例如美国的"卡特里娜"和"桑迪"飓风，曾给公路、桥梁、铁路、机场和渡轮码头造成了数十亿美元的损失。长远来看，气候变化还会进一步加剧恶劣天气对交通系统的威胁。交通规划师和工程师需要关注韧性交通的规划和设计，使交通系统能快速从灾害中复原，或在灾害发生后能够维持生命线系统。

6. 科学技术

现代社会在很大程度上是由科学技术定义的，社会的正常运转得益于最基础的科学技术，例如水利、运输、垃圾处理和电力等。如果国家经济结构不遭受重大破坏，那么新技术将很快对国家和公民开展经营活动产生重要作用。对交通运输系统的管理和使用可能更是如此。现今最令人感兴趣的就是自动驾驶技术的快速进步、车路协同技术的应用以及远程制造 3D 打印技术。美国国防部在最近一份关于未来交通的报告中指出了以下要点（U.S.DOT，2015）：

- 数据收集和分析的应用将更加广泛，且成本更低。
- 因交通而产生的费用结算将发生得更容易且频繁，额度也会有所降低。
- 交通机构能利用未来的支付方式升级，开发出更有针对性的、基于用户的收入流。
- 3D 打印有可能对传统供应链造成影响，并通过减少大规模制造、运输和储存需求来缓解进口依赖。
- 机器人技术正在影响全部交通方式。
- 自动化技术将对所有交通方式产生革命性影响，进而提高生产力、改善安全性、提高现有基础设施的服务能力。
- 机动车的自动化很可能使地面交通产生重大变革。
- 虽然许多应用在交通领域的新兴技术可能实现了安全性的提升，但在某些情况下，它们也可能造成新的安全隐患。
- 政府需要灵活监管快速发展的技术，推进和鼓励创新，而不要阻止创新。政府还需要落实新技术应用时的安全保障。

这些新技术的应用对规划决策和交通经济将产生怎样的影响，现在还是未知的。

7. 融资能力

由于通货膨胀，美国燃油使用效率的提高和行驶里程的减少导致 2002—2012 年经通货膨胀调整后的天然气税收下降了 31%，即 150 亿美元。同期，国家天然气税收减少了 19%，即 100 亿美元。据联邦公路管理局（Federal Highway Administration，FHWA）估计，各级政府需要至少 240 亿美元的额外支出来改善公路系统性能。未来可能会有更广泛的融资策略来支持交通系统，但短期内，汽油税很可能还要继续作为道路资金的主要来源（U.S. DOT，2015）。新的财政策略还包括公共和私人投资的结合，或依靠新定价标准来增加财政收入。

8. 体制框架的改变

由于投融资策略与市场地域划分将不断发生变化，未来的体制框架可能存在诸多与当今不同的结构与策略。例如，可能会出现更多区域性的组织专注于跨越管辖范围的问题与挑战。同样，由于许多交通问题通常具有区域属性，许多地区可能会产生更多与交通领域相关的民间自发组织。此外，如上所述，私营企业也有可能在交通融资的过程中发挥更重要的作用。

9. 环境要求

未来，公众对环境质量的持续关注也将影响交通决策。不仅包括空气质量、噪声、水质、生物栖息地和野生动物保护等问题，还可能包括温室气体排放及其对气候的长期影响。美国及世界上许多地区都经历过频繁的极端天气事件，面临着气候变化带来的远期挑战（例如沿海地区海平面上升）。

10. 能源

能源供应及定价是美国交通系统管理和使用的决定性因素之一。若想实现美国交通系统能源的自给自足，就要在技术开发和创新应用方面钻研几十年。随着美国新石油来源的出现，目前还不清楚能源价格是否会上涨（按相对价格计算），是否会产生波动，是否会因生产过剩而保持在低水平。考虑到交通系统是石油燃料的最高消耗领域之一，石油替代燃料的研究可能是影响未来交通需求和出行特征的要素之一。

目前，还有很多无法预见的问题未来可能会成为交通规划领域的关键因素。无论这些问题以什么形式出现，图 1-1 所示的规划框架都是可以提供解决方案的最佳方法。

1.5 其他信息来源

有许多不同的组织或机构可以提供与交通规划及其影响相关的信息。在每个州的交通运输部门和 MPO 的网站上都可以找到关于各州或都市区的信息。各州的交通运输部门、联邦公路管理局、联邦公共交通管理局（Federal Transit Administration，FTA）和环境保护局（Environmental Protection Agency，EPA）等机构也会就交通规划专题提供技术指导和专业报告。目前，美国交通部的一份报告就提供了一个可能影响未来交通领域趋势的分析（U.S. DOT，2015）。

在交通专业组织中，美国国家公路与运输官员协会（American Association of State Highway and Transportation Officials，AASHTO）、美国规划协会（American Planning Association，APA）、都会规划组织协会（Association of Metropolitan Planning Organizations，AMPO）、全国区域理事会协会（National Association of Regional Councils，NARC）和交通工程师协会（Institute of Transportation Engineers，ITE）能提供交通规划相关研究的书籍和报告。

交通研究委员会（Transportation Research Board，TRB）是交通规划师获取最新概念和方法的主要信息源之一。TRB 的期刊 *Journal of the Transportation Research Board* 每年会发表一系列的主题文章，还有来自国家公路合作研究计划（National Cooperative Highway Research Program，NCHRP）、公共交通合作研究计划（Transit Cooperative Research Program，TCRP）、国家货运合作研究计划（National Cooperative Freight Research Program，NCFRP）和战略公路研究计划 2（Strategic Highway Research Program 2，SHRP2）的研究报告。国家人权中心发表了一份报告，展望了与未来交通规划相关的专题：

- 货运：经济变化驱动未来货运。
- 气候变化与公路系统：影响及应对措施。
- 科学技术：加快建设并提高交通系统效率。
- 可持续性：作为交通组织原则。
- 能源：准备迎接一个未知的能源时代。
- 社会人口：人口变化对未来出行需求的影响。

感兴趣的读者可参阅：http://www.trb.org/NCHRP750/ForesightReport750SeriesReports.aspx.

SHRP2 还开发了一个名为 Plan Works 的网络工具，规划者能利用它识别交通规划的不同要素，以获取数据及处理手段（参见 https://fliwaapps.fliwa.dot.gov/planworks/DecisionGuide）。

非营利组织所编写的技术指南和信息报告也很常见，例如步行与骑行规划、公共交通规划及与公众参与相关的内容。

建议读者从这些信息来源获取与交通规划相关的最新信息。

1.6 总结

后续内容将逐一阐述交通规划的组成要素，以及用于为决策者提供决策依据的手段。交通规划过程由多个步骤组成，每个步骤的研究范围和设计规模取决于项目背景。规划始于"发现问题"，从对数据的分析（例如伤亡统计），到公众参与的过程，都是交通规划领域所面临的挑战。规划的下一步包括确定目标、研究对象和指标体系。这一步对于确定评估标准，从而确定分析手段和数据类型至关重要。接下来的步骤包括数据组成研究、数据分析工具、分析手段及模型分析，用来评估各策略可能产生的不同结果。这是几十年来在模型增强和数据收集改进技术方面最受关注的步骤。

方案评价与规划目的密切相关，能为决策者提供信息。方案评价将从分析过程中获取信息，并在比选方案之间进行比较。这一步骤通常会广泛涉及公众参与，并应用效益/成本分析法等手段，使规划者准确评估各比选方案的优势。方案评价结果将纳入正式规划中的某项计划，或直接引发一系列行动，例如深化研究、投资策略、执法及教育推广等。每一个人口超过 50000 人的美国城市化地区都会有这样一个正式计划。另外，交通改善计划规定了重要项目交付时的优先事项和责任划分。这些投入将会随时间推移，不断对交通系统产生影响，并反馈到指标评价体系中，使规划过程再次展开。

交通规划过程为交通系统的决策奠定了基础，从业人员应了解这一过程的关键组成部分，并熟悉常用的分析手段与评估方法。后续各章节展现的便是这样一个思路。

参考文献

Abbott, C. 2014. "Senate Bill 100." *The Oregon Encyclopedia*. Portland State University. Portland, OR.

Federal Highway Administration (FHWA). 2014a. *Statewide and Nonmetropolitan Transportation Planning*. Accessed Jan. 29, 2016 from http://www.fhwa.dot.gov/map21/factsheets/snmp.cfm.

_____. 2014b. *National Goals*. Accessed Jan. 31, 2016, from http://www.fhwa.dot.gov/tpm/about/goals.cfm.

FHWA. 2016. *Metropolitan Planning*. Accessed Feb. 8, 2016, from https://www.fhwa.dot.gov/fastact/factsheets/metropolitanplanningfs.pdf.

Gayle, S. 2009. "Legal framework for transportation planning." In *ITE Transportation Planning Handbook*, Washington, DC: Institute of Transportation Engineers.

Georgia Department of Community Affairs (DCA). 2013. Chapter 110-12-1, *Minimum standards and procedures for local comprehensive planning*, Effective January 1, 2013, Accessed Feb. 4, 2016, from http://www.dca.state.ga.us/development/planningqualitygrowth/DOCUMENTS/Laws.Rules.Guidelines.Etc/DCARules.LPRs.pdf.

Meyer, M. 2007. "Toward a Vision for the Nation's Surface Transportation System: Policies to Transcend Boundaries and Transition to a New Era," Paper presented at the forum on Developing a National Transportation Vision, Regional Plan Association and Lincoln Institute of Land Policy, Tarreytown, NY. February 20–22.

Meyer M. and E. Miller. 2014. *Transportation planning: A decision-oriented approach*. Accessed Jan. 31, 2016, from http://mtsplan.com/services.html.

New Hampshire Statutes. 1993. REV. STAT. ANN. §§ 230-A:I to A:l7.

Ross, C., and Woo. 2011. "Megaregions and Mobility." *The Bridge, Linking Engineering and Society*, National Academy of Engineering, Washington, DC. Accessed Jan. 31, 2016, from, http://www.nae.edu/File.aspx?id=43182.

U.S. Department of Transportation. 2015. *Beyond Traffic 2045, Trends and Choices*. Washington D.C. Accessed Jan. 30, 2016, from, https://www.transportation.gov/sites/dot.gov/files/docs/Draft_Beyond_Traffic_Framework.pdf.

Weiner, E. *Urban Transportation Planning in the United States, An Historical Overview*. Report DOT-T-93-02. U.S. Department of Transportation. Accessed Jan. 31, 2016, from, http://ntl.bts.gov/DOCS/UTP.html (2008 edition is also available from http://www.amazon.com/Urban-Transportation-Planning-United-States/dp/144192647X).

第 2 章

出行特征及数据

2.1 引言

交通规划中最重要的任务之一,是了解出行的发生机制及其原因。每项规划研究都是从现有交通系统的审查以及性能数据开始的。这类数据不仅对识别当前交通系统存在的问题至关重要,而且也经常用于开发交通分析工具和仿真模型,以预测未来出行方式和出行行为。城市交通系统的性能和状况特征也是评价投资选择相对有效性的标准。例如,识别和界定拥堵路段不仅能精确定位需要改进的具体位置,还能作用于其他拥堵点,帮助选取最具成本效益的具体措施。鉴于数据在规划过程中扮演着重要角色,许多交通规划研究在数据收集与分析方面都占据了相当多的预算。

交通规划中重要的交通系统信息类型因交通决策过程的总体目标而不同。例如,交通基础设施的所有者可能担心道路和桥梁的维护状况,并耗费大量精力监测其资金消耗状况(请参见第 8 章关于交通资产管理的内容)。对交通运营系统感兴趣的人可能会关注系统使用的特点,例如平均延迟、安全性、出行可靠性、吞吐量和瓶颈位置。关注系统未来处理需求能力的规划机构最感兴趣的可能是能力衡量标准及运营特点。

描述交通系统的状况及其绩效评价相关的所有措施,以及规划过程产生的全部数据和信息其实超出了本章的范围,感兴趣的读者可参阅美国联邦公路管理局编写的两年期报告,内容涉及公路和公共交通状况及业绩,以全面审查一系列系统绩效评价和措施(FHWA,2013a)。接下来的章节将更详细地讨论对特定规划问题最有效用的绩效评价体系。本章的重点是交通规划中使用的最常见的数据和信息。

2.2 交通系统特征

几乎每一项交通规划过程都基于交通系统的几大特性。本节讨论其中五个特性:功能分类、系统范围、系统应用状况、系统性能/容量和系统状态。

2.2.1 功能分类

交通系统数据的分类多种多样,以帮助交通从业人员了解他们所负责的系统中各个组成部分都具有怎样的性能。系统层面的度量标准,例如事故率、路面状况和平均出行时间,全面概述了系统运行方式,并在项目层面为必要的额外投资提供战略参考。对数据进行更详尽的分析能帮助识别问题所在以及相应的应对策略。例如,在州域公路或郊区两车道公路上发生事故的概率及类型就大相径庭,公共汽车服务与铁路服务的性能特点也有很大差异。为提供更多关于交通系统性能的有用信息,交通工程师和规划师会采用不同方式对数据进行分类。

世界许多地区使用的道路网络的基本特征是通过它们在路网中承担的角色来描述的。功能分类等级较高的道路主要提供便捷的可达性,而功能分类等级较低的道路主要起抵达性作用(图 2-1)。典型的道路功能具有如下类别:

1)州域公路是最高水平的主干道,提供了最长的不间断距离和最高的速度。

2)其他干路包括各种形式的道路,主要发挥与主要城市化地区的连接功能,并将国防系统(州域间)与城市中心及工业中心联系起来。

3）集散道路既涉及区域可达性，也涉及交通通达性。它们连通了当地的支路与交通主干道，通常配以低速交通设施。

4）当地道路主要服务于邻近土地使用类型，并连通高一级别的城市道路。

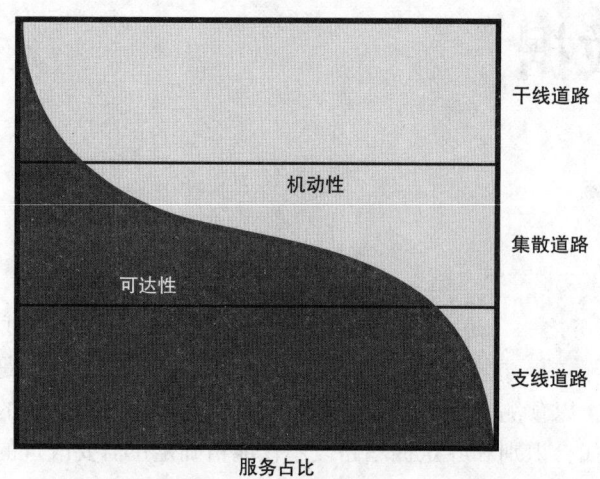

图 2-1　道路分类与道路功能之间的关系

来源：FederalHighway Administration, OurNation'sHighways 2011 http://www.fhwa.dot.gov/policyinformation/pubs/hf/pl11028/onh2011.pdf

2013年，美国仅有400多万英里（约643万公里）的公路。这些道路的可达性及按功能类别划分的等级见表2-1（BTS，2015）。可以看出，较高的分类道路，即州域公路和交通主干路占全国道路总里程的11.2%，占71.9%的车辆行驶总里程（总计2.97万亿英里，约4.78万亿公里）。

表 2-1　按功能系统统计的道路里程、桥梁和车辆行驶里程占比，美国，2013（桥梁数据来自2015年）

功能系统	道路里程占比（%）	车辆行驶里程占比（%）	桥梁数量占比（%）
郊区			
州域公路	0.7	7.8	4.1
其他公路	0.1	0.7	NA[a]
其他主要干线道路	2.2	6.5	6.0
次要干线道路	3.2	4.8	6.2
主要集散道路	10.1	5.6	15.1
次要集散道路	6.4	1.8	7.8
支路	48.7	4.3	33.2
郊区小计	71.4	31.5	72.4
城市			
州域公路	0.4	16.9	5.2
其他公路	0.3	7.5	3.4
其他主要干线道路	1.6	15.5	4.8
次要干线道路	2.7	12.8	5.0
主要集散道路	2.9	6.1	3.7
次要集散道路	0.1	0.2	NA[a]
支路	20.6	9.5	5.5
城市小计	28.6	68.5	27.6
共计	100.0	100.0	100.0

注：a: 郊区其他主要干线道路桥梁包含其他公路上的桥梁数量；城市主要集散道路桥梁包含城市次要集散道路上的桥梁数量。

来源：FHWA，2015

值得注意的是，这种基于交通设施的作用进行分类的传统方式其实一直备受质疑，因为它侧重于单一交通设施在交通系统中的作用，而不是这些设施在周围社区中所发挥的作用。在名为"情境敏感性解决方案"（Context-Sensitive Solutions，CSS）和完整街道理念的设计方法中也回应了这一问题，这些方法鼓励更好地"适应"社区，提出能融于自然环境的道路设计。在第3章和第9章中更详细地探讨了这两个概念。

2.2.2 系统范围

交通系统所影响的范围与构成该系统的资产规模及数量有关。例如，一个州或都市地区可能有 x 英里的州域公路、y 辆公共交通车辆和 z 座机场。这些信息通常会纳入一个数据库，以此为依据，对两个系统进行比较，并计算与生产率相关的因素（例如，主要干线公路每车道里程花费的美元或每公共汽车座位里程花费的美元）。同时，还能用于定义不同交通资产的所有权。表2-2展示了美国交通系统的服务规模。

关于州域公路网络范围的统计数据请参见联邦公路管理局的公路统计系统。相似类型的公共交通系统信息可在联邦公共交通管理局（FTA）国家数据库（NTD）中找到。美国交通规划的其他统计数据和系统数据可在交通统计局（美国运输统计局）网站上获取。在加拿大，类似的数据能从加拿大统计局网站上获取（http://www5.statcan.gc.ca/subject-sujet/theme-theme.action?pid=4006&lang=eng&more=0.）。

2.2.3 系统应用状况

对交通系统的价值评估中，最重要的指标就是出行量。现有使用量同时建立了未来系统使用的评估标准。因此，交通规划人员为确定交通系统的当前出行量，也付出了相当大的努力。在美国，这种努力尤其令人印象深刻。2013年，有2.9万亿英里（4.7万亿公里）的出行里程发生在美国境内，这比1990年所预计的数据增长了约38%（BTS，2015a）。数据显示，城市中的车辆出行里程（Vehicle-Miles Traveled，VMT）超过了郊区，这是那一时期城市人口大幅增长以及城市地区边界重新划定，导致城市地区道路里程增加的结果。然而，如图2-2所示，自21世纪初以来，美国VMT水平已经开始下降并趋于稳定。其原因既包括国家经济衰退对国民出行形成的抑制作用，也包括更便捷的多样化出行方式，以及更多使用其他出行方式或出行距离较短的市内出行需求。有关经济衰退对出行影响的讨论，请参见（BTS，2015b）。

在旅客出行方面，2013年，美国有超过4.9万亿英里（7.9万亿公里）的出行量（单一模式下，每公里每人）。其中，涉及乘用车和货车40亿辆、飞机590亿架、客运和城际公共汽车565亿辆及美国国家铁路提供的列车73亿辆（BTS，2015b）。2011年产生了约5.9万亿吨·英里的总货运量（9.5万亿吨·公里），其中，2.6万亿吨·英里（4.2万亿吨·公里）通过货运公路、1.7万亿吨·英里（2.7万亿吨·公里）通过铁路、1万亿吨·英里（1.6万亿吨·公里）通过地下输送管道、5000亿吨·英里（8047亿吨·公里）通过境内水运、120亿吨·英里（193亿吨·公里）通过航空运输（BTS，2015b）。

表2-2 美国交通系统的服务规模

模式	规模
公路	
道路里程（截至2013年）/ 英里	4115462
道路车道 - 里程（截至2013年）/ 英里	8656070
桥梁数量（截至2014年）	610749
航运（截至2014年）	
（民航）机场数量	19299
通用机场数量	18762
轨道（截至2014年）	
一级货运铁路里程[a]/ 英里	95235
美国铁路（客运）轨道里程[b]/ 英里	21356
公共交通（截至2013年）	
通勤铁路里程 / 英里	7731
大运量轨道里程 / 英里	1622
轻轨里程[c]/ 英里	1836
水运（截至2013年）	
航道里程 / 英里	25000
管道	
天然气管道长度 / 英里	2149299
石油管道长度 / 英里	19417
贸易通道	
处理500亿美元及以上国际贸易数量	21

注：a. 包括561英里（903公里）加拿大铁路在内的全部美国一级货运铁路系统。
b. 美国铁路公司所运营的铁路中约有97%属于其他铁路公司。
c. 包括专用道路权的定向路线里程、受控道路路权以及混合交通。
来源：Bureau of Transportation Statistics. 2015b.

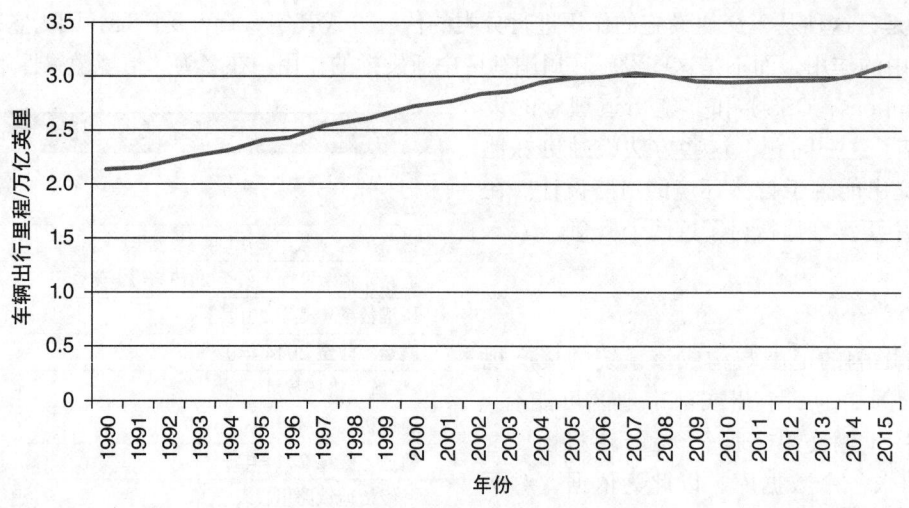

图 2-2　1990—2015 年美国公路出行状况

来源：BTS, 2015a

图 2-3 展示了 1970—2012 年，在美国发生的需换乘的出行次数（一段出行指无需换乘；如果公共汽车出行后换乘另一辆公共汽车或铁路，则为两段出行）。由这些数字可以看出，从 20 世纪 90 年代中期开始，美国的公共交通换乘量在经过多年下降或相对平稳的增长之后开始显著增加。1995—2009 年，公共交通出行的比例从 3.0% 上升到 3.3%，铁路则停留在 0.6%（机动车出行占每日出行的 83.4%）。在步行和骑行方面，步行的出行占比从 1995 年的 5.5% 上升到 2009 年的 10.4%，骑行的出行占比在同一时期从 0.9% 上升到 1.0%（BTS，2015）。

不同出行方式的日出行占比因出行目的和时间的变化而不同。图 2-4 展示了美国 2013 年通勤出行方式所占的比例，可以看出，以通勤为目的的出行方式所占的比例，与上述出行目的所涉及的出行特征有所不同。

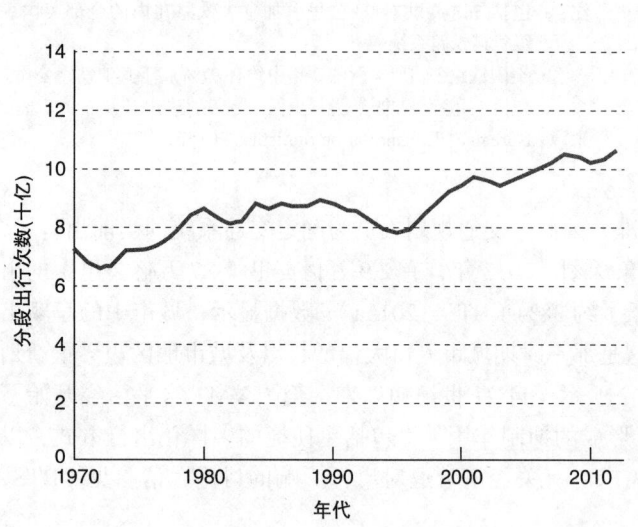

图 2-3　1970—2012 年美国需换乘的出行次数

来源：BTS, 2015

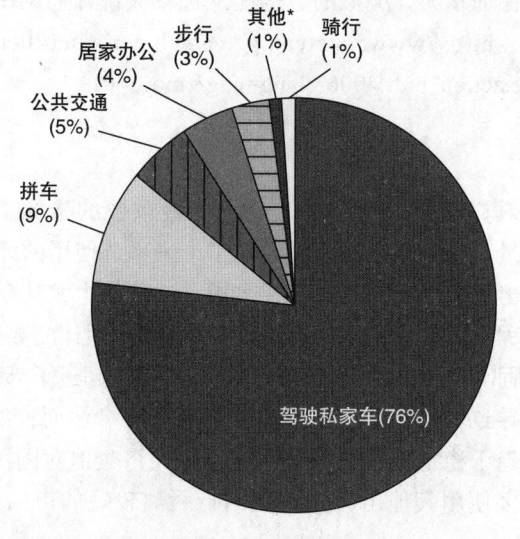

*包括摩托车、出租车等

注：由于数值修约规则，该比例合计不足100%；美国社区调查采访的是调查对象日常通勤的交通方式。对于多种交通方式出行的情形，选取其最长距离出行所使用的交通方式。

图 2-4　美国通勤出行方式分布（2013）

来源：U.S. Department of Commerce, U.S.Census Bureau, American Community Survey, 1-Year Estimates, available at www.census.gov/acs as of September 2014.

2.2.4 系统性能

交通系统的性能表现是地方政府和广大公众最关注的交通系统特性之一。交通拥堵和交通延误的发生会使交通规划者和交通工程师继续专注于解决交通问题。系统性能表现的特点，包括机动性和可达性，应由交通机构进行评估和监测，这是关键的决策依据。

1. 机动性

机动性反映了与出行水平相关的出行状况，例如平均速度、延迟程度、拥堵程度和出行方式选择的综合性。机动性通常可由多种出行方式提供，例如驾驶机动车去工作地点或上学时，通常还包括两个目的地附近的步行出行。许多公共交通出行也包括步行出行，以及经常换乘其他交通方式的需求。因此，机动性本身也是多模式系统度量的一部分。不过在实践中，很少有多式联运措施得到鼓励和发展的状况，相反，出行的不同方式之间的组成通常由规划者来衡量。例如公路路网或公共交通线路的拥堵程度。以下将从不同出行方式的角度去讨论系统性能。但应该注意的是，系统性能的真正度量应包括来自多种出行方式的组合贡献。

道路交通。得克萨斯州交通研究所（Texas A&M Transportation Institute，TTI）和实时交通数据公司 INRIX 每两年提供一次关于美国拥堵程度的信息。《城市可达性报告》给出了一个有趣的思考，表达了数据源的组合，以及通过全球定位系统（GPS）探测车辆收集的 INRIX 数据，正如报告序言中所指出的，这代表了在数百座美国城市的主要道路上行驶的速度数据。在一周中，一天几乎平均每 15 分钟就有一次更新。对拥堵数据分析师来说，这意味着在一段 130 万英里（209 万公里）的道路上，可以产生 9 亿个速度数据。

图 2-5 展示了 TTI 在 2015 年所做的城市流动报告数据（Schrank et al.，2015）。根据该报告，"在交通拥堵情况下，车辆出行里程（VMT）的平均日百分比"是一项低于自由速度行驶的、占有每日交通量的指标，通常发生在城市化地区的公路和其他主要交通干道上。如图 2-5 所示，2014 年，美国约 40%的城市出行存在极端严重、严重或较严重拥堵的情况。

如图 2-6 所示，每位汽车通勤者的延误时间因城市化地区的大小而不同。2014 年，人口超过 100 万人的地区，利用汽车通勤的人平均产生了 63 小时的延误时间，这是一个平均每工作日会产生 6 小时拥堵的公路路网，平均拥堵成本已经高达 1440 美元（主要是时间成本）。即使在中小型城市化地区，延误的时间也有所增加（小型城市化地区人口少于 50 万人；中型城市化地区人口在 50 万~100 万人之间；大型城市化地区人口在 100 万~300 万人之间；特大型城市化地区人口超过 300 万人）。当然，个别城市化地区经历过不同的趋势。虽然在 1982—2000 年间，每位汽车通勤者的延误时间从 18 小时增加到 37 小时，但在 2000—2014 年间，由于经济衰退的影响，延误时间稳定在 40 ~ 42 小时之间。交通拥堵所产生的成

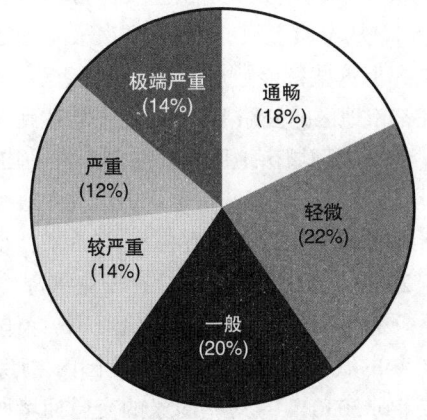

图 2-5 交通拥堵情况下的车辆行驶状况（2014）

来源：Schrank et al., 2015, Reproduced with permission of the Texas A&M Transportation Institute.

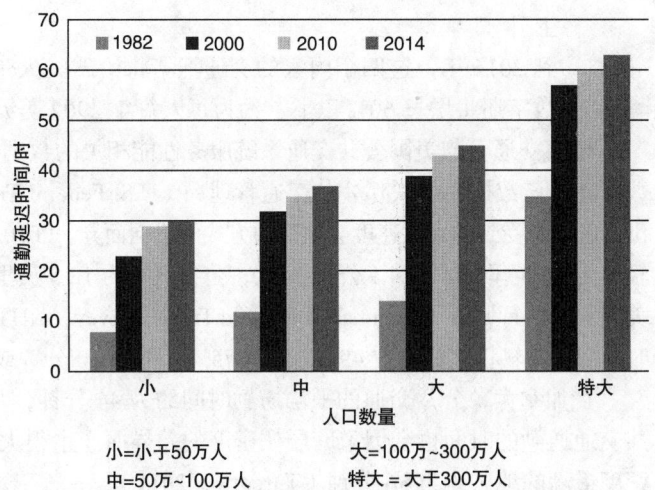

图 2-6 按都市区规模划分的美国年度交通拥堵严重程度

来源：Schrank et al., 2015, Reproduced with permission of the Texas A&M Transportation Institute.

本，作为 TTI 城市交通报告的一部分，与出行时间延误、事故及燃料成本一并考虑在内（Schrank et al., 2015, 表 2）。在全国范围内，总成本从 1982 年的 244 亿美元增加到 2014 年的 1600 亿美元。

《城市流动报告》（Urban Mobility Report）也对时间指数（Travel Time Index，TTI）进行了权衡，这是一种在大城市内部较常见的展示路网拥堵程度的方式，在很多规划研究中都有应用。TTI 是业内使用较多的城市拥堵程度评价指标，反映了现有机动车行驶时间与自然条件下所需行程时间的比例关系，该值越大，表示交通运行状况越差，一般与拥堵程度正相关。TTI 值为 1.18，意味着与不发生拥堵的常规状态相比，一位出行者将额外消耗 18% 的时间。1982—2014 年，美国的 TTI 值已经从 1.07 上升到 1.22。2014 年，TTI 值随城市范围而变化，在 15 个特大型城市化地区达到 1.32，在 31 个大型城市化地区达到 1.23，在 33 个中型城市化地区达到 1.19，在 22 个小型城市化地区达到 1.14（Schrank et al., 2015）。

尽管出行时间一直是交通规划者和政府部门最感兴趣的评价指标，但人们的兴趣逐渐从绝对出行时间转向了出行时间的可靠性。《2015 年城市流动报告》（The 2015 Urban Mobility Report）发布了一项称为规划时间指数（Planning Time Index，PTI）的可靠指标。PTI 的提出基于"出行者希望在 20 次重要的出行中，有 19 次能准时到达，也就意味着每个月可能只发生一次迟到（每月 20 个工作日中有 19 天能准时到达）。"PTI 值为 3，表示出行者将耗费 60 分钟时间完成一次重要出行，而这段出行在道路通畅的时候只需要耗费 20 分钟（3×20）（Schrank et al., 2015）。从本质上讲，那第 19 次最差的通勤体验，可能是受到交通事故、天气、特殊事件或其他不可控出行的影响，但这些都能通过一系列交通改善措施来避免或弱化。与 TTI 相似的是，PTI 的值随城市范围的大小而变化。在都市地区的公路上，PTI 值平均达到 3.06（排在前三位的地区分别为洛杉矶，3.75；华盛顿特区，3.48；西雅图，3.41）；大型城市地区的公路 PTI 值平均为 2.46（排在前三位的地区分别为波特兰，3.27；圣何塞，3.24；圣贝纳迪诺，3.21）；中型城市地区的公路 PTI 值平均为 2.08（排在前三位的地区分别为新奥尔良，3.46；布里奇波特/斯坦福德，3.32；巴吞鲁日，2.80）；小型城市地区的公路 PTI 值平均为 1.76（排在前三位的地区分别为博尔德，2.48；斯托克顿，2.27；安克雷奇、阿拉斯加，2.26）。

最近一项研究预测了交通拥堵给美国、英国、法国和德国家庭及其国民经济带来的相关成本。预测依据是 2013—2030 年的城市化预测水平及人均国内生产总值增长情况。INRIX（2015）研究得出的结论如下：

- 预计到 2030 年，这些国家的交通拥堵所造成的全年额外费用将增至 2931 亿美元，预计比 2013 年增加 50%。
- 在这些国家，由交通拥堵造成的累计费用为 4.4 万亿美元。
- 美国所受的总体经济影响将最为严重，到 2030 年，交通拥堵造成的累积成本约为 2.8 万亿美元。
- 到 2030 年，由于城市化增速最高，英国全国（66%）及伦敦（71%）的拥堵成本将出现最大幅度的年度上升。
- 到 2014 年，这四个国家的交通拥堵将给驾驶人带来平均 1740 美元的额外花销。预计到 2030 年，这一数字还将增长 60% 以上，约为每人每年 2902 美元。

公共交通。与美国公共交通系统服务性能相关的数据由专业机构收集，并报告给由政府管理的国家公共交通数据库，该数据库由联邦公共交通管理局（U.S. Federal Transit Administration，FTA）监管。车辆平均运行速度及出行者所感受到的大致速度会因交通方式的不同而异。2010 年，铁路平均运行速度为 20.2 英里/时（32.5 公里/时）；轻轨为 15 英里/时（24.1 公里/时）；公共汽车为 12.5 英里/时（20.1 公里/时）（FHWA, 2013）。根据 2009 年的美国家庭出行调查（National Household Travel Survey，NHTS），所有乘坐公共交通的乘客中，耗费了 5 分钟或更短时间等待车辆抵达的约占 49%，约有 75% 等待了 10 分钟或更短。

在加拿大，公共交通的平均通勤时间约为 44 分钟，从蒙特利尔的 39 分钟到多伦多的 49 分钟不等。通过公共交通通勤的时间也会因家庭居住密度的差异而产生很大不同。其中，居住密度最低的地区约为 51 分钟，居住密度最高的地区约为 36 分钟（Turcotte, 2011）。

公共交通服务机构也会收集更有意义的公共交通统计数据，以便为客户提供最佳服务。例如，准时性是一种广泛使用的衡量指标，它为出行者提供可靠、可信赖的服务。其他衡量指标，例如单位收入下每公里的平均出行费用、收费补贴以及半公里覆盖人口比例的公共交通服务，都能提供更广泛的视角，以提高整个公共交通系统的有效性。关于公共交通系统服务水平的补充资料请参见第12章。

2. 可达性

可达性反映了出行者是否能完成便捷出行，与出行者到达目的地的方式有关，也与交通站点周围一定距离内的就业比例等数据相关。广义上讲，可达性更直接地受基础设施的物理特性和系统运行特性的影响。例如，州域公路可以提供很高的机动性，但限制了邻近土地的可达性，而通往办公楼的车道为办公楼提供了极好的可达性，但机动性有限。可达性是交通网络框架的一个重要因素，同时取决于土地使用模式和地理区位。当土地密度较大，多个土地用途聚集在一起时，可以提高交通及服务的可达性。在郊区环境中，可能需要步行、驾车、骑行和停车设施的结合来完成一套交通系统。在密集的城市环境中，混合土地用途聚集、功能复合，步行或乘坐公共汽车也许能到达所有预期目的地（请参见第19章关于场地规划与影响分析的内容）。

对人流进行有效输送是大多数交通研究机构的重要目标，但在城市环境中，限制个人进出的措施是非常必要的，这些措施能保障交通流在相邻道路上平稳进行而不发生间断（即出入管理，详见第3章和第19章）。可达性决定了交通系统的充分程度和对相关活动的价值，例如商业、就业、娱乐和整体生活质量。实现社区目标往往需要在机动性和可达性之间取得平衡。

3. 安全性

交通安全性往往是交通规划研究体系中最重要的目标，因此，它将由国家、州/省和地方各级机构进行管控和监测。有四项重要的措施通常用来评估交通安全性的效果：死亡人数、受伤人数、每亿英里车辆出行里程（Million Vehicle Miles Traveled，MVMT）中的死亡人数和每亿英里车辆出行里程中的受伤人数。后两者又称为致死率和伤害率，反映了出行者对交通系统本身的脆弱程度。在某些情况下，一些数据应用可能导致不同的结论。例如，在一个特定时期内，致命事故的数量可能会增加，但由于车辆出行里程以更高的比例增加，致死率反而可能下降。因此，单独看一个指标可能显示安全性变差，但另一个指标可能显示安全性在提升。

表2-3展现了2002年和2013年美国交通事故伤亡人数统计数据的变化情况。可见，每一种交通方式（公共交通、摩托车和自行车除外）的死亡数都有所减少。在受伤人数方面，摩托车和铁路使用者的增加幅度最大（可能是因为针对这些交通方式开通了新服务）。

表2-3　2002年和2013年美国交通事故伤亡状况对比

交通方式	2002年		2013年	
	死亡/人	受伤/人	死亡/人	受伤/人
航空	616	337	429	250
公路	43005	2925758	32719	2313000
私家车	20569	1804788	11977	1296000
摩托车	3270	64713	4668	88000
轻型货车	12274	879338	9155	750000
重型货车	689	26242	691	24000
公共汽车	45	18819	48	13000
步行	4851	70664	4735	66000
电动汽车	665	48011	743	48000
其他	642	13182	702	16000
汽车相撞的情形	死亡/人	受伤/人	死亡/人	受伤/人
公路/路口	357	999	231	972
公共交通（截至2012年）	死亡/人	受伤/人	死亡/人	受伤/人
公共汽车	78	11995	97	11872
轻轨	13	557	45	888
重轨	73	4806	102	7212
通勤铁路	116	1483	112	1575
水路	863	4856	642	3432

来源：BTS，2015b

道路安全。如前所述，事故死亡人数、事故受伤人数、事故死亡率及事故受伤率的变化情况是存在差异的。正如过去10年来伤亡人数有所下降一样，死亡率也有所下降。1995年，MVMT死亡率为1.73，2013年降至1.09。这一数值的下降源于车辆出行里程的增加、安全带的使用以及车辆安全性的改善（IIHS，2015）。城市地区的死亡率一般会低于郊区，例如2010年，MVMT死亡率在郊区是城市地区的2.5倍（分别为1.83和0.73）。

第23章描述了关于交通系统安全性能的更多信息。从规划角度看，研究要关注哪些地方发生了交通事故（例如在任何特定年份中，大约40%的撞车事故发生在交叉路口）、有哪些人被卷入交通事故（例如，20～24岁和85岁及以上的男性的事故死亡率最高），以及事故发生的原因（例如，自2004年以来，超速一直是大约30%的交通事故死亡中的重要因素）。

交通安全性统计的数据来源包括：
- 公路安全分析研究所（http://www.iihs.org/iihs/topics/t/general-statistics/fatalityfacts/overview-of-fatality-facts/2013#Trends）
- 国家公路交通安全管理局（http://www.nhtsa.gov/NCSA）
- 美国人口普查数据（http://www.census.gov/compendia/statab/cats/transportation/motor_vehicle_accidents_and_fatalities.html）

公共交通安全。在公共交通系统方面，因事故造成的死亡人数从2002年的280人增加到2012年的356人，每亿人出行里程（Passenger Miles Travelled, PMT）事故死亡率从2002年的0.66%降低到2012年的0.54%。以PMT来计算的事故死亡率在机动车和铁路系统中最低。通勤铁路和轻轨的平均死亡率高于铁路，这很可能是因为这些交通事故的发生地点往往位于公路交叉口。2002—2012年，所有公共交通出行方式的每亿人PMT事故率和伤害率均有所下降。以每亿人PMT计算事故率和伤害率时，通勤铁路始终最低，而需求响应系统的事故率和伤害率最高。

其他国家。在具有不同法律规范和交通策略的国家，交通安全记录显示了与美国截然不同的情况。澳大利亚、丹麦、英国和瑞典等国，实施了非常积极的执法策略，使事故死亡率降低了50%以上。与此相反的是，许多发展中国家的交通事故死亡率急剧上升，这源于汽车拥有量的急剧增加，以及以机动车为基础的交通出行方式取代了效率较低的交通出行方式。关于交通安全的进一步讨论请参见第23章。

4. 系统状态

交通系统资产的设施状况老化是许多国家面临的重大挑战之一。例如，在许多发达国家，很多公路和公共交通基础设施都是在40～50年前建成的，基本已经接近使用寿命极限。而在美国的大部分都市地区，大部分交通规划投资都试图在维护基础设施。交通基础设施状况的数据统计对确定投资重点至关重要，例如不断恶化的路面状况和桥梁状况会产生什么需求（请参见第9章关于道路和公路规划的内容）。

图2-7展示了VMT在国家公路系统（功能分类较高的道路）中按路面状况划分的，2002—2010年评为"良好""可接受""不可接受"的比例。如图2-7所示，2002—2010年，具有"良好"乘坐质量的VMT比例增加，这主要源于郊区及州域公路附近人行道的改善。对城市地区来说，达到"良好"乘坐质量的VMT比例下降，这主要源于功能分类较低的道路路面状况恶化。当使用VMT进行加权时，两者中具有"良好"乘坐质量的道路比例都增加了，因为功能级别较高的道路的路面质量得到了改善，得以承载更大交通量。

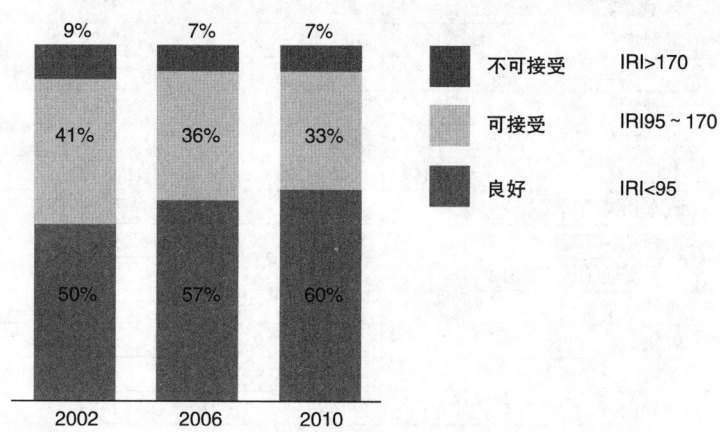

图2-7 2002—2010年美国国家公路系统的路面接受度状况

来源：FHWA, 2013a

图 2-8 展示了 1990—2013 年美国桥梁结构缺陷发生的变化。桥梁评估过程（即确定那些结构发生缺陷和/或功能已经无法满足需求的桥梁）基于承载能力、几何形状、桥墩间隙、水道特性及与附近道路的衔接。正如美国联邦公路局所指出的，"结构评估"和关键桥梁部件的物理状况评级决定了桥梁是否应被定义为具有"结构缺陷"。功能充分性是通过比较现有几何结构和设计承载能力与当前标准和要求来评估的。实际配置和首选配置之间的差异用于确定桥梁是否应被定义为"功能过时"（具体请参见第 9 章关于道路与公路规划的内容）（FHWA，2013a）。

对公共交通来说，美国交通部向国会提交的《2013 年状况和业绩报告》显示，2010 年全国城市公共汽车的状况处于"充足"等级的最底端，平均车龄 6.1 年。轨道车辆平均状况稍好，但平均车龄达到 18.9 年。令人担心的是，约有近 2000 辆铁路车辆的寿命超过 35 年。报告还指出，19% 的铁路通信系统、铁路控制系统和动力系统处于"差"的状态，17% 的轨道元件处于"差"的状态。

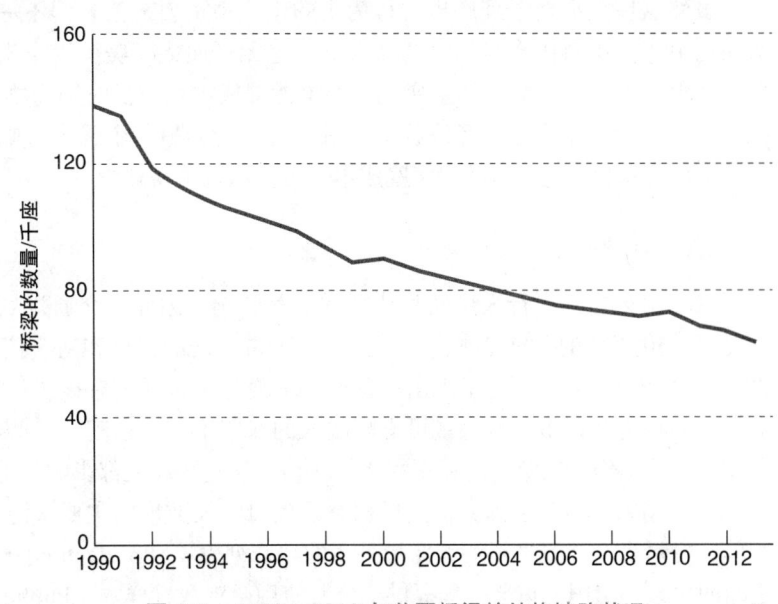

图 2-8　1990—2013 年美国桥梁的结构缺陷状况
来源：FHWA，2013a

关于公路、公共交通基础设施及车辆状况的国家统计数据表明，交通所需的投资已经出现严重积压。正如过去 10 年的交通计划和交通改善计划所阐述的那样，未来美元投资的很大一部分将仅用于保持现有基础设施处于良好状态。这将引起更严重的问题，即从哪里获取资金投资建设新项目（请参见第 5 章关于交通财政与资金的内容）。

2.3　城市出行特征

城市出行和出行方式受到许多因素的影响，最重要的模式与不同交通方式的实用性和成本（真实的和感知的）有关。因此，如果出行者可以选择驾车、乘公共汽车或搭便车到达目的地，那么选择哪一种方式取决于出行成本，以及舒适性和安全性的考虑，此外还有他在旅途中可能希望完成的其他活动。城市人口集体出行的决策所产生的出行方式也受到人口统计、都市地区土地使用模式以及每种类型土地采用的出行选择的影响。

表 2-4 展示了自 1969 年以来，影响出行行为的一些关键因素发生了怎样的变化。这些都是预测出行行为某些方面的重要因素。以下将介绍城市出行及其他相关特点，以及影响这些特点的因素。应注意的是，这些数据中的大部分都是在几年前获得的。例如，许多出行行为数据是通过每 10 年一次的人口普查收集的，反映当时出行者面临的出行行为和交通系统性能及成本特征。Alan Pisarski 在过去的 20 年中编写了一系列报告，题为《通勤在美国》（Commuting in America），主要基于对最新人口普查信息的分析。这份系列报告根据最新的信息编写，已经成为对影响美国通勤因素的一个重要的"大局"研究，以下大部分信息均来自该系列报告（http://

表 2-4　1969—2009 年影响美国出行行为关键因素的变化

关键因素	1969 年	2009 年
驾驶人总数 / 人	1 亿	2 亿
每个持证驾驶人所拥有的车辆平均数 / 辆	0.7	1.1
每个驾驶人平均每天的车辆出行次数	2.3	3.3
每户每人每日平均出行里程 / 英里	61.6	95.5
每户每日平均车辆行驶里程 / 英里	34.0	58.1
每户平均家庭规模 / 人	3.2	2.6
一人户家庭占比（%）	13	27

来源：FHWA，2013b

traveltrends.transportation.org/Pages/default.aspx）。

虽然这些数据对于理解出行行为中的模式很重要，但它们不一定能支撑当下或未来的出行行为特征预测。例如在美国，燃料成本自始自终都很低，这无疑促成了美国汽车出行模式的高占比。如果燃料成本大幅增加，则一些出行行为很可能会发生变化。如果能源成本在较长时期内继续居高不下，土地使用模式（以及对出行的影响）也可能发生变化。经济状况是对出行行为的另一个强大影响因素：在经济衰退时期，由于失业率较高，通勤出行将减少，为尽量减少家庭成本，自由出行也将减少。

2.3.1 人口特征

城市出行受到出行人口及其特征的显著影响。因此，交通规划在很大程度上依赖于人口预测及就业预测。在美国，50年前的家庭基本由年轻到中年、讲英语的父母和两个孩子组成，一个人赚钱养家，有最低的可支配收入。而今天，美国家庭呈现出一系列特征变化，包括没有孩子的单身成年人、许多不会说英语的成年人、许多年长的户主和许多拥有大量可支配收入的双职工年轻家庭。这些特征强烈地影响着人们选择在哪里居住、从事什么样的工作，以及如何在家庭之外活动。这些活动又都影响了他们的出行行为。

在美国和许多其他国家，人口普查是人口特征数据的主要来源。美国人口普查局提供了许多不同地理层次的单一变量表，并提供了关键变量关系的特殊列表（http://factfinder.census.gov），例如建立影响出行决策的变量之间的关系。美国人口普查局提供了公共使用微观数据样本（Public Use Microdata Sample，PUMS）数据集。

根据 Tierney 的说法，PUMS 数据集被许多州的交通规划部门采用，原因如下：

1）寻求其他不易获得的交叉变量表，特别是分析特殊亚群（例如族裔群体成员、某些祖先的人、群体宿舍居民或骑行通勤者）的人口特征。

2）寻求交叉的变量，这些变量可能已经提供给交通规划者，但现在可以用更多方式来完成。PUMS 数据可持续提供，因此最近的数据可用于交叉制表。

3）在家庭或个人层面进行分类分析，根据家庭和个人特征之间的关系制定模型。PUMS 数据能使规划者在住房单元和人员级别的层面上识别出变量关系。

4）比较不同的管辖区和地区，公共信息系统为国内所有地区提供了共同的数据集，因此可以进行一致的比较。

5）比较随时间的关系，PUMS 数据可用于跟踪住房和人的特征变化，包括这些特征之间的关系，以及它们随时间发生的变化。

6）验证其他数据源，PUMS 数据可用于检查基于其他数据源的关系，例如出行调查、人口估计和建模结果（Tierney，2012）。

人口普查是人口统计和家庭数据的重要来源，因此交通规划人员应熟悉如何获取和利用这些数据。

1. 人口增长

预测在某一个研究区域生活、购物或工作的人数，并选定某个目标年（例如25年后）往往是规划研究的起点。在大多数国家，人口普查是描述全国、各州/省和各都市区社会人口统计趋势的极好信息源（请参见 www.census.gov）。

在国家层面，预计未来50年内美国人口将发生增长。2015年，美国人口刚超过3.2亿，每10年增长约2500万～3000万人。在过去20年中，有大量外来人口移民到美国，虽然增速较历史水平放缓，但预计仍将继续，这会大大增加人口数量，并超过自然出生率/死亡率所能达到的水平。这些移民中的相当一部分年龄在25～45岁之间，他们在美国寻求工作，从而立即成为通勤出行的一部分。虽然美国人口整体在增长、一些地区或社区预计将增长，但也有一些地区或社区预计将发生人口外流的状况。因此，每一项交通规划研究都必须获得关于研究区域预期人口增长或下降的最新信息。

人口增长水平不是交通规划者使用的唯一与人口有关的变量。另一个重要特征是人口的年龄分布。例如，2000—2010年间，55岁以上的人中，继续工作的人数增长了60.8%，而55岁以上的人的实际人数只增长了12%。这是一个重要的现象，因为到2020年，55岁及以上的人数将占（美国）人口的28.7%。到2020年，65

岁及以上的劳动力人数预计将增长 75%，而 25～54 岁的劳动力人数预计仅增长 2%。2016 年，50 岁及以上的劳动力占美国总人口的三分之一，到 2020 年，这一群体可能达到 1.15 亿人，他们继续工作所占的比例将对交通产生重要影响。

2. 家庭特征和车辆可用性

考虑到许多交通模型预测工具都使用家庭特征来预测未来出行，家庭成为交通规划中的一个重要变量。例如，不同的家庭上班的人数不同、汽车拥有量不同或儿童人数不同，这些都会在日常出行行为上体现出差异。许多数据来源，例如美国人口普查，都会根据家庭情况制作并展示他们的出行信息。

如表 2-4 所列，自 1969 年以来，家庭成员人数急剧下降，但家庭数量在显著增加。在过去 40 年中，家庭数量的增长是人口的两倍，其中许多家庭由单身成年人、老年人或无子女的年轻夫妇组成，也包括单亲家庭。

图 2-9 展示了家庭与汽车拥有量之间的关系。没有汽车的家庭大多是租房居住。该图还表明，拥有固定数量汽车的家庭，比例似乎已经稳定下来：约 38% 的家挺拥有 2 辆，35% 拥有 1 辆，17% 拥有 3 辆或 3 辆以上，10% 的家庭没有汽车（纽约无车家庭的数量占到全美无车家庭的 20%）。

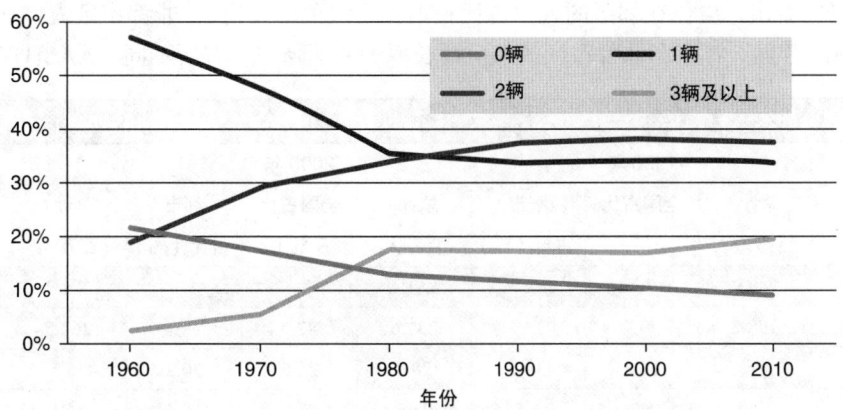

图 2-9　1960—2010 年按拥有车辆数量分列的家庭占比

来源：AASHTO, 2013a, Reproduced with permission of AASHTO.

图 2-10 表明了美国人口对交通出行模式选择有重要影响的两个特征。首先，从历史数据上看，拥有驾照的美国中老年人所占的比例远低于年轻人。但随着时代的变化，这种情况可能会发生改变。其次，大多数 16～50 岁的美国人都拥有驾照，其中男性拥有驾照的比例要高于女性。

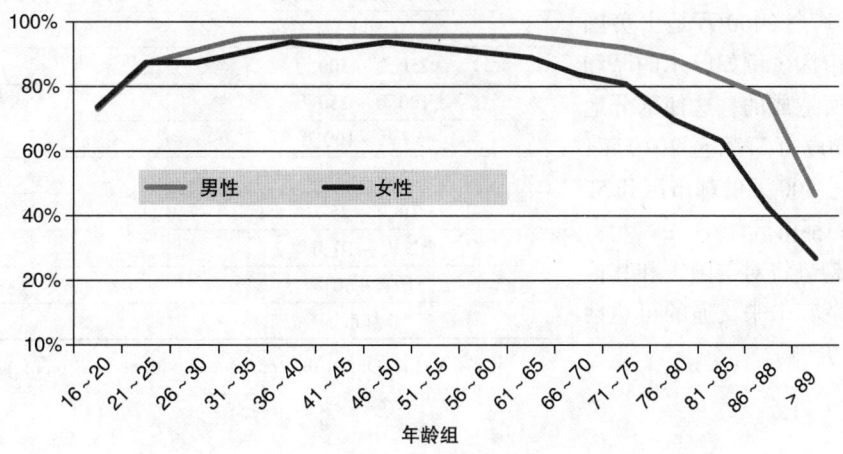

图 2-10　拥有驾照的各年龄组（大于 16 岁）美国人占比

来源：AASHTO, 2013a, Reproduced with permission of AASHTO.

3. 空间分布增长

美国有 200 多个地区被归类为都市统计区（Metropolitan Statistical Area，MSA）。这些统计区的人口数量一般超过 25 万，代表了全国最大的城市区。2000—2010 年，MSA 数量的增长率大多是两位数，许多地区的 MSA 增长率超过 20%，而一些地区甚至超过了 50%（请参见美国人口普查局网站的实时增长率数据，MSAs，www.census.gov）。

在过去 50 年中，美国和许多其他国家的一个主要趋势是郊区人口和就业量的迅速增长。在 1960 年以前，美国的大多数人口生活在非都市区，居住在都市区中的人口占比最小，到 2000 年，这一比例发生逆转，居住在郊区的人口约占 50%。

表 2-5 展示了 1990—2010 年美国人口空间分布变化的趋势。2010 年，居住在 MSAS 的人口增加了约 85%。这一时期，中心城市人口也在增长（灰色单元格），尽管按区域占比计算，中心城市人口的比例在这 20 年中有所降低。一些美国城市，例如亚特兰大、菲尼克斯、丹佛和坦帕，移居到中心城市的本地人要比外部移民多得多。在亚特兰大都市区，过去 20 年里，有大量人口迁移到中心城区。上述增长率的变化可能表明，在美国的很多地区都已经出现了这种情况。

从表 2-5 中还可以看出，居住在郊区的人口占比在增长（灰色单元格），非都市区人口在相应地下降。如表 2-6 所列，2000—2010 年间，都市和非都市区的人口增长率（或下降率）有所不同（AASHTO，2013b）。

表 2-5　按地理区域分列的人口趋势									
	1990 年			2000 年			2010 年		
	总计 / 百万人	全国占比 （%）	都市 占比（%）	总计 / 百万人	全国占比 （%）	都市 占比（%）	总计 / 百万人	全国占比 （%）	都市 占比（%）
人口总数	248.7	—	—	281.4	—	—	308.7	—	—
居住在都市区	198.2	79.7	—	232.6	82.7	—	262.5	85.0	—
居住在中心城市	65.8	26.5	33.2	70.3	25.0	30.2	75.3	24.4	28.7
居住在其他主要城市	12.9	5.2	6.5	23.6	8.4	10.1	24.1	7.8	9.2
居住在主要城市 （郊区）以外	119.5	48.0	60.3	138.7	49.3	59.6	163.1	52.8	62.1
居住在都市区外	50.5	20.3	—	48.8	17.3	—	46.2	15.0	—

来源：AASHTO, 2013b, Reproduced with permission of AASHTO.

人口超过 500 万的都市区的增长数据可能会产生误导，因为增量中只有 800 万是实际的新增长，其余 2400 万是由美国人口普查将不同都市区（例如巴尔的摩和华盛顿）进行合并所造成的，这使部分地区的人口达到了 500 万。截至 2010 年，美国有 8 个人口超过 500 万的都市区和 52 个人口超过 100 万的都市区。

这种人口变化趋势将对美国（和其他国家）的城市地区及其未来交通的可达性规划产生不可忽视的影响。

表 2-6　2000—2010 年美国按人口规模分列的都市区和非都市区增长率	
都市地区人口 / 人	增长率（%）
>500 万	26.6
250 万～500 万	18.8
100 万～250 万	6.5
50 万～100 万	34.4
25 万～50 万	-18.8
10 万～25 万	-21.0
5 万～10 万	-10.0
所有都市区	12.8
非都市区	-5.2

来源：AASHTO, 2013b, Reproduced with permission of AASHTO.

2.3.2　出行特征

前文集中讨论了出行者的特点，而交通规划人员也会使用一些能代表出行本身的数据，例如出行目的、方式选择、出行时间等，并对它们进行统筹考虑。本节将讨论对交通规划过程最为重要的出行行为特征。

1. 出行目的

出行需求是一种衍生的需求，意思是出行是为了在目的地达成某种目的而进行的。因此，为分析交通出行的目的，首先必须知道出行行为为什么发生，这通常称为出行目的。虽然传统意义上的许多交通规划研究都集中在通勤或工作出行上，但实际上，在过去 20 年中，出行次数的增加大部分是为达成其他出行目的的，特别是家庭/个人商务和社交/娱乐出行。图 2-11 展示了随着时间的推移，通勤出行的占比变化。可见，工作出行占总出行次数的比例有所下降，这反映在几个不同的考量指标中。图 2-12 展示了 1977—2009 年，不同出行目的每天的出行次数是如何变化的。可见，出行目的已经涵盖了五种主要类型，包括工作、家庭/个人商务、学校/教会、社交/娱乐和其他。在许多交通相关的研究中，根据出行类型（例如机场出行）和数据可用性增加了额外的出行目的。例如，2009 年美国家庭出行调查在调查表中列出了多达 36 种不同的出行目的。

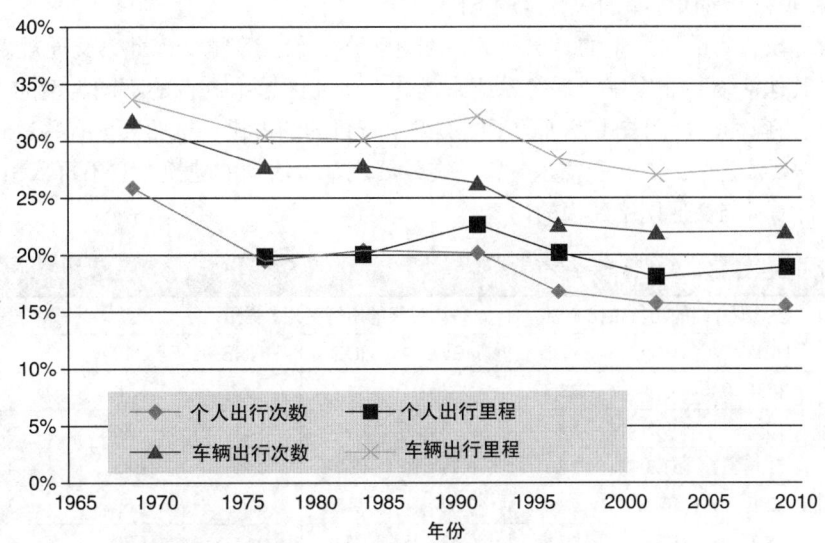

图 2-11　1965—2010 年美国通勤出行次数/里程占总出行次数/里程的比例

来源：AASHTO, 2013b, Reproduced with permission of AASHTO.

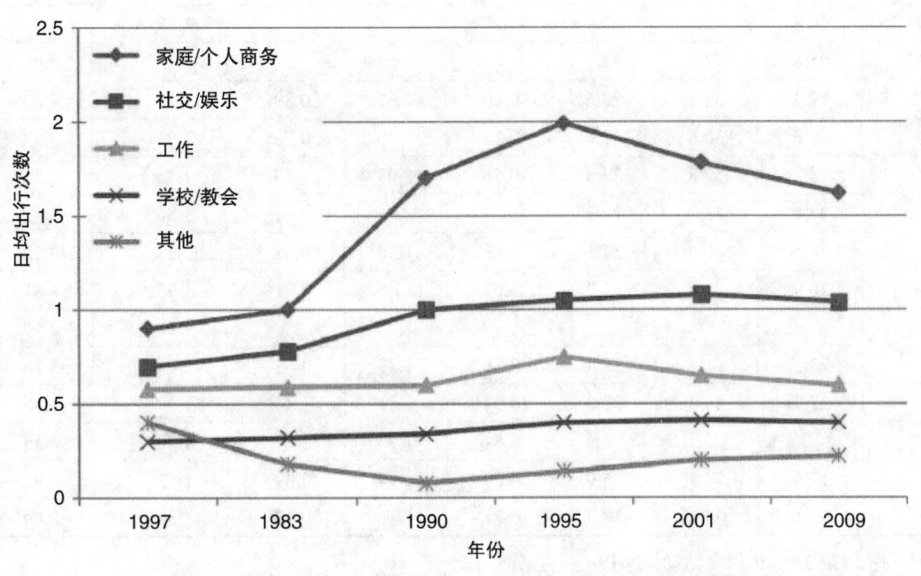

图 2-12　美国人出行目的随时间的变化（1977—2009 年）

来源：AASHTO, 2013a, Reproduced with permission of AASHTO.

多目的单一出行是另一个值得关注的现象，它在过去几十年中发生的频率越来越高。这种出行特性称为出行链，给传统上基于单一目的的出行建模带来了挑战。根据 Pisarski（2006）所述，出行链的特征包括：
- 停车次数在增加，包括所有工作者的停车次数和每个工作者的停车次数。
- 与 1995 年相比，在出行途中停车的人耗费了更多的时间和里程，也比那些中途不停车的人耗费了更多的时间和里程。
- 中途停车的人往往是那些与工作地距离更远的人。
- 郊区居民比城市居民停车的次数多。
- 男性和女性的停车次数都在增加。
- 在工作和家庭方向上，女性仍然有更多的停车次数。
- 男性的停车次数在去往工作地方向上的增量最大，通常是为了喝一杯咖啡。
- 为非机动车和非私家车而停车的次数急剧下降。

另一个经常结合"出行目的"发生的是出行的一端是否在出行者家里。因此，交通规划人员经常用家庭工作、家庭购物、家庭其他活动和非家庭活动等术语来描述在研究区域中进行的不同类型的出行。表 2-7 展示了 20 世纪 90 年代在美国进行的出行调查中发现的不同类型出行目的的占比。虽然数据有些过时，但不同出行类型的占比与今天相似（需要注意的是，出行需求建模正在发展成基于活动的建模，它不再依赖于个人出行的区别，请参见第 6 章关于出行需求与交通网络建模的内容）。

表 2-7 根据最近的调查选定的美国都市区出行目的的分类占比

城市	按类型分列的出行占比（%）			每人每天的出行费用/美元			每个家庭的日出行率		
	HBW	HBO	NHB	HBW	HBO	NHB	HBW	HBO	NHB
阿尔伯克基，NM	17.7	53.9	28.4				1.70	5.20	2.80
阿马里洛，TX	18.1	49.5	32.4	0.72	1.93	1.26	1.86	5.00	3.26
亚特兰大，GA	21.6	51.3	27.1	0.71	1.68	0.89	1.83	4.33	3.20
巴尔的摩，MD	22.1	50.3	27.6	0.62	1.42	0.78	1.69	3.84	2.10
布朗斯维尔，TX	15.2	57.2	27.6	0.48	1.74	0.85	1.80	6.51	3.17
辛辛那提，OH	18.1	51.6	29.7						
达拉斯，TX				0.75	1.65	0.84	1.94	4.30	2.18
尤金，OR	15.6	57.6	26.8	0.76	2.82	1.32	1.80	6.70	3.10
科林斯，CO	13.0	60.0	27.0	0.55	2.55	1.15	1.39	6.40	2.88
休斯顿，TX	19.8	52.3	27.9				1.79	4.75	2.53
拉斯维加斯，NV	25.8	42.0	32.2				2.15	3.49	2.68
洛杉矶，CA	19.3	52.1	28.6	0.60	1.62	0.89	1.78	4.80	2.64
麦迪逊，WI	19.6	36.6	19.0	0.75	1.40	0.73	1.91	3.57	1.85
圣保罗，MN	14.3	52.8	32.8	0.56	2.03	1.28	1.45	5.31	3.36
菲尼克斯，AZ	22.8	48.0	29.2				1.86	3.97	2.33
雷诺，NV	28.1	40.8	31.1	0.89	1.29	0.98	2.15	3.12	2.37
圣安东尼奥，TX	26.9	41.9	31.2	0.67	1.66	0.91	1.95	4.81	2.63
圣地亚哥，CA							1.20	2.40	
旧金山，CA	25.2	46.4	28.4	0.76	1.39	0.85	2.03	3.73	2.29
西雅图，WA	22.9	44.3	32.8	0.94	1.81	1.34	1.99	3.85	2.85
圣路易斯，MO				0.64	1.73	1.04	1.70	4.58	2.77
图森，AZ	17.6	56.5	25.9	0.60	1.94	0.89	1.53	4.92	2.25
威尔明顿，DE	32.1	49.6	18.3	0.71	1.11	0.39	1.82	2.89	1.02

注：HBW=居家工作，HBO=其他居家活动，NHB=非居家活动。
来源：Reno, Kuzmyak and Douglas, 2002. Reproduced with permission of the Transportation Research Board.

2. 出行方式

交通规划人员对出行方式非常感兴趣，因为这些方式在很大程度上表明了交通基础设施和服务需求。政府交通部门的官员可以通过有关土地使用和家庭/就业地点的公共政策来影响出行方式。与过去 50 年人口和就业日益郊区化的趋势相似，城市出行方式的最大增量源于郊区到郊区的出行。郊区到郊区的通勤交通占城市通勤活动的 46%，只有 19% 的典型都市区通勤遵循郊区到城市中心的模式。在城市中心内通勤约占 25%，从城市中心到郊区的反向通勤占 9%。在美国的 1.07 亿个工作地点中，位于郊区的有 5300 万个。

前往居住地之外的通勤出行占比增大是郊区出行比例日益增长趋势的一个特点（需要注意的是，由于各州规模不同，这一统计数据在美国不同地区会有所不同）。2006—2010 年，超过 1/4（27.4%）的美国工作者要去居住区之外通勤。相比之下，1960 年，只有大约 15% 的通勤是前往远离居住地的工作地（McKenzie，2013）。1990—2000 年，城市地区有 51% 的新增工作者在家乡以外的区域工作。这种较长距离的出行导致了平均通勤出行距离的增加。更重要的是，由于距离较远，在出行中发生的交通拥堵情况以及平均通勤时长也有所增加。在美国，2011 年的平均通勤出行时间为 38 分钟（该统计覆盖超过 498 个城市化地区），47% 的工作者出行时长不到 20 分钟，8% 的工作者出行时长超过 60 分钟。随着更长出行距离和更长出行时间的出现，车辆平均行驶速度的下降便在意料之中了（图 2-13）。

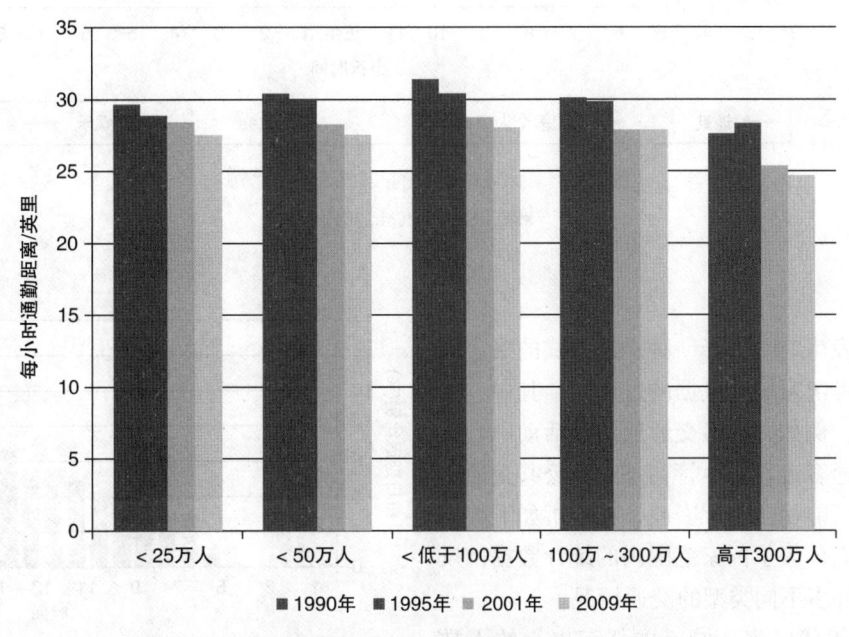

图 2-13　美国通勤出行平均速度变化（1990—2009 年）

来源：Santos et al., 2011

3. 时间分布

一天中的出行时间分布是城市交通出行方式的另一个重要特征，当许多出行行为发生在同一时间段时，就会导致交通拥堵。在大多数情况下，交通系统的设计容量能满足日常出行需求。如果在白天的 12 小时内，出行行为的发生能均匀分布，也就不会出现交通拥堵。然而，出行高峰现象的出现反映出个人出行或多或少地集中在某一时间及某个地点。图 2-14 展示了 2009 年美国家庭出行调查数据，表明白天的出行者倾向于集中出行。由于交通系统处理能力有限，高峰时间负荷较大的状况出现在许多都市地区，从每天较早的出行高峰一直到晚间出行高峰。图 2-15 展示了一天中每小时的交通延误比例，可见，下午的高峰时段是一天中延误最为严重的时段。

通勤出行的高峰时间一般发生在早上 7 点到 9 点，以及下午 4 点到 7 点，与通勤出行不同的是，货车出行往往在上午 10 点到下午 4 点达到峰值水平。

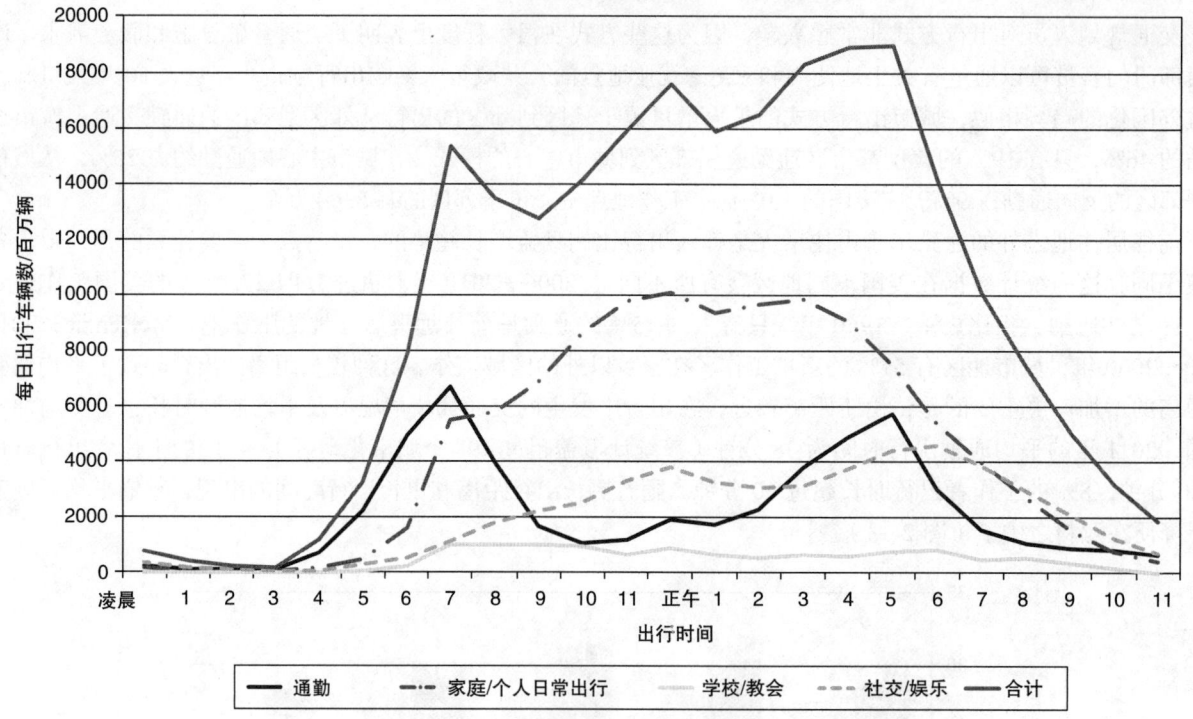

图 2-14　不同时间段的典型日出行比例

来源：Santos et al., 2011

4. 使用模式

个人出行行为发生时，选择一种交通方式的决定因素有很多，但在参考国家统计数据的过程中，其中一些因素往往会被忽视。例如，许多交通通道和活动中心展现出显著的公共交通客流量，尽管在都市区公共交通出行方式所占的比例可能相当小。因此，在剖析如下数据时，应特别留意它们代表了国家范围内的统计数据，反映的是同时发生的许多不同类型的交通情况。

自 20 世纪 50 年代以来，城市中驾车出行的人数和比例都显著增加，与其他交通方式相比，在美国采用单一车辆进行通勤出行的比例从 1980 年的 64.4% 增至 2009 年的 76.1%。选择拼车和公共交通的绝对次数略有增加，但所占市场份额有所下降。在过去 30 年中，不同交通出行方式之间的差异有所减小，但仍然有一些重要因素可能影响交通出行服务：

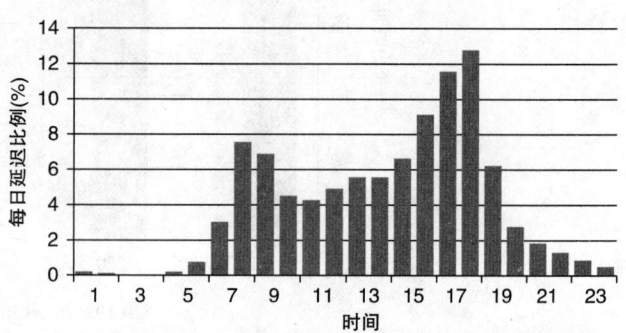

图 2-15　美国随时间变化的日出行时间延误比例

来源：Schrank, D., B. Eisele, and T. Lomax. 2015, Reproduced with permission of Texas A&M Transportation Institute.

- 女性使用公共交通方式出行的意愿仍然高于男性，选择拼车出行的人数则几乎与男性相同。
- 在家工作和步行工作是年龄较高人群的重要交通出行方式。
- 相比年轻人，年龄较高人群往往更加倾向使用公共交通出行，特别是公共汽车和地铁。
- 少数族群的公共交通使用频率往往比白种人多得多（非裔美国人的公共交通使用水平是白种人的四倍，西班牙裔美国人使用公共交通的频率是非西班牙裔美国人的两倍以上）。
- 西班牙裔族群的拼车率是非西班牙裔的两倍（分别为 23% 和 11%）。
- 收入越高的家庭使用公共交通出行或拼车出行的倾向越小，达到收入峰值后，公共交通的乘坐比例有所增加（最可能的解释是通勤铁路和渡轮的使用量增加了）。对低收入家庭来说，对公共交通、骑行、步行和出租车的依赖相比高收入家庭要高得多。
- 随着都市规模的增加，中心城市和郊区公共交通的使用量有所增加；在不同的都市区之间，拼车发生的概率比较稳定。
- 2009年，非机动车出行人数占全国出行总数的14.6%，与1990年相比，比例有所下降，但出行次数仍然多于1990年。
- 那些在美国居住时间不长的人往往倾向使用公共交通出行（约占13%的比例）、拼车出行（约占26%）以及步行（占6.8%），比那些长时间生活在美国的人要高得多。

在过去30年中，城市交通政策往往侧重于控制机动车出行比例，更加提倡公共交通。与其去了解不使用公共交通的人的出行特征，不如去了解使用公共交通的人的社会特征，这将成为以加强公共交通研究为核心的规划方案中的重要基础。许多交通规划都提出过旨在提高公共交通市场份额的政策和倡议方案，交通规划者需要了解并鼓励更多的人使用公共交通。

2.4 估算出行特征与流量

在规划过程中的不同阶段应使用不同类型的数据，所需数据因交通出行方式和使用目的而有所不同。表2-8展示了在使用需求不同的前提下，不同公路相关数据的应用方式有何不同。下文阐述了交通规划中数据收集的主要特点。

表2-8 交通特征数据在道路规划中的应用

公路	交通统计	车辆分类	货车重量
工程	公路形态	路面设计	结构设计
工程经济	公路改善的好处	车辆运营成本	货车攀爬车道
财政	道路收入预测	公路费用分配	重量-距离税
立法	公路选线选择	速度限制和超大车辆政策	车辆超重许可证政策
维护	维护时间制订	维修活动选择	维修系统设计
业务	信号配时	制订控制策略	货车路线制订
规划	公路系统定位与设计	按车辆类型分列的出行预报	重建预测
环境分析	空气质量分析	按车辆类型分列的排放预测	噪声、废气排放
安全	交通管制系统和事故率设计	由车辆冲突事故率引起的安全事故	桥梁荷载
统计	平均每日交通	按车辆类型划分的出行	重量-距离出行
私营部门	服务区域位置	特定车辆类型的营销关键	货运趋势

2.4.1 道路交通数据定义

交通量的统计应以特定时间段表示，时间段则取决于所需信息的类型及其应用。例如，数据获取时间间隔可能为5分钟、15分钟或30分钟、1小时、3小时高峰时间段、1天、1周或全年。交通规划研究通常应集中在较长的时间段，例如一年中的每日交通状况，而交通运营研究通常需要在高峰时间段或高峰期间以15分钟为间隔的数据。要注意的是，日交通量统计通常不是按单方向或车道来区分的，而是在给定位置的情况下统计双向流量。以下术语常用于交通规划研究。

1）年交通量（Annual Traffic）。指在某一特定地点所估计的年交通量或全年实际交通量。年交通量的估计将用于确定特定地理位置的交通需求，以确定可能与未来交通增长有关的趋势，并预测公路收入，特别是收费公路、桥梁及隧道。

2）平均日交通量（Average Daily Traffic，ADT）。指一段时间内（少于1年），在给定地点的平均24小时交通量。ADT的估计仅对其测量期间有效。然而，可以根据不同的调整因素和历史记录估计较长时间后的ADT（例如，一个星期二的ADT计数可以根据历史上星期二的ADT数据与平均工作日的ADT数据之间的关系来进行调整）。对这些数据的预测将用于衡量并研究区域街道以及公路的现有车辆使用情况。这些数据可用于确定交通设施的服务水平，建立主要道路或主要街道网络，并用于衡量流动指标。ADT 也常用于进行效益成本分析和主要资金供应。

3）年平均日交通量（Average Annual Daily Traffic，AADT）。指在一年的 365 天中，一个特定地点平均 24 小时的交通量。将一年内通过一个地点的车辆总数除以 365 天计算而来。AADT 可以根据与 ADT 相关的历史调整系数来估计（即 ADT × 调整系数 =AADT）。

4）平均工作日交通量（Average Weekday Traffic，AWT）。指在不到一年的一段时间内，一个工作日 24 小时的平均交通量。统计不包括周末。类似 ADT 与 AADT 之间的关系，AWT 可通过使用基于已建立关系的适当调整系数来对 AAWT 进行预测（见下一定义）。

5）年平均工作日交通量（Average Annual Weekday Traffic，AAWT）。指全年工作日平均 24 小时交通量。考虑平均到 365 天会忽略工作日交通的影响，在周末交通量较小时，这一数据具有相当大的意义。AAWT 的计算方法是将一年的总工作日流量除以 260（注意，在某些情况下，为消除假日交通影响，常用除数是 250，以真实体现工作日交通情况）。

6）平均车辆占用率。指每辆车所乘坐的平均人数。车辆占用率是专门人员通过记录每辆车经过某一特定地点时的乘坐人数计算得出的。这项统计工作在面对乘用车（除一些采用深色车窗的车型外）、厢式货车和货车时相对容易。公共交通车辆占用率是根据车辆内乘坐人数计算的，或根据公共交通车辆经过某一特定地点时的观察来估计的。数据以每小时人数或每辆车平均人数表示。目前正在开发的新型红外扫描技术可用于确定车辆在经过某一特定地点时的乘坐人数。

7）每小时交通量。指每小时的交通流量。通常用于交通工程研究，有时也用于规划研究，以验证出行预测模型的准确度。关于车辆类型和转弯运动的信息有助于评估现有或未来的交通性能。

8）短期计数。短期计数包括每 5、6、10、12 或 15 分钟的时间间隔。这些计数在确定峰值流量、建立峰值小时内的流量变化和识别容量限制方面很有用。

9）空间平均速度。指在一定时间内占用公路某一路段的所有车辆的平均速度。计算公式为：

$$空间平均速度 = \frac{d}{(\sum_{i=1}^{n} t_i)/n} = \frac{nd}{\sum_{i}^{n} t_i}$$

10）时间平均速度。指所有车辆在一定时间内通过道路上某一点的平均速度。计算公式为：

$$时间平均速度 = \frac{\sum_{i=1}^{n}(d/t_i)}{n}$$

式中　d——出行距离，单位为英尺 / 英里 / 公里；

　　　n——观察到的出行次数；

　　　t_i——第 i 辆车的出行时间，单位为秒或小时。

11）交通密度。指每车道每英里的车辆，通过将每小时车道流量除以平均速度而得。在衡量路网服务水平时，通常认为交通密度是比公路、快速路和主要交通干道中不间断发生的交通流量更好的衡量参量。随着交通拥堵程度的增加，交通密度也会增加，而交通流量在中度拥堵时达到最大值，而后随拥堵程度的增加而减小。当交通完全停止时，交通流量为零，交通密度达到最大值。

12）车辆分类。指根据在交通流中发现的车辆类型对交通流进行分类。对于货运规划，车辆分类数据用于估算各类货车的年出行量、公路货运量（吨·英里）以及货车在公路上行驶时的轴荷和净重变化。此外，车辆分类数据还应用于交通政策的制定、公路成本和收入分配、（尺寸）大小和重量的调节、与车辆尺寸和重量有关的几何设计标准的建立，路面和桥梁破损的研究，以及其他特殊研究。通常根据数据收集机构所采用的办法对车辆进行分类。图 2-16 展示了美国联邦公路管理局根据车轴数量和车体数量对车辆的分类方式，包括牵引车和挂车，再细分为乘用和货运车辆。

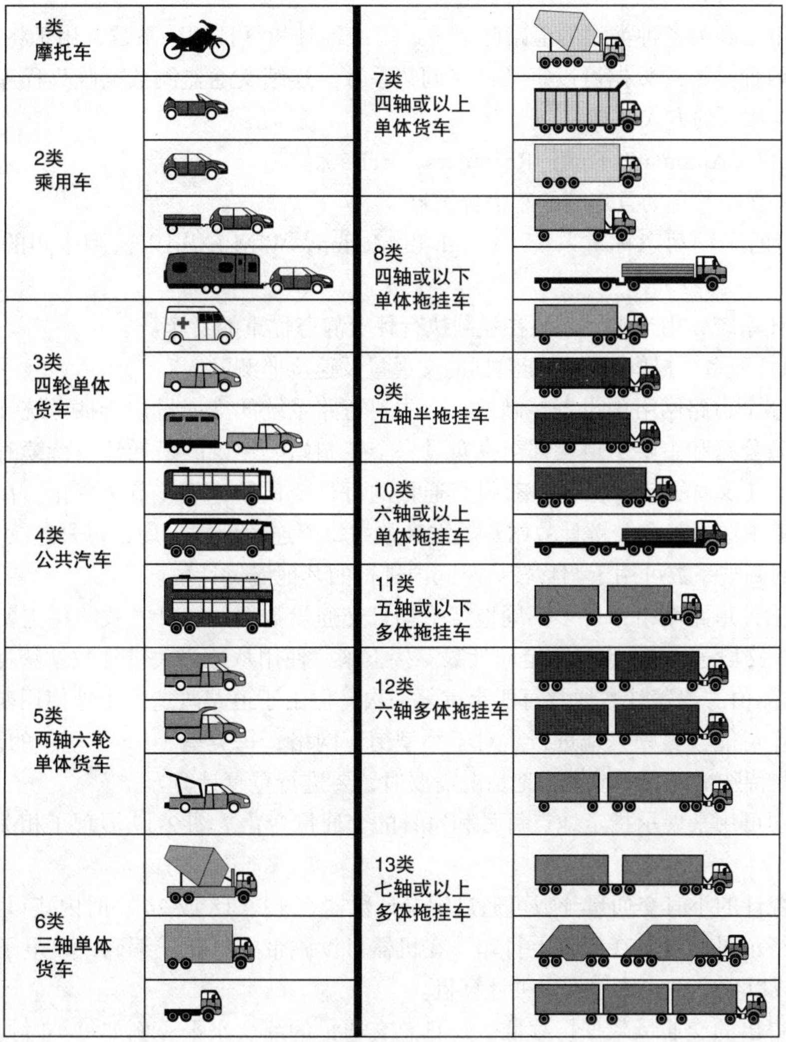

图 2-16　美国联邦公路管理局划分的 13 类车辆

来源：FHWA, 2013c

13）车辆出行里程（Vehicle Miles Traveled，VMT）。指道路系统中每一段或相连路段上的每日（或年度）交通量乘以路段长度。每年 VMT 在计算事故率和预测污染物排放量方面发挥了很大作用。在高峰时间流量计数（或流量图）情况下，可以统计高峰时间的 VMT。在城市化地区，每天的 VMT 可以通过采样程序来统计。道路系统至少应分为高速公路、干路系统和支路系统。在可能的情况下，公路应进一步按车道或 ADT 分类，主干道应按车道、地理区域或其他特征分组。分层随机抽样程序应考虑到空间、时间、相连道路长度和类似变化，以获得每种分类的综合方差［见美国联邦公路局的交通监测指南（FHWA，2013c），以获得更详细的 VMT 相关信息］。

2.4.2　数据统计技术

交通量的统计是通过各种交通统计技术实现的。州交通部门等机构有一个系统的、定期的交通统计方案。在其他情况下（例如在场地影响分析中），采用特殊计数进行分析（请参见第 19 章关于场地规划与影响分析的内容）。

使用各类探测器/传感器（例如感应回路或磁感器），可以通过机器计数获得平均日交通量和年平均日交通量。计数器用于获得 24 小时计数，通常不考虑方向。可以将同一地点两个不同方向的计数相加，获得道路的总交通量。24 小时计数主要用于制作交通流量图和确定交通趋势。定向计数用于交通量分析、规划策略改进，以获得红线范围内的累积数据等。

美国许多州和城市已经为各种类型的道路确定了通用的每月和每日调整系数，用于将指定日期的 24 小时计数调整为 AADT。有两种类型的数据可以定义这些调整系数。连续交通监测数据收集程序用于一年中每天的交通量。可用于获取这类数据的方式包括：
- 自动交通记录仪（Automatic Traffic Recorders，ATRs）。
- 用于补充 ATR 程序的自动且连续的车辆分类器。
- 布置连续运行的车辆动态称重系统（Weigh-In-Motion，WIM），用以监测全州的车辆运行趋势及车辆重量。
- 连续操作 WIM 系统，用于识别需要在强制执行秤上静态称重的货车。
- 向集中式交通管理系统提供设施性能数据的交通量及速度监测站。

另一种方法是在整个道路网络中设置控制站，对主要道路系统的交通量进行抽样统计。对于这种控制站计数的方式，建议在每条公路和主要街道上都至少布设一个控制站。建议的最低计数持续时间和频率是每两年一次。利用选定的控制站（又称关键计数站）获得交通量的每日变化和每季（节）变化。在主要系统和次要系统中，至少要从每类街道中选择一个关键计数站。关键计数站每年连续计数一周，每月连续计数一个 24 小时工作日。这些计数所提供的调整系数可用于调整较短时间内进行的其他流量计数。

*覆盖计数*是用于估计道路网络中许多不同地点平均日交通量数据的统计方式。将主要街道划分为交通状况一致的路段，并在每个路段进行 24 小时不定向计数。接下来，使用从适当关键计数站获得的调整系数来调整计数，以获得 ADT 的预测值。覆盖计数通常每四年重复一次，但由于道路改造、土地使用变化或其他因素对交通产生的影响，计数工作可能会更频繁地进行。对于小型街道网络，每英里（1.6 公里）的街道应进行一次 24 小时非定向计数。在一些特殊情况下，或视当地情况需要时，要进行重复计算。

交通量变化趋势图可用来展示指定地点每月和每日的交通量变化。图 2-17 展现了相关案例（注意，每日变化如图 2-14 所示）。

按出行方向进行统计的小时交通量计数可通过记录计数器在 12、18 或 24 小时内获得。通常选取 15 分钟或每小时的时间间隔进行记录，可以在纸带上打印、在机器可读磁带上打孔或编码或以电子方式记录，以便随后保存至个人计算机，或以数字方式传送到中央计算机。

当由覆盖率计数得出的交通量数据持续低于每日总交通量的综合水平（例如每小时按方向计数）时，这些数据可用于其他用途，例如交通信号定时分析、空气质量分析、噪声分析、规划研究分析以及设施维护及建造活动的时间安排。

要想通过短时间的计数计算 AADT 值，数据收集就必须调整到相应年度的状况。这些调整包括：
- 轴校正（对单轴传感器所进行的计数。对感应车辆的感应回路所采取的计数不具有调整系数）。
- 一周中的每一天（对不足一周的计数）。
- 季节性（考虑到每年中的不同时间里发生的通量变化）以及一天中的时间（对不足 24 小时的计数）。

与此相关的详细信息请参阅 ITE 的《交通工程手册》（Pande and Wolshon，2016）。

人工交通量统计方法。人工交通量统计方法广泛用于获得交通流量、交通组成、转向交通量和行人的逐小时变化。这些信息用于确定高峰持续时间和强度、评估街道通行能力、评估各种交通管制需求、制订街道设计方案，以及确定新开发项目对已改变土地用途的影响。此外，还可作为交通量模型验证的输入。

交叉路口转向交通量统计。研究中，经常会在交叉路口收集转向交通量计数以进行各种分析，包括信号时间、通行能力、物理变化对交叉路口或附近土地使用的影响。在周六早高峰、晚高峰，以及重要商业用地附近，以 15 分钟为间隔至少收集 2 小时。为避免出现与转向交通量计数相关的高成本，有时会使用样本"短"计数。一种方法是在确定的时间段内（例如每小时 5～10 分钟）对每个交叉路口进行计数。当多个交叉路口相互距离很近时，可以轮流对每个交叉路口进行采样计数。计数应在各信号灯周期的基础上进行，而不是指定的时间段。只有在整个研究期间交通状况相对稳定时，才可使用这些方法。

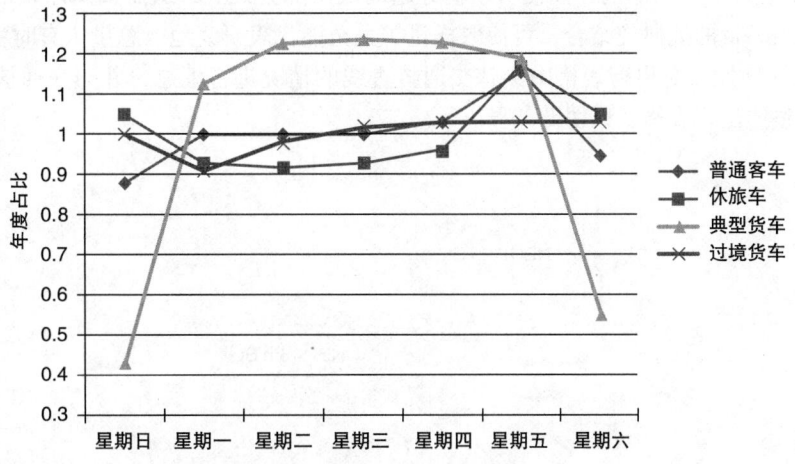

a) 美国按车辆类型分类的周交通量典型分布

注：典型货车主要指本地货车，用于接送货物；过境货车通常指远距离出行的货车。

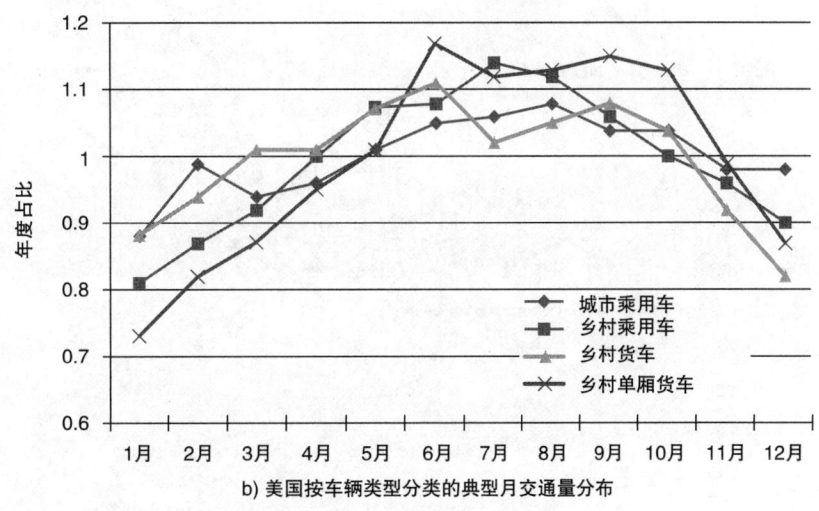

b) 美国按车辆类型分类的典型月交通量分布

图 2-17　交通流量随时间的变化

来源：Hallenback et al., 1997 as reported in FHWAc, 2013

车辆搭载人数计数，通常使用抽样程序进行估计。指定时间段内需要进行的单独计数可通过以下公式得到：

$$n = \frac{Z^2(S_1^2 + S_2^2 + S_3^2)}{E^2}$$

式中　E——允许的误差或公差（以小数表示，5% 表示为 0.05）；

　　　S_1——单季平均入住天数的标准差；

　　　S_2——季节平均占用率的标准差；

　　　S_3——指定地点某一天（所关注的时间段）各时间段平均占用率的标准差；

　　　n——指定地点的统计次数；

　　　Z——标准差，数值最好来自过往数据收集工作，这些标准差的典型值包括：S_1=0.063，S_2=0.015，S_3=0.017。

关于车辆分类和搭载人数计数的程序和应用，可参考美国联邦公路局的《估算城市车辆分类和搭载人数指南》（2001）。

交通核查线计数，是在将研究区域或主要设施一分为二的假想线上进行的。交通核查线通常是沿自然边界（例如河流、悬崖或铁路通行权）绘制的，以便将车辆穿越的次数降至最低，从而减少计数站的数量（图 2-18）。将交通核查线计数与起点—目的地研究结合，可使取样量扩大至能代表研究地区总量（有时称全集），或检查起点—目的地出行表格的准确性。对出行表格中穿越交通核查线的情况进行汇总，并与交通核查线的实际地面计数进行比较，然后调整整体出行表格，以协调差异。

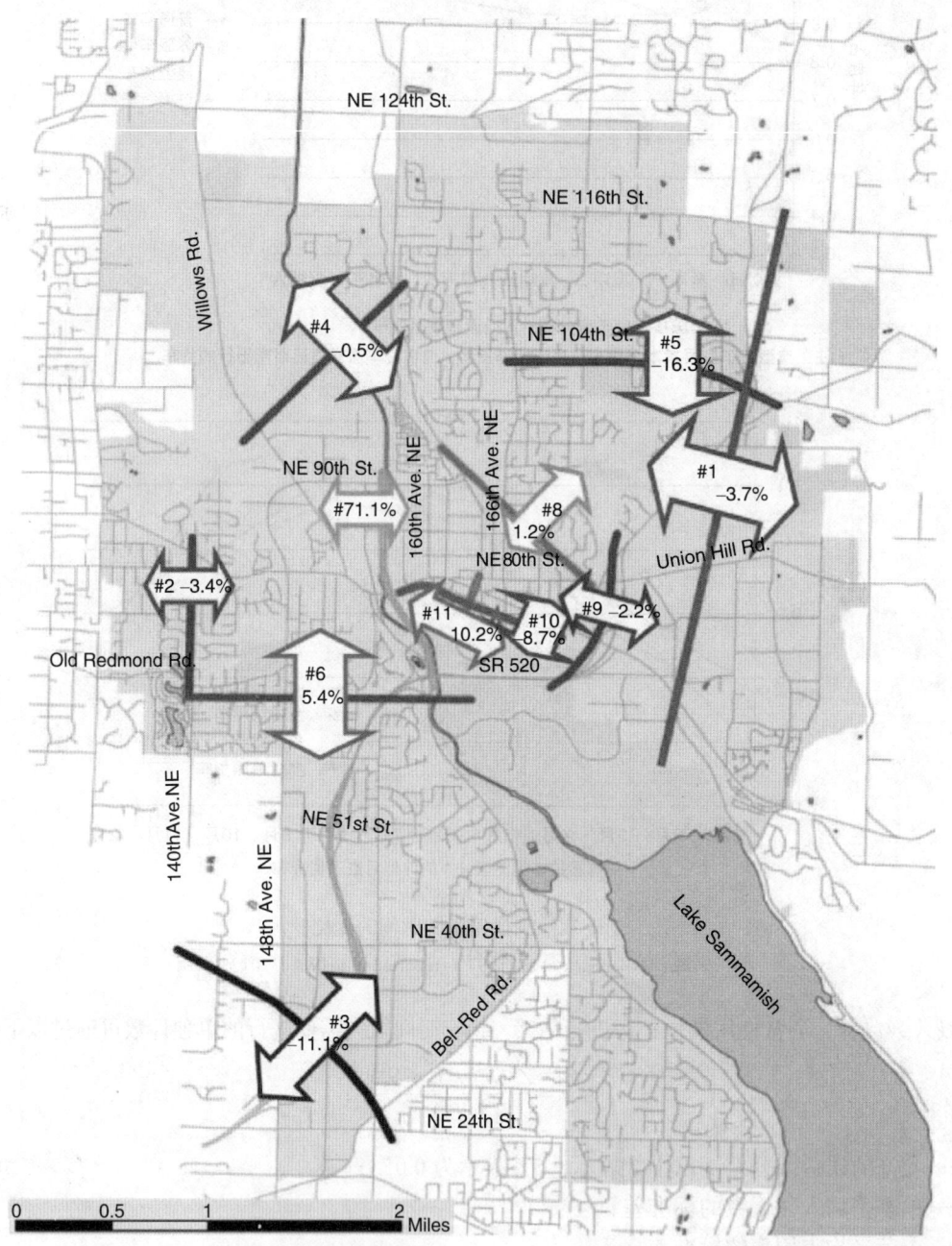

图 2-18　华盛顿雷德蒙德交通增长情况展示（2006 年 7 月—2007 年 8 月）

来源：City of Redmond Public Works Department. 2009. Reproduced with permission of the City of Redmond.

交通核查线计数还可用于辅助校准出行需求模型，并预测受人口、土地使用、商业和经济活动以及出行方式影响所发生的出行量和出行方向的趋势性或长期性变化。在某些情况下，只要交通或客流量没有转变为未计算的穿越情况，就没有必要计算所有通过点。一般来说，每年或每两年统计一次，计数通常以小时数为基础，以便逐小时地比较起点和目的地的数据。

周界线计数，是一条虚构的线，穿过这些线的行程应按出行方向计数。研究区域可以是整个城市化区域、交通研究区域、城市、中央商务区（Central Business District，CBD）、社区、工业区或任何其他可确定的规划区。根据出行方式和一天的时间，确定进入、离开和停留在周界区内的车辆和人数（包括行人和骑行者）。车辆按类型分为自行车、乘用车、轻型货车、重型货车、共享汽车、出租车、公共汽车、轻轨、快速公交和通勤铁路。车辆搭载人数是根据车辆类型和出行方式确定的（有些机构的人员活动总结中不包括货车司机）。计数可能包括整整 24 小时（特别是使用记录计数器时），但更常见的是 16 小时（上午 5:30 至晚上 9:30 或上午 6:00 至晚上 10:00）或 12 小时（上午 7:00 至晚上 7:00）。

CBD 周界线计数，用于衡量 CBD 产生的交通活动。这些计数每年或每两年重复一次，以评估 CBD 内活动的趋势或变化。它们有助于确定各种交通出行方式的作用和重要性，以及制定交通政策。

研究结果以图形和表格形式进行总结，通过全天的出行模式监测，按照出行方式、车辆搭载人数和人员聚集情况，展示每天和高峰时段的人员移动、车辆移动和搭载人数。CBD 周界线计数的重要规划用途之一是将交通客流量预测与实际穿越周界线的客流量进行比较，作为客流预测合理性检查的一部分。

许多研究都依赖交通计数技术的组合来"讲故事"，尤其是在所测设施运行时间和速度具有高度可变性的情况下。例如，佐治亚州交通部采用了传统计数方法、探测车辆研究和蓝牙传感器的组合，来监测亚特兰大地区几条主要干道的性能。数据编制为半年期报告，主要强调了性能变化，以便投资决策能将目标放在那些能带来最佳增量效益的主干道路段。图 2-19 展示了自 2010 年启动区域交通运营计划以来，交通量和行程时间的变化。面对日益增长的交通需求，通过改进信号定时、加强与拥堵地点驾驶人的通信以及主动管理策略来保持一致性及可靠性。

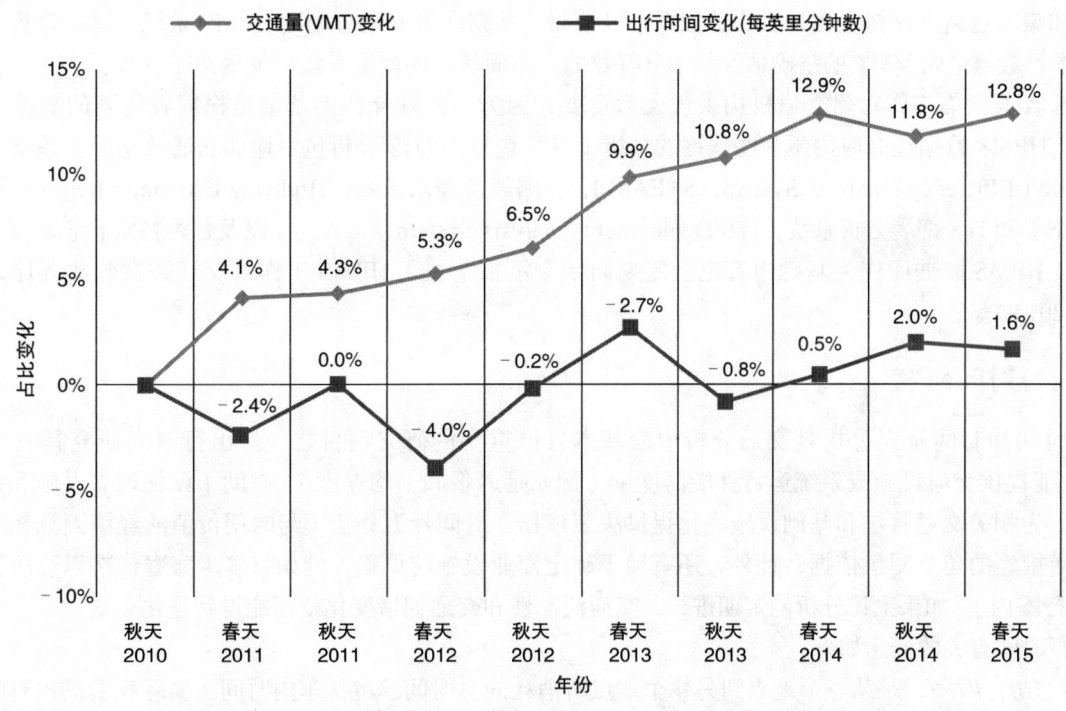

图 2-19　亚特兰大每英里原始高峰时期 VMT 和高峰时期出行时间变化

来源：Georgia Department of Transportation, 2015.

2.4.3　数据收集标准

交通监控程序往往会建立一个推荐的计数频率，代表数据收集成本和计数准确性之间的折衷方案。例如，FHWA 的交通监测指南建议覆盖率计数的持续时间为 48 小时，每三年重复一次，其中两年采用增长系数。随着计数持续时间和频率的增加，程序成本也有所增加，而 AADT 估值的不准确程度会降低（Hallenback and Bowman，1984）。然而，这种关系会导致一种状态：不值得为收集更多数据而付出额外成本。

联邦政府的指导方针适用于接受联邦政府补助道路相关的交通计数项目，例如州域公路系统。交通规划人员应了解适用于各类受监测出行方式的数据收集标准。许多交通量计数程序也有指定的最低精确度水平和允许误差。

2.4.4 公路性能监测系统

在美国，联邦政府要求将公路性能监测系统（Highway Performance Monitoring System，HPMS）作为州交通部数据收集计划的一部分。从20世纪80年代中期开始，联邦政府就要求各州收集其公路网络的性能和状况数据，并将这些数据提交给联邦公路局。数据的收集基于样本路段和全路段。两类数据都要收集并向联邦公路局报告（FHWA，2014）。在选定的公路网络上［例如国家公路系统（National Highway System，NHS）路线和所有其他公路，不包括农村地区的小型收集站和任何地区的地方公路］收集整个范围（即全系统范围）的数据。收集的数据涉及详细目录（物理特性）、路线（例如路线编号和道路标志）、交通量［例如AADT、载重货车和公共汽车AADT、拖挂车AADT及路面状况（例如国际粗糙度指数，IRI）］，以及所有特殊的道路网络设计。

在代表系统级别属性的随机路段样本上也要收集数据。道路网络中的这些路段称为样本路段。这些部分是随机选择的，目的是给出一个州域道路网络的有效统计数据。在道路样本上收集的数据要详细得多，包括上文列出的数据类别。样本数据还包括几何特征（例如车道宽度、路肩类型和高峰停车）以及更多关于交通和路面特征的数据。

NHS、主干道和样本路段的数据需要至少每三年统计一次。此外，每个州都应在HPMS样本覆盖的所有交通干道和集散道路上保持循环计数覆盖数据，以便将这些路段准确地分配给HPMS系统。这一过程对于扩展HPMS样本计数至全州VMT的精确估计是十分有效的。路面状况的数据采集至少每两年一次。

HPMS数据收集工作对州交通机构来说尤为重要，因为一些联邦援助基金是根据收集到的数据进行分配的。此外，HPMS数据还会应用于一些关键的分析工具，包括HPMS分析包、地面交通效率分析系统（Surface Transportation Efficiency Analysis System，STEAM）、公路经济需求系统（Highway Economic Requirements System，HERS）和ITS部署分析系统（ITS Deployment Analysis System，IDAS），以及各种特定状态的规划和性能建模系统。HPMS数据库作为基础内容也会定期向国会汇报［关于HPMS工作的交通数据收集程序，请参阅（FHWA，2014）］。

2.4.5 出行时间研究

出行时间和时间延误分析是交通分析中最基本且最重要的研究项目之一。出行时间研究具有广泛用途（表2-9），能提供交通设施或系统运行性能的度量（例如延迟量和平均速度），有助于评估现有设施和拟建设施的必要性，为相关交通管制和基础设施优化提供决策依据。时间延迟分析（与时间价值的经济测算相结合）能为出行需求模型的建立提供依据；此外，还有助于确定商业设施的位置（例如有多少家庭住在以商店为中心的30分钟通行圈内）。如果上述分析能定期进行，交通流动性和交通拥堵变化就都能得到量化。

与出行时间有关的概念如下：
- *门户出行时间*，是从一个地点到另一个地点所消耗的总时间，包括车内时间（实际耗费的出行时间）和车外时间（包括等待公共交通服务、换乘到另一辆车的时间，以及在车辆与行程两端的原点和目的地之间的步行时间）。
- *车辆行驶时间*，是车辆穿越给定路段所耗费的时间，包括运行时间、在运动和延误中耗费的时间，以及由于交通控制设备和拥堵而损失的时间。对于公共交通，出行时间应将停留时间考虑在内。在一个拥堵的交通系统中，这可能是延误的主要原因。
- *交通拥堵*，是与车辆自由行驶时相比，出行时间受到延误的状况。
- *流动性*，是乘客或货物能快速、容易和经济地移动到目的地的能力，因此，出行时间往往是度量系统性能的一个组成部分，与流动性有关。

表 2-9 出行时间分析在规划和项目开发中的应用

用途	监测和需求研究	设计和运营分析	替代方案评估	TDM、TSM和政策研究	发展影响评价	路线和出行选择	教育
查明问题	×	×	×	×	×		×
政府行动/投资/政策基础	×	×	×	×	×		×
改造优先次序	×		×	×			×
私营部门决策信息	×	×	×	×	×	×	×
国家、地区政策和方案依据	×			×	×		×
交通管制评估、形态、法规、改进		×	×				×
评估公共交通、调度、站点		×					
基础案例（用于与改进替代品的比较）	×	×	×	×	×	×	×
交通模型输入			×	×	×	×	×
空气质量和能源模型输入		×		×	×		
替代方案有效性措施评估		×	×				
措施对土地开发的影响				×	×		×
分区决策输入					×		×
实时决策的依据						×	×

来源：Lomax, T. et al. 1997, Reproduced with permission of the Transportation Research Board.

- *可达性*，是在可接受的时限内实现出行的目的（注意，使用电信技术时，人们可以拥有可达性，但无法实现机动性）。在可达性措施方面，将出行时间作为调整参数或主要衡量指标，例如在社区保健或娱乐设施的 60 分钟公共交通通行时间内的低收入家庭的数量。

出行时间及延误应尽可能通过直接测量获得，方法包括车辆调查、车牌匹配、航拍、采访、探测车、手机、感应回路、传感器和交通报告服务等。出行时间和延误数据可用图形或表格描述。一些典型的能表达出行时间和延误信息的手段包括：

1）*出行时间特征*：出行时间特征或等时图能表达在一个给定时间段内，从同一个出发点（通常是一个城市的 CBD 地区）到达目的地的距离。可以通过比较高峰出行和非高峰出行的时间，来表明每条通道的拥堵程度。等时线还可用于比较每年的出行时间规律，从而表明整体出行体系的变化。等时图也有助于定义商业开发的可达性或服务区域（图 2-20）。

2）*区域或通道*：沿区域或通道内道路部分的出行速度可利用速度过程图或某些图例来描述，或可指示 5 分钟时间间隔的距离。

3）*路线*：沿一条路线的出行时间和延误时间可通过沿这条路线的速度及延迟数据的剖面来描述（图 2-21），具体影响因素包括峰值和非峰值出行时间图形。交通运行时间及延迟状况可按组别来汇总，如图 2-22 所示，数据也可依托路径来汇总。

2.4.6 出行调查

前文讨论的大多数出行数据的收集技术，出发点都是在指定时间段内在一个地点收集数据。多方面来看，这些技术提供了规划系统中正在发生的事情的静态表现。在交通规划中，了解出行者特点及更多关于出行方式的细节通常是很重要的，例如出行的出发点和目的地。收集此类信息的主要方法是出行调查。出行调查旨在获得关于某一地区出行次数、类型和方向的数据和信息，其中还包括乘客、车辆和货物的流动。这些调查通常是在普通工作日进行的，对现有出行的性质、规模及特点进行了估计。

交通出行方式通常以意愿直方图的形式来表达，在出发点及目的地之间绘制直线，线的宽度与工作日出行次数成正比。意愿直方图的差异反映了不同的数据，并展示出内部—外部出行、外部—内部出行和内部—内部出行的聚合关系。有时还可为 CBD、大型工业区、大学校园或军事设施等特殊区域绘制出行意愿直方图。同时可准备能展示出行方向及强度的等值线图。在对出发点及目的地的研究中，以所分析区域为重点，将收集到的数据体现在研究地图上，例如人口分布、人口密度、土地使用和出行密度等。

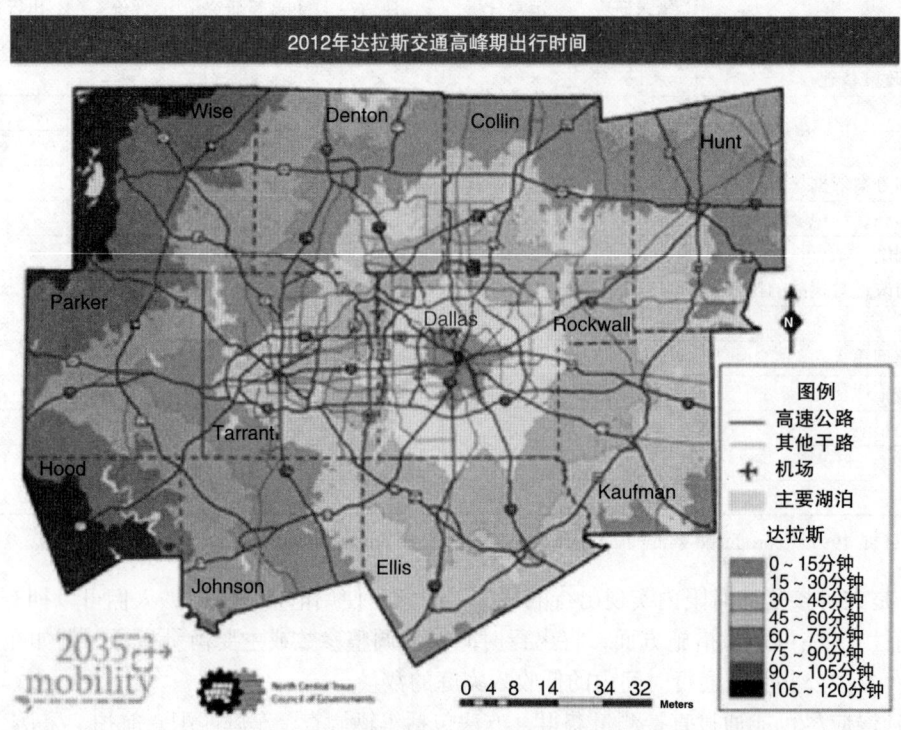

图 2-20　美国出行等时图（出行／天）

来源：North Central Texas Council of Governments, Accessed Feb. 24, 2016, from, http://www.nctcog.org/trans/data/traveltimes/Dallas.pdf

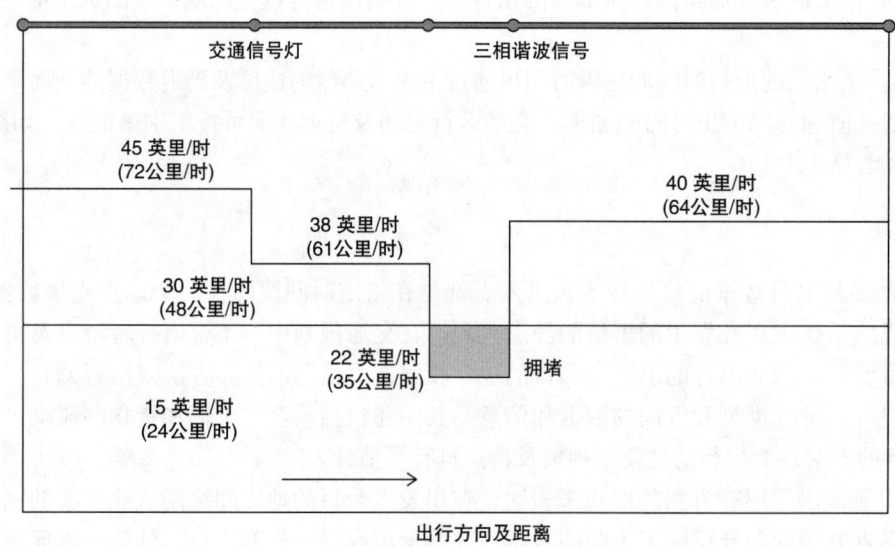

图 2-21　交通运行速度图示

38 · 交通规划手册　原书第 4 版

通过出行调查收集到的数据，能表现个人或家庭的出行方式及所需的城市服务，可能包括：

- 出行时间。
- 出发点及目的地。
- 交通出行方式的意愿倾向（例如驾驶汽车、乘坐汽车、乘坐公共汽车、乘坐出租车、乘坐货车、骑车或步行）。
- 出行目的（例如工作、购物、商务或上学）。
- 出行者的身份（例如出行者的特征、在特定调查中所需的家庭特征）。
- 结伴出行的人数。
- 出行者希望城市提供的其他交通服务。

许多交通调查都很复杂，而且调查的设计方案和方法也在不断变化（更多详细信息，请参阅交通研究委员会的出行调查网站 http://www.fhwa.dot.gov/ohlm/trb/reports.htm，以及在线出行调查手册 http://tfresource.org/online_travel_survey_manual）。

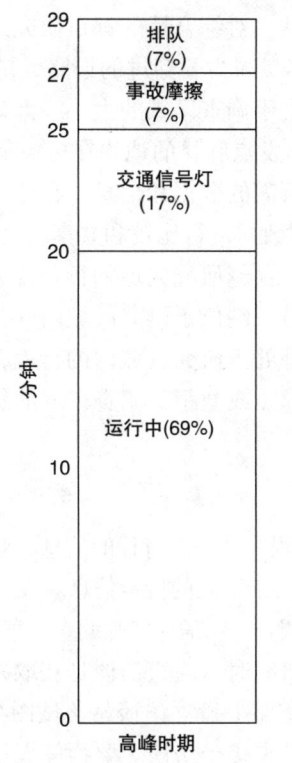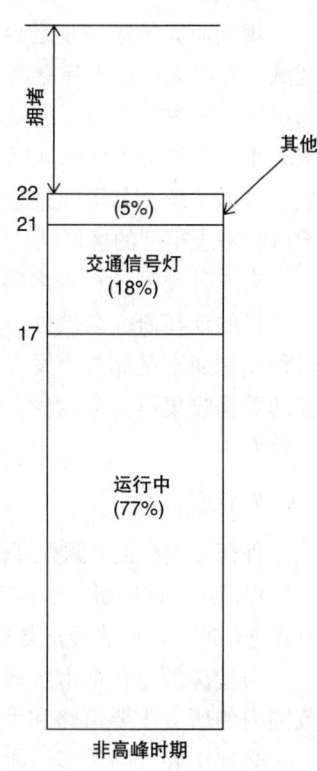

图 2-22　交通运行时间及延误状况

利用出行调查进行的研究范围和规模各不相同。调查可用于单一的公路立交桥研究或规划路线研究，也可在财务可行性或路线研究中派上用场。调查区域可能包含单一的街区、分区或商业开发区，也可能包含整个都市区或州，这种情况在综合交通研究中经常出现。

表 2-10 展示了交通规划研究中的常见调查人群，以及他们在交通规划和建模过程中所起的作用。这些调查通常构成了全面数据收集工作的一部分，重点是对那些能代表城市地区所有出行者的人群进行抽样调查。调查方法包括：建立分析区域、进行外部（或截距）调查、进行内部调查、处理数据并进行准确性检查，以及分析和扩展数据。

表 2-10　人口调查及数据的使用

调查类型	调查对象	建模中数据的常见用途
家庭出行调查	特定研究区域内的家庭或预先指定的研究区域内的人	出行生成，出行分布，方式选择，出行时间，出行者行为
公共交通调查	预先设定的公共交通服务旅客	交通出行方式选择
车辆截距或外站调查	在一个或多个公路段上的车辆行程，或在这些公路段乘坐车辆的出行人员	行程分配，模型验证
商用车辆调查	存放在预定研究区域内的商用车辆或有这些车辆商业出行的人	商用车出行（产生、分配和时间等）
工作场所、编制和动机调查	企业雇员或企业内部出行人员	出行景点模型，停车数据及公共交通费用/补贴
酒店和访客调查	预订酒店的客人或往返酒店的出行人员	访客模型（产生、分布和时间）
停车调查	车辆在预先指定时间段内停放在预先指定的地点，或所有车辆或人员前往这些停车地点的人员	停车费用（用于模式选择）

来源：Transportation Modeling Improvement Program. Undated. Travel Survey Manual. Washington, DC. Accessed from, http://tfresource.org/Online_Travel_Survey_Manual on Feb. 25, 2016.

规划研究的第一步是界定研究区域。对综合性的都市研究来说，这一区域应包括在规划期内将要城市化的区域。在研究区周围建立周界线，以尽量减少要穿过的道路数量（因此也包括测量站）。对交通量分析区、环路和扇区分别进行编号。区域的大小取决于调查区域的大小、人口密度、所需数据项目和研究目的。市中心的区域较小，人口稀少的郊区区域较大。出发点和目的地均在区域范围内的行程不应超过所有行程的15%。一旦建立了区域系统，就可通过调查来收集所需的数据和信息。在建立研究框架时，应考虑现有的区域结构，例如用于行程需求模型的区域结构。这样可对数据进行比较和共享。

有三种类型的行程需要调查资料。穿越研究区域的行程称为贯通行程、外部行程或外部—外部行程。出发点或目的地在研究区域外，而行程的另一端位于研究区域内的行程称为内—外行程或外—内行程。数量最多的行程类别通常是那些出发点和目的地都处于研究区域内的行程，称为内部行程或内—内行程。这些不同类别行程的数据收集可分为两种，即通过外部（或截距）调查获取的贯穿行程出行数据及通过内部调查获取的内部出行数据。

1. 外部调查

外部（或截距）调查可获得外部行程和外—内行程的信息。对铁路、公共汽车和航空出行的单独调查可获得更多行程信息。这些研究是特定的，且取决于所需的特定信息。大多数调查是通过在个人出行期间发放和填写问卷的方式进行的。常见的研究类型包括路边调查、明信片回邮调查、车牌调查、车辆拦截调查和车灯调查。

路边访谈。在都市区域进行综合研究时，路边访谈是获取外部行程信息的最常用方法。在研究区域周界线范围内的所有主要道路和大多数其他道路上设立访谈站（试图拦截至少95%的穿越车辆）。在定位和设立访谈站时必须小心，确保车辆能安全地停下来接受访谈。要拦停大量的样本车辆（同时也是这种方法面临的挑战之一），向驾驶人询问当前行程的出发点和目的地。一些研究会获得额外信息，例如出行目的、车辆停放地点、接下来的路线以及中途所做的停留。由于存在安全隐患以及访谈地点可能出现交通拥堵，如今在都市地区很少使用路边访谈方式进行调查。

明信片调查。在交通量较大的地方，可在拦截站将可寄回的明信片交给驾驶人。这种方法通常与访谈研究结合使用，特别是在交通高峰期，不可能让车辆延迟足够长的时间来完成访谈（其他调查完全依靠明信片来获取数据）。预付费明信片上标有调查站的标识和时间编码，要求接收者列明行程的出发点和目的地，并将明信片投入邮箱。对于这种类型的调查，回复率普遍可以达到20%～40%。数据以小时为单位进行扩展，最高可达24小时。假设贯穿行程在穿过研究区域时会被两个外部调查站选中，由于这些行程被两次拦截，必须将其减半。在某些情况下，网站会提供网址和密码，受访者可以填写网页表格回答问题，这可能会提高回复率。

车牌调查。车牌调查可以代替访谈或明信片调查。即使是进行了访谈或明信片调查，在研究周界线的公路交叉口进行车牌调查可能也是必要的。在这一过程中，通过肉眼观看或使用视觉影像记录器，将车牌号码与观察时间一起记录下来。手动录音通常使用录音机来完成。然后将明信片或调查表发送到车辆登记地址。这种类型的调查只能在白天进行，如果道路照明足够充分，也可在其他时间段记录车牌号码。回复可根据时间分成不同等级。尽管只有20%的回复可以产生统计学上的有效结果，但通常有30%的调查问卷回复是令人满意的。从回收问卷中得到的信息可以通过三个系数进行扩展。首先是将回复百分比扩展为100%的车牌记录，该系数等于用100除以回复百分比。第二个系数将记录的车牌样本扩展为每小时通过调查站的总车流量，该系数等于每小时总车流量除以相应小时记录的车牌数。第三个系数将数据扩展为24小时总车流量除以每小时记录车牌的车流量。也可以采用其他调整系数，例如每周天数和每年月份数。最后，由于贯穿行程在拦截站往返一次，必须再次将通行次数减半。

车辆拦截调查。车辆拦截调查可用于小范围调查。该程序要求在通往研究区域的所有进出口设置站点。每辆进入的车辆都会被拦停，将编码或彩色卡片交给驾驶人，并向其说明须在离开此区域时交回卡片。离开的车辆会被拦停以收回卡片，或注明他们没有收到卡片。还有一种方式是在进入研究区域的车辆保险杠上贴彩色胶带，或将彩色卡片贴在风窗玻璃上。颜色代码可表明车辆进入研究区域的入口点，因此离开研究区域时不必再停车。这种方法也可以在研究区域内的中间地点收集数据，但在某些天气和照明条件下会出现问题。车辆拦截调查用于确定通过某一研究区域出发点和目的地的交通出行方式，没有收集关于出行者和出行特征的更详细信息。

车灯调查。车灯调查是车辆拦截调查（或车辆标记调查）的一种变体。在一个人口点跟踪单一车辆，设定最多两个或三个目的地，行程通常为 0.5～1 公里。这种方法可用于追踪穿过立交桥或交织区域的车辆。每辆进入的车都需要打开前照灯，并保持开启状态，直到通过出口站。这种方法只能在白天应用，是本手册所介绍调查方法中最不可靠的，而且只在非常有限的情况下才有效。使用这种方法需要注意的是，在许多情况下（例如在加拿大），很多车辆行驶时会始终打开车灯。

2. 内部调查

典型的内部调查类型包括家庭调查、商务车辆调查、工作场合调查及特殊情景下的调查、酒店调查及游客调查，有时还包括公共交通调查。

家庭调查。家庭调查始于 20 世纪 40 年代，在 20 世纪 50 年代全面成为城市交通规划过程的一部分。最初的研究包括家庭访谈，受访者需要回忆前一天的行程。样本量比例从人口超过 500 万的地区的约 2%，到人口不足 20 万地区的约 20%。

在过去 15 年中，调查方法发生了巨大变化。涉及小样本的调查可以通过互联网或电话进行，包括步行和骑行，以及汽车或公共交通出行。在过去 5 年中，已完成了 80 多项此类调查。

进行家庭调查的主要步骤如图 2-23 所示。试点调查是调查过程中一个通常被忽视但又很重要的内容，应利用试点调查对调查工具、抽样设计和访谈过程进行测试。表 2-11 中总结了内部调查中需收集的典型信息。

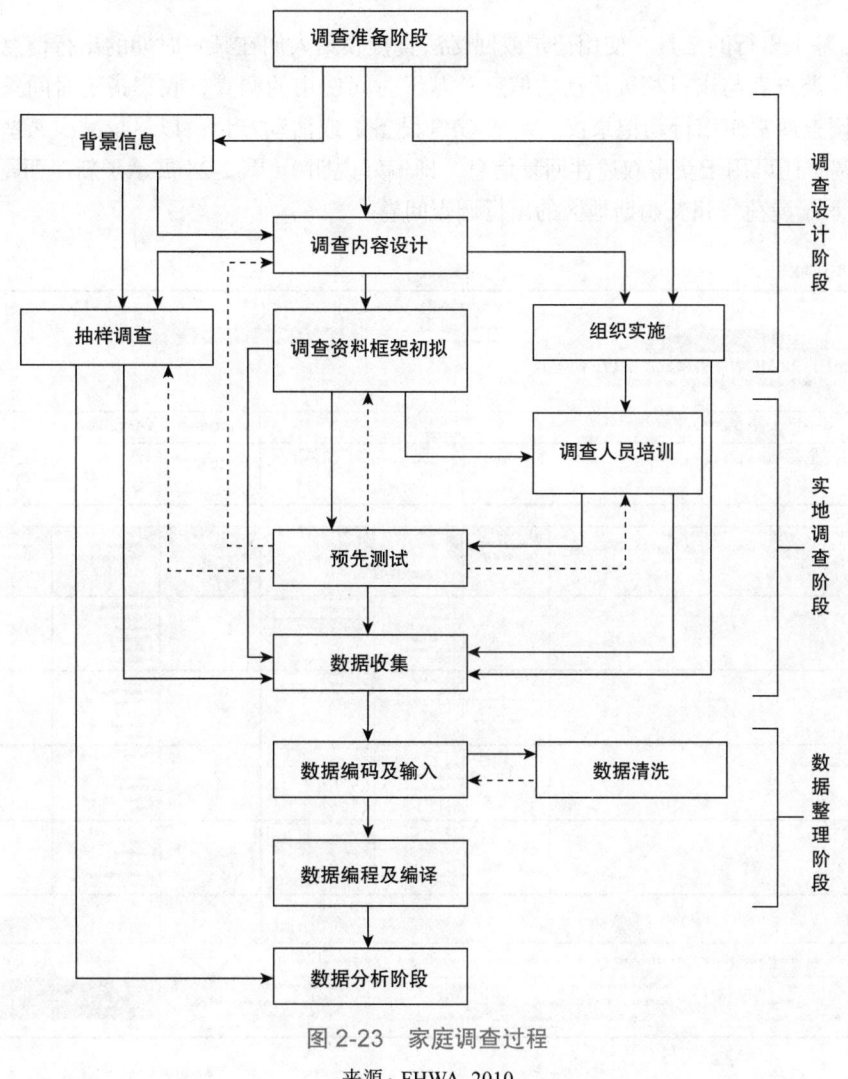

图 2-23 家庭调查过程

来源：FHWA，2010

表 2-11 内部调查中需收集的典型信息

类别		变量
移动	出行阶段 出行目的 各阶段的主要模式	车辆上的乘客人数 出行的终点位置 停车支出/换乘支出 家庭出行的交通工具选择
个人	性别 年龄 家庭 职业 专业 工作量	是否获得驾照 成员间的关系 受教育水平 种族/民族
家庭	家庭成员数 家庭收入 家庭拥有车辆数 居住建筑类型	居住年限 先前居住地 家庭中的职业工作者数
车辆	状况 制造 修理状况 型号	年度里程数

来源：Stopher et al., 2008, Reproduced with permission of the Transportation Research Board.

家庭调查包括：基于出行的工具，使用记录或回忆法直接收集人们在某一时期的出行信息；基于活动的调查，收集指定时间段内被调查者与出行相关活动的信息；基于时间使用的调查，收集指定时间段内被调查者参加的所有活动的信息。调查通常使用行动记录仪（例如 GPS 设备）或活动日记，以尽量减少某些行程（例如短途出行）的漏报。这些调查还可用于获得叙述性回复信息（即偏好说明）。图 2-24 展示了新墨西哥州阿尔伯克基的出行日记。图 2-25 展示了爱荷华州艾姆斯地区的出行调查问卷。

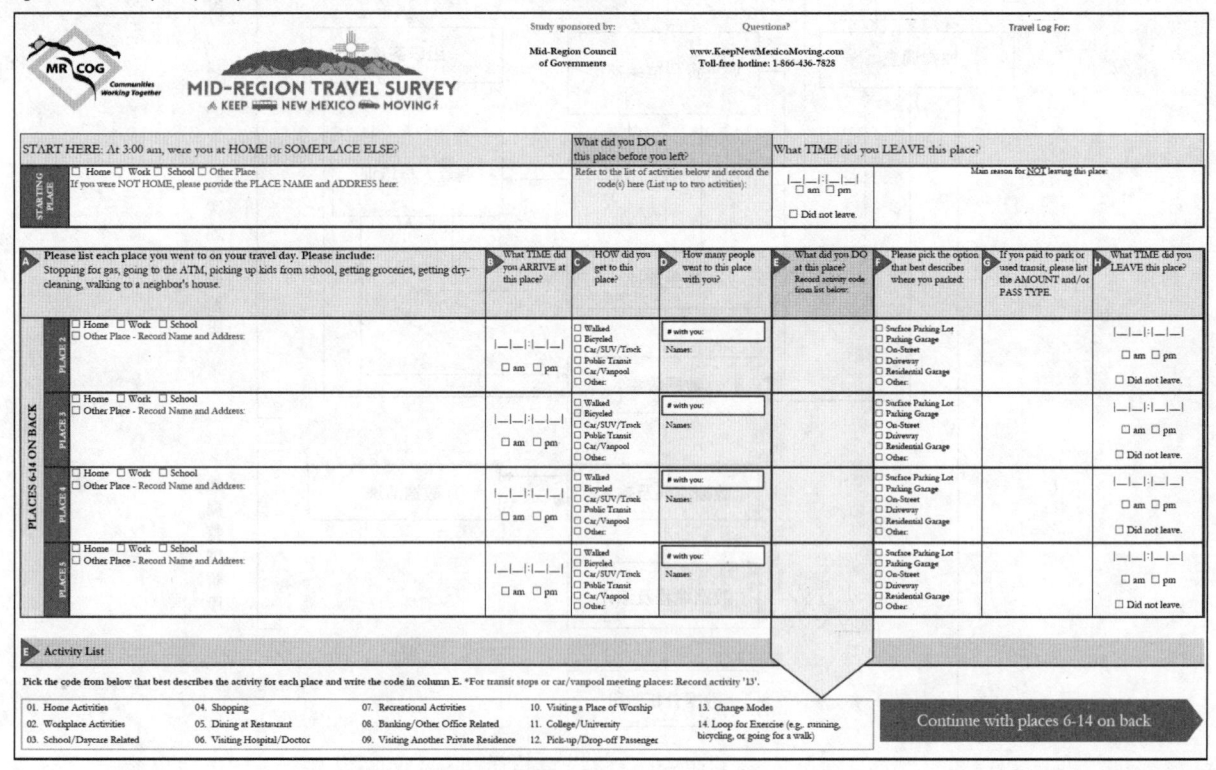

a)

图 2-24 新墨西哥州阿尔伯克基的出行记录

Figure 2-24b. (Continued)

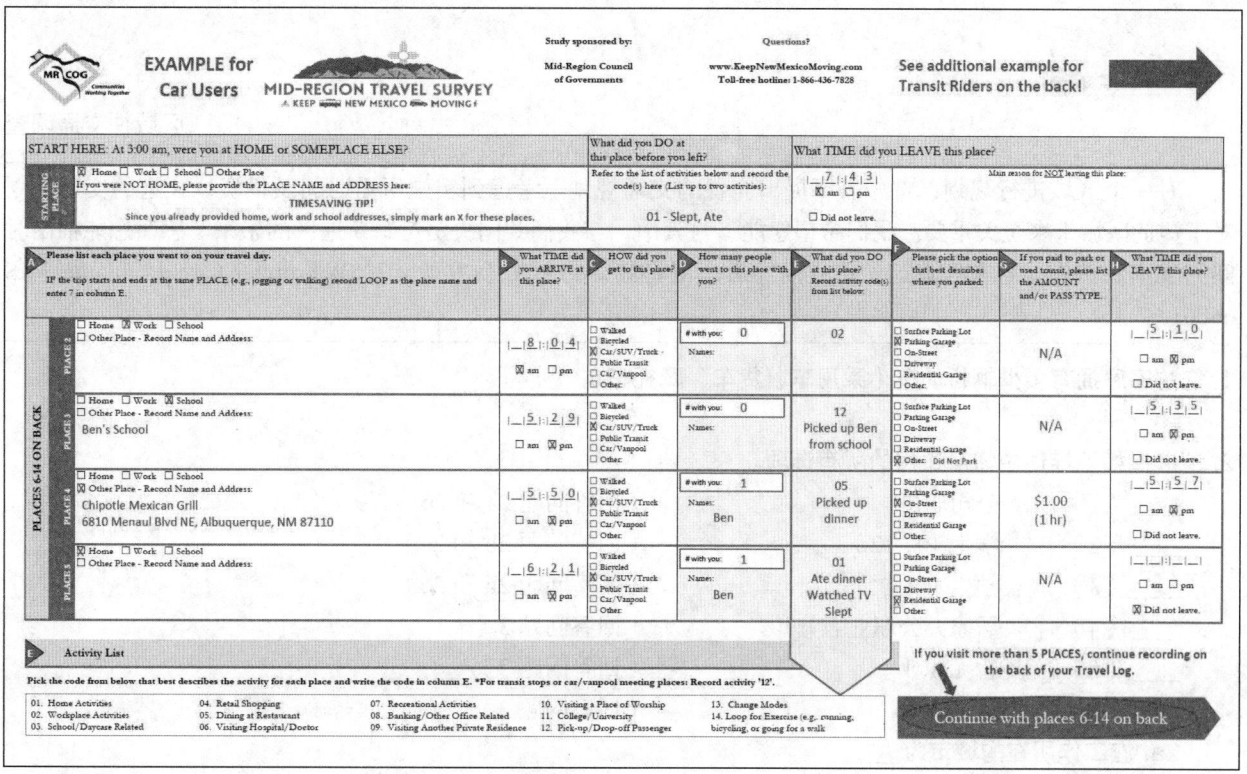

b)

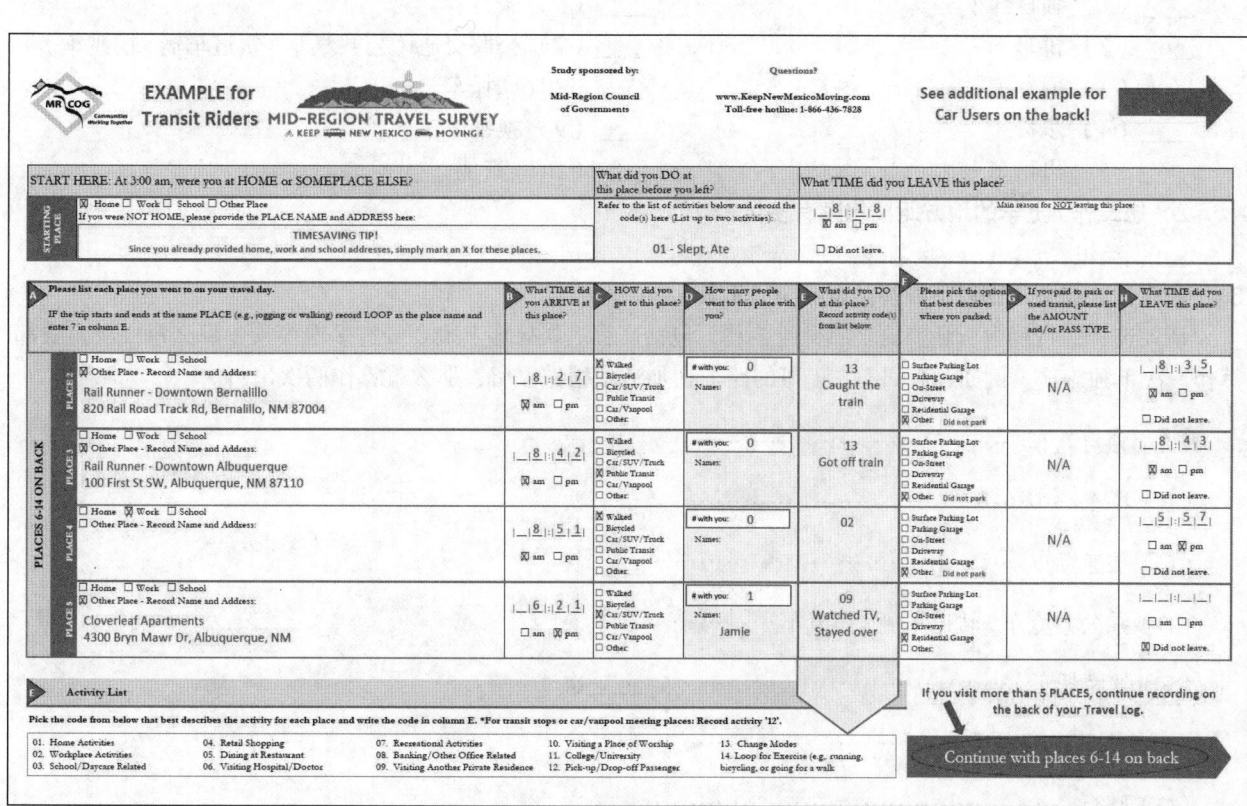

c)

图 2-24 新墨西哥州阿尔伯克基的出行记录（续）

来源：Westat, 2014. Reproduced with permission of Westat, Inc.

区域性交通调查

对一个区域进行规划，首先需要提出完备的交通规划。考虑到实施所需时间及投资，长远的交通规划对于塑造区域未来至关重要。我们希望您能参与其中，与我们共同决定艾姆斯地区的未来。感谢您能抽出时间完成本次调查。您在完成这份调查问卷后，请将其寄回 ETC 研究所，725W.Frontier Circle，Olathe，KS 66061.

1. 您的家庭拥有多少辆机动车（乘用车、货车、摩托车）？
　　____ 辆

2. 请选择如下描述中您所适用的所有选项。
　　____（1）　　公司职员　　　　　　　（回答问题 2a 和 2c）
　　____（2）　　学生（K-12）　　　　　（回答问题 2b 和 2c）
　　____（3）　　学生（大学）　　　　　（回答问题 2b 和 2c）
　　____（4）　　居家办公职业者　　　　（回答问题 3）
　　____（5）　　暂无职业　　　　　　　（回答问题 3）
　　____（6）　　退休人员　　　　　　　（回答问题 3）

2a. 您工作所在的城市为____

2b. 您上班/上学通常采用的交通出行方式有哪些？
　　____（1）独自驾车　　　　　　　　　____（6）骑行
　　____（2）拼车　　　　　　　　　　　____（7）公共交通（公共汽车/轨道车辆/摆渡车）
　　____（3）通勤车　　　　　　　　　　____（8）摩托车
　　____（4）步行　　　　　　　　　　　____（9）换乘停车
　　____（5）出租车　　　　　　　　　　____（10）其他____

2c. 您工作/上学的地方距离您家有多远？
　　____ 英里

3. 一般来说，您会用到以下哪些类型的交通工具？
　　请勾选您的行程中所涵盖的全部交通工具，包括回程。如果您上班要经过多次换乘，那么每一次换乘都算作一次单独旅途。例如，假如您在上班的路上在加油站稍作停留，那么就算作两次出行。

　　（A）独自驾车 ················· ____ 次

　　（B）拼车 ····················· ____ 次

　　（C）乘通勤车 ················· ____ 次

　　（D）乘公共汽车/轨道车辆/摆渡车 ········· ____ 次

　　（E）驾摩托车 ················· ____ 次

　　（F）步行 ····················· ____ 次

　　（G）骑行 ····················· ____ 次

图 2-25　爱荷华州艾姆斯地区的出行调查问卷

4. 对当前交通状况的看法 请评价您对以下方面的满意程度：		很满意	满意	一般	不满意	很不满意	不确定
A.	艾姆斯地区南北向出行便捷程度	5	4	3	2	1	9
B.	艾姆斯地区东西向出行便捷程度	5	4	3	2	1	9
C.	从您家到城市公园及娱乐设施的便捷程度	5	4	3	2	1	9
D.	从您家去工作地的交通便捷程度	5	4	3	2	1	9
E.	从您家到艾姆斯购物区的交通便捷程度	5	4	3	2	1	9
F.	从艾姆斯到爱荷华州其他城市出行的便捷程度	5	4	3	2	1	9
G.	CyRide（艾姆斯的公共交通）的便捷程度	5	4	3	2	1	9
H.	HIRTA（Story 县的公共交通，包括艾姆斯）的便捷程度	5	4	3	2	1	9
I.	自行车道便捷性	5	4	3	2	1	9
J.	共享街道便捷性	5	4	3	2	1	9
K.	人行道便捷性	5	4	3	2	1	9
L.	停车便捷性	5	4	3	2	1	9
M.	邻里交通安全	5	4	3	2	1	9
N.	主要街道的交通安全	5	4	3	2	1	9
O.	高峰时段的街道交通流量	5	4	3	2	1	9
P.	非高峰时段的街道交通流量	5	4	3	2	1	9
Q.	道路整体状况	5	4	3	2	1	9
R.	交通信号状况（信号定时、信号进展等）	5	4	3	2	1	9
S.	艾姆斯街区的交通直达程度	5	4	3	2	1	9
T.	邻里街道的超速行驶状况	5	4	3	2	1	9

5. 问题 4 中的哪三项内容是您认为最重要的交通问题？

   （按重要性排序，写下问题 4 中代表各项的字母代码）

   第一重要____　　第二重要____　　第三重要____

6. 总的来说，您对艾姆斯地区的交通状况评级为？

   ____（1）非常好　　　　____（4）差

   ____（2）好　　　　　　____（5）不清楚

   ____（3）一般

7. 与您去过的其他规模类似的城市相比，您认为艾姆斯地区高峰时间段的交通拥堵状况如何？

   ____（1）更好　　　　　____（3）差不多

   ____（2）更差　　　　　____（4）不清楚

8. 艾姆斯地区的停车状况 请评价您对以下方面的满意程度：		很满意	满意	一般	不满意	很不满意	不确定
A.	居住片区的停车便捷程度	5	4	3	2	1	9
B.	市中心的停车便捷程度	5	4	3	2	1	9
C.	大学周边的停车便捷程度	5	4	3	2	1	9
D.	大学城的停车便捷程度	5	4	3	2	1	9

图 2-25　爱荷华州艾姆斯地区的出行调查问卷（续）

9. 您对艾姆斯地区的公共交通系统做何评价？
   ____（1）非常好　　　　　　　　　　　____（4）差
   ____（2）好　　　　　　　　　　　　　____（5）不清楚
   ____（3）一般

10. 艾姆斯地区的公共交通状况 请评价您对以下方面的满意程度：	很满意	满意	一般	不满意	很不满意	不确定
A. 公共交通服务的信息完善程度	5	4	3	2	1	9
B. 目的地地区的公共交通服务	5	4	3	2	1	9
C. 您家与最近的公共交通乘车点的距离	5	4	3	2	1	9
D. 公共汽车频次	5	4	3	2	1	9
E. 每天及每小时公共交通服务的时效性	5	4	3	2	1	9

11. 您选择不乘坐或不常乘坐 CyRide 公共交通系统的原因有哪些？
   （勾选所有符合选项）
   ____（A）我家附近没有公共交通服务
   ____（B）我常去的目的地附近没有公共交通服务
   ____（C）我不知道怎样乘坐公共交通工具（需要路线、费用、时刻表等信息）
   ____（D）我对乘坐公共交通工具有不太好的回忆（被无礼对待、迟到、缺乏安全感）
   ____（E）与驾驶私家车相比，乘坐公共交通工具会耗费更长时间
   ____（F）公共交通服务的设置让人觉得困惑
   ____（G）在我需要的时间段没有公共交通服务
   ____（H）公共交通服务的费用太高
   ____（I）等待公共交通的时间太长
   ____（J）在我需要乘坐公共交通工具的时候通常都很拥挤
   ____（K）只是更喜欢驾驶私家车
   ____（L）其他

12. 当您前往最近的公共交通站点耗费多少时间以内时，您会更多地考虑乘坐公共交通工具出行，而不选择驾驶私家车？
   ____（1）5 分钟
   ____（2）10 分钟
   ____（3）其他_____

13. 当公共汽车以多高频次（即多少分钟一趟）提供服务时，您会更多地考虑乘坐公共汽车出行，而不选择驾驶私家车？
   每____分钟

在艾姆斯地区骑行

14. 去年一年中，您是否曾在艾姆斯地区骑过自行车？
   ____（1）是的　　　　　　（回答问题 14a～14f）
   ____（2）没有　　　　　　（回答问题 15）
   14a. 在主路上骑行时，您觉得是否安全？
   ____（1）不是很安全
   ____（2）安全
   ____（3）非常安全
   ____（4）不清楚

图 2-25　爱荷华州艾姆斯地区的出行调查问卷（续）

14b. 去年，您是否在自行车专用道上骑过自行车？
　　____（1）是的
　　____（2）没有

14c. 在自行车专用道上骑自行车时，您是否觉得安全？
　　____（1）不是很安全
　　____（2）安全
　　____（3）非常安全
　　____（9）不清楚

14d. 去年，您是否在混行道路上骑过自行车？
　　____（1）是的
　　____（2）没有

14e. 在混行道路上骑自行车时，您是否觉得安全？
　　____（1）不是很安全
　　____（2）安全
　　____（3）非常安全
　　____（9）不清楚

14f. 您骑自行车出行最主要的目的是什么？
　　____（1）上学、工作通勤、个人事务、购物等
　　____（2）娱乐活动（健身、休闲）
　　____（3）以上都有（请给出大致比例）
　　　　　　多少比例的骑自行车出行是为满足通勤需求？____%
　　　　　　多少比例的骑自行车出行是为满足娱乐需求？____%

在艾姆斯地区步行

15. 去年一年中，您是否曾在艾姆斯地区的街区内步行过？
　　____（1）是的（回答问题 15a～15d）
　　____（2）没有（回答问题 16）

15a. 在主路上步行时，您觉得是否安全？
　　____（1）不是很安全
　　____（2）安全
　　____（3）非常安全
　　____（9）不清楚

15b. 去年，您是否在混行道路、轨道边或街边步行过？
　　____（1）是的
　　____（2）没有

15c. 在混行道路、轨道边或街边步行时，您是否觉得安全？
　　____（1）不是很安全
　　____（2）安全
　　____（3）非常安全
　　____（9）不清楚

15d. 您步行最主要的目的是什么？
　　____（1）上学、工作通勤、个人事务、购物等
　　____（2）娱乐活动（健身、休闲）
　　____（3）以上都有（请给出大致比例）
　　　　　　多少比例的步行出行是为满足通勤需求？____%
　　　　　　多少比例的步行出行是为满足娱乐需求？____%

图 2-25　爱荷华州艾姆斯地区的出行调查问卷（续）

道路状况

16. 艾姆斯地区的几个交叉路口如下所示,其中哪两个交叉路口是您认为在五年内最需要进行改善的?

　　____(1) South Walnut/Clark & Lincoln Way
　　____(2) South 16th & Duff
　　____(3) Grand Avenue & 13th Street
　　____(4) Franklin & Lincoln Way
　　____(5) Grand Avenue & 24th Street
　　____(6) Lincoln Way & Duff Avenue
　　____(7) Stange Road & 13th Street
　　____(8) Welch Avenue & Lincoln Way
　　____(9) 其他____

其他问题

17. 对于以下各项内容的增强或改进,请勾选您的支持程度。请注意,对各项内容的改进都会产生相应的市政费用

改进内容 请评价您对以下方面的支持程度:	非常支持	支持	一般	不支持	不确定
A. 在艾姆斯地区的主要城市街道上布设自行车专用道	4	3	2	1	9
B. 限制通往商业地点的车道数量,以减少交通流量	4	3	2	1	9
C. 在发展地区布设主干路,使车速至少可以达到 45 ~ 50 英里/时(72 ~ 80 公里/时)	4	3	2	1	9
D. 增加技术投资,例如可向驾驶人通报交通状况的标识系统和/或调整信号配时以最大限度地增加交通流量	4	3	2	1	9
E. 拓宽现有道路或新建道路,以缓解拥堵状况	4	3	2	1	9
F. 在关键交叉口增加更多转弯车道,以改善运行效率	4	3	2	1	9
G. 安装红灯运行摄像头协助执法	4	3	2	1	9
H. 安装高科技交通控制设备,通过交叉口信号调整,优先服务公共汽车	4	3	2	1	9
I. 基于互联网大数据的实时出行信息	4	3	2	1	9
J. 将交通系统接入城北州域公路	4	3	2	1	9

18. 建立艾姆斯地区的远期交通愿景对于塑造片区未来至关重要。请您为下列每项叙述的重要程度打分,5 表示"非常重要的",1 表示"根本不重要"

各方面交通改善的重要程度	非常重要	重要	一般	不重要	根本不重要
A. 构建一个安全的、联通的多式联运网络,包括骑行者、行人、公共交通车辆和私家车	5	4	3	2	1
B. 促进宜居和可持续发展	5	4	3	2	1
C. 提供保护及加强社区环境品质的办法	5	4	3	2	1
D. 支持片区经济发展	5	4	3	2	1
E. 最大限度地发挥交通投资的效益	5	4	3	2	1
F. 提高社区健康和生活质量	5	4	3	2	1
G. 保护环境资源	5	4	3	2	1

图 2-25　爱荷华州艾姆斯地区的出行调查问卷(续)

19. 交通改善至关重要，但也需要较高投资。改善交通状况的资金可从如下来源获取。您最支持以下哪种资金来源？ 4 表示"非常支持"，1 表示"不支持"

	各方面交通改善的重要程度	非常支持	支持	一般	不支持	不知道
A.	增加汽油税	4	3	2	1	9
B.	增加收费站	4	3	2	1	9
C.	增加车辆登记费	4	3	2	1	9
D.	收取车辆使用费，行驶距离越长，费用就越高	4	3	2	1	9
E.	为新的发展收取过路费	4	3	2	1	9
F.	提高车辆销售税	4	3	2	1	9
G.	收取交通拥堵费，越接近高峰时间段，费用就越高	4	3	2	1	9
H.	增加财产税	4	3	2	1	9

20. 问题 19 中的哪三项资金来源是您最支持的？
（按重要性排序，写下问题 19 中代表各项的字母代码）
第一支持____ 第二支持____ 第三支持____
为确保本次调查具有代表性，请您提供以下信息：

21. 您有____位年龄在 16 岁以上的家庭成员（包括您自己），由于自己没有车或不会开车，平时是依靠公共交通或经常搭乘朋友/亲戚的车出行的？

22. 您有多少位家庭成员（包括您自己）？
   5 岁以下____　　　20～24 岁____　　　55～64 岁____
   5～9 岁____　　　25～34 岁____　　　65 岁以上____
   10～14 岁____　　　35～44 岁____
   15～19 岁____　　　45～54 岁____

23. 您的家庭总收入大约为？
   ____（1）30000 美元以下　　　　____（3）60000～99999 美元
   ____（2）30000～59999 美元　　　____（4）100000 美元以上

24. 您的种族为？（勾选全部适用项）
   ____（1）非裔美国人/黑人　　　　____（4）白人/高加索人
   ____（2）美国印第安人　　　　　　____（5）其他____
   ____（3）亚洲人/太平洋岛民

25. 您现在是爱荷华州大学的学生吗？
   ____（1）是
   ____（2）不是

26. 您的性别为？
   ____（1）男性
   ____（2）女性

本次调查到此为止，感谢您的参与和配合！
请将填妥的调查资料连同邮资已付信封交回：
ETC Institute，725 W. Frontier Circle，Olathe，KS 66061

图 2-25　爱荷华州艾姆斯地区的出行调查问卷（续）
来源：City Ames, 2014

由于规划者采取的数据收集策略不同，各种家庭调查方法的报告回复率也有所不同。三种主要调查类型的回复率通常如下：面对面访谈约90%，电话调查约50%，邮寄回复调查不足30%。

一旦访谈结束，就要按出发点和目的地对出行数据进行编码。各行程的端点（出发点和目的地）都被编码到所在区域。用这一区域内居住单元总数除以实际成功完成访谈数量计算出区域系数，用区域系数将数据扩展为完整的样本。其他系数用于将数据转换为平均工作日数据。通过确定穿越研究区域所设交通调查线的总次数，进一步做出调整。将测量结果与穿越交通调查线的计数结果进行比较，得出校正系数。

工作场所和主要出行单位。对主要交通出行单位的交通出行方式及出行率进行调查，可获得针对非家庭终端行程的信息。调查包括按照方式和时间，对进入、离开或停留在活动中心人员的拦截或周界线计数。调查还可能包括对访客或工作者样本进行访谈。在雇员工作场所将调查表分发给受调查者，通常以自填表形式进行。

公共交通调查。公共交通调查通常在乘客登上公共汽车或轨道车辆时向他们分发调查表。乘客填写调查表后，将调查表投入收集箱或以邮递方式返回。根据乘客的不同类型，回复率为15%～40%。在某些情况下，使用便携式计算机或平板计算机的访谈者可以进行互动式调查，从而提高回复率和回复质量。

内部货车和出租车调查。分别收集货车和出租车的行动信息。按需要进行单独分析的类别对车辆进行分组（重型货车、轻型货车、出租车）。任一类车辆的样本量是根据其在研究区域内所有商用车辆中所占的市场份额选定的。

出租车的信息可以从车库地址、车辆说明和当天的行程中获得。出行信息包括出发点和目的地、出发时间和结束时间，以及乘客人数。

可以在城市地区进行货车调查，以确定当地的交通出行方式。也可以进行其他货车调查，以便对长途出行进行分析。前者通常采用出行日记的形式，后者通常采用拦截调查的方法。

通过对穿越交通调查线的出行方式逐小时实际计数进行比较，来审核调查的准确性。根据调查结果确定的公共交通客流量还应与公共交通机构的记录和公共交通线路客流量进行比较，往返于主要就业中心的工作出行可与该地区就业人数的估计数进行比较，要注意为缺勤留出修正空间。

2.4.7 停车需求研究

大部分停车需求研究的目的是通过分析车位供需关系来确定现有和未来的车位需求。需获取的信息包括：车位供应特征，例如车位的数量、位置和成本，或由谁提供车位；周转占用率和车位使用情况；停车人特征，包括人们停车的时间、地点、原因、时长和位置；现有或新开发项目的停车位需求和必要性。车位研究的常见结果包括：建议的设施位置、概念设计、成本和收入，以及融资计划（请参见第11章关于停车规划的内容）。

关键研究步骤包括：确定研究区域；盘点车位；确定车位占用率（累积）；计算停车持续时间（停留时间）和车位周转情况（每天每个车位的停放次数）；获得停车人的基本特征（目的、支付费用、目的地）；分析车位供需关系。为获得停车人的基本特征要与停车人进行面谈，这通常是综合停车研究的一部分。另外，也可以进行有限车位研究，通过应用相似土地用途的需求数据，或根据区域内的建筑面积或就业分布，按比例分配高峰期的停车累积量，从而明确停车需求。

1）确定研究区域。停车需求研究的第一步是清晰确定研究区域。该区域应包括相关交通出行单位以及合理步行距离的周围区域，还应包括目前存在问题的区域以及可能受到增长和变化影响的区域。研究区域的每个街区都应单独标识。车位分析区域可以包括这些单独街区（或街区组团），然后合并成一个区域。街区朝向可以按顺时针方向从1到4编号，编号1的朝向为街区的北侧。街外设施应划入街区中，并从5开始编号。

2）盘点车位。按照车位类型对现有的街上和街外车位进行盘点。街上（路边）车位通常按允许停车的类型分类，包括：无限制车位，货车、出租车或公共汽车载客/货区，限时停车区，以及限时收费车位。根据类型（地块或车库）、可用性（对公众开放或限制）和所有权（公共或私人），对街外设施和空间进行分类。

3）确定高峰期车位占用率。车位占用率（或停车累计时间）研究可确定车位在一天中不同时间内的占用次数，并确定使用高峰。应全天定期观察路边和街外车位的使用情况。停放车辆的路边车位占用率应按街区朝向计算。占用合法车位的数量，以及载客区内的商用车辆和违规停车或并排停车数量，均应计算在内。在较小的研究区域内，观察者可步行穿过目标地点来获得这些数据。在较大的研究区域内，观察者可通过自驾来获得数据。通常安排一名司机和一名观察者来计数并记录信息，两个人可以观察更多区域。在更现代化的停车场，传感器可以识别可用的车位数量，监控传感器可用于确定车位占用率。

在夜间活动频繁的大型停车场，例如体育场和地区购物中心停车场，很难观察到停车位的占用情况。在这种情况下，有必要按时间段对进出的车辆进行计数。图 2-26 展示了在典型的停车研究中如何表示车位占用率。

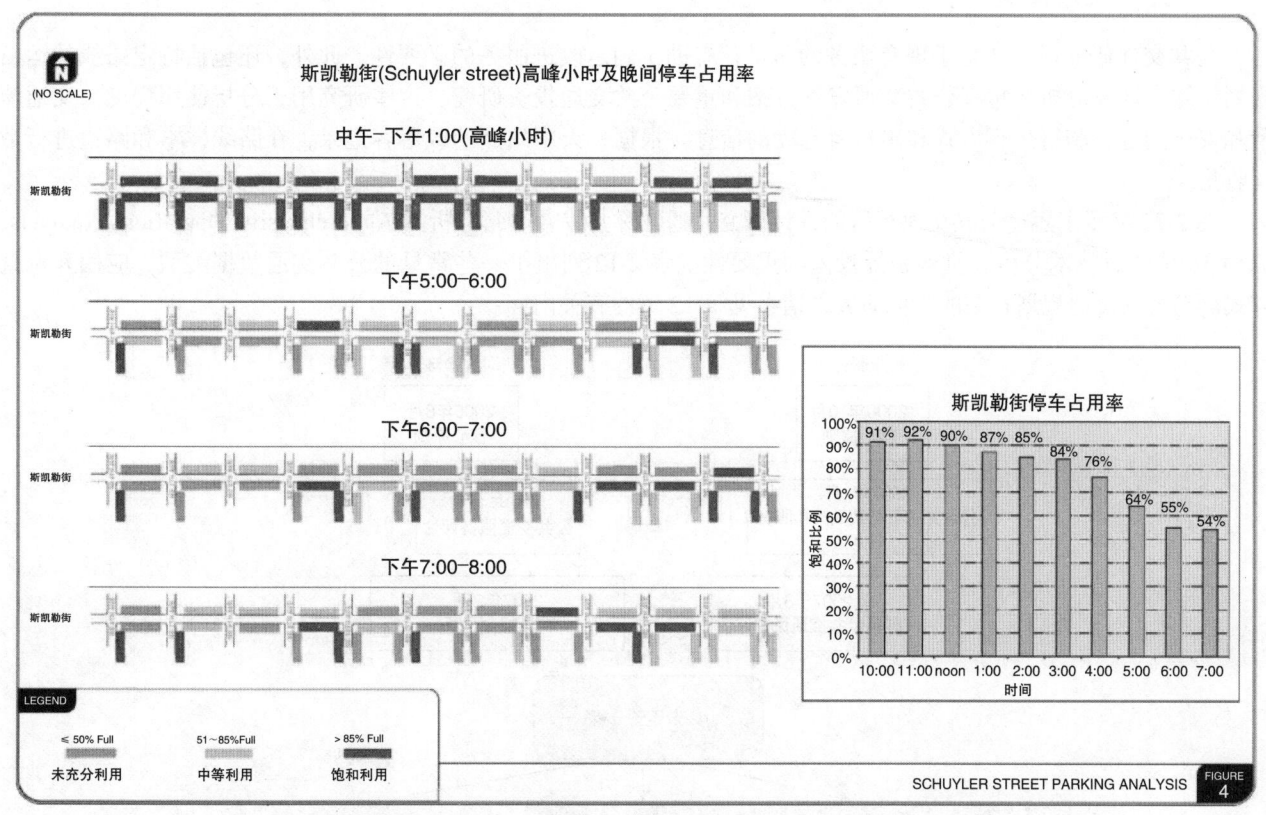

图 2-26　俄勒冈州波特兰市停车场使用实例
来源：Kittleson, Inc., 2005

4）计算停车持续时间和车位周转情况。停车持续时间（停放在指定车位的时间）和周转情况（在整个研究时段内停放在该车位的车辆数量）在车位管理活动中是非常有用的，它们为改变时限或费率提供了基础，重点是强制执行并取消路边停车。在研究期间，可通过记录的车牌号来获得信息。

5）获得停车人的特征。通过停车人访谈或寄回明信片调查，可在停车地点获得停车人的特征。访谈旨在获得的信息包括：停车位置、出行目的和频率、出行起点、主要目的地、停车时长、所支付停车费、到达和离开时间，以及从车位到主要目的地的步行距离。这些数据用于计算以街区为基础的区域车位需求，还可同时获得占用率、持续时间和周转率。有时会在路边和街外停车设施对有代表性的样本进行访谈。为降低成本，可能会细分区域，访谈会分几天进行。

对产生主要出行的特定单位（例如写字楼、购物中心、医院和工厂）的访客和雇员进行调查，获得关于出行方式、出行起点、出行态度和人流的重要辅助信息。通常可以从雇主那里获得雇员信息，而访客信息可以通过直接访谈获得。如果写字楼占据了混合用途开发项目（例如市中心）的大部分空间，则餐馆和零售商店可能会吸引大量工作者。主要和次要目的地比例的估算需要对顾客进行直接访谈。访谈应获得的信息包括出行目的、出行方式，以及目的地是主要的还是次要的。这类访谈通常可以在出行单位的出入口进行。

第 11 章阐述了与停车规划研究相关的更多细节。

2.5 出行方式研究

交通规划往往侧重于具体的模型问题,例如公共交通系统服务规划、停车规划研究、步行与骑行系统分析以及货运交通规划。本手册中的章节详细介绍了每个主题的相关内容。与这些研究相关的一些重要数据将在下文讨论。

2.5.1 公共交通研究

公共交通研究通常侧重于现有服务的质量,有助于确定改进服务的必要性。此外,还包括特定路线的运营规划、综合运营分析、短程公共交通发展方案和重要公共交通投资研究。这些研究用于分析使用程度、交通流量和安全问题、骑行出行方式和出行者态度的信息。根据一天中站点的载落客记录,在路线样本和路边进行数据收集。

图 2-27 展示了短途公共交通运行的设计研究,通常称为综合运营分析(Comprehensive Operations Analysis,COA)。请注意技术分析和机构领导投入的重要性。表 2-12 列出了一些常见的公共交通数据类型、应用和调查方式。与公共交通规划相关的其他研究,请参见第 12 章的有关内容。

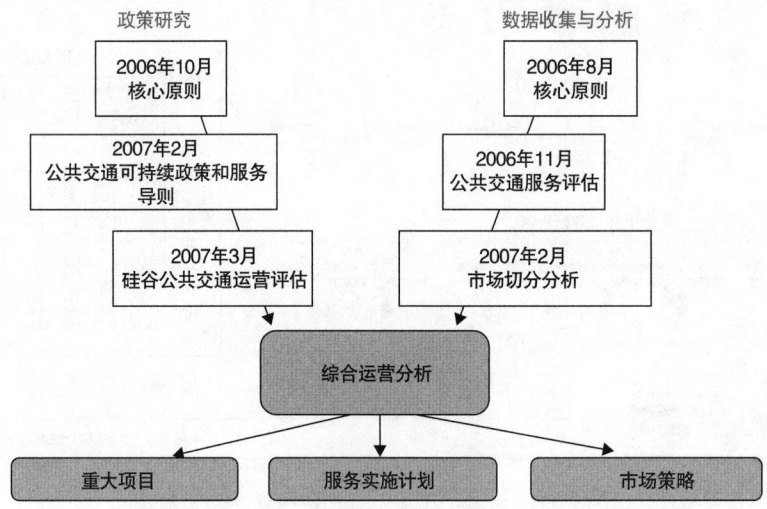

图 2-27 加利福尼亚州圣克拉拉县交通管理局综合运营分析的设计研究

来源:Santa Clara Valley Transportation Authority, 2009

表 2-12 常见公共交通数据类型、应用和调查方式

数据类型	数据应用	调查方式
高峰时期或其他时间点的载客量	行程安排、出行计划	站点调查、行车调查
运营时间及延误情况	行程安排、出行计划	行车调查、轨迹调查
指定地点的准时可靠度	行程安排、评估、控制	站点调查、行车调查、轨迹调查
上车乘客数量	行程安排、评估、计划、报告	司机调查、行车调查
按票价统计上车区域分布	出行计划、商业策划	司机调查、行车调查
按站点统计上下车乘客数量	出行计划	数据收集装置、行车调查
单位里程乘客数	行程评估、报告	数据收集装置、行车调查
乘客特征与意见	出行计划、商业策划	问卷调查
乘客出行 OD 特征	出行计划、商业策划	针对性行车调查、问卷调查、由数据收集装置得到的特征推测、站点调查、行车调查

来源:Urban Mass Transportation Administration, 1985.

1. 公共交通清单

公共交通清单为公共交通服务分析提供了必要的背景资料，相关数据包括：公共交通网络地图；所有商店、中转站和车库的位置；标明每条路线的班次和服务时间，以及交通网络各站点之间行驶时间的时间表；全部服务车辆一览表，用于展示运载能力、车龄和状况；票价清单。

2. 服务覆盖范围

服务覆盖范围分析表明了公共交通区域内现有（或规划）路线网络覆盖人口的规模。通常，将距公共交通路线 3/8 ~ 1/4 公里范围内（或轨道交通站 0.5 公里范围内）的地区划分为公共交通区域，并估计这些地区的人口。在规定步行距离内的服务区域人口称为覆盖人口。这一概念可以扩展到就业领域。在公共交通站点和工作场所指定距离内的服务区域人口比例，代表了总覆盖率。

3. 乘客计数

乘客计数提供了关于乘客上车和下车、车辆载荷和时间表遵守情况的信息，可用于规划服务，包括调整路线和时间表、确定车站位置、限制沿公共交通路线的转弯、调整街道模式和路边停车条例，以及制订公共交通优先措施，例如公共汽车道和紧急情况信号优先权。在公共交通行业中，有两种常见的主要乘客计数策略类型。

- *站点检查*。通过站点检查，可以获得所调查线路沿线一个或多个公共交通站点（通常选取最繁忙的站点）乘客上下车数量和车辆载荷数据，也可包含对停留时间和乘客服务时间的研究。站点检查由驻扎在公共交通站点的人员实施，他们会在车辆到达时计算乘客流动情况，还可收集多条相交路线的换乘数据。
- *乘车检查*。可根据出行方向和时间，对整条公共交通线路沿线进行上下车检查。这样就可根据位置来制订乘客负荷概况，并与所提供的座椅数量进行比较。由搭乘公共交通线路的个人进行乘车检查，并对沿线的乘客流动情况进行统计。

4. 自动化客流概况

现代公共交通系统已经在车辆和付费转门上安装了自动传感器，用于收集客流数据。这些传感器通常称为自动乘客计数器（Automatic Passenger Counters，APCs），利用相关数据可以对上下车情况以及沿途的客流概况进行可靠估计。

2.5.2 行人研究

行人研究在交通规划中有多种用途，可用于确定小学生的安全上学路线图，确定交通管制的必要性，还可调整管制措施以更好地为行人服务。这些研究为改善人行道提供了基础，并且有助于证明步行和交通购物中心、人行天桥、立交桥、隧道、自动扶梯和移动带的合理性。行人研究在涉及主要步行单位（例如城市体育场、会议中心和市中心的开发区）的通道时尤其重要，这些地方会产生大量的步行运动。行人研究还有助于设计出入公共交通沿途站点和终点站的通道，以及制订人行道便利设施和公共开放空间的规划。

人口老龄化对行人设施提出了更高的要求，并改变了在传统的步行与骑行分析中所使用的一些参数（例如步行速度）。为残疾人提供特殊的辅助设施（例如在十字路口设置轮椅坡道或辅助梯、为盲人提供听觉交通信号）已成为城市规划进程的一个重要方向。

行人研究包括：研究行人数量、速度和通行能力；确定交通管制需求；调查行人出行的起点、目的地、出行目的和步行距离；确定行人出行率；获得行人态度和认知；分析行人行为和空间使用模式。ITE 的《交通工程手册》（2010 年版）中给出了详细的研究程序，可用于获得和分析行人数量、行走速度、所需距离和冲突。本手册第 13 章中提供了更多关于步行与骑行规划的信息。

行人的交通量和流量研究可以用交通量（每小时通行人数，人/时）、人流量（人/米·分）、行人空间面积（每个行人平均所占的面积，米^2/人·分）或步行速度（米/分）来表示。其中，步行速度、流量与行人动态密度（行人空间面积的倒数）是相互关联的。随着人行道、人行横道、过道、坡道或阶梯上人流量的增加，人的步行速度会趋于缓慢。而当人流量达到最大值后，行人密度会朝着"堵塞密度"或"拥挤密度"的方向增大，人流量和步行速度将趋近于零。

大多数的行人计数都是由人工操作统计的。这是一项劳动密集型工作，因此应仔细选择数据收集的时间。可以采用短期抽样计数法，然后扩大范围，以提供调查期间的估计数。一般应每隔5分钟计数一次。

1) *人流量和通行量*。行人通行量取决于人行道的有效宽度。考虑到建筑物、路缘石、展示窗和其他街道设施（例如交通标志杆、停车记时器、植物、自行车停放架、报纸架、长椅和公共汽车候车亭），人行道的有效宽度需要扣除6英寸（0.15米）或更多。行人通行量和服务水平（Level of Service，LOS）的分析基于行人空间面积，即每个行人的有效空间面积，其倒数为行人动态密度。LOS标准以"英尺^2/人·分"作为行人空间面积的单位。

2) *步行速度*。行人的步行速度会随LOS或区域和行人密度的变化而变化。研究表明，步行速度一般为2.2英尺/秒（0.7米/秒）到5英尺/秒（1.5米/秒）。许多工程师在交通工程分析中采用的步行速度为4.0英尺/秒（1.2米/秒）。然而，当前的趋势是使用3.3英尺/秒（1.0米/秒）作为一般值，将3.0英尺/秒（0.9米/秒）或3.25英尺/秒（1.0米/秒）用于特定用途，例如老年人或残疾人专用设施。不得使用低于3.0英尺/秒（0.9米/秒）的步行速度。

3) 为确定研究区域内使用的适当值，有时需要单独进行行人步行速度研究。应沿所研究步行人口经过的道路，限定明确的距离。记录每个行人的通行时间，大约100个行人的样本就足够了。在特定的时间段内（例如高峰时间、中午或下午）收集样本数据。将数据绘制为累积百分比曲线。第五百分位的数值通常是用于交通控制和安全目的的适当值。

4) *出入计数*。对出入建筑物、商店、街外停车设施和公共交通站点的人进行计数，目的是确定人口出行生成率，以及在同一地点增大面谈样本量。为确定人口出行率，计数应在上午高峰期、中午和下午高峰期进行。如果要进行访谈，则应该在上午7:00至下午6:00之间进行，通过将行人数量与调查活动的特点（例如建筑面积和就业情况）联系在一起，可获得出行率（如果只对离开的行人计数，则调查可在上午10:00至下午6:00进行）。

2.5.3 物流研究

物流包括原材料和成品的收集和分配。货物通过货车、火车、轮船和管道进行规划，部分高价值货物采用航空规划。物流规划的规模、类型和方式千差万别，研究应根据具体需要而定。需获得的信息通常包括：装运货物的种类和数量、使用的规划模式、起点和目的地、装运到终点的行程时间、装载和停泊要求、装运货物每天和每小时变化，以及装运频率。如果涉及货车，那么货车的数量、类型、重量、载运的商品和道路的使用情况都很重要。第22章将货运纳入交通规划过程，提供了更详细的与货运分析相关的信息。

在地方层级上，货物运输研究通常会结合特定问题进行分析，图2-28表现了其在交通规划研究中的数据类型。

1. 拦截调查

作为综合交通规划研究的一部分，可以在城市周围的周界线上对货车运营商进行访谈。调查应确定进入和通过某一地区的商品数量和类型、商品的目的地以及所涉及车辆的类型。例如，纽约州和新泽西州的港务局会定期对穿越哈德逊河（Hudson River）和维拉扎诺海峡大桥（Verrazano Narrows Bridge）的车辆进行商品调查。拦截访谈可以在货车称重站进行。在周界线附近的地方，通常都会有货车停下来接受采访的空间。

在进行截距调查时，必须考虑下列因素：

- 访谈类型。可以进行简短的一对一访谈，如果时间有限，则可以向有意愿的人发放可邮寄明信片。
- 交通管制。在企业采集数据时，数据采集员通常驻扎在装卸码头，在货车装/卸货物时进行采访，尽量减少对交通运行的影响。在称重站、货车站和休息区，可以将驾驶人引导到一个确定的区域进行访谈。不过有些访谈是在路边或十字路口进行的。
- 在路边或十字路口访谈时，必须采取交通控制措施，以维持所有车辆交通的有效运行。如果需要安全和交通管制协助，可能要与执法部门进行协调。为确保数据采集员的安全，可能要降低交通速度。提前设置警示标志则有助于确保数据收集过程中交通参与者和数据收集活动参与者的安全。

图 2-28 交通规划过程中，货运枢纽及网络中的货运数据与应用

来源：Rhodes et al., 2012. Reproduced with permission of the Transportation Research Board.

- 数据收集设备。可使用多种设备进行访谈。最常见的数据收集工具包括纸质调查表和便携式计算机。为驾驶人访谈而开发的调查表，应确保在不到 3 分钟的时间内轻松完成，以尽量减少对参与调查的商用车辆运营商的影响。
- 抽样方案。大多数货车研究项目没有预算用于收集每天、每周和每年所有时段中每条通道的数据。因此，必须制订一个抽样方案来获取足够数量的有代表性的数据。抽样计划的目标是提供研究区域的地理覆盖范围，收集适当的每日和每年数据，以及区域内（内部到内部）和区域间（内部到外部、外部到内部或外部）出行的数据。
- 数据扩展。由于在大多数位置实际上不可能收集到 100% 的样本，所以有必要对收集到的记录进行扩展，以代表完整的交通流量。为反映货车总流量，可以对调查结果应用扩展系数。通过对 1 小时内调查的货车数量与管辖部门提供的或为项目收集的每小时计数数据进行比较，可确定扩展系数。

2. 访问调查

对托运人、承运人、建筑物业主以及码头管理人员或租户进行访谈，可以获取货物运输的特性以及相关问题的详细信息。

通过与业主、经理或租户面谈，可以获得下列资料：
- 建筑用途：按用途（例如零售、仓储、办公）、租户数量、占用比例、雇员人数等分列的楼层空间。
- 交付限制：建筑物所有人对交付时间和车辆类型的限制。
- 送货接待：送货和服务车辆停放的地点，运输装配设施的可用性和利用率，货运电梯的位置等。
- 交货变化：按小时、日或月的交付变化。
- 为确保适当使用现有空间而采取的管理/管控行为。
- 货物量和种类。
- 装运或接收货物的来源和目的地。
- 处理货物及垃圾的程序。
- 留意可能发生的特殊情况。
- 可能存在的比选方案。

对货车车主和司机的访谈可以获得关于日常出行方式的信息。可从车辆登记数据中选择样本。根据货车分类，接受访谈的车主数应为登记货车车主总数的 1%～5%。还需获得的信息包括：车牌所有者和车辆所在地、车轴布置形式和车身形式、货物特性、规划商品、行程和经停情况以及相关出行信息。

可在营业性货车场站分发问卷，并进行深入访谈。对于主要的铁路、海运或空运物流场站，也可遵循同样的程序。通过访谈可获得以下信息：
- 详细描述物流场站的日常工作，包括工作时间、工作过程、数量波动和在服务区域可携带的货物类型。
- 物流场站的运行特性描述，包括所服务的货车和轨道车辆的载重量、数量、类型以及所使用的特殊设备。
- 在物流场站保存可用于进行全面货物交通调查的记录，包括装运模式和货物特征。
- 留意可能发生的特殊情况。
- 可能存在的比选方案。

在货车出行特征方面，营运重型货车企业也是一个重要信息源。这些企业能提供的信息包括：提供服务的类型、典型工作日运营的货车数量以及车队的组成。这些信息可用于扩展通过拦截调查收集的数据。访谈可当面进行或通过电话进行。

将货车规划行业的关键利益相关者作为目标，规划人员可获取有关地区货物流动的重要信息。这一数据收集工具有两个主要组成部分：

确定利益相关者名单。 为更好地理解货车是如何通过一个区域的，利益相关者必须是来自不同行业、业务规模和地理位置的个人。

制订访谈指南。 访谈过程中提出的问题类型取决于研究目的以及接受访谈的个人利益相关者。访谈的一般形式应该是自由流畅的、面对面的讨论，以从受访者那里获得深刻的见解。讨论的主题通常包括供应链结构、

运营信息，以及研究领域内或与之相关的运营挑战或优势。

3. 捕获车牌信息

这种方法通常与前文所述的技术结合使用。在指定研究区域内部和周围的多个地点，使用摄像机捕获车牌信息。对这些地点收集到的信息进行分析和比较，生成出行方式的相关信息。可以比较出行时间，以确定在监测地点之间是否有停车情况。以下是视频车牌捕获任务的关键组成部分：

地点选择。研究目的通常决定了选择哪里作为数据收集地点。一般而言，摄影机会设置在研究区域的出入口。

摄像机位置。不同的数据收集公司可能会将摄像机设置在不同位置。一些数据收集公司会将设备放在高架桥上，通过向下倾斜设备来捕获下方经过车辆的车牌信息。最近，有些公司尝试了其他方式，例如将摄像机设置在路边的隔离桶内。

资料处理和转录。根据项目的规模和可用的预算，处理车牌数据的方法可能有很大差异。可以简单地设置一个摄像机，通过各采集位置的视频输出设备手动记录车牌号码。然后对不同地点的记录数据进行比较，以分析交通出行方式。对于规模较大的项目，数据处理可以利用完全自动化的系统来完成，这类系统可以自动收集车牌数据并进行处理，而后将其存储在数据库中进行分析。

4. 装卸货区研究

装卸货区研究用于确定空间要求和几何设计准则，通常根据土地使用类型来调查占用和停留时间。这些信息为建立理想的街上和街外装卸空间提供了基础。

在国家、州和地方层面，关于货物流动的信息越来越多。读者可参考交通研究委员会的《城市货物流动指南》（*Guidebook for Understanding Urban Goods Movement*）（Rhodes et al., 2012）。许多都市区进行了货运或货物流动研究。在互联网上搜索"城市货物流动"，可获取许多如何进行此类研究的案例，以及各都市区货物流动的数据。

5. 货车重量研究

收集货车重量信息有很多用途，包括路面设计、收入估算、交通运输执法、公路成本分摊以及其他规划和工程活动。汽车货运公司会定期上报车辆重量。这些信息的接收者因州而异，州机动车管理部门通常利用车辆登记程序来收集这些信息。

使用固定式或移动式称重设备进行路边车重检查是交通运输执法项目之一。鉴于20世纪80年代货车相关法规的变化，以及由此产生的货车车队组成变化，需要经常进行货车规格和重量研究，以便评估货车类型对路面使用性能、几何要求和行业效率的影响。数据收集方法应考虑日平均交通量、货车比例、货车类型比例、货车货物比例、州域与非州域行程、场地适宜性以及附近备选路线。应使用固定式称重设备核验货车重量，并为有效识别违法者制定相关法律。这需要特殊的货车通道，以避免在主要出行时间内发生倒流式交通堵塞。动态称重（Weigh-In-Motion，WIM）用于确定货车是否在法定重量限制范围内行驶。应收集的信息可能包括车辆总重量、轴荷和双轴轴荷。动态称重设备通常在固定式车辆称重站使用，但有些机构也会在移动状态下使用动态称重设备。

6. 全球卫星定位系统 - 基础数据收集

目前，在货车研究中已经采用全球卫星定位系统（GPS），以增加样本量并提高收集数据的准确性。车载GPS设备能准确地将时间编码和位置数据与用户输入的出行特征结合起来。GPS设备收集的所有数据都可以很容易地输入到地理信息系统（Geographic Information System，GIS）地图中，生成可视化的路线选择和交通出行方式。这类数据正越来越多地应用于全州和都市的货运研究中。第22章将货运纳入交通规划过程，提供了关于收集货车移动数据新方法的更多细节。

2.6　统计考量

如果不考虑经济成本和时间成本，应收集尽可能多的交通数据。然而，如前文所述，为进行各类交通规划研究，往往要调配大量资源以收集必要数据。因此，通常需要为数据收集确定精度和允许误差。统计分析方法在这项工作中至关重要,可以解决如下问题:如何更好地描述出行时间、速度或土地使用分布等问题;在特定的精度水平上,需要多少样本量才能估算出主要活动中心的购物者来源;如何在土地使用和出行产生之间建立预测关系。

交通规划人员要处理各种任务的数据和统计信息,工作复杂程度取决于应用方向。对规划人员使用的统计工具进行详细讨论超出了本章的范围,有兴趣的读者可参考(Washington et al., 2003; ITE, 2010)。抽样统计是交通规划人员使用统计数据时值得注意的一个领域。

抽样调查可以帮助人们对一个群体的特征做出推断。通过在整个人口中抽取一小部分有代表性的样本,就可能以足够准确的方式来估计代表整个人口的特征,从而在合理的置信水平下根据结果做出决策。抽样程序包括建立置信区间、估计样本量和比较不同群体。可能要解决下列问题:结果会有多好?需要什么规模的样本?两个样本的平均值或方差之间的差异是否具有统计学意义?

以下是进行数据调查的主要步骤,抽样调查是其中一个重要组成部分。

1)清楚地表达调查的目标和原因。

2)定义需要进行采样的目标人群。

3)确定需要收集的数据种类。

4)建立期望收集的数据精度。

5)确定数据收集方法(例如家庭电话调查或家庭访谈调查)。

6)构建待采样群体的采样框架,应覆盖采样对象的全部样本,一个单独的元素只能在列表中出现一次。

7)选择样本设计,制订取样计划。包括初步估计样本规模和精度,以及所需要的时间和费用。

8)对调查仪器(问卷)进行预测,必要时进行修改。

9)组织现场调查工作,收集资料。

10)对数据进行总结、分析及解读,清楚地表明最重要的元素预期发生的误差数量。

11)收集并保存供未来调查使用的信息。量化关键参数及差异,为未来的调查设计做好准备。

1. 样本类型

常见的数据抽样形式有简单随机抽样、分层随机抽样、系统抽样和集群抽样。

1)简单随机抽样。这是最简单和使用最广泛的抽样形式。从无限总体中选择一个简单的随机样本,通过这种方式,使所有选择的观察值在统计学上是独立的。从有限总体中选取一个简单的随机样本,需要从总体 N 中选取 n 个单位,这样每个单位被选取的机会是相等的。实际上,样本是逐个单位抽取的。可使用随机数表格。可采用随机数字拨号程序进行电话调查。

2)分层随机抽样。将总体划分为不同类别或阶层,然后从每个类别或阶层中选取一个随机样本,由此可得分层随机样本。当各类别或阶层之间存在较大差异时,这种方法是有用的,因为它可以降低任何给定精度水平的总体样本量要求,使获得某些人口细分的已知准确数据成为可能(例如公路和主干道上的出行时间)。在城市出行行为研究中,分层随机抽样是一种常用方法。例如,在城市出行研究中,在分层的情况下,对低收入家庭和当前公共交通使用者进行细分抽样是很常见的。

3)系统抽样。系统采样从随机选择的点开始,抽取取样范围内的每个第 k 个元素。例如,如果第一个单元是 13,选择每个第 15 单元,那么将选中第 28、第 43 和第 58 等单元。在时间和成本方面,系统样本比简单随机样本更容易获得。如果在总体上分布更均匀,这种方法可能比简单的随机抽样更精确。然而,当数据存在周期性时,系统样本的精确度就会变差。这方面的一个例子是铁路账单抽样,因为顺序编号表格是从多家供应商同时抽取的,这就增加了出现低编号表格的可能性。

4)集群抽样。集群抽样将总体划分为一系列互相排斥的类别,这些类别通常是以方便为原则定义的。然后选择集群进行详细研究,通常是根据某种随机基础进行的。从每个选定的集群中获得完整的统计调查或随机样本。接着对结果进行合并。如果整体中没有可靠元素的列表,或构造取样单元清单很容易,并且时间和成本效率都很高,那么集群抽样就是有用的。然而,集群抽样往往会产生更高的抽样误差。对于给定的精度水平,分层抽样需要的样本规模是最小的,集群抽样需要的样本规模是最大的。

2. 抽样误差

当根据样本进行估计时，样本估计与完整的调查结果不太可能完全一致。如果样本数据和总体数据是用相同的方法获得的，则两者之间的差异代表了抽样误差。当使用概率抽样时，可以确定这一抽样误差的大小。

非抽样误差可能会超过抽样误差，应通过仔细的调查设计和执行将误差降至最低。这些误差包括与测量单位有关的错误，例如在拥挤的地铁上估计站立乘客，编辑、编码和制表调查中引入的错误，未能测量样本中的某些单位（例如对调查没有回复）。

无回复误差包括样本中未能调查的特定单位（即拒绝接受采访、不在家或无法回复）。在这些情况下，不能保证未回复者的反应与被抽样者相似。可以通过调查的方法（例如直接访谈和邮件回复）和回电的方法来尽量减少没有回复的情况。在估计样本规模时，可能需要对被调查人口的各个部分进行过度抽样，以弥补没有回复的情况。虽然这可以消除抽样误差，但不一定能弥补无回复误差。表2-13展示了调查的典型回复率。

表2-13 比较调查的典型回复率

研究	年份	回复和参与率
马萨诸塞州出行调查	2010—2011	34.6%
ARC区域出行调查	2011	5.9%~34%
卡特兰什出行调查	2011	5.5%
ARC区域出行调查（先期测试）	2010	11%~31%
印第安纳州中部全面调查	2010	41%
俄勒冈州全面调查-地区4	2009	39%
俄勒冈州全面调查-地区2	2009	44%
印第安纳州中部预调查	2008	10%~36%
俄勒冈州1天预调查	2008	15%~46%
芝加哥全面调查	2007—2008	10%~31%
芝加哥预调查	2006	9%~29%

来源：Massachusetts DOT, 2012

3. 家庭出行调查和样本规模确定

自2010年以来，大多数地区的家庭出行调查通常使用基于地址的抽样（Address-Based Sampling，ABS）方法，其样本框架是从美国邮政署（United States Postal Service，USPS）计算机投递序列文件中挑选出来的。一旦样本框架生成并寄出邀请信，就会对其进行地理编码。ABS框架支持简单随机抽样和分层随机抽样。由于所有样本都有地理编码，所以有可能获得具有地理代表性的调查结果，或通过使用人口普查地理位置，并利用美国社区调查（American Community Survey，ACS）等来源的数据开发目标阶层。目标阶层包括具有某些兴趣特征的家庭，例如零汽车家庭、大家庭或少数族裔家庭。

家庭通常可以自行参与互联网上发布的调查，并通过计算机辅助进行自我访谈（Computer-Assisted Self-Interview，CASI），或通过电话与那些受过训练的调查访问者/数据收集者联系，并通过计算机辅助电话访谈（Computer-Assisted Telephone Interview，CATI）完成调查。有时还会邮寄明信片，以提醒并重申原始问卷上鼓励参与的信息，并促进调查回复。一旦被招募并指定了出行日期，家庭便可再次选择通过CASI、移动设备应用程序或CATI报告他们的行程（又称检索调查）。

马萨诸塞州交通部的一项出行调查，能用于说明基于地理的抽样策略是如何完成的，以及由此得出的统计学上有效的调查结果。图2-29展示了从该州抽样调查家庭获得的调查结果。该调查采用了地理分层方案，以确保按照MPO地区和城市人口密度群体分层的家庭有足够的代表性。人口分层也用于辅助人口控制，并监督样本的受控表现（MassDOT，2012）。

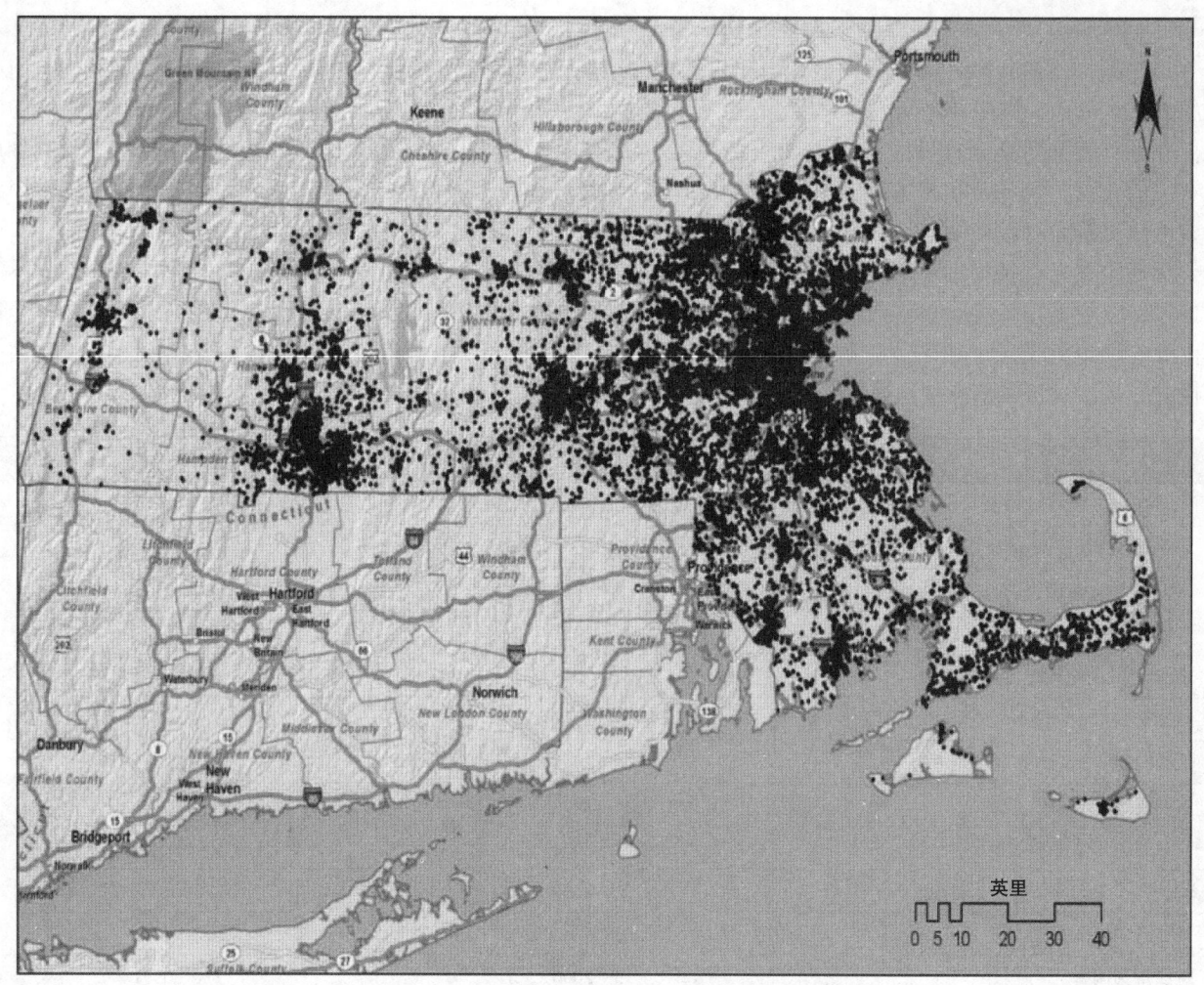

图 2-29 为马萨诸塞州 DOT 调查招募的家庭
来源：Massachusetts DOT, 2012

调查样本规模和人口分层的确定，完全取决于现有模型或更先进模型（例如基于活动的模型）的开发情况和/或其他交通规划活动。传统的四步模型通常需要具有代表性（即与美国人口普查分布非常匹配）的社会人口类别样本（家庭收入、家庭规模和车辆拥有量等），以及均匀的地理分布（请参见第 6 章关于出行需求与交通网络建模的内容）。更先进的模型需要更复杂的抽样分层，以确保某些类别（例如乘坐公共交通工具的乘客）得到充分代表。例如，北卡罗来纳州的阿什维尔在 2013 年进行了一次出行调查，以验证传统的四步模型，主要目标是确保对符合美国人口普查分布的家庭进行充分调查。调查小组利用美国人口普查数据和当地人口统计信息在阿什维尔地区招募参与者，向参与者发出征聘邀请，并监测其成功征聘的特点，以确保在所有类别组合和所有地理区域收集足够的样本。

除地理上的（例如县、辖区、建模子区）特征外，规划人员希望有一个与社会经济特征相关的代表性样本。例如，表 2-14 是在拉斯维加斯地区进行家庭出行调查的抽样分层表。突出强调的单元是组合在一起的，当个别对象较小且很难实现目标时（例如一个三人家庭有三名工作者），这种情况是很典型的。

出行调查有时会由多家机构出资赞助完成，因此对抽样的要求会更为复杂。为满足密歇根州交通部（Michigan Department of Transportation，MDOT）和密歇根州东南部政府委员会（SouthEast Michigan Council Of Governments，SEMCOG）的需要，最近在全州范围内进行的一项调查提出要制订一项抽样计划，既要符合全州 21 个抽样地区的地理分布情况，又要符合 MDOT 和 SEMCOG 区域的三个特定变量（车辆拥有量、家庭规模和工作者数量）的分层抽样。对其他变量（例如出行方式）可以进行监控，以确保有足够的样本数量来支持模型算法的开发。

表 2-14　一个典型的样本分层案例

家庭成员数量	工作者的人数												总数		
	0			1			2			3+					
	家庭数量	占比（%）	调查目标	家庭数量	占比（%）	调查目标	家庭数量	占比（%）	调查目标	家庭数量	占比（%）	调查目标	家庭数量	占比（%）	调查目标
1	78403	11.1	777	109598	15.5	1087	0	n/a	0	0	n/a	0	188001	26.6	1864
2	62293	8.8	618	85659	12.1	849	82855	11.7	821	0	n/a	0	230807	32.7	2288
3	12702	1.8		41419	5.9	411	44695	6.3	443	12195	1.7	121	111011	15.7	1101
>4	11838	1.7		62799	8.9	623	69285	9.8	687	32296	4.6	320	176218	25.0	1747
总数	165236	23.4	1638	299475	42.4	2969	196835	27.9	1952	44491	6.3	441	706037	100.0	7000

2.7　总结

交通规划取决于对交通系统和系统用户的数据收集和分析。了解城市交通系统的基本特点是了解这些系统今天面临的和未来可能面临的挑战的基础。同样，了解影响城市出行的潜在影响因素，例如人口特征和由此产生的交通出行方式，是分析影响出行行为的策略可能产生的后果的基础。

本章概述了交通规划中常用的数据收集和分析过程。数据对交通规划过程至关重要，因此，交通规划研究预算的很大一部分往往用于数据收集。考虑到费用因素，交通分析人员通常采用不同的策略来收集或更新已经收集的数据，以供特定的研究使用。这些过程通常基于收集目标群体代表性样本数据的抽样技术。这意味着交通分析人员必须了解抽样调查的方法和不同调查技术的适用性。

此外，联邦和州交通机构通常会编写相应的手册，以指导数据的收集和分析工作。在收集数据之前，阅读这些手册会对调查分析工作有所助益。

参考文献

Atlanta Regional Commission. 2005. "Selected Measures for Measuring Peer States." Memorandum from Bomar, M. to J. Hayes, Atlanta, GA.

AASHTO. 2013a. *Commuting in America 2013, The National Report on Commuting, Brief 2. Patterns and Trends*, Accessed Jan. 19, 2016, from http://traveltrends.transportation.org/Documents/B2_CIA_Role%20Overall%20Travel_web_2.pdf.

_____. 2013b. Commuting in America 2013, *The National Report on Commuting Patterns and Trends, Brief 3. Population and Worker Trends*. Accessed Jan. 19, 2016, from http://traveltrends.transportation.org/Documents/B3_Population%20and%20Worker_Trends_CA03-4_web.pdf.

_____. 2013c. *Commuting in America 2013, The National Report on Commuting Patterns and Trends, Brief 7. Vehicle and Transit Availability*. Accessed Jan. 14, 2016, from http://traveltrends.transportation.org/Documents/B7_Vehicle%20and%20Transit%20Availability_CA07-4_web.pdf.

Bureau of Transportation Statistics (BTS). 2015a. *Public Road and Street Mileage in the United States by Type of Surface*. Washington DC: U.S. Department of Transportation. Accessed Feb. 8, 2016, from http://www.rita.dot.gov/bts/sites/rita.dot.gov.bts/files/publications/national_transportation_statistics/html/table_01_04.html.

_____. 2015b. National Transportation Statistics. Washington, DC, USA: USDOT, Research and Innovative Technology Administration. Accessed Feb. 9, 2016, from http://www.rita.dot.gov/bts/sites/rita.dot.gov.bts/files/publications/national_transportation_statistics/index.html.

City of Ames. 2014. *Ames Area MPO 2014 Regional Travel Survey*. Survey conducted by ETC, Inc. for Department of Public Works, Ames, IA. Accessed Jan. 31, 2016, from http://www.amesmobility2040.com/files/3914/1866/7185/ETC_TravelSurvey_Ames2014LRTP_Report_12-11-14.pdf.

City of Redmond Public Works Department. 2009. *Annual Traffic Growth at Screenlines*. Redmond, WA.

Federal Highway Administration (FHWA). 2001. *Guide for Estimating Urban Vehicle Classification and Occupancy*. Washington, DC: Federal Highway Administration (FHWA).

_____. 2010. *Travel Survey Manual, Chapter 2, The Generic Travel Survey Process*. Accessed Feb. 13, 2016, from http://www.travelsurveymanual.org/Chapter-2-1.html.

_____. 2013a. *2013 Status of the Nation's Highways, Bridges, and Transit: Conditions & Performance*, Report to Congress. Accessed Feb. 14, 2016, from http://www.fhwa.dot.gov/policy/2013cpr/index.htm.

_____. 2013c. *Traffic Monitoring Guide*. Washington, DC: Office of Highway Policy Information. Accessed Feb. 19, 2016, from http://www.fhwa.dot.gov/policyinformation/tmguide.

_____. 2014. *Highway Performance Monitoring System, Field Manual*, Office of Highway Policy Information, Washington D.C. Accessed Feb. 18, 2016, from https://www.fhwa.dot.gov/policyinformation/hpms/fieldmanual/chapter2.cfm#chapt2_2_2.

_____. 2015. *Highway Statistics 2013*. Office of Highway Policy Information, Washington DC. Accessed Feb. 8, 2016, from, https://www.fhwa.dot.gov/policyinformation/statistics/2013/.

Georgia Department of Transportation, 2015. *Regional Traffic Operations Program Spring 2015 Executive Report*. Report by Arcadis and Westat. Atlanta, GA.

Hallenbeck, M. E., and L. A. Bowman. 1984. *Development of a Statewide Traffic Counting Program Based on the Highway Performance Monitoring System*. Washington, DC: U.S. DOT, FHWA.

Holguin Veras, J., M. Jaller, I. Sanchez-Diaz, J. Wojtowicz, S. Campbell, H. Levinson, C.Lawson, E. Levine Powers, and L. Tavasszy. 2012. *Freight Trip Generation and Land Use*. NCFRP Report 19 and NCHRP Report 739, Transportation Research Board, Washington DC: Accessed Jan. 19, 2016, from http://onlinepubs.trb.org/onlinepubs/ncfrp/ncfrp_rpt_019.pdf.

INRIX. 2015. *Economic and Environmental Impact of Traffic Congestion in Europe and the US*. Website. Accessed Feb. 5, 2016, from http://inrix.com/economic-environment-cost-congestion.

Institute of Transportation Engineers (ITE). 2010. *Manual of Transportation Engineering Studies*. 2nd Edition. Washington, DC: Institute of Transportation Engineers.

_____. 2012. *Trip Generation*, 9th Edition. Washington, DC: Institute of Transportation Engineers.

Insurance Institute for Highway Safety. 2015. *Crash Statistics*, Accessed Feb., 4, 2016, from http://www.iihs.org/iihs/topics/t/general-statistics/fatalityfacts/overview-of-fatality-facts/2013.

Kittleson, Inc. 2005. *Downtown Portland On-street Parking Study, Lloyd District*. In City of Portland, Parking Study, Appendix B. Portland, OR. Accessed Jan. 30, 2016, from https://www.portlandoregon.gov/transportation/article/224787.

Lomax, T., et al. 1997. *Quantifying Congestion, Volume 1*, National Cooperative Highway Research Program Report 398, Final Report. Transportation Research Board, Washington, D.C. Accessed Jan. 31, 2016, from http://onlinepubs.trb.org/onlinepubs/nchrp/nchrp_rpt_398.pdf.

Massachusetts DOT. 2012. Massachusetts Travel Survey. Boston, MA. Accessed Jan. 30, 2016, from http://www.massdot.state.ma.us/Portals/17/docs/TravelSurvey/MTSFinalReport.pdf.

McKenzie, B. 2013. "County-to-County Commuting Flows: 2006-10," Accessed Feb. 4, 2016, from http://www.census.gov/hhes/commuting.

McKenzie, B. 2014. "Modes Less Traveled—Bicycling and Walking to Work in the United States: 2008–2012," American Community Survey Report 25, May. Accessed Feb. 2, 2016, from http://www.census.gov/hhes/commuting/files/2014/acs-25.pdf.

New York State DOT. 2011. *2011 Traffic Data Report for New York State*. Albany, NY. Accessed Jan. 19, 2016, from https://www.dot.ny.gov/divisions/engineering/technical-services/hds-respository/Traffic%20Data%20Report%202011%20Introduction.pdf.

Pisarski, A. 2006. *Commuting in America III*. NCHRP Report 550/TCRP Report 110: Washington DC: Transportation Research Board.

Reno, A., R. Kuzmyak, and B. Douglas. 2002. *Characteristics of Urban Travel Demand*, Transit Cooperative Research Program Report 73. Transportation Research Board, Washington, DC. Accessed Jan. 31, 2016, from http://www.tcrponline.org/PDFDocuments/TCRP_RPT_73a.pdf.

Rhodes, S., M. Berndt, P. Bingham, J. Bryan, T. Cherrett, P. Plumeau, and R. Weisbrod. 2012. *Guidebook for Understanding Urban*

Goods Movement. NCFRP Report 14. Transportation Research Board. Accessed Jan. 19, 2016, from http://onlinepubs.trb.org/onlinepubs/ncfrp/ncfrp_rpt_014.pdf.

Santa Clara Valley Transportation Authority. 2009. *Comprehensive Operations Analysis,* Presentation by Michael Burns, General Manager. Accessed Jan. 19, 2016, from http://www.mtc.ca.gov/planning/tsp/Comprehensive_Operations_Analysis.pdf.

Santos, A., N. McGuckin, H. Y. Nakamoto, D. Gray, and S. Liss. 2011. *Summary of Travel Trends: 2009 National Household Travel Survey*. Report FHWA-PL-ll-022. Washington D.C., Accessed Feb. 19, 2016, from http://nhts.ornl.gov/2009/pub/stt.pdf.

Schrank, David, Bill Eisele, Tim Lomax, and Jim Bak. 2015. 2015 *Urban Mobility Scorecard*. Published by The Texas A&M Transportation Institute and INRIX. Aug. Accessed Jan. 28, 2016, from http://mobility.tamu.edu.

Stopher, P., et al. 2008. *Standardized Procedures for Personal Travel Surveys,* National Cooperative Highway Research Program Report 571. Transportation Research Board, Washington, DC. Accessed Jan. 31, 2016, from http://onlinepubs.trb.org/onlinepubs/nchrp/nchrp_rpt_571.pdf.

Tierney, K. 2012. *Use of the U.S. Census Bureau's Public Use Microdata Sample (PUMS) by State Departments of Transportation and Metropolitan Planning Organizations*. NCHRP Synthesis 43. Washington DC: Transportation Research Board. Accessed March 2, 2016, from http://onlinepubs.trb.org/onlinepubs/nchrp/nchrp_syn_434.pdf.

Turcotte, M. 2011. *Commuting to work: Results of the 2010 General Social Survey, Component of Statistics Canada Catalogue no. 11-008-X,* Canadian Social Trends, Statistics Canada, August 24. Accessed Feb. 5, 2016, from http://www.statcan.gc.ca/pub/11-008-x/2011002/article/11531-eng.pdf.

Urban Mass Transportation Administration (UMTA). 1985. *Transit Data Collection Design Manual, Final Report*. Washington, DC: UMTA.

Washington, S., M. Karlaftis and F. Mannering. 2003. *Statistical and Econometric Methods for Transportation Data Analysis*. Boca Raton, FL: Chapman Hall/CRC Press.

Westat, Inc. 2014. *Mid-Region Council of Governments 2013 Household Travel Survey*, Final Report. Albuquerque, NM.

第 3 章

土地使用与城市设计

3.1 引言

交通规划的主要目的之一是促进经济发展。经济发展与交通规划之间联系的基础,是交通规划能为社区日常社会经济活动提供可达性。但交通可达性不仅会对经济发展产生影响,在更广泛的意义上,还会对所有形式的相互交流产生影响。就本章而言,可达性会影响行业选址和服务设施的所在地,以及人们所选择的居住地,包括与现代社区有关的所有服务型支撑活动(例如医疗保健)的便捷程度。换言之,交通系统会影响土地使用。

随着时间的推移,交通规划与土地使用之间的关系决定了交通系统的应用方式。在一定区域内,土地使用模式和相关出行活动会影响交通网络的服务性能。举例来看,如果写字楼集中在道路或立交桥的周围(因为靠近道路能提供最为便捷的可达性),则可能导致立交桥与相邻道路网络的严重拥堵。在轨道交通车站的影响下,市中心的住宅、商业和办公楼开发的高度集中也会导致高峰期间车站的交通客流量过高。对个别地块而言,开发的特点会决定它能产生并吸引多大的交通量。建筑物在某一场地中的位置、它与周围社区的关系,以及为这一场地使用者所提供的便利设施(即城市设计)都会对交通出行行为产生影响。

虽然交通规划历来将土地使用视作出行需求预测中的外部投入(例如交通规划会考虑土地使用类型及土地开发强度对出行次数的影响),但土地使用和城市设计原则早已成为社区规划的有效工具,用于提高交通可达性和目的地可达性。交通规划人员必须了解最基本的土地使用和城市设计概念,因为这是综合社区构建与设计方法的基础。

美国联邦公路管理局指出,"土地使用和交通规划之间存在一种协调关系,这要求那些关注社区(或地区、州或国家)福祉的人,在评估和评价土地使用决策时,至少要考虑交通规划系统所产生的影响,以及如何使人们更多地获得(就业)机会、商品、服务和其他资源,从而改善自己的生活质量。反过来说,交通规划部门也应该意识到,现有的和未来的规划系统可能对土地使用的开发需求、选择和模式产生不可忽视的影响。"本章聚焦于向实践者提供相关知识和工具,为决策过程提供支撑信息(FHWA,2013)。

本章首先介绍了影响土地使用和城市形态的因素,并详细阐述了其中三个最主要的因素,分别为区域规划和公共基础设施的提供;地方政府规划和与发展相关的法规条例;土地所有者、私人开发商和投资者。接下来,本章讨论了城市设计及可达性管理在土地开发和交通规划决策中所起的作用。此后,本章分析了当前土地使用的模型构建方法,以及模型在规划应用中的特点。最后,本章重点介绍了从土地使用和交通系统的综合视角出发来实现交通规划设计和社区发展目标的情境敏感性解决方案(Context-Sensitive Solution,CSS)。

3.2 驱动城市发展及其形态形成的因素

都市区和社区的土地使用及开发模式会受到多种因素的影响。例如,一项关于1950—2000年亚特兰大地区发展模式关键影响因素的研究中,确定了表3-1所示的八个因素(Meyer,2001)。在某些情况下,表中所列出的因素会受到交通部门的管控(例如提供交通基础设施),而大多数情况下,交通部门几乎不会对其施加任何影响。

一些不同的群体和个人会参与到与发展有关的决策中，或对其产生影响。在私营部门，这样的群体和个人包括开发商、承包商、金融贷款机构以及房地产的个人和企业买家。在公共部门，参与者包括当选和任命的社区官员、地方机构工作人员、州和地区交通规划官员、交通主管部门、地方分区和规划理事会，以及地方学校官员，他们都会对社区发展产生影响。

在美国的社区中，许多制度和土地使用监管框架都表现出共同特征（类似于制定了分区规则的法律法规）。然而，实际上每个社区都是不同的，社区发展模式是在特定社区的区域性和市场环境的特定影响下演变而来的。因此，人们不仅要了解通常会影响社区发展程度和类型的条例和规定，还要了解可能影响发展模式的其他因素。要了解影响社区发展的制度和监管因素，有三个因素须重点考虑：区域规划和公共基础设施的提供、地方政府的规划和与发展相关的法规条例，以及土地使用交易的主要参与者，即土地所有者、私人开发商和投资者。

表3-1 影响亚特兰大地区发展模式的诸多因素（1950—2000年）

对待种族的态度
城市再发展及政府住房政策
城市分区规划及发展政策
公立学校的位置和教学质量
就业机会的分散程度
交通基础设施-公路
交通基础设施-公共交通
决策机制的体制框架

来源：Meyer, M. 2001. "Historical Perspective on the Growth of Atlanta Since World War II." Paper prepared for the Atlanta Regional Commission, Environmental Justice Initiative, Atlanta, GA.

3.2.1 区域规划和公共基础设施的供给

虽然政府对土地使用的最大影响来自社区综合规划和发展条例，但社区发展模式的演变是在更大的经济、社会和政治背景下发生的（请参见 Brook，2013；*Congress for the New Urbanism and Talen*，2013；Gallagher，2013；Katz Bradley，2013；Montgomery，2013）。许多社区位于正在实施影响社区发展模式政策的都市地区。这种社区发展的区域背景主要有两种：旨在管理和引导增长的城市范围政策或战略；对交通、下水道、供水系统和其他基础设施/服务等大多数发展类型先决条件进行的城市范围投资。更重要的是，都市区域发展管理的规划方法会受到州和地方规划环境的强烈影响，例如环境影响费、适当的公共设施条例、征税区，以及当地管辖区的其他摊派。

都市规划组织和区域发展机构通常会采用一些特定政策，以影响交通增长方式。这些政策侧重于通过行动指导都市发展的形态和特征，例如制订远离郊区边缘地区的开发目标，以及鼓励更有效地利用包括道路和污水系统在内的现有基础设施。从俄勒冈州波特兰市的发展管理边界以及明尼苏达州明尼阿波利斯-圣保罗都会区可以看出，实际采用的政策类型会因地区而异，基础设施分阶段要求更市场化的方法（例如环境影响费和开发分摊）。这些政策对某些土地的开发时间以及是否进行开发有很大影响，因此可以利用它们来鼓励预期的开发成果，例如促进非机动出行的社区设计（Daniels，1999；Meyer and Dumbaugh，2005）。

都市交通规划只是考虑开发和土地使用政策及战略的众多规划过程之一。如第1章所述，交通规划过程始于愿景的表达，即社区或地区希望公共投资能带来什么样的生活质量、经济活力、规划系统绩效和社会效益。这一愿景的定义往往来自广泛的公众参与，鼓励许多不同的社区利益相关方就他们所期望的未来发声。毋庸置疑，考虑到构建环境的重要性，这些愿景通常会强调预期的开发模式。例如，以下对于相关愿景的描述来自普吉特海湾地区委员会（Puget Sound Regional Council，PSRC），一家位于华盛顿州西雅图的都市规划组织（MPO）。

> "我们对未来的愿景，会对我们的理想、繁荣和星球起到促进作用。在努力实现地区愿景的过程中，我们必须保护环境，支持并创建充满活力、宜居且健康的社区，为所有人带来经济机遇，提供安全和高效的可达性，明智且有效地利用我们的资源。以支持健康环境、应对全球气候变化、实现社会公正、关注后代需求的方式，将土地使用、经济与交通决策结合起来。"

——普吉特海湾地区委员会（2009年）

与这一愿景呼应的交通目标包括："本地区将有一个安全、清洁、综合、可持续和高效的多模式交通系统，这一系统能支持区域增长战略，促进经济和环境活力，并有助于改善公共健康。"为指导规划投资而采取的具体政策包括：

- 在城市扩张区域提供紧凑的、保障所有用户安全和便捷的服务，同时能支持紧凑的、以行人及公共交通为导向的密度开发。
- 为服务于区域中心及区域手工业中心的交通规划发展优先提供区域规划投资。
- 为保障所有市民的出行安全和便捷而设计、建造并营运交通设施，包括驾驶人、行人、骑行者和公共交通使用者，同时适应货运交通的需求，综合考虑功能及对环境的影响。
- 改善街道模式，包括设计和应用方式，考虑街道如何服务于步行、骑行及公共交通，并藉此加强社区之间的沟通连接和文体活动。
- 通过提供相应设施和可靠的连接体系，提倡步行和骑行，满足骑行者和行人的需求。

这份愿景的另一个案例来自亚特兰大地区委员会（Atlanta Regional Commission，ARC），他们制定了一个政策框架来指导包括交通规划在内的所有区域规划工作（ARC，2015a）。如图3-1所示，ARC框架定义了该地区要改善的三个主要领域：发展和维护世界级基础设施、创造健康宜居的社区、支持具有竞争力的经济。

与交通规划直接相关的政策目标及最终选定的行动计划如下（ARC 2015a）。

目标：确保综合交通规划网络体系的健全，并结合区域公共交通规划及21世纪新技术开展设计。

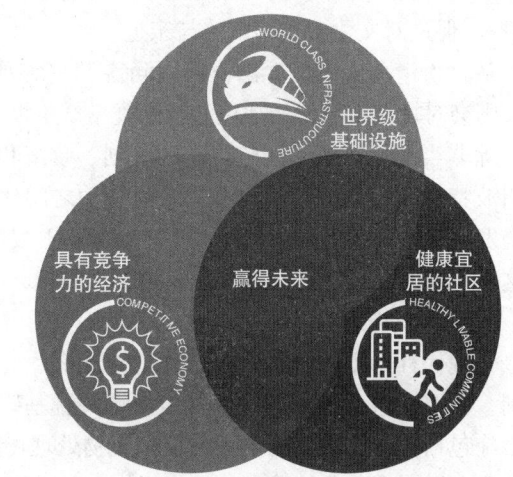

图 3-1　亚特兰大地区委员会制定的区域规划政策框架
来源：ARC, 2015a, Reproduced with permission of the Atlanta Regional Commission.

- 促进公共交通发展及灵活的交通出行方式，以改善可达性。
- 维持并改善主要的多式联运及货运设施的经济性和可达性。
- 优先发展以数据分析为基础的现有项目，而非拓展大量新项目。
- 提高系统的可靠性和灵活性。
- 提高区域可达性系统水平，建立高效的公共交通服务体系。
- 优先开发具有较高公共交通服务水平的土地使用、土地使用计划及相关法律法规。
- 通过开发安全连续的路径及配套服务设施来促进骑行交通。
- 推广行人友好的政策和设计。
- 加强并丰富交通需求管理（Transportation Demand Management，TDM）计划。
- 优先考虑并改善综合交通系统的连通性。
- 联邦政府直接投资建设道路扩容项目，开展区域战略交通系统规划及车道管理。
- 郊区道路扩容项目应通过改善中心之间的交通联系来提高经济竞争力。
- 在现状较为敏感的社区道路改造项目中，应实施完整街道设计理念。
- 在所有交通规划及实施工作中，应加强安全性，并将国家战略公路安全计划纳入考虑范畴。
- 协调不同交通出行方式之间的关系，以及与管辖区安全性和应急性相关联的备选方案。
- 首要考虑为本地区最弱势人群服务的交通方式并一以贯之。
- 改善出行者在中转站和汽车站周围换乘的连通性及便捷性。
- 增加人本交通服务（Human Services Transportation，HST）和医疗补助交通服务的资金投入。
- 增加对基础服务领域的渗透，包括医疗保健、教育、娱乐和商业零售。

- 提供安全可靠的货运用地通道和主要的货运设施。
- 利用信息技术促进货物有效流动。
- 在改造中保留具有货运通道条件的工业用地。
- 追求对先进技术的探索和应用。
- 鼓励旅客使用信息技术丰富体验。
- 鼓励发展、重建交通改善项目，并考虑对社区造成的影响。
- 促进可达性系统的完善，以及强化宜居要素的城市设计标准。
- 考虑极端天气对社区服务和基础设施的影响，考虑交通系统的复原能力。
- 促进对文化资产的宣传与亲近。

从这份清单中可以看出，规划涵盖了一系列对社区未来至关重要的问题。如果交通投资能顺应这些宏大愿景，则会对规划结束时的战略和行动类型产生极大影响。

除非当地社区通过调整自己的计划、政策和规章来支持地区愿景，否则地区愿景将无法实现。例如，俄勒冈州波特兰市在地区政策与地方政府行动之间建立了有力联系。在科罗拉多州丹佛市，许多社区采用了鼓励非传统发展模式的地区政策，即"英里级紧凑开发"（Mile High Compact）。在这种情况下，各地区 MPO 会给予应用这一政策的社区项目额外的交通投资优先权。

虽然都市规划和政策可为地方决策提供总体环境，但能对土地使用和发展决策产生最大区域性影响的，是那些为现代社会提供基本必需品的基础设施系统的实际改变。20 世纪，随着城市地区急剧扩大，各级政府都认识到，需要在整个都市范围内努力协调关键基础设施的供给。联邦授权的都市交通规划程序就是这类案例。其他措施包括建立区域性的供水系统和废物处理场所，并处理超出个别社区界限的社会需求，例如帮助老年人等。从本质上说，本手册的重点就是阐释如何通过制订交通规则来做出交通系统的投资决策。

3.2.2 地方政府规划和发展条例

地方政府通常是与社区居民关系最密切的服务者和基础设施提供者。美国和许多其他西方国家会采用地方综合规划、分区条例和细分条例来指导社区发展的层次和类型。根据州宪法，地方政府有责任制定法规和控制措施，以监督其管辖范围内的发展决策。例如，对社区发展的实质和风格产生影响的最有力工具之一（也是地方官员尽最大努力保护的工具之一）就是地方分区法。基于这一法令，社区才能以具有法律效力的方式表达出通过发展模式想要实现的愿景。表 3-2 展示了地方官员可用于影响社区发展的其他类型工具。在某些情况下，社区可利用表格中展示的所有选项，而在其他情况下，则只能利用其中一少部分。

建设学校也是影响发展模式的重要社区投资，特别是对那些吸引年轻家庭的快速增长社区而言。学校设施的规划往往不是社区综合规划过程的一部分，而是由当地学校董事会开展的一项独立活动。在大多数此类工作中，专业上可接受（和定义）的方法、分析工具及数据收集策略将作为最终计划和投资项目的基础。

下面对一些社区可利用的土地使用规划方式进行更详细的讨论。

1. 综合性规划

大多数地方政府和社区会制订社区综合性规划，为社区规划理想的未来，并提供实现相关目标所需的基础设施和政策支持。在许多州（例如加利福尼亚州、佛罗里达州、佐治亚州和华盛顿州），地方综合性规划是州法律所要求的。社区综合性规划往往极其详细，与区域规划相比，更侧重于具体的社区战略。

综合性规划有三项主要功能：首先，综合性规划反映了社区对未来发展的期望。从某种意义上说，它代表了理想未来的愿景。其次，综合性规划引导了公共政策和私人开发商的决策，换言之，就是必须采取哪些步骤来确保实现社区发展计划。最后，大多数分区法和其他类型管理办法的授权立法都需要以综合性规划为基准，以判断社区行动的可取性和合法性。例如，20 世纪初，许多州的标准分区授权法案通常会指出，分区"应符合综合性规划"。分区决策所面临的许多法律挑战往往在于对所建议行动与社区综合性规划之间一致性的解释。

表 3-2　土地使用法律法规及相关规划要求

类型	逻辑	相关规划要求
土地分区	外部性（积极和消极）	由于投资的不可逆转性和不确定的调整过程，处理相互依存关系的战略可能形成不够客观的规划愿景
	基础建设能力	不可逆和不可分割性对规模拓展及设计容量策略的影响
	财政目标	为社区发展做出具有一致性和公正性的决定
	信息成本或误差	提供与信息相关的政策，以免信息不对等
	供应管理	寻求能降低基础设施成本的替代方案，具备前瞻性，考虑技术的更新迭代
	环境舒适性保障	提出保护稀缺自然资源的策略
	发展时机	提出郊区的分区战略，使土地使用实现更合理的发展
正式地图	项目权利	保持开发人员的设计决策力，提供良好的外部效果
细分规则	设计决策的外部影响	实现开发人员的设计决策力，提供良好的外部效果
城市服务区划分	分期规划、土地资源保护和"最佳城市规模"取决于如何随时管理地区变化	随着时间的推移，能提供有效的基础设施和互动策略；提供一致的、公平的土地保护政策；提出城市设计目标
适当的公共设施条例	时机	随着时间的推移，能提供有效的基础设施及互动性
开发权（例如保护地役权和可转让权）	永久划拨土地用途	使用模式的设计目标，例如土地资源和城市发展
影响费	时机、财政，以及成本在既有居民与新居民之间的分配	一致性和公正性政策；基础设施融资战略

来源：From "Urban Development" by Lewis D. Hopkins. © 2001 by the author, reproduced by permission of Island Press, Washington, DC.

虽然综合性规划中交通部分的具体要求会因州而异，但都会涉及以下主题：现有的交通设施和服务；对现有交通系统状况和性能的评估；找出交通方面的问题或与综合性规划目标有关的不足之处；对这些问题的预期解决办法进行分析和评估；制订建议性的投资和运营策略；（逐渐）确定其他融资策略以支持建议性策略。

2. 分区规划

地方政府利用分区和土地使用条例来确定开发项目的设计要求和实际情况，这或许是对社区发展最重要的影响之一（Merriam，2005）。虽然对当今的规划人员来说，采用分区和土地使用条例是理所当然的，但回顾一下限制土地使用的历史动因，就会对紧凑的、混合用途的新开发模式经常与土地使用条例发生冲突的原因有所了解。

在工业革命时期，就业机会大幅增长带来的结果是数百万美国人涌入城市。当时，地方政府还没有控制土地计划用途的法律手段，也无法有效引导这种人口增长。面对新劳工住房需求的快速增长，开发商建造了极致廉价的公寓（往往是结构刚性不足）。这些公寓几乎没有通风、供水或排水设施。这种不受控的发展是工业化的结果，对当地社区的医疗卫生、安全和整体福利造成了种种负面影响。美国的现代土地使用分区制始于20世纪初，可视为对城市过度拥挤所造成的生活条件恶化的反应。

1916年，纽约市发布了首个综合性分区条例。该条例根据土地用途（住宅、工业和商业）将地区分为三种类型，并规定了指定土地用途区域内个别建筑物的实际布局。其目的主要是通过密度控制，为家庭生活创造安全且安静的地区环境。该条例确立了分区的要素，其他城市的分区条例很快也采用了这些要素：建筑退距、建筑物最大高度、最大容量或今天所谓的容积率（Floor Area Ratio，FAR，建筑总面积与其占地总面积之比）、居住密度、最小地块面积，以及许可和/或允许的用途（住宅、商业和工业）。此外，该条例还包含两项至今仍广受认可的土地使用规划原则，即限制开发强度和控制土地用途。

在联邦层面，1924年的标准分区授权法案（Standard Zoning Enabling Act，SZEA）试图在全国范围内规范土地使用分区。这项法案授权Herbert Hoover总统通过建立一个咨询委员会来制订"模板"，以允许州政府制定法律，赋予市政当局实施分区的权力。SZEA 的主要原则如下：

1）权力的授予：促进社区健康、安全、道德和福利的综合构建，包括协调建筑高度、层数、结构、体量（体积）、可能占用的地块面积、庭院尺寸、人口密集程度以及使用建筑物的权力。

2）地区：地方立法机构可将城市划分为多个适宜实施该法案的地区。

3）目的：条例应根据综合性规划制定，旨在减少街道拥堵，确保建筑安全性（免受火灾、恐慌和其他危险影响），促进社区健康和增加居民福祉，提供足够的光照和通风，防止土地过度开发，避免人口过度集中，促进交通规划、水系规划、污水系统规划、学校建设和公园建设，并满足其他公共设施的服务要求。

这一模板是美国各州自有分区授权法案的框架。

1926 年，在美国最高法院的"俄亥俄州欧几里得市诉 Ambler 不动产公司"（City of Euclid, Ohio v. Ambler Realty）案中，上述分区概念在合法性上受到质疑。Ambler 不动产公司认为，分区条例强加使用要求降低了土地价值，这样做违反了宪法。然而，最高法院裁定，分区条例"与有效的政府利益建立了合理关系，能防止拥堵及相互隔离情况的发生"（Juergensmeyer and Roberts，2003）。术语"欧几里得分区"（Euclidean Zoning）就是来自这一案例。在欧几里得案发生 10 年后，美国有 1246 个城市颁布了分区条例（Moore and Thorsnes，2007）。

不同分区条例的主要区别之一是州政府将分区权力委托给市政府的方式。其中一种通常称为"狄龙规则"（Dillons Rule），直到 20 世纪中叶仍在大多数社区中流行。在这一规则中，地方政府只拥有州政府列举出的指定权力。这大大限制了地方政府采取行动的能力。如今，大多数支持地方自治的州都已经废止了"狄龙规则"。在地方自治州，市政当局拥有执行任务所需的一切权力，除非相关权力受到联邦层面的明确限制。

表 3-3 展示了佐治亚州亚特兰大市基于不同土地使用类型的典型分区名称。正如前文所述，分区通常会确定一块土地"按权利"划分的土地使用类型及开发强度。有时，特定分区对涉及大片土地的地区来说是必要的。在扭转郊区化蔓延和建立更紧凑发展模式这一愿景的驱动下，许多城市现在开始通过鼓励更密集的多用途开发来促进密度和多种土地使用类型的整合，这违背了制定分区条例的初衷，也违背了许多至今仍在使用的地方土地使用管理方法的原则。例如，规划单元开发（Planned Unit Development，PUD）允许混合土地用途，灵活布局建筑物，且开发标准也有所放宽。

经批准的 PUD 方案确定了整个场地的用途和建筑物的性质及位置。集群发展是一种 PUD 形式，将建筑物（通常是住宅）聚集在一起，以保护开放空间或环境敏感地区（例如湿地）。

还有一种策略是设置叠加区，为特定地区的特殊开发或城市设计提供机会（请参见表 3-3 中的带状叠加区）。叠加区保留了目标地块的基本分区要求，但为业主和开发商提供了获得特殊津贴的机会。俄勒冈州波特兰市是一个叠加区的良好示例，它有"轻轨规划站区"（Portl and Metro，2000）。这一叠加区"可以在增加密度的情况下更密集且有效地使用土地，同时加强了公共投资和私人开发。对使用和开发进行了调整，针对行人创造了更密集的建筑环境，并确保了交通支持的密度和强度。"相关举措包括禁止在车站周边指定范围内设置停车场，将轻轨沿线 500 英尺（152 米）范围内所需停车位的最低数量减少 50%，要求街道景观美化达到较高水平。这种方法是为促进适合步行的社区环境制订的。

表 3-3 亚特兰大市的分区编码样本

分区编码	分区名称
BL	带状叠加区
HBS	历史建筑或遗址
HD-20G	西区历史街区
LBS	地标建筑或场地
LD-20A	卡巴城的地标性区域
LW	生活 - 工作
MRC-1	混合住宅和商业，最大容积率为 1.696
MR-1	多户住宅，最大容积率为 0.162
NC-1	邻里商业
PD-H	规划住房开发（单户或多户）
R-1	单户住宅，最小地块面积 2 英亩
RG-1	一般（多户）住宅，最大容积率为 0.162
O-I	办公 - 工业
C-1	社区事务
C-2	商业服务
C-3	商业住宅
C-4	中心区商业 - 住宅
C-5	中心商务区支持
I-1	手工业
I-2	重工业
SPI-1	特殊公益区：中央核心

来源：City of Atlanta, 2015

虽然分区制度在美国已经广泛使用了几十年，但有些人认为，目前采用的分区制度与最适合当今市场的发展模式并不匹配。例如，Levine（2005）认为，土地开发是美国经济中监管最严格的领域之一，传统分区实际上妨碍了市场的作用。他指出："城市蔓延的设计范式已经写入了全国数千个城市的土地使用条例中。"

放宽分区条例可以在许多方面促进灵活性的提高。首先，允许住宅和商业用途混合增加了出行者进入更多潜在目的地的机会，减少了行程长度，并增加了通过步行或骑行，而非驾车来满足某些出行需求的可能性。其次，允许通道沿线具有更高的居住密度，可以支持更高效的公共交通服务，降低驾车出行的比例。最后，通过减少土地面积和一次性使用所需的成本，放宽对街外停车位的最低要求，可促进插建建筑的开发。此外，有些规章制度也可提高土地使用效率。例如，对中等价位住宅单元（Moderately Priced Dwelling Unit，MPDU）的建设要求改善了获得住房的公平性。开发权转移（Transfer of Development Rights，TDR）方案允许将合法的农田分区转移到更多的城市"理性增长"地点，可有效保护农田并减少无计划扩张。

基于形态的分区法认为，工业用途与住宅用途之间不再像采用用途分区制时那样存在重大冲突。欧几里得分区法首先严格界定土地用途，然后对建筑物的可能形式作出一般指导，与之相反的是，基于形态的分区法在本质上规定了建筑物的风格和形式，并允许灵活使用。本质而言，基于形态的分区法为混合用途的开发提供了便利，而在现行分区法规下，这通常是相对困难的（而且很多时候是非法的）。基于用途的分区往往会增加前往不同类型目的地所需的里程，而基于形态的分区则允许不同密度和不同类型的目的地彼此相邻（甚至相互叠加），进而减少获得各种服务所需的出行里程。

3. 分区和停车

分区标准通常规定了特定土地使用类型必须提供的最低停车位数量或相关计算公式。大多数地方政府的意图是要求业主提供足够的街外停车位，以避免停车延伸到公共街道或邻近的私人场所。然而，这类停车要求近年来开始受到越来越多的质疑，许多人认为，最低停车位数量要求往往会导致停车需求过盛。一份名为《建议分区条例规定》(*Recommended Zoning Ordinance Provisions*)的报告（Parking Consultants Council，2007）建议采用保护城市利益的措施，同时允许采用灵活的方式处理影响停车需求的常见状况。在如下情况下，根据分区要求灵活处理可能是更恰当的：

- *共享停车*。在某些情况下，相邻的土地用途在一天中的不同时间会产生不同的停车需求。因此，在共享停车计划中，部分停车容量会在一天中提供共享使用方式。
- *垄断市场*。垄断市场可以是一个就业地点，附近不同用途的土地可以很容易地通过步行或公共交通方式抵达（例如在中央商务区）。垄断市场可以是共享停车的一个组成部分，但为减少需求，不要求共享停车方式。
- *收费*。在一个密集开发的活动中心建设公共停车场，相较让每位业主在任何一栋建筑物中任意停车，可能更符合城市的利益。由于停车设施建设成本很高，同时考虑到对城市资源的竞争性需求关系，一些城市要求开发商开发城市停车设施，而不是为开发停车场提供停车费补助。
- *场外停车*。许多城市在规划分区中增加了相关条款，允许在某些条件下以场外停车代替场内停车。
- *共享汽车*。共享汽车通常指与工作者通勤相关的各种形式的拼车服务及定制公共汽车服务。适当制订这样的策略能减少交通和停车需求。服务于共享汽车项目的分区策略能有效实现交通管理目标。共享汽车策略也可用于调节运行有专用班车的开发区的停车需求。最常见的应用案例是酒店，共享汽车可满足部分需要快捷抵达机场的乘客的需求，同时兼作其他开发区的班车，以减少停车需求。
- *公共交通*。对于公共交通服务良好的地区，由于游客和工作者大多选择使用公共交通，停车需求会有所减少。在一些社区中，如果一个开发区位于公共交通经停点或站点的一定距离内，则分区条例允许开发商减少场内停车位数量。

关于分区和停车要求之间关系的补充讨论见第11章停车规划的相关内容。

4. 细分规定

在过去的50年里，美国和许多其他西方国家的城市地区出现了共同的发展趋势，即将大块土地分割成较小的单独地块，这通常称为"细分"。当为开发某地而对土地进行此类细分时，细分规定为社区需求提供了指导。开发商必须向相关政府机构（例如规划署/委员会）提交计划，获得批准后方可实施。场地规划审查过程包括很多内容，例如地块面积和形状、街道设计、下水道和供水连接以及环境保护。场地规划审查过程中最重要的交通部分包括街道布局、提供人行道、通往细分区的入口，以及与区域交通服务相关的拟建建筑物占地面积。

5. 开发或现场规划审查过程

开发或现场规划审查过程为社区确保开发建议与分区法规和综合规划保持一致提供了一个机会。通常根据社区规划者审查的清单（因此开发人员也可以预测规划人员所寻求的是什么）来确定这种一致性。由于开发特征和分区要求之间往往会存在差异，在审查过程中通常会就允许的相关内容进行协商（如有）。图3-2展示了典型的现场规划审查过程。在这一过程中，充分展示了什么是"对社区有益的决定"，以及可能来自当地居民的不同解释。

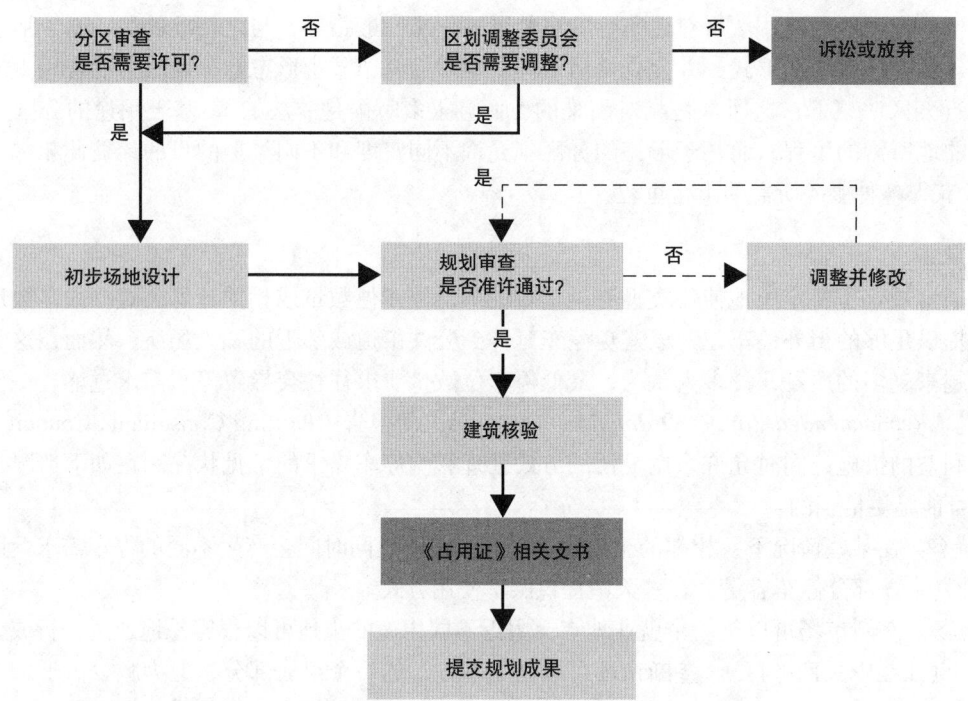

图3-2　区域规划决策系统的典型审查过程

来源：Meyer and Dumbaugh, 2005

这一过程中，有关社区中额外增长的感知价值的争论十分常见。一些人认为额外增长对于充满活力和不断发展的社区来说是必要的组成部分，而另一些人则认为这种增长给社区服务带来了额外负担。随着不同时间点上持两种观点的人数的此消彼长，社区委员会和决策机构中的代表组成发生了戏剧性的变化。

要注意的是，对规模较大的拟建开发项目而言，细分规定和现场规划审查通常都需要进行交通影响分析。传统上，这类分析几乎完全聚焦于车辆进入开发项目现场的情况，很少关注其他交通出行方式。在许多城市，交通影响分析的视角已经转向多模式可达性。尽管一个区域内的所有地点都采用一致的道路性能服务水平（例如每个交叉路口都必须至少达到C级服务水平），但在今天的许多城市，道路性能的阈值可能会因具体情况和替代模式的可用性而不尽相同。读者可以参考布劳沃德郡（佛罗里达州）的多模式并行进程（http://www.broward.org/PlanningAndRedevelopment/ComprehensivePlanning/Documents/TransGOPS2014.pdf）和蒙哥马利郡（马里兰州）的开发指南（http://www.montgomeryplanning.org/transportation/latr_guidelines/latr_guidellnes.shtm），作为对车辆出行影响如何转变为强制要求，从而产生更多多模式解决方案的说明。交通运输工程师学会（ITE）的《场地开发交通影响分析的推荐实践》（*Recommended Practice on Traffic Impact Analysis for Site Development*）能为不同的交通影响分析方法提供良好的借鉴（ITE，2010a），另见第19章关于场地规划及影响分析的内容。

6. 增长管理

20世纪60年代末至70年代初，由于社区关注到了居民对环境资源的影响，美国率先提出增长管理这一概念（Porter，1997）。1972年，发生在纽约的一起具有里程碑意义的诉讼案件为社区通过综合规划程序来管理增长奠定了法律基础。在"Golden诉拉马波镇规划署"（In Golden v. Planning Board of the Town of Ramapo）一案中，纽约最高法院（美国最高法院维持原判）指出，对住宅小区开发时间和顺序的无偿控制在"合理的时间段"（在本案中定义为18年或当地综合规划的有效期）内是合法的，这种关联与资本改善有关。正如Freilich（1999）所指出的："这项法律的重要性在于承认了基本宪法原则，即通过将拟议开发与综合规划有效期内计划扩大的资本改善联系起来，就可以控制未来15至20年内的增长。"

以下两个关于增长管理的定义，有助于确定增长管理战略的关键因素：

美国环境保护局（Environmental Protection Agency，EPA）认为：增长管理是一种为经济、社区和环境服务规划最新发展的方法。它将关于发展方面的争论，从传统的"增长还是不增长"转变为"发展将在何处以何种方式产生"（U.S. EPA，2014）。理性增长通过同时实现以下目标回答了这一问题：

- 为家庭提供环境洁净的*健康社区*。理性增长平衡了经济发展与环境保护之间的矛盾——促进经济增长，同时保持开放空间和关键生存环境的品质；合理利用土地，保障水源质量和空气质量。
- 通过促进经济发展和就业来创造商业机会并改善本地税收状况。
- *功能完善的社区*能提供一系列优质的住房选择，给人们多样化的机会选择最适合自己的住房，同时能维护和提高既有社区的价值，创造社区归属感。
- *提供多样化的出行方式*可以让人们根据需要自行选择步行、骑行、使用公共交通或驾车出行。

根据ITE关于理性增长和规划导则的推荐做法，"理性增长是土地使用和交通规划的复杂性组合"，以下五个目标将作为研究基础：

- 追求紧凑、高效的土地使用模式，最大限度地提高交通效率，改善邻里环境。
- 在发达地区提供多式联运可能性。
- 在现有的建成区内提供具有可达性的便捷环境。
- 最高效地利用交通基础设施。
- 通过定价和可持续投资支持理性增长（2003）。

虽然增长管理政策可以对鼓励预期发展目标产生深远影响，但在许多地区，这种发展政策并没有很大影响力，它只是简单地陈述预期结果或展望都市区未来看起来应该是什么样子，与个别社区关于发展提案的决定几乎没有政策联系。在许多州的宪法中，有力的"地方自治"限制性条款将发展决定权留给了地方官员，这通常是导致这种薄弱联系的原因。

有兴趣的读者可以参考ITE关于增长管理的报告，其中全面讨论了交通行动如何强化增长管理的原则（ITE，2003）。

7. 公共交通引导开发（TOD）

TOD是一种基于管控的开发模式。这种模式能激发城市区域发展，并使发展以公共交通枢纽或站点为中心。TOD模式通常是紧凑的、混合使用的、面向行人的发展模式，它更多地关注城市空间的公共使用形式，并将公共交通设施作为发展中心。根据美国再联有限公司（Reconnecting America Inc.）的研究，公共交通引导的交通规划的关键特征如下：

- 城市密度从中层建筑的2.0～5.0容积率到高层建筑的4.0或更高容积率，最高密度应临近公共交通枢纽或站点。
- 将大量的城市工作者聚集在公共交通枢纽或站点附近以创造更多需求，进而支持便利的城市服务、零售和个体服务，并提供高质量的公共交通服务。
- 提供容易获得的公共交通服务，以提供高水平的商业区连接。依靠本地公共汽车或有轨电车，多方面加强交通贯通性。通过轻轨或公共汽车连接附近的社区，通过直达公共汽车和通勤铁路连接更远的社区。

- 通过有限的停车位或控制停车收费，以及在理想情况下结合财政激励，鼓励乘客使用公共交通出行。
- 一种"以公共交通为导向"的商业组合，包括商店和餐馆，使市民的生活需求在不驾车出行的情况下得到满足（Reconnecting America，2008）。

美国再联有限公司注意到一些现实成果，使TOD成为吸引人的发展概念，未来更是如此。

从人口统计学角度看，TOD模式是有前途的：TOD模式所吸引的人口群体是婴儿潮时期出生的老年人和年轻的城市专业人士，在美国，这两个群体规模都在增长。更重要的是，这些群体都倾向于追求"适合步行"的城市生活方式。

以通行通道为中心的增长正在增加，许多情况下是通过公共交通提供服务的：以通道为中心的增长是许多城市地区的一种发展模式，通常集中在公路交叉口或公共交通站点的开发节点。TOD是以通道为中心增长模式的天然要素。

TOD模式支持的行业正在增长：如图3-3所示，与其他行业相比，某些行业的工作倾向以公共交通为导向，包括服务、金融和专业部门。这些都是美国经济增长较快的行业。从土地使用和交通规划的角度看，这些行业（以及相应的企业）可以作为TOD开发的目标。

TOD模式服务的不仅仅是公共交通：房地产开发是对许多不同市场因素的回应，最重要的是地块对于潜在买家和租户的货币价值。例如，美国2008—2010年的经济衰退导致许多土地开发投资减缓。2012年以后，随着经济的复苏，大部分主要都市地区都迎来再次发展。开发商开始关注那些最具市场吸引力的地块，这些开发项目大多位于中心城市那些高密度的、以公共交通为导向的区域。

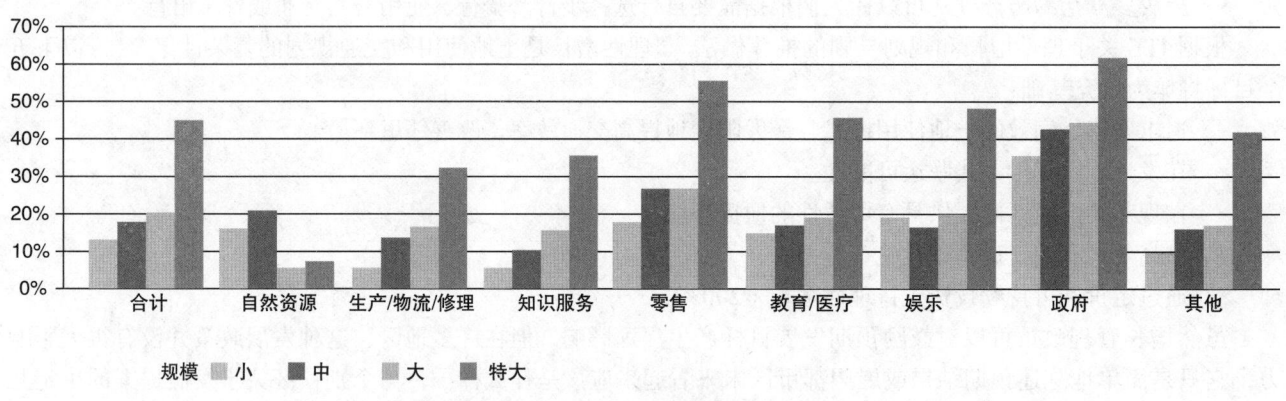

图3-3　按行业和公共交通系统规模分列的周边地区就业占比（2008年）

来源：Center for Transit-oriented Development, 2011

积极的领导是成功的关键：公共机构（通常是州政府和交通部门）可以利用许多不同的政策和金融工具促进TOD模式开发。例如，利用其他机构的资源改善公共交通站点位置，与开发商和地方政府合作，为在这些站点进行开发提供激励措施。在某些情况下，交通部门会在公共交通站点附近购买土地，然后与开发商合作建设站点区域。

"出行枢纽"（Mobility hubs）是TOD模式研究中的一个新概念，指交通服务频繁、具有高度发展潜力、在交通系统内可作为出行生成或换乘关键点的公共交通站点或枢纽。这一概念将出行的重点延展为积极的交通出行方式（例如骑行和步行），对密度更高的地点而言，为出行研究提供了宏观的视角。指导出行枢纽发展的两个案例如下：

- 多伦多 Metrolinx：http://www.metrolinx.com/en/projectsandprograms/mobilityhubs/mobility_hub_guidelines.aspx
- 弗吉尼亚多式系统设计指南：http://www.drpt.virginia.gov/activities/MultimodalSystemDesignGuidelines.aspx

更多关于TOD模式的参考文献和实施路径请参见美国再联有限公司的相关研究（http://www.reconnectingamerica.org/what-we-do/what-is-tod/）。

3.2.3 私人开发商和投资者

虽然政府在确定社区发展策略方面有强大的话语权，但对私人开发项目来说，私营公司和私人投资者可能更为重要。负责开发社区建筑物周边居民区的有营利性和非营利性的开发商、机构贷款人，以及包括承包商、建筑专业人员和工程师在内的许多其他团体。

1. 私人开发商

许多土地所有者不具备开发自己土地的财政资源。具备经济实力进行此类开发的个人或企业称为私人开发商。开发商通常会购买大片土地或许多地块，这样才能有足够的规模来吸引客户。一个特定开发地点的吸引力取决于许多因素，往往会超出开发商的控制范围，因此私人开发是高风险投资。开发商寻求的是相对稳定的投资，可以依靠这些投资获得收益。

在许多情况下，"安全投资"在本地市场已被证明是可行的。因此，就开发提案中允许存在哪些内容而言，尽管现场规划审查程序和基本分区法规可能会成为分歧的主题，但有些人认为，分区实际上促进了一种将开发风险降至最低的市场环境，因为所有类似的开发都会面临同样的限制。然而，将重点放在"以前有效的做法"上，也会阻碍创新的土地使用战略和采用新的增长管理概念，而这些战略和概念能更好地应对当今社区的挑战。例如，许多城市社区会鼓励开发商考虑更高的居住密度、停车限制以及混合利用土地，这些都是分区法规所不允许的。当开发商提出试图满足社区最新需求的提案时，往往会遇到程序和监管方面的障碍，这些都是为了"保护"社区免受与现状"不同"的开发。

面对上述矛盾时，开发商必须请求对现有法规进行修订或变通。分区法规的公共性质和综合规划的发展，为社区居民提供了参与批准用途变更的机会。分区委员会通常会召开公开听证会，并给予所有可能受到变动影响的人（例如邻近土地的所有者）以发表意见的机会。这一过程可能要持续几个月的时间。

如前文所述，现场规划审查过程通常是对现有分区条例或法规的拟议修改进行协商、接受或拒绝过程中的步骤。复杂的发展项目可能涉及许多不同的政府机构，例如交通部门、学校、消防和警察部门等，这些部门都有机会对变动提出意见，或出于公共安全的考虑，有权拒绝提案。如果开发商仍然希望项目继续进行，则必须针对反对意见修订提案并重新提交。曾经有这样的例子，即在政府机构反对的情况下，现场规划的审查程序持续了很多年。

Inman等人（2002）的一项研究调查了美国700多家开发商在开发过程中积累的经验。调查结果虽然已经过时，但至今仍然适用。大多数被调查的开发商认为，土地的分区制度是非传统开发项目获得批准的最大障碍。应当引起注意的障碍包括当地分区法规（43%）、社区反对（17%）、缺乏市场利益（15%）和融资（9%）。对那些提出替代开发策略但被要求修改提案的开发商来说，他们需要做出以下修改：82%的开发商通过社区规划过程减小了密度，47%的开发商弱化了混合用途特征，29%的开发商改变了住房类型，33%的开发商改变了混合用途开发的比例，19%的开发商改变了行人或交通方向。作者注意到以下情况：

> "总的来说，开发商认为市场对替代发展方案有相当大的兴趣，认为此类替代方案供应不足，认为地方政府的监管是进一步开发替代方案的主要障碍，并表示有兴趣开发比条例允许限度更密集和混合用途的项目，特别是在郊区。因此，至少在开发商看来，在美国，除一开始就被排除在外的放宽限制性土地使用和交通政策外，几乎没有其他能带来更多替代发展模式的规划干预方式。"
>
> ——Inman，Levine and Werbel，（2002）

2. 投资者

大多数开发商依靠机构贷款人提供的资金进行项目开发。因此，举例而言，如果地方政府允许开发商开发一块不符合分区法规要求的土地，那么为项目提供资金的机构贷款人也必须同意相关变更。然而，投资者会从风险角度看待每个贷款机会（Gillham，2002）：贷款能得到偿还吗？或者从发展的角度看，鉴于近年来社区和开发市场所发生的情况，拟议的开发项目是否有销路（并因此获利）？大多数贷款机构会将开发项目与当地分区法规的一致性当作确定财务适宜性的试金石。

这方面的一个关键问题是开发地点的最低停车位数量要求。在某些情况下，为了鼓励更多的公共交通和非机动车出行，社区和开发商希望减少停车位数量，但这通常会遭到贷款人的反对，因为贷款人认为最低停车位数量要求反映了开发项目成功所需的停车能力。近年来，这种反对情况有所减少，因为待开发的有借贷需求的社区已经愈发适应不断变化的交通要求，特别是那些已经承诺采用其他出行方式的社区。

总而言之，分区和细分法规对社区发展模式和特别开发项目的具体地块特征有很大影响。其中之一是，社区居民渴望的非传统发展提案可能面临重大挑战。即使这些提案最终获得批准，由于审批必然存在时延，开发商很可能会寻求其他替代方案，例如经过市场考验的、大批量的以汽车出行为导向的开发项目。不仅是开发商会面临与非传统开发项目有关的额外成本和时间延迟风险，金融贷款机构也可能会踌躇于是否接受没能遵守分区法规"社区标准"的非传统开发项目。

3.3 城市形态

前文确定了影响单一发展提案的不同因素，并最终确定了单一地块上的开发类型。随着时间的推移，这些个体发展决策的累积效应催生了一种称为城市形态的空间开发模式。换言之，随着时间的推移，确定了单一社区的物质、经济和常住社会人口特征的发展模式，这些因素共同塑造了这一区域。近几十年来，交通投资对这一演变的影响以及其所受到的影响都得到了广泛关注。例如，在20世纪90年代和21世纪初，一些书籍针对城市形态，尤其是郊区化进行了批判［请参见（Duany and Plater-Zybek，1991；Hart and Spivak，1993；Kay，1997；Kunstler，1997，2013；Morris，2005）］。

此外，对土地使用与交通规划关系的更加系统性的研究，特别关注了对空气质量和公共卫生之类事项的影响（Whitfield and Wendel，2015）。例如，城市土地研究所发表了《逐渐降温》（Growing Cooler），这是首次研究不同土地使用模式对温室气体排放的影响（Ewing et al.，2007）。具体来说，这项研究试图回答三个政策问题：

1）在美国，车辆出行里程（VMT）能否随紧凑的城市发展（而非城市的持续蔓延）而减少？
2）降低二氧化碳排放是否将伴随着由更紧凑的发展模式引起的VMT减少？
3）若试图将占主导地位的土地开发模式由蔓延转向紧凑开发，需要进行哪些政策变革？

紧凑开发被定义为更密集的开发，强化了土地用途混合，强调人口和就业中心，以及更方便行人的设计。

作者估计，在非常高的渗透率水平上采用紧凑开发方法，每增加一个新开发或再开发项目，可使VMT减少20%～40%，具体取决于采用最佳方法的限度。据估计，到2050年，与持续蔓延相比，交通相关二氧化碳的排放总量将减少7%～10%。作者还建议，要实现上述二氧化碳减排水平，州、地区和地方各级政府的土地使用政策就必须发生巨大变化。事实上，正是对政策变化的预期引发了对这项研究的激烈批评。简单来说，许多人认为这项研究具有误导性，因为在可预见的未来，不大可能对土地使用政策做出修改。

不久之后，一些交通规划专业组织发起了"出行降温"（Moving Cooler）项目，旨在确定不同的"交通次数和土地使用战略及其对二氧化碳排放可能产生的影响"（Cambridge Systematics，2009）。"出行降温"研究发现，更紧凑的开发模式无疑会减少出行频次，因此二氧化碳排放量也会减少。在人口密度较高的地区，改善交通和非机动规划能更有效地减少二氧化碳排放量。另一个结论是，在可以采用更好替代方案（公共交通投资增加和更紧凑的土地使用模式）的情况下，鼓励使用替代方案（例如道路收费）的策略将产生更大的影响。

2009年，交通研究委员会发表了一项关于建筑环境对VMT、能源消耗和温室气体排放影响的研究报告（TRB，2009）。鉴于其性质以及对事实和科学性的强调，这份报告比上述两份报告更为严谨。其结论包括：

1）更紧凑的开发，即在更高的居住和就业密度下，VMT可能会减少。
2）文献表明，如果考虑更高的就业集中度、显著的公共交通改善、混合土地用途和其他支持性需求管理措施，整个都市地区的居住密度将翻一番，家庭VMT可能会降低5%～12%，甚至可能降低25%。
3）更紧凑、混合土地用途的开发可减少能源消耗和二氧化碳的直接及间接排放。
4）根据委员会制订的说明性设想，更紧凑、土地用途更混合的开发模式的显著增加，将导致能源消耗和二氧化碳排放量在短期内少量减少，随着时间的推移，减少的程度将逐渐增加。

5）若要大规模促进更紧凑、土地用途更混合的开发，就要克服许多障碍，包括：许多较为传统的地方政府不愿利用这种方式进行土地开发，而且大多数大城市地区尚缺乏有效的权力来管制土地使用区域，政府在土地使用规划方面尚缺乏强有力的管控作用。

6）开发模式的变化足以大幅改变出行行为和住宅建筑使用效率，这将带来本研究中尚未量化的其他效益与成本。

对交通、土地使用模式以及它们所产生影响之间关系的研究无疑会继续推进。上述三项研究的主要结论是，交通行为和出行方式确实会受到土地使用和开发模式的影响，但总体效果取决于所需的开发规划或策略（例如紧凑开发）渗透到城市市场的程度。

以下资料能对从业人员有所帮助：《国家合作公路研究计划（National Cooperative Highway Research Program，NCHRP）第684号报告》、《加强混合用途开发项目的内部出行捕捉估算》（Enhancing Internal Trip Capture Estimation for Mixed-Use Developments）（Bochner et al., 2011）、《公共交通合作研究计划（Transit Cooperative Research Program，TCRP）第95号报告》、《关于土地使用和现场设计》（Land Use and Site Design）的第15章（Kuzmyak et al., 2003）和《关于公共交通引导开发（TOD）》的第17章（Pratt et al., 2007）、《交通工程师协会（ITE）推荐的现场开发交通影响分析实践》（Recommended Practice on Traffic Impact Analysis for Site Development）（ITE, 2010a）。

3.4 城市设计

交通规划师和工程师经常会参与到城市设计工作中（Montgomery, 2013）。城市设计"关注城市的物理特征，以及设计和规划决策对城市公共领域的影响。城市设计战略必须成为一个整合工具，协调各种公共和私人开发建议，包括交通和公共基础设施将如何对城市产生实际影响"（City of Pittsburgh, 1998）。

城市设计指导和原则可以采取多种形式。在某些情况下，社区提供插图或设计概念，说明在未来发展中需要哪些发展模式及相关便利设施。例如，图3-4展示了通道规划研究的核心发展原则，以威斯康星州麦迪逊市的一条主干路为例，同时列举了可应用的支持技术。

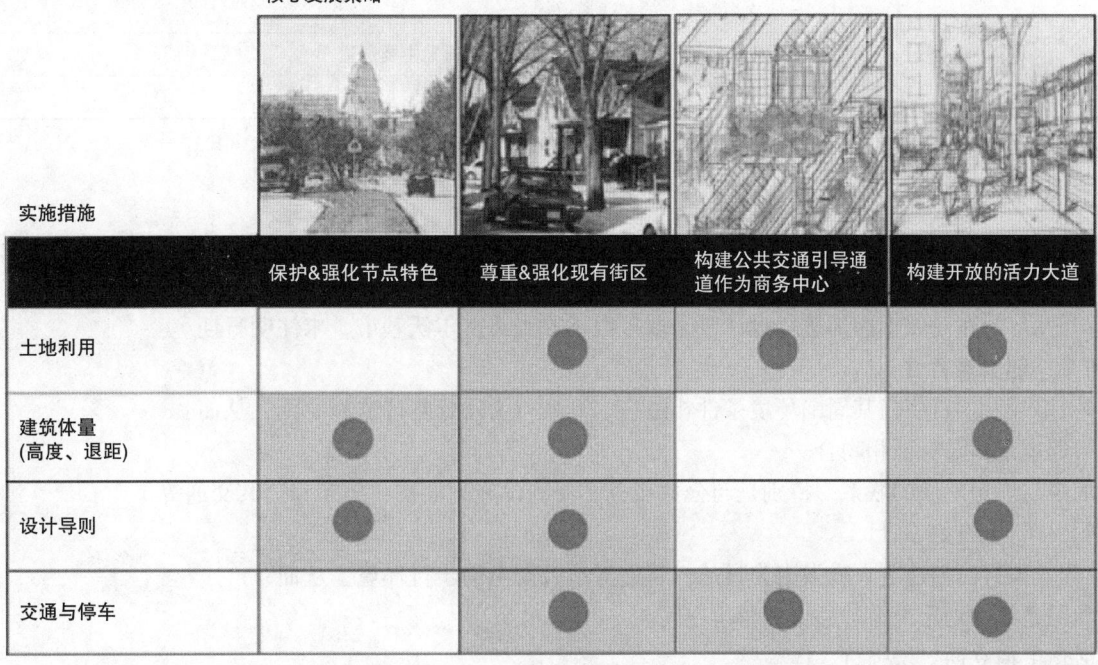

图3-4　威斯康星州麦迪逊市应用Them核心发展原则和方法，华盛顿东大道议会大厦门户通道

来源：City of Madison, 2008, Reproduced with permission of the City of Madison.

表 3-4 展现了一个市民指导委员会所阐述的与通道规划及土地使用有关的城市设计概念的重要意义。城市设计标准（会纳入城市发展或场地规划审查过程）与通道规划同时制订。

表 3-4　以明确的设计价值作为城市交通通道研究的一部分（麦迪逊，威斯康星州）

发展特点	·充分利用基础设施/减少城市蔓延 ·提供充满活力的混合商业 ·保护邻里关系 ·提升休憩开放空间 ·创造现场工作环境
特征	·维持和提高地区对"创造性的全新劳动力"的吸引力
建筑立面和建筑风格	·创造充满活力的天际线 ·鼓励与建筑环境在视觉上兼容的高质量开发 ·通过建筑设计提升行人体验
街道	·创造行人尺度的环境和公共空间 ·鼓励有形建筑活动 ·埋设架空公共电线 ·鼓励和支持公共艺术 ·鼓励节能和低眩光的室外照明 ·强调具有门户感的街道设计
邻里特征、兼容性和环境适宜性	·确保通道与邻近社区的兼容性 ·确保与公共区域相邻的开发有吸引人的立面以及骑行者与行人连接
就业	·保留和吸引高水平就业 ·保留和吸引为居民提供价值的企业
企业类型	·提供企业孵化空间 ·提供企业后孵化器空间 ·吸引手工业和办公业务 ·业务发展聚焦于创造就业机会、家庭支持和社区企业
交通	·协调交通选择和土地使用 ·建立高效安全的交通通道
货车	·以US-151（交通主干路）作为区域通勤主要通道
停车	·为企业提供（公共和私人）停车场

来源：City of Madison, 2008, Reproduced with permission of the City of Madison.

图 3-5 展现了用于通道规划的一些发展和交通概念。

在其他情况下，城市设计导则对指导社区场所"外观"和"感观"的原则和行动进行了叙述性描述，例如密尔沃基和威斯康星等（Eitler et al., 2013）。

城市开发部门在对城市内部进行设计时采取了以下原则（密尔沃基市，未注明日期）。

原则 1：邻里兼容性

新的城市开发项目应与其周围环境条件相适应，开发行为需要坚持这一原则，从而：

- 与邻里规模及特征相吻合。
- 加强与周边地块的联系，特别是与公共服务和便利设施（学校、公园和公共交通等）。

原则 2：行人友好设计

新的开发项目以创造更大吸引力为目的，营造舒适且安全的步行环境，从而：

- 利用建筑物划定街道的边缘和角落空间。
- 活化街道立面，增强行人体验感。
- 为人们创造难忘的场所。

原则 3：土地使用多样性

多样、高效地利用土地，提供邻里便利，为市民营造独特的城市体验，从而：

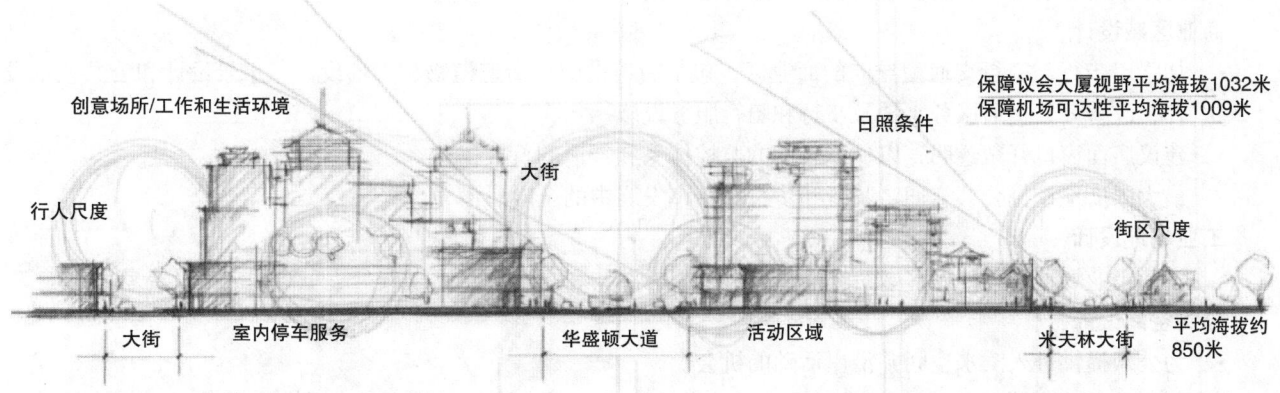

图 3-5 以发展和公共交通为导向的城市设计概念（麦迪逊市，威斯康星州）

来源：City of Madison, 2008, Reproduced with permission of the City of Madison.

- 多样化、组合化地应用邻里尺度。
- 提供共建共享的机会。

原则 4：交通选择多样性

交通系统应保持/维持一定的服务水平并持续改进，以适应各种交通方式的需求，同时兼顾行人需求，从而：

- 使整个系统实现供给平衡，以提供多样的出行选择（步行、驾车、骑行及使用公共交通工具）。
- 增强公共交通服务水平，并提供更加舒适和便利的使用体验。

从上述原则中可以看出，交通规划往往是城市设计策略中的一部分。明尼阿波利斯市的城市设计策略提出了如下交通规划相关对策，是城市发展、城市设计和交通规划之间相互支撑的另一个案例（City of Minneapolis, 2009）。

市中心设计

- 建筑物底层空间应直接与人行道相连，提供实际用途。
- 在建筑设计中应整合各类元素，为行人提供安全服务及保护，例如遮阳/雨篷和屋檐，作为鼓励行人利用街道的一种手段。
- 车辆从停车坡道进入街区时，应在街道设计层面上尽量减少对行人的干扰。
- 协调场地设计和公共街道的协同改进，为行人活动、行道树布置、景观美化、街道设施、沿街咖啡馆和行人活动区等元素提供足够宽敞的人行空间。
- 利用高架路连接市中心的建筑物，提供统一的方向标识及可达性系统示意图，尤其是靠近高架路入口以及主要道路和行人路线的沿途区域；提供便捷可达的垂直通道，例如高架路系统和公共人行道，重点沿主要公共交通及行人路线布设。

多家庭住宅设计

- 在明尼阿波利斯市中心以外的商业通道、活动中心、公共交通站点区域和经济增长中心，推广中等规模的多家庭住宅更为合适。
- 在朝向街道的建筑入口布设行人设施，例如更宽敞的人行道和绿地空间。

一人户家庭和双人家庭住宅设计
- 在小巷及行车道出口周边街区禁止新建行车道。

混合用途及 TOD
- 沿主交通网络中的公共交通通道建设安全、高可达性、便捷且明亮的街道。
- 协调场地设计和公共道路的更新改造，为行人活动、行道树、景观美化、街道设施、人行道咖啡馆和行人区域的要素更新，提供足够宽敞的人行道空间。

商业区域设计
- 加强以步行与骑行交通为导向的商业区，包括街道设施、街道植物、广场设计、水景设计和公共艺术设计，改善公共交通服务水平及步行和骑行服务设施。
- 建议店面窗口开敞透明，以保障天然的监控体系和舒适的行人体验。
- 最大限度地挖掘公共交通、骑行和步行在城市发展中的全时段潜力。

工业场地设计
- 设计工业场地时，确保多数货车能便捷进入目标路线和高速公路，以减少货车对住宅区及街巷的影响。

公共空间设计
- 为公众提供进入滨水空间并沿岸活动的机会。
- 制定公共广场设计标准，关注气候敏感的设计要求，对座椅、照明、景观美化和其他设施提出设计要求，维护并提供具体的指导。

考虑到行人能自由选择交通出行方式，这些原则也要从建筑物和场地本身的特点出发。街道、人行道和停车设施通常是城市设计导则的一部分。在明尼阿波利斯的导则中，下面几项内容介绍了在城市设计中所期望实现的街道面貌和行人活动：

- 考虑街道面貌可能发生的变化，保持城市街道和交通网络的通达性。
- 在适当的情况下，整合和/或再利用废旧路面材料进行街道和人行道的改建。
- 缩小街道宽度（过街距离），提供安全且便利的行人过街环境，增加隔离带、林荫道和减速措施（Bump-Outs，缩小交叉路口宽度）。
- 改善进出通道、人行道和其他连接通道的管理和指示系统。
- 通过重新引入和扩展城市街道网络，在更大范围内探索城市设计的可能性。
- 鼓励在商业节点、活动中心、社区和商业街道，以及市中心和明尼苏达大学等经济增长中心修建更宽敞的人行道。
- 提供充足的街景设施，包括街道设施、景观植物和景观美化元素，以缓解机动车交通及停车场给行人带来的消极影响。
- 整合街道设施，美化景观并改善照明，以满足功能需求为导向，避免阻碍行人通行与活动。
- 在街道上开发行人友好功能，包括行道树布置和景观道设计，在满足雨洪处理、车道宽度设计、交叉口处理和具有标识性的人行横道等功能性需求的同时，增添趣味性和美感（City of Minneapolis，2009）。

城市设计还要关注公共空间。美国规划协会（American Planning Association，APA）将公共空间定义为"社区、市中心、特定区域、滨水区或公共领域内其他有助于促进社会互动和社区意识的区域，典型公共空间包括露天广场、城镇广场、公园、市场、公共场所和商场、公共绿地、码头、会议中心或场地内的特殊区域、公共建筑内的场地、大堂、大厅或私人建筑内的公共空间。"（APA，2015）[注意，公共空间的重要性是 ITE《城市道路系统规划推荐实践》（*Recommended Practice for Planning Urban Roadway Systems*）（2014）中的道路系统规划的六个核心原则之一]。

在规划和城市设计文献中，规划师经常会提到"空间营造"（Place-making）一词，其涵义是将城市设计理念融入公共（或私人）空间中，使其成为充满活力且经济上可持续的"最佳去处"。在实现这一目标的过程中，交通起到了关键作用。例如，作为公共空间一部分的交通策略类型包括人行道的可用性和充足性、设置人行道隔离（例如设置行道树、景观和路边停车场等）、在可行区域铺设自行车道并增加共享单车停放点、针对街景/行人设施的城市设计准则、提供遮阳功能的行道树,以及其他适合步行的便利设施。"完整街道"(Complete Streets)概念就是一个很好的例子,它阐明了如何使公共交通空间对一系列用户更具吸引力(请参见第9章关于道路和公路规划的内容)。

由于认识到场所营造的重要性,一些都市规划组织(MPO)为地方城镇制订了融资方案,以便为目标社区制订总体计划。在这些社区,可以将土地使用和适当的交通策略结合起来,创造一个特殊场所。例如,亚特兰大地区委员会(Atlanta Regional Commission,ARC)就是最早开发此类项目的MPO之一。他们开发的项目称为"宜居中心新方案"(Livable Centers Initiative,LCI),通过向当地社区和非营利组织提供资助来制订营造计划:鼓励在活动中心、城镇中心和通道建立多样化的混合收入住宅区,以及就业、购物和娱乐区;提供一系列交通出行方式,包括公共交通、驾驶汽车、步行和骑行,使目标区域内的所有用途都具有可达性;制订一个推广日程,促进所有利益相关者参与其中(ARC,2015b)。

如果地方政府已经正式将这些规划纳入综合规划中,并且/或已经采取措施落实相关建议(例如设立税收分配区或市中心开发部门),那么受助方就可以获得资金。图3-6中展示了亚特兰大地区委员会交通执行资金在资助项目类型方面的分配情况。值得注意的是,大部分资金都用于人行道和其他联通性措施。截至2014年,ARC已经为LCI确定的项目提供了5亿美元资金,因此这一项目可以说是相当成功的。自2000年以来,联邦基金对LCI建设项目的投资超过了1.72亿美元,总投资(包括地方资金匹配)超过了2.35亿美元(ARC,2015b)。2000—2014年,该地区有69%的新增写字楼都集中在LCI指定区域。休斯顿-加尔维斯顿地区委员会(Houston-Galveston Area Council,H-GAC)也有类似的"宜居中心"计划(H-GAC,2015)。

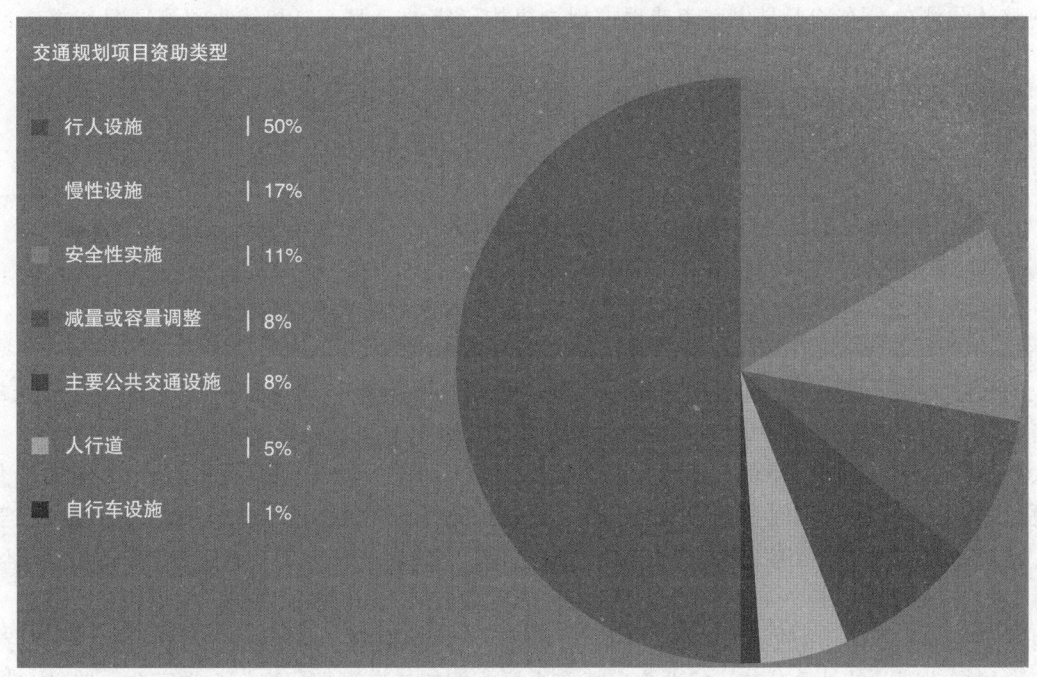

图3-6 为宜居中心倡议提供投资基金的项目类型(亚特兰大地区委员会,2014年)

来源:ARC, 2015b, Reproduced with permission of the Atlanta Regional Commission.

需要注意的是,前述城市设计原则可能与工程设计实践或指导方针(例如使用树木来界定街道空间,或关于转弯车道或双向街道的政策)有冲突。在这种情况下,交通部门官员通常会与相关官员进行讨论,提供对所采用城市设计原则最有利的交通基础设施和服务。这种方法称为情境敏感性解决方案,本章之后将对其进行讨论。

3.5 土地使用预测与交通规划

对于以 3~5 年为期的近期规划分析，交通规划人员通常可以将当前的活动或土地使用系统作为给定的条件。在这种情况下，研究区域当前的土地使用活动系统清单，足以确定研究区域所产生或吸引的出行次数。然而，从长远来看（5 年或 5 年以上），城市土地使用活动体系显然会发生变化。社区会获得或失去各种类型的人口或就业机会。在开发新地区的同时，原有的发达区域可能会出现品质下降、翻新或重新开发。因此，交通出行需求方式和交通系统需求也将发生变化。

综上，为了预测未来的出行需求，远期的交通规划必须明确考虑城市活动系统的预期性变化。

预测土地使用变化的时间框架会因规划研究的类型而异。"综合规划"通常会考虑"扩建"年度范围（往往在 30~50 年的范围内），并且会应用于整个地区。"长期交通规划"过程通常采用 20 年的时间范围，并应用于都市或城市地区。《国家环境政策法案》（*National Environmental Policy Act*，NEPA）项目的开发过程会持续 20~25 年，通常在走廊或地块层面进行。空气质量达标/规划的重点是 6~20 年的时间范围，通常发生在大气流场或区域层面。现场影响研究和相关交通影响分析的时间框架会因当地法规和规则的不同而异。通常，预测的目标年份包括开发项目投入使用的年份、使用之后的 5~10 年，以及全面扩建的时间（如果开发地点是一个更大活动中心的一部分）。

3.5.1 人口和就业预测

在大多数情况下，交通规划人员获得的人口和就业控制值往往来自州层面的经济预测。在许多州，尽管研究区域内整体预测的分布情况是由都市或地方规划机构确定的，但人口和就业预测情况与整体预测情况是相符的。

预测人口变化的方法包括：
- 趋势比率法，将研究地区的人口与该地区人口相对较大地区人口的上升或下降比率联系起来，提出一个公认的人口预测值。
- 队列生存法，增加了自然人口净增加和净迁移对现有人口的影响分析。
- 经济基础法，将人口增长与就业增长预测联系起来。
- 应用复合年率或人口百分比增长，适用于基本稳定或逐渐下降的人口变化趋势。
- 应用每年或每 5 年或每 10 年期间人口增长的恒定绝对比率。

对就业的预测往往更加困难，需要使用趋势外推、投入产出分析和专业判断（通常是经济）等方法。在美国，联邦储备银行系统会提供单一都市地区的就业预测，劳工统计局也会做出此类预测。

作为大型都市区人口预测的示例，亚特兰大地区委员会（ARC）指出，这一过程是"多年的努力，确定基准并最终更新区域计划。使用几种预测模型并进行了评估。此外，在几次反复执行中，与当地经济学家举行了多次咨询会议，还与当地政府和选民举行了几十次接触会议"（ARC，2014a）。ARC 的工作人员使用区域经济模型有限公司（Regional Economic Models Inc.，REMI）的模型来预测人口控制总量，然后用另一种方法将人口分配到整个地区。REMI 模型应用的输入数据（或假设）包括人口存活率、人口种族特征、出生率、劳动参与率、预测经济产出和行业就业的计算公式、失业率、特殊人群（例如住在寄宿公寓、大学宿舍、监狱和精神病院的人群）、燃料需求、移民，以及经济移民和退休移民（ARC，2014b）。预测得出的区域总数随后会分配到较小的地区。

3.5.2 土地使用预测与交通出行方式之间的关系

土地使用预测为未来交通需求预测提供了两项重要的输入数据：未来的人口数量和就业水平（即未来的需求是什么）；研究区域内的土地使用分布情况（即行程的出发点和目的地是什么）。图 3-7 展示了一个名为 UrbanSim 的土地使用预测模型的重要组成部分，以及它与普吉特海湾地区委员会（Puget Sound Regional Council，PSRC）所使用的出行需求模型的关系。

一些观测结果表明所有土地使用模型的基本情况，以及这些模型与出行需求模型之间的关系。首先，可达性是土地使用的主要预测因素，意即越容易抵达的土地越适合开发。可达性来自运行过许多步骤的出行需求模型，如图3-7中的双向箭头所示（请参见第6章关于出行需求与交通网络建模的内容）。因此，需求模型与土地使用模型间存在一个反馈环。事实上，为达到平衡状态，土地使用模型经常与更新的需求模型反馈进行迭代。换言之，土地使用模式会对出行时间和成本产生影响，而出行时间和成本反过来又可能影响土地使用模式，进而再次发生变化。

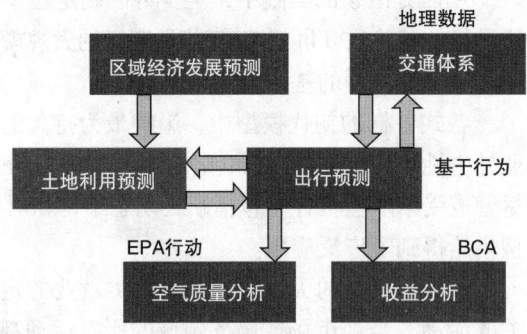

图3-7 土地使用预测模型及其与出行需求模型的关系（PSRC）

来源：Puget Sound Regional Council, 2012

其次，土地使用模型具有外源性输入特征，能代表区域经济预测的相关情况。在这种情况下，应使用除土地使用模型以外的模型来预测研究区域的总人口和就业情况。

再次，在交通网络和出行预测之间也显示为双向箭头。这意味着，作为规划过程的一部分，项目和战略的确定不仅将改变未来的交通网络，还会随着时间的推移对土地使用产生影响。

最后，空气质量排放模型和效益-成本分析模块仅用于评估拟议计划对空气质量的影响和可能产生的效益而进行的模型后分析。

图3-8是来自科罗拉多州丹佛市的案例，展示了土地使用预测与出行建模之间的关系（DRCOG, 2010）。在这种情况下，利用基于活动的出行需求模型（Activity-Based Travel-Demand Model，ABM）来模拟两者之间的关系。ABM是一种新形式的出行需求模型（请参见第6章关于出行需求与交通网络建模的内容），它不像传统的四步模型那样以出行为基础，而是代表个人在特定周期内（例如一天内）的实际出行行为，并采用出行行程来反映一个事实，即许多出行表现为出行链，可能有许多不同的中间站。这一建模框架中，利用人口合成器来合成未来人口的位置。在丹佛的案例中，对所选年份的单个家庭和个人进行了详细的人口统计特征预测。合成器使用了两组家庭特征控制变量：区域级控制和分区级

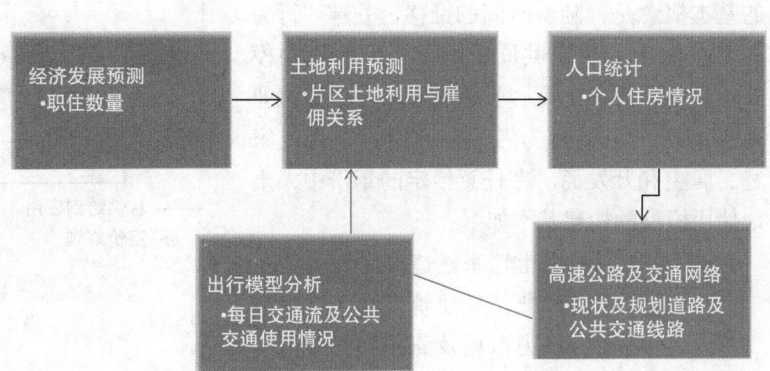

图3-8 基于活动的出行需求模型及土地利用预测（丹佛）

来源：Denver Regional Council of Governments, 2010

控制（利用土地使用模型分配）。然后，合成器将住户随机分布到居住区域内，并分配与区域总数相匹配的社会人口特征。

关于工作位置，模型会获取所有工作人员（从人口模拟器中识别），并为他们分配常规的工作位置区域和地点。工作者及其家庭区域的特征与分区特征相结合，以确定某一地带所具有的吸引力。更多关于丹佛模式的信息，请参见（DRCOG, 2010）。

总之，无论采用何种类型的出行模型，土地使用预测与出行需求建模过程之间都存在密切联系。如果对未来家庭、人口和工作位置不具备一定程度的了解，就很难以可靠的方式进行出行需求建模。

3.5.3 研究区域内的人口和就业分布

对人口和就业的整体变化进行评估后，规划人员要将相关数据分配到研究区域的交通分析区。交通规划机构采用不同类型的土地使用模型，在某些情况下，也会依靠经济数据分析和地方开发专业知识来预测未来的土地使用模式。有些包含许多子模型和数学关系的模型是非常全面的，可用于展示社区开发模式的复杂演变。还

有些模型则比较简单，或只关注最重要的变量。

从西方国家的实践中，至少可以确定三个土地使用建模方式的应用阶段：20世纪60年代使用各种建模方法所进行的试验；20世纪70年代涌现出的大规模土地使用模拟模型；现有的应用模型是过去20多年中发展起来的，建立在早期模型的基础上进行扩展。

各式各样的初代模型中，影响最为持久的是Lowry模型（Lowry，1964）。这是一种启发式模型，在基本就业外生性供应分布的基础上，迭代地将家庭分配到居住地点，将零售业或为人口服务的工作者分配到就业地点。尽管遭受了一些批评（包括缺乏动态结构和对城市土地市场的代表性），但各种形式和各种复杂程度的Lowry模型仍然得到了广泛应用。

Lowry模型的关键概念是对两类就业的定义：零售业和基础就业。零售业就业来自所有与人口和购买力相关的活动。当地市场或服务领域的所有活动都可归为零售就业类别中的最终产品或服务。大型购物中心和复合式写字楼是零售业就业的典型来源。基础就业包含所有其他因素，意即以现场为导向的所有活动，其位置并不取决于以居住为导向的当地市场区域的大小和位置。因此，举例来说，重工业地点是基础就业地点。

Lowry模型假定城市地区各区域的基础就业是由外部因素决定的，因此使用工作-居住分配函数将相关工作者分配到城市地区的居民区。然后，在这种居住分配条件下，使用居住-购物分配函数对服务于这些人口的零售就业进行分配。将这些工作者分配至各居住区，随后产生额外的零售活动（就业）等。因此，Lowry模型包含了一个乘数效应，即每个新员工（基础就业或零售就业）都会产生更多的零售就业，直到整个过程收敛到均衡状态。

简单来说，Lowry模型及其衍生模型中的基本概念是，随着时间的推移，关键"行为者"所做出的决定共同影响了土地使用的模式。例如，图3-9展示了影响未来人口和就业地点的四个主要行为者——政府、个人或家庭、雇主和开发商。在任意给定的年份中，土地使用模型的构建基本如下：

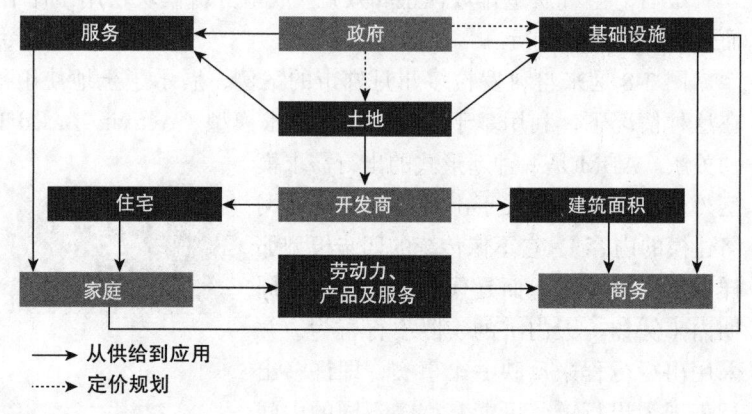

图3-9　土地使用建模分析（PSRC）

来源：Puget Sound Regional Council, 2012

- 开发商利用土地来建造家庭和企业所需的住宅和非住宅建筑空间，这些空间将在劳动力市场及商品和服务市场中相互作用。
- 政府提供基础设施和基础服务，并在某些特定的情况下对土地及基础设施的使用价格进行管控。
- 家庭或个人、雇主、开发商和政府是参与市场交易的关键角色。
- 以家庭为单位，能提出一系列相互影响的可选生活方式，包括什么时候搬家、希望居住的社区、想要租用或购买的住宅类型以及所拥有的车辆数量。家庭内部成员能选择劳动方式及受教育状况、工作可达性和职业规划、日常活动时间安排、交通出行方式及出行线路。
- 雇主能选择开办或关闭一家机构，并选择所处地点、控制就业规模以及租用或购买房产，并决定其类型和数量。
- 开发商能选择并承担房地产开发项目，包括这些项目的规模和地点。
- 政府能通过制定政策来投资（其决策会影响其他行为者的选择），并就公共设施的发展做出选择和安排，包括类型、地点及规模（PSRC，2012）。

这些行为者以多种方式相互作用，形成了未来的土地使用模式。图3-10展示了平台中包含的四个模型，它们代表了在整个模型中累积发生的决策过程。例如，从房地产价格模型开始，进一步发展为预期交易价格模型、开发方案选择模型和建筑施工模型。这些模型代表了可开发土地的实用性和相应的地价。这些信息会反馈到雇主和家庭的选址决策中。

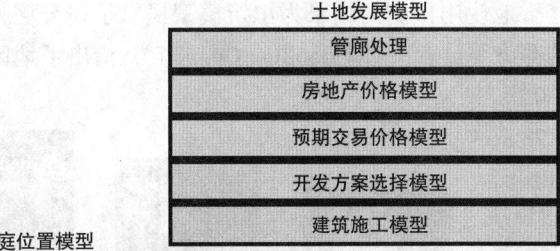

图 3-10　代表发展决策的模型（PSRC）

来源：Puget Sound Regional Council, 2012

特定地点的吸引力是研究区域之内、各区域之间人口和就业分配情况的基础。这类研究以数据为支撑，并纳入土地使用模型。一个特定地点对特定活动的吸引力将取决于各种各样的因素。例如，邻里作为居住地点的吸引力取决于以下要素：现有住房的地段或房价、面积、类型、年限和质量，学校的质量和邻近程度（如果家庭中有学龄儿童的话），公园及其他娱乐设施的实用性，邻里的安全程度（邻里环境可能涉及的危险包括机动车繁多的街道、有毒有害的工厂等），邻里的社会 - 种族组成（以及在这一组成中的感知趋势）。与此类似的是，零售商店的选址吸引力取决于以下因素：选址区域是否有合适的建筑物；建筑物相对街道的位置；行人的流向及周边停车条件；建筑物的租金；商品所出售地点的预期市场情况；附近现有零售商店的情况。

实践中，这种分析会受到指定和可观察吸引力属性数量的限制。结果通常会使用常规变量（例如衡量零售吸引力的区域内总零售占地面积，或衡量住宅吸引力的区域内独户住宅单元总数）来替代更具体的行为变量。

吸引力还会受到可达性的影响，可达性为城市活动的交通部分或土地使用模型提供了基础。可达性通常定义为对某种特定类型活动机会与特定位置的接近程度的综合衡量。例如，在描述住宅区 i 对零售购物机会的可达性时，常用的衡量标准是：

$$A_i = \sum_{j=1}^{n} F_j^{\alpha} e^{-\beta t_{ij}} \tag{3-1}$$

式中　A_i——i 区的购物便捷性；

　　　F_j——j 区的地面零售空间数量；

　　　t_{ij}——i 区到 j 区的出行时间；

　　　n——拥有零售行业的区域数量；

　　　α——表达可访问程度对商店大小的相对敏感性的参数（$\alpha > 1$）；

　　　β——表达出行决定对出行时间的相对敏感性的参数（β 越大，表示人们远距离购物的意愿越小）。

如式 3-1 所示，假设位置选择的重要性与人的可达性呈正相关性，即假设人们希望有更高的可达性，而不是更少的购物和就业机会，而零售商店希望高收入家庭能高度可达。式 3-1 中，出行时间变量的负指数表明，可达性水平会随居住地点与购物地点之间出行时间的增加而降低。同样，式中代表零售空间数量的 F 值越高，居民越希望出行到这一地点。

对规划目标年份和中间年份来说，土地使用预测的结果为出行模型提供了研究区域人口和就业地点的预期位置。图 3-11 来自明尼苏达州双子城的都市委员会（Metropolitan Council），指出了地区预测中的典型结论。

- 根据最新的区域预测，在未来 30 年中，双子城地区的居民将增加 78.3 万人，该地区的总人口在 2040 年将达到 360 万。
- 到 2040 年，双子城地区将经历三次重大的人口结构变化，包括更多种族和民族多样化、老龄化和更愿意独居。
- 工作和经济机会吸引人们来到双子城地区。在双子城地区往返流动的人口增加了劳动力数量及学校的种族和民族多样性。
- 老年人（65 岁以上居民）的住房需求和偏好将在很大程度上重新塑造双子城地区的住房市场。

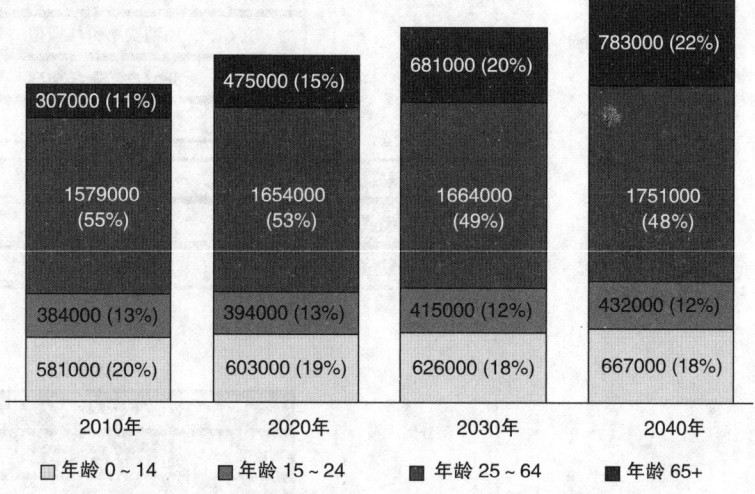

图 3-11　双子城人口按年龄分组（2010—2040 年）

来源：Metropolitan Council, 2015a

- 到 2040 年，双子城地区将增加 46.8 万个就业机会，总就业人数将超过 200 万（Met Council，2015）。

图 3-12 展示了土地使用模型分布阶段的典型结果，这一结果同样来自双子城都市委员会。在这种情况下，图中以绝对变化和百分比为基础展示了新就业机会的分布情况。

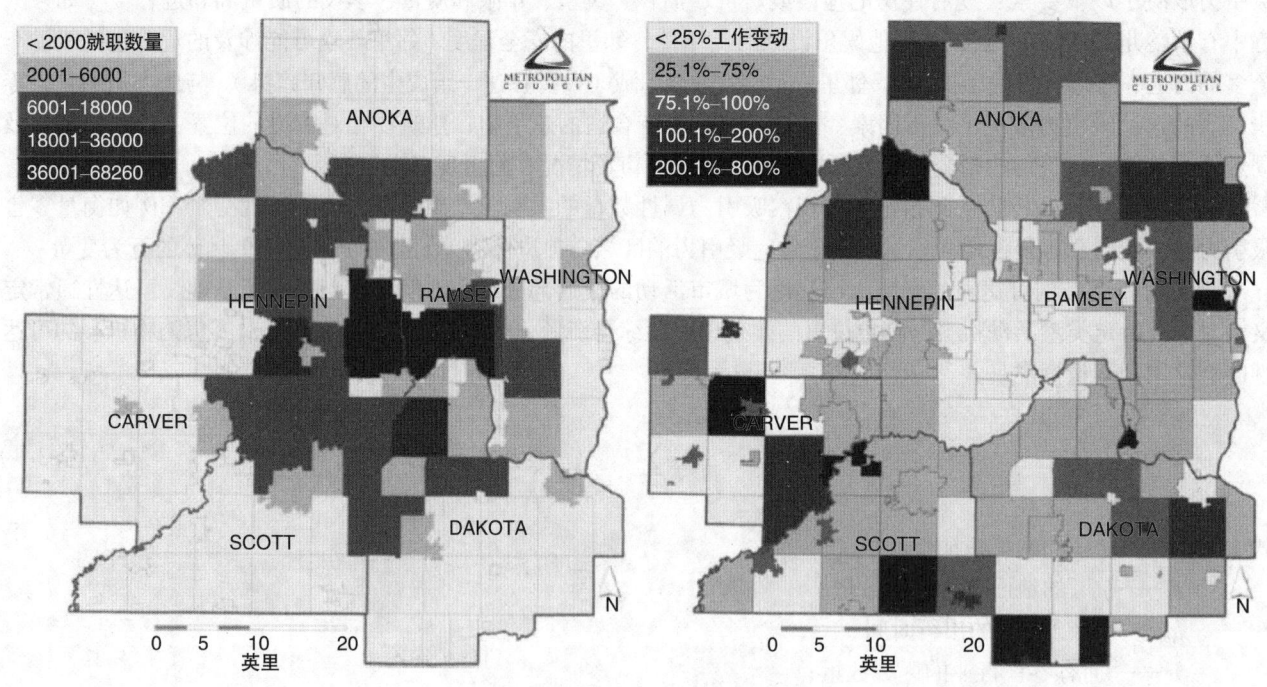

图 3-12　双子城就业变化（2010—2040 年）

来源：Metropolitan Council, 2015b

图 3-13 来自威斯康星东南地区规划委员会（Southeastern Wisconsin Regional Planning Commission，SEWRPC），位于威斯康星州密尔沃基市的 MPO，图中展示了人口/就业预测和土地使用模型的另一个共同特征。通过三种情景来看待就业预测，各情景代表了不同的假设增长率、经济状况以及可能使密尔沃基地区在人口和就业方面更具

吸引力的其他变量（SEWPRC，2013）。图 3-13 展现了在每一种情景下都市地区和 MPO 的就业变化预测。具体情景的用途将在后文进一步讨论。

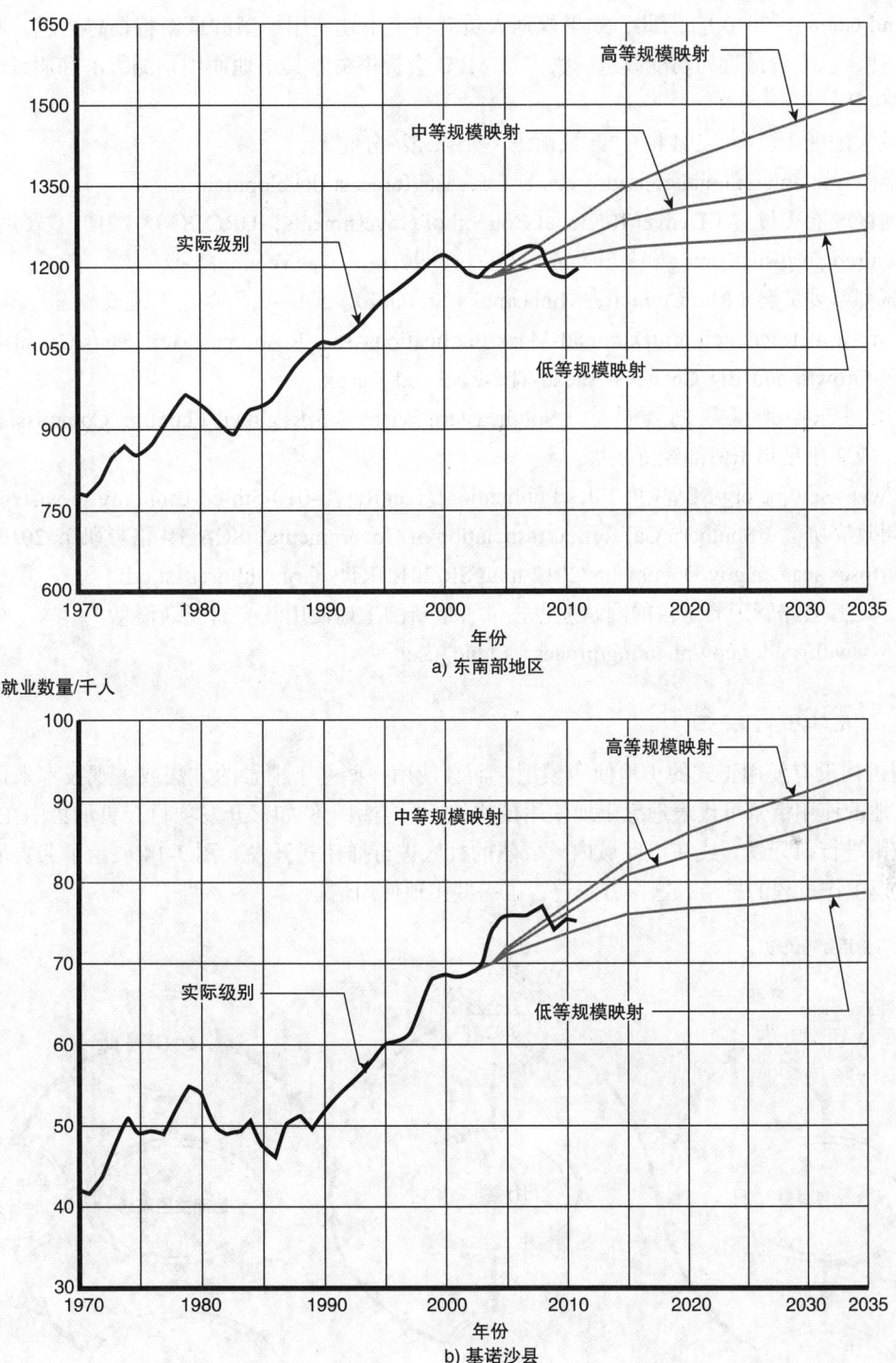

图 3-13　威斯康星东南部地区和基诺沙县就业预测
来源：SEWRPC, 2013

尽管本章不会详细描述当今实践中的每种可用土地使用模型，但以下还是简要描述如何进行土地使用预测的主要概念。交通规划人员在考虑土地使用模型时应谨慎理解：各可选模型的数据要求、校准和使用模型所需的人力资源数量、模型中嵌入土地开发决策过程的基本逻辑、出行预测的整合程度。在某些情况下，正式的土地使用模型是有意义的，而在其他情况下，情景或专家小组可能足以提供交通规划所需的信息。

土地使用模型会不断演变，模型开发者也会不断对其进行优化升级。一些论文和书籍对现有的土地使用及交通出行方式进行了更详细的比较（请参见 Hunt，Kriger and Miller，2005；Meyer and Miller，2014；Waddell，2011；Zhao and Chung，2010）。因此，如果规划人员对特定土地使用模型的最新特征感兴趣，则应检查该特定模型的最新文件，以查看最近的功能改进。大多数 MPO 会提供关于其土地使用预测方法和假设的文件。一套有代表性的文件包括：

- 亚特兰大地区委员会，2014a。"区域预测（社会经济分配）"。
  http://www.atlantaregional.com/info-center/forecasts/forecast-development.
- 丹佛地区政府委员会（Denver Regional Council of Governments，DRCOG），2010。"聚焦模型概述"。
  https://drcog.org/sites/drcog/files/resources/FocusOverview_WebVersion.docx.
- 双子城都市委员会（Met Council，Minneapolis-St. Paul），2015a。"2040 年区域预测"。
  http://www.metrocouncil.org/Data-and-Maps/Publications-And-Resources/MetroStats/Census-and-Population/Steady-Growth-and-Big-Changes-Ahead-The-Regional-F.aspx.
- 威斯康星东南地区规划委员会（Southeastern Wisconsin Regional Planning Commission，SEWRPC），2013，威斯康星州东南部经济发展。
  http://www.sewrpc.org/SEWRPCFiles/Publications/TechRep/tr-010-5th-ed-economy se-wisc.pdf.
- 南加州政府协会（Southern California Association of Governments，SCAG，洛杉矶），2010。"增长预测"。
  http://rtpscs.scag.ca.gov/Documents/2012/final/SR/2012fRTP_GrowthForecast.pdf.

此外，联邦公路管理局运营的网站上也提供了最新的土地使用和交通规划信息。
http://www.fhwa.dot.gov/planning/processes/land_use/.

3.6 城市形态的情景分析

许多规划机构没有使用正式的土地使用模型，而会使用一些基于情景的方法或主观技术来预测未来的土地使用模式。土地的使用情景可代理理想土地使用模式的不同类型。例如，开发项目会更加集中在交通站点周围，鼓励在现有城镇进行新开发，或在该区域内较成熟的社区进行插建式开发。图 3-14 展示了弗吉尼亚州弗雷德里克斯堡出行建模工作过程的总结，这一方法包含了一些土地使用情景。

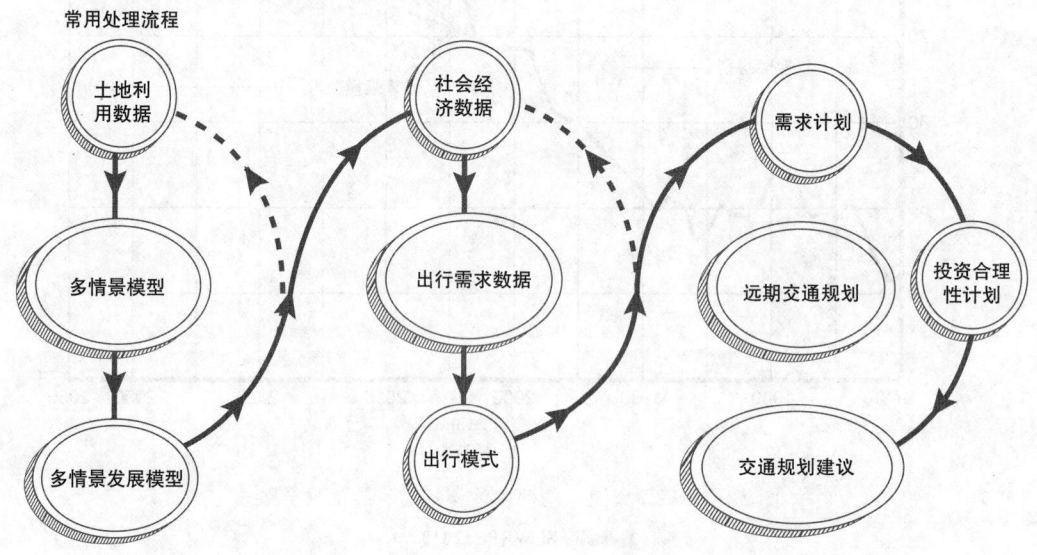

图 3-14　出行预测中的情景应用方式（弗雷德里克斯堡，弗吉尼亚）

来源：FAMPO, 2013

项目团队成立了两个重点小组，其中一个小组负责商业和开发利益（确定哪些因素使土地开发更具吸引力），另一个小组由首席规划师和负责公共工程的官员组成（确定地方土地开发政策和现有基础设施对未来发展模式和强度的影响）。小组共召开了三次市民研讨会，试图了解该区域的社区价值观和市民对远期交通规划的态度，并通过在线调查获得了市民对发展愿景及长远规划的看法。项目还成立了指导委员会，以便在规划过程中提供直接监督和建议。上述投入使 MPO 的规划人员准备了四种可供选择的增长情景，各情景间有很大差异，以便就该区域如何在一项或多项规划方案下发展做出正确选择（图 3-15）。四种增长情景如下：

- 分散式增长
- 紧凑型中心与增长型通道
- 环保倡议
- 更平衡的职住分布关系

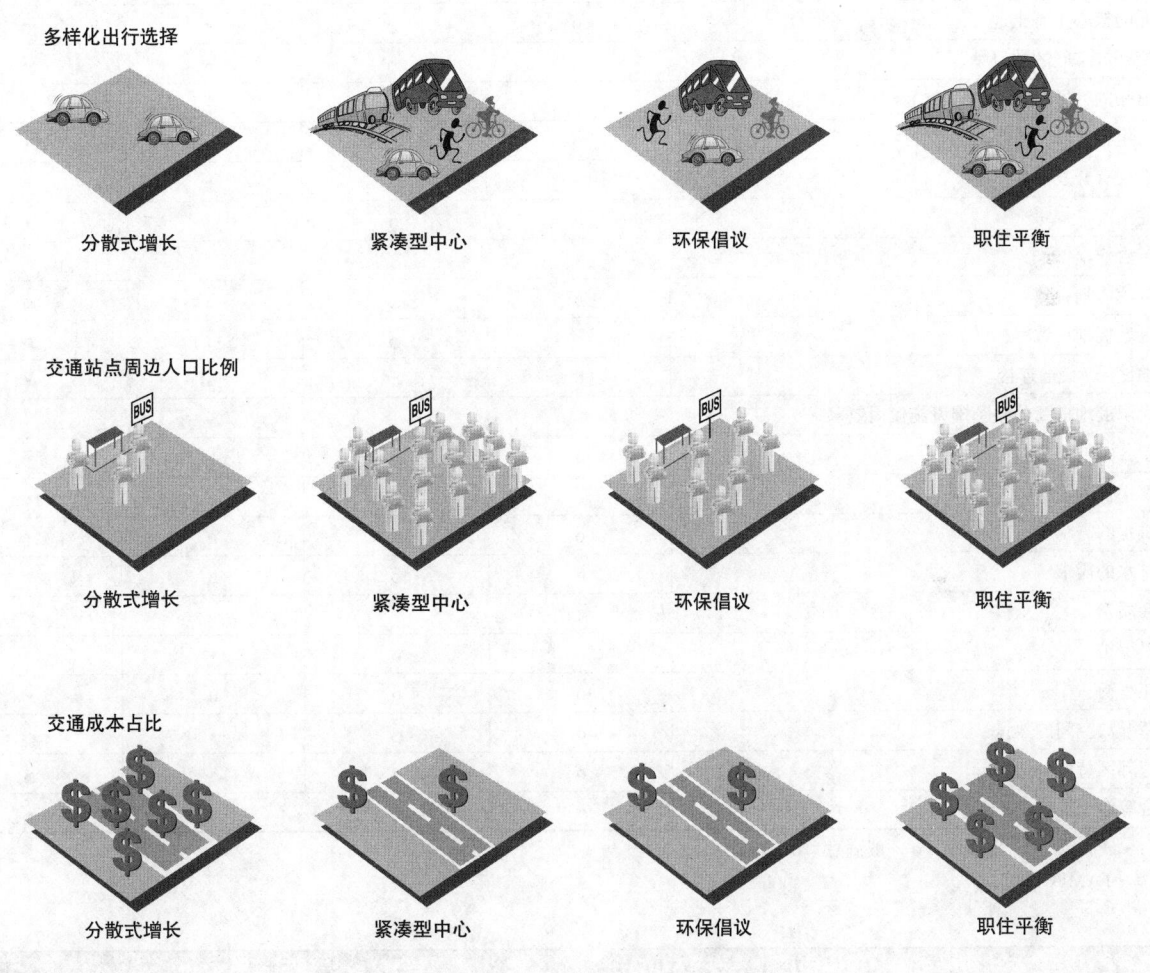

图 3-15　场景特征（弗雷德里克斯堡，弗吉尼亚）
来源：FAMPO，2013A

表 3-5 展示了不同情景下，如何与规划研究所确定的 24 项绩效指标建立联系。业界普遍认为提供相应激励是将工作与住房更紧密地联系在一起的最有效办法，这在许多研究中都得到了印证。

2005 年，对美国情景规划项目的回顾表明，规划机构广泛利用了相关经验。表 3-6～表 3-9 展示了这些情景的特征以及此次回顾对它们的评估（Bartholomew，2005）。

表 3-5 土地使用情景结果（弗吉尼亚州弗雷德里克斯堡）

	分散增长	紧凑开发	环保倡议	职住平衡
可达性				
人均车辆行驶里程	o	◎	ø	•
人均车辆行驶时间	o	◎	ø	•
潜在公共交通节点附近的人口百分比	o	•	ø	•
拥挤的交通通道	o	◎	ø	•
交通成本占收入的百分比	o	◎	ø	◎
可行的出行选择	o	•	◎	•
环境				
城市足迹	o	◎	•	◎
农业用地消耗	o	◎	•	◎
消耗的核心生态土地	o	◎	•	◎
保持开放空间的数量	o	◎	•	◎
可信赖的社区				
住房组合	o	•	ø	•
靠近现有开发项目	ø	•	◎	•
职住平衡	o	o	o	•
区域合作				
与当地规划一致	o	◎	ø	ø
与区域规划一致	o	◎	ø	ø
土地使用/交通连接	o	•	ø	•
最大限度地提高公共基础设施使用效率				
对新公园的需求	o	◎	◎	•
对新学校的需求	o	ø	ø	ø
对供水的需求	o	ø	ø	ø
对排水的需求	o	ø	ø	ø
生活质量				
战时保护	o	ø	•	ø
职住平衡	o	o	o	o
保持开放空间的数量	o	◎	•	◎
保持郊区特色	o	•	•	◎
复合等级		◎	ø	•

注：• 最满意 ◎ 中等满意 ø 一般满意 o 不满意
来源：FAMPO, 2012

表 3-6 情景研究中所考察的土地使用模式类型（n=225）

情景类型	情景研究的数量
中心、集群或卫星城	58
紧凑	43
分散的、边缘的或面向公路的	39
走廊	5
填充或重新开发	24
其他或未定义	36

来源：Bartholomew, 2005

表 3-7 变量区分情景研究（n=80）

变量类型	情景研究的数量
比率或增长量	20
增长的位置	73
增长密度	76
增长设计	25
增长的同质性/异质性	50
交通系统要素	40
定价/政策要素	12

来源：Bartholomew, 2005

表 3-8 情景规划研究中使用的分析工具类型（n=80）

工具类型	情景研究的数量
出行预测模型	47
以公共交通/行人为导向的开发模型	9
使用 GIS 情景构建工具	20
土地使用分配模型	7
简化出行模型	3
简化土地使用/出行模型	3
只有土地使用模型	4
只有 GIS 情景构建工具	10
经济模型/分析	6
其他/没有数据	13

来源：Bartholomew, 2005

表 3-9 用于评估场景的指数（n=80）

测量	情景研究的数量
交通	**63**
车辆所有权	5
车辆行驶里程	50
车辆出行	20
平均行程长度	16
车辆行驶时间	24
平均峰值小时速度	19
其他交通拥堵	28
模式占比	23
公共交通	27
公共交通所服务的家庭	20
其他交通措施	23
土地使用	**47**
开发用地数量	33
农用地折算金额	25
其他土地使用措施	32
排污能力	6
用水量	12
财政费用	30
空气质量	33
能源消耗	18
温室气体排放	10

来源：Bartholomew, 2005

情景分析展示了不同土地使用模式或不同人口特征对交通产生的预期影响（Zmud et al., 2014）。决策者可采用一种情景或多种情景的组合作为理想的未来土地使用模式，并且可以在交通设施和服务方面进行投资，以实现愿景。

3.7 公路设施相关策略

在区域或社区规模上，土地使用策略会对交通系统的出行量和交通网络的流量产生影响。在单一设施层面，对土地使用的考量也会影响道路性能和安全。交通规划人员和工程师特别使用了两种策略来改进设施应用和设计特性，即出入管理和情境敏感性解决方案。交通工程师协会的《交通工程手册》（*Traffic Engineering Handbook*）和本手册第 9 章对这两种策略进行了详细讨论（Pande and Wolshon, 2016）。下文从如何将土地使用考量纳入项目级规划的角度概述了这两种策略。

3.7.1 出入管理

许多不同类型的交通和土地使用策略可视为交通规划过程的一部分，对其每一部分进行详细描述超出了本章的范围。有一个策略能明确地将土地使用、城市设计和设施层面的交通问题联系起来，这就是出入管理。交通工程的基本原则是现场出入应保持周围道路系统的运行完整性。这可通过应用出入管理原则和设计来实现。

出入管理为土地开发项目提供了实施的途径，同时保持了周围道路系统的交通流量（安全、通行量和速度）。出入管理包括对车道的位置/间距/设计/施工、中央分隔带开口、立交桥、街道与道路连接方式的系统控制，还包括各种应用，例如中央分隔带处理、辅助车道，以及适当的交通信号灯间距（ITE, 2010a）。出入管理的一个重要目标是确保一系列密集、不协调开发所产生的累积效应不会损害周围道路系统的安全性和机动性。

出入管理的关键确定因素包括：各种类型道路的允许出入通道，交通信号灯与车道连接处的间距，在无法提供合理出入通道时提供差异化处理方式，以及建立执行标准的手段。法规、契约、分区，以及运作和几何设计标准决定了出入控制和管理的程度。包括科罗拉多州、佛罗里达州、明尼苏达州、新泽西州、俄勒冈州和南达科他州在内的多个州，都有全州范围内的出入管理准则（Committee on Access Management, 2003）。

《出入管理准则及条例》规定了向沿公路开发项目提供通行权的时间、地点和方式。出入分类系统是上述程序不可分割的一部分，给出了出入方式和间距的导则。这些导则与允许进入道路的目的、重要性和功能特点相关。功能分类系统是将公路按出入类别分配的起点。修正因素包括开发密度、车道密度和几何设计特征，例如是否缺少中央分隔带。关于出入管理的其他指导方针请参见《出入管理手册》（Committee on Access Management，2003）。

国家公路合作研究计划（NCHRP）第 548 号报告《将出入管理纳入交通规划的指南》（*A Guidebook for Including Access Management in Transportation Planning*），为如何将出入管理更好地纳入交通规划进程提供了有益的建议（Rose et al.，2005）。具体而言，该指南为有效访问管理程序提供了以下步骤。

- 开发并应用分类系统，根据道路对出行的重要程度，为各条道路分配接入管理标准。该系统一般与街巷功能分类系统并行运作。
- 规划、设计并维护基于此分类系统和相关道路形态的系统。
- 定义每种分类所允许的访问级别，其中包括以下内容：
  - 允许或禁止直接访问。
  - 允许完全自由的移动、有限的转弯次数及中位数。
  - 指定所需的交通控制类型，例如信号灯、路缘式中央分隔带或环形交叉口。
- 建立信号与非信号接入点的间距标准，以及从交叉口（拐角间隙）和互通立交处的接入距离。
- 对每个允许的接入点或接入点系统制定工程标准，包括恰当的几何标准及交通工程措施。
- 建立政策、法规和程序来执行要求。
- 确保与行使土地使用规划权，且拥有开发许可和审查权的地方司法机关良好协调，并支持其工作。

更详细的工程管理信息见 ITE 的《交通工程手册》（Stover and Williams，2016）。

3.7.2　情境敏感性解决方案

在过去十年中，项目开发的一个重要趋势（也是与城市设计和土地使用问题密切相关的趋势）是越来越多地考虑产生设计的背景（McCann，2013）。所谓的环境敏感设计（Context-Sensitive Design，CSD）或情境敏感性解决方案（Context-Sensitive Solutions，CSS），是以更广泛的视角来探索潜在的解决方案。FHWA 将其定义为"采用涉及所有利益相关方的跨学科协作方法来开发交通设施，在适合自然环境，保护风景、美学、历史和环境资源的同时，保障安全性和可达性"（FHWA，2006）。

NCHRP 在一份报告中指出："通过环境敏感设计（CSD）可以认识到，采用融入社区的方式，公路或道路自身可以产生超出其交通或规划功能的深远影响（包括积极的和消极的影响）。环境敏感设计一词既指实际结果，也指方法或过程。"（Neuman et al.，2002）。本章采用了"情境敏感性解决方案"（CSS）这一术语，因为城市地区交通设施设计的主要环境是由项目周围的土地使用和社区特征来定义的。情境敏感性解决方案对规划人员来说非常重要，因为它描述了如何结合原则，以及如何解决城市设计与工程设计的冲突。在第 9 章道路与公路规划的相关内容中也介绍了情境敏感性解决方案的基本特征。

情境敏感性解决方案的基础是被称为"城乡断面"（Urban-to-rural transect）的城市规划概念，由新城市学家 Andres Duany 提出（Duany et al.，2009）。如图 3-16 所示，断面代表了开发环境从开阔地向高密度开发模式的转变。更重要的是，对交通规划人员来说，这种转变也可能意味着道路设计、所提供的交通服务，以及行人和骑行者的不同习惯。一些社区和专业组织（例如 ITE）根据断面制订了指南，涉及从功能分类到几何设计的所有方面。

马里兰州公路管理局概述了公路情境敏感性解决方案的基本特点，包括以下内容（Maryland State Highway Administration，1998）：

- 该项目满足所有相关利益方事先商定的目的和需求。本协议是在项目早期阶段订立的，并根据项目的发展情况进行必要修订。
- 该项目是开发服务于用户和社区的安全设施。

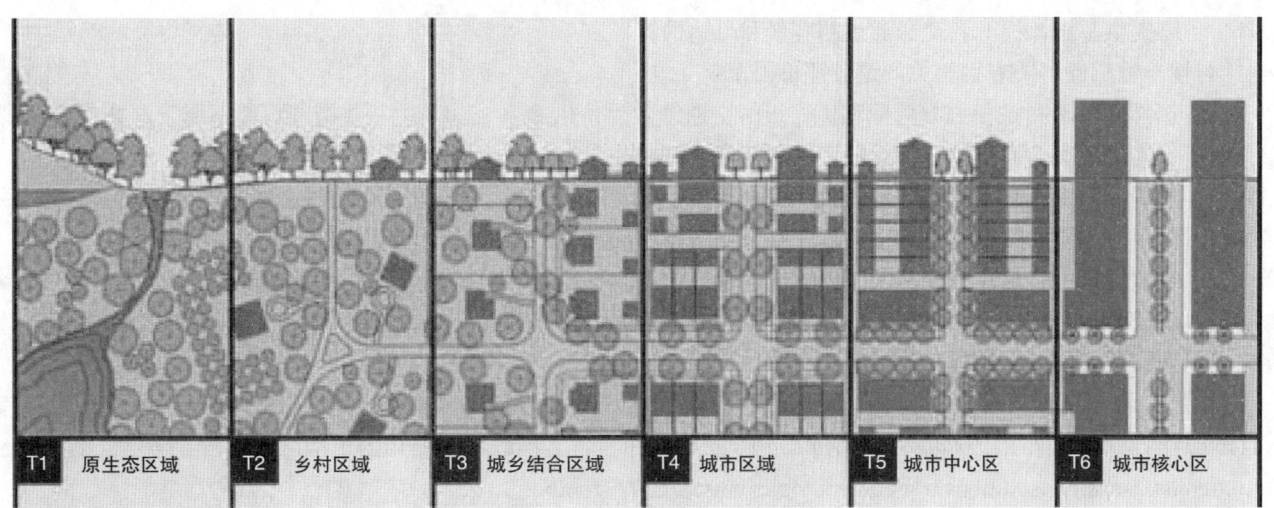

图 3-16 城乡断面及其交通联系
来源：Photo courtesy of DuanyPlater-Zyberk & Company via CATS

- 该项目与社区和谐发展，保留了该地区的环境、风景、美学、历史和自然资源价值。
- 该项目超出了设计师和利益相关方的期望，并在人们心中达到了卓越水平。
- 该项目涉及高效且有效地利用所有相关方资源（时间、预算及社区需求）。
- 该项目的设计和建造对社区的干扰实现了最小化。
- 普遍认为该项目为社区增加了持久的附加值。

ITE 在《设计步行友好城市的全过程：一种基于环境敏感的方法》（*Designing Walkable Urban Thoroughfares: A Context Sensitive Approach*）中强调：

"运用情境敏感性解决方案原则，不仅能解决与交通设施目标设定相关的顾虑，还能解决与周围地区相关的土地使用、发展、经济和其他活动以及环境条件限制问题，从而加强规划和设计过程的科学性。在完全了解情境敏感性解决方案原则和设计过程的情况下，从业者在规划或设计中能整合社区目标，包容所有用户需求，并据此对多种可能相互冲突的需求进行权衡，从而做出相对平衡的决定。"

（ITE，2010a）

在网络规划层面，情境敏感性解决方案的概念包括：
- 多式联运网络规划应纳入土地使用规划、交通规划以及与城市形态结合的长期综合规划中。
- 网络规划应解决与乘客出行、货物交通、公共设施布置以及应急服务有关的可达性和访问需求。
- 保障道路宽度，尊重社区特性，以可达性为目标，以所确定的长期需求为基础。

对于街道连通性和间距设定，情境敏感性解决方案的概念包括：
- 路网应提供高水平的贯通性，以便驾驶人、行人和乘客可以选择最直接的路线，其连通性应支持所预期的交通发展模式。路网应提供多式联运连接，以方便乘客在各种出行方式之间转换。
- 主要交通干道之间的交叉以及集散道路系统为连接邻里和各个区域目的地提供联通服务。
- 拓展集散道路的定义，充分认识它们在连接出发点与目的地方面的功能，以有效分配集散路网在交通规划中的作用，使本地短途出行能远离干道系统，并为乘客、行人、驾驶人和骑行者提供多样化路线选择。
- 通过一个密集的、联通的网络，而非强调单条干道的高水平容量来满足路网容量。这种方法（提供更多道路而非更宽的道路）能确保路网及设施能支持多样化目标，例如行人活动、满足安全性以及支持邻近区域发展。
- 设计一个有密路网的干道和集散道路系统，并与本地街道连接，组成道路网络，尽量降低直接进入干道的需求。当车道类型较少时，主干道可以更有效地动态容纳车辆和行人。因此，路网连接可以为管控策略提供基础，提升各交通通道的容量和可达性。

与情境敏感性解决方案相关的绩效评价因素：

- 选择能反映利益相关方目标和优先级的交通绩效评价措施系统。其中一些措施可能不属于严格的交通规划措施范畴，而是包含了经济发展和其他类型措施。
- 使用能识别所有出行方式的绩效评价系统。
- 如果对相同的度量进行直接比较，则道路网络不同部分的绩效评价目标可能不同。
- 绩效评价可包括在整个路网或通道层面考虑的车辆拥堵状况、路网容量和常规密度计量。
- 为反映步行与骑行水平和紧凑发展目的，应考虑连通性指数、交叉口密度度量和行人环境度量等措施。
- 选定的绩效评价措施应包括面向所有用户的安全措施。

对那些希望更深入了解如何将情境敏感性解决方案原则和方法纳入交通规划和设计的人，强烈推荐参考《ITE 推荐实践》(ITE Recommended Practice)，同时推荐参考美国联邦公路局的情境敏感性解决方案工具网站：http://contextsensitivesolutions.org/content/topics/misc/FHWA-toolbox/.

此外，还可参考本手册第 9 章关于道路与公路规划的内容。

对于街区街道设计和情境敏感性解决方案的原则，可参考 ITE 的《街区街道设计推荐实践指南》(Recommended Practice on Neighborhood Street Design，Guidelines)(ITE，2010b)。还可在如下网站找到街区层面的情境敏感性解决方案项目描述：www.contextsensitivesolutions.org.

3.8 总结

土地使用与交通规划间的关联性不仅指导了规划过程，还是规划人员和工程师所依赖的技术工具。此前，交通规划人员仅将土地使用因素作为建模过程的输入。而近年来，土地使用和城市设计策略已成为规划人员和政府官员提高社区可达性和机动性的重要工具。本章概述了对交通规划过程至关重要的土地使用与交通规划间的关联性。

未来的人口和就业水平以及在研究区域所处位置的信息，是进行大多数交通研究的基础信息。此外，如果按照本地综合规划和分区条例进行开发，地方层面的交通将受到开发类型和规模的巨大影响。鉴于土地使用与交通间的关联性对交通规划至关重要，负责土地使用预测和交通建模的机构或单位必须密切合作，确保交通规划过程为预估未来出行打下坚实基础。

以下是来自美国的土地使用-交通规划研究经验，这些经验能对整合土地使用-交通规划过程提供有益指导：

- 为协调交通规划和土地使用政策而制订的单一方案会因社区而异。不同方案的经验教训和做法可以通用，但最终，一个成功的解决方案应基于本地的需求研判和发展进程，并尊重本土文化与价值观。
- 未能充分考虑公众需求及大众参与的规划工作不太可能成功。任何规划项目，特别是面向创新的项目，如果不充分考虑公众的参与和意见，就会产生矛盾，进而导致项目延迟。
- 空间设计与规划方案同等重要。在希望吸引新用户并自下而上地整合交通和土地使用方式的前提下，仅靠规划并不足以创造成功的发展愿景，外部环境的美观、耐用及通达性都是重要因素。
- 应初步推算项目的财政需求和可用资金数额，并在整个规划过程中不断重新审查。许多规划及基础设施建设项目都是分阶段完成的，每个阶段都有独立的规划方案及资金来源。增量项目可以利用多种资金源，每个资金源专门用于项目的某个方面。
- 本地的土地开发习惯会严重影响协调交通和土地使用规划工作。规划应考虑私人开发环境的实际情况，包括融资、需求和时间安排等问题，进而将公共项目与私人开发模式结合在一起。
- 应以对特定社区具有意义的方式展现理念。创造性的规划工作应找到展现理念的方法——可以用本地可接受的语言和语境来表达理念，尤其是有争议的理念。政治和文化环境会因社区而异，在规划项目时应使用能在社区中产生共鸣的词汇（FHWA，2003）。

上述研究还指出："创新的规划理念可以超越既定的程序和条例，这需要修订和更新原有的政策。新的规划和愿景规划方法，特别是那些以社区参与为基础的方法，可能对既有的规划条例构成挑战。由于既有的分区和交通政策往往是针对大批量、低密度、以汽车为导向的开发项目，在改革进程中，创新性的建议可能会遇到阻碍……随着时间的推移，创新的规划程序必须融入既有规划系统中，在保持原有规划程序的力度的同时，允许探索新的方法（FHWA，2003）。"

参考文献

American Planning Association (APA). 2015. *Great Places in America: Public Spaces*. Website. Accessed Jan. 29, 2016, from https://www.planning.org/greatplaces/spaces/characteristics.htm.

Atlanta Regional Commission (ARC). 2014a. "Regional Forecasting (Socio-economic Allocation)" Website. Atlanta, GA. Accessed Feb. 4, 2016 from http://www.atlantaregional.com/info-center/forecasts/forecast-development.

_____. 2014b. "Regional Forecast Development Process," Atlanta, GA. Accessed Feb. 4, 2016, from http://www.atlantaregional.com/File%20Library/Info%20Center/rs_forec_dev.pdf.

_____. 2015a. *The Region's Plan Policy Framework*. Atlanta, GA. Accessed Feb. 3, 2016, from http://theregionsplan.atlantaregional.com/assets/documents/policy-framework.pdf.

_____. 2015b. *Livable Centers Initiative, 2015 Report*. Website. Atlanta, GA. Accessed Jan. 29, 2016, from http://www.atlantaregional.com/land-use/livable-centers-initiative.

Barnett, J. 1995. *The Fractured Metropolis: Improving the New City, Restoring the Old City, Reshaping the Region*. New York, NY: Icon Editions.

Bartholomew, K. 2005. *Integrating Land Use Issues into Transportation Planning: Scenario Planning Summary Report*. Project No. DTFH61-03-H-00134. Washington, DC: Federal Highway Administration.

Bochner, B., K. Hooper, B. Sperry, and R. Dunphy. 2011. *Enhancing Internal Trip Capture Estimation for Mixed-Use Developments*, NCHRP Report 684. Transportation Research Board, Washington, DC. Accessed Jan. 19, 2016, from http://onlinepubs.trb.org/onlinepubs/nchrp/nchrp_rpt_684.pdf.

Bowman, J. L. 2006. *A Review of the Literature on the Application and Development of Land Use Models: ARC Modeling Assistance and Support*. Atlanta: Atlanta Regional Commission.

Brook, D. 2013. *A History of Future Cities*. New York: Norton and Company.

Cambridge Systematics, Inc. 2009. *Moving Cooler: An Analysis of Transportation Strategies for Reducing Greenhouse Gas Emissions*. Washington, DC: Urban Land Institute.

Chicago Area Transportation Study. 2005. "Shared Path 2030: CATA 2030 Regional Transportation Plan, Oct. 2003." Accessed Feb. 8, 2016 from www.sp2030.com/2030rtp/rtp/policydoc/2030_RTP_as_of_February_18_2004.pdf.

City of Atlanta. 2015. "Atlanta Zoning Districts—Complete Listing, Adapted from the city of Atlanta Zoning Ordinance." Website. Accessed Feb. 4, 2016 from, http://www.atlantaga.gov/modules/showdocument.aspx?documentid=2173.

City of Pittsburgh. 1998. "Urban Design Guidelines." Pittsburgh, PA.

City of Madison. 2008. *East Washington Avenue Capitol Gateway Corridor Plan*. Department of Planning & Community & Economic Development. Madison, WI. Accessed Feb. 4, 2016 from http://www.cityofmadison.com/planning/pdf/Capitol_Gateway_Corridor_Plan.pdf.

City of Milwaukee. Undated. "Principles of Urban Design." Website. Milwaukee, WI. Accessed Feb. 5, 2016, from http://city.milwaukee.gov/Designguidelines/Citywide.htm#.VenrippRGAI.

City of Minneapolis. 2009. *Chapter 10, Urban Design, Minneapolis Plan*. Accessed Jan. 23, 2016, from http://www.ci.minneapolis.mn.us/www/groups/public/@cped/documents/webcontent/convert_259208.pdf.

City of Seattle. 2013. *Seattle Design Guidelines*. Seattle, WA. Accessed Feb. 2, 2016, from http://www.seattle.gov/dpd/cs/groups/pan/@pan/documents/web_informational/p2083771.pdf.

Committee on Access Management. 2003. *Access Management Manual*. Washington, DC: Transportation Research Board.

Congress for the New Urbanism and Talen, E. (ed). 2013. *Charter of the New Urbanism*, 2nd Edition. New York: Congress for the New Urbanism.

Daniels, T. 1999. *When City and Country Collide: Managing Growth in the Metropolitan Fringe*. Washington, DC: Island Press.

Denver Regional Council of Governments (DRCOG). 2010. "Focus Model Overview," Denver, CO. Accessed Feb. 17, 2016, from, https://drcog.org/sites/drcog/files/resources/FocusOverview_WebVersion.docx.

Duany, A., and E. Plater-Zyberk. 1991. *Towns and Town-Making Principles*. New York: Rizzoli.

Duany, A., J. Speck and M. Lydon. 2009. *The Smart Growth Manual*. McGraw-Hill.

Dumbaugh, E. 2001. "Engineering Roadways for Pedestrians: Roadway Design Standards and Tort Liability." Report prepared for the Alternative Street Designs Task Force of the Georgia Regional Transportation Authority.

Dunphy, R., D. Myerson and M. Pawlukiewicz. 2003. *Ten Principles for Successful Development Around Transit*. Washington, DC: Urban Land Institute.

Eitler, T., E. McMahon, and T. Thoerig. 2013. *Ten Principles for Building Healthy Places*. Washington, DC: Urban Land Institute. Accessed Feb. 3, 2016, from http://uli.org/wp-content/uploads/ULI-Documents/10-Principles-for-Building-Healthy-Places.pdf.

Ewing, R., K, Bartholomew, S. Winkelman, J. Walters, and D. Chen. 2007. *Growing Cooler: The Evidence on Urban Development and Climate Change*, Accessed Feb. 3, 2016 from, http://postcarboncities.net/files/SGA_GrowingCooler9-18-07small.pdf.

Federal Highway Administration (FHWA). 2003. *Land Use and Transportation Coordination, Lessons Learned from Domestic Scan Coordination*, Office of Planning. Washington, DC: U.S. Department of Transportation, Federal Highway Administration, March.

_____. 2006. "Context Sensitive Solutions." Accessed Feb. 8, 2016, from www.fhwa.dot.gov/csd/index.htm.

_____. 2013. *Coordinating Land Use and Transportation: What is the Role of Transportation?* Website. Washington, DC. Accessed Feb. 5, 2016 from http://www.fhwa.dot.gov/planning/processes/land_use/.

Fredericksburg Area MPO (FAMPO). 2012. *Your Vision, Our Future*. Fredericksburg, VA. Accessed Feb. 7, 2016, from http://www.fampo.gwregion.org/land-use-scenario-planning/.

_____. 2013. *2040 Long Range Transportation Plan, Chapter 4*. Fredericksburg, VA. Accessed Feb. 7, 2016, from http://www.fampo.gwregion.org/wp-content/uploads/2013/10/Chapter-4.pdf.

Freilich, R. 1999. *From Sprawl to Smart Growth, Successful Legal, Planning and Environmental Systems,* State and Local Government Law section. Chicago, IL, USA: American Bar Association.

Gallagher, L. 2013. *The End of the Suburbs: Where the American Dream Is Moving*. New York: Penguin Group.

Gillham, O. 2002. *The Limitless City: A Primer on the Urban Sprawl Debate*. New York: Island Press.

Hart, S. and A. Spivak. 1993. *Automobile Dependence and Denial, The Elephant in the Bedroom, Impacts on the Economy and Environment*, Pasadena, CA: New Paradigm Books.

Houston-Galveston Area Council (H-GAC). 2015. *Livable Centers*. Website. Houston, TX. Accessed June 29, 2015, from, http://www.h-gac.com/community/livablecenters/default.aspx.

Hunt, J. D., D. S. Kriger, and E. J. Miller. 2005. "Current Operational Urban Land-Use—Transport Modelling Frameworks: A Review." *Transport Reviews*, Vol. 25: 329–376.

Hunt, J. D., and J. E. Abraham. 2005. "Design and Implementation of PECAS: A Generalized System for the Allocation of Economic Production, Exchange and Consumption Quantities" in *Foundations of Integrated Land-Use and Transportation Models: Assumptions and New Conceptual Frameworks*. Gosselin, L. and Doherty (eds.). Oxford, UK: Elsevier.

Inman, A., J. Levine, and R. Werbel. 2002. *Developer-Planner Interaction in Transportation and Land Use Sustainability*. Report MTI 01-21. Mineta Transportation Institute, San Jose University, CA.

Institute of Transportation Engineers (ITE). 2003. *Smart Growth Transportation Principles*. Washington, DC: Institute of Transportation Engineers (ITE).

_____. 2010a. *Transportation Impact Analyses for Site Development, An ITE Recommended Practice*. Washington, DC: ITE.

_____. 2010b. *Designing Walkable Major Urban Thoroughfares: A Context-Sensitive Approach*, An ITE Recommended Practice. Washington, DC: ITE.

_____. 2010c. *Neighborhood Street Design Guidelines*, An ITE Recommended Practice. Washington, DC: ITE.

Jonathan Rose Companies and Center for Transit-Oriented Development. 2013. *Making It Happen: Opportunities and Strategies for Transit-Oriented Development in the Knowledge Corridor*. Washington, DC. Accessed Jan. 18, 2016, from http://www.reconnectingamerica.org/assets/Uploads/20130917CTKCFinalPlan.pdf.

Juergensmeyer, J., and T. Roberts. 2003. *Land Use Planning and Development Regulation Law*. St. Paul, MN: West Group.

Katz, B., and J. Bradley. 2013. *The Metropolitan Revolution: How Cities and Metros Are Fixing Our Broken Politics and Fragile Economy*. Washington, DC: The Brookings Institution.

Kay, J. 1997. *Asphalt Nation: How the Automobile Took Over America and How We Can Take It Back*, New York: Crown Publishers.

Kunstler, J. 1998. *Home from Nowhere*, New York: Touchstone.

Kunstler, J. 2013. *The Geography of Nowhere*. 20th Anniversary Edition. New York: Simon & Schuster.

Kuzmyak, J., R. Pratt, and B. Douglas. 2003. *Traveler Response to Transportation System Changes, Chapter 15—Land Use and Site Design*, TCRP Report 95. Transportation Research Board. Washington, DC. Accessed Jan.19, 2016, from http://onlinepubs.trb.org/onlinepubs/tcrp/tcrp_rpt_95c15.pdf.

Levine, J. 2005. *Zoned Out*. Washington, DC: Resources for the Future.

Lowry, I.S. 1964. *A Model of Metropolis*. RM-4035-RC. Santa Monica, CA: Rand Corporation.

Maryland State Highway Administration. 1998. *Thinking Beyond the Pavement: A National Workshop on Integrating Highway Development with Communities and the Environment while Maintaining Safety and Performance*. Baltimore, MD: Maryland State Highway Administration.

McCann, B. 2013. *Completing Our Streets, The Transition to Safe and Inclusive Transportation Networks*. Washington, DC: Island Press.

Merriam, D. 2005. *The Complete Guide to Zoning*. New York: McGraw-Hill.

Metropolitan Council (Met Council, Minneapolis-St. Paul). 2015a. "The Regional Forecast to 2040." Accessed Feb. 8, 2016, from http://www.metrocouncil.org/Data-and-Maps/Publications-And-Resources/MetroStats/Census-and-Population/Steady-Growth-and-Big-Changes-Ahead-The-Regional-F.aspx.

_____. 2015b. "Development Patterns will Change across the Twin Cities Region." Accessed Feb. 8, 2016, from http://metrocouncil.org/Data-and-Maps/Publications-And-Resources/MetroStats/Census-and-Population/The-Twin-Cities-Region-s-Local-Forecasts.aspx.

Meyer, M. 2001. "Historical Perspective on the Growth of Atlanta Since World War II." Paper prepared for the Atlanta Regional Commission, Environmental Justice Initiative, Atlanta.

Meyer M., and E. Dumbaugh. 2005. "Institutional and Regulatory Issues Related to Nonmotorized Travel and Walkable Communities." Special Report 282: *Does the Built Environment Influence Physical Activity? Examining the Evidence*, Appendix. Washington, DC: Transportation Research Board.

Meyer, M., and E. Miller. 2014. *Transportation Planning: A Decision-Oriented Approach*, Accessed Jan. 31, 2016, from http://mtsplan.com/services.html.

Montgomery, C. 2013. *Happy City: Transforming Our Lives Through Urban Design*. New York: Farrar, Strauss and Giroux.

Moore, T., and P. Thorsnes. 2007. *The Transportation/Land Use Connection*. Washington, DC: American Planning Association.

Morris, D. 2005. *It's a Sprawl World Afterall, The Human Cost of Unplanned Growth—and Visions of a Better Future*, Gabriola Island, British Columbia: New Society Publishers.

Neuman, T. et al. 2002. National Cooperative Highway Research Project (NCHRP) Report 480: *A Guide to Best Practices for Achieving Context-Sensitive Solutions*. Transportation Research Board, Washington, DC. Accessed Feb. 3, 2016, from http://onlinepubs.trb.org/onlinepubs/nchrp/nchrp_rpt_480.pdf.

Pande, A. and B. Wolshon. eds. 2016. *Traffic Engineering Handbook*. Institute of Transportation Engineers, Washington, DC: Institute of Transportation Engineers.

Parking Consultants Council. 2007. *Recommended Zoning Ordinance Provisions for Parking and Off-Street Loading Spaces*. Washington, DC: National Parking Association.

Portland Metro. 2000. *Light Rail Transit Station Zone*, Chapter 33.450, Title 33, Metro, Portland, OR.

Porter, D. 1997. *Managing Growth in America's Communities*. Washington, DC: Island Press.

Pratt, R., J. Evans, R. Kuzmyak and A. Stryker. 2007. *Traveler Response to Transportation System Changes, Chapter 17—Transit Oriented Development*, TCRP Report 95. Transportation Research Board. Washington, DC. Accessed Feb. 19, 2016, from http://www.tcrponline.org/PDFDocuments/TCRP_RPT_95c3.pdf.

Puget Sound Regional Council (PSRC). 2009. *Vision 2040*. Seattle, WA: Puget Sound Regional Council, December. Accessed Feb. 5, 2016 from http://www.psrc.org/assets/366/7293-V2040.pdf.

_____. 2012. *2012 Land Use Forecast*. Seattle, WA. Accessed Feb. 7, 2016, from http://www.psrc.org/assets/2936/UrbanSim_White_Paper_2012_final.pdf?processed=true.

Reconnecting America and Center for Transit-Oriented Development. 2008. *Transit and Employment: Increasing Transit's Share of the Commute Trip*. Report FTA CA-26-1007. Washington D.C. Accessed Jan. 18, 2016, from http://www.reconnectingamerica.org/assets/Uploads/employment202.pdf.

Rose, D., et al. 2005. NCHRP Report 548: *A Guidebook for Including Access Management Into Transportation Planning*. Washington, DC: Transportation Research Board, National Academies Press, 2005. Accessed Jan. 24, 2016, from http://onlinepubs.trb.org/onlinepubs/nchrp/nchrp_rpt_548.pdf.

Southeastern Wisconsin Regional Planning Commission (SEWRPC, Milwaukee). 2013. *The Economy of Southeast Wisconsin*. Accessed Feb. 8, 2016 from http://www.sewrpc.org/SEWRPCFiles/Publications/TechRep/tr-010-5th-ed-economy-se-wisc.pdf.

Southern California Association of Governments (SCAG, Los Angeles). 2010. "Growth Forecast." Accessed Feb. 9, 2016, from http://rtpscs.scag.ca.gov/Documents/2012/final/SR/2012fRTP_GrowthForecast.pdf.

Stover, V., and K. Williams. 2016. *Access Management*, Chapter 12, in Pande and Wolshon. eds. *Traffic Engineering Handbook*. Washington, DC: Institute of Transportation Engineers.

Timmermans, H. "The Saga of Integrated Land Use-Transport Modeling: How Many More Dreams before We Wake Up?" Keynote paper presented at 10th International Conference on Travel Behavior Research, Lucerne, Switzerland, August 10-15, 2003.

Transportation Research Board. 2009. *Driving and the Built Environment: The Effects of Compact Development on Motorized Travel, Energy Use, and CO2 Emissions*, Special Report 298. Washington, DC. Accessed Jan. 23, 2016, from http://onlinepubs.trb.org/Onlinepubs/sr/sr298.pdf.

Waddell, P. 2011. "Integrated Land Use and Transportation Planning and Modelling: Addressing Challenges in Research and Practice." *Transport Reviews*, Vol. 31, No. 2, March pp. 209–229.

Wegener, M. 2004. "Overview of Land-Use Transport Models." in *Transport Geography and Spatial Systems*. Handbook 5 of the *Handbook in Transport*. Hensher, D. A., and K. Button (eds.). Kidlington, UK: Pergamon/Elsevier Science, pp. 127–146.

Whitfield, G., and A. Wendel. 2015. *Modeling Health Impacts of the Transportation Built Environment: Challenges and Opportunities*. Journal of Environmental Health, Vol. 77, No. 7, March. Accessed Jan. 18, 2016, from http://www.cdc.gov/nceh/ehs/docs/jeh/2015/march-transportation-be-models.pdf.

Zhao, F., and S. Chung. 2006. *A Study of Alternative Land Use Forecasting Models*, Research Department, Florida Department of Transportation. Accessed Feb. 7, 2016, from, http://www.dot.state.fl.us/research-center/Completed_Proj/Summary_PL/FDOT_BD015_10_rpt.pdf.

Zumbabwe, S., and A. Anderson 2011. *Planning for TOD at the Regional Scale*. Reconnecting America, The Center for Transit-Oriented Development. Washington, DC. Accessed Feb. 14, 2016, from http://www.reconnectingamerica.org/assets/Uploads/RA204REGIONS.pdf.

Zmud, J., V. Barabba, M. Bradley, R. Kuzmiak, M. Zmud, and D. Orrell. 2014. *The Effects of Socio-Demographics on Future Travel Demand*. NCHRP Report 750, Vol. 6. Washington, DC: Transportation Research Board, Washington D.C. Accessed Feb. 7, 2016, from http://onlinepubs.trb.org/onlinepubs/nchrp/nchrp_rpt_750-v6.pdf.

第 4 章

环境考量

4.1 引言

在过去50年里，没有什么比交通系统性能和设施建设对自然和建筑环境的潜在影响更能引起交通规划者的关注。自20世纪60—70年代以来，各级交通规划的编制一直受到法律法规的引导，这些法律法规需要作为决策的考虑因素，并确定所要使用的分析方法。此外，美国的交通规划编制与空气质量目标密切相关，尤其是在空气质量不符合国家空气质量标准的大都市区。

世界上许多国家都通过法律法规来保护和改善环境，并通过具体的条例来指导相关基础设施的开发和运营，包括交通项目。这些法律法规因国家和司法管辖区的不同而不尽相同，本章引用美国的环境法律法规来说明一般原则和方法，并为内容阐述提供了框架。同时，本章还关注公路和公共交通项目的编制，以及遵循类似编制流程的其他类型交通设施，例如机场、海运和港口设施。

在探讨环境因素与交通规划之间的关系时，要注意规划应用的两类尺度。第一类是大范围的交通规划，例如全州范围、大都市区或交通通道。这种规划往往不针对具体项目（多交通通道研究除外），因此，在确定可能发生的环境影响类型方面，其工程可行性调研通常做得不够充分。第二类规划与项目开发密切相关，提供了对项目协调和操作决策可能生成的后果的更详细分析。这种规划通常包括充足的概念性工程可行性细节，以确定项目建设和运行期间可能遇到的环境影响的类型和程度，以及减轻这些影响所需的措施。

近年来，如何在两类规划之间建立更密切的联系成为一项重要的政策研究课题，旨在将规划编制成果应用于具体项目设计，避免重复工作（这种方法通常称为环境精简）。本章将对这两类规划展开讨论。

本章首先阐述了交通规划编制过程中的环境影响作用，目的是探讨如何在规划过程中纳入环境影响因素，使早期过程中所做的决定在后续的环境管制审查和文件编制中仍然有效。然后讨论了规划编制期间的环境影响分析和文件编制深度，并阐述了环境影响因素在交通政策和决策中所起的作用，以及引导这些交通政策和决策的一般原则。同时，根据环境影响的不同类别提供了更详细的内容，以及与交通工程相关的环境影响。最后阐述了如何在交通系统规划编制过程中评估和记录疏解策略。

4.2 交通规划及决策中的环境考量

在整个交通规划和政策制定过程中都要考虑环境问题。下文讨论了在大多数现行规划实践中发现的四个主要概念/联系：可持续性、系统层面的环境因素、项目开发中的环境因素，以及从系统规划到项目开发过程中，起关联作用的环境因素。

4.2.1 可持续性

自1980年代中期以来，可持续性或可持续发展作为一个理想的社会目标越来越受到重视，当时联合国的一个委员会将可持续发展定义为"在不损害后代人满足其自身发展需要的情况下满足当代人需要"[United Nations World Commission on Environment and Development（Brundtland Commission），1987]。这一定义由美国国家公路与运输官员协会（American Association of State Highway and Transportation Officials，AASHTO）进一步细化为经济发展、社会公平、环境质量三重底线（Triple Bottom Line，TBL），如图4-1所示。

- 经济——支持经济活力，同时以成本效益的方式发展交通基础设施。交通基础设施的成本必须在一个社会的承受能力和意愿范围之内。用户成本，包括私人成本，必须在个人和家庭支付能力范围之内。
- 社会——通过便利、安全、可靠的交通方式来满足社会需求，为所有人（包括经济困难的人）提供交通出行选择。另外，交通基础设施建设对社区来说是一笔资产。
- 环境——创造与自然环境兼容的解决方案，从而改善自然环境，减少交通系统的排放和污染，并减少交通发展所需的物质资源消耗（AASHTO，2009）。

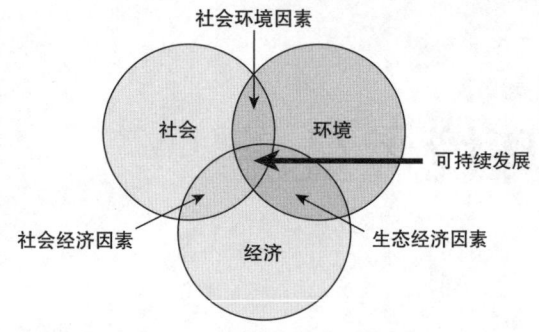

图4-1 可持续发展的三重底线

可持续性对交通运输机构的意义，特别是对编制交通规划的意义，会因管辖范围而异。例如，AASHTO关于可持续交通的报告确定了一系列行动，见表4-1（Booz Allen Hamilton，2014）。这些行动可提供一个更可持续的交通系统。

表4-1 可持续目标和交通选项	
可持续目标	选项示例
减少能源消耗	交通信号协调优化 低能耗照明 专用交通通道 自行车道 公共交通信号优先
减少物质资源消耗	再生骨料 窄车道 减少灯杆/悬链线照明系统 较高强度的混凝土路面 预制或模块化结构元件
减少对环境资源的影响	供雨水渗入的花园 不同植物的选择 种植带的雨水渗入盆地 多孔路面 野生动物过境点
支持充满活力的城市社区	降噪路面材料 公共艺术 中间地带的行人避难所 紧急车辆通道
在实施过程中支持可持续发展	拆卸物料的改造 建筑设备使用可再生燃料 使用当地获得的材料 接触受影响的业务 减少建设"足迹"

来源：AASHTO, 2009, Reproduced with permission of AASHTO.

许多交通运输机构采取了一系列政策和工具以支持可持续发展，例如情境敏感性解决方案（在第3章讨论）、完整街道、资产管理、出入管理、拥堵管理系统、路面管理系统、《国家环境政策法案》（National Environmental Policy Act，NEPA）所需的环境分析、交通项目和系统优化所需的经济分析，以及用于规划和项目开发的扩展方法。目前，可持续发展三重底线的许多构建模块已经相对成熟，但是仍需进一步提炼、扩展、吸收和整合。

各洲和各区域用于监测实现社区目标和目标进展情况的绩效考核也能反映可持续性主题。例如，以下关于马里兰州交通部的交通系统指标，就很好地说明了可持续发展如何融入到一个交通运输机构的资本计划和运营中（Maryland DOT，2013）。

目标 1：服务质量和日常生活的便利性
- 马里兰州公路管理局（State Highway Administration，SHA）网络在总体优先管养条件下的百分比。
- 可接受行驶质量水平的公路里程百分比。
- 事故管理为旅客节省的出行成本。
- 城市区域内国有道路有人行道的里程百分比，以及符合美国残疾人法案的人行道百分比。
- 国有公路中轴线上自行车道的舒适等级达到"D"或更高的里程百分比，以及 SHA 自有公路有划线自行车道的里程百分比。
- 出行需求管理和公共交通服务质量。

目标 2：系统维护和性能
- SHA 网络在总体优先管养条件下的百分比。
- 桥的数量和有结构缺陷的桥的百分比。

目标 3：安全保障
- 马里兰州公路上骑行者和行人的伤亡人数。
- 事故点的数量。
- 每年在马里兰州所有道路上的交通伤亡人数。

目标 4：环境管理（包括气候管理）
- 与交通运输有关的温室气体排放量。

从上文可以看出，许多与交通有关的可持续性指标都与自然环境有关，但没有反映可持续性的其他方面，即经济发展和社会公平。这在交通运输领域是相当普遍的，因此需要进一步思考和研究。

可持续性为交通运输机构提供了一个机会，让客户和政府官员参与制订强调三重底线可持续价值的管理机制、政策和公共推广活动。如果做得好，并获得有效的公众参与，就可提高交通运输机构在公众和政府官员中的信誉。

有兴趣进一步了解可持续发展和交通运输问题的读者，请参阅（TRB，2004；USEPA，2011；FHWA，2011；ITE，2013），以及下列网站：
- 可持续高速公路倡议，联邦公路管理局，http：//www.sustainablehighways.dot.gov/。
- 《运输在环境可持续性中的作用》，联邦运输管理局，http：//www.fta.dot.gov/13835_8514.html。
- 可持续性，交通运输重点科研基地，美国国家公路与运输官员协会，http：//environment.transportation.org/environmental_issues/sustainability/recent_dev.aspx。

后续章节讨论的"绿色"分析工具，可提升交通项目的可持续性。

4.2.2 系统层面的环境因素

不同类型和层次的交通规划支持着一个国家或地区交通政策和规划的发展。交通规划研究有助于决策者在商定的目标背景下选择解决已确定问题的最有效方案。规划编制过程应在项目详细设计/初步工程设计和最终设计阶段之前，识别并解决潜在的争议性问题。在上述阶段，一个主要问题可能使项目延期几年。交通运输研究应审查在某一交通通道、区域或分区内运输技术、通行能力、交通运输控制措施、可选路线与交通系统配置之间的有效结合。此外，研究还应从交通运输影响、资本和运营成本、一系列环境影响（适于定义策略的详细程度）、成本效益和财务可行性的角度去评估这些策略。这项研究应为决策者提供充足的信息，以决定哪种交通策略或方案最有利于实现目标和目的。这种规划中的环境分析深度反映了重点研究对象的规模和特征。

在联邦运输管理局（Federal Transit Administration，FTA）的主要资本投资技术指南中，有一个关于系统级规划工作中应考虑各类型问题的案例。该指南指出，系统规划应充分考虑全系统和区域问题，包括各交通通道在交通需求、系统设计及运作方面的相互依存关系，各交通通道在工程、成本、运营及环境影响方面的模式及路线组合的可行性，以及各通道不同投资水平对整个地区的财政影响。

交通通道级别的交通规划研究，通常会将一套策略或项目应用于一个大都市区的交通规划中，且通常会进行更详细的项目分析。这些项目应根据设计概念和范围加以界定，并且要有充足的信息，使由许多项目和策略组成的区域规划能满足各种系统级环境分析的要求，例如区域空气质量一致性分析（请参见第17章交通通道规划）。

第1章中的图1-1提供了一个交通规划框架，展现了规划过程中的主要步骤。具体而言，它建议交通规划应包括：努力了解一个社区或地区所面临的问题和挑战；建立未来愿景；确定预期的目标和绩效考核；对不同替代方案进行技术分析；评估每一种选择，识别哪种更划算；执行建议的行动计划；监控系统性能。这些步骤会反复运作，以反映管辖权所面临的新交通挑战。表4-2展示了交通规划过程中环境因素与这些步骤之间可能存在的联系。

表 4-2 交通运输规划的环境因素

规划步骤	应考虑的环境影响因素
愿景	一个社区的愿景应包括对所期望的环境特征的明确考虑。可包括目标资源（例如空气或水质）和地理区域（例如湿地或生境）或更一般的生活质量考虑。一些都市规划组织（MPO）使用情景作为更好的定义期望的社区愿景的手段，将"环境资源领域的保护"作为情景之一。在这种情况下，这些地区的经济发展和相应的基础设施供应是有限的
目标	在大多数情况下，环境因素以某种形式出现在规划目标和目标集中。这通常采用特定表达形式，例如一个目标或目的，表达"尽量减少对环境的影响"的意图，或修饰一个更重要的目标："以尽量减少对环境的影响的方式最大限度地提高系统性能。"
绩效评估	这是交通规划中最新的元素之一，为此制订了一套措施，不断监测，以确定交通系统的状况以及与其他因素的联系。可列入这套措施的测量项目或指标是与环境质量相关的。例如，一些司法管辖区将空气质量监测作为系统监测的一部分。其他指标可能与水质、湿地暴露、生境减少、历史和文化资源以及考古地点有关
数据/分析方法	鉴于环境因素在评估计划和备选方案中的重要性，应收集决策者所关心的环境因素数据。要具备使用这些数据进行分析的能力，以便了解每一项备选方案的环境影响。在系统规划级别，数据和分析方法可能非常普遍，而当对详细项目或计划备选方案进行分析时，数据和分析方法可能会变得更加具体
替代优化策略	作为交通运输规划的一部分，所采取的行动可包括旨在提高环境质量的策略。当然，缓解拥堵和空气质量（Congestion Mitigation and Air Quality，CMAQ）倡议等项目所生成的行动将与改善空气质量相关。这些项目还可与改善交通、减少单乘车辆（Single-Occupant Vehicle，SOV）使用策略、旨在改善环境的行动（例如棕地开发）和水质有关。在系统规划一级，考虑配置替代方案时，可能的方案之一是"环境保护"，聚焦于尽量减少河流排放流域的开发等行动
评价	评价过程本质上是一种综合分析，将作为分析的一部分，汇集所有资料。评价标准决定了信息如何呈现给决策者，因此对提高决策者对环境问题的关注度很重要。评价标准应包括与拟议替代方案的环境影响有关的措施
规划	交通规划应反映目标设定、分析和评价的结果。因此，如果这是研究的重点，则规划应明确规定拟议的一套项目或选定的备选方案的环境后果。在必须从环境角度分析备选方案的情况下，备选方案可能包括显示分析结果的部分
交通改善计划	交通改善计划（Transportation Improvement Program，TIP）反映了交通规划中推荐的项目类型。因此，TIP中很可能包含多个旨在提高环境质量的项目
项目/策略的实施	项目和策略的实施将包括项目开发进程以及项目执行所必需的改善策略。例如，项目实施很可能包括对情境敏感性解决方法、环境改善以及尽量减少或避免严重环境影响
系统运作	交通系统（或称系统运行）性能，强调交通系统满足需求的能力。更重要的是，在对系统运行进行监测的过程中，应跟踪对自然和人类环境的影响

来源：Amekudzi and Meyer, 2005, Reprinted permission from the Transportation Research Board.

旧金山湾区的大都市交通运输委员会（Metropolitan Transportation Commission，MTC）为如何将环境考虑纳入系统规划提供了一个很好的参考。根据州法律，加州的区域规划先要经过环境影响审查和总体项目计划的一般环境评估，再通过一系列后续行动予以实施。此外，还在评估中采用了新的行业准则。有趣的是，对该区域交通运输计划的总体评价是基于上一节所述的可持续性框架。表4-3展示了考核目标和指导区域交通规划发展的指标（MTC，2013）。在环境影响报告书（Environmental Impact Statement，EIS）中，每个影响区域根据环境背景、重要性标准、分析方法、影响概要、影响和改善措施进行了环境影响评估；可能的结果集中在以下方面：

- 不可避免的重大影响。
- 不可逆转的重大环境变化。
- 累积影响。
- 不显著影响（MTC，2009年）。

表4-3　2035年交通系统性能目标（大都市交通运输委员会，旧金山湾区，加州）

目标		绩效目标
经济	维护和安全	改善维护 当地街道和道路：路面状况指数保持在75或更好 州高速公路：破旧的车道里程不超过系统的10% 公共交通：平均资产年龄不超过使用寿命的50%，服务呼叫之间的平均距离为8000英里
	可靠性	减少延误
	运输	人均下降20%
环境	清洁空气	减少车辆出行里程和排放 汽车出行里程：从今天起人均10%
	气候保护	细颗粒物：从今天起10% 粗颗粒物：从今天起45% 二氧化碳：比1990年低40%
平等	可达性	提高支付能力
	宜居社区	低收入和中等收入家庭用于住房和交通支出的收入比例从今天起减少10%

来源：MTC, 2013, Reprinted permission from Metropolitan Transportation Commission.

由表4-4可见，在系统规划中往往很难确定改善措施，因为许多环境影响需要具体项目具体分析，而不是通过系统规划就可以确定。对于系统级规划的评估，规划人员应确定环境影响敏感性的区域（例如受保护的种群、湿地、栖息地、噪声敏感受体等），考虑改善措施的类型，并建立相关工作流程，确保此类改善措施可实施和监测。本手册的其他章节对如何将环境因素纳入交通规划进行了更详细的描述（请参见第15章关于州域交通规划的内容，第16章关于都市交通规划的内容，第17章关于交通通道规划的内容）。

表4-4　环境噪音评估系统规划（大都市运输委员会，旧金山湾区，加州）

影响	缓解措施	缓解后的显著水平
2035年交通运输规划项目的建设对周边地区有短期的噪声影响	无要求	不太重要
2035年交通运输规划的项目可能导致噪声水平接近或超过FHWA的噪声消减标准，或者可能导致噪声水平与现有条件相比增加3dBA或更多	当项目发起人根据《加州环境质量法案》（California Environmental Quality Act，CEQA）/NEPA准备项目的环境审查文件时，在进行环境认证之前，项目发起人应考虑采取适当的措施，根据CEQA/NEPA，尽量减少或消除累积相当大的环境影响。 应向MTC提供根据经修订的MTC第1481号决议执行缓解措施的状况报告。为减少噪声影响而须由项目发起人及决策者考虑的缓解措施，可包括但不限于下列措施： 调整拟建的道路或过路线，以降低易受噪声影响地区的噪声水平。例如，低等级的巷道排列可以有效降低附近地区的噪声水平； 在改善交通的设计中采用了景观护堤、密集种植、降低噪声的铺路材料和交通稳静化措施等技术； 有助于建筑物的绝缘或在邻近交通改善的敏感受体周围建造隔声屏障	不太重要

(续)

影响	缓解措施	缓解后的显著水平
拟议的2035年交通运输规划的实施可能会增加与公共交通运营有关的噪声和地面振动	上述缓解措施适用于公共交通的噪声影响。除上述缓解措施外，还提供下列额外措施，以减少与轨道交通有关的影响： 降低轨道交通噪声和振动影响的设计方法，例如轨道段隔振、采用连续焊接轨道降低车轮噪声、弹性车轮、车辆裙摆、车轮整形、钢轨磨削、车底吸收、车辆喇叭响度和音高调整等。 在运营上作出改变，以减少轨道交通的噪声影响，例如协助地方司法管辖区设立安静区	不太重要
拟议的2035年交通运输规划，加上与规划区域人口和就业增长相关的交通，可能会导致一些交通通道的整体噪声水平累积显著上升	上述缓解措施有助于减少这种累积影响	重大累积影响

来源：MTC 2009, Reprinted permission from Metropolitan Transportation Commission.

Amekudzi 和 Meyer（2005）研究了美国的州 DOT 和城市规划组织（Metropolitan Planning Organization, MPO）在交通系统规划中如何考虑环境因素，他们发现：

- 交通规划中最需要考虑的环境因素是空气质量、土地使用、社会经济因素和环境公正性。
- 在交通规划中考虑环境因素广泛使用的工具是数据趋势分析、地理信息系统（Geographic Information System，GIS）、特定环境影响模型、叠加地图和焦点小组。
- 大家普遍认可，目前只能获取在交通运输规划中考虑环境因素所需的部分数据。
- 各研究机构最容易获得的数据类型与空气质量、社会经济、噪声、能源消耗、雨水径流和侵蚀有关。
- 最容易从外部研究机构获得的数据类型涉及环境公正性、危险废物、历史遗产、水质、生物效应和气候。
- 大多数州和少数 MPO 在交通规划中使用的考核绩效指标均包括环境因素。
- 在交通规划过程中，DOT 和 MPO 彼此之间，以及与环境资源机构、州长办公室、环境倡导团体和公共利益团体之间都有较紧密的联系。
- DOT、MPO 和环境资源机构认为，在交通规划中考虑环境因素的最主要障碍是优先事项的竞争和缺乏适合的规划分析工具。数据和监管缺乏是不那么重要的障碍。
- 大多数 DOT 和 MPO 的受访者都认为环境因素在项目开发阶段之前就应考虑。
- 大多数 DOT、MPO 和环境资源机构认为，在项目开发之前考虑环境因素的最重要好处是有助于做出更好的决策。有 MPO 指出，一个同样重要的好处是缩短了项目工期。

该报告进一步指出，在系统规划过程中，通常首先考虑区域空气质量、流域、湿地、野生动物栖息地和环境公正性等问题，以便确定资源机构的要求和评估累积效应。这些潜在的影响将在具体项目的调整和改进中进一步考虑。

有关系统级环境因素的另一个观点，与目前对监测交通系统绩效的措施有关。例如《国家交通运输部门环境绩效考核措施》（NCHRP 报告 809）对国家 DOT 的环境绩效考核提出了建议。相关措施如下（Crossett et al., 2015）：

空气质量：全州机动车排放氮氧化物、挥发性有机化合物（碳氢化合物）和微粒的变化。

能源和气候：全州公路上的人均汽油消耗量和各州 DOT 公共交通车队的替代燃料使用量占总燃料使用量的百分比。

材料回收：州 DOT 所使用的由再生沥青路面（Reclaimed Asphalt Pavement，RAP）组成的所有道路沥青路面材料的年质量百分比。

雨水：计算雨水处理的州 DOT 拥有的不透水路面百分比。

野生动物和生态系统：具有自我管理功能的生态系统自我评估工具（Ecosystems Self-Assessment Tool，ESAT）由41个问题组成，评估与野生动物和生态系统相关的国家DOT计划的所有方面的表现。

4.2.3 项目开发对环境的影响

在系统规划中，根据国家、区域或通道计划目标和政策确定项目优先次序，正在解决的问题，以及解决这些问题的替代方案或策略的相对有效性。注意，虽然"替代"一词在交通规划和NEPA过程中都使用，但它在不同的语境中有不同的含义。在交通规划中，"替代"一词通常用于各种系统概念和策略，以解决所确定的需求或问题。当在NEPA的意义上使用时，"替代"一词带来的期望是，可以获得更精确的项目影响评估详细信息。这一更具体的定义对于负责批准（或不反对）环境报告中建议行动的环境资源机构来说十分重要。"战略"一词贯穿本章，用来区分规划战略和NEPA的备选方案。

对于系统级规划，项目的定义包括一般的设计概念（例如未完全贯通的高速公路）和范围策略——预期的交通模式、项目终点、车道或轨道的数量、出入控制的程度、总体路线、站点分布等。项目级规划更加精细化，注重空间布局、详细的设计理念和标准、环境保护和项目分期。通常是在项目级别的规划分析和细化阶段，满足联邦、州和地方的环境法律和要求。

项目规划和工程通常与环境影响的详细分析、完善措施说明文件编制一起进行，以满足管辖区域（联邦、州和地方）的环境保护法律和要求。在这一阶段，如果涉及联邦资金或行动，NEPA将成为一个重要的规划背景。

NEPA可以说是影响交通项目规划和设计的最重要的美国环境法。虽然该法主要针对的是具体项目的影响，但其在基础设施方面的考虑和理念，也使其成为交通规划过程中考虑环境影响的重要基础。因此，交通规划人员和工程人员需要了解这一法律的重要原则和要求。

NEPA的颁布是为了"防止或消除对环境的破坏，促进人类健康和福祉，丰富人们对生态系统和对国家重要的自然资源的理解。"NEPA规定，当联邦政府的行动涉及一个项目时，如果要提供项目资金或颁发许可证，则环境因素必须考虑在内。该法要求对替代方案、公众参与的机会和协调的机构行动进行评估。随后的立法和法规为满足NEPA的要求，建立了一个完善的流程和实践标准，特别是在交通运输项目方面。其他法律和行政命令都需要考虑特定的自然、文化和人力资源影响，以及与之相关的政策，包括濒危物种、历史和考古资源、空气、水、洪泛区、湿地、公园、环境管理和环境公正性。在这一背景下，"环境"和"环境资源"的定义包括自然环境、文化环境和人为环境。

NEPA为交通项目开展过程中涉及的环境法和要求提供了一个保护伞（图4-2）。虽然NEPA提供了一种考虑大多数环境问题的方法，但其他法律、行政命令和法规往往有自己的要求和问题，必须在项目开展过程中加以解决。对于NEPA和其他与环境影响有关的主要法律在第2章中有更详细的讨论。

正如FTA所述：

"NEPA的制定过程比具体项目的设计和技术分析要早得多。大都市和全州的交通规划确定了交通需求和流动性问题，并提出了反映广泛的社会经济和环境因素（例如区域空气质量）的解决方案。如果国家或地方机构期望寻求FTA的资金援助以实施项目，则FTA必须衡量适当级别的评估并审查环境影响。（如果）提出的主要行动涉及大量新建筑与非现场或长期影响，则通常需要详细审查，并在正式的环境影响报告中完成适当的公众参与和记录。

更详细的NEPA审查基于这样一种概念，即有可选的解决方案来满足确定的运输需求。正式的审查过程要求过境机构除关注拟议的项目外，还要制订和评估一系列合理的替代方案，以确定解决交通问题、尊重社区和保护环境的最佳方案。"

NEPA的过程带来了三种可能的分析工作：
- 环境影响报告书（Environmental Impact Statement，EIS）：当拟议行动会对环境产生重大影响时，需要一份环境影响报告书。

- 环境评估（Environmental Assessment，EA）：当项目影响的重要性无法确定时，需要编制环境评估。
- 绝对排除（Categorical Exclusions，CE）：在编制 EA 或 EIS 时，不单独或累积形成重大社会、经济或环境影响的行为被排除在外（http：//www.environment.fhwa.dot.gov/projdev/tdmpdo.asp）。

NEPA 的导向取决于对预期影响重要性的初步评估。读者可参阅 FHWA 的环境指南，以获得关于 NEPA 如何应用于道路项目的进一步指导（http：//environment.fhwa.dot.gov/guidebook/results.asp?selSub=91）。本章的其余部分将介绍在项目开展期间应考虑的项目级环境影响。

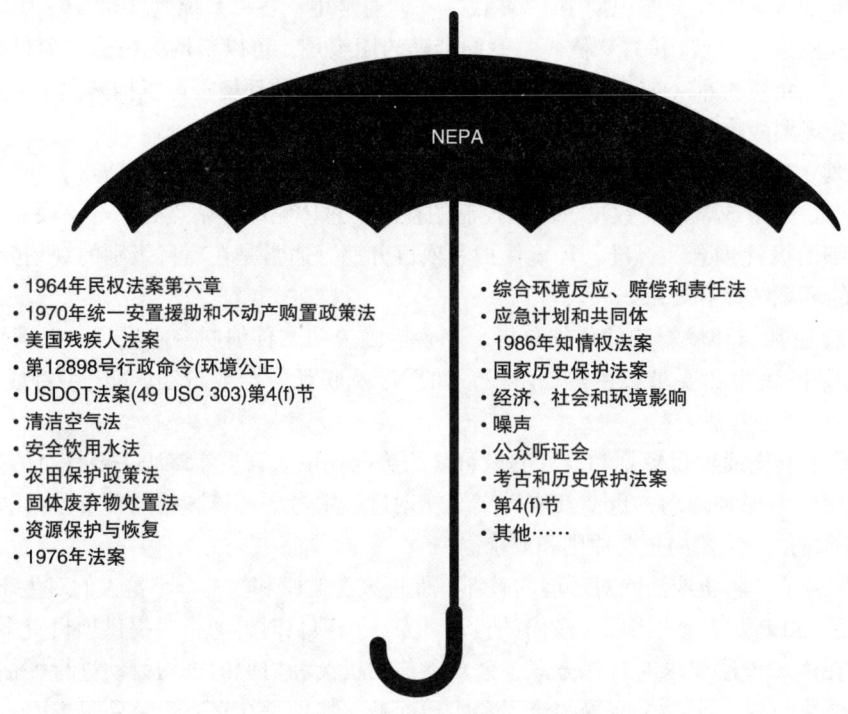

图 4-2　NEPA 保护伞

来源：*Linking Planning and NEPA: Executive Seminar Course Instructors' Manual.* Washington, DC: National Highway Institute, 2003.

4.2.4　交通系统规划和项目开展中的环境因素

在交通系统规划和项目开展中，如何与环境因素有效衔接取决于以下因素：参与交通系统规划的交通和环境机构之间的协作/参与的程度、早期项目目的和需求的共识主导程度、设计概念和范围的复杂性，以及如何解决环境监管要求。通过审视早期决策计划在后期项目开发阶段的实现程度可以衡量项目成效。在这些阶段中，与 NEPA 相关的影响将得到更详细的审查。以下的原则可以形成这样的效果：

环境因素应贯穿于交通决策过程，而交通规划过程应贯穿于环境保护过程。

尽管决策者在做系统级甚至概念级决策时不一定需要知道所有细节，但他们确实需要对预期成本、效益和环境影响的可靠估计。如果在交通规划过程中没有认真考虑环境因素，则在这一过程中所做的决定可能会在随后的项目级规划中重新考虑。例如，规划过程中发现的问题和需求可以作为国家环境保护局环境文件或其他环境过程所要求的目的和需求陈述的基础（见第 1 章）。一个不受支持的，或者论证不足的目标和需求声明是导致交通运输项目被法律成功"挑战"的主要原因。在交通规划过程中，得到充分支持和论证的问题为规划目标和需求声明提供了坚实的基础，可以在 NEPA 项目开发过程中使用。

规划过程与环境因素之间的另一个重要联系发生在拟订和筛选替代方案和投资战略方面。在一个典型的交通规划过程中，通过分析和评价过程，将大量的策略简化为若干个可行的策略。筛选和完善的标准应包括与环境相关的因素（例如社会经济、自然和文化），伴随着流动性和其他已明确的与交通运输相关的具体问题，包括工程和运行可行性、安全性、成本和可负担性。环境措施通常是在高层次上界定的，会有充足的信息让决策者了解各种投资战略的预期效果。

记录所使用的方法、所考虑的缓解战略和规划中达成的共识，对项目发展和实施后期阶段有明显好处。在确认筛选和完善阶段中，环境或自然文化资源机构可能没有参与早期规划工作。清晰而可靠的文档记录可以提供环境因素和决策事项，以便在后续工作过程中使用。即使这些机构在早期就参与了这一过程，一个长期开展的项目也可能在不同的时间节点涉及不同的机构或负责官员，因此需要有完备的文档记录。

参与各方和利益相关者，特别是环境资源和监管机构以及其他与环境有关的机构，应参与或者至少知道项目开展过程中所做的决策。

一个有效的规划过程不仅仅是对环境问题的简单技术考虑，因为在交通规划过程中要解决的问题往往具有一定广度和多样性，在做出决策时会有广泛的利益相关者参与，这就导致了从确定问题到建议行动计划这一过程中，存在利益相关者对不同决策点之间的广泛理解和不同的接受程度。这些利益相关者可以包括交通运输供应商和政策/资助机构、土地使用和规划机构、环境资源和管理机构、社区和经济发展利益集团、政治机构和公众成员。其目的是平衡投入产出和对问题的考虑，使决策基于社区最广泛的观点。

环境资源和监管机构在审查和批准涉及自然环境资源的项目级分析和公开文件，以及发放建设或项目运营所需许可证方面发挥着法定作用。因此，联邦、州和地方自然环境资源和许可机构在做最基本的决定时，应尽早参与交通规划研究，成为合作和协作过程中的参与者，确定要说明和处理的问题，以及研究的战略范围，并就研究的内容，特别是环境分析，采用经审议的详细工作方案。自然环境资源机构在策略制订之初的参与，有助于在工作早期引入消除环境影响的相关策略，这样策略的制订和筛选决策在以后的工作中就不需要重新审议。只有当自然资源机构是 NEPA 文件审查和许可程序的参与者时，才会发生上述情况。

然而，获取自然环境方面的资料和允许机构参与规划工作可能具有一定的挑战性，特别是在早期阶段。这些机构在项目开展过程中可能只有有限的工作人员和资金投入。尽管如此，鉴于上述好处，确保这些机构尽早参与仍然是值得的。其中一个重要的好处是在整个项目规划过程的剩余阶段和最后开发阶段，使交通规划人员和工程师的工作更容易且有效。有众多措施用于鼓励自然环境资源机构参与前期规划工作，包括自然资源机构参与的标准运作程序，为他们的参与提供资源支持，并在前期规划过程中启动正式的环境影响分析/文档，从而要求有资质的自然资源机构参与。

环境管理

环境管理是一个新兴概念，它涉及通过消除、尽量减少和减轻环境影响，或通过遵守环境法律和条例来保护环境。但它还有一个更大的目标，就是致力于在任何可能的地方改善环境条件并提高生活质量，同时鼓励促进生态系统保护和处理交通与安全等公共优先事项的关系。

交通运输项目通常提供了一个与项目本身无关的解决改进机会，可以用于减轻或抵消不利影响。结合情境敏感度设计是实现环境管理的一种手段。其目的是开发一个与周围环境相互协调的、保持安全和移动性的、保护风景、美学、历史和环境资源的项目。相关的案例可能包括沿公路或交通运输通道的休闲步道，项目周边的河道的恢复，以及在结构或隔声屏障设计中使用本土材料或建筑敏感材质。情境敏感设计超越了严格的设计范围，可以包括对材料和施工技术的使用、实践操作，以及环境可持续发展的保护技术。

应良好记录早期规划决策的基本原理或基础信息，以供项目开发后期查阅。

即使是道路或交通机构本身，在整个规划和项目开发过程中，也经常需要组成一个涉及多学科、多部门的利益相关者小组。不同的机构单位通常在不同的阶段进行统筹。规划办公室可能负责最初的规划工作，项目发展办公室负责统筹初步的工程和环境阶段。然后，项目可移交给总部的设计小组、地区或区域办事处，随后移交给工程、施工和维修小组。由于这些小组中的大多数将领导项目开发的后期阶段，需要将早期的决定（和承诺）告知他们，以便他们能够理解项目设计和改善策略的基本原理。这可以通过项目全过程参与计划来完成，或者通过伴随项目进行的合法文件来完成，文档记录了关于项目的主要协议和共识。

图 4-3 设想了一个交通机构如何有多部门参与的情况。早期的规划工作主要由规划小组领导，并由项目开

发和环保团体参与。设计、施工、运营和维护部门在早期阶段的作用是有限的，主要是从设计师、建筑商、操作员和维护人员的角度，对规划过程和决策做出贡献。随着项目开发的进展，其他单位承担领导责任，其角色和参与程度适当地增加或减少。

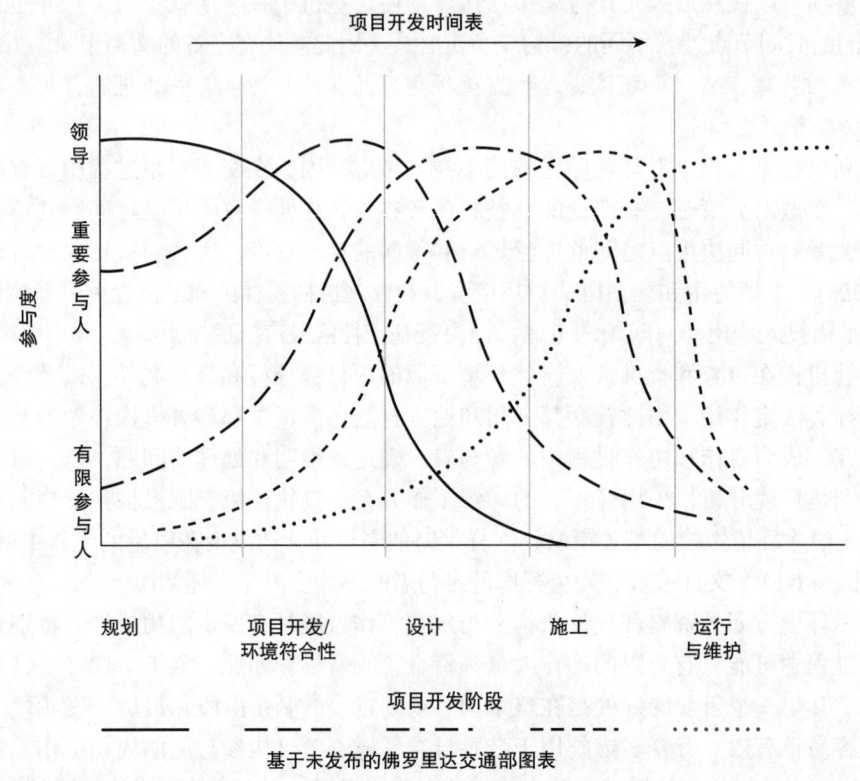

图 4-3　项目开发时间表中的角色和参与程度

来源：Florida Department of Transportation, Office of Policy Planning (unpublished and undated), Reprinted with permission of the Florida Department of Transportation.

在规划过程中做出的决定与随后的项目开发和实施之间可能相隔几年时间。机构和利益相关者可能会发生变化，在随后的阶段可能会涉及不同的机构单位和顾问。联邦或地方的政策和优先事项、规划评估和预测，以及现有的条件可能会经常改变。但关键是，一个有效的规划不能依赖于制度规定，而需要可靠的文件记录。

规划过程应包括一个公众参与计划，在这项计划中，由社区来确定那些影响项目目标和需求，以及未来战略意义的问题。

值得注意的是，虽然研究和项目的参与者可能会改变，但受影响的社区和他们关注的问题往往保持相对稳定。公众的意见和相应的回应都有详尽清晰的记录，这说明相关部门已经对问题进行了审查。此外，需要完整记录环境影响因素、分析方法和结果，以及战略的制订、筛选、改进和评价内容，以履行法律和管理的义务。如果没有文档记录，在规划阶段所做的早期决策就有可能因法律问题而需要重新检查或重复过程，从而导致项目延迟、产生额外的项目成本，以及使利益相关者失望。

简化环境工作，即利用规划过程中生成的信息进行环境分析，以减少工作重复和延迟，近年来得到了交通官员的广泛关注。环境质量委员会（Council on Environmental Quality, CEQ）所做的一项 NEPA 有效性研究（1997）发现，NEPA 规定的规划流程过长且成本高。政府机构通常在听取公众意见之前就做出决定，而且这一流程启动得太迟，没有充分发挥作用。FHWA（2002）发现，完成一个联邦资助的新公路建设项目通常需要 9~19 年时间，规划、初步设计和环境审查则需要 5~10 年时间。

因此，环境工作简化的目的是：
- 提高环保流程的及时性。

- 加强机构间合作。
- 认识到时间和资源（人力、财务等）的限制。
- 尽早解决问题。
- 调解过程中出现的纠纷。
- 改进项目管理水平。
- 加强环境管理。

实现方式包括：
- 在交通运输代理机构和其他相关机构之间建立一个协调审查程序。
- 强调并行评审，以节省时间，避免正式的争议处理程序。
- 允许在协调的审查过程中包含当地的环境审查工作。
- 通过非联邦机构为受影响的联邦机构提供资金，以满足时限加急的要求。
- 为后代履行作为环境受托人的责任，迈向具有成本效益和环境可持续性的未来。
- 将所有交通运输工作中涉及的环境价值，与合作伙伴整合为核心商业价值。

环境工作简化可通过谅解备忘录（Memoranda of Understanding，MOU）、培训、协议备忘录（Memoranda of Agreement，MOA）和纲领性协议、信息共享、授权使用以及其他灵活性行政行动和倡议（例如证实精简战略可行性的试点方案）等手段来实现。

4.3 考虑环境因素和细节水平的一般原则

不利或有利影响的强度或重要性与主体所处环境影响有关。例如，在一个规模不大的社区或邻里中，失去一些房子或生意可能会比在一个更大的社区或邻里中失去同样规模的房子或生意更为重要。小的社区环境所产生的影响比较大的城市地区产生的类似影响要重要得多。

另一种衡量强度的方法是通过社会接受度进行评判。个别损失可能是相应项目的可接受后果，其中有减轻的利益。另一方面，对公共健康和安全，或对独特或不寻常的环境的影响，以及引起公众高度争议的影响，可能被政策或决策机构视为不可接受的。不可接受的影响有时称为致命缺陷。这意味着，尽管项目有好处，但特定的影响或累积的影响可能非常不受欢迎，以致具体的策略甚至全部行动都无法接受。在某些情况下，可能会有法律或规章来强制执行或为影响的可接受性设定标准。

下文讨论了在确定交通系统环境评估和项目规划的总体方法时需要考虑的一些重要问题。

4.3.1 影响的种类

交通系统可以在很多方面对环境产生影响。交通运输从业人员不仅要关注设施附近或邻近的潜在影响，还要在更广泛的意义上，关注社区健康、经济发展和生活质量的重大影响。例如，以下由俄勒冈州交通部提出的可持续交通系统愿景，展示了可被视为交通系统性能环境背景一部分的影响范围和策略类型：

"到2030年，俄勒冈州的交通系统将为居民、地方和经济提供支持。我们便捷、安全地出行，商品、服务和信息也是如此。以可再生燃料为动力的高效交通工具将驱动所有运输方式。社区设计支持步行、骑行、驾车和任何合适的交通工具。我们的空气和水非常清洁，社区敏感性和可持续性的交通解决方案展示了我们所做的一切。

俄勒冈人和游客有真正的交通选择，在航空器、轨道车辆、机动车、自行车和公共交通工具之间便捷换乘；货物通过相互连接的公路、铁路、海运航线、管道和航空网络及时流动。我们的社区和经济，无论大小，城市和农村，沿海和山区，工业和农业，都与俄勒冈州其他地区、太平洋西北部以及世界其他地区相连。土地使用、经济活动和交通以对环境负责的方式相互支持。

我们擅长利用新技术来提高安全性和移动性。我们最大限度地利用传统地区的现有设施，并战略性地增加产能。公共/私人伙伴关系满足了俄勒冈人在所有交通方式上的需求。交通运输系统的利益和负担都得到了公平的分配，而俄勒冈人也相信交通运输费用的支出是明智的。到2030年，俄勒冈人将充分认识到交通运输在他们的日常生活和地区经济中所发挥的作用。由于公众的信心，俄勒冈人支持创新的、充足的、可靠的交通资金……"

（Oregon DOT，2008）

俄勒冈州交通部定期发布进度报告，展示了俄勒冈州交通部在实现这些可持续发展目标方面的成就（ODOT，2012）。

一个交通运输项目的环境影响后果可以有几种形式。直接影响最明显，也最容易受到关注。这些问题是建设项目（例如房屋或仓库移位或生境丧失）和设施运作（例如噪声或地面振动）的直接结果。间接影响是直接影响的结果，一般来说，次要影响发生在较晚的时候，或发生在距离项目较远的地方，但它们仍然可以合理地预见。例如，改善邻近土地交通的直接影响可以促进住宅或商业土地开发。交通投资的次级影响是交通的自身发展对环境品质产生的一系列后果，例如当地道路拥堵、污染物排放或社区混乱。这些次要影响应包含在环境分析和交通项目规划层面的评价中。近年来，系统级规划也要审查次级影响，尽管是在非常粗浅的水平上。

在某些情况下，综合或累积的影响将扩大为巨大的整体影响，例如那些由一项行动的连带后果加上过去发生的事件、其他行动或合理可预见的未来行动所产生的影响。对此应在评估中提出并加以考虑。例如，相对少量的湿地破坏，作为一个项目的结果本身可能看起来无关紧要，但这种看似小的损失，其综合效应可能导致重大损失和湿地资源退化（图4-4）（CEQ，1997）。考虑累积影响的另一种方法，是在当前发生影响的类似活动背景下，检查与项目相关的影响。例如，在考虑到其他交通来源现阶段和预期会产生与交通有关的噪声之前，交通对某一特定社区产生的噪声影响，本身可能不会被认为是严重的不利影响。但在更大的背景下，这些影响可能产生比单独考虑时更为严重的后果。因此，在适当情况下，环境分析和策略评价应包括对累积影响的讨论。

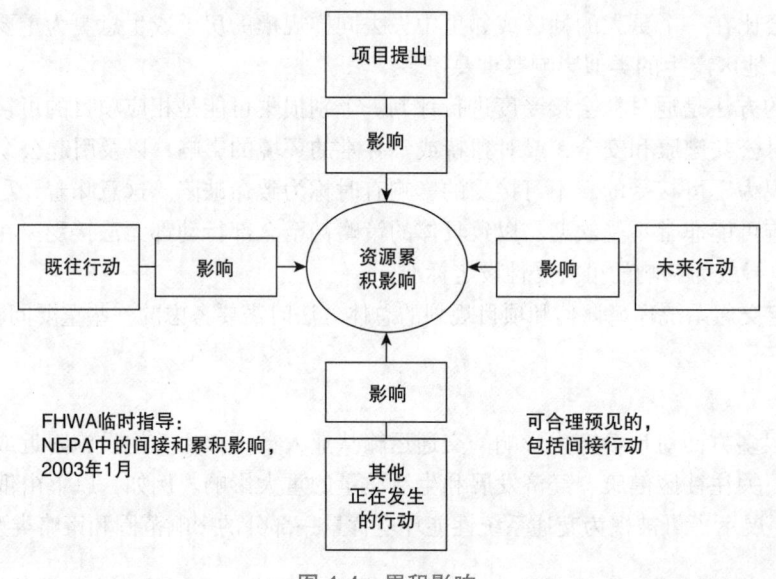

图4-4　累积影响

来源：Federal Highway Administration. 2014. *Questions and Answers Regarding the Consideration of Indirect and Cumulative Impacts of NEPA*. Washington, DC: FHA. Accessed February 9, 2016, from https://www.environment.fhwa.dot.gov/guidebook/qaimpact.asp.

大多数环境问题来自某一特定项目的影响，例如越来越多的过往车辆所产生的噪声影响。但是，有些影响可能需要进行程序化处理。例如，某一特定项目对流域或区域空气质量的影响，可能需要在区域规划过程中通过区域或规划的规模加以判断，同时考虑多个项目和行动的累积效应。

4.3.2　细化程度

在规划过程中进行环境分析的目的，是确定任何可能影响重要投资策略选择的主要环境或设计问题，或可能涉及环境法规（例如空气质量）或许可要求（例如湿地许可证），至少要确定研究范围内的环境敏感地区。一个初步的范围界定过程应为规划研究确定适当的社会、经济和环境分析程度，以及机构间协调和公众参与的方法。

分析的实现应实现充分识别和评价所考虑的项目概念和范围的所有差异化特征。如前所述，在开始时必须让环境资源机构参与，以帮助确定环境分析的详细程度和将要审议的策略，包括避免和尽量减少策略以及今后不建造的条件。资源机构也将是筛选策略的重要参与者，以确保环境因素得到适当考虑。正如后面将要讨论的，效益和影响可以被主观地评估，它们可以被量化和货币化（如果可能和需要的话）。

具体改善措施通常不在系统规划层面制订。但是，必须明确不同类型的改善策略在避免或尽量减少对国家或区域环境影响方面取得的成功程度。在系统规划层面，还应了解与环境改善策略有关的成本。

环境分析的深度应能反映与不同类型项目和策略有关的复杂性，并考虑与产生影响的可能性和程度有关的风险和不确定性。在改善策略成本较高的情况下，通常会进行更全面的研究分析。在改善策略和影响成本可能较低的情况下，更适合应用一般的办法。

最重要的是，规划研究期间所做的努力应包括与管辖各种环境资源的机构密切衔接研究清单、分析和调查结果。规划研究报告应记录这种衔接过程，并在早期结果中表明相关机构的共识。

在项目规划层面进行环境分析的方法是完全不同的，在系统规划中会简单描述项目，而项目规划则侧重于非常具体的技术路线和设计特征。因此，项目规划中的环境分析要比系统层面的分析详细得多。根据联邦运输法，项目规划中环境分析的适当步骤包括：

- 由合规的专业人员审查现有的环境资源清单，必要时辅以额外的数据收集和资源机构所做的资源规划研究。
- 对可能影响的性质和严重性进行初步分析，并交叉参考环境分析的其他部分。
- 评估战略设计或调整中可能发生的变化，以避免消极影响（包括成本和其他影响）。
- 识别减轻影响的潜在措施。

本章其余部分提供了可用于项目规划层面环境分析的大部分数据和工具信息资料。

4.3.3 影响程度

确定潜在影响的空间范围，通常称为影响区域，是确定影响重要性的一个主要部分。在系统规划层面，受影响的区域可能非常广泛，例如大城市区域的空气盆地，也可能是有限的，例如噪声对繁忙的高速公路附近的特定地块的影响。环境影响的空间问题反映在用于分析它们的工具类型上。在前文的插图中，分析区域空气质量的影响通常依赖于出行网建模对地区交通流的预估。在一股空气流中，由机动车带来的空气污染物可能覆盖数百平方公里的区域。另一方面，噪声的影响可以用特定设施的模型来估计，该模型的目标是接近高流量道路的区域。

所关注的环境影响应在规划过程的早期确定，有几种方法有助于做到这一点，包括：查看以前的研究，确定研究了哪些环境问题；咨询有关机构和团体；邀请市民和利益相关者提供意见；积极邀请环保机构提供意见。在所有相关地区的环境状况及影响报告中，最有用的可能是其他环境研究（环境评估）或地区规划研究（包括资源规划研究）报告。

在识别影响区域的过程中，研究发起人应与最熟悉研究区域的专业团体，以及那些知道适用于这些影响的具体法律、法规和规则的团体合作。实地勘查，特别是与其他机构合作，往往是识别影响地区的一个好方法。随着规划研究的开展，可能会通过制订和分析策略、额外的数据收集、公众和机构参与来确定更多关注领域。

4.3.4 出行需求预测和交通分析的作用

分析当前和未来的出行行为以及交通系统性能是交通规划研究的核心，特别是评估各种交通模式优化对两者的影响。交通流量和交通运营管理的变化，是规划研究出行活动预测与许多社会、经济和环境主题之间联系的关键分析内容，将在本章的其余部分讨论。第6章讨论了出行预测和系统建模方法，后续章节讨论了评估一系列行动和策略的方法。

考虑到污染物排放、能源消耗与机动车使用之间的联系，空气质量的影响取决于出行需求和交通系统性能的变化，以及能源消耗。对噪声、安全及相关社区邻里影响的分析通常需要一定的地点影响分析。制订出行预测结果往往需要达到环境分析所需的详细深度，这会形成一定挑战。作为现今大多数州和大都市交通规划基础的计算机模型，并没有用于预测环境影响结果，而且一般也无法准确地做到这一点。在许多情况下，都要通过在建模方案中添加后处理模块来完成此任务。虽然这些模型可能不是准确预测结果的最佳方法，但它们通常是交通规划人员和工程师进行此类评估的唯一可用方法，而且它们在联邦规划和环境法规中得到了认可。

以下叙述了社会、经济和环境分析的范围和适当详细程度，作为规划研究的一部分内容。此外还介绍了通常使用的技术工具和方法。环境议题的清单并不是详尽无遗的，而是大多数规划工作涉及的代表性议题。重要的是在一开始就要注意到，许多联邦、州、省和地方规划机构以及环境资源机构都会发布关于开展环境研究的法律法规、规章和指南要求。这些规章和指南通常会改变，以纳入新的法律，或反映出与新决策者不同的观点。在研究之初，规划师应咨询相关环境资源机构，以获得最新的指导意见。

4.4 土地使用及经济发展影响

几十年来，交通规划一直致力于研究交通投资与土地使用和发展模式之间的相互作用。这种相互作用既包括土地使用对出行方式的影响，也包括交通投资决策对土地使用发展的影响（见第 3 章）。

交通规划几乎在每一种规划研究中都会考虑到现有和预计的土地使用模式。掌握未来的人口分布和就业情况是预测未来出行需求的基础。在项目层级，分析交通投资对土地使用的影响通常集中于设施建设的直接影响，例如土地征用或新建或取消特定的土地使用活动。在系统层级，人们越来越关注交通投资带来的可达性变化对土地使用造成的间接或次要影响以及累积影响，例如利用新公路立交桥改善的可达性进行土地开发。交通运输的改善还可以引起土地使用活动或密度的诱导变化，例如在一个交通中转站周围进行联合开发，如果没有投资就不会发生这种变化。鉴于土地使用和交通投资之间的密切联系，土地使用的影响通常是许多交通环境研究的重要主题之一。

许多区域土地使用政策和规划问题在都市层面得到了更适当的考虑。例如，在都市层面必须进行一项关于未来土地使用替代方案对区域环境指标和交通系统绩效的影响的研究。在大多数情况下，这需要利用土地使用模式或其他分析工具来评估相关后果。读者可参阅关于土地使用的第 3 章，了解规划机构如何进行这种类型的分析。

本节侧重于交通通道或分区层面上的土地使用与交通之间的相互作用。这一影响类别是环境影响报告中的重要部分，因为当地居民和政府官员通常对改变交通系统造成的土地使用的短期和长期影响特别重视。

在许多情况下，土地使用并不在交通运输机构研究的职权范围内，在美国等几乎所有地方都是这样。例如，国家 DOT 没有使用土地的权力，尽管它们会通过允许进入程序和在环境审查方面的作用来施加影响。地方政府通过全面规划和分区法规，对土地使用和发展决策负责，至少与他们关注公共权力一样。因此，将负责或管辖土地使用和发展政策、规划和决策的政府机构或各级政府作为协作规划过程的一部分可能是合适的。邀请其他对土地使用感兴趣，并可能受规划影响的利益相关者（例如开发商和主要土地所有人）提供意见也许会有帮助。

在处理交通运输策略对土地使用和环境发展的影响时，应考虑以下因素：

- 根据 NEPA 和类似的环境监管审查要求，在考虑联邦行动时，联邦机构必须考虑拟议项目和可选行动方案的影响。大多数联邦指导包括考虑对土地使用和经济发展的影响，尽管联邦政府在这些地方决策中无法发挥作用。
- 项目发起人经常将城市发展的好处作为考虑在交通方面进行重大投资的重要原因。在这种情况下，可能需要估计这些效益的大小，以确定预期效益和其他相关结果与成本和影响的比较，以及其他策略是否能以更低的成本和 / 或影响带来预期的效益。
- 在某些情况下，城市或社区团体可能会关注某策略将对社区产成的影响。例如，他们可能会反对改变土地使用类型，因为这会对安静的社区造成负面影响，或者增加当地的交通流量。发展影响分析有助于表明这些关切是否有效，并在必要时促进就适当的缓解措施达成协议。

- 具有经济发展效益的策略通常可以通过价值捕获技术融资或部分融资，依赖于获取战略发展效益的公私伙伴关系。对这些未来收益或收入的估计是为规划研究所做的财务规划工作的重要部分。评估将包括确定哪些业主最有可能从物业价值增加中受益（注意，在分析中，物业价值的价值增加不应被视为利益，见第 7 章）。

下面的讨论旨在为不同土地使用和经济发展影响的合理研究深度提供指导，简述了交通运输与土地开发之间的联系，并在合理情况下，明确影响规模和程度评估的框架及技术方法。

4.4.1 土地使用影响分析

应对可能由交通项目或通常发生在房地产市场的交通策略引起的发展进行区分。实际上，考虑到大量因素可以影响发展，且预测这些因素的生成结果存在困难，分析人员最希望获得一个有依据的评价结果。土地使用作为环境研究的一部分，其分析步骤如下。

1. 确定土地使用市场

土地使用影响分析可以在不同的地理层次上进行，例如区域、通道、分区或特定地点。各级分析都应保持一致，这意味着在地方一级预测的所有土地使用变化的总和，应等于区域确定的预期人口和就业的控制总额。

对区域发展的影响。如前所述，区域土地使用和发展问题通常在大都市一级处理，并主要为通道／分区分析确定土地使用规划背景。在大多数情况下，交通规划机构对地方发展决策没有强大的影响力，尽管在一些大都市地区，例如俄勒冈州波特兰市，区域机构被赋予强大的土地使用权力。如果通道／分区交通投资战略影响到区域土地使用格局，例如增加区域不同部门的交通可达性，则环境评估应考虑这一影响。此外，在很多情况下，通道和分区的研究依赖于建立的区域出行需求模型和分区系统进行区域预测。通常，区域系统不适用小尺度分析，因此这些区域往往被细分为更高层次的细节（请参见第 6 章关于出行需求预测和第 17 章关于交通通道规划的内容）。有关土地用途及发展模式的更详细资料应与 MPO 分享，以更新分区系统。

对交通通道或分区发展的影响。交通投资更有可能将本来就会发生的地区增长重新分配，而不是在该地区生成新的发展。例如，为一个健康的商业区服务的策略可以提供额外的运输能力，以实现该地区的额外增长，而不是在郊区。如果目前较低的准入条件限制了该区域的一部分地区像其他地区一样快速增长，这种分配效应就很可能出现（尽管区位决策也受到税收政策、劳动力市场准入和地方政府提供的激励措施的影响）。

在预期会产生新发展的情况下，分析应表明通道／分区的增长将在多大限度上来自区域其他地区（如果可能）。重要的是，区域决策者应了解，从区域角度看，总体交通通道／分区层面的影响往往是零和博弈，应当考虑到区域公平和其他影响。

对当地发展的影响。一项交通投资很可能对紧邻车站、立交桥或其他新建的或大幅增加了可达性的地点的土地使用产生最显著的影响。由于发展与交通可达性之间的联系，可以用标准的交通评价或绩效措施来比较策略对当地土地使用变化的潜力。就系统规划而言，所有这些策略对当地发展的潜力都可以通过以下出行预测过程的输出进行比较：

- 在 x 分钟内的乘车和过境量占该地区人口和就业岗位的百分比。
- 过境、高速公路和其他交通方式的变化，按分担率进行加权。为此，logit 模型的分母可以作为分析变量（见第 6 章出行需求预测）。

评估交通投资的间接和诱导影响的方法在不断发展。这些方法有定性的也有定量的，但基本上是侧重于访谈和专家咨询的定性方法。而相对定量的方法包括有关的土地使用和交通运输预测模型系统。

利用高度结构化的交通和土地使用建模系统集成，是分析或模拟交通和土地使用相互作用的最复杂手段。这种方法适合都市地区研究中最大型的主要投资策略。对于规模不大，可能对居住和就业的整体区域分配产生可衡量影响的投资策略，可以使用其他技术来模拟交通与土地使用的相互作用关系（详见第 3 章关于土地使用的内容）。

与有关领域的专家进行一系列结构严密的座谈是非常适合后者的一项技术方法，这样可以征求他们对一项重大交通投资可能产生的土地使用结果的意见。当座谈正式组织起来，并通过一系列保密的访谈向参与者反馈信息时，便形成了所谓的"德尔菲过程"（Delphi Process）。20世纪70年代，德尔菲法首次应用于土地使用预测。由于重新关注土地使用问题，这一方法可以用于投资研究。

无论复杂程度如何，分析交通运输与土地使用之间的相互作用关系解决了同样的问题，并且需要系统的数据收集和评价。分析人员应回顾所有的技术来分析这些关系，并确定在他们的权限内，在给定可用的数据、资源和外部建议中，哪些可以被最有效地使用。

2. 分析过去土地使用趋势

接下来继续进行土地使用分析，确定该地区过去的土地使用趋势，包括直接和间接受到特定策略影响的地区。分析师通常会收集10~20年的土地消耗速率和特征数据，或者是交通设施上一次重大改善以来的这段时间。这定义为将开放或农业用地转换为住宅、商业、办公和工业用途。可以收集和评价关于该地区人口/家庭和就业增长的数据，以了解交通运输，特别是目前的设施和服务所起的作用。分析将包括确定主要的开发地点和/或就业中心、大型住宅开发和其他用途，从土地使用和交通的角度看，这些都是通道内出行行为的关键决定因素。

非交通因素需要谨慎考虑，例如地区增长率、学校质量、犯罪率等。这些因素也许是土地使用开发的主要决定因素，而交通投资因素的作用相对较小。在目前的分析中，交通通道现有和未来的土地使用情况和趋势可能表明，土地使用不是战略发展和评价的主要因素，因此可能不需要在交通运输研究中进行深入分析。

3. 分析土地使用现状

下一步是制订研究通道、场地或分区当前土地使用状况的清单。根据研究的资源，这份清单可能基于现有的资源，也可能需要收集新的数据，数据很可能是GIS格式。制订土地使用状况清单的方法包括使用航空摄影、当地税务评估人员的记录、购买的数据或商业和住宅房地产经纪公司的报告和/或其他公共或私人数据来源，例如其他规划研究和资源机构计划。评估清单应界定研究区内主要土地使用类型的数量和位置。

分析人员应评估现有土地用途在研究期内保持稳定的可能性。应当注意到任何经济衰退或复苏趋势的迹象。与其他类似地区相比，从土地或房地产价值的相对变化中很容易识别这些差异。

由于交通运输投资的出现，清单还应包括关于现在可能更合适的空置棕地的位置信息，包括未得到充分利用或不符合要求的棕地。未充分利用的地块是指那些密度尚未达到现有分区或规划所允许的地块。不合格棕地是指不符合现有许可用途的棕地，这些棕地也可能没有得到充分利用。

如果将现有土地使用政策作为交通运输研究的一部分，则应对这些政策的有效性进行评估。如果这项研究包括评估不同的土地用途设想，就必须对现有的土地用途情况有良好的认识。

4. 评估土地使用与交通运输的联系

在对过去趋势和当前状况进行评估的基础上，分析人员应审查拟议的交通策略与土地使用有关的特点，包括分析这些策略增加可达性和流动性可能带来的后果。一些投资代表了可达性方面的巨大变化，其他的只是量变。分析人员应评估对这种变化特别敏感的区域场址。

可达性定义为地理区域或区域部分之间在多大程度上建立或加强了联系，以及跨模式的联系。流动性定义为运动发生时的易用性（例如速度）。虽然这两个术语是相互关联的，但更重要的是要将它们分开，以完成土地使用影响分析（请参见第3章关于土地使用的内容）。

最后，分析人员可以将这种评估与交通出行预测活动协调起来，并尝试回答以下问题：该策略在多大程度上是一种为高峰时期提供的设施或服务？在多大程度上服务于各种非工作出行目的？对这些问题的回答可能有助于更好地理解土地使用可能产生的影响。

5. 预测和评估未来土地使用需求

该框架的下一步是根据可达性和流动性变化的分析，评估不同的策略将如何影响对各种类型土地的需求。分析的一部分是通过解决以下问题来完成的：

- 研究区域的哪部分土地使用影响最大？除了这些主要影响领域，哪些领域的影响较小？这些次要地区往往远离固定的路线或引导系统，或有其他限制因素，交通基础设施的改变会影响土地使用需求，例如分区或环境限制因素。
- 市场需要哪些类型的土地用途？研究通常包括研究区域的土地使用的传统分类，例如单户/多户住宅、工业用地或办公用地。土地使用类别由当地条例和守则界定。然而，居民、雇员和雇主不断变化的需求导致了对多功能开发的关注。此外，与各种土地使用类别有关的土地消耗程度（通过容积率和停车需求等要求）只部分由市场情况决定。土地消耗也受本地条例和容许密度的影响。过去的土地消费趋势可能不是未来需求的唯一决定因素。
- 交通基础设施的变化带来的需求是一次性的还是永久性的？按类型划分的土地使用变化的可能时间是什么？
- 这些变化是否会带来该地区人口的净增长？或者这些变化是否会导致人口的再分配？如果没有这些策略，人口会转移到大都市区的另一部分吗？这个问题的答案部分取决于交通战略在多大程度上为企业提供了进入新市场的便利。
- 未来的土地使用需求会导致与当前通道相同或不同的土地使用组合吗？如果会，则该地区对住宅开发的吸引力会增加还是减少？零售开发或其他类型的开发呢？

6. 评估土地供应

土地供应、交通需求和地方/区域发展政策的相互作用会影响区域增长，因此评估研究区域内土地供应的各种决定因素，以及每个决定因素如何受到交通策略的影响，是非常重要的。例如，一项策略会在多大程度上利用原本可开发的土地？所需的路权会在多大程度上影响邻近地块的实用性或市场价值？这些问题传统上是在土地使用影响分析中处理的，而且是战略的直接影响因素。

此外，分析人员需要审查现有的分区和综合规划设计，以了解未来发展的机会和限制。受交通策略影响的土地供应将通过这些分区和规划设计来确定。例如，传统上被划作住宅开发用途的地区，无论是否完全开发，都有其固有特点，即使有其他用途的需求，也不容易改变。

7. 得出结论

分析人员通过比较交通策略对土地的供求和使用的影响方式，可以评估交通投资的直接、间接和诱导效应，以及支持这些结论的数据。土地使用分析的最后一步记录了分析中采取的步骤，并提供证据来支持所有的建议或结论。这些结果被纳入交通研究的评估部分（详见第7章关于评估的内容）或作为环境研究的评估结果。

总之，通过系统地处理一系列与土地使用有关的问题，土地使用分析可以助力战略评价并影响评估过程。本节所描述的方法可以应用于任何类型的主要交通投资，无论是单个交通要素还是多模式交通策略和计划。关键概念是一个地点、区域或通道的可达性变化之间的联系；邻近地区的土地供应情况及适宜性；适用于受影响地区的现有或潜在的土地使用政策、条例或策略的潜在影响。

4.4.2 与规划和分区一致

分析应检查发展预测是否与所采用的当地综合规划和分区一致。如果土地使用影响分析的结果导致了与目前规划不一致的发展水平或类型的预测，那么就有机会或可能有必要处理和解决这些问题。虽然解决这一问题的过程可能超出交通规划研究的范围，但作为研究过程的一部分，应明确确定问题、机会和冲突。此外，规划过程可以提供机会，实现辖区间和跨学科的协调和协作规划。

4.4.3 对服务和税基的影响

发展方面的变化会增加受影响辖区的税基，但也可能增加对公共服务的需求，例如学校和执法部门。在分析中应明确考虑这些影响。如果发展所改变的财政影响构成了一个明确的问题，则地方政府应被纳入研究过程。这种估计应考虑到预期将发生的发展类型，这类发展通常需要的公共服务种类，以及可能需要哪些资本设施来提供这些服务。

4.4.4 对交通系统的影响

如果某项策略可能导致次要和累积的土地使用影响，则应明确考虑其对运输系统绩效的影响。如果土地使用分析确定了某些地点的新发展，就有可能估计这些地点与新发展相关的出行需求和行为。传统的出行需求预测过程可以用于确定出行行为对交通系统性能的影响。当出行生成和分配导致当地街道、公路、过境或非机动系统容量超载时，需要采取缓解措施来增加系统供应和/或管理出行需求（参见第6章关于出行需求建模的内容）。

4.4.5 经济影响

新建交通设施或服务建设和运营会影响的另一个对象是就业和当地经济活动。计算当地的就业影响是直接的，并且依赖于一些因素，这些因素应很容易从当地的经济发展报告或当地大学的经济或规划部门得到。一旦估计了一项策略的资金成本，因建筑生成的临时就业人数就可以通过估算这类建筑的每百万美元年就业人数来计算。此外，还将为扩大后的系统创造长期就业机会，长期雇佣的人数可以从成本分析期间开发的经营成本中计算得出。可以认为，这种直接就业的临时和永久影响会使经济影响成倍增加，因为直接工资和薪金都用于为当地创造间接就业。这些乘数效应已为大多数局部地区计算过。

在经济影响研究中，通常考虑四种类型的就业影响：临时和永久直接就业，以及临时和永久间接就业。这种就业影响可以纳入环境公正性分析，用于审查交通投资的社会公平后果（见下一节）。

花一大笔钱建造和运行一个新的交通设施的影响并不局限于就业岗位，尽管这些钱的大部分最终花在了工资和薪金上。让地方政府感兴趣的是，其中一些还花在了地方税收上。

4.5 社会及社区影响

交通系统对一个社区的社会环境影响是多方面的，无论是在建设期间还是建设之后。社会环境是指在特定设施或服务影响范围内的周边社区的人际交往。潜在的不利社会影响包括家庭或企业的搬迁，社区凝聚力减弱，社区和生活方式质量恶化，以及获得重要社区设施和服务机会的减少。有益的影响包括就业和服务机会改善，促进经济发展以及基础设施改善。在适当情况下，应在规划研究期间评估这些影响。在预期会产生不利影响的情况下，确定可行的缓解措施，例如 NEPA、FHWA 条例和 FTA EIS 条例，以及第 12898 号行政命令（Executive Order 12898）中关于环境公正性的要求。

牵头和合作机构应共同确定研究中需要考虑的社会问题。确定潜在社会影响问题的最有效方法是公众宣传。从研究启动过程开始，一直持续到整个规划研究结束，公众参与计划为感兴趣的居民和团体提供了机会，就正在考虑的策略可能产生的影响发表意见。这些投入为潜在影响提供了有价值的观点，并有助于评估影响的严重性和可能的缓解措施。经验表明，在确定和评估现实的社会影响和缓解方案方面，各种社会指标，例如社区流动性和稳定指数以及社会互动分析，通常不如直接的公众参与有效。

地方机构应避免对社会影响的重要性做出判断，因为这在很大程度上是一个感知问题。相反，应尽可能量化影响，例如确定流离失所家庭的数量。规划研究应审慎描述其影响及公众对其重要性的看法，同时避免妄下结论。正如第 12898 号行政命令关于环境公正性所要求的那样，对社会影响的分析还应查明可能受到影响的群体。在预期会产生社会影响的地方，文件应使用地图显示社区边界，并呈现每个社区的社会经济概况。这些信息可以用来评估投资收益在不同司法辖区、交通使用者和社会经济群体之间的分布和影响。

4.5.1 社区破坏

交通项目建设一般都需要土地供应，这往往会导致家庭、企业或公共设施被迫迁移。政府需要判断这些影响，并根据每种策略的可行性进行评估，而被迁移的个人、家庭、企业和设施数量是重要的衡量标准。同时，也要考虑可替代住房的可用性，以及对流离失所者重新安置的显著影响。规划研究需要确定那些流离失所家庭的特征（种族、收入、房产保有权、年龄、成员规模），因为这些会对流离失所的影响程度和是否有适当的替代住房产生影响。然而，数据可用性和隐私问题可能会导致这些信息只能从人口普查数据中获得。

迁移程度一般通过航空照片和概念工程图来确定。虽然每个备选方案的具体物业（由土地所有权定义）可能还不清楚，但应对将被迁移的住宅和企业的数量有一个相当准确的估计。对于居民迁移，社区概况提供了有关社区特征的信息，从而可能提供被迁移者的种族和社会经济特征。这项研究应尝试找出哪些工作可能会受到影响，以及这些工作是否会留在社区内。

针对流离失所的情况，必须补偿家庭和企业被占用的财产和重新安置的费用。这种补偿应包括在每个策略的资金成本中，并应包括土地和构筑物的成本、收购企业的成本、搬迁费用以及必要时的租金补充。在各种联邦和地方政府项目中提供了道路使用权获取和搬迁援助要求的指导。

4.5.2 噪声和振动

许多类型的交通投资都可能增加社区环境的噪声和振动影响。交通噪声和振动包括车辆营运噪声、因公路改造、交通工具改变或增加而产生的噪声，以及固定轨道交通设施所产生的噪声和振动（注意，噪声和振动在这里被视为社会和社区影响的一部分，因为它们对生活质量和社会相互作用存在潜在的破坏性影响）。

车辆噪声的主要来源是车辆本身，包括柴油公共汽车或货车发动机的排气噪声，快速交通车辆的电机噪声，以及空气通过冷却风扇的噪声。此外，在高速行驶时，采用橡胶轮胎的车辆发出的轮胎噪声也会很大。对于轨道系统，钢轨上的钢轮会产生多种类型的噪声，这取决于运行表面的类型和状况。当导轨结构在移动的车辆下振动时，也会形成噪声源。当车辆静止时，有些设备仍在运行（风扇、散热器、制动器和空调压缩机）。因此，噪声持续存在于交通信号提示、交通中转站或场站中。在交通设施中，噪声是由通风机（车站、地铁隧道、发电站）、冷却装置、维修设备和运行产生的。

振动包括地面上的振动和视觉上的振动，例如列车经过时标志的晃动。对于住在维修设施、公共交通或货运路线附近的人来说，振动可能是一种实质性的刺激。

噪声影响分析的目的，是确定并报告与策略相关的社区噪声影响的重要变化。当研究区域中存在噪声敏感对象，或社区已经暴露于高噪声环境下时，噪声的潜在负面影响最大。易受噪声影响的地点分为三类：

- 远离噪声源的低密度住宅区：建筑和公园，安静是重要因素。
- 住宅或有住宿设施的建筑，例如住宅、医院、酒店和汽车旅馆。
- 主要用于日间的机构用地，包括学校、礼拜场所、图书馆、礼堂和公园。

为了确定是否需要进行详细的噪声分析，通常采用分阶段的方法，并关注策略的类型、噪声生成特性和噪声敏感对象的接近程度。噪声分析的详细程度取决于评估不同类型策略所需的详细程度——通常是影响的程度和位置，以及可能缓解影响的类型、效果和成本。

分阶段方法的三个层次的分析在 FTA 的《交通噪声和振动影响评估的影响分析指南》（*Guidance Manual for Impact Analysis of Transit Noise and Vibration Impact Assessment*）中有更详细的描述。所有分析的第一阶段都应包括筛选步骤，以确定是否需要进行噪声影响分析（Hanson et al., 2006）。应查明易受噪声及振动影响的土地用途、会产生噪声的策略特点，以及任何潜在的噪声问题。这可以通过步行或风窗玻璃测量、查看当前的土地使用地图或研究区域最近的航拍照片来实现。如果没有易受噪声影响的土地用途，则规划研究毋须开展进一步的噪声评估。不过，当有对噪声敏感的土地用途时，这一早期的甄别阶段可帮助确定是否需要进一步的噪声分析。表 4-5 展示了基于噪声类型和影响距离的分析场景。表中所述的距离可用于确定上述三类中对噪声敏感的土地用途。如果表 4-5 所列的土地用途均不在上述范围内，则建议的替代方案不会大幅增加噪声。因此，规划研究不需要进一步的分析。

表 4-5 交通噪声评估的检测距离

种类	从道路右侧或物业线的检测距离 / 英尺
固定轨道系统	
通勤铁路干线	750
通勤铁路站	300

(续)

种类	从道路右侧或物业线的检测距离 / 英尺
固定轨道系统	
轨道交通导轨	750
轨道交通站	300
通道	100
中、低能力交通运输	100
钢轮	750
橡胶轮胎	500
场站	2000
停车设施	250
道路	100
附属设施	
通风井	200
变电站	200
高速公路 / 道路	750
公共汽车系统	
公交专用道	750
公共汽车设施	
通道	100
公共交通服务中心	250
公共交通枢纽	450
仓储和维保中心	500
驻车场 / 换乘站	250

来源：Hanson et al., 2006.

另一种常见的噪声标准描述见表 4-6。在这种情况下，对不同类型的活动规定了噪声声级，并将估计或测量的声级与标准进行比较。如果预期噪声水平超过标准，则必须采取某种形式的缓解措施。

表 4-6 道路噪声消减准则（每小时 A 声级，分贝）

活动种类	活动标准 L_{eq}	活动标准 $L_{10}(h)$	评价位置	活动描述
A	57	60	室外	土地上的安静非常重要，满足了重要的公共需求，如果该地区要继续达成其预期目的，那么保存这些品质是至关重要的
B	67	70	室外	住宅
C	67	70	室外	活跃的运动区域、露天剧场、礼堂、露营地、墓地、日托中心、医院、图书馆、医疗设施、公园、野餐区、礼拜场所、操场、公共会议室、公共或非营利机构建筑、广播电台、录音工作室、娱乐区、第四节（f）地点、学校、电视工作室、小径和步道
D	52	55	室内	礼堂、日托中心、医院、图书馆、医疗设施、礼拜场所、公共会议室、公共或非营利机构建筑、广播电台、录音工作室、学校和电视台
E	72	75	室外	酒店、汽车旅馆、办公室、餐厅/酒吧及其他已开发的土地、物业，或不包括在 A~D 或 F 内的活动
F	无需进行噪声分析			农场、机场、公共汽车场站、应急服务站、工厂、伐木厂、维护设施、制造厂、采矿场、铁路场站、零售设施、造船厂、公用事业（水资源、水处理、电气）和仓储
G	没有必要降低噪声，但必须向地方官员提交预期的噪声水平			不允许开发的未开发土地

来源：FHWA, 2010a

与筛选级分析相比，一般的评估分析提供了更详细的信息，但研究区域相对更小。就像大多数规划研究一样，它用于审查在获得工程细节之前需要进行环境评价的策略。噪声影响阶段是在噪声影响通道内的敏感土地用途确定后进行筛选分析的阶段。在一般评估阶段，要估计这些土地用途的现有噪声声级。综合考虑车辆类型、速度、交通量以及噪声源与听者或受众之间的距离等因素，就可以估计未来的噪声水平。这需要使用出行需求模型来估计未来的交通量。

比较环境噪声与预期噪声水平，可得出由特定策略导致的噪声增加值。在一条通道内，受噪声影响的对象清单能用于对比不同策略下的噪声影响。在拟备正式环境文件及开展初步工程时，会进行详细分析，以评估噪声的影响。这种类型的分析提供了一种或多种 NEPA 替代方案的更详细情况，包括对个体受众产生噪声或振动影响的特定场地信息，以及根据超出标准的程度规定的缓解措施。

交通噪声可以通过两种基本方式影响一个社区。交通噪声的音量和发生的频率可能产生显著的累积效果，即使是间歇性的或短时发生的也会非常令人不快。噪声影响评估包括两个部分，用于确定是否会发生任何类型的噪声影响。绝对标准是将来自策略或替代方案的预测噪声与标准进行比较；它预测来自特定噪声源的干扰，而不考虑其他噪声源。绝对标准用于轨道快速交通策略和公路上的公共汽车选择。相对方法包括将预计噪声声级与现有环境声级进行比较。在这种方法中，不是孤立地考虑交通噪声，而是与整个社区的噪声水平相结合。根据交通噪声对整体噪声水平的影响进行评估。相对方法总是可以使用的，例如对于轨道策略而言，绝对标准是基于单一车辆通行的最大水平（L_{max}），而相对标准是基于峰值时的等效噪声水平（L_{eq}）的变化。

振动影响的评估通常与噪声评估同时进行。在规划层面，这种评估通常仅限于识别对振动敏感的建筑物。要评估振动对建筑物的影响，而不是评估对一般类别的土地用途的影响。然而，对振动敏感的建筑物，在土地使用调查中可能并不明显。必须确定建筑内的商业或工业类型，以确定是否在使用振动敏感工艺，例如医院、实验室和录音棚。如果没有发现对振动敏感的建筑物，就不需要开展进一步的振动分析。如果有这样的建筑物，在工程初期就可能有必要开展进一步的分析，届时将使用地下条件的数据来评估振动水平。

在开展仍在考虑不同投资策略的规划研究时，只需笼统地讨论可能的缓解措施，即可能需要的缓解措施以及各种备选办法的可行性和成本。随后，在确定了具体项目后，应描述具体缓解措施并承诺实施这些措施，一般在 NEPA/ 工程初期进行。最后的环境文件应包括将作为拟议项目一部分实施的缓解措施的完整说明。

AASHTO 的环境卓越中心网是联邦和州关于噪声分析的极佳信息来源，网站地址：http：//www.environment.transportation.org/environmental_issues/noise/docs_reports.aspx。

4.5.3 邻里凝聚力

邻里凝聚力指一种社会属性，它表现出一种社区意识、共同的公民责任、在有限的地理空间内的社会互动以及对其他一些地方性社会目的起到同化作用的相互依赖关系。规划研究应确定潜在的受影响社区，这些社区表现出强烈的凝聚力，并具有独特的属性。如果明确地定义了内聚性，就有可能获得一些经验证据来判断内聚性的程度，从而衡量拟议项目对社区的影响。公众参与很可能是一种识别和评估潜在影响的良好技术。邻里凝聚力的增强，可以通过邻里自然边界的设施布置方式，或邻里凝聚力增强策略来实现。

4.5.4 社区品质

交通投资策略也会影响一个社区的整体质量。这种影响可能会反映在财产价值的变化上，或者反映在居住在附近的居民的满意度上。最终，现有的居民可能会被生活方式不同的新居民所取代。这些影响很难预测或量化，但对居住在该社区的人而言可能相当重要。

作为规划研究一部分而进行的经济和环境分析，有助于揭示对社区质量和生活方式产生的潜在影响。例如，对噪声和美学的评估应有助于揭示社区质量的潜在变化。同样，经济发展分析可以表明，一个策略可以极大地增加一个社区的可达性，而这反过来又可以增强再开发的前景。这样的再开发可能被视为项目的积极影响，但现有居民可能不希望他们的社区发生改变。公众参与计划应帮助研究确定社区居民对社区质量和生活方式的影响的关心程度。

4.5.5 社区设施和服务的可达性

交通投资可能增加或减少社区设施的使用，例如医院、学校、警察局和消防站、购物场所、礼拜场所和其他重要的社区中心。如果道路或轨道设施需要收购社区设施以取得优先权，或道路/轨道在居民与设施之间形成了障碍，则设施的使用会减少，这种影响应在建造阶段与永久设施一并考虑。使用机会的潜在减少，特别是对学龄儿童和老年人而言，将被视为负面影响，需要评估和减轻。

一般通过确定社区设施的位置及其所服务的地区来检验对设施使用的影响。沿服务区边界兴建的道路/轨道项目，对社区设施的使用几乎没有影响，而那些通过服务区建立物理屏障的方法则会产生影响。在这种情况下，研究应尝试确定有多少人会受到可达性降低的影响，以及这种影响是否会给他们带来特殊的问题。可以探讨可能的缓解措施，包括改变路线、在有战略意义的地点布设人行横道，或由社会服务机构增加公共交通服务。此时，公众参与计划同样是影响评估和提出缓解措施的最有用技术。

4.5.6 环境公正性

第12898号行政令（"解决少数群体和低收入群体环境公正性问题的联邦行动"）要求联邦机构查明并解决低收入和少数群体"过高和不利的人类健康或环境影响"。这一要求的关键方面是考虑在联邦行动或者规划研究中，策略将如何影响研究区域和地区的低收入和少数群体。换句话说，谁受益？谁付出？谁会受到不利或有利的影响？FHWA的环境公正性分析有三大原则：

- 避免、尽量减少或减轻对人类健康和环境的不利影响的比例，包括对少数民族和低收入人口的社会和经济影响。
- 确保所有可能受到影响的社区充分且公平地参与交通决策过程。
- 避免少数群体和低收入人口拒绝、减少或拖延接受福利（FHWA，2000）。

环境公正性问题在美国的规划文件中经常或多或少地提及，而具体项目的环境分析会更加详细。应强调社区和社区中特定的低收入和少数群体所受到的影响和获得的利益。应编制规划研究报告的环境影响摘要（累积影响讨论和/或评估章节和公平讨论），并对确定的低收入和少数族裔人口与一般人口的影响/成本进行比较。

当规划研究作为更大区域规划过程的一部分时，环境公正性分析可以支持对投资决策和优先事项将如何影响低收入和少数族裔人口的更广泛的系统级评估。地理信息系统工具在确定研究领域的环境公正性影响方面非常有用。更多关于环境公正性分析的讨论请参见第7章。

4.5.7 公共卫生/健康生活

本手册的第1章和第2章描述了交通在社区发展和居民生活质量方面的重要作用。交通系统的物理特性是影响社区居民健康的因素之一。在过去10年里，一些机构和团体已经开始更密切地研究这种关系，例如如何通过积极的生活鼓励更多的锻炼？空气质量法规的重点是减少给不同排放敏感的人（例如哮喘患者）造成严重健康问题的危险污染物（Raynault & Christopher，2013）。然而，最近人们对公共卫生领域的兴趣集中在城市形式以及交通如何鼓励或不鼓励体育活动上。

根据疾病控制中心（Centers for Disease Control，CDC）的研究，更健康的生活方式（例如锻炼）有以下好处：

- 控制体重。
- 降低患心血管疾病的风险。
- 降低患Ⅱ型糖尿病和代谢综合征的风险。
- 降低患某些癌症的风险。
- 增强骨骼和肌肉。
- 改善心理健康和情绪。
- 针对老年人，提高日常活动能力，预防跌倒。

- 增加延年益寿的机会（CDC，2014）。

一些交通规划方案已经采纳了"主动交通"的概念，并将相应策略整合到交通规划过程中。例如，MPO在田纳西州的特纳什维尔为主动交通项目预留了资金，特别关注步行和骑行设施的投资（http://www.nashvillempo.org/plans_programs/tip/ATP.aspx）（Dannenberg et. al.，2014）。数十年来，俄勒冈州的波特兰一直是全国非机动车交通的领导者。该地区的MPO、波特兰地铁公司制订了一项地区性主动交通计划（Active Transportation Plan，ATP），该计划"将使步行、骑行或乘坐公共交通工具更容易到达目的地"。该计划确定了一系列愿景、政策和行动，以形成一个无缝的道路和街道、街区的绿色网络，以连接地区内的不同区域，并将步行、骑行和公共交通结合起来（Portland Metro，2008）。在旧金山，大都市交通运输委员会（Metropolitan Transportation Commission，MTC）制定了下列在区域优先次序确定过程中用于健康和权益的评估指标：暴露于颗粒物排放导致的过早死亡、碰撞造成的伤亡，以及每人每天用于步行或骑行的平均时间。此外，MTC认识到交通运输与土地使用之间的重要关系，努力促进整个区域以公共交通为导向的发展。在圣地亚哥，SANDAG MPO向当地社区提供了与步道、人行道、交通连接、食物获取和城市农业相关活动的资助。有趣的是，SANDAG MPO还为其基于活动的出行需求模型开发了健康评估模块（Raynault and Christopher，2013）。

本手册的一些章节提供了更多的详细信息分析工具，可用于评估主动交通策略的有效性，例如关于土地使用与城市设计的第3章，关于公共交通规划的第12章，关于步行和骑行交通规划的第13章，关于出行需求管理的第14章，关于场地规划与影响分析的第19章，此外还可参见NARC（2014）。

4.5.8 历史、文化和开放空间资源

联邦资金援助的交通投资需要遵守两项法律规定，以应对对历史、文化或开放空间资源的潜在影响。虽然这两项法规的具体条文有些不同，一般会分别处理，但在规划研究期间，处理每项规定所涉及的工作十分相似，因此可合并讨论。

美国交通部法案第4（f）条要求交通部做出裁决，即对于任何对主体财产有负面影响的联邦行动，都不存在谨慎可行的替代方案，并且已经实施了所有可能的计划以将损害降至最低。主体财产包括重要的公共公园、娱乐区、开放空间、野生动物和水禽避难所，以及历史遗迹。

《国家历史保护法案》（National Historic Preservation Act）第106条要求联邦机构确认和评估联邦基金对历史遗迹、地区、建筑和考古遗址的支出所产生的影响。该法案要求各机构尽早向古迹保护咨询委员会提供机会，以评议可能对历史遗迹产生潜在影响的拟议行动，并尽可能减轻相应影响。主体财产定义为已经登记的国家历史遗迹或有资格登记的财产。

受上述法规影响最大的联邦交通机构是FHWA和FTA，他们在向交通项目提供资金援助之前，必须满足相应规定。与许多其他技术领域一样，重要的是确定规划研究所需的适当的细节层级，并将其与后续项目开发过程中更合适的细节级别区分开来。

确定交通通道或分区内所有可能受到影响的物业，是分析第4（f）条和第106条法案可能产生的影响的第一步。对于第4（f）条法案所涵盖的不同类型的房产，有必要咨询当地、州和联邦机构，他们负责绿地、休闲区、开放空间和类似的房产。对历史建筑来说，通常存在完善的信息来源，包括美国国家登记册、州历史登记册和其他清单，以及州历史保护官员（State Historic Preservation Officer，SHPO）的文件。在大多数情况下，需要由历史保护专业人员进行调查，以确保库存完整并满足第106条法案的要求。这项调查至少要使用国家登记册的资格标准来审查目前未列入登记册的地点或已确定有资格的地点。

分析潜在的直接或间接影响是第4（f）条和第106条法案对应程序的第二步。直接影响指对财产或部分财产的实际占用，而间接影响指损害将财产用于预期目的的影响。间接影响通常包括噪声、视觉干扰或妨碍使用财产。因此，分析必须考虑当前的使用属性，并检查项目对这些使用属性可能造成的限制。此外，在考虑间接影响时，分析的范围必须足够广泛，不仅要包括可能被物理地全部或部分占有的财产，还包括邻近和视野范围内的路权。在某些情况下，范围将包括在通往车站的道路上可能出现交通量显著增加的站点。上述过程结束的标志是责任机构判定拟议行动符合法规要求。

对于第4(f)条法案的要求，NEPA最终文件包含了一份声明：
- 公布可能受影响的财产的清单和说明。
- 讨论对这些财产可能产生的影响。
- 检查项目的路线变化和其他可能避免影响的设计方案。
- 在相应设计方案不谨慎和不可行时，确定将采取哪些缓解措施来最小化不利影响。

由于FHWA/FTA拥有核实部门裁决是否满足第4(f)条要求的权力，该裁决将在最终的NEPA文件获批后同时生效。在FHWA/FTA批准前，美国内政部对第4(f)条声明草案进行审查和评论。有关如何进行第4(f)条法案分析的更多细节，请参见FHWA（2012d）。

2005年的联邦立法修订了原法案，制定了第4(f)条，要求简化对第4(f)条所保护的土地影响最小项目的处理和批准程序。"最小影响"是指在考虑到减少损害的任何措施（例如避免、减少、缓解或加强措施）后，会导致以下两种情况：

1）根据第106条裁定历史财产没有受到不利影响或历史财产没有受到影响。

2）确定项目不会对符合第4(f)条规定的公园、游乐区或避难所的活动、特征或属性产生不利影响（FHWA，2012d）。

FHWA可以批准使用具有最小影响的第4(f)条法案所保护的财产，而无须制定和评估避免使用第4(f)条法案所保护的财产的备选方案。

根据第106条法案的要求，负面影响必须呈送给历史保护咨询委员会。如果SHPO、FHWA/FTA、受让人和委员会选择MOA，则会在协议备忘录中规定缓解措施。

关于这一领域投入水平的一般性建议与其他技术领域的建议相似。在选择首选策略时，规划研究期间的工作应能够确定具有重要意义的注意事项。实际上，其目的是查明在满足每项策略有关第4(f)条和第106条法案要求方面可能出现的任何问题。因此，完成所有要求是不必要的，而且考虑到规划研究中典型的策略数量和不确定程度，甚至不可能做到达成所有要求。根据交通通道或分区的潜在影响程度、现有信息的数量以及当地关切的程度和性质，这一一般性准则为确定工作水平提供了很大的自由度。

最重要的是，规划研究期间的工作，应包括与SHPO和其他对相关财产有管辖权的机构，密切协调土地储备、分析和调查结果。规划研究过程中应记录这些协调工作并归档。

4.6 自然资源影响

交通项目可能对自然环境产生重大影响，进而对社区和个人产生影响（例如对空气质量和水质的影响）。规划研究应确定每项策略的影响及意义。例如，大多数规划研究都会考虑对水质的潜在影响，有些还会考察对湿地、漫滩和美观性的影响。偶尔还会对濒危物种、海岸带、有毒废物处理、海洋废物倾倒、通航水道和其他因素进行详细研究。特殊的规则、规章和许可证适用于许多相关影响领域。州和地方立法和条例可能包含额外的要求。其中许多主题并不适用于某一特定的策略或研究领域，在初步确定这些影响与研究的相关程度后，可以不再考虑相关问题。

分析和处理每种类型的影响超出了本章的讨论范畴。可查阅由FHWA、FTA和州/地方资源机构发布的关于评估交通选择对自然环境影响的文件。

如果赞助机构确定的可能影响超出了当地工作人员的分析资源范畴或能力，则应获取外部援助。在许多情况下会聘请专门的顾问。其他政府、非营利或私人组织和个人也可以提供支持。以下的联邦机构（以及当地和州的同类机构）可能会提供帮助：工程师协会、环境保护署（Environmental Protection Agency，EPA）、鱼类和野生动物管理局（Fish and Wildlife Service，FWS）以及海岸警卫队。可通过联邦主办的培训班和手册获得进一步援助。

4.6.1 空气质量

EPA已经为那些对人类健康和公共福利有害的污染物制定了国家环境空气质量标准（National Ambient Air

Quality Standards，NAAQS）。NAAQS 适用于以下污染物：一氧化碳（CO）、细颗粒物（PM2.5）、二氧化硫（SO_2）、二氧化氮（NO_2）、臭氧（O_3）和铅（Pb），它们被称为标准污染物（表4-7）。与运输有关的污染物排放可能主要在地方一级受到关注，如在十字路口的 CO 排放，或在区域一级受到关注，如 O_3 水平。违反其中一个或多个标准的地理区域称为未达标区域。各州与地方规划和环境机构合作，制定州实施计划（State Implementation Plans，SIP），说明如何达到和维持这些标准。交通控制措施（Transportation control measure，TCM）可以作为有助于实现这些标准的策略的一部分。

表 4-7 美国国家环境空气质量标准（NAAQS）

污染物		一级 / 二级	平均时间	等级	形式
一氧化碳		一级	8 小时	9ppm	每年不超过一次
			1 小时	35ppm	
铅		一级和二级	滚动平均 3 小时	0.15 微克 / 米³	不超过
二氧化氮		一级	1 小时	100ppb	三年的平均水平是第 98 百分位
		一级和二级	一年	53ppb	年平均
臭氧		一级和二级	8 小时	0.075ppm	全年第四高的每日最大 8 小时浓度，平均三年以上
颗粒物	PM2.5	一级	一年	12 微克 / 米³	年平均，平均三年内
		二级	一年	15 微克 / 米³	年平均，平均三年内
		一级和二级	24 小时	35 微克 / 米³	三年的平均水平是第 98 百分位
	PM10	一级和二级	24 小时	150 微克 / 米³	在三年内，平均每年不超过一次
二氧化硫		一级	1 小时	75ppb	三年平均每日 1 小时最高浓度的第 99 百分位
		二级	3 小时	0.5ppm	每年不超过一次

注：ppm = parts per million，ppb = parts per billion。
来源：Environmental Protection Agency. "National Ambient Air Quality Standards (NAAQS)." Accessed Feb. 24, 2016, from http://www.epa.gov/air/criteria.html.

在规划期间进行的空气质量评估从三个方面处理每项策略的潜在影响：区域污染物排放的变化、局部排放的变化，以及这些变化是否与已采用的空气质量实施计划相符。在判定方案计划时，应提出正式的符合性决定。为了进行规划研究，一般只需要比较有关空气质量和整合影响的策略。

处理空气质量影响所需的分析水平和处理的污染物类型，取决于当地空气污染问题的严重程度。当一个交通项目或策略位于非达标区域，或可能导致违反国家质量标准时，需要进行定量分析。这包括增加单乘员车辆容量的高速公路投资，配备主要停车设施的交通投资，市区公共汽车选项（特别是在现状浓度已经很高的地区），以及任何可能对敏感受体产生不良影响的区域，包括医院、公园、康复院或养老院、学校和居民区。

尽管轨道项目是电力驱动的，而且车辆是无污染的，但是有大量车辆停放的中转站可能是空气污染的间接来源。在交通高峰期，车站和停车场附近的交通流量增加，可能会形成热点，或导致某些空气污染物在当地的增加，这与各种道路改善的方式非常相似。匝道流量控制等措施可以减少主要高速公路的拥堵，但也会在控制处造成排队现象。热点也可能出现在收费广场的排队中。隧道通风设施也需要考虑。公共汽车存放和维护设施、市中心枢纽、交通中心以及其他将公共汽车活动集中在人口密集地区的项目也会对当地空气质量产生负面影响。

将预测的空气污染水平与 NAAQS 进行比较，可确定一项投资是否可能对空气质量产生不利影响，以及其影响的严重程度。在有国家空气质量标准的地区，可能会使用更严格的标准。另一个程序是评估一个潜在项目对某一地区总排放量的影响，即排放负担分析。

一些联邦标准用小时平均来表示空气污染程度，也有些会用年平均来表示。例如，NAAQS 就以 1 小时和 8

小时的短期标准表示。而二氧化氮（NO_2）的标准是用年度算术平均值表示的。这使得在短期内评估最有效的操作效果更加困难。虽然在联邦一级没有二氧化氮的短期标准，但有几个州已经采用了一些标准。这些可作为衡量某些项目的空气质量影响的基础。

柴油公共汽车和货车活动检测的主要污染物是氮氧化物（NO_x），它代表一氧化氮（NO）、二氧化氮（NO_2）、碳氢化合物（HC）和细颗粒物的总和。这些活动对非标准污染物的影响，例如甲醛和苯，也可以考虑在内。

臭氧是光化学烟雾的组成成分，它是由阳光作用于结合后的 HC 和 NO_x 生成的。在大都市区，影响臭氧峰值浓度的主要移动源因素是机动车的 NO_x 和 HC 排放，以及氧化剂的光化学生产。汽油机驱动的车辆是主要的关注点，分析的重点是 CO。大多数 CO 污染和违反标准是由交通拥堵的热点地区或地区的机动车排放造成的。

预测交通系统（称为移动源）排放污染物的最常见方法之一是利用"活动因素"，例如车辆出行里程，然后用该因素乘以排放率，例如以克/公里表示。在研究层面上，网络需求模型是估计这一活动因素最常用的工具。美国环境保护署（EPA）已经开发或资助了多个可用于估计排放率的模型，其网站上列出的模型包括：

- 机动车排放模拟器（Motor Vehicle Emission Simulator，MOVES）是目前 EPA 用于评估乘用车、货车和摩托车排放空气污染的官方模型。未来，该模型还将涵盖非道路区域的排放空气污染。
- 非道路（NONROAD）模型与其排放清单模型中的信息是相互关联的，该模型是一个软件工具，用于预测来自小型和大型非道路车辆、设备和发动机的碳氢化合物、一氧化碳、氮氧化物、颗粒物和二氧化硫的排放。
- 国家移动清单模型（National Mobile Inventory Mode，NMIM），是一个免费的计算机应用程序，由 EPA 开发，用于辅助估算道路机动车辆和非道路设备当前和未来的排放清单。NMIM 使用当前版本的 MOBILE6 和 NONROAD，通过场景输入计算得出排放清单。可以使用 NMIM 来计算全国、单个州或县的排放。
- 链接了移动（MOBILE）车辆排放因子模型信息的 MOBILE 模型，该模型是 EPA 用于估计乘用车、货车和摩托车排放空气污染的官方模型，直到被移动模型所取代。
- 链接了燃料对车辆排放影响信息的测算程序和模型，用于估计燃料特性和成分变化对排放的影响。关于燃料效应如何应用于 MOVES 和 NONROAD 的信息可以在这些模型的网页上找到。
- 减少汽车温室气体排放的优化模型（Optimization Model for Reducing Emissions of Greenhouse gases，OMEGA），能够估算汽车制造商为了持续观测车辆的温室气体排放水平而需要付出的技术成本。
- 温室气体排放模型（Greenhouse gas Emissions Mode，GEM）用于估计重型汽车特定方面的温室气体排放和燃料燃烧效率。该模型是确定是否符合 EPA 的温室气体排放标准和 NHTSA 的燃料消耗标准的手段之一（US.EPA，2013）。

考虑到加州空气质量问题的历史背景和严重性，加州空气资源委员会开发了一套用于加州环境评估的模型，例如热点分析和报告程序 2（Hotspots Analysis and Reporting Program Version 2，HARP 2）是一个由三个程序组成的软件：排放清单模块（Emissions Inventory Module，EIM）、空气弥散建模和风险工具（Risk Assessment Standalone Tool，RAST）以及独立风险评估工具（Air Dispersion Modeling and Risk Tool，ADMRT）。该程序工具的重点是排放热点。EIM 允许用户创建和管理设施排放清单数据库，并计算设施优先级分数。ADMRT 执行大气扩散分析，并可以计算癌症和非癌症（急性和慢性）健康影响。RAST 利用地面浓度计算癌症和非癌症（分别处于偶尔的短时暴露、中度暴露和频繁的长时间暴露下）健康影响，利用接触点估计值或数据分布计算吸入和多途径风险，对各种途径和受体的浓度和风险进行空间平均，计算人群接触，并计算一个或多个设施和一个或多个污染物的累积影响（Air Resources Board，2015）。

加州已经开发了许多排放模型用于本地和美国其他地区的研究。有兴趣的读者可以参考空气资源委员会（Air Resource Board），"Modeling Software"（http：//www.arb.ca.gov/html/soft.htm），以获得可用模型的详细描述。

符合性——在联邦法规中，符合性定义为交通规划、程序或项目是否符合 SIP 的目的，以消除或减少违反

NAAQ 的严重程度和数量，并迅速达到其标准。此外，这些行动不得导致或助长新的空气质量标准违规行为，加剧现有违规行为，妨碍及时达标或为达标而要求的临时减排。一项联邦符合性规则也规定了 FHWA、FTA 和当地 MPO 如何确定公路和运输项目的符合性。

MPO 必须开发工具，以确定在未达标区域计划的未来投资，并描述这些投资将如何帮助满足 SIP 的要求。交通规划研究用于确定通道或分区的交通投资，这些通道或分区可成为已通过的计划的一部分，并符合 TIP。以下是两种区域整合评价方法：

- 通道层面的排放策略的相对比较可以作为 NEPA 规划研究的一部分。虽然不会对研究的每一项策略进行全面的区域排放模型运行，但在计划修改之前，将制定区域模型运行（包括设计概念和范围策略）。区域模型运行可能包括一揽子计划修订，不仅包括规划研究生成的项目，还包括其他计划更改。这是大多数规划研究的首选方法。
- 区域排放模型可以针对研究中的每个策略运行。一旦规划研究完成——假设所测试的策略之一被提议纳入计划——区域排放分析就已经完成，以支持计划修订的一致性决定。不过，这是假定了规划唯一需要修正的情况是来自规划研究中新产生的项目。

由于规划研究通常没有充足的资料，无法进行详细的热点分析，在典型地点开展项目层面的一氧化碳影响评估也许是合适的。这将评估项目是否会引起严重的空气排放问题，例如当前存在的一氧化碳问题，或任何策略会在多大程度上加剧这些问题。如果出现严重的问题，则可能需要进一步的分析。

规划研究报告通常包括空气质量，讨论符合性并确定任何策略的潜在问题以及如何解决它们。项目处于开发阶段时，在完成正式的 NEPA 环境分析报告之前，通常需要补充热点分析。

咨询协商——规划研究中使用的空气质量分析方法应与州和地方空气污染控制机构协商制定。协商过程应确定需要处理哪些污染物以及现有污染物浓度和气象条件数据的可得性。国家和地方的空气污染控制机构及 MPO 应就 SIP 与正在分析的策略的相关性以及是否符合 SIP 的评估标准进行咨询。

4.6.2 能源

不同交通工具有不同的燃料消耗率，或称为燃料经济性。图 4-5 展示了客运模式的典型平均燃料经济性。过去，用于拟议交通投资的能源分析通常远不如空气质量和噪声分析复杂。对固定轨道交通项目的能源分析通常表明，不同交通策略之间的运营能源使用没有显著差异，而且所发现的任何差异似乎都对项目决策几乎没有影响。此外，关于交通设施建设和运营的能源需求数据非常少。因此，公共交通研究一般不进行全面的能源评估。

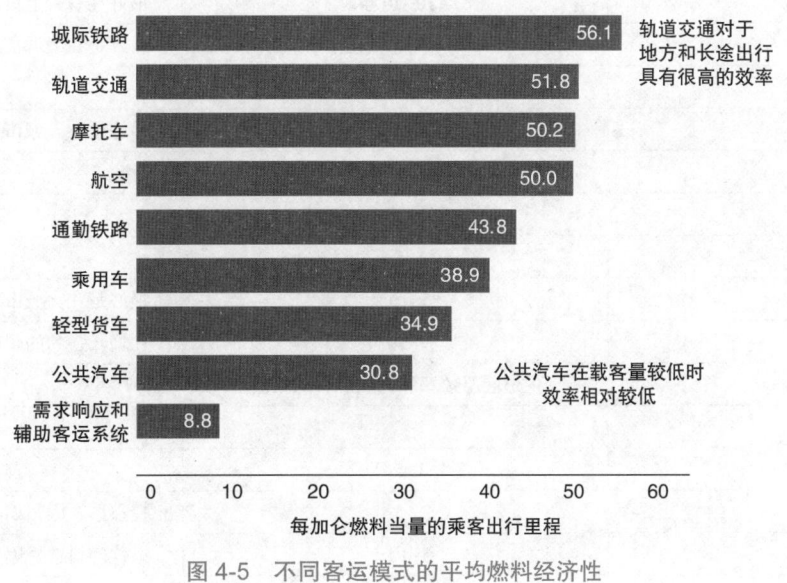

图 4-5　不同客运模式的平均燃料经济性
来源：U.S. DOT, 2015

对于高速公路项目，燃料或能源消耗只需通过确定按车辆类型每公里的平均燃料消耗，然后将该比率乘以预期车辆出行里程（由出行需求模型确定），就可进行估算。

然而，这种相对简单的情况可能会随正在进行的更复杂的多模式规划研究，以及对与使用各种能源有关的成本、可用性和环境问题的关注而改变。这些问题可能会引起策略中对不同燃料类型的能源消耗的考虑。此外，如果地方官员或公众的参与在决策中给予交通能源使用高度优先地位，则每项策略的能源需求都可以计算出来。对许多决策者来说，导致全球变暖的碳排放似乎也将变得越来越重要。

在进行能源分析时，应考虑运作和建立每个投资策略或替代方案所需的能源。运行能耗对许多与污染物排放相同的变量，包括车辆速度、运行模式、冷启动和车辆类型（燃料、重量），都很关键。为了在选项之间进行准确的比较，应考虑这些变量。之前的分析也考虑了地区的能源供应，包括替代燃料的可用性和其他因素，例如现有的发电厂能否提供充足的电力来运营轨道设施。表 4-8 展示了一项研究结果（Preparing State Transportation Agencies for an Uncertain Energy Future），用于衡量实施不同类型策略以减少能源消耗的可能时间范围（Sorenson et. al., 2014）。

表 4-8 州 DOT 关于减少能源潜在使用的策略指引：交付周期和条件

策略指引	交付周期	条件
维持或增加收入的策略		
通行费或基于里程的用户费用	5~10 年	
燃油税	立即	
注册费	立即	
受益人的费用	5~10 年	在增长强劲的州效果最好
一般收入来源	立即	
增加私人资本的使用	5~10 年	在增长强劲的州效果最好
降低成本的策略		
更高的效率	5~10 年	
缩小责任范围	5~10 年	
改善乘用车和货车出行的策略		
道路扩展	10~20 年	在增长强劲的州效果最好
货物流动	10~20 年	最好在有大港口或贸易通道的州
拥堵收费	1~5 年	最好是在大城市地区
智能交通（ITS）	> 20 年	
交通系统管理	1~5 年	最好是在大城市地区
交通安全	1~5 年	
改进替代模式的策略		
交通需求管理	1~5 年	
公共交通	5~10 年	最好是在大城市地区
土地使用	> 20 年	在增长强劲的州效果最好
促进能源效率和替代燃料的策略		
车辆收费退费	1~5 年	
碳定价	1~5 年	
燃料授权和计划	1~5 年	授权形式因州而异
燃料生产和分配	5~10 年	最佳燃料选择因州而异
机构能源使用	5~10 年	

来源：Sorenson et al., 2014

能源影响分析的结果通常是根据每项策略的回收期提出的。回收期是指为抵消建造设备所消耗的能源而节省的运行能源所需要的时间。能源分析规划研究也可以在空气排放方面提出，特别是在未达标地区。

4.6.3 水质

疏浚、排放填料或以其他方式将污染物引入地表水体，增加径流或改变地表排水模式，以及通过排水或污染影响地下水位，都可能对水质产生不利影响。只要项目或替代方案不涉及任何上述活动，就不需要进行水质评估。

维修和储存设施产生的废水含有各种污染物，如果处理不当，就会排放到城市雨水系统中。环境分析应确定与产生废水的策略相关的活动，例如蒸汽清洗、车辆清洗和路面径流。典型的公共汽车或货车车库污水含有高浓度的油和油脂、洗涤剂、化学物质、金属和固体物质，这些物质会进入下水道系统。从停车场和高速公路流出的雨水可能含有污染物，例如铅、锌、镉以及融冰盐。在环境分析中应考虑增加径流的潜力和纠正措施，例如减少径流或防止污染物进入雨水和地下水系统。

如果要将废水直接排放到雨水系统中，则可能需要获得《清洁水法》（Clean Water Act）第402条规定的国家污染物排放消除系统（National Pollutant Discharge Elimination System，NPDES）许可证。EPA颁发NPDES许可证，并设定其预处理废水限度。各州和地方也可能有自己的限制和确定的特定处置地点。环境分析应确定是否需要NPDES许可证，以及是否有其他地方或州的预处理要求和许可证。

任何涉及向美国水域排放疏浚物或填料的策略都必须遵守《清洁水法》第404条（33 U.S.C. 1344）的规定。这些水域包括：

- 目前或过去使用的所有水域，或可能在州际或外国贸易中使用的水域，包括所有受涨潮影响的水域。
- 所有州际水域，包括州际湿地。
- 使用、退化或破坏可能影响州际或外国贸易的所有其他水域（例如州际湖泊、河流和溪流）。
- 上述水域的支流。
- 领海。
- 毗邻美国水域的湿地。

一般来说，根据NEPA的规定，在选择和使用场地时，包括对疏浚物或填料影响的评估标准，都是由EPA指导方针管理的，但确保遵守这些指导方针并颁发许可证是由陆军工兵部队负责的。EPA的"疏浚物或填料处置场所规范"指导方针（404（b）（1）指导方针）描述了许可证申请的内容和评估标准（http：//www.epa.gov/sites/production/files/2015 03/documents/cwa_section404b1_ guidelines_40cfr230_july2010.pdf）。

在决定准许排放疏浚物或填料前，必须满足四个条件：

- 除拟议的排放方案外，不会有对水生生态系统影响较小的切实可行的替代办法且这种选择没有其他重大的不利影响。
- 拟议的排放不会导致或促成违反任何适用的国家水质标准；《清洁水法》第307条规定的任何适用的有毒废水标准或禁令；1973年的《濒危物种法》（Endangered Species Act）；1972年的《海洋保护、研究及保护区法第三编》（Tittle Ⅲ of the Marine Protection，Research，and Sanctuaries Act）。
- 疏浚物或填料的排放不会导致美国水域的严重退化。
- 必须采取所有适当和可行的措施，以尽量减少排放对水生生态系统的潜在不利影响。

如果需要排放许可证，则应尽早咨询工程师协会的地区办事处。《环境保护条例》允许在环境规划过程中纳入符合第404条规定所需的信息。此外，当制订研究工作计划时，这些信息也应考虑进去。在FHWA/FTA批准正式的NEPA环境文件（EA或最终的EIS）之前，并不需要许可证，而且通常也很难获得。一般来说，规划研究应侧重于有助区分备选方案的信息。

在规划研究期间，当制订、设计和评估备选策略的成本时，必须考虑到上述要求。由于水质的影响通常可以减轻，对水质的影响程度通常不是选择最佳方案的主要因素。规划研究通常不包括对水质影响的量化，而只包括可能采取的缓解措施的成本。

4.6.4 通航水道和沿海地区

1899 年的《河流和港口法案》(The Rivers and Harbors Act)(33 U.S.C. 401 et seq.)要求陆军部长为涉水活动颁发许可证。该法案第 9 条涉及在美国任何通航水域建造水坝或堤防,第 10 条涉及在通航水域上建造建筑、从通航水域挖掘物料或将物料排入通航水域。通航水域是指受潮水涨落和流向海岸的高水位影响的美国水域和/或目前使用的水域,过去使用过的水域,或可能容易用于州际或外国贸易运输的水域。根据《河流和港口法案》第 9 条和第 10 条的规定,在可通航水域进行的某些工作或建造的建筑需要获得许可。涉及通航水域疏浚的项目需要获得第 10 条和第 404 条的许可,因为《清洁水法》第 404 条涉及美国水域,而美国水域不仅包括通航水域。

在规划研究期间,应就每种选择确定是否需要上述许可。应与许可机构进行初步协商,以确定在选择需要许可的备选方案时必须满足的具体要求。这些要求应在规划研究报告的环境部分加以说明。

根据《鱼类和野生动物协调法案》(Fish and Wildlife Coordination Act)(16 U.S.C. 661 et seq.)的要求,当一个项目对任何河流或其他水体进行蓄水、改道、疏导或以其他方式控制或修改时,需要与鱼类和野生动物管理局(FWS)及相应的州野生动物管理机构进行协商。一般来说,如果根据《清洁水法》第 402 条或 404 条,或 1899 年《河流和港口法案》第 9 条或 10 条的要求获得许可,则适用于相关的咨询规定。许可证申请会在稍后的项目开发阶段送交 FWS,并根据《对有关通航水道的提案中涉及的鱼类及野生动物问题的审查指导》(Guidelines for the Review of Fish and Wildlife Aspects of Proposals in or Affecting Navigable Waterways)进行审查。(http://environment.fhwa.dot.gov/guidebook/vol1/doc17g.pdf)

应考虑防止野生动物伤亡,并减轻项目造成的任何影响。如果特别关注相关资源,则可将规划研究报告送交 FWS 审阅,并就有关行动对鱼类及野生动物资源的影响做出评估。讨论应包括尽可能减少损害的潜在措施,例如在建设过程中降低(水体)浑浊度的措施,采用适合野生动物使用的植物来稳定海岸线,或者对可能失去的栖息地进行补偿。FWS 发布了一项缓解政策,可在研究潜在缓解措施时参考(http://training.fws.gov/courses/csp/csp3112/resources/Written_summaries_of_404_program/FWS_Mitigation_Policy.doc)。有关潜在缓解措施的协调结果应在随后的项目开发阶段列入正式的环境文件中。

如果一项替代方案会导致项目直接影响任何一个已经列入海岸带管理(Coastal Zone Management,CZM)计划的州海岸带,则环境评估分析必须考虑该替代方案是否与 CZM 计划一致。经修正的 1972 年版《沿海地区管理法案》(Coastal Zone Management Act)(16 U.S.C. 1451 et seq.)建立了一个自愿计划,目前拥有沿海地区的 35 个州大多数都参与了该计划。这些州都有经商务部批准的计划,并接受联邦资金和技术援助以管理相关项目。

管理这一项目的国家机构称为首席 306 代理机构,通常是自然资源部或与其相当的机构。在确定州程序是否与 CZM 计划一致,以及所考虑的策略是否与州计划一致的问题上,都应征询该机构的意见。在随后的项目开发过程中准备的最终环境文件中应提供申请人的证明,以证明该项目与 CZM 计划和相关机构的意见一致(或不一致)。

《海岸屏障资源法案》(Coastal Barrier Resources Act)(16 U.S.C. 3501 et seq.)和《海岸屏障改善法案》(Coastal Barrier Improvement Act)指定了一个位于大西洋和墨西哥湾的未开发海岸屏障保护网络,称为海岸屏障资源系统。法案第 5 条禁止联邦政府在该系统内建造任何设施、构筑物、道路、桥梁和机场。而某些活动可以例外,例如改善现有航道和有关结构,以及维护、更换、重建或修复(而不是扩建)公共运营的道路或设施。这些道路或设施在较大的网络或系统中是必不可少的环节,因此需要与内政部协商。

4.6.5 气候变化和极端天气

许多科学家估计,在未来 50~80 年,由于进入大气层的温室气体不断增加,地球的气候将发生巨大变化。在可预见的未来,相关变化将持续发生,在短期内导致更频繁且猛烈的风暴,同时在更长的时间跨度中导致海平面上升。目前,美国没有要求在联邦政府支持的环境分析中考虑气候变化的影响(尽管有这样做的建议)。然而,许多国家都有这样的要求,许多州的环境法也有这样的要求(例如加利福尼亚州、马萨诸塞州和华盛顿州)。

减少温室气体的投入（或称为缓解）与应对不断变化的气候条件的投入（或称为适应）之间存在重要区别。2014 年，NCHRP 在关于气候变化的报告中指出，适应可以定义为：

"适应包括采取行动降低自然和人类系统的脆弱性，或根据预期的气候变化或极端天气事件增加系统弹性。"（Meyer et al., 2014）

有若干指南和研究报告可用于分析缓解和适应的不同方面。在缓解方面，最全面的指南是《战略公路研究报告》（Strategic Highway Research Report，SHRP）2 号报告（s2-c09-rw2），以及《将温室气体排放纳入协作决策过程的实践者指南》（PB Americas et al., 2013）。为了更好地适应变化，有些国家层面和州层面的指南可供参考（PIEVC and Engineers Canada, 2009；U.S. Army Corps of Engineers, 2011；Washington State DOT, 2014；ICF International, 2012；FHWA, 2012a, b, c, 2013；Meyer, Choate, and Rowan, 2012；Meyer et al., 2014）。

表 4-9 展示了气候条件变化可能对一般道路和高速公路产生的影响的类型。注意，预期的影响不仅集中在基础设施设计上，也集中在运输系统的运营和维护上。因此，虽然本章的重点是在提供基础设施的意义上进行规划，但气候条件变化的一些重要后果，可能会影响交通机构的维护和运营职能，尤其是在应对极端天气事件上（Meyer, Choate, and Rowan, 2012）。

人们对气候变化以及天气对交通系统的影响的关注度似乎会继续增加。一些交通运输机构和组织正在跟踪分析工具和策略的发展情况，以便了解相关影响。以下网站可能会提供交通规划过程中如何处理气候变化和极端天气事件的最新信息。

- 美国国家公路与运输官员协会（AASHTO）："交通运输和气候变化资源中心" http://climatechange.transportation.org/。
- 联邦公路管理局 FHA："气候变化" http://www.fhwa.dot.gov/environment/climate_Change/。
- 美国全球变化研究项目（USGCRP）：http://www.globalchange.gov/。

表 4-9　气候变化和极端天气对一般道路和高速公路的潜在影响

气候 / 天气变化		对基础设施的影响	对运营 / 维护的影响
温度	极端最高温度的变化	·基础设施过早老化； ·路面弯曲和车辙造成的损坏； ·由于热膨胀和移动增加，桥梁会承受额外的压力	·公路工人的安全问题限制了施工活动； ·桥梁接缝的扩张，对桥梁运营产生不利影响，增加维护成本； ·车辆过热和轮胎爆裂风险增加； ·运输成本上升（制冷需求增加）； ·材料和装载限制会限制运营运； ·因发生森林大火的风险增加而关闭道路
	最高和最低温度范围的变化	·道路上的冰雪减少； ·减少冻胀和道路损坏； ·建筑冻结时间较晚，解冻时间较早，冻结季节长度较短； ·增加冻融条件，在道路和桥梁表面造成冰冻隆起和坑洞； ·冻土融化导致边坡失稳加剧，山体滑坡和海岸线侵蚀导致地基沉降，破坏道路和桥梁（桥梁和大型涵洞对冻土融化引起的移动特别敏感）； ·阿拉斯加炎热的夏季导致冰川融化加剧，急流持续时间延长，导致河流沉积物增加，支撑桥墩和桥台遭到冲刷	·减少冰冻降水将通过减少冬季灾害提高出行的流动性和安全性，减少冰雪清除成本，减少冬季道路养护需求，减少道路盐污染，减少基础设施和车辆的腐蚀； ·寒冷地区的道路施工季节更长； ·在道路上实施车辆装载限制，以最大限度地减少春季解冻期间的沉降和承载能力损失造成的结构破坏（限制可能会在冬季较短但解冻季节较长的地区扩大）； ·建在永冻土上的道路可能因道路路堤的横向扩展和沉降而遭破坏； ·使道路结冰的季节更短

(续)

	气候/天气变化	对基础设施的影响	对运营/维护的影响
降水	降雨量变化较大	·如果在冬季和春季降水以雨而非雪的形式出现，则山体滑坡、边坡破坏和径流引发洪水的风险将增加，导致道路被冲毁和封闭，需要进行道路修复和重建； ·降水增加可能导致土壤水分水平过高（道路、桥梁和隧道的结构完整性可能受损，导致加速退化）； ·用于稀释表面盐的雨水较少，可能导致混凝土结构中的钢筋锈蚀； ·有下沉/隆起风险的道路路堤	·降雨量较多的地区可能会发生更多与天气有关的事故、延误和交通中断（生命和财产损失、安全风险增加、危险货物事故风险增加）； ·由于洪水和泥石流，在被野火损害的地区封闭道路和地下隧道； ·干旱期间增加的野火可能直接威胁道路，或因火灾威胁或能见度降低导致道路关闭
	强降水增加，风暴强度的其他变化（飓风除外）	·冬季暴雨伴随泥石流会破坏道路（冲蚀和坑道），可能导致道路永久封闭； ·强降水和增加的径流可能会对隧道、涵洞、洪水区或附近的道路以及沿海高速公路造成严重的破坏； ·桥梁更容易受到极端风事件和更强的水流冲刷； ·面临风速增加风险的桥梁、标志、架空电缆和高层建筑	·洪水封锁道路的数量将会上升； ·由于暴雨事件频繁发生，道路建设项目现场严重腐蚀，扰乱道路建设活动； ·与天气有关的公路事故、延误和交通中断增加； ·山体滑坡增多、道路封闭或严重中断、紧急疏散和出行延误； ·风速的增加可能导致积雪漂移进而使能见度下降、车辆稳定性/机动性下降、车道阻塞（碎片）和化学品扩散； ·雷电/电气干扰可能会破坏交通电子基础设施和信号，对人员构成危险，并延迟维护活动
海平面上升	海平面上升	·更高的海平面和风暴潮将侵蚀沿海道路路基，破坏桥梁支撑结构； ·由于海平面上升导致道路和隧道暂时或永久淹水； ·海水侵蚀导致隧道加速退化（预期寿命缩短，维护成本增加，极端情况下可能造成结构破坏）； ·沿海湿地和堰洲岛的消失将导致进一步的海岸侵蚀，因为失去了可消除海浪作用的自然保护	·海平面上升和风暴潮造成的沿海道路洪水和破坏； ·地下隧道和其他低洼基础设施将遭遇更频繁、更严重的洪水； ·道路事故数量增加，疏散路线延误，以及驾驶人被困
飓风	飓风强度增加	·更强的飓风和更长的强降水周期、更高的风速、更强的风暴潮和海浪预计将增加； ·基础设施破坏和故障增加（公路和桥面移动）	·沿海道路洪水更加频繁； ·更多的交通中断（风暴造成的道路碎片破坏基础设施，中断出行和货物运输）； ·更多沿海疏散

来源：Meyer et al., 2014

4.6.6 对自然环境的影响

交通建设对自然区域的影响可能是多种多样的，它们可能会对湿地、漫滩、地下水和地表水、野生动物、植物和其他自然资源造成影响。联邦法律和行政命令制定了适用于每一个影响领域的要求。此外，还赋予具体机构保护这些资源的责任。本节总结了分析和协调要求。

在一项规划研究中，建议对自然区域的分析采用以下四个步骤组成的一般程序。

1）确定可能受到一项或多项策略影响的自然区域（例如冲积平原、湿地、野生动物或植物栖息地、海岸带、天然气田、含水层补给区）的位置。在许多情况下，负责的州和联邦机构会将自然区域，特别是都市区域的一般边界，详细地绘制出来，以进行规划研究，而确定策略是否通过或接近这些边界通常是一件简单的事情。

2）确定可能受到影响的自然区域的功能。功能可能包括防洪、蓄水层补给、物种栖息、娱乐、产卵、污染减轻和视觉缓解。

3）确定相关策略对这些区域的功能可能产生的影响。

4）如果预期会产生重大影响，则评估可能的缓解方案。

交通运输策略对自然区域的影响取决于自然区域的生态功能。例如，通过湿地的现有运输权的使用可能不会影响其功能。相比之下，填充湿地可能会对湿地支持其功能和价值的能力产生重大不利影响。

湿地是指被地表或地下水淹没或水含量饱和的低地，其（降水）频率在正常情况下支持植被的普遍生长，这些植被通常适合在饱和土壤条件下生存。湿地一般包括沼泽、泥沼和类似的地区。它们都是所谓的"高产区"，为许多种类的植物、鱼和水禽提供了栖息地。第 11990 号行政命令"保护湿地"要求联邦机构在可行的替代方案的情况下，避免直接或间接支持在湿地上的新建设。

对于任何可能影响湿地的交通建设，1978 年 8 月 24 日发布的美国 DOT 第 5660.1 号命令"保护国家湿地"都要求进行分析。上游和下游的活动都会影响湿地，应研究可能产生的影响。一旦出现可能会影响湿地的策略，就应立即联系 FWS、陆军工程兵团和国家自然资源机构。

规划研究应包括评估方案的建设和运作对湿地及相关野生动物的影响。还应包括可能采取的措施，以尽量减少可能的不利影响，并尽可能避免排水、填塞或对湿地及其水源的其他干扰。水文资源、鱼类和野生动物、湿地的娱乐、科学和文化用途也应考虑在内。应考虑到环境和经济因素，研究避免在湿地上新建建筑物的策略。如果首选的策略需要在湿地上建造新建筑物，则分析应证明可能没有切实可行的替代方案来使用湿地，并将考虑所有切实可行的措施，以尽量减少损害。证明这些标准条件的具体裁决必须包含在正式的 NEPA 环境文件中。这种分析应在规划过程的早期开展。

美国第 11988 号行政命令"洪泛平原管理"特别重视对洪泛平原的保护，指示联邦机构避免在洪泛平原上实施、允许或支持开发活动。联邦保险管理局（Federal Insurance Administration）是联邦紧急事务管理署（Federal Emergency Management Agency，FEMA）的一个分支机构，应参考联邦保险管理局的地图，以确定拟议的策略是否涉及百年河漫滩。洪水保险费率地图（Flood Insurance Rate Map，FIRM）可在当地分区或规划委员会办公室或市政厅查阅。可以联系地区联邦应急管理局办公室寻求帮助，但他们并不维护这些地图。如果某一特定地区没有公司，则应查看洪水危险边界图，以了解这些策略是否明确地脱离了洪泛平原，或者是否可能位于洪水易发地区。

如果其中任何一项策略涉及洪泛平原，则规划研究应包括初步分析。分析应讨论任何风险的策略，或由此产生的风险；对自然和有益洪泛平原价值的影响；策略为洪泛平原的发展提供直接或间接支持的程度；可能采取的措施，以尽量减少损害，或恢复或保存可能受策略影响的自然和有益的洪泛平原价值。

在规划研究期间，对洪泛平原的分析应审查策略是否会造成严重侵蚀。规划文件应说明，如果在项目开发过程后期选择了任一策略，则在 NEPA 或详细设计过程中需要找到洪泛平原。委员会还应讨论任何可能采取的措施，以避免任何重大的侵占或支持不兼容的洪泛平原发展。

4.6.7　濒危及受威胁物种

要求 FHWA/FTA 与 FWS 或国家海洋渔业局（NMFS）协商，确保受资助项目不会危及任何被列入清单的物种的生存，也不会导致对物种关键栖息地的破坏。在研究开始/确定范围时，应联系 FWS 或 NMFS 以及相关的国家机构，了解研究区域内可能存在的被列为（或拟议）濒危或受威胁物种的信息。当一个国家有第三类受保护的物种，即那些稀有的物种时，这些物种也必须被考虑在内。一般而言，海洋物种属于国家海洋保护区的管辖范围。所有其他物种都在 FWS 的管辖之下。FWS 的濒危和受威胁野生动植物名录分别为 50 CFR 17.11 和 17.12，指定的关键栖息地分别为 50 CFR 17.95 和 17.96，NMFS 的濒危和受威胁野生动植物名录分别为 50 CFR 222.23（a）和 227.4。

条例第 7 条（50 CFR Part 402）规定了一个分阶段的过程，根据拟议的策略是否会影响已列入名单的物种，可能包括早期的非正式或正式磋商。非正式磋商包括在正式磋商之前，FHWA/FTA、规划研究（团队）、FWS 和

NMFS之间的所有接触，涉及初步征求研究区域濒危物种的信息。如果在规划期间确定研究区内没有列入名单的物种或关键栖息地，则无须再做咨询。如果项目区域内可能存在列入或建议列入清单的物种及其关键栖息地，则NEPA的生物评估过程（第7节中定义的规则）应识别它们的位置（Lederman & Wachs，2014）。

4.7 建设行为影响

本章的前几节讨论了拟议的交通投资策略及其运作的长期影响。建设行为影响与长期影响在持续时间、类型和细节程度上有所不同。此外，建设行为影响的强度可能与长期影响截然不同。例如，地铁线路建设的直接影响通常是相当严重的，但从长期来看，系统运行的不利影响通常是微不足道的，而有利的影响是很多的。在施工期间，由于交通流量受损和施工设备的运作可能增加微粒（尘埃），空气质量可能会下降。而在地铁系统运行期间，该地区的空气质量实际上会得到改善，因为交通流量得到改善，而且一些乘客选择公共交通而不是自驾车，从而减少了拥堵。

系统层面的规划研究通常会更详细地讨论建设行为的影响，而不是长期影响。关于建设行为影响的详细讨论通常包含在正式的NEPA环境文件中，该文件展示了关于优选方案的后续项目开发工作的结果。

建设行为的影响可分为直接影响和间接影响。直接影响来自建设行为本身，包括空气和噪声污染以及临时使用土地、街道和人行道。施工期间的间接影响通常来自临时占用土地，包括交通拥堵和延误、进入建筑物和文娱或康乐空间的通道受损等。在许多情况下，特别是当建设行为需要封闭主要街道时，间接影响可能相当大，例如减少零售企业的机会。虽然在NEPA分析和初步工程实施过程中选定替代方案之前，不可能对建设行为影响进行详细讨论，但总体上可以确定各种策略的主要影响，应在规划研究报告中注明，并强调不同策略之间的差异。

越早考虑减轻建设行为潜在影响的问题，就越容易把这些影响预先纳入项目规划和建设过程中。在规划研究期间，应确定潜在的缓解策略，并至少在一般情况下提及所有可行的备选办法。虽然通常有办法尽量减少施工期间的负面影响，但如果施工影响严重，研究应提及不投建相关项目的可能性。潜在的缓解策略包括替代施工技术、替代施工设备的使用以及将影响降到最低的日程安排。这可能包括考虑在一天甚至一年中的某些时间限制建设行为，例如在圣诞节购物季或鱼类产卵季。

4.8 系统规划过程中的缓解策略

在规划研究期间进行的各项社会、经济及环境研究，往往会揭示需要减轻的潜在不利影响。然而，在规划研究期间进行的分析通常不够详细，无法充分评价各种潜在的缓解方案。因此，在对具体缓解方案产生的效果没有充分了解之前，不建议对这些方案做出承诺。在系统规划层面，只需确定潜在的影响领域、潜在的缓解方案（费用的量级），以及资源机构和公众的意见就可以了，以便在初步工程期间开展进一步研究。

关于社会、经济和环境影响的支持性技术文件（成果报告）以及规划研究报告，应预先明确界定需要缓解的潜在影响。此外，还应包括缓解影响可能需要的费用估计值，这些成本都会考虑到战略成本估算中。这里反应的信息对政策制定者很重要，他们将不得不在随后的NEPA分析中权衡确定首选方案。

4.8.1 系统规划过程中的环境影响因素归档

记录系统规划过程中考虑的环境因素是将系统规划与项目开发联系起来的关键，因为记录结果对于避免在后续的NEPA工作中重新研究相同的问题至关重要。虽然在系统规划期间可能没有为社会、经济和环境影响准备方法和技术结果报告的正式要求，但这样的文件在为随后的项目开发工作做准备时通常很有用。方法报告可以让研究参与者（特别是环境资源机构）就待解决的关键问题达成一致意见，例如分析的详细程度，以及使用的方法、标准和数据。相似的，结果报告提供了一种记录分析细节的方法，而不仅仅是规划研究报告中总结级别的陈述。规划研究所采用的方法、数据和准则，以及研究结果的实际结果和解释，对审查机构在后期的工作非常重要，有助于推进审查过程，并简化项目开发过程（FHWA，2002）。

编制一份关于社会、经济和环境影响评估的方法报告，应确定需要考虑的具体影响，以及研究区域中预期会引起关注的特定部分。此外，应说明评估影响的方法及准则。对于每一个关注的领域，都应视情况考虑以下内容：

- 评估数据的可用性和进一步收集数据的需求，例如空气质量和噪声监测。
- 监控程序说明，包括监控站点。
- 在 NEPA 分析期间，用于评估每种策略和每种替代方案的影响的模型和/或分析方法，以及分析中要考虑的变量。
- 关键的假设条件。
- 一份参与咨询的机构和外部专家名单。

参见 Amekudzi & Meyer（2005），了解如何在交通规划中更充分地考虑环境问题和相关因素。

4.9　总结

交通规划人员在一个典型的规划研究过程中要考虑许多不同的问题，包括公众关注的问题。交通运输对人类和自然环境的影响是事关法律和监管责任以及公共利益的重要因素之一。许多国家在环境保护方面有着悠久的立法历史，在规划和设计重大交通项目时，必须认真考虑可能产生的环境影响以及如何避免或减轻这些影响。越来越多的组织，包括运输机构，开始讨论环境管理和可持续性等问题，环境问题已被纳入更广泛的范畴中。

本章概述了在交通规划过程中应考虑的环境因素。在系统规划时，这方面的考虑大部分将在总体层级展开，主要是因为许多具体的环境影响要到项目进入初步设计阶段时才会明确。随着项目进入开发阶段，根据项目类型和资助人的不同，环境分析和评估要求变得更加具体，例如对附近的社区设施、历史遗迹、湿地、水质、噪声等可能产生的影响。正如本章所述，每一种影响对环境分析和缓解策略都有独特要求。在交通规划过程中考虑环境因素的一个主要目的，是确定在项目开发过程后期可能涉及的影响类型，以及在具体项目的环境分析中辨识有用的规划信息。

几十年来，环境问题一直是交通规划过程中需要考量的部分。在未来的交通规划中，相关问题很可能继续作为主要的考虑因素。此外，一些新出现的与环境相关的问题，例如可持续性或气候变化，可能会纳入未来几十年交通规划人员将考虑的因素中。

参考文献

Air Resources Board. 2015. *HARP*. Sacramento, CA. Accessed Feb. 11, 2016, from http://www.arb.ca.gov/toxics/harp/harp.htm.

AASHTO Center of Environmental Excellence. 2009. *Transportation and Sustainability Best Practices Background*, paper prepared by CH2M HILL and Good Company for the Center for Environmental Excellence by AASHTO Transportation and Sustainability Peer Exchange, May 27–29, 2009, Gallaudet University Kellogg Center. Accessed Feb. 12, 2016, from http://environment.transportation.org/pdf/sustainability_peer_exchange/AASHTO_SustPeerExh_BriefingPaper.pdf.

Amekudzi, A., and M. Meyer. 2005. *Consideration of Environmental Factors in Transportation Systems Planning*, National Cooperative Highway Research Program (NCHRP) Report 541. Washington, DC: Transportation Research Board. Accessed Feb. 12, 2016, from http://onlinepubs.trb.org/onlinepubs/nchrp/nchrp_rpt_541.pdf.

Booz Allen Hamilton. 2014. *Sustainability as an Organizing Principle for Transportation Agencies*, NCHRP Report 750, Vol. 4, *Strategic Issues Facing Transportation*. Washington, DC: Transportation Research Board. Accessed Feb. 14, 2016, from http://onlinepubs.trb.org/onlinepubs/nchrp/nchrp_rpt_750v4.pdf.

Centers for Disease Control. 2014. "Physical Activity and Health." Accessed Feb. 1, 2016, from http://www.cdc.gov/physicalactivity/everyone/health/index.html.

Council on Environmental Quality. 1997. *Considering Cumulative Effects under the National Environmental Policy Act*. Washington, DC.

Council on Environmental Quality. 1970. *Regulations for Implementing the Procedural Provisions of the National Environmental Policy Act* (40 CFR Part 1500 et seq.). Washington, DC.

Crossett, J., J. Ang-Olson, and J. Frantz. 2015. *Environmental Performance Measures for State Departments of Transportation*, NCHRP Report 809. Washington, DC: Transportation Research Board. Accessed Jan.18, 2016, from http://onlinepubs.trb.org/onlinepubs/nchrp/nchrp_rpt_809.pdf.

Dannenberg, A., A. Ricklin, C. Ross, M. Schwartz, J. West, S. White, and M. Wier. 2014. "Use of Health Impact Assessment for Transportation Planning: Importance of Transportation Agency Involvement in the Process," Transportation Research Record 2452. Washington, DC: Transportation Research Board.

Federal Highway Administration (FHWA). 2000. *Environmental Justice*. Accessed Feb. 8, 2016, from https://www.fhwa.dot.gov/environment/environmental_justice/overview/.

_____. 2002. "Environmental Streamlining and Conflict Management: Guidance on Managing Conflict and Resolving Disputes between State and Federal Agencies during the Transportation Project Development Process," Discussion Draft. Washington, DC: FHWA Office of NEPA Facilitation.

_____. 2010a. *Highway Traffic Noise: Analysis and Abatement Guidance*. Accessed Feb. 6, 2016, from http://www.fhwa.dot.gov/environment/noise/regulations_and_guidance/analysis_and_abatement_guidance/guidancedoc.pdf.

_____. 2011. *Transportation Planning and Sustainability Guidebook*. Washington, DC: FHWA. Accessed Jan. 15, 2016, from http://www.fhwa.dot.gov/environment/climate_change/sustainability/resources_and_publications/guidebook/sustain01.cfm#content.

_____. 2012a. *Climate Change & Extreme Weather Vulnerability Assessment Framework*, Final Report. Washington, DC: FHWA. Accessed Jan. 23, 2016, from http://www.fhwa.dot.gov/environment/climate_change/adaptation/publications_and_tools/vulnerability_assessment_framework/index.cfm.

_____. 2012b. Climate Change, Adaptation, Gulf Coast Study. Accessed Jan. 24, 2016, from http://www.fhwa.dot.gov/environment/climate_change/adaptation/ongoing_and_current_research/gulf_coast_study/index.cfm.

_____. 2012c. *Assessing Vulnerability and Risk of Climate Change Effects on Transportation Infrastructure: Pilot of the Conceptual Model*. Washington, DC: FHWA. Accessed Jan. 24, 2016, from https://www.fhwa.dot.gov/environment/climate_change/adaptation/resilience_pilots/2010-2011_pilots/conceptual_model62410.cfm.

_____. 2012d. Section 4(f) Policy Paper, Office of Planning, Environment and Realty, Project Development and Environmental Review, Washington, DC, July 20. Accessed Oct. 25, 2015, from http://www.environment.fhwa.dot.gov/4f/4fpolicy.asp#determine.

_____. 2013. 2013–2014 Climate Resilience Pilot Descriptions. Accessed Jan. 24, 2016, from http://www.fhwa.dot.gov/environment/climate_change/adaptation/ongoing_and_current_research/vulnerability_assessment_pilots/2013-2015_pilots/index.cfm.

_____. and FTA. 0000 Statewide Planning; Metropolitan Planning (23 CFR Part 450 and 49 CFR Part 613). FTA. Major Capital Investment Projects Final Rule (49 CFR Part 611).

Federal Transit Administration (FTA). 2014. "The Environmental Process." Accessed June 16, 2015, from http://www.fta.dot.gov/15154_224.html.

_____. "Definition of Alternatives." Website. Accessed Jan. 18, 2016, from http://www.fta.dot.gov/12304_9717.html.

GAO. 2003. *Highway Infrastructure: Stakeholders' Views on Time to Conduct Environmental Reviews of Highway Projects*. Washington, DC: Government Printing Office.

General Accounting Office (GAO). 2003. "Highway Infrastructure: Perceptions of the Stakeholders on Approaches to Reduce Highway Project Completion Time." Accessible via www.gao.gov/cgi-bin/getrpt?GAO-03-398.

Hanson, C., D. Towers, and L. Meister. 2006. *Transit Noise and Vibration Impact Assessment*, Report FTA-VA-90-1003-06. Washington, DC: FTA. Accessed on Jan. 15, 2016, from http://www.fta.dot.gov/documents/FTA_Noise_and_Vibration_Manual.pdf.

ICF International. 2012. *Climate Change Adaptation Peer Exchanges: Comprehensive Report: The Role of State Departments of Transportation and Metropolitan Planning Organizations in Climate Change Adaptation*, FHWA-HEP-13-001, DTFH61-11-F-00003. Washington, DC: FHWA. Accessed Jan. 24, 2016, from http://www.fhwa.dot.gov/environment/climate_change/adaptation/workshops_and_peer_exchanges/2011-2012_summary/index.cfm.

Institute of Transportation Engineers (ITE). 2013. *Sustainable Transportation: State of the Practice Review,* An Informational Report of the Institute of Transportation Engineers, ITE Sustainability Task Force. Washington, DC: ITE.

Lederman, J., and M. Wachs. 2014. "Habitat Conservation Plans: Preserving Endangered Species and Delivering Transportation Projects," *Transportation Research Record 2403.* Washington, DC: Transportation Research Board.

Maryland Department of Transportation. 2013. *Annual Attainment Report on Transportation System Performance.* Accessed on Jan. 24, 2016, from http://www.mdot.maryland.gov/Office_of_Planning_and_Capital_Programming/CTP/CTP_13_18/CTP_Documents/Attainment_Report_2013_FINAL.pdf.

Metropolitan Transportation Commission. 2009. *Transportation 2035 Draft Environmental Impact Report.* Oakland, CA: MTC, January. Accessed Feb. 11, 2016 from http://apps.mtc.ca.gov/meeting_packet_documents/agenda_1197/Draft_EIR_010609AN.pdf.

_____. 2013. *Bay Area Plan, Performance Assessment Report.* Oakland, CA: MTC, March. Accessed February 15, 2016, from http://planbayarea.org/pdf/Draft_Plan_Bay_Area/Performance_Report.pdf.

Meyer, M., M. Flood, J. Keller, J. Lennon, G. McVoy, C. Dorney, K. Leonard, R. Hyman, and J. Smith. 2014. *Strategic Issues Facing Transportation, Volume 2: Climate Change, Extreme Weather Events, and the Highway System: Practitioner's Guide and Research Report,* National Cooperative Highway Research Program Report 750. Washington, DC: Transportation Research Board. Accessed Jan. 22, 2016, from http://onlinepubs.trb.org/onlinepubs/nchrp/nchrp_rpt_750v2.pdf.

Meyer, M., A. Choate, and E. Rowan. 2012. "Adapting Infrastructure to Extreme Weather Events: Best Practices and Key Challenges," Background Paper, AASHTO Workshop on Extreme Weather Events and Adaptation, May 20. Traverse City, MI: AASHTO.

National Association of Regional Councils (NARC). 2014. *Integrating public health and transportation planning: Perspectives for MPOs and COGs.* Accessed Jan. 14, 2016, from http://narc.org/wp-content/uploads/Public-Health-and-Transportation-Info-0606121.pdf.

Oregon Department of Transportation. 2008. "Sustainability Plan Volume 1: Setting the Context." Accessed Jan. 18, 2016, from http://www.oregon.gov/ODOT/SUS/docs/sustain_plan_volume1.pdf.

_____. 2012. *ODOT Sustainability Progress Report,* 2012. Accessed Feb. 18, 2016, from http://library.state.or.us/repository/2013/201305131055111/2012.pdf.

PB Americas, Inc., Cambridge Systematics, Inc., E. H. Pechan & Associates, Inc., and EuQuant, Inc. 2013. *Practitioners' Guide to Incorporating Greenhouse Gas Emissions into the Collaborative Decision-Making Process,* SHRP 2 Report S2-C09-RW-2. Washington, DC: Strategic Highway Research Program, Transportation Research Board. Accessed Jan. 23, 2016, from http://onlinepubs.trb.org/onlinepubs/shrp2/SHRP2_S2-C09-RW-2.pdf.

PIEVC and Engineers Canada. 2009. *PIEVC Engineering Protocol for Climate Change Infrastructure Vulnerability Assessment.* Ottawa: Canadian Council of Professional Engineers.

Portland Metro. 2008. *The case for an integrated mobility strategy: Walking and biking offer an immediate opportunity to tackle key challenges.* Accessed Feb. 2, 2016, from http://library.oregonmetro.gov/files//blue_ribbon_committee_final_report.pdf.

Raynault E., and E. Christopher. 2013. "How Does Transportation Affect Public Health?" *Public Roads,* Vol. 76, No. 6, May/June 2013. Accessed Jan. 1, 2016, from http://www.fhwa.dot.gov/publications/publicroads/13mayjun/05.cfm.

Sorenson, P., T. Light, C. Samaras, L. Ecola, E. Daehner, D. Ortiz, M. Wachs, E. Enarson-Hering, and S. Pickrell. 2014. *Strategic Issues Facing Transportation, Volume 5: Preparing State Transportation Agencies for an Uncertain Energy Future,* NCHRP Report 750. Washington, DC: NCHRP. Accessed Feb. 14, 2016, from http://onlinepubs.trb.org/onlinepubs/nchrp/nchrp_rpt_750v5.pdf.

Transportation Research Board (TRB). 2004. *Integrating Sustainability into the Transportation Planning Process,* Conference Proceedings 37, *Committee for the Conference on Introducing Sustainability into Surface Transportation Planning,* Baltimore, Maryland, July 11–13, 2004.

United Nations. 1987. *Our Common Future, From One Earth to One World.* New York: United Nations Commission on Environment and Development. Accessed February 11, 2016, from http://www.un-documents.net/our-common-future.pdf.

U.S. Army Corps of Engineers (USACE). 2011. "Sea-Level Change Considerations for Civil Works Programs," Circular No. 1165-2-212. Washington, DC: USACE. Accessed February 14, 2016, from http://planning.usace.army.mil/toolbox/library/ECs/EC11652212Nov2011.pdf.

U.S. Department of Transportation. 2015. *Beyond Traffic 2045, Trends and Choices*. Washington, DC: U.S. DOT. Accessed February 13, 2016, from https://www.transportation.gov/sites/dot.gov/files/docs/Draft_Beyond_Traffic_Framework.pdf.

U.S. Environmental Protection Agency (EPA). 2011. *Guide to Sustainable Transportation Performance Measures*. Accessed Feb. 18, 2016, from http://www2.epa.gov/sites/production/files/2014-01/documents/sustainable_transpo_performance.pdf.

U.S. EPA. 2013. "Modeling and Inventories." Accessed Feb. 12, 2016, from http://www.epa.gov/otaq/models.htm.

Washington State DOT. 2014. *Guidance for Project-Level Greenhouse Gas and Climate Change Evaluations*. March. Olympia, WA: Environmental Services. Accessed Feb. 13, 2016, from http://www.wsdot.wa.gov/NR/rdonlyres/8F4C392F-1647-45A7-A2CD-37FB79D45D62/0/ProjectGHGguidance.pdf.

工作人员

本章的部分内容编写人员如下：

Benz, G. P., and J. M. Ryan. 1996. *Major Investment Study Reference Manual*. New Brunswick, NJ: National Transit Institute.

Emerson, D. (Principal Developer). 2003. *Linking Planning and NEPA: Executive Seminar Course Instructors' Manual*. Washington, DC: National Highway Institute.

The NEPA and the Transportation Decision-Making Process Participant Workbook. 2003. Washington, DC: National Highway Institute.

第 5 章

交通财政与资金

5.1 引言

通常来说，交通规划不包括金融策略的讨论或实施研究成果所需的资金，这一论题被认为是规划以外的内容。然而，从 20 世纪 70 年代开始，特别是随着美国都市规划组织（MPO）要求制订交通改善计划（TIP）以来，交通规划开始更加关注项目实施所需的不同资金来源。随着联邦政府对交通投资的减少，各州和大都市区不得不更多地依赖非联邦资金来源，包括公共/私营伙伴关系和各种来源的捐款。此外，由于越来越多的基础设施开始老化，州和地方交通机构提供的维修预算逐年增加，导致越来越多的资金用于交通系统的运营和维修。目前，交通规划非常关注交通金融和资金来源，在运营和维护现有系统的同时，寻找新的交通运输行业的投资方法，无疑成为交通行业面临的最大挑战。

金融策略与财政拨款之间有重要区别。金融策略是为交通投资提供资金的机制，而财政拨款是通过金融策略获得的资金。例如债务融资或从市政债券市场借款是一种金融策略，而天然气税收收入或通行费收入是偿还贷款所需的常见财政拨款来源。

多年来，机动车燃料使用税一直是美国公路财政的经济支柱。例如，联邦和州燃油税是建设州际公路系统和州公路网络的主要资金来源。然而，美国的交通财政环境在 20 世纪 70 年代开始发生改变，以公路为例，交通运输官员意识到天然气税收收入不太可能提供扩展和维护公路网络所需的资金。许多联邦和州开始探索公共/私营伙伴关系，促进私人对交通项目的投资。此外，还有一部分人寻求其他途径为资本投资项目融资，这类项目后来称为"创新交通财政"。

在交通运输方面，轨道交通设施扩张所需的资金水平超出了大多数城市的财政能力，因此许多城市转向寻求联邦政府的支持。为此，联邦政府制订了"新启动"计划，以承担新项目的一部分成本。为了使这些联邦拨款与当地情况相匹配，并支持当地交通服务，交通运输机构转向了销售税收入和契约担保。

如今，各州、大城市和市政当局使用各种融资策略和资金渠道来支持其交通系统的资本投资需求和运营/维护成本。

以下将首先介绍在大多数交通规划工作中常见的一些关键的财政融资概念和术语，然后介绍交通资金的传统来源和一些新来源，随后讨论融资策略以及公共和私人投资在交通系统中的演变，最后两部分讨论环境公正性分析在制订投资计划中的重要性，以及未来几年交通投资可能面临的财政和资金方面的挑战。

5.2 关键概念和术语

一些关键概念和术语对理解交通投资规划和财务分析的实质和过程十分重要。在某些情况下，这些术语专用于交通，而在其他情况下，它们是所有部门使用的通用术语（BTS，2014）。

- 资本支出。包括持续时间超过一年的用于改善或提高能力和质量的新设备和基础设施的支出。
- 酌情补助。来自政府机构的资助，其规模由资助机构决定，通常基于项目影响和收益水平。
- 授权立法。在美国，州政府拥有宪法赋予的创建较低级别政府的权力。每个城市、村镇、特殊目的机构，甚至联邦政府本身，都是各州的产物。例如，如果一个大都市区或州 DOT 想要就交通投资的销售税举行全民公投，就必须首先获得州法律的"允许"。

- 财政约束。将长期计划或 TIP 的投资限制在文件使用期内的资金合理预期水平上。长期计划通常为 20~25 年，TIP 为 4 年。
- 公共拨款。根据立法所规定的方式为司法管辖区分配财政拨款，用于满足资本投资建设、回流及运营的需求。
- 影响费用。向开发商收取的与拟议开发所需的基础设施改善及预期增加的行程有关的费用。这些费用通常由地方政府确定，并反映单位开发面积（例如每英亩）或密度（例如每个住宅单元）生成的出行次数。
- 运营和维护支出。用于交通基础设施的管理、运营、维护和修理的常规支出。
- 公共/私营伙伴关系。政府机构与私营实体之间的正式或非正式关系，双方需明确各自在交通项目融资方面的责任。
- 区域性项目。一个服务于大规模区域交通需求的项目，通常包含在用于空气质量排放分析的交通需求模型中，并在项目文件中单独确定。
- 风险分析。理解和推断与项目相关风险等级的系统过程。它为风险评估和项目建议书中的风险处理决策提供了基础，并为公共/私营伙伴采购项目的资金价值的确定提供了依据。
- 交通改善计划（TIP）。一项资本计划，需列出在一段时间内（通常是 4 年或 5 年）在一个大都市区或一个州的交通改善计划（State Transportation Improvement Program，STIP）的承诺投资。在其他国家，这通常被称为资本改善计划或资本投资计划。
- 交通改善计划修正案。对本地区重要项目的任何更改，包括增加或删除；对成本、启动日期、设计概念或范围的重大变更；项目资金数额的重大变化；在 S/TIP 中增加一年。
- 信托基金。在财政部依法设立的账户，用于保存税收收入，或指定用于特定的项目和计划。
- 无约束需求。用于改善交通和相关的运营、维护和修复所需的资金水平超过了预计的收入，这些需求是通过规划过程确定的。
- 用户费用。分配给某一商品或服务用户的成本，以反映该服务的使用情况。直接或间接的用户费用是定期或不定期以许可证费和附加费的形式收取的，通常在消费基础设施服务时支付，例如燃油税和过路费。
- 支出年度（Year of Expenditure，YOE）收入或成本。根据适合特定收入来源的升值因素，升值到支出或生成美元的年份的美元价值。这些估算是为了确保未来的收入足以支付预期的成本。

5.3 交通资金来源

交通资金有很多不同的来源，例如来自联邦/国家政府、州/省政府、地方和市级政府、私人基金，以及选择投资于交通系统的其他机构和组织。例如，普吉特海湾地区委员会（Puget Sound Regional Council，PSRC）、西雅图 MPO，为相关地区的交通系统列出了 31 个不同的资金来源。PSRC 的远程运输计划列出了今天许多大城市面临的挑战：

"一个地区要有意识地对交通建设项目的融资方式进行突破。交通基础设施投资的公共财政能力有限，这促使交通专业人士和地区政策制定者讨论改革社会支付和资助交通的方式可能带来的好处。燃油税作为一种道路融资方式的前景是有限的。汽车技术的进步和通货膨胀造成的购买力下降表明，需要找到其他方式来支付交通投资。商业领袖、国家专家和州议员都得出了相似的结论——传统的基于税收的融资措施本身不足以满足地区的交通投资需求。"（PSRC，2014）

图 5-1 概括了可用于交通的收入来源的类型，可见收入可以来自专门的交通来源，例如燃油税或费用，以及非交通来源，例如房地产和销售税。图 5-2 展示了典型的交通运输支出。

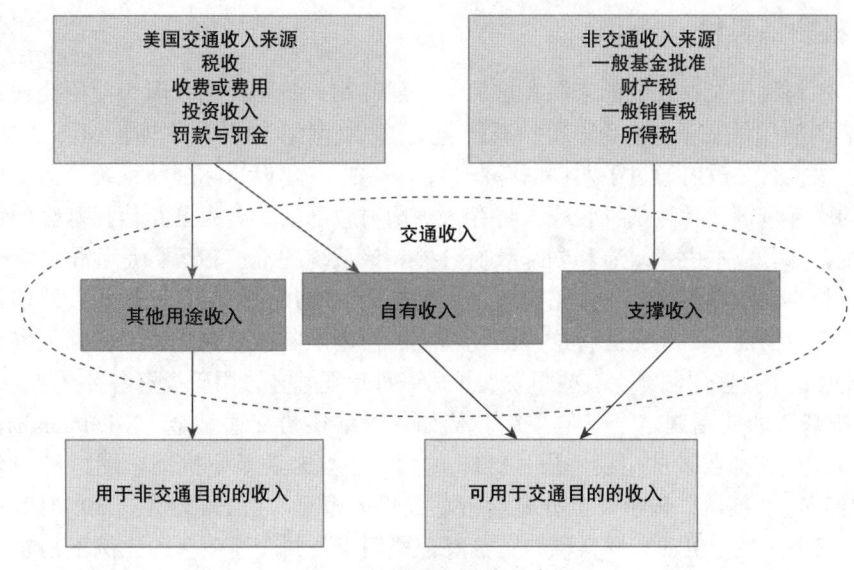

图 5-1 美国交通收入来源

来源：BTS, 2014

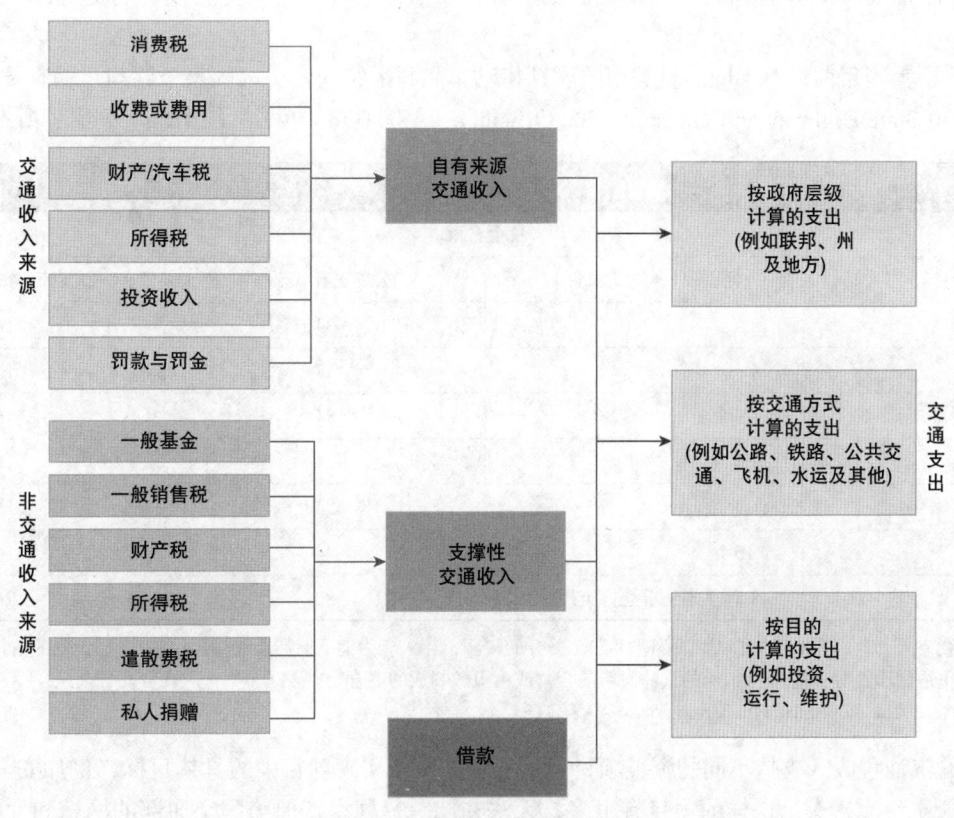

图 5-2 美国典型交通运输支出

来源：BTS, 2014

值得注意的是，美国是少数几个将汽车燃油税用于交通资金来源的国家之一。在其他国家，交通投资是国家、州/省或直辖市总预算的一部分，因此要与预算资源的其他需求竞争。经验表明，在这种环境下的交通投资通常比以往更容易卷入预算过程中的政治问题。

以下介绍了目前在美国典型投资项目中主要有哪些交通资金来源。

5.3.1 机动车燃料和消费税

在美国,机动车燃料税是交通投资的来源。这属于一般的用户费用类别,因为使用交通系统的人(例如使用公路网络)为他们的使用付费(例如通过机动车燃料税)。20世纪50年代中期,州际公路系统获得批准后,机动车燃料税开始正式推行。政府通过了两项联邦法律,一项授权建设州际公路系统,另一项通过征收联邦汽油税来支付该系统的联邦份额。天然气税收收入将存入美国财政部一个名为公路信托基金的特别账户,这些资金将用于建设该系统,部分成本由州政府和联邦政府分摊。该系统的维护和运行是各州的责任。虽然有几个州在联邦立法之前就已将机动车燃料税用于公路投资,但现在更多的州建立了自己的州公路信托基金,用于存入州燃气税收入。在大多数情况下,州宪法将这些信托基金的使用限制在公路建设上,相关资金不得用于其他投资方式。一些州已经改变了这些限制,也有些州发展了另一种信托基金,用于投资各种交通运输方式。

一些州还对信托基金的使用制定了其他限制。例如,密歇根州交通基金(Michigan Transportation Fund,MTF)是密歇根州分配州交通收入的主要手段,MTF的两个主要来源是州机动车燃料税和车辆登记费。法律规定,在转移和扣除资金杂项后,剩余资金分配给密歇根州运输部(39.1%)、县(39.1%)和市、村(21.8%)(MDOT,2014)。国家宪法规定机动车燃料税和车辆登记费用于公共交通项目的比例不得超过10%,且必须存入所谓的综合交通基金(Comprehensive Transportation Fund,CTF)。CTF也将与机动车相关的销售税收入存入信托基金,但用于综合交通运输的投入不得超过国家机动车相关产品一般销售税的25%。这一实例说明如何将不同的资金来源,例如机动车燃料税、登记税和销售税,从法律上合并为对交通投资的支持,并从法律上对其使用施加限制。

表 5-1 展示了美国目前针对不同燃料类型的联邦机动车燃料税结构。美国国家公路与运输官员协会(American Association of State Highway and Transportation Officials,AASHTO)的网站(2015a)列出了所有的州燃料税。

表 5-1 美国 2015 年联邦汽车燃料税率

消费税种类	税率/(美分/加仑)	税金分配	
		公路占比(%)	大众运输占比(%)
汽油[1]	18.3	84	16
柴油[1]	24.3	88	12
汽油[1,2]	18.3	84	16
液化石油气	13.6	84	16
液化天然气	11.9	84	16
M85(天然气)[1]	9.15	84	16
压缩天然气	48.54 美分/千立方英尺	80	20

注:1. 除这些税率外,政府还对每加仑燃料额外收取 0.1 美分的税额,存入专为地下储油罐泄漏(LUST)而设立的信托基金。
2. 其他税率适用于乙醇含量低于 10% 的汽油酒精混合物或由甲醇制成的混合物。
来源:AASHTO, 2015c, Reprinted with permission of AASHTO.

联邦和州的汽油税收入支持不同的资金项目,这些资金用于实现项目中的具体目标,例如安全、经济发展、拥堵缓解、空气质量改善等。这样的项目有很多,无法在此一一列举,但美国交通部的网站和大多数州的交通改善项目都列出了不同的项目,这些项目都是由与机动车相关的税费支持的,请参见(American Road and Transportation Builders Association, undated;North Central Texas Council of Governments(NCTCOG),2013;National Surface Transportation Infrastructure Financing Commission,2009)。

5.3.2 车辆出行里程(VMT)费用或基于里程的使用费

机动车燃料税的缺陷之一(从交通资金的角度),是随着机动车燃料效率提高,甚至不使用基于石油的燃料(例如纯电动汽车),燃料的消耗量会下降,燃料税收入也会随之下降。但是,至少在可预见的将来,这些车辆仍然需要使用公路基础设施，进而产生系统的维护需求。一种确保对每个驾车者合理收费的方法是对使用公路网的车辆收费，通常定义为VMT。正如FHWA指出的那样，"与根据特定设施而定的通行收费不同，这些费用不一定严格按照每英里收取，而车辆出行里程费是根据在特定的公路网络上行驶的距离收取的。"总体思路是利用全球卫星定位系统（Global Positioning System，GPS）或其他一些手段来确定车辆自最后一次燃料或能源"加满"以来已经行驶的距离。然后，根据道路网络的使用情况收取车主的费用。这一概念已经在俄勒冈州和其他州试行，特别是对重型货车。

采用这种方法会产生的关键问题是，有些人认为这种方法过于依赖出行监测技术，从而可能侵犯个人隐私。然而，随着机动车燃料效率的提高，对交通资金的需求也在增加，以距离为基础进行某种形式的税收或收费似乎将是筹集必要投资的一种方式。读者可参考美国联邦住房金融协会创新金融网站（FHWA，undated）和俄勒冈州DOT网站OReGO（http∶//www.myorego.org/）。Agrawal等人（2016）很好地概述了公众对车辆出行里程收费的看法。

5.3.3　通行费

收取通行费在美国或其他国家很常见。从殖民时代到现在，收费公路一直是一种非常普遍的支持公路网络发展的方式。在20世纪中期，许多州转向收费公路来为长途公路网的扩张提供资金。然而，随着20世纪50年代中期州际公路网的出现，人们对收费公路的兴趣逐渐消退。在过去的20年里，收费公路卷土重来，仅仅是因为各州用于发展公路网络的可用资金水平下降了。特别是，向特许经营者支付的公路资本支出和运营/维护费用已成为面向公路的公共/私营合作的重要资金来源（AASHTO，2015b）。换言之，资金几乎全部来源于通行费收入。

截至2013年，42个州、哥伦比亚特区和波多黎各拥有多种形式的收费授权或设施；28个州和波多黎各拥有由全州实体运营的收费设施；14个州有由区域实体运营的收费设施；20个州和波多黎各有私人经营的收费设施；还有9个州和哥伦比亚特区授权收费，但没有州或地区收费设施（FHWA，2013）。

在过去的10年中，通行费以多种不同的方式使用。例如，世界上许多城市已经实施了管理车道的概念，近年来相关项目的数量不断增加，通常采用电子收费方式。此外，电子收费不仅可以提高交通运输机构的收入，车道的使用价格还可以根据一天中的时间和车辆占用情况进行调整，以鼓励使用替代模式或在不太拥堵的时间开车。以下是几个不同的机动车道管理概念。

1. 多乘员收费车道（High-Occupancy Toll，HOT）

在这种机动车道管理概念中，单乘员车辆可以在高峰期使用该管理车道，使用价格通常随车道上的拥堵程度而变化。道路越拥堵，价格越高。因此，驾驶者需要在更快的出行时间和更高的出行成本之间进行权衡。对这一概念的一个主要争议是，它偏袒那些有能力支付快速出行费用的人，而把那些不能忍受拥堵的人留在拥堵的车道上。然而，研究表明，在许多HOT管理中，很多用户实际上属于低收入群体，他们希望准时到达工作地点或其他目的地。在许多大城市，例如亚特兰大、达拉斯、旧金山、西雅图和华盛顿特区，相关机构都在为公路系统投入大量资金进行车道容量管理。

美国的HOT项目实例包括：
- SR 91快速车道（加利福尼亚州奥兰治县）。
- I-15 FasTrak（加利福尼亚州圣地亚哥）。
- Katy I-10快速路（得克萨斯州休斯顿）。
- I-25多乘员收费车道（科罗拉多州丹佛）。
- I-394 MNPASS（明尼苏达州明尼阿波利斯）。
- I-85号公路（I-75在建）（佐治亚州亚特兰大）。
- SR 167（华盛顿州西雅图）。

对于多乘员收费车道，关键在于是使用统一的收费标准，还是采用根据使用情况变化的动态定价方案。表5-2展示了来自西雅图的一份分析报告，分析了不同定价方案下收入和速度的变化情况。请注意，最大的区别是总收益和VMT产生的收益。

表 5-2　西雅图动态和静态定价方案下的 HOT 车道性能评估

方案	性能类别	上午 6:00	上午 7:00	上午 8:00
动态	每小时总收入 / 美元	1123521	821921	518524
	每英里收入 / 美元	6.54	4.49	3.36
	每小时的总出行时间成本 / 美元	7255610	5596997	3831644
	每英里的出行时间成本 / 美元	3.77	2.71	1.97
	HOT 车道平均车速 /（英里 / 时）	60.01	60.01	60.08
	一般车道平均车速 /（英里 / 时）	38.4	34.3	37.8
静态	每小时总收入 / 美元	368092	503497	311984
	每英里收入 / 美元	2.52	3.22	2.11
	每小时的总出行时间成本 / 美元	2993879	3813598	2680838
	每英里的出行时间成本 / 美元	1.55	1.85	1.38
	HOT 车道平均车速 /（英里 / 时）	60.14	60.08	60.14
	一般车道平均车速 /（英里 / 时）	39.3	35.1	38.9

来源：PSRC, 2014.

2. 快速收费车道

与"多乘员收费车道"一样，快速收费车道位于普通公路车道的旁边。与多乘员收费车道概念的不同之处在于，在高速收费车道上，所有使用这些车道的私人汽车都要付费——对于多乘员车辆（High-Occupancy Vehicles，HOV）也没有例外，因此减少了违规造成的潜在收入损失。不过，公共交通车辆和（或）注册的货车通常可免费通行。虽然这些车道通常代表了公路容量的增加，但现有的免费车道也可以转换为收费车道。高速收费通道也可以建在传统收费公路的旁边，但采用可变收费（根据时间和 / 或拥堵程度）来保持交通畅通。

3. 货车专用收费车道（Truck-Only Toll，TOT）

TOT 车道在概念上与 HOT 车道相似，但专供货车使用。大多数方案都在常规公路的旁边设置车道，但会用隔离设施分隔开来。对洛杉矶两条公路上的 TOT 车道的研究表明，大量货车使用这两条车道进入洛杉矶和长滩的港口。洛杉矶地区的初步研究发现，城市 TOT 车道设施可能并不理想，因为货车出行时间较短，在非高峰期节省的出行时间有限。此外，建设货车专用收费车道也会增加车道建设成本。货车运输行业可能会反对，他们的立场通常是已经通过燃料税支付了道路费用（表 5-1）。特别是在城市环境中，提供这样一条通道的成本往往很高，这也给大多数 DOT 带来了财务上的挑战。只有当所有的货车都使用这条车道时，这种公共 / 私营融资伙伴关系才有效，因此可能会遇到行业的反对。

5.3.4　拥堵收费和停车收费

尽管在 20 世纪 70 年代中期，新加坡就开始采用拥堵收费策略，但这还是一个相对较新的概念。其基本内容是，车辆进入高度拥堵的区域要收取一定的费用。这一概念于 2003 年在伦敦市中心实施，在正常工作时间开车进入收费区域都要缴纳 8 英镑的统一通行费。费用可以通过电话或互联网支付。通过遍布整个区域的许多摄像头进行执法。伦敦计划的成功在于实施前对公共交通系统的改进，由定价方案产生的收入都用于支持这项新服务。换言之，在定价方案实施之前，必须有一个合理的汽车替代方案。

类似的概念在瑞典斯德哥尔摩也得到了实现，在英国杜伦和意大利罗马也实现了小范围的应用。洛杉矶、旧金山、哥伦比亚波哥大和智利圣地亚哥等城市正在考虑在拥堵时段，以某种形式对进入目标区域的车辆收费。纽约考虑将拥堵收费计划作为联邦示范计划的一部分，但基于政治考虑，这项计划未能实施。

停车收费是另一项有助于缓解道路拥堵的政策工具。一般来说，实施停车收费策略要比实施区域收费策略容易得多，但停车收费面临的政治挑战与大多数增加交通成本的提案一样。此外，考虑到很多雇主会补贴员工停车，定价可能只会影响一小部分员工的驾驶行为。需要考虑的其他方面是停车价格对商业吸引力的可能影响，以及对使用停车位的成本权益的影响。

停车价格策略已经在以下城市实施，以减少在中央商务区（CBD）的停车：

- 波士顿——波士顿市中心和其他两个社区的停车场冻结限制了场外停车场供应的增长。居民许可停车计划限制CBD居民在没有计量的街道上停车。
- 位于空气质量不达标地区的加州城市——停车"套现"计划为员工提供免费停车位或与车位价值相等的现金支付的选择。
- 加拿大、瑞典和澳大利亚的雇主为员工提供车位被视为应纳税的附加福利（适用于这些国家的所有城市）。
- 旧金山——对所有商业、非街道和非住宅停车场交易征收25%的从价税。
- 华盛顿特区——政府雇员必须为曾经免费的停车位付费。

请参阅第14章出行需求管理，了解影响需求并在此过程中筹集资金的其他案例。

5.3.5 溢价回收

这种融资机制利用了土地价值的增加，而土地价值的增加往往伴随着新的交通工具的出现，无论公路还是公共交通。换言之，那些从公共投资中受益的人，可以为这些收益收取费用（机动车燃料税也有类似的说法）。术语"溢价回收"是指收回其中的一些价值，帮助支付必要的交通（或其他）投资，作为开发的前提。Vadali（2014）检验了许多不同方法的有效性，并用以下工具进行确认。

- 影响费：地方政府向开发商收取的一次性费用，用于为与新开发项目相关的新基础设施和服务提供资金。该费用通常编入地方条例中，将开发影响的程度（例如以住宅单元或平方英尺计的数量）与费用高低联系起来。
- 特别评估区：对临近新公路或公共交通设施的房产进行的额外评估，这些房产预计受益于附近的开发。通常情况下，需要通过地区投票才能将费用用于一项交通改善计划。此外，所增加的收入必须以改善该地区为目标。
- 销售税区：在概念上与特殊评估区相似，销售税区要求那些从交通投资中受益的人支付有限的销售税，而不是财产税。
- 议定的捐税：一种议定的一次性收费，类似于影响费，但不是由公式或影响比率预先确定的。可以采取向当地公路网、公园或其他公共物品提供实物捐助的形式，作为批准开发的条件，也可以用代替费的形式提出要求。
- 空间利用权：联合开发的一种形式，利用公路或过境设施上面或下面的开发权来产生和获取土地价值的增量。
- 联合开发：开发交通设施和邻近的私营房地产项目，由私营合作伙伴提供设施或提供资金以抵消建设成本。
- 土地价值税：对受益于交通基础设施的土地征收的税。
- 税收增量融资：一种因在指定地区进行改进而产生财产税总收入增加的分配机制。
- 交通公共事业费：根据出行需求特点（例如交通量）评估的公共事业费。

表5-3展示了这些工具的基础概念以及使用目的。

表 5-3 价值获取机制对交通的适用性

措施	基础概念和收益或征费	基本使用目的
影响费用	·支付设备使用费用的新开发项目； ·发放许可证时的一次性开发商费用； ·在改进之前和之后征收	成本回收
特别评估区	·由于交通便利，所有财产的当地收益； ·每年在改进前向物业业主收取服务费用	获取项目扩展的好处
销售税区	·由于交通便利，所有财产的当地收益； ·服务区域改善前后每年征收销售额	获取项目扩展的好处
议定的捐税	·改进之前或之后的一次性临时开发协议（不连续点处理）	抓住创造价值和回收成本的机会
空间利用权	·通过转让权利和共同开发，利用公路路权的空中空间，实现公共和私人利益； ·通常发生在与开发者相关的某个提升改造项目之后（场地整体开发或局部开发）	抓住创造价值的机会，与私营部门分担成本和收入
联合开发	·与空间利用权相关的或独立运作的公私合作土地开发项目； ·通常在改进之后（现场和场外开发）有一次与开发人员相关的机会。	抓住创造价值的机会，与私营部门分担成本和收入
土地价值税	·利用土地价值资本化，激励发展； ·每年在改进前后对业主征税，对土地价值征税，对建筑物价值征税	成本回收
税收增量融资	·由于使用权和设施价值资本化，财产价值增加。每年向业主征收改善前后的费用	成本回收
交通公共事业费	·交通的公益性质。每年向业主征收改善前后的费用。这项费用只用于支付经营费用，而不是项目的资本成本	成本回收——运营和维护成本

来源：Vadali, 2014, Reproduced with permission of the Transportation Research Board.

每一个工具都在不同文献中得到了相当多的关注。在这里重复相关分析已经超出了本章的范围。请读者参考（American Planning Association，2015；Dye and Merriman，2006；MacCleery and Peterson，2012；Municipal Services Research Center（MSRC），2015；Reconnecting America，2015；Thomas，2014；Vadali，2014）。

5.3.6 其他税收

还有很多税收用于支持交通投资，特别是在地方一级。加州正在利用碳税来增加一些交通项目的收入。其他与交通有关的税收收入的常见来源包括：车辆牌照/登记费、重量费/税、罚款和没收、财产租赁和空间利用权、广告（主要用于交通）和开发协议。图 5-3 展示了地方财政收入对交通投资的重要性。这些数据来自特拉华河谷地区规划委员会（Delaware Valley Regional Planning Commission，DVRPC），它是费城都市区的 MPO，创建它是为说明费城对交通运输和同类地区支持的差异。在美国许多城市，地方对交通的支持在同级交通系统中差异很大，而在许多其他城市，它占交通系统总投资的很大一部分（DVRPC，2013）。

在过去的 20 年里，许多大都市区和城市已经开始依赖地方税收来支持交通投资，与 20 世纪 60 年代和 70 年代的主要不同在于，当时联邦和州政府是该项目的主要出资人。地方交通资金的来源包括：地方机动车燃料税、地方机动车注册费、地方可选销售税、地方所得税/工资税/雇主税、地方遣散税、价值获取、过路费和车费（Goldman and Wachs，2003）。其

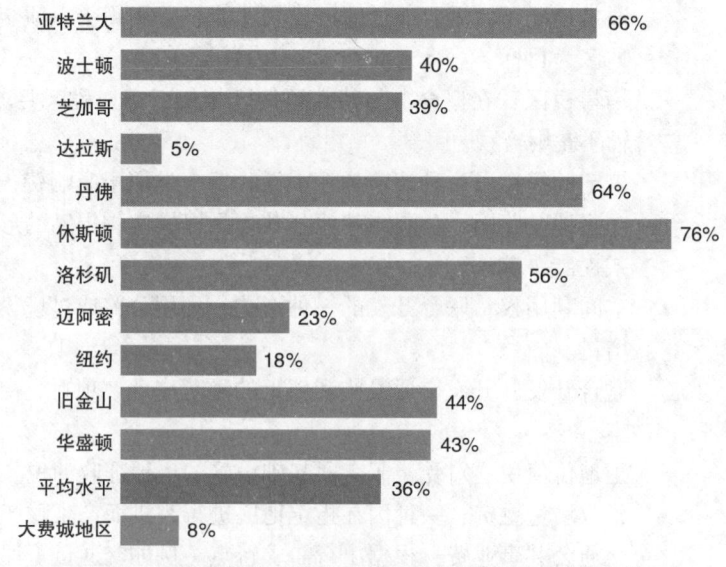

图 5-3 美国部分城市由当地政府投资交通项目的占比
来源：DVRPC，2013

中一些资金来源已经在前文描述过,因此这里不再赘述。然而,销售税收入值得关注(AASHTO,2015d)。

地方选择销售税(Local Option Sales Tax)——这种税已经成为交通融资的一种常用策略,原因如下:

- 尽管销售税在经济衰退期间容易受到零售销量下降的影响,但销售税在低边际税率下产生了高收入。
- 具有良好的公众印象,收入相当的人支付相似的税收——尽管它是递减的。
- 从交通模式的角度看,它是相对公平的。例如,骑行/步行和交通项目可以由缴纳销售税的用户提供资金,而当它由机动车燃料税收入提供资金时则不是这样。
- 销售税支出比收入或财富更能反映支付能力。
- 征收销售税是一种很有吸引力的方式,可以从当地交通设施的非居民用户那里获得收入(Goldman and Wachs,2003)。

表5-4展示了销售税对公共交通资本和业务/维修支助的重要性。这些数据来自国家交通数据库(National Transit Database,NTD),并报告了2009年的资金统计数据,这类数据是由NTD收集的。表5-4中,销售税是目前为止交通资本和运营/维护收入的最大贡献项。

表5-4 2009年美国销售税收收入对交通资本和经营的贡献

来源	总额/美元	
资本投资		资本占比(%)
汽油税	3801700	1.50
所得税	15775000	0.70
物业税	135782000	5.90
销售税	2009438000	83.70
其他	201796000	8.20
总额	2400808000	100
运营/维护		运营维护占比(%)
汽油税	158956000	2.40
所得税	81238000	1.20
物业税	717386000	10.70
销售税	5294354000	78.80
其他	463822000	6.90
总额	6715756000	100

来源:Federal Transit Administration (FTA),2010

根据州立法,销售税几乎总是由全民公决决定,各地的销售税也会有所不同。例如,在某些情况下,公投增加了公路和公共交通投资的收入。在其他州,它只集中于过境项目或道路项目。在大多数公投中,简单多数(50%+1)决定结果。在加州,针对特定项目的地方税务公投通常需要2/3的多数票。一般税收的增加,以及全州范围的债券措施,则需要简单多数(50%)。然而,即使在加州,大多数公投也都能通过。2005—2006年,加州立法分析办公室估计,在94亿美元的地方交通收入中,约有1/3(31亿美元)来自地方期权销售税。当地财政收入占当年加州用于交通运输的200亿美元的近一半(AASHTO,2015d)。

随着联邦交通收入的下降,大都市区和城市似乎将继续依赖销售税收入来满足投资需求。

5.4 交通金融策略

"金融策略"一词通常用来表示交通中的两个概念。首先,它是为交通投资提供资金的机制。其次,它也用来描述不同资金来源的组合,这些资金来源代表了一个地区或州的投资策略。后者的典型代表见表5-5。这种金融策略,即2010—2050年圣地亚哥市区可获得的资金水平,包括广泛的资金来源[San Diego Association of Governments(SANDAG),2011]。由表5-5可知,资金来源包括地方、州和联邦政府的收入,以及一些比较传统的资金来源,例如燃料税和公共交通票价收入。此外,还有来自TransNet的地方销售税公投的资金,以及圣地亚哥在全州范围内税收公投中的份额(例如1A和1B提案)。还有来自非传统来源的资金,例如影响费用和

公共 / 私营伙伴关系。最后，还有债券收入（例如 TransNet 债券收益）。

表 5-5 圣地亚哥主要收入来源 / 收入受限场景

	收入来源估计收入 [以年支出（YOE）百万美元计]				
本地	2010—2020 年度	2021—2030 年度	2031—2040 年度	2041—2050 年度	2010—2050 年度
TransNet	2997	4593	7002	10656	25248
TransNet（债券收益）	2849	2178	1259	0	6286
开发人员影响的费用	292	342	376	427.00	1437.00
交通开发法案（Transportation Development Act，TDA）[1]	1457	2233	3405	5181	12276
市 / 县当地汽油税	1190	1321	1649.00	2084.00	6244.00
普通基金 / 杂项本地道路基金	5194	6435	8648	11622	31899
未来本地收入	793	2296	3501	5328	11918
收费公路 /POE 基金（SR11, Otay Mesa East POE, SR125, SR241, I-5, I-15）	1197	79	0	4591	5867
公私伙伴关系 /TODs	340	264	470	144.00	1218.00
FasTrak® 净收入 [2]	18	87	176	301	582
票价	1398	2371	4530	6642	14941
RTIP 前一年的资金	707	0	0	0	707
小计	18432	22199	31016	46976	118623
州					
州交通改善计划（State Transportation Improvement Program，STIP）/ 交通拥堵缓解计划（Traffic Congestion Relief Program，TCRP）	624	1380	2231	3611	7846
第 42 号提案（地方街道）	506	573	708	873	2660
国家过境援助（State Transit Assistance，STA）计划	153	324	435	584	1496
负责国家公路的运营 / 维护	2168	3208	5176	8367	18919
提案 1B/1A/ 其他	1287	2614	2853	2894	9648
其他州管理的联邦项目 /FSP	229	244	388	618	1479
高速铁路	0	0	0	16644	16644
RTIP 前一年的资金	561	0	0	0	561
小计	5528	8343	11791	33591	59253
联邦					
联邦运输管理局（FTA）自由裁量	906	1108	2533	3382	7929
联邦运输管理局的公式拨款	1122	1882	3675	6661	13340
缓解交通拥堵和空气质量（Congestion Mitigation and Air Quality，CMAQ）/ 区域地面运输计划（Regional Surface Transportation Program，RSTP）	819	1216	1980	3225	7240
联邦公路管理局（Federal Highway Administration，FHWA）	259	301	490	798	1848
联邦铁路管理局（Federal Railroad Administration，FRA）自行决定	312	367	470	602	1751
通道和边境基础设施 / 其他货运基金	328	560	867	1351	3106
RTIP 前一年的资金	736	0	0	0	736
小计	4482	5434	10015	16019	35950
总收入来源	28442	35976	52822	96586	213826

注：1. 财政收入来自一般零售税。
2. 收入来自过路费。

来源：SANDAG, 2011, Reproduced with permission of SANDAG.

考虑到无数的资金来源，圣地亚哥的例子很可能是美国最复杂的金融策略之一。然而，它确实说明了如何将不同的资金来源包装起来，以制订一个区域的总体金融策略。这个例子的另一个不同寻常的方面是，金融策略跨越 40 年，比大多数财务计划的时间跨度要长。到目前为止，其他大都市的大部分资金更多来自于本地（图 5-4）。

在过去 20 年里，交通投资规划的大部分创新都来自于世界各地使用的许多不同的融资策略。通常在"创新交通财政"的框架下描述，新的机制和工具现在可用于交通系统投资［请参见（Kramer et al., 2015；CPCS et al., 2015；FHWA, Project Finance, undated）］。正如 FHWA 所指出的，当今金融的创新性在于：①使现有收入能够以新的方式资助公路和公共交通发展；②利用融资机制，例如债务融资；③利用资金管理技术；④建立新的制度安排。图 5-5 展示了可以使用的一些工具，特别是与联邦资助计划一起，来为一个交通项目融资的工具。请注意，许多工具与债务融资和公共/私营伙伴关系有关。公共/私营伙伴关系对如今的交通财务状况非常重要，下一节将单独讨论。

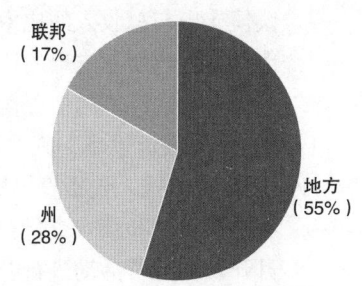

图 5-4 主要收入来源（圣地亚哥金融策略 2010—2050 年）

来源：SANDAG, 2011, Reproduced with permission of SANDAG.

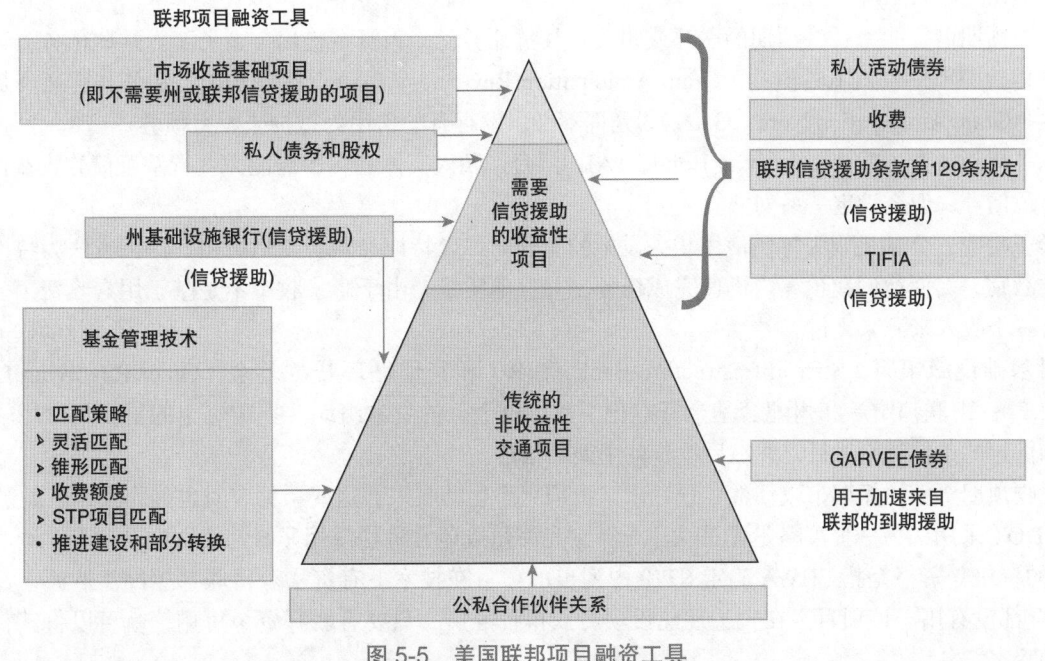

图 5-5 美国联邦项目融资工具

来源：FHWA, *Project Finance*, undated

交通官员经常使用的其他融资策略包括债务融资和先进性建设。

许多州在宪法允许的情况下将债务融资作为资金来源。债务融资与房主的抵押贷款政策非常相似。政府从市政债券市场以极低的利率借款，然后必须在一定年限内偿还本金和利息。债务融资（有时称为债券）的优势是，政府可以通过资本资金的流入来弥补巨大的投资缺口，或出于类似的原因加速资本计划的建设。就耗资 10 亿美元或以上的大型项目而言，债务融资往往是政府机构建设项目的唯一途径，因为短期内筹措 10 亿美元资金用于相关项目的可能性微乎其微。

债务融资的主要缺点是本金和利息必须多年偿还。一些在债券融资上大量投资的州在多年后发现，他们将每年燃气税收入的很大一部分用于偿还债务，导致无法处理自债务生成以来出现的其他交通问题。因此，政府经常制定标准，规定州或市能够承担多少债务。一些常见的基准包括：

- 人均债务。
- 债务占个人收入的百分比。

- 债务占应纳税财产的百分比。
- 偿债支出与总收入的比率。
- 偿债支出与所有支出的比率。
- 按承诺收入计算的债务偿还覆盖率（Henkin，2009）。

成功的债务融资策略，其关键是建立一个稳定的收入来源以偿还本金和利息。为了做到这一点，政府机构已经开发了多种方式，包括直接借款和支付私人投资者为建设项目而借款的资金（Henkin，2009）。

- 可用性支付和绩效支付：公共机构根据设施的性能和可用性，用年度可用性支付对私营公司或财团的项目开发和运营活动进行补偿。通常，公共机构首先在建设完成时提供阶段性付款，然后在指定的性能水平上为设施在每个时期内提供年度付款。
- 参与证明（Certificates of Participation，COP）：由各州发行的免税债券，通常由已确定来源的收入担保。COP 使政府能够在技术上不发行长期债务的情况下为资本项目融资。
- 联邦信贷援助：联邦信用，通过交通基础设施提供融资和创新行为（Transportation Infrastructure Financing and Innovation Act，TIFIA）计划和铁路改造基础设施融资（Railroad Rehabilitation Infrastructure Financing，RRIF）计划，提供直接贷款（通常针对还款条件灵活的次级贷款）和其他金融援助大型交通项目确认的收入来源。
- 赋予预期借贷能力：将预期的联邦或州拨款收益证券化，为资本支出创造资金。这些债务，通常称为公路贷款的预估收入工具债券（Grant Anticipation Revenue Vehicle，GARVEE）和公共交通贷款的预估债券（Grant Anticipation Note，GAN），允许不必以发行者的信用为抵押来发行债券。
- 私人活动债券（Private Activity Bond，PAB）：允许私人实体利用政府能力发行基于债券收益投资目的的免税债券，但会设定一系列限制。
- 影子收费：公共机构为每辆使用相关设施的车辆向私人特许经营者支付费用。这种方法为特许经营者提供激励，促使他们在预算内迅速完成任务，并保证质量。由于影子收费不是基于用户收费，公共机构需要一个收入来源来支付。
- 州基础设施银行（State Infrastructure Bank，SIB）和其他循环贷款基金（Other Revolving Loan Fund，RLF）：由联邦赠款和州配套基金资本化（初始资金）的贷款组织。捐赠资金的贷款可以用较低的利率和优惠的条件贷给项目，并在后续贷款中循环偿还。
- 税收预期票据：短期市政债券，预计未来由项目产生的收入。这些票据有时也称为预期收益票据。

各州 DOT 采用的另一种策略是先进性建设。它允许州或地方机构使用非联邦资金启动项目，同时保留未来联邦援助的资格。资格是指 FHWA 确定 STIP 中列出的项目在技术上有资格获得联邦援助。然而，目前或未来的联邦资金都没有用于该项目。在先进性建设项目获得批准后，只要有联邦资金可用，就可以将其转换为定期的联邦援助资金。

许多创新融资方式都集中在公私伙伴关系上，也称为 P3。考虑到 P3 策略对创新金融策略的重要性，下一节将重点介绍不同类型的 P3 策略及其潜力。

5.5 公私合作伙伴关系

美国 DOT 通过以下方式定义了公私伙伴关系：

> "公私伙伴关系是公私合作伙伴之间达成的合约协议，允许私营部门比传统上更多地参与公共项目的建设管理。协议通常涉及政府机构与私营公司签订翻新、建造、运营、维护和/或管理设施或系统的合同。虽然公共部门通常保留设施或系统的所有权，但私营部门在决定项目或任务如何完成方面将获得更多决策权。"（USDOT，2004）

P3 与传统公共项目开发的不同之处在于，私营实体或财团负责项目开发过程中的多个阶段。图 5-6 展示了可能存在的多种不同类型的 P3 安排。主要包括以下方面（Gilroy & Poole，2012）。

设计 - 建造（Design-Build，DB）：P3 最简单的形式是设计 - 建造采购。在这种采购模式中，单一私人承包商负责设计和建造一个项目。设计施工方承担大部分设计工作和所有施工活动，以及与提供这些服务相关的风险，并收取固定费用。

设计 - 建造 - 融资（Design-Build-Finance，DBF）：在设计 - 建造 - 融资结构中，设计 - 建造方承担了项目融资的额外责任。设计建造方为项目安排融资，通常在项目完成后，在商定的期限内偿还。

设计 - 建造 - 融资 - 运营 - 维护（Design-Build-Finance-Operate-Maintain，DBFOM）：在这种采购策略中，一个私营实体（通常是一个公司联合体）承担设计、建造、融资、运营和维护一个项目的责任。公共机构保留项目的所有权并管理项目，而私营合作伙伴承担项目的长期运营和维护风险。合同的运营和维护期有效地起到了质保的作用，增强了私营合作伙伴设计和建造高质量设施的动机，并能在长时间内进行有效管理（FHWA，2012a）。

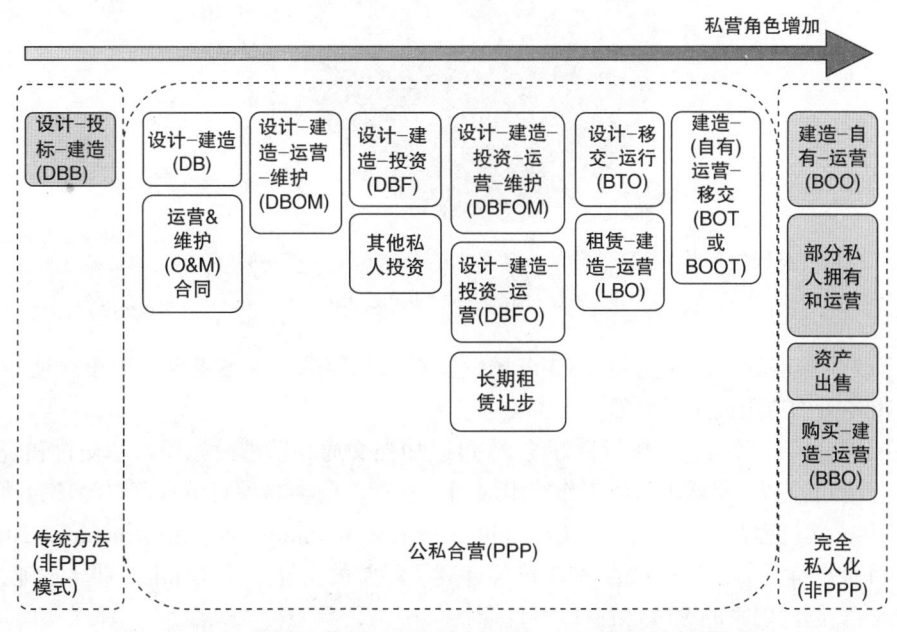

图 5-6　根据私营部门参与度划分的一系列项目交付模型

来源：Zhao, 2010

表 5-6 从公共部门的角度展示了 P3 的主要优势。不同形式的 P3 及其利益的主要区别在于风险转移给其他各方的程度。风险应是可以预见的，且应转移给那些最有能力管理风险的人。私营企业承担部分或全部的融资、设计、建造、运营和 / 或维护交通设施的风险，以换取未来的收入。不同形式的 P3 的区别特征在于转移给私营部门的责任和风险的程度（FHWA，2012a）。

表 5-6　公共 / 私营伙伴关系的优点	
优点	描述
增加项目融资能力	使用私人股本和债务来帮助资助一个项目可以减少短期内支持一个项目所需的公共资金。此外，与公共部门相比，私营合作伙伴的风险可能更小，这使它们能够从预期的项目收入中获得比公共部门更多的前期资本。通过获取私人资金，P3 可以释放公共资金，用于其他有价值的交通项目，这些项目可能不适合 P3 的交付
加速基础设施提供	P3 可以为公共机构提供完成重大项目所需的前期资金，而这些项目不受年度预算限制或公共债务上限的限制
提高了项目交付的可靠性	许多 P3 鼓励私营部门更有效地设计和建造项目。多项研究发现，P3 项目比使用传统采购方法的项目更有可能按时、按预算完成
在项目生命周期中改进资源分配	在私营部门负责运营和维护资产的 P3 中，私营部门有强烈的动机通过提高初始建造质量来减少项目生命周期内的运营和维护成本
将选定的风险转移给私营部门	公共资助机构可以将建设和金融风险等风险转移给私营部门

来源：FHWA, 2012a

P3 在许多国家的交通和基础设施项目的开发及交付中发挥着重要作用（图 5-7）。一个国会小组审查了这一经验，并提出以下意见：成功的 P3 有几个共同要素，包括利用公共和私营部门的优势，适当转移风险，透明且灵活的合同，以及政策目标的协调（Committee on Transportation and Infrastructure，2014）。与大多数国家不同的是，美国拥有一个稳健的市政债券市场，规模约为 3.7 万亿美元，其中很大一部分用于基础设施融资。

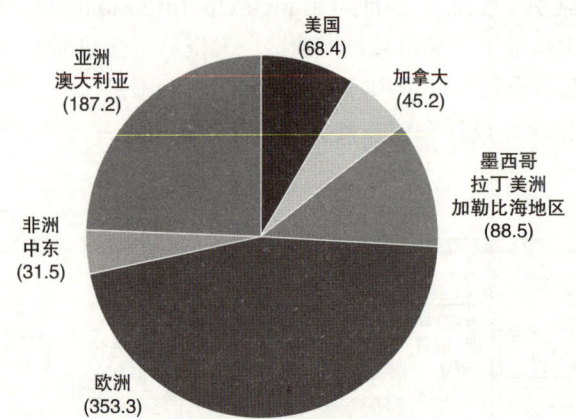

图 5-7　世界范围内公共 / 私营伙伴关系名义上的总成本（1985—2011 年，单位：十亿美元）

来源：Istrate and Puentes, 2011

研究认为，市政债券市场的存在是美国 P3 市场发展不如其他国家（不提供免税市政债券）快速的主要原因，也是美国 P3 市场潜力有限的主要原因。

研究表明，在某些情况下，"一个执行良好的 P3 可以加强交通和基础设施项目的交付和管理，超出政府机构或私营部门独立行动的能力。"该小组的工作突出表明，私营部门参与项目融资可以为项目执行带来纪律性和效率，而传统的公共采购过程往往缺乏这些（Committee on Transportation and Infrastructure，2014）。

为了让 P3 项目对州有意义，许多州的 DOT 已经建立了相关的指导方针或标准。弗吉尼亚州的 P3 参与指导方针就是一个很好的实例。国家的 P3 政策有以下目标：

- 创造投资机会，提高弗吉尼亚的交通服务质量。
- 管理公平和有竞争力的项目开发和采购流程，鼓励创新，私营部门投资，为英联邦创造长期价值。
- 通过适当的风险转移，在项目的整个生命周期内实现成本效率。
- 建立可靠且统一的流程和程序，鼓励私营部门投资。
- 在既定的法律法规范围内促进 P3 项目的及时交付。
- 促进透明度和问责制，以及知情和及时的决策。
- 促进联邦财政和组织资源的有效管理（Commonwealth of Virginia，2014）。

表 5-7 展示了弗吉尼亚州用于 P3 项目可行性高水平筛选的标准。标准范围包括项目的复杂程度以及与项目相关的风险分布等（Commonwealth of Virginia，2014）。

表 5-7　弗吉尼亚州 DOT 参与 P3 的筛选标准

	项目筛选标准
项目的复杂性	就技术和 / 或财务要求而言，该项目是否足够复杂，能够有效地利用私营部门的创新和专业知识？
加快项目开发	如果项目目前无法获得所需的公共资金，使用 P3 交付方式能否加快项目交付？
交通优先级	该项目是否符合联邦和工程处的总体交通目标和使命？ 该项目是否与适当的交通计划和计划所确定的优先级一致，例如 SYIP、STIP 和 MPO 计划？ 该项目是否充分满足了交通需求？
项目的效率	P3 的交付方法能否通过在项目生命周期中最恰当地转移风险来帮助提高效率？ 是否有机会打包项目？
风险转移能力	P3 项目的交付方式是否有助于将项目风险和未来可能的责任长期转嫁给私营机构？

(续)

	项目筛选标准
资金需求	如果有需要，项目是否有可能产生收入，以部分抵销所需的公共拨款？ 公共机构是否可以在一段时间内为项目支付费用，例如通过可用性支付，而不是预付全部费用？
筹资能力	在 PPTA 的框架下进行该项目是否有助于解放来自其他来源的资金，用于联邦内其他优先发展的交通项目？ 该项目是否符合 P3 项目的联邦要求和潜在的联邦资助协议？

来源：Commonwealth of Virginia, 2014

P3 还会带来重大的法律和实践挑战。Tomas（2014）指出了一些可能在交通项目中存在的问题，但实际上所有交通项目都可能存在这些问题。

- 联邦和地方法律问题：P3 目前涉及标准联邦法律和法规的几个主要例外。此外，当地法律可能会限制或影响 P3。必须注意确保 P3 框架符合自由贸易协定的要求和其他适用的法律规定。
- 保险问题：P3 可能涉及复杂的保险安排和特定项目的政策。
- 劳工问题：如果 P3 包括从事交通业务或其他相关工作的私营实体，则劳工问题可能需要由合作伙伴解决。
- 性能指标：大多数 P3 协议都有合同性能指标，特许商必须满足与所提供的服务相关的指标。这些指标对公共合作伙伴至关重要，因为它们确保了所需的服务水平。此外，它们还有助于确定私营合作伙伴在提供服务时所要承担的风险（这些成本通常在投标价格中指定）。
- 风险问题：P3 可能涉及私营实体作为特许经营者，但保留与公共实体的定价权力。这样的安排可能会带来收入风险分配方面的问题。
- 税收和融资问题：为了获得融资和税收优惠待遇，私营实体可能需要证明 P3 所开发资产的所有权，而公共实体则需要继续控制项目（除其他原因外，还需要获得联邦基金的资格）。

各州和其他机构如何考虑 P3 的优秀案例请参见（Rall et al.，2010；Istrate and Puentes，2011；and Commonwealth of Virginia，2014）。此外，还有许多关于 P3 成功开发所必需步骤的指南。欢迎有兴趣的读者访问美国联邦卫生和社会福利协会创新项目交付办公室，该办公室提供了大量的指导方针和工具来评估 P3 项目的效益和成本（http：//www.fhwa.dot.gov/ipd/）。

5.6 投资规划和收入估算

前文讨论了美国和其他许多国家典型的不同资金来源和金融策略。交通官员面临的一个重要挑战是，如何使规划过程确定的需求与交通规划周期内的合理预期收入水平相匹配。这一术语称为"计划"（Progamming），简言之，就是决定投资哪些项目以及何时建造这些项目。

图 5-8 展示了 Colorado DOT 所采用的不同规划和方案编制流程之间的典型关系。在规划过程中 [全州交通改善计划（Statewide Transportation Improvement Program，STIP）]，项目的细节水平要高得多（Colorado DOT，2015）。

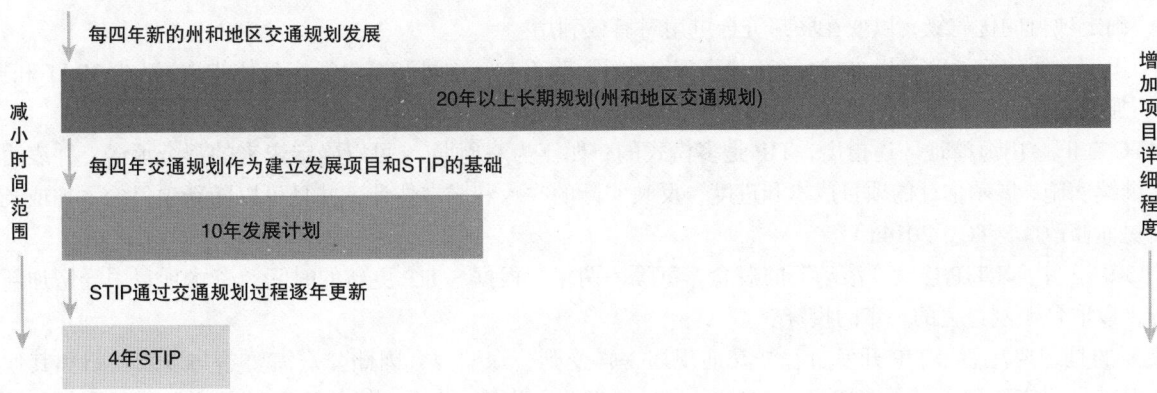

图 5-8 规划与方案编制流程之间的关系

来源：Colorado DOT, 2015

有多种方法可以组织计划过程。例如，明尼苏达州交通局（Minnesota DOT，MnDOT）具有分散和集中的计划过程。大部分预期的联邦公路和公共交通基金的"目标"是地区交通伙伴关系（Area Transportation Partnerships，ATP）用于选择 STIP 中联邦资助的项目。ATP 是 MnDOT 在各地区设立的由当地官员、货运和客运利益集团、MnDOT 代表和其他公众代表组成的团体。这一过程是分散的，ATP 负责项目的选择。不针对 ATP 的联邦基金用于主要的全州范围桥梁和交通通道项目，这些项目是由联邦征求和授予的。完全资助的州项目是由 8 个 MnDOT 地区办公室通过其地区规划选出的（MnDOT，2015）。

作为 MPO 级别项目开发的一个实例，普吉特海湾地区委员会（Puget Sound Regional Council，PSRC）要审查所有提交申请纳入资本计划的项目，以确保以下内容：

- 符合该地区的发展和交通规划。
- 与当地的综合规划保持一致。
- 资金可用或合理预期可用。
- 与区域空气质量的测定保持一致。
- 符合联邦和州要求，例如功能分类。
- 与 PSRC 项目跟踪政策保持一致（PSRC，2015）。

此外，PSRC 确保该地区的金融策略符合以下几点：

- 反映了经济衰退对交通财政收支平衡的影响。
- 阐述在计划实施期间发展新资金的理由。
- 为上一计划的金融策略中所包含的筹资假设增加专用性（例如收费、区域筹资）。
- 利用愿景 2040 政策中明确的评估措施，对项目进行优先级排序。
- 在规划期限前，识别由于资金限制或其他项目准备程度的限制，可能没有准备好实施的项目。
- 制订一个说明性项目清单（未计划），这些项目不包括在计划的金融策略中，也不包括在计划的空气质量决定中（PSRC，2015）。

美国最重要的交通投资规划文件是 STIP 和 TIP（在谈论这两项文件时，本章使用术语 S/TIP）。

5.6.1 州/交通改善计划（S/TIP）

根据联邦法律，美国的每个州和 MPO 都必须制订一个 STIP 或 TIP。尽管 TIP 的主要目的是确定项目的优先级，但也可用于其他目的。例如，针对丹佛地区政府委员会（Denver Regional Council of Governments，DRCOG）的提示旨在实现以下目的：

- 作为短期实施工具，以实现区域长期交通规划的目标。
- 根据前面的建议，提供当前交通改善项目的连续性。
- 根据交通模式、改善类型、资金来源和地理区域确定建议实施的交通项目。
- 估算联邦资助项目的成本。项目拨款应与合理预计可用于该地区此类项目的联邦资金一致。
- 确定项目的优先级，以便在联邦资金可用时有效利用。
- 识别并实施交通改善以维护系统；提高安全水平；改善空气质量和减少温室气体排放；减少 VMT 和拥堵；加强交通系统建设（RCOG，2015）。

MTC 在旧金山海湾地区还指出，TIP 是多模式的，四年为一周期。可以确定未来的资金承诺，并表明项目可能会继续实施，展示估计的项目成本和进度，反映实际的收入和成本估计，并且可以随新项目的添加或既有项目的变更而修改（MTC，2014a）。

图 5-9 说明了 S/TIP 连续"滚动"的概念。每隔一两年，根据 S/TIP 更新的时间，资本项目中会增加新一年的投资，以取代刚刚过去的一年的投资。

重要的是，要注意 S/TIP 开发过程与交通规划一样受到公众监督，因此公众需要参与以及与州和其他交通机构（尤其是州交通部，必须密切配合 MPO）沟通的机会。此外，在受《清洁空气法》有关不符合空气质量标准的规定的领域，在采用 TIP 之前，MPO 必须证明其 TIP 符合空气质量州实施计划（State Implementation Plan，

SIP）（详见第 4 章环境考量）。

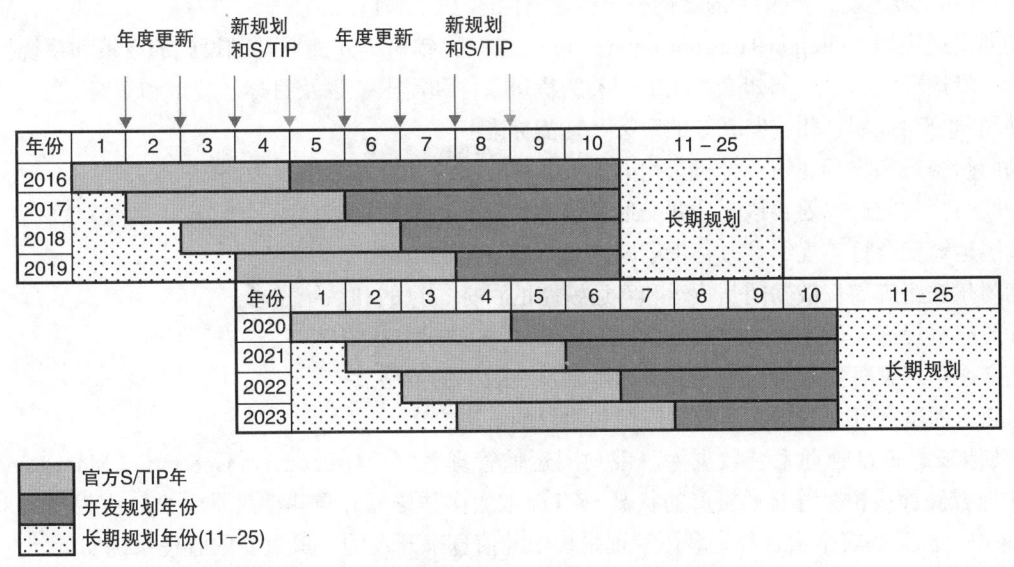

图 5-9 科罗拉多州滚动式四年州交通改善计划
来源：Colorado DOT, 2015

项目有各种各样的来源。在大都市层级，规则指出，在 TIP 中规划的项目必须来自长期交通规划或其他规划产品。因此，MPO 面临的一个主要挑战是对从规划过程中浮现出来的项目进行优先级排序，以便将其纳入到技巧提示中。例如，DVRPC 使用以下筛选标准为其提示选择道路项目（DVRPC，2013）：

- 该项目是否服务于该地区确定的人口和就业中心？
- 根据 DVRPC 的环境筛选工具的测量，项目是否会产生重大的环境问题？
- 项目是否位于拥堵管理过程（Congestion Management Process，CMP）优先通道？
- 与该项目相关的区域车辆出行时间（Vehicle Hours of Travel，VHT）减少了多少？
- 在项目限制范围内，平均每天的交通量和道路通行能力比（Volume-to-Capacity，V/C）是多少？
- 工厂每天的货车流量是多少？
- 项目进展有多快？

交通系统扩建项目的评估标准如下：

- 根据 DVRPC 的交通评分指数衡量，该项目是否服务于将支持高水平交通服务的地区？
- 根据 DVRPC 的不利程度（Degrees of Disadvantage，DoD）分析，该项目是否服务于有额外交通需求的环境公正性社区？
- 公共交通引导开发的潜力有多大？
- 项目的现状如何？
- 项目是否位于 CMP 优先级子通道？
- 项目预期票价回收率是多少？

从资产管理系统运行数据、交通方式（乘用车、货车、公共汽车等）、桥梁绕行长度、使用年限、交通改善计划进展、影响路面行车速度的因素以及功能等级等方面，对系统运维优先级进行排序。

读者可以参考 DRCOG 的优先级标准（DRCOG，2015b），以获得一个用于项目优先级的广泛数值方法，也可参见第 7 章的评估。

在州一级，项目可以来自全州交通规划，也可以来自许多其他来源。下面的例子来自俄勒冈州交通部门

（Oregon DOT，ODOT），说明了参与的广度和项目来源的范围，可以描述一个 STIP 开发过程。

俄勒冈州将 STIP 项目分为两大类：维护现有交通系统的"修复"项目和改善现有交通系统的"增强"项目。州级规划是项目的重要来源。ODOT 的案例中包括如下内容（ODOT，2015）。

- 俄勒冈交通规划（Oregon Transportation Plan，OTP）：针对该州交通基础设施的政策和系统投资分析。
- 俄勒冈货运规划：总结与州交通系统相关的货运条件和需求，以及目标、政策和策略。
- 俄勒冈州公路规划：州公路系统的政策和性能标准。
- 俄勒冈州骑行和步行规划：分析全州的慢行条件、系统和设施标准及策略。
- 俄勒冈州公共交通规划：该州公共交通系统的目标、政策和策略。
- 俄勒冈运输安全行动规划：改善俄勒冈交通系统安全的策略。
- 俄勒冈州铁路规划：俄勒冈州货运和客运铁路的目标、目的和系统需求。
- 俄勒冈航空规划：俄勒冈公共航空系统未来 20 年的政策和投资策略。
- 智能交通系统策略规划：提高现有交通基础设施效率的策略。
- 全州交通拥堵概览：分析交通拥堵问题和建议的解决方案。

项目的其他来源来自管理系统数据库。俄勒冈运输管理系统（Oregon Transportation Management System，OTMS）用于监控路面或桥梁等交通资产的状况。S/TIP 的大多数修复和重建项目是由 OTMS 发展而来的。例如，所有的路面保护、桥梁和安全项目都是利用管理系统中的信息来开发的。最重要的管理系统如下。

桥梁管理系统（Bridge Management System，BMS）：桥梁管理系统用于追踪联邦援建的公路内外的桥梁检测数据，并使用数学模型来预测未来的桥梁状况，帮助决策者确定经济有效的解决方案和优先投资。

联运管理系统（Intermodal Management System，IMS）：联运管理系统提供有关货运联运和客运设施及连接的信息。重点是货运的多式联运，例如公铁联运和海铁联运。该系统监控公路、铁路干线和水路上的一般货物运输信息。

路面管理系统（Pavement Management System，PMS）：路面管理系统帮助决策者找到经济有效的方法，以使路面保持在可用状态。PMS 包括一个路面数据库，其中包含路面状况、路面结构和交通的当前和历史信息。这是一个预测工具，预测未来的路面状况，并帮助确定和优先考虑路面保护项目。

公共交通管理系统（Public Transportation Management System，PTMS）：公共交通管理系统收集和分析有关公共交通运营、设施、设备和车辆的信息。该系统监控交通资产的状况、成本以及交通业务的成本。PTMS 确定需求并帮助决策者选择成本效益策略，以提供运营资金和维持可使用的交通资产。

安全管理系统（Safety Management System，SMS）：安全管理系统由信息安全管理系统（ISMS）和项目安全管理系统（PSMS）组成。ISMS 包括 PSMS 和 ODOT 的道路安全项目的全面监测和管理所使用的数据来源。PSMS 包括处理项目范围、设计和施工的关键安全问题的过程、程序和工具。

公路交通监控系统（Traffic Monitoring System for Highways，TMS-H）：公路交通监控系统监控人员和车辆的交通数据。它包括一个系统的过程，收集、分析、总结并保留公路和交通相关的数据，用于预测公路系统的未来状况（ODOT，undated）。

除 ODOT 规划和信息来源外，城市地区的州项目还可以来自大都市区交通规划和农村交通规划（包括小社区）。在大都市区以外，三个规划过程用为 STIP-ODOT 设施规划、当地交通系统规划和公共交通规划中列出的项目开发原始文件。设施规划包括通道研究和其他特定设施的规划，例如立交桥的通行管理规划、立交桥区域管理规划和公路管理规划。鉴于俄勒冈州有多个联邦公园和联邦设施，还有印地安人保留地，俄勒冈 DOT STIP 还包括联邦土地管理机构（例如美国林务局）和保留地规划项目。

由此可以看出，S/TIP 的发展依赖于广泛的投入，而不仅仅来自那些州交通部的规划过程。

图 5-10 展示了在 S/TIP（本例中来自 DRCOG）中可以找到的典型项目描述，在 TIP 的生命周期内预期的资金水平、资金来源、负责机构以及项目开发的历史。通常，S/TIPs 会根据不同的模式和项目类型以及地理区域提供资金分配的额外信息。图 5-11 和图 5-12 说明了这类信息。

标题：区域1交通信号池					项目类型：安全
TIP编号：2007-075	STIP编号：SR16684		公开：		起草者：CDOT Reglon 1

项目范围

CDOT区域1交通信号池。具体项目不再列出。

受影响县域

Adams
Arapahoe
Broomfield
Denver
Douglas
Jefferson

金额 (1000美元)	先前资金/ 美元	FY16/美元	FY17/美元	FY18/美元	FY19/美元	FY20-21/ 美元	未来资金/ 美元	总资金/ 美元
联邦		0	0	0	0	0		
州(安全)		1050	6650	5000	0	0		
本地		0	0	0	0	0		
总计	2341	1050	6650	5000	0	0	0	15041

日期	状态	描述
05/04/2015	提出	将以下项目及相应金额添加进2016财年池中；SH-224(E74thAve)at Dahila St 35万美元；SH-287(W120thAve)at Greenway Dr/Lamar St 35万美元；SH-287at W 10thAve35万美元
04/16/2015	批准	拟于2016—2021年间采纳
08/21/2013	修改	加上从TIPID#1999-063转移过来的州安全基金，在2014财年增加24.5万美元，2015财年增加25.5万美元，增加项目总资金
04/06/2011	采纳	在2012—2017年间TIP中采纳
01/27/2011	修改	从州安全基金中增加14.6万美元至2011财年和SH-74及County Road 65的信号灯更换项目，增加项目总资金
02/23/2010	修改	从州安全基金中增加12.2万美元至2010财年，增加项目总资金
06/23/2009	修改	从2010财年中减少3.6万美元至州安全基金中，减少项目总资金
04/06/2009	修改	从州安全基金中增加33.1万美元至2009财年，增加项目总资金
08/15/2008	修改	从2009财年中减少5.8万美元至州安全基金中，减少项目总资金
03/19/2008	批准	在2008—2013年间TIP中采纳
06/14/2006	批准	在2007—2012年间TIP中采纳

图5-10　来自TIP的一个示例项目界面（丹佛地区政府委员会2016—2021年交通改善计划，已被批准的TIP）

来源：DRCOG, 2015a

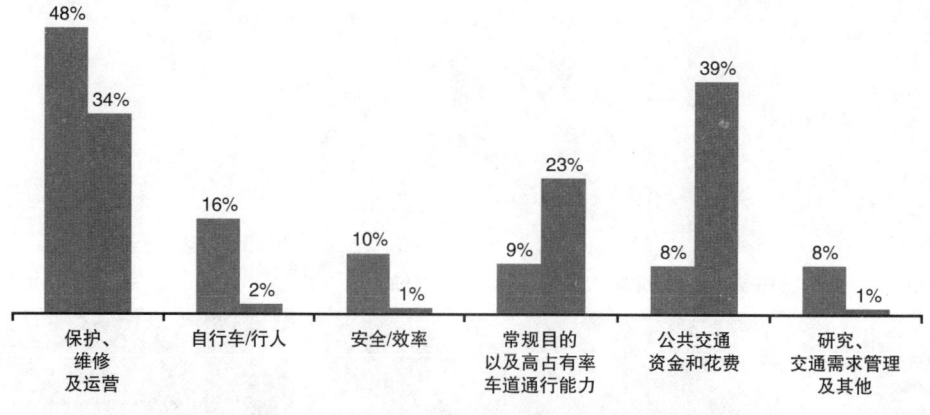

图 5-11　2015—2018 年区域 TIP 项目类型

来源：PSRC, 2015

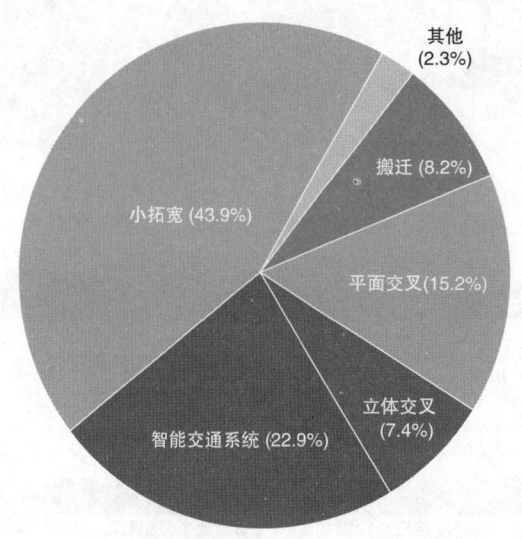

图 5-12　PSRC 资金的项目选择结果（安全和效率项目）

来源：PSRC, 2015

规划的一个重要投入是对未来成本和收入的预测。从前文中可以了解到各种各样的资金来源和可以被视为资本计划一部分的财务策略。对于每一项，州 DOT 和 MPO 必须预测在计划或项目的生命周期内将产生的资金水平。当考虑到长期规划和项目在财政上受到限制时，这一点就更加重要了。下一节将讨论进行这种预测的方法。

5.6.2　收入预测

为了预测未来的收入，规划人员必须知道潜在的资金来源和影响收入的因素。一些收入将与未来的经济活动有关，而很大程度上与交通系统的表现无关。例如，销售税受经济状况的影响比受出行水平的影响更大。其他收入直接与交通系统的使用有关，例如汽油税、过路费或公共交通票价的收入。

例如在西雅图，PSRC 必须预测新的交通收入：

- 燃料税增加。
- 燃料销售税。
- 机动车消费税（价值的百分比）。
- 当地交通消费税增加。
- 健全的交通机构（该地区的交通机构）的销售税增加。
- 新的开发或影响费用。

- 道路税（财产税）。
- 员工税。
- 车辆牌照费。
- 街道公共事业费。

其中一些收入类别涉及对该地区未来人口统计的预期，包括人口和就业，以及车辆的价值、燃料消耗量和零售额等。PSRC 使用区域经济模型来预测未来区域经济和人口特征。这些预测转化为税基预测，从而生成预期收入（图 5-13）。对于通行费、车费和停车费，PSRC 使用出行需求模型来推导各种通行费或车费政策应用的收益（PSRC，2014）。

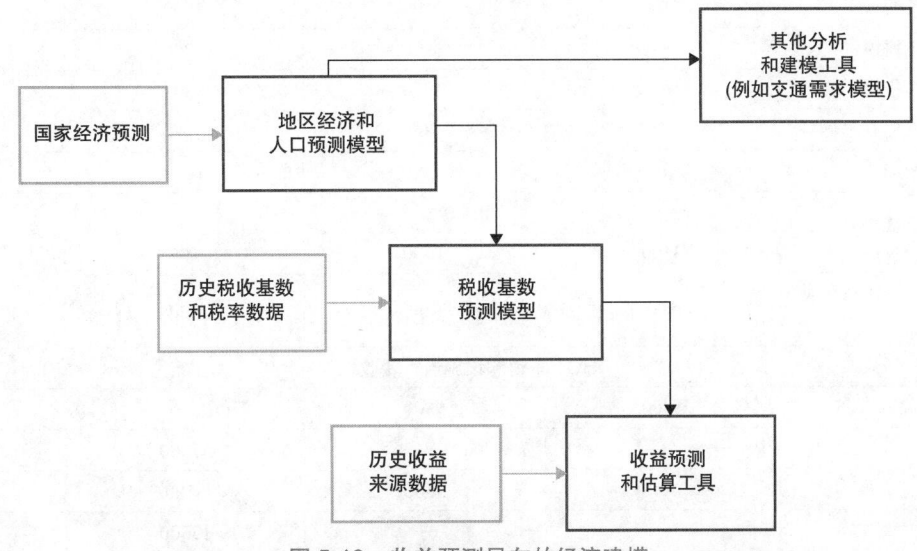

图 5-13　收益预测导向的经济建模

来源：PSRC, 2014

本次财务分析的结果见表 5-8、表 5-9 和图 5-14。在都市规划组织和美国交通部的财务规划中，可以查询到这些典型的收入预测展示。表 5-8 展示了与目前批准的来源有关的收入预测，而表 5-9 展示了来自新来源的预期收入。

表 5-8　普吉湾地区委员会按来源分类的现行法律交通收入				（单位：百万美元）
现行法律收入来源	2010—2020 年	2021—2030 年	2031—2040 年	2010—2040 年
对汽车燃料征收州税	5260	3420	3040	11720
注册费和执照费（包括重量）	800	490	470	1760
其他州的税费	380	380	500	1260
一般基金的其他税费	6450	6450	6100	18290
物业税（一般或限制）	2160	2160	1400	5080
开发及影响费	0	0	100	100
票价和营业收入	4410	4410	4650	13410
联邦 -FHWA	1860	1860	970	3890
联邦 -FTA	2630	2630	1250	5380
销售税收入（一般）	12610	12610	19470	46290
其他交通收入	630	630	660	1610
停车税	250	250	140	560
汽车财产税	670	670	0	1160
港口和保留地捐献	430	430	0	630
当前的总收入	38540	38540	38750	111140

来源：PSRC, 2014

表 5-9 普吉湾地区委员会按来源分类的新法律交通收入 （单位：百万美元）

未来新的收入	2010—2020 年	2021—2030 年	2031—2040 年	2010—2040 年
地方来源				
道路征款（物业税）	—	1800	2300	4100
其他当地来源（停车、执照和影响费）	700	3600	6600	10900
汽车消费税（市镇）	700	2100	3000	5700
公共交通收入来源				
汽车消费税（公共交通）	1100	3100	4500	8600
增加当地交通的销售税	—	1900	6200	8000
提高公共交通的销售税	—	4900	8300	13200
增加税收支持私人拥有车辆	100	200	200	500
过境和渡轮费用增加	100	600	1000	1700
州来源				
州燃料税和担保净收益	3100	1600	600	6400
其他州资源（自然资源、鱼类/野生动物等）	300	400	500	1100
HOT 车道和设施通行费收入				
HOT 和设施收费收入	5400	5500	—	10500
公路通行费	—	—	47300	47300
燃料税替代	—	5600	5500	11000
抵消燃料税	—	—	15300	15300
新的收入总额	11500	31300	71700	114000

来源：PSRC, 2014

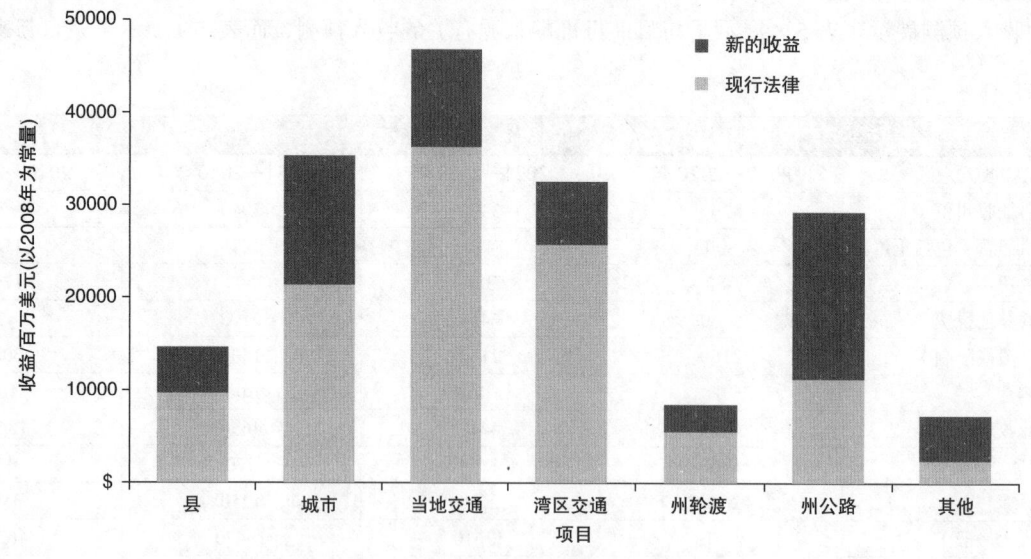

图 5-14 现有和新的法律收益分配

来源：PSRC, 2014

另一个实例是得州中北部政府委员会（North Central Texas Council of Governments，NCTCOG），即达拉斯 MPO，再次论证了预测未来收入所需要的前提条件。

以下财务假设用于 NCTCOG 的长期规划更新（NCTCOG, 2013）：

- 从2015年开始，州燃料税将与燃料效率挂钩（每年调整）。因为燃料税是按每加仑计算的，车辆越节能，耗油量就越少。这就减少了用于改善交通的收入。与燃料利用效率建立关系有助于维持现有收入水平。
- 从2015年开始，将在12个县的城市规划区范围内评估10美元的本地车辆登记或转移费用。
- 2020年，州和联邦的燃料税将各提高5美分。
- 到2025年，在12个县的城市规划区范围内，将额外收取10美元的本地车辆登记或转移费用。
- 到2025年，该州将逐步取消80%的州公路基金改道项目。这并不包括汽油税用于教育的部分，因为这是受州宪法保护的。
- 2030年，各州和联邦的燃料税将各提高5美分。
- 在大都市交通规划（Metropolitan Transportation Plan，MTP）的有效期内，将使用收费公路、管理车道、综合开发协议、公私合作伙伴关系和其他创新性融资方案来实施项目。
- 在MTP的有效期内，州政府将解决路面状况，而MPO将为桥梁更新提供资金。
- 在MTP实施期间，区域交通合作伙伴将继续实施项目。
- 在MTP的生命周期内，将越来越多地依赖当地实体为当地项目提供资金。

另一种描述新收入假设的方法如图5-15所示。

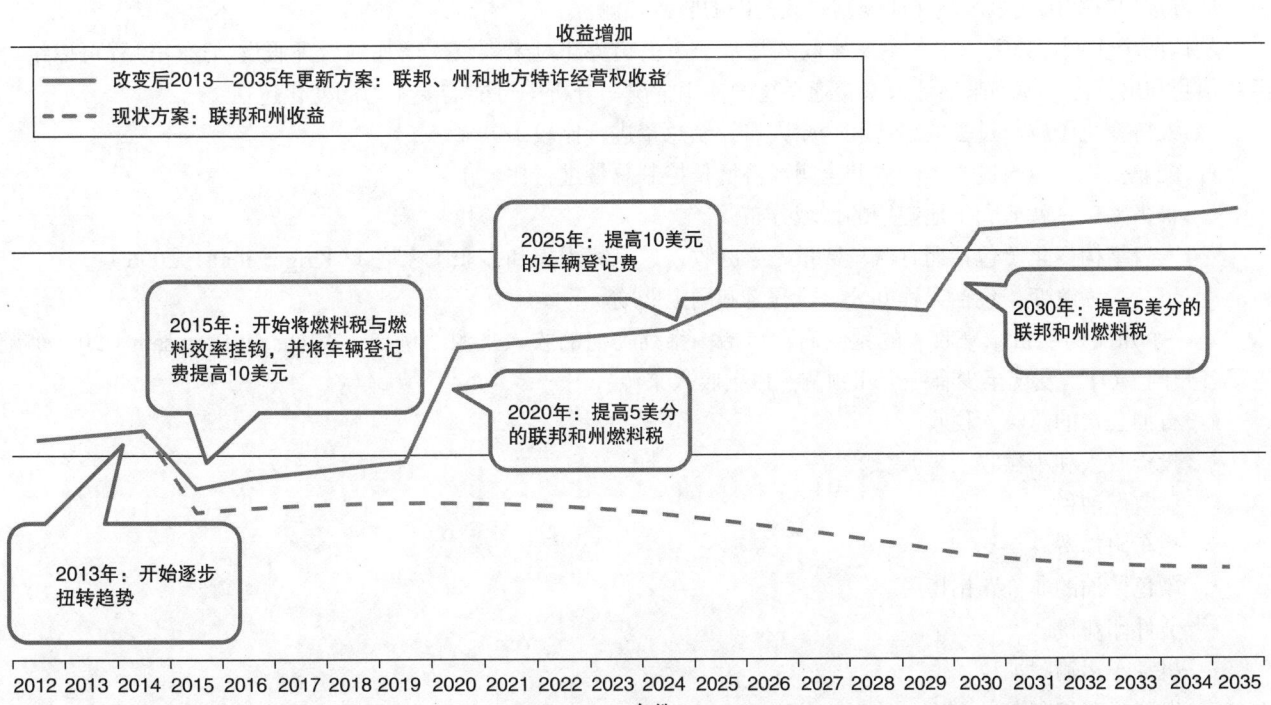

图5-15　收益增加的影响
来源：NCTCOG, 2013

称为交通收入评估和需求确定系统（Transportation Revenue Estimation and Needs Determination System，TRENDS）的收入预测模型用于预测州和联邦最初的地区计划资金。财务预测还包括来自该地区收费和管理车道系统以及当地资金的预测收入，以及该地区三个交通系统的收入（Ellis et al., 2011）。以下是拟订的反映各种可能性的三种收入设想（表5-10）：

- 现状：这一方案代表了对传统交通收入的最低投资水平。
- 全州范围的增强：这一情境代表了如果州或联邦一级的交通税或费用增加，将存在的财政状况。
- 全州增强 + 地方选项：这一方案是三种资助方案中最激进的一种。在这种情况下，多类地方税收举措将额外用于全州增强情况下的情景假设。地方举措可以是基于项目的（例如实施一个健全的收费和管理车道系统）和/或基于税收或收费的（例如增加车辆登记费用）（NCTCOG, 2013）。

表 5-10 2035 年得克萨斯中北政府委员会流动性金融情境假设

融资策略	现状	增强	增强 + 地方选项
州每加仑燃料税 / 百万美元	0.20（既有）	0.05（2020 年）+0.05（2030 年）	同增强
州燃料税指数化	—	到 2015 年提高燃料效率	同增强
联邦每加仑燃料税 / 百万美元	0.184（既有）	0.05（2020 年）+0.05（2030 年）	同增强
车辆登记费用 / 百万美元	60（既有）	同现状	10（2020 年）+10（2030 年）
收费公路、受管理车道和 P3	目前资助设施	同现状	额外的设施
其他假设	区域伙伴继续执行依赖地方实体为当地项目提供资金的项目	另外：到 2025 年逐步结束 80% 的改道；维修：TxDOT 解决路面状况，MPO 为桥梁更新提供资金	同增强
总收入 / 百万美元	74.9	86.4	101.1
维持现状带来的额外收入 / 百万美元		11.5	26.2

来源：NCTCOG, 2013

在评估了历史趋势、交通资金的现状和未来资金的合理性之后，MPO 董事会选择了 1011 亿美元的全州增强 + 地方选项方案来代表区域交通规划财政受限的收入预测。

从这两个实例可以看出，预测未来收入是基于历史趋势和对未来收入增加的合理假设。这一过程可以结合经济预测和出行需求模型来估计未来交通系统的使用情况。分析中可能需要考虑的变化包括：

- 人口变化（应与过去的趋势和全州人口控制总量进行比较）。
- 就业变化（应与过去的趋势和全州经济增长控制总量进行比较）。
- 未来人口、就业和土地使用的区域分布。
- 人口结构变化（包括拥有汽车数量、家庭收入、家庭规模和多职工家庭）（Kriger et al., 2006）。
- 出行行为改变（包括远程办公、行程链和网上购物）

对一个州交通项目未来收入的预测通常包括一系列类似的收入来源。例如，Wachs 和 Heimsath（2015）调查了各州的 DOT，发现至少有一个州预测了以下收入来源：

- 石油公司的总收入税收。
- 投资收入和小额收入来源。
- 航空燃油税。
- 租车附加费。
- 染色柴油的非公路销售税。
- 文件印花税。
- 机动车运输附加税。
- 燃料税转移和退税。
- 超大 / 超重许可证。
- 对州财产的损坏。
- 收费公路租赁收益。
- 杂项许可证和费用。
- 重量距离税。
- 联邦收入补偿。
- 对染色燃料使用征收 2% 的特别燃料消费税。
- 驾照收入。
- 货车监管和执法费用。
- 预计的未支配现金余额。
- 石油公司特许经营税。

- 收费委员会的贡献。
- 车辆违章代码。
- 汽车销售税。
- 地方参与。
- 现金余额的利息。
- 杂项收入。
- 专用税费。
- 渡轮费用。
- 机动车收费部门。
- 交通违章费。
- 领空租赁。

他们还发现，最常见的预测工具包括：简单的历史趋势外推、专家共识和计量经济学模型，包括计量经济学回归分析。

关于收入预测的有益参考包括（FTA，2000；NCHRP，2010；CRTPB，2010；Wachs and Heimsath，2015；and FDOT，2013）. Kriger et al.（2009）。

5.6.3 项目资金成本估算

项目资金成本估算的职责因机构在项目开发中的角色而异。例如，州 DOT 对州公路系统的项目规划、项目开发、建设、运营和维护负有主要责任。因此，包含在区域 TIP 中的公路资金成本估算通常来自州 DOT，MPO 通常不进行估算。然而，其他类型的项目，例如不属于州的公路和步行/骑行项目的成本估算通常是由 MPO 工作人员准备的。

成本估算，特别是对于非常大的项目，经常由于项目在建设过程中的"成本攀升"而受到批评。有许多原因导致最终费用不能反映规划估计，最重要的是在规划过程中还没有开展详细的工程，因此在项目的开发阶段，具体的项目费用（例如环境缓解）在很大程度上是未知的。Anderson 等人（2007）提出了造成项目成本估算差异的许多原因，具体如下。

1. 源因素
- 偏见
- 交付/采购方法
- 项目进度的变化
- 工程和建筑复杂性
- 范围变更
- 范围蔓延
- 不良的估计
- 偶发事项的不一致应用
- 错误的执行
- 模棱两可的合同条款
- 合同文档冲突

2. 内部
- 本地关注事项和要求
- 通货膨胀的影响
- 范围变更
- 范围蔓延

- 市场状况
- 无法预料的事件

3. 外部
- 不可预见的情况

需要注意的是，此表适用于那些开发过程超前且有能力完成精确成本估算的项目。例如范围变更和渐变之类的因素与计划水平的评估并不是很相关，因为具体的项目范围通常在计划完成之后才会制订出来。

图 5-16 展示了华盛顿州交通部用于制订计划成本估算的方法。这种方法简单地将单位成本乘以项目成本元素的预期数量，然后将所有组件成本估算相加，得到总成本。类似的方法也用于项目级别的成本估算，但要详细得多。大多数州都有成本估算手册或政策，已经根据其州的项目成本历史进行了校准（WSDOT，2015）。MPO 在开发自己的成本估算时经常使用这些手册。

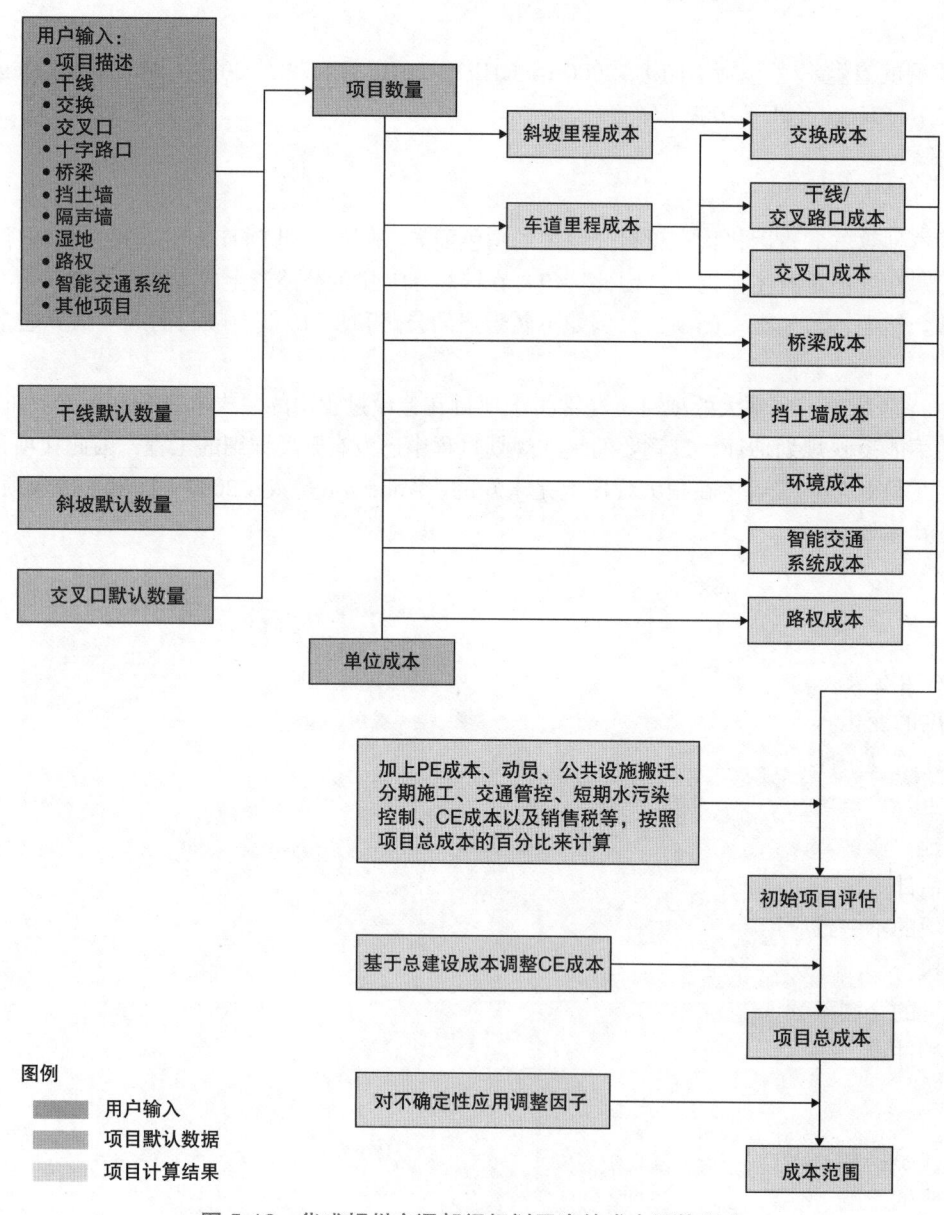

图 5-16　华盛顿州交通部门规划层次的成本评估程序

来源：WSDOT, 2012

规划层面的成本估算关键特征之一是，由于项目设计深度不足，成本估算人员无法确定项目成本。换言之，与规划层面成本估算相关的风险很高。通常会应用偶然性因素来处理这种情况，在估算中增加一个"不确定性"成本。随着项目开发的推进，以及更详细的工程实施，这种偶然性因素会减少。按阶段划分的典型偶然性范围如下。

- 规划和概念开发阶段：30%~40%。
- 公众参与阶段：25%。
- 项目中期：15%。
- 最后评估：5%~10%。
- PS&E：0（Paulsen et al.，2008）。

公共交通资金成本估算在某些方面类似于公路成本估算，即为每个项目确定关键的标准成本类别，然后在适当的情况下应用单位成本来估算类别成本。FTA 为成本估算过程定义了成本类别，并允许两种类型的成本估算："自下而上（确定性）"和"自上而下（随机）"方法（TransTech，2003）。"自下而上"方法是将一个类别中每个组件的成本相加。"自下而上"方法提供了一个数量级的成本，基于来自性质相似的项目的数据，将成本除以一个度量单位，并应用为一个单位成本。

FTA 成本类别包括：

- 类别 10：导轨和轨道元件
- 类别 20：车站、经停站、终点站和多式联运站
- 类别 30：辅助设施，包括庭院、商店和行政大楼
- 类别 40：现场工作和特殊条件
- 类别 50：系统
- 类别 60：通行权、土地权和现有改良权
- 类别 70：车辆
- 类别 80：专业服务
- 类别 90：未分配的意外事件
- 类别 100：财务费用

估计单价常用的两种方法如下：

- *历史投标价格法*使用过去类似工作的投标单价，根据时间和项目位置进行调整，并作为建设成本指数。投标单位成本通常可从州 DOT 获得。不同的经济环境状况也是造成报价比工程概算高、低或接近的重要因素。外部经济因素会导致类似交通信号这种相当标准的项目造价产生 ±10% 的偏差。外部经济因素会导致交通信号（一个相当标准化的项目）的建造成本上下波动 10%。当承包商在寻找工作时，他们将提交较低的报价，以承接项目。
- *时间和材料［也称组员价格（Crew Price）］*法在相似或一致的数据库中，使用经国家认证的生产率、当地劳动力水平以及设备费率标准，以及与项目估价相一致的物料或分包成本统计（HDR，Inc .2013）。

由表 5-11 可知，公共交通成本估算也采用了权变因素来考虑实际成本的不确定性。偶然事件将会在项目组成以及项目开发阶段中加以考虑。

表 5-11 交通运输成本的突发事件

FTA 类别	描述	应急比例分配（%）
10	导轨和轨道组件 - 导轨组件（地下除外） - 导轨组件（地下） - 轨道组件	25 35 20
20	车站、经停站、终点站和多式联运站	20
30	辅助设施：庭院、商店和行政大楼	20

FTA 类别	描述	应急比例分配（%）
40	现场工作及特殊情况	
	拆除、清理土方工程	25
	现场公共设施，公共设施搬迁	30
	有害物质、污染土壤清除/缓减、地下水处理	30
	环境缓解，例如湿地、历史/古迹、公园	30
	场地结构包括挡土墙、隔声墙	25
	步行/骑行通道和住宿、绿化	25
	汽车、公共汽车、厢式货车出入，包括道路、停车场	25
50	系统	20
60	道路权、土地权、现有改良权	50
70	车辆	10
未分配的临时因素		
规划	系统规划	15
	选择分析	10
设计	初步设计	20
	最终设计	15
	工程设计	10

来源：HDR, Inc. 2013

随着项目费用的不断上升，供资水平持续下降，制订一个可靠且有效的资本费用估计程序今后将变得更为重要。

5.6.4 运维费用估算

由于估计未来劳动力成本和劳动生产率的未知性，估算未来的运维（Operations and Maintenance，O&M）费用是一个特别的挑战。因此，大多数对未来 O&M 的估算只是历史趋势的升级。例如，PSRC 将系统组件的 O&M 组件视为项目成本，并假设成本以历史利率递增，以反映预期的变化。在 30 年的规划期内，市和县的维护成本实际增长了 2.7%，而非项目资本需求实际增长了 2.5%。当地公共交通业务估计将以通货膨胀率或略高于通货膨胀率的速度增长，这反映了自经济衰退以来执行的新成本控制政策。出行需求管理、智能交通系统和收费系统成本也通过各种详细的方法进行了规划性估算（PSRC，2014）。

公共交通 O&M 的估算与简单的升级方法略有不同，因为 FTA 和公共交通行业已经开发了估算运营管理成本的方法，特别是对于未来的公共交通项目。公共交通 O&M 分析的先决条件是运营计划，它概述了预期的车辆规模、发车间隔和劳动力需求。在一个主要的公共交通设施投建后，整个系统的 O&M 费用通常会增加，需要额外的补贴来继续 O&M 的交通系统（FTA，2000）。例如，固定导轨项目通常会导致重大的服务调整。营运计划包括至少 5 年的历史数据和现有运输系统及拟议项目 20 年的 O&M 费用预测。O&M 费用估算以交通机构的服务特点相关的信息为依据，例如预计车辆里程收入、服务车辆数和定向路线里程。

两种主要类型的模型可以用来估计未来的 O&M 费用。成本分配模型假设交通系统产生的每项费用都是由一个关键的供应变量"驱动"的，例如小时收入、里程收入和高峰车辆数。计算每个费用项目的单位成本率，并通过将未来小时收入、里程收入和高峰车辆数乘以各自的单位成本，来计算估计未来的 O&M 成本（FTA，undated）。最好提供 12 个月的实际中转费用数据，并定义为固定或可变费用。

资源积累模型明确了有助于提供公共交通服务的每一个因素，以及每一个因素的费用。随着新的服务加入到网络中，交通机构就可以估计这些投入因素的数量和相应的成本变化。表 5-12 展示了一个运营成本估算的实例，可见关键变量是年里程收入和年小时收入。

表 5-12 哥伦比亚区有轨电车实例运营成本估算

	年收入里程/英里	每英里收入的单位成本/美元	按里程计算的年成本/美元	年小时收入/美元	每小时收入的单位成本/美元	按小时计算的年成本/美元	2009年度运营和维护总成本/美元	2012年度运营和维护总成本/美元	2013年度运营和维护总成本/美元
有轨电车1	263852	5.23	1379946	30821	216.81	6683013	8062959	—	9074860
有轨电车2	278554	5.23	1456835	37269	216.81	8081133	9537968	—	10734982
优质公共汽车	—	—	—	33788	95.00	3209814	—	3209814	3306108

来源：District DOT, 2014

5.7 环境公正性分析

多年来，交通政策制定者越来越关注资金的公平分配问题。作为交通规划过程的一部分，TIP 的制定要遵守规划方案过程和实质内容的要求（Wachs, 2003；Committee on Equity Implications of Evolving Transportation Finance Mechanisms, 2011）。在美国，要求之一是，资本投资项目不应给低收入和少数族裔人口造成过度负担。那些开发 TIP 的人必须证明情况确实如此。在某些情况下，MPO 会对 TIP 的股权影响进行相当复杂的分析。

位于旧金山湾区的大都会交通委员会（Metropolitan Transportation Commission，MTC）就是一个例子。作为 2013 年 TIP 开发的参与方，MTC 进行了一项分析，专门针对拟议的 TIP 投资对股权的影响。2015 年，MTC 对该分析进行了更新，以反映自 2013 年以来额外的 TIP 投资。这项分析的目的是"了解低收入人群和少数族裔是否公平地分享小额投资"（MTC, 2014b）。该分析计算了 2015 年对确定社区的 TIP 投资份额，并将这些份额与上述群体的人口规模和出行相对于一般人口的比例进行了比较，方法如下。

1）2015 年 TIP 投资分为公共交通和公路两种模式。

2）各类别投资对象分别为低收入人群和少数族裔人群，其他人群则根据各群体在县域或交通运营商层面的使用份额进行分配。

3）按使用分配投资的方式是将该模式的使用百分比乘以相应特定模式的投资。这项分析是在县一级的公路和公共交通经营者一级上进行的。公共交通投资的分配也采用类似的办法。

4）低收入人群和少数族裔人群以及所有其他人群的模式投资（来自县或交通运营商的数据），根据每个群体对每种模式的使用份额进行汇总。然后计算目标人群和其他人群对系统的使用比例，并将投资百分比与用户组对系统的使用比例进行比较。

表 5-13~ 表 5-15 展示了从这项分析中得到的信息。根据这些信息，MTC 得出结论，联邦和州用于公共交通目的的资金在少数族裔和非少数族裔人口之间的分配没有不同的影响。

表 5-13 以人口为基础的 TIP 投资收入分配比较

	2015 年 TIP 投资/美元	投资占比（%）	出行占比（%）
生活在低收入家庭的人的行程（<50000 美元/年）	2331948851	25	18
非低收入家庭人士行程（>50000 美元/年）	7176862582	75	82
总计	9508811413	100	100

来源：MTC, 2014b, Reproduced with permission of MTC.

表 5-14 按少数族裔身份划分的 2015 年联邦和州交通运输 TIP 投资比较

种族/民族	联邦/州交通运输基金总额/百万美元	占联邦/州交通总资金比例（%）	占区域交通客运量比例（%）	占该地区总人口比例（%）
少数族裔	1355	61	62	58
非少数族裔	869	39	38	42
总计	2225	100	100	100

来源：MTC, 2014b, Reproduced with permission of MTC.

表 5-15 2015 年 TIP 投资差异影响分析（人口分析）

种族/民族	联邦/州交通运输基金总额/百万美元	区域人口（2010 年）	人均受益/美元	少数族裔人均福利与非少数族裔人均福利之比（%）
少数族裔	1355	4117836	329	115
非少数族裔	869	3032903	287	
总计	2225	7150739		

来源：MTC, 2014b, Reproduced with permission of MTC.

5.8 未来挑战

本章开篇就明确了交通财政与资金可能是交通运输业当今面临的最大挑战。这一挑战在未来可能会变得更严峻。PSRC 明确了交通财政中的一些横切性问题，这些问题是目前有关交通财政的争论焦点。它们在这里呈现，在某种程度上进行了修改，以反映未来的金融和融资环境（PSRC, 2014）。

燃料税的未来。面对通货膨胀的压力，燃料里程不断提高的车辆，以及交替使用燃料的车辆，以燃料税为基础的公路融资方式的发展可能受限。因此，（相关机构）多年来一直在考虑收取用户费用的其他办法。技术进步使对道路使用者的收费方式发生了革命性变化，也许有一天会提供一种替代燃料税的方法。随着交通部门更好地理解个人和货物流动与碳排放之间的联系，对机动车燃料征税将成为一种更不可行的提供资金的手段。避免燃料税的一个选择是采用车辆出行里程（VMT）费，即按车辆出驶里程向驾驶者收取费用。这种类型的费用会更适应用户费用的经济原则，但在美国这样的收费对那些开车到很远地方的人并不公平（即使如今收取燃料税和提高车辆燃料经济性所达成的效果是基本一致的）。

债券融资。从历史上看，美国的交通系统都是通过现收现付的方式来融资的。然而，现收现付的方式在提供交通系统能力提升所需的投资水平方面已不再有效。许多州已经转向将债券融资作为一种提供必要的前期资金以实施资本计划的方式。问题在于，根据借款的额度，贷款原则和利息支付可能会给未来几代人带来偿还成本的负担，使他们无法投资于自己的交通策略。

依赖与交通运输无关的税源。对销售税和市政一般基金等非交通相关收入来源的依赖，使交通系统面临更大的收入不确定性。例如，电子商务可能已经侵蚀了许多社区的销售税基础，因为在大多数情况下，销售税是不对网上购物收取的。依赖销售税收入的交通机构将受到经济衰退的影响。例如，在 2008—2012 年的经济衰退期间，由于销售税收入大幅下降，许多州不得不大幅削减服务。

州范围和地区资源的地理公平性。政治导致了地理上的分歧，而这些分歧一直是关于交通资金是否得到公平分配的争论源。"我得到公平的份额了吗？"是未来将继续面临的问题，特别是在资金减少的情况下。

跨用户组的成本负担。交通投资的分配效应，即"谁赢了？谁输了？"涉及公平和政治可行性的问题，但也对有效的交通系统管理有影响。一些使用交通系统的人比其他人付出了更高的成本。重型车辆会对路面和道路结构造成更多破坏，在交通高峰期繁忙道路上的通勤者对其他乘客造成了延误，支持交通投资的金融系统能够反映出这些成本结构。

车联网和自动驾驶。可以说，美国的交通系统正处于一场技术革命的风口浪尖。网联汽车、网联汽车基础设施和自动驾驶汽车提出了一个重要问题，即此类车辆的运营如何适应交通融资策略，以支持其仍然需要的基础设施。

5.9 总结

交通财政与资金是交通行业面临的两大挑战。今天，有各种各样的策略用于提供扩展和维护交通系统所需的资金。公共机构之间以及公共和私人组织之间的新伙伴关系正在使用创新的融资策略来支持相关项目的实施。在许多方面，财政和资金分析过程比以前更复杂。以往，州和地区投资项目的最大单一资金来源是汽油税，而如今，交通部门的官员们可以从更多选项中进行选择。

本章概述了当前交通财政和资金结构的配置，未来在财政上支持交通系统的方式将会有很大改变。我们已经看到新的机构设置和合作关系，用于支持交通系统的投资。新技术允许各州以非侵入性的方式收取通行费用，而且未来这种权力只会进一步增加。

交通融资已经成为交通规划过程的一部分。目前，交通规划往往需要确定融资策略和潜在的资金来源。因此，交通规划人员需要掌握财务分析的基础知识，以及被州或地区投资视为规划的一部分的策略类型。

参考文献

Agrawal, A.W., H. Nixon, A. Hooper. 2016. *Public Perception of Mileage-Based User Fees,* NCHRP Synthesis 487. Washington DC: Transportation Research Board. Accessed March 2, 2016, from http://onlinepubs.trb.org/onlinepubs/nchrp/nchrp_syn_487.pdf.

American Association of State Highway and Transportation Officials (AASHTO). 2015a. *State Transportation Funding Proposals as of June 8,* 2015. Website. Washington, DC: AASHTO. Accessed Jan. 17, 2016, from http://www.transportation-finance.org/pdf/featured_documents/state%20transportation%20funding%20proposals%202015-6-8.pdf.

_____. 2015b. *Toll Funding*. Website. Washington, DC: AASHTO. Accessed Jan. 17, 2016, from http://www.transportation-finance.org/funding_financing/funding/state_funding/tolls.aspx.

_____. 2015c. *Federal Motor Fuel Taxes*. Website. Washington, DC: AASHTO. Accessed Jan. 17, 2016, from http://www.transportation-finance.org/funding_financing/funding/federal_funding/motor_fuel_taxes.aspx.

_____. 2015d. *Local Options Sales Tax*. Website. Washington, DC: AASHTO. Accessed Jan. 21, 2016, from http://www.transportation-finance.org/funding_financing/funding/local_funding/option_sales_taxes.aspx.

American Planning Association. 2015. *Policy Guide on Impact Fees*. Website. Accessed Jan. 21, 2016, from https://www.planning.org/policy/guides/adopted/impactfees.htm.

American Road and Transportation Builders Association (ARTBA). Undated. *Overview of State Transportation Financing Mechanisms*. Washington, DC: ARTBA. Accessed Jan. 17, 2016, from http://www.transportationinvestment.org/wp-content/uploads/2014/01/Overview-of-State-Transportation-Financing-Mechanisms.pdf.

Anderson, S., K. Molenaar, and C. Schexnayder. 2007. *Guidance for Cost Estimation and Management for Highway Projects During Planning, Programming, and Preconstruction,* NCHRP Report 574. Washington, DC: Transportation Research Board. Washington, DC, Accessed Jan. 21, 2016, from http://onlinepubs.trb.org/onlinepubs/nchrp/nchrp_rpt_574.pdf.

Bureau of Transportation Statistics. 2014. *Government Transportation Financial Statistics 2014*. Washington, DC: Research and Innovative Technology Administration, U.S. Department of Transportation. Washington, DC, Accessed Jan. 18, 2016, from http://www.rita.dot.gov/bts/sites/rita.dot.gov.bts/files/GTFS_2014.pdf.

Colorado DOT. 2015. *STIP Development Guidance and Project Priority Programming Process (4P)*. Denver, CO: Colorado DOT. Accessed February 17, 2016, from https://www.codot.gov/business/budget/statewide-transportation-improvement-program-stip-reports-information/current-stip-reports-information/4P%20STIP%20Development%20Guidelines%2009-09%20-%20CLEAN.pdf.

Committee on Equity Implications of Evolving Transportation Finance Mechanisms. 2011. *Equity of Evolving Transportation Finance Mechanisms*. Special Report 303. Washington, DC: Transportation Research Board. Washington, DC, Accessed Feb. 17, 2016, from http://onlinepubs.trb.org/onlinepubs/sr/sr303.pdf.

Committee on Transportation and Infrastructure. 2014. *Public Private Partnerships, Findings and Recommendations of the Special Panel on Public-Private Partnerships, Balancing the needs of the public and private sectors to finance the nation's infrastructure.* Accessed Jan. 16, 2016, from http://transportation.house.gov/uploadedfiles/p3_panel_report.pdf.

Commonwealth of Virginia. 2014. *Implementation Manual and Guidelines For the Public-Private Transportation Act of 1995 (As Amended)*. Richmond, VA. Accessed Jan. 17, 2016, from http://www.virginiadot.org/office_of_transportation_public-private_partnerships/resources/UPDATED_PPTA_Implementation_Manual_11-07-14_FOR_POSTING_TO_WEBSITE_-_changes_accepted.pdf.

CPCS Transcom Ltd; H. Winner; Thompson, Galenson and Associates, First Class Partnerships Limited; and Portscape, Inc. 2015. *Alternative Funding and Financing Mechanisms for Passenger and Freight Rail Projects,* National Cooperative Rail Research Program Report 1. Washington, DC: Transportation Research Board, Washington, DC: Accessed Jan. 17, 2016, from http://onlinepubs.trb.org/onlinepubs/ncrrp/ncrrp_rpt_001.pdf.

District DOT. 2014. "Cost Estimates," Chapter 6, *Union Station to Georgetown Premium Transit Alternative Analysis (AA) Study*. Washington, DC: District Department of Transportation. Accessed Jan. 21, 2016, from http://www.dcstreetcar.com/wp-content/uploads/2014/08/7_Ch-6-Cost-Estimates.pdf.

Delaware Valley Regional Planning Commission (DVRPC). 2013. *CONNECTIONS 2040*. Philadelphia, PA: DVRPC. Accessed Jan. 17, 2016, from http://www.dvrpc.org/reports/13042.pdf.

Denver Regional Council of Governments (DRCOG). 2015a. *2016-2021 Transportation Improvement Program*. Denver, CO: DRCOG. Accessed Jan. 17, 2016, from https://drcog.org/sites/drcog/files/resources/DRCOG%202016-2021%20TIP-Adopted%20April%2015%202015.pdf.

_____. 2015b. *Policy on Transportation Improvement Program (TIP) Preparation, Procedures for preparing the 2016-2021 TIP*. Denver, CO: DRCOG. Accessed Jan. 17, 2016, from https://drcog.org/sites/drcog/files/resources/2016-2021%20TIP%20Policy%20-%20Amended.pdf.

Dye, R., and D. Merriman. 2006. "Tax Increment Financing: A Tool for Local Economic Development." *Land Lines*: Volume *18*, Number 1, Jan. Accessed Jan. 21, 2016, from http://www.lincolninst.edu/pubs/1078_Tax-Increment-Financing.

Ellis, D., B. Glover, and N. Norboge. 2011. *Development of the Transportation Revenue Estimator and Needs Determination System (TRENDS) Forecasting Model: MPO Sub-models and Maintenance*, FHWA/TX-11/5-6395-01-1. College Station, TX: Texas A&M University, Texas Transportation Institute,. Accessed Jan. 21, 2016, from http://d2dtl5nnlpfr0r.cloudfront.net/tti.tamu.edu/documents/5-6395-01-1.pdf.

Federal Highway Administration (FHWA). Undated. *Project Finance: An Introduction*. Website. Washington, DC: FHWA. Accessed Jan. 17, 2016, from http://www.fhwa.dot.gov/ipd/pdfs/fact_sheets/program_project_finance_introduction.pdf.

_____. Undated. *Innovative Program Delivery*. Website. Federal Highway Administration. Accessed Feb. 21, 2016, from http://www.fhwa.dot.gov/ipd/finance/faqs/.

_____. Undated. *Road Pricing Defined*. Website. Accessed Feb. 26, 2016, from http://www.fhwa.dot.gov/ipd/revenue/road_pricing/defined/vmt.aspx.

_____. 2007. *User Guidebook on Implementing Public-Private Partnerships for Transportation Infrastructure Projects in the United States,* Final Report. Washington, DC: FHA. Accessed Feb. 19, 2016, from http://www.fhwa.dot.gov/ipd/pdfs/ppp_user_guidebook_final_7-7-07.pdf.

_____. 2012a. *P3-VALUE: Orientation Guide*. Washington, DC: U.S. DOT. Accessed Jan. 21, 2016, from http://www.fhwa.dot.gov/ipd/pdfs/p3/p3_value_orientation_guide_020713.pdf.

_____. 2013. *Toll Facilities in the United States,* FHWA-PL-13-037. Washington, DC: FHA.

Federal Transit Administration. 2000. *Guidance for Transit Financial Plans*. Washington, DC: FTA. Accessed Jan. 21, 2016, from http://www.fta.dot.gov/images/gftfp.pdf.

_____. 2010. National Transit Database. *Website*. Accessed Jan. 21, 2016, from http://www.ntdprogram.gov/ntdprogram/data.htm.

_____. Undated. *Operating and Maintenance Costs*. Washington, DC: FTA. Accessed Feb. 21, 2016, from http://www.fta.dot.gov/documents/Draft_OM_Costing_Chapter112706.doc.

Florida DOT (FDOT). 2013. *2040 Revenue Forecast Handbook, Forecast of State Transportation Revenues and Program Levels*. Tallahassee, FL: FDOT. Accessed Jan. 21, 2016, from http://www.browardmpo.org/userfiles/files/Handbook-2040LRTP-FDOT-District4-RevenueForecasts.pdf.

Gilroy, L. and R. Poole. 2012. *Ten Myths and Facts on Transportation Public-Private Partnerships*. Washington, DC: Reason Foundation. Accessed Jan. 17, 2016, from http://reason.org/files/ten_myths_and_facts_on_transportation_p3s_(final).pdf.

Goldman, T. and M. Wachs. 2003. "A Quiet Revolution in Transportation Finance, The Rise of Local Option Transportation Taxes." *Transportation Quarterly*, Vol. *57*, No.1. Washington, DC: Eno Foundation. Accessed Jan. 21, 2016, from http://uctc.net/research/papers/644.pdf.

HDR, Inc. 2013. *Anacostia Streetcar Phase 2 Capital Cost Estimating Report*. Report prepared for the District Department of Transportation, Washington, DC. Accessed Jan. 21, 2016, from http://www.dcstreetcar.com/wp-content/uploads/2014/03/Appendix-K-Capital-Cost-Methodology-Report.pdf.

Henkin, T. 2009. *Debt Finance Practices for Surface Transportation*, NCHRP Synthesis 395. Washington, DC: Transportation Research Board. Accessed Jan. 17, 2016, from http://onlinepubs.trb.org/onlinepubs/nchrp/nchrp_syn_395.pdf.

Iacono, M., D. Levinson, and Z. Zhao. Undated. *Value Capture for Transportation Finance*. St. Paul, MN: University of Minnesota. Accessed Jan. 17, 2016, from http://nexus.umn.edu/papers/ValueCapture.pdf.

Iowa DOT. 2015. *Guidelines for Development—Transportation Improvement Programs (TIPs) and the Iowa Statewide Transportation Improvement Program (STIP)*. Des Moines, IA: Iowa DOT. Accessed Jan. 17, 2016, from http://www.iowadot.gov/program_management/Final_TIP_STIP_Documentation.pdf.

Istrate, E. and R. Puentes. 2011. *Moving Forward on Public Private Partnerships: U.S. and International Experience with PPP Units*. Washington, DC: Brookings-Rockefeller. Accessed Jan. 19, 2016, from http://www.brookings.edu/~/media/research/files/papers/2011/12/08%20transportation%20istrate%20puentes/1208_transportation_istrate_puentes.pdf.

Kramer, L., S. Landau, J. Letwin, and M. Moroney. 2015. *Innovative Revenue Strategies—An Airport Guide*, Airport Cooperative Research Program Report 121. Washington, DC: Transportation Research Board. Accessed Jan. 20, 2016, from http://onlinepubs.trb.org/Onlinepubs/acrp/acrp_rpt_121.pdf.

Kriger, D., S. Shiu, and S. Naylor. 2006. *Estimating Toll Road Demand and Revenue*, NCHRP Synthesis 364. Washington, DC: Transportation Research Board. Accessed Jan. 21, 2016, from http://onlinepubs.trb.org/onlinepubs/nchrp/nchrp_syn_364.pdf.

MacCleery, R., and C. Peterson. 2012. *Using Special Assessments to Fund Transit Investments*. Washington, DC: Urban Land Institute. Accessed Jan. 21, 2016, from http://urbanland.uli.org/infrastructure-transit/using-special-assessments-to-fund-transit-investments/.

Metropolitan Transportation Commission. 2014a. *A Guide to the San Francisco Bay Area's Transportation Improvement Program or TIP*. Oakland, CA: MTC. Accessed Jan. 17, 2016, from http://files.mtc.ca.gov/pdf/TIP/2015/guide_to_the_2015_tip.pdf.

_____. 2014b. *2015 TIP Investment Analysis: Focus on Low-Income and Minority Communities*. Oakland, CA: MTC. Accessed Jan. 17, 2016, from http://files.mtc.ca.gov/pdf/TIP/2015/final_2015_tip_investment_analysis_report.pdf.

Michigan DOT. 2014. *State Transportation Improvement Program*. Lansing, MI: MDOT. Accessed Jan. 17, 2016, from http://www.michigan.gov/documents/mdot/MDOT_Draft_2014-17_STIP_document_430052_7.pdf.

Minnesota DOT. 2015. State Transportation Improvement Program (STIP). Website. St. Paul, MN: MnDOT. Accessed Jan. 17, 2016, from http://www.dot.state.mn.us/planning/program/pdf/stip/2015-2018%20STIP%20FINAL.pdf.

Municipal Services Research Center (MSRC). 2015. Impact Fees. Website. Accessed Jan. 21, 2016, from http://mrsc.org/Home/Explore-Topics/Planning/Land-Use-Administration/Impact-Fees.aspx.

National Surface Transportation Infrastructure Financing Commission. 2009. *Paying Our Way, A New Framework for Transportation Finance*, Final Report of the National Surface Transportation Infrastructure Financing Commission. Washington, DC: NSTIF. Accessed Jan. 17, 2016, from http://financecommission.dot.gov/Documents/NSTIF_Commission_Final_Report_Mar09FNL.pdf.

National Capital Region Transportation Planning Board (NCRTPB). 2010. *Analysis of Resources for the 2010 Financially Constrained Long-Range Transportation Plan for the Washington Region*. Washington, DC: NCRTPB. Accessed Jan. 21, 2016, from https://www.mwcog.org/uploads/pub-documents/pV5fWls20101201121202.pdf.

National Cooperative Highway Research Program (NCHRP). 2010. *Best Practices in Managing STIPs, TIPs, and Metropolitan Transportation Plans in Response to Fiscal Constraints*, Scan 08-01. Washington, DC: Transportation Research Board. Accessed Jan. 21, 2016, from http://onlinepubs.trb.org/onlinepubs/nchrp/docs/NCHRP20-68A_08-01.pdf.

North Central Texas Council of Governments. 2012. *Chapter III, Project Selection and Prioritization Process*. Arlington, TX: NCTCOG. Accessed Jan. 17, 2016, from http://www.nctcog.org/trans/tip/13_16TIP/documents/_Chapter3.pdf.

_____. 2013. *Mobility 2035, Financial Reality*. Arlington, TX: NCTCOG. Accessed Jan. 17, 2016, from http://www.nctcog.org/trans/mtp/2035/FinancialReality.pdf.

Oregon DOT. Undated. *Oregon Statewide Transportation Improvement Program, STIP Users' Guide*. Salem, OR: ODOT. Accessed Jan. 17, 2016, from http://www.oregon.gov/odot/td/stip/documents/stipusers.pdf.

_____. 2015. *2015–2018 Statewide Transportation Improvement Program*. Salem, OR: ODOT. Accessed Jan. 17, 2016, from http://www.oregon.gov/ODOT/TD/STIP/STIP/15-18_FINAL_STIP.pdf.

Paulsen, C., F. Gallivan, and M. Chavez. 2008. *Guidelines for Cost Estimation Improvements at State DOTs*, NCHRP 8-36 Task 72. Washington, DC: Transportation Research Board. Accessed Jan. 21, 2016, from http://statewideplanning.org/wp-content/uploads/235_NCHRP-8-36-72-guidelines.pdf.

Puget Sound Regional Council. 2014. *Transportation 2040*, Appendix F: "Financial Strategy Background." Seattle, WA: PSRC. Accessed Jan. 17, 2016, from http://www.psrc.org/assets/10540/T2040Update2014AppendixF.pdf.

_____. Undated. List of Funding Sources. Seattle, WA: PSRC. Accessed Jan. 19, 2016, from http://www.psrc.org/assets/10722/ATPAttachmentB-FundingSources.pdf.

_____. 2015. *Overview of the 2015–2018 Regional Transportation Improvement Program*. Seattle, WA: PSRC. Accessed Jan. 17, 2016, from http://www.psrc.org/assets/11977/Final-Main-Document.pdf.

Rall, J., J. Reed, and N. Farber. 2010. *Public-Private Partnerships for Transportation: A Toolkit for Legislators*. Washington, DC: National Conference of State Legislatures. Accessed Jan. 17, 2016, from http://www.ncsl.org/documents/transportation/PPPTOOLKIT.pdf.

Reconnecting America. 2015. What Is TOD? website. Accessed Jan. 21, 2016, from http://www.reconnectingamerica.org/what-we-do/what-is-tod/.

San Diego Association of Governments (SANDAG). 2011. "Financial Strategies: Paying Our Way," Chapter 5, *2050 Regional Transportation Plan*. San Diego, CA: SANDAG. Accessed Jan. 17, 2016, from http://www.sandag.org/uploads/2050RTP/F2050rtp5.pdf.

Thomas, L. 2014. "Transit Public-Private Partnerships: Legal Issues." *Legal Research Digest* 45. Washington, DC: Transportation Research Board. Accessed Jan. 17, 2016, from http://onlinepubs.trb.org/onlinepubs/tcrp/tcrp_lrd_45.pdf.

TransTech Management, Inc. 2003. *Financing Capital Investment: A Primer for the Transit Practitioner*, TCRP Report 89. Washington, DC: Transportation Research Board. Accessed Jan. 17, 2016, from http://onlinepubs.trb.org/onlinepubs/tcrp/tcrp_rpt_89a.pdf.

U.S. Department of Transportation. 2004. *Report to Congress on Public-Private Partnerships*. Washington, DC: U.S. DOT. Accessed Jan. 19, 2016, from http://www.fhwa.dot.gov/reports/pppdec2004/#2a.

Vadali, S. 2014. *Using the Economic Value Created by Transportation to Fund Transportation*, NCHRP Synthesis 459. Washington, DC: Transportation Research Board. Accessed Jan. 21, 2016, from http://onlinepubs.trb.org/onlinepubs/nchrp/nchrp_syn_459.pdf.

Wachs, M. 2003. *Improving Efficiency and Equity in Transportation Finance*. Washington, DC: Brookings Institution. Accessed Jan. 17, 2016, from http://www.brookings.edu/research/reports/2003/04/transportation-wachs.

Wachs, M., and B. Heimsath. 2015. *Forecasting Transportation Revenue Sources: Survey of State Practice*, NCHRP Synthesis 479. Washington DC: Transportation Research Board. Accessed March 2, 2016, from http://onlinepubs.trb.org/onlinepubs/nchrp/nchrp_syn_479.pdf.

Washington State DOT. 2012. *Planning Level Cost Estimation Step by Step to Make it Easy*. Olympia, WA: WSDOT. Accessed Jan. 21, 2016, from http://www.wsdot.wa.gov/mapsdata/travel/pdf/PLCEManual_12-12-2012.pdf.

_____. 2015. *Cost Estimating Manual for Projects*. Olympia, WA: WSDOT. Accessed Jan. 21, 2016, from http://www.wsdot.wa.gov/Publications/Manuals/M3034.htm.

Zhao, Z. 2010. *Understanding Public-Private Partnerships in State Highway Development*. Minneapolis, MN: University of Minnesota, St. Paul, MN.

Zhao, Z., and K. Larson. 2015. "Funding Public Transportation Through Special Assessment Districts: Addressing the Equity Concerns." *Public Works Management & Policy 20*: 127–145. Accessed on Jan. 21, 2016, from http://pwm.sagepub.com/content/16/4/320.abstract.

第 6 章

出行需求与交通网络建模

6.1 引言

非商品化城市中的出行需求是指因经济或个人需求而发生的出行。出行需求通常受多种因素影响，包括家庭收入、性别和年龄、汽车所有权和家庭结构等。交通供给由道路、交通运输设施和服务、信息技术和其他基础设施组成。交通供给和出行需求是相互依赖的，而供给能力不足会导致交通拥堵，进而影响出行决策，个体出行决策的累积效应会影响出行系统的效率。出行需求模型关注的是交通需求与供给之间的相互作用。在进行长期的基础设施投资决策时，交通规划人员需要知道如何构建未来的出行需求模型，以及如何解读结果。

本章从出行需求模型演变的历史角度开始叙述。下一节将讨论出行需求建模基础的一些关键原则和概念，引出对目前使用的主要建模方法——四阶段建模（模型）和基于活动的建模（模型）的描述。第三节将讨论出行需求建模与空气质量分析之间的重要关系，最后一节描述可用于交通社区不同出行需求的软件包。本章没有讨论货运需求模型，相关内容会在第 22 章展开讨论。

6.2 出行需求建模

6.2.1 历史回顾

在 20 世纪 50 年代中期之前，许多城市地区依靠简单的统一增长因素来估计未来的出行需求。换言之，规划师们只是简单地根据历史上的出行量增长来推断未来的出行需求（Weiner，1987）。在 20 世纪 50—60 年代，交通对发展中的大都市地区变得越来越重要，特别是当联邦交通立法要求建立正式的交通规划体系时（详见第 1 章），科学严谨的预测方法变得至关重要。在早期的出行需求建模中，需求预测主要用于确保有足够的道路容量来满足不断增长的机动车出行需求，而对其他交通运输方式的需求预测投入很少，在此期间开发的许多分析技术成为四阶段模型的基础。

20 世纪 60—70 年代，交通规划发生了很多重大变化。环境问题开始在交通决策中发挥更为重要的作用。20 世纪 70 年代的石油禁运，使人们越来越担心美国交通系统对进口石油的依赖，人们再次期望各种模型能够分析不同交通策略可能产生的影响。从 20 世纪 80 年代中期开始，较大的城市开始更认真地考虑提供私家车以外的交通工具，同时要求出行需求模型能够在不同系统条件下，提供一些最有效的交通和出行需求管理（Travel Demand Management，TDM）策略的指引。在过去 20 年里，扩大系统容量以满足需求的重点已经转变为需求管理。例如，考虑应用智能交通系统（ITS）技术来管理系统性能，并为出行者提供更准确的出行信息（详见第 10 章交通系统管理和运营）。为了知道哪些投资是有意义的，人们通过出行需求模型来识别这些技术和其他以业务为导向的策略对出行决策的影响（TRB，2007）。

当今的土地利用规划和交通投资决策，伴随着许多在 20 世纪 50 年代闻所未闻的考虑因素，从空气质量、环境影响和环境公正性问题，到告知监管流程和解决与政府责任有关的报告要求。这些与环境相关的规划变化也伴随着家庭因素的根本变化，这些因素往往推动了需求变化，进而使今天的出行市场不同于 20 年前。例如，家庭规模的缩小和机动车保有量的增加可能对出行活动产生最显著的影响（详见第 2 章出行特征及数据）。在过去40年里，平均家庭规模减少了约1人，而同期机动车保有量持续上升。美国国家公路与运输官员协会（AASHTO）指出，在过去50年里，汽车拥有率发生了巨大变化：

"拥有一辆汽车的家庭数量在30年里大致保持不变，但在1990年之后开始增加，这可能是由于移民的涌入和单身成年人家庭数量的增长。请注意，在大多数情况下，最大的变化发生在拥有两辆或三辆汽车的家庭。在此期间，拥有两辆汽车的家庭从大约1000万个增加到4000多万个，而拥有三辆或更多汽车的家庭数量则增长惊人，从130万个增加到2200多万个，几乎是1969年的20倍。"

——AASHTO（2013）

家庭的组成和家庭活动的组织也在不断发展。随着家庭结构的改变，出行模式发生了变化，这也受到了美国大都市区快速郊区化的影响。随着单亲家庭和双职工家庭数量的增加，个人日常出行的方式也变得更加复杂。非工作出行现在常与工作通勤联系在一起，导致不同类型的活动联系在一起。早在20世纪90年代中期，Strathman等人（1994）就发现31.5%的出行链与工作相关，68.5%与工作无关。

由于这些变化，过去20年的出行需求预测在工具和方法上有了显著的改进。政策和基础设施决策的复杂性推动了许多创新性发展，并且已经进入大规模实践阶段。

6.2.2 原则和概念

出行需求模型的建立基于多个基本概念和原则，几十年来，这些概念和原则一直是需求建模的基础。这些概念涵盖了从消费者理论到衍生出行、衍生需求的概念。尽管对这些主题的详细讨论超出了本章的范围，但交通规划从业者应了解一些基础的出行需求建模知识，以便理解为什么形成了现在的模型。

1）*出行是衍生需求*。将出行视为衍生需求可能是出行需求建模中最重要的概念之一，并已被纳入传统模型和一些较新的建模方法中。简单地说，衍生需求认为出行的发生是由于存在活动目的地，出行只是达到目的地的一种手段。这就催生了描述目标区域吸引力（例如数千平方米的零售空间）以及原始区域特征（例如家庭收入）的模型变量。

2）*出行者是出行的消费者*。商品的消费者在决定购买一种产品时，通常会考虑一系列因素，交通也如是。出行者被认为是在"购买"一种出行模式。在出行需求中，一种模式被认为具有与其使用相关联的效用（或是负效用，如果这种特性不导致更高的消费，例如出行成本）。一种模式的效用与出行成本、便利性、出行时间、模式的可用性等相关。出行者会权衡不同模式之间的效用，然后选择效用最高的出行模式。重要的是，不同模式之间的选择是可以观察到的，也就是说，可以根据观察到的单个出行者的行为来开发模型，并在交通网络中对所有出行者进行汇总。

3）*交通网络均衡流量*。图6-1展示了一种商品的需求及其与价格的关系。可见，需求曲线表示在特定价格下的预期消费量。应用在交通上，假设个体出行者不能通过选择另一条路径或另一种到达目的地的方式来提高效用。使用出行成本作为效用的简单表示，意味着在所有条件都相同的情况下，出行者无法找到与所选择的路径不同的另一条成本最低的出行路径。因此，在给定价格条件下，可假定交通网络的总流量为均衡流量。出行需求建模不仅要反映出行者的特征，还要反映网络性能的特征。在需求估计中反映的是交通需求与供给之间的相互作用。需要注意的是，交通需求曲线受众多因素影响，有时可能超出规划师的控制（例如人口老龄化），需求弹性（例如需求随价格的变化关系）也随着影响因素的时效性而发生变化。

4）*随机的行为*。虽然人们会期望"理性"的人总是选择效用最高的出行方式，但事实并非如此。有些出行者在高峰时期不开车，而有些人从不乘坐公共汽车。如果相信衍生需求的概念，那么一个

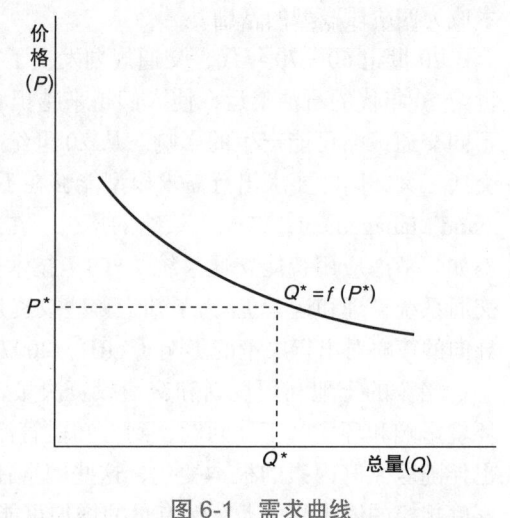

图6-1 需求曲线

"理性"的人总是会在出发地与目的地之间选择最短的时间路径。然而，许多人选择较长的路径只是为了"看看风景"。因此，出行决策存在一些不确定性，必须将其作为出行需求建模的一部分加以考虑。它在出行需求模型中表现为利用不同模式所采取的某些出行的概率。

5）*出行目的和时间*。如第2章所述，出行是为了某些目的（衍生需求）而进行的，且发生在一天中的特定时间。因此，出行需求模型将出行目的融入到模型本身的结构和功能中。在传统模型中，需求分析实际上是按出行目的顺序进行的。因此，可以预测工作出行、购物出行和学校出行等。然后，将这些信息汇总起来，得到一个完整的行程制作"画面"。类似的，一天的时间是通过预测一个24小时出行表来处理的，然后使用这些时间段内发生的出行数量的历史百分比来将其缩小到一天的个别时段（例如高峰3小时、高峰时段或非高峰时段）。在最近的许多建模工作中，已经通过观察一天中个人的典型出行活动来将出行目的与出行时间结合。例如，一个出行者可能早上从家里出发，送孩子去托儿所，开车去上班，走路到公司附近的咖啡店，走路回公司，走到公司附近的餐馆吃午饭，走路回公司，开车去托儿所接孩子，下午晚些时候开车回家。如今的许多需求模型都能够通过关注出行者白天的活动来表现其出行行为，因此就有了"基于活动的模型"这一术语。

6）*出行活动的空间分布*。与时间分布相似，出行活动也在空间维度上发生。因此，在预测出行需求时，交通规划人员会想知道出行者可能从哪里来，他们要去哪里。从建模的角度看，这对于分配交通流到交通网络（例如公路或公共交通网络）非常重要。近年来，对于在家工作或在不被认为是工作地点（例如咖啡店）工作的员工来说，识别出行的空间特性变得更具挑战性。随着互联网使社会变得越来越分散，了解许多日常活动的空间分布可能变得更加重要。

6.2.3 出行需求模型应用

出行需求预测涉及各种各样的问题和规划情况。在每种情况下，模型或预测工具的投入将根据预期结果的复杂性和需求分析的规模而变化。例如，区域需求预测需要整个区域（例如交通分析区域）和整个交通系统（例如公共交通、公路和非机动网络）。预测未来出行需求的复杂程度可以从使用简单的增长率和趋势线分析开始，直到使用大规模出行需求和仿真模型。表6-1展示了出行需求预测的不同应用以及需求分析生成的信息类型。这些信息描述了未来交通系统的状况和性能，这样投资或运营决策就可以对未来的运力和运营问题做出预测。表6-1中的有效性度量（Measures of Effectiveness，MOE）指的是预测工具输出的类型。请注意，表6-1所示的出行需求预测工具的重点是道路需求，对交通客流量和步行/骑行情况的预测采用了略有不同的方法。

表 6-1 基于道路需求预测应用的典型输出指标

出行预测应用	基于典型交通流量的 MOE	基于典型出行时间的 MOE	基于可达性的 MOE
空气质量整合分析	全区域车辆出行里程（VMT）	速度	
资产管理，包括桥梁和路面需求	特定流量		
成本改善计划，优先次序	效益/成本，服务水平（Level of Service，LOS）		
拥堵管理过程	通道流量	速度	
通道流动研究	交叉口：LOS，交叉口转弯动作，交通量		
需求管理计划	高峰时段出行量，LOS		
环境影响报告书	车辆出行里程，排放，事故	车辆出行时间（VHT）	
能源消耗	耗油量（与每加仑行驶里程有关）		
撤离计划	每小时的客运量、吞吐量	出行时间	
设施设计及运作	设计小时交通量		

（续）

出行预测应用	基于典型交通流量的 MOE	基于典型出行时间的 MOE	基于可达性的 MOE
公路可行性研究	效益/成本，核查线交通量，LOS	车辆出行时间	进入劳动力市场和就业的机会
交换的理由请求	出行量，LOS		
道路（一般和货运）长期规划	车辆出行里程，LOS	车辆出行时间	进入劳动力市场和就业的机会
出行影响研究	交叉口转弯情况，LOS，每辆车延误		

来源：As modified from CDM Smith et al., 2014, Reproduced with permission of the Transportation Research Board.

NCHRP 765 号报告，《项目级规划设计中的出行分析预测方法》（*Analytical Travel Forecasting Approaches for Project-level Planning and Design*），提供了基于交通流量、出行时间和可达性测量的输出的优缺点，表 6-2 展示了评估结果（CDM Smith et al., 2014）。

表 6-2　交通出行预测模型输出的优缺点

	基于交通流量的测量	基于出行时间的测量	基于可达性的测量
定义	以交通流量为基础的度量，处理交通运输网络上沿着警戒线上的几个起讫点之间的交通设施的使用数量。需求与特定的时间相关联	出行时间描述了某一车辆在两点之间的出行时间，或一组出行者在区域之间或区域内的出行所耗费的时间	可达性可用于评估环境公正性人口如何受到交通投资和开发的影响，利用开发地点合理距离内的人口等指标，评估设施（例如港口、机场、仓库和配送设施）与发货人、零售地点和其他商业开发项目的邻近程度
优点/缺点	交通量是出行预测过程中最基本、最容易理解和接受的，因此也是最重要的输出。然而，出行量并不能传达出行者对拥堵或延误的体验	基于出行时间的度量比基于交通流量的度量更准确地描述出行者的体验。然而，大多数预测模型对出行时间的估计不如对交通流量的估计准确	较高的可达性对应于更多的目的地选择和模式选择，从而获得更好的经济和社会效果。只要简单地计算可获得的选择或机会，可达性就很容易理解。当在大的地理尺度上使用时，该措施可能对交通能力的中微观变化不敏感。生成无单位结果（例如效用变化）的可达性的聚合度量可能很难解释和理解
应用/目的	交通量描述道路上某一点的车辆数量。出行预测通常是针对特定的出行对象，例如乘用车和货车。特殊目的的研究可以集中在额外的车辆类别上，例如公共汽车或单体或拖挂货车	出行时间经常与一些规范或标准相比较来描述性能。衡量出行时间表现的标准或基准应现实且明确。在比较两个点之间的出行时间时，比较点通常是无构建场景的。出行延误可以作为相对的预测标准，它是指出行中超出预期水平的时间增量。预期水平通常被定义为在不拥堵的情况下的出行时间（自由流动时间）。然而，在一些城市和出行高峰期，不拥堵的条件可能是不现实的	典型的应用包括小区域和大区域之间的关系： ·就业或活动中心（较小区域）30/45/60 分钟（出行范围）内的家庭数量（较大区域），作为劳动力获取的衡量标准 ·居住区域（较小区域）30/45/60 分钟（出行范围）内的就业数量（较大区域），作为就业机会的衡量标准 研究和规划人员已经制订了更普遍的可达性措施，适合在区域一级应用。这些测量依赖于类似于重力模型的公式。目标或模式选择模型的分母，logsum，也可以用来度量所表示的所有模式的可达性

来源：CDM Smith et al., 2014, Reproduced with permission of the Transportation Research Board.

NCHRP 765 号报告还提供了一个值得借鉴的清单或经验规则，用于在交通分析中应用出行预测技术，包括：

- 应尽一切努力，在分析交通需求与供应间的相互作用的基础上，利用经过充分验证的交通需求模型预测出行。出行需求预测应基于行为/社会经济因素，而不是根据出行增长的趋势线推断。
- 可以为项目级别的预测创建额外的区域细节（额外的区域和通道）。
- 在进行通道级调整之前，应先在行程表一级对预测过高或过低的需求进行调整。
- 根据基准年出行计数，对高估或低估的通道级调整不应超过 15%。
- 超过五年的交叉口车辆转弯轨迹预测是非常容易出错的，必须避免。
- 应仔细审查研究地区预测的出行量减少（负增长）并充分解释。可能的原因包括经济因素，创造新的平行线路，出行转变，以及基于不寻常和/或不具代表性的出行条件的预测程序。
- 尽可能将收益/成本分析应用于出行预测，以进行投资决策。
- 出行预测应记录在一个简短的报告中，包括足够的信息，让读者了解分析的目的、分析的主要结果、发现研究区域现有条件的理由或支持证据，以及用于分析的方法/方法论。
- 良好的出行预测依赖于可靠和及时的基础数据。至少应在项目现场收集乘用车和货车的每小时出行次数，以便进行出行预测。
- 出行预测过程的假设、分析过程和结果应完整记录在案，以供公众审查。
- 凑整（四舍五入）应通过 AADT 水平来避免精度不足，见表 6-3（CDM Smith，2014）。

出行需求建模的参考资料包括：
- 出行模型改进计划（Travel Model Improvement Program，TMIP）《Travel Model Validation and Reasonableness Checking Manual Second Edition》（http://www.fhwa.dot.gov/planning/tmip/publications/other_reports/validation_and_reasonableness_2010/index.cfm）。
- TMIP《Guide for Travel Model Transfer》（http://www.fhwa.dot.gov/planning/tmip/publications/other_reports/travel_model_transfer/index.cfm）。

表 6-3 出行预测精度

出行预测	
预测量	四舍五入到
<100	10
100～999	50
1000～9999	100
10000～99999	500
>99999	1000

白皮书：
- "Improving Existing Travel Models and Forecasting Processes"（https://www.fhwa.dot.gov/planning/tmip/publications/other_reports/improving_existing_models/）。
- "Managing Uncertainty and Risk in Travel Forecasting"（http://www.fhwa.dot.gov/planning/tmip/publications/other_reports/undefinty_ad_risk/undefintyandrisk.pdf）。

TMIP 工具：
- 道路收费可行性检测工具（https://www.fhwa.dot.gov/planning/tmip/publications/other_reports/feasibility_screening/）。
- TAZ 数据一致性检查工具。

公共交通和非机动车出行的需求预测与上述道路需求预测有一些相似之处。对公共交通的乘客而言，基本的预测方法适用于预测未来的客流量，除非所预测的公共交通乘客被分配到公共交通网络中而不是道路网络中（当然，在公共交通规划中，道路网络是公共交通网络的基本结构）。公共交通预测模型的输出是按出行目的、日和家庭收入划分的乘客数量。

在很多出行场景下，步行和骑行都很重要，它们不仅是出行的主要方式，也是衔接其他大容量出行方式的一种途径。见表 6-4，弗吉尼亚州阿灵顿的一项研究对出行方式分布进行了预测，步行得分反映了不同的有利于行人的环境值。可见，随着步行可达性得分的增加，步行和公共交通的客流量增加，而私家车的使用量减少。

表 6-4 弗吉尼亚州阿灵顿基于家庭-工作地和基于家庭-其他目的地的出行模式分布与步行可达性得分的关系（%）

步行得分[1]	起点（基于家庭-工作）			终点（基于家庭-工作）		
	私家车	公共交通	步行	私家车	公共交通	步行
<100	65	30	1	85	10	3
200	55	37	5	79	17	5
400	50	43	8	70	21	6
600	43	45	10	67	24	7
800	40	47	11	65	27	7
1000	38	48	13	62	29	8
>1200	35	50	14	60	30	9

(续)

步行得分[1]	起点（基于家庭-其他）			终点（基于家庭-其他）		
	私家车	公共交通	步行	私家车	公共交通	步行
<100	88	2	10	88	1	12
200	75	8	17	81	3	13
400	65	12	23	79	8	14
600	59	15	26	76	10	14
800	54	16	29	74	11	15
1000	51	18	31	72	12	15
>1200	48	18	32	70	13	15

注：1. https://www.walkscore.com/methodology.shtml.
来源：Kuzmyak et al., 2014, Reproduced with permission of the Transportation Research Board.

对于步行和骑行需求预测，需要更详细地了解出行者的特征以及出发地和目的地。例如，最新的一个与传统出行需求建模过程相结合的行人预测模型，使用了与用于出行需求预测的出行分析区域不同的行人分析区域（Pedestrian Analysis Zone，PAZ）。PAZ反映了鼓励游客步行的城市设计和土地使用特征（称为环境步行指数），例如人口密度、公共交通通道、开发密度、街区尺度、人行道密度和舒适设施（Singleton et al., 2014）。步行人数将从行程生成预测中扣除（在传统建模方法中通常不做此类区分），并用于估计研究区域的步行需求。图6-2展示了俄勒冈州波特兰市的环境步行指数。不出所料，更适合以步行作为主要出行方式的地区在市中心。

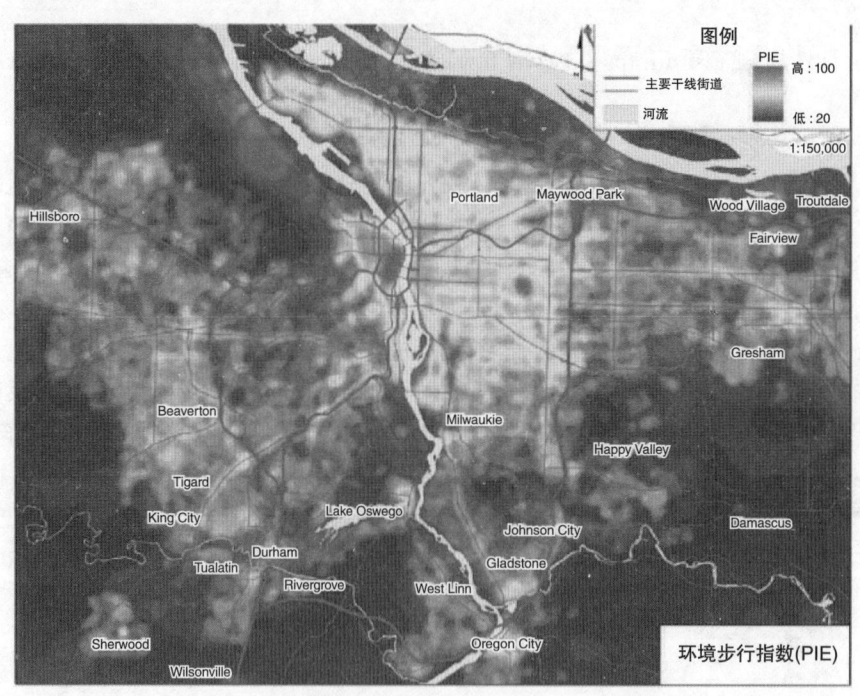

图 6-2　俄勒冈州波特兰市环境评估的步行指数
来源：Singleton et al., 2014

关于其他步行和骑行的需求预测资料，请参见第13章。

6.2.4 区域和网络模型

出行需求模型通常依赖于反映研究区域（出行分析区域）家庭社会人口特征的区域系统和交通网络。基于活动的建模和微观模拟反映了出行需求建模的最新进展，这些进展更多地关注单个出行者对交通网络的使用，因此不依赖于出行分析区域。关于数据收集和土地用途的第 2 章和第 3 章分别描述了用于输入区域系统的数据类型，这里不再赘述。但还需要注意交通网络是如何创建和描绘的。

图 6-3 展示了典型的交通网络模型。可见，交通网络由两个主要元素组成，即节点和路段。节点表示网络中用户可以进入网络的任何点（例如一个交叉点或中转站）或发生方向变化的任何点（例如一个斜坡或主要活动中心的接入点）。路段表示节点之间的连接段，例如道路、交通线和自行车道等。通常，出于建模的目的，每个路段都有一个性能函数，该函数定义了构建交通量时路段的执行方式（稍后将在网络分布部分讨论）。换言之，当分配给某个路段的容量越来越大时，该路段就会越来越拥堵，因此遍历该路段所需的时间也越来越长。从模型算法的角度来看，该路段可能会变得非常拥堵，以至于模型会为用户寻找其他路径以到达某个特定的目的地。由于模型结果在很大程度上依赖于网络的有效规范（例如距离、速度和位置），开发者要缜密开发和编码网络。现代软件和 GIS 软件包为建模者提供了轻松建立网络的能力，但建模者仍然必须输入路段属性数据。

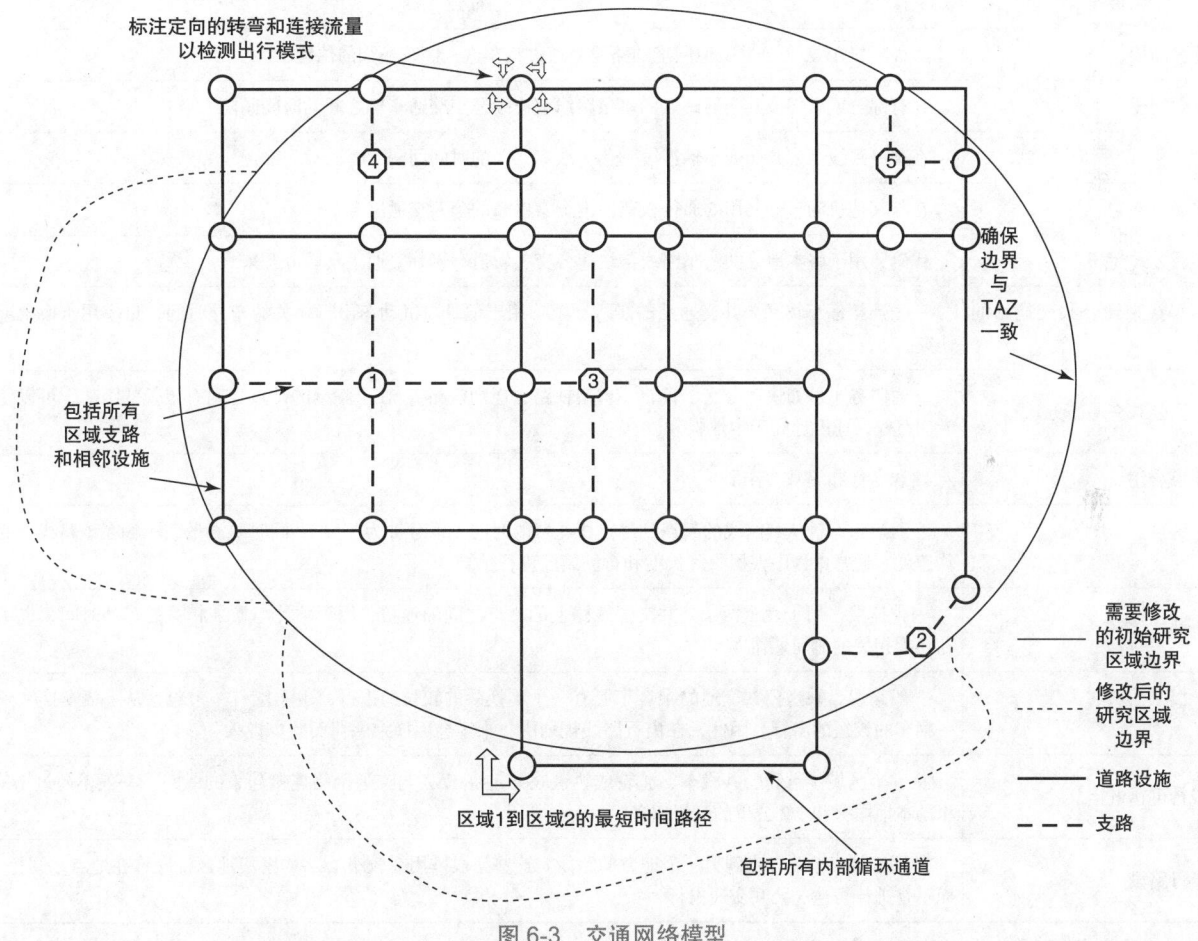

图 6-3　交通网络模型

来源：CDM Smith et al., 2014, Reproduced with permission of the Transportation Research Board.

在路网数据库中一般包含以下路段属性：
- 节点标识符（通常为数字）及相关的地理坐标。
- 路段标识符，数值型，由"A"或"B"节点定义，或两者同时定义。
- 位置信息（例如区域、分割线或屏幕线位置）。

- 路段长度/距离。
- 功能分类/设施类型，包括路段横截面的划分或未划分状态。
- 车道数。
- 不拥堵（自由流动）的速度。
- 能力。
- 受控或非受控访问指标。
- 单向和双向状态。
- 区域类型。
- 出行计数量（在可能的情况下）（CDM Smith et al., 2014）。

公共交通网络的定义要比公路网络复杂一些，因为乘客可以通过很多不同的方式来使用公共交通服务，例如步行、骑行、自动化落客、自动化泊车以及其他公共交通服务。表6-5展示了一些经常用于对交通服务网络进行编码的公共交通链接特征。

表6-5 公共交通链接特征

特征	描述
驾驶路段	一种连接TAZ和公共交通网络的路段，通过汽车进入停车换乘的位置
有效间隔	在有部分或全部公共交通站点的多条线路上连续公交交通车辆之间的时间间隔
间隔	在某一路线上公共交通车辆连续到达（或离开）的时间间隔
当地公共交通服务	在与其他机动车辆共用的通行权范围内经常停靠的公共交通服务
交通方式代码	代码，用于将本地公共汽车路线与快速公交、轨道车辆等交通工具区分开来
停车换乘到公共交通站的路段	一个连接停车场和公共交通站的步行通道，用于记录与机动车出行相关的车外时间，也应用于换乘惩罚研究
优质公共交通服务	交通服务（例如快速公交、轻轨、重型铁路、通勤铁路），在不频繁的站点之间有很长的距离，可以使用专用路权，速度远高于本地服务
线路描述	路线名称和编号/字母
运行时间	交通运输车辆从其路线的起点至终点所花费的时间（以分钟为单位），同时要测量车辆在该路线上的平均速度。通常由程序根据段落长度和行驶速度进行估算
换乘连接	一种连接，用于表示两条公共交通线路上的站点之间的连接，用于估计与换乘相关的车外时间，也用于与换乘相关的时间惩罚
换乘惩罚	一般来说，乘坐公共交通的乘客宁愿有一个不换乘的较长的出行，也不愿一个包括从一辆车换乘到另一辆车的较短的出行。因此，在出行路线规划中，乘客会因换乘惩罚而减少换乘
步行可达链接	从一个区域步行到公共汽车、渡轮或轨道服务，将TAZ与交通网络连接起来的线路；一般不超过1/3公里的本地服务和1/2公里的高级服务
步行路段	专用于从一个地方走到另一个地方的路段。这些路段被用在较小TAZ的密集地区，允许在地点之间行走，而不是进行短途的公共交通出行

注：斜体字表示所有公共交通网络应具备的特征。
来源：CDM Smith et al., 2014, Reproduced with permission of the Transportation Research Board.

在大多数情况下，例如区域或社区级规划，已经存在区域系统和网络模型，规划人员必须考虑区域系统和网络的详细程度是否足以进行所需的分析。例如，大多数大都市规划组织（MPO）都有基于最新人口普查信息的交通分析区域（TAZ）。特别是对于大型MPO，这些区域已用于土地使用预测模型。此外，人口普查区块数据可用于子区域级。从图6-4可以看出，适用于大城市地区的TAZ系统（在本例中适用于佐治亚州亚特兰大的城市地区）相当广泛（Cambridge Systematics and AECOM Consult, 2007）。

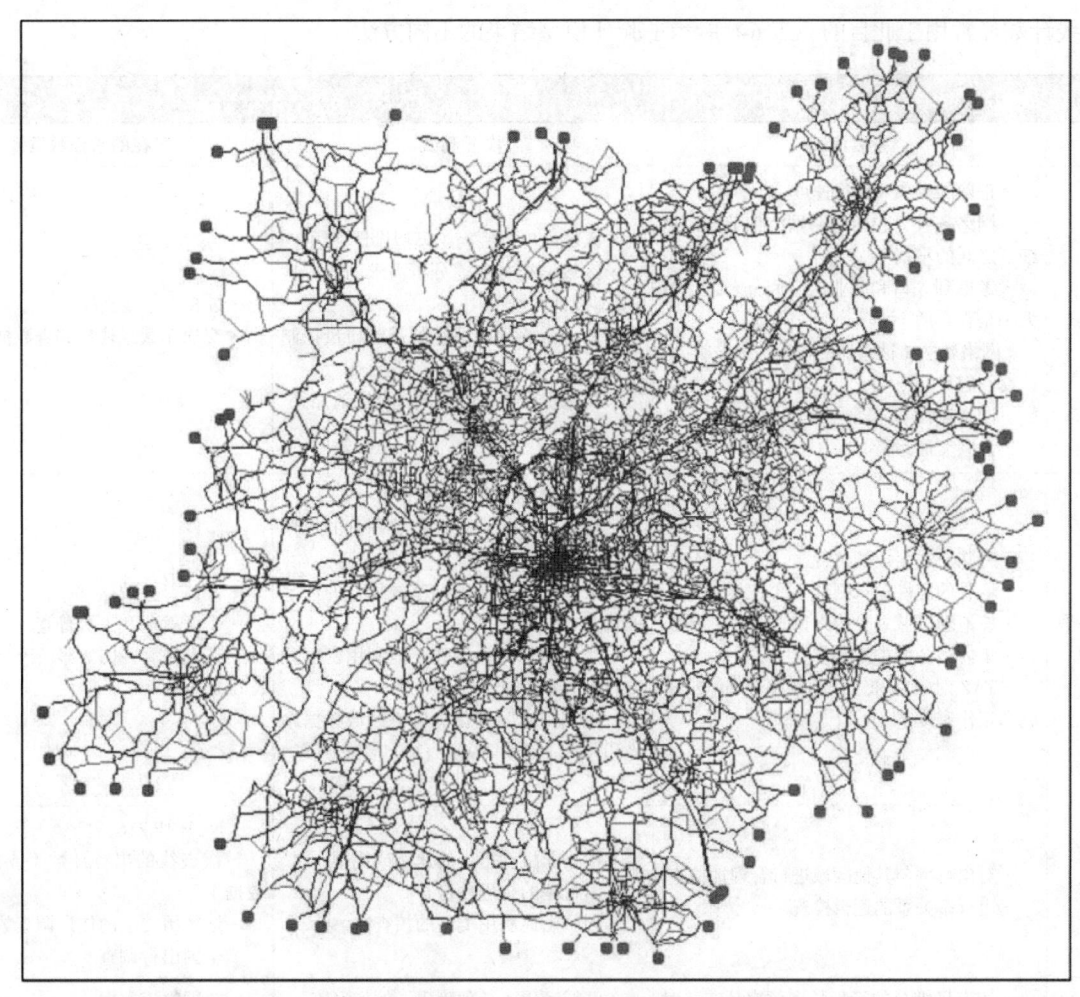

图 6-4 亚特兰大区域委员会交通需求模型中的交通分析地区

来源：ARC, 2015, Reproduced with permission of the Atlanta Regional Commission.

在许多情况下，TAZ 边界与人口普查区域高度一致，这只是为了允许人口普查数据传输到 TAZ 数据库。然而，对研究目的来说，其中的许多区域可能太大了，特别是当在一个更精细的层次上检查出行流量时。例如，在亚特兰大进行的一项通道研究使用了亚特兰大区域委员会为分析出行流量而开发的 TAZ 结构。这是一个大区域通道，服务于整个区域的出行，因此在分析中包括 1683 个 TAZ。由于通道研究与包括在更大的区域内的关键地点的交通流量产生关联（例如靠近交叉路口的主要开发地点），通过将一些原有的 TAZ 细分成更小的区域，创建了 131 个新区域，进而监测进出通道的关键出行量。

6.2.5 模型校正

在开发一个可信的模型时，最重要的两项任务是用现有数据校准需求模型，然后验证其结果。许多需求模型使用公式来预测需求本身或影响出行者决策的系统性能的某些方面，例如交通网络的拥堵程度。这些公式通常包括出行成本、出行时间、换乘数等变量，以及反映公式中每个变量的相对大小的系数。每个变量的值从现有的数据库中获得，或通过数据收集工作来度量。然后，需求模型的系数或其他参数通过这些值进行估算。估算的典型方法包括回归分析或最大似然法分析。其目的是通过根据真实数据估计可变系数来发展最可信的需求模型，这称为模型校准。

模型验证是使用一些已知值运行已校准的模型，以检查该模型是否产生有效结果的过程。例如，可以使用一个校准过的需求模型来估计现有交通线路的客流量，并将模型结果与实际客流量进行比较以进行验证。对于公路，一种典型的方法是估计路网中特定路段的交通量，然后将模拟的交通量与这些地点的实际交通量进行比较。查核线计数经常用于此目的。表 6-6 展示了验证模型结果的不同方法。

表 6-6 主要和次要模型验证测试示例

组件	主要测试	次要测试	潜在的验证数据源
网络/区域	·正确的距离和路径速度 ·网络拓扑，包括道路网络细节与区域细节之间的平衡 ·考虑到人口和就业的空间分布，区域大小是否合适 ·网络属性（被管理的车道、区域类型、速度、容量） ·网络连接 ·公共交通运行时间	·区域内出行距离（模型设计问题） ·区域结构与交通分析需求的兼容性（模型设计问题） ·基于最终用户评审的最终质量控制检查 ·在选定交接处的模式选择交通路径	·GIS 中心线文件 ·交通车载或住户调查数据
社会-经济数据/模型	·特殊交通生成的位置 ·增长的定性逻辑测试 ·按地理区域划分的人口 ·集体宿舍的类型和位置 ·TAZ 对家庭和工作的频率分布（或家庭和工作密度）	·家庭收入或汽车拥有率 ·按就业部门和地理位置划分的工作岗位 ·按地理位置或管辖范围划分的住宅单元 ·按土地利用类型和土地利用密度分类的家庭和人口 ·识别"大"变化的历史区域数据趋势和预测（例如 1995—2005 年的汽车/家庭）	·人口普查数据 ·季度就业和工资普查 ·私人来源，例如邓白氏公司（Dun & radstreet）
出行生成	·对出行率与其他区域进行合理性检查 ·出行率关系的逻辑检查	·检查非机动出行的比例或比率 ·出行率的合理性检查 ·同一土地利用类型的核查线	·NCHRP 716 ·核查线的出行计数（或拦截调查数据） ·地区历史上的住户调查数据 ·全国出行调查
出行分布	·按市场细分的行程长度频率分布（时间和距离） ·员工按地区流动 ·区域到区域的交通量/期望线 ·地区内部出行 ·按车辆类别划分的外部站交通量	·区域障碍（心理障碍，例如河流） ·k 因子的使用（设计问题） ·与路边拦截 OD 调查的比较 ·小市场走势 ·特殊群体/市场 ·平衡方法	·全国物流数据 ·NCHRP 716 ·核查线的出行计数（或拦截调查数据） ·地区历史上的住户调查数据 ·全国出行调查
一天的出行时间	·一天中的时间与交通量峰值 ·每天的速度	·核查线计数 ·按一天时间细分的市场	·永久出行记录仪数据 ·全国出行调查 ·地区历史上的住户调查数据 ·交通登机计数数据
出行模式选择	·模式分担（地理水平/市场细分） ·检查常数的大小和参数的合理性 ·区域级交通流 ·参数对 LOS 变量/弹性系数的敏感性	·输入变量 ·按屏幕线条划分模式 ·关键变量的频率分布 ·结构合理 ·按交通服务细分的市场 ·"悬崖"的存在（连续变量的截断） ·将建模的选择与个体观察的选择进行分类验证	·核查线的交通出行计数（或拦截调查数据） ·全国人口普查数据 ·NCHRP 716 ·交通车载调查数据 ·全国出行调查 ·住户调查数据（与用于模型估计的数据分离）
公共交通分配	·主要车站客流量 ·公共交通线路、公共交通通道、核查线体量 ·停车换乘停车场车辆需求 ·换乘率 ·公共交通运行时间	·停车换乘需求 ·在特定点的换乘量 ·满载率（峰值）	·公共交通客流量计数 ·公共交通车载调查数据 ·专项调查（例如停车场数量） ·公共交通运输计划和计划遵守情况检查

（续）

组件	主要测试	次要测试	潜在的验证数据源
出行分配	·通过核查线或切割线分配观察车辆 ·分配观察车辆速度/次数（或车辆行驶的小时数） ·按时间方向分配观察车辆（或车辆行驶里程） ·按功能分配观察车辆（或车辆行驶里程） ·按车辆类别分配观察车辆（例如乘用车、单体货车、拖挂货车）	·子时间的交通量 ·核查线交通量 ·分配参数的合理界限 ·政策分析可用的分配参数与所需的分配参数 ·模拟和观察的路线选择（基于使用配备 GPS 的车辆收集的数据）	·永久出行记录仪 ·出行计数文件 ·HPMS 数据 ·特殊速度测量（可能使用配备 GPS 的车辆收集）

来源：As reported in CDM Smith et al., 2014, Reproduced with permission of the Transportation Research Board.

模型开发和实践源于对模型校准和验证的重视。

6.3 需求模型及分析工具

根据所需信息的类型，需求分析使用许多不同的工具和模型。如前所述，这些工具可以像基于历史数据的趋势预测那样简单，也可以像基于模拟的个人出行行为聚合移动那样复杂。以下概述了一些最常用的需求预测分析工具。有兴趣参与有关出行需求建模讨论的人，请参见（http://tfresource.org/Travel_Forecasting_Resource）。

6.3.1 需求弹性分析

需求弹性是交通规划人员在处理特殊问题时使用的一种重要工具。分析方法基于这样一个经济概念，即消费者的行为会对所提供的产品或服务的特性的变化做出反应。因此，需求对价格的弹性是指当价格上升或下降时需求的变化。一般来说，当价格上涨时，需求会下降，反之会上升。需求弹性分析在处理服务特征与出行需求之间关系明确的交通服务或产品时最有用，例如当票价提高时，公共交通客流量会怎样变化？或当提供更频繁的服务时，交通客流量会发生什么变化？或当停车开始收费时，停车需求会发生什么变化？

需求弹性分析的一些重要术语请参见（Meyer & Miller，2014）。

1. 直接弹性

直接弹性是指那些"直接"与需求相关的可变关系，即假设两者之间有直接的因果关系。如果停车价格上涨，则停车需求会下降。这是因果之间的直接联系。交通需求对交通费用、交通出行时间、交通服务间距等的弹性需求都是直接弹性。如果任何一个变量 1% 的变化产生超过 1% 的需求变化，则认为需求是有弹性的。如果任何一个变量 1% 的变化产生的需求变化小于 1%，则认为需求是无弹性的。如果任何一个变量 1% 的变化产生 1% 的需求变化，则认为需求是单位弹性。

2. 间接或交叉弹性

间接或交叉弹性通常与目标模式的某些特性改变时对其他出行模式需求的影响有关。关于汽车停车价格或道路收费变化造成的公共交通需求变化就是交叉弹性的一个实例。换言之，如果停车价格上升，停车需求就会下降（直接关系），而原来的一些私家车出行者将使用公共交通（次要关系）。

3. 短期弹性

短期（通常定义为 2 年）需求的变化反映了对价格变化的即时反应，而没有考虑到家庭对价格变化可能做出的长期决定（例如购买汽车）。

4. 长期弹性

长期需求的变化（通常定义为 5 年或更长时间）反映了家庭对价格变化（例如车辆所有权或技术选择、住房位置和/或生活方式的改变）可能做出的长期决定。长期弹性可能受到阈值水平的影响，也就是说，与基础价格的小变化相比，大的价格弹性可能不一样。

5. 收缩率

如果假设需求函数是线性的，则可以通过应用需求曲线的斜率（或弹性）很容易地估计需求的变化。这称为收缩比。例如，假设弹性为 -0.50，价格上涨 10%，则会预期（-0.5×0.1=-0.05）或需求减少 5%。

6. 弧弹性

实际上，大多数需求曲线不是线性的（图 6-1），价格弹性表示相对于 1% 价格变化的需求变化百分比。用前面的例子，10% 的价格上涨实际上代表 10% 的 0.5% 的价格下跌。对那些熟悉工程经济的人来说，这可以表示为 $(1+0.005)^{10}=1.0511$ 的 10 个利率期的有效利率，或从原来的数额 $1/(1.0511)=0.9514$ 的减少，或减少 4.86，小于 5% 的收缩率估计值。考虑到在函数末端的需求曲线的变化，数量的变化应通过一个基于每个自变量平均值的中点公式来近似。

假设弧弹性中点公式，下式可以用于确定数量或价格，给定另一个变量的变化并估计弧弹性 e。

$$\bar{e} = \frac{(Q_2-Q_1)(P_1+P_2)}{(P_2-P_1)(Q_1+Q_2)} \qquad (6\text{-}1)$$

$$P_2 = P_1 \frac{Q_1(\bar{e}-1)+Q_2(\bar{e}+1)}{Q_2(\bar{e}-1)+Q_1(\bar{e}+1)} \qquad (6\text{-}2)$$

$$Q_2 = Q_1 \frac{P_1(\bar{e}-1)+P_2(\bar{e}+1)}{P_2(\bar{e}-1)+P_1(\bar{e}+1)} \qquad (6\text{-}3)$$

Litman（2013）指出，一些研究已经考虑了需求弹性的产生。例如，表 6-7 展示了汽车出行对燃料价格的弹性系数范围。此外，他就出行需求弹性提出以下一般意见：

- 高价值出行，例如商务出行和通勤出行，对价格往往没有低价值出行那样敏感。
- 与低收入者相比，富人往往对价格不太敏感，而对服务质量更敏感。
- 价格对消费的影响往往与其占家庭预算的比例成正比。
- 当一种商品存在容易获得的可用替代品时，弹性可能会增大（以绝对值计算）。
- 与短时石油市场波动相比，消费者往往对他们认为是持久的价格变化（例如燃油税上涨）更加敏感。
- 价格的影响会随着时间的推移而增加。短期效应（第一年）通常是长期效应（五年以上）的三分之一。
- 如果出行者有更好的选择，包括不同的路线、模式和目的地，则出行往往对价格更敏感。
- 出行者往往对明显且频繁的价格特别敏感，例如公路通行费、停车费和公共交通费用。
- 费用的推广方式、组成结构和收取方式会影响其作用。

表 6-7　各种关于燃料价格的机动车出行弹性系数范围的研究案例

		国际的	-0.2 长途
Johannson 和 Schipper	以往各种研究的总结	1929—1991 年，主要在北美和欧洲	-0.1 短途 -0.3 长途
Schimek		1950—1994 年的时间序列和 1988—1992 年的合并数据	-0.26
Small 和 Van Dender	汽车出行弹性对燃料价格的影响，综合模型	1966—2001 年，美国	-0.046 短途 -0.22 长途 1997—2001 年 -0.026 短途 -0.121 长途

(续)

Hymel、Small 和 Van Dender	国家级横截面时间序列汽油价格弹性系数；综合模型	1966—2004 年，美国	−0.026 短途 −0.131 长途
Li、Linn 和 Muehlegger	车辆出行的燃料价格；综合模型	1968—2008 年，美国	−0.24 ~ −0.34
Brand	汽油价格弹性	2007—2008 年，美国	−0.12 ~ −0.17 短途 −0.21 ~ −0.30 长途
Gillingham	里程表和油耗数据；综合模型	2005—2008 年，加州	−0.15 ~ −0.20 中途，因车型和位置不同而不同

来源：Litman, 2013, Reproduced with permission of Todd Litman.

表 6-8 展示了交通服务特征变化的一些典型弹性系数。

表 6-8 随公共交通服务变化的典型中点弧弹性系数

项目	出行时间	公共交通里程	公共交通频率
应用	新线路，替代或补充现有线路	服务拓展	增加现有线路的频率
范围	−0.3 ~ −0.5	0.6 ~ 1.0	0.3 ~ 0.5
系数	−0.4	0.7 ~ 0.8	0.4

来源：Kittelson, 2007, Reproduced with permission of the Transportation Research Board.

弹性分析概述请参见 Litman（2013）和 FHWA（https://www.fhwa.dot.gov/asset/hersst/pubs/tech/tech11.cfm）。

6.3.2 出行需求模型

出行需求模型一般可分为两类。第一类包括使用四阶段分析过程的模型，一般认为这是最常用的方法。第二类包括用于在特定出行期间，为单一出行活动建模的技术，称为基于活动的模型。多年来，与四阶段模型相关的技术有了显著的改进，但仍然存在一个基本的限制，即与个人出行行为相关的决策过程并没有在四阶段模型中得到很好的体现。我们需要更好地反映个人出行决策的范围，而家庭内的互动推动了基于活动的建模的发展。基于活动的模型在一个基本前提下估计出行需求：在白天完成各种个人活动（例如工作、上学、个人业务等）产生的出行需求通常是相互关联的（例如出行链）。

美国的许多大城市正在从传统的四阶段模型向基于活动的模型过渡，尽管这种过渡面临着一些挑战。两种模型类型的数据需求大相径庭。新模型通常需要收集新数据，并根据现有的交通量来开发和验证。数据采集工作总会成为一个大预算项目，因此许多机构在启动新的建模机制方面犹豫不决。这对基于活动的建模来说是一个重要问题。与四阶段数据收集方法（例如家庭出行调查和使用人口普查数据）不同，基于活动的模型需要有代表性的出行者日常活动的详细信息。这类信息通常通过"出行日记"来采集，这是一种比传统的四阶段过程更复杂的数据采集方法（见第 2 章的数据收集）。

以下描述了四阶段模型的建模方法，然后是基于行程的模型（基于活动的模型的一种转换形式），以及基于活动的模型。由于篇幅有限，本文不详细讨论出行需求建模的理论和数学基础。有关这些概念的更多信息，请参阅（Goulias, 2003；Ortuzar and Willumsen, 2011；Meyer and Miller, 2014）。此外，大多数 MPO 都在其机构网站上发布了用于预测其研究区域出行的需求模型的背景和说明信息。有兴趣的读者可查阅这些信息，以获得关于需求建模应用程序的更详细的信息。

1. 四阶段模型

传统的出行需求建模包括四个连续的步骤：交通生成、交通分布、交通方式划分和交通流分配。四阶段模型回答了以下问题：有多少人出行？区域的出行模式是什么？使用什么出行方式？在交通网络中会有哪些行程路线？图 6-5 展示了一个四阶段建模系统的总体框架。尽管这四个步骤自 20 世纪 50 年代以来一直是建模的主要结构形式，且用于执行每一个步骤的方法都已经相当成熟，但模型的复杂性仍会因区域尺度、预算限制以及技术人员的知识水平而不同。

图 6-5 从人口、就业和土地利用预测开始，这些预测通常由规划机构的工作人员或其他机构提供。第 3 章描述了在交通规划过程中提供这种输入的典型方法。图框中的"交通网络和服特性"与前文关于交通网络表现的讨论有关。

1）交通生成。出行的产生，无论是从出发地还是吸引到目的地，都是出行需求模型最重要的组成部分之一（见第 3 章土地使用和城市设计和第 19 章场地规划和交通影响分析）。由于社会、经济、地理和土地利用因素不同，每单位土地或活动类型产生的出行次数也不同。综合研究包括出行生成预测和出行吸引力预测。出行生成与出行目的地有关，而出行吸引力与就业或其他非出行目的地有关。通常情况下，出行生成作为控制总量，调整出行吸引力州、地区和地方的出行生成率一般由当地的交通机构编制，以用于相关研究领域。其中一些比率是基于对不同土地使用类型的当地调查得出的。这些分析大多集中于与车辆有关的人员出行（车辆驾驶者、车辆乘客和公共交通乘客）。然而，最近的分析也包括了步行和骑行出行。在出行生成分析中，明确定义所包含的具体出行是必不可少的。

通过回归技术或交叉分类（或类别）分析来建立土地利用特征的出行生成关系。家庭出行通常是一个家庭的收入中位数、成员规模以及汽车拥有量和可用性的函数。其他因素可能包括净居住密度和与市中心的距离。费率（或关系）通常基于总行程和关键的出行目的，例如从家到工作。它们是为 24 小时或高峰时间计算的。见表 6-9，典型的出行生成率分析给出了每个家庭每天的个人出行，作为汽车拥有量和成员规模的函数（收入可以作为汽车拥有量的替代项）。可见，拥有 2 辆车的二人家庭平均每天会产生 7.9 次出行。

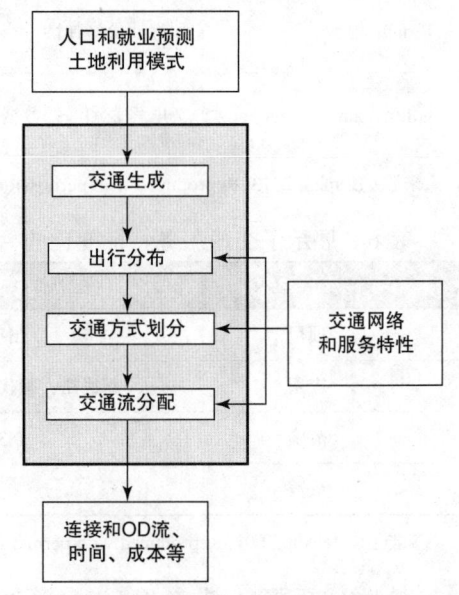

图 6-5　传统交通需求预测模型中的四个阶段

表 6-9　出行生成率分析

每个居住单位的人口数	出行生成率			
	每个家庭每天的个人出行次数			
	每个住宅单位的汽车数			
	0	1	2	3+
1	2.8	3.1	3.6	—
2	5.1	6.1	7.9	—
3	6.8	9.2	10.2	14.5
4	8.0	10.2	13.6	18.5

典型的区域出行吸引率见表 6-10，这源于 NCHRP 716 号报告，《出行需求预测：参数和技术》（*Travel Demand Forecasting: Parameters and Techniques*）。出行生成的关键因素是建筑面积、医院病床、员工和体育场的座位（Cambridge Systematics, Inc. et al., 2012）。在综合研究中，通常使用各种类型的就业来获得出行吸引率。由表 6-10 可见，使用模型 1 吸引到一个区域的非基于家庭出行数量 = 0.6 × 区域内的家庭数量 + 0.5 × 基本就业 + 4.7 × 零售就业 + 1.4 × 服务就业。

表 6-10 典型的区域出行吸引率

	MPO 模型的数量	家庭数量[1]	学生数量[2]	工作岗位			
				基础[3]	零售[4]	服务[5]	合计
所有出行							
基于家庭到工作							
模型 1	16						1.2
基于家庭到非工作							
模型 1	2	1.2	1.4	0.2	8.1	1.5	
模型 2	8	2.4	1.1		7.7	0.7	
模型 3	2	0.7		0.7	8.4	3.5	
非基于家庭							
模型 1	5	0.6		0.5	4.7	1.4	
模型 2	8	1.4			6.9	0.9	
机动化出行							
基于家庭到工作							
模型 1	8						1.2
基于家庭到非工作							
模型 1	1	0.4	1.1	0.6	4.4	2.5	
模型 3	4	1.0		0.3	5.9	2.3	
非基于家庭							
模型 1	6	0.6		0.7	2.6	1.0	

注：1. 一个地区的家庭数量。
2. 一个区域内小学、初中、高中和大学的学生人数。
3. 两位数北美工业分类系统（NAICS）代码 1-42 和 48-51[标准工业分类（SIC）代码 52-59 的就业情况]。
4. 就业主要在 NAICS 代码 44-45（SIC 代码 52-59）。
5. 就业主要在 NAICS 代码 52-92（SIC 代码 60-97）。
来源：Cambridge Systematics, Inc. et al., 2012, Reproduced with permission of the Transportation Research Board.

大多数出行生成模型使用交叉分类或线性回归来预测出行生成（一个区域产生的出行）和吸引（吸引到一个区域的出行）的数量。出行生成通常以每个家庭或区域的出行单位表示，而出行吸引是通常与就业或商业活动相关的变量（例如雇员人数或零售面积）。无论出行吸引力模型参数是从本地数据估计的，还是从其他研究区域转移的，通常都是由住户调查数据得到的。一般使用线性回归方程来估计参数，例如在地区（区组）等总体一元线性回归方程的系数。

对于不同的出行类型，产生和吸引都进行了估算。最常见的出行类型是基于家庭的办公出行（从家到工作或从工作到家），非基于家庭出行（例如从工作到购物）和基于家庭的其他出行（例如从家到购物）。后一类通常定义为特殊的出行生成。例如在亚特兰大和达拉斯，出行需求模型有一个专门的前往机场的出行生成模块。

为出行生成定义更多的出行目的和类型是过去几年出行生成建模的主要变化之一，这也反映出与30年前相比，今天出行者的出行行为更加复杂。通过对行程类型进行更大的定义或细分，可以估计出更好的行程生成率。例如在芝加哥，规划机构制订了一份扩展的出行目的清单，其中列出了11种不同目的的出行率，以及对成年人和非工作人员在家购物和在家其他出行的单独出行率估计。因此，对于每个出行目的，主要细分的出行率通常是分别估计的。细分的出行生成通常由每个家庭的汽车数量、家庭收入和/或家庭规模等变量来定义。

具体活动的人员和车辆出行率可以通过在考虑的活动周围画一个核查线，然后按一天的时间和出行方式计算进出人数来获得。在城市环境中，人的数量在交通研究中是必不可少的，特别是在城市中心。对于独立的郊区开发项目，车辆行驶费用通常是足够的（见第2章数据收集）。

本手册的其他章节提供了关于如何在不同类型的交通研究中使用出行生成数据的更多细节。此外，交通工程师协会赞助了一个提供最新信息的出行生成网站（http://www.ite.org/tripgeneration/otherresources.asp）。

2）出行分布。出行分布将出行生成阶段中产生和吸引的交通量转化为出发地和目的地，并确定研究区域中所有区域的每个出发地至目的地的成本（例如时间成本或行程成本）。出行分布的数据输出是一个出发地 - 目的地（O-D）行程表，按出行目的列出所有出行。

重力模型或它的变体仍然是最广泛使用的出行分布方法。假设从第 i 区域到第 j 区域的出行次数与第 i 区域的出行生成量和第 j 区域的吸引量的乘积成正比，与两个区域之间的排斥系数成反比（阻抗函数关系），这也是万有引力定律的基本概念，因此该模型被命名为"重力模型"。阻抗捕获两个区域的空间分离元素，可以表示为出行时间、成本和距离，或一些复合参数（称为广义成本函数）。为每个出行目的预测重力模型也很常见，因为交通分布特征可能因出行目的不同而不同。社会经济调整因素（或 k 因素）有时被指定为对阻抗的调整。一般来说，很难证明 k 因子的使用是合理的，但 MPO 仍继续以它们作为改进模型拟合的一种方法。

式 6-4 为重力模型的数学公式。

$$T_{ij}^p = p_i^p \frac{A_j^p f(t_{ij}) K_{ij}}{\sum_{j'} A_{j'}^p f(t_{ij'}) K_{ij'}} \tag{6-4}$$

式中　T_{ij}^p——在区域 i 产生和吸引到区域 j 的出行；

p_i^p——产生的出行由于目的 p 在区域 i 结束；

A_j^p——吸引的出行由于目的 p 在区域 j 结束；

$f(t_{ij})$——阻力系数，对区域 i 和区域 j 之间出行阻抗的影响；

K_{ij}——可选调整系数，用于考虑出行阻抗以外的因素。

在一些最近的模型中，交通分布使用吸引地点的多项 logit 选择模型（关于 logit 模型的描述，请参阅后文关于方式划分的部分）。在这种情况下，出行者选择的是吸引区域本身，而定义每个区域吸引程度的效用函数包括出行阻抗和区域内吸引的数量。

建立摩擦系数，即每个区域之间的出行阻抗，是使用重力模型的一个重要步骤。在实践中主要采用树形法。第一种方法简单地假设摩擦系数是区域间出行时间的度量，通常带有指数。第二种方法采用指数公式，摩擦系数为 $1/\exp^{(m \times t_{ij})}$。第三种公式假设伽马分布与比例因子用于提供最适合的分布（Cambridge Systematics, Inc., 2012）。这样的摩擦系数通常由出行目的来制定，如图 6-6 所示。关于出行分布模型步骤的更多细节，请参见（Cambridge Systematics, Inc.et al, 2012）。

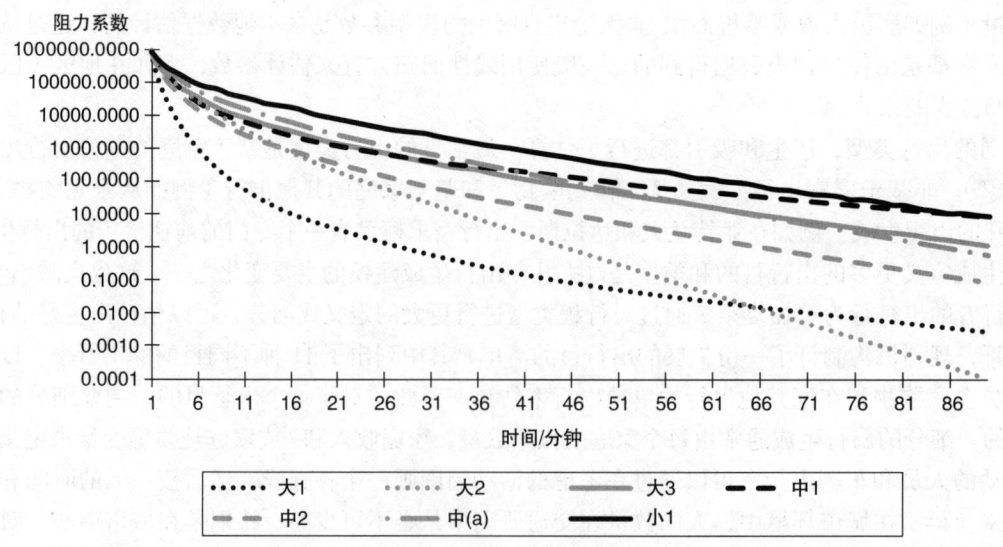

图 6-6　大都市地区尺度下基于家庭的非工作出行伽马分布函数

来源：Cambridge Systematics, Inc. et al., 2012, Reproduced with permission of the Transportation Research Board.

3）方式划分。方式划分模型用于预测出发地和目的地对使用每种可用交通工具的出行次数。交通工具包括私家车、公共交通车辆、拼车和步行等。离散选择模型，例如多项式 logit 和嵌套 logit 模型，在实践中作为主要的建模方法使用。基于效用的概念，多项式 logit 模型是最广泛使用的离散结果建模方法。这种方法将出行者假设为每一种可用的方式分配效用，效用定义为：$U = V + e$，其中，V 是系统效用（即由已知变量及其值组成的方程），e 是一个误差项。误差项表示那些不在数据集中的变量，或规划人员可能不知道的变量，但会影响个人在备选项中的选择。例如，一些驾驶者由于不想在公路上行驶，避开去目的地的最短距离路径，这被认为是不安全的。这种类型的行为参数在数据库中很难发现，但可能会影响出行者不遵循最短时间路径的概率。

系统效用，即 V 值，通常表示为线性方程，例如：

$$V = -0.030(车内时间) - 0.075(车外时间) - 0.0043(出行成本)$$

$$V = -0.019(车内时间) - 0.058(步行时间) - 0.081(等待时间) - 0.040(换乘时间) - 0.0072(出行成本)$$

每一种方式选择都有其自身的系统效用函数，该效用函数是根据出行者实际面临的出行特征来估算的。在没有实际出行数据的情况下，可通过实地调查估算效用系数。根据出行者可选择的交通工具数量，为私家车、共享汽车、不同类型公共交通车辆和步行/骑行以及任何其他被视为个人出行选择的方式提供效用函数。

系统或可测量的效用 V，不考虑经常与个人出行决策相关的随机性（系统效用方程中的 e 值）。如果 e 被当作是一个随机变量，那么就可以建立一个等式，假设这个随机变量有一个潜在分布，这个分布可以预测一个人在一组可用出行方式中的选择。研究表明，该变量的 II 型耿贝尔分布提供了预测方式选择的最可用形式的方程（称为 logit 方程），见式 6-5。

$$P_n = \frac{e^{V_n}}{\sum_{\text{全部选项}} e^{V_{n'}}} \tag{6-5}$$

式中　P_n——选择方式 n 的概率；

　　　V_n——方式 n 的可测量效用；

　　　n'——可供选择的出行数量；

　　　e——基地对数 e。

举个例子，假设系统效用函数的形式如下，每个变量的定义以及私家车和公共汽车各自取值如表所示：

$$V_{\text{mode}} = a_{\text{mode}} - a_1 X_1 - a_2 X_2 - a_3 X_3 - a_4 X_4$$

	X_1 = 上车时间（分钟）	X_2 = 换乘时间（分钟）	X_3 = 出行时间（分钟）	X_4 = 成本（美分）
私家车	5	0	20	250
公共汽车	15	10	35	75

私家车和公共汽车的效用函数值如下：

$$V_{\text{私家车}} = -0.02 - 0.025(5) - 0.05(0) - 0.15(20) - 0.016(250) = -7.145$$

$$V_{\text{公共汽车}} = -0.90 - 0.025(15) - 0.05(10) - 0.15(35) - 0.016(75) = -8.225$$

假设 i 区和 j 区之间有 15000 次出行。利用式 6-5，个人选择私家车或公共汽车的概率，以及估计的私家车和公共汽车出行次数为：

$$私家车概率 = \frac{e^{-7.145}}{e^{-7.145} + e^{-8.225}}$$

$$私家车概率 = 0.75$$

$$私家车出行 = 0.75 \times 15000$$

$$私家车出行 = 11250 次$$

$$公共汽车概率 = \frac{e^{-8.225}}{e^{-7.145} + e^{-8.225}}$$

$$公共汽车概率 = 0.25$$

$$公共汽车出行 = 0.25 \times 15000$$

$$公共汽车出行 = 3750 \text{ 次}$$

在实践中，离散选择模型的使用彻底改变了为用户选择建模的方式。也许最重要的发展是大多数 MPO 模型选择集中包括的交通方式类型扩展，以及用作家庭和个人对可用交通方式选择集满意度的可测量特征的变量。

典型的方式选择模型针对不同的出行目的，至少是基于家庭的工作出行、基于家庭的非工作出行和非基于家庭的出行的情况下估算的，可用方式由出行目的定义。例如，丹佛地区政府委员会认为，基于家庭的工作出行有五种方式：独自驾车、共享乘车 2、共享乘车 3+、步行 + 公共交通和公共交通 + 驾车。对于以家庭为基础，非工作的出行目的，可用的方式是驾车，公共交通 + 步行，公共交通 + 驾车。通常，基于家庭的工作模式对不同的细分群体（例如低、中、高收入群体）也分别进行估计。有时，模型为不同的地理市场提供了具有替代特定常数的地理细分。

前文描述的多项 logit 模型假设出行者可用的每个方式选择都可以通过独有的特征来定义。然而，研究表明，出行者认为这些选择中有许多相似的特征，它们没有被视为独立的选择，而是被捆绑到不同的方式选择类别中。其逻辑是，出行者的第一个决定在高级特征（例如出行时间或感知舒适度）之间做出，随后的方式选择决策会导致对如何出行做出更具体的选择。这项研究产生了嵌套 logit 模型。图 6-7 说明了嵌套 logit 模型的概念，该模型假设选择机动交通方式的出行者，会首先使用私家车还是公共交通工具。一旦做出选择，出行者就可以决定选择哪种类型的私家车或公共交通工具。在私家车选择上，出行者可以选择单乘员车辆（Single-Occupant Vehicle，SOV）或多乘员车辆（High-Occupancy Vehicle，HOV）。如果选择 HOV 模式，则出行者可以选择 2 人、3 人或 4 人以上乘坐共乘车辆。对于公共交通工具，接驳方式可以选择步行或驾车，步行或驾车也根据交通服务是本地还是附加服务进行区分。每一个"模型"的决策都与描述出行者可用方式选择的效用函数相关联。

使用嵌套选择模型的另一个主要原因是为了克服在 logit 模式选择模型中发现的独立替代（Irrelevance of Independent Alternatives，IIA）概念的不相关性，当新的交通方式引入选择集（例如新的公共交通方式）时，这种不相关性可能会导致错误的结果。从本质上说，这个结果表示，这种新的交通方式将被视为另一个新方式（从现有方式吸引出行），尽管它可能具有与现有方式类似的特征，但事实上，这并没有独立方式那样吸引人。通过将新模式放在嵌套模型的第一层中可以减少影响。

嵌套的 logit 模型一般可以更好地表示替换模式。例如，一个备选方式服务水平的提高，将按比例从该嵌套中的备选方式中获得比不在嵌套中的备选方式更多的分担。如图 6-7 所示，预计高级公共交通车辆通行时间的改善，将按比例从常规公共交通车辆吸引更多的乘客（因为这些备选方式都位于同一个较低水平的嵌套中）。此外，与汽车方式相比，其他交通方式（步行到常规公共交通和高级公共交通站点）的替代性更大。

最后，值得注意的是，有一些 MPO 具有组合模式 - 目的地选择模型，它将方式划分和交通分配决策组合为一个离散选择模型。

4）交通流分配（路线选择）。交通分配影响每个网络链路的需求预测。路径属性（例如道路或通行能力、路径长度、速度限制、转弯限制和出行信号）在网络数据库中表示，并用于计算使用链路的"成本"。在其最简单的形式中，可以通过路径的平均出行时间来测量，或在更复杂的网络模型中使用广义成本函数。在这两种情况下，网络分配模型通过网络分配出行，以使出行的时间或费用最小化。

一般情况下，道路和公共交通网络分配是分开进行的。这两个网络是相互关联的，假设公共交通在道路网中不受优待，则应以拥堵的公路出行时间来评估公共交通服务水平。道路网络分配以汽车出行为研究对象，可以采用全有或全无、增量、容量限制、用户均衡和系统最优分配等方法对出行网络路径进行建模。在目前的实践中，几乎所有大型的 MPOs 都采用用户均衡最优进行道路网络分配。该方法基于这样一种行为假设，即用户将选择自身广义出行成本最小化的路线。当无须通过调整路线来降低出行成本时，就会出现均衡最优。交通分配使用特定交通链路属性的变量，例如公共交通票价、经停站或终点站换乘、等待时间和出行时间。

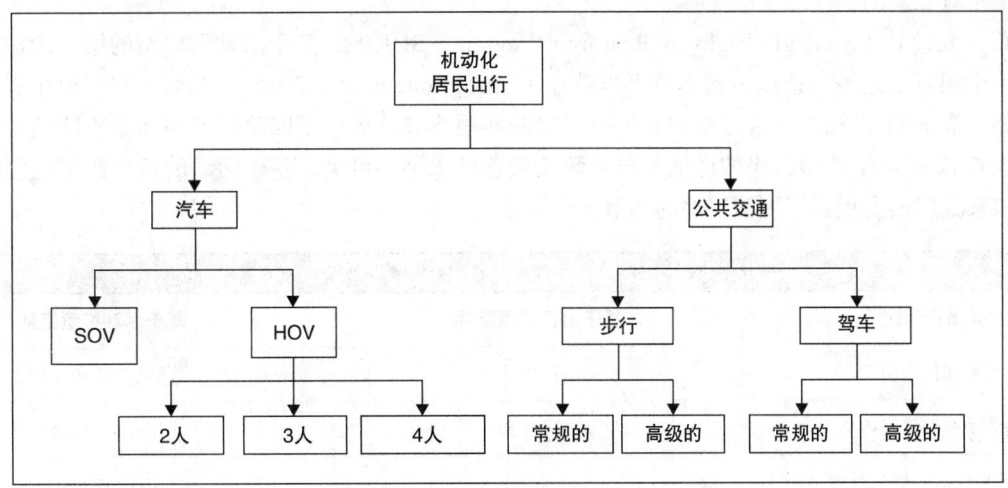

图 6-7　嵌套模式选择模型说明

现代的大多数交通分配模型都使用类似的方法：①静态的用户均衡最优分配算法；②针对多个类别的多时间周期分配（例如单独驾车、共乘和骑行/步行）；③网络分配步长和行程分配步长之间最小值的迭代反馈循环机制；④对 HOV 和多乘员收费车道（High-Occupancy Toll，HOT）等设施进行单独规范；⑤使用拥堵的道路出行时间来估计公共交通客流量分配的独立公共交通分配。

分配过程中的重要因素之一是链路属性函数的构建，这通常是区分不同模型的要点。链路属性函数（通常是道路的体积延迟函数）定义了速度和道路路段交通流量之间的关系，并用于估计出行时间或交通分配过程中的成本。函数可以是线性的、多项式的、指数的、双曲线的或圆锥的。多年来，最常用的函数是公共道路局（Bureau of Public Roads，BPR）方程或它的简单变形，代表一般的出行成本。该方程估算了路径上的出行时间，即自由流出行时间（无拥堵）加上一个表示随路径变拥堵而出行时间增加的因素，通常用路径流量与通行能力之比提高到某个指数来表示。然而，随着网络运营和交通流经验的积累，规划人员发现，城市道路网络的大部分延误发生在交通流相互冲突和对立的交叉口上，这造成了很大一部分延误。流量-延误函数并不能很容易地捕捉到这一现象，因此，现在许多交通分配模型包含了根据研究和实践经验得出的延误关系，其基本概念来自《公路通行能力手册》（Highway Capacity Manual）。

5）全天时间系数。传统的四阶段建模过程将一天划分为若干个建模周期，以更好地反映出行高峰期（例如早高峰或晚高峰）可能出现的通行能力限制。为每个建模周期定义的系数通常称为全天时间系数，用于确定在某一特定小时或建模周期内发生的每日总行程的比例。这些系数通常是根据出行目的单独估算的。

全天时间系数应独立推导，并可使用多种来源，具体取决于在四阶段建模过程中如何应用全天时间系数。如果在网络分配之后应用了时间系数，则可以使用出行数据（例如数量计数）来计算每小时或周期的比例。另外，如果在网络分配之前应用了时间系数，则可以使用住户调查来得出适当的比例。还有一些新兴的技术，例如偏离选择模型，它们提供了一种更复杂的方法来建立一天的模型［关于全天时间系数方法的讨论，请参见（Cambridge Systematics，1997）］。

2. 基于活动的模型

四阶段模型有许多局限性，最显著的是缺乏在整个建模过程中始终代表人类决策的强大行为框架，以及对许多关键变量的区域平均值的依赖。基于活动的模型克服了传统四阶段模型的许多理论缺陷，直接考虑出行者在一个典型的出行制订时间段内可能完成的不同出行目的之间的联系，具有对与出行行为相关的交通政策更大的敏感性。基于活动的模型为评估土地使用、拥堵收费、停车成本、出行补贴和出行需求管理策略等政策对出行行为的影响，提供了良好的方法（TMIP，2012）。Davidson 等（2007）确认任何基于活动方法的三个关键，包括：①以家庭活动为出发点；②以旅行为基础结构，保留单个家庭活动之间的联系；③使用微观仿真工具来保留非聚合建模方法。他们指出，模型在改进过程中的任何给定时间，都可以拥有其中一个或所有特性，也就是说，各组件是相对独立的。

战略公路研究计划（Strategic Highway Research Program，SHRP），基于活动的模型的第二阶段初级教程是这类模型的一个很好信息源，这些材料本节不再赘述（Castiglione et al.，2015）。然而，在引语中有一些信息值得注意。例如，表6-11以规划人员必须在分析中提出的问题形式，揭示了四阶段模型和基于活动的模型之间的主要区别。表6-12展示了模型结果的详细差异和政策敏感性水平。可见，基于活动的模型结果在空间和时间上以及在个人和家庭层面上提供了更深层次的细节。

表6-11 出行问题以及在需求模型中如何处理这些问题

主要出行问题	基于出行模型组件	基于活动模型组件
人们想参加什么活动？	出行生成	活动生成和计划
这些活动在哪里进行？	出行分布	出行终点选择
这些活动是什么时候进行的？	无	全天出行时间
采用什么出行方式？	出行方式选择	出行方式选择
采用什么路线？	网络分配	网络分配

来源：Castiglione et al., 2015, Reproduced with permission of the Transportation Research Board.

表6-12 不同模型类型的特征

模型类型	空间/时间细节	个人/家庭的细节	政策的敏感度	运行时间	成本
概略性规划	低	低	低	低	低
策略性规划	低-中	低-高	中-高	低	低
基于出行	低-中	中	中	中	中
基于活动	中-高	高	中-高	中	中

来源：Castiglione et al., 2015, Reproduced with permission of the Transportation Research Board.

基于活动的模型通常是更大的集成建模系统的一部分，该系统包括以下部分：
- 人口综合模型创建家庭（代理机构）内个体人口详细合成的表示，其选择在基于活动的模型中进行模拟。
- 基于活动的出行需求模型预测特定合成人群的长期选择（例如工作地点和汽车拥有量）和日常活动模式，包括活动目的、地点、时间和进入模式。
- 辅助模型提供关于货车和商业出行的信息，以及特殊目的的出行，例如往返机场或游客出行。
- 网络供应模型与基于活动的需求模型紧密相连。将基于活动的出行需求模型和辅助模型按时间和方式划分预测的出行流量分配给道路、公共交通系统和其他网络，生成预测的交通量和出行时间。网络供应模型阻抗输出的变量通常用作基于活动的模型和其他集成模型组件的输入（Castiglione et al.，2015）。

一些基于活动模型的早期应用，发现此类模型的数据需求要比传统的基于出行的模型大得多。图6-8展示了模型的基本结构。表6-13展示了基于活动模型的数据输入类型、数据的使用以及典型的数据源。前文描述四阶段模型的许多数据也可以在基于活动的模型中找到。自20世纪90年代以来，已经开发了一些以活动为基础的模型，以处理一系列与出行相关的具体问题。但实际上，以活动为基础的出行预测模型应用在过去十年中才显著加快。使用基于活动出行需求模型的地区包括：亚特兰大、俄亥俄州哥伦布、纽约、波特兰、俄勒冈州和旧金山。

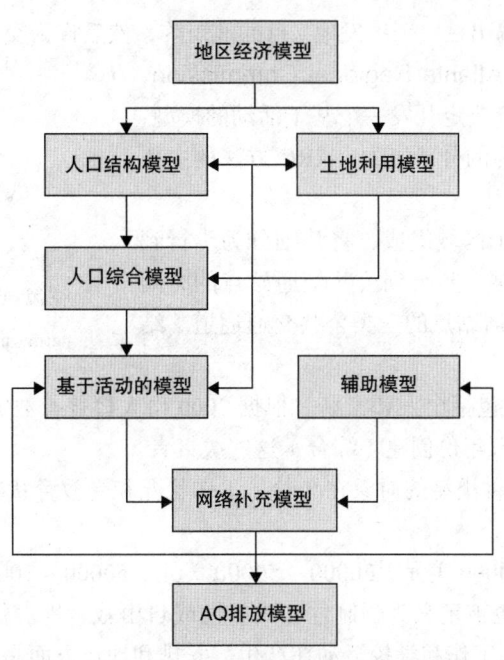

图 6-8 带有基于活动模型组件的集成模型架构

来源：Castiglione et al., 2015, Reproduced with permission of the Transportation Research Board.

表 6-13 根据目的和来源在基于活动的模型中使用的数据

项目	使用	来源
家庭调查	模型估算 验证目标	国家地方数据采集 家庭出行调查
土地利用	综合人口生成 活动生成 位置选择	美国人口普查 业务数据库 税收评估数据 区域土地利用数据 学校各部门
人口统计	综合人口 所有组件模型	美国人口普查 区域人口预测
网络	交通运输网络几何图形	GIS 数据库 交通部门 公共事业机构
校准和验证	模型校准和验证	统计数据库 公路性能监控 公共交通机构报告

来源：Castiglione et al., 2015, Reproduced with permission of the Transportation Research Board.

与评估个人出行的四阶段模型不同，基于活动的模型以"出行"作为评估出行的一种方式。Castiglione 等（2015）将出行定义为"在家或工作地点开始和结束的一系列出行。通过对出行的决策进行建模，出行的出发和返回之间存在强制一致性，因此所选择的上班模式决定了回家的可用模式。"构成一次出行的活动类型可能有很大区别，大多数基于活动的模型都会检查以下一项或多项活动：在家、在家工作、工作（在工作场所）、学校（K-12）、大学/学院、个人业务/医疗、购物、吃饭、社会/休闲、旅客和护送。图 6-9 展示了两个流程的示例（从"工作到午餐到工作"流程是子流程）。注意，在一个四阶段模型中，该图中显示的出行将被建模为一个基于家庭的工作出行、两个非基于家庭的其他出行、一个非基于家庭的购物出行和一个基于家庭的购物出行。

大多数基于活动的模型,其输出是一个出发地-目的地矩阵,然后作为交通分配模型的输入。

亚特兰大地区委员会(Atlanta Regional Commission, ARC)基于活动的模型示例。ARC决定开发一个基于活动的模型,以提供更好地反映该地区出行行为的分析能力。ARC方法的主要特征如下(ARC,2014)。

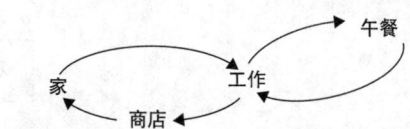

图6-9 基于活动的模型中所用的出行闭环图解
来源:Castiglione et al., 2015, Reproduced with permission of the Transportation Research Board.

1)模型的地域系统由2027个区域组成,将其细分为步行到公共交通站点的时间不超过7分钟、步行到公共交通站点的时间不超过13分钟和非步行到公共交通站点的三类公共交通通道。结果形成6081个分区。

2)模型系统中的出行决策者包括个人和家庭。根据2000份人口普查数据和按主要社会经济类别预测的家庭和个人TAZ级分布,为每个模拟年份创建(综合)这些决策者。

3)确定了8种对象类型,每种类型的对象在年龄、工作状况和受教育状况方面都不相同。这些对象的类型基于家庭调查的结果。

4)住户按四段收入划分:<20000美元、20000~50000美元、50000~100000美元、>100000美元。

5)确定了10种活动类型,也被定义为强制性、维持性或自由裁量性。每种活动类型的分类反映了该活动的相对重要性或自然层次。例如,工作和学校活动在产生、安排和地点方面是最不灵活的。典型活动类型如下。

① **刚性出行**

a. 工作——在固定的场所工作或与工作相关的户外活动。

b. 大学——本科以上

c. 高中——9~12年级

d. 小学——K~8年级

② **日常生活**

e. 护送——接送乘客(只限私家车出行)。

f. 购物——出门购物。

g. 其他——个人业务/服务和医疗预约。

③ **可自由支配活动**

h. 社交/娱乐——娱乐,拜访朋友/家人。

i. 在外就餐——离家吃饭。

j. 其他自由活动——志愿工作、宗教活动。

6)以活动为基础的参观以1小时为增量,从凌晨3点开始,到次日凌晨3点结束。

7)模型出行有13种模式可供选择。

图6-10展示了这种新的建模方法的不同子模型。该方法反映了由模型做出的一系列"选择",从而预测交通系统的出行量。每个子模型的结果都成为随后子模型的输入。该序列如下。

(1)**分区人口**

1)控制变量对人口的分区分布。

2)住户居住位置选择(分区分配)。

(2)**长期水平**

1)每个相关家庭成员的常见刚性出行地点(工作场所/大学/学校)。

2)拥有汽车的家庭。

(3)**日常模式/计划水平**

1)每个家庭成员的日常模式类型(主要活动组合,在家还是出行),并在不同类人之间进行选择链接。

2)每个家庭成员的个人强制性活动/出行(注意,强制性出行的地点已经在长期选择模式中确定)。

- 强制出行的频率。

- 一天的法定出行时间（出发/到达时间组合）。

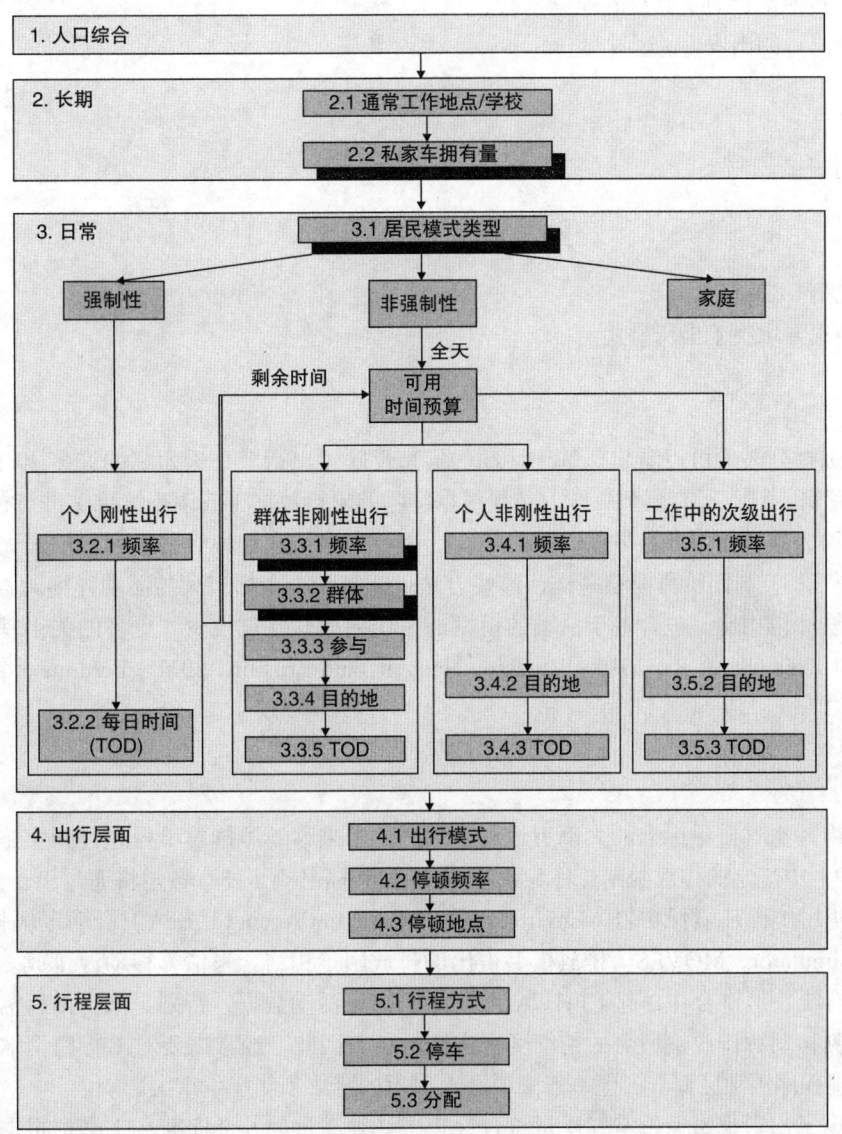

图 6-10　基于活动的模型中所用出行环节图解（亚特兰大地区委员会）

来源：ARC, 2014, Reproduced with permission of the Atlanta Regional Commission.

3）联合出行（在刚性出行后，为每个人留下的有条件的可用时间窗口）。
- 联合出行频率。
- 出行团队组成（成人、儿童、混合）。
- 每个联合出行的个人参与。
- 每个联合出行的主要目的地。
- 联合出行时间（出发/到达时间组合）。

4）个人非刚性出行/参观（取决于刚性出行和联合非刚性出行安排后留给每个人的可用时间窗口）。
- 个人日常生活频率/自由行程。
- 每个个人日常生活/自由出行的主要目的地。
- 个人日常生活/自行决定出行出发/到达时间。

- 工作中的个人出行（取决于工作出行期间的可用时间）。
- 员工的工作时其他出行的频率。
- 工作时每个其他出行的主要目的地。
- 工作时其他出行的出发/到达时间。

（4）行程水平

1）行程模式。
2）次要站点的频率。
3）次要站点的位置。

（5）出行水平

1）出发时间模型。
2）行程方式的选择取决于出行模式。
3）停车位置选择。
4）交通分配。

从上述子模型选择列表中可以看出，基于活动的模型反映了出行者每天面临的许多出行选择。每个子模型都必须基于可靠的逻辑，且与所有模型一样，必须根据实际的出行数据（或调查结果）进行校准和验证。

总之，基于活动的建模使用各种方法，从决策树、蒙特卡洛仿真和神经网络到效用最大化和离散选择模型（logit 或嵌套 logit 模型）。与四阶段模型一样，这些方法可能需要一个相当大的活动详细调查数据库。然而，与传统的四阶段模型软件包相比，包含基于活动的模型的可用商业软件包很少。更多的关于基于活动的模型应用的详细描述请参见（Donnelly et al., 2010：Vanasse, Hangen, and Brustlin, 2011：Ferdous et al., 2011：Resource Systems Group，2012）。

6.3.3 与空气质量模型相关

对于未达到或维持空气质量标准的大都市地区，预测的未来移动源排放不得超过州实施计划（State Implementation Plan，SIP）中规定的排放限制（称为预算）。除加利福尼亚州外，各州将通过出行模型输出量、数量、出行时间/速度与使用美国环境保护署（Environmental Protection Agency，EPA）机动车辆排放模拟器（Motor Vehicle Emissions Simulator，MOVES）排放模型得出的排放因子相结合来估算移动源排放。然而，交通建模和空气质量建模并没有统一地整合在一起（FHWA，2014）。出行活动数据，特别是来自出行需求模型的链路速度数据，很少会以预测移动源排放量所需的精细度来进行解析。因此，经常需要对出行模型输出进行额外的后处理。所采用的后处理程序因地区而异，但一般来说会对以后的排放预测产生重大影响。

环境保护局规定了出行模型通过空气质量符合性审查必须满足的 6 个标准：①必须根据观察到的出行来验证模型，且根据过去的趋势，未来出行的预测必须是合理的；②土地用途、人口和就业的预测必须基于最新的规划假设；③土地发展趋势的预测，应与未来的交通系统选择相一致；④必须使用通行能力-敏感的分配方法，估计峰值和非峰值链路交通流量；⑤必须采用反馈机制；⑥模型应该对出行时间和成本的变化相当敏感。

利用敏感性分析，EPA 确定了两个输入参数，这两个输入参数的 MOVES 排放因子是特别敏感的：出行活动的速度和时间分布。估算速度主要有两个困难，首先，由于数据收集成本高和有限的可用数据，在出行模型中使用的速度估计很少得到大规模的验证。其次，可以在行程分配模型中使用各种链路属性函数，从而在后处理速度预测中产生重大变化。使用不同属性函数形式分配出行量的影响，通常不是出行需求建模者主要关注的问题，因为结果可以根据出行量进行验证。然而，对后处理速度和后续排放建模的影响可能并非微不足道。研究表明，使用不同的速度流函数或后处理方法可能会导致排放估计的显著不同。对于 MPO 如何为分配步骤和执行的后处理选择速度流函数，几乎没有进行过研究。随着与空气质量有关的立法授权和（或）政策倡议变得更加严格，需要注意后处理技术的选择和效果。

根据一天的时间分布，在每个建模周期内（例如早或晚高峰）预测道路（或链路）的交通量，该周期通常为 2~4 小时。相反，光化学空气质量模型，例如 EPA 的城市空气流模型（Urban Air shed Model，UAM），需要每小时的量。各种各样的后处理策略已经用于解决这个特殊问题。其中，包括对巷道段进行分类，根据所选巷道设施的行程观察，采用特定的小时比例，或采用各种概率策略。虽然提高交通出行模型的时间分辨率与提高对运营效果的理解有关（例如峰值扩散），但它也是评估空气质量的一个关键因素。

关于空气质量建模及其与交通需求建模的关系，请参阅（PB Americas et al.，2013）。

6.3.4 软件

四阶段建模结构在很长一段时间里发展停滞。各种规划机构在整个建模过程中使用了类似的结构，即一个带有反馈循环和聚合级校准/验证的顺序模型应用程序。大多数 MPO 使用先进的商务出行需求建模软件包，例如 TransCAD®、EMME/2 和 CUBE。这些软件包是经过专业设计的，有很好的维护保障。这大幅减少了建模应用程序的计算负担，并使许多高级技术变得更加常规。许多四阶段模型的最新发展展现了与算法或技术细节相关的重大改进，包括提高空间精度（例如添加新的区域/链路）、更好的时间分辨率（增加一天中的时间切片）和使用额外的建模步骤（例如增加了车辆所有制车型和更大的出行类型分离）。

菜单驱动的软件（例如 TransCAD® 和 EMME/2）通常以菜单选项的形式包含多种建模方法。这些软件包在某种程度上更容易使用，并允许经验较少的建模人员访问更高级的技术，嵌入式 GIS 工具在场景运行的集成环境中更容易学习。许多菜单驱动的软件包也允许使用脚本。无论选择何种软件，每个地区都必须开发自己的模型。许多菜单方法允许用户接受一些变量的默认国家或地区平均值。

当前的软件开发趋势表明，大多数开发人员正在转向将不同的建模过程集成到一个套件或一系列软件包中，以提高建模效率。其中一个实例是 Citilabs 公司开发的 Cube 系统，它基于 ArcGIS 建立，并将四个不同的模块作为一个软件产品系列：① Cube Voyager，它执行基于四阶段方法的出行预测，并提供了一些先进的技术；② Cube Dynasim，用于交叉口设计和分析的动态多模态微仿真；③ Cube Cargo，进行货运预测和设备分析；④ Cube Me，执行统计优化的行程矩阵估计。另一个实例是美国 PTV 公司开发的 PTV Vision 套件，它集成了出行需求预测模型 VISUM，出行/交通仿真模型 VISSIM，提出了交通规划与优化模型，实时差旅管理模型 VISUM 在线，以及一个出行条件显示模型 TML。目前的趋势似乎是开发基于计算机的软件包，其中包括需要更多技术专长的出行需求预测模型和出行模拟模型。

6.4 总结

交通规划最重要的作用之一是向决策者提供信息，说明投资交通系统的潜在影响以及不为该系统投资的后果，建立出行需求模型和评估交通系统的性能是交通规划的基础。数十年来，出行需求模型一直是交通规划的一个重要元素，直到今天仍然是预测未来出行需求的基础方法。每个大城市的规划机构都使用不同级别的出行需求模型，而且一般有相当大的一部分预算分配到数据收集、模型校准和预测工作中。

出行需求模型已经使用了近 50 年，但在过去的 20 年里，重大的政策需求已将标准四阶段模型的合理实现推动到极限。尽管许多联邦机构为各种政策问题提供了丰富的出行建模指导，但在美国各地区，可采用的方法存在很大差异。事实上，模型性能标准通常是根据政策应用的独特性来确定和评估的。尽管如此，出行模式仍在快速发展。随着我们对出行行为的理解不断提高，研究人员和从业者会不断扩展和完善模型的功能和性能。在许多情况下，从业者具有创新性，并使用标准的四阶段模型适应各种不同的当代政策问题。

在短期内，四阶段模型将继续使用，并更多地关注最佳实践方法，例如 Davidson 等（2007）所确定的：①使用分类建模；②考虑家庭内关系及其对出行决策的影响；③除评估家庭变量外，还应评估个体特征；④考虑家庭老龄化及其对未来出行决策的影响；⑤定义可行性选择集；⑥利用可达性措施；⑦对出行时间等性能特征进行现实估算。

然而，下一个 10 年，交通建模可能会继续从四阶段模型转向基于活动和模拟的模型，数据收集和计算成本也会继续增加。许多 MPO 正在考虑开发基于出行的模型，有一些已经在实践中。随着建模实践变得越来越复杂，软件也不断发展以适应其复杂性，交通分析师将需要更多的技术专长，无论是机构内部的，还是通过外部顾问。在当前模型维护与新模型迁移之间，资源平衡会变得很困难。重要的是，大型 MPO 已经开始迁移到新的模型，以满足新的和不断扩大的监管和政策需求。

参考文献

American Association of State Highway and Transportation Officials (AASHTO). 2013. Commuting in America 2013, *The National Report on Commuting Patterns and Trends, Brief 7. Vehicle and Transit Availability*. Accessed Feb. 17, 2016, from, http://traveltrends.transportation.org/Documents/B7_Vehicle%20and%20Transit%20Availability_CA07-4_web.pdf.

Atlanta Regional Commission (ARC). 2014. *Activity-based Model*. Website. Accessed Feb. 15, 2016, from, http://www.atlantaregional.com/transportation/travel-demand-model.

Cambridge Systematics Inc. 1997. "Time-of-Day Modeling Procedures: State of the Practice, State of the Art." Final Report, prepared for the Federal Highway Administration, Washington, DC. Accessed Feb. 2, 2016, from http://media.tmiponline.org/clearinghouse/time-day/.

Cambridge Systematics and AECOM Consult. 2007. *A Recommended Approach to Delineating Traffic Analysis Zones in Florida*. Report for the Florida Department of Transportation. Tallahassee, FL. Accessed Jan. 24, 2016, from, http://www.fsutmsonline.net/images/uploads/reports/fr1_fdot_taz_white_paper_final.pdf.

Cambridge Systematics, Inc., Vanasse Hangen Brustlin, Inc., Gallop Corporation, C. Bhat, Shapiro Transportation Consulting, Inc., and Martin, Alexiou and Bryson, PLLC. 2012. *Travel Demand Forecasting: Parameters and Techniques*, NCHRP Report 716, Transportation Research Board, Washington DC. Accessed Feb. 5, 2016, from, http://onlinepubs.trb.org/onlinepubs/nchrp/nchrp_rpt_716.pdf.

Castiglione, J., M. Bradley and J. Gliebe. 2015. *Activity-Based Travel Demand Models: A Primer*, SHRP 2 Report S2-C46-RR-1, Transportation Research Board, Washington DC. Accessed Jan. 12, 2016, from, http://onlinepubs.trb.org/onlinepubs/shrp2/SHRP2_S2-C46-RR-1.pdf.

CDM Smith, A. Horowitz, T. Creasy, R. Pendyala, and M. Chen. 2014. *Analytical Travel Forecasting Approaches for Project-level Planning and Design*, NCHRP Report 765, Transportation Research Board, Washington DC. Accessed Jan. 31, 2016, from, http://onlinepubs.trb.org/onlinepubs/nchrp/nchrp_rpt_765.pdf.

Chiu, Y., J. Bottom, M. Mahut, A. Paz, R. Balakrishna, T. Waller, and J. Hicks. 2013. *Dynamic Traffic Assignment, A Primer*. For the Transportation Network Modeling Committee, Transportation Research Circular E-C153. Transportation Research Board, Washington DC. Accessed Jan. 24, 2016, from, http://onlinepubs.trb.org/onlinepubs/circulars/ec153.pdf.

Davidson, W. et al. 2007. "Synthesis of First Practices and Operational Research Approaches in Activity-Based Travel Demand Modeling." *Transportation Research, Part A*, Vol. *41*: 464–488.

Donnelly, R., Erhardt, G. D., Moeckel, R., & Davidson, W. A. 2010. *Advanced Practices in Travel Forecasting: A Synthesis of Highway Practice*. NCHRP Synthesis 406, Transportation Research Board, Washington, DC. Accessed Feb. 14, 2016, from, http://onlinepubs.trb.org/onlinepubs/nchrp/nchrp_syn_406.pdf.

Federal Highway Administration (FHWA). 2014. *Modifying Link-Level Emissions Modeling Procedures for Applications within the MOVES Framework*. Accessed Jan. 23, 2016, from, http://www.fhwa.dot.gov/environment/air_quality/conformity/research/modeling_procedures/procedures02.cfm.

Ferdous, N., Bhat, C., Vana, L., Schmitt, D., Bradley, M., & Pendyala, R. 2011. *Comparison of Four-Step versus Tour-Based Models in Predicting Travel Behavior Before and After Transportation System Changes--Results, Interpretation and Recommendations*. Ohio Department of Transportation Office of Research and Development; U.S. DOT Federal Highway Administration; Center for Transportation Research, University of Texas, Austin, TX.

Goulias, K. (ed.). 2003. *Transportation Systems Planning, Methods and Applications*. Boca Raton, FL.

Holguin Veras, J., M. Jaller, I. Sanchez-Diaz, J. Wojtowicz, S. Campbell, H. Levinson, C. Lawson, E. Levine Powers, and L. Tavasszy. 2012. *Freight Trip Generation and Land Use*, NCHRP Report 739, Transportation Research Board, Washington DC. Accessed Feb. 15, 2016, from, http://onlinepubs.trb.org/onlinepubs/ncfrp/ncfrp_rpt_019.pdf.

Institute of Transportation Engineers. 2012. *Trip Generation Manual*, 9th Edition, Washington DC.

Kittelson and Assocs. 2007. *Bus Rapid Transit Practitioner's Guide*, TCRP Report 118, Transportation Research Board, Washington DC. Accessed March 2, 2016 from http://onlinepubs.trb.org/onlinepubs/tcrp/tcrp_rpt_118.pdf.

Kuzmyak, R., J. Walters, M. Bradley and K. Kockelman. 2014. *Estimating Bicycling and Walking for Planning and Project Devel-*

opment: A Guidebook, NCHRP Report 770. Transportation Research Board, Washington D., Accessed Feb. 6, 2016, from, http://onlinepubs.trb.org/onlinepubs/nchrp/nchrp_rpt_770.pdf.

Litman, T. 2013. *Understanding Transport Demands and Elasticities How Prices and Other Factors Affect Travel Behavior*, Victoria Transport Institute, March 12. Accessed Feb. 12, 2016, from, http://www.vtpi.org/elasticities.pdf.

Meyer, M. and E. Miller, 2014. *Transportation Planning: A Decision-oriented Approach*. Atlanta, GA: Self published.

Ortúzar, J. de D. and Willumsen, L. G. 2011. *Modelling Transport*. 4th Edition, John Wiley and Sons, Chichester.

PB Americas, Inc., Cambridge Systematics, Inc., E. H. Pechan & Associates, Inc., and EuQuant, Inc. 2013. *Incorporating Greenhouse Gas Emissions into the Collaborative Decision-Making Process,* Report S2-C09-RR-1, Strategic Highway Research Program 2, Transportation Research Board, Washington DC. Accessed Jan. 15, 2016, from, http://onlinepubs.trb.org/onlinepubs/shrp2/SHRP2_S2-C09-RR-1.pdf.

Resource Systems Group. 2012. *The ARC and SACOG Experience with Activity-Based Model: Synthesis and Lessons Learned*. Association of Metropolitan Planning Organizations. Washington, DC.

Singleton, P., C. Muhs, R. Schneider and K. Clifton. 2014. Introducing MoPeD 2.0: A Model of Pedestrian Demand, Integrated with Trip-Based Travel Demand Forecasting Models," Paper presented at the 5th Innovations in Travel Modeling Conference, Transportation Research Board, April 30. Accessed Feb. 6, 2016, from, http://onlinepubs.trb.org/onlinepubs/conferences/2014/ITM/Presentations/Wednesday/BicyclesPedForecasts/Singleton.pdf.

Strathman, J. G., K. Dueker and J. Davis. 1994. "Effects of Household Structure and Selected Travel Characteristics on Trip Chaining." *Transportation*, Vol. 21, No. 1: 23–45.

Transportation Model Improvement Program [TMIP]. 2012. *Activity-Based Modeling Resources At a Glance*. Federal Highway Administration. Washington DC. Accessed Feb. 24, 2016, from, http://www.fhwa.dot.gov/planning/tmip/publications/other_reports/activity_based_modeling/activity.pdf.

Transportation Research Board (TRB). 2007. *Travel Forecasting, Current Practice and Future Direction*. Special Report 288. Committee for Determination of the State of the Practice in Metropolitan Area Travel Forecasting, Transportation Research Board, Washington DC., Accessed Jan. 24, 2016, from, http://onlinepubs.trb.org/onlinepubs/sr/sr288.pdf.

Vanasse Hangen Brustlin, Resource Systems Group, Shapiro Transportation Consulting and Urban Analytics. 2011. *Advanced Travel Modeling Study*, Final Report. Association of Metropolitan Planning Organizations. Washington DC.

Weiner, E. 1987. Chapter 3, *History of Urban Transportation Planning*. Accessed Jan. 12, 2016, from, http://ntl.bts.gov/data/letter_ak/Chapter%203.pdf.

第 7 章

评估及优先级排序

7.1 引言

交通规划人员和工程师要通过确定成本收益高的投资策略和行动，来谨慎管理交通系统中的公共投资。评估是综合各种方案的分析结果，对各种方案进行比较，以确定各种方案相对价值的过程。评估是交通规划中最重要的组成部分之一，因为它提供了决策所需的信息。评估还可以影响备选方案的定义以及规划过程本身的可信度。

尽管评估为决策提供了一套结构化信息，但交通规划处于技术分析与政治特权的独特交汇点。评估的目标是提供信息，帮助决策者做出知情的决定，以提供最大的公共利益。当然，关于不同备选方案的系统性能的技术信息是做出此类决策的关键基础。与此同时，根据问题的规模、性质和复杂性，让居民、其他利益相关者和最终落实规划的政府官员参与整个过程也是很重要的。

图 7-1 展示了评估的总体框架，阴影区域是本章的讨论范围。首先讨论了每个评估过程中的基本概念，包括将目标制订、绩效衡量和基本经济分析概念（例如通货膨胀）的替代方案联系起来，定义成本和收益，以及确定公平的影响。接下来，研究了各种评估技术，包括选择适当的评估方法。随后，描述了应如何将不确定性和潜在风险纳入评估过程。本章继续对评估中经常出现的一些错误进行检查，并描述了项目优先级和项目规划的不同方法。本章的其余部分介绍了公共机构所开展的评估工作案例。

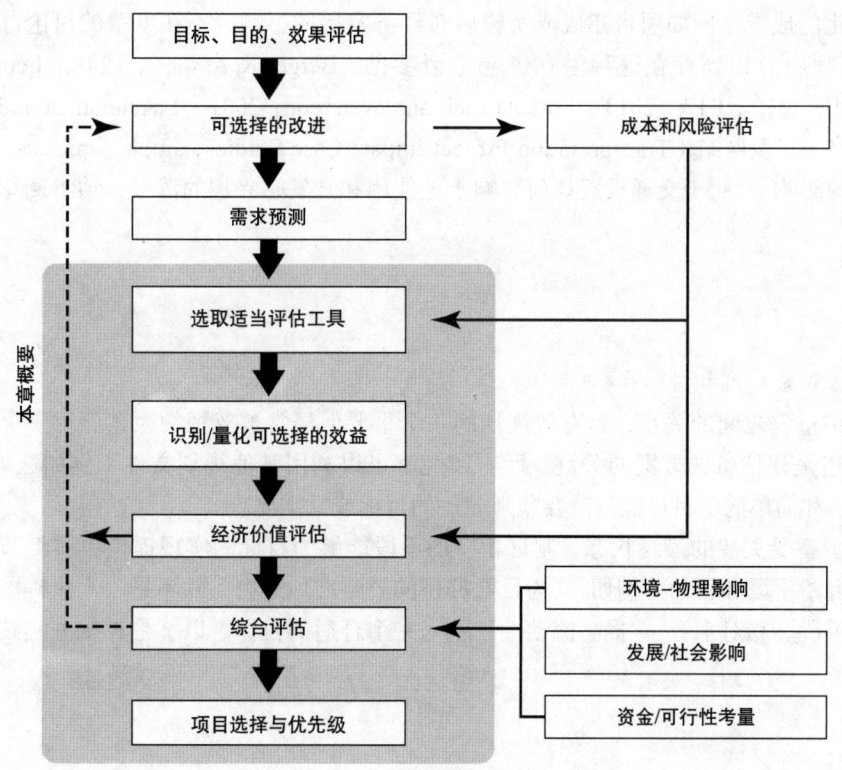

图 7-1 综合评估框架

本章为有兴趣了解评估过程的读者提供了重要的参考资料。许多网站也提供了收益/成本分析相关资料，包括一些免费的电子表格模型（http://bca.transportationeconomics.org/home 和 http://www.dot.ca.gov/hq/tpp/offices/eab/benefit_files/Cal-BCv4-1.xls）。

7.2 评估过程特征

以下是评估过程的特征，对规划师来说非常重要：

- 大多数交通研究考察了多种可供选择的行动方案。在规划层面上，这些备选方案可能是少量不同的投资策略，例如对不同的模式重点或不同的投资水平各有侧重。在通道或选址层面上，这些备选方案通常数量更多，而且描述得更详细。在环境分析中，其中一种选择就是"什么都不做"。
- 理想情况下（但在实践中并非总是如此），评估所有相关因素（称为复合评估）可能会改变备选方案的定义（如图7-1中的虚线反馈线所示）。如果初步评估表明需要修改备选方案的范围和（或）规模，则可以用它来确定修改后的备选方案，然后进行更详细的评估。
- 大多数比选项目都有不同的生命周期，在不同的时间点产生收益和成本。因此，评估必须提供一种方法，在研究时间框架内，有意义地比较具有不同成本和收益的项目。
- 交通项目通常涉及初始资金支出（称为资本成本），随后是一段时间的持续成本，例如运营、维护和最终的恢复和重建成本。这些成本每年可能有所不同。在项目生命周期内的折现成本称为项目生命周期成本。
- 许多项目的成本和收益都可以用货币来衡量，因为存在与之相关的市场成本（例如每吨混凝土或每辆公共汽车的成本）。然而，经常有一些成本和收益是没有市场价值的（例如建筑活动造成的社区破坏或项目设计的美学价值等）。在这种情况下，评估过程需要以创造性的方式纳入这些信息。
- 考虑到评估的主要目的是向决策者提供关于一种选择相对于其他选择的优点的信息，评估标准应与决策者需要和期望的信息直接相关。具体地说，标准应密切反映规划过程中较早确定的目标。在选择"正确"备选方案时所使用的标准（从决策者的观点来看）如果不能反映相应过程的目标，则可能表明整个评估过程出现了问题。

本章只考虑交通项目的直接（或主要）影响。例如，出行时间、运营成本和安全结果的变化。间接（或次要）影响或不可量化的成本，例如项目建成或实施后对经济发展的影响，不在本章的讨论范围之内。当然，交通规划人员和工程师应意识到存在这种潜在影响〔请参见（Berger & Assocs., 1998；Economic Development Research Group et al., 2012；FTA, 2013；Forkenbrock and Weisbrod, 2001；Lakshmanan and Chatterjee, 2005；Weisbrod et al., 2001）以及网站（Transportation Project Impact Case Studies, http://tpics.us/），以审查交通改善对社会和经济发展的影响〕。对于交通投资如何影响土地使用和开发感兴趣的读者，请参阅第3章关于土地使用和城市设计的内容。

7.2.1 基本概念

1. 目标、指标、评估标准和性能指标

规划目标与评估过程之间的关系，是有效规划的一个重要但经常被忽视的因素。对一个项目或规划目标进行全面且清晰的描述是评估备选方案的关键。所有研究都可以利用其他规划文件（例如区域或长期交通规划）中既有的目标。较小和简单的项目可能只需要非常简短的目标或某类需求。

规划目标展现了备受关注的最终状态。制订相应的手段能够为目标的实现提供更多细节。在制订目标时最常见的错误之一是混淆手段和目的。例如，"为目前拥挤的公路增加运力"并不是一个正确的目标，因为它是一个实现相关目标的手段。相对来看，"提高流动性"就是一个合适的目标。以下是在规划实践中经常使用的术语的定义（图7-2）。

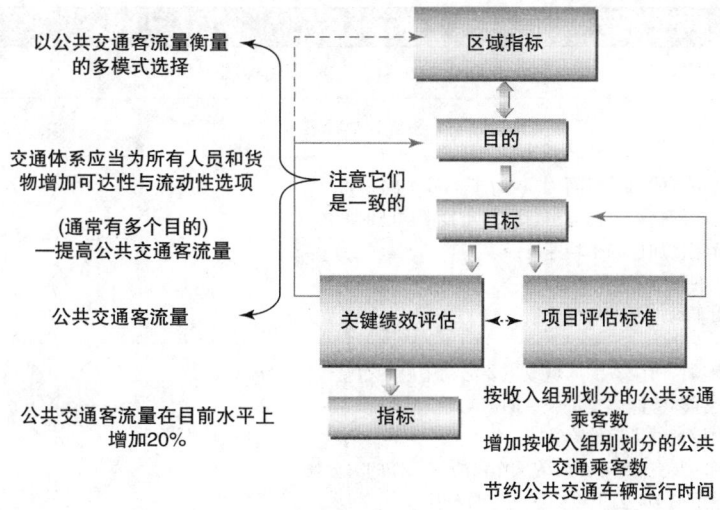

图 7-2　效果评估层次结构

来源：Meyer, M. 2006. "Performance Measures for Regional Transportation Planning," Memorandum prepared for the Atlanta Regional Commission. Atlanta, GA: Atlanta Regional Commission.

- 区域指标：这一指标反映了一个地区或其交通系统的发展水平，并表明该地区在一段时间内正在发生的情况。在图 7-2 中，指标是该地区可用的多模式选择水平，替代指标是总体交通客流量。区域指标往往（但并非总是）不受交通机构的控制或直接影响。例如，在许多地区，空气质量是一个区域性指标，而交通只是其中的一个因素。
- 目的：目的是表示系统期望的最终状态或特性的一般化陈述。因此，在图 7-2 中，目的是建立一个交通系统，增加人员和货物的流动性和可达性，但没有阐述应该如何做到这一点。
- 目标：目标是对如何实现目的的更具体的陈述。在图 7-2 中，提高流动性和可达性的方法之一是增加公共交通客流量。通常有多个目标与一个目的相关联。目标与目的之间的一个关键区别是，目标通常是可测量的（可量化的），而目的不是。
- 关键绩效评估：评估反映交通系统运行状况的一小部分指标。这组 10～12 个的核心性能指标反映了关键的成功因素，并量化了目标进展。因此，它们对决策者和公众传播至关重要。在图 7-2 中，系统性能指标为"公共交通客流量"。这种方法使决策者得以在目标背景下确定系统的有效性。
- 项目评估标准 / 有效性评估：评估标准直接涉及备选方案和设想的评估，以及可能与特定备选方案有关的各种问题。因此，在图 7-2 中，展示了一些与系统性能指标不完全相同的标准，但它们直接用于理解替代方案和 / 或场景的影响。它们被称为标准，因为它们有助于指导决策，决定哪种选择是最优的。
- 指标：在某些情况下，人们希望建立一个标准或期望的结果，以便将注意力集中在正确的地方。在图 7-2 中，指标是"到 2020 年，公共交通客流量将在目前水平上增加 20%。"这不仅为实现目标提供了一个更具体的关注点，还允许规划人员和决策者随时间推移监控系统性能，以确定它是否至少在朝着正确的方向前进（Meyer & Miller, 2014）。

显然，用于评估场景或替代方案的标准应直接与重要的系统性能度量相关。如图 7-2 中的双箭头所示，为了与整体性能直接建立关联，对每一个关键绩效的评估都要参考一个或多个类似的项目评估标准。

一套评估标准应该是全面的，但不应出现重复，也不能太庞杂。标准应简明（即决策者和公众容易理解），使用这些标准时数据收集的成本应与项目或规划方案的规模及其复杂性相匹配［请参见（Cambridge Systematics, 1996；Meyer and Miller, 2014；and Rothblatt and Colman, 1996）中对目标、指标、评估标准和绩效衡量的更详细的讨论］。表 7-1 列出了不同性能指标类别的典型评估标准。

表 7-1　评估主要城市交通选择的样本标准

性能类别	评估标准
系统评估标准	
流动性	·到选定点的出行时间（高峰/非高峰）的总和 ·出行时间指数（拥堵出行时间与自由出行时间之比） ·出行流量加权的平均速度 ·每人的拥堵成本 ·商用车辆每英里延误
可达性	·一个项目所服务的区域或主要活动中心的数量 ·向交通弱势群体提供服务的情况 ·引力模型的可达性指数 ·通勤时间在 30 分钟内的工作占所有工作的百分比 ·交通距离 1/4 公里以内的住宅百分比
交通疏解水平	·服务水平低于标准的十字路口数和街道里程数 ·按设备类型（或分级）划分的平均速度 ·按服务水平划分的车辆里程数或时间（小时）
安全性	·碰撞、受伤和死亡的数量或成本
模型平衡	·乘公共交通工具、拼车等出行的百分比 ·去往区域内重要活动中心的公共交通共享模式
系统效率	·消耗的燃料量（加仑） ·用户成本（车辆运营成本与时间成本之和）
影响标准	
区域发展	·符合已通过的土地发展目标/政策
邻里影响	·住宅单元的数量，以及被迁移或受到影响的企业数量 ·被侵犯的特定社区或住宅的数量 ·受影响的现有已开发土地面积 ·在不可接受的噪声范围内的净住宅单元数量
空气质量	·按类型划分的排放量（吨） ·超过国家或州标准天数 ·符合国家环境空气质量标准
特殊土地利用影响	·受影响的公园、休闲用地或学校 ·受影响的基本农田面积 ·受影响的湿地面积 ·历史遗址、考古区等的数量和意义
实施标准	
成本	·资本、维护和运营成本 ·资金的可用性 ·来自外地的资金的百分比
公正性	·政府官员和公民的接受程度 ·税基从一个管辖区转移到另一个管辖区 ·对低收入社区和群体的影响

来源：Adapted and expanded from Maricopa Association of Governments, Transportation and Planning Office, 2010, Phoenix, Arizona

2. 定义项目或替代项目的重要性

大多数交通规划建议执行一套具有成本收益的项目。对城市规划来说，在规划本身的生命周期内，这一数字可以达到数千。对单个项目来说，通常会随时间通过施工阶段的推进来对项目进行优化。根据规划方案的规模，项目定义可以是评估过程中的一个重要输入。项目定义通过成本估算、可能的环境影响以及项目在整个交通系统中的位置来反映必要的资金水平。

通常以如下内容定义一个交通项目：

- 项目特性和位置（在规划层面，一般用通用术语来表达）。
- 项目类型。
- 长度。
- 通行能力（例如车道的数量、分隔等级或额外的公共交通车辆）。
- 接入点（车站、接驳处）。
- 等级分离和垂直对齐的程度。
- 平均和最大运行速度。
- 立体交通（包括隧道和明洞）。

面向不同政策漫长的时间跨度，交通规划通常会涉及更广泛的要素，例如作为规划受众的社区团体的数量和种类、毗邻用地功能以及交通投资在更大维度上的交通网中的作用（例如交通疏散流线）。表 7-2 展示了一些可作为交通运输规划一部分考虑的因素。

表 7-2　长期交通运输规划的可能情景因素

模式重点	·公共交通与汽车重点对比（也会影响土地使用） ·公路与街道的改善对比
可用资金级别	·低 ·中 ·高
地理重点	·变化/增长区域与维持/缓慢增长区域对比
增长类型	·紧凑/填充与蔓延对比 ·公共交通引导开发/在过去的20年相比步行交通的发展趋势 ·重点产业类型（例如重点发展服务业、通信业、制造业、旅游业等） ·平衡与不平衡的就业/住房增长对比（例如就业需求的增长要快于就业人口数量） ·全县/区域增长率高与低
收费	·油价稳定/油价上涨 ·免费停车/收费停车 ·公共交通收费降低/公共交通收费提高

将表 7-2 所示的不同因素纳入规划和评估过程的另一种方法是情景规划。从本质上说，是为了从交通系统性能的角度确定哪个方案能提供最好的结果。例如，在佐治亚州亚特兰大市进行的一项研究关注了该地区大约 1000 公里^2 的最快发展增长率，并在分析和评估过程中考察了以下情况。

- 当前亚特兰大地区委员会（Atlanta Regional Commission，ARC）的预测——如果在整个研究区域内进行分散开发，并在研究区域南部进行集中开发，会发生什么？
- 现有社区——如果开发集中在研究区现有社区和活动中心周围，会发生什么？
- 以公共交通为导向的开发——如果以辐射状或东西向延展的方式开发交通网络，并沿交通轴线开发土地，会发生什么？
- 公平（东西通道）——如果进一步集中开发东西通道，加强交通服务，会发生什么？
- 有管理的增长——如果新的增长分布在北部住宅以及商业分布均衡的小村庄，会发生什么？
- 地方规划——如果如当地政府规划所预期的那样发展，且总体发展水平高于 ARC 的预测，会发生什么？

- 增长减少——如果ARC预计的发展速度大约达到了一半，且几乎没有增加新的公路运力，会发生什么（GRTA，2004）？

通过研究这些不同情景的影响，交通规划人员能够确定在研究区域驱动交通需求的关键因素，确定不同土地使用和交通规划策略可能产生的后果。也许最重要的是，让地方官员了解土地使用决策与交通系统绩效之间的紧密联系。

3. 成本和收益

在评估中选择哪些成本和收益会对评估的最终结果产生重大影响（AASHTO，2010；Cambridge Systematics，1996；ECONorthwest et al.，2002；European Conference of Ministers of Transport，2001；VTPI，2009）。公共部门对成本和收益的评估往往比私营部门更复杂，因为公共部门需要考虑缺乏市场价值的资源消耗及社会成本。本节接下来将依据公共部门的决策观点，其要点也可用于对私人投资决策的评估。

成本和收益可以影响三个主要群体：①交通设施或服务的供应商或所有者，以公共机构为代表；②交通设施或服务的使用者；③其他所有人（非用户，一般是社会）。噪声、空气和水污染、美学、社区/社会凝聚力影响等，都被认为是非用户成本或社会成本，尽管在许多情况下，用户也要面对这些成本。除供应商和用户之外，其他群体也能感受到这种影响，尽管可能存在明显的重叠（例如驾驶人也可能受到不健康的空气质量和交通噪声的影响）。

成本与收益有时是互为镜像的关系。例如，环境舒缓措施（例如噪声屏障建设）可能为业主产生额外成本，但对周围社区有利。是考虑成本还是收益，不同的选择会影响评估的结果，例如收益/成本分析。一个项目，在不考虑噪声影响值的情况下，成本和收益都等于1000美元。项目将减少噪声暴露，价值150美元。如果降低的噪声被视为负成本，收益成本比（B/C）为$1000/（$1000 - 150）= 1.18。另一方面，如果降低的噪声被认为是项目收益，则收益成本比为（$1000 + 150）/$1000 = 1.15。大多数工程经济教科书推荐优化后的收益/成本分析方法，它将成本的降低视为正收益，在这种情况下，收益成本比为1.15。

当考虑次要或间接影响时，将一个项目归类为成本或收益会变得特别困难。例如，大型交通项目可能减少拥有第二（或第三）辆汽车家庭的数量，这在大多数评估中被视为一项好处。然而，对于汽车经销商、机械师和发放汽车贷款的银行来说，这实际上是一种成本，或者至少是收入的减少。同样，旨在刺激创造新就业机会的项目实际上可能只会从其他地方吸引就业机会。由于这个原因，以及重复计算收益的可能性，通常最好将评估重点放在规划方案或项目的主要或直接影响上，并分别考虑次要影响。

4. 评估中包含的成本

成本通常分为两类：资本成本和运营维护（Operating and Maintenance，O&M）成本，虽然能看到，但并不容易区分。资本成本定义为实现替代方案或启动项目所需的成本。这些成本包括建筑成本和初始车辆采购成本（用于交通运输项目）、相关应急津贴和行政成本。还包括规划、环境研究、项目设计、工程和其他一次性成本。这一定义不包括设施和部件的年内重建或更换，包括更换作为实施替代方案的一部分而获得的车辆。改造和更换成本作为生命周期成本分析的一部分，不具体计入资本成本，以避免重复计算。因此，资本成本通常包括以下项目：①道路使用权的购置和安置成本；②建筑成本；③车辆购置成本（用于交通运输）；④工程和设计成本。

从会计学的角度看，资本成本与使用寿命至少为1年的资产有关。运维成本是经常性成本，或持续时间少于一年的成本，可能包括：维护、操作和管理成本；保险和碰撞/事故成本；用户出行成本；税收（通常只针对私营部门）。

由于商品和服务的价格往往会随着时间的推移而上涨，区分实际美元（也称常数美元、通货膨胀调整后的美元或基础年美元）和名义美元、当前美元或数据年美元（不考虑通货膨胀因素）是很重要的。

由于规划研究往往从历史数据中得出单位成本，有必要将历史成本转换为现值。这种转换通常通过建筑成本指数（Construction Cost Index，CCI）来体现。联邦公路管理局（FHWA）、相关出版物（例如《工程新闻记录》）和一些州DOT提供了这些信息。表7-3展示了联邦公路管理局发布的国家公路CCI的一个例子。指数为

100 表示某一特定月份、季度或年份的平均价格。因此，如果以表 7-3 所示的 2003 年作为基准年，则该季度的建筑成本指数为 100。个别合同项目的 CCI 也很容易找到。这些取值和单位通常用单位美元来表示。

表 7-3 （美国）国家公路建设成本指数（National Highway Construction Cost Index，NHCCI）

年份	季度	NHCCI 指数
2003	3 月	1
	6 月	1.0156
	9 月	1.0038
	12 月	0.9929
2004	3 月	1.026
	6 月	1.0638
	9 月	1.0849
	12 月	1.091
↓	↓	↓
2013	3 月	1.1002
	6 月	1.1092
	9 月	1.1195
	12 月	—
2014	3 月	1.0947
	6 月	1.1007
	9 月	1.1354
	12 月	1.1158
2015	3 月	1.1334

来源：http://www.fhwa.dot.gov/policy information/nhcci/pt1.cfm

5. 公共交通的成本估算

虽然名称和定义较为通俗，但开发主要的公共交通项目的程序阶段可以分为系统规划、项目开发（包括替代方案的环境审查）、工程和最终设计/施工。这些步骤是围绕一个项目在区域规划和实施过程中必须做出的主要选择而制订的，例如：哪个通道有/有最大的需求？如何改进是合适的？应该使用哪些设计标准？对公共交通项目来说，第一个实质性的工程工作通常发生在项目开发过程和备选方案分析中，随着项目开发过程的完成和进入工程阶段，将逐步进行更详细的工程工作。

系统规划通常包括技术、校准、工程可行性、优先级和成本的一般概念和选择。这一阶段的成本是初步的，通常用范围来表示。在备选方案分析阶段，执行概念工程，制定原型设计标准，选择首选模式，并制订财务计划。在这一阶段，成本范围明显缩小。

作为项目开发过程的一部分，将依据提议线路及投资承诺共同制定设计标准。大约 30% 的工程工作是在项目开发期间完成的，在大多数情况下是为了满足环境分析的需要。在最终的工程中，要准备施工图纸，包括规范和其他施工文件。

对每个项目阶段的背景的清晰理解是至关重要的，因为它指导了工程建设和成本估算的级别和一些细节工作。尽管在不同条件下不可能为每个项目都划定细致的级别，重要的是，在不需要实现全部步骤的前提下，通过这一过程可以选出最优的规划方案。

项目规划通常分为两类工程层级：一类用于典型的交通设施，另一类更细微，应用于特殊情况。对于可以集中进行分析的路段能够直接确定其横断面。典型区域的规模确定了各项内容的详细单价，进而确定每个部分的单位造价（每平方米、磅、人数-小时）。在计算交叉路口、中转站、换乘停车场等不同类型设施的综合成本时也通常采用类似的方法。要为每一个备选的方案绘制平面图和剖面图，从这些估算中确定数量（长度）、等级分割数量以及其他特征。部门成本的计算是为了表示每个确定部门的资本成本，不包括系统范围的要素和附加项目。

那些不能用典型剖面法处理，存在特殊情况的路段，通常是主要结构或在有主要结构或复杂地形的区域的不确定路线。这些路段可以结合图纸、确定详细的数量以及单位造价进行成本计算。在一些特殊领域也可以额外进行专门调查，例如土壤条件、考古限制、危险材料等。

对于一项主要的交通投资，系统范围的要素包括（如适用）车辆、电气化、信号/中央控制系统以及类似的项目，因为这些项目与个别部门无关。因此，它们是借助适用于整个系统数量的单位成本来估计的。还要考虑应急津贴、工程和建筑管理事务成本和设计等附加项目。这些项目通常通过系数来估计，系数表示附加成本占预估标准成本的百分比。

6. 社会成本和外部性测算

外部性，也称溢出效应或第三方效应，指没有被货币自由交换（即市场）所体现的影响。一个项目可能会对其他项目造成负面影响（在这种情况下，它们被称为负外部性），或带来额外收益（也就是正外部性），机动车空气污染物就是负外部性的一个例子，加满一辆汽车的油箱可能需要30美元，这是一个公开市场价格。然而，那些受燃烧汽油所排放的污染物影响的人并不是自愿参与这一交易的，也没有得到补偿。经济学家通过研究与空气污染相关的疾病带来的健康相关成本，估算了这一社会成本。

社会成本与此类似，它被定义为由于某种特定行为，例如生产或消费某种商品，而对社会产生的负效用。社会收益包括生产或消费商品或服务所产生的额外效用（Greene, Jones, and Delucchi, 1997）。经济学家们早就提出，私人市场并不总是能捕捉到某些行为的所有成本或收益。在评估过程中排除外部性会导致做出错误的选择。这就是私人和公共决策之间的一个重要区别，私人决策通常只考虑实实在在的内部成本。

将外部性纳入分析的困难在于，通常很难给它们一个货币价值，因为根据定义，很少有活跃的交易它们的经济市场（只有美国加利福尼亚州和欧洲已经建立了温室气体排放市场）。这会使一些人试图通过间接方法来考虑外部收益［请参见（Freeman, 1993；and Greene, Jones, and Delucchi, 1997）］。

一个实用的方法是规避成本。规避成本指试图避免或防止影响的价值。例如，统计超过了70分贝的国家噪声标准所影响的居民，道路A比道路B多了250户。很明显，在其他条件相同的情况下，这使道路A比道路B更不受欢迎。应如何统计道路A造成的负外部效应？可以计算双层玻璃窗、绝缘材料、空调、建造隔声屏障等降低影响的措施所需的费用，并将其作为成本添加到道路A的其他成本中。

这种方法的明显缺点是，无法将全部与道路A相关的负面影响全部考虑在内。单纯的噪声水平是可以进行比较的，但外部效应的对象还包括这250户以外的更多居民。评估户外活动产生的较高噪声水平所带来的额外刺激是比较困难的，因为没有有效的方法能避免这种影响，尽管使用隔声屏障或改变路线可以减轻这种影响。不过，各种环境舒缓措施往往都采用这种方法，例如在汽车上增加污染物控制设备，或对汽油进行重新调配以降低空气污染等。

7. 评估的收益

与交通设施资本投资相关的经济收益通常以用户收益来衡量。每个备选方案的用户收益是通过计算与唯一方案的负面影响相比，预期减少的值来确定的。收益类型将与项目目标和用户需求密切相关。对多数大型项目来说，节省出行时间将是最大的收益来源，其次是减少碰撞和减少用户或车辆成本。主要资本投资给交通设施使用者带来的直接和可量化的经济收益通常涉及以下方面。

从以下几个方面考虑项目的用户收益：
- 使用私人交通工具所节省的（或增加的）出行时间，无论是使用了项目路线还是其他替代路线。
- 节省（或增加）公共交通乘客和车辆的出行时间。

- 节省商用车的出行时间。
- 自付车辆运营成本（例如燃料及损耗）。
- 碰撞成本（提高安全性）。
- 节省用户从一个交通设施（或路线）/模式转移到另一个的时间。
- 持续降低私家车和公共交通出行时间（包括缓解拥堵等）。"持续"是指：①用户不改变路线或出行方式；②使用公共交通工具出行的用户不变；③驾驶私家车出行的用户不变。

1）出行时间的节省。在多数大型公路项目中，节省出行时间是最大的单项收益，通常占总收益的60%或更多。重大的交通项目往往会为现有的交通使用者节省时间，还会将一些行程从公路自驾改为公共交通出行。对大多数类型的出行来说，驾驶私家车出行的用户比使用公共交通工具出行的时间要多。然而，所有剩余的汽车使用者（经常使用汽车的人），包括那些改道到新路线的人和那些继续使用现有路线的人（作为缓解拥堵的结果），都将获得积极的出行时间收益。一些公共交通用户（公共交通常旅客）也将受益于提供改进的公共交通服务，尽管他们不改变公共交通出行方式。

节省的出行时间总量可以用网络模型估算。然而，为了给这一数字附加货币价值，人们必须知道1小时出行时间的经济价值。在大多数研究中，考虑将时间价值确定为用户税前工资的1/3~1/2。美国行政管理和预算局（Office of Management and Budget，OMB）建议使用税前平均工资的50%。美国交通部建议使用该地区平均工资的50%。在某个研究项目中，对出行时间的价值研究将取决于该项目的实践领域（AASHTO，2010）。

在使用单一的时间值来衡量所节省的出行时间时，首先，碎片化时间（例如2分钟）的单位时间价值会比整块时间（例如15分钟）小，因为用户通常不会重视碎片化时间，甚至可能不会产生明显的感觉。AASHTO曾认为个人每次出行，节省的时间少于5或10分钟的价值相对较小，但他们在2003年又否定了这一说法。出行时间值反映了这样一个事实：节省下来的时间通常不会增加用户的收入，但确实具有一些真实的价值，这可以从观察到的出行者行为中体现（AASHTO，2010）。而事实上，研究普遍表明，人们并不重视节省2分钟或更少的出行时间。需要承认的是，对于时间值的非线性赋值存在一定争议，例如，Small（1999）提出了与AASHTO方法相反的观点。

其次，时间的价值取决于出行的目的。一个上班迟到的驾驶人可能愿意花很多钱来节省几分钟，但周末开车出去观光的驾驶人可能就不愿意了。事实上，目前车道管理收费主要集中在白天的拥堵时段，通常是在上下班高峰期，这是工作出行最普遍的时候。在这种情况下，时间的价值和通勤者支付的意愿比一天或一周里的其他时间要高得多。

最后，许多地区从区域出行需求模型的模式选择模块中获取居民的出行时间值。虽然这个模型在理论上是可以接受的，但在实践中，交通规划人员必须注意，交通模式选择模型的计算误差表明不会导致对出行时间的低估。

许多商用车运营商也将从减少拥堵节省时间中获得经济收益。这样的节约会提高生产率和/或降低劳动力成本。这种效率的提升能够体现在司机的工资和福利上，以及与车辆所有权和营运相关的其他价值。经过分析的货运时间经济价值在每车每小时50~80美元之间，有时更高。这个估计值通常取决于货车的大小、要运送的货物以及货物运输的距离。城际出行往往比短途出行具有更高的时间价值。

2）降低私家车出行成本。将私家车驾驶人吸引到公共交通或拼车出行模式所节约的车辆运维成本，是项目潜在收益的一个重要来源。与燃料和里程相关的车辆运维成本一般为13~20美分/英里。假设一辆车闲置在家里，白天没有人使用，则运维成本的降低对司机来说是净收益。

对转而使用公共交通的私家车驾驶人来说，必须考虑这样一个因素，即一辆汽车在高峰和非高峰时段通常可以搭载一个以上的人。为减少汽车行驶里程，在出行高峰期，人们开车出行的次数通常要除以1.15~1.2，在非高峰期则要除以1.25~1.4。由于自由流路段上走走停停的操作以及间断流设施的停车次数均随之减少，也相应地降低了车辆运维成本。

在测算时，节省下来的设施运维成本会被视为收益。

3）因减少伤亡而降低的成本。与交通投资相关的主要好处之一是交通事故的数量减少和严重程度降低。这包括与其他机动车的碰撞，以及机动车与行人或骑行者的碰撞。评估特定方案能够产生的安全收益需要首先确定与安全相关的社会成本的降低。美国交通部的一份广泛使用的数据显示，针对单人受伤的事故类别，其代价大致为（以 2012 年美元计算）：

- 死亡：910 万美元
- 极重大伤害：539.63 万美元
- 重大伤害：242.06 万美元
- 严重伤害：95.55 万美元
- 中等伤害：42.77 万美元
- 轻伤：2.73 万美元（USDOT，2013 年）

美国交通部还推荐在安全分析中同时采用 3% 和 7% 的折现率，以评估分析结果对折现率选择的敏感性。

为应用这些测算，还应该延长研究年度。这些成本代表综合成本，包括对生命价值进行量化，这些成本是通过对人们为降低风险而实际支付的成本进行实证研究得出的。即使这样也引起了一些争议，因为实际的经济成本，例如损失的收入、医疗成本等，通常要低得多（例如每例死亡事件的成本为 110 万美元）。由于几个美国政府机构赋予单一生命不同的价值，导致生命价值的进一步混淆。

4）通过衡量个人偏好来估算成本和收益。 通过消费者愿意支付的实际价格或估计价格，以两种方法来衡量获益价值。例如，假设消费者更喜欢安静街道上的房子而不是吵闹街道上的房子，愿意为这些房子支付更高的价格，交通规划人员可能会比较不同噪声水平街道上房屋的销售价格（Meyer & Miller，2014）。在经济学方面，消费者更愿意为安静街道而不是喧闹街道上的房屋付出更高的价格。这种评估收益或成本的方法称为显性偏好（Revealed Preferences，RP）。

这种方法的缺点是，决定一个社区房价的因素很多，而不仅仅是噪声水平。当然，房子的大小、质量和销售日期必须考虑，并通过统计技术标准化。但许多其他因素也会起作用。位于嘈杂街道上的房屋可能被认为不安全（例如较高的交通量可能无法保障儿童的安全），它们可能离其他噪声源（学校、商业大楼）更近，人们可能认为这些地方环境较差（因为车辆和行人较多）等。在实践中，需要大量的销售数据才能准确评估影响。请参见 Diaz（未注明日期）的著作以获得更多文献和讨论。不过，依托统计技术，这种方法已获得一定的认可，特别是在评估环境影响方面，例如噪声和空气污染。

RP 数据也用于估计在有收费设施和无收费设施相邻时的出行时间值，以及驾驶人使用的设施数据。愿意为节省 15 分钟时间而支付 2 美元通行费的驾驶人，一定也会愿意以每小时至少 8 美元的价格来交换他们的时间（尽管我们不知道多花多少）。这是 RP 方法固有的局限性之一。它只能基于可观察的情形对行为进行分析。如果一些衡量对象之间的变化很小（例如城市中的所有房屋均暴露在相同等级的交通噪声中），则没有办法区分实际影响值。此外，如果变量（两个或更多属性间相互关联的变量）之间存在共线性，则难以对变量进行区分。

由于 RP 方法固有的问题，为了从假设的比较中得出估计值，已经开发了指定的偏好方法（Stated Preference，SP）。许多相似问题发生在 RP 和 SP 调查中，例如样本和反应偏差。SP 方法具有独特的问题，包括权衡的措辞和表示获得准确值（这是关键），以比较的方法给出了项目影响受访者（询问受访者为降低噪声愿意支付的价格，并不会得到良好的反馈）。没有权衡的问题（"你会使用……吗？"或"……对你来说它值多少钱？"）很可能会引出无效的信息。然而，通过 SP 调查确实可以得到比调查时更广泛的维度。SP 调查已经成功用于研究，以评估出行时间的价值和审美／视觉偏好问题。

提出好的 SP 问题需要做好权衡。例如询问受访者，如果他们的社区能够提供公共交通设施，他们是否会使用公共交通，这不太可能得到精准的答复。能得到准确答复的问题应该是，如果他们不得不步行两个街区，平均花上 10 分钟来等候公共汽车，且整个出行需要的时间比汽车多 50%，他们是否还会选择使用公共交通。

5）分配影响和公平性。 公平解决的问题是，谁为资源消耗付款，谁从资源消耗中受益，并不是每次评估都需要进行公平分析。事实上，它可能只适用于非常大的项目，这些项目的潜在成本（和收益）很大，而且分配影响不均衡。

即使项目有很大净收益，成本和收益在不同收入群体和社区之间的地理分布也可能不均衡。例如，在美国大都市区修建州际公路无疑增加了交通量。然而，由于公路的性质，郊区和边远城市交通的相对优势要比市中心及靠近市中心的区域大得多。在某些情况下，州际公路分隔了现有社区，而且，由于当地街道的关闭，实际上使一些出行选择受到更大限制。在大部分州际公路计划修建期间（20世纪50年代末到60年代），这些影响通常被忽略了。事实上，20世纪60年代末，美国一些与道路规划和建设有关的环境立法都源于交通部门的一些恶劣决策（例如在公园、墓地和低收入社区等土地价格低廉的地区修建新公路）。

公平本质上是一个规范性问题，也就是说，它关注的对象是规范。没有一个完全客观的方法来评估什么是公平的影响，什么是不公平的影响。事实才能够验证决策。不能仅仅通过呼吁来解决规范产生的分歧。民主社会中，民选官员表达的公众意愿决定了什么是公平的，什么是不公平的。

公平影响的评估一般应在制订目标的阶段开始。例如，表7-1展示了对两个潜在的公平影响的考虑：①税基随管辖区的转移而发生的变化；②对低收入社区和群体的影响。这些评估标准解释了看待公平的一般方法，即在不同收入群体和可识别的人群之间从空间和模式上看待公平影响。

1）**空间影响**。出行预测模型和地理信息系统（GIS）使项目的空间影响评估变得更容易。例如，Choropleth地图可以很容易地在人口地理或出行区域级别创建，描述汽车的可用性、不同模式的出行时间可达性、污染影响等。例如对城市交通的一系列改善。出行时间的变化（增或减）可以在交通分析区（TAZ）水平上进行检验。其中，阴影表示因替代而导致的出行时间变化小于5分钟，暖色表示出行时间的不同程度增加，而冷色表示出行时间减少。从这样的地图中可以很容易地看出对不同地区和邻近地区的整体空间影响。重要的是要注意，任何项目都可能产生正面和负面的影响。例如，轨道项目可能导致公共汽车服务被取消，或定位为对轨道客流的接驳服务。对某些用户来说，这实际上可能会导致车内或整体出行时间增加。

2）**模式影响**。当一种（或多种）模式的广义成本相对于其他模式提高时，就会出现这种情况。多乘员车辆（HOV）车道可能会改善拼车和公共交通用户的出行时间，但对单乘员车辆用户则没有改善，这是一个分布影响。一般容量的增加可能会减少通道中公共交通的使用。这些影响很容易从多模式出行模型的输出中确定，尽管在预测非机动出行方面有最新技术，在大多数地区也只能定性地评估步行和骑行的出行影响。

3）**收入影响**。由于交通项目的支付方式不同，交通影响有时会使成本和收益分配不均。美国的交通项目通常是通过消费税筹集资金的，例如汽油税或一般零售税。这种税有递减的趋势。也就是说，他们从贫困家庭获得的收入比从富裕家庭获得的收入要高。2011年，美国收入最低的20%家庭在汽油上的支出平均占其收入的5.6%，而收入最高的20%家庭仅占其收入的4.3%。然而，如果将汽油排除在外，收入最低的20%的人将收入的9.2%花在交通上，而收入最高的20%的家庭将收入的11.8%花在交通上，这可能反映了汽车的成本。因此，即使是一个明显公平的增加收入的方法，例如对汽油征税，也会对低收入群体产生不成比例的影响（AASHTO，2013）。如果均衡是一个目标（即平等对待所有收入群体），那么使用基于消费的税收就不是最好的策略。

有关个人收入的信息可以从美国人口普查局和美国劳工部获得。考虑到通货膨胀，还可以用其他指标来衡量收入，这些指标可能更接近当前水平：某个地区的失业率；过去几年失业或就业率增加的地区。

4）**对可识别群体的影响**。少数族裔人群、老年人或残疾人也可能受到不成比例的影响，这些人往往在地理上存在集中现象。例如，在许多美国城市，少数族裔人群和移民人口集中在某些地区（通常是在城市中心或密集的放射状通道），而这些地区并不能直接从郊区交通系统的投资中获益。在某些情况下，由法院决定使用了联邦资金的投资是否对这些人口造成了不相符的困难。有关环境公正性的行政命令在一定程度上解决了这些问题（见第1章）。

5）**最低成本规划**。另一种对评估有重要影响的规划方法是最低成本规划，也称综合资源规划。最低成本规划起源于20世纪70年代的能源规划。研究发现，在某些情况下，推广节能项目（例如更节能的电器）的成本可能比新建发电设施更低。公共事业规划人员传统上只考虑电力供应的扩大，而不是同时考虑电力的供应和需求。在一些地区，最低成本规划导致法律要求提高新电器的能源效率，提高建筑物绝缘度，并向购买节能电器的消费者提供折扣。这一概念已扩展到节水和其他领域。

从评估的角度看，最低成本规划对项目所有可能的影响的识别和评估，以及最低成本方法的确定有很大影响。其中，成本包括所有社会成本。此外，承认和估计评估结果中的不确定性成为规划过程的一个固有部分。

7.2.2 评估技术

许多有用和有效的方法可以用于评估不同交通规划方案的相对有效性。出行预测模型可以为一项有效评估提供参考（见关于出行需求与交通网络建模的第6章）。事实上，问题可能是有太多的信息可用，而分析人员的主要挑战是选择对评估至关重要的数据。还有一种危险是，在开发复杂的出行预测模型上花费了大量时间和精力后，人们可能会盲目相信其结果。特别是在长期预测方面，分析师应意识到，未来几十年任何情况预测中隐含的许多假设，都可能存在相当大的不确定性。

1. 选择适当的分析方法

一个适宜的评估程序有两个基本要求：①应对那些做最后决定的人产生可以理解的结果；②应对备选方案的范围和决策复杂性做出合理评判。Meyer 和 Miller（2014）对四种基本评估技术进行了描述。

1）效率矩阵。效率矩阵是所有评估技术中最简单的。在矩阵单元格中对每个标准和备选方案进行度量赋值。其中，列表示正在考虑的不同备选方案，行表示不同的评估标准。在矩阵中输入的值可以是实际测量值、排名值或规范化值（也就是说，将所有分数的总和调整为1，或其他任意数字，例如10或100）。该矩阵能够体现每一种方案与所有其他方案相比的有效性。如果备选方案和评估标准的规模相当小，而且成本和收益难以衡量，那么这种技术就是有用的。例如，单元格条目的优劣，可以从一到N个备选项进行排序，或可以由好的、差的或平均的判断组成。效率矩阵常用于环境分析。

2）综合排名。如果效率矩阵变得过于庞大和复杂，无法帮助做出决策，则可以通过某种形式的汇总得出底线分数。使用规范化值提供了一种能够聚合不同单位或维度的度量方法。第二种汇总方法涉及依据标准对每个备选方案的分数进行求和。可以对每一类标准（性能、影响和实现）和/或所有标准进行汇总。评估分数必须按数据测量的顺序进行，例如最佳（第一个）到最差（最后一个），可以为每个方案制订比例等级评分（例如A方案的乘客人数是B方案的92%）。

应注意选择适当的评估标准（大多数评估技术都是如此，特别是聚合方法）。除非对标准进行加权，否则不合适的标准会带来不理想的结果。如果偏差不反映评估过程之外所定义的目标和目标所代表的当地价值，则可以通过权值引入偏差。在制订公众参与过程的目标时，权重会成为其中一部分，也可以结合技术咨询委员会共同制订。

最后选择一个备选方案往往需要加权各种标准，以反映所衡量的目标的不同重要性。民众和政府官员的意见对于确定适当的权重至关重要，这样才能最终体现各种不同的观点和收益。后文将提供一个应用聚合排序的研究案例，将单行道转换为双向运营。

3）成本收益。这种评估方法既可以单独使用，也可以与上述两种方法结合使用。这一过程包括两个相关标准或一组标准的直接比较。通常将每个备选方案的货币成本与规划或项目的某些性能度量进行比较。然后可以根据它们在达到共同目标方面的效率来比较各种改进办法。例如，成本收益方法已用于评估降低噪声的策略（减少每分贝的成本）、水质改善（减少每含盐浓度的成本）和公共交通投资（每新增乘客的年化美元）。当规划难以通过成本进行比较时，这种方法特别有用。

在交通运输安全中，一个常见的例子是对死亡率的准确评估。这样的估价不可避免地会带有主观色彩和争议性，规划师可以在比较中保留原来的单位，而不是试图进行估价。例如，在20年间，A方案可能消除40起伤害（与某些基线相比），总成本为5万美元，而B方案能消除55起伤害，总成本为6.5万美元。因此，比较方案，B比A多花费1.5万美元，但减少了15起伤害。由此引出一个问题："每减少一起伤害值得付出至少1000美元吗？"如果是，那么方案B占主导地位；如果不是，则首选方案A。这让决策者有机会主观地评估规划方案的成本和收益（或产出指标）。研究人员不需要确定所避免的伤害的确切值。成本收益分析的关键是比较不同选择造成的结果和成本差异，如图7-3和图7-4所示。

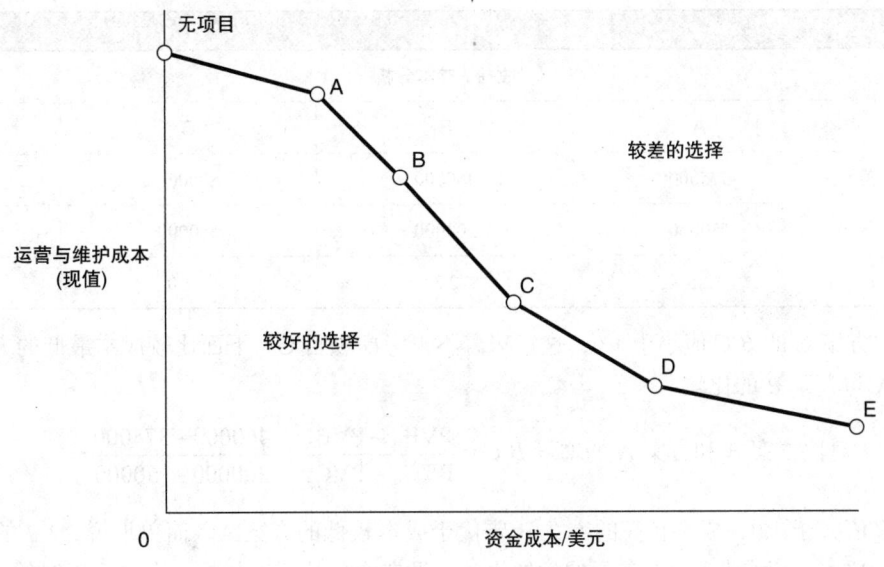

图 7-3 成本收益评估说明

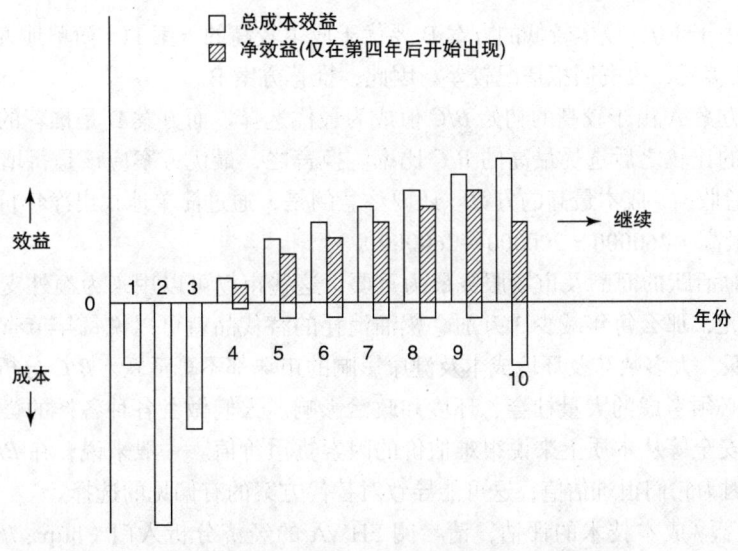

图 7-4 主要交通投资的成本收益说明

净收益最大的选择（折现收益的现值减去折现成本的现值）是最好的选择。净收益必须为正值才能证明规划 / 备选方案是合理的，而且通常会使用较大取值。

对收益 / 成本（B/C）比率的使用要非常小心，因为它们可能会产生误导性结果。小型项目通常有非常高的 B/C 值，但不一定是应开展的唯一项目。大型项目的某些组成部分的 B/C 值可能较低，并且可能会被其他高值部分掩盖。B/C 和净收益评估都有一个限制，即所有收益都要以美元计算。

$$\text{项目 } j \text{ 和项目 } k \text{ 的增量 } B/C = (B_j - B_k) / (C_j - C_k)$$

这种增量方法也适用于成本收益分析。

通过一个简单的例子说明增量 B/C 比率的概念，以及直接以某一个 B/C 比率为依据作为最佳项目的唯一确定标准是不合适的。假设一个规划师估计了 5 个项目的成本和收益现值，见表 7-4，项目 A 的 B/C 值最大，因此可能更倾向于选择该项目。然而，必须首先进行增量 B/C 分析才能做出这样的决定。

表 7-4 收益/成本分析示例

收益/成本分析				
	A	B	C	D
折现后收益（PVB）/美元	375000	460000	500000	500000
折现后成本（PVC）/美元	150000	200000	550000	250000
收益/成本（B/C）	2.5	2.3	<1.0	2

首先请注意，方案 C 的 B/C 值小于 1.0，这意味着不再考虑项目 C。下面比较成本最低的方案和成本第二高的方案，即方案 A 与方案 B 的比较。

$$\text{对比方案 B 和方案 A 的增量 } B/C = \frac{\text{PVB}_B - \text{PVB}_A}{\text{PVC}_B - \text{PVC}_A} = \frac{460000 - 375000}{200000 - 150000} = 1.7$$

假设增量 B/C 值大于 1.0，成本较高的方案 B 要优于成本较低的方案 A。简单地说，1.7 的意思是，建设方案 A 每增加 1 美元成本，就会获得 1.7 美元的额外收益。没有意外的话这就是一个合乎逻辑的选择。

以下通过比较方案 D 和方案 B 来进行下一个增量的 B/C 分析，注意方案 C 已经不在其中。

$$\text{对比方案 D 和方案 B 的增量 } B/C = \frac{\text{PVB}_D - \text{PVB}_B}{\text{PVC}_D - \text{PVC}_B} = \frac{500000 - 460000}{250000 - 200000} = 0.8$$

假设增量的 B/C 值小于 1.0，成本较低的方案 B 要优于成本较高的方案 D。简单地说，花费额外的 1 美元来建设方案 D，将获得 0.8 美元，投资回报情况较差。因此，推荐方案 B。

注意，在本例中，方案 A 由于较高的初始 B/C 值成为最优选择，而方案 B 是推荐的选择。这是工程师经常犯的错误之一，在最初的比较之后选择最高的 B/C 比率。换言之，最优方案应该是每增加单位成本边际收益最高的方案，但不一定是总收益/成本最高的方案。还要注意的是，通过简单地找出净年价值，我们会立即选择方案 B，因为它的净现值最高（460000 - 200000 = 260000）。

B/C 分析和净现值对活跃的商品及市场服务最为重要，这些市场可以用来为额外支出提供节约途径。如果燃油价格为每加仑 3 美元，那么每年减少 3 万加仑燃油消耗的替代品就可以说每年节省 9 万美元。然而，并非所有商品的市场都很活跃。大多数涉及环境成本及健康影响的市场都不算活跃。B/C 分析的一个缺点是不能评估在评估大型项目时往往必须考虑的大量社会、环境和政治影响。人们做了各种各样的尝试，试图赋予噪声、空气污染、美学、交通、安全等从本质上来说很难估价的因素货币价值。一般来说，在 B/C 分析中有一种忽略这些非货币成本的倾向，因为它们很难估值，这可能导致对替代方案的有偏见的选择。

关于公路投资的收益/成本技术的评估，请参阅 FHWA 的经济分析入门（http：//www.fhwa.dot.gov/infra-structure/asstmgmt/primer05.cfm）。

1）投资回报率。 投资回报率（Return on Investment，ROI）是另一种适用于成本和收益分析的货币衡量方式。回报率是使成本等同于收入流的利率。例如，30 万美元的投资每年将带来 5 万美元的新营业收入，每年的营业成本为 2 万美元。据估计，10 年后投资的回收（转售）价格将为 15 万美元。这项投资的回报率大约为每年 6.2%。

ROI 方法有一个明显的局限性，尽管它反映了投资的回报率，但它没有说明所取得的总体收益。一个非常小的项目可能有非常高的回报率，而一个大项目可能有较低但仍然可观的回报率。这并不意味着应该选择非常小的项目而不是大项目。回报率在私营部门最受欢迎，它有时用来指导管理投资和绩效评估。然而，在公共部门的评估中，ROI 的流行引起了一些混乱。私营部门的收益率（实际上是项目的折现率）常会面临与借款、资本金等建设项目相关的风险。濒临破产的公司只能以远高于稳定盈利公司的利率出售债券。这就是所谓的风险溢价。

在公共经济学中，最好通过对不同结果的明确评估来考虑风险，而不是通过较高的折现率。私营部门的风险通常包括违约的可能性,也就是说,债券(或其他金融工具)价值为零。在公共部门,风险通常是成本高于预期,或收益低于预期(或两者兼有)。这将在风险和不确定性部分进行讨论。

2)项目评估周期、使用寿命和残值。 成本和收益通常在一个项目周期内发生积累,这一周期代表了项目规划方案的合理性。规划期限将视项目的性质和所采用的技术而定。30年是最常见的,有时也能达到40~50年。评估期限过长是有问题的,因为需求预测的准确性和改进的时效性会随项目的时间范围延长而变得越来越不确定。技术,以及公众的态度和价值观,可能会以不可预测的方式发生变化。合理定义规划周期的经验之一是考虑几个方案组成中最长的规划期限,通常不会超过40年。

交通系统的不同组成部分有不同的服务或使用寿命,一些常用值见表7-5。那些带"*"号的项目是由联邦交通管理局(FTA)特别推荐的。

表7-5 交通运输资产的典型使用寿命

柴油公共汽车(市区标准)	12年 *
中型客车(中等负荷)	10年
厢式货车(9~15名乘客)	4年
轨道车辆	25年 *
固定轨道电车	25年以上 *
停车场	20年 *
停车建筑物	25至50年 *
固定设施(车站、建筑物)	50年以上 *
土地(包括清拆及搬迁)	100年至永久 *
路面(沥青)	20年
列车控制系统	30年 *

来源:FTA,2008

这些预期使用寿命,假设维护水平相对较高(包括纠正和预防)。因此,使用寿命是技术老化的结果,而不是子系统本身的物理退化。技术过时可能是由许多因素造成的,包括更好的技术方式,维护成本相对于更换成本的增长,以及更好地使用资产。例如,高昂的燃料价格会使一支可用的公共交通车队过时,因为有了更新、更省油的车辆。

上述有效寿命是假设会有定期的重大维护和检修活动,必须包括在成本分析中。这些分析发生在整个规划期限内的不同时间节点。例如,在为期25年的研究期间,可能要求对一支公共汽车车队进行两次更换,即第12年更换一次,第24年更换一次。一个资本回收因子(年化成本)可以用来避免车辆在第25年的剩余或残值问题。由于土地在技术上没有被"耗尽",它通常有无限的寿命(在折现表中,100年假设与无穷大之间的差别实际上是零)。

在其他条件不变的情况下,使用寿命越长,资产的年化成本就越低。由于折现,分析将不会对"未来"年份的错误过于敏感。例如,一项持续30年的资产的年化成本与一项持续35年的资产的年化成本之间的差异就比较小。然而,早期的错误估计可能会造成很大错误。例如,一项持续5年的资产与一项持续10年的资产的年成本差异很大。

残值表示一个项目或项目组成部分在研究期结束时的剩余价值。就像用旧车置换新车一样,上述大多数部件在使用寿命结束后仍有一些剩余价值。然而,由于许多子系统有很长的使用寿命,残值通常在很长一段时间内都不会实现。因此,将它们视为经济分析的一部分而忽略往往更方便。此外,这些价值通常是不重要的,因为在一个长期项目评估期结束时,它们的现值一般都小于项目成本的1%。然而,随着越来越强调回收建筑材料,某些有形资产的情况可能会改变。

2. 折现率的定义和使用

由于预期的成本和收益发生在不同时期，需要使用现值分析来说明货币的时间价值。折现必须适用于未来的价值，因为今天收到的美元与将来收到的美元是不一样的，即使是考虑了通货膨胀和未支付的风险。项目净成本的现值（或净现值）是用于比较成本和替代方案的成本收益的基本成本度量。折现率用于将未来成本和收益转换为当前价值。因此，对未来收益和成本的年度估计是使用一个折现率来折现成现值的，这个折现率也适用于其他等额投资的潜在回报率分析。

假设折现率为 r，利率为 i，以及从现在开始 t 年后发生的成本（或收益），将未来值与当前值联系起来的公式如下：

$$F = P(1+i)^t \text{ 或 } P = F/(1+r)^t$$

式中 P ——某一数额的现值；

        F ——未来价值（名义美元）；

        i ——年利率；

        r ——年利率折现率。

上式中，估算现值的未来价值所使用的利率与贷款机构提供的利率相似。如果想估计未来价值 F 的现值 P，那么可以用折现率将未来总和折现到现在。折现率或利率用小数表示。例如，7% 的折现率是 0.07。如果一个成本（或收益）在 5 年后产生，利率为 5%，则应用于它的折现率应是 $(1+0.05)^5 \approx 1.28$。换言之，假设利率为 5%，1 美元的当前成本（或收益）相当于 5 年后的 1.28 美元。或 1.28 美元的未来价值相当于 1 美元的当前成本（或收益），以 5% 的折现率折现 5 年。

可见，折现率严格地说并不等同于利率。在公共经济学中，折现率实际上代表了社会对当前消费价值和未来消费价值的偏好，即当下消费市场的偏好率。大多数职业规划师和工程师不必处理这种区别，但应该意识到这一区别的存在。对于有兴趣深入研究这一课题的读者，有很多关于工程经济的参考资料（Berechman，2009；Sinha and Labi，2007；Markow，2012）。

如何选择适当的折现率往往是一个有争议的决策。最常用的是 5%~10% 的折现率。根据 OMB 在 A-94 号通告中的规定，对于美国联邦政府资助的项目，至少要进行一次折现率为 7% 的分析。OMB 指出："7% 的折现率是对美国经济中私人资本的平均税前回报率的估计。它是反映房地产和小型企业资本以及公司资本回报的广泛指标（O&M，1992）"。有趣的是，FTA 建议对主要公共交通投资进行 2% 的折现率分析。

许多机构倾向于使用可以借出资金的利率作为折现率。例如，在撰写本书时，美国大多数州和地方公共机构都能以每年 2.5%~5% 的利率发行长期债券，而且可以免除州和联邦税收。

定义折现率的一种方法是基于无构建替代方案的概念，根据定义，假定很少或不进行投资，在贷款市场上为私营部门投资留下资金。因此，可以将折现率估计为另一项私人投资的假定回报率，该投资有建设项目所需的资金数额，不含税收和通货膨胀。

折现率越高，对项目前期成本投入的比较效应越大，后期成本投入的比较效应越小。因此，低折现率将有利于大型、资本密集型、寿命较长的项目，而高折现率将有利于资本规模较小、运营和维护成本较高、使用寿命较短的项目。这就是为什么在利率很高的国家（例如许多发展中国家），资本密集型项目对投资者来说没有在资本成本相对较低的国家（在所有条件都相同的情况下）那么有意义。

图 7-5 展示了以 30 年为期限，折现率对现值的影响在 5%~10% 之间。注意，30 年后（图 7-5 的最右边），折现率为 5% 的 4 美元和折现率为 10% 的 17 美元都相当于当前的 1 美元。分析师可以为先前提到的折现率编制公

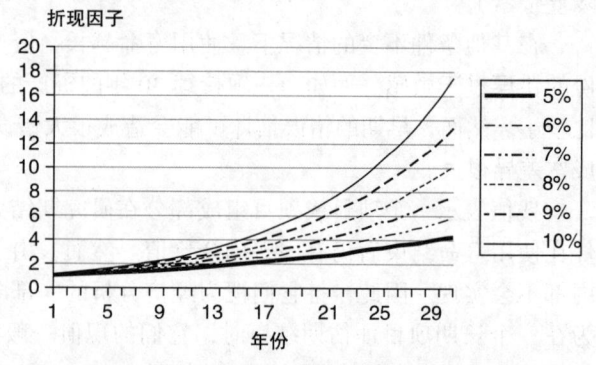

图 7-5 折现率对现值折现因子的影响

式，应用可以广泛获得的软件，或者在工程经济或经济评估教材中常见的表格。

1）资本回收因子。一旦选择了有效寿命和折现率，就可以为一项资产定义年度资本回收因子（CRF）。CRF仅仅是一项投资的资金成本加上每年收回资产折旧和重置成本的金额的组合。更正式地说，它是未来的一系列期末支付，只覆盖 t 个期间的当前总额（P）和复利 r。CRF 的估算如下：

$$\text{CRF} = \frac{r(1+r)^t}{(1+r)^t - 1}$$

工程经济教科书中提供了很多不同利率或折现率与时间周期数（通常以年为单位）的表格。注意，在很长一段时间内（t 非常大），CRF 将无限趋近于 r。以下是一个案例：

假设没有残值和 7% 的折现率，一辆 30 万美元的公共汽车的 CRF 和年化成本是多少？如前所述，一辆公共汽车的使用寿命是 12 年。因此，CRF 为：

$$\text{CRF} = \frac{0.07(1+0.07)^{12}}{(1+0.07)^{12} - 1} = \frac{0.15765}{1.2522} = 0.1259$$

其中，1/12（或 0.08333）用于资产的折旧（假设公共汽车在 12 年内统一折旧），其余的 0.04257 用于其他成本。年化成本将为：

$$300000 \times 0.1259 = 37770/ \text{年}$$

此例包括一些四舍五入。在大多数情况下，不需要将结果精确到小数点后四位或五位以上，除非涉及一个非常大的求和。CRF 在考虑以给定回报率（折现率）租赁资产时也非常有用。此外，还可用于确定使用寿命不同的资产的等值年成本。

2）通货膨胀的影响。年度成本和收益通常以不变的美元（例如 2016 年的美元）来衡量，因此排除了通货膨胀的影响。有时会对基本单位成本进行调整，也就是说，成本预期值将受到平均通货膨胀率的影响，带来经济价值的净变化。虽然一些成本项目一度比通货膨胀上升得快，但从历史上看，未来对这种差异的推断并不十分准确。一些预测可能会出现极大误差，尤其是大幅飙升的市场价格，很多时候都被证明是相对短暂的。

需要重点理解的是，通货膨胀对经济效率分析的现值确定没有影响。不过，通货膨胀将是财务可行性分析的一个主要考虑因素，因此对未来资本和经营需求的预测必须以"膨胀"的美元表示。基本的财务比较，通常使用假设的通货膨胀率，或更好的是，一个代表最合理的乐观（较低）和悲观（较高）利率的范围。"实际"折现率指扣除通货膨胀率后的折现率，用来估计一定的美元金额。"名义"折现率包括通货膨胀率，用于估计当前或年末的美元数额。

我们经常会听到这样的抱怨："如果我们现在不建这个，受通货膨胀影响成本会继续上升！""这个项目的经济成本是由必须投资于它的实际资源决定的：工时、钢铁量、移动土方量，等等。"如果正确预测，则这些数值随时间的变化量应该是很小的。另一方面，由于通货膨胀，财务成本，即工资率、材料单价，大多会随时间增加。从财务的角度看，也就是在未来建造同一个项目所需的资金会涨，这种抱怨是正确的。

以一个项目为例，如果现在就建成，估计要花费 3000 万美元。等到明年，在每年 5% 的通货膨胀率下，这个项目将花费 3150 万美元。如果将项目资金用于每年 5% 的投资，明年将有 3150 万美元来建造它。当然，这个例子的问题在于，大多数政府预算都是在不考虑通货膨胀的情况下以固定的美元数额计算的。如果资助机构已经为该项目预留了固定的数额（例如 3000 万美元），那么就必须有人在明年实际建设时拿出额外的 150 万美元，以弥补通货膨胀带来的缺口。然而，这个问题实际上源于政府预算的计算方法，而不是通货膨胀。更重要的问题是，该项目因延迟而可能拥有的附加好处也将失去。损失的出行时间、事故成本等，都是无法弥补的。

3. 项目评估中风险和不确定性的处理

不确定性（风险）处理不当和成本估计中的潜在错误一直是主要交通项目（公路和公共交通）经常出现的问题。在规划阶段通常会低估成本、高估收益（Button，2009；Danata et al.，2006；Flyvbjerg et al.，2002）。将错误定义为项目预算与实际建设项目成本之间的差异，可以确定四个潜在错误来源：

1）项目范围的变化。
2）用于建造项目的设计标准的变化。
3）规划估算中单位成本假设不正确。
4）项目实施中无法预见的问题（包括延期）。

以下逐一介绍。

范围的变化：在项目规划阶段，规划人员经常面临多种选择，包括路线、道路等级、路网间隔、设施规模和位置、设计速度以及服务质量等。设计速度和服务质量与设计标准的变化重叠。在项目开发过程中，公众参与项目开发过程可能在开发后期阶段造成范围变化，这是在规划过程早期纳入利益攸关方参与的原因之一。例如，市民对高架路的抗议，可能会使其下沉到地下。另一个例子是，在对公共汽车隧道进行投资后，又决定增加轨道以适应未来的轻轨系统。此外，还包括不可预见的环境缓解措施，包括对有毒物质的补救性处置。

设计标准的变化：这些变化面向更广泛的不确定性，但在本质上更具体。设计标准涵盖了整个项目的物理特性，包括垂直和水平间隙、抗震标准、材料、升级设施、减轻环境影响等，例如：①在编制投资估算后，要求所有新立交桥都要有更高的垂直间距；②修改面向残障人士的无障碍设施服务要求；③修订需要更高海拔标准的洪水地图；④发现濒危物种，需要额外的研究（时间延迟）并减轻项目影响。

单位成本假设的错误：项目规划中使用的单位成本假设存在各种潜在错误。单位成本一般来自其他类似项目的实际投标（提交的）。这些成本是几个项目的平均成本。就历史数据和为项目规划工作定义的单位成本所使用的定义的共性而言，它们对当前情况的转换通常是不确定的。使用可比项目的成本平均值也会引入错误，原因是施工时间和地区的差异（各县之间的成本差异很大）、对"可比"项目的所有要素的理解不完整等。单位成本的其他不确定性包括合适的建筑公司和熟练劳动力的可用性、施工期间的投标环境、实际供应数量和基本材料价格的波动。

实施中的困难：在规划阶段不能确定成本的最大原因可能是无法预测项目开发后期阶段的困难。这些不确定性通常伴随着道路使用权的获得、公共设施的重新定位、土壤条件、诉讼以及挖掘过程中发现的具有历史价值的文物。由于通货膨胀以及停止和重新安置劳动力的成本，延迟实施通常会提高成本。承包商可能会因这类停工和重新开工而被拖欠特别款项，而且施工期间的范围变化（额外的工作订单）可能代价高昂，因为与已经签约从事该工作的承包商的议价能力相对较低。在施工过程中遇到意外并不罕见。考古发现、有毒废物、易燃或有毒气体、水入侵以及对附近建筑物的不可预见的破坏，这些都是近年来增加交通项目成本的主要因素。Wilson 讨论了价值工程（Value Engineering，VE）和风险管理在控制此类成本中的作用（Wilson，2005）。

成本估算错误问题十分常见，许多备受瞩目的大型项目都大幅超出预算。Flyvbyerg 等（2003）发现了大量大型项目超支的实例，包括马萨诸塞州波士顿的"中央动脉"隧道（实际成本是估计的三倍），英国的亨伯大桥（实际成本是估计的 2.75 倍），华盛顿特区地铁（实际成本是估计的 1.85 倍）和英吉利海峡隧道轨道项目（实际成本是估计的 1.8 倍）。他们关于大型基础设施项目的其他重要结论包括：

- 90% 的大型基础设施项目的成本被低估。
- 轨道项目的成本准确性最差，实际成本平均比估计高出 45%。
- 隧道和桥梁的实际成本平均比估计高出 34%。
- 道路的实际成本平均比估计高出 20%。
- 总体而言，交通项目的实际成本平均比估计高出 28%。
- 成本被低估的情况没有减少，似乎没有任何进展。

处理不确定性的一种方法，特别是与工程概算相关时，是在规划阶段将偶发因素分配到工程概算中。这种方法的净效果是增加项目成本估算（特别是在项目规划阶段的成本估算），以考虑不确定性或风险。例如，表 7-6 展示了与华盛顿特区规划的有轨电车线路的不同组成部分相关的偶然性百分比（项目成本评估）。将偶发因素分配于工程设计阶段的程度会低于工程刚刚进行初步规划的项目。因为项目的单个组成部分信息是不完整的，且这种信息缺乏所带来的潜在风险是巨大的，所以在投资估算中增加了偶然性考虑。未分配的偶然性主要是对与已完成的工程设计水平相关的未知和风险的考虑。一个项目及其方案的工程设计越细致，不确定性应越低，因此偶然性的百分比也应降低。

表 7-6 华盛顿特区阿纳卡斯蒂亚有轨电车项目的规划评估的偶然性百分比

FTA 类别编号	描述说明	已分配偶发事件占比（%）
已分配偶发事件		
10	导轨和轨道构件 • 导轨构件（地下除外） • 导轨构件（地下） • 轨道构件	25 35 20
20	车站、经停站、终点站和多式联运站	20
30	辅助设施：庭院、商店和行政大楼	20
40	现场工作和特殊条件 • 拆除、清理土方工程 • 现场公共设施、公共设施搬迁 • 有害物质，污染土壤的清除/缓解，地下水处理 • 环境缓解，例如湿地、历史/考古、公园 • 场地结构，包括挡土墙、隔声墙 • 步行/骑行通道和住宿，绿化 • 汽车、公共汽车、货车通道，包括道路、停车场	25 30 30 30 25 25 25
50	系统	20
60	路权，土地，现有的改进	50
70	车辆	10

未分配偶发事件		
评估类型	描述说明	未分配偶发事件占比（%）
规划	系统规划 选择分析	15 10
设计	初步工程设计 最终设计 施工设计	20 15 10

来源：DC DOT, 2013

另一种处理不确定性的方法，是为特定的结果分配概率。例如，表 7-7 展示了三个项目的净现值收益。这三个项目的排名将取决于最终的结果。在最乐观或最可能的结果下，A 项目优于其他项目，在不乐观的情况下则要糟糕得多。假设最好或最坏的情况发生的概率均为 10%，最可能的结果发生的概率是 80%，则期望值可以与每个项目建立关联：

$$E(A) = (0.1)(500) + (0.8)(100) + (0.1)(-500) = +80$$

$$E(B) = (0.1)(400) + (0.8)(50) + (0.1)(0) = +80$$

$$E(C) = (0.1)(80) + (0.8)(80) + (0.1)(80) = +80$$

表 7-7 比较具有三个潜在结果的三个互斥场景的值　　　　　　　　　　　　　　　单位：百万美元

	结果（净收益）		
	最好的情况	最有可能的情况	最坏的情况
项目 A	500	100	−500
项目 B	400	50	0
项目 C	80	80	80

在本例中，三个项目有相同的期望值。如果没有很好的原因改变概率或净收益估计值，则规避风险可能会成为决定成败的关键因素。项目 C，尽管在最好或最有可能的情况下，它的回报是最糟的，但它是"肯定发生的事情"。在最乐观的假设下，A 项目提供了最高的潜在收益，但也有很大的下行风险。它最终可能会带来巨大

的负净收益。其他可考虑的因素包括各项目的权益影响，以及公众或决策者对特定项目的支持程度（包括争议程度）。

期望值算法的一个明显限制是，它很难为结果的概率匹配可靠的数字。可以通过专家调查法的模拟技术来完成，或比较类似规模和性质的其他项目。例如，如果 1/3 的类似项目超出预算 50%，则最坏的情况分析可能包括这样一种情况，即实际成本比分析假设的高出 50%（Small，1999）。

气候变化适应性规划中的风险评估。交通规划专业已经开始考虑气候变化对交通系统性能的潜在影响。这样的考虑将交通规划的不确定性提升到了一个新高度：50 年后的气候变化对交通系统有什么影响？在设施设计或土地利用规划方面，我们现在应该做些什么来减少相关影响？

FHWA 表示："风险评估结果与资产遭受特定影响的概率可以结合起来。为了得到明确的结果，交通机构一般会考虑一项交通资产的使用水平、系统的应用程度，或者由重置成本、经济损失、环境影响、文化价值或生命价值所决定的资产价值。"表 7-8 展示了一些可用于评估气候变化适应项目相关风险的评估技术（Federal Highway Administration，2012）。

表 7-8 适应性方案的通用评估方法

工具/技术	定性的方法	替代的方法	定量和/或基于经济学的方法
咨询练习法	X		
小组访谈法	X		
排名/优势分析法	X		
筛选法		X	
情景分析法	X	X	X
交叉影响分析	X		
两两比较法	X		
筛选叠图分析法	X		
最小遗憾值法			X
期望值分析法			X
成本-有效性分析法			X
成本-收益分析法			X
决策分析法			X
贝叶斯法			X
决策会议法			X
折现法			X
环境影响评估法		X	
多标准分析法（评分和权重）		X	
风险分析法		X	
条件价值评估法			
·展示性能			X
·说明性能		X	X
固定的基于规则的模糊逻辑法	X	X	X
财务分析法			X
部分成本收益分析法	X		X
偏好量表分析法	X		
自由分析法	X		
政策分析法	X		

来源：Wall and Meyer, 2013 adapted from Willows and Connell, 2003

研究这一问题的人提出了一种基于风险的规划方法，请参见（Meyer et al., 2014；Wall and Meyer, 2013）中关于气候适应规划的风险概述内容。

4. 项目评估中的典型问题和错误

本节回顾了在交通项目评估时发生的一些常见错误和误解，目的是给出经常出现的问题，而不是详尽地审查所有可能的问题。

1) **从项目的资本或运营成本中扣除了外部资金（捐赠）**。外部资助（例如来自州或联邦机构）是真正的资源，因此必须计算在项目成本中。尽管可以通过外部赠款获取经济收益，但将其应用于某一具体项目意味着从其他用途或其他纳税实体转移了资源。因此，绝不应从成本中减去外部赠款来源。

由于外部融资一般会提供资本，而不包含操作及维护成本，这一问题也会导致对资本密集型项目的倾向。虽然在分析中可以注意到这个问题，但一个公平的分析仍然应考虑所有实际使用的资源。在项目开发的优先阶段，可以合理地考虑外部赠款（或任何其他配套资金）。

2) **项目未包括所有成本（工期延误、能源消耗）**。这一问题在公路建设项目中经常发生，例如忽略了施工过程中交通延误的成本。将这些成本计算在内，可以更真实地反映改进的好处，还可以在施工期间制订更好的交通控制方案，以最大限度地减少施工延误。另一个例子是分析公共交通项目的净能源回报。在某些情况下，建设地铁所耗费的大量能源会被忽略，而只考虑了与汽车相比能源的运行和维护消耗。忽略建设项目期间使用的能源将使结果倾向于更低的运行能源成本。

3) **重复计算有些收益**。在同时考虑用户和供应商影响的分析中，这种情况经常发生。例如，在一项关于使用汽车的社会成本的研究中，研究人员计算了交通事故发生的成本，再加上汽车的保险费，得到交通事故的总成本。当然，在现实中，保险能够抵消一部分事故成本。在这样的计算中，应适当地考虑未由保险赔偿的金额。其他例子包括新轨道系统节省了出行时间，以及车站附近的房产价值增加。事实上，这是重复计算，因为房产价值的增加只是业主从减少用户出行时间中获益的一种方式，二者具有函数关系，将收益进行简单叠加会导致重复计算。

4) **分析中使用了平均成本/收益，而不是边际成本/收益**。在经济决策理论中，重要的是不同选择之间的差异，而不是平均值。正如经济学家所说的，所有决定都处于边缘。重要的是，多少额外成本能带来多少额外收益。平均成本不是相关的考虑因素。平均成本（或收益）经常用于掩盖出于政治动机的决策。

5) **忽略市场成本与社会成本（价格）之间的差异**。忽视项目投入或副产品的社会成本会再次导致不理想的决策和过度消费。例如一个城市考虑用无轨电车代替柴油汽车服务。该系统的主要运行成本之一是电力。该市还拥有一个水力发电系统，将多余的电力出售给其他部门，其价格基于该系统的历史投资成本，约2.5美分/千瓦·时，远低于市场价格。这一能源价格用于替换服务的经济评估。

经济评估应采用现行市场汇率。电力的机会成本指电力卖给有意愿的买家（例如当地的私营公共事业公司）的价格。由于存在这样一个市场，成本很容易确定。较低的价格反映了评估者对推广无轨电车服务的偏好。

6) **选择了不合适的折现率**。过低的折现率将对资本密集型和寿命很长的项目有利。美国的许多水利工程历史上都是基于3%的折现率和100年的服务年限，这一假设往往强烈倾向于主要的资本投资。任何使用折现率低于该机构资本成本的分析（目前至少为4.5%）都应受到质疑。至少要用7%的折现率进行一次分析。在较不发达国家，较高的折现率可能是合适的，以反映可供投资的资本不足。

7) **忽略交通网络等重要影响**。将交通网络的其他部分隔离开来进行研究，可能会得出令人误解的结果，特别是当它是拥堵网络的一部分时。例如，如果只考察了出行时间对单一路线的好处，那么其他路线选择的好处（减少延迟、降低事故率等方面）将被错误地忽略。只有当网络出行模型可用时，才能估计这些影响。作者的经验是，在某些情况下，节省到其他未改进设施的出行时间，与网络高度拥堵时改进设施带来的好处一样大，甚至更大。

类似的情况，分析人员在测算道路容量增加节省的出行时间时，应注意出行时间转移的影响。这一效应已经在大量的实证研究中得到证明：当新的运力可用时，驾驶人可能会将他们的出行时间调整到接近高峰时，从而抵消运力增加带来的一些好处。当然，如果驾驶人能将时间安排得更接近他们希望的出行时间，也会有一些好处。但关键是，基于节省出行时间的收益分析，可能会高估出行速度的提升量。同样，如果该项目将节省大量的驾驶人时间，它可能会从平行的交通路线上吸引一些乘客，或如果实施多乘员车辆（HOV）专用车道，则一些乘客可能转向拼车。

7.2.3 项目的优先级规划

一旦制订了一组理想的项目，就有必要确定哪些项目比其他项目更好，并确定项目执行的时间。时间安排需要考虑预算限制（不是所有项目都可以一次完成），也需要考虑项目的优先级和项目之间的相互依赖性（项目B可能要求项目A先完成）。

项目优先级本质上是规范的，通常的目标是"给定 y 年 x 美元的预算限制，什么样的项目组合将实现收益最大化？"例如，一个MPO可以在20年内决定200亿美元的资本投资（并非每年均等）。预算约束假设是由外部决定的（即认为是已知的），尽管有关项目收益的信息可能用于说服决策者在合理的情况下增加预算。

DOT和MPO致力于多模式项目中的同行审查，他们在制定优先化标准方面提出了以下建议。
- 标准应该是简单的，并在高层表达明确，以保持决策的透明度。
- 优先级标准应计算拟议项目的收益，而不是简单地评估现有条件。
- 长期交通规划和其他多式联运规划的内容应支持机构对优先标准的选择。
- 机构应选择一些可管理的标准（例如5或6个）来关注有意义和可理解的结果。
- 标准应该关注对出行公众的影响，而不是对基础设施本身的影响（例如关注有缺陷桥梁的交通量，而不是有缺陷桥梁的数量）。
- 标准应考虑每个项目的背景（例如农村项目不应因没有包括人行道而失分）。
- 在可能的情况下，评估标准应基于中性模式的特征来评估项目，例如"资产状况"，而不是"路面状况"。
- 标准应关注结果而不是产出（Middleton, 2014）。

除上述内容外，确定优先次序的标准必须反映规划研究的目标。例如，表7-9展示了项目优先化过程中使用的标准是如何与为该州交通规划所建立的使命、愿景和目标相关联的。

表 7-9　特拉华州交通部的优先标准与机构的使命、愿景和目标

使命	愿景	目标	优先标准
每次出行	我们努力使特拉华州的每一次出行都安全、可靠，为公众和商业活动提供便利	尽量减少系统的伤亡人数。建立和维护一个国家认可的系统，使出行者和商人受益	安全 便捷 有效 可靠
每种方式	我们为特拉华州的出行者提供安全的选择，以使用道路、轨道、公共汽车、航空设施、水路、自行车道和步行道	为每位出行者提供多种交通工具的选择	多方式 灵活
每1美元	为了所有人的利益，我们追求每1美元的最大价值	尽量减少州交通系统对环境的影响。通过准确、透明和问责来实现财务的可持续性	环境 影响/管理 创收与经济发展
每个人	在提供服务的过程中，我们以开放和尊重的态度与客户和员工交流	吸引人才，并使他们能够成为国家交通运输行业的领导者	对公众/社会产生的影响环境 公正性

来源：Middleton, 2014

在成本和收益都可以量化的情况下，更容易确定优先级。AASHTO建议将项目按照 B/C 比率（如果有的话）的递减顺序排列，独立于它们的净现值（NPV），然后选择建设项目，直到预算耗尽。当项目相互排斥时，这一过程是最容易的，因为只有一个项目会被选中（AASHTO，2010）。当项目相互依赖时，最好将需要另一个项目才能完全可用的项目组合在一起。如果可能的话，应估算第一阶段全部或部分项目的净现值。在大多数情况下，第一阶段的项目应有一些独立的效用，即使它必须先于另一个项目来获得全部收益。

政府财政更复杂的地方在于，一些项目将有资格获得来自外部资金来源（通常是联邦或州政府）的匹配资金或受限资金。在这种情况下，一些机构的方案项目会最大限度地吸收外部资金，直至达到任何一个财政年度可用的最大限度为止。为了最大限度地利用联邦公路基金，各州的 DOT 经常这样做。不符合外部资助资格的项目，将被安排到第二梯队进行项目竞争。另一个考虑可能是，州或县在法律上有权获得最低预算拨款（一种地域平等的规范形式）。不管这些特殊规定如何，所有项目都应具有正 NPV，这一点至关重要。

规划是一个不同于优先排序的过程。优先排序只是简单地将已选择的项目与表征特定研究时间跨度的现金流和投资时间框架相匹配。规划还可以考虑其他难以量化的因素，例如公平性、项目争议程度、环境影响、法定要求和项目准备情况。这些因素可能相互重叠。例如，一个有争议的项目也可能有不受欢迎的权益或环境影响。

前文讨论的评估技术，包括矩阵效能、综合排名和成本收益，也可用于确定项目的优先次序和时间。通常，确定项目的优先次序将涉及范围更广的问题，包括项目筹资问题。例如，一个成本高昂的大型项目可能需要一个机构为其建设借入资金。由此产生的对所借资金的还本付息将减少以后可用于其他项目的资金金额。

表 7-10 总结了华盛顿州温哥华的一个优先排序方案的例子。请注意，这一优先级排序方案基于将分数分配给各个项目，通过"需求"类别将总分数相加，然后再乘以权重赋值。得分最高的项目比得分较低的项目有更大的优先权。

表 7-10 华盛顿州温哥华关于交通改善规划范例的选择标准

需求标准摘要

评估标准	最大权重
流动性	20
多模式交通	15
安全	20
经济发展	20
财务/实现	15
可持续发展/空气质量	10
权重总计	100

分数分配示例

<u>流动性，最大分值 20 分</u>
现有高峰时段情况，0~8 分

· V/C 比率（路段交通量与通行能力之比）为 0.9 或大于/小于标示速度的 60%	8 分
· V/C 比率为 0.8~0.89/60%~64% 的标示速度	6 分
· V/C 比率为 0.7~0.79/65%~69% 的标示速度	4 分
· V/C 比率为 0.5~0.69/70%~74% 的标示速度	2 分
· 公共交通（具有公共交通通道的情况除外）	5 分

网络发展，0~4 分

· 扩展改进	1~2 分
· 衔接断点	2~3 分
· 衔接通道	3~4 分
· 新的网络连接	0~4 分
· 改进平行通道	0~2 分

(续)

多模式交通,最大分值 15 分

多模式,0~10 分

·交通扩张	0~8 分
·高峰时段公共交通(每有 2 辆公共汽车得 1 分)	0~5 分
·交通替代	0~3 分
·公共汽车专用道(仅限公共汽车、BRT 等)	2~8 分
·交通便利设施(候车亭、公共汽车总站)	0~2 分
·停车和乘车设施	5~8 分
·拼车/共乘中型客运	1~3 分
·改善非机动车行驶环境及其停放与换乘条件	1~2 分
·自行车道的延长或端点衔接	1~3 分
·修建 10 英尺(约 3 米)宽的独立车道或 2 条 5 英尺(约 1.5 米)宽的有标线的自行车道	2 分
·人行道(两侧)	1~2 分
·人行道宽度大于 5 英尺(约 1.5 米)以及宽度大于 3 英尺(约 1 米)的绿化带	1~3 分
·提高交通速度/可靠性	1~3 分
·交通需求管理	1~3 分
·与华盛顿公共交通局的项目经理取得联系	1 分
·应用完整街道策略	1 分

安全,最大分值 20 分

现有条件,0~6 分

·路面宽度(偏离标准)	0~2 分
·路肩宽度(0.6 米得 1 分,1.2 米得 2 分,1.8 米得 3 分)	0~3 分
·无转弯车道(需要改造)	1 分

可达性管理,0~6 分

·在长于一半项目长度的路段增加中分带	3 分
·在十字路口或短于一半项目长度的路段增加 c 型路缘石	2 分
·较小的十字路口	1 分
·减少接入点	2 分
·消除现有的平面交叉	5 分

经济发展,最大分值 20 分

就业岗位增长,0~12 分

·零售业就业增长(区域模型-选择路径)	0~5 分
·其他就业增长(区域模型-选择路径)	0~7 分

财务/实现,最高 15 分

已完成的工作(截至申请日期前),0~6 分

·已提交/批准的环境许可证	1~2 分
·项目规划、规格和预期时间	2 分
·取得路权	2 分
·没有敏感区域或悬而未决的问题	2 分

可持续发展/空气质量,最大分值 10 分

可持续发展措施,0~10 分

·增强雨洪控制	2 分
·种植本土植物(不需灌溉)	1 分
·修复鱼栏	0~3 分
·改善河岸条件	1 分
·修正现有的敏感区域影响	2 分
·适当减小现有路面宽度	0~3 分
·更换或安装低能耗路灯	3 分
·材料的回收再利用	2 分
·现场铺装改造或结构翻新	2 分

来源:Southwest Washington Regional Transportation Commission (RTC). 2015. *Selection Criteria Transportation Improvement Program*. Vancouver, WA: RTC. Accessed August 7, 2015, from http://www.rtc.wa.gov/programs/tip/docs/tipcrit15.pdf

前文提到的跨模式项目优先级的同行审查，提供了一些有用的观察结果，说明了许多更常见的优先级标准的可行性和易用性。

- **交通拥堵**。拥堵测量为交通运输机构提供系统运行效率和交通系统健康状况的总体评估。几位同行表示，缓解交通拥堵是最容易量化的优先排序标准之一。
- **经济发展和竞争力**。经济发展和经济竞争力是任何交通项目的关键考虑因素。然而，定义、估计和量化任何给定项目的经济影响可能是一项具有挑战性和多方面的任务。观察结果包括：①对经济影响的估计可能包括一系列因素，包括就业机会、就业创造、就业保留、港口连接性、货运流动性、对新/现有企业的吸引力、购物渠道，甚至对区域食品系统的影响；②高速公路建设项目比其他项目需要更高的劳动力成本，往往能够创造更多就业数量；③核心的就业类型是对跨模式项目进行优先排序的重要标准。
- **公共卫生**。交通机构在规划和项目开发过程中越来越多地考虑交通项目对公共卫生的影响。一些机构正在制订交通项目对身体活动的指标，特别是服务于骑行者和行人的设施。
- **"创收"**。除经济影响外，一些交通机构还根据收益标准对项目进行评分。这一标准既包括来自合作伙伴机构的项目资金，也包括通过收费或其他方式持续产生收入的潜力。
- **安全**。权衡不同模式的项目的安全影响是一项重大挑战。有人指出，在确定真正跨模式的项目优先次序过程中，各机构必须制订一项策略，以在所有出行模式中平等地评估生命价值（Middleton，2014）。

以下案例研究说明了本章讨论的评估和优先级的许多特征。

7.3 案例研究

7.3.1 MPO 区域交通规划

大都市交通委员会（Metropolitan Transportation Commission，MTC）是联邦政府指定的旧金山海湾地区九个县的 MPO，其管辖范围内有大约 700 万人口，是美国较大的 MPO 之一。根据联邦和州法律，MTC 负责规划每年数十亿美元的交通基金（资本和运营）。

MTC 负责维护区域交通规划（Regional Transportation Plan，RTP）。2013 年的交通运输规划是美国第一个使用绩效衡量结构来评估拟议策略和项目有效性的规划。此外，交通规划与拟议的土地使用/开发规划结合在一起，促进交通投资和社区发展之间的相互作用。如规划所述：

"湾区将根据 2008 年加州参议院 375 法案提出的要求，减少 18 个大都会区的汽车和轻型货车的温室气体排放……实现这一可持续发展社区的策略，促进紧凑的、多功能的商业和住宅开发，适合步行和骑行，靠近公共交通站点、工作场所、学校、购物中心、公园、娱乐设施等。如果成功的话，湾区规划将为人们提供更多的交通选择，创造更多的宜居社区，并减少导致气候变化的污染（MTC，2013）。"

作为交通规划过程的一部分，表 7-11 展示了绩效指标的相对影响。注意，图中使用箭头来指示达到特定性能目标的程度。表 7-12 所示为交通运输规划的公平性评估。MTC 还进行了项目绩效评估，以确定表现最好的投资。每个重大项目的评估基于两个标准：收益/成本比率和"目标"得分（衡量项目对实现湾区规划的 10 个绩效目标的贡献）。图 7-6 展示了项目级别评估的结果。通过使用这一方法，MTC 能够向决策者表明什么类型的项目最具成本收益。

7.3.2 通道规划

得克萨斯州交通部对达拉斯-沃斯堡的一条主要州际公路进行了一项通道规划研究。在通道沿线不同地点提出的改善建议包括：拓宽公路临街面；利用管理运营时间、车辆占用率和价值/通行费定价的策略来管理车道；差旅需求管理/交通系统管理（Travel Demand Management / Transportation Systems Management，TDM/TSM）行动；服务于骑行者和行人的措施，旨在减少和管理对交通系统的需求。这些元素包括出行生成程序、远程操作选项、出行者信息、特殊事件选项以及交通信号和交叉路口改进。

表 7-11　旧金山湾区 MTC 区域交通规划绩效评估

		预计达到或超额完成的目标	
气候保护	目标 #1：将汽车和轻型货车二氧化碳排放量减少 15%	目标：减少二氧化碳排放量 18%（到 2040 年）	
充足的住房	目标 #2：按收入水平（极低、低、中、中以上）为该地区的预期增长提供 100% 的住房，而不迁移目前的低收入居民	目标：为全部的增长人口提供住房	
健康和安全的社区可以减少颗粒物	目标 #3a：将可吸入细颗粒物（PM2.5）导致的过早死亡减少 10%	目标：减少 71% 可吸入细颗粒物导致的过早死亡	
开放空间和农业用地	目标 #6：指导 2010 年城市足迹（现有城市增长边界）内的所有非农业发展	目标：指导现有城市范围内的所有非农业发展	
经济活力	目标 #8：将地区生产总值（GRP）提高 110%，年均增长率约 2%（以当前美元计算）	目标：预计在规划周期内 GRP 将增加 119%	
		尚未实现的目标	
健康和安全的社区可以减少颗粒物	目标 #3b：将粗颗粒物（PM10）排放减少 30%	该规划减少了 17% 的粗颗粒物排放，但没有达到目标	
绿色出行	目标 5：将每人每天步行或骑行的平均时间增加 70%（每人每天平均 15 分钟）	该规划将人均活跃交通增加 17%，但没有达到目标	
		交通系统的有效性	
增加非机动车出行的份额	目标 #9a：将非机动车模式的出行占比提高 10%（达到 26%）	该规划将非机动车模式的出行占比提高到 20%，但没有达到目标	
减少人均车辆出行里程	目标 #9b：将人均车辆出行里程（VMT）减少 10%	该规划将人均车辆出行里程降低了 9%，但没有达到目标	
当地的道路养护	目标 #10a：将当地道路的路面状况指数（PCI）提高到 75 或更高	该规划将当地道路的路面状况改善到 68%，但没有达到目标	
		未能实现目标	
减少碰撞造成的伤亡	目标 #4：将所有碰撞（包括骑行者和行人）造成的伤亡人数减少 50%	未能实现的目标：在规划期间，伤亡事故预计将增加 18%	
公平获取	目标 #7：将低收入和中低收入家庭收入中用于交通和住房消费的比例从 66% 降低至 56%	未能实现目标：在湾区规划期内，低收入和中低收入家庭的交通和住房消费占收入的比例预计将上升到 69%	
		交通系统的有效性	
公路养护	目标 #10b：将州公路的不良车道里程减少到总车道里程的 10% 以下	未能实现目标：到 2040 年，该地区受损的州公路里程占公路系统的比例将上升到 44%	
交通维护	目标 #10c：将超过使用寿命的交通资产的比例降低到零	未能实现目标：在湾区规划期内，超过使用寿命的交通资产占所有资产的比例预计将增加到 24%	

来源：MTC, 2013, Reproduced with permission of the Metropolitan Transportation Commission.

表 7-12　湾区规划分析结果，2010—2040 年，旧金山湾区

性能测量	目标人群	2010 年	2040 年（基线预测）	2040 年（湾区规划）
住房和交通负担能力 低收入家庭用于住房和交通的收入占比	低收入家庭	72%	80%	74%
	其他家庭	41%	44%	43%
潜在的迁移 在租金高增长地区负担较重的家庭比例	重点社区	—	21%	36%
	其他区域	—	5%	8%
健康的社区 在道路使用率高的 1000 英尺（约 300 米）范围内，每平方英里人口平均每日的车辆出行里程 / 英里	重点社区	9737	11447	11693
	其他区域	9861	11717	11895
进入工作岗位 上下班的平均时间 / 分钟	重点社区	25	26	26
	其他区域	27	29	27
公平的流动性 非工作出行的平均出行时间 / 分钟	重点社区	12	13	13
	其他区域	13	13	13

来源：MTC, 2013, Reproduced with permission of the Metropolitan Transportation Commission.

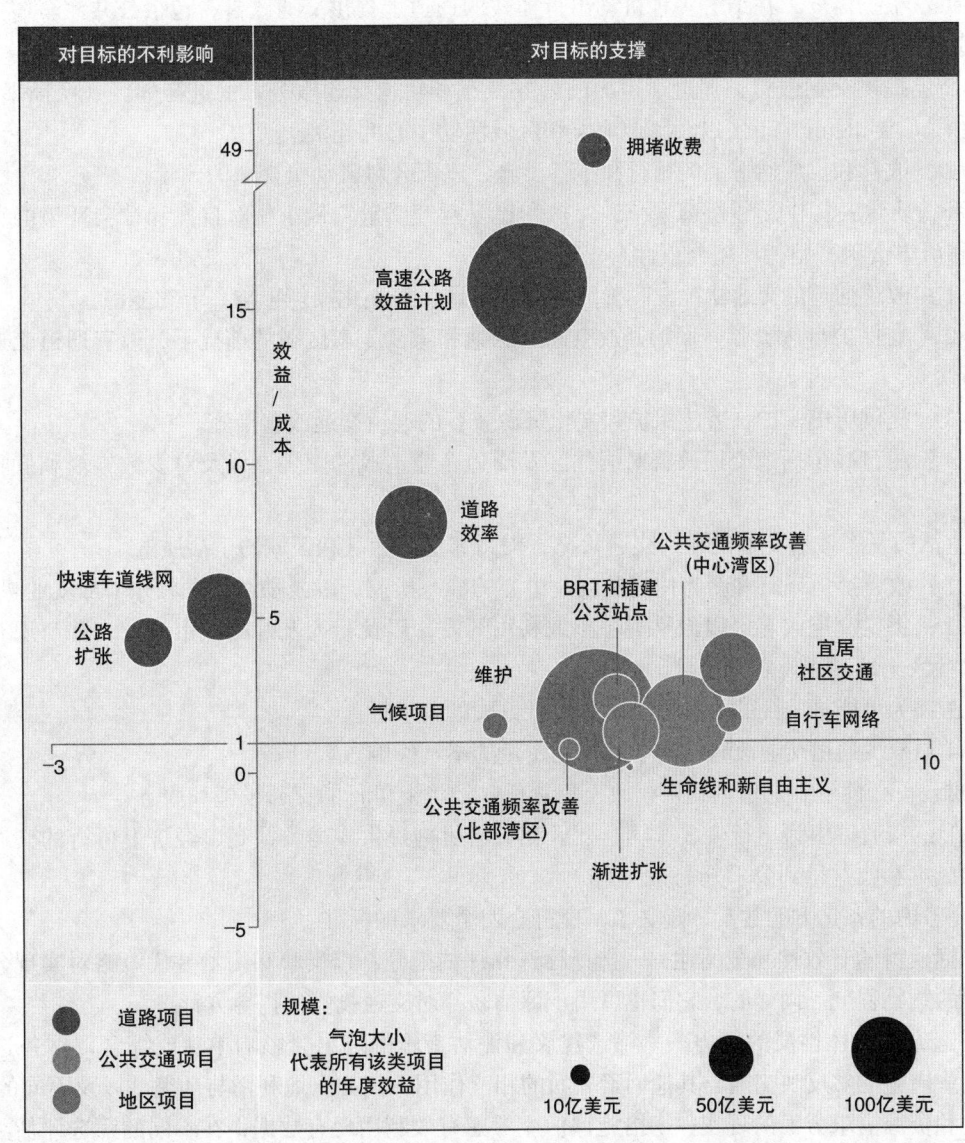

图 7-6　根据成本收益分析和项目得分对项目类型进行项目级别的评估

来源：MTC, 2013, Reproduced with permission of the Metropolitan Transportation Commission.

我们提出以下目标来指导这项研究（Texas DOT, 2015）。

目标 1：交通流动性和效率：在通道内提供交通设施和服务，提高流动性和效率，减少拥堵，有效提升了本地、区域和州际交通量。

- **目标 1.1**：为了人员和货物的安全、高效且有效的移动，减少交通拥堵和交通时间。
- **目标 1.2**：规划通道的交通改善，以提供充足的可达性，包括适当设计公路主车道、多乘员车辆专用车道、交叉路口、临街道路、公共汽车交通设施和停车换乘设施。
- **目标 1.3**：验证交通通道改善提议与现有交通规划一致，并与当地和区域规划组织协调。
- **目标 1.4**：使用具有成本收益的创新策略，包括（但不限于）TDM、TSM 和 ITS。
- **目标 1.5**：在建设期间对通道进行规划改进以保持交通量。

目标 2：安全，提高通道内所有交通方式的交通设施的安全性。

- **目标 2.1**：降低通道内交通设施的事故发生率。

目标 3：多种出行方式，在研究区域内提供平衡的通道交通系统，该系统具有多种出行方式，为 HOV 设施、公共汽车和轨道交通以及骑行/步行出行方式提供充足的容量和便利。

- **目标 3.1**：根据需要，在结合多种机动出行模式的通道上提供交通改善，包括公共汽车服务（例如公交专用道）、HOV 设施和轨道交通设施。
- **目标 3.2**：提供交通改善，促进通道内的公共汽车和轨道交通服务，促进与邻区、沃斯堡（Fort Worth）和阿灵顿（Arlington）市区以及其他地方和区域活动中心的连接。
- **目标 3.3**：改善和扩展通道上的骑行和步行设施，以配合对机动车交通的改善。

目标 4：环境质量：提供交通通道系统，保护和提高空气质量；最小化对自然和社会环境的负面影响；保护生态、文化和历史资源；坚持环境公正性。

- **目标 4.1**：改善通道的交通状况，改善区域空气质量，最小化噪声影响，节约能源。
- **目标 4.2**：在保护自然资源、保护开放空间、绿地和重要生态区域的前提下，改善通道交通，并在必要时进行缓解。
- **目标 4.3**：提供历史保护、遗迹保护和文化资源兼容的通道交通改善措施。
- **目标 4.4**：尽量减少通道交通改善对居住区及周边企业造成的影响，以及对少数族裔和低收入群体的过度影响。

目标 5：生活质量：改善交通通道的交通状况，提高邻里、社区和区域的生活质量。

- **目标 5.1**：改善通道现有和新兴住宅及就业中心的准入机制，以鼓励经济发展并增加就业机会。
- **目标 5.2**：提供交通改善，以鼓励混合土地利用开发，以及行人友好的城市设计，并与现有的邻近土地利用和社区土地利用规划兼容。
- **目标 5.3**：为可能被忽视的人群提供所有出行方式的公平性。
- **目标 5.4**：减少通道交通改善对美学和视觉质量的不利影响。

目标 6：财政可行性：在通道内提供财政上负责任、经济上可行的交通设施和服务。

- **目标 6.1**：在通道内为出行者、车辆、社区和参与机构提供成本收益高、经济上可行的交通设施，且该系统的成本和收益得到公平分配。

为减少研究考虑的备选方案数量，定义了一套符合四个要求的标准：

- 衡量目标成就的有效性和全面性——选择筛选和评估措施，以反映和衡量替代策略对实现公认的交通相关目标的贡献程度。同样的，它们也可用于评估联邦对交通投资的指导方针。
- 反映备选方案具体性质的能力——筛选建议和评估措施的提出会影响单独或综合评估备选方案的必要性。这些措施能够反映交通与其他因素之间的相互作用，例如土地利用与环境，以及不同的出行方式。
- 在技术和资源需求方面的现实——措施评估应考虑有效利用现有数据，在不同的筛选评估类别以及各种替代方案之间提供可比较的详细信息。
- 政策评估的相关性——筛选和评估措施的总数是合理的，能够全面覆盖关键目标和问题。在可能的情况下，相对定性方法，采用定量方法以客观的方式描述潜在影响。

为便于分析，将标准分为如下五类。

- 流动性效应：出行需求、道路通行能力、服务水平、出行时间、流动性、可达性、安全性以及多种出行方式。
- 社会和经济影响：社会经济和文化环境（历史、文化和考古资源；住宅和商业的搬迁；社会经济情况和公正性；社区的完整性和凝聚力）。
- 环境影响：自然环境（空气质量、噪声、能源消耗、水资源储量和质量、植被、野生动物、土壤、开放空间、绿地、重要生态区域、排水/洪泛、美学和视觉质量）；土地用途（居住用途、混合用途、社区发展适宜性）
- 成本收益和可承受性：资本成本、运营和维护成本、实现与资源承诺相称的收益、资源和充足的收入。
- 其他因素：与当地及区域规划和政策的兼容性、可施工性和施工效果。

最后，表7-13展示了用于评估交通通道优选方案的详细评估标准。

表7-13 交通通道优选方案的详细评估标准

标准
A. 流动性的影响
1. 出行需求和设施容量
高峰时间平均速度
每高峰小时人均出行次数
每日往返人次
需求得到满足的百分比
设施服务水平
个人出行小时数
个人出行公里数
交通拥堵延迟
2. 结合多种出行方式
多方式出行程度
骑行出行服务
步行出行服务
3. 可达性、流动性和连接性
改善通往城际和州际通道的设施
提高交叉口的总数
延长临街道路/临街改造的长度
B. 社会和经济影响
对已知的历史、考古和文化资源的影响
住宅和商业设施迁移的总数
对主要公共事业的影响
对美学和视觉质量的影响
对社区和商业可达性、流动性和应急服务的影响
C. 环境影响
1. 对自然环境的影响
对空气质量的影响
对噪声的影响
能源消耗
对冲积平原、水文、水质和水资源的干扰
对湿地/管辖水域的干扰
潜在有害物质的影响
对受威胁和濒危物种/野生动物栖息地的影响
对绿地的影响

标准
2. 对土地用途的影响
对土地利用模式/土地利用兼容性的影响
对潜在土地开发的影响
D. 成本收益和承受能力
1. 资本成本（当年美元）
住宅和商业设施迁移的成本
路权要求的成本
建筑成本
资本总成本
2. 年成本（当年美元）
年度运营和维护成本
年化总成本（资本+运营及维护）
年度用户延迟节省
3. 成本收益
每名乘客每小时的成本
E. 其他因素
1. 与规划的一致性
符合地区和当地的交通规划
符合区域和当地的土地利用规划
2. 建设
临时建设影响
施工能力

来源：Texas DOT, 2015

7.3.3 小型公共汽车全寿命周期成本分析

小型公共汽车的寿命周期成本分析是经济评估的一个很好案例。寿命周期成本法（Life-Cycle Costing，LCC）是一种估算在资产的经济寿命内拥有和运营该资产的总成本的技术（KFH Group et al., 2000）。寿命周期预测成本为规划决策、不同设备或不同设计特性的比较，以及设备服务提供依据。OMB 将 LCC 定义为：

> "主要系统在预期使用寿命内，在设计、开发、生产、运行、维护和支持过程中发生的或预计会发生的直接、间接、重复、非重复和其他相关成本的总和。"

最低投标采购程序通常用于公共部门的资本货物采购，有时是法规所要求的。多年来，这种方法一直用于传统的城市公共汽车采购 [通常为 35～40 英尺（10.5～12 米）长，可承载 40～55 名乘客]。这些公共汽车是由数量有限的制造商生产的，并为城市环境设计。车辆设计的变化是循序渐进的，大多数操作人员都有维护和操作这些设备的经验。大多数公交公司都会编写规范和评估建议。

小型公共汽车的情况则不同。这些公共汽车有类似货车的车辆，也有长度小于 35 英尺的长途客车。根据车身尺度、成本、预期使用寿命和适合的服务类型，小型公共汽车可分为轻型、中型和重型三类。尽管大部分小型公共汽车的所有权归属于城市交通部门，但它们也供私人企业、城市、郊区以及社会服务机构使用。

这类公共汽车的服务范围包括固定路线、固定时刻表的中心城市业务，以及涉及农村地区长距离运输的需求响应。众多制造商提供的汽车零部件、库存车辆和大范围的维修改装服务形成了整个汽车市场。由于公共汽车的设计并不针对某项特定服务，其造成的结果就是运营商在采购小型公共汽车时有众多的选择余地，而车辆之间的成本差别却很大。

相比小额投标流程来看，寿命周期成本法更具优势。这种方法使运营商通过可获得的车辆性能规范以及设备预计成本进行选择。与小额投标流程不同的是，寿命周期成本法不限制投标人车辆设计的特点。在理想的情况下，寿命周期成本法能够确保最终的选择考虑到从车辆维护到操作的多个方面。

寿命周期成本法的风险之一是，它需要对未来的维修频率、使用率、使用寿命和通货膨胀进行预测。其中一些因素，例如使用率和通货膨胀率，适用于全类型车辆。至于其他指标，例如使用寿命、维修频率或燃料消耗率，如果没有真实的性能测试率，则要以实际经验数据为预测基础。预测的准确性也取决于对未来条件的假设是否接近实际情况（例如通货膨胀、燃料成本及车辆使用率）。另一个因素是，全新车辆的运营状态并不能代表其未来的性能。对使用寿命、行驶状况和里程、燃料价格和类似因素的估计是至关重要的。

常规的低成本分析包括四个主要步骤：①编制车辆运行成本数据和预测未来成本；②对资产残值的估测；③调整货币的时间价值（折现率）；④确定整个生命周期的成本。例如，考虑三种不同的车辆，它们在 6 年的时间内平均每年行驶 5 万英里。共需要 12 辆车，其中 10 辆在用，2 辆备用。该车队每年将运行 60 万公里，即在 6 年的使用寿命内将运行 360 万公里。

表 7-14 所示的数据与车辆行驶里程有关，源于测试和实际经验。在这种情况下，车辆 1 的运行成本最低。车辆 3 排名第二，尽管它的运营成本高于车辆 2（主要是因为它的残值更高）。如果车辆 1 的单价比车辆 3 多 12000 美元，那么车辆 3 就更经济。当车辆数量达到 12 辆，12000 美元的差价将是 144000 美元，这个数字要比车辆 3 与车辆 1 的寿命周期成本预测差别要大，具体请参见（KFH Group, Inc. et al., TCRP Report 61）。

表 7-14 三种小型公共汽车的寿命周期成本（LCC）的比较

成本分类	单位	车辆 1	车辆 2	车辆 3
维修				
——人力	美元 / 英里	0.0831	0.0336	0.1638
——其他	美元 / 英里	0.0459	0.0753	0.0963
商品				
——燃料	美元 / 英里	0.3000	0.3429	0.2400
——汽油	美元 / 英里	0.0018	0.0015	0.0024
总维修成本	美元 / 英里 现价美元 / 年	0.4308 258480	0.4533 271980	0.5025 301500
6 年总维修成本的现值 7%	总计 / 美元	1318299	1387152	1537710
残值（6 年后，以折扣价格估计）	每辆公共汽车 总计 / 美元	36500 276000	438000 43000	23000 516000
净成本（扣除残值）	总计 / 美元	880299	1111152	1021710

7.3.4 中央商务区的单行道改造

这项评估的目的是考虑将加利福尼亚州奥克兰市中央商务区的某些现有单行道改造为双向通行道路。奥克兰是一个有大约 40 万人口的城市。双向通行的好处如下。

- 降低车速，有利于步行并降低噪声。
- 减少车辆出行里程（VMT），减少围绕街区的交通出行。
- 降低十字路口转弯速度。
- 将公共汽车站点合并在一条街道上。位于中央商务区的街道设置了中央分隔带，因此公共交通可以变得更加简明有序。
- 减少不熟悉街道系统的游客的干扰，特别是在街道网格缺乏一致性的地方。
- 推广 CBD 零售服务（商家普遍不喜欢单行道，他们认为单向通行会降低能见度，使购物变得不方便）。
- 在双向通行的街道中间设置凸起的行人安全岛。

20世纪50年代中期到1982年间，一些双向通行的街道上曾经增设抬高的行人过街岛，在奥克兰的CBD周围建成了一个由三条公路组成的环形公路。在此期间，CBD的街道几乎都是单行道（主要的购物和交通要道、百老汇除外，它们仍然是双向的）。

尽管好处似乎相当明确，但成本似乎不太容易确定或量化。因此，应选择一个综合排序进行评估，评分标准已制订，见下文。这就生成了进一步调查的候选地点。经过实地核查，根据需要进行调整，并提出建议。

由于双向通行街道兼有优劣势，评分系统使用了 −5 ~ 5 的赋值范围。0分表示没有受益或影响。例如，对于没有公共交通通行的街道，公共交通的影响因子被赋值为0。如果换乘会带来非常不利的影响（−5）或非常有利的影响（5），则会为街道分配极值（−5 或 5）。然后将这些分数相加，为每条街道分配一个总值。

用于评估的8项标准如下。

- **高峰交通量**。现有高交通量的街道得分接近 −5，而非常低交通量的街道得分接近5。这种评估在某种程度上是定性的，因为并不是每个街道区段都有交通量。
- **公路的主要连接**。某些街道作为主要的公路连接道路，如果转换为双向通行道路，将需要对公路连接道路进行重大的重新配置或重建，因此它们的得分较低。这条最新的公路包含了几个连接部分，在交叉的街道上进行双向运行将会特别困难。初次评估并没有为项目制订实际成本，只有部分街道涉及桥梁或地下通道，对它们进行改造可能需要昂贵的额外投资。
- **土地使用兼容性**。有住宅或零售临街的街道（尤其是小商店）比有办公室、街边停车场或其他用途的街道得分更高。
- **替代路线的可用性**。如果附近的街道有充足的空间容纳从改建后的街道分流过来的车辆，那么这条街道会得到高分（4 或 5 分）。
- **交通收益**。如果街道上有公共汽车服务，则分配公交补助。此外，如果开通双向服务，则客流量可能会增加，会得到加分。
- **合适的街道宽度**。如果改为双向道，能否提供适当数量的车道（包括转弯车道）供停泊？一般来说，越宽的街道得分越高，越窄的街道得分越低。
- **交通网络连接**。双向交通是否会通过允许改善通达性和减少转弯来给交通网络连接带来好处？街道是不连续的、相对独立的部分，还是较大网格的一部分？短的、不连通的区段很可能被改成双向而不会产生不良影响，因此得到了更高的分数。
- **协调的信号**。单向信号比双向信号更容易协调（同步）。除非布置间距最为合适，否则不能有效为双向车辆提供服务。这通常需要优先考虑一个方向的交通（事实上在纽约百老汇已经实施）。根据信号控制的不同，可以根据一天中的不同时间段调整出行活动，以满足最大的交通量（例如在早高峰驶入，在晚高峰驶出，其余时间达到平衡）。

如果交通信号配时协调合理，则得到较低的得分。如果没有协调好信号控制，就会得到较高的分数。如果街区的长度（近似）均匀，则也会取得较高的分数，可用于提供双向交通信号协调。

29条街道的最终得分为 −18 ~ 26。建议分阶段实施方案，将得分超过13分的街道纳入第一阶段。

7.3.5 轨道交通项目

由于需要为多达69个相互竞争的轨道项目优先提供资金，加州参议院同时通过了一项决议，要求加州交通委员会（California Transportation Commission，CTC）提交一份可在5年内实施的高优先轨道项目清单。决定哪些项目有资格获得高优先级的标准如下。

- 项目准备——对项目规划状态的衡量，有助于确定一个项目是否能在5年内实施。
- 当地支持——当地对项目的支持程度，反映在当地的资金承诺、当地的实际交通客流量以及当地政府的正式行动中。
- 地方优先权——在一个特定的城市区域或系统内，由当地主管部门对项目单位进行优先排序。
- 项目价值——根据成本和潜在客流量和/或其他预期项目收益之间的关系来衡量项目价值。环境后果：

每个项目对环境的主要影响都在确定优先级时加以考虑。
- 国家资金需求——涉及地方投资的项目，项目会争取联邦资金，潜在的私营部门参与，以及其他需要联邦资金援助的项目。
- 其他考虑因素——任何特殊情况或条件下，对特定项目产生影响的时间或原因。

7.4 总结

对替代方案进行研究并进行公平选择，是交通规划人员应参与的关键工作。重要的是，交通规划者应在既有条件下做出最佳选择，或在既有公共政策面临调整时，向决策者做出公正陈述，避免在交通问题的处理方面耗费过多资源。本章讨论了如何评估和比较交通问题的替代方案，以便采取最好的行动。评估和确定交通项目的优先级通常是交通规划过程的最后一步，也是最重要的一步。相关材料包括规划目标、措施、备选方案等，都在这一步中汇集起来，以便为机构选择最佳的行动方案。

交通替代方案的提出是为了实现规划目标。正确定义目标可以得到比狭隘目标更灵活的问题解决方案。如果一个目标只适应于一个合适的解决方案，那么这个目标可能构思得太狭隘了。

下一步是列举并尽可能地量化一个项目或规划方案的所有潜在成本和收益。这是一项重要的工作，即使在所有成本与收益可能无法了解或无法量化的情况下也是如此。分析师要注意，不要重复计算收益。正是在这一阶段，项目的风险（成本和收益）才开始变得清晰起来。

在成本和收益被量化后，可以选择合适的评估技术。这种选择通常将基于项目的规模和复杂性、项目规划的阶段、项目成本和收益可量化的程度，以及执行评估的可用时间。本章介绍了有关净现值计算的一些简单和复杂技术。

交通系统（备选）成本与收益的比较估计，应采用定值美元拟订，通常使用年度美元价值分析，不考虑通货膨胀的影响。成本应包括资本支出、运营和维护成本等要素。成本分析应包括以下步骤：
- 确定项目规划期内累积成本的现值（替代方案可以是"不做"或"无效"）。
- 确定每个替代系统的现值，使用相同的标准假设应用于基础替代。
- 计算每个备选方案的累计增量成本，与基础备选方案进行比较，减去剩余土地价值。

累计成本的确定方法是将估算资本成本总额按年计算，然后将所考虑的年数相加，这些年度成本以选定的折现率折现为现值。在进行成本估算时，通常在报告中记录单位成本预设。历史成本数据可以通过CCI调整到当前值。

每项选择的经济收益，通常是根据对未来一年（水平年）使用情况（需求）的预测，按工作日的使用水平计算，这可能是以每天的车辆或乘客行程计算的。基准年与水平年之间每年的需求水平和项目收益通常用直线插值来近似。虽然偶尔会有更多的数据点，但大多数出行模型只提供基准年和1~2年的预测情况。然后，通过预估未来收益常用折现率折现的方式来确定。

大多数评估中的折现率将由外部来源指定，例如分析人员或外部机构。折现率会对分析结果产生重大影响，因此应谨慎选择，使其与工程部门其他类型项目的原则一致。如果设定不同的折现率，则可能更适合通过敏感性分析潜在差异结果。可以在电子表格和大多数商用收益/成本程序中完成简单的分析。这一过程中应该明确考虑风险因素，而不是在不同方案中使用不同折现率。

节省出行时间可能是分析人员最关心的问题，因为对大型项目来说，出行时间通常占整个项目收益的一半以上。为确定不同类别用户的出行时间值，提出相关标准，使用不同的时间值进行敏感性分析可能更合适。项目评估之间的一致性也很重要，因为出行时间价值的差异可能导致误导性结论。成本收益分析还可用于根据节省的每单位时间最低成本对项目进行排序。

分析人员应意识到，交通运输决策对于项目成本及收益具有重要的公平性和分配影响。传统上有几个维度用来衡量分配影响，包括空间、模式、收入和人口统计群体。人口普查数据和出行需求预测模型可以提供这种评估所需的许多信息。

优先排序和评估有许多共同的关键特征，他们均是在竞争领域中选取几个因素进行分析来确定项目。主要的区别在于，评估寻求的是确定一个规划或项目是否值得公共（或公共/私人）资金投资，并给出其他使用资金的替代方法。一旦完成了这一点，通过优先排序就可以确定投资排序或顺序，这可能包括非技术因素。这些因素可能包括项目准备情况、协商一致的程度、股权考虑、外部资金的可用性和其他类似因素。

风险和不确定性在任何公共（或私人）投资中都是存在的，特别是在有低估成本和夸大收益倾向的情况下。最近的大型项目都存在大幅超出预算的现象。一般来说，项目规模越大，技术和条件越新颖，风险就越高。本章提到了几种试图控制风险和不确定性的技术，包括 VE、情景规划，以及由外部专家进行的同行评审（通常是 VE 过程的一部分）。最后，分析人员需要在评估分析中坦率地评估一些项目风险。

项目评估中经常出现的错误如下。
- 使用外部资金（例如赠款）来降低成本。
- 忽略一些项目成本。
- 项目收益被重复计算。
- 使用平均成本及平均收益，而不是边际成本及边际收益。
- 忽略市场成本与社会成本之间的差异。
- 使用不恰当的折现率（通常指过低的折现率）。
- 忽略交通网络或其他重要影响。

总之，一项良好的评估应具备以下特质：①考虑整个项目周期内所有备选方案的累计成本，并识别到某些备选方案的使用期限可能比其他备选方案短；②使用适当的水平年度需求预测（通常采用10～30年的数据分析）；③识别替代资本（或大修）投资的不同使用期限的影响；④排除通货膨胀的影响，因为夸大收益或成本并不代表经济价值会真正增加；⑤考虑时间价值，采用现值的经济分析，使用折现因子来解释替代投资的潜在回报率；⑥采用合适的单位值进行收益评估。

参考文献

American Association of State Highway and Transportation Officials (AASHTO). 2010. *A User and Non-User Benefit Analysis for Highways*. Washington, DC: AASHTO.

American Association of State Highway and Transportation Officials (AASHTO). 2013. *Commuting in America 2013, The National Report on Commuting Patterns and Trends, Brief 8. Consumer Spending*. Accessed Feb. 18, 2016, from http://traveltrends.transportation.org/Documents/CA08-4.pdf.

Berechman, J. 2009. *The Evaluation of Transportation Investment Projects*. New York: Routledge.

Berger, L., and Associates. 1998. *Guidance for Estimating the Indirect Effects of Proposed Transportation Projects*, NCHRP Report 403. Washington, DC: Transportation Research Board. Accessed Jan. 31, 2016, from http://onlinepubs.trb.org/onlinepubs/nchrp/nchrp_w43.pdf.

Button, K. 2009. *Transit Forecasting Accuracy: Ridership Forecasts and Capital Cost Estimates*, Final Research Report. George Mason Transportation and Economic Center. Accessed Jan. 18, 2016, from http://ntl.bts.gov/lib/31000/31300/31361/Transit_Forecasting.pdf.

Cambridge Systematics Inc. 1996. *Measuring and Valuing Transit Benefits and Disbenefits, Summary*, Transit Cooperative Research Program (TCRP) Report 20. Washington, DC: National Academy Press. Accessed Jan. 14, 2016, from http://onlinepubs.trb.org/onlinepubs/tcrp/tcrp_rpt_20.pdf.

Danata, N., A. Touran, and D. Schneck. 2006. "Trends in U.S. Rail Transit Project Cost Overrun." Annual Meeting of the Transportation Research Board, CD-ROM. Accessed Feb. 20, 2016, from http://www.americandreamcoalition.org/transit/dantata.pdf.

Diaz, R. undated. "Impacts of Rail Transit on Property Values." Accessed Jan. 10, 2016, from http://www.rtd-fastracks.com/media/uploads/nm/impacts_of_rail_transif_on_property_values.pdf.

District Department of Transportation. 2013. *Anacostia Streetcar Phase 2 Environmental Assessment and Section 106 Evaluation*, Appendix K, "Capital Costs Methodology Report." Accessed Feb. 10, 2016, from http://www.dcstreetcar.com/wp-content/uploads/2014/03/Appendix-K-Capital-Cost-Methodology-Report.pdf.

ECONorthwest et al. 2002. *Estimating the Benefits and Costs of Public Transit Projects: A Guidebook for Practitioners*, TCRP Report 78. Washington, DC: National Academy Press. Accessed Jan. 13, 2016, from http://onlinepubs.trb.org/onlinepubs/tcrp/tcrp78/guidebook/tcrp78.pdf.

Economic Development Research Group, Inc., ICF International, Inc., Cambridge Systematics, Inc., Wilbur Smith Associates, Inc., Texas A&M Transportation Institute, and Susan Jones Moses and Associates. 2012. *Interactions Between Transportation Capacity, Economic Systems, and Land Use*, SHRP 2 Report S2-C03-RR-1. Washington, DC: Transportation Research Board. Accessed Jan. 24, 2016, from http://onlinepubs.trb.org/onlinepubs/shrp2/SHRP2_S2-C03-RR-1.pdf.

European Conference of Ministers of Transport. 2001. *Assessing the Benefits of Transport*. Paris, France: OECD Publications Service.

Federal Highway Administration. 2012. *Climate change & Extreme Weather Vulnerability Assessment Framework. Final Report*, Washington D.C. Retrieved Feb. 3, 2016, from http://www.fhwa.dot.gov/environment/climate_change/adaptation/publications_and_tools/vulnerability_assessment_framework/index.cfm.

Federal Transit Administration (FTA). 2008. *Grant Management Requirements*, Circular FTA C 5010.1D. Nov. 1. Washington, DC: FTA. Accessed Jan. 18, 2016, from http://www.fta.dot.gov/documents/C_5010_1D_Finalpub.pdf.

Federal Transit Administration (FTA). 2013. *Guidelines for Land Use and Economic Development Effects for New Starts and Small Starts Projects*. Washington, DC: FTA. Accessed Jan. 18, 2016, from http://www.fta.dot.gov/documents/Land_Use_and_EconDev_Guidelines_August_2013.pdf.

Flyvbyerg, B., N. Bruzelius, and W. Rothengatter. 2003. *Megaprojects and Risk—An Anatomy of Ambition*. Cambridge, England: Cambridge University Press.

Flyvbjerg, B., M. Skamris Holm, and S. Buhl. 2002. "Underestimating Costs in Public Works Projects: Error or Lie?" *Journal of the American Planning Association*, Vol. 68, No. 3, Summer, pp. 279–295. Accessed Feb. 12, 2016, from http://arxiv.org/ftp/arxiv/papers/1303/1303.6604.pdf.

Forkenbrock, D., and G. Weisbrod. 2001. *Guidebook for Assessing the Social and Economic Effects of Transportation Projects*, NCHRP Report 456. Washington, DC: National Academy Press. Accessed Jan. 18, 2016, from http://onlinepubs.trb.org/onlinepubs/nchrp/nchrp_rpt_456-a.pdf.

Freeman, A. M. 1993. *The Measurement of Environmental and Resource Values*. Washington, DC: Resources for the Future.

General Accountability Office (GAO). 2009. *Cost Estimating and Assessment Guide, Best Practices for Developing and Managing Capital Program Costs*, GAO-09-3SP. Washington, DC: GAO. Accessed Feb. 18, 2016, from http://www.gao.gov/new.items/d093sp.pdf.

Georgia Regional Transportation Authority (GRTA). 2004. *Northern Sub-Area Transportation Study*. Atlanta, GA: GRTA.

Greene, D., D. Jones, and M. Delucchi (eds.). 1997. *The Full Costs and Benefits of Transportation*. New York: Springer.

KFH Group, Inc., Littleton C. Macdorman, and Laidlaw Transit Services, Inc. 2000. TCRP Report 61: *Analyzing the Costs of Operating Small Transit Vehicles*. Washington, DC: National Academy Press. Accessed Jan. 18, 2016, from http://www.tcrponline.org/PDFDocuments/tcrp_rpt_61.pdf.

Lakshmanan, T. R., and L. R. Chatterjee. 2005. "Economic Consequences of Transport Improvements." *Access*, No. 26 (Spring): 28–33.

Markow, M. 2012. *Engineering Economic Analysis Practices for Highway Investment: A Synthesis of Highway Practice 424,*. Washington, DC: Transportation Research Board. Accessed Jan. 18, 2016, from, http://onlinepubs.trb.org/onlinepubs/nchrp/nchrp_syn_424.pdf.

Metropolitan Transportation Commission (MTC). 2013. *Plan Bay Area: Strategy for a Sustainable Region*, Chapter 5: "Performance." Accessed Feb. 18, 2016, from http://files.mtc.ca.gov/pdf/Plan_Bay_Area_FINAL/5-Performance.pdf.

Meyer, M., and E. Miller. 2014. *Transportation Planning: A Decision Oriented Approach*. Atlanta, GA. Self published.

Meyer, M., M. Flood, J. Keller, J. Lennon, G. McVoy, C. Dorney, K. Leonard, R. Hyman, and J. Smith. 2014. *Strategic Issues Facing Transportation, Volume 2: Climate Change, Extreme Weather Events, and the Highway System: Practitioner's Guide and Research Report*, NCHRP Report 750. Washington, DC: Transportation Research Board. Accessed Jan. 18, 2016, from http://onlinepubs.trb.org/onlinepubs/nchrp/nchrp_rpt_750v2.pdf.

Middleton, S. 2014. *Cross-Modal Project Prioritization*. Cambridge, MA: U.S. Department of Transportation Research and Innovative Technology Administration, John A. Volpe National Transportation Systems Center. Accessed Jan. 18, 2016, from http://www.trb.org/Main/Blurbs/172662.aspx.

National Association of City Transportation Officials (NACTO). 2013. *Urban Street Design Guide*. New York, NY: NACTO. Accessed Jan. 18, 2016, from http://nacto.org/usdg/performance-measures/.

Office of Management and Budget. 1992. Circular A-94: *Guidelines and Discount Rates for Benefit-Cost Analysis of Federal Programs*. Washington, DC: OMB. Accessed Feb. 18, 2016, from http://www.whitehouse.gov/omb/circulars_a094.

Rothblatt, D., and S. B. Colman. 1996. *Changes in Property Values Induced by Light Rail Transit*. San Jose, CA: Institute for Metropolitan Studies, April.

Sinha, K., and S. Labi. 2007. *Transportation Decision Making: Principles of Project Evaluation and Programming*. Hoboken, NJ: John Wiley & Sons.

Small, K. A. 1999. "Project Evaluation." In Gomez-Ibañez et al. (eds.). *Essays in Transportation Economics and Policy – A Handbook in Honor of John R. Meyer*. Washington, DC: Brookings Institution Press.

Texas DOT. 2015. "Evaluation Criteria," IH 820 Corridor Alternatives Analysis IH 30 to IH 20. Ft. Worth, TX: TexasDOT. Accessed Jan. 31, 2016, from https://www.dot.state.tx.us/ftw/mis/ih820/criteria.htm.

U.S. DOT. 2013. "Guidance on Treatment of the Economic Value of a Statistical Life in U.S. Department of Transportation Analyses," Memorandum from Polly Trottenberg and Robert Rivkin to Secretarial Officers and Modal Administrators. Washington, DC: U.S. DOT. Accessed Jan. 18, 2016, from http://www.dot.gov/sites/dot.dev/files/docs/VSL%20Guidance%202013.pdf.

Victoria Transportation Policy Institute (VTPI). 2009. *Transportation Cost and Benefit Analysis Techniques, Estimates and Implications*, 2nd ed. Victoria, BC, Canada: VTPI. Accessed Jan. 18, 2016, from http://vtpi.org/tca/.

Wall, T., and M. Meyer. 2013. *Risk-Based Adaptation Frameworks for Climate Change Planning in the Transportation Sector: A Synthesis of Practice*, Transportation Research Circular E-C181. Washington, DC: Transportation Research Board. Accessed Jan. 18, 2016, from http://onlinepubs.trb.org/onlinepubs/circulars/ec181.pdf.

Weisbrod, G., D. Vary, and G. Treyz. 2001. NCHRP Report 463: *Economic Implications of Congestion*. Washington, DC: Transportation Research Board. Accessed Feb. 12, 2016 from http://onlinepubs.trb.org/onlinepubs/nchrp/nchrp_rpt_463-a.pdf.

Willows R., and R. Connell. 2003. *Climate Adaptation: Risk, Uncertainty and Decision-making*. Oxford: UKCIP.

Wilson, D. 2005. *Value Engineering Applications in Transportation*. NCHRP Synthesis 352. Washington, DC: Transportation Research Board, National Academy Press. Accessed Feb. 18, 2016, from http://onlinepubs.trb.org/onlinepubs/nchrp/nchrp_syn_352.pdf.

第 8 章

交通资产管理

8.1 引言

　　美国的交通基础设施价值数万亿美元，其中大部分都建设于 20 世纪 50 年代末至 60 年代初。因年代久远，现亟待更新，例如大部分州际高速公路系统。同时，公共基础设施也需要维修或重建，因为在交通行业中，要求保证交通设施时刻处于良好的运行状态，例如轨道等设施的维护。随着交通基础设施的使用年限将至，为提高服务水平，急需解决不断增长的出行需求带来的路网承载压力问题。因此，联邦、州和地方政府正面临着巨大挑战——如何分配有限的资源，以满足基础设施的扩建、更新和养护等需求。资产管理是用于此类决策支持的工具之一。

　　本手册将资产管理单列一章有以下原因：一是反映了许多州/省、都市区、城市/城镇所面临的项目和投资类型，如前文所述，大部分交通投资聚焦于基础设施的改造、修复和重建，这类投资的优先级通常由资产管理系统决定；二是资产管理工具和技术本质上是用于解决不确定性和风险的，这两个概念正被迅速整合到交通规划过程中；最后，对系统运行表现和条件的关注必将引发以下讨论，即资产管理系统如何为各州交通部门（Department of Transport，DOT）或都市规划组织（Metropolitan Planning Organization，MPO）的运行表现评估方案提供决策支持。

　　资产管理系统有许多优势。例如，经济合作与发展组织（the Organization for Economic Cooperation and Development，OECD）提出，改善资产管理的内外部联系有以下好处：完善资产库存、状态和使用水平、提高路网运行表现、增加资产管理工具使用率、为成本预算提供决策支持以及提高员工专业水平（OECD，2011）。

　　联邦公共交通管理局（Federal Transit Administration，FTA）认为资产管理具有以下优势：

- 改善服务水平——提高公共交通准点性、运营服务水平、车辆和设施清洁度，同时减少行程延误、平台接单缓慢和车站关闭等情况；以出行者为核心目标开展投资。
- 提高生产率并降低成本——更有效地维护资产：在不同条件下采用不同维护方法；在条件允许的情况下，用预测性和预防性的维护策略来降低维护成本，同时改进公共交通服务水平。
- 优化资源分配——更好地协调支出与政府目标，用有限的资金获得最大的收益，并将资产的全生命周期成本、风险和运行表现纳入资本规划和运营与维护预算中。
- 加强利益相关者间的沟通——以出行者为中心，为利益相关者提供更准确和及时的运行性能指标，根据不同资金水平，使用不同工具来预测运行性能指标（包括服务水平）（FTA，2012）。

美国国家公路与运输官员协会（AASHTO）的认为，资产管理可持续改善以下领域：

- 降低基础设施维护的长期成本。
- 为出行者提供更好的服务。
- 提高成本效益和资源利用率。
- 更关注资产运行性能。
- 提高决策和支出的可信度和责任度。
- 提高管理能力。

- 为利益相关者提供更牢靠、更透明且更有责任的联系。
- 有助于实施城市发展规划（AASHTO，2002，2001）。

资产管理的上述特点与交通规划人员有关，因为他们关心如何用最少的成本来改善交通系统的运行表现。换言之，交通资产管理（Transportation Asset Management，TAM）代表良好的规划和决策实践。城市发展规划是世界各地许多 TAM 项目中的一个重要考量因素，而相关责任往往始于交通规划的过程中。

本章首先对交通资产管理进行定义，并阐述了如何在组织环境中采用资产管理方法，同时叙述了美国交通资产管理评估的发展简史。接着阐述了交通资产管理和交通规划的作用，包括它们与目标间的关系、运行性能评估、数据收集和分析工具。最后讨论了资产管理方法在实践中面临的挑战。

8.2 交通资产管理的定义

交通资产管理是一个"在交通资产的整个生命周期内进行有效运营、维护、升级和延长资产使用寿命的战略性、系统性过程。它侧重于通过业务流程和工程实践来合理分配和利用资源，目标是通过详细准确的信息和明确的目标做出更好的决策（AASHTO，2014）。"美国联邦交通法中也有类似定义。《迈向 21 世纪进程》（Moving Ahead for Progress in the 21st Century，MAP-21）将资产管理定义为一种"运营、维护和改善固定资产的战略性和系统性过程，重点关注工程和经济分析，以确定维护、保存、修复、恢复的优先顺序，以及在资产全生命周期内以最小的实际成本实现资产维护"[23U.S.C.101（a）（2），MAP-21 § 1103]。关于公共交通资产，FTA 将其定义为"一个组织采购、运营、维护、恢复的战略化和系统化过程，以及通过替换资产来管理资产的运行性能、风险和全寿命周期成本，为当前和未来的出行者提供安全、有效、可靠的服务（FTA，2012）。"

资产管理是一种以价值和运行性能为导向的方法，可用于交通系统的愿景规划、目标设定、替代方案开发、确定首选替代方案、规划和项目实施、监测系统运行性能，以及确定社会和政府愿景。它包括设施的规划、设计、建设、运营、维护、修复和更新，即项目的全生命周期。此前的一些资产管理应用仅关注资产状况，而近年来的资产管理更全面地考虑了其他因素，例如出行者数据、出行者意见和风险分析。资产管理正逐渐成为政府战略目标的业务流程（AASHTO，2011a）。这意味着它已经成为一种综合管理手段，用于实现交通系统和组织评估。

资产管理项目由以下 5 个核心问题组成（FHWA，2009）：资产目前处于什么阶段？资产服务水平和运行性能要达到什么要求？哪种资产对可持续性发展是重要的？资产的运营、维护、替换和改进的最佳投资策略是什么？资产的最佳长期投资策略是什么？

由美国联邦公路管理局（Federal Highway Administration，FHWA）提出的"TAM 框架"中，强调了运行表现监测在资产管理中的整体作用（图 8-1）。这种监测手段在交通系统的实际运行情况与交通规划的前期步骤间提供了一个闭环——从愿景到目标设定（FHWA，2007a）。TAM 对基础设施监控进行了扩展，并将其应用于投资决策过程。图 8-1 所示的框架将 TAM 描述为一种系统化的、基于事实的、可重复的投资决策方法，可用于分析、确定系统在扩建、保存和更新等资源分配过程中的最佳替代方案。图 8-2 展示了一个与交通资产管理系统开发类似的框架。值得注意的是，该框架展示了"资产管理行动"与"公共交通部门决策"间的关系。

长期的资产管理可能对政府的政策、业务流程和信息技术（Information Technology，IT）能力产生很大影响。一些政府部门已经全面评估了整个投资决策过程，并制订了相应的资产管理规划，以填补政策、规划程序和 IT 系统中的缺口。资产管理在政府部门中的应用可以横向、纵向地帮助所有管理层和员工建立共同愿景，因为这能使所涉人员在面对短期和长期目标时，保持步调一致。

在 AASHTO 的《交通资产管理指南》中，使用一个与资产管理有关的工具，不仅具有自我评估功能，还可用于盘点各州政府的整体投资决策。该工具旨在帮助各州政府确定需要改进的领域，并解决以下问题：

- 政府部门目前该如何改善资产管理方式？
- 当前和规划的工作是否足够有效，有哪些方面需要修改、补充或重新规划？

通用资产管理系统

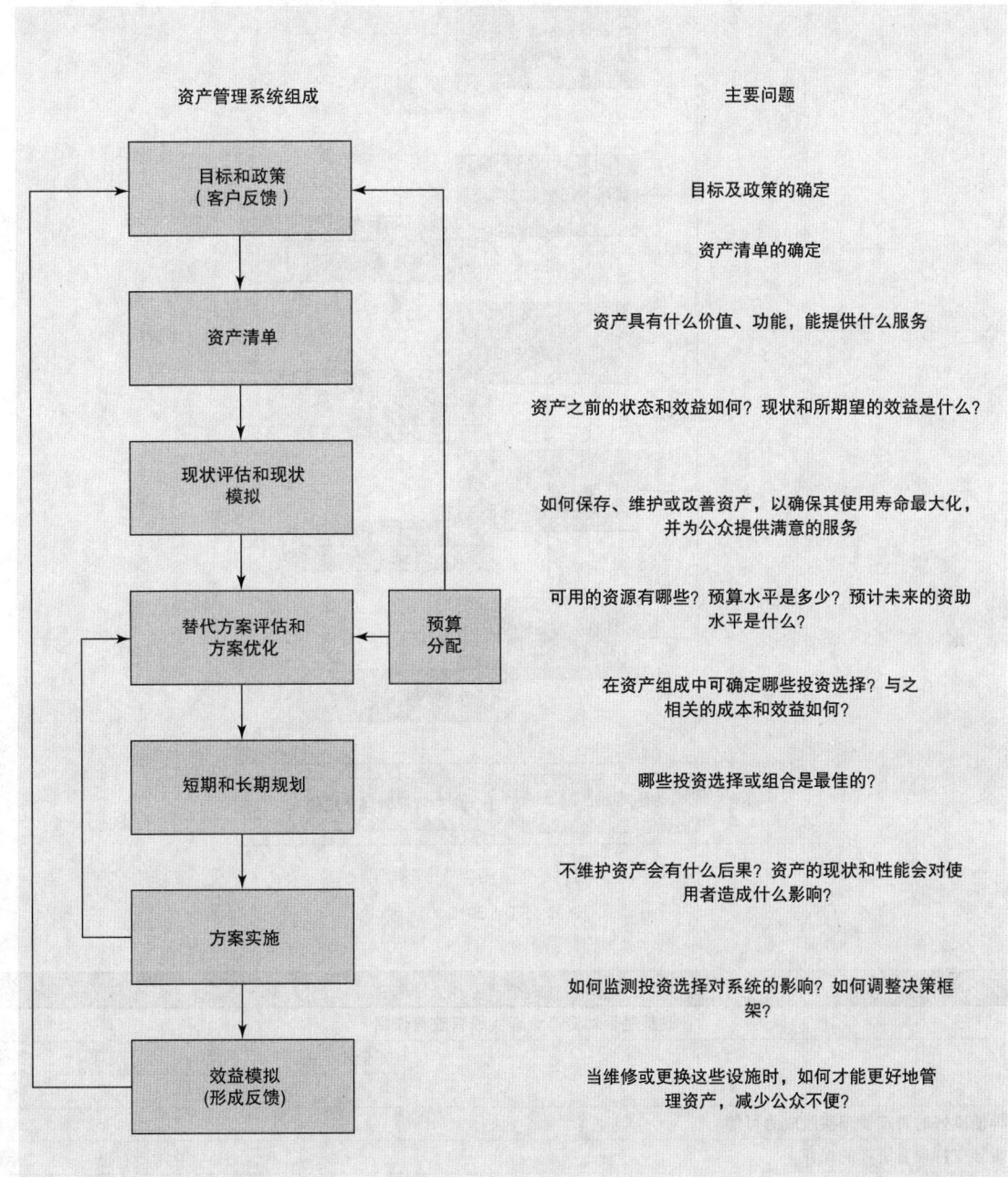

图 8-1　资产管理系统组成
来源：FHWA, 2007a

- 哪些方法在政府部门中可能有效？哪些方法在其他类似部门中已经取得效果？

资产管理的自我评估工具主要围绕以下四个领域：达到政策所制定的目标；规划和设计；方案实施；数据分析。表 8-1 展示了政策的目标和模块，表 8-2 给出了该工具的信息系统和分析模块。该工具有针对性地提出问题，以帮助政府官员确定他们在这四个领域的优势和差距，并在评估结束后给出一个总分。该工具拥有广泛的适用性，因此可帮助政府官员就一些需要改进的问题达成共识，从而找准政府部门的定位，战略性地制订有效的资产管理规划，优先解决现有缺陷。

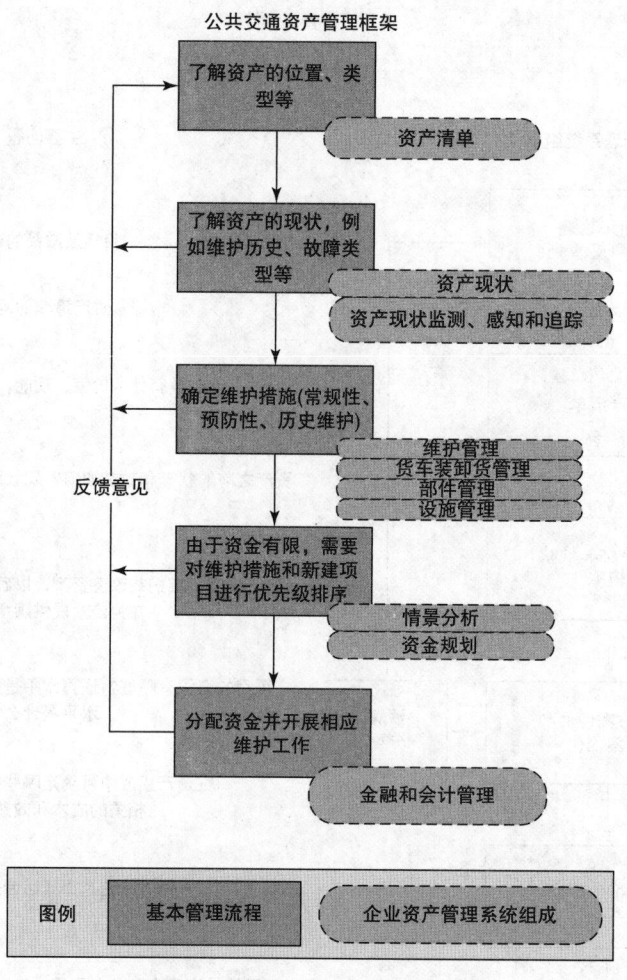

图 8-2　公共交通资产管理框架
来源：FTA, 2012

表 8-1　资产管理政策指导作用的自我评估

政策是否对资产管理实践有改善作用？				
	完全不同意	不同意	同意	完全同意
	1	2	3	4
政策指导使良好的资产管理实践成为可能				
1. 政策指导支持现有资产的保存。				
2. 政策指导鼓励根据成本效益或效益/成本分析做出决定。				
3. 政策支持长期的生命周期观点。				
4. 政策指导考虑客户的看法和期望。				
5. 我们的客户为政策目标的制订做出了贡献。				
强大的基于运行状况的资源分配框架				
6. 明确的政策目标指导我们的资源分配过程。				
7. 我们的政策使我们能追求基于绩效的资源分配。				
8. 目标与具体性能指标和项目评价标准挂钩。				
积极参与政策的制定				
9. 制定政策时要了解实现这些政策所需的预算。				
10. 我们与政府官员合作，了解资金选择及其对系统运行状况的预期影响。				

来源：Michigan Transportation Asset Management Council, 2006.

表 8-2 资产管理信息和分析作用的自我评估

信息资源是否对资产管理实践有改善作用?	完全不同意 1	不同意 2	同意 3	完全同意 4
快速有效的数据收集				
1. 我们有完整且最新的主要资产清单。				
2. 我们收集及时、准确和有用的基础设施状况数据（例如人行道、桥梁和休息区等）。				
3. 我们收集及时、准确、有用的系统性能数据（例如流动、拥挤、安全等）。				
4. 我们定期收集客户对资产状况和业绩的看法。				
5. 我们不断寻求提高数据收集的效率。				
数据集成和访问				
6. 决策者可迅速获得他们所需要的所有信息。				
7. 制定了全机构范围内地理参考标准。				
8. 地图显示了不同资产类别以及规划和项目方案的需求/缺陷。				
9. 我们有促进数据一致处理和指导未来应用开发的标准。				
基于实际数据的管理系统模型				
10. 实际成本数据用于定期更新我们的管理系统成本估计模型。				
11. 关于资产状况随时间变化的实际数据用于定期更新我们系统的恶化模型。				
决策支持工具的使用……决策支持工具用于：				
12. 计算和报告实际系统性能。				
13. 确定系统缺陷或需求。				
14. 资本项目的候选项目排名。				
15. 预测拟议项目方案的未来系统性能。				
16. 预测不同投资水平的未来系统业绩。				
系统监控和反馈				
17. 系统实际情况与我们的保存方案的预期目标进行了比较。				
18. 实际系统性能与我们的资本改进规划的预测目标进行了比较。				
19. 实际系统状况和性能与我们的维护和操作程序的预测目标进行了比较。				
20. 定期报告与客户/利益相关方满意度有关的业绩。				

来源：Michigan Transportation Asset Management Council, 2006.

许多州的 DOT 已经进行了自我评估，并制订了蓝图，转向以资产管理为导向的交通规划方向。

8.3 美国交通资产管理简史

资产管理已在私营部门使用多年,并非新概念。几十年来,许多政府的交通部门将资产管理的一些方法用作交通项目投资的决策支持(AASHTO,1997)。在 20 世纪 50 年代末到 60 年代初,AASHTO 完成了一项广为人知的数据分析工作,工作内容主要是收集路面状况数据和驾驶质量数据,然后建立经验模型,将路面状况与服务水平联系起来,从而使政府官员能根据路面破损数据评估路面驾驶质量。AASHTO 的道路评估在交通设施性能预测方面具有开创性的发展,且道路评估已成为路面管理系统的重要基础。目前,这项技术已在原有基础上做出了许多改进,特别是在性能预测模型方面,例如如何将设施老化的原因和影响联系在一起(Carey and Irick, 1960)。

近期,交通研究委员会(TRB)开展了对各州 DOT 的资产管理综合调查研究。调查结果显示,70% 以上的州 DOT(共 43 个州 DOT)指出,资产管理使他们的决策更数据化、更可靠、更符合实际情况。60% 的州 DOT 声称资产管理规划需要与资本改善需求相平衡(Hawkins and Smadi, 2013)。50% 的州 DOT 已经开发了一套与政府官员分享资产管理信息的流程,以便就投资需求进行沟通、权衡取舍,并增加决策流程的透明度。超过 90% 的州 DOT 将资产管理信息用于桥梁和路面,但仅有 40% 的州 DOT 将资产管理用于其他资产决策(例如维护、运营和安全),这说明了辅助资产在交通资产管理规划中的重要性。许多州 DOT 正通过一系列资产管理政策对辅助资产进行管理,例如系统、项目集成方法、数据收集方法和成本、效益认证以及资产类别优先化等(Akofio-Sowah et al., 2014)。

交通投资决策中的资产管理技术始于桥梁。1967 年,西弗吉尼亚州的一座桥梁倒塌,造成 46 人死亡。这次灾难震惊了整个美国,公众开始意识到系统监测基础设施状况的重要性。因此,1970 年,美国国会在《联邦援助公路法》(Federal Aid Highway Act)中批准了一项国家级桥梁项目,计划开发一个全国性的桥梁状况监测和跟踪系统,为此需要定期收集桥梁资产清单和桥梁状况数据。桥梁监测系统的目标是提供决策支持,以评估桥梁维护、修理和修复(Maintenance, Repair, and Rehabilitation, MR&R)的相关需求,并对项目进行优先级排序。从那时起,联邦政府正式要求各州定期进行桥梁状况评估。2007 年,明尼苏达州明尼阿波利斯市的一座桥梁发生垮塌,造成 13 人死亡,再次引起了人们对这一问题的关注。

到 20 世纪 80 年代,一些州和地方政府已经具备对人行道和桥梁进行定期状况评估及性能预测的能力。到 20 世纪 90 年代,一些机构开发了成本分析工具,用于评估和确定项目的优先级次序。不过在美国,联邦交通立法是推动州 DOT 进行资产管理的最重要因素之一,下文将进行详细阐述(McNeil et al., 2000)。

8.3.1 早期资产管理相关立法

1991 年出台的《多式陆上运输效率法案》(Intermodal Surface Transportation Efficiency Act,ISTEA),要求各州 DOT 和 MPO 将 6 个基础设施管理和监测系统作为交通规划的一部分。这些管理系统的关注重点是路面、桥梁、道路安全、交通拥堵、公共交通设施/设备和多式联运设施系统。提出这些要求是为了更系统、更全面地考虑交通资产的功能和条件。相比之下,路面和桥梁管理系统在交通工程应用中比较常见,道路安全管理系统在许多州也已有所应用。拥堵管理系统、多式联运管理系统和公共交通设施管理系统对大多数交通部门来说都是相对陌生的。

1995 年,迫于各州 DOT 要求取消无资金授权的压力,美国国会取消了交通规划中对以上系统的要求(除空气质量未达标地区的拥堵管理系统外)。然而,许多州 DOT 继续开发和使用这些管理系统,并将它们用于基础设施管理。

在某种程度上,许多州的 DOT、MPO 和地方部门都根据州法律将资产管理纳入了他们的交通规划、设计和项目建设过程中。例如,弗吉尼亚州立法机构在 1995 年通过了全国第一部公私合作法,允许弗吉尼亚州交通部(Virginia DOT)将道路维护合同外包给私营企业。同时,交通部门保留质量管控、质量保障方面的管理职责。佛蒙特州(2001 年)和密歇根州(2002 年)立法机构都通过了交通资产管理法,要求州政府在投资决策中以资产管理为原则。例如,密歇根州的资产管理法(Public Act 499 of 2002)提出,建立一个由 11 人组成的交通资管理委员会来制订全州的交通资产管理战略。这部法律导致密歇根州各郡在不同阶段的业务流程中都运用了资产管理方法。委员会将制订和开展以下方案和活动作为实现目标的主要手段：
- 按各州和区域规划的功能分类，对道路、桥梁状况进行调查并形成报告。
- 评估各州交通部门已完成和规划中的道路和桥梁投资。
- 支持开发合适的资产管理工具和程序。
- 充分利用资产管理的原则和程序，为政府官员提供关于道路改善的教育和培训（Michigan Asset Management Council，2011a）。

为促进地方机构的资产管理，委员会制订了交通资产管理指引 [可参见（Michigan Transportation Asset Management Council，2011a，b）]。密歇根州的经验表明，委托私营企业的方式可作为一个有效手段，用以广泛实现交通领域的资产管理。

8.3.2 政府会计准则委员会

政府会计准则委员会（Governmental Accounting Standards Board，GASB）在1999年建议各州和地方政府部门根据第34条会计准则，报告包括民用基础设施在内的资产财务信息。GASB建议各机构使用账面价值法（历史成本减去其生命周期内的折旧）计算民用基础设施资产，否则就必须使用资产管理系统（Asset Management System，AMS）来证明资产管理水平优于最低标准。

GASB 34激发了实践领域和学术领域对资产估值的兴趣，进而导致了基础设施报告中基于折旧的估值方法与基于现状的估值方法的差异。基于折旧的估值方法只是使用折旧表（通常是线性折旧）对资产进行折旧。而基于现状的估值方法会考虑资产管理系统、资产当前的状况和需求，并确定与替换相关的价值。

8.3.3 国际资产管理

2005年4月，美国DOT、AASHTO和国家道路合作研究项目（National Cooperative Highway Research Program，NCHRP）发起了一项国际性研究，以调查全球范围内资产管理的最佳实践案例。项目团队由各地方、各州及联邦交通局官员和教授组成，分别访问了澳大利亚、加拿大、英国和新西兰的国家级、省级、州级及地区级交通部门。该研究表明，能成功管理交通资产的机构应具备以下重要特征：
- 设立资产管理委员会。
- 机构在业务领域做出重大改变，将资产管理视为一个关键业务领域。
- 为资产管理专门设立职位或部门。
- 资产管理已完全纳入政府规划和政策文件。
- 在确定投资优先级后使用了生命周期成本计算和风险评估。
- 基础设施报告中运用了设施估值。
- 投资和资产更新的开发项目中使用了资产管理。
- 用现状和目标差距分析手段来确定资产管理需求。
- 对各级官员进行资产管理培训，促进组织文化改变（FHWA，2005）。

该研究还发现，即使在政府预算削减的情况下，资产管理实践和流程也成功为交通基础设施提供了资金。重要的是，在公私合作中需要制定交通基础设施条款时，资产管理实践也是必不可少的。

8.3.4 美国国内交通资产管理交流调查

国际资产管理交流协会建议美国各交通机构开展类似的实情调查研究。2006年，交流小组见了多个州的交通部门（佛罗里达州、密歇根州、明尼苏达州、俄亥俄州、俄勒冈州和犹他州）、一个市交通局（俄勒冈州波特兰市）、两个都市规划组织（密歇根州底特律市SEMCOG和大急流城议会）、两个郡的交通部门（佛罗里达州希尔斯伯勒县和密歇根州肯特县）、一个公路收费管理局（佛罗里达州）以及一个资产管理协会（密歇根州）。这次调查主要有以下发现：

- 所有机构都对投资采取优先保护策略。但在许多情况下，这一策略会遇到很多问题，例如在缓解现有道路拥堵状况时，需要兼顾新建道路的承载能力，以应对人口和就业增长问题。
- 在每一种情况下，资产管理过程的成功与否都与组织内部的资产管理领导人直接相关。在资产被制度化管理前，在机构的标准运营程序中，资产管理领导人都会起到尤为关键的作用。
- 在某些情况下，资产管理程序的存在，证明了道路系统的交通投资是合理的。更重要的是，这有助于从立法机构获得额外资金。资产管理方法的应用至关重要，可以向政府官员提供投资（或不投资）道路基础设施的需求和结果。
- 成功的资产管理流程都摒弃了"最差优先"的投资策略，转而采用基于寿命周期成本计算的投资原则，并制订了成本效益最高的保护和维护策略。
- 成功的资产管理过程具有相应的性能指标来引导投资决策。这些性能指标是系统监测的重要指标，并在一个案例中用于年度个人评估。在许多交流调查过的部门中，基于性能指标的资产管理方法已成为一项常规运营手段。
- 基于性能指标结果的情景分析，是使决策者认识到投资交通系统必要性的最有效方法之一。这种情景分析可以为基础设施投资的必要性论证作支撑。
- 成功的资产管理没有单一的组织模式。在调查访问的过程中，发现了许多不同的、成功的资产管理组织模型。其中，在定义和实现资产管理过程中采用团队合作的方法也许是最重要的组织特征。
- 几乎在所有情况下，资产管理在推进过程中所遇到的困难，都会促进不同组织单位之间的沟通。许多管理者认为必须促进资产管理过程中的跨组织合作，从而使规划和决策更加有效。
- 实施资产管理过程的前提之一是进行系统性的自我评估。
- 在调查各部门资产管理工作的过程中，几乎没有应用风险评估技术。风险评估的概念可以更好地使政府官员理解与基础设施故障相关的经济成本，并将这些成本纳入分析过程。
- 在部分情况下，州DOT将数据视为一种资产，同时将数据收集过程视为一种重要的决策支持功能。因此，DOT需要有效的信息处理工具，从数据收集工作和"一次收集，频繁使用"的策略中获取信息和数据。
- 在部分情况下，出行者体验被当作资产管理流程的一部分。对道路系统客户来说最重要的方面，往往会通过问卷调查的方式确定，例如基础设施维护状况。因此，各交通部门会选择一些影响公众对其看法的性能指标来衡量，例如乘车质量。
- 新技术可以使资产管理活动的数据收集更有效率且成本更低。例如，便携式计算机或平板计算机结合全球卫星定位系统（GPS）可以成为强大工具，用于收集路网状况数据。

8.3.5 交通资产管理指引

AASHTO在2002年出版了《交通资产管理指引》。该指引为各州政府提供了一个有用的框架，以评估各州既有的业务流程，判断其是否利用既有资源实现了最佳价值，并帮助各州政府确定在其既有流程和能力范围内是否还有改进机会（AASHTO，2002）。相关机构会在设施的全寿命周期内对其施加各方面影响，以控制设施成本。因此，决策干预的性质和时间是至关重要的，并且对基础设施服务水平的成本效益有可观的影响（这一点稍后讨论）。

2011年，AASHTO出版了第2版《交通资产管理指引》，即《管理的实施应用》（AASHTO，2011a）。第2版更注重总结各州DOT成功实施资产管理的特性。该指引明确指出：交通资产管理规划（Transportation Asset Management Plan，TAMP）中包含的内容，会因TAM程序的成熟程度及其对决策的影响而异。例如，TAMP最初的内容可能只是简洁的文件，旨在理解TAM实践中的优点和缺点，并可能包括交通资产管理的目标和措施、识别现状与目标间的差距、寿命周期成本和风险评估分析以及财务规划。所有步骤都是为了达到一个更高水平的TAM阶段，以"记录当前的政策、标准、寿命周期策略、服务水平、信息系统、关键资产、资产知识和工作程序（AASHTO，2011）。"

若要满足 TAMP 中对路面和桥梁的初始和核心要求，就要依靠信息和数据，这些信息和数据同时可用于 TAMP 的每个部分中。例如，系统性能指标，会涉及与路面和桥梁现状维护相关的性能指标。这可以延伸到哪些性能指标能定义利益相关者的参与程度。人们也可以将注意力集中在与安全、机动性、环境质量和财务可持续性等目标相关的资产投资的共同利益上。

8.3.6　MAP-21 和资产管理立法

2012 年出台的 MAP-21，是关于交通资产管理要求的最具体的法律。作为国家资产管理规划的一部分，该法要求每个州都制定并实施一项"基于风险的"政策，提供给美国国家高速公路系统（National Highway System，NHS），包括数据收集、维护和集成、软件成本及设备成本（FHWA，2012a）。该法生效后，FHWA 发布了一份关于制定所需资产管理系统规则的通知。该法建立了基于风险的交通资产管理规划的基本结构，确定了 TAMP 中包含的最小主题和制订规划的过程，以及制订规划的时间框架。以下是一些关键要求：

- 各州 DOT 要求为 NHS 制订和实施资产管理规划，用于改善或保持资产状况和 NHS 在固定资产方面的评估（尽管各州交通部门鼓励将所有公路基础设施资产纳入管理范围内）。
- 州级资产管理规划必须包括一个项目规划策略，该规划将：达到州资产状况规定的预期目标和 NHS 规定的效益；支持管理规划的推进，以实现州目标。
- 关于所需的过程，每个州 DOT 必须建立以下工作流程：
  - 进行评估差距分析，并确定消除差距的策略。
  - 在路网级别上对资产类别或资产子组进行寿命周期成本分析。
  - 对规划中的资产进行风险评估分析。作为这一流程的一部分，各州交通部门将识别和评估可能影响 NHS 的资产状况或资金有效性的风险（例如极端天气），因为这与固定资产有关。
  - 分析与当前和未来环境条件（包括极端天气事件、气候变化和地震活动）相关的资产和高速公路系统风险，为如何最小化影响、提高资产和系统弹性的决策提供信息。还必须制订应对最高优先风险的缓解规划。
  - 评估因紧急事件而反复修复或重建的道路、高速公路和桥梁。对于资产管理规划中的资产，各州 DOT 需开发一种方法来处理和监控资产的高优先级风险和系统性能。
  - 制订为期 10 年的财务规划。
  - 制订投资策略，以改善或保持资产状况和 NHS 评估。
  - 利用路面和桥梁管理系统分析州级公路路面、非州级 NHS 路面和桥梁的状况，并确定最佳管理和投资策略。
- TAMP 中至少应包括：资产管理目标，这些目标应与机构的使命相一致；制订措施和目标，在资产的全生命周期内以最低的实际成本维持资产状态；NHS 的路面和桥梁资产摘要清单，至少应包括对州级路面、非州级 NHS 路面和 NHS 桥梁等资产的情况描述；评估和识别差距；全寿命周期成本分析；对规划中包括的资产和公路网的风险管理分析，以及对这些资产的定期评估、财务规划和投资策略摘要。
- TAMP 必须为短期项目规划制订一套投资策略。

MAP-21 中的资产管理方法的主要特征之一是强调对风险的管理。正如 FHWA 所指出的："因为风险是不确定的和可变的，所以会对政府机构的目标产生积极的或消极的影响。风险管理旨在有效地管理潜在机会和威胁，通常包括文化、流程和结构。" 2012 年，FHWA 在三个州资助了试点项目（路易斯安那州、明尼苏达州和纽约州），研究基于风险的资产管理方法和交通资产管理规划。

近期出台的联邦交通法，即《美国路面交通法》（Fixing America's Surface Transportation Act，FAST），重申了 MAP-21 对资产管理规划中资产性能指标的要求。该法规定，如果在一个汇报周期后，州 DOT 在任何性能指标领域没有达到目标或在实现目标方面没有取得重大进展，则必须提交一份报告，描述为实现目标将采取的行动措施。在第一个汇报周期中，如果州级系统中的路面低于最低要求，则要接受强制性惩罚。

如果对资产管理感兴趣，想了解美国联邦基金资助的资产管理研究和试点项目，请访问网站（https：//

www.fhwa.dot.gov/asset）。

8.4 资产管理与交通规划

FHWA 指出，资产管理原则可能对某些关键规划功能和活动产生较大影响，而目前的做法可以在下列方面进行改善：

长期规划的制订和更新——长期规划的制订和更新明确了管理层和主要利益相关方的政策目标；建立了系统性能指标；扩大了规划工作中的投资和行动范围，包括货运、安全、预防性维修、运营以及适当的多式联运；扩大了数据分析工具的范围和水平，以支撑规划过程。

性能指标——无论是作为长期规划的一部分，还是作为一个独立的自发性工作，定义一组系统性能指标都是良好资产管理的先决条件。因为这些性能指标有助于鼓励资产管理文化，这是系统的角度，而不是项目的角度。这些性能指标应与规划过程的政策目标相联系。

资源分配和权衡策略——在资源分配过程中检查战略资源的分配问题和权衡策略。大多数政府机构没有一套完整的工具、数据或组织构架，以一致的方式审查所有关键领域的支出，并考虑各种选择和权衡办法。扩大规划范围可逐步扩大所考虑的权衡类型，并使政府机构走向更综合的决策模式。

规划与预算间的关系——规划活动对规划和预算决策的影响程度差别很大。除非这种联系是明确且强烈的，否则规划的价值就会被质疑，进而直接影响规划和预算决策的能力，而这种能力又通常被视为判断交通规划有效性的唯一重要标准。因此，规划可将资产管理系统产生的数据用作交通规划中基础设施更新优先级的依据。

数据和分析工具的开发和支持——许多机构的规划职能是支持各种规划活动所需的一些数据和工具的"所有者"。但随着规划中考虑的问题和投资权衡范围的增加，许多关键数据库和工具将由其他职能单位维护（例如系统实际状况、实时运营数据、事故碰撞分析、路面和桥梁管理系统）。共享数据的访问和通用定义，以及联合使用和理解分析工具是很重要的。正如 FHWA 所指出的，"交通规划的职能是为交通机构的数据收集、管理战略以及开发或优化分析工具提供平台，以支持更广泛和更综合的利弊权衡分析。"

下文将阐述资产管理如何为交通规划过程提供重要信息（有关交通规划过程的不同组成部分的详细讨论，请参阅第 1 章）。

8.4.1 愿景和目标

有效的资产管理方法将使政府机构的愿景和目标与性能指标在决策的各个层次相一致（例如路网级策略、运营和项目开发）。经验表明，成功实现这种匹配可使决策过程更有效地实现预期结果。例如，如果一个州 DOT 的（整体）目标是为居民提供一个满足个人和货运出行需求的公路网，那么其中一个子目标可能就是保证路网处于良好状态。与这一目标相联系的性能指标可能是"维持在特定水平的道路车道里程"。这一指标为决策者提供了关于目标实现进度的直接反馈。

大多数资产管理程序都有一系列明确的目标，用于指导修复和维护决策。资产管理活动与交通规划间的联系是关于更广泛的愿景和目标的陈述，经常出现在指导州级和都市交通规划研究的目标陈述类型中。例如，图 8-3 展示了得克萨斯州达拉斯-沃斯堡市交通规划发展的逻辑。该地区交通投资的首要任务是基础设施维护。

以俄勒冈州波特兰市的资产管理为例，该市交通部门的愿景声明中指出，交通系统将被"维护和保存"，以支持街道在城市环境中的多种不同用途。根据该市政府部门的说法，资产管理规划"通过在正确的时间、正确的地点对正确的资产进行正确的投资，以一种具有成本效益的方式，为交通路网内的各种资产提供有针对性的服务和性能。"图 8-4 展示了城市资产状况的典型报告（City of Portland, 2012）。

以俄亥俄州交通部（The Ohio Department of Transportation, ODOT）的资产管理综合方法为例。资产管理是组织的核心价值和功能。在 ODOT 的资产管理中，与规划相关的目标包括：

- 以交通资产管理政策作为部门的业务流程，管理关键资产并做出资本投资决策。
- 建立资产管理监督小组，指导各中央办公室建立并领导资产任务委员会，以确定俄亥俄州范围内的资产数据库标准、程序和格式。

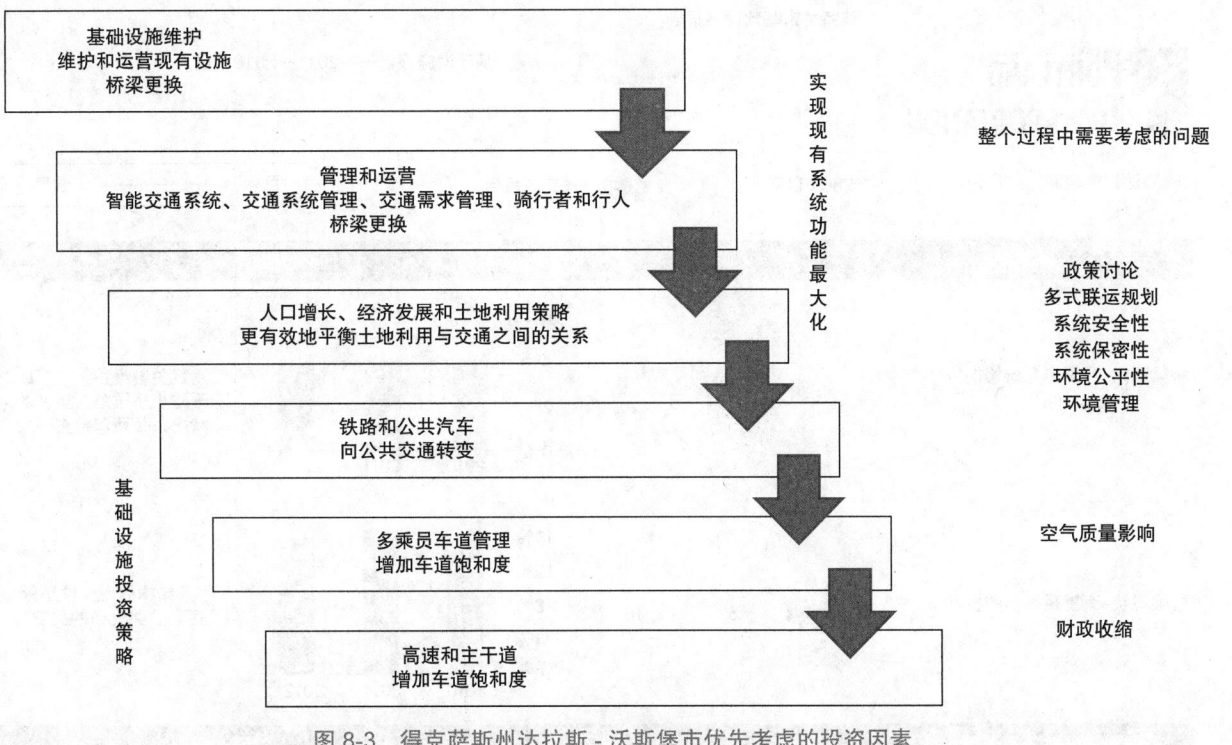

图 8-3　得克萨斯州达拉斯 - 沃斯堡市优先考虑的投资因素

来源：North Central Texas Council of Governments, 2009.

- 开发一个资产管理中央平台，用于集成所有资产清单数据库，并与基础交通定位系统相关联的地理空间结合。
- 授权收集与"安全第一"理念直接相关的资产数据，以支持交通系统开发和运营。利用现有资源和创新技术，通过提高安全性、效率和数据质量来提升资产清单收集质量。
- 围绕关键资产管理系统，重点开发完整的资产管理流程。
- 需要制订未来所有项目的规划，并建立一个基于业务流程的资产清单更新过程，以确保资产中央数据库的持续更新。
- 利用部门的研究和发展规划来支持交通资产管理活动。

ODOT 的决策是由一套原则和战略目标指导的，这些原则和战略目标与组织各级决策制订的性能指标相关联。ODOT 在五大战略决策领域制订了目标：交通安全、经济发展和生活质量、高效可靠的交通流、系统保护和资源管理。系统保护目标定义为"实现路面和桥梁的稳定状态，即相对较低和稳定水平的缺陷状态，足够小的可预测的预防性维护和定期维修比例，并维持在可接受的水平。"性能指标应与所有部门的功能、职责相结合，并没有真正确定为资产管理指标。每年都要进行路面和桥梁的检查。为不同的道路系统制订了总体状况指标。ODOT 使用"固定组合"的方法为道路系统提供尽可能稳定的状态。

值得注意的是，尽管本节关注的是规划中的资产管理应用，但资产管理概念实际上可应用于设施和系统的整个寿命周期。例如，运营资产管理，侧重于管理支持设施运营的资产分析程序。与规划的方法类似，资产管理也考虑下列事项：

- 相关的目的（用于系统运行）。
- 目标与运行状况之间的联系。
- 在替代改进方案之间进行权衡。
- 施工和经济评估结果。

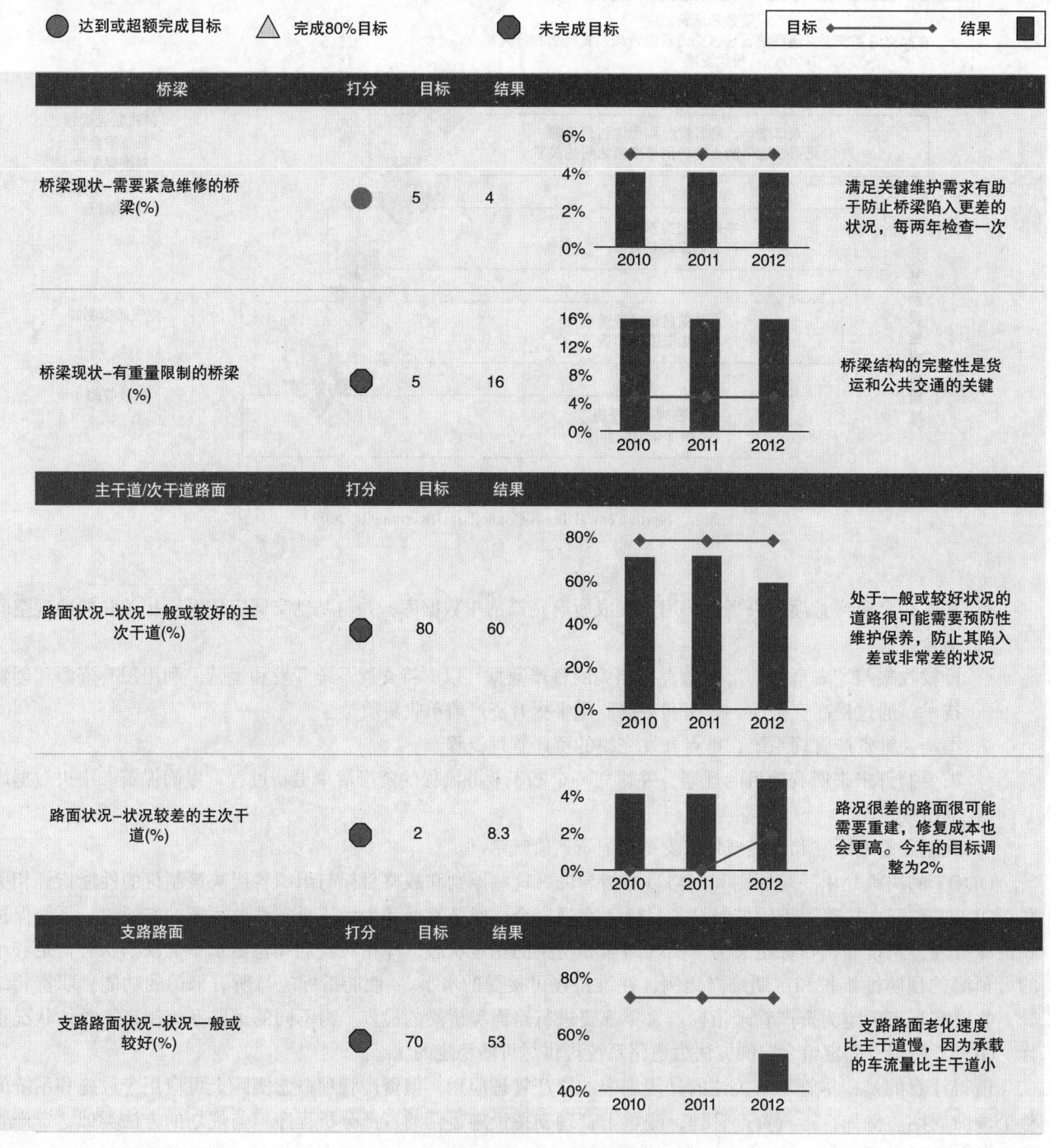

图 8-4　波特兰市基础设施年度报告

来源：City of Portland, 2012

- 不同的资产寿命周期和投资周期时间跨度的影响（FHWA，2004）。

虽然各州的应用是不同的，但总体的资产管理概念是相同的（TRB，2005）。随着资产管理工作在设施和系统寿命周期的不同阶段取得进展，这些资产管理程序和活动将会逐步结合起来。

8.4.2 性能指标

虽然愿景和目标是规划过程的重要出发点，但它们往往不能提供规划过程的详细信息，不足以说明如何评估不同替代方案的进展或相对性能，而性能指标提供了更详细的信息。MAP-21 中制定了与性能指标相关的国家政策："系统运行状况管理将改变联邦援助道路项目，通过重新关注国家交通目标、提高联邦援助公路项目的问责性和透明度以及改进项目决策，为联邦交通基金提供最有效的投资方式。"同时在以下七个领域确定了国家运行表现目标：安全、基础设施状况、拥堵缓解情况、系统可靠性、货物运输和经济活力、环境可持续性，以及减缓项目流程的进度。

有效的性能指标是交通规划、规划编制和项目开发中资产管理方法的组成部分之一。要实现政府机构的整体愿景和目标，就必须与明确的性能指标（表明目标实现水平的可量化程度）和目标（有时间期限的目标结果）相关联，并通过持续监测性能来完成规划目标与实际系统结果之间的闭环。

《交通资产管理性能指标和目标》报告中概述了资产管理在制订性能指标方面所考虑的关键因素。强调支持有效资产管理的性能指标的重要考虑因素如下：它们必须是以政策为导向的，包含战略观点，考虑选择和权衡，由可靠的信息支持，提供与系统目标相关的有效反馈，且在不同的组织单位和级别上都能发挥作用（AASHTO，2011a）。

前文提及的资产管理交流调查在所有最佳实践案例研究中都发现了一个通用的性能指标框架。每个州都涉及一套广泛的目标，这些目标或由立法机构确定，或通过公众投票过程确定。这些目标将确定系统具体的性能指标，通常与在未来一年要实现的目标相关联。性能指标应用于规划和决策的不同层次，例如聚焦于长期战略投资决策评估，聚焦于路网短期运营功能评估。

图 8-5 展示了澳大利亚维多利亚州关于性能指标报告的逻辑框架。在某些情况下，这些指标类别可作为跨资产评估和投资优先排序的基础。NCHRP 第 446 号报告《以运行性能为基础的交通规划指南》中，为所有类型的交通目标提供了一个性能指标库。对于系统资产保存目标，表 8-3 给出了一些常用方法（Cambridge Systematics，2000）。

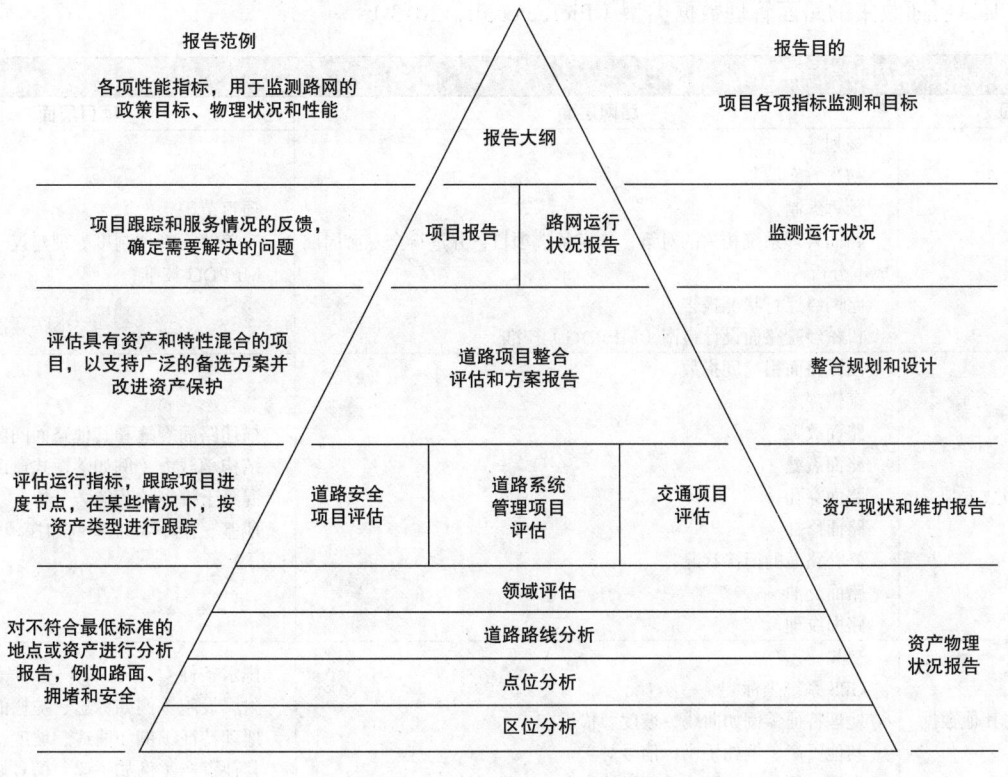

图 8-5 澳大利亚维多利亚州性能指标报告层次结构

来源：FHWA，2005

表 8-3 资产管理系统保存的典型性能指标

系统保存类别	常用性能指标
系统条件——一般状况道路	道路/桥梁系统低于标准状况的百分比使用年限
系统条件—道路，路面	公路主线路面或桥梁评定为良好或较好的百分比
系统条件—道路，桥梁	公路干线桥梁评定为良好或较好的百分比
系统条件—道路，货运设施	连接联运设施的路面状况
系统状况—骑行设施	适于骑行的公路里程（英里）
系统条件—轨道	在运行的轨道交通里程（英里）
系统条件—运输车辆	某段以英里计的道路上的过境车辆车龄分布
系统条件—其他模式	要疏通的里程 路面铺装频率
系统条件—多模态	停止服务时间或天数（道路、桥梁、公共交通设施或机场）
交付程序—与时间相关	承建的重铺路面里程（英里） 承揽修理或更换的桥梁数量
交付程序与成本相关	分配给系统维护的预算百分比 平均维修费用

来源：Based on Cambridge Systematics, 2000, Reproduced with permission of the Transportation Research Board.

8.4.3 数据需求

资产管理的数据需求直接关系到机构职责及其与基础设施条件和性能相关的目标。各种基础设施和资产管理系统的数据收集指南可参考以下标准，例如（AASHTO，1996；2011a；2011b；AASHTO et al.，1996；Pierce et al.，2013；FHWA，2012c，2013a，b）。早期的一些资产管理应用程序通常将数据分类为库存数据和属性数据，至今这种分类方式仍然适用于大部分基础设施管理系统。

库存数据至关重要，它为政府机构提供了对当前资产的描述（该机构拥有什么资产，这些资产位于哪里等）。属性数据指可能发生变化的设施/系统的特征，例如设施需求、设施条件等。表 8-4 展示了在通常情况下路网层面和项目层面收集的路面管理数据类型（Pierce et al.，2013）。

表 8-4 路网层面和项目层面的数据类型

方面	路网层面	项目层面
用途	规划 初步方案编制 预算编制 路面管理系统相关的对策，确定备选项目，并进行全寿命周期成本分析 路网级运行状况报告 机械经验路面设计指南（MEPDG）校准	项目范围 改善路面管理制度处理建议 MEPDG 校准
通常收集的数据项	国际路面粗糙度指数 车辙深度 路面故障 路面裂缝 路面穿孔 路面修补 修补路面的衔接状况 路面泛油 路面纹理	描述路面裂缝和其他路面问题 结构承载力（例如落锤式弯沉仪） 混凝土接缝传荷能力分析 地基、土壤特征（例如探地雷达、岩心和沟渠）
同时收集的其他数据	视频 GPS 系统坐标 地理特征（例如曲线、坡度、横坡） 其他资产（例如桥梁、信号灯） 事件（例如建筑区、铁路过境点）	排水条件 附属设施（例如标志、护栏的位置和状况） 地理特征（例如曲线、坡度、横坡） 其他资产（例如桥梁、信号灯）
速度	一般高速公路限速	步行或较慢的速度

来源：Flintsch and McGhee, 2009, as reported in Pierce et al., 2013.

对数据在不同的细节、层次（用于规划、设计和项目开发）进行分类非常重要，因为数据收集可能成本高昂且耗时。项目选择和设计以及路网级别的规划必须有足够的详细数据作支撑。此外，一些数据可能在一个机构的多个单位中使用。因此，必须进行全机构数据管理，以确保将数据视为一项资产，并以最具成本效益的方式加以管理，保证数据的实时更新。

一些政府部门，例如科罗拉多州交通部（Colorado DOT）、亚利桑那州交通部（Arizona DOT，ADOT）、弗吉尼亚州交通部（Virginia DOT）和宾夕法尼亚州交通部（Pennsylvania DOT，PennDOT），都在继续对其既有的数据库和应用程序进行现代化改进，其中一些是为组织内非常具体的功能职责开发的（例如一种数据库格式用于人行道，另一种数据库格式用于桥梁）。这样做的目的是将不同数据库集成到一个可被多个业务单位有效访问和使用的综合系统中。在许多情况下，地理信息系统（GIS）用于数据集成的通用平台。数据收集的质量管控是实现现代化的关键因素。此外，确保数据的实时更新，不仅能为决策提供有用信息，还对获得或增加立法机构和公众信任度尤为重要。

以 PennDOT 的资产数据管理策略为例。PennDOT 年度预算超过 40 亿美元，负责美国第五大公路系统。在过去 20 年中，PennDOT 在以下管理系统上进行了大量投资，以支持其业务运作：

- 道路管理系统（Roadway Management System，RMS）。
- 桥梁管理系统（Bridge Management System，BMS）。
- 维修运营报告信息系统（Maintenance Operations Reporting Information System，MORIS）。
- 工程建设管理系统（Engineering Construction Management System，ECMS）。
- 多模式项目管理系统（Multimodal Project Management System，MPMS）。
- 自动路径许可/分析系统（Automated Permit Routing/Analysis System，APRAS）。
- 电子文件管理系统（Electronic Document Management System，EDMS）。
- 财务管理信息系统（Financial Management Information System，FMIS）。

这些大型应用程序是在公司内部开发的。随着时间的推移，它们响应了政府机构不断变化的需求，并在过去 15~20 年间提供了丰富的标准化清单和数据。20 世纪 90 年代，PennDOT 为整合其信息系统和业务规划策略，对业务流程进行了广泛评估。从业务流程的角度看，设计流程是为了确保管理系统彼此兼容。同时，PennDOT 还致力于在技术上整合各个数据系统，以便将管理系统更新的数据和分析结果结合起来，向全机构的决策者提供决策支持。

8.4.4 评估方法和工具

本节讨论资产管理方法和工具，用于确定提高基础设施性能的最具成本效益的方法。其中一些方法适用于机构的资产管理规划，而其他方法可能适用于交通规划。值得注意的是，一些资产管理软件已经用于评估道路和公共交通资产。这些工具的作用是自动分析资产状况，最终得出投资优先级。在此鼓励读者们在网上搜索可用的资产管理方案。

1. 基础设施状况评估方法

设备状况必须使用一个客观的、可重复的系统来评估。目前已经开发出各种类型的条件指数，包括美国陆军工程部（Army Corps of Engineers，ACOE）的路面状况指数（Pavement Condition Index，PCI），FHWA 的桥梁充分性指数和加利福尼亚州桥梁健康指数。其他指标可参考人行道、桥梁、标志和其他基础设施（Patidare-tal.，2007；Pierceetal.，2013）。

美国材料与试验协会（American Society for Testing and Materials，ASTM）主要研究机场和人行道路面状况评估问题，而 ACOE 主要研究停车场路面状况调查及评分问题，其结果均包含在 PCI 中。状况评估程序基于对路面破损类型、数量和严重程度的视觉评估，提供了将数据转换为 0（失效路面）到 100（良好路面）的单一值方法。加利福尼亚州桥梁健康指数将桥梁物理状况与桥梁总资产价值联系起来，以桥梁状况的衰减作为设施重置价值（Shephard and Johnson，2001）。

各州 DOTs 向机构领导提供了一套路面状况评估措施，并记录在年度报告中。例如，明尼苏达州交通部（Minnesota DOT，MnDOT）报告了四个指标：行驶质量指数（Ride Quality Index，RQI）、路面等级（Surface Rating，SR）、路面质量指数（Pavement Quality Index，PQI）和剩余使用寿命（Remaining Service Life，RSL）。正如年度报告所指出的："每个指数从不同方面反映了路面健康状况，这些指数可用于路面状况排名，并预测未来的维护和修复需求（MnDOT，2015）。"上述指标定义如下。

RQI：指 MnDOT 的行驶性能指数，或平滑度指数。RQI 数值越高，道路越平坦。RQI 的作用是表示基本道路使用者在驾驶车辆时对路面平整程度的评价。

SR：指路面表面可见的缺陷，显示路面老化的问题或现象，例如裂缝、修补（痕迹）及车辙等。MnDOT 使用 SR 来量化路面损坏。路面缺陷识别方法是先通过一辆货车沿州级高速公路行驶来拍摄路面图像，然后计算 500 英尺（150 米）长样本路面段上每种缺陷的百分比，最后乘以一个加权因子，得到加权缺陷值。

PQI：一个综合指数，是 RQI 和 SR 的乘积的平方根。PQI 综合考虑了路面的平整程度和裂缝，给出路面状况的总体情况，用于确定州级公路系统是否达到 GASB 34 标准要求的性能指标。

RSL：一个估算值，以年为单位，当 RQI 值达到 2.5 时，一般认为路面设计寿命终结。RSL 由路面老化曲线确定。通过每个路面段的 RQI 数据拟合回归曲线，来估算 RQI 达到 2.5 的年份。

表 8-5 展示了指标与标准条件值间的关系，本例中的指标是 RQI。表 8-6 展示了 MnDOT 定义的 RQI。

表 8-5 RQI 性能指标分类

描述性类别	RQI 范围	性能指标类别
很好	4.1~5.0	好
较好	3.1~4.0	好
一般	2.1~3.0	一般
较差	1.1~2.0	差
很差	0.0~1.0	差

来源：Minnesota DOT, 2015.

表 8-6 RQI 目标按所属系统分类

系统	行驶质量指数	
	"好的" RQI 目标	"差的" RQI 目标
州级公路	70% 以上	2% 或以下
其他 NHS 道路	65% 以上	4% 或以下
非 NHS 道路	60% 或以上	10% 或以下

来源：Minnesota DOT, 2015.

2. 基础设施老化预测模型

基础设施老化模型描述了基础设施的状况或性能，例如使用频率、承载率、气候因素、建筑质量和维护情况。这类模型可帮助机构在规划保护、维护和更新公路网和桥梁资产清单时更有效地分配预算。

目前已开发出多种此类模型，应用于路面和桥梁管理系统。可根据机械性能（机械性）或统计数据关系（经验性），以及是否能捕捉到不确定性（概率性或随机性）对这些模型进行分类。它们可用于路网层面决策（使用聚合属性）或项目层面决策（使用更详细的数据）。经验模型包括统计回归模型、模糊集合、人工神经路网、模糊神经路网和遗传算法。这比机械学模型更常见。机械学模型根据预期物理反应（例如材料应变、应力或挠度）预测未来变化，并将其作为导致这些响应变化的已知因素（例如设施的受力情况）。必须定期验证经验模型的准确性。

图 8-6 展示了概率模型和确定性模型间的差异。在概率公式中，通过对历史数据进行统计和分析，得到从一种路面状况到另一种路面状况的概率。本例中，使用全生命周期频率数据从初始状态"非常好"到"好"的概率为 0.09，即 9%。确定性模型使用历史数据来绘制不同使用年限的道路情况。

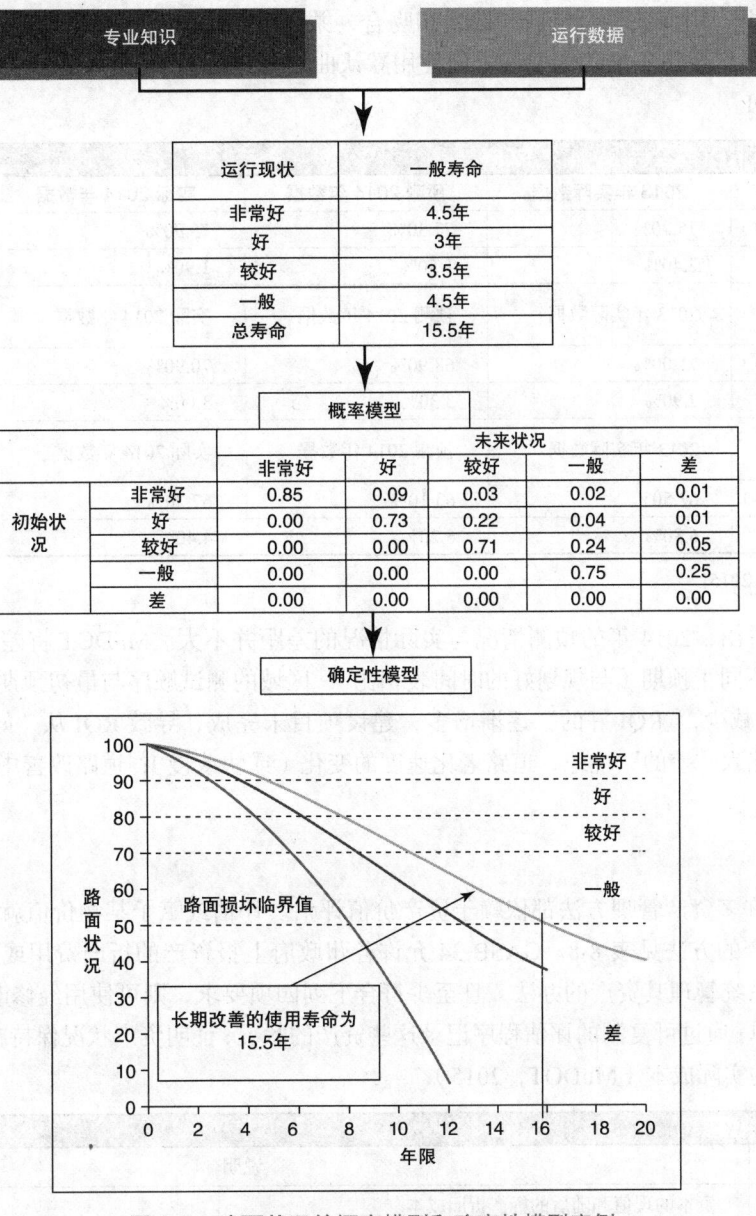

图 8-6 路面状况的概率模型和确定性模型实例

来源：Hedfi and Stephanos, 2001

马尔可夫模型、半马尔可夫模型和使用寿命曲线是性能预测模型中常用的概率模型。马尔可夫模型使用转移矩阵来描述设施在已知时间，处于已知状况，在下一时间段内改变为其他状况的概率。

回归模型是另一种常用的预测未来路面状况的模型。回归模型使用起来很简单，但相关的开发和验证工作通常需要一个具有多年数据的数据库，以从中辨别因果关系。因此，必须定期重新校准数据以保证模拟质量。此外，数据库中的数据类型也不容易转换。使用回归模型预测路面状况的案例请参考（Chou，Pulugurta，and Datta，2008）。以下是一个地区路面铺设与维修策略的样本回归模型。

$$PCR_P = 98.401 - 6.142[(Age+1)^{0.728} - 1]$$

$$n = 1523, \quad R^2 = 0.74$$

式中 PCR_P——路面策略中的路面状况指标；

Age——路面自处理以来的年限。

有趣的是，作者比较了回归模型和马尔可夫模型，并确定在这种情况下，马尔可夫模型是较好的预测模型。

以 MnDOT 为例，RQI 使用寿命衰减回归曲线基于特定地区的历史数据或全州数据。如果从最后一次干预开始有足够的历史数据，则该数据会与回归曲线相吻合，并用于预测 RQI。如果该部分没有足够的历史数据，或通过历史数据的回归产生了不准确的曲线，则使用默认曲线来预测未来 RQI。表 8-7 展示了老化曲线预测的 RQI 与实际测量的 RQI。

表 8-7 预测 2014 年 RQI 与实际 2014 年 RQI

州系统 RQI 类别	2013 年实际数据	预测 2014 年数据	实际 2014 年数据	预测与实际的差异
良好的 RQI（RQI > 3.0）	75.20%	77.30%	75.90%	−1.40%
差的 RQI（RQI ≤ 2.0）	2.40%	1.50%	1.90%	0.40%
其他 NHS 系统道路 RQI 类别	2013 年实际数据	预测 2014 年数据	实际 2014 年数据	预测与实际的差异
良好的 RQI（RQI > 3.0）	71.00%	68.90%	70.90%	2.00%
差的 RQI（RQI ≤ 2.0）	2.90%	3.30%	3.00%	−0.30%
非 NHS 系统道路 RQI 类别	2013 年实际数据	预测 2014 年数据	实际 2014 年数据	预测与实际的差异
良好的 RQI（RQI > 3.0）	62.50%	63.10%	67.20%	4.10%
差的 RQI（RQI ≤ 2.0）	6.80%	6.20%	4.40%	−1.80%

来源：[Minnesota DOT, 2015]

从表 8-7 中可以看出，2014 年的预测情况与实际情况的差距并不大。MnDOT 将差异归因于以下一个或多个原因：建设时间点不同于预期（与规划好的时间表相比）；区域的测试顺序与最初预期不同；建设手段更加先进，"RQI 差的"逐渐减少，"RQI 好的"逐渐增多；建设项目未完成，导致 RQI 从"好的"变成"差的"；维护工作使道路不至于陷入"差的"境地；道路老化速度的变化（或快或慢）；道路改善中无法预测的资金或项目（MnDOT，2005）。

3. 资产价值评估

世界各地使用的许多资产管理方法都依赖于资产价值评估。评估或赋予某物价值就是确定其重要性、价值或状况。评估固定资产的方法见表 8-8。GASB 34 允许各州政府上报资产的折旧费用或应用另一种保存资产的方法。政府机构如有系统管理其资产的办法，且至少符合下列四项要求，则可使用经修改的办法代替资产折旧：有当前合格资产的清单；通过可复制的评估程序记录这些资产的状况；证明资产状况保持在政府预先确定的水平；估计维护和保存资产的实际成本（MnDOT，2015）。

表 8-8 价值评估方法说明

价值评估方法	说明
账面价值	资本的现值和随后的资产折旧成本
当前同等定价	根据历史成本调整通货膨胀、折旧、损耗和磨损的价值
生产力实现价值	代表使用中的资产的价值，设施剩余使用寿命的未来收益的现值
账面更换成本	以当前市场价格来确定在当前条件下重建或更换设施的成本
市场价值	客户愿意支付的价格
净额清算价值	在一段合理的时间内出售资产的各部分可获得的现值
残余价值	当前价值处理或回收设施所获得的金额
选择价值	资产在特定情况下的价值

来源：Adapted from Haas, R. and C. Raymond. "Asset Management for Roads and other Infrastructure" Presented at the 8th Annual Fall Asphalt Seminar, Ontario Hot Mix Producers Association, Toronto, Ontario, Canada, December 1, 1999; Valentine, G. S. "Appraising a Transportation Corridor." *Right of Way* (November/December 1998); and Damodaran, A. *Investment Valuation: Tools and Techniques for Determining the Value of Any Asset*. Hoboken, NJ, USA: John Wiley and Sons Inc., 1996.

GASB 34 要求州和地方机构报告其基础设施价值，这重新激起了实践和学术领域对资产估值方法的兴趣。如前所述，不同估值方法的关键区别之一，是使用传统会计基础方法（例如账面价值）还是使用条件基础方法（例如重置成本价值）。

4. 经济分析

许多交通部门使用经济分析方法来确定有关投资回报的最佳经济决策。在大多数情况下，用于检验不同类型资产管理策略的方法是效益-成本分析。纽约州交通部（the New York State DOT，NYSDOT）就是一个很好的案例（FHWA，2012d）。

早在 20 世纪 60 年代，NYSDOT 就建立了基本的路网层面的交通管理系统。随着时间的推移，这些系统不断改进，使用了更先进的数据库管理技术，并增加了许多项目级经济分析方法，用于对各类资产的投资替代方案进行评估。NYSDOT 的路面管理系统、桥梁管理系统、安全管理系统和拥堵需求评估模型分别用于对全寿命周期成本（Life-Cycle Cost Analysis，LCCA）、最低成本、效益成本和用户成本进行替代方案分析。NYSDOT 开发了 TAM 权衡模型的原型，该模型从两个独立管理系统确定的近 2000 个投资方案中提取可用的经济和运行性能数据。TAM 权衡模型根据效益与成本比率对规划区域内和规划区域间的项目进行排名。

TAM 权衡模型的优势之一，是能评估多种资产组合在一起的成本效益，例如主要交通走廊中的所有交通设施。该模型既能从路网层面或项目层面为决策者提供投资优先级，又能提供某项特定资产的评估结果。因此，NYSDOT 将 TAM 权衡模型作为程序开发中的第一个应用场景。

5. 风险评估和管理

风险评估和管理是资产管理项目的重要组成部分。资产管理的不确定性导致了风险，意即资产存在损失的可能性。虽然在规划过程中纳入的风险分析相对较少，但一系列规划和项目开发风险与交通规划的建议是密切相关的，包括资金不足、与社会价值变化相关的长期政治风险及其对交通的影响、当地政府对某个规划或项目的反对、技术过时及市场变化带来的风险（Meyer and Miller，2014；Mehndiratta，Brand，and Parody，2000）。

处置风险的方法是对风险来源进行识别，并采取措施来避免、减少、降低或以其他方式管理风险。为处置这些风险，政府机构已经开发了多种风险管理方法，例如增量规划、联合建设和分阶段实施、预测风险的敏感性分析、限制或澄清责任的立法、（提高）投标过程和承包合同的透明度（Brand, Mehndiratta and Parody, 2000；Mehndiratta, Brand, and Parody, 2000）。风险可以在规划和项目开发过程的任何阶段处置。但风险管理是否成功与基础设施寿命周期中处置风险的阶段相关。例如，一些环境风险在早期规划阶段进行管理比在项目开发阶段进行管理更加有效。因此，风险处置可以发生在设想阶段，而规划替代方案可以出现在整个项目开发阶段（Lytton，1987）。下文的案例描述了各州所采用的风险管理类型。风险分析是一种非常有效的资产管理工具。在规划和项目开发的初期就要对风险进行识别和规划，如果处置得当，则会促进产生更稳健的决策结果。

概率模型通过分析不确定性或可变性来处置风险。前文讨论的马尔可夫模型，用于人行道、桥梁和其他设施的老化模拟，捕获不同路网中不同设施需求的不确定性，以及与其他变化源，例如车流特点、设施使用情况和设施维护历史等相关的不确定性。

一些模型，例如由 FHWA 开发的路面交通效率分析模型（Surface Transportation Efficiency Analysis Model，STEAM），通过对需求概率建模，并应用蒙特卡洛模拟产生若干可能的行程需求水平，将不确定性考虑在内。因此，模型会输出一系列与概率相关的值，而不是具有 100% 确定性的单个值。这为决策支持提供了信息，反映了对模型输出有很大影响的输入的潜在不确定性，例如设施需求（FHWA，2007b）。

基于现实的选择模型在交通决策中是一种较新颖的风险解决方法 [可参考（Gavin and Cheah，2004；Brand et al.，2000）]。基于现实的选择模式与传统投资模式在许多方面存在差异：

- 虽然交通投资机会有潜在的好处，但也存在意外的、有负面结果的风险，一旦做出投资决策，这种风险就很难逆转。
- 能意识到推迟投资决策并等待新信息有时是很有必要的，因为这些信息可以降低风险。推迟投资决策是一种机会成本，其损失的价值应作为成本计入净现值公式。
- 由于推迟投资可能是交通投资的最佳时机，备选方案应包括灵活的选择，可以在一段时间内分阶段进行，并尽可能地利用更有利的未来条件。

MnDOT 拥有美国最先进的基于风险的资产管理规划。资产管理规划的发展在很大程度上得益于前几年采用企业风险管理框架作为决策支持。如图 8-7 所示，该框架建立了标准、流程和问责机制，用于识别、评估、优先处理和管理整个机构的关键风险。公路系统运营规划（the Statewide Highway Systems Operation Plan，HSOP）和全州范围的远期交通规划都运用了基于风险的方法（MnDOT，2014）。制订基于风险的资产管理规划已成为交通部门文化的一部分。由于其他规划和方案已经对机构运作和预算的风险进行了处理，资产管理规划策略的重点是评估和制订"无破坏性"风险缓解策略，以改善资产管理过程。

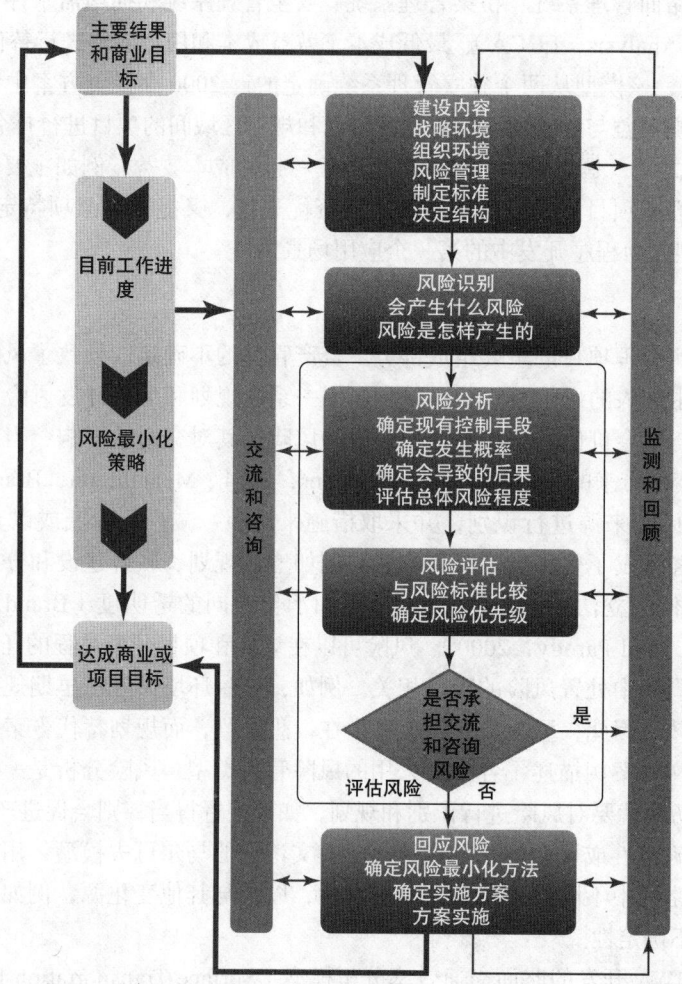

图 8-7　明尼苏达州交通局企业风险管理方法

来源：Minnesota DOT, 2014

以下是与交通相关的主要风险：
- 自然事件（例如洪水、风暴和地壳运动）。
- 危险运营（例如车辆和船只碰撞、安全性能失效或不足以及建筑事故）。
- 资产老化影响（例如钢材的疲劳或腐蚀，以及因保存或维护不足导致的严重老化）。
- 经济中的不利条件（例如劳动力或材料短缺、经济衰退）。
- 工作人员在设施设计、运营或提供服务方面的错误或疏漏。
- 有缺陷的材料或设备。
- 缺乏关于设备缺陷或老化的最新信息。
- 对老化过程和成本理解不足。

图 8-8 展示了降低风险策略所遵循的过程。MnDOT 首先着眼于"全球"风险，例如自然事件、运营风险等，

以及其对资产、公众和机构的潜在影响。由技术专家组成的工作小组使用图 8-9 所示的评分等级来描述和评估与每个资产类别相关的主要风险。每个工作小组开展了一系列的风险陈述和评估，并确定降低风险的策略和成本。这一过程是迭代的，扩展到三个板块。工作组最终根据资产类型确定了图 8-10 所示的风险。以斜体字表示的风险是 MnDOT 管理不足的风险，同时是 TAMP 中风险管理策略的重点。

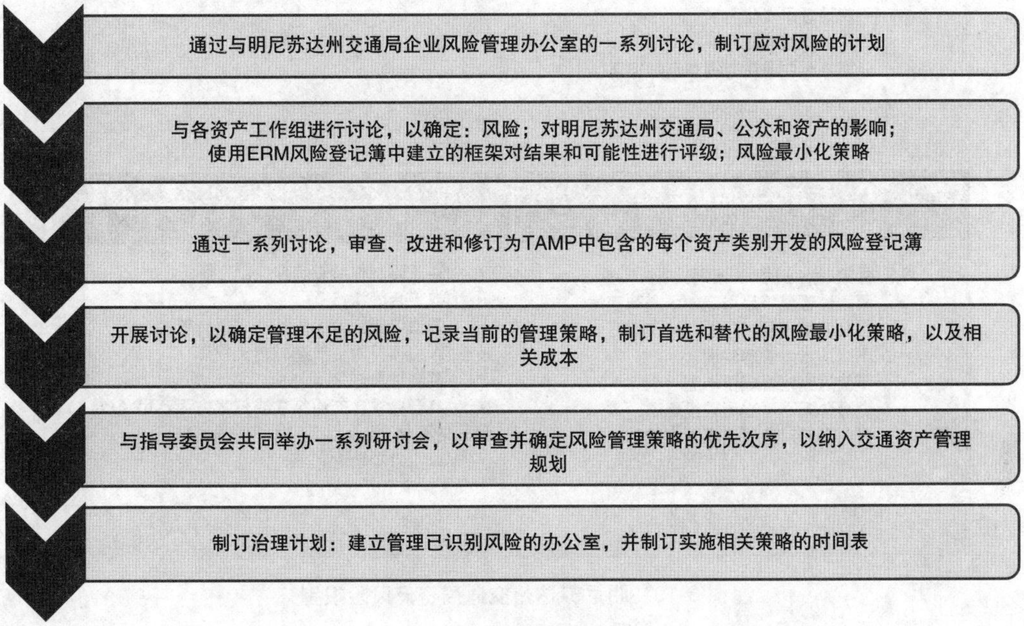

通过与明尼苏达州交通局企业风险管理办公室的一系列讨论，制订应对风险的计划

与各资产工作组进行讨论，以确定：风险；对明尼苏达州交通局、公众和资产的影响；使用 ERM 风险登记簿中建立的框架对结果和可能性进行评级；风险最小化策略

通过一系列讨论，审查、改进和修订为 TAMP 中包含的每个资产类别开发的风险登记簿

开展讨论，以确定管理不足的风险，记录当前的管理策略，制订首选和替代的风险最小化策略，以及相关成本

与指导委员会共同举办一系列研讨会，以审查并确定风险管理策略的优先次序，以纳入交通资产管理规划

制订治理计划：建立管理已识别风险的办公室，并制订实施相关策略的时间表

图 8-8　明尼苏达州交通局风险识别步骤
来源：Minnesota DOT, 2014

风险后果	可能性评分和风险等级				
	分级	几乎不可能	有可能	很有可能	几乎一定
灾难性的	中等	中等	高	很高	很高
严重的	低	中等	中等	高	高
一般的	低	中等	中等	中等	高
轻微的	低	低	低	中等	中等
微不足道的	低	低	低	低	中等

图 8-9　明尼苏达州交通局风险评分表
来源：Minnesota DOT, 2014

路面	桥梁
• 未达到公众对州/地区/地方路面质量/状况的期望 • 不适当管理或不管理人行道，例如临街道路、坡道、辅助车道 • 无法满足联邦要求（例如MAP-21和GASB） • 无法以最低寿命周期成本进行管理 • 路面过早老化 • 资金严重缩减 • 意外事件发生，例如自然灾害	• 缺乏或推迟投入资金 • 无法以最低寿命周期成本进行管理 • 意外自然事件发生 • 资产的灾难性损坏 • 人为事件对资产造成重大损坏 • 资产过早老化 • 劳动力短缺
公路涵洞和深层雨水道	**悬挂标志标牌和高层轻型塔式结构**
• 失败/雨水道坍塌/涵洞 • 雨水道容量不足引起的水浸和变质 • 涵洞容量不足 • 不能适当地管理涵洞 • 不能适当地管理雨水道 • 资金分配不当或涵洞投资不一致 • 人为事件对涵洞造成重大破坏	• 缺乏强制性检查程序 • 缺乏合同执行 • 无法以最低寿命周期成本进行管理 • 人为事件对资产造成重大损坏 • 资产过早老化 • 监管要求、交通需求或技术方面不可预见的变化 • 劳动力短缺

图 8-10 明尼苏达州交通局资产风险识别

来源：Minnesota DOT, 2014

风险管理策略是通过以下 7 个步骤制订的。
- 步骤 1：为已存在的风险确定最优的风险最小化策略。
- 步骤 2：确定制订策略所需的数据、资源、工具或培训。
- 步骤 3：描述该策略是否可能降低另一个已识别风险。
- 步骤 4：估算实施优先降低风险策略的大致成本。
- 步骤 5：确定是否有可用替代策略，虽然不能完全消除风险，但可以降低风险发生的概率及后果的严重性。
- 步骤 6：估算替代策略的成本。
- 步骤 7：应确定首选策略和替代策略对原有风险发生概率及后果的影响。

制订策略后，应在 TAMP 中对以下内容进行重点投资。

第一优先级：需要立即解决的问题
- 路面——每年跟踪、监测和识别超过 5 年状况不佳的路段，并在规划时全程考虑这些路段。
- 隧道雨水收集系统——解决现有南 I-35W 隧道雨水收集系统的维修问题。
- 隧道雨水收集系统——调查雨水收集系统失效的可能性和影响。
- 公路排水管道——制订一套全面的方案来监控公路排水管道的运行状况。
- 标志牌和路灯的建设——制订并充分信息化标志牌和路灯的施工规范。
- 标志牌和路灯的建设——在交通资产管理系统（TAMS）中监测标志牌和路灯的建设是否符合规范。

第二优先级：根据已确定的优先级进行处理
- 路面——收集和评估双子城都市区高速公路系统的匝道、辅道和街边路面的性能数据。
- 桥梁——增加对桥梁维护模块的投资，并制订相关报告、分析措施和工具。
- 公路排水管道——包括 MnDOT 的 TAMS。
- 隧道雨水收集系统——将压力传感器放置在容量不足的雨水收集隧道内。
- 隧道雨水收集系统——将雨水收集系统纳入桥梁资产库存。
- 标志牌结构——制订每 5 年检查一次标志牌结构的规范，以及相关的检查培训规划和表格。

第三优先级：有额外资金时解决的问题
- 公路排水管道——按 TAMS 建议修复或更换公路排水管道。

对于 TAMP 中的资产风险，MnDOT 提供了一个很好的研究案例模型。在 MnDOT 使用这种方法比其他州的 DOT 使用更容易，因为 MnDOT 已经在如何将风险纳入机构规划和决策的学习曲线上取得了进展。在发展州级模式 TAMP 方面，MnDOT 无疑是成功的，因为他们充分利用了资产专家内部交流会议和数据驱动的分析技术。

6. 场景规划方法

场景规划在资产管理中有两种主要应用方式。主要是采用不同的预算方案来预测有限资源对路面状况的影响。这种情况下的典型场景可能包括"保持路面修复/更新预算的历史水平""每年减少修复/更新预算 X 个百分点""每年增加修复/更新预算 Y 个百分点"。图 8-11 和图 8-12 展示了场景分析的结果。图 8-12 中假设了两种财务场景（FHWA，2015）。

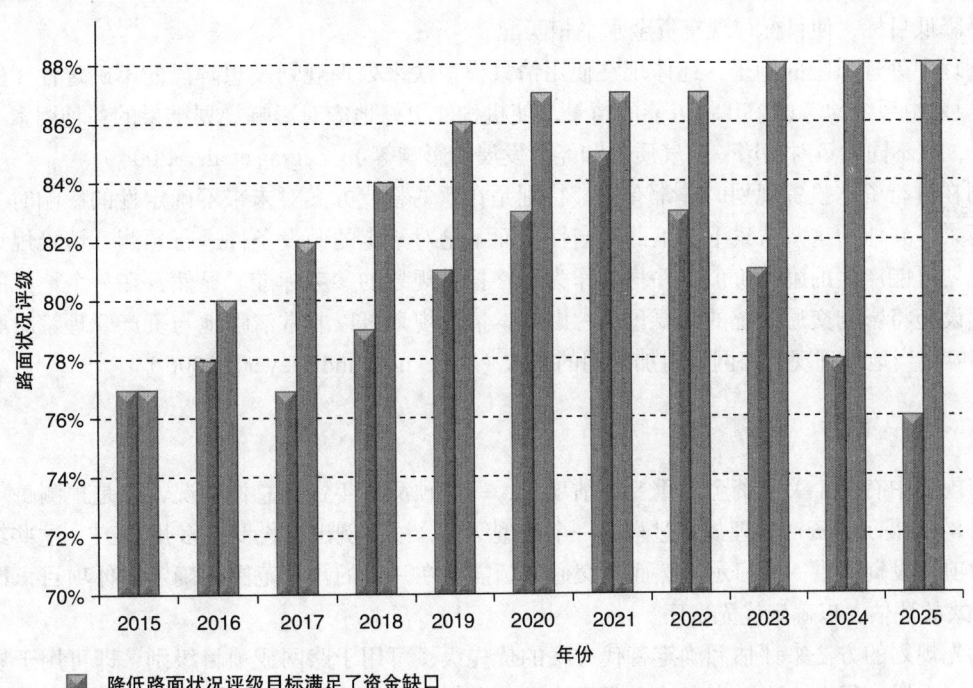

图 8-11　两种不同投资水平下的路面状况

来源：FHWA，2015

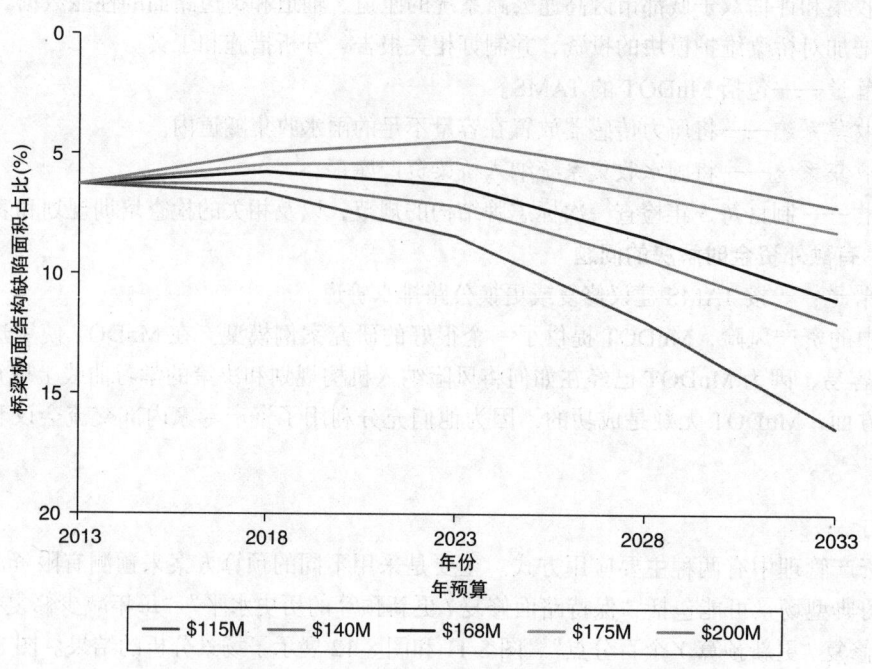

图 8-12　科罗拉多州 DOT 不同预算水平对桥梁状况的影响

来源：Colorado DOT, 2013

场景一：通过增加资金来弥补差距。

场景二：降低目标，使目标与现有资金水平相匹配。

在资产管理中处理风险的例子，还体现在使用情景模拟法来处理规划设想阶段的不确定性（例如科德角和波特兰）。在规划中系统地考虑了几种可能的情景，使机构能更好地应对影响规划结果的各种因素（例如实际增长与预期增长，或不同政策对拥堵、空气质量和经济发展的影响等）（Zegras et al.，2004）。

情景规划在进行资本投资规划时非常有用，特别是在评估替代方案对未来不确定性的影响时。应考虑未来可能出现的情景，并评估这些情景下决策的稳定性，而不是对给定的假设条件进行预测。情景规划使机构能评估各种投资规划可能产生的附加价值，并将其作为最终投资规划的参考标准。显然，在一个地区的交通路网中增加新的基础设施将影响交通系统的必要预算。因此，情景规划可以非常清晰地与资产管理策略联系起来，而资产管理策略应适当地处理现有路网及附加路网的需求（Amekudzi and Meyer，2006）。

8.4.5　评估和优先级

资产管理规划中有两个关于资金的重要评估项目，一是预测每年资金总体情况，二是预测每年资金可以达到的水平。图 8-13 展示了资产管理规划过程的一个典型结果，该案例出自科罗拉多州 DOT。这些结果可以为未来 10~15 年的项目投资提供一些启示。然而，交通部门需要在一定的预算范围内确定具体项目，这意味着有必要进行某种形式的评估，以确定优先次序。

机构用优先规划的方法来评估和确定替代方案的优先级，可用于路网或项目级别，即可用于规划、优先设计或项目选择。规划过程中，这一步骤的主要目的是确定哪一种策略和项目的组合能提供最具成本效益的投资方法。

维护、修复和更新的优先规划方法在交通运营部门中得到了较好的发展和应用。在交通规划中，尽管对某些类型的基础设施的维护策略提出了资金要求，但决定权仍在执行和运营部门手中。确定维护优先次序应考虑以下问题：

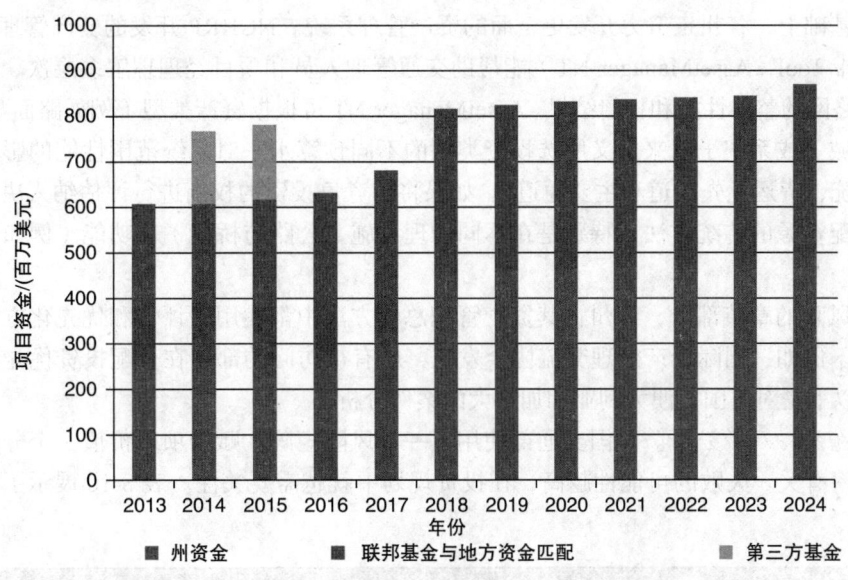

注：2014年和2015年的推进维护和合作(RAMP)资金是该机构重组现金流所产生的一次性资本注入。

图 8-13 科罗拉多州 DOT 预计可用于资产管理的资金

来源：Colorado DOT, 2013

1）设施的哪些项目或部分需要维护、修复或更新（从备选项目中选择）？

2）如何建立或维护它们（选择特定项目的替代方案或维护处理替代方案）？

3）应该在什么时候构建或维护它们（时间选择）？

同时，对这些问题进行模拟并不简单，因为需要考虑和评估所有可能的组合，并权衡利弊。因此，一些部门选择只模拟前两个问题中的一个。然而，如果想使投资达到最佳效果，就必须对这三个问题都进行模拟评估。

优先级的确定有以下几种方法，从简单的主观排序到数学优化技术。表 8-9 展示了不同类别的优先级规划方法及其优缺点。优先级规划和优化方法本质上是进行权衡的分析手段（Haas and Raymond，1999）。权衡分析旨在跨越对单一类型基础设施的替代处理和时间处理分析，对一个机构负责的多种资产进行更全面的评估。有效的权衡分析将帮助机构确定一系列资产支出的边际效益（例如资本改善、资产维护、提升安全性和降低风险等）。

表 8-9 不同类别的优先级规划方法及其优缺点

规划方法	优点和缺点
基于判断对项目进行简单的主观排序	快速、简单，但比较主观，会产生偏见和不一致的情况；可能远不是最优选择
根据参数进行排序，例如可用性、偏转等	简单易行；但可能不是最优选择
基于经济分析的参数排序	合理简单；应更接近最优选择
以数学规划模型为基础，逐年优化	不太简单但可能接近最优选择，未考虑时间影响
采用启发式算法和边际成本效益进行近似优化	合理简单且可在微型计算机中使用；接近最优选择
采用考虑影响的数学规划模型进行综合优化	最复杂；可给出最优选择（利益最大化）

来源：Adapted from Haas, R. and C. Raymond. "Asset Management for Roads and other Infrastructure." Presented at the 8th Annual Fall Asphalt Seminar, Ontario Hot Mix Producers Association, Toronto, Ontario, Canada, December 1, 1999.

在权衡分析的基础上，各州正努力开发更全面的资产管理系统。NCHRP 开发的资产管理路网工具（the Asset Manager Network Tool，AssetManager NT）能帮助交通管理人员和项目经理理解多层次、多类别投资模式将如何长期影响交通路网的整体性能和权衡结果。AssetManager NT 可根据资产类型（例如路面与桥梁）、区域（例如行政区或地理区域）或系统子网来定义所选投资类别的不同预算水平对系统范围性能的影响（例如国家公路系统、干线道路系统、货运优先通道和主要通道）。如果将对竞争投资的权衡进行评估纳入决策中，就意味着背离了为竞争需求分配资源的传统方法，特别是在不同物理设施（公路与桥梁）和功能（例如资本投资和资产维护）之间。

结合前文关于风险的章节部分，各州在其资产管理总体方法中都使用了评估和优先化方法，并将这些方法与风险评估相结合。例如，国际资产管理交流协会发现，所有被访问的部门在分配投资优先级时都使用了某种形式的风险分析。以下是对英国、澳大利亚和加拿大的案例分析。

英国：项目优先级的风险分析。英国交通部使用了一个风险矩阵，赋予项目价值一个分数，该分数与特定组合相关的失败概率有关。失败的可能性越高，在投资规划中就越需要关注。表 8-10 展示了英国交通部的风险事件可能性计算值。

表 8-10 英国交通部的风险事件可能性计算值

可能性等级	说明	可能性计算值范围	预期值
确定	一定会发生	1	—
很高	很可能	0.7~0.99	0.85
中等	可能	0.3~0.69	0.5
低	有可能，但可能性不大	0.0~0.29	0.15

来源：FHWA, 2005.

风险事件发生的可能性计算方式如下：

$$L(风险事件) = L(原因) \cdot L(缺陷) \cdot L(暴露) \cdot L(影响)$$

式中　L——发生概率。

例如，对于一个特定项目，假设已经确定原因的可能性值很高（0.85），缺陷发生的可能性值为中等（0.50），暴露的可能性值为低（0.15），产生影响的可能性值为高（0.85）。

那么，与项目相关的风险计算如下：

$$L(风险事件) = 0.85 \cdot 0.50 \cdot 0.15 \cdot 0.85 = 0.054$$

同理，所有项目都可以进行类似评估，并根据与之相关的风险级别排序。这类分析可用于确定项目面临的最高风险是什么，并分配资金来解决最严重的问题。

澳大利亚昆士兰州：桥梁优先级的风险分析。昆士兰州开发了一个名为"Whichbridge"的程序，该程序根据实际状况给每座桥梁打分。评估中考虑的因素包括桥梁构件的状况、多个缺陷构件的影响、构件对承载能力的重要性、全球和本地环境影响、构件材料、检验数据的流通、设计标准是否已过时和交通量。系统报告的排名基于风险暴露和安全考虑，采用相对排名而非绝对排名。风险是由失败概率和失败后果所决定的。失败后果用于替代失败成本，它与人为因素、环境因素、交通可达性、经济重要性和对行业产生的影响等有关（FHWA，2005）。

加拿大艾伯塔省埃德蒙顿市：资产优先化的风险分析。埃德蒙顿市使用一种正式的风险评估程序来评估基础设施的某一部分失效的影响。风险分析的第一步是根据公共特征对基础设施资产进行逻辑分组。对每一段（例如 1 公里公路）进行数据收集，描述该资产的数量、状况以及 10 年内的维护成本。然后使用埃德蒙顿的标准化评级系统对资产状况进行分类，并通过实验与独立分析相结合的方式，对部门内的资产进行评估。为检查城市资产状况，根据其物理状况、需求/容量和功能，按五个等级（非常好、良好、一般、差和很差）对每项资

产进行评分。人们认为资产失效会以两种方式发生，一种是突然且意外的，另一种是逐渐且有预期的。上述方法采用155种不同的老化曲线和概率来确定预期的资产失效。

风险水平是用许多指标来衡量的，例如：
- 关键资产（预期会失效）——以那些在预期的使用寿命内已经老化且不可接受的资产为代表。
- 资产失效影响——失效的影响是根据社会（居民的健康和安全）、环境（对环境的影响）和经济（失效的成本）指标来衡量的，并将城市目标纳入决策过程。
- 总体状况——根据标准评分系统，按A（非常好）、B（良好）、C（一般）、D（差）或E（很差）分类。
- 严重性——反映了资产失效的总体可能性、失效的预期数量和失效对城市的影响。对处于危急状态的预期资产和这些资产失效的影响进行组合分析，有助于判断大规模基础设施的老化程度。

另一种常见的风险管理方法，是在交通规划的成本估算中加入应急资金。应急资金包括施工期间意外产生的费用。近期，财务管理的最新方法是采用风险共同承担制应急基金。例如，在耗资7.15亿美元、11.9英里（19.2公里）的明尼阿波利斯市Hiawatha轻轨交通项目中，明尼苏达州圣保罗市根据19个风险项目建立了一个550万美元的风险共同承担制应急基金。只允许承包商使用91%的资金来完成项目，从而激励其明智地管理风险，确保不利事件最小化。

应急资金的支出估算会对财政预算产生重大影响，根据联邦法律，这些预算必须是交通规划和交通改善计划（Transportation Improvement Program，TIP）的一部分。如果应急资金不足，支出超过预期，就必须调整TIP的资金分配，或将项目推迟到有足够资金可用时再启动（更多关于应急资金的内容可参考第5章）。

8.4.6 监测系统状况和性能

交通规划过程的最后一个组成部分，即监测系统状况和性能，与资产管理实践息息相关。监测系统是有效的资产管理系统的组成部分，它实现了规划目标与实际系统效果之间的闭环，并使政府机构官员能定期调整或重新制订其策略，以达到预期结果。此外，它还能识别意外的性能差异，并主动处置风险。前文讨论了监测系统性能和状况的不同方法（例如基础设施管理系统），此处不再赘述。

8.5 资产管理的挑战和机遇

随着国家基础设施持续老化及每年基础设施数量的持续增加，资产管理在未来可能变得更加重要。以下是与资产管理相关的热点问题，也很可能是交通行业未来几年的焦点。

8.5.1 扩展信息管理能力

大多数州都有一些ISTEA时代遗留下来的管理系统，可作为开发一体化资产管理系统的基础。一些州的政府机构已开始跨业务部门整合数据，以支持开发具有更全面投资分析功能的通用平台（例如宾夕法尼亚州、密歇根州、科罗拉多州、亚利桑那州和弗吉尼亚州）。其他州也已投资发展用于替代分析的更先进的经济分析能力（例如纽约州和俄勒冈州）（ADOT，2006）。PENNDOT的数据集成措施和NYSDOT的经济分析工具规划都强调了对遗留系统进行现代化改造，为一体化资产管理系统建立基础。

资产管理发展的主要趋势，似乎是更有效地利用数据产生决策所需的信息。监测系统性能是资产管理工作能否成功的关键。

8.5.2 公私合作关系

在基础设施建设方面，公私合作是一种越来越普遍的策略，无论在国际范围还是美国国内。这些合作关系通常是由私人公司在与政府机构达成协议的情况下建造、运营和维护交通设施。政府仍然是设施的所有者，并在满足合作协议条款的前提下实际承担设施的管理责任（期限从40年到100年不等）。完整的资产管理工作是合同协议的一部分，以便在合同有效期内向用户提供良好服务，并确保资产以良好状态返还给所有者。

8.5.3 合同外包

许多交通部门都会将部分业务或维修行为在有限的时间内外包出去。资产管理不一定要采用外包方式，但大多数业主和承包商都会采用这种方式，这是资产管理的一种技术。事实上，美国和其他国家的实践经验表明，资产管理系统对监督基础设施的外包服务至关重要。随着越来越多的政府机构考虑将部分运作职能外包，他们使用资产管理系统的频率也会相应增加。

8.5.4 新基础设施承载能力的资金限制和压力

尽管在过去几十年里，多个机构的基础设施支出总体上有所增长，但资金限制使他们更倾向于寻求用较少资金获得更好服务的方法。相关制约是多重因素造成的，其中最关键的是快速城市化和由此带来的对基础设施服务需求的增长，以及在基础设施路网和设备使用寿命接近尾声时的更新需求。在接下来的半个世纪里，随着人类寿命的增加，人口老龄化的加剧，快速的城市化进程预计将继续推进。这些因素将进一步加剧以更少资源提供基础设施服务的压力（考虑到税基不断缩小），并加大基础设施融资改革的必要性。此外，必须采用更好的方法，以最大限度地发挥有限预算，即以资产管理作为经营业务的基本方法。

8.5.5 多种模式下的利益权衡

交通专业领域多年来一直对多式联运的权衡问题很感兴趣，但相关的实际评估案例很少。而确定最经济有效的跨模式替代方案对选择最佳解决方案越来越重要。因此，我们期待看到交通领域分析能力的进一步发展，进而能准确评估替代方案之间的权衡和共同利益。由此获得的利益可能是巨大的，特别是在地域发展影响（Development of Regional Impact，DRI）和日益增多的大型项目上会越来越普遍，例如在拥有大型设施的城市，这些设施的使用寿命已经或即将结束（例如波士顿中央隧道或纽约地铁）。我们还希望看到此类投资项目的流程变得更加灵活，使各机构能为涉及多种模式的解决方案提供资金。

8.5.6 基础设施更新

在过去几十年里，美国对交通基础设施进行了大量投资，越来越多的资产即将达到使用年限，这要么源于自然淘汰，要么源于快速城市化带来的日益增长的需求超过了它们的有效运作能力。因此，21世纪将面临的问题是，有一大批既有基础设施需要更新，包括设施老化的问题。由于人们对相关系统的需求在不断增长，在对它们进行修复、重建或更新时，不能完全关闭它们。本章所讨论的资产管理方法，为风险管理和资产更新提供了重要机会。资产管理为我们提供了实际的平台和业务流程，使我们能主动考虑基础设施更新，提高交通系统对极端天气、事件和其他危险的抗性。

8.6 总结

美国在过去60年里对交通基础设施进行了大量投资，相关估值超过1.75万亿美元。这些基础设施中有很大一部分已经接近使用年限，需要及时更新。与此同时，政府需要扩大现有交通系统的容量，以适应迅速增长的城市人口，这些压力将持续存在。因此，在可预见的未来，资产更新投资与资本扩张之间的权衡，可能是一项很重要的决策工作。

资产管理提供了管理方法、规划方法和信息技术能力，这样做可以：增加基础设施投资的价值；更清晰地量化资产；赢得政府官员及其管辖区的信任；逐步提高社区的基础设施服务质量。本章描述了资产管理范例和工具在交通规划、设计和项目开发过程中的应用。其基本概念是有效利用资源，为交通系统用户系统地提供最具价值的基础设施，同时向政策制定者和公众展示这些价值。

欢迎读者浏览FHWA的交通资产管理网站，了解有关资产管理的最新信息和法规（https://www.fhwa.dot.gov/asset）。

参考文献

AASHTO. 2002. *Transportation Asset Management Guide*, Volume 1, Washington, DC.

_____. 2011a. Transportation Asset Management Guide: A Focus on Implementation, Volume 2, Washington, DC.

_____. 2011b. *Manual for Bridge Evaluation*, 2nd edition, Washington, DC.

_____. 2014. *Asset Management*, Subcommittee on Asset Management, Washington, DC, Accessed Feb. 21, 2016, from http://tam.transportation.org/Pages/default.aspx.

Akofio-Sowah, M., R. Boadi, A. Amekudzi, and M. Meyer. 2014. "Managing Ancillary Transportation Assets: The State of the Practice." *ASCE Journal of Infrastructure Systems*, Vol. 20, –No. 1.

Amekudzi, A. and M. Meyer. 2006. "Considering the Environment in Transportation Planning: Review of Emerging Paradigms and Practice in the United States." *ASCE Journal of Urban Planning and Development*, Vol. 132, No. 1, March.

American Association of State Highway and Transportation Officials (AASHTO), Associated General Contractors, American Road and Transportation Builders Association. 1996. *Asset Management Data Collection Guide*. Washington, DC: Task Force 45.

Arizona Department of Transportation (ADOT). 2006. *Development and Implementation of Arizona DOT Pavement Management System (PMS)*, Final Report 494, Accessed Feb. 21, 2016, from http://ntl.bts.gov/lib/25000/25100/25153/Text.pdf.

Brand, D., S. Mehndiratta, and T. Parody. 2000. "The Options Approach to Risk Analysis in Transportation Planning." *Transportation Research Record, No. 1706*, Washington, DC: Transportation Research Board.

Cambridge Systematics Inc. NCHRP Report 446: *A Guidebook for Performance-Based Transportation Planning*. Washington, DC: National Academy Press, 2000.

Cambridge Systematics Inc. et al. 2005. *Analytical Tools for Asset Management,* NCHRP Report 545. Washington, DC: Transportation Research Board. Accessed Feb. 29, 2016, from http://onlinepubs.trb.org/onlinepubs/nchrp/nchrp_rpt_545.pdf.

_____ and M. Meyer. 2007. *U. S. Domestic Scan Program: Best Practices in Transportation Asset Management*. Feb. Accessed Feb. 29, 2016, from http://onlinepubs.trb.org/onlinepubs/trbnet/acl/NCHRP2068_Domestic_Scan_TAM_Final_Report.pdf.

Carey Jr., W. N. and P. E. Irick. 1960. "The Pavement Serviceability-Performance Concept." *Bulletin No. 250*. Washington, DC: Highway Research Board, pp. 40–58.

Chou, E., H. Pulugurta, and D. Datta. 2008. *Pavement Forecasting Models*. Ohio Department of Transportation, Contract 134148, Accessed Feb. 29, 2016, from ftp://parentpower.mt.gov/research/LIBRARY/FHWA-OH-2008-3_PAVEMENT_FORECASTING_MODELS.PDF.

City of Edmonton. 2015. *Risk Assessment*. Website. Accessed Feb. 21, 2016, from http://www.edmonton.ca/city_government/initiatives_innovation/risk-assessment.aspx.

City of Portland. 2012. *Infrastructure Asset Report Card – FY 11-12*, Portland, OR. Accessed Feb. 24, 2016, from https://www.portlandoregon.gov/transportation/article/430687.

City of Portland Bureau of Transportation. 2014. *Asset Status and Condition Report 2013*. Portland, OR. Accessed Feb. 23, 2016, from https://www.portlandoregon.gov/transportation/article/477955.

Colorado DOT. 2013. *CDOT's Risk-Based Asset Management Plan*. Denver, CO. Accessed Feb. 21, 2016, from http://coloradotransportationmatters.com/wp-content/uploads/2013/04/CDOT_RBAMP.pdf.

Federal Highway Administration (FHWA). 2004. "Operations Asset Management." Accessed Feb. 10, 2016, from http://ops.fhwa.dot.gov/aboutus/one_pagers/asset_mgmt.htm.

_____. 2005. *Transportation Performance Measures in Australia, Canada, Japan and New Zealand*. Washington, DC: AASHTO and FHWA. Accessed Feb. 10, 2016, from http://international.fhwa.dot.gov/performance/04transperfmeasure.pdf.

_____. 2007a. *Asset Management Overview*, Office of Asset Management, Report FHWA-IF-08-008. Washington, DC. Dec. Accessed Feb. 1, 2016, from https://www.fhwa.dot.gov/asset/if08008/assetmgmt_overview.pdf.

_____. 2007b. *Transportation Asset Management Case Studies, Economics in Asset Management, The Ohio-Kentucky-Indiana Regional Council of Governments Experience.* Report FHWA-IF-07-028. Accessed Feb. 10, 2016, from http://www.fhwa.dot.gov/infrastructure/asstmgmt/wsoki07.pdf.

_____. 2009. *Multi-sector Asset Management.* Accessed Feb. 25, 2016, from http://www.fhwa.dot.gov/asset/if09022/index.cfm.

_____. 2012a *Asset Management Q & A,* Washington, DC. Accessed Feb. 10, 2016, from http://www.fhwa.dot.gov/map21/qandas/qaassetmgmt.cfm.

_____, 2012b. *Transportation Planning and Asset Management.* Washington, DC. Accessed Feb. 29, 2016, from http://www.fhwa.dot.gov/infrastructure/asstmgmt/tpamb.cfm.

_____. 2012c. *Best Practices in Geographic Information Systems-based Transportation Asset Management,* Jan., Accessed Feb. 20, 2016, from http://www.gis.fhwa.dot.gov/documents/GIS_AssetMgmt.htm.

_____. 2012d. *Transportation Asset Management Case Studies Economics in Asset Management: The New York Experience.* Accessed Feb. 20, 2016, from http://www.fhwa.dot.gov/infrastructure/asstmgmt/diny01.cfm.

_____, 2013a. *Transportation Performance Management, Data Integration Primer.* Washington D.C. Accessed Feb. 20, 2016, from http://www.fhwa.dot.gov/asset/dataintegration/if10019/dip05.cfm.

_____. 2013b. *Practical Guide for Quality Management of Pavement Condition* Data Collection. Accessed Feb. 20, 2016, from http://www.fhwa.dot.gov/pavement/pub_details.cfm?id=864.

_____. 2015. *Financial Planning for Transportation Asset Management: Components of a Financial Plan*, Report 2. Asset Management Financial Report Series, June. Washington DC. Accessed Feb. 21, 2016, from http://www.fhwa.dot.gov/asset/plans/financial/hif15017.pdf.

Federal Transit Administration (FTA). 2012. *Asset Management Guide, Focusing on the Management of our Transit Assets.* Accessed Jan. 30, 2016, from http://www.fta.dot.gov/documents/FTA_Asset_Mgt_Guide_-_FINAL.pdf.

Flintsch, G. and K. K. McGhee. 2009. *NCHRP Synthesis 401: Quality Management of Pavement Condition Data Collection.* Washington, DC: Transportation Research Board. Accessed Feb. 20, 2016, from http://onlinepubs.trb.org/onlinepubs/nchrp/nchrp_syn_401.pdf.

Gavin, M. J. and C. Y. J. Cheah. 2004. "Valuation Techniques for Infrastructure Investment Decisions." *Construction Management and Economics*, Vol. 22 (May), pp. 373–383.

Government Accounting Systems Board (GASB). 1999. Statement No. 34 of the Governmental Accounting Standards Board. Basic Financial Statements – and Management's Discussion and Analysis – for State and Local Governments. Governmental Accounting Standards Series No. 171-A, Governmental Accounting Standards Board of the Financial Accounting Foundation, June. Norwalk, CT.

Haas, R. and C. Raymond. "Asset Management for Roads and other Infrastructure." Presented at the 8th Annual Fall Asphalt Seminar, Ontario Hot Mix Producers Association, Toronto, Ontario, Canada, December 1, 1999.

Hawkins, N. and O. Smadi. 2013. *Use of Transportation Asset Management Principles in State Highway Agencies*, A Synthesis of Highway Practice, NCHRP Synthesis 439, Washington, DC: National Academy Press.

Hedfi, A. and P. Stephanos. 2001. "Pavement Performance Modeling: An Applied Approach at the State of Maryland." 5th International Conference on Managing Pavements. Accessed Feb. 20, 2016, from http://pavementmanagement.org/ICMPfiles/2001080.pdf.

Hudson, R. W., R. Haas, and W. Uddin. Infrastructure Management. Integrating Design, Construction, Maintenance, Rehabilitation and Renovation. New York, NY: The McGraw-Hill Companies, 1997.

Lytton, R. L. 1987. "Concepts of Pavement Performance Prediction and Modeling." Proceedings, Second Conferences, North American Conference on Managing Pavements, Ontario Ministry of Transportation, Toronto.

McNeil, S., M. L. Tischer and A. J. DeBlasio. 2000. "Asset Management: What is the Fuss?" *Transportation Research Record, No. 1729*, Washington, DC: Transportation Research Board.

Mehndiratta, S., D. Brand, and T. Parody. 2000. "How Transportation Planners and Decision Makers Address Risk and Uncertainty." *Transportation Research Record, No. 1706*. Washington, DC: Transportation Research Board, Washington D.C.

Meyer M. and E. Miller. 2014. *Transportation planning: A decision-oriented approach*. Accessed Feb. 20, 2016, from http://mtsplan.com/services.html.

Michigan Transportation Asset Management Council. 2006. *Asset Management Guide for Local Agencies in Michigan*. Accessed Jan. 31, 2016, from http://www.michigan.gov/documents/MDOT_AMC_Revised_TAMC_guide_text_159561_7.pdf.

_____. 2011a. *Local Agency Guidelines for Developing an Asset Management Process and Plan,* May. Accessed Feb. 20, 2016, from http://tamc.mcgi.state.mi.us/MITRP/document.aspx?id=491.

_____. 2011b. Asset Management Guide for Local Agency Bridges in Michigan, May. Accessed Feb. 20, 2016, from, http://www.michigan.gov/documents/mdot/Local_Bridge_Asset_ManagementGuide_and_Sample_Preservation_Plan_May_2011_353611_7.pdf.

Minnesota DOT. 2005. *2014 Pavement Condition Annual Report*. St. Paul, MN. Accessed Feb. 21, 2016, from http://www.dot.state.mn.us/materials/pvmtmgmtdocs/AnnualReport_2014.pdf.

_____. 2014. *Transportation Asset Management Plan*. St. Paul, MN. Accessed Feb. 21, 2016, from http://www.dot.state.mn.us/assetmanagement/pdf/tamp/tamp.pdf.

North Central Texas Council of Governments. 2009. *Mobility 2035*. Arlington, Texas. Accessed on Feb. 9, 2016 from, http://www.nctcog.org/trans/mtp/2035/6_M35_MobilityOptions.pdf.

Ohio DOT. Undated. *Transportation Asset Management*. Columbus, OH. Accessed Feb. 20, 2016, from http://www.dot.state.oh.us/Divisions/Planning/TechServ/Pages/tam_vision.aspx

Organization for Economic Cooperation and Development (OECD). 2001. *Asset Management for the Roads Sector*. Accessed Feb. 20, 2016, from, http://www.internationaltransportforum.org/pub/pdf/01AssetE.pdf.

Patidar, V., S. Labi, K. Sinha, and P. Thompson. 2007. *Multi-Objective Optimization for Bridge Management Systems*, NCHRP Report 590, Transportation Research Board, Washington D.C. Accessed Feb. 20, 2016, from http://onlinepubs.trb.org/onlinepubs/nchrp/nchrp_rpt_590.pdf.

PBConsult et al. 2004. *NCHRP Report 522*: *A Review of DOT Compliance with GASB 34 Requirements*. Washington, DC: Transportation Research Board. Accessed Feb. 24, 2016, from, http://onlinepubs.trb.org/onlinepubs/nchrp/nchrp_rpt_522.pdf.

Pierce, L., G. McGovern, and K. Zimmerman. 2013. *Practical Guide for Quality Management of Pavement Condition Data Collection*. Report FHWA DTFH61-07-D-00028, Accessed Feb. 20, 2016, from http://www.fhwa.dot.gov/pavement/management/qm/data_qm_guide.pdf.

Shahin, M. Y. 1999. Pavement Management for Airports, Roads and Parking Lots. Kluwer Academic Publishers.

Shephard, R. W. and M. B. Johnson. 2001. "California Bridge Health Index." *TR News*: 6-9. Accessed Feb. 20, 2016, from http://onlinepubs.trb.org/onlinepubs/trnews/trnews215full.pdf.

Transportation Research Board. 2005. "Asset Management in Planning and Operations." *Transportation Research Circular, No. E-C076*. June. Washington, DC: Transportation Research Board.

Zegras, C., J. Sussman, and C. Conklin. 2004. "Scenario Planning for Strategic Regional Transportation Planning." *Journal of Urban Planning and Development*, Vol. 130, No. 1: pp. 2–13.

第 9 章

道路和公路规划

9.1 引言

相互贯通、设计合理、维护良好的街道和公路系统，对国家的经济健康及居民的生活质量至关重要。这类系统还代表着政府对基础设施的大规模投资。2013年，美国有865.6万英里/车道（1384万公里/车道）的公路，其中乡村地区为600万英里（960万公里），城市地区为260万英里（416万公里）（英里/车道指每条车道的单位长度）。虽然第二次世界大战后公路大规模扩张的时代已经结束，但公路系统的规模还在以较缓慢的速度持续增长（主要是通过重建和扩建现有公路）。国家数据统计局（Bureau of Transportation Statistics，BTS）提供的数据显示，2012—2013年，美国公路系统总共新建了约4000英里（6400公里）的城际公路和1.3万英里（2.08公里）的城市主干道（BTS，2015）。

最重要的是，公路网对一个国家、一个州或一个社区而言至关重要。在美国公路网的经济影响研究中，Shatz等人发现公路网有以下作用：

> 公路网使生产者能以更低的成本进入市场，扩大其市场覆盖面积，并为供应商提供更广泛的选择；它可以加快生产商到达市场或投入市场的速度，降低货物的库存数量，并提供稳定、准时的货物运输时间；公路基础设施可以让就业者拥有更广泛的选择和更多的就业机会，并让他们住得离工作地点更远；它能使消费者对商品、服务和价格有更多样化的选择。

从交通规划角度来看，公路网不仅是提供机动性和可达性的主要手段，还能为其他交通方式提供道路使用权，例如人行道、自行车道和公交专用道，以及提供通往交通枢纽和站点的通道。有趣的是，即使在多式联运的情况下，美国的绝大多数交通规划似乎也只关注道路。道路和公路规划是大多数国家交通规划的组成部分，因此也成为交通规划人员能力和知识的重要基础之一。

本手册的每一章都介绍了一些与道路和公路规划有关的内容。其中，人口统计、土地利用、出行需求、多样化出行方式、环境因素、利益相关方的考虑和资金等方面对道路和公路规划过程至关重要，如果不充分考虑这些方面，就很难全面了解道路和公路规划。例如，第10章评估了如何更好地管理路网，以及如何应用新技术提供更有效的路网运营和更有效的出行。第5章讨论的公路信托基金，取决于机动车燃油税，随着更高效的车辆以及未来可能过渡到混合动力或纯电动汽车的发展趋势，如何为改善公路网提投资金成为一个重大的政策问题。第4章讨论了与路网建设和车辆运营相关的许多负面影响。本章不会涵盖所有道路和公路类型的规划，但需要时会给出其他章节的相关信息。

本章介绍了城市道路的规划设计原则，以指导道路和公路规划。先讨论了公路规划中系统性能与承载力的关系，然后讨论了基础设施性能指标。接下来是情境敏感性解决方案（Context-Sensitive Solutions，CSS）、交通稳静化、绿道和完整街道的讨论，这四个概念是许多交通规划人员要考虑的。最后给出了公路系统规划的案例，并由此归纳出公路投资方案。

9.2 城市道路系统最佳实践

城市道路系统规划的最佳实践是从多式联运角度看待交通系统，即交通是一个向出行者提供多种选择的连接系统。图 9-1 很好地展示了这一概念，该系统由不同的路网和活动组成，共同构成一个交通系统。其中一层是路网，或称为"主要通道。"

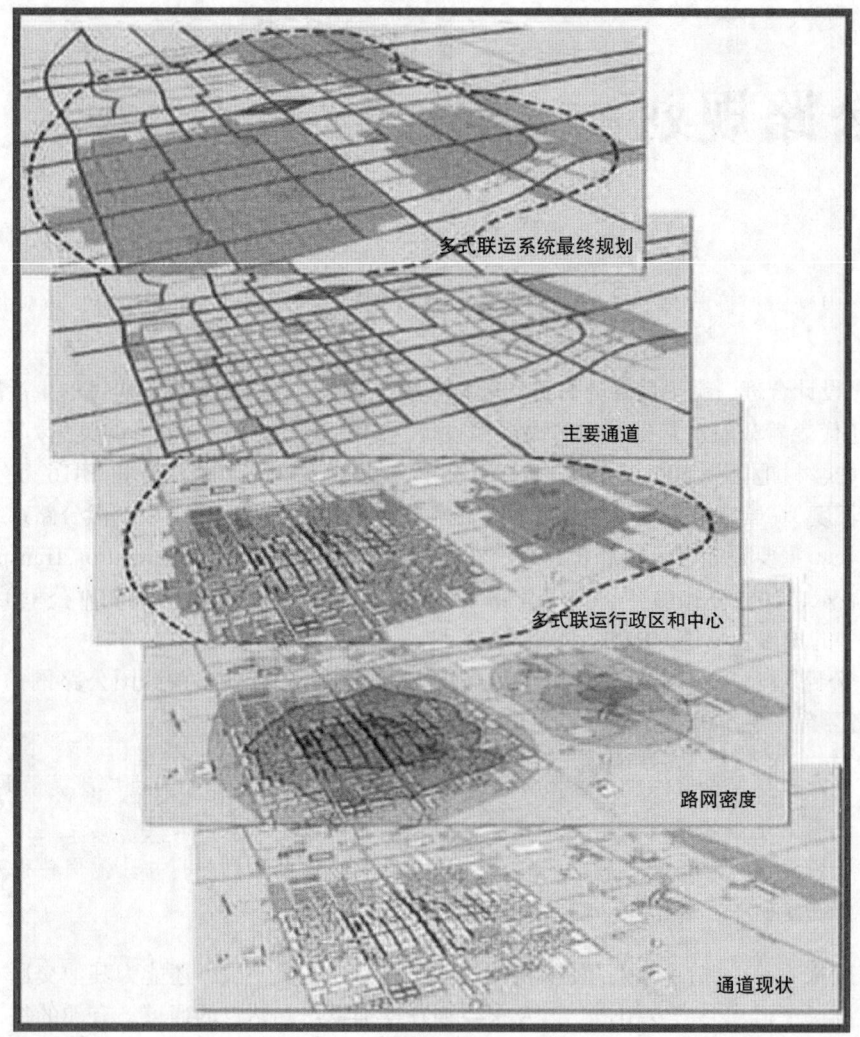

图 9-1 多式联运交通系统

来源：VDOT, 2013

交通运输工程师学会（ITE）在《关于城市道路系统规划的经验借鉴》中确定了城市规划路网的一些关键特征。其中指出，在既有城市规划路网中，除新开发地区的系统或新建公路系统外，城市规划道路系统的大部分活动涉及既有设施的维护或新建（ITE，2011）。最佳做法包括：

城市道路系统应包括多模式街道和公路路网，用于服务乘用车、货车、公共交通车辆、骑行者和行人。

- 定义路网，以安全和高效地容纳交通量，为各区内的通过性车辆及主要地块之间的交通提供便捷的路线。
- 在多式联运密集区域合理定义车辆的机动性，以确保设计车速不会危及行人安全，或避免噪声对环境和美学产生负面影响。例如，街道和公路的设计车速应由其功能、可达性和环境确定。车辆在市中心周围的公路和环路上以 55 英里/时（88 公里/时）的速度运行较为合适，而如果在街道上行驶，那么 25 英里/时（40 公里/时）或更低的限速值可能更合适。这取决于设计道路在其周围环境中的几何参数（形状、车道宽度等）。
- 道路系统规划中，路网需要保持足够的连通性和一定程度的富余空间，这意味着不能有某条单一的道路出现压倒性的交通量，大多数道路可以保持较小规模（交通量）运行，以此为行人、骑行者和公共交通乘客提供一个多式联运环境。例如，交通规划人员和城市规划人员一致认为，功能性道路是一个具有高度互通性的路网，因此规划的优先级应高于城市/郊区路网（例如住宅区中不连续的街道）。
- 为应急和服务车辆提供合理的通道。
- 规划停车设施、车辆和行人的交通组织路线、骑行线路和建筑红线范围，以尽量减少非机动车与机动车间的冲突。
- 为货车提供主干道之间的货运通道。
- 提供具有骑行设施和路线的系统。考虑最有可能的骑行者，其中可能包括通勤者、学生或休闲骑行者。
- 在路网内有效地整合公共交通服务；确保行人、骑行者和驾驶者容易进入公共汽车站、交通枢纽或火车站。
- 考虑在公路规划阶段通过公共交通和多乘员车辆（HOV）直接连接活动中心，以确保这些模式的可达性。
- 发展公共交通服务的层次结构，包括公交专用道或 HOV 车道上的主要公共交通通道、混合交通中其他主干道上的次要公共交通通道以及支路和本地街道上的支线公共交通路网。
- 鼓励整个公共交通服务中各个层级之间的协调，包括将公共快速交通与城市间客运、郊区通勤铁路和支线公共汽车以及骑行设施结合。城市接驳公共汽车路线应集中在地区中心或高可达性通道。
- 为更有效地使用路网，可以考虑将交通管理技术应用于高峰时间段（包括 HOV 管理和车道管理、潮汐车道和拥堵收费策略）。

规划城市道路系统，使单一道路和街道在路网内发挥不同功能（功能分类），为所有客货交通/货运交通服务。
- 权衡道路系统规划，以满足所有交通方式的需要，包括私家车、商务车辆、公共交通车辆、骑行和步行。虽然每个设施不需要为每个模式服务，但整个系统应为每个模式提供良好的服务水平。一些单独道路可能有优先的特定模式。
- 考虑土地利用环境和城市形态，以确定路网中不同街道上每种模式的相对重要性。适合步行和公共交通的区域应有支持这些模式的街道路网。

城市道路系统应具有高度的连通性，为所有用户提供多种路径选择。
- 城市道路系统应具有充裕的承载能力，为地区内各地点之间提供多种路线选择。
- 路网层级的识别是十分必要的，包括步行、自行车、公共交通车辆、乘用车和货车网络，以便保证每个网络之间相互连通，避免单一网络的承载力过大。
- 使用路网间隔更密集的道路，而不是稀疏的主干道。
- 应将应急车辆的接入作为路网规划的一部分。保证应急车辆在密集的路网中更有效地通行，在发生严重事故或紧急关闭道路的情况下可选择其他路线。
- 为工业用地提供直接进入片区交通系统的通道。
- 避免将交通车辆集中在瓶颈交叉口处，并依靠路网之间的连通性来减少交通拥堵。
- 提供高水平的道路连接，为本地出行提供更多选择，减少短距离出行对主干道的依赖。
- 为整个街区提供多条道路连接，以提供替代路径，改善应急响应时间，降低校车和扫雪车/街道清扫车的出行成本，并减少对主干道系统的需求。如果车辆通行受到自然特征或其他因素阻碍，则至少需要为行人和骑行者提供通行条件。

城市道路系统应具有与土地利用模式和城市形态相适应的路网密度。
- 估算路网的规模，以符合周围社区的设计和特征。
- 将规划的路网系统与该地区的土地利用规划结合起来，使其成为一个全面且综合的多式联运系统，而不是一系列松散相关的道路改善。
- 在公共交通通道沿线提供高密度、可步行、多用途的人行道，以最大限度地增加公共交通的使用机会。
- 通过规划街区的大小、高等级道路的连通性，来提供有利于行人的道路路网和完整的人行道系统（特别是住宅街道）。相对于布局稀疏的六车道路网，行人在两车道到四车道的密集路网中过街更安全。

规划城市道路系统时应重视道路作为公共空间和塑造城市环境的作用。
- 认识主要城市道路在交通、地方建设和经济发展方面的作用。
- 包括对规划区范围内的环境评估。规划道路系统，使之与适当的环境区域相兼容，例如道路的模式平衡、连通性和规模。
- 将交通设施规划得更美观，更有吸引力，并尽可能与周围环境和地形特征相结合。

城市道路系统的规划应考虑环境、社会、经济和投资问题。
- 将道路系统规划得足够灵活，以便随时间进行调整，应对在制订规划时未预见到的交通模式挑战。这方面的案例包括保护交通通道的通行权，以促进路网在经济增长时的扩张，或设定灵活的道路横断面，以容纳专用的公交车道或更宽的人行道。
- 规划路网时应尽量减少车辆的出行距离，减少车辆出行里程（VMT）。
- 规划道路系统，以鼓励发展，减少平均出行距离，并有利于公共交通出行、骑行或步行。
- 通过更高密度和适当的混合土地利用，使出行的起点和终点更接近。
- 制订长期融资规划，确保城市道路系统有效运行。
- 规划道路系统，考虑所有使用者的安全，并尽量减少交通冲突。
- 规划道路系统应在社区的合理财力范围内。
- 考虑货运通道与其他用途的不兼容性。例如，主要货运通道不应与人流密集道路相交。

本手册对这些原则在交通规划中的应用进行了描述，例如有关土地利用，州、区域和地方规划，公共交通、行人和骑行者规划，货运和停车管理的章节。

贯穿这些原则的一个关键主题是"环境"概念。自1950年代的首轮研究以来，道路系统与土地利用之间的关系一直是交通规划的基础。然而，这种关系主要集中在产生和吸引多少次出行到地块。出行与土地利用的联系只是土地利用特性与聚合出行的联系之一。道路设计标准为大众所广泛接受，因此从规划模型中可以预测出交通需求量。一条道路在路网中发挥的作用直接关系到它所要承载的预期交通量，而不是土地利用环境。

这种关系是功能分类系统概念的基础，它对道路进行分类（并规定了设计标准），以确定它们在路网中发挥的功能和作用。最常见的分类方案将主干道、次干道和支路确定为路网规划功能分类的主要组成部分 [见第2章和（AASHTO，2011）]。然而，如今许多社区采取了一种不同的分类方法，既审视了道路在路网中的作用，也考虑了它们与土地利用和城市环境的关系。根据社区的不同，这种分类方法可以囊括许多不同的道路类型（纽约市已定义了13种类型）。表9-1展示了其中一些类型，图9-2展示了它与更传统的道路功能分类系统的关系。

表 9-1　道路分类说明

类型	说明
公路/快速路	公路车速大于55英里/时（90公里/时），道路交汇处采用匝道控制或立交行驶，没有行人通道，包括收费公路。快速路车速为中高等，车速为45英里/时（70公里/时），交叉口采用平交形式
郊区主干道	车速为40~45英里/时（65~72公里/时），在郊区环境中划分主干道，主要用于高速、长距离交通，并提供大量分离的单一土地用途（例如住宅小区、购物中心）
城市主干道	具备慢行功能，车速较低，为35英里/时（55公里/时）或更低，旨在承载过境交通和本地交通、行人和骑行者。城市主干道可能是长通道，也可能是公共交通繁忙路段。城市主干道是主要的货运通道和应急路线，并进行接入点管理。多数主干道是一条以中央道路为特征的大道，用于通过交叉和平行通道，进入相邻的地块、停车场、步行和骑行设施
次干道	具备慢行功能，车速较低，为35英里/时（55公里/时）或更少的城市道路或次干道，通常比城市主干道短，服务周边用地。次干道是主要的行人和骑行路线，并可能服务于本地公共交通。通常限制货运车辆行驶。次干道可能服务于商业或混合用途部门，通常提供路边停车
街道	具备慢行功能，车速较低，为25英里/时（40公里/时）城市地区道路，主要服务于周边用地和本地交通。街道旨在：将住宅社区相互连接；将社区与商业和其他地区连接起来；将本地街道与主干道连接起来

来源：ITE，2011

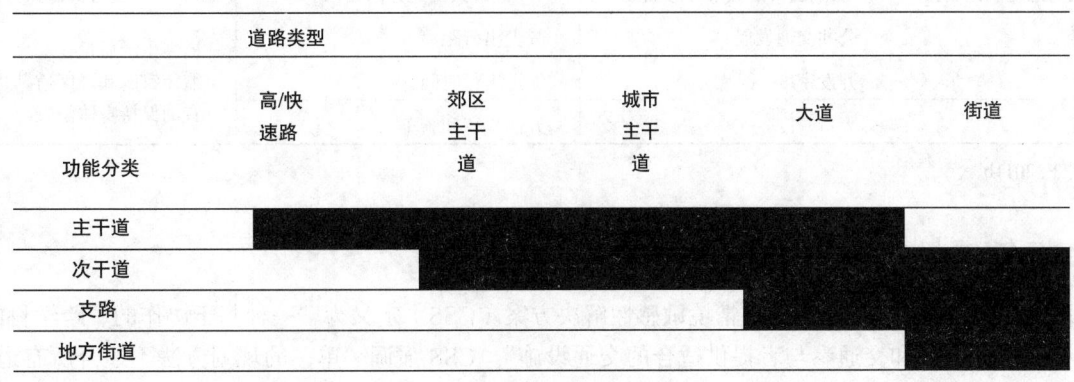

图 9-2 道路类型的功能分类
来源：ITE, 2010

单从机动性角度看，虽然将大量的通过性交通与主干道区域分开是可行的，但这并不总能实现。事实上，到目前为止，大多数主干道都是街道，因此，在设计主干道的几何参数时，必须考虑到车流量、行人和骑行者的存在和需求。功能分类是决定几何参数的因素之一，另一个是道路的周边环境。尽管除承担车辆通行功能外，街道还有许多"非车辆"功能，但使车辆通过和提供进入邻近土地的车辆交通仍然是道路和公路的主要功能。

图 3-16 展现了美国著名城市规划专家 Andres Duany 提出的区域规划概念。"横断面"说明了道路功能和设计很可能随城市环境变化而变化。这些环境不仅有助于确定适当交通解决方案的实际形式，还有助于公众了解城市设计，因此交通策略需要对环境因素进行考虑。

这种环境关系也在所谓的精明增长政策和规划中得到了阐述。根据 ITE 关于精明增长的推荐实践，精明增长的交通相关目标包括：

- 追求紧凑、高效的土地利用模式，最大限度地提高交通效率，改善邻里环境。
- 在发达地区提供多式联运。
- 在既有建成区内提供无障碍环境。
- 最有效地利用交通基础设施。
- 通过定价和可持续资金支持精明增长（ITE，2011b）。

此外，ITE 指出，精明增长的原则包括"交通系统效率、保护交通资源、最大限度地提高交通投资的有效性、减少城市扩张和减少车辆污染物排放"。

表 9-2 展示了精明增长土地利用特征预测（和政策决定）与交通之间的关系。如前所述，城市形态会影响人们对出行方式的选择。步行友好、多功能的社区强调并创造步行、骑行和公共交通使用环境，可帮助实现不同地区不同模式间的平衡（ITE，2011b）。

公众和专业人士对道路的周围环境更感兴趣，这催生了关于道路规划的新思维，其中最突出的四种是 CSS、交通稳静化、绿色道路和完整街道。

表 9-2 土地利用与城市形态和交通的关系

影响交通的土地利用要素	影响出行的城市形态因素	公共交通导向结果	增长目标
无障碍环境	街道布局	减少了车辆出行里程（VMT）	财务 降低基础设施成本 使现有投资最大化
土地利用组合	混合用途开发	取消出行	环境 改善空气质量 减少城市蔓延 节约能源
集约发展	街道设计	促进 HOV 模式和出行方式选择	

（续）

影响交通的土地利用要素	影响出行的城市形态因素	公共交通导向结果	增长目标
职住平衡	公共交通发展	减少出行距离	提高生活质量
开发密度	开发密度	缩短出行时间	缩短家庭和社区通勤时间
人口密度	人口密度	方便步行和骑车	有助保持身体健康

来源：ITE, 2011b

9.3 情境敏感性解决方案

美国联邦公路管理局（FHWA）将情境敏感性解决方案（CSS）定义为"一种基于协作的、跨学科的解决方案，为所有利益相关者和交通参与者提供适合的交通设施"。CSS强调"单一的规划方法不适合所有道路"，道路规划应取决于一个社区的环境、辅助基础设施，以及其领导人和利益相关者的愿景、社区价值观、历史关系、文化、财政制约、环境公正性问题，甚至政治现实（FHWA, 2015a）。

传统的道路规划和设计依赖于交通需求和服务水平（Level of Service, LOS）指标，而CSS则通过识别关键的周边环境因素，来为项目开发建立一个更灵活的框架。例如，ITE的《设计可步行城市道路的推荐实践：一种对道路周边环境敏感的方法》使用了环境区域的概念和一组符合城市区域内不同特征的通道类型作为道路设计指南。道路的更传统的功能分类（即主要和次要主干道、支路和本地道路）受到与道路类型有关的设计标准的制约，而这些标准又反映了环境因素（ITE, 2010）。环境是由通道本身的设计以及相邻的建筑物、土地利用类型和周围地区来定义的。在共同的交通目标和社会需求背景下，项目规划团队应采用灵活的协作方法，在安全性、流动性、社区和环境目标之间达成平衡。

FHWA在2007年就已经制订了CSS流程与交通规划和项目开发之间的关系。表9-3列出了两者共同的要素以及与规划直接相关的要素。

表9-3 CSS流程及其与交通规划和项目开发的关系

交通规划	项目开发
交流	
与所有利益相关者的沟通是公开的、诚信的、尽早的和持续的	与所有利益相关者的沟通是公开的、诚信的、尽早的和持续的
为有效提供信息和主动征求反馈意见，采用了一系列方便用户的交通规划备选方案	使用了一系列用于沟通项目替代方案的工具（例如可视化）
代表性学科	
多学科小组代表了居民和自然环境以及社区对生活质量和重要问题的看法	早期建立的多学科团队，根据具体项目的需要，将公众考虑在内
考虑社区和自然资源	
在开始分析交通系统或探索交通解决方案前，了解景观、社区和有价值的资源	在开始工程设计前，了解景观、社区和有价值的资源
过程	
交通规划包括一个预先规划的过程，允许所有正式的合作伙伴，包括但不限于环境机构和社区代表，参与早期交通规划，以确定应在规划过程中考虑的问题	在确定范围阶段，交通部门官员会接触各种利益相关者。项目的目的是明确定义的，并在推进之前就范围达成共识
评价	
交通规划评估了多式联运、运营和创新战略以及规划建议，解决了所有交通需求，包括但不限于安全、可达性/机动性和空气质量问题	公路的发展过程是根据情况进行调整的。这一过程应评估多个备选方案，从而就方法达成共识

(续)

交通规划	项目开发
情境敏感性解决方案（CSS）	
所采用的交通规划方案清楚反映了现状环境因素，并包括在所有后续项目开发阶段对CSS的明确支持	最高行政机构官员和地方领导人对这一过程的承诺得到了保证
公众参与	
交通规划过程基于全面的公众参与以及基于有价值的投资机会的参与计划	公众参与规划过程，包括为项目量身定制的非正式会议
宣传策略	
一系列用户友好的工具用于交流交通规划方案，以有效呈现信息	使用了关于项目备选方案的各种交流工具（例如可视化）

来源：Amended from FHWA, 2007

ITE近期建议，在项目开发过程中应考虑安全因素：在CSS流程中采用了一种与情境敏感性相关的道路规划和设计方法，即"逻辑的"，也就是在项目推进流程中考虑安全因素。通过将安全后果视为整体环境的重要且不可分割的一部分，并应用基于道路周边环境和灵活的道路规划设计原则，公路设计者、安全工程师、规划团队和公众可以就社区利益做出更明智的决定。《关于规划城市道路系统的经验借鉴》指出，近年来开发了新的安全分析工具，为规划人员提供了分析交通承载力，以将项目开发中的安全效益量化到过去不可能达到的详细程度，例如《公路安全手册》。《关于规划城市道路系统的经验借鉴》中提供了如何使用这些工具的信息，并说明了最佳实践应用程序。其目的是实现可量化的安全影响，类似于在交通运营、经济、成本估算和环境影响等领域所做的工作（见第23章交通规划过程中的安全考量）。

9.4 交通稳静化

一般情况下，公路规划人员和工程设计人员会有这样的想法：更宽更直的街道能促进安全，除两条停车道外，还应有至少两条行车道来满足断面的最小宽度，以不受阻碍地容纳车辆。这种做法会导致意外的后果，即威胁车辆和行人的安全，特别是对本地的住宅街道，会导致交通流经常被"切断"和车辆超速行为。交通稳静化是一种基于道路周边环境的解决方法，现在广泛作为改造"过度设计"街道的方法，其功能主要是为本地交通服务（Lockwood，1997；Ewing，1999）。除降低车辆行驶速度外，交通稳静化还有助于改变驾驶人的驾驶行为。

典型的交通稳静化措施包括：横向减速带、匝道出入管理、环形交叉路口、压缩进口道和其他降低车辆行驶速度的工程措施。芝加哥市的《更安全街道的设计工具》提供了各种交通稳静化措施，包括（Chicago Department of Transportation，2013a）：

交叉口和通道
- 有标记的人行横道
- 道路内"州法律停车让行"标志
- 行人过街安全岛
- 信号灯和指示牌
- 无障碍行人过街信号
- 行人过街倒计时器
- 行人过街保护相位
- 左转延迟
- 减小机动车道宽度
- 速度反馈信号牌
- 环形交叉路口

街道

- 减速转弯
- 横向减速带
- 收窄街道
- 缓冲带
- 环形交叉路口

本章不会详细描述上述每一项内容，相关信息可在其他出版物和网站上找到。为了让读者对交通稳静化措施的特点有一些了解，这里仅强调两种措施，即环形交叉路口和减小机动车道宽度（Gulden and De La Garza, 2016）。

环形交叉路口 是一个巨大的、凸起的圆形人工岛，主要用于降低交通通行速度，同时使交叉口更有效地运行。环形交叉路口的好处包括：

- 提供稳定的交通流量。
- 减少冲突点，从而缓解道路拥堵。
- 降低车速，从而降低事故碰撞的严重程度。
- 减少所需的交通信号控制数量。
- 狭窄的道路进出口可使行人过街更安全。
- 提供路边停车的空间，提高交通吸引力。
- 在凸起的人工岛周围设计一个倾斜的坡道，以引导体形更大的车辆在未安装路缘的情况下安全通过交叉口（Project for Public Spaces, 2015）。

减小机动车道宽度减少了机动车的道路空间，为骑行提供了更多空间，从而可重新分配横断面（车道和路肩）。对一些人来说，这是一个有争议的决定，因为通常需要通过压缩车道来增加骑行空间，并移除左转专用车道（通常有两条左转车道），而对另一些人来说，这为道路本身及其在社区中应该发挥的功能提供了更好的条件。减小机动车道宽度的好处包括：

- 压缩机动车道和拓宽人行道，为行人提供更安全的步行空间。
- 取消机动车道，增加自行车道和转弯车道，为骑行和左转提供更安全、更方便的空间。
- 压缩道路以防止车辆超速行驶（Project for Public Spaces, 2015）。

提高安全性是减小机动车道宽度的主要好处之一。爱荷华州的一项研究发现，压缩车道后，车辆正面碰撞概率减少 45%，追尾概率减少 30%，左转正面/侧面碰撞概率减少 74%，侧面碰撞概率减少 41%，同向剐蹭概率减少 45%。在西雅图，10 个减小机动车道宽度地点的撞车事故总体变化从 0% 到 60% 不等（Stout, 2005）。虽然大多数研究表明撞车事故有所减少，但减小机动车道宽度有时难以实施，主要是因为驾驶人感到道路越来越难以行驶（Lagerwey, 2005）。因此，减小机动车道宽度的实施需要一个深思熟虑的规划过程。

根据 Rosales（2007），在道路规划中考虑减小机动车道宽度的一些指导方针包括：

1）在考虑减小机动车道宽度项目时，应存在路面重建项目或/和其他支持条件，例如存在相邻平行路线。

2）公众要求评估和实施减小机动车道宽度项目时，通过技术评估和社区利益相关者参与，项目更有可能取得成功。

3）对减小机动车道宽度的措施进行试点研究，并对其安全性和运行状况进行评估，再决定是否永久保留减小机动车道宽度策略，或采用更长久的改善措施，例如改善道路设计。但临时解决办法可能无法提供与永久解决办法一样的优点（在执行时应承认并向利益相关者说明这一点）。

4）与其他通道改善项目协调。

5）压缩车道工程应与路面铺装工程相协调。如果可能的话，尽可能将两个工程分开进行，这样可减少驾驶人的困惑。

图 9-3 展示了来自俄克拉荷马州塔尔萨的减小机动车道宽度项目的设计方案。

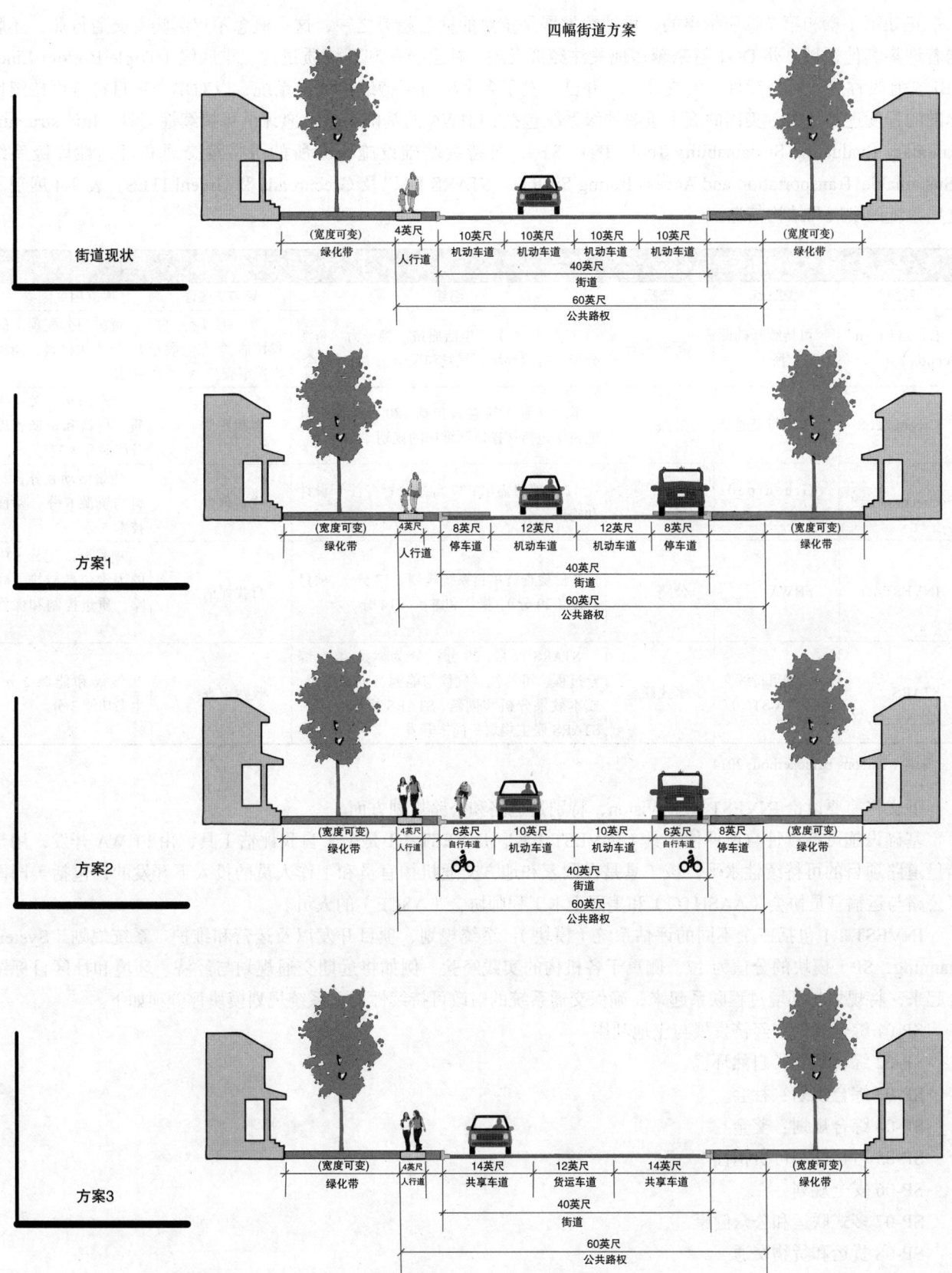

图 9-3 俄克拉荷马州减小机动车道宽度设计案例

来源：Courtesy of James Wagner, Indian Nations Council of Governments, Tulsa, Oklahoma

第 9 章 道路和公路规划 · 275

9.5 绿色道路

正如第1章和第7章所指出的,可持续发展是重要的社会趋势之一,这一概念不仅影响着交通行业,还影响着许多其他领域。州DOT越来越多地关注经济发展、社会公平和环境质量这三重底线(Triple Bottom Line,TBL,有时称为"可持续性三大支柱"),并已开发了多个项目可持续性评级系统,以对单个项目符合可持续性标准的程度进行评级。美国的五个重要评级系统包括:FHWA的基础设施自愿评估可持续性工具(Infrastructure Voluntary Evaluation Sustainability Tool,INVEST)、可持续基础设施研究所的可持续交通和可达性评级系统(Sustainable Transportation and Access Rating System,STARS),以及Greenroads和GreenLITES。表9-4展现了这些系统的发展和结构信息。

表9-4 美国绿色道路项目评级系统

系统	赞助商	范围	组织	审查/核证	建筑相关因素
Envision® Version 2.0	可持续基础设施研究所	基础设施	五类共60分(生活质量、领导力、资源分配、自然环境、气候和风险);加分机会	第一阶段:自我评估;第二阶段:收费审查	资源与分配项下的13分关注材料、能源和水
GreenLITES	纽约州交通局	公路	设计/施工检查表包括180个标准,其他模块包括从操作到维护的规划	自我评估	计分清单;关注水质、材料和资源,以及能源和大气
Greenroads™	Greenroads基金会	公路	11个项目需求;37自愿分;专注于设计和施工	收费审查	建筑活动8分;材料与资源6分;路面技术5分
INVEST 1.1	FHWA	公路	3份检查清单:系统规划(17分)、项目开发(29分)、操作和维护(14分)	自我评估	项目开发记分卡中的因素包括减排、降噪、质量控制和保修等
STARS	北美可持续交通协会(STC)	多式联运	STARS项目:29分;分为六大类:综合过程、可达性、气候与能源、生态功能、成本效果分析和创新;STARS规划:8分;STARS雇主规划:尚未开发	收费审查	气候和能源2分,生态功能3分

来源:Parsons Brinckerhoff, 2014

下文将简要讨论INVEST和Envision,特别是道路和公路规划方面。

基础设施可持续性自愿评估工具(INVEST 1.1)。INVEST 1.1是一个自我评估工具,由FHWA开发,用于衡量道路项目的可持续性水平。该工具是在国家和地方交通机构官员和工作人员的投入下开发的,包括美国国家公路与运输官员协会(AASHTO)和美国土木工程师协会(ASCE)的人员。

INVEST 1.1包括三个不同的评估系统(模块):系统规划、项目开发以及运营和维护。系统规划(System Planning,SP)模块的分值为17,侧重于各机构的实践经验,例如将远期交通规划与经济、环境和社区目标结合起来,将规划与环境过程联系起来,确保交通系统的财政可持续性等。系统规划模块评分项如下。

SP-01 综合规划:经济发展与土地利用

SP-02 综合规划:自然环境

SP-03 综合规划:社会

SP-04 综合规划:奖金

SP-05 可达性和可负担性

SP-06 安全规划

SP-07 多式联运和公众健康

SP-08 货运和货物交通

SP-09 出行需求管理

SP-10 空气质量

SP-11 能源和燃料

SP-12 金融可持续性

SP-13 分析方法

SP-14 交通系统管理和运营

SP-15 资产管理与规划的联系

SP-16 基础设施弹性

SP-17 道路规划和 NEPA

正如 FHWA 所指出的，INVEST 1.1 可用于评估和加强交通规划和方案，包括：

- 回顾并评估已完成项目（或项目的一部分）的可持续性。
- 积极地制订目标，提供指导，并衡量开发项目的可持续性。在这一点上，INVEST 1.1 可作为一种工具，鼓励广泛参与，评估可持续性，交流利益和目标，并对优秀的规划方案进行奖励。INVEST 1.1 不仅能对规划方案进行总体评分，还能为用户提供灵活的（不同程度的）评估深度，或设置一个用户想要达到的水平，并帮助其实现相关目标。
- 协助业主、利益相关者和项目团队了解可持续性方面的新技术和最佳实践，并帮助他们预测可能出现的新需求。
- 评估州、区域或地方各级评估系统规划方案（包括流程、程序、政策和做法）的可持续性，以推进决策过程（FHWA，2015b）。

运营和维护（O&M）模块的分值为 14，重点是桥梁、路面、交通控制和基础设施等的维护规划。SP 和 O&M 模块各有一个记分卡。项目开发（Project Development，PD）模块的分值为 29，重点是项目一级的可持续性决策，例如多式联运、寿命周期成本分析、回收材料和施工措施等。PD 模块包括 6 个评分项，因项目情境和类型而异（类别包括道路建设、乡村基建、城市基建、乡村扩张、城市扩张和自选项）。

Envision 是一个适用于广泛基础设施的可持续性评分系统。根据 Envision 网站的说明，它"提供了一种评估基础设施项目可持续性的方法，不仅体现在个体改善方面，还体现在其对所服务社区的总体贡献方面（Institute for Sustainable Development，2015）。"图 9-4 展示了不同评分项的分值。

分数和种类

生活质量
13分

领导力
10分

资源分配
14分

自然环境
15分

气候和风险
8分

1 目的
QL1.1 改善社区生活质量
QL1.2 促进可持续增长和发展
QL1.3 开发本地技能和能力
2 福利
QL2.1 加强公共卫生和安全
QL2.2 尽量减少噪声和振动
QL2.3 尽量减少光污染
QL2.4 提高社区的机动性和可达性
QL2.5 鼓励可替代交通方式
QL2.6 改善场所的可达性、安全性和可寻性
3 社区
QL3.1 保护历史文化资源
QL3.2 维护视野和本地特征
QL3.3 改善公共空间
QL0.0 创新或超过要求

1 合作
LD1.1 提供有效的领导和承诺
LD1.2 建立可持续发展管理体系
LD1.3 促进合作和团队精神
LD1.4 让利益相关者参与
2 管理
LD2.1 争取与其他附属基建协作的机会
LD2.2 改善基础设施集成化程度
3 规划
LD3.1 长期监控和维护计划
LD3.2 解决冲突的法规和政策
LD3.3 延长使用寿命
LD0.0 创新或超过要求

1 材料
RA1.1 减少净嵌入能量
RA1.2 支持可持续采购
RA1.3 使用回收材料
RA1.4 使用地域材料
RA1.5 将废物从堆填区转移
RA1.6 减少挖掘材料的运输
RA1.7 提供拆解和回收
2 能源
RA2.1 降低能耗
RA2.2 使用可再生能源
RA2.3 委员会和能源监控系统
3 水资源
RA3.1 保护淡水的可用性
RA3.2 减少饮用水的消耗
RA3.3 监控水系统
RA0.0 创新或超过要求

1 选址
NW1.1 保护主要栖息地
NW1.2 保护湿地和地表水
NW1.3 保护基本农田
NW1.4 避开不利于基建的地形
NW1.5 保护漫滩功能
NW1.6 避免在陡坡上进行不适宜的开发
NW1.7 保护绿色用地
2 土地+水
NW2.1 管理雨水
NW2.2 减少农药和肥料的影响
NW2.3 防止地表水和地下水污染
3 生物多样性
NW3.1 保护物种多样性
NW3.2 控制入侵物种
NW3.3 回填开挖的土壤
NW3.4 维护湿地及地表水功能
NW0.0 创新或超过要求

1 排放
CR1.1 减少温室气体排放
CR1.2 减少空气污染物排放
2 弹性
CR2.1 评估气候威胁
CR2.2 避免陷阱和漏洞
CR2.3 为长期适应做准备
CR2.4 为短期危险做准备
CR2.5 管理热岛效应
CR0.0 创新或超过要求

图 9-4　Envision® 可持续项目评分项分值

来源：Institute for Sustainable Development, https://www.sustainableinfrastructure.org/downloads/Envision_Credit_List.pdf

每个项目评级系统都有独到之处，也都侧重于生命周期分析，通过使项目特征忠实于 TBL 目标，使项目更具可持续性。

9.6　完整街道

设计布置完整街道的目的是，为所有交通参与者提供最安全的出行，包括驾车者、骑行者、行人和公共交通使用者。完整街道的概念在某种程度上是从情境敏感性解决方案（CSS）方法，以及一些社区在21世纪初采用的道路设计方法演变而来的（ITE，2010；Los Angeles County Metro，2014）。此外，城市规划行业倡导的理念是，街道既是公共空间，也是车辆行驶的一种方式。能够最好地体现出这一理念的例子是由国家城市和交通官员协会出版的《城市街道设计指南》（National Association of City Transportation Officials，NACTO，2013）。正如《城市街道设计指南》所指出的，"随着城市人口的日益增长，各州对街道提出以下需求：街道不仅作为运送人员、货物和服务的通道，还作为广场、公园、游乐场和公共空间。街道必须满足不断扩大的需求。它们必须是安全的、可持续的、有韧性的、多模式的、具有经济效益的，以上需求都要满足且同时要容纳各种交通方式。"

与情境敏感性道路规划和设计解决方案的概念相似，《城市街道设计指南》指出，街道设计取决于环境，并定义了在城市地区的13种环境：市中心单向街道、市中心双向街道、市中心大道、邻里主街、邻里街道、让路街道、林荫大道、住宅大道、公共交通通道、绿色小巷、商业小巷、住宅共享街道和商业共享街道。例如，对于公共交通通道，《城市街道设计指南》建议：

- 公共交通通道改造应与土地利用变化相协调，以最大限度地发挥公共交通通道的经济增长和转型潜力。
- 应提供良好的人行环境。
- 在通道两侧设置自行车道，鼓励自行车和公共交通的使用
- 如果当地的交通服务因路侧停车和交通拥堵而受阻，则在当地政府支持的条件下可以考虑快速公交（BRT）、有轨电车或轻轨服务。
- 在交通信号周期和提供足够行人过街时长之间应权衡考虑。
- 建议在上车前检票收费，以提高公共交通运行速度。
- 改善公共交通站设计，以加强公共交通服务的预期运营水平。

许多州的DOT、都市规划组织（MPO）和城市都将完整街道原则作为规划和设计指南的一部分，具体如下。

芝加哥市DOT（Chicago Department of Transportation，CDOT，2013）

CDOT对出行方式进行结构化分级，以指导设计和运营决策。默认的层次结构是：行人（P）＞公共交通（T）＞自行车（B）＞机动车（A）。这些层次结构不仅为街道设计提供了信息，还为规划人员提供了一些在不同情况下哪种道路合适的建议。例如，人们可以想象在市中心的交通环境中，可以考虑公共交通＞行人＞自行车＞机动车的交通等级。在没有公共汽车服务的公园道路上，可以考虑机动车＞行人＞自行车＞公共交通的等级。图9-5展示了结构层次、建筑形式和功能可以组合成典型的横断面。在这种情况下，目标速度指街道建成后的速度范围。

明尼苏达州DOT（MnDOT，2014a）

在完整街道政策实施时，MnDOT意识到道路设计标准与街道灵活设计发生了矛盾。因此，MnDOT修订了关于设计元素的指导，以提供更灵活的设计指南。主要对下列要素的设计指导意见进行了修订：行车道宽度标准、桥梁宽度标准、设计速度指南、超高和平面线型设计、最大道路设计坡度、垂直净空要求、人行道横坡、横向净空。

乔治亚州，迪凯特市

迪凯特市是第一批在综合交通规划中运用完整街道理念的城市。迪凯特市采用了一种新的街道类型学，根据用地情况来看待城市街道，以确定主要的多式联运和经济发展机会。与其他研究一样，服务水平（LOS）与设施处理当前和预期需求的承载力有关。然而，行人和骑行者的LOS都包括与出行体验有关的其他因素，例如人行道宽度、路面状况以及行人/骑行者与行驶车辆之间的横向间距（这一方法载于《公路承载力手册》，第13章关于步行和骑行交通规划，第19章关于现场规划审查和交通影响分析）。潜在的需求板块用于解释骑行者和行人前往目的地（学校、零售店、就业中心）的需求，这些需求可能会因安全性和方便性的提升而增大。该规

划是美国第一个进行健康影响评估的规划之一，该评估审查了发展模式和交通项目如何影响公共健康，完整街道概念是改善社区健康的建议之一。

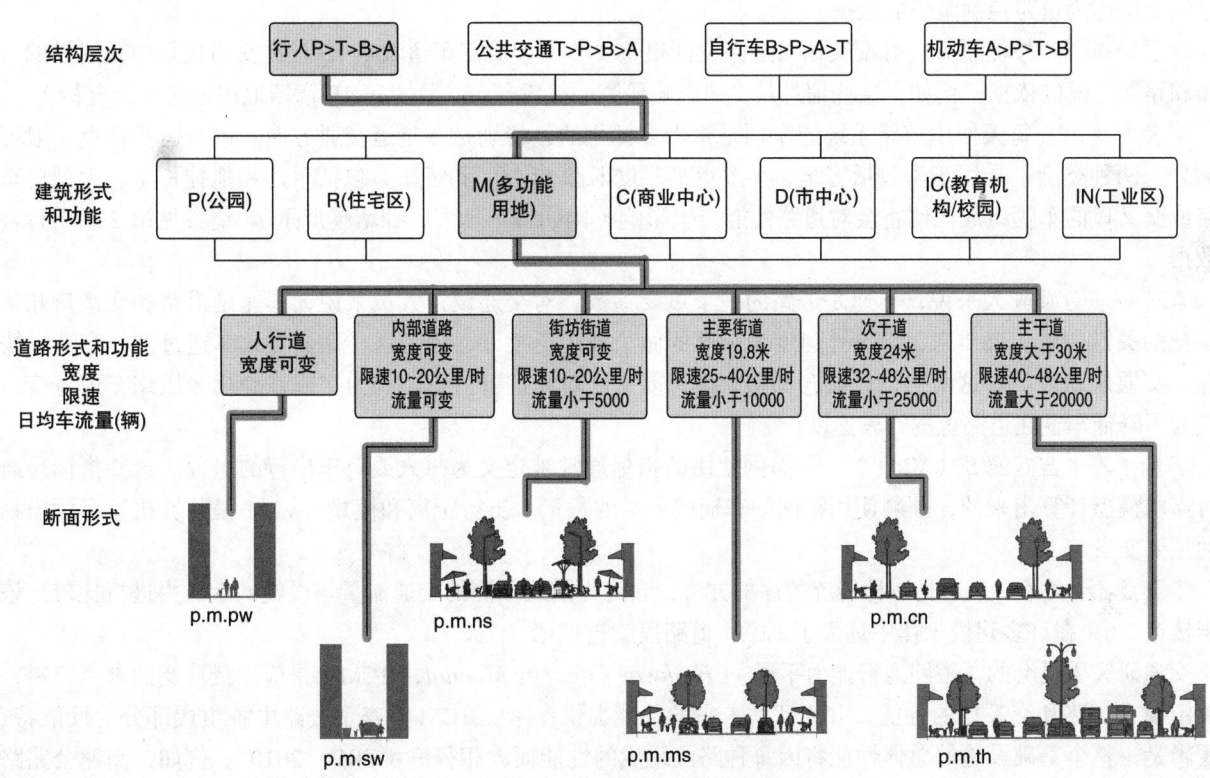

图 9-5 芝加哥完整街道策略结构层次
来源：Chicago DOT, 2013

作为政策或设计指南的完整街道可能是未来交通项目发展的一个重要特征。这对交通规划人员来说很重要，因为道路发展的环境拓宽了道路设计的视角，为土地利用、城市设计和可持续发展提供了规划方向。有关完整街道的更新信息，请参阅国家完整街道联盟（National Complete Streets Coalition）网站（http://www.smartgrowthamerica.org/complete-streets/changing-policy/model-policy）。

9.7 系统性能和承载力测算

9.7.1 传统指标

在所有交通方式中，道路和公路的相关研究最多，因此具有最完善的概念和关系，且定义了系统和设施的性能。这一知识体系是当今指导道路规划的许多手册和技术指南的基础【见（AASHTO，2010、2011、2014）和（TRB，2010、2013、2015）】。此外，在许多方面，期望的系统性能/承载力与社区环境之间的冲突催生了前文所述的项目和倡议。

重要的是，在讨论系统性能和承载力之前，需要了解道路/公路规划和道路设计中使用的信息和/或数据类型。以下交通特征是道路设计决策的重要依据，通常也有助于确定不同项目的优先次序（见第 2 章出行特征及数据，其中提供了关于如何收集交通数据的更详细的讨论）。

平均每日交通量（ADT）——这是衡量公路交通需求的最基本指标，计算方法是用给定时间段内的总流量除以时间段内的天数。虽然 ADT 作为道路使用的指标是有用的，但它无法提供小时、日、周或季节的需求变化情况，也不代表拥堵程度。

高峰小时交通量——为了更好地反映道路或交叉口在一天中的运行情况，规划人员要收集关于高峰时间和高峰时期的信息。高峰小时数为路网的性能指标提供了参考（与承载力相比），如果进一步细分为较小的时间单位，例如10或15分钟时段，则是交通管控策略的研究重点。大多数公路机构都使用一年中最高的小时流量数的第三十位作为道路控制策略的依据。

流量分布——按流量方向分配交通对道路设计很重要（例如所需车道数量），且在交通规划中是建模的行程分布和路网分配的依据。例如，这些信息是交通影响研究的关键部分（详见第19章场地规划与影响分析）。

车辆组成——每天使用道路系统的车辆是相当多样化的，特别是在货运交通方面。按照运营特点一般可将车辆分为两种类型：乘用车（包括客车、小型货车、皮卡和SUV）和货车（包括单体和拖挂货车、大型房车）。道路或交叉口的车辆组成比例将会对道路性能产生影响（例如货车越多，拥堵越严重）。请参见第2章出行特征及数据。

车速——对驾驶人来说，车速是道路的一个重要参数。对交通设计人员来说，车速是道路和交叉口几何设计特征的关键参数。近年来，以设计速度为标准的做法被广泛批评，因为这样做会导致车道过宽、车速过快等问题。交通规划人员对这两个设计概念都感兴趣，前文已对此进行讨论，例如交通稳静化和压缩车道宽度，主要是为了降低车辆在道路上的行驶速度。

车辆（人）出行里程（VMT）——路网使用的指标通常被定义为每人或每车出行的里程。这些指标是通过出行需求模型计算出来的，预测使用路网的车辆或人员的数量、出行距离和模式。VMT是估算机动车污染物排放的重要变量。

车流量/承载力——这是一种传统的评估方法，它将当前或预测的交通流量与设施的承载力进行比较。该比率越接近1.0（在许多建模工作中远大于1.0），道路段就越拥堵。

交通研究委员会的《道路通行能力手册》（*Highway Capacity Manual*，HCM）是应用最广泛的参考资料，用于确定现有道路和交叉口的性能，并为评估未来的性能提供参考。HCM审查了公路中各组成部分的性能特点，其逻辑是，整个基础设施的总体性能将因每种路段组成的性能而大相径庭（TRB，2010）。例如，高速公路路段与交叉口不同，与城市街道也不同。HCM确定了描述每种路段类型性能的评估指标。表9-5展示了可用于不同设施和系统组件的服务措施。例如，可以使用车辆延误时间（秒/车辆）来评估信号交叉口的性能。

表 9-5　按系统元素划分的评估指标

系统元素	评估指标				系统分析
	机动车	行人	骑行者	公共交通	
公路设施	密度	—	—	—	速度
基本路段	密度	—	—	—	速度
高速交织段	密度	—	—	—	速度
公路汇入/汇出段	密度	—	—	—	速度
多车道公路	密度	—	服务水平	—	速度
双车道公路	出行时间百分比	—	服务水平	—	速度
城市街道设施	速度	服务水平	服务水平	服务水平	速度
城市街道部分	速度	服务水平	服务水平	服务水平	速度
信号交叉口	延误	服务水平	服务水平	—	延误
双向停车	延误	延误	—	—	延误
全程停车	延误	—	—	—	延误
环岛	延误	—	—	—	延误
互通式匝道	延误	—	—	—	延误
行人和骑行设施	—	空间 骑行相关的活动	服务水平	—	速度

来源：TRB, 2010, Reproduced with permission of the Transportation Research Board.

同一路段上，行人和骑行者的服务水平的评估取决于LOS等级。另一个例子如图9-6所示，它将公路分为三个部分,即基本路段、交织路段、匝道出入口路段。每个位置的性能评估方法是不同的(公路的总体性能以评估结果最差的那部分路段为准)。

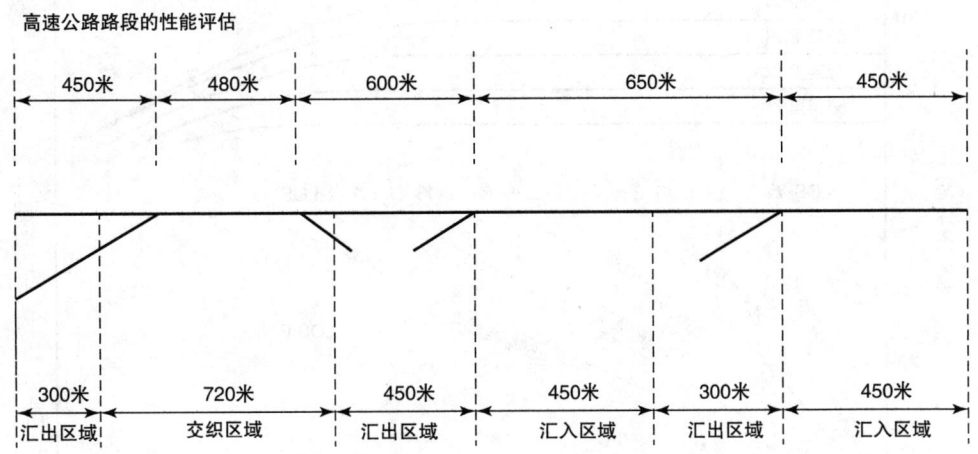

图 9-6　公路路段的性能评估

来源:TRB, 2010, Reproduced with permission of the Transportation Research Board.

评估性能的方法(在大多数情况下定义为服务水平)相当复杂,读者可阅读相关文献,了解关于服务水平的详细描述,但首先需要理解一些基本概念,并将这些概念运用于特定的情况。图 9-7 展示了交通流量、密度与速度之间的基本关系。这些关系很重要,因为它们定义了流量关系已经转化为代表不同设施运营级别的服务指标级别。例如,图 9-8 展示了高速公路流量与速度的关系中服务水平的阈值范围。随着服务级别从 LOS A 降低到 LOS F,公路的情况逐渐恶化。可以看到,在 LOS F 区域,车辆行驶速度相当低。

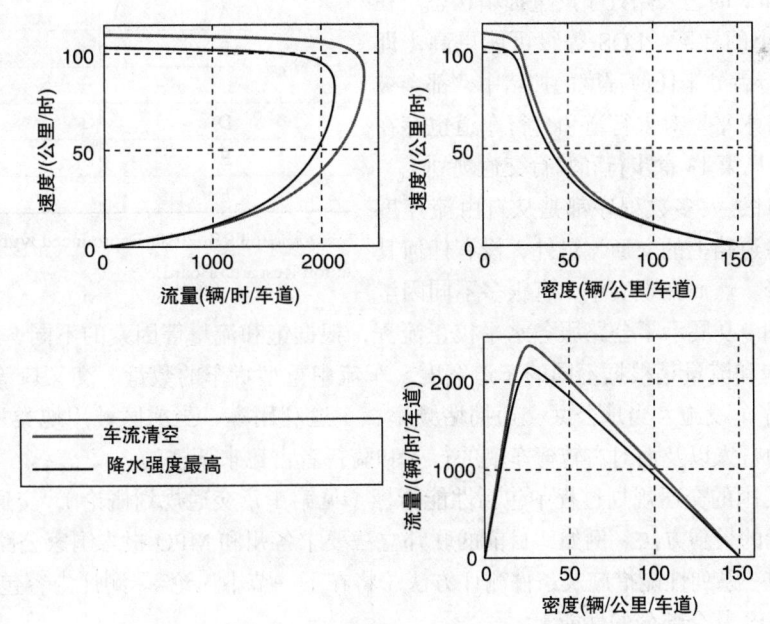

图 9-7　交通流量、密度、速度和雨水的影响

来源:Hranac et al., 2006

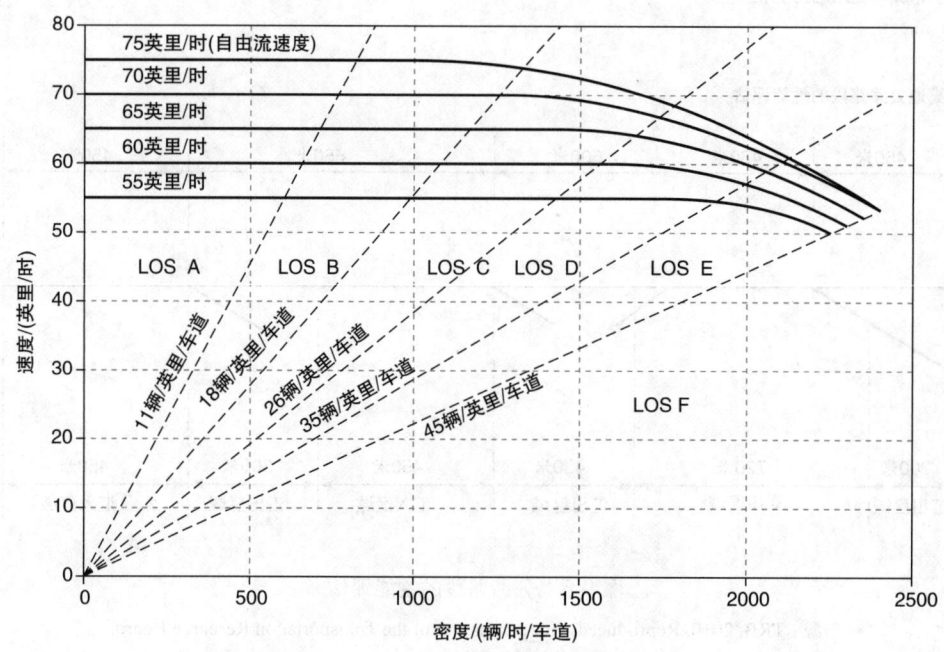

图 9-8 公路服务水平与交通流量、速度

来源：TRB, 2010, Reproduced with permission of the Transportation Research Board.

表 9-6 展示了定义公路服务水平的指标。交通机构一般通过定义阈值来确定不可接受的系统表现。在大多数情况下，LOS 等级为 E 和 F 时，公路处于严重拥堵状态。在更多的乡村地区或更小的社区，LOS 等级可能更高（即 LOS C 或 D），因为出行者处于任何程度的拥堵中，都会被认为是一种较差的服务水平。对人行道和自行车道也存在类似的服务水平概念（见第 13 章步行和骑行交通规划）。

表 9-6 公路服务水平

服务水平	密度（车/英里/车道）
A	≤ 11
B	> 11~18
C	> 18~26
D	> 26~35
E	> 35~45
F	> 45

来源：TRB, 2010, Reproduced with permission of the Transportation Research Board.

在计算服务水平时，大多数程序都是从自由流速度开始计算的，并假设除道路上的交通流量外，没有任何其他因素会导致速度下降。然而在现实中，有很多不同因素会影响车辆的速度。图 9-9 展示了公路服务水平校正流程，根据饱和流量等因素的不同，对服务水平做出调整。例如，对于交叉口，饱和流量是根据不同的车道宽度、车流中重型货车的数量、交叉口等级、是否存在路边停车道和与车道相邻的停车设施、当地公共交通拥堵频率、车道利用率、当前区域用地类型、左/右转弯车辆占比、面对左转弯车辆的行人以及面对右转弯车辆的行人和骑行者占比来调整的。

由于立法要求在美国的交通规划过程中包括性能指标（见第 1 章交通规划概论），交通规划人员需要了解确定道路设施和系统性能的最新方法。例如，目前的联邦立法要求各州和 MPO 报告国家公路系统（National Highway System，NHS）的一系列性能措施及条件测评方法（将在下一节中讨论）。测评内容包括：

- 州级系统和 NHS 其余部分的性能
- 所有公共道路上的死亡和严重事故——包括事故总量和每车里程的平均事故数
- 交通拥堵情况
- 车辆污染物排放量

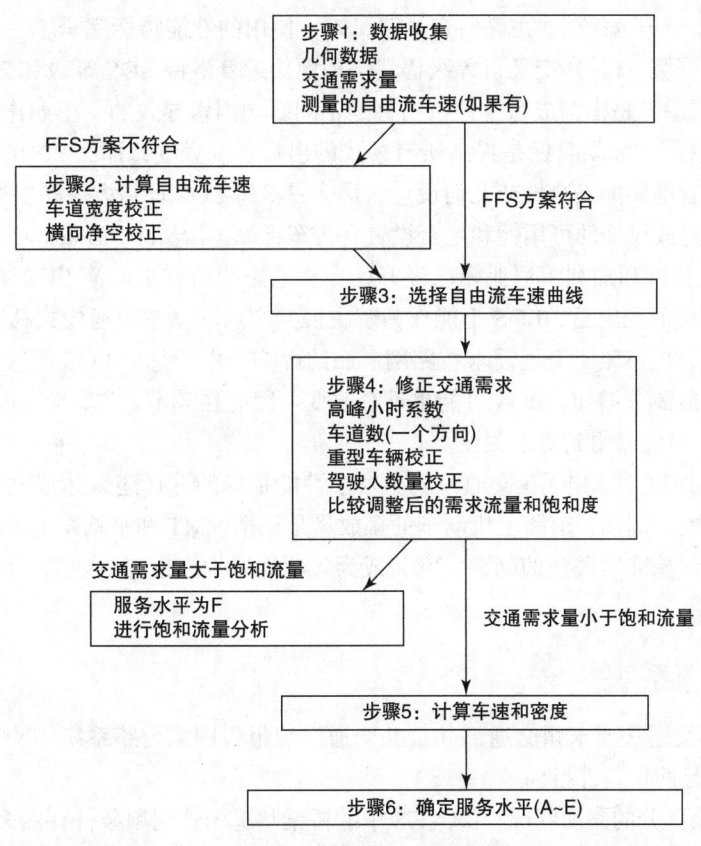

图 9-9 公路服务水平校正流程

来源：TRB, 2010, Reproduced with permission of the Transportation Research Board.

9.7.2 多种模式的性能指标

按照完整街道的理念，已经形成了越来越多的行业定义性能指标，用来反映道路设施的多模式性能。换言之，交通规划人员不应只关注公路、公共交通线路或行人/骑行设施的独立服务水平，而应关注使用该设施的综合服务水平。这在实际应用中其实很困难。造成这种情况的主要原因是所涉及的各种"出行模式"的性能特征根本不同（包括步行和骑行）。例如，如何更好地将机动车流量的性能与道路通道中的行人流量相结合或联系起来，如何公平地比较两者的性能，以及哪种性能指标最能反映交通通道中所有交通参与者的出行需求？

佛罗里达交通部（Florida DOT, FDOT）开发了主干道和高速公路的多模式规划软件，这些软件以《道路通行能力手册》和《公共交通承载力和服务质量手册》（Transit Capacity and Quality of Service Manual，TCQSM）中的概念为基础。例如 ARTPLAN，FDOT 的主干道设施多模式概念规划软件中只以车辆平均速度作为评价服务水平的性能指标。对于骑行和步行，ARTPLAN 在规划应用中参考了 HCM 的骑行 LOS 等级和步行 LOS 等级的评估方法（FDOT, 2013）。对于公共交通，ARTPLAN 参考了 TCQSM 在公共交通线路段和道路设施中的规划应用。然后，将路段的多模式服务水平用每种出行模式的单个 LOS 值表示，FDOT 没有尝试与其他性能指标相结合。这与国家道路合作研究项目（National Cooperative Highway Research Program，NCHRP）616 号报告中提出的城市街道多模式性能指标标准非常相似。除这两项成果外，FDOT 在制订真正的多模式联运系统性能指标方面所做的贡献很少（Dowling et al., 2008）。

最近一项关于交叉口多模式性能指标的研究中，增加了每一种性能指标的使用情形，并阐述了选择该指标的原因。Brozen、Black 和 Liggett（2014）在研究中使用三种不同的方法来评估交叉口的多模式性能：2010 年 HCM 的 LOS 等级、北卡罗莱纳州夏洛特市制订的 LOS 等级以及旧金山公众健康部制订的骑行环境质量指数（Bicycle Environmental Quality Index，BEQI）和步行环境质量指数（Pedestrian Environmental Quality Index，

PEQI）。正如本文所指出的，对于骑行，"在评估交叉路口时，使用的性能指标完全不一致"。对于步行，"尽管对一组完全不同的变量进行分级，PEQI 交叉口等级仍然合理地接近夏洛特 LOS 等级和 2010 年 HCM 的 LOS 方法分配的等级。"结果的主要差异是由构成每种评价指标的不同影响因素导致的。正如作者所指出的，评价指标的选择实际上取决于研究目标，"如果目标是提高所有模式的出行者满意度，那么 2010 年 HCM 的 LOS 评估方法将是最佳选择；如果要改善道路的安全性或几何设计，那么夏洛特 LOS 评估方法是更好的评价指标；BEQI 包括其他影响因素，如自行车停放设施的可用性和是否设置自行车标牌（Brozen，Black and Liggett，2014）。"

此外，必须指出，一些社区和加利福尼亚州已经开始在交通影响研究中取消 LOS 等级的考虑，并将 VMT 作为替代的性能指标。这样做的逻辑是，LOS 不能作为解决公共交通和动态交通模式移动性的指标。因为 LOS 指标更专注于减少本地拥堵，但忽略了交通需求在路网层面的影响。由于每个 LOS 等级是有范围的，即使一个新建道路会导致路网总体交通需求增加，LOS 可能也不会改变（因此在学术上说，将 LOS 等级作为性能指标是有局限性的）。这一问题将来可能会得到更多关注。

截至本手册出版之日，DOT 和 MPO 在交通规划中对于性能指标的选择还未达成共识。不过，性能指标似乎与上述服务指标的类型有关。例如，道路上机动车的排放量是根据 VMT 和平均车速的路网模型来估算的。交通死亡和重伤事故也是交通机构非常关注的问题，它将成为每项性能指标报告规划的一部分（见第 23 章交通规划过程中的安全考量）。

9.8 条件评测和管理系统

如前所述，美国的联邦交通法要求州交通部和公共交通组织报告国家公路系统（NHS）的运行状况。作为这项立法的一部分，需要满足两项条件指标：

①州际系统和 NHS 其余部分的路面状况；② NHS 中的桥梁状况。这两项条件评测多年来一直是州 DOT 系统管理结构的一部分。特别是，所有州的 DOT 都有能够监测道路运行状况的管理系统，并能在大多数情况下，预测假定投资水平的未来资产状况。最有利用价值的管理系统包括路面管理、桥梁管理、道路或库存管理、维护管理和资产管理系统。资产管理系统在第 8 章中已作说明，因此不再赘述。

9.8.1 路面管理系统

路面管理系统是"一套工具或方法，用来帮助决策者找到提供、评估和保持路面处于可用状态的有效策略。"它为决策者提供所需的决策信息。图 9-10 代表了犹他州 DOT（Utah DOT，UDOT）的路面管理系统原理（Oregon DOT，2015a）。其基本方法是，通过保护或少量投资来使路面保持在合理状态，这样就可以避免在未来几年对路面进行更昂贵的重建。正如 UDOT 所指出的，"定期保养以防止恶化提供了最低寿命周期成本的最佳价值。这种维护理念不仅为固定资产提供了最佳价值，还提供了额外的安全方面的好处，确保道路标志牌得到良好的维护，路面标线清晰可见，并为车辆提供足够的摩擦力（Utah DOT，2014）。"

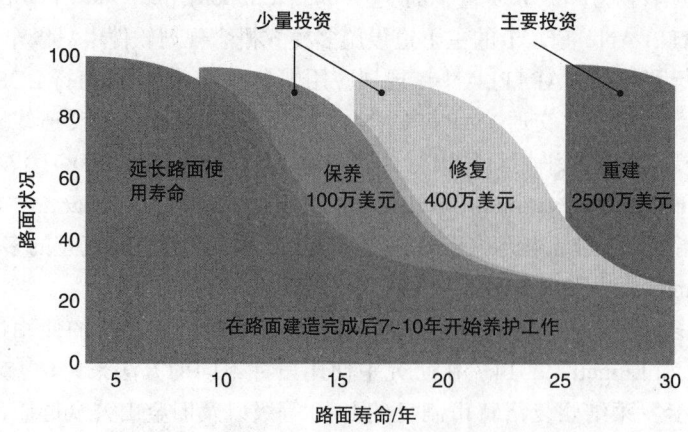

图 9-10 犹他州 DOT 延长路面使用寿命

来源：Utah DOT，2014

UDOT 利用事故采集表和建模技术预测路面状况。按设施类型（例如州际、国家公路系统、城市和乡村）、材料（例如混凝土和沥青）、区域和可用预算进行预测和报告。图 9-11 展示了 UDOT 利用路面管理系统预测未来的交通增长和可用于路面维护的资金数。

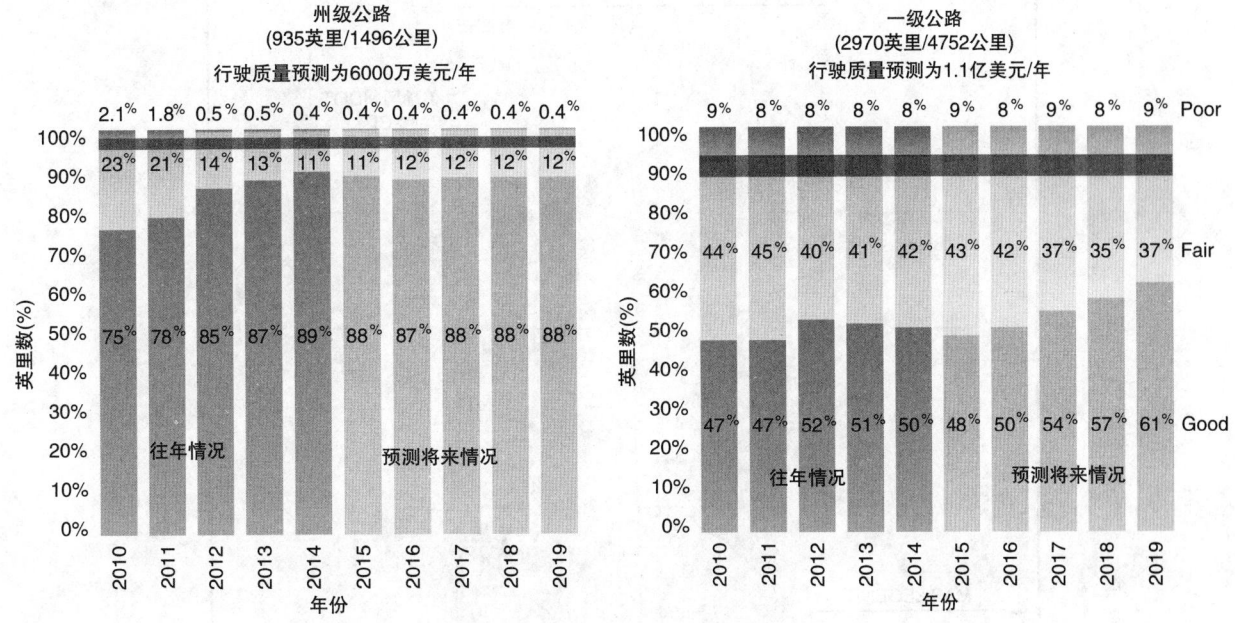

图 9-11　犹他州 DOT 路面状况评估

来源：Utah DOT, 2014

俄勒冈州 DOT 是另一个例子，见表 9-7。该表展示了被认为是"理想化"路面的年度投资，通过投资于适当的预防性路面维护、养护和修复项目，使路网路面状况达到稳定状态。

表 9-7　俄勒冈州 DOT 路面"理想化"年度投资规划

路面状况	维护措施	年度需求/ （车道/英里）	服务年限/ 年	车道/英里/年	年度需求/美元
很差	重建 混凝土 沥青	20 25	40 20	800 500	4500 万
较差	结构铺装（多层）	250	20	5000	6800 万
一般	非结构（薄铺）	400	10~15	5000	7000 万
很好/较好	碎石封层	650	8	5200	1700 万
全部	常规维护和路面裂缝维护	500	2~5	1500	列入维护预算
总数 重新建造 铺装 密封		45 650 650		18000	2 亿

来源：Oregon DOT, 2015b

每年路面维护和重新铺装的需求量，是通过总的车道里程数，在铺装和维护后的使用寿命来估算的。理论上，如果俄勒冈州 DOT 采用这一路面维护周期，路面条件将处于一个可持续的"稳定状态"，每年要维护的道路都会得到有效规划，并且不会发生积压。

路面管理系统不仅为总体规划提供了投资需求，还可以指出州级公路系统中急需解决的问题。例如，图 9-12 展示了俄勒冈州 DOT 的典型地图，说明了州公路系统中一个地区办事处目前的路面状况。

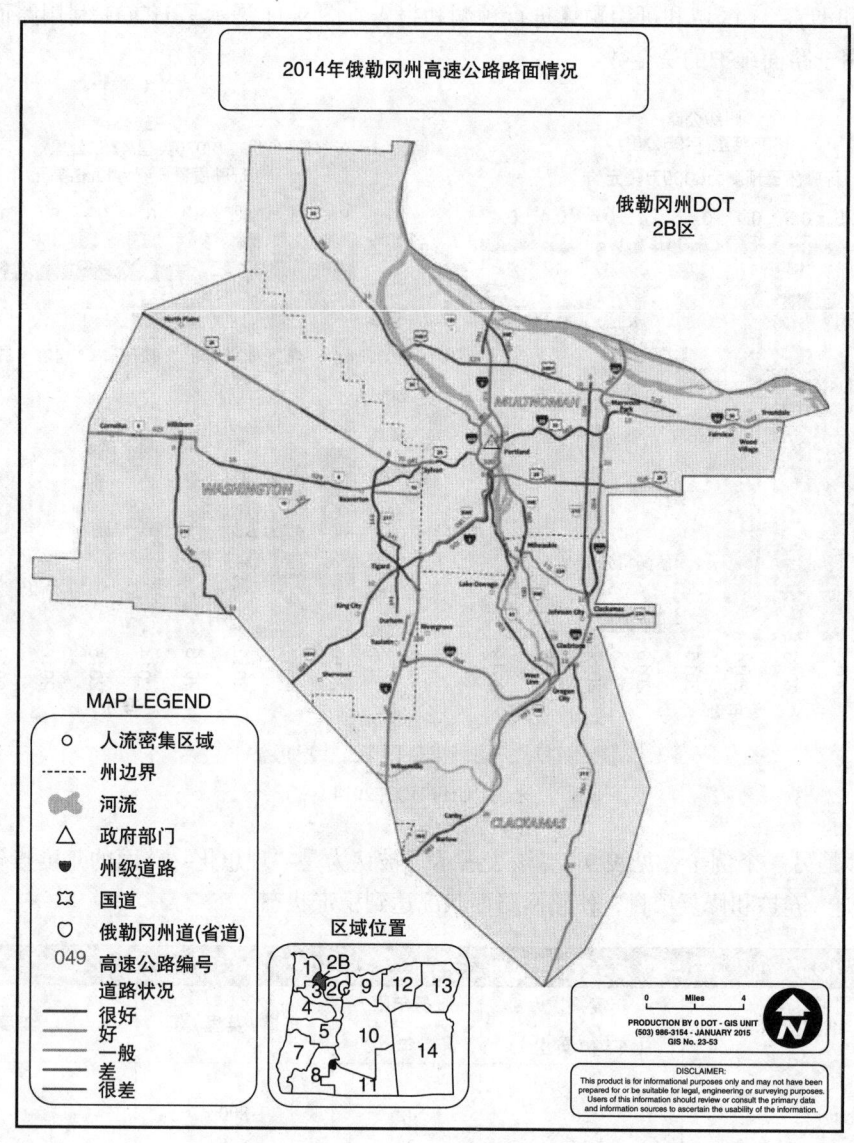

图 9-12　俄勒冈州路面现状地图
来源：Oregon DOT, 2015b

UDOT 和俄勒冈州 DOT 的例子都展示了如何使用路面管理系统来预测一个州或地区的路面项目的未来需求。这些系统的预测结果通常被整合到各州 DOT 的资源分配和规划程序中。

9.8.2　桥梁管理系统

联邦法律要求各州都要开发桥梁管理系统。这些系统的评测结果被列入国家桥梁清单，这是一个由 FWHA 资助建立的数据库。这些系统的关键评测是通过对桥梁进行全面评估，计算四个单独的因素来评估公路桥梁的运行情况，从而得到一个保持桥梁稳定状态的数值（Markow & Hyman, 2009）。结果以百分比表示，100% 代表状态良好的桥梁，0% 代表存在不足的桥梁。输入相关的桥梁数据，可对其结构、功能是否过时及其对公众的重要性进行评估。因此，评分过低可能是结构缺陷、车道狭窄、垂直净空低或其他可能的问题所导致的。

结构评价描述了桥梁结构条件的总体评级，它是桥梁结构构件单独额定条件的总和。桥梁甲板、上部结构和下部结构的得分。评级为 1~9，其中 9 表示桥梁状态良好，1 表示桥梁即将失去服务能力。报告的通常条件如下。

桥梁功能不足——功能不足指桥梁的设计不再满足交通出行需求。原因可能包括没有足够的车道来容纳交通流量或没有足够的应急车道。一座功能不足的桥梁可能非常安全，且结构健全，但也可能是交通拥堵的原因，或者可能没有足够多的车道来承载大量的车流。

桥梁结构性缺陷——结构缺陷指桥梁存在一个或多个需要注意的结构缺陷。

大多数州 DOT 和其他国家的许多机构使用一种名为 AASHTOWare™ 的桥梁管理软件，这是 AASHTO 的 BRIDGEWare™ 程序套件（以前称 Pontis）。该程序可用于桥梁资产管理、管理检查、需求评估以及支撑道路改善。

桥梁管理系统产生的信息与路面管理系统产生的信息非常相似，包括桥梁的当前状态。交通官员可以通过桥梁恶化模型预测桥梁的未来状况，并在不同投资水平下评估桥梁状况。图 9-13 展示了犹他州桥梁的未来状况，并考虑到当前的桥梁投资状况。可见，根据目前的投资预算，预计到 2028 年，各种状况下的桥梁状况的百分比（英里）。在良好或良好状态下的里程百分比随时间的推移而下降，而在较差或良好状态下的相应里程则增加。可以创建类似的数字，显示如果发生额外投资，则预期桥梁状况会得到改善。

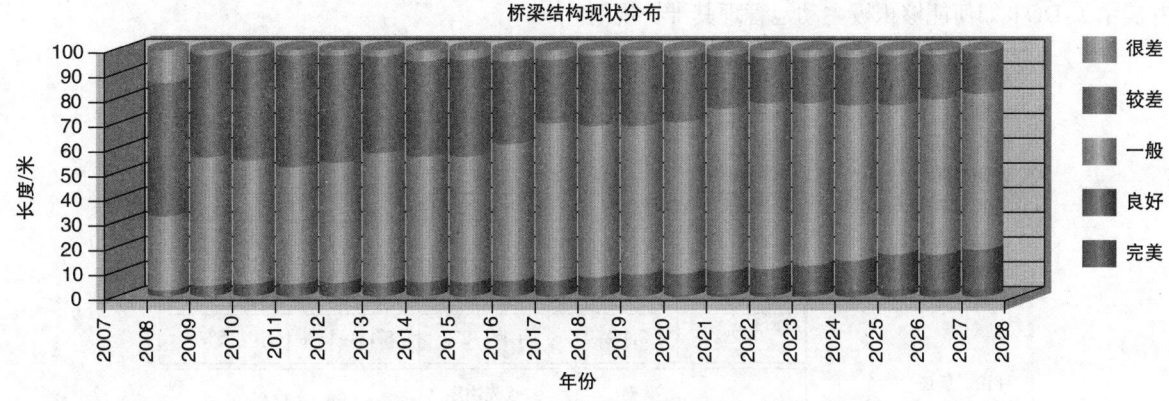

图 9-13 犹他州运用桥梁管理系统预测未来桥梁状况

来源：Utah DOT, 2015b

9.8.3 道路管理系统

大多数州和许多城市/地方政府机构都有一个道路里程数清单或道路管理系统，作为其他管理系统的基础数据层。例如，宾州交通部（PennDOT）的道路管理系统（Roadway Management System，RMS），对宾州的公路网情况进行了详细的定义和实时监测。它为 PennDOT 提供了有关道路特征和现状的清单，并向决策者提供了资金、业务规划、项目设计和维护方案编制所需的信息。由于其他管理系统将 RMS 作为地理空间参考基础，PennDOT 开发了位置参考系统（Location Reference System，LRS），将数据与道路位置联系起来（PennDOT, 2015）。在 RMS 中存储和管理的数据包括道路几何信息、交通信息、路面和路肩、维护历史、市政和立法边界、交叉口、路边特征、结构位置、铁路交叉口信息、路面测试、状况调查信息（包括导轨和排水特征）以及信息的发布/绑定。

作为对该机构重要性的一种表示，RMS 的其他用户包括 PennDOT 下属负责自动公路占用许可证、自动许可证路径和分析、桥梁管理、车辆碰撞记录、工程和建设管理、维护运营和资源信息、多模式项目管理、市政信息中心和资产管理的部门。

另一个例子来自马萨诸塞州，那里的道路清单包含所有公共空间位置，以及大部分马萨诸塞州私人道路。此外，该清单还包含道路属性涵盖道路分类、所有权、物理条件、交通量、路面状况、公路性能监测信息等。MassDOT 的地理信息系统平台的其他功能包括：提供铁路清单、骑行设施清单、公路区的边界、交汇处、交通计数地点、休息区、公园和停车场、收费亭、管道出口、公共交通停车场、火车站、货运铁路场、渡船路线、海港、水上出租车站、机场和国家公路系统（NHS）终点站（MassDOT, 2015）。

9.8.4 维护管理系统

州公路管理局斥巨资维持州公路系统。为开发更具效率的维护程序，许多州 DOT 运用了维护管理系统，以支持道路的日常维护工作。

华盛顿州交通部（Washington State DOT，WSDOT）提供了一个系统和性能驱动的维护管理方法的例子。WSDOT 开发了一个维护责任程序（Maintenance Accountability Program，MAP），该程序使用工具将战略规划、预算和维护服务交付联系起来。正如维护规划中所指出的，"MAP 流程为 WSDOT 提供了与客户清晰沟通的手段，包括立法机构、州长、交通委员会以及最终的纳税公众，并明确了政策和预算决策对服务水平的影响（WSDOT，2012a）。"

MAP 使用了基于性能的指标标准，通过 A（最佳）至 F（最差）的评级来报告所提供的服务水平。性能指标由一个条件指标（不足或需要评估的条件）、结果指标（指标单位）和每个 MAP 活动的五个服务级别的阈值组成。阈值是每个服务级别允许的缺陷范围。图 9-14 展示了每项资产收集的数据类型以及服务水平。将这些数据输入到管理系统中，从而产生图 9-15 所示的输出。这些信息在向立法者解释维护规划的好处时具有一定影响力，并展示了 DOT 如何能够积极主动地管理其维护规划。

编号	1A3	优先次序	28
名称	优先次序		
调查时间	夏天	详细程度	区域
调查对象	路肩缺陷		
评估指标	路肩缺陷百分比		
评估指标单位	% SF		

评估指标范围	服务水平				
	A	B	C	D	F
	0~2%	2.1%~4%	4.1%~8%	8.1%~15%	>15%

评论、备注	优先次序
数据来源	实地调查

图 9-14 华盛顿州维护服务水平数据

来源：WSDOT, 2014

可量化的维护过程
维护措施的服务水平目标

维护措施	1.0 + A	1.9 −	2.0 + B	2.9 −	3.0 + C	3.9 −	4.0 + D	4.9 −	5.0 + F	5.9
第1组道路维护和运营										
1A1 路面修补和裂缝密封			与路面管理报告相结合可知，93.3%的路面状况为一般或较好							
1A2 路肩维护							✓	⊙		
1A3 打扫和清洁	✓⊙									
第2组排水管道保养及斜坡维修										
2A1 排水管维护			✓⊙							
2A2 涵洞维护						✓		⊙		
2A3 维护集水管道及入口	✓				⊙					
2A4 维修雨水设施					⊙					
2A5 斜坡维修	✓⊙									
第3组路边及植被维护										
3A1 垃圾清理							✓⊙			
3A2 有害杂草控制				✓	⊙					
3A3 防治有害植被							✓	⊙		
3A4 控制植被障碍物						✓⊙				
3A5 景观维护							✓⊙			

图 9-15 华盛顿州可量化的维护方法

来源：WSDOT, 2012b

9.9 州公路规划和城市通道规划

州 DOT 希望道路系统规划是多模式联运的,并强调了前述环境因素,他们制订了公路系统规划以满足公路资本需求。在许多情况下,这些机构还制订了航空、铁路、行人/骑行者和公共交通的规划模式。制订一项以公路为导向的规划的主要原因是:①投资类别往往在方案上仅限于单一模式,因此制订一项含有无法投资的项目的规划毫无意义;②大多数交通方式在性质、空间范围和总体影响(例如公共交通服务)方面都有很大不同,主要是在城市地区,而不是覆盖整个州的州公路网;③这通常是立法要求的。

本节提供了两个公路规划的例子,包括明尼苏达州全州公路投资规划和亚特兰大地区委员会(Atlanta Regional Commission,ARC)制订的道路规划。在这些研究中使用的方法与其他章节中描述的方法非常相似,特别是第 6 章出行需求与交通网络建模、第 10 章交通系统管理和运营、第 15 章州域交通规划、第 16 章都市交通规划、第 17 章交通通道规划以及第 18 章地方和活动中心规划。这些方法不会在以下章节中赘述。下面的例子将简单地突出每个规划研究的一些关键方面。

9.9.1 明尼苏达州交通部公路投资规划

明尼苏达 20 年州公路投资规划(Minnesota State Highway Investment Plan,MnSHIP)是"MnDOT 决定未来 20 年交通系统资本投资优先事项的工具"(MnDOT,2013)。该规划的总体建议投资预算定为 180 亿美元(在预算受限的情况下),尽管需求评估确定需要的项目预算共有 300 亿美元。MnDOT 确实有一个全州范围的多式联运规划,它为接下来的模式规划制订了政策原则和指导方针。因此,公路系统规划是在多式联运政策环境下制订的(可参考第 15 章州域交通规划)。图 9-16 展示了 MnDOT 编制的所有规划之间的关系。

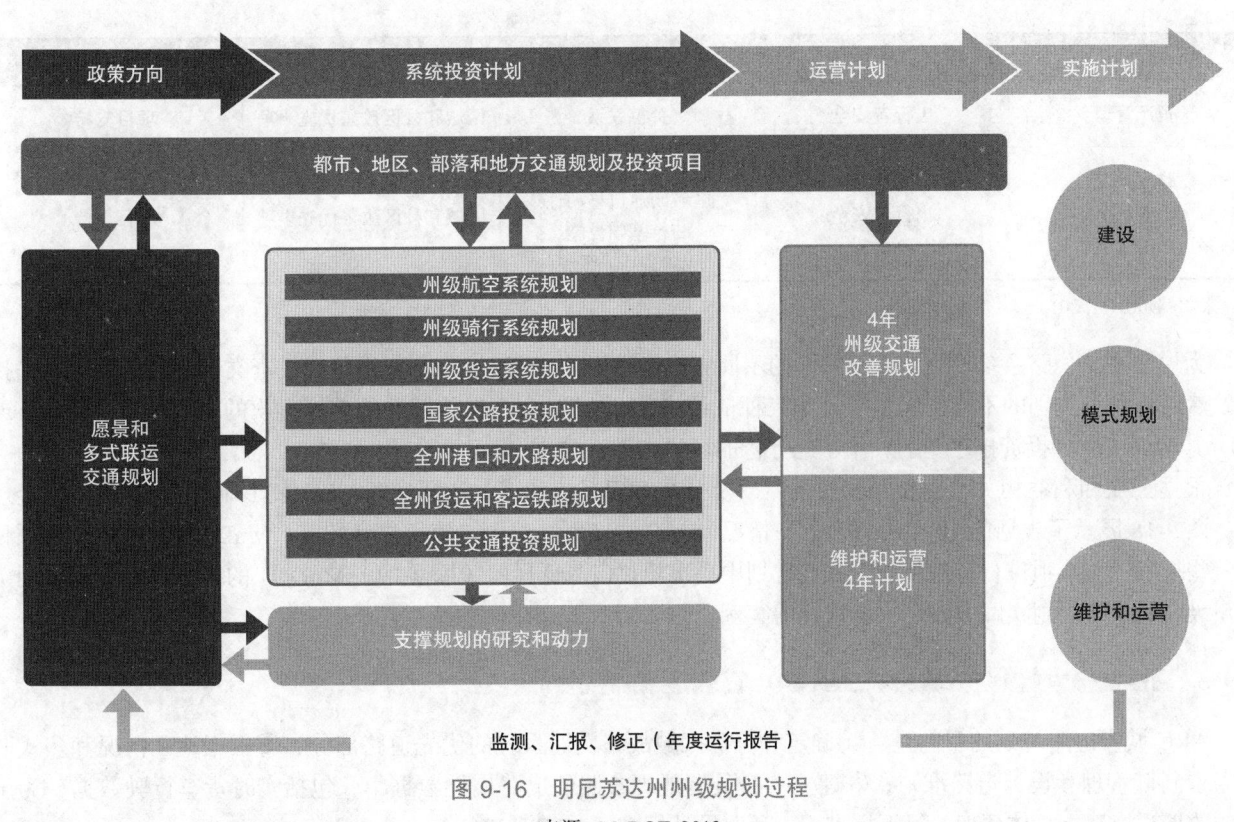

图 9-16 明尼苏达州州级规划过程
来源:MnDOT,2013

该公路规划一开始就将可能影响州交通系统未来使用的趋势考虑在内,具体如下。

- 人口老龄化——未来 20 年，出生率高峰的一代人将超过 65 岁。虽然许多人将继续驾驶私人车辆，但他们的出行频率和目的地可能会发生变化。
- 越来越多人选择在市区生活——绝大多数明尼苏达州人生活在城市地区。2010 年的美国人口普查显示，70% 的明尼苏达州人居住在城市和乡村，超过 50% 的人居住在双子城都市区。
- 能源变化——受全球需求影响，明尼苏达州的汽油价格自 2002 年以来翻了一倍多，供应和价格变得越来越不稳定。车主们通过减少用车、换用更高效的车辆或使用替代燃料来适应这一变化。
- 交通科技——车辆、交通信号、公共交通系统和其他交通领域的技术水平及一体化程度正在不断提高。这些科技的进步提高了效率和安全性，减少了排放污染。
- 持续的预算挑战——面对交通资金挑战，MnDOT 及其合作伙伴正更多地关注创新设计、共享服务和其他协作解决方案，以满足和优先考虑交通需求。
- 对人们身体健康的影响——交通方式的选择，例如骑行和步行，都有利于身体健康，并且越来越受人们欢迎。随着明尼苏达州城市人口的不断增加，人们越来越关注高强度、多功能的出行需求，这也为新的交通出行方式提供了机会，推动设计和鼓励更健康的交通选择。
- 加强全球竞争力——有效的交通系统使明尼苏达州能够支持多样化的经济，提供在全球竞争的机会，吸引人力资本，并保持创新和竞争力。
- 工作环境的改变、电话/视频会议和提供多种出行服务——企业正在利用电子通勤的选择和员工工作安排的灵活性。
- 洪水和水质的影响——洪水会严重损坏道路和其他交通设施，进而导致交通参与者面临绕行和延误问题。在过去 10 年里，明尼苏达州平均每年花费近 200 万美元修复被洪水损坏的道路。

MnDOT 确定了五个投资领域和类别，它们是该规划建议的核心投资战略（表 9-8）。请注意，资产管理类别主要取决于对路面管理和桥梁管理系统的投入。

表 9-8 明尼苏达州交通部投资领域和类别

资产管理	出行者安全	关键联系	区域和社区改善优先事项	项目支持
路面状况 桥梁状况 路边基础设施状况	出行者安全	双子城移动性 区域间通道移动性 骑行基础设施 无障碍行人设施	区域和社区改善优先事项	项目支持

来源：MnDOT, 2013

为说明在州公路系统投资 180 亿美元的不同方式所带来的权衡，MnDOT 为每个投资类别制订了性能水平指标，然后将每个类别的不同性能水平分为三种情景或"方法"。参与者能够在线选择喜欢的场景（方法 A、B 或 C），并增加或减少投资排序类别。用于此分析的场景如图 9-17 所示。

根据公众和利益相关者的参与和投入，以及自有管理系统和其他数据来源，MnDOT 制订了 20 年的资金规划。图 9-18 展示了规划前 10 年的资金分布情况。在这一规划过程中，值得注意的是，MnDOT 特意对交通项目和一些投资优先事项进行风险判断，并在规划中提出建议以降低风险（图 9-19）。MnDOT 的投资规划（和过程），在州级公路系统规划实践方面是一个很好的案例。

9.9.2 亚特兰大地区委员会（ARC）城市道路规划

ARC 城市道路规划的目的是：①确定和分类区域战略交通系统的优先道路部分；②根据地区情况和多式联运需求制订管理和设计道路准则；③建立一个具有地理参照的道路属性数据集，包括实时货车行驶数据，为未来的数据交换建立总体框架。以下标准用于道路设计标准（ARC，2011）。

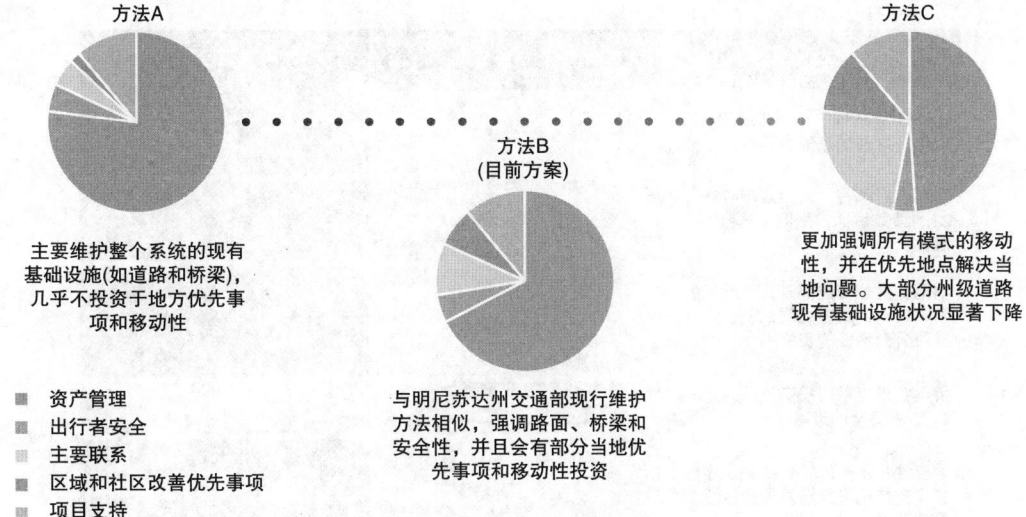

图 9-17　明尼苏达州州级规划过程情景
来源：MnDOT, 2013

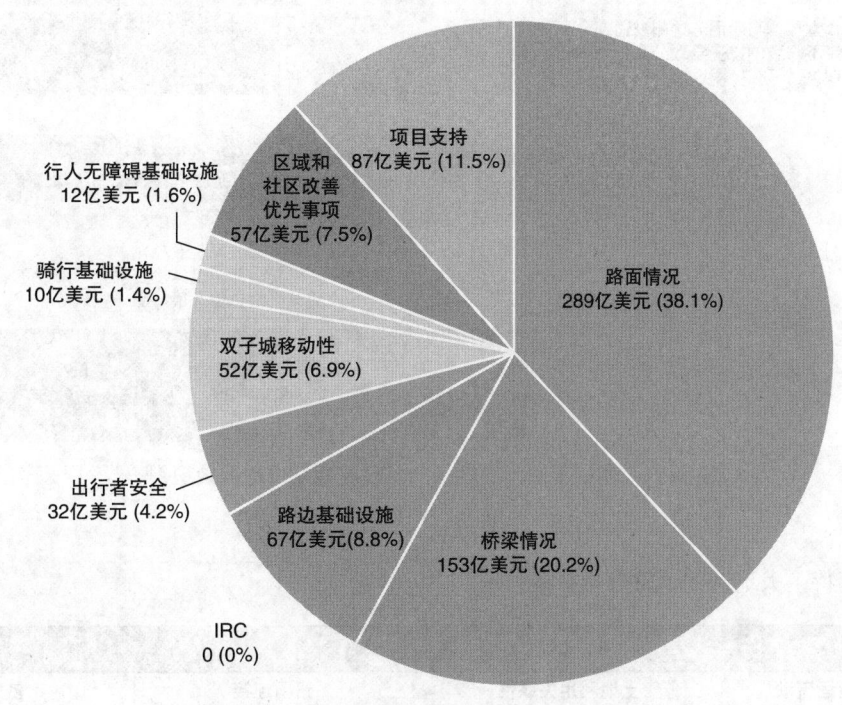

图 9-18　明尼苏达州前 10 年交通投资分配
来源：MnDOT, 2013

- 国家公路系统设计标准——道路对国家的经济、国防和地域连通很重要。
- 主干道设计标准——承担大量长途出行的功能。
- 区域通道设计标准——基于定性分析显示区域流动的通道。这些设施平均每天有超过 10000 次出行（年平均日交通量，Average Annual Daily Traffic，AADT），平均出行长度为 20 英里或更长。
- 区域货车路线设计标准——在亚特兰大战略货车路线总规划中指定为区域货车路线的道路部分。
- 优质公共交通路线设计标准——为优质公共交通增强而确定的道路设施，例如快速公交（BRT）、空中快速公交等。
- 区域交通运营方案（Regional Traffic Operations Program，RTOP）通道设计标准——联邦交通部确定的

跨区域通道，用于性能监测活动和优先考虑业务及维护改善。

主要资本投资风险	10年内风险最小化	20年内风险最小化
GASB 34法律：路面和桥梁状况恶化，危及国家债券评级	✓✓	✓
联邦政府政策：未能实现MAP-21的绩效目标，降低了资金的灵活性	✓✓✓	✓
明尼苏达州交通部政策：愿景的不一致和州级多式联运交通规划导致公众信任的丧失	✓✓	✓
桥梁：推迟桥梁投资被认为是不明智/不安全的策略	✓✓✓	✓✓
响应性：单一的投资优先次序限制了支持地方经济发展和生活质量提升的能力	✓✓	—
运营预算：不及时或减少的资本投资导致不可持续的维护成本	✓✓	✓
公众宣传：与明尼苏达州交通部宣传不一致的投资导致公众信任的丧失	✓✓	—

✓✓✓	充分最小化风险 明尼苏达州交通部通过其投资优先级降低了大部分或全部风险
✓✓	部分风险最小化 明尼苏达州交通部通过其投资优先级降低了大部分风险，但必须接受一些风险
✓ or —	风险无法控制或最小化 明尼苏达州交通部无法很好地降低风险，必须接受大部分风险，或者将风险转移给另一个机构

图 9-19　明尼苏达州交通部的州公路规划中的风险识别

来源：MnDOT, 2013

表 9-9 展示了亚特兰大地区的道路分类标准。

表 9-9　亚特兰大地区道路分类标准

	人员和货运流动	土地利用关联性	路网连接	多式联运功能
标准	通勤和货运量的百分比	区域吸引、城镇中心和/或工业物流区	类型/连接的程度	公共交通的分段式出行方式
一级	很高	主要-服务于5个或更多地区	公路到公路或州际支线	高品质的分段式公共交通服务
二级	适度	中等-服务于3~4个地区	连接活动中心/城镇中心的公路	适度的当地分段式公共交通服务
三级	低	基本-服务于0~2个地区	公路到其他有限道路或其他区域的支路	基本的公共交通或无公共交通

来源：ARC, 2011

区域出行需求模型为许多与移动性有关的性能指标提供了信息，公路路网的性能指标和目标的确定，将会用到区域土地利用数据库、道路碰撞数据库、地理信息系统骑行/步行路网和货车路线地理信息系统路网［关于数据源的更多细节请参见（ARC，2010）]，见表9-10。

表9-10 亚特兰大地区道路规划的评估指标和路网目标

评估指标	路网目标
平均速度	大于25英里/时（40公里/时）
事故（所有类型）	100起事故截至前第25位百分位数
每百万车/英里的事故（所有类型）	不到10%段，每百万车/英里超过15次崩溃
市中心2英里（3.2公里）内的公共交通	25%段
在市中心2英里以内的常规交通	75%段
市中心2英里内的骑行和步行基础设施	15%段
常规公共交通距离区域中心2英里	75%段
在区域中心2英里内的公共交通	25%段
区域中心2英里范围内的骑行和步行基础设施	15%段
工业物流中心2英里内的货运通道	80%段

来源：ARC, 2011

最终推荐的道路规划方案如图9-20所示。注意，这些建议是按不同的"级别"组织的，以反映不同级别道路对该区域公路网的重要性。

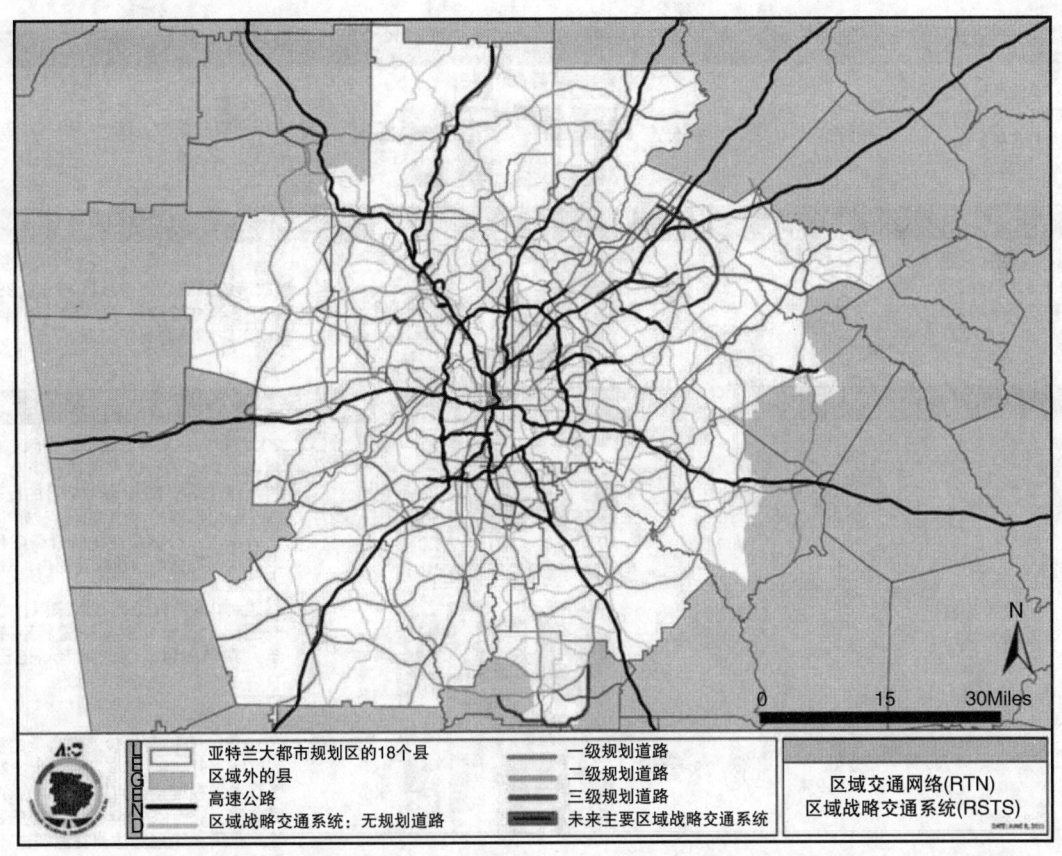

图9-20 亚特兰大地区提出的道路规划方案

来源：ARC, 2012

第9章 道路和公路规划 · 293

9.10 道路投资计划和绩效监测

道路和公路规划一般都建立在资本之上，在规定的年限内都会优先考虑道路建设项目。对于州 DOT，这项资本规划是全州交通改善规划（Statewide Transportation Improvement Program，STIP）的主要部分。STIP 为 DOT 列出了整个州的道路建设项目优先顺序清单。对于城市和市政道路规划，项目清单需要纳入资本投资规划或方案（Capital Investment Plan or Program，CIP）。在全州和地方的范畴内，名单必须由机构董事会或立法机构批准，有时两者都必须批准。在第 5 章交通财政与资金中，更详细地介绍了 STIP 和其他程序文件。

由于当今的重点是系统性能监测，许多管辖区已经制订了一个程序来监测交通规划和方案的实现情况。例如，在得克萨斯州，立法机构要求得克萨斯州交通部（Texas DOT）制订一个 24 年的长期规划，且必须提交一份年度报告，汇报在实现规划的目标和指标方面取得的进展。明尼苏达州 DOT 提供了另一个关于交通年度报告的例子（Texas DOT，2015）。图 9-21 列出了过去五年的性能指标值，并说明了这些统计数据的趋势。这一信息为州 DOT 官员们提供了参考依据，阐述了将来可能需要改进的方面，以实现规划目标。

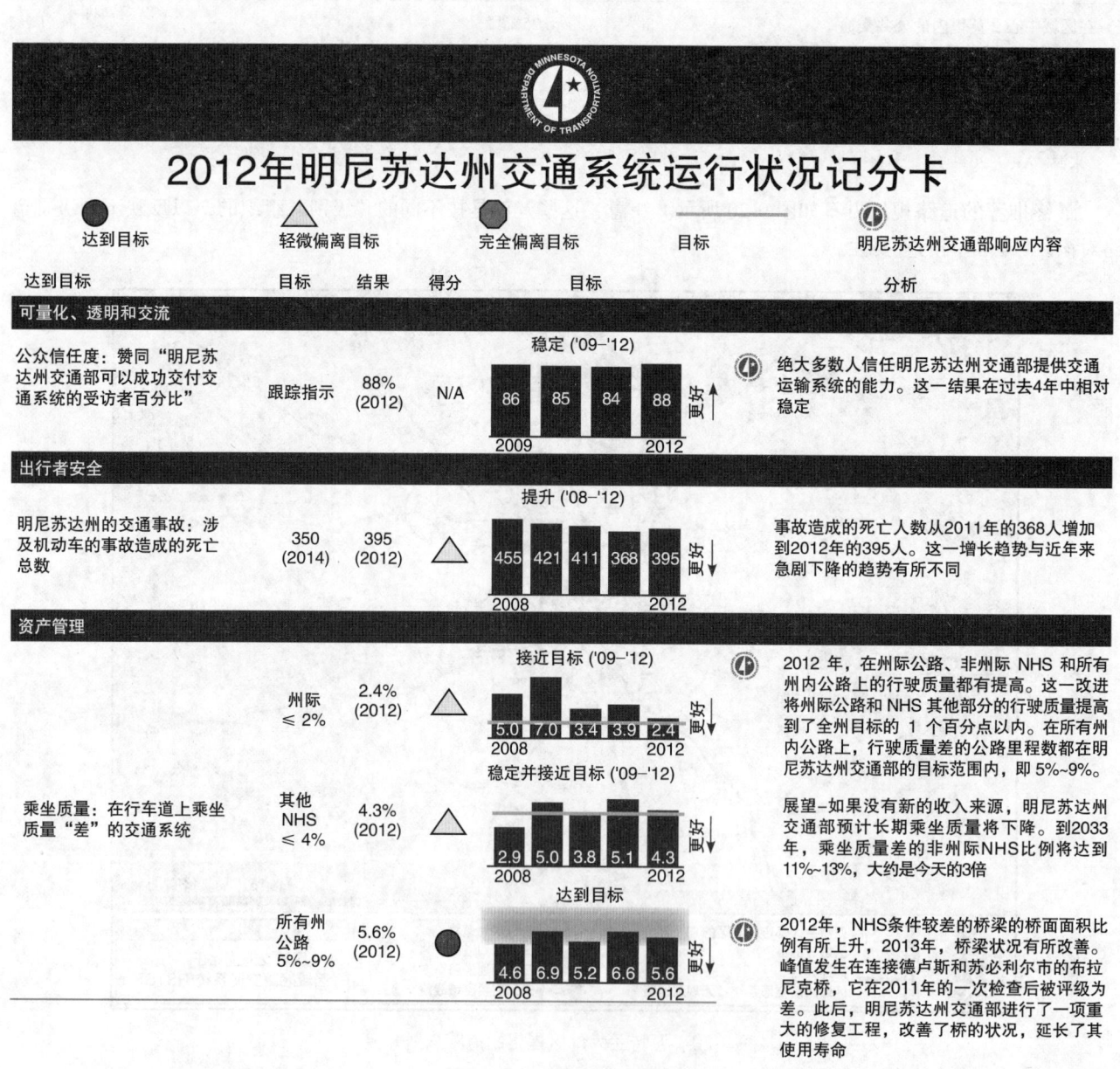

图 9-21　明尼苏达州交通部系统运行监测过程

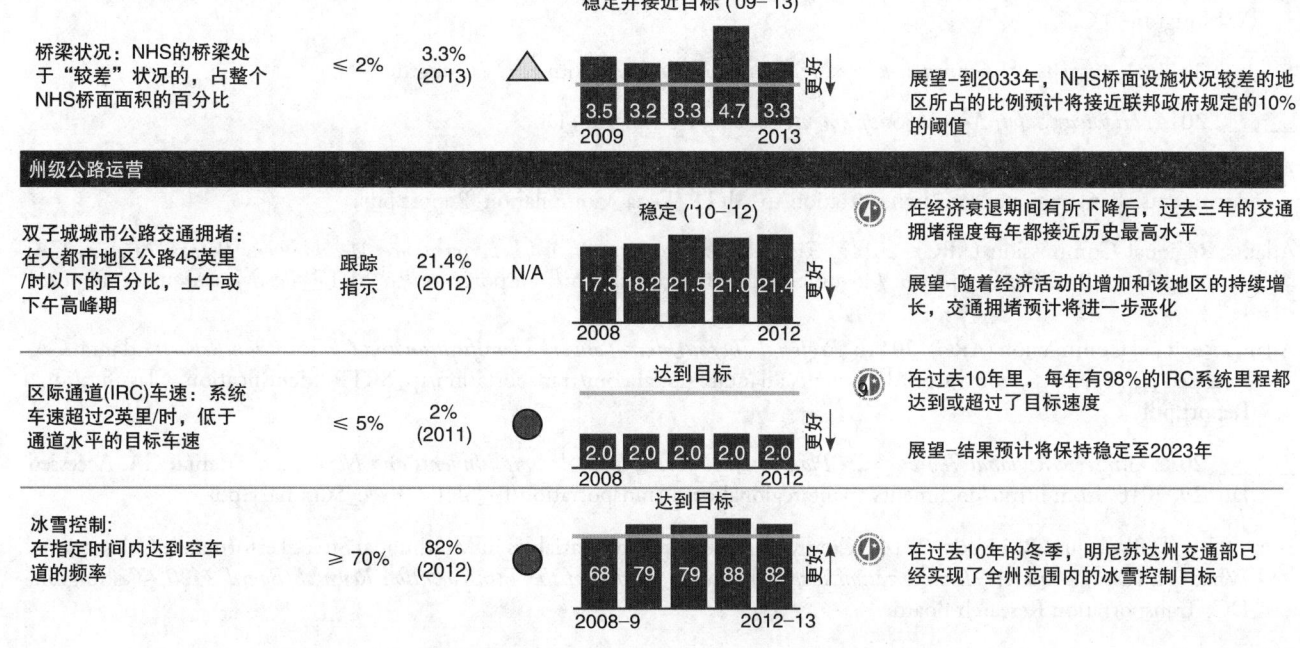

图 9-21　明尼苏达州交通部系统运行监测过程（续）

来源：MnDOT, 2014b

9.11　总结

道路和公路是交通系统的重要组成部分，也是交通规划过程的重点。今天的许多规划方法和工具实际上最初是为公路规划而开发的。历史上，道路和公路规划的重点是道路本身，交通规划者应关注以下问题：建造道路和公路的时机和可行性；它将承载多少和什么类型的交通；它应该有多少条车道和进出口接入点；它对邻近社区和自然资源环境的影响是什么。作为交通数据收集工作的一部分，许多数据被交通规划人员广泛应用于多模式规划。事实上，在系统层面上的长期公路规划几乎总是一种多模式规划方法，强调正确地选择多种交通模式。

今天，公路规划正在演变，这反映了人们对公路及其环境的日益关切。情境敏感性解决方案、交通稳静化、绿色道路和考虑公共交通、行人和骑行者需求的完整街道政策，以及货运人员的政策，都是道路规划的典型应用。以上这些方面所考虑的因素远远超出了对机动车的考虑。此外，随着对系统性能的强调，许多传统的道路性能指标，例如用于描述交通拥堵、延误和资产状况的指标，现在已成为各州和都市地区系统绩效监测规划的一部分。

本章阐述了道路和公路规划在国家、州或城市交通系统中的重要作用。道路规划和设计背景已成为与项目规划和设计决策有关的重要因素。城市环境与道路作用之间的关系已被纳入许多设计指南，特别是在地方社区层面。道路系统规划应基于不同情境，在路网和节点层面考虑多种交通方式之间的整合。在交通方面，更多的州和城市正在采用基于道路周边环境的道路规划和设计解决方案、交通稳静化、绿色道路和完整街道的规划和设计方法。

尽管这些方法对规划、建造和运营道路的环境更加敏感，但大多数道路规划仍然依赖多年来在行业中使用的性能和承载力指标。此外，反映人行道、桥梁和其他资产状况的评估指标为交通投资决策过程提供了重要贡献。道路系统规划与其他规划环境非常相似，在明确目标和目的、交通和土地利用数据的使用、出行需求模型的使用和预测未来影响的其他手段后，就要关注实施规划所需的资金。

参考文献

American Association of State Highway and Transportation Officials (AASHTO). 2010. *Highway Safety Manual*, 1st ed., Washington D.C.

_____. 2011. *A Policy on the Geometric Design of Highways and Streets*. 6th ed. Washington DC.

_____. 2014. *Highway Safety Manual Supplement*, 1st ed., Washington, DC

Atlanta Regional Commission (ARC). 2010. *Data Compilation Report*. Atlanta, GA. Accessed Jan. 29, 2016, from http://documents.atlantaregional.com/transportation/tp_SRTP_Data_Compilation_Report.pdf.

Atlanta Regional Commission (ARC). 2011a. *Regional Thoroughfare Network Performance Measurement Report*. Atlanta, GA. Accessed Jan. 29, 2016, from, http://documents.atlantaregional.com/transportation/tp_SRTP_PerfMeasurement_Report.pdf.

Atlanta Regional Commission (ARC). 2011b. *Regional Thoroughfare Network Identification and Classification Report*. Atlanta, GA. Accessed Jan. 27, 2016, from http://documents.atlantaregional.com/transportation/tp_SRTP_Identification_Classification_Report.pdf.

_____. 2012. *Strategic Regional Thoroughfare Plan Final Report: Major Accomplishments and Next Steps*. Atlanta, GA. Accessed Jan. 29, 2016, from http://documents.atlantaregional.com/transportation/tp_SRTP_Exec_Summary.pdf.

Brozen, M., T. Black, and R. Liggett. 2014. "Comparing Measures and Variables in Multimodal Street Performance Calculations, What is a Passing Grade?" *Transportation Research Record, Journal of the Transportation Research Board 2420*, Washington, DC: Transportation Research Board.

Bureau of Transportation Statistics (BTS). 2015. *Estimated U.S. Roadway Lane-Miles by Functional System*. Washington, DC: U.S. Department of Transportation. Accessed Jan. 30, 2016, from http://www.rita.dot.gov/bts/sites/rita.dot.gov.bts/files/publications/national_transportation_statistics/html/table_01_06.html.

Chicago Department of Transportation. 2013a. "Tools for Safer Streets," Chapter 1 in *Pedestrian Plan*. Chicago, IL. Accessed Jan. 11, 2016, from http://www.cityofchicago.org/content/dam/city/depts/cdot/street/general/ToolsforSaferStreetsGuide.pdf.

_____. 2013b. *Complete Streets Chicago*. Chicago, IL. Accessed Jan. 30, 2016, from http://www.cityofchicago.org/content/dam/city/depts/cdot/Complete%20Streets/CompleteStreetsGuidelines.pdf.

Dowling, R., D. Reinke, A. Flannery, P. Ryus, M. Vandehey, T. Petritsch, B. Landis, N. Rouphail, and J. Bonneson. 2008. *Multimodal Level of Service Analysis for Urban Streets*, NCHRP Report 616. Washington, DC: Transportation Research Board, Washington D.C. Accessed Jan. 17, 2016, from http://onlinepubs.trb.org/onlinepubs/nchrp/nchrp_rpt_616.pdf.

Ewing, R. 1999. *Traffic Calming, State of the Practice*. Washington, DC: Institute of Transportation Engineers.

Federal Highway Administration. 2007. *Integration of Context Sensitive Solutions in the Transportation Planning Process*. Office of Planning Report. FHWA-HEP-07-014. Washington, DC: U.S. Department of Transportation. Accessed Jan. 30, 2016, from http://www.fhwa.dot.gov/planning/csstp/integrating/index.cfm#bg.

_____. 2015a. *Context Sensitive Solutions*. Website. Accessed Jan. 30, 2016, from http://www.fhwa.dot.gov/planning/csstp.

_____. 2015b. *INVEST*. Website. Accessed Feb. 12, 2016, from https://www.sustainablehighways.org/891/why-and-when-would-i-score-a-system-planning-program.html.

Florida DOT. 2013. *2013 Quality/Level of Service Handbook*. Tallahassee, FL. Accessed Jan.15, 2016, from http://www.dot.state.fl.us/planning/systems/programs/sm/los/pdfs/2013%20QLOS%20Handbook.pdf.

Greenroads. 2015. *Greenroads*. Website. Accessed Jan. 12, 2016, from https://www.greenroads.org.,

Gulden, J. and J. De La Garza. 2016. *Traffic Calming*, Chapter 14, in Pande and Wolshon , eds. *Traffic Engineering Handbook*, Washington, DC: Institute of Transportation Engineers/Wiley Publishing.

Hranac, R., E. Sterzin, D. Krechmer, H. Rakha, and M. Farzaneh. 2006. *Empirical Studies on Traffic Flow in Inclement Weather*. Report FHWA-HOP-07-073. Washington, DC: Federal Highway Administration. Accessed Feb. 4,2016, from http://ops.

fhwa.dot.gov/publications/weatherempirical/weatherempirical.pdf.

Institute for Sustainable Development. 2015. Rating System website. Accessed Feb. 4, 2016, from https://www.sustainableinfrastructure.org/rating/infrastructure/whatistheneed.cfm.

Institute of Transportation Engineers. 2010. *Designing Walkable Urban Thoroughfares: Context Sensitive Approach*. Publication No. RP-036A. Washington, DC.

_____ 2011a. *Planning for Urban Roadway Systems*. An ITE Recommended Practice. Publication No. RP-015C. Washington, DC.

_____. 2011b. *Smart Growth, Transportation Guidelines*. An ITE Recommended Practice. Publication No. RP-032A. Washington, DC.

_____. 2015. *Integration of Safety in the Project Development Process and Beyond: A Context Sensitive Approach*. Washington, DC.

Lagerwey, P. 2005. Information provided by Peter Lagerwey, City of Seattle, June 22, 2005.

Lockwood, I.M. 1997. "ITE Traffic Calming Definition," *ITE Journal*, Vol. 67, pp. 22–24. July.

Los Angeles County Metropolitan Transportation Authority. 2014. *Metro Complete Streets Policy*. Los Angles: Metro. Accessed Feb. 25, 2016, from, http://media.metro.net/projects_studies/sustainability/images/policy_completestreets_2014-10.pdf.

Markow, M. and W. Hyman. 2009. *Bridge Management Systems for Transportation Agency Decision Making*. NCHRP Synthesis 397. Washington, DC: Transportation Research Board. Accessed Jan. 28, 2016, from http://onlinepubs.trb.org/onlinepubs/nchrp/nchrp_syn_397.pdf.

Massachusetts Department of Transportation (MassDOT). 2015. *Data*. Website. Accessed Jan. 2, 2016 from https://www.massdot.state.ma.us/planning/Main/MapsDataandReports/Data/GISData.aspx.

Minnesota Department of Transportation (MnDOT). 2013. *Minnesota State 20-Year Highway Investment Plan (MnSHIP), 2014–2033*. St. Paul, MN. Accessed Feb. 1, 2016, from http://www.dot.state.mn.us/planning/mnship/.

_____. 2014a. *Implementing Complete Streets*. St. Paul, MN. Accessed Jan. 30, 2016, from http://dotapp7.dot.state.mn.us/edms/download?docId=1213246.

_____. 2014b. *Annual Transportation Performance Report 2014*. Accessed Feb. 21, 2016, from http://www.dot.state.mn.us/measures/pdf/2014scorecard.pdf.

National Association of City Transportation Officials (NACTO). 2013. *Urban Street Design Guide*. Washington, DC: Island Press.

National Complete Streets Coalition. 2015. Model Language. Website. Accessed Feb. 25, 2016, from http://www.smartgrowthamerica.org/complete-streets/changing-policy/model-policy.

Oregon Department of Transportation (ODOT). 2015a. *Pavement Management Systems*. Website. Accessed Jan. 30, 2016, from http://www.oregon.gov/odot/hwy/construction/pages/pavement_management_sys.aspx.

_____. 2015b. *2014 Pavement Condition*. Salem, OR. Accessed Feb. 29, 2016 from http://www.oregon.gov/ODOT/HWY/CONSTRUCTION/docs/pavement/2014_condition_report_maps.pdf.

Pande A. and B. Wolshon. eds. 2016. *Traffic Engineering Handbook*. Washington, DC: Institute of Transportation Engineers/Wiley Publishing.

Parsons Brinckerhoff, 2014. *Task 2 Report: Review Project Rating Systems and Life Cycle Sustainability Tools,* NCHRP Project10-91, Guidebook for Selecting and Implementing Sustainable Highway Construction Practices. Washington, DC: Transportation Research Board.

Pennsylvania Department of Transportation (PennDOT). 2015. *Roadway Management System*, Website. Harrisburg, PA. Accessed Jan. 30, 2016, from ftp://ftp.dot.state.pa.us/public/Bureaus/BOMO/RM/RITS/RMS.pdf.

Project for Public Spaces (PPS). 2015. Roundabouts. Website. Accessed Jan. 15, 2016, from http://www.pps.org/reference/livememtraffic/#ROUNDABOUTS.

Rosales, J. 2007. *Road Diet Handbook: Setting the Trends for Livable Streets*. 2nd edition, New York: Parsons Brinckerhoff.

Shatz, H., K. Kitchens, S. Rosenbloom, and M. Wachs. 2011. *Highway Infrastructure and the Economy Implications for Federal Policy*. Santa Monica, CA. Accessed Jan. 30, 2016, from http://www.rand.org/content/dam/rand/pubs/monographs/2011/RAND_MG1049.pdf.

Stout, T. 2005. *Before and After Study of Some Impacts of 4-Lane to 3-Lane Roadway Conversions*. Ames, IA: Iowa State University, March.

Texas Department of Transportation (TxDOT). 2014. *Annual Analysis of Progress on the Statewide Long-Range Transportation Plan, Statewide Transportation Report, Legislative Report – January 2015*. Austin, TX. Accessed Jan. 12, 2016, from http://ftp.dot.state.tx.us/pub/txdot-info/tpp/legislative-report.pdf.

Transportation Research Board (TRB). 2010. *Highway Capacity Manual*. Washington, DC.

_____. 2013. *Transit Capacity and Quality of Service Manual*. Washington, DC.

_____. 2015. *Access Management Manual*. Washington, DC.

Utah Department of Transportation (UDOT). 2015a. *Bridge Managem,ent*. Website. Accessed Feb. 21, 2016, from http://www.udot.utah.gov/main/f?p=100:pg:0::::V,T:,2299.

_____. 2015b. *Strategic Directions*. Salt Lake City, UT. Accessed Feb. 21, 2016, from http://udot.utah.gov/main/f?p=100:pg:0:::1:T,V:39.

Virginia Department of Transportation (VDOT). 2013. *Multimodal System Design Guidelines*. Richmond, VA. Accessed Feb. 10, 2016, from http://www.drpt.virginia.gov/media/1055/drpt_mmsdg_final_full.pdf.

Washington State DOT. 2007. *2007-2026 Highway System Plan, High Benefit, Low Cost*. Olympia, WA. Accessed Jan. 22, 2016, from http://www.wsdot.wa.gov/NR/rdonlyres/B24AC1DA-8B9A-4719-B344-B083BB3F10FB/0/HSPweb.pdf.

_____. 2012a. *Maintenance Accountability Process (MAP) Manual*. Olympia, WA. Accessed Feb. 21, 2016, from http://www.wsdot.wa.gov/Maintenance/Accountability/mapmanual.htm.

_____. 2012b. *Maintenance Accountability Process (MAP) Manual. Chapter 4, Performance Measures*. Olympia, WA. Accessed Feb. 21, 2016, from http://www.wsdot.wa.gov/NR/rdonlyres/E5DAC706-644D-46E8-876E-9BDA0F10DA6C/0/Chpt4MAP.pdf.

_____. 2014. *Maintenance Accountability Process Activity Service Level Targets and Service Levels Delivered*. Olympia, WA. Accessed Feb. 21, 2016, from http://www.wsdot.wa.gov/NR/rdonlyres/B5A62A60-D332-414C-BE91-AE4790CD8208/0/Statewide_comb.pdf.

第 10 章

交通系统管理和运营

10.1 引言

历史上，交通规划与交通系统管理和运营（Transportation System Management and Operations，TSM&O）是两种有着不同要求的相对独立的活动，各属不同的机构职责以及不同的文化语境。例如，传统意义上，交通规划侧重于通过创造实体基础设施和服务来满足未来出行需求，通常很少考虑短期和正在进行中的运营问题。相反，工作涉及 TSM&O 的专业人员，通常关注短期或实时的系统运营问题，而很少考虑相关活动、远期区域交通系统与近期目标之间的关系。然而，一个安全可靠的交通系统所需要提供的不仅是输送人员、货物的高速公路以及公共交通基础设施，如今，它还需要高效的协调与运营，来满足公众及决策者对交通系统表现性能的期望。这一需求就是由 TSM&O 来满足的。

美国联邦交通法《迈向 21 世纪进程》（Moving Ahead for Progress in the 21st Century Act，MAP-21）将 TSM&O 定义为："通过多式联运、跨管辖区的系统、服务和项目的实施，来优化现有基础设施性能的综合策略。"联邦公路管理局（FHWA）发布的最新版《高速公路管理和运营手册》中，将 TSM&O 定义为一套"预测和管理交通拥堵，并将其他不可预测原因造成的服务中断、延误和崩溃影响降至最低的策略"（Noblis et al.，2015）。本章，TSM&O 这一概念将用于服务以上定义所述意图的总体策略或计划，"管理和运营"（Management and Operations，M&O）一词将用于描述这类计划中的部分策略类型。

以上两个定义在很多方面都与交通规划有关。首先，规划人员应将 M&O 策略视为改善交通系统性能表现的重要策略（例如，许多州和都市区正在实施地区车道管理策略，以作为未来系统性能表现的核心投资参考）。例如，由于拓宽主要公路很难获得资金或公共支持，有必要采取其他方式提高交通系统容量，许多 M&O 策略由此也被视为州和都市交通投资的可行方案。

第二，许多 M&O 策略都以区域为重点，因此需要进行跨管辖区合作。都市规划组织（MPO）的创建就是为区域合作提供这样一个公共讨论的机会（请参见第 1 章交通规划概论）。例如，在亚特兰大、达拉斯-沃斯堡、洛杉矶、旧金山、西雅图和华盛顿特区的 MPO 制订的都市交通规划中，都将 M&O 策略作为改善其所在地区交通系统性能表现的核心投资策略之一。

第三，交通规划过程具有包容性，对公众、重要的利益相关者和一些负责交通投资或受交通投资影响的政府机构开放。规划人员和交通系统运营人员之间协同合作的加强，有助于有效且高效地满足短期和长期交通系统性能需求投资。因此，加强协同与合作能帮助规划人员和运营人员更好地完成工作。

最后，考虑到交通规划的重点是系统性能提升（请参见第 1 章交通规划概论），M&O 策略可以提供与最常用的指标量测相关的系统级效益，包括：

改善出行时间可靠性。 出行旅客及货物托运人越来越在意他们严格规划好的个人活动和供应链流程是否会因不可靠因素而意外中断，但由于偶发交通拥堵的增加，例如交通事故、恶劣天气、特殊事件或施工建设造成的意外或异常延误，出行时间变得越来越不可预测。总体交通量的增长通常意味着即使是小规模的交通中断，也会使大范围区域内的交通系统性能产生重大连锁反应。规划人员和运营人员之间更紧密的联系有助于提出可靠性计划和策略，例如：部署快速检测事故的技术；利用可变信息指示牌和其他方法向公众和媒体提供及时、可靠的交通信息；利用机动事故响应小组迅速清理交通事故发生地。

改善系统弹性。系统运营也是弹性交通系统的一个重要关注点。在一些规划和投资优化运营的灵活性方面具有优势的国家和地区，已经在建立各种紧急情况和安全局势的应对机制。此外，一些专门用于支持交通安全和应急预案的资金，也可用于支持交通 TSM&O 目标。

改善环境质量。联邦公路管理局已经为交通专业人士开发了一个自我评估工具，用于判定他们所采取的可持续发展行动的有效性级别，称为"基础设施可持续性自愿评估工具"（Infrastructure Voluntary Evaluation Sustainability Tool, INVEST）。该评估工具可帮助交通机构将可持续性纳入计划（政策、流程、程序和实际行动）和项目中，且基于网络的最佳实际行动集合（FHWA, undated）。根据机构目前所采取的实际行动，对其工作评级打分。TSM&O 系统就是其中的一个得分项，正如联邦公路管理局所指出的，"通过改善流动性，减少资金需求、交通拥堵和资源消耗以及提高现有交通系统的效率，来支持三重底线原则"（FHWA, undated）。如果已有 TSM&O 政策或计划，无论 TSM&O 指标量测是否用于决策、M&O 策略实施到何种程度，机构都可以得分。

提到 TSM&O，必然会涉及其他几个能建立有效交通系统重要活动的系统运营概念。例如，图 10-1 展示了 TSM&O 作为一个总体框架，是如何由几个不同部分组合成的。又如，运营规划和运营的区域概念，包括系统级、实时系统管理（例如主动停车管理和主动需求管理），以及针对交通系统不同部分的行动和方法。以高速公路为例，这是一个重要的与交通规划建立紧密联系的过程。图 10-1 用于本章大部分内容的体系构建。

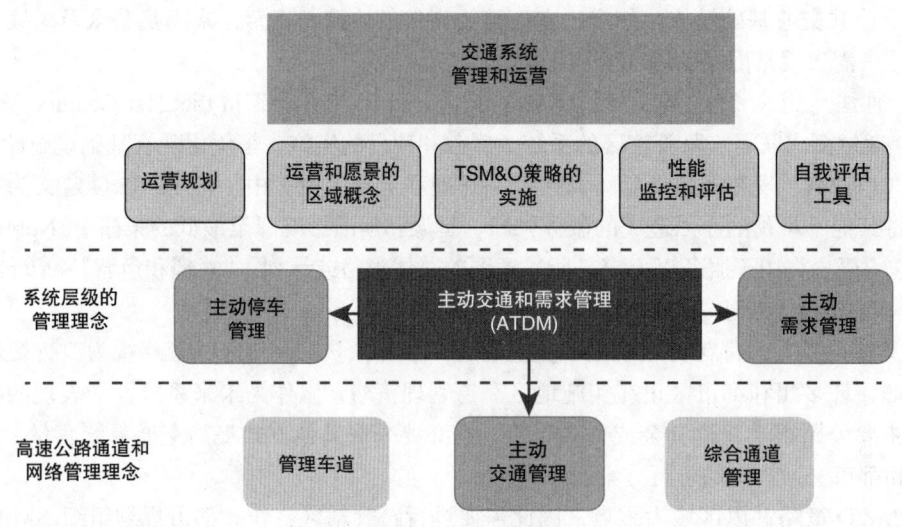

图 10-1　高速公路管理中的交通系统管理和运营框架

来源：Noblis et al., 2015

在意识到构建 TSM&O 策略所带来的优势后，还必须了解交通网络和设施性能。下一节将探讨与交通网络和设施性能相关的两个 M&O 策略重点特征：道路拥堵和出行时间可靠性。之后要关注的是，在机构能力范围内，TSM&O 运营和组织的规划。接下来，按图 10-1 所示的框架，将讨论主动交通和需求管理，以及两者如何助力实现 TSM&O 目标，随后将介绍改善交通系统性能的 M&O 策略，以及规划流程改善与运营之间的关联。它强调了如何对现有关系进行强化、新的关系如何发展以及如何加强协调与协作的机会，强调了规划人员和运营人员在建立更紧密联系方面发挥的重要作用，以及这些关系的好处。最后一节讨论了可能对交通系统管理和运营产生重大影响的新兴技术：无人驾驶车辆和车辆网联技术（包括车辆对车辆和车辆对基础设施）。

需要指出的是，许多 M&O 策略和行动发生在全州范围或都市范围的交通规划过程之外。例如，交通事故管理、道路天气管理、施工作业区管理，以及可以在一个州的任何地方发生且通常不包括交通规划人员参与的特殊事件。本章将重点介绍与交通规划有一定联系的 M&O 策略。

10.2 理解路网和设施性能

由于种种原因,交通系统的运营性能正逐渐受到交通官员的关注,例如,第 15 章、第 16 章和第 17 章描述了如何将指标量测纳入全州、都市和通道交通规划过程。当讨论系统性能时,交通拥堵和出行时间可靠性这两项特别的性能通常是最重要的,因此交通规划人员应了解与每一项性能相关的关键问题。请注意,以下章节重点讨论道路性能,公共交通和骑行/步行交通运营问题将分别在第 12 章和第 13 章中讨论。此外,在许多方面已经确定了道路性能服务水平的关键变量本章将不再赘述,例如交通流量、速度与密度之间的一些基本关系,这些信息已在第 9 章中介绍。

10.2.1 道路拥堵

道路拥堵是与交通系统性能相关的最重要特征之一,仅次于安全性。正如第 2 章和第 9 章所讨论的,拥堵可以用几种不同的维度来定义(图 10-2):①空间上(有多少交通系统存在拥堵?);②时间上(拥堵持续多久?);③严重程度(产生了多少延误或平均行驶速度是多少?);④可变性(拥堵是如何一小时一小时、一天一天改变的?)出行时间的可靠性将在下一节中讨论。

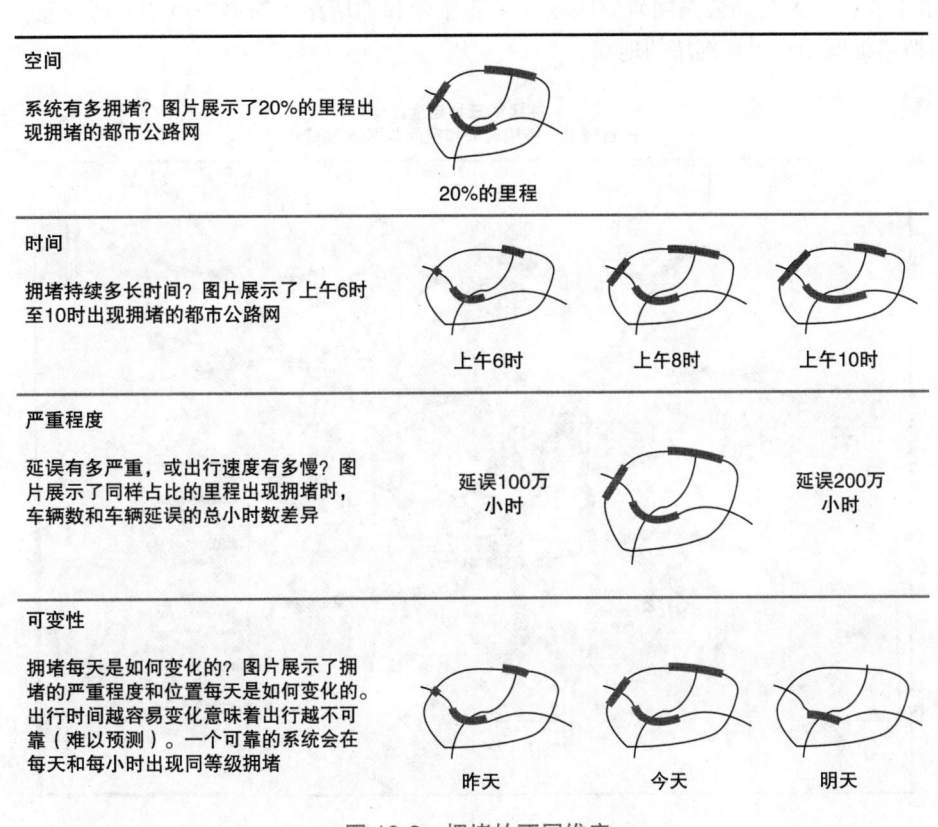

图 10-2 拥堵的不同维度

来源:Cambridge Systematics et al., 2013a

许多 M&O 策略的重点是降低交通系统中造成拥堵因素的发生率和/或相关延迟。道路拥堵因特定地点和特定时间处理交通需求的能力不足而发生。由于道路设计和由此产生的通行能力无法满足需求,每天都会在同一地点发生道路拥堵,这种情况称为重复性拥堵。交通拥堵也可能因撞车等事故、施工和天气而发生,这种情况称为偶发性拥堵。图 10-3 展示了美国公路网不同类型延误发生率的估计值,偶发性事件引起的延误约占 60%。

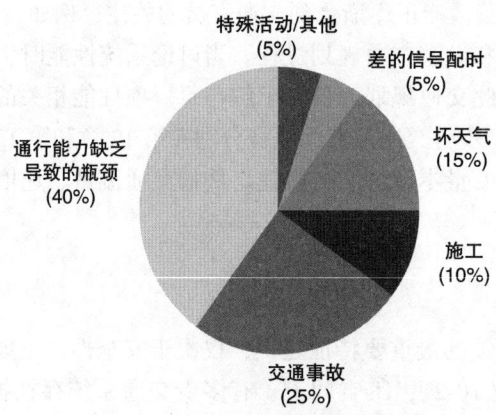

图 10-3 造成美国公路网延误的原因
来源：Cambridge Systematics, 2014

图 10-4 展示了亚特兰大全局公路网研究区域的主要瓶颈和拥堵路线的典型地图。请注意，在这种情况下，上文说明的不同拥堵维度用于确认拥堵的地点。

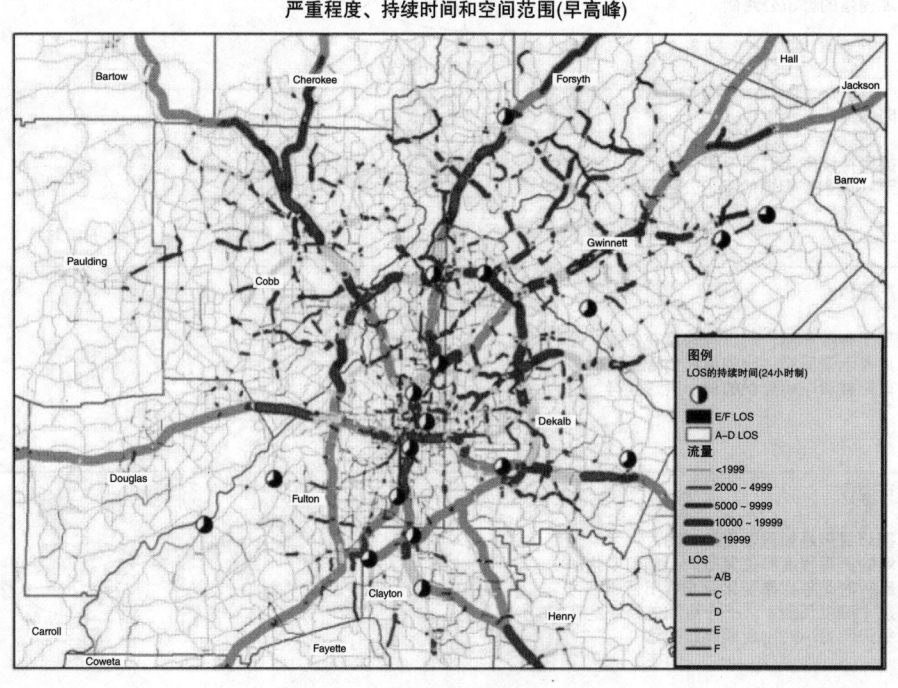

图 10-4　亚特兰大全域拥堵地点
来源：ARC, 2015

从长期土地使用政策到短期道路几何结构改善，可采用一系列策略来降低交通拥堵等级。表 10-1 展示了可视为拥堵管理流程（Congestion Management Process，CMP）一部分的多种策略。每个超过 20 万人口的都市区【称为交通管理区（Transportation Management Areas，TMA）】都要求有一项 CMP，这一流程关注对拥堵的缓解，旨在"随着目标和目的的变化、新拥堵问题的出现、可用新信息源的出现和新策略的识别和评估，允许 MPO 灵活地改进和调整"（Grantet al., 2011）。注意，M&O 策略是表 10-1 所列策略的一部分。这些策略也在本手册的其他章（第 3 章、第 11 章、第 12 章、第 13 章和第 14 章）中进行了讨论。

表 10-1　拥堵管理策略的项目类型

主要类别	收益	成本	实例
出入管理	增加容量、有效性和流动性，减少出行时间	根据情况从低到高变化，且包括设计、实施和维护成本	转弯限制，转弯专用道，临街道路，环形交叉口
主动交通	降低机动化出行模式分担，减少车辆出行里程（VMT），提高空气质量效益	低到适中	新建人行道和自行车道，改善公共交通站点附近的设施，共享单车，专有通行权
公路	增加容量、流动性和交通量	依据策略从低到高变化，建造新通道（ROW）的成本高于设计改进	多乘员车辆（HOV）车道，超级街道干道，高速公路拓宽，加速和减速车道，设计改进
土地利用	减少单乘员车辆（SOV）出行，增加步行出行，增加公共交通模式分担，空气质量效益	低到适中，涉及制定法规，可能需要经济激励措施，以鼓励开发商参与	填充，公共交通引导开发（TOD），提高密度
停车	增加公共交通使用，减少 VMT，产生收入	低到适中，但需要经济激励措施，以鼓励开发商参与	HOV 优惠停车场，停车和换乘场，先进的停车系统
监管	减少 VMT，提高空气质量效益，增加安全性，产生收入	根据情况改变	碳排放定价，VMT 费用，随车付费保险，汽车限制区，货车限制
出行需求管理	减少高峰时段出行，减少 SOV 的 VMT	低到适中	可替代的工作时间，远程办公，道路收费，付费公路
公共交通	转换模式分担，增加公共交通客流量，减少 VMT，提高空气质量效益	依据策略从低到高变化，建设新公共交通出行路线的成本高于改进服务频率	增加覆盖率和频率，新的固定导轨出行方式，雇主激励计划，信号优先，智能公共交通站点
TSM&O	减少出行时间，减少停车，减少延误，增加安全性，改善可靠性	根据情况改变，但趋势是从低到适中，涉及新基础设施和设备的大型项目成本较高	信号协调，匝道测量，公路信息系统，服务巡逻，事故管理

来源：Cambridge Systematics, 2013a

10.2.2　出行时间可靠性

在过去十年里，交通系统的可靠性一直是交通官员关注的问题。简单来说，可靠性是系统性能稳定性随时间变化的一种测量方式。因此，如果一次出行在某一天需要 45 分钟，那么在第二天的同一时间段内，所有条件相同的情况下，出行者期望同样出行耗费的时间仍是约 45 分钟。图 10-5 从如何衡量一条道路连接的性能的角度展示了这一概念。图 10-5 也引出了一个问题，从性能衡量的角度看，哪种可靠性统计措施是最合理的？

表 10-2 展示了可用于测量系统可靠性的不同类型措施，是得克萨斯 A&M 交通研究所（Texas A&M Transportation Institute，TTI）全国拥堵情况报告的一部分。TTI 制订了一系列与图 10-5 相关的措施（参见第 2 章出行特征及数据，以及下一节关于指标量测的内容），每两年发布一次，以激发人们对不同都市区出行可靠性的兴趣。

M&O 策略可通过减少导致系统中断的事件数量（例如道路匝道控制）和减少此类事件发生时的延误水平（例如交通事故管理），在改善出行时间可靠性方面发挥重要作用。

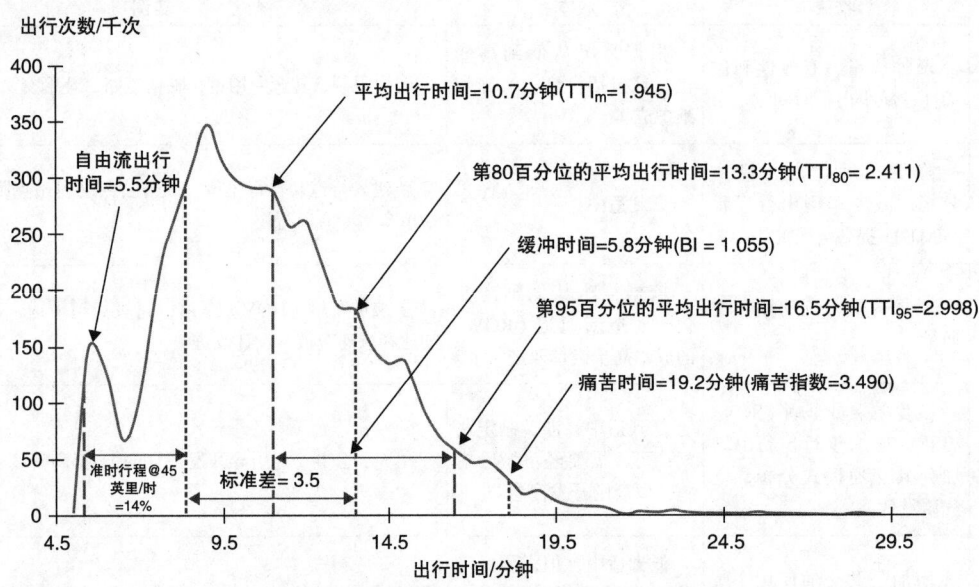

图 10-5 一个路段按出行时间分布的可靠性衡量指标

来源：Cambridge Systematics et al, 2014

表 10-2 可靠性测量的定义

可靠性性能指标	定义	单位
缓冲指标	·出行时间第 95 百分位指标与出行时间平均值标准化为平均出行时间的差值 ·出行时间第 95 百分位指标与出行时间中位值标准化为平均出行时间的差值	%
规划时间指标	·出行时间第 95 百分位指标（出行时间第 95 百分位数除以自由流出行时间）	无
失败/准时措施	·小于出行时间中间值 ×1.1 或出行时间中间值 ×1.25 的出行百分比 ·空间平均速度低于 50 英里/时（80 公里/时）、45 英里/时（72 公里/时）或 30 英里/时（48 公里/时）的出行百分比	%
出行时间第 80 百分位指标	·出行时间第 80 百分位数除以自由流出行时间	无
贫困指数	·最高的 5% 出行时间除以自由流出行时间的平均值	无
倾斜统计	·（出行时间第 90 百分位数减去中间值）与（中间值减去第 10 百分位数）的比值	无
标准差	·常用统计定义	无

来源：Cambridge Systematics et al., 2014. Reproduced with permission of the Transportation Research Board.

美国交通研究委员会第二阶段的美国公路策略研究计划，将出行时间可靠性作为一个自身改进将对系统性能产生显著影响的系统关键特性之一。在以下网址可以找到大量研究报告和从业者指南：http://shrp2.transportation.org/Pages/Reliability.aspx。

10.3 交通系统管理和运营的规划与组织

图 10-1 中的 TSM&O 框架展示了一个通常在 M&O 策略实施之前用于向现有计划提供反馈，以提高整体性能的规划和组织活动级别，其中的三项，即运营规划、运营的区域概念和组织能力（包括图中所示的性能监控和自我评估主题）特别值得讨论。

10.3.1 运营规划

FHWA 将运营规划定义为"规划人员和运营人员共同努力以支持地区交通系统管理和运营的改善"（Grant et al., 2010）。这一概念包括各种通过改善交通系统运营状况来提高交通系统性能的活动，例如在交通规划过程中仔细考虑 M&O 策略，以及交通系统运营人员、公共交通机构、公路机构、收费机构、地方政府和其他机构之间合作的必要性，以促进交通系统运营状况的改善。

运营规划与交通规划过程的关键组成部分有紧密联系。例如，这意味着确定以系统运营关注的目标、目的和指标量测；意味着将管理和运营策略纳入规划过程中考虑的项目和行动组合中；意味着使用优先排序标准来反映 M&O 策略可能带来的收益类型。

如上所述，美国联邦法律要求 20 万人口以上的城市化地区必须有一个拥堵管理流程，作为其交通规划流程的一部分。联邦法规中定义的 CMP 旨在成为"为多式联运系统提供安全有效的综合管理和运营的系统流程"（Grant et al., 2011）。一般而言，这一流程包括：

- 制订拥堵管理目标。
- 建立多式联运系统性能指标。
- 收集数据并通过系统性能监测来确定拥堵的程度、持续时间，以及拥堵原因。
- 确定拥堵管理策略。
- 实施行动，包括制订执行时间表和为每个策略确定可能的资金来源。
- 评估实施策略的有效性。

由于 CMP 是强调 M&O 策略的联邦都市规划要求，可作为综合规划和运营的坚实基础。CMP 可以有多种形式，其核心应包括一个数据收集和性能监控系统、一系列解决拥堵的策略、用于确定何时需要采取行动的指标量度或标准，以及一个确定拥堵管理策略有效性优先级的系统。

CMP 有助于提高规划人员对运营策略中可能存在的系统效率的认识。当 CMP 的指标量测和策略评估在制订长期规划和交通改善计划（TIP）时得以充分利用时，CMP 将成为规划和计划过程中不可或缺的组成部分。

CMP 可以让 MPO 接触到更多元的解决拥堵的策略。联邦法规要求，规划人员应通过 CMP 认真考虑对拥堵有显著影响的策略。同时，CMP 应包括对拟议策略成本效益的评估。此外，CMP 必须考虑"提高现有交通系统效率"的策略。如果 M&O 策略作为 CMP 的一部分提出，则更可能纳入到一个交通规划中。

当 CMP 明确由区域目标和目的驱动，且运营管理者参与到 CMP 的制订和实施中时，运营管理者就有机会认识到交通策略如何支持区域交通规划和计划的基本目标。此外，CMP 还可以作为一个公共讨论平台，就哪些策略是最有效的进行跨管理辖区范围的讨论。

CMP 为运营规划提供了一个良好的基础，但它往往侧重于减少拥堵，而通过 M&O 策略还可以实现许多其他目标，例如可达性和出行时间可靠性。在后面的章节中将更详细地讨论交通规划流程中的 TSM&O 考虑因素。

10.3.2 运营的区域概念

交通运营的区域概念（Regional Concept for Transportation Operations, RCTO）通常以协作和持续的方式促进 M&O 策略的规划和实施。RCTO 应让合作机构就短期 TSM&O 目标及如何实现这些目标达成共识（FHWA, 2015a）。

RCTO 的六个关键因素如下：

- 动机（"为什么"）——基于区域需求、目标或运营关注点制定 RCTO 的缘由。
- 运营目标（"是什么"）——交通系统性能和相关指标量测方面的预期近期结果。
- 方法（"如何做"）——对如何实现运营目标的总体描述。
- 关联性和程序——机构安排、谅解备忘录（Memoranda of Understanding, MOU）、协议、信息共享等。
- 物理设施改善——设施、设备、系统等。
- 资源安排——资金来源和使用、员工、设备等（FHWA, 2015a）。

运营区域概念的一个实例是亚特兰大区域委员会（Atlanta Regional Commission，ARC）为所在区域开发的智能交通系统（ITS）。ARC成立了一个成员来自联邦、州和地方机构的ITS小组委员会，参与所在区域的ITS技术规划和部署。该小组委员会后来成为区域管理和运营小组委员会，目前为交通规划和交通改善计划（TIP）的制订投入资源，并提供一个与系统运营有关的用于信息交流的公共讨论场所。

制订该地区ITS策略的初衷，是促进该地区交通系统的发展。这一策略包括：

- 一个向参与亚特兰大地区10个县交通运营的所有当地和州级交通及事故响应机构提供直接、实时信息的广域通信网络。
- 通过多种媒体向公众提供实时出行信息。
- 一个强调交通系统高效运营，并提供技术工具以优化所有交通和事故响应机构运营状况的制度环境。
- 一个监控系统性能并允许系统增长和增强的流程。

图10-6展示了为指导实施计划的制订而发展的ITS运营概念。Georgia NaviGator是一个负责发布实时系统性能信息的区域交通管理中心。请注意ITS策略涉及大量参与者，这也表明了协调和合作的必要性。图10-7展示了有助于ITS策略实施的输入源。

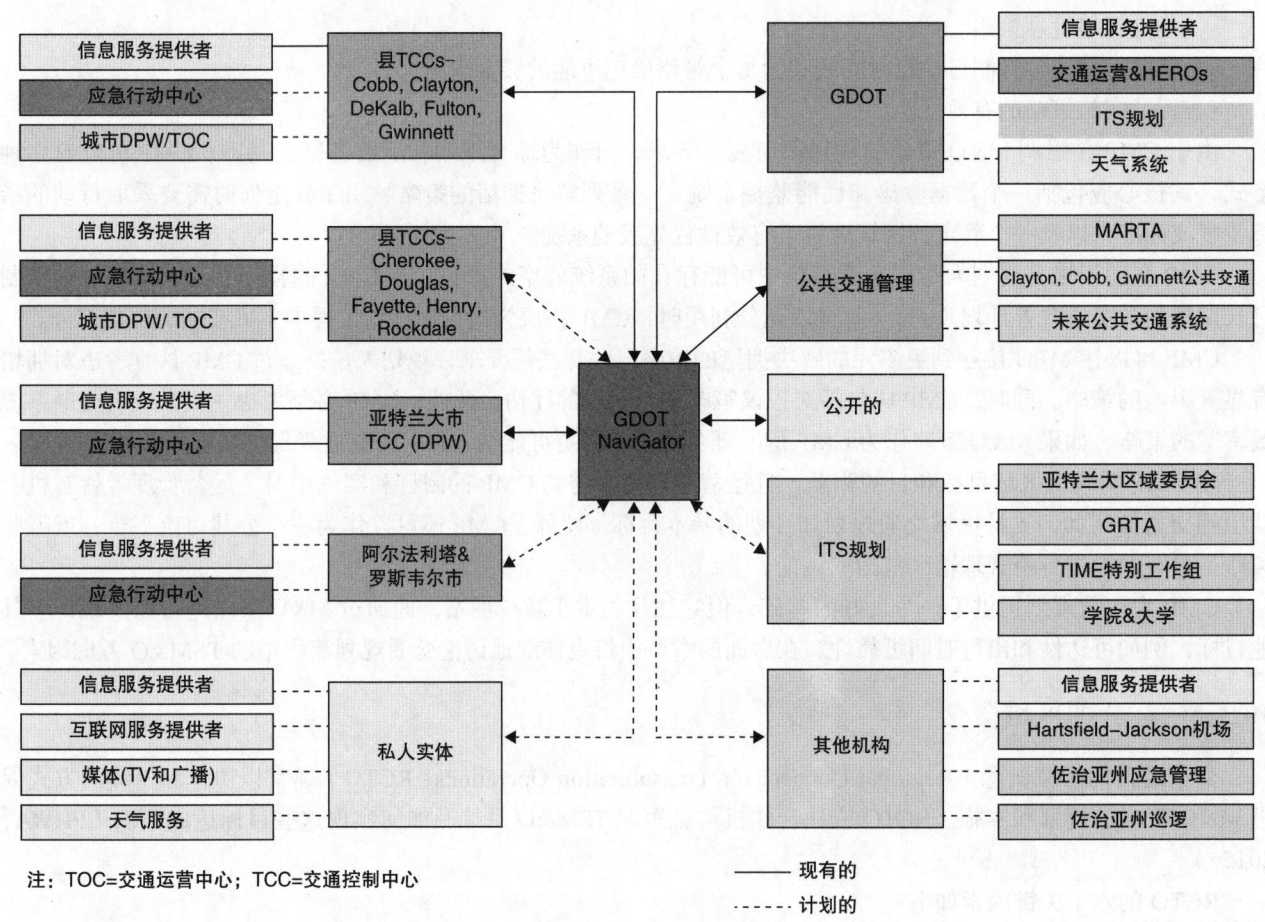

图10-6　亚特兰大ITS运营概念

来源：ARC, 2006

区域ITS架构包括一个定义了参与区域集成ITS系统部署和运营的组织间关系的运营概念，它是使规划与运营产生更广泛联系的起点。考虑到一个区域ITS的优先事项和组织方式需随出行模式、可用资金和技术能力的发展而变化，这一体系结构也要随区域长期目标和目的的变化而发展成熟。

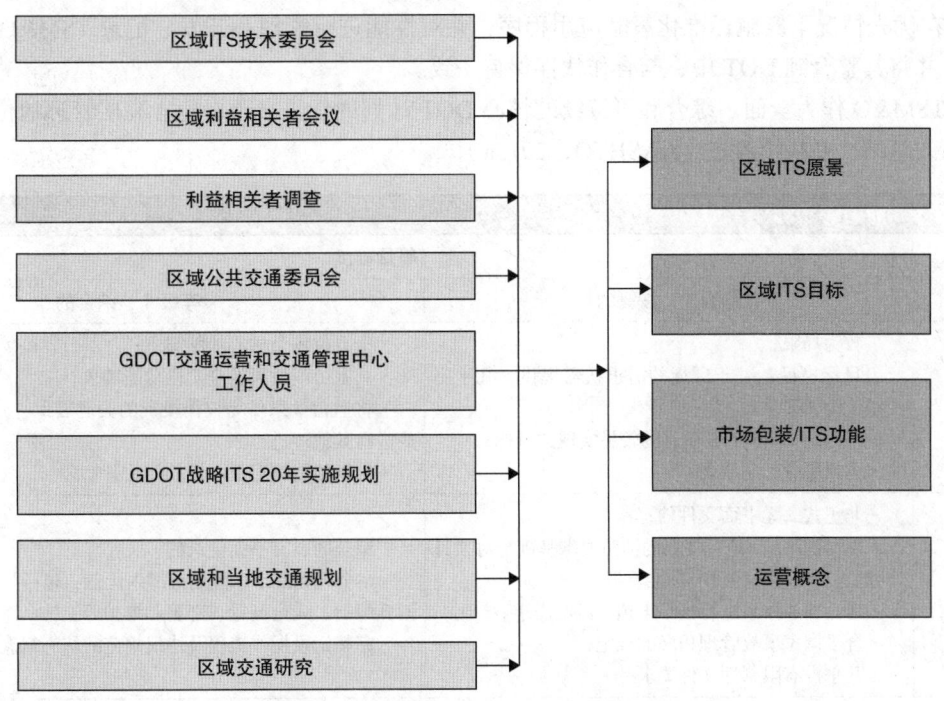

图 10-7 亚特兰大 ITS 策略的输入源
来源：ARC, 2006

10.3.3 组织能力

为建立和管理一个 TSM&O 计划而开发组织能力，是系统运营机构面临的一项关键挑战。美国交通研究委员会公路策略研究计划（Strategic Highway Research Program，SHRP）的报告《改善系统运营和管理能力的指南》，描述了提高州运输部管理各种 M&O 策略的能力的步骤，例如：应对撞车、故障、危险物质泄漏及其他紧急情况的事故管理；综合通道管理；道路天气管理；施工区交通管理。该报告为那些希望将 M&O 策略纳入机构活动的人士提供了很好的指导（Parsons Brinckerhof et al.，2011）。

该报告得出如下结论：判断机构 TSM&O 活动是否有效的标准不是预算或技术技能，而是能否根据 TSM&O 应用程序特征制定关键流程和制度安排。有六个维度是成功的关键：业务流程，系统和技术，指标量测，机构文化，组织和人员配备，合作（FHWA，2015b）。其中，有三个维度是面向过程的：

- 业务流程，包括规划、计划和预算（资源）。
- 系统和技术，包括系统工程、系统架构标准、互通性和标准化的使用。
- 指标量测，包括量测定义、数据采集和利用率。

另外三个维度是制度层面的：

- 文化，包括技术理解、领导力、外延服务和计划法律权威。
- 组织和人员配备，包括计划进度、组织架构、员工发展、招聘和留用。
- 合作，包括与公共安全机构、地方政府、MPO 和私营部门的关系。

这项研究提供了一个"成熟度"模型，使官员能首先了解他们的组织在 TSM&O 计划特征方面的位置，然后确定为达到更高的"成熟度"需要开展哪些行动步骤。美国国家公路与运输官员协会（AASHTO）基于上述研究成果开发了一个可确定增强 TSM&O 计划行动类型的自我评估工具，其中的 TSM&O 成熟度级别包括：

- 1 级—活动和关系主要是临时的、非正式的和拥护者驱动的，基本不属于其他 DOT 活动的主流。
- 2 级—了解基本的策略应用程序；关键流程支持已确定的需求，关键技术和核心能力正在开发中，但内部责任有限且与外部合作伙伴的协调不平衡。

- 3级—在优先情况下实施标准化策略应用程序，并对性能进行管理；开发、记录 TSM&O 的技术和业务流程，并将其整合到 DOT 中；与合作伙伴保持一致。
- 4级—TSM&O 作为全面、综合和可持续的核心 DOT 计划的优先事项，建立高层管理地位和正式合作伙伴关系的基础，并持续改进（AASHTO，2015a）。

表 10-3　TSM&O 能力等级和业务流程

业务流程	等级程度	
	等级 1：按需的	等级 4：综合的
功能界定	· 较为局限； · 目标模糊：基于区域的需求按需提供，几乎不受限于全州要求； · 局限的 / 基于 ITS 项目的较易实现的目标； · 全州服务标准缺失	· 全方位满足核心功能需求； · 具有协同效果的全阶段功能需求； · 将运营效果作为权衡投资的关键因素，并在流动性管理方面进行其他改进； · 功能拓展到更低一级的司法管辖区
技术流程	· 非正式、无书面文件的； · 在局部区域 / 地区规划的消防要求基础上对项目 / 问题进行处理（但没有标准模板）； · 对运营和体系进行极小干预，匹配需求； · 合乎国家事故管理程序的规定； · 几乎没有限制性文件要求	· 综合的、有书面记录的； · 在全州和都市区规划范围内运营，包括与运营相关的规划、预算编制、人员配置、部署和维护等工作； · 完整记录操作流程及协议规范的核心概念
技术及系统开发	· 定性的、投机的； · 在项目层面选取技术手段； · 对操作平台理解的需求有限； · 数据单元混合； · 缺少合适的采购流程	· 标准化的、可交互操作的； · 系统评估齐全 / 应用最合适的技术 / 具备程序组合与进化条件； · 开发 / 维护标准性技术平台； · 拥有资产清单
指标量测	· 具备产出报告； · 缺乏持续改进的概念； · 缺乏目标：仅通过有限的分析 / 补救措施来衡量产出； · 提供成果措施； · 项目后期分析有限	· 安排指标责任； · 观点能够得到持续改进（需要内部以及跨部门的项目后期分析）； · 在单位和机构层级，通过内部定期及公开的成果执行情况报告履行问责制和基准制

来源：Parsons Brinckerhoff et al, 2012. Permission granted by the Transportation Research Board.

表 10-3 展示了在机构行动方面不同成熟度的含义。在这种情况下，只有第 1 级和第 4 级的成熟度是为了让人们简单了解 TSM&O 计划中可能存在的能力范围。

在交通规划和决策中对 M&O 策略的关注，可通过 MPO 或州交通部（DOT）的领导来实现，也可通过更多机构和利益相关方对合作行动优势的认识来逐渐发展。一些既有的手册和指南能帮助交通官员在其所在州或区域制定全面的、合作的 TSM&O 计划。Parsons Brinckerhoff 等人（2011）是对改进此类计划所能采取的步骤的最全面审查者，因此，对那些有兴趣加强已有计划的人来说，这是一个很好的参考。

AASHTO 自我评估清单不仅使官员能确定 TSM&O 计划的有效性，还能根据自我评估问题把握计划的可能方向。五类问题涉及计划的组织结构、决策过程、计划产品、资源分配和利用以及指标量测输入报告。对此感兴趣的人，可在以下网址找到 AASHTO 的自我评估工具：http：//www.transportationops.org/tools/aashto-tsmo-guidance。

10.4　主动交通及其需求管理

图 10-1 展现了主动交通及其需求管理（Active Transportation Demand Management，ATDM）主题下的三个系统管理"理念"。FHWA 将 ATDM 定义为"对交通设施的出行需求、交通需求和交通流量的动态管理、控制和影响"（FHWA，2012b）。相应的，ATDM 由主动交通管理、主动需求管理和主动停车管理三个主要部分组成。

主动交通管理是"根据普遍的和预测的交通状况来动态管理常态的和非常态的交通拥堵的能力，以出行可靠性为中心，最大限度地提高了设施的效果和效率"（FHWA，2012b）。交通系统的连续监测是主动交通管理的基础，相关机构可使用已归档的数据和/或预测方法来进行实时更改，以实现或保持系统性能。

典型策略
- 动态车道使用/路肩控制——动态打开路肩车道，或动态关闭出行车道，以临时应对拥堵或事故的增加。
- 动态速度限制——基于道路、交通量和天气条件对速度限制进行动态调整。
- 排队警告——通过警告标志的动态显示来提醒驾驶人前方拥堵和排队。
- 自适应匝道测量——动态调整匝道入口的交通信号，以主动管理来自本地路线道路的车流量。
- 动态路线再规划——动态提供备用路线信息，以应对瓶颈/事故时增长的拥堵。
- 动态交叉口控制——根据现有公路交通和汇聚/分流交通量提供可通行车道，优先考虑更大交通量的设施，以最大限度地减少汇聚/分流运动的影响。
- 自适应交通信号控制——根据普遍情况对信号配时计划进行优化，以增加干线公路的流量（FHWA，2012b）。

典型效益
- 流量提高3%～7%。
- 总容量增加3%～22%。
- 主要机动车事故减少3%～30%。
- 二次机动车事故减少40%～50%。
- 车速整体协调。
- 出行可靠性提高（FHWA，2011）。

主动需求管理（ADM）使用"包括将出行重新分配到一天中不太拥挤的时段或路段，或通过影响某一种出行模式的选择来减少整体车辆出行在内的信息和技术来动态管理需求"（FHWA，2012c）。

典型策略
- 动态降低票价——随着特定通道拥堵或延误的增加，使用公共交通系统的票价会降低。票价调整信息通过公共交通网站等大众化传播渠道及向订阅者发送个性化信息，来实时传达给出行的公众。
- 动态多乘员车辆（HOV）/专用车道——HOV车道质量根据HOV和通用车道上的实时或预期条件进行动态调整。
- 动态共享乘车——利用智能手机和社交网络等先进技术，安排即时的共享乘车。这有助于通过实时的和动态的拼车来减少试图进入拥堵道路的汽车出行/车辆数量。
- 动态路线——通过引导驾驶人前往不太拥堵的交通方式或路段，使用可变的目的地通信来传播信息，更好地利用道路通行能力。通过实时和预期条件提供路线指引，并在空间上分配交通流量，以提高系统整体性能。
- 动态公共交通能力分配——根据实时需求和模式调整时间表和资源分配（例如公共汽车），以覆盖网络中最拥堵的部分。实时的和预测的交通条件可用于确定规划公共交通运营所需的变化，从而有可能减少交通需求和道路设施的后续延误。
- 按需公共交通——出行者通过灵活的路线和时间表请求实时出行服务，允许用户根据其个人出行的出发地/目的地和期望的出发或到达时间请求特定的公共交通行程。
- 可预测的出行信息——结合实时和历史交通数据，预测即将到来的出行条件，并将该信息传达给出行前和途中的出行者（例如，在全局性路线选择地点之前），从而影响其出行行为。预测的出行者信息需要整合到各种出行者信息机制中（例如多式联运出行规划系统、511出行信息服务系统和动态信息标志），以允许出行者做出更好的知情决策。
- 提升换乘服务能力——通过动态运营管理，改善从高频公共交通服务（例如火车）换乘到低频公共交通服务（例如公共汽车）的可靠性（FHWA，2015c）。

典型效益

- 文献中很少有证据表明这些策略的可量化效益，但它们有助于提高综合出行需求管理（TDM）计划的有效性（请参见第 14 章关于出行需求管理的内容）。

主动停车管理（Active Parking Management，APM）是"对区域内停车设施的动态管理，以优化这些设施的性能和利用率，同时影响出行过程，即从起点到终点，各个阶段的出行行为"（FHWA，2015d）。

典型策略

- 动态超流公共交通停车——当现有停车设施达到或接近其通行能力时，在公共交通站点和/或停车换乘设施附近动态使用超流停车设施。停车需求和空余情况受到持续监控，可实时确定是否需要超流停车，并向出行者提供相应的动态路线信息。
- 动态停车位预订——根据需要使用技术在终点站预留可用停车位。
- 动态寻路——向出行者提供与空间可用性和位置相关的实时停车信息，从而优化停车设施的使用，并将耗费在寻找可用停车位的时间降至最少。停车场空余受到持续监控，并向用户提供到停车位的路线信息。
- 动态停车费——根据需求和可用性，对停车费用动态调整，以影响出行时间选择和停车设施或地点选择，从而更有效地平衡停车供给和需求。停车位空余受到持续监控，停车价格用作影响出行和停车选择的手段，并动态管理交通需求（FHWA，2015d）。

典型效益

- 出行者——更容易驶入，减少寻找停车位的时间，减少负面感受。
- 场馆运营方——提高了无障碍性，并相应地提高了光顾率和客户满意度。
- 停车位运营方——增加了空间占用率，并相应增加了收入。
- 辖区和附近社区——减少了在街道中寻找停车位用户的数量（FHWA，2007）。

有关停车管理策略的更多信息，请参阅第 11 章。

10.5 管理与运营策略案例

FHWA 为 M&O 行动创建了一个资源库，提供与以下主题相关的最新信息，读者可在以下网址查阅：http：//www.ops.fhwa.dot.gov/publications/publications.htm#eto。

- 主动交通和需求管理
- 主干道管理
- 拥堵缓解
- 通道交通管理
- 紧急运输行动（Emergency Transportation Operations, ETO）
- 促进综合 ITS 部署
- 高速公路管理
- 货物运营和技术
- 货车尺寸和重量
- 减小局部瓶颈
- 运营资产管理
- 规划的特别活动交通管理
- 运营规划
- 实时系统管理信息
- 实时出行者信息
- 道路天气管理
- 特别活动
- 收费和定价计划

- 交通事故管理
- 出行需求管理
- 施工区管理

以下案例更详细地说明了 M&O 策略提高交通系统性能的潜力。

10.5.1 紧急运输行动

涉及 M&O 策略的机构越来越关注灾难防备规划和区域应急响应的协调规划。一些地区已经成立了 M&O 委员会，重点关注日常的交通运行状况，同时设立了一个交通应急防备小组委员会，重点关注与应急管理有关的长期规划和培训计划。这样的安排有助于更好地协调规划和运营。

极端天气事件几乎威胁着美国全域，特别是近些年。2012 年，美国共发生 133 起灾害事件，造成高达 881 亿美元的损失，灾害类型包括飓风、干旱、热浪、严重的局部风暴、非热带洪水、冬季风暴、野火和严重沙尘暴。交通系统管理人员和运营方通常处于预防和管理这些事件影响的前线。在自然灾害频发地区，例如飓风、地震和洪水多发地区，交通机构要为潜在的受影响区域提供疏散路线，并响应所需的应急通道路线。

AASHTO 为交通系统管理方制订了预测和处理系统故障的指南。这份指南能帮助 TSM&O 管理者和员工做好更充分的准备，以应对极端天气。其中的"十大建议"如下（AASHTO，2014）：

- 偶发事件计划——有应对停电、绕行、残渣清理和超重或破损货车路线的偶发事件计划，包括预先批准的承包商和资金。
- 疏散路线和应急路线——在高风险区域提供有效的疏散路线。
- 出行者信息——开发有效的公共和出行者信息系统/服务，向出行者提供出行选择（包括社交媒体工具、手机软件和通过车辆技术收集实时情况）。
- 演习和测试——用对"常规紧急情况"的响应来测试人员配置、部署和通信。此外，在需要事件响应时，提前与地方、州和联邦级合作伙伴合作。
- 预先确定材料和设备的位置——开发应对天气相关事件导致的交通系统中断的策略，包括在脆弱区域预先确定替换材料（例如排水管等）的位置。
- 备用通信——布置备用通信设施，例如卫星电话、便携式公路咨询无线电台、货车无线电台和替代网络。
- 风险降低策略——确定易受风险（例如洪水、滑坡等）影响的设施位置，并制订适当的策略，将此类风险降至最低。
- 早期预警指标——将潜在极端天气相关风险的"早期预警指标"纳入资产和维护管理系统。
- 加固系统——为紧急情况准备备用发电机、加固标志结构和交通信号线、预先定位可变信息标牌和辅助车辆。
- 员工保护——在日常和应急行动中，保护工人免受极端温度和天气的影响（AASHTO，2014）。

有多种不同类型的 M&O 策略可用于处理紧急情况，例如高级出行者信息系统（Advanced Traveler Information Systems，ATIS），在向出行公众传达交通系统状况和推荐安全路线方面非常重要。在最近的灾害中，包括免费电话线路、网站、可变信息标志、固定的便携式公路咨询无线电台和自动通信应用程序在内的通信手段，可随情况变化向出行者提供警告（Zimmerman et al.，2007）。

FHWA 已经在美国许多都市区进行了疏散研究，以确定大规模疏散的准备情况和障碍。这些研究很好地描述了都市区在疏散中面临的挑战（FHWA，2015e）。表 10-4 展示了疏散面临的障碍类型。注意，其中许多障碍是 MPO 在规划过程中就考虑到的，例如有限的基础设施、单侧双向行车的车道策略、数据收集和整合以及拥堵程度等（Vásconez and Kehrli，2010）。

从运营角度看，预测和应对灾害的主要参与者将是拥有和管理交通系统的人。MPO 作为一个地区内其他机构的主要召集者，可为讨论和合作提供一个重要的平台，以确保做好准备。

对系统中断感兴趣的读者可参阅（Meyer et al.，2014；AASHTO，2013，2014；Baglin，2014）。对疏散计划感兴趣的读者可参阅 FHWA 的应急行动网站（http://www.ops.fhwa.dot.gov/publications/publications.htm#eto）。

表 10-4　美国部分城市面临的疏散障碍

城市	疏散障碍
亚特兰大	单侧双向行驶约束；基础设施限制；带有立交桥的主干道系统无法容纳拖车高度；桥梁重量限制了交通；交通数据分散在整个区域内
巴尔的摩	疏散计划需要更新；基础设施阻碍道路；缺乏协调的信号计时系统
波士顿	单侧双向行驶约束；路肩可能无法支撑额外的疏散交通；无避难场所
查尔斯顿	I-26 基础设施约束；东西向疏散路线；车道限制；疏散路线沿线的智能交通系统（ITS）能力；查尔斯顿至哥伦比亚沿 I-26 的事故响应者覆盖范围
芝加哥	交通拥堵；紧急车辆通行；铁路道口/街道拥堵；单侧双向行驶运行会阻碍疏散；为响应者和公众提供的实时公路信息
达拉斯/沃斯堡	基础设施有限；关键路线缺乏摄像头；疏散计划缺失
丹佛	缺少疏散计划；没有确定疏散路线；没有为紧急服务分配车道；基础设施限制；疏散路线上的交通流分析；天气障碍
底特律	基础设施状况阻碍了响应者的操作；交通拥堵；高速公路瓶颈，包括狭窄的车道和有限的路肩
汉普顿港群	交通信号灯定时；渡口数量；在关键疏散路线上的 ITS 部署受限；易受洪水影响的基础设施；管理疏散行动和工具的人力资源
休斯顿	瓶颈；与公众的沟通；要部署的资源的数量/类型；更多的闭路电视摄像机；建模的时效性
杰克逊维尔	工作区；有限的加油站；I-10 西向没有动态信息标志（DMS）；关键州际公路上没有 ITS 部署
拉斯维加斯	车道不足和日常拥堵；与其他州协调疏散路线；通信系统不支持疏散行动；可部署的交通标志和疏散路线标志；交通流量监测
洛杉矶	交通拥堵和疏散路线容量；通信能力；公众宣传和了解疏散过程
迈阿密	道路通行能力不足；关键基础设施受损；主要路线上的工作区；交通信号配时；主干道上缺乏 ITS 装置
明尼阿波利斯-圣保罗	基础设施容量和拥堵；缺乏协调的计划和关于疏散益处的普遍一致意见；交通与应急行动中心不相连；需要更多的标志和公众教育；协调信号配时计划；解决行人流动的设备缺口；开发多种渡河方案
国家首都区（特区，马里兰州 & 弗吉尼亚州北部）	区域地理信息系统（GIS）数据库；主干道上的交通信号协调；有限的道路通行能力；机构协调；通信互操作性和协议；要员（VIP）机动和安全
新奥尔良	公路洪水；额外 ITS 能力；通行能力不足；缺乏应急车道
纽约	基础设施状况和限制；州/地方交通官员和响应者之间需要改进协调方式；影响共享态势感知数据的 ITS 部署有限；天气影响；公众宣传活动的需求
费城	高速公路拥堵；态势感知需求；紧急信号配时协调；运营协调；收费减免
菲尼克斯	通信能力；社区外展和教育计划；农村疏散路线标识和信息（公共外展）策略；大规模疏散区域指挥和控制中心；疏散路线标识
波特兰，俄勒冈州	桥梁脆弱性；通行能力和基础设施限制；与邻近管辖区和公众的通信和协调；用于事故行动的通信和 ITS 技术；改善交通管理和安全；更健全的疏散行动规划；资源的识别和使用
圣地亚哥	通信能力；疏散路线容量；需要开展公众宣传活动
旧金山	通信能力受损；疏散路线沿线的基础设施（道路、桥梁和立交桥）
西雅图	交通拥堵；基础设施有限；应急人员资源不足，难以管理疏散
圣路易斯	通行能力有限；公路容量和桥梁
坦帕-圣彼得堡	公路基础设施容量；桥梁基础设施容量；桥梁易受损坏程度；公路易受损坏程度；受地理限制的疏散路线

来源：Vásconez and Kehrli. 2010

10.5.2　促进 ITS 综合部署

ITS 技术定义为"将信息技术应用于地面交通，以达到提高安全性和机动性，同时减少交通环境影响的目标"。美国交通部对未来交通系统的愿景包括（USDOT, 2011）：

- 一个全连接、信息丰富的出行者、货运经理、系统操作者和其他用户可以充分了解交通系统所有模式下性能的环境。
- 一个因所有类型车辆和路边系统在以下两方面协同工作，而很少发生公路撞车及相关恶性后果的合作系统：
- 传达周围发生的事件和危险。
- 协调车辆和驾驶人之间的行动及反应，以避免碰撞。
- 出行者有全面且准确的出行选择信息，包括：公共交通出行时间、安排、成本和实时位置；驾车出行时间、路线和出行花费；停车花费、可用性和预订空位的能力；每次出行的环境足迹。
- 系统操作者充分了解每种交通资产的状态。
- 所有类型的车辆都能与交通信号通信，以消除不必要的停车，并帮助人们以更节能的方式驾驶。
- 能传达车载系统状态，并提供出行者和系统运营者所需信息的车辆，以减轻车辆对环境的影响和/或对出行模式做出更有依据的选择（USDOT，2011）。

ITS 最早出现于 20 世纪 90 年代初的美国，其研发初衷是人们认识到技术的迅速发展能为管理交通系统提供有益的帮助。

在美国，联邦政府要求各地区有一个地区性的 ITS 体系结构，并将其定义为"一个特定的、专门的框架，用于确保在特定地区实施 ITS 项目或项目组的机构协议和技术整合。它从功能上定义了系统的哪些部分与其他部分相关联，以及它们之间需要交换什么信息"（FHWA，2006）。FHWA 指出的 ITS 与长远交通规划的联系包括：

- 区域 ITS 体系结构中描述的服务可为运营策略提供基础，以改善交通系统，满足地区愿景和目标。
- 区域 ITS 体系可通过两种方式支持策略的评估和优先排序：第一种是通过定义归档和数据收集系统的体系结构来支持收集评估所需的数据；第二种是通过对 ITS 项目的详细定义和排序，来建立一个以技术为中心的系统的长远投资策略。
- 区域 ITS 体系结构中描述的综合交通系统定义可支持交通规划的关键要素，例如"交通系统的运营和管理"。
- 通过交通领域利益相关者的密切参与，开发和维护一个区域 ITS 体系结构的过程有助于加强运营与规划之间的联系（FHWA，2006）。

10.5.3 高速公路管理

高速公路交通管理和运营是"交通机构为规划、设计、开发、实施、运营和维护受控入口高速公路上或附近的交通基础设施或资产而进行的一系列活动，以最大限度地利用可用的高速公路系统容量，达到与其他区域交通利益相关者合作，并与区域愿景和目标保持一致的目标。"高速公路 M&O 利用匝道计量、出行信息系统、车道管理、车道可变限速、收费和事故管理程序来加强高速公路和高速公路通道的运营容量（Noblis et al.，2015）。FHWA 编制了《高速公路管理和运营手册》（*Freeway Management and Operations Handbook*，FMOH），提供了高速公路管理中多种不同类型 M&O 策略的有用信息。在编写本手册时，FHWA 与美国交通研究委员会的高速公路运营委员正在合作更新 FMOH。感兴趣的读者可访问 FHWA 的网站，在高速公路管理页面查看 FMOH 的最新版本（http：//ops.fhwa.dot.gov/freewaymgmt/frwy_ops.htm）（Noblis et al.，2015）。

高速公路 M&O 策略中的管理车道，在过去 10 年中受到了广泛关注，并正在美国许多大都市区实施。管理车道定义为公路设施或一组根据不断变化的条件主动实施和管理运营策略的车道。例如，多乘员车辆车道已经在主要高速公路上使用了几十年，以鼓励使用公共交通和共乘（FHWA，2008a）。这种车道的早期管理形式是静态的，意即使用 HOV 车道的规则是严格固定的……要么有两个或两个以上的人在车里（可以使用车道），要么没有这项规定。一些机构意识到，HOV 车道通常没能发挥最大潜力，因此允许单乘员车辆在未充分利用的车道上缴费行驶，费用可以根据 HOV 车道上的交通量实时变化。例如，如果一个 HOV 车道接近通行能力上限，则允许一辆单乘员车辆进入车道可能导致明显延误，因此费用会很高；如果有足够的通行能力，几乎不会造成延误，则费用会降低。

管理车道的使用和收费有利于高速公路运营，也成为高速公路融资的一个重要方法。为新高速公路通行能力融资的公私合作关系依赖于一些向愿意建造和运营此类设施的私营实体付款的资金来源。在某些情况下，这些设施是整条道路,而在另一些情况下,仅使用这种融资策略来建造和运营管理车道(请参见第 5 章关于交通财政与融资的内容,以及得克萨斯 A&M 大学交通研究所提供的关于车道项目管理的高质量报告中的阐述:http://managed-lanes.tamu.edu/projects(FHWA,2012d)。

表 10-5 展示了高速公路管理策略系统性能效益的范围。尽管是单独列出,但大多数高速公路管理程序是表中所列多种策略的组合。

表 10-5 高速公路管理和运营(FMO)策略的效益

FMO 策略类型	选定的结果
管理车道/可变限速(Variable Speed Limit, VSL)	过去 20 年收集的现场数据显示,VSL 系统可将车祸可能性降低 8%~30%
管理车道/VSL	在 I-495 公路 7.5 英里(12 公里)路段,VSL 系统用于调节通过工作区的交通流,为驾驶人每天节省约 267 车行小时数(Vehicle-hours)的延误时间
管理车道/VSL	圣路易斯周围 I-270/I-255 环路上的 VSL 系统将车祸率降低了 4.5%~8%,因为拥堵地区的交通速度更均匀,上游的交通速度较慢
主动交通管理	在华盛顿州 I-5 公路 7.5 英里(12 公里)长的路段上布置主动交通管理系统,使碰撞事故减少了 65%~75%
综合通道管理(Integrated Corridor Management, ICM)	以得克萨斯州达拉斯 ICM 通道为模型的决策支持系统场景显示,车辆从高速公路改道时,主干道上的行程时间节省了 9%
ICM	交通研究人员已经使用分析、建模和仿真(AMS)方法来评估 ICM 解决方案的影响。未来 10 年内,四个城市的预计效益成本比在 25:1 到 10:1 之间,其中包括显著的燃料节约和减排
匝道交通调节(Ramp Metering)	堪萨斯城 Scout 程序使用匝道调节来提高 I-435 公路 7 英里(11 公里)路段的安全性;前后数据表明,匝道调节减少了 64% 的车祸
匝道交通调节	堪萨斯城实施匝道交通调节后,通道通过量增加了 20%,事故处理时间平均缩短了 4 分钟,且这些效益将长期保持不变
交通事故管理(Traffic Incident Management)	弗吉尼亚州北部的高速公路安全服务巡逻评估显示,每年节省 649 万美元的驾驶人延误和燃料消耗,因此效益成本比估计为 5.4:1
交通事故管理	佐治亚州 HERO 驾驶人协助巡逻程序和 NaviGAtor 事故管理活动的效益成本比估计为 4.4:1
信息传播—动态信息标志(Dissemination—Dynamic Message Signs, DMS)	在密苏里州农村,94% 的出行者采取了 DMS 指示的行动,且驾驶人对所提供信息的准确性非常满意
监视	纽约州交通部 TMC 运营者和纽约州高速公路管理局工作人员能使用 I-95 通道联盟提供的车辆探测数据,将交通排队人数减少 50%

来源:Noblis et al., 2015

10.5.4 区域信号协调和管理

交通信号管理定义为"交通信号系统的规划、设计、集成、维护和主动管理,以实现提高交通信号系统的有效性、一致性、安全性和可靠性的基于政策的目标。"考虑到一个典型大都市区内负责信号设计、运营和维护的辖区数量,一个区域信号管理程序通常注重跨辖区的协作和协调(Koonce et al., 2009)。正如 FHWA 对协调交通程序的研究所指出的,这类工作的"区域"性质可以有多种形式(因此对州 DOT 和/或 MPO 有潜在协调作用):

- 为不同类型主干道制定不同的目标和政策,例如中央商务区或市中心、郊区和农村地区的主干道。目标可能因土地利用类型、出行模式、出行速度和车辆特性而有所不同。运行程序需要处理这些变化,以保持区域一致性。
- 成立一个由主要利益相关者组成的区域工作组,由一个拥护者领导工作组负责区域内交通信号的管理和维护。
- 制订区域内交通信号管理和运营的愿景、目的、目标和指标量测。

- 制订区域交通信号管理的运行概念，以确定支持各独立主干道的计划和程序所需的高层政策和计划。这种高级别政策应包括：
  - 平衡主要街道通过量和平均网络/交叉口延误。
  - 车辆放行时间（黄灯和全红灯）。
  - 左转处理（引导、超前滞后、滞后）。
  - 步行处理（步行休息、引导步行、解除和清空时间等）。
  - 信号定时监控和计划更新。
  - 交叉口硬件维护。
- 确定区域层面的信息和资源共享需求［例如，确定地方机构是否需要访问和查看高速公路检测器和闭路电视（Closed Circuit Television, CCTV）］，以进行交通信号管理和维护。
- 提议技术和ITS需求，以支持区域层面的通道交通信号管理和维护。
- 评估和确定工程和维护人员的需求和资格（Koonce et al., 2009）。

区域协调交通信号程序的一个很好的实例来自丹佛市，其MPO制订了一个交通信号系统改善程序。该程序有两个主要部分：
- 一套主要的改善程序，提供设备和安装通信路线，以提高系统能力。
- 一套交通信号配时改善程序，提供新交通信号配时和协调计划，以证明主要改善程序的好处（DRCOG，2014）。

该程序的重点是以下目标（DRCOG, 2013）。

总体目标：该地区的交通信号系统将以安全的方式运行，并最大限度地利用主干道的通行能力。

子目标1：最小化主干道出行者的停车次数。

子目标2：最小化出行者在交叉口的停车时间。

子目标3：最大化交通信号系统设备的可靠性。

用以实现上述目标的项目类型包括：①升级和更换高速公路通道/区域的不足/不可靠的通信设备；②将系统控制扩展到不在系统内的关键信号；③改善信号系统的效率、控制和监控系统运行性能；④试点高级功能，例如交通自适应控制和先进功能，以支持公共交通、骑行和步行。

10.5.5 交通事故管理

在许多大都市区，州DOT和MPO在推进协调事件响应和高速公路服务巡逻程序【统称为交通事故管理（Traffic Incident Management, TIM）】方面发挥了主导作用。TIM项目的主要目标是：①减少交通事故的持续时间和影响；②改善驾车者、车祸受害者和应急响应人员的安全状况。由于交通事故是造成区域交通拥堵的主要原因，许多MPO已经对实施此类计划所面临的跨辖区挑战进行了协调（Bauer et al., 2013）。

TIM活动通常分为以下五个功能区：
- 探测和验证
- 出行者信息
- 响应
- 事故现场管理和交通控制
- 快速清空和恢复

区域交通管理中心（Traffic Management Center, TMC）在这些活动中发挥着重要作用。在许多情况下，交通事故管理是TMC发展的主要动力。TMC现在是区域TSM&O组织活动的更广泛合作的基础，例如它在监控管理车道运营和快速响应事故方面提供了关键能力。表10-6展示了TMC在美国8个管理车道项目中扮演的不同TIM角色（Tantillo et al., 2014）。如图10-8所示，TMC在管理道路系统中事故的所有方面都发挥着重要作用。可见TIM专业人士与交通规划人员之间建立紧密联系的好处。

表10-6 美国交通事故管理最佳实践行动

	长岛 Exway HOV 车道	明尼阿波利斯 I-35W 收费动态路肩车道	休斯敦 Katy 高速公路管理车道	迈阿密 I-95 高速公路	波士顿 I-93 号单侧双向行驶 HOV 车道	圣地亚哥 I-15 高速公路	亚特兰大 I-85 高速公路	弗吉尼亚州北部 I-495 高速公路
科技和通信								
建立与事故通信相关的协议	√	√	√	√	√	√	√	√
机构间的数据共享协议	√			√		√	√	√
机构间关系与协调								
与响应机构达成机构间协议	√	√	√	√	√	√	√	√
与其他交通机构达成机构间协议			√	√		√	√	√
管理车道执法巡逻								
人工执法/违规行车	√	√	√			√	√	√
自动执法			√				√	√
专门的警察巡逻队	√	√	√	√	√	√	√	√
专门的服务巡逻队			√	√	√	√		
TMC 资源								
从通行费收入中收回部分 TMC 运营成本						√		
通行费收入全部用于支持 TMC 运营成本			√					√
将 TMC 运营考虑纳入管理车道的设计								
管理车道控制软件		√	√	√		√	√	√
管理车道通道和隔离处理	√	√	√	√		√		√
关于管理车道的规划过程和文件								
将 TMC 运营考虑纳入规划过程	√	√	√	√	√	√	√	√
共享运营责任								
不同交通机构或实体运营的管理车道/通用车道			√				√	
通道上具有 TIM 管辖权的多个 TMC			√	√			√	√
事故探测和核实								
从 TMC 探测和核实事故	√	√	√	√	√	√	√	√
事故响应								
从 TMC 协调事故响应	√	√	√	√	√	√	√	√
预定位响应和救援车辆					√	√		
对管理车道进行安全巡逻			√	√	√	√		√
管理车道事故期间的车辆通行管理								
事故期间调整车辆权限		√				√	√	
事故期间调整费用		√				√	√	√
用 TMC 远程关闭管理车道		√						

（续）

	长岛 Exway HOV 车道	明尼阿波利斯 I-35W 收费动态路肩车道	休斯敦 Katy 高速公路管理车道	迈阿密 I-95 高速公路	波士顿 I-93 号单侧双向行驶 HOV 车道	圣地亚哥 I-15 高速公路	亚特兰大 I-85 高速公路	弗吉尼亚州北部 I-495 高速公路
用 TMC 远程关闭接入点		√	√	√		√	√	√
现场管理								
选择地点，建立/维护事故场景	√	√	√	√	√	√	√	√
协调跨部门响应以打开现场接入点			√					
调整或协调可移动障碍物，以支持所需的交通流					√	√		
开通 HOV 或路肩车道等特殊车道以改善交通	√	√				√		
通道管理策略和系统								
车道控制策略		√				√		
匝道交通调节	√	√		√		√	√	
出行者信息	√	√	√	√	√	√	√	√
主干道信号配时	√		√					
在可变信息标志上显示改道信息	√	√	√	√	√	√	√	√
显示出行时间	√	√	√	√	√	√	√	√
扩大/重置机动车辅助巡逻	√	√	√	√	√	√	√	√
清空和恢复								
为向响应者提供额外资源进行协调	√	√	√	√	√	√	√	√

来源：Tantillo et al., 2014

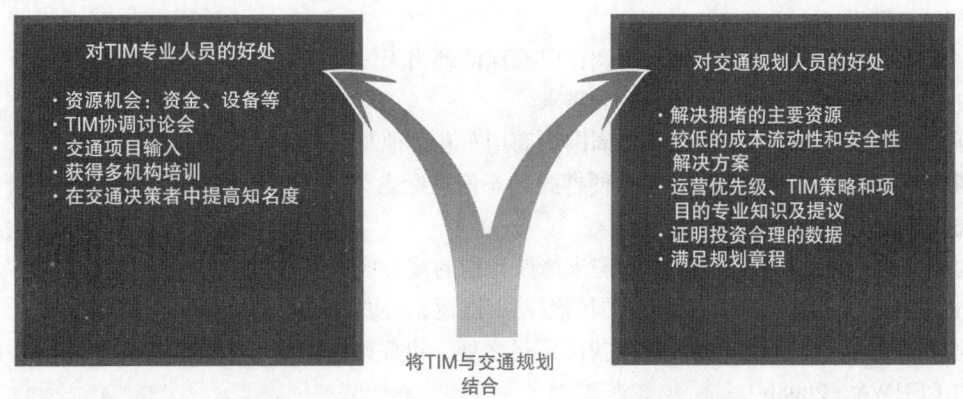

图 10-8　交通事故管理（TIM）与交通规划的联系

来源：Bauer et al., 2013

交通规划人员应意识到，一些组织已经成立了旨在对交通事故进行安全和有效管理的国家交通事故管理联盟（National Traffic Incident Management Coalition，NTIMC）。TIM 采用了国家统一目标（National Uniform Goal，NUG），涉及以下 18 种策略。

- TIM 合作伙伴关系和程序
- 多学科 NIMS 和 TIM 培训
- 绩效和进度目标
- TIM 技术
- 有效的 TIM 政策
- 意识和教育伙伴关系
- 针对响应者安全的推荐训练
- 超车/减速法
- 驾驶人培训和意识
- 多学科 TIM 程序
- 响应和清空时间目标
- 全天候可靠性
- 多学科交流的实践和程序
- 快速、可靠的响应者通知
- 可互操作的语音和数据网络
- 宽带应急通信系统
- 快速、可靠的出行者信息系统
- 与新闻媒体和信息提供者建立伙伴关系

读者可访问 NTIMC 网站，以获取有关 TIM 策略的最新信息（http：//ntimc.transportation.org/Pages/default.aspx）。

10.5.6 特殊活动

无论什么规模的城市都会举办一些暂时超过本地交通系统承载能力上限的特殊活动。

FHWA 对特殊活动规划和 ITS 策略潜在角色的一项研究断定："当规划以沟通和利益相关者的积极参与为特征时，ITS 的价值往往会增加，因为有更多的人受益于更广泛地获得及时准确的信息（因 ITS 的存在而成为可能）。因此，成功的规划人员从他们策划的特殊活动中吸取的经验教训，大多不是集中在对他们工作最有效的技术上，而是在协调、规划和实施一个为技术提供的信息带来价值且有用的交通规划上。"关于交通规划问题，该报告建议（FHWA，2008b）：

- 与州、县和当地各级施工程序进行协调，以确保活动当天没有正在进行的施工项目。
- 规划时，考虑当地居民和活动参与者的需求。
- 在制订交通规划时，考虑在活动场地周围为商用车和其他与活动无关的车辆设置绕行道。
- 在计划的特别活动开始前几天，布置便携式动态信息标志，以告知驾驶人这一活动，并给他们足够的时间寻找和熟悉备用路线。
- 当活动正在执行时，安排可根据实际需求修改计划的核心成员在场。
- 使用州或地区机动救助车辆在活动周围的道路上巡逻，必要时也可向其他机构借用。
- 对每项特殊活动进行事后审查，既要找出不足之处，也要确定哪些做法有效，以便将成功的做法用于其他活动（FHWA，2008b）。

特殊活动可作为制定一种能在活动发生后长时间内继续发挥作用的新的规划和运营协作模式的催化剂。为保证特殊活动期间常见的协同工作顺利开展，利益相关者必须事先考虑如何从这些活动中获益。规划人员和运营代表可以一起讨论从成功的活动中获得的机遇。

对特殊活动规划感兴趣的读者可访问 FHWA 的应急行动网站（http：//www.ops.fhwa.dot.gov/publications/publications.htm#eto），以及另一本手册（Latoski et al.，2003）。

10.5.7 一些 TSM&O 程序示例

州 DOT。作为一个州主要公路系统的所有者和运营商，州 DOT 会积极参与 M&O 策略。佛罗里达州 DOT（Florida DOT，FDOT）提供了一个州 TSM&O 活动的优秀案例。FDOT 采用以下指导原则作为 TSM&O 策略的基础。

- **TSM&O 的定义**：一个综合程序，通过实施系统、服务和项目来保持运力、提高交通系统的安全和可靠性，以优化现有多式联运基础设施的性能。
- **系统愿景**：以最高性价比运营交通系统。
- **扩大主干道和高速公路运营的愿景**：以最具性价比的性能层级来运营交通系统，减少主干道和高速公路上的过度延误，为所有模式提供实时管理和出行者信息，并与所有运营机构无缝协调。
- **机构任务**：部署一个用户驱动的重点关注机动性结果的 TSM&O 程序，通过对现有交通系统的实时和有效管理，实现最大效率（Florida DOT，2013）。

TSM&O 策略计划中不同类型的策略或 FDOT 定义的"重点领域"包括：

- **匝道信号**：调节进入高速公路的交通流量。
- **先进交通管理系统**（Advanced Traffic Management System，ATMS）：加强信号协调。
- **严重事故响应车辆**：作为重大事故的中心联络点。
- **管理车道**：根据不断变化的条件管理道路，以创造更有效且更高效的高速公路。
- **事件管理**：改善驾驶人和响应人的安全性，减少交通拥堵，改善安全性。
- **事故现场快速清空**：利用根据性能表现提供合同的重型救援车对重大事故做出响应。
- **出行者信息**：改善了出行者根据不断变化的条件做出的决策。
- **主干道管理**：更有效的管理主干道交通量。
- **施工区交通量管理**：改善施工区的安全性并加强了交通量管理。
- **天气信息**：为重要天气事件和不断变化的条件提供高级信息。
- **可变限速**：促进交通流均匀。
- **硬路肩**：增加通道通行能力。

运营规划指在交通规划人员与负责日常交通运营的管理者之间的协调活动，因此 FDOT 的策略计划还制订了组织和管理决策，以在机构内建立 TSM&O 机构能力。

另一个州 DOT 的案例来自加利福尼亚州。加州运输局（Caltrans）几十年来一直是 TSMO 运营的全国领先者，尤其是在系统管理这类新技术的应用方面。图 10-9 展示了 Caltrans 参与的实践和行动类型，并说明了运营给机构总体活动提供的重要基础。Caltrans 强调系统管理和运营的一个主要原因是，这类策略的投资回报率据估计远高于其他策略，例如系统扩展（Bowen and Zhagari，2015）。

Caltrans 的另一项倡议，即"连接通道"，很好地说明了先进技术在系统管理中的作用。这是一个与加利福尼亚大学伯克利分校合作开发的程序，概念是开发一个高速公路、匝道、主干道和通道中其他当地道路的协调系统管理方法，为所有用户提供安全、可靠的出行（Kuhl，2014）：

- 交通管理系统。
- 良好维护基础设施。
- 管理/定价车道。
- 先进的匝道计量操作。
- 增强通信网络。
- 高速公路服务巡逻和事故管理策略。
- 改善出行者信息。
- 决策支持系统。
- 与本地和区域合作伙伴核准的运营概念。

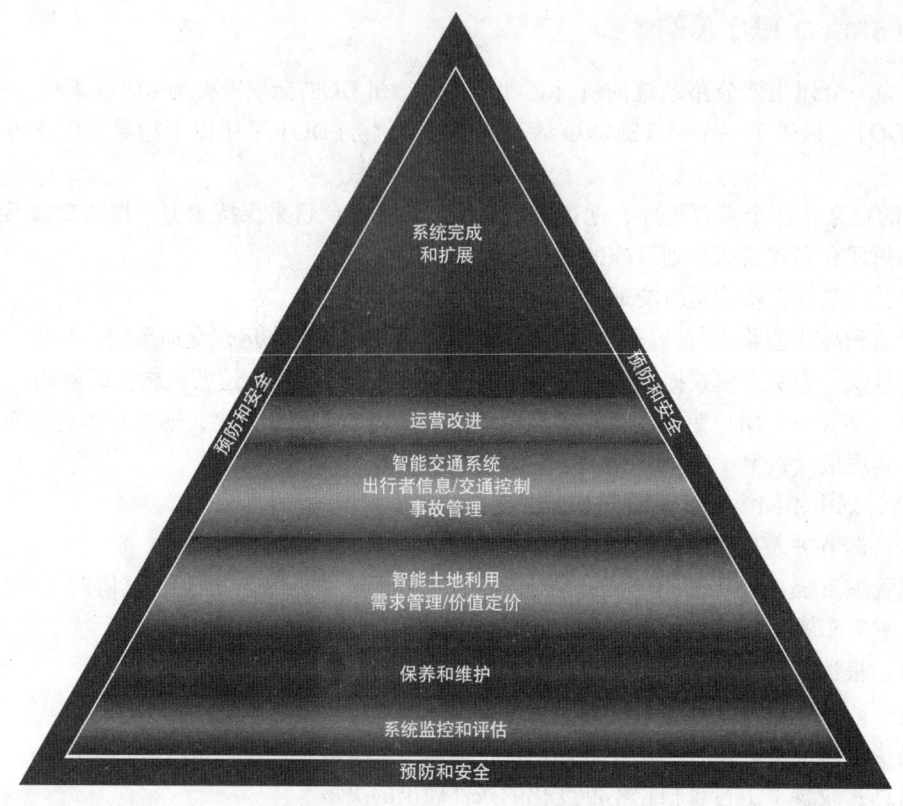

图 10-9 Caltrans 的流动金字塔
来源：Bowen and Zhagari, 2015

最终目标是"实现现有交通基础设施和车辆的协调，改善通道性能，改善问责机制，将 Caltrans 发展为能实时运营和管理，可加强区域、本地和私营部门伙伴关系的平台"（Kuhl，2014）。

MPO。交通官员面临的 TSM&O 策略和决策类型因地区规模、机构职责和交通系统组成部分而异。例如，表 10-1 展示了大型 MPO 在交通拥堵管理过程中可能考虑的项目类型。而较小的 MPO 在考虑项目或行动类型时可能有截然不同的视角。例如，表 10-7 展示了堪萨斯州劳伦斯市对当前和未来可能适用的策略类型的评估。

表 10-7　小型 MPO 的运营和管理策略：哪些是适合劳伦斯市的？

策略	现在		未来	
	是	否	是	否
交通同步	H		H	
交通信号优先	L		M	
公共汽车交通信号优先	L		M	
动态交通信号配时	L		L	
可逆/可变车道		X		X
动态信息标志		X	L	
交叉路口改进	H		H	
几何改进	H		H	
高峰期停车限制		X	L	
出入管理	H		H	
应急响应	L		M	
区域多式联运出行者信息	L		M	
全市光纤网	L		H	

注：H、M、L 分别代表高、中、低优先级；X 代表待考虑。
来源：Lawrence/Douglas Counties MPO, 2008

Pikes Peak 地区政府委员会（Pikes Peak Area Council of Governments，PPACOG），科罗拉多州 Springs MPO、大都市区 MPO 和一个中型 MPO，考虑以下 TSM&O 策略为最适合策略：区域信号化；道路渠化；交叉路口改善；事故管理；匝道量测和一个由计算机化信号系统、交通控制和监视设备及驾驶人信息系统组成的智能交通系统程序（PPACOG，2012）。

FHWA（2012a）、Baird and Noyes（2014）和 AASHTO（2015b）为州 DOT 的 TSM&O 程序提供了很好的描述。(IBI Group, 2009) 提供了对 MPO 的 TSM&O 策略候选类型的良好概述，其他有用信息请参见（Bauer et al., 2011）。

10.6 连接交通规划与运营规划

有许多机会可以促进规划人员与运营人员之间的合作，并将 M&O 策略纳入交通规划和决策过程中。FHWA 呼吁为此类合作制定一个"目标驱动、基于绩效的方法"。前文讨论的运营规划为建立运营与规划之间的联系提供了一个良好的框架，TSM&O 概念和 M&O 策略可以纳入交通规划过程的七个领域（Grant et al., 2010）：

- 将系统运营利益相关者纳入交通规划结构。
- 确定系统运营目标。
- 确定交通规划流程的运营指标量测。
- 利用 ITS 技术收集和分享数据。
- 使用面向运营的分析工具。
- 确定计划和 TIP 中包含的 TSM&O 策略。
- 共享资金和资源。

10.6.1 系统运行利益相关者和机构结构

MPO 是协调州和当地机构之间交通规划和程序的区域机构。TSM&O 可以通过将区域内的运营管理者聚集在一起，为区域运营政策、规划和程序建立一个决策框架，从而提供区域领导。规划过程的包容性使其成为在更广泛的交通管理者之间建立区域合作的宝贵工具。由于跨部门和跨辖区的协作对有效的区域交通管理至关重要，区域规划过程可以成为解决区域运营问题的重要平台。

重大活动（国家或全球活动或应对重大自然灾害）能激励规划和运营机构更有效地协调。例如，举办奥运会一直是许多涉及联邦、州和当地运营机构如何将资源集中在管理主办城市交通系统上的研究焦点。可能要建立新制度安排以监督新程序（例如 ITS），响应新的州或联邦授权，或利用新的资金来源。此外，制度安排往往聚焦于区域运营目标。例如，施工区的区域管理、协调事故管理或 ITS 部署。一个专注于某一特定主题的委员会或工作组，在一段时间内扩大其任务范围，以囊括一系列区域 M&O 策略间的协调，这种情况并不少见。一些制度安排是为了将特定过程中的规划和运营联系起来（例如监督指标量测制定的机构间委员会）。许多地区还有其他类型的制度安排，广泛侧重于技术支持和管理，并可作为区域规划活动的纽带。

导致机构创新的环境可能因地区而异。例如在费城，MPO 交通运营工作组由来自超过 35 个地区利益相关者的技术支持代表组成，作为各机构分享 ITS 部署和事故管理程序信息的平台，以就区域 ITS 问题达成共识。在奥兰多，交通系统管理和运营委员最多会包含来自 MPO 规划地区的 3 个县和 16 个城市的 23 名代表，以及来自区域交通机构的 8 名代表。佛罗里达州 DOT 是无投票权的顾问机构，委员会作为 MPO 政策委员会的咨询小组，并推荐 TSM&O 项目。在亚特兰大，亚特兰大地区委员会成立了重点关注区域公共交通规划、投资和管理的区域公共交通委员会，由代表行政辖区和 MPO 规划区的公共交通运营机构的 12 名成员组成，经常讨论有关协调公共交通运营的问题。

在州一级，大多数 DOT 没有设立 TSM&O 活动的咨询委员会，尽管他们通常有负责施工区安全、ITS 实施等特定主题的工作组或委员会。

以下建议强调了更好协调规划和运营的机会，且有助于促使机构管理者考虑在哪些地方可能需要新制度安排：

指定一个 MPO 利益相关者委员会或工作组关注区域 TSM&O。越来越多的 MPO 支持跨部门委员会直接和定期处理区域交通系统的管理和运营。在主持这样的委员会时，MPO 促进了关于跨辖区协调、资金策略和数据共享的讨论。

纳入对区域运营程序有特殊关注或专业知识的利益相关者。使利益相关者更多地参与讨论会的方法之一是将讨论重点放在重要利益相关者最关心的问题上。例如，管理第一响应者的人更有可能参加区域事故管理委员会，而不是处理区域 TSM&O 协调这一广泛主题的委员会。货运交通规划也是一个重点讨论领域，这些委员会将货运需求和观点纳入规划进程，促进从区域角度看待运营挑战（请参见第 22 章将货运纳入交通规划过程的相关内容）。

鼓励多辖区和公共/私营部门参与区域运行程序。许多州和地区已经构建了为独立于其他地区机构的综合运营提供机会的系统运行能力，例如交通管理中心（TMC）。这些组织可能有特定的任务，例如区域事故管理程序、提供实时交通量信息或协调应急管理计划。它们通常会提供一个独特的机会，将公共安全方与运营管理方聚集在一起，以更好地解决运营问题。区域交通运营合作和 TMC 可为规划过程提供有价值的投入，同时，州和区域规划人员应确保这些组织了解可能影响地区倡议的规划周期和规划决策。

为 MPO 定义一个反映区域运行重要性的组织结构。MPO 历来是围绕主要项目的长期规划和设计来组织的。近年来，许多 MPO 在区域系统管理方面的作用不断扩大，一些机构选择了重组，以应对区域系统运营日益增长的责任。MPO 应考虑反映出对区域网络管理更为重视的制度结构的潜在好处。

对以上信息感兴趣的读者，以下参考资料提供了 TSM&O 程序在不同制度安排下的良好范例，以及如何组织实践此类活动（FHWA，2005 年；Grant et al.，2010 年；Balke and Vogt，2011）。

10.6.2　目标

区域交通愿景和目标的框架提供了将运营机构整合到塑造未来交通系统过程中的机会。短期目标和愿景对于吸引企业和公众参与制订优先事项很重要，同时应让 TSM&O 从业者参与。地区或州的愿景应强调高效运营以及所需的有形基础设施投资。图 10-10 展示了涉及将系统可靠性问题纳入交通决策中的愿景、目标和目的之间的关系。图 10-11 展示了与系统可靠性相关的典型目标层次结构。

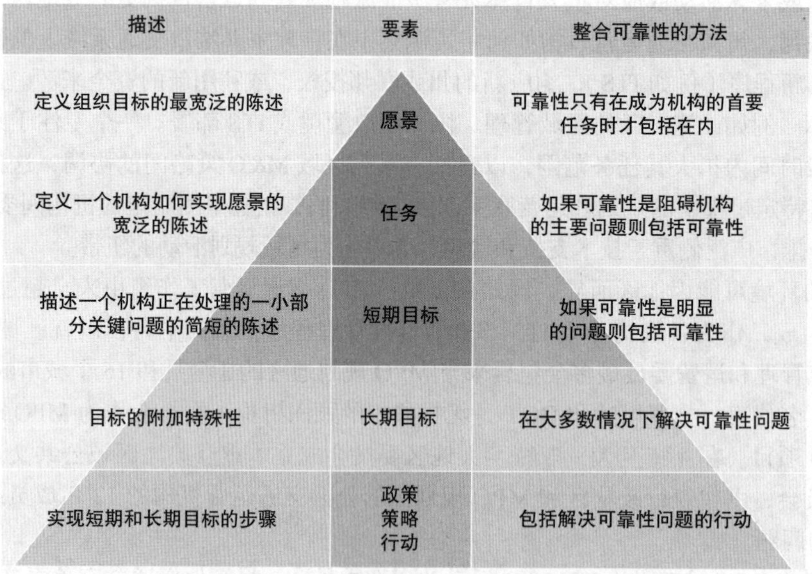

描述	要素	整合可靠性的方法
定义组织目标的最宽泛的陈述	愿景	可靠性只有在成为机构的首要任务时才包括在内
定义一个机构如何实现愿景的宽泛的陈述	任务	如果可靠性是阻碍机构的主要问题则包括可靠性
描述一个机构正在处理的一小部分关键问题的简短的陈述	短期目标	如果可靠性是明显的问题则包括可靠性
目标的附加特殊性	长期目标	在大多数情况下解决可靠性问题
实现短期和长期目标的步骤	政策 策略 行动	包括解决可靠性问题的行动

图 10-10　将可靠性纳入不同等级的政策声明中

来源：Cambridge Systematics, 2014. Permission granted by the Transportation Research Board.

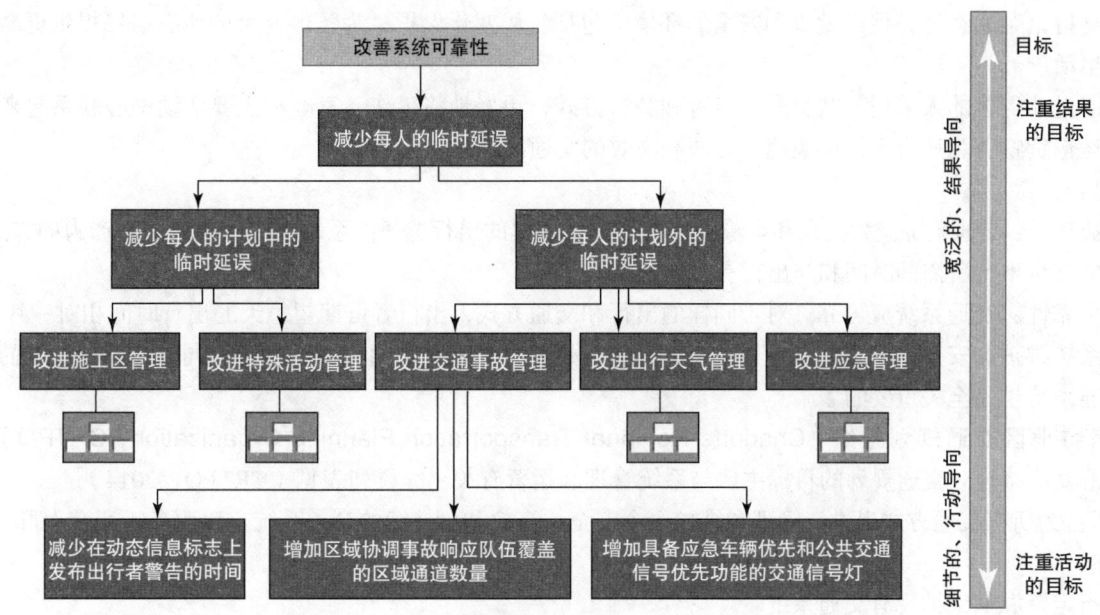

图 10-11 改善系统可靠性的目标层次结构

来源：Grant et al., 2013

以下给出了一些来自州 DOT 和 MPO 的实例。

1. 州 DOT

华盛顿州 DOT（2007 年）

20 年交通愿景：华盛顿的交通系统应服务于公民的安全和流动、州的经济生产、社区的宜居性和生态系统的活力。

投资指南

- 保护：保护和扩大为居民和商业提供的交通设施和服务的优先投资。
- 安全：建筑项目、执法和教育以拯救生命、减少伤害和保护财产为目标。
- 经济活力：改善货物运输，支持依赖交通系统的经济领域，例如农业、旅游业和制造业。
- 流动性：促进人员和货物的流动，有助于强健经济和提高公民生活质量。
- 环境质量和健康：通过改善现有交通基础设施，为环境和公民健康带来好处。

南卡罗来纳州 DOT（2014 年）

愿景：提供安全可靠的地面交通系统和基础设施，并通过对所有可用资源的智能管理，为健康的南卡罗来纳州经济环境提供有效支持。

目标

- 流动性和系统可靠性：提供地面交通基础设施和服务，促进全州人员和货物的高效可靠流动。
- 安全和安保：通过实施交通改进改善交通系统的安全性，减少死亡和重伤，并实现有效的应急管理运作。
- 基础设施状况：保持地面交通基础设施资产处于良好维护状态。
- 经济和社区活力：提供有效和高效的互通交通系统，与州和当地规划措施协调，以促进社区繁荣并增强南卡罗来纳州在全球市场上的经济竞争力。
- 环境：通过减少和减轻州交通改善的影响，维护南卡罗来纳州的自然和文化资源。
- 公平：管理交通系统，承认州的多样性，努力满足南卡罗来纳州所有居民的流动需求。

2. 州 MPO

圣地亚哥政府协会（San Diego Association of Governments，SANDAG）（2011 年）

愿景——交通系统可以：

- 支持繁荣的经济；促进健康和安全的环境，包括气候变化保护；为圣地亚哥的所有居民提供更高质量的生活。
- 通过让更多的人采用公共交通、步行和骑行方式，更好地将工作、家庭和主要活动中心联系起来；高效运输货物；为所有人提供快速、方便和高效的交通选择。

目标：
- 流动性：交通系统应为公众和运输货物的人提供便捷的出行选择。系统也应以最大化生产力的方式运营。应减少出行所需的时间和与出行有关的费用。
- 可靠性：交通系统应可靠。对于同样的出行和交通方式，出行者可期望每天的出行时间相对一致。
- 系统维护和安全：交通系统应得到良好维护，以保护公众在交通方面的投资。同时，确保安全的区域交通系统也是至关重要的。

夏洛特地区交通规划组织（Charlotte Regional Transportation Planning Organization，CRTPO）（2014年）。 以下夏洛特地区交通规划的目标主要与系统管理和运营有关［完整列表见（CRTPO，2014）］。

目标：为所有交通方式提供、管理和维护一个安全、高效和可持续的交通系统，以服务于所有人群。

措施：
- 指定资源来维护现有交通系统。
- 尽量减少现有交通系统内的拥堵。
- 发展高效的街道和公路网，能为各种交通方式提供合适等级的服务。
- 鼓励采用能最大限度降低碰撞可能性、严重性和频率的设计特征。
- 无论地理位置、个人活动水平、年龄或经济状况，所有用户都能选择一种方便、舒适的方式到达目的地。
- 通过加强城际铁路服务和提供高速铁路服务，提供促进区域间流动的未来机会。

目标：为公众提供可机动选择的交通系统，鼓励其选择步行、骑行和公共交通，并与机动车相结合。

措施：
- 增加现有街道网络的连通性，包括尽量减少现有道路的障碍和断开，并改善活动中心的通道。
- 通过使用符合 NCDOT 完整街道政策的设计标准，开发可进入或兼容多种交通方式的街道和高速公路，改善交通系统。
- 在道路设计中包括人行道和骑行设施，以适应和鼓励步行和骑行出行，并最大限度地增加与越野设施和公共交通服务的联系。
- 支持安全高效的定期公共交通服务的运营，最大限度地减少出行时间和距离。

目标：最大化人员和货物流动的出行和运输机会。

措施：
- 以管理交通拥堵、减少出行时间和距离的方式开发区域性重要街道和公路。
- 通过支持促进货物运输的联运终点站，增强不同交通方式的整合或协作。
- 制订措施，提高主要通道的城市间、区域间和区域内交通能力。

从乐观的方面看，由于各地区都在努力提高交通系统的效率、可靠性和安全性，需要在规划早期就制订和评估出可能超出管辖范围的策略。在本手册中，综合解决方案包含运营、基础设施、土地利用策略和可制订的项目。这种"交通作为一个系统"的观点有助于提高交通决策的质量和及时性，因为它从本质上将运营纳入了规划过程。

更多有关目标和措施的信息，请参见第 15 章州域交通规划和第 16 章都市交通规划的内容。

10.6.3 指标量测

"如果你无法测算它，就无法管理它。"这句经典名言指出，指标量测可以集中决策者、从业者和公众的注意力。由于他们关注的是交通系统的运行性能，指标量测成为提高规划过程中 TSM&O 方法意识的重要机制。

指标量测提供了一种结合交通机构观点和交通系统用户经验的方式。确定指标量测和跟踪绩效通常需要管理交通系统运营的人员（他们通常掌握实时系统性能的数据和专业知识），以及参与规划和政策制定的人员（他们可以利用这些信息设定目标、跟踪进度并做出投资决策）的沟通和合作。

指标量测是加强规划运营协作的重要方式：注重以用户为导向的结果。作为规划和投资优先化过程的一部分，指标量测传统上是规划人员和政策分析师的工作领域。衡量指标往往是那些可以建模并用于长期投资决策的指标，例如平均出行时间和道路拥堵长度。以 TSM&O 为重点的指标量测的实例包括：

- 事故相关延误的总计或平均时间（小时）。
- 高峰和非高峰出行时间的一致性（即可靠性）。
- 前往指定区域中心的按出行模式的平均出行时间。
- 商用车每公里延误。
- 实时信息提供的范围（例如可用信息的车道里程或交叉路口，以及获取此类信息方式的数量等）。
- 公共交通准时性。

指标量测提升了 TSM&O 方法的地位。专注于系统性能的活动通常会使人们更好地认识到 TSM&O 方法的价值。使用指标量测和衡量 M&O 策略的效益，例如，交通事故管理和出行者信息服务，可帮助决策者认识到这些方法在实现短期和长期目标方面的价值。

指标量测有助于为政策决策提供信息。通过关注对出行公众来说重要的系统特性，指标量测可帮助规划人员关注交通系统用户的日常体验，这为规划人员专注于网络的长期发展提供了重要的平衡。随着对系统日常特性的更多关注，运营者面临的问题（例如事故响应、施工区管理和提供出行者信息）变得更加重要。因此，中长期规划可反映出对 TSM&O 规划和投资需求的更多考虑。通过规划工作对运营问题有更深入的了解也有助于制定交通政策。

有许多机会可利用指标量测来加强规划与运营之间的联系，包括：

- 让运营管理者参与制订指标量测的过程。
- 将运营指标量测纳入策略和长期交通规划。
- 在年度或季度报告中使用运营数据跟踪绩效。
- 使用指标量测来激励数据和工具开发。

针对不同规模的辖区，以运营为导向的指标量测的一些实例如下：

佛罗里达州 DOT

- 高峰时段通常可接受运营程度的各出行方式比例。
- 延误时间（乘客和货车）。
- 出行时间可靠性（乘客和货车）。
- 严重拥堵的里程（公里）比例（乘客和货车）。
- 机动车碰撞中的重伤和死亡人数。
- 固定路线的公共交通事故。

弗吉尼亚州弗雷德里克斯堡市 MPO

- 高峰时段出行者的年延误时间（小时）。
- 公路死亡人数和死亡率。
- 公路事故数和事故率。
- 公共交通事故和伤亡人数。
- 航空事故和死亡人数。
- 上班出行时间的中位数。

弗吉尼亚州汉普顿市 MPO

- 汽车通勤者年延误和高峰时间（小时）。
- INRIX 指数（高峰期的额外时间）。

- 年道路死亡、受伤和撞车事故数以及相应比例。
- 年公共交通死亡、受伤和撞车事故数以及相应比例。
- 年公路 - 铁路交叉路口撞车事故数和比例（每百万人口）。
- 年航空事故数。
- 美国铁路公司（Amtrak）的准时性。

威斯康星州麦迪逊市 MPO
- 拥堵道路里程（基于服务水平）。
- 高速公路拥堵持续时间。
- 上班出行时间（按模式）。
- 货车路线拥堵里程。
- 按严重程度和 VMT 比较的车辆碰撞总数。
- 每 10 万 VMT 的地铁公共交通事故。
- 骑行者和行人碰撞及碰撞致死总数。
- 公共交通系统准时性。

明尼苏达州 DOT
- 涉及机动车的碰撞事故造成的死亡总人数。
- 双子城市城市快速路拥堵：早高峰或晚高峰时段地铁区高速公路低于 45 英里/时的里程比例。
- 区域间通道（Inter-Regional Corridor，IRC）行驶速度：低于通道水平速度目标 2 英里/时以上的系统里程比例。

密苏里州 DOT
- 主要都市区的平均出行时间和 95% 的出行规划时间。
- 与自由流速度相比的高速行驶公路里程比例（例如高于自由流速度 10% 的里程）。
- 拥堵成本。
- 清除交通事故的平均时间。
- 满足冬季抗风暴性能要求的平均时间。
- 避免施工区影响公众出行的措施。

应定期重新检查指标量测，以确保为决策者提供了他们所期望和需要的信息，例如，明尼苏达州 DOT 就更新其维护和资产管理活动的指标量测提供了以下指导：

不断改善指标量测的可靠性和可信度。这些措施的可信度在管理资产和向公众和决策者传达需求方面非常重要，必须制订良好、可靠的措施，并随时间对数据进行跟踪，以建立历史模式。这些数据可用于评估当前做法，并预测不断变化的投资水平或资源的影响。建议的措施如下：

- 不断改善指标量测的数据收集和共享方法（例如路面修补、护栏、标志和预防性桥梁维护）。作为这一过程的一部分，可以考虑独立审查和数据校验。
- 跟踪历史数据趋势并报告随时间变化的措施，建立趋势线数据集。
- 根据历史数据预测未来性能和预算需求。
- 更好地确定"冬季严重程度"指数、指数与总除雪除冰成本的关系。随时间跟踪信息，以更好地比较除冰除雪成本的变化。
- 将标准和/或性能目标与其他可运营和维护计划中适用的国家标准进行比较。
- 建立定期审计公路系统运营计划指标量测，包括性能和财务数据（MnDOT，2005）。

TSM&O 专业人士在如何衡量性能方面提供了独特的视角，因此可为有关系统、通道或设施级别的指标量测的区域讨论提供大量参考内容。指标量测有助于确定资源的优先次序是否正确地满足了目标和措施，也可显著影响规划过程中哪些区域需求被强调、哪些区域需求被淡化或忽视。

影响系统和设施运营的指标量测的良好示例请参见（Cambridge Systematics et al.，2008；Cambridge Systematics et al., 2010；Grant et al., 2013；Cambridge Systematics et al., 2014）。

10.6.4 数据收集和共享

数据收集和解读在过去 10 年中经历了重大变化，未来很可能会出现更多变化。随着车对车和车对基础设施通信技术越来越普遍，出行者平均每天产生的数据将远远超过近年来交通规划人员所能获得的数据（见下节"互联技术"）。这些数据对交通规划很有用。根据 FHWA 所提出的，"随着 MPO 和州 DOT 转向更依赖性能的需求系统性能数据来指导决策的规划过程，运行数据的使用对交通规划的发展将越来越重要"（http：//www.ops.fhwa.dot.gov/plan4ops/focus_areas/analysis_p_measure/data_for_planning.htm）。

数据的可用性也与可采用的指标量测的类型有很大关系。运营数据涉及交通系统的实时性能，有助于制订能更好捕捉用户体验的措施（例如出行时间和出行时间可靠性）。然而，为了访问和正确地应用实时数据，规划过程需要运营者的资源和专业知识（Shaw，2003）。

现在可以利用先进的技术来收集和储存大量数据，以支持交通系统的规划和运行。例如：道路环路检测器可提供有关交通量和速度的实时信息；全球卫星定位系统和无线电/移动电话三角测量可确定车辆的位置和速度；电子售检票和自动车辆定位系统可记录详细的公共交通服务和使用信息。这些丰富的数据资源不仅可取代许多更昂贵的、传统的数据收集方法，例如人工交通量计算、调查和流动车辆研究，还可使数据以新的方式跨模式和运营环境组合。通过这种方式，他们可以更全面地了解政策、基础设施和服务的变化如何影响交通系统的可靠性和性能。

数据共享指支持充分利用快捷的、可用的交通信息的广泛活动。许多政府和私人组织收集的数据可以为交通设施和系统的设计和运行提供信息（Kittelson and Assocs. 2013；Pack and Ivanov, 2014）。首先，数据共享意味着对这些数据资源的认识，以及从新角度考虑它们在新用途中的潜在价值。数据共享通常要求组织存储数据并以可用格式提供，这可能涉及与其他组织就潜在数据交换机会进行协调的问题。表 10-8 展示了不同类型的信息技术和数据共享策略及典型应用。

表 10-8 信息技术和数据共享策略

策略	描述或应用	受影响模式	可靠性影响
所有车辆的全自动撞车通报（AACN）系统	所有碰撞 1 分钟内通知；基础设施中的传感器网络检测即将发生或实际的事件或危险	全部（客车、货运、公共交通、骑行、步行）	高
快速公交与信号优先	大幅改善交通是一个重要选择	公共交通	高
组合传感器-计算机-无线连接	多传感器数据与数据库数据相结合的多种信息融合方法；数据融合节点在临时无线网络中的通信	无	中
全面的实时信息	以集成方式向所有模式提供实时信息；行人、骑行者和机动车驾驶人将获得有关如何继续出行的信息和选择	全部（客车、货运、公共交通、骑行、步行）	高
定制的实时路径	根据驾驶人偏好进行调整，并通过实时拥堵和可靠性数据驱动，具有预测能力；到达时的状况	客车、货运、公共交通	高
网络视频覆盖	在汽车里、电话里、TMC 里都能看到前方道路图片	全部（客车、货运、公共交通、骑行、步行）	高
快速事故清除	通过全站仪和数字成像进行损坏评估和自动场景评估，快速移除受损车辆；通过自动成像技术在数分钟内，而不是数小时内，完成现场事故调查	全部（客车、货运、公共交通、骑行、步行）	高
实时状态监控以预测长期基础设施性能	主要因素实时自我监控；提前报告问题	全部（基础设施）	高
停车可用性、道路状况、路径、改道的实时信息	停车时间明显减少；驾驶人提前获知停车可用性	客车	高
依赖路边标志获取驾驶人信息	直接发送给车辆信息、路径、交通管理、事故管理等的实时消息	客车、货运、公共交通	中

（续）

策略	描述或应用	受影响模式	可靠性影响
公共交通和道路定价的通用票价工具	高度控制，以减少转移和等待时间；取消因售检票引起的停留时间	客车、货运、公共交通	高
天气探测和响应系统	通过化学和纳米技术管理雪和冰；即使极端事件增多，仍能减少因天气造成的可靠性问题	全部（基础设施）	中
来自车辆跟踪的数据（例如对货车和集装箱的GPS跟踪）	可靠数据的有效来源；可靠性测量能力的极大提高使可靠性管理、防止性能下降、保证性能等变得可行	客车、货运、公共交通	中
数据共享	通过创造性的保密协议、技术和算法克服障碍	无	中
全面实施下一代9-1-1（NG9-1-1）	以可操作的形式将完整的全自动撞车通报（AACN）遥测数据输入NG9-1-1系统；撞车后公共安全应答点自动接收车内图像	全部（客车、货运、公共交通、骑行、步行）	高
混合无线多跳网络	多跳网络促进Ⅶ通信并改善移动互联；实现车对车和车对基础设施通信的网络	全部（客车、货运、公共交通、骑行、步行）	高
最新车载科技	通过软件升级而不是购买新车来克服车队周转惯性	客车、货运、公共交通	中
多式联运路线、时间表、行程计划	为公众提供出行选择；货运也是如此（尽管在很大程度上，通过第三方物流进行货运也是如此）	全部（客车、货运、公共交通、骑行、步行）	中
实时系统运行的预测模型	支持实时系统操作和防止网络故障的预测模型	无	中

来源：Kittelson and Assocs., 2013. Reproduced with permission of the Transportation Research Board.

人们对数据共享的兴趣在一定程度上源于越来越关注交通系统的性能和单独设施的性能，以及对提高交通系统性能的M&O策略的关注。为提高出行时间的可靠性和可预测性的行程，需要比规划人员传统分析中的数据更详细。系统焦点意味着，在跨辖区和跨模式的交通系统中到处都需要有关条件的数据。这与过去管理数据收集和交通管理的典型热点方法形成了对比。

ITS体系结构是为将先进技术应用于交通系统管理而制订的策略，也鼓励识别新的数据共享机会。信息流分析是国家ITS体系结构（以及区域ITS体系结构）的重要组成部分。信息流分析通常采用图解的方式来说明交通系统各主要组成部分之间的合适信息流，从而强调潜在的数据共享选项。档案数据用户服务是推荐的国家ITS体系结构的一个相关要素，旨在促进其数据的替代使用，包括将数据用于交通规划。档案数据用户服务有助于促成一种符合当前和预期技术能力的区域数据共享办法。

接收数据的组织可以从有关交通系统需求和性能的有价值信息中获益，通常只需花费很少或不需要花费资金。通过建立对机构程序的认知和对数据准确性的检查，共享数据可使提供数据的组织受益。数据共享大概率导致接收数据的机构内部发生变化，包括愿意根据更完整的信息评估规划实践和运营策略。

数据共享通常是规划与运营之间更广泛协调的第一步。共享数据需要与其他机构建立新关系，并建立支持持续数据交换和存储的机制。数据格式、准确性、一致性和合适使用可能会使建立机构间和机构内数据共享程序的过程变复杂，但有许多实例已经解决了相关问题。

数据共享可作为一种以多种方式将规划与运营联系起来的机制：

- 建立区域数据交流中心。一个中央数据交流中心可帮助规划和运营机构方便地获取该地区的所有交通数据。
- 与公共交通机构协调数据资源。得益于ITS的部署，公共交通机构正成为更有价值的数据共享伙伴，这使它们能以新的方式参与区域规划活动。
- 利用特殊活动发起新的数据合作伙伴关系。通过协调特殊活动来创造一个获取其他组织提供的数据的机会。

- 利用运营数据制订更有效的指标量测。运营数据对于制订许多指标量测来说是必不可少的。
- 使用运营数据改进规划分析工具。通过交通系统运营活动收集的数据对交通规划人员改进出行需求模型和开发其他分析工具有重要价值。更详细的运营数据的使用有助于建立更好的出行需求预测模型,包括对运营策略影响更敏感的模型。
- 使用存档数据来通知 TSM&O 规划。存档数据不仅对交通规划机构很有用,还可帮助负责 M&O 的人员对其活动进行内部规划和协调,以获得最有效的结果。

另一种在运营规划中很重要的数据收集类型侧重于评估已实施的策略和行动,以衡量它们的总体功效和未来应用的适宜性。在这种情况下,收集到的数据类型将反映实施策略的不同可能结果。例如,表 10-9 展示了在评估所列策略或行动时将考虑的数据收集工具的类型。第 7 章评估及优先级排序的相关内容提供了关于项目事后评估的更多信息。

表 10-9 评估交通策略的数据收集方式

正在评估的策略	指标量测	数据收集方法
事故管理	·事故平均持续时间 ·二次事故发生 ·事故响应时间	·事件持续时间日志(来自调度员记录) ·来自监控系统的速度测量
交通管理	·平均速度 ·交叉路口延误	·交通量统计 ·移动车辆运行 ·来自监控系统的速度测量
出行者信息	·门对门出行时间 ·公共交通载客量 ·模式共享 ·准时到达	·道路和/或公共交通出行日志(来自普通通勤者) ·交通量统计 ·公共交通乘客数量 ·模式转换调查
公共交通运营	·公共交通出行时间 ·公共交通载客量 ·高峰满载率 ·时刻表可靠性 ·换乘时间/车站延迟或等待时间 ·道路影响(例如车辆延误、速度) ·模式共享	·事故平均清除时间
出行需求管理	·模式共享 ·减少 VMT	·模式共享调查 ·交通量统计

来源:Grant et al., 2010

10.6.5 面向运营的分析工具

确定哪些地方最需要改善交通状况是区域规划过程的一个重要组成部分。规划需求评估传统上侧重于增加道路或公共交通能力,以改善特定通道的流动性。随着规划工作的重点超出了流动性,逐渐解决了出行时间的可靠性和可达性,特别是考虑到新的实体基础设施项目的环境、社区和资金限制,M&O 策略变得越来越重要。因此,需求评估阶段为更有效地让 TSM&O 参与决策过程提供了重要机会。随着对交通安全的日益重视,需要更好地将 TSM&O 纳入区域需求评估,这依赖于有效的运营规划和响应,以准备和应对系统中断。

1. 分析工具和方法

有很多分析工具和方法可用于预测 M&O 策略的有效性。图 10-12 展示了分析方法的典型范围和与关键特性相关的精度水平。在许多州 DOT 和 MPO 中,网络仿真是了解网络性能的重要分析工具。

Cambridge Systematics 等（2014）将不同类型的分析工具定义为：

草图规划方法。旨在以可用数据作为分析输入，对可靠性（以及影响可靠性的项目的影响）进行快速评估。这些是资源密集度最低的分析方法，产生了通常在早期规划阶段使用的量级结果。

模型后置处理方法。侧重于对区域出行需求模型中的数据应用定制的分析例程，以生成出行时间可靠性量测的更具体估计。它们受益于出行需求模型强大的网络和供需状况。这些方法中最常见的是基于 FHWA 开发的 ITS 部署分析系统（ITS Deployment Analysis System，IDAS）工具的分析，该工具可估计与事故相关的交通拥堵（导致出行时间变化的一个主要因素）。

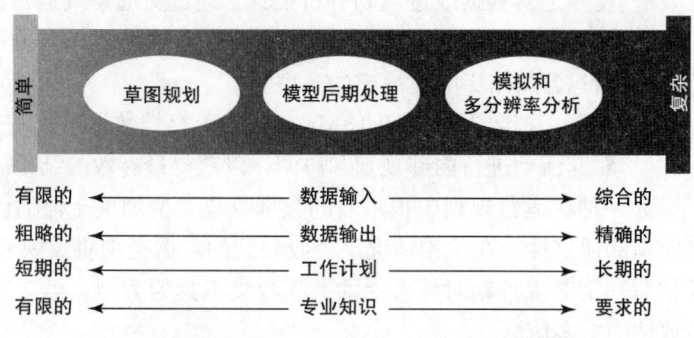

图 10-12　分析工具和方法可靠性谱图

来源：Cambridge Systematics et al., 2014. Reproduced with permission of the Transportation Research Board.

模拟或多分辨分析方法。使用先进的交通仿真模型来测试和评估驾驶人的行为和对非重复事件的反应。多分辨分析方法通常利用多个标准建模工具（例如微观模拟和出行需求模型）的集成，将不同工具的能力结合起来，以评估各种缓解拥堵策略的短期和长期影响。对于可靠性评估，这些模拟和多分辨分析方法通常与多场景分析相结合，模型在代表了出行需求、天气条件、事故发生、施工区的存在或其他影响非经常性拥堵的因素的逻辑变化的多种不同条件下运行。

监测和管理工具及方法。旨在提供实时和存档交通数据分析的工具及方法。上述方法主要评估过去的状况，而不是预测未来的状况。但这些工具及方法也会在为预测方法提供数据方面发挥重要作用。

表 10-10 确定了不同类型的分析工具及方法对不同交通规划需求的潜在应用，性能指标本身被视为理解系统性能的分析工具。

表 10-10　交通规划需求和运营分析工具

交通规划需求	运营分析工具和方法						
	草图规划工具	确定性模型	交通需求预测模型	模拟	存档的运营数据	面向运营的指标量测	交通信号优化工具
需求评估/缺陷分析		X	X	X	X	X	X
初步筛选评估	X					X	
备选方案分析	X		X	X		X	
战略 ITS 规划	X			X			
项目评分/排名优先划分		X				X	
通道与环境分析		X	X	X			X
规划非经常性拥堵	X		X	X	X		
性能监控		X			X	X	X
实施项目评价	X				X	X	

来源：Jeannotte et al., 2009

2. 场景

许多分析结果包括通常与特定主题相关的两个或多个场景。例如，一个地区可能会将一个分析场景定义为所有期望的主要投资，而另一个场景则包含维持现有系统所需的任何投资，或投资实施程序中已存在的内容，但将所有额外资源投入 M&O 策略中。开发一个以 M&O 为重点的综合替代方案，是让运营从业者参与规划过程的绝佳机会。这是一个了解当地或州 TSM&O 工作协调如何满足短期和中期需求的机会。此外，将 M&O 策略纳入所有类型的能力提升项目，对于确保实现系统的有效能力非常重要。

在本手册的编写过程中，有人提议加入与公路通行能力相关的两章，重点关注非经常性交通拥堵对高速公路和城市街道的影响。拟定方法的基础是制订反映可能影响系统或设施可靠性的不同因素（例如施工区、天气、事故和基础设施设计特征）的分析场景。图 10-13 展示了如何使用场景来估计非经常性事件对设施可靠性的影响的一般概念，一般情况下，场景生成过程包括以下步骤：

- 调整基本需求，以反映与给定场景相关的周中每日和年中每月变化。
- 根据在一年中给定时间发生的概率来生成恶劣天气事件，并调整容量和自由流速度以反映天气事件的影响。
- 根据事件发生的概率生成各种类型的事件，并调整能力以反映其影响。
- 吸纳用户提供的关于施工区和特殊事件发生的时间和地点的信息，以及任何对应基本需求或几何结构的更改。

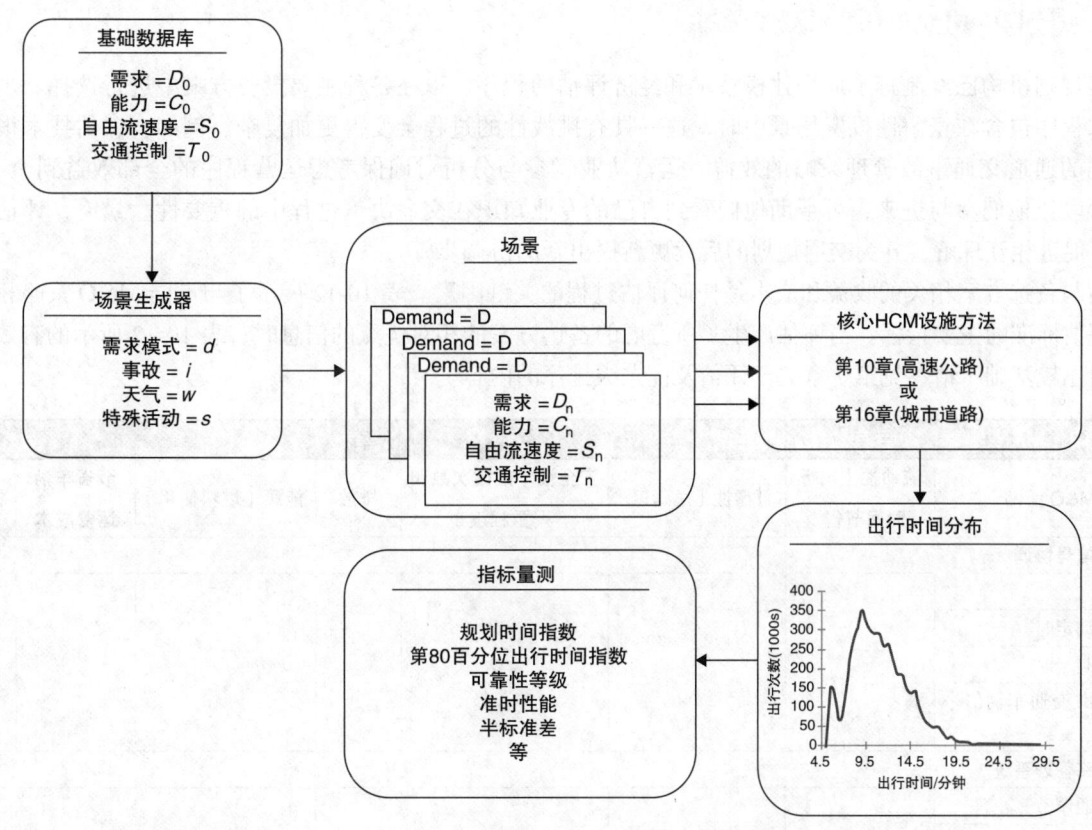

图 10-13 使用场景评估高速公路和城市街道可靠性影响的拟定过程

来源：Ryus et al., 2013, Reproduced with permission of the Transportation Research Board.

分析结果将显示在性能特征方面的预期变化。具体影响因问题背景而异，但为了解这类影响的程度，见表 10-11，表中信息是从大量研究中收集的。

表 10-11　来自实施项目的运营策略获益

运营量测	效益
动态限速	碰撞减少 10%~30% 二次碰撞减少 50% 改善可靠性
动态路肩运行	出行时间减少 25% 对安全无影响
匝道交通调节	碰撞减少 15%~40% 出行时间增加超过 10%
公共交通信号优先	公共交通时间改善 2%~15% 对小街的影响最小
自适应信号控制	延误减少 4%~40%
综合通道	估计 B/C 为 10∶1~5∶1
交通信号控制	减排 3%~22%
拥堵缓解策略（例如事故管理）	二氧化碳排放减少 7%~12%
可变速度显示	二氧化碳排放减少 7%~12%
自动车辆定位／计算机辅助调度	时刻表执行率提高 9%~23%

来源：SHRP2, 2014, Reproduced with permission of the Transportation Research Board.

10.6.6　规划和 TIM 中的 M&O 策略

许多规划机构已经制订了应用建模技术和经济评估的程序，以在各种主要投资方案中进行选择。当交通运营项目和程序包含在竞争性投资场景中时，这一具有挑战性的过程会变得更加复杂。例如，评估技术很难衡量一套协调的通道交通事故管理策略的效益。运营从业者参与分析对确保考虑运营程序的全部效益到至关重要，在这一阶段让他们参与进来，可帮助他们看到自己的专业知识在交通决策过程中的重要性。最终，评估过程中的互动可促进相互理解，并为交通规划的后续更新提出新的协调步骤。

评估与备选方案相关的收益和成本是任何评估过程的关键因素。表 10-12 展示了与不同 M&O 策略相关的有效性或评估标准的主要指标。当评估产生了所考虑的备选方案的相对优点的信息时，表 10-12 所示的有效性指标就可作为比较基础（请参见第 7 章关于评估及优先级排序的内容）。

表 10-12　M&O 策略／项目有效措施的实例

TSM&O 策略	流动性（出行时间节省）	可靠性（总延迟）	安全性（碰撞次数和严重程度）	排放	能源（燃料使用）	节省车辆运营成本	机构效率
主干道信号协调							
预设定时							
交通驱动定时							
中央控制定时	◐	○	◐	◐	◐	○	
干线公共交通车辆信号优先							
高速公路管理系统							
匝道交通调节							
预设定时	◐	◐	◐	◐	◐	◐	
交通驱动定时							
中央控制定时							
先进的公共交通系统、固定线路和辅助客运系统							
公共交通车辆自动定位							
公共交通自动调度	◐	◐	○	○	◐		◐
辅助客运系统							

(续)

TSM&O 策略	流动性（出行时间节省）	可靠性（总延迟）	安全性（碰撞次数和严重程度）	排放	能源（燃料使用）	节省车辆运营成本	机构效率
事故管理系统							
高速公路/干道巡逻							
事故探测和证实	●	●	●	●	●	●	○
事故响应管理							
出行前的多式联运出行者信息系统							
基于网络的511出行者信息系统							
基于电话的511出行者信息系统	●	●	●	●	●		
基于信息服务亭的出行者信息系统							
在途的多式联运出行者信息系统							
车载511出行者信息系统（基于PDA/网络或电话）							
公路咨询电台	●	●	●	●	●		
动态留言板							
公共交通车站出行者信息系统							
商用车辆运营							
路侧电子凭证及安检筛查	●	●	●	●	●	●	○
交通和需求管理							
拥堵定价与HOT车道	●	●	○	●	●	●	●
速度协调	○	●	●	●	●	●	●
工作区管理	●	●	●	●	●	●	●

● 有效性的主要衡量标准；○ 有效性的次要衡量标准
来源：FHWA, 2013a

有多种方法可以评估 M&O 策略并确定优先次序。表 10-13 展示了多个 MPO 用于评估 M&O 项目的方法。注意，在某些情况下，进行任何评估之前都会留出资金，以确保将最低金额的投资用于 M&O 策略。另一个重要的观察结果是，许多 MPO 依赖 TSM&O 委员会或小组委员会来确定这类策略的优先级。

表 10-13 选择 TSM&O 项目过程的实例

TSM&O 项目选择过程概要	
MPO	项目选择过程
DRCOG（丹佛）	三个项目池作为联邦政府资助该地区运营的核心机制：ITS、TDM 和交通信号系统改进。每个池都有一个单独的项目选择过程。利益相关者团体采用基于共识的每个资金池不同选择标准的评分过程。决策基于区域关注运营的规划文件中的区域运营优先级
GTC（纽约州罗切斯特）	为公路当地紧急情况巡逻（HELP）程序和区域交通运营中心人员配备预留资金。其他运营项目与所有其他项目竞争 TIP 资金。所有项目都使用一组通用标准和特定于模式的标准进行排名。TSM&O 是一个有自己特定模式标准的类别
MAG（菲尼克斯）	ITS/运营项目的选择以区域 ITS 策略规划中规定的优先事项为基础，采用具有以下标准的竞争流程：①与区域 ITS 规划相关；②符合区域 ITS 体系；③拥堵缓解潜力；④减排潜力。ITS/运营项目不与其他交通项目竞争资金。所有拟议的 ITS 项目都由 ITS 委员会审查，他们提供项目建议，然后由其他委员会审查

（续）

TSM&O 项目选择过程概要	
MPO	项目选择过程
MetroPlan（奥兰多）	运营利益相关者委员会每年召开一次会议，选择由 TSM&O 提供资金的 TSM&O 项目，确定其优先级，并制订实施日程表。该委员会根据预期的系统影响、成本效率、与 ITS 系统体系的协调、策略规划以及 MetroPlan 地方政府成员间的地理公平性对项目进行排名
NCTCOG（达拉斯-沃斯堡）	NCTCOG 对以下类型的 TSM&O 项目使用单独的项目选择标准：①交叉路口改进；② ITS；③交通信号改进。然后，NCTCOG 工作人员使用项目征集中确定的标准和权重评估每个项目的优点。虽然大多数项目都要经过竞争性的提案和技术评估过程，但有些项目之所以被选中，是因为它们符合有针对性的、战略性的州或地方程序
PPACG（科罗拉多斯普林斯）	项目的优先级取决于其实现 RTP 目标及满足每个特定融资程序标准的能力。TSM&O 策略在 M&O 以及拥堵缓解空气质量（Congestion Mitigation Air Quality，CMAQ）融资项目类别中竞争资金
PSRC（西雅图）	运营项目在 TIP 选择过程中与其他项目竞争。运营项目发起人可通过一场地区比赛或四场全国性比赛之一，从 PSRC 的程序中申请联邦交通资金
波特兰地铁	运营项目通过预留的 TSM&O 程序资金和公开竞争流程获得资金。MPO 通过其运营利益相关者小组评估和选择 TSM&O 程序融资项目。其中，1/3 的资金用于区域范围内的项目，2/3 的资金用于通道层面项目。区域范围内的项目是通过协商选择的，而通道级别的项目则使用特定的评估标准和分析选择的
SANDAG（圣地亚哥）	MPO 使用百分制计分流程选择 TSM&O 及其他类型项目。计分标准分为三大类：满足出行需求（40% 权重）、网络整合（20% 权重）和解决可持续性（40% 权重）。许多 ITS 和运营项目均纳入大型主要项目中

来源：FHWA, 2013b

有几种方法可确定一个项目对另一个项目的相对价值（请参见第 7 章关于评估及优先级排序的内容）。主要方法是以货币表示的方法进行效益/成本（B/C）分析。FHWA 开发了一个简单的基于电子表格的效益/成本工具 TOPS-BC，它可提供：

- 能调查与先前部署相关的预期影响范围，同时分析许多 M&O 策略。
- 一个用于根据分析需求来确定适当工具和方法进行 B/C 分析的筛查机制。
- 一个用于估算各种 TSM&O 策略生命周期成本（包括主要的、更换的和持续的 M&O 成本）的框架和默认成本数据。
- 一个用于对选定的 TSM&O 策略进行简单草图规划 B/C 分析的框架和建议影响值（Sallman et al., 2013）。

与更传统的基础设施改进相比，M&O 改进通常表现出持续运营和维护占更大比例的成本，而不是前期主要成本。因此，该工具为用户提供了检查每个策略预期寿命周期的总成本的能力。一个策略的好处与出行流量的预期影响相关，例如，出行时间的变化、车祸次数的减少和出行时间可靠性的提高等，每一个标准都是可以通过经济价值估算的（使用适当的经济价值因素，例如时间价值和人的生命价值）。

Caltrans 开发了一个类似的工具，为用户提供与生命周期成本和效益、净现值估计、收益/成本比率、回报率和投资回报率相关的产出。将收益估计为出行时间节约、车辆运营花费节约、碰撞花费节约和排放花费节约（Caltrans, 2009）。该工具还可产生节省的工时、节省的额外二氧化碳排放量（以吨计）和额外的二氧化碳排放量（以百万美元计）的结果。其中，对二氧化碳排放的强调来自要求州政府机构减少温室气体排放的州法律。

描述 M&O 策略相对有效性的另一个有趣方法是成本效益。在这种方法中，收益不是货币化的，而是用一些可量化的指标进行简单估算，然后评估每单位收益所花费的美元。图 10-14 展示了一个实例，其中，影响量测是计划时间指数（Planning Time Index, PTI），即系统或设施可靠性的量测（数值越大，可靠性越差）。图中的 x 轴表示 PTI 改善的比例，比例越大，改善越大。因此，图中右上象限的策略是"最佳"策略，因为它们在可靠性方面的缺陷最高，且在投资水平方面表现出最大改进。

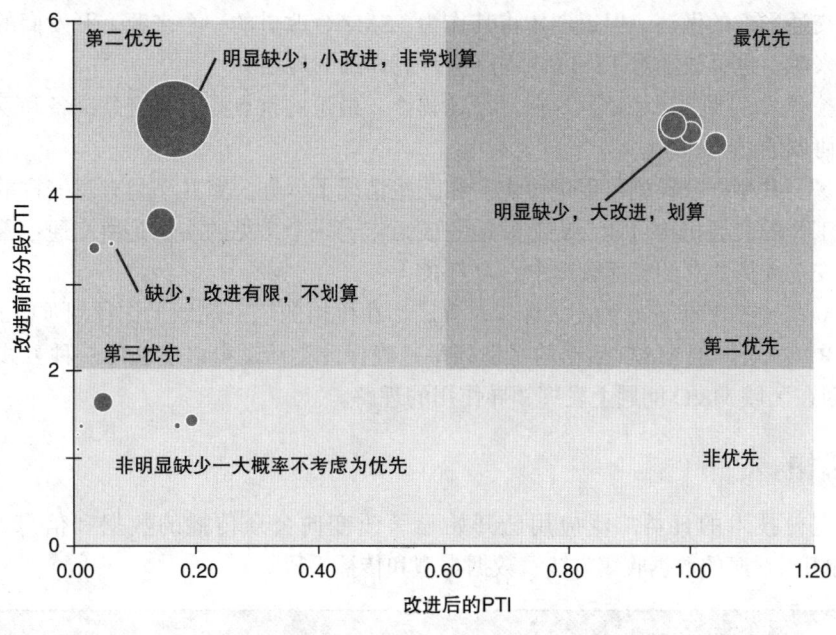

图 10-14　TSM&O 策略的相对有效性

来源：Cambridge Systematics, 2014. Reproduced with permission of the Transportation Research Board.

对 TSM&O 评估和优先排序方法的其他信息感兴趣的读者请参见第 7 章关于评估及优先级排序的内容，更多信息可访问 FHWA 交通运营网站：http：//www.ops.fhwa.dot.gov/plan4ops/news.htm。

10.6.7　共享资金和资源

在制订资助 TSM&O 活动的策略时，各行政辖区有机会促进关系与合作，以支持广泛的区域系统管理观点，并更好地将运营与区域规划联系起来。例如，高度重视跨辖区协调的规划和计划过程可鼓励通常独立的从业人员进行合作并确定共享设备和设施的机会。融资策略也可用于帮助确保通过规划过程制订的 TSM&O 目标的实施，或吸引新的运营利益相关者参加规划讨论会。

资金和资源共享指交通机构与其他运营机构合作提交资金申请、开发集合资金机制或共享设备和设施的各种安排。作为一个协调机会，这也指在规划中讨论的交通系统管理愿景与实现这些愿景所需的区域融资政策和承诺之间进行协调的能力。

资源共享安排的结构可能随时间而变化，以应对不断变化的区域需求和不断变化的机构间关系。最初，共享可能仅限于提供支持区域会议或其他区域合作活动的人员、设备或设施。在适当情况下，参与的公共和私营组织可制订更正式的分享安排，包括汇集资金和其他资源，以维持区域合作工作。在一些地区，机构可提供资金支持负责领导区域合作的区域实体或拥有和运营区域交通系统资产的实体。

以下方式可用于协调规划和运营：

- *将融资与规划目标联系起来。* 越来越多的当地和区域交通规划包括支持改进交通系统管理的语言，以促进更有效地利用现有基础设施，以及采用更面向用户的方式提供交通服务。然而，这往往缺乏实施规划目标的资金和人力资源。目前已经有几种方法用于更密切地将融资与运营目标联系起来，其一是让区域利益相关者确定最低预算要求，以支持每个程序领域的长期规划目标。
- *开发创新运营资金来源。* 新的融资机制有助于在规划人员和运营管理人员之间建立桥梁。一种策略是将投资 TSM&O 工作作为项目初始主要投资的一部分。规划人员和运营人员逐渐意识到与特定项目或通道相关的 TSM&O 资金，最好是通过协调用于大型新建筑或改造的款项来获取。规划人员和运营人员的共同努力可通过合理管理新交通设施，最大化初始投资的长期效益。
- *一些地区在为系统运行寻求资金时，已转向土地开发商。* 已确立了要求开发商为交通改善提供资金，以减轻项目对交通影响的做法，但近期才将其作为 TSM&O 改进的一个来源。开发商的特许权可提供一个重要的收入来源，也可鼓励对 TSM&O 程序进行更详细的规划。
- *建立应急资金需求，为区域运营合作创造区域机会*。最近的重点是改善应急准备和反应，这增加了规划与运营之间协调的必要性。
- *共用办公设施*。共享办公设施可促进协作。在某些情况下，办公室共享是有意安排的，因为人们认识到在同一空间工作的交通机构可能会更有效地完成工作。一个常见的实例是由交通运营者、公共交通工作人员和公共安全人员共享的交通管理中心（TMC）。
- *使用统一规划工作程序确定对 M&O 规划的承诺*。在机构的统一规划工作计划（Unified Plan Work Program，UPWP）中对区域 M&O 活动的特别列举是确保此类活动得以实施的一种方式，这也加深了人们对 MPO 计划在区域 M&O 问题上发挥领导作用的理解。

10.7 运营数据的发布

传感器和先进定位技术的日益广泛应用已开始显著改变向公众传播的数据和信息的类型。表 10-14～表 10-16 展示了目前相当普遍的数据收集方法、数据类型和传播手段。

表 10-14 运营数据的收集方式

数据收集方式	NavTeq[a]	Inrix[a]	TRANSCOM[b]	TransGuide[b]	TranStar[b]	AirSage[a]
探测车辆						
E-ZPass 标签阅读器			X			
GPS 车队	X	X				
电话数据（众包）	X					
GPS 启用						X
三角定位						X
蓝牙数据	X					
专有服务	X					
政府传感器	X	X[c]				
事故数据	X					
事件数据	X					
历史数据	X	X				
公路嵌入式传感器		X				
视频监视器和摄像机		X		X	X	
调频广播电台		X				
当地交通监控中心		X				
速度传感器					X	

注：GPS= 全球定位系统；a= 私人公司；b= 公共机构或国有企业；c= 通过 SmartDust 网络收集数据。
来源：List et al., 2014, Reproduced with permission of the Transportation Research Board.

表 10-15 信息传播类型

信息类型	NavTeq[a]	Inrix[a]	TRANSCOM[b]	TransGuide[b]	TranStar[b]
速度	X				
平均速度		X			
出行时间			X		
起始-目的地匹配			X		
路径			X		

（续）

信息类型	NavTeq[a]	Inrix[a]	TRANSCOM[b]	TransGuide[b]	TranStar[b]
预期					X
个性化更新					X
地图数据	X	X			X
事故数据	X	X	X	X	X
施工的工作区数据			X	X	
交通拥堵和流量数据	X	X		X	
天气数据					X
实时交通数据	X				X
事故地点					X
到达事故地点的最快路线[c]					X
熄火车辆位置[c]					X

注：a= 私人公司；b= 公共机构或企业；c= 向应急人员公布。
来源：List et al., 2014, Reproduced with permission of the Transportation Research Board.

表 10-16 信息传播方式

传播方式	NavTeq[a]	Inrix[a]	TRANSCOM[b]	TransGuide[b]	TranStar[b]
互联网	X		X	X	X
RSS 源					X
Twitter					X
电子邮件					
手机和手机警告					X
低功率电视台				X	
公路咨询电台					X
动态信息标志			X	X	X
AM/FM 收音机	X				
卫星无线电	X				
广播和有线电视	X				
无线应用	X				
动态改道的 GPS 导航装置[c]		X			
动态改道的车内服务[d]		X			

注：a= 私人公司；b= 公共机构或企业；c= 例如 Dash Express 服务；d= 例如宝马（BMW）和 Mini。
来源：List et al., 2014, Reproduced with permission of the Transportation Research Board.

对上述表中所示数据的需求表明了系统监控程序的一些重要特征：首先，出行时间可能是出行者最需要的信息；第二，监测系统应描述交通网络在出行期间的可靠性；第三，监测系统应识别不可靠的来源（例如事故或系统设计缺陷），最终，监测系统应帮助交通系统的所有者和运营者了解不可靠系统的影响（List et al., 2014）。

10.8 彼此衔接的交通系统

在许多方面，交通的进步都伴随着信息技术的创造性应用所引起的社会变革。前几节讨论的许多 M&O 策略都依赖于监视和通信技术的应用。受益于先进技术在车辆和基础设施上的应用，交通正进入个人流动最具变革性的时代。自动驾驶汽车、车对车通信（Vehicle-to-Vehicle，V2V）以及车对基础设施通信（Vehicle-to-Infrastructure，V2I）将潜在地彻底改变交通系统的运营方式。从本质上讲，这些技术能实现一个互通的交通系统，并对TSM&O程序产生重大影响。

10.8.1 自动驾驶汽车

美国国家公路交通安全管理局（NHTSA）提出在不同自动化水平上实现不同技术优势的自动驾驶汽车等级，共分五级：

- 人工驾驶（0级）：驾驶人始终完全且独立地控制车辆的制动、转向、加速和传动等主要系统。
- 特定功能辅助驾驶（1级）：该级别的自动化涉及一个或多个特定控制功能。例如，电子稳定性控制或预充式制动器，通过车辆自动辅助制动，使驾驶人能重新获得对车辆的控制，或比自己独立操作更快地停车。
- 组合功能辅助驾驶（2级）：这一级涉及至少两个主要控制功能的自动驾驶，旨在协调工作，以减轻驾驶人对这些功能的控制强度。启用2级系统的组合功能的一个实例是自适应巡航控制与车道居中控制相结合。
- 有限的无人驾驶（3级）：这种自动驾驶水平的汽车使驾驶人能在某些交通或环境条件下放弃对所有关键安全功能的完全控制，并在这些条件下严重依赖于汽车来监控需要转换回驾驶人控制的情况变化。驾驶人可偶尔进行控制，但也有舒适的过渡时间。谷歌汽车是有限无人驾驶的一个实例。
- 完全无人驾驶（4级）：车辆设计用于执行所有关键安全驾驶功能，并在整个行程中监控道路状况。这种设计预计驾驶人将提供目的地或导航输入，但在出行过程中的任何时候都不能控制汽车，包括使用的和未使用的汽车（NHTSA，2013）。

RAND公司的一份报告指出，自动驾驶汽车的潜在好处包括：①通过包括前向防撞和车道偏离传感器等技术，可大幅降低车祸发生频率，并使死亡数和总体车祸数减少1/3；②通过4级技术的应用，增加盲人、残疾人或未达驾驶年龄的人的机动性；③减少与道路拥堵相关的花费，因为汽车的使用者可以在使用3级及以上技术应用时进行其他活动；④提高通勤者上下班出行更长距离的意愿，促使人们在离城市核心区更远的地方居住；⑤大概率降低能源消耗成本，并减少排放（Anderson et al.，2014）。

汽车制造商已经在为自动驾驶汽车进入市场做准备，因此，美国和其他发达国家未来的个人机动能力将取决于市场对这类汽车的接受程度，以及基础设施对如何服务这些汽车的准备程度。现实世界中已经对自动驾驶汽车的运营进行了测试，因此这一概念被证明是可行的。交通部门面临的一个重要挑战是从管理不具备此类技术的汽车过渡到管理自动驾驶汽车。例如，在这种转变中，一种可能的场景是在车道的使用（也许是今天的管理车道）中，自动驾驶汽车的运行将与手动控制的交通流分开，这种高速运行的分离可能发生在出行的干线运输部分，而混合运行可能发生在当地街道上速度较低的高速出行的任一端。

自动驾驶汽车也引出了与交通系统其他部分有关的重要问题。例如，自动驾驶汽车对公共交通服务有何影响？对老年人和行动不便的人有何影响？对年轻驾驶人有何影响？对货物运输有何影响？对停车有何影响？从更宽泛的角度看，自动驾驶汽车可以提高现有公路的利用率，从而减少公路扩建的需求。为什么我们要规划修建满足2040年需求的高速公路？如果那时出行者的出行方式已从本质上发生改变又将如何？这将对建筑业产生什么影响？对当地经济产生什么影响？因此，虽然自动驾驶汽车技术为出行者和经济的某些部分带来了巨大的好处，但它对我们今天认为理所当然的交通系统管理和运营的许多特征的影响仍是值得研究的重要问题。

10.8.2 车对车通信（V2V）技术

许多属于自动驾驶汽车运营的技术都与使用道路网络的车辆之间的通信和交互技术有关。这方面的主要进步是使车辆能交换位置信息、基础设施状况和运行信息的专用短程通信（Dedicated Short-Range Communications，DSRC）技术的应用（Harding et al，2014）。图10-15展示了V2V概念的直观状态。

图 10-15　车对车通信技术的应用

注：车辆相互"沟通"以交换信息，例如车辆大小、位置、速度、方向、横向/纵向加速度、横摆角速度、档位、制动状态、转向角、刮水器状态和转向信号状态，从而实现安全性和机动性应用。

来源：Harding et al., 2014

反映 V2V 技术优点的一个很好的实例是一套允许一辆车感知另一辆车的潜在危险位置和运行状态，并在碰撞可能性很高时让第一辆车停下来的技术。图 10-16 展示了碰撞情况的不同类型，其中 V2V 应用有助于减少碰撞次数。

场景和警告类型	场景举例
追尾碰撞场景 前部碰撞警告 接近一辆正在减速或停止的车辆	
紧急电子制动灯警告 接近一辆在道路上停止但因障碍不可见的车辆	
变道场景 盲区警告 开始偏离车道就可能侵入同向行驶的另一车辆的行车道；可探测还未在盲区的车辆	
不能超车警告 侵入相向行驶的另一车辆的行车道；可探测还未在盲区的移动车辆	
交叉路口场景 交叉路口盲区警告 在对方驾驶人正在穿越盲区交叉路口或交叉路口没有交通信号灯时，侵入另一车辆的行车道	

图 10-16　V2V 技术安全改进的场景

来源：Harding et al., 2014

根据 2004—2008 年的碰撞数据，美国 DOT 得出如下结论：一个完全成熟的 V2V 系统每年可处理 79% 的潜在车辆碰撞、81% 的轻型车碰撞和 81% 的重型货车碰撞。改善机动车运行的安全环境是应用 V2V 技术的主要好处之一。

在自动驾驶汽车全面进入市场之前，已经在较新车辆中安装的 V2V 功能可能会优先应用。因此，在未来 10 年内，规划人员可期望在道路上更多地使用 V2V 技术。

10.8.3 车对基础设施通信（V2I）技术

自第一条现代道路建成以来，驾驶人与基础设施的交互一直是道路设计的一个重要特征，目前通常采用交通信号和路面标线的形式。未来可能的互联交通系统将包括 V2V 和 V2I 的组合。与 V2V 技术的概念相似，V2I 技术实现了车辆与基础设施之间的通信交互，例如与交通信号、警告信息、车辆间隔确认、车辆位置、施工作业区警告、停车位占用率以及允许交通系统管理者监督道路网络性能的交通管理中心的通信。图 10-17 展示了 V2I 技术的一个示例，即警告驾驶人有行人在前方人行道上（Anderson, 2013；FHWA, 2014）。

图 10-17　V2I 技术示例

来源：Walker, undated

与主要流行于私营企业领域的自动驾驶汽车和 V2V 技术不同，V2I 强调的是"智能"基础设施，这赋予了包括州 DOT 在内的交通机构更重要的作用。在这类技术应用领域中领先的州 DOT，例如加利福尼亚州、科罗拉多州、密歇根州和华盛顿州 DOT，都非常重视 V2I 功能的未来需求，在某些情况下，甚至创建了专注于系统运营和技术应用的部门。接下来的几年里，更多的州 DOT 可能会加入这一行列。

10.9　总结

传统上，交通系统规划侧重于处理预期出行需求所需的道路和公共交通设施，这导致了一个主要由旨在扩大系统实际能力的项目和方法主导的进程。从 20 世纪 70 年代开始，许多交通专业人士开始研究通过运营改善来提高交通系统性能的策略。本章阐述了这种运营规划的方法，过程涉及州或地区交通系统中的许多不同参与者，包括交通服务供应商及规划和资助主体。随着 20 世纪 90 年代智能交通系统技术的出现，许多交通机构已采用先进的监控和信息技术来管理系统运营。这种交通系统运营特征非常可能在未来持续下去。

运营管理传统上侧重于"通过实施各种项目来保持系统运行，以改善出行安全、减少拥堵或增加通行能力（交通流量或通过量）。"考虑到交通量的增长、建设项目上线的滞后时间、实施运营改善的复杂程度以及社会的关键趋势，系统运营早已不只是解决问题的项目。交通系统的运营既是一个短期项目，也是一个能在不同条件和需求下实现持续、高水平性能的长期策略。这一概念远远超出了将运营仅看作一个项目或一个响应问题过程的认知。为了有效地维持性能和效率及满足用户期望，必须将运营和运营改进的实施视为系统管理的基本策略，并通过规划与运营之间的协调，对其进行正式和策略性的规划。

由于运营机构希望增强其在区域交通规划过程中的作用，这些多机构的工作关系会变得很重要。

对规划人员来说，与运营人员的协作可获得如下利好：

- 帮助运营者更好地理解运营策略如何达成区域交通目标。
- 提供对全系统、24小时出行数据的访问，这些数据可用于更好地描述现有系统性能和出行条件，确定最关键的交通问题，并确定资金优先级。
- 提供运营数据和专业知识，以改进对未来状况的预测，增加对现有状况的了解和分析替代投资的有效性。
- 更多考虑交通网络的日常运行和出行者面临的实际情况，这有助于制订交通目标、目的和优先事项。
- 揭示交通规划如何解决传统基础设施投资难以解决的可靠性、安全性和安全性等问题。

对运营人员来说，与规划人员的协作可获得如下利好：

- 帮助运营者更好地了解长期规划流程如何支持交通系统管理和运营（TSM&O）活动，以及这些活动如何与区域目标和目的相结合。
- 为参与规划过程提供更多机会和激励，从而助力形成系统目标。
- 在区域 TSM&O 活动中提供区域领导和利益相关者的更多参与。
- 阐明运营者在实现区域交通愿景和目标方面的作用。
- 直接关注 TSM&O 策略的价值。
- 增加分配给运行项目和程序的资源。

通过这种方式，规划人员与运营人员之间能形成更好的协同合作模式，共同改善交通决策，使出行系统中的公众、企业和社区均能受益。

另一项能加强决策过程效果的措施，是在计划表制订中纳入多机构运营的视角，以提升系统性能，例如事故需要得到及时有效的清理和处理。

参考文献

American Association of State Highway and Transportation Officials (AASHTO). 2013. *2013 Extreme Weather Events Symposium*. Washington, DC. Accessed Feb. 27, 2016, from http://environment.transportation.org/center/products_programs/conference/2013_extreme_weather_symposium.aspx.

_____. 2014. *How Do Extreme Weather Events Impact Transportation Systems Management and Operations (TSM&O)?* Washington, DC. Accessed Feb. 27, 2016, from http://environment.transportation.org/pdf/2014_extreme_weather/AASHTO_Extreme_Weather_TSMO_Handout_oct2014.pd.

_____. 2015a. *TSM&O Capability Levels*. Website. Washington, DC. Accessed Feb. 27, 2016, from, http://www.aashtotsmoguidance.org/about/?id=1a.

_____. 2015b. *Learn About the Guidance. Transportation Systems Management and Operations,* Website. Washington, DC. Accessed Feb. 28, 2016, from http://www.aashtotsmoguidance.org/about/.

Andersen, C. 2013. Linking Drivers and Roads. *Public Roads*, Vol. 76 No. 4. Washington, DC: Federal Highway Administration.

Anderson, J., N. Kalra, K. Stanley, P. Sorensen, C. Samaras, and O. Oluwatola. 2014. *Autonomous Vehicle Technology, A Guide for Policymakers*. Santa Monica, CA: RAND Corporation. Accessed Feb. 23, 2016, from http://www.rand.org/content/dam/rand/pubs/research_reports/RR400/RR443-1/RAND_RR443-1.pdf

Atlanta Regional Commission. 2004. *Intelligent Transportation Systems*, Website. Accessed Feb.27, 2016, from http://www.atlantaregional.com/transportation/roads--highways/intelligent-transportation-system.

_____. 2015. *A.M. Peak Congestion Map*. Atlanta, GA, Accessed Feb. 22, 2016, from http://www.atlantaregional.com/Image%20Library/transportation/AM_Peak_Period_Congestion_Map.jpg.

Baglin, C. 2014. Response to Extreme Weather Impacts on Transportation Systems A Synthesis of Highway Practice 454. Transportation Research Board, Washington DC. Accessed Feb. 28, 2016, from http://onlinepubs.trb.org/onlinepubs/nchrp/nchrp_syn_454.pdf

Baird, M. and P. Noyes. 2014. *Program Planning and Development for Transportation System Management and Operations (TSM&O) in State Departments of Transportation*, Final Report, NCHRP Project Number 20-07/345. Washington, DC: Transportation Research Board. Accessed Feb. 22, 2016, from http://onlinepubs.trb.org/onlinepubs/nchrp/docs/NCHRP20-07(345)_FR.pdf.

Balke. K. and A. Vogt. 2011. *Operational and Institutional Agreements That Facilitate Regional Traffic Signal Operations, A Synthesis of Highway Practice*, NCHRP Synthesis Report 420. Washington, DC: Transportation Research Board. Accessed Feb. 24, 2016, from http://onlinepubs.trb.org/onlinepubs/nchrp/nchrp_syn_420.pdf.

Bauer, J., M. Smith, and K. Pecheux. 2011. *The Regional Concept for Transportation Operations: A Practitioner's Guide*, Report FHWA-HOP-11-032. Washington, DC: Federal Highway Administration. Accessed Feb. 24, 2016, from http://ops.fhwa.dot.gov/publications/fhwahop11032/fhwahop11032.pdf.

Bauer, J., P. Worth, L. Bedsole, G. Millsaps, and A. Giragosian. 2013. *Making the Connection: Advancing Traffic Incident Management in Transportation Planning, A Primer*. Report FHWA-HOP-13-044, Washington, DC. Accessed Feb. 21, 2016, from http://www.ops.fhwa.dot.gov/publications/fhwahop13044/fhwahop13044.pdf.

Bowen, C. and A. Zaghari. 2015. *Caltrans Transportation Systems Management and Operations Initiatives*, Presentation before the Southern California Association of Governments Joint Policy Meeting, April 2. Los Angeles, CA. Accessed Feb. 24, 2016, from http://www.scag.ca.gov/committees/CommitteeDocLibrary/jointRCPC040215fullagn.pdf.

Caltrans. 2009. *California Life-Cycle Benefit/Cost Analysis Model (Cal-B/C), User's Guide (Version 4.0)*. Sacramento, CA. Accessed Feb. 26, 2016, from http://www.dot.ca.gov/hq/tpp/offices/eab/benefit_files/CalBC_User_Guide_v8.pdf.

Cambridge Systematics. 2014. *Guide to Incorporating Reliability Performance Measures into the Transportation Planning and Programming Processes*, SHRP 2 Report S2-L05-RR-2, Transportation Research Board, Strategic Highway Research Program, Phase 2, Washington, DC. Accessed Feb. 23, 2016, from http://onlinepubs.trb.org/onlinepubs/shrp2/SHRP2_S2-L05-RR-2.pdf.

Cambridge Systematics, Inc., Dowling Associates, Inc., System Metrics Group, Inc., Texas Transportation Institute. 2008. *Cost-Effective Performance Measures for Travel Time Delay, Variation, and Reliability*, NCHRP Report 618. Washington, DC: Transportation Research Board, Washington D.C. Accessed Feb. 25, 2016, from http://onlinepubs.trb.org/onlinepubs/nchrp/nchrp_rpt_618.pdf.

Cambridge Systematics, University of Maryland, Resource Systems Group. 2010. Shockey Consulting Services and Olsson Assocs. 2010. *Measuring Transportation Network Performance*, NCHRP Report 664, Washington, DC: Transportation Research Board, Washington D.C. Accessed Feb. 25, 2016, from http://onlinepubs.trb.org/onlinepubs/nchrp/nchrp_rpt_664.pdf.

Cambridge Systematics, Shockey Consulting Services and Olsson Assocs. 2013. *Congestion Management Toolbox Update*, Kansas City, KS: Mid-America Regional Council. Accessed Feb. 26, 2016, from http://www.marc.org/Transportation/Plans-Studies/Transportation-Plans-and-Studies/Congestion-Management-Process/CPM-pdfs/CMT-Update_Toolbox_Dec2013.aspx.

Cambridge Systematics, Inc., Texas A&M Transportation Institute, University of Washington, Dowling Associates, Street Smarts, H. Levinson and H. Rakha. 2013. *Analytical Procedures for Determining the Impacts of Reliability Mitigation Strategies*, SHRP 2 Report S2-L03-RR-1. Washington, DC: Transportation Research Board. Accessed Feb.16, 2016, from http://onlinepubs.trb.org/onlinepubs/shrp2/SHRP2_S2-L03-RR-1.pdf.

Cambridge Systematics, Inc., A. Vandervalk, H. Louch, J. Guerre, and R. Margiotta. 2014. *Incorporating Reliability Performance Measures into the Transportation Planning and Programming Processes: Technical Reference*. Washington, DC: Transportation Research Board. Accessed Feb. 13, 2016, from http://onlinepubs.trb.org/onlinepubs/shrp2/SHRP2_S2-L05-RR-3.pdf.

Charlotte Regional Transportation Planning Organization. 2014. *2040 Metropolitan Transportation Plan, Goals and Objectives*. Charlotte, NC. Accessed Feb. 15, 2016, from http://crtpo.org/PDFs/MTP/2040/Report/Ch2_Goals_Objectives.pdf.

Denver Regional Council of Governments (DRCOG). 2013. *Traffic Signal System Improvement Program*. Denver, CO. Accessed Feb. 11, 2016, from https://drcog.org/sites/drcog/files/resources/2013%20Traffic%20Signal%20System%20Improvement%20Program_1.pdf.

_____. 2014. *Traffic Operations Program. Website*. Denver, CO. Accessed Feb. 11, 2016, from https://drcog.org/programs/transportation-planning/traffic-operations-program.

Federal Highway Administration (FHWA). Undated. *SP-14: Transportation Systems Management and Operations, Infrastructure Voluntary Evaluation Sustainability Tool*, Washington DC. Accessed Feb. 13, 2016, from https://www.sustainablehighways.org/files/142.pdf

_____. Undated. *A Self-Assessment—Where Are You in Regional Collaboration and Coordination?* Website. Accessed Feb. 16, 2016, from http://ntl.bts.gov/lib/jpodocs/repts_te/13686/its4.htm.

_____. 2005. *Getting More By Working Together--Opportunities for Linking Planning and Operations: A Reference Manual*. Publication FHWA-HOP-05-016. Washington, DC. Accessed Feb. 12, 2016, from http://www.ops.fhwa.dot.gov/publications/lpo_ref_guide/index.htm.

_____. 2006. *Regional ITS Architecture Guidance Document,* Report FHWA-HOP-06-112, Washington DC. Accessed Feb. 14, 2016, from http://www.ops.fhwa.dot.gov/publications/regitsarchguide/index.htm.

_____. 2007. *Advanced Parking Management Systems: A Cross-cutting Study*. Washington, DC. Accessed Feb. 17, 2016, from http://ntl.bts.gov/lib/jpodocs/repts_te/14318_files/14318.pdf.

_____. 2008a. *Managed Lanes, A Primer,* Publication No.: FHWA-HOP-05-031. Washington, DC. Accessed Feb. 11, 2016, from http://www.ops.fhwa.dot.gov/publications/managelanes_primer/managed_lanes_primer.pdf.

_____. 2008b. *Intelligent Transportation Systems for Planned Special Events: A Cross-Cutting Study*, Report FHWA-JPO-08-056. Washington, DC. Accessed Feb. 14, 2016, from http://ntl.bts.gov/lib/30000/30400/30470/14436.pdf.

_____. 2011. *Integrating Active Traffic and Travel Demand Management: A Holistic Approach to Congestion Management*. Publication No. FHWA-PL-11-011. Washington, DC. Accessed Feb. 15, 2016, from http://international.fhwa.dot.gov/pubs/pl11011/pl11011.pdf.

_____. 2012a. *Creating an Effective Program to Advance Transportation System Management and Operations, A Primer*. Washington, DC: Federal Highway Administration. Accessed Feb. 14, 2016, from http://www.ops.fhwa.dot.gov/publications/fhwahop12003/fhwahop12003.pdf.

_____. 2012b. *ATDM Program Brief: Active Traffic Management.* Report FHWA-HOP-13-003, October. Washington, DC. Accessed Feb. 15, 2016, from http://www.ops.fhwa.dot.gov/publications/fhwahop13003/fhwahop13003.pdf.

_____. 2012c. *ATDM Program Brief: Active Demand Management.* Report FHWA-HOP-13-002. Washington D.C. Accessed Feb. 15, 2016, from http://www.ops.fhwa.dot.gov/publications/fhwahop13002/fhwahop13002.pdf

_____. 2012d. *Priced Managed Lane Guide*, Report FHWA-HOP-13-007. Washington, DC. Accessed Feb. 11, 2016, from http://www.ops.fhwa.dot.gov/publications/fhwahop13007/fhwahop13007.pdf.

_____. 2013a. *Operations Benefit/Cost Analysis Desk Reference*, Chapter 5. Conducting B/C Analysis for Operations. Website. Accessed Feb. 16, 2016, from http://www.ops.fhwa.dot.gov/publications/fhwahop12028/sec5.htm.

_____. 2013b. *Programming for Operations: MPO Examples of Prioritizing and Funding Transportation Systems Management & Operations Strategies, Cross-Cutting Findings*. Website. Accessed Feb. 16, 2016, from http://www.ops.fhwa.dot.gov/publications/fhwahop13050/s3.htm.

_____. 2014. 2015 *FHWA Vehicle to Infrastructure Deployment Guidance and Products,* Version V9a. Washington, DC. Accessed Feb. 17, 2016, from http://www.its.dot.gov/meetings/pdf/V2I_DeploymentGuidanceDraftv9.pdf.

_____. 2015a. *Regional Concept for Transportation Operations (RCTO)*. Website. Accessed Feb. 16, 2016, from http://www.ops.fhwa.dot.gov/plan4ops/focus_areas/trans_ops.htm.

_____. 2015b. *Improving Transportation Systems Management and Operations (TSM&O), Capability Maturity Model Workshop White Paper*. Washington, DC. Accessed Feb. 17, 2016, from http://ntl.bts.gov/lib/55000/55200/55243/coll.pdf.

_____. 2015c. *Active Demand Management*. Website. Washington, DC. Accessed Feb. 15, 2016, from http://www.ops.fhwa.dot.gov/atdm/approaches/adm.htm.

_____. 2015d. *Active Parking Management.* Website. Washington, DC. Accessed Feb. 17, 2016, from http://ops.fhwa.dot.gov/atdm/approaches/apm.htm.

_____. 2015e. *Highway Evacuation*, Website. Washington, DC. Accessed Feb. 14, 2016, from http://search.fhwa.dot.gov/search?q=evacuation+planning&btnG=Go&ie=&site=fhwa_web&output=xml_no_dtd&client=fhwa_web&lr=&proxystylesheet=fhwa_web&oe=&as_sitesearch=ops.fhwa.dot.gov%2Feto_tim_pse.

Florida DOT. 2013. *Florida Transportation Systems Management and Operations Strategic Plan.* Tallahassee, FL. Accessed Feb. 14, 2016, from http://www.dot.state.fl.us/trafficoperations/TSMO/documents/TSMO-Strategic-Plan-2013.pdf.

Fredericksburg Area Metropolitan Planning Organization (FAMPO). Undated. Regional Performance Measures, Website. Accessed Feb. 17, 2016, from http://www.fampo.gwregion.org/regional-performance-measures.

Grant, M., J. Bauer, T. Plaskon, and J. Mason. 2010. *Advancing Metropolitan Planning for Operations: An Objectives-Driven Performance-based Approach - A Guidebook*, Report FHWA-HOP-10-026. Washington, DC: Federal Highway Administration. Accessed Feb. 12, 2016, from http://www.plan4operations.dot.gov/index.htm.

Grant, M. B. Bowen, M. Day, R. Winick, J. Bauer, A. Chavis, and S. Trainor. 2011. *Congestion Management Process: A Guidebook.* FHWA-HEP-11-011, Washington, DC: Federal Highway Administration. Accessed Feb.13, 2016, from http://www.plan4operations.dot.gov/index.htm.

Grant, M., M. Day, R. Winick, A. Chavis, S. Trainor, and J. Bauer. 2011. *Showcasing Visualization Tools in Congestion Management Congestion Management Process: A Guidebook*, Report No. FHWA-HEP-11-015. Federal Highway Administration, Washington DC. Accessed Feb. 15, 2016, from http://www.fhwa.dot.gov/planning/congestion_management_process/cmp_visualization_tools/visualizationtools.pdf.

Grant, M., B. Bowen, K. Jasper, M. Maggiore, and E. Wallis. 2010. *Statewide Opportunities for Integrating Operations, Safety, and Multimodal Planning: A Reference Manual*, Report No. FHWA-HOP-10-028, Washington, DC: Federal Highway Administration. Accessed Feb 12, 2016, from http://www.fhwa.dot.gov/planning/processes/statewide/practices/manual/manual.pdf.

Grant, M., J. D'Ignazio, A. Bond, and A. McKeeman. 2013. *Performance Based Planning and Programming Guidebook*, Report No. FHWA-HEP-13-041. Washington, DC: Federal Highway Administration. Accessed Feb. 5, 2016, from http://www.fhwa.dot.gov/planning/performance_based_planning/pbpp_guidebook/page00.cfm#foreward.

Harding, J., Powell, G., R., Yoon, R., Fikentscher, J., Doyle, C., Sade, D., Lukuc, M., Simons, J., and Wang, J. 2014. *Vehicle-to-vehicle communications: Readiness of V2V technology for application.* Report No. DOT HS 812 014. Washington, DC: National Highway Traffic Safety Administration.

IBI Group. 2009. *Regional Concept of Transportation Operations: Best Practices.* Report submitted to the Puget Sound Regional Council, Seattle, WA. July 28. Accessed Feb. 3, 2016, from http://www.psrc.org/assets/2820/bestpractices.pdf.

Jeannotte, K., D. Sallman, R. Margiotta, and M. Howard. 2009. *Applying Analysis Tools in Planning for Operations*, Report No. FHWA-HOP-10-001. Washington, DC: Federal Highway Administration. Accessed Feb. 6, 2016, from http://www.ops.fhwa.dot.gov/publications/fhwahop10001/fhwahop10001.pdf.

Kimley-Horn and Assocs. Inc. 2011. *Guide to Integrating Business Processes to Improve Travel Time Reliability*, SHRP 2 Report S2-L01-RR-2. Washington, DC: Transportation Research Board. Accessed Feb. 3, 2016, from http://onlinepubs.trb.org/onlinepubs/shrp2/SHRP2_S2-L01-RR-2.pdf.

Kittelson and Assocs. 2013. *Evaluating Alternative Operations Strategies to Improve Travel Time Reliability*, SHRP 2 Report S2-L11-RR-1, Washington, DC: Transportation Research Board. Accessed Feb. 5, 2016, from http://onlinepubs.trb.org/onlinepubs/shrp2/SHRP2_S2-L11-RR-1.pdf.

Koonce, P., K. Lee, and T. Urbanik. 2009. *Regional Traffic Signal Operations Programs: An Overview.* FHWA Report FHWA-HOP-09-007. Washington, DC. Accessed Feb. 11, 2016, from http://ops.fhwa.dot.gov/publications/fhwahop09007/fhwahop09007.pdf.

Kuhl, K. 2014. *Caltrans' Transportation System Management & Operations, Creating Sustainable Transportation System Performance & Reliability.* Sacramento, CA:. Accessed Feb. 3, 2016, from http://www.dot.ca.gov/hq/tpp/offices/osp/ctp2040/ctp2040_pac/apr_15_2014/4_TSMO_Kris_Kuhl_4-14-14_final.pptx.

Latoski, S., W. Dunn, B. Wagenblast, J. Randall, and M. Walker. 2003. *Managing Travel for Planned Special Events*, Report No. FHWA-OP-04-010. Washington, DC: Federal Highway Administration. Accessed Feb. 4, 2016, from http://www.ops.fhwa.dot.gov/publications/fhwaop04010/handbook.pdf.

Lawrence/Douglas County MPO. 2008. 2030 *Transportation Plan*. Lawrence, KS. Accessed Feb. 4, 2016, from http://www.lawrenceks.org/assets/mpo/t2030/T2030_Chap10.pdf.

List, G., B. Williams, N, Rouphail, et al. 2014. *Establishing Monitoring Programs for Travel Time Reliability*, SHRP Report S2-L02-RR-1. Strategic Highway Research Program 2, Washington, DC: Transportation Research Board. Accessed Feb. 6, 2016, from http://onlinepubs.trb.org/onlinepubs/shrp2/SHRP2_S2-L02-RR-1.pdf.

Mahmassani, H., J. Kim, Y. Chen, Y. Stogios, A. Brijmohan, and P. Vovsha. 2014. *Incorporating Reliability Performance Measures into Operations and Planning Modeling Tools*, SHRP 2 Report S2-L04-RR-1, Strategic Highway Research Program, Phase 2, Washington, DC: Transportation Research Board. Accessed Jan. 24, 2016, from http://onlinepubs.trb.org/onlinepubs/shrp2/SHRP2_S2-L04-RR-1.pdf.

Meyer, M., M. Flood, C. Dorney, J. Keller, G. McVoy, K. Leonard, and J. Smith. 2014. *Climate Change, Extreme Weather Events and the Highway System: Impacts and Adaptation Approaches*. NCHRP Report 750, Vol. 2. Washington DC: Transportation Research Board. Accessed Feb. 14, 2016, from http://onlinepubs.trb.org/onlinepubs/nchrp/nchrp_rpt_750v2.pdf.

Minnesota DOT. 2005. *Minnesota Statewide Highway Systems Operation Plan*, St. Paul, MN. Accessed Feb. 14, 2016, from http://www.dot.state.mn.us/planning/program/pdf/HSOP_Executive_Summary_061705.pdf.

National Highway Traffic Safety Administration (NHTSA). 2013. *Preliminary Statement of Policy Concerning Automated Vehicles*. Washington, DC. Accessed Feb. 14, 2016, from http://www.nhtsa.gov/staticfiles/rulemaking/pdf/Automated_Vehicles_Policy.pdf.

Noblis, Inc., Kimley-Horn and Associates, Inc., Cambridge Systematics, Inc. and Iteris Inc. 2015. *Freeway Management and Operations Handbook*. Draft. Federal Highway Administration, Contract No.: DTFH61-11-D-00018, Task No.: T-13015. Washington, DC. Accessed Feb. 11, 2016, from https://sites.google.com/site/trbfreewayops/document_sharing/FMOH%20%20Intro%20chapters%201-3%20%28working%20draft%29.docx?attredirects=0&d=1.

Pack, M. and N. Ivanov. 2014. *Sharing Operations Data Among Agencies*, NCHRP Synthesis 460. Washington, DC: Transportation Research Board. Accessed Feb. 15, 2016, from http://onlinepubs.trb.org/onlinepubs/nchrp/nchrp_syn_460.pdf.

Parsons Brinckerhoff, Delcan, George Mason University School of Public Policy and Housman and Associates. 2011. *Guide to Improving Capability for Systems Operations and Management*, SHRP 2 Report S2-L06-RR-2, Strategic Highway Research Program, Phase 2, Washington, DC: Transportation Research Board. Accessed Feb.14, 2016, from http://onlinepubs.trb.org/onlinepubs/shrp2/SHRP2_S2-L06-RR-2.pdf.

Pretorius, P., S. Anderson, K. Akwabi, B. Crowther, Q. Ye, N. Houston, and A. Easton. 2006. *Assessment of the State of the Practice and State of the Art in Evacuation Transportation Management*. Report No. FHWA-HOP-08-020, Washington, DC. Accessed Feb. 14, 2016, from http://www.ops.fhwa.dot.gov/publications/fhwahop08020/fhwahop08020.pdf.

Pikes Peak Area Council of Governments. 2012. *Transportation System Management and Operations, Chapter 9 of the 2035 Regional Transportation Plan*. Colorado Springs, CO. Accessed Feb. 14, 2016, from http://www.ppacg.org/files/TRANSP/LRTP-Jan2012/chap9_tsmo.pdf.

Ryus, P., J. Bonneson, R. Dowling, J. Zegeer, M. Vandehey, W. Kittelson, N. Rouphail, B. Schroeder, A. Hajbabaie, B. Aghdashi, T. Chase, S. Sajjadi, and R. Margiotta. 2013. *Proposed Chapters for Incorporating Travel Time Reliability into the Highway Capacity Manual*, SHRP 2 Reliability Project L08. Washington, DC: Transportation Research Board. Accessed Feb. 16, 2016, from http://onlinepubs.trb.org/onlinepubs/shrp2/SHRP2_L08ProposedHCMChapters.pdf.

Sallman, D., K. Jeannotte, R. Margiotta, and J. Strasser. 2013. *Operations Benefit/Cost Analysis TOPS-BC User's Manual, Providing Guidance to Practitioners in the Analysis of Benefits and Costs of Management and Operations Projects*. Report No. FHWA-HOP-13-041. Washington, DC: Federal Highway Administration. Accessed Feb.16, 2016, from http://www.ops.fhwa.dot.gov/publications/fhwahop13041/fhwahop13041.pdf.

San Diego Association of Governments (SANDAG). 2011. *2050 San Diego*, CA: Regional Transportation Plan. Accessed Feb. 16, 2016, from http://www.sandag.org/index.asp?projectid=349&fuseaction=projects.detail.

Shaw, T. 2003. *Performance Measures of Operational Effectiveness for Highway Segments and Systems*, NCHRP Synthesis 311. Washington, DC: Transportation Research Board. Accessed Feb. 13, 2016, from http://onlinepubs.trb.org/onlinepubs/nchrp/nchrp_syn_311.pdf.

South Carolina DOT. 2014. *Charting a Course to 2040, South Caroline Multimodal Transportation Plan*, Columbia, SC. Accessed Feb. 16, 2016, from http://www.scdot.org/multimodal/pdf/SC_MTP_Executive_Summary_FINAL.pdf.

Strategic Highway Research Program, Phase 2, (SHRP2). 2014. *Regional Operations in the 21stCentury, A Vital Role for MPOs*. Washington, DC: Transportation Research Board. Accessed Feb. 17, 2016, from http://shrp2.transportation.org/Documents/Reliability/Operations%20CEO%20Presentation_MPO_Long_Version%201_April%202014combined.pdf.

Tantillo, M., E. Roberts, and U. Mangar. 2014. *Roles of Transportation Management Centers in Incident Management on Managed Lanes*. Report FHWA-HOP-14-022. Washington, DC. Accessed Feb. 11, 2016, from http://www.ops.fhwa.dot.gov/publications/fhwahop14022/fhwahop14022.pdf.

U.S. DOT, 2011. *Intelligent Transportation Systems (ITS) Standards Program Strategic Plan for 2011–2014*. Washington, DC. Accessed Feb. 16, 2016, from http://www.its.dot.gov/standards_strategic_plan/#IA.

Vásconez K. and M. Kehrli. 2010. *Highway Evacuations in Selected Metropolitan Regions: Assessment of Impediments*, Report No. FHWA-HOP-10-059. Washington, DC. Accessed Feb. 14, 2016, from http://www.ops.fhwa.dot.gov/eto_tim_pse/reports/2010_cong_evac_study/fhwahop10059.pdf.

Walker, J. undated. *Vehicles To Infrastructure Deployments*. Washington, DC: Federal Highway Administration. Accessed Feb. 17, 2016, from https://www.tn.gov/assets/entities/tdot/attachments/WalkerV2I_DeploymentsAndGuidance_PresentationRev.pdf.

Washington State DOT. 2007. 2007-2026 Transportation Plan. Olympia, WA. Accessed Feb. 16, 2016, from http://www.wsdot.wa.gov/NR/rdonlyres/B2C8E107-9820-4FF5-83F7-116957AEDD12/0/ExecutiveSummary.pdf.

Worth, P., J. Bauer, M. Grant, J. Josselyn, T. Plaskon, M. Candia-Martinez, B. Chandler, M. Smith, B. Wemple, E. Wallis, A. Chavis, and H. Rue. 2010. *Advancing Metropolitan Planning for Operations: The Building Blocks of a Model Transportation Plan Incorporating Operation - A Desk Reference*, Report FHWA-HOP-10-027. Washington, DC: Federal Highway Administration. Accessed Feb. 12, 2016, from http://www.plan4operations.dot.gov/index.htm.

Zimmerman, C., P. Bolton, M. Raman, T. Kell, S. Unholz, and C. Bausher. 2007. *Communicating With the Public Using ATIS During Disasters: A Guide for Practitioners*, Report No. FHWA-HOP-07-068. Washington, DC. Accessed Feb. 14, 2016, from http://www.ops.fhwa.dot.gov/publications/atis/atis_guidance.pdf.

第 11 章

停车规划

11.1 引言

停车是社区交通系统的重要组成部分。停车位的数量和使用情况在不同社区的活动中差异很大，反映了特定土地使用的规模、强度和位置，备选出行方式的可用性，以及社区对环境质量和经济发展的态度。在大多数情况中，特定地点停车位的数量取决于当地分区规划对土地使用类型和密度所要求的最小值。

必须为商业和社区的繁荣提供充足且便利的停车场仍然是传统且被广泛接受的观点。例如，美国规划协会（American Planning Association，APA）的规划咨询服务收到的关于停车需求的请求比任何其他主题都要多。2012 年，Colliers 的北美停车比率调查发现，在接受调查的 56 个北美城市中，55% 的受调者认为市中心的停车位供应"可接受"（60%~80% 已满），32% 表示"有限"，只有 13% 表示"充足"（Colliers International，2012）。

相反，一些人认为，在分区规划条例中纳入最低停车位要求和提供免费停车是郊区扩张的主要原因，这使出行需求管理（TDM）的目标难以实现（请参见第 14 章关于出行需求管理的内容）。例如，Shoup 指出，分区规划条例中的停车要求构成了"美国规划的一个巨大灾难"，因为它"补贴汽车、歪曲出行选择、扭曲城市形态、增加住房成本、加重低收入家庭负担、贬低城市设计、破坏经济、恶化环境"（Shoup，2005）。

当土地的成本或可用性将使用停车楼的需求触发时，开发商大概率会质疑所需停车位的数量。在这种情况下，他们更愿意开发共享停车、TDM 解决方案或通过收费将停车成本转嫁给用户。市场在很大程度上决定了在市中心开发的付费停车的新商业区域的大小，而不是含免费地面停车的郊区（MAPC，2007）。免费停车、分区规划要求以及土地价值和密度，在特定地区新场所的市场租赁比率中微妙地交织在一起，以至于人们不能将任何一项因素（例如免费停车或停车分区规划要求）作为出行行为的主要原因。

停车位的可用性和价格是交通模式选择的决定性因素，也是交通规划和政策的焦点。尽管 TDM 策略和减少单乘员车辆（SOV）出行已成为许多交通规划人员的关注重点，但在过去二十年里，对私家车的依赖和行程起讫点的停车位需求仍在增加。特别是，停车成本是出行者决定是否开车的一项重要因素。在市场力量的影响下，停车费通常低于拥有和运营车位的实际成本（当社区中大多数其他停车都免费时，向用户收取的费用很难达到提供车位的全部成本）。两个例外情况是：①每月停车费超过 300 美元的大城市核心区；②机场停车（停车收入是机场最大的收入来源之一）。

如果没有政府的持续干预，停车市场不可能发生根本性变化。20 世纪 90 年代中期，三个联邦机构提出了将雇主提供停车位的免税上限从每月 165 美元降到每月 135 美元或更低的倡议，但没有得到国会的支持，也没有取得实质性进展。相反，在 1998 年，《21 世纪交通衡平法案》（Transportation Equity Act for the 21st Century，TEA-21）增加了雇主和雇员的税收优惠，到 2015 年，对停车已增加至 250 美元，对公共交通和拼车已增加至 130 美元。2012 年，只有 16 个美国城市的月停车费中位数超过 175 美元。因此，降低雇主支付停车费的上限，只会影响停车费达到市场价，且已出现明显的公共交通使用和出行减少的地点（Colliers International，2012）。此外，减少停车福利可能会鼓励更多租户搬到停车"免费"的郊区。

除非政府有意愿强制将停车费从所有租赁费中分离出来（即对于停车位，房东单独向停车者收费）和/或对所有雇主提供的停车位都征税（这将要求估算郊区"免费停车"的价值），否则很难将停车的实际花费纳入通勤者的出行决定中。

本章首先将介绍停车管理程序的典型组织体系；其次将讨论停车分区规划要求，这是描述所有土地使用中提供停车位数量和类型的最重要因素之一；再次将讨论反映分区规划和其他因素的停车位供应方案的策略和决策类型，以及这些策略与停车管理程序的结合；然后将预测停车位需求和需求分析的方法，包括与公共用地使用和共享停车方法相关的结果；接着将讨论停车成本及如何将其作为决策的一部分进行估算；最后将介绍停车融资的主要特征。

11.2 停车管理组织

许多城市的停车管理职能往往分散于许多部门或机构。在市政背景下，公共工程（建筑和地面）可控制大部分物质层面，例如：建设和维护路边和路外设施；警察局（安保部门）负责执法；财务（商务办公室）负责税收。通常情况下，停车管理在每个部门的关注和优先事项列表中都排在后面，且经常带有政治色彩，缺乏明确的目标和对实施的重视。

更有效的模式是由一个专业组织来负责所有或几乎所有与停车管理相关的职能。在有必要和合适的情况下（例如停车要求继续由规划和分区规划管理），停车管理组织应指定一名联络人，负责协调和参与政策决策。

停车管理程序的常见目的包括：

- 收入应尽可能与支出和运营挂钩。例如，应比较停车计费器的收入与获得此项收入所需的支出。这一原则适用于所有停车管理职能，也包括那些收入低于支出的。在私有化停车运营的程序中更应如此。
- 预算的准备、分析、分配和调整应在停车管理组织的控制下。
- 停车管理职能在城市政府体系中的地位应反映出停车管理问题在城市中的重要性。
- 停车管理通常包括监测和环境监管要求。停车管理组织的体系和预算应足够灵活，以履行这些职责。

停车管理组织的类型

大多数停车管理项目都由市政交通部门负责。除非外包，否则停车执法通常也由交通部门负责。这种体系在中小城市尤为常见。但对较大的城市而言，通常存在三种其他类型的停车管理组织：停车管理局、独立部门和非营利组织。以下对这三种类型进行描述。

停车管理局

停车管理局比市政府部门或机构具有更大的独立性。在州立法授权的情况下，停车管理局可以发行债券用于新停车设施的建设。作为市政府扩展的一部分，停车管理局可以有相同的人事政策（如果需要的话），特别是在大多数或所有职员都曾是市政府部门雇员的情况下。这种体系结构有相当大的灵活性和快速响应问题的能力。

独立部门

许多城市已将交通和停车职能与公共工程分开，并设立了一个专门负责停车的部门。这种体系的主要优点是强调交通和停车问题对城市和市民的重要性。通常，这有助于减少利益冲突、更多地关注停车问题以及更好地协调停车和街道交通活动。最重要的是，这将减少停车管理者与市政首席执行官（CEO-市长）和首席运营官（COO-城市管理者）之间的层级。新部门的设立必须以市政法律为基础。

非营利组织

停车管理的最新机构模式之一是非营利组织（NPO），负责处理活动中心（例如市中心或郊区的主要就业中心）的特定需求和问题。除授权立法外，NPO和停车管理局的主要区别在于，停车管理局只专注于停车，而NPO对交通问题的视角可能更广阔。两者都与支持和鼓励活动中心的经济活力相关，但NPO可能涉及更多的交通和非交通活动。

表11-1总结了这三种方案的优缺点。值得注意的是，许多社区已转向停车管理私有化模式。在这种模式下，社区接受一家私营公司的投标，以执行停车收费并对收入进行分享。合同规定了停车费率、运营标准和所有停车设施资产的维护，但实际运营（例如执法）仍由特许权所有者负责。然而，即使在这些程序中，社区也需要

在政府中有一些集中的停车政策和规划职能。

表 11-1　停车管理组织体系的优缺点

	优点	缺点
停车管理局	・停车职能设置在一个以提供停车服务为目的的实体中 ・能在与城市密切合作的同时保持一定独立性 ・要求董事会制定政策，维持财政职责，并指导员工 ・易于创建新职位，设置不同于政府的薪酬标准，并根据绩效进行奖励 ・能快速做出决策并实施程序 ・有权发行债券为项目融资 ・可享受城市福利保障	・为债务负责 ・经常需要新法规（州和地方） ・面对不同需求，决策层有时会显得复杂或低效 ・公务员制度可能会使调动员工变得困难且复杂
非营利组织	・停车职能设置在一个以提供停车服务为目的的实体中 ・能在与城市密切合作的同时保持一定独立性 ・董事会具有灵活的规模和特征 ・易于创建新职位，设置不同于政府的薪酬标准，并根据绩效进行奖励 ・能快速做出决策并实施项目	・尽管有发行债券的能力，但可能较停车管理局更困难且复杂 ・可能需要新法规来下放职能 ・公务员制度可能会使调动员工变得困难且复杂
独立部门	・方便从其他城市部门调动员工 ・可根据公务员制度设立不受政治影响的新职位 ・易于指定收入用于普通基金活动	・停车管理易陷入官僚主义困境，得不到应有的重视 ・除非成立市民顾问委员会，否则停车政策更有可能继续由行政人员和民选官员负责 ・公务员制度和预算编制过程会复杂且耗时 ・如果要求提供一般义务债券，则停车设施的融资必须与其他市政项目竞争

停车管理组织作为企业基金

停车管理组织可作为企业基金在前文讨论的任何体系结构内运作。企业基金体系的特点是，必须产生足够的收入来支付当前开支，并在需要时投资必要的未来资产。对于停车，这意味着企业基金需要支付运营成本、偿债、偿债储备金（或与债券发行相关的任何其他资金），并用于未来重大建设或维护的偿债或储备资金。

停车企业基金要求停车活动自给自足，并像企业一样进行管理，更重要的是会产生超出支出的收入。这并不意味着停车管理的主要目的是创造利润。相反，停车投资决策需要考虑预期收入与支出间的关系。在某些情况下，设立企业基金的行政命令或法规具体说明了企业基金中可能存在的超额收入水平，以及所有额外收入的处置情况。

11.3　分区规划要求

社区分区和规划指南通常结合开发类型和其他到达场所的方式（例如公共交通），以规定拟建开发项目停车位数量的最小值。分区规划标准通常包括为特定类型的土地用途提供所需停车位数量的公式。大多数地方政府的目的是要求产权人在没有外溢需求（即溢出至公共街道或相邻私人产权）的情况下提供足够的路外停车位。以俄勒冈州 Eugene 的停车分区规划条例为例，见表 11-2。

表 11-2　俄勒冈州 Eugene 停车分区规划条例

所需的路外机动车停车位

用途	所需路外机动车停车位数量的最小值
住宅	
单户住宅	每住宅单元 1 个
单户住宅（标志地段）	每住宅单元 2 个
二级住宅（附属于或独立于同一地段的主要单户住宅）	每住宅单元 1 个
联排别墅（一户在附属于自己的地块上，或在单独的地块上相邻的住宅，车库或车库通往地块后部）	每住宅单元 1 个
两层住宅（两户附属在同一地块）	每住宅单元 1 个
三层住宅（三户附属在同一地块）	每住宅单元 1 个
四层住宅（四户附属在同一地块）	每住宅单元 1 个
其他地段的多户（三个或更多住宅在同一地块）	每住宅单元 1 个
在城市公认的 West Uniersity Neighbors 和 South University Neighborhood Association 边界内的 R-3 和 R-4 用地的多户	每个工作室、一居室或二居室住宅单元 1 个停车位； 每个三居室住宅单元 1.5 个停车位（除三居室住宅外，每个额外居室需要 0.5 个停车位）； 大于等于 0.5 的分数四舍五入到下一个整数。四舍五入应在计算多户型开发的最小空间总数后进行； 一个双座停车位应计为两个停车位； 联排空间不允许用于工作室、一居室或二居室住宅单元
任何地区的有低收入补贴的多户住宅	每住宅单元 0.67 个或共 3 个，取最大值
任何地区的有低收入补贴的多户老年住宅	每住宅单元 0.33 个或共 3 个，取最大值
任何地区的有低收入补贴的多户残疾人住宅	每住宅单元 0.33 个或共 3 个，取最大值
任何地区的有低收入补贴的多户部分残疾人住宅	每住宅单元 0.67 个或共 3 个，取最大值
任何地区的有低收入补贴的多户专用住宅	每住宅单元 0.33 个或共 3 个，取最大值
带可移动工厂加工屋的小区	每住宅单元 1 个
密度高于用地通常允许的水平，但不超过 150% 的控制性住宅和出租住宅	每住宅单元 1 个

来源：City of Eugene, 2009

需要过多停车位的分区政策是无效且昂贵的，因为专用于停车位的土地面积和资源减少了场地的开发量。根据对加利福尼亚州 Oakland 分区规划条例增加停车要求前后密度的研究，Shoup（2005）得出结论，停车要求使每个住宅单元的成本增加了 18%，密度降低了 30%，土地价值降低了 33%。Willson（1997）的一项研究估计，将办公楼的停车位需求从 2.5 个增加到 3.8 个/1000 英尺^2（3.7～4.1 个/100 米^2），会使密度降低 18%，土地价值降低 32%。

从美学和环境角度看，过大的铺砌的停车场对社区而言也是不可取的。

11.3.1 最小值还是最大值?

许多交通专业人士和城市官员一直在争论停车条例是否应要求最大或最小的停车量,或两者兼而有之。早期的一些建议反映了公共交通服务的邻近性,例如根据距公共交通站点的距离,为各种土地使用提供最小值和最大值。例如在波士顿,有许多公共交通线路的中央商务区(CBD)没有停车位要求,但总商业停车位有上限(主要是出于环境质量的考虑)(Wanett and Levinson,1990)。所有停车场业主(住宅区除外)必须有提供停车位数量的许可证。任何希望开发新停车场的开发商必须购买足够的达到拟议车位数量的许可证,同时必须关闭旧设施。该地区还有一个大范围的停车换乘系统。

其他对停车位数量有最高而非最低要求的城市包括伦敦和旧金山。20世纪60年代末,伦敦将停车政策从最低要求改为最高要求。新的最高停车位数量比例一般不到以前的一半。旧金山也限制在CBD停车。

在Manhattan,土地价值居高不下导致新开发项目只能提供最低限度的空间来融资和租赁大楼。在许多情况下根本没有提供停车位。停车位的高市场价格(2012年,Manhattan中心区和商业区的非预定停车位每月停车费中值超过562美元)显著影响了使用公共交通工具通勤往返Manhattan的选择。雇主对停车费的补偿也会影响开车和停车的决定(Collier International,2012)。例如,2007年的一项研究发现,38%的在Manhattan中城和下城停车的驾驶人有雇主提供的免费停车场或停车费全额补偿,另有19%的驾驶人将车停在按时间收费的路边停车位(Transportation Alternatives,2007)。

Bronx和Brooklyn的一项住宅停车研究提供了一些有趣的观察结果:
- 汽车拥有量因地理、家庭特点和建筑规模等因素而异,而不会因分区所需的停车位数量而异。
- 汽车拥有量因建筑而异,因此共享停车资源很重要。
- 在分区区域,较小的建筑和场地通常不需要停车位,这大幅降低了有效停车位要求。
- 拥有汽车的家庭根据其社区的可用选项来决定停车地点,而不只是在他们居住的建筑内。
- 内环居民通常会为路外停车付费,尽管他们支付的金额有所不同。
- 提供停车的成本和停车产生的收入是开发商决定是否修建停车场的重要因素。
- 廉价住房比市场价格住房更容易受到所需附属停车场的价格影响,其居民拥有的汽车数量更少(New York City,2013)。

一些人怀疑,如果停车位要求降低或取消,房地产开发商是否真的会减少停车位。例如,写字楼开发商以及他们的放款人和租户,通常希望提供与其他竞争建筑一样多的停车位。这往往会使基于想要而非需要的停车位需求持续化。如今,竞争对手提供的车位数量通常由当地分区规划条例中的最低停车位要求来规定。然而,历史已经表明,如果有正当的减少理由,开发商也会接受。显而易见,随着时间的推移,购物中心可接受的停车率在下降。如果允许市场在所需停车位数量上建立更好、更自然的平衡,如果在分区规划条例中鼓励共享车、更高密度和更好的行人连接,则停车率大概率会逐渐下降。

总而言之,由于提供的停车位不足,以及过度停车位需求的潜在负面影响,停车分区规划要求需要平衡溢出停车位的问题。早在1964年,美国社会规划办公室(现称美国规划协会)就警告不要采用单一的停车位标准:

"除用于工业用途的路外停车,不建议采用任何单一标准。起草地方性法规时使用的基本假设通常是未知的,可能不适用于其他地方。当然,最好的办法是根据当地停车和交通研究,以及各种分区规划条例使用区的特点,分别制定路外停车要求。"

美国规划协会发布的一份定期更新的、已成为停车标准方面领先技术指南之一的,名为灵活停车要求(Smith,1983)的报告进一步描述了这些建议。最近的一个评论来自Shoup(2014):

"最低停车位要求限制了城市发展。他们经常强迫开发商提供比实际需要更多的停车位,或建造比分区标准更小的建筑。停车位要求导致了城市的不可持续发展。如果城市要求到处都有充足的路边停车位,则大多数人将继续开车去目的地……城市得到了他们规划的交通和他们补贴的出行行为。"

随着城市开始采取可持续发展和宜居/可步行社区政策,取消停车位数量的最低要求将成为策略的一部分。

11.3.2 分区规划要求的灵活性

市区停车场服务许多不同的市场。因此，停车位需求会因土地使用类型和位置以及平常一天中发生的活动而异。特定地点的关键变量包括建筑的大小、公共交通的可达性和距离、共享乘车模式、共享停车和适用的分区规划要求。如果在 CBD 或活动中心收取停车费，则所需的停车位数量可能与不收费的活动中心相差甚远。满足不同停车位需求的传统方法包括在不同的分区使用不同的停车位要求、规划单元开发许可证以及特殊和有条件使用许可证（请参见第 3 章有关土地使用及城市设计的内容）。

分区规划条例可用于调整不同土地使用情况下的停车位要求。城市将灵活性纳入停车位需求的一些规定包括：共用停车场；代收费；场外停车场；共享乘车项目的加分；公共交通可达性的加分；接受可信的评估现场具体情况和预期需求的停车研究。

停车顾问委员会的推荐分区规划条例条款（2007）（Recommended Zoning Ordinance Provisions）建议使用保护城市利益的语言，同时允许灵活处理影响停车需求的最常见情况。除解决所有权和土地使用问题的变化外，在合格的停车或交通顾问已经对停车位需求进行过分析的情况下，停车位需求的某些调整可通过指定开发信贷来处理。此外，如果城市认为超出了预期需求，分区规划条例的灵活性可能要求开发商或业主在未来几年提供额外的停车场到某个临界值。这一土地储备规定要求开发商提交一份规划，详细说明以后如何在地面或结构内提供额外空间。不愿接受土地储备条件的开发商必须通过正常的分区变更程序，通常是在分区上诉委员会或市议会获得永久的、不可撤销的减少停车位要求。在某些情况下，土地储备为各方提供了降低停车率的必要的舒适度。开发商可先在场地上提供更多绿地，然后以较低的费率申请解除抵押和/或在成功运营一段时间后获得永久性差额。

分区规划要求中停车灵活性的一些附加选项包括：

- 垄断市场：垄断市场指一个市场中潜在消费者面对数量非常有限的竞争供应商，这里指停车位。它经常发生在一个开发区内不独立的土地使用中。垄断市场效应是 CBD 停车位需求的决定性因素之一。因此，分区规划条例应允许对停车位需求进行调整，以适应独立于共享停车场影响的专属市场效应。
- 代收费：在一个密集开发的活动中心开发公共停车场，而不是让业主自己提供停车场，这符合一个城市的最大利益。由于建造停车场的成本很高，而且对城市资源的需求竞争激烈，许多城市要求开发商（他们直接受益于减少停车位的规定）支付部分或全部停车位市政设施的开发成本。
  - 当开发缓慢、规模较小或位置随机时，就会出现这种策略问题。如果有资金能及时在每个开发区的合理范围内开发停车场，则开发商可能愿意签订此类协议。然而，一个已经为基金捐助了 10 万美元来代替 10 个停车位的开发商，不希望这些资金为了更多的资金到位而等待 5 年，或用于资助 6 个街区以外的停车场。如果对特定区域内的快速发展有所预期，且路外停车设施已经或将要按预定时间表提供，同时与提供资金的地点相连，则这一策略更可能取得成功。
- 场外停车场：许多城市在分区中增加了条款，允许在某些条件下由场外停车代替场内停车。
- 共享乘车：通常指与员工上下班出行相关的各种形式的拼车、通勤共乘和包车服务。合理制订的共享乘车项目可减少交通和停车位需求。共享乘车项目的分区信用是实现交通管理目标的一种非常有效的手段。共享乘车积分也是调整任何运行专用班车的开发用地的停车位需求的一种手段。最常见的应用是为那些想方便进入机场的人提供服务的酒店。当然，其他地点也可运行班车，以减少停车位需求。
- 大小合适的停车场：停车费通常适用于与提议项目不相似的开发类型。例如，郊区停车收费标准可能不适合城市用地。但通过开展停车位需求研究，并将结果与所需策略类型联系，大小合适的停车位供应能将停车场数量与场地和社区的需求和停车位目标联系起来。
- 共享停车：城市土地研究所（ULI）的共享停车（Smith, 2005）提供了一种无须采用单一综合公式的计算共享停车影响的方法（见下文关于共享停车的内容）。
- 公共交通：即使是较小的社区，也可能有公共交通服务良好的区域。合理减少与定期公共交通服务相距一定距离的开发区停车位要求是合适的方式。

分区规划要求灵活性的一个例子来自 San Diego，当地社区已将各种技术作为智慧发展政策的一部分。以下是一些示例：

- Carlsbad 市提供密度奖金激励，以促进住宅开发。以下为多户住宅的停车位配比：0～1 居室住宅单元需要 1 个停车位，2～3 居室住宅单元需要 2 个停车位。
- Escondido 市将标准零售停车场需求降低至市中心零售核心停车区每 1000 英尺^2（93 米^2）总面积 3 个车位。
- El Cajon 市为市中心区内的智慧发展环境提供停车补贴。
- La Mesa 市允许在混合用途城市覆盖区内（Mixed-Use Urban Overlay Zone）减少停车位，每 1000 英尺^2（93 米^2）的商业楼层面积允许有至少 2 个停车位。
- San Diego 市在公共交通叠加区（Transit Overlay Zone）或被视为"非常低"收入的开发区减少停车位。多户住宅要求减少至如下水平：工作室单元需要 1 个停车位，一居室单元需要 1.25 个停车位，二居室单元需要 1.75 个停车位，三居室以上单元需要 2 个停车位。每 1000 英尺^2（93 米^2）的商业办公空间需求减少到 1～2.9 个停车位。零售需求减少到每 1000 英尺^2（93 米^2）1～4.3 个停车位。
- Chula Vista 市详细说明了城市核心特定规划区域（Urban Core Specific Plan area）的特殊停车位要求。公共交通重点区域内的多户住宅单元，每个住宅单元减少 1 个停车位需求。
- Coronado 市减少了橙色大道通道特殊规划（Orange Avenue Corridor Specific Plan）的停车位需求。商业停车需求减少到每 500 英尺^2（46 米^2）建筑面积 1 个停车位。该市还为廉价住宅提供了折扣（SANDAG，2010）。

其他类似的案例还包括（MAPC，2010）：①洛杉矶允许契约受限的廉价住宅每单位减少 0.5 个车位，对距离公共交通线路 1500 英尺（457 米）范围内的单位再额外减少 0.5 个车位；②俄勒冈州 Eugene 允许根据具体情况和停车位研究记录发现停车位需求减量不足的继续减少停车位需求；③西雅图批准了廉价住宅（根据收入、位置和单元大小，每个单元可减少至 0.5～1 个停车位）、老年人或残疾人住宅、含共享汽车项目的多户住宅开发项目，以及密集、多用途社区开发项目的最低停车位需求；④加利福尼亚州 Santa Monica 将两居室廉价住宅的停车位从每单元 2 个减少到 1.5 个；⑤康涅狄格州 Hartford 允许以换取实施 TDM 项目将所需停车位减少 30%，例如优惠的拼车停车场、提供共乘优惠、补贴公共交通票款和到场外停车场的班车服务，另见（PSRC，undated）。

11.4 停车供给策略和选择

11.4.1 停车策略概念

在策略层面上，一个地区或社区可以用非常广泛的术语来概念化停车策略。例如，对丹佛市中心的停车研究定义并分析了 5 个停车位开发的概念模型。这些模型虽然过时，但就社区可能考虑的不同停车位供应策略而言仍然适用（Walker Parking Consultants，1992）。它们为评估停车场扩建的可选方案提供了一种有用的方法。请注意，长期和短期停车可能需要不同的策略。图 11-1 展示了这一研究中考虑的 5 种主要停车管理策略。

这项研究确定了一个基本的可选方案，称为自由选择方案，作为其他可选方案的参考。在这一可选方案中，私营部门和新开发项目的融资要求能决定为新的和现有的停车需求提供的停车位数量与类型。停车场不受分区限制，而是作为一种权利使用。自由放任模式目前流行于许多城市和郊区。自由放任的解决方案本质上是市场驱动的，因此，停车场位置完全是灵活的、未规划的，是经济发展、建筑拆除以及金融机构和新项目开发商要求的停车需求的产物。这种长期和短期皆有的停车方法在印地安纳波利斯等城市非常成功，因为那里从未要求在市中心设置停车场。该市没有干预私人市场，只为公共财政项目修建了公共停车设施。那里有一个繁荣的按停车市场价格收费，并根据到 CBD 目的地的便利程度提供多种定价选择的私人停车场系统。

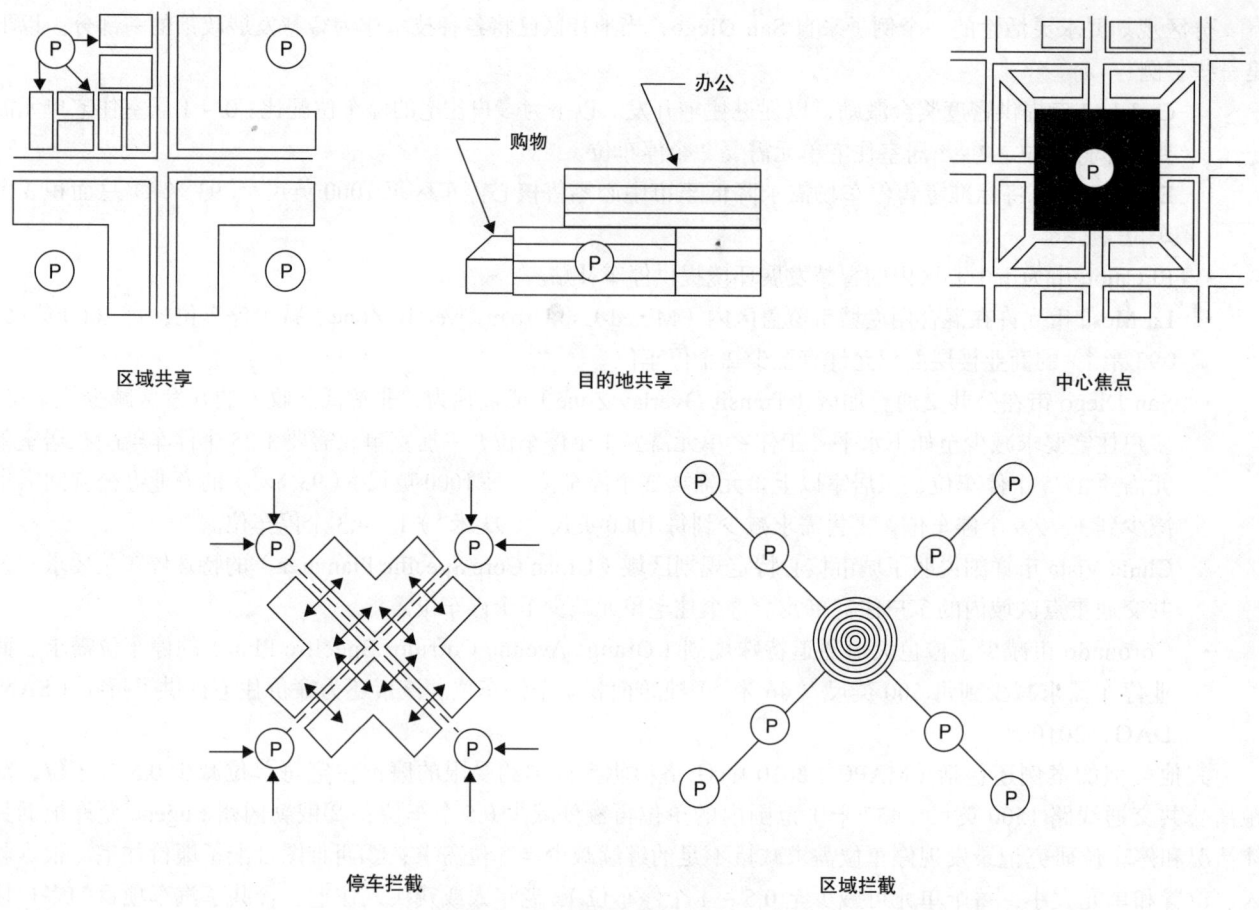

图 11-1 丹佛的可选停车位开发场景
来源：Walker Parking Consultants, Inc., 1992

区域共享。区域共享停车模式在合理的步行距离内提供几乎所有用途的停车场。很多城市采用这种模式为 CBD 片区提供停车服务，也可在为特定区域提供停车位的商业运营项目中找到。公私合营企业也是一种选择，波士顿的 Post Office Square 就是一个很好的区域共享项目案例。该设施由一个公私合营企业开发，将一个老旧的、已经无法满足需求的拥有 750 个停车位的地上停车建筑拆除，修建了一个能提供 1400 个停车位的地下车库。在街道层面，停车场结构的顶部是一个以公共广场为主题的公园。

目的地共享。与区域共享模式类似，目的地共享模式针对一个特定项目或几个彼此相邻的用地。这种模式建议私营部门开发，而不是公共投资。但一些目的地共享停车设施建设可能是公私合营的机会。如果某个特定项目获得补贴来修建停车场，或城市为私人开发商建设的混合用途开发项目建造停车场并租赁空间所有权，则可能发生公私合营。一个很好的案例是位于印第安纳波利斯市中心 Circle Centre 的 World of Wondersd 车库，它不仅服务于 Circle Centre，还服务于附近的 Indiana Convention Center 和 RCA Dome。

目的地共享模式旨在最大限度地减少整个活动中心的乱停车现象。该模式基于传统的开发环境，其中每个单独的项目都有独立停车设施。该模式与自由放任模式的不同之处在于，明确规定了允许修建停车场的地方，并允许多个目的地之间共享。

中心焦点。中心焦点模式在区域中心创建一个大型集中停车设施，并通过行人集散系统连接到不同目的地。芝加哥 Grant 公园地下停车场就是一个很好的实例，它的湖边有几个街区，为许多原本没有停车设施的地方提供了大量停车位。中心焦点停车场的概念可能是一个低洼的、低矮的结构，上面要么是航权开发，要么是公园和绿地。

在活动中心提供良好的车辆通道至关重要。否则将所有车辆纳入同一个核心区域，集中停车设施可能造成额外拥堵，导致空气污染或产生其他负面影响。

停车拦截。在活动中心周边对车辆进行拦截。在大城市中，拦截须在距离核心区超过1000英尺（305米）的地方进行。拦截模式依赖于班车系统将停车者方便、快速、经济地运送到核心区内的目的地。拦截模式基于这样一个理论：核心区内的汽车拥堵会造成空气污染和不必要的拥堵，活动中心区内的环境应保持行人规模和无车交通。例如，许多大学校园都采取了将停车场移到外围的策略来拦截交通，以便在停车场上修建新建筑。

然而，考虑到当今许多活动中心的自由停车开发政策，停车场太多，无法采用停车拦截模式。为鼓励使用拦截停车场，内部停车费必须远高于拦截停车场。仅提供拦截停车场是不够的，项目必须伴随抑制在核心区停车的措施。同样，必须减少核心区内地面停车场和停车建筑的可用性，以迫使员工停车这种属于长时间停车的类型处于区域外周。

短期的购物出行或靠近住宅单元的住宅停车场不适用拦截停车场。因此，停车拦截模式概念通常与核心区内的短期停车场和住宅区附近的目的地共享停车场结合。这是芝加哥等大城市采用的模式，中心核心区非预定停车位的月停车费高达425美元，但边缘区的全天停车费仅为每月100美元（2015年数据）。

区域拦截。与停车拦截模式相似，区域拦截模式拦截远离活动中心的停车者。除进一步改善空气质量外，其优点与停车拦截模式相似。可行解决方案的关键是提供能快速、可靠、方便地进入活动中心的区域交通系统。这种模式提供了满足短期和住宅停车需求的近距离的共享目的地停车场。同时，员工的长时间停车将被拦截在沿多乘员车辆（HOV）和快速公共交通通道修建的区域停车场处，通常在高速公路立交桥处。大多数成功实施这一策略的城市都有轨道交通，包括亚特兰大、纽约、旧金山和华盛顿特区。然而，在一些城市，例如安大略省渥太华和匹兹堡，这一策略是服务于公共汽车或公交专用道系统的。

尽管上述五种模式是分别介绍的，但实际上，多种方案的组合可应用于许多城市。例如，艾伯塔省卡尔加里市为短时间停车积极推行目的地共享设施，为在CBD或分散区位置的员工推行拦截模式，达到鼓励使用公共交通的目的。

表11-3展示了各种策略组合如何支持一个城市的策略目标，案例源于丹佛。令丹佛官员感兴趣的选项是满足短时间停车需求的目的地共享设施以及满足长时间停车需求的目的地共享或拦截模式。

表 11-3　停车位开发场景对流动目标的影响

短时间策略	自由放任	目的地共享	目的地共享	目的地共享	目的地共享	目的地共享
长时间策略	自由放任	自由放任	区域共享	目的地共享	CBD停车拦截	区域拦截
目标						
在满足空气质量目标的同时，为进入市中心提供便利，包括促进公共交通和共享乘车的策略	o	o	√	o	√	•
协调停车设施开发与市中心内和通往市中心的交通系统（车辆和行人）	o	o	•	o	•	•
协调停车设施的开发与其他市中心物业的开发或再开发以及所需的密度模式	o	o	•	√	•	•
开发满足共享停车需求的停车设施	o	√	•	•	√	o
将设计的停车场（立体和地面）适当整合为合适的土地用途（永久或临时）	o	o	•	√	•	•
建立机制，确保为进入中心城区的各种类型车辆（短时间停车者、长时间停车者、HOV和公共汽车等）提供适当的停车空间	o	o	•	√	•	•
提供财务上自给自足的停车系统	o	√	•	•	•	√
将商业用地产生的停车对居住区的影响降到最低	o	o	o	o	√	•

注：• 表示支持目标；o 表示反对目标；√ 表示既不支持也不反对

来源：Walker Parking Consultants, Inc., 1992

11.4.2 社区和停车管理项目的目标

停车管理项目中包含的策略类型将反映社区的总体目标和/或停车项目的具体目标（如果已明确说明）。渥太华停车场管理项目的典型目标如下：

- 提供和维护经济上可负担的、安全的、无障碍的、方便的且吸引人的公共停车场。
- 提供和促进有效的短期停车服务和公平一致的执法服务，以支持当地企业、机构和旅游业。
- 促进、建立和维护鼓励使用公共交通、拼车/共乘、出租车、汽车共享、自行车和步行等交通方式的项目和设施。
- 支持住宅集约化，解决因道路重要交通产生点和冲突点使用导致的住宅区内停车问题，包括实施街道停车许可项目来减轻对非居民停车规定导致的对区域居民和访客的限制。
- 确保市政停车项目产生的收入能完全覆盖所有相关的运营和全寿命周期维护支出；为未来停车系统的开发、运营和推广储备基金；协助资助相关举措，鼓励使用其他可替代交通方式（City of Ottawa, 2009）。

一个小型社区的停车目标和相应策略的案例来自正在考虑各种停车管理策略的加利福尼亚州卡洛纳代尔马。表 11-4 展示了策略的范围和相应的目标（Corona del Mar, undated）。

表 11-4 加利福尼亚州卡洛纳代尔马的停车策略和目标

策略	目标	组成
策略 1 短时间 修订分区法规以制定适当的开发标准	·停车供应 = 卡洛纳代尔马的停车需求 ·更灵活的监管 ·授权创造性解决方案 ·最大限度地利用现有停车场 ·增加骑行的便利性和吸引力	·所有非住宅用途 = 每 1000 英尺^2（93 米^2）2 个停车位 ·免除小型附加设施和用途变更（<465 米^2）的最低停车要求 ·制订可选的替代停车费，以满足停车需求 ·允许不同土地使用权之间共享停车场 ·为所有新非住宅开发制订自行车停车要求
策略 2 短时间 延长 1 号公路的时限，并调整非街道地段的价格	·为访客增加灵活性和便利性 ·确保周转使用，防止最方便的车位被长期停车客户占用 ·鼓励使用未充分利用的非街道用地	·从 Avocado 大道到 Hazel 路的 1 号高速公路的时间限制延长到 2 小时 ·所有现有的街道外公共停车场保留 10 小时限制，但将免费
策略 3 短时间 通过与有意愿的私人业主签订共享停车协议，增加公共停车场供应	·经济有效地增加公共停车场的供应 ·鼓励使用未充分利用的路外停车场/车库	·对业主进行额外的宣传推广活动，以增加街道外公共停车场的供应 ·与私人停车场业主合作，最大化其停车场的使用和价值 ·需要进一步研究的关键问题：搬迁现有租户、管理责任和保险、维护和运营以及费用分担
策略 4 短时间 更好地管理员工停车	·减少员工停车场溢出到临近街区 ·最大限度地利用现有停车场	·城市将指定特定的路外停车场或车库，仅在特定时间内供员工停车 ·雇主可代表员工购买许可证 ·应向员工提供额外奖励，以减少驾车出行次数
策略 5 短时间 重新划线以标记现有停车区域，最大限度地增加停车场供应	·最大限度地利用现有停车场	·核查公路上的禁止路边停车区域（通常用红色路缘石标记），以重新划线 ·现有停车场重新划线（停车标线），以最大限度地增加停车位供应

(续)

策略	目标	组成
策略 6 短时间 增加安全和高效的自行车停车供应	·提供安全的自行车停车场 ·为潜在的骑行者创造更友好的环境 ·鼓励自行车出行,以此减少对汽车停车场的需求	·在交通量大的地方布设自行车停车场 ·潜在地点包括:钟塔、港口剧院、星巴克(位于 Goldenrod 的东海岸高速公路)和玫瑰烘焙咖啡厅
策略 7 短时间 通过寻路改进,提高对未充分利用的停车设施的知悉和使用	·提高顾客便利性 ·确保知悉现有停车资源 ·减少与寻找停车位相关的拥堵	·为公共和私人停车场制订一个协调的寻路计划 ·在可行的情况下,减少不必要的停车标志,尤其是在私人停车场 ·开发协调的标牌,供私人停车场使用 ·在停车标志上附加步行可用的区域地图
策略 8 短时间 建立一个监控和评估程序	·随着停车条件的变化,及时调整停车规划和策略	·收集年度停车占用率数据,以校准该区域的停车需求,并确定是否需要持续调整
策略 9 长时间 如果需要,通过计时收费来保证停车可用	·对居民和旅客更方便和可达 ·产生足够的周转使用	·计时收费位置:1 号公路(Avocado 大道至 Poppy 大道),所有公共停车场/车库 ·付费方式:信用卡、手机支付和无线技术 ·目标占用率:85%(路边)和 90%(路外) ·付费停车时间段:待定 ·定价:尽可能低,以实现目标率 ·停车收入:净收入留给本地改善项目使用
策略 10 长时间 如果居民支持,则考虑住宅许可项目(RPP)	·缓解停车溢出效应影响相邻住宅街区	·地区启动:存在溢出问题且获得社区强烈支持的地区 ·地区边界:限于受停车溢出效应影响的区域 ·资格:限于地区居民 ·营业时间:周一至周六,上午 8 时至下午 6 时,停车时间为 2 小时 ·许可证类型:为居民提供"虚拟"许可证,为客人/访客提供"吊牌" ·发放的许可证数量:每户家庭数量有限 ·客人停车场:一张免费年票,也可选择购买临时通行证
策略 11 长时间 如果需要,为远程停车设施提供免费班车服务	·管理高需求期间的停车影响	·提供免费班车服务,以确保非本地居民可以进入 ·前往时尚岛或市政厅的远程停车设施的潜在路线 ·可能仅限于周末和/或夏季高峰期
策略 12 长时间 如果需要,提供高峰期代停服务	·在停车需求量大的地区方便下车和取车 ·更有效地利用停车供应	·营业时间:节假日;周五晚(6-10 时)和周六(中午 12 时-晚 10 时) ·成本,方案 A:免费,如果当地有补贴 ·成本,方案 B:6 美元,无批准;3 美元,有批准 ·下客/取车地点:沿 1 号公路;区域内的路外停车 ·代停技术:方便客户

来源:Corona del Mar, undated

主要开发规划通常包括更具体的目标或原则,以指导在开发概念中考虑停车措施。例如,以下原则适用于加利福尼亚州丘拉维斯塔一个主要开发项目的停车管理规划。

- 鼓励"停车一次,步行更远"的环境。策略旨在创建和支持"一次停车"区。在该区,人们可以停车一次,然后利用广泛的步行设施网络前往多个目的地。
- 停车场的规格不应过高,且大小应合适。停车场管理规划(Parking Management Plan,PMP)的目标是在提供足够的停车场以满足新商业发展计划的要求，与最大限度地减少过度用于停车的土地面积或资源的负面影响之间找到正确的平衡点。
- 总商业停车需求将考虑步行能力、公共交通和混合使用的减少。对通过私人车辆以外的方式到达项目现场的人数、在停车一次后步行或骑自行车在项目范围内有其他停留的人数以及开发项目的混合使用特性的人数进行调整。可以预料到，随着时间的推移，这些要素将在项目中得到实施，并且随着项目的实施，这些要素的效益也将实现。
- 在可行的情况下共享停车场。共享停车场指在没有冲突或占用的情况下，利用一个停车位为两个或多个单独的土地使用者提供服务。共享停车场的实施程度将取决于规划中商业用地的位置、时间和类型。
- 提供灵活和不断发展的 PMP，以适应不确定性和变化。PMP 与拟议的土地使用类型将是市场驱动的，需要基于不断变化的市场条件以及具有激励作用的适应性实施策略。
- 符合项目和基于形式的规范要求以及替代/确定的停车率。由主开发商和未来停车区委员会对停车供应情况进行监控，以确定一段时间内的停车率（Nelson Nygaard and Linscott, Law, and Greenspan, 2015）。

任何一个行动或策略都不能同时实现所有预期目标（尽量减少汽车使用和交通拥堵、最大限度地增加公共交通乘客量、提供充足的停车位、促进经济增长等）。这在一定程度上是因为各种目标之间产生了根本性的冲突。例如，增加停车位供给的策略可能会降低使用公共交通的动机。其中一些策略可能会因为未能达到社区或机构的目标而被迅速放弃，而另一些策略则需要更详细的考虑。

11.4.3 绩效衡量和定义

停车相关的绩效衡量的使用取决于决策环境。例如，在设施或停车场层面，关注点集中在停车位的生产力或利用率上，与此级别相关的一些绩效衡量包括：

持续时间：车辆停放的时间长度。平均停留时间或平均持续时间指特定时间段内所有车辆停放在设施内的平均时间长度。全天停车指车辆停放在一个典型工作日的几个小时内。

停车充足：停车供应处理停车场产生（需求）的充足程度。在适当情况下，同样可以接受的方法是将设计日的峰值停车产生率（或需求）与有效供应进行比较。

停车容量：指定设施内可停放的车辆数量。停车供应是为目的地提供服务的可用车位总数。

周转率：在给定时间段内停放在特定区域或设施内的不同车辆的数量除以车位数量。周转率可在一整天内计算，也可在白天和晚上分别计算。如果设施内的停车位未得到充分利用，则周转率将非常低。一个常见的误解是，平均周转率可以用时间段总长除以平均停留时间来计算（例如，8 小时/平均 2 小时 = 每天 4 次）。这实际上是在给定的时间段内可能的最大或可能的潜在周转率，只有在整个时间段内空间被 100% 占用时才能实现。由于存在进出活动，员工停车场通常每天周转 1.1~1.2 次，而大多数顾客停车场每天可能周转 2~7 次。实现了长时间停车场和短时间停车场的有效隔离后，机场和酒店的多日停车场每天的周转次数少于一次，而机场短期停车场每天可周转 10 次或更多。

利用率：在给定时段内对空间或设施的使用情况。停车占用率可按小时或仅在预期高峰时段进行测量和记录。

在项目层面，交通官员希望了解停车项目如何帮助实现社区目标，以及居民对停车项目的看法。以下来自不列颠哥伦比亚省维多利亚市的绩效衡量说明了可用于该决策层级的措施类型。注意，建立基线的指标用 "B" 表示，绩效衡量的类型也可表示为：百分比（%）、趋势（T）或描述符（D）（City of Victoria, 2007）。

客户服务
- 测量在民众调查和其他调查中报告满意的民众百分比（B，%）。
- 停车管理人员的新愿景、使命和价值观的情况（按季度划分）（D）。
- 停车场服务人员参加专门的客户服务培训（2007 年第四季度出勤率 100%）（B，%）。
- 建立新的停车管理人员合同（按季度）（D）。
- 加强新停车服务网站的信息（T）。

创造激励措施，将市中心定位为首选目的地
- 使用替代付款方式的顾客数量（B，%）。
- 发放节日礼单和警告罚单的数量（B，%）。
- 小型车辆停车位的数量（20 个车位，根据需求增加，%）。
- 残疾人停车位的数量（33 个车位，根据需求增加，%）。
- 拼车／共乘停车位的数量（16 个车位，根据需求增加，%）。
- 停车场外自行车储物柜的数量（60 个储物柜，根据需求增加，%）。

促进安全和有吸引力的市中心停车环境
- 在每个立体停车场和地面停车场完成安全和安保改进（2008 年第四季度）（D）。
- 全面修复所有市属立体停车场（超过 5 年）（D）。
- 立体停车场和地面停车场的清洁次数（B，%）。
- 根据设施状况指数确定的立体停车场状况（B，%）。
- 在所有城市立体停车场提供 24 小时安保服务（2007 年第四季度）。

改进停车技术，使其更加人性化
- 安装的多票售票机数量（超过 5 年）（按季度计算，%）。
- 立体停车场售票机升级次数（已完成）。
- 售票机标识升级百分比（B，%）。
- 与停车识别和指路标识相关的标志数量和类型（D，B，%）。
- 票务纠纷和法庭案件数量减少（B，%）。
- 先进停车技术的状况（D）。
- 停车卡充值地点的数量（B，%）。
- 各种可选付款方式的百分比（T，%）。

确保停车系统是自给自足和可持续的
- 停车计时收费率的增长（2 美元／时，每年审查）。
- 提高立体停车场的月停车费（Centennial 广场 110 美元，Johnson 街 140 美元，Broughton 街 160 美元，Bastion 广场 160 美元，View 街 175 美元，每年审查）。
- 停车收入与支出的情况（T）。
- 在特定区域引入较长的计时区（D，根据需求）。
- 增加停车罚款（15～20 美元，依此类推）。

确保停车需求满足当前和未来市中心停车评估（已完成）
- 短时间停车位数量和使用情况（B，T，%）。
- 长时间停车位数量和使用情况（B，T，%）。
- 停车和交通储备基金（按季度）。

这些绩效衡量既可以测试客户对社区停车项目的满意度，也可以监控停车供应以满足未来停车需求。其他社区已使用与项目收入产生和环境影响相关的绩效衡量。

11.4.4 设施位置与城市设计

城市设计考虑的因素包括建筑的总体设计、规模和数量，以及停车场融入既有建筑结构的方式。尤其重要的是街道景观的处理，以及停车设施是否会对给定区域的整体规模和特征造成干扰。另一个主要问题是，停车场是作为一个单一用途的、面向汽车的设施，还是成为一个混合用途的项目或一个新的再开发项目的一部分。

停车设施的位置应确保：
- 入口和出口点设置在道路通道畅通、安全且无拥堵的地方。

- 通过尽量减少步行距离来提供方便的行人通道。
- 场所和设计设施与周围环境融为一体，而不是侵入周围环境。

停车场设施可以成为重大公共改善的催化剂，例如创建新的公共开放空间或公园。停车场可以提供一个关于特定场所的土地使用类型的主要视觉说明，例如主要体育设施和机场的停车场结构。在城市活动中心内，停车场可以在两种不同的土地使用类型之间形成过渡区，也可以定义一个主要的公共空间。

另一方面，立体停车场也会由于创造了一堵荒凉的、非步行空间的墙，而在其他步行环境中创造高大立面，进而导致一些负面影响。这种类型的环境通常是沿街道创建的，其中，立体停车场会建造在主要开发项目的背面。

从城市设计的角度看，地面停车造成了多个问题。地面停车场减少了街景的连续性。这些场地通常没有很好的景观，并对环境的整体质量产生负面影响。此外，路缘石切割的扩散会影响人行走道系统。城市设计指南可通过管理立体停车场或地面停车场的选址、设计和施工来解决这些问题，包括：

- 应沿停车场缓冲区提供大量的景观美化；景观美化需求还必须认识到安保和生命安全问题，并避免盲区。
- 应限制横穿人行道的路缘石切口数量。
- 既有建筑不应因地面停车场的使用而被拆除，除非这是建造新建筑的临时用途。
- 活动中心内的新立体停车场应包括街道层面的混合用途开发，并应采用建筑本身的设计处理，以尽量减少其对当地特征的影响。高度、数量和材料的使用应通过设计标准进行控制。
- 立体停车场应禁止从主要步行街进入，而应将其引导至更多专用于机动车出入的次干道，也应避免从主要商业街进入停车场。
- 应提供激励措施，鼓励建造地下立体停车场，并结合混合用途项目或公共开放空间。
- 进出停车设施的通道应与主要通道和服务的道路相协调，以便将主要交通量运输至市中心或主要活动中心。
- 停车设施应位于能够为确定给定土地使用提供最大机会的地方，并提供形式、连接和联系的明确定义。
- 停车设施应位于对给定区域有积极城市设计影响的地方，例如填补街景中的空隙。

一些开发项目可能正在尚未具备充分的开发潜力的城市街区进行。这就给停车分析的策略带来了挑战，例如共享停车场，因为开发商不知道这些策略在未来会存在哪些可能性。在一些社区，未来的开发预计将给共享停车场提供机会，开发提案必须涉及拟建项目所在的整个街区。未来的共享停车策略可以反映在实际的街区规划过程中。街区布局将包括街区允许的最大面积的停车场。

11.5 停车管理

停车管理包括可用于管理停车的供应和需求的各种停车政策和举措。大多数举措都发生在主要的商业和机构活动中心。Litman（2006）确定了停车管理程序中通常采用的三种策略。

提高停车设施效率的策略
- 共享停车场。
- 规范停车。
- 制定更准确、更灵活的标准。
- 制订最大停车量。
- 提供远程停车和班车服务。
- 实施智慧发展政策。
- 改善步行和骑行条件。
- 增加现有停车设施的容量。

减少停车需求的策略
- 实施流动管理。
- 停车收费。

- 改进停车方式。
- 提供财政奖励。
- 分拆停车。
- 改革停车税。
- 提供自行车设施。

支持的策略
- 改善用户信息和营销。
- 加强执法和控制。
- 建立交通管理协会和停车代理公司。
- 制订高架停车规划。
- 解决溢出问题。
- 改善停车设施的设计和运营。

以下描述了停车管理程序的五个主要特征：定价、路边停车、执法和裁决、活动中心区域内的路外停车供给、市场营销。

11.5.1 定价

费用是影响出行行为的一个主要因素，因此停车费用可能是决定以某种方式前往特定地点的重要影响因素。从停车场所有者的角度看，定价策略的制订有以下原因：创造收入，控制谁在何时、何地停车，以及鼓励使用其他交通方式。市政设施的停车价格是由公共部门制订的，但通常远低于市场的承受能力。有时候这是有目的的，例如社区希望鼓励办公和商业位于特定区域。在其他情况下，停车收费更接近市场价格仅仅是为了鼓励驾驶人改变出行模式。停车场的实际成本随着时间的推移一直在下降，这使提高费率在政策上变得更加困难。只有当停车系统需要为主要支出提供资金或支持既有建筑的恢复和维修时，社区才会考虑提供停车的成本和市场价值。同时，由于私人拥有和运营的设施的定价受到市政停车费率的影响和限制，商业停车可能不可行，而且市政部门提供停车的负担会越来越重。

大多数公司和机构不向用户收取全部停车费用。当然，理想的做法是收取市场比率的停车费，然后每年提高停车费以跟上通货膨胀和市场因素的变化，并开发储备资金，为新项目、主要维护和修理提供资金。

1. 短时间停车定价

访客停车通常应在靠近目的地的地方。特定设施或系统的收费结构通常是为了确保访客的需求首先得到满足。短时间停车者通常不像长时间停车者那样对价格敏感。在许多情况下，去目的地都有一个有说服力的理由。停车的价格通常不是一个主要问题，但如果一个热门的目的地拥有同样可接受的其他类似产品和服务，短时间停车成本可能会成为出行者的束缚因素。

零售业与其他土地使用的紧密结合也会对停车场价格敏感性产生重要影响。当位于印第安纳波利斯市中心的一家公私合营零售和娱乐中心 Circle Centre 即将开业时，有很多关于车费每小时 1 美元、最多停留 3 小时的相对较低的停车费是否能成功的猜测。收费结构随后飙升至每小时 2 美元，主要是为了防止停车时间超过 3 小时，以防止市中心超过 5 万名员工使用为访客准备的停车场。最终，停车费对购物者来说不成问题，在开张后不久，这个项目就跻身单位面积年销售额全国前 5% 的零售中心之列。

Shoup（2005）深入阐述了在路边停车收费计量中使用需求响应定价的好处。他建议提高收费标准，直到通常占用率达到容量的 85%。他进一步建议，从提高收费标准中获得的收入增加将为受收费标准服务的社区带来好处。例如，加利福尼亚州帕萨迪纳的一个破败地区转变为一个充满活力的零售/餐饮区，在很大程度上是因为提高了收费标准，并将资金用于主要公共项目的改善（修缮人行道和开发穿过小巷的步行通道）。从长远来看，还可用于清洁街道和人行道，并支持警察巡逻。通过承诺将从增加的收费标准中获得的额外收入用于这些项目，当地企业支持了收费标准的提高。更重要的是，收费标准的提高并不是城市规划的唯一组成部分。同时对禁止既有建筑适应性再利用的所需停车位的分区规划要求进行了修改。城市也开发了一系列立体停车场，以满足剩余的短时间停车需求和员工停车需求。

2. 长时间停车定价

停车价格可以而且确实在员工和其他长时间停车者的模式选择和停车位置选择中发挥着重要作用。在CBD这样的大型活动中心，停车者通常有多种选择。如果担心价格问题，员工可以在活动中心周边找到价格合理的（如果没有免费的）停车场，然后步行三个或更远的街区到达自己的工作地点。班车、停车-骑行项目可能会使大型CBD周边的低成本边缘停车场更加方便。

表11-5展示了2009年美国几个大城市和伦敦的停车定价组合。尽管价格会随时间的推移而变化，但城市间的相对价格不太可能会有太大变化。有趣的是，不同城市的路边和路外停车位的数量和价格都存在巨大差异。

表11-5　2009年主要美国城市和伦敦的停车价格

城市	人口	土地面积/英里^2	人口密度/英里^2	CBD/英里^2	测量的街道停车位	街道外公共停车位	每日停车费（中位数）/美元	不保留月停车费（中位数）/美元
纽约	8100100	305	26557	9.3	85930	102000（CBD）	44.00（市中心）	550.00（市中心）
波士顿	617000	48.4	12748	N/A	7300	134000	34.00	402.50
芝加哥	2700000	237	11392	1.6	4500	未知	31.00	325.00
密尔沃基	595000	96	6198	1.5	6400	25000（CBD）	12.00	110.00
明尼苏达	383000	58	6603	1	6611	16102	17.25	187.00
费城	1500000	135	11111	1.5	N/A	N/A	26.00	314.00
俄勒冈州波特兰	584000	145	4028	4.6	7800	58130	9.00	185.00
圣地亚哥	1300000	342.5	3796	2.27	N/A	N/A	26.00	180.00
旧金山	805000	47.6	16912	0.53	25000	15000	25.00	350.00
西雅图	609000	142.6	4271	1.48	13500	50000	28.00	290.00
华盛顿特区	602000	64	9406	N/A	6700	150000	14.00	215.00
伦敦	7800000	620	12581	N/A	N/A	N/A	56.68（城市）	1020.29（城市）

来源：US Census, 2010; Colliers International Global CBD Parking Rate Survey, 2009; as reported in New York City Department of City Planning, undated

真正的市场定价通常只存在于商业停车位占停车位供应最大份额的城市CBD。这些地区的许多房产都是在私家车成为主要交通工具之前开发的，因此，按照今天的标准无法为租户和客户提供足够的停车位。路外商业停车的定价不会受到市政府制定的路边收费率的过度影响。一般来说，如果有商业停车设施存在，就说明路边停车位不能满足该地区的需求。

一些社区已经开始使用可变价格作为运营停车供应的有效方式，并鼓励使用替代出行模式。2011年，旧金山实施了SFpark，这是一个针对路边停车可变价格的项目，以实现每个街区拥有一个或两个开放停车位的目标。指定七个试验区，在每个街区的每个路边停车位安装传感器，目标是通过全天可变价格实现60%～80%的使用率。收费费率根据一天中的时间和一周中的每一天而变化，并随时间的推移根据需求进行调整。同时，收费率也使用SFpark区域大多数路边停车位安装的停车传感器的占用率数据，按街区进行调整。该项目试点研究评估的结论指出：①平均停车率较低；②车位可用性得到改善；③更容易找到停车位；④更容易支付和避免停车罚单；⑤温室气体排放量减少；⑥车辆出行里程减少。

2010年，西雅图通过了一项法令，规定路边停车费最低为每小时1美元、最高为每小时4美元。31个区的每个街区每年都会制订收费价格。所有费用都可以使用软件Pay by Phone Parking支付。可能由于决策过程由数据驱动，公众的反应是积极的。同时，由于目标不是城市财政收入，且事实上是利用率数据决定了费用，商界也接受了这些改变（SFTCA, 2009）。

当今的收费方案的一个主要特点是对新技术的应用，使停车项目更高效、更容易让停车者付费。例如，洛杉矶市中心正在使用一个智能停车平台来帮助驾驶人找到可用的停车位，使用地面传感器监测停车位的空置情况，并通过智能手机应用程序和城市网站进行信息传递。然后，城市可以改变高度拥堵地区的停车价格。自从该项目实施以来，交通拥堵程度降低了 10%。在华盛顿特区，智能停车系统使用传感器来确定停车位的可用性。同时，在华盛顿特区有超过 57% 的停车业务是通过移动应用程序支付的。这类技术也可以成为停车执法的一项重要能力。在不久的将来，包括无接触支付系统、电动汽车停车充电设施、太阳能设备的更多使用，车牌感应支付系统和一系列为潜在停车者提供更多可用停车位信息和价格的手机应用程序等技术趋势也会站稳脚跟。有关全球技术趋势和应用的综述，请参阅（Joshi et al., undated）。

11.5.2 路边停车

路边停车虽然车位数量有限，但往往是活动中心的关键资源。既有的 CBD 和机构活动中心有一些专门设计的街道，除可移动的交通车道外，还提供路边停车。然而，在市中心路边只能满足 5%~10% 的停车需求（Kuzmyak et al., 2003）。

管理路边停车本质上意味着控制谁在哪里停车，并防止停车溢出到邻近社区。涉及路边停车位供应的停车管理措施包括增加或移除车位、改变允许时间限制、限制特定的时间或使用者以及优先提供给拼车停车。

1. 增加或移除停车位

在较小的城镇和城市，通过将原有的平行停车位改为倾斜停车位来增加路边停车位可能是增加停车容量最具成本效益的方法。从平行停车位改为 60 度停车位可以使停车位增加一倍。将街道改为单向，或将街道两侧平行停车位的宽度合并为一排成角度的停车位，通常只需支出路面标线和一些标志的费用，就可以增加停车位。倾斜停车同时也是一种非常有效的道路安全保障措施，因此新传统主义规划者们提倡这种方式。考虑到这种方式只适用于期望车速较低的街道，相对狭窄的行车道可能更合适。一般来说，首选是角度较小的倾斜停车。垂直停车虽然路面利用率更高，但会增加交通冲突，通常应避免采用。

路边停车也会影响街道通过交通的移动性和安全性。与公共交通停靠和装卸货使用路缘空间的冲突同样是一个重大问题。在大城市中，禁止在高峰时段停车通常是为了满足高峰时段的交通需求，同时也为店面商铺提供方便的中午停车。

对城市停车管理人员来说，定期审查路边停车限制以确保仍然需要这些限制也很重要。当停车用途改变为办公时，可能不再需要沿街的零售商店设置专用的装卸货区，区域内的街道交通可能不再需要高峰期禁令。例如，在开放 Circle Center 前，印第安纳波利斯市对路边的停车控制进行了逐街区的审查，并取消了 50% 的路边停车高峰时段限制，执行了收费私有化政策。

经过这些改进后，与停车相关的投诉从每月 172 起减少到 22 起，拖车数量从每月 1000 辆减少到 160 辆。然而，随着接下来几年市中心的发展，服务车辆的双重停车限制了交通。因此，在 1999 年，该市将装卸区的数量增加了一倍，移除了一些收费停车位，并将违反装卸区规定的罚款增加了一倍。

2. 收费和限时停车

路边停车位最常见的管理措施是对停车位进行收费，主要目的是保持车位可供短时间停车。尽管最初的目的仅仅是为了平衡执法成本，但随着时间的推移，许多城市已经从停车收费中获得了可观的收入（这也是为什么私人特许经营者对停车收费的公私合营政策表达了兴趣）。

最近，随着 CBD 试图与郊区购物中心竞争，停车收费已经成为一个有争议的问题。在许多情况下，市中心商户不想给他们的顾客增加额外费用。不过，短时间停车者对价格并不敏感，而是对便利性更为依赖。如果说在市中心停车与郊区购物中心相比有什么负面影响，那就是缺乏方便的停车位，而不是缺乏免费的停车位。紧靠在商店前的路边停车位通常不能为兴旺发达的临街零售店提供服务，更不用说餐厅了。取消收费并不能解决这一问题，只会加剧以公众习惯于免费路边停车位的合理收费标准为路外停车位提供资金的问题。

考虑到政治优势，城市很倾向于实施分时段限时停车的管理政策：复印店门前限制 5 分钟计费，或在肉类市场限制 15 分钟时间。这些限制几乎从未实施过。此外，多计费限制和收费的激增只会增加路边停车系统的混乱和复杂程度。在可能的情况下，对于短时间停车计费限制应简化为 1 小时或 2 小时限制，对于员工可使用的周边计费限制应为 10 小时。

市政当局应定期审查停车计费和时限系统的通用性和效率。一种可能是基于性能的计费停车定价，在这种情况下，停车位占用率达到 85% 左右前价格会一直提高。今天的凭票停车和按车位付费的计费方式，允许在一天的不同时段使用不同的价格结构，这为管理路边停车位提供了更大的灵活性。此外，通过移除单独的计价器，通常能自然地提供更多车位，停车费收入也会显著增加。西雅图在该政策运营三年后，凭票停车系统使每个停车位每天的收入几乎翻了一番，尽管其中一半源于价格的提高。

3. 优先停车

一些城市，尤其是俄勒冈州波特兰市，已经成功采取电子程序来为拼车需求预留路边停车位（通常在周边地区以 10 小时计费）。许多公司为奖励给公司提供卓越服务的人（"本月最佳员工"），会在停车场靠近入口处的位置预留停车位。

4. 住宅停车许可证

活动中心停车位不足最常见的后果之一就是停车溢出到邻近社区，如果这些社区是住宅区，则住宅停车许可证（Residential Parking Permit，RPP）程序是控制这一问题的最可行策略。如果溢出的几乎完全是员工停车，则路边停车位可以被限制在 1 小时或 2 小时内停车，或是那些出示住宅停车许可证的车。这些限制可能在某些时间内适用，例如上午 8 时到下午 6 时。区域内的居民通过支付不多的费用来获得允许车辆停在路边的停车许可证。时间限制允许服务车辆和住户客人的短时间逗留。更长时间的停留需要停车者从住户处获得访客通行证并放入车内。

针对特定时间段或特定人群的限制可能并不总是有效的。例如，如果溢出主要是由大学生为某一课程停车或游客参观当地景点而组成，那么在没有出示住宅停车许可证的情况下，不允许任何人停车是有道理的。社区的环境改善不仅源于非居民停车的减少，也源于寻找停车位的车流的减少。住宅停车许可证这一程序可能需要州或地方授权立法来实施。

新技术同样在停车许可程序中得到了应用。新泽西州霍波肯市在许可证中增加了射频识别（Radio Frequency Identification，RFID）技术（类似于用于收费公路预付费标签中的技术），以允许执法人员区分居民和非居民，并识别伪造的停车许可证。停车执法人员通过便携设备可以自动阅读许可证上的信息。市民可以在网上更新许可证。此外，这些系统的电子存储和通信允许收集停车位利用率数据，这不仅有助于程序管理，也有助于未来的停车规划。

11.5.3 执法和裁决

对停车持续时间和周转率的研究发现，即使有广泛的执法，在计费器处仍有大量的超时停车。非法停车不仅使停车者避免为使用稀缺车位而付费，还可能会对主干道的交通产生负面影响。许多城市的经验表明，严格的执法收入是超过成本的。

最近，凭票停车、按车位收费的计费器和 RFID 停车许可证，通过加快填写经司法审查的罚单和记录停车管理办公室使用的数据的过程，提高了执法能力。在违规问题被查明的区域内，加强执法，改变价格和政策，并实施其他策略。

对停车收入、费用标准、罚款和执法实践之间关系的研究表明，执法水平和费用标准，而非罚款标准，是停车行为的重要决定因素。因此，虽然增加罚款会增加总收入，但严格的执法和更高的费用将对整个系统更有利（Adiv and Wan，1987）。这项研究得出结论，尽管大约 1/3 的用户要么免费停车，要么超过时限，但计价器在保持车位可供短时间停车的主要目标方面是有效的。

争议罚单的裁决可能是对停车管理程序的另一个挑战。停车罚单通常是通过法院来管理的，因此法院认为这是一个麻烦。众所周知，一些法官经常以几乎任何理由扔掉罚单，而其他一些机构则很少主动收缴未付的罚单。因此，及时自愿支付罚单的比例普遍较低，在 10% ~ 33% 之间。

解决收集罚款问题最成功的策略是建立一个专门负责收集罚单的内部机构，或者保留一个专业的罚单收集公司，以积极执行罚单收集工作。其关键组成包括牵引和引导程序。在罚单开出后，执法人员对照无视法律者

"热门名单"来核对车牌。当一辆车被认定为经常违规或与大量未付罚单有关时，该车将被拖走并扣押，或通过"锁扣"一个车轮来固定，直到未付罚单结清。在一些州，例如加利福尼亚州，车辆如果有未付的停车罚单是不能再注册的。

许多社区通过在行政层面而非法院层面建立解决程序，有效合法化停车罚单。一名训练有素的律师助理或小组在有争议的罚单案件中听取证据，且有权确定责任并酌情评估罚款。一般来说，程序允许将停车罚单或开电子罚单者的日志作为初步证据，而开罚单者不必出席听证会。行政裁决的授权立法通常是必须的。一些城市已经将这一过程变得对市民非常友好，允许未预约听证会、致函解释、定期赦免程序和用信用卡支付未付罚单和罚款。

11.5.4 路外车位供应措施

社区可以通过各种方式管理路外停车位供应：扩大或限制停车位供应、鼓励共享停车和修建停车换乘设施。下面将讨论一些最常见的问题。

1. 区域范围限制

多个城市，包括波士顿、纽约、波特兰、旧金山和西雅图，都已经在采用CBD停车供应限制措施。大学等机构活动中心也会限制停车位供应，以鼓励使用替代模式。20世纪90年代初，伊利诺伊大学香槟分校决定停止修建更多停车位（至少在临时的基础上），同时利用停车位短缺的压力促进发展一种改进的公共交通服务。他们没有运营自己的班车系统，而是与当地公共交通机构合作，以扩大城市范围内的公共交通网络，以及在偏远的通勤者、学生区和校园建筑之间的班车服务。所有学生都要缴纳作为每年学费的一部分的交通费，以获得免费使用整个交通系统的通行证。教职员工也可以通过补贴政策购买相应通行证。这种收费制度和校园班车系统目前已经在许多大学普遍实施。

2. 共享停车

从土地开发和交通角度看，共享停车是可取的。共享停车和混合用途开发在停车空间（包括地面和立体）方面的潜在节省，明显大于改变设计天数和单一用途土地开发的有效供应因素可能产生的节省。这可以在大多数合理规模的土地开发中实现，包括郊区的绿地开发。图11-2的左侧图是一个根据印第安纳波利斯郊区迅速发展起来的地段的实际开发项目建模的总平面图。该开发项目位于旧农田上，第一排建筑包括药房、冰激凌店厅和银行，第二排为购物中心。而距离公路最远的第三排为办公楼和日托中心。停车场是不共用的。办公楼工作日使用的停车位在零售和餐厅建筑停车高峰期的晚上和周末是空置的，反之亦然。在某一办公楼的诊所中就诊的患者必须绕开购物中心到药房取处方药，因为第三排与第一排建筑之间没有方便、有吸引力的步行道。

最好是创建一个小型城镇中心，如图11-2右侧图所示，零售店、银行和餐厅位于一层，办公室位于二层。就诊的患者既可以在购物中心的干洗店和卡片商店逗留，也可以在三明治店吃午饭。这些建筑可以置于靠近街道的位置，这样几乎所有停车位都在后面，可以创造出更好的城市形态和步行环境。此外，得益于场地设计和共享停车的效率，城镇中心将允许开发50%以上的可出租总面积（Gross Leasable Area，GLA）。

3. 新技术

停车管理的一个发展方向是使用新技术来管理停车位供应。自动系统，例如可用停车位显示（Parking Availability Displays，PAD）系统和个人车位导航（Individual Space Guidance，ISG）系统，可以在不增加劳动力的情况下实现所需有效供给系数的一定程度的提高。PAD系统，如图11-3所示，有助于引导用户前往有可用车位的区域，特别是在立体停车场的上层。这一系统具有较高的成本效益，如果提供收入控制系统，则每个车位的成本低于20美元（2006年）。如果必须提供计算机和软件来运营系统，则每个车位的成本低于50美元（每个计数区的车位数量越多，每个车位的成本越低）。

ISG系统监控每个车位的占用情况，并引导停车者前往最近的空车位。该系统已在多个机场投入使用，包括巴尔的摩华盛顿国际机场，它将那里的有效供给系数提高到93%~95%，而没有ISG系统的机场只有85%~90%。通常每个车位的花费是500美元（2006年），除非最初提供的车位数量减少，否则通常认为是不划算的。

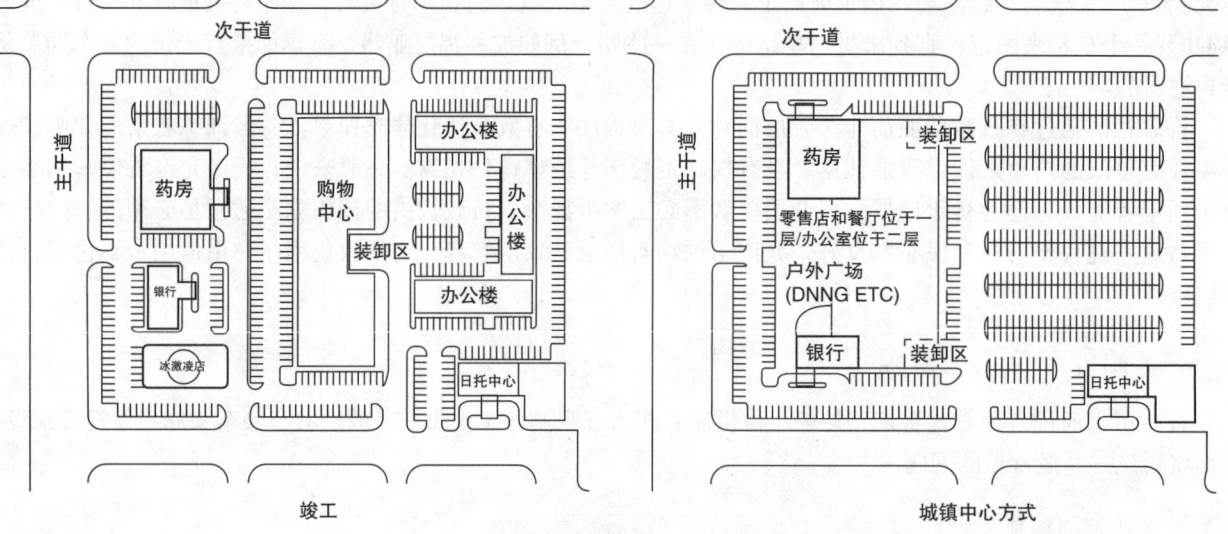

图 11-2 有无共享停车场的土地开发比较
来源：Walker Parking Consultants, Inc., 1992

例如，如果没有 ISG 系统，则一座 2000 个车位的立体停车场将花费 3000 万美元，其中每个车位花费 15000 美元。如果使用 ISG 系统，则每个车位的花费将增加到 15500 美元，但所拟定的容量将减少 5% 至 1900 个车位，使立体停车场的建造成本降低到 2945 万美元。ISG 系统必须定期校准和维护，但可以节省所消除车位的债务和运营花费。不过，假设在没有 ISG 系统的情况下仍能提供 1900 个车位，则取消 ISG 系统可以节省 150 万美元的建造费，这笔钱可以用于支付给在高峰期引导停车者前往可用车位的工作人员。一般来说，停车生成率超过有效供应系数的时间和天数越多（例如 93% 的车位将在一年中大多数天的高峰时段被使用），ISG 系统将越划算。

这些类型的策略也可以是一个引导驾驶者到可用地点的更广泛的寻路策略的一部分。

11.5.5 市场营销

市场营销是停车管理的一个重要组成部分。虽然它本身并不能增加停车位供应或减少需求，但有助于宣传活动中心改善停车拥挤的措施。应通过向个人、企业和活动中心解释增加停车费的必要性，以及停车政策改变的总体效益，将增加停车费对员工招聘的负面影响降到最低。

印第安纳波利斯市中心公司在 CBD 开展了一项出色的市场营销项目。它提供了市中心停车政策的信息，以及一种用于识别特定位置附近的

图 11-3 显示可用停车位
来源：Photo Courtesy of Michael Meyer

停车设施的设施查找服务，并推广了一个能对比大多数停车设施停车价格的"最便宜"项目，以消除人们认为市中心停车会因体育设施和会议中心举办活动而变得昂贵的看法。所有这些服务的详细内容参见（http://www.indydt.com/parking.cfm）。

11.6 停车需求分析

停车需求与出于不同目的出行的水平密切相关。根据2009年美国家庭交通调查（National Household Transportation Survey，NHTS），美国人每年平均出行1385次，即每人每天3.79次。其中，86%的出行使用私人车辆（FHWA，2013）。只有15.6%的出行是通勤或与工作有关。然而，正如Pisarski所指出的，通勤出行在交通规划中比其显示在总出行中所占的比例更为重要，因为通勤出行对经济、社区发展、高峰时段拥堵和空气污染都有影响（Pisarski，2006）。

从停车角度看，每次通勤出行所需的停车位明显多于购物或其他出行目的，因为一个通勤停车位每天可满足1~2次出行，而顾客车位每天可满足2~10次出行。通勤者每天中的停车时间和每个季节的停车时间通常不会有很大变化，因此更容易预测。通勤者可在晚上和周末与顾客共享停车位，且通常比顾客对价格更敏感，也更容易受到当地公共交通替代方案的影响。一项研究发现，停车价格上涨1%将减少8%的汽车通勤出行，但顾客对车位的使用率仅减少2%。因此，停车收费对通勤选择的影响是访客/顾客出行的4倍（TRACE，2005）。

由于出行是为了在出行结束时完成一些活动（称为衍生需求），出行和停车都会受到土地使用特征的强烈影响。在其他类似的土地使用类型中，停车需求差异很大。这些差异不仅反映了特定租户的活动水平，还反映了开发密度、公共交通可用性、当地政策、停车价格和当地经济健康状况。在混合土地使用地区，例如CBD，停车需求通常会减少，因为附近不同类型的机构会共享停车设施。

从长期看，停车需求也会随就业密度、交通政策和车主水平的变化而变化。例如，办公室每单位建筑面积的员工人数，从20世纪60年代的每1000英尺^2（93米^2）约6名员工（每100米^2 6.5名员工）下降到1985年的每1000英尺^2 4名员工（每100米^2 4.3名员工）。市中心商业开发办公区的员工密度从1985年的每100米^2 4.5名员工下降到1995年的每100米^2 3.8名员工，但到2003年又反弹到每100米^2 4名员工（Weant and Levinson，1990）。在同一时间段内，郊区和政府办公区也存在类似趋势。

11.6.1 定义

停车分析中使用了许多术语和概念，除上文关于绩效衡量的内容外，还包括如下内容。

活动中心：一个相对集中的发展区域，是城市地区内的主要活动中心。虽然CBD在历史上是活动中心的首要形式，但当今北美最普遍的商业开发形式是郊区活动中心。郊区活动中心通常有多种土地使用类型，可能包括多种混合用途开发。例如，主要政府中心、社区大学、大学和医疗中心等机构也创建了活动中心（关于活动中心的更多讨论请参见第18章关于地方和活动中心规划的内容）。

中央商务区（CBD）：一个社区的办公、商业、金融和行政领域的传统中心。一个CBD外围区可向CBD的每个方向延伸2~3个街区。外围区通常包括工业和其他低密度用途，可能有大量的以较低价格为核心区服务的路边和地面停车设施。

商业停车设施：通常由专业停车运营商运营的以盈利为目的的停车设施。商业设施通常是公共的。但有些商业设施可能是完全保留给特定的用户群体的（通常按月租赁），因此属于私人设施。

设计日：重复足够频繁的停车需求水平，以验证提供的停车位可供日常使用。

有效供应：最佳运营效率的停车位占用水平。取决于各种因素，虽然略低于其实际容量，但停车设施（占用率）通常在85%~95%之间就会被视为已满。单一设施还提供了处理需求波动的灵活性。为特定用户通过预留停车位来创造车辆操纵空间，例如残疾人停车场。因车辆错停造成的损失或下雪。相比之下，许多小型停车场为特定用户预留了许多空间，其运行效率远远低于所有车位都可供任何用户使用的容量相当的单个大型设施。单个大型设施中的可用停车位减少了为最后几个可用空位而搜索多个场地的需要。在设计日需求中增加有效的供应缓冲，也为处理需求波动提供了一定的灵活性。

员工停车：为员工提供的通常为长时间的停车位。

多式联运：可能改变交通模式的一种出行方式和交通设施。一个多式联运停车设施使一个出行者可以从私人车辆换乘某种形式的公共交通工具。机场、火车站和其他交通换乘地点的停车设施是多式联运的终点。

长时间停车：一般定义为停车 3 小时或更长时间。

机械式立体停车：使用电梯和其他装置将车辆移至行人无法进入的停车位的立体停车场。由于可靠性问题和设备老化后的高维护成本，这种类型的设施一度受到排斥。自 20 世纪 90 年代以来，电子技术和其他技术的进步使这类设施再次受到关注，尤其是在没有空间容纳传统自停立体停车场的地方。机械式立体停车有两种类型：第一种是简单的低层或汽车堆叠，允许在一个停车位内将车辆进行两层或三层堆叠；第二种是高层或自动化机械结构，使用升降梯、电梯或其他机械设备将车辆在街道高度和高架停车位之间移进和移出。

混合用途立体停车：通常位于地面的包括零售和其他用途的立体停车。这种方式有助于在街道高度上创建一个对行人更友善的建筑立面。其他用途也可以建在立体停车场上，尽管通常会有很高的成本溢价。在许多城市地区，立体停车场与其他用途一起开发已经相当普遍。

路边停车：在街道上提供的收费或免费的路边停车。

路外停车：邻近街道或道路的停车设施。如今，路外停车设施涵盖从车道、停车棚、住宅多车车库到超过 1 万个车位的停车场。

停车需求：在特定情况下，将定价和有效供应考虑在内，为一个或多个用途提供的停车位数量。

停车生成率：观察到的车辆积累。传统上，停车规划人员和行业机构会选择一个设计日，在该日的停车积累高峰时段测量停车生成率，然后用有效供给系数除以预期停车数，以确定该位置或土地使用的建议停车位数量（即停车需求）。

立体停车：为停车建造的设施。建筑规范区分了停车库（通常是地下的、必须有消防喷淋和机械通风装置的封闭结构）和开放式立体停车场（自然通风的地上多层停车设施）。拥有和运营一个立体停车的停车位的花费（不包括土地）通常是地面车位的至少 3 倍。这也使物业的所有者或管理者更加有动机向使用者收取立体停车费。停车术语的地区差异也相当普遍，例如在某些地区，立体停车称为停车平台（Decks）或停车坪（Ramps），而在英国称为停车场（Car Park）。

私人停车设施：为特定用户保留的停车设施。

公共停车设施：为任何想使用的人提供服务的停车设施，通常是收费的。

自助停车设施：使用者自己停车的停车设施。

短时间停车：停车时间不足 3 小时。

地面停车场：在地面提供停车位，可能对使用者"免费"的停车场。建造和运营"免费停车"的费用或由土地所有者承担，或按租赁费率转嫁给租户。美国的绝大多数停车供应都是地面停车位。

代客泊车：将车辆在停车场停下，然后由停车场运营商停车。近年来，在停车位短缺或步行距离较长的地方，这一服务变得越来越普遍。

访客停车：为特定地点的访客指定的停车，通常是短时间的，但在门诊手术中心、机场或酒店可能是长时间的。

11.6.2 停车需求公式

估计停车需求的标准做法是使用方程式，将停车位与土地使用的某些定量措施联系起来。以下将讨论与使用这些公式有关的一些问题。

1. 单位

停车需求和生成率通常表示为 x 车位 /y 单位的比率，单位是特定土地使用的适当衡量标准。在大多数情况下，土地使用单位是建筑面积（平方米或平方英尺）。其他单位包括住宅单元、酒店房间、座位或人员。这些单位在规划时就应该是可以计算的。通常应避免使用基于雇员人数的需求率，因为它可能随时间变化。同样，尽管商店销售额可能是零售用途停车需求的可靠预测因素,但规划者很难在此基础上评估停车需求,因为预测的商店销售额仅仅是对未来活动水平的有根据的猜测。机场通常使用到达和离开机场的乘客数量来设计航站楼,但停车设计顾问通常根据始发航班进行停车规划,因为在枢纽换乘的乘客不会使停车需求产生显著的增加。

在某些情况下,特别是礼堂等集会场所,允许人数的临界容量是得到许可的或已发布的,因此可作为停车需求的基础。由于建筑的老化和混杂,某些土地用途(特别是医院和大学)则不一样,它们很难确定单一一致的土地使用类型。因此,针对这些机构的停车研究是评估停车需求的唯一可靠方法。同样的,除主要用于办公的建筑外,政府建筑的停车需求也有很大不同。

过去,停车率有时规定为单位面积可用空间需要一个停车位。然而,大多数业内人士现在更倾向于使用每千平方英尺(ksf)与 x 个停车位的比率。因此,最近对停车需求的研究,例如停车生成率和共享停车,通常采用每千平方英尺的车位或每 100 米^2 的车位(本章剩余部分将使用每千平方英尺比率)(ITE,2010;Smith,2005)。

基于面积的比率的另一个重要方面是如何定义它们。在这一问题上,由于国家标准和分区规划条例之间存在很大差异,经常要添加总建筑面积、使用面积、可出租总面积和可出租使用面积,以澄清建筑面积一词,具体如下。

总建筑面积(Gross Floor Area,GFA):建筑或结构所有楼层的总建筑面积,包括建筑外墙。

可出租总面积(Gross Leasable Area,GLA):可出租给租户的总建筑面积。

使用面积(Net Floor Area,NFA):不包括建筑外墙的总建筑面积。

可出租使用面积(Net Rentable Area,NRA):租户可使用的使用面积,也称为可出租净面积(Net Leasable Area,NLA)。

车辆停车和装载区以及机械、电气、通信和安保设备占用的建筑面积应从总建筑面积或使用面积中扣除,因为这些空间不影响停车需求。虽然旧法规倾向于采用使用面积,但如今大多数行业标准在几乎所有土地使用中都采用总建筑面积,其中可出租总面积会用于购物中心和其他一些地方[例如停车维度研究(ULI and National Parking Association,2014);停车生成研究(Parking Generation,ITE,2010),以及停车顾问委员会的建议停车分区规划条例条款(Parking Consultants Council's Recommended Zoning Ordinance Provisions for Parking,PCC,2007)]。

一般来说,可出租总面积指总建筑面积减去电梯井和楼梯间、公共卫生间、永久设计通道、公共大厅和公共购物区域的建筑面积。仅仅封闭连接租户空间的空间并不会显著增加停车需求。例如,如果可出租总面积是相同的,则封闭式购物中心的公共购物区域所产生的停车需求不会比有露天庭院的购物中心或所有商店都向停车场开放的商业街大。同样,将一对办公楼的大堂与中庭相连不会产生额外的停车需求,因此应将中庭排除在停车需求计算之外。在较小的建筑中,可出租总面积与总建筑面积之间的差异很小。

表 11-6 展示了停车维度(ULI and National Parking Association,2014)的建议停车率。还可以进行定期停车调查,以帮助制订基准停车率的调整系数,以反映研究区域内的实际停车行为。

表 11-6 建议停车率

用 途	停 车 率
住宅和商业住宿	
单户住宅单元(住宅单元即 Dwelling Unit,简写为 DU)	·小于 2000 英尺^2(186 米^2):1/DU ·2000~3000 英尺^2(186~279 米^2):2/DU ·大于 3000 英尺^2(279 米^2):3/DU
多户 DU	
出租	1.65/DU
自有	1.85/DU
附属	增加 1/附属 DU
卧室	1/单元或房间,对户主/管理员加 2

（续）

用 途	停 车 率
多户DU	
商业住宿	1.25/房间加10/1000英尺²（10.8米²）休息室和/或餐厅的总建筑面积，再加如下会议/宴会设施： · 小于20英尺²（1.86米²）：0 · 20英尺²（1.86米²）/房间：30/1000英尺²（32.3/100米²）总建筑面积 · 大于50英尺²（4.65米²）/房间；20/1000英尺²（21.5/100米²）总建筑面积
老年人住房	0.5/DU
集体护理或赡养院	0.35/DU
群体家庭病房、康复院和疗养院	0.5/床
零售和服务（除非特指，否则不包括在购物中心内）	
一般和便利零售	2.75/千平方英尺（2.96/100米²）总建筑面积
杂货店	6.75/千平方英尺（7.26/100米²）总建筑面积
重型/硬货物	2.5/千平方英尺（2.69/100米²）包括户外销售区的总建筑面积
折扣超市	5.5/千平方英尺（5.92/100米²）包括户外销售区的总建筑面积
专卖店	4.5/千平方英尺（4.84/100米²）包括户外销售区的总建筑面积
非零售和服务用途不超过可出租总面积10%的购物中心	· 小于400000英尺²（37160米²）可出租总面积；4.0/千平方英尺（4.3/100米²）可出租面积 · 400000~600000英尺²（37160~55740米²）可出租面积；按比例缩放4.0~4.5/千平方英尺（4.3~4.84/100米²）可出租面积 · 大于600000英尺²（大于55740米²）可出租面积；4.5/千平方英尺（4.84/100米²）可出租面积
非零售和服务用途超过可出租总面积10%的购物中心	应根据专门为主题项目准备的共享停车场研究确定
餐饮服务	
精致或休闲餐饮（带吧台）	20/千平方英尺（21.5/100米²）总建筑面积
家庭餐厅（不带吧台）	15/千平方英尺（16/100米²）总建筑面积
快餐餐馆	15/千平方英尺（16/100米²）总建筑面积
夜总会	19/千平方英尺（20.5/100米²）总建筑面积
办公和商务服务	
一般商务办公室	· 小于25000英尺²（2325米²）总建筑面积：3.8/千平方英尺（4.1/100米²）总建筑面积 · 25000~100000英尺²（2325~9290米²）总建筑面积：按比例缩放3.4~3.8/千平方英尺（3.67~4.1/100米²）总建筑面积 · 100000英尺²（9290米²）：3.4/千平方英尺（3.67/100米²）总建筑面积 · 100000~500000英尺²（9290~46450米²）：按比例缩放2.8~3.4/千平方英尺（3~3.67/100米²）总建筑面积 · 大于500000英尺²（大于46450米²）：2.8/千平方英尺（3.0/100米²）总建筑面积
客户服务办公室	4.6/千平方英尺（5/100米²）总建筑面积
数据处理、电话营销或运营办公室	6/千平方英尺（6.5/100米²）总建筑面积
不在医院园区内的医疗办公室	4.5/千平方英尺（4.8/100米²）总建筑面积
医院园区内的医疗办公室	4/千平方英尺（4.3/100米²）总建筑面积
政府设施	应根据专门为估价对象准备的停车需求研究确定
工业、仓储和批发服务	
制造业或工业	1.85/千平方英尺（1.99/100米²）总建筑面积，加办公、零售或类似用途超过建筑面积10%所需的停车位
仓储或批发	0.67/千平方英尺（0.72/100米²）总建筑面积
小型仓储	1.75/100单元
教育和机构用途	
社区大学或大学	应根据专门为学科机构准备的停车需求研究确定
托儿中心	0.3/人，基于许可注册容量
医院或医疗中心	应根据专门为学科机构准备的停车需求研究确定

(续)

用　途	停　车　率
艺术、休息或娱乐用途	
不在酒店内但每间卧室面积超过100英尺²（9.3米²）的会议中心或会议和宴会设施	·小于25000英尺²（2320米²）：30/千平方英尺（32.3/100米²）总建筑面积 ·25000~50000英尺²（2320~4645米²）：按比例缩放20~30/千平方英尺（21.5~32.3/100米²）总建筑面积 ·50000英尺²（4645米²）：20/千平方英尺（21.5/100米²）总建筑面积 ·50000~100000英尺²（4645~9290米²）：按比例缩放10~20/千平方英尺（10.8~21.5/100米²）总建筑面积 ·100000英尺²（9290米²）：10/千平方英尺（10.8/100米²）总建筑面积 ·100000~250000英尺²（9290~23225米²）：按比例缩放6~10/千平方英尺（6.5~10.8/100米²）总建筑面积 ·大于250000英尺²（大于23225米²）：6/千平方英尺（6.5/100米²）总建筑面积
健身俱乐部	7/千平方英尺（7.5/100米²）总建筑面积
电影院	·1屏：0.5/座位 ·2~5屏：0.33/座位 ·5~10屏：0.3/座位 ·大于10屏：0.27/座位
剧院（现场表演）、礼拜堂或宗教中心	0.4/座位
竞技场	0.33/座位
橄榄球场	0.31/座位
棒球场	0.35/座位
所有其他公共集会场所	当不设座位时，根据批准容量，0.25/座位 当设座位时，0.3/座位

来源：ULI and NPA, 2010

2. 设计日和设计小时

设计日通常从每年前10~20个活动日中选择。不幸的是，购物中心是唯一一个对全年停车需求数据进行广泛研究以确定设计日和小时的土地使用类型。对于购物中心，建议将一年中最高的第20小时作为设计小时，这1小时通常是圣诞节前两个星期六最繁忙的第2或第3小时（Urban Land Institute and International Council of Shopping Centers，1999）。

对于其他用途，ITE的停车生成率呈现了所观察到的峰值累积平均值以及第33和第85百分位值的回归曲线。本文表明，对于某些用途，平均比率是可以接受的，但对于其他用途则不可接受（图11-4）。这个数据库仅仅包含了向ITE报告的信息。报告的平均比率只是观察到的峰值累积的平均值。此外，在绝大多数情况下，组成数据库的研究项目不到10项。因此从统计角度看，数据集并不可靠。为此，包括1990年ITE委员会的报告在内，许多人都建议将停车生成的第85百分位数作为一个适当的设计标准。大多数从业人员通常使用第85百分位数，停车顾问委员会（2007）也采用这一方法（ITE Technical Council，1990）。

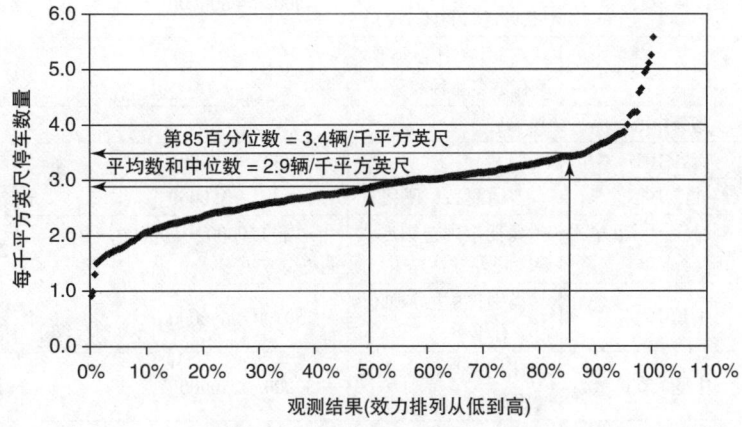

图11-4　第85百分位数设计日的定义

来源：Special sort of ITE Parking Generation Database for Land Use Code 701: Office

第85百分位数意味着15%的观察地点需要比规定值更多的停车位。数据反映了提交的观察结果，不计入公认的设计日。此外，绝大多数研究都是在免费、无限制停车场进行的，因此不会反映停车费或使用公共交通的影响。总之，必须小心应用 ITE 的停车生成率数据。关于停车生成率的评论，见 Shoup（2005）。

3. 有效供应量

在确定现有多功能停车系统的充分性时，停车分析员通常会为每个不同的设施分配有效供应系数，以确定总体有效供应量，然后将有效停车位供应量与设计日停车位生成量进行比较。为提供所需的有效供给量，设计日高峰时段的预期停车生成率需除以有效供给系数。例如，如果在设计日的高峰时段预计停放 1000 辆车且有效供给系数为 90%，则需要 1000/0.90=1111 个车位才能使系统在该小时内正常工作。

当停车率纳入区划要求和其他规划标准时，这种方法不能使用。因此，大多数行业出版物建议在制定分区规划条例的推荐停车率时使用有效供应系数。有效供应概念指系统在设计日将正常工作，但在超过设计小时值以上的时间很难找到可用车位。这确实是一个实际的需要，例如由于难以找到可用车位，并且大多数剩余的车位是为特定用户保留的（例如残疾人停车位），带有出入和收入控制的停车设施通常在停车设施完全被占用前就已关闭。用户可能会认为有较差甚至极差的停车问题，即使系统中可能仍有可用的车位。

4. 规模

开发区的大小会影响停车行为。与同一土地使用类型的小型建筑中停车的峰值累积值相比，大型多住户建筑的车辆峰值累积更可能达到标准积累值。这只是一个概率的例子。例如，在 50 个小型办公楼中，部分需求量高至 3.8 个车位/千平方英尺。如果这 50 栋楼的住户都搬进一栋单独的大型建筑，则车辆的累积量将被平均，3.0 个车位/千平方英尺（3.2 个车位/100 米^2）的供应量就足够了。因此，对一个社区来说，一个特定土地使用的较小集中度的比率，要高于大型建筑所需的比率。但是，单一住户建筑，尤其是较大的建筑，可能需要特别研究。当存在具有不同功能的多个部门时，停车需求将类似于一个大型多住户建筑，而一个大型单一功能的住户建筑可能会有更高的停车需求。

对大型购物中心来说，规模大小的影响则相反。购物中心的规模大小通常反映其主要市场（街区、社区或区域），因此购物和停车的模式会存在差异。更具体地说，购物中心规模越大，顾客停留时间越长，在任何一个时段每日车辆的百分值都会增加（表 11-7）。

表 11-7 ICSC 购物中心分类

中心类型	概念	面积/英尺^2（包括锚杆）	样本量	类型
购物商场				
区域中心	普通商品和时装（商场通常封闭）	400000~800000	2 个或更多	全品类商店；大众商家；折扣商店；时尚服饰店
超级区域中心	与区域中心类似，但有更多品种和分类	800000+	3 个或更多	全品类商店；初级商店；大众商家；服装店
露天中心				
街区中心	便利	30000~150000	1 个或更多	超市
社区中心	普通商品；便利	100000~350000	2 个或更多	折扣商店；药店；家居装修店；特产/折扣店
时尚生活方式中心	高档全国连锁专卖店，户外餐饮娱乐	通常 150000~500000，可能更少或更多	0~2 个	通常不限于传统定义，但可能包括书店；其他大型专业零售商店；多元化电影院；小型百货公司
工具中心	类别；占主导地位；很少有小租户	250000~600000	3 个或更多	家居装修店；折扣商店；仓储超市；低价商店
主题/节日中心	休闲；导游；零售与服务	80000~250000	N/A	餐饮；娱乐
直销中心	工厂直销商店	50000~400000	N/A	工厂直销商店

来源：Delisle, 2008

5. 附属用途

附属用途指并非特定土地使用范围内的主要业务，但成功租让相应土地用途仍是有必要的，例如储藏、库存、办公和厨房空间。一些人认为，这些建筑面积应根据不同的停车生成率进行计算。然而，大多数国家标准都以将这些区域视为建筑面积的一部分的研究为基础,来计算整个活动的停车率。因此,在主要用途的停车相关的建筑面积计算中,通常应包括附属用途区域。

6. 补充用途

补充用途指设计目的是服务于或加强主要用途的使用或租赁的不同土地使用类型的空间。虽然补充用途通常与主要土地使用类型的停车特性有显著不同,但与主要用途的相互关系会导致停车位需求降低(主要是通过垄断市场效应)。例如,一个熟食店或三明治店,虽然在单位建筑面积上可能需要更多的停车位,但可以允许在办公楼内而不增加主要活动发生的比例。城市土地机构(ULI)/国际购物中心协会(ICSC)对这一问题进行了研究,发现小规模的补充用途不会改变主要土地使用类型的停车需求。因此,对于小规模的补充用途,在预测停车位需求时,应使用主要用途的比率计算总建筑面积/可出租总面积(即基本用途和补充用途的总和)。

ULI/ICSC 的研究发现,当购物中心超过 10% 的可出租总面积被餐厅或娱乐用途占用,应提高停车率;当超过 20% 的可出租总面积被餐厅或娱乐用途占用时,应采用共享停车进行分析。共享停车(Smith,2005)和停车顾问委员会进一步更新了建议:当可出租总面积的 10% 以上被补充用途占用时,使用共享停车进行分析。

11.6.3 停车建议的敏感性

多少停车位就够了?很简单,这要看情况。在为土地使用制订一个适当的停车需求比率时,应考虑以下问题。

1)停车系统的整合度有多高?是有一个大型设施还是有许多分散的小型设施?是否为特定用户预留了即使空置其他停车者也无法使用的车位?

2)停车生成数据(即预测占用)的可信度如何?选择一个设计日并采用有效的供给系数预测未来的系统能够合理地工作时,在哪里的现有场地收集数据是合适的?

当使用停车生成数据(ITE,2010)等资源时,还必须考虑特定租户的存在导致的活动密度的变化,以及租户随时间变化的事实。"购物中心"是唯一一个在广泛可接受设计时间内专门收集了大量数据样本的土地使用类型,而且可接受设计小时(一年中最高第 20 小时数)相对较高。办公楼停车率的可信度也相对较高,因为停车生成的数据样本量较大(178 个研究地点),变化系数相对较低(26%)且每年各季节的停车累计变化不大(因此收集数据的时间并不是重要问题)。许多其他用途的变化系数很高,可信度相对较低。

3)当停车生成超过有效供给时,有哪些装置可发挥缓冲或防故障作用?在这种情况下,如果运营者人工指引停车者找到难以发现的车位,车位是否充足?自动化系统是否能够帮助停车者更轻松地找到停车位?是否有场外临时停车位,并在整个规划期内提供?是否有共享停车的潜力?是否能更有效地利用停车资源?是否可以将停车溢出到邻近街区?拒绝一些人使用是否可以接受?

4)对可能的供应紧张状况的了解是否会改变场地的到访模式或出行选择?例如,一家购物中心的停车研究表明,购物者为避免陷入午后的交通拥堵会提前或晚到,因此在设计小时内,停车位的需求明显超过了普遍接受的比例。媒体每年都会在旅游出行高峰日报道机场的拥堵情况,这导致更多旅客选择让别人接送,而不是旅行期间把车一直停在机场停车场。

5)公共交通可以是汽车的替代品吗?限制停车位供应以鼓励停车市场定价和/或鼓励更多使用其他出行方式是否对社区有潜在好处?

6)上述任何一种方法,对于超过设计日高峰小时的小时数,企业所有者、用户、社区每年分别可以接受多少次?

在许多较早的参考文献中,建议的停车需求比率是基于第 85 个百分位的比率,然后除以有效供给系数,得出单位土地使用所需提供的车位比率。而购物中心的比率从来就不是这样的。在 1978 年对购物中心停车需求的最初研究中,选择了第 20 个最高小时作为设计小时,但建议的停车率设定为在特定时间内获得的大量数据样本中观察的累积量的平均值,没有任何额外的有效供应缓冲。这种方法认识到,对于中心平均每年 19 小时根本没有任何空车位,而在其他时间,由于没有有效供应的缓冲,很难找到可用车位。比一般购物中心更成功的购物中心每年会有更多时间出现实际和明显的停车不足,而不太成功的购物中心可能永远不会有任何明显的停车不足。

如前所述,业内已经越来越认可在使用传统分区率时,停车往往供过于求。《共享停车 2 版》使用了第 85

百分位累积值，对于建议的停车率没有额外的有效供给系数。建议区划规划条文采纳了所有共享停车比率，并在其他用途上通过采用相同的原则来增加一部分比率。这些比率专门用于为相应土地使用类型的数量提供服务的建议最小车位数量（Parking Consultants Council，2007）。如果社区设定了最大值来代替或补充最低比率，则应考虑在这两份出版物中的最低停车比率基础上增加一个有效供给比率，以达到适当的最大值。从根本上说，这是关于一个社区应该需要多少停车位的一种思维方式的转变。

出于有效供应、为租赁提供更多车位或其他考虑，可能仍会提供额外的车位缓冲，但区划或政府不应将其作为保护社区利益所需的最小车位数量。针对额外车位的提供，应在与业主协商后，根据特定地点高峰时段有限供应的利弊做出专业判断。

11.6.4 减少停车需求

许多因素会影响停车需求，进而影响应提供的车位数量。管理停车位的供应和价格可以对交通生成产生重大影响。员工出行目的中与工作相关的停车只是停车管理策略的目标市场之一。为其他出行目的，例如购物、个人商务或娱乐，而寻找停车位也可能受到影响。例如，一些社区的研究表明，当地街道上寻找停车位的交通量可能相当高：纽约布鲁克林 45%，纽约曼哈顿 28%，马萨诸塞州剑桥 30%（City of Seattle，2008）。

个别停车行为对停车需求有明显可识别的影响。例如，提高停车价格对停车需求的影响可以通过使用反映需求 - 价格关系的弹性指标来估计。然而，许多社区的停车程序或策略是由许多不同行动组成的，通常较难评估停车程序和停车需求之间可能变化的关系。例如，图 11-5 展示了城市在制订社区停车管理策略时所采取的行动类型。确认该图中所示的每个行动对总体出行减少的贡献是非常具有挑战性的。

地点	停车资金筹集	拥堵定价	所需停车花费分类	通用公共交通通行证项目	停车税	降低最低停车要求	取消最低停车要求	设定最高停车要求	停车收费	共享停车/一次停车	住宅停车许可区	共乘/搭车匹配服务	汽车共享	自行车停车要求	轨道交通	快速公交
弗吉尼亚州阿灵顿县																
华盛顿州贝尔维尤(市中心)			√	√		√			√		√	√	√			
科罗拉多州博尔德(市中心)				√					√		√	√	√			
马萨诸塞州剑桥						√		√				√	√	√		
俄勒冈州波特兰Lioyd区				√					√			√	√	√		
大不列颠伦敦		√			√			√	√							
俄勒冈州波特兰(市中心)						√		√	√				√			
加利福尼亚州旧金山(市中心)						√	√	√	√		√		√			
瑞典斯德哥尔摩		√							√				√		√	
不列颠哥伦比亚省温哥华				√				√	√			√	√	√		

图 11-5　城市使用的停车管理措施

来源：City of Pasadena, 2006

面临着度假区和旅游社区的诸多挑战、居民与游客经常争夺同一停车位的马萨诸塞州楠塔基特镇按照优先顺序制订了以下策略和举措（Nelson Nygaard Consulting Associates，2010）。

- 远程停车
- 自选停车补贴或通用公共交通通行证
- 手持设备
- 需求响应定价
- 车牌自动读取技术
- 多车位支付和显示
- 车内计费
- 代客泊车
- 停车受益区

- 替代费
- 共享停车
- 住宅停车受益区
- 反角度停车
- 路缘传感器
- 手机支付
- 区划/停车最大值
- 分拆停车
- 付费离开
- 实时车位可用性显示
- 按车位付费
- 平面或纵向堆垛
- 智能卡片
- 前几分钟免费的计时收费

楠塔基特的研究也为每一个提议的行动提供了很好的参考资料，特别是在较小社区中的应用。

这些停车管理程序的例子说明了这样一个事实，即社区通常会利用各种不同的举措和方法来更有效且高效地管理停车。然而，每个社区都是不同的，各种各样的因素都可能会影响停车需求。例如，ITE停车需求比率反映了主要土地使用往往分散、很少有公共交通乘客或很少有步行者的郊区地点。在大多数情况下，停车是免费的或低成本的。因此，在这些条件不适用的情况下，需要向下调整，尤其是在CBD。此外，现在大多数规划者都把停车，特别是郊区环境的停车，作为更大的流动性程序的一部分。例如，表11-8来自于一项关注芝加哥都市圈郊区中心的停车项目研究。正如研究所指出的，"为适应未来的增长和发展宜居社区，为各种出行方式提供安全选择，我们必须采取积极主动而非被动的方法管理停车，以避免负面的外部影响，并使我们的可用土地得到最佳和最合适的利用"（Banks，2011）。

表11-8 芝加哥郊区中心停车和其他策略

停车管理工具	描述/举例
环境相关的解决方案	降低老年人住房和经济适用房的最低标准
改善骑行设施和步行环境	提供安全的自行车架，提高人行横道的能见度，创建自行车道等
与员工共同激励共乘、骑行、步行	雇主可以为员工提供福利，例如相当于停车位的现金等价物、使用公司共享车辆、骑自行车的里程补助等
共享停车	在不同需求高峰期的多种用途之间共享停车设施
土地储备/土地保留	要求开发商提供公园和开放空间，如果需要，则可以转换为停车场
付费停车，无时间限制	安装计价器或收费停车系统没有时间限制，因为停车费用应该有足够的影响力来调整停车行为
渐进式停车收费	为提高周转使用，在高活动频率区域，每小时价格逐步提高（例如第一个小时1美元，下一个小时2美元，之后每小时5美元）
分拆停车	降低对将停车位从租金/抵押贷款中分拆的开发商的停车要求，或要求开发商对停车场进行分类
创建停车受益区或停车管理局	所有已付的停车费收入都会存入计价器所在区域的基金，用于租户和土地所有者需要的任何用途
替代收费	收取开发商费用，而不是提供所需的停车位，资金专用于在集中车库/市政停车场提供停车位和/或改善街道景观
取消停车最低标准	由于没有停车最低标准，开发商可能会提供更为有限的停车位供应，而小企业将有更多的动力开设新地点

来源：Banks, 2011

将倾向于抑制停车需求的因素作为调整因素纳入停车分析。例如，在公共交通使用水平高的地区，可以减少停车位的数量。同样，如果开发综合体中存在共享停车机会，则每个开发项目所需的停车量也可以减少。表11-9展示了停车需求分析中的一些典型调整因素。在大多数情况下，允许的调整因素在当地区划或规划要求中规定，或由规划机构制订。

表 11-9 停车需求调整因素

因素	描述	典型调整
地理位置	地区车辆保有和使用率	调整停车要求，以反映普查和旅行调查数据中确定的变化
住宅密度	每英亩/公顷的居民或住房单元数	每英亩每居民减少 1% 的需求；如果每英亩有 15 名居民，则降低 15% 的需求；如果每英亩有 30 名居民，则降低 30% 的需求
员工密度	每英亩员工数	在每英亩有 50 名或更多雇员的地区，要求减少 10%~15% 的需求
用地混合	地理位置优越，步行方便	将混合用途开发的需求降低 5%~10%；共享停车场的额外需求减少
公共交通可达性	附近的公共交通服务频率和质量	距公共交通站点 1/4 公里范围内的住房和就业需求降低 10%，距轨道交通车站 1/4 公里范围内的住房和就业需求降低 20%
共享汽车	附近是否有租车服务	如果共享汽车服务位于附近，则将住宅需求降低 5%~10%，或在住宅楼中为每辆共享汽车减少 4~8 个停车位
可行走性	步行环境质量	在可步行的社区中，减少 5%~15% 的要求；如果步行能力允许更多的共享和非现场停车，则要求更高
人口统计	居民或通勤者的年龄和体能	将年轻人（30 岁以下）、老年人（65 岁以上）或残疾人的住房需求减少 20%~40%
收入	居民或通勤者的平均收入	对 20% 的最低收入家庭降低 10%~20% 的需求，对 10% 的最低收入家庭降低 20%~30% 的需求
房屋保有权	住房单位是自有还是出租	减少租赁需求 20%~40%，业主占用住房的需求减少 20%~40%
定价	收费、未捆绑或资金流出的停车	将成本回收定价的需求降低 10%~30%（即停车场的定价将支付停车设施的全部成本）
分拆停车	停车场与建筑空间分开出售或出租	汽车拥有者和停车需求减少了 10%~20%
停车和流动管理	停车场和机动管理项目在现场实施	通过有效的停车和机动管理计划，将工作场所的需求减少 10%~40%
设计时间	停车场每年可占用的小时数	如果第 10 个年度设计小时数被第 30 个年度高峰小时数取代，则需求减少 10%~20%，需要制订溢出计划
应急规划	使用下限要求，并在需要时实施其他策略	使用下限要求减少 10%~30% 的需求，如果实施了综合停车管理计划，则会降低更多

来源：Litman, 2013b, Reproduced with permission of Todd Litman.

表 11-10 展示了停车管理程序中可采取的行动类型、与每项行动相关的停车位可能减少幅度以及显著交通量减少的发生可能性。

表 11-10 停车管理行动的潜在影响

行动	描述	停车位减少	明显交通影响
共享停车	停车位服务多用户和目的地	10%~30%	
停车规程	法规有利于更高价值的用途，例如服务车辆、送货、客户、快速差事和有特殊需要的人	10%~30%	
更精准和灵活的标准	调整停车标准，以更准确地反映特定情况下的需求	10%~30%	
停车最大值	建立停车最大量标准	10%~30%	
远程停车	提供场外或城市边缘的停车设施	10%~30%	
智能增长	鼓励更紧凑、混合模式的发展，以允许更多的停车场共享和使用替代模式	10%~30%	√
步行和骑行改善	改善步行和骑行的条件，扩大停车场服务的目的地范围	5%~15%	√
增加现有设施的容量	增加停车位供应，使用其他被浪费的空间、小摊位、汽车堆垛机和代客泊车	5%~15%	
流动管理	鼓励更有效的出行，包括模式、时间、目的地和车辆出行频率的改变	10%~30%	√
停车定价	直接有效地向使用停车设施的驾驶人收费	10%~30%	√
收费方式改善	使用更好的收费技术，使定价更加方便且划算	有差异	√
财政奖励	提供经济激励，以改变出行模式，例如停车取现	10%~30%	√
分拆停车	出租或出售停车设施与建筑空间分开	10%~30%	√
停车税改革	改变税收政策以支持停车管理目标	5%~15%	√
自行车设施	提供自行车存放和更换设施	5%~15%	√
改进信息和营销	使用地图、标牌、手册和互联网，提供有关停车场可用性和价格的方便、准确的信息	5%~15%	√

(续)

行动	描述	停车位减少	明显交通影响
提高执行力	确保法规执行高效、周到和公平	有差异	
交通管理协会	建立会员制组织，在特定区域提供交通和停车管理服务	有差异	√
溢出停车规划	制订计划管理偶尔出现的高峰停车需求	有差异	
解决溢出问题	利用管理、执行和定价来解决溢出问题	有差异	
停车设施设计和运营	改善停车设施的设计和运营，帮助解决问题并支持停车管理	有差异	

来源：Litman, 2013b, Reproduced with permission of Todd Litman.

以帕萨迪纳市为例，该市采取了旨在减少城市交通量的交通缩减策略。包括以下行动（City of Pasadena, 2006）：

- 为路边停车收费制订合适的价格：收取最低价格，将使每个街区留下一个或两个空缺的车位（即基于性能定价）。这将消除因驾驶人巡行寻找车位造成的交通拥堵。
- 将计费收入返还给产生停车的社区：收入回报将使基于性能的路边停车价格在政治上受到欢迎，收入将支持额外的商业停车受益区和建立住宅停车受益区。
- 将停车收入的一部分投资于交通需求管理程序。
- 提供通用公共交通通行证。
- 要求对停车成本进行分类。从住房成本、商业租赁和其他商品和服务的花费中分离出来。
- 要求自选停车补贴。
- 加强交通需求管理要求。
- 改善公共交通服务。
- 改善骑行和步行设施及程序。
- 取消路外停车的最低停车要求。
- 设置最大停车要求。
- 制订拥堵定价。

帕萨迪纳减少出行策略中的 12 项行动中有 7 项都与停车有关，停车规划的重要性可见一斑。

表 11-11 展示了旨在减少 10% 出行的出行减少策略中停车部分的预期影响。这在大多数研究中是非常典型的，因为作为独立行动的主要措施的影响，是与发生全面影响所必需的支持措施一起估计的。

表 11-11 帕萨迪纳旨在减少 10% 出行的出行减少策略

主要措施	
所有非工作地点的新驾驶人均需支付 5 美元的现金，且所有新员工均需在工作日内支付停车费	观察到的典型效果：每工作日 5 美元的停车兑现计划将使员工上下班出行减少约 20%。因此，预计非工作出行（例如下班回家途中的购物出行）将有所减少
要求将所有新的和既有的多户住宅项目的停车费用与住房成本分开，每个停车位的最低价格为每月 100 美元	观察到的典型效果：每月收取 100 美元的停车位费用（由租金的同等减少抵消）将导致受影响的多户住宅的家庭车辆拥有量和出行量减少 15%～30%
在帕萨迪纳边境实行拥堵收费制度，高峰时段每次出入境最低收费 3 美元	观察到的典型效果：每次出入境收取 3 美元的费用，将导致帕萨迪纳边境高峰时段出入境人数减少至少 20%
支持措施	
路边停车收费合理	
将计价器收入返还给产生它的社区	
将停车收入投资于交通需求管理（TDM）项目	
提供通行证	
强化 TDM 要求	
改善骑行 / 步行设施和项目	
取消最低停车要求	
设定最高停车要求	

来源：City of Pasadena, 2006

这项研究还涉及减少 25% 出行所需的措施。每个工作日 10 美元的自选停车补贴程序将减少约 40% 的员工通勤出行。每月每停车位收取 200 美元的费用将使家庭车辆拥有量和受影响的多户住宅的出行量减少 20%～40%。每次进出收费 6 美元将使帕萨迪纳边境高峰时段进出量至少减少 30%。

在美国，社区或区域范围内的停车管理策略通常是关注减少单一乘员车辆（SOV）使用的交通需求管理（TDM）规划的一部分。在考虑使用 TDM 策略的情况下，停车收费通常是实现程序目标的关键。对 TDM 程序的研究一直表明，阻碍成功的最大障碍是免费停车。以下停车收费方案可视为 TDM 规划的一部分。

- **停车收费**。为显著减少 SOV 通勤，成本需要相当程度的提高。停车需求弹性似乎取决于具体情况，反映了替代模式的花费、通勤距离和竞争性设施的市场定价。
- **共乘优惠**。如果不取消停车费，则应考虑拼车和共乘的折扣。这一策略与其他非定价策略（例如位置优先和积极的共乘匹配程序）结合时最有效。规划者还必须关注此类程序的性价比和对公共交通乘客量的影响。当加利福尼亚州交通部为拼车停车增加了折扣和优惠停车程序时，90% 的车位被现有的拼车者使用，2/3 的新拼车参与者是从公共交通改变来的。到该地点的出行量实际上增加了，而公共交通每天减少了超过 200 名使用者。这一发现表明，鼓励使用公共交通和停车换乘可能比共乘更有益，特别是考虑到过去几十年中共乘在减少。
- **公共交通补贴**。除提高停车成本外，通过补贴或全额支付来降低公共交通花费是一个成功的 TDM 规划的关键组成部分。再重复一次，此类补贴针对的第一批人通常是那些已经使用公共交通的人。将这一策略与增加 SOV 停车成本相结合，以实现任何实际的效益也是至关重要的。
- **交通津贴**。交通津贴不针对单一交通方式，而是向每位员工提供现金以支付通勤费用，无论驾车（然后停车），还是使用公共交通或选择无需缴费的（津贴装进自己腰包）步行、骑行。
- **自选补贴项目**。与交通津贴类似，自选补贴程序每月提供等值先前免费停车位的补偿。员工可以将它花在停车上，或用在其他交通工具上，或简单地把它装进腰包。
- **停车税或附加费**。在一个存在商业停车但费用仍不足以鼓励替代模式的社区，停车税或附加费可用于迫使市场价格达到一个更可接受的水平。然而，它必须适用于广泛的领域。当威斯康星州麦迪逊市对四家市政车库征收高峰时段附加费时，一些通勤者确实会改乘公共交通，但更多的人只是简单地改变了停车位置（VTPI，2015）。

第 14 章关于交通需求管理的内容对更多作为 TDM 程序的停车策略应用方式进行了讨论。

11.7 常规的土地使用

表 11-12 展示了按照 ITE 土地使用编码系统的 ITE 停车生成中发现的数据类型（ITE，2010）。在这种情况下，代码 000～500 系列通常包括运输港口和终端、工业、住宅、娱乐及住宿。该表还比较了 ITE 数据与共享停车和建议分区规划条例中的建议比率。

停车生成数据代表观测累积量的平均峰值，不一定是为了区划的需求或对车位数的要求。停车生成表中的信息仅适用于 73 个土地使用类型（共 91 个），ITE 有足够的数据可用图形方式展示。只有大约一半的图形演示中存在可以通过回归分析发现土地使用与停车生成之间存在一致关系的拟合曲线。这些表格包括两个有助于理解样本统计可靠性的统计指标：第一个是变异系数，用于衡量平均比率的可靠性（变异百分比越低越好）；另一个是可决系数（R^2），用于衡量回归方程的可靠性（值越大越好）。

仅当至少有四个研究地点且 R^2 超过 0.6 时，才能提供拟合曲线。一般来说，这些数据集的变异系数为 50% 或更低【银行员工与停车位之间的关系、周六机场的比率以及以总建筑面积为基础的仓库比率，作为例外情况，变异系数值很高（关于变异系数的讨论，更多内容请参见第 2 章出行特征及数据）】。

在某些情况下，缺乏拟合曲线（在表 11-7 中可识别，其中未列出 R^2），只是因为没有足够的研究场地或研究场地大小的变化不足，无法通过回归分析来确定拟合曲线。在其他用途中，例如餐厅，停车生成存在显著差异，可以反映餐厅的客流量水平。即使存在线性关系，样本也可能不可靠。在许多情况下，拟合曲线与平均比率存在显著差异。当拟合曲线的斜率大于平均比率时，停车生成比率随着土地使用规模的增加而增加；当拟合

表 11-12 ITE 代码 021～495 的停车生成率和建议停车率

					ITE 停车生成（第四版，2010年）						
						观测结果高峰小时停车生成率					PCC 推荐的分区规划条例条款（2006年）*
ITE 编号	用途		时期	研究	变化系数	R^2	第33百分位数	平均值	第85百分位数	单位	
021	商用机场		每日	16	45%	0.99	0.26	0.40	0.61	航空客流量	
			每日	9	71%	0.61	0.51	0.84	1.48	航空客流量	
			星期六	7	54%		0.37	0.57	0.92	航空客流量	
093	含停车场的轻轨	郊区	工作日	30	86%	0.64	0.07	0.14	0.21	每日登车	
		城区	工作日	10	53%		0.04	0.06	0.09	每日登车	
110	普通轻工业		工作日	7	44%	0.81	0.53 (0.49)	0.81 (0.75)	1.22 (1.13)	100 米²（每千平方英尺建筑面积）	1.99/100 米²（1.85/千平方英尺）建筑面积
			工作日	5	32%	0.99	0.53	0.64	0.81	员工	
130	工业区		工作日	11	49%		0.97 (0.90)	1.37 (1.27)	1.99 (1.85)	100 米²（每千平方英尺建筑面积）	
			工作日	8	27%	0.66	0.83	0.89	0.98	员工	
140	制造业		工作日	3	23%		0.99 (0.92)	1.10 (1.02)	1.27 (1.18)	100 米²（每千平方英尺建筑面积）	
			工作日	3	24%		0.88	0.97	1.14	员工	
150	仓储		工作日	14	96%	0.87	0.31 (0.29)	0.55 (0.51)	0.87 (0.81)	100 米²（每千平方英尺建筑面积）	0.72/100 米²（0.67/千平方英尺）建筑面积
			工作日	13	33%	0.86	0.81	0.78	1.01	员工	
151	小型仓库		工作日	7	44%	0.86	0.12 (0.11)	0.15 (0.14)	0.18 (0.17)	100 米²（每千平方英尺建筑面积）	1.75/100 单位
			工作日	6	25%	0.91	1.17	1.35	1.66	100 储存单位	
210	独栋独立住宅		工作日	6	18%	0.69	1.67	1.83	2.14	住宅单元	2/住宅单元
221	中低层公寓	郊区	工作日	21	21%	0.93	0.68	1.23	1.94	住宅单元	*1.65/住宅单元（出租）; 1.85/住宅单元（自有）
		城区	工作日	40	35%	0.96	0.93	1.20	1.61	住宅单元	
		城区	星期六	8	19%	0.99	0.93	1.03	1.14	住宅单元	
222	高层公寓	分市编号	工作日	7	11%	0.85	1.38	1.37	1.52	住宅单元	
224	出租联排住宅		工作日	4	14%		1.67	1.62	1.76	住宅单元	
230	公寓/联排住宅	郊区	工作日	12	17%	0.95	1.28	1.38	1.52	住宅单元	
254	赡养院		工作日	33	29%		0.34	0.41	0.54	住宅单元	0.35/住宅单元
			星期六	11	36%		0.23	0.24	0.30	住宅单元	
			星期日	13	34%		0.27	0.34	0.47	住宅单元	

第 11 章 停车规划

（续）

ITE编号	用途		时期	ITE停车生成（第四版，2010）					单位	PCC推荐的分区规划条例条款（2006年）*
				研究	变化系数	R^2	观测结果高峰小时停车生成率			
							第33百分位数	平均值	第85百分位数	
310	旅馆		工作日	20	35%	0.74	0.72	0.89	1.08	入住房间	*1.25/房间+餐厅：10.8/100米²（10/千平方英尺）建筑面积+会议/宴会：如果215～540米²（20～50英尺²）/房间，则为32.3/100米²（30/千平方英尺）建筑面积；或如果大于540米²（50平方英尺²）/房间，则建筑面积为21.5/100米²（20/千平方英尺）
312	商务酒店		工作日	7	35%		0.56	0.60	0.75	入住房间	
			星期六	3	13%		0.62	0.66	0.72	入住房间	
320	汽车旅馆		工作日	7	26%	0.87	0.66	0.71	0.85	入住房间	
330	度假酒店		工作日	5	38%		1.05	1.29	1.59	入住房间	
430	高尔夫球场		星期六	7	17%	0.90	8.38	8.68	9.83	球洞	9.8/洞
437	保龄球馆	郊区	星期五	4	14%	0.97	4.58	5.02	5.58	保龄球道	5.5/道
		郊区	星期六	4	20%	0.92	3.88	4.00	4.62	保龄球道	
		城区	星期一至星期四	3	30%		2.79	3.13	3.78	保龄球道	
441	剧场	乡村	工作日	4	3%	0.99	0.38	0.38	0.39	出席者	
		乡村	工作日	4	46%		0.19	0.25	0.32	座位	*0.4/座
444	含日场的电影院		星期五	6	49%	0.65	0.21	0.26	0.36	座位	1屏：0.5/座； 2～5屏：0.33/座； 5～10屏：0.3/座； 超过10屏*：0.27/座
			星期六	7	25%	0.72	0.20	0.19	0.23	座位	
			星期日	4	45%		0.10	0.11	0.15	座位	
466	滑雪区域	乡村	星期六	4	27%	0.86	1.02	1.31	1.62	英亩	
		乡村	星期六	4	30%	0.91	0.20	0.25	0.31	每日电梯票	
491	网球俱乐部		工作日	3	25%		3.05	3.56	4.13	球场	4/球场
492	健身俱乐部		工作日	25	46%	0.60	4.23 (3.93)	5.67 (5.27)	9.10 (8.46)	100米²（每千平方英尺建筑面积）	*7.5/100米²（7/千平方英尺）建筑面积
			工作日	5	44%	0.97	0.10	0.13	0.16	成员	
493	运动俱乐部		工作日	11	41%		2.60 (2.42)	3.82 (3.55)	5.32 (4.94)	100米²（每千平方英尺建筑面积）	
			工作日	7	51%		0.05	0.07	0.12	成员	
495	社区休闲中心	郊区	工作日	7	69%		1.96 (1.82)	3.44 (3.20)	5.41 (5.03)	100米²（每千平方英尺建筑面积）	

注：*为《共享停车 2版》中建议采用相同的比例。

曲线的斜率小于平均比率时，生成比率随着土地使用规模的增加而降低。

以下各节讨论了决定一些公共用地用途的停车需求时应特殊考虑的因素（注意，并非讨论了所有用途）。

11.7.1 机场

ITE 以停车位 / 每日登机人数（使用航站楼的乘客总数）表示机场停车比率（设定的是平均每日登机人数，而不是该研究日期的登机人数）。许多停车规划人员使用始发登机量（Originating Enplanements，OE）而不是总登机量，因为这可以将不产生公共停车需求的换乘乘客排除在外。此外，使用停车位/1000 年度始发登机量的比率更为常见，因为大多数机场在规划预测中使用年度登机量。

在对美国机场停车位供应的调查中，Donoghue（1997）发现在依据始发登机量的机场规模与停车位供应之间存在关系，大型机场的比率通常较低。然而，每1000 始发登机量的停车位的范围非常大。例如，拥有 90 万~350 万始发登机量的中型机场，比率从 0.14 车位/1000 始发登机量到 1.18 车位/1000 始发登机量（最小值和最大值之间几乎相差 10 倍）不等。这些是供给比率，而不是需求比率。许多机场建造停车场是在 10 年或更长的规划期内（以避免随着登机量的增加，机场停车系统更频繁地受到干扰），因此在研究时难以确定是否有多余的车位。此外，许多机场的机场外停车供给也满足了部分需求。因此，在使用已公布的机场停车供应数据时应小心谨慎（例如停车生成有 20 个机场数据点，其中 15 个数据点来自加拿大小市场的机场）。

Landrum 和 Brown 等人（2010）得出的结论是，尽管机场的停车需求存在很大变化，但一般的经验法则是，停车位供应范围应在每百万登机乘客 900~1400 车位之间，其中 25%~30% 的车位指定用于短时间停车。

一般来说，机场停车不受当地区划的控制，需要详细的停车研究来预测未来的停车需求。机场停车需求非常复杂，这既是一个垄断市场，也是一个能吸引机场外商业供应商竞争的利润丰厚的市场。由于停车的收入流通常是机场净收入的第二或第三大来源，而且机场活动往往会随着时间的推移增加，机场管理人员通常希望详细了解停车需求可能是什么。此外，机场使用的收入控制系统也为停车预测提供了大量数据。因此，虽然以下机场停车需求分析无法支持停车位 / 始发登机量的行业标准比率，但通常有助于了解停车需求、设计天数和有效供给考虑因素的复杂性。

机场停车需求通常在四个方面进行评估：

- *小时*或短时间停车场服务 "kiss-and-fly" 以及停留 3 小时或少于 3 小时的 "接机和迎宾者"。小时一词受到业内许多人的青睐，因为包括旅游公众在内的各方对短时间的理解较少。自 2001 年 9 月 11 日的恐怖袭击事件以来，无论对停车者还是对停车位，小时停车都大幅减少。机场的安全已经大幅加强，禁止非旅客在门口等候。因此，小时停车的停留时间显著下降，周转率增加。原本司机们可以在航站楼的道路上绕行、在候机楼的路边等候或者停在候机楼停车场等到达的乘客，而现在只允许接机和迎宾者在一个更远的地点在自己的车内等候，只有当乘客准备好离开时，他们才会来到候机楼。
- *每天停车的人*通常愿意为方便的航站楼停车支付相对较高的每日费用。这一群体的需求对价格敏感，经济地段和日常服务的不同定价会显著影响航站楼停车的需求。
- *经济型停车*一般用于多日停留。虽然那些选择经济型停车的人可能只占停车总人数的 10%~20%，但这可能需要总停车供给量的 50%~70%（与二八定律相反）。机场所需的远程停车数量会受到机场外商业停车场的极大影响。
- *员工停车*一般在机场外提供，并提供班车服务。如果没有相对较高的每日停车费和非常严格的收入控制，不让员工使用航站楼停车场通常是很困难的。

一旦价格结构设定，就很难将划给一个群体的车位分配给另一个群体，而且价格通常由政府机构制订，因此很难通过改变价格来适应出行的季节性差异，从而影响不同设施的停车需求。更重要的是研究每个停车服务的停车需求，而不是设计日的总占用车位数量。此外，由于经济型停车设施一年中的高峰时间不同于航站楼停车场，这使有关设计日和有效供给缓冲的问题进一步复杂化。图 11-6 按降序展示了一个机场的经济型停车场一年内每天停放车辆累计情况的高峰小时。

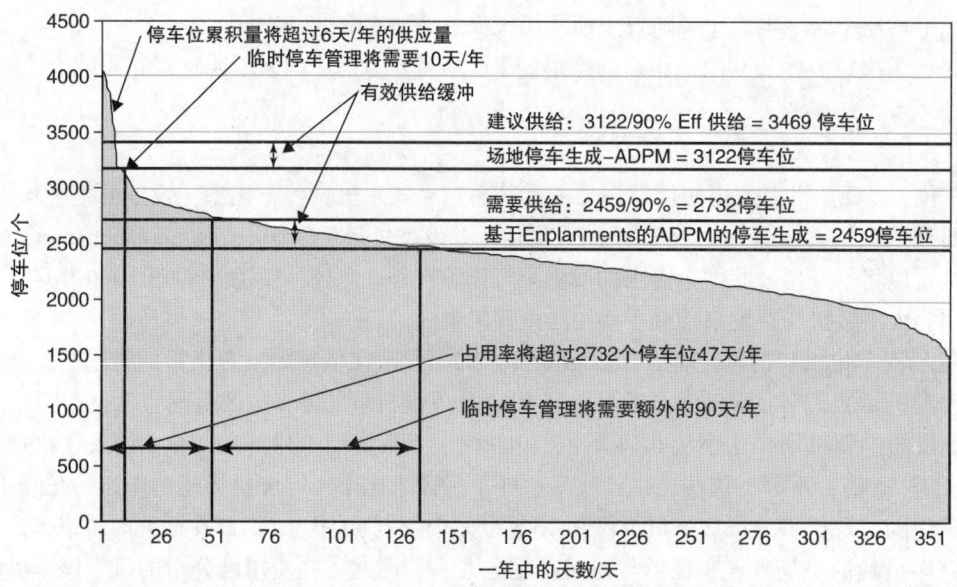

图 11-6 机场经济型停车场的设计日和有效供给考虑因素

来源：Courtesy of Walker Parking Consultants, Inc.

传统上，机场航站楼设施的设计日是登机量的高峰月日平均（Average Day Peak Month，ADPM）。通常情况下，这个月可能在夏季，商务出行处于通常水平，而休闲旅游处于高水平，而不是像休闲旅游高峰但商务出行较低的感恩节月。机场有效供给系数的通用标准是航站楼停车场的85%和经济型停车场的90%。

例如，如果一个经济地块的设计日是登机量的ADPM（航站楼设计的设计日），并且没有提供有效的供给调整，那么该地块每年产生的停车将多出47天的供应量，且很难找到车位，因此每年需要额外90天的特殊停车管理策略（图11-6）。根据机场过去的惯例，一些汽车将被允许进入并引导到可用的车位，而其他顾客将被引导到机场外停车。如果机场外停车报告已满，则顾客将获得优惠，以经济价格在航站楼停车场停车。由于经济型停车需求在一天中每小时的变化并不显著，这些策略在一年中的47+90=137天的大部分时间内都需要。在超过1/3的时间里，因寻找停车位而造成的延误将非常严重，这会使人们产生机场停车位短缺的错觉，进而可能引发地方政府来"解决停车问题"。

相反，如果使用该地块的ADPM占用率，并且假定该地块具有90%的有效供给系数，则需要特殊停车管理的小时数或天数将显著减少。如果该地块最繁忙月的平均高峰小时停车占用为3122个停车位，则该地块需要3122/0.9=3469个车位来满足设计日的需求。有了这一设计日，停车生成将仅有6天超过承载能力（都是在感恩节或圣诞节出行高峰期，届时出行的公众预计会出现停车不足）。

每年额外4天需要特殊停车管理策略。对于特殊机场，为经济型停车使用ADPM和90%的有效供给系数作为设计方法，相比为总登机量使用ADPM更可接受。对于航站楼停车，不同月份发生的每日和每小时停车ADPM和85%的有效供应系数也同样适用。

估计停车需求的另一个因素，特别是在大型机场，是使用公共交通进入机场的乘客和雇员的数量。图11-7展示了美国13个最大的以公共交通为导向的城市中，乘客前往机场方式的百分比或市场份额。可见，当进入机场的出行量有接近24%是通过轨道交通或公共汽车/商用车（例如

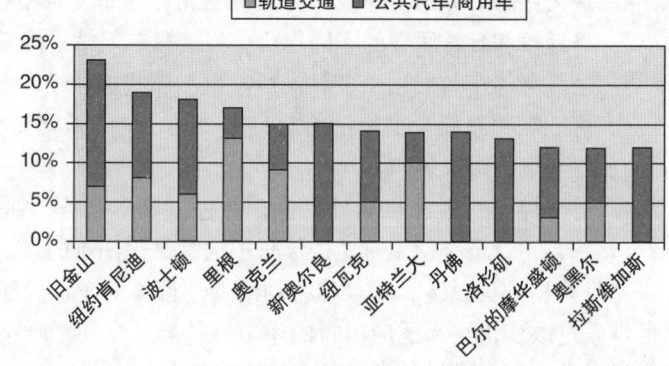

图 11-7 美国13个以公共交通为导向最明显的城市的机场轨道交通和公共汽车/商用车市场占有率

来源：Coogan et al., 2008, Reproduced with permission of the Transportation Research Board.

旧金山）时，必须像前文所说的那样非常小心地使用初始登机量来估计停车需求。

总而言之，设计日和有效供给系数的选择主要基于专业判断，即业主接受可能需要的特殊停车管理措施。在机场，定价、不同停车产品和机场外可用性的特殊组合使停车规划更加复杂。

11.7.2 多式联运停车

多式联运停车场和车库方便了用户从一辆乘用车转移到其他出行方式。停车换乘设施是这类终点站的主要形式。许多快速交通和通勤铁路运营商已经在车站开发了停车设施，以增加服务的便利性、吸引力和覆盖范围（扩大服务的关键限制通常是车站停车量有限，而不是与列车服务相关的限制）。

停车换乘设施有三种基本类型[改编自交通技术委员会（Technical Committee on Transport，2005）]：

- 当地的停车换乘场，作为收集点，例如快速公交设施、中央公共汽车站和现有区域公共交通线路沿线站点的停车设施。
- 偏远的停车换乘场，在起点附近拦截机动车交通，通常沿区域交通通道提供到 CBD 或活动中心的快速公交或轨道交通服务。
- 周边的停车换乘场，在活动中心的边缘，通常在距目的地 1.5 英里（2.4 公里）范围内。

停车换乘场是一个地区公共交通策略的重要组成部分，因为它们提供了从其他方式向公共交通转换的方式。2013 年，菲尼克斯都市区的交通机构 Valley Metro 对其停车换乘场的利用率进行了研究。这项研究得出以下结论（Valley Metro，2013）：

- 提供快速公交或直达公共汽车服务的停车换乘场和轻轨停车换乘场服务于不同的出行市场。
  - 公共汽车场主要服务于工作出行（占总出行量的 98%），而轻轨场则倾向于服务较少的工作出行（53%）和更多的大学或社区大学出行（39%）。
  - 轻轨场的停车利用率高于公共汽车场。
  - 轻轨场的停车利用率为 56%，而公共汽车场的利用率为 46%。
- 公共汽车、轻轨和共乘的停车换乘场的用户主要通过单独驾驶进入，其中，轻轨场和共乘场的用户单独驾驶的比率更高。
  - 调查发现，89% 共乘场、87% 轻轨场和 76% 公共汽车场的用户单独驾驶。
- 调查数据表明，轻轨场的停车数量与距菲尼克斯市中心的距离存在相关性。
  - 分析表明，在轻轨场设施内的停车数量与轻轨场到菲尼克斯市中心的距离几乎成 1∶1 的关系。
- 平均而言，前往轻轨停车换乘场的用户比前往快速公交和直达公共汽车场及共乘场的用户距离更远。
  - 对于轻轨场用户，出行起点与停车换乘场之间的平均距离为 5.1 英里（8.2 公里），而共乘场和公共汽车场仅为 4.2 英里（6.8 公里）和 3.9 英里（6.3 公里）。
  - 高速公路 1.5 英里（2.4 公里）范围内的停车换乘场设施比远处的设施利用率更高，这通常会导致高速公路附近地段的出行市场更大。
  - 1.5 英里（2.4 公里）范围内的停车换乘场的平均利用率为 53%，而距离较远的停车换乘场平均利用率仅为 28%。
  - 用户开车到 1.5 英里（2.4 公里）范围内停车换乘场的距离（7 公里）比开车到离高速公路更远停车换乘场的距离（5 公里）远。
- 离家近是用户选择一个停车换乘场的主要原因，而服务于场所设施的公共交通线路是第二个最常见的原因（调查对象可以选择尽可能多地使用停车换乘场的理由）。
  - 所有停车场站的用户回答中，有 75% 的表示离家近是一个主要原因。与轻轨场用户（59%）相比，公共汽车场用户（81%）更多地将此列为原因。
  - 所有停车场站的用户的回答中，有 43% 的表示主要原因是他们的公共交通线路服务于此。
- 对停车换乘场要求最多的改善是有顶停车场，其次是实时公共交通信息。
  - 调查对象最多可以选择两个最希望看到的改进。大约 25% 的受访者要求有顶停车场，21% 的受访者要求提供实时公共交通信息。
- 快速公交服务水平越高，停车场站停车数量越多。
  - 每天到达的快速公交出行次数（仅限基于多乘员车辆的快速服务）与在公共汽车停车换乘场的停车数量之间存在几乎直接的1∶1关系。
- 轻轨停车换乘场的用户去大学/社区大学的可能性是公共汽车场用户的20倍。
  - 社区大学/大学出行平均占轻轨停车换乘用户所有出行的39%。对于距离亚利桑那州立大学（Arizona State University，ASU）和盖特威社区社区大学最近的四个轻轨场，这种出行目的要高得多，占所有出行的43%~65%。相比之下，社区大学/大学出行占公共汽车场用户出行总量的不到2%。造成这种情况的原因可能是在亚利桑那州立大学校园停车需要支付一定费用。最接近ASU的两个场站的利用率分别为69%和92%，是轻轨场中利用率最高的两个。
- 邻近高速公路处明显可见的共乘停车换乘场的用户最多。
  - 邻近高速公路的有5~8个共乘车位（根据调查做出答复的45个车位中）定期使用的停车换乘场的共乘利用率最高。
  - 在调查的29个停车场站中，共乘仅使用了16个。共乘通勤者的有限利用率可能源于停车场站地理位置与出行起点不一致、对停车场站设施位置的了解少、停车场站设施的可见度低以及对使用停车场站设施的授权了解少。
- 共乘通勤者最常选择一个停车场站的常见原因是离家近，其他主要原因包括有顶停车场和靠近高速公路。结果表明，方便对他们是最高优先级。

停车需求通常表示为高峰月平均日每上车乘客的车位比率。快速公交站的每乘客车位数因车站所在地而不同。表11-13展示了可提供轨道交通或公共汽车服务的停车换乘场的特征。表11-14是对代表一系列出行市场的停车换乘站的用户的最近调查，展示了使用停车换乘场的人的特征。

表11-13 所选轨道交通站点的停车特征

地区	位置	每工作日登车乘客数	路外停车位数	可用停车位/登车乘客
佐治亚州亚特兰大	Avondale	9700	1180	0.12
	Eastlake	2800	610	0.22
	Hightowner	10300	1400	0.14
	Chamblee	8000	1520	0.19
	Brookhaven	4200	1700	0.40
	Lenox	10900	800	0.07
	Lindbergh	11100	1470	0.13
	Lakewood	4300	1900	0.44
	College Park	7700	2120	0.28
马萨诸塞州波士顿	Wollaston	2700	500	0.19
	North Quincy	2400	800	0.33
	Quincy Center	7500	930	0.12
	Commuter Rail-North（a）	11000	3360	0.31
	Commuter Rail-South（a）	3800	2640	0.69
伊利诺伊州芝加哥	Ashland	4750	264	0.06
	Cicero-Berwyn	2700	360	0.13
	Cumberland	5500	828	0.15
	Dempster	3200	594	0.19
	Des Plaines	4750	596	0.13
	Howard	9600	300	0.03
	Kimball	4100	180	0.04
	Linden	3500	456	0.13
	River Road	3900	747	0.19

（续）

地区	位置	每工作日登车乘客数	路外停车位数	可用停车位/登车乘客
俄亥俄州克利夫兰	West Side（5站）	20000	6400	0.32
	East Side（5站）	10000	900	0.09
宾夕法尼亚州费城	Bucks 县（a）	4000	1800	0.45
	Chester 县（a）	3900	1100	0.28
	Delware 县（a）	15500	2200	0.14
	Montgomery 县（a）	19500	4300	0.22
	Lindenwold（新泽西）	20000	9000	0.45
加利福尼亚州旧金山	Concord 线（6站）	20360	6555	0.32
	Richmond 线（5站）	9130	3381	0.37
	Alameda 线（8站）	27100	7562	0.28
	Oakland 线（3站）	7300	1087	0.15
	Daly City	8860	1877	0.21
安大略省多伦多	Islington	23500	1300	0.06
	Warden	24600	1500	0.06

来源：*Transportation Planning Handbook, 2nd Edition*. Edwards, J. (ed.). Washington, DC, USA: Institute of Transportation Engineers, 1999.

表 11-14 停车和骑行用户的出行特征

	佐治亚州盖恩斯维尔	弗吉尼亚州 Hampton Roads	缅因州	菲尼克斯 Valley Metro	加利福尼亚州 San Louis Obispo
年份	2012	2014	2014	2013	2013
特征	乡村，远郊，公路	城市，公共交通	乡村，收费公路导向	城市，公共交通	小城市，公路
总停车位数	—	2162	2303	28860	518
出行大于4英里比例	—	66%	100%	35%	39%
一周使用地块5天比例	53%	64%	68%	67%	55%
进入方式：					
- 机动车	100%	—	100%	79%	85%
- 机动车（停车即走）	—	—	—	11%	10%
- 共乘/共享	—	—	—	5%	—
- 公共交通	—	—	—	2%	—
- 自行车	—	—	—	2%	—
- 步行	—	—	—	1%	5%
出行目的					
- 工作/办公	100%	99%	93%	87%	100%
- 大学	—	—	—	11%	—
- 初高中	—	—	—	1%	—
- 购物	—	—	6%	—	—
- 休闲/消遣	—	—	2%	—	—
- 就医	—	—	—	—	—
- 其他	—	1%	2%	2%	—

来源：Gainesville-Hall MPO. 2012; Jackson, C. 2014; Maine Department of Transportation. 2014; San Luis Obispo Council of Governments, 2013; Valley Metro, 2013

受每个车站服务的社区和市场区域的性质，以及停车场的可用性和现行政策影响，同一条公共交通线路上连续两站的乘客需求可能会有显著差异。一个城市在一个车站可以只为居民提供停车位，而在另一个车站可能允许所有用户停车，还有一些车站可能根本就没有停车位。由于停留时间和上下车特性的不同，为长途线路服务的火车站的停车需求与通勤火车站的有所不同。许多车站对长时间和短时间的停车需求均可满足。停车研究在分析中同时考虑这两种需求。关于停车场能力变化对停车需求的影响请参见（Turnbull et al.，2004）。

为估算停车需求，通常需要对目标车站与其他车站的竞争地位进行比较研究。在都市圈地区，这有时是通过区域出行需求模型来实现的。在该模型中，停车场的可用性和成本，以及为车站服务的公共交通的运营特征有助于定义交通网络。

11.7.3 住宅用途

居住停车需求受街区社会经济特征、发展密度以及公共交通和行人通道可用性影响。每一项都会影响家庭汽车拥有量的水平。因此，在低密度、富裕的近郊和远郊地区，住宅单元停车位需求最大。将停车费与单元的租赁/购买分开也会影响停车需求，在鼓励其他交通方式的社区或地区可能会强制收取停车费。

在过去50年里，住宅的停车需求增加了。1960年，美国21%的家庭没有汽车，而2009年的全国家庭出行调查发现，只有8.6%的家庭没有汽车（FHWA，2013）。此外，无车家庭的很大一部分是独居老年妇女、少数族裔家庭、高密度街区家庭和低收入家庭。新移民也不太可能有汽车。从地理位置上看，大多数没有汽车的家庭（59%）是中心城市的租住者。纽约都市圈的零汽车家庭占比为20%。

私有单元（独户住宅和公寓）所需的停车位数量通常高于出租单元。在2001年的全国个人交通调查中，只有3%的自有住宅家庭没有汽车，而租住住宅家庭的这一比例为17.6%。

许多专业人士认为，多户型住宅单位的建议停车需求比率应以该单位的卧室数量为基础计算。然而，既有文献中很少有数据可用于制订建议比率。因此，虽然（Smith，2005）仅根据住宅单元的数量提供比率，但停车咨询委员会（Parking Consultants Council，2007）要根据公寓的卧室数量和单户住宅的单位面积提供建议值，同时根据租户的社会经济特征和附近的公共交通可用性进行调整。鉴于各城市按人口普查区提供的每户汽车拥有量数据的可用性，当地分区规划条例的比率一般应以房屋拥有量的本地特征为基础。

附属单元是一种在新城市开发中越来越受欢迎的住宅设计形式，对此，ITE的停车生成中有许多不同住宅的源数据。此外，还对卧室（包括从提供住宿和膳食的私人住宅到其他家庭集体生活的布置方式）提出了建议。

辅助生活或集体看护设施包括提供集中的便利设施（例如就餐、家务和交通）的多户或单户住宅单元。居民生活相对独立，没有持续的监督和看护。这些设施填补了独立生活和疗养院护理之间的空缺，ITE在土地使用规范200系列的住宅用途中对其进行了定义，没有将其纳入600系列中的疗养院和其他机构护理设施。虽然ITE的停车生成数据库中只有33项研究，但观察到的停车比率在统计上是可靠的。每个住宅单元的建议最小比率为0.34个车位。

11.7.4 酒店

市场上的酒店从低成本、无装饰的汽车旅馆到最大的会展酒店，种类繁多，因此决定酒店的停车需求非常复杂。然而，可以证明酒店停车需求与特定酒店组成部分的用途需求直接相关。因此，停车需求可以通过对酒店及其特定组成部分的共享停车分析来确定。ITE的停车生成将酒店分为多个类别（酒店、商务酒店、度假酒店和汽车旅馆），这表明有足够的数据可以根据商务酒店和汽车旅馆（这两类酒店都只有有限的会议和宴会设施且可能没有餐厅）的床位来估算可靠的停车率。全方位服务酒店的停车生成率变化较大。度假酒店的停车生成率明显较高。事实上，平均比率为每个房间1.3个车位，受入住/退房时间影响，高峰需求出现在下午2时到3时之间。这比其他类型酒店白天的需求要高得多。这可能有很多原因，其中最重要的一点是，度假胜地的游客更可能停留多日而不会在清晨结账。度假酒店的客人经常在结账后存放行李，继续享受度假的乐趣，同时，其他人可能在入住前到达，而且也可能会存放行李。

全方位服务酒店的停车生成也一直高于商务酒店（无餐厅和会议/宴会空间）。因此，建议对客房、餐厅（和/或休息室）、员工室和会议厅（或会议室）的数量使用单独的比率进行共享停车分析。这是调整酒店产品差异的一个更容易的方法，而不是试图为每种酒店类型定义单独的比率。在ULI的《共享停车》（Smith，2005）中，还为休闲和商务酒店的客人提供了不同的车位比例，并随时间和季节调整。

酒店内餐厅的停车率明显低于独立餐厅，只有在预计餐厅不会吸引大量非酒店客人时才应使用。越来越多的经济型和商务型酒店（按ITE分类）在场所中设有品牌特许餐厅，为客人和周边地区提供服务。

对早期参考文献中配建指数的修改建议如下：建议根据客房/会客空间的面积不同，提供不同比例的停车位数量。能够为每间客房提供的平均停车面积小于20英尺^2（1.8米^2）（或会客空间小于215米^2），无须为会客空间提供额外停车空间。除此之外，应为客房平均停车面积在 20~50 英尺^2 之间（1.8~4.6 米^2）（或 215~540 米^2 的会客空间）以及客房平均停车面积超过 50 英尺^2（4.6 米^2）（或会客空间超过 540 米^2）的情况分别提供不同比例的车位。

11.7.5 休闲和娱乐用途

对于现场表演类剧院，ITE 的停车生成数据来自于对田纳西州乡村度假区的四家剧院的深入研究。对剧院场馆的出席人数和共享停车的安排进行的额外分析得出，现场表演艺术场馆的建议比例为每个座位 0.40 个车位。现场表演剧院通常是单一的礼堂。如果是多剧院综合楼，则停车比例应根据可能同时使用的情况进行调整。

提供数千个座位的多屏幕电影院综合体在 20 世纪 90 年代是一个重要的发展趋势，它的停车需求超出了可用的规划文献（所能提供的建议值）。影院规模的不断扩大和设计实践的改变，例如体育场座位、品牌快餐等，使得以座位为基础的比率最为合适。每个屏幕的停车位数是另一种时有使用的比率，但每个屏幕的座位数差别很大。多屏幕电影院通常在同一个建筑综合体中有大小不等的观众席。在座位数量不可用的情况下，将总建筑面积转换为座位数的一个好的经验是每个座位占 20 英尺^2（1.86 米^2）。

每两个座位一个车位的高峰停车需求适用于单屏幕影院，每 3 个座位一个车位适用于最多 5 个屏幕的影院。这一比率可以随屏幕数量的增加而降低。如今，《共享停车》建议 10 个银幕以上的影院，每个座位的车位比例为 0.29 个。

《停车生成》没有关于室内和室外体育场馆的数据。体育场馆的停车需求通常是通过以一个繁忙的常规赛作为设计活动来计算的。对本地公共交通服务和包车服务进行了适当的调整，然后按预期汽车占用率区分个人车辆。这些设施的到达方式和车辆占用情况因事件类型而异。选定设计日后，《共享停车》建议足球场每个座位提供 0.31 个车位，棒球场每个座位提供 0.35 个车位，室内运动场每个座位提供 0.33 个车位。

对停车研究来说，赌场（ITE 土地使用编码 473）是一个相对较新的事物。《停车生成》没有相关的停车生成比率。大多数赌场都与酒店、零售和其他土地使用类型混合开发和使用也使这一问题进一步复杂化。虽然陆上赌场的周转率相对较低（高峰时段周转车位为 30% 或更少），但可为类似的现有赌场确定许可占用停车位的比率并加以应用。但游船赌场不一样，在前一波赌徒离开之前，游船上可能会有（也可能没有）大量新一波赌徒已经到达。这一重叠程度明显受登船/离船程序和在港时间的影响。其他因素包括预计乘坐包车到达的用户百分比，以及附近是否有其他景点。

11.7.6 教育机构

小学和城市中学的停车生成数据差异很大，而郊区中学则相对一致。停车顾问委员会对小学的建议是每个体育馆或体育场座位的较高值为 0.2 个车位，或每名学生 0.25 个车位。对中学的建议是每个体育馆或体育场座位的较高值为 0.3 个车位，或每名学生 0.3 个车位。停车生成表明，传统的衡量单位是第 85 百分位数的停车需求为每学校人口 0.25~0.34 个车位。每登记车辆的车位是另一种衡量方式，范围是每登记车辆 0.6~0.7 个车位。

同样，Dorsett（1993）回顾了各种停车研究的数据，并使用回归分析来确定学生/员工总人数与停车需求之间存在的密切关系。他发现，一条回归线可以预测实际占用的停车位数量，22 次中有 13 次出现误差率为 20% 的误差，剩下 9 次超出了 20% 的误差范围。Dorsett 指出，城市和校园公共交通服务、学生与员工的比率、停车政策、课程时间表以及附近街区的路边停车都会影响需求。

考虑到诸多不同因素会综合影响大学停车需求，在考虑新建停车设施时，应进行停车研究。

在停车生成中，日间托儿所（37 项研究）相对较大样本的数据提供了一个每名学生 0.24 个车位的平均比率，以及每名学生第 85 百分位数为 0.34 个车位。大型设施的停车需求应相对减少。虽然基于员工而非学生的比率显示出稍好的统计可靠性（以员工为基础的变异系数为 32%，而学生的为 39%），但设施通常是为特定数量的学生授权的，因此基于学生的比率可能是最合适的。停车顾问委员会建议每名注册学生提供 0.3 个车位。停车生成数据表明，教堂和其他礼拜场所的停车生成比率为每个座位 0.4 个车位。

11.7.7 医疗机构

Whitlock（1982）的结论是，医院基于床位数量的单一停车生成率是不合适的。他建议，在进行此类分析时应考虑4个变量：典型的每日员工人数、典型的每日访客人数、员工驾车的百分比和访客驾车的百分比。自这项研究启动以来，医疗保健服务的提供方式发生了一场"革命"，病人从住院转向了门诊护理，因此单一的每张病床的车位比例更加不可靠。

Dorsett（1995）建议研究4个用户组：员工、医生、访客和患者，并确定每个用户组在医院的时间和数量，以及每个用户组的出行模式比例。这项研究还得出结论，只使用一个比率是不合适的。

许多医院都有多处停车场，每个停车场都为特定的使用者保留。因此，从用户特征的角度来看待需求是很重要的，因为每个用户组的高峰小时需求不同。通常，门诊停车场的停车需求要在上午10时设计，员工停车场则要在下午3时的换班时间设计。由于场地的特殊需求特征，预测医院停车需求的最可靠方法是进行详细的停车研究。

《停车生成》还发现，医疗诊所的停车数据的可靠性很高（这些诊所被定义为医疗和牙科办公室设施）。建议使用4.27车位/千平方英尺（5.1车位/100米^2）的比率。请注意，该比率与医疗和牙科办公楼的比率没有显著差异。因此，在将门诊设施视作医疗办公楼的一部分的情况下，可将两者视为互补用途，无须调整医疗办公楼的基础比率。

11.7.8 会议中心

会议设施的停车需求差异很大，因为会发生不同类型的活动。这些设施的建设是为了吸引地区性的（如果不是国家的）游客。同时拥有展览和会议空间的会议中心和以展览厅为主的展览馆之间也存在差异。与大多数代表乘坐出租车、从机场或火车站往返或从附近酒店步行到达的大型全国性活动相比，许多人当天驾车前往的地区性活动的停车需求要大得多。某些类型的会议也可能有更高的停车需求，例如宗教团体和特许经营或分销网络会议。然而，会议中心的停车需求高峰几乎总是发生在公共展览预定在会议活动通常较少的时段中。这些活动包括吸引许多当地居民的游艇展和房屋展，其中大多数人会驾车，因此有停车需求。

早上是到达高峰、下午是离开高峰的全国会议的周转率相对较低（每天1.5~2名停车者）。游艇展的周转率较高（每天3~5名停车者）且全天都会有人进进出出。

本质而言，会议中心往往位于大型活动中心并配有便利的酒店。因此，会议中心的专用停车场可设计为满足一个温和的、周中举行的全国会议的需求，周末公共展览的更大需求由附近的其他停车服务机构提供。当安排大型展会时，中心管理层和展会组织者应制订一个停车和交通管理规划方案，以鼓励通过其他可选出行方式前往中心。对共享停车的停车研究和活动日历进行分析后，建议大型会议中心使用6.0个车位/千平方英尺（6.5个车位/100米^2）。为了更好地实现酒店会议空间的共享停车比率的转变，停车顾问委员会对面积从不足25000英尺^2（2325米^2）到超过250000英尺^2（23225米^2）的会议空间的车位数进行了比例调整（请注意，根据定义，可出租总面积不包括这些设施的公共区域，例如门厅空间）。

11.7.9 办公空间

办公空间因员工密度、设施位置和办公活动类型而显著变化。多租户、原本是A级办公空间的普通办公楼（但与较新的市场实体相比，更老、更过时），其员工密度可能比法律和金融公司占用的较新的A类豪华建筑更高。这表明，随着建筑的老化且无持续再投资，员工密度往往会随时间而增加。公司总部作为单一承租人的建筑，其密度通常低于相同规模的多租户建筑。然而，仅由后台运营公司（例如数据处理和电话营销）占用的建筑的密度明显更高。

1992年，一项对南加州10栋办公楼的研究发现，雇用密度在2~8.2名员工/千平方英尺（2.2~8.8名员工/100米^2）（Willson, 1992）。在2.7~3.2名员工/千平方英尺（2.9~3.2名员工/100米^2）密度范围内的建筑的高峰停车累积量为2~2.2车位/千平方英尺（2.2~2.4个车位/100米^2）。其他结果有相当大的差异。有2名员工/千平方英尺（2.2名员工/100米^2）的建筑的高峰需求为1.8个车位/千平方英尺（1.9个车位/100米^2），而有5名员工/千平方英尺（5.4名员工/100米^2）的需求为1.4个车位/千平方英尺（1.5个车位/100米^2）。总雇员数较高的办公室的员工到场人数和停车需求明显较低，这显然是轮班造成的。

访客的出现使分析更加复杂。在任何给定的时间，医疗办公楼的每名员工都可能有一名以上的访客。典型的办公楼在停车需求的典型高峰时间（早上晚些时候），每100名到场员工中只有5~7名访客，而后台运营公司的访客停车位可以忽略不计。消费者服务提供商（保险和职业介绍所、房地产办事处和零售银行分行）有相似的雇员密度，但访客需求量不同于一般办公室和医疗办公室。《停车生成》中的医疗办公室数据范围为3.95~5.65辆/千平方英尺，其中第85百分位值为4.27辆/千平方英尺，第33百分位值为2.68辆/千平方英尺，平均值为3.20辆/千平方英尺。

医疗办公室停车也可能因地点而异。位于医院内的车位更有可能租给医生，例如外科医生，他们必须长时间待在医院，且办公时间比在街区医疗机构执业的医生更受限制。

建议将办公比率细分为不同的类别。ITE将《停车生成》的数据分为五类：（普通）办公楼、医疗和牙科办公室、政府办公楼、邮政和司法大楼。《共享停车》建议将停车比率分成普通办公室（有三个规模范围）、医疗办公室、数据处理办公室和银行分行。停车顾问委员会采用了相同的比率，并建议对所有消费者服务办公室（例如保险和房地产办事处）使用银行比率。

本章不提供政府/邮政/司法办公室的比率。按办公室类型进行的共享停车分析适用于这些土地使用类型。公众前往接受服务的区域可被视为消费者办公室。通常仅由员工使用的区域被视为一般办公室。会议和集会空间将根据设计出席率和时间因素进行评估。

许多办公开发商认为办公楼的停车需求正在增加。建筑业主和经理协会收集的数据表明，自1995年以来，办公场所的雇员密度在经历了长期的下降之后略有增加，但密度仍远低于1985年。此外，这些比率基于总建筑面积（主要是因为ITE在停车和交通生成报告中使用总建筑面积），而办公开发社区中的许多人则认为应使用可出租总面积或可出租使用面积。如果可出租使用面积为总建筑面积的80%，则小型办公楼的3.8车位/千平方英尺的比率相当于4.75车位/千平方英尺可出租使用面积，超过50万英尺^2（46452米^2）的建筑的2.8车位/千平方英尺的比率相当于3.5车位/千平方英尺可出租使用面积。

11.7.10 零售空间

如前所述，购物中心是唯一一个广泛接受过有关设计小时内停车累积量研究的土地使用类型。《购物中心停车要求》由城市土地研究所于1982年首次发布，并于1999年更新。目前建议的停车比率从针对较小中心的4个车位/千平方英尺（4.3个车位/100米^2）可出租总面积，到针对较大中心的4.5个车位/千平方英尺（4.8个车位/100米^2）可出租总面积。《共享停车》包含关于一天中的时间和购物中心需求的季节性变化的额外建议。

《购物中心停车要求》研究了有限数量的娱乐用途（美食广场、电影院和餐厅用途）对购物中心停车需求的影响，并建议，当餐饮和娱乐占可出租总面积的10%~20%时，应提高上述比率；当这些用途占可出租总面积的20%以上时，应进行共享停车分析。《共享停车》进一步研究了这一问题并得出结论，当娱乐用途超过可出租总面积的10%时，使用共享停车分析可能更可靠，因为餐饮和娱乐的具体组合会显著影响停车需求。表11-15总结了理想的购物中心停车比率。

表11-15 购物中心停车比率	
非零售用途的出租面积不超过可出租总面积的10%	建议空间/100米^{2}可出租总面积（/千平方英尺）
小于43000米^2（400千平方英尺）	4.3/100米^2（4/千平方英尺）
43000~64600米^2（400~600千平方英尺）	规模
大于64600米^2（600千平方英尺）可出租总面积	4.8/100米^2（4.5/千平方英尺）
其他用途超过10%可出租总面积	共享停车分析

来源：Smith，2005

由于零售业并非只在购物中心出现，《对于停车的建议分区规划条例》为零售业的某些额外类型的开发提供了建议停车比率，同时建议将这些比率用于独立建筑，或因开发区中的建筑在空间上被分割而阻碍停车共享时。

事实上,《共享停车》发现,当会议/街区中心提供更密集的零售用途(例如杂货店)且某些用途(例如干洗店或录像店)不太密集时,总体停车比率平均值可通过建议的购物中心比率进行合理建模。

11.7.11 餐饮企业

自20世纪90年代初以来,餐馆已成为商业开发中的重要用途,以及改变美国家庭的主要驱动力之一。1967年,一个家庭的食物总价值中只有29%是在外消费的,而到了2010年,这个数字上升到46%(Thompson,2013)。

《停车生成》不包括这一类别中大多数数据集的回归方程,部分原因是用途规模没有太大变化。家庭餐馆是最大的样本之一,其规模范围仅为2000~10000英尺^2(186~930米^2),数据点相当分散。

《停车生成》对餐厅采取了以下分类方式。就餐者群体的停车需求高度相似。考虑到停车规划可能早在特定餐厅租户布置座位区之前就开始了,停车需求比率最合适的单位是餐厅单位面积对应的车位。

休闲餐厅和高档餐厅包括两种类型的餐厅。一种是采用顶级的白色桌布或供应价格相对较高的食品和饮料的美食餐厅。其中有些只供应晚餐,许多都没有一个明显的酒吧区。然而,地处混合用途开发区中的一些餐厅可能会提供午餐。休闲餐厅通过价格更适中的餐饮服务和广泛的酒精饮料服务,填补了家庭餐厅与高档餐厅之间的空白。这些餐厅中很多都是主题鲜明的,遵循硬石餐厅(Hard Rock Cafe)的经营模式,将娱乐融入用餐体验中。因为他们通常不接受预订,所以在繁忙的时候,可能会排很长的队,且会有很多活动。虽然有人建议将这两个类别分开,但对《停车生成》数据库的分析发现,相应的两个就餐群体之间的停车比率在统计上并没有显著差异。因此,休闲餐厅和高档餐厅(提供全套酒水服务)的建议基准比率为20个车位/英尺^2(22个车位/100米^2)总建筑面积。

家庭餐厅通常提供早餐、午餐和晚餐,而且通常没有酒吧区。仅在餐桌上提供酒精饮料。由于很少或没有等候区且没有酒吧区,建议停车比率为15个车位/千平方英尺(16个车位/100米^2)。

快餐店一般都有点单柜台和自助座位区。这种类型的餐馆通常提供不下车取餐服务。不幸的是,《停车生成》将快餐店细分为多个类别,削弱了其分析的整体可靠性。《共享停车》的更新团队对综合信息的审查确定,15个车位/千平方英尺(16个车位/100米^2)可出租总面积也是快餐用途的建议停车率。然而,快餐店的高峰停车需求在工作日而不是周末,因此需要与家庭餐厅分开进行共享停车分析。

11.8 共享停车方法论

共享停车有两个基本要素:①有些人的访问地点位于主要目的地的一般区域(例如大型办公楼中的餐厅);②一个地点的某些活动的高峰时间与其他活动不同。后者的一个实例是位于大型购物中心的娱乐综合体,它们的高峰需求通常发生在晚上和周末。

共享停车分析由城市土地机构(Urban Land Institute,ULI)制订,调查了与时间、星期、季节、混合用途开发的相互作用相关的停车特性,以确定车辆的高峰积累。每个组成部分的停车需求可能在一周中的不同日期或一天中的不同小时达到峰值(Smith,2005)。因此,通常需要的停车位比每个组成部分独立开发所需的更少。这方面的一个实例是主要在晚上营业的餐厅的停车需求,可以使用附近员工已经在白天离开的办公楼的停车位。

《共享停车》(Smith,2005)的土地使用数量是早期版本的4倍,更重要的是更新了几乎所有停车比率、时间和季节调整的建议默认值。方法上的一个重大变化是将停车比率分为访客/顾客、员工和住户三类,这有助于分析垄断市场和模式调整,以及停车管理规划,也对共享停车规划的成功至关重要。图11-8所示为相应的流程图。

图11-9展示了在共享停车情况下,一些更常见用途的停车需求按时间划分的典型变化。这些变化在工作日或周末不同。图11-10展示了按月划分的典型变化。请注意,这些图表综合了员工和顾客在共享停车场停车的独立因素,并代表了这些土地使用情况下停车需求的总体变化。以下各节简要讨论共享停车分析中的关键假设。

垄断市场

垄断市场一词最初来自市场研究者,用于描述那些已紧邻开发项目、因此很可能是新用途的投资者。在共享停车分析中,它用于反映因不同土地使用类型之间相互作用而对停车需求进行的调整。垄断市场效应不仅产

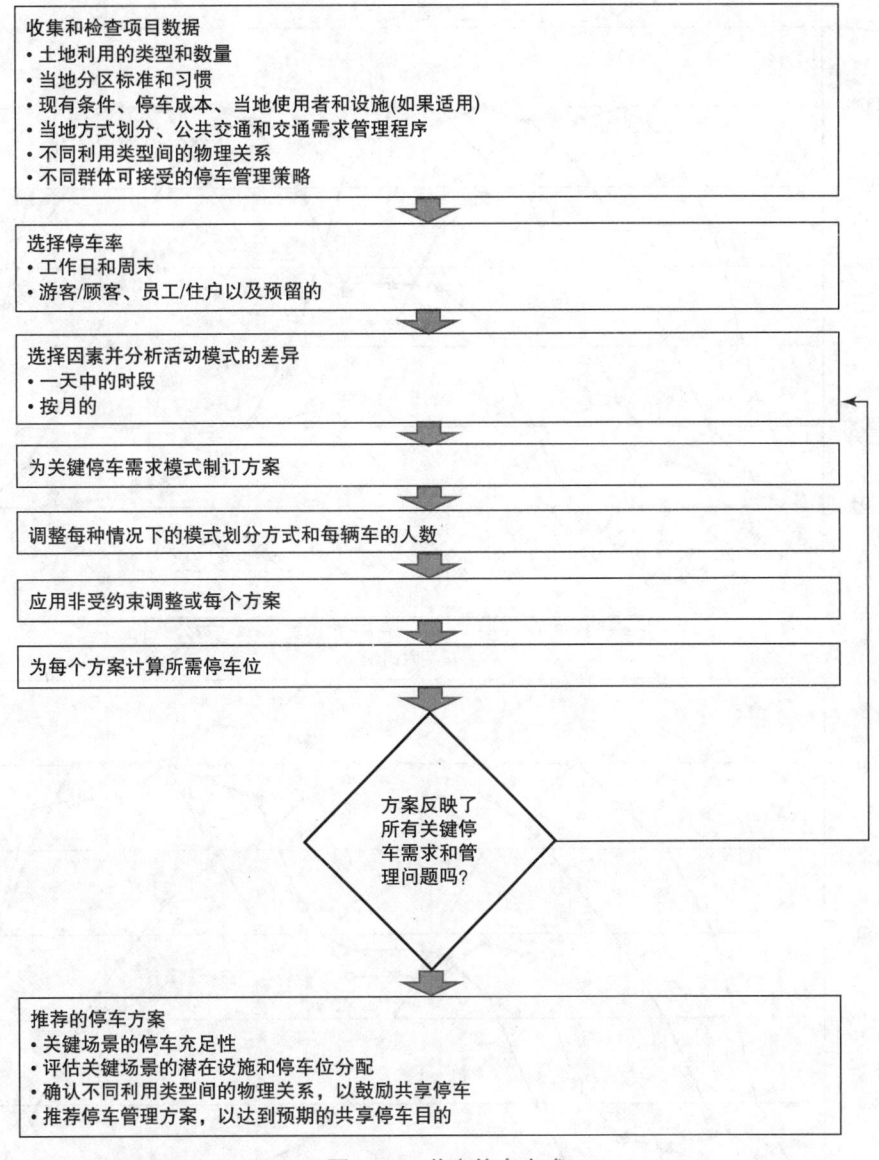

图 11-8 共享停车方式

来源：Smith, 2005

生于现场开发，也来自于附近的用途，例如办公楼。在停车分析中，规划者使用未计入停车的用户百分比作为互补因子（即非垄断比率）。一般来说，分析者认为车辆是由主要出行目的（或目的地）的土地使用产生的。

1. 协同开发与多目的出行

某些类型的开发在使用中实现了比其他类型的开发更好的相互作用。当这种协同效应存在时，一个成功的项目可能会比单独建设的项目有更低的停车需求，并且可能会有比预期更多的顾客。例如，一家餐馆中午的顾客可能比其他地方多，因为它位于一个大型就业中心步行即可到达的地方。换言之，它每天可能有更多的顾客，却有比独立开发更低的中午停车需求。同样，在购物中心的美食街就餐的人中，零售业员工是一个重要组成部分。

如今的城镇中心有着重要的餐饮和娱乐用途，这不仅取决于一次出行访问多个目的地的可能性，还取决于同时访问多个目的地的可能性。一个到访城镇中心的家庭可能会因为孩子们去电影院，父母一方去购物，另一方去书店而分开。停留时间变长，规划者必须在停车分析中考虑连续访问（增加停车需求而不产生车辆出行）以及同时访问（不会产生额外停车车辆或出行）的影响。

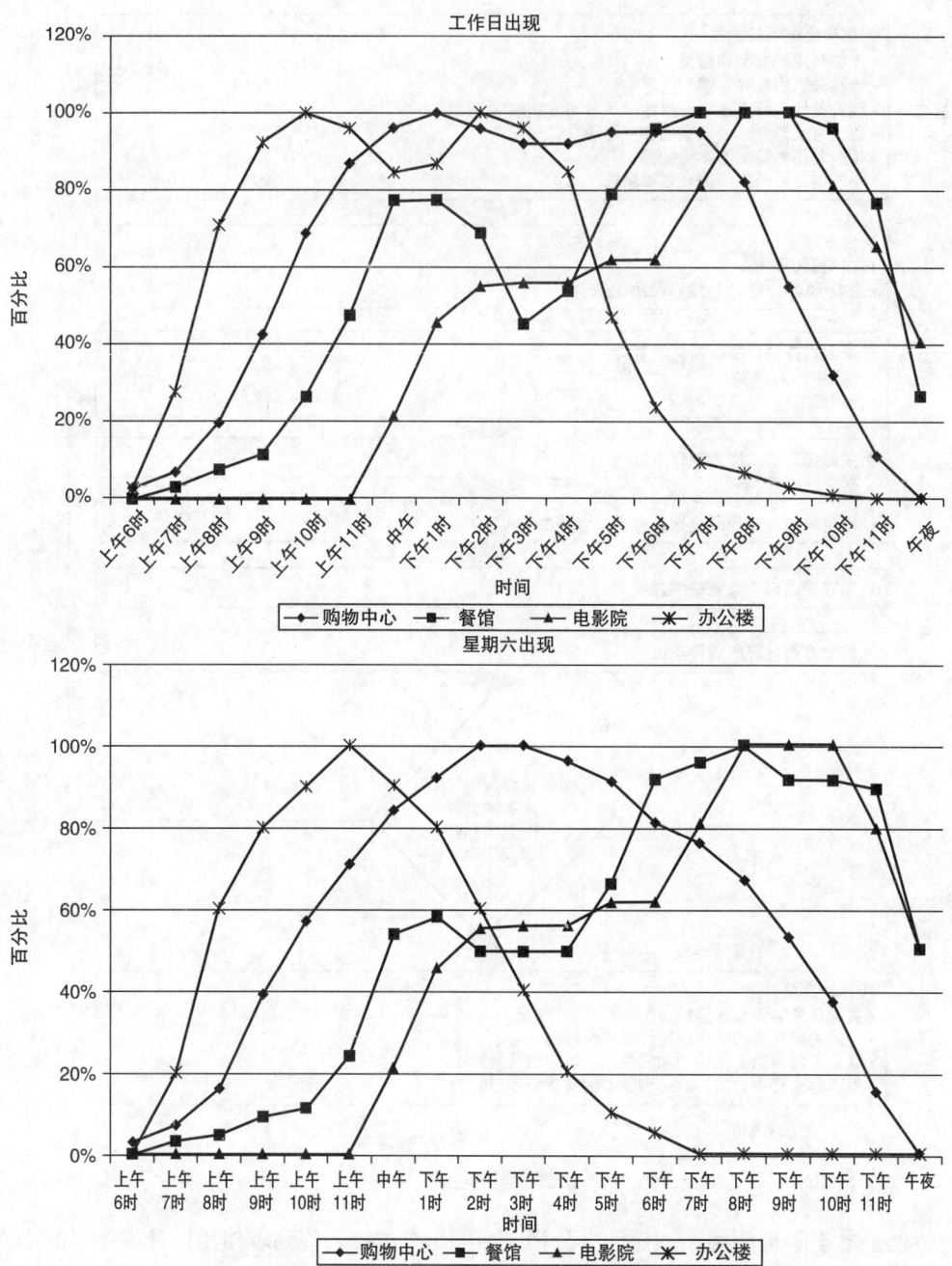

图 11-9　每日、工作日及星期六停车需求的变化

来源：Adapted from Smith, 2005

CBD 是成功共享停车的最佳范例之一。CBD 通常是一个区域内就业和商业活动最集中的地区。针对 CBD（及外围的商业区）的停车位供给、需求研究已经进行了许多年。在大城市市区停车的主要目的（相对重要的）是工作、商务和购物。由于停留时间（停车时间）因出行目的而不同，在停车需求高峰期，每 4 次上班通勤会导致 3 辆车停放，而 4 次非工作停车在高峰占用时通常只需要 1 个车位。高峰占用（累积）发生在上午 11 时到下午 3 时之间；大约 3/4 的累积代表为工作目的而停车的驾车者。

CBD 停车需求的估算越来越多地来源于基于土地使用的方法，以避免产生对停车者开展详细访谈的成本。有效停车供给由分析区域确定。假设停车者的高峰累积量约为市区每小时的停车需求量。然后，根据各分区在市区就业和其他活动中所占的比重，将这些需求分配到各个分区。

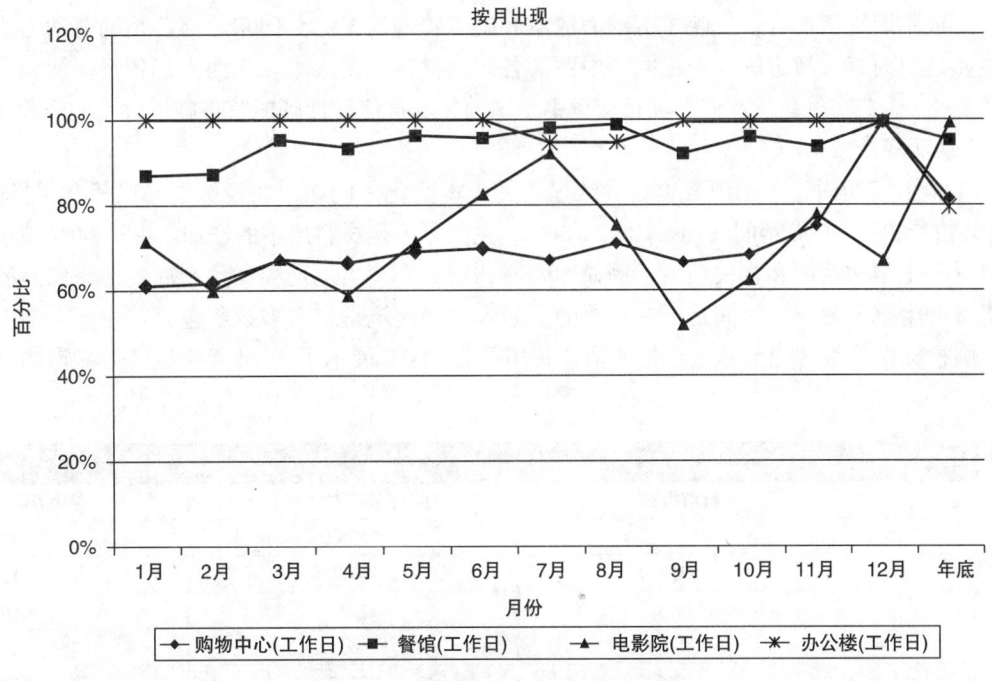

图 11-10 按月划分的停车需求变化

来源：Smith, 2005

CBD 相比大都市圈的其他地方，更易选择其他出行模式。因此，CBD 的总体停车需求率为 1.4～3.3 个车位/千平方英尺（1.5～3.5 个车位/100 米²），其中 1.9～2.3 个车位/千平方英尺（2.0～2.5 个车位/100 米²）是最常见的。

2. 模式调整

用一个假设几乎 100% 的到达都是汽车的模式因子来调整基本比率。交通工程专业所使用的交通模式划分是以人为基础的。停车比率要求将交通模式划分转换为以车辆为基础。这是通过估算模式划分，然后除以每辆车的平均人数来实现的。有些人称之为驾驶比率，因为它代表了对驶往现场车辆数量的调整。在确定特定地点的交通方式划分时，主要考虑的是当地公共交通的可用性和停车的价格。将停车比率分为员工和顾客两个部分可以更准确地预测停车需求，尤其是根据美国人口普查提供的当地交通方式划分的数据和每辆车的通勤者人数。

11.9 停车费用

停车费用直接影响开发商、土地所有者和汽车使用者，并影响一个停车场的财务可行性。希望鼓励替代出行模式的团体认为，应该向使用者收取使用停车位的实际成本，以便使用者在各种模式选择之间进行公平比较。在其他情况下，机构和社区在考虑建造服务其用户的立体停车场的成本时，面临着巨大的"价格震惊"。因此，了解停车成本对有效利用停车资源非常重要，这可能会减少或消除对新停车位的需求。

停车设施成本有两个不同的组成部分：资产成本（或拥有成本，包括建设和融资）和运营成本。下面讨论的解释性的资产和运营成本有助于比较不同的选择，并了解停车成本的数量级。它们应被视为"短时快照"，因为在通货膨胀的压力下，成本会随时间变化。

11.9.1 资本成本

资本成本包括与建设一个项目相关的所有成本，包括土地征用、整地、施工、软成本和融资。施工成本是支付给建造停车设施的承包商的总额，包括拆除和整地以及所谓的软成本：首先是设计费和可回收费，施工期间的勘测、岩土工程试验和材料试验费用；其次是标准设计合同未涵盖的其他服务，例如将全职现场代表和可行性研究也纳入项目成本估算；最后是施工合同的管理成本以及融资成本。

停车场施工成本因地区而异，反映了劳动力成本和施工管理情况。美国东北部各州的劳动力成本高于东南部各州，这主要是因为工会规定的工资不同。中西部各州的材料耐久成本高于西南部各州。加利福尼亚州和佛罗里达州通过设计/建造交付系统在停车项目交付中全国领先。这使设计师能够将施工效率的经验应用于传统设计/投标项目，从而降低成本。

即使在一个施工工期内，市场因素也会导致显著的成本变化。例如，在经历了一段相对缓慢的增长之后，停车场建设成本在 2003—2006 年间增加了 20%~30%，主要原因是材料成本的增加。由于 60% 或更高的停车场结构成本来自混凝土结构系统和相关项目，例如伸缩缝和密封件，当地现浇和预制混凝土承包商的能力和工作量将对设施成本产生重大影响。时间是至关重要的，如果一个建筑是在大多数承包商在相应工期内都已预订工作后投标的，则投标报价很可能会超过正常的估计费用。表 11-16 展示了 2014 年美国部分城市的立体停车场建造成本中位数。

表 11-16　2014 年立体停车场建造成本中位数

	城市指数	费用/停车位/美元	费用/SF/美元
亚特兰大	87.5	15783	47.29
巴尔的摩	92.8	16739	50.15
波士顿	117.6	21212	63.56
夏洛特	80.8	14575	43.67
芝加哥	117.6	21212	63.56
克利夫兰	99.4	17930	53.72
丹佛	93.3	16829	50.42
达拉斯	85.2	15368	46.05
底特律	102.8	18543	55.56
休斯顿	86.6	15621	46.80
印第安纳波利斯	92.6	16703	50.05
堪萨斯城	103.8	18723	56.10
洛杉矶	107.3	19355	57.99
迈阿密	87.6	15801	47.34
明尼阿波利斯	109.0	19661	58.91
纳什维尔	87.5	15783	47.29
纽约	131.1	23648	70.85
费城	113.9	20545	61.56
菲尼克斯	88.7	16000	47.94
匹兹堡	102.3	18453	55.29
波特兰	99.1	17875	53.56
里士满	86.7	15639	46.86
圣路易斯	103.1	18597	55.72
圣地亚哥	104.1	18777	56.26
旧金山	122.5	22096	66.21
西雅图	103.5	18669	55.94
华盛顿特区	97.2	17533	52.53
全国平均	100	18038	54.05

来源：Cudney, 2014

停车场施工成本通常以每平方英尺（或平方米）的成本和每个车位的成本来表示，以便与行业标准和其他项目进行比较。每单位面积的成本提供了一个为实现更好的期限和竣工建筑质量而将基本要素和便利设施纳入设计的想法。

每个车位的成本反映了停车场设计的效率（每个车位的平方英尺计或平方米计停车面积）。在两个不同的项目中，相同水平的建筑耐久和工程系统可能导致类似的成本，例如每平方英尺35美元（每平方米375美元）。但如果其中一个的效率达到每车位300英尺^2（每车位27.7米^2），而不是每车位350英尺^2（每车位32.3米^2），那么效率更高的设计将花费每车位10500美元，比效率更低的每车位12250美元的成本低14%。表11-17比较了效率和每单位面积成本与每车位成本。每车位施工成本是最常使用的指数，因此所有表格都将其他成本与每个车位的施工成本联系起来。

表11-17　2012年旧金山湾区典型立体停车场成本（通过位置和设施类型区分）

设施类型	土地费用/美元			每停车位建设花费/美元				每停车位全部主要花费/美元	每停车位年O&M费用/美元	按年的全部每停车位花费/美元
	每英亩	每停车位	按年计算	硬	软	总计	按年计算			
郊区，地面，自由土地	0	0	0	5000	1250	6250	407	6250	300	707
郊区，地面	250000	2273	148	5000	1250	6250	407	8523	300	864
郊区，立体2层	250000	1136	74	20000	5000	25000	1626	26136	500	2200
城市地面	1000000	8333	542	5000	1500	6500	423	14833	400	1365
城市，立体3层	1000000	2778	181	20000	6000	26000	1691	28778	650	2522
城市，地下	1000000	0	0	35000	10500	45500	2960	45500	650	3610
CBD，地面	5000000	40000	2602	6000	2100	8100	527	48100	550	3679
CBD，立体4层	5000000	10000	651	30000	10500	10500	2635	50500	850	4135
CBD，地下	5000000	0	0	40000	14000	54000	3513	54000	850	4363

来源：Nelson Nygaard and Dyett and Bhatia, 2012

地面停车场是建造成本最低的停车场，而地下停车场的成本差异很大，因为地面以下的楼层数量和土壤条件会显著影响成本。图11-11所示的以年度计算为基础和表11-17都证明了这一点。正如两者所示，土地成本的重要性非常明显，这反映在地块的位置上。此外，停车库无论在地上还是地下，其成本结构都有显著差异。鉴于除纽约市外，旧金山湾区拥有美国最贵的土地，因此以上图表中展示的数据必须根据其他地区进行调整。

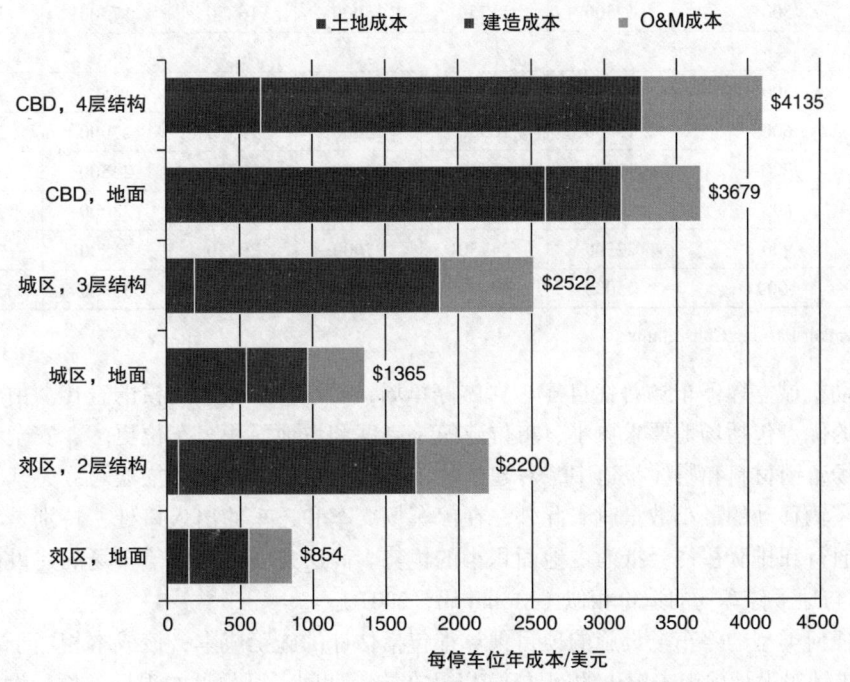

图11-11　2012年旧金山湾区土地和建设成本
来源：Nelson Nygaard and Dyett and Bhatia, 2012

停车场设计的效率差别很大（注意，任何混合用途区域，例如地面零售，都不应包括在效率计算中，以避免比较失真）。通过在停车区域循环，一个典型的地面或立体停车场可实现每车位 270～350 英尺^2（每车位 25～33 米^2）的效率。在 20 世纪 70 年代缩小汽车规模和随后开发的紧凑型停车位之前，几乎从未有过每车位 300 英尺^2（每车位 28 米^2）以下的效率。在许多地方，当今大多数设计的目标是每车位 300～325 英尺^2（每车位 28～30 米^2）的效率。超过 325 英尺^2 的效率通常反映出场地限制需要短排或单过道，应尽可能避免。短跨度车库（在停车位之间而不是在分隔间有立柱）的效率超过 325 英尺^2 每车位，但它们可能受停车设施上方的混合土地使用影响。对于有快速匝道特殊要求以及有收费广场或其他停车相关功能的停车区域损失的设施，也会有 322～377 英尺^2 每车位（30～35 米^2 每车位）的效率。表 11-18 展示了与每车位平方英尺（平方米）和每平方英尺（平方米）的成本相关的每车位施工成本。这些以 2006 年的美元为单位的值说明了设计过程中各因素之间的关系。

表 11-18 每停车位建造费用（单位：美元）

	平方英尺/停车位	270.6	297.7	324.7	351.8	378.8	405.9	433.0
	平方米/停车位	25.0	27.5	30.0	32.5	35.0	37.5	40.0
费用/英尺^2	费用/米^2							
地面停车场								
9.24	100	2500	2750	3000	3250	3500	3750	3750
11.55	125	3125	3438	3750	4063	4375	4688	4688
13.86	150	3750	4125	4500	4875	5250	5625	5625
地上停车场								
34.64	375	9375	10313	11250	12188	13125	14063	15000
36.95	400	10000	11000	12000	13000	14000	15000	16000
39.26	425	10625	11688	12750	13813	14875	15938	17000
41.57	450	11250	12375	13500	14625	15750	16875	18000
43.88	475	11875	13063	14250	15438	16625	17813	19000
46.19	500	12500	13750	15000	16250	17500	18750	20000
地下停车场								
46.19	500	12500	13750	15000	16250	17500	18750	20000
55.43	600	15000	16500	18000	19500	21000	22500	24000
64.67	700	17500	19250	21000	22750	24500	26250	28000
73.91	800	20000	22000	24000	26000	28000	30000	32000
83.15	900	22500	24750	27000	29250	31500	33750	36000
92.39	1000	25000	27500	30000	32500	35000	37500	40000

来源：Courtesy of Walker Parking Consultants

对于以高层自动机械立体停车场替代自停车立体停车场，已经有了相当规模的宣传。由于驾驶人不需要寻找车位，这类设施的优点包括场地要求更小、单位建筑（高度和占地面积）车位更多、安全问题明显减少以及环保。然而，在市场营销材料和媒体报道中，对建筑竣工和运营总成本往往轻描淡写，尤其是当车位周转需要的设备超过设施内车辆移动的最小数量时。此外，在停车场交车和还车的出入口处，特别是对于周转率较高的大型设施，车辆的通行和排队往往会抵消占地面积小的优势。高层自动化立体停车场的建设成本比地面停车场高出 50%～100%，与地下停车场的造价相似（Monahan，2001）。

在规划阶段，任何类型的停车场设施的项目预算都包括估计的施工成本，该成本相当于承包商根据合同图样加设计应急费用（针对设计中尚未解决的问题），以及在施工期间不可预见的现场条件和设计变更对项目投标的估算。考虑投标时的市场情况设计应急费用通常在方案阶段完成时为估计成本的 15%，在设计开发结束时为 10%，在施工文件编制结束时为 5%。传统上，一旦项目中标，对设计图样中的小错误和遗漏的更正和补充都将以现场应急费用支付。一项对设计变更的研究得出的结论是，业主应预计并承担至少 2% 的应急费用，以弥补依照常规建筑/工程惯例产生的设计缺陷。这 2% 的设计应急费用是对不可预见情况和业主发起费用的正常 5% 现场应急费用的补充。报告指出，几乎每一个设计都是独一无二的，要求设计团队制订完美的规划和设计是非常昂贵且耗时的。这并不是说业主不应该寻找一个在质量领域有良好业绩记录的设计师，如今这通常是通过监控设计引起的变更单来衡量的。

出于预算目的，在进行任何设计之前，项目总成本都应比施工成本高 35%。随着设计的进行和完善，设计应急费用将减少。除了土地和融资成本，项目成本通常比项目完成时的建设成本高 10%~15%。如前所述，土地成本可以显著影响资本成本。

11.9.2 运营成本

多种因素导致不同停车设施的运营费用差异。首先要考虑设施的规模。受规模经济影响，大型设施的每车位成本较低。作为停车系统一部分的地面或立体设施，无论市政的、机构的，还是私人的，其运营成本通常低于独立设施。地理位置也是一个重要的考虑因素：地上或地下、气候温暖或寒冷、犯罪率高或低、工资高或低等。运营时间、合同停车用户与每日停车用户的比率、自动付款与收银员的比率，以及是否收取停车费也会影响运营费用。

要确定停车设施的运营费用，首先要确定包括哪些费用。以下类别几乎总是包含在运营费用中：
- 劳动成本（工资和福利）。
- 管理费和成本。
- 安全成本。
- 公共事业。
- 保险。
- 补给和其他杂项费用。
- 维护，包括日常维护、预防性维护、除雪，以及电梯和停车设备维护。

由于设施涉及的税收范围很广，税收（例如销售税、财产税、停车税或其他类型税）不包括在内。例如，一个市政府拥有的停车场不用支付财产税，而私有停车场可能会有大额的财产税账单。一些城市征收大额的停车税，而其他城市则可能很少或根本不对停车征税。债务清偿也不包括在内，因为它不被视为运营费用。

表 11-19 展示了 O&M 成本估算的内容。表中数据是从一份发给全美停车场运营商的调查中收集的。这个数据库包括 156 个停车场（National Parking Association, 2006）。此外，还包括 73 个地面停车场的未公布数据（调整为 2006 年的美元以便进行比较）。许多受访者报告说，在一个或多个地区很少或根本没有成本，大概是因为会计实务不向停车系统收取这些费用。

典型停车场的年运营费用中位数为每车位 604 美元。运营成本的一半与税收有关。税收和安保占总成本的近 2/3。无人值守设施的基本运营费用为无安保费用每车位每年 177 美元（2006 年美元）。处于温暖气候中的大型停车场的成本可能较低，但处于霜冻地带的较小停车场预计在每个车位的花费会更高，特别是如果在结构维护上花费了足够的资金。

停车场的大小和使用年限会影响成本，但运营时间和使用类型对最终收益的影响最大。一个主要原因是为频繁活动提供停车的设施比一个普通停车设施需要更多的收银员。如果付给收银员更高的工资和福利，则运营时间的增加会导致停车费用快速增加。代客泊车服务也大幅增加了成本。

停车场业主若未能妥善维护停车设施，则可能会在设施的使用寿命后期产生重大的资本维修费用。然而，贷款机构通常需要下沉资金用于未来的修复，而这又需要为未来的结构修复提供适当的预算。因此，对运营费用进行的预算调整见表 11-19。

汽车堆叠工具的运营成本很低，但许多顾客认为它们有些不方便。考虑到使用堆叠工具将两层汽车堆叠在一层楼的资本成本高于在自停车场中建造两层楼的成本，通常仅将汽车堆叠工具用于在现有高天花板车库中获得车位，或作为停车场的临时解决方案。

表 11-19　立体停车场和地面停车场的运营开支（2006 年）　　　　　　　　　　　　　　　　　　（单位：美元）

	立体停车场		地面停车场	
	费用中位数/(停车位/年)	预算/(停车位/年)	费用中位数/(停车位/年)	预算/(停车位/年)
开支分类				
出纳/管理	309	309	62	62
代替停车和收入控制系统	—	31	—	21
税收总成本	309	340	62	83
安全	110	110	47	47
小计	419	450	109	130
基本运营开支				
公共事业	54	54	29	29
线路维护	50	55	8	8
预防性维护	20	36	—	5
制服，供应	19	19	5	5
保险	19	19	5	5
杂项	15	15	2	2
小计	177	198	49	54
除雪	8	8	3	16
总计	604	656	161	200

来源：National Parking Association, 2006

11.9.3　综合成本

结合各种停车场方案的建设、融资和运营成本，可以得出每个停车位的年度总成本（不包括土地成本）。每月盈亏平衡的收入为用户提供了必要的收费情况描述。表 11-20 列出了每个车位的施工成本和年运营成本，以展示每个车位为达到收支平衡所需的月收入。该表重点介绍了地面、地上和地下停车场 2006 年的数据。最下列是将月收入转换为每年收入收集天数和周转系数的不同组合所需的小时比率。

表 11-20　每停车位所需月停车收入

持续成本/美元	每停车位年运营成本/美元												
	50	100	150	200	250	300	400	500	600	700	800	900	1000
1000	14	18	22	26	31	35	43	51	60	68	76	85	93
2000	24	28	32	36	40	45	53	61	70	78	86	95	103
3000	34	38	42	46	50	54	63	71	79	88	96	104	113
4000	43	48	52	56	60	64	73	81	89	98	106	114	123
5000	53	57	62	66	70	74	82	91	99	107	116	124	132
6000	63	67	71	76	80	84	92	101	109	117	126	134	142
7000	73	77	81	85	90	94	102	110	119	127	135	144	152
8000	83	87	91	95	99	104	112	120	129	137	145	154	162
9000	93	97	101	105	109	113	122	130	138	147	155	163	172
10000	102	107	111	115	119	123	132	140	148	157	165	173	182
12500	127	131	135	140	144	148	156	165	173	181	190	198	206
15000	152	156	160	164	168	172	181	189	197	206	214	222	231
17500	176	180	185	189	193	197	205	214	222	230	239	247	233
20000	201	205	209	213	217	222	230	238	247	255	263	272	280
22500	225	230	234	238	242	246	255	263	271	280	288	296	305
25000	250	254	258	262	267	271	279	287	296	304	312	321	329
27500	275	279	283	287	291	295	304	312	320	329	337	345	354

(续)

持续成本 /美元	每停车位年运营成本 / 美元												
	50	100	150	200	250	300	400	500	600	700	800	900	1000
30000	299	303	307	312	316	320	328	337	345	353	362	370	378
32500	324	328	332	336	340	345	353	361	370	378	386	395	403
35000	348	352	357	361	365	369	377	386	394	402	411	419	427
37500	373	377	381	385	390	394	402	410	419	427	435	444	452
40000	397	402	406	410	414	418	427	435	443	452	460	468	477
42500	422	426	430	435	439	443	451	460	468	476	485	493	501
45000	447	451	455	459	463	467	476	484	492	501	509	517	526
47500	471	475	480	484	488	492	500	509	517	525	534	542	550
50000	496	500	504	508	512	517	525	533	542	550	558	567	575

所需每月收入 /（停车位，美元）								（单位：美元）					
所需每小时比率	轮转 / 日	日 / 年	25	50	75	100	150	200	250	300	350	400	450
仅工作日	2	250	0.30	0.60	0.90	1.20	1.80	2.40	3.00	3.60	4.20	4.80	5.40
	3	250	0.20	0.40	0.60	0.80	1.20	1.20	2.00	2.40	2.80	3.20	3.60
工作日和星期六	2	300	0.25	0.50	0.75	1.00	1.50	1.50	2.50	3.00	3.50	4.00	4.50
	3	300	0.17	0.33	0.50	0.67	1.00	1.00	1.67	2.00	2.33	2.67	3.00
每周7天	2	360	0.21	0.42	0.63	0.83	1.25	1.25	2.08	2.50	2.92	3.33	3.75
	3	360	0.14	0.28	0.42	0.56	0.83	0.83	1.39	1.67	1.94	2.22	2.50
平均停留：2 小时			地面停车场				地上停车场				地下停车场		

注：利率 =7%

维多利亚交通政策机构（VTPI）开发了一个电子表格，规划者可以用它来估算停车位的成本，包括施工和 O&M 成本。电子表格可以在以下网址获得：www.vtpi.org/parking.xls。

11.9.4 停车方案比较

表 11-21 比较了位于 CBD 边缘的一家医院的 7 种获得 500 个车位的可选停车方案。它解决了两个基本问题：项目成本如何比较？每增加一个车位的比较成本是多少？

表 11-21 停车方案比较

	方案 A	方案 B1	方案 B2	方案 C	方案 D	方案 E	方案 F
面积 / 米²	80×200	80×200	80×200	36.5×76	36.5×76	36.5×76	24.5×76
面积 / 英尺²	263×658	263×658	263×658	263×658	120×250	120×250	80×250
现有停车场	无	无	无	无	100	无	无
土地需要	无	有	有	无	无	有	有
# 停车位	500	500	500	500	500	500	500
# 楼层	地面	地面	地面	6 层	7 层	6 层	6 层
土地成本 /（米²，美元）		150	300			300	
土地成本 /（英尺²，美元）	—	14	28	—	—	28	
建造成本 /（停车位，美元）	3000	3000	3000	12500	12500	12500	25000
总建造成本 / 美元	1500000	1500000	1500000	6250000	7500000	6250000	12500000
土地征用（超过场所 10%）/ 美元	—	2640000	5280000			915420	
其他成本 15%/ 美元	225000	621000	1017000	937500	1125000	1074813	1875000
总成本 / 美元	1725000	4761000	7797000	7187500	8625000	8240233	14375000
每一停车位成本 / 美元	3450	9522	15594	14375	14375	16480	28750
增加一停车位成本 / 美元	3450	9522	15594	14375	17250	16480	28750

(续)

	方案 A	方案 B1	方案 B2	方案 C	方案 D	方案 E	方案 F
融资额 10%/美元	1897500	5237100	8576700	7906250	9487500	9064256	15812500
项目年成本 7%/美元	270161	599964	929767	746294	895553	855602	1492588
每停车位年主要成本/美元	540	1300	1860	1493	1492	1711	2985
每停车位年运营成本/美元	200	200	200	650	650	750	400
每停车位年总成本/美元	740	1400	2060	2143	2143	2461	3385
每停车位达到收支平衡的月收入/美元	62	117	172	179	179	205	282
每小时成本/美元							
平均周转 3 次/天，停留 1.5 小时，1 年 250 天	0.66	1.24	1.83	1.90	1.90	2.19	3.01
平均周转 4 次/天，停留 1.5 小时，1 年 300 天						1.37	

表 11-21 中的融资成本包括获得项目所需资金的成本。在获得常规融资的情况下，融资成本通常会加到借款金额中，通常至少为项目成本的 10%～15%。对于早期项目规划，将 25%～35% 作为设计、融资和杂项项目成本的因素添加到基于每车位的典型施工成本的估算中是一种合理的预算计算方式。融资方法将在后文讨论。

然而，为了更现实地比较拥有和运营停车设施的成本，假设项目总成本（包括所有软成本的 15%）对于建筑和土地征用，在 20 年以上按 7% 的资本成本进行融资，对于地块则为 10 年以上。停车设施很少有长期的融资，因为到那时它们通常开始需要重大的恢复和翻新。每个项目的融资成本已添加到表 11-21 中。请注意，每个车位的年化资本成本以及每增加一个车位的成本都与每个车位需产生的收入一起给出。

方案 A，在已经拥有但没有停车场的场地上建造，每增加一个车位花费 3450 美元，是最具性价比的。方案 B 通过收购一整栋旧房屋和开发一块 500 个车位的地面地块来组合场地。土地征用和拆迁成本为每平方英尺 14 美元（每平方米 150 美元），而施工导致方案 B1 每增加一个车位的成本约为 9500 美元。如果像方案 B2 那样，土地成本每平方英尺 28 美元（每平方米 300 美元），那么每增加一个车位的成本将飙升至近 15600 美元。方案 C 在方案 A 的地面停车场部分修建了一个立体结构，每个车位的成本和每增加一个车位的成本相同，为 14375 美元，因此比购买 B2 中作为昂贵房地产的地面停车场更具性价比。方案 D 在现有 100 个车位的停车场场地上建造一个立体结构，增加 500 个车位需要有 600 个车位、7 层的立体结构，项目成本为每增加一个车位 17250 美元，比方案 C 多 2875 美元。

为便于说明，还增加了两个选项。第一个是方案 E，收购 B2 地块的一小部分，并建造一个 6 层立体停车场，可容纳 500 个车位，土地成本为每平方英尺 28 美元（每平方米 300 美元）。该方案每增加一个车位的项目成本大概为 16500 美元，低于方案 D 的每增加一个车位的成本。如果办公区域的客户能够在晚上和周末使用停车场，则医院的立体停车场的总体成本将大幅降低。方案 F 在方案 C 中使用的部分场地（该地块为自有未使用地块）上建造了一个高层机械进出车库。每增加一个车位的成本大概是自助停车设施成本的两倍。

如前所述，在已拥有的空地上修建地面停车场是最具性价比的，但通常是最不现实的，因为很少有业主在面对停车问题时仍会有这么多未开发的土地。在现有的医院园区内为方案 C 中的立体停车场寻找位置可能更容易，这也是立体停车场备选方案中性价比最高的。在低成本土地上建造地面停车场也非常划算。它的另一个优势是为医院未来的扩张"储备土地"。尽管以每平方英尺 28 美元（每平方米 300 美元）价格购买土地来建造一个地面停车场的成本要比建造一个 500 个车位的立体停车场高，但仍比方案 D 更具性价比。

11.10 停车设施融资

停车设施可由公共机构、私营部门投资集团或公私合营集团提供资金。商业改善区或特殊效益评估区有时在法律授权的情况下用于资助停车改善。停车用地可以通过购买、租赁、征用、土地开发商贡献或捐赠等方式获得。土地征用的其他方式包括开垦、公共土地的多种用途和空间所有权。

停车设施很难融资，因为它们是专用且唯一受停车需求变化影响的设施，这相应地使它们在金融市场中具有相对较高的风险。贷款方和投资者既关心贷款的预期市场的强度和长度，也关心贷款的可能替代用户或用途。在大多数情况下，业主的一般信用与停车设施本身的预计收入和支出同等重要，甚至更重要。

当停车设施作为私人开发的一部分建设时，通常是项目融资包中相对较小的一部分。贷款方可能更感兴趣的是提供的车位数量是否能满足销售零售或办公需求，而不是项目预估中停车收入和费用的行式项目预测。

仅由设施本身的停车收入来担保，很少有（如果有的话）由公共债券融资的设施能够显示出充分覆盖债务偿还。这些困难往往需要某些方法，例如使用一般义务（GO）债券或系统收益债券。相比停车设施本身的收入和支出预测，贷款方通常对市政当局的信用评级（如果是一般义务债券）或整个停车系统的财务状况（含有收益债券）更感兴趣。

相反，在停车设施可以盈利的情况下，金融市场也会看到投资机会。以停车为中心的房地产投资信托基金已经成立，几家商业停车场运营商已经在各个证券交易所进行了首次公开发行。这些投资的关键是仔细评估停车管理团队的实力，以及拥有财产、长期租赁和物业管理合同的资产。

支持一个停车场设施最有可能的公共资金来源包括：

- 市、县或州的一般基金／义务。
- 由其他停车设施收入和计费收入担保的收益债券。
- 替代费和影响费。
- 税收，包括：
  - 从价税（财产税，大多数普通基金认捐都是从价税）。
  - 特别评估区（对业主征税以弥补任何赤字）。
  - 增值税区（该区私人重建所产生的额外销售税和财产税专门用于支付市政相关开支）。
  - 特定或一般地区的销售税。
  - 指定区域的酒店和住宿税。

其他可以为停车设施提供资金的收入来源，包括地面零售车位收入、开发费和空间使用权收入。

11.10.1 公共融资类型

当考虑公共融资时，必须对发行的债券类型做出抉择。表 11-22 总结了 4 种主要的公共停车场融资类型，以及与之相关的一些关键问题。将以政府实体的完全信任和信用为担保的一般义务债券，作为唯一的抵押或特定收入的支持，其融资成本通常会大幅低于仅由特定停车收入流支持的纯收益债券。

表 11-22　停车的地方债券

	一般债务债券	收益债券	收益债券一般义务	参加证书
定义	以充分的诚信、信用，以及无限的征税权来偿还债务	以某一特定来源的收入作抵押以偿还债务。附加保证在担保文件中约定	质押特定收入和发行人的完全信用和无限征税权	政府机构与另一方（出租人）签订租赁资产的协议。租赁付款足以支付购买价格和收购资产的相关利息成本
付款来源	财产税	指定收入	特定收入和财产税	按年度拨款的税收收入（预算过程）
目标	惠及整个社区的项目	使特定用户受益的项目	整个社区和／或特定区域	
州法律／宪章	债务限额是多少？需要选民批准吗？	债务限额是多少？需要选民批准吗？	债务限额是多少？需要选民批准吗？	不受债务限制　无须选民批准
风险／花费	最安全 - 最低花费	由于收入来源有限，高于一般债务。风险程度取决于个人融资方案。投资者要求的保险范围通常在 125%～200% 之间	与一般责任债券相同	高于一般义务，取决于项目／使用的重要性
信用评分影响	全面影响	信用评级取决于融资方案的安全程度。收益债券的信用评级独立于发行人的一般债务评级	通常会对信用评级产生全面影响。可能会根据收入来源有所缓解	全面影响，通常比一般债务债券低半级到全级

来源：Schaefer, T. "Municipal Bond Basics for Parking Providers," Springsted Public Finance Advisors

在前一种情况下，贷款方将专注于发行的市政部门或实体的信用评级。对于收益债券，贷款人通常要求总收入或净收入超过年度还本付息额的保险范围或安全边际。预计扣除营业费用后的抵押净收入必须是年度偿债的 1.25~2 倍，才能通过收益债券融资进入资本市场。此外，贷款方可对停车收益债券施加如下重要契约。

- 偿债储备金：该实体需要维持一笔足以支付一年债务的资金（联邦税法规定了 3 倍的限额）。
- 运营储备金：该实体需要维持一笔 2~3 个月运营费用的资金。
- 资本维护金：该实体需要维持一笔定期重大维护和修复的资金，以便停车设施能持续产生足够的收入来偿还债券。
- 停车费契约：从历史上看，停车需求可能不稳定和/或市政部门可能未能提高足够的利率以跟上成本膨胀的步伐，贷款方可能会要求根据需要调整利率，以支付运营费用和维持所有必要的储备资金。

一般义务债券的缺点是：①通常需要选民批准；②大多数司法管辖区对非创收设施（例如地方政府服务、学校、公园）的一般义务抵押有许多竞争要求。特殊评估和增值税债券可能对市政部门和普通公众具有吸引力，因为它不会给平常的房主带来负担，但来自受影响的纳税人或税务机关（例如学区）的反对可能会使这些地区难以接受。

净收益债券的一个关键概念是首先支付运营费用，以保护设施的创收能力。总收益债券假定第三方将保证创收能力。

公共机构与债券当局之间的合作也可用于制订融资策略。由于可发行租赁收入和经济发展债券，一个免税机构可根据法定权力建造设施并将其租赁给另一个。依据租赁条款，租赁付款成为租赁机构资产负债表上的或有负债。

参与证书（COP）是一种租赁安排，如果通过适当的测试，则仍然有资格获得免税债券。私人实体是设施的开发商、出租人和名义所有者，而公共机构则以特定期限租赁设施。公共机构可以运营该设施，也可以保留一个停车管理公司来运营。已建成的停车设施的所有权以公共机构的名义，由受托人在租赁期内持有。COP 中的购买者或投资者提供建设资金，并从租赁付款中得到偿还。一般来说，COP 获得公共实体承诺的支持，如果停车费收入不足以偿还债券，则将从普通基金中支付租金。虽然不是一般义务，但如果无法拨付资金去支付租金，市政部门的信用评级将受到严重影响。这些债券可以获得具有很大流动性且不受一般义务债券限制的投资级别评级。因此，它们是停车设施公共融资的一种有吸引力的形式。

11.10.2　免税债券要求

另一个必须尽早做出的抉择是能使用免税债券还是应税债券。尽管债券顾问应审查所有拟议项目的合规性，但以下内容仍简述了使用免税债券必须满足的一般要求。

- 除仅用于政府和非公共机构的车位以外，每天、每月或每年必须有不少于 90% 的车位可供公众使用。如果每月的车位以先到先得的方式提供，但其中许多甚至大部分是由同一家公司的员工租用的，则通常仍将其视为公共用途。由一家公司自己直接租赁停车位的协议会产生复杂的情况。
- 不得少于 95% 的债券收益应用于公共停车设施。在公私合营开发的情况下，这种测试可能会很复杂，而且很难追踪资金的用途。例如，一个公共停车设施将与租赁给租户的街道零售店以及因空间使用权而建设的公寓一同建设。这些停车位是共用的，白天为在相应区域停车的人服务，晚上为居民服务。有多少土地征用、基础设施和场地公用设施的成本（远小于停车设施的建设成本）可以或应该分配给停车设施？又有多少可以或应该分配给私人开发部分？
- 公司或非公共实体支付或担保的不得超过年度债偿额的 10%。因此，当零售或空间使用权开发的收入有望帮助偿还债券时，应不超过总收入流的 10%，以便保留免税融资资格。此外，即使所有车位都是由公众按天收费使用的，超过这一门槛的公司仍不能为债券提供担保，以降低市政或投资者风险而又不丧失免税资格。
- 设施管理和运营协议的期限不得超过 5 年，必须规定向运营商支付定期固定费用或总收入的固定百分比，并且必须给予公共实体在任何 2 年期限结束时取消的选择权。由于特许经营方式和长期协议不能与免税融资一起使用，与商业停车运营商签订售后回租协议的价值和可行性已大幅降低。

显然，公私合营企业的结构对于获得年利率可比应税融资低2%的免税融资至关重要。对于无法通过免税债券严格测试的公私合营开发项目，仍然可以发行应税债券和免税债券组合（例如从一个私人实体租赁或保留的车库中获得的一系列应纳税的债券资金，而免税系列债券则用于车库的公共部分）。此外，具有单一或有限开发项目的增值税区可能会违反有关债券偿还资金来源的测试，导致危及免税融资。

11.10.3 确定债券发行规模

典型的债券发行包括许多不同的元素。如前所述，施工成本、土地征用、相关设计费用和杂项费用被视为项目成本的一部分。项目总成本通常比土地和施工成本高出10%～15%。此外，发行成本还包括律师费、印刷费、评级机构、受托人费用和通常为融资金额0.05%～1%的结算成本。与发行相关的其他费用包括承销商的利差和债券保险，这有助于压低利率。

债券发行通常在开工前出售。许多准备和设计费用可能已经发生，因此仔细跟踪这些费用以便纳入债券数额是很重要的。由于第一笔债券支付可能发生在施工期间，或在没有足够的收入支付第一笔款项之前，通常的做法是将债券支付推迟一年或两年，并在债券中纳入一笔足以支付这一期间利息的金额。这就是所谓的资本化利息。如果债券在发行过程中没有提前出售，则可以发行债券应付票据，在债券出售前为现金流提供必要的资金。期中融资的利息将计入永久融资。

相反，由于债券资金是支付给市政部门的，它们可能会用于投资，直到需要支付给承包商。国家停车协会的一项研究发现，业主应该使用研究中给出的百分比曲线，而不是一条直线的每月提取额，来估计施工期获得的潜在利息。此外，第一年的偿债准备金和资本化利息将产生利息（Heeseler and Arons，1984）。从债券金额中扣除的这些款项有助于调节拟借入资金的总额。

11.11 总结

停车场是交通系统和土地开发的重要补充。停车设施的规划、设计和定价从早期出行开始就一直是社区、业主以及商品和服务供应商关注的问题。规划停车设施需要解决的关键问题，包括停车场应位于何处、应提供多少停车位、应开发哪种类型的停车场、成本是多少、停车场应采取哪种融资和管理方式，以及如何更好地将停车设施整合到城市环境中。

本章介绍了有关停车设施规划、运营和融资的问题。在影响城市发展和交通策略的所有可选的公共机构方案中，对停车供应的管理是最具影响力的，也可能是最具争议性的。因为停车场是开发成本的一个重要部分，开发商欢迎采用降低成本的策略，以满足与项目财务可行性相关的要求。交通规划人员应了解研究区域的停车供应的基本结构，以及影响停车场使用和改变停车场在政策上的可行性的不同类型的政策和规划策略。在美国和其他国家，有很多将停车行为纳入更广泛的区域交通和城市发展策略中的案例。例如，普吉湾地区委员会（PSRC）制订了一份帮助规划人员确定停车场如何实现更广泛的社区目标的停车管理清单（PSRC，2003）。这种整合是一个社区或都市地区实现综合交通策略的理想途径。

Litman（2006）制订了以下可以更好地概括本章主要内容的停车管理原则清单，支持停车管理的原则如下。

- 消费者选择：人们应该有多种可选的停车和出行选择。
- 用户信息：驾驶人应掌握其停车和出行选择的信息。
- 共享：停车设施应服务多个用户和目的地。
- 高效利用：对停车设施进行形式设计和良好管理，以确保车位总处于使用状态。
- 灵活：停车计划应考虑不确定性和变化。
- 优先级：管理最合适的空间，以便优先使用。
- 定价：尽可能让用户直接为他们使用的停车设施付费。
- 峰值管理：采取特殊措施应对高峰需求。
- 质量与数量：停车设施质量应与数量同等重要，包括便利性、舒适性、美观性和安全性。

- 综合分析：停车规划中应考虑所有重大成本和效益。

一些关于停车管理策略的实用指南包括（Willson，2000；DVRPC，2004；MTC，2007，2015；Litman，2008，2013a，2013b，2014，2015；Weinbergeret al.，2010；CMAP，2013；Meier et al.，2015；Maryland Governor's Office of Smart Growth，Undated；U.S.EPA，undated）。

参考文献

Adiv, A. and W. Wang. 1987. "On-Street Parking Meter Behavior." *Transportation Quarterly*, July: 305.

Banks, L. 2011. "Parking Management in Suburban Downtowns." Presented at the 2011 Transport Chicago Conference. Chicago, IL. Accessed Feb. 22, 2016, from http://www.transportchicago.org/uploads/5/7/2/0/5720074/suburbanparkingmgt_banks.pdf.

Chicago Metropolitan Agency for Planning (CMAP). 2013. *Parking Management Strategies*. Chicago, IL. Accessed Jan. 22, 2016, from http://www.cmap.illinois.gov/documents/10180/57858/ParkingStrategyFinal.pdf/2c7c4181-e81a-4dd8-baee-90c7e2009953.

City of Eugene. 2009. An Ordinance Concerning Parking Requirements of Multi-family Housing, Council Ordinance Number 20447, Eugene, OR. Accessed Jan. 24, 2016, from http://ceapps.eugene-or.gov/portal/server.pt/gateway/PTARGS_0_0_5848_319_0_43/http%3B/cesrvlf02/CMOWeblink/DocView.aspx?id=540191&page=9&dbid=0.

City of Pasadena. 2006. *Traffic Reductions Strategies Study*. Draft. Pasadena, CA. Accessed Jan. 18, 2016, from http://ww2.cityofpasadena.net/councilagendas/2007%20agendas/Feb_26_07/Pasadena%20Traffic%20Reduction%20Strategies%2011-20-06%20DRAFT.pdf.

City of Ottawa. 2009. *Municipal Parking Management Strategy*. City of Ottawa, Ontario. Accessed Jan. 22, 2016, from http://ottawa.ca/en/residents/transportation-and-parking/parking/municipal-parking-management-strategy#P7_208.

City of San Diego. Undated. Parking Structure Financial Analysis. San Diego, CA. Accessed Jan. 25, 2016, from http://www.sandiego.gov/planning/pdf/vopot5.pdf.

City of Seattle. 2008. *Best Practices in Transportation Demand Management*. Seattle, WA. Accessed Jan. 15, 2016, from http://www.seattle.gov/transportation/docs/ump/07%20SEATTLE%20Best%20Practices%20in%20Transportation%20Demand%20Management.pdf.

City of Victoria. 2007. *Parking Strategy 2007*. Victoria, British Columbia. Accessed on Jan. 22, 2016, from http://www.victoria.ca/assets/Departments/Engineering~Public~Works/Documents/2007%20Parking%20Strategy.pdf.

Colliers International. 2012. *Downtown Parking Rate Survey*, Accessed Jan. 25, 2016, from http://www.collierscanada.com/en/-/media/Files/Research/2012/2012%20Parking%20Survey%20Report%20-%20final%20-%20Sept%2028%202012.ashx.

Coogan. M., MarketSense Consulting, and Jacobs Consultancy. 2008. *Ground Access to Major Airports by Public Transportation*, ACRP Report 4, Washington, DC: Transportation Research Board. Accessed Jan. 11, 2016, from http://onlinepubs.trb.org/onlinepubs/acrp/acrp_rpt_004.pdf.

Corona del Mar. undated. *Parking Strategies,* Corona del Mar, CA. Accessed Jan. 22, 2016, from http://www.cdmchamber.com/images/CdM_Parking_Strategies.pdf.

Cudney, C. 2014. *Parking Structure Cost Outlook for 2014*. Industry Insights. Accessed Jan. 24, 2016, from http://www.carlwalker.com/wp-content/uploads/2014/04/April-Newsletter-2014.pdf.

Delaware Valley Regional Planning Commission (DVRPC). 2004. Municipal Implementation Strategies: Parking Management Strategies. Philadelphia, PA. Accessed Jan. 22, 2016, from http://www.dvrpc.org/reports/MIT006.pdf.

Delisle, J. R. 2008. *Shopping Center Classifications: Challenges and Opportunities*. International Council of Shopping Centers, Washington, DC.

Donoghue, L. 1997. "US Airport Parking Statistics Analysis." *The Parking Professional*, Feb., p. 20.

Dorsett, J. 1993. "Predicting Parking Demand for Universities." *The Parking Professional*, October, pp. 28–33.

_____. 1995. "Predicting Parking Demand for Hospitals." *The Parking Professional*, Oct., pp. 28–34.

Downtown Partnership of Baltimore .1997. *Gateway to Growth: Improving Parking in Downtown Baltimore*. Baltimore: Maryland, Sept.

Federal Highway Administration. 2013. "Household Travel and Freight Movement," Accessed on Jan. 23, 2016, from http://www.fhwa.dot.gov/policy/2013cpr/pdfs/chap1.pdf.

Gainesville-Hall MPO. 2012. *I-985 Park and Ride Survey Report. Gainesville*, GA. Accessed Jan. 23, 2016, from http://www.ghmpo.org/files/pdfs/GHMPO/I-985_Park_and_Ride_Survey_2012.pdf.

Heeseler, E. C. and W. Arons. 1984. *Parking Facility Construction Payment Schedule Study*. Washington, DC: National Parking Association.

Institute of Transportation Engineers (ITE), Technical Council Committee 6F-44. 1990. "Using the ITE Parking Generation Report." *ITE Journal* (July), p. 25.

_____. 2010. *Parking Generation*, 4th Edition. Washington, DC: Institute of Transportation Engineers.

Jackson, C. 2014. *Park & Ride Lot Investment Strategies*, Presentation to the Hampton Roads Transportation Technical Advisory Committee, Hampton Roads, VA, May 7, 2014. Accessed Jan. 23, 2016, from http://hrtpo.org/uploads/docs/P14-Statewide_Park_and_Ride_Strategy_Priority_List.pdf.

Joshi, P., M. Riaz Khan and L. Motiwalla. Undated. Global Review of Parking Management Systems & Strategies. Lowell, MA. Accessed Jan. 22, 2016, from http://www.nedsi.org/proc/2012/proc/p111115001.pdf.

Kuzmyak, Richard J., Rachel Weinberger, Richard H. Pratt and Herbert Levinson. 2003. *Parking Management and Supply: TCRP Report 95, Chapter 18*. Washington, DC: Transportation Research Board. Accessed Jan. 23, 2016, from http://onlinepubs.trb.org/Onlinepubs/tcrp/tcrp_rpt_95c18.pdf.

Landrum & Brown, et al. 2010. *Airport Passenger Terminal Planning and Design Volume 1: Guidebook*, Airport Cooperative Research Program Report 25. Washington, DC: Transportation Research Board. Accessed Jan. 23, 2016, from http://onlinepubs.trb.org/onlinepubs/acrp/acrp_rpt_025v1.pdf.

Litman, T. 2006. *Parking Management Strategies for More Efficient Use of Parking Resources*, TDM Encyclopedia. Accessed Jan. 23, 2016, from http://www.vtpi.org/tdm/tdm28.htm.

_____. 2006. *Parking Management Best Practices*. Chicago, IL: APA Planners Press.

_____. 2008. *Parking Pricing: Direct Charges for Using Parking Facilities*. TDM Encyclopedia, Victoria Transport Policy Institute. Accessed Jan. 9, 2016 from http://www.vtpi.org/tdm/tdm26.htm.

_____. 2013a. *Parking Costs*, TDM Encyclopedia. Accessed Jan. 21, 2016, from http://www.vtpi.org/tca/tca0504.pdf.

_____. 2013b. *Parking Management Strategies, Evaluation and Planning*, TDM Encyclopedia. Accessed Jan. 23, 2016, from http://www.vtpi.org/park_man.pdf.

Maine Department of Transportation. 2014. *2013 User Survey and 2014 Addendum, Final Report*, Augusta, ME. Accessed Jan. 23, 2016, from http://www.maine.gov/mdot/publications/docs/plansreports/ParkRideReport201314.pdf.

Maryland Governor's Office of Smart Growth. Undated. *Driving Urban Environments: Smart Growth Parking Best Practices*. Annapolis, MD. Accessed Jan. 22, 2016, from http://contextsensitivesolutions.org/content/reading/parking_md/resources/parking_paper_md.

Meier, A., M. Mangan and B. Wood. 2015. *SANDAG Parking How do communities implement parking management strategies?* San Diego, CA. Accessed Jan. 22, 2016, from http://www.parking.org/media/330384/january%20sandag-3.pdf.

Metropolitan Area Planning Council (MAPC). 2007. *Parking and Transportation Demand Management*, Website. Boston, MA. Accessed Jan. 23, 2016, from http://www.mapc.org/resources/parking-toolkit/strategies-topic/parking-tdm.

_____. 2010. *Parking Requirements That Fit Your Community*. Website. Boston, MA. Accessed Jan. 22, 2016, from http://www.mapc.org/resources/parking-toolkit/strategies-topic/flexible-parking-reqs.

Metropolitan Transportation Commission (MTC). 2007. *Developing Parking Policies to Support Smart Growth in Local Jurisdictions: Best Practices*. Wilbur Smith Associates. Accessed Jan. 14, 2016, from http://www.mtc.ca.gov/planning/smart_growth/parking_seminar/BestPractices.pdf.

_____. 2015. *MTC Parking Initiative: VPP Parking Pricing Regional Analysis Project*. Website. Accessed Jan. 22, 2016, from http://www.mtc.ca.gov/planning/smart_growth/parking/2014.htm.

Monahan, D. 2001. "Mechanical Access Parking Structures." *Parking Structures: Planning Design Construction Maintenance and Repair, 3rd Edition*. Norwell, MA: Kluwer Academic Publishers, p. 296.

Nelson Nygaard Consulting Assocs. 2010. *Parking Management Plan, Potential Parking Management Strategies*, Prepared for the Town of Nantucket, MA. Accessed Jan. 22, 2016, from http://www.nantucket-ma.gov/DocumentCenter/View/5528.

_____. and Dyett and Bhatia. 2012. *Parking Structure Technical Report: Challenges, Opportunities, and Best Practices*. MTC Smart Growth Technical Assistance: Parking Reform Campaign. Oakland, CA. October. Accessed Jan. 24, 2016, from http://www.mtc.ca.gov/planning/smart_growth/parking/6-12/MTC_Parking_Structure.pdf.

_____. and Linscott, Law and Greenspan. 2015. *Millenia, The Easter Urban Center, Parking Management Plan*, Chula Vista, CA. Jan. *28*.

New York City Department of City Planning Department. 2011. *Parking Best Practices: A Review of Zoning Regulations and Policies in Select U.S. and International Cities*. New York, NY. Accessed Jan. 22, 2016, from http://www.nyc.gov/html/dcp/pdf/transportation/parking_best_practices.pdf.

_____. 2013. *Inner Ring Residential Parking Study*. New York City, NY. Accessed Jan. 22, 2016, from http://www.nyc.gov/html/dcp/pdf/transportation/inner_ring_complete.pdf.

Parking Consultants Council. 2007. *Recommended Zoning Ordinance Provisions for Parking and Off-Street Loading Spaces*. Washington, DC: National Parking Association, p. 5.

Pisarksi, A. 2006. *Commuting in America III*. National Cooperative Highway Research Program Report 550 and Transit Cooperative Research Program (TCRP) Report 110, Washington, DC: Transportation Research Board. Accessed Jan. 23, 2016, from http://onlinepubs.trb.org/onlinepubs/nchrp/CIAIII.pdf.

Puget Sound Regional Council (PSRC). Undated. *Parking Reductions*. Seattle, WA. Accessed Jan. 22, 2016, from http://www.psrc.org/assets/6673/hip_parking_reductions.pdf.

_____. 2003. *Parking Checklist*. Accessed Jan. 22, 2016, from http://www.psrc.org/assets/256/parking.pdf.

San Diego Association of Governments (SANDAG). 2010. *Parking Strategies for Smart Growth, Planning Tools for the San Diego Region*. San Diego, CA. Accessed Jan. 22, 2016, from http://www.sandag.org/uploads/publicationid/publicationid_1499_11603.pdf.

San Francisco County Transportation Authority (SFCTA). 2009. *On-street Parking Management and Pricing Study*, Final Report. San Francisco, CA. Accessed Jan. 22, 2016, from http://www.sfcta.org/sites/default/files/content/Planning/ParkingManagementStudy/pdfs/parking_study_final.pdf.

San Luis Obispo Council of Governments. 2013. *2013 Park & Ride Lot Study*. San Luis Obispo, CA. Accessed Jan. 23, 2016, from http://www.slocog.org/sites/default/files/2013%20ParknRide%20Lot%20Study.PDF.

Shoup, D. 2005. *The High Cost of Free Parking*. Chicago, IL: American Planning Association, p. 29.

_____. 2014. Chapter 5, *The High Cost of Minimum Parking Requirements*. Parking: Issues and Policies, Transport and Sustainability, Volume *5*, 87-113. Accessed Jan. 23, 2016, from http://shoup.bol.ucla.edu/HighCost.pdf.

Smith, T. P. 1983. *Flexible Parking Requirements, Planning Advisory Service Report No. 377*. Chicago: American Planning Association, p. 23–24.

_____. 2005. *Shared Parking*, 2nd Edition. Urban Land Institute. Washington, DC.

Texas A&M Transportation Institute. Undated. *Parking Management*. College Station, TX. Accessed Jan. 22, 2016, from http://mobility.tamu.edu/mip/strategies-pdfs/travel-options/technical-summary/parking-management-4-pg.pdf.

Thompson, D. 2013. "Cheap Eats: How America Spends Money on Food," *The Atlantic*, Accessed Jan. 6, 2016, from http://www.theatlantic.com/business/archive/2013/03/cheap-eats-how-america-spends-money-on-food/273811/.

TRACE. 2005. As quoted by Litman, T. *Parking Management Best Practices*. Chicago: American Planning Association, p. 41.

Transportation Alternatives. 2007. "Free Parking, Congested Streets." Brooklyn, NY. Accessed Jan. 23, 2016, from http://www.transalt.org/sites/default/files/news/reports/freeparking_traffictrouble.pdf.

Turnbull, K. et al. 2004. *Park-and-Ride/Pool: TCRP Report 95, Chapter 3.* Washington, DC: Transportation Research Board, 2004, Accessed Jan. 14, 2016, from http://onlinepubs.trb.org/Onlinepubs/tcrp/tcrp_rpt_95c3.pdf.

Urban Land Institute and International Council of Shopping Centers Parking.1999. *Requirements for Shopping Centers,* 2nd Edition. Washington, DC.

Urban Land Institute and National Parking Association. 2014. *The Dimensions of Parking,* 5th edition. Washington, DC.

U.S. Environmental Protection Agency (EPA). Undated. *Parking Management.* Accessed Jan. 22, 2016, from http://www.epa.gov/oms/stateresources/policy/transp/tcms/parkingmgmt.pdf.

Valley Metro. 2013. *2013 Park-and-Ride Survey Final Report.* Phoenix, AZ. Accessed Jan. 23, 2016, from http://www.valleymetro.org/images/uploads/misc_reports/PNR_Survey_Results_Final_Report_010714.pdf.

Walker Parking Consultants. 1992. *Downtown Denver Parking Strategy.* Indianapolis, IN, October.

_____. 1997. *Parking Strategy.* Indianapolis, IN. October 1992, pp. V-1–V-12.

Weant, R. and H. S. Levinson. 1990. *Parking.* Westport, CT: Eno Foundation for Transportation, p. 119.

Weinberger, R., J. Kaehny, and M. Rufo. 2010. *U.S. Parking Policies: An Overview of Management Strategies.* Institute for Transportation & Development Policy, New York, NY. Accessed Jan. 22, 2016, from http://media.oregonlive.com/portland_impact/other/ITDP-Parking-Report.pdf.

Whitlock, E. M. 1982. *Parking for Institutions and Special Events.* Westport: Eno Foundation for Transportation, pp. 23–32.

Willson, R. 1992. *Suburban Parking Economics and Policy: Case Studies of Office Worksites in Southern California.* Washington, DC: Federal Transit Administration.

_____. 1997. "Suburban Parking Requirements: A Tacit Policy for Automobile Use and Sprawl." *American Planning Association Journal.* Chicago, IL (Winter).

_____. 2000. *Parking Management Toolkit, Strategies for Action in BART Station Areas.* Oakland, CA. Accessed Jan. 22, 2016, from https://www.bart.gov/sites/default/files/docs/BART_Parking_Management_Toolkit_2000.pdf.

第 12 章

公共交通规划

12.1 引言

公共交通可以为各种规模的社区提供无障碍出行服务。在一些大中型城市和地区，例如纽约、旧金山、华盛顿特区、加利福尼亚州和安大略省多伦多等，公共交通客流量无法由其他交通方式有效承担，尤其是往返中央商务区（CBD）等主要活动中心的客流量。鉴于道路网络和通行能力有限，私家车和出租车将很难有效为乘客提供出行服务（特别是在高峰时期）。公共交通的规划也会影响土地使用模式，并直接影响这些城市的生活质量。充满活力的城市化地区，例如丹佛、科罗拉多州、俄勒冈州波特兰、犹他州盐湖城、温哥华和不列颠哥伦比亚省，都拥有高质量的公共交通系统，为整个市域提供方便的交通服务。大都市区之所以成为理想的居住场所，部分原因就在于拥有便捷的公共交通系统。

在中等或小规模城市，公共交通在便捷地进入所有主要活动中心方面发挥着重要作用，从而减少对私家车的依赖、缓解交通拥堵并减少停车需求。在美国和加拿大的小型城市，虽然私人汽车拥有率非常高，但是公共交通可以起到为社会服务的作用。在当地的社区中，许多身体或经济上存在困难或无法使用私家车出行的人群，例如儿童、老年人和低收入者，都以公共交通作为他们唯一的出行方式。公共交通往往会提供到达就业中心、教育机会地或医疗保健院等生活活动场所的基本线路。

当今，公共交通逐渐成为宜居和经济进步的推动因素之一。联邦、州和地方政府对交通系统的投资不仅要考虑将服务多少乘客，还要考虑其作为城市经济发展和可持续性推动因素所发挥的作用。此外，公共交通往往被视为减少高密度地区交通拥堵和降低停车需求的一种手段。

自 1970 年美国公共交通载客量达到低点以来，美国和加拿大拥有快速轨道交通（Rapid Rail Transit，RRT）系统的城市数量从 7 个增加到 15 个，20 个城市引进了新的轻轨交通（Light Rail Transit，LRT）和现代有轨电车系统。许多城市升级了公共交通系统，美国至少有 12 个城市，加拿大至少有 10 个城市拥有快速公交（Bus Rapid Transit，BRT）服务。此外，一些城市还建造了区域/通勤铁路系统（Regioanl/Commuter rail Systems）、自动导向交通（Automated Guided Transit，AGT）系统和旅客自动输送（Automated People Movers，APM）系统，此外还实施了新的水路交通模式和各种需求响应服务。上述交通投资直接促成了 2014 年美国公共交通载客量达到 1956 年以来的最高水平。

多式联运出行已成为贯穿上述投资的重要主题。通过对新技术的形式和应用进行协调规划，在时间、空间、票价和信息方面实现无缝出行的概念是当今整体交通规划的公认目标。通过协调机动车和公共交通出入口与停车设施的衔接，以及增加行人和自行车出入口来提升不同交通方式的一体化接驳水平。

下一节讨论公共交通所有权和管理方式的不同模型。本节主要讨论北美现有的公共交通系统，包括世界范围内随时间演化出的许多不同的公共交通组合模式，所涵盖的内容包括公共交通服务水平、乘车率、平均出行里程和运行速度等。随后，对公共交通服务的成本结构以及常规的公共交通运营模式和服务质量评价方式进行了说明：在任何一种类型的公共交通模式中，成本始终是关键因素。接下来，概述了作为公共交通系统重要组成部分的客运站和车站，以及客运站的规划过程和设计方法。然后，概述了公共交通线路的构成以及如何将各条线路组合在一起以汇聚成一个公共交通系统，这引申出公共汽车路线规划和评估路线级别性能的分析方法。最后，是有关未来的公共交通问题。

12.2 所有权及管控方式

从 19 世纪末开始，随着北美城市的发展和向外扩展，步行距离也逐渐增加。这产生了对某种形式的公共交通的需求，因此提供公共交通服务成为一个利润丰厚且竞争激烈的私营行业。但是，行业内的竞争对公共交通系统的运营和吸引乘客都产生了积极和消极的影响。在需求旺盛的路线上以及高峰时段，服务通常非常优质，大量供应商争相吸引乘客。而在非高峰时段或线路使用率较低的情况下，服务质量通常较低。不受管制的竞争通常会导致商业巨头以不合理的低价将其他竞争者拒之门外（因为竞争异常激烈）。当他们建立垄断优势时，再将票价提高到较高水平，由于缺乏竞争，客户不得不为此买单。不受监管和竞争的服务通常还导致线路之间的换乘方式不便，需要多次购买车票。

到 20 世纪 60 年代，经过数十年的私家车保有量的持续增长，许多城市已经考虑或已实施由市政当局接管公共交通服务。截止到 1974 年，美国 90% 的公共交通由公共机构提供服务（MeyermGomez-Ibanez, 1981）。公共交通系统向公有制的转变带来了机遇和挑战，有一些直到今天仍在争论中（Muller, 2004）。理论上，单一的公共交通服务商可以促进城市客运覆盖到更多社区目标，而合并服务可以形成区域性交通网络，通过提供协商的票价、路线和时间表来扩大出行范围，提升便利性。公有制也使政府对公共交通基础设施投入的资金更容易获得并有效使用（注意，公有制不一定意味着公有运营，在许多情况下，日常运营是承包给私人提供商的）。公有制意味着可以在考虑公共利益的情况下做出服务决策。公共交通服务提供的所有权具有许多不同的制度形式。

12.2.1 当地的公共交通机构

一些公共交通机构由政府拥有并负责运营。政府所有权的优势包括规划、设计和运营由本地政府控制，因此可以更好地与其他市政职能整合（例如土地使用及规划部门）。而劣势包括市政服务部门在资金方面的预算竞争更加激烈，以及如果缺失某种形式的合同或约定，就无法在城市范围之外提供公共交通服务。

一些公共交通机构由美国的县政府和加拿大的地区政府拥有并运营。跨多个市政辖区协调公共交通服务的需求已促成了更高层次的新政府机构。例如在安大略省，一个地区政府负责为总人口约 50 万的几个城市和乡镇全面协调 Grand River 公共交通系统。

在少数情况下，各州除传统公共交通运输部门外，可能还额外拥有并经营公共交通机构或组织。爱荷华州、马里兰州、新泽西州和不列颠哥伦比亚省均设有此类州/省级交通机构。

12.2.2 公共交通管理局

公共交通管理局是北美多辖区服务的一种较普遍的模式。由国家立法机关创建的这些机构被赋予建设和运营主要公共交通系统的职责。在美国城市中，此类系统的实例包括佐治亚州亚特兰大的亚特兰大都会公共交通管理局（Metropolitan Atlanta Rapid Transit Authority, MARTA）、科罗拉多州丹佛的区域交通区（Regional Transportation District, RTD）、华盛顿都会区交通局（Washington Metropolitan Area Transit Authority, WMATA）以及宾夕法尼亚州和费城市的宾夕法尼亚州东南部交通局（Southeastern Pennsylvania Transportation Authority, SEPTA）。在某些城市，交通管理局负责监督其他交通机构，纽约市大都会交通管理局（Metropolitan Transportation Authority, MTA）就是一个例子。它运营和管理纽约市的公共交通系统，两个城际铁路系统（长岛铁路和北线地铁）以及一些主要的高速公路设施。建立区域机构的根本动机是，它们能够更好地为更大的区域提供和协调司法服务，并且在某些情况下可能更适合筹集区域资金以支持公共交通系统。

旧金山湾区快速交通区（Bay Area Rapid Transit District, BART）等区域性交通组织，在构成机制和运营范围上与当地交通管理局相似，但通常拥有地区税收权，以增加收入从而直接转为资本投资。

12.2.3 合作运营机制

在大都市区域，协调多个运营商提供联合服务是对单一公共交通运营商模式的一种补充。在一个区域内提供补充或提供服务的交通机构可以成立联合协会，该协会可以制订通用的行程票和公共汽车路线、定价、时间表等内容，并重新分配收入。

公共交通联盟这一概念于20世纪60年代由德国引入，它不仅可以协调各机构之间的联合票价和运营机制，还可以统筹公共汽车路网线路的规划。公共交通联合协会可以为各参与成员寻求资本投资与资金，而且日常运营中协会成员可以共享车队。在日本东京，车队共享广泛应用于东京快速公共交通局（Tokyo Rapid Transit Authority，TRTA）与几家铁路公司联合提供的服务。

12.2.4 公共交通私有化

许多城市的公共交通系统已尝试引入新的组织架构，以管理风格和劳资关系的改善积极地迎合市场竞争，同时平衡公共监督和社会目标的要求。实现这一愿景的方式通常是采取某种形式的私有化。例如车辆维护、某些行政职能以及大多数主要的规划和工程研究是由公共机构雇用的私人承包商完成的。此外，私人运营的辅助公共交通和需求响应式公共交通也很常见。

更重要的是，许多交通公司现在都借助私人承包商来提供固定路线的乘客（收入）服务。例如在1980年，圣地亚哥开始借助私人运营商来提供公共交通服务。到2001年，圣地亚哥的公共交通服务中有44%是与私人承包商签约的。同样，在州立法的引导下，丹佛于1988年开始雇用私人承包公共汽车服务，并要求对20%的公共交通运营活动进行招标。美国政府统计局（The U.S. Government Accountability Office，USGAO）进行的一项调查（2013）指出，美国有463个公共交通机构将部分业务承包出去，按机构规模，有52%的小型机构、69%的中型机构和92%的大型机构至少已外包一项公共交通业务（图12-1）。

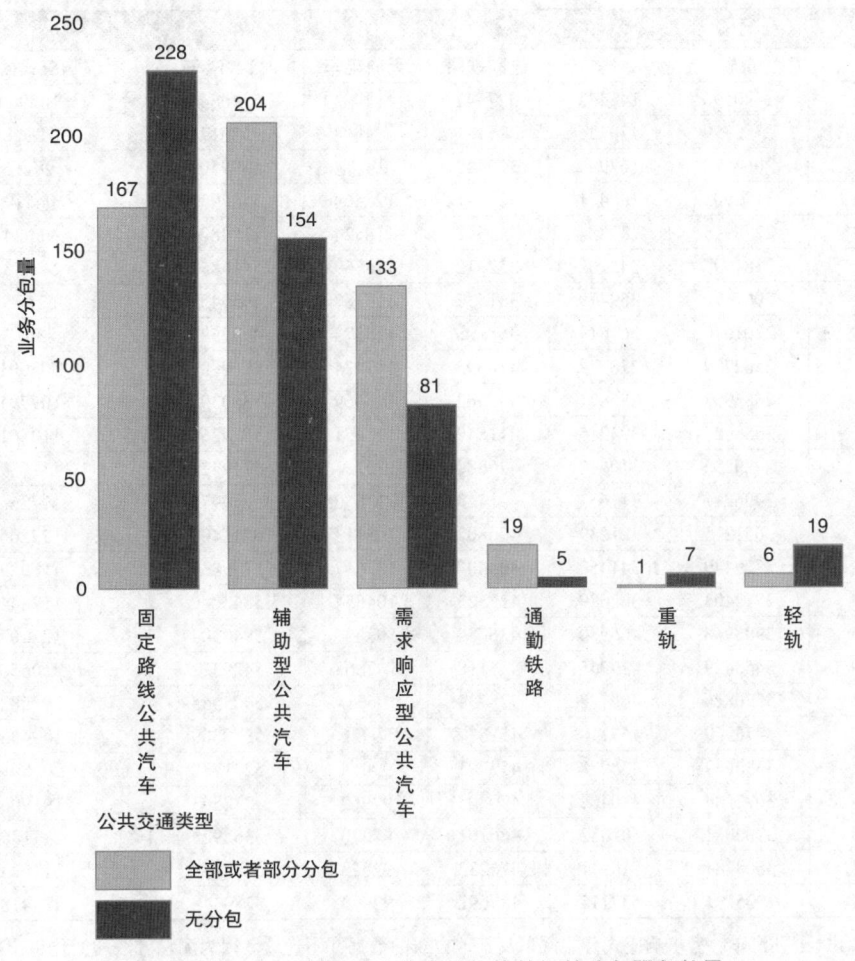

图12-1　2013年美国公共交通机构签订的分包服务数量

来源：USGAO，2013

在欧洲，竞争性服务由欧盟委员会规定。例如，瑞典交通法要求所有公共交通服务都必须公开招标，但是公共机构也可以通过投标提供服务。公共目标（例如服务质量、票价和安全性）被指定为投标文件的重要内容。关于不同的私有化招标实践的综述，请参见（Hensher, 2007）。

固定路线公共交通的私人承包总体上取得了积极成果。在大多数情况下，运营成本已经降低，尽管一些研究指出，招标所带来的好处随后又被公共机构增加的成本所抵消。运营成本削减的来源通常是与人工相关的支出减少。

12.3 北美公共交通系统现状

12.3.1 公共交通客流量现状

自1990年以来，无论乘客出行里程，还是无关联公共交通出行次数都显著增长。不管乘客通过何种方式从出发地到目的地，只要他们使用了公共交通，就被定义为无关联公共交通出行。例如，一名乘客登上公共汽车，然后换乘地铁，代表他/她已经进行了两次无关联出行。20世纪90年代中早期，人们乘坐公共汽车和地铁的次数有所下降，但随后又逐渐恢复，见表12-1。除无轨电车外，所有模式在同一时期的出行量都有很大增长。2014年，通勤铁路出行比1990年增加了50%，呼叫式服务（Dial-a-Ride）增长了111%，LRT出行增长了267%。造成公共交通出行次数增加的因素包括人口增加、城市中心密集化、各级政府对服务和基础设施的持续投资以及经济复苏。表12-1中的阴影区域表示美国国家经济局识别出发生经济衰退的年份。可见，在经济衰退期间，随着就业人数的减少，总出行量可能会下降。

表12-1 美国居民出行方式变化趋势 （单位：次）

年份	总出行量	重轨	轻轨	通勤铁路	无轨电车	公共汽车	需求响应式公共汽车	其他
1990	8956479	2420196	146443	327547	见其他	5740648	106984	214660
1991	8483877	2182759	170726	325186	见其他	5526171	72108	206927
1992	8555107	2064773	162994	326443	见其他	5699502	98116	203280
1993	8452120	2172905	168451	329591	125464	5487952	94119	73639
1994	8450736	2278945	232884	349542	118524	5284821	98024	87994
1995	8490116	2181997	243403	352312	116759	5416852	94533	84261
1996	7930132	2067370	269479	361532	117187	4955427	81575	76726
1997	8106214	2201070	261619	368198	118573	4992529	83513	80713
1998	8697183	2562799	278779	378595	117424	5160836	103001	95749
1999	9057962	2685998	286671	393662	126469	5360392	107791	96864
2000	9403443	2688025	293215	411840	122451	5679265	110861	97785
2001	9504693	2729836	310612	420680	112253	5719321	112639	99172
2002	9386941	2706211	317653	411449	118810	5611975	117366	103477
2003	9427056	2651271	321239	406802	108113	5711407	123205	105019
2004	9603746	2729449	341450	408407	107617	5799837	118029	98957
2005	9708337	2742403	362689	423323	104554	5842240	117844	115284
2006	10046406	2908948	406980	436780	103007	5940304	127407	122980
2007	10270589	3450429	429765	455118	102868	5429322	210650	192437
2008	10597931	3570826	462122	475739	106314	5605445	193582	183904
2009	10257889	3476969	457118	451879	99925	5370880	189434	211685
2010	10172352	3530639	464978	452791	99064	5231478	202899	190503
2011	10394405	3672244	490462	470405	97962	5272503	191906	198922
2012	10537156	3702081	507082	466101	97870	5362928	211180	189915
2013	10656570	3808781	518911	476233	92623	5358779	212024	189219
2014	10753151	3935271	537115	489692	92994	5280348	225418	192313

注：1. 2006—2007年，公共汽车、需求响应式公共汽车及其他方式的数据并不连续。因为测量方法的变化将出行从公共汽车转移至需求响应式公共汽车等。其他包括空中缆车、自动导轨、地面缆车、轮渡、斜坡、单轨铁路和通勤车。

2. 阴影区域意味着经济衰退。

来源：APTA, http://www.apta.com/resources/statistics/Documents/Ridership/2014-q4-ridership-APTA.pdf , Reproduced with permission of the American Public Transportation Association.

1990—2013年间，铁路出行总里程增加，其中通勤铁路增加80%，见表12-2。而轻轨和需求响应乘客里程增长更快，轻轨从1990年的3.5亿英里增长到2013年的25亿多英里，在此期间增长了663%。需求响应出行的里程从1990年的约3.64亿英里增长到2012年的近8.52亿英里，增长了134%。

表12-2 美国居民出行总里程数 （单位：百万英里）

年份	重轨	轻轨 a	通勤铁路	无轨电车	公共汽车	需求响应式公共汽车	轮渡	其他
1990	10427	350	6534	306	21161	364	U	439
1995	10668	833	7996	187	18832	577	260	232
2000	12902	1190	8764	186	18684	559	295	699
2006	14418	1700	9470	173	19425	738	359	842
2006	14721	1866	10359	164	20390	753	360	891
2007	16138	1930	11137	156	20388	778	381	966
2008	16850	2081	11032	181	21198	844	390	1156
2009	16805	2196	11129	168	21100	881	365	1254
2010	16407	2173	10774	169	20570	874	389	1272
2011	17317	2363	11314	160	20559	879	389	1347
2012（R）	17516	2316	11121	162	20060	887	402	2705
2013	18005	2565	11736	156	18796	852	402	3.966

注：R=修正后的数据；U=数据无法获得。
a：从2011年开始，轻轨系统包括轻轨、有轨电车和混合铁路系统。
来源：USDOT, Bureau of Transportation Statistics, http://www.rita.dot.gov/bts/sites/rita.dot.gov.bts/files/publications/national_transportation_statistics/html/table_01_40.html.

表12-3展示了美国和加拿大排名前12位的公共交通系统在2015年第三季度的平均工作日载客数量。该表包括特定都会区向美国公共交通协会（American Public Transportation Association，APTA）报告载客量统计信息的所有公共交通系统。美国大约一半的公共交通出行量都由10个重量级公共交通服务机构贡献，而纽约大都会地区提供的公共交通服务则创造了迄今为止北美最高的公共交通出行量。

表12-3 2015年北美地区第三季度公共交通客流量最高的12个都市区（以周为计算单位）

都市区	公共交通周均客流量/人次
纽约	12027000
多伦多	2569000
芝加哥	1958000
蒙特利尔	1931000
洛杉矶	1426000
华盛顿特区	1344000
波士顿	1326000
旧金山	1184000
（不列颠哥伦比亚省）温哥华	1172000
费城	984800
卡尔加里	545900
西雅图	531900

注：客流量是从APTA报告中预测的，例如费城有6个不同的系统报告了乘车情况。
来源：APTA, 2015 Ridership Statistics, http://www.apta.com/resources/statistics/Documents/Ridership/2015-q3-ridership-APTA.pdf. Reproduced with permission of the American Public Transportation Association.

12.3.2 平均出行距离和运行速度

表 12-4 列出了美国在所有主要公共交通出行方式下的平均出行距离和平均行驶速度等主要特征。行驶速度反映了不同交通模式的通行权限，以及乘客上下车所花费的时间。与机动车混合行驶的公共汽车和无轨电车的平均运行速度最低，为 12.8 英里 / 时（20.4 公里 / 时）。而轻轨和快速公交大多使用专用车道，因此具有更高的平均运行速度 15.7 英里 / 时（25.1 公里 / 时）。重型轨道系统仅在专有的轨道线路上运行，且站距通常比轻轨系统远得多，因此平均运行速度为 20.0 英里 / 时（32.2 公里 / 时）。公共汽车、轻轨和重轨的平均行驶长度分别为 3.9、5.2 和 4.7 英里（6.3、7.4 和 7.6 公里）。

表 12-4 2012 年北美主要出行方式的平均出行距离和平均行驶速度

	平均出行距离 / 英里	平均行驶速度 /（英里 / 时）
公共汽车	3.9	12.8
有轨电车	1.6	7.1
轻轨	5.2	15.7
重轨	4.7	20.0
需求响应式公共汽车	8.3	15.3
通勤铁路	23.7	32.8

来源：APTA, 2014a, Reproduced with permission of the American Public Transportation Association.

需求响应车辆服务的平均行驶距离更长，达到了 13.4 公里，但速度比轨道系统低一些。通勤铁路（城际铁路）的行驶距离最长（平均行驶距离 38.1 公里），行驶速度也更快（平均行驶速度接近 53 公里 / 时）。

通过乘客里程数（Passenger-Miles）与载客车辆里程数（Revenue Vehicle-Miles）或者载客车辆运行时间（Vehicle-Hours）的比值，可加深对公共交通使用效率和平均出行距离的了解。载客里程数定义为车辆提供服务时所行驶的英里数（例如不包括往返起点的空乘行驶英里数），表 12-5 根据 2012 年的数据展现了所有公共交通模式的比率。需求响应式公共交通服务单位载客车辆里程数的乘客里程数约为 1，单位载客车辆运行时间的乘客里程数为 27.5。另一方面，通勤铁路的平均载客量更大、运行速度更高且出行 OD 集中度更高，因此单位载客车辆里程数的乘客里程数约为 35，单位载客车辆运行时间的乘客里程数为 1856。其他公共交通模式的比值同样符合相应的车辆特征。

表 12-5 2012 年北美主要公共交通出行方式的使用效率

	乘客里程数 / 载客车辆里程数	乘客里程数 / 载客车辆运行时间
公共汽车	10.4	132
有轨电车	14.3	101
轻轨	25.5	400
重轨	27.5	551
需求响应式公共汽车	1.2	17
通勤铁路	35.0	1153

来源：*APTA Fact Book*, http://staging.apta.com/resources/statistics/Documents/FactBook/2014-APTA-Fact-Book-Appendix-A.pdf , Reproduced with permission of the American Public Transportation Association.

12.4 公共交通模式及其组成类型

公共交通模式可以根据道路通行权、车辆所用技术和运营属性进行分类。

路权。在大多数情况下，通行权与驾驶方式相关，进而影响公共交通的服务类型、运营成本和行驶特征。共有三种基本的路权类型（Right-of-Way，ROW）：

- A 类定义为物理隔离且完全受通行限制的通行权，没有交叉路口或其他车辆和人员可以通行。这些专用道路可以通过桥梁、隧道，或与其他具有高差的道路进行同向并行设计（图 12-2）。
- B 类包括在纵向上与其他交通方式分开的道路，如图 12-3 所示，但受交叉路口的交通管制。行人在某些地方也可能会通行。

a) 西雅图的隧道

b) 迪拜的自动运行轨道

c) 洛杉矶轻轨系统

d) 西雅图的单轨系统

图 12-2　A 类专用路权

来源：Photos 12a to c courtesy of Michael Meyer; Photo 12d courtesy of Amanda Wall Vandegrift

a) 荷兰罗德海姆的有轨电车

b) 波特兰电车

c) 科罗拉多州丹佛的公共汽车

图 12-3　B 类路权：在人行街道中采取路权分离措施

第 12 章　公共交通规划・415

- C类常见于在街头上行驶的常规公共交通系统（图12-4）。这是成本最低，影响最小的替代方案。但是公共交通系统的运行效率取决于即时交通流量，因此C类的服务性能最低。在某些情况下，可以通过采取公共交通优先方案（例如使公共汽车能够通过拥挤区域或交叉路口的便捷短车道）和公共交通信号优先方案（使公共汽车和紧急服务车辆能够面对保持畅通的绿灯或缩短绿灯间隔）来提高C类道路的通行性能。

随着从C类到A类的公共交通的通行权程度逐渐增加，行驶速度、载客能力和安全性也得到改善，但投资成本也随之增加。

a) 澳大利亚墨尔本的电车系统

b) 阿姆斯特丹的电车系统

c) 俄勒冈州波特兰轻轨系统

图12-4　C类路权：在混合路权街道中行驶的公共交通车辆
来源：Photos courtesy of Michael Meyer

通用公共交通术语表

公共交通系统规划包含一些特殊术语，其中许多源自轨道系统。本章使用的一些常见术语包括：

- **车辆编组**（Consist）：由多于1个的交通车厢连接而成的多车列车。
- **空车行驶**（Deadhead）：车辆在不服务状态下行驶的情况，最常见的是在停车场与服务开始或结束之间的行驶状态（返场空车运行），但有时也发生在一条路线的终点与另一条路线的起点之间（联运空车运行）。
- **停留时间**（Dwell）：交通车辆处于服务状态但停止行驶的时间。有时用于描述在十字路口等待的时间，但更常用来描述乘客上下车或车辆等待出发时在车站的等待时间。
- **发车间隔**（Headway）：从字面上看指车辆之间的实际距离，但通常用于描述发车频率并与发车频次呈负反比，15分钟的发车间隔表示每小时能发出4趟公共汽车（60分钟内每15分钟发一次车）。
- **中途短暂停留**（Layover）：也称"休整时间"，是行程结束时（或在主要的中间换乘站点）预留的缓冲时间，以预防车辆延迟并确保下一个班次按时出发。

车辆技术。公共交通车辆技术指车辆和导轨的物理组件。一个或多个耦合在一起的车厢所组成的车辆包括四项基本车辆技术。

支撑技术，通过车辆与行驶表面之间的垂直接触以支撑车辆的重量，最常见的情况是车辆由橡胶（充气轮胎）或钢轨上的钢轮支撑。

引导车辆的方式称为引导机械技术。公共汽车和其他公路车辆由驾驶员操纵，而使用固定导轨的铁路和其他交通车辆则由行进路线和专用导向轮引导。

第三项技术是推进源和驱动力的传递装置。车辆通常由内燃机（通常为柴油机）或电机驱动。在过去的10年中，压缩天然气（Compressed Natural Gas，CNG）和混合动力汽车得到了越来越多的应用。一般是通过橡胶轮胎或钢轮与地面之间的摩擦来推动车辆。其他推进技术包括线性感应电机，该电机使用电磁力推动车辆。

第四项技术是车速控制及保持车辆之间纵向间距的技术。可以手动驾驶车辆，但这仅取决于驾驶员的判断，且手动驾驶受安全信号控制系统的约束，容易发生事故。或使用精密的计算机系统来控制车辆间距（例如 BRT 路线上常见的自动车辆定位系统）。全自动无人驾驶汽车由预编程的计算机系统控制其加速、制动和停止。目前，自动驾驶汽车只能行驶于 A 类通行权的道路上。

车辆运行特点。公共交通服务因线路和出行的类型而异。短途线路通常以高频率运行，并服务于高密度区域，例如 CBD、校园或住宅小区。城市公共交通涵盖了服务于整个城市的大多数公共汽车和轨道线路。郊区公共交通主要服务于周边的郊区，并提供通往周边和市区核心区域的快速交通服务。区域交通服务于整个大都市地区，车站之间的距离较远且运行速度较快。

公共汽车可以在站点的停靠方式上有所不同。为所有站点服务的线路定义为普通公共汽车。选择性停靠的公共汽车会根据预先定制的行驶计划依次停靠在不同的站点，以提供更高的运行速度和行驶时间。快速公交仅在沿线的某几个车站停留，通常会与普通公共汽车共用相同的运行路线，但也可能具有单独的运行路线。

运营时间是公共交通服务的标志性运营特征。普通公共汽车通常每天运行 16～18 小时。通勤公共汽车仅在高峰时段运行，通常只提供定向的出行服务。不定期或特殊的公共交通服务仅在发生特殊事件或紧急情况下运行。

12.4.1 运营模式的定义

路权类别、车辆技术或运营特征的差别并不足以充分定义一类交通模式。因此，在一种或多种运营特征上具有实质性差异的交通模式才有可能相互区分。这对于出行需求建模是一个重要的考虑因素，因为必须根据运营特征定义不同的公共交通模式，以便对出行者模式选择决策进行建模（请参阅第 6 章关于出行需求建模的内容）。首先通过 ROW 类别定义通行模式，因为三个路权类别（A、B 和 C）代表不同的通行效率和投资成本组合。

在一般街道上通行的公共交通属于 ROW 的 C 类模式。尽管街道公共交通系统包括区间穿梭班车、无轨电车和有轨电车等多种形式，但常规公共汽车是使用最广泛的街头公共交通模式。公共汽车主要以内燃机驱动，并由驾驶员手动控制。双层和铰接式公共汽车也可用于增加路线通行能力。有轨电车由轨道引导，并且可以耦合，以创建多达三辆或四辆的车辆编组，从而提高乘客荷载人数和车辆运营效率。

*半快速公共交通*系统属于第二类通用模式，主要在 B 类路权的道路上行驶，有时也适用于 A 类或 C 类路权道路。因此，这类模式比街道公共交通系统具有更高的性能。半快速公共交通系统包括中等荷载能力和交通性能的车辆，例如 LRT、BRT 以及许多自动引导车辆（在某些城市中，这类公共交通方式称为快速公共交通，尽管从技术上讲它们只属于半快速公共交通系统）。

*快速公共交通*系统仅在 A 类路权道路上运行，具有较大的车厢编组和容量，运行速度较快，可靠性和安全性也很高。它建立专有的公共交通通行道并通过耦合的大型车厢来最大化通行能力和运营效率。该类别中的主导模式是快速轨道交通（Rapid Rail Transit，RRT），通常称为地铁或重型轨道。另一种模式（较不常见）是橡胶轮胎式快速交通系统，它将橡胶轮胎和常规导轨结合使用以进行支撑和引导（例如在蒙特利尔、墨西哥城、智利圣地亚哥以及巴黎等地运行的线路）。

*城际铁路*也称通勤铁路，与 RRT 的区别在于，它使用更大的车辆，并且通过在站间间隔较长的轨道路线上行驶来实现更高的速度。轻轨车辆（Light Rail Vehicles，LRV）也可用于快速公共交通系统，或称轻轨快速公共交通系统（Light Rail Rapid Transit，LRRT）。这种应用模式的示例包括不列颠哥伦比亚省温哥华的天空铁路、迪拜地铁和伦敦的港区轻轨。近年来，一些轻轨列车相继开始在区域和城际铁路的轨网中运行。

几种运行在 A 类路权道路上的电气轨道交通系统，包括 RRT、LRRT 和 AGT 服务，都是无驾驶员操控的全自动化运行系统。尽管 AGT 和 APM 满足了按类别划分的快速交通的定义，但它们的车辆明显较小且荷载能力较低，因此不被视为快速交通系统。

在特殊地形中使用的特殊车辆与常规公共交通车辆截然不同，它们用于在非常陡峭的地形中穿越深谷和穿越水体。最常见的形式包括索道缆车、地面缆车和渡轮。

*辅助公共交通*一般使用中低容量的小型车辆，容易在较小的社区中进行运营和维修。它们与常规公共交通的不同之处在于具备灵活的时间计划和路线，以满足用户的即时需求。

12.4.2 公共汽车运行模式

公共汽车的类别包括燃油汽车和无轨电车，它们在普通街道或者专用道路上行驶，可以在几乎没有特殊基础设施的大多数街道上运行。这允许公共汽车通过由大街小巷组成的路网来覆盖大部分用户。公共汽车还可以面向不存在轨道交通的特定市场（请参阅第2章中的市场细分）。但是公共交通运输通常受交通状况的影响，在服务速度和可靠性方面与私家车相比缺乏竞争力。在大多数情况下，可以考虑采取公共交通优先的交通措施来提高公共交通服务的可靠性和准时性，尤其是在交通拥堵的情况下。

由于投资成本低，公共汽车是在中度和轻度客流公共交通线路上的最经济运营方式。但是，公共汽车的规模收益率小于轨道交通。随着客运量的增加，每位乘客的出行成本保持相对恒定，因此对大客运量而言，公共汽车的收益率逐渐降低。在一天中的某些时段，许多路线可能会出现服务过剩的情况。与轨道交通方式相比，公共汽车的公众影响力和对城市发展的影响也较小。通过增加与BRT相关的基础设施和旅客接驳设施，可以在某种程度上缓解这一问题。

1. 公共汽车系统

2012年，美国有1370个公共汽车、无轨电车和快速公交系统，载运了近53亿次无关联出行，占所有公共交通出行量的51.3%。公共汽车和无轨电车的出行里程占公共交通乘客总里程的36.7%（APTA，2014b）。公共汽车可以按动力系统、车身类型、尺寸、载客容量和运行线路进行分类（图12-5）。

a) 迪拜的铰接式公共汽车

b) 瑞典的双铰接式公共汽车

c) 佐治亚州亚特兰大市传统的公共汽车

d) 大不列颠哥伦比亚省维多利亚市的双层公共汽车

图 12-5　不同公共汽车的大小和形态

来源：Photos 12-5a and b courtesy of Michael Meyer; photo 12c courtesy of Phillip Cherry; photo 12d courtesy of BC Transit.

动力系统。公共汽车最常用的动力系统是柴油机。2012年，公共汽车燃油消耗中有67%以上是常规柴油（APTA，2013）。近年来，公共汽车制造商和公共交通机构一直在努力减少与公共汽车相关的负面环境影响（IAPT，2013）。相关努力的成果是为传统内燃机增加了减排技术，包括用于超低硫燃料的颗粒过滤器、新型推进系统以及柴油机与电机组成的混合动力系统。用以替代传统燃料的清洁燃料包括（按使用频率递减的顺序排列）CNG、生物柴油、液化天然气（Liquefied Natural Gas，LNG）和丙烷，目前约占美国运营的公共汽车能源消耗的32%。当前，正在研究电动公共汽车的快速充电技术，并增加使用相对清洁的柴油燃料的公共汽车。

无轨电车是带有两根架空电缆的电动公共汽车，可通过无轨电杆获取电能（图12-6）。电杆允许无轨电车横向移动4米，因此无轨电车可以使用电缆下方的车道以及另一侧的一个相邻车道。无轨电车通常可以短距离运行。总体而言，无轨电车代表了一种环境友好的公共交通运输方式，由于它产生的噪声处于所有交通方式中的最低水平，且无尾气排放，在丘陵街道上也能有效运行，旧金山、西雅图、不列颠哥伦比亚省温哥华等城市，以及瑞士、希腊、俄罗斯和东欧国家的许多城市都广泛采用了无轨电车系统。

车身类型、尺寸和载客容量。标准公共汽车通常是两轴车辆，长约12米，宽2.5米。它的容量在40~60名乘客不等，为乘客提供的座位越少，则总载客容量越大。许多城市还使用10~11米的公共汽车为客流量较少的路线提供服务。整个公共汽车系列包括：小型客车，长5~7米，具有12~20个座位和8~15个站位；中型客车，长8~10米；超长的15米级两轴客车，需要特殊许可才能在专用路线上运行；双层公共汽车高4.3米，最著名的是英国伦敦和中国香港使用的双层公共汽车，也用于许多北美社区，它们能够提供较多的座位（作为长途出行工具是一个不错的选择），同时也能够为街区较短的老城区提供更好的服务。

图12-6　西雅图市的现代公共汽车

来源：Courtesy of Metro King County Government

除满足乘客需求外，选择车辆长度的关键标准是转弯半径和畅通的转弯路径，典型尺寸如图12-7所示。公共汽车前部的自行车架会将最小外部转弯半径增加几英尺。

铰接式公共汽车是一种三轴车辆，长度为16~18米，两个车身部分通过一个铰链连接。该铰链允许车辆水平和垂直弯曲，同时为车辆提供连续的内部空间。这种弯曲有效地缩短了车辆的轴距，从而允许这些非常长的公共汽车通过转弯路口。铰接式公共汽车通常可容纳65个座位，以及35~50名站客，整车可容纳100名以上乘客。对于客流量较大的线路（例如在一些发展中国家，以及像纽约市这样的城市），可通过提供更少的座位并采用6人/米^{2}的站立乘客密度来实现多达125个客位的铰接式公共汽车容量，而不是发达国家常见的4或5人/米^2。铰接式公共汽车通常具有更高的收益回报率（每单位乘客小时收入或每英里单位乘客收入），但在舒适性和车辆性能方面存在一些短板（更长的起动和减速时间），如图12-5所示。

上下车站台与街道水平面高差仅25~35厘米的公共汽车目前在世界范围内得到了广泛应用。这种设计的主要目的是为残疾人或行动不便的人提供方便的上下车服务，同时为所有乘客提供了更便捷的、更少的停留时间以及更高的整体运行效率。车厢前部地板和过道保持同一水平，而后部车厢通常需要抬起两步的高度或倾斜地面，以容纳轮轴和发动机舱。

由于高层公共汽车通常需要迈上几层阶梯，一些城市尝试通过修建平台来提供更方便的搭乘方式。高平台的上下车方式通常与BRT的概念相关（请参阅后文）。没有设置内部阶梯的高层公共汽车仅限于在高平台的线路上运行，通常从左侧上车，它们无法在不存在此类平台的常规街道上服务。

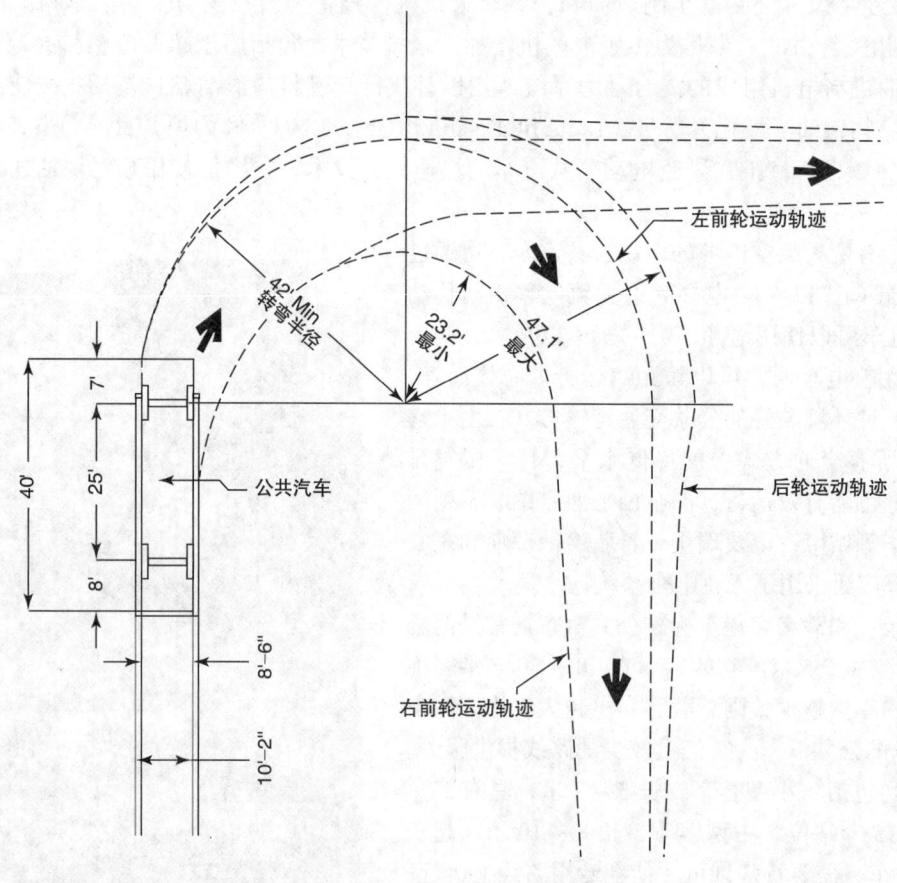

图 12-7　40 英尺公共汽车的转弯半径
来源：Florida Planning and Development Lab, 2008

导轨型公共汽车。多种类型的公共汽车都可以在导轨上运行，从而将在街道上行驶的便捷性与导轨行驶模式下的安全性和可靠性相结合。最著名的例子是德国埃森的 O-Bahn 线路，以及澳大利亚阿德莱德的 12 公里线路。水平车轮沿公共汽车轨道上方 20 厘米的导轨行驶。当公共汽车离开导轨路段时，驾驶员控制缩回车轮，并以常规模式继续驾驶公共汽车。与其他模式，例如 LRT 相比，此类导轨公共汽车只需要较低的投资成本且易于制造，但无法实现 LRT 的投资回报率。因此，目前很少有导轨式公共交通系统在运行。

近期，带有光学导向装置的公共汽车出现在具有高平台的 BRT 线路上，以实现公共汽车的精确停车，并在公共汽车地板与高平台边缘之间实现很小的停车间隙。这类公共汽车通过预装的前置摄像头识别特殊的路面标记，以实现自动导向。

公共汽车出行通道：大多数公共汽车在混合交通方式出行的城市街道上行驶，除公共汽车站标牌和候车设施外，几乎没有专门的公共交通设施。在公共交通优先的城市中，公共汽车按照不同类型的通行权运行，如图 12-8 所示。街道上的公交专用道适用于公共汽车运行，其他车辆禁止驶入（图 12-9）。在某些情况下，公共交通系统会在与所有其他车流相反的方向上行驶。这些所谓的逆流公交专用道最适用于高峰时段通勤出行。最高质量的公共交通服务是在物理空间上与其他道路分隔的公交专用道（类似位于车道中间的 LRT 专用道）。

公共汽车也可能在部分路线的高速公路上行驶。对高速公路路线而言，停靠站点位于交汇处或紧邻交汇处。美国高速公路上最密集的公共交通服务是从新泽西州通往纽约市林肯隧道的线路。这部分线路每小时运行约 700 辆公共汽车，并为拥有 200 多个泊位的港口管理局公共汽车总站服务。在早高峰时，这部分线路上的公共汽车在驶离高速公路后使用逆流车道。

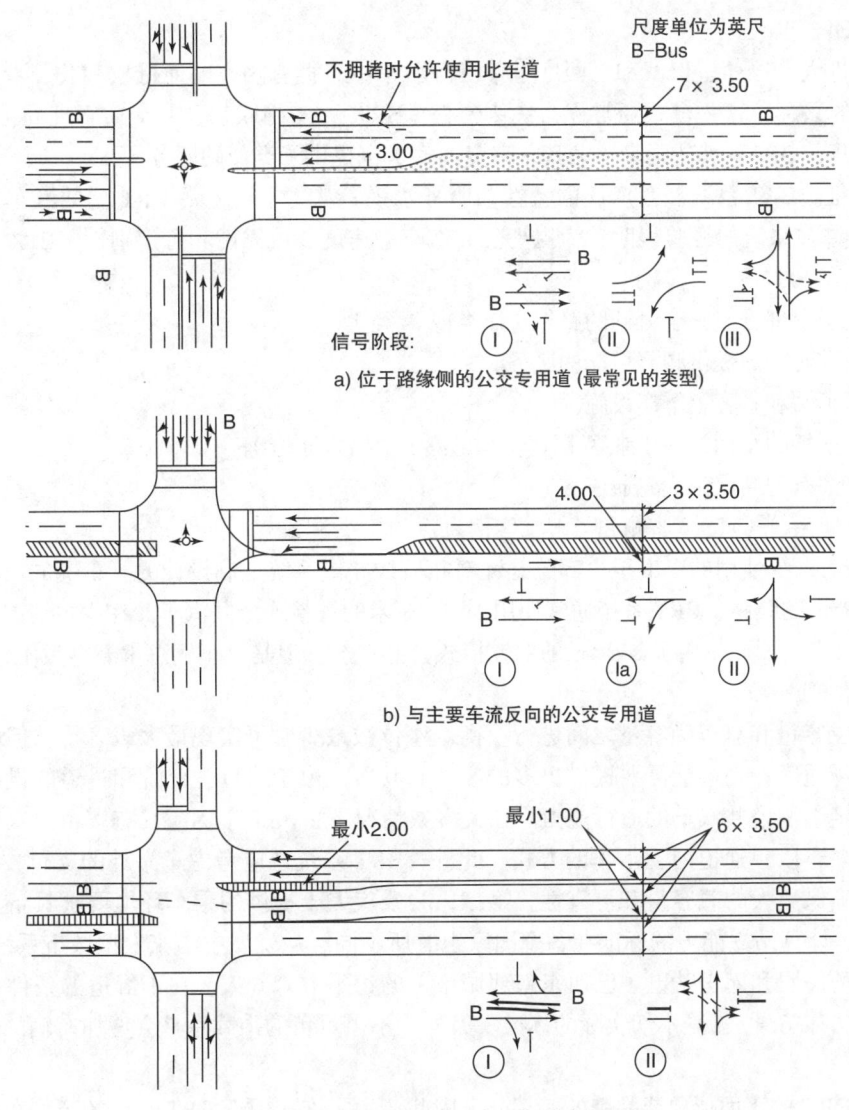

图 12-8 实现公交专用道的不同措施

来源：Vuchic, 2007

公交专用道：公交专用道在物理空间上不受其他道路的影响，但通常与其他街道或主干道相交。北美最精致、最著名的公交专用道是加拿大渥太华和宾夕法尼亚州匹兹堡的公交专用道。渥太华的 28 公里 BRT 网络设有 26 个车站，并与更广泛的常规公共交通线路网络整合在一起，每天载客约 22 万人。匹兹堡的 3 条公交专用道为 29.8 公里的 26 个车站提供服务，约占匹兹堡每日客流量的 22%。公交专用道的例子还包括迈阿密的南线和洛杉矶的橙线。

在一些城市，高速公路的路肩已在高峰期或在某些情况下全天转换为公共汽车使用。Martin 很好地概述了这些类型的设施以及使用这些设施必须满足的标准（Martin et al., 2012）。

图 12-9 在拥堵路段提供公交专用道

来源：Photo courtesy of Michael Meyer

2. 快速公交（BRT）

在哥伦比亚波哥大、巴西圣保罗和巴西库里蒂巴等城市中，拥有隔离的通行权和公交专用道的独特公交模式成功激发了人们的兴趣，这一模式通常称为快速公交（BRT），美国联邦公共交通管理局（FTA）大力推广并在许多美国城市建设了BRT，其他国家（尤其是南美国家）也提供了类似的服务。

系统定义和特征。BRT系统涵盖广泛的特性和服务水平，从主干道上的BRT公共汽车到与道路系统分离的专用BRT路网。许多系统的经验表明，为提高公共汽车的速度、可靠性和可识别性，BRT必须具有以下要素（Kittelson & Assocs., 2007）：

- 在大部分里程上部分或完全分开的路权（B类或A类）。
- 在大多数日常时间内提供频繁可靠的服务。
- 配备独特的车站和乘客上下车设施。
- 宽敞且设计独特的车辆，易于乘客上下车（配备多个出入通道）。
- 大多数路口都有公共汽车优先通道。
- 使用智能交通系统（ITS）监测和了解乘客信息。

车辆。许多BRT系统使用的车辆至少部分是针对相应线路或系统定制设计的。车辆的尺寸和容量取决于乘客的数量，但对于繁忙的线路，BRT系统通常使用16～18米的铰接式公共汽车。在少数情况下，线路大多位于平整地形上，弯道很少，因此使用了24米长的双铰接式公共汽车。但是，车辆总承载容量不仅取决于车身尺寸，还取决于其他多个因素。

首先，要在座位容量和总车辆容量之间进行权衡。座位数最少时可实现最大载客量。但是，如果计划使车辆提供较高的乘坐舒适度，则可能需要提供更多的座位。其次，由于入口、台阶和过道的设计差异，地板的高度和门的数量会直接影响公共汽车的通行能力。在大多数情况下，BRT车辆应具有多个出入口，以提高乘客上下车的效率，避免乘客以单通道门上下车的方式。此外，BRT系统还应考虑车站外的支付技术和/或其他与票价有关的政策，以确保更大的载客量和可靠性。第三，为残疾人士提供的乘车环境要求具备升降板、坡道和轮椅放置空间。最后，计算站立能力的标准在各个国家也有所不同，从发展中国家中型城市系统的每平方米2人，到超大城市，例如圣保罗和库里蒂巴（巴西东南部城市）的每平方米6人。在不舒适的条件下每平方米可容纳4～5个人，而每平方米6～7人是不切实际的标准。另外，不堪重负的乘载总是会增加车辆的停留时间，从而降低线路运行效率。

车辆的外观是BRT的正面形象或品牌的一部分，因此产生了许多用于BRT系统的新型车辆设计形式。然而在某些情况下，车身设计、驱动和控制系统和自动驾驶上的过度创新，以及适用性方面存在的问题，导致了高昂的成本。BRT系统每辆车的价格范围大致在150万～200万美元之间，因此应始终仔细考虑高舒适度和吸引力与购买和运营成本之间的平衡。

基础设施。在物理空间上隔离的专用车道优于仅用标志指定的专用车道，因为公交专用道在一定程度上减少了常规交通信号和在城市街区的交叉路口通行的人流给行驶效率带来的负面影响，并且BRT的专用道路可防止其他车辆进入。但在其他车辆倾向于有意或无意进入公交专用道的十字路口和交叉路口，通行能力可能会受到影响，因为具有信号优先权的公共交通线路如果频繁通过会减少来自其他方向的通行流量。因此，适当的十字路口和道路交叉口设计和设施十分重要。

尽管专用车道在理论上是可行的，但与相邻普通车道的拥堵状况相比，公交专用道经常有剩余的通行能力时，管理机构会遇到舆论和政治压力。这种压力导致许多城市放弃了公交专用道并降低了BRT的质量。

快速公交车站也必须经过仔细规划，以提供所需的线路通行能力。BRT线路各站点间距比传统的街头公共汽车站更大，这有利于提供快速且可靠的公共交通服务。例如，洛杉矶的Metrobus线路成功地吸引了新的乘客，与传统公共汽车相比，其停靠站更少，且提供了更高频次的的公共交通服务。

在单线公共汽车站，一条具备高台车站和四门铰接客车的BRT线路（例如墨西哥城的Insurgentes线）每小时可以载客6000人。巴西圣保罗的多线公共汽车站可容纳多辆公共汽车同时停靠，可以实现更高的载客容量。另一种方法是设计几组仅在公交专用道上沿两车道街道错开的停车站，这使得公共汽车可以跨越车站停靠（例如俄勒冈州波特兰）。也可以在每个车站区域设置两条车道，以允许快速公交直接通行。通过这些方式，单条线路每小时可以载运 15000～20000 名乘客甚至更高。

促使人们对 BRT 产生更大兴趣的主要运营特征与线路和服务的设计有关。BRT 有别于许多提供大量重叠线路的常规公共交通系统，其提供在特定线路上快速可靠的服务。因此 BRT 虽然不如常规公共交通线路灵活，但就其更优的形象和可靠的服务以及易于转移到其他线路的特征而言，更类似于轨道交通服务。公交专用道也使 BRT 的形象比常规的公共交通服务更具表现力。

BRT 的其他关键特征包括车票购买和信息系统优化。乘客通常可以在 BRT 车站直接完成车票购买和行程确认，这些行为不会使车辆延迟出发，提高了服务的可靠性和速度。

公交专用道和 BRT 项目的资本成本差异很大，具体取决于通行权、位置和技术规格。表 12-6 列出了美国某些 BRT 项目的建设成本，可以看出，成本因设施特性而存在很大差异。

表 12-6 美国某些 BRT 项目的建设成本

BRT 系统	里程/英里	资本投入/百万美元	平均每公里花费/百万美元	联邦援助资金占比（%）	州政府援助资金占比（%）
波士顿 Silver line，华盛顿街，第一期	2.4	46.5	19.4	0	100
克利夫兰 Healthline	7.1	197.1	7.0	50	50
波士顿 Silver Line WaterFront 第二期	8.8	624.2	89.1	77	23
匹兹堡 MLK Jr. East 快速公交	9.1	68.0	20.0	50	50
尤金 Emx	4.0	65.9	16.4	80	20
奥克兰 San Pablo 快速公交	14.0	3.2	0.23	—	—
洛杉矶橙线	14.2	377.6	25.0	7	93
拉斯维加斯 MAX 和 SDX	19.0	51.6	2.7	82	18
堪萨斯城 MAX	12.0	65.9	5.5	63	37
洛杉矶快线	400.0	94.0	0.24	77	23

来源：Lowe and La, 2012

对于常规的公共交通系统，也应考虑升级许多用于 BRT 的服务特征，例如提供单独的公共汽车通行权，更快的服务和多个上下车门。引入 BRT 需要付出更大的努力，但同时也会带来更高的运行效率以及土地使用方面的积极影响。从本质上讲，它代表了传统公共交通与 LRT 服务之间的另一类公共交通服务选项。

与 LRT 相比，BRT 通常具有较低的投资成本、更快的实施时间和更简单的技术，因为它不需要轨道和线路电气化。越是倾向于 LRT 的其他服务特征，BRT 的服务水平越高，但投资成本优势也越小。在极端情况下，例如西雅图和波士顿的 Silver Line BRT，公交专用道的投资成本与 LRT 相当或更高，而服务水平在大多数方面（速度、容量、舒适度）却更低。但是，BRT 可以拥有更多的分支线路，并且可以更轻松地与公共交通系统的其他部分连接。例如安大略省渥太华的"蜘蛛网"——在 BRT 的两端都有许多不同的分支线路，这在澳大利亚也很常见。

当前的趋势表明，随着城市对公共交通逐步提升的意愿以及对汽车依赖性的降低，对包括 LRT 和 BRT 在内的中等容量公共交通方式的需求将越来越受关注。在发展中国家，可能会在更多城市引入类似圣保罗和波哥大的高载客量 BRT 系统。

12.4.3 轨道和其他模式

轨道交通系统的主要特征包括：
- 轨道系统里最常见的是火车，它是该系统运行的最大的交通车辆（渡轮除外），通常比其他交通方式的交通能力和交通效率高得多。
- 轨道模式要求在交通基础设施上有更多投资，通常具有更长的服务期限和显著的辨识度与吸引力。

- 与常规车辆相比，轨道系统允许使用优先级更高的通行权。
- 得益于宽敞的空间和多车厢连接，轨道车辆具有更高的乘坐舒适性。
- 大多数轨道交通都由电力驱动，具有出色的动力性能，并且噪声和空气污染极小，可以在隧道中运行（运行时噪声较大的柴油机通勤铁路除外）。

轨道交通车辆通常行驶在 A 类和 B 类路权的道路上，因为它们具有较高的载客容量和服务规模。独立的出行方式可确保更高的服务可靠性并提供更具辨识度的形象。在大多数情况下对环境的影响最小，因此可以更好地融入城市地区。但是轨道交通需要很高的投资成本，尤其是地铁系统。将新技术引入系统时，也可能给交通机构带来挑战，因为这通常需要专门的培训人员和特定于技术的支持设施。尽管很复杂，但它们可以为人们提供多模式交通出行的机会。

四种最常见的轨道交通方式有：街车/有轨电车、LRT、RRT（也称地铁或重轨）以及区域或通勤铁路。归类为单轨和自动引导交通的其他几种引导技术模式也属于轨道类别。

1. 有轨电车

直到 20 世纪 50 年代，有轨电车一直是许多城市的主要通行方式。随着私家车拥有量的增加，有轨电车系统逐渐减少，大部分被其他公共交通服务所取代。在美国，第二次世界大战后启用的有轨电车系统数量急剧减少，如今只有不到 10 个城市保留了主要的有轨电车线路，例如费城、旧金山、波士顿和新泽西州纽瓦克等城市的中心城区运营的线路。加拿大的多伦多公共交通委员会（Toronto Transit Commission，TTC）运营着广泛的有轨电车系统，这是迄今为止北美地区最大的有轨电车系统。

与 LRT 的发展并行的是，近年来人们对传统的电车重新产生了兴趣，主要将其用作中心城区的循环交通方式。2001 年，俄勒冈州波特兰市为此建造了一条新的有轨电车生产线（图 12-3）。田纳西州孟菲斯、路易斯安那州新奥尔良、华盛顿州塔科马、佐治亚州亚特兰大（图 12-10）等美国城市都在其 CBD 中建立了新的有轨电车线路。

图 12-10　亚特兰大街道电车

来源：Photo courtesy of Amanda Wall Vandegrift

有轨电车通常是铰接的电力驱动车辆，以单车厢或由 2~4 个车厢组成的列车形式运行在多种道路环境中。它们一般通过架空电缆的受电杆来获得电力。

由于有轨电车和轻轨列车具有基本相同的技术特征（例如轨道技术、电力驱动系统和在多种道路环境中运营的能力），这两个名称通常可以互换使用。两者最重要的差异是有轨电车主要在混合交通中运行，其性能取决于街道的设计和交通状况。而轻轨通常独立于混合交通，具有较高的速度、可靠性、安全性和吸引力。

街头电车和轻轨列车可以是长度在 14~16 米之间的四轴单体车辆。现代轻轨列车通常铰接的长度为 20~50 米，车身部分为 3~7 个车厢。许多现代有轨电车是单向运行的，但轻铁可以双向运行，这允许停靠站、轨道两侧的平台以及其他方面的灵活设计。有些城市选择仿制有年代感的有轨电车，而其他城市则使用更现代的轻轨。

2. 轻轨交通（LRT）

LRT 也属于轨道系统，主要在主干道的中间运行。在中心城市，轻轨可以在路面轨道（马萨诸塞州波士顿、纽约州布法罗、艾伯塔省埃德蒙顿、加利福尼亚州旧金山）或高架轨道上行驶，这在艾伯塔省卡尔加里、俄勒冈州波特兰和欧洲许多城市都能见到。

当代的轻轨系统可以使用许多不同的车厢和车轴，包括单独供电的单轴甚至单轮，而不是传统的两轮车轴。这些新设计通常包括引入无高差的上下车设计，可以加快乘客上下车速度，减少等车的物理阻碍，以便更好地整合行人区域的车站（图 12-11）。

a) 以色列耶路撒冷市5节车厢铰接式轻轨系统

b) 伦敦多克兰轻轨系统

c) 俄勒冈州波特兰轻轨系统

d) 采用地下通道的华盛顿州西雅图轻轨系统

图 12-11　轻轨系统

来源：Photo 12(a) courtesy of Adam Rosbury; Photo 12(b) courtesy of William DeWitt; Photo 12(c) and 12(d) courtesy of Michael Meyer

LRT 的容量根据车身的总长、宽度和数量变化。通常人均站立面积（平方英尺）和座位数是服务能力的决定性因素。制造商通常会提供与载荷相关的不同指标，北美城市 LRT 的单个车厢总容量（座位和站立人数）为每辆车 90~225 个客位。

轻轨系统的资本成本主要随路权级别和车站数量变化。表 12-7 展示了自 1990 年以来在美国建造的轻轨系统的成本（2014 年汇率）。昂贵的轨道系统也要求更高水平的工程和施工质量。

表 12-7　每英里轻轨的建设成本（以 2014 年的汇率换算）

线路名称	开工时间	里程/英里	每英里建设成本/百万美元	备注
巴迪摩尔	1992 年	22.5	26.8	大部分由独立路权的轨道和 CBD 区的地面轨道组成
盐湖城 TRAX	1999 年	15.0	30.7	街头有轨线路
丹佛	1994 年	5.3	37.3	街头有轨线路
圣路易斯 MetroLink	1993 年	18.1	38.4	大部分由独立路权的轨道、隧道和桥梁组成
诺福克 Tide	2011 年	7.4	46.3	大部分由独立路权的轨道和隧道组成
休斯顿轻轨 MetroRail	2004 年	7.5	55.0	地面有轨线路
夏洛特蓝线	2007 年	9.6	57.3	独立路权的轨道
达拉斯 SART 红蓝线	1996 年	20.7	65.0	独立路权的轨道和高架
哈德逊 - 伯尔根有轨电车	2006 年	21.0	69.6	具有独立路权
菲尼克斯地铁	2008 年	20.0	79.2	大部分由独立路权的街头轨道和高架组成
明尼阿波利斯 Hiawatha	2004 年	11.6	80.0	大部分由独立路权的轨道和隧道组成
洛杉矶蓝线	1990 年	17.4	91.2	大部分由独立路权的轨道和隧道组成
西雅图南线	2009 年	14.0	185.6	70% 是地铁和高架

来源：Light Rail Now. 2014. "New U.S. Light Rail Transit Starter Systems—Comparative Total Costs per Mile," May 6, Accessed Feb. 5, 2016, from, https://lightrailnow.wordpress.com/2014/05/06/new-u-s-light-rail-transit-starter-systemscomparative-total-costs-per-mile. Reproduced with permission of LightRailNow!

除在专有通行权道路和街道上行驶外，轻轨系统还可以与城市干道相结合，为乘客提供便捷的出行方式，同时减少道路车流量。图 12-12 展示了几种可能的运行路线。在上、中两图中，LRT 在干线道路的中部运行，需要 6～10 米的宽度。在特殊情况下可以设置更窄的轨道，例如在加利福尼亚旧金山，那里的轨道中心距为 3.55 米。LRT 既可以在两个路边车道上运行（图 12-11c），也可以在单侧道路上运行（图 12-11d）。

这些设计方案中最常见的是在道路中间运行，通常 LRT 与并行的道路车辆遵循相同的信号控制规则。图 12-13 展示的是 LRT 的道路平面设计方案和信号控制模式，采取了三段式交通信号控制模式：一段允许左转的东西向信号控制；一段东西向车辆和轻轨的通行信号控制；一段所有南北向车辆通行的信号控制。轻轨列车优先运行的信号控制示例如图 12-14 所示。

不同的路权级别会导致运行速度的差别。例如轻轨可以在专用道路上达到 100 公里/时的速度，而在步行和骑行区域，最大速度为 16～24 公里/时。列车控制也有所不同，例如通过 CBD 街道（加利福尼亚州圣地亚哥和萨克拉门托等）手动操作的轻轨列车，当列车驶入升级的通行权路段时，会穿越有障碍物保护的交叉路口和故障安全路障信号，类似于地铁系统，因此能以更快的速度运行。在旧金山，轻轨列车从可以手动驾驶过渡到全自动操作，再逐渐过渡到市中心隧道，驾驶员仅需要调整经过预编程的列车运行模式。

各种各样的车辆形式、通行方式、车站配置和速度，为 LRT 线路的设计提供了许多可能性。轻轨线路甚至在同一城市内也可以提供不同的功能。例如在科罗拉多州丹佛，轻轨在面向行人的市区街道的反向车道上运营，并提供公共汽车和行人广场接送服务。在市中心以外，轻轨服务沿多个方向的放射状通道行驶，速度为 90 公里/时。该系统可以与郊区公共交通支线和停车换乘设施完美结合，在艾伯塔省卡尔加里、德克萨斯州达拉斯、密苏里州圣路易斯和其他城市也可以见到类似的 LRT 线路。

LRT 系统的数量在北美迅速增长，2012 年有 35 个 LRT 系统在全美运行。截至 2014 年，又新增了 12 个 LRT 系统。

a)

b)

c)

图 12-12 轻轨系统的轨道线路布局

来源：District DOT, 2013

3. 快速轨道交通（RRT，即地铁）

地铁由电力驱动，仅在专有通行权的道路上运行，且车站有通行限制。地铁轨道通常位于中心城市内的隧道中，但在低密度地区轨道线路往往铺设于高架或者隔离的坡道。地铁通常通过轨道旁的第三条轨道分配 750 ~ 800 伏（V）的供电（克利夫兰线路是通过电缆实现的）。一些最近建成的地铁通过架空电缆分配了 1500 伏的电源（例如香港、米兰和东京的大多数地铁线路）。地铁通常由 4 ~ 8 个车厢组成，每个车厢都配备有 2 ~ 4 个双通道门。

尺度单位为英寸

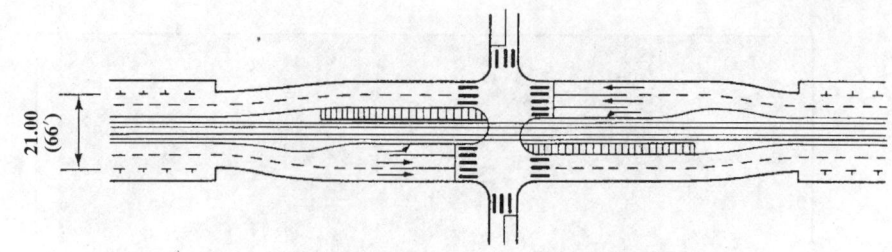

a) 使用远侧停车位可设置左转弯车道，两侧均可以设停车道

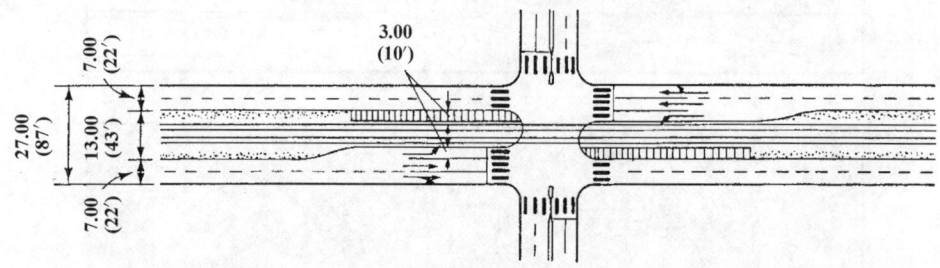

b) 宽车道与绿色条纹，可容纳两个（远侧）停车站和左转弯车道

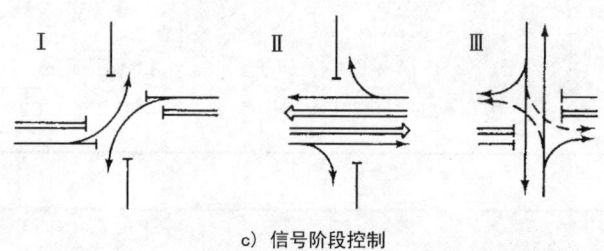

c) 信号阶段控制

图 12-13 位于道路中央的轻轨系统站点布局和信号控制

来源：Adapted from Vuchic, 2007

  RRT 系统使用故障安全列车控制系统，该系统主要受轨道控制信号系统控制，会在列车进入相应路段时对其进行检测，并且不允许随后的列车驶入该路段。该系统已有一个多世纪的历史，称为自动列车保护系统（Automatic Train Protection，ATP），在列车驾驶员控制面板上的信号可显示列车附近的障碍物。

  为通过缩短两车之间的行车间隔（或降低服务频率）来增加线路载客量，已采取了几种新的控制系统，这些系统连续记录每辆列车的动态行驶位置。基于通信的火车控制（Communications-Based Train Control，CBTC）技术与传统的控制系统的不同之处在于，所有列车的相对位置都可以准确获知，而不仅限于列车靠近站点时。有了 CBTC 系统，控制中心就可以监视和控制所有列车的行驶状态，该系统称为自动列车控制（Automated Train Control，ATC）系统。

  在某些情况下，列车驾驶员会接收并遵循中心发送的指令。而最近建造的系统将 ATC 与列车自动运行（Automatic Train Operation，ATO）系统结合使用，列车具有一系列的运行性能等级程序（Operational Performance Levels，PLs），包括不同的加速度、制动率和最大速度，以实现最佳的交通效率。根据路段的不同情况，每趟车的 PLs 可以随之变化。

  带有 ATO 的列车可能需要驾驶员操作，其职责包括启动列车、开启和关闭车门或者在紧急情况下制动列车。巴黎流星线和新加坡东北线等地铁线路是无人驾驶的，这意味着列车上没有车组人员。温哥华的自动轻轨系统（SkyTrain）采取了灵活列车员的方式，他们随机地登上列车检查情况并履行职责，但列车通常在无人驾驶的情况下运行。

图 12-14 罗德海姆轻轨系统布局和信号控制
来源：Photo courtesy of Michael Meyer

地铁列车的车厢长度为 15~23 米不等，宽度为 2.5~3.2 米不等（轮胎式地铁车厢）。整节列车的长度范围从法国里昂（地铁）的 50 米到美国旧金山（地铁）的 216 米不等（BART）。单节车厢可容纳 40~70 个座位，160~250 名乘客，具体情况取决于车厢尺寸和乘客承受拥挤的意愿。

RRT 路线可以包括隧道、高架路段或地面路段。隧道路段的投资成本最为昂贵。高架路段经常在中心城市以外沿宽阔的干线布设，因为这样对周围环境的影响较小。现代空中结构使用的预应力混凝土断面较小，几乎不会造成负面影响。空中结构的宽度约为 8.0 米，柱高根据地表的情况变化。在地面上运行的地铁系统的建造成本最低，但是需要物理隔离来保护轨道线路免遭闯入。坡道系统要求其他混杂的交通模式（例如私家车和行人）的道路必须完全与坡道分离。

RRT 系统的建设成本在很大程度上取决于建造时间和路权类别。旧金山的 Colma 机场线（于 2003 年开放）通过高架道路和隧道建设，建造成本约为每公里 1.59 亿美元。另一个案例是旧金山的都柏林线，该线的大部分路段都设置在高速公路的中间车道，其建设费用为每公里 2300 万美元（Dublin 1997）。典型案例还有华盛顿地铁的绿线（2001 年，10.5 公里，每公里 8570 万美元），以及波多黎各圣胡安的 Tren Urbano（2004 年，17.2 公里，每公里 6980 万美元）。在某些城市，例如纽约、伦敦和柏林，由于施工困难，建造 RRT 的成本非常高昂。2015 年，纽约市第二大道线的扩建估计成本为每公里 17 亿美元。巴黎每条线路的扩建成本为每公里 2.5 亿美元，柏林的成本为每公里 4.5 亿美元。

就载客容量、速度、频率、可靠性、安全性以及对周围土地使用的影响而言，RRT 可能提供最佳的城市公共交通模式。车辆和平台设计与预付票款相结合，可以方便乘客快速上下车，并最大限度地减少车站延误。由于行驶在专用道上，RRT 的行驶速度可以达到 80~100 公里/时，特殊情况下可以达到 130 公里/时）（San Francisco BART）。理论上讲，快速交通系统上的线路容量每小时可以达到 85000 名乘客（来自中国香港的最新载客量），但是典型的最大乘客容载量约为每小时 40000 名乘客（美国大多数线路的平均负载要更少）。

表 12-8 展示了几种主要地铁系统的运行特征。莫斯科的快速交通系统由 12 条线路组成，跨度 328 公里。该系统每年提供了超过 24 亿次出行，换算为每天超过 650 万次出行，平均运行速度为 15.5 公里/时。东京的地铁系统由两家提供 12 条线路服务的运营商组成，每天运送超过 600 万名乘客。日本 TOEI Corporation 记载的线路平均运行速度约为 32 公里/时。

表 12-8　主要地铁线路的基本特征

城市	线路长度/公里	站点数量	年度客流量/百万人次
上海	548	337	2500
莫斯科	328	196	2491
东京（日本地铁公司）	320	179	2351
纽约	1062	468	1832
墨西哥城	226	195	1685
巴黎	220	303	1527
伦敦	402	270	1362
东京（TOEI）	106	106	866
蒙特利尔	69	68	358
华盛顿特区	188	91	209

地铁停靠站点是地铁系统基础设施建设的主要目标，通常会对周边地区产生重大影响。在规划和设计时应遵循以下规划原则：

- 规划合理的站距，以尽可能多地覆盖服务人群，同时保证地铁的运行速度。
- 在其他公共交通模式（公共汽车、有轨电车网络等）的线路之间提供有效的交通服务，并最大限度地整合各种模式，包括各类步行和骑行交通以及街道交通，还有在偏远地区的停车接驳设施。
- 合理的车站设计，以便旅客通过闸口进出车站以及便捷地换乘不同线路。
- 考虑消防安全和其他紧急疏散要求。
- 提供有关公共交通系统的全面信息，包括车站提供的所有运行线路的路线图、单条路线的站点图、车辆到达和离开的实时信息。
- 在地铁站点附近发掘可能的高密度开发和商业开发。

后文将进一步详细介绍 RRT 系统的站点规划和设计。

4. 城际（通勤）铁路

城际铁路通常在中心城市与郊区之间提供通勤服务（图 12-15）。与快速轨道交通相比，城际铁路系统通常具有更长的线路、更高的运行速度和更高的乘客舒适度。许多城际铁路已经充分考虑到郊区的交叉口设计，在城市中心区域则通常建设在隧道中或高架道路上。

图 12-15　新泽西州城际通勤铁路
来源：Photo courtesy of Bombardier Transportation

作为基于轨道的运行系统，城际铁路遵循最高标准的信号控制和路线设计标准，具备最长的车站间距（8～10公里）以及最高的运行速度。这些因素使城际铁路服务在长途出行中具有很强的竞争力。但是货运轨道是按标准规格设计的，因此城际铁路车辆必须保证在这种轨道上安全运行。既有的货运轨道并不能在无需升级服务的情况下就开始运营城际铁路。

近几十年来，在纽约（三个地铁系统，长岛铁路、北线地铁和新泽西州公共交通系统）、芝加哥、费城和波士顿等城市引入的当代城际铁路车辆，其轨道标准允许的最大尺寸是（同时也是大多数国家/地区的标准），长度为26米，宽度为3.20米。此类车厢设计最多可容纳110～128个座位。由于5～10个车厢组成的列车在某些情况下无法提供足够的座位，芝加哥的Metra和旧金山的Caltrain线路数十年来一直使用多层列车。近年来，纽约长岛、波士顿、新泽西州，以及自1970年代以来启用的大多数城际铁路系统（多伦多、佛罗里达Tri-Rail、洛杉矶Metrolink），都引入了不同设计的多层车厢，其承载能力达到了150～200个座位。其他国家，例如法国、德国、西班牙和澳大利亚，也出现了类似的多层列车需求增涨的趋势。

北美大多数区域性轨道系统都是由柴油机驱动的，由车头牵引整辆列车运行。当在相反方向上行驶时，车头转为车尾，推动列车运行。

由于城际铁路系统在货运和城际出行活跃的通道中运行，在发生事故时，北美的轨道系统必须具备足够的车辆抗碰撞能力，以满足联邦轨道安全标准。这些要求催生了重型城际铁路车辆。在圣地亚哥，轻轨列车（LRV）可在铁路系统不运行的状态下使用铁路的轨道。一些欧洲城市放宽了这一限制，允许LRV在城际铁路轨道上行驶，但是必须通过设计列车控制系统以防止发生碰撞，或最小化车辆发生碰撞时造成的损失。

北美大多数城际铁路系统都有较高的运行轨道和较低的乘车平台，乘客上下车往往不是十分便利。而具备高乘车平台车站的设计能使乘客更快地乘车。另一种情况是，郊区车站的平台较低，需要有台阶的车辆，而市中心车站的平台较高，例如费城东南宾州交通运输局（SEPTA）的城际铁路系统需要驾驶员手动控制踏板收起动作。

北美大多数城际铁路系统上的车站都使用低维护成本的自助购票系统，例如洛杉矶的Metrolink线路，使用了效率更高的自助购票系统。

城际铁路以通勤者为主要客流，大多数城际铁路系统都依赖于郊区车站，且大多通过停车接驳的方式乘坐。因此，城际铁路系统已经在许多车站建造了停车设施和车库（Coffel et al., 2012）。纵观整个系统，对此类停车设施的投资非常有效，因为从公共政策的角度看，在偏远郊区提供停车设施能够减少居民的长距离出行。

城际铁路系统的资本成本在货运轨道的基础上，因所需修建的额外基础设施的规模而异。在田纳西州纳什维尔，额外投资成本仅仅是每英里130万美元。在西雅图增加了对轨道和车站的投资后，每英里成本为2600万美元。FTA为了减轻列车鸣笛的影响，在高速公路和轨道交叉口设置了不允许鸣笛的"安静区域"，紧急情况除外。为保证在这些位置横穿的行人和车辆的安全，必须安装限制进入的设施。

5. 单轨铁路

单轨铁路代表着与传统铁路不同的技术。与传统轨道一样，单轨也由导轨支撑和引导。但是，它们沿单条轨道运行，该轨道可能具有几种不同的设计，但始终位于高架结构上。单轨有两种主要配置，例如奥克兰机场的单轨，车辆可以被支撑（在导轨上方）或悬吊（或导轨下方）。在这两种情况下，车辆均由电机驱动，电机通过沿导轨运行的橡胶轮胎或沿单轨运行的钢轮传递动力。水平对齐的橡胶轮胎通常为车辆提供水平稳定性。使用橡胶轮胎的数量，以及所采用的单轨形状，有各种设计方案。车辆在导轨上方所需要的空间更小，因此更为常见。图12-16展示了迪拜的单轨铁路系统。

单轨车辆的尺寸、配置和容量各不相同。佛罗里达州杰克逊维尔市、内华达州拉斯维加斯、华盛顿特区和西雅图是美国为数不多运行有单轨交通系统的城市。

在北美以外，许多国家都运行有单轨交通系统，其中最发达的系统在日本。东京、大阪、冲绳等城市运营有多种使用频繁的公共交通单轨系统。很难将日本城市单轨车辆的载重量与美国市场车辆进行比较，因为其载客率要远远高于北美。而采用3米^2/人的北美标准的小型、标准和大型四车厢单轨列车的载客量分别约为190、350和420名乘客。

图 12-16　迪拜的单轨铁路系统

来源：Photo courtesy of Michael Meyer

单轨交通系统的固定基础设施成本为每公里 2700 万~7300 万美元，另外还有 2500 万~5500 万美元的设备和机车车辆费用。理论上，单轨列车能以 90~120 秒的间隔频次运行。实际运行中，在东京单轨列车线路上运行的最小车距为 3 分 20 秒，每小时可运载约 10500 名乘客。单轨交通系统的优势包括电力驱动、橡胶轮胎噪声较小、在较陡的坡道上具备较强的行驶能力以及高架轨道的占地面积较小。其缺点包括仅能在高架道路上运行，以及比铁路系统更复杂的操作性。

6. 全自动化系统

对于大多数公共交通机构，尤其是在北美区域的机构而言，人工成本占运营成本的很大一部分。这种成本结构给公共交通运营商带来了压力，提供大型公共交通车辆和较长的行程对乘客来说可能是最有吸引力的。无需驾驶员的全自动列车使公共交通机构能够利用 ATO 使两种服务模式的运行成本大致相同。这样在非高峰时段，也可以提供高频次的运行车辆。ATO 还可以实现更高的运行效率（更低的能耗和车辆磨损）和更高的乘坐舒适性。

无人驾驶操作只能在 A 级路权的道路或者轨道上使用。目前的几十种全自动化系统可以分为三类：旅客自动输送（APM）系统、自动导向交通（AGT）系统和自动化地铁（Automated Metros）。

旅客自动输送系统。全自动交通系统最常见的用途是在高密度区域（例如机场、运动场、游乐场或医院）提供短距离服务（具有两个或更多站点的短线和频繁服务）。这些系统通常称为旅客自动输送系统，一般由两到三个容量为 40~100 名乘客的站立车厢组成，可以提供频繁的服务（行驶 3~5 分钟），且一般情况下不收取任何费用。APM 的规划和评估并没有根据其预期服务的客流量和票价收入进行决策（尽管这是常规线路规划的典型做法），相反，它们是场站开发和整体服务的一部分。

APM 在机场中越来越常见，例如亚特兰大哈茨菲尔德-杰克逊机场的 APM，作为航站楼之间的主要交通工具，每天能够服务约 225000 名乘客。

自动导向交通系统。AGT 是一种全自动的无人驾驶系统，由电动有轨车辆组成。AGT 系统采用 1~6 节中等容量（80~120 个车位）的车厢作为编组运行，通常用于在人口稠密的城区提供服务，例如底特律和迈阿密。迈阿密自动公共交通系统在整个中央商务区共设有 21 个车站，并且与城市地铁以及许多当地区域性公共交通线路紧密接驳，从而减少了对大型停车库的需求，并有助于提升步行氛围和宜居性。

自 1980 年代以来，AGT 线路已作为主要的公共交通线路为数个城市所采用。VAL 系统由两辆橡胶轮胎车辆组成，已经为法国里尔的两条线路服务，日载客量超过 100000 人次。法国其他几个城市也使用了相同的技术。日本的一些城市在常规公共交通线路上运营着四车和六车编组的轮胎式 AGT。

温哥华全长 52 公里的 SkyTrain 网络是一种特别成功的 AGT 系统。它由两节、四节和六节车厢的自动列车组成，全天以高频率运行。一般情况下发车时间间隔可以缩短至 3 分钟。在高峰和夜间，行车时间会相应缩短和延长。这种频繁、快速、可靠的服务每年可以吸引 6900 万名乘客。

自动导向交通系统的缺点包括：投资成本较高；控制技术复杂；需要对轨道和车站进行额外的监管；需要具备组织处理突发事件的特殊程序；需要充分保护的道路通行权。引入无人驾驶列车系统的决定必须基于对每条计划的公共交通线路或路网的所有利弊的仔细分析。

自动地铁系统。如前所述，自动地铁系统对于需要中等容量系统的交通线路特别有利，因为即使在客流量中等的线路上，短停靠间距也是可行的。许多地铁系统的载客率很高，这使得在大多数情况下每天都可以使用传统技术实现短停靠间距。因此，完全自动化的优势在地铁系统上并不那么重要。但是，始终提供频繁服务的可行性，例如服务对需求或操作变化的适应性，改进的通信和监管系统，使得常规地铁系统的无人驾驶操作在某些情况下是合理且有吸引力的。

无人驾驶地铁的实施速度很慢，并且仍然仅限于新地铁线路。无人驾驶地铁线路最著名的实例是巴黎地铁 14 号线、新加坡地铁东北线等。矛盾的是，大多数自动地铁系统以及 AGT 系统都没有采用针对客流量变化而定制长度的策略，这是无人驾驶操作可能带来的最重要的好处之一。温哥华的 SkyTrain 是采用这种策略的少数几个自动化系统之一。

尽管在引入采用无人驾驶列车的交通系统方面仍存在一些困难，但在可预见的将来，它们的数量很可能会增加，其中主要是 APM 系统，此外还有 AGT 系统和传统的自动地铁。

在北美，地铁系统自动化的一个主要问题是可能导致列车运营商的工作人员失去工作。一种解决方案是为驾驶员重新分配公共交通机构内的其他职责。第二个问题是，潜在的乘客可能会认为无人驾驶操作的安全性（在车辆操作层面和避免犯罪层面）较差。但是在亚洲、北美和欧洲采用全自动系统的经验表明，随着乘客体验频次的增长，乘客人数会随时间而增加。

12.4.4 辅助公共交通和需求响应式服务

辅助公共交通和需求响应式服务与常规公共交通的不同之处在于，其运营线路和调度在不同程度上适应单个用户的需求。例如出行时间、起点、目的地都是根据用户的需求灵活调整的，并且收费通常基于出行持续时间和里程。在许多情况下，普通大众可能无法使用辅助公共交通服务。

辅助公共交通服务分为两类：

半公共辅助交通，可用于某些特定类别的用户，例如特定社区、大学或医院综合体，或特定车辆用途的订户，包括预订货车或公共汽车，以及汽车共享程序。

公共辅助交通，任何个人或人群均可使用。例如出租车和 Jitney（吉特尼）服务，以及通过以各种方式偏离路线来运行"灵活服务"的公共汽车。

辅助公共交通灵活且个性化的运营方式大幅提高了便利性和吸引力。它为残疾乘客和公众提供了必要的无障碍通道，可以使公共交通服务在既往载客率较低的地区更具可行性和竞争力。

辅助公共交通系统正越来越多地与传统或固定路线服务集成。它们作为辅助服务有可能为整个公共交通系统带来更多乘客。在发展中国家，对具备辅助交通服务的常规交通系统进行监管和协调是交通计划制订者的主要任务，这不仅涉及技术规划，还涉及政治和融资决策。

在城市地区，不同的辅助公共交通运营方式具有重要作用，它提供的服务特征介于私人汽车与公共交通之间。但是，所有辅助公共交通都由组织上不同的服务类型组成，并且只有很少的基础结构。因此，辅助公共交通不需要对设施进行长期、全面的规划，仅需在交通政策中加以考虑，而交通政策决定了不同模式在城市交通中的作用。主要的一般特征将在下文讨论。

1. 半公共辅助交通

半公共辅助交通可以分为三类：

通勤客车。拥有大量员工通勤的公司和机构，通过购买或租赁 7～15 个座位的客车，鼓励员工一起上下班。客车的通勤成本更低，每个通勤者需要的停车面积更少。应该将通勤客车作为更广泛的交通需求管理策略的一部分，并作为共乘车道、降低停车费和优惠停车位等计划的补充策略（请参阅第 14 章出行需求管理）。缺点是参与者的热情不是很高，并且需要持续的组织运营投入。

定制公共汽车。当有大量通勤者在两个区域之间或沿某些通道出行时，定制公共汽车可能比中型客车效率更高。这项服务由大型雇主或一群租用固定路线和时间表的公共交通服务的居民定制。定制公共汽车相比而言有更多的停靠站点、出行路线和出发时间选择，而通勤客车通常只在高峰时段提供两点之间的班次。

汽车共享。从 1990 年代开始，许多北美和欧洲城市引入了一种新型汽车租赁模式。这些共享车辆部署在城市区域运营许可范围内的各个位置，以供定制相关服务的个人使用。除了收取固定的基础费用外，还会根据出行的时间和里程向用户收费。

不同城市的经验表明，与公共交通服务相比，共享汽车的互补性强于竞争性。许多城市的私家车主通过共享汽车的方式与公共交通服务互补，以减少私家车的使用频率，从而减少停车和维护成本。

2. 公共辅助交通

出租车、优步（Uber）/来福车（Lyft）、小型公共汽车（Jitney），这三种主要的公共辅助交通方式具有多种形式，在城市中可能发挥重要作用。

出租车和 Uber/Lyft。传统出租车是提供个性化的租用服务的主要手段，它可以将个人或最多五人的团体从出发地运送到目的地，费用取决于出行时间和出行距离。近年来，Uber 和 Lyft 等服务已进入市场，与出租车服务竞争。出租车和 Uber/Lyft 服务的作用是为公共交通服务无法覆盖的出行提供个性化服务，例如从机场到市区的出行，市区内的远距离出行或携带行李的出行。在中型城市，出租车通常可以满足无车人群的出行需求。在大城市，出租车和 Uber/Lyft 取代了许多私人汽车出行，因为它们响应及时且不需要为停车而烦恼。许多公共交通系统还使用出租车提供部分服务，并且一些系统已开始探索 Uber/Lyft 服务如何为没有直接连接到线路交通服务的目的地提供"最后一英里"的接驳。传统的交通方式，特别是在较小的或郊区的系统中，可以使用出租车在密度较低的地区或一天中的需求量较低的时间提供服务。残障人士的需求响应服务也可能会将部分行程分派给出租车提供商。

Jitney。Jitney 是私人拥有和运营的车辆，可容纳 5～15 名乘客，通常在固定路线上提供服务。

在许多发展中国家的城市中，Jitney 提供了大量可用的公共交通服务。它们还可以与政府提供的固定路线公共交通直接竞争，从而提供不同类型的服务。与公共汽车相比，Jitney 的运行频率和行驶速度通常更高，因为它不会经常性停靠。Jitney 设有一些座位，但通常容纳的乘客数多于座位数。在一些城市，Jitney 要遵守严格的安全规范（例如中国香港和土耳其伊斯坦布尔），但许多城市的安全记录显示其安全标准远低于传统公共交通系统。Jitney 车辆的座椅设计小巧，在事故中几乎没有结构保护，甚至可能在车门敞开时运行。在较短的行驶范围内，Jitney 的发车间隔和路线都较为灵活，而在较远的路线上，只有座位都坐满后，车辆才会出发。Jitney 运营商制定的票价一般来说是固定的，但可能会发生收费过高的情况。

Jitney 在不同国家有不同的名字，例如波多黎各圣胡安的 Publico、委内瑞拉加拉加斯的 Puesto、菲律宾马尼拉的 Jeepney、加纳阿克拉的 Trotro 以及墨西哥和南非城市的 Minibus。在美国和加拿大，只有很少的 Jitney 服务，其中最著名的是新泽西州大西洋城的 Jitney。

尽管许多经济学家和世界银行都鼓励使用 Jitneys，因为它们几乎不需要或完全不需要公共财政补贴，但它们经常导致本来已经很拥挤的街道交通更加混乱。当一个城市想要通过引入更高质量的公共汽车或轨道系统来升级公共交通服务时，必须控制 Jitneys 并限制它们的直接竞争。例如伊斯坦布尔、墨西哥城和开普敦等已引入轨道交通或 BRT 的城市就已经做到了这一点。

灵活公共交通服务。灵活公共交通服务可根据单个乘客的要求更改车辆路线和停靠点。这类服务也称为需求响应式公共交通服务，两方面因素促进了它的广泛使用（Koffman, 2004）。首先，1990 年出台的《美国残疾

人法案》（Americans with Disabilities Act，ADA）规定，对残疾乘客的需求响应服务不再自动成为无障碍服务和固定路线服务的补充。与之相反，在可能的情况下，要求公共交通机构确定向出行不便的乘客提供正规、固定路线的服务，并纳入主流服务。为满足残疾乘客日益增长的需求并缓解财政压力，公共交通机构开始寻求更经济且高效率的服务方式，结合固定路线服务协调需求响应服务的路线和时间表。

常规的固定路线公共交通系统很难吸引低密度地区的乘客。低密度的居民区和分散的街道网络给公共交通运营带来了挑战。随着ADA提升了灵活服务的重要性，公共交通运营商开始引入需求响应与固定路线服务的组合服务，以在特定区域或特定时段内增加客流量。这种灵活的服务也称为混合类型服务。需求响应交通的最常见形式是偏离常规路线运行。在这种情况下，公共交通运营商可在固定路线服务并提供点到点服务。例如，调度员可能会通知路线偏离区域中的驾驶员，乘客在距离常规路线两个街区的地点等待。作为响应，驾驶员将改变行车路线以在相应位置接客，然后返回原始路线。类似的，乘客可以请求在距常规路线数个街区的特定地点下车。

在第二种需求响应系统中，车辆从固定站点出发，但在没有固定路线的情况下运行。在返回固定车站之前，按照车上乘客的要求或由调度员引导来接送乘客。运营商还可以提供需求响应式组合服务。在这种情况下，车辆会在用户指定的位置接载乘客，然后将其运送到目的地或换乘站点。

随乘客需求而发生变化的行驶路线以及允许车辆偏离固定路线的距离在系统之间有所不同。这些通常是由调度员规定或要求的，调度员必须在一定的时间范围内控制这些偏差，以便仍能保证常规路线的正常运营。偏离常规路线运行也可能会随一天中的时间而有所差异。Koffman（2004）对这一问题进行了详细讨论。

需求响应式服务的另一种常见类型是招拨公共汽车（Dial-a-Ride，DAR），在城市指定区域内的乘客可以呼叫控制中心，并在指定位置和所需时间请求服务。然后，调度员通过统一收集和分配乘客的路线来安排车辆（通常是小型客车）的出行，以提高服务效率。DAR服务有两种类型：多对多服务为服务区域中任何两点之间的出行提供服务，此类服务为驾驶员提供了便利，但上座率通常很低；多对一和一对多DAR服务常见于交通密集出行地，例如火车站、购物中心、老年中心或医院。可行的一种改进措施是仅在相对较小的区域内提供DAR服务，而那些希望在此区域外出行的人可以在换乘站使用其他交通服务。

需求响应型运营需要在乘客与机构之间进行统筹和协调。由于运营难度较高，营销和信息传播范围是需求响应系统成功与否的关键因素，乘客必须了解需求响应区域的边界、运营时间以及获得服务的标准。例如，尽管乘客趋向于使用更便捷的即时服务，但是许多公共交通机构需要24小时提前通知来安排定制的出行服务。在某些情况下，乘客可能会在所需出发时间之前安排10~15分钟的行程，这类服务通常会提高票价。

对许多公共交通机构而言，协调全员服务和针对残疾乘客的服务方式仍然是一个挑战。许多公共交通机构将需求响应服务外包给私人供应商。如何通过改进通信技术或车辆驾驶路线算法来提高需求响应服务的效率正成为一个非常活跃的研究领域。重要的是，公共交通和轨道服务的扩展通常需要更多的辅助公共交通支线服务来支撑。

12.4.5 适用于特殊地理条件下的特种设备

尽管世界上大多数的公共交通服务都是由公共汽车或轨道车辆提供的，但许多地理条件（例如丘陵、沟壑或水域）都不适用常规公共交通。在这些情况下，要使用许多专用于相应地形的公共交通系统。

1. 地面缆车

地面缆车是在旧金山发明和建造的，它实际上是人类使用的第一种机械自动化城市交通模式。电缆车曾在许多城市使用，目前已经逐渐被更高效、更快捷的有轨电车取代，但具有特殊地形的旧金山是个例外。

地面缆车是无动力的轨道车辆，操作员通过拉动一个特殊的控制杆来驱动它，缆索在车辆下方以15公里/时的恒定速度移动，通过车轮和轨道上的摩擦制动器可以实现制动。三个固定电机为旧金山的三条线路的缆索提供动力，其总线路长度为8.3公里，最长的单条线路长度为3.4公里，其中有些路线的坡度最高可达21.3%。根据调查，2014年该服务的出行次数为740万。地面缆车的缆索在运转时会因摩擦而造成能量损失，但在稳定的下坡路段行驶时的能量消耗比常规车辆低，因为常规车辆会在制动过程中消耗能量（APTA，2014a）。

2. 齿轨铁路

标准铁路技术在实际中的轨道坡度极限约为10%。为了在更大坡度的道路上提供铁路服务，通常使用齿轨铁路，同时使用常规的钢轨为车辆提供轨道线路。该系统的驱动力是通过位于轴中心的动力齿轮实现的，该齿轮与放置在轨道中心的齿轮轨道啮合。齿轮铁路最初使用蒸汽机（仍在新罕布什尔州的华盛顿山铁路上使用），现在齿轨系统已电气化。

北美没有用于城市交通的齿轮铁路，但是在其他地区的一些城市中依然存在这种线路，例如德国斯图加特、法国里昂，以及瑞士的许多城市和乡村铁路线路。

3. 缆索铁路

缆索铁路常用于非常陡峭的路线。这项技术涉及两辆有轨电车（或短途列车），它们的车身底板向上倾斜一定角度，从而在陡峭的倾斜轨道上保持近似水平状态。它们连接到单根缆索的两端，缆索沿着放置在轨道中心的滚轮运动。这样前后车厢可以保持同时移动和停止。位于上方终点站的发动机提供动力，以克服轿厢和缆索的运动阻力和乘客载荷。

缆索铁路可用于10%~100%（45°）甚至更大的坡度，类似于升降电梯。虽然缆索凸形轨道曲线可能很陡峭，但凹形轨道要求路线的半径足够大，以避免牵引缆索在张力作用下升起，从而导致滚轮滑脱。

缆索车厢通常能容纳20~50人。美国有5条缆索铁路在运营：匹兹堡有2条线路，其余3条分别在宾夕法尼亚州约翰斯敦、爱荷华州迪比克和田纳西州查塔努加。匹兹堡的Monongahela线是北美最古老的线路，可追溯到1870年。这条194米的线路能横穿58%的坡度。2014年，该系统的运量达到了平均每天3000人次，成为北美使用最频繁的缆索线路（APTA，2014a）。

表12-9列出了三种用于陡峭路线的直线轨道（地面缆车、齿轮铁路和缆索铁路）的基本组件和基本特征的概述。

表12-9 （适用于特殊地理条件下的）特种设备的基本特征

车辆种类	一般（最大）爬坡度（%）	运行速度/（公里/时）	典型城市
地面缆车	20（20）	15	旧金山
齿轮铁路	20（20）	25	斯图加特，里昂
缆索铁路	50~60（122）	36	匹兹堡，杜比克（瑞士）

来源：Vuchic，2007

4. 空中缆车

空中缆车由无动力车辆组成，这些无动力车辆由缆索悬挂，由终点处的电机驱动。它们常用于穿越陡峭的山坡，或在深谷或水域上提供交通运输服务。美国有三处地方采用了这类服务：第一处在纽约市，连通了曼哈顿岛和东河的罗斯福岛，车辆可搭载125人，平均行驶速度为25公里/时，线路长约3940米，与水面高差约40米，2013年这条线总计运送了637000名乘客；第二处位于科罗拉多州的乡村；第三处在俄勒冈州的波特兰。罗斯福岛缆车被视为常规通道，但空中缆车其实通常用于旅游景点，例如通往巴西里约热内卢舒格洛夫山的线路，委内瑞拉加拉加斯阿维拉的线路和南非开普敦的桌山（Table Mountain）线路。

在陡峭地形中的另一项现代创新是采用室外自动扶梯。哥伦比亚麦德林也许是最著名的例子，其广泛覆盖的室外自动扶梯为城市的丘陵和经济弱势地区提供了便利通道。

5. 水上交通

渡轮用于提供横跨水域的城市公共交通服务，它们可以通过三种方式进行分类：

- 船只类型：单体船、双体船和水翼船。
- 服务类型：跨越水体，例如河流、海湾或湖泊，以及连接沿河流或海岸的两个或多个停靠岸点的线路，后者通常比前者长得多。
- 市场类型：水上出租车、客运渡轮和汽车渡轮。

几乎所有的渡轮都由柴油机提供动力，包括柴油机直驱、柴油机电驱和柴油机泵喷驱动等形式。船只的大小不等，15米长的水上出租车可容纳50名乘客，西雅图的140米长渡轮最多可容纳2500名乘客和280辆汽车，而纽约的史坦顿岛渡轮可容纳6000名乘客。

轮渡可以是单向的或双向的，绝大多数是单向的。双向船通常设计用于跨水域的交通服务，因为周转时间对于船只线路通行效率十分重要。此类服务的最佳案例是位于不列颠哥伦比亚省温哥华市的Burrard入口渡轮，也称为SeaBus。这些船只双向线路运行，每侧有六个双门，允许/乘客从两侧同时上、下船，因此在码头的停留时间仅为几分钟。另外，其两端停靠岸目的地都是重要的交通换乘枢纽，在北部的终点站有许多公共交通线路。在南侧，SeaBus可以转乘SkyTrain、城际铁路、无轨电车以及公共汽车线路。还有一个案例是载有乘客和汽车的大型渡船，需要在码头停留较长时间以供乘客登载或货物装卸。

由于身形庞大且服务速度相对较慢，渡轮的燃油效率相对较低。在美国，渡轮服务的平均速度仅为14公里/时。但是，新型渡轮采用水压技术实现了更高的运行速度。这些所谓的快速渡轮可以达到90公里/时的航速。渡轮在北美的43个大都市地区运营，其中大多数服务处于纽约市（史坦顿岛渡轮公司在2014年运送了2200万名乘客）和西雅图市（2014年运送了2300万名乘客）。2014年，这两个城市的轮渡服务量占全美国轮渡服务量的57%。在波士顿、新奥尔良和旧金山也有重要的轮渡服务。

水翼艇是一种利用（水体）表面作用的船型，在船体下方有两个支撑架。随着加速运动，水翼在支撑架上上升，大幅降低了阻力，因此水翼艇可以达到70~100公里/时的航速。它的运行成本相比传统模式略高，但是它所具备的高速度在长途航行中非常有优势。例如在塞尔维亚的贝尔格莱德、芬兰的赫尔辛基、俄罗斯的莫斯科和圣彼得堡等城市，都将水翼艇作为长途航线服务工具，连通沿河或海岸的岛屿上的邻近城镇。

12.5 公共交通费用结构

与公共交通运输系统相关的成本分为两大类。资本成本包括对系统建设的投资，例如基础设施、车辆和重型设备。运营成本是与提供服务相关的经常性成本，例如人工、燃料和车辆维护。此处统计了美国公共交通系统的支出规模，以及这些资金的来源和分配方式。

与大多数城市交通运输系统一样，公共交通系统一般依赖于政府的资金和运营收入。在过去的二十年里，美国每年在资本投资上的支出增加了一倍以上，从1992年的53.6亿美元增加到2012年的230亿美元。这笔资金来自许多渠道，在此10年中，累计收入（例如票款收入）增长了262%以上，地方资金增长了257%，联邦资金增长了201%，州内资金增长了约103%（APTA，2014b）。

表12-10列出了按支出类别和方式统计的2012年公共交通资本支出（百万美元）。支出的两个最大类别是：道路系统（建设专用于铁路或公共汽车行车权的专用道路）占34%，车辆购置占24%。2012年，车站的运营支出约为33亿美元。而设施维护（包括维护、存储和管理建筑物及设备）需要13.7亿美元，占总支出的8%。

表12-10 按交通类别和方式统计的2012年公共交通资本支出 （单位：百万美元）

类别	公共汽车	通勤铁路	需求响应式服务	重轨	轻轨和有轨电车	有轨公共汽车	其他	每个类别的总计	每个类别的占比（%）
道路/轨道	286	1510	0	1903	2532	14	4	6248	34
站点	396	304	4	2103	408	1	136	3353	18
办公建筑	166	8	50	25	2	0	1	252	1
维护设施	676	214	34	355	75	0	14	1368	8
运营车辆	2689	632	393	248	232	4	186	4384	24
后勤车辆	61	19	3	28	3	0	0	114	0.6
票务设备	72	9	2	23	15	1	2	123	0.7
信息发布设备	411	186	63	800	138	2	5	1631	9
其他	200	73	29	391	23	0	4	721	4
交通方式的总计	4957	2955	578	5877	3428	22	351	18168	100
交通方式占比（%）	27	16	3	32	19	0.1	2	100	

来源：APTA，2014b，Reproduced with permission of the American Public Transportation Association.

重轨系统获得的援助资金最多达到了 58 亿美元。公共汽车系统投资超过 49 亿美元，通勤铁路投资接近 30 亿美元，轻轨系统投资超过 34 亿美元。由于投入需求响应服务系统基础设施的资金有限，重轨系统与无轨电车分别获得了总资本支出的 3% 和 0.1%。

表 12-11 列出了 2012 年主要的公共交通系统运营成本。在整个美国，超过 105 亿美元用于公共交通系统的运营。其中，公共交通机构总支出的 45% 用于车辆运营，将近 64% 用于雇员的薪水、工资和福利，这突显了公共交通服务与当地经济之间的关系（APTA，2014b）。

考虑到这些费用对于公共交通机构财务稳定的重要性，他们会非常密切地监视其运营和维护成本，通常会预测出公共交通服务增减时的费用变更。例如，行业中的一种普遍做法是基于将所有可变成本分配给主要成本驱动因素（最常见的是营业时间、营业里程和高峰车辆数量）来开发成本模型。以下等式是公共交通服务成本模型的典型算法：

$$\text{运营和维护（O\&M）成本} = 4267 \text{万美元（小时收入）} + 264 \text{万美元（单位英里收入）} + 10.8266 \text{万美元（高峰时单位公共汽车成本）} \quad (12.1)$$

通过将机构中与公共交通服务相关的所有可变成本都提取出来，将它们全部配置或部分配置三个变量，然后除以总营业时间、总营业里程或高峰时期机构每小时提供的车辆数，可以推导出单位成本系数。例如，假设成本分配过程中最终分配给"高峰时段公共汽车"类别的可变成本总计为 4330.64 万美元。假设公共交通机构在高峰时段提供了 400 辆公共汽车，则单位成本系数的计算方式为 4330.64 万除以每高峰时段公共汽车的数量（400）或 10.8266 万美元（高峰时单位公共交通成本），见式 12.1。

式 12.1 可用于估算提供新服务的成本，只需预测增加多少新的营业时间、营业里程和高峰时段公共汽车数量。关于交通金融和资金，本书第 5 章做了进一步描述。

12.6 系统性能及服务质量

在规划一条新的公共交通线路时，公共交通系统的性能成本特征是重要的考量因素。第一类特征包括服务质量，它可以影响公共交通系统能否吸引潜在公共交通乘客（Bruun，2007；CUTR，2009）。第二类特征包含公共交通经营者感兴趣的指标，例如公共交通运营效率。最后一类特征旨在评估公共交通系统是否对其所在社区或城市做出了积极贡献。表 12-11 列出了主要的三类公共交通系统特征。这些特征中的一些是定量的，而另一些是定性的，它们在评估中的相对权重因公共交通线路类型和当地条件而异。

表 12-11 就三类利益相关群体而言的公共交通系统性能表现

乘客视角：服务质量	公共交通运营机构视角：乘客眼中的吸引力和运行效率	城市视角：公共交通的运行效率
可达性（时间和空间）	服务范围/服务时长	乘客吸引力/公共交通服务质量
发车间隔/平均等待时长	发车频率/发车间隔	对经济/社会/环境造成的影响
车内行程时长/运行速度	运行速度	
换乘时间	车队平均服务年限	
可靠性	可靠性	对城市的影响
安全性	安全性	
舒适性和便利性	线路承载能力	
使用成本	投资和运行成本	

来源：As adapted from Kittelson & Assocs. et al., 2013 and Kittelson & Assocs. et al., 2003. Reproduced with permission of the Transportation Research Board.

12.6.1 乘客服务质量

公共交通对旅客的吸引力很大程度上取决于行程的总出行时间，包括：①乘客到达线路站点的时间；②乘客在车站的等候时间；③乘客上车后从起点到目的地的时间。这些因素构成了公共交通网络线路规划和运行时的性能表现。下面将根据表 12-12 中提供的每种服务质量特征来分别讨论。

1. 公共交通可达性（车辆行程时间）

公共交通可达性是使用公共交通系统的基本前提，直接影响乘客出行模式的选择。可达性是通过乘客出发地与目的地之间的距离来衡量的。人们使用公共交通的意愿不仅取决于出行距离，还取决于交通方式、所提供服务的类型以及当地环境条件。与使用公共汽车的短途出行相比，使用效率更高的交通方式（例如地铁和城际铁路）进行长途出行可以吸引具有更长距离需求的乘客。能够吸引乘客的所有区域称为可达性覆盖范围。

在大多数城市，前往公共汽车站的交通方式通常是步行。考虑到可接受的到达时间约为 10 分钟，步行速度约为 1.2 米/秒，出行距离约为 731 米。社区公共交通系统（公共汽车、无轨电车或有轨电车）通常可以为整个中心区域提供服务。在拥有广泛的轨道交通网络的中型和大型城市中，例如波士顿、慕尼黑、布拉格和纽约，中心城区的轻轨、地铁或区域性铁路线也具有良好的覆盖范围，每个路段的步行可达距离为 800~1200 米。在详细分析和计算到达时间时，需要计算来自各点的路径长度，包括间接步行的路径。虽然步行通道仍然是沿公共交通路线计算出行人口的标准，但也应认识到，随着自行车的普及，越来越多的乘客会通过骑行方式来换乘公共交通。

通过接驳公共汽车可进入城际铁路线上具有停靠站点的车站。确定区域覆盖范围需要考虑车辆行驶的方向和速度，周围区域的自然限制以及可能存在的竞争性，尤其是存在服务于同一市场的主要高速公路时。

公共交通网络服务可达性值是通过所有站点的覆盖区域面积之和除以公共交通服务区域总面积计算得出的。公共交通如作为主要交通出行模式，其服务人口必须超过就业或居住密度的最低阈值，典型值为每公顷涵盖 7.5~10 个工作人口。

2. 乘客可达性（到达车站的最后一公里）

就出行本质而言，乘坐公共交通的乘客必须先想办法到达公共交通站，从到达站点离开后再出行一段距离才能到达最终目的地。这通常是公共交通服务最具挑战性的方面之一。潜在乘客如果认为使用公共交通之外的行程不安全或不方便，则可能会避免使用。在整个行程中提供安全有效的所谓"最后一公里"部分，这通常不是交通部门自身的责任（例如步行到车站，或开车去停车场的这一段路程），却可能是吸引和留住公共交通骑行者的重要因素。

洛杉矶市区交通管理局（Los Angeles Metropolitan Transportation Authority，MTA）和南加州政府协会（Southern California Association of Governments，SCAG）可能提供了这一段出行路程中最好的交通指南之一。2013 年，这两个机构先后发布了《首个最后一公里战略计划：路径规划指南》，提出："尽管最后一公里的街道和基础设施不在地铁或者公共交通机构的管辖和控制范围之内，但它们仍然是高效的公共交通系统的重要组成部分。简言之，所有地铁乘客都设法减轻最后一公里的挑战，越是能提供便捷的到达公共交通站点的出行方式，人们使用公共交通的可能性就越大（Los Angeles Metro and SCAG，2013）。"图 12-17 展示了规划主干公共交通服务且系统互联的概念，公共交通运营商可以改进该运行路线和换乘方式，为乘客提供更好的服务。确定公共交通乘客进出中转站点时所遵循的路径（及状况）是一项数据密集

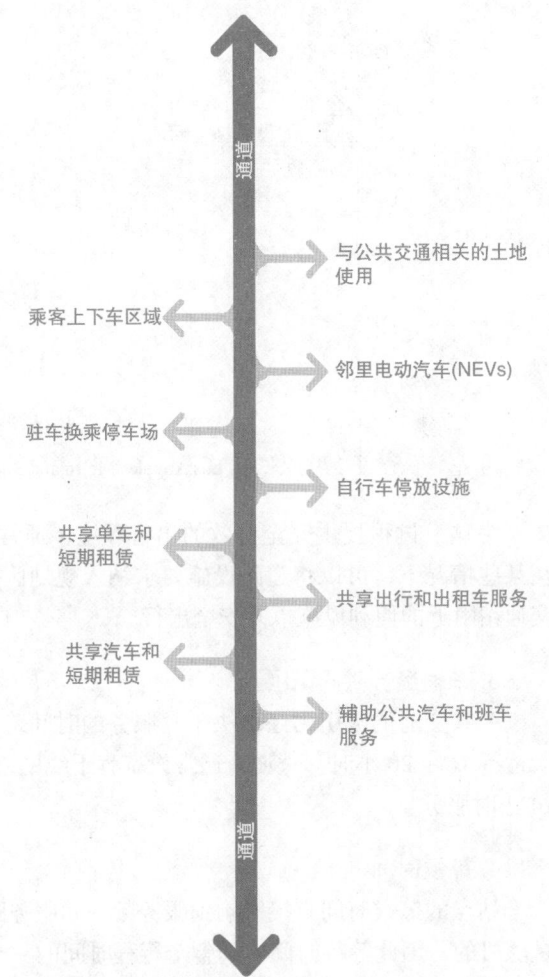

图 12-17　洛杉矶地铁站点附近一公里的关注点

来源：Los Angeles Metro and Southern California Association of Governments, 2013

型工作，图12-18展示了洛杉矶地铁在规划最后一公里时收集的典型数据类型。

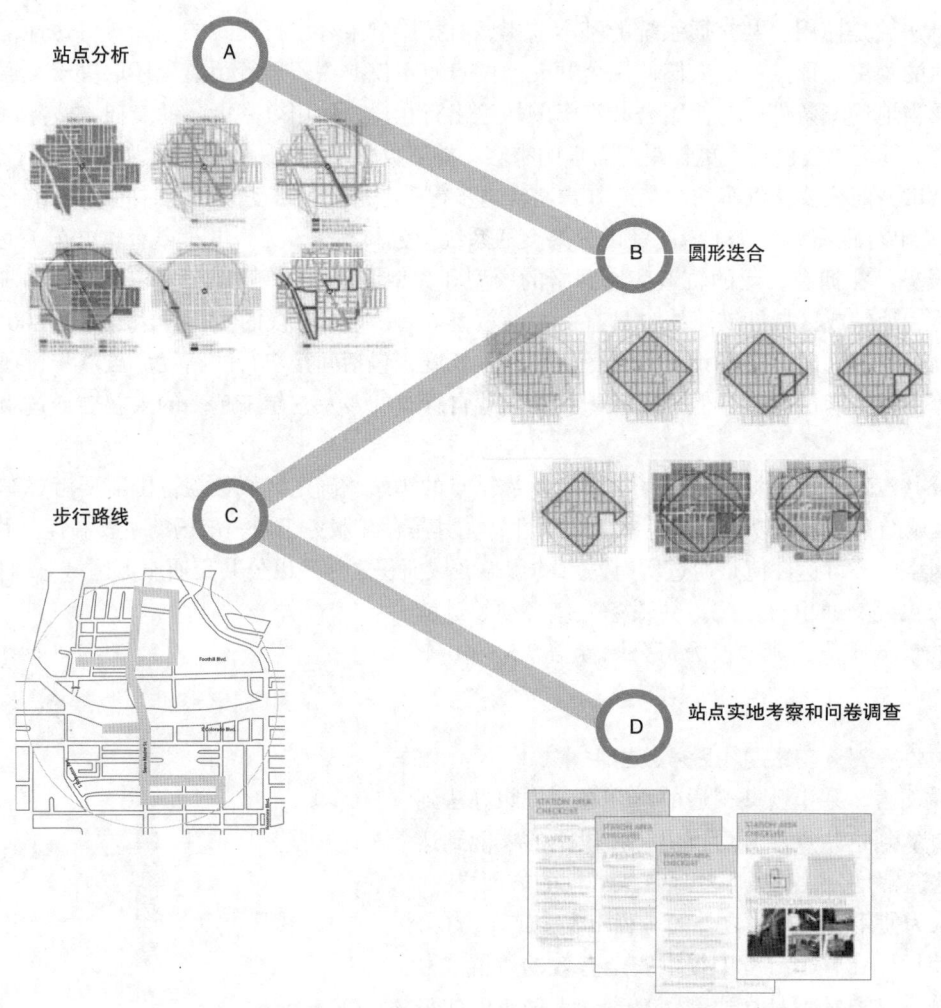

图12-18 分析地铁站点最后一公里的服务范围所需数据
来源：Los Angeles Metro and Southern California Association of Governments, 2013

为这一过程提供安全有效的出行环境，通常需要与许多不同的机构和私人合作伙伴进行密切的协同合作。在某些情况下，可以将道路设施要求纳入规划区法中进行规范化，公共交通与私人合作伙伴关系的重点是公共交通站附近的便利设施以及安全出行。

3. 车辆运行时间范围

公共交通的吸引力还取决于其服务的时间跨度，可以通过营业时间衡量系统性能。大多数公共交通服务每天运行16～20小时。大城市通常设有骨干线网络，在午夜至凌晨5点之间提供夜间公共交通服务，从而实现了24小时服务。

4. 等候时间

站点的等候时间直接影响到服务频率和服务距离。对于短途出行（通常在10分钟以下）的乘客，出行往往是随机的，因此等待时间占到整个行程时间的一半。而乘坐10分钟或更长时间的乘客更可能会根据公共交通计划时间表来规划他们的出行时间。如果服务可靠，则乘客会准时到达站点，以使自己的平均等候时间尽可能与发车间距契合。但是，长途行驶需要时刻注意时间表，这使便利程度大幅降低。当一段行程涉及换乘时，乘客会经历第二次等候时间，通常第二次等候相比第一次等候更令人头疼。

最新的乘客信息系统可通过应用程序提前向乘客提供有关车辆何时到达指定车站的通知。这种新技术的应用将大幅减少公共交通站点的等候时间。

5. 车辆行驶时间

花费在车辆上的行驶时间取决于车辆的行驶速度和行驶距离。通常，公共汽车和其他街道交通车辆在城市中心的平均运行速度为 12~20 公里/时，在郊区则为 15~25 公里/时。LRT 和其他半快速交通模式的平均速度为 20~30 公里/时。较旧的地铁和较长的 LRT 线路（例如丹佛和巴尔的摩的线路）通常以 25~35 公里/时的平均速度运行，而较新的地区性地铁，例如 BART、城际铁路系统的平均运行速度为 30~60 公里/时。

一般通过计算出行时间的差异或比率，来进行交通出行模型预测和公共交通服务质量与其他出行模式之间的比较，具体情况取决于所评估行程的长度。通常较短的行程更看重出行时间的差异，而较长的行程则衡量出行时间的比率。

6. 车辆可靠性（准时性）

对乘客来说，准时性是最重要的公共交通服务特征之一，因为不可预测的或频繁的延误会妨碍制订严密出行计划的乘客使用公共交通，换句话说，他们必须有较高的时间灵活性。因此，低服务可靠性通常会导致乘客的出行时间延长，从而降低公共交通的竞争力。此外，不准时的公共交通服务会对乘客对出行体验产生负面影响。

在规定时间内到达线路的车辆所占的百分比可以用于衡量可靠性。对于低频公共交通服务，通常发车间隔为 3~5 分钟。另一方面，可以通过发车间隔的差异度或方差来测量系统可靠性。变化系数（发车间隔标准偏差与平均发车间隔之比）也是一种合适的衡量方式。通常情况下，公共交通车辆提前到达站点会被处以更严重的处罚，因为相比于晚点到达，过早到达意味着部分乘客可能完全错过这趟车次。

式 12.2 给出了平均等候时间与平均发车间隔 $\bar{h}$ 之间的关系，以及被定义为 $(\sigma/\bar{h})$ 的变化系数。平均等候时间将随着公共汽车服务可靠性的提升而降低，也意味着发车间隔标准方差的降低。

$$E(w) = \frac{\bar{h}}{2}\left[1+\left(\frac{\sigma}{\bar{h}}\right)^2\right] \tag{12.2}$$

影响公共交通服务可靠性的主要因素是通行权等级。受交通状况影响的街道交通可靠性最低，而具有完全独立道路通行权的快速交通系统可靠性最高，通常车辆准点率能达到 95%~99%。

7. 安全

成功的公共交通系统能够使乘客在系统中出行时获得幸福感。系统安全性由每百万次旅客出行或车辆行驶公里的事故数量或事故发生的频率定义。每个公共交通系统的一个重要目标是最小化或防止发生事故。通过遵循恰当的安全环境设计（Crime Prevention Through Environmental Design，CPTED），并将车站与"合适的出行环境"整合，以确保高质量和安全的出行。

8. 乘客舒适性和便利性

乘客舒适性受三个主要因素影响：车辆负载（座椅的数量或车厢拥挤程度）、车辆状况（温度、清洁度等）和车辆的运动。最容易量化且与公共交通系统规划最相关的指标是车辆乘载情况（座位的数量）、乘载系数以及用于可容纳客流量的标准。车辆内部空间的计算方法可以通过乘客座位所占空间和潜在能容纳站立乘客与单位乘客站立所占空间的乘积相加得到。不同乘客所需的空间取决于行程时间和提供服务的地区的公认标准等因素，主要都市区公共交通系统的典型设计值在 4~5 人/米^2 的范围内。

车辆的设计、乘坐舒适性、清洁度和形象也是影响乘客舒适性和吸引力的重要因素，例如便捷的接驳和换乘、及时的信息系统以及行李搬运的方便程度。美国和许多国家/地区都规定，所有新公共交通系统和车辆都要安装针对残疾人以及有行李和婴儿车的人的无障碍设施。通过外部车架（在常规公共汽车上）或在快速交通车辆上携带自行车变得越来越普遍。

9. 用户成本／费用

与其他出行方式的费用相比，公共交通出行所产生的自付费用是衡量旅客服务质量的重要指标。因此，公共交通票价是影响乘客满意度和是否决定使用相应系统的因素之一。对乘客来说，相对便捷的票务服务是一个重要的考虑因素。有鉴于此，许多公共交通机构已经建立了开放通行证（月票制度）或采用"智能"公交卡支付票款，以尽可能提供便捷服务。此外，新型票款支付方式（例如使用手机）也正在推广或开发中。

12.6.2 从经营者的角度衡量公共交通系统的有效性

公共交通运营商会从与乘客不同的角度来评估系统的有效性。有些衡量指标是相同的，但衡量方式不同。从经营者的角度衡量系统有效性的措施通常包括：

- *地区覆盖范围*：潜在乘客附近与换乘车站或车站有关的服务设施的数量。
- *每辆车的载客（或空车行驶）时长*：总载客量除以一辆公共汽车从离开停车场站到返回时的总时长。这包括公共汽车空车行驶的时间。此项指标可以衡量车辆运行时的时间价值。
- *平均行驶速度*：车辆完成一趟往返行程的平均速度，包括沿行程的行驶时间和包括预留出的缓冲时间在内的任何中途停留时间。最大化此速度是乘客和驾驶员的目标，驾驶员十分关注此项指标，因为它直接影响运行成本，进而影响系统运行效率。
- *票款收入*：与运营成本相比，从乘客那里收取的票款收入。
- *发车频率*：发车频率和服务总时长决定了车队规模以及在运行的车辆数量，因此两者会直接影响驾驶员的数量。
- *投资和运营成本*：系统的效率通过其性能表现绩效与成本之比来衡量，具体指标有车辆运行里程、车辆运行速度和服务频率、可靠性等。
- *线路容量*：衡量交通系统满足出行需求的能力，并保证一定标准的服务质量（可靠性、舒适性、安全性等指标）。计算线路容量对于规划公共交通线路，特别是比较和选择公共交通模式非常重要。为了避免因单个线路或模式的不同或计算能力方法的差异而导致偏差，此处定义了与线路容量相关的概念：
- *提供容量*（Offered Capacity）指座位占用空间加乘客站立空间，而*利用容量*指载客量。利用率与提供容量的比率为负载系数 α，应小于 1.00。
- *实际载客能力*（Practical Capacity）基于实际的观察和测量，代表实际情况下在一条线路上的实际载客量。因此，实际载客能力通常低于理论能力（见下文）。
- *站点容量*（Station Capacity）指在给定的时间段（通常为 1 小时）内可以通过站点的最大公共交通车辆数量。一条给定路线的线路通行能力由最短的发车间隔决定（有时在交叉路口或街道交叉口的车距比车站的车距更重要）。
- *理论容量*（Theoretical Capacity）是根据线路上可以实现的最小发车间隔计算出的容量，假设了理想的运行条件：车辆在车站的停留时间（车辆在车站或车站等待登车或下车的时间）、驾驶员的行驶方式等均没有任何变化。
- *道路通行能力*（Way Capaticy）指在一段时间内可以正常通过沿途站的公共交通车辆的最大值。道路通行能力衡量的是在不停靠站点的情况下在线路上的公共交通车辆的进出情况。在某些特殊情况下（例如在高速公路或轨道段上，许多线路相交后分叉，车辆可以快速通过而不停靠站点，车站通行能力通常决定了线路通行能力。
- *单辆车的乘客里程*：所有乘客出行的总里程数除以公共交通车辆从开始到返回为止的总里程数。这是所有乘客平均行驶距离的指标，包括公共汽车的空载里程。这项指标考虑了车辆行驶的全部成本和线路的使用效率，且关注了那些载有远途乘客的行驶线路。
- *平台服务*：包括车辆服务时间、中途短暂停留时间和空车返回时间。
- *运营可靠性*：通常以准时绩效衡量。公共交通系统的准时性在不同程度上（取决于通行权），由驾驶员控制。而车辆的设计、驾驶控制以及许多调度技术和车辆维护协议都有助于提高系统的可靠性。

- *服务时间*：车辆离开出发地后可以正常载客的时间，包括停留时间。
- *安全性*：主要通过事故的数量或发生率进行监控。与可靠性一样，公共交通机构可以通过适当的基础架构（车辆、导轨、车站等）设计、运营实践和实施，直接影响整个公共交通系统的安全性。
- *每位乘客的补贴*：每位乘客的运营服务所需补贴金额。

在不同城市和不同的公共交通方式之间，车辆乘载标准差异很大。在大多数工业化国家与地区，乘载标准为 4 人/米^2。而在某些发展中国家，指标设置得更为拥挤，可达 5~6 人/米^2，不过在实际生活中可能达不到这样高的密度。

保证适当的线路容量是更重要的措施之一。线路通行能力为最大频率（或实际最小发车间隔）与公共交通通行能力的乘积，通行能力是车辆通行能力与具备通行能力的车厢数量的乘积。发车频率通常在乘客换乘量最大的车站最高。例如，如果发车频率为每小时 6 个编组，并且每个编组包括 3 个车厢，如果每个车厢载客量为 100 名，则提供的线路容量为 6×3×100＝1800 个客位/时。

最小发车间隔取决于车辆编组的长度、运行速度以及连续车辆编组之间的最小间距。对于在驾驶员控制下在街道上行驶的公共汽车、有轨电车和轻型货车，线路容量取决于每个可用交通信号周期的绿灯时间和繁忙站点（或十字路口）的停留时间。在具有专用车道和单独停靠站点的线路上，每小时可以最多发出 60 辆公共汽车。据报道，当有多个停靠点位以便公共汽车可以单独通过时，每小时有 90~120 辆公共汽车可以通过站点。当一条线路在每个站点的每个方向上有两条车道，并且公共汽车/无轨电车可以互相超车时，可以达到每小时 180 辆车的频率（例如波特兰、俄勒冈州和纽约市麦迪逊大道）。

在专用路权道路上运行的轨道交通模式（例如轻轨和地铁）由通常需要至少 90 秒的行驶距离的信号控制，因此它们的最大频率为 40 列车次/时（纽约市将信号控制在 2 分钟以上）。但是轨道系统（尤其是地铁和城际铁路）的整体容量远远大于公共汽车的容量（相比于常规公共汽车能容纳 80~160 位乘客，列车车厢可容纳 1000~3000 位乘客），因此其线路通行能力通常大于 AGT 和街道交通（包括常规公共汽车、BRT 和 LRT）的线路通行能力。

表 12-12 展示了在北美和其他工业化国家的典型条件下，每小时车辆的实际或运营能力和每小时载客数。Kittelson（2013）广泛介绍了如何估算公共交通系统的运行能力。

表 12-12　不同系统的车辆乘载能力

线路模式	编组的数量	车辆容纳人数 C_v	最小发车间隔 h_{min}/秒	最大发车频率 f_{max}/（车次/时）	最大乘载人数 C（人/时）
常规公共汽车	1	75	50~70	51~72	3800~5400
铰接公共汽车	1	120	60~80	45~60	5400~7200
50% 常规公共汽车，50% 铰接公共汽车模式	1	75~120	20~40	90~180	8800~17500
有轨电车	2	180	150	24	8640
北美地区的快速公交	1	120	60	60	7200
发展中国家的快速公交	1	180	30	120	21600
轻轨，ROW B，单节车厢	2~3	180	240	15	5400~8100
橡胶轮胎的 AGT	2	100	60~90	40~60	8000~12000
AGT 列车	6	100	75~100	36~48	21600~28800
8 节车厢的快速列车	8	180	90~100	36~40	51800~57600
10 节车厢的快速列车	10	240	120~150	24~30	67200~72000
燃油式城际铁路	10	200	180~240	15~20	30000~40000
电气式城际铁路	10	200	120~180	20~30	40000~60000

12.6.3　公共交通对发展的影响

大多数北美城市经历了土地开发去中心化阶段，这对有效提供公共交通服务和吸引旅客构成了挑战。作为回应，许多大都市区已经在密度相对较低的地区规划和建造了轨道交通系统，目的是重新吸引公共交通覆盖地区的再开发（Los Angeles Metro，2012）。

其中一个案例是新泽西州的 River Line，这条耗资 10 亿美元，全长 55.5 公里的轻轨线于 2004 年启用。它连接了特伦顿市和新泽西州卡姆登市，沿现有道路平行于特拉华河的轨道走廊运行。该系统使用柴油混合动力车辆，进一步提升了电气化的运行成本。River Line 旨在提供两个城市之间的通勤服务，将费城、卡姆登和特伦顿的城市公共交通系统连通起来，并与 Amtrak 和 New Jersey Transit 等城际交通完美融合。更重要的是，这条线路设有 20 个站点，每个站点都在新泽西州南部的房地产和商业开发中扮演了节点性角色，出行人数现在已经稳定增长，超过了最初的预期。

安大略省滑铁卢地区正在计划建立类似的出行系统。预计到 2031 年，该地区的人口将从目前的 50 万增加到 72 万。作为土地全面发展规划的一部分，该地区计划在中央走廊建立 B 等级道路通行权的公共交通系统，目的是加强公共交通线路沿线的城市土地使用，以实现 40% 新土地开发的增长目标。

将公共交通投资与商业发展关联起来的开发模式称为以公共交通为导向的开发。公共交通引导开发（TOD）是围绕交通枢纽周围的中密度或高密度混合土地使用的规划和设计，以交通枢纽作为开发中心，同时设置了有吸引力的公共交通服务（Dittmar，2004）。公共交通节点周围的土地使用和城市设计实践促进了 TOD 之间和内部的行人移动。其目标是增加出行方式的选择，减少汽车出行的总出行里程和频率，增加非机动车出行的机会，并增加公共交通乘车人数。除提供高质量、高容量的公共交通服务外，成功的 TOD（以及更普遍的对交通有支持的土地使用）还需要全面的土地使用控制和政策。有关 TOD 和其他可用于鼓励公共交通站附近和公共交通通道沿线发展的政策的更多讨论，请参见第 3 章土地使用和城市设计相关内容。

12.7 公共交通规划步骤

本节描述了公共交通规划主要的四种类型：战略规划、综合运营或服务分析、远期规划以及大型交通投资规划。

12.7.1 战略规划

制订战略规划的目的是对公共交通系统及其运营机构的未来状况有一个明确的设想（Lawrie，2005）。具体的分析包括评估机构的内部组织、提供的服务水平及其在交通网络系统中的构成作用。战略过程提供了一个机会，让利益相关者、机构雇员、政府或政治决策者、当地企业和公众参与并知悉公共交通机构的未来发展方向。

战略规划过程通常会出具报告，其中介绍了机构的使命、核心价值以及预计的挑战（内部和外部）和要求机构采取的进一步措施。也许最重要的是，战略规划要利用上文讨论过的衡量标准，为公共交通系统建立理想的性能评估系统。对基础设施、业务或机构财务的任何拟议变化，都应根据其能否达到一个或多个既定的标准来进行评估。

成功实施战略规划需要采取两项必要行动：首先，战略规划应与机构中的运营和资本预算相关联，以确保进行符合规划目标的金融投资；其次，应建立正式的跟踪机制，以确定机构是否正在实现其目标；最后，还应该有一个更新程序和时间表来更新计划，例如每五年更新一次。

12.7.2 综合运营（或服务）分析

当公共交通机构决定一次检查所有服务路线，进而确定在哪里更改系统和线路，以更好适应即时和未来的公共交通市场时，就要进行所谓的综合运营（或服务）分析（Comprehensive Operations Analysis，COA）。例如，佛罗里达州奥兰多市的公共交通系统 COA 包括对路线网络的分析，并建议进行短期和长期的修改，包括（Central Florida Transportation Authority，2014）：

- 调整运行时间、出发时间、地点、调度时间和发车间隔，以提升车辆运行可靠性和用户满意度。
- 拆除最少使用的公共汽车站或合并公共汽车站。

- 适当的车辆类型和服务特点，包括固定和灵活路线，常规公共汽车和快速公交。
- 更新的服务标准基于行业规范以及效率目标，例如佛罗里达州公共交通委员会规定的行业规范。
- 资金需求，包括改善客运设施。
- 人员配置建议。
- 实施阶段。

图 12-19 展示了一个用于加州圣克拉拉县交通管理局的典型 COA 过程。图中展示了所收集数据的类型、公共和公共交通机构委员会成员和工作人员的作用，以及通常作为 COA 工作一部分的成效。图 12-20 展示了通常发生在 COA 中的数据分析类型，不同的市场细分及其与公共交通机构应提供的服务类型的关系。成功实施 COA 的关键是将不同的公共交通服务类型与不同的市场联系起来。例如，表 12-13 展示了佛罗里达州 Broward 县公共交通服务范围及其划分的关键市场。通常，不同的服务层次分为以下几类：

- *基于道路网络的服务*：基于道路网络的、本地的、固定路线的公共交通服务作为系统的主干路线。成功的此类服务应为快速和社区服务提供方便的交通路线。为使它们在未来道路网络系统中发挥更大作用，Broward 县公共交通机构正考虑增加服务频率和引入自动车辆定位（Automatic Vehicle Location，AVL）技术，加强现场监督和改进公共交通信号优先级。
- *快速公交*：为主要的公共交通通道提供服务，具备发车频率高、停车间距较短、公共交通信号优先、良好的客运站点、独特的运行品牌等特征。
- *基于社区的小范围服务*：满足特定市场需求与基于道路网络的服务。在某些情况下，一些固定路线服务的区域可能更适合灵活路线选择。
- *通勤线路*：点到点的长途快线服务通常不在市区设置过多停靠站点，而在高峰时间从公园和停车场等中心向主要就业地区提供交通服务。

显然，公共交通市场因服务区域的范围和都市区的特征而异。在一个典型的 COA 的早期分析中识别了哪些类型的公共交通线路服务对服务覆盖范围内的现有乘客和潜在的市场需求是有意义的（Ceder，2001）。

表 12-14 列出了公共交通机构用于提高公共交通服务生产率，特别是提高平均服务速度的一些策略。这张表来自一个公共交通合作研究项目，该项目调查了北美的公共交通机构（Boyle，2013）。

对 COA 分析的详细研究超出了本章的范围。感兴趣的读者可以查阅以下网址，这些文档提供了 COA 包含内容的良好示例。

- 印第安纳州印第安纳波利斯：http://www.indygo.net/pages/transit-planning.
- 罗德岛公共交通管理局：http://www.ripta.com/coa-project-docments.
- 圣华金（加利福尼亚）区域公共交通区：http://sanjoaquinrtd.com/coa.

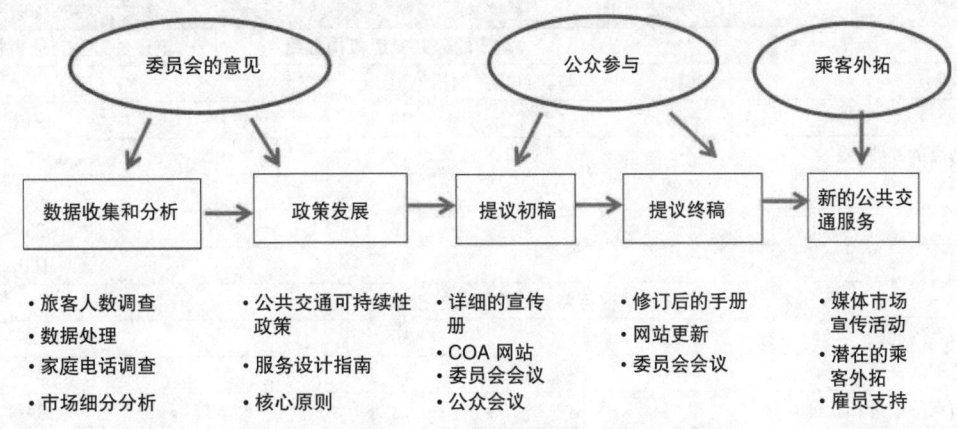

图 12-19 传统公共交通机构的 COA 分析步骤

来源：Burns, M. 2009. Santa Clara Valley Comprehensive Operations Analysis, Accessed March 2, 2016, from http://www.mtc.ca.gov/planning/tsp/Comprehensive_Operations_Analysis.pdf .

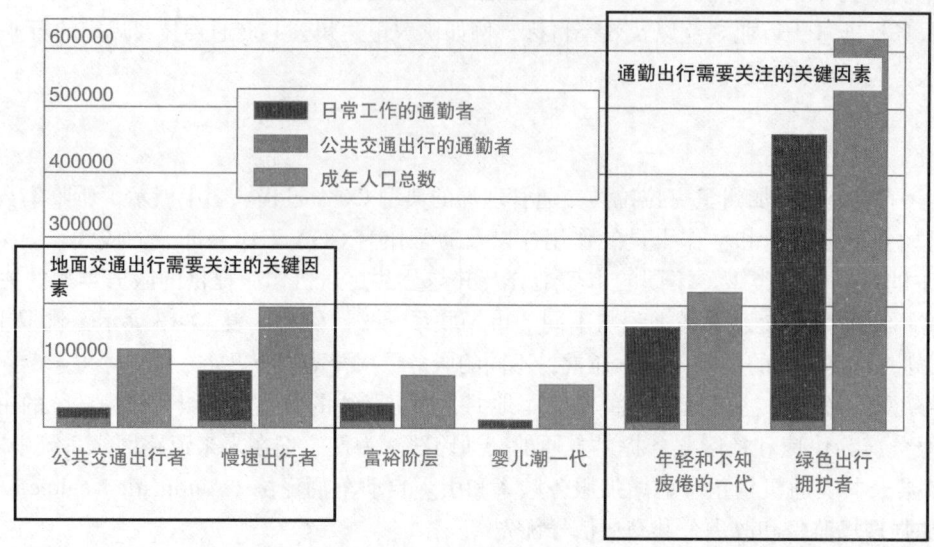

图 12-20　COA 数据分析步骤

来源：Burns, M. 2009. Santa Clara Valley Comprehensive Operations Analysis, Accessed March 2, 2016, from http://www.mtc.ca.gov/planning/tsp/Comprehensive_Operations_Analysis.pdf

表 12-13　佛罗里达州 Broward 县公共交通服务范围及其划分的关键市场

服务标准	需求强度	通道类型	道路网络	市场对象
基于道路干线网络的公共交通服务	中到高客流量	主要的主干线和次干路	提供主要的干线网络	全天、多目的出行的人群
快速公交	高客流量	主要的干线和专用道路	提供尽可能快速和高容量的线路	具有集中的、主要的单一目的地的出行人群
基于社区范围内的公共交通	中到低客流量	支路和邻里道路	基于社区级别的支路和邻里道路	针对有特殊需求的个体出行人群
通勤公共交通服务	高强度的点到点需求	快速路和主干线	快速、高效的高峰时期线路	高峰期的通勤者

来源：Broward County Transit. 2010. *Comprehensive Operations Analysis, 6. Service Framework*. Accessed March 2, 2016, from http://www.broward.org/BCT/COA/Documents/COAServiceFramework.pdf.

表 12-14　提升公共交通运行速度的不同策略和措施

策略	响应的公共交通机构数量	响应的公共交通机构占比（%）
与路线相关的措施		
流线形路线	39	91
引入限制过多站点的路线	18	42
BRT 路线	10	23
其他	10	23
总计	43	100
与停靠站点相关的措施		
改变公共汽车站点的间距	30	79
改变公共汽车站点的选址	18	47
改变公共汽车站点的设计和长度	13	34
改变站点上下车站台高度	8	21
其他	5	13
总计	38	100

（续）

策略	响应的公共交通机构数量	响应的公共交通机构占比（%）
与车辆相关的措施		
引入/增加低地板公共汽车	33	89
改变轮椅登车的方式（从抬升式到斜坡式）	29	78
引入/增加不同大小的车辆	22	60
引入/增加具有更佳性能的车辆	17	46
改变座位的造型和设计	8	22
车厢内预留存放自行车的空间	7	19
改变车门的造型和设计	4	11
其他	3	8
总计	37	100
相关的外部政策		
公共交通优先信号控制或带有指定信号的公交专用道	22	69
信号定时	14	44
公交专用道	13	41
公共汽车先行法律	13	41
转弯限制	9	28
停车限制	8	25
其他	6	19
总计	32	100
相关的内部政策		
通过调整票价鼓励预先付费	22	76
登车前收费	8	28
所有车门都可以同时上下车	7	24
改变在客运站的滞留政策	7	24
公共交通系统内免费接驳和换乘	6	21
车门的打开和关闭方式	3	10
其他	3	10
总计	29	100

来源：Boyle, 2013, Reproduced with permission of the Transportation Research Board.

12.7.3 远期规划

一项远期公共交通规划研究可能由公共交通机构开展，因此可以仅侧重于公共交通投资，也可以是由大都市规划机构编制的更广泛的大都市交通规划的组成部分。远期公共交通规划过程（步骤）如图 12-21 所示（Sound Transit，2012；Miami-Dade County，2013；Central Florida Regional Transportation Authority，2013）。第一步是比较现有和未来的运作条件，基于机构的策略计划制订与既定目标相关的定量或定性的衡量指标。在这一步骤，公共交通规划和土地开发计划的目标更加广泛，要审查可达性、移动性、积极的环境特征以及所服务地区的特性等背景因素。衡量所需的必要数据包括人口（通常在家庭一级进行基于年龄的统计）、就业类型和数量以及其他社会特征，例如收入水平和汽车保有量。通过记录目前的土地使用模式，通常是测量土地使用类型（农业、商业、零售等）的密度和分类，然后编制与当前出行需求相关的数据。这些数据包括整个研究区域的出发点到目的地对之间的出行量，包括检测区域内街道或高速公路路段平均年日交通量（Average Annual Daily Traffic，AADT）或设计小时量（Design Hour Volumes，DHV），以及现有的公共交通系统上的乘客人数。

为了评估未来公共交通服务的组成元素和系统性能之间的关系（请参阅第 6 章出行需求模型），最常用的需求出行模型是四阶段模型。该模型通过四个步骤基于交通生成（Trip Generation）、交通分布（Trip Distribution）、交通方式划分（Model Split）、交通量分配（Traffic Assigment）来量化系统性能。但是有些人认为，这种顺序过程在处理公共交通方面存在不足。例如个体在步骤三中才做出模式出行选择，即在量化分析高速公路网络的服务性能之前。而本质上在第一次迭代计算中，基于对交通成本与未拥堵的高速公路行驶的比较就已经做出了出行模式选择。为了克服这一缺点，使用了一种反馈方法，在模式选择步骤中反复计算道路网络条件，直到出行模型达到动态平衡为止。如第6章所述，目前正在开发基于活动的模型，以克服四阶段模型在公共交通运输规划方面的一些不足。

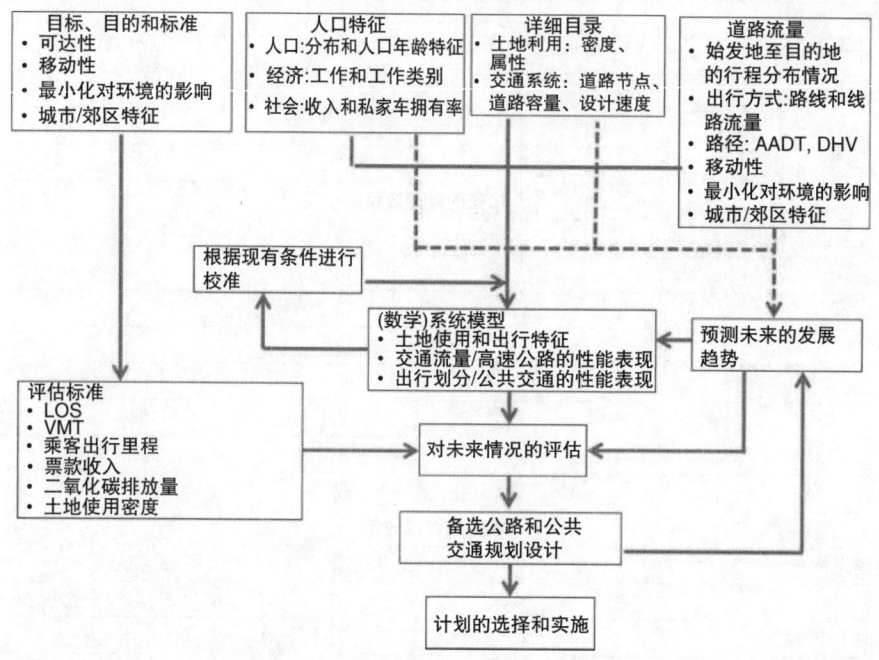

图 12-21 远期公共交通规划步骤

虽然图 12-21 中没有表示，但公众会参与整个过程。当考虑为项目建设争取联邦资金时，这种公众参与是规划过程的一项要求。图 12-22 展示了来自华盛顿国王县地铁网站的一幅截图，用于其远期公共交通规划过程。通过这些努力，潜在的使用该公共交通系统的人和纳税人可以为规划过程提供建议。

规划主要公共交通投资

FTA 建立了结构分明的步骤，公共交通机构必须遵循这些步骤才能获得联邦对公共交通的资助。曾经称为比较分析和论证（Alternatives Analysis，AA）的过程，目前已经通过联邦立法简化。公共交通运营方应始终与 FTA 核实，以确定这类规划的最新要求。虽然不必再经历繁琐的比较分析步骤，但 AA 步骤仍然是这类规划的可参考准则，可将其视为一个规划过程：

- 应包括对广泛的公共交通和接驳措施的评估，并提出一定区域内的交通问题的解决办法。
- 提供充分的资料，使政府部门能够就此做出充分的项目建设理由和财政承诺。
- 支持选择当地首选的方案。
- 使当地都市规划组织能够采用当地首选方案，作为远期公共交通规划的一部分（FTA，2011）。

2012年，联邦交通法《迈向 21 世纪进程》(MAP-21) 取消了替代方案分析要求，并要求在城市规划和环境审核过程中对可选方案进行审查。它将环境审查过程定义为一个新的阶段，并将前置工程和最终设计合并为工程阶段。此外，MAP-21 修正了 FTA 的单个公共交通项目评级标准（FTA，2015）。表 12-15 展示的新标准是 FTA 公共交通运输规划过程中需要公开的部分。可以看出在许多情况下，标准取决于项目开发过程处于哪个阶段。FTA 采用的评估标准是确定"高""中-高""中""低-中"或"低"等级所对应的特定标准。有关这些标准的更多详细信息，请参阅（FTA，2013）。

正如项目开发过程定义中所指出的，对公共交通项目的评价与大都市交通规划过程和环境审查过程密切相关。读者可参阅关于都市交通规划的第 16 章和关于环境和社区的第 4 章,以获得关于这两个过程的更多信息。此外,自贸区网站(http://www.fta.dot.gov/12304.html)提供了重大投资规划分析评估指导的最新信息。

图 12-22　试图在远期公共交通规划方面吸纳公众参与意见的 King 县公共交通网站

来源:King County Metro, Website, Accessed Feb. 2, 2016, from http://www.kcmetrovision.org.

表 12-15　FTA 公共交通运输规划过程中的评估标准

类别	决策部门	评估手段
移动性	所有参与者	预估的年度客流量(非公共交通出行的人群加依赖公共交通人群除以 2)
经济发展	工程部门和联邦援助委员会	增长管理和土地保护政策的实施程度
	工程部门和联邦援助委员会	通道和车站区的概念规划发展到何种程度
	联邦援助委员会	地方司法管辖区在多大程度上采取了分区规划,并且有力地支持了客运站周边区域的重大公共交通项目投资
	工程部门	一个概念规划过程和对站区进行分区规划的进度
	工程部门和联邦援助委员会	公共交通机构或地方区域机构与地方司法机构、开发商和公众积极合作,促进公共交通规划和站区发展的进度
	联邦援助委员会	正在进行的关于住房和就业项目计划的发展进度
	工程部门	通道中公共交通补助性住房和就业发展的进度
	联邦援助委员会	用于确定和解决通道沿线目前和未来的可负担住房需求的已制定和正在实施的平价住房计划的进度
	工程部门	通道所涵盖的大多数管辖区在多大程度上制订了计划和政策,用于确定和满足通道沿线目前和未来的可负担住房需求
环境利益	工程部门和联邦援助委员会	总空气质量标准污染物的变化:一氧化碳(CO)、氮氧化物(NO_x)、可吸入颗粒物(PM2.5)和挥发性有机化合物(VOC)
		能源使用的变化
		温室气体排放的变化
		安全方面的变化
成本效益	工程部门和联邦援助委员会	每年的资本和运营成本

(续)

类别	决策部门	评估手段
土地使用	工程部门和联邦援助委员会	服务于客运站系统内的就业
		客运站范围内平均人口密度（人/公里^2）
		通常情况下中央商务区（CBD）的日均停车成本
		雇员的人均停车面积
		项目范围内法律要求的平价住房的比例与项目所在县的比例相比
缓解拥堵	工程部门和联邦援助委员会	截至本手册出版之日尚未发布
财政金融	工程部门和联邦援助委员会	流动资金及经营状况（占地方财政承诺评级的25%）
		资本和经营基金的承诺（占地方财政承诺评级的25%）
		资本和业务成本估计和规划的合理性与资本融资能力（占地方财政承诺评级的50%）

来源：FTA, 2013

12.7.4 模式和技术选择

可选模式的特点将对预期的乘客需求产生重要影响。系统性能包括出行速度、可靠性、舒适性和安全性，在大多数情况下，乘客预测模型以出行速度（从而得出出行时间）作为建模的主要模态特征。如前所述，公共交通是由其所属ROW和所属类型来定义的。通过选择ROW和技术层面的最佳组合，在考虑投资和运营成本的同时，提供所需的服务水平。选择与相对应的路权一致的技术特性是合乎逻辑的。在三个基本的技术特征——车辆导引、推进系统和组成控制——随着街道运行级的路权升级到独立的路权后，投资效益就会立刻彰显。

比较和选择运行模式的框架如图12-23所示。第一步是根据当地的物理条件、社会经济和环境条件确定公共交通系统的目标。这些目标被转化为具体的系统需求，作为比较分析的输入条件。同时，根据ROW、技术、系统容量和成本的组合，从定义的系统需求范围中选择相应的候选模式。

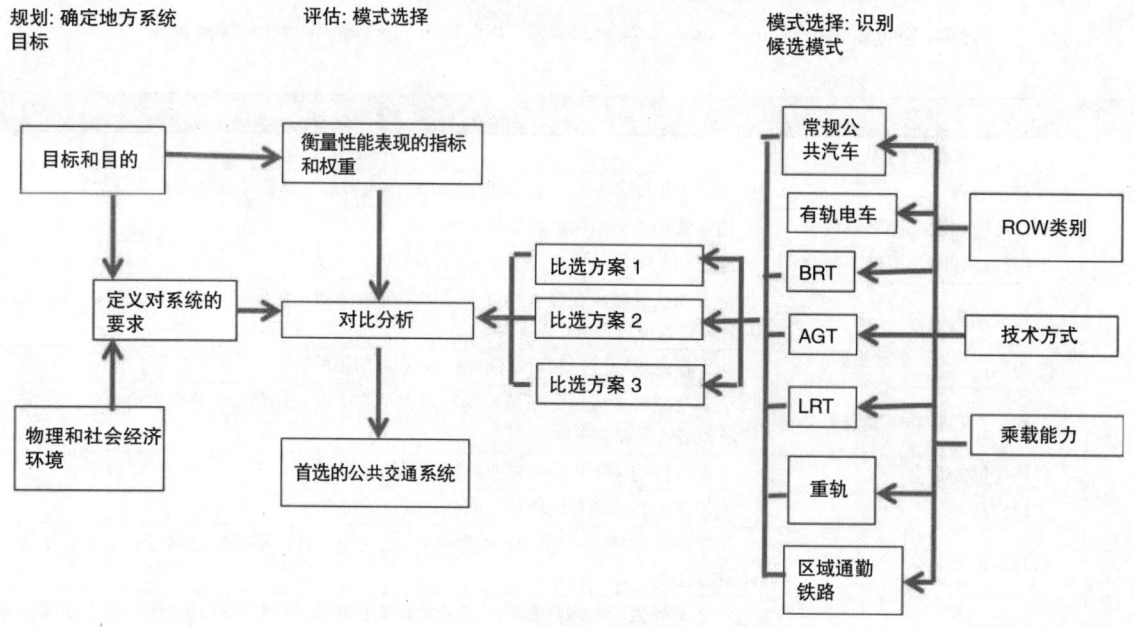

图12-23　公共交通模式选择步骤
来源：Based on Vuchic, 2005

随后将候选模式的性能特性与系统需求进行比较。建议比较方法如图12-24所示。由于模式吸引乘客的能力取决于ROW级别、提供服务的频率和候选模式的其他特征，必须根据估计的乘客需求来检查这些模式。在建模过程的早期步骤中，通常利用反馈回路计算来确保模型达到平衡状态。

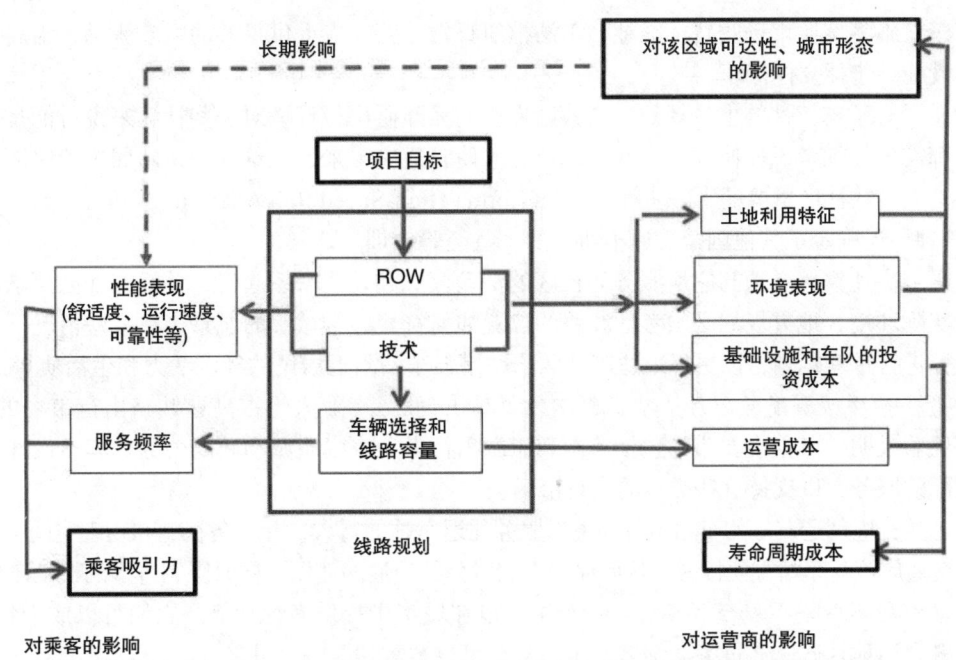

图 12-24　推荐的公共交通模式选择考虑因素及其区域影响

最后，模式比较必须评估所选择的 ROW 和技术对环境和土地使用的影响。因为从长远来看，对公共交通基础设施的更多投资可能改变一个城市的特点和发展模式，最终提高公共交通出行数量和城市宜居性。

12.8　客运站规划

在不同路线间以及与其他交通模式的接驳和换乘是公共交通系统中最重要的组成部分，例如：①乘客从家中出发步行至公共汽车站；②乘客可以在不同的公共汽车线路或从公共汽车到轨道交通之间进行换乘；③在快速轨道交通线路上的快速站，乘客可以在当地列车与特快列车之间换乘；④在主要的国际机场，乘客可以从国内和国际航班换乘快轨、当地公共汽车或其他轨道交通；⑤在线路末端的终点站，可能需要为车辆和驾驶员提供洗手间设施。这些接驳和换乘站点可能是日常出行中的关键瓶颈，并且经常对乘客造成各类负面影响。

对于更复杂的大型枢纽和站点，某些要求会更加具象，例如财政或政策要求、可选方案的数量或可容纳的出行能力。由于建造和运营车站的成本必须以某种方式支付，收取车辆出入费用、停车费、租赁费或关税的财政措施是一个重要的设计和运营考虑因素。通过车站的预期客流是估计其市场潜力的关键研究因素。

12.8.1　客运站的远景规划

大型车站规划的第一步是为车站建立长远愿景，即它将在交通系统和社区中发挥什么作用？加州高速铁路管理局（California High Speed Rail Authority）将愿景作为加州高铁规划过程的一部分，其规划过程将高速铁路车站的发展与周边社区的城市设计联系起来，并提出以下意见。

- *车站的作用*：应考虑车站将在社区中扮演的角色，以及车站的体量大小将如何影响这个角色。车站是景观的主导特征吗？在建筑上，它是否应该与周围的建筑美学相融合？车站会成为社区的"新地标"吗？这对土地使用的组织、街道的设计和公共空间意味着什么？
- *新的交通枢纽*：就像一个没有跑道的小机场，加州高速列车（CAHST）站将需要与公共汽车、穿梭车、出租车、私家车、骑行者和行人进行大量的交通协调组织。以开发为导向的公共交通和 TOD（见第 3 章）可以帮助解决车站如何与社区衔接的问题。
- *车站的换乘和接驳*：考虑人们将如何进出车站，以及车站将如何与其他交通方式相结合。人们将如何乘坐和使用各类汽车、公共交通车辆、自行车和街道网络？
- *停车位置*：重要的是定位和配置车站停车，使它不会在社区和车站之间形成障碍。对于高速铁路服务，所有停车设施将按照市场收费标准补贴车站枢纽日常运营。应提供足够的财政激励，为高速列车乘客建造停车设施，包括立体停车。
- *社区增长*：有了支持性的上位规划，高铁站提供的无障碍出行环境对一些社区来说可能是一种变革。每个社区都需要仔细考虑如何利用高铁，以及如何使它适应未来的愿景。为车站周边地区制订新的市中心规划将是大多数社区重要的下一步计划（California High-Speed Rail Authority，2011）。

加州铁路管理局还确定了其他国家交通枢纽站的一些经验教训。
- *制订愿景*：高速铁路必须与它所服务的社区的活动模式和发展联系起来，并补充社区愿景。高铁规划不能脱离实际环境，地方规划必须考虑线路的位置如何符合整个城市的愿景。在某些情况下，应对基础设施和服务进行重新规划，以更好地适应社区，并增强车站附近居民的经济活力和生活质量。
- *专注于商务和面向服务的出行（即了解你的市场）*：商务专业人士占高速铁路出行市场的很大一部分。此外，经验表明，其他主要市场包括休闲和旅游出行者、家庭旅游和政府公务。车站设计和功能应提供与之匹配的服务，以支持这些类型的出行市场。
- *车站可达性*：应创造友好的车站出行环境以服务往返车站的行人，并具备视觉和物理空间上的亲和力。当地公共交通应该与车站方便接驳，从而促进人们对公共交通的使用，同时限制过多的机动车到达车站。
- *同一个体量的车站并不适合所有社区*：车站可以在城市中提供多种功能。它们可以成为邻里活动中心，也可以融入当地社区。通过关注细节，车站甚至可以"重塑"一个社区。
- *车站本身也可以是出行目的地*：车站周围的区域或车站本身可以作为相当重要的出行目的地。它们可以提供新的服务或成为建筑地标，例如纽约曼哈顿下城的世贸中心交通枢纽，就是一个标志性的车站，它与附近的911纪念馆相融合，构成一个主要的旅游景点区。融入城市的社区愿景和其他土地使用性质是很重要的，这样车站就可以与城市中的其他区域互补，而不是竞争。
- *它可以改变你的城市*：高速铁路代表了一个机会，一些较小的城市可以转变为重要的卫星城市，以便人们前往主要枢纽。高速铁路提供了新的经济发展点，但需要规划并考虑潜在市场需求。
- *回到未来*：世界各地的那些具有独特建筑美学和属性的车站，代表了"铁路过去的浪漫"，并给予到访乘客一种盛大的仪式感。同时，一些高铁站位于市中心区域，它们也代表了城市的门户和面貌。
- *需要政治领袖*：强有力的政治领袖将有助于推动地方愿景的发展。政治倡导者将有助于推进愿景并努力克服障碍（California High-Speed Rail Authority，2011）。

12.8.2 市场研究（需求预测）

需求预测可以基于对现有使用情况的调查、数学预测模型（以及相关的计算机软件）、趋势分析、未来市场分析和规划决策。不同的需求预测对于是否对现有设施进行扩建或建设一个全新的枢纽站会产生根本性的影响作用。需求预测通常遵循三个步骤：

1）预测潜在市场的总体出行规模和增长速度。
2）确定可作为总需求的一部分吸引到该枢纽站的市场份额。
3）预测高峰期需求量，通常定义为单位时间的乘客和车辆流量。

需求建模在其他章节和技术文献中有更详细的描述（见关于出行需求建模的第6章、关于停车的第11章以及关于都市交通规划的第16章）。无论何种情况，都必须预测短期和长期的下列需求变量：
- 总体乘载能力（例如总乘客和车辆数量）。
- 乘载和运营类型（例如乘用车、货车、公共汽车、通勤者、购物者以及频繁或偶尔出行的乘客）。
- 时间区间（例如年度、每日、高峰期和高峰时段）。
- 通行流量的可靠性和可预测性。

这种预测应基于通常从最新调查或自动乘客计数系统收集的数据中获得的当前使用数据。规划人员不仅要评估目前的出行模式，还要评估未来的市场趋势，包括未来的工业和经济发展、土地使用变化、交通技术、燃料价格、人口的社会经济特征等。

FTA已经开发了一个简化的出行需求模型，可以用于预测固定轨道系统的出行客流量（没有计算当地的公共汽车出行乘客）。这一称为简化出行软件（Simplified Trips-on-Project Software，STOPS）的系统可以用于预测和构建不同场景下的详细公共交通出行模式（FTA，2013a）。

最后，应定期更新乘客的需求预测数，这不仅应包括实际变化的乘客出行数，还应考虑可能改变未来的市场规模（例如"千禧一代"对公共交通乘客人数的影响）。这可以作为上文所述全面作业分析的一部分，也可以作为一个区域远距离交通规划过程的一部分。在当今瞬息万变的世界中，公共交通机构需要跟上社会的变化，因为这将直接影响他们的商业模式。

12.8.3 性能分析技术

在确定设施的总体需求之后，规划人员会使用各种技术分析手段了解如何在设施中分配需求，以及这种经验的性能特征。

1. 过程分析

*流程图*是了解站点和其他接驳区域的重要工具，它展示了乘客通过场站时所经历的活动，还展示了活动的顺序和潜在的替代路径，可用于开发过程时间。一个简单的流程图将目的地作为一个单一的"黑盒"处理器，将车辆、乘客和货物等作为输入条件。对结果造成影响的因素还可能包括土地、雇员和和环境。图12-25展示了城际客运码头的流程图。它展示了乘客自到达至离开的流动过程，并包括乘客进入城市内的出行模式等子过程。

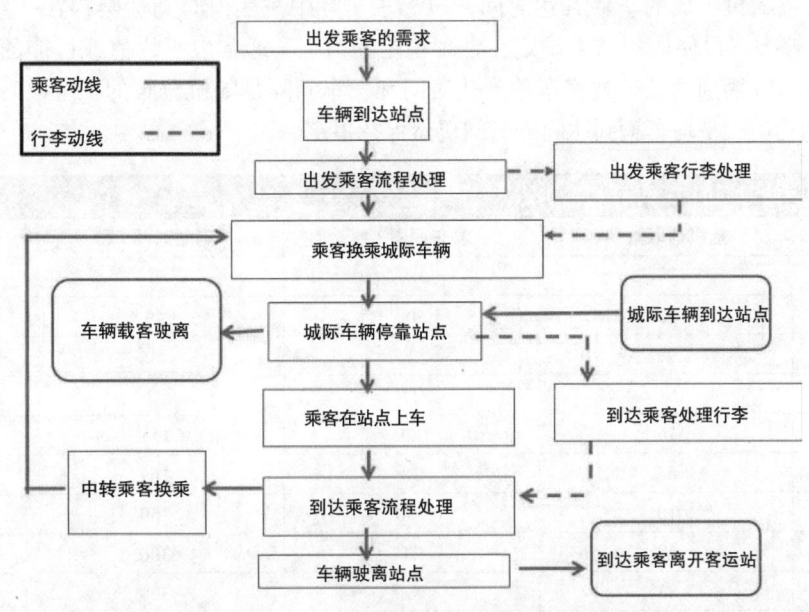

图12-25　一般客运站点的客流和车流分析

*处理时间*是评估枢纽服务水平的一个主要因素。理论上，总处理时间可以通过对流程图上展示的每个步骤的时间进行求和来估计。然而，由于系统或用户特性，每一个个体的时间都有很大变化。等待车辆到达的时间是与之相关的重要因素。对于铁路服务，因具备独立路权，时间可变性将主要取决于乘客高流量时登上列车所需的时间。这些流量过大造成的等待时间也可能是突发事故、乘客健康问题或其他事件导致车辆延误造成的。

个体的选择也会造成个体出行时间的变化，例如同一车次的乘客也会在不同时间到达车站。这种差异是不同的个性（有些人喜欢提前到达，有些人则会准点到达）和对出行方式可靠性的看法造成的。因此，处理时间的变化通常以数值分布表示，要么是一个简单的值域，要么是以图表形式展现的统计分布图。

*等待时间*是公共交通规划中最重要的考虑因素之一。在枢纽站规划和设计中，规划师的目标是消除或尽量减少低效率时间，例如延迟和等待。但对于车站来说，等待是无法避免的，这可能是车站设计和运行的一个组成部分。

假设检票口具有固定服务时间的票务处理流程，并假设乘客以恒定间隔到达。只要到达之间的时间间隔大于服务时间，便可以为所有乘客提供服务，反之则会形成队列。实际中，出发和离开站点的乘客容易聚集在一起，乘客通常会随机到达，因此经常性造成拥堵。确定等待时间以及等待的人数和车辆的数量是成功进行枢纽场站设计的基础。必须预留合适的物理体量和空间。

*最大服务容量*即单位时间通过枢纽或其他入口的最大流量预测值，应作为规划车站的物理和空间尺寸的重要参考因素。最大服务容量通常与服务级别的某些概念联系在一起，可以通过等待时间或等待延迟来衡量。在客流峰值下，乘客所能接受或容忍的延迟水平可以被定义为最低服务水平。在定义什么是可接受或可容忍的标准之前，规划师必须理解客流量、服务时间、队列与等待时间之间的关系。

2. 仿真

乘客不定时到达是客运站的常态。客流仿真模型能有效分析随机的到达客流。通常使用数学公式模拟过程中的事件来评估和衡量系统的整体服务性能。在枢纽客运站，关注重点一般是乘客和车辆的到达、提供适当的服务设施、装卸货物、接送车辆的到达和离开等因素。其中，两种类型的模拟有着重要区别：确定事件意味着所有事件的特点是确定何时发生、每个过程有固定时长等；随机事件意味着系统的这些特性可能存在变化，就像在模拟模型中展示的一样。特别是，被识别为随机事件的特性（例如乘客上下车所需的时间）有概率引发每一个可能的结果，其概率值代表着每个可能的结果发生的相对概率。

用概率分布函数表示随机系统的动态特征。最常见的用于乘客到站的概率分布函数是泊松分布。随机变量到达值是在给定的时间间隔内到达的单位数，其中，平均到达率是重复观测确定的。

模拟过程产生大量随机生成的车辆到达时间，以寻求实际中车辆何时到达会存在一些不确定性。生成的到达数量通常必须足够大，以便模拟结果确定在合理稳定的值上（通常以平均值或可能的分布表示）。可以在表 12-16 中看到，其中 20 辆到达的公共汽车的到达时间和发车间隔是随机分布的。可以看出，在这一案例中，大约 10 辆公共汽车到达后，平均车辆到达间隔时间仍然保持恒定。

表 12-16　公共汽车到站时间的仿真模拟

公共汽车序号	随机选取数字	发车间隔 / 秒	到站时间 / 秒	平均发车间隔 / 秒
1			0	
2	32	49	49	49.0
3	99	1	50	25.0
4	61	21	71	23.6
5	16	80	151	37.8
6	66	18	169	33.8
7	10	100	269	44.8
8	49	31	300	42.9
9	83	8	308	38.5
10	12	92	40	44.4
11	36	44	444	44.4
12	31	51	495	45.0
13	92	4	499	41.6
14	8	110	609	46.8
15	74	13	622	44.4
16	84	8	630	42.0
17	33	48	978	42.4
18	16	80	758	44.6
19	28	55	813	44.6
20	64	19	832	43.8

注：随机选取数字是从 0~100 中以相同的概率随机选取正整数。

3. 研究排队时长的等候理论

交通流理论是使用最广泛的仿真方法之一，而研究排队时长的等候理论也是重要方法。等候理论同样使用公式来获得与模拟仿真类似的信息，但仅适用于明确规定的条件下。因此，等候理论相对于模拟具有简单易用的优点，但是只有在给出某些基本假设的情况下，才能推导此类公式。

排队时长公式为排队系统的设计和分析提供了有用的信息，并且考虑了在出现服务故障的最坏情况下的影响。例如，队列中的平均流量单元数和系统中排队车辆的平均数量是确定车站等待区域是否充足的重要信息。在评估整个系统是否能满足乘客需求时，等待时间的分布和平均是很重要的。从这一分布中，可以得到大于任何指定值的延迟概率。

使用等候理论必须满足的四个特征如下：

1）必须指定交通到达的分布模式，可能是均匀分布的（即到达的时间间隔相对恒定），或是泊松分布或随机到达分布的反函数或其他分布模式。

2）服务时间的分配必须指定。因此，必须具体说明车辆或人员需要多长的服务时间的基本分布情况。

3）必须给出服务通道或站点的数量。

4）必须定义一个所谓的队列纪律，指定到达的交通单位的服务顺序。通常第一个到达是优先服务的对象。然而在某些实际情况下恰恰相反，例如，最后一个到达拥挤的地铁站的车辆有可能反而是第一个离开的。在排队理论术语中，前一类现象通常称为先进先出（First In First Out，FIFO），第二类称为后进先出（Last In First Out，LIFO）。

表 12-17 列出了等候理论的各种仿真结果。这份结果依照具有泊松分布到达的单队列，服务时间假定遵循泊松分布的负函数及 FIFO 规律。由于泊松分布是单一参照系统，模型中的参数是平均到达率 λ 和平均服务率 μ。这两个参数以单位时间的交通单位表示（以每小时车辆表示）。平均到达时间为 $1/\lambda$，平均服务时间为 $1/\mu$。应该指出的是，离开服务通道之间的平均时间必须大于 $1/\mu$，因为系统并不总是在使用中。平均出发间隔必须等于 $1/\lambda$，因为离开的单位不能超过到达系统的单位。

表 12-17　稳态条件下的单队列关系与泊松到达和指数服务时间

$p(n) = \left(\dfrac{\lambda}{\mu}\right)\left(1 - \dfrac{\lambda}{\mu}\right) = (\rho)^n(1-\rho)$	$p(n)$ = 系统中刚好有 n 个单位的概率
$\bar{n} = \dfrac{\lambda}{\mu - \lambda} = \dfrac{\rho}{1-\rho}$	$\bar{n}$ = 系统中的平均单位数
$Var(n) = \dfrac{\lambda\mu}{(\mu-\lambda)^2} = \dfrac{\rho}{(1-\rho)^2}$	$Var(n) = n$ 的方差
$\bar{q} = \dfrac{\lambda^2}{(\mu)(\mu-\lambda)} = \dfrac{\rho^2}{(1-\rho)}$	$\bar{q}$ = 队列的平均长度
$f(d) = (\mu-\lambda)e^{(\lambda-\mu)d}$	$f(d)$ = 系统中花费时间 d 的概率
$\bar{d} = \dfrac{\lambda}{(\mu-\lambda)}$	$\bar{d}$ = 在系统中平均花费的时间
$\bar{w} = \dfrac{\lambda}{\mu(\mu-\lambda)} = \bar{d} - \dfrac{1}{\mu}$	$\bar{w}$ = 排队的平均等待时间
$p(d \leq t) = 1 - e^{-(1-\rho)\mu t}$	$p(d \leq t)$ = 在系统中花费时间 t 或更少时间的概率
$p(w \leq t) = 1 - \rho e^{-(1-\rho)\mu t}$	$p(dw \leq t)$ = 队列中等待时间 t 或更少的概率

注：μ = 单位时间的平均到达数
　　λ = 单位时间的平均服务率
　　ρ = 单位强度或利用率

表 12-17 给出的公式称为稳态定律，这意味着它们是系统运行一定时间后将观察到的结果，因此平均值或概率不会改变。事实上，它们是从无限周期的情况中衍生出来的。用 ρ 来表示许多公式是有用的，将其定义为交通强度，等于 λ/μ。ρ 必须小于 1.0，否则等待线将随时间而不断积累，并且不存在稳定状态。

另一组重要的结果集涉及具有泊松分布的等候队列、泊松服务时间、遵循 FIFO 队列规则以及多条服务通道。这里的 FIFO 规则意味着只有一条等待线，即使这并不代表每条队列都在排队等候，它通常也能很好地估计这些情况的性能。如果需要，分析人员可以使用一组不同的（并且更复杂的）方程组来得出准确的结果（称为多排列问题）。

4. 行人流量分析

到目前为止所描述的概念、过程和分析技术，都基于以车辆作为出行单位。行人运动也可以看作是一种出行客流。行人流量分析有两种概念方法：线性情况（人行道、楼梯、走廊）和区域情况（过境平台、人行道角区域、终点站区域）。Fruin 等人在 20 世纪 70 年代初的开创性研究最初侧重于线性方法，这些研究被纳入《公路能力手册》(Highway Capacity Manual)（2010）和《公共交通能力和服务质量手册》(Capacity and Quality of Service Manual)（2013）等材料。时空概念特别适合区域分析，Fruin 和 Benz 在 1984 年的论文中对此进行了描述，在 1986 年的专著中由 Benz 进一步发展。这两篇参考文献都包含了关于行人流量分析方法的更多信息。其他有用的参考文献包括（FHWA，1998；Jia et al.，2009；TRB，2010）。另外，许多关于行人客流的更先进的研究使用专有的仿真模型。

12.8.4 全寿命周期规划

制订新的车站计划或对现有客运站进行重大改进的计划，应覆盖最初的建设费用，并考虑预计寿命期间的运营、维护和资本收益等需求。维护和修复需要包括与各类设施的持续运营有关的需求（例如结构完整性以及维护和清洁业务，要特别考虑在对设施用户影响最小的情况下进行维护）。持续运营考虑因素包括：①安全性；②标识和其他信息系统；③客运或货运机械辅助系统的安全性和可维护性；④对"低成本"且长期使用的设施的敏感性；⑤辅助服务。

主要的辅助系统（例如自动扶梯、电梯、移动人行道）在寿命周期内需要尽可能地减少成本和用户影响。例如，一些公共交通系统设置了不受恶劣天气条件影响的楼梯和自动扶梯。除了日常维护外，还应考虑到站台的泊客区是雨天发生滑跌事故的主要地点。

12.8.5 安全

公共交通系统和大型枢纽站长期以来一直被视为恐怖主义的目标。在经历 2001 年 9 月 11 日的恐怖袭击，以及伦敦、马德里和孟买的交通系统遭到袭击后，公共交通系统的安全保障措施变得更加重要。安全规划和设计要求非常专业，而且经常发生更改，因此规划人员需要与当地机构和公共安全专业人员针对案例逐一密切协商如何提高有保障的安全措施。公共交通系统的设计和运作与美国和其他国家的现行做法（Taylor et al.，2005）以及公共交通安全规划（APTA，2013）可以作为良好的指导手册。联邦和州交通机构也可以提供一般性参考资料。几乎所有的安全策略都包括保障合适的能见度和监视、正常通信和疏散措施。这些因素也适用于公共交通行业一直存在的有关预防犯罪和防火的正常要求。

正常通信包括向乘客提供信息，并为乘客提供与保安和客户协助人员沟通的渠道，同时包括满足听力受损乘客需求的显示器。车内播音系统已经成为几乎所有公共交通系统的一项基本要求。大多数客运站还提供紧急按钮，乘客可以用它来提醒工作人员注意事件和紧急情况，并寻求援助。这类设备应在照明良好的区域有良好的标记，且电子监控（Closed Circuit Television, CCTV）应覆盖该区域。

交通设施的体量应满足高峰负荷的通行要求，并遵守防火规范和要求，以便紧急情况下疏散人群。在以往的恐怖袭击中，造成伤亡人数最多的袭击人往往以撤离路线为目标。同时，疏散路线也是应急人员的通道，因此规划人员应该提供多个通道和出口路线，超过当地消防法规的标准。

尽管考虑这一点令人不安，但在车站和终点站规划中应预见到几种不同类型的袭击。其中包括爆炸装置、生物侵害和放射性装置、射击和劫持人质。然而，今后可能会出现新型和致命的袭击手段。规划和设计人员必须了解最新的客运站安全保障方面的要求。

表 12-18 概述了适用于公共交通系统的安全措施。鼓励规划人员将其纳入整体设计考虑，作为减少恐怖主义风险和遏制犯罪活动的一种方式。公共交通系统应同时具备容纳大量乘客并迅速进行疏散的特征，这将继续对如何平衡乘客的安全、便利性和成本费用提出挑战。

表 12-18 适用于公共交通系统的安保措施

措施	站台	出入口	门厅	电梯	扶梯	厕所	通道	停车场	垃圾桶	自动售货机	车辆
光线	X	X	X	X	X	X	X	X			
视线	X		X	X	X	X	X	X			
使用玻璃透过自然光		X	X								
远离障碍	X						X				
没有隐藏的角落/盲区	X	X									
限制过多通道	X	X					X	X			
电子门禁		X	X								
安全摄像头	X	X	X	X		X	X	X		X	X
紧急电话亭			X				X				
紧急警报										X	X
工作人员操作的监控			X		X	X		X			
没有门的弯曲入口墙						X					
抗爆性									X		
透明的容器									X		
位置			X						X	X	
最低景观标准						X					
围墙								X			
公共信息标志			X								X
大型窗户											X
安全停车											X
防止损坏公物和涂鸦											X

注：理想状态下门的位置应能关闭通住车站区域的道路。将自动售货机设置在通畅的位置。
来源：Taylor et al., 2005, Reproduced with permission of the Mineta Transportation Institute.

车站需要提供照明良好且尽可能直接的视线空间。即使辅之以远程监视，也不应有隐藏的角落和其他可能的真实或感知的故障点。这一考量不仅与潜在的犯罪活动有关，还可以观测到无家可归者在车站的活动，无论是否出现实际问题。对威胁或潜在威胁的感知对乘客和客运站会产生负面影响。

安全规划的复杂性超出了任何单一规划设计或工程学科的范畴，大型枢纽客运站规划人员应考虑组建一个多学科专家团队，以便为乘客提供最安全的出行环境。

12.8.6 信息系统

乘客信息系统应在设计过程的早期就考虑布设方案。客运站需要根据操作经验进行定期检查和调整，以改善清晰度不佳问题，或更换有故障的标牌和电子信息系统。实操性和易读性应该成为指导原则，请牢记这一点。例如在 BART 铁路系统中，由于乘客在理解许多交通标志时感到困惑，系统开放后仅 10 年就对所有站点进行了大规模标识更新。华盛顿特区的 WMATA 系统也发生了类似的情况，平台上的车站标志是横向书写的（出于审美原因），但是出行乘客很难阅读。这些原则还适用于指示通往终点站或车站的路径和方向的标识（通常作为公共交通服务"最后一英里"的一部分内容）。

ITS 技术驱动了各种电子信息系统在车站的应用。常见设备包括：提供到达和离开信息的闭路电视；用于显示滚动或固定可变信息的 LED/LCD、光纤显示器，以及用于显示字符和图形的点阵式显示器；可以翻转显示预先印制的消息列表的翻牌式显示器；可以显示全动态、全彩色图像的等离子显示器。其他设备包括交互式电子亭，允许用户通过操作触摸屏菜单或音频输入来从信息库中获取信息。包括无线设备在内的个人计算机接入设施越来越多地在客运站中提供，许多机构和个人正在开发新型智能手机应用程序，以提升出行体验。

客运站规划人员在筛选适当的显示设备时应考虑各种因素，包括：采用定位设备以确保能见度；为乘客提供足够的站立和排队空间，以便在不阻碍行人流动的情况下阅读或交互；需要为许多设备提供保护壳；在设备超过使用年限时便于更换。

12.9 车站设计

通常在制订交通规划方案后开展客运站设计工作，并在不同程度上影响最终客运站设计方案。客运站设计和开发过程需要从多维度进行方案评估，其中包括以下步骤：①确定设计目标、标准和要求；②确定对车站位置的限制；③按来源、目的地、进入方式、线路和进度预测乘客和车辆流量数据；④准备多种可选的车站设计布局；⑤评估每项设计方案的优劣；⑥选择最符合标准的设计方案；⑦反复进行这些过程，直到敲定最佳设计方案。

12.9.1 设计参数和指南

在大多数大型项目中，设计方案是项目开发过程的一部分，因此设计标准和原则往往只针对项目本身所处的环境。本节材料概述了一部分车站规划和设计过程，更多详细信息请参考以下关于不同模式和不同规模社区的车站设计指导的资料。

- Coffel, et al. 2012. *Guidelines for Providing Access to Public Transportation Stations*. TCRP Report 153. Transportation Research Board.
- Florida DOT. 2008. *Accessing Transit: Design Handbook for Florida Bus Passenger Facilities*. Florida Planning and Development Lab. Department of Urban and Regional Planning Florida State University.
- Hillsborough Area Regional Transit. 1995. *Transit Friendly Planning and Design Handbook and Technical Manual*. Tampa, FL: Hillsborough Area Regional Transit.
- Kittelson & Assocs., et al. 2013. *Transit Capacity and Quality of Service Manual*—3rd Edition, Part 7, Stop, Station and Terminal Capacity, Transportation Research Board.
- Metropolitan Council. 2012. *Station and Support Facility Design Guidelines User Guide: A Supplement to the Regional Transitway Guidelines*, Minneapolis, MN.
- Riverside Transit Agency, 2004. *Design Guidelines for Bus Transit, How to Make Bus Transit Effective in Your Community, A Guide for Planners, Engineers, Developers and Decision Makers*, Riverside, CA.
- TransLink. 2012. *Transit Passenger Facility Design Guidelines*. Burnaby, BC, Canada.
- University of North Florida, FAMU-FSU College of Engineering, and Hagen Consulting Services. 2010. *Guidelines for Enhancing Intermodal Connections at Florida Transit Stations*. Florida DOT.
- Virginia Department of Rail and Public Transportation. 2008. *Transit Service Design Guidelines* and 2013, *Transit Development Requirements*. Richmond, VA.
- VOTRAN. 2008. *Transit Development Design Guidelines*, Volusia County MPO.

表 12-19 列出了客运站规划和设计中使用的一些关键术语。设计参数指在航站楼内方便乘客出行的必需元素。对客运站而言，包括楼梯、坡道和通道；自动扶梯和垂直电梯；平台；售票和出口控制；自动人行道；公共汽车和轨道交通设施及停车设施。车站规划人员应了解有关特定设计要求的最新规章制度。例如，FRA 指南要求平台至少在轨道顶部 8 英寸以上，新的通勤和城际列车站的平台长度必须覆盖车站乘客上客区，这允许在车站停车的所有列车的乘客无障碍地水平上下车厢。

在车站平台设计中需要特别考虑乘客上下车的便捷性，以及紧急情况下的撤离和疏散方案。这些设计标准通常包含在设施所在辖区发布的建筑法规中，因此必须仔细研究当地的建筑和规划法规。在某些情况下，当地法规可能并没有针对某种设施的专门说明，此时需要借鉴和参考其他类别设施的标准规范。

表 12-19　客运站规划和设计中使用的关键术语

定义和解释	案　例
愿景：形成指导方针总体方向的方法。《交通 2040》是主要的参考点，作为设计指南的愿景	愿景：温哥华将优先选择公共交通作为主要的出行模式
原则：指导目标和策略应用的总体概念	原则：包容性设计必须是一种自动设计考虑，这意味着对所有人都有吸引力、方便且易于使用的规划项目
目标：希望通过指导方针实现的成果	目标：把乘客和行人放在第一位
策略：为实现既定目标而应采用的措施	策略：提升乘客便携设施的普适性、无障碍性和包容性
指导方针：指导如何制订策略，以实现策略确定的目标，不规定具体的解决办法。本文件提供了乘客便携设施的设计指南	指导方针：确保提供足够的空间容量，以避免在乘客和行人流量较大的情况下出现瓶颈
标准：可测量的设计要求，通常基于技术、安全或乘客移动要求。参考了相关标准，但未纳入本指南	标准：可达路线的最小清晰宽度，主要、高度频繁路线应达到 1830 毫米，次要路线应达到 1525 毫米（所有路线首选 1800 毫米）
详细说明：规定性的设计方案、技术说明或要求，其中可以包括尺寸、材料和位置等要素；详细说明可以用于参考，但不包括在这些指南中	详细说明：以混凝土作为基础地板和走道饰面，混合钢结构并充分暴露在地板表面，提供 0.55 的抗滑性，以满足 ASTM C1028—96 规定的干燥标准

来源：TransLink, 2012

美国车站的功能设计必须遵守 1990 年颁布的 ADA 法案，这一点尤为重要。该法案规定，所有公共设施都应向视力、听力和行动不便的残障人士开放。ADA 法案从根本上改变了车站功能设计的标准，虽然它并非国际标准，但使大多数国家都认识到，包容残障乘客是一项重要的设计标准且可以提高所有乘客的出行效率和出行体验。自由贸易区和联邦航空管理局（Federal Aviation Administration, FAA）制定了与客运站特别相关的具体 ADA 政策和准则，旨在解决过高的台阶和楼梯、无法进入的电梯、陡峭的步行通道、狭窄的过道和门廊以及轮椅无法通过的空间等共性问题。

在设计阶段还必须处理发生火灾或其他紧急情况时撤离的问题。例如，美国国家消防协会（The U.S. National Fire Protection Association, NFPA）制定了 NFPA130《导轨公共交通运输系统标准》，规定了出口通行能力、出口通道的最小宽度、最大疏散时间和到出口的最大距离。虽然 NFPA 标准得到广泛接受，但地方建筑标准规范可能优先适用。因此，枢纽客运站设计者必须对每个设施所在管辖区的适用原则和标准有广泛了解。

12.9.2　公共汽车站点

公共汽车站和集散中心的规划取决于使用该车站设施的车辆类型，并应将新的车辆技术和公共交通系统考虑在内。例如在巴西库里蒂巴兼作地面公共汽车换乘站的地铁站，在一些国家的城市公共交通系统中运行的由导轨或双动力源驱动的公共汽车，方便无高差上车的低地板公共汽车和备用燃料推进系统等。

1. 街头公共汽车站

街头公共汽车站的规划主要考虑公共汽车站间距和它们的相对位置，尤其要平衡乘客的步行距离（公共汽车站间距较短）与较高的车辆运行速度（公共汽车站间距较长）。公共汽车站的间距应反映预期乘客出发地和目的地的相对位置。平均而言，公共汽车的站台间距可能在 400～600 米之间，在某些特殊情况下会更近一些。在美国的市中心和其他密集的发达地区会采取较短的站间距，约为 150 米。这种短间距会降低服务效率、服务质量、速度和舒适性。因此公共汽车站间隔的设置受到地方经济因素、政策和经验的共同影响。

街头公共汽车站通常会设立在三种位置：道路交叉口前的近侧、交叉口后的远侧和远离交叉口的中间街区。由于站点位置的选择受到多种因素的影响，街头车站位于路口的近侧和远侧往往会给公共汽车速度和乘客舒适度方面带来相当大的优势。影响停车地点选择的主要因素是交通信号协调、乘客从其他路线的换乘、道路交叉口车辆和行人通行状况以及公共汽车转弯与停车的几何路线。

图 12-26 展示了三种站点停靠位置类型以及与其匹配的尺度和路线。在部署公共交通信号优先的情况下，在交叉口近侧或前方部署公共汽车站可能会削弱公共交通信号优先带来的好处，因此在这种情况下，远侧停车更可取（Florida Planning and Development Lab, 2008）。一般来说，出于安全和效率的原因，交通规划师和交通工程师更喜欢交叉口后方或远侧停车。

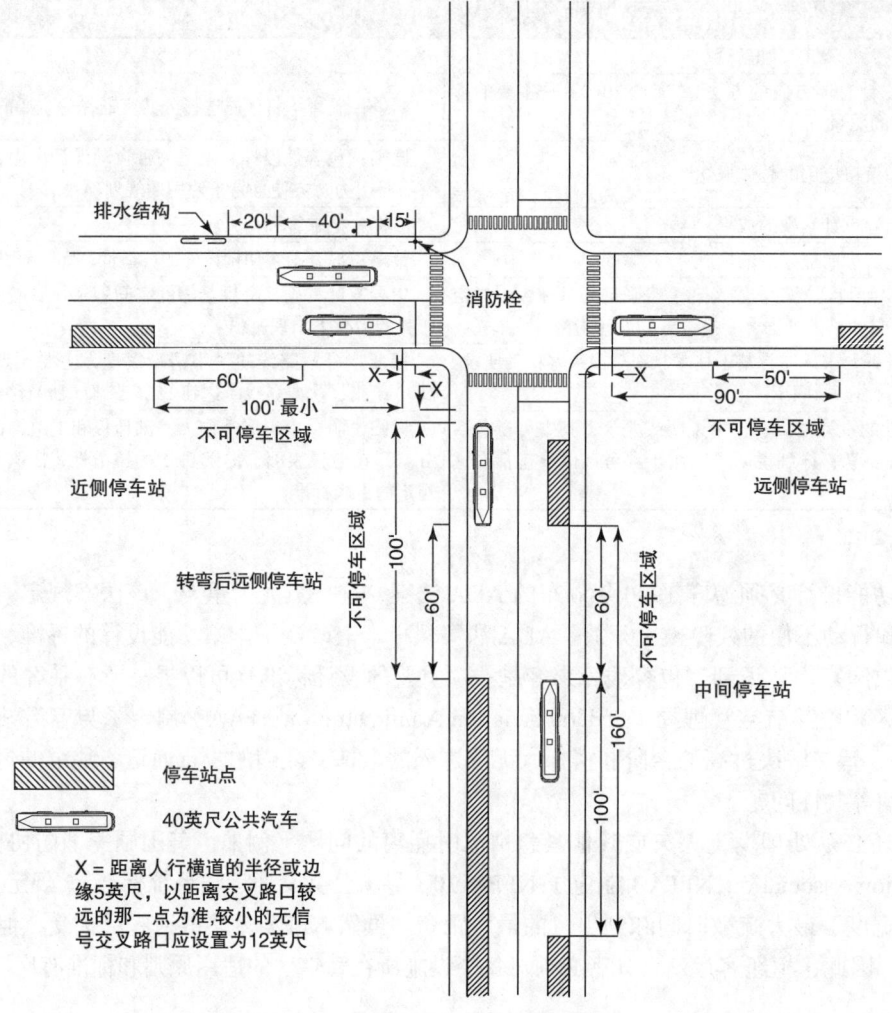

图 12-26 公共汽车站点的位置和尺寸设计
来源：Florida Planning and Development Lab. 2008

借助路缘设立公共汽车站也是可行的方案，这样车站就可以从现有的行车道汇入或缩进。向路缘内缩进的公共汽车站称为向内汇入（Turn-outs），从路缘汇入的公共汽车站称为向外汇出（Bulb-outs）。

《公共交通服务能力和服务质量手册》（*Transit Capacity and Quality of Service Manual*）是公共汽车站点设置的良好参考资料（Kittelson & Assocs. et al., 2013）。

2. 高速公路上的公共汽车站点

快速公交通常需要在高速公路上设置中间站来满足通道的需求。虽然这些车站可能会降低公共汽车的运行速度，但它们对于提升服务水平和增加线路的上乘率至关重要。如果包含在最初的高速公路设计中，则在互通式立交区域设置停车站点会更加便利和节约成本。

高速公路上的公共汽车站点位置会受到以下因素的影响：①邻近地区的人口密度；②潜在乘客能使用的行人、汽车和公共汽车通道及设施；③潜在的发展和未来的需求；④附近的活动中心，例如医院和大学；⑤主要的换乘路线；⑥是否具备外围停车场。车站可以位于街道或高速公路级别的道路上。街道级别的车站通常对公共汽车乘客更方便，因为他们不必穿越更高级别的道路。高速公路级别的车站通常是公共交通运营商的首选，因为离开和重新进入高速公路花费的时间最少。在密度更高的城市地区，街道级别的车站通常更可取，因为它们为乘客提供了最方便的通道，并且不需要高速公路级别的特殊车站设计。

3. 社区级公共汽车站点

公共汽车终点站和换乘站至少有两个重要功能：为快速公交的营运提供社区级服务，并协助在外围地区帮助驾车人士及本地乘客换乘快速公交；停车换乘设施也可用于郊区公共汽车和轨道服务之间的换乘，并鼓励使用拼车模式。

社区级公共汽车站点规划、选址和设计体现了基本的交通流通、公共汽车运营和场地规划原则。相关因素包括：长途公共交通运输路线（例如铁路和长途公共汽车）；乘客换乘需求；最后一公里的出行模式；城市中心内的公共汽车运营机制和限制，以及土地需求、可用性、环境影响和成本。社区级公共汽车站点在中型社区通常是繁忙的交通运转中心，它们还可以策略性地位于外围停车场，为快速公交线路服务。在城市中心区域的站点则在单一地点以方便不同公共交通线路之间的乘客换乘，以此减少公共汽车的总行驶时间并提高交通畅通程度。

市中心地区的点对点路线通常需要当地公共汽车进行二次换乘。在其他公共交通优先措施不可行的条件下，车站对于快速公交运营至关重要。通过为快速公交铺设人行天桥和隧道等，使公共汽车客流量达到目标，并通过设置公交专用道的标识和障碍等，在拥挤的市区中心行驶在独立路权道路上，此举促进了市中心区域的公交专用道路的发展。

车站的定义从为城际公共交通提供服务和最低乘客便利设施的单层设施，逐渐发展为多种公共交通模式服务，并包含配套土地使用的大型多层交通枢纽。在服务和发展潜力超过目前的服务能力的街区，应考虑设置街区级公共汽车站点，例如市中心的路缘停靠站点载客能力有限，预计将有大量的快速公交通过，街道上的公共汽车路线行进缓慢、不可靠、出行体验较差以及暂无公共交通优先措施的计划。

CBD 公共汽车站应提供与城市快速路的直接连通，且位于高速公路和 CBD 核心区之间的主要就业中心的几个街区之内。这些站点可能会结合建筑限高（取决于相应地点的商业潜力）来决定站点的类型和体量大小。相关因素包括客运量、到达方式和高峰期的公共汽车日常运营模式（包括票务收费、发车频率、载客方式、停靠时间和驾驶员休息要求），以及与周围道路和街道的连接。理想的目标包括：

- 分等级的公交专用道出入口。
- 行人道连接到其他交通模式。
- 单独的通勤和城际公共汽车路权。
- 单独的通勤公共汽车上下客区。
- 通勤公共汽车的无高差上下客区。
- 锯齿形状的上下客平台以便开展城际公共交通服务。
- 平台大小足以容纳预计的等候乘客人数。
- 商业用途（包括附属停车场）的土地垂直开发，如果商业上可行的话。
- 考虑无障碍通行设计。

站点尺寸和在可操作性方面需要考虑的设计因素如下。

- *公交专用道宽度*：公共汽车需要为后视镜预留额外的空间，这通常需要额外增加 0.46 米的宽度。因此，2.6 米宽的公共汽车至少需要 3.1 米的水平宽度（注意，许多公共交通机构不允许在 3.1 米或以下宽度车道上运行车辆）。如果有足够的道路空间，则应设置 3.4 米宽的车道。
- *道路宽度*：应尽可能提供双车道和应急道，允许多辆公共汽车同时通过和超车或临时停靠，尤其是在设有公共汽车站点的道路上，设置两条行车道是必不可少的。双车道道路至少宽 6.7 米，以便超车和停靠。如果有足够的道路空间，7.3 米的宽度是可取的。
- *附加间隙和宽度*：车道出入口到道路的宽度和半径应允许车辆正常转弯。
- *减振带*：应控制不同等级道路之间的减振带，以避免对车辆和乘客造成损伤，特别是当公共汽车满载时。
- *前方和侧面间隙*：当公共汽车进入停靠站点和其他建筑结构时，必须预留足够的头部和侧面间隙。沿巷道的所有结构的最小侧隙为 0.31 米。典型的垂直间隙高度至少为 0.39 米。应该为双层公共汽车等制定特殊标准。

乘客等候平台的设计和规划应根据使用平台的不同类型服务的特定容量和操作要求进行调整。以下是相关服务类型的建议。

独立的城际和通勤服务。这两种类型的运营具有不同的服务特性和平台设计要求。城际公共汽车需要较长的停靠时间，以便乘客上下车和处理行李包裹。通勤公共汽车在高峰时段通常装载较多乘客，乘客上下车和货物装卸区域应明确分开，以尽量减少乘客冲突，进而减少停靠时间。因此，车站应使用线性或浅锯齿形的候车平台，该平台应允许多辆公共汽车在同一平台上排队，允许公共汽车穿梭移动，同时保证乘客的舒适性。一些设计要求如下。

- *泊位要求*：通过排队候车理论或模拟分析来预测客流量和上下车时间，应用于确定泊位要求。
- *等候平台*：等候平台空间和布置通常是客运站的关键特征。应为不同的主要路线或目的地提供单独的候车空间。如果涉及多条公共汽车路线，则分配给一个平台的路线或不同类型的服务的数量应保持在较低数量——最好是两三条。简单操作的候车平台宽度可窄至 2.4 米，而大量乘客排队且涉及相当大乘客流通量的平台至少宽 3.7 米。对于锯齿形平台，平行于车门的装载平台至少宽 1.5 米。在不同路线的乘客需要相互换乘的布局中，平台空间可能需要额外增加。
- *等候泊车队列*：在大多数高峰时段条件下排队是不可避免的，应尽量避免拥挤并预留空间。
- *乘客站台*：候车空间和公交专用道可以通过无高差设计来降低成本或方便临时停靠。对于永久安装的设施，应提高乘客候车平台。在多车道汇入的车站，应在车道的边缘设置护栏以保障乘客安全。
- *候车平台的遮蔽设施*：露天区域上方的檐篷式顶棚对乘客非常重要。顶棚等遮蔽设施应延伸到公共汽车停靠站的屋顶，以加强车辆的维护。
- *车辆等候平台*：车辆候车平台的尺寸应容纳高峰乘客所需的车辆泊位数，并满足车辆的有序进出。当相当数量的空乘公共汽车进入客运站需要在平台停车时，应提供一个单独的停车区域，保护其不受乘客上下车区域的影响。另一个重要因素是，是否允许车辆占用等候平台长时间停车，而不是准备继续乘载。除特殊情况或乘客需要一般不应允许此类操作。
- *垂直通道*：多层车站应装备楼梯、坡道和自动扶梯，还应提供无障碍电梯，以方便轮椅使用者。在客运站的人流密集区（特别是当平台相对狭窄时）通常需要最大限度地减少阻塞，以保持旅客流的畅通。
- *其他设施*：城际公共汽车站和大型通勤客运站应提供附属客运服务设施。旅客通道应与外界保持相对隔离，照明良好，温度适宜。应提供餐厅、报摊、商店、调度员办公室和洗手间。为消费者提供服务的营业收入在补贴资本收益和运营成本方面可能相当重要。

*外围区域的换乘站*形成了与社区集交通服务之间的接口。它们通常分布在快速公交线路的始发和终点站、主要公路和铁路的交汇处以及快速公交线路的中间。因人口密度太低而不能依靠步行通达的地区，需要有汽车和当地摆渡车服务以抵达快速公交站点。在边远的快速公交站周围设置停车地场，可以让乘客通过私家车换乘，通过私家车自驾换乘的比例通常会随距离市中心的距离增加。

外围换乘设施的规模比市中心车站小，设计也更简单，附属设施应保持在最低限度，即时在高峰时段也不会有太多车辆满载乘客。应向附近的乘客来源地，例如办公楼、商店和公寓提供直接行人通道。应借助交通规划原理的应用推敲出最适合特定情况的组合方案。下面描述的三个设计说明了这些原则在几个外围公共交通运输案例中的应用。

主干路公共汽车和有轨电车线路的交汇处。最常见的换乘情况包括公共汽车向外汇入主干路时穿越了有轨电车的线路，或是汇入口位于有轨电车停靠站附近。此时可以设立有栅栏的安全岛，以防止中间街区的行人过路。

长途公共汽车和本地公共汽车交汇处。本地公共汽车以顺时针方向的模式在道路交叉口穿过公交专用道。应在道路交叉口为主要出行方向的主干线路和通向市中心的快速公交提供行人便捷进入通道。

高速公路交汇处的常见公共汽车站。一座行人空中连廊毗邻高速公路，可以为主干道上的快速公交提供直接的行人通道。同时，公共交通优先的信号控制策略允许公共汽车从邻近的主干街道穿行并提供服务。当跨高速公路的人行天桥位于主干路交叉口的 152 米内时，可以代替公交专用天桥。

4. 驻车换乘设施

驻车换乘设施用于覆盖快速交通系统的外围区域，也用作鼓励使用公共交通的关键要素。在不影响乘客出行体验或增加步行距离的情况下，提高乘客使用公共交通出行的频率。一些大型城市在轨道交通和快速公交线路沿线设有地面停车设施，通常可容纳 100~300 个停车位，个别可高达 3000 个。其服务半径取决于城市中心的街道分布模式、公共汽车线路、快速交通系统运营方式、土地开发强度、土地可用性和成本以及停车成本。驻车换乘设施通常位于公共交通线路终点站。其他需要考虑的因素如下。

- *公共交通服务*：无论在混合出行路权道路还是公交专用道上，驻车换乘设施通向 CBD 或活动中心的快速公交出行都应该是快速且可靠的。直达 CBD 或活动中心的快速公交路线的最后一站，通常是驻车换乘设施的理想位置。公共汽车的运营效率可以通过在停车场满载乘客后直接通向公共汽车站点达到最大，同时，通过尽可能减少中间站点的停靠可以缩短行程时间。
- *多模式出行融合*：虽然驻车换乘设施的重点是私家车，但场地规划也应包括自行车停放设施和良好的行人和自行车通道。
- *土地开发和利用*：场站地点应与邻近的土地开发性质融合，不应对附近的环境产生不利影响，并应相对于开发成本满足合理的利用效益。开发成本和环境影响有时可以通过共享达到最小化，例如增加租赁购物或娱乐中心。这种模式在乘客使用其他便利设施和综合体验方面也具有优势。这些中心的高峰停车通常与市区高峰呈现错峰的特征。
- *连接道路*：驻车换乘设施应与公路连接，并覆盖主要的道路交叉口和拥堵路段，且应尽可能远离市中心，以减少高峰交通期间的 VMT。然而某些情况下，也有必要靠近市区，以便缩短公共交通服务的行程。

驻车换乘设施的规划应清楚地认识到都市区的增长模式，同时限制 CBD 或活动中心停车供应的快速增长，并使快速交通系统覆盖到私家车出行较多的区域，重要因素包括：

- *需求预测*：多模态选择模型可用于估计停车需求，作为人群接驳快速交通服务的方式之一（详见第 6 章出行需求建模）。重要的是，停车价格将对停车位的需求产生强烈影响。
- *设施规模*：停车能力应根据预测的停车需求和公共汽车服务潜力进行调整。
- *停车可用性*：每个驻车换乘设施的设计负荷系数（即同时停车的汽车数量除以车位数量）应为 90%~95%，这将确保通勤者有较大的机会找到停车位。如果附近的街道上没有可用的备用空间，则设计饱和率应为 70%~80%。但是，在有停车位月卡或者年卡持有者没有长期占有或使用相应停车位的情况下，停车管理部门通常会出售超过 100% 的车位。

5. 沿街公共汽车站点

沿街公共汽车站点是对市中心交通运营的主要设施，它们提高了公共交通服务的可靠性、增强了公共汽车的出行感，为区域快速线路提供了市中心的公共交通服务。对于峰值不高的乘客出行量，它们可以与社区级公共交通服务相结合，同时优化行人通道和过街辅助设施，以此改善市中心的出行环境。

公交专用道可以将公共汽车流量与城市设计结合起来。例如明尼苏达州明尼阿波利斯市中心的 Nicollet 购物中心，科罗拉多州丹佛的第 16 街购物中心，以及纽约布鲁克林的 Fulton 街购物中心。欧洲的几个城市也有短段的公交专用道。公交专用道起到了示范作用，它带来的效益最终帮助中心城区发展成集公共汽车、BRT 和其他模式为一体的交通中心。其部分设计特点包括：

- *零机动车街区*：欧洲城市通过在市中心地区设置窄路网、多路口、高密度的街道模式达到排除私家车的目的。公共汽车可以穿越零机动车街区，以提供顺畅的公共交通服务和出行体验。
- *公共汽车环线*：在街道终止且需要延长公共汽车停放时间的情况下，形成环路的公共汽车环线可能是合适的。
- *公共汽车-步行购物中心*：市区公交专用道（或公共汽车购物中心）-纳入城市重建项目-使公共汽车直接进入主要出行发生源，同时改善行人设施和公共汽车通道。公共汽车购物中心可以全天营业，也可以限制在高峰时段。出租车和服务车辆（在非高峰期）可以使用公交专用道。
- *短道路连接*：短段的公共汽车专用道可以提供便捷的服务，特别是在街道连续性有限，以及公共交通服务在主干道上十分迂回且缓慢的情况下。

- *终点站通道*：可在市中心公共汽车总站附近，以及连接终点站与快速/高速公路或公交专用道的线路上提供公交专用道。

其他考虑因素包括：

- 应调整公交专用道的性质、范围和经营期限，以提供基本服务。可以允许当地私家车进入公交专用道，但禁止变道或者超车，也可以为非高峰货物交付在街道中段提供装卸区。
- 还应增加相互平行的街道的交通能力，以容纳逐渐增长的交通流量。这可能需要额外的单向路线以及进一步限制路边停车。
- 在核心区域应禁止公共汽车、出租车和其他类型的车辆驶入，这将允许行人穿梭于无冲突的人行横道和十字路口。
- 公用电话亭、公共汽车站台、候车区应设在公交专用道的沿线。应考虑取消地面停车场，特别是在可以从其他街道提供服务的地方。

在目的地提供方便的换乘设施是 BRT 或其他快速交通的主要挑战之一，尤其是预期的乘客和车辆数量都比较多的情形下。一般有几种可行的街道设计方式（APTA，2010）。菲尼克斯的一个有关快速公交终点站的研究很好地说明了这种规划过程。这项研究涉及在一条萧条的 I-10 高速公路上的快速公交与主要交叉干道上的摆渡车之间的衔接问题（Grote et al.，1987）。这两条路线会穿过一个拟建的 30 英亩（4047 米^2）高速公园，这个公园能够使行人自由地穿越高速公路，使摆渡车能够行驶在快速公交下方的城市公园中。这个项目还考虑了其他备选方法。

- *在高速公路上建设公共汽车购物中心*：第一个方案是在站点顶部建造一条公交专用道。但穿过公园的公共汽车对公园的影响较大，因此这个方案没有获得通过。
- *公园的北面或南面的公交专用道*：第二个方案是在公园的北面或南面建造一条公交专用道。然而，最终没有找到公交专用道的可行位置。
- *现有街道上的公共汽车*：可以建立一个公共汽车环线，使公共汽车从高速公路的 HOV 坡道上驶出并沿当地街道行驶。这样一来，公共汽车在运营上会有灵活性，但也会因在拥堵的街道上运营而失去在高速公路 HOV 车道行驶所获得的时间优势。
- *中间公共汽车站*：可以在 I-10 高速公路的中间建造一个公共汽车站，如图 12-27 所示。乘客可以步行到附近的办公室，也可以换乘当地的公共汽车。公共汽车将从单独的公共汽车坡道进入车站或离开车站到 I-10 的 HOV 车道。然而，该地区的狭窄空间构成了重大的设计挑战。一方面，通风、噪声和安全问题必须克服。另一方面，乘客获得了比其他方案更大的换乘空间，同时避免了在拥挤的当地街道上运营快速公交，也避免了对公园的负面影响。因此，这一方案得以推进到更详细的项目规划阶段。

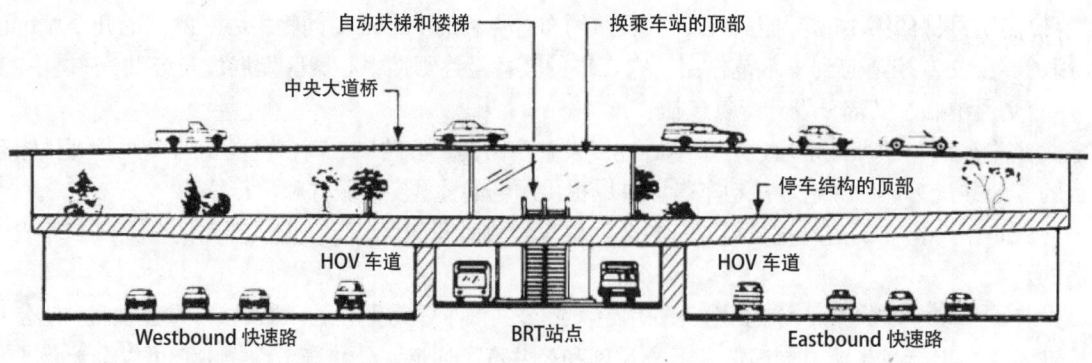

图 12-27　亚利桑那州菲尼克斯的中央大道与 I-10 高速公路交叉路口 BRT 线路设计

菲尼克斯的上述规划过程催生了一种创新的、独特的设计（图 12-28），以适应特定情况的技术、社会、环境和社区特征。

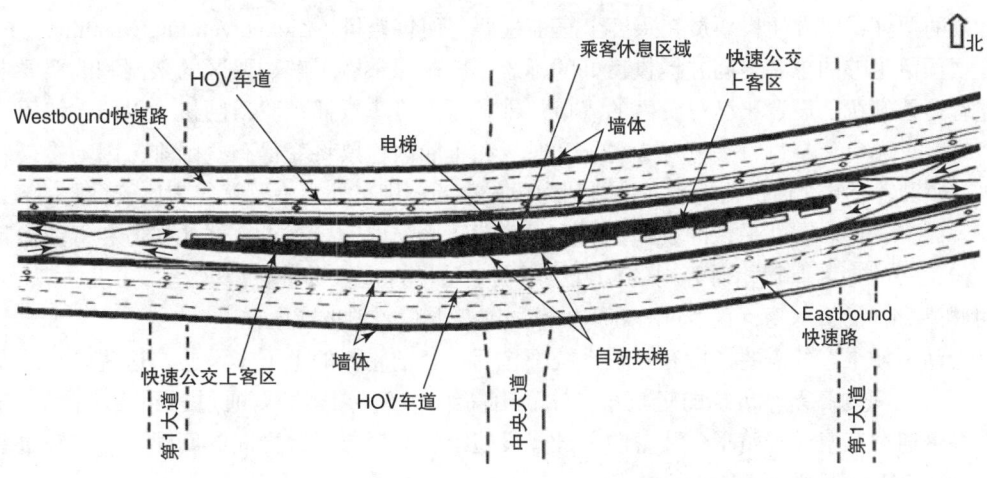

图 12-28 亚利桑那 I-10 高速公路 BRT 终点站

12.9.3 轨道车站 / 经停站

经停站、车站和终点站是轨道系统的重要组成部分，因为它们代表了轨道服务与周围地区，以及其他交通模式，例如步行、驾车或其他公共交通服务之间的主要接触点。终点站运营一方面强烈影响乘客的便利性、舒适性和安全性，另一方面影响服务可靠性、运行速度和线路容量。大型车站往往需要大量投资。因此，对车站运营的精心设计和规划对于优化投资和高效的系统运营至关重要。以下分别讨论了轻轨（LRT）站、快速轨道交通（RRT）站、通勤铁路站、多式联运站和渡船站。

1. 轻轨站

车站位置和设计方考虑。轻轨站需要考虑一些独特的问题。由于轻轨站往往很少对行人设置障碍，而且大多数情况下都设有小高差的候车平台，车辆驾驶员在接近车站时必须清楚地看到行人和候车乘客。因此，车站的位置应避开具有有限能见度和陡峭的路段。

车站候车平台。车站候车平台应尽可能保持水平，坡度应尽量限制在 1% 或 2% 以内。对于按照 ADA 制定的标准建造的新车站，轨道车厢与平台之间的水平间隙不能超过 76 毫米，垂直高差不能超过 16 毫米。严格意义上，ADA 要求平台边缘是平行于车辆车厢的。

站台通道。可以在站台通道的两侧都设轨道，也可以只在一侧设轨道（图 12-29）。行人通常需要通过台阶进入候车平台。在单侧设轨道的情况下，站台通道几乎可以设置在轨道对面的任何位置。在两侧设轨道的情况下，台阶通常设置于候车平台的末端，这就要求所有乘客都要步行到平台的末端才能离开，因此出口流量会受平台宽度的限制。必须预测出口流量，以便乘客在两趟列车的到达间隔时段顺畅离开。

候车和登车区。大多数站点都设有覆盖平台的顶棚，顶棚通常是透明的，为乘客提供无遮挡的视线并遮风挡雨。在裸露的平台上，尤其是在较寒冷的气候下，通常要提供更舒适的候车设施，例如四面都有遮挡，能提供暖气或一些座位和扶靠的候车亭。

图 12-29 轻轨系统在郊区办公区域设置的站台

来源：Photo courtesy of Michael Meyer

售检票。北美几乎所有的轻轨都使用自助式收费系统（Proof-of-Payment，POP）。为了方便检票，一些轻轨车站设有购票区和已付费区。所有进入已付费区的乘

客必须持有有效的票证，以方便检票员在乘客上车前检票。而售票机（Ticket Vending Machine，TVM）必须位于购票区，必须预留足够的排队空间并提供良好的标志，以确保乘客了解购票区的限制和购票要求。大多数自助收费系统配有验票闸机，设置于已付费区的入口，乘客可以将车票插入验票闸机，以便在使用前加戳时间和日期。在高峰时段车厢负荷超过每平方米2名乘客时，在车厢内检票将变得有些困难，因为检票员很难在车厢中顺畅地移动。如果各公共交通机构将减少逃票列为优先事项，则车外售检票就成为比较重要的考虑因素。

车站平台和列车轨道。车站平台的设计也需要保障残障人士的通行需求。例如视力和行动障碍者也能够使用验票闸机，与正常的乘客保障相对等同的权力。不在车站平台边缘设置栏杆时，需要设立满足ADA要求的61厘米宽的可物理感知的警示物，且经过有高差的路段时需要设置斜坡或电梯。

为了满足行动不便乘客的需要，所有轻轨系统都包括可容纳轮椅的上下车设施。这些设施的设计取决于车辆地板与车站平台之间的高差。传统的轻轨车厢比轨道高约1米，乘客需要通过三到四步台阶才能进入车厢。行动不便的乘客可通过车载或车站平台装备的可升降设施跨越车辆与平台之间的间隙。一些轻轨系设置有较高的候车平台，允许轮椅使用者直接进入车厢。

新型轻轨车辆大幅降低了车厢的水平高度（只比轨道高350毫米左右），因此乘客可以直接从车站平台登上车厢，也可以从150~140毫米高的台阶登车。

站台设计尺寸。车站平台的长度设计应考虑到通过的最长的列车组。通常情况下，轻轨列车编组范围为1~4节车厢。应标记平台长度，并在平台末端预留额外长度，以适应末端门的排队、售检票区域和车辆停车距离的变化，这样可以知道哪些长度范围内的列车可以通过。轻轨站台可以分阶段扩建，以降低初始建设成本，满足初始运营所需的列车长度就可以了。同时，可通过预测客流增长来预留未来的扩建空间。

站台宽度必须满足候车乘客和出站乘客的动态人流需求，特别是紧急疏散的情况下。荷载强度通常是通过模拟峰值周期来确定的。从末端进入的两侧轨道中央站台，由于约束较多，需要仔细考虑峰值限制。最小平台宽度必须容纳可物理感知的警告条和1.8米以上宽的行人通道。单侧轨道平台必须保障2.44米的通行宽度，包括其间的平台边缘和任何警示标识。每个车站的实际最小站台宽度应根据当地排队和疏散乘客的规范和标准单独确定。

车站类型。轻轨车站一般包括四种类型：街道通行优先权、限制机动车出行的街道之间、街道一侧和完全的专用通行权。近年来，随着许多城市引入具有公共交通服务的行人区，许多轻轨站点设立在步行街、商业街、大型行人广场等区域。在大多数情况下，允许其他车辆在任何地方跨越轨道，因为轻铁列车只以中等速度运行。轨道由嵌入在路面上的钢轨组成，钢轨的顶部要么是平的，要么有轻微的凹陷，并由凹陷的路缘与其他道路区分。除警告行人外，这类限制还有助于车辆在车站停靠。有效的提示方法是喷涂纹理图案，通常喷涂两种不同颜色的正方形加以标识。

接驳与换乘。地面交通中的客运枢纽站应设在大型步行区域，与私家车交通分流。应缩短不同路线之间的换乘距离。轻轨线路跨越地面道路通常是允许的。只有在车辆速度高或行人流量很大时，才考虑使用立交桥或地下通道。

2. 快速轨道交通系统车站

所有快速轨道交通、通勤铁路，以及一些轻轨和大多数主要的城际轨道系统的车站，对乘客的出入限制都较为严格。通常在上车的入口处售检票，但需要尽可能减少对上下客流的影响。

通过增加列车长度和同时开启多个车门上下车，可以达到每秒40~80人上下车的速率。两厢、六轴的轻轨列车可达到每秒6~20人的速率，而三厢、八轴、高地板的轻轨列车可达到每秒15~30人的速率。这比地面公共交通车辆乘客上下车的速率高1~2个数量级，因为地面公共交通车辆要在入口处收取车费，而且同一时间只能开启1~2扇车门。

出入站管制对轨道系统的运行及其与周围环境的相互作用具有持久的影响。其设计必须基于对三个主要受影响方的仔细考虑：乘客、轨道运营机构和社区。

乘客的基本要求包括：
- 舒适且美观的设计，具备应对极端气候的遮蔽设施和小型台阶等。

- 提供便捷的与社区的联系，例如道路标识、方位地图和良好的行人连接通道。
- 应尽可能地缩短线路换乘时间和距离。
- 通过提供良好的能见度和照明来最大限度地保护人们不受事故的影响，从而阻止和预防犯罪。

公共交通运营机构的基本要求包括：
- 降低运营成本。
- 满足日常的运载需求。
- 灵活地调整客流高峰期的列车运行状况和票价费率。
- 始终保证候车平台和验票区域等乘客聚集区的良好视线，以确保现场有序并防止故意破坏。
- 与周边区域良好融合，并利用车站空间提供各种商业活动和公共服务等。

许多社区非常乐意接受一个使用良好和有效的，尤其是乘客和运营商都认可的公共交通系统。但同时，社区也认为运营商应承担相应的责任。因为车站有可能对周围环境的发展产生长期影响。直接影响包括环境、视觉、噪声和可能的交通拥堵。远期效应包括附近土地的开发利用模式，这可能是因车站的存在才造成的正面或者负面影响。

由于车厢两边都有门，单侧平台或中心平台（图12-30）都可以在沿线的车站使用。几个较老的快速轨道系统主要使用中心平台来减少单侧候车站台的宽度。然而，随着车站实现自动化和集中监管，这种差异已经逐渐消失。因此，这两种类型之间的选择取决于许多因素，例如售检票方式、列车运营模式、入口位置和可用的通行宽度等。

多个轨道汇聚处需要提供多个候车平台，且乘客换乘需求较大的站点，可提供三个候车平台，使每个轨道两侧都有候车平台。这一设计使乘客可以在三个候车平台同时上下车，大幅减少了车辆停靠时间，例如西班牙巴塞罗那和慕尼黑S-Bahn轨道系统。第二种情况即常规车站，服务于当地地铁和轻轨，在纽约地铁系统中可以经常见到。

图 12-30 亚特兰大的地铁站台
来源：Photo courtesy of Phillip Cherry

第三种候车站点的布局允许乘客换乘和接驳。在华盛顿特区、亚特兰大和蒙特利尔等城市及地区可以见到。由于不同高度的的轨道线路交叉与此，站厅层通过楼梯、垂直电梯或者自动扶梯连接。一般情况下，一条轨道线路设置为侧面候车平台，另一条轨道线路设置为中心候车平台，连接站厅层的楼梯和自动扶梯与中心平台上的轨道平行，并垂直于侧平台上的轨道。在侧面平台受限制的情况下，自动扶梯和楼梯必须通过夹层连接。

站台长度通常在列车长度的基础上再增加5~10米。虽然需要额外的建筑成本，但可以相应降低对制动精度的要求。平台宽度可能也不一致，特别是对于按照不同标准构建的年代久远的地铁系统。站台宽度的最重要考虑因素是乘客的安全，无论是等待进入列车的乘客，还是离开列车的乘客。一些较老的系统，例如伦敦和墨西哥城的地铁，一些车站的需求在高峰时期已经溢出设计承载容量，以至于不得不在达到阈值后禁止乘客进入站台，等待站台清空才允许下一批乘客进入。候车平台的高度对车站建设成本和空间需求以及运营有重大影响。一般来说，候车平台高度分为两类：

- *高平台*与地面水平或凸出约一个路缘的高度。有轨电车、大多数轻轨、通勤铁路和一些城际铁路都使用此类候车平台。这类平台建设较为简单且成本较低，但如果乘客必须使用台阶上下车，则登车速率可能较慢。
- *低平台*稍低于车厢的地板约0.85~1.00米。这类平台用于所有快速轨道、大多数通勤铁路、一些轻轨和大多数主要的城际铁路系统，提供了更快、更安全和更容易的上下车方式。大多数客运站（仅通过收费区进入）和一些开放站都设有低平台。

*站点布局方式。*仅通过收费区进入的车站通常由三个部分组成。入口、楼梯与街道在一个水平面。中间的夹层包含购票通道和已购票区域。第三层设有平台和轨道，乘客通常在这里登车。这三个组成部分有多种布局方式，但最典型的布局可以按基本特征来分类：车站入口，作为衔接部分的购票区域以及客流通道和候车平台。从图12-31中的示意图断面可以看出这些设计之间的差异。

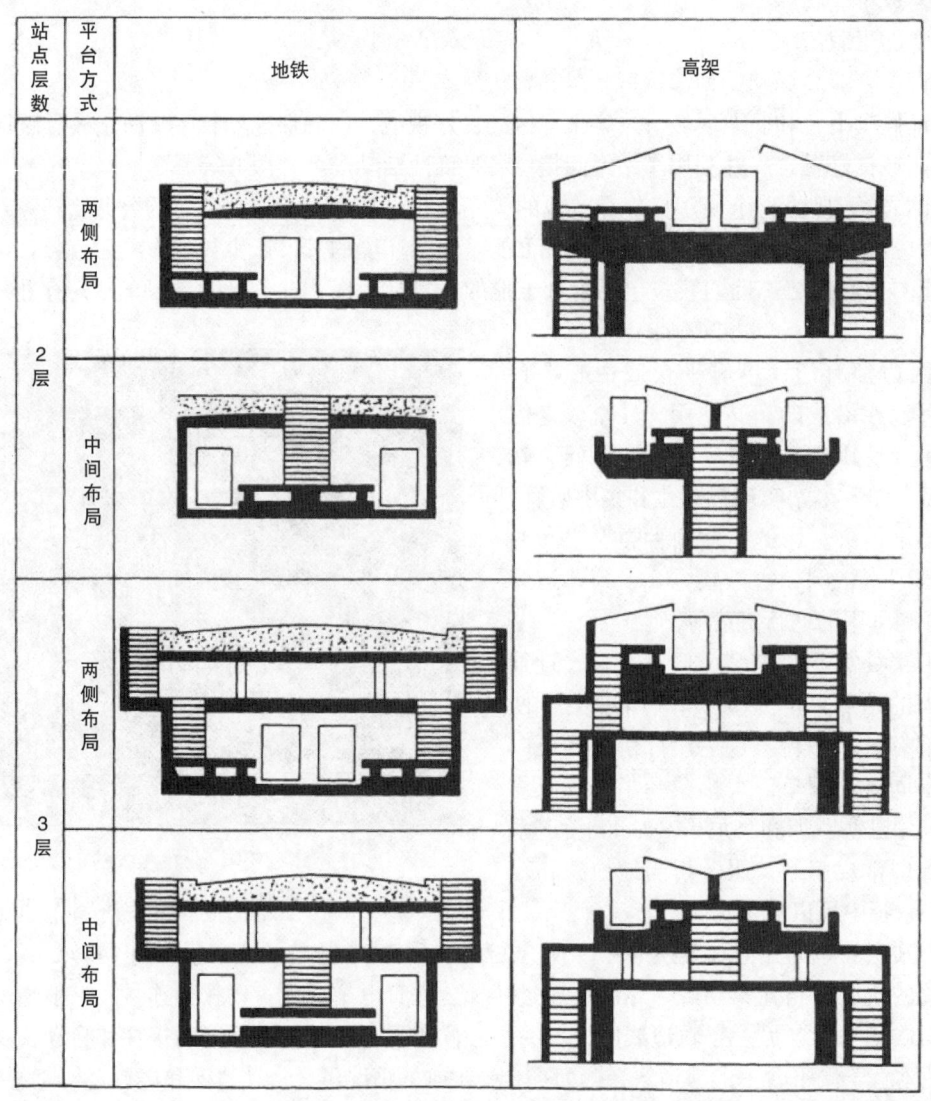

图 12-31　地铁的站台布局方式

来源：Vuchic, 2005

*检票。*几乎所有快速轨道交通系统都设有验票闸机。闸机通常为一排或多排平行放置，以分流高峰时段的乘客，并保障有序的排队空间。使用磁卡（具有充值功能）验票通行是最常见的通行方式。为了保障坐轮椅的乘客的正常通过，需配备更宽开口的闸机或特殊的通行装置。在某些情况下，必须在入口和出口的闸机中插入磁卡，基于乘坐距离扣费。新技术无需插卡式扣费，而使用非接触式感应支付车费。将磁卡放置于闸机面板指定区域，并使用无线通信技术激活闸门。这些技术包括使用非接触式信用卡/借记卡支付，以及在智能手机上使用近场通信（Near Field Communications，NFC）技术。

在大多数情况下，售票机位于车站入口附近的购票区域。一些基于距离的扣费系统也在出口之前设置购票（扣费）机。对于一些采取POP系统的快速轨道系统，验票器可能需要放置在付费区域的入口处，就像许多轻轨系统一样。

*车站入口与周边环境的结合。*车站入口的数量和位置布局会直接影响乘客的便利性，以及邻近地区和建筑物与车站的衔接。由于乘客在到达车站入口时实际上已经进入了车站主体，应在站台两端提供楼梯或者扶梯，从而有效地增加覆盖范围。对位于高速公路中间的停靠站点，通常需要人行天桥来连接周围的社区（图12-32）。

图 12-32　亚特兰大的行人乘车通道设计
来源：Photo courtesy of Metropolitan Atlanta Rapid Transit Authority

车站的中间夹层与主要商店或地下通道的连接也很常见。将车站与精心设计的大型地下广场和购物中心结合，其中设有商店、餐厅，并与酒店和办公楼连通。德国法兰克福和汉堡、英国伦敦、加拿大蒙特利尔（玛丽广场）、巴西圣保罗等城市都采用了这类设计手法。

*车站与周边交通方式的连接。*为了连通郊区的汽车出行和公共交通，车站必须以两种形式容纳汽车进入车站 K+R（Kiss+Ride，到站乘客的下车和接送）和 P+R（Park+Ride，乘客将他们的汽车停放在站点）。这些模式在高峰时期的容量不容小觑，而且每名乘客可能都需要充足的面积。对于交通量和停车设施的基本设计指导原则如下：

- 应优先考虑作为车站规划过程一部分的出行模式。例如一些车站按照以下顺序考虑优先级：行人、支线交通、骑行者、K+R、P+R。而其他车站可能会将骑行者放在首要位置。
- 尽量做到各类交通方式出行的交通组织流线清晰。
- 候车站台之间的人行步道与站台其他交通方式的接驳应安全、便利，并尽可能短。
- 应为每种模式提供充足的空间、易于定位和寻找的交通组织流线。

通常，车站大楼位于车站区域的中央。公共汽车通常是沿靠近车站门的地方停靠。在条件允许的情况下，可以建造公共汽车坡道以提供直接的列车换乘，使乘客不必再上下楼梯。所有街道和停车区的行人通道的人行道宽度至少为1.50米。应设置低矮的扶手、平缓的坡道和自动门，以方便轮椅使用者进入车站。如果自行车流

第 12 章　公共交通规划·469

量很大（例如在学校和校园附近），则应提供自行车道和自行车架。

所有街道都能通达 K+R 区域。该区域应该设置带遮蔽顶棚的泊客区和视线良好的停车等候区。乘车道路应远离车站建筑，以尽量减少汽车和行人的冲突。面向建筑物和直角停车的过道通常适合作为车辆缓冲空间。

停车设施可以使用多种支付系统。由于其使用的规律性，可以采用预付机制，以减少日常付款流程并降低运营成本。可以设计单独的出入口，以便预支付的车辆通行。

随着交通系统的逐渐整合，人们往往希望所有交通方式使用统一的售票系统，例如电子智能卡（闸机可以自动识别和读取）。

通勤停车设施可能需要特殊考虑。轨道交通系统周边的停车设施需要面对集中的出行需求，这源于上午和下午的高峰通勤。如此的出行特征可能使大量行人与车辆产生冲突。此外，P+R 车辆可能会与 K+R 接送车辆和排队等候车辆发生冲突。在一年中的大部分时间里，晚高峰时段可能天色已黑，设计者应仔细考虑行人通过设施的安全。停车设施与骑行者所经历的车站平台之间的水平距离和垂直高差也是设施设计中的重要考虑因素，迫使乘客要走很长一段距离或上下楼梯才能到达候车平台，这可能会阻碍许多人使用驻车换乘设施。

3. 区域/通勤铁路站

在拥挤的高速公路地区，乘坐通勤铁路是一种有吸引力的替代方案。大多数通勤列车线路在市区商业区都有主要站点，这些地区通常是由于最初设置了客运铁路站点才发展成商业区。因此，通过步行或换乘能到达大部分目的地。偏远地区的大多数通勤铁路站主要通过私家车达到，并配有停车设施。

在沿现有货运列车线路开发新站点时，由于货运列车可能需要容量更大的车厢以装载货物，而且货运轨道距离候车平台的间距较大，乘客上下车会非常不便，因此乘客候车平台附近的轨道上不宜开展货运业务。一些通勤铁路站配备了可伸缩式蹬车踏板，可以将其缩回以允许货车有更大的间距，或伸出以提供较小的乘客登车间距。可伸缩式蹬车踏板需要与列车控制和信号系统集成，以确保安全运行。另一种方式是增设轨道，使其与客运轨道平行，但与候车平台距离更远，这样可以允许货运和客运列车同时运行。

如果允许货运列车和客运列车同时运行，则必须为铁路候车平台提供具有高差的行人通道。同样，在列车班次较多，车辆运行速度较快或具有多条轨道线路的车站，应按要求设置空中行人通道。在通勤列车以相对较低的速度运行的车站，通常可以允许行人在指定且受到适当保护的交叉口穿越铁路轨道。

大多数通勤铁路的候车平台和车厢地板大致处于同一个水平面（与轨道的高差约为 1.2 米）。标准的车辆编组长约 26 米，很少有少于 2 节车厢的编组。常规的列车包括 4~8 节车厢（大都市区可达到 10~12 节车厢）。一些新型列车，特别是低地板多层车厢列车，候车平台与轨道的高差允许低至 0.64 米。

通勤铁路通过售票员来回走动来验证车票。大型车站可能有售票处和自动 TVM，还有些车站使用类似于轻轨的 POP 系统。

4. 跨域城际车站

在长期的交通流量下降之后，美国的城际铁路客运量展现出复苏的迹象。尤其是在铁路密度较高的城际铁路走廊区域，例如华盛顿特区与马萨诸塞州波士顿之间的东北铁路走廊。在 20 世纪 90 年代，有轨电车从康涅狄格州的纽黑文扩展到波士顿，并发展成为高速列车。在包括加利福尼亚州、伊利诺伊州和得克萨斯州在内的几个州，主要的高速公路走廊成为高速铁路的潜在发展区域。以下介绍了跨域城际车站的一些一般原则，以及一些现有的车站示例。

车站综合体包括站前大厅、出入口、售票通道、行李检查室、候车室、洗手间和其他便利设施，例如餐厅和销售亭、停车场和有遮蔽设施的人行道或隧道，用于接驳进入当地街道或换乘其他交通服务。铁路交通站有两种通用类型：终点站和经停站，一些车站会同时设有经停站和终点站。经停站可以方便列车停靠并继续行驶。终点站则主要方便列车停靠，当乘客全部离开列车或列车完成装卸后，工程师要借助设备将车头调整到与来时相反的方向。因此，终点站终端操作通常会花费更多时间进行设备操作，且需要更多的轨道来容纳列车正常停靠和运行。

在交通流量小的车站，候车平台通常靠近干线轨道。在交通繁忙的车站，特别是在多条轨道汇聚的车站，主干线轨道会被终点站引导轨道延伸为多条轨道，一般将站台引导轨道与主干线轨道之间的轨道称为咽喉轨道，并且要求咽喉轨道数与其服务的平台轨道数之比为 2.5 : 1 ~ 3 : 1。必须有足够的站台引导轨道来服务列车运营计划内的所有到达和出发的列车，另外可以预留一些额外的轨道以服务于不定时的列车。也可以保留一条轨道给专用设备停放。

站台的最小长度基于预期的列车长度（车厢长度乘以车厢数量）设计，再预留 2 ~ 3 个用于紧急情况的额外车厢长度，为列车停靠提供安全保障。如果货物也需要装载进车厢，则站台宽度取值在 3.96 ~ 6.1 米不等。在实践中经常会发现比最低值更宽的站台，尤其是在客流量较大的情况下。当等候站台区与站厅层位于不同高度时，需要设置楼梯、自动扶梯和电梯。此外，还应进行客流量研究以确定这些设施的尺寸。

城际旅客在车站区域内移动通常较为缓慢，他们可能不熟悉常规路线，或是需要搬运和检查或取回行李，或是由于晚点而长时间候车，因此需要提供列车的实时到站信息、食物和舒适的座位。另一方面，有些乘客十分熟悉例行乘车线路，在几乎没有携带行李且时间比较紧的情况下，他们希望毫不费力地进出车站。这两类乘客的交通流线应保持分离，以避免冲突和混乱。在一些大型车站（例如纽约市中央车站），地铁和城际列车在不同的楼层到达/发车。在较小的车站，也应保证两类人流路线不会产生冲突。建议使用清晰、简明的方向和指路标志以及其他信息化标识。

12.9.4 水路客运站

河流、湖泊、海湾和其他水体往往是交通的主要障碍。但是在某些情况下，它们也可以提供比陆地公共交通运输系统更方便，甚至更快捷的出行和服务。用于跨不同水体交通运输的船型可分为三类：渡轮、水翼艇、气垫船。本节讨论可运载大量乘客和货物且应用最广泛的渡轮。

1. 渡轮站（只限乘客乘坐）

迄今为止，渡轮是用于水上客运的最常见的方式。尽管渡轮速度较慢，但它们所提供的廉价、可靠和舒适的服务，有时甚至比服务地点之间任何其他的竞争模式都更有吸引力。渡轮站可以只对乘客开放，也可以服务乘客和装载车辆（例如汽车、公共汽车和货车）以及特殊的列车。

载客渡轮在世界范围内得到了广泛应用，包括各种尺寸和构造的常规渡轮。知名的例子包括：史坦顿岛渡轮、哈德逊河和纽约市的纽约渡轮；旧金山地区的水上紧急交通管理局（Water Emergency Transportation Authority，WETA）和金门渡轮服务；华盛顿州在西雅图附近的海湾渡轮；中国香港的天星渡轮服务。

温哥华的海上公共交通是北美更具创新性的渡轮服务之一。两个码头的渡轮站都有几条公共交通路线接驳。温哥华南渡轮站有便捷的人行通道连接至轻轨系统和通往东部郊区的通勤铁路。公共汽车时刻表和票价与渡轮的时刻表和票价结合。每个渡轮站都有一种浮动结构连接两个码头，即使潮汐波浪高达 6 米，也能提供安稳的登船服务。渡轮精确地固定在码头，两侧同时打开 6 个门。乘客从客运站内部大厅登船，而离开渡轮的人则下船通过外部通道离开。允许在 90 秒内上下 400 名乘客（船的满载座位容量）。

2. 为乘客和车辆提供服务的渡轮站

在无法通过固定道路和桥梁进行高速公路交通的地理条件下，可以为乘客和车辆提供渡轮服务，例如特拉华湾、普吉特海湾和美国五大湖，不列颠哥伦比亚省沿海地区以及斯堪的纳维亚半岛。这些渡轮站的设计考虑了多个功能要素，例如渡轮泊位和乘客通道。基本设计准则通过交通和行人流量以及车辆容量确定。总客流量、到达码头的交通方式及根据时间变化的乘客出行模式都是重要因素。但要做到精准的客流预测仍面临重大挑战，因为新建立一个渡轮站本身就会以难以预测的方式影响客流量。幸运的是，渡轮路线通常可以在一两年之内相对灵活、快速地进行调整，以应对客流量和交通方式的变化。

给定年度客运和货运车辆的高峰预测值，可以将客流量作为渡轮站的主要设计参数。预测的交通量通常以等效乘用车单位（Passenger Car Units，PCU）表示。假定一个 PCU 单位占据约 10 米^2 的甲板。大型货车相当于 4 ~ 7 个 PCU，而公共汽车大约为 4 个 PCU。可以根据渡轮甲板面积以及车辆编组要求来估计装载能力。

渡轮的周转时间主要取决于码头大小、巡航速度以及货物装卸时间。渡轮运营能力取决于选择大型渡轮还是较小的渡船，以及巡航速度的取值范围和渡船泊位的数量。

为了加快码头的运转效率，减少拥堵和事故，渡轮的停靠布局必须恰当，以避免接送车辆和人行客流之间的冲突。到岸客流和出发客流应错开交通流线，需要考虑乘客接驳的交通方式可能有私家车、公共汽车以及其他车辆。同时，需要为行人、自行车和摩托车提供特殊的等候区。此外，应设有没有预留停车位的临时等候车道。这可能需要增加车辆所需的等候车道数量，但会减少所需的车道总长度，因为临时停靠的车辆候车时间通常较短。在高峰期不超过 2 小时的等待时间的情况下，如果渡轮行程大约为每小时一班次，则码头通常需要预留 2~3 艘渡轮同时出发的等候区域。

土堤斜坡旨在保障极端水位期间的正常运营。可以根据高水位与低水位的差值以及坡道的最大允许坡度（通常为 1%）确定坡道的长度。土堤斜坡要允许渡轮在停泊处小幅度地起伏。

12.9.5 多式联运车站

多式联运车站可以服务于多种混合交通模式的出行和接驳（例如在站厅内包含公共汽车站的火车站，反之亦然）。

当前主要通过促进交通无缝衔接和提升换乘效率来提升多模式出行客运站的整体效率。字面意义上的无缝衔接是从起点到目的地的单程出行，只需要购买单程票，几乎不用考虑与换乘相关的延误或不适的出行体验。但事实上，几乎所有旅程都需要换乘不同的交通方式。为了尽可能达到无缝出行的目标，客运站应通过减少下车点与站台之间的距离，提供清晰标记的路线标识，减少垂直高差的变化以及提供有关乘车点、时刻表和延误的实时信息等措施，来最大限度地提高乘客在各交通模式之间换乘的便利性。

终点站的规划应考虑到预测的出行需求和实际需求，并预测换乘客流量。通过研究在不同交通模式之间换乘的客流量，规划人员可以优先考虑不同模式之间换乘的优先级。

多式联运站台的案例之一是丹佛的新联合车站（图 12-33）。在这个综合性枢纽客运站在一个候车平台可以乘坐轻轨、公共汽车、Amtrak 和通勤铁路。该站始建于 2001 年，由丹佛公共交通机构、丹佛 RTD、丹佛市县政府、科罗拉多州 DOT 和丹佛地区政府委员会（Denver Regional Council of Governments，DRCOG）共同资助的政府间协议选定站点位置。DRCOG 制订了该地区的总体规划，并由市议会批准了公共交通引导开发的分区规划。新联合车站已经发展成为丹佛市中心的交通枢纽，周边成为土地使用和开发的重点区域。

图 12-33　丹佛市新联合车站
来源：Courtesy of the Denver Regional Transportation District

尽管不像丹佛新联合车站那样专门为多式联运出行建设，圣地亚哥车站依然有许多可借鉴之处，可以作为关于多式联运出行车站的一个良好指南（SANDAG，2009 年）。

车站位置。 如果车站处于游客和工作群体众多的区域（例如运动场馆、音乐厅、学校、办公楼和购物区），并且在周边提供便利设施（例如干洗店、咖啡店、餐馆和幼儿园），则可能会吸引更多乘客。为了促使乘客更多地光顾这些消费场所，可以将车站布置在人流量较大的步行路线上。

多式联运。 人们需要在公共汽车、火车和班车之间换乘。客运站的路线设计应使这些换乘尽可能简单和便捷。

- 尽量减少不同交通方式之间换乘的步行距离。
- 行人在不同的交通方式之间换乘时尽可能不要穿过主要的道路或大型停车场。
- 公共汽车应集中停靠在客运站的某一区域。
- 将大量乘客换乘的公共汽车路线的停靠点聚集在一处。
- 在大量雇主附近的站点，为通勤客车预留停靠空间。
- 预留出租车排队的空间。
- 张贴清晰易读的路标，为如何在不同的交通方式或公共交通运营商之间进行换乘提供指导。
- 提供中转站的票价信息和时间表，以及显示中转路线和与其他中转服务连接方式的地图和指南。

步行和骑行通道。 许多乘客通过步行或骑行到达客运站，而大多数乘坐公共交通工具的人在行程临近结束时，也需要通过短暂的步行才能到达目的地。

- 提供基础的步行和骑行通道，并检查哪些地方需要增设额外的步行和骑行通道。
- 提供直接明了的从街道通往等候区的路线。
- 设立从客运站连接到附近住宅区和商业活动中心建筑的步行和骑行通道。
- 在客运站入口处张贴"自行车专用停放区"标志。

机动车和自行车停放处。 设置足够的机动车和自行车停放处，并推出适当的政策鼓励人们通过公共交通或者步行和骑行到达车站。

- 将自行车停放在人流量较大的区域，使其得到行人的自然监视。
- 以类似于储物柜的形式提供安全的自行车停放处，并清楚地显示实时占用情况，以便车站乘客看到哪些可用或不可用。
- 客运站需要预留空间以应对未来自行车停放比例的增加。
- 在可能的情况下，改造适当数量的私家车停车设施。在可行的情况下，收取适当的私家车停车费用。
- 在地面停车场周边预留大块空地以便开发利用，建设多用途的商业活动中心和住宅区。

乘客等候区。 精心规划的乘车等候区可以创造出舒适宜人的候车环境。

- 提供美观的遮蔽保护设施，例如避雨连廊和遮阳顶棚。
- 在所有乘客等候区发布公共交通时间表和路线图。
- 显示公共汽车和列车的实时到达信息，并确保所有等候区都没有视线障碍。
- 为了安全起见，在所有等候区提供充足的光照条件良好的座位，使乘客始终可以清楚地看到周围的事物。

通用设计。 ADA 要求对交通站点进行无障碍设计，无论乘客的身体条件是否有缺陷，都要求确保所有人都能使用公共交通。

- 在候车区域提供宽阔、水平且光滑的通道。避免坡度变化或设置障碍物，以免绊倒或干扰婴儿车和自行车的运动。
- 通过低坡度的坡道和宽阔平坦的道路连通客运站的不同功能区，并与相邻的入口连接。
- 如果必须使用自动扶梯进入某一层站厅，则应在距离自动扶梯尽可能近的地方提供一部垂直电梯。
- 确保乘客休息区为轮椅使用者提供足够的空间。

信息与标识。 确保所有乘客能快速找到关于换乘或者通向周边区域的信息。标志必须同时满足通勤乘客（他们更关注列车时刻）和偶尔路过乘客（他们更关注周边区位图和路线图）的需求。相关设计准则包括：

- 确保带有字体的标志能够在光线较暗的情况下也很容易阅读。
- 显示整个交通系统的概览图，以及展示不同路线和出行方式之间换乘路线的指示图。

- 在公共汽车站，使用清晰的符号标明何时、如何换乘另一种出行方式，例如轻轨或者火车。
- 增加无障碍设施，例如盲道和车辆即将到站的声音提示。
- 将标识设置在显而易见的位置，以便通勤乘客和可能不熟悉车站或周围环境的乘客寻找。
- 提供所有经过该站点车辆的时间表信息和路线图。

12.10 线路和网络

可提升效率并降低成本的公共交通线网能同时满足客户使用需求和运营商的预期。线路网络和车站位置共同构成了公共交通系统的基本要素（Chatman et al., 2014）。与此同时，公共交通线路和车站的布局与规划共同构成了公共交通线网，其对公共交通服务质量和运行性能有决定性影响。线路和车站的投资模式和比例对于不同的公共交通系统有很大差异，从在街道上运行的常规公共交通线路（所需的基础设施和资金投入较少）到具有独立路权、投资成本高昂且构造复杂的轨道系统。尽管规划的物理范围和适用范围因公共交通模式而异，但对于所有公共交通模式来说，公共交通线网规划和设计的目标都是相同的。线网的设计应实现以下三个基本目标：

- *以无关联出行或服务乘客里程数为衡量单位，最大限度地提高公共交通的客流量。* 该目标要求为旅客提供有吸引力的出行服务，包括提供良好的服务覆盖范围、短距离车站、高频服务以及在主要的客流发生源之间提供快速可靠的公共交通服务。
- *实现经营效益和经济效益最大化。* 这一目标的重点是高效率地运作，即实现单位成本、劳动力和其他资源投入能够高效率产出。在确保公共交通系统的整合与一体化以方便与其他交通方式的换乘的基础上，尽可能地平衡系统的投资和运营成本。
- *对城市和地区发挥积极作用和影响。* 这些影响可能包括短期内公共交通的客流量的提升，从长远来看，可以为城市宜居性的提升和合理的城市建设与规划做出贡献，同时减少交通拥堵、空气污染和噪声等。

这些基本目标和原则适用于所有类型的公共交通系统。它们因线网规划和车辆类型这两种基本要素的不同而异。常规的地面公共交通一般指公共汽车，包含大量的运行线路，线网较为密集且可以灵活调整，无需付出高昂的投资和建设成本。主要由轨道线组成的半快速交通需要中长期线路规划，可以利用较为独立的路权来提供高性能服务。最后，具备独立路权的快速交通系统需要高额的投资和长期规划，其中包括分析这些系统对客流量和城市形态的影响。例如，精心设计的密集公共交通线路可以增加城市地区的步行比例。

小型城市和很多中型城市通常依靠公共汽车服务。大中型城市通常建有轨道系统，需要仔细研究轨道系统与公共汽车系统以及其他辅助设施之间的协同和规划。

以下有关线路和网络的讨论主要涉及轨道系统，同时对公共汽车服务和各种接驳服务（K+R 和 P+R）给予了一定关注。

12.10.1 线网的组合类型和特点

公共交通系统通过线路和车站进行定义和分类，并通过调度和运营效率进一步确定。线路的基本类型如图 12-34 所示，其特性如下。

1. 线路组合类型

"辐射状"公共交通线网是最古老，也最常见的公共交通线路模式。它们起源于相应地区的中央商务区（CBD），并沿郊区的主要通道向外发散。这些通道是通勤前往市区就业、商业和活动娱乐中心的主要路径。因此，辐射状公共交通线网在通向城市外围的方向上的上乘率逐渐降低。

"直线型"公共交通线网在郊区都设有终点站，像辐射状线网一样，可以提供从郊区到 CBD 的直接通道。直线型公共交通线网也可以用于郊区到郊区的通行线路。直径线通常可以径直地穿过市区，也可以以 L 形路线向郊区辐射，纽约曼哈顿的几条公共交通线路都属此类。这类线路通常与其他公共交通线路具有更多的换乘点。但要面对的一个主要问题是如何平衡两个方向的客流量，客流量不均匀通常会导致某一方向的上乘率较低。

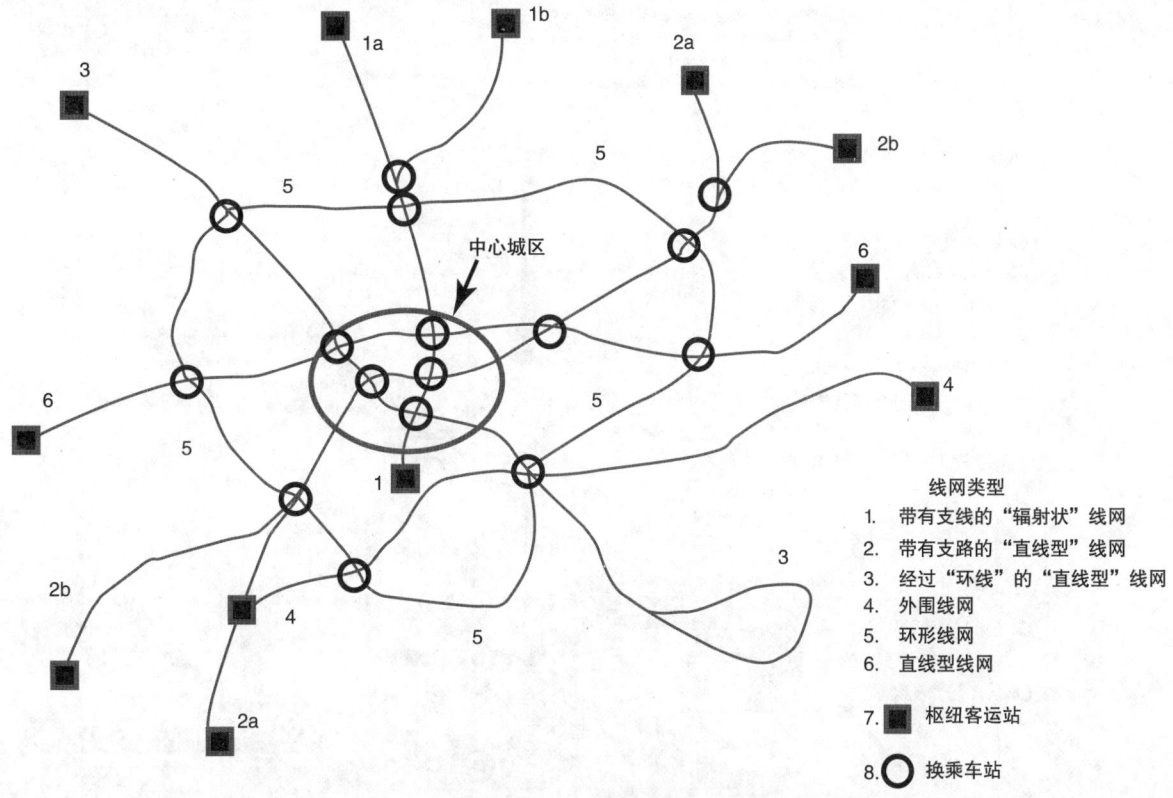

图 12-34 公共交通网络中的线路类型

与辐射状线网相比，直线型线网具有以下优势：更好地覆盖中心区域的出行服务，具有更多的换乘点，并且可以为许多郊区到郊区的出行提供线路选择。U形线（例如华盛顿特区的红线）的乘车人数很均衡，但由于其路线迂回曲折，可能不会吸引追求时间效率的乘客。

*外围线路*主要服务于垂直于直线型线路的主要郊区和通道，并且不通往CBD。

城市内环线围绕城市中心形成一个完整的*环形线路*，但车站数量通常不多。这些线路为乘客提供市中心辐射状线网之间的接驳服务和不必经过市中心的郊区到郊区的出行。在实际运营中，城市内环线更为复杂，因为它们缺少终点站的停留时间作为缓冲，而且通常需要与客流量密集的站点接驳。

2. 网络中的线路关系

一般来说，公共交通线路可以独立运行，也可以与其他线路合并或整合。

独立公共交通线路通常在专用道路上行驶，实际运营相对来说较为简单可靠，因此便于计算最小发车间隔和最大线路容量。这类线路要求前往其他线路的乘客在车站换乘。这些线路在运营过程中一般不会改变发车频次和乘载容量，因此适合人口密度相近的区域。例如在莫斯科、巴黎、多伦多、波士顿、费城和东京等大型高密度城市中心区域，都采用了这类线路。

整合线路具有多条线路合并、分岔和重叠的特征，可以提高道路的通行效率和线网换乘的连接性。这通常导致行驶时间比独立线路的时间更长，但是行驶在共享路段时可以为乘客提供更多的线路选择。整合线路的调度更为复杂，线网内的某些支线的发车间隔可能各不相同。整合线网需要根据各条支线的运营情况进行更精确的调度，从而提供更高的乘载能力和运行效率，例如亚特兰大、芝加哥和纽约。

图 12-35 展示了华盛顿特区的地铁系统，该系统采用了独立线路和整合线路的组合布局。红线（U形线）在始发站与终点站之间独立运行。蓝、橙和银线在罗斯林站和体育场站之间的轨道线路上共同运行并共享站点。黄线与蓝线（国家机场和五角大楼之间）和绿线（在L'Enfant广场和托滕堡站之间）共同运行。

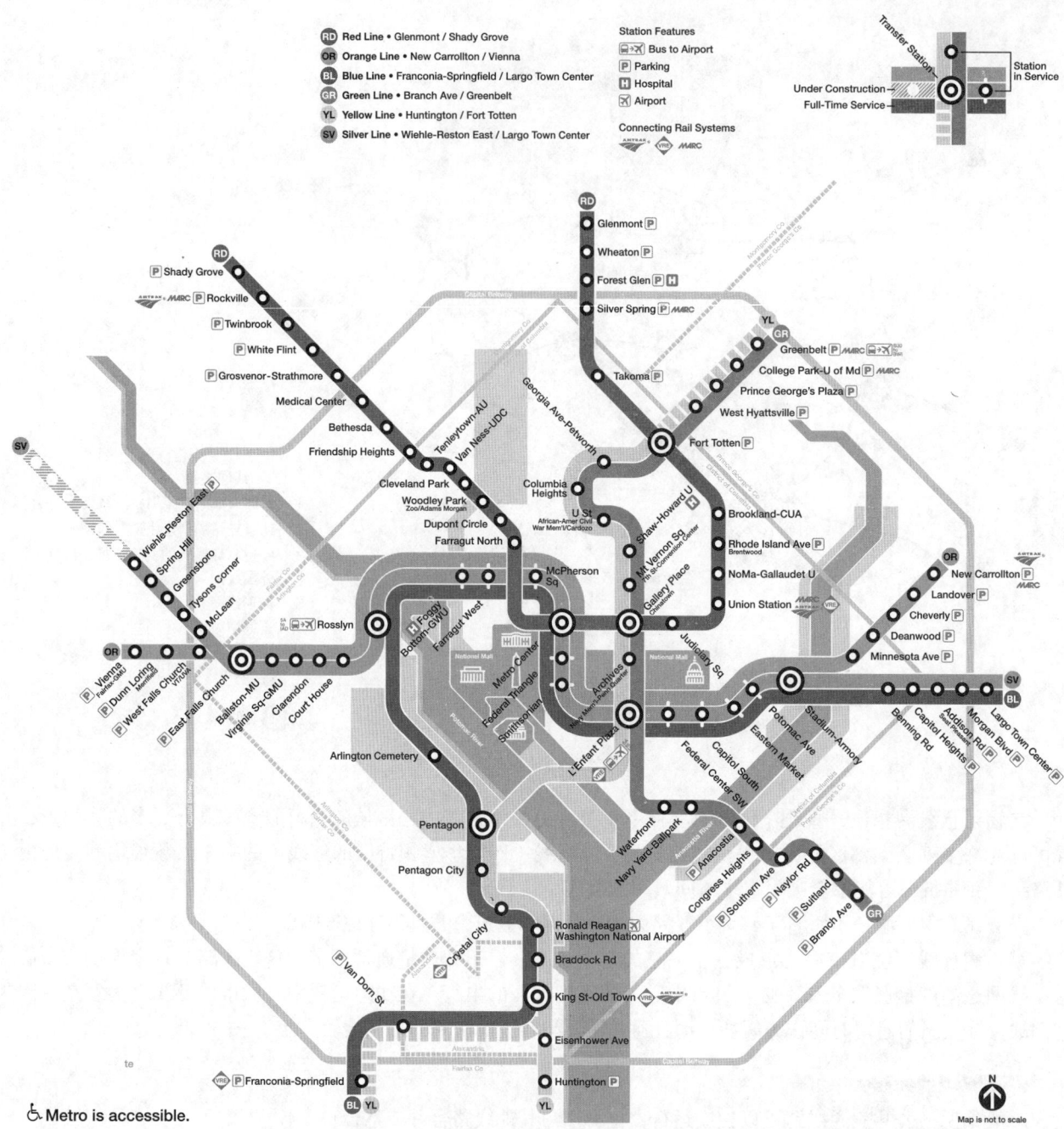

图 12-35 华盛顿地铁线路图

来源：Reprinted with permission of the Washington Metropolitan Area Transit Authority

最常见的整合线类型是将主要干线拆分为分支线路，形成辐射状线路和直线型线路（例如芝加哥市和旧金山市）。一条主要的共同通道称为干线，随着从中心城区驶向郊区的过程，其载客量逐渐下降。常用的策略是采用大容量公共交通（通常是地铁或轻轨），然后将主干线拆分为两个或多个分支，以增加区域覆盖范围。这可以通过排列不同的列车驶向不同的终点站来实现。例如，在存在三条分支线路的情况下，每个分支线路的发车频次是主干线的 1/3。

另一种方法就是在城市或者郊区的外围边界处停止地铁和轻轨的运营服务。由几条独立的高频次辅助公共交通线路运送乘客到换乘车站（例如芝加哥的 Skokie Swift）。

地铁分支线路与辅助公共交通模式相比，具有以下优点：

- 提供更便捷的服务，无需在地铁与公共汽车之间接驳。
- 线网支线的终端停留时间更短，可以有效地降低运营成本。
- 无需设置接驳换乘车站。

辅助公共汽车相比地铁分支线路具有以下优点：
- 每条辅助公共交通线路都可以根据运营模式和实际情况灵活调整。发车间隔和停留时间通常较为稳定。
- 辅助公共交通线路和地铁线路不会受到彼此的影响。

这两种模式各有一定的优势。在大多数情况下，在主要通道上运行效率较高的轨道干线设有几条分支线路服务于几个不同的郊区方向，同时由不同类型的辅助公共交通提供更多的支线服务。为保障干线服务的可靠性，必须精准控制汇入干线段的支线的准时性。

轨道支线与辅助公共交通的选择在很大程度上取决于偏远地区的乘客需求。乘客对轨道干线的需求决定了选择何种服务模式和路权级别，以及对应的运营成本和服务可靠性。如果需求表明可能需要轨道系统和专属路权的公共交通，则可向外围区域提供由辅助公共交通和小型公共汽车组成的服务。如果需求更加平衡，且发车间隔在高峰时段可以保持一致（例如每 10 分钟一班次），则分支线路更合适。

独立线路与整合线路的选择也取决于线路的实际运营模式。城际铁路系统通常有大量分支。支线需求不均导致的干线路段不规则发车频次问题在城际铁路系统中较为少见，因为它们的干线路段通常非常短。因此，将不同的线路整合是可以接受的。但当干线接近最大容量时，干线路段的不规则发车频次仍然是一个困扰，例如在东京、巴黎 RER（有两个分支）和纽约，宾夕法尼亚车站为两条城际铁路系统干线以及美国铁路公司服务。

对于以系统可靠性为重的轨道交通系统，一些公共交通运营商倾向于拥有独立线路，因为这样运营起来更简单。但是相比之下，整合线网能减少乘客换乘，并且有更高的乘载率。因此，大多数地铁系统在主要通道上都有 2~3 条（例外为 5 条）支线，整合线网组或拓扑形的线网结构。旧金山的 BART 在东湾有 4 个分支线路，还有 1 条连接 2 个分支线路的线路。这一线网结构使主干线的上乘率很高。

纽约地铁具有高度集成的线网结构，尽管较为复杂，但在特殊情况或紧急情况下可以灵活调整，随着城市出行需求的变化，甚至可以重组线路，因此具有明显的优势。莫斯科、墨西哥城或波士顿等城市的独立线路则无法进行此类调整。

与地铁系统相比，轻轨系统在运营上更有利于整合线网，因为轻轨系统通常采用人工制动，允许不规则的发车间距。因此，大多数轻轨网络的线路重叠并在城市的不同地区提供直接服务。即使在干线分支线路上，轻轨列车也可以将 4 个或 5 个分支合并，从而提高服务性能，例如波士顿（4 线）、费城和旧金山（5 线）。

公共汽车在线路整合方面几乎没有限制，因为它们通常在没有任何车距要求的情况下运行。在整合线路上，如果车道和道路宽度足够大，可以允许公共汽车互相超车，发车间隔时间可以达到 1 分钟以内。在俄勒冈州的波特兰市，公共汽车干线在公交专用道上运行，通过四组站点提供跳站式快速服务。在这种运营模式下，可实现平均发车间隔约 20 秒或每小时 180 辆公共汽车的发车频率。纽约市麦迪逊大道沿线的双向公交专用道吞吐量与此相近。

然而，现实中经常会有复杂但效率低下的公共汽车线网。许多公共汽车系统的运营目的是在整个市中心提供无缝换乘出行，但这样可能会催生许多重复路段，导致较长的发车间距、不可靠的服务以及非常差的服务形象。在某些城市中，甚至有相同线路的公共汽车停靠在不同的公共汽车场站。过度扩展的公共汽车线网往往导致吸引力较差，因此许多城市的公共汽车线网在重组过程中提高了服务频率但减少了线路总数。洛杉矶就采取了此类措施，这也是 BRT 成功的关键。

12.10.2 线网设计

线网设计有两个主要考虑因素。首先，公共交通线路应因循城市出行需求的主要方向。其次，必须评估每条线路与其他线路的关系。这应该包括每条线路对系统区域覆盖范围的贡献、线路的几何关系（合并、分叉或交叉）以及它们的换乘站和终点站的位置。

轨道系统可能由几条为主要通道服务的线路组成，或者可以设计为向较大的城市中心区域提供服务，这在几个超大城市中很常见。尽管在单条线路上的扩展性和服务频率之间有所妥协，但是在大城市的中心地区（例如柏林、墨西哥城和华盛顿特区），地铁线网应该尽可能地扩大服务覆盖范围。

公共汽车、无轨电车和有轨电车等街道交通形成了一个几乎可以覆盖整个中心城区的公共交通线网，覆盖范围定义为车站和车站周围400米的区域。街道公共交通服务分散在整个街道网络中，提供短途出行服务。快速交通和轻轨网络为沿主要通道或大城市密集地区的大量中长途出行提供服务，而地面辅助公共交通为乘客提供通往轨道系统的接驳服务。

尽管没有轨道线网是严格遵守几何规律的，但根据运行和服务特性大致可以将其分为几种形态。

*直线型线网*主要由直线组成，有时还由圆周和切线型线网组成。例如莫斯科地铁，费城和旧金山的快速轨道交通和轻轨网络，以及纽约和芝加哥的城际铁路网。这些网络提供了从城市外围和郊区到中心城区的出行线路服务，但是中心城区的覆盖范围可能有所欠缺。

*栅格型线网*由矩形线路组成，可以在整个大城市区域提供良好的区域覆盖范围，但是跨区域出行需要进行多次换乘。这种模式通常是矩形街区所导致的，而矩形街区在北美许多城市中十分常见，良好的案例有多伦多的快速轨道交通、有轨电车和公共汽车线路，以及墨西哥城地铁。

无处不在的覆盖线网，通过直线型线网和其他类型线网的组合来实现整个城市（以及部分外围区域和直线型站点）的完整覆盖。由14条线路组成的巴黎地铁提供了十分出色的出行服务。在新设计的慕尼黑U-Bahn线路中，直线型线路在中心城区的不同点相交，每条线路的一端或两端都有两条分支线路。对乘客而言，这种线网设计方法使U-Bahn线路扩大了服务覆盖范围，同时提高了内部换乘以及与城际铁路（S-Bahn）的换乘便捷性。在实际运营中，乘客的需求得到了很好的平衡，有效实现了与有轨电车和公共汽车的接驳。第三个例子是东京快速轨道交通系统，其网络主要由L形的直线型线路组成，与传统的直线型线路相比，它们在线路之间提供了更多的便捷换乘。

由于郊区副中心和主要活动中心（Major Activity Center，MAC）的出现，最近几十年来北美许多城市建立了多中心公共交通线网系统。这种城市发展形式给公共交通运营带来了挑战。具备本地辅助公共交通接驳系统的多中心、辐射状公共交通线网最适合这种城市形式。例如俄勒冈州波特兰的轨道交通/公共汽车定时换乘（Timed Transfer Systems，TTS），加利福尼亚萨克拉门托和不列颠哥伦比亚省温哥华（Casello，2007）。在已建成的大型都市地区（例如纽约和旧金山湾区）也存在类似的多中心形式的快速轨道和区域铁路线网，其中一些连接郊区城镇和MAC的直线型线网长达100公里（包括纽约的三个城际铁路网，以及从湾角到湾区的旧金山机场线路）。

12.10.3 换乘在公共交通中的作用

换乘是公共交通线网设计中的重要元素（表12-20）。精心设计、便捷且严格遵循时间计划的换乘过程几乎不会带来体感不适、运营成本的增加和时间浪费，同时还能为旅客提供更快、更吸引人的出行选择。换乘可以最大限度地减少主干线与支线服务之间更改交通模式或车辆类型的负面影响。多伦多、芝加哥和纽约等城市的大型系统都提供了广泛的公共交通换乘服务。

表12-20 换乘时间和发车间隔以及不同线路之间的调度关系

到达线路的间隔	离开线路的间隔	车辆调度程度	换乘时间
短	短	任何形式	短
长	短	任何形式	短
短	长	无	相对灵活
长	长	无	相对灵活（较长）
长	长	TTS	短

换乘应尽可能便捷。最理想的换乘方式是同台换乘，即有两条线路共享一个站台（或一条线路上有不同类型的公共交通工具）。这种设计要求在两个轨道汇集的路段尽可能降低高差，以允许平行的轨道布局。中国香港的地铁设置了不同、高度的两个站点，以直接在平台上进行4条地铁线路的换乘。新加坡、纽约、芝加哥和费

城也提供同一平台的换乘方式。

从经济上讲，换乘不同的交通方式可分为3种类型：要求乘客再次支付全部的换乘后一段票价；对换乘后一段票价给予折扣；换乘后一段无需支付任何额外费用。通过设计在车站付费区域内的换乘方式，或者使用票务闸机系统，可以实现对乘客和运营商两者都最为理想的免费换乘。

换乘时间的长短取决于发车间隔的长短和不同模式间的协调程度。如果出发线路以高频率运行（行驶间距少于10分钟），则无论到达路线的发车间隔如何，换乘时间总能保持在相对较短的状态。如果出发线的发车间隔很长，在列车时刻表没有与调度时刻表协同的情况下，换乘时间可能浮动较大。但是在到达线路发车间隔较短的情况下，换乘时间可能会缩短（因为乘客可以跟随出发线路的时间表灵活选择到达的线路）。如果两条线路的发车间隔都较长，则可以使用TTS系统来确保较短的换乘时间。

TTS系统的最简单形式是单点换乘系统（也称Pulse System，脉冲系统），是一个具有公共交通换乘中心的线网系统，来自多条线路的公共交通车辆以相同的发车间隔运行。这种运行方式称为**准点到站服务**（Clock Face Headways），也就是说发车间隔可以被60整除，因此每小时都会在同一时间准点到达或发车。有两种可能的发车间隔模式：第一种是基于15分钟的发车间隔，也可以适用于以7.5、30和60分钟间隔运行的线路；另一种是基于20分钟的发车间隔，还可以容纳10、40和60分钟的发车间隔。这样即使各条线路的运营速度不同，通过调整不同线路的站点间距也可以达到发车间隔相同的效果。还可以通过改变车辆在终点站的停留时间来调整运行时间上的差异。但是，在多个站点设置实时换乘系统将面临较大挑战。

车辆在TTS中心的运营周期实际上是车辆调度的基本时间模块，它不仅可以用于辐射状线路，还可以用于通过中心站点的运营周期时间为$2T$的直线型线路。某些线路的运营周期也可以是T的更多倍，运行车辆的数量也相应更多。因此，运营周期为$2T$的以2个编组为单位的运行线路（N代表每个编组中的车辆数量，此处N取2）的发车间隔与运营周期为$1T$的以1个编组为单位的运行线路的发车间隔将保持一致。最后，如果某些线路不能保持相同的发车间隔，则可以以2倍的发车间隔运行，从而实现实时换乘。例如，如果一条路线每半小时从换乘中心发一班次车辆（每条路线有一辆公共汽车，往返时间为0.5小时），则一条穿过中心的附加直线型线路可以以2个编组为车队在两个方向上实现1小时经过换乘中心1次。

在低密度地区，TTS系统的服务和性能要优于传统的公共交通服务。在这样的区域中，对各个线路的独立调度会导致耗费大量时间和精力换乘，因此除低收入人群外，大部分人都会避免使用公共交通。在设立TTS系统后，公共交通系统可以在线路之间提供快捷舒适的换乘服务，因此可以吸引更多乘客。总之，引入TTS系统可以大幅改善公共交通的服务质量和效率。

一些城市，例如艾伯塔省埃德蒙顿市、不列颠哥伦比亚省温哥华市、俄勒冈州波特兰市和科罗拉多州丹佛市，已在其大部分服务区域引入了TTS系统，并大幅提高了客流量。波特兰、萨克拉门托和达拉斯在引入新的轻轨系统后，TTS系统在增加客流量方面的效果尤其显著。有关TTS系统调度过程的更详细说明，请参见（Vuchic，2005，Sec. 4.5）。更多有关公共交通调度的内容，请参见（Pine et al.，1998；Boyle et al.，2012）。

12.11 公共交通路线规划

公共交通路线规划过程需要评估新增或更替的基础设施，以及政策所造成的影响。评估维度包括基于服务质量的乘客吸引力以及运营效率。可以对投标书进行定量和定性评估，并根据公共交通系统的运营规模和扩展计划，在不同的时间范围（短期、中期或长期）进行评估。本节讨论单条公共交通路线的规划。

公共交通路线规划始终由公共交通机构负责。在大多数情况下，公共交通机构会定期更改运营时间表，并经常根据市场的动态变化更改路线结构，例如每季度更改一次时间表，或每3~5年进行一次全面路线结构检查。最重要的是，路线规划必须评估公共汽车的线路状况、线路时间表、最小周期以及所服务区域的乘载能力。了解这些因素对于选择公共交通的运行模式和路权等级，以及评估其服务水平（基于运行速度和运行频率等）和系统运营成本与效率非常重要。以下概述了应用于公共交通路线规划和调度的车辆运动和行驶时间的主要原理，影响公共汽车站点和车站位置的因素，以及相关的车辆设计问题。本节不会深入研究规划人员在进行交通规划时所依据的车辆运动的物理原理，对此感兴趣的读者可参考（Vuchic，2007）。

12.11.1 车辆运动和出行时报

公共交通系统的服务性能在很大程度上取决于线路的通行权等级。在混合交通中，公共汽车的行驶速度很大程度上取决于总交通流量。停靠站点的时间进一步降低了公共汽车的平均行驶速度。为了提高车辆的速度，有以下几种策略：公共交通信号优先（Transit Signal Priority，TSP）允许交通信号控制器检测公共汽车的通行并调整信号控制周期，以使公共汽车尽可能少地遇到红色信号灯；道路交叉口可以专门设计公交专用道；允许公共汽车绕过等待红灯的私家车。

对具有优先级路权的线路，尤其是对于具有独立路权的轨道系统，可以更精确地预测和控制车辆行驶时间，因为这取决于已知要素：几何线形和车辆动态性能（加速度、最大速度、制动性能和站点停靠时长等）。一条车辆运行线路可以拆分为一系列站到站的出行模块。两个站点之间的行程分析，即站间距分析，包括 4 个作为时间函数的运动变量，见表 12-21。

典型的车辆站到站行驶模块包括五个行驶状态类别：加速、以最大（或恒定）速度运行、滑行、制动和停止。图 12-36 简化了这一运动过程，仅展示了两个站点之间的恒定速度运行时间和停靠时间。其中，距离和速度变量通常用于行程时间和距离的计算，加速度/减速度主要用于评估车辆的加速和制动性能，紧急制动或加速主要用于评估乘客舒适度。

表 12-21　计算车站间出行时间所必需的变量

变量	符号	与时间的关系
距离	s	$s = vt$; $s = 1/2at^2$
速度	v	$v = dx/dt$
加速度	a	$a = d^2s/dt^2$
紧急加速/减速	z	$z = d^3s/dt^3$

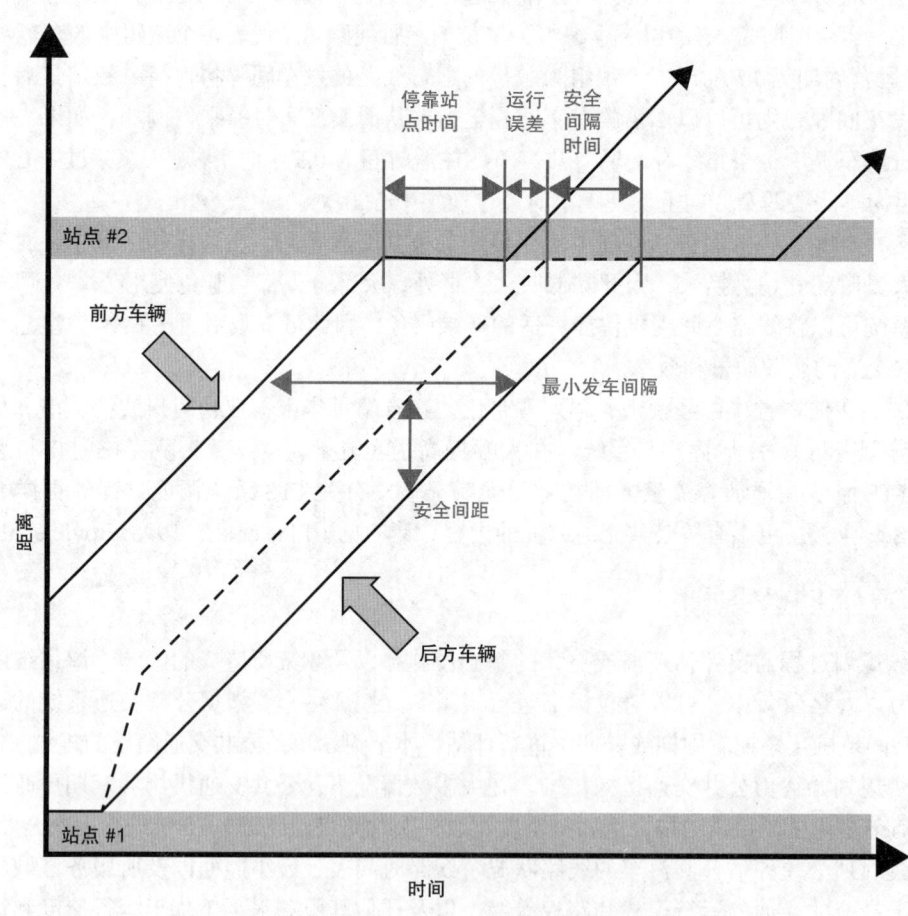

图 12-36　车辆与时间和距离的关系

注：为了更好地解释内容，图中忽略了加速度和制动曲线。

来源：Kittelson et al., 2013, Reproduced with permission of the Transportation Research Board.

服务频率与发车间隔之间的基本关系是路线规划分析的基础。式12.3展示了这一基本关系：

$$N = \frac{60}{h_{\min}} = \frac{3600}{h_{\sec}} \tag{12.3}$$

式中 N——每小时经过的车辆数（发车频率）；
　　$h_{\min}$——以分钟为计算单位的发车间隔；
　　$h_{\sec}$——以秒为计算单位的发车间隔。

如果公共交通机构为特定的公共汽车路线设定了10分钟的路程，则服务频率为每小时60/10，发车频率为6趟/时。根据这一基本关系，可以通过车辆运动的物理性质（加速度、减速度、巡航速度等）以及乘客上下车所需的时间来确定线路的通行能力。以图12-36为例，并假设一趟车次的乘客可以安全地尽快上下车，则式12.3中的发车间隔变量h可以用数学关系式代替，该数学关系式表示一趟车次完成一个停靠周期所需的时间。例如，公共交通机构根据安全需要而制订的车次之间的最小发车间隔（也称最小控制时间），同时为最小控制时间保留了缓冲时间，则每小时可以通过的最大车次数量可以通过式12.4求得。

$$N = \frac{3600}{h_{gs}} = \frac{3600}{t_{cs} + t_d + t_{om}} \tag{12.4}$$

式中 N——每小时经过的车辆数；
　　3600——转换为小时的秒数；
　　h_{gs}——控制时间之和；
　　t_{cs}——最小控制时间，单位为秒；
　　t_d——车辆在站点的停止时间，单位为秒；
　　t_{om}——预留的缓冲时间（由运营机构设定），单位为秒。

根据式12.5所示的车辆人均占用空间，可以预测这条线路的最大乘客容量。

$$P = (N)LP_m(PHF) = \frac{3600LP_m(PHF)}{t_{cs} + t_d + t_{om}} \tag{12.5}$$

式中 P——乘客乘载能力（每小时客流量）；
　　L——车辆长度，单位为米；
　　P_m——单位距离的乘客乘载能力（每米可容纳客流量）；
PHF（峰值系数）——峰值15分钟的客流量与单位小时内总客流量的比值。

由此可以推导出其他类型的关系，可能有助于定义公共交通服务性能。例如，式12.6展示了在车辆将达到最大巡航速度的情况下，在两个站点之间所耗费的时间。

$$t_{ij} = \frac{V_{\max}}{2}\left[\frac{1}{a} + \frac{1}{d}\right] + \frac{S}{V_{\max}} + t_d \tag{12.6}$$

式中 t_{ij}——I站与j站之间的行驶时间；
　　$V_{\max}$——最大巡航速度，单位为米/秒；
　　a、d——加速度和减速度，单位为米/秒^2；
　　S——车站之间的距离，单位为米；
　　t_d——车辆在站点的停靠时间，单位为秒。

根据式12.7可以估算某条路线上在给定发车间隔的条件下提供服务所需的车辆数量。

$$N = \frac{120L}{V_c h} \tag{12.7}$$

式中 N——每小时车辆数量；

120——单位小时换算的分钟；

L——路线长度，单位为公里；

V_c——线路平均行驶速度，单位为公里/时；

h——发车时间间隔，单位为分钟。

式 12.3~式 12.7 展示了轨道系统运行时的各种变量，在这种情况下，几乎没有外部因素（例如交通拥堵）会影响车辆编组的运行。Kittelson 等（2013）提供了其他数学关系式，可用于估算重要变量，例如行程时间和乘客乘载容量。式 12.8 可用于估计在有交通信号控制的道路上行驶的公共交通线路（无论是公共汽车还是轻轨）的容量（假设没有对公共交通车辆进行信号优先处理）。在这种情况下，乘载容量是在停靠站点位置定义的，通常是乘客耗费时间最长的上下车位置。

$$B_l = \frac{3600(g/c)}{t_c + t_d(g/c) + ZC_v t_d} \tag{12.8}$$

式中 B_l——乘载总容量（每小时通过的车辆数）；

g/c——绿色交通信号时间与总信号周期的比值；

t_d——车站停留时间，单位为秒；

Z——与理想情况产生延误有关的正常变量；

C_v——车辆停靠站点时间的变化系数。

由式 12.8 可见，在容量分析中不仅考虑了交通信号的影响，还将与停留时间相关的不确定性通过 Z 变量和变化系数结合起来。式 12.8 也可用于混合交通中的轻轨和有轨电车运营。

可用于路线级服务规划的其他分析方法和工具不在本章的讨论范围内。读者可以参考（Kittelson et al., 2013；Vuchic, 2007），以获取有关公共交通路线分析的优秀资料。

12.11.2 影响计划和运营的规划注意事项

在规划新线路时会做出许多决策，这些决策会直接影响出行时间，进而影响运营，尤其是对车辆数量和驾驶员数量的需求。首先，线路的类型和路权类别会直接影响运行速度。其次是车站间距的选择，这需要权衡乘客与站点的距离和车辆在站间的行驶时间。在规划阶段确定这类因素，例如加速度、制动率和最大速度，是车辆采购工作的一部分，也有助于确定车辆平均运行速度。

一个十分关键但经常被忽视的因素是车辆在站点的停靠时间，在车辆行程时间计算式中以 t_d 表示。减少车辆在车站的停靠时间可以缩短整个出行时间，进而可能提升服务频率或减少驾驶员和车辆的需求量。车辆在车站的停靠时间取决于上下车的人数，以及车门的数量、宽度、位置、出入高差和售检票方式等。在车厢较为拥挤的情况下，停靠时间会大幅增加。在线路规划过程中需要仔细考虑这些因素。

相关机构在车辆采购过程中会指定车门的宽度和数量。通常将这两个物理特征组合起来定义为出入通道。例如对于具有 3 组门的车辆，如果每组门的宽度足以容纳 2 名乘客，则可定义为有 6 组出入通道。随着通道数量的增加，停留时间会缩短。车门的位置也会影响车辆内乘客的出入时间。位于车辆末端的门平均要求乘客走的距离等于车辆长度的一半。通过设计位于车厢 1/4 处的车门（这些车门位于车辆总长度的 1/4 和 3/4 处），乘客平均只需要走车辆总长度的 3/16 就能顺利出入。这有助于加快上下车过程并减少总停靠时长。

设置有台阶的公共交通车辆的上下车速度较慢，因此停留时间较长。设置有高平台和低地板的车辆消除或减小了进入车厢时的垂直高差，因此可以加快上下车的速度，并减少停靠时间。当公共交通线路享有独立路权时，通常行驶在高架道路上。车辆停靠时间也会受到售检票方式的重大影响。

12.12 未来的公共交通问题

在发达国家和发展中国家，人口增长主要集中在城镇区域，也可称为都市区或者城市圈。人口的增长激发了对交通出行的新需求，城市地区的交通将变得越来越复杂且难以处理。公共交通将在城市功能中发挥越来越重要的作用。但是，在公共交通机构试图发挥自身作用时，往往有一些问题会形成较大挑战。

12.12.1 公共交通的资金问题

如何获得提供公共交通基础设施和服务所需的资金，将是未来几年公共交通行业面临的最重要的挑战，尤其是能为公共交通系统提供良好服务性能的需要花费数十亿美元的大型项目。从历史上看，在美国，大部分资金来自联邦政府，但是随着时间的流逝，联邦层面的资助水平一直在稳步下降。社区越来越多地依靠有资金和各种融资策略（请参阅有关交通融资的第 5 章）。一部分资金来源于地方公投，选民已批准在一段时间内征收某种形式的税款（通常是营业税），以资助公共交通项目。这些公投有很多都取得了成功，并引发了当地交通系统的重大改进（例如丹佛）。然而，还有很多地区没能成功实施这类项目，公共交通机构几乎没有机会提供居民所需的服务，将来也会如此。

12.12.2 公共交通品牌塑造

如果公共交通机构希望与当今的面向机动车的交通系统竞争，就需要积极推销服务，在智能网联车辆技术使汽车出行更加便捷和安全的前景下更需要如此。这种宣传工作的一部分将是品牌服务。可以通过广告活动、外拓工作以及车辆和基础设施设计来实现此类品牌推广（图 12-37）。从本质上讲，公共交通服务应被视为需要在公共市场上"推广"的产品。

图 12-37　丹佛市区环线公共汽车的品牌塑造

来源：Photo courtesy of Russ Chisholm, Transportation Management & Design, Inc.

12.12.3 私营部门的作用

鉴于公共资源的稀缺，公共交通机构一直在寻找用于建设或扩展公共交通线路和提高运营效率的创新融资方法。这两个目标可以通过各级政府和私营企业的更多参与来实现，相应模式称为公私合营（PPP）（请参阅第 5 章有关交通融资和资金的内容）。让私营企业参与基础设施项目的主要目标是降低成本并转移纳税人的成本超支风险。

私营企业参与基础设施投资的范围涵盖了从设计和建造设施到系统融资、所有权和运营等方面。私营企业的参与案例包括洛杉矶的 LRT Gold Line，它采用了所谓的设计-建造一体化模式，项目团队共同设计和监督公共交通系统的工程建设。这种模式有助于加快建设进度，减少设计师与承包商之间的沟通障碍。

在设计-建造-运营-维护一体化的建设方案中，例如新泽西州的哈德逊·卑尔根轻轨和加拿大的列治文-机场-温哥华线，设计和建造系统的机构或运营商负责在规定的时间内运行并维护该系统。这种工作模式使合同团队有动力建立高质量、低运营成本的系统。一家私人承包商（InTransitBC）与 Translink、不列颠哥伦比亚省政府和范库弗国际机场管理局合作，参与了部分融资、建设和运营工作，建成总价值约 19 亿加元的 19 公里轨道线。在其他情况下，公私合作伙伴关系和公共融资是轨道交通站的建设资金来源。

尤其是在大城市地区，未来公共交通系统扩展的可行性似乎将与创新金融策略联系在一起。

12.12.4 税收和票价变化

除土地使用管理外，北美的政府机构还经常实施其他可能影响公共交通系统性能的政策。一个实例是有关雇主资助停车税收问题的政策。简而言之，雇主因提供雇员停车位而获得税收优惠，但直到 1987 年都没有相应的优惠政策用于促进公共交通的使用。自 20 世纪 80 年代中期以来，雇员和雇主可以从与使用公共交通通勤相关的费用中获得税收优惠。在安大略省，省政府已将公共交通的通勤费用从税收中完全扣除。在美国的城市中，参加此类联邦政府资助计划的公司雇员也可享受类似的免税待遇。

重新分配汽油税以资助公共交通项目可以为公共交通机构提供可靠的资金来源，并且可以从总体上改善服务质量。在加拿大，各省政府已经达成汽油税协议，联邦和省政府通过该协议将很大一部分天然气税收入转移给相关政府机构，以促进可持续发展倡议。道路收费是一种可以自动收集路段通行费的手段，具体费用通常根据一天中的时间或交通状况的实时监控调整。道路收费也可以起到限制私家车出行的作用。此外，高速公路通行费产生的收入可用于资助公共交通系统的建设和运营。

这种做法在欧洲很普遍，伦敦、罗马等城市都有类似措施。在美国，这种概念已经在加利福尼亚州落地，圣地亚哥 I-15 通道的道路收费所获得的资金专门用于支持通道内的公共交通服务。在纽约，过桥费产生的收入会用于支持公共交通。Litman（2004）提出了许多其他财政方法，这些方法可以提高驾驶人对汽车成本的认识，并为公共交通带来创收机会。

12.12.5 技术进步

通信技术的飞速发展已经对吸引乘客和提高运营效率产生了积极影响。控制中心现在能够监视并广播（通过手机或互联网）所有公共交通车辆的位置。乘客在家中和通勤路上都可以使用移动应用程序（APP）或通过 LED/LCD 显示器了解有关公共交通系统的各类实时信息。实时乘客信息有助于减少等待时间的不确定性，并可以增加公共交通客流量。对公共交通运营商而言，实时的车辆位置信息有助于车辆准点到站，并根据可能发生的故障来调度车辆（Brakewood et al., 2015）。

在车站，许多交通机构都在安装视频监控系统。这些系统可以在控制中心进行监控，以在紧急情况下加快响应速度。此外，也可以仅在发生安全问题时记录信息和查看系统。视频监控系统对车站里的犯罪起到了一定的威慑作用，并提高了乘客的安全感。如前所述，自动输送系统已经变得越来越普遍。计算机控制技术的进步使自动化在中型和大容量交通系统的规划和设计中发挥了更大的作用。

将来，公共交通机构会更多地将技术应用于收集乘客信息和系统运营。这些技术不仅会使系统更高效，还会鼓励人们使用公共交通系统。

交通技术发展的另一个方面是汽车技术的进步（不受交通机构控制）。与自动驾驶汽车和网联汽车相关的新技术可能会使汽车出行更加便捷、安全和高效。这类技术的首批应用之一可能是高速公路上的专用车道，功能类似的车辆可以在专用车道里混行。当然，这种高速公路通道往往是公共交通服务的主要市场。因此，公共交通机构需要提前规划，以厘清自己在技术更先进的智能道路系统中的作用（请参见前文有关品牌的讨论）。

12.13 总结

公共交通是区域综合交通体系的关键组成部分。本章从出行规模以及对社区经济和生活质量的影响角度研究了公共交通承担的角色。由于公共交通服务具有与其他交通出行方式相互联系的特征，意即乘客经常要从一种模式或线路转移到另一种模式或线路，规划人员必须仔细考虑所提供服务的类型和特征，以吸引乘客使用。这包括对线路结构、运行特征（例如发车间隔、车站和经停点的选址和设计）、行程成本以及与周围土地使用类型的关系等方面的考量。成功的公共交通系统要以舒适、可靠和高效的方式为人们提供出行服务，将人们送到他们想要去的地方。

交通规划人员还可以使用许多规划指南和手册，它们提供了很多优秀的规划方法和工具。一些更重要的参考资料包括：

- American Public Transportation Association（APTA），2010. "Bus Rapid Transit Stations and Stops," Recommended Practice APTA BTS-BRT-RP-002-10，http://www.apta.com/resources/standards/Documents/APTA-BTS-BRT-RP-002-10.pdf.
- Kittelson & Associates Inc. et al. 2007. *Bus Rapid Transit Practitioner's Guide*，Transit Cooperative Research Program（TCRP）Report 118，http://nacto.org/docs/usdg/tcrp118brt_practitioners_kittleson.pdf.
- Kittelson & Assocs，Parsons Brinckerhoff，KFH Group，Texas A&M Transportation Institute，and ARUP. 2013. *Transit Capacity and Quality of Service Manual*，3rd ed. TCRP Report 165，http://onlinepubs.trb.org/onlinepubs/tcrp/tcrp_rpt_165fm.pdf.
- San Diego Association of Governments（SANDAG）. 2009. *Smart Growth Design Guidelines*，*Chapter 5*，*Multimodal Streets and Chapter 6*，*Transit Stations*，San Diego，http://www.sandag.org/index.asp?projectid=344&fuseaction=projects.detail.

参考文献

American Public Transportation Association (APTA), 2010. "Bus Rapid Transit Stations and Stops," *Recommended Practice APTA BTS-BRT-RP-002-10*, Washington, DC, Accessed Feb. 14, 2016, from http://www.apta.com/resources/standards/Documents/APTA-BTS-BRT-RP-002-10.pdf.

American Public Transportation Association (APTA), 2013. "Security Planning for Public Transit," *Recommended Practice APTA SS-SIS-RP-011-13*, Washington D.C., March 26. Accessed Feb. 16, 2016, from http://www.apta.com/resources/standards/Documents/APTA-SS-SIS-RP-011-13.pdf.

American Public Transportation Association (APTA), 2014a. "2014 Public Transportation Ridership Report." Accessed Feb. 16, 2016, from http://www.apta.com/resources/statistics/Documents/Ridership/2014-q4-ridership-APTA.pdf.

American Public Transportation Association (APTA), 2014b. *2014 Public Transportation Factbook*, Accessed Feb. 14, 2016, from http://www.apta.com/resources/statistics/Documents/FactBook/2014-APTA-Fact-Book.pdf.

Benz, G. 1986. *Pedestrian Time-Space Concept*. New York, NY: Parsons Brinkerhoff Quade & Douglas Inc., Jan.

Boyle, D. 2013. *Commonsense Approaches for Improving Transit Bus Speeds*, Transit Cooperative Research Program Synthesis Report 110, Washington, DC: Transportation Research Board, Accessed Feb. 17, 2016, from http://onlinepubs.trb.org/onlinepubs/tcrp/tcrp_syn_110.pdf.

Boyle, D., J. Pappas, P. Boyle, B. Nelson, D. Sharfarz, and H. Benn. 2009. *Controlling System Costs: Basic and Advanced Scheduling Manuals and Contemporary Issues in Transit Scheduling*. Transit Cooperative Research Program (TCRP) Report 135, Washington, DC: Transportation Research Board, Accessed Feb. 13, 2016, from http://onlinepubs.trb.org/onlinepubs/tcrp/tcrp_rpt_135.pdf.

Brakewood, Candace, Gregory Macfarlane, and Kari Watkins. 2015. *The Impact of Real-Time Information on Bus Ridership in New York City. Transportation Research Part C: Emerging Technologies*, Volume 53, pp. 59–75.

Bruun, E. 2007. *Better Public Transit Systems: Analyzing Investments and Performance*. Chicago, IL: APA Planners Press.

California High-Speed Train Authority. 2011. *Urban Design Guidelines*, California High-Speed Train Project, March. Accessed Feb. 16, 2016, from http://www.hsr.ca.gov/docs/programs/green_practices/sustainability/Urban%20Design%20Guidelines.pdf.

Casello, J. 2007. "Transit Competitiveness in a Polycentric Metropolitan Region." *Transportation Research: A Policy and Practice*, Vol. *41* No.1: pp. 19–40.

Ceder, A. 2001. "Operational Objective Functions in Designing Public Transport Routes." *Journal of Advanced Transportation*, Vol. *35*, No. 2: 93–195 (12 p. 3/4): 125–144.

Center for Urban Transportation Research (CUTR), 2009. *Best Practices in Transit Service Planning*, Project #BD549-38, Final Report, University of South Florida, Tampa, FL. Accessed Feb. 16, 2016, from http://www.nctr.usf.edu/pdf/77720.pdf.

Central Florida Regional Transportation Authority (Lynx). 2013. Transit Development Plan, 2013 – 2022. Accessed Feb. 14, 2016, from http://www.golynx.com/core/fileparse.php/97790/urlt/LYNX%20TDP%202013-2022%20DRAFT.pdf.

_____. 2014. "Comprehensive Operational Analysis," website, Orlando, FL. Accessed Feb. 20, 2016, from http://www.golynx.com/about-lynx/what-we-are-working-on/COA.stml.

Chatman, D., R. Cervero, E. Moylan, I. Carlton, D. Weissman, J. Zissman, E. Guerra, J. Murakami, and P. Ikezoe. 2014. *Making Effective Fixed-Guideway Transit Investments: Indicators of Success*. TCRP Report 167. Washington, DC: Transportation Research Board, Accessed Feb. 15, 2016, from http://onlinepubs.trb.org/onlinepubs/tcrp/tcrp_rpt_167.pdf.

Coffel, K., J. Parks, C. Semler, P. Ryus, D. Sampson, C. Kachadoorian, H. Levinson, and J. Schofer. 2012. *Guidelines for Providing Access to Public Transportation Stations*. TCRP Report 153. Washington, DC: Transportation Research Board, Accessed Feb. 15, 2016, from http://onlinepubs.trb.org/onlinepubs/tcrp/tcrp_rpt_153.pdf.

Dittmar, H. and G. Ohland. *The New Transit Town*. Washington DC: Island Press, 2004.

Denver Regional Transportation District. "RTD Light Rail Design Criteria." Denver: Engineering Division, Regional Transportation District, 2005.Accessed Feb. 16, 2016 from http://www3.rtd-denver.com/content/Eagle/VOLUME_3_-_REFERENCE_DATA/RTD%20Bus%20Transit%20Facility%20Guidelines%2C%20Feb%202006.pdf.

District Department of Transportation. 2013. *Benning Road Streetcar Extension Feasibility Study, Final Report*. Washington, DC. Accessed Feb. 19, 2016, from http://www.dcstreetcar.com/2013/04/benning-road-streetcar-extension-feasibility-study-complete.

Federal Highway Administration. 1998. *Capacity Analysis of Pedestrian and Bicycle Facilities*, Accessed Feb. 14, 2016, from http://www.fhwa.dot.gov/publications/research/safety/pedbike/98107/section4.cfm.

Federal Transit Administration, 2011. Alternatives Analysis. Accessed on Feb. 13, 2016, from http://www.fta.dot.gov/grants/13094_7395.html.

_____. 2013a. An Overview of STOPS. Washington DC. Accessed Feb. 14, 2016, from http://www.fta.dot.gov/documents/STOPS.overview-web-final.pdf.

_____. 2013b. *New and Small Starts Evaluation and Rating Process, Final Policy Guidance*, Accessed Feb. 12, 2016, from http://www.fta.dot.gov/documents/NS-SS_Final_PolicyGuidance_August_2013.pdf.

_____. 2014. "STOPS – FTA's Simplified Trips-on-Project Software," Accessed Feb. 12, 2016, from http://www.fta.dot.gov/grants/15682.html.

_____. 2015. Fact Sheet: Fixed Guideway Capital Investment Grants ("New Starts"), Section 5309, Washington, DC. Accessed Feb. 13, 2016, from http://www.fta.dot.gov/documents/MAP-21_Fact_Sheet_-_Fixed_Guideway_Capital_Investment_Grants.pdf.

Florida Planning and Development Lab. 2008. *Accessing Transit: Design Handbook for Florida Bus Passenger Facilities*. Report prepared for Florida Department of Transportation Public Transit Office. Department of Urban and Regional Planning Florida State University. Tallahassee, FL. Accessed Feb. 14, 2016, from http://www.dot.state.fl.us/transit/Pages/2008_Transit_Handbook.pdf.

Fruin, J. and G. Benz. 1984. "Pedestrian Time-Space Concept for Analyzing Corners and Crosswalks." *Transportation Research Record, No. 959*, Washington, DC: Transportation Research Board.

Grote, W., B. Martin and K. Howell. 1987. "I-10/Central Avenue Express Bus Terminal in Phoenix, Arizona." *Institute of Transportation Engineers Compendium of Technical Papers*, Washington, DC: Institute of Transportation Engineers (ITE).

Hensher, D. 2007. *Bus Transport: Economics, Policy, and Planning*. Oxford: Elsevier Publishing.

International Association of Public Transport (IAPT). 2013. EBSF: designing the future of the bus, Accessed Feb. 19, 2016, from http://www.uitp.org/sites/default/files/European%20Bus%20System%20of%20the%20Future.pdf.

Jia, H., L. Yang, and M. Tang. 2009. "Pedestrian Flow Characteristics Analysis and Model Parameter Calibration in Comprehensive Transport Terminal," *Journal of Transportation Systems Engineering and Information Technology*, Vol. 9, Issue 5, Oct., pp. 117–123.

Kittelson & Associates Inc. et al. 2003. *A Guidebook for Developing a Transit Performance-Measurement System*, Transit Cooperative Research Program (TCRP) Report 88: Washington, DC: Transportation Research Board. Accessed Feb. 20, 2016, from http://onlinepubs.trb.org/onlinepubs/tcrp/tcrp_report_88/Guidebook.pdf.

Kittelson & Associates Inc. et al. 2007. *Bus Rapid Transit Practitioner's Guide*, Transit Cooperative Research Program (TCRP) Report 118: Washington, DC: Transportation Research Board. Accessed Feb. 16, 2016, from http://nacto.org/docs/usdg/tcrp118brt_practitioners_kittleson.pdf.

Kittelson & Assocs, Parsons Brinckerhoff, KFH Group, Texas A&M Transportation Institute, and ARUP. 2013. *Transit Capacity and Quality of Service Manual*, 3rd ed. TCRP Report 165, Washington, DC: Transportation Research Board. Accessed Feb. 11, 2016 from http://onlinepubs.trb.org/onlinepubs/tcrp/tcrp_rpt_165fm.pdf

Koffman, D. 2004. *Operational Experiences with Flexible Transit Services*. TCRP Synthesis 53. Washington, DC: Transportation Research Board. Accessed Feb. 13, 2016, from http://onlinepubs.trb.org/onlinepubs/tcrp/tcrp_syn_53.pdf.

Korve, H. J. et al. 1996. *Integration of Light Rail Transit into City Streets*. Transit Cooperative Research Report 17, Washington, DC: Transportation Research Board. Washington, D.C. Accessed Feb. 13, 2016, from http://onlinepubs.trb.org/onlinepubs/tcrp/tcrp_rpt_17-a.pdf.

Lawrie, J. 2005. *Strategic Planning and Management in Transit Agencies*. TCRP Synthesis 59, Washington, DC: Transportation Research Board. Accessed Feb. 13, 2016, from http://www.tcrponline.org/PDFDocuments/tsyn59.pdf.

Litman, T. 2004. "Transit Price Elasticities and Cross Elasticities." *Journal of Public Transportation*, Vol. 7, No. 2: 37–58.

Los Angeles County Metropolitan Transportation Authority (LAMetro). 2012. *Quantifying the Influence of Transit on Land Use Patterns in Los Angeles County*. Los Angeles: LA Metro. Accessed March 3, 2016, from http://media.metro.net/projects_studies/sustainability/images/quantifying_the_influence_of_transit_on_land_use_patterns.pdf.

Los Angeles Metro/Southern California Association of Governments. 2013. *First Last Mile Strategic Plan*. Los Angeles, CA. Accessed Feb. 11, 2016, from http://media.metro.net/projects_studies/sustainability/images/path_design_guidelines_draft_november_2013.pdf.

Lowe, M and M. La. 2012. "U.S. Bus Rapid Transit, 10 high-quality features and the value chain of firms that provide them," Accessed Feb. 11, 2016, from http://www.cggc.duke.edu/pdfs/20120710_Duke_CGGC_BRT.pdf

Martin, P., H. Levinson and Texas Transportation Institute. (2012.) *A Guide for Implementing Bus On Shoulder (BOS) Systems*, Transit Cooperative Research Program Report 151. Washington, DC: Transportation Research Board. Accessed Feb. 11, 2016, from http://www.tcrponline.org/PDFDocuments/TCRP_RPT_151.pdf.

Metropolitan Council. 2012. *Station and Support Facility Design Guidelines User Guide: A Supplement to the Regional Transitway Guidelines*, Minneapolis, MN. Accessed Feb. 16, 2016, from http://www.metrocouncil.org/METC/files/ea/eaa8d03e-2d7a-4e61-b045-391dbe737999.pdf.

Metrotransit. 2014. *Arterial Bus Rapid Transit*, Presentation to System Policy Oversight Committee April 7. Minneapolis, MN. Accessed Feb. 18, 2016, from http://www.metrotransit.org/Data/Sites/1/media/about/improvements/snelling-brt/2014-04-07-arterial-brt-spoc-2-presentation.pdf

Meyer, J and J. Gomez-Ibanez. *Autos, Transit, and Cities*. Cambridge, MA: Harvard University Press, 1981.

Miami-Dade County. 2013. FY 2014 TO FY 2023, Transit Development Plan Annual Administrative Update, Sept. Accessed Feb. 20, 2016, from http://www.miamidade.gov/transit/library/10_year_plan/2013-tdp-chapter-1.pdf.

Muller, P. 2004. "Transportation and Urban Form--Stages in the Spatial Evolution of the American Metropolis." Hanson, S. (ed.). *The Geography of Urban Transportation*, 3rd Edition. New York, NY: Guilford Press, pp. 26–52.

Panero, M., H-S Shin, A. Zedrin, and S. Zimmerman. 2012. "Peer-to-Peer Information Exchange on Bus Rapid Transit (BRT) and Bus Priority Best Practices." New York: New York University/Wagner, Rudin Center for Transportation, Policy and Management. Accessed Feb. 16, 2016, from, http://nacto.org/docs/usdg/brt_report_panero.pdf.

Parsons Brinckerhoff, Inc. 2012. *Track Design Handbook for Light Rail Transit*, 2nd ed., TCRP Report 155, Washington, DC: Transportation Research Board Accessed Feb. 14, 2016, from http://onlinepubs.trb.org/onlinepubs/tcrp/tcrp_rpt_155.pdf.

Pine, R., J. Niemeyer and R. Chisholm. 1998. *Transit Scheduling: Basic and Advanced Manuals*, Transit Cooperative Research Program Report 30. Washington, DC: Transportation Research Board Accessed Feb. 13, 2016, from http://onlinepubs.trb.org/onlinepubs/tcrp/tcrp_rpt_30-a.pdf.

Riverside Transit Agency, 2004. *Design Guidelines for Bus Transit, How to Make Bus Transit Effective in Your Community, A Guide for Planners, Engineers, Developers and Decision Makers*, Riverside, CA. Accessed Feb. 16, 2016, from http://puff.lbl.gov/transportation/transportation/energy-aware/pdf/rta-design-guidelines-v7.pdf.

San Diego Association of Governments (SANDAG). 2009. *Smart Growth Design Guidelines, Chapter 5, Multimodal Streets* and *Chapter 6, Transit Stations*, San Diego, Accessed Feb. 16, 2016, from http://www.sandag.org/index.asp?projectid=344&fuseaction=projects.detail.

Sound Transit. 2012. *Transit Development Plan 2012 – 2017 and 2011 Annual Report*. Seattle, WA. Accessed Feb. 18, 2016, from http://www.soundtransit.org/Documents/pdf/newsroom/2012_TDP_2011AnnualRpt.pdf.

Taylor, B., A. Loukaitou-Sideris, R. Ligget, C. Fink, M. Wachs, E. Cavanagh, C. Cherry, and P. Haas. 2005. "*Designing and Operating Safe and Secure Transit Systems: Assessing Current Practices in the United States and Abroad*." San Jose, CA: Mineta Transportation Institute, College of Business, San Jose State University, Nov.

Texas Transportation Institute. 1996. *Guidelines for the Location and Design of Bus Stops*. TCRP Report 19, Washington, DC: Transportation Research Board. Accessed on Feb. 14, 2016, from http://onlinepubs.trb.org/onlinepubs/tcrp/tcrp_rpt_19-a.pdf.

TransLink. 2012. *Transit Passenger Facility Design Guidelines*. Burnaby, BC, Canada. Accessed Feb. 16, 2016, from http://reconnectingamerica.org/assets/Uploads/20111124TPFDG.pdf.

Transportation Research Board. 2010. *Highway Capacity Manual*, 5th edition, Washington, DC: Transportation Research Board.

University of North Florida, FAMU-FSU College of Engineering, and Hagen Consulting Services. 2010. *Guidelines for Enhancing Intermodal Connections at Florida Transit Stations*. Tallahassee, FL. Accessed Feb. 16, 2016, from http://www.dot.state.fl.us/transit/Pages/EnhancingIntermodalConnections.pdf.

U.S. Government Accountability Office-. 2013. *Public Transit: Transit Agencies' Use of Contracting to Provide Service*. Report GAO-13-782, Sept. Accessed Feb. 19, 2016, from http://www.gao.gov/assets/660/658171.pdf.

Virginia Department of Rail and Public Transportation. 2008. *Transit Service Design Guidelines*. Richmond, VA. Accessed Feb. 16, 2016, from http://www.drpt.virginia.gov/media/1102/transit_service_design_guidelines_final.pdf.

Virginia Department of Rail and Public Transportation. 2013. Transit Development Requirements, Accessed Feb. 18, 2016, from http://www.drpt.virginia.gov/activities/files/DRPT%20Transit%20Development%20Plan%20Requirements%20Feb%202013.pdf.

VOTRAN. 2008. *Transit Development Design Guidelines*. Volusia County MPO, Feb. Accessed Feb.16, 2016, from http://www.votran.org/core/fileparse.php/5218/urlt/VOTRANTransitDesignGuidelines.pdf.

Vuchic, V.R. 2005. *Urban Transit Operations Planning and Economics*. Hoboken, NJ: John Wiley & Sons.

Vuchic, V.R. 2007. *Urban Transit Systems and Technology*. Hoboken, NJ: John Wiley & Sons.

第 13 章

步行和骑行交通规划

13.1 引言

各类交通系统为许多不同类型的出行者提供了丰富的出行方式与选择。从第二次世界大战结束到 20 世纪 80 年代，州际和大都市圈甚至县市一级的交通规划几乎完全聚焦在机动车辆上，对公共交通的关注十分有限，更不用提步行和骑行了。然而，绝大多数的汽车或任何一种形式的交通出行却起始于步行。在许多城市，骑自行车不再只是为了娱乐和消遣，而是逐渐成为一种作为出行用途的交通方式。

虽然交通工程师和规划师正在更好地理解步行和骑行出行的特征和方式，但仍有许多需要加强之处。例如，行人和自行车骑行者在使用各类交通系统时的安全问题值得更多的关注。美国交通运输工程师学会（ITE）的行人和自行车计数数据库（http：/bikepeddocumentation.org/）是收集非机动出行者数量信息以及分析个体出行目的和其最常用的出行方式的重要工具。然而，开发分析步行和骑自行车的工具和方法与机动车网络建模一样复杂，交通规划领域还有很长的路要走。步行和骑行交通规划中的一些令人兴奋的发展包括：

- 新型技术（如远程检测和速度控制系统）以及新的设计方式（如分割十字路口或拓展路缘用于缩短行人过街距离）正在提高行人的视觉保障和过街安全性。
- 在实践中更多地强调土地使用与非机动车出行的相互关系，导致社区设计更有利于步行和骑行出行。
- 新型交通设计实践，如基于特定场景的解决方案和完整街道可以以更有意义的方式考虑到步行和骑行的使用场景（详见关于道路和公路规划的第 9 章）。
- 人们日益关注公共卫生与交通之间的关系，因此更加重视慢行交通，即意识到步行和骑自行车不仅是一种交通方式，同时也会带来健康和安全的好处。

接下来的章节描述了以步行和骑行交通为规划基础的规划政策；随后介绍了关于美国步行和骑行交通规划的历史演变；在此之后，将介绍用于加强步行和骑行出行体验的策略和行动的规划过程；对规划过程中经常涉及的步行和骑行交通的具体设计问题进行研究；最后一节介绍了关于欧洲和亚洲的步行和骑行出行体验的基本信息。

13.2 步行和骑行交通规划目标及基准

步行和骑行出行将在交通系统中发挥更大的作用，原因有很多。从对日益严重的机动车拥堵程度的关注，到通过增加体育活动来改善公众健康，再到在当地社区设计中纳入更"人性化"的观点，步行和骑行出行现在通常是许多交通规划的一部分，其典型规划目标通常包括：①增加步行和骑行出行的数量，作为机动交通的替代办法；②提倡将步行和骑行出行作为健康生活方式的一部分，并提高所有使用者的安全系数；③提倡将步行和骑行出行作为一种成本较低的出行方式；④通过将机动车辆出行与步行和骑行出行结合在一起的方式减少对环境的影响。

13.2.1 作为替代交通方式的步行和骑行出行

表 13-1 汇总了 1990 年、1995 年、2001 年和 2009 年美国步行和骑自行车出行占所有出行的百分比。为了将这些数字联系起来，1990 年由国会授权的全国骑行和步行研究（National Bicycling and Walking Study,

NBWS）确立了一个目标，即将步行和骑自行车出行的百分比从 7.9% 提高到 15.8%（FHWA，1994）。从表中可以看出，步行出行占总出行的百分比在 1990—1995 年有所下降，在 1995—2009 年有所增加。这些变化可能是由于数据收集方法的变化和步行出行百分比的实际增加。2001 年的调查特别要求描述受访者的步行出行数据，而以前的调查没有此项报告。此外，国家家庭出行调查（National Household Travel Survey，NHTS）没有独立记录骑行出行，而是将它们列入"其他"类别。表 13-1 表明，在美国步行或使用自行车的人比使用公共交通工具的人多。事实上，这些数字可能被低估，因为许多提倡步行和骑行交通的人认为，这些模式在国家调查中的代表性不足。

由疾病控制和预防中心健康社区赞助的骑行和步行联盟的基准报告指出了另一种步行和骑行出行占比变化的原因（Alliance for Biking and Walking，2014）。该报告就 2005—2012 年步行和骑行出行观察到以下现象：

- 通过步行和骑行出行上班的的人数在小幅度地稳步增加。
- 步行和骑行出行的人数在增加，但是死亡率在减少。
- 更多的人倾向在一个步行和骑行环境友好的城市中骑自行车或步行上班。
- 人们因为步行和骑行出行变得更健康。
- 步行和骑行出行的死亡率几十年来一直在下降，但最近却在上升。
- 考虑到出行总次数和死亡率，很少有联邦资金用于步行和骑行出行。
- 越来越多的城市正在制定目标，以增加步行和骑行出行的比率，并提高其安全程度。

表 13-1 1990 年、1995 年、2001 年和 2009 年的美国居民步行和骑行出行调查

	步行出行总次数/百万次	步行出行占比（%）	骑行出行总次数/百万次	骑行出行占比（%）	混合出行总次数/百万次	混合出行占比（%）
1990 NPTS[①]	21.9	7.2	1.7	0.7	19.7	7.9
1995 NPTS	20.3	5.4	3.3	0.9	23.6	6.2
2001 NHTS[②]	33.1	8.6	3.3	0.8	36.4	9.5
2009 NHTS	41.0	10.4	4.1	1.5	42.5	11.9

① NPTS 是指美国个人出行调查。
② NHTS 是指美国家庭出行调查。
来源：http://nhts.ornl.gov/2009/pub/stt.pdf。

13.2.2 促进健康的步行和骑行出行

从 1900—2010 年，美国的平均预期寿命增加了 30 岁，这主要反映了公共卫生服务的改善（Arias，2014）。然而，在过去几十年中，美国人口的平均体重却逐步增加。到 21 世纪初期，多达 60% 的美国成年人超重或患有肥胖（Glendening et al.，2005；Sallis, et al.，2004）。体重和肥胖的增加被许多研究归因于缺乏体育活动，这对几种慢性疾病有明显的负面作用［健康与人类服务部（Department of Health and Human Services，DHHS），1996；Frank et al.，2006；Bodea et al.，2008］。

根据美国外科医生对关于体育活动和健康的报告，美国 70% 的成年人没有达到每日推荐的运动量标准，并且大约 25% 的人报告说在不工作的时候完全不运动（DHSS，1996）。毫无疑问，在所有类型的出行中，使用机动车辆会减少步行和身体运动的次数。将机动车辆与郊区土地使用模式相结合，这些模式往往将活动分散得很远，其结果是更多地依赖机动车辆出行（Marshall 和 Garrick，2010）。例如，美国环境保护局（EPA）的一项研究"学校选址政策的出行和环境影响"显示，1969—1998 年间，儿童步行去学校的比例下降了 33%（EPA，2003）。生活方式的选择在很大程度上会受到交通和城市发展模式的影响，而在许多美国人的生活中，出于非运动目的的户外活动几乎可以忽略不计（Ewing et al.，2006；Humphrey，2005）。

缺乏锻炼也会导致其他健康风险。据估计，美国 32%~35% 的死亡是由冠心病、结肠癌和糖尿病引起的。如

果人们更加注重户外运动，那么死亡人数可以有所减少。据估计，缺乏运动所导致的医疗支出约占美国医疗费用的 2.4%，约为每年 240 亿美元（Task Force on Community Preventive Services，2002）。在美国，每 10 例死亡中就有 7 例因不运动而加剧的慢性疾病，占所有医疗支出的 60% 以上。活力交通——即需要花费体力的交通——是一种简单的可以融入人们日常生活中的运动形式（Safe Routes to School，2012）。在美国，大约 25% 的出行距离不到 1.6 公里，但几乎 75% 的出行是由汽车进行的 [Transportation Research Board（TRB），2005]。在许多情况下，这些短途的汽车出行可以被步行或骑行等活力交通模式所取代。

13.2.3　减少出行的支出

在 20 世纪的大部分时间里，拥有私人汽车是美国文化的标配，但拥有和维保机动车辆的成本也是大众家庭的主要支出。根据 2009 年全国公路出行调查，平均每个家庭收入中值为每年 51939 美元，他们将其家庭支出的 16.4% 用于持有车辆（包括购买汽车、燃料费、维修费、保险费和登记费）[U.S. Census，2012；Oak Ridge National Laboratories（ORNL），2012]。相比之下，使用自行车的成本很低，步行的成本更低。此外，为步行和骑行提供基础设施的成本明显低于机动车。

13.2.4　环保的出行模式

步行和骑行出行提供了一种可以替代机动车的环保出行模式。机动车的使用会影响空气质量、水质、噪声值，从而影响社区的正常运转（见第 4 章"环境考量"）。例如，机动车每年会向大气中释放人约 1040 千克的当量碳；而车辆液体泄漏和轮胎分解会污染水源。联邦公路管理局网站（FHWA，2014c）详细介绍了步行对健康的好处和环境效益，以及与活力交通相关的环境效益（Litman et al.，2002）。

13.3　步行和骑行的安全性

考虑到机动车与行人或骑行者在重量和速度上的差异（死亡风险在车速达到 25 英里/时或更高时急剧增加），两者之间的碰撞可能对非机动车使用者更致命。国家碰撞事故记录可以佐证这一观点。然而，这只展现了一部分数据，更多时候，只有导致伤害或死亡的碰撞才被正式报告并记录在州的碰撞事故数据库中。例如，对 1998 年医院急诊入院数据的分析表明，70% 报告的自行车伤害事件和 64% 报告的行人伤害事故与机动车辆无关（Stutts 和 Hunter，1999）。

根据 2013 年的报告，66000 名行人受伤，4735 名行人在交通事故中丧生 [（National Highway Traffic Safety Administration，NHTSA），2015a]。这相当于平均每 2 小时发生一次与车祸有关的行人死亡，每 8 分钟发生一次行人受伤。虽然看上去这是一个惊人的数字，但实际上与 1991 年报告的行人死亡人数相比减少了 18%，符合在过去的 15 年里所有与道路有关的死亡率下降的趋势。这也超过了国家步行和骑行出行研究规定的降低 10% 死亡率的目标（FHWA，1994）。

根据统计数据，幼儿和老年人在交通事故中遭受的的风险更大。在 2013 年的交通事故中，14 岁或 14 岁以下的儿童在步行出行死亡人数中占比达到 1/5，5~15 岁和 65 岁及以上的死亡人数占 2013 年所有行人车祸事故死亡量的 23%（NHTSA，2014）。在 2013 年的事故统计中，记录的 66000 名受伤的行人中有 10000 人（占比 15%）是儿童。

统计数据表明，对于 16 岁以下的年轻行人来说，15：00—21：00 之间的下午和傍晚时分是高风险时间，高达 61% 的致命事故发生在这些时间段。几乎一半的死亡原因涉及酒精，无论是驾驶人还是行人。驾驶人分心所造成的行人死亡人数从 2005 年的 344 人增加到 2010 年的 500 人（Stimpson et al.，2013）。

据报道，骑自行车死亡人数占交通死亡人数的比例历来低于行人。以下是一些令人深思的事实：

- 2013 年，交通事故造成 743 名骑行者死亡，48000 人受伤，其中 7% 是儿童（NHTSA，2015b）。
- 2012 年，医院急诊室记录了 515000 次与自行车有关的求诊（DHHS，2013）。
- 在 10 年期间（2004—2013 年），在机动车撞车事故中受到致命伤害的骑行者的平均年龄从 39 岁稳步提高到 44 岁。

- 在 2013 年，45~54 岁的骑行者占死亡人数的 22%，占受伤人数的 15%。
- 据报道，在 34% 的致命骑行撞车事故中，无论是驾驶人还是自行车骑行者都涉及饮用酒精（NHTSA，2015b）。
- 驾驶人分心导致的骑行死亡人数从 2005 年的 56 人增加到 2010 年的 73 人（Stimpson et al.，2013）。

表 13-2 展示了 2013 年行人和骑行者死亡事故的主要因素。

一些报告说明了可以减少与行人和自行车相关碰撞事故的策略类型，例如：

- 减少与自行车有关的碰撞，http：//safety.transportation.org/htmlguides/bicycles/description_of_strat.htm。
- 改善行人及单车设施，以减少驾驶人与非驾驶人之间的冲突，http：//safety.transportation.org/htmlguides/UnsigInter/description_of_strat.htm#S17.1_B18。
- 独立的自行车车道规划及设计指引，http：//www.fhwa.dot.gov/environment/bicycle_pedestrian/publications/separated_bikelane_pdg/page00.cfm。
- 参考佛罗里达行人和自行车策略安全计划，http：//www.dot.state.fl.us/safety/6-Resources/FloridaPedestrianandBicycleStrategicSafetyPlan.pdf。
- 明尼苏达州的行人/自行车安全最佳实践，http：//www.lrrb.org/media/reports/201322.pdf。

请参阅将安全纳入交通规划过程的第 23 章，以进一步讨论行人和骑行者的安全。

表 13-2　占比超过 1% 的最主要的行人和骑行者死亡因素

主要的致死因素		
行人	数量/人	占比（%）
不遵守路权规定	1181	24.9
在道路上做出不合适的举动（嬉戏、玩耍或其他）	744	15.7
视觉上不容易被注意到（黑色的穿着或黑暗的灯光等）	733	15.5
不恰当地穿行交叉路口	686	14.5
在醉酒、使用毒品或药物的状态下行走	658	13.9
突然地冲到街道上	618	13.1
不遵守交通规则（如路标、交通信号、交警手势等）	175	3.7
患有行动障碍或机能损伤	103	2.2
注意力不集中（如交谈或进食）	99	2.1
逆行	81	1.7
骑行者	数量/人	占比（%）
不遵守路权	233	31.4
不遵守交通规则（如路标、交通信号、交警手势等）	79	10.6
视觉上不容易被注意到（黑色的穿着或黑暗的灯光等）	78	10.5
在醉酒、使用毒品或药物的状态下骑行	55	7.4
突然地冲到街道上	40	5.4
不恰当地转向	38	5.1
骑行在错误的道路上	34	4.6
不恰当地穿行道路交叉口	32	4.3
不佩戴防护装备	28	3.8
注意力不集中（如交谈或进食）	16	2.2
逆行	14	1.9
在必要的时候没有装置车灯	19	1.5
不恰当地变道	9	1.2
在道路上做出不合适的举动（嬉戏、玩耍或其他）	9	1.2

来源：NHTSA，2014

13.4 美国步行和骑行交通规划的演变

13.4.1 早期历史

步行是最古老和最基本的交通形式，而自行车的使用最早可追溯到 19 世纪中后期。从一个地方步行到另一个地方的能力直接塑造了工业革命前城市的大小和形状。那时候，只有最大的城市不能在 1 小时内步行抵达边界。过去 50 年对行人的规划通常包括提供从社区的一部分安全步行到另一部分（例如人行道），特别是在中心城区和市中心。19 世纪末和 20 世纪初，绝大部分的人行道建得比道路要更早。

自行车在机动车还没有诞生的 19 世纪后期逐渐开始盛行。美国在此期间成立了美国自行车手联盟（League of American Wheelmen），他们致力于呼吁建设更好的自行车道路，并直接促使了自行车道路路面的铺设。美国第一条正式指定的自行车道是 1894 年沿纽约布鲁克林的海洋公园路修建的，其他一些道路也被指定作为骑行专用路线。但直到 20 世纪下半叶，专用的骑行设施例如自行车道和多功能道路才被纳入更正式的规划工作中从而普及开来。

13.4.2 初期的规划工作

19 世纪后期，随着机动车成为最受欢迎的交通工具，自行车热潮快速散退。由于汽车保有量的增长带来对公路的需求增加，许多城市道路设计将自行车的使用降级为次要用途，甚至不再考虑这一方式。在市中心以外的地区，人行道等行人设施几乎从来都不属于道路设计的一部分。当美国联邦援助高速公路计划于 20 世纪 50 年代末启动时，联邦援助的首要目标是公路项目与过境投资。而人行道和自行车道被认为是当地政府部门的责任。

20 世纪 70 年代，一些州郡和城市已经开始了关于步行和骑行出行的研究。例如，1971 年俄勒冈州通过了立法，要求俄勒冈州交通局（Department of Transportation，DOT）以及各城市和县将至少 1% 的公路资金用于骑行和步行配套设施。这促使了新一轮的规划工作以确定这些基金的最高级优先项目；加利福尼亚、佛罗里达和新泽西也在 20 世纪七八十年代积极开展了一些骑行公益项目。

在国家层面，人们对步行和骑行出行也日益重视。美国交通运输部于 1975 年 8 月发布《主要城市大规模运输投资政策》（Policy on Major Urban Mass Transportation Investments），明确为步行和骑行规划提供了专项经费。1978 年发布的《地面交通援助法》（Surface Transportation Assistance Act）每年为骑行相关项目提供约 2000 万美元的联邦资金支助。交通研究委员会（Transportation Research Board，TRB）发布的《公路通行能力手册》（Highway Capacity Manual）在 1985 年的版本中首次包含了关于步行和骑行出行的章节，并详细介绍了运营行人设施和自行车设施的策略。

13.4.3 近期发展动向

美国于 1991 年发布的《多式陆上运输效率法案》（Intermodal Surface Transportation Efficiency Act，ISTEA）对骑行和步行规划工作提供了额外支持。ISTEA 代表了美国交通政策的重大转变，因为它允许各州和地方机构制定方案和计划来满足当地独特的需求。根据 ISTEA 的研究，所有州和都市规划组织（Metropolitan Planning Organizations，MPO）都必须考虑为骑行者和行人提供设施作为其交通规划的一部分。联邦政府在改善骑行和步行出行方面的支出从年均 400 万美元增加到年均 1.6 亿美元。2010 年，美国交通部发布的政策声明指出，"每个公交通运输组织（包括 DOT 在内），都有责任改善步行和骑行出行的条件，并将步行和骑行纳入公交通运输规划体系。鉴于步行和骑行能够为个人和社区带来诸多好处——包括健康、安全、环境、交通和生活质量——交通组织被鼓励提供高于最低标准的安全和便利的设施"（U.S. DOT, 2010）。

在 ISTEA 法案发布后，许多州和地方机构制定了骑行出行总体计划，一些州和地方机构将骑行和步行结合在一起，形成了步行和骑行出行总体计划。另一些州比如加州要求当地机构设立经过授权的骑行出行总体计划，以获得州政府援助资金。这些计划的要素通常包括为新设施指定路线和设计指导。随着地理信息的出现，20 世纪 90 年代出现了更复杂的地理信息系统（Geographic Information Systems，GIS）和航空成像，以便更好地规划骑行路线并缩小路网间的出行距离。

在20世纪90年代的大部分时间里，步行规划工作通常与骑行规划相结合，往往不被视为一种独特的出行方式（或是与公共交通相结合，命名为"可替代的出行方式"）。即使在今天，许多州和地方机构也将骑行和步行规划笼统地划分为非机动化规划。然而，步行和骑行与其他出行方式有很大不同；步行和骑行规划通常优先考虑基础设施的改进，包括步行和骑行规划政策以及交通与土地利用之间的关系。在本书中，步行和骑行出行方式指引略有差异，大部分时候归于一类讨论。这样做的原因是，几乎所有关于步行和骑行规划的研究和文献都可以在大多数报告中同时找到。

残疾人士如何使用交通工具是另一个值得关注的重要问题，1990年颁布的《美国残疾人法案》（Americans with Disabilities Act）可提供参考和指引。根据该法第二章要求，所有州和地方政府"必须确保残疾人不因为各类障碍而被排除在公共政府的服务和设施（人行道和路缘等行人设施）之外。"美国无障碍通行委员会负责制定无障碍设计的最低标准。无障碍出入指南（ADA Access Guidelines，ADAAG）为无障碍自行车和行人设施的设计提供了指引（U.S. Access Board，2007）。该委员会还通过了公共道路路权设计导则（Public Rights-of-Way Accessibility Guidelines，PROWAG），包括：①人行通道的宽度、等级和坡度；②道路的无障碍路线；③路缘坡道和混合过道；④街道交叉口；⑤停靠站和庇护所；⑥公共设施和街头停车等。

为了协助无障碍设施的设计并确保所有用户都能无障碍通过，联邦公路管理局（The Federal Highway Administration，FHWA）发行了包含人行道和自行车道两部分内容的设计实践指南（FHWA，2001）。此外，FHWA还提供了一个关于骑行和行人规划和设计的参考网站：http：//www.fhwa.dot.gov/environment/bicycle_pedestrian/publications/。

13.4.4 州际、区域和地方计划

步行和骑行规划大部分服务于美国的州和地方两级。联邦要求全州步行和骑行规划项目旨在为相关政府机构制定政策和目标，并总结设计经验。一些州的DOT已经制定了要求将步行和骑行出行一体化以及设计、建造、维护和操作这些设施纳入交通规划和设计的过程手册和指南（Biton et al.，2014）。一些州已经拨出财政来支持投资项目，例如密歇根州和俄勒冈州计划将1%的天然气税收分配给骑行及相关计划。

教育和安全问题也可以在州一级层面加以协作。例如，从2005—2012年，联邦启动了"安全的上学路线"的计划并向各州提供了超过10亿美元的资金援助，随后的立法将此计划与其他计划相结合，合并成"可替代交通出行模式法案"（Transportation Alternatives program）。许多州都有为步行和骑行提供非街道交通专项道路的计划，一些社会组织也积极呼吁建设更多的道路设施。

在区域一级，MPO被要求制定（20~25年）长期公交通运输规划（Long-Range Transportation Plan，LRTP）和交通改进计划（Transportation Improvement Program，TIP）以达到获得联邦交通基金援助的资格（详见关于都市交通规划的第16章）。这些计划被要求考虑行人和骑行者的安全、无障碍、环境质量和对社区生活质量的影响等因素，每一项都涉及步行和骑行交通规划。

鉴于步行和骑行规划最终是由地方政府主导决策的，当地的政策和地域背景是进行规划的重要参考因素（Meyer和Dumbaugh，2005）。当地政策奠定了规划的长期方向，并确保政府工作人员在规划过程中为所有道路使用者提供安全的出行环境。实施地方政策的机制通常包括一般或全面计划、模拟计划、再开发计划、骑行和步行计划、条例、守则和标准（详见关于土地使用与城市设计的第3章）。例如，土地使用分区管理条例和审查程序可确保把步行和骑行交通设施纳入区域发展或更新计划。

城市街道设计指南一般囊括了街道尺度、类型和其他的道路提升措施，它还可以包括交通控制指南以及对所有道路使用者的标准规范，特别是对步行和骑行交通的要求。美国公共交通运输官员协会（National Association of City Transportation Officials，NACTO）发布的城市街道设计指南作为一个极佳的案例，体现了保障步行和骑行交通的安全性并能够及时响应周围的物理环境的重要性（NACTO，2013）。

13.4.5 影响现阶段规划的重要因素

交通规划过程需要从多维度考量问题，步行和骑行交通也是其中的重要一环。一些更为细致的与步行和骑行交通相关的细节包括：

1. 交通模式和完整性街道之间的平衡

步行和骑行交通规划的基本原则是，一个均衡的交通系统应具备一种能力，使步行和骑行交通可以成为一种可替代的出行方式，这就要求步行和骑行交通具备足够的吸引力。构建一个均衡的交通系统不仅仅意味着铺设步行和骑行设施，如人行道。对于行人来说，这意味可能超出过去仅仅被定义为工程建设的范畴，它可能还涉及街道景观改善，而这需要交通工程师、规划人员、景观设计师和城市社区之间的协同配合。

"完整性街道"已成为道路设计中考虑步行和骑行交通的重要理念基础。完整街道协会提出了一个完整性街道政策的定义——"（街道）能够日常保障所有道路使用者安全地使用，无论其年龄、出行能力或使用的交通方式"（National Complete Streets Coalition，2014）。许多州和城市已经制订了规划和设计手册，强调设计的灵活性和平衡发展中的道路空间，其中一些精彩案例包括：

- 波士顿完整性街道，http：//bostoncompletestreets.org/。
- 芝加哥完整性街道设计指引，http：//www.cityofchicago.org/content/dam/city/depts/cdot/Complete%20Streets/CompleteStreetsGuidelines.pdf。
- 纽约市街道设计手册，http：//www.nyc.gov/html/dot/downloads/pdf/nycdot-streetdesignmanual-interior-lores.pdf。
- 交通规划工程师协会，适宜步行的城市街道设计。
- 西雅图完整性街道手册，http：//www.seattle.gov/transportation/docs/UPDATED_Complete%20Streets%20Checklist_%2011%2021%2014.pdf。
- 华盛顿州步行和骑行和高速公路计划，http：//www.wsdot.wa.gov/research/reports/fullreports/780.1.pdf。

详细内容另见关于道路和公路规划的第 9 章。

2. 基于特定场景感知的设计方案

步行和骑行出行的行为方式及特征及周围社区的宜居性有很强的相关性。情境敏感性解决方案（CSS）通过跨学科协同合作的规划设计理念而实现，鼓励利益相关者全方面地考虑街道周边环境（详见关于土地使用与城市设计的第 3 章）。CSS 在基于特定场所环境的历史背景与美感体验的同时，力求改善街道的安全性、便捷性与流动性，致力于服务所有的道路使用者，并考虑到他们的需求的差异性。对于步行和骑行交通而言，灵活的街道设计可以带来更广泛的社区利益（详见关于道路和公路规划的第 9 章）。

3. 土地使用

步行和骑行出行的特点通常是短途出行，步行距离一般可达 1.6 公里，骑行出行距离可达 4.8 公里。因此，土地使用模式对步行和骑行影响深远。郊区扩张和城市去中心化不能在居民区和商店或就业中心之间建立有效的联系；相反，这种模式为步行和骑行出行制造了严重的距离障碍。为步行和骑行提供无障碍、安全、方便和有吸引力的环境需要行之有效的土地使用规划和设计标准。正如第 3 章"土地使用与城市设计"所讨论的，城市形态与出行特征之间有着明确的关联。根据预测，多样性的土地利用策略（即混合用途开发）相比郊区扩展的发展模式能够减少 20% 以上的机动车出行（McCormack et al.，2001）。

4. 宣传、鼓励和执行

如何培训和教育骑行者、行人和机动车驾车人，以及如何贯彻法律法规，是步行和骑行交通规划成功与否的关键因素。儿童、老年人、休闲骑行者、步行者和日常通勤者对步行和骑行交通都持有不同的理解和看法。深入了解不同类型的出行者的需求差异，并为他们提供适合的步行和骑行交通基础设施和服务显得至关重要。每个州都配备了相应的公路安全代表（或办公署），其负责协调该州联邦援助项目，并提升步行和骑行交通的出行环境。

加州帕萨迪纳市取得了不错的成绩，截至 2015 年，该市已安装了 450 个自行车前灯和尾灯，并向全市骑行者分发了自行车头盔。此外，交通警察部门重点对城市里骑自行车最多的地区巡查机动车违章行为。

纽约也许是在宣传和培训活动中做的最好的城市，纽约市的交通和警察部门一直在协作，以提供更安全的步行和骑行交通环境。针对特定群体的一些策略包括：

1）面向校园的活动：
- 持续为 5~14 岁的儿童举办安全之城和校内讲座，重点关注事故多发的主干道和高速通道。
- 课后或假期为居住在事故多发区域周边的 11~17 岁学生举办交通安全讲习班和宣传活动。
- 通过壁画、涂鸦等创意艺术使当地社区主动参与交通安全活动。
- 分享基于网络的社交媒体资源（如 YouTube、Facebook 和 Twitter），让青少年与同龄人分享他们参与交通安全项目的情况。
- 向市教育部的药物滥用预防专家（SAPIS）提供培训方案，将交通安全教育纳入课堂课程。

2）面向家长的活动：
- 为教育程度较低的家庭举办"不可疏漏的安全教育"家长讲习班。
- 通过儿童安全联盟给新搬来的住户和居民传授安全出行的经验。
- 针对事故风险较高的社区，为非英语族裔家庭提供更多的课程。

3）面向老年人的活动：
- 在高风险高速通道和主干道周边社区或活动中心为老年人举办安全出行的公益宣传活动。
- 为易受伤害的 65 岁及以上的亚洲居民提供更多的安全培训及宣传活动。
- 为老年人制订全面的整体计划，包括步行安全、骑行安全、预防跌倒、营养、医药和健身等相关信息。

4）活动材料：
- 编制并及时更新宣传材料，强调危险的交通行为（包括不服从执法、超速、危险驾驶和注意力不集中）。
- 为非英语族裔翻译英文材料（City of New York，2010）。

5. 采用灵活的设计以提高安全性

2010 年美国 DOT 发布的关于步行和骑行交通规范和条例中说明，"鼓励相关部门超越最低设计标准，并积极推广安全的、基于特定场景的步行和骑行设施，提倡居民更多地采用步行和骑行交通的方式出行"（USDOT，2010）。本章中引用的设计指引导则中可以体现出设计的灵活性。

纽约市出台了一系列提升步行和骑行交通出行环境的策略，包括将市中心的街道改造为行人区。其他策略包括：
- 对学校周边的设施加以改进提升，例如提高学校人行横道标识牌的能见度、铺设减速带和对交通信号进行改进等。
- 在靠近道路交叉口的地方移除路边停车位，提高行人的视线范围并减少转弯车辆行人撞车事故。
- 在特定的社区和学校附近限制机动车出行速度。
- 每年安装约 75 条减速带。研究对比发现，在装有减速装置的地方，平均速度降低了 19%。而另一项 DOT 的研究发现，减速装置将减少 40% 的伤害事故。
- 在城市大多数交叉口安装行人倒计时信号灯，且优先考虑事故多发的道路交叉口。
- 在老年人口较多的区域安装超过 400 个交通信号灯，以延长行人过街时间，增设 25 个行人安全岛或者路缘和坡道延伸（City of New York，2010）。

正如下一节将要讨论的，一种对自行车路网设计的观点指出：希望为骑行者创造舒适和愉悦的骑行环境。例如提供专用或缓冲车道，使骑行者获得舒适和安全的骑行体验。

为社区制订一项全面规划或许是解决这些问题的最佳办法。事故多发区存在危险的出行环境、交通执法薄弱、人行道和自行车道的维护不善、照明设施和安全教育培训计划不足等因素，为整体规划的制订带来了较大的困难。

13.5 步行和骑行交通规划

通过精准有效的城市设计、道路与设施设计、交通拥堵疏解、景观提升工程等交通策略，可以提高步行和骑行出行的体验。尽管步行和骑行的出行特征略有差异，但本章遵循第 1 章中描述的交通规划的基本结构展开叙述，如图 1-1 所示。每一步将从统一考虑步行和骑行交通规划的角度来介绍，并且会单独介绍具有独特性的部分。

13.5.1 理解周边环境所带来的问题

大多数规划研究首先对所面临的问题或挑战入手分析，这些问题包括步行和骑行交通规划会面临哪些安全挑战？步行和骑行交通的需求如何预测？人口分布模式如何影响步行和骑行出行的特征？当前步行道和自行车道的特点是什么，以及它们是否能提供安全舒适的出行体验？"步行和骑行路网和设施"是否真正连接了社区和其他的交通模式？

这些分析旨在全面并详实地介绍现有的步行和骑行交通系统及其应对挑战的方式，它们可以帮助指导政策制定和改进措施的制定与优先次序。根据 FHWA 的要求，对当前条件和需求的评估应考虑以下因素：

- 目前步行和骑行交通系统的水平，以及涉及行人和骑行者的伤亡人数。
- 通过评估现有基础设施（包括上车与下车设施）的通行能力水平以衡量外部设施方面的差距和不足。
- 提供多式联运的公共交通换乘站或行程主要目的地所具备的自行车停车能力和安全水平。
- 提供理想的步行和骑行交通走廊。
- 现有的土地利用以及社区的土地利用模式和分区模式。
- 现有的规划方案、设计标准和机构政策，以及它们在多大程度上影响步行和骑行交通系统的无障碍通行能力；例如，它们是否符合由美国州公路与运输官员协会（American Association of State Highway and Transportation Official，AASHTO）等国家组织发布的步行和骑行交通设施设计指南？
- 对当地社区的发展愿景产生重大影响的国家和地方法律法规，例如出行限制法以及步行和骑行交通设施投资限制法。
- 设定特定的服务时间、路线和奖惩措施（例如乘车费用的浮动），以提供自行车与公共汽车或铁路的直接接入（FHWA，2014b）。

根据美国最近一次人口普查的通勤数据、步行和骑行事故数据，以及社区调研等，规划师和工程师可以更好地理解社区所面临的问题类型。例如，图 13-1 所示为科罗拉多州科林斯堡与骑行相关的事故位置，可以直接看出存在严重问题的社区和街道。

当前街道网络存在的巨大割裂体现出发展的不平衡。步行和骑行交通系统网络往往在不同的地理位置有着不同程度的发展。例如，一些社区配备了完善的步行和骑行网络，而相邻社区的步行和骑行设施却非常有限。理解并分析社区之间的不平衡发展有助于更好地理解步行和骑行交通发展所面临的困难。图 13-2 所示为华盛顿州西雅图的自行车路网，其存在三种不同类型的步行和骑行交通系统的缺陷：

- 路口通道图标表示 2007 年自行车总体计划（BMP）中建议但尚未实施的与步行和骑行交通相关的交叉口改进措施。
- 道路缺失图标表示 2007 年自行车总体计划中建议但未实施的小于 0.4 公里的道路，其计划改造为步行和骑行设施或多用途出行设施道路。
- 走廊间隙图标表示路网中长度大于 0.4 公里的间距。这些缺口通常是连接社区到目的地所必经的通道，它们可以丰富骑行者的出行路线（西雅图市，2012）。

13.5.2 制定愿景、目标、措施和考核目标

步行和骑行交通系统规划应该基于一个社区自身的愿景和一个明确说明的研究方法和目标。与任何规划文件一样，重要的是阐释清楚现有的和拟议的政策与目标。这有助于指导后续规划工作的开展，也可以清楚地向公民、政府机构和开发商传达步行和骑行交通在州、区域或城市中所发挥的作用。细致的规划会涵盖更广泛的

对象，如整体计划中所有所欠缺考虑的对象，以衡量步行和骑行交通对他们所造成的影响。这一规划过程与当地的土地使用、服务水平和政策宽紧息息相关。

图 13-1　科罗拉多州科林斯堡与骑行相关的事故点位

来源：http://www.fcgov.com/bicycling/pdf/appendix_b_state_of_bicycling_in_fort_collins.pdf

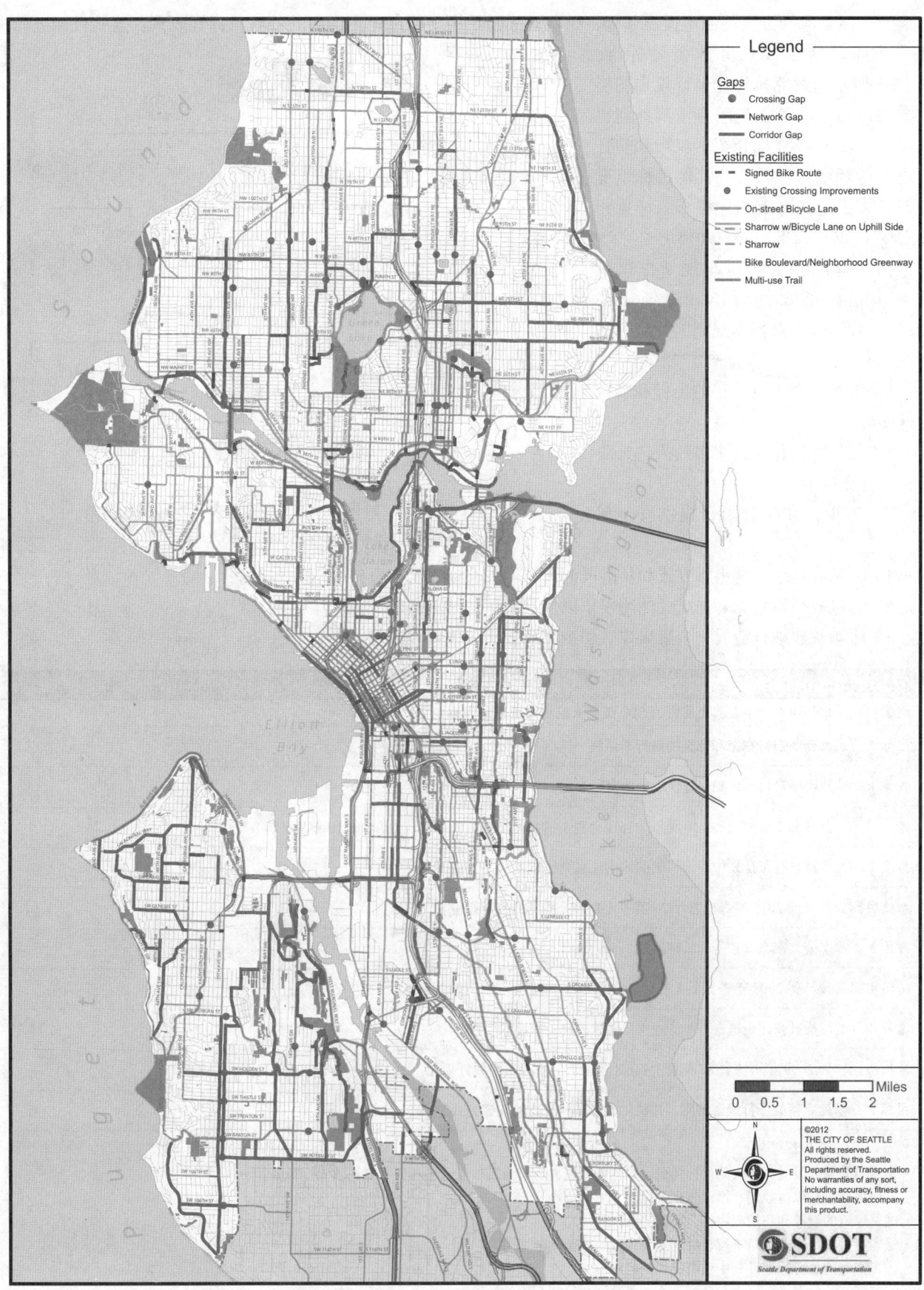

图 13-2 华盛顿州西雅图的自行车路网
来源：City of Seattle, 2012

宏观愿景应为方案的制定提供基础，这些方案随后用于确定更为详细的分解目标和政策。这些目标进而决定了方案、项目或任务的衡量标准。

图 13-3 所示为萨克拉门托步行规划的层次结构，2015 年芝加哥的自行车计划也是如此。表 13-3 详细介绍了步行和骑行交通出行环境这一目标，其他目标情况类似。关于芝加哥市的详细介绍详见相关文献（City of Chicago, 2015）。

帕萨迪纳市的自行车规划提供了另一个很好的案例（City of Pasadena, 2015），其明确了自行车规划需要实现的 6 个目标：

1）创造一个无机动车的步行和骑行通行环境。

2）通过宣传，促进更多的人选择步行和骑行交通。

3）为步行和骑行出行提供安全保障。

4）为帕萨迪纳所有出行方式和年龄段的人群增加交通安全教育机会。

5）通过骑行通勤、购物或者休闲娱乐以促进帕萨迪纳居民的身体健康。

6）将帕萨迪纳打造成一个集居住、购物和商业于一体的多元社区。

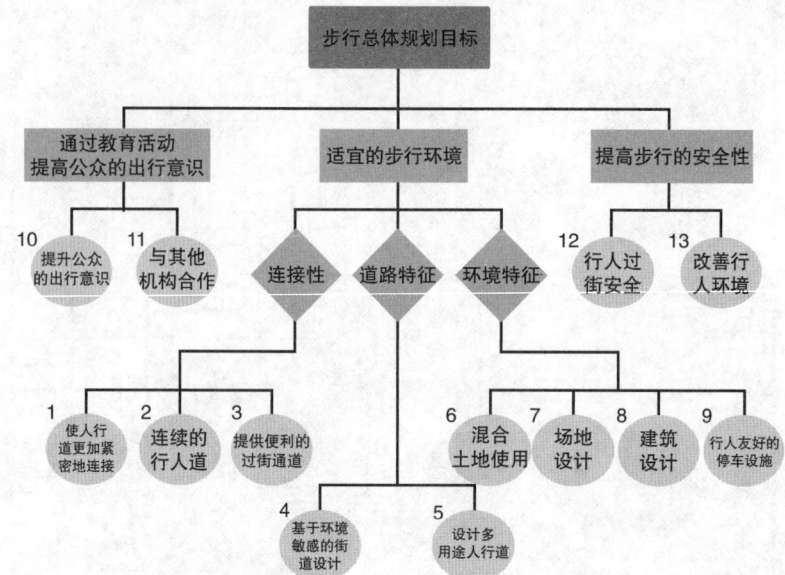

图 13-3　萨克拉门托市步行规划的总体目标

来源：City of Sacramento, 2006

表 13-3　芝加哥市自行车总体计划的愿景、目标、措施和考核目标

愿景：在芝加哥建立一个世界上最好的 500 英里长的自行车道路网系统
目标 1：增加新的自行车道和可选的自行车路线
措施 1：修建街道自行车计划中建议增加的自行车道
考核目标：预计到 2007 年修建 10 英里（16.1 公里）的自行车道；到 2010 年再增加 10 英里
措施 2：在街道自行车计划中尚未明确的地点建立自行车道
考核目标：预计到 2015 年修建总计 26 英里（41.8 公里）的自行车道
措施 3：建立公共汽车和自行车共享路线
考核目标：预计到 2008 年建立 2~3 条共享路线
措施 4：继续推进修建街道自行车计划中已明确的自行车路线
考核目标：到 2009 年再签署 85 英里（136.8 公里）的自行车路线计划
目标 2：修建完善的步行绿道路网，并优化自行车和绿道的连接方式
措施： · 在适当的地点设立分等级的通行标识，以连接绿道并为较为繁忙的道路和交叉口提供安全保障 · 定期更新步行绿道规划、设计和建设标准 · 确保绿道的设计和建造程序符合应有的标准 · 修建可供市民在芝加哥进行长时间的娱乐或骑行活动的绿道 · 优先修建芝加哥绿道计划中已制定规划的绿道 · 完善现有的绿道设施，例如已列入芝加哥公园片区规划中的绿道 · 持续修建更多的绿道

(续)

愿景：在芝加哥建立一个世界上最好的 500 英里长的自行车道路网系统
目标 3：使用创新的设计来扩展和增强自行车道网络
措施： · 在自行车道涂上铺装以提醒机动车驾驶人谨慎驾驶，并优先分配路权给骑行者 · 在太窄或者不适合骑行的街道或路面上设立警告标识 · 提醒机动车驾驶人避免与不慎骑行到道路中央的骑行者发生碰撞事故 · 考虑在街道上设立自行车专用道并实行高峰时段停车控制 · 设立专用的自行车左右转弯车道 · 考虑在较为繁忙的道路交叉口设立车辆减速装置 · 在特殊的地段铺设醒目的自行车道 · 建立自行车林荫道以号召更多的骑行者并降低驾驶机动车出行的频率和车速
目标 4：建立与最终目的地连接的自行车道
措施： · 建立可以方便出入小学、高中、专科学院和大学的自行车道 · 连接相邻的市政设施 · 完善现有的自行车与公共交通接驳设施
· 修建连接芝加哥河、卡卢梅特河、北岸航道的自行车道 · 在市区环路修建自行车道 · 改善湖畔绿道和其他繁忙的绿道
目标 5：帮助现有和未来的骑行者选择方便和安全的路线
措施： · 广泛分发最新的湖畔绿道地图 · 通过数据分析热门的自行车道和 2015 年自行车计划策略所产生的影响 · 提供绕行路线和指示牌 · 提供交互式在线地图，使骑行者能够开发个性化地图 · 在自行车道网络的关键节点安装信息屏，以提供骑自行车的详细路线信息
目标 6：优先进行自行车道网络的持续维护和维修
措施： · 保持自行车道路况良好 · 保证破损路面能够快速修复 · 保证快速检查并清理路面异物 · 翻新金属桥面以免对自行车造成破坏 · 定期升级自行车道道路系统

来源：City of Chicago, 2015

从表 13-3 中可以看出，每一项愿景都有相关的目标，每一项目标都建议采取实际措施以实现这一目标。例如，其中一个与目标相关的措施包括以下几点：

目标：将帕萨迪纳的骑行通勤比例提高 5%。

措施：1）规划全市自行车道道路系统。

2）认识到所有的街道都需要提供自行车道。

3）改进新技术，确保骑行者可以在车辆繁忙的道路交叉口激活交通信号灯。

4）维护自行车道和道路系统。

5）根据自行车流量数据，有针对性地改善自行车道路系统。

6）协助企业雇主开展宣传活动，鼓励骑车通勤。

7）结合帕萨迪纳绿色出行法案，要求企业雇主提供骑车通勤奖励计划。

评估考核计划通过对目标对象的表现来衡量方案的有效性。这种方法近期才被运用到交通规划领域，它旨在为规划方案提供一个量化的评价指标。例如，步行和骑行交通体系的碰撞事故率、步行和骑行绿道的覆盖率和便捷指数、步行和骑行的交通投资回报率、采纳社区居民的参考意见次数等指标都可以作为一种参考数据。

科罗拉多州科林斯堡的骑行计划（City of Ft. Collins, 2014）提供了一些关于该市骑行未来的设想：
- 20%的人将骑自行车通勤。
- 男女骑行者比例大致相当。
- 骑行死亡人数将为零。
- 与骑行有关的事故频率和严重程度将远低于现在的水平。
- 将建成一条260.7公里长的休闲自行车道路系统。
- 80%以上的居住小区离自行车道的距离不超过1/4英里（0.4公里）。
- 该市将建成一条示范性安全自行车道。
- 每年将有8000名中小学生接受骑行安全教育。
- 参与该市的骑行教育和推广计划的人数可以反映科林斯堡人口和社会经济的组成结构。
- 参加该市骑行教育和相关宣传活动的居民人数将翻倍。
- 55%以上的居民会认为骑行相当便捷。
- 儿童和成人肥胖率将维持较低水平。
- 温室气体排放量比2005年降低20%以上。

步行和骑行交通规划应让公众和各利益相关方积极参与，特别是在编制社区愿景和目标这一环节。政府机构、出行居民、社区委员会和任何可能施加或受到影响的组织和个人都应该参与到这项工作中。值得注意的是，骑行者形成了宣传组织参与到步行和骑行交通规划中，以获取财政援助和支持，包括政府专项资金、私募资金、合作伙伴赞助等各类形式。具体内容详见第24章，其详细地介绍了关于公众参与这方面的内容。

13.5.3 分析步行和骑行替代方案

如今，可以采取一些新兴技术应用到步行和骑行交通规划过程之中。这一章节主要描述用来分析步行和骑行的手段和方式。

1. 数据

规划师们迫切希望能够采集到步行和骑行交通领域的个体出行数据。例如，总出行次数、一天中出行次数随时间的变化规律、平均出行距离、出行特征等。然而，步行和骑行出行与机动车出行存在着极大的差异性（Ryus et al., 2014）：

1）虽然非机动车出行和机动车出行的出行频次都会随时刻和季节变化，但前者显然更容易受到天气的影响，更何况被观测到的非机动车出行者比机动车出行数量要少很多，因此导致不同日期之间存在更明显的波动范围。

2）步行和骑行出行距离通常比机动车出行更短，而且出行目的十分多样，因此往往不符合机动车的高峰出行特征。行人和骑行者对出行路况也更为敏感（机动车更多时候只是通过该路段，而较少关心该地区的出行路况）。

3）行人和骑行者相比于机动车更难以采集数据，他们经常混杂在一起通行且容易经常变道，因此容易引发道路安全事故。相比之下，机动车辆通常会保持适当的行车距离。

4）机动车流量采集手段已经相对成熟且误差较小，而步行和骑行交通的通行流量采集计数仍处于发展中（FHWA, 2013）。

数据的收集方式和收集类型将取决于研究类别，且数据的有效性和评判标准也随之变化。例如在片区的步行和骑行交通研究中，现存出行路况、出行特性方式、拉动潜在需求的因素以及步行和骑行交通出行者的社会经济特征等数据十分重要。如果某项研究是对特定项目的落成前后变化进行对比，那么数据收集将更多地考虑该项目所带来的实际变化。

帕萨迪纳市骑行总体计划很好地体现出了评判标准对数据收集所产生的影响。骑行道路系统中的路段缺失被认为是影响骑行者精神压力指数的重要因素之一。表13-4展示了帕萨迪纳通行压力划分等级。

表 13-4　帕萨迪纳通行压力划分等级

通行压力水平（LTS）	舒适度	说明
1	非常舒适	对所有人来说都很舒适（包括青少年和孩子）
2	较为舒适	对 60% 以上的热爱骑行的群体来说较为舒适，但只有在远离主干道的安静的区域才能体验到
3	较为一般	只有相对较少一部分骑行群体认为通行状况舒适
4	非常不适	只有狂热的骑行爱好者才可以接受的通行状况（通常小于 1% 的群体）

来源：City of Pasadena, 2015

研究指出：机动车速是影响骑行者精神压力的另一重要因素，在机动车车速低于 48 公里 / 小时的路段，骑行者的精神压力显著降低。图 13-4 所示为道路系统地图上收集到的交通压力数据，颜色更为鲜明的路段代表着感官十分舒适（精神压力较小）的骑行路线。

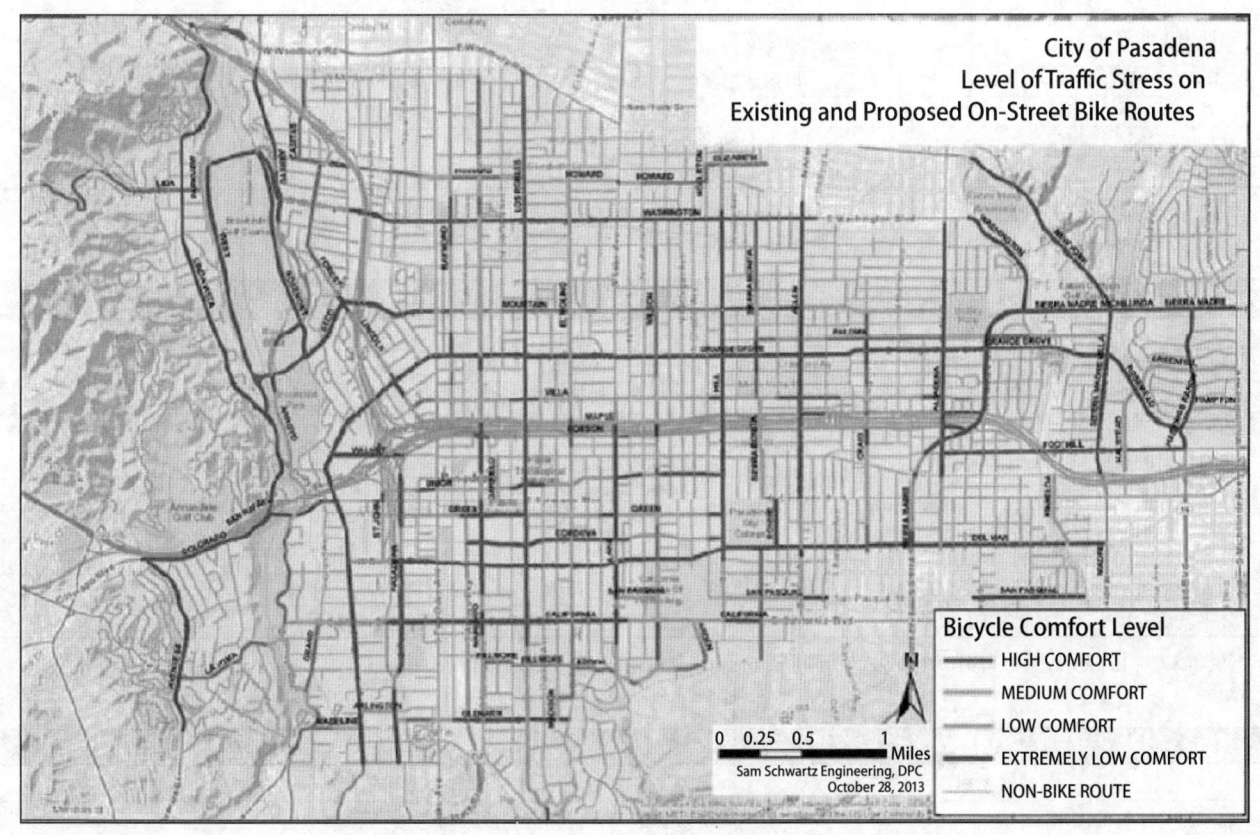

图 13-4　加州帕萨迪纳骑行交通压力数据
来源：City of Pasadena, 2015

鉴于篇幅，表 13-5 ~ 表 13-8 列出了一些常用的数据采集类型，资料来源于 NCHRP 和行人优先通行导则中现存道路的通行状况（Lagerwey et al., 2015）。

此外，手机信令数据可以用来获取骑行者和行人的速度。关于数据收集过程和典型数据采集技术的介绍详见相关文献（Ryus et al., 2014）。

表 13-5　步行和骑行交通的数据来源及信息类别

数据获取来源	数据信息类别
航空呈像	人行横道和安全岛是否缺失及其是否符合修建标准
	人行道和自行车道宽度是否缺失及其是否符合修建标准
街道层面的图像（例如视频和街景）	路缘坡道、危险警示带、步行和骑行交通标志以及其他步行和骑行交通配套设施的修建情况
现场观测（使用技术数据收集工具或人工观测）	精准的路肩宽度、车流量、平均车速、步行和骑行道路况、坡道斜率、临街停车等实时数据

资料来源：Lagerwey et al., 2015, Reproduced with permission of the Transportation Research Board.

表 13-6　步行和骑行交通的数据类别及获取途径

数据类别	数据获取途径
人口密度	特定地理区域的人口除以其面积
就业密度	就业往往是在区域一级汇编的，并应交通分析区人口普查的要求提供给地方机构。就业密度是用特定地理区域的工作人员除以面积来衡量
商业零售密度和可达性	打包数据
公共汽车站点的密度和可达性	通常从公共交通机构获得点数据
重要活动场所的密度和可达性	点数据和打包数据
大学校园可达性	打包数据
步行和骑行交通设施	步行和骑行交通设施清单
道路密度和连通性	街道数据
道路坡度	可用地形高度差和路段长度计算，也可以来源于街道数据
公共交通的乘车人次	来源于公共交通机构，可能是公共汽车站点停留数据，也可能是公共汽车路线数据
社会经济特征	美国人口普查数据库
自行车停放点	点数据

资料来源：Lagerwey et al., 2015, Reproduced with permission of the Transportation Research Board.

表 13-7　步行和骑行交通与安全相关的数据类别及获取途径

数据类别	数据获取途径
步行和骑行交通的车祸事故总计	州或市一级的警察局数据库
致命事故的死亡人数总计	州或市一级的警察局数据库
事故率	州或市一级的警察局数据库
步行出行的比例	通常是人工计数
遵守禁止通行标识的行人比例	通常是人工计数
遵守交通信号灯的行人比例	通常是人工计数
遵守右转限制信号灯的机动车比例	通常是人工计数
在人行横道上向行人礼让的机动车比例	通常是人工计数
几乎就要发生交通事故的比例	通常是人工计数或者根据视频监控计数

资料来源：Lagerwey et al., 2015, Reproduced with permission of the Transportation Research Board.

表 13-8　步行和骑行交通其他的数据类别及获取途径

数据类别	数据获取途径
以家庭为单位的汽车保有量	美国人口普查和美国社区调查
家庭年均收入	美国人口普查和美国社区调查
18 岁以下的人口比例	美国人口普查和美国社区调查
64 岁以上的人口比例	美国人口普查和美国社区调查
患有残疾和其他健康障碍的人口比例	美国人口普查和美国社区调查
接受政府补助午餐的学生比例	学生入学数据
患有哮喘或糖尿病的人口比例	公共卫生机构社区健康调查
患有肥胖症的人口比例	公共卫生机构社区健康调查

资料来源：Lagerwey et al., 2015, Reproduced with permission of the Transportation Research Board.

2. 问卷调查

识别当前存在的问题或步行和骑行交通出行特征最常见的方法之一是问卷调查。为了使调查结果尽可能具有代表性，统计方式应科学有效（即样本应准确地反映社区人口分布特征），尽管许多非正式调查只是为了评估人们对步行和骑行交通的态度（详见关于出行特征及数据的第2章）。例如，2008年Gallop协助国家公路交通安全组织（National Highway Traffic and Safety Administration，NHTSA）开展的电话调查对象包括了9616名16岁及以上的受访者（Royal和Miller-Steiger，2008）。对结果进行加权处理后，以此数据样本代表当时美国2.08亿16岁及以上的人口。这些调查结果不仅了解影响步行和骑行交通的负面因素，也有助于分析预测需求模型中的变量类型。其中一些有趣的调查问卷如下：

- 16岁以上的人群几乎每两人就拥有一辆自行车。其中2/3的21岁以下的青少年都拥有一辆自行车，而65岁或以上的人群中只有13%的人群拥有自行车。
- 男性比女性更有可能拥有一辆自行车（51%：42%），且他们每周骑行一次的可能性达到了女性的2倍（24%：13%）。
- 不骑自行车的原因包括缺少自行车（占比28%）、缺乏骑行的意愿（占比25%）、腿脚不便（11%）和天气状况不佳（占比10%）。其中，腿脚不便是65岁及以上的人群不愿意骑行的最主要原因（占比21%）。
- 近89%的骑行出行是从住宅区开始的；另外7%的出行驶向公园和休闲场所；只有1%的出行服务于通勤和3%的出行服务于其他地方。
- 最常见的出行目的是休闲娱乐（占比29%）和锻炼（占比24%），其他出行目的包括私人差事等，只有5%的人通过骑行的方式通勤。
- 近3/4的人群在夏季平均每周至少步行一次。
- 大约一半人的报告说他们的步行频率相比于一年前没有变化，30%的人报告说步行频率有所增加，而20%的人减少了步行次数。女性比男性相比一年前更有可能增加步行频率。
- 缺乏步行的主要原因包括缺乏动力（27%）、残疾和其他健康障碍（25%）以及天气状况（23%）。女性通常以身体不适和天气不佳为理由，男性则通常缺乏动力。65岁及以上的人中有大约一半报告说主要原因是身体不便。

这些数据作为美国人口的代表性样本，足以用来解释20世纪中期美国的步行与骑行出行方式特征。

马里兰州巴尔的摩市的一项调查则无法体现足够的代表性。规划学者通过在公共场合、图书馆、大学和互联网等渠道发放了大量的调查问卷以了解更多关于骑自行车的出行特征（City of Baltimore，2006）。最终仅收集到300多份调查问卷，尽管从统计学的角度看，这些调查结果并不具备足够的代表性，但也提供了一些有效信息。其中包括：

骑自行车的首选设施：
- 43%选择自行车道。
- 31%选择没有设施的街道。
- 19%选择自行车专用车道。
- 7%选择人行道。

选择骑自行车的因素：
- 出行路线是否安全。
- 天气状况。
- 交通状况。
- 需要加强锻炼。

被调查者的人群平均年龄为36岁，男性占58%，女性占42%，大约每周平均有3天使用自行车，其中30%的人遭遇过交通事故。

3. 出行需求模型

步行和骑行交通需求预测不如道路交通网络建模那么复杂，一些学者提出了一些更为合适的预测方式

(Krizek et al., 2006)。安全设施不足以及零散的土地使用模式极大地提高了步行和骑行出行的成本。与步行和骑行交通路网相邻的土地开发模式指南以及它们如何影响步行和骑行交通是需要重视的考虑因素。美国高速公路研究计划中的《步行和骑行交通需求预测指南》(Estimating Bicycling and Walking for Planning and Project Development: A Guidebook)是不错的参考(Kuzmyak et al., 2014)。其中一些研究经验包括：

- 步行和骑行之间也具备很明显的区别，虽然两者都属于非机动出行，并且通常在需求模型中被看作一类，但两种模式之间的距离范围（步行的平均出行距离为1.1公里，自行车的平均出行距离为3.7公里）、网络需求、用户特性和出行目的类型存在较大差异。
- 对于步行和骑行者来说，建筑周边环境极其重要，特别是步行和骑行的需求水平在很大程度上取决于到达目的地的舒适程度和时间范围。
- 可接受的出行距离也随着出行目的不同而发生变化：出行者愿意承受更长的通勤距离（步行约1.6公里，骑行约6.4公里），但个人商务、购物或休闲则明显缩短（步行为0.8~1.1公里，骑行为1.6~2.4公里）。
- 生活在土地混合开发模式中的人群倾向于一站式出行，而在那些以汽车为导向的出行环境中，人们倾向于一次出行完成多项任务。
- 出行环境和状况对步行和骑行交通者的影响要比机动车出行者大得多：陡峭的丘陵地带和迂回的出行路径对步行和骑行交通十分不友好，温度和降雨也是影响步行和骑行交通的重要因素。
- 在车流量较大或车辆高速行驶的区域（如商业中心），步行和骑行交通者的安全显得额外重要，因而十分有必要采取人车分流和其他保障步行和骑行出行安全的措施。
- 在机动和非机动车出行者之间以及行人和骑行者之间存在着社会人口差异。一般来说，步行和骑行出行的比例在年轻群体中达到峰值，并且随着年龄的增长而下降。在美国，这一趋势比其他西方国家更为突出。25岁以上的妇女与男性相比，步行的比例较高，而骑自行车的男性几乎是女性的4倍（这同样是美国独有的一项数据）。

可用于步行和骑行出行的模型和预测方法，作者将它们分为三大类：

1) 出行生成和出行模式选择模型。作为基于活动模型的一部分，步行和骑行模型可以用于生成出行行程以及预测出行方式选择（关于出行需求模型，详见第6章）。

2) 基于GIS的可达性模型。该方式通过收集GIS数据比较所有出行行程选择的可达性，从而预测出行模式选择划分所占比例，并根据行程目的创建步行行程表。

3) 基于出行活动的修正模型。传统的四步建模过程可以通过引入"出行前模式选择前置"步骤进行修正，该步骤首先将行程划分为区划内组和区划间组，然后执行特定于这些组的模式拆分步骤。这使得分析能够考虑到可能影响步行和骑行交通需求的特定区域特征。一些影响因素包括：每个区划半英里内的交叉口数量、每个区划半英里内的家庭住户数量、每个区域半英里内的总就业机会、点到点的出行时间、区到区的出行时间以及汽车保有量等。更多内容请参阅第6章"出行需求与交通网络建模"。

表13-9总结了几种不同的步行和骑行交通预测模型。NCHRP报告还描述了其他几种方式，例如行程生成和流量模型、波特兰行人模型以及设施需求模型。有关这些分析的更多详细信息请参考NCHRP。此外，Alisar等人（2015）很好地概述了如何在行人中使用交通客流预测模型。

表13-9　步行和骑行交通需求的不同手段

应用类别
区域性规划
出行生成：基于密度、土地利用组合、可访问性或城市设计预测非机动出行生成
机动车保有量：机动车保有量是非机动出行生成的输入因子之一
目的地选择：根据土地使用和可达性等背景因素，运用独立的模型来预测区域间和区域内的出行生成
基于活动的模型：预计将替换为基于出行的模型，空间分辨率降低到个体出行者以消除对非机动车出行者的分析偏差；无论是简单出行还是复杂出行都会影响模式的选择
郊区通道和以公共交通为引导的发展规划
方案规划工具：通过替换土地利用模式和交通投资计划，估算减少的机动车和增加的非机动车出行里程

（续）

应用类别
步行模型：类似于四步阶段法，采用行人分析小区代替交通分析小区（TAZ）；创建行程表并分配给步行和骑行设施
设施规划
分解和草图规划方法：尝试基于同级比较来预测设施需求水平，通过分析社会人口数据和其他相关数据的关联，预测出行率
直接需求：统计各类设施数量和相关变量，并通过回归模型预测出行量
总需求：寻求量化整体需求（例如年度区域自行车出行量）与潜在因素之间的关系，通常以此作为衡量基础设施类型和重要性的一种方式
路线选择：试图理解用户出行特征并预测客流的路线选择，以此确定路网改进优先级

来源：Kuzmyak et al., 2014 Reproduced with permission of the Transportation Research Board.

美国环境保护局（EPA）的智能增长指数（Smart Growth Index）是最早分析社区步行和骑行交通的尝试之一（EPA，2003）。这是一个基于地理信息系统的简易工具，用于分析比较土地使用模式和交通场景，并运用社区和环境绩效指标评估结果。该指数的输入因子包括步行和骑行交通设施完整性、街道路网密度、街道连通性、区域可达性、停车需求以及轨道交通接驳口服务密度等。美国环境保护局根据开发智能增长指数认为，人口密度、就业密度、土地混合开发、零车辆家庭、接近轨道交通和大学能最大限度地吸引人们选择步行和骑行出行。图 13-5 所示为在萨克拉门托的实际应用案例。

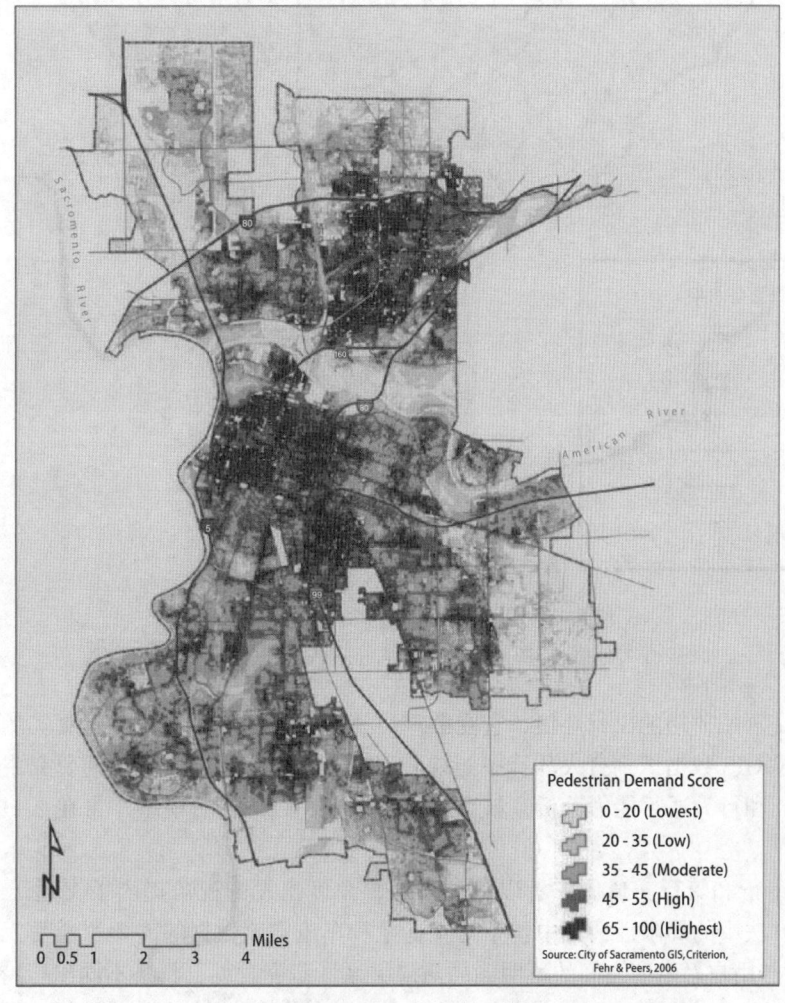

图 13-5　加利福尼亚萨克拉门托行人出行需求智能增长指数

来源：City of Sacramento, 2006

4. 步行和骑行交通的适宜性、服务水平和交通压力分析水平

许多规划机构使用步行和骑行交通适宜性和服务水平（Level of Service，LOS）分析来识别路网缺陷，并确定改进优先级（Landis et al., 2005; Sisiopiku et al., 2007）。在给定特定街道段的条件下，一些分析方法可以确定骑行者的相对舒适性，考虑到特定如联邦公路管理局的自行车兼容性指数（FHWA，1998）和自行车服务水平（Bike Level of Service，BLOS）模型（Baltimore Metropolitan Council，2004）。根据机动车的速度和流量，行人与车辆之间的距离、重型车辆所占的比例、街道停车数、行车道地面铺装等可以用来衡量骑行的舒适程度。图 13-6 所示为巴尔的摩市的自行车服务水平。

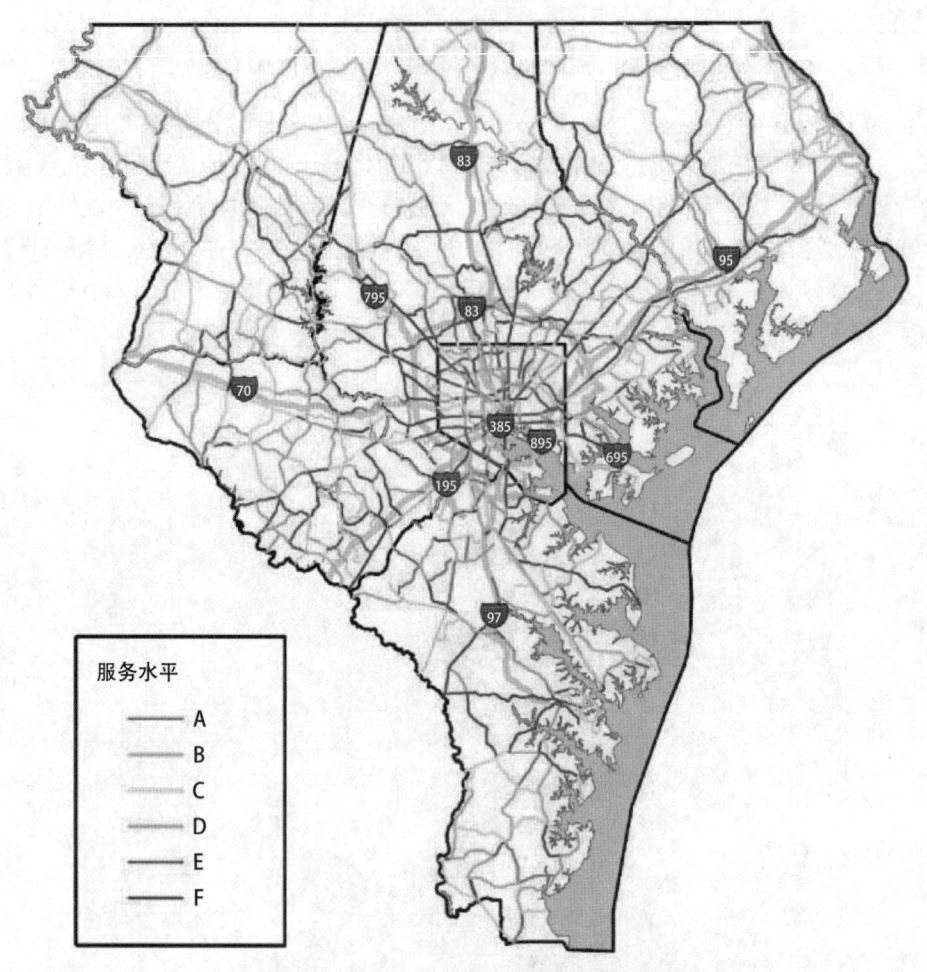

图 13-6　马里兰州巴尔的摩市的自行车服务水平

来源：Baltimore Metropolitan Council, 2004

步行适宜性指的是舒适放松的出行环境，它受路网可达性和连续性、安全感（真实的和可感知的）以及周围环境的影响，可通过 GIS 数据识别行人环境中的缺陷以提升步行通行能力。早期研究主要集中在量化人行道空间、出行客流量特征和行人通行能力分析，如今可以使用更高级的仿真模型（将在下一节中进行讨论）进行分析。

如上所述，许多步行和骑行交通研究者以一种从用户角度出发的视角提出了交通压力水平的概念。这一措施旨在考虑 BLOS 方法中的局限性，其中包括对交通量和车道宽度数据的需要（通常无法使用于整个路网系统），以及 BLOS 级别与用户忍耐度之间的不明确的对应关系。研究发现，具备不同出行特征的路段对应着不同的交通压力水平标准等级，例如街道宽度、行车速度和自行车道是否独立于机动车行车道。在行驶速度较慢的完整性街道上，可以明显减轻出行压力。随着车道数量、交通速度和交通量的提升，舒适性良好的路段需要逐步采取更多的保护措施，如完全独立于机动车道的专用自行车道（Mekuria、Furth 和 Nixon，2012）。这个概念

也可使用连接出行的百分比（不超过指定的压力水平，没有不必要的绕行的连接出行）和交通节点连接百分比（不超过规定的压力水平，没有不必要的绕行的节点之间的出行）作为评价标准来评估路网连通性。

TRB 的公路通行能力手册分析了骑行者和行人在信号交叉口的延时响应现象（TRB，2010）。无论是对骑行者还是行人来说，通过交叉口时所经历的延迟时间与服务水平都有一定的关系。

最近也有一些研究通过定性和定量的混合分析来考虑步行和骑行出行环境的舒适性、便利性和安全性的影响因素。例如，科罗拉多州科林斯（Fort Collins）在衡量行人 LOS 指标时，考虑了"视觉兴趣与亲和度"和"安全性"两类。该市还制定了本地化的 LOS 指南，为步行和骑行出行提供帮助。在北卡罗莱纳州夏洛特采取的另一种研究方式是考虑道路容量的改善对行人和骑行者的影响。另外，行人和骑行者信息中心也能够为步行和骑行交通分析、审计和数据工具提供极好的数据支撑（http：//www.pedbikeinfo.org/planning/tools_audits.cfm）。

5. 步行和骑行交通安全分析

安全是交通规划中最重要的考量因素。很多数据分析手段可用于识别交通事故高发地区并提升安全保障措施，其中包括：

- 行人和自行车交通事故分析工具（PBCAT）。
- 行人安全指引系统（PEDSAFE）。
- 自行车安全系统（BIKESAFE）。

这些工具在 FHWA 交通安全网站上有详细的描述，第 23 章同样提供了更多关于交通安全分析的详细内容（http：//safety.fhwa.dot.gov/tools/data_tools/fhwasa09002/）。

6. 仿真和路网模型

交通运营建模和微观模拟工具也提供了新的方法来量化在交叉口评估机动车与骑行者和行人之间的相互作用。行人客流模型模拟了不同场景（如公共汽车站、购物中心、疏散通道和大型体育馆）中的各类交通活动，如车辆右转向与行人间的冲突。图 13-7 所示为一个典型的仿真交叉路口。

Space Syntax™ 是分析行人运动和预测行人流量的另一套建模工具和仿真技术。Space Syntax™ 利用城市的布局和连通性在街道网格中预测客流，然后将其与关键位置的行人计数统计和土地指标（如人口密度）进行比较，通过系数修正

图 13-7　利用 VISSIM 进行多模式交叉口仿真

来源：Courtesy of WSP | Parsons Brinckerhoff. Vissim 7.00 -15

并预测整个城市在街道水平上的行人数量。值得一提的是，Space Syntax™ 概念最早是 20 世纪 80 年代中期由伦敦大学学院创建的，并在欧洲和亚洲广泛使用。

7. 交通影响分析

虽然交通影响本身不是交通规划过程中的一环，但无论作为独立颁布的文件还是作为整体交通规划的某一部分，其都是交通规划过程中需要公开透明的信息，也是保障步行和骑行交通诉求的重要途径。《美国国家环境政策法案》（The National Environmental Policy Act，NEPA）以及许多州的环境法要求公开交通影响，包括对步行和骑行交通者的影响以及对周围环境的影响（见第 19 章"场地规划与影响分析"）。

交通影响分析应评估交通发展对公共交通出行率以及对步行和骑行出行的影响。在调查邻里宜居性、土地兼容性、交通需求管理和生活质量目标这些数据时，分析不应只包括单一地点的数据，应涵盖更具代表性的交通闭环路径。因此，评估交通影响至少应该考虑到以下重要方面：是否影响现有的交通组织模式？对未来的交

通发展产生何种程度的影响？是否与现有的政策冲突？

新的交通规划对步行和骑行交通的负面影响体现在以下方面：

- 新建的交通规划项目所带来新增的车辆、行人和其他交通模式可能会引起安全隐患（例如人行横道建设得过于靠近一所学校），或者是增加了行人在没有设置交通信号灯的交叉口穿越街道的频率（应特别注意在拟建车道上的路内自行车设施）。
- 新建的交通规划项目可能对步行和骑行出行环境质量造成影响，如缩减人行道宽度或侵占步行和骑行专属道路，或者在总体规划中削减步行和骑行交通的占比。
- 新建的交通规划项目可能与现有的步行和骑行交通系统指引、政策或标准冲突。例如，间接影响步行和骑行交通的可达性、连通性和路网完整性。

8. 环境影响分析

交通规划应考虑其对不同阶层群体所造成的不同程度的利害，因此社会影响分析需要考察其对低收入群体和少数族裔群体的影响 [Mid-America Regional Council（MARC），2013]。

- 少数族裔群体：包括黑人/非裔美国人、西班牙裔/拉美裔/亚裔美国人、美洲印第安人和阿拉斯加土著人、夏威夷和其他太平洋岛民等聚集一定规模的少数群体。
- 低收入群体：家庭收入中位数低于美国卫生和人类服务部贫困基准的群体。

中美地区委员会（Mid-America Regional Council，MARC）研究的一个社会影响分析案例如图 13-8 所示，其利用地理信息系统数据来分析人口普查区不同区域的事故发生率。从表 13-10 可以看出，行人与机动车事故发生率在不同的区域存在显著差异，这表明交通投资应优先侧重于低收入群体聚集区和少数族裔社区。请同时参阅另一件案例（City of Seattle，2012）。

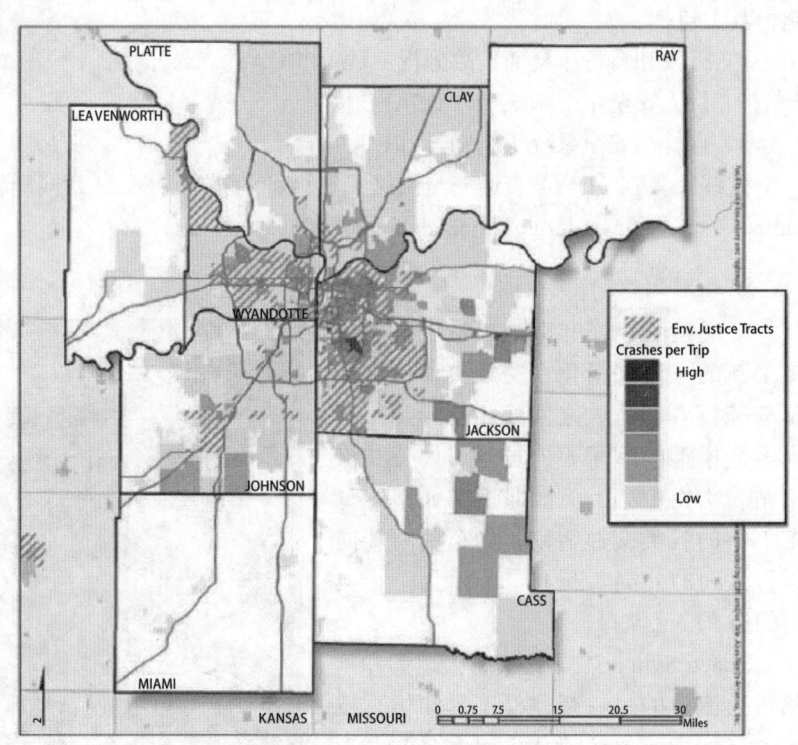

图 13-8　堪萨斯城的行人交通事故社会影响分析

来源：MARC, 2013

表 13-10　堪萨斯城交通事故率的社会影响分析（2009—2012 年）

调查项目	调查区域	未调查区域	总计
发生事故的伤亡人数/人	183	209	392
事故发生率（%）	46.7	53.3	100
总人口/人	620937	1347932	1968869
人口所占比例（%）	31.5	68.5	100

来源：MARC, 2013

13.5.4　优先目标

鉴于各州、大都市区和市等政府都没有足够的资金来满足交通规划的所有需求。因此，交通规划中的一个重要步骤是优先考虑可以改善步行和骑行出行体验的规划项目（Swords et al.，2004）。与大规模道路改善相比，步行和骑行交通改善通常无法为交通带来总体时间成本的优化，特别是从项目的收益和成本出发考虑，这是步行和骑行交通规划面临最大的挑战之一。在大都市区域，步行和骑行交通项目可能与数千个其他交通规划项目竞争资金。作为应对对策，部分 MPO 规定必须为步行和骑行交通规划项目预留资金，并优先选择有益于改善步行和骑行交通的其他交通规划项目。

可以根据项目的土地适宜性分析对它们进行排序以确定项目的优先级，表 13-11 展示了圣地亚哥的一个案例。该评级列出了每个交通规划项目对 16 项关于步行和骑行交通标准的符合程度 [San Diego Association of Governments（SANDAG），2014]。另一个案例的评选标准将门槛设为需要将 25% 的资金用于改善交通设施落后的社区。因此，地域公平性和社会影响性是确定项目优先次序的重要考虑因素。而另一个重要因素是项目可行性，尤其是在资金有限或申请州联邦政府专项资金的情况下，具备良好落地性的项目通常会被优先考虑。

表 13-11 圣地亚哥地区步行和骑行交通项目的优先要素

序号	类别	评价标准	分数	百分比
项目准备					
1	主要节点是否完成	项目完成以下阶段后有资格获得积分：	最高 12 分	13%
		·是否制定社区步行和骑行策略 / 街道级计划和研究	2	
		·障碍建筑是否拆除	4	
		·路权是否得到保障	4	
		·最终规划方案	10	
2	区划自行车路网的连接性		最高 8 分	5%
		项目直接连接自行车路网	6	
		项目是区域自行车路网的一部分	8	
3	当地自行车路网的连接性	缩小现有自行车设施之间的差距（指南将包括差距的定义，并将包括设施类型发生不良变化的情况）	8	5%
4	当地行人道路网的连接性	缩小现有骑行设施之间的差距	8	5%
5	公共交通可达性	骑行改善距离：	最高 12 分	8%
		骑行者是否可以在 2.4 公里内找到区域中转站	6	
		步行改善距离：		
		行人是否可以在 0.4 公里内找到当地公共汽车站	2	
		人行道是否直接通向当地公共汽车站	4	
		0.8 公里内是否设置有大型的区域中转站	4	
		人行道是否直接通向区域中转站	6	
6	安全提升措施	是否精确地记录安全事故和发生地所在位置	最高 12 分	5%
		近 7 年内发生 1-2 起涉及非机动车使用者的可纠正事故	2	
		近 7 年内发生 3-4 起涉及非机动车使用者的可纠正事故	4	
		近 7 年内发生 5 起以上涉及非机动车使用者的可纠正事故	6	
		在危险区域设置障碍物以禁止骑行者和行人通行	6	
7	有效性和全面性		最高 15 分	9%
		交通稳静化能在多大程度上解决该地区存在的问题	5	
		行人道在多大程度上解决了地区存在的问题	5	
		增设的自行车道在多大程度上解决了地区存在的问题	5	
工程质量					
8	措施和目标之间的匹配度	具体措施是否匹配目标	最高 18 分	9%

(续)

序号	类别	评价标准	分数	百分比
9	创新性		最高8分	5%
		项目属于高速公路管理局的年度计划还是州政府资助的试验性计划	4	
		项目是否针对该区域提出创新性的解决方案；是否具备可复制性，是否包括了美国全国城市交通官员协会城市骑行指南中列出的一些创新型方案	4	
支持政策和方案					
10	附加方案	该项目是否伴随着附加方案，例如基础设施建设、安全教育宣传和执法监督	最高3分	4%
11	辅助政策	能否以直白的语言表达规划措施是如何改善出行条件的	最高3分	4%
标准性得分					
12	需求（GIS分析）	不得分的因素包括人口密度和车辆保有量等	最高15分	9%
13	（地方政府和其他机构相应）配给的基金	资金是否来自以下渠道：已核准来源的政府专项资金或是实物资助	最高10分	6%
14	成本/利润	小计分数（实际可用资金）/申请资金援助总额	最高10分	6%
15	公共健康	该项目是否通过针对具有肥胖、缺乏运动、哮喘或其他健康问题高风险因素的人群来改善公共健康	最高10分	6%
16	加州地方团练	项目建设过程中是否寻求地方团练的支持	-5~0分	-3%
		总分	160	
		通过总分列出处于弱势的社区		

来源：SANDAG, 2014

《现有道路沿线的行人和自行车运输—活力交通优先工具指南》（Pedestrian and Bicycle Transportation Along Existing Roads—ActiveTrans Priority Tool Guidebook）介绍了一种循序渐进的方法，将步行和骑行交通设施的改进作为完整街道评估方法的一部分（单独或一起）进行优先排序（详见第9章）。该方法确定了优先次序中通常需要考虑的9个因素，它们可以反映社区/机构的一系列价值观，具体包括：

- 利益相关方的支持（或反对），例如自行车停放点的正面和负面意见的收集。
- 步行和骑行交通项目的实际落成难度。
- 项目建设过程中可获取的协助资源。
- 行人或骑行者卷入交通事故的风险。
- 步行和骑行交通的安全性、舒适性或其他需求，例如人行道的数量及其是否修建缓冲区。
- 潜在的步行和骑行交通需求水平。
- 保障舒适、没有障碍的完整出行。
- 在一个社区内，服务范围能够均衡地覆盖全部有交通需求的人群。
- 现有的基础设施是否符合当前步行和骑行交通标准和指南。

表13-12展示了某些因素可以被应用在比较不同类型项目的优先级上，表13-13和表13-14对其中两个因素进行了详细阐述，以表明其所需要的数据源以及适合于哪些场景。表13-14展示了影响交通事故率的变量，另外可以通过截取单位长度的路段以对所有规划项目在同样的衡量标准上比较。

表 13-12　优先考量的因素和相关性

	公众参与	不利因素	有利因素	安全性	现存状况	需求	连通性	社会公平	合规性
高速通道									
一个区域内有 20 条易于发生交通事故的高速通道，选择其中 4 条接受政府专项资金来提高其安全性	○	○	○	●	●	●	◐	●	○
从 10 条高速通道中选择其中 3 条作为修建步行和骑行道路的优先目标	●	○	●	●	●	●	●	○	●
路段									
在 500 英里的路网系统内，选取 50 英里的路段在未来 5 年内修建步行和骑行交通措施	●	●	●	○	●	●	●	●	◐
在一个缺失步行和骑行交通设施的小区内，在未来 3 年内选择 30 个路段修建人行道	●	○	○	●	●	●	○	●	◐
交叉路口									
从 50 个没有信号标识的道路交叉口中选取 12 个提高其通行安全水平	●	◐	●	●	●	○	◐	◐	●
在 500 个缺失路缘减速带的位置选择 50 处使用可用拨款进行安装	●	○	○	○	◐	●	○	●	◐
在 500 个装有信号交叉口的城市，确定 30 个优先交通信号在升级或替换时将转换成无障碍的行人信号	●	◐	○	●	●	●	○	●	●
地区									
在一个学校密集的片区衡量要在哪些区域增设步行和骑行交通设施的优先目标	●	◐	○	●	●	◐	●	●	●
在 15 个邻里社区中选择 2 个作为建设完整性街道的优先目标	○	◐	◐	●	●	●	●	●	●
在拥有 20 个社区商业中心的城市，衡量新增自行车停车设施的优先目标	●	◐	○	◐	●	●	◐	○	◐

●=非常相关　○=不太相关　◐=可能相关
来源：Lagerwey et al., 2015, Reproduced with permission of the Transportation Research Board.

表 13-13　公众参与

变量示例	行人相关性	骑行者相关性	合适的路段	数据来源
通过电话和网上调查问卷获取的公众建议	●	●	S, CR, Co, A	问卷调查
在已有的规划中提出修改方案的具体区域	●	●	S, CR, Co, A	总体规划和专项交通规划数据库中标识的区域
交通规划的公众参与环节所收集到的公众建议	●	●	S, CR, Co, A	地图集和数据库中标识的区域
专业机构或决策群体的建议	●	●	S, CR, Co, A	会议备忘

●=非常相关　○=不太相关　◐=可能相关
S=道路路段　CR=道路交叉口　Co=高速通道　A=片区
来源：Lagerwey et al., 2015, Reproduced with permission of the Transportation Research Board.

表 13-14 安全因素

变量示例	行人相关性	骑行者相关性	合适的路段	数据来源
交通事故总量	●	●	S, CR, Co, A	交通事故数据库
交通事故死亡和严重受伤率	●	●	S, CR, Co, A	交通事故数据库
交通事故率	●	●	S, CR, Co, A	交通事故数据库
行人在机动车行驶道通行所占比例	●	●	S, CR, Co, A	行人计数
行人不遵守禁止通行所占比例	○	◐	S	行人计数
骑行者遵守交通信号灯所占比例	○	◐	CR	自行车计数
行人遵守交通信号灯所占比例	◐	○	CR	自行车计数
机动车遵守右转信号灯所占比例	○	◐	CR	机动车计数
机动车礼让行人所占比例	○	◐	CR	机动车计数
几乎发生事故所占比例	○	○	S, CR, Co, A	总数

● = 非常相关　○ = 不太相关　◐ = 可能相关
S = 道路路段　CR = 道路交叉口　Co = 高速通道　A = 片区
来源：Lagerwey et al., 2015, Reproduced with permission of the Transportation Research Board.

13.5.5 规划步骤

交通规划种类和成果十分多样：从具体的落地项目到上位规划政策的彻底重构。步行和骑行交通规划同样如此。步行和骑行交通规划和策略需要全面的统筹理念，其中包括由美国自行车联盟定义的 5 个 E 计划（通常适用于步行和骑行交通安全领域）：

- Engineering——为骑行者和行人创造更安全条件而建造的物理措施。
- Education——提高机动车和非机动车出行者的安全意识。
- Encouragement——大力推广步行和骑行交通。
- Enforcement——有针对性地加强交通执法工作，改善邻里和社区出行安全。
- Evaluation and Planning——识别步行和骑行交通的潜在需求，并有针对性地加以改善。

读者可参考弗吉尼亚州弗雷德里克斯堡市的步行和骑行交通出行计划（Fredericksburg Area MPO, 2013; Walsh, 2012）的优秀案例。以下各节详细描述了步行和骑行交通规划的种类。

1. 总体规划

步行和骑行的总体规划通常包括以下内容：

- 引言：引言通常会提供社区中步行和骑行交通规划人员规划的背景情况，包括对公民和社区参与规划制定过程的内容。
- 愿景、目标和政策：包含社区步行和骑行交通规划的长远愿景和短期预期。
- 现状：主要介绍现有步行和骑行交通设施的水平和全面状况，数据通常来自于调查统计、出行事故数据库和社区问卷。该部分还包括影响居民步行和骑行出行的土地开发模式和特征。
- 未来面对的挑战：需要利用 GIS 识别因未来交通增长而受到影响的步行和骑行区域，并介绍判定依据和方式。
- 建议的路网系统：基于规划初期的政策和目标及未来需要提升的路网规划来定义所需的路网。与骑行规划不同的是，步行规划有时没有与之匹配的路网系统，尽管步行活动往往发生在最密集的区域，如中央商务区、车站和学校等。
- 道路辅助设施和接驳系统：辅助设施和接驳系统的好坏决定了步行和骑行交通是否具备足够的吸引力，特别是在一段行程的起终点处。
- 规划指南：在步行和骑行总体规划中需要加上行人友好出行环境的提升指南，可以另成章节或作为附件。
- 宣传与加强执法：交通事故总是难以避免的，因此需要加大安全宣传力度，并加强交通安全执法。
- 落地方案：落地方案是一个规划项目中最重要的组成部分之一，因为它有助于指导项目的落地实施。其内容可包括所有改善规划的综合清单、实施每项改善规划的优先次序或所处阶段、每项规划或阶段的成本以及规划项目的预期资金来源。

2. 项目计划

应审查项目计划和拟议的交通改善措施（包括交通稳静化等），以确保与当地设计标准、停车法规和其他已通过的准则相一致。在当地政策无法确定影响重大的区域的时候，如果在建筑物之间以及与相邻街道和交通设施之间缺少安全便捷的步行和骑行设施，则应将该项目认定为重要区域。同时，鼓励开发商与其他机构（例如政府机构或其他开发商）协调未来的投资倾向。

3. 绿道规划

绿道规划应由人行道和自行车道组成，其可达性应该是规划过程的重要组成部分，例如绿道的硬质铺装是否能满足骑行和步行的最佳体验。绿道和人行道项目通常通过可行性研究或道路工程的前期工程阶段实施。亚特兰大 Beltline 项目是城市多功能绿道的一个很好的案例，其对周边发展和社区生活质量产生了积极影响（图 13-9）。

图 13-9 亚特兰大可用于多模式出行的户外道路

来源：Photo courtesy of Adam Rosbury

4. 车辆稳静化

在步行和骑行交通规划中，车辆稳静化通常是一个关键的组成部分。其通过降低车辆行驶速度和通行的车辆数目来改善步行和骑行环境，以促进人们选择骑行或者步行出行。美国的一些城市（例如科罗拉多州博尔德市、波士顿、西雅图、波特兰及俄勒冈州等）在交通稳静化方面有着丰富的经验，由 FHWA 和 ITE 出版的《各州交通稳静化案例》（Ewing，1999）以及相关网站（http：//trafficcalming.org/ 和 http：//www.pps.org/reference/

livememtraffic）说明了这一点。更多详细内容请参考第 9 章 "道路和公路规划"。

5. 街景规划

街景规划通常更多地关注出行体验的改善，例如车辆稳静化、街景改善城市设计、改善步行和骑行与机动车辆混杂以及消除路面障碍以改善无障碍环境等。

6. 安全的上学路线

安全的上学路线（Safe Routes to School，SRTS）是一项由联邦政府资助的计划，旨在增加步行和骑行上学的儿童数量。该项目旨在将健康、健身、缓解交通拥堵、环境意识和安全融合到一个项目中。许多地区机构近年来已经发展了一些项目作为对联邦计划的响应。虽然它已经不再是一个独立的项目，但许多州和地方社区仍继续采用类似的策略。

7. 安全的乘车路线

安全的乘车路线在概念上与 SRTS 项目相似。研究表明，便利性和安全性是出行者决定是否乘坐公共交通时最重要的考虑因素之一。出行需求模型通常认为距离公共汽车站点 0.4 千米或距离轨道交通站点 0.8 千米的步行距离是容易被人们所接受的。假定步行速度为 0.9~1.2 米 / 秒或 3.2~4.3 千米 / 小时，这段距离步行大约需要 6 分钟。表 13-15 展示了不同出行目的的距离和花费时间。

表 13-15 不同出行目的的距离和花费时间

出行类别	平均距离	出行时间
通勤	3/4 英里（1.2 公里）	20 分钟
娱乐	1/4 英里（0.4 公里）	6 分钟
公园漫步	1/8 英里（0.2 公里）	3 分钟

来源：City of Sacramento, 2006

8. 美国残疾人法案（ADA）过渡计划

ADA 法案和司法部的补充说明要求市政当局准备一份详细的计划说明他们将如何帮助残疾人士出行。ADA 过渡计划确定准入项目的优先级，估算项目成本，记录实施时间表和资金策略，并建立申诉和监控程序。

ADA 过渡法案应与行人总体规划保持一致，以保障各种形式的步行和骑行安全。最近的诉讼案件表明，司法管辖区不仅要对十字路口的路缘坡道负责（通常属于 ADA 计划），还要对十字路口之间的区域负责。在巴登起诉萨克拉门托案中，美国最高法院裁定，城市和市政当局必须在所有公共人行道上修建人行道无障碍通道，并消除不安全的人行道和残疾人道系统。

13.5.6　项目计划进度跟踪

步行和骑行交通规划过程的最后一步是及时掌握并跟踪项目的进展情况，其通常与早期制定的绩效指标相关。表 13-16 展示了西雅图自行车项目定期准备的报告案例，用于体现跟踪项目开展进度。

表 13-16 2012 年西雅图自行车项目的过程跟踪手册

目标	评价方式	基线指标	期望指标	2011 年的情况
目标 1：增加西雅图自行车的使用频率。在 2007—2017 年之间，预计自行车骑行量增加 2 倍	监测计数骑行者数量	2007 年的计数	预计自行车骑行量增加 2 倍	市区自行车通过数量：2273 辆（2007 年） 市区自行车通过数量：3330 辆（2011 年）
目标 2：提高西雅图自行车安全水平。在 2007—2017 年之间，预计与自行车相关的交通事故率降低 1/3	报告的自行车事故数与统计的骑行者总数和年度总交通量之比	2007 年交通事故率	预计与自行车相关的交通事故率降低 1/3	2007 年交通事故率：0.158 2011 年交通事故率：0.105

(续)

目标	评价方式	基线指标	期望指标	2011年的情况
措施1：在整个城市建立和维护安全、互联且富有吸引力的骑行设施网络	骑行设施网络完成率	现有设施67.6英里（109.8公里）（2007年）	预计2017年修建450英里（724公里）的骑行设施（包括现有在内）	在2007年BMP实施之前拥有67.6英里（109公里）的现有设施（不包括2007年之前存在的设施）
措施2：修建辅助性骑行设施以帮助市民更加方便地骑行出行	通过SDOT自行车停车计划安装的自行车架数量		到2017年，提供超过6000个自行车架（包括现有设施在内）	2007—2011年新增806个自行车架，加上已有的3000个，合计3806个
措施3：确定合作伙伴以提供骑行教育、宣传和鼓励计划	分发的西雅图骑行指南地图数量	2007年分发出了23338本骑行指南地图	分发超过15万本骑行指南地图	2007—2011年大约分发了29278份骑行指南地图
措施4：保障资金充足并实施骑行改善计划	参加培训的SDOT目标的员工比例	2007年的计数	所有员工都参加SDOT计划培训	SDOT没有计算参加培训的职员比例
	申请并获得骑行项目拨款的项目数量	2007年的计数	每一个骑行项目都申请到一项以上的资金援助	2008年申请3项，获批2项；2009年申请4项，获批4项；2010年申请4项，获批4项；2011年没有申请；2012年尚未完成审批
	已完成的自行车点改善数量	2007年的计数	根据每年的需求动态调整	完成33处改善

来源：City of Seattle, 2012

关键参考资料

以下参考资料为步行和骑行规划提供了有用的指导。

- Ewing, R. and K. Bartholomew. 2013. *Pedestrian- and Transit-Oriented Design*. American Planning Association and the Urban Land Institute.
- Federal Highway Administration. 2003. *Bicycle and Pedestrian Transportation Planning Guidance*. Accessed at http://www.fhwa.dot.gov/environment/bicycle_pedestrian/guidance/inter.cfm
- Institute of Transportation Engineers. 2010. *Designing Walkable Urban Thoroughfares: A Context Sensitive Approach: An ITE Recommended Practice*.
- Transport for New South Wales. 2015. *Active Transport Planner's Toolkit*. Accessed at http://www.transport.nsw.gov.au/about/transport-planner-resources/active-transport-planners-toolkit.
- Victoria Transport Policy Institute. 2016. *Pedestrian and Bicycle Planning, Guide to Best Practices*. Accessed at http://www.vtpi.org/nmtguide.doc.

13.6 步行和骑行交通规划设计问题

尽管步行和骑行等交通方式可以采取通用的步行和骑行交通规划，但是步行和骑行都各自存在一些特定问题。本节将讨论交通规划师在规划步行和骑行交通时经常面临的一些特殊问题。

13.6.1 自行车路网和辅助设施的设计

步行和骑行设施需要着重考虑以下几点：①了解骑行和与之相关的出行特征；②遵循不同自行车道类型所对应的设计准则和标准；③确保过渡区域（设施的起点和终点）对于非机动车和机动车来说都是安全的；④需要预留铺设设施的区域，需要避免任何现有的危险以及持续保障设施的维护。

1. 哪一类人群对步行和骑行设施有着强烈需求？

大多数州的自行车在法律上都被归类为车辆，因此与所有其他车辆一样，自行车也应遵守相同的规则和法律。骑行设施设计的第一步就是识别用户的出行特征，因为只有骑行者才能体会到真实的出行体验。FHWA 在 1994 年的《舒适的自行车道设计方法指南》（Selecting Roadway Design Treatments to Accommodate Bicyclists）文件中指出："任何旨在适应自行车使用的道路设计方式都必须满足有经验和无经验骑行者的使用需求"（Wilkin et al., 1994）。在 20 世纪 90 年代和 21 世纪初，骑行者的出行需求是由"设施服务水平"估计的，如今许多研究采用了"交通压力水平"来估计。

AASHTO 在骑行设施开发指南中将自行车使用者的技术水平作为骑行设施设计的重要因素（AASHTO，2012）。更有经验的骑行者往往有信心骑行在缺乏步行和骑行设施的快速路旁，与之相反的是，儿童往往缺乏多年的骑行经验。AASHTO 定义了三种不同熟练程度的自行车使用者：

A 组：高级或有经验的骑手通常会像骑摩托车一样使用自行车。他们骑车的主要目的是以最小的延误到达目的地。他们在骑行时会感到舒适。

B 组：信心不足的成年人会避免在交通拥挤的道路上骑行，除非有足够的空间让机动车安全通过。他们在社区街道和共享车道上骑行会更加放心。

C 组：儿童不太可能骑得很快，但仍需要骑行前往学校和公园等目的地。机动车速度较低且车辆与儿童单车骑行者之间的界限明确的街道是儿童的首选项。

俄勒冈州波特兰市是美国自行车规划方面的主要城市政府之一，已确定了四类骑自行车者："狂热和无畏者""热情和自信者""感兴趣但顾虑者"以及"无论何时何地拒绝者"（Geller，2015）。正如 Geller 所说，"狂热和无畏者"是无论何种道路状况都会骑自行车的人，骑行是他们生活的重要组成部分；"热情和自信者"愿意骑行在机动车道上，但他们更倾向于专用的自行车道；"感兴趣但顾虑者"群体对骑行并不抗拒，但他们尽量避免在机动车道上骑行；"无论何时何地拒绝者"人群根本不骑自行车，无论道路状况的好坏。

独立的自行车道具备足够的吸引力来满足创建低压力自行车网络的需求（通常与繁忙的车辆交通分离，或者只在低流量的社区街道上与驾车者共用道路）。为了鼓励"感兴趣但顾虑者"群体使用自行车作为短途至中等长度出行的交通方式，许多城市正在专注于创建一个舒适可靠的自行车路网，以使这些骑手安全放心地骑行。

这种自行车路网将特别注意更高质量、更放松的出行模式，即使这会导致使用它的骑行者原路返回或骑行额外的距离。马里兰州蒙哥马利县的一项规划工作致力于提供舒适可靠的自行车路网，其不仅仅关注修建的自行车道里程数，而是更加强调骑行设施的质量，见表 13-17。

表 13-17 马里兰州蒙哥马利县骑行压力所对应的行为

压力等级	骑行者所对应的反应
非常高	只有非常少的成年人才会选择骑行
高	较少成年人会选择骑行
相对较高	较多的成年人会选择骑行
相对较低	越来越多的成年人会选择骑行
低	绝大部分的成年人会选择骑行
十分低	所有的成年人和部分儿童会愿意骑行
无	所有人都会愿意骑行

来源：Montgomery County, www.mcatlas.org/bikestress/

2. 骑行设施有哪些指导方针？

骑行设施可以参照一些国家设计准则和标准：AASHTO 出版的骑行设施开发指南是骑行设施规划和设计的综合指南（AASHTO，2012）。《统一的交通管制装置使用手册》（Manual on Uniform Traffic Control Devices，MUTCD）论述了自行车专用道和非专用道设施的标识和图案（FHWA，2009）。如果像大多数绿道一样期望骑行设施也可容纳行人通行，则应参考 2010 年的 ADAAG（U.S Department of Justice，2012）。其他可以参考的规范和指南包括：

- 选择健康（ChooseHealth）犹他州（未标明时间）。
- 道路与天气状况（CROW）荷兰（2007）。
- 美国联邦公路局 FHWA（2015b）。
- 纳比和里格威（Nabti and Ridgway）（2002）。
- 全国城市交通官员协会（NACTO）（2013，2014）。
- Torbic 等（2014）。
- 佛蒙特州交通署（2002）。
- 赖安·斯奈德和合伙人以及宜居社区的交通规划（2011）。

为了不过于依赖国家设计指南，进行步行和骑行规划研究的常见建议之一是制定本地设计指南。这些指南更适合根据当地的情况修建自行车设施。大多数社区的自行车路网系统以满足基本的成年骑手和青年自行车手的需求为首要目标。在这种情况下，最重要的问题是，哪种类型的改善最能提高骑车人群在各个路段的舒适度？如果采取了舒适性比较分析，就可以显示不同的设计方案对给定路段的自行车服务水平的影响。

3. 适合不同设施的专项措施

骑行规划可以采取多种不同的设施类型，包括专用自行车道、共享车道、路旁缓冲自行车道、独立自行车道、绿道和非街道路径（FHWA，2015b）。以下讨论按道路空间是否共享而划分为几大类别：

共享车道： 从技术上讲，允许自行车与机动车共享同一行车道的所有街道都被归为共享车道。但是在这种情况下，机动车在变道的时候往往需要注意周围的非机动车。有几种方法可以改善骑行者的共用道路——拓宽路肩或是增设自行车林荫大道。

自行车路线是满足一套自行车兼容性的最低设计和操作标准的共享道路，并已指定自行车路线标志作为自行车网络中的连接路线。自行车路线的建议标准包括：

- 应解决自行车出行的障碍，包括危险的排水格栅、坑洞、不均匀的井盖、有角度的铁路道口和狭窄的桥梁。如果某些障碍不能得到改善，但不会对骑行者构成风险，则应使用预先警告标志（如 MUTCD 所建议的）提醒骑行者。
- 拟议的骑行路线应该是骑行设施互联系统的一部分。骑行路线不应终止在障碍物上。
- 应提供路面标记并保持良好，清楚地表明骑行者骑行区域（图 13-10）。
- 未来的街道维护和建设活动应考虑和计划这条路线的安全性。这通常意味着更频繁的街道清理和道路维护工作。

自行车道通常最小宽度为 1.5 米，许多社区铺设自行车道不仅为骑行者提供了额外的道路空间，而且作为一种吸引手段鼓励更多的自行车出行。可以通过在现有的城市街道上重新划分现有的断面来增加自行车道。图 13-11 所示为一个典型的包括自行车道的道路横断面，图 13-12 所示为另一个具有共享车道的道路断面。

在农村地区或是在没有路缘和排水沟的街道上，设置一条 1.2~1.8 米的路肩是首选方案，当然任何额外的道路空间都有助于骑行体验的提升。除了有益于骑行者，路肩也可以满足驾车者的需求。与自行车道一样，铺设好的路肩应该足够平整并能承受沉重的负荷（因为货车和其他机动车辆偶尔会借用它们），而且路面不应该有凹凸不平的地方。使用路边的防振带可能会给骑行者带来危险，因此应通过标志提供明显的警示。

机动车和非机动车可以共享使用自行车林荫大道，但是需要通过限制机动车的流量和速度等方式优先考虑自行车出行，甚至连停车标志（Stop Sign）都应尽可能少得使用，除非在某些保障自行车通行安全的繁忙路口才会考虑设置。骑行出行环境可以通过使用交通标志和其他辅助设施进一步完善，例如，改善交叉口控制、增设交通标志和其他措施以最大化地便捷骑行出行环境。修建自行车林荫大道的区域和城市包括许多大学社区，例如加州的帕洛阿尔托、伯克利、圣路易斯奥比斯波市，俄勒冈州波特兰，马萨诸塞州剑桥和丹佛等。温哥华和不列颠哥伦比亚专门建设了一个广泛覆盖的自行车林荫大道系统。

压缩机动车宽度或减少道路车道数量以提高安全性并减少交通量，可能为骑行出行带来新的机会。在许多情况下，机动车道可以转换为专用自行车道，并为过马路的人增加安全岛或行人空间。图 13-13 所示的道路断面显示了压缩机动车宽度的设计理念，以及将自行车道融入重新规划的道路系统中。

独立的自行车道：独立的自行车道是位于道路内或紧邻道路的专用道路，与机动车交通在物理上是分开的。研究表明，大多数人不愿在没有与汽车物理隔离的情况下骑自行车。那些愿意在没有物理分隔的情况下承受较高压力的人，只占愿意骑自行车的人中的一小部分。作为互连自行车路网系统的一部分，独立的自行车道可以：

- 为不太熟练的骑手提供更舒适的体验。
- 改善前往学校、工作、保健设施和基本服务等目的地的交通方式。
- 通过帮助解决起始/最后一英里的挑战，提升公共交通的可达性。
- 改善获得就业的机会，特别是那些没有私家车的人。
- 提供自行车区划系统之间的联系（FWHA，2015b）。

图 13-10　自行车道路标识案例

来源：Photo courtesy of Michael Meyer

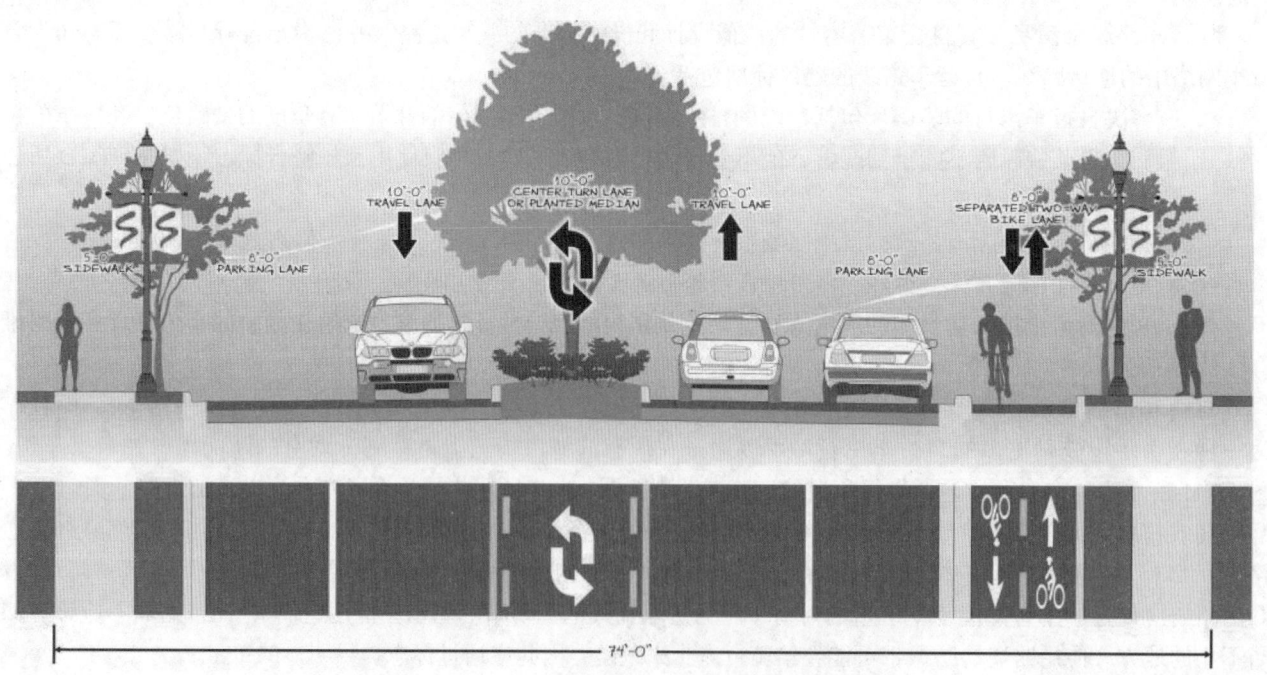

图 13-11　有自行车专用道的道路横断面

来源：Courtesy of Toole Design Group

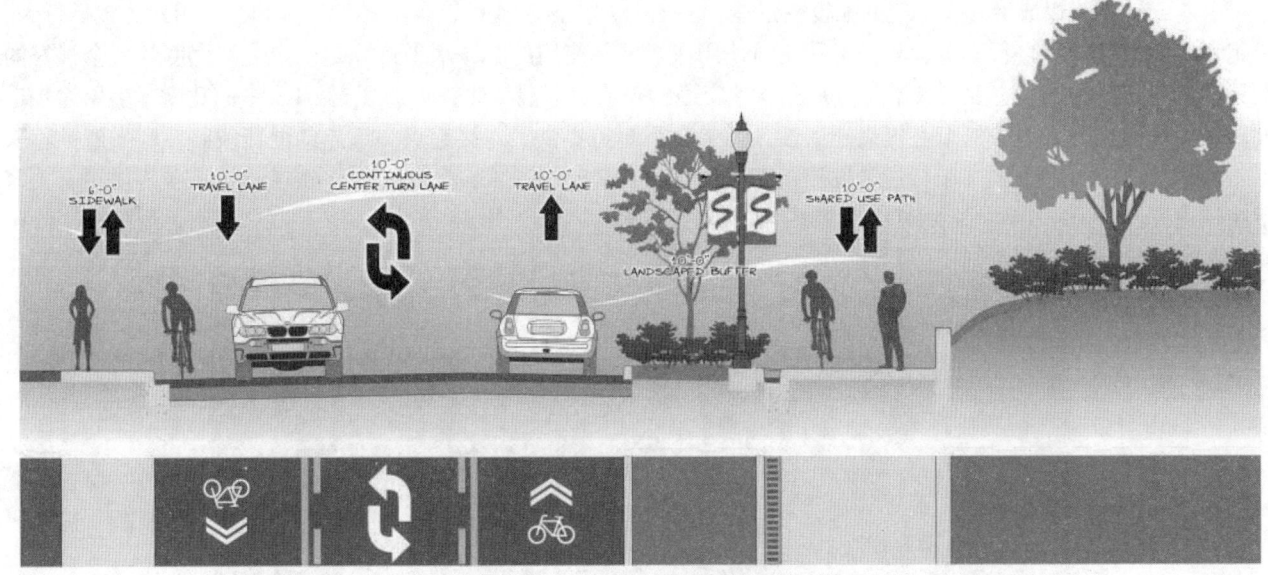

图 13-12 有共享车道的道路横断面
来源：Courtesy of Toole Design Group

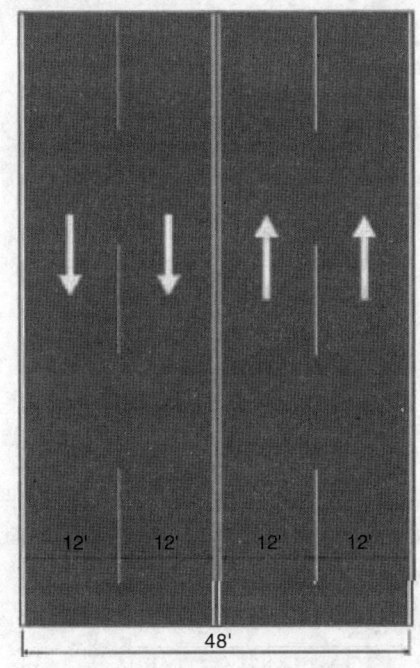
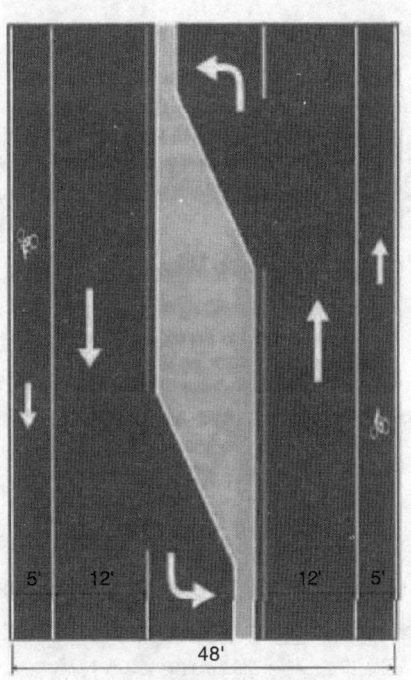

a) 未压缩前的4车道示意图
ADT = 13500
Motor Vehicle LOS = CV/C
Ratio = 0.40
Bicycle LOS = D

b) 压缩后的4车道示意图
ADT = 13500
Motor Vehicle LOS = DV/C
Ratio = 0.83
New Bicycle LOS = B

图 13-13 包含自行车道的行车道压缩方案
来源：Huang and Zegeer, 2002 Reproduced with permission of the Transportation Research Board.

自行车道在物理上与机动车驾驶道路和步行道路都予以区分，常见元素包括：①专门或主要用于骑行者的空间；②在允许沿街停车的区域，自行车道设在停车场的路缘侧（与自行车道相反）（NACTO，2014）。

越野和多用途步道是最高级别的自行车道路，自行车和机动车辆交通完全分离，且适用于所有状况的道路。多用途步道由空地或障碍物与机动车辆交通在物理上分开（街道交叉口除外）。它们通常建在独立的路权内，如公用事业或铁路路权或沿私人土地的地役权建造（图 13-14）。该步道可以容纳各种娱乐和交通用户，包括行人、慢跑者、溜冰者、骑自行车者、骑马者和轮椅使用者。共享使用的服务水平计算是确定道路宽度的一个很好的工具。双向路径的最小宽度为 3 米，但是在预计交通拥挤或交通混杂时，首选 3.7～4.3 米的宽度。多用途步道可以为无法提供很好服务的街道提供连通性，如果自行车道提供了连接起点和终点的便捷线路，则强烈推荐采用此种道路。AASHTO 的《骑行设施发展指南》（Guide for the Development of Bicycle Facilities）提供了有关多用途步道设计的国家指南（AASHTO，2012 年）。

图 13-14　马萨诸塞州的户外自行车道
来源：Photo Courtesy of Toole Design Group

如果设计不当，步道和道路交叉口可能会成为冲突区域。在某些情况下，这些交叉路口需要设置标识（在加利福尼亚州，这种交叉路口是有自行车交通信号的的三种情况之一）。对于高速、多车道的主干道和快速路，唯一可行的解决方案可能是设立人行天桥。尽管其造价昂贵，但带来的效果提升往往并不明显，除非使用者愿意爬上较长的坡道。人行天桥的坡道必须符合 ADA 或美国国家标准协会标准（American National Standards Institute，ANSI）。而地下通道应有足够的宽度，并应提供不易损坏且充足的照明。设计地下通道时，应遵循通过预防犯罪（CPTED）的环境设计原则（U.S. Department of Justice，1996）。

随着对步道需求的增加，规划人员和骑行群体正越来越多地考虑将步道与活跃的铁路轨道路线一起纳入自行车路网系统。许多铁路轨道线路有 100 多英尺宽，由于许多铁路线的服务水平较低，只有一两条线路还在维持运行，剩下的空间似乎是骑行步道发展不错的选择。（http：//www.fhwa.dot.gov/environment/recreational_trails/publications/rwt/page08.cfm）。

骑行路线标志：交通标志应包括路线指示标牌、目的地的名称以及到目的地的距离。交通标志也有助于骑行者寻找路线（图 13-15）。设计在国家高速公路上的交通标志必须符合 MUTCD 的标准，在规划城市或社区的路线图时应考虑这一点。一些社区开发了独特且设计简单的骑行路线标志，以方便骑行者不必停下来查看交通标志。

自行车停放和储存：自行车停放设施是改善和鼓励城市地区骑行出行的重要组成部分，尤其当它与公共交通站点相邻时。公共汽车站和学校通常是需要设计自行车停放设施的地方（图 13-16）。通过城市条例或规划分区或参考自行车总体规划可以获取有关自行车停车设施位置的政策和指南。

图 13-15　骑行标识案例

来源：Photo courtesy of Toole Design Group

a) 公共汽车站旁的自行车存放架

b) 具备遮蔽顶栅的自行车架

图 13-16　波士顿自行车摆放案例

来源：Photos courtesy of Toole Design Group

应根据具体情况考虑自行车停放设施的适当位置，并分析每个位置特定的设计限制条件。建议使用以下一般位置条件：

- 停车设施应紧邻其服务的建筑物入口（骑行者会自然过渡到步行模式）。
- 停车设施应安装在距离主要人行道不远的公共区域内，通常设立在宽阔的人行道旁，并留有 1.5 米或更多的人行道空间。通常，窄于 3.7 米的人行道不足以容纳自行车架。
- 对于放置在墙壁或建筑物附近的自行车停放设施，自行车架和与其平行的墙体之间至少需要 0.6 米的净空间，而与其垂直的墙体则需要 0.8 米的净空间。
- 自行车架应设立在坚硬的地表上，而不是在长满草的路面中间或未铺设好的路面上。
- 自行车架应避免与行人发生冲突，并且距建筑物入口保持合理的距离，且不应干扰人行横道的行人路线。
- 自行车架不应阻塞道路交通。通常来说，自行车架不应放置在门的正前方（包括市区的地下通道路口）或靠近消防栓处，也不应放置在公共汽车候车亭、电话亭、信箱、长凳和地铁出入口。在设有收费停车位的街道上，自行车架应尽可能靠近路段中间位置[行人和自行车专业人士协会（Association of Pedestrian and Bicycle Professionals），2002]。

随着自行车共享计划的普及，自行车停车已成为一个非常重要的问题。全世界共有 600 多个城市创建了自行车共享计划，其中包括许多美国的城市。租用、使用自行车并在完成后存放自行车意味着需要在许多地方设立自行车停放点。停车位通常位于城市重要的出行起点和目的地，尤其是在主要的枢纽接驳站。在一些旅游城市中，人们通常会在公园或是主要旅游景点以及街头发现自行车共享项目的停车位。

4. 哪些现场危险源需要识别和整改？

骑行设施或人行道状况的突然变化会对骑行者造成非常严重的安全影响，尤其是在没有事先警告的情况下。除非采取快速规避措施，否则此类障碍和不规则行为可能会导致交通事故。当骑行者突然转身避开危险状况时，可能会导致另一个问题，因为不可预测的反应同样会导致交通事故。以下是一些自行车危害和特殊设计应注意的事项（有关详细解决方案，请参考 AASHTO 的《骑行设施发展指南》）。

城市街道的修建和维护经常给骑行者带来麻烦，他们必须面对铣刨的路面、突然变化的路面状况或是钢板覆盖物（潮湿时会打滑）以及狭窄的车道。交通警告标志可以帮助骑行者提前预知即将发生的路面情况变化。与机动车相比，自行车更容易受路面情况变化的影响，因此即便在建筑施工区域，也应尽量保持畅通无阻的自行车道路以保障骑行出行的安全。

铁路和道路交叉口包括街道上的有轨电车对骑行者来说是一种特殊的障碍，尤其是与它们临近的路面表面，很容易出现道路破损和裂缝。

对于允许骑自行车通过的桥梁，应预留步行和骑行交通的充足空间，例如两侧的自行车道和人行道。无论自行车道或人行道在建造时是否与桥梁连接，这些准则都应适用。

低于或高于周围路面的检修孔会给骑行者造成骑行障碍，这种情况常见于道路施工后（如道路路面重新铺设，而检修孔却并未相应抬高）。当地道路工程师应制定具体的设计解决方案以满足水平路面的连贯性，包括提高检修孔以满足与新铺设路面相同的水平高度。此外，尽可能避免在自行车道中铺设公用井盖。

某些类型的排水格栅可能卡住自行车车轮并导致交通事故，尤其是那些有宽开口或与行驶方向平行的横条格栅。应在自行车密集的区域采用安全的排水格栅设计，并保证排水格栅与周围路面保持统一的高度。

加速和减速车道会在骑行者和机动车驾驶者之间造成持续的交通混乱和冲突，特别是当车辆加速或减速或进行变道和转弯时。在具备足够宽度的交叉路口和机动车车道上，应尽可能缩短交通流线发生混乱的范围并为步行和骑行铺设特殊的道路铺装。

在机动车和人行并道区域，过于锐角的并道处理容易会产生视线遮挡问题，并且车辆行驶速度通常相差较大。在这种情况下，自行车道可以以接近直角的角度过渡到合并车道，以此提高视线距离。

13.6.2 行人路网和辅助设施设计

个人步行的出行意愿受到安全、便捷性和出行体验的影响。传统的行人规划侧重于行人运动的物理特征，但最近的研究则倾向于更广泛的出行背景特征。这种研究观念不仅关心从一个位置实际走到另一个地点所需的物理方式，还包括城市设计、道路网络结构和土地使用模式之间的相互作用如何增强或降低出行体验。

一项研究发现，缺失人行道的道路交通事故比根据历史数据预期的多 2.6 倍，而只有一侧人行道的道路交通事故比预期多 1.2 倍（Knoblauch，1988）。而且，较高的行驶速度会对行人造成更严重的伤害（表 13-18）。因此，在机动车道路之外设立安全的步行设施十分必要，最好设置单独的人行道。不过，与在机动车道上行走相比，路肩也能提供不错的安全保障。

表 13-18 行人交通生存率与车辆行驶速度的关系

速度 /（英里 / 时）	生存率（%）
20	95
30	55
40	15

注：80% 以上的行人在受到速度为 35 英里 / 时的撞击时会死亡。

来源：City of Sacramento, 2003

居住区和商业活动区之间应提供便捷的人行通道。在开发的早期阶段就可以明确居民和活动中心之间的连接通道，且高强度的开发密度可以减少行人过街道路。行人通常使用辅助道路前往公共汽车站和主要干道上的商业开发区，当地社区街道尤其是死胡同同样会产生大量的行人活动，因为几乎没有车辆在这些区域活动（尽管死胡同也阻碍了邻居们之间的连通）。

人行道对于那些想要使用公共交通的人来说尤其重要。根据公共交通机构的倡议，应在公共汽车站 400~800 米内的所有街道上设置人行道。在商业区域内已发展的主干道的正面也应设置人行道。学校附近的辅助道路和主干道应设有人行道以增加上学出行的安全性。

1. 规划过程中需要考虑的行人特点有哪些？

规划步行道路应考虑行人运动的基本出行方式的特征以及与各类土地使用模式、出行空间质量、邻近的社会活动以及常见的与行人有关的交通事故之间的关系。AASHTO 的《公路和街道几何线形设计政策》（简称为"绿皮书"）和《公路通行能力手册》中描述了行人特征，其中包括以下信息：①行人平均空间需求（平均行人占地面积为 45 厘米 ×60 厘米）；②步行速度；③行人相关设施的容量。在行人活动非常密集的地方，例如人行天桥或隧道、公共汽车停靠站、体育场外或中央商业区，可能需要进行行人容量分析。与道路通行能力一样，行人服务水平的指标可以被用来衡量客流量与步行间距和步行速度之间的关系。

多年以来的研究得出，行人平均步行速度为 1.2 米 / 秒。事实证明，接近一半的行人会以这种速度穿越十字路口；第 15 个百分位约为 1.1 米 / 秒；第 5 个百分位约为 1.0 米 / 秒，此类步行速度适合在高级住宅、医院和学校附近使用。许多行人研究都使用 0.9 米 / 秒的速度作为现行标准。

步行设施还必须考虑到身体、视觉或精神残疾的行人，例如，为使用拐杖、助行器、轮椅、购物车或婴儿车的人提供更为宽敞的行人空间。行进困难的行人对道路表面较为敏感。患有听力或视觉障碍或学习障碍的人可能无法处理常见的感官信息，例如颜色或交通标牌。

2. 行人设施的典型设计考虑有哪些？

由于大多数管辖区的资金有限，对行人设施的需求也各不相同，行人改善措施应符合该地区的特点。萨克拉门托市步行总体规划很好地采纳了这一点（City of Sacramento, 2006）。最基本的改进水平称为"基本"，这是适用于辖区所有部分的基准。"升级"级别的改进包括基本级别中的所有内容以及附加功能，例如更宽的人行道、更强的照明和环境提升以及更高质量的过街通行服务，这些改进的对象是汽车交通量达到中到高水平的商业街。"高级"改进包括所有基本和升级级别的改进，以及使行人成为活跃的城市场所的其他元素，包括超宽人行道、特殊照明、标牌和座位等功能。

行人设施的设计应考虑以下因素：

- 足够的宽度。人行道应根据相邻的用地类型预测客流量，并且至少应允许两名成年人并排行走。本章稍后将提供有关人行道尺寸的更多详细信息。

- 限制机动车通行。高速通行（40公里/时）或密集的机动车会给行人带来危险和不舒适的出行条件。时速达到40公里/时的时候，行人与机动车发生碰撞的死亡率提升到50%。人行道和机动车道的物理分离可以通过多种方法来实现：例如栽种在行车道旁的树木、高架的花槽、自行车专用道和路旁停车位等。
- 道路交叉口设计。交叉口的设计应符合合适的尺度以保障车辆和行人的安全，从而减小行人过街距离，并提供安全岛。
- 街道绿化。街道绿化是高品质步行环境中的重要组成元素。它们不仅提供遮荫，还使人行道环境具有封闭感，从而增强行人在受保护环境中的舒适度。可以通过种植树干直径小于或等于30.5厘米或树冠离地高度大于2.4米的树木来缓解对行人视野的遮挡（特别是在十字路口处）。此类树木也应从机动车辆的视线来考虑安全性。
- 行人配套设计。大型高速公路标牌通常只适用于机动车的视角，同样，交通标志也应使行人能够看到。街道照明应按行人进行调整，而不是安装更适合高速公路的灯杆。添加街道小品建筑、景观和地标等组建会使步行路线更加富有吸引力。
- 道路连续性。步行设施通常不连续，特别是当私人领域的步行与骑行设施与相邻的社区街道或街角相连时。新的发展应鼓励人行道与附近社区街道的连接。
- 垂直空间间隙距离。人行道上方用于美化环境的树木、标志和类似构造物的垂直距离至少应为2.4米。在核心商业区，遮阳篷的垂直距离至少应为2.7米。人行道上方的建筑物悬挑的垂直间隙至少应为3.6米。
- 符合国家标准。所有行人设施应符合ADA要求。更多内容请参考建筑和交通障碍合规委员会（Architectural and Transportation Barriers Compliance Board）的ADA指南和PROWAG指南。

有关行人设施设计的指导手册包括：
- AASHTO，《行人设施的规划、设计和操作指南》（2004）。
- 芝加哥市，《芝加哥完整街道》（2013）。
- 旧金山县和旧金山都市区，《完整街道设计》（2015）。
- 纽约市，《街道设计指南》（2013）。
- 西澳大利亚主要道路交通部，《行人规划设计和准则》（2012）。
- 交通工程师学会（ITE），《设计适宜步行的城市街道：一种基于环境感知的方式》（2010）。
- 地铁分析，《犹他州骑行和步行总体规划设计指南》（未注明日期）。
- NACTO，《城市街道设计指南》（2013）。
- 新西兰交通署，《行人规划及设计指南》（2016）。

MUTCD和ADA指南涉及一系列行人设施设计标准，但其主要涵盖机动车辆的道路设计，只涉及有限的步行设计资料。在地方层面上，通常会发现步行和骑行综合规划的范例，这些示例可以识别特定于地区的步行出行需求。

3. 哪些设计手法适合不同的行人出行环境？

规划师应考虑在不同的道路状况创造符合当地需求的出行环境。以下内容将介绍在特定情况下设计设施时应考虑的一些因素。

人行道的宽度和街道退距因社区的不同而产生差异。需要注意的是，某些社区的人行道需要高于最低标准，例如，校园内的人行道需要增加宽度以容纳更多的人流。以下建议是基于FHWA和ADA准则以及美国行人友好社区所采用的通用做法。

社区服务区中的人行道（Sidewalks in Community Benefit Districts，CBD）。尽管在纽约和一些类似的城市中，人行道通过占用道路空间而宽敞一些，但在大多数情况下，社区服务区中的人行道宽度已由建筑物的退距和街道宽度决定。如果重建项目需要进一步研究社区服务区的人行道宽度，则可以在AASHTO的绿皮书（2011）中找到标准指南。

商业和住宅区的主路和辅路。商业和住宅区的主路和辅路至少应设置宽1.5米的人行道且应提供0.6米宽的绿化带。如果缺少绿化带，则人行道的最小宽度应为1.8米。

住宅区内部街道和人行道。位于居民区的当地社区街道，人行道的宽度可能取决于每英亩的居住单元数。对于住宅密度超过每英亩四个单位的多户型混合住宅和单一类型住宅，人行道的宽度应至少为 1.5 米，最小缩进量为 0.6 米。对于每英亩最多四个住宅单元的密度，人行道的最小宽度应为 1.2 米，缩进量为 0.6 米。

路缘延伸或路缘拓展指的是人行横道一侧或两侧往街道边缘的延伸。其主要优点是缩短了行人在十字路口的交叉距离，增加了行人的能见度，降低了机动车车速，并且减少了道路交通事故。路缘延伸通常仅存在于允许路边停车的区域，其凸出部分通常与路边停车距离相同或略小。为避免发生自行车冲突，路缘延长部分不应延伸到较宽的自行车道或人行道上。

没有设置路缘和排水沟的临街道路。路面退距是基于设置路缘和排水沟的人行道决定的，不建议在此类铺装（没有路缘和排水沟的路面）周边设置人行道。但在没有其他解决方案的情况下，可以根据路面状况设置更宽的退距。更详细的准则可以在 AASHTO 绿皮书中找到。

乡村和偏远地区的人行道。在大多数乡村和偏远地区，行人数量较少，不能保证大规模的人行道铺设。在大多数情况下，1.2 米宽的铺砌路肩可以为行人提供足够的空间，以方便在乡村道路上步行。但是在学校、体育场或居民社区等活动场所，则会产生较大的步行需求。例如，驾驶人可能会定期沿着乡村道路停放车辆以进入附近的棒球场。在这种情况下，可能需要设置人行道，以便使行人与机动车隔离。乡村地区的人行道宽度应根据预期或实际的人流量确定，最小宽度为 1.5 米。

人行横道用于引导行人通过交叉路口，并提醒驾车者此处可能有较多行人通过。尽管人行横道是交叉路口设计中的重要元素，但仅靠人行横道并不能确保行人的安全，而现实情况通常是人行横道是交叉路口行人的唯一设施。人行横道的建议宽度为 3 米，最小宽度（由 MUTCD 设置）为 1.8 米。应在行人较多的地方安装更宽的人行横道。在带有停车杆的信号交叉口，停车杆和人行横道边缘之间的最小间距为 1.2 米。在大型街区尤其是在多车道交叉口，应放置停止标志或停车杆，以保障驾驶人有足够的停车时间。

应始终设立路缘坡道引导行人直接进入有条纹的人行横道区域。交叉口拐角应包括两个路缘坡道或至少一个为两侧人行横道服务的宽坡道。路缘坡道应始终在道路的一侧以及安全岛的两侧设立相匹配的坡道。更多内容请参考 ADA 提供的关于路缘坡道的设计规范。

行人通过十字路口的安全在某种程度上取决于减少行人穿行的时间。最小化交叉口交通事故的一种方法是改善交通信号控制并改善交叉口的几何设计。行人交通信号的改善可能包括：

- 时间选项和右转向的改进。
- 减少机动车右转红灯的违例。
- 减少机动车右转的违例（带有让行标志）。
- 增加行人交通信号标志。
- 增加可以由行人控制的通行控制按钮。
- 减小的拐角半径和路缘延长长度可缩短行人必须穿越的距离，同时也缩短了信号灯间隔。

MUTCD 为行人过街安全的交通信号灯提供了指南。为了确定最佳的信号配置，必须逐案进行案例分析。在老年人、学龄儿童和残疾人较多的地区，应该设置较长的行人通行时间，且应设置特殊的交通标志和声音信号。

良好的交叉口行人信号控制包括以下特点：

- 紧凑的道路交叉口。
- 紧凑的行人过街通行路线。
- 多车道中应设立安全岛。
- 人行横道和其他街道都应设有行人路标指示牌。
- 位于最佳视角的交通信号指示（行人和车辆指示牌）。
- 确保人行横道和交叉路口的交汇处不会被停在停车杆上的大型车辆所阻挡，同时确保行人道和行车道的并列（在允许车辆左转弯时，这一点尤其重要）。
- 设置提前的停车栏，以提高行人的警觉性，并降低驾驶人冲进人行横道的可能性。

- 确保人行道上没有路灯和交通信号灯杆等杆件。
- 行人过街按钮位于路边坡道顶部或附近。
- 为所有新安装的交通信号装置提供声音信号。
- 确保没有车辆在右转车道为红灯时通行。
- 提供良好的道路交叉口照明，包括行人照明。

如前所述，路缘延伸和拓展的主要好处是缩短十字交叉口的行人过街距离，从而减少行人的过街通行时间；另外，通过使行车道变窄并创建较小的转弯半径，可以降低十字路口的行车速度；路缘延伸部分还可以让更多的通行车辆看到行人，同时提升了行人的视野。

过街安全岛对于大型或具备多车道、位于城市和郊区的交叉路口是必不可少的。在较宽的城市交叉路口，如果行人无法一次性通过交叉路，则可通过设置安全岛为步行较慢的行人提供休息场所，允许他们等待下一个信号控制灯再通行。在这种情况下，安全岛还减少了汽车的总体延误，否则将不得不停车等候行人通过交叉路口。对于具有掉头车道和左转车道的道路交叉口，安全岛则更加重要。为这些十字路口服务的交通信号灯通常不允许行人有足够的时间穿越整个十字路口的长度。因此，安全岛的设置为行人提供了休息场所，以便行人等待下个信号灯期才通过整条马路。

分离式人行横道（Split Pedestrian Crossings，SPXO）是安全岛的一种变形，鼓励行人越过街道的一半，进入分离式人行道然后再越过街道的后半部分。这种设计的好处是，行人可以在人行横道上决定什么时候穿过街道。这种处理方法通常在大型街区或公交枢纽附近使用。

马路中间设立的人行横道适合设立于人流集中的出入口，例如，在大学对面设有快餐店的商业区或在高中对面的购物中心。然而，由于街道中间行人过路处的安全风险增加，通常不建议在道路中间路口过马路，除非满足以下一个或多个条件：

- 该位置已经有大量行人穿越街道或者预计会产生新的过街集中区（有利于商业开发）。
- 因为某些外界因素使得行人不太愿意在相邻的十字路口过马路，而愿意在街道中间的路口通行。
- 作为指定的人行横道。
- 相邻路口之间的间距超过 600 英尺。
- 鼓励行人使用相邻交叉路口的其他措施均未成功。

信号灯闪烁和高强度人行横道（Flashing Beacons and High-intensity Activated Crosswalk，HAWK）等其他处理措施也可以改善中间路口的行人安全。HAWK 信号是信标闪烁器和交通信号的组合（图 13-17）。这些位置可能还需要信号灯保护设计。

当过马路的行人和机动车的流量非常大时，可以考虑立体过街设施。行人很少会被说服使用位置不佳的人行横道，而且如果行人过天桥所需的时间比直接穿越道路交叉口多 50%，他们几乎不会使用人行天桥。因此，应尽可能保障立体过街设施的出行体验。在确定地下通道还是立交桥更合适时，地形应该成为主要考虑因素。这些设施受 ADA 标准的监管，因此，通常需要大量的斜坡来满足 ADA 等级要求。

良好的人行道路面设计不仅可以保障行人的出行安全，还可以提升行人的步行体验。人行道和路旁路径应铺设坚固无杂物且防滑的道路表面。特殊的铺装、压模混凝土和彩色混凝土可改善行人环境，被广泛用于装饰人行道。鼓励使用统一样式的道路铺装，但是它们的设计必须具满足标准规定的表面均匀性和防滑性。

人行道上的障碍物会造成安全和人流混乱等问题。街道小品建筑、电线杆等直接位于人行道上时也会妨碍行人出行。人行道宽度至少应有 1.2 米，以便允许轮椅通过。长凳不应直接放置在人行道上，而应向后缩回至少 0.9 米。路缘设计也可能导致与路边停车有关的障碍。与轧制路缘石相比，优选使用垂直路缘石。在可能的情况下，应重新布置人行道以消除各类障碍。

临街停车，特别是位于十字路口附近停放的机动车，被认为是造成市区交通事故高发的主要因素。停放的汽车挡住了通行车辆的视线，导致行人和机动车辆都无法看到对方。虽然停放的汽车在人行道和车行道之间能提供一定缓冲，但是这增加了道路的占用面积。应考虑在人行横道附近取消停车，以确保足够的视距和能见度。延长交叉路口附近的路缘还可以缓解视线遮挡问题。

施工区可能会干扰行人和骑行者的出行，并经常为出行人群设置路面障碍，有出行障碍的人群尤其难以穿越建筑工地区域。在道路施工过程中应为行人提供安全的替代选择，需要考虑的因素包括建筑区域的范围、施工时间、替代路线的便利性和安全性以及调整成本。行人应时刻注意施工障碍，以免绕路花费较多时间。因此，建议当主要路线因施工活动而中断时，应始终提供一条替代的无障碍路线。

图 13-17　在道路中央的骑行过街信号控制

资料来源：Photo courtesy of Adam Rosbury

行人设施的维护是为行人创造足够舒适的出行环境的重要一环。崎岖不平的人行道不仅使人眼花缭乱，而且会对行人构成危险，也会对残疾人构成出行障碍。管辖区的公交通运输署承担了大部分人行道维护这一责任，应设置行人设施的定期检查和翻修时间表。每个地方政府应制定一个年度总体维护预算以供日常费用支出，某些情况也许还要结合骑行设施的维护预算。

在高速公路和城市快速路、主干道、次干道和当地社区街道相交汇的区域，行人安全常常受到潜在的安全威胁。对于新的道路和道路拓宽项目，应为人行道出入口和坡道位置制定安全的行人通行计划，特别是对于具有以下特征的区域：

- 行人流量大的区域或附近有行人吸引源的地方。
- 现有人行道位于高速公路出入口附近的地方。
- 计划在高速公路出入口附近新建人行道的地方。

有几种措施可以提高驾车者的安全意识并改善道路交叉口的出行环境：应降低斜坡宽度以减少行人的过街距离；警告标志应张贴在出口坡道上，以警示机动车驾驶人前方有人行横道；应鼓励驾车者在驶出高速公路后，根据相应的交通标识迅速降低车速。在可能的情况下，应特别注意改善行人事故高发的区域。

现代的环形交叉路降低了路口的交通速度，并且减少了严重的车辆撞车事故。与传统的十字路口相比，该设计还最大限度地减少了行人和机动车的事故数量，这是通过消除一些交通冲突点（例如左转弯）实现的，而这些交通冲突点会导致传统交叉路口发生撞车事故。在许多情况下，环形交叉路还可以减少车辆的延误，进而缓解拥堵问题。环形交叉路的设计应能保证行人和骑行者的安全（Harkey 和 Carter，2007；Rodegerdts et al.，2007）。可以采取安全岛或者单车道的方式将速度保持在安全水平，并允许行人过马路。

最重要的是，所有以上设计的道路设施都必须有良好的排水系统，以使步行区域不会被淹没或结冰（例如在拐角街道的坡道位置）。街道排水沟不应设置于人行横道上。

13.7 亚洲、大洋洲和欧洲的步行和骑行交通

在亚洲、大洋洲和欧洲的一些城市，加强骑行者和行人出行的一系列行动措施包括推出共享单车、调整交通费用、提升安全性和交通稳静化。从这些经验中吸取的教训将在FHWA的全球案例研究中进行介绍（FHWA，2015a）。报告指出，以下海外地区的措施可能适合应用在美国：

- 各种类型的自行车优先街道（自行车高速公路，共享单车优先街道，较宽的分隔车道和"绿波"）可增加自行车出行时间并改善与就业和城市中心的联系。一些社区已规划了广泛的路网系统，其将重要的出行起点（偏远地区和城市）与重要的目的地连接起来。立交桥、地下通道经常被用来绕过主要道路和其他障碍物，例如河流和运河。
- 用于多车道、高架交叉口的低速试验设计及其方法，帮助骑行者安全通过。
- 当行人通过的时候提高夜间照明亮度，当行人离开时降低照明亮度，以此达到节能的目的。
- 自行车信号控制和交叉口自行车优先通行的各种措施包括：①"绿波"交通信号的发展；②延长骑行者穿越交叉口的通行时间；③更多机动车和步行及骑行交通的分离措施；④当交通信号为红色时，允许与之平行的自行车道通行（在没有交通隐患的前提下）；⑤自行车红灯等候区前置。
- 小容量街道交界处的自行车优先通行。
- 设置限制交通流量的行人优先通行区域。

来自亚洲和大洋洲城市的案例研究表明，步行和骑行交通的使用主要取决于一般公众、骑行者和行人如何看待骑行者和行人的安全以及街道的安全性和舒适度。这些发现表明，家庭收入和天气状况（在美国经常被视为步行和骑行交通的两个负面因素）可能并非总是解释步行和骑行倾向的最合适的因素。

日本和欧洲的案例表明了共享单车系统对于多模式组合出行的重要性。提供有遮挡的自行车停放处、自行车租赁服务以及公交设施上的自行车存放处，可提高公共交通的使用频率。而在中国和印度，汽车拥有率的速度都超过了道路网络的建设速度。在亚洲和欧洲，全面的自行车网络、有效的行人设施和交通稳静化进一步加强了非机动交通进入客运站的便利程度（图13-18）。

图13-18 荷兰海牙一处火车站旁的自行车停放场所
资料来源：Photo courtesy of Michael Meyer

FHWA对国际行人安全研究的综合报告包括对行人便利设施的审查，例如十字路口标志、有标志和无标志的人行横道、倒计时的行人信号灯、照明设施按钮、自动行人检测器和交通稳静化。综合发现，欧洲城市特别鼓励在行人专用区域做出创新，同时限制大型货车只能在深夜和清晨出行（FHWA，2003）。澳大利亚在教育宣传、指定路线的推广和行人步行路线设计处理的结合方面处于领先地位。英国是行人友好过街装置Midblock Puffin crossing的主要使用者，其使用人行横道探测器控制行人通行信号间隔，从而最大限度地减少机动车和行人的冲突，并提高行人的安全性。

ITE提供了关于骑行如何以及为什么在荷兰成为主要交通方式的重要见解（Miller等，2013）。令人吃惊的是，数十年来，荷兰一直在系统地进行自行车网络规划，他们已经制定了国家和地方政策来鼓励骑自行车出行，而且进一步限制了机动车的出行能力和容量。大多数城市都设立了各种类型的自行车道和自行车共享计划以及室内/室外自行车停车场。这些设施试图将自行车与机动车尽可能分开，在无法实现的情况下会限制机动车车速。

促进步行和骑行交通的重要策略之一是降低车辆超速。例如在1988年，英国实施了远程速度执法，该政策允许在不需要警务人员的情况下自动识别超速驾驶。在为期3年的评估期内（2000—2003年），英国24个新摄像头区域的结果显示：机动车辆平均速度降低了7%，超出限速的车辆减少了30%。根据长期趋势进行调整，在同一时期内的交通事故减少了33%，发生事故的人数减少了40%。

在英国伦敦，通过实施市区拥堵收费诱导通勤者转移到公共交通、步行、出租车、摩托车或自行车（实施后，骑自行车的人数增加了30%）。日本和新加坡已经实施了拥堵收费政策，其定价要素与停车、车辆登记、汽油税和通行费有关，这促进了非机动出行的使用。

彩色铺装的自行车道和新型的停车线是亚洲和欧洲广泛使用的其他创新性方法，可提高自行车网络的安全性和吸引力。自行车道增加了机动车辆和自行车之间的间隔，并最大限度地减少了机动车对自行车道的侵犯。彩色铺装的自行车道在机动车与自行车容易发生冲突的区域具有优先通行权。前置的红灯等候区域扩大了骑行者的视野，使他们能够安全地穿梭于机动车和自行车流量大的交叉路口。ITE出版物《创新自行车改善措施：信息报告》（Innovative Bicycle Treatments: An Informational Report）包括示例站点的讨论、每种改善措施的描述以及每种方法的成本和优缺点。此外，读者可以访问以下FHWA网站，获取有关步行和骑行交通的最新信息，http://www.fhwa.dot.gov/environment/bicycle_pedestrian/resources/。

13.8 总结

本章概述了步行和骑行交通规划，其在城市地区构成了公交通运输系统的重要组成部分。提高步行和骑行交通的出行能力不仅涉及提供基础设施和使用设施的安全策略，而且还涉及将城市设计与街道景观和鼓励步行与骑行联系起来。值得注意的是，行人在与道路有关的死亡人数中所占比例较高，因此，应特别关注解决行人安全问题。

步行和骑行交通规划过程包含从总体规划到现场改善建议。随着社区分区规划和基础设施标准的发展，反映出不断变化的价值观和社区特征，应认真注意如何使用这些工具来促进更有利于非机动车交通的发展模式。最重要的是，步行和骑行交通需求应被视为州、地区、城市/城镇交通规划的重要组成部分。

参考文献

Alisar A., J. Bjornstad, B. DuBose, M. Mitman, and M. Pelon. 2015. *Bicycle and Pedestrian Forecasting Tools: State of the Practice*, FHWA Project DTFHGI-11-H-00024. Chapel Hill, NC: FHWA. Accessed Feb. 23, 2016, from http://www.pedbikeinfo.org/cms/downloads/PBIC_WhitePaper_Forecasting.pdf.

Alliance for Biking and Walking. 2014. *Bicycling and Walking in the United States: 20014 Benchmarking Report*. Accessed Feb. 18, 2016, from http://www.bikewalkalliance.org/resources/benchmarking.

American Association of State Highway and Transportation Officials (AASHTO). 2004. *Guide for the Planning, Design, and Operation of Pedestrian Facilities*, 1st ed. Washington, DC: AASHTO.

_____. 2011. *A Policy on Geometric Design of Highways and Streets* (the "Green Book"). Washington, DC: AASHTO.

_____. 2012. *Guide for the Development of Bicycle Facilities*, 4th ed. Washington, DC: AASHTO.

Arias, E. 2014. *United States Life Tables*, 2010, Volume 63, Number 7. Atlanta, GA: U.S. Department of Health and Human Services, Centers for Disease Control and Prevention, National Center for Health Statistics. Accessed Feb. 23, 2016, from http://www.cdc.gov/nchs/data/nvsr/nvsr63/nvsr63_07.pdf.

Association of Pedestrian and Bicycle Professionals. 2002. *Bicycle Parking Guidelines*, Spring. Accessed Feb. 23, 2016, from http://www.sfbike.org/download/Bike_Parking/APBPbikeparking.pdf.

Baltimore Metropolitan Council. 2004. *Bicycle Level of Service Evaluation Update & Pedestrian Level of Service Evaluation*, Task Report 04-9. Baltimore, MD: BMC. Accessed Feb. 24, 2016, from http://www.baltometro.org/reports/BikePedLOS.pdf.

Biton, A., D. Daddio, and J. Andrew. 2014. *Statewide Pedestrian and Bicycle Planning Handbook*, Report FHWA-HEP-14-035. Washington, DC: FHWA. Accessed Feb. 23, 2016, from http://www.fhwa.dot.gov/planning/processes/pedestrian_bicycle/pedestrian_bicycle_handbook/fhwahep14051.pdf.

Bodea, T., L. Garrow, M. Meyer, and C. Ross. 2008. "Explaining Obesity with Urban Form: A Cautionary Tale." *Transportation*, Vol. 35, pp. 179–199.

ChooseHealth Utah. undated. *Utah Bicycle &Pedestrian Master Plan Design Guide*. Salt Lake City UT. Accessed Feb. 22, 2016, from http://www.choosehealth.utah.gov/documents/pdfs/Utah_Bike_Ped_Guide.pdf.

City and County of San Francisco. 2015. *Designing Complete Streets*. San Francisco, CA. Accessed Feb. 20, 2016, from http://www.sfbetterstreets.org/why-better-streets/designing-complete-streets/.

City of Baltimore, MD. 2006. *Bicycle Master Plan*. Accessed Feb. 22, 2016, from http://archive.baltimorecity.gov/Portals/0/agencies/planning/public%20downloads/2010/BaltimoreBikePlan_entire.pdf.

City of Chicago. *Bike 2015 Plan*. Accessed Feb. 24, 2016, from http://bike2015plan.org/chapter1/index.html.

_____. 2013. *Complete Streets Chicago*. Chicago, IL: Chicago Department of Transportation. Accessed Feb. 22, 2016, from http://www.cityofchicago.org/content/dam/city/depts/cdot/Complete%20Streets/CompleteStreetsGuidelines.pdf.

City of Denver. 2004. *City and County of Denver Pedestrian Master Plan*, Denver, CO. Accessed Feb. 23, 2016, from http://www.pedbikeinfo.org/pdf/PlanDesign_SamplePlans_Local_Denver2004.pdf.

City of Ft. Collins. 2014. *Bicycle Plan, Ft. Collins*. Ft. Collins, CO. Accessed Feb. 9, 2016, from http://www.fcgov.com/bicycling/pdf/2014BicycleMasterPlan_adopted_final.pdf.

City of New York. 2010. *The New York City Pedestrian Safety Study & Action Plan*. New York. Accessed Feb. 23, 2016, from http://www.nyc.gov/html/dot/downloads/pdf/nyc_ped_safety_study_action_plan.pdf.

City of Pasadena. 2015. *Bicycle Transportation Action Plan*. Pasadena, CA. Aug. 17. Accessed Feb. 21, 2016, from http://cityofpasadena.net/WorkArea/linkit.aspx?LinkIdentifier=id&ItemID=8589941271&libID=8589941274.

City of Sacramento. 2003. *Pedestrian Safety Guidelines*. Sacramento, CA: Public Works Department.

_____. 2006. *Pedestrian Master Plan*. Final Report. Sacramento, CA. Accessed Feb. 24, 2016, from http://portal.cityofsacramento.org/Public-Works/Transportation/Programs-and-Services/Pedestrian-Program.

City of Seattle. 2012. *State of the Seattle Bicycling Environment Report*. Seattle, WA. Oct. Accessed Feb. 23, 2016, from http://www.seattle.gov/transportation/docs/bmp/StateofSeattleReport_Final_Oct24.pdf.

County of San Luis Obispo. 2007. West Tefft Corridor Design Plan. Accessed Feb. 23, 2016, from http://www.slocounty.ca.gov/Assets/PL/Design%20Plans/West%20Tefft%20Corridor%20Design%20Plan.pdf.

CROW. 2007. *Design Manual for Bicycle Traffic*. The Netherlands. Accessed Feb. 24, 2016, from http://www.crow.nl/publicaties/design-manual-for-bicycle-traffic.

Department of Health and Human Services (DHHS). 1996. *Physical Activity and Health: A Report of the Surgeon General*. Atlanta, GA: U.S. Department of Health and Human Services, Centers for Disease Control, National Center for Chronic Disease Prevention and Health Promotion and The President's Council on Physical Fitness and Sports.

_____. 2013. "Bicycle-Related Injuries." Atlanta, GA: U.S. Department of Health and Human Services, Centers for Disease Control. Accessed Feb. 23, 2016, from http://www.cdc.gov/HomeandRecreationalSafety/Bicycle/.

_____. 2014. *Injury Prevention & Control: Motor Vehicle Safety*. Atlanta, GA: U.S. Department of Health and Human Services, Centers for Disease Control. Accessed Feb. 23, 2016, from http://www.cdc.gov/Motorvehiclesafety/Pedestrian_safety/index.html.

Department of Transport. 2012. *Planning and Designing for Pedestrians: Guidelines*. Main Roads, Western Australia, Perth. Accessed March 10, 2016, from http://www.transport.wa.gov.au/mediaFiles/active-transport/AT_WALK_P_plan_design_pedestrians_guidelines.pdf.

Environmental Protection Agency (EPA). 2003. *Travel and Environmental Implications of School Siting Policies*, Report No. 231-R-03-004. Washington, DC: U.S. Environmental Protection Agency.

Ewing, R., T. Schmid, R. Killingsworth, A. Zlot, and S. Raudenbush. 2006. "Relationship Between Urban Sprawl and Physical

Activity, Obesity, and Morbidity." *American Journal of Health Promotion*, Vol. 18, No. 1: 47–57.

Ewing, R. 1999. *Traffic Calming: State of the Practice*. Washington, DC: Institute of Transportation Engineers.

Federal Highway Administration (FHWA). 1994. *The National Bicycling and Walking Study: Final Report*. Washington, DC: FHWA.

_____. 1998. *Bicycle Compatibility Index, A Level of Service Concept*, Report FHWA-RD-98-095. Washington, DC: FHWA. Accessed Feb. 22, 2016, from http://safety.fhwa.dot.gov/tools/docs/bci.pdf.

_____.2001. *Designing Sidewalks and Trails for Access: Best Practices Design Guide*. Washington, DC: FHWA, Sept. Accessed Feb. 23, 2016, from http://www.fhwa.dot.gov/environment/bicycle_pedestrian/publications/sidewalk2/pdf.cfm.

_____. 2003. *A Review of Pedestrian Safety Research in the United States and Abroad*, FHWA-RD-03-042. Washington, DC: FHWA. Accessed Feb. 25, 2016, from http://www.fhwa.dot.gov/publications/research/safety/pedbike/03042/.

_____.2010. *Factors Contributing to Pedestrian and Bicycle Crashes on Rural Highways*, FHWA Report No. FHWA-HRT-10-052. Washington, DC: FHWA. Accessed on Feb. 23, 2016, from http://www.fhwa.dot.gov/publications/research/safety/10052/.

_____. 2009. *Manual on Uniform Traffic Control Devices*. Washington, DC: FHWA.

_____. 2013. *Bicycle and Pedestrian Facility Design Flexibility*, Memorandum from G. Shepherd, W. Waidelich, Jr., J. Lindley, and T. Furst to Division Administrators and Directors of Field Services. Washington, DC: FHWA, Aug. 20. Accessed Feb. 21, 2016, from http://www.fhwa.dot.gov/environment/bicycle_pedestrian/guidance/design_flexibility.cfm.

_____. 2014a. "Manuals and Guides for Trail Design, Construction, Maintenance, and Operation, and for Signs." FHWA Website. Washington, DC: FHWA. Accessed Feb. 23, 2016, from http://www.fhwa.dot.gov/environment/recreational_trails/guidance/manuals.cfm.

_____. 2014b. "Bicycle and Pedestrian Transportation Planning Guidance." FHWA Website. Washington, DC: FHWA. Accessed on Feb. 25, 2016, from http://www.fhwa.dot.gov/environment/bicycle_pedestrian/guidance/inter.cfm.

_____. 2014c. "Health and Environmental Benefits of Walking and Bicycling." FHWA Website. Washington, DC: FHWA. Accessed Feb. 18, 2016, from http://www.fhwa.dot.gov/environment/bicycle_pedestrian/resources/benefits_research.cfm.

_____. 2015a. *Delivering Safe, Comfortable, and Connected Pedestrian And Bicycle Networks: A Review Of International Practices*. Report FHWA-15-051. Washington DC: FHWA. Accessed Feb. 21, 2016 from http://www.fhwa.dot.gov/environment/bicycle_pedestrian/publications/global_benchmarking/global_benchmarking.pdf.

_____. 2015b. *Separated Bike Lane Planning and Design Guide*, Report FHWA-HEP-15-025. Washington, DC: FHWA. Accessed Feb. 21, 2016, from http://www.fhwa.dot.gov/environment/bicycle_pedestrian/publications/separated_bikelane_pdg/separatedbikelane_pdg.pdf.

_____. undated. *FHWA Course on Bicycle and Pedestrian Transportation*, Lesson 4: "Pedestrian Crash Types." Washington, DC: FHWA. Accessed on Feb. 23, 2016, from http://safety.fhwa.dot.gov/PED_BIKE/univcourse/pdf/swless04.pdf.

Frank, L., J. F. Sallis, T. Conway, J. Chapman, B. Saelens, and W. Bachman. 2006. "Multiple Pathways from Land Use to Health: Walkability Associations with Active Transportation, Body Mass Index, and Air Quality." *Journal of the American Planning Association*, Vol. 72, pp. 75–87.

Fredericksburg Area MPO (FAMPO). 2013. *2040 Bicycle and Pedestrian Plan*. Fredericksburg, VA: FAMPO. Accessed Feb. 18, 2016, from http://www.fampo.gwregion.org/bicycle-pedestrian-planning/.

Geller, R. 2015. *Four Types of Transportation Cyclists in Portland*. Portland, OR: City of Portland, Bureau of Transportation. PBOT Website. Accessed Feb. 18, 2016, from http://www.portlandoregon.gov/transportation/article/158497.

Glendening, P. N., L. M. Segal, S. A. Hearne, C. Juliano and M. J. Earls. 2005. *F as in Fat: How Obesity Policies are Failing in America 2005*. Washington, DC: Trust for America's Health.

Harkey, D. and D. Carter. 2007. "Observational Analysis of Pedestrian, Bicyclist, and Motorist Behaviors at Roundabouts in the United States," *Transportation Research Record*, No. 1982. Washington, DC: Transportation Research Board.

Huang, H. and C. V. Zegeer. 2002. "Evaluation of Lane Reduction 'Road Diet' Measures on Crashes and Injuries," *Transportation Research Record*, No. 1784. Washington, DC: Transportation Research Board.

Humphrey, N. 2005. "Does the Built Environment Influence Physical Activity? Examining the Evidence." *TR News*, Vol. 237: 31–33.

Institute of Transportation Engineers (ITE). 2010. *Designing Walkable Urban Thoroughfares: A Context Sensitive Approach.* Washington DC: ITE.

Knoblauch, R. et al. 1988. *Investigation of Exposure Based Pedestrian Areas: Crosswalks, Sidewalks, Local Streets and Major Arterials*, FHWA Report No. FHWA-RD-88-0J8. Washington, DC: FHWA.

Krizek, K. et al. 2006. *Guidelines for Analysis of Investments in Bicycle Facilities*, NCHRP Report 552. Washington, DC: Transportation Research Board, National Academy Press.

Kuzmyak, R., J. Walters, M. Bradley, and K. Kockelman. 2014. *Estimating Bicycling and Walking for Planning and Project Development: A Guidebook*, NCHRP Report 770. Washington, DC: Transportation Research Board. Accessed Feb. 24, 2016, from http://onlinepubs.trb.org/onlinepubs/nchrp/nchrp_rpt_770.pdf.

Lagerwey, P., M. Hintze, J. Elliott, J. Toole, R. Schneider, and Kittelson & Associates, Inc. 2015. *Pedestrian and Bicycle Transportation Along Existing Roads—ActiveTrans Priority Tool Guidebook*, NCHRP Report 803. Washington, DC: Transportation Research Board. Accessed Feb. 24, 2016, from http://onlinepubs.trb.org/onlinepubs/nchrp/nchrp_rpt_803.pdf.

Landis, B. W., V. R. Vattikuti, R. M. Ottenberg, D. S. McLeod, and M. Guttenplan. 2005. "Modeling the roadside walking environment: Pedestrian level of service." In *Transportation Research Record: Journal of the Transportation Research Board*, No. 1773. Washington, DC: Transportation Research Board, pp. 82–88.

Litman, T. et al. 2002. *Pedestrian and Bicycle Planning: Guide to Best Practices*. Victoria, BC, Canada: Victoria Transport Policy Institute.

Marshall, W. and N. Garrick. 2010. "Street Network Types and Road Safety: A Study of 24 California Cities." *Urban Design International*, Vol. 15, pp. 133–147.

McCormack, E., G. S. Rutherford, and M. G. Wilkinson. 2001. "Travel Impacts of Mixed Land Use Neighborhoods in Seattle, Washington," Transportation Research Record, No. 1780. Washington, DC: TRB.

Mekuria, M., P. Furth, and H. Nixon. 2012. *Low-stress Bicycling and Network Connectivity*, Report 11-19. San José, CA: Mineta Transportation Institute. Accessed Feb. 22, 2016, from http://transweb.sjsu.edu/PDFs/research/1005-low-stress-bicycling-network-connectivity.pdf.

MetroAnalytics, Inc. undated. Utah Bicycle and Pedestrian Master Plan Design Guide. Salt Lake City, Utah. Accessed March 10, 2016, from http://nrvrc.org/nrvmpo/resources/Utah%20Bike%20Ped%20Guide.pdf.

Meyer, M. and E. Dumbaugh. 2005. "Institutional and Regulatory Factors Related to Non-motorized Travel and Walkable Communities," Special Report 282, *Does the Built Environment Influence Physical Activity? Examining the Evidence*, Appendix B. Washington, DC: Transportation Research Board.

Mid-America Regional Council (MARC). 2013. *Destination Safe, 2013 Pedestrian Crash Analysis*. Kansas City, KS: MARC. Accessed Feb. 23, 2016, from http://marc.org/Transportation/Safety/assets/PedAnalysis_vFIN_web.

Miller, R., R. Murphy, H. Neel, J. Kiser, K. Mucsi and M. O'Mara. 2013. "ITE's Bicycle Tour of The Netherlands: Insights and Perspectives." *ITE Journal*, March, 2013.

Nabti, J., M. Ridgway, and the ITE Pedestrian and Bicycle Task Force. 2002. *Innovative Bicycle Treatments: An Informational Report*. Washington, DC: Institute of Transportation Engineers.

National Association of City Transportation Officials (NACTO). 2013. *Urban Street Design Guide*. Accessed Feb. 23, 2016, from http://nacto.org/usdg/.

_____. 2014. *Urban Bikeway Design Guide*. Accessed Feb. 22, 2016, from http://nacto.org/cities-for-cycling/design-guide/.

National Complete Streets Coalition. 2014. Website, *What are Complete Streets?* Accessed Feb. 24, 2016, from http://www.smartgrowthamerica.org/complete-streets/complete-streets-fundamentals/complete-streets-faq.

National Highway Traffic Safety Administration (NHTSA). 2012. *Bicyclists and Other Cyclists*. Washington, DC: National Highway Traffic Safety Administration (NHTSA). Accessed Feb. 23, 2016, from http://www-nrd.nhtsa.dot.gov/Pubs/812018.pdf.

_____. 2014. *Traffic Safety Facts 2013, A Compilation of Motor Vehicle Crash Data from the Fatality Analysis Reporting System and the General Estimates System*, Report DOT HS 812 139. Washington, DC: U.S. DOT, June. Accessed Feb. 25, 2016, from http://www-nrd.nhtsa.dot.gov/Pubs/812139.pdf.

_____. 2015a. *Traffic Safety Facts, Children*, Report DOT HS 812 154. Washington, DC: U.S. DOT, June. Accessed Feb. 23, 2016, from http://www-nrd.nhtsa.dot.gov/Pubs/812154.pdf.

_____. 2015b. *Traffic Safety Facts, Bicyclists and Other Cyclists*, Report DOT HS 812 151. Washington, DC: U.S. DOT, May. Accessed Feb. 23, 2016, from http://www-nrd.nhtsa.dot.gov/Pubs/812151.pdf.

New York City Department of Transportation. 2013. *Street Design Manual*, 2nd ed. New York, NY: NYCDOT. Accessed Feb. 20, 2016, from http://www.nyc.gov/html/dot/downloads/pdf/nycdot-streetdesignmanual-interior-lores.pdf.

New Zealand Transport Agency. 2016. *Pedestrian Planning and Design Guide*. Wellington, New Zealand. Accessed March 10, 2016, from https://www.nzta.govt.nz/resources/pedestrian-planning-guide/pedestrian-planning-guide-index.html.

Oak Ridge National Laboratories. 2012. *Transportation Energy Data Book*. Oak Ridge, TN: ORNL. Accessed Feb. 23, 2016, from http://cta.ornl.gov/data/chapter8.shtml.

Roads and Traffic Authority. 2002. *How to Prepare a Pedestrian Access and Mobility Plan, An Easy Three Stage Guide*. Sydney, New South Wales, Australia: RTA. Accessed Feb. 24, 2016, from http://www.rms.nsw.gov.au/business-industry/partners-suppliers/documents/technical-manuals/mobility-plan_how-to.pdf.

Rodegerdts, L. et al. 2007. NCHRP Report 572: *Roundabouts in the United States*. Washington, DC: Transportation Research Board, National Academy Press. Accessed Feb. 22, 2016, from http://onlinepubs.trb.org/onlinepubs/nchrp/nchrp_rpt_572.pdf.

Royal, D. and D. Miller-Steiger. 2008. *Volume I: Summary Report National Survey of Bicyclist and Pedestrian Attitudes and Behavior*, Report No. DOT HS 810 971. Washington, DC: U.S. Department of Transportation. Accessed Feb.16, from http://www.nhtsa.gov/DOT/NHTSA/Traffic%20Injury%20Control/Articles/Associated%20Files/810971.pdf.

Ryan Snyder and Assocs. and Transportation Planning for Livable Communities. 2011. *Los Angeles County Model Design Manual for Living Streets*. Accessed Feb. 25, 2016, from http://modelstreetdesignmanual.com/model_street_design_manual.pdf.

Ryus, P., E. Ferguson, K. Laustsen, R. Schneider, F. Proulx, T Hull, and L. Miranda-Moreno. 2014. *Guidebook on Pedestrian and Bicycle Volume Data Collection*, NCHRP Report 797. Washington, DC: Transportation Research Board. Accessed Feb. 12, 2016, from http://onlinepubs.trb.org/onlinepubs/nchrp/nchrp_rpt_797.pdf.

Safe Routes to School National Partnership. 2012. *Safe Routes to School and Traffic Pollution: Get Children Moving and Reduce Exposure to Unhealthy Air*. Centers for Disease Control and Prevention for the American Public Health Association. Accessed Feb. 18, 2016, from http://www.saferoutespartnership.org/sites/default/files/pdf/Air_Source_Guide_web.pdf.

Sallis, J. F., L. D. Frank, B. E. Saelens, and M. K. Kraft. 2004. "Active Transportation and Physical Activity: Opportunities for Collaboration on Transportation and Public Health Research." *Transportation Research Part A*, Vol. 38: 249–268.

San Diego Association of Governments (SANDAG). 2014. *2014 Active Transportation Program Guidelines San Diego Regional Competition*. San Diego, CA: SANDAG. Accessed Feb. 23, 2016, from http://www.sandag.org/uploads/projectid/projectid_483_17538.pdf.

Sisiopiku, V., J. Byrd, and A. Chittoor. 2007. "Application of Level of Service Methods for Evaluation of Operations at Pedestrian Facilities," Transportation Research Record, No. 2002. Washington, DC: Transportation Research Board.

Stimpson, J., F. Wilson, and R. Muelleman. 2013. "Fatalities of Pedestrians, Bicycle Riders, and Motorists Due to Distracted Driving Motor Vehicle Crashes in the U.S., 2005–2010." *Public Health Reports*, November–December, Volume 128. Accessed on Feb. 23, 2016, from http://www.publichealthreports.org/issueopen.cfm?articleID=3020.

Stutts, J. C. and W. W. Hunter. 1999. *Injuries to Pedestrians and Bicyclists: An Analysis Based on Hospital Emergency Department Data*, Publication No. FHWA-RD-99-078. Washington, DC: FHWA, Nov. Accessed Feb. 23, 2016, from http://www.fhwa.dot.gov/publications/research/safety/pedbike/99078/chapter3.cfm.

Swords, A., L. Goldman, W. Feldman, T. Ehrlich, and W. Bird. 2004. "Analytical Framework for Prioritizing Bicycle and Pedestrian Investments: New Jersey's Statewide Master Plan Update, Phase 2." In *Transportation Research Record: Journal of the Transportation Research Board*, No. 1878. Washington, DC: Transportation Research Board, pp. 27–35.

Task Force on Community Preventive Services. 2002. "Recommendations to Increase Physical Activity in Communities." *American Journal of Preventative Medicine*, Vol. 22, No. 4S: 67–72.

Torbic, D., K. Bauer, C. Fees, D. Harwood, R. Van Houten, J. LaPlante, and N. Roseberry. 2014. *Recommended Bicycle Lane Widths for Various Roadway Characteristics*, NCHRP Report 766. Washington, DC: Transportation Research Board. Accessed

Feb. 22, 2016, from http://onlinepubs.trb.org/onlinepubs/nchrp/nchrp_rpt_766.pdf.

Transportation Research Board (TRB). 2005. Special Report 282: *Does the Built Environment Influence Physical Activity?: Examining the Evidence*. Washington DC: Transportation Research Board, Institute of Medicine. Accessed Feb. 22, 2016, from http://onlinepubs.trb.org/onlinepubs/sr/sr282.pdf.

_____. 2010. *Highway Capacity Manual*. Washington, DC: TRB.

U.S. Access Board, Public Rights of Way Access Advisory Committee. 2007. *Accessible Rights-of-Way: Planning and Designing for Alterations*. Washington DC: U.S. Access Board, July. Accessed Feb. 23, 2016, from http://www.access-board.gov/guidelines-and-standards/streets-sidewalks/public-rights-of-way/guidance-and-research/accessible-public-rights-of-way-planning-and-design-for-alterations.

U.S. Census. 2012. *Households and Families: 2010, 2010 Census Briefs*. Washington, DC: U.S. Census Bureau. Accessed Feb. 23, 2016, from http://www.census.gov/prod/cen2010/briefs/c2010br-14.pdf.

U.S. Department of Justice. 1996. "Crime Prevention Through Environmental Design and Community Policing?" Website. Accessed Feb. 20, 2016, from https://www.ncjrs.gov/pdffiles/crimepre.pdf.

_____. 2012. *2010 ADA Standards for Accessible Design*, Sept. 15. Accessed Feb. 23, 2016, from, http://www.ada.gov/regs2010/2010ADAStandards/2010ADAstandards.htm.

U.S. Department of Transportation. 2010. *United States Department of Transportation Policy Statement on Bicycle and Pedestrian Accommodation Regulations and Recommendations*. Washington, DC: Office of the Secretary. Accessed Feb. 23, 2016, from http://www.fhwa.dot.gov/environment/bicycle_pedestrian/guidance/policy_accom.cfm.

Vermont Agency of Transportation. 2002. *Vermont Pedestrian and Bicycle Facility Planning and Design Manual*. Montpelier, VT: VAT. Accessed Feb. 24, 2016, from http://vtransengineering.vermont.gov/sites/aot_program_development/files/documents/ltf/PedestrianandBicycleFacilityDesignManual.pdf.

Walsh, R, 2012. *Local Policies and Practices That Support Safe Pedestrian Environments*, NCHRP Synthesis 436. Washington DC: Transportation Research Board. Accessed March 2, 2016, from http://onlinepubs.trb.org/onlinepubs/nchrp/nchrp_syn_436.pdf.

Wilkinson W. C. et al. 1994. *Selecting Roadway Design Treatments to Accommodate Bicycles*. Washington, DC: U.S. Department of Transportation, FHWA, p. 1.

第 14 章

出行需求管理

14.1 引言

从20世纪70~80年代开始，交通规划人员对于那些无须增加交通网络容量就能提高移动性和可达性的方式越来越感兴趣，这背后有很多原因。20世纪70年代后期，美国的石油禁运促使联邦、州和地方政府鼓励更高效地利用交通系统。大约在同一时期，空气质量立法试图降低与机动车有关的排放，推动了多个鼓励私家车主寻求其他出行方式（例如拼车）的倡议。此外，由于对联邦项目的诸多要求，联邦政府在交通方面的投资明显受限，联邦官员很快意识到他们没有足够的联邦资金来满足所有请求。因此，他们的应对之策是鼓励不需要大量联邦投资的替代性移动性战略。

在州和地方层面，政府和企业雇主开始对那些可以缓解高速公路网络拥堵的方法产生兴趣，特别是那些适用于大型活动场所的措施，具体包括灵活的工作时间、拼车、公共交通补贴以及停车管理等方法。

因此，到20世纪80年代中期，许多交通专业人士参与了影响出行需求的各种策略，这项工作被称为出行（或交通）需求管理（Travel Demand Management，TDM），在欧洲被称为移动性管理。城市交通研究中心（Center for Urban Transportation Research，CUTR）、联邦公路管理局（Federal Highway Administration，FHWA）和Litman通过以下方式定义了TDM：

CUTR："TDM通过使用不同的方式，促使人们在不同的时间出行，减少出行次数，缩短出行距离或采取不同的路线，从而帮助人们改变出行行为，以满足他们的出行需求"（CUTR，2005）。

FHWA："管理需求是为出行者提供出行选择，例如在工作地点、路线、出行时间和方式等方面，无论他们是自驾还是以其他方式出行。从广义上讲，需求管理的定义是为出行者提供有效的选择，以提高他们的出行可靠性"（Gopalakrishna et al.，2012）。

Litman："各种改变出行行为（方式、何时、何地出行）的策略，可增加交通系统的效率并达到特定的规划目标"（Litman，2014）。

从这些定义中可以看出，为出行者提供出行选择是TDM的关键概念。该选择可以包括：①考虑到通信技术和生活方式的变化，确定是否需要出行；②将需求从独自驾车转移到其他交通方式，例如公共交通、拼车、合乘、骑行或步行；③改变出行时间以减少高峰期交通拥堵；④通过土地使用规划和城市设计策略来缩短所需的出行距离；⑤通过提供实时信息帮助出行者选择交通拥堵少的设施。对于交通规划人员来说，TDM策略代表了另一种工具，可用于增强移动性和可达性，以支持州、地区或社区的目标。

如今，TDM已发展成为实现多个社区目标的一种手段。例如，Litman于2014年提出了许多TDM带来的好处，这些好处反映了一系列目标，见表14-1。

表14-1 出行需求管理策略的好处

好处	描述
减少拥堵	减少交通拥堵延误和相关成本
节省道路和停车需求	减少道路和停车设施的成本
消费者节省金钱	通过减少拥有和驾驶汽车的需求，帮助消费者节省金钱
通勤选择	改善出行选择，特别是对于非机动车驾驶者

（续）

好处	描述
道路安全	降低撞车风险
环境保护	减少空气、噪声和水污染，减少野生动物撞击以及其他类型的环境破坏
土地高效使用	支持战略性土地使用的规划目标，例如减少蔓延、城市再开发和栖息地破碎化
社区宜居性	改善当地环境质量和社区凝聚力
经济发展	支持社区的经济目标，例如提高生产力、就业率、财富水平、财产价值和税收
身体健康	进行更多的体育锻炼，通过每天增加步行和骑行的频率，可以改善公众的健康状况

来源：Litman, 2014

根据 Black 和 Schreffler 的说法，TDM 还促进了以下可持续性利益，从而扩大了 TDM 在社区规划中的作用：

- TDM 减少了对新建或扩建道路的需求。通过说服人们减少驾驶频率、前往更近的目的地、在高峰时间以外出行或选择不繁忙的通勤路线，TDM 可以减少对新增道路基础设施的需求。
- TDM 使个人出行决策更加高效。许多驾驶员在出行决策的时候往往缺乏充足的信息以及非汽车出行选择的经验。TDM 提高了他们对出行选择的认识和理解，以及尝试这些选项的意愿。
- TDM 使基础设施支出的回报最大化。研究表明，良好的信息可以大大增加新的公共交通基础设施和服务的客流量。同样，减少公路的总体出行需求也可提高容量，提升措施的有效性。
- TDM 充分利用了人们的现有资产。通过帮助人们做出有效的出行决定，可以节省人们的金钱和时间。通过促进体育锻炼和减少污染的方式来改善健康。通过提高生产率、降低停车成本以及帮助吸引和留住员工而使雇主受益。通过减少拥堵和增强员工移动性来促进经济发展。
- TDM 是一种多功能的动态管理工具。可以针对特定受众（例如商务园区通勤者）、目的地（例如大型医院）、出行方式（例如骑行）、出行通道（例如繁忙的高速公路）、出行目的（例如上学）或特定的时间范围（例如重大事件）定制 TDM 措施。TDM 策略可以在几个月而不是几年内交付。
- TDM 规划具有多式联运的好处。它认识到人们将驾驶的替代选择视为一整套选择方案。由于不同的原因，非驾驶人往往在不同时间选择使用公共交通、拼车、步行或者骑行。TDM 在这套选项中扩展了人们的出行选择。
- TDM 在个人层面发挥作用，但在整个社区中具有巨大的影响。如果每个开车去社区工作的人决定每月一天不开车，那么通勤交通量将减少 5%，从而大大缓解日常拥堵。
- TDM 策略满足移动性解决方案的成本相对较低。一般而言，拨给 TDM 的预算金额要比资本密集型和运营项目的预算金额少得多。
- TDM 战略在实现政策目标方面具有较高的成本效益。同样，TDM 战略已被证明是实现关键政策目标的一种经济有效的手段。一项针对由联邦拥堵缓解和空气质量（Congestion Mitigation and Air Quality，CMAQ）项目资助的项目研究得出结论，TDM 措施是该项目实施中最具成本效益的措施之一。
- TDM 策略产生良好的收益/成本比。一些研究项目已经开发出计算 TDM 成本和收益的方法，以便进行客观的项目选择和评估（Black and Schreffler, 2010）。

尽管本章使用第 1 章中概述的交通规划过程（尤其是图 1-1）为交通规划的讨论提供了基础，但另一个概念性的规划框架，称为最低成本规划，与 TDM 紧密相关。俄勒冈州交通部（Oregon DOT）将最低成本规划定义为："最低成本规划是通过比较供需方案的直接和间接成本，以满足交通目标或政策的过程，该过程的目的是确定最具成本效益的方案组合。"

最低成本规划在概念上与图 1-1 所示的规划过程相似，包括以下步骤：

1）确定目的（要实现的一般性事情）、行为目标（实现这些目的的方式）和目标（想要实现的可衡量的结果）。

2）确定有助于实现目标的各种策略，可以包括增加容量的项目和需求管理策略。

3）评估每种策略的成本和收益（包括间接影响，如果有的话），并根据成本效益或收益占成本的比例进行排序。

4）根据需要实施最具成本效益的策略，以实现所述目标。

5）策略实施之后，根据多个相关绩效指标对项目和策略进行评估，以确保它们是有效的。

6）根据目标评估总体结果，以确定是否以及何时应实施额外的策略（Litman，2010年）。

可以看出，最低成本规划中的主要步骤与图1-1中的步骤相同。但是，最低成本规划明确认识到需求管理等同于增加基础设施的容量，并考虑了实施TDM行动的间接成本和协同效益。鼓励进行出行方式转变的理由是，与汽车出行相比，替代方式（例如步行、骑行、拼车、公共交通、远程办公和货运服务）往往会更加节省资源。如果以最低成本评估框架来评估交通项目和行动，则其内容包括道路和停车位总成本、用户财务成本、燃料消耗、污染物排放以及其他社会成本，例如公共卫生影响。TDM项目倾向于扩大决策过程中使用的评估标准。

本章主要侧重于影响交通需求的不同类型的策略和行动。然而，最重要的是将这些策略的使用置于美国和加拿大最常见的机构和规划环境中。规划人员最感兴趣的是以下三个主要方面：①州或地区的TDM规划，包括中小型城市地区（请参见Fraser Basin Council，2009）；②针对具有多个就业点的较小区域的活动中心项目；③应对地方发展法规（例如减少出行的法规）而创建的针对特定地点的项目。鉴于项目结构的相似性，前两者将被一起讨论。而针对特定地点的项目，本章会进行简单的讨论，在有关地方和活动中心规划的第18章中将更详细地介绍。

下一节将展示关于TDM目的、目标和绩效指标的一些示例。研究不同的TDM策略，这些策略既可以被用于政府资助的项目，也可以由那些对提高员工移动性感兴趣的私营公司使用。一般情况下，TDM项目将由许多补充策略组成，这些策略将在以下部分中介绍。接下来将介绍TDM策略的影响，然后是数据分析和模型。

TDM项目会使用许多不同的策略来影响出行行为。读者可能会在本手册中找到以下特别感兴趣的章节：关于土地使用与城市设计的第3章，关于停车规划的第11章，关于公共交通规划的第12章，关于步行和骑行交通规划的第13章，关于地方和活动中心规划的第18章，关于场地规划与影响分析的第19章以及关于公众参与的第24章。

14.2 出行需求管理的目标和效能评估

TDM规划或项目专注于增强出行者的移动性。在某些情况下，例如在加利福尼亚州和华盛顿州，TDM的目的与州立法有关，在规划过程中需要对需求管理进行考虑。在其他情况下，整个区域的TDM规划仅被视为交通规划过程的一部分，通常是长期交通规划的一章。因此正如规划中的正常步骤，明确TDM的目的和目标是重要的起点。

传统情况下，TDM项目关注基于雇主的策略，利用诸如拼车和远程办公项目等策略。如前所述，当今的TDM具有更广泛的兴趣和重点。例如，在佐治亚州亚特兰大，最近的TDM规划将传统TDM（基于雇主的拼车和远程办公项目）与宜居性、可持续性、公交、步行和骑行、系统运营、交通规划、经济发展、气候变化、健康的社区和积极的老龄化联系在一起[Atlanta Regional Council（ARC），2013]。该规划的目的和关键战略包括（加粗的内容被确定为具有最高优先级）：

改善客户便利性和用户体验。

- 以重新打造佐治亚州通勤选择品牌为基础，促进无缝衔接的客户体验。
- 改善TDM与区域信息系统的连接。
- 针对特定模式、位置、受众和客户开发更有针对性的信息传递。

增加交通连接性、方式选择和可获得性。

- 改善区域交通规划、土地使用和出行选择间的协调。
- 将TDM纳入本地发展政策和审查流程。
- 改善并投资骑行及步行的基础设施、通道和安全性。
- 重构停车政策，以鼓励非独自驾车（Single Occupant Vehicle，SOV）出行。
- 策略地连接快速公共交通服务、地方公共交通、拼车、特定车道和P+R停车场。

简化区域政策、项目、服务和投资间的协调。

- 确定牵头机构，以监督区域TDM项目的管理和资金。

- 通过市场经理协调区域和本地市场营销及拓展活动。
- 建立一个与地区规划委员会架构保持一致的 TDM 咨询委员会。
- 增强区域拼车项目的整体运营、品牌推广和市场营销。
- 使 TDM 规划和决策与区域规划流程和项目保持一致。

多样化资金来源，以实现项目的可持续性。
- 更好地向政策制定者、地方政府和公众说明关于 TDM 的益处和资金来源。
- 更好地利用公共和私人基础设施投资。
- 通过区域规划流程将 TDM 纳入战略资金分配。
- 利用现有和潜在的资金来源并使其多样化，以支持创造性的、长期的和创新的策略。

追求持续的绩效和运营改进。
- 建立用于收集和报告 TDM 及其他交通数据的单一门户。
- 为所有规划与服务制定绩效指标和评估标准。
- 使用数据来改善程序和服务（ARC）。

另一个展示 TDM 目的和目标的示例来自弗吉尼亚州的阿灵顿，该郡范围的 TDM 项目采用了以下目标（仅显示第一个目的的目标，以说明如何将更具体的目标与单一目的相关联。有关完整的目的和目标，请参见 Arlington County Department of Environment Services，2012）：

目的 1：提升在使用多种交通方式方面的影响。通过提供项目和服务，使阿灵顿的居民、员工、企业和访客能够使用多种交通方式往返阿灵顿郡或在阿灵顿郡内出行。

目标
- 维持和改善阿灵顿当前不同方式的出行分担率，为该郡未来 20 年独自驾车（SOV）在全方式中的出行分担率年均减少 1.5% 的总目标做出了贡献。
- 鼓励经济高效的交通方式，并且是注重人员的移动而不是车辆的移动。
- 最大限度地利用不同交通方式，同时最大限度地减少独自驾车（SOV）。
- 尽量减少人们使用其他交通方式的障碍。
- 对于新开发地区，最大限度地利用多种交通方式解决所产生的出行需求。

目的 2：向阿灵顿的居民、员工、企业和访客提供优质的 TDM 服务。

目的 3：在阿灵顿提高人们对公共交通选择及其益处的认知和认可。

目的 4：通过 TDM 提高交通系统的可持续性。

目的 5：通过规划监控和评估来提高透明度并确保 TDM 的投资回报。

在开发场所上的 TDM 项目目标则更多地针对所需要的移动性结果。此类结果通常在区划法令中所明确，要求开发商提供策略以缓解由开发所产生的出行预期。例如，在加利福尼亚州帕萨迪纳市区划规则中，关于减少出行的要求被明确提出："通过保障主要的住宅和非住宅开发项目中关于交通替代方式的设施设计，以减少对小汽车通勤出行的需求"（City of Pasadena）。

绩效指标被用于监测 TDM 项目的成果（请参阅有关评估及优先级排序的第 7 章和有关都市交通规划的第 16 章）。绩效指标与项目试图实现的目标有关。亚利桑那州的交通部（Arizona DOT）于 2012 年指出，TDM 规划最重要的指标是交通出行方式分担率和车辆出行量。因此，减少车辆出行和减少行驶里程是两项可用于评估 TDM 项目或个别策略有效性的指标。但是，正如 DOT 报告中指出的那样，决策者通常希望更多地了解 TDM 项目的影响，为此需要在绩效报告中增加关于减少能源和排放、降低成本效益、减少停车位数量、潜在用户对该规划的了解、公众参与程度等指标。

加拿大新斯科舍省哈利法克斯（Halifax，Nova Scotia）的 TDM 项目在衡量两个主要指标（出行方式分担率和单独的 TDM 绩效评估）方面非常相似。方式分担率（或方式份额）是一种出行模式相对于所有模式出行总次数的百分比。单独的 TDM 绩效评估只是统计与每个 TDM 策略相关的用户数量（Halifax Regional Municipality，2010）。

这些指标大多数是定量的，因为可以将特定数量或值附加到指标中。一些规划机构通过定性绩效指标来扩大绩效指标。通常通过对使用 TDM 项目服务的人群以及一般人群进行调查来确定为什么这些服务不被人使用。例如，圣地亚哥的都市区都市规划组织（Metropolitan Planning Organization, MPO）——圣地亚哥政府协会（San Diego Association of Government，SANDAG），评估了由于 SANDAG iCommute（TDM 工作中的一部分）项目所带来的在该地区内的出行次数和车辆行驶里程的减少，以及相关的环境和资金影响。每月收集一次数据，每季度报告一次，而定性评估是从年度客户调查中获得的（SANDAG，2012）。

弗吉尼亚州阿灵顿县 TDM 规划的绩效指标见表 14-2。可以看出，每个绩效指标都与特定目的相关联，并且包括定量和定性指标（Arlington County Department of Environment，2012）。

表 14-2　弗吉尼亚州阿灵顿县 TDM 规划的绩效指标

目的	绩效指标	使用的度量标准
目的 1：提升在使用多种交通方式方面的影响	从调查中得到的出行方式分担率数据	• 与以前的调查相比，SOV 情况 • 非 SOV 情况（例如其他替代方式的分担率） • 在提供 TDM 服务的阿灵顿工作区内出行方式使用情况
	场所规划中 TDM 的增长情况	• 在场所规划中实施了 TDM 条件的新开发/再开发项目与新开发/再开发总数的百分比
	服务优化/公共交通通道的增长	• 公共交通选择的增加 • 排除或减少公共交通通道的服务缺口
	TDM 规划带来的环境影响措施	• 使用美国环境保护署（Environmental Protection Agency，EPA）批准的模型来衡量每年减少的车辆出行变化 • 使用 EPA 批准的模型来衡量由于 SOV 的年度变化而导致的温室气体排放量的增加/减少
目的 2：向阿灵顿居民、员工、企业和访客提供优质的 TDM 服务	客户对可评估项目的认可和满意程度	• 参加员工通勤项目的雇主客户数量（包括公共交通补贴、现场通行证销售等）
	项目使用情况	• 通勤商店/Commuter direct 网站顾客数量 • 由通勤商店和 Commuter direct 网站销售的各类车票情况 • 网站访问量/唯一访客量
目的 3：在阿灵顿提高人们对公共交通选择及其益处的认知和认可	新的以及持续性增强交通选择意识活动的数量	• 活动出席人数和参与人数 • 活动后意识满意度等级（来自郡及活动后开展的调查） • 交通主题的赞助活动数量（例如骑行通勤、拼车活动、体育场馆的公共交通广告） • 与交通相关的非实物赞助的美元金额
	基于雇主的 TDM 项目认知	• 对员工进行调查，以了解他们是否知道自己的雇主是否有通勤项目（是或否）
	基于会员制的项目增长	• 汽车共享会员
	公共交通引导开发增长	• 增加公共交通站/枢纽周围发展的建筑面积（商业、零售、住宅）
	车辆拥有权	• 登记车辆数量占总人口的百分比
目的 4：通过 TDM 提高交通系统的可持续性	温室气体排放量和车辆行驶里程的减少	• 阿灵顿街道网络上的高峰期车辆行驶里程（占 2005 年水平的 5%） • 阿灵顿街道网络上的高峰时段车辆出行量（占 2005 年水平的 5%） • 高峰期到非高峰出行的转变（到 2020 年前，2008 年 10% 的高峰期出行转变为非高峰出行的）
	公交销售	• SmartBenefit 的销售量，通行卡的销售量
	政策增长	• 新建筑中具有相应 TDM 场所规划的数量 • 现有建筑中具有相应 TDM 场所规划的数量
目的 5：通过规划监控和评估来提高透明度并确保 TDM 的投资回报	除了进行监控和评估外，没有绩效指标	

来源：Arlington County Department of Environmental Services, 2012

其他一些较好的 TDM 项目绩效指标案例包括弗吉尼亚州的劳登郡（Loudoun County，2010 年）和弗吉尼亚的汉普顿路（Hampton Roads Transit，2014）。

14.3 出行需求管理策略

TDM 项目可以带来许多不同的结果。首先，最主要的影响将是出行需求，这是几乎所有 TDM 项目的重点。第二，从长期来看，TDM 措施会在密度和城市设计方面影响土地使用。第三，与其他供给策略相结合，TDM 项目可能会影响交通系统和服务的表现。例如，弹性时间和可变工作时间项目可以通过"平缓"高峰期需求，从而对高速公路和公共交通设施的表现产生积极的影响。

TDM 策略可以通过不同方式进行分类，表 14-3 展示了其中一种方式。在这种分类方式下，确定了四个重点领域，即改善交通选择和土地使用管理，以及鼓励出行者改变行为的激励措施和将 TDM 策略制度化为现有标准操作程序的实施项目。

表 14-3 TDM 或移动性管理策略

改善交通选择	激励措施	土地使用管理	实施项目
·汽车共享	·道路收费	·精明增长	·TDM 项目
·弹性时间	·基于距离的费用	·新都市主义	·减少通勤出行
·有保障的乘车回家	·通勤者经济奖励（停车补贴，公共交通补贴等）	·公共交通引导开发	·货运管理
·多乘员车辆（High-Occupancy Vehicle, HOV）优先	·停车收费	·高效的开发	·TDM 市场营销
·改善公共交通	·停车规定	·停车管理	·学校和校园交通管理
·拼车项目	·燃油税增加	·无车区规划	·旅游交通管理
·出租车服务的改进	·随车付款保险	·交通稳静化	·最低成本规划
·远程办公			·市场改革
·步行和骑行改善			·绩效评估
·自行车/公共交通整合			

来源：Litman, 2014

线上的 TDM 百科全书也使用表 14-3 中的分类方式作为其组织理念，以管理有关 TDM 策略和项目结构的大量信息（请参见 http : //www.vtpi.org/tdm/tdm12.htm）。线上 TDM 百科全书也从如何帮助实现公平目标的角度介绍了 TDM 策略，见表 14-4。

表 14-4 TDM 策略和公平性考虑

公平对待所有人	使用者付费	对低收入家庭的益处	对交通弱势群体带来的益处	基本的移动性和可达性
·体制改革	·全面的市场改革	·多样化的工作时间安排	·自行车/公共交通整合	·连通性管理
·最低成本规划	·基于距离的费用	·汽车共享	·无车规划	·自行车/公共交通整合
·定位有效的抵押贷款	·燃油税增加	·通勤经济刺激	·通勤经济刺激	·货运管理
·停车管理	·停车管理	·保证乘车回家服务	·全面的市场改革	·保证乘车回家服务
	·随车付款保险	·HOV 优先	·保证乘车回家服务	·HOV 优先
	·停车收费	·增强安全性	·HOV 偏好停车	·增强安全性
	·道路收费	·定位有效的抵押贷款	·停车管理	·停车管理
	·精明增长	·新都市主义	·增强安全性	·行人和骑自行车的改善
		·随车付款保险	·位置高效的开发	·拼车
		·小汽车换乘公交停车场（Park&Ride, P+R）	·新都市主义	·学校出行管理
		·停车管理	·行人和骑行改善	·行人和骑行改善
		·步行和骑行改善	·拼车	·拼车

(续)

公平对待所有人	使用者付费	对低收入家庭的益处	对交通弱势群体带来的益处	基本的移动性和可达性
		• 拼车	• 学校出行管理	• 学校出行管理
		• 学校出行管理	• 班车服务	• 班车服务
		• 班车服务	• 精明增长	• 精明增长
		• 精明增长	• 街道开垦	• 远程办公
		• TDM 营销	• 出租车服务的改进	• 公共交通改善
		• 远程办公	• TDM 营销	• 交通稳静
		• 公共交通改善	• 远程办公	• 通用设计
		• 公共交通引导开发	• 旅游交通管理	• 车辆使用限制
			• 交通改善	
			• 交通稳静	
			• 公共交通引导开发	
			• 通用设计	
			• 车辆使用限制	

来源：Litman, 2015 Reproduced with permission of Todd Litman.

一种常见的展现 TDM 策略的方法是按应用规模来确定最合适的策略。例如，表 14-5 显示了圣地亚哥的综合 TDM 策略，并按场所、城市、区域和州内的应用进行了分类。该表还显示了可用于衡量单个 TDM 行动有效性的绩效指标。其中许多策略都是针对圣地亚哥的，例如该州的可持续社区策略（Sustainable Communities Strategies，SCS）的要求。但是，一般而言，表中的许多策略是可以被大部分都市区所考虑的。

表 14-5 圣地亚哥的综合 TDM 策略

分类	TDM 策略							
	土地使用和城市规划	公共交通	拼车	停车管理	收费	步行/骑行	TDM 项目和支持	指标
场所/雇主	• 场所设计以促进公共交通、步行和骑行	• 提供公共交通设施（例如候车区）	• 为拼车提供优先停车位	• 减少或消除免费停车	• 停车收费按照市场费率计算	• 场所设计以促进步行和骑行	• 指定一名员工为交通协调员，以促进与协调公共交通、拼车、步行和骑行	• 停车位和车辆数量
		• 补贴公共交通票价	• 推广区域性拼车服务	• 为拼车提供优先停车位	• 实施停车位换现金项目	• 在工作地点提供淋浴间和储物柜	• 实施弹性工作时间、远程办公和/或压缩工作周选项	• 车辆平均载客量（Average Vehicle Ridership，AVR） • 车辆员工比例
		• 提供交通信息（地图、标牌、实时信息等）	• 为合乘提供补贴	• 限制现场停车位（最大停车位）		• 提供安全的自行车停放处	• 允许员工将工作转移到离家最近的分支机构	• 未进行/减少的等效 SOV 出行
		• 提供从公共交通到工作地点的班车	• 补贴拼车	• 实施停车位换现金项目		• 自行车共享/租赁项目	• 为使用公共交通、拼车或骑行上班的员工提供税前福利	• 车辆行驶里程（VMT）减少

(续)

分类	TDM 策略							
	土地使用和城市规划	公共交通	拼车	停车管理	收费	步行/骑行	TDM 项目和支持	指标
场所/雇主	·场所设计以促进公共交通、步行和骑行	·支持汽车共享以及其他最后一公里措施	·支持汽车共享	·停车预订系统（智能停车–优先点收费更多）			·促进/增强保证乘车回家项目	·停车收入
		·允许员工使用公司车辆进行个人约会/公事出行	·允许员工使用公司车辆进行个人约会/公事出行	·解除停车价格捆绑				·交通管理协会会员数量
城市	·促进和推动公共交通、步行和骑行的城市设计导则	·交叉口公共交通优先信号	·为拼车提供优先停车位	·支持分区要求的最大停车位	·道路或区域的拥堵收费	·规划和实施与区域和州设施相连并与公共交通设施相连的骑行和步行网络	·对于主要雇主和社区的推动和宣传	·服务水平（Level of Service, LOS）
	·街道设计可容纳所有用户（公共交通、骑行、步行、ADA）	·公共交通专用道或优先路线	·汽车共享	·在兼容的土地用途之间共享停车位（办公室和餐厅/电影院）	·可变市场系数的路边停车收费	·提供充足且安全的自行车停放处	·实施 TDM 政策	·方式分担率和方式替代
	·在行人主导区限制汽车使用	·改善公共交通停靠站的连通性（安全的骑行和步行通道）	·P+R 停车场	·拼车优先公共停车位		·面向骑行者/行人的公众意识项目	·形成 TMA 以实现共同的目标	·通勤和其他出行中骑行和步行量
	·城市增长边界管理	·第一和最后一公里公共交通解决方案	·HOV 车道	·可用车位的寻路和引导系统		·自行车共享项目		·公共交通时间可靠性
		·宣传和推动	·调控车道	·基于需求或基于绩效的收费				·公共停车需求
		·支持公共交通设施的实施（候车棚、站台）	·SchoolPool 项目	·将长期/通勤停车限制到市中心外围区域				·VMT
				·解除停车价格捆绑				·减少 SOV 出行
区域/州	·精明增长工具箱	·HOV 车道/公共交通专用道/公共交通支持性基础设施和设备/调控车道	·区域拼车项目		·提供和支持 HOT 车道	·规划并实施区域/州范围的骑行网络	·iCommute 服务和项目	·公共交通和道路服务水平（LOS）
			·先进的出行者信息系统					
	·增长边界管理	·连通公共交通的安全路线	·拼车激励项目		·道路设施和调控车道的动态收费	·面向骑行者和行人的公众意识项目	·SANDAG：区域多式联运管理系统（Transportation Management Systems, TMS）网络	·通道或网络中的 LOS 均匀性

(续)

分类	TDM 策略							
	土地使用和城市规划	公共交通	拼车	停车管理	收费	步行/骑行	TDM 项目和支持	指标
区域/州		• 旅客信息	• 保证乘车回家服务			• 在主要的联运中心提供安全的自行车停放处	• 所有出行方式的教育和认知运动	• 可使用的公共交通和道路通行能力
		• 公共交通市场营销项目	• 免费搭便车服务			• 共享自行车项目	• 511 电话和 511ad.com	• 公共交通使用
			• 多式联运的 P+R 停车场					• 公共交通和机动车出行时间
			• 支持汽车共享项目	• 先进的出行者信息系统				• 方式分担率和方式替代
								• 公共交通出行时间的可靠性
								• 区域或州范围内的 VMT
								• 减少 SOV 出行
								• 非机动出行数量

来源：SANDAG, 2012

以下各节均采用了表 14-3 中的分类方法，因为它是线上 TDM 百科全书（http：//www.vtpi.org/tdm/tdm12.htm）使用的方法。由于线上百科全书提供了对每个类别中各 TDM 行动的详细描述，因此本文中将不再赘述。但是，每个类别中的一些重要的 TDM 行动会在下文进行讨论。

14.3.1 改善交通选择

旨在改善交通选择，从而减少独自驾车（SOV）的 TDM 策略早就出现在 20 世纪 70 年代实施的首批 TDM 策略中（Meyer, 1999）。今天，它们被认为是最为传统的 TDM 策略，因为它们为出行者提供了针对 SOV 的重要替代方案，所以至今还会出现在 TDM 项目中。那些为了减少 SOV 的策略的有效性与出行者使用替代方式的原因有关。图 14-1 所示为弗吉尼亚北部的一项调查结果，该调查询问了通勤者使用 SOV 以外的其他方式的原因。可以看出，减少压力、减少污染和降低成本是减少 SOV 的主要原因。其中，"内部环城高速"和"外部环城高速"标签反映了调查样本的住所所在地，即位于华盛顿特区环城高速的内部还是外部。

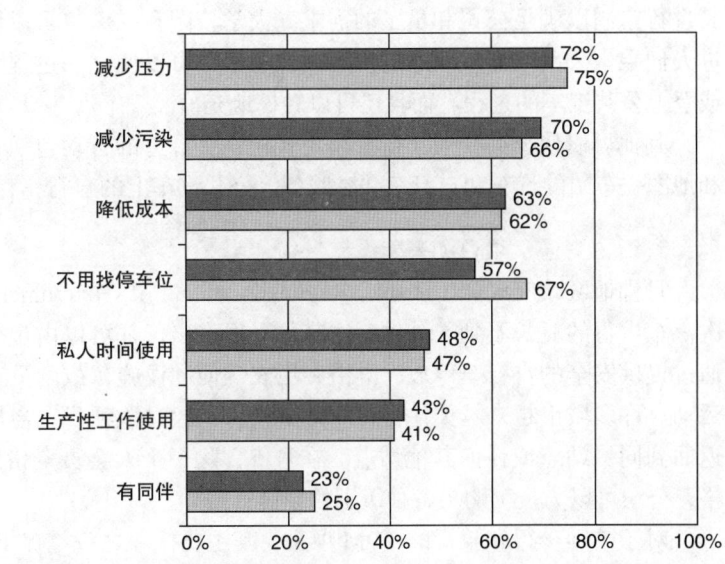

图 14-1 弗吉尼亚北部使用替代交通方式的原因
来源：Loudoun County, 2010

以下类型的 TDM 行动通常属于"改善交通选择"类别。

1. 拼车服务

拼车是指两个及以上的人乘坐一辆车的情况。在大多数都市地区，公共机构或私人公司会提供乘车匹配服务，本质上是作为匹配潜在拼车用户的推动者。在丹佛，该项目被称为 Ride Arrangers；在亚特兰大，它被称为 Georgia Commute Options；在波士顿，它被称为 NuRide，尽管有一个名为 Carpool Massachusetts 的网站提供类似的匹配服务。华盛顿特区都市区的区域乘车匹配数据库是通过 Commuter Connections 软件进行管理的。当使用 Commuter Connections 的在线工具进行区域拼车匹配时，居民和员工几乎可以立即接收拼车信息。

关于合乘，许多都市地区都有公司或补贴项目来提供合乘车辆并招募合乘参与者。Commuter Connections 在线工具也可用于区域拼车匹配。另外，也可以使用 VanStart/VanSave 项目，该项目可以为合乘提供资助，以在启动新的合乘车辆时支付空缺座位的费用，或维持现有的合乘车辆服务，直到日常乘客可以填补空缺的座位为止。

在丹佛，Ride Arrangers 针对需要通过拼车、步行、骑行或乘搭公共汽车等方式将孩子送到学校的家庭提供服务。该项目通过学校运作，是目前美国最大的学校拼车项目。

2. 公共交通服务和便利设施

努力减少 SOV 取决于是否有理想且方便的 SOV 出行替代方案。在这些潜在的替代方案中，公交服务和便利设施通常是最常见的。例如，伦敦拥有世界上最大的交通拥堵收费项目之一。在伦敦市中心实施大幅度提高汽车出行价格之前，先对该地区的公共交通服务进行了大规模升级，以便那些放弃汽车出行的人有合理的出行选择。根据都市圈的大小，公共交通可能包括公共汽车、轨道交通和辅助交通服务（请参阅第 12 章"公共交通规划"）。

尽管公共交通服务是替代 SOV 的重要方法，但研究表明，其他诱因和支持项目通常可以促进人们选择公共交通而非小汽车。例如，打折的公共交通通行证、其他公共交通补贴以及有针对性的宣传和销售是鼓励出行者使用公共交通的重要措施（Boyle，2010）。大多数公共交通系统拥有不同的通行证，并且可由雇主、地方政府或其他组织进行补贴。例如在丹佛，许多雇主为雇员提供了 EcoPass，它可以在公共交通机构固定线路系统内的任何地方无限次乘坐公共汽车或轨道交通。名为 FlexPass 的项目旨在为雇主提供年度通行证服务，并且可以对其进行定制以满足公司和员工的需求。大学校园和社区也可以使用类似的通行证。使用公共交通通行证可以促进人们乘坐公共交通，而通过使用"智能卡"可以使这一过程变得更加容易，它不仅可以加快出行者通过车站或登上公共汽车的过程，而且还可以轻松地充值。

其他可以使公共交通出行变得更轻松、更舒适的行动包括：公共汽车候车亭、信息量丰富且可识别的标志和地图、车站的汽车和自行车共享服务、公共汽车上的自行车存放设施以及无线网络功能。

3. 活力交通：项目和基础设施

丹佛地区政府议会（Denver Regional Council of Government，DRCOG）估计，丹佛地区每天有超过 150 万次汽车出行的时长不到 5 分钟。这其中有很多出行都可以由步行完成，有些出行也可以由骑行替代。公司可以通过提供安全的自行车停放、淋浴和更衣等便利设施，鼓励员工骑车上班。也有其他一部分人赞助骑行上班日活动。许多城市越来越关注自行车共享项目，通过该项目，会员可以在任何自行车站点取车，并在完成后将其返回到同一站点或任何其他站点。在丹佛，除了个人会员资格外，通过 B-Cycle 项目还可以为企业提供会员资格，公司可以为员工购买各种级别的会员资格。

对于鼓励步行和骑行的 TDM 项目，其主要任务之一是提供可以安全承载骑行和步行交通出行所需的设施。这意味着要建设新的步行/骑行设施，改善现有设施，增强安全功能以及与现有系统进行更好的连通（请参阅有关步行和骑行交通规划的第 13 章）。

4. 远程办公

在公司远程办公项目中，允许员工每周在家工作一天或多天，并且在某些情况下，设置远程办公站点，以便员工可以通过短距离的驾驶到达其工作站点。不过，远程办公仅对不需要现场办公的工作类型有意义。研究表明，远程办公不仅减少了与工作相关的出行，特别是对高科技公司而言，这已成为重要的招聘优势。以下列举一些案例：

- 亚利桑那远程办公（Telework Arizona）是由亚利桑那州行政管理部门运营的远程办公项目。对该项目的评估显示，超过75%的主管批准了该项目，并认可由此带来的员工生产率和士气的提高。到2007年，根据州机构、董事会和委员会报告，马里科帕郡（凤凰城）有20%以上的州政府雇员采用远程工作方式。
- 在美国专利商标局的商标居家工作（Trademark Work-at-Home）项目中，其在全美9000多名雇员中有46%的雇员至少每周进行远程办公。
- 佐治亚州电力公司的远程办公项目（佐治亚州亚特兰大）显示，在进行远程办公之前，有70%的参与者独自驾车。在实施远程办公后，独自驾车的比列下降到44%，其中28%的变化归因于远程办公。80%的远程工作人员认为说，远程办公时的生产率平均提高了27%。40%的经理认为远程办公的直接结果是生产率提高了5%，而60%的经理认为生产率保持不变（Arizona DOT，2012）。

远程办公是一种已被证明有效的措施，因此它是整个拥堵管理策略的重要组成部分。它可以帮助减少道路系统中的通勤出行，同时减少停车需求。

5. 压缩而灵活的工作时间表

除了拼车项目外，鼓励雇主和雇员采用更灵活的工作时间和地点一直是TDM项目的主要内容之一。在很大程度上，这些项目开始于20世纪70年代，以应对当时石油禁运和对节能的日益关注。压缩的工作时间表包括不同的工作时间安排。

- 灵活的工作时间。灵活的工作时间是给予员工在选择上班和下班时间方面一定的自由度。员工必须在在每天核心时间段工作（通常是上午9:30—11:30和下午1:30—3:30），并且必须遵守最早允许的上班时间和最晚允许的下班时间限制。
- 交错工作时间。交错工作时间是固定的工作时间安排，通常将员工的上班和下班时间分布在1~3个小时的时间段内，各组员工指定以15~30分钟为间隔进行上班和下班。
- 压缩工作周。压缩工作周使员工每天可以工作超过标准的小时数，从而减少总工作天数，进而减少通勤次数。一种常见的安排是9/80规划，这是指员工每天工作9个小时，而标准的工作时间是8个小时，然后员工在第10天可以休假（Kuzmyak等，2010）。

弗吉尼亚北部的一项主要新开发项目建议采取以下步骤来实施弹性工作周，作为其对当地政府承诺的TDM的一部分。指定的交通协调员有以下职责：

- 与租户的联络员进行沟通，以教育他们关于弹性工作周（Flex Work Week，FWW）安排的重要性，并促使大多数员工有资格参加FWW。
- 在新入职手册中宣传FWW，并且鼓励那些之前没有参加FWW的员工在搬到新工作地点后参加FWW。
- 制定新的入职培训信息包，以告知员工其拥有参加FWW的资格，并鼓励员工在高峰期前后出行。
- 与交通工程师沟通，在关键路口和停车场入口处每半年进行一次交通统计，以确定实际的高峰时间拥堵水平。交通协调员将向租户的联络员发布一份报告，详细说明拥堵高峰时间。如果确定在某个高峰时段，交叉路口的服务水平始终不佳，则该报告将鼓励每个租户的主管告知其员工避免在交通拥堵的高峰时段上班，并鼓励他们在合理的范围内和可能的情况下，灵活安排他们的到达时间。
- 设计并制作宣传FWW项目的小册子、网络内容和海报（City of Alexandria）。

6. 有保障的乘车回家（Guaranteed Ride Home，GRH）

20世纪80年代关于共享乘车项目有效性的研究表明，对于许多对使用此类服务感兴趣的人，最大的障碍之一就是在工作时因为紧急事情需要回家，但又没有离开工作场所回家的方式。对于那些需要接生病的孩子、与年迈的父母一起处理紧急情况或处理类似情况的人来说，这是非常令人担忧的。从20世纪80年代开始，一些拼车项目提供了一个有保障的乘车回家的项目。该项目正如其名称所表达的，通过企业车辆或出租车向需要意外离开的拼车参与者提供乘车服务。该项目成为许多拼车（包括当今的自行车共享）项目的主要服务内容，并成功地减少了拼车项目参与者的焦虑程度。有关GRH的更多信息，请参见南佛罗里达大学的研究（2010）。

14.3.2 激励措施

当激励措施（通常是金钱）能够增强对于出行行为的预期变化时，那些区域层面的和基于雇主的TDM项目会更加成功。TDM激励的最常见形式是增加SOV的使用成本。

1. 道路收费

多年来，研究道路拥堵的经济学家一直认为，道路使用边际收费将通过鼓励出行者寻求其他出行方式或鼓励在高峰期以外进行出行，从而显著减少拥堵。因此，影响出行需求的最佳方法之一是对汽车的使用进行收费（Saleh和Sammer，2009）。以下为道路收费的几种策略（请注意，关于交通财政与资金的第5章提供了对大多数策略更深入的讨论，但这些策略主要被用来为项目提供资金来源。因此，本章将不讨论汽车燃油税）：

VMT费用或基于里程的用户费用。近年来，按照每公里固定费用对公路网的使用进行收费的建议已得到越来越多的关注。这与"使用费"的经济概念非常接近，因为所支付的金额与使用道路网的数量直接相关。尽管从概念上来说很吸引人，但采用这种收费结构的建议却遭到了那些平均每年具有大量出行公里数的人的反对。另外，一些收集车辆里程的策略被一些人视为侵犯个人隐私。

收费。收费公路是公路收费的另一种形式。多年以来，通行费一直被用来支付关键道路设施的建设和维护费用（例如新泽西州收费公路、宾夕法尼亚州收费公路等）。在过去的20年中，随着新公路的公共/私人融资的兴起，通行费再次成为公路融资的重要组成部分。许多都市地区还实施了调控车道，其收费根据一天中的不同时间或车道本身的拥挤程度而有所不同（请参阅第10章"交通系统管理和运营"）。尽管通行费主要被用作一种经济策略，但道路使用的收费确实会影响该设施的出行需求。

警戒线收费。警戒线收费会向道路使用者收取进入划定的警戒线区域的费用。新加坡是世界上最早在20世纪70年代实施该项目的城市之一。2003年，伦敦市中心采用车牌识别技术引入了警戒线收费（"伦敦交通拥堵费"）。警戒线收费策略已在许多欧洲城市和纽约市被考虑。

按需付费（Pay-As-You-Drive，PAYD）保险。PAYD保险将保险费与车辆行驶里程相联系。行驶的次数越多，发生事故的风险越高，因此保险费也越高。对出行需求的影响体现在行驶里程越少，保费就越少。

2. 停车位收费和兑现

管理停车位的价格和可用数量已被公认为是最有效的TDM策略之一（Shoup，2005；Marsden，2006）。该策略包括停车规定，停车位最大值，拼车、专车和短期停车的优先停车位，带接驳车服务的远程停车和停车收费。根据西雅图市政府的报告："最有效的停车策略是基于成本或价格的措施，它们将停车费率与需求更直接地联系在一起，或者向应被鼓励的市场群体（如拼车、多人拼车和短期停车者）提供资金激励或最好的停车位"（City of Seattle，2007）。停车位兑现政策就是一个例子。

这项补贴政策在一些城市已得到实施，雇主将停车费用补贴作为驾驶人的每月补贴，并且将这笔款项提供给公司的员工，以用于公共交通通行证、步行、骑行或者在其他地方的停车费用（Shoup and A.P.Association，2005）。当员工将补贴用于公共交通、步行或骑行时，由于其费用明显低于补贴本身，每位出行者将有额外的补贴结余，可用于其他开销。

西雅图的报告确定了另一种停车策略，即从物业租赁成本中拆分停车成本。拆分成本意味着将与物业本身分开出租或出售停车位。证据表明，该策略可以减少停车需求并增加非SOV方式的比例。如报告所述，据估计，将停车的价格包括在整体租赁中，无论租户是否有汽车，都可能使成本增加多达25%，并且会被客户视为"看不见的"成本（City of Seattle，2007）。

有关停车规划的进一步讨论,请参见第11章。

3. 通勤福利

为了保持经济激励措施在影响出行者行为方面的重要作用,联邦政府于2001年修改了税法,根据该法案第132(f)条税法,允许雇主向雇员提供免税的公共交通、拼车或停车福利。符合法规的福利包括:

- 公共交通通行证:公共交通通行证包括任何凭证、通行证、车票卡、代币或相关物品,员工可用来支付在公共交通设施上的交通费用或交通服务提供者的租用或补偿费用,但这种交通工具的座位数应至少为6个成年人(不包括驾驶员)。
- 通勤公路车辆的交通:更常被称作多人拼车,税法典将通勤公路车辆定义为一种可容纳至少6名成年人的车辆,其中不包括驾驶员;至少有80%的行驶里程是在工作地点与员工住址之间的出行而产生的,并且在这些出行中,必须至少有一半乘客(不包括驾驶员)。
- 合格停车位:合格停车位是指在雇主营业地点或附近的停车位,或位于员工乘坐公共交通、通勤班车或拼车上下班地点附近的停车位。例如,在公交车站、P+R停车场或合乘乘车点(ICF Consulting,2003)。
- 合格的自行车骑行:合格的通勤费用包括购买自行车的费用,以及自行车改进、维修和存放的费用。

2015年,雇主可以每月补贴250美元的停车费,每月为公共交通或拼车服务提供130美元的补贴,并为日常骑行通勤者提供每月20美元的报销额度。通勤者可以同时获得公共交通和停车补贴(即每月最高380美元)。根据个人的所得税等级,每年为员工节省的费用总计可达数百美元。

在一些城市,已有非营利组织鼓励雇主和雇员使用替代性的交通方式。例如,在佐治亚州的亚特兰大,一个名为佐治亚通勤选择(Georgia Commute Options)的小组就为亚特兰都市区的雇主实施远程办公、压缩工作周和弹性工作时间提供咨询建议。其员工会在有关通勤选择和员工在工作场所可获得资源的活动上进行演讲,并提供金钱激励措施,以鼓励通勤者从独自驾驶转向其他交通方式。专家顾问会帮助雇主启动或进一步扩展远程办公、压缩工作周或灵活的工作时间安排。小组还会向雇主提供调查,以帮助他们更好地了解员工的出行需求。顾问会为员工提供帮助,帮助他们找到生活和工作地点附近的拼车伙伴。通过保证乘车回家项目,每年为使用通勤替代方案的注册员工提供最多五次免费乘车回家。该组织还会在当地媒体上对雇主进行宣传,提供年度奖项以彰显该组织对通勤选择的积极影响,并通过展示最佳通勤选择为进入该地区的员工提供帮助。

同样来自佐治亚州的另一个通勤福利项目被称为"通勤者现金项目(Cash for Commuters,CFC)"(Georgia DOT,2009)。该项目在指定的90天内,每天为通勤者提供3美元的清洁通勤服务(定义为单人机动车辆的替代选择),最高为100美元。它还采用了系统的监控程序,追踪通勤项目参与者的资金使用,从而确定该项目在多大程度上提供了持续的出行行为变化。表14-6展示了2007年和2008年两轮参与者的调查结果。

值得注意的是,在现金补贴结束后的18~21个月内,有57%的第一批规划参与者仍在使用其他交通方式。表14-7展示了参与者开始使用替代方式的原因(请注意:2008年经济开始衰退,汽油价格急剧上涨)。

另外,表14-8展示了参与者停止使用替代方式的主要原因。从表中可以看出,失去拼车伙伴是最重要的原因。其他研究也表明,失去拼车伙伴是人们停止拼车的一个重要因素。

表14-6 现金对通勤者规划的短期和长期影响(佐治亚州亚特兰大)

替代方式状态	CFC 第一轮			CFC 第二轮		2007年CFC项目年	2008年CFC项目年
	规划完成后3~6个月(n=302)	规划完成后9~12个月(n=300)	规划完成后18~21个月(n=308)	规划完成后3~6个月(n=300)	规划完成后18~24个月(n=237)	规划完成后3~6个月(n=400)	
继续使用替代模式	71%	64%	57%	74%	74%	69%	
停止使用替代模式	29%	36%	43%	26%	26%	31%	

注:n = 样本容量。
来源:Georgia DOT, 2009

表 14-7　CFC 项目参与者开始使用替代方式的原因（佐治亚州亚特兰大）

使用替代模式的原因	2007 年项目年（终止补贴后 18~24 个月，n = 237）	2008 年项目年（终止补贴后 3~6 个月，n = 400）
汽油价格	17%	46%
省钱	28%	21%
朋友、家人、同事想拼车	23%	16%
3 美元的奖励	20%	20%
便捷性	16%	18%
减轻开车压力	9%	3%
减少拥堵/保护环境	8%	6%
节省时间	5%	3%

来源：Georgia DOT, 2009

表 14-8　CFC 项目参与者停止使用替代方式的主要原因（佐治亚州亚特兰大）

停止使用替代方式的原因	2007 年项目年（终止补贴后 18~24 个月，n = 53）	2008 年项目年（终止补贴后 3~6 个月，n = 99）
失去拼车伙伴	38%	38%
时间安排或工作地点变更	32%	25%
不方便	25%	19%
汽油价格下降	0%	13%

来源：Georgia DOT, 2009

14.3.3　土地使用管理

前几节介绍的许多 TDM 策略都集中在短期内可以采取哪些措施来影响出行行为。而从长远来看，这意味着将会影响土地使用和开发决策。因此，某些 TDM 项目将以诸如公共交通为导向的开发（Transit-Oriented Development，TOD）等策略视为其 TDM 策略的一部分。另一部分人则将 TDM 场所规划审查要求 [例如，对区域影响开发审查（Developments of Regional Impacts，DRI）或减少出行条例] 视为区域 TDM 策略的一部分（有关 TOD 策略的更多讨论，请参阅第 12 章"公共交通规划"）。

表 14-9 展示了在土地开发过程中可以考虑的一些 TDM 策略，此类策略旨在：①影响出行距离、方式和路线的选择；②与法规相联系；③使用出行成本、出行频率、一天或一周中的出行时间作为重点。表 14-10 展示了亚利桑那州推荐的不同类型的 TDM 策略，它们都与不同的土地用途相关。

表 14-9　在土地开发过程中可施行的 TDM 策略范围（弗吉尼亚州阿灵顿郡）

影响出行行为的手段	TDM 策略（示例）	配套行动（土地开发过程）
行程长度		
减少车辆行驶里程	• 公共交通引导开发（TOD） • 通过允许员工将工作转移到离家最近的分支机构来实现近距离通勤	• 将相关的土地使用聚集在一起，并提供更直接的连接（综合规划和土地开发法规） • 为雇主提供激励
方式		
提高系统效率，以便在相同数量的车辆中搭载更多人	• 以支持替代方式的形式开发土地，例如公共交通引导开发 • 控制停车位供给 • 提供替代模式，例如公共交通、拼车、骑行和步行	• 选择土地开发位置，以利用现有的未充分利用的公共交通服务，例如公共交通线路 • 提供现场便利设施，例如储物柜、淋浴间、自行车停放区和优先拼车停车位（土地开发规定） • 提供支持服务，例如市场营销、乘车匹配和保证乘车回家 • 提供非现场的公共交通服务和设施 • 共享停车位
路线		

（续）

影响出行行为的手段	TDM 策略（示例）	配套行动（土地开发过程）
绕过拥堵	• 公共交通引导开发（TOD） • 提供路线选择 • 能够绕过拥堵排队的多乘员车辆车道	• 在易于步行距离之内（综合规划和土地开发法规）提供网格系统、街道连通性和目的地 • 实施高级的出行者信息系统
规定		
根据当地法规授权特定的交通管理措施或结果	• 州增长管理规定 • 并发（及时提供公共设施和服务） • 减少出行条例 • 分区规划条例 • 分区条例 • 停车条例 • 多乘员车道	• 主要由土地开发商、房地产开发商、经理、雇主和社区协会实施
成本		
建立奖惩机制	• 停车收费 • 公共交通补贴 • 停车变现 • 多乘员车辆收费通道 • 通勤者税收优惠	• 税收优惠项目援助
频率		
在给定时间段内减少出行次数	• 提供现场设施 • 压缩工作周 • 远程办公	• 提供物理设施，例如员工自助餐厅、健身中心、银行 • 为雇主提供技术支持
时间/日期		
将出行转移到较少拥挤的时间段或完全避免车辆出行	• 压缩工作周 • 交错的工作时间 • 远程办公 • 弹性时间	• 将停车位与工作场所的租赁解除捆绑 • 为雇主提供技术支持

来源：Center for Urban Transportation Research (CUTR), 2005

表 14-10　不同土地使用类型的 TDM 策略候选方案（亚利桑那州）

公共交通服务水平	A 类		B 类		C 类	
	0.5 英里以内的轨道交通和发车间距短的公共汽车		连通轨道发车间距和发车间距中等的公共汽车		无公共交通服务	
土地使用评估分数	高	低	高	低	高	低
TDM 策略或项目						
基本策略						
自行车停放架	XXX	XXX	XXX	XXX	XXX	XXX
拼车优先停车位	XXX	XXX	XXX	XXX	XXX	XXX
信息亭	XXX	XXX	XXX	XXX	XXX	XXX
现场交通活动	XXX	XXX	XXX	XXX	XXX	XXX
行人设施	XXX	XXX	XXX	XXX	XXX	XXX
税前通勤收益	XXX	XXX	XXX	XXX	XXX	XXX
项目经理	XXX	XXX	XXX	XXX	XXX	XXX
无障碍停车场和下车点	XXX	XXX	XXX	XXX	XXX	XXX
骑行和步行项目						
自行车锁车位	XXX	XX	XX	XX	XX	XX
淋浴设施	XXX	XX	XX	XX	XX	XX
自行车道	XX	XX	XX	XX	XX	XX
自行车路径	XX	XX	XX	XX	XX	XX

（续）

公共交通服务水平	A类		B类		C类	
	0.5英里以内的轨道交通和发车间距短的公共汽车		连通轨道发车间距和发车间距中等的公共汽车		无公共交通服务	
公共交通项目						
公共汽车长凳	XXX	XXX	XX	XX	X	X
公共汽车风雨棚	XXX	XXX	XX	XX	X	X
免费公共交通票	XX	XX	XXX	XXX	X	X
实时公共交通信息	XXX	XXX	XX	XX	X	X
低价公共交通票	XX	XX	XXX	XXX	X	X
穿梭公共汽车/环线	X	XX	XX	XX	XXX	XXX
市场推广项目						
新雇员信息	X	XX	XXX	XXX	XX	X
实体通勤者商店	XX	X	XX	X	X	X
定制化出行服务	X	XX	X	XX	XXX	XXX
首次使用者激励	XXX	XXX	XXX	XXX	XXX	XXX
个人营销项目	XXX	XXX	XXX	XXX	XXX	XXX
职住融合推广	XX	X	XX	X	XX	X
职商融合推广	XX	X	XX	X	XXX	X
停车项目						
先进停车科技	XXX	XXX	XXX	XXX	XXX	XXX
临时停车项目	XXX	XXX	XXX	XXX	XXX	XXX
付费停车	XXX	XXX	XXX	XXX	XXX	XX
停车变现	XX	XX	XX	XX	XX	XX
非捆绑共享停车	XXX	XXX	XXX	XXX	XXX	XXX
拼车项目						
拼车项目	XX	XX	XX	XX	XXX	XXX
基于场所的拼车匹配	X	XX	X	XX	XXX	XXX
可替代的工作项目						
压缩工作周	XX	XX	XX	XX	XX	XX
灵活工时	XX	XX	XX	XX	XX	XX
远程办公	XXX	XXX	XXX	XXX	XXX	XXX
其他项目						
共享汽车项目	XXX	XXX	XX	X	XX	X
门房服务	XX	XX	XX	XX	XX	XX
保证乘车回家	XXX	XXX	XXX	XXX	XXX	XXX

注：XXX表示高适用性，XX表示中适用性，X表示低适用性。
来源：Arizona DOT, 2012

有许多TDM策略与土地使用决策相结合的例子。例如，加拿大不列颠哥伦比亚省的规划区允许开发商减少停车位建设要求，以换取为新居民提供一年的公共交通通行证，并在每个单元都配备一个共享汽车以供该单元成员使用，以及配套提供安全的地下自行车存放处（SANDAG，2012）。纽约市采纳了主动式设计导则（Active Design Guidelines），鼓励在社区、街道和室外空间进行主动的出行（通过步行和骑行的方式去使用公共交通或工作）和娱乐活动。关键策略包括：

- 城市社区中的混合土地使用。
- 改善公共交通和其设施的可达性。
- 改善休闲设施的可达性，例如公园、广场和开放空间。

- 改善全方位服务杂货店的可达性。
- 具有高可达性、交通稳静化、景观优美和公共便利设施的易通达且步行友好的街道。
- 通过骑行网络和基础设施促进骑行出行和休闲（SANDAG，2012）。

在华盛顿州西雅图市，公共交通增长社区（Growing Transit Communities，GTC）是一项旨在鼓励住房、就业和服务业选址在距离公共交通服务足够近的地点，从而使公共交通成为大多数人出行选择的倡议。其最终目标是"为所有人提供选择，使其生活在可负担、充满活力、健康且安全的社区中，他们可以方便地步行或乘火车或公共汽车去上班，并可以方便地获得服务、进行购物和其他活动"（PSRC，2013）。

在弗吉尼亚州劳登郡，开发商的配建通常是开发谈判的一部分。除了购买公共交通车辆外，配建还经常用于在开发现场建造人行道、步行道、骑行道、公交车站以及其他交通和TDM支持性元素。

有关土地使用策略和精明增长的更多详细信息，请参见第3章"土地使用与城市设计"的相关内容。有关加拿大和世界其他地区TDM项目的回顾，请参见哈利法克斯（2010）。

14.3.4 实施项目

尽管前面部分介绍的TDM策略是单独描述的，但实际上，许多TDM策略通常都被打包到一个项目中。在都市或分区层面上，这意味着政府或TDM提供者是在区域范围内经营TDM项目的。

1. 政府资助的TDM项目

政府机构赞助的TDM项目通常会将TDM政策与其他规划工作联系在一起。例如，弗吉尼亚州的阿灵顿郡已将TDM纳入其总体交通规划政策，见表14-11。可以看出，TDM已纳入综合交通总体规划，包括所有新开发地块以及现有公共建筑和设施。

表14-11 将TDM纳入弗吉尼亚州阿灵顿郡的交通总体政策

在所有地块规划和使用许可开发中融入全面的TDM规划，以最大限度地减少车辆出行，并最大限度地利用其他出行选择
不论重建状况如何，针对所有现有的公共建筑和设施采用TDM措施。探索在现有私人建筑中实现TDM措施的策略和激励措施
需要使用TDM规划对新开发项目进行定期出行调查，并与绩效指标挂钩以采取后续行动。对郡的TDM政策的有效性以及私营部门对TDM承诺的遵守情况进行两年一次的评估，并根据需要实施修订
每三年与弗吉尼亚州和华盛顿特区政府议会（Virginia and Metropolitan Washington Council of Governments，MWCOG）的通勤状况调查一起，进行郡范围内的居民和员工交通调查，以监测出行行为和系统绩效，并指导未来的工作
通过信息展示、网站、促销活动和材料邮寄，将TDM项目应用于居民、访客和员工的非工作出行和通勤出行
与该地区其他司法管辖区和机构协调TDM工作，并积极促进TDM项目的拓展

资料来源：Arlington County Department of Environmental Services. 2012

在加拿大安大略省基奇纳市，政府采用了停车控制策略，以实施一个将出行方式向非SOV出行转移的政策。但他们随后意识到，停车控制不足以实现所希望的方式转移总量。因此，该市依靠自行车总体规划和一个新的TDM规划，在停车规划基础上实现预期的方式转移。这些规划包括以下策略（City of Kitchener，2011）：

骑行总体规划

- 持续建设骑行网络。
- 制订并实施骑行寻路标牌策略。
- 更新分区细则以涵盖自行车停放处。
- 制订项目以协助业主改造自行车停放处。
- 制订并传达设计导则并审查场地规划。
- 将骑行基础设施整合到每条新道路和道路重建中。
- 在交通项目和服务中考虑骑行者的需求。

- 与地区合作，将骑行与公共汽车服务和快速交通整合在一起。
- 为员工提供有关骑行需求和基础设施的培训。
- 与地区、学校董事会和公共卫生部门合作，提供与骑行相关项目的教育。
- 制订营销项目以促进骑行。
- 为促进骑行的活动提供支持。
- 为骑行咨询委员会提供支持。

交通需求管理
- 补贴公司公共交通通行证。
- 拼车匹配。
- 保证乘车回家项目。
- 进行促销活动。
- 制作和分发宣传材料。
- 远程办公试点项目。
- 碳追踪工具。
- 雇主利益相关者的支持。
- 友好的 TDM 地块设计。
- 与全市大型雇主进行联系。
- 与市区居民和雇主的联系。
- 个性化的营销活动。

在社区政策和大型开发项目审查的法规中，通常会采用更具主动的方法来公开赞助 TDM 规划。例如，在马萨诸塞州的剑桥，大型项目和增加停车位的项目需要结合 TDM 对于步行、骑行、公共交通和拼车的激励措施，以及对 SOV 的反向激励措施。这些激励措施包括但不限于：

- 公共交通补贴。
- 免费穿梭公共汽车。
- 公交汽车候车亭。
- 直接向员工或顾客收取的基于市场价格的停车费。
- 为临时车辆提供缴纳单日停车费的选项，而非仅允许月卡车辆停放。
- 自行车停车位高于最低分区要求。
- 提供淋浴间或储物柜。
- 步行或骑行的经济激励。
- 紧急乘车回家服务。
- 拼车匹配。
- 优先或折扣的 HOV 停车位。
- 交通信息。
- 雇用剑桥居民。
- 现场 TDM 协调员。
- 交通管理协会（Transportation Management Association，TMA）成员。

政府资助的 TDM 项目也发生在州层面。许多州的 DOT 积极推行减少出行需求的策略，实际上从 20 世纪 70 年代开始，例如拼车及合乘等 TDM 策略便已经萌生。参与这些活动的动力主要源于人们越来越关注与大型高速公路重建项目相关的节能和减排工作。2010 年，一项对于各州 DOT 的调查显示，许多州的 DOT 仍参与了一系列 TDM 策略（表 14-12）。鉴于联邦政府要求各州需要设置自行车协调员，因此"自行车骑行"出现在第一位并不奇怪。而位居倒数的"停车管理"也不足为奇，因为停车管理的大部分责任在于地方政府。

表 14-12　州 DOT 参与的 TDM 活动

活动	比例	数字
自行车骑行	88%	39
小汽车拼车	88%	36
促进公共交通的使用	83%	34
步行	80%	33
合乘	80%	33
乘车匹配	68%	28
远程办公	49%	20
TDM 营销	49%	20
基于雇主	46%	19
通勤者经济激励措施	44%	18
多乘员车辆专用道道 / 优先	44%	18
推广 / 项目	41%	17
公共交通引导开发	39%	16
行程链	22%	9
拥堵 / 道路收费	12%	5
停车收费 / 管理	7%	3
随车付款保险	2%	1

来源：ICF International, 2010

对于政府资助的 TDM 活动，它们的一个重要作用是可以成为更大的移动性策略的一部分。例如，赞助全区域拼车或合乘可能是为了支持调控车道或多乘员车道项目的一个重要策略。支持弹性时间可以帮助减轻公共交通设施的高峰需求。ITE 的交通流工程手册（表 14-13）展示了交通流管理和 TDM 可以考虑的许多不同策略。在表中，TDM 策略用阴影区域表示。如前所述，出行行为的显著变化需要多个策略的组合才能实现。

表 14-13　交通流管理和 TDM 策略影响选择

技术手段	受影响的出行者选择
主干路管理 - 交通信号管理，动态和固定车道沿地面街道的管理，包括速度管理、行人和自行车与车辆交互、车辆优先级协调以及与其他技术手段的协调，例如出行者信息、电子支付或事件管理等技术	R, M, L
高速公路管理 - 高速公路沿线车道管理，以及与主干路相接的匝道管理，包括速度管理以及与其他技术手段的协调，例如出行者信息、电子支付或者事故管理等技术手段的协调	R, M, L
公共交通管理 - 公共交通服务可供一个站点使用，包括个人安全、线路和排班信息，以及与出行者信息服务相协调	R, M, T, OD
事故管理 - 对非循环事件的检测、反应以及恢复，对人员和公众进行信息回应，最大限度地减少对交通流的影响，最大限度地保证公众和响应者的安全	R, L, T, OD
紧急事件管理 - 危险材料路径和安全管理、路径、协调紧急事件响应服务供应商、信息传播与协调	R, M
道路收费和电子支付 - 与收费设备运行相关的支付服务和系统，浮动收费，VMT 收费，停车设备，公共交通服务	R, M, L, T, OD
旅客信息 - 将出行者旅程前、接近旅程前以及旅程中的现状出行状况、旅程规划服务、特殊事件和停车停息通过路旁、车内或者个人通信设备提供给出行者	R, M, L, T, OD
道路运营与维护 - 通过使用出行者信息、车道和速度管理系统、强制手段以及响应服务供应商来管理施工区以及道路封闭	R, L, T, OD
道路天气管理 - 为影响交通运行和道路条件的天气事件做规划预案，将信息发送给出行者和响应人员，让设备在恶劣条件下运行	R, M, L, T, OD
商务车运营 - 清除和筛选商用车辆以优化货物和服务的流通，同时通过使用路边和车内科技优化安全性和效率	R, L, T

(续)

技术手段	受影响的出行者选择
多式货物联运 - 在国际与国内，使用多种方式结合的一体化货运体系	R, M, L, T, OD
停车管理 - 停车信息、浮动收费、停车路径导航	M, T, OD
高品质的行人通行 - 提供与所有交通网络一体化的行人设施，容纳或者提倡非机动出行	R, M, T, OD
场地便利设施 - 自行车锁、淋浴、ATM、拼车停车位、当地班车服务、远程办公基础设施	M, T, OD
拼车匹配项目 - 小汽车拼车、合乘项目、优先停车位、公共交通、停车补贴	R, M, L, T, OD
灵活工时 - 一天工作10小时、每周工作4天、交错工作时间、灵活工作时间	R, M, L, T, OD
远程办公选项 - 通过远程办公支持雇员-雇主关系的工作环境，考虑可达性、责任性以及生产效率	R, M, T, OD
出行规划 - 结合出行需求和交通管理策略的工作地、学校或者事件规划，以减少汽车使用对场地造成的负面影响	M, T, L, OD
现场出行协调员 - 关注出行服务和需求管理策略的员工和服务	R, M, T, OD

注：1. 阴影区指 TDM 策略。
　　2. 关键出行选择：路线（R）、方式（M）、地点（L）、时间（T）或者起讫点（OD）。
来源：Kraft, 2009

2. 私营公司赞助的 TDM 规划

私营公司在大型就业地点考虑的 TDM 策略类型与上述方法非常相似，因此不再重复。但是，在大多数情况下，这些项目并不像在政府机构赞助的 TDM 规划中那样广泛。在许多都市地区，交通管理组织（Transportation Management Organization，TMO）或交通管理协会（TMA）率先实施了 TDM。TMO 通常是由某个地区的雇主和其他主要利益相关者组成的非营利组织，主要为该地区提供交通服务。它们是其成员实施 TDM 的重点，在某些情况下，例如在佐治亚州的亚特兰大，它们会与具有专用资金来源（例如接收一定比例的商业财产税率）的社区投资区（Community Investment Districts，CID）相结合。TMO 与 CID 的合并对于 TDM 策略的实施具有很大帮助，因为拥有财政资源便意味着可以实施各种不同策略。图 14-2 所示为科罗拉多州丹佛市已经组建的 TMA。它们倾向于集中在主要的就业地点，例如斯台普顿区域 TMA（Stapleton Area TMA），或者沿着州际通道，例如图 14-2 中的 36 号公路通勤选择的 TMA。

想了解更多关于雇主赞助的 TDM 项目，请查阅 Luten et al.（2004）、ICF Consulting and Center for Urban Transportation Research（2005）和 Kuzmyak et al.（2010）。

3. 宣传、营销和雇主支持

宣传和营销既包括提倡使用不同交通方式的一般性工作，也包括针对特定市场目标的工作，比如推广公共交通通行证。在科罗拉多州丹佛的 TDM 规划里，有几个不同层面的宣传和营销工作：

- 区域性活动要求所有 TDM 服务供应商以及媒体的参与及合作，以实现活动的成功和经济有效性。
- 分区活动通常由个体雇主协会或地方政府主导，将特定的消息传递给本地听众。
- 现场的宣传和营销工作通常由个人雇主或地产经理主导。

许多公共机构都聘请了 TDM 协调员来为有兴趣实施 TDM 项目的雇主提供帮助。例如，在弗吉尼亚州劳登郡，有全职工作人员向雇主提供推广和协助，以促进公共交通和多乘员通勤模式，并鼓励和协助雇主为雇员提供通勤福利和激励措施。其他一些例子包括减少 SOV 出行、支持雇员使用拼车、提供公共交通通行证或折扣（DRCOG，2012）。

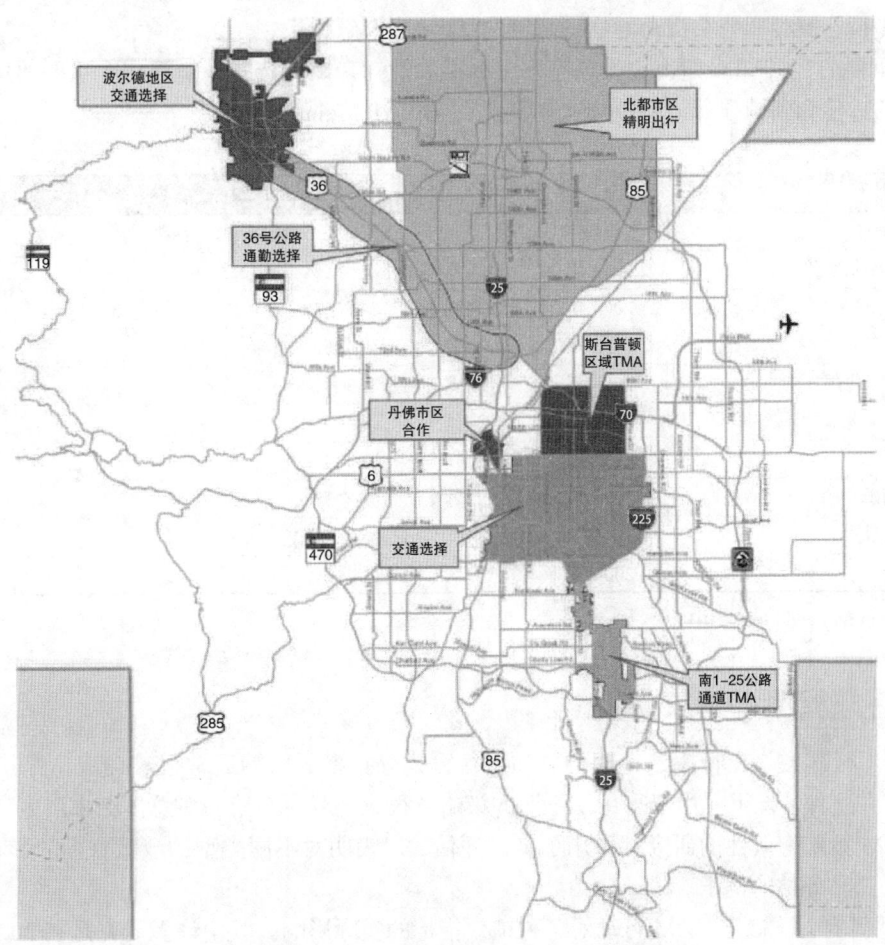

图 14-2 科罗拉多州丹佛市已经组建的 TMA
来源：DRCOG, undated

自20世纪90年代中期开始，一些市场营销学者提出使用市场营销理论来引起社会的改变，即社会营销。社会营销（也被称为个体化营销）是这样被定义的：

"旨在影响目标受众自愿行为的商业营销技术在分析、规划、执行和评估中的应用，以改变其个人福利和社会福利"（Andreasson，1995）。

这一概念在交通方面的首次应用出现在德国，然后很快传到了澳大利亚，在那里被称为智慧出行（Travel Smart），而在美国，俄勒冈州波特兰于2000年第一次使用了这一概念。这一概念是向个人、家庭或目标社区提供有关移动性选择的营销材料和其他信息（McGovern，2005；Cooper，2006；Taylor，2007；Thogerson，2013）。在波特兰，目标街区的居民从市政官员那里收到了有关不同出行选择的个性化信息（步行、骑行、公共交通和共享汽车），并了解到有指导的步行、乘车和其他活动（Dill 和 Mohr，2010）。对此类营销影响的大多数评估都是基于前后调查，通常是营销活动开始一年之后。调查结果令人印象深刻。例如，表14-14展示了在美国不同城市进行的此类前后评估，结果显示独自驾车出行比例减少了4%~12.8%。

表14-14中所示的研究结果的局限因素之一是，大多数研究发生在营销活动之后相对较短的时间内。Dill 和 Mohr（2010）研究了在波特兰社区中进行此类营销的长期影响。研究发现，各个社区的结果都有所不同。在一个社区中，工作日独自驾车出行的份额有明显的下降，但是该变化主要归因于调查期间汽油价格的大幅上涨。步行的增加在统计学上并不显著，而上一个月骑过自行车的人数明显增加。

在另一个社区中，每天采用独自驾车、步行和骑行的比例与短期调查的结果类似。也就是说，独自驾车出行大大减少，步行和骑行出行显著增加。如作者所指出的："研究结果表明，该项目的好处可能会持续超过一年，多达至少两年。但是，西南目标地区的调查结果表明，该项目可能并非在所有环境中都有效。该项目可能在一个拥有更有利于步行、骑行和公共交通的物理环境的社区中更有效。"

作者认为更重要的是:"这个研究也发现态度、标准和认知在出行选择中扮演一个重要的角色,要想项目更加有效,个体化的宣传和营销项目需要影响这些因素"(Dill 和 Mohr,2010)。

表 14-14 从个体化的推广活动预估短期出行下降(美国)

地点	年份	结果
俄勒冈州波特兰 - 希尔斯代尔	2003 年	独自驾车出行减少 9%
俄勒冈州波特兰 - 州际	2004 年	独自驾车出行减少 9%
俄勒冈州波特兰 - 东部	2005 年	独自驾车出行减少 8.6%
俄勒冈州波特兰 - 东北部	2006 年	独自驾车出行减少 12.8%
俄勒冈州波特兰 - 东南部	2007 年	独自驾车出行减少 9.4%
俄亥俄州克利夫兰	2005 年	独自驾车出行减少 4%
北卡罗来纳州达勒姆	2005 年	独自驾车出行减少 7%
加利福尼亚萨克拉曼多	2005 年	独自驾车出行减少 2%
华盛顿贝灵汉	2004 年	独自驾车出行减少 8%

来源:As reported in Dill and Mohr, 2010

14.4 出行需求管理策略的潜在影响

TDM 策略对出行次数、出行率、车辆排放和出行方式分担率的影响通常很难确定,尤其是在评估综合性的 TDM 项目时。在这种情况下,由于采用了不同的策略,很难区分哪个策略对总体结果产生了实际的影响。因此,许多评估 TDM 策略有效性的研究都采用了定性评估,以表明对不同类型的政策目标的影响程度。表 14-15 和表 14-16 展示了这种评估的例子。

目前已有一些研究尝试确定 TDM 行动对各种绩效指标的实际影响。其中许多研究是在 20 世纪 90 年代进行的,例如公共交通联合研究计划(Transit Cooperative Research Program,TCRP)的第 95 号报告列举了出行者对交通系统变化的反应。这一系列报告是为了系统性理解执行 TDM 策略的潜在结果而做出的第一次努力。Gopalakrishna 等人(2012)也对其他报告中识别出来的影响提供了一个很好的总体概述。表 14-17~ 表 14-19 提供了有关不同 TDM 策略影响的一些最新信息。表中的结果再次印证了许多本章讨论的影响出行行为选择的因素,例如在抑制汽车使用的同时,需要有其他可替代方式的重要性,又或者是收费对于改变出行行为的显著作用。其他一些有关 TDM 策略影响的信息,请参见 City of Seattle(2007)、ICF Consulting and Center for Urban Transportation Research(2005)、Ison and Rye(2008)、Transportation Demand Management Encyclopedia、http://www.vtpi.org/tdm/。

表 14-15 TDM 策略的常见排放影响

策略	主要影响类别						主要污染物影响						
	减少车辆行驶里程	减少出行	改变出行时间	减少发动机空转	改变速度	改变燃料	PM2.5	PM10	CO	NO_X	VOC_S	SO_X	NH_3
P+R 设施	•	−					↓	↓	↓	↓	↓	↓	↓
多乘员车道	•	•			•		↓	↓	↓	↓	↓	↓	↓
拼车	•	+					↓	↓	↓	↓	↓	↓	↓
合乘	•	+					↓	↓	↓	↓	↓	↓	↓
骑行/步行	•	•					↓	↓	↓	↓	↓	↓	↓
公共交通服务提升	•	•					↓*	↓*	↓	↓*	↓	↓*	↓
公共交通营销及信息	•	•					↓	↓	↓	↓	↓	↓	↓

（续）

策略	主要影响类别						主要污染物影响						
	减少车辆行驶里程	减少出行	改变出行时间	减少发动机空转	改变速度	改变燃料	PM2.5	PM10	CO	NO$_X$	VOC$_S$	SO$_X$	NH$_3$
公共交通收费	•	•					↓	↓	↓	↓	↓	↓	↓
停车收费/管理	•	•					↓	↓	↓	↓	↓	↓	↓
道路收费	•	•	+				↓	↓	↓	↓	↓	↓	↓
车辆行驶里程收费	•						↓	↓	↓	↓	↓	↓	↓
燃油费	•					•	↓	↓	↓	↓	↓	↓	↓
基于雇主的出行需求管理项目	•	•	+				↓	↓	↓*	↓*	↓*	↓	↓
非基于雇主的出行需求管理项目	•	•	+				↓	↓	↓*	↓*	↓*	↓	↓
土地使用策略	•				•		↓	↓	↓*	↓*	↓*	↓	↓

注：•表示主要影响；+表示可能是显著的影响，但是不存在于所有案例；−表示在部分案例中存在相反效果；↓表示下降，↓*表示通常来说是下降，但是也可能上升。

来源：FHWA, 2006

表14-16　出行需求管理策略和在实现相关政策目标上的效果

政策目标	传统TDM							土地使用以及主动式交通					公共交通			停车			收费				系统管理			
	多乘员管理道路	雇主出行减少项目	工作替代项目	基于校园的出行减少项目	基于事件的出行减少项目	基于休闲娱乐的出行减少项目	共享汽车	合乘项目	开发商出行减少项目	土地使用策略	无车区	骑行设施或限行区	行人设施以及连续性	公共交通服务提升	公共交通优先以及快速公共交通	公共交通费用折扣	停车信息	停车供给管理	停车收费	警戒线收费	拥堵收费	一般经济激励	车辆行驶里程税	匝道控制	一体化通道管理	出行信息	环保驾驶
机动性	3	3	3	3	3	3	3	2	2	2	3	3	2	3	2	3	0	0	0	0	4	0	0	2	3	—
拥堵缓解	1	2	2	2	2	2	0	2	2	3	2	2	2	2	2	2	2	3	2	4	4	2	4	3	2	3	0
空气质量	1	3	3	3	2	2	3	4	2	2	3	3	3	3	3	3	2	3	3	4	4	4	4	0	1	2	2
经济发展	1	0	2	2	1	1	2	2	0	2	0	2	2	2	2	2	2	2	0	0	1	1	3	0	—	1	2	0
土地使用相互作用	2	—	2	1	1	1	2	1	3	3	3	3	3	2	2	2	2	3	2	2	2	2	3	—	—	—	0
货物运输	2	2	2	—	2	2	—	2	2	2	1	1	1	0	0	2	—	2	3	3	3	2	3	2	3
宜居性	2	2	4	4	2	2	2	2	4	4	4	2	2	2	3	3	1	1	2	1	0	—	2	3

注：4表示很有效；3表示一般有效；2表示名义上有效；1表示可能有效；0表示基本上没什么影响。

来源：FHWA, 2013

表 14-17 全国范围内关于 TDM 对减少车辆出行影响的证据

TDM 项目或策略	高等级公共交通（%）	中等级公共交通（%）	低等级公共交通（%）
支持、推广、信息	3~5	1~3	<1
通勤替代服务	5~10	5~10	1~3
财政激励	10~20	5~15	1~5
组合策略			
免费停车	15~20	10~15	3~7
收费停车	25~30	15~20	—

来源：Cambridge Systematics, 2010

表 14-18 华盛顿州 DOT 对 TDM 影响的评估

策略	详细说明	雇员车辆出行减少比例（%）
停车收费[1]	之前是免费停车	20~30
仅信息[2]	关于可用的替换单人使用车辆的方案信息	1.40
仅服务[3]	拼车匹配、穿梭公共汽车、保证乘车回家	8.50
仅货币激励[4]	对小汽车拼车、合乘和公共交通的补贴	8~18
服务加货币激励[5]	例如公共交通优惠券和保证乘车回家	24.50
停车兑现[6]	提供现金福利代替免费停车	17%

[1] Reported in Michigan Sustainable Communities，2013 年。
[2] Schreffler，1996 年。
[3] Schreffler，1996 年。
[4] Reported in Michigan Sustainable Communities，2013 年。
[5] Schreffler，1996 年。
[6] Shoup，1997 年。

来源：As reported in Smart Growth America, 2013

表 14-19 与货币刺激手段和其他场地项目情况相关的车辆出行减少比例 （单位：美元）

其他条件	停车收费		多乘员折扣		公共交通补贴		合乘补贴		小汽车拼车补贴		骑行/步行补贴		出行津贴		其他货币补贴		全部
	有	无	有	无	有	无	有	无	有	无	有	无	有	无	有	无	
全部	24.6	12.3	25.7	13.8	20.6	13.1	15.3	17.2	23.0	16.6	18.2	16.9	19.3	16.0	23.1	16.1	16.9
公共交通可获得性																	
高	27.0	18.9	26.4	25.1	27.4	22.5	26.2	25.9	—	26.0	—	26.0	20.3	26.8	38.2	24.9	26.0
中	13.7	8.0	19.0	9.6	11.2	13.6	10.5	13.5	20.5	10.5	12.1	12.1	19.6	7.7	15.0	11.5	12.1
低	47.4	12.9	47.7	12.9	20.3	10.5	10.5	14.4	30.4	13.3	30.4	13.3	17.6	12.1	22.0	12.3	13.8
支持程度																	
高	24.4	12.5	23.7	16.6	22.8	15.7	14.9	19.6	—	19.0	—	19.0	20.7	18.1	17.3	19.5	19.0
中	27.3	12.9	31.9	13.1	20.4	11.7	11.5	17.1	27.1	14.8	18.2	15.7	20.9	14.3	33.1	13.6	15.9
低	22.8	9.6	24.0	10.2	17.8	10.0	44.2	13.2	10.5	15.3	—	15.0	13.6	15.6	—	15.0	15.0
交通服务																	
公共交通	35.3	2.6	35.3	2.6	35.3	2.0	—	18.9	—	18.9	18.9	21.1	16.7	42.4	11.1	18.9
合乘	34.1	10.7	34.1	10.7	25.0	17.0	23.1	20.3	—	21.3	—	21.3	30.7	17.8	13.8	22.1	21.3
两者都有	23.6	16.1	38.0	14.5	30.2	9.5	16.0	19.3	42.4	16.4	—	18.8	3.4	20.0	—	18.8	18.8
公司车辆	36.6	14.6	34.8	18.9	34.4	7.6	16.4	27.5	38.9	23.2	—	26.2	40.0	15.9	20.7	23.8	24.6
无服务	18.2	11.3	15.6	13.1	13.1	14.2	5.8	14.3	17.7	13.4	18.2	13.3	13.5	13.7	19.2	12.5	16.3

来源：Kuzmyak et al., 2010 Reproduced with permission of the Transportation Research Board.

14.5 数据、模型应用和结果

用于 TDM 分析的数据直接与为该项目设立的目标相关。例如，表 14-20 展示了弗吉尼亚州阿灵顿县 TDM 项目的数据收集规划。在这种情况下，数据收集规划取决于县员工和居民在不同 TDM 策略中的参与程度。此外，表格中显示的数据通过更传统的数据收集方法得到了扩充，包括车流量统计、公共交通载客量和行人/骑行者计数。这些数据用于估计不同交通方式分担率和道路网络的服务水平（参见第 2 章"出行特征及数据"）。数据的收集主要是为了建立一个基准，以监测项目的有效性。

目前已有几种方法和路径来预测 TDM 项目的影响。最简单的是将需求变化与网络特征变化相关联的弹性分

表 14-20 弗吉尼亚州阿灵顿郡 TDM 项目的数据收集规划

数据收集活动	每两年/三年一次	每年一次	每半年一次	每季度/每月一次
持续不断的服务追踪				
雇主服务参与追踪				X
居民服务参与追踪				X
通勤商店参与和交易追踪				X
CommuterPage.com 服务器统计信息				X
行走阿灵顿（Walk Arlington）项目数据和 WalkArlington.com 服务器数据				X
骑行阿灵顿（Bike Arlington）项目数据和 Bike Arlington.com 服务器数据				X
客户信息中心参与和交易追踪				X
拼车服务追踪				X
顾客反馈数据收集				
访客拦截或后续调查反馈卡			X	
交易时分发的通勤商店反馈卡				X
通勤商店顾客拦截调查		X		
通勤信息中心推荐和后续满意度调查				X
CommuterDirect.com 客户的在线后续调查			X	
CommuterPage.com 客户随机样本的在线弹出调查			X	
全郡基准和后续调查				
居民调查——电话和互联网	X			
居民调查——针对低代表性群体				
雇员调查——客户现场	X			
雇员调查——非客户现场和低代表性雇主类型				
商业/雇主调查——互联网（起始）	X			
商业/雇主调查——针对低代表性群体的后续电话				
场地规划内建筑居住者调查				
其他新数据收集（未来）				
重新安置雇主/雇员调查				
居民座谈调查				
MPO 通勤状况报告				
MPO 家庭出行调查				

注：X 表示数据收集正在进行。
来源：Arlington County Department of Environmental Services, 2012

析，例如出行成本或公共交通服务的频率（请参阅第 6 章"出行需求与交通网络建模"）。在某些应用中，类似弹性的比率被应用于反映研究区域中城市设计特征的类型（Ewing and Cervero，2010）。更复杂的方法利用了四阶段出行或基于活动的模型的组成部分。例如，出行生成是两种建模方法的共有组成部分，而且出行生成的数量可以通过应用 TDM 策略来修正（减少），并且减少的出行生成量将贯穿整个模型应用的剩余部分。

Gopalakrishna 等人（2012）在报告中提到，TDM 分析主要用到四种模型：

- 通勤者模型——EPA 通勤者模型使用了提供枢轴点工具的 Logit 模型预测由于改变给定模式选择的时间或出行成本而导致的出行方式转变。雇主支持项目的组成部分是基于模型开发人员的专业判断，并且体现在这些出行方式在支持性活动影响下的分担率的平均变化。
- TDM 有效性评估模型（TDM Effectiveness Evaluation Model，TEEM）——该模型是一种电子表格模型，使用需求的弹性去预测车辆出行的变化。
- 工作场所出行减少模型（Worksite Trip Reduction Model，WTRM）——这个由佛罗里达州 DOT 开发的模型包括 100 多个 TDM 措施，并具有将措施组合成为综合措施包的能力。
- 移动性管理策略的出行减少影响（Trip Reduction Impacts of Mobility Management Strategies，TRIMMS）——TRIMMS 结合了 WTRM 和 TEEM 模型的特点。TRIMMS 使用一个出行需求替代函数的恒定弹性去评估措施，并可以用成本或时间进行表示，以及对软性的支持和信息性措施的结果进行基准化测试。TRIMMS 是为单个工作场所或预先定义的出行市场而开发的。

Gopalakrishna 等人（2012）认为，TRIMMS 可能是最适合应用在交通规划中的模型。关于 TDM 分析工具的其他例子，另见 Winter 等人（2007）和 Bay Area Air Quality Management District（2012）的文章。

关于 TDM 项目的更多信息，请参考：Association for Commuter Transportation（www.actweb.org），TDM Institute（www.transportation2.org），TRB Committee on TDM，Best Work places for Commuters/National TDM and Telework Clearinghouse（http：//www.bestworkplaces.org/），TDM Encyclopedia（www.vtpi.org/tdm），the European Platform on Mobility Management（http：//www.epomm.eu/index.php）。

14.6 总结

出行需求管理（TDM）策略着重于为出行者提供不依赖于独自驾车的出行选择。随着许多都市地区出行需求的增加以及有限的交通网络扩展能力，交通规划师正在考虑影响出行需求的方法，包括减少整体出行需求（例如出行减少条例）或影响需求在交通系统中发生的时间和地点（例如弹性时间项目）。TDM 规划包括确定目的和目标，确定绩效指标并分析 TDM 策略的可能影响。此外，全面的 TDM 项目包括可以由政府代理机构或者私人组织实施的各种策略。TDM 分析依赖于传统数据收集方法收集到的一系列数据，例如车流量和乘客数，以及从调查中得来的主观信息。

出行需求管理通常是州或者都市区交通规划流程的重要组成部分。策略的成功实施通常需要仔细分析出行市场中人们的出行欲望，以及与各种机构和组织之间的紧密协调与协作。考虑到许多都市区都有着与增加该地区的高速路网容量相关的约束，TDM 是交通规划人员可使用的主要选项之一，以促进地区经济健康赖以生存的机动性和可达性。

除此之外，Gopalakrishna 等人（2012）从 TDM 策略的影响文献中识别出了一些关键经验教训。

一个尺寸不适合所有人——TDM 的有效性在很大程度上取决于应用设置、相互补充策略、目标出行市场分段的特征，甚至是 TDM 实施和推广过程中的"活力"。与许多物理改进不同，TDM 策略需要一定数量的教育和推广。这就是说，TDM 策略有效性的可复制性在很大程度上取决于当地条件。

TDM 影响在很大程度上是地方性的——TDM 的有效性在地方层面很容易被衡量，而且这也是最容易发现效果的范围。TDM 被应用到特定的工作场所、开发区、就业中心、聚会场所或者活动中心。有明确出行市场的地区会最容易获得显著效果。

出行者对他们钱包的反应——大部分的评估调查发现，经济性的正向激励和反向激励在管理需求方面有着压倒性的效果。这也从某种程度上解释了经典微观经济分析中的价格影响需求。

停车影响出行选择——停车管理是另一种被广泛接受的能有效改变出行行为的策略，尤其是对出行方式的选择、出行时间和出行地点的改变。停车供给管理也是有效的。停车供给紧缩，也就意味着如果所有人都单独驾驶，那么并没有足够的停车位容纳所有的车。只要距离合适，通勤者就会采取拼车，公共交通甚至骑行和步行。

打包组合是关键——将 TDM 策略打包成有逻辑的、有互补的组合去实现协同效应是最有效的。另一方面，一些策略不能和其他策略互补。一个由传统 TDM 造成非预期结果的例子是关于灵活工作时间和拼车。一些将灵活工作时间策略作为雇员补贴或用来解决停车入口处交通拥堵问题的雇主发现，这个策略同时会抑制拼车的策略，因为拼车往往在固定工作时间的条件下才能发挥更好的效果。

TDM 不是所有交通问题的解决方法——相对于提升容量，TDM 如果用在了对的时间、地点和出行市场，那么它可以作为一个相对低成本且高效的方法。但是单靠 TDM 本身是不足以解决交通拥堵、空气质量、能源和其他城市问题的。

尽管一些规划过程已经建立了独立的 TDM 规划，但真正成功的 TDM 项目是那些将 TDM 政策和策略纳入州或地区的主流交通规划工作中。表 14-21~ 表 14-24 展示了这个过程是如何完成的。

表 14-21　州域规划中的 TDM

规划类型	如何整合 TDM /TDM 的角色
州长期交通规划（Statewide Long-Range Transportation Plan，SLRTP）	• 采用"最后容量"政策为一个州能在特定通道或分区提供的高速容量设定一个限制 • 相较于现在的水平，为车辆行驶里程数设置一个增长限制或设置一个绝对值减少的目标（用于支持能源保护政策）
土地使用政策和规划	• 与区域或地方政府合作评估 TDM 的需求，以减轻大范围开发对附近高速公路所带来的影响 [区域影响的开发（DRI）] • 启动"精明增长"规划，为当地土地使用和分区决策提供技术和政策指导，使提供州系统高速公路容量的能力和意图与地方土地开发与再开发的需求和期待相匹配
通行费、收费和税收政策	• 增设差异化的多乘员收费设施，根据市场需求分配容量。这些收费策略帮助州 DOT 更好地管理需求，同时有利于交通系统表现得更好 • 注意：一些州认为这样的收费措施会带来公平性问题和其他后果，因此需要在实施前加强进一步研究和理解
货运规划	• 在具有适当功能和特征（例如转弯半径、足够的路肩）的路段和通道上，识别、标记和追踪重要的货车路线，用来调节交通流中的单节和多节车辆 • 识别利用低成本措施就可以在少量增加或不增加容量的情况下显著改善交通流和吞吐量的位置
运营和智能交通规划	• 操作可变的指示牌和其他基础设施控制机制以允许在高峰和非高峰期对需求进行灵活的系统管理。例如，改变运营时间，允许单向或双向运行，改变车辆乘员要求等
建设与发展规划	• 在具有较大影响力的基础设施项目中使用可变的信息指示、灵活的信号配时和公共关系活动，用以提醒驾驶人该施工活动，使他们有机会重新规划他们的出行路线或改变出行时间 • 组建合作关系（高速公路和公共交通供应商），以增加公共交通服务机会，减少建设区的交通拥堵
多式联运规划（多个州 DOT 规划涉及多式联运问题，包括新的基础设施项目）	• 运营州域 TDM 项目，执行那些有方法将 TDM 活动和其他州功能整合起来的规划 • 结合那些能减少出行需求的通信技术，以提升交通系统效率，缓解拥堵，降低能源消耗和提升空气质量的通信技术

来源：Gopalakrishna et al., 2012

表 14-22　都市规划中的 TDM

规划	如何整合 TDM/TDM 的角色
都市交通规划	• 都市区 MPO：让 TDM 成为他们长期规划的基石 • 中型 MPO：为 TDM 方案提供专项资金 • 小型 MPO：探索基于 TDM 的方式，判断成员辖区的利益 • 预想 TDM 项目能减少或至少能延后用于提升道路容量的大量资金需求

(续)

规划	如何整合 TDM/TDM 的角色
拥堵管理流程（Congestion Management Process，CMP）	• 作为 CMP 的一部分，相对于对指定道路通道增加通用容量，MPO 作为 TMA 能够明确说明需求管理项目是被优先考虑的 • 对于不可达区域中会增加 SOV 出行的建设项目，提供一种方法来分析 TDM 和运营策略。出行需求减少和运营管理策略应纳入 SOV 项目或由州和 MPO 承诺实施 • 为该地区最拥挤的设施设定特定的 TDM 和交通系统管理（TSM）策略，并为每个设施确定潜在的 TDM 和 TSM 策略的优先级
TDM 专项规划	• 开发特定的 TDM 策略规划去帮助指导长期的 TDM 倡议和内部 TDM 操作的短期运营 • 面向 TDM 的工作组或工作群，以进一步完善与 TDM 相关的倡议，组织特定的 TDM 委员会、工作组或咨询委员会，以帮助指导与 TDM 相关的整体规划流程 • 阐明区域 TDM 目标：①推荐 TDM 活动以达成目标；②指导 TDM 活动的投资；③明确行政架构以监督区域 TDM 规划；④建立评估指标

来源：Gopalakrishna et al., 2012

表 14-23　通道规划中的 TDM

规划	如何整合 TDM/TDM 的角色
主要投资研究	• 对于正在寻求可能的重大改造从而增加指定通道容量的州和区域，可以将 TDM 与诸如 MIS 之类的规划活动整合起来 • 规划包括一个 TDM 或公共交通/TDM 的情景，旨在评估以下方式选择措施的有效性：通过出行减少策略满足不断增长的出行需求
新精明容量项目规划	• 以整体方式集成需求管理，以创建"更智能"的容量提升，例如调控车道
重建规划	• 增加增强的出行选择（例如合乘和特殊公共汽车服务）和刺激使用它们的手段（特殊折扣或者经济奖励） • 通过提供加强的出行信息服务来扩展出行选择的数量和性质 • 在建设期间设置短期需求管理基础设施，例如多乘员车道
拥堵管理流程（CMP）	• 利用包括 TDM 在内的相对短期、低成本的解决方案来解决系统缺陷 • 召集 TDM/CMP 工作组制定 TDM 策略，以解决拥堵设施的关键瓶颈
一体化通道管理规划	• 告知出行者即将发生的拥堵，并告知配套有可使用停车位的替代公共交通服务以鼓励路线内出行方式的转换
多乘员系统规划	• 多个规划（例如弗吉尼亚州的 HOT 通道研究）已将 TDM 和交通支持措施纳入规划，以最大限度地提高改进后设施的效率和旅客吞吐量
区域间通道规划	• 纳入需要跨越州际线的州际间出行的讨论，并通过特别合作来要求特别规划活动
通道 TDM 项目规划	• 制定缓解通道交通拥堵的规划使通勤者出行更简单 • 识别那些能帮助培育负责任的经济发展的出行选择

来源：Gopalakrishna et al., 2012

表 14-24　地方规划中的 TDM

规划	如何整合 TDM/TDM 的角色
总体规划流通要素	• 在总体规划流通要素中将 TDM 作为一种策略推荐，使得本地主干路更有效地运作 • 将 TDM 作为停车管理活动的补充 • 在概述土地使用和分区政策时，对新开发项目增加 TDM 缓解要求
地区发展审核流程	• 通过减少出行的条例或更加非正式、谈判的方式，将 TDM 的作用编入地区规划复审流程
TMA 或者 TDM 规划	• 在本地 TDM 实施代理机构的主持下引进 TDM 规划，例如交通管理协会（TMA）或交通管理区（TMD）
市 TDM 规划	• 制定全市范围的 TDM 规划，着重于城市专项 TDM 活动，可以包括对当前城市活动的描述、这些活动如何适应州和地区的规划与工作以及未来几年的一系列实施目标
气候行动规划	• 制定应对气候变化的行动规划，因为减少汽车使用通常是气候行动中的关键策略，所以 TDM 通常扮演核心角色 • 推动城市和公民可以使用更环保、更清洁的方式（低能耗解决方案，清洁的城市车队）

(续)

规划	如何整合 TDM/TDM 的角色
可持续城市交通规划	• 通过制定以可持续性为基础的交通方案,使 TDM 成为核心。将出行选择、环境缓解和社会包容性作为规划的首要目标
未来应用	• 将 TDM 的重要性提升为一项独立的规划活动,以便协调市级层面的相关活动。市级层面 TDM 规划应寻求超越传统 TDM(通常是场地级别缓解策略的核心),以涵盖广泛的出行需求调节工作,包括停车收费、社区营销、特殊活动规划、警戒线收费以及对主干路的优惠待遇

来源:Gopalakrishna et al., 2012

参考文献

Andreasson, A. 1995. *Marketing Social Change: Changing Behavior to Promote Health, Social Development, and the Environment.* San Francisco, CA: Jossey-Bass Publishers.

Arizona Department of Transportation (AZDOT). 2012. *Travel Demand Management: A Toolbox of Strategies to Reduce Single-Occupant Vehicle Trips and Increase Alternate Mode Usage in Arizona*, Final Report 654. Phoenix, AZ: AZDOT. Accessed Feb. 24, 2016, from https://www.azmag.gov/Documents/TRANS_2014-09-16_Travel-Demand-Management-Final-Report.pdf.

Arlington County Department of Environmental Services. 2012. *Transportation Demand Management Strategic Plan, Fiscal Years 2013 – 2040*. Arlington, VA. Accessed Feb. 22, 2016, from http://www.commuterpage.com/tasks/sites/cp/assets/File/ACCS_TDM_Plan_2013_FINAL_061512.pdf.

Atlanta Regional Council (ARC). 2012. *Stakeholder Engagement Plan Regional Transportation Demand Management Plan*. Atlanta, GA: ARC. Accessed Feb. 22, 2016, from http://www.atlantaregional.com/File%20Library/Transportation/Commute%20Options/Regional%20TDM%20Plan/tp_tdmplan_engagement_070612.pdf.

_____. 2013. *Atlanta Regional Transportation Demand Management Plan*. Atlanta, GA: ARC. Accessed Feb. 22, 2016, from http://www.atlantaregional.com/transportation/commute-options/regional-tdm-plan.

_____. Undated. *Regional TDM Plan – Goals and Strategies*. Website. Atlanta, GA: ARC. Accessed Feb. 22, 2016, from http://www.atlantaregional.com/File%20Library/Transportation/Commute%20Options/Regional%20TDM%20Plan/tp_tdmplan_prioritystrategies_100413.pdf.

Bay Area Air Quality Management District. 2012. *Transportation Demand Management Tool User's Guide*. San Francisco, CA: BAAQMD. Accessed Feb. 17, 2016, from http://www.baaqmd.gov/~/media/Files/Planning%20and%20Research/Smart%20Growth/BAAQMD%20TDM%20Tool%20Users%20Guide.ashx.

Black, C. and E. Schreffler. 2010. "Understanding TDM and its Role in the Delivery of Sustainable Urban Transport," *Transportation Research Record 2163*. Washington, DC: Transportation Research Board.

Boyle D. 2010. *Transit Fare Arrangements for Public Employees*, TCRP Synthesis 82. Washington, DC: Transportation Research Board. Accessed Feb. 23, 2016, from http://onlinepubs.trb.org/onlinepubs/tcrp/tcrp_syn_82.pdf.

Cambridge Systematics. 2010. *Increasing the Integration of TDM into the Land Use and Development Process*. Fairfax County (Virginia) Department of Transportation, May.

Center for Urban Transportation Research. 2005. *Incorporating TDM into the Land Development Process*, Report FDOT–BD549-12. Tampa, FL: CUTR. Accessed Feb. 22, 2016, from http://www.nctr.usf.edu/pdf/576-11.pdf.

City of Alexandria. Undated. *Transportation Management Plan for BRAC 133 at Mark Center*. Alexandria, VA. Accessed Feb. 22, 2016, from https://www.alexandriava.gov/uploadedFiles/planning/info/BRACAdvisoryGroup/TDM%20Plan.pdf.

City of Kitchener. 2011. *Transportation Demand Management Plan*, Memorandum from John McBride to Planning & Strategic Initiatives Committee, Kitchener, Ontario, Canada. Accessed Feb. 22, 2016, from https://www.kitchener.ca/en/livinginkitchener/resources/TransportationDemandManagementReportandStrategy.pdf.

City of Pasadena. Undated. *Article 4 — Site Planning and General Development Standards*. Website. Pasadena, CA. Accessed Feb. 23, 2016, from http://ww2.cityofpasadena.net/zoning/P-4.html#17.46.290.

City of Seattle. 2007. *Best Practices Transportation Demand Management (TDM), Seattle Urban Mobility Plan*. Seattle, WA.

Accessed Feb. 22, 2016, from http://www.seattle.gov/transportation/docs/ump/07%20SEATTLE%20Best%20Practices%20in%20Transportation%20Demand%20Management.pdf.

Cooper, C. 2006. *Successfully Changing Individual Travel Behavior, Applying Community-Based Social Marketing to Travel Choice*. Seattle, WA. Paper submitted to the Transportation Research Board for presentation at the 2007 annual meeting. Accessed Feb. 22, 2016, from http://www.kingcounty.gov/~/media/transportation/kcdot/MetroTransit/InMotion/toolkit%20stuff/ResearchPaper.ashx?la=en.

Denver Regional Council of Governments. 2012. *DRCOG Regional TDM Short Range Plan (2012–2016)*. Denver, CO: DRCOG. Accessed Feb. 22, 2016, from https://drcog.org/sites/drcog/files/resources/Regional%20TDM%20Short%20Range%20Plan%20%282012-2016%29.pdf.

_____. Undated. *TMOs/TMAs in the Denver Region*, Denver, CO: DRCOG. Accessed Feb. 19, 2016, from https://drcog.org/sites/drcog/files/resources/TMA-TMOs%20in%20the%20Denver%20Region.pdf.

Dill, J. and C. Mohr. 2010. *Long-Term Evaluation of Individualized Marketing Programs for Travel Demand Management*, Final Report OTREC-RR-10-08. Accessed Feb. 19, 2016, from http://pdxscholar.library.pdx.edu/cgi/viewcontent.cgi?article=1012&context=usp_fac.

Ewing R. and Robert Cervero. 2010. "Travel and Built Environment: A Meta-Analysis." *Journal of the American Planning Association*, Vol. 767, Issue 3, June.

Federal Highway Administration. 2013. *Known Effectiveness of TDM Strategies*. Website, U.S.DOT. Washington, DC: FHWA. Accessed Feb. 24, 2016, from http://www.ops.fhwa.dot.gov/publications/fhwahop12035/chap10.htm.

Fraser Basin Council. 2009. *Transportation Demand Management: A Small and Mid-Size Communities Toolkit*. British Columbia, Canada. Accessed Feb. 22, 2016, from http://www.fraserbasin.bc.ca/_Library/CCAQ/toolkit_tdm_2009.pdf.

Georgia Department of Transportation. 2009. *Cash for Commuters*. Atlanta, GA: Georgia DOT. Accessed Feb. 23, 2016, from http://www.dot.ga.gov/DriveSmart/Travel/Documents/AirQuality/reports/2009-CashforCommutersSurvey.pdf.

Gopalakrishna, D., E. Schreffler, D. Vary, D. Friedenfeld, B. Kuhn, C. Dusza, R. Klein, and A. Rosas. 2012. *Integrating Demand Management into the Transportation Planning Process: A Desk Reference*, FHWA Report FHWA-HOP-12-035. Washington, DC: Federal Highway Administration. Accessed Feb. 23, 2016, from http://www.ops.fhwa.dot.gov/publications/fhwahop12035/index.htm.

Halifax Regional Municipality. 2010. *Halifax Transportation Demand Management (TDM) Functional Plan*. Halifax, Nova Scotia, Canada. Accessed Feb. 22, 2016, from https://www.halifax.ca/regionalplanning/documents/TDM_FunctionalPlan_2010.pdf.

Hampton Roads Transit. 2014. TRAFFIX Annual Report Fiscal Year 2014. Hampton Roads, VA. Accessed Feb. 23, 2016, from http://www.hrtpo.org/uploads/docs/2014%20Traffix%20Annual%20Report%20-%20ckm.pdf.

ICF Consulting, Center for Urban Transportation Research, Nelson\Nygaard, and ESTC. 2003. *Strategies for Increasing the Effectiveness of Commuter Benefits Programs*, TCRP 87. Washington, DC: Transportation Research Board. Accessed Feb. 23, 2016, from http://onlinepubs.trb.org/onlinepubs/tcrp/tcrp_rpt_107.pdf.

ICF Consulting and Center for Urban Transportation Research. 2005. *Analyzing the Effectiveness of Commuter Benefits Programs*, TCRP Report 107. Washington, DC: Transportation Research Board. Accessed Feb. 22, 2016, from http://onlinepubs.trb.org/onlinepubs/tcrp/tcrp_rpt_107.pdf.

ICF International. 2010. *State Department of Transportation Role in the Implementation of Transportation Demand Management Programs*, Research Results Digest 348, NCHRP. Washington, DC: Transportation Research Board. Accessed Feb. 22, 2016, from http://onlinepubs.trb.org/onlinepubs/nchrp/nchrp_rrd_348.pdf.

ICF International. 2006. *Multi-Pollutant Emissions Benefits of Transportation Strategies*, FHWAHEP-07-004. Prepared for the Federal Highway Administration. Washington, DC: FHWA. Accessed Feb. 23, 2016, from http://www.fhwa.dot.gov/environment/air_quality/conformity/research/mpe_benefits/.

Ison, S. and T. Rye (eds.). 2008. *The Implementation and Effectiveness of Transport Demand Management Measures: An International Perspective*. Aldershot, England; Burlington, VT: Ashgate.

Kraft, W. (ed.). 2009. *Traffic Engineering Handbook*, 6th ed. Washington, DC: Institute of Transportation Engineers. Referenced in FHWA, "The Evolving Role of Demand Management," Accessed Feb. 22, 2016, from http://ops.fhwa.dot.gov/publications/

fhwahop12035/chap2.htm.

Kuzmyak, R., J. Evans, R. Pratt, et al. 2010. *Traveler Response to Transportation System Changes*, TCRP Report 95, Chapter 19: "Employer and Institutional TDM Strategies." Washington, DC: Transportation Research Board. Accessed Feb. 22, 2016, from http://onlinepubs.trb.org/onlinepubs/tcrp/tcrp_rpt_95c19.pdf.

Litman, T. 2010. "Least-Cost Transportation Planning," *TDM Encyclopedia*. Victoria, BC, Canada: Victoria Transport Policy Institute. Accessed Feb. 22, 2016, from http://www.vtpi.org/tdm/tdm21.htm.

_____. 2011. *Guide to Calculating Mobility Management Benefits*. Victoria, BC, Canada: Victoria Transport Policy Institute. Accessed Feb. 22, 2016, from http://www.vtpi.org/tdmben.pdf.

_____. 2014. *About This Encyclopedia*. Victoria, BC, Canada: Victoria Transport Policy Institute. Accessed Feb. 23, 2016, from https://www.vtpi.org/tdm/tdm12.htm.

_____. 2015. *Why Manage Transportation Demand?* Victoria, BC, Canada: Victoria Transport Policy Institute. Accessed Feb. 22, 2016, from http://www.vtpi.org/tdm/tdm51.htm.

Loudoun County. 2010. *Long-Range Transportation Demand Management (TDM) Plan*. Leesburg, VA: Office of Transportation Services. Accessed Feb. 24, 2016, from http://www.loudoun.gov/DocumentCenter/View/86272.

Luten, K., K. Binning, D. Driver, T. Hall, and E. Schreffler. 2004. *Mitigating Traffic Congestion: The Role of Demand-side Strategies*, FHWA Report FHWA-HOP-05-001. Washington, DC: Federal Highway Administration. Accessed Feb. 22, 2016 from http://www.ops.fhwa.dot.gov/publications/mitig_traf_cong/mitig_traf_cong.pdf.

Marsden, G. 2006. "The Evidence Base for Parking Policies—A Review." *Transport Policy*, Vol. 13, No. 6, pp. 447–457.

McGovern, E. 2005. "Social Marketing Applications and Transportation Demand Management: An Information Instrument for the 21st Century." *Journal of Public Transportation*, Vol. 8, No. 5. Tampa, FL: University of South Florida, Center for University Transportation Research.

Meyer, M. D. 1999. "Demand management as an element of transportation policy: using carrots and sticks to influence travel behavior." *Transportation Research Part A: Policy and Practice 33*(7–8): 575–599.

Michigan Sustainable Communities. 2013. *Transportation Demand Management, State of the Practice*. Washington DC: Smart Growth America. Accessed Feb. 22, 2016, from, http://smartgrowthamerica.org/documents/state-of-the-practice-tdm.pdf.

Oregon DOT. Undated. *Least-cost Planning*. Website. Accessed Feb. 22, 2016, from http://www.oregon.gov/ODOT/TD/TP/pages/lcp.aspx.

Puget Sound Regional Council. 2013. *Regional TDM Action Plan*, FY 2013 – 2018. Seattle, WA: PSRC. Accessed Feb. 22, 2016, from http://www.psrc.org/transportation/managing-demand-tdm.

Saleh, W. and G. Sammer. 2009. *Travel Demand Management and Road User Pricing: Success, Failure and Feasibility*. Aldershot, HANTS, UK: Ashgate Publishing.

San Diego Association of Governments. 2012. *Integrating Transportation Demand Management Into the Planning and Development Process*. San Diego, CA: SANDAG. Accessed Feb. 22, 2016, from http://www.sandag.org/uploads/2050RTP/F2050rtp8.pdf.

Schreffler, E. 1996. "TDM Without the Tedium." Presentation to the Northern California Chapter of the Association for Commuter Transportation, March 20.

Shoup, D. 1997. "Evaluating the Effects of California's Parking Cash-out Law: Eight Case Studies." *Transport Policy*, Vol. 4, No. 4.

_____. 2005. *The High Cost of Free Parking*. Chicago, IL: American Planning Association.

_____. and A. P. Association. 2005. *Parking Cash Out*. Chicago, IL: American Planning Association.

Smart Growth America. 2013. *Transportation Demand Management, State of the Practice*. Report prepared by Nelson\Nygaard Consulting Associates Inc. Accessed Feb. 24, 2016, from http://smartgrowthamerica.org/documents/state-of-the-practice-tdm.pdf.

Taylor, M. 2007. "Voluntary Travel Behavior Change Programs in Australia: The Carrot Rather Than the Stick in Travel Demand Management." *International Journal of Sustainable Transportation*, Volume 1, Issue 3.

Thogerson, J. 2013. "Social Marketing in Travel Demand Management." In Garling, Ettema, and Friman (eds). *Handbook of Sustainable Travel*. New York: Springer Science and Business.

University of South Florida. 2010. *Fundamentals About a Guaranteed Ride Home Program*. Website. Accessed Feb. 23, 2016, from http://www.nctr.usf.edu/clearinghouse/grhfund.htm.

Winters, P., N. Georggi, S. Rai, and L. Zhou. 2007. *Impact of Employer-based Programs on Transit System Ridership and Transportation System Performance – Final Report*, Report FDOT # BD-549-25; NCTR # 77605. Tampa, FL: Center for Urban Transportation Research, University of South Florida. Accessed Feb. 17, 2016, from http://www.nctr.usf.edu/pdf/77809.pdf.

第 15 章

州域交通规划

15.1 引言

美国各州的州交通部（DOT）负责管理州际公路系统的设计、规划、建设、运营和维护工作。此外，多数州交通部还负责管理其他交通系统，如公共交通、轮渡和航空。州交通部为分析州际间、州内和区域层面的交通需求并解决交通问题提供了关键州际景况。对于交通系统而言，各个交通方式之间的整体连通性是保障其运转良好的关键要素之一。因此，州交通部的一个重要作用就是评估公路、机场、公共交通、铁路和港口等各交通系统之间的连通性。随着各州经济对国家和国际经济交易依赖性的逐步增加（例如，工作岗位的跨境流动和货物在全球范围内的交易），州交通部对于评估各交通系统连通性的作用也变得越来越重要。

近年来，许多州的交通规划和项目实施趋向由地方主导，而州层面的规划更多是为区域、县、市和地方层面的规划提供一个必要的景况。同时，随着州和联邦层面对地方交通项目的财政支持日益减少，地方交通项目越来越依赖于地方、都市区和公私合作等来源的财政支持，更进一步促成了上述趋势。然而，为了系统地理解交通需求和解决方案，需要在州和都市区层面加强政府间的规划与合作。

州域交通规划涉及的活动和内容十分广泛。例如，针对各不同交通系统制定专项规划，如州域轨道交通系统规划、行人和自行车规划、航空规划和公共交通规划。有些州则整合各交通子系统制定州域综合交通规划，围绕政策和投资策略以达到提高交通系统整体水平的目标。许多州针对可能会影响未来交通系统高效运作的关键问题进行了规划研究，包括州域货运流量、人口老龄化和交通领域财政预算下降等话题。还有一些州为交通路段研究投入了大量的资源，以更好地明确在交通基础设施和运营方面的策略，从而改善整个交通系统。

《2025 年加州交通规划》对州域交通规划的作用做了很好的描述（加下划线的文字是编者认为的重点）：

《2025 年加州交通规划》（CTP）是一项政策规划，旨在<u>指导各级政府和私营部门的交通投资和决策。</u>

<u>它符合并支持</u> 21 世纪加州建设委员会（California Commission on Building for the 21st Century）发布的《为加州投资：加州未来繁荣和生活质量战略规划》（Invest for California, Strategic Planning for California's Future Prosperity and Quality of Life）中的结论。

该文件<u>提供了</u>未来加州交通系统的<u>愿景</u>，并探讨了可能影响出行行为和交通决策的主要趋势……然后提供了为实现愿景所需的<u>目标、政策和战略</u>……

最值得注意的是，《2025 年加州交通规划》<u>反映了</u>由参议院第 45 号法案带来的<u>在交通规划和项目选择责任方面的转变</u>……

《2025 年加州交通规划》是在与州内 44 个区域交通规划机构协商后制定的，并<u>为制定未来的区域交通规划提供指导</u>……

此外，《2025 年加州交通规划》还<u>考虑了许多其他重点交通规划中的结论和建议</u>，如加州航空系统规划、区域间交通战略规划、智能交通系统战略部署规划、加州铁路规划、高速铁路规划、美国铁路公司的加州客运铁路系统 20 年改善规划、加州的骑行和步行蓝图以及州公路运营和维护 10 年规划（Caltrans，2006）。

总结上述信息，州域交通规划的作用包括：①为州内的投资决策过程提供信息；②反映其他州级机构的政策指导；③为改善州内交通系统提供愿景、目标、目的和战略；④响应法规要求；⑤对州内其他机构的规划起到指导作用；⑥吸收州内其他规划的经验成果。美国制定州域交通规划的另一个原因是联邦政府要求定期开展这一过程，下一节将简述联邦政府对州域规划的要求以及联邦政府在促进州域交通规划方面的历史角色。

同样重要的是，州域交通规划需要对投资方案和战略进行广泛审查，以确保交通系统更加高效地运转（Meyer，1999）。其中部分战略是由州交通部负责的（例如，州公路系统道路的建设或重建），而其他策略，如土地精明使用政策，则由其他各级政府机构负责。由于交通和土地使用战略的联系，不仅州交通部的职员需要具备全面的专业知识，交通规划人员也需投入大量精力与不同团体和组织进行互动合作。这种合作不仅会发生在州交通部与其他组织之间，也会发生在州交通部内部。例如，最擅长制定运营策略的员工往往在州交通部的交通运营组或交通工程组。由于这些运营策略往往是州域或者区域交通规划的一部分，所以这些员工往往需要与机构内其他部门的员工保持紧密的互动。

州交通部的另一项主要责任是对城际交通基础设施的维护以及交通服务的管理，这其中包括都市区内的多条州际公路。它们承担了城市内和区域内重要的交通联系，因此也通常是州内使用最多的公路。各级政府在交通规划和决策中所发挥的作用往往是由公路网的功能分类来确定的（详见第2章和第9章）。州交通部倾向于将重点放在州际公路系统和主要的城际和区域间公路上。地方政府则更关注城市次干路和地方道路。但是在某些州也存在例外情况，比如北卡罗莱纳州交通部就对州内的绝大部分道路负责。

州交通部也经常参与州际交通通道的研究。这些研究通常跨越州的边界，遵循货运和城际客运的市场边界。许多最早的跨州研究是结合国际贸易路线进行的，特别是墨西哥 - 美国 - 加拿大的贸易路线。如今许多交通通道研究的重点不仅仅局限于贸易活动，也会关注人和货物的州际流动，特别是需要跨州合作的情况。因此，州交通部的交通规划对于这类研究具有重要作用，包括提供州域交通数据和创新多州交通融资方式等方面。

15.2小节将讨论州域交通规划的立法基础，重点是联邦层面相关立法过程的演变。15.3小节将介绍州域交通规划的主要步骤，并举例说明各州的规划。15.4小节则介绍州交通部在交通专项规划中所发挥的作用，例如州域铁路规划、慢行系统规划以及航空规划等。

15.2　联邦政府的作用

美国州域交通规划的历史与联邦立法以及为发展国家公路系统提供的联邦资金密切相关。不过对这种影响的详细研究不在本章的讨论范围。本章会重点探究对美国州域交通规划起到关键作用的联邦基准法律，因为正是这些法律才造就了当今的交通规划（关于联邦政府在交通规划中的作用，详见第1章）。

1921年的《联邦公路法》是首部向各州提供资金以建设"联邦援助公路网络"的联邦法律。1934年，国会授权各州将每年联邦公路拨款的1.5%用于测量、规划、工程和经济分析，这是联邦资金首次在程序上被允许使用在此类目的上。1956年的《联邦援助公路法》和《税收法案》再一次增加了联邦政府对此类用途的资金支持，包括授权建设州际公路和防御系统，并通过收取联邦汽油税为其提供资金。随着这些法案的通过，各州启动了大规模的公路建设计划。直到20世纪90年代，该计划仍是州域交通规划内的主要建设项目。鉴于数十年来对州际公路规划的重视，以及州属道路网络的发展，使得各州交通部往往难以关注新的多式联运形式以及相关项目方向。

如果要选出一部对后州际时代州域交通规划背景最具影响的法律，那么无疑是1991年的《多式陆上运输效率法案》（Intermodal Surface Transportation Efficiency Act，ISTEA）。尽管许多州多年来一直在进行州域交通规划，但该法案首次要求每个州制定州域交通规划程序和州域交通规划（Statewide Transportation Plan，STP）。《多式陆上运输效率法案》要求规划过程的范围包含多式联运，并与都市区的交通规划紧密联系，并设定除提高交通系统性能以外的目标。该法规出台以后，后续的相应交通规划必须拥有至少20年的时间跨度。许多州也出台了相应州法以进一步强化来自联邦的要求，包括在规划过程中必须将针对骑行、步行和公共交通的投资纳入考虑范畴。《多式陆上运输效率法案》还要求更加关注为传统规划中的弱势群体提供交通服务，特别是关注交通环境对他们的影响。

更为重要的是，《多式陆上运输效率法案》强调都市区范围内交通投资决策过程的共通性。都市规划组织（Metropolitan Planning Organizations，MPO）对于区域规划具有独一无二的作用，因为MPO经常会参与到地方的资源和土地使用规划。通过扩大MPO在决定本地区交通优先事项方面的作用，可以预见，它将会为决策提供更广泛的视野,而不仅仅局限于交通影响。《多式陆上运输效率法案》还要求都市交通规划必须受到"财政限制",其中应该只包括已确认得到投资的项目。这一要求是为了使交通规划不脱离现实,并在此过程中鼓励利益取舍,提供切合实际的联运交通项目和服务。

1998年,国会通过了《21世纪交通公平法案》(Transportation Equity Act for the 21st Century,TEA-21),该法案重新确定了《多式陆上运输效率法案》所规定的州交通部和都市规划组织的交通规划的基本框架。该法案还建立了全新的资助项目,用以社区保护、改善交通和缓解环境问题。在规划方面,《21世纪交通公平法案》将之前要求的州域和都市交通规划的要素总结为以下七大类:

1)提高美国、各州域和都市区的整体经济活力,特别是通过提高全球竞争力、生产力和效率的方法。
2)增加机动车和非机动车交通系统的安全和保障。
3)增加人和货运的可达性和交通模式的选择。
4)保护和改善环境,促进能源节约,提高生活质量。
5)加强州域内各交通系统的一体化和连通性。
6)保证系统的高效管理和运行。
7)强调对现有交通系统的维护 [23USC135(h)(1)]。

2005年发布的《安全、尽责、灵活、高效运输公平法案:用户权益》(Safe, Accountable, Flexible, Efficient Transportation Equity Act—A Legacy for Users,SAFETEA-LU)进一步明确了各州交通部需要制定州域交通规划的要求。各州需要:①持续开展全面的、关注多式联运的州域交通规划流程,包括制定覆盖至少20年的州域交通规划(STP);②制定州域交通改善计划(Statewide Transportation Improvement Program,STIP)。STIP应列出该州未来4年所有使用联邦资金建设或实施的重要项目。任何MPO为其所在地区准备的项目清单都必须不加修改地纳入STIP。《安全、尽责、灵活、高效运输公平法案:用户权益》中进一步要求州域的规划过程需与都市规划组织的规划过程相互协调,并且与受州域规划影响但不属于都市区范围内的地方政府进行沟通。虽然MPO的交通规划需要保持"财政限制",但由州交通部编制的州域交通规划(STP)则没有类似约束。

《安全、尽责、灵活、高效运输公平法案:用户权益》中与州域交通规划有关的其他重要规定包括:

1)州长期规划必须讨论"潜在的环保活动和开展环保活动的潜在区域,从而尽可能缓解规划对环境保护和修复能力造成的影响"。这项工作需要与联邦、州、保留地、野生动物、土地管理和监管机构进行商讨。在商讨中应将州域交通规划与州和保留地的保护规划、地图、自然或历史资源名录有机地结合起来。
2)州长期规划必须与都市规划组织、非都市区内但受影响的政府和保留地组织协商制定。交通项目年度清单应由州政府、公交运营商以及都市规划组织共同制定。
3)州交通部在公开规划以及改进方案的过程中需增强公众参与度。例如,在可广泛接受的时间和地点举行公开会议,并采取可视化的方式向大众展示规划方案。
4)各州需要制定公路安全战略规划,概述本州所面临的公路安全问题。尽管这一责任并不属于州域交通规划人员,但安全规划和州域交通规划之间有着紧密的联系(详见第23章)。

新法规中最重要的变化之一是要求在州层面的规划中加强对州长期规划与地方土地使用规划之间一致性的关注。《安全、尽责、灵活、高效运输公平法案:用户权益》对《21世纪交通公平法案》中的第4个规划要素(见上文)做了如下修改:

"……保护和改善环境,促进能源节约,提高生活质量,促进交通发展与州和地方规划的增长、经济发展模式之间的一致性。"

这个新规定也反映了一种趋势,即许多州层面的规划越来越重视州长期规划和地方土地使用规划之间的关系。一些州已经有法律要求他们应以与地方规划相一致的方式进行规划过程;在另一些州,则对如何与地方规划相互协同有更直接和明确的要求。

2012年通过的《迈向21世纪进程》(Moving Ahead for Progress in the 21st Century MAP-21)法案为州域和都市交通规划引入了一个重要的新内容,即使用绩效指标来衡量规划目标的完成进展。《迈向21世纪进程》将绩效目的、衡量标准和期望效果纳入确定交通改善项目以及项目选择过程中。长期规划中应描述交通系统改善的绩效目标和衡量标准，以及绩效指标的完成进度。该法规为联邦资助的公路项目确定了以下绩效目的：
- 安全：在所有的公共道路上显著减少交通死亡和重伤事故。
- 基础设施状况：保持公路基础设施系统的良好维护状态。
- 减少拥堵：显著减少国家公路系统的拥堵。
- 系统可靠性：提高地面运输系统的效率。
- 货运流动和经济活力：改善国家货运网络，加强乡村社区进入国家和国际贸易市场的能力，支持地区经济发展。
- 环境可持续发展：提高交通系统的性能，同时保护和改善自然环境。
- 减少项目交付延误：通过减少监管负担和改进机构工作方法，消除项目开发和交付过程中的延误，推动项目完成速度，最终减少项目成本，促进就业和经济，加快人员和货物流动。

各州负责制定支持这些目的的绩效目标，并在州域规划中说明如何通过项目选择来实现这些目标。此外，《迈向21世纪进程》要求明确国家货运网络，并对推动货运绩效目标的优先项目给予激励。虽然没有强制要求，但《迈向21世纪进程》鼓励各州制定自己的货运规划，并成立货运咨询理事会。该法规还规定，经联邦公路局货运规划批准的项目有资格获得额外的联邦补助。《迈向21世纪进程》促使大多数的交通规划逐渐将重点放在法定的绩效目标上，并专注于如何实现这些绩效目标。

2015年通过的《安排美国陆上运输法案》（Fixing America's Surface Transportation，FAST）延续了《迈向21世纪进程》中确立的规划要求。此外，它还设立了以下要求：
- 要求各州提交一份报告，说明在一个报告周期后，如果州交通部在任何绩效目标中没有实现或取得明显进展，将采取哪些行动来实现绩效目标。
- 扩大交通规划流程的范围，包括交通弹性和可靠性问题，并考虑改善旅游交通。
- 要求各州交通部将没有都市规划组织（MPO）代表的公共交通机构的绩效指标纳入其长期交通规划中，无论该机构位于城市还是乡村地区。
- 在长期交通规划中增加关于公共港口和货运轮船的内容。
- 在都市区和州域交通规划过程中鼓励城际公共汽车相关的多式联运设施。

最重要的是，该法案加强了对州交通部的要求，即在州的长期交通规划中需对所采用的绩效指标和系统性能进行报告说明。该步骤是第1章中基于绩效规划的一个重要组成部分。

15.3 州域交通规划

州域交通规划是可使州交通系统运作达到理想状态的最具成本效益和最合适的交通战略。第1章中描述的通用交通规划流程可以用来说明大多数州所采用的州域交通规划流程。

大多数州域规划流程由确定当前交通系统情况（过去的趋势和当前的系统状况）开始，然后分析当前系统在多大程度上满足了当今和未来的出行需求。下一步是通过对公众反馈的信息和数据进行分析，明确未来面临的问题，并提出可能的解决方案。随后，根据预先确定的标准对备选方案进行评估，以确定对该州最有效的投资策略。最终，制定建设项目。整个规划过程是连续的，即从规划制定到资金筹措再到方案实施，然后在下一个规划周期中再次进行评估和重新考虑，并且整个过程都以公开透明的方式进行。

尽管规划过程会因为各州传统、州法律和州交通部的能力而有所不同，但不同的州域规划存在数个共通点。州域交通规划的基本步骤与其他公共规划过程并没有太大的区别，最大的区别在于州域规划涉及一个很大的地理范围，如一条城际通道或是整个州本身。按照第1章提出的规划框架，州域交通规划过程的基本步骤包括：

1）确定交通规划的重点和范围。
2）确定交通规划的问题和机遇。
3）制定交通规划的愿景、目标和目的。
4）确定和使用系统性能指标。
5）需求评估。

6）基于绩效目标，分析交通系统的不同方案。
7）评估交通系统的不同方案。
8）确定项目的优先次序。
9）监测系统和项目绩效。

接下来将详细描述以上每一个步骤，本手册的其他章节也可能会对其中某一个步骤进行更详细的描述。这些章节指引在正文中都有具体标注，这里不再复述。

需要注意的是，州域交通规划是以一种非常开放的方式进行的。随着时间的推移，州交通部已经转向寻求更多持续的公众参与。正如最近联邦法规所强调的那样，交通规划需更关注公众意见和对弱势群体的潜在影响。法规还建议州交通部应与都市规划组织以及州自然资源保护机构，特别是负责州空气质量实施规划的机构展开积极的互动与合作。根据联邦法律，未达到国家环境空气质量标准的地区需要制定空气质量管理规划，这些规划对未来交通设施和服务的发展有巨大影响。虽然主要影响的是空气质量未达标地区（由美国环境保护署界定）的项目，但1990年的《清洁空气法案》要求交通规划和项目必须符合州环境机构制定的空气质量实施规划。现在，许多州都有指导空气质量政策的跨机构合规工作小组，以及MPO或州资源规划团体的DOT代表。

15.3.1 确定交通规划的重点和范围

规划的目的、重点和研究边界需要在规划过程中尽早确定。例如，规划是针对规划区域内所有交通系统和方式，还是仅仅关注那些由州交通部负责的系统？它将为具体的项目提供建议，还是仅仅为了确立总体政策方向？在某些情况下，州法律对州交通部的职责，以及州域交通规划过程的任务和时间安排都有非常明确的规定。此外，联邦法律也明确了州交通规划过程的基本特征，并决定了哪个交通系统在有限的联邦资金中获得优先支持。

由于州域交通规划的背景不断变化，以及各州对州域交通规划设定的目的各不相同，州域交通规划可能呈现出不同形式。具体包括：

- 政策规划——这些规划通常包括宽泛的目标陈述，以确立州交通部的总体方向，通常不包括具体实施的行动、地图或项目。政策规划被公认为有足够的灵活性来指导部门工作，以及促进更普遍的社会目的和目标。然而，州层面政策规划经常因为没有明确具体行动（以及相应的资金支持）而被诟病，同样也没有提供实现规划目标的具体时间框架。
- 战略规划——该类规划有时被称为商业规划，主要针对州政府机构的内部运作。这类规划通常是在总体政策规划之后制定的，往往将机构资源用于短期、有针对性的优先事项中。
- 投资或财务规划——这类规划可以根据机构的预算流程进行调整，也可以用来详细说明长期的、具体项目的支出计划。这类规划通常与特定的项目绩效目标挂钩。
- 中期交通项目规划——这些规划提供了一个6~10年的项目规划表，其中前3~4年包括了州交通部将实际设计和建设的项目，后几年则列举了那些可能在规划期间进入建设周期的项目。对于这些后几年项目的描述通常相当笼统，只有项目地点、完成阶段和总预算分配。
- 系统或通道层面规划——系统层面规划通常基于州域或区域的视角。通道规划是根据主要的交通路线来确定的，并通常体现"超越路面（beyond the pavement）"的理念，在规划中会涵盖如连通性、开发强度和土地使用等问题。

一般来说，上述每一个规划都可以被州交通部或其他州级规划组织用来制定和传达该机构的战略方向。它们还可以作为一种工具来说明和证明未来的需求；指导机构的规划和项目开发活动；与政治领导人和公众就交通问题进行沟通；监测整个系统和投资的绩效目标。

下面的例子说明了制定交通规划和规划过程的不同方法，以及不同州交通部的研究边界。

1. 加利福尼亚州

加州法规要求加州交通部制定加州交通规划（California Transportation Plan，CTP），规划内容需包括以下几个要素：

- 政策声明，描述州的交通政策和系统绩效指标。
- 战略要素，包括从已采纳的区域规划中总结出的广泛的系统概念和战略……也就意味着，州交通规划并不是以具体项目为主的。
- 经济预测和建议，以实现概念、战略和绩效目标。

加州法律中还规定指定的区域交通机构采用20年的长期区域交通规划。在加州交通委员会的指导下，这些区域规划、加州交通规划和地方政府机构制定的所有其他交通规划必须保持一致。委员会不能制定与这些区域交通规划不一致的项目。除了这些要求，加州法律还将大部分的州政府资金分配给各地区进行投资决策。

2. 印第安纳州

印第安纳州交通部（Indiana Department of Transportation，INDOT）通过2030年长期规划对州的交通系统进行了界定，其中按照管理责任进行了分层——州政府、都市规划组织、小型城市和乡村地区。

印第安纳州的长期规划是以通道分类系统为基础的，该系统包括：①州际移动性通道，为主要都市地区和周边各州提供"安全、自由、高速通道"；②区域通道，旨在为州内提供移动性；③地方连接通道，包括高速公路系统的其余部分。

高速公路通道的评估基于以下要素：
- 主要城市地区之间的可达性措施。
- 在联邦公路管理局（FHWA）功能分类系统中被界定为主干道。
- 被指定为国家高速公路系统的一部分。
- 货运车流和商品运输量大。
- 集中大量的客运车流量。

印第安纳州州域规划关注主要为都市区服务的道路网络，具有较高的设计标准和速度，可承担较长距离的出行，表现出较大的车流量（包括商业和通勤），并且不允许非机动车进入。印第安纳州高速公路系统主要关注于连接人口超过25000人的都市区。

3. 明尼苏达州

明尼苏达州的例子也说明了如何确定州政府在交通系统方面的责任。正如交通规划中所指出的，交通政策框架"在结合地方背景的基础上，应侧重于运用多种交通方式的解决方案，以确保投资的高回报率，同时思考如何更好地整合土地使用和交通系统"（MnDOT，2012）。

该规划从解决6个核心问题出发：
- 我们要向什么目标发展？
- 我们现在所处在什么样的阶段？
- 是什么在指导这个规划？
- 我们将如何向前推进规划？
- 明尼苏达州交通部的下一步行动是什么？
- 如何获得更多信息？

尽管州交通部只负责州交通系统的一部分，但州交通规划依然从多式联运的角度对交通系统进行了规划。表15-1展示了该州交通系统的范围。

表15-1 明尼苏达州交通系统（2012年）

街道、道路和公路	141482英里（227693公里）
州级主干公路	11896英里（19145公里）
郡级援助公路	30548英里（49162公里）
其他郡级公路	14348英里（23091公里）
市级援助街道	3321英里（5345公里）
其他城市街道	18837英里（30315公里）

（续）

街道、道路和公路	141482 英里（227693 公里）
镇区街道	58101 英里（93504 公里）
其他公共道路	4431 英里（7131 公里）
自行车和步道	
指定步道	多于 3800 英里（6116 公里），包括 22 个州级步道
共享单车	1328 辆自行车和 146 个停车站（截至 2012 年 7 月）
公共汽车和轻轨公共交通	
双城区（7 个郡）	218 条公交路线和 1 条轻轨通道，另一条正在建设中
大明尼苏达区	80 个（非双城区）郡中有 70 个郡有全郡范围的公共交通服务，8 个郡只有市级服务，2 个郡没有服务
城际公共汽车	为该州和中西部都市区中的 87 个目的地提供服务
铁路	
货运	4458 英里（7174 公里）轨道里程（19 个铁路公司）
通勤	Northstar 通勤铁路线
航空	
客运和货运	135 个机场，8 个提供航空服务
水运	
大湖	苏必利尔湖上有 4 个港口
河流	密西西比河水系 222 英里（357 公里）内有 5 个港口（包括明尼苏达河和圣克罗伊河）
其他	
共享汽车	2 个系统（HOURCAR 和 Zipcar）

资料来源：MnDOT，2012

图 15-1 所示为该州交通系统的关键要素，也就是州交通部重点关注的对象。州交通部在其不承担主要责任的交通领域的作用是支持和鼓励该模式的使用。例如，明尼苏达州交通部在铁路和水路方面的作用包括制定指导资金分配的计划，管理公路/铁路建设项目，以及开发与货运相关的数据来源。在航空领域，州交通部通过技术和财政支持、教育活动以及州域范围的规划和研究，促进通用航空和商业航空的发展。图中也展示了明尼苏达州交通部设计的一个区域内和跨区域的出行通道网络，并作为州公路网络的一部分。这些出行通道根据人口和商业密度设计，旨在连接州内的主要贸易中心，并会获得州交通部的优先投资考虑。

明尼苏达州交通规划还体现了州域交通规划的另一个特点，即如何界定规划的边界。明尼苏达州在制定州域交通规划时也参考了州交通部其他的专项规划。例如，将州域交通规划与州航空系统规划、州骑行系统规划、州货运系统规划、20 年州公路投资规划、州港口和水路规划、州步行系统规划、州铁路规划和大明尼苏达州交通投资规划联系起来，使州域规划成为整合各专项规划中关键理念和建议的核心手段（MnDOT，2015）。

4. 弗吉尼亚州

弗吉尼亚州交通部（Virginia Department of Transportation，VDOT）使用州域意义的交通要道（Corridors of Statewide Significance，CoSS）概念来确定潜在的多式联运战略，并指导当地的土地使用规划和交通投资。其具备以下几个特征：

- 多式联运——必须涉及多种交通方式，或必须是一条延伸的货运通道。
- 连通性——必须连接区域、州、主要活动中心。
- 高运量——必须有较高的车流量。
- 功能——必须提供独特的州域功能或实现州域目标（VDOT，2015a）。

独特的州域通道功能包括：①疏散路线或关键网络弹性空间；②安全和国防路线，例如军事通道、战略公路网（Strategic Highway Network，STRAHNET）、战略铁路通道网（Strategic Rail Corridor Network，STRACNET）；③旅游线路；④货车线路；⑤州骑行道或区域步道；⑥支持经济发展。图 15-2 所示为弗吉尼亚州重要的州域交通要道。

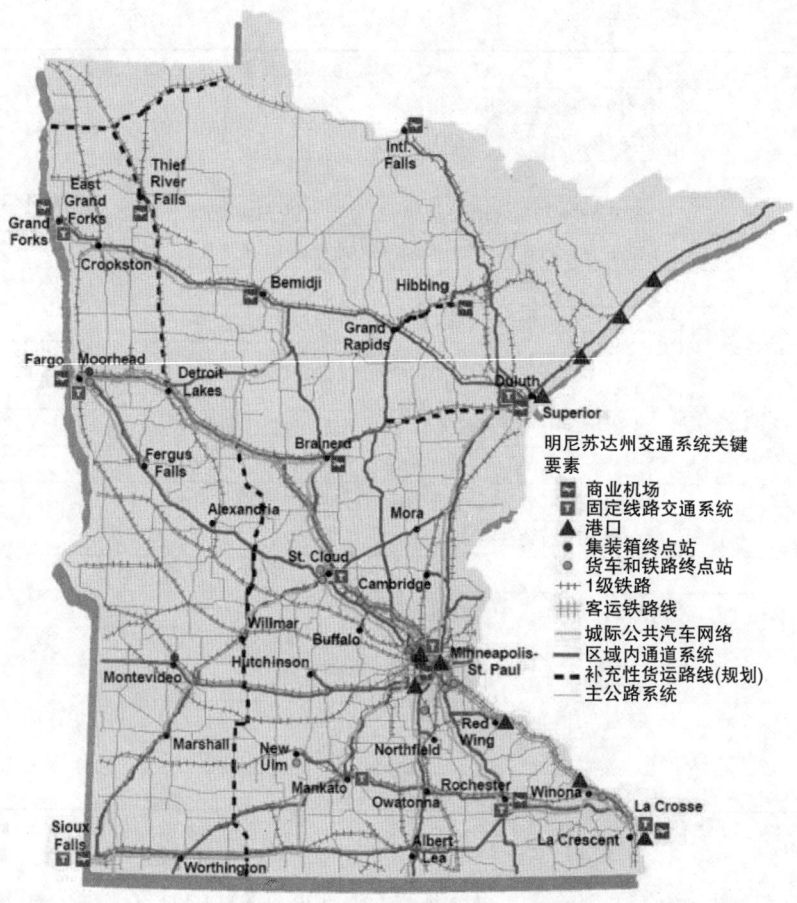

图 15-1 明尼苏达州交通系统关键要素

来源：MnDOT, 2012

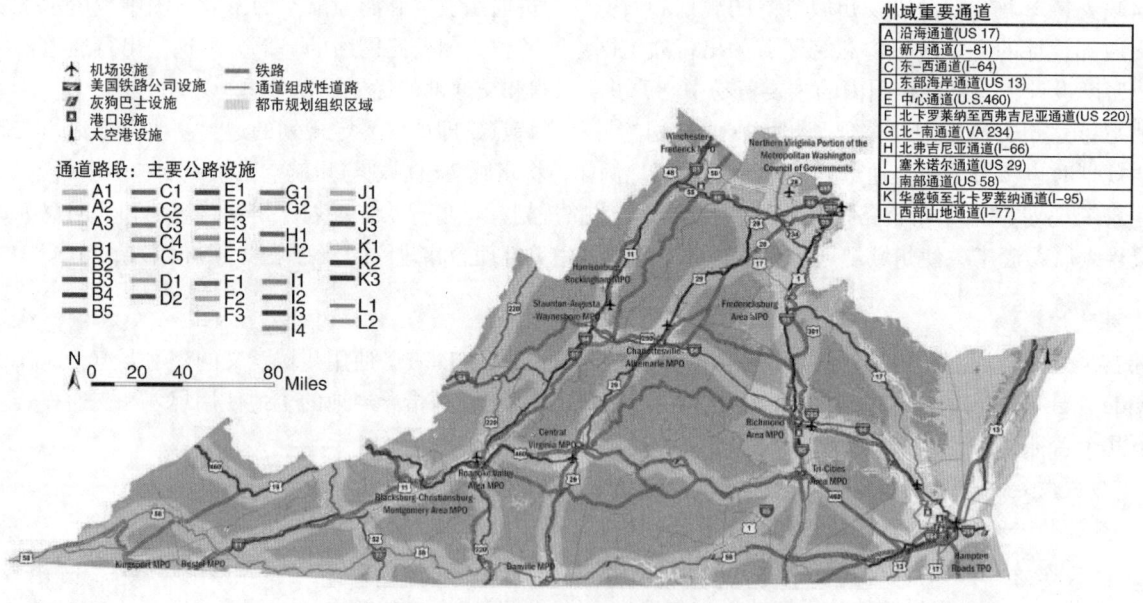

图 15-2 弗吉尼亚州通道内的公路系统

来源：Virginia DOT, 2015a

正如用于确定这些通道的指南中所指出的："州交通部的观点可能与区域规划机构的观点不同，因为州交通部关注的是交通整体利益，而都市规划机构（MPO）和区域规划委员会则更多地关注区域利益，州交通部还必须确保各区域之间的连通性,确保州际间的交通需求得到满足。"建立州域范围内的多式联运网络并不是为了取代区域规划,而是为了将区域规划和不同交通方式机构的规划联系起来。关于弗吉尼亚州交通部基于通道的规划过程的进一步解释可以在以下网址找到:http://vtrans.org/vtrans_multimodal_transportation_plan_2025_needs_assessment.asp。

5. 密歇根州

在其 2030 年州域交通规划中,密歇根州交通部(Michigan Department of Transportation,MDOT)对该州的交通流量进行了测算,并对交通流量与经济发展的关系和影响进行了研究分析。确定了连接州内最重要的经济中心和服务于本州大部分人口的主要交通通道。图 15-3 展示了密歇根州交通部如何使用地理信息系统(Geographic Information System,GIS)来确定主要交通通道半径 20 英里(32 公里)以内的人口数量。35% 的州公路里程位于主要通道内,占整个州公路系统年车辆里程的 72% 和货车里程的 96%。另外,97% 的铁路里程、94% 的州商业机场和 95% 的州城际公共汽车站也位于主要通道内(Michigan DOT,2012a)。

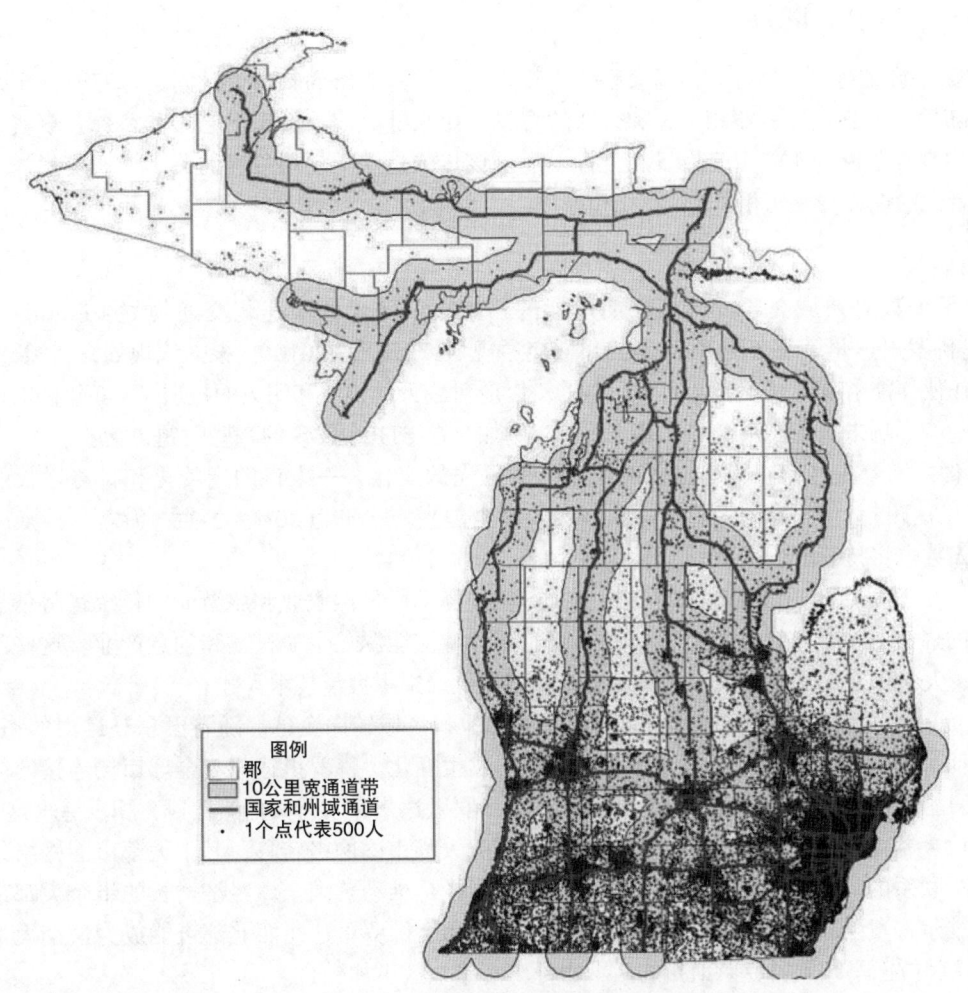

图 15-3 密歇根州最高级别通道和人口分布情况

来源:Michigan DOT, 2012a

这 19 条通道对密歇根州的人口和经济都有重大影响。密歇根州约 93% 的人口和约 99% 的就业中心位于以这些通道为中心的地理区域内。

随后的 2035 年州域交通规划再次强调将这些通道作为州域交通规划的重点之一。规划指出:

- 铁路轨道里程和铁路吨公里在国内、国际和州域通道使用方面均增加了 1%。按英里计算的铁路价值稳定在97%。
- 国内、国际和州域范围内的机场使用率增加了7%。
- 总体而言，2003—2009年，水运货运吨位下降了近25%。在重要通道范围内，水运货运吨位占州域总吨位的百分比从85%上升到94%。
- 2008—2009年的经济衰退对客运（通勤和休闲出行）和货运（货车）等跨境交通产生了负面影响。然而，自2009年1月以来，密歇根州边境口岸的客运总车流量以每月0.66%的速度增长，年增长可达7.89%。货车总流量以每月0.7%的速度增长（年增长8.5%），由这些货车运输的贸易额平均每月增长1.5%（每年增长18%）。
- 总体来说，从2006—2011年，美国与加拿大的货车贸易额增长了160亿美元（5%）。目前的预测表明，在未来20年内，客运汽车的流量将持续缓慢增长，货运汽车的流量预计将达到经济衰退前的两倍（Michigan DOT，2012b）。

密歇根州的例子很好地说明了将投资重点放在交通系统的关键要素上，并进行持续监测的交通规划理念。

15.3.2 识别交通问题和机遇

大多数州在开始交通规划过程时，都会整体检查该州交通系统所面临的关键问题，有时甚至是在确定愿景和目标之前。随后会征集主要利益相关者和公众的意见，用来补充或重新定义愿景和目标。事实上，许多州在整个规划过程中都在不断地重新定义愿景和目标表述。该步骤是整个规划过程的关键框架要素，并且与公共和私人利益相关者的前期参与密切相关。

1. 佛罗里达州

佛罗里达是少数对州域交通进行超长期规划的州。2060年佛罗里达州交通规划（Florida Transportation Plan，FTP）是佛罗里达州第一个覆盖50年的州域交通规划（FDOT，2010）。根据该规划，"较长的时间跨度使所有的交通合作伙伴能够努力实现未来的交通愿景，以应对今天的挑战和明天的机遇。"50年的时间跨度也将注意力集中在一些将影响未来交通系统的关键问题上。例如，在FTP中发现的一些问题包括：

人口多元化：佛罗里达州在人口方面有两个全国领先的变化——人口的老龄化和日益增长的多元化。到2030年，佛罗里达州超过65岁的人口将达到26%，而全国平均水平为20%。学生、游客、残疾人和其他有特殊行动需求的人数也将持续增长。

创新经济：佛罗里达州的经济越来越受到创新产业的驱动。虽然农业和旅游业的传统优势依然存在，但佛罗里达州未来的经济将更依赖于新兴产业，如航空航天、清洁能源、生命科学和创意产业。这些产业往往在充满活力的社区、大学和研究实验室周围集群发展，因为那里聚集了大量技术人才。

全球化市场：佛罗里达州企业的市场范围正在从本地和区域转向全球。随着巴拿马运河的拓宽以及亚洲、拉丁美洲和其他市场贸易的预期增长，全球贸易模式将发生变化。佛罗里达州与全球市场连接的能力以及利用这种贸易流量的能力将是未来经济繁荣的关键驱动力。佛罗里达州必须与其他州竞争，积极追求这个机会。

迅速发展的大都市圈：经济竞争的关键正从都市区向大都市圈网络转移，其中大都市圈网络是指由经济关系和基础设施所联系的城市和乡村地区。佛罗里达半岛可能是推动美国全球经济增长的十个大都市圈之一。迈阿密和杰克逊维尔、奥兰多和坦帕之间的联系变得日益重要。佛罗里达州西北部可能成为这个大都市圈的一部分，也可能与从阿拉巴马州到德克萨斯州的西墨西哥湾沿岸地区更加融合。

发展模式转变：过去50年的扩张发展模式可能会向围绕城市中心高密度发展模式转变。佛罗里达州的多元化人口希望有多样的的居住选择——充满活力的城市、安静的郊区、小城镇和乡村地区——不同类型的居住地有着自身鲜明的特点，并且都可以很方便地从家去公司、学校、购物以及获取服务。

高密度、混合用途的城市发展和乡村就业中心：这种与多式联运通道紧密相连并通过开放空间对不同用途的地块进行分隔的土地使用模式，将是未来50年的发展重点。

技术革命：迅速变化的技术将改变佛罗里达州的居民生活、工作和出行方式，通信技术将减少通勤、会议、购物和上学的出行需求，但同时也可能会增加州域包裹快递数量。

新型车辆技术：小型电动汽车、智能汽车、货车、新型大型飞机、高速铁路、新型公共交通系统、巨型集装箱船、下一代运载火箭和航天器将重塑现有的出行方式，并为人员和货物运输提供新的选择。

环境管理：如果城市发展破坏或侵占重要的自然土地、农田和空地，那么佛罗里达州的环境将面临越来越大的压力。此外，人口增长将使水供应变得紧张，出行增长和工业发展将影响空气和水的质量。由于佛罗里达州拥有长达数公里的海岸线和低海拔地区，全球气候变化对佛罗里达州的影响可能比其他任何州都要大。佛罗里达州如何应对这些环境挑战将是决定其未来生活质量和经济竞争力的关键因素。

公共和私人部门的角色变化：佛罗里达州的公共机构将重新界定他们的角色，以应对未来50年的挑战，同时还将在收入来源日益缩减的情况下努力满足公众的要求和期望。私营部门将继续扩大其作为领导者或合作伙伴的角色，与公共部门合作完成特定的优先项目（FDOT，2010）。

2. 夏威夷州

确定影响州交通系统的关键趋势和问题的常见方法之一是制定问题清单，用以探究各种关键问题将如何影响未来交通系统的运行。更新之后的夏威夷州域交通规划就展示了这种方法。在其新增加的内容中将关键问题归为以下十大类别：

- 联邦规划因素。
- 气候变化和海平面上升。
- 人口的老龄化和流动问题。
- 夏威夷州的燃料和能源情景。
- 土地使用规划。
- 规划和设计的整合：环境敏感的解决方案、完整的街道、精明增长和以公共交通为导向的开发。
- 交通安全。
- 系统维护和资产管理。
- 财政方案。
- 与环境相协调：将规划和环境审查联系起来。

15.3.3 制定交通规划的愿景、目标和目的

用于制定愿景、目标和目的（Vision，Goals，Objectives）的信息来源有很多。例如，图15-4所示为蒙大拿州交通部在更新其交通规划的目标和目的（称为行动）时使用的信息来源。可以看出，设定目标和制定行动的过程依赖于系统性能和替代行动、当前和未来的系统条件、与联邦和州规划的关系、现有目标和方案的有效性，以及公众和其他利益相关者的意见。

许多州域交通规划的使命和愿景在州法规中都有明确规定。例如威斯康星州交通部，其法定任务是管理州和联邦用于"公路、机动车、交通执法、航空、铁路、水路、特定交通服务、公共交通系统和任何其他交通方式的规划、促进和保护活动"的财政资助（Wisconsin Statutes）。这项宽泛的使命源于1973年，每当州规划更新时都会重新审视并保留州交通规划的愿景。绝大多数州在每次更新州规划时都会重新评估和定义愿景，以重新反映规划时间维度内面临的挑战和机遇。

交通规划的目的和目标不仅涉及交通系统的性能，还涉及普遍的社会价值和目标，包括州的整体生活质量、经济发展、土地使用规划和社会公正目标。由于社会目标十分广泛，州层面的交通规划人员通常会重新设计公众参与的方式，从而覆盖那些无法参与到规划过程中的群体利益。互联网的普及不仅是科技发展的结果，同时也使更多交通利益相关者能参与到规划过程中。然而，州交通部在宣传和公众参与工作时也需要认识到，并非所有的人群都能使用互联网。

下面的例子说明了现阶段州域交通规划中的愿景声明和目标类型。

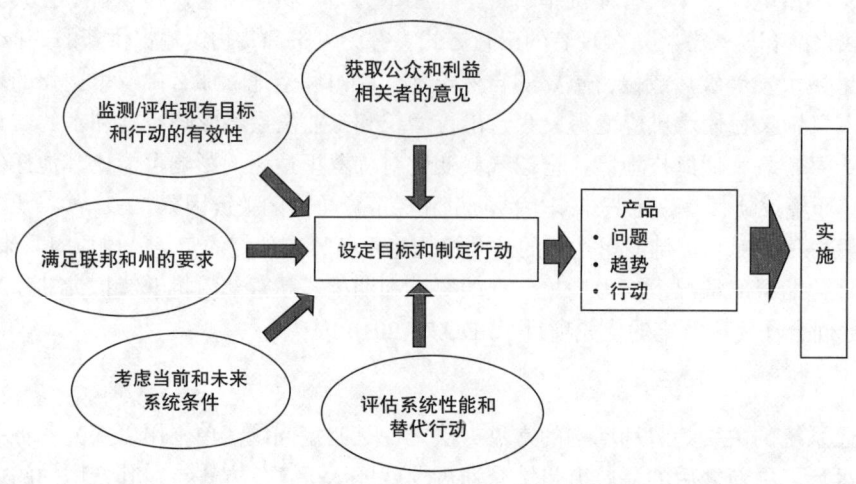

图 15-4　目标和行动的信息来源（蒙大拿州交通部）

来源：Montana DOT, 2008

1. 明尼苏达州

明尼苏达州 2012 年州域交通规划制定了一份愿景声明，该声明是经过广泛的公众宣传以及对可能影响未来系统性能的因素和趋势进行研究后的结果。愿景声明的内容如下：

明尼苏达州的多式联运系统最大限度地提高了人们的健康、环境和经济水平

该系统：

- 将明尼苏达州的主要资产——州内居民、自然资源和企业——相互连接起来，并与国内和国际的市场及资源连接起来。
- 提供安全、方便、高效和有效的人员和货物流动。
- 具有足够的灵活性和敏捷性，以适应社会、技术、环境和经济的变化。

生活质量

该系统：

- 承认并尊重地方的重要性、意义和背景——不仅是目的地，还包括人们生活、工作、学习、娱乐和获取服务的地方。
- 无论社会经济地位或个人能力如何，都可以使用该系统。

环境健康

该系统：

- 能增强周边社区，并与自然系统相协调。
- 最大限度地减少资源使用和污染。

经济竞争力

该系统：

- 加强和支持明尼苏达州在全球竞争性经济中的作用，以及明尼苏达州贸易中心的国际重要性和联系。
- 吸引人力和金融资本进入该州（MnDOT，2012）。
- 该规划确定了实现愿景的具体策略。

2. 夏威夷州

夏威夷交通部确定了规划总体方向的 8 个目的。

目的1：移动性和可达性——建立和管理统一的多式联运系统，为人员和货物提供移动性和可达性。

目的2：安全——加强空中、陆地和水上交通系统的安全。

目的3：安保——确保空中、陆地和水上运输系统的安全运行和使用。

目的4：环境——保护夏威夷独特的环境和生活质量，减轻任何负面影响。

目的5：经济——确保空中、陆地和水上交通设施系统支持夏威夷的经济和未来增长目标。

目的6：能源——支持本州70%的清洁能源目标，其中包括40%来自可再生能源，30%来自于提高能源效率、可靠性和安全性。

目的7：资金——为满足交通需求的资金来源创造安全、灵活和可持续的收入。

目的8：规划——实施州域范围的规划程序，将土地使用和交通联系起来，同时支持夏威夷综合、全面、多式联运系统的决策和规划。

每个目的之后都有若干具体目标（数量太多，在此不再赘述）。例如，"环境"的目标之一是"在现有的和新的设施中实施可持续性和宜居性的做法"。"可持续性"被定义为"尊重本州岛屿社区的文化、特色、美感和历史；在经济、社会、社区和环境优先事项之间取得平衡；在满足当前需求的同时，不损害后代满足自身需求的能力。"关于目标的完整清单请参考夏威夷DOT（2013）。

3. 马里兰州

马里兰州交通部将州交通部和州交通规划的使命和愿景定义为："提供一个维护良好的、可持续的、多式联运的交通系统，促进人员、货物和服务在人口和商业中心内部和之间进行安全、方便、经济、高效的流动"（MdDOT，2014）。

马里兰州交通规划确定了以下目的作为未来交通投资的指导：

安全与保障：加强交通系统用户的安全，提供能够抵御自然或人为灾害的交通系统。

系统保护：保护和维护州现有交通基础设施和资产。

服务质量：保持并提高马里兰交通系统用户的服务质量。

环境管理：确保州交通基础设施规划的实施能够保护和提高马里兰的自然、历史和文化资源。

社区活力：提供人员和货物流动的选择，支持社区和生活质量。

经济繁荣：支持马里兰经济的健康和竞争力。

当今州政府的内在本质是短期计划、资金、年度财政限制等，这给长期规划的愿景和目的设定过程带来了巨大的挑战。不过，由于现在从规划到设计再到建设大型交通设施可能需要至少10年时间，这种长期视角对州级规划至关重要。

15.3.4 确定和使用系统性能指标

规划过程的下一步是确定和使用系统性能指标。在某些情况下，这种性量指标已经通过其他规划工作确定，因此这项任务只是将其应用于当前的规划中。在其他情况下，需要制定针对规划的性能指标，以聚焦关键利益相关者认为最重要的系统性能特征。

自《多式联运地面运输效率法》（ISTEA）颁布以来，当然也是随着《21世纪进步法案》（MAP-21）的通过，许多交通运输机构对为州域交通规划制定系统和政策性能指标产生了兴趣。性能指标不同于目的、目标和评估标准，因为它们代表了少数选定的指标，经过长期监测，从而确定系统性能的变化（关于性能指标的更多讨论，见第7章）。使用性能指标的目的是为机构决策者、关键利益相关者（如立法机构）和公众提供系统性能随时间变化的一些概念，并将这种变化与州对交通系统的投资联系起来。性能指标的类型多种多样，主要由关键决策者所希望的信息类型决定。具体例子参见南卡罗来纳州DOT（2013）。

1. 马里兰州

马里兰州交通部展现了如何利用性能指标监测整个州的交通系统。马里兰州交通部编写了一份关于交通系统性能的年度报告（Maryland DOT，2014a）。其中，指标涵盖了广泛的问题领域。图15-5所示为马里兰州的性能指标，显示了这份年度报告的一个有趣的特点。对于那些随着时间推移出现明显变化的指标，马里兰州交通部给出了解释。因此，报告不仅说明了系统性能的情况，而且还解释了出现各种情况的原因。

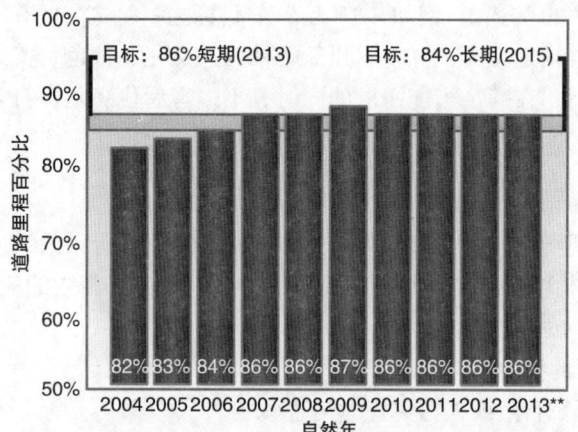

图 15-5　马里兰州的性能指标

来源：Maryland DOT, 2014a

2. 密歇根州

性能指标可以达到不同的目的。然而，要想取得成效，在选择性能指标时应考虑某些特征。以下是密歇根州交通部（MDOT）列出的清单，为选择性能指标时需要考虑的问题提供了一个很好的出发点：

- 目前是否正在使用：该指标目前是否以任何形式在该机构中使用？
- 数据可用性：该机构是否有能力收集和提供数据来支持该指标？
- 分析能力：该机构是否有能力分析支持具体指标的数据？
- 明确性：该指标是否提供了有意义的、易于理解的产出？
- 公众利益：公众在多大程度上对指标领域感兴趣？
- 控制/因果关系：通过决策和行动，机构在多大程度上能影响性能结果的变化？
- 报告价值：向公众、利益相关者或内部工作人员传达重要的和优先的信息有多大价值？
- 决策价值：该指标能否以预测的方式为决策过程提供信息，例如其可否作为一个预警系统？
- 管理价值：该指标能否用于支持机构的责任性？
- 系统措施：该指标能否应用于州域或整个交通系统？
- 通道措施：该指标能否应用于通道层面的系统性能，如描述通道之间的差异（MDOT，2006）。

表 15-2 展示了用于监测密歇根州州域交通规划的目的和目标的性能指标。

表 15-2 与规划目标相关的性能指标（密歇根州）

管理
- 改善和维护 95% 的高速公路桥梁，使其处于良好或一般状况
- 维护主干线系统 85% 的非高速桥梁，使其处于良好或一般状态
- 减少结构老化的主干线桥梁数量
- 在可用的基础上，改善或维护 90% 的主干线路面状况，使其处于一般或较好的状态
- 根据国际粗糙度指数，改善或维护 90% 的主干线路面状况，使其处于一般或更好的状态
- 改善或维护 90% 的主干线路面，使其剩余使用寿命值为 3 年或以上
- 提高主干线铁路交叉口中状况良好的比例
- 使所有一级机场主干道路面 100% 保持良好或较好状态
- 降低乡村公共交通和专用公共交通队中超过使用年限的比例
- 维持现有的城际铁路客运服务
- 维持现有的乡村城际公共交通服务
- 维持现有的地方公共交通服务，包括专用的公共交通服务
- 维护 90% 的主干线拼车停车场路面，使其处于良好或一般状态

安全与保障
- 在全州范围内，降低所有道路上的交通事故严重程度
- 降低州主干线的交通事故严重程度
- 降低地方道路的交通事故严重程度
- 确保安全项目能够提供最大的资金回报
- 加强和增加保护措施，推动有效的边界连续性

系统改善
- 增加沿国家/国际重要通道的路线里程中具有可接受服务水平的百分比
- 扩大 MichVan 通道

效率和有效运营
- 减少延误：尽量减少事故对移动性的影响

来源：MDOT, 2014

3. 科罗拉多州

科罗拉多州的州域交通规划有 4 个主要目标：提高安全性、保护基础设施状况、提高系统性能以及维护公路和设施。科罗拉多州所采纳的与这 4 个目标有关的性能指标包括（CDOT, 2015a）：

（1）安全

1）公路：死亡人数、死亡率、重伤人数、重伤率。

2）骑行者和行人：涉及机动车的骑行者和行人死亡人数、涉及机动车的骑行者和行人重伤人数。

（2）基础设施状况

1）桥梁：国家公路系统桥梁状况、州公路桥梁状况、基于风险的资产管理规划中关于桥梁的指标。

2）公路：州际系统的路面状况、国家公路系统的路面状况（不包括州际公路）、州公路系统的路面状况。

3）其他资产：基于风险的资产管理规划中关于其他资产的指标，例如建筑物、智能交通系统（ITS）设备、车辆、涵洞、地质灾害、隧道、交通信号系统和墙体的指标。

4）公共交通：公共交通资产状况。

（3）系统性能

1）州际公路系统、国家公路系统（NHS）、州内公路系统：州际公路系统性能——规划时间指数（Planning Time Index, PTI）、国家公路系统性能（不包括州际）——PTI、科罗拉多货运通道性能——PTI。

2）公共交通：公共交通使用情况——州内小型城市和乡村地区公共交通乘客数、公共交通连接度——提供的服务里程。

（4）维护

1）清除冰雪的服务水平（Level of Service, LOS）。

2）州公路系统的总体维护服务水平（Maintenance Level of Service, MLOS）。

规划还为每项指标提供了理想的目标。

考虑到性能指标对于识别系统性能和为决策过程提供信息的重要性，州交通部通常会对公众和利益相关者进行咨询以确定指标。如果最终的报告是针对特定的受众，如州立法机构，则更是如此。

15.3.5 需求评估

大多数州交通部都希望制定一个以数据为驱动的规划。传统上，这意味着要关注和评估交通系统的性能，包括标准状态的缺陷和网络运行性能。州交通部多年来一直在收集这些类型的数据，因此拥有良好的数据库来确定总体趋势，并可以确定存在缺陷的部分。然而，即使有这样的数据收集历史，州域交通规划过程也经常受到以下五种与数据相关的挑战：数据的可获得性、数据的质量和及时性、数据的互操作性、数据的冗余性，以及工作人员的授权与合作（Guo 和 Gandavarapu，2009）。

与州公路系统有关的其他交通方式的数据往往是缺乏的，包括公共交通性能数据、通勤或城际铁路数据、州公路货运量和其他方式的数据。造成这一现象的部分原因是由于数据是由不同的政府机构或私人部门组织收集、分析和控制的，因此交通部往往难以获得这些数据。

一个典型的州交通部拥有的交通系统数据库应该是全面的，包含交通基础设施状况和运行性能数据。目前，交通规划对于开发和使用系统维护及运营数据的兴趣日益增长。许多州都会收集各种数据，但由于这些数据被应用于不同的目的，它们通常由交通部的不同部门收集、存储和分析。正如第 8 章所指出的那样，人们对帮助投资决策的资产管理方法的兴趣越来越大，这也促使了对有效数据库管理的关注。因此，资产管理和州域交通规划之间也存在着潜在的紧密联系。

为了交通规划的目的，数据被用来确定交通需求（例如，糟糕的路面质量或拥堵路段），并为分析和评价不同的投资策略提供信息输入。由于篇幅有限，本章将不会列出可用于交通规划的所有数据类型（见第 2 章）。不过，以下一系列例子表明了哪些类型的数据对州交通规划人员是有用的。

1. 夏威夷州

夏威夷交通部的州域交通规划展示了州域交通规划的一个共同特点。如图 15-6 所示，州域交通规划使用了该州其他规划的数据和建议的行动，包括水运、空运和陆运交通系统的规划。这些规划都有各自的规划过程和数据来源，因此没有必要在州域规划过程中重复分析结果。

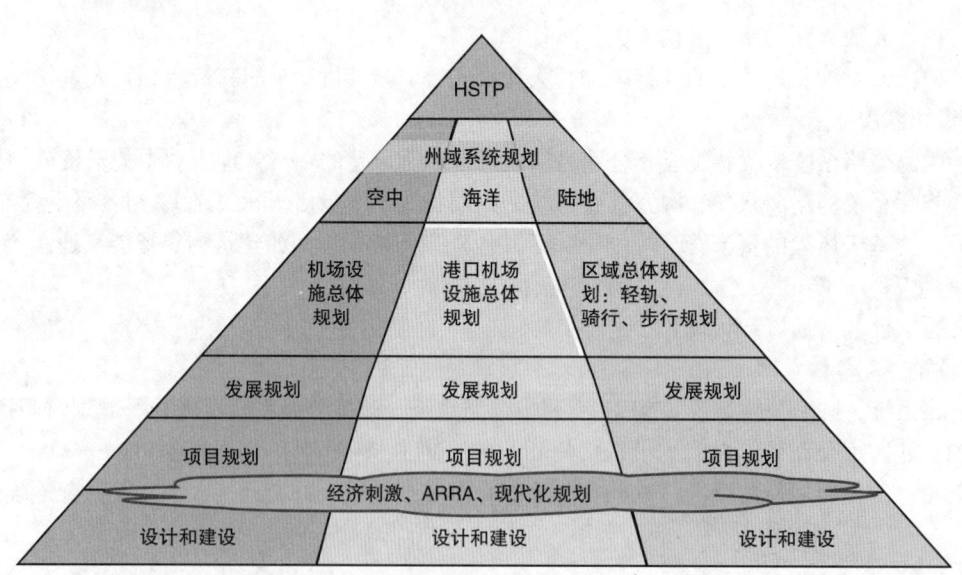

图 15-6　将其他规划作为夏威夷州交通规划的参考

来源：Hawaii DOT, 2013

2. 俄勒冈州

俄勒冈州交通部开发了一套协调的数据管理系统,旨在为那些确定优先投资事项的决策者提供信息。俄勒冈州交通管理系统(Oregon Transportation Management System,OTMS)是一个总体项目,负责管理公路路面、桥梁、公路安全、交通拥堵、公共交通设施和设备、多式联运设施以及公路系统和流量监测。OTMS 的愿景是"整合信息并进行分析,帮助决策者优先考虑俄勒冈州的交通需求"(Oregon DOT,2015)。组成 OTMS 的各个管理系统包括:综合交通信息系统、桥梁管理系统、路面管理系统、拥堵管理系统、联运管理系统、安全管理系统和交通系统监控系统。

这些管理系统结合起来,可以提供道路清单数据和其他交通基础设施的特征数据、分析和总结这些数据、确定和跟踪性能指标、确定需求、帮助确定满足这些需求的战略和行动、监测和评估所实施的战略和行动的有效性。

3. 犹他州

犹他州交通部在开发资产管理系统方面一直处于全国领先地位,该系统可直接为投资决策提供信息。交通部数据门户提供了关于 57 种不同资产和系统性能特征的数据和趋势信息,这些数据和信息对交通规划人员而言都具有潜在使用价值。获取这些数据可以让州交通部的规划人员和资产管理者快速获得趋势数据(图 15-7),并通过使用损耗函数估计未来的状况。

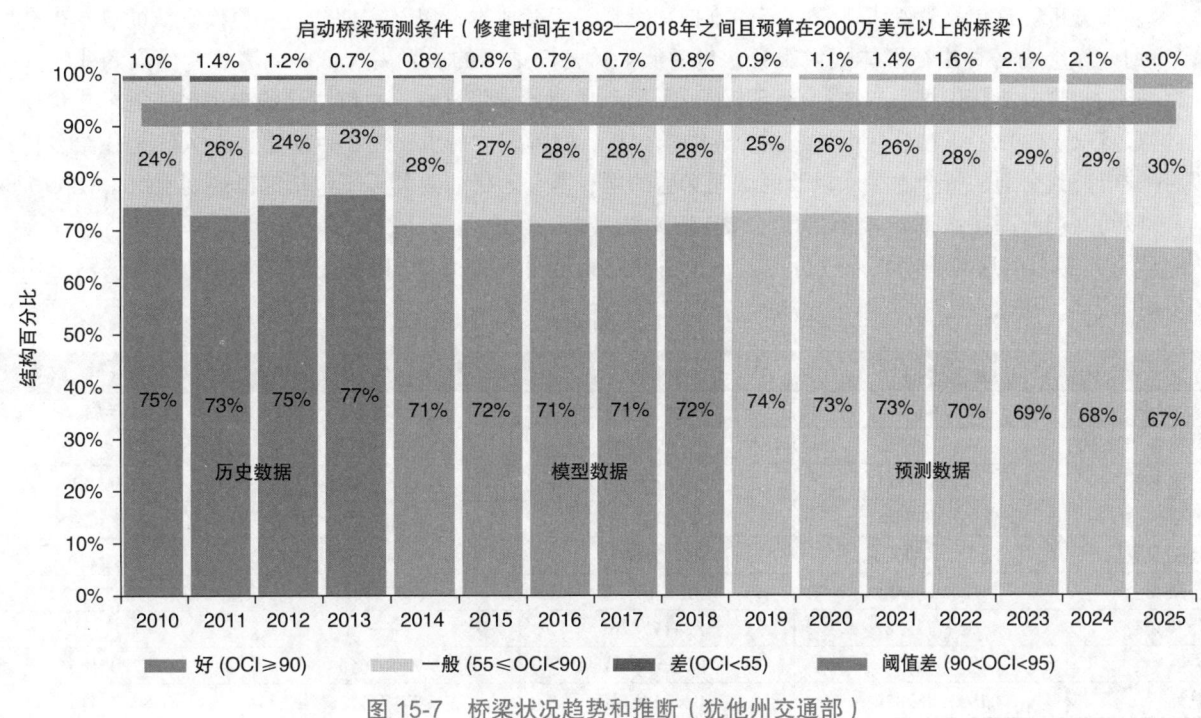

图 15-7 桥梁状况趋势和推断(犹他州交通部)

来源:[Utah DOT, 2015b]

4. 科罗拉多州

科罗拉多州州域交通规划说明了需求评估的概念。交通投资需求的定义是为实现州域交通规划目标所需的资金。以下需求类别和所使用的数据来源是源于科罗拉多州交通部(CDOT)的需求和缺口技术备忘录:

- 资产管理和维护:资产管理包括长期更换和修复现有和未来的交通设施,包括预防性维护。维护包括交通系统的日常维护和年度维护,例如扫雪、设备维护、小规模的道路和桥梁维修。科罗拉多州的交通投资需求需要根据州交通部项目分布(CDOT Program Distribution)、最新的科罗拉多州州交通部资产管理德尔菲过程(预算设定)的结果以及科罗拉多州州交通部交通赤字报告来确定。

- 扩建：用于升级现有设施或建设基础设施和服务来增加多式联运系统能力的投资。这些需求是通过都市规划组织（2035 年或 2040 年）和区域交通规划（2040 年）文件、交通规划区域（Transportation Planning Region，TPR）制定的清单、科罗拉多州州交通部区域项目清单和数据以及其他现有项目清单共同确定的。除此之外，确定需求时还使用了科罗拉多州交通部提供的安全数据 [称为安全服务水平（Level of Service for Safety，LOSS）]、联邦公路管理局提供的出行时间数据和速度数据 [仅针对国家公路系统（National Highway System，NHS）]，以及来自环境文件和 MPO 规划的信息。根据安全、低行车速度、拥堵程度、环境文件完成情况以及地区意见等标准，对项目进行筛选并确认为潜在需求。从区域规划人员得到的信息也为长期经济活力和发展需求提供了背景信息。
- 安全：一般来说，几乎所有安全类的项目都会使交通系统的安全性得到整体提升。安全类别包括学校区域和重点安全区域，如铁路交叉口和事故多发区域。CDOT 制作了地图和数据库，显示了拥堵或碰撞的发生位置以及严重性，并对项目解决这些问题的潜力进行评估。
- 骑行 / 步行：CDOT 正在对州公路系统及沿线的骑行 / 步行设施进行梳理，并针对休闲和通勤者建立一个慢行线路系统，将其与景点、工作地点和人口中心进行连接。该慢行线路系统将要求与骑行 / 步行能够兼容的特征，如更宽的路肩和车道、标志、新的慢行桥以及人行道。这些需求将在清单完成后进行开发和分析。
- 乡村、小城市和区域间的公共交通：CDOT 为该方面规划编写了一份关于乡村和区域间公共交通需求的初步分析。这包括驾驶人工资、车辆维护和燃料等运营成本，以及定期修复和更换车队的成本。交通规划区域会为各种出行群体提供服务，包括低人口密度地区的通勤者、低收入者、老年人和残疾人。此外，初步分析还根据人口或社会经济增长预测，考虑了扩张投资，以解决当前未满足的需求或预期的未来需求。CDOT 正在进行更详细的交通需求分析，所确定的需求代表了目前通过 CDOT 提供给乡村和小城市公共交通的资金水平，以及区域间交通的现有资金。目前的分析不包括都市规划组织（MPO）的区域间需求或高速铁路需求（CDOT，2015b）。

然后将此需求信息与预期收入进行比较，并估算以满足所有 DOT 需求的收入缺口。表 15-3 展示了用科罗拉多州用于需求评估的表。

表 15-3　2016—2025 年科罗拉多州交通部资金缺口分析表　　　　　　　　　　　　　　　　（单位：美元）

类别	需求	收入	缺口	年度
公路资产管理	5840780000	3761544700	2079235300	207923530
公路养护	2745610000	2544000000	201610000	20161000
公路扩建	8620080000	661517754	7958562246	795856225
公路业务	321640000	257978544	63661456	6366146
公路安全	1203000000	1013710723	189289277	18928928
公共交通	384177826	384177826	—	—
灵活项	—	1720616554	1720616554	172061655
总计	19115287826	10343546100	8771741726	877174173

来源：CDOT，2015b

5. 北卡罗来纳州

北卡罗来纳州交通部（North Carolina Department of Transportation，NCDOT）进行了与科罗拉多州类似的需求评估。它也列出了用于编制需求估算的方法和数据（表 15-4）。然而，NCDOT 需求评估的独特之处是其在分析中认识到"需求"往往与州属基础设施所需达到的服务水平（LOS）相关。例如，如果目前的设施运行在 LOS 的 E 等级，而期望的 LOS 等级是 B，这意味着需要一定的资金投入以达到期望的 B 等级。然而，如果 C 等级可以接受，则可能就不需要那么多投资。表 15-5 展示了不同假设服务水平对需求评估的影响。可以看出，对于不同假设的 LOS，需求预测结果会有很大不同。图 15-8 所示为需求评估中另一种常见的数据表述方式。

表 15-4 北卡罗来纳州交通部需求估算法

方式 / 方式元素		估算方法
公路	路面	利用路面管理系统软件和路面清单数据库编制的 10 年估算数
	桥梁	利用桥梁管理系统软件和桥梁数据库编制的估算数
	维护	根据一年两次的养护状况评估报告的养护需求估算制定
	扩建（都市区）	都市规划组织根据最近的都市地区长期规划提供公路需求清单与环路和州内公路改善工程的费用清单进行协调
	扩建（非都市区）	通过分析 GIS 格式的道路特征数据库，应用由 SPOT 推算的交通增长率和路段能力，以及用成本改进矩阵进行制定 与环路和州内公路改善工程的费用清单进行协调
	现代化	根据对 GIS 格式的道路特征数据库的分析，按照最低可容忍标准进行筛选，应用成本改进矩阵
	安全	根据为安全优先项目制定的估算数制定，时间跨度为 30 年
	智能交通系统	根据更新后的智能交通系统项目要求制定，包括资本和运营成本
公共交通		根据对部门历史资金作用的回顾和分析，以及对项目需求的审查而制定 与项目优先级估算相协调
骑行者 / 行人		根据对近 100 份规划报告的回顾以及对预测需求所进行的回顾制定 与项目优先级估算相协调
铁路		根据最新的铁路系统规划中确定的货运和客运项目清单制定，并对资本和运营需求进行成本计算
轮渡		根据基础设施资产清单和每个设施 / 服务的预估运营成本来制定
港口		根据 10 年资本需求估算和历史运营预算而制定，进一步分配到各个目标，并推算到 30 年，不包括任何针对港口的重大战略投资
航空		根据当前项目需求清单和国家资金参与情况制定

来源：NCDOT, 2012

表 15-5 北卡罗来纳州需求随假设服务水平（LOS）的变化　　　　　　　　　　　　　　　　　　　　（单位：百万美元）

方式 / 子方式		LOS A	LOS B	LOS C	LOS D	目标 LOS
航空		2964	2775	2080	1461	2218
铁路客运		9599	8042	2225	1129	2733
铁路总计		10943	9117	3031	1660	3539
骑行 - 步行		1285	1029	773	341	773
公共交通		24408	20384	17338	14736	20384
轮渡		1770	1593	1416	708	1593
港口		1619	1295	971	648	1295
公路	桥梁	10144	8115	6086	4058	7921
	路面	25534	21385	14471	10214	19309
	道路维护	17440	13952	10464	6976	11395
	安全	2499	1999	941	1000	1999
	现代化	4028	3222	2417	1611	2244
	扩建（非都市区）	10412	8330	6247	4165	8582
	扩建（都市区）	45311	36249	27187	18124	40564
	共计	116543	94192	68519	46617	93030
总计		159532	130386	94128	66172	122833

资料来源：NCDOT, 2012

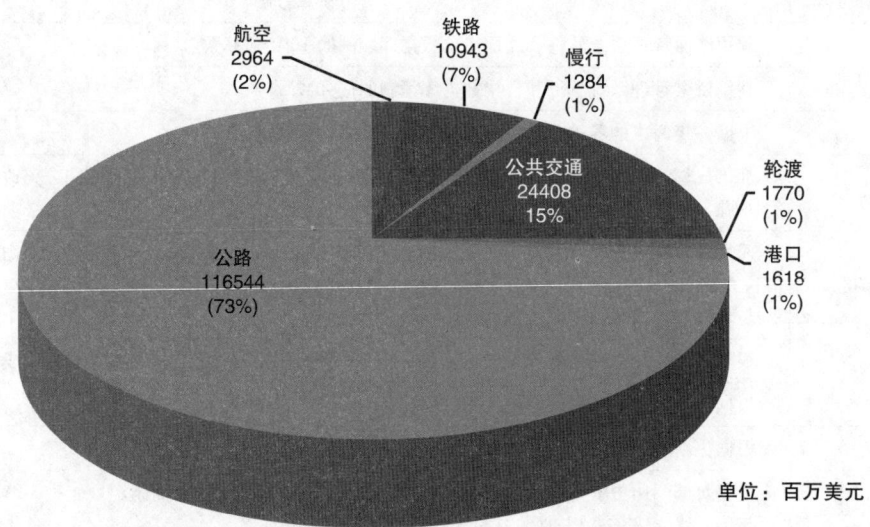

图 15-8　北卡罗来纳州按交通模式分配的投资分布

来源：NCDOT, 2012

15.3.6　分析交通系统的不同方案

开发和分析不同的投资选项或方案是州域交通规划的技术核心。通过分析不同的方案，使交通部和公众能够评估不同政策、方案和筹资方式的影响。这一部分对于规划的整体成功至关重要，因为公众也可以在方案的确定、分析和选择中发挥重要作用。在某些情况下，州交通部已经开发了州域交通需求模型或州域货运模型，并可用于预测性能结果。第 6 章"出行需求与交通网络建模"和第 22 章"将货运纳入交通规划"概述了此类模型的结构和使用。以下是俄亥俄州对于州域交通需求预测的一些关键方面的概述。

1. 俄亥俄州

俄亥俄州交通部在 20 世纪 90 年代末开始开发州域交通需求模型，以"提供分析大型多区域通道的能力，进行持续的全系统分析，并为 MPO 模型未覆盖的州内乡村地区提供交通预测工具"（Ohio DOT）。有趣的是，俄亥俄州交通部首先对依赖于需求模型结果的关键决策者进行了调查，从而确定模型最需要的输出结果。其中，3 个最核心的问题是：①减少或避免道路拥堵和延误；②维持和改善国家经济；③考虑货运规划，特别是关于货车交通的管理以及将其转移到其他路线和方式的可能性。

以下几个因素也是需要考虑的，如果它们的成本效益足够好：

- 增加旅行、客运和货运的多式联运选择。
- 改善非机动车（和非单乘员车辆）的服务模式。
- 保持 / 改善安全性。
- 缓解新开发和相关通道管理的影响。
- 保持 / 改善空气质量。
- 减少各种模式之间的冲突。

图 15-9 所示为提供这些能力的模型结构。该模型包括此类模型中典型的交通量预测要素，但它也与州经济模型和人口模型相联系。如图 15-10 所示，该模型的基本方法是使用出行集合或更普遍的基于活动的模型（见第 6 章中关于出行需求的内容），该模型的输出类型包括以下多个方面的预测：车辆行驶里程、车辆行驶时长、碰撞事故、服务水平、延误、增长率、空气污染排放、流量与容量比、拥堵的持续时间、拥堵程度和位置、车辆运营成本、时间价值、人员和运输货物的出行时间成本、出发地 - 目的地流量。

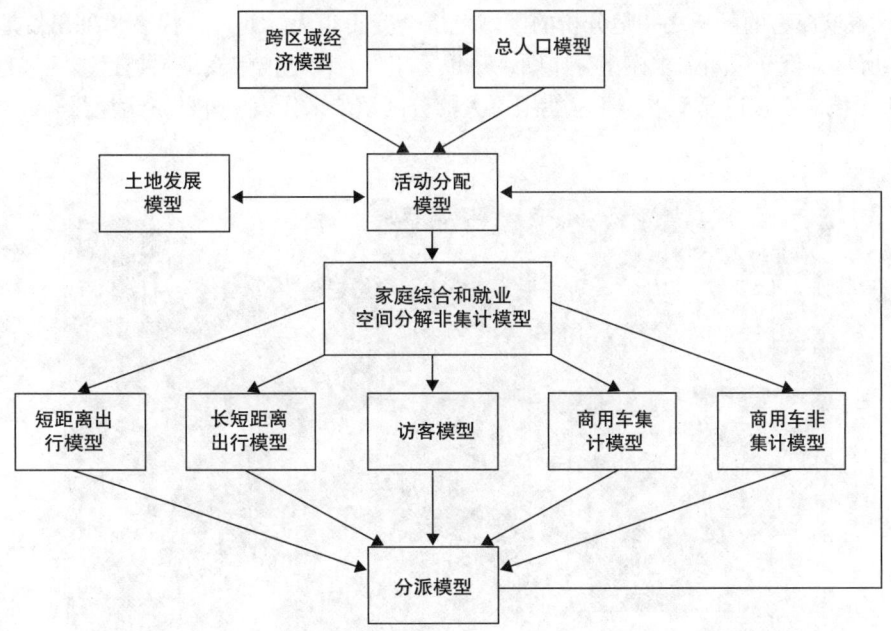

图 15-9　俄亥俄州经济、土地使用及交通综合模型

来源：Courtesy of the Ohio DOT [Ohio DOT, undated]

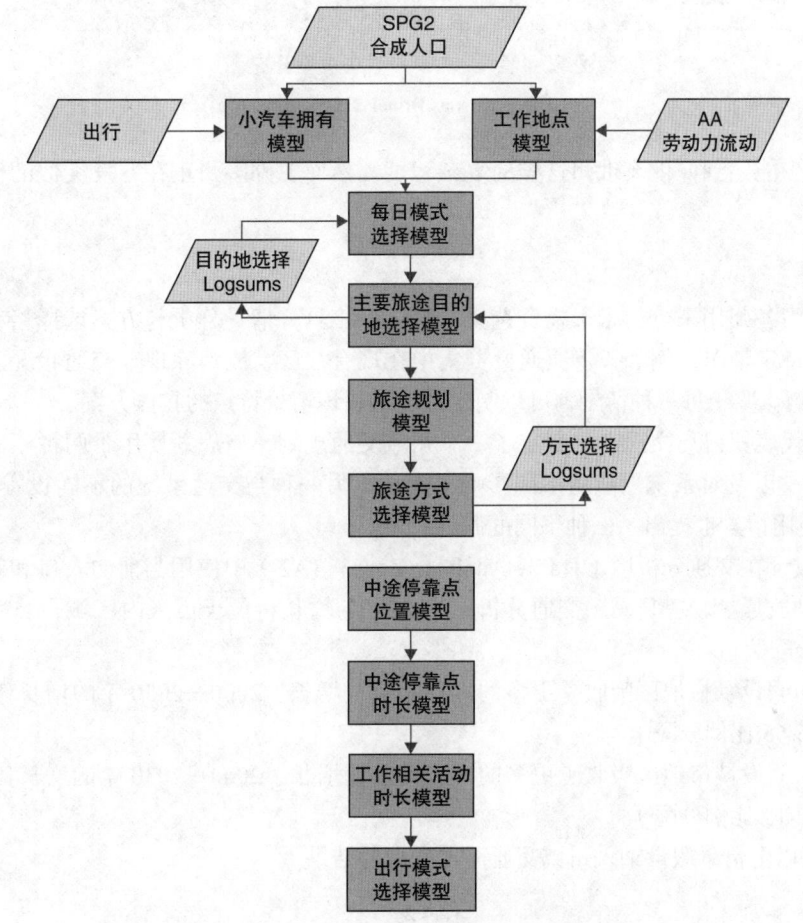

图 15-10　俄亥俄州短距离交通需求模型

来源：Parsons Brinckerhoff, 2010

使用州域出行需求模型的影响之一是分析的区域范围会变得很大。此外，代表州外出发地或目的地的区域将更大。图 15-11 所示为俄亥俄州需求模型分布图。可以看出，目的地离俄亥俄州越远，区域越大，最终导致整个州都是一个分析区域。在货运模型中，通常使用更大的分区系统来代表境外的货运流量。

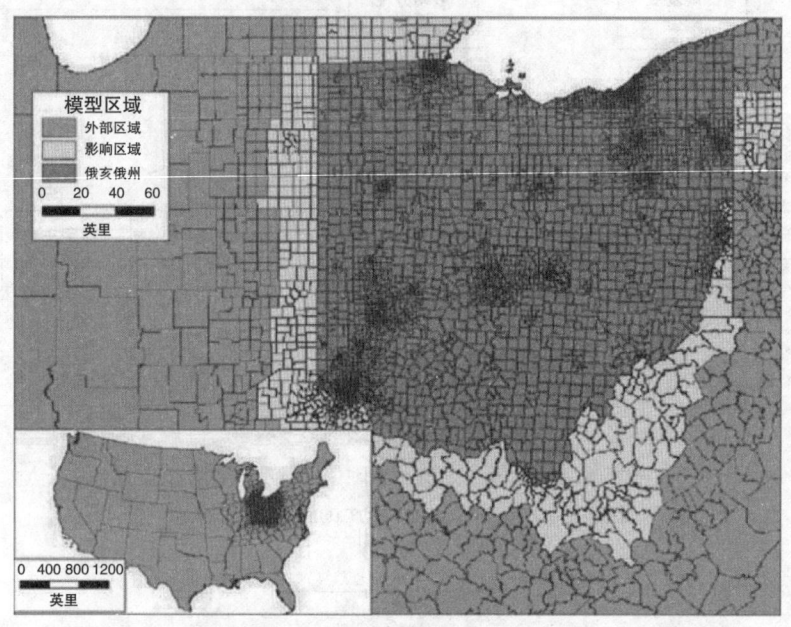

图 15-11　俄亥俄州需求模型分布图

来源：Parsons Brinckerhoff, 2010

其他州的模型很少能达到像俄亥俄州这样的复杂程度。然而，许多州正在开发类似的模型，并用于支持机构的规划和决策。

2. 罗得岛州

情景分析正在成为各州用来分析未来投资选择的另一个工具。情景分析与方案选择略有不同。一个情景代表了一种交通投资的特定情况，例如，将交通投资集中在现有社区，或消除现存交通状况瓶颈，或研究未来石油燃料供应有限的影响。鉴于每一种情景，可以制定最能反映该情景特点的具体方案。

罗得岛管理部（代表罗得岛交通部）制定了一个州域交通规划，该规划使用了两种不同类型的情景——一种与发展的替代模式（以及对系统性能的不同影响）有关，另一种与交通系统的不同投资水平有关（RIDOA，2012）。关于土地的使用情景也提出了三种不同的假设：

- 当前趋势：假设在交通分析区（Traffic Analysis Zone，TAZ）中使用当前的人口和就业预测来预测车辆行驶里程和排放量。趋势显示，交通分析区中 55% 的增长将位于市区内区域，45% 的增长位于市区外（55/45 比例分配）。
- 扩张型情景：假设乡村地区吸收了更多的人口和就业增长，2000—2030 年的增长比当前趋势比例多 20 个百分点（35/65 比例分配）。
- 收缩型情景：假设城市地区吸收了更多的人口和就业增长，2000—2030 年的增长比当前趋势比例多 30 个百分点（85/15 比例分配）。

表 15-6 展示了将以上情景假设纳入州域交通需求模型的结果。

3. 南卡罗来纳州

南卡罗来纳州交通部（South Carolina Department of Transportation，SCDOT）制定了五种投资情景，作为其州域交通规划的一部分。这些情景是：

表 15-6 罗得岛州土地开发模式情景分析（2030 年）

增长假设	人口 / 人		就业 / 个		日均车辆行驶里程 / 英里			公共交通客流 / 人		
	城市	乡村	城市	乡村	城市	乡村	总计	城市	乡村	总计
当前趋势（55/45）	855947	284596	438084	77964	16390489	10355817	26746306	108475	835	108310
扩张型情景（35/65）	836433	304110	417482	98566	15810783	11345517	27156300	104789	998	105787
与当前趋势相比	-19514	19514	-20602	20602	-579706	989700	409700	409994	-3686	-3523
百分比	-2.3%	6.9%	-4.7%	26.4%	-3.5%	9.6%	1.5%	-3.4%	19.5%	-3.2%
收缩型情景（85/15）	882545	257998	441857	74191	16502947	9970877	26473824	110765	778	111543
与当前趋势相比	26598	-26598	3773	-3773	112458	-384940	-272482	2290	-57	2233
百分比	3.1%	-9.3%	0.9%	-4.8%	0.7%	-3.7%	-1.0%	2.1%	-6.8%	2.0%

来源：Rhode Island Department of Administration, 2012

- 基准线：将资源集中在核心公路系统上。基准线类似于目前的项目分布。
- 多式联运系统：分配资源以维护和扩大连接城市及城镇的公路、公共交通、铁路和非机动车系统。
- 为经济驱动力服务：通过投资来留住和吸引商业资源，其主要集中在港口、配送设施、机场和休闲目的地。
- 减小系统规模：在规划的有效期内，将大约 50% 的非联邦援助公路系统的所有权转让给各郡和市。大约有 1 万条非联邦援助道路每天承载的车辆少于 200 辆。
- 维护：重点是维持公路和桥梁在保护性和可靠性方面的高水平，减少对拥堵和多式联运扩张的关注。

图 15-12 所示为情景分析的结果。图中的百分比表示了每种情景在降低公路使用者成本、改善路面状况、减少拥堵、保持桥梁良好状态以及支持非机动车和公共交通选择等目标上的实现程度。正如规划中指出的：

没有任何一种单独的投资方案能最有效地解决本州交通系统未来表现的问题。分配有限的资源来解决南卡罗来纳州的多种交通需求是南卡罗来纳州交通部的首要任务。虽然南卡罗来纳州交通部无法单独解决所有的交通需求，但很明显，要想在任何一个规划目标领域取得可衡量的收益，必须将重点缩小。一个更具战略性的重点可以包括将更多的资金用于系统保护，同时依靠非联邦资金来源来满足交通需求，以及将投资瞄准支持州内移动性需求和经济竞争力的首要网络，如州际系统和州域战略通道网络。

	公路使用者成本	路面状况	拥堵	处于良好状态的桥梁	非机动化和公共交通支持
基准线	52%	35%	70%	84%	19%
多式联运	47%	29%	70%	81%	51%
为经济驱动力服务	52%	27%	72%	82%	21%
减小系统规模	57%	37%	72%	87%	37%
维护	52%	64%	68%	78%	19%

图 15-12 南卡罗来纳州投资情景分析

来源：South Carolina DOT, 2014

4. 弗吉尼亚州

弗吉尼亚州交通部拥有将交通规划替代投资规划分析方法的典型案例。如前所述，弗吉尼亚州交通部在州域交通规划中采用了战略通道方法。通过制定导则，为这些通道分析提供了一个模板，具体包括以下信息：

现有通道的分析

目的：汇编设施/通道的现状资料。

讨论的项目包括：

- 现有设施类型/横断面。
- 目前设施沿线的交通需求，包括乘客、车辆和货车的交通量；根据研究水平，也可以包括骑行者和行人。
- 货物运输的程度和类型（适用的情况下）。
- 现有通道沿线的服务水平和通行能力分析。
- 安全/碰撞分析。
- 设施与交通系统其他部分的配合及连接方式。
- 其他现有的非公路运输方式（如附近的铁路设施）。

需求评估

目的：制定改善通道沿线的目的和需求。

讨论的项目包括：

- 研究的具体目标。
- 战略公路通道的设施选择。
- 与通道作为战略性公路通道的功能相关的设施沿线需要改善。
- 该通道的未来交通需求（汽车、货车或货运活动，根据研究水平，也可以包括骑行者和行人）。
- 未来出行需求的服务水平和通行能力分析。

备选方案制定和分析

目的：开发和分析符合通道研究目的、意图、目标及需求的方案。

这项任务是在与主要利益相关者和公众的协调与合作下进行的。根据研究的目的、需求以及意图，工作的深度将有所不同。例如，如果研究的重点是制定适合通道沿线的通道管理技术，则方案只针对此目标进行制定。如果通道研究是一个多层次的环境影响报告（Environmental Impact Statement，EIS），那么制定的方案可能会涵盖一个100英里长（161公里）和2000英尺宽（610米）的范围。备选方案包括一个不建设方案以及几个潜在建设方案。此外，根据通道研究的意图，如环境影响报告，可能会在必要时对其他交通方式进行审查。

为了确定符合研究目的、需求以及目标的最佳解决方案，需要对每一种方案进行分析，该分析可能包括以下项目：

- 移动性效益。
- 经济效益。
- 环境影响。
- 间接和累积影响。
- 成本-效益收益。
- 对交通系统其他部分的影响。
- 交通出行预测（适用的情况下）。

5. 亚利桑那州

亚利桑那州交通部（Arizona Department of Transportation，ADOT）的州域交通规划"什么推动亚利桑那"（What Moves You Arizona），对交通需求以及优先项目的确定提供了战略性并且基于绩效的观点。规划过程建立了一套绩效指标，以确定交通需求，并作为单个项目的评估标准。通过对关键利益相关者的宣传，这个过程确定了重要决策者分配给各个指标的权重。

通过研究三种不同投资策略的结果来确定需求：

- 维护：通过维护设施状况或延长设施服务年限来保护交通基础设施，其中包括定期维修和重铺路面、更换老化的公共汽车、更新铁路轨道和修复机场跑道。
- 升级：在不增加通行能力的情况下，提升公路的质量、功能性和安全性；设施升级的例子包括狭窄车道的拓宽、出入控制、桥梁更换、消除隐患、车道重建、航空升级和公共汽车系统升级。
- 扩建：通过增加新的设施或服务来增加交通能力；扩建活动包括增加新的公路车道、扩大公共汽车服务、建设新的公路设施，以及增加铁路客运服务或设施（ADOT，2011）。

公路

为确定需求，采用了三种主要分析方法：

HERS-ST：美国联邦公路局（FHWA）开发的公路经济需求系统-国家版（Highway Economic Requirements System-State Version，HERS-ST）模型被用来确定25年周期的国家公路系统需求。其中被称为"公路性能监测系统"的公路状况数据库为这个分析提供了信息源（见第2章）。

NBIAS：用国家桥梁投资分析系统（National Bridge Investment Analysis System，NBIAS）模型对桥梁需求进行分析。NBIAS模型可以预测桥梁性能，并根据经济指标确定改进措施。

新设施和其他州公路系统资本需求：在新交通用地权上建设的资本需求无法通过HERS-ST或NBIAS确定。亚利桑那州交通部从现有的州域交通规划、都市规划组织（MPO）的区域长期交通规划和其他规划来源中确定了拟定的新项目。在规划周期内，新建公路需求总额为158亿美元。

此外，上述工具不能预估非资本性需求，如日常维护。这些需求是分开估算的。

公共交通

对于公共交通需求，采用了以下分析方法：

城市维护需求或"良好维修状态（State-of-Good-Repair）"需求：这些需求侧重于公共汽车和轻轨车辆的更换和修复，以及辅助基础设施的维护和修复。需求是通过比较亚利桑那州与2010年联邦交通运输局（FTA）的国家良好维修状态研究以及美国国家公路和交通官员协会基于需求的报告中公交资产的份额来估计的。

城市公共交通扩展：都市地区的交通规划以及最新的2008年亚利桑那州域交通投资战略被用来估计扩展需求。

乡村保护和扩展：该需求已在近期亚利桑那州交通部乡村公共交通需求研究中进行了预估。

货运铁路

预估亚利桑那州长期货运铁路的投资需求需要通过多种数据来源计算，包括最新的亚利桑那州交通规划、州铁路规划、2009年铁路清单与评估、多式联运分析研究，以及与铁路工作人员的访谈。

客运铁路

客运铁路需求的重点是良好维修状态、升级和扩建要求。这些要求来自联邦铁路管理局的《高速铁路战略规划》、亚利桑那州交通部的《州域铁路框架研究》、马里科帕政府协会（菲尼克斯的MPO）的《通勤铁路战略规划》、美国铁路公司关于可达性和遵守1990年《美国残疾人法》的报告以及亚利桑那州交通部工作人员进行的内部路线性能报告。

航空

亚利桑那州机场系统规划（Arizona State Airports System Plan，SASP）被用来确定改善该州机场系统的费用。除了SASP中确定的项目外，还通过审查每个机场的总体规划确定机场特定的资本项目和成本。

运营费用

运营公路和桥梁网络以及提供公共交通服务的成本预算是基于州交通部的历史工作数据。此外，与联邦资助项目有关的运营成本也被纳入总体需求评估。

需求确定后，亚利桑那州交通部对不同的投资方案进行了比较。

备选投资方案（Alternative Investment Choice，AIC）A，公路为重点：投资方案A的重点是维护本州的公路系统，并进行一定范围内的系统扩张。在广泛的公众宣传工作中，维护该系统已成为交通规划的更重要的目标。

备选投资方案（AIC）B，增加出行选择：该方案将资金从维护转向扩张，并将一些非公路资金提供给非公路投资,如公共交通、铁路、航空和其他方式。公路投资主要集中在州际系统上,大约10%的州资金分配给其他交通选择,如公共交通和客运铁路。

建议投资方案(Recommended Investment Choice,RIC),投资方案的组合:RIC结合了AIC A和AIC B的要素,例如,与AIC A一样,RIC强调州公路系统的维护和现代化升级。与AIC B一样,资金从公路扩张转向非公路模式(即铁路和公共交通),以提供更多交通方式的选择(ADOT,2011)。

表15-7展示了每种情景下州交通投资的分配百分比。

表15-7 亚利桑那州交通部按情景划分的资金分配情况

改进类别	AIC A 资金	AIC B 资金	RIC 资金
公路维护	34%	17%	34%
公路升级	22%	10%	29%
公路扩建	41%	52%	27%
非公路改善工程	3%	21%	10%
总计	100%	100%	100%

来源:ADOT,2011

亚利桑那州交通部研究了每种情景对不同条件和绩效指标的影响。图15-13~图15-15所示为一些预测影响。在每张图中,还显示了"满足州全部需求(Full State Needs,FSN)"的情景。该情景是用于比较的情景,它代表着在预期收入条件下尽可能满足各种需求。

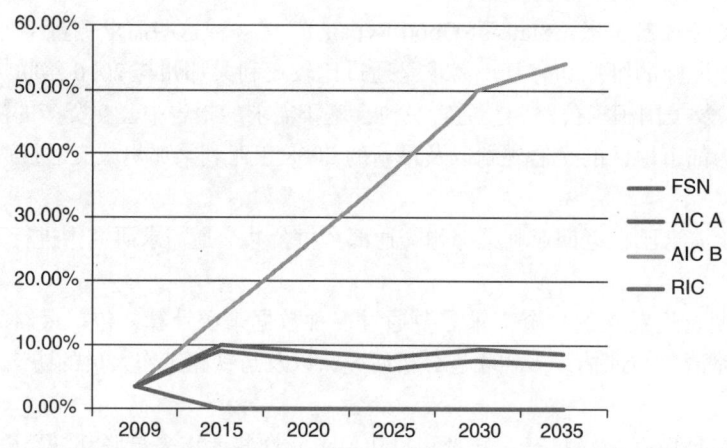

图15-13 亚利桑那州交通部公路里程低于"良好"门槛的百分比

来源:ADOT,2011

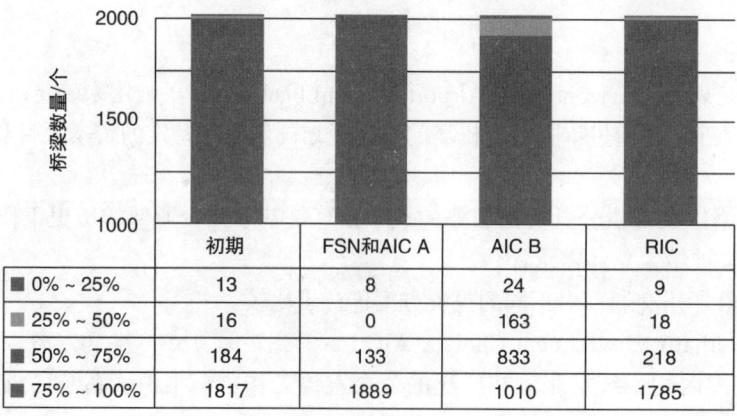

图15-14 按充分等级划分的桥梁

来源:ADOT,2011

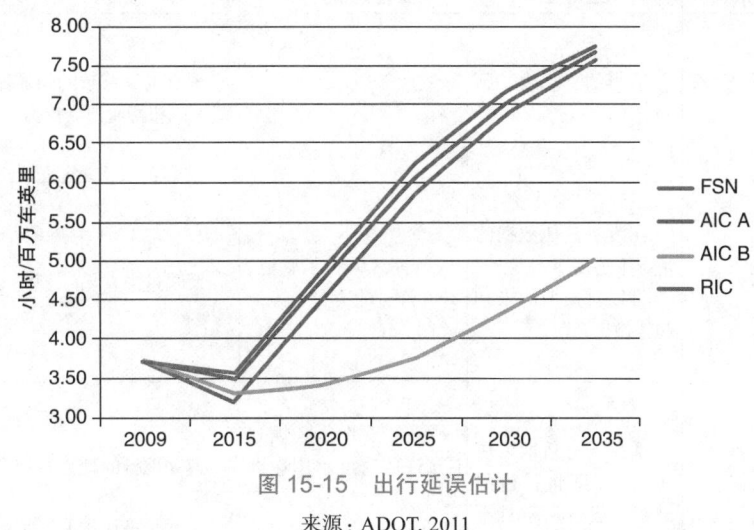

图 15-15 出行延误估计
来源:ADOT, 2011

亚利桑那州交通部还根据自身实现规划目标的能力,对每一个方案进行等级评定。为确定每个目标领域的等级,需要与州交通部工作人员、利益相关者、技术咨询委员会成员和指导小组进行大量的互动沟通。表 15-8 展示了所分配的等级。分配等级的主要目的之一是以公众能够理解的方式解释不同投资方案的影响。值得注意的是,即使是最高水平的投资,在满足需求方面也普遍被评为略高于平均水平。

表 15-8 亚利桑那州目标实现程度评级

目标领域	ADOT 现有投资策略	AIC A	AIC B	RIC
提升移动性/可达性	B	D	C+	C-
保养和维护系统	B+	A	D	A-
支持经济发展	C+	D	B-	C-
将交通和土地使用联系起来	C-	C-	B	C+
考虑环境和自然资源	B-	B-	B+	B+
加强安全和保障	C+	C-	B-	B-
对非公路模式的投资	D	D	C+	C

来源:ADOT, 2011

上述的全部例子,或者说几乎所有的州域交通规划工作都是依赖于计算机模型来进行分析的,并将分析结果反馈到评估过程中。本章不打算讨论可用于预测客流和货流的不同类型的分析模型(分别见第 6 章和第 20 章)。然而,预测的交通流量信息被州交通部广泛地应用。除了交通规划单位,与设计、性能监测和交通工程有关的其他团体都需要预测的交通流量信息。表 15-9 展示了交通预测产生的数据类型,以及佛蒙特州交通部提出的关于这些数据的使用方式。

表 15-9　佛蒙特州交通预测产品和客户

预测类型	可用方法	适用性	关键数据要求	优势	劣势
通道研究区未来一年的人口和就业情况	州域出行需求模式	适当的"基线"预测	现有数据	现有的、一致的州域城镇人口和就业预测数据	预测所依据的假设可能无法完全反映当地的情况
	趋势分析	在没有其他数据的情况下适用 可以对预期的未来趋势做出判断	研究区人口、就业、开发许可的历史趋势	反映过去/当前趋势	假设过去/当前的趋势在未来将保持一致
	扩建分析	适用于分析期内快速增长/即将扩建的城镇，或适用于具有长期（>20 年）视角的研究	研究区的分区规划（允许的密度、用途类型） 现有开发地点 环境因素制约发展的地点	遵守现行的地方规划和政策 支持"最坏情况"下的增长情景	没有分区规划的城镇不可能实现；在没有电子区划图的地方也很难实现 预测年的发展可能远低于实际情况
	根据已知规划估计未来的发展	最适合短期研究或变化缓慢的地区 可与长期估算方法相结合	已批准或计划中的发展（工业园区扩建、分区申请）	近期未来发展的现实图景	可能会低估 20 年的发展
	专家判断（如德尔菲/专家小组法）		过去的趋势 已批准/计划中的开发 对通道经济和规划环境的了解	能结合其他方法和数据达成共识	主观性较强，不同的专家很可能会有不同的意见
	情景规划	最适合希望对未来增长进行积极而长期规划的地区	多种多样；可利用其他规划和预测工具	让公众和利益相关方参与讨论各种未来情况及其潜在的影响	流程中涉及大量工作
未来一年开发的具体地点	了解规划方法	见上文			
	扩建分析	见上文			
	基于 GIS 的预测工具	基于交通投资和土地使用政策对开发模式进行检查 为详细的过渡模型和基于 GIS 的环境分析提供输入	全区人口和就业控制预测 规划的土地用途/分区规划 开发的制约因素 交通可达性指标	合理/一致的开发分配方法	数据和资源密集型的开发和应用

(续)

预测类型	可用方法	适用性	关键数据要求	优势	劣势
研究区道路未来的交通量	VTrans 州域出行需求模型	主要道路基准线增长预测	现有数据	核算预测的州域发展模式和交通网络的改善	不包括在州域模型中的道路不适用
	VTrans 增长因子	基准线交通增长预测	现有数据	根据道路的历史趋势	假设未来将继续保持历史增长趋势
	交通影响研究	评估增长政策对特定的主要开发项目或通道内一般开发地点的影响	新的大规模出行发生源的位置、类型和规模 出行发生比例（ITE手册或其他来源）	对研究区开发所产生的特征性影响进行核算 可以解释季节性旅行的产生，例如休闲旅行	需要添加到背景交通水平 需要注意避免重复计算
	乡村交通饱和区模型	对于由一条主干道提供服务的交通饱和区（traffic shed），预测由该分区中的开发所产生的交通量	每一个交通饱和区未来的土地使用和开发情况 与各种土地用途相关的出行发生率	类似于全域出行生成研究	未在佛蒙特州测试
给定未来交通量情况下的交叉口性能（延误，LOS）	《公路能力手册》（Highway Capacity Manual, HCM）第16章和第17章	估计受控交叉口的延误、LOS、V/C、队列长度	交通量（包括转向交通量） 控制类型的直通车道和转弯车道	标准的、广泛应用的方法	需要详细地分析每个路口的交通轨迹和几何数据
给定未来交通量情况下的路段性能（速度、LOS）	HCM 第20章	估计路段的速度、LOS	车流量、车道和路肩宽度、货车、方向分隔、超车区、自由车速	标准的、广泛应用的方法	需要详细地分析每个路口的交通轨迹和几何数据 LOS 是主观的，取决于对道路的期望值
通道性能和延误	HCM 第29章	结合交叉口和路段级技术；最适用于城市多式联运通道	见上文	可以考虑到各种模式和平行设施之间的需求转移	分析程序可以在严重拥堵的情况下进行估算
给定未来交通量情况下通道的总体出行时间	滑雪通道出行时间模型（结合交叉路口和路段方法）	最适合分析交叉路口改善、路段改善、研究区出行量的变化	与 HCM 分析的数据要求相同 需要通道出行时间数据进行验证	对整体通道级的出行时间表现具有经过验证的评测 对发展交通量和缓解措施较为敏感	在严重拥堵的情况下，不能提供可靠的估计
给定未来交通量情况下通道的总体出行时间	州域出行需求模式	主要用于预测州域范围内的交通量，而不是特定道路的出行时间	公路通道能力的变化	反映州域的出行模式	对交叉口或小规模改善不敏感 速度估计的准确性有限 可能需要针对通道的特殊应用进行校准
	州域旅行需求模型——为通道研究而加强的模型	最适合分析：研究区内的增长转移，增加道路网的连接点，重大能力升级	道路网、研究区人口和就业的详细情况	可以解释研究区域内的增长或出行量的转移，以及转移到其他设施上的交通量	可能会涉及大量工作 对交叉路口或小规模移动不敏感

(续)

预测类型	可用方法	适用性	关键数据要求	优势	劣势
从安全性和运营改善方面减少交通事故	NCHRP 报告 500——关于战略有效性的信息	分析各种道路和运营改进措施的潜在安全效益	现有条件 拟定的改进 交通量	低成本/易应用	其他研究报告的结果——实际效益可能因背景不同而有很大差异
由替代方式策略带来的交通量减少	方式转变的草案规划评估	分析公共交通服务、骑行/步行设施、出行需求管理（Travel Demand Management,TDM）战略、行人友好型发展所带来的车辆行驶减少或非机动车行驶增加	从其他地区类似策略中观察或模拟出行行为的变化	能提供这一因素的定量估计	可能很难找到类似情况的研究
	陈述偏好调查	请人们说明在不同情境下的替代交通方式选择	调查——原始数据收集	能反映出所提出的具体设施/服务改进的情况	管理费用可能很高 调查必须精心设计，否则人们可能会夸大选择
通道管理策略的拥堵和安全效益	NCHRP 报告 420	根据增加车道、交叉口间距和分隔带来预测碰撞率的变化	每公里无信号灯和有信号灯的路口数量 分隔带类型	基于经验数据的估计数	碰撞率和策略影响可能会因情况而异
	HCM 第 16 章和第 17 章	分析新的/改进的受控交叉口的延误情况	见上文		
交通和发展模式对环境和社区的影响	定性评估	根据专业人员和利益相关方的知识，对通道战略的影响进行粗略评估	关于现有条件的各种背景数据 拟议的交通和土地使用战略	低成本/易应用	主观性较强，因人而异；不可量化
交通和发展模式对环境和社区的影响	基于 GIS 的社区影响评估工具	对替代性交通和发展模式进行情景分析，得出已开发土地、不透水地面面积、公共交通可达性、步行环境、能源消耗等指标	现有和未来的土地使用/开发模式（基于 GIS） 交通网络数据 其他土地使用、环境数据	能够评估与未来发展模式有关的广泛的社区影响	数据和资源密集型 主要应用于都市地区，而非乡村地区
	详细分析方法	最适合特定项目，通常作为 NEPA 过程的一部分进行	视影响和方法而异	提供关于影响的深入信息	往往是数据/资源密集型

(续)

预测类型	可用方法	适用性	关键数据要求	优势	劣势
视觉/美学影响	视觉偏好调查	评估视觉/美学偏好	不同类型的开发或道路设计方案的图像	低成本——可使用其他领域的现有图像/样品	没有显示实际发展项目的样子
	计算机可视化技术——土地使用	制定发展方案的计算机化表示方法	规划的土地使用,包括开发的位置、密度、其他物理设计参数	用来传达与发展方案相关的视觉/美学影响的有效工具	需要详细的数据 建筑设计/建筑结构可能与实际发展情况不符
	计算机可视化技术——交通设施	开发交通设施设计的计算机化表现形式	景观/背景 交通设施设计	用来传达与发展方案相关的视觉/美学影响的有力工具	需要详细的数据 最适合用于详细的项目分析,而不是通道规划

来源:Vermont Agency of Transportation, 2005

各州交通部在制定长期规划时面临的挑战之一是州域交通需求模型与都市规划组织开发的模型之间的关系。州政府对增长和进出城市地区的交通量所做的假设应该与都市规划组织的假设相匹配。但在一些州,这两个组织给出的假设并不一致。区域模型的主要作用是为长期交通规划和公路设计提供预测工具。然而,都市规划组织的模型往往不考虑由州域预测产生的全系统交通量增长。威斯康星州交通部采用了专家小组评审程序,由来自交通部和都市规划组织的规划师和技术人员共同参与,就城市地区和州域模型的交通增长率达成共识。

交通利益相关者和公众一直对各州交通部使用的模型、建模过程中的假设条件和模型结果的应用很感兴趣。在许多情况下,州长期规划中使用的预测模型的技术能力并没有跟上这些期望——特别是在土地使用决策的建模、交通利益权衡建模和使用货运数据方面。随着为州级预测目的而产生的数据越来越多,交通部面临的挑战是如何保持其基本数据库的质量和完整性,以及如何在资源减少的情况下为系统数据的持续更新提供资源。

以下州交通部网站为规划人员提供了获取可用于交通规划研究的网络资源数据的良好范例。

佛罗里达州交通部,地理信息系统公路特征清单:http://www.dot.state.fl.us/planning/statistics/gis.

马萨诸塞州交通部,数据:http://www.massdot.state.ma.us/planning/Main/MapsDataandReports/Data.aspx.

密歇根州交通部,联运数据:http://mdotcf.state.mi.us/public/tms/idm.cfm.

明尼苏达州交通部,交通预测和分析:http://www.dot.state.mn.us/traffic/data/coll-methods.html#WIM.

华盛顿州交通部,地图和数据:http://www.wsdot.wa.gov/mapsdata.htm。

15.3.7 评估交通系统的不同方案

在评估不同的州交通系统方案时,规划人员会综合每个方案的相关信息并比较它们的影响。由于方案和所研究情景的总体性质,州交通部很少像都市区规划或州交通部资助的通道研究那样进行详细的评估。这主要是因为交通系统的规模以及许多不同类型的模式策略,使得量化评估过程非常困难。所能获取的最多信息是类似于亚利桑那州域规划的例子,其中包括对诸如路面和桥梁状况的定量估计以及主观评估(即字母等级)。

然而,当州交通部专注于单个交通模式时,就像他们在州方式规划中所做的那样(后面将讨论),或者当他们专注于州的某一特定区域时,人们经常会看到如图 15-16 所示的评估结果。这幅图来自佐治亚州交通部,该州的一项重要举措是为州内的战略交通投资制定了一个投资组合。鉴于亚特兰都市区从交通角度来看是最复杂的,并且亚特兰大 MPO 拥有一个能够预测交通需求的模型,因此州交通部得到了图 15-16 所示的评估结果。

不同评估方案的方法请参见第 7 章。

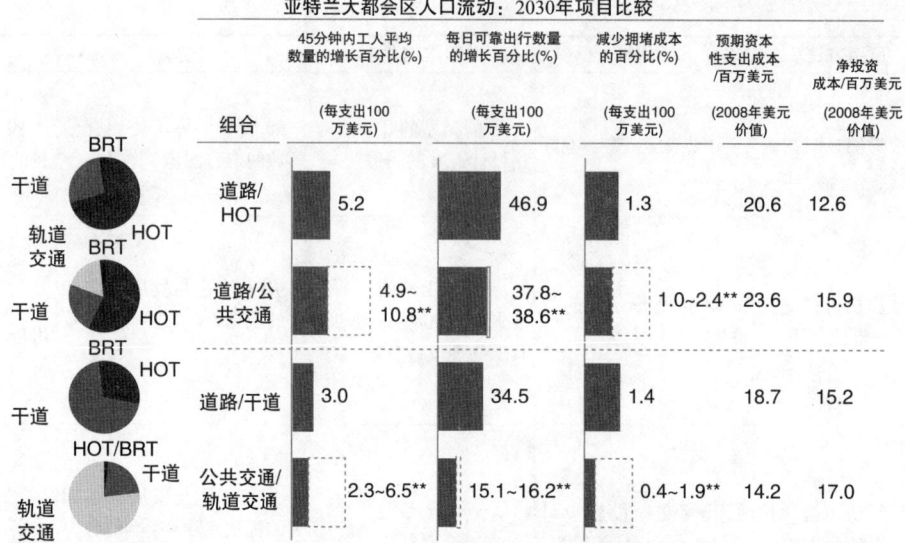

图 15-16　佐治亚州交通部不同投资组合的评价实例

来源：Georgia DOT, 2010

15.3.8　确定项目的优先次序

即便是最精准的模型、最广泛的公众参与和最全面的交通规划回顾，也无法保证项目的顺利实施。因此，州交通部项目决策过程与系统规划之间的联系对于投资决策至关重要。如前文所述，制定州域交通改善规划（STIP）是联邦政府的要求。下面的例子说明了确定项目优先级的典型方法。

1. 明尼苏达州

在许多情况下，确定项目的优先级涉及许多不同的机构和各级政府。图 15-17 所示为明尼苏达州的交通投资决策过程，其中包括交通部内部的单位以及都市规划组织和区域发展组织（MnDOT，2014）。州域交通改善规划是经过该投资决策过程确定的，但只有当不同来源的所有意见都被采纳后才能最终确定。图中所示的地区交通合作组织（Area Transportation Partnership，ATP）是由明尼苏达州交通部授权的次区域组织，该组织为其所在的区域制定区域交通改善项目。参与者包括来自明尼苏达州交通部、都市规划组织、区域发展委员会（Regional Development Commission，RDC）、郡、市、保留地政府、特殊利益集团和公众代表。

州域交通规划的主要目的之一是确定州域交通改善规划的项目。确定与单个项目和总体方案相关的优先事项，也就是将项目从规划推进到项目落地，这个过程在各州之间有所不同。在某些情况下，对于具体的项目，会采用有效性指标或影响指标来确定对州最有利的项目。例如，由联邦安全资金资助的项目的优先级必须通过效益成本分析来确定。在这个过程中，之前建立的绩效指标和评估标准也可以作为参考。在其他情况下，决策机构（如州交通委员会）负责确定不同类别事项的优先级，并选择最符合这些优先发展目标的项目。

2. 科罗拉多州

科罗拉多州州域交通改善规划是一个四年滚动规划，也就是说，每次在第一年项目投入建设后，州域交通改善规划都会增加新的一年项目。科罗拉多州交通委员会拥有最终批准州域交通改善规划的权利，但在最终批准之前，规划还会通过许多其他机构和团体进行共同修订。科罗拉多州交通部（Colorado Department of Transportation，CDOT）每个地区都会召开郡级会议，以审查作为地区规划一部分内容的交通需求和资金供应情况。在郡级会议之后，CDOT 地区至少举行一次会议，并向公众开放，以讨论项目的优先级（CDOT，2015c）。虽然这个确定项目的过程是"自下而上"的过程，但委员会仍然有责任决定项目的优先次序，并根据以下四个标准来决定：

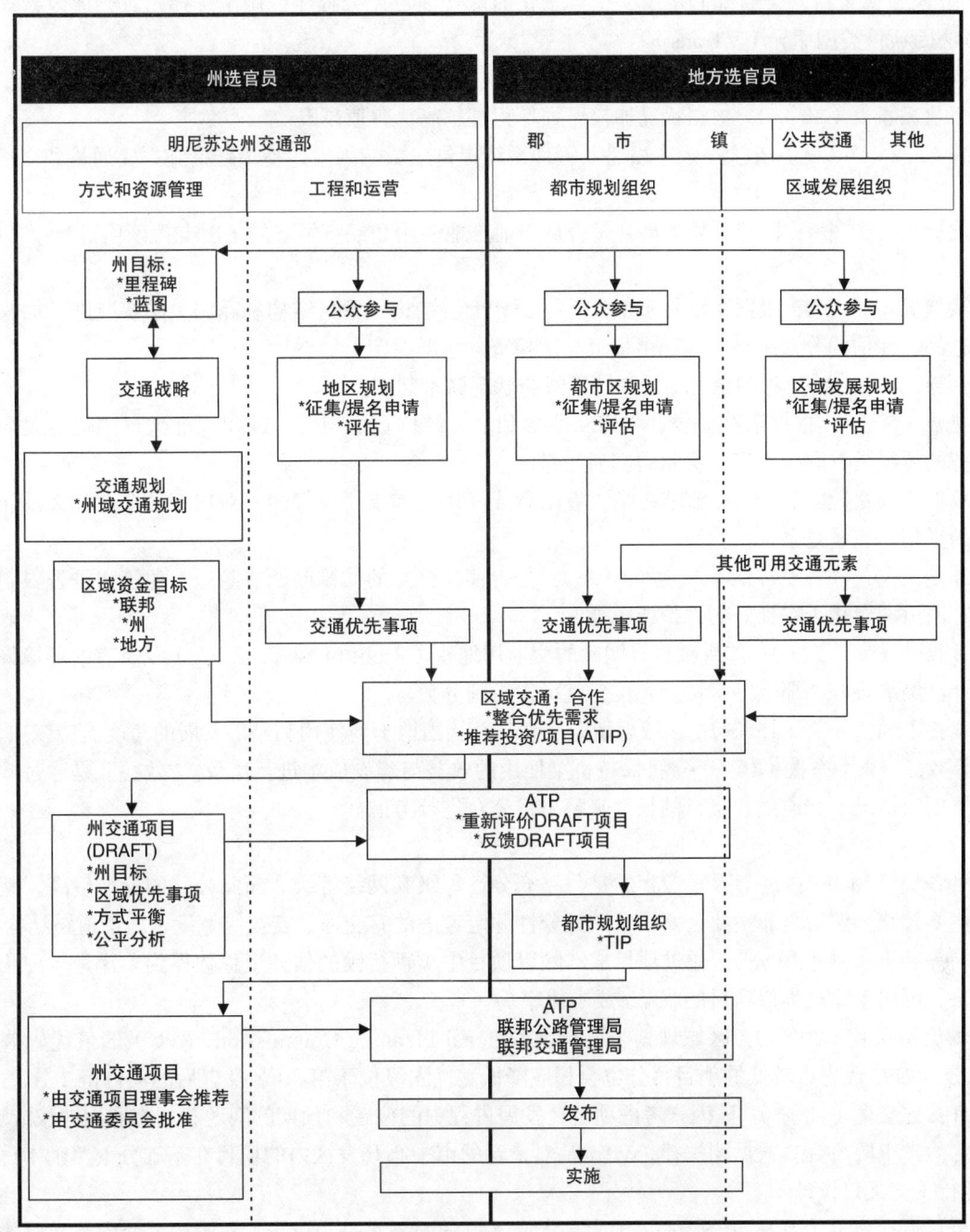

图 15-17　明尼苏达州的交通投资决策过程

来源：MnDOT, 2014

- 系统质量：保持现有交通基础设施的功能性和美观性。
- 流动性：提供人员、货物和信息的有效流动。为人员、货物和信息的有效流动提供保障。
- 安全性：通过服务和项目减少系统的所有使用者的死亡率、受伤率和财产损失。
- 项目交付：保证科罗拉多州交通部的项目和服务成功交付。

正如规划中所指出的，这些具体的类别和相关的绩效指标使交通委员会和科罗拉多州交通部能够做出权衡，以最佳方式分配有限的财政资源。此外，科罗拉多州在很大程度上依赖于次州级和通道研究（该州已确定350条通道）来确定交通需求。

3. 佛蒙特州

根据州立法，佛蒙特州交通部制定了一个可量化的优先项目评分程序，用于选择州域交通改善规划中的项目。评分方法因项目类型而异（VTrans）。

铺路工程

- 路面状况指数（20 分）：根据状况加权；损坏程度越高，分值越高。
- 效益/成本（60 分）：效益/成本由路面管理系统提供。影响因素包括最佳措施、交通量和交通类型（货车）。
- 区域优先（20 分）：区域规划委员会是否从当地土地使用和经济发展的角度支持该项目？

桥梁

- 桥梁状况（30 分）：根据主要检查部件（桥面、上层结构、下层结构和涵洞）的状况进行加权；损坏程度越高，评估的分值越高。状况由最近一次检查的情况决定。
- 剩余寿命（10 分）：将剩余寿命的加速下降与状况联系起来。
- 功能性（5 分）：根据道路分类，将道路线形和现有结构宽度与公认的州标准进行比较。太窄或排列不整齐的桥梁具有安全隐患，会阻碍交通流量。
- 承载能力和用途（15 分）：该结构是否有限制或停用？如果桥梁停用，对出行公众有什么不便？该结构上的平均车流量是多少？
- 河道是否充足和易受冲刷的程度（10 分）：是否存在已知的冲刷问题或隐患？建筑物是否限制了自然河道？河道两岸是否有良好的保护或植被？
- 项目推进程度（5 分）：如果项目有明确的交通用地权（Right of Way，ROW）及所有的环境许可，并且设计已经准备好，那么等待资金到位，就可以得到分数。
- 区域投入和优先级（15 分）：区域规划委员会是否从当地土地使用和经济发展的角度支持该项目？
- 资产效益/成本系数（10 分）：将保持桥梁使用的效益与建设成本进行比较。"效益"是通过检查在桥梁被停用的情况下交通量和绕行的长度来替出行公众进行考虑。

道路

- 公路系统（40 分）：这个因素考察的是公路充分性等级和网络等级。州际公路的标准最高，其次是非州际主要公路，然后是非主要公路。公路充分性评定考虑的有交通、安全、宽度、地下道路结构等因素。
- 车辆每英里成本（20 分）：通过项目成本除以项目中车辆行驶的估计里程数得到。这是一种相对简单的方法，可用于比较类似项目的收益/成本比率。
- 区域优先项目（20 分）：区域规划委员会（Regional Planning Commission，RPC）的最优先公路项目得 20 分。RPC 优先级较低的项目得分也会相应降低。优先级位于第 10 名及以后的项目得 2 分。
- 项目推进程度（20 分）：该因素考虑项目在发展进程中的位置和预期的问题，如交通用地权或环境许可。
- 指定的市中心项目：根据州法律，VTrans 对指定的市中心开发区内的项目在基础分上奖励 10 分。

交通运行（交叉口设计）

- 交叉口通行能力（最高 40 分）：该因素基于交叉口的服务水平（LOS）和协调系统中交叉口的数量。如果某一个项目具有较低的服务水平并且是整个协调系统中的一部分，则在这一类别得到较高的分数。
- 事故率（最高 20 分）：这一因素是基于交叉口的严重事故率，严重事故率越高的项目得分越高。
- 每个交叉口的交通量成本（最多 20 分）：该系数以估计的建设成本和通过交叉口的年平均日交通量为基础。VTrans 计算每个预期用户通过交叉口的的项目建设成本。交叉口交通量成本较低的项目在这个类别中获得较高的分数。
- 区域投入和优先事项（最高 20 分）：这个因素是基于 PRC 和 MPO 的项目排名。PRC 和 MPO 根据其制定的标准对项目进行排名。项目分数排名越高的项目得分越高。
- 项目推进程度（最高 10 分）：该系数考虑的是：①项目在发展进程中的位置；②预期的问题，如交通用地权或环境许可；③资金。

交通方案

根据申请人提交的提案，对交通方案进行打分。

公共交通

根据以下衡量标准对提案进行评级：移动性改善、环境效益、运营效率、项目协调、区域连接性、地方财政承诺和资金的可持续性。

航空

公有机场的项目按以下分数范围计分：

- 机场活动（业务和基地飞机数量）（0~100分）。
- 服务人口和地方政府支持（0~24分）。
- 经济发展（0~40分）。
- 项目类型（跑道类型、铺装、导航等）（0~120分）。
- 联邦航空管理局（Federal Aviation Adiministration，FAA）优先级和标准排名（0~120分）。
- 过往的联邦/州资助情况（0~200分）。
- 75000美元以下的项目成本/效益指数（100分）。
- 资源影响（0~40分）。
- 地方利益/支持（0~20分）。

铁路

项目采用以下标准对铁路项目进行评分：

- 一般性安全：铁路系统的安全是评估项目的关键。安全性可能涉及基于检查的桥梁状况、铁路交叉口、交通用地权（ROW）和安保等。
- 铁路货运：需衡量总吨公里或总车辆公里的增加和经济影响。
- 铁路客运：该项目是否提高了铁路客运服务的效率或扩大了铁路客运服务，改善后是否有可能增加乘客量？
- 线路状况：如果项目改善了联邦铁路管理局的轨道状况，则会予以考虑。拟建项目是否涉及净空或重量限制？
- 优先路线：如果该项目位于州域铁路规划的优先铁路线上，则会予以考虑。
- 以佛蒙特州为基础的活动：针对佛蒙特州的车载量和载客量，或者在佛蒙特州创造的铁路工作岗位给予考虑。
- 经济发展：对符合区域经济发展规划的项目予以考虑。
- 有记录的非州资助的机会：该项目是否有不需要州匹配的资金来源？
- 资源影响：项目是否需要减轻环境影响或缓解环境问题？
- 区域范围：如果项目增加了竞争力，例如与其他州合作或改善了多式联运的连接性，则会给予考虑。
- 资源的利用：如果项目周期在一年以内，则予以考虑。

安全

州交通部采用"公路安全改进项目"（Highway Safety Improvement Program，HSIP）对本州的安全项目进行优先排序（见第23章）。机构的工作人员审查了排在前50名的事故多发地点，并确定了可能的改进措施。此外，进行成本/效益分析，以确定在有限资金条件下能实现的最大安全改善。

重要的是，州域交通改善规划以及许多其他规划文件的制定必须符合指导此类制定的联邦和州的法律与法规。在美国，各州交通部可以自我证明州域交通改善规划符合这些法律。

第7章概述了可用于确定项目优先级的方法。

15.3.9 监测系统和项目性能

现在，政府部门要求对州资金的使用情况实行更大的问责制。提供可衡量和可理解的性能指标是在整个规划制定过程中的一个关键部分。许多州正在通过季度报告卡、仪表盘测量和项目指南针来提供这些指标,旨在以结果为导向,以客户服务为重点,并对立法做出反应。以下3个州已经制定了以绩效为基础的州域交通规划,并在报告中增加了规划项目实施后该系统性能的达成情况。

1. 密歇根州

监测系统状况和性能的典型格式如图15-18所示。密歇根州交通部多年来一直在制作这样的图表,并且发现它在向公众和主要利益相关者解释该州交通系统所面临的挑战非常有效。

指标	状况	与上次报告相比的变化	过去5年的变化
高速公路桥梁状况	绿色	⇔	⇑
非高速主干线桥梁状况	绿色	⇑	⇑
减少结构不完善的主干线桥梁	绿色	⇔	⇑
基于充分性的主干线路面状况	黄色	⇓	⇔
基于国际粗糙度指数的主干线路面状况	绿色	⇓	⇑
基于剩余使用寿命的主干线路面状况	黄色	⇓	⇓
主干线铁路交叉口	绿色	⇔	⇑
一级机场主跑道路面	黄色	⇓	⇔
乡村和特种运输车队状况	绿色	⇑	⇑
乡村城际客运轨道服务水平	绿色	⇔	⇑
乡村城际公共汽车可达性	绿色	⇔	⇑
本地公共汽车服务水平	绿色	⇔	⇑
拼车车辆停车场条件	绿色	⇔	⇑
州域事故严重程度降低度	绿色	⇑	⇑
主干线碰撞严重程度降低度	黄色	⇔	⇑
地方道路交通事故严重程度降低度	无标准	⇑	⇑
安全资金项目投资回报率	绿色	⇔	⇑
配备了互操作通信设备的公路署	无标准	⇑	无数据
用于保护工作的项目资金百分比	绿色	⇔	⇑
(国家间)重要通道的可接受服务水平	无标准	⇔	⇑
密歇根合乘项目(MichiVan)可达性的扩展	绿色	⇔	⇑
及时处理交通事故	绿色	⇔	无数据

绿色 目前状况为目标的90%或以上
黄色 目前状况是目标的75%~90%之间
红色 现状低于目标的75%

⇑ 状况改善
⇓ 状况下降
⇔ 状况保持不变

图15-18 密歇根州交通部的系统性能监测

来源:MDOT, 2014

2. 弗吉尼亚州

为了应对2002年州政府的财政危机,弗吉尼亚州交通部(VDOT)承担起了恢复其项目和服务的整体财政责任。作为回应,VDOT会向立法机构和公众提供易于理解、用户友好的性能数据;制定报告文件,如季度报告卡和项目仪表盘(一种简单的数据图表,可用于深入了解基本信息),作为弗吉尼亚州长期交通规划中目标和建议的一部分;建立一种机制,将财务问责制和绩效目标联系起来。

VDOT项目仪表盘是一个基于网络的工具,为公众提供项目和合同的概况(图15-19)。该网站上的指标包括:

- 环境合规指标:包括建筑/维修项目的合规情况和每月报告的投诉数量。
- 财务指标:包括预测与实际收入、规划与实际现金余额、人工费用和合同余额。
- 安全指标:包括过去12个月的碰撞和死亡数据与5年平均水平的比较。
- 工程指标:包括按时完成项目设计和宣传的业绩,准确估算项目成本。
- 施工指标:包括在建和已完成的建设项目按时、按预算执行的情况。

- 养护指标：包括路面重铺计划完成的年限百分比、桥梁状况、年度养护支出计划目标的进展情况。
- 运营指标：包括获取路况信息或事故信息、施工作业区、天气情况、交通摄像头等。

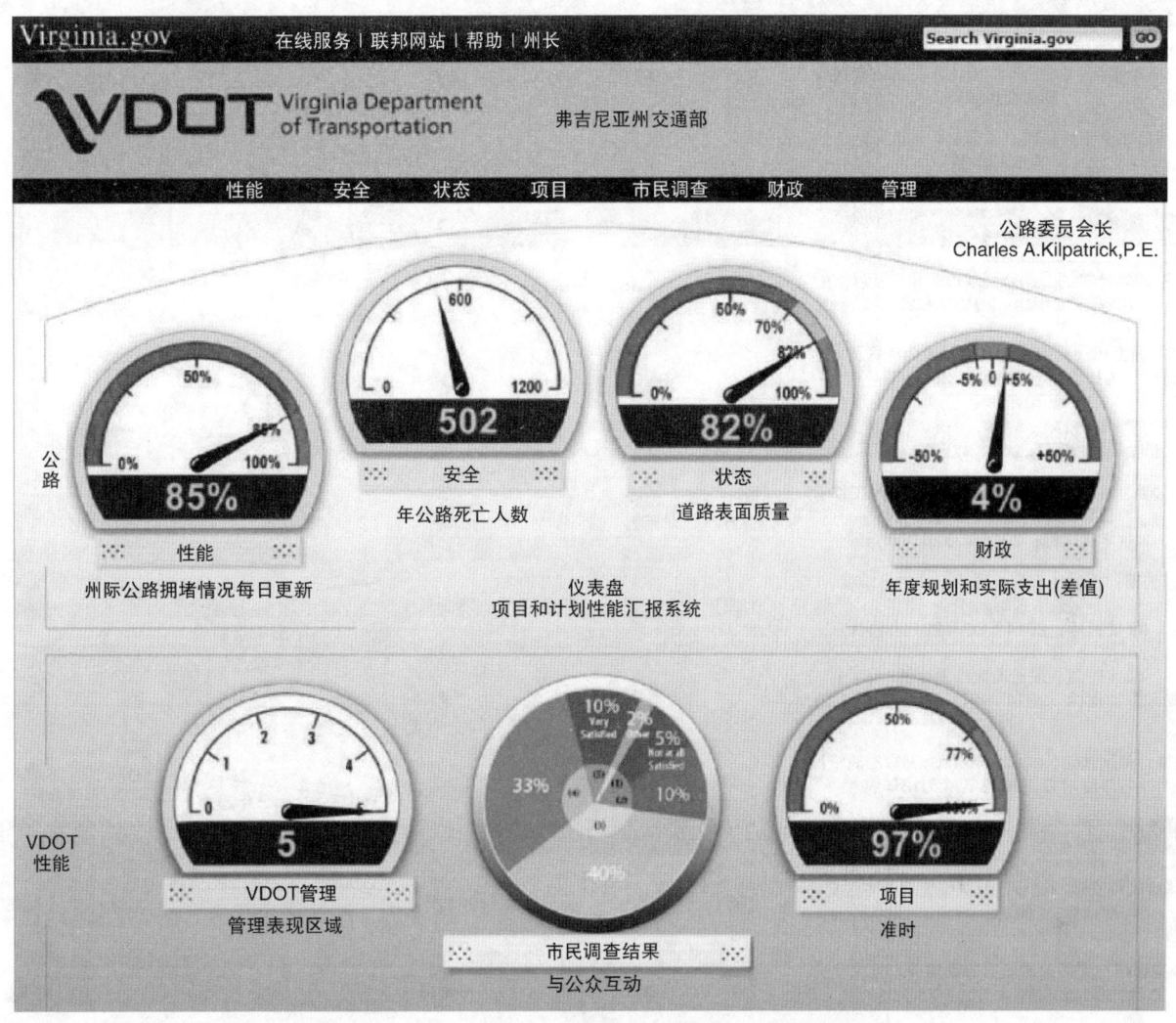

图 15-19 弗吉尼亚州交通部的仪表盘监测系统
来源：Virginia DOT, 2015b

这些指标是为了回答立法机构和公众对弗吉尼亚州交通部在项目效率和有效性方面的疑虑。尽管这些指标不是多式联运的，但确实代表了弗吉尼亚州交通部的基本使命——强调按时交付项目、公共安全和环境合规的核心价值。并非只有弗吉尼亚州交通部在州级政策规划中提供与绩效指标和财务责任挂钩的具体行动，它反映了各个州交通部全新的工作环境和重点。

3. 华盛顿州

华盛顿州交通部的灰色笔记本（Gray Notebook）是最早和最广泛地报告一个州的交通和项目绩效的文件之一。灰色笔记本总结了关于骑行者和行人安全、路面状况、公路维护、环境合规性、收费和建设成本趋势的年度概述。每半年总结一次关于交通出行时间趋势和货运铁路的概述，每季度还提供关于事故响应、轮渡和客运铁路使用等主题的报告。其中也包括关于目标项目的报告。图 15-20 所示为灰色笔记本的典型页面。

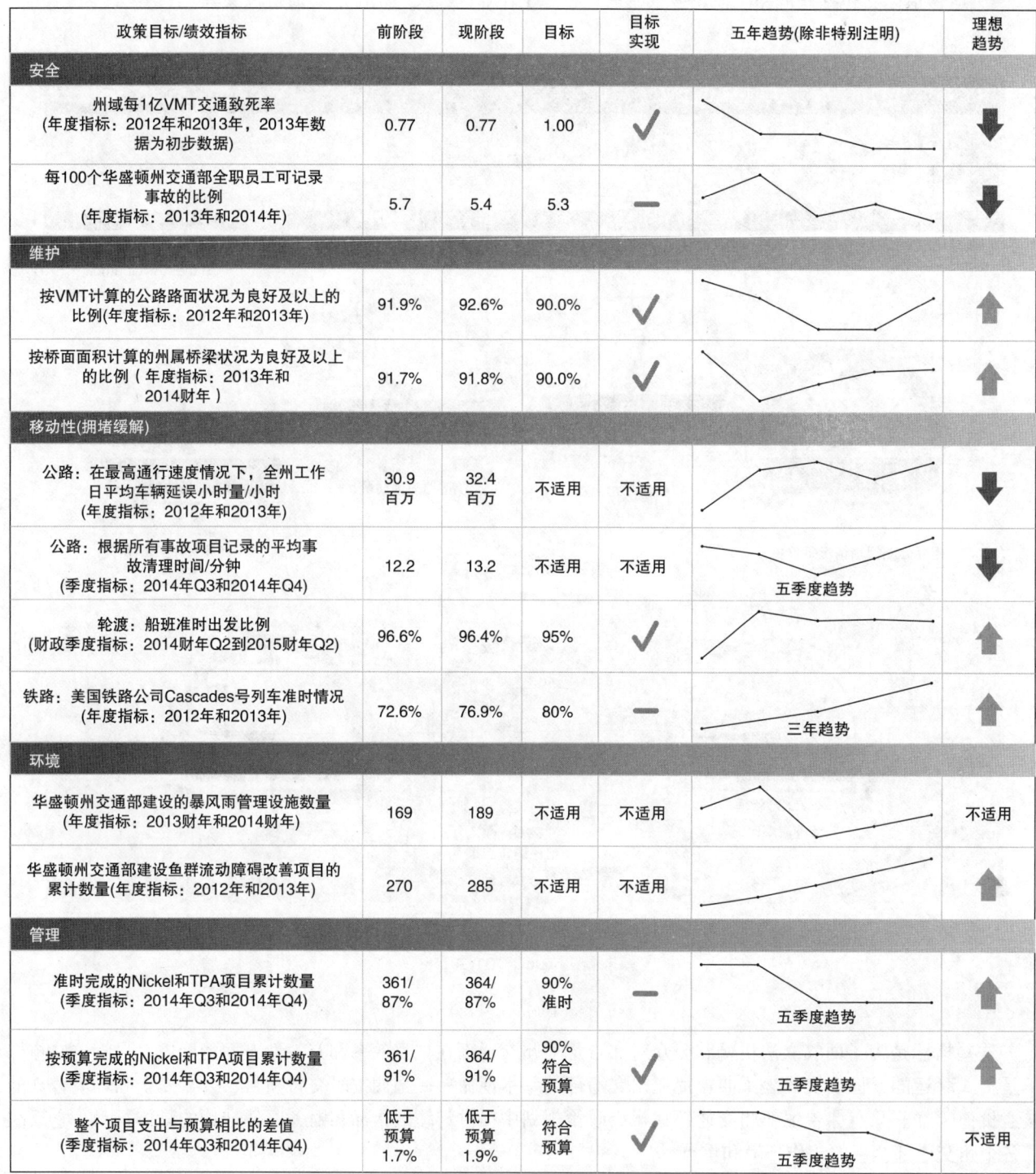

图 15-20　灰色笔记本性能报告（华盛顿州交通部）

来源：Washington State DOT, 2015

15.4　州域出行方式规划

前面的讨论主要从多式联运规划的角度介绍了州域交通规划。然而，各州在进行规划时，往往会把重点放在某个特定的交通模式上，如铁路、货运、骑行/行人、航空和州公共交通规划。一般来说，单个交通方式规划与上述制定州域交通规划的步骤相似。单个交通方式规划过程首先要对问题和议题有一定的认识，然后制定相关目的和目标，确定性能指标，分析和评估不同方案和选择，最终确定一个首选的投资战略，并确定其他的行动来解决所识别的问题。表 15-10 展示了州域铁路规划所需的信息类型，以响应联邦法律要求各州制定此类规划——2008 年的《客运铁路投资和促进法案》（Passenger Rail Investment and Improvement Act，PRIIA）。

表 15-10 PRIIA 中列出的州域铁路规划要素

规划步骤	包含的要素
清单目录	铁路在国家地面交通系统中的作用 拟议的高速铁路通道
审查铁路线路	目前尚未投入使用的重要铁路路段
铁路客运服务目标	所有路线的最低服务水平
铁路对交通、经济和环境的影响	缓解拥堵 贸易和经济发展 空气质量 土地利用 能源利用 社区影响
长期铁路投资项目	具有公共和私人利益的货运资本项目以及两者之间的相关性 考虑融资问题
公共融资问题	现有资本和运营资金来源 预期的资本和运营资金来源
铁路基础设施问题	与所有相关利益相关方的协商
审查多式联运连接性和设施	货运联运 货运设施 海港 最大限度地整合各种模式的优先选择
审查公共资助的安全和保障项目	安全性，包括根据《美国法典》第 23 章第 130 节资助的项目（坡道保护）
客运铁路的绩效评价	业绩评价 可能实现的改进 实现改进的战略
高速铁路规划	高速铁路研究报告汇编 建议通道的筹资规划
对第 22102 条法案的遵守	根据《美国法典》第 49 卷第 22102 条的规定，证明自己达到合格标准（州已经组织支持铁路规划）

来源：Texas DOT, 2010

与州域多式联运规划类似，独立交通方式规划也有赖于众多利益相关者的参与。利益相关者不仅可以对不同方案提供反馈，而且许多分析所需的数据往往来自公共领域以外的来源。私营公司通常可以为直接影响其领域的规划工作提供一些至关重要的信息。

州交通部进行独立交通方式规划的原因之一是由于每种交通模式分配到的政府资助是不一样的。例如，得克萨斯州州域铁路规划中就涉及可用于改善该州铁路系统的铁路专用资金来源。航空、步行和骑行以及州公共交通规划也是如此。尽管独立交通方式规划为该交通方式的项目确定了资金的优先级，但重要的是，这些规划应整合到州域交通规划中。由于州各个交通系统之间的相互关联性，铁路系统发生的事情可能会直接影响到公路网，例如货物从火车向货车的转移。因此，即使一个州制定了主要交通方式的规划，州域交通规划也需要成为政策和投资策略的连接点。

15.5 总结

州交通部门及其制定的长期规划是持续发展和更新的，以满足社会不断变化的期望。仅仅根据交通工程师的专业知识为交通问题提供解决方案的日子已经不复存在。随着公共资源的减少，对决策和项目实施的问责制和透明度的要求只会越来越高。由于交通规划和决策涉及更多的利益集团和更大的社会期望，交通部面临着开发必要的技术和技能以满足需求的挑战。其中一些挑战包括：

提高州层面交通规划与地方土地使用政策之间的联系。地方一级的交通和经济活动推动了区域和州一级的交通服务需求，而土地使用政策往往是地方一级制定的。越来越多的主要交通利益相关者认为交通投资不仅仅是为了实现交通和经济发展的目标，州交通部往往没有能力有效地利用他们的规划和项目决定来指导发展方向、选择发展模式、满足残疾人或步行公众的需求。只有通过更好地将州与区域层面和地方层面的规划决策联系起来，特别是都市规划组织的规划活动，如数据和分析共享、目标共识和联合融资，各州交通部才有可能改善交通规划与土地使用政策之间的联系。

改善规划和执行之间的联系。大多数州已经开始关注有关改善执行方面的措施，但还需要新的技术和分析工具。首先，规划中的项目必须从一开始就是可以实施的并且结果是可衡量的；但是，由于没有数据或州交通部不控制服务，导致有些规划成果无法有效衡量。使用通道规划（见第 17 章）可以将规划建议与州和区域一级的项目联系起来。这些规划中通常包括当地可接受的优先事项，并侧重于相对完善的项目。

货运规划的挑战。正如联邦立法所反映的那样，货运规划在全国层面正受到越来越多的关注。鉴于货运跨越城市边界、区域边界和州际边界，各州均具有独特的系统规划视角。然而，高质量和及时的货运数据的缺乏、州与货物承运人之间的沟通不足、对多式联运和港口投资决定缺乏控制以及缺乏用于货运规划和实施的专项资金等，仍然是美国州域货运规划活动面临的主要挑战（见第 22 章）。

财务规划和问责制。公众对交通的期望和财政支持程度之间仍然存在差距。各州在进行州域交通规划时要考虑许多利益。各州在制定 20 年或 25 年的规划时，往往会受到现有资源的限制，特别是在实际设施建设可能需要 10 年或更长时间的情况下。此外，各州必须实施通过 MPO 规划流程开发的项目，即便 MPO 的资金来自州和联邦资金项目。

同样，政治程序也要求对纳税人的钱更加负责，要求为不易衡量的项目制定指标。州议会所提出的许多指标是被预算数据和新闻舆论所驱动的，而不是由州系统所提供的有意义的服务评估所驱动的。由于资源受限，发展多样性融资机制的呼声越来越大，其中包括公私合作、州和地方政府联合融资协议和收费方案（见第 5 章）。一些州仍然存在由谁来控制和维护这些设施、地方一级如何征收税收的问题，以及在这种情况下，如何为需求最紧迫的群体提供充分和公平的基本交通服务。

多式联运意味着什么？对于许多州交通部来说，一个多式联运的州级政策规划需制定该州交通系统的总体目标。虽然规划的最终愿景是多式联运的，但是其实施过程又是单模式的。其本质原因是由于交通资金的性质。每种交通方式的规划都有单独的政府资金配额，挪用资金以满足其他优先事项几乎是不可能实现的。即使是在区域层面上有全面的通道规划，资金也往往首先用于公路建议项目，而不是用于非公路项目。这些资金分配也体现在州交通部的组织结构中，每种方式都有单独的组织结构来管理各自的项目和分配各自的资金。许多交通部还没有形成一个完善的组织来应对多式联运的议程。

对于州交通部（DOT）的规划人员来说，交通规划过程在过去 20 年里发生了巨大的变化。然而，对于州交通部以外的人来说，州交通规划过程的变化似乎很缓慢。但无论从哪个角度看，交通规划在指导州级交通投资方面的重要作用都是毋庸置疑的。而且州级交通投资又有助于塑造人们的生活和工作方式。州域交通规划以及都市地区的交通规划，很可能在塑造未来社会的形式和功能方面发挥更大的作用。

参考文献

Arizona DOT. 2011. *What Moves You Arizona*. Phoenix, AZ. Accessed Feb. 22, 2016, from http://azdot.gov/docs/default-source/planning/lrtp-2011-1129.pdf?sfvrsn=2.

Cain, D., N. Tollner, and E. Green. 2008. *Traffic Forecasting Report-2007*. Report KTC-07-06/PL14-07-01F, Frankfurt, KY: Kentucky Transportation Cabinet. Accessed Feb. 24, 2016, from http://transportation.ky.gov/Planning/Documents/Forecast%20Report%204-25-08_dah.pdf.

California Department of Transportation (Caltrans). 2006. *California Transportation Plan 2025*. Sacramento, CA, Accessed

Feb. 22, 2016, from http://www.dot.ca.gov/hq/tpp/offices/osp/ctp2025_files/CTP_2006.pdf.

Colorado Department of Transportation (CDOT). 2015a. *Policy Directive 14 Development* Technical Memorandum, Statewide Transportation Plan, Denver, CO. Accessed Feb. 24, 2016, from http://coloradotransportationmatters.com/wp-content/uploads/2014/10/Policy-Directive-14-Development-Technical-Memorandum-with-Appendices-2015-04-07.pdf.

_____. 2015b. *Needs and Gap Technical Memorandum.* Denver, CO. March 23. Accessed Feb. 24, 2016, from http://coloradotransportationmatters.com/wp-content/uploads/2014/10/Needs-and-Gap-Technical-Memorandum_3-23-2015.pdf.

_____. 2015c. *STIP Development Guidance and Project Priority Programming Process.* Colorado Transportation Commission. Denver, CO. Accessed Feb. 24, 2016, from https://www.codot.gov/business/budget/statewide-transportation-improvement-program-stip-reports-information/current-stip-reports-information/4P%20STIP%20Development%20Guidelines%2009-09%20-%20CLEAN.pdf/view.

Florida DOT. 2010. *2060 Florida Transportation Plan.* Tallahassee, FL. Accessed Fed. 24, 2016, from http://www.dot.state.fl.us/planning/FTP/2060FTP.pdf.

Georgia DOT. 2010. *Statewide Strategic Transportation Plan 2010–2030.* Atlanta, GA. April. Accessed Feb. 24, 2016, from http://www.dot.ga.gov/BuildSmart/Programs/Documents/SSTP/Plan/SSTP-Final.pdf.

Guo and Gandavarapu. 2009. *Data Integration and Partnership for Statewide Transportation Planning.* Report for the Wisconsin Department of Transportation, Madison, WI. Accessed Feb. 24, 2016, from http://ntl.bts.gov/lib/32000/32700/32706/07-23_Final_Report.pdf.

Hawaii DOT. 2013. *Hawaii Statewide Transportation Plan.* Honolulu, HA, Accessed Feb. 24, 2016, from http://hidot.hawaii.gov/administration/files/2013/02/hstp2011-executive-summary.pdf.

Indiana DOT. 2013. *Indiana's 2013–2035 Future Transportation Needs Report*, "Keeping Indiana Moving." Indianapolis, IN. Accessed Feb. 23, 2016, from http://www.state.in.us/indot/files/LRP_FutureNeedsReport_041513.pdf.

Meyer, M. 1999. "Statewide Multimodal Transportation Planning." In Edwards, J. (ed.). *Transportation Planning Handbook*, 2nd Edition. Washington, DC: Institute of Transportation Engineers.

Lambert, J. and M. Schroeder. 2009. *Scenario-Based Transportation Planning with Involvement of Metropolitan Planning Organizations*, Report FHWA/VTRC 09-CR5, Richmond, VA: Virginia Department of Transportation. Accessed Feb. 24, 2016, from http://www.virginiadot.org/vtrc/main/online_reports/pdf/09-cr5.pdf.

Maryland DOT. 2014a. *2014 Annual Attainment Report on Transportation System Performance, Implementing the Maryland Transportation Plan & Consolidated Transportation Program.* Annapolis, MD. Accessed Feb. 25, 2016, from http://www.mdot.maryland.gov/Office_of_Planning_and_Capital_Programming/CTP/CTP_14_19/1_Final_CTP_Documents/2014_Attainment_Report_1_8_2014FINAL.pdf.

_____. 2014b. *2014 STIP*. Annapolis, MD. Accessed Feb. 25, 2016, from http://www.mdot.maryland.gov/Office_of_Planning_and_Capital_Programming/STIPandTIP/2014_STIP_Index/2014_STIP_Full_Document_051914.pdf.

Michigan Department of Transportation (MDOT), 2006. "Goals, Objectives, and Performance Measures Report, State Long-Range Transportation Plan," Lansing, MI, Accessed Feb. 24, 2016, from http://michigan.gov/documents/mdot/MDOT_SLRP_rept_Goals_Objectives_Performance_Report_11-17-06l_180916_7.pdf.

_____. 2012a. *Corridors and International Borders Report, Update.* Lansing, MI. Accessed Feb. 23, 2016, from http://www.michigan.gov/documents/mdot/MDOT_CorridorAndBordersWhitePaperFinal_397571_7.pdf.

_____. 2012b. *MI Transportation Plan, Moving Michigan Forward*. Lansing, MI. Accessed Feb. 24, 2016, from http://www.michigan.gov/documents/mdot/MDOT_2035MIPlan4approval_398932_7.pdf.

_____. 2014. *System Performance Measures Report*. Lansing, MI. Accessed Feb. 24, 2016, from http://www.michigan.gov/documents/mdot/MDOT-erformance_Measures_Report_289930_7.pdf.

Minnesota Department of Transportation. 2012. *Statewide Multimodal Transportation Plan*, St. Paul, MN, Sept. Accessed Feb. 24, 2016, from http://www.dot.state.mn.us/planning/program/pdf/smtp/statewidemultimodaltransportationplan.pdf.

_____. 2014. *State Transportation Improvement Program, 2015–2018*. St. Paul, MN. Accessed Feb. 23, 2016, from http://www.dot.state.mn.us/planning/program/pdf/stip/2015-2018%20STIP%20FINAL.pdf.

_____. 2015. "Family of Plans," website, Accessed Feb. 24, 2016, from http://www.dot.state.mn.us/minnesotago/plans.html.

Montana Department of Transportation. 2008. "TranPlan 21 Update, Montana's Multimodal Transportation Plan Policy Goals & Actions." Accessed Feb. 24, 2016, from http://www.mdt.mt.gov/pubinvolve/docs/tp21_brochure.pdf.

North Carolina DOT. 2012. *System Inventory and Modal Needs, North Carolina Statewide Transportation Plan.* Raleigh, NC. Accessed Feb. 24, 2016, from http://www.ncdot.gov/download/performance/2040_ModalNeedsReport.pdf.

Oregon DOT. 2015. *Oregon Transportation Management System*, website. Accessed Feb. 24, 2016, from http://www.oregon.gov/odot/td/tdata/pages/otms/otms_system_descriptions.aspx.

Oregon DOT and Oregon Department of Land Conservation and Development. 2013. *Oregon Scenario Planning Guidelines, Resources for Developing and Evaluating Alternative Land Use and Transportation Scenarios.* Salem, OR. Accessed Feb. 24, 2016, from http://www.oregon.gov/ODOT/TD/OSTI/docs/Scenario%20Planning%20Guidelines/ODOT-Guidelines-April2013-red.pdf.

Ohio DOT. Undated. *Ohio Statewide Traffic Model, Executive Summary and Potential Uses.* Columbus, OH. Accessed Feb. 24, 2016, from https://www.dot.state.oh.us/Divisions/Planning/SPR/ModelForecastingUnit/Documents/summaryrev2.pdf.

Parsons Brinckerhoff. 2010. *Ohio Statewide Model*, Prepared for the Ohio DOT, Columbus, OH. Accessed Feb. 24, 2016, from https://www.dot.state.oh.us/Divisions/Planning/SPR/ModelForecastingUnit/Documents/osmp.pdf.

Rhode Island Department of Administration. 2012. *Transportation 2035.* Providence, RI. Accessed Feb. 24, 2016, from http://www.planning.state.ri.us/documents/trans/LRTP%202035%20-%20Final.pdf.

South Carolina DOT. 2013. *South Carolina Multimodal Transportation Plan Vision, Goals, Objectives, and Performance Measures.* Technical Memorandum. Prepared for the South Carolina Department of Transportation, Columbia, SC. Accessed Feb. 24, 2016, from http://www.scdot.org/Multimodal/pdf/vision_goals-new.pdf.

_____. 2014. *Charting a Course to 2040, Multimodal Transportation Plan.* Columbia, SC. Accessed Feb. 24, 2016, from http://www.dot.state.sc.us/Multimodal/pdf/SC_MTP_Executive_Summary_FINAL.pdf.

Texas DOT. 2010. *Texas Rail Plan.* Austin, TX. Accessed Feb. 24, 2016, from http://ftp.dot.state.tx.us/pub/txdot-info/rail/plan/ch1.pdf.

Utah DOT. 2015a. *Open Data Guide*, website, Accessed Feb. 24, 2016, from https://maps.udot.utah.gov/uplan_data/documents/DataGuide/OpenDataGuide.pdf.

_____. 2015b. *Utah DOT Strategic Direction.* Salt Lake City, UT. Accessed Feb. 24, 2016, from https://udot.utah.gov/public/ucon/uconowner.gf?n=8132008624984879.

Vermont Agency of Transportation (VTrans). Undated. *Project Prioritization.* Montpelier, VT. Accessed Feb. 24, 2016, from http://vtrans.vermont.gov/sites/aot/files/documents/aboutus/capprog/15a/25GLOSSARYandMISCELLANEOUSINFORMATION.pdf.

_____. 2005. *Vermont Corridor Management Handbook.* Montpelier, VT. Accessed Feb. 23, 2016, from http://vtransplanning.vermont.gov/sites/aot_policy/files/documents/planning/VTCorridorComplete.pdf.

Virginia Department of Transportation. 2015a. *VTrans2040 Multimodal Transportation Plan Corridors of Statewide Significance Needs Assessment, Executive Summary and Methodology.* Richmond, VA. Accessed Feb. 29, 2016, from http://vtrans.org/resources/VTRANS2040_CoSS_Introduction_FINAL_10232015.pdf.

_____. 2015b. *Dashboard, Website.* Accessed Feb. 23, 2016 from http://dashboard.virginiadot.org.

Washington State DOT (WSDOT). 2010. *Washington Transportation Plan, 2030.* Olympia, WA. Accessed Feb. 24, 2016, from http://wstc.wa.gov/WTP/documents/WTP2030_Final_1210.pdf.

_____. 2015. *The Gray Notebook, Quarterly Report on Transportation Systems, Programs and Department Management.* Olympia, WA. Feb. Accessed Feb. 24, 2016, from http://wsdot.wa.gov/publications/fulltext/graynotebook/Dec14.pdf.

Wisconsin Statutes, Chapter 85, Section 85.02. (Wisconsin Statutes 2006).

第 16 章

都市交通规划

16.1 引言

在美国，超过 5 万人口的城市化地区必须参加到联邦政府要求的交通规划流程中。在许多其他国家和美国非都市地区，区域规划署（Regional Planning Agency，RPA）的职责与城市规划机构的职责相似。在美国，负责在城市化地区进行交通规划过程的规划机构称为都市规划组织（MPO），其负责人由州长指定。1973 年的美国联邦法律将 MPO 定义为"都市地区进行交通合作决策的论坛"。由此，MPO 和 RPA 为交通基础设施和服务的区域合作、协调和决策提供了一种体制机制层面的支撑。

本章将重点讨论都市交通规划，其中包括城市化地区中的社区。城市化区域可能很小，例如密西西比州的帕斯卡古拉（Pascagoula），这是美国最小的城市化区域，2010 年人口为 50428 人（排名第 497）。它们也可以很大，例如纽约市区域，2010 年人口为 1840 万人（排名第 1）。鉴于每个城市化地区和社区都是独特的，因此交通规划在每一个地区都是不同的。但是，大多数交通规划在交通机动性、可达性、环境质量、系统保存、维护、安全性、管理和运营等问题上都面临着共同的挑战。交通规划过程为区域和地方决策者提供了重要的信息和知识，用来帮助他们解决这些问题。

尽管联邦法律法规要求 MPO 在规划过程中必须考虑国家利益，但该过程也必须响应社区利益和当地法律。区域交通规划过程是非常有价值的，因为它整合并连接了该区域不同社区的规划工作，例如地方的土地使用规划、经济发展战略以及环境/自然资源规划。交通规划还必须考虑其他法律，例如州和地方土地使用法、《清洁空气法案》、《美国残疾人法案》（ADA）和 1964 年《民权法案》第六章（请参阅第 1 章）。

本章介绍了都市交通规划总体过程和相关要求，并提供了都市交通规划发展历程的概述。本章介绍了规划过程的各个方面，包括组织和机构方面、规划过程的基本要素以及完成一个成功规划所需的技术工具。文中提出的关键概念将会有助于对规划环境的复杂性有更好的理解。本章还介绍了都市区如何制定交通规划以及规划人员在此过程中所扮演的角色。读者应注意，本章大部分内容将关注大中型都市地区，即人口超过 25 万的城市化地区；对较小城市化地区的交通规划感兴趣的读者，请参阅第 18 章"地方和活动中心规划"。

16.2 美国都市交通规划的立法背景

一个典型都市区的交通规划的形式和内容受许多因素的影响，包括规划的历史、州与地方政府机构之间的相互作用、该地区的规划文化，以及所面临的交通问题的类型和程度。因此，很难提出一个概括性的交通规划过程，以描述每个都市地区的所有此类工作。但是，至少在过去的 50 年中，有一个影响因素为美国的交通规划提供了强大的动力，并且在都市区和区域规划过程中产生了相似作用。这个因素便是联邦政府，它对美国交通规划结构和政策环境的影响超过了其他任何因素。其他国家的政府对本国的交通规划也有着不同的影响。例如在法国，政府扮演着至关重要的角色。而在加拿大，政府的影响力主要体现在都市区和省层面。

详细列出影响都市交通规划的所有联邦法律法规必然会超出本章范畴 [可参见 Weiner（2010），第 1 章和第 4 章]，不过，就其对当今美国都市交通规划过程的内容和风格的影响而言，有几项联邦法律是必须被提及的。例如，20 世纪 60 年代立法中的某些术语和语言在今天仍然会被普遍使用。因此，本章会首先介绍在交通规划历史中这些关键法律的主要内容和贡献。

16.2.1 早期

机动车及其对可靠道路的需求，对美国和其他大多数国家的交通政策格局产生了深远的影响。20世纪初期，随着社会的快速机动化，国会认识到有必要支持建设服务于联邦政府意图的道路。在大多数情况下，这种服务于联邦政府的道路主要表现为郊区道路（例如邮政路线）和连接城市的公路。主要服务于城市地区的城市道路或公路被认为是市政府的责任。

为了应对第二次世界大战后人口的增长，以及对国家经济复苏的支持，国会通过了1944年的《联邦援助公路法案》，该法授权建设国家公路系统。该项法案与1956年的《联邦公路税收法案》一起，开创了国家州际公路和国防公路系统（州际公路网络），并使用联邦汽油税来支付这一费用。州际公路建设的时代引起了人们对交通规划（尤其是州域交通规划）的兴趣，特别是对主要城际公路的规划和设计，以满足未来需求。

对于都市交通规划而言，州公路部门在建设州际公路系统的早期，将重点放在建设主要城市之间的郊区道路。直到20世纪50年代末和20世纪60年代初，这个系统的大多数城市部分才得到设计和建造。对于许多城市来说，建设城市州际公路的举动引起了人们越来越多的担心，特别是对城市和居民的影响。为了解决这种担心，需要都市区层级的交通规划提供更多支持。

16.2.2 建立平衡的交通系统

20世纪50年代和20世纪60年代，联邦政府对交通的兴趣几乎全部集中在公路上，对于公共交通和其他方式（如步行或骑行）几乎没有任何政策兴趣，因为这些方式被认为是地方政府管理的范畴。然而，从1961年的《住房法案》开始，由于低客流量和来自私家车的竞争，濒临消失的城市交通系统获得了低利率的联邦贷款。直到1962年，《联邦援助公路法案》才首次确立了多式联运系统的概念，对于多式联运规划（当时称为平衡式交通系统）的需求也得以建立。1962年的这一法案包含了一些至今仍有效的重要规定。联邦政府向这些人口超过5万人的地区提供联邦援助，以建立"由州和地方社区合作开展的一个持续的、全面的交通规划过程"。这个3C过程（持续、合作和全面）仍然是当今美国城市交通规划的基础（FHWA and FTA，2007）。

该法案将"全面"定义为包括以下因素：
- 影响发展的经济因素。
- 人口。
- 土地使用。
- 包括公共交通在内的交通设施。
- 出行方式。
- 枢纽和中转设施。
- 交通管制特征。
- 分区规划条例、社区规范、建筑法规等。
- 财政资源。
- 社会和社区价值因素，例如开放空间、公园和娱乐设施的保护；古迹和历史建筑物的保护；环境设施；美学。

"合作"被定义为在联邦、州和地方政府机构之间以及各级政府不同部门之间的合作。"持续"被定义为需要定期重新评估和更新交通规划。

1962年法案之后是1964年的《城市公共交通法案》，该法案制定了第一个正式的联邦计划，旨在为公共交通机构提供联邦援助，并以联邦2/3和地方1/3的额度比例提供资金。通过该法案，公共交通规划被进一步整合到城市交通规划和决策中，使多式联运规划第一次在规划过程中真正考虑除汽车以外的交通方式。1970年的《联邦援助公路法案》继续强调了都市交通规划的必要性，指出"除非征求了该城市地区地方官员对于项目通道、选址和设计的意见，否则不得在任何人口超过5万人的城市地区建设公路项目"。该法案推动了交通规划的变革，都市区和地方官员在交通优先事项上获得了越来越多的权力，而州交通机构则需要分享原有的在公路建设方面的独享权力。

到 20 世纪 70 年代中期，联邦和许多州法律已阐明了都市交通规划的需求。1973 年的《联邦公路法案》在人口超过 5 万人的城市化地区正式创建了 MPO，并通过联邦援助交通计划提供资金。该法案增加了地方官员在交通决策过程中的作用，使他们可以与州交通机构共同选择和决定项目。现在，由联邦资金资助的交通项目必须来自 1962 年法案所定义的 3C 规划流程。1973 年的法案还允许公共交通项目由公路信托基金资助，并将此类项目的联邦份额提高到 80%。

1975 年，联邦公路管理局（Federal Highway Administration，FHWA）和城市公共交通管理局（Urban Mass Transit Administration，UMTA），即现在的联邦交通管理局（Federal Transit Administration，FTA），为都市地区制定了联合交通规划法规。如今，长期交通规划和交通改善计划（Transportation Improvement Program，TIP）已成为一项法规要求。而针对人口 20 万或以上的地区制定联合规划工作计划（Unified Plan Work Program，UPWP）也是一项法规要求。基于 3C 流程的交通规划得到进一步强化。

16.2.3　当代

在 20 世纪 90 年代，都市交通规划的重点和内容发生了重大变化，背后也有很多原因。始于 1956 年的州际公路系统建设已接近尾声，联邦政府将注意力转向应使用哪种类型的项目来代替它。特别是，联邦政府的兴趣开始集中于如何更好地改善现有交通系统的性能，而非扩大其容量。联邦政府开始更加重视多交通方式的解决方案。此外，政策利益继续将交通决策与经济发展和空气质量等问题联系起来。例如，1990 年的《清洁空气法修正案》（Clean Air Act Amendments，CAAA）极大地加强了都市交通规划与《清洁空气法案》要求之间的关系。要求各州制定州实施规划（State Implementation Plan，SIP），以反映城市化地区未达到国家环境空气质量标准（National Ambient Air Quality Standards，NAAQS）的严重程度。MPO 必须证明其长期交通规划和 TIP 符合 SIP。为确定其符合要求，需要通过在规划和 TIP 整个生命周期中预测机动化源头的排放，并表明规划项目不会使空气质量恶化。如果都市区无法制定符合 SIP 要求的规划，则会受到由立法保障的严重财政制裁。

从交通的角度来看，20 世纪 90 年代具有里程碑意义的交通立法无疑是 1991 年的《多式联运效率法案》（Intermodal Surface Transportation Efficiency Act，ISTEA）。立法指出，"鼓励和促进包含各种交通方式的交通系统的发展是符合国家利益的，这将有效地使城市地区内部和通过城市的人员和货物的流动性最大化，并最大限度地减少与交通有关的燃料消耗及空气污染。"ISTEA 的愿景是推动一个整合的规划流程，包括地方规划、财政资源和期望。ISTEA 的要求使得 3C 流程、《清洁空气法案》和州域规划之间建立了更紧密的联系。

对于都市交通规划，ISTEA 呼吁：

- 积极和包容的公众参与过程。
- 考虑特定的规划因素，以确保交通规划过程反映出各种问题和关注点，例如土地使用规划、能源保护、环境管理，以及为解决通道或分区中可能存在的重大交通问题并可能涉及联邦资金使用的重大投资研究[重大投资研究的要求后来被 21 世纪交通衡平法案（Transportation Equity Act for the 21st Century，TEA-21）废除了]。
- 开发和实施管理系统，包括：拥堵管理、多式联运管理、人行道管理、桥梁管理、安全管理、公共交通设施和运营管理系统（有些后来被取消或成为可选项）。
- 制定用于执行交通规划和 TIP 的财政规划。
- 确保交通规划和 TIP 符合 CAAA 标准的 SIP。

ISTEA 强调多种交通方式的解决方案，包括人员和货物的移动，以及根据特定都市区的需要将联邦资金从一种项目类别灵活转移到另一种项目的能力。MPO 第一次被要求从财政上限制其长期规划和 TIP；也就是说，规划中的项目仅限于可以合理地从联邦、州或地方来源获得预期资金的项目。其他要求包括：长期规划必须至少持续 20 年，TIP 必须至少每两年更新一次，并且必须涵盖至少三年的时间范围。有关 MPO 如何更新 TIP 的概述，可以参见相关文献（Lane and Waldheim，2011）。

如上所述，ISTEA 确定了在交通规划过程中应考虑的特定因素。这些因素分为 3 个主要类别：

人员和货物的机动性和出入通道
- 国际边境口岸及推动联通关键地区和活动的通道。
- 从大城市内部到外部的道路连接。
- 加强有效的货物运输。
- 扩大和加强公共交通服务及使用。

系统性能与保护
- 缓解和预防交通拥堵。
- 保护和有效利用现有交通设施。
- 通过实施管理系统确定交通需求。
- 保护道路使用权。
- 在桥梁的设计和工程中使用生命周期成本。

环境与生活质量
- 交通决策对社会、经济、能源和环境的总体影响。
- 规划与节能措施的一致性。
- 交通与短期和长期土地使用规划之间的关系。
- 规划交通改善活动的支出。
- 增强交通系统安全性的资本投资。

MPO 如何考虑这些因素的实际过程因地区而异,并且需要在所有层级的规划上整合不同的问题。例如,长期规划的制订需要大量来自公众的意见,并与交通提供者进行协调,例如区域机场管理者、港口和货运公司等。例如,针对空气质量和合规性问题,可以通过正式的公开听证会、访问公共记录、积极和公开的公众参与流程、跨机构间协商等方式,为规划过程提供意见参考。

管辖人口超过 20 万的 MPO 所在的地区被指定为交通管理区域(Transportation Management Area,TMA),并被赋予额外的要求。这些 MPO 需要开发一个拥堵管理系统(Congestion Management System,CMS),以提供持续的"有关交通系统性能的信息以及减轻拥堵和增强机动性的替代策略"(USDOT,1995)。最重要的是,CMS 通过对非独自驾车(SOV)容量的增加来强调对现有设施的管理。CMS 也考虑使用交通管理中心进行区域交通管理以及减少出行需求计划等解决方案。CMS 提供了一个连续的数据收集和系统监控程序。

下一个影响交通规划的主要联邦法律是于 1998 年通过的《21 世纪交通公平法案》(TEA-21)。TEA-21 将 ISTEA 的规划因素减少到 7 个:

1) 支持都市区的经济活力,特别是通过增强全球竞争力、生产力和效率。
2) 提高机动和非机动用户交通系统的安全性。
3) 增加人员和货运的可达性和机动性选项。
4) 保护和改善环境,促进节能并改善生活质量。
5) 增强人员和货物运输系统中不同交通方式之间的集成性和连通性。
6) 促进高效的系统管理和运营。
7) 强调对现有系统的保护。

《安全、尽责、灵活、高效运输公平法案:用户权益》(Safe, Accountable, Flexible, Efficient Transportation Equity Act: A Legacy for Users,SAFETEA-LU)于 2005 年生效,更改了制订长期规划和 TIP 的时间表。在空气质量未达标并处于维护阶段的地区,每 4 年应制订一次长期交通规划;在空气质量达标的地区,则应为每 5 年制订一次。长期规划仍必须至少覆盖 20 年的时间范围。对于 TIP,时间表更改为至少每 4 年制订一次,并至少应包含 4 年的项目和策略。

SAFETEA-LU 修改了几个 TEA-21 的规划要素。SAFETEA-LU 和 TEA-21 规划要素之间最显著的区别是将安全与保障分为两个截然不同的因素。这一变化反映了由于自然灾害和恐怖主义威胁而对安全的关注。此外,对环境因素也进行了修改,以促进交通规划与经济增长之间协调性。SAFETEA-LU 进一步强调了公众参与在规划过程中的重要性，要求 MPO 制订一份公众参与规划，同时将可视化技术运用到公众参与工作中，并以电子方式向公众公开规划。

16.2.4 以绩效驱动决策的时代

2012 年通过的《迈向 21 世纪进程》（MAP-21）法为都市交通规划引入了重要的组成部分。联邦政府要求每个 MPO（以及州交通机构，请参阅第 15 章）制订和使用一个基于绩效的规划流程。具体来说，每个 MPO 都必须：

- 建立并使用基于绩效的方法来制订交通决策和交通规划。
- 建立与国家目标和绩效管理措施一致的绩效目标，并与州和地方公共交通提供商进行协调。
- 将其他基于绩效的交通规划或流程集成到都市交通规划流程中。
- 在 MPO 的架构中设置管理或运营公共交通系统的公共机构官员。
- 在长期交通规划中纳入对于绩效指标和绩效目标的描述，用于评估交通系统的性能。
- 将系统绩效报告和后续更新纳入规划中，以根据设定的绩效目标来评估交通系统的状况和性能。
- 如果需要的话，可以在规划制订过程中使用多情景模拟。
- 在 TIP 中描述其对实现规划中确立的绩效目标的预期作用，并将投资优先事项与绩效目标联系起来。

自 20 世纪 90 年代初 ISTEA 要求创建支持投资决策的管理系统以来，基于绩效的规划一直是交通规划中的重要趋势。如今，更新交通规划在某种程度上也就意味着将绩效指标整合到规划过程和文件中。未来，这些规划将主要报告在实现绩效目标方面所取得的进展。

2015 年的《修复美国地面运输法案》（Fixing America's Surface Transportation，FAST）进一步强调了 MPO 对基于绩效规划的关注。该法律的其他特别要求包括：

- 都市交通规划和 TIP 应提供支持多式联运系统的设施，包括步行和骑行设施、支持城市间交通联系的设施（包括城际公共汽车、城际公共汽车设施和通勤合乘服务供应商）以及公共交通设施的标识。
- 规划必须考虑城际公共汽车作为一种低成本方式在减少拥堵、污染和能源消耗方面可以发挥的作用，以及考虑用以保护和增强城际公共汽车系统（包括私人运营的公共汽车系统）的策略和投资。
- 在 MPO 的官方业务中，公共交通提供商的代表需要拥有与其他 MPO 官员相同的权力。
- 旅游和减少自然灾害风险应被视为交通规划过程的一部分。规划过程的范畴应包含提高交通系统的弹性和可靠性，减少（或缓解）雨水对地面交通的影响，增强旅行和旅游业。
- 公共港口和某些私人交通提供商，包括城际公共汽车运营商和基于雇主的通勤项目，必须拥有对交通规划发表意见的合理机会。
- 允许服务于交通管理区域（环境保护署定义的 TMA）的 MPO 制订拥堵管理规划（与拥堵管理过程不同），该规划将在 MPO 的交通改善计划中予以考虑。任何此类规划都必须包括符合区域发展目标的一些工作，包括减少高峰时段车辆出行里程，改善交通连接性，明确可以增加该地区工作机会可达性的现有交通服务和项目，确定减少拥堵并增加工作机会可达性（再次强调）的项目提案。

16.3 都市交通规划的制度框架

交通规划对于研究区域而言是一个进行有效交通投资的蓝图。由于未来的发展模式和区域交通系统的特征是公职人员、私人企业和个人进行多项决策后的结果，因此重要的是提供一个平台来探讨和辩论哪种未来是适合该地区的（请参阅第 3 章"土地使用与城市设计"）。制订交通规划的过程为决策者提供了充分的信息，并为许多与社区未来息息相关的团体和个人提供了发表意见的机会。

由于交通规划是协作过程的结果，因此 MPO 的架构为规划的发展做出了很多贡献。其中，主要贡献者包括区域机构、地方政府、游说团体、私人部门代表、公共交通运营商、联邦机构、保留地、州机构、专业协会和公众。交通规划人员在这种机构环境中的作用尤其重要。规划人员必须能进行技术分析，还必须了解利益相关者的需求，以及如何将关键概念传达给那些不熟悉技术问题解决方法的人。

16.3.1 MPO 的核心特征

尽管 MPO 的特征反映了各个州的不同要求和情况，但仍存在一些共同的责任。根据联邦指南，每个 MPO 应该：

- 建立和管理一个公平、公正的环境，以在都市区内进行有效的区域效策。
- 根据区域的大小和复杂性、交通问题的本质以及方案的实际可行性，对交通选择进行评估。
- 制订和更新都市区的长期交通规划，涵盖至少 20 年的规划范围，以促进：①人员和货物的机动性和可达性；②有效的系统性能和保护；③生活质量。
- 根据长期交通规划制订 TIP，通过使用预算、法规、运营、管理和融资工具来实现该地区的目标。
- 让公众和所有受到重大影响的分支群体参与到 MPO 的决策过程中（FHWA，1999）。

联邦法规阐明了 MPO 的基本要求，并且需要注意几个关键特征。MPO 是都市区的交通政策制定和规划机构，必须包括地方、州和联邦政府机构以及其他交通部门的代表。MPO 必须确保联邦在交通项目上的支出是通过 3C 流程进行的。MPO 最初由州长和地方政府通过正式协议指定。尽管可以通过不同的组织安排来执行此过程，但 MPO 的基本结构至少应包括政策委员会和明确的规划区域边界。

1. MPO 政策委员会

MPO 可以是独立组织、政府委员会、市或县政府的内部单位，也可以是单独选举的机构。以下示例说明了 MPO 决策的复杂性。

独立机构，任命成员。 都市区交通委员会（Metropolitan Transportation Commission，MTC）是位于加利福尼亚州旧金山市的 MPO，是一个独立的组织。在由 21 名成员组成的政策委员会中，有 16 名专员由当地民选官员直接任命。两个人口最多的县，阿拉米达县和圣克拉拉县，每个县都有 3 名代表参加委员会。县监事会选出一名成员；县内各城市的市长共同任命另一名成员；而这两个县最大城市的市长（阿拉米达县的奥克兰和圣克拉拉县的圣何塞）各任命了一名代表。旧金山市和县有 2 名成员代表，一名由县监督委员会任命，另一名由市长任命。圣马特奥县和康特拉科斯塔县在委员会中各有 2 名代表，该县的监事会选出一名代表，而该县内各城市的市长共同任命另一名。马林、纳帕、索拉诺和索诺玛 4 个北部郡分别任命一名专员。2 名代表地区机构投票的成员来自湾区政府协会（Association of Bay Area Governments，ABAG）和湾区保护与发展委员会（Bay Conservation and Development Commission，BCDC）。最后，3 名无投票权的成员分别代表联邦和州交通部门以及美国住房和城市发展部。

另一个独立机构的示例是明尼阿波利斯-圣保罗都市区的都市区委员会（Metropolitan Council）。该委员会于 1967 年成立，连同其交通咨询委员会（将在下文进一步详细介绍）一起，被指定为包括 7 个县的双城地区的 MPO，管辖范围涵盖 180 多个社区。该委员会有 17 名成员，全部由州长任命并由州参议院确认。17 位成员由主席（在职）和 16 位成员组成，每个成员代表各个地理区域。

由于该委员会是任命的机构，而不是由选举产生的机构。因此，为了满足联邦法律对于所有 MPO 的理事机构都应将当地民选官员纳入决策过程的要求，需要成立交通咨询委员会（Transportation Advisory Board，TAB）。TAB 由 33 名成员组成：10 名民选城市官员及都市区每个县委员会的 1 名成员（总共 17 名民选官员，占总数的 51%）、明尼苏达州交通部专员、污染控制局专员、都市区机场委员会的 1 名成员、委员会任命的 1 名代表非机动车交通的人员、1 名代表货运业的成员、2 名代表公共交通的成员、每个委员会选区的 1 名公民代表（共 8 名）以及 1 名委员会成员。TAB 主席由委员会从 33 名成员中选择任命（更多信息，请访问 http://metrocouncil.org/Transportation/Publications-And-Resources/Transportation-Planning-and-Programming-Guide-2013.aspx）。

都市区委员会承担着区域规划的角色，为都市区制定了长期的综合发展指南，以及交通、航空、废水和水资源以及区域公园的系统规划。除规划职能外，委员会还扮演着运营的角色。其拥有并运营大部分的公共交通系统，在近 140 条路线（占该地区 95% 的公共汽车出行）中运营着 900 多辆公共汽车，另外还有 2 条轻轨线和 1 条通勤铁路线；运营着 8 个区域废水处理厂，为该地区的 108 个社区提供服务，每天处理 2.5 亿加仑（13.4 亿升）

的废水；协调并资助了 53 个区域公园和公园保护区，占地 54000 英亩（21583 公顷），包括 340 英里（547 公里）的区域步道。

独立机构，选举成员。 MPO 也可以是独立的民选机构。俄勒冈州波特兰市的 MPO 就是这样一个例子。该组织称为 Metro，由全区民选的委员会主席和地区选举的 6 名委员管理。Metro 委员会主席和成员专注于区域问题。Metro 委员会为 Metro 的程序和功能制定政策并监督其运作，还制订了长期规划，通过采用年度预算并制订收费和其他收入措施来确保 Metro 的财政完整性。重要的是，由于州立法授权，Metro 在土地使用管理方面的权力要高于美国其他地区的典型 MPO（Metro，2015）。

政府委员会。 许多 MPO 都是政府委员会（Council of Governments，COG）或区域发展组织的一部分，例如佐治亚州亚特兰大的亚特兰大区域委员会（Atlanta Regional Commission，ARC）以及得克萨斯州达拉斯-沃斯堡的得克萨斯中北部政府委员会（North Central Texas Council of Governments，NCTCOG）。ARC 的政策委员会包括：

- 该地区的每个县委员会主席。
- 每个县的市长核心小组（富尔顿县除外）选出的 1 名市长。
- 富尔顿县北半部的市长由位于富尔顿县北半部的所有直辖市的市长以多数票选出，富尔顿县南半部的市长由位于富尔顿县南半部的所有直辖市的市长以多数票选出。
- 亚特兰大市市长。
- 亚特兰大市委员会的主席、主要负责官员或由亚特兰大市委员会委员以多数票选出的 1 名成员。
- 来自每个 ARC 区的一名居民，由管理委员会的公共成员选举产生。管理委员会的公共成员不得担任任何选举或委任公职，也不得受该地区任何政治分支机构的雇用。成员总数为 15 人。
- 如果佐治亚州社区事务部的专员认为必须增加一个或多个 ARC 管理委员会成员以符合适用的法律或法规要求，则管理委员会可以选举增加额外成员，这些成员应无投票权（ARC，2015）。

在达拉斯-沃斯堡区域，MPO 设置于该地区的政府委员会中。但是，政策委员会（又称区域交通委员会）是 MPO 的独立交通政策机构。截至 2016 年 3 月，NCTCOG 拥有 238 个政府机构会员，包括 16 个县、众多城市、学区和特殊地区。每个政府机构成员都要任命一名 COG 投票代表。这些有投票权的代表组成大会，每年选举执行委员会。执行委员会由 13 名当地当选官员组成，是政府委员会开展所有活动（包括方案活动、决策、区域规划、财政和预算政策）的决策机构（NCTCOG，2015）。

现有的政府机构。 MPO 可以在现有的市或县政府内部设置，例如佐治亚州萨凡纳的都市区规划委员会（Metropolitan Planning Commission，MPC）。MPC 是萨凡纳市和查塔姆县的联合规划机构。每个政府机构都任命政策委员会的 7 名成员。这些成员中有 2 名是城市和县的管理者。这 14 名成员无偿任职，代表政府、私人企业和市民利益集团（MPC，2015）。

从以上示例可以看出，MPO 政策委员会成员资格随组织类型而异。MPO 努力在其决策机构中实现平衡的代表制，因为它为交通投资决策提供了最大限度的支持。这种平衡通常在地域、政府和领域（公共和私人部门代表）中得到体现。

2. MPO 委员会

大多数 MPO 都为他们的决策过程建立了成熟的委员会架构。委员会经常对拟议的政策和规划进行完善和评论。通常，MPO 会有一个由当地公共工作或规划人员、公共交通机构人员和州交通部人员组成的技术委员会。此外，许多 MPO 都有一个公民咨询委员会来获得公众对 MPO 成果的评价和意见。大多数 MPO，尤其是大型机构，都依赖由感兴趣的公民、本地专家和学术人员组成的咨询委员会来解决各种技术和政策问题。例如，一些委员会专注于环境公正、骑行和步行出行、货运、出行需求建模。

例如，ARC 在很大程度上依赖于其规划团队的结构来为长期规划的制订提供政策和策略方面的参考。ARC 除执行委员会外，还设有以下技术委员会：老龄化咨询委员会、老龄化与健康资源委员会、预算审核、战略关系委员会、社区资源委员会、土地使用协调委员会、交通与空气质量委员会、交通协调委员会、区域公共交通委员会。

3. MPO 专业员工和规划合作伙伴

正如 MPO 管理委员会的组成有所不同，MPO 的职员也有所不同。他们可能是县或市政府的职员，也可能是由政府委员会雇用的职员。最重要的是，MPO 员工负责向管理委员会成员和咨询委员会提供信息和技术支持。他们负责准备文件和管理规划过程，包括促进机构间的咨询，并促进公众的参与和反馈。

管理规划过程是 MPO 工作人员的一项关键职能，因为该过程旨在促进许多利益相关者的参与。由于大多数 MPO 都不是执行机构，因此与州交通部、区域公共交通机构、道路收费部门以及负责建设基础设施项目和运营交通系统的其他交通组织建立牢固的关系非常重要。

没有任何一个机构完全负责建设、运营和维护整个交通系统。MPO 必须与所有负责机构以及公众合作，以维持有效的 3C 规划流程。

有两个专业组织提供了有关 MPO 在美国的最新活动的丰富信息，分别是都市规划组织协会（Association of Metropolitan Planning Organizations，AMPO）（http://www.ampo.org）和全国区域委员会协会（National Association of Regional Councils，NARC）（http://narc.org）。

16.3.2 MPO 规划成果

都市交通规划过程会产生许多不同形式的信息。例如，MPO 经常开展分区或通道研究，重点研究都市区特定部分的交通需求。也可能会就一些关键话题进行研究，例如，关于货运、行人和骑行流量、人口老龄化以及增长管理政策的研究。在许多情况下，MPO 会参与单个项目研究的环境。大多数 MPO 还进行了广泛的公众宣传方面，以传递有关该地区交通系统和潜在改善策略的信息。但是，MPO 必须完成几种工作成果才能满足联邦准则，这些成果对于美国所有 MPO 都是通用的。其中包括联合规划工作计划（Unified Planning Work Program，UPWP）、长期交通规划（Long-Range Transportation Plan，LRTP）、交通改善计划（Transportation Improvement Program，TIP）和年度承诺项目清单。此外，本节还将讨论一些其他的强制性要求。

1. 联合规划工作计划（UPWP）

MPO 需要每年制定 UPWP。该工作计划不仅详细说明了 MPO 的年度工作活动，而且还涵盖了都市区的交通规划合作伙伴（如公共交通机构、地方政府和州交通部）进行的规划工作。UPWP 是在 3C 规划过程中进行的所有交通规划工作的汇总。

与非 TMA 机构相比，指定为交通管理区（TMA）的都市区在其 UPWP 中需要提供更多详细信息。典型的 UPWP 包括：

- 年度计划开展的规划任务和研究。
- 所有由联邦资助的研究和其他由州和地方政府执行的相关研究，无论资金来源如何。
- 确定每个工作任务的资金来源。
- 活动时间表。
- 机构对每个任务或研究的责任分工。

UPWP 每年由 MPO 政策管理委员会批准。州交通部可以在其所需的州级规划工作项目中提交简化版本。大多数 MPO 在其网站上发布了 UPWP，因此成为 MPO 近期工作计划的良好信息来源。

2. 长期交通规划（LRTP）

如前所述，LRTP 构成了都市地区交通投资决策的基础。它的规划范围至少为 20 年，并且至少每 5 年需要更新一次（对于空气质量未达标区域，则每 4 年更新一次）。该规划的一个重要任务是通过政策和目标阐明该地区的愿景。这一愿景表明了交通与区域土地使用、经济发展、住房和就业模式之间的联系。规划确定用于评估系统性能的绩效指标以及用于确定单个项目和策略有效性的评估标准。该规划还必须在财政上具有可行性，也就是在规划的整个生命周期内都有足够的资金来规划、建设、运营和维护一个项目。

LRTP 的制定过程中应为公众评论和公众宣传提供多个机会。本章稍后将详细介绍有关长期规划内容的更多信息。

3. 交通改善计划（TIP）

LRTP 阐明了该地区的愿景并确定了可能的改进策略，TIP 则详细说明了最重要的项目在未来 4 年中将如何推进。它还对联邦资金进行短期内的分配，以反映该计划中的优先事项。除非项目出现在 TIP 中，否则项目无法获得联邦资金，因为 TIP 是使战略或项目与可用资金匹配的工具。

此外，TIP 还必须按年份进行财政限制。对于空气质量不达标的地区，只有具有可用或已承诺资金的项目才能列入在 TIP 的前两年计划中。因此，重要的是，TIP 必须代表都市地区分阶段、多年度、多模式的项目计划。另外，它还必须反映公众意见。TIP 也不同于长期规划，因为它必须得到州长的批准，并被纳入州交通部（Department of Transportation，DOT）制定的州域交通改善计划中（Statewide Transportation Improvement Program，STIP）。TIP 的制定将在本章后续内容中详细介绍。

4. 年度承诺项目清单

MPO 每年都会列出一个项目清单，包括前一年联邦资金已经承诺的项目（FHWA and FTA，2007）。该清单"应由城市规划组织发布或以其他方式提供给公众审查，该清单应与交通改善计划中确定的类别一致。"联邦法律阐明并强调了这一要求，指出年度清单"应是州、公共交通运营商和 MPO 的合作努力"和"应包括前一年联邦资金已经承诺的对人行道和骑行设施的投资。"

5. 交通管理区（TMA）要求

交通管理区会获得一笔受保障的联邦资金。但是，TMA 还必须满足其他一些要求。这些要求进一步提高并增加了这些区域规划过程的复杂性，这点会在本章之后的内容中涉及。

16.4 交通规划过程

如前所述，一个典型的交通规划流程包括各种规划活动，这些活动可能会产生许多不同的成果。但是，LRTP 是该流程最重要的成果之一。鉴于都市地区的典型差异，区域交通规划成为针对特定都市地区需求和愿望的独特文件。成功的规划为将来的规划活动提供了重要基础，例如对于通道研究和主要交通方式系统规划的问题识别和研究边界界定。长期规划还应解决影响交通的更广泛的区域问题，例如土地使用和经济发展。

第 1 章中描述的交通规划过程框架以及图 1-1 中显示的框架都展示了都市交通规划过程中的主要步骤。以下各节将按图 1-1 中展示的主要规划步骤进行介绍。

16.4.1 基本原则

在任何交通规划活动开始时，规划人员必须对以下问题保持敏感性：

预测未来的不确定性。许多因素通常是交通机构无法控制的，它们会影响交通需求和交通系统的性能。当展望未来 20～25 年或是更长的时间范围时，这种情况会更加明显。有些问题具有内在的不确定性，例如：在接下来的几十年中，哪些车辆和燃料技术的变化会严重影响出行行为？20 年后的燃料成本是多少？人口和就业预测是否合理？规划必须承认并将不确定性纳入其分析和建议中。

分析过程的局限性。出行需求和土地使用模型是交通规划的重要工具。尽管这些模型不断改进，但预测出行行为的能力通常取决于那些影响出行决策因素的假设。出行行为很复杂，很难用数学工具充分解释。对于模型而言，预测公共交通的使用、拼车和非机动出行尤其困难。模型通常是根据过去的出行趋势进行校准的，但这些趋势可能无法延续到未来，因此也给分析过程带来了更多挑战。但即使有这些局限，出行需求模型对于分析交通解决方案也是必不可少的（有关出行需求模型的讨论，请参见第 6 章）。

政治过程的影响。从本质上说，MPO 是一个政治论坛，地方官员和交通机构的代表在这里努力达成共识。当选的官员通常会制定具有政治性的计划，这可能使他们倾向于采用一种交通解决方案，例如新建高速公路或轻轨。此外，民选官员倾向于将重点放在具有更直接影响的问题上，并且通常很难对于 25 年后可能发生的问题进行讨论。规划人员在提供规划信息时必须了解政治决策的特征。对于规划人员而言，有效的沟通和政治技能与技术技能一样必要。

前面的注意事项可以应用于任何类型的交通规划。对于长期交通规划，下列因素则更为重要。

一个规划需要认知并理解该地区交通系统中不同方式网络之间的互连性。例如，大多数都市区都有私家车和公共汽车共同使用的道路网络。因此，在公路系统上达到合理的服务水平对于公共汽车机动性和减少公路拥堵来说都是一个问题。这些共用的道路可以被认为是战略道路网络的一部分，因为它们连接着重要的经济活动。此外，骑行和步行系统在城市环境中也很重要，因为它们为公共交通系统提供了重要的连接。这种多种方式之间的互连性应是交通规划过程中的重要问题。

一个长期规划的时间范围必须至少为 20 年。大型的资本投资，例如新建高速公路或公共交通线路，可能需要 10 年或更长的时间才能完成。土地使用模式也往往会在较长的时间跨度中发生变化。20 年的时间范围为考虑长期影响提供了足够的时间框架，大多数 MPO 使用 25 年的时间范围。最近，一些 MPO 正在制定 40 年和 50 年规划。一些问题的研究，例如气候变化以及对交通系统性能的影响，甚至将该时间范围扩展到了 2100 年（尽管尚未有 MPO 制定如此长时间范围的规划）。

一个规划应该考虑多种交通方式，也应该考虑多种方式之间的联运。在规划分析中必须考虑所有方式（因此称为多式联运），包括机动化出行、公共交通服务、货运、骑行和步行，以及其他对都市区具有重要意义的方式。方式间的连接，即进行换乘的位置（因此称为联运），也成为重要的关注点。

与土地使用规划的联系至关重要。如第 6 章所述，交通需求是衍生需求，这意味着发生出行是因为出行者试图在出行目的地完成一项活动。因此，交通规划需要与研究区域的预期土地使用模式相关联。这对于一个长期的都市区层级的规划来说是一个重要的挑战，因为必须需要区域土地使用规划或背景来进行分析。全国各地的 MPO 在这一问题的处理方式上各不相同（具体请参见有关土地使用与城市设计的第 3 章内容）。

联邦法律要求对长期规划进行财政限制。该规划必须包括一个财政部分，该部分描述了预测未来收入的假设。规划中的项目成本不得超过可用于改善措施的预期收入。

考虑到未来资金来源的不确定性，除了一个财政受限的规划外，许多 MPO 还制定了愿景规划。愿景规划通常被称为理想规划，可以采用多种形式，通常包含一部分政策和一部分具体项目。愿景规划使一个地区可以确定除了通过预期增长可获得的资源外，还需要哪些额外的财政资源来满足该愿景的所有需求。在许多情况下，该愿景规划中列出的项目被认为是在提供额外资源的情况下可以完成的事情（并且经常成为公民投票的重点，以获取支持规划的资金）。

规划必须得到所有感兴趣的和关键利益相关者的广泛参与。必须在整个过程中提供公众参与规划过程的机会，MPO 规划人员必须对所收集的意见做出回应。

必须重视联邦立法中的所有规划因素。如前所述，联邦政府在确定都市交通规划方法和内容方面发挥着重要作用。在一个典型的交通规划中，有许多内容是用来满足联邦的要求。

规划应解决环境公正问题。1994 年，美国 12898 号行政令——《环境公正行政令》指出，联邦资助的规划不应过分加重对低收入人群和少数族裔的负担。结合《民权法案》第六章，该行政令导致交通规划和交通改善计划需要对弱势社区进行分析。此分析是长期交通规划过程的一部分，并且通常作为规划的附录或作为规划的一部分。

规划必须考虑 MPO 和其他规划合作伙伴自上次规划更新之后开展的所有规划研究。这些研究的结果应从区域角度进行分析，并酌情纳入规划。分区、通道和方式研究为制定长期交通规划提供了重要的项目和策略来源。

16.4.2 定义研究边界

联邦法律要求州和地方决策者就 MPO 规划边界达成一致，定义边界应是城市化地区内的地方政府代表、州长和任何相邻 MPO 之间的合作过程。MPO 的规划边界必须包括最新 10 年的一次人口普查中确定的整个城市化区域边界，以及可能在 20 年内实现城市化的连续地理区域。在许多情况下，MPO 规划工作将根据研究目的而具有不同的研究范围。例如，在亚特兰大，ARC 进行以下工作：①根据人口普查定义的城市化区域制定 LRTP；②在 10 个县（其边界与城市化区域不相邻）中作为国家指定的区域委员会进行规划；③在商定的 MPO 结构中有 19 个县；④在 15 个县的规划边界内进行交通规划以进行臭氧分析；⑤在 20 个县的规划边界内进行规划，以满足对于特定问题的空气质量要求。

对于不在区域范围内的规划工作，MPO通常会基于多种因素来定义规划工作的重点。例如，最近对10个MPO的拥堵管理过程（Congestion Management Process，CMP）的回顾显示，对于目标网络的定义有所不同（见表16-1）（ARC，2015a）。

表 16-1 不同都市区在拥堵管理过程中的目标路网

机 构	系统覆盖
奥兰多都市规划局，佛罗里达州（Metroplan Orlando, Florida）	开展全系统的评估（第一层），进而明确可能拥堵的道路和交叉口（第二层），基于此形成详细的通道或者交叉口研究（第三层）
马里科帕政府协会，凤凰城，亚利桑那州（Maricopa Association of Governments, Phoenix, Arizona）	1. 绩效评估框架报告中确定的高速公路通道 2. 公共交通设施及服务 3. 骑行及步行设施 4. 当前已产生严重拥堵或预计将来会产生严重拥堵的干线街道，或者在当前或未来拥堵影响下的通道或活动区域的一部分
中北部政府委员会，达拉斯-沃斯堡，得克萨斯州（North Central Texas Council of Governments, Dallas-Ft. Worth, Texas）	一份包含25个区域有限通道设施的通道目录
美国中部区域委员会，堪萨斯城，密苏里州（Mid-America Regional Council, Kansas City, Missouri）	1. 所有国家公路系统线路 2. 其他所有日均交通量为25000辆及以上的道路，或者长度为2英里（3.2公里）及以上的道路 3. 所有配备高品质公共交通服务的线路
特拉华谷地区规划委员会，费城，宾夕法尼亚州（Delaware Valley Regional Planning Commission, Philadelphia, Pennsylvania）	1. 将拥堵的通道切分为多个次通道 2. 未来可能会变得拥挤的通道，同时起着关键的区域性作用 3. 基于CMP分析点、交通优化层和社区优化层的通道
杰纳西交通委员会，罗切斯特，纽约州（Genesee Transportation Council, Rochester, New York）	1. 所有州际公路、主要干道和次要干道 2. 特别活动场所周边的集散道路
芝加哥都市区规划署，伊利诺伊州（Chicago Metropolitan Agency for Planning, Illinois）	1. 高速公路和收费公路 2. 区域性重要道路 3. 区域性重要公共交通系统
普吉特海湾地区委员会，西雅图，华盛顿州（Puget Sound Regional Council, Seattle, Washington）	1. 基于都市交通系统（区域性重要的多式联运设施可带来对本地区社会或经济健康至关重要的活动） 2. CMP中增加了其他层以反映多式联运或货运方面的考虑，包括： · 核心高速公路和多乘员车道（High-Occupancy Vehicle，HOV）路网 · 华盛顿州交通部（Washington State Department of Transportation，WSDOT）识别的瓶颈 · 区域交通运营委员会确定的排名前25的区域关键干道 · 利益相关者认为的关键交通通道 · 区域货运和货物运输系统中确定的T1和T2货车货运路线 · 关键基础设施和重要的应急管理路线
区域交通委员会，拉斯维加斯，内华达州（Regional Transportation Commission, Las Vegas, Nevada）	1. 用于连接城市和基础拥堵管理网络的主要跨区域通道和干道 2. 只有区域性的重要通道被作为该网络的备选 3. 最初的网络从通道候选表中提炼，以包括"现存或潜在的经常性拥堵特性"的设施。通过专业的判断来识别现有拥堵通道和那些可能变得拥堵的通道
汉普顿道路交通规划组织，弗吉尼亚州（Hampton Roads Transportation Planning Organization, Virginia）	1. 主要干道（州际公路、高速公路或其他高速公路） 2. 次要干道 3. 根据网络的连接性、主要活动中心的访问以及从各辖区汇入的车流，将道路定义为集散道路 4. 预计未来将修建的主要道路

来源：ARC，2015a

16.4.3 识别交通问题和机会

第 1 章提供的规划框架始于对特定社区或地区所面临问题的理解。在特殊的规划案例中，例如与安全或空气质量有关的案例，通常在识别特定问题之前就会开展分析，以便了解所面临的问题中与交通相关的要素。例如，对于安全问题，许多州都进行了初步的数据分析，以确定哪些类型的碰撞事故应该是规划研究中最需要关注的问题。由于都市交通规划的连续性，规划过程中的这一步骤是通过 MPO 的正常规划活动进行的。有关影响交通系统性能的关键问题的信息将不断反馈到规划程序中。

MPO 在交通规划过程中已识别出一些典型的问题、威胁、挑战及机会，包括：

都市区委员会，明尼阿波利斯 - 圣保罗，明尼苏达州

挑战与机遇

- 土地使用和发展模式影响着交通系统的管理。
- 交通投资可以帮助维持和增强该地区的经济竞争力。
- 地区人口和就业预期将增长，并带来更多的出行。
- 公路拥堵是经济增长的现实表现，可以得到管理和缓解。
- 人们和企业都要求有更多更好的出行选择。
- 交通决策会影响社区和环境，因此应负责任地制定。
- 对于工作和机会的交通可达性是一个关乎公平的问题。
- 传统的交通需求大于可用资源。
- 需要创新并做出战略决策（Metropolitan Council，2015）。

丹佛地区政府委员会（Denver Regional Council of Governments，DRCOG），科罗拉多州。 DRCOG 确定了交通系统将响应、影响以及受其影响的因素：

- 经济和人口增长。丹佛地区的人口预计将从 2010 年的 290 万增加到 2035 年的 430 万，增长约 50%。
- 增长地点。该地区人口和就业的预期增长大部分将发生在城市增长边界 / 地区内。此外，大部分将集中在城市中心。但是，这种增长的大部分将发生在远离丹佛中央商务区（CBD）的地区。
- 效率较低的开发模式。迂回的街道、较差的人行通道以及分割的住宅和商业区的开发会导致对汽车的依赖增加。
- 较低的开发密度。许多住宅区以较低的住宅单元密度开发，无法通过传统的公共交通方式经济高效地提供服务。
- 机场附近的开发。在该地区机场的影响范围内，已经开发了多个住宅区。这可能会引起未来的噪声影响问题，从而可能会阻碍地区机场系统发展或应对服务市场变化的能力。
- 汽车主导地位。汽车（包括小汽车、厢式车、皮卡和运动型多用途车）是该地区家庭交通的主要形式。在大多数出行中，车内仅有一个乘员，即驾驶员。
- 出行增长。虽然车辆出行里程（Vehicle Miles Traveled，VMT）的年增长率在 2000—2010 年之间不及前几十年，但目前预计到 2035 年将稳步增长。
- 职住平衡。在工作和住房之间缺乏良好平衡的地区，较难有机会生活在离工作较近的地方。
- 出行习惯改变的困难。改变个人的出行习惯是困难的，特别是当人们不了解有哪些选择、不存在可行的选择或者对改变出行方式的好处理解不明确时。
- 老年人和残疾人口的增长。老年人和残疾人的增长速度都快于总人口。
- 现有交通系统容量有限。如果不进行改进和扩容，则该地区现有的交通系统将无法提供理想的机动性水平来满足预期的需求。
- 拥堵加剧。在 2006—2035 年期间，预计拥堵里程数将增加一倍以上。
- 扩建和建设的影响。当需要额外的通行能力时，拓宽道路或提供快速公共交通通道的成本更高且在政治上更加困难。因为通常需要收购住宅和企业，这可能会对社区和经济造成影响。
- 交通事故增加。在 1990—2005 年之间，道路系统发生的车祸数量每年增加约 3%。

- 无车人士的出行选择。根据2000年人口普查，丹佛地区大约有67000户家庭没有汽车。
- 娱乐休闲交通。成千上万的人往返于科罗拉多州山区内及其附近的娱乐活动。传统上，他们出行的时间大致相同。I-70和US-285等道路在周末高峰时段（例如周日下午）会遇到严重的交通拥堵。拥堵严重影响了当地社区出行的难易程度、交通事故的应急响应以及噪声、空气和水质。
- 空气质量。移动源（例如小汽车和货车）的污染物排放是空气污染物的主要来源。即使汽车污染控制设备的技术不断改进，VMT的预期增长仍可能危害空气质量。
- 水质。水污染是由与区域发展相关的许多因素造成的，包括交通基础设施的建设和运营。交通流量的增长会导致由制动和轮胎产生的污染物增加。
- 有限的资金。根据目前预测，规划中的未来24年的交通财政资源将远远少于维持当前交通系统高标准所需的资金，更无法对其进行容量扩增。交通资金根本无法跟上出行需求的持续增长和近期交通建设成本的急剧上升（DRCOG，2011）。

为了说明环境敏感地区交通问题的区域特征，并显示一个规模相对较小的MPO的此类清单，在马萨诸塞州西部的伯克希尔地区MPO的交通规划中确定了以下挑战和机遇。

- 宜居性：宜居的、可持续发展的社区为居民提供了多种不同的交通方式，而无须完全依赖于使用汽车。一些替代方式包括轨道交通、公共汽车、骑行、拼车、合乘与步行。宜居社区还通过融入住房、工作、购物、教育和娱乐活动等功能，减少了居民日常出行的需要。
- 气候变化和空气质量合规性：预计伯克希尔地区的气温将升高，积雪/冰的存留量将减少，随之带来的干旱和洪灾周期性影响也将产生，天气模式的变化将导致风暴强度增加，高温的频率和严重性增加，以及自然动植物组合分布的转移和变化。一个关于伯克希尔县的温室气体（Greenhouse Gas，GHG）排放量的初步研究表明，交通领域的温室气体排放量占到总量的39%。
- 减灾、恶劣天气和水质：伯克希尔县受到许多自然灾害的影响，包括洪水、严冬、龙卷风和山火。局部洪水会造成该县大部分自然灾害的损害。交通基础设施维护不善、雨水系统规模不足都严重导致了危险的洪灾情况。由于预算有限而推迟的维护（平整、开沟、涵洞修复等）会导致水土流失和路面损坏。
- 重要的动物栖息地：高速公路建设、城市和住宅开发以及其他物理改造减少了自然栖息地。道路将野生动植物种群隔离成较小的单位，这些单位更容易受到来自掠食者和近亲繁殖的危害（Berkshire Regional Planning Commission，2011）。

16.4.4 制定愿景、目的和目标

都市交通规划的一个早期关键步骤是形成区域或社区愿景。该过程包括许多方面，范围覆盖从预期的或期望的未来土地使用方式到期望的交通系统特征。例如，华盛顿特区的华盛顿都市区政府委员会针对该地区的交通系统采用了如下愿景表述。需要注意愿景的多方式性质及其与增长的联系。

- 华盛顿都市区的交通系统将以合理的成本为该地区的每个人提供合理的选择。
- 华盛顿都市区将开发、实施和维护一个相互连通的交通系统，以提高生活质量并推动整个地区经济的强劲增长，包括健康的区域核心区和充满活力的地区活动中心，其中将融合工作、住房和服务，并提供友好的步行环境。
- 华盛顿都市区的交通系统将优先考虑所有方式和设施的管理、性能、维护和安全。
- 华盛顿都市区将使用最先进的技术来最大化系统效率。
- 华盛顿都市区将规划和开发一个交通系统，以提高和保护该地区的自然环境质量、文化和历史资源以及社区。
- 华盛顿都市区将在交通和土地使用规划方面实现更好的跨州协调。
- 华盛顿都市区将为区域和地方交通系统建立一种优化的筹资机制，以帮助那些依赖现有和预期的联邦、州和地方资金而无法实施的优先事项。
- 华盛顿都市区将提供更多的国际和区域间出行和商务交流的选择（National Capital Region TPB，2015）。

在许多方面，尽管制定愿景可以使规划人员在流程开始时就对社区愿景具有一定感知，但愿景制定过程的主要好处也许是将许多不同利益相关者参与到愿景本身的制定中。通过讨论和辩论不同因素是否应该被纳入愿景中，利益相关者会了解到规划工作中有关交通的许多重要方面。特别在对未来土地使用模式的考虑中，创建愿景可以为规划过程的技术方面提供重要的信息输入。

制定目的和目标是规划制定过程中的另一个关键步骤，因为它们提供了更多有关如何实现规划愿景的详细信息。制定目的和目标需要来自 MPO 政策委员会、利益相关者和感兴趣的公民的大量信息的输入。定义目的和目标不是规划人员的职责，而是促成一个社区过程以形成一个目的描述，并将其转换为规划语言，然后用于指导技术过程。考虑到交通规划的全面性，目的和目标的制定应与区域发展政策或土地使用规划相一致，并应反映联邦政府要求的规划要素。

关于 MPO 交通规划目的和目标的一些示例如下：

威斯康星州东南部地区规划委员会（Southeast Wisconsin Regional Planning Commission，SEWRPC）。威斯康星州东南部地区规划委员会（SEWRPC）是威斯康星州密尔沃基都市区的 MPO。它展示了 MPO 在制定愿景规划中所做的常见工作。正如该 MPO 指出的那样："使用愿景和情景规划方法，VISION 2050 的工作旨在获得更广泛的公众参与，用以设计和评估那些被描绘的 2050 年土地使用、交通情景、详细的替代规划以及最终规划，并扩大公众对威斯康星州东南部现有和未来土地使用与交通发展影响的认识"（SEWRPC，2014）。

宣传工作包括定期分发 VISION 2050 电子新闻信件、定期宣传册、媒体联系和新闻发布，以及广泛的公众参与，包括少数族裔和低收入群体和组织、企业团体、服务团体、社区和邻里团体以及环境团体等。MPO 与 8 个非营利性社区组织合作，对其选民进行了有针对性的宣传。这项宣传工作的主要目的是让少数族裔、残疾人和低收入人群参与其中，调查方式使用了电话调查，以获得该地区居民对于该地区主要交通、社区和社会属性的偏好。图 16-1 和图 16-2 所示为该调查的一些结果。

首府地区交通规划署（Capital Region Transportation Planning Agency，CRTPA），塔拉哈西都市区，佛罗里达州。首府地区交通规划署（CRTPA），是佛罗里达州塔拉哈西都市区的 MPO。它在其交通规划中使用了以下愿景表述：

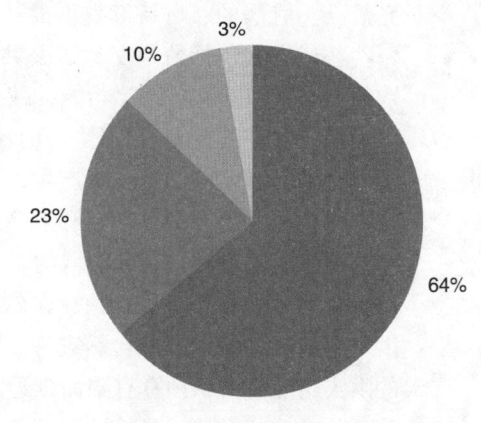

图 16-1　社区适合骑行和步行的重要性调查结果
（密尔沃基，威斯康星州）
来源：SEWRPC, 2014

> "创建一个综合的区域多式联运网络，尽可能为人员和货物的运输提供经济、高效、安全的选择，同时保护环境，促进经济发展，维持具有可持续发展模式的高质量生活"（CRTPA，2012）。

本德都市区规划组织，本德，俄勒冈州。俄勒冈州本德都市交通规划的更新中明确了长期和近期目标，以帮助"明确基调并指导中期交通规划的制定以及交通解决方案的选择……并指导该规划的实施"（Bend MPO，2014）。交通规划的目标是：

机动性与平衡性
- 提供多种实用且方便的方式以实现 MPO 区域内部人员和货物运输以及与外部的来往。
- 建立一种交通系统，满足所有出行方式的需求，提供交通方式间的联运，并在整个 MPO 区域提供一整套交通选择。

安全与效率
- 通过评估最广泛的交通解决方案来解决交通拥堵和问题区域。
- 通过有效和安全的交通网络，服务现有的、计划的和未来的土地使用。
- 设计和建设交通系统以增强所有交通方式的安全性。

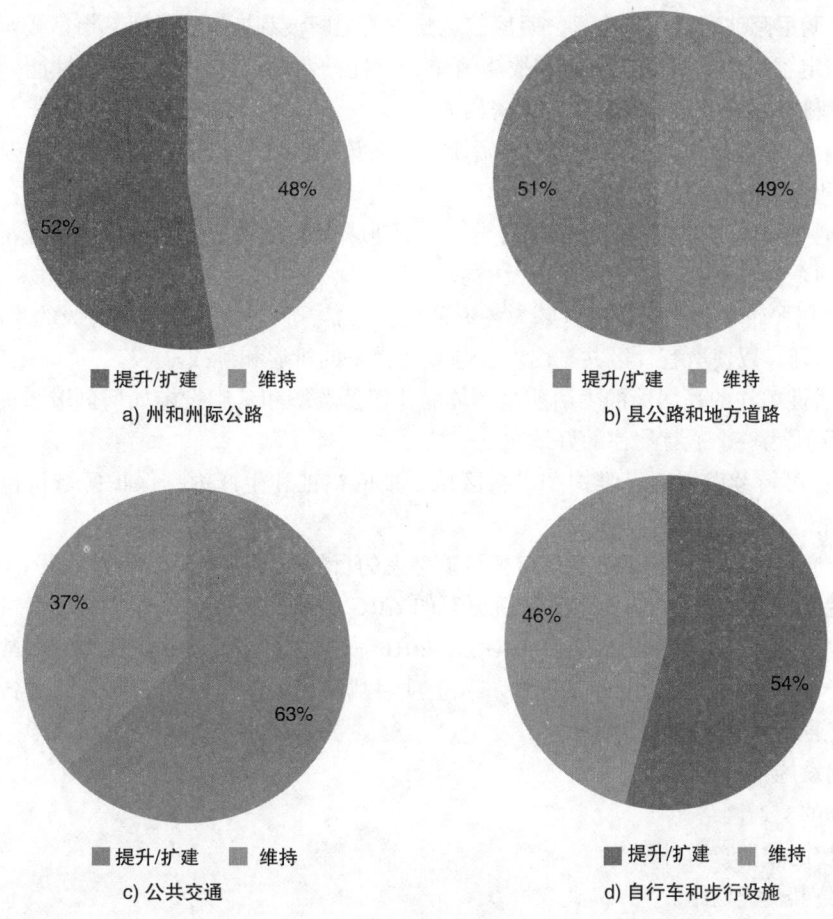

图 16-2 对道路改善偏好的调查结果（密尔沃基，威斯康星州）

来源：SEWRPC, 2014

可达性和公平

- 在 MPO 地区为所有收入水平的人们提供多元的出行选择。
- 支持所有《美国残疾人法案》（ADA）的要求和政策。

土地使用

- 通过鼓励土地使用模式，使土地使用和交通实现一体化，从而提供高效、紧凑的土地使用，以减少出行次数和距离。
- 促进能够维持现有交通系统寿命的发展模式。
- 促进不依赖于州交通系统主要连接通道的发展。

环境与宜居性

- 认识并尊重地区的自然和历史特征，最大限度地减少交通改善工程的不利影响。
- 设计交通改善措施，通过保护空气和水的质量，最小化噪声影响并鼓励节能来保护环境。
- 在交通设施设计和选址时，使用环境敏感的设计原则。

经济发展

- 实施交通改善，以促进经济发展和商业活力。
- 建设具有多种出行方式选择的交通网络，以加强就业中心、教育中心、医疗机构和社区之间的联系。
- 认识到多式联运的重要性，并为适应多式联运的发展趋势和机遇保持适应性的方法。

财务负责

- 协调和设计交通改善措施，以最经济有效的方式确保资源的支出。
- 最大化使用备用的和多种资金来源的能力，以改善交通系统。

都市区委员会，明尼阿波利斯 - 圣保罗，明尼苏达州。明尼阿波利斯 - 圣保罗都市区委员会在其最新的长期交通规划更新中，制定了广泛的目的、目标和战略清单，以提升双城地区的交通系统性能。交通的目的和目标与基于以下五项原则制定的该地区未来的愿景紧密相关：

- 管理负责任地：管理该地区的自然和财政资源，并对该地区的未来进行战略投资，从而推动都市区委员会促进有序和经济发展的长期使命。
- 繁荣：可以通过对基础设施和配套设施的投资而促进繁荣，这些投资创造了区域经济竞争力，从而吸引并留住成功的企业、有才华的劳动力以及财富。
- 公平：为所有居民带来公平的机会，并为各个种族、族裔、收入水平和能力等级的人们创造可行的住房、交通和娱乐选择，以使所有社区共享由增长与变化带来的机遇和挑战。
- 宜居性：宜居性关注的是居民的生活质量和体验，以及场所和基础设施如何创造和提高生活质量，从而使相应的地区成为一个适宜居住的好地方。
- 可持续发展：可持续发展通过维护和支持区域长期的福祉和生产力，保护区域世世代代的活力（Met-Council，2015）。

这些愿景中的交通目的、目标和策略为都市区可能考虑的目的类型进行了很好的概述（请参阅附录 A）。

佐治亚州亚特兰大地区委员会（ARC）。最新更新的 ARC 区域规划关注 3 个主要政策主题：世界一流的基础设施、健康宜居的社区和具有竞争力的经济（ARC，2016）。这 3 个主题是确定区域规划战略的基础。每个政策领域都有一系列与土地使用、交通、经济发展和社会项目战略相关的目标。例如，针对各个政策领域分别列出了以下目标和与交通相关的策略：

世界一流的基础设施

目标：确保全面的交通网络。

- 拓展有效调控的收费车道计划。
- 扩展区域的公共交通网络。
- 维护现有的交通系统并改善主干道路和高速公路。

健康宜居的社区

目标：建立步行友好、充满活力的社区。

- 投资用于提供公平且更具可达性的住房选择，包括为现有的老龄化人口提供选择。
- 促进公平的以公共交通为导向的发展。
- 为骑行者和行人建立区域慢行网络。
- 通过宜居中心倡议创建步行友好社区。

具有竞争力的经济

目标：将该地区建设成全球公认的创新与繁荣中心。

- 改善货运流动。
- 促进亚特兰大机场附近的经济发展。

亚特兰大区域规划提供了一个规划示例，该规划确定了社区面临的不同规划问题之间的相互关系，以及交通战略如何在实现每个目标中发挥重要作用。

规划过程中的制定社区愿景、目的和目标的步骤应具有大量公众参与的机会，以便为规划过程增加信任度。MPO 和区域规划署通常会花费大量时间为公众和主要利益相关者提供各种机会，以使他们在愿景、目的和目标的制定过程中能提供建议。通常，随着规划过程的进行，会重新讨论目的和目标，从而反映出规划过程中的最新的信息或参与者。

16.4.5 确定和使用系统绩效指标

绩效指标是一组指标或度量标准，用于长期监控交通系统的性能。应选取有限数量的指标，以反映决策者在确定未来交通投资方向时所需的信息。考虑到它们对当地决策者的重要性，这些绩效指标通常也是评估不同投资策略所用标准的一部分。

基于绩效的交通规划，可以为政治决策过程提供更好的质量和更多与目标相关的信息。通过对公众进行教育和告知，以及通过部分使用面向客户的结果指标，决策过程会倾向于更加客观的评估和辩论。人们普遍认为，系统的政策、目的和目标都是建立基于绩效的规划方法的关键起点。基于结果测量的概念以及客户的认知和满意度的重要性目前已成为大多数交通规划工作中的共识。

在都市规划应用中，绩效指标应该是决策者和公众容易理解的。这就意味着需要建立具有层次结构的指标，同时能提供有关系统性能的基本信息。针对不同类别目标的绩效指标示例包括：

- 可达性：$y\%$ 的就业地点在 x 分钟内可以覆盖的人口百分比；老年人等特殊人群是否能够使用交通工具；交通服务是否为弱势人群提供了来往就业地点的通道；服务是否符合《美国残疾人法案》（ADA）。
- 机动性：从起点到目的地的平均出行时间；特定起点到目的地的平均出行时间的变化；平均出行距离；每种出行方式的占比（称为方式分担率）；因拥堵而损失的时间；方式之间的换乘时间；公共交通服务的准时比例。
- 经济发展：由于新的交通设施，为区域创造了新的就业机会和住房；沿主要路线新开发的商业；以缺乏交通为主要障碍的地区失业人口比例；浪费时间的经济成本。
- 环境生活质量：环境和资源消耗；产生的污染量；车辆每行驶 1 英里（1.6 公里）的燃料消耗。
- 城市蔓延：城市和郊区家庭密度差异的变化；湿地面积的减少；空气质量、土地使用和机动性的变化。
- 安全性：车祸事故的数量或车祸的经济成本。
- 可靠性：行程时间的可重复性。它受到非经常性事件的影响，例如车祸、道路施工、特殊事件、天气或自然灾害。

表 16-2 展示了威斯康星州麦迪逊市都市规划项目的绩效指标。正如 MPO 指出的那样："麦迪逊地区拟定的指标包括衡量系统投资和决策效果的"成果"指标（例如，出行时间、交通方式、道路和桥梁状况、撞车次数），以及衡量项目活动水平、服务或设施提供水平的"输出"指标（例如，公共交通服务收益小时数和多用途道路的公里数）"（Madison Area MPO，2012）。

加利福尼亚州的都市区受州立法的约束，要求在交通规划过程中确定绩效目标，并定期监测这些目标完成的进度。这些目标成为评估交通规划建议措施有效性的评估标准。表 7-9 展示了更新后的都市交通规划（ABAG 和 MTC，2013）如何实现这些目标。整个展示是按照达到或超过的目标、正在取得进展的目标、朝着错误的方向发展的目标进行分类组织的。

一个相似但单独的分析研究了该规划对于社区社会公平的影响。该分析的结论是：

- 除了流离失所的压力外，预计住房和交通负担能力在未来仍将是低收入家庭面临的主要挑战。
- 虽然随着技术的改进，整个地区的空气质量将得到改善，但对于那些以步行和骑行为较常见出行方式的地区，车流量的增加和相关社区的拥堵导致了人们对于安全的担心。
- 对于相关社区来说，由于城市核心地区交通拥挤程度的增加，以及某些出行从驾车转为公共交通出行、步行和骑行，因此上班和前往其他目的地的出行时间相比目前将略有增加（ABAG 和 MTC，2013）。

应该注意的是，交通行业正在讨论如何最好地定义交通系统的理想绩效。例如，更传统的措施主要关注行驶速度、服务水平和容量度量，其中更高的速度、更大的服务水平和更多的容量将被定义为更可取的。不过，这样的结果可能不是最好的结果，特别是在城市地区。例如，较高的速度与行人和骑行者在同一条道路上并不能很好地融合。随着许多社区采用完整街道和交通稳静化政策，如果要进行投资以实现最优绩效，则必须非常仔细地考虑交通绩效指标的潜在结果。

有关评估及优先级排序的第 7 章，有关州域交通规划的第 15 章和有关交通通道规划的第 17 章提供了有关绩效指标的更多讨论。如果需要关于非传统绩效指标的讨论，特别是最近为定义多方式绩效指标所做的工作，请参阅第 9 章"道路和公路规划"以及第 19 章"场地规划与影响分析"。

表 16-2　威斯康星州麦迪逊都市规划项目的绩效指标

机动性和可达性——提高区域内所有人的机动性和可达性，并在这两个有时会相互竞争的因素之间保持平衡 系统平衡——通过投资实现交通系统的平衡	·通勤时间（按交通方式） ·通勤交通方式 ·道路拥堵长度（基于道路服务等级） ·公共交通服务收益时间 ·城镇面积和人口的百分比 ·公共交通服务（工作日，周末） ·骑行车道和多功能道路长度
货运机动性——提高货物运输的机动性和安全性，以支持本地经济，同时维护社区的宜居性	·货车道路的拥堵长度 ·铁路线路的限速长度 ·不同方式的货运载重量
系统维护——维护该地区的交通基础设施，并保护交通通道，特别是铁路通道，以供未来其他交通方式的使用	·道路和路面铺装情况 ·桥梁结构情况（足够的评级和重量限制） ·地面公共汽车的平均使用年限 ·都市车辆服务的间距里程 ·计划外的公共汽车故障
安全——通过设计、运营和维护、系统改进、设施支持、公共信息以及执法手段来改善交通安全	·按严重度划分的车祸总数对比车辆行程里程（VMT） ·每十万次公共汽车服务中的交通事故次数 ·车辆运行里程 ·骑行者和行人的交通事故和死亡总数
管理/运营——应用智能交通系统（Intelligent Transportation System，ITS）并利用交通需求管理（Travel Demand Management，TDM）和交通系统管理（Transportation System Management，TSM）策略应对交通拥堵，有效利用现有道路通行能力，并使交通系统更加可靠、便捷和安全 拥堵管理——在增加车道的容量或建设新设施之前，优先考虑在拥堵通道上可使用的所有机动性选择和运营策略	·车辆出行里程（VMT） ·高速公路的持续拥堵时间 ·年公共交通旅客出行总数 ·单位运营时间内的公共交通旅客人数 ·公共交通系统准点情况 ·新注册都市规划组织的合乘项目的通勤者人数 ·全州合乘人数以及参加通勤卡项目的雇主数量 ·另请参阅 CMP 性能检测规划
互联系统——鼓励和促进不同出行方式之间的联运	·P+R 停车场数量和使用情况 ·每天城际公共汽车出行数量 ·机场的客流量
环境责任——保护和恢复环境和生态系统，并在可行的范围内尽量减少能源消耗	·臭氧和 PM2.5 水平 ·与交通相关的温室气体（GHG）排放

来源：Madison Area MPO, 2012

16.4.6　收集和分析土地使用、系统性能及状况数据

交通规划是分析驱动的。最终的投资建议是基于对每种选择优缺点的合理评估。此外，分析在很大程度上取决于能否获得与可选方案各方面绩效以及与周围社区关系相关的高质量数据。数据的范围包含大型人口统计、人口普查文件和特定站点的交通量统计。

关于都市交通规划中使用的典型数据和数据源的详细说明超出了本章的范围（有关交通系统数据的更全面介绍请参见第 2 章，有关土地使用与城市设计的数据请参见第 3 章）。但是，对于那些对都市交通规划感兴趣的人来说，了解数据收集和管理的一些关键特征还是比较重要的。

都市交通规划过程中使用的数据类型会因所研究问题的类型以及州和地方机构收集数据的能力而异。以下是皮马政府协会网站（亚利桑那州图森）上展示的数据清单，表明了一个典型的 MPO 中可以找到的数据范围（PAG，2015）：

- 区域的、空中的和正射的影像覆盖。
- 出行需求预测和交通量信息（例如年度交通流量、交通量预测、通勤和出行特征、交通系统绩效指标）。
- 空气质量和流域管理数据。
- 人口估计和预测。

- 土地使用和社会经济信息。
- 人口普查项目的协调、信息和人口统计分析。

在过去的几十年中，随着用于交通规划的数据量急剧增加，MPO 已经开发了组织和管理数据的方法。PAG 列表上的大多数数据源以及其他 MPO 的数据源都基于地理信息系统（GIS）平台。GIS 分析已成为都市规划人员的基本工具。通过将数据与地理表示相结合，规划人员可以对交通问题进行更深入的技术分析。

GIS 在结合交通策略与土地使用策略时特别有用。通过 GIS 工具测试各种替代发展方案，可以快速评估交通投资策略和土地使用模式的不同组合所带来的不同影响。视觉表达对于公众了解方案之间的差异也至关重要。FHWA 的一项研究调查了交通规划中 GIS 工具的使用，得出的结论是：

GIS 工具有助于创建和确定最优方案的公共过程。规划人员发现，在收集当地政府官员、利益相关者和公众建议的基础上，GIS 方法有助于创建现实的土地使用的不同方案。他们还发现，GIS 对传递不同交通和发展选择的意义很有帮助。基于此，人们能够做出更明智的决策。

GIS 技术可以开发更详细和复杂的土地使用情况、环境数据和分析手段。整合的区域土地使用数据库也变得越来越普遍。同时，GIS 也促进了详细的地块级土地使用数据库的开发，这些数据库可以支持环境和社区指标模型。GIS 还提供了数据展示功能，可以向政策制定者和公众传递信息。

尽管有 GIS 工具的帮助，在大多数区域，数据源的全面整合仍然是一个挑战。土地使用数据（如综合规划、分区规划和现有开发）由地方政府维护。特别是对于资源有限的较小辖区，这些数据通常仍是纸质资料。同样，数据格式在同一大城市的不同管辖区域之间通常是不兼容的。在美国大部分地区，区域土地使用数据库仍需要大量精力来建设和维护（http://www.gis.fhwa.dot.gov）。

近年来，人们一直在努力开发数据库共享工具，以方便信息交换。例如，交通、经济、土地使用系统（Transportation，Economic，Land Use System，TELUS）是一种信息管理和决策支持工具，旨在供 MPO 使用。由美国交通部资助的 TELUS 免费提供给 MPO。TELUS 的一些关键功能包括自动 TIP 监测、制图、经济分析和土地使用评估。MPO 还会设计和建设自己的定制化数据和报告系统。

有关交通规划中 GIS 应用程序的最新信息，请访问 http://www.gis.fhwa.dot.gov。

16.4.7 分析交通系统的备选方案

通常从检查当前交通系统状况开始分析。其中包括不同交通设施和系统的物理状况清单，以及有关现有绩效的数据。将收集以下交通系统的数据：高速公路/有限通行权的道路、战略性主干道路、多乘员车辆（HOV）网络、公共交通服务和线路结构、由 ITS 服务的"智能"通道、骑行网络和步行网络。

需求评估要求规划人员分析当前交通系统的绩效以及经过改进后的预期绩效。通常，会测试当前年和未来年运行出行需求模型。假设未对当前系统进行任何改进或纳入已经确定要实施的项目，则对未来几年进行"无建设"模型测试。这些运行基于关键评估标准进行分析，例如方式划分、车辆行程里程和车辆行驶时间。对于单个设施或较小研究区域的研究，分析分区或通道级措施也是很重要的。通过了解交通系统的绩效（对比有无改善计划的不同情况），规划人员可以评估需求的更改或改进策略和投资。

大多数交通规划研究在分析过程中都使用某种形式的出行需求模型。出行模型通常分为两类：需求网络模型和仿真模型。仿真模型正越来越多地用于设施和通道分析。近年来，研究人员开发了一些新的区域仿真模型（请参阅第 6 章 "出行需求与交通网络建模"）。

由于只要有可用的实际数据（至少每 10 年一次的人口普查数据），大多数区域模型都会对自身进行校准和验证，因此模型对当前状况的复制能力是预测未来的前提。这通常需要在两次普查之间更新模型或进行有限的调整。需要注意的是，随着美国持续人口普查数据收集策略（称为美国社区调查）的采用，模型更新的时间范围可能会发生变化（参见第 2 章 "出行特征及数据"）。

现在，模型的改进使规划人员可以在测试未来方案时解决通行费和其他定价方案。但是，某些 ITS 和运行优化仍然是许多模型的挑战。第 6 章 "出行需求与交通网络建模"详细介绍了如何制定出行需求模型并将其用作交通规划过程的一部分。这部分信息在此将不再重复。但是，仍有一些在都市交通规划中如何使用模型的方面值得关注，下面将进行讨论。

1. 模型假设

关于模型本身的关键输入变量，经常需要做出许多假设。特别是将模型应用到城市区域时，有许多不同的因素会影响出行行为。尽管该信息有些过时，但旧金山湾区的都市区交通委员会（MTC）确定了以下关键要素，在建立规划更新所需的出行需求模型时，必须对未来的值进行假设。这些要素在今天仍然有效（MTC，1998）：

- 燃油价格和可用性。
- 停车成本。
- 汽车使用成本。
- 过桥费。
- 公共交通票价。
- 出行行为假设。
- 车辆高峰因素。
- 车辆载客率。
- 区域间通勤者行为。
- 人口假设。
- 网络假设。

在此基础上还可以添加与车辆行为（例如，汽车互联技术）的假设，以及互联网和社交媒体对出行行为影响有关的假设。

这些假设均与预期的未来条件有关。例如，在制定 2045 年规划时，未来 30 年的停车和汽车使用成本、通行费和公共交通票价将是多少？这些是预测出行者选择哪种方式的关键变量。同样地，一天中车流量峰值的程度、车辆的载客率水平以及区域间通勤的数量将会影响哪些道路的拥挤程度也是关键因素。

特别重要的是，不仅需要在区域一级对未来的人口和就业进行预测，还必须分到更小的区域进行预测，也就是常见的交通分析小区（Traffic Analysis Zone，TAZ）。这些预测必须一直按照特定的时间间隔进行，直到规划期结束为止。根据 MPO 的规模和关注的问题，这可能意味着要进行 5 年、10 年或者 20 年的预测。具体可以参见第 3 章"土地使用与城市设计"的内容。

2. 情景规划

情景规划近年来变得越来越流行且成功有效。它的独到之处在于在决定特定政策方向之前寻找不同的"假设条件"。例如，情景规划可以研究不同土地使用方式、不同的定价假设、由极端天气带来的风险以及不同生活方式对交通投资的影响。同时，情景规划也可以检查不同投资方案以确定其对系统性能的影响，例如对可达性和机动性指标的影响。情景规划不仅可以为社区的关键成员（如商业代表、民选官员和倡导者）提供确定重要趋势和权衡取舍的能力，还可以使规划人员确定应在所有方案中进行哪些共性投资，无论未来出现哪种情景。

情景规划遵循以下几个步骤：

- 步骤 1：研究驱动力。了解现有条件和发展趋势。
- 步骤 2：确定交互方式。考虑各种驱动力如何共同影响未来情况。矩阵有助于确定这些结果。
- 步骤 3：创建情景。规划人员应考虑未来不同环境中不同策略的影响。
- 步骤 4：分析影响。方案规划是决策的工具。通过使用视觉化工具显示不同情景产生的差异性结果，使公众能够理解不同情景的影响。
- 步骤 5：评估情景。可以通过事先商定的指标对不同情景进行对比。
- 步骤 6：监控影响。情景规划是一个持续的过程，应根据条件的变化进行重新评估（FHWA，2011）。

华盛顿特区为说明如何在交通规划中使用情景提供了一个很好的例子。华盛顿地区的 MPO 交通规划管理委员根据预测的或期望的土地使用和交通特征的不同组合，在更新该地区交通规划时定义了三种情景。这些预测或期望的方向是：

- 受限制的长期规划土地使用：与该地区社区进行的合作预测认为，从 2015—2040 年，有 25% 的新家庭和 35% 的新工作将位于目标增长区（Targeted Growth Area，TGA）。
- 受限制的长期规划土地使用期望值预测：期望值预测 57% 的新家庭和 58% 的新工作将位于 TGA。
- 受限制的长期规划交通网络：受约束的投资规划中的公路和公共交通投资。
- 受限制的长期规划交通愿望网络：可变的定价规则应用于新增的 740 英里（1191 公里）高速车道和 186 英里（299 公里）现有车道。假设将有 274 辆新的公共汽车投入快速公交（Bus Rapid Transit，BRT）和接驳服务，并且服务时间将增加约 20%（Kirby，2013）。

测试场景的基础是预测和交通网络假设，表 16-3 展示了两者的不同组合。

表 16-3　华盛顿特区结合土地使用和交通假设的情景定义

情景	土地使用	交通
2040 年基准线	合作预测	2012 年 CLRP
情景 1：只有交通组成	合作预测	CLRP 意愿
情景 2：只有土地使用组成	CLRP 意愿	2012 年 CLRP
情景 3：有限的长期规划（CLRP）意愿	CLRP 意愿	CLRP 意愿

来源：Kirby, 2013

图 16-3 和图 16-4 所示为场景分析中不同的分析类型。考虑到交通服务的假定投资或者土地使用的目标，在集中土地使用、提供更多的公共交通服务或使单人机动车使用成本更加高昂的情景下，非机动车使用频率快速增长，车辆延误大幅度减少也就不足为奇了。

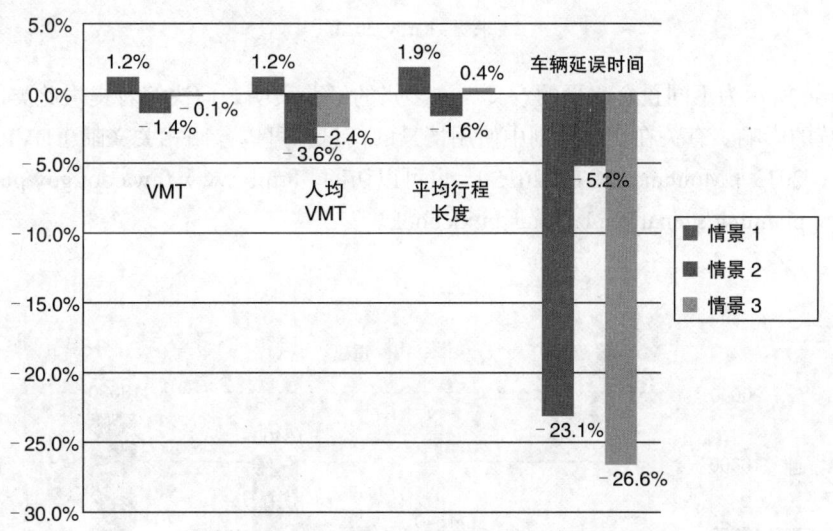

图 16-3　华盛顿特区情景分析—系统绩效

来源：Kirby, 2013

特拉华谷地区规划委员会（Delaware Valley Regional Planning Commission，DVRPC）是宾夕法尼亚州费城都市地区的 MPO。它使用了情景分析来探究不同投资水平方案对系统绩效和状况的影响。三种情况包括：

- "高"情景是该地区交通资金的最佳情况。该方案假设在 Connections 2040 规划的生命周期内，合理预期的资金将增加 35%。
- "中等"情景被认为是交通基础设施可能的投资水平。它是基于当前融资水平的延续。
- "低"情景是区域交通资金最坏的情况。与当前的交通筹资水平相比，此方案假设减少了 20%（DVRPC，2013）。

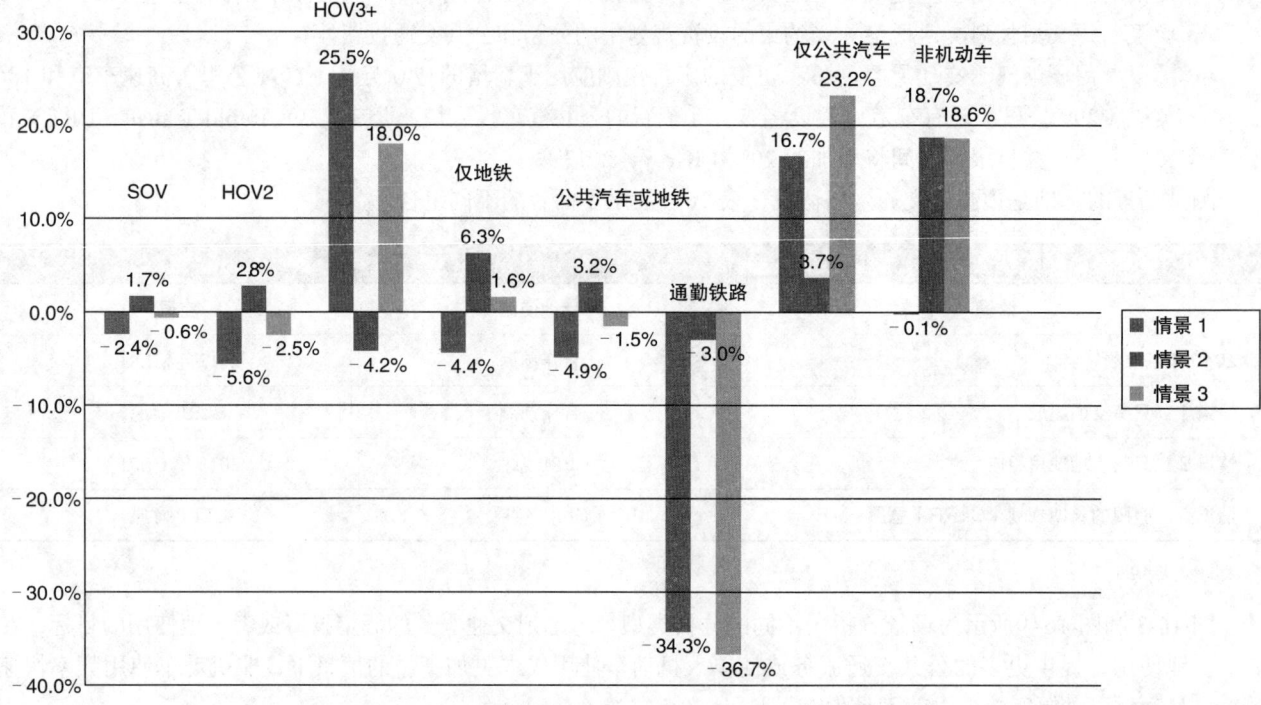

图 16-4　华盛顿特区情景分析—方式选择

来源：Kirby, 2013

图 16-5 和图 16-6 所示为不同投资水平的意义。许多州的经验表明，向决策者提供此类信息能使他们了解不增加投资对交通系统的影响。有关在交通规划中使用情景的信息，可以参阅相关文献（DVRPC，2003；FHWA，2011；Oregon DOT，2013；Montana DOT，2015），也可以访问：http://www.fhwa.dot.gov/planning/scenario_and_visualization/scenario_planning/scenario_planning_guidebook。

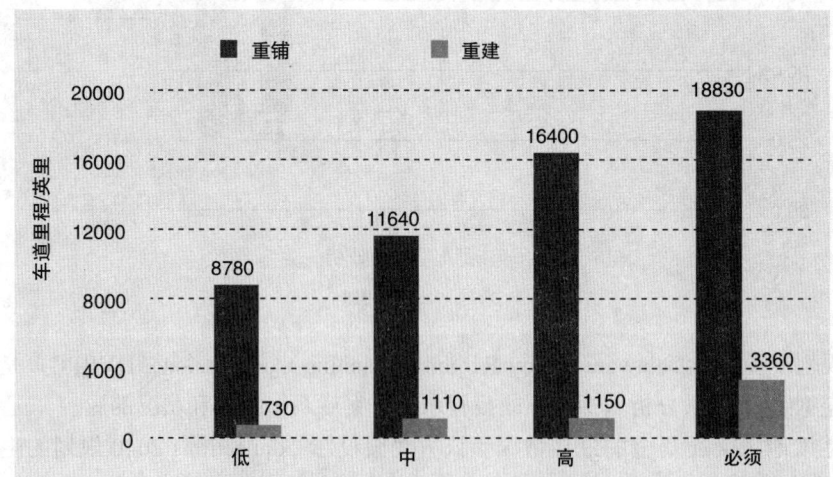

图 16-5　2014—2040 年不同情境假设下州负责维护的车道重建和重铺里程（DVRPC）

来源：DVRPC, 2013

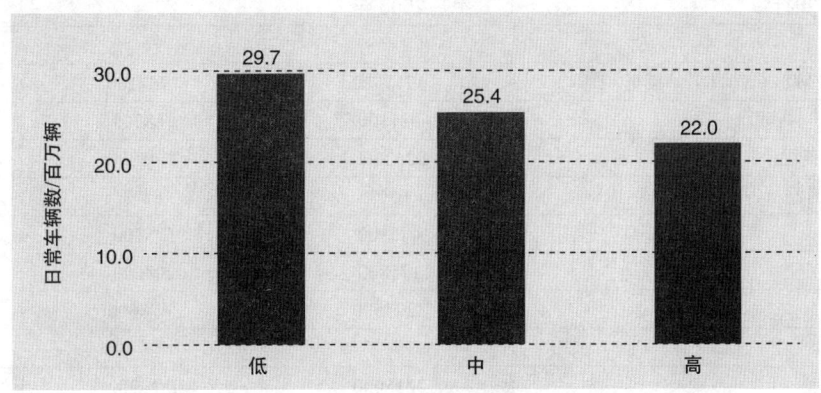

图 16-6　2040 年工况较差的状态维护日常车辆使用情况（DVRPC）
来源：DVRPC, 2013

16.4.8　评估交通系统的备选方案

评估是确定不同行动方案是否合适并将此信息以综合且有用的形式提供给决策者的过程。确定一个选择是否满足要求，需要：①定义如何衡量价值；②估算拟定行动的收益和成本的来源和时间；③比较这些收益和成本以确定可选方案的有效性水平。因此，评估为决策者提供了与选择分析相关的预估影响、利益权衡以及主要不确定性领域的信息。不仅必须确定影响的程度，而且还应确定受到正面或负面影响的人（Meyer and Miller, 2014）。

因为评估标准会推动分析和数据收集活动，在规划的早期，就应该开始思考评估过程。例如，如果决策者想知道不同的选择对出行者延误时间有何不同影响，那么数据收集和分析结果都需要产生该信息。

多式联运规划对评估过程提出了特殊的挑战。正如在对创新实践的回顾中所指出的那样，"当同时分析所有方式并考虑方式之间的相互作用时，多式联运规划是最好的选择"（Transmanagement, 1998）。其评估过程的重要目的是以不带方式偏见的方法来比较不同方式。

尽管评估过程以及用于比较不同方案的标准会根据要解决的特定问题而有所不同，但是几乎每个规划研究都存在一些共同的评估问题。表 16-4 列出了这些问题。但是，不同的研究需要不同的信息来回答这些问题。

表 16-4　基础评估问题表

鉴于规划的主要目的是为决策提供依据，以下类型的问题通常定义为评估过程：
- 在考虑不同决定带来的成本和收益的情况下，决策者想要什么样的信息去做决策？
- 每个备选方案所带来的收益和成本的绝对值是多少？
- 所有替代方案的收益和成本是多少？
- 每一种方案所带来的收益与成本是如何关联的？
- 每种方案在多大程度上能达到规划研究最初设定的目标？
- 不同的群体如何看待每种选择的绝对影响和相对影响？
- 每种选择的收益和成本如何影响研究地区的不同人群？
- 每种选择对经济、社区和环境的影响是什么？
- 对收益和成本估计的不确定性是否会影响对最佳方案的整体决定？如果是这样，那么这些不确定性如何改变关键评估因素？
- 实施每种替代方案所需的总资金是多少？每个备选方案的生命周期成本和在生命周期内所需的资金是多少？
- 如果要实现一个替代方案，那么需要什么样的制度、法律或组织的改变？

来源：Meyer and Miller, 2014

以易于理解的方式呈现评估结果对于规划过程的成功至关重要。表 16-5 ~ 表 16-8 展示了传统的结果表示方式。从表中可以看出，评估信息分为不同的主要类别：交通系统供给、出行行为、交通系统需求、成本和自然环境。这些表的单元格内包含数值或百分比，并与基本情况进行比较。

表 16-5　萨克拉门托按不同来源统计的拥堵车辆里程（2008—2035 年）

出行源	2008 年	2020 年规划	2035 年规划
地区总数			
家庭产生的通勤拥堵 VMT（CVMT）[①]/ 英里	1711500	1767100	2128300
家庭产生的其他 CVMT/ 英里	921100	988200	1159500
家庭产生的总 CVMT/ 英里	2262600	2745300	3287800
家庭产生的 CVMT 中通勤所占的比例	65%	64%	66%
商业 CVMT[②]/ 英里	489100	525300	682900
外部产生的 CVMT[③]/ 英里	175800	208000	308000
总 CVMT/ 英里	3297500	3478600	4278700
人均比例			
人口数量 / 人	2215000	2519900	3086200
岗位数量 / 个	969800	1072200	1330000
家庭产生的人均 CVMT/ 英里	1.19	1.09	1.07
商用车辆＋每个岗位的外部 CVMT/ 英里	0.69	0.68	0.75
人均 CVMT 总量 / 英里	1.49	1.38	1.39
与 2008 年相比，人均或每个岗位的拥堵 VMT 变化百分比			
家庭产生的人均 CVMT	—	-6.30%	-10.40%
商用车辆＋每个岗位的外部 CVMT	—	-0.20%	-8.70%
人均 CVMT 总量	—	-7.30%	-6.90%

① 家庭产生的 CVMT 是指该地区的居民在该地区内，在超过道路通行能力情况下的累计车辆出行里程。家庭产生的 CVMT 被分为通勤和其他方式。
② 商用车的 VMT 是在该地区内运送货物、服务的累积车辆出行。它包括乘用车、轻型货车、面包车和大型货车的商用出行。
③ 外部产生的 VMT 是指该地区以外的居民前往该地区内的目的地或穿越该地区的累积车辆出行里程。
来源：Sacramento Area Council of Governments, 2012

表 16-6　环境公正和非环境公正区域在 30 分钟内公共交通和小汽车可达性比较

可达性类型（2005 年）	通过公共交通 30 分钟内可访问的区域总数的百分比		通过小汽车 30 分钟内可访问的区域总数的百分比	
	环境公正区域	非环境公正区域	环境公正区域	非环境公正区域
岗位（2008 年）	7.1%	5.8%	49.8%	34.4%
岗位（2035 年）	10.5%	6.3%	47.4%	33.0%
医疗岗位（2008 年）	10.7%	6.7%	52.0%	36.3%
医疗岗位（2035 年）	11.1%	7.0%	49.0%	34.2%
高等教育（2008 年）	13.7%	8.4%	68.0%	45.3%
高等教育（2035 年）	17.7%	8.2%	70.2%	45.2%
公园面积（2008 年）	5.5%	4.0%	40.6%	32.5%
公园面积（2035 年）	5.5%	3.8%	39.4%	31.5%

来源：Sacramento Area Council of Governments, 2012

表 16-7　规划区域内二氧化碳当量排放估算

	人均 CO_2/（千克 / 天）	模型计算的 CO_2 减少量	模型外的减少量[①]	自 2005 年起的总降幅
2005 年	10.4	—	—	—
2020 年	9.4	-9%	-1%	-10%
2035 年	8.9	-14%	-2%	-16%

① 模型外的减少量考虑了模型网络中未考虑到的 TSM、ITS 和 TDM 项目的影响。
来源：Sacramento Area Council of Governments, 2012

表 16-8　区域内的公共交通、骑行和步行出行量（2008 年和规划年）

出行方式	2008 年	2035 年规划	自 2008—2035 年
工作日不同方式的个人出行量[①]			
公共交通出行 / 次	110200	391900	326700
骑行出行 / 次	152300	228800	1126600
步行出行 / 次	626700	1024200	
总共出行 / 次	889200	1644900	1452300
人均比例			
人口 / 人	2215000	3086200	3348000
公共交通出行 / 次	0.05	0.13	0.10
骑行出行 / 次	0.07	0.07	0.034[②]
步行出行 / 次	0.28	0.33	
总共出行 / 次	0.40	0.53	0.43
人均非私家车出行变化比例			
自 2008 年			
公共交通出行	—	155.2%	96.1%
骑行出行	—	7.8%	−4.4%[③]
步行出行	—	17.3%	
总共出行	—	32.8%	8.1%
自 2008 年规划			
公共交通出行	—	30.1%	—
骑行出行	—	20.8%	—
步行出行	—		—
总共出行	—	22.9%	—

① 根据区域出行需求模型，按模式估计工作日的个人出行。
② SACOG Plan，2008 年。
③ 在 2008 年规划中，商业和外部出行被合并。
来源：Sacramento Area Council of Governments, 2012

一些 MPO 喜欢使用主观评估或符号来表示评估标准的影响程度，以使相对价值对决策者更有意义。不同方法的有效性取决于决策者的理解水平和评估指标值的相对差异（例如，在步行社区评估类别中，很难确定 2 个行人相对于 3 个行人的相对价值）。

读者可以参考有关评估的第 7 章，以获取可用于规划过程中该阶段的方法和工具的更多详细信息。此外，对情景规划感兴趣的读者可以参考相关文献（DVRPC，2003；FHWA，2011；Oregon DOT，2013；Montana DOT，2015）。

16.4.9　确定项目和计划的优先级

交通规划过程中可以确定最具成本效益的战略或项目。在许多规划研究中，一般会交给出资机构或 MPO 决策委员会来决定是否为建议的行动提供资金。如前所述，在美国，LRTP 还必须包括一项财政规划，该规划从长远角度考虑了在规划的时间范围内如何根据需求为交通投资提供资金。其中必须确定资金来源，包括公路维护和运营、公共交通和所有其他交通投资的资金来源；也需要包括来自所有可用来源的预期收入，例如联邦、州、地方政府和其他资金来源。该规划将预期收入与交通策略的成本进行比较，以确定是否有足够的资金来支付拟议的投资。

因此，确定资金可行性取决于是否拥有良好的成本估算。成本估算包括与初步工程、交通用地权、建设、运营、维护和环境影响缓解相关的成本。与项目相关的成本估算最初在 LRTP 中出现时，很可能会随着项目从概念到实施的变化而发生变化（有关成本估算的更多讨论，请参见第 5 章以及第 7 章）。

对于 MPO 而言，预测长期规划的未来收入来源是一项艰巨的挑战。例如，MPO 必须对收入进行 20～25 年的预测，远远超出了联邦资金 5～6 年的法定授权期限。目前，解决这一难题的方法是根据该地区的历史趋势推测联邦资金，尽管联邦资金的类别和项目资格也会随着时间而变化，这是众所周知的。几乎所有联邦交通资金都来自 FHWA 或 FTA，资金是通过一定准则或自由指定用途分配的。公路类别的资金是联邦交通资金计划的核心。每种资助类别都有特定的资格要求，尽管联邦资助的趋势是允许将资金从一种类别灵活应用于另一种类别。在实际操作时，政府常常利用这种相对灵活的选择将公路的资金用于公共交通。

州交通收入也必须包括在预测中。因此，了解州预算程序、增加税收的可能性、导致汽车燃油税收增加或减少的可能因素、使用金融债券（以及偿还债务）、道路收费的可行性是非常重要的。

地方政府的收入预测通常最容易遇到问题。在 LRTP 的时间范围内，地方政府可以通过地方选择性销售税、财产税或其他税收、影响费来补充其收入。由于大多数收入来源都取决于选民的同意，因此很难确切地确定未来几年中此类资金的可用性（有关收入预测的更多讨论，请参见第 5 章）。

TIP 的财政规划比 LRTP 的更为严格。州交通部和公共交通机构必须向 MPO 提供预期收入，以支撑项目过程。在空气质量未达标地区，无论资金来源如何，都必须将所有具有地区重要意义的项目包括在 TIP 中。TIP 必须按年份进行财政限制。在这种限制下，只有能够证明收入来源的项目才能进行。此外，在空气质量未达标区域和维护区域，在 TIP/STIP 前两年中的项目必须有资金或者资金承诺。除了预测来自联邦、州和地方政府的收入，MPO 还必须考虑项目发起人提议的任何公共/私人形式的合作或其他来自项目资助者的创新资金。

一旦明确可用的收入和预期的项目成本，规划流程必须确定哪些项目应获得优先权并在 TIP 中进行编制。通常有价值的项目比可用的资金更多，这对于将交通项目从长期规划移到 TIP 中无疑是正确的。因此，必须建立一些确定优先次序的方法。TIP 的最基本目的是展示将在未来 4～5 年获得资助的项目、策略和投资。这是公众最常要求的一份文件，因为它反映了该地区最优先的交通措施。

TIP 必须至少每 4 年更新一次。尽管随着优先级的变化，许多都市区会以更高的频率更新 TIP。每个 MPO 都必须有一个针对 TIP 的修订程序，该程序必须写明在该地区的公众参与规划中。由于工程设计的变化以及优先级和成本的变化，经常会对 TIP 进行修订。一些修改需要 MPO 工作人员进行大量的工作。例如，在空气质量未达标区域，改变道路通行能力的修正案需要对空气质量进行新的合格判定。

想要成功地追踪资金的使用，必须在规划伙伴（例如地方政府、州交通部和公共交通运营商）之间进行良好的信息共享。MPO 应采取政策重新规划未及时使用的资金。旧金山有一项"资金及时性"政策，密苏里州圣路易斯市的 MPO 有一项"合理进展"政策。两种策略本质上都是"使用或放弃"策略。高速公路项目的延误可能会为推进公共交通项目提供机会，而同时不会损失分配给都市区的联邦资金。

提高项目的优先级并将其从长期规划转移到 TIP 中通常是制定 TIP 中最困难也是最有争议的部分。项目建议可以通过多种方式制定。项目筛选应基于其能够帮助该地区目的、目标和政策实现的程度。因此，MPO 通常使用评分系统来确定应将哪些项目纳入 TIP 中。以下是一些示例：

西雅图普吉特海湾地区委员会（Puget Sound Regional Council，PSRC）。表 16-9 展示了西雅图普吉特海湾地区委员会（PSRC）进行此类评分的示例。MPO 管理委员会批准了对该优先级评判标准的测试，以评估该流程的有效性和理解水平。标准包括：

- 空气质量：空气质量对健康、环境和气候的影响以及向更清洁燃料的潜在转变。
- 货运：项目为交通系统的货运用户提供好处的程度（出行时间和可靠性），以及减少与其他出行方式的冲突，改善对货运相关区域的通达性，改善与货运相关的关键设施。
- 工作：项目对于现有和新商业的支撑，以及创造工作机会的程度。
- 多模式交通：在哪些项目中可以提供独自驾车的替代方案，同时也考虑了项目在何种程度上激励或促进个人使用这些替代方案。
- 普吉特海湾的土地与水：与土地和水有关的环境问题，包括雨水、水文功能、关键区域和栖息地以及项目的施工方法和材料。
- 安全性和系统安全性：项目对于提供更安全的旅行、可能减少的死亡人数或严重伤害、提高系统安全性方面的程度。
- 社会公平和机会可达性：项目在多大程度上改善了机动性，减少了对少数族裔、低收入、老年人、青年、残疾人和无车人口的负面影响，以及这些项目是否增加了机会的可达性。
- 对城市中心的支持：项目对城市中心现有和新的人口以及就业的支持程度。此外，该评判标准还涉及项目在多大程度上支持了以公共交通为导向的开发、城市中心房屋的开发、进出中心 / 在中心内的可达性、与项目所在地社区的兼容性。
- 出行：项目减少拥堵和延误以及改善流动性的程度（PSRC，2014）。

有趣的是，在优先级排序方法的最终版本中，数字分数和饼状符号（完整，3/4、1/2、1/4 和空）均用于表达项目的相对价值。

表 16-9　PSRC 规划项目中货运部分评分示例

目的：系统性能对于货运的好处。通过提高货运司机（所有货运模式）的出行时间、可靠性和效率，项目对于货车相关系统用户的好处如何？项目减少冲突的效果如何？			
分数	3		项目改善了由华盛顿州 DOT 的"货车绩效评判"项目或其他机构规划确定的货运瓶颈设施
	1		项目减少了不同货运方式（货车和铁路）之间的冲突，例如，坡度分离或桥梁孔径
	1		项目可以减少货运与客运方式之间的冲突，例如，通过隔离的行人天桥或隔离的骑行设施等方式来实现
目的：进入货运相关区域。项目对制造和工业中心（Manufacturing and Industrial Centers，MIC）及其他货运相关区域的规划发展的支持程度如何？			
分数	选择 1	2	该项目改善了一个或多个 MIC 内（或 MIC 与区域增长中心之间）的通道
		1	MIC 项目改善了一个 MIC 内或连通一个 MIC 的通道
	1		该项目改善了进入区域货运战略中所确定的货运发生源区域的通道
目的：改善主要货运设施。项目对指定的货运和货物运输系统路线的服务效果如何？			
	2		项目位于指定的 T-1 或 T-2 路线上
总计	10（最大）		

来源：PSRC，2014

伯克希尔区域规划委员会（Berkshire Regional Planning Commission，BRPC）。BRPC 采用了一种类似于 PSRC 的方法，但是格式要简单得多。每个项目在以下每个标准中的得分为 1 分，总共最高为 3 分。获得 3 分的项目在计划过程中会获得最高优先级。3 个条件是：
- 区域连通性：达到此要求的项目将构成一条交通连接线，在相似长度的情况下没有其他替代路线。通常，这些路线在国家功能分类系统中被分类为主干路。
- 工业和商业通道：交通投资必须促进货物运输，这一点很重要。达到此要求的项目将改善繁忙的货车路线并提升重要的就业中心可达性。国家公路系统（National Highway System，NHS）沿线上的项目会自动达到此要求。
- 安全性：根据报告的事故转换为等效的财产损失计算，该区域内最危险的 5% 的交叉路口会符合公路安全改善计划（Highway Safety Improvement Program，HSIP）的资金要求。达到此要求的项目需要至少包含一个符合 HSIP 要求的路口。得分相同的项目并未按特定优先级列出（BRPC，2011）。

休斯顿-加尔维斯顿地区委员会（Houston-Galveston Area Council，H-GAC）。H-GAC 使用主观和定量评分标准（包括收益 / 成本分析）对 TIP 中正在考虑的项目进行排名（H-GAC，2014）。表 16-10 展示了其评判标准和测算方式，对于哪些是如今现实中使用的得分点类型，该列表提供一个很好的例子。

图 16-7 所示为系统目标、措施、结果，以及资本项目中部分项目类型之间的关系。该图片来自加拿大艾伯

塔省埃德蒙顿市，该省实施了一条轻轨线，该线路直接与该地区转变交通分担方式以及改变埃德蒙顿的城市形态的目标有关。

表 16-10　休斯顿 - 加尔维斯顿地区委员会评分法

道路 / 机动性（非 ITS）项目 - 规划因素		
规划因素 50%，收益 / 成本 50%		
区域影响	40 分	· 20 分—NHS/ 主干道或 · 10 分—指定的疏散路线 + · 10 分—指定的重型货车路线 · 10 分—固定路线公共交通通道或在固定路线服务之外被其他公共交通服务使用的区域
设计 / 通道机动性	40 分	· 20 分—包括中央分隔带和创新性的交叉口的建设（例如环岛、菱形交叉口、单点交叉口等）或其他重要的安全 / 通道管理技术 · 10 分—项目包括一个达到或超过美国州公路和交通官员协会（American Association of State Highway and Transportation Officials, AASHTO）标准的步行 / 骑行容纳设施 · 10 分—项目包括一个重要的 ITS 或其他集成技术组件，以提高设施效率和可靠性
社区	20 分	· 10 分—项目是区域或地方规划 / 研究中的建议 · 10 分—项目提供了已被采纳的道路交通规划中确定的所需连接度或容量
收益 / 成本方法—道路 / 机动性（非 ITS）		
		B/C 方法
项目类型：道路—增加容量 数据：2025 年和 2040 年网络效应（车辆行驶小时数和行驶速度）以及预计的设施容量 来源：H-GAC 2040 年区域出行需求模型		· 2025—2045 年，或者直到设施达到满负荷力，车辆出行时间（Vehicle Hours of Travel, VHT）节省的费用都在增长 · 2025—2045 年的 VHT 收益已货币化并折现至 2015 年
项目类型：道路—TSM（交叉口改进，道路坡度分离）；道路—连通管理 数据：2025 年和 2040 年预计的设施容量和行驶速度 来源：H-GAC 2040 年区域出行需求模型		· 使用 TTI 的延迟查找表来计算 VHT 的节省 · 2025—2045 年，或者直到设施达到满负荷，VHT 节省的费用都在增长 · 2025—2045 年的 VHT 收益已货币化并折现至 2015 年
项目类型：道路—TSM（辅助车道） 数据：①预计容量增长；② 2025 年和 2040 年预计的设施容量和出行速度 来源：①佛罗里达 DOT；② H-GAC 2040 年区域出行需求模型		· 2025—2045 年，或者直到设施达到满负荷，VHT 节省的费用都在增长 · 2025—2045 年的 VHT 收益已货币化并折现至 2015 年
项目类型：道路—TSM（铁路等级分离） 数据：①观察到的铁路交叉口延误；② 2025 年和 2040 年预计的设施容量和旅行速度 来源：①赞助；② H-GAC		· 根据观察到的交通量和预计的 2025 年设施数量，观察到的延误（VHT）将持续增长到 2025 年 · 2025—2045 年，或者直到设施达到满负荷，VHT 节省的费用都在增长 · 2025—2045 年的 VHT 收益已货币化并折现至 2015 年
项目类型：货运铁路 数据：估计的平交道口延迟减少 来源：赞助者		· 2025—2045 年的 VHT 收益已货币化并折现至 2015 年

(续)

收益/成本方法—道路/机动性（非ITS）			
安全项目			·减少碰撞成本
项目类型：安全 数据：①交叉路口/设施的碰撞统计数据；②2025年和2040年预计的设施容量和旅行速度 来源：①碰撞记录信息系统（CRIS）或其他类似的来源；② H-GAC 2040年			·预计因项目设计而降低的碰撞率 ·使用模型量预测2025—2045年事故的减少量，收益货币化并折现至2015年
资产管理/运营（州或者良好维修的项目），运营/生命周期成本节约			
项目类型：安全 数据：不同来源 来源：赞助者			·20年的运营和维护（生命周期）成本分析 ·收益货币化并折现至2015年
ITS/运营项目 - 规划因素，回答是或否			
拥堵/安全			
最高30分	5		事件管理 ·该系统将成为事件管理系统的一个组成部分吗
	5		·该系统是用于国家公路系统还是用于H-GAC的拥堵缓解过程（CMP）网络的其他组件
	5		·系统会向设施使用者提供潜在问题的通知吗（例如动态消息标志和移动设备警报等）
	5		·系统会优先使用紧急车辆吗
	5		·系统会优先考虑公共交通或多乘员车辆吗
	5		·系统是否利用设施的动态管理来提高出行时间的可靠性（例如，匝道流量控制、可变速度限制、可变价格等）
协调			
最高40分	10		系统迁移/扩展性 ·系统可以扩展区域通信网络吗
	5		·该系统是否会使用无法与该地区其他系统集成的专有系统
	15	5	集成与信息共享 ·系统会与一个集中的操作中心绑定吗
		10	·该系统是否与另一个机构的系统绑定以允许数据共享
		15	·在一个主要机构失去系统控制的情况下，该系统是否允许另一个机构进行潜在的控制
	5		·系统是否会收集并提供旅客可用的信息数据
	5		·系统是否允许收集数据以解决绩效衡量
资产管理/高效的运行			
最高30分	10		运行连续性 ·在出现中断时，系统是否会加强运作的连续性
	5		·系统是否允许部门之间的冗余
	5		系统生命周期/维护问题 ·安装系统的预期寿命是否长达5年及以上
	10		·是否制定了一个有资金支持的运营和例行维护的项目（请提供财务计划工作表中所述的5年预算）
	5		·该项目是否提高了运营/维护费用的效率（例如，实时系统运行状况/设备状况，故障检测/诊断等）
公共交通 - 规划因素，回答是或否			
规划因素50%，收益/成本50%			

第16章 都市交通规划 · 639

(续)

			收益/成本方法—道路/机动性（非ITS）
服务中的协调/间隔	30分	15	**与其他方式的连接性** · 10分—提供与其他公共交通服务的连接（固定路线/通勤/铁路/需求响应等） · 5分—提供步行和骑行容纳设施
		10	与参与/受影响者的协调（协议/沟通）文件： · 5分—当地政府（县/市） · 5分—公共交通提供者
		5	· 项目服务区域协调交通规划（Ride The GulfCoast.com）或其他本地制定的规划中确定的未满足的需求
客流量规划	20分		· 显示预期客流量和潜在增长的文件。以支持数据为依据，给定客流服务类型和服务区域的合理可行的客流量
经济发展	最高20分	10	以公共交通为导向的开发（TOD）： · 10分—该项目是联合开发的固有部分 · 5分—该项目展示了邻近公共交通支持性发展的潜力
		10	**增加机会的获得性** · 5分—项目位于满足每公顷最低建议活动密度阈值的区域（根据中心类型对人口和就业密度分析进行确定） · 5分—项目提供了获得工作的机会，以及未满足或需要增加需求的途径
安全、安保和运营	最高15分	5	· 项目规划详细说明了将采取的安全措施，以提供安全的服务和连接
		5	· 项目规划详细说明了将在设施或设备上采用的安全和安保措施
		5	· 使用智能交通系统和其他运营/服务增强技术
良好维修状态	最高15分	5	· 更换/修理/维护的公共汽车或设施要达到FTA规定的使用寿命极限或制造商建议的预防性维护规划或现有维护规划
		5	· 项目满足FTA良好维修状态要求的维护需求
		5	· 项目解决容量扩增的需求
收益/成本方法 - 公共交通项目			
			B/C方法
项目类型：公共交通 数据：各种与项目相关的数据（P+R空间、客流量等） 来源：赞助者			· 通过方式选择模型或其他适当方法，预测减少的行驶里程 · 计算分析期内单位车辆出行里程减少的年化成本
步行和骑行项目 - 规划因素，回答是或否			
规划因素75%，收益/成本25%			
连通性 经济发展	最高55分	15	**消除障碍** 建议设施： · 提供跨越高速公路、铁路和水路等障碍的安全便捷的路线 · 填补现有骑行网络的空白，即与区域骑行车道概念图上相符的区域骑行网络
		15	**步行/骑行设施连接** · 拟建的设施直接连接现有的步行和骑行设施
		15	**公共交通接驳规划** 拟建设施将被奖励： · 直接连接到一个公共交通枢纽，得15分 · 距离公共交通枢纽0.25英里（0.4公里）以内，得10分 · 距离公共交通枢纽0.26~0.5英里（0.4~0.8公里）以内，得5分 · 项目赞助人表现出未来与公共交通系统接驳的潜力，得3分
		10	**与地区目的地的联系** 拟建设施将被奖励： · 与活动中心有联系或在活动中心内，得10分 · 位于活动中心之外，但直接连接到一个或多个兴趣点，得7分
试点项目		5	· 如果拟建设施是试点设施或首次设施，将加5分（辖区内不存在其他此类设施）

（续）

			收益/成本方法—道路/机动性（非ITS）
安全	最高15分	15	拟建设施： ·沿主要通道提供步行和骑行设施，并通过屏障将其与车辆分开，或者在与主要通道平行的低流量、低速车道上提供骑行专用设施（在0.5英里内） ·提供新的或改进的与学校连接的步行和骑行设施 ·在交叉路口、两个路口之间的行人过街处，或在过去5年内，步行/骑行与汽车之间发生2次或更多碰撞的位置，为行人和骑行者提供特殊的专用空间 ·改进不符合当前ADA标准的现有步行和骑行设施 项目将被奖励： ·满足上述3个或3个以上特征，得15分 ·满足2个特征，得10分 ·满足1个特征，得5分
现有规划/研究	最高5分		·建议的设施是在H-GAC特别地区研究、H-GAC宜居中心研究或类似的多辖区或地方规划或研究中所确定的
资金杠杆	最高5分		拟建的设施筹集了额外的资金： ·赞助者已承诺提供超过20%的本地匹配率 ·赞助者通过合作关系达到或超过20%的资金匹配率

步行和骑行项目 - 规划因素，回答是或否

规划因素75%，收益/成本25%

服务不足人群的连通性	最高10分	如果提议的设施的全部或部分位于人口普查区域内，那么以下人口的比例要高于区域平均水平： ·少数民族 ·低收入家庭 ·老年人口（65岁以上） ·受教育程度有限 ·零汽车保有量 ·女户主 ·英语水平有限 项目将获得： ·有一项指标高于地区平均水平，得3分 ·有两项指标高于地区平均水平，得7分 ·有三项或以上高于地区平均水平，得10分

来源：HGAC，2014

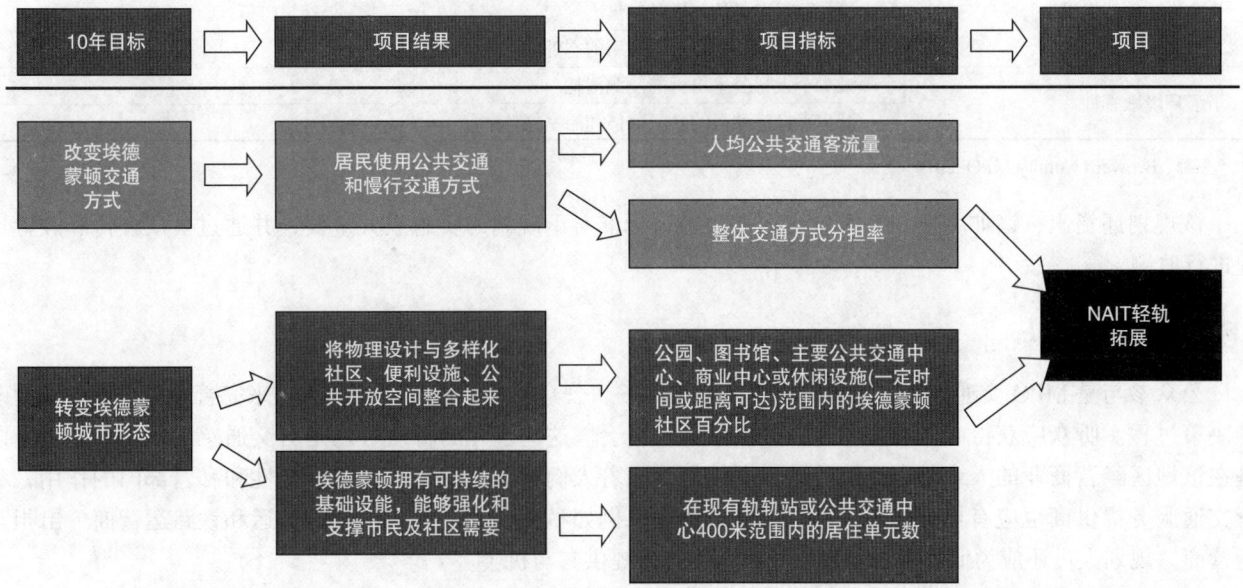

图16-7 资本项目与目标、措施和结果的联系（加拿大艾伯塔省埃德蒙顿市）

来源：City of Edmonton, 2012

第7章提供了确定项目优先级方法的更多示例。此外,有关交通财政与资金的第5章,有关州域交通规划的第15章和有关交通通道规划的第17章也介绍了有关项目优先级的内容。

16.5 监测体系和项目效能

交通规划过程中的这一步骤为下一轮交通规划的早期阶段提供了反馈循环。绩效评估和其他连续评估区域交通系统的绩效和状况的方法构成了基于绩效规划的核心。在美国,基于绩效的规划现已成为交通规划的主要模式。

布劳沃德县(佛罗里达州)最新的长期交通规划已经确定了许多评判标准,这些标准将用于监测规划目标的完成进度。表16-11展示了该监测策略。

表 16-11　佛罗里达州布劳沃德县用于监测规划进展的指标

移动人员	
维护基础设施	·现有及拟提出的设施/服务的所有运营及维修费用,均由现有或合理预期的收入来源提供
达到服务水平标准	·按运作模式、达到或超过服务水平(Level of Service, LOS)标准来增加设备所占比例
提高系统所有用户的可访问性	·增加小汽车出行30分钟内可到达的岗位数量 ·减少人行道和骑行车道网络的空隙
缩短项目交付	·减少需要交通用地权的项目数量
公共交通客流量最大化	·提高公共交通出行比例
创造就业	
减少到经济中心的出行时间	·减少到中央商务区、港口和区域购物中心的平均出行时间
促进新发展	·增加连通再发展地区的公共交通服务
尽量减少出行成本	·减少所有出行者花费的时间和金钱
最大化私人投资	·减少公共开支的净成本 ·增加社区/公共参与
强化社区	
确保收益和成本平衡	·增加可行的交通选择数量 ·增加小汽车出行30分钟内可到达的岗位数量
减少事故、伤害和死亡量	·减少所有交通方式中与交通有关的事故、伤害和死亡的数量
促进重建	·增加公私合作项目的数量,其中大多数居民的收入比收入中值低50% ·增加小汽车出行30分钟内可到达的岗位数量
确保项目考虑到美学上的改进	·增加解决美学问题的项目数量
为非机动出行提供选择	·增加人行道公里数 ·增加骑行车道的公里数 ·减少人行道和骑行车道网络的空隙
增强环境敏感性	·减少个人每公里出行的能源消耗 ·减少来自机动车的臭氧前体和温室气体

来源:Broward County MPO, 2014

该规划还指出,诸如美学和生活质量之类的主观标准对于规划的实施至关重要,并通过公众宣传和教育过程进行监测。

16.6 公众参与

公众参与是MPO交通规划过程中最重要的元素之一。公众参与通过吸纳社区需求来完善规划过程,从而改善决策过程。听众应获得向区域规划过程提供意见的机会。这些多元的听众可以是对交通感兴趣的人,也可以是在该地区经营商业的人或是有组织的游说团体等。随着人们日益意识到货运的重要性和私营部门的作用,私营交通服务提供商也应有机会参与到区域规划过程中,例如私营公共交通提供商、货运和铁路运营商、出租车运营商。规划人员还应为低收入、少数族裔和老年人口提供参与机会。

TEA-21呼吁MPO制定明确文件形式的公众参与程序。该文件旨在说明公众将如何参与到交通问题和规划过程中。该文件还应包括有关公众对 TIP 或长期规划的变更或修正进行审查的信息。SAFETEA-LU 和 MAP-21 通过要求 MPO 制定和使用公众参与规划，以强调公众参与。该规划必须为感兴趣的各方提供合理的机会，以对 LRTP 和 TIP 的内容发表意见。参与规划必须与各有关方协商后制定。MPO 制定的所有关键文件都应该提供给视障人士，以及提供该地区常用语言的版本。

第 24 章详细介绍了可用于区域交通规划的多种公众参与策略和工具。

16.7 都市交通规划的一些专题

交通规划是一个动态的过程，既要响应都市区域不断变化的情况，又要解决被添加到区域议程中的新问题。尽管一些新问题源于联邦和州的政策，但其他一些新问题由于都市区及其本地社区所面临的挑战而变得重要。例如，图 16-8 来自华盛顿州西雅图的普吉特海湾地区委员会的网站，它展示了大型 MPO 所面临的典型规划研究和问题。更详细的列表来自加利福尼亚圣地亚哥的 SANDAG。以下研究显示了大型 MPO 可能涉及的一系列主题。

图 16-8　大型 MPO 所面临的典型规划研究和问题
来源：Puget Sound Regional Council, http://www.psrc.org/transportation

- 11 号州际公路和奥泰梅萨东入境口岸（State Route 11 and Otay Mesa East Port of Entry）——改善美国和墨西哥之间的人员、货物和服务的高效流动。
- 到 2050 年，圣地亚哥区域骑行规划（Riding to 2050, the San Diego Regional Bike Plan）——建立地区骑行道通网络并提出规划，以推动骑行成为一种实用的交通方式。
- 2050 年区域交通规划（2050 Regional Transportation Plan）——为 2050 年该地区交通系统的发展提供平衡的愿景。

- 圣地亚哥前进：区域规划（San Diego Forward：The Regional Plan）——为圣地亚哥地区提供一个愿景，并制定实施项目以使愿景成为现实。
- Chula Vista 轻轨通道改善（Chula Vista Light-Rail Corridor Improvements）——帕洛玛尔街立交研究：检查沿轻轨线的立交项目。
- 2014 年区域交通改善计划（2014 Regional Transportation Improvement Program）——提供 4 年中将要建设或实施的项目清单。
- 区域完整街道政策（Regional Complete Streets Policy）——在 SANDAG 制定的所有交通项目中，力图解决所有人的需求，无论其出行方式如何。
- I-15 综合通道管理（I-15 Integrated Corridor Management）——促进将单个交通系统作为统一的通道网络进行运营和管理。
- 圣伊西德罗多式联运中心研究（San Ysidro Intermodal Transportation Center Study）——为圣伊西德罗入境口岸附近的世界级交通中心确定多方式理念。
- 驾驶员电话亭救助项目（Call Box Motorist Aid Program）——一项免费的驾驶员救助服务，该服务旨在帮助在高速公路上遇到车辆问题的出行者。
- 边境健康公平交通研究：圣伊西德罗社区的案例研究（Border Health Equity Transportation Study：A Case Study of the San Ysidro Community）——研究圣伊西德罗的流动性挑战，特别是公共卫生。
- 智慧发展的出行生成和停车研究（Smart Growth Trip Generation and Parking Study）——确定与智慧发展开发相关的出行生成率和停车需求。
- 与工作有关的出行调查（Work-Related Travel Survey）——为确定交通基础设施项目及其优先级提供信息输入。
- I-5 南部多式通道研究（I-5 South Multimodal Corridor Study）——分析 SR 54 和 Chula Vista 之间沿 I-5 的多模式改进的概念替代方案。
- 通勤状况（State of the Commute）——跟踪整个圣地亚哥地区的交通发展。
- 智能交通系统（Intelligent Transportation Systems）——管理本地和区域交通系统的性能。
- 交通增强活动计划（Transportation Enhancement Activities Program）——支持区域综合规划中所述的智慧发展。

以下特殊主题概述了许多 MPO 在未来几年内将持续面临的问题。实际上，许多 MPO 多年来一直在处理这些问题。

16.7.1 拥堵管理过程（CMP）

拥堵管理过程（CMP），以前称为拥堵管理系统（CMS），最初是在 ISTEA 下引入的，并且是 7 个管理系统中唯一一个在后来的立法中确定的必选项。TMA 被要求制定 CMP，"通过使用出行需求抑制和运营管理策略，为新的和现有的交通设施提供有效管理"（FHWA，2014）。CMP 为决策者提供了有关拥堵的重要信息，从而更加关注提高公路网的整体效率。CMP 的一个重要作用是，它要求定期监测和评估减少拥堵的策略。

由于 CMP 是长期规划和 TIP 制定的基础，因此 CMP 必须在整个地区实施，并与 MPO 的规划伙伴共同制定。在空气质量不达标的地区，对于任何会导致独自驾车交通量显著增加的高速公路项目，除非该项目通过拥堵管理过程解决拥堵问题，否则可能无法获得联邦资金支持。

有关 CMP 的更多信息，请参见第 10 章"交通系统管理和运营"。

16.7.2 安保

在 2001 年 9 月 11 日的恐怖袭击之后，人们更加重视都市交通系统的安保规划。由于 MPO 可以召集各种机构，因此它可以成为区域安保规划中的关键组织，尽管安保组织显然会承担领导作用。此外，安保是 MPO 在制定规划和项目时必须考虑的规划因素。

与交通有关的安保策略的基本要素包括：
- 预防：可能包括设施设计、安保、监视和感应技术。
- 响应/缓解：应急车辆的有效路线选择和大量人员的疏散是此要素的一部分。
- 监视：公共信息在此元素中变得至关重要。
- 恢复：交通系统必须尽快恢复到正常运行水平。
- 调查：该要素主要是警察活动。
- 机构学习：事件发生后进行评估，使所有各方都能获得反馈并采取措施来防止新的威胁（Meyer，2006）。

尽管全国各地 MPO 的结构各不相同，但 MPO 作为区域决策制定者的角色使之成为参与安保规划的有力选择。MPO 在整个系统运行和维护中扮演的角色与安保规划相同。MPO 可以扮演 5 种明确的角色作用：
- 传统角色：安全项目的主要责任在于该地区的运营和安全机构。
- 召集人：MPO 充当讨论和协调安全规划的论坛。
- 拥护者：MPO 积极争取在安全规划方面达成地区共识。
- 开发人员：MPO 制定区域安全规划。
- 操作员：MPO 负责实施安全策略。

由于安保规划的性质以及涉及执法和保护的机构，将安保视为交通规划过程的一部分更多是一个协作的过程，不仅涉及交通系统的所有者和运营者，还涉及以保护国家基础设施为主要作用的机构。

16.7.3 安全

MPO 应通过提供安全合作伙伴参与的论坛，并在其所有规划活动中增加对安全的关注，从而将安全纳入长期交通规划过程中。这可以增强交通规划人员和安全从业人员之间关于规划过程的交流和理解，并提供将安全纳入长期规划的机会。长期规划应考虑交通系统中所有用户的安全，包括行人、骑行者、机动车驾驶人、公共交通使用者和重型车辆驾驶人。

MPO 将安全性作为对 TIP 项目进行优先级排序的标准之一。以下为一些示例：
- 田纳西州纳什维尔市都市区规划组织在安全问题上分配了 100 中的 10 分。
- 西雅图的皮吉特海湾地区委员会在总共可能的 90 分中为安全影响分配了 10 分。
- 波士顿 MPO 为安全注意事项分配了 154 分中的 29 分（19%）。
- 中部地区都市规划组织，即新墨西哥州阿尔伯克基市的 MPO，将 65 分中的 7 分（11%）分配给安全。
- 丹佛地区政府委员会（DRCOG）分配安全的分数因项目类型而异。例如，对于道路通行能力和运营改善项目，将 100 分中的 7 分分配给安全效益；步行和骑行项目的安全效益可获得 100 分中的 12 分。
- 双州区域委员会，即伊利诺伊州和爱荷华州四市都市区的 MPO，为公路项目中的安全分配项目分数的 20%。评分基于项目过去的车辆历史记录、车祸的严重性和车祸率给出。

MPO 越来越多地将安全规划添加到其核心任务工作计划中。一个例子是堪萨斯城的美中部区域委员会（Mid-America Regional Council，MARC）。MARC 是"目的地：安全联盟"的一部分，"安全联盟"是堪萨斯州高速公路巡逻队、密苏里州高速公路巡逻队、州交通部等地方机构与众多其他安全倡导者之间的合作伙伴关系。该联盟为建立该地区的安全优先事项以及协调实施活动提供了框架。有关安全规划的更多详细信息，请参见第 23 章。

16.7.4 管理、运营和智能交通系统（ITS）

交通管理和运营（Management and Operations，M&O）是指一种整体项目，通过实施多方式的、多式联运的、跨辖区的系统、服务和项目以优化现有的（或计划的）基础设施性能，而这些系统、服务和项目的设计初衷是维持容量并提高安全性和可靠性。联邦法律要求都市区的交通规划提供"运营和管理的策略，以改善现有交通设施的性能，以缓解车辆拥堵并最大限度地提高人员和货物的安全性和机动性"。

通过使用 ITS、GIS 和 GPS 等技术，可以在辖区和机构之间进行协调与协作。最重要的是，区域合作与协调意味着交通和公共安全机构中以运营为导向的规划人员，与 MPO 规划人员一起制定区域运营政策和规划。数据共享、资金和资源共享、区域 ITS 架构的开发是运营专业人员可以与城市规划人员合作的一些关键方式。

区域 M&O 项目的一些示例包括施工区管理规划、区域事件管理计划、特殊事件管理、区域信号协调、HOV 车道开发、应急响应和安全规划、区域交通管理中心的开发。例如，堪萨斯城的 MARC 建立了"绿灯行动"，这是一项旨在改善交通流量和减少车辆排放的区域性工作。该 M&O 项目协调州 DOT 和 17 个地区城市之间的交通信号灯配时计划。这项工作需要新的通信设备和软件，以便交通信号灯可以相互通信并与中央运营中心通信。最终，信号配时的改进将改善该地区关键通道的交通流量，并有助于减少有害空气排放。有关交通系统管理和运营的更多讨论，请参见第 10 章。

联邦法律还要求都市地区构建区域 ITS 体系架构，该框架概述了如何在整个区域统一地应用信息处理、通信技术和高级控制策略，以改善交通系统的性能。许多 MPO 承担了准备这些规划的主要责任。任何需要联邦资助的 ITS 项目都必须与此区域架构保持一致。ITS 架构应包括一个解释参与机构的角色和职责的运营概念。它还应包括运营所需的协议。该地区的 TIP 资助的任何 ITS 项目都必须成为区域 ITS 架构中的一部分。因此，城市规划人员必须了解关键的 ITS 战略，并与地方政府合作以规划和计划最具成本效益的项目。

圣地亚哥展示了可以包含在区域 M&O 战略中的战略和行动的类型。SANDAG"智慧发展工具箱"包括以下策略（SANDAG，2013）：

系统开发措施
- 通过提高公共交通和铁路服务的便利性和速度来改善当前系统。
- 实施新的公共交通服务，以改善更多地区的公共交通状况，并提供旨在吸引新公共交通用户的新服务类型。
- 改善公共交通用户的体验，使公共交通出行变得更加容易、安全、愉快。
- 通过增加骑行和步行设施以及自行车储物柜，并实施地区骑行规划，以继续发展和加强慢行交通。
- 持续发展和加强通往学校的安全路线的规划和策略。

交通系统管理（TSM）措施
- 追求多方式集成和基于绩效的管理，包括绩效监控和实时建模/仿真。
- 增强出行者信息能力。
- 改善高速公路和干道管理。
- 改善公共交通服务管理——公共汽车和轻轨，包括区域调度系统（Regional Scheduling System，RSS）、区域交通管理系统（Regional Transit Management System，RTMS）、主动列车控制（Positive Train Control，PTC）和集中列车控制（Centralized Train Control，CTC）。
- 支持电子支付服务，包括指南针卡（Compass Card）、FasTrak 开放道路收费和智能停车系统。
- 考虑先进的技术，包括无线探测、实时多模式建模和仿真等。

交通需求管理（TDM）措施
- 支持 iCommute——区域 TDM 项目。
- 支持该地区的 TDM 策略——宣传、教育和经济激励措施。
- 鼓励 TDM 项目，包括区域性的合乘、拼车、学校服务（SchoolPool）、远程办公和灵活工作计划、骑行鼓励计划；多方式解决方案，包括第一公里和最后一公里解决方案、指南针卡（Compass Card）集成以及 511 高级出行者信息服务。
- 实施通道规划的新方法和考虑施工影响缓解措施。
- 利用绩效监控。

有关交通系统管理和运营，请参阅第 10 章。

16.7.5 货运流动性

交通规划一直都集中在客运上，很少关注货运和货物移动。从 20 世纪 90 年代初期开始，随着人们越来越关注将货运纳入联邦交通立法，许多 MPO 开始开展货运规划。许多 MPO 在其规划结构中增加了一个货运咨询委员会，并在编制过程中纳入了以货运为导向的优先标准。现在，与货运相关的绩效衡量标准已成为联邦政府以及许多 MPO 要求的系统监控要求的一部分，也包括与货运相关的多项其他衡量标准。考虑到货运和物流对区域经济的重要性，货运规划在未来几年似乎将继续成为交通规划制定者的重要关注点。

有关更多信息，请参见第 22 章中的货运规划。

16.7.6 资产管理

资产管理是用于制定明智的资源分配决策的一组指导原则。资源分配是指用于项目、工程和活动的资金。其必须考虑交通项目的整个生命周期。保存、运营和容量扩展是与资产管理最相关的三种投资类别。

16.7.7 环境公正

以下三个基本原则是环境公正的基础：
1）避免、最小化或减轻对少数族裔和低收入人口严重不利的人类健康和环境影响，包括社会和经济影响。
2）确保所有可能受影响的社区充分公平地参与交通决策过程。
3）防止少数族裔和低收入人群损失福利。

根据 1964 年《民权法案》第六章和许多其他法律、法规和政策，联邦援助的接受者和美国交通部必须证明其不存在歧视性。1997 年，美国交通部发布了专门解决少数族裔和低收入人群环境公正问题的交通部令，以总结和扩展关于环境公正的第 12898 号行政命令的要求。该行政命令适用于 FHWA、FTA 或其他美国 DOT 机构实施、资助或批准的所有政策、项目和其他活动。该命令涵盖的流程和活动包括：

- 政策决定。
- 系统规划。
- 都市区和州域规划。
- 在国家环境政策法案（National Environmental Policy Act，NEPA）要求下的项目开发和环境审查。
- 初步设计。
- 最终设计工程。
- 道路使用权。
- 施工。
- 运营和维护。

MPO 可以帮助地方官员了解《民权法案》第六章和环境公正要求如何改善规划和决策。为了证明符合《民权法案》第六章并解决环境公正问题，MPO 需要：

- 增强分析能力，以确保 LRTP 和 TIP 符合《民权法案》第六章。
- 确定低收入和少数族裔的居住、就业和交通方式，以便能够明确和解决他们的需求，并公平分配交通投资的收益和负担。
- 评估并在必要时改善其公众参与过程，以消除参与障碍并使少数族裔和低收入人群参与交通决策。

有关环境公正的进一步讨论，请参见第 7 章。

16.7.8 出行需求管理

出行需求管理（TDM）是提高交通系统效率的各种策略的总称。TDM 致力于减少独自驾车出行的需求。有关交通服务和情况信息的可获得性已被证明会影响出行需求。信息通过影响人们对如何、何时、何地、是否以及以哪种方式到达目的地的选择来影响出行需求。

管理需求不仅仅是鼓励出行者改变出行方式，使其从独自驾车变为采取拼车、合乘、公共交通工具或其他通勤方式出行，还要为所有出行者（无论他们是否独自驾车）提供关于位置、路线和出行时间的选择。

实时出行者信息系统可以在就业中心使用，以管理需求的关键变化，例如特殊活动、游客活动、事件和紧急情况、学校、购物中心、娱乐场所、医疗设施和天气问题的发生。

有关出行需求管理的更多信息，请参见第14章。

16.8 总结

都市地区已成为国家经济活动的重点，也是社会、政治和政府职能的中心。自1920年以来，这些地区的重要性一直在稳步提高。当时，美国大多数人口首次居住在城市地区。由于认识到需要通过协调和合作的形式提供基础设施，联邦政府，在某些情况下还包括州政府，要求地方政府为支持地区人口增长所需的未来基础设施扩展进行规划。在交通领域，这种影响最为明显。

都市层面的交通规划为该地区的交通投资策略提供了愿景和蓝图。此外，交通规划过程通常包括各种研究和公共宣传活动，其中包括都市地区及其社区面临的一系列交通问题。在当今环境下，地方政府拥有更大的控制权以及对交通服务的资金和提供拥有更大的责任，都市交通规划已成为该地区应对未来挑战战略的一个重要组成部分。都市交通规划过程对于这些地区的成功至关重要。它提供了达成共识和解决冲突的机会。

规划是一个持续的过程。重新考虑优先事项和更新交通规划的原因是没有人能够准确地预测未来。在将近40年的时间里，MPO已经证明自身是一个可以将不同团体聚集在一起的组织，并就都市地区的未来交通系统达成共识。

MPO作为一个机构在接下来的40年中将如何发挥作用？MPO必须持续检测其工作并进行自我改造，以适应该地区不断变化的需求。政治气候在变化，MPO员工也在变化。当国家立法机关建立新的组织或机构时，MPO的规划伙伴也会发生变化。

MPO必须持续成为该地区技术工具和数据的领导者，必须将其视为回答区域交通问题的首选。MPO在分析各种选择时必须保持客观，并根据可靠的技术数据提出建议。MPO是地区领导者，可以指挥许多规划活动。由MPO制定的关键政策将决定对土地使用和经济发展的决策，这些决策将对地区的发展和生活质量产生重大影响。

参考文献

Association of Bay Area Governments (ABAG) and Metropolitan Transportation Commission (MTC). 2013. Plan Bay Area, *Regional Transportation Plan and Sustainable Communities Strategy for the San Francisco Bay Area 2013–2040*. Oakland, CA. Accessed Feb. 23, 2016, from http://files.mtc.ca.gov/pdf/Plan_Bay_Area_FINAL/5-Performance.pdf.

Atlanta Regional Commission. 2015a. *Congestion Management Process: State of the Practice*. Report prepared by RSG, Inc. Atlanta, GA.

_____. 2015b. *The Bylaws of the Atlanta Regional Commission*. Atlanta, GA. Accessed Feb. 23, 2016, from http://www.atlantaregional.com/File%20Library/About%20Us/BYLAWS/ARC_Bylaws_2014.pdf.

_____. 2016. *The Atlanta Region's Plan, Executive Summary*. Accessed March 10, 2016, from http://documents.atlantaregional.com/The-Atlanta-Region-s-Plan/tarp-exec-summary.pdf.

Bend Metropolitan Planning Organization. 2014. *2040 Bend Metropolitan Transportation Plan*. Bend, OR. Accessed Feb. 23, 2016, from http://www.bend.or.us/modules/showdocument.aspx?documentid=18128.

Berkshire Regional Planning Commission (BRPC). 2011. *Regional Transportation Plan*. Pittsfield, MA. Accessed Feb. 23, 2016, from http://berkshireplanning.org/images/uploads/initiatives/Regional_Transportation_Plan_2011.pdf.

Broward County Metropolitan Planning Organization. 2014. *The Long Range Transportation Plan for Broward County, Commitment 2040*. Ft. Lauderdale, FL. Accessed Feb. 23, 2016, from http://www.browardmpo.org/userfiles/files/LRTP-FinalReport-instructions-March2015.pdf.

Capital Region Transportation Planning Agency. 2012. *Regional Mobility Plan*. Tallahassee, FL. Accessed Feb. 23, 2016, from http://www.crtpa.org/rmp.html.

City of Edmonton. 2012. *10-Year Capital Investment Agenda. Transforming Edmonton. Edmonton*, Alberta, Canada. Accessed Feb. 23, 2016, from http://www.edmonton.ca/city_government/documents/PDF/Approved_2012_Capital_Investment_Agenda.pdf.

Delaware Valley Regional Planning Commission (DVRPC). 2003. *Regional Analysis of What-If Transportation Scenarios*. Philadelphia, PA. Accessed Feb. 23, 2016, from http://www.dvrpc.org/reports/03020.pdf.

_____. 2013. *Transportation Investment Scenarios*. Philadelphia, PA. Accessed May 31, 2015 from http://www.dvrpc.org/reports/13004.pdf.

Denver Regional Council of Governments (DRCOG). 2011. *2035 Metro Vision Regional Transportation Plan*. Denver, CO. Accessed Feb. 23, 2016, from https://www.drcog.org/sites/drcog/files/resources/2035%20MVRTP-2010%20Update%20with%20App%202-9_0.pdf.

Federal Highway Administration (FHWA). 1999. Federal-Aid Policy Guide, Subchapter E – Planning and Research, Part 450 – Planning Assistance and Standards, Subpart C – Metropolitan Transportation Planning and Programming. Washington, D.C. April 8. Accessed Feb. 23, 2016, from http://www.fhwa.dot.gov/legsregs/directives/fapg/Cfr450c.htm.

_____. 2011. *FHWA Scenario Planning Handbook*. Washington D.C. Accessed Feb. 23, 2016, from http://www.fhwa.dot.gov/planning/scenario_and_visualization/scenario_planning/scenario_planning_guidebook/guidebook.pdf.

_____. 2014. Congestion Management Process, Website. Accessed Feb. 28, 2016, from http://www.fhwa.dot.gov/planning/congestion_management_process.

_____. and Federal Transit Administration (FTA). 2007. *The Transportation Planning Process: Key Issues A Briefing Book for Transportation Decision-makers, Officials, and Staff*. Report FHWA-HEP-07-039. Washington D.C. Accessed Feb. 23, 2016, from http://www.planning.dot.gov/documents/briefingbook/bbook.htm.

_____. 2015. Environmental Justice, Website. Washington, DC. Accessed Feb. 22, 2016, from, http://www.fhwa.dot.gov/environment/environmental_justice.

Houston-Galveston Area Council. 2014. *2015 TIP Call For Projects, Project Evaluation Criteria and Methodology*. Houston, TX. Accessed Feb. 26, 2016, from http://www.h-gac.com/taq/tip/2015-tip-call-for-projects.aspx.

Kirby, R. 2013. *Transportation Planning Board Aspirational Scenario*. Presentation to the Transportation Planning Board April 17. Washington D.C. Accessed Feb. 22, 2016, from http://www.mwcog.org/uploads/committee-documents/kV1bW1xe20130411142653.pdf.

Lane, J. S. and N. Waldheim. 2011. *Transportation Improvement Program Revision Process*. NCHRP Synthesis 419. Washington DC: Transportation Research Board. Accessed March 2, 2016, from http://onlinepubs.trb.org/onlinepubs/nchrp/nchrp_syn_419.pdf.

Madison MPO. 2012. *Regional Indicators-Measuring Progress Towards the Region's Transportation System Goals*. Madison, WI. Accessed Feb. 23, 2016, from http://www.madisonareampo.org/planning/documents/RegionalIndicators_001.pdf.

Metropolitan Council (MetCouncil). 2015. *2040 Transportation Policy Plan Strategies*, Chapter 2, Transportation Policy Plan. Minneapolis, MN. Accessed Feb. 23, 2016, from http://www.metrocouncil.org/METC/files/01/01a9f3b4-074c-409a-bb4e-b347293f5bfc.pdf.

Metropolitan Planning Commission (THEMPC). 2015. *Administrative Organization*, Savannah, GA. Accessed Feb. 23, 2016, from http://www.thempc.org/Administrative/Commission_members.htm.

Metropolitan Transportation Commission, 1998. "Travel Forecasting Assumptions '98 Summary.'" Oakland, CA. Accessed Feb. 23, 2016, from http://www.mtc.ca.gov/maps_and_data/datamart/forecast/assume98.htm.

_____. 2015. About the MTC. Website. Accessed Feb. 23, 2016, from http://www.mtc.ca.gov/about_mtc/about.htm.

Meyer, M., 2006. "The Role of the Metropolitan Planning Organization (MPO) in Preparing for Security Incidents and Transportation System Response." Paper prepared for the Federal Highway Administration, Washington, DC. Accessed Feb. 21, 2016, from http://www.planning.dot.gov/Documents/Securitypaper.htm.

Meyer, M. and E. Miller. 2014. *Transportation Planning: A Decision-Oriented Approach*. 3rd ed. Atlanta, GA: Self-published.

Montana DOT. 2015. *Transportation & Land Use Analysis Tools: Scenario Planning Analysis Tools*, Website. Accessed Feb. 24, 2016, from http://www.mdt.mt.gov/research/toolkit/m1/tatools/tlut/spsp.shtml.

National Capital Region Transportation Planning Board (TPB). 2015. *The Vision Goals*. Website. Washington, DC. Accessed Feb. 23, 2016, from http://www.mwcog.org/clrp/process/vision.asp.

North Central Texas Council of Governments (NCTCOG). 2015. *Membership in NCTCOG*. Accessed Feb. 23, 2016, from http://www.nctcog.org/edo/membership.asp.

Oregon Department of Transportation and Oregon Department of Land Conservation and Development. 2013. *Oregon Scenario Planning Guidelines Resources for Developing and Evaluating Alternative Land Use and Transportation Scenarios*, Salem, OR. Accessed Feb. 23, 2016, from http://www.oregon.gov/ODOT/TD/OSTI/docs/Scenario%20Planning%20Guidelines/ODOT-Guidelines-April2013-red.pdf.

Pima Association of Governments (PAG). 2015. *Regional Data*. Website. Accessed Feb. 23, 2016. from https://www.pagnet.org/Default.aspx?tabid=58.

Puget Sound Regional Council. 2012. *Transportation 2040 Prioritization Measures*. Accessed Feb. 24, 2016, from http://www.psrc.org/assets/8478/Prioritization-measures.pdf?processed=true.

Sacramento Area Council of Governments. 2012. *Metropolitan Transportation Plan/Sustainable Communities Strategy*. Sacramento, CA. Accessed Feb. 23, 2016, from http://sacog.org/mtpscs/mtpscs.

San Diego Association of Governments (SANDAG). 2013. *SANDAG Federal Congestion Management Process*, Technical Appendix 20, San Diego, CA. Accessed Feb. 23, 2016, from http://www.sandag.org/uploads/2050RTP/F2050RTPTA20.pdf.

Southeast Wisconsin Regional Planning Commission (SEWRPC). 2014. *Visioning for the Region's Future*, SEWRPC Planning Report No.55, Milwaukee, WI. Accessed Feb. 23, 2016, from http://www.sewrpc.org/SEWRPCFiles/LUTranSysPlanning/pr-55-vol-2-chapter-1-draft.pdf.

Transmanagement Inc. 1998. *Innovative Practices for Multimodal Transportation Planning for Freight and Passengers*. NCHRP Report 404. Washington, DC: Transportation Research Board, National Academy Press, Washington D.C. Accessed Feb. 23, 2016, from http://onlinepubs.trb.org/onlinepubs/nchrp/nchrp_rpt_404.pdf.

U.S. Department of Transportation. 1995. "A Guide to Metropolitan Transportation Planning Under ISTEA—How the Pieces Fit Together." Washington, DC. Accessed Feb. 24, 2016, from http://ntl.bts.gov/DOCS/424MTP.html.

Weiner, E. 2010. *Urban Transportation Planning in the United States: History, Policy, and Practice*. 3rd ed. New York: Springer Publishers.

附表 A　明尼苏达州明尼阿波利斯和圣保罗都市区的目的、目标和策略（MetCouncil，2015）

目的	目标	策略
交通系统管理		
通过战略性地保存、维护和运营系统资产来保护交通系统中的可持续投资	高效地保护和维护区域交通系统，使其处于良好状态。运营区域交通系统，通过高效的、具有成本效益的方法将人和货运连接到目的地	区域交通合作伙伴将交通投资的最高优先事项放在战略性地保护、维护和运营交通系统上
		区域交通合作伙伴应定期检查计划的保存和维护项目，以找出具有成本效益的机会，以提高安全性，实施低成本拥堵管理和缓解措施，改善公共交通、骑行和步行设施
		委员会和区域公共交通服务提供商将根据公共交通市场区域，酌情使用区域公共交通设计指南和绩效标准，以管理公共交通网络、响应需求并平衡服务和地理覆盖范围
		机场赞助商将每五年为每个机场准备一份长期综合规划（Long-term Comprehensive Plan，LTCP），并将其提交给都市委员会进行审查，以确保每个机场的基础设施保护、管理和改善计划与地区航空系统规划相一致
安全和安保		
区域交通系统对每个用户都是安全有保障的	减少撞车事故，并提高所有旅客出行和货运方式的安全性 降低交通系统面对自然、人为事件和威胁时的脆弱性	区域交通合作伙伴将在规划、融资、建设、运营过程中，将所有方式和用户的安全纳入考虑范围
		区域交通合作伙伴应与地方、州、联邦公共安全官员以及紧急响应者合作，以保护和加强区域交通系统在对严重事件和威胁提供安全有效的紧急响应方面的作用
		区域交通合作伙伴应按方式和严重性检测并例行分析安全和安保数据，以识别优先级和进度
		区域交通合作伙伴将支持该州实现零交通事故死亡人数和严重伤害的愿景，其中包括支持教育和执法计划，以提高人们对区域安全问题、共同责任和安全行为的认识
		委员会和地区公共交通提供者将提供公共交通警察服务，并与公共安全机构进行协调，以提供一种协作的安全保障方式
		区域交通合作伙伴将使用最佳实践的方法来提供和改善安全步行和骑行的设施，因为行人和骑行者是交通系统中最脆弱的用户
		机场赞助商和航空服务提供商将提供安全、有保障且技术先进的设施
与目的地的连通性		
通过使用可靠、可承担、高效的多式联运系统，将其连接到整个地区及其他地区的目的地，使民众和企业能够繁荣发展	增加多式联运的出行选择，尤其是在拥挤的高速公路通道中 提高公路和公共交通系统的出行时间可靠性和可预测性 确保货运终端的可达性，包括内河港口、机场和铁路联运货场等 增加公共交通乘客，提高公共交通、骑行和步行的出行比例 为所有年龄和身体状况的人们改善多式联运的选择，以使其获得工作和其他机会，特别是对于传统弱势群体	区域交通合作伙伴将继续携手合作，以规划和实施多式联运系统，并提供不同方式间的连接。委员会将优先考虑多式联运且具有成本效益的区域项目，并鼓励对骑行和步行的适当投资
		地方政府部门应提供一种由互连的主干道、街道、骑行设施和步行设施组成的系统，以使用"完整街道"原则满足当地的出行需求
		委员会将与 MnDOT 通过增强财务效率（Enhancing Financial Effectiveness，EFE）措施以及其他相关司法管辖区合作，继续为该地区的主干道维持拥堵管理流程，以满足联邦的要求。拥堵管理流程将合并并协调 MnDOT、公共交通提供者、县、市和交通管理组织的各种活动，以提高国家公路系统的多式联运效率和人员通行能力
		区域交通合作伙伴将通过各种出行需求管理举措，推广多式联运的出行选择方案，以替代独自驾车出行和解决高速公路拥堵，重点是拥挤的公路通道沿线的主要就业、活动、工业和制造业中心，以及由区域公共交通服务的走廊
		委员会将与 MnDOT 和地方政府合作，实施 MnPASS 车道和公共交通优先系统，以支持在拥挤的公路走廊上通过快速、可靠的方式替代独自驾车出行
		委员会将支持采取跨部门的方法来保留与交通政策规划相一致的未来交通项目的用地权
		区域交通合作伙伴将管理和优化主干道系统的性能（以人员吞吐量衡量）
		区域交通合作伙伴将根据对实现 MSP 2040 年和交通政策规划中确定的结果、目的和目标的预期贡献，对所有区域公路资本投资进行优先级排序
		委员会将支持对次 A 级干道的投资，以建设、管理或改善该系统的能力以及补充主干道系统的能力，并强化对该地区的就业、活动以及工业和制造业中心的联通
		区域交通合作伙伴将管理主干道和次 A 级干道出入连接，以维护和增强其安全性和能力。委员会将与 MnDOT 合作，审查主干道系统的交换需求
		委员会和区域性公共交通服务提供商将扩展和现代化交通服务、设施、系统和技术，以满足不断增长的需求，改善客户体验，改善与目的地的连通性并最大限度地提高投资效率
		区域交通合作伙伴将投资于扩大的公共交通网络，包括但不限于快速公共汽车交通、轻轨和通勤铁路。根据对实现 MSP 2040 年和交通政策规划中确定的结果、目的和目标的预期贡献，对公共交通网络投资进行优先级排序

(续)

目的	目标	策　略
与目的地的连通性		
通过使用可靠、可承担、高效的多式联运系统，将其连接到整个地区及其他地区的目的地，使民众和企业能够繁荣发展	增加多式联运的出行选择，尤其是在拥挤的高速公路通道中 提高公路和公共交通系统的出行时间可靠性和可预测性 确保货运终端的可达性，包括内河港口、机场和铁路联运货场等 增加公共交通乘客，提高公共交通、骑行和步行的出行比例 为所有年龄和身体状况的人们改善多式联运的选择，以使其获得工作和其他机会，特别是对于传统弱势群体	委员会将为根据《美国残障人士法案》（ADA）获委员会认证的个人提供辅助性的公共交通服务，以补充该地区的常规路线公共交通系统
		委员会和区域公共交通服务提供商将为没有常规路线公共交通服务的地区提供协调的公共交通出行选择，包括公众电话叫车服务与合乘补贴。这些选择的服务级别将基于可用资源和需求
		区域交通合作伙伴应将投资重点放在完善优先区域骑行通道和改善更大的区域骑行网络上
		区域交通合作伙伴应资助那些为骑行者和行人穿越或绕过物理障碍的项目，以及改善行政区之间连续性的项目
		区域交通合作伙伴将提供或鼓励可靠的、具有成本效益的和无障碍的交通选择，为行人和残疾人提供并增加就业、住房、教育和与社会连接的机会
		委员会、MnDOT、区域铁路当局和铁路公司将寻求短期和长期的改进，以适应未来的货运和客运铁路需求
		委员会和MnDOT应该与市和县合作，以提供从主要货运站和设施到区域公路系统（包括联邦指定的主要货运网络）的有效连接
		委员会和机场赞助商将维护一个疏解机场系统，以扩大明尼阿波利斯-圣保罗国际机场，使都市区内任一地方可在合理的行程时间内到达该机场
具有经济竞争力		
区域交通系统促进该地区和州的经济竞争力、活力和繁荣	改善连接MSP 2040年中确定的区域就业集中区的多方式途径 投资多式联运系统，以吸引和留住企业和居民 通过有效的货运来促进该地区的经济竞争力	委员会及其交通合作伙伴将确定并寻求增加融资水平，以建立安全、维护良好的多式联运系统，并提供多方式选择，管理和缓解交通拥堵，提供可靠的工作和机会，便利货运，连接并增强社区，并在所有社区和用户之间公平地分享收益和影响
		委员会将与其他机构合作，以规划和寻求交通投资，通过城际公共汽车、客运铁路、公路通道、航空服务和货运基础设施，加强与明尼苏达州其他地区以及上中西部地区，乃至与美国以及世界各地的联系
		委员会及其合作伙伴将投资于区域交通和骑行系统，以改善与工作和机会的联系，促进经济发展，并在已建立的公共交通通道上吸引和留住沿线的企业和工人
		委员会、MnDOT和地方政府将投资交通系统，该交通系统可提供与同等都市地区相比具有竞争力的出行条件
		委员会、都市区机场委员会、MnDOT和其他机构将共同努力，维护一个强大的地区机场系统，包括将明尼阿波利斯-圣保罗国际机场维持为主要的国家和国际客运枢纽以及为商务出行提供服务的疏解机场
		都市区机场委员会应定期更新其机场经济影响研究和商业航空服务竞争规划，以确定该地区机场所需的设施和服务改进，以促进具有竞争力的地区经济
健康环境		
区域交通系统提高了公平性，并在保护自然、文化和发达环境的同时，为社区的宜居性和可持续性做出了贡献	减少交通相关的空气排放 减少交通建设、运营和使用对自然、文化和环境的影响 提高公共交通、骑行和步行的可能性和吸引力，以鼓励健康的社区和积极的无车生活方式 提供一种交通系统，以促进不同年龄段和能力的人群的社区凝聚力和连通性，尤其是传统弱势群体	区域交通合作伙伴认识到交通选择在减少排放中的作用，并将支撑州和区域实现减少温室气体和空气污染物排放的目标。委员会将在测量和减少与交通有关的排放方面向地方政府提供信息和技术援助
		委员会和MnDOT在优先考虑交通投资时，将考虑减少与交通相关的空气污染物和温室气体排放
		区域交通合作伙伴将规划和实施一种交通系统，该系统应考虑所有潜在用户（包括儿童、老年人和残疾人）的需求，并促进积极的生活方式和充满凝聚力的社区。应特别强调促进替代独自驾车出行对环境和健康益处
		在规划、构建和运营交通系统时，交通合作伙伴将保护、增强和减轻对文化和建筑环境的影响
		区域交通合作伙伴将使用多种沟通方式，消除障碍，以促进公众参与交通规划，其中包括一些特别措施，以吸引传统上弱势的社区成员，包括有色人种、低收入社区和残疾人，以确保他们的关注和问题在区域和本地交通决策中得到考虑
		区域交通合作伙伴将避免、减少和减轻交通项目对该地区传统弱势社区（包括有色人种、低收入社区和残疾人）造成的不利影响

第 17 章

交通通道规划

17.1 引言

通道是指一个相对明确的并用于承载出行流量的地理区域，这个区域通常集中了一个或多个主要交通设施（例如，高速公路、通勤铁路线或快速公交服务）。通道通常是以服务线性聚集模式的出行饱和区来定义的。通道规划可以确定活动中心或其他逻辑终点对设施或服务的需求，以及确定用来补充现有或将来规划的土地使用所需的交通投资。传统上，从中心城市到郊区的通道呈放射状。在过去40年中，随着郊区人口和就业岗位的快速增长，许多通道研究都集中在郊区到郊区的出行模式上。

通道规划可以聚焦于通道系统性能的许多不同特征。例如，通道规划可以处理高事故率地点、日益严重的拥堵、受限的货物运输、土地使用模式变化以及它们在现在或未来通道交通系统中的独立或累积影响等问题。从这个意义上说，通道规划的目标是在地理上满足通道内的需求。

在决定开始通道研究时，应考虑其与区域交通规划（Regional Transportation Plan，RTP）更新过程的关系，以及该研究是否可以为整个地区的问题提供典型的解决方案。因此，在正确的时间进行目标明确的通道研究可以为都市区交通投资决策过程和区域交通规划的更新提供重要信息。由通道规划产生的决定可能直接产生项目定义、设计和环境分析中所需的细节信息，而这类细节信息在更广泛的规划过程中往往是缺失的。

本章将研究通道规划的不同特征、进行通道规划的原因以及通常遵循的步骤。以下内容将在本章中讨论：进行通道规划的理由；实践中的通道研究类型，这些类型通常由地理范围（例如，本地、区域、州和多个州）定义；交通通道投资与土地使用/城市设计之间的关系；通道研究的主要组成部分，并提供最新的研究案例；通常由通道研究得出的建议类型。

17.2 通道交通规划的性质

一个来自华盛顿州交通部（Washington State Department of Transportation，WSDOT）的例子很好地阐述了通道规划的宗旨和特点，其中指出，这类研究"汇集了所有项目相关群体的目的和期望"（WSDOT，2015）。

> "通道研究通常会针对特定的问题（事故发生率较高的地点和通道、现有或将来居高不下的交通拥挤程度、土地使用的重大变化等），并且通常涉及多种交通方式。这些研究确定了现有和将来的缺陷，并评估了解决方案。被推荐的方法通常包括一个设施描述，涵盖环境、运营和其他影响（如果可行，就提出的缓解措施）。通道规划是通过长期展望（至少20年）来完成的。"

进行通道研究的原因

- 制定解决当前或未来交通问题的策略。
- 将通道策略与更大的系统规划进行关联。
- 确定可以补充交通投资的土地使用策略。
- 确定要纳入地方或区域规划的改进措施。
- 设置在通道内预留道路通行权的条件。
- 准备更详细的成本估算。

通道的交通饱和区性质有助于确定研究区域的长度和宽度。通常，现有的道路或交通设施将作为通道的支柱，但交通饱和区将远远大于周围设施的直接面积。通道交通设施连接主要的活动中心，并通向其他目的地。通道通常是指两个城市之间的连接或者与两个主要交通设施之间的连接（例如，两条相连的高速公路之间的高速公路）。通道的长度从市中心的几英里到全州或多州地区的几百英里不等。从建模的角度出发，通过引入交通分区（Traffic Analysis Zones，TAZ），加快了交通需求模型在通道交通需求分析中的应用。这些交通分区代表了通道内不同的土地使用方式和产生出行的活动（见第2章"出行特征及数据"，第3章"土地使用与城市设计"和第6章"出行需求与交通网络建模"）。

通道规划应具有易于理解的起点和终点，通常被称为逻辑节点。这些边界有助于集中分析并避免与其他交通规划混淆。狭义的通道规划将检查单个场所和附近区域。但是，许多通道规划都涵盖了广阔的地理区域，其中包括通道内的所有出行活动。市区内较大的通道规划可能具有一个距所研究的特定场所5~10英里的边界，而州和多州通道规划的宽度可能高达50英里。

通道规划可以将重点放在单一交通方式的基础结构特征上，例如高速公路、通勤铁路线或公共汽车路线。但是，在大多数情况下，通道研究会研究多种模式的组合。特别是那些由州和联邦机构所资助的研究，需要进行多模式考虑，以确定是否有可替代的交通方式。进行此类研究的重要出发点是确定潜在的通道出行者，然后确定他们将如何在通道中出行。

通道规划可以在交通规划过程中的各个节点上进行。大多数通道规划是根据城市或州范围的规划过程中产生的需求而启动的。这些更广泛的规划有助于确定交通需求的框架，但通常不会检查通道内的设施需求或服务需求。通道规划可以提供下一级别的交通评估，从而得出有关交通投资的具体建议。另外，许多通道研究的一个重要特征是通道研究与环境评估过程之间是紧密相连的。

在科罗拉多州北部的I-25通道研究中提出的问题展示了许多通道研究在规划工作开始时应提出的问题类型，见表17-1（Northern Colorado Communities，2001）。请注意，这些问题与土地使用、交通、环境/自然资源和区域特征有关。其中，一些问题与一般通道研究有关，而其他问题则可能在详细的环评估境过程中被提出。

表17-1　科罗拉多州北部土地使用通道规划的基础问题

- 新发展模式：通道中可能有哪些新发展模式，它们如何影响其他问题？
- 财产权：应如何保护个人财产权？
- 农业活动：农业活动如何与区域特征相联系，新的发展是否会与持续的农业用途相冲突？
- 市场考虑：在未来10~20年中，市场可能在通道上产生什么样的发展类型、发展强度和发展模式？这对区域性愿景有何支持或冲突？

交通
- 容量和扩展：I-25需要多少容量才能适应新的发展，以及交通、道路或其他可能的改进会产生什么影响？
- 通行权：未来扩展通行权的要求是什么？
- 出入：应在何处提供或限制出入，个别社区出入控制规划如何与区域目标相联系？
- 本地网络：为满足未来通道服务的需要，需要对本地网络进行哪些改进？临街道路和平行服务将如何影响网络？
- 立交设计和间距：需要对现有立交进行哪些更改？如果需要新的立交，应将它们放置在哪里，以及如何设计它们以满足安全和通行目标？
- 出行方式：通道将适应哪些出行方式，对开发和设计有何要求？
- 联系：通道附近的社区如何与I-25和通道沿线地区联系起来？
- 一致性和协调性：如何将区域交通规划、地方及分区交通规划和研究的建议与通道规划结合起来？

环境与自然资源
- 自然资源的保护：自然资源应在何处及如何保存？
- 排水、湿地和河道：应如何保护排水系统、湿地、洪泛区、洪泛带和河道，以及如何将其纳入新的发展？
- 风景：最重要的风景在哪里，以及如何保护它们？

地域性
- 土地使用法规和政策：该规划应如何处理可能与区域目标相抵触的规划、政策和法规？
- 可转让的开发权：密度指标转移（Transfer of Density Units，TDU）将在规划目标的实现中扮演什么角色？
- 地方控制和区域一致性：如何在地方控制与区域一致性之间取得平衡？
- 设计规定：在区域范围内，新发展项目的设计规定的适当水平是什么？
- 被批准的开发和分区：区域目标与本地分区规划之间是否存在冲突，如果是，那么如何解决这些冲突？

来源：Northern Colorado Communities, 2001

在许多情况下，完成通道研究之后才能推进环境评估和项目开发。随后，设施层面的研究将详细检查设计要求和通道规划对项目的影响。本章稍后将讨论通道规划与环境评估间的联系。

> **有关通道规划的要点**
> - 不能一刀切——根据正待解决的问题量身定制通道规划。
> - 明确阐明为什么要进行通道研究，何时启动通道研究以及问题将如何被考虑。
> - 将通道规划与区域决策相关联，这些决策为所研究的问题奠定了基础。
> - 识别研究的逻辑节点。
> - 识别主要利益相关者，并建立公众参与流程以告知这些利益相关者。
> - 确定完成研究的时间表。
> - 专注于发掘相关性强的和准确的信息，以引导通道相关的决策。

17.2.1 通道规划的类型

表17-2展示了如何使用通道规划解决本地、区域、州级和多州级的交通问题。通道规划的几个示例如图17-1所示。当地规划了9英里长的西塞罗大道通道（图17-1a），贯穿芝加哥市和5个西南郊区社区（Southwest Conference of Mayors，2011）。1.5英里范围内的区域被视为具有影响力的区域。通道研究的目标包括：

- 为通道创建具有凝聚力的标识。
- 最大化通道沿线每个社区的资产潜力，包括经济活动中心、交通基础设施和自然资源（例如步道）。
- 优化所有出行方式的移动性和效率。
- 提高通道非机动车使用者的安全性，尤其是在交叉路口和公共交通出入口附近。

表 17-2　通道规划的类型

通道规划类型	典型特征
本地	·通常以单一设施为重点 ·通常为单一交通方式（高速公路、公共交通、非机动车） ·长度为2~3英里 ·通常是土地使用/城市设计的组成部分 ·有限的环境分析
都市区	·主要公路或公共交通设施 ·单一交通方式或多重模式 ·多个并行设施选项 ·数英里长 ·通常是土地使用/城市设计的组成部分 ·详细的环境研究
全州（州内）	·主要公路或铁路设施（新建或扩建） ·具有多种方式选择的单类模式（如公共交通，可选择通勤铁路、城际铁路或城际公共汽车） ·多种结盟选项（新设施） ·数英里长 ·通常是当地土地使用的组成部分 ·详细的环境研究
多个州	·主要公路或铁路设施（新建或扩建） ·多式联运，包括货运业务 ·多种线路选项（新设施） ·详细的环境研究 ·潜在的复杂机构协调程序

一个由通道沿线社区领导人组成的指导委员会和州及地方交通机构一同为这项研究提供了指导。委员会帮助确定改进项目和实施的优先顺序。

图 17-1b 所示为马里兰州蒙哥马利县的中部通道研究区域（Montgomery County DOT，2015）。该研究是改善通道交通策略中规划/环境分析的一部分，包括：

- 提高车辆安全性。
- 提高道路网的效率，改善经济中心之间的联系。
- 容纳规划的土地使用和未来的发展。
- 提供骑行和步行通道。
- 加强应急响应。

佛罗里达州的 I-75 通道研究是全州通道规划的一个示例（图 17-1c）（Florida DOT）。研究通道包括 15 个县，有 450 万居民，占佛罗里达总人口的 24%。I-75 研究的目的是根据 4 种措施评估交通需求和沿线通道的货运量：交通、应急管理、国土安全和经济发展。考虑的一些策略包括增加平行通道的容量、实施管理车道以及鼓励出行需求管理（Travel Demand Management，TDM）规划。

田纳西州至加拿大的 I-81 通道研究展现了一个多州通道的规划（图 17-1d）（Cambridge Systematics，2012）。这个 855 英里长的通道是主要的货运通道，货车占据各个路段交通流量的 11%~57%。6 个州签署了一份谅解备忘录，其中概述了州交通局的总体研究和各自的职责，还包括通道中的 14 个都市区规划组织（Metropolitan Planning Organization，MPO）。研究建议，可在沿 I-81 通道的各州之间寻求政策和行动协同的机会，包括审查各州关于拥堵、运营车辆安全、促进工作模式和规划的互联互通等问题的政策、目标和战略；利用联盟州制定的数据收集标准和格式建立一个中央数据和信息存储库；对近期重要的问题进行更多的研究，例如协调多州货车起讫点调查和研究，以确定共享的管理、投资和出行方式战略机会。

最后，图 17-1e 所示为可以在大陆层级进行的通道研究。该图显示了欧盟（EU）针对主要交通投资的主要欧洲通道（EU，2015）。通道投资规划的目的是：

- 加强欧盟内部以及与外部市场之间的贸易流量和公民流动的基础。
- 加强欧盟的领土、社会和经济凝聚力。
- 加强基础设施建设，建立高效、可持续、能代表面向未来的高质量客运和货运运输服务的交通系统（EU，2015）。

规划人员在确定通道边界时应提出的问题包括（由 WSDOT 修订，2007）：

- 进行研究的逻辑边界是什么？
- 该地区的主要问题是什么？
- 目前以及将来可能会出现什么样的自然出行市场？
- 问题是否比当前数据显示的更严重？
- 是否存在依赖通道交通系统的人口群体，特别是环境公正群体，即使他们不住在通道附近？
- 是否有大型活动中心即使不与通道相邻，也要依靠通道实现移动性和可达性？
- 是否有主要路线和当地道路的交汇点或者与多式枢纽？
- 是否存在需要超出预期研究范围的环境问题，例如下游可能发生的积水问题？
- 司法边界、社区、环境特征和路线功能是如何相互关联的？
- 如何在研究区域中汇总或分解数据，以便将分区或片区用作通道研究的基础区块？

正如本手册其他各章所强调的那样，交通规划必须反映和联系社区、地区或州的其他类型的规划，通道规划也是一样。例如，它们必须适应本地、都市区和全州范围的交通规划。表 17-3 展示了通道规划与其他规划类型的关系。需要注意的是，该表并非旨在全面列出可能与通道规划相关的规划。每个规划都为特定研究领域的决策者提供重要信息；但是，每个规划也可能会影响其他研究的结果。例如，图 17-2 所示为通道研究如何适应爱达荷州交通部的总体交通规划和决策过程。

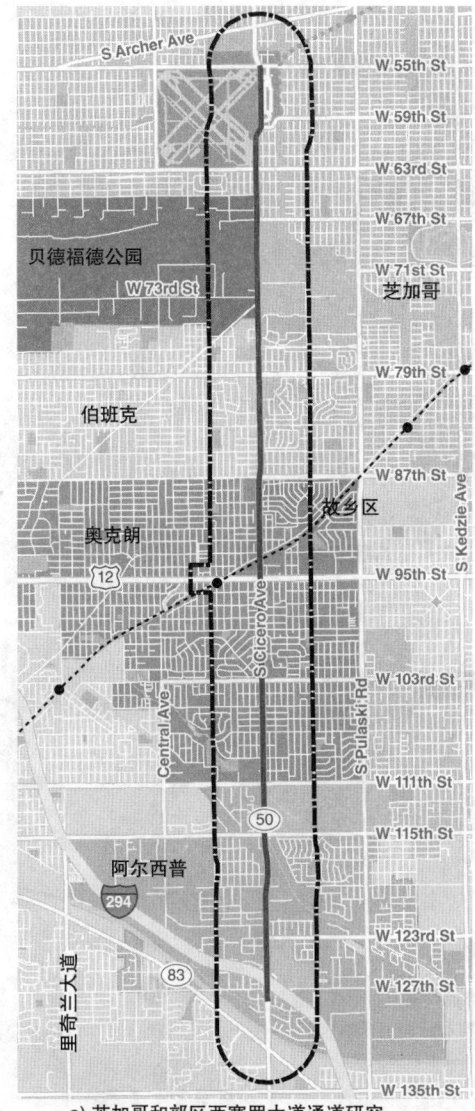

a) 芝加哥和郊区西塞罗大道通道研究

来源：Southwest Conference of Mayors, 2014

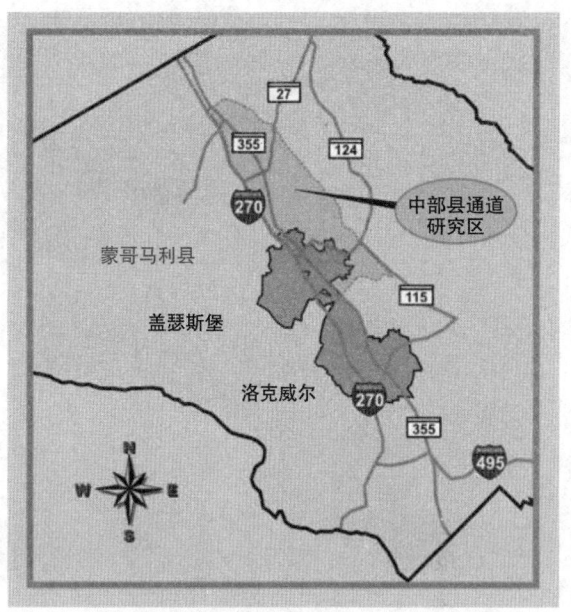

b) 马里兰州蒙哥马利县中部通道研究

来源：Montgomery County DOT, 2015

图 17-1　通道研究案例

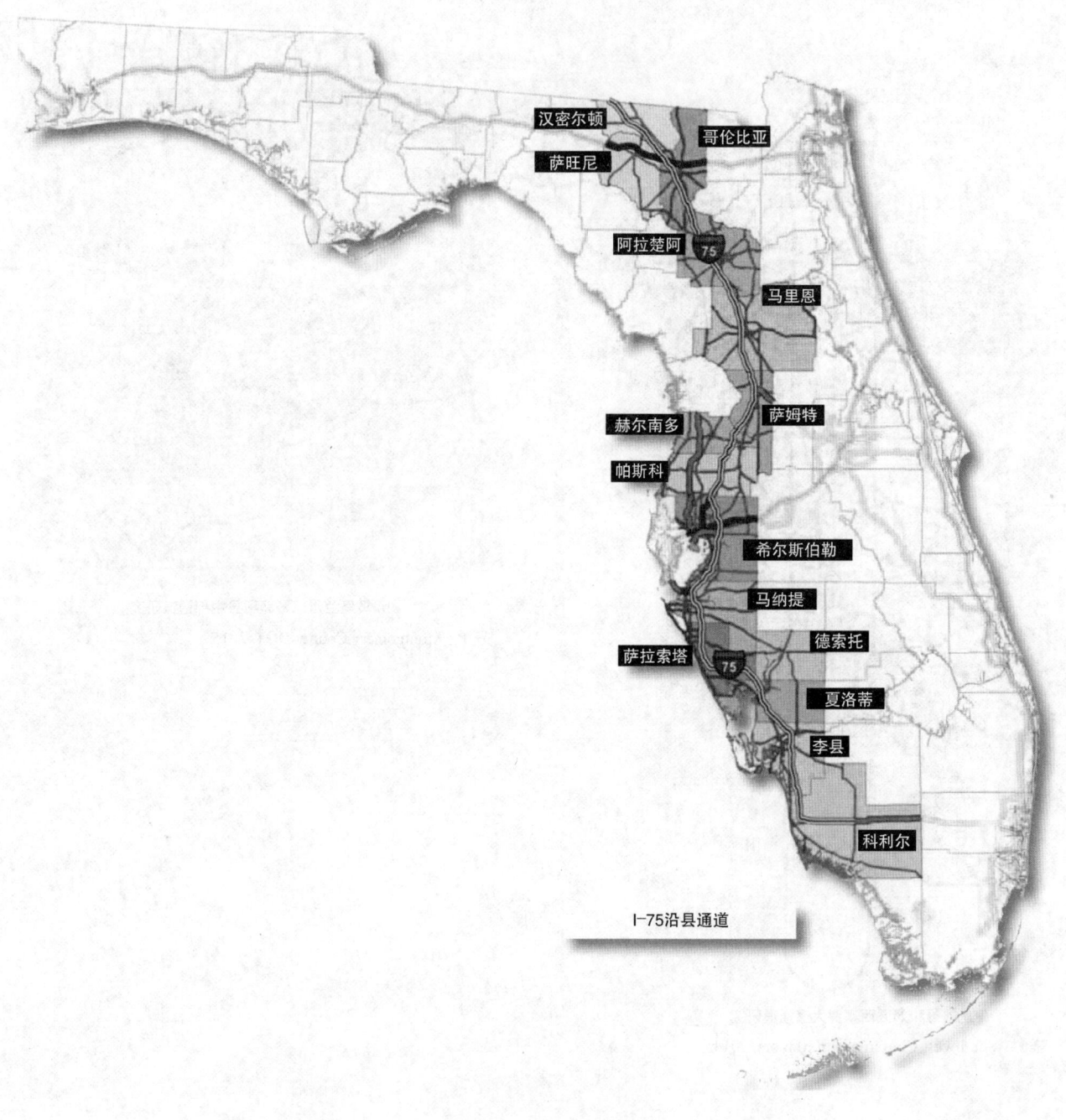

c) 佛罗里达州I-75通道研究

来源：Florida DOT, undated

图 17-1　通道研究案例（续）

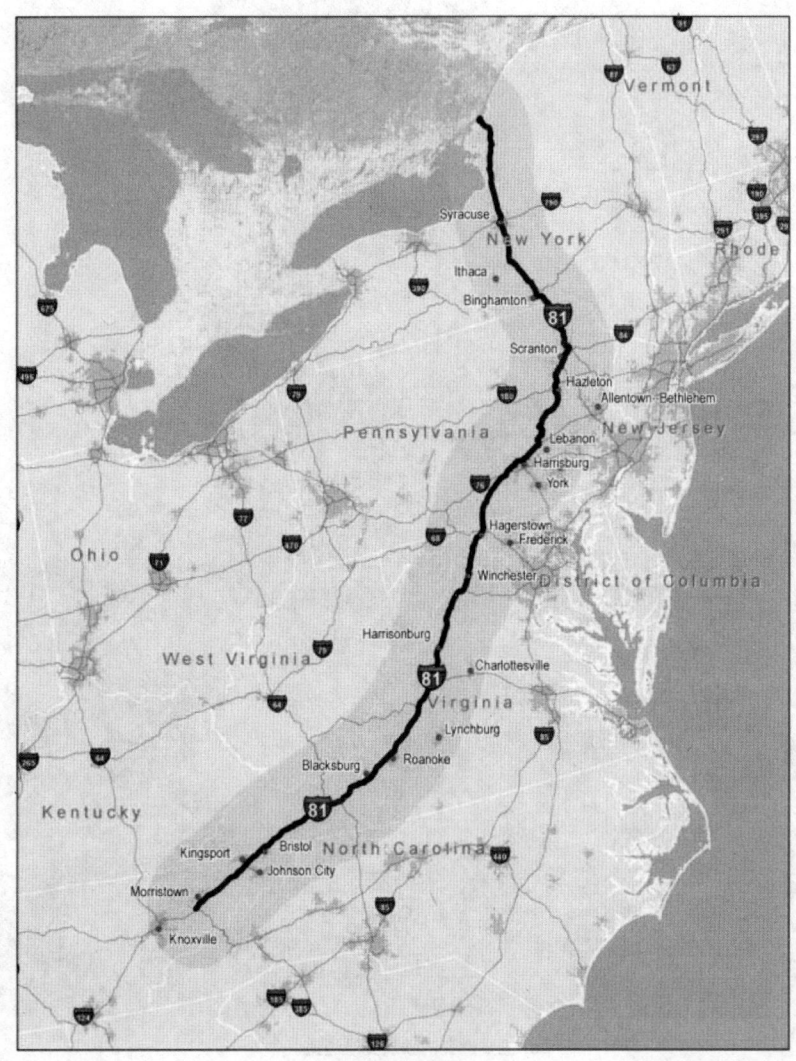

d) I-81州际公路研究

来源：Cambridge Systematics. 2012

图 17-1　通道研究案例（续）

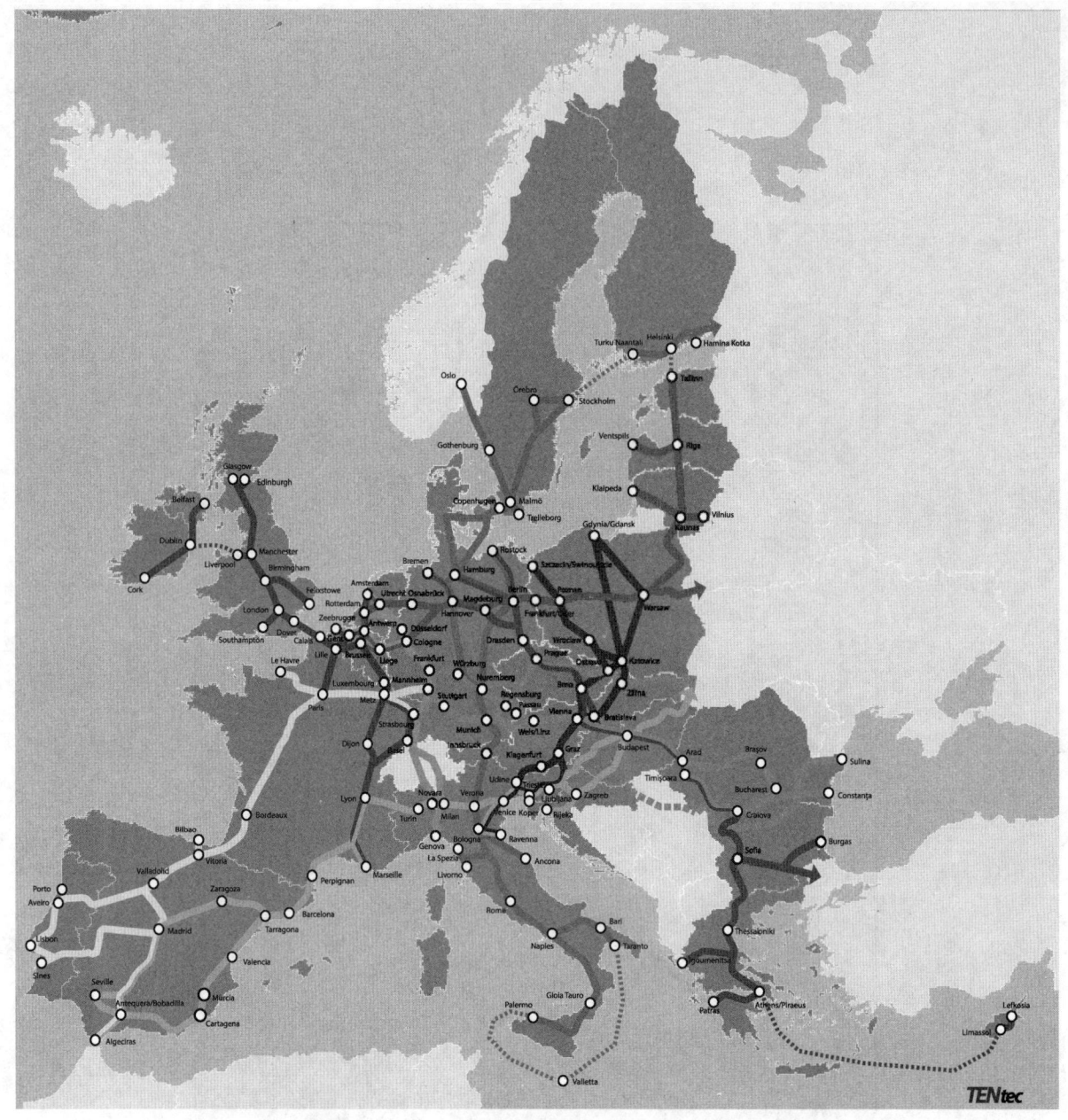

e) 主要投资的欧洲交通通道

来源：EU, 2015

图 17-1　通道研究案例（续）

通道规划通常通过《国家环境政策法》(National Environmental Policy Act, NEPA)、都市区交通规划或全州交通规划与联邦环境规划要求的某种组合联系在一起。规划人员应事先与《国家环境政策法》审核机构/实体（包括联邦/州/地方政府）进行协调，以最大限度地减少重新进行技术研究的可能性。这种协调可以是任何事情，从简单的电话通话（使参与者保持联系）到寻求协助来编写研究范围。在以下各节中将进一步描述这些关系。

表 17-3 通道规划与其他规划过程的关系

规划类型	与通道规划研究的关系
都市区交通规划（Metropolitan Transportation Plan，MTP）	确定短期/长期行动，以改善区域交通 有财政约束 通道研究将有助于筛选规划中包含的项目
全州交通规划	描述该州将如何有效地容纳人员和货物流动 通道规划将提供全州具体行动的参考点 州域规划可以为通道规划活动提供政策指导
区域和全州的 TIP	制定由联邦和州资助的项目计划 通道规划可以作为将项目纳入 TIP 的基础
区域的战略或愿景规划	用于确定交通改善的长期愿景，这可有财务约束的 MTP 设定背景 可根据这些规划启动通道规划，或为区域愿景提供输入
地方机构综合规划	关注地方政府对土地使用和交通改善的定义 通道规划工作可以为综合规划的项目库提供输入 地方规划可以为通道规划中要考虑的备选方案提供约束条件

来源：Smith, 1999, Reproduced with permission of the Transportation Research Board.

17.2.2 国家环境政策法（NEPA）

1969 年的《国家环境政策法》制定了一套程序，用于检查涉及联邦资助的行动对环境的影响（请参阅第 4 章"环境考量"）。美国的许多通道规划研究都在联邦政府资助的审查项目中，因此需要与《国家环境政策法》流程保持密切关系。在规划过程的早期，关键决策之一就是确定与《国家环境政策法》要求以及与相关政府参与者（例如自然资源机构）之间需要建立什么样的关系。

《国家环境政策法》有三类行动来定义满足联邦要求所需的文件级别：① I 类 - 环境影响声明；② II 类 - 分类免除；③ III 类 - 环境评估。如果拟议的行动将对环境产生重大影响，则需要环境影响声明（Environmental Impact statements，EIS）。相反，在预计不会对环境造成重大影响的情况下，分类免除（Categorical Exclusions，CE）是合适的。不符合这两个极端之一的研究则属于环境评估（Environmental Assessment，EA）类别。

决定是否准备《国家环境政策法》文件，如果是的话，应该有多详细，这取决于决策者对信息、项目周期和资金的需求。遵循《国家环境政策法》程序的决定通常是为了项目可以获得联邦的资助。在其他时候，如果知道一个项目的未来阶段（例如设计）将依赖于州或地方资金而不是联邦资金，或者如果该项目要快速推进（也有地方资金），则会决定不遵循《国家环境政策法》的程序。也可能

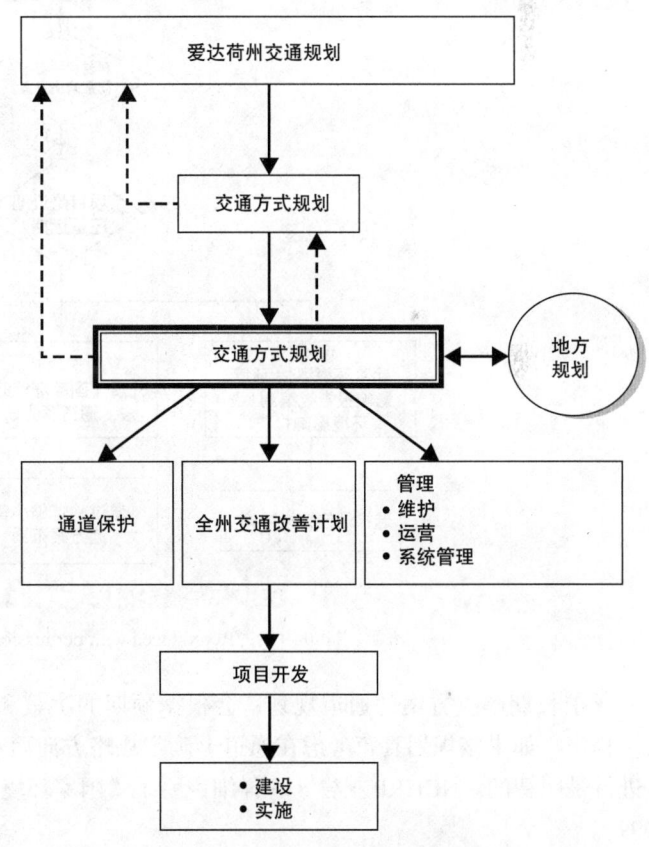

图 17-2 爱达荷州通道规划与其他决策过程的关系
来源：Idaho Transportation Department, 2006

会出现推迟进行 EA/EIS 研究以寻求长期解决方案的情况。因为在研究完成后，如果批准的项目没有取得进展，FHWA 或 FTA 可能要求进行补充研究。这样做是为了确保可以界定和减轻影响（如有必要）。因此，如果项目的某些方面不清楚或有争议，那么可以推迟研究直到需要进行补充研究的可能性降低。

通道规划可以经历多个生命周期。例如，交通机构可能会先进行一般可行性研究，完成后可能会进行更深入的通道研究。初步可行性研究可以在《国家环境政策法》程序之外进行，其主要目的是确定是否需要进行更详细的研究。此类研究应确保研究中提出的想法或概念应转移到未来的《国家环境政策法》流程中并在其中得到理解。同样重要的是，公开披露这些早期决定，可以避免通道规划进入《国家环境政策法》流程时不得不重新进行技术研究（假设不超过与技术分析有效期相关的法规时间限制）。

通常，通道规划是通过一个分层次的环境评估过程发展起来的。此过程中的第一层为第二层研究提供了框架，并缩小了通道的范围，以便进行更详细的检查。例如，第一层分析可能会解决跨越数英里的通道的总体需求。佛罗里达州DOT的高效交通决策（Efficient Transportation Decision Making，ETDM）流程是一个很好展现通道规划目的和需要的例子（FDOT，2015a）。此流程旨在项目开发阶段进行之前，找出可能导致通道需要被优化的致命缺陷。随后，第二层研究将以较短距离的分段视角更详细地分析通道。

图17-3所示为通道研究与《国家环境政策法》之间的关系。在通道规划期间的几个点，可以决定是否启动《国家环境政策法》流程。考虑因素包括利益相关者是否在流程的早期就解决方案达成共识，以及该项目是否将导致特定的行动。更明确的解决方案和近期行动最有可能进入正式的环境流程并引导项目决策。此外，由于通常要在完成通道研究后进行环境审批，规划人员经常会发现许多自然资源机构以不同深度和形式参与了通道研究。图17-4所示为参与了由马兰州公路管理局进行的县际连接线研究的不同组织。

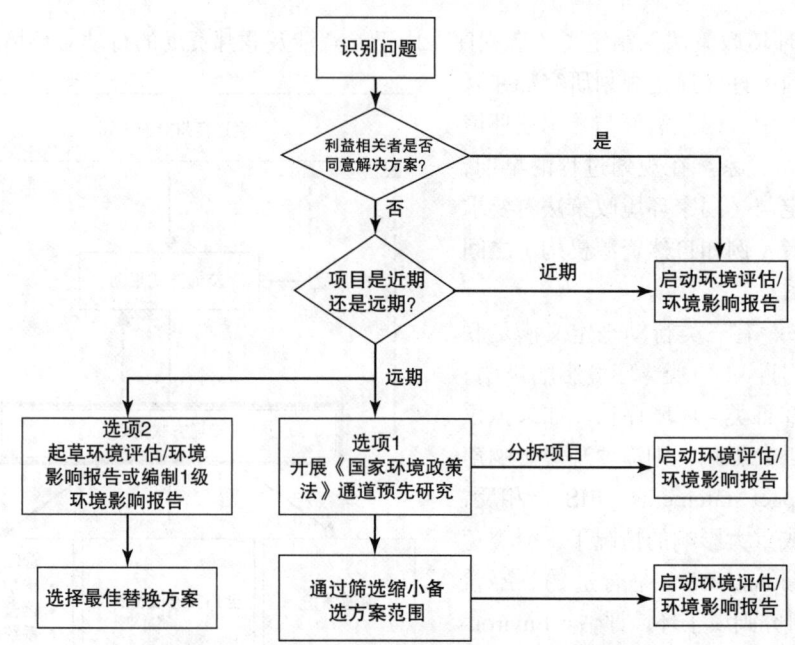

图17-3　通道研究与《国家环境政策法》的关系

来源：Smith, 1999, Reproduced with permission of the Transportation Research Board.

寻求长期解决方案的通道规划，会根据预期的决策和环境影响水平决定是否遵循正式的《国家环境政策法》程序。如果该规划真正考虑在通道上确定战略方向而不是确定具体项目，那么将正式的环境程序推迟到之后进行是明智的。NCHRP报告435详细说明了《国家环境政策法》流程应如何整合到通道规划流程中（Smith，1999）。

17.2.3　区域交通规划

区域交通规划（Regional Transportation Plan，RTP）为都市圈的交通系统建立了大范围的交通目标和方向（请参阅第16章"都市交通规划"）。在这种情况下，"区域"既包括一个州的都市区也包括非都市区。区域交通规划通常包括远景规划和财务约束的项目集。通道规划可以帮助定义区域交通规划中列出的项目的范围和规模。

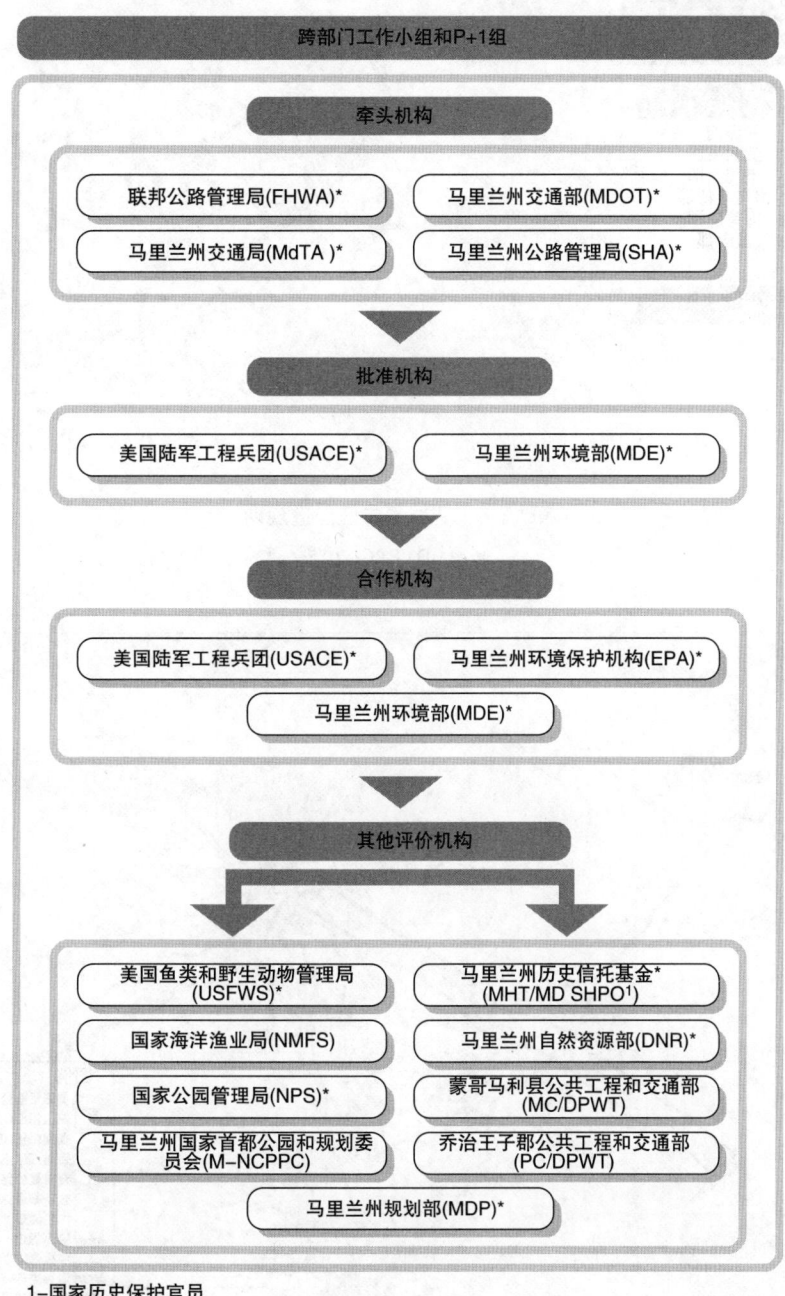

1–国家历史保护官员
*–包括在P+1组中

图 17-4　马里兰州县际连接线环境部分的机构责任

来源：Maryland DOT, 2006

同时，区域交通规划通常充当开展通道规划的催化剂。区域交通规划定义了特定范围的、多式联运的通道需求，并确定了项目实施的基本优先事项。经过精心设计的通道规划流程可以完善通道内方案的可行性并建立决策过程，从而帮助选定的方案更有效落地。都市区的交通规划过程可以向通道研究提供有关交通需求和解决方案策略的看法。例如，图 17-5 所示为如何定义费城都市区的通道，其最终分析成为更新都市区交通规划的参考。类似的概念如图 17-6 所示，其中通道被定义为田纳西州诺克斯维尔地区交通规划的重要输入（Knoxville TPO，2013）。诺克斯维尔研究的目的是：

- 为现有的公共交通用户和非驾驶人提供更多的交通使用机会，并推动新乘客使用公共交通。

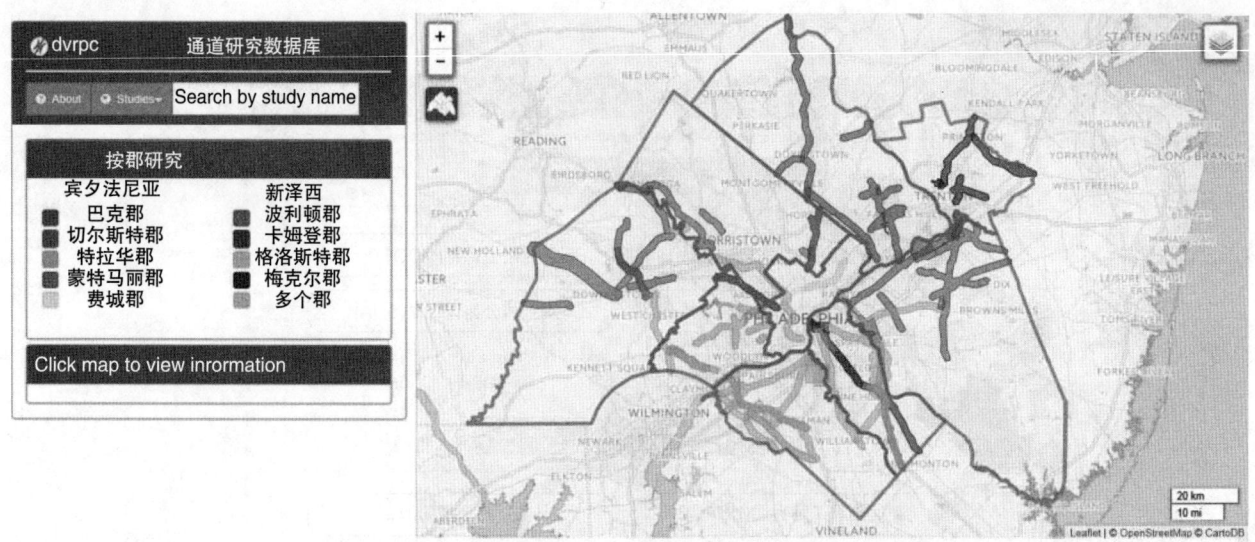

图 17-5　费城都市区通道规划

来源：DVRPC，2015

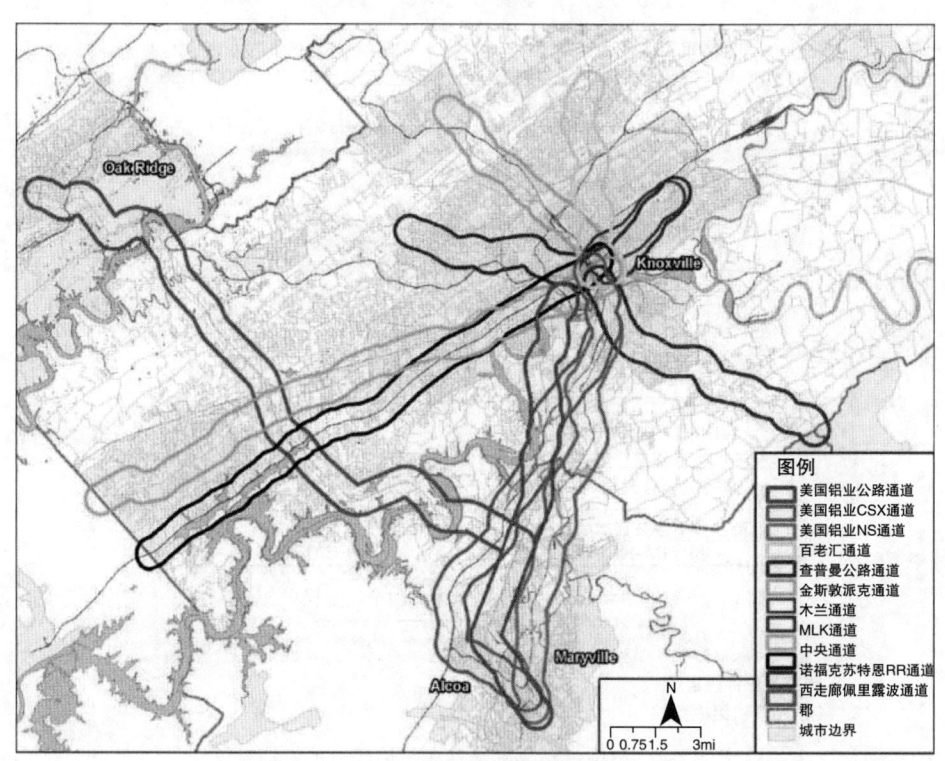

图 17-6　田纳西州诺克斯维尔交通通道规划

来源：Knoxville TPO，2013

- 增强诺克斯维尔作为世界一流城市的形象，并帮助该地区与其他正在建设或已经拥有快速公共交通系统的都市区进行竞争。
- 探讨公共交通技术在创建高效交通系统和可持续社区方面的作用。
- 制定支持公共交通的土地使用准则、政策和工具，以支持以公共交通为导向的发展（Transit-oriented Development，TOD）和通道发展。

17.2.4 州域交通规划

州域交通规划（Statewide Transportation Plans，STP）为州交通规划和投资提供了蓝图。这些规划通常涵盖所有交通方式：道路、渡轮、公共交通、航空、货运铁路、客运铁路、海港和航运、骑行和步行。州域交通规划可以提供一个用于开发城市间或全州主要通道规划的框架。

与都市区交通规划类似，在某些情况下，可以基于通道研究的结果进行州域交通规划。例如，2003年宾夕法尼亚州的州交通规划就是基于26条主要出行通道开展的，这些通道定义了宾夕法尼亚州的主要出行流量。这些通道成为了进一步分析的焦点，并为随后的研究提供了更详细的信息。现在，许多州正在采取全州战略性的通道开发方法，以更好地确定后续通道规划研究的优先级。第15章对州域交通规划进行了详细讨论。

17.2.5 与土地使用/城市设计的关系

从表17-1可以看出，土地使用和城市设计通常是地方或都市区层面通道研究的组成部分，而具有更广泛应用的通道研究（即州或多州层面的研究）则通常没有。特别是在城市环境中，通道投资策略必须考虑到预期或期望的土地使用以及城市设计原则。在过去的20年中，本地和都市区通道研究的趋势之一是采用更加全面的方法来整合交通解决方案和土地使用/城市设计策略。

图17-7以华盛顿州为例说明了这种整合。在这种情况下，根据州环境法制定的环境影响声明提出了一种推荐方案，该方案结合了交通和土地使用两个方面（City of Bellevue, 2007）。该研究对以下方案进行了讨论：

不采取行动的备选方案：不采取行动的备选方案假定除了已经作为现有规划的一部分或由其他机构提议的方案以外，土地使用或交通没有任何重大变化。根据现有趋势，到2030年，通道将新增103万英尺^2（95690米^2）的非住宅空间。

备选方案1——中等就业和中等住房：该备选方案假设净增加了350万英尺^2（325160米^2）的新商业（办公和零售）空间，以及大约3500个新的住房单元。建议使用两个轻轨交通（LRT）站。

备选方案2——低等就业和高等住房：该备选方案假设约有250万英尺^2（232257米^2）的新商业空间和5000个新的住房单元。建议设立3个轻轨站和相关的开发节点。

图17-7 华盛顿贝尔维尤土地使用和交通通道战略

来源：City of Bellevue, 2007

备选方案 3——高等就业和高等住房：该备选方案假设约有 450 万英尺^2（418063 米^2）的新商业空间以及 5000 个新的住房单元。建议设立 3 个轻轨站和相关的开发节点。

最终的环境研究选择了一个首选方案，其中包括 4 个轻轨站，通过间隔很近的开发节点来增加通道西半部的开发密度。这些节点可以选择性地包括：①办公室和医疗机构；②办公室和住房；③办公室、住房和零售；④混合用途住房。

另一个将土地使用/城市设计和交通问题结合起来的例子发生在亚利桑那州的斯科茨代尔。在这个案例中，斯科茨代尔市建立了穿越索诺拉沙漠的风景通道的设计准则。城市设定风景通道有多种用途，其中包括：①保护或鼓励保护沿途的自然环境；②提供附近自然地貌的景观；③为非机动车出行提供连接性，并与机动车车流安全地缓冲；④将通道与开放空间在视觉上连接起来；⑤防止道路沿线交通的不利影响对相邻土地使用造成干扰。考虑到沙漠环境对干扰的敏感性，斯科茨代尔市既提供了道路设计的建议指南，也提供了发展战略，以尽量减少道路对沙漠的影响。

一个理想的道路断面包括：宽度和通行要求；中央分隔带的处理；提供骑行、步行和多用途道路；公共设施地役权；景观美化；排水结构。为最大限度地减少景观公路周边开发的影响，斯科茨代尔市还制定了开发退线要求，并针对超出此限制的土地使用制定了开发指南。

17.3 通道选择

在某些情况下，州 DOT 或 MPO 已采用交通通道作为制定其交通规划的主要策略（Carr, Dixon 和 Meyer，2010）。本质上，这意味着他们已经确定了许多通道，这些通道从交通的角度来看很重要，并且可以作为投资的备选目标。那么，哪些通道应该首先受到关注？以下几个例子可以说明如何做到这一点。

佛罗里达州未来交通通道规划流程指导原则（Florida DOT，2015）。佛罗里达州意识到长途交通对本州经济的重要性，并且确定了一种支持经济发展的通道投资策略。图 17-8 所示为将要进行分析的交通通道。通道的优先级选择基于通道的以下特征：

- *与全州和地区的愿景和规划保持一致*。根据以下内容对州域交通通道做出决策：
  - 《2060 年佛罗里达州交通规划》和其他州域规划的目标。
  - 对佛罗里达州地区以及整个州的未来增长和发展的远景规划。
- *结构规划流程*。制定结构化规划流程，该流程：
  - 使合作伙伴尽早并持续地参与规划。
  - 使交通通道的决策与土地使用、经济发展、环境管理、水管理以及其他公共和私人决策协调一致，并识别实现多个目标的机会。
  - 提供明确的决策要点，并确保将议题和建议能延续到以后的阶段。

通道需求和策略确定过程的依据是：

- *确定长期的交通需求*：根据数据、预测共识、全州、地区和社区的愿景和规划，确定全州范围的移动性或交通连接需求。
- *最大化利用现有设施*：充分利用现有交通设施。
- *考虑高速公路的替代方案*：促进更多地利用现有的铁路、水路和空中通道来运送人员和货物。
- *必要时考虑新设施*：如果现有设施不能满足移动性或连接性需求，则建设新设施。

通道的位置是根据以下条件确定的：

- *促进经济发展*：改善与已有和新兴的区域就业中心以及经济繁荣的郊区之间客货运交通的连接性。
- *支持适当区域的增长*：根据已采纳的愿景和增长规划、地方政府综合规划和已通过的机构规划，在适当且环境可接受的区域内改善主要的交通通道和增加新设施（如需要）。
- *保护和恢复自然环境*：在规划和发展交通通道时，保护并在可行的情况下恢复自然环境的功能和特征，避免或尽量减少不利的环境影响。

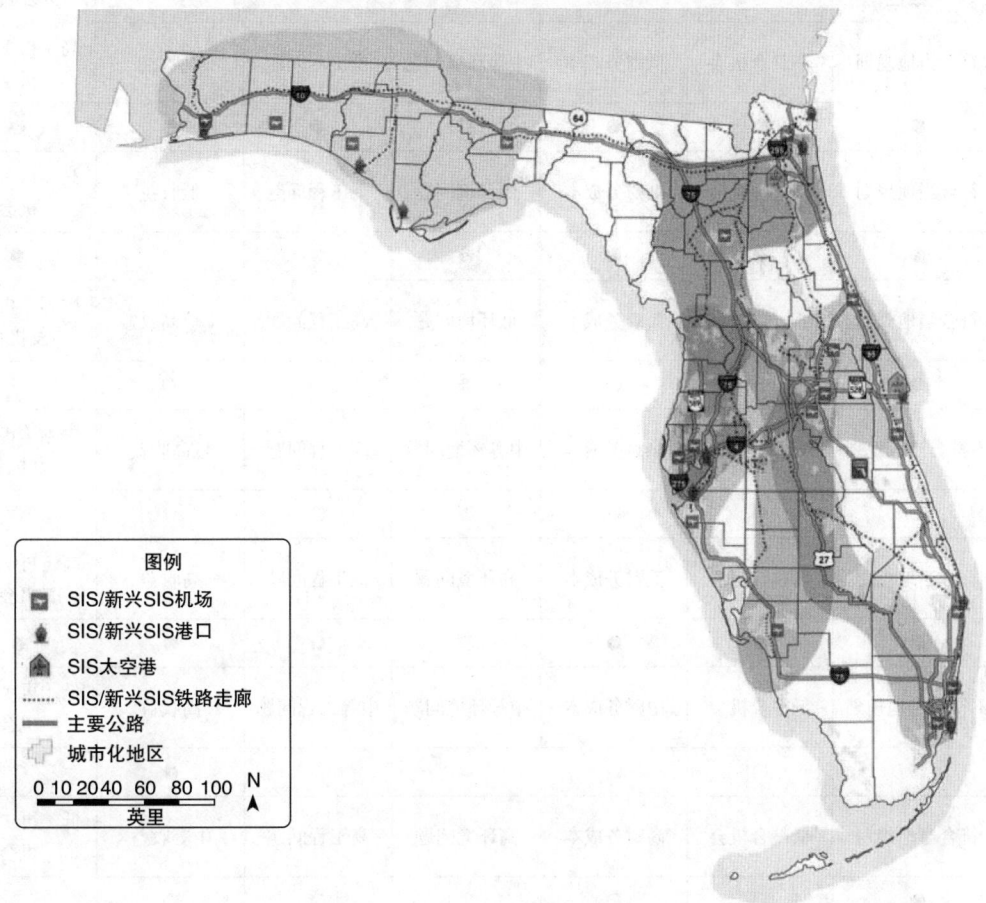

图 17-8　佛罗里达州前瞻性通道分析
来源：FDOT, 2015

通道规划方法应为：

- *包括多种模式和用途*。在适当的地方规划增强的或新的交通通道：
    - 为人员和货物流动提供多种交通方式。
    - 与现有和新的公用基础设施协调位置。
- *维护通道功能*：通过运营策略、需求管理、出入管理、与周边土地使用的协调以及有效的区域和地方交通网络的发展，最大限度地利用州域交通通道进行区域间和州际交通运输。
- *仔细设计不同模式的基础设施和出入通道*：在规划未来交通通道的公路要素时，考虑有限出入通道，为依赖长途运输的经济发展活动提供进出公路的立交结点，并支持地方规划中确定的土地使用。规划未来交通通道的铁路和公交要素时，支持紧凑型开发，并鼓励公共交通出行。
- *使用环境敏感性设计*：尽可能使用环境敏感性设计方法来规划、开发和实施交通通道。
- *使用先进且节能的方法*：使用最先进的且节能的基础设施、车辆、材料、技术和方法去开发和运营交通通道。

诺克斯维尔公共交通通道的潜在投资（Knoxville Transportation Planning Organization，2013）。图 17-9 所示为根据评估标准对每个通道进行的典型评估。在这个案例中，研究人员检查了田纳西州诺克斯维尔的不同公共交通通道，以确定哪些通道根据矩阵中的一系列标准评判后最具潜力。评估矩阵使决策者能够以一致的方式对潜在通道的研究结果进行检查。如图 17-9 所示，确定了 3 条通道在满足交通目标方面具有最大潜力，并选择它们开展更详细的通道规划。

可选方案	与当地规划一致性	系统整合	财务标准	初步环境筛选	交通/工程	社区利益	土地使用/(再)开发机会	推荐的通道
坎伯兰/金斯敦派克	符合当地规划	高整合机会	低财务成本	中等环境问题	低工程问题	高收益	高（再）开发机会	√
评级	●	●	●	◎	●	●	●	
木兰大道	符合当地规划	高整合机会	低财务成本	低环境问题	低工程问题	低收益	高（再）开发机会	√
评级	●	●	●	●	●	○	●	
西大街	符合当地规划	中等整合机会	高财务成本	低环境问题	高工程问题	中等高收益	中等（再）开发机会	
评级	●	◎	○	●	○	◎	◎	
中央大街	不符合当地规划	中等整合机会	中财务成本	中等环境问题	高工程问题	低高收益	中等（再）开发机会	
评级	○	◎	◎	◎	○	◎	◎	
北百老汇（东北）	符合当地规划	高整合机会	低财务成本	高环境问题	低工程问题	高收益	高（再）开发机会	√
评级	●	●	●	○	●	●	●	
佩里西皮公园路	不符合当地规划	低整合机会	中财务成本	中等环境问题	中等工程问题	高收益	低（再）开发机会	
评级	○	○	◎	◎	◎	●	○	
美国铝业南北铁路线	符合当地规划	低整合机会	高财务成本	高环境问题	高工程问题	中等收益	低（再）开发机会	
评级	●	○	○	○	○	◎	○	
图例	高●		中◎		低○			

图 17-9　田纳西州诺克斯维尔不同交通通道的评估

来源：Knoxville Transportation Planning Organization, 2013

17.4　通道规划方法

目前已有一些规划指南可以帮助交通规划人员进行有效的通道研究（Vermont Agency of Transportation，2005b；WSDOT，2007；City of Ottawa，2009；Center for Transit Oriented Development，2010；City of Waterloo，2013）。除了技术分析过程外，公众参与贯穿于整个规划过程，为各类感兴趣的和利益相关的群体提供了表达意见的机会。但是，与制定都市区交通规划的公众参与方式（通常包含比较抽象的概念和未明确定义的项目）不同，通道层面的公众宣传工作应更加关注和针对特定的问题。

图 17-10 展示了一个很好的通道规划内容，它是由华盛顿州交通部（WSDOT）作为通道规划的典型目录提供的。正如 WSDOT 所使用的那样，通道研究的重点是识别问题并提出解决方案。这些通道规划满足了地方和地区的规划要求，从而帮助该州实施《增长管理法》。这些通道规划通常聚焦一些关键主题，如路线连续性、通道管理和未来容量需求。

规划内容使用传统方法，即充分记录现有和未来条件，确定备选方案，并使用一套既定的标准来评估备选方案。而且，公众的参与将贯穿整个研究过程。最终的产出是帮助改善通道性能的策略建议。

以下各节将详细描述构成通道规划研究的一些重要步骤。

> **典型交通通道规划研究的内容表**
> **执行摘要**
> - 通道的主要功能。
> - 通道的20年愿景。
> - 通道的目标。
> - 研究过程和公众参与。
> - 优先级建议。
> - 后续步骤总结。
>
> 1）简介
> - 研究目的。
> - 研究区域或通道，包括功能、分类和显著的特征。
> - 通道的历史。
> - 通道位置，包括通道的底图。
> - 利益相关者。
> - 通道的20年愿景。
> - 规划内容。
> - 研究目的。
>
> 2）基本信息——现有条件
> - 通道当前存在的问题。
> - 维护。
> - 安全。
> - 移动性。
> - 环境。
> - 管理。
>
> 3）20年规划期的数据分析
> - 现有条件将如何改变？
> - 建模。
> - 预测。
>
> 4）财政约束——财务假设清单
>
> 5）建议
> - 基于目标的初步建议。
> - 筛选条件。
> - 行动规划——实施行动矩阵。
> - 监测实施的后续行动。

图17-10　华盛顿州通道研究的典型内容

17.4.1　确定愿景、目的、目标和评估标准（与性能指标有关）

与州域（请参阅第15章）和都市区（请参阅第16章）的交通规划过程类似，通道规划应从某种角度出发，了解社区对通道交通系统的需求。然后，在明确愿景之后应该进一步明确目的和目标，这些目的和目标能让系统特征变得更加具体，在此基础上形成评估不同行动和战略的评估标准。评估标准应反映出辖区所制定的总体绩效指标。例如，如果某个地区已将交通死亡或受伤人数确定为一项关键绩效指标，那么通道研究将分析不同策略如何帮助这一特定绩效指标（或帮助实现已确立的目标价值）。

目标声明是确定通道投资预期结果的一般性声明。通道目标需要与都市区交通规划中所阐明的区域目标以及全州范围内适当的规划目标相关联。阐明目的和目标必须成为通道利益相关者之间的一个协作过程，并不断提醒人们通道研究的意图。研究目标是直接源于研究目的的，它在技术过程和适当的社区宣传方面提供了更具体的方向。重要的是，这些目标必须足够具体到可以定量或定性地加以衡量。

下面提供了通道研究的一些示例。

圣地亚哥-帝国郡8号州际公路通道战略规划（Imperial Valley Association of Governments，2009）

目的1：改善区域间合作。
- 目标：建立解决区域间关切的伙伴关系或结构框架。
- 目标：在I-8利益相关方之间建立协作流程来解决共同关注的问题。这些利益相关方包括加州交通局、圣地亚哥地区规划局、IVAG、原住民部落、帝珞和圣地亚哥郡以及其他地方政府。

目的2：维持和改善人员和货物的移动性。
- 目标：在未来20年及以后的时间里，为I-8提供足够水平的服务。
- 目标：改善沿I-8通道的出行时间。
- 目标：减少对单乘客车辆的依赖。
- 目标：实施相应的策略来减少拥堵和改善空气质量。
- 目标：实施相应的策略，将交通系统的管理和运营与总体规划过程相结合。

目的3：提高帝王谷和圣地亚哥郡的生活质量。
- 目标：平衡帝王谷和圣地亚哥郡的就业和住房关系（通过发展更有效的土地使用模式，为各层次的人口提供足够的住房，以匹配人口增长和劳动力需求）。
- 目标：通过优化邻里关系和项目设计，推动步行、骑行等更健康的社区出行方式。
- 目标：制定精明增长原则，例如在主要交通枢纽周围进行以公共交通为导向的开发，并减少与本地或区域交通脱节的地区面积增长。
- 目标：为更好地实施安全战略，将交通安全保障整合到交通规划过程。
- 目标：实施相应的策略来保留I-8通道沿线社区的独特乡村特征和社区活力。

目的4：提高帝王谷和圣地亚哥郡的经济活力。
- 目标：在帝王谷和圣地亚哥郡增加就业机会的数量和多样性。
- 目标：增加劳动力住房供应，保障多元化的就业市场。
- 目标：强化建立在两个地区资产基础上的经济合作战略。

目的5：最大限度地减少经济增长和交通优化对环境的负面影响。
- 目标：通过优化策略来保护栖息地和对环境敏感的陆地。
- 目标：实施气候行动策略来减少来自帝王谷和圣地亚哥地区的交通和碳足迹增长。
- 目标：改善I-8通道沿线的环境敏感性土地。
- 目标：实施相应的策略，保留I-8通道的风景价值。

弗吉尼亚州29号公路通道研究（Virginia，2009）。该通道的愿景是在与利益相关者和公众的多次讨论会后被确定。根据公众意见制定的7个主题成为了该通道的愿景。

- 控制进入通道的入口。
- 影响出入通道的类型/连接的类型。
- 提高整体移动性并减少拥堵。
- 扩展出行方式的选择。
- 鼓励以土地使用和交通为目的而开展的通道规划。
- 增强VDOT的管理作用，从而保护交通投资。
- 保留通道的完整性，使其成为全州的风景资源。

与这一愿景相关的目标包括：
- 使人员和货物高效顺畅地穿过通道。
- 减少交通事故并提高出行安全性。
- 拓展交通方式的选择。
- 扩大现有和潜在的通道内或依靠通道的企业的市场延伸。
- 扩展可以吸引熟练劳动力的领域。
- 帮助所需的领域实现增长。
- 保护并增强该地区对游客和居民的吸引力。
- 提供更全面的出行信息和服务。
- 确保 29 号公路作为国家公路系统中一个能独立发展的部分，帮助国家参与全球经济竞争并以节能的方式运输人员和货物。

大学大道通道研究（Champaign County Regional Planning Commission，2010）。这项交通及土地使用通道研究的愿景是：

"大学大道通道将以适当的密度支持商业、办公、机构和住宅的强化和多样化组合，连接两个市中心、伊利诺伊大学和医学院，并维持相邻的社区的交往。通道将采用多方式交通系统，该系统有助于通道成为社区东西向的主干道，同时支持其他交通方式。优化的建筑设计和街景特色将有助于统筹这条城市通道，并为其注入新的活力。"

以下 7 个目标反映了通道研究建议应解决的最重要原则。
- 促进大学大道沿线有序且有吸引力的再开发。
- 在选定的交叉口开发更高密度的多式联运节点。
- 最大限度地提高整个通道上现有交通网络的安全性和效率。
- 提供从通道到社区其他地方的骑行通道。
- 改善通道沿线的行人设施和安全性。
- 在通道内提供更直接的公共交通服务和更多的公共交通设施。
- 在通道沿线创建一个优化的街道景观，并使其具有统一的元素。

当通道研究是环境影响分析过程的一部分时，其目的和目标（无论明确表达与否）将成为通道意图和需求陈述的一部分（请参阅第 4 章"环境考量"）。科罗拉多州的 I-70E 通道研究和环境分析就是一个很好的例子，它具有以下明确的需求。

- *交通基础设施不足*：I-70 建于 20 世纪 60 年代初，其中，桥梁和排水结构设计可使用 30 年。目前，通道上已有 9 个建筑物超过其预期寿命，并被分类为结构缺陷或功能已过时，需要更换、修复或修理。
- *增长的交通需求*：项目区域正在经历快速的增长和发展。这包括新的开发和再开发领域，并伴随有大量居民和商业活动。通道内的土地使用和发展趋势将带来对交通系统的额外需求。增加通道供给并最大化通道的出行能力对维持经济至关重要。这包括维护和加强通道附近主要活动中心之间的联系。
- *有限的交通能力*：I-70 为越来越多的用户提供服务，包括偏远地区和 DIA 的出行者和游客、区域货车、通勤者和本地交通。这些用户的需求已经超出了 I-70 和相关立交现有的设计能力。在项目区域内，I-70 目前已接近或超过通行能力。根据通道中的位置，每天有 47000～205000 辆车辆（平均日交通量）在项目区域内行驶。2035 年的交通预测表明，I-70 的交通量将大幅增加，机动车承载量将从 11.7 万辆/天增加到 28.5 万辆/天。交通量的增加将导致更长的拥堵时间、更长的延误时间和更大的车祸可能性。
- *安全问题*：在项目区，I-70 交通事故高于州高速公路的平均水平。这些交通事故会造成不可预测且不可避免的交通拥堵，进一步加剧了因超过正常道路通行能力而造成的交通拥堵。I-70 不可预测的交通拥堵增加了该地区的货运公司、雇主、制造商、工商界、通勤者和居民对于安全的担忧，其中通勤者和居民对于日常出行的可靠性十分敏感（CDOT，2014）。

在通道规划过程中，建立方案评估标准是最重要的步骤之一。评价标准，也被称为有效性指标，定义了向决策者和公众提供的信息；因此，它们应该与正在研究的问题直接相关。标准也应该是有意义的，并且应易于被各种各样的利益相关者理解。评估标准将决定技术分析过程的范围和复杂性，影响研究进度和预算，并最终推动决策过程。因此，通道规划师必须考虑如何将标准用作决策过程的一部分。评估标准通常与以下一个或多个系统性能类别相关，具体取决于研究目的和目标：

- 交通性能。
- 环境影响（自然和建成环境）。
- 经济影响。
- 成本。
- 性价比或收益／成本。

每个类别中要考虑的具体标准将反映研究所适用的目的、目标和系统性能指标。例如，华盛顿州通道研究中使用的标准包括：安全利益、移动性利益、公共交通利益、非机动车利益、环境影响、土地使用和政策一致性、成本和公共支持（WSDOT，2009）。

评价标准可能通过规划研究领域本身的若干来源确定。然而，在类似的通道研究之间保持标准一致性是选择这些标准的一个重要因素。评估标准的常见来源包括州域规划、区域和地方规划、项目选择标准（例如，用于确定交通改善计划中优先级的标准）以及拨款资格标准（州和联邦）。

I-11和山间西部通道研究提供了另一个可用于通道研究评价标准的例子。在这个案例中，通道横跨两个州，并期望通道可以扩大到加拿大。图17-11所示为如何使用评价标准筛出最可行的一套方案进行下一步的评估。表17-4展示了筛选过程中使用的标准（i11study，2013，2014）。

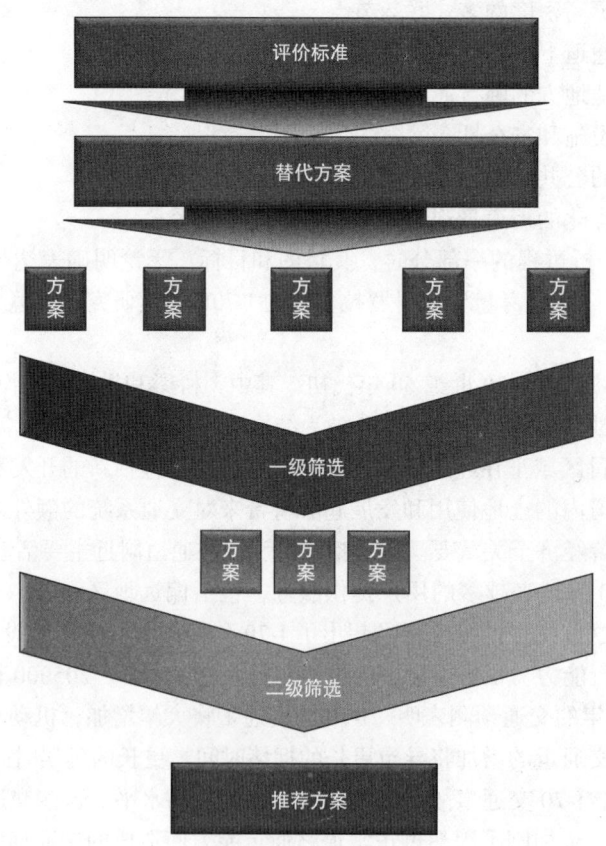

图17-11　山间西部通道研究的评价过程

来源：i11study, 2013

表 17-4　山间西部（Intermountain West）通道研究筛选备选方案的评价标准

评估类别	建议标准
立法	备选方案如何满足立法行动的意图，包括 MAP-21 和 1995 年的《国家公路系统指定法》
系统连接	备选方案如何通过 Intermountain West 连接从墨西哥到加拿大的主要国家和国际活动中心
	备选方案如何在区域和国家交通网络中最直接地弥补空白或发展缺失的联系
	备选方案与相邻路段或区域的连接如何
贸易通道	备选方案如何连接主要货运枢纽和高容量交通通道
模式间的关系	备选方案如何最大限度地利用多式联运（公路、铁路/公共交通和航空）连接的机会
	备选方案在共用空间（公路和铁路）中适应多种交通方式的效果如何
容量/拥堵	备选方案与陆路入境口岸现有条件或预期的改进之间的适应情况如何
	备选方案在缓解内华达州和亚利桑那州的主要活动中心之间和内部现有的和预计的拥堵方面效果如何
经济活力	备选方案对区域、州和全国经济发展目标的支持程度如何
项目状态/交通政策	备选方案与迄今采取的通道相关行动的配合程度如何
	备选方案是否符合当地采用的交通规划
环境可持续性	备选方案与区域开放空间、养护和土地管理机构规划的兼容性如何
	备选方案如何最大限度地减少环境影响（如排水、地形、物种和生物连通性）
土地使用和所有权	备选方案与区域土地使用和增长战略的一致性如何
	备选方案与主要土地所有权模式的兼容性如何
社区接受	当地社区接受备选方案的程度如何
成本	备选方案的总体相对成本是多少，其中 1 是最高的相对成本，5 是最低的

来源：i11study, 2013

设置评估标准的提示

- 将标准集中在研究的关键问题上。
- 保持标准数量足够小，以便在技术分析中易于管理。
- 定义可测量的标准，不要超出分析工具生成信息的能力。
- 使用能够处理多种功能的标准。
- 避免重复的标准，各标准应该相互独立。
- 选择对所研究模式有意义的标准。
- 选择区域内一致的标准。

通道研究应使用对研究目的最有意义的标准。例如，对于位于乡村地区的项目，经济发展的影响可能是最重要的，而在城市地区，交通性能可能是最重要的。重要的是，如果通道研究是环境分析的一部分，而环境分析会产生所需的文件（如环境影响报告），则标准应反映环境法规要求的标准。例如，表 17-5 展示了方案在第一层公共交通评估中使用的一部分标准，其中评估标准必须满足联邦交通管理局（Federal Transit Administration，FTA）的要求。值得注意的是，用于选择推荐交通方式的标准与用于确定选线的标准之间的特异性差异。备选方案组还必须包括必要的基准选项（包括一个不采用任何行动的方案）。

决策者将利用评价过程的结果来决定合适的战略和行动。在这样做的时候，每个决策者都会有意无意地为标准赋权或者明确其重要性。为了帮助这一过程，一些研究明确地赋予了这些标准的权重。例如，在有些研究中，通过项目获得的总点数来反应项目的评分或评级。这将在本章后续部分进行讨论，其他加权标准示例在第 7 章中可以找到。

表 17-5　用于第一层次通道交通方式评估的标准

交通方式标准
- 出行时间竞争力
- 资本成本
- 成本效益
- 易于实施
- 移动性
- 与当地规划的一致性
- 与凤凰城/东谷轻轨项目的兼容性
- 在以前的研究中排除的备选方案

选线标准
- 出行时间竞争力
- 出行的直接性
- 潜在的骑行者
- 靠近活动中心，方便进入
- 无车和低收入家庭的出行便利性
- 以公共交通为导向的发展潜力
- 经济发展潜力
- 易于实施
- 大型商业车行道无法完全通行
- 小型商业车行道无法完全通行
- 单户住宅车行道无法完全通行
- 多户住宅车行道无法完全通行
- 需要额外的 1/4 英里（0.4 公里）街道的交通信号
- 需要额外的 1/2 英里（0.8 公里）街道交通信号
- 沿主干路移除的停车车道里程
- 沿次干路移除的停车车道里程
- 沿线限速 15 英里/时（24 公里/时）的学区
- 路权影响
- 资本成本
- 与当地规划的一致性
- 与轻轨项目的一致性
- 与鹿谷中心区和格兰岱尔连接通道的兼容性
- 在以前的研究中排除的备选方案
- 对潜在历史资源或遗址造成影响的可能性
- 对潜在远古资源造成影响的可能性
- 可能对公园造成的影响
- 对漫滩、河岸地区、关键栖息地造成的影响
- 对主要公用事业造成影响的可能性

来源：Valley Metro Rail, 2004

17.4.2　收集及分析系统性能和条件数据

通道研究通常是针对定期监测交通状况、确定未来需求的区域或地方规划、媒体、公众投诉以及地方官员和其他人关注的问题进行的。问题识别步骤以一种有助于阐明解决问题的方案类型的方式系统地审查这些问题。对这些问题的分析称为通道研究的需求分析部分。通过需求分析，交通专业人员可以审查现状并提出一个研究项目来继续研究或将这个问题的研究推到其他时间或其他情形。

实际上，在说明研究需求时，对于问题的技术评估和公众认知都会被考虑在内。例如，如果公众认为交通拥堵是通道中的一个关键问题，那么这项研究应该更详细地研究拥堵的潜在原因，并相应地调整分析过程，即使规划人员认为交通拥堵不像其他通道那么糟糕。因此，需要关注那些在确定问题和形成通道方案方面能够发挥重要作用的因素。大多数通道规划过程强调使用一个全面和多元的方法。然而，通道研究往往资源有限，因此在问题识别阶段，必须确定最具成本效益的方法来解决影响通道的问题。

> **通道规划研究中的问题识别过程**
> - 包括现有的已知问题以及预期的未来问题。
> - 不要用解决方案来界定问题,而是应该根据不同的问题定义相应的解决方案。
> - 以易于理解的方式说明问题。
> - 充分描述问题,以确定方案。
> - 寻求所有受影响机构就问题达成共识。
> - 以一种与《国家环境政策法》匹配的方式记录问题。

地理信息系统(Geographic Information Systems,GIS)是识别问题区域的重要工具。GIS 以一种易于理解的方式,提供了通道交通系统的条件和性能等重要信息。多年来,基于 GIS 的车祸高发位置识别一直用于说明通道中发生车祸的次数和类型。地理信息系统工具的另一个优点是帮助地方规划机构来确定当地土地使用、分区特征以及环境或社区敏感地区。由于土地使用战略被视为通道研究的一部分,地理信息系统为通道研究提供了有用的信息。在对方案进行评估和评价时,重要的是要对湿地、历史遗产、噪声敏感土地使用(例如医院)和其他影响区域进行梳理。GIS 是提供这些信息和评估潜在通道战略影响的有效手段。

分析系统性能的第一步是审查现有条件,因为它们与研究开始时建立的评估标准有关。根据通道研究的重点和战略类型,所需要收集的性能和资产状况数据范围可能相当大。以下示例来自马萨诸塞州的通道研究,该研究的重点是确定交通流量和交通组织问题以及安全缺陷(Old Colony Planning Council,2010)。该研究收集了现状数据,包括道路特征、土地使用、主要路线交通流量特征、交通速度、重型车辆数据、路面状况、车祸情况、现有高峰时段运营状况、步行/骑行停放设施和服务水平。图 17-12 所示为在分析现有条件时可能找到的典型数据。

根据华盛顿州交通部的通道规划准则,在分析现有条件时应采取以下步骤(WSDOT,2007)。

收集有关研究领域每个交通系统组件的信息,包括:
- 公路和街道(公共、私人、州和当地街道和高速公路)。
- 铁路(货运和客运)。
- 机场(货运和客运)。
- 公共交通服务(公共、私人、普通公民和特殊需要)。
- 骑行设施(位置和路线)。
- 行人设施(位置、信号化和非信号化)。
- 多式联运连接设施和站点(P+R 停车场、铁路和港口货车转换站、自行车、行人和机场接送服务)。
- 公共设施。

通过提出以下问题来定义通道的作用:
- 这是一条州域性质的公路、货运通道、景观通道、北美自由贸易区通道或其他通道吗?
- 旅游业在地区经济中是否具有核心作用?
- 农场到市场是否需要快速货物运输路线?
- 这是繁忙的通勤路线还是主要的货运路线?

研究该地区的土地使用和其他特点:
- 人口普查数据和该州人口统计机构。
- 人口预测。
- 低收入或少数民族人口的位置。
- 就业特征,如上班路程报告、通勤模式研究、劳动力数据和行业的就业统计。
- 市郡两级综合规划中的土地使用假设。
- 通道区域的区划分类和规划的发展。

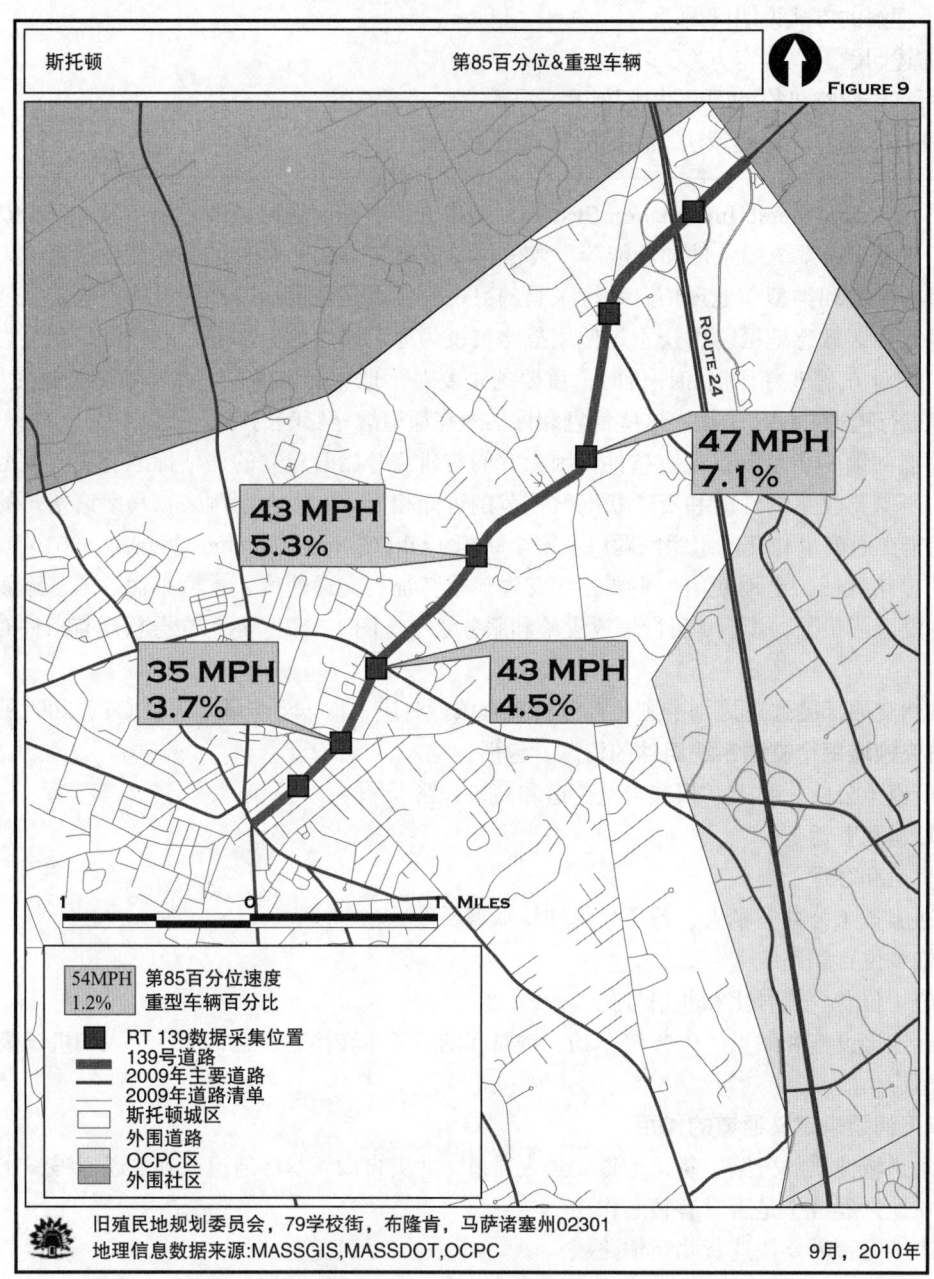

a) 马萨诸塞州斯托顿市第85百分位速度和重型车辆百分比

图 17-12　分析现有条件时可能找到的典型数据

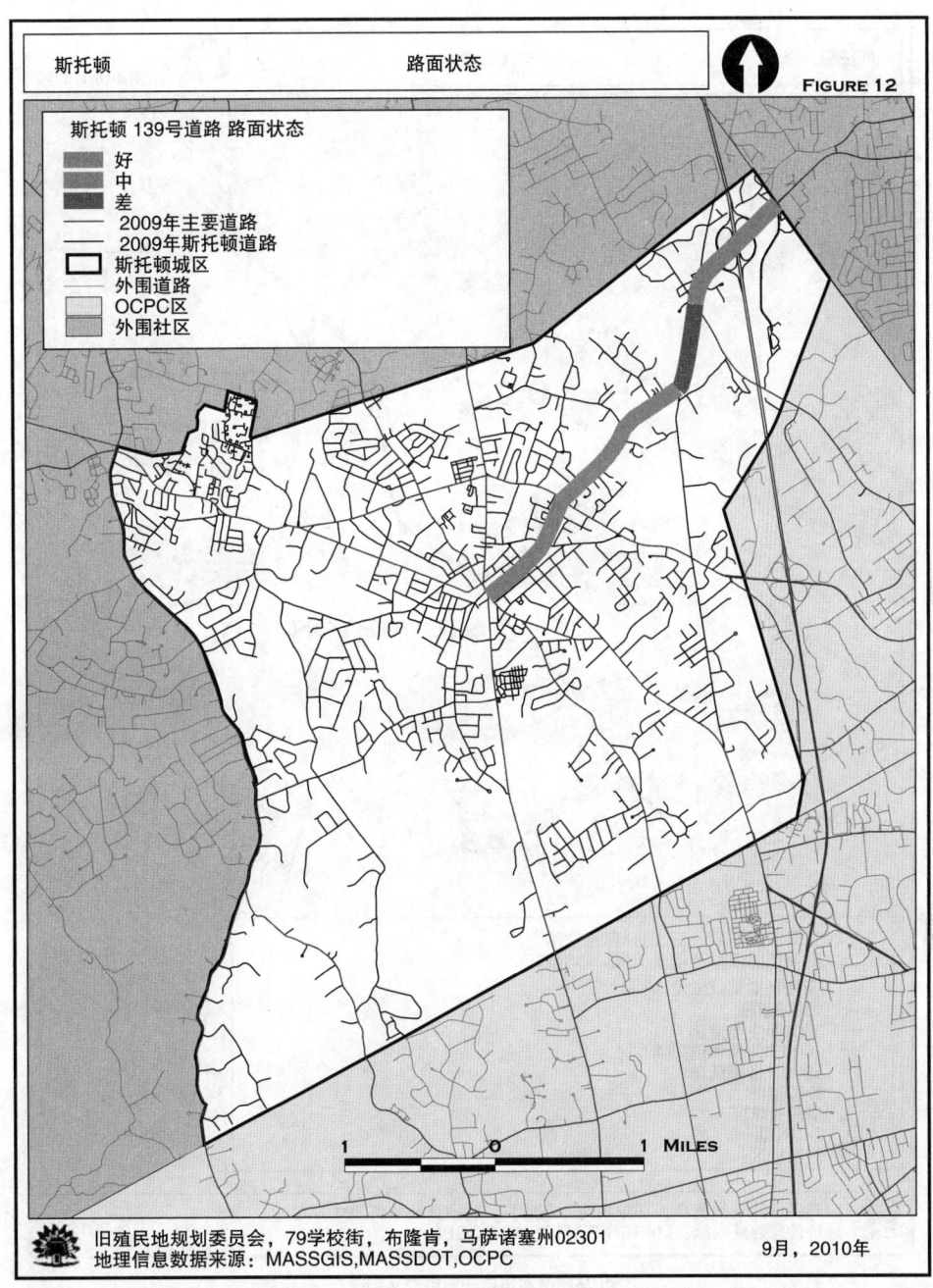

b) 马萨诸塞州斯托顿市路面状况

图 17-12 分析现有条件时可能找到的典型数据(续)

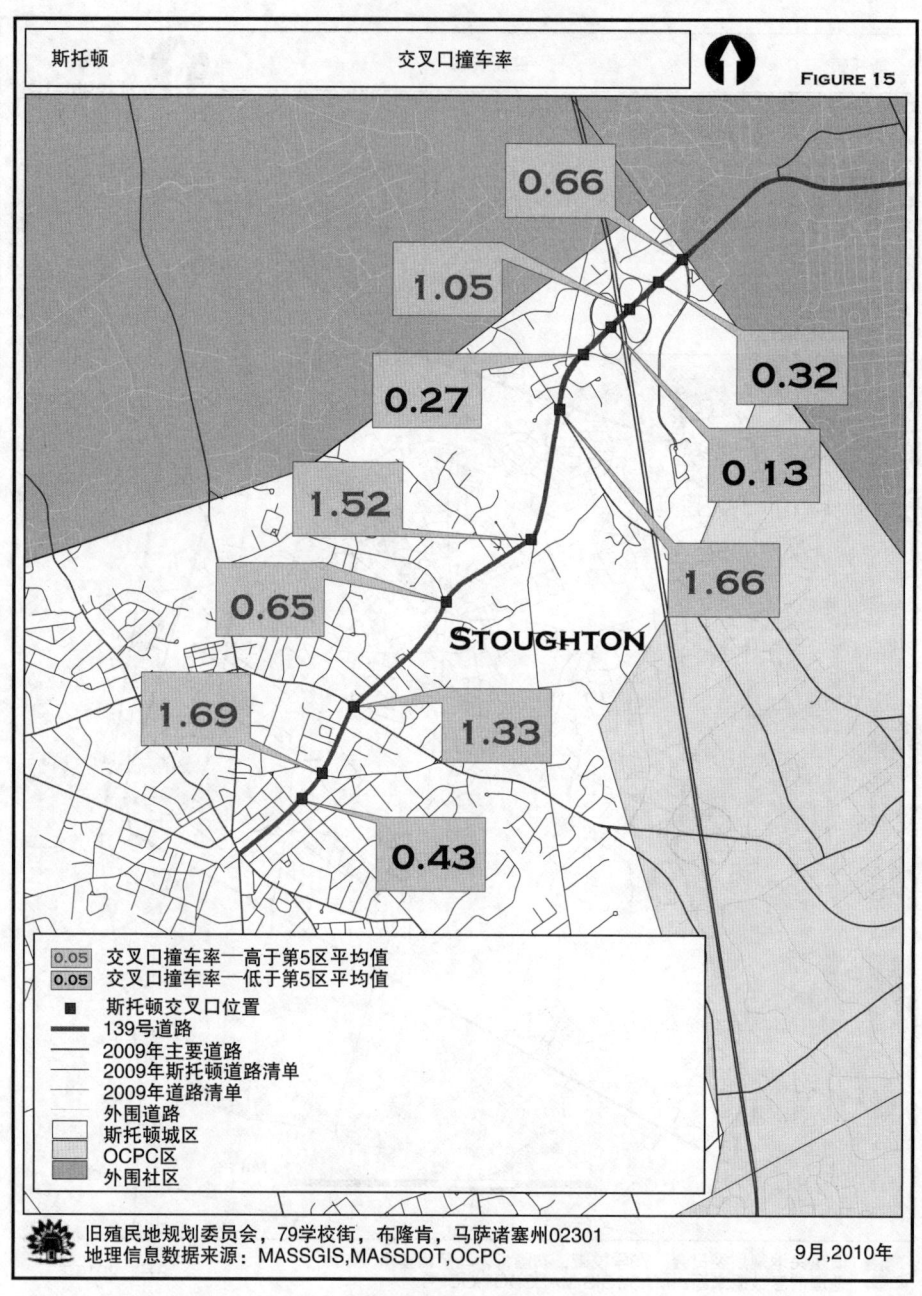

c) 马萨诸塞州斯托顿市交叉口撞车率

图 17-12 分析现有条件时可能找到的典型数据（续）

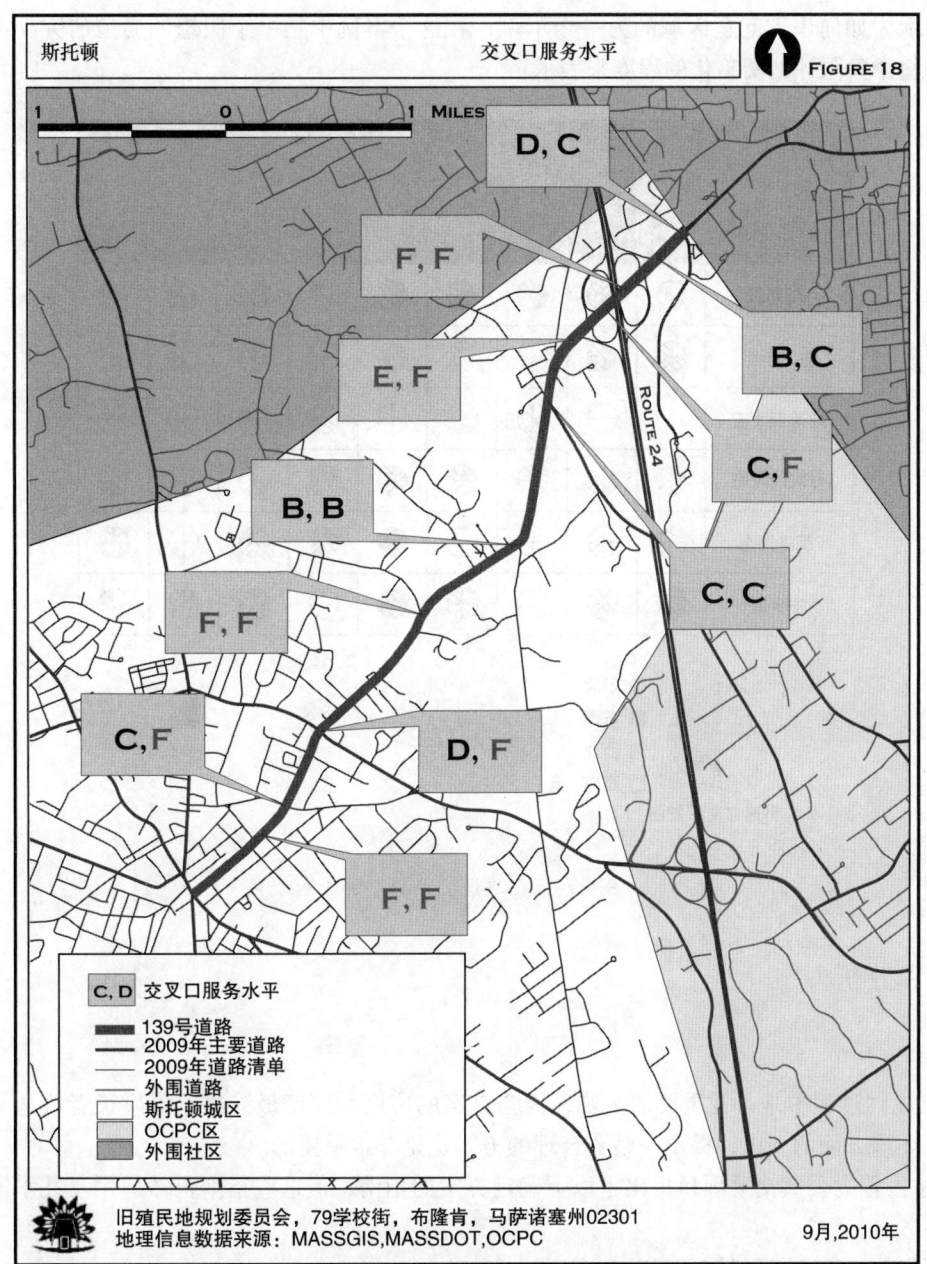

d) 马萨诸塞州斯托顿市交叉口服务水平

图 17-12 分析现有条件时可能找到的典型数据（续）

来源：Old Colony Planning Council, 2010

- 管道和大型公用设施位置。
- 人和社区的特征。
- 历史建筑和遗址及文化资源清单。

确定通道区域中的关键环境因素：
- 适用的联邦、州和地方环境法律、法规和政策。
- 现有的环境研究，包括岩土、水文和土壤类型。
- 主要地质和一般地形特征。
- 环境和社会经济资源及问题。
- 环境资源地图、环境问题列表和需要进一步分析的领域。

图 17-13 所示为如何识别问题区域的另一个示例，在这个案例中是一个假想的通道研究。每个立交所面临的问题的大小由每个象限评估圈暗化的程度来表示。

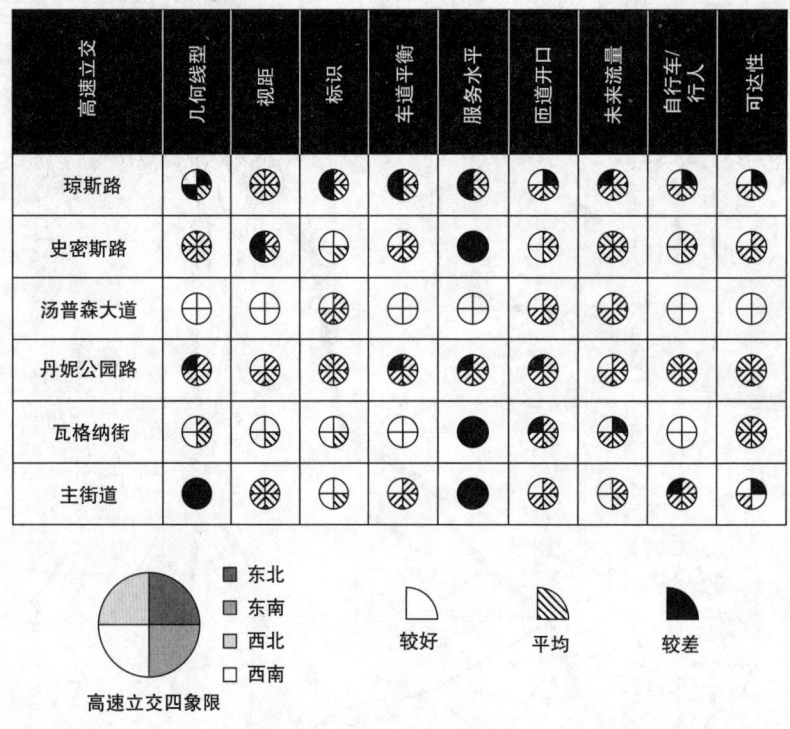

图 17-13　高速公路立交评价

17.4.3　确定和分析方案

1. 确定方案

确定方案在规划过程中是非常重要的一步，因为方案的广度和深度最终决定了决策者可选择的范围。为了满足联邦或州在环境方面的要求，提出一整套合理的方案也是非常重要的。

尽管 FTA 过去曾为公共交通项目提出了以下确定方案的指南，但这些指南仍然适用于几乎所有类型的通道方案：

- 方案必须满足重大交通投资的目的和需要。
- 方案必须包括必要的基准选项。
- 方案应包括所有合理的模式和路线。
- 应包括针对不同目的和目标的方案。
- 方案应包括所有可能成为当地首选方案的可选项。
- 方案应包含适当范围的可选项，且这些可选项的成本不存在重大差距。
- 如果对具体方案的可行性仍有疑问，其他方案应提供相关的后备可选项。
- 方案的数量应易于管理，以便决策者能够切实了解每种方案的影响，并做出明智的选择（FTA）。

虽然应尽一切努力将方案的数量限制在可管理的水平，但研究小组应注意尽可能广泛地纳入各种方案，以审查通道中的问题，并满足决策者对信息的需求。对于简单的项目，方案可以通过一个一步到位的过程来确定，包括"不采取行动"和"采取行动"两种方案。在更复杂的研究中，确定方案通常要经过至少两个步骤：筛选初步方案，然后为后续更详细的研究来识别和评估方案。最初的筛选过程可能包括大量的想法或概念，这些想法或概念通常只涉及几个标准的简单评估。在此过程之后，将制定更详细的方案并进行深入评估。

制定方案的另一种方法称为增量方法。在这个过程中，研究团队最初仅定义少量的方案。然后，用分析获得的观点来优化现有方案或创建新方案。这一进程将根据需要重复执行，直到形成方案的共识。

重要的是，利益相关方必须就制定和评估方案的进程达成一致。同时，研究团队也应该对这些研究不断变化的本质保持敏感，并灵活适应变化。众所周知，通道研究在处理新信息或多变的公众或政治态度的过程时往往是相对滞后的。

通道研究中考虑方案的广度将因不同的研究目的和目标而有很大差异。在一个极端情况下，当地的通道规划将涉及具体道路连接或位置的审查，例如交叉口。在这些研究中，方案可能涉及道路改善或交叉口设计的变化，而交通方式策略的选择可能会非常有限。在城市环境中，通道研究通常包括公共交通服务、步行和骑行出行、城市设计策略和系统运营。由于在许多研究中的策略、行动和方案会非常广泛，交通规划师通常会进行预先筛选，以确定哪些方案可行以及哪些方案存在致命缺陷。根据华盛顿州运输部的规定，此类筛选标准应考虑：

- 每个选项如何满足为研究领域设定的愿景和目的。
- 每个方案的成本。虽然在范围界定过程中将调整在规划层面的成本预测，但在此步骤中，这些预测非常重要。确定低、中、高不同成本的选项。
- 每个方案对研究领域的影响，如环境资源及其在环境问题和法规方面的可行性。
- 每个方案与当地和区域交通规划目标和优先事项保持兼容性和一致性的可能。
- 每种选择如何改善对重要教育、医疗、主要就业或娱乐设施的可达性（WSDOT，2007）。

都市区、非都市区、区域和州域通道规划可能涉及许多不同的交通方式策略，并通常由通道研究的目的而定义。例如，一项侧重于公共交通投资的通道研究不太可能审查公路容量扩展方案（除非包括公共交通）。丹佛地区政府议会（Denver Regional Council of Governments，DRCOG）实施了一项区域通道方案，对该区域交通系统内的重要通道进行审查，以便进行有针对性的投资，从而提高系统性能（DRCOG，2011）。鉴于该方案中的通道数量庞大，DRCOG 确定了下列不同策略类型，几乎每条通道都可以考虑。

整体
- 协调土地使用和交通决策与实施。
- 支持城市中心和以公共交通为导向的发展（TOD）。
- 以对环境负责的方式完成项目。
- 维护现有基础设施，包括路面、地下、桥梁、交通管理设备和设施、通信网络、P+R 停车场、车站、铁路线、多用途小道（骑行车道）以及人行道。
- 在独立项目或在更大的项目中进行安全改善。
- 通过区域脆弱性评估确定关键的交通系统基础设施；根据需要确定或部署关键基础设施的防护措施。

公共交通设施和服务
- 在公共交通站点、P+R 停车场和公交车辆上构建安全和安防功能。
- 根据不断变化的乘客需求对公共汽车路线进行完善。
- 在整个系统中构建定时换乘点。
- 为交通设施与邻近社区和开发项目之间提供步行和骑行连接通道。
- 在交通设施和交通工具上提供自行车停放设施。
- 在适当的车站和 P+R 停车场周围建造 TOD 项目。
- 随着固定线路服务的扩展，增加区域交通区（Regional Transportation District，RTD）的无障碍 ADA 公共交通服务。
- 增加针对老年人、残疾人、低收入者和乡村居民的公共交通服务。

出行需求管理

基准假设：区域方案将促进和提升所有通道中替代出行模式的使用，包括拼车、远程办公、多样化的工作时间安排和高效的场地开发设计。

道路项目的物理改进
- 对当前设计标准进行改进。

- 改善匝道末端和主干道交叉口，以满足未来交通流量需求。
- 在适当位置提供加速/减速车道。
- 在高速公路和非城市干道上修建标准铺砌路肩。
- 在城市干道上提供适当的路缘石/排水沟/人行道路段。
- 为街上骑自行车的人提供适当的空间或设施设计。
- 在行人活动场所提供适用的人行横道标志和装置。
- 在适当位置提供公共汽车专用道和停车区。
- 根据需要安装交通信号灯。
- 根据特定的州公路接入类别控制对主干道的接入。

相关通道基准假设的系统管理策略

- 通过将所有道路交通和公共交通运营中心与应急管理中心进行连接，来部署先进的交通管理系统（Advanced Transportation Management System，ATMS）。ATMS包括事件管理、区域交通控制和多式联运协调。通过建设和使用有效的、可靠的、经济高效的通信基础设施，来实现运营中心之间的连接以及从运营中心到现场设备的连接。
- 运营和维护（CDOT）区域先进的出行者信息系统（ATIS）/51服务。建设并使用有效的、可靠的、经济高效的技术，收集出行者数据，并向车辆驾驶人和公共交通旅客发布出行者信息。
- 制定、实施和维护统一的区域事故管理规划。

高速公路

- 计量拥挤的高速公路匝道上的交通流量；将匝道流量仪与相邻的主干道信号集成。
- 建设或运行全网络监控；向区域 ATIS 提供信息。
- 在部署监控的地方进行事故检测。
- 建设或使用动态信息标志（Dynamic Message Signs，DMS）来发布实时交通信息，包括实时停车场占用率和公共交通停车方案。
- 编制、实施和维护与区域事故管理规划一致的。通道事故管理规划；沿主要事故分流路线运行交通响应信号控制。

收费道路

- 维护/升级电子收费系统。
- 使用收费标签部署/操作监视点，向区域 ATIS 提供信息。
- 部署/操作选择性（非全面）监视，向区域 ATIS 提供信息。
- 部署或使用 DMS 发布实时交通信息，包括区域 ATIS 的实时停车场占用率和公共交通停车方案。
- 根据统一的区域事故管理规划，编制、实施和维护通道事故管理规划；沿主要事故分流路线运行交通响应信号控制。
- 运行收费公路服务巡逻。

主干道

- 根据 CDOT 或市/郡通道管理要求或通道管理规划的情况下安装信号系统。
- 使用信号系统操作现有及新的交通信号，以控制地面街道。
- 定期更新交通信号配时/协调规划。
- 必要时考虑采用先进的信号控制策略。
- 在靠近停车场、公共汽车换乘点的信号交叉口以及交通繁忙的通道，有选择地实施/运行公共交通优先的信号配置。

公共汽车

- 在 P+R 停车场和公共汽车上实施/运行交通安全措施。
- 在 P+R 停车场和关键换乘点向公共汽车用户发布实时公共汽车到达/离开信息，并向区域 ATIS 和其他可用渠道提供信息。
- 采集停车场的实时停车位占用情况；向区域 ATIS 提供信息。

下面介绍通道研究中考虑的一些策略和行动的例子。表 17-6 展示了佛罗里达州的 I-75 州级通道研究正在考虑的行动和策略类型（Florida DOT）。其中策略的覆盖范围很广，从增加州际公路车道到管理运输需求，再到对货运平行铁路线进行投资。

表 17-6 佛罗里达州交通部在 I-75 通道研究中考虑的策略

策略类别	具体行动
增加平行通道的容量，开发新的平行通道	在主干道上增加车道，改善当地交叉口和运营方式，新建道路和分离式立交，以改善当地的连通性
交通系统管理和运营（Transportation System Management and Operations，TSM&O）	虚拟货运网络，智能交通系统（Intelligent Transportation Systems，ITS）
管理车道	多乘客（High-occupancy vehicle，HOV）车道、货车专用车道、可逆车道、快速车道、车辆限制车道、公共汽车专用道
多式联运物流中心（Intermodal Logistics Center，ILC）	ILC 可称为内陆港口、货运活动中心（Freight Activity Centers，FAC）、货运站或货运村
海洋公路	海上公路和短途海运
平行货运铁路通道	CSX，诺福克南部，佛罗里达州北部，塞米诺尔海湾铁路
客运铁路服务	高速铁路，通勤铁路，轻轨，美国铁路公司
区域内公共交通服务	跨郡公共汽车服务，快速公共汽车服务，BRT 系统
交通需求管理项目	拼车、合乘、快递公共汽车服务、停车换乘（P+R）、远程办公
增加 I-75 容量	添加全能车道，添加交叉口，添加辅助车道，改进运营

来源：FDOT, undated

表 17-7 说明了加利福尼亚州圣巴巴拉郡多式联运通道规划中道路、交通、智能交通系统（ITS）和需求管理策略的范围，以解决当前和未来的拥堵（Santa Barbara County Association of Governments，2006）。

表 17-7 美国 101 通道研究的多式联运策略（加利福尼亚州圣巴巴拉郡）

- 在米尔帕斯以南至郡界线的两个方向增设拼车/多乘客车道——主要公路改善措施
- 增加卡马里奥/奥克斯纳德到戈利塔的通勤铁路——主要的替代交通元素
- 指定新的多乘客车道——鼓励交通需求管理
- 为轨道交通和区域公共交通增加配套的快速公共汽车和班车——替代交通元素——可能的早期行动项目
- 将当地公共汽车与班车和轨道交通与区域公交交通连接起来——替代交通元素——可能的早期行动项目
- 通过信号优先、跳过排队、凸出式公共汽车站等方式在选定街道实现公共汽车优先——替代交通元素——可能的早期行动项目
- 奖励拼车/合乘/减少出行——TDM 元素——可能的早期行动项目
- 鼓励远程办公和柔性工作/弹性工作时间——TDM 元素——可能的早期行动项目
- 按管辖权调整停车费率——TDM 元素——可能的早期行动项目
- 个性化的宣传推广——TDM 元素——可能的早期行动项目
- 在选定的匝道增加容量和安装车流检测设备——运营管理
- 使用下列智能运输系统技术告知出行公众，以实现平顺运营：
  - 高速公路维修巡视——运营管理——早期行动项目
  - 511 电话和互联网交通报告——业务管理
  - 可变信息标志——运营管理——早期行动项目
  - 公共汽车站的 GPS 实时到达信息——运营管理
  - 米尔帕斯北部的阶段改进
- 通过实施所需的运营改进措施来解决当前交通拥堵热点——主要的公路改善措施
- 通过积极的需求管理和合乘项目，主动减少高峰时段的交通量——TDM 元素
- 监控在实施运营改进、通勤铁路、TDM 和共乘、智能交通系统和总体规划更新之后的额外 101 项改进的需求
- 如果有需要并且在有资金来源和社区支持的情况下，可以增加辅助车道或额外车道

来源：Santa Barbara County Association of Governments, 2006

在选择主要公路通道方案时，货运也是一个重要的考虑因素。货物流动性需考虑道路（货车运输）和铁路方面的因素。虽然通过改善一般交通流量有助于货车运输，但在通道规划中仍需解决货运的技术和体制问题。以铁路为导向的策略通常也遵循类似但独立的研究过程。然而，在许多情况下，铁路和公路策略必须相互衔接，以提供完整的通道流动性。国家合作公路研究项目（National Cooperative Highway Research Program，NCHRP）第594号报告将货运纳入交通规划和项目选择过程，同时制定了一个将货运需求纳入交通规划的框架，并主要侧重于通道规划（见第22章"将货运纳入交通规划"）（Cambridge Systematics et al，2007）。如报告所述：

> "一种更有效地将长期目标与近期行动联系起来的方法，是明确有助于州域或区域经济竞争力、流动性或生活质量的关键货运通道和设施。在一份长期规划文件中，明确关键的货运通道和设施有几个重要的好处。首先，它可以为货运规划提供结构和重点，特别是在州域范围内，允许各州和MPO将潜在投资集中在对经济竞争力、流动性或生活质量有最大影响的通道和设施上。虽然不需要确定具体的项目，但应确定关键货运通道并概述这些通道的具体目标（例如，改善港口/联运设施的通道，采用ITS技术改善流量，以及改善公路设施的使用，以促进经济发展），从而提高各州和MPO确定特定货运项目的能力，并帮助确保这些项目符合州域或区域目标。"

必须认识到，策略并不等同于方案。例如，一项研究可以考虑一项交通策略或侧重于更好的土地开发政策的策略。然而，这种策略并不是具体的方案。大多数主要的通道方案由策略组合而成，每个方案都满足通道的部分需求。在一些备受瞩目的研究中，不同利益集团提倡的策略如果不给予全面的评价，就需要认真考虑。对于研究团队而言，其所面临的挑战是将最佳策略组合成一组代表了合理差异并值得评估的方案。

基准方案。所有评估，而不仅仅是通道研究的评估，都需要有比较的基准。大多数研究选择"不采取行动"、"什么都不做"或"基准条件"的方案作为参考框架。"不采取行动"的方案，乍一看是相对简单的，它意味着不做出任何改进。实际上，确定"不采取行动"方案需要与研究利益相关方进行大量的思考和互动。

表17-8展示了在基准条件下确定项目的各种备选方案。大多数基准条件包括已获得全额资金的项目。挑战往往在于项目是真正获得全额资金，还是仅仅承诺提供资金。承诺的项目是那些可能发生、但目前可能没有充分资金的项目。

表17-8 基准条件的选择

基准条件选项	优势	劣势
在可行的都市区交通规划（MTP）中使用项目	大多数情况下最合乎逻辑 代表了在区域基础上审查和核准的一套条件	如果MTP项目不能代表所分析通道在财务限制下的合理条件，那么可能不是最佳选择
仅使用TIP中的项目	保证项目会在目标年周期内启动	如果有很多拟定项目，那么实际情况可能会更差
使用一组被利益相关者认为合理的可资助项目	可以解决被认为是不切实际的MTP这种两难问题	需要更多的时间来识别基本条件 如果不达成广泛认同，则可能会受到质疑
如果未来通道的重大改进存在不确定性，就使用双基准条件，并测试不同方案针对每种基准条件的敏感性	可以消除依赖于未来其他项目的决策的不确定性 如果通道的潜在改善是更大潜在改善的一部分，那么这种方法尤其有利	增加分析方案所需要的资源（但并非所有方案都可能需要敏感性分析）

来源：Smith, S. 1999, 在the Transportation Research Board的允许下复制。

通常情况下，会定义2个或2个以上的基准条件——短期或开端年，以及长期设计年或目标年（通常是未来20~30年）。短期定义更容易，因为这一时期通常与已知并采纳的6~10年资助周期一致。长期的"不采取行动"的方案更难界定。许多机构保守地只与受资助或承诺的定义进行比较。其他机构将州域和都市区交通规划中的项目作为基准条件的首选，因为根据定义了财政约束的规划，应仅包含有资金支持的项目。然而，在现实中，项目的优先次序会发生变化，未来几年的收入估计往往是不确定的。重要的是要确定最合理的一组条件为各种"行动"方案提供参考。

为主要的大容量公共交通（例如，铁路或快速公共汽车交通系统）的方案研究选择一个基准条件是具有挑战性的。大容量公共交通方案的成功潜力在一定程度上取决于在基本区域交通系统中假定的其他交通的投资水平。如果不假设存在其他区域性交通改善项目，就很难评估一个大容量公共交通通道。这些改善可能因通道或交通策略的不同而有所不同。

智能交通系统或收费公路等策略是选择基准条件的另一个挑战。例如，一个收费通道项目可能与在附近高速公路上增加车道一起进行审查。评价高速公路车道扩展的适当基准条件是没有增加车道的"不采取行动"高速公路，而收费方案的适当基准条件是有增加车道的高速公路。这就造成了在一个单一的通道规划中有多个基准条件的可能性，并且解释起来很有挑战性。

关于未来土地使用的假设可能是界定基准条件的另一个挑战。一般而言，基准条件应包括在给定研究年度关于区域土地使用的预测。基准年方案中应采用一致的土地使用假设。如果要在研究中考虑土地使用的变化，通常会将其引入建设方案中。

最后，在研究过程中或研究结束后，由于土地使用预测的变化或该地区交通规划中包含或排除了一个主要的交通设施导致基础条件发生变化的情况是很常见的。在这种情况下，管理机构应以直截了当的方式解决这个问题，以确定：①这种变化将对研究结论产生什么影响；②这种影响是否可能发生。在后一种情况下，可进行敏感性试验，以此来确定可能对结果产生影响的范围。在这一点上，可以决定是记录灵敏度测试的结果还是进行更详细的分析。

交通系统管理（Transportation System Management，TSM）方案。多年来，在美国，任何寻求联邦政府支持的公共交通投资方案分析都必须包括交通系统管理（TSM）方案。TSM 方案被认为是解决通道内问题的低成本方法。在联邦方案分析过程中，TSM 方案被视为与所有其他投资方案进行比较的基准。自由贸易协定（FTA）的技术指导将 TSM 方案定义为"无须建造新的交通通道就可以实现最佳的移动性。一般而言，TSM 方案强调通过运营和小规模实体改善来提升交通服务水平，再加上通过交叉口改善、小规模道路加宽和其他重点交通工程行动为选定公路进行升级"。

MAP-21 和后续法规取消了对特定 TSM 方案的要求，并将增量变更的比较点定义为现有系统或"无建设"方案。"无建设"方案包括 TIP 中承诺的交通投资（如果项目是 10 年期的）或者现有系统加上受财政约束的长期交通规划中包含的项目（如果项目时间跨度为 20 年）（FTA，2013）。

2. 分析方案

用于分析通道方案的工具差别很大，具体取决于研究的范围和广度、司法管辖区内的常见做法以及研究范围/预算。分析方法应与研究早期确立的评价标准密切相关。这种联系是研究小组在通道规划过程的早期应建立的联系。研究团队应将分析资源集中在最重要的问题上，避免对那些不太重要的话题过度使用数据。由于许多通道研究涉及两个或更多具有不同细节水平的阶段，因此分析方法应该适合于正在做出的决策。

筛选级别的分析通常使用广义出行模型输出的结果来进行，以确定各种方案的相对性能。在这个层面上，花费大量资源来完善出行模型的结果可能是不合理的。然而，一旦可选方案的数量减少到一个较小的集合，通常就需要精确的数据来审查每个可选方案的详细性能。通道研究中使用的分析方法和分析工具类型与其他交通研究中使用的分析方法和分析工具相似，包括数据收集、出行需求模型、规划描述模型和交通运营模型。事实上，许多相同的模型和工具只是在比区域层面更小的规模上使用。根据之前描述的华盛顿州交通部的通道规划步骤清单，我们认为每个问题都需要某种形式的分析。华盛顿州交通部还确定了一些交通规划人员可以用来分析通道性能或其中一些因素的工具，包括：

- 用于分析环形交叉口运行的微观仿真模型。
- 交通数据分析和报告电子表格。
- 出行需求模型。
- 公路通行能力软件。
- 路线优化模型。
- 信号交叉口模拟工具。

- 信号交叉口优化和服务水平分析工具。
- 交通数据管理程序。
- 多交通方式微观仿真模型，用于分析高速公路、交叉口、主干道和公共交通运营，尤其是公共交通信号优先级。
- 识别和评估潜在一氧化碳空气质量问题的模型（WSDOT，2007）。

此外，指南指出，出行需求调查和OD调查也经常用于通道研究。

读者可参考第2章（出行特征及数据）、第3章（土地使用与城市设计）、第4章（环境考量）、第6章（出行需求与交通网络建模）、第9章（道路和公路规划）、第10章（交通系统管理和运营）、第12章（公共交通规划）、第13章（步行和骑行交通规划）、第14章（出行需求管理）、第22章（将货运纳入交通规划）和第23章（安全性规划——交通规划过程中的安全考量），以进一步说明可用于审查不同类型的交通和土地使用策略的分析工具。

17.4.4 评估方案

优秀的规划实践以及联邦和州环境法规都要求对方案的影响进行一致和有效的比较。评估是将每个方案基于主要评估标准的分析结果进行比较的过程。每个方案还会与一个共同的参照系（通常是基准条件）进行比较。就已确定的研究目标以及为该地区交通系统确定的性能指标而言，必须在内部与评价标准保持一致。以下示例阐述了通道研究中评价过程的不同方式。在某些情况下，规划人员使用定量方法来评估方案的相对价值；另一种评估方法是完全定性的；而在其他情况下，则是两者的结合。

图17-14所示为伊利诺伊州香槟市道通道研究中土地使用和交通场景的概念。该研究侧重于土地使用/城市设计和交通策略，这些策略会共同影响出行行为。该研究使用出行需求模型来确定不同情景对出行特征的影响。

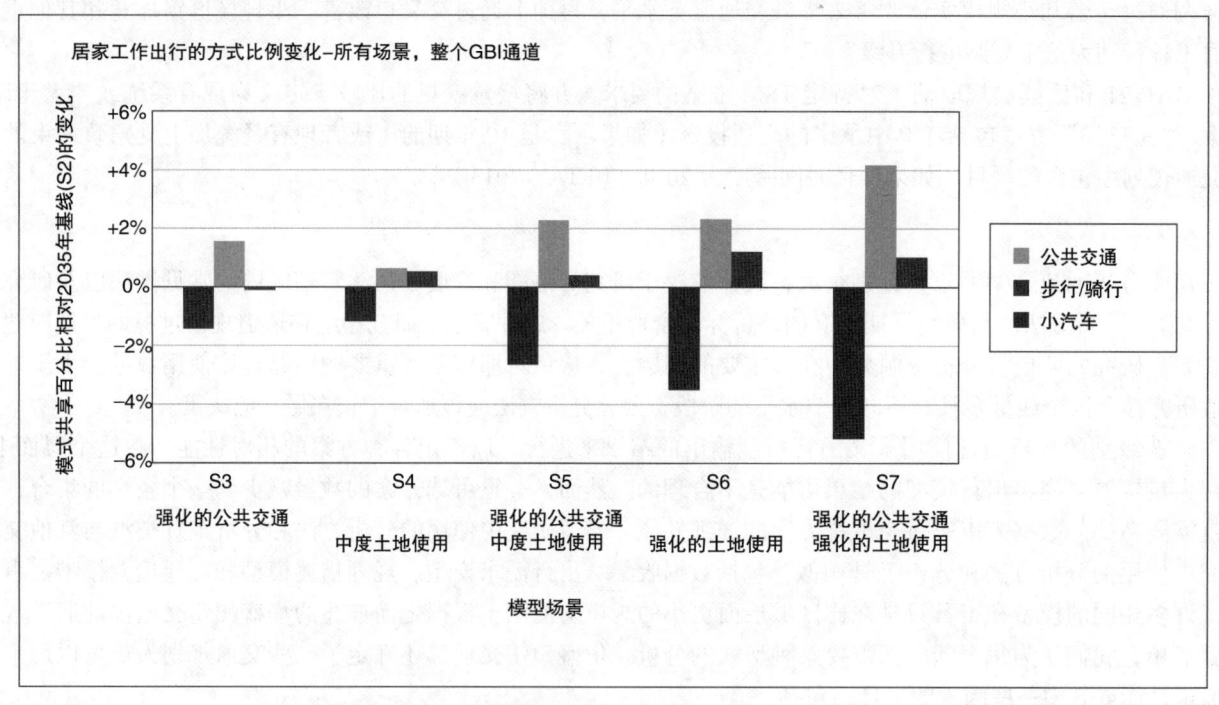

图17-14　伊利诺伊州香槟市不同方案的评估
来源：Grand Boulevard Initiative, 2010

表17-9展示了一个典型的方案评估。这个表格称为影响矩阵（见第7章"评估及优先级排序"），用来介绍对研究有重要影响的定量和定性评估。决策者利用这类信息并根据提供给他们的所有信息来选择方案。

图17-15所示为通道评估的定性方法。在此示例中，佛罗里达DOT正在研究提高I-75通道性能的不同策略。每个策略如增加平行通道、管理车道、客运铁路服务等对于通行能力的相对影响是通过与通道目标相关的每列符号的数量来表示的，例如，提高移动性、提供应急响应、促进经济发展等。这些评估是由FDOT工作人员实施的。

表17-9 威斯康星州39/90号州际环境影响评估矩阵示例

环境问题	测量单位	方案/阶段			
		未建设	道路内建设	道路外建设	重新建设
成本					
建造	百万（美元）	0.00	410.40	445.80	415.20
地产	百万（美元）	0.00	6.20	7.50	6.70
土地转换					
转换为路权的总面积（ROW）	英亩	0	126.6	418	288.8
	公顷		52.3	160.3	92.7
转换为路权的湿地面积	英亩	0	12.1	16.8	14.2
	公顷		4.9	6.7	5.8
转换为路权的高地面积	英亩	0	18.6	31.0	12.622
	公顷		7.6		9.2
转换为路权的其他土地面积	英亩	0	23	59	57
	公顷		9	24	23
地产					
受影响农场数量	个	0	25	212	128
所需农场作业总面积	英亩	0	75	311	135
	公顷		30	126	55
是否需要AIS	是/否	否	否	是	是
耕地评级	评分	—	—	—	—
建筑需求总数	个	0	0	0	0
住房需求	个	0	0	0	0
商业建筑需求	个	0	0	0	0
其他建筑或构造物需求	个	0	0	0	0
环境问题					
河漫滩	是/否	否	否	否	否
河岔口	个	10	10	10	10
濒危物种	是/否	否	否	否	否
历史遗迹	个	0	0	1	0
考古遗址	个	0	0	0	0
106谅解备忘录	是/否	否	否	否	否
4项评估要求	是/否	否	否	否	否
环境公正问题	是/否	否	否	否	否
空气质量许可证	是/否	否	否	否	否
设计年噪声敏感人群	个	941	1776	1776	1776
没影响	个	19	36	36	36
有影响	个	922	1740	1740	1740
超出分贝水平	个	922	1740	1740	1740
污染地	个	0	5	5	5

来源：Wisconsin DOT, 2005

在许多情况下，方案评估还包括性价比分析或某种形式的成本效益评估。在这种情况下，结果通常被纳入评估矩阵，类似于表17-9所示的影响项，作为在选择方案时所需要考虑的另一个影响类型。这样做的一个关键原因是项目效益需要用货币来确定，至少在性价比分析法中是这样。对于许多类型的影响项来说，这是一个重大挑战。有关通道规划研究中可以使用的不同评估方法的讨论，见第7章。

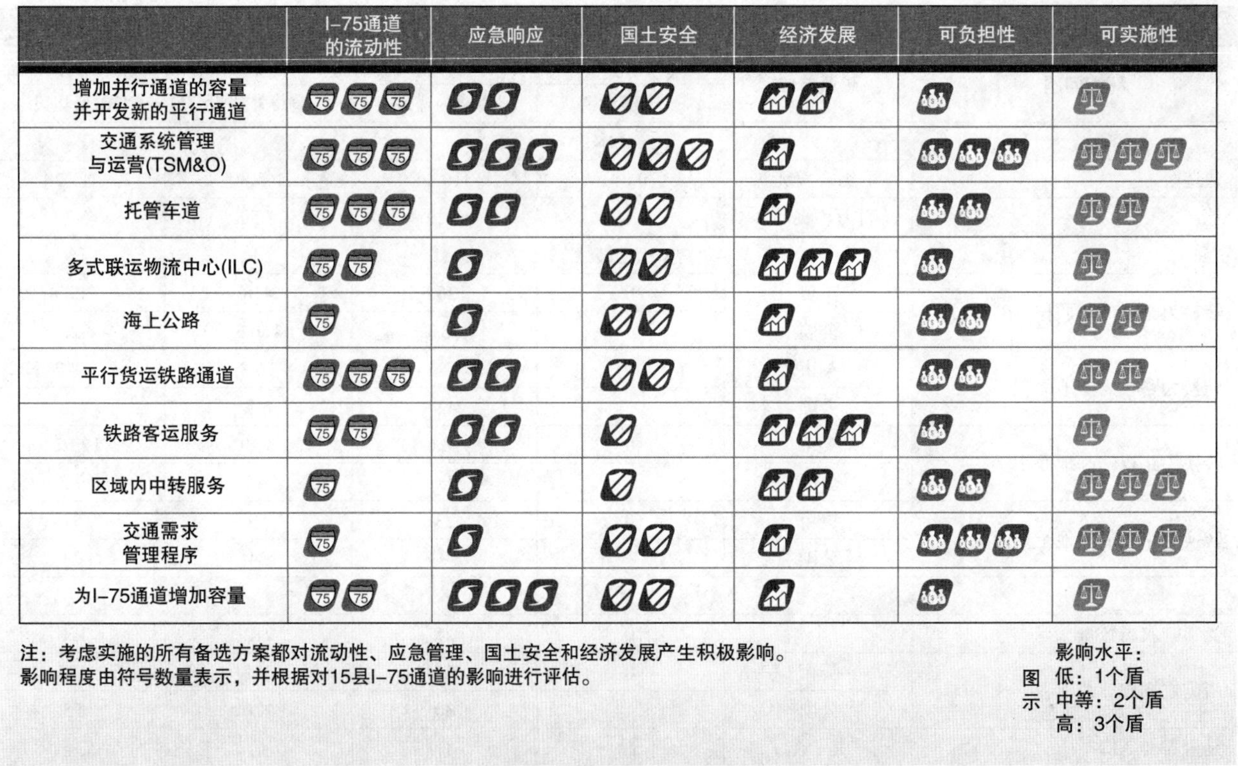

	I-75通道的流动性	应急响应	国土安全	经济发展	可负担性	可实施性
增加并行通道的容量并开发新的平行通道	75 75 75	●	●●	●●	●	●
交通系统管理与运营(TSM&O)	75 75 75	●●●	●●●	●	●●●	●●●
托管车道	75 75 75	●●	●●	●	●●	●
多式联运物流中心(ILC)	75 75	●	●●	●●●	●	●
海上公路	75	●	●●	●	●●	●
平行货运铁路通道	75 75 75	●●	●●	●	●●	●
铁路客运服务	75 75	●●	●	●●	●●	●
区域内中转服务	75	●	●	●	●●	●●
交通需求管理程序	75	●	●●	●	●●●	●●
为I-75通道增加容量	75 75	●●●	●●	●	●	●

注：考虑实施的所有备选方案都对流动性、应急管理、国土安全和经济发展产生积极影响。
影响程度由符号数量表示，并根据对15县I-75通道的影响进行评估。

影响水平：
图示 低：1个盾
中等：2个盾
高：3个盾

图17-15　I-75通道策略有效性的主观评估（佛罗里达州交通部）

来源：[FDOT, undated]

在许多通道研究中，评估的另一个方面是分配分数或使用其他方式确定优先级。在第7章关于评估的内容中介绍了其中的几种方法。表17-10展示了在科罗拉多州柯林斯堡的通道研究中对不同评价标准分配权重的方法。通道团队根据重要性将每个标准从1（低）到10（高）进行评级。然后，每个标准都进行了权重平均。确定权重后，再对每个方案进行评估，并按从0到1的等级进行评级。最后的分数计算为评分乘以权重的乘积。

表17-10　科罗拉多州柯林斯堡制定优先级权重的示例

类别		标准权重	
表现	最小	最大	平均
载客量	4	10	7.1
公共交通乘次	4	10	6.8
移动性	4	9	7.4
车辆行驶里程	4	9	6.5
东/西主干道时间	3	10	6.4
机动车/公共交通通道行驶时间	4	10	7.9
成本效益	最小	最大	平均
资本成本	3	10	7.7
总年化成本	4	10	8.2
每个公共交通用户的年化成本	4	10	7.8
环境影响	最小	最大	平均
空气质量	3	10	7.6
住宅和商业流失	2	10	6.3
噪声	3	10	6.9
视觉/美学	6	10	7.9
光照	3	9	5.8

来源：City of Ft. Collins, 2001

许多评价技术还使用某些标准"权重"高于其他标准的方法。这可以通过确定目标优先级来完成（例如，如果安全对目标而言比降低成本更重要，那么一个方案的成本高，但产生的预期事故更少，则排名会比较高）。在初始目标识别步骤中，确定目标和标准的权重可能是有用的。

澳大利亚昆士兰州交通部在昆士兰州东南部开展了一项提高公共交通服务性能和确定未来车站位置的通道研究，这项研究采用了一个更为复杂的通道方案的评分过程（PB and Queensland Department of Transport and Main Roads，2009）。

21项标准被用来评估不同的选择，这些标准包括：

交通集成
- 吸引乘客的潜力（车站位置产生用户吸引）。
- 网络效率（公共汽车和铁路网络运营效率）。
- 交通方式集成/公共汽车换乘（公共汽车、铁路和道路集成与交换）。
- 流量/网络渗透性（道路网络功能如何，例如，分离和网格结构）。

工程成本
- 施工成本（铁路和道路影响）。
- 运营和维护成本。
- 工程合规性，可施工性。

经济
- 促进新的零售。该选项能在多大程度上实现总建筑面积（GFA），促进投资、创造就业机会和时机？
- 产生居住密度。该选项能在多大程度上实现总建筑面积（GFA），促进投资、创造就业机会和时机？
- 轨道和土地使用的开发顺序。交付各种开发组件的时机和该选项支持这一点的能力，例如，卡布尔彻至马鲁基多尔通道的预研究。

城市营造
- 在街道和街景层面上衡量建筑构造的质量，以及对建筑构造的投资和投资时机。
- 紧凑型城市核心。
- 安全。

自然环境
- 对科梅河（Cornmeal Creek）/其他水体的影响。
- 其他自然影响（例如，重要的植被）。
- 洪水风险和气候变化。
- 土壤和地质学。

社会环境
- 施工噪声和振动。
- 运营噪声和振动。
- 视觉和谐。
- 对现有业主的影响（影响范围、业主数量和业主类型——考虑业主的接受程度）。

有趣的是，标准的数量是有意在相对较"硬"的交通成本和工程标准与相对较"软"的自然和社会环境标准之间取得平衡。

成对比较是在每个标准对之间进行的，例如，标准A先与标准B比较，然后与标准C比较，然后再与标准D比较，依此类推。一个表达相对偏好的"值"被分配给每一个标准项，其中3分表示明显偏好；2分表示中等偏好，1分表示微弱偏好。如果两者被视为等值，则使用值"0"来表示。表17-11展示了每个标准的总分数以及个人得分与总分的相对权重。

然后对不同的选项进行1（差）到5（优）的评分，并对4个选项的总分进行估计，见表17-12。

表 17-11 澳大利亚昆士兰州评估标准加权

目标、期望标准、功能、特性	原始分数	权重
交通集成		17%
吸引乘客的潜力	43	7%
网络效率	26	4%
交通方式集成/公共汽车换乘	21	3%
车流量/网络渗透性	17	3%
可达性*	0	0%
工程成本		20%
施工成本	28	4%
运营和维护成本	23	4%
土地复用费用*	0	0%
工程合规性，可施工性	75	12%
收益/成本比*	0	0%
经济		7%
促进新的零售	26.5	4%
产生居住密度	16.5	3%
可识别的办公室节点*	0	0%
社区效益成本*	0	0%
轨道和土地使用的开发顺序	18	3%
城市营造		12%
高质量开放空间*	0	0%
高质量建成形式	16	2%
市政空间*	0	0%
紧凑型城市核心	22	3%
安全	42	7%
自然环境		31%
对科梅河/其他水体的影响	46	7%
其他自然影响（例如，重要的植被）	48	7%
空气质量	0	0%
洪水风险和气候变化	53.5	8%
土壤和地质学	54	8%
社会环境		10%
施工噪声和振动	3	0%
运营噪声和振动	11	2%
视觉和谐	8	1%
施工期间交通中断*	0	0%
对现有业主的影响	44	7%
总和	641.5	100%

* 正式评估过程的一部分，但在评估过程中没有得到任何分数。
来源：PB and Queensland Department of Transport and Main Roads, 2009

表 17-12 澳大利亚昆士兰州选项排名

描 述	得 分
卡纳比街道布线，高架	426
卡纳比街道布线，高架，地面	391
卡纳比街道布线，高架，路堑	384
现有卡布尔彻至马鲁基多尔通道的研究选线	320

来源：PB and Queensland Department of Transport and Main Roads, 2009

敏感性分析是通过改变类别水平上的各个权重来进行的，使每个类别内的个体权重保持相同的变化比率。每个类别的权重依次增加，直到首选选项根据总分改变。表 17-13 展示了改变权重时每个标准的首选方案：

- 从经济和自然环境的角度来看，在平衡的方法下卡纳比街高架是首选。
- 如果工程成本成为主要标准（几乎不包括所有其他标准），那么卡纳比地面成为首选方案。
- 如果社会经济标准占据主导地位，那么卡纳比路堑将成为首选方案。社会环境的重要性适度提高是做出改变所必需的。
- 现有卡布尔彻至马鲁基多尔通道的研究在任何阶段都没有成为首选。

表 17-13 澳大利亚昆士兰州通道结果敏感性分析

	交通集成	工程成本	经济	城市营造	自然环境	社会环境
现有布线	315.1	307.0	302.5	316.7	401.3	263.8
卡纳比路堑	407.5	403.6	356.6	383.9	348.9	357.3
卡纳比高架	438.4	444.3	472.8	424.3	428.5	356.8
卡纳比地面	408.5	444.9	327.2	388.7	356.6	353.9

来源：PB and Queensland Department of Transport and Main Roads, 2009

17.4.5 通道研究成果

大多数通道研究会推荐一个或多个项目或方案进入下一级实施阶段。例如，一些通道规划可能建议 MPO 在大都会交通规划或交通改善规划中设立一个项目。在其他情况下，通道研究可以建议符合并支持交通建议的城市设计和土地使用政策。在某些情况下，通道研究可以就如何更好地管理通道提出政策建议，例如改善对周围土地使用的可达性，称为可达性管理。

通道研究产生的决策类型包括：

决策类型	评论
选择首选方案，而不是环境流程	记录提出首选方案建议的选择过程 向适当的执行机构推送决策
选择首选方案，产生一个环境决策	与上述相同，此外还包括通过国家环境政策法案（NEPA）/州环境政策法案清除项目的过程
指定一系列合理的方案，以进一步研究	将替代方法的短名单推送给适当的机构，用于后续评估和选择
确定项目计划，以便纳入 STIP 或 TIP	可以对项目进行足够详细的定义，以便它们可以包含在投资计划中

一旦就方案做出决定，挑战就变成了如何执行此决定。因为实施周期的不同，此挑战会有所不同，具体取决于实施期是短期、中期还是长期。

1. 短期

在短期内（最多 5 年）实施方案的决策通常与定义合理、设计和环境特征都被充分分析的项目相关。这些项目通常定义得足够详细，可以作为 TIP 的一部分。在这种情况下，应该考虑以下行动：

- 准备足以包括在本地/区域 TIP 中的项目描述和成本估算。
- 准备一个实施行动的时间表。
- 确定各机构的具体执行责任。
- 确保投资所需的资金来源和行动。
- 准备规划，以获得所需的路权或其他通道设施需求。
- 公用设施搬迁所需的协调、资金和执行时间与路权所需的时间一样长，甚至更长。公用设施搬迁/调整规划也很有用。

2. 中期

中期方案（6～10 年）的决定仍在规划和环境审查过程中，其中项目范围尚未详细界定，无法进行工程设计。然而，方案通常被确定为交通规划的一部分，这通常需要一般性的项目描述和成本估算。在这种情况下，应考虑采取以下行动：

- 准备足以包括在交通规划中的一般性项目说明和成本估算。
- 为规划和项目实施准备时间表。
- 确定各机构之间的责任。
- 确定通用融资类型和项目特定融资选项。

3. 长期

确定长期解决方案（通常为10年或更长时间）的决策可能难以确定设计细节、成本和资金安排。为了推进通道规划，应采取下列行动：

- 确定所有项目元素，包括物理和政策相关特征。
- 准备足以包括在地方和区域 TIP 内的项目成本估算。
- 准备建议的实施规划。
- 明确机构责任，确保达成支持建议的机构间协议。
- 评估资金来源的选择。
- 开始寻求融资机会。

许多长期决策可能有一些模糊的项目描述，甚至可能包含多个方案，因此需要进一步的分析。而非常重要的是要进一步详细说明项目要素，以便就哪些要素最重要达成共识，并向公众充分解释该项目。

表 17-14 和表 17-15 展示了佛蒙特州 15 号通道管理规划中关于交通和土地使用策略的实施建议（Vermont Agency of Transportation，2005a）。交通结果产生了短期、中期和长期建议，重点是通道内的特定区域。土地使用建议更侧重于可与改善交通措施一起执行的政策和设计要素。

表 17-14　佛蒙特州 15 号通道实施建议示例

			实施建议示例	
地区	目的	需要	建议	评论 / 下一步行动
杰利科（Jericho）村	提高行人和骑行者的安全 连接村庄住宅和商业 OD 提高社区特色	预计每天的交通量将增加 10900 辆至 15000～20000 辆 / 天；是否会对行人出行和生活质量产生负面影响	**短期** 在 Keith Agency 和 Village Cup 前增设人行横道，从 VT 15 桥梁处延伸 **中期** 沿 VT 15 通道设置交通稳静设施 设置指示历史区域的标志 扩展历史类照明政策 埋设公用管线 改善出入管理 **长期** 在 VT 15 通道旁边增设人行道和骑行车道，增加额外的过街通道	杰利科运输小组委员会认可评估实施措施时，将标示速度降低至 25 英里 / 小时的可能性 进行扩展人行道的可行性研究，确定适当的人行横道位置
杰利科交叉口，VT 15/李河路	提高行人、骑行者和驾驶人的路口安全和效率	LOS F 目前存在于李河路；随着 VT 15 流量的增加，将会进一步恶化。未来条件要满足 VT 15 左、右转弯车道和交通信号的要求	**短期** 重新配置交叉口，包括沿 Flat Iron 北侧的单行出口，在南侧设置一个简单的 T 形交叉口 **中期** 评估左右转弯和 / 或交通信号 采用建议的有轨电车设计	进行范围界定研究，以评估长期交叉口设计方案
杰利科，郊区路段（西利山到沿江道路）	保持适当的交通流动性，改善当地交通选择	预计每天的流量将接近 11500～15000 辆车。从现有侧街和车道入口进入将变得更加困难。从 VT 15 转向的车辆将降低 VT 15 的速度	**短期** 通过遵循 VTrans 准则，对紧邻 VT 15 的地块进行出入管理 **中期** 在相邻分区之间提供新的街道连接，以创建容纳车辆、行人和骑行者的本地网络	在杰利科分区规划和法规中纳入与 VTrans 出入管理类别 6 一致的出入管理指南 杰利科应在地图上绘制土地通行权，以探索可能的新增连接 评估提供的连接对道路交通的影响

来源：Vermont Agency of Transportation, 2005a

表 17-15　佛蒙特州 15 号通道土地使用建议示例

土地使用建议示例

城镇	建议
杰利科	・考虑将场地规划审查作为 VT 15 通道沿线所有开发设施的要求 ・在住宅区法规中纳入共享出入通道和车行道的规定
韦斯特福德	・考虑沿 VT 15 建立一个覆盖区，以制定分区规划指南，从而实现现有城镇规划目标，包括保护风景、历史古迹和自然资源
约翰逊镇 / 村	・通过规范性文件（如分区规划）来实施和执行城镇 / 村庄总体规划目标，或将 VT 15 划为特定的规划区域，并在总体规划中纳入开发准则
莫里斯敦 / 莫里斯维尔	・根据 VTrans 出入通道管理标准，确定路缘石开口之间的最小距离 ・为商业区制定设计指南或景观规划
沃尔科特	・在主要交叉路口划定紧凑、混合用途开发的区域，并尽量减少这些地区之间地带的开发 ・建立其他区划分区（如居住区、农业区和商业区）和停车要求 / 密度 ・鼓励商业开发项目的出入通道和停车位共享 ・规划住宅开发，促进集中开发

来源：Vermont Agency of Transportation, 2005b

特拉华州 40 号公路通道规划设立了阈值，如果触发阈值将导致采取行动来实施该规划（DelawareDOT, 2000）。表 17-16 展示了被定期监测的各种规划要素，以确定是否满足特定触发条件。监测活动会触发了一项评估，即在条件出现时是按照最初提出的时间表继续执行规划项目，还是根据条件将其向前或向后推。监测和触发活动会被记录在通道的定期监测和触发报告中，该报告为所有感兴趣的利益相关方提供了监测工作的状态以及已触发的活动状况。这个持续的过程将有助于确保规划在长时间内得到积极的管理。

表 17-16　特拉华州 40 号公路通道规划监测和触发要素

监测要素	触发要素	相应行动
土地开发	主要的土地开发活动	审查交通需求，了解服务水平和策略
道路交通	服务水平下降（"D" 或更差）	实施策略以稳定 / 减少需求；增加容量
公路安全	公路安全改进项目审查小组建议的安全改善建议	评估拟议改进与规划的兼容性以及对规划进行调整的需要
公共交通服务	特拉华州公交公司提议的公共交通服务变更	评估为迎合服务变更所需的任何附加改进，例如应提前实施规划的人行道或避难所
该区域设计、实施项目或其他项目的状态	规划中不包含交通改善措施，但会影响通道，并被提议实施	评估拟议改进与规划的兼容性以及对规划进行调整的需要
以上任何一个		评估潜在更改可能会触发以下选项之一，以最好地响应新条件：按照当前规划继续项目、提前项目或推迟项目

来源：Delaware DOT, 2000

17.4.6　出入通道管理

过去 20 年来，这一通道层级的战略日益受到重视，对通道道路附近地块的出入控制也越来越多，以降低主要公路上车辆冲突的可能性（图 17-16）。交通机构通常为出入通道建立标准。对于通道规划，出入通道管理和相关标准是保障道路容量的重要考虑因素。这些标准通常非常具体地规定了道路通行的许可条件。例如，表 17-17 展示了佛罗里达州 DOT 与州高速公路系统的接入管理标准。这些标准经常成为开发规划的重点，开发商希望获得尽量多的出入可能（"为我们建造一个新的立交桥"），而交通机构正在努力维护道路的安全运营。

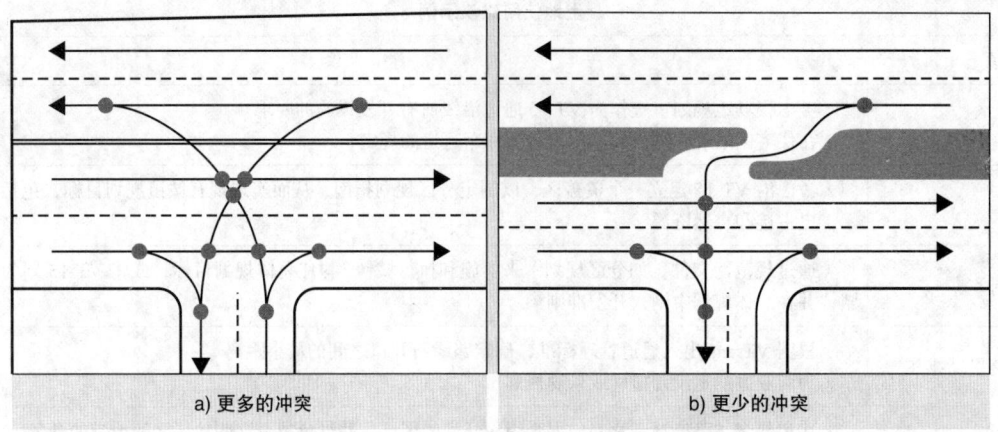

图 17-16　FDOT 通过通道管理减少车辆冲突
来源：FDOT, 2014

表 17-17　佛罗里达州公路系统的出入通道管理标准

接入类别	路段位置		适用的立交间距标准	
1	区域类型 1：城市化地区的城市 CBD 和 CBD 边缘		1 英里（1.6 公里）	
	区域类型 2：除 1 类区域外的现有城市化区域		2 英里（3.2 公里）	
	区域类型 3：除区域类型 1 或 2 外的过渡城市化区域		3 英里（4.8 公里）	
	区域类型 4：乡村地区		6 英里（9.6 公里）	

接入类别	中央分隔带	中央分隔带开口		信号	接入道	
		全向	定向		>45 英里/时（72 公里/时）标示速度	<45 英里/时标示速度
2	限制性道路/辅助道路	2640 英尺	1320 英尺	2640 英尺	1320 英尺	660 英尺
3	限制性	2640 英尺	1320 英尺	2640 英尺	660 英尺	440 英尺
4	非限制性			2640 英尺	660 英尺	440 英尺
5	限制性	2640 英尺（>45 英里/时标示速度）	660 英尺	2640 英尺（>45 英里/时标示速度）	440 英尺	245 英尺
		1320 英尺（≤45 英里/时标示速度）		1320 英尺（≤45 英里/时标示速度）		
6	非限制性			1320 英尺	440 英尺	245 英尺
7	两种类型	660 英尺	330 英尺	1320 英尺	125 英尺	125 英尺

来源：FDOT, 2014, 2015

在出入通道管理中应用的技术和策略类型因通道沿线遇到的问题类型而异。根据 FHWA，出入通道管理策略可以包括以下类型的技术：

- 增加信号和立交桥之间的间距。
- 车道的位置、间距和设计。
- 使用专用转弯车道。
- 中央分隔栏，包括双向左转车道（Two-way Left Turn Lanes, TWLTL），允许从中心车道向多个方向转弯，并升高中央分隔栏，防止车辆穿过道路。
- 使用辅助道路和临街道路。

- 限制公路出入通行权的土地使用和车行道通行政策（FHWA，2015a）。

NCHRP 第 548 报告——《将出入通道管理纳入交通规划的指南》，提供了有关如何更好地将出入通道管理纳入交通规划流程的有用建议（Rose et al，2005）。具体地说，该指南建议执行以下步骤，以实施有效的出入通道管理规划：

- 开发和应用出入通道分类系统，根据道路对移动性的重要性为其分配出入通道管理标准。该系统通常与道路功能分类系统平行。
- 基于此出入通道分类系统和相关道路几何线型来规划、设计和维护道路系统。
- 定义每个分类允许的出入通道级别，其中包括：
  - 允许或禁止直接进入物业。
  - 允许完全移动、有限转弯和中央分隔带。
  - 指定所需的交通控制类型，如信号灯、中央分隔带或环形交叉路口。
- 建立信号出入通道和非信号出入通道的间距标准，以及出入通道与交叉口（转角起点）和立交桥的后退距离。
- 对每个允许的接入点或接入点系统应用商定的工程标准，包括适当的几何设计标准和交通工程措施。
- 制定政策、法规和许可程序，以实施这些列出的构成要素。
- 确保与行使土地使用规划权力以及发展许可和审查权力的地方司法管辖区进行协调和支持行动。

此外，许多州 DOT 在各自的网站上采用了自己的出入通道管理项目或规划。关于出入通道管理的进一步讨论详见第 3 章"土地使用与城市设计"和第 9 章"道路和公路规划"。

17.4.7 环境过程

通道研究可能遵循也可能不遵循正式的环境审查过程。根据《国家环境政策法》或以州为基础的环境审查过程制定的规划将导致方案或项目层面的决定，包括无条件排除、无显著影响发现、决策记录或州/省等效记录。这些更详细的规划必须确保所有的关键决策里程碑都能达到，进一步保障项目能够在环境方面不会受阻。

在需要进一步研究的情况下，应建立一个跟踪项目的程序，并通过后续的环境研究来清除该项目的障碍。此过程可持续数月或数年，直到方案被相关机构完全确定、评估和批准。在此期间，方案可能会发生变化，结果可能会根据项目团队获得的新信息进行修订。保持过程充分活跃是重要的，以避免重复整个通道分析过程。详细内容读者可以参考第 4 章"环境考量"。

17.4.8 公众参与

由于许多通道研究的地方性本质，通道规划需要对如何让公众参与进行深思熟虑的研究。公众参与是对决策者提供信息的技术分析的有效补充。决策者将权衡技术分析和公众参与的结果，并做出符合社区或区域利益的最佳决定。合作机构在大多数研究的公众宣传工作中发挥着至关重要的作用。让公众参与目标设定、确定目的和需求，将有助于确定评价标准。相比于不经过公众参与过程就制定一系列方案，向公众提供一份方案清单（根据他们的意见制定）更为可取。

从公众参与的角度来看，通道规划与其他类型的交通规划活动没有什么不同。然而，真正将不同通道研究区分开来的是当地对通道的熟悉程度，以及在研究一开始就可能出现的潜在争议。这种争议尤其会出现在通道策略涉及新设施或扩大现有设施时。许多通道研究也往往始于公众对通道问题的识别和应对措施的分歧。公众参与项目应以一种引导人们理解问题并形成知情意见的方式清楚地阐述问题。

许多通道研究可受益于公众和专家的参与。公共事务专家会处理公共政策议题，并通常涉及政治层面。社区外联专家会通过让最有可能受到影响的人参与到决策过程中，以帮助各机构和社区改进其决策过程。

第 24 章更详细地讨论了公众参与，感兴趣的读者可以阅读参考。

图 17-17 所示为弗吉尼亚州交通部发起的通道规划过程。可以看出，这一过程包括本节介绍的所有步骤，并且将通道规划建议与研究结束时的其他规划和执行策略联系起来（VDOT，2015）。

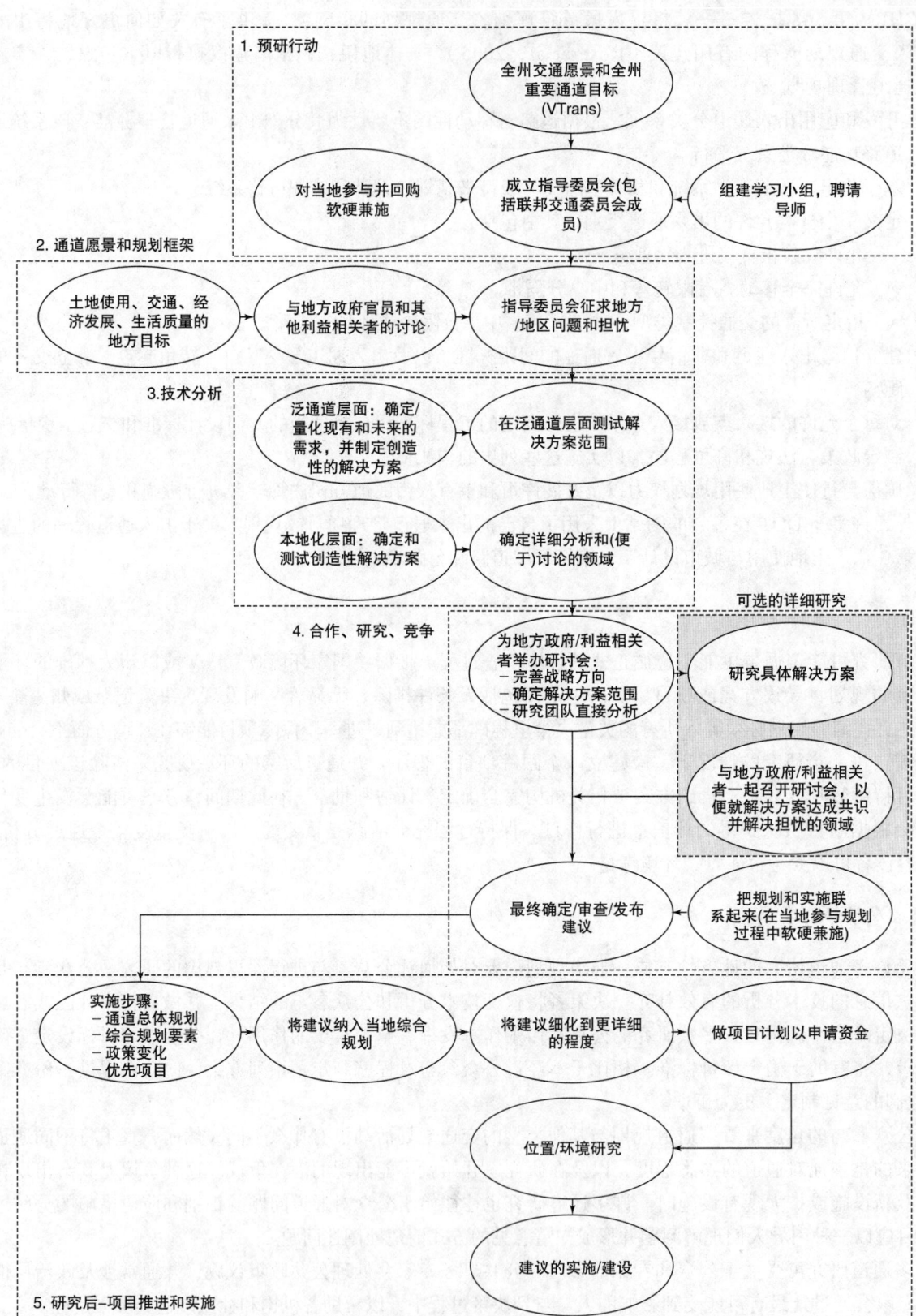

图 17-17 弗吉尼亚州交通部通道规划过程

来源：VDOT, 2015

17.5 通道管理规划

通道管理规划是一个术语，用于描述两种不同的交通规划工作。第一个反映了从通道规划过程到管理通道系统运行、土地使用决策和未来投资的自然过程。第二个术语是美国风景公路规划的一部分，旨在强调增强被风景公路分割的区域中历史和风景特质所需的步骤。

17.5.1 管理通道系统性能

通道管理是指"对现有通道内土地开发和交通设施的管理，以确保其按照所采用的土地使用规划、道路改善规划、通道管理、未来路权需求或通道的任何特定规划或目标进行开发"（Williams，2000；Hard 等，2008）。通道管理研究"评估道路设计和通道特征，并提出保持合理的物业出入所需的变化，同时改善公路的安全和运营"。此类更改可能涉及：

- 中央分隔带或中央分隔带开口。
- 信号位置和间距。
- 辅助车道。
- 路权需求和要求。
- 场地访问和交通组织设计。
- 土地使用和活动中心的概念。
- 改善辅助道路网络。
- 涉及接入其他交通方式的改进（例如，公共汽车站台突出设计、转向公交专用车道转换或BRT、人行横道处理）。

通道管理不同于另一个概念，即通道保护。通道保护是获取、保留或保护未来交通通道所需路权的做法。通道保护依赖于几种不同的土地使用监管和州交通部的融资选项，来保护州交通部在未来有可使用的路权进行系统扩展的能力。

得克萨斯交通研究所的一项研究指出，当今许多交通通道（尤其是城市地区）的道路运营和土地使用具有"互联"性质（Hard et al，2008）。报告的结论是，解决这些问题的办法在于协调通道管理和保护活动，帮助不同管辖区和机构之间的土地使用和交通规划决策能够达成一致。报告描述了不同类型的系统管理及保护策略和行动。表 17-18 展示了 DOT 实施这两种通道工作的各种方法。表 17-19 展示了统一研究在得克萨斯州使用不同策略的机构权力。表格显示了城市（或地方司法管辖区）在实施任何将土地使用作为战略一部分的规划方面发挥的重要作用。读者可以参考第 3 章 "土地使用与城市设计"。

表 17-18 得克萨斯州通道管理和保护行动的类型、规划和实施工具

	规划				实施工具			
	综合规划	通行大道规划	州域或区域规划	设计标准或政策	通道专项规划	出入管理规定	分区/规划条例	区划条例
通道管理								
连通性	P	·	P	·	·		·	·
出入道路	P	·	P	·	·			
中央隔离带	P	P	P	·	·			
车道间距	·	·	·	·	·			
信号间隔、位置	P	·	P	·	·			
通行地役权					·			
获取出入权	·	·	·		·			
出入管理规划	P	P	P	·	·			
集中开发	P							
交通影响分析	P	P	P	·	·			
ITS/运营策略	P	·	P	·	·			

(续)

	规划			实施工具				
	综合规划	大道规划	州域或区域规划	设计标准或政策	通道专项规划	出入管理规定	分区/规划条例	分区条例
通道管理								
退线要求	P	P	P	•				•
场地规划审查	P	P	P			•	•	•
出入许可	P	P	P			•		
通道维护								
专属	P	P	P	•			I	
保留	P	P	P	•			I	
影响费用	P		P					
购买开发权	P				P		•	•
转让开发权	P				P		•	•
密度权转让	P				P		•	•
直接购买	P	P	P		I		•	•
选购权	P	P	P		I		•	•
保护性购买	P	P	P		I		•	•
艰难收购	P	P	P		I		•	•
早期收购	P	P	P		I		•	•
财产权交换	P	P	P		I		•	•

P=政策 I=实施 •=规划或行动的具体部分

来源：Hard et al., 2008

表 17-19　得克萨斯州市、郡和域外管辖区之间通道管理和规划权的比较

工具	管理或保护	城市	域外管辖权	郡
综合（土地使用）规划	皆是	√		
交通规划	皆是	√	√	受限
区划	管理	√		
管控土地使用/密度	皆是	√		
建筑覆盖区域	管理	√		
建筑后退线	管理	√		
停车后退线	管理	√		
景观美化要求	管理	√		
美学控制（标志、建筑、照明）	管理	√		
集中开发	皆是	√		
分区法规	皆是	√	√	√
通过测绘的专属路权	皆是	√	受限	受限
通过测绘的预留路权	皆是	√	受限	受限
基于功能分类的街道规模	皆是	√	受限	受限
街道布局/连通性	皆是	√	受限	受限
通行地役权	管理	√	受限	受限
停车场规模/尺寸要求	皆是	√	受限	受限
路权获取/保护	皆是	√	√	√
直接购买	皆是	√	√	√
协商购买	皆是	√	√	√
提前获取（艰难、保护性选项）	维护	√	√	√
谴责	皆是	√	√	√
临时使用协议	维护	√	√	√

(续)

工具	管理或维护	城市	域外管辖权	郡
资产回租	维护	√	√	受限
出入管理	管理	√	√	受限
车行道间距要求	管理	√	√	受限
车行道设计标准	管理	√	受限	√
购买出入权限	皆是	√	√	√
信号间距	管理	√	√	√
中央分隔带/设施设计	管理	√	√	
其他工具/方法	皆是			
开发协议	管理	√	√	
开发权购买	维护	√	√	
开发权转移	维护	√	√	
交通影响分析	维护	√	受限	
密度权转移	管理	√	受限	
运营措施-信号配时，ITS	管理	√	√	
√=工具可用				

来源：Hard et al., 2008

17.5.2 提升风景通道的风景和历史特色

通道管理规划（Corridor Management Plans，CMP）也为那些有兴趣改善景观道路条件和性能的人制定（FHWA 2015b）。CMP 明确了"维护通道考古、文化、历史、自然、娱乐和风景品质的行动、步骤、控制、操作实践和策略"。白兰地葡萄酒谷偏远风景通道管理规划是一个很好的例子（Brandywine Valley Scenic Byway Commission，2014）。位于特拉华州和宾夕法尼亚州之间的布兰迪万山谷是美国独立战争期间最重要的战役地之一。通道内还发生了许多其他具有历史意义的事件，因此，它成为具有历史意义的极佳的候选道路。CMP 分为不同的几个章节，包括通道愿景、确定通道的内在特性、描述通道本身、提出加强通道的历史和风景特征的策略建议以及规划实施。

与常规的通道交通规划流程类似，白兰地 Byway CMP 与主要利益相关者和公众进行了广泛的沟通，制定了一个可以指导规划工作的愿景，确定了目的，并制定了战略和行动，以保护和增强该通道的历史和景观性质。CMP 的交通目标是：

> 交通和运输安全目标：提供一个可容纳所有用户的多交通方式偏远通道，确保安全出行，并在一个有吸引力的环境中提供设施、服务和目的地的连接性和可达性。

目标

- 与 PennDOT、DVRPC、切斯特和特拉华州以及位于通道内的所有城市合作，通过利用环境敏感的设计和多交通方式方法来解决交通问题，以适应和平衡所有道路使用者的需求，包括居民、游客、企业、公共设施和机构。
- 与 PennDOT 和受影响的城市协调，采取交通稳定措施，作为限速、改善行人安全以及鼓励行人和骑行者使用偏远通道的手段。
- 与 PennDOT 和相关休闲设施提供商协商，规划安全且以多式可达方式连接娱乐设施的通道。

CMP 确定了通道中强化愿景的机会，包括：

- 为实现 CMP 交通目标而规划的骑行和步行道改善提供了一个多交通方式通道，这表明实现这一机会的综合方法是为 Byway 通道制定一个骑行和步行总体规划。
- 为满足交通目的，应在 Byway 市政当局和负责该路段的其他机构之间提供一致的道路分类和设计参数。
- 偏远通道目前只有有限的公共交通服务服务于当前和未来区域以及偏远目的地，以实现多式联运通道的目标。确定拓展其他替代交通手段的机会很重要，特别是通过私营企业。
- 要让偏远通道实现完全一体化的多式联运系统，越野小径、小路和人行道也可以作为与偏远目的地的连通道路，并且可以弥补现有道路设施连通道路的缺失。

表 17-20 展示了研究建议的策略和行动类型。可以看出，这些建议与通道利益相关者概述的价值观和目标类型非常一致。在许多方面，CMP 的这个概念是环境敏感解决方案的一个很好的例子（见第 3 章和第 9 章）。

表 17-20 历史性偏远通道管理规划示例

描述	策略	牵头利益相关者	支持利益相关者
道路功能分类和类型	建立一致的道路功能分类和类型名称	委员会、Byway 市政当局	PennDOT、切斯特和特拉华郡规划委员会（CCPC 和 DCPC）、特拉华谷地区规划委员会（DVRPC）
环境敏感方案	为所有交通改进项目提供与背景相关的设计处理意见	委员会	PennDOT、CCPC/DCPC、Byway 市政当局
安全	在 Byway 和关键冲突地区实施安全增强	委员会、州和联邦警察部队	PennDOT、DVRPC、CCPC/DCPD、Byway 市政当局
交通稳静化	在关键地点设计和实施交通稳静化		委员会、PennDOT、Byway 市政当局
道路维护	定期清除沿道路边缘的碎屑和植物过度生长，尤其是骑行和步行道	PennDOT、Byway 市政当局	
骑行和步行路线	实施安全、连续、连接良好的骑行和步行路线	委员会、Byway 市政当局	PennDOT、DVRPC、CCPC/DCPC
现有公共汽车服务	通过改进的标牌、设施和行人交叉口，增强 SCCOOT 巴士服务	PennDOT、切斯特郡交通管理协会、Byway 市政当局	DVRPC
未来公共汽车服务	提供连接巴士服务到主要偏远景点	PennDOT、DART、宾夕法尼亚州东南部交通管理局（SEPTA）	TMACC、CCPC/DCPC、DVRPC
区域铁路通道	支持改善附近火车站的多交通方式可达性	SEPTA、美国铁路公司、PennDOT	TMACC、CCPC、DCPC、Byway 市政当局

来源：Brandywine Valley Scenic Byway Commission, 2014

17.6 总结

虽然交通规划可以在许多不同的级别进行，但其中最重要的规划之一是通道级别。通道规划可以是规划、项目开发、设计和施工 4 个步骤过程中的一部分。通道规划的目的是审查潜在的项目，以便纳入这 4 个步骤。通过每一步，最初在规划阶段确定的通道改善参数都会得到完善和细化，整个过程可能需要 10 年以上。通道规划允许规划人员关注影响移动性和可达性的特定交通问题，从而确定特定问题的解决方案。此外，虽然区域交通规划通常涉及一般的土地使用和发展政策问题，但通道规划可以非常具体地说明用来补充交通投资的通道土地使用政策。

许多都市区规划组织使用通道规划来确定其交通规划项目。州交通部门通常利用通道研究来确定区域或州域多式联运能力和运营改善情况。许多公共交通机构也会利用通道研究确定对提升区域公共交通系统生产力和有效性最具有成本效益的公共交通投资。

通道研究在评估交通需求和确定改进战略方面有许多优势。由于通道研究侧重于特定的出行通道，研究团队可以确定与改善通道交通系统的具体策略相关的问题。让利益相关者和公众参与通道研究的过程往往比参与区域性研究容易，因为参与者可以与讨论的地点联系起来，并且可以个性化地理解改善的潜在好处。通道研究的土地使用/城市设计部分会提供重要的洞见关于交通决策如何影响未来土地使用模式，以及详细的土地使用规划和城市设计如何影响交通解决方案。最后，通道研究中确定的改善策略类型可以侧重于具体地点的改进（例如，改善某个立交）或更多的区域策略（例如，扩大通道中的公共交通服务）。因此，可以明确通道研究建议的优先事项和后续工作。

必须指出，通道规划研究需要各种学科的专业能力。NCHRP 的 435 报告——《交通通道研究指南：有效决策过程》建议对通道规划进行以下核心能力培训：建模、公众参与和共识建设、经济和财务分析（Smith，1999）。

参考文献

Brandywine Valley Scenic Byway Commission. 2014. *Pennsylvania's Brandywine Valley Scenic Byway Corridor Management Plan.* Chadds Ford, PA. Accessed Feb. 22, 2016, from http://www.brandywinevalleybyway.org/CMP%20Report/BVSB%20Final%20CMP%20V2.0%209-16-14.pdf.

Cambridge Systematics. 2012. *Interstate 81 Multistate Corridor Study Corridor Profile.* Accessed Feb. 25, 2016, from http://www.camsys.com/pubs/Interstate_81_Multimodal_Corridor_Study_FINAL.pdf.

Cambridge Systematics, Inc., Prime Focus, LLC and K. Heanue. 2007. *Guidebook for Integrating Freight into Transportation Planning and Project Selection Processes*, NCHRP Report 594. Washington, DC: Transportation Research Board, Accessed Feb. 25, 2016, from http://onlinepubs.trb.org/onlinepubs/nchrp/nchrp_rpt_594.pdf.

Carr, J., C. Dixon and M. Meyer. 2010. *A Guidebook for Corridor-Based Statewide Transportation Planning*, NCHRP Report 661. Washington, DC: Transportation Research Board. Accessed Feb. 23, 2016, from http://onlinepubs.trb.org/onlinepubs/nchrp/nchrp_rpt_661.pdf.

Center for Transit-oriented Development. 2010. *Transit Corridors and TOD, Connecting the Dots is Important.* Report FTA CA-26-1007.04. Washington, DC. Accessed Feb. 23, 2016, from http://www.reconnectingamerica.org/assets/Uploads/RA203corridorsFINAL3.pdf

Champaign County Regional Planning Commission. 2010. *University Avenue Corridor Study.* Champaign, IL. Accessed Feb. 24, 2016, from http://www.ccrpc.org/transportation/university/Documents/Final%20Plan/Full%20Report.pdf.

City of Bellevue. 2007. *Final Environmental Impact Statement for the City of Bellevue Bel-Red Corridor Project.* Bellevue, WA. Accessed Feb. 24, 2016, from http://www.ci.bellevue.wa.us/pdf/PCD/Bel-Red_Corridor_Final_Report.pdf.

City of Fort Collins, LSA Associates. 2001. *Mason Street Transportation Corridor Master Plan.* Ft. Collins, CO.

City of Ottawa. 2009. *Urban & Village Collectors, Rural Arterials & Collectors.* Ontario, Canada. Accessed Feb. 23, 2016, from http://ottawa.ca/cs/groups/content/@webottawa/documents/pdf/mdaw/mdu2/~edisp/con040685.pdf.

City of Waterloo. 2013. *Context Sensitive Regional Transportation Corridor Design Guidelines.* Waterloo, Ontario, Canada. Accessed Feb. 23, 2016, from http://www.regionofwaterloo.ca/en/doingBusiness/resources/2013_Context_Sensitive_Regional_Transportation_Corridor_Design_Guidelines_reduced_file_sz.pdf.

Colorado Department of Transportation (CDOT). 2014. *Supplemental Draft Environmental Impact Statement (SDEIS).* Accessed Feb. 19, 2016, from http://www.i-70east.com/reports.html#sdeisvol1.

Delaware Department of Transportation. 2000. *Route 40 Corridor Plan*, Dover, DE. June. Accessed Feb. 23, 2016, from http://deldot.gov/information/projects/rt40/index.shtml.

Delaware Valley Regional Planning Commission (DVRPC). 2015. *Corridor Planning.* Website. Accessed Feb. 23, 2016, from http://www.dvrpc.org/corridors.

Denver Regional Council of Governments (DRCOG). 2011. *2035 Metro Vision Regional Transportation Plan*, Appendix 1, Denver Region Multimodal Corridor Visions. Denver, CO. Accessed Feb. 24, 2016, from https://drcog.org/sites/drcog/files/resources/Corridor%20Visions-Appendix%201%202035%20MVRTP.pdf.

European Union (EU). 2015. *Infrastructure - TEN-T - Connecting Europe*, Website. Brussels, BE. Accessed Feb. 24, 2016, from http://ec.europa.eu/transport/themes/infrastructure/ten-t-guidelines/corridors/corridor-studies_en.htm.

Federal Highway Administration. 2015a. Access Management. Website. Accessed Feb. 23, 2016, from http://www.ops.fhwa.dot.gov/access_mgmt.

_____. 2015b. *Scenic Byways*, Corridor Management Plan. Website. Accessed Feb. 24, 2016, from, http://www.fhwa.dot.gov/hep/scenic_byways/grants/information/category_2.cfm.

Federal Transit Administration (FTA). Undated. *Definition of Alternatives.* Website. Accessed Feb. 26, 2016, from http://www.fta.dot.gov/12304_9717.html#24_Defining_Individual_Alternatives.

_____. 2013. *Major Capital Investment Projects; Notice of Availability of Proposed New Starts and Small Starts Policy Guidance; Final Rule and Proposed Rule*, Part 3, 49 CFR Part 611, *Federal Register*, Vol. 78, No. 6, Jan. 9, 2013. Accessed Feb. 24, 2016, from, http://www.gpo.gov/fdsys/pkg/FR-2013-01-09/pdf/2012-31540.pdf.

Florida DOT. 2014. *Median Handbook*. Tallahassee, FL. Accessed Feb. 20, 2016, from http://www.dot.state.fl.us/planning/systems/programs/sm/accman/pdfs/FDOT%20Median%20Handbook%20Sept%202014.pdf

_____. 2015a. FDOT *Efficient Transportation Decision Making (ETDM) Process Overview*, Website. Accessed Feb. 19, 2016, from http://www.dot.state.fl.us/emo/ETDM.shtm.

_____. 2015b. *The Changing Face of Transportation: Florida's Future Corridors*. Accessed Feb. 23, 2016, from http://www.floridaplanning.org/wp-content/uploads/2015/02/Future-Corridors-FAPA_Final.pdf.

_____. Undated (a). *I-75 Transportation Alternatives Study*. Tallahassee, FL. Accessed Feb. 24, 2016, from http://www.dot.state.fl.us/planning/systems/programs/sm/corridor/corridor%20study/I-75%20Transportation%20Alternatives%20Study.pdf.

_____. Undated (b). *Access Management Standards*. Tallahassee, FL. Accessed Feb. 20, 2016, from http://www.dot.state.fl.us/planning/systems/programs/sm/accman/pdfs/1497.pdf.

Grand Boulevard Initiative. 2010. *Future Transit and Land Use Scenarios*, Accessed Feb. 25, 2016, from http://www.grandboulevard.net/projects/multi-modal-corridor-plan.html.

Hard, E., P. Ellis, and B. Bochner. 2008. *Guidelines on Corridor Management and Preservation in Texas*, Product 0-5606-P1, Texas Transportation Institute, Texas A&M University, College Station, TX. Accessed Feb. 24, 2016, from http://d2dtl5nnlpfr0r.cloudfront.net/tti.tamu.edu/documents/0-5606-P1.pdf.

i11study. 2013. *Interstate 11 and Intermountain West Corridor Study Evaluation Criteria*. Accessed Feb. 26, 2016, from http://i11study.com/wp/wp-content/uploads/2012/09/2013-08-07_Evaluation-Criteria_v9.pdf.

_____. 2014. *Corridor Concept Report I-11 and Intermountain West Corridor Study*. Accessed Feb. 26, 2016, from http://i11study.com/wp/?page_id=34.

Imperial Valley Association of Governments. 2009. *San Diego-Imperial County I-8 Corridor Strategic Plan*. El Centro, CA. Accessed Feb. 24, 2016, from http://www.sandag.org/uploads/projectid/projectid_333_10127.pdf.

Knoxville Transportation Planning Organization. 2013. *Knoxville Regional Transit Corridor Study*, Knoxville, TN. Accessed Feb. 26, 2016, from http://www.knoxtrans.org/plans/rtcs/krtcs_final_2013.pdf.

Metropolitan Transportation Commission. 2005. *Mobility for the Next Generation: Transportation 2030 Plan for the San Francisco Bay Area*, Final Report. Oakland, CA. Accessed Feb. 26, 2016, from http://www.mtc.ca.gov/planning/2030_plan/index.htm.

Montgomery County Department of Transportation. 2015. Midcounty Corridor Study. Accessed Feb. 26, 2016, from http://www.montgomerycountymd.gov/corridor/projectoverview.html.

Northern Colorado Regional Communities. 2001. *I-25 Corridor Study*. Ft. Collins, CO. Accessed Feb. 26, 2016, from http://www.larimer.org/planning/planning/I-25CorridorPlan.pdf.

Old Colony Planning Council. 2010. *Route 139 Corridor Study*, Brockton, MA. Accessed Feb. 24, 2016, from http://www.ocpcrpa.org/docs/projects/corridor/Corridor_Study_Route_139_2010.pdf.

PB Limited and Queensland Department of Transport and Main Roads. 2009. *Maroochydore Station Corridor Study, Findings and Recommendations Report*. Brisbane, Queensland. Accessed Feb. 24, 2016, from http://www.tmr.qld.gov.au/~/media/Projects/M/Maroochydore%20Station%20Corridor%20Study/report/Pdf_maroochy_station_find_rec_report_section_06.pdf.

Rose, D., J. Gluck, K. Williams, and J. Kramer. 2005. *A Guidebook for Including Access Management into Transportation Planning*. NCHRP Report 548, Washington DC: Transportation Research Board. Accessed Feb. 24, 2016, from http://onlinepubs.trb.org/onlinepubs/nchrp/nchrp_rpt_548.pdf.

Santa Barbara County Association of Governments. 2006. *101 in Motion: Description of Elements in Adopted 101*. July. Accessed Feb. 24, 2016, from http://www.sbcag.org/uploads/2/4/5/4/24540302/101_in_motion_final_report.pdf.

Smith, S. 1999. *Guidebook for Transportation Corridor Studies: A Process for Effective Decision-Making*. NCHRP Report 435. Washington DC: Transportation Research Board. Accessed Feb. 22, 2016, from http://onlinepubs.trb.org/onlinepubs/nchrp/nchrp_rpt_661.pdf.

Southwest Conference of Mayors. 2014. *Cicero Avenue Corridor Study*, Final Report. Orland Park, IL. Accessed Feb. 26, 2016, from http://www.rtams.org/reportLibrary/3337.pdf.

Valley Metro Rail. 2004. *Metrocenter Corridor Study, Tier 1 Evaluation of Alternatives*. Phoenix, AZ. Accessed Feb. 26, 2016, from http://www.valleymetro.org/images/uploads/lightrail_publications/Tier%201%20Evaluation%20Report%20-%2005-28-04.pdf.

Vermont Agency of Transportation, 2005a. *Vermont 15 Corridor Management Plan*, Montpelier, VT.

_____. 2005b. *Vermont Corridor Management Handbook*, Montpelier, VT. Accessed Feb. 28, 2016, from http://vtransplanning.vermont.gov/sites/aot_policy/files/documents/planning/VTCorridorComplete.pdf.

Virginia Department of Transportation (VDOT). 2009. *Route 29 Corridor Study*. Richmond, VA. Accessed Feb. 26, 2016, from http://www.vdot.virginia.gov/projects/lynchburg/route_29_corridor_study.asp.

_____. 2015. *Policy Index*. Commonwealth Transportation Board. Virginia DOT. Richmond, VA. Accessed Feb. 22, 2016, from http://www.ctb.virginia.gov/resources/policies/CTB_Policy_Index.pdf.

Washington State DOT (WSDOT). 2007. *Planning Studies Guidelines and Criteria*. Olympia, WA. Accessed Feb. 26, 2015, from http://www.wsdot.wa.gov/NR/rdonlyres/8B2B613F-D6F1-4515-82E5-23417C7C321D/0/NovFinalTPSGC.pdf.

_____. 2009. *State Route 164 Corridor Planning Study*. Olympia, WA. Accessed Feb. 26, 2016, from http://www.wsdot.wa.gov/NR/rdonlyres/11701AE1-69B4-4E79-BDFA-6517BB98EDAA/0/SR164CorridorPlanningStudyTOC_ExecSummary.pdf.

_____. 2015. "Corridor Study," website, Accessed Feb. 25, 2016, from http://www.wsdot.wa.gov/planning/Studies/CorridorStudy.htm.

Wisconsin DOT. 2005. *Environmental Evaluation of Interstate Highways 39/90*, Madison, WI. Accessed Feb. 23, 2016, from http://projects.511wi.gov/i-39-90/wp-content/uploads/sites/145/ea.pdf.

Williams, K. M. 2000. *Corridor Management: A Synthesis of Highway Practice*. NCHRP Synthesis 289. Washington, DC: Transportation Research Board. Accessed Feb. 22, 2016, from http://onlinepubs.trb.org/onlinepubs/nchrp/nchrp_syn_289.pdf.

Williams, K. M. and C. Hopes. 2007. *Guide for Analysis of Corridor Management Policies and Practices*, Center for Urban Transportation Research (CUTR), University of South Florida, Tampa, FL. Accessed Feb. 24, 2016, from http://www.cutr.usf.edu/oldpubs/SIS%20CM%20Guide%2007.pdf.

第 18 章

地方和活动中心规划

18.1 引言

正如第 2 章所述，大多数美国人生活在城市地区，世界上大多数国家也是如此。根据美国人口普查，2013 年美国共有 3144 个郡（以及郡级地区）和 19354 个合并管辖区。虽然不是所有合并管辖区都拥有自己的交通部门或机构，但大多数城镇和所有郡都有一定的交通责任。在本章中，将本地规划定义为郡和市交通规划。无论是单独的，还是作为都市区规划组织（MPO）或地区规划委员会的一部分，这些政府都有交通相关工作人员，他们的职责是确保本地交通系统高效运作。

尽管州交通部（DOT）和 MPO 主要关注州和地区的交通流量，但是一个交通系统的成功往往取决于"最后一公里"。城市和当地的街道将对社区居民生活非常重要的家庭、商店、企业和休闲场所连接起来。在考虑货物运输时更是如此，因为货物的运输依赖于到达杂货店、零售店、仓库和配送中心的能力。对于州或地区交通系统的整体成功以及州和区域经济发展来说，一个能够提供有效的移动性和可达性的市级和地方级交通网络至关重要。

此外，大多数出行者每天都要使用地方交通系统。地方政府提供人行道和自行车道、控制城市的交通信号、审查和批准土地使用规划（通常具有重要的交通成分）、执行有关该系统使用的法律和法规，并维护为当地居民提供出行的道路。作为美国较大的市政交通机构之一的职责示例，旧金山市政交通署（the San Francisco Municipal Transportation Agency，SFMTA）将其工作定义如下：

> "SFMTA 负责规划、设计、建设、运营、管理和维护世界上最多样化的交通网络之一。除了四种交通方式（公共交通、步行、骑自行车和驾车，其中包括私人机动车、出租车、共享机动车和商用车辆）外，该机构还直接监督五种公共交通方式（公共汽车、有轨电车、轻轨、老式有轨电车和缆车），以及为无法使用固定线路交通的个人提供无障碍交通服务。SFMTA 还与地区交通运营商合作，这些运营商使用四种额外的交通模式 [重轨（BART）、通勤铁路、地方公共汽车和渡轮] 连接城市和地区……SFMTA 具有强大的规划、设计和建设功能，包括与合作伙伴一起审查所有拟议的土地使用开发；规划、设计和建设多式交通网络（公共交通和无障碍公共交通、街道、信号、自行车、行人、出租车、商业配送和装载）；对城市的车辆队、设施和路权基础设施及其与该地区的关系提供长期预测分析。SFMTA 还负责监督和管理路内和路外的公共停车场。最后，该机构制定并执行有关城市街道、公共交通系统和停车场的规定。这些工作结合起来，形成了一个一体化的交通机构，它直接影响着每个城市居民的日常生活"（SFMTA, 2012）。

尽管 SFMTA 不是典型的地方交通机构（鉴于其规模和职责范围），但可以看出，地方级的交通规划可以成为社区移动性战略的一个重要组成部分，而且往往对州或大都市区综合交通规划工作具有重要影响。

地方发展极大影响着交通流的大小和方式（见第 3 章"土地使用与城市设计"）。在过去 30 年中，大都市区最重要的发展趋势之一是被称为"活动中心"的土地使用集聚，这给交通规划带来了挑战和机遇。活动中心是城市景观的重要组成部分，具有多种模式和规模，包括中央商务区（CBD）、郊区商务区、学院、大学、医疗中心、办公园区和大型交通枢纽。它们吸引了大量人口，产生了可观的交通客流量，并且通常需要大量的交通基础设施作为支撑。而交通基础设施的位置、设计以及可达性，都对交通设施的活力，或从更广泛的意义上来说，对社区的宜居性有着重要的影响。安全便捷的交通联系是它们持续成功的关键。

本章将一起讨论地方规划和活动中心规划，因为二者在规划过程中的步骤、使用的数据和工具，以及在规划过程中产生的策略类型非常相似。显然，两者之间的政府和决策结构是不同的，因为地方政府在地方规划中具有地方管辖权，这在综合规划、区划图例和分区法规中得以实现。而活动中心没有这种政府权力，尽管许多较大的活动中心都创建了称为交通管理协会（Transportation Management Associations，TMA）的组织，以协调有助于提供场所可达性和内部移动性的策略和行动。

本章的前半部分着重于阐述地方规划，而后半部分则关注活动中心。下一节将介绍地方交通规划的实质和形式，包括场所的营造、对规划典型步骤的讨论，以及通常产出的策略和项目的确定。接下来的部分将研究活动中心的特点，并遵循与地方规划相同的方法。本章最后将讨论制定实施规划的重要性，该规划应列出资金来源、活动日程，并确定负责推进规划目标的人员。

注意，本章重点关注大都市区的城市社区和活动中心，关于乡村及保留地规划将在第20章介绍。

18.2 地方交通规划

地方社区和市的交通规划既可以单独研究，也可以作为更全面规划工作的一部分。独立研究的工作重点是交通系统及其组成部分（例如，街道、人行道/自行车道和停车场）。在更全面的规划工作中，交通通常在社区综合规划的一个章节中提出，该章节包括其他基础设施需求、土地使用策略和相关政策举措。交通规划作为综合规划的一部分，已在第3章中讨论，这里不再重复。

地方交通规划过程遵循与其他类型的交通规划类似的步骤。图18-1所示为休斯敦市一个分区研究的规划过程，展示了该研究区规划的关键步骤。该图将用于地方交通规划的讨论，但需要强调这一过程可能并不适用于所有郡/市/镇的情况。本节将具体讨论确定问题和机会、界定研究区域、选择目标和绩效指标、进行技术分析，并将规划结果纳入郡、市或镇的投资和政策项目中。

18.2.1 挑战、问题和机会

简而言之，交通规划的目的是帮助解决当今的交通问题，并引导社区迎接未来的交通挑战。鉴于经济、人口和技术的变化，我们需要有一些指标来了解今天的问题是什么，明天的问题又会是什么。正如稍后将讨论的那样，规划流程的第一步是分析交通系统的运行情况，以查明哪些地方的街道和道路没有达到应有的效果，哪些地方可以改进公共交通和无障碍公共交通服务，以及如何保障步行和骑行更加安全。然而，城市也经常致力于更好地了解决定城市服务的人口和经济实力，以及未来这些人口和经济趋势将如何影响这些服务。这些工作主要由大城市承担，并且通常由商会或地方基

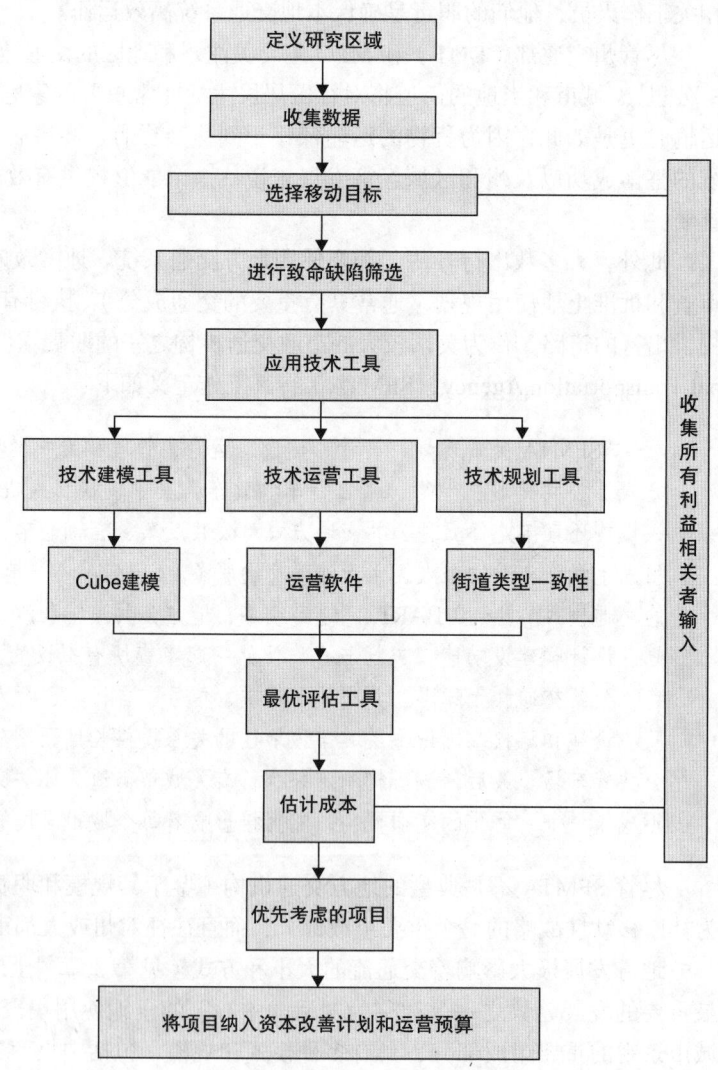

图18-1 得克萨斯州休斯敦城市分区规划过程

来源：City of Houston, 2015b

金会资助。这类研究通常不属于正式交通规划过程的一部分，但如果已有这类研究，它们可以为整个社会面临的挑战和机遇提供重要的信息。

旧金山就是一个很好的例子，该市的 SFMTA 概述了该市与交通规划和投资决策相关的挑战和机遇。表 18-1 展示了影响交通使用的一些社会趋势以及它们给机构带来的机会。这里提供的信息只是作为一个例子，帮助我们思考在更广泛的背景下交通规划是如何产生的。该表还对应了该机构在旧金山交通领域的职责。

表 18-1　旧金山的问题和机会示例

问题类别	问 题	机 会
一般背景	·预计到 2035 年，工作机会将增加 25%，人口增加 15%；老年人更多，有孩子的家庭更少 ·资金，特别是联邦和州的资金正在减少 ·地方和区域资金对于满足资本和运营需求变得更加重要 ·没有足够的资源来运作和维持交通系统并满足良好维修和扩建的需要 ·未集成不同的交通方式，系统导引性差，需要分离的支付方式 ·混合交通、绕行和双侧停车减慢了公共交通、出租车和送货的速度 ·电动汽车停车需求影响公共车库	·交通与精明土地使用之间更好的联系可以提高未来发展的效率 ·新的资金来源和新的资金合作伙伴关系可以帮助满足不断增长的需求 ·新技术和良好的规划会创造条件 ·整合所有交通方式、客户信息和付款 ·为共享出行开辟专用车道和空间是有效的 ·城市在地区、州和联邦论坛中具有更大的发言权 ·交通系统可受益于零排放和低排放的车辆
步行	·人口老龄化 ·步行需求增加 ·大多数碰撞是可以预防的 ·道路交通车速与关键地区的土地使用不协调	·公众支持实施最佳的街道设计方法和市长关于行人安全的指令 ·用于速度限制和教育的技术应用 ·步行基础设施具有更好的成本效益
公共交通	·公共交通系统安全 ·全美最低的公共交通车速；车辆主要在混合交通中行驶 ·高峰拥堵负荷意味着人们重新转向使用机动车，有些人转向骑行和步行 ·对良好维修状态和大量维护的需求 ·现存的车辆对家庭来说很难使用，需要进行大修 ·许多站点并不充分可达	·新技术和教育机会改善系统安全性 ·能够通过具有成本效益的措施（例如公共汽车专用车道、全门登车服务、车站间距优化和信号优先工具）提高道路交通车速和可靠性 ·即将到来的车队更换周期 ·公众支持优先安排对关键任务资产的融资，以确保维护安全可靠的系统 ·通过开发协议提供资本和运营资金
骑行	·对骑行的兴趣与日俱增；骑行方式分担率有望在未来 5 年内翻番 ·自行车网络连接分散 ·自行车停放空间有限	·扩展骑行基础设施具有更好的成本效益：车道、停车设施、信号灯和营销都能产生高回报 ·自行车共享为城市内部出行提供了经济高效的途径 ·商业社区开放自行车停放处，作为深谋远虑的吸引客户的策略
停车	·停车位没有得到有效利用，并因为双侧停车和绕行造成拥堵；导致道路交通车速变慢 ·整个城市的住宅停车位一致性差 ·滥用残疾人车牌正在影响残疾人社区的停车位 ·家用车停车需求在增加 ·州车辆法规限制了停车管理的最佳做法	·新技术使停车查找和付款更加容易 ·需求响应式停车价格 ·最高停车位限制和加州的停车变现 ·法律为公共交通优先模式提供激励 ·越来越多的州政府对《州车辆法规》进行修订，以允许在本地停车管理方面增加灵活性，并在全州制定更好的停车管理策略
出租车/拼车	·未满足出租车需求 ·需要更好的协作实现车辆共享的增长 ·班车和拼车服务提供商需要扩大与城市的协调和伙伴关系	·公众支持确定城市所需的出租车数量和改善出租车服务 ·车辆共享的增长导致单人驾车出行的减少 ·拼车和区域班车可以减少到达城市的区域交通量

来源：SFMTA，2012

根据郡、市或镇的大小，交通规划可以侧重于整个社区，也可以针对特定的地理区域，或者针对决策者所关注的主题。例如，休斯敦市交通规划组织的网站列出了以下主题作为其规划程序的一部分（City of Houston, 2015a）：

- 主要大道和高速公路规划。
- 城市移动性规划。

- 完整街道政策。
- 综合交通规划。
- 城市通道规划/公共交通通道条例。
- I-69：由得克萨斯人驱动。
- 宜居中心研究。
- 规划研究报告。
- Heights-Northside 分区研究。
- 西北分区移动性研究。

从这个列表中可以看出，城市的交通规划组织不仅涉及城市的交通规划，而且还包括分区研究、通道研究、以特定主题为重点的全市交通规划（例如，大道和高速公路规划），并帮助实施交通政策倡议（例如，完整街道）。由于资源有限，这种规划参与范围通常不会发生在较小的城市和城镇，但对于较大的城市，由规划部门进行各种规划工作并不罕见。

识别典型规划问题的另一种方法是着眼于在交通规划中发现信息的类型。来自俄勒冈州塞勒姆的交通规划提供了一系列主题，如下所示：

- 街道系统元素。
- 交通系统管理元素。
- 邻里交通管理元素。
- 本地街道连接元素。
- 骑行系统元素。
- 步行系统元素。
- 公共交通系统元素。
- 交通需求管理元素。
- 停车管理元素。
- 城际客运元素。
- 货物运输元素。
- 交通系统维护元素。
- 交通金融元素。
- 长期交通策略。
- 规划实施。
- 需要进一步研究的问题。

此列表并不意味着所有规划都应包括这些要素，它仅表明规划人员涉及的主题类型。有趣的是，该规划包括有关财政和实施的部分，这是 20 年前不太可能涉及的两个主题（请参阅第 5 章"交通财政与资金"）。

18.2.2 界定研究区域

本地综合交通规划的研究区域边界通常被确定为管辖区域本身的边界。如果在研究中使用出行需求模型，那么研究区域将包括城市或城镇线以外的地区，这只是为了考虑模型网络外部起点和目的地（参见第 6 章"出行需求与交通网络建模"）。交通规划人员面临的挑战是比整个辖区更小的研究范围区域。在这种情况下，必须判断研究的边界在哪里。建立这种边界的一些因素包括：

- 分隔社区各部分的主要地理特征（如河流）。
- 主要的交通设施。
- 交通服务市场（例如，到公共交通车站的步行距离）。
- 代表社区主要出行流量的交通饱和区。
- 邻里或其他地方边界。

- 人口普查区。
- 其他具有整合数据的分区系统（例如，交通分区）。

如果研究区域与研究中使用的典型数据库配置一致，将节省大量研究数据收集和分析阶段的时间。例如，使用人口普查小区作为研究区域的构成部分是很常见的。否则，确定研究边界之间的数据分布可能相当具有挑战性（除非所使用的数据已经经过空间定义，而且研究使用了地理信息系统）。

通常，在交通规划过程中会进行两种类型的研究——分区研究和通道研究。后者的一个例子是北卡罗来纳州夏洛特市（图18-2），其中由轻轨线路向两侧延伸的区域帮助确定了潜在的出行市场，也是本研究的重点。边界由行政边界线、铁路线和当地街道划定（见第17章"交通通道规划"）。

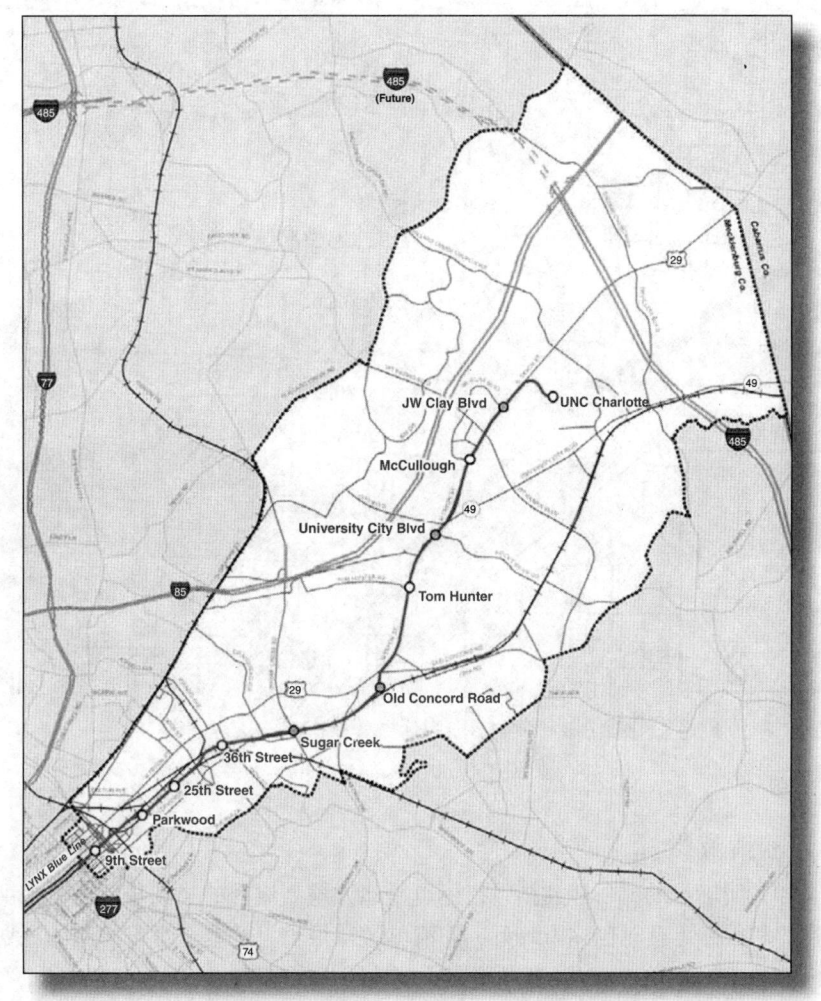

图 18-2　北卡罗来纳州夏洛特通道研究边界
来源：City of Charlotte, 2011

图18-3所示为前面提到的休斯敦研究中的分区边界示例。该研究区的范围由完善的社区边界和州际公路的东部、北部和南部划定。在这种情况下，研究区域包括两个主要辖区，即休斯顿市和哈里斯郡。这使研究变得更加复杂，因为"这项研究提出的任何建议都必须考虑到实施过程，不仅要考虑休斯敦市的情况，还要考虑哈里斯郡的情况"（City of Houston, 2015b）。

丹佛出现了一种非常独特的界定研究边界的方法，该市以交通饱和区作为未来分区研究划定逻辑边界。交通饱和区被定义为"街道和交通路线的集合、为更大的、连接的交通系统提供交通"（City of Denver, 2008）。12个具有相似特征的交通饱和区被定义出来，例如在同一地区开始和结束的出行以及对出行造成障碍的地理特征（图18-4）。这些交通饱和区成为进一步研究当地交通需求的基础。

图18-3 得克萨斯州休斯敦分区研究边界

来源：City of Houston, 2015b

18.2.3 目的、目标和绩效指标

与其他规划流程一样，明确目的、目标和绩效指标也是地方规划流程的早期步骤之一。由于交通非常注重居民的日常生活，因此目的和目标（有时也称为政策）的清单通常很长。圣地亚哥市的总体规划的移动性章节中有94项不同的政策（City of San Diego, 2005）。塞勒姆市（俄勒冈州）有27个（City of Salem, 2007）。北卡罗来纳州夏洛特市有5个目的、16个目标和105个政策（City of Charlotte, 2011）。显然，研究越本地化，规划过程中就会出现越多问题，规划师就需要制定对应的策略和行动来处理这些问题。本书没有足够的空间列举一长串交通目的和目标来说明一个典型规划可能包括的内容。但是，佛罗里达州奥兰多市的例子大致展示了目的陈述的内容。

目的1：开发平衡的交通系统，以支持建设宜居的社区，并通过改善道路、公共交通、骑行和步行系统、联运设施、需求管理程序和交通管理技术来改善可达性和出行选择。

目的2：通过在已定义的出行区域内实施移动性要求来维持城市土地使用的长期愿景，以确保交通设施和服务可用于新开发所需的多种出行模式。

目的3：开发一种经济可行的交通系统，以满足城市居民的可达性需求。

目的4：促进佛罗里达州中部各辖区和各交通机构之间协调的交通规划工作（City of Orlando, 2014）。

除了这些目的外，奥兰多市还确定了绩效指标，以监控目的的实现进度。表18-2展示了用于执行此操作的指标类型。表18-3展示了SFMTA在其战略交通规划中使用的另一个绩效指标示例（SFMTA, 2012）。

表 18-2 佛罗里达州奥兰多市监测规划进度的绩效指标

类别	指标	策略
交通方式多样性	公共交通车站附近人行道覆盖范围	在下一次环境评估审查（EAR）之前，城市内有独立人行道可达的公共交通站点应增加 5%
	可放自行车的公共交通车辆	所有公共交通车辆应配备自行车架
	公共交通候车亭	公共交通候车亭的数目每年至少增加 3 个
	加权平均行车间隔不超过 30 分钟的指定公共交通通道	至少 51% 的指定公共交通通道应保持加权平均行车间隔不超过 30 分钟
城市设计与混合土地使用	城市设计规划和标准	每年增加以行人为导向的设计标准和/或设计方案的活动中心和填充区域的数量
	活动中心混合土地使用结构	活动中心应增加混合土地使用
土地使用密度和强度	雇员/居民人口比率	全市雇员与居民的比例应保持在 0.98~1.3 之间
	人口密度	下一年（2014 年）全市人口密度将提高，这一策略也有助于降低每个住宅单元的 VMT
	新开发的密度和强度	在通勤火车站 0.5 英里（0.8 公里）范围内以及未来中等或高强度土地使用类型的新开发项目，应至少以 12 个住宅单元/英亩或最低建筑面积比（FAR）为 0.3 进行建设
	靠近公共交通的活跃地面层使用	每年在市区两个通勤火车站 0.5 英里（0.8 公里）范围内增加以行人为导向的零售空间
交通网络连通性	行人连通性	在城市范围内，每年至少新建 4 英里（6.4 公里）的人行道
	自行车道连接	下一年至少要新建 20 英里（32.3 公里）的自行车道设施
	街道连通性	新建或重新开发的大型单户住宅小区和规划开发项目中，连通性指数应保持 1.4 或更高
	多式联运设施	承载两种以上交通方式（不含限制通行设施）的市内主要干道里程百分比在下一年度应达到 60% 以上
战略多式联运系统（SIS）和佛罗里达州州内公路系统（FIHS）设施	市内 SIS 和 FIHS 匝道的交通量统计和排队长度	市政府应每年与 FDOT 协调监控市内 SIS 和 FIHS 匝道的交通量和排队长度

来源：City of Orlando, 2014

表 18-3 将公共交通、步行、骑行、出租车、拼车和共享机动车作为首选出行方式的绩效指标（加利福尼亚州旧金山市）

关键绩效指标	目标		
	FY 2014	FY 2016	FY 2018
目标 2.1：总体客户满意度从 1（低）至 5（高）进行评级	建立基准，每个预算周期将满意度提高 0.5 分		
目标 2.2：快速网络中，按路线划分的车辆间距小于 2 分钟的公共交通出行的百分比（"束流"）快速网络中，服务间隔超过计划行车间隔 5 分钟以上的公共交通出行百分比（"间断"）	为 25% 的乘客量消除束流和间断	为 45% 的乘客量消除束流和间断	为 65% 的乘客量消除束流和间断
目标 2.3：方式分担率	2018 财年方式分担率目标 私家车：50%；非私家车：50%		
目标 2.4：公共计时收费停车位（SFpark 区域和 SFMTA 车库）的平均占用率	保持 SFpark 区域 75%~85% 的占有率		

来源：SFMTA, 2012

更多有关在交通规划中使用绩效指标信息，请参阅第 2 章和第 7 章。

有关目的的另一个示例来自密歇根州的安娜堡市，该市确定了以下 8 个目的来指导其交通规划工作。

- 为人员和货物提供有效的通道和移动性，尽量减少对所有人的负面影响。
- 保护和改善自然环境、能源资源，以及人类和建筑环境。
- 促进安全、有保障、有吸引力和高效的交通系统。
- 在公共/私人资源的财政约束下，以与其他目的相一致的方式投资交通基础设施。
- 促进安娜堡市与其他政府机构之间的合作，特别是周围的乡镇和城市以及密歇根大学，以与其他目的一致的方式支持交通倡议。
- 确保有意义的公众参与将成为安娜堡市所有交通项目的一部分。
- 促进支持土地使用决策并与之结合的交通系统。
- 推进绿色交通建设，减少车辆排放（City of Ann Arbor, 2009）。

从这个列表中可以看出目的陈述具有地方性本质，因为城市中的大学是该研究的主要参与者。

另一项来自亚特兰大城外的郊区城市佐治亚州尚布利（Chamblee）的研究表明，交通可以被视为更大市场的一部分（Kimley-Horn 和 Assocs，2014）。作为亚特兰大地区委员会（ARC）"宜居社区倡议（LCI）"项目的一部分，尚布利开展了一项旨在提高其市中心（拥有一个地铁站）的经济吸引力的研究。研究目的明确表示为：

- 阐明尚布利市区和 MARTA 火车站地区的愿景和未来市场潜力。
- 为尚布利市的总体规划提供更多的详细信息和方向。

图 18-4　由交通饱和区界定

来源：City of Denver, 2008

- 提供改善当地区划法规的建议,并鼓励日后适当的开发或再开发。
- 通过制定五年行动规划,确定公共改善项目的优先次序,确定资金来源并推动重点项目的实施。

因此,该规划建议旨在描述期望的(和可实现的)土地使用、建议一个发展框架,并确定优先的交通项目、政策和策略。

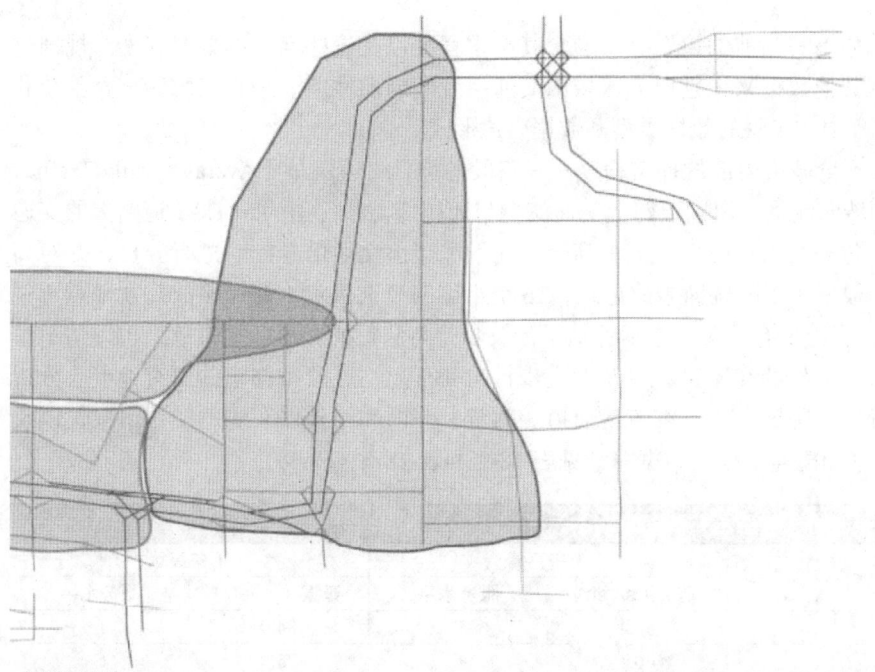

交通饱和区:

a) 丹佛中央
b) 市区
c) 东环
d) 东科尔法克斯
e) 东区
f) 网关
g) 汉普登
h) 西北区
i) 北部河
j) 西南区
k) 斯佩尔/莱兹代尔
l) 西区

其他项目/研究
正在进行或即将完成的重大研究
对城市以下地区进行了具体分析:
Ⅰ.第56大街EA
Ⅱ.1–70 EIS
Ⅲ.山谷公路EIS/百老汇NEPA

研究边界(科罗拉多州丹佛)

目的和目标声明往往是通过全面且具有包容性的公众参与过程确定的，整个社区在这一过程中都有参与的机会。由于这类规划所涉及的策略和行动类型具有地方性质，使得地方参与常常不像州域或都市区规划那样具有挑战性。关于交通规划最有效的公众参与方法和途径的讨论，参见第24章"公众参与"。

18.2.4 现有条件数据

在更新交通规划时，规划人员希望了解当前的议题和难题、其严重程度以及这些问题的普遍程度。规划过程中的这一步骤利用现有数据或收集其他数据来识别研究区域内交通系统的当前性能。来自安娜堡、西雅图和尚布利的三项研究说明了代表规划过程中此步骤的数据类型和数据表达形式。

安娜堡。利用两类交通流量数据评价城市内部的拥挤程度——路段平均日交通流量（Average Daily Traffic，ADT）和关键交叉口高峰时段的车辆转向流量。识别道路上交通流量与通行能力的比值大于1.0（道路上的交通量大于通行能力）的地方。利用软件包对交叉口的上、下午高峰交通量和当前交通信号配时进行分析，并对高峰时段的交叉口服务水平进行估算。根据3年的碰撞事故记录，16个十字路口被确定为碰撞事故高发地点（碰撞事故频率和碰撞事故率均被估算）。利用现有的碰撞数据评估了涉及步行与骑行的交通碰撞事故，也评估了每年平均发生一起或多起步行与骑行碰撞事故的交叉路口以及发生步行与骑行死亡或严重伤害的所有地点。分析了公共交通线路的服务频率和拥挤程度，确定了最高客流量通道。确定了路内和路外停车场的使用情况，以及整个城市的停车场供应情况。服务水平和碰撞事故的数据总结见表18-4和表18-5。

表 18-4　现有条件的交叉路口服务水平分析（密歇根州安娜堡）

交叉路口	上午高峰		下午高峰	
	延误（s/veh）	服务水平	延误（s/veh）	服务水平
州街 @ Ellsworth 路	56.4	E	84.9	F
州街 @ I-94EB	66.1	E	25.8	C
州街 @ I-94 WB	33.3	C	25.4	C
NB 州街 @ 希尔顿/维克多路	—	F	—	F
SB 州街 @ 希尔顿/维克多路	11.8	B	—	F
艾森豪威尔大路大街	26.8	C	50.1	D
艾森豪威尔大路 @ 浮桥街	10.4	B	20.0	C
帕卡德路 @ 石学校	8.1	A	8.3	A
帕卡德路 @ 朱伊特 6	0.7	A	7.8	A
安娜堡盐湖区 @ 艾森豪威尔大路	20.5	C	56.2	E
安阿伯·萨林（Ann Arbor-Saline）@ I-94 WB	21.5	C	40.6	D
米勒路 @ 第七街	19.8	B	14.5	B

注：服务水平为 E 或者更差被视为不可接受。
来源：City of Ann Arbor, 2008

表 18-5　现有条件的交叉路口碰撞分析（密歇根州安娜堡）

交叉路口	总计	角度	后端	正面	正面向左转	侧向碰撞，对面方向	侧面碰撞，相同方向	单个车辆	行人	自行车	其他
第一街 @ 休伦街	64	31	11	—	1	13		1	4	2	1
第五大街 @ 威廉街	59	30	3		1	19	—		1	2	3
教堂街 @ 大学大街	39	9	7	2	1	1		2	2	3	3
艾森豪威尔 @ 诺斯布鲁克	21	14	3			—	2	2	—		—
艾森豪威尔达到 @ 广场路	24	13	1		1	1	7		1	—	—
弗莱彻街 @ 休伦街	30	14	12			1	2	1		—	—
休伦街 @ 主街	57	17	17	1	3		15	4		—	1
枫路 @ 西 M-14 斜坡	85	22	33		4	3	15	4			
帕卡德路 @ 体育馆路	26	12	9			1		4			
安·阿尔伯 @ 艾森豪威尔	71	21	36	3	2		6	1			1

来源：City of Ann Arbor, 2008

在土地使用方面，收集了有关住宅、机构、娱乐、工业和商业物业在土地密度和范围方面的数据，然后对城市各个区域未来的土地使用地图与目前的区划进行比较。

西雅图。西雅图市对西雅图东南部进行了子区研究，以期预测新建轻轨线的经济利益，并改善该地区的移动性和安全性（City of Seattle，2005）。研究区域以两条州际公路为边界，东部是华盛顿湖和一条主要的城市街道。该研究的第一步是梳理该地区的道路网络，并按道路的功能类别收集数据，包括：

- *州际高速公路*——为长途车辆行驶提供最大通行能力和最小阻塞交通流量的道路
- *主要干道*——作为城市道路交通的主要通道，将城市中心和城市村落连接起来或连接区域交通网络的道路。
- *次要干道*——将交通从主要干道分散到集散干道及出入道路。
- *集散干道*——将主要干道及次要干道的交通流量收集和分散到当地出入道路或直接通往目的地的道路。
- *商业街道（非干道）*——提供商业及工业用地出入及提供本地交通循环的街道。
- *住宅街道（非干道）*——提供通往住宅用地出入的街道、较高层次的街道及提供本地交通循环的街道。
- *巷道*——提供出入住宅和商业后方的通路，不适用于穿行交通。在有连续巷道的社区，公共设施（如垃圾站）更喜欢放置在巷道，而不是住宅或商业街道。
- *货运干道*——可以承载可观的城市货物流通功能的主干道，并连接到主要的货物交通发源地。
- *城市步道*——街道上和街道外的慢行网络方便步行和骑行成为可选择的交通方式，提供休闲机会，并将西雅图社区与主要的公园和开放空间相连接。
- *骑行道*——连接社区、城市中心和村庄的街道骑行网络，为主要的多式联运服务。

对人口普查数据和其他出行数据库的调查表明：①仅 9% 的社区成员在西雅图东南部生活和工作；②超过 50% 的居民前往北部工作（西雅图市中心、国会山、北门、及更北的地方）；③尽管西雅图东南部居民的主要就业区在西雅图市内，但居民也前往国王郡以外的地区寻找就业机会。研究关注于社区位置和居民出行方式，其研究结论是内部主要目的地包括公立学校、图书馆和社区中心，往往倾向于聚集在一起。此外，研究指出，研究区域部分地区的陡峭地形坡度为行人造成了物理障碍。关于骑行出行，研究发现该地区的骑行网络几乎没有专用的自行车道，并且有多条自行车路线分布在车速较高的道路上，在某些情况下，路面已经损坏。在公共交通方面，西雅图东南部的大多数公共交通出行（占 40%）目的地是西雅图市中心。西雅图东南部的主要公共交通通道位于南北主干线上，为该地区居民提供服务的公共交通循环路线很少。在货物运输方面，研究区域只有一个城市指定的"货运干道"，当州际公路拥堵时，货运交通从附近的货运区域溢出到该区域的街道上。

与安娜堡研究相似，西雅图研究确定了大多数行人和自行车碰撞事故发生的地点，并指出许多碰撞事故发生在非管制交叉口（没有交通信号或只是一个环岛）或没有人行横道交叉口。研究对各主要交叉口进行交通流量计数（图 18-5），并收集停车场利用率数据（表 18-6）。

尚布利，佐治亚州。这项研究收集了类似于安娜堡和西雅图的土地使用和交通特征的数据。但是，尚布利的研究还进行了市场分析，以研究区域经济和交通系统的优缺点。该分析为未来的经济机遇和确定可以实现这些机遇的交通策略奠定了基础。相关的优势、劣势、机遇和威胁（SWOT）分析发现如下（Kimley-Horn，2014）：

优势

- 在亚特兰大都市区区域交通管理局（The Metropolitan Atlanta Regional Transit Authority，MARTA）的公交站提供了相对快速的进出区域就业中心方式。
- MARTA 拥有的部分毗邻公共交通站的地块非常适合在 I-285 内进行再开发。
- 距离 Buckhead 和 Perimeter 中心具有相同的距离。
- I-285 内和 I-85 西部地区具有较强的住房可负担性。
- 当地学校表现出色。

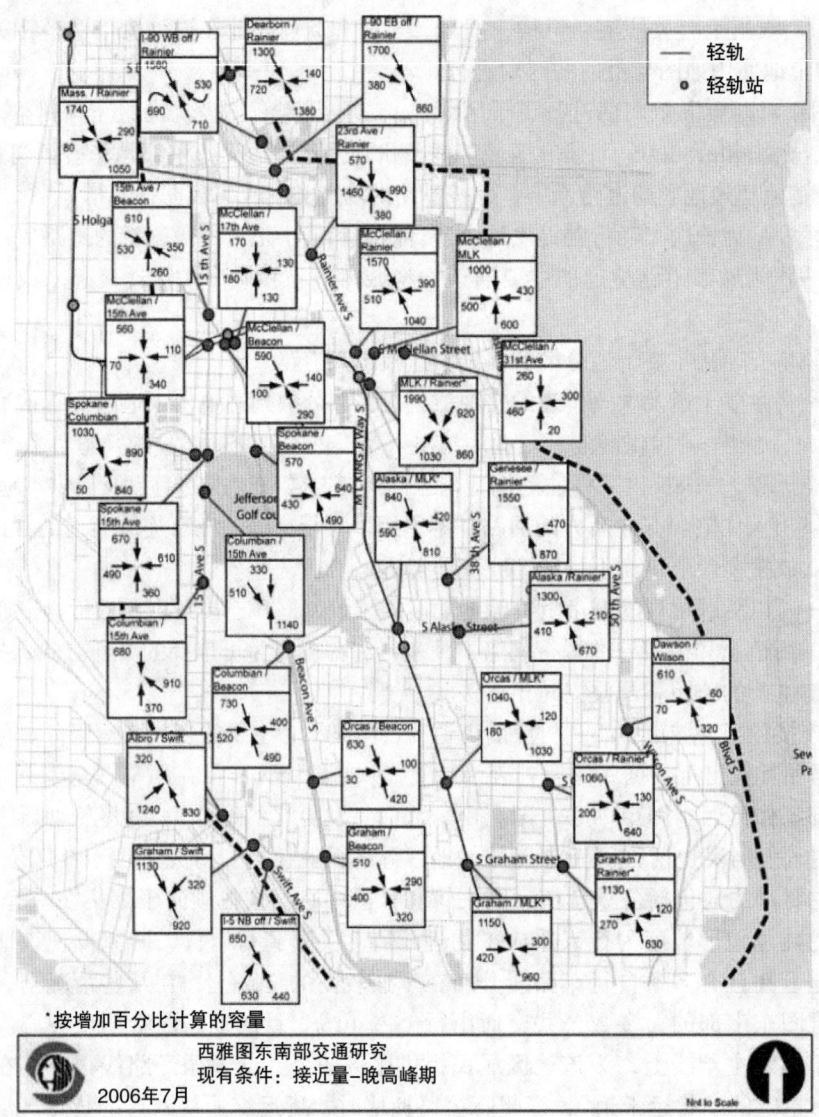

图 18-5　华盛顿州西雅图交叉口交通流量计数

来源：City of Seattle, 2005

表 18-6　西雅图东南部停车场使用情况统计

区域	平均停车利用率（%）	高峰期路边停车利用率（%）	高峰时期
哥伦比亚城（马丁路德金路）	48	74	12：00—13：00
哥伦比亚城（雷尼尔大街）	43	52	6：00—7：00
南亨德森街	15	20	8：00—9：00
小马丁·路德·金在霍利	37	31	16：00—17：00
北比肯山（南大西洋街）	69	86	23：00—24：00
北比肯山（南兰德街）	36	39	13：00—14：00
北雷尼尔	36	39	13：00—14：00
雷尼尔山海滩	17	18	17：00—18：00

来源：City of Seattle, 2005

- 高收入家庭基数不断增长，2012 年年收入超过 10 万美元的家庭占 21%，是 2000 年（10%）的 2 倍多。
- 年龄在 25～34 岁之间的人群规模庞大且不断增长。
- 公民积极参与 LCI 研究区域的规划工作并支持其发展。

劣势
- 桃树大道视野有限。
- 玛尔塔和诺福克南部铁路线将研究区域一分为二，从而产生了一个分离的市场。
- 桃树路沿线具有 2 个竞争节点，分别是历史悠久的市中心和 MARTA 车站。
- 很大一部分现有商业建筑物和房屋存量正在遭受物理上的和经济上的淘汰。
- 2012 年住房空置率高达 21%。
- 缺乏主要的私营雇主。
- 缺乏大型全国连锁经营的新酒店。

机遇
- 几个大型空置或未充分利用的地块可用于重新开发，包括 MARTA 拥有的地块。
- 单人和双人家庭比例的迅速增加，带来了对小型住房单元的需求。
- Y 世代和婴儿潮时代人群的增长以及全国向租赁住房的转移趋势，产生了对更高品质公寓的需求。
- 新建住宅将增加对零售、专业服务和餐厅的需求。
- 专业的办公空间将为寻求靠近 MARTA 车站和 I-285 附近的混合开发环境的雇主提供增长机会。
- 办公就业增长将支持酒店发展。

威胁
- 邻近多拉维尔的通用动力工厂再开发可能会"窃取"尚布利 LCI 的市场份额。
- 城市区划法规要求零售用途性质的房屋使用应占据多户家庭建筑物和钢混建筑物的整个第一层，这与尚布利 LCI 目前的土地开发和经济发展相互矛盾。
- 对房屋租赁的抵制可能导致尚布利 LCI 错过当前开发周期。

这样的市场研究为了解研究区域的当前状况以及确定未来的经济前景提供了重要的背景。

这些研究所收集的数据和数据分析都汇编在一份技术报告中，并为预测未来状况提供了参考。本手册的其他几章提供了更详细的数据收集和识别现有系统性能和状况的过程。读者可参考第 2 章"出行特征及数据"、第 3 章"土地使用与城市设计"、第 8 章"资产管理"、第 9 章"道路和公路规划"、第 10 章"交通系统管理和运营"、第 11 章"停车规划"、第 12 章"公共交通规划"、第 13 章"步行和骑行交通规划"、第 17 章"交通通道规划"、第 19 章"场地规划与影响分析"、第 22 章"将货运纳入交通规划"、第 23 章"安全性规划——交通规划过程中的安全考量"以及第 24 章"公众参与"。

18.2.5 未来系统的性能和状况

交通规划人员主要关注未来。在当地交通规划的背景下，这意味着预测未来的交通挑战，并在这些交通挑战变得非常棘手前，找到解决这些问题的项目和策略。放眼未来意味着了解规划周期中的人口和就业情况，人们将在哪里生活和工作，他们将如何出行，以及通过什么手段和哪些因素会影响他们的出行选择。对于州域和都市区交通规划，这通常意味着要进行大规模的交通建模工作，包括更新社会人口统计数据和编码大型交通网络（请参阅第 15 章"州域交通规划"和第 16 章"都市交通规划"）。此类模型还用于地方规划，尤其是较大城市或大型子区研究。在一些较小的城镇，则较少使用模型来预测未来情况。在许多情况下，规划研究往往将重点放在现有条件和系统性能上，并假设这些位置将来也会成为难处理的位置。或者，稍微复杂一点的方法是在交通分区中"增加"人口和就业，应用新的出行发生率，并将出行量分配给网络以识别未来的问题（有关出行需求预测的不同方法，请参见第 6 章）。

当出行需求模型用于本地规划时，通常有两种类型。第一个是针对研究区域进行标定和验证的独立模型（独立模型通常只出现在最大的城市中）；第二个是使用 MPO 的出行需求模型，对它进行修正，并使其更适用于分析的规模。例如，在子区研究中，增添附加交通分区和附加链路/节点到模型结构中是比较常见的，这样研究区域外部的模型网络将成为进出该区域的出行流量的"外部"输入。该方法具有两个优点，第一个是子区模型与区域模型一致，这在从 MPO 项目中寻求资金时很重要；第二个优势是已有现成的分区系统和数据库（虽然可能需要进行一些修改），这样在进行研究时就并不一定需要新的数据了。

以下两个示例说明了在地方一级使用出行需求模型的情况：

休斯敦西北子区研究。休斯敦市和休斯敦-加尔维斯顿地区议会（The City of Houston and the Houston-Galveston RegionalCouncil，H-GAC）是该地区的 MPO，它们合作开发了一个可用于该市子区研究的模型。研究团队使用了 H-GAC 区域出行需求模型，并添加了额外的分区和网络链路，以提高城市街道模型结果的保真度。该研究团队为西北子区研究创建了 4 个初始场景，这些场景成为了运行模型来测试对系统性能的影响。团队还对场景进行了单独分析，比较不同概念之间的结果。然后，为建议的项目和行动制定了组合情景（情景 5）。这些情景是：

- 情景 1（基础扩建）：基础模型方案假设城市主干道规划中确定的所有主干道和主要集散道路的全面发展。在这种情况下，评估了此类建议对交通量和拥堵程度的影响。
- 情景 2（对偶）：此情景来自另一项研究，该研究是针对本研究中的某些领域进行的。该研究被包含在本研究内，仅供参考。
- 情景 3（容量工程）：情景 3 结合了道路扩建（由主干道规划指定）和街道缩减工程。其目的是创建一个安全且合理地支持各种移动性用途的网络。与基础模型相比，该模型在经济上更可行。
- 情景 4（高频公共交通）：这种高频公共交通场景包括将公共投入、人口增长、就业增长、活动中心以及与其他目的地（例如市区）的连通性考虑在内的公共交通路线。通过将高峰时段的服务频率加倍来模拟服务的增加。非高峰时间的行车间距也略有增加（研究认为，实际是区域公共交通运营商负责所有城市公共交通路线的频率和停靠点）。
- 情景 5（建议）：分别分析了 4 种方案，并将其与 H-GAC 提供的 2035 年基础模型（带有新的未来人口统计数据）进行比较。然后将场景结果向利益相关者征求反馈意见。将其结果和项目团队的分析相结合，由此创建了情景 5。其结果是形成了一个需要扩展容量的通道网络以及实际上可以减少现有容量的通道。

对于行人和自行车的需求，该市对可能存在问题的交叉路口和街道采用了"完整街道"设计方法（有关"完整街道"的讨论，请参阅第 9 章；在下一节中也将进行讨论）。此外，该研究还依靠现有的行人和自行车规划来确定研究区域的具体项目和策略。骑行改进建议如图 18-6 所示。

北富尔顿郡综合规划。北富尔顿郡是美国发展最快的郡之一，位于亚特兰大以北。该地区最繁忙的高速公路之一是该地区长途交通的主干路，许多当地街道因交通拥挤而苦不堪言。这项研究将是一项战略规划，以确定更好地管理交通的策略（例如，出行需求管理），并提出需要扩大通行能力的项目建议（City of Alpharetta，2010）。该研究小组依靠各种资料来源和数据分析确定了当前和未来的问题领域，包括：

- *公众参与*是制定交通需求清单的主要方法之一，尤其是对于当前需求。该地区的居民和利益相关者代表了现存系统需求的重要信息来源。
- 对北富尔顿地区的*现有研究*进行回顾，通过整理先前研究中所做的工作，为该规划奠定坚实的基础。
- *地理信息系统（GIS）*是一种以地图形式传递空间信息的软件工具。使用此软件可以显示经济数据、人口普查数据、土地数据和交通数据。
- 为了了解人口和就业趋势，从美国人口普查局获得了人口普查数据和美国社区调查数据。该信息也用于确定区域就业中心、人口密度较高的区域以及人口老化、收入较低、机动车拥有量较低的区域，或者可能拥有不同交通需求的残疾人较多的区域。
- 必须与亚特兰大地区委员会（ARC）*正在进行的规划倡议*进行协调，以便根据整个地区的目标和战略制定规划。与 ARC 正在实施的区域性倡议相协调，可以确保北富尔顿规划与那些超越其边界的目的保持一致。
- 为了确定交通系统的安全需求和趋势，对*碰撞事故数据*进行了统计分析。这些数据提供了对车辆、自行车、行人和商业车辆碰撞事故性质的深入了解。同时，从乔治亚州交通部（the Georgia Department of Transportation，GDOT）获得地理空间数据，以便确定这些碰撞事故的位置（City of Alpharetta，2010）。

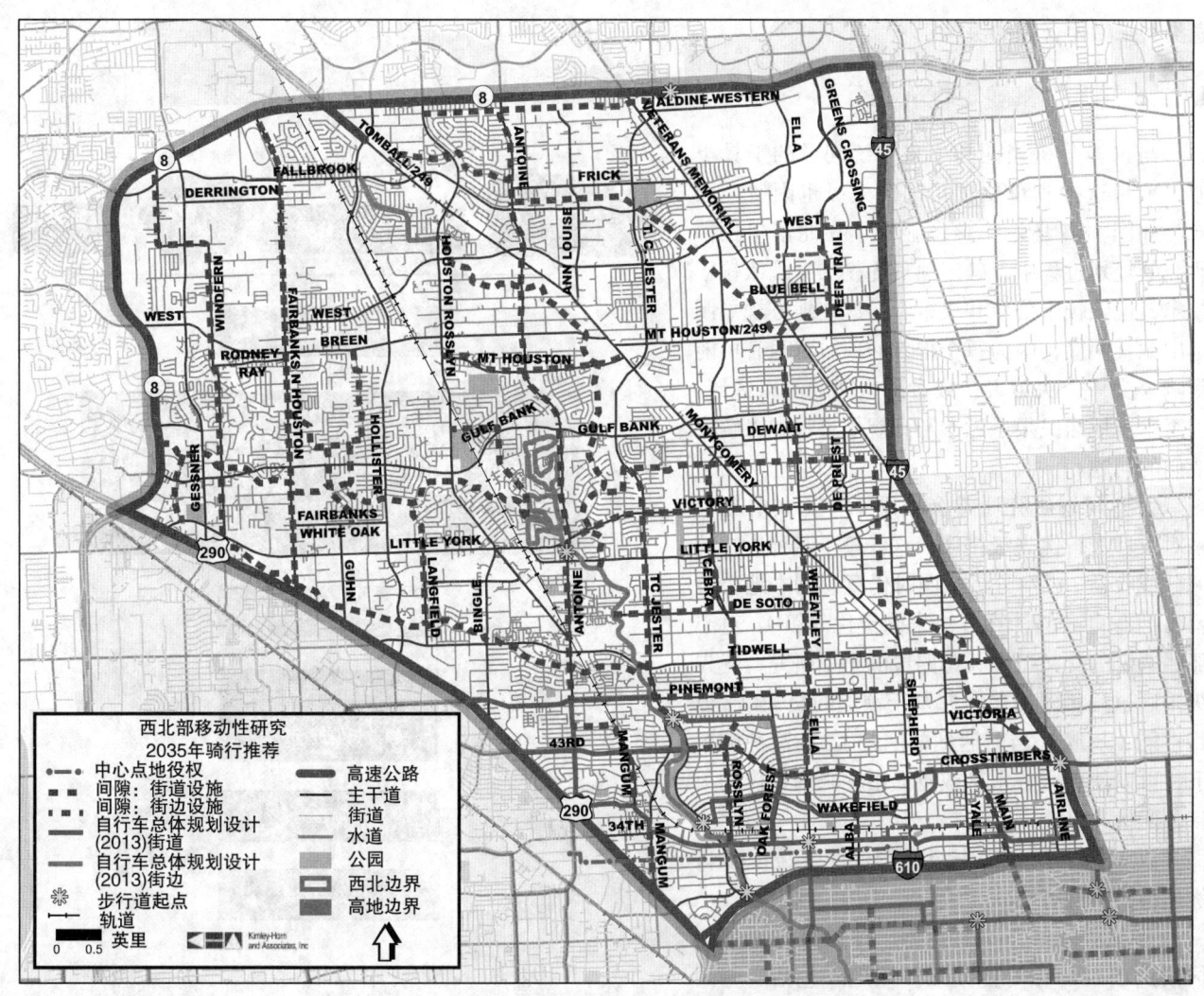

图 18-6　得克萨斯州休斯敦市分区骑行改进建议
来源：City of Houston, 2015c

ARC 的出行需求模型被用于预测研究区域道路网络上的未来交通量，并假设未来的土地使用方式、人口预测以及现有和规划中的道路项目。该模型确定了道路通行能力热点和预期的公共交通客流量。

关于行人的活动，根据人行道的布设、人行道的宽度、人行道与道路之间缓冲带的宽度、路边停车场的布设、车辆流量等因素，使用行人服务水平这一指标来衡量对行人的服务情况。对路网中现有行人服务水平得分进行分析，选择服务水平 C 的阈值作为改善触发点（在一些预计将有大量行人的地区选择 B 服务水平）。在未达到服务水平阈值的地方确定道路特征，并收集关于道路概况的其他数据以进行更详细的分析。这些额外的数据包括路肩和附近的坡度特征，例如路肩是平的、倾斜的还是包含沟渠的。这些特征被用来制定建议措施。有关行人规划的更多资料，请参阅第 11 章。

骑行服务水平采用了上述类似的方法，其中的因素包括自行车道宽度、道路宽度、排水沟、缓冲区和人行道，以及观察到的车道特性，包括车道数、车道配置（未划分、划分或使用 2 个左转弯车道）、标示的速度限制、路侧情况、路面状况和横断面类型（有无路肩），用于计算骑行服务水平得分。服务水平分数用于确定可以改进设计的位置。研究人员还收集了其他数据，以便对潜在的改善措施进行评估，包括沥青路面的总宽度、是否存在中央隔离带、是否存在路缘和排水沟，以及路侧情况（平坦、倾斜或有沟渠）。有关骑行规划的更多信息，请参见第 11 章。分析结果用于支撑评估和确定优先级的过程。

无论是来自出行需求模型还是对现有人口和就业趋势的简单推断，决策者都依赖于这两项研究中产生的信息类型来做出合理的决策。

18.2.6 评估和确定优先次序

与选择分析当前和未来系统问题的工具类似，项目选择和重要项目的优先级也因研究而异。如图18-7所示，该图显示了在北富尔顿郡研究的规划过程中，确定项目优先顺序既依赖于技术，也依赖于公众和决策者。这在地方规划制定中尤其明显，因为每个推荐的项目都很有可能影响至少一个决策者，或者那些问题热点区域，以至于当地居民很乐意参与到规划过程中以解决他们的问题。

大型规划研究通常会采用一种正式的流程来对项目进行优先级排序，这依赖于某种形式的评分或收益/成本分析（同时仍意识到本地决策者将拥有自己的计算方法来确定优先级）。对于那些选定的交叉口和关键路段的小型研究，优先级排序过程相对简单，并基于预期的交叉口/道路性能（反映了当前遇到的问题）。在这种情况下，可以使用服务水平或延误指标来为提议的项目分配优先级。

以下两个项目优先级示例说明了分配项目优先级的不同方法：

*北富尔顿综合交通规划。*评价矩阵用于评估候选项目的相对优先级。该矩阵包括一些因素，例如项目预期减少的交通拥堵；建立新的联通路线的潜力；对骑行、步行和公交方式的预期改进效果；以及可能的环境/社会影响。

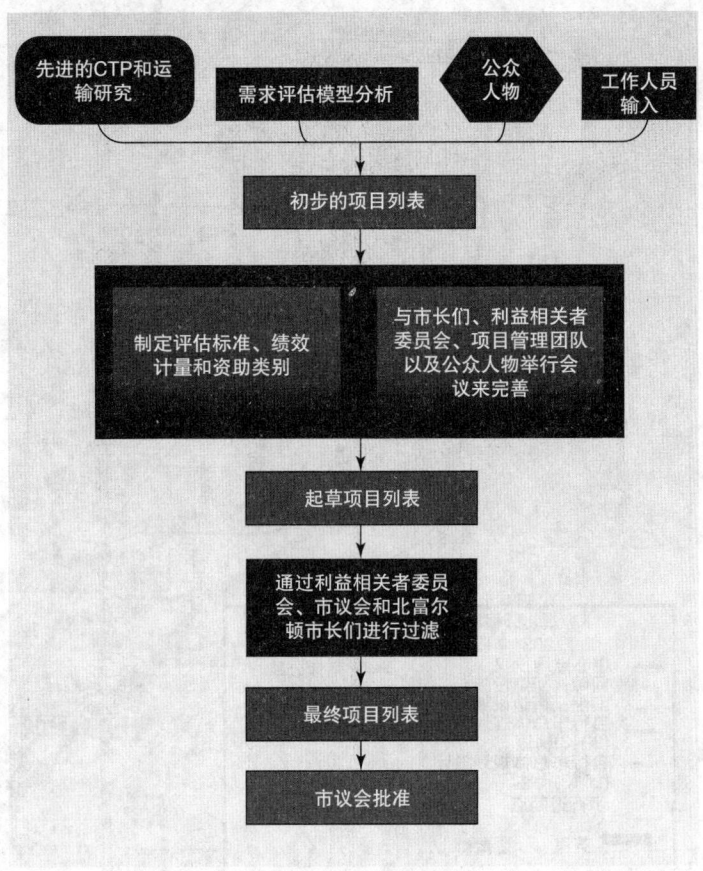

图18-7 乔治亚州北富尔顿郡在子区规划研究背景下的项目选择
来源：City of Alpharetta, 2010

相对于项目的潜在收益，考虑了预期成本以及潜在的运营和维护成本，估算了公路项目的货币效益，考虑了建设的可行性，以及该项目是否已经成为区域交通规划的一部分（City of Alpharetta, 2010）。

*西雅图东南部研究。*西雅图市使用100分制评分系统来划分其资本计划的优先级。西雅图东南部的研究决定使用相同的评分系统，该评分系统基于以下7个标准：①安全；②保护和维护基础设施；③成本效益或成本规避；④提高移动性；⑤经济发展；⑥综合规划/城中村和土地使用策略；⑦改善环境。

评价标准通过多个步骤过程应用于项目中。在研究初期，项目人员和社区成员根据过去的研究和新的分析确定了500多种潜在的行动。然后通过合并重叠的动作并消除已经完成或正在执行的动作来缩小此列表。最终有63个项目被正式提交给核心社区团队（CCT）进行审核和讨论。在CCT审查之后，为被认为是高度优先的行动编制了初步成本估算。然后根据表18-7所示的标准和权重对项目进行评分。将高、中或长期性的总体优先级分配给每个项目，每个类别中大约有1/3的项目。

评估和确定优先级是研究中的关键步骤。在研究开始时，规划人员就应该认真思考如何展开评估。这不仅使决策者思考关于研究结果什么是重要的，而且还告诉规划人员要收集什么类型的数据，需要进行什么类型的预测，以及在研究中必须使用哪种类型的工具。

读者可以参考第7章中关于评估及优先级排序的方法，以获得关于不同方法的更详细的讨论。

表 18-7　西雅图子区研究中使用的评估标准

评估标准	得分/分	权重	最高分/分
安全与安保	−5~+5	4	20
移动性	−5~+5	3	15
基础设施的保存/维护	−5~+5	3	15
成本效益和实施可行性	−5~+5	3	15
综合规划/城中村战略	−5~+5	3	15
环境质量	−5~+5	2	10
经济发展	−5~+5	2	10
总分			100

来源：City of Seattle, 2005

18.2.7　其他行动和战略

上一节讨论了确定优先项目的方法。这些方法主要侧重于基本项目或服务变更，例如十字路口改进、步行/骑行项目以及公共交通服务改进。但是，许多本地规划通常包括其他类型的策略，旨在减少单人驾驶车辆往返于某个地点的行程，如出行需求管理（TDM）策略。例如，除了拟建的公路、公共交通和步行/骑行项目清单之外，《北富尔顿综合计划》还包括以下内容（摘自报告）：

交通需求管理（TDM）

- *弹性时间和远程工作*——远程工作（即在家工作）和弹性时间都减少了高峰时段的出行，这对减少交通拥堵和空气污染有重要影响。
- *公共交通和穿梭公共汽车服务*——在北富尔顿，有大量机会增加对公共交通和穿梭公共汽车服务的使用。
- *教育和文化意识*——教育和文化意识可能会对人们的选择产生重大影响。许多社区定期举办活动，以增强认识并教育人们使用公共交通或自行车出行。
- *可变道路收费和管理车道*——随着 GA 400 通道规划增加管理车道，该通道上可能会采用可变定价，以减少传统高峰时段的出行。此外，这些管理车道将鼓励拼车和公共交通出行。
- *开发规范*——每个城市开发规范中的一些具体要求或限制都会对出行产生直接影响。例如，某些社区在所有商业和大型办公场所都要求配备自行车停放设施和淋浴/更衣设施。拼车与合乘也可以实行停车优惠。
- *与学校相关的 TDM 策略*——与学校相关的 TDM 策略是所有社区都要考虑的重要因素。这些策略可以包括：①通过改善人行道、人行横道、自行车道和自行车停放区来减少非机动交通的障碍；②通过重新考虑免费停车，在高中实施停车管理，然后将停车收益用于改善步行和骑自行车上学的设施；③组织学校拼车项目活动；④长期规划新的学校地点，允许更多的学生步行和骑自行车上学。

出入通道管理

三个具有区域重要性的通道被确定为主要的非高速公路道路，从而促进了北富尔顿（特别是东西向流动）的区域出行。由于其区域的重要性，建议沿这些道路实施一致的出入通道管理策略。此外，应考虑采用强有力的出入通道管理政策，以在不进行传统拓宽的情况下改善主干道的交通流量（请参阅第 9 章"道路和公路规划"）。

先进的交通管理系统（ATMS）

先进的交通管理系统（ATMS）使政府机构可以更好地管理道路上的交通并向驾驶人传播交通信息。ATMS 组件包括交通信号控制器、闭路电视（CCTV）摄像机、可变信息标志、通信设备以及控制中心监控设备和软件。该研究建议北富尔顿：①扩大现有信号系统的覆盖范围（通信）；②协调信号并跨辖区同步配时；③扩大闭路电视的覆盖范围；④评估可变信息标志设置的需要和潜在位置；⑤提供中心到中心的通信；⑥建立跨越城市共享信息和管理交通的协议；⑦识别其他潜在的可能适用于北富尔顿市的 ATMS 策略（例如公共交通优先、可变车道等）；⑧制定灵活且可扩展的策略，以应对在继续发展的情况下实现未来的增长；⑨开发一种将经常性成本降至最低的系统（City of Alpharetta，2010）。

规划中包含的策略类型会因社区而异。有些社区将重点放在土地使用策略上，而另一些将强调物理基础设施的改进。更大的城市或大城市内的较小社区可能会开发一种包括这两方面的研究设计。随着基础设施的资金越来越有限，为了减少出行及相关影响，使用非基础设施策略和更好地管理以社区为导向的出行选择将成为交通规划的范式。

佐治亚州钱布利的研究包括很多方面的建议（Kimley-Horn & Assocs，2014）。除了关于行人、自行车、通道、对外门户、停车和公共交通的建议外，该研究还建议采取一系列行动，包括更新总体规划和土地使用政策、城市设计重点、历史资源、市场/经济发展策略、终身社区策略和区划考虑事项。例如，利用靠近地铁站的优势，该规划建议：

- 继续与开发商合作，以确保现有 MARTA 火车站周围的开发适合步行。
- 在 MARTA 火车站附近寻求高质量的开发项目。
- 在 MARTA 拥有的目标地块上开发一个地区拘留所和社区空间。
- 为未来的钱布利铁路路线扩展提供安全便捷的出入通道。
- 实施一个公园和绿地的长期维护计划。
- 在公共或半公共场所为设立替代燃料源站寻找机会。
- 制定棕地评估和指定标准。

图 18-8 所示为研究得出的推荐的交通项目。

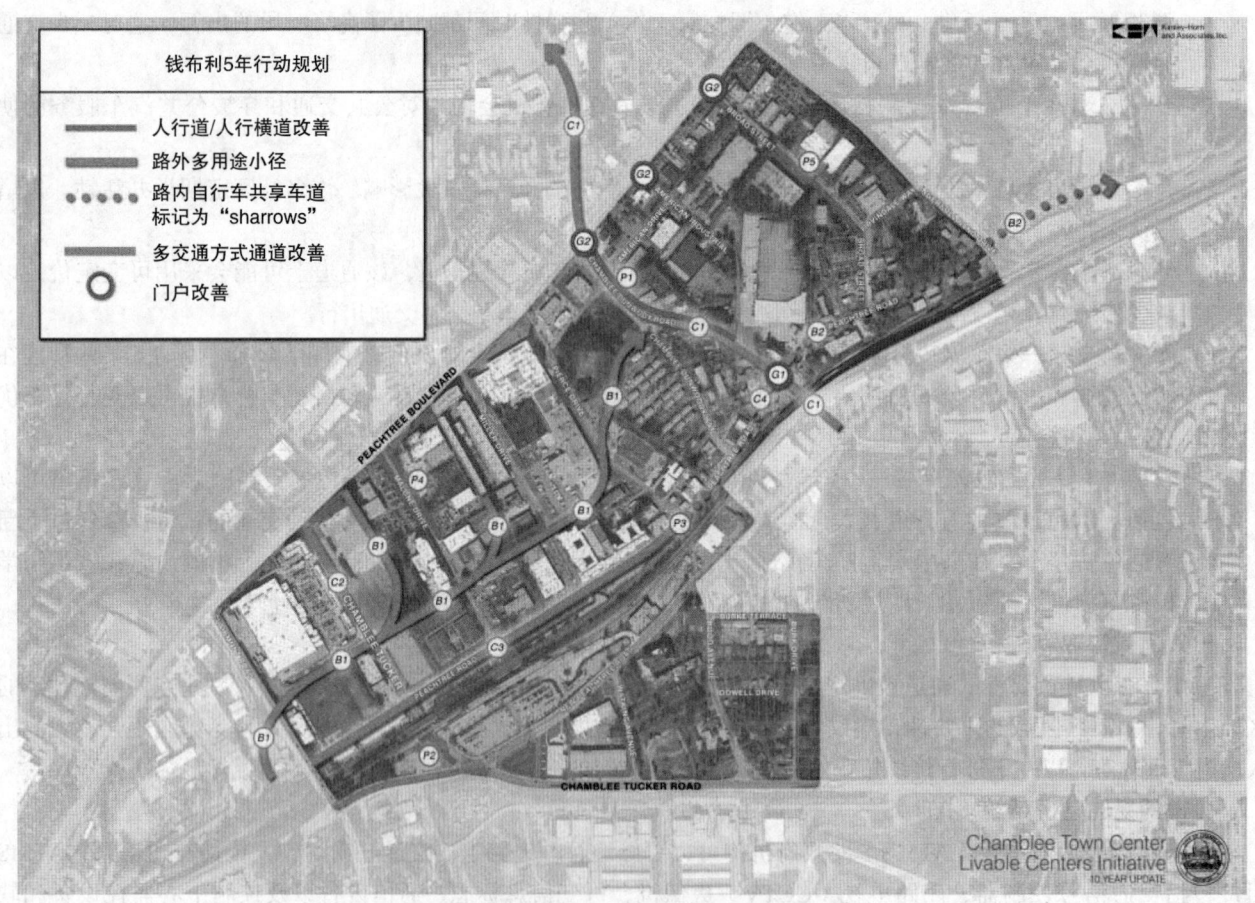

图 18-8　佐治亚州钱布利推荐的交通项目

来源：Kimley-Horn & Assocs.，2014

本手册中的其他章节与本地规划中可能考虑的选择特别相关。读者可以参考第3章"土地使用与城市设计"、第9章"道路和公路规划"、第11章"停车规划"、第12章"公共交通规划"、第13章"步行和骑行交通规划"、第14章"出行需求管理"、第22章"将货运纳入交通规划"。

18.3 活动中心规划

在过去的一个世纪中，为了适应不断变化的交通服务和人口趋势，活动中心的位置和形式已经发生了变化。在20世纪上半叶，中央商务区（CBD）成为主要的办公、零售和政府中心。由于各种原因，尤其是大规模公路网络的建设，多年来，人们对市中心的关注度有所下降。如今，大多数都市区均由主要的活动中心组成，而市区只是许多活动中心之一。例如，在亚特兰大地区，亚特兰大地区委员会（ARC）确定了14个不同的活动中心，这些中心具有自己的发展模式和交通流（ARC，2012）。许多此类活动中心已经创建了组织来应对居民和员工面临的出行挑战。这些组织被称为交通管理组织（Transportation Management Organizations，TMO）或交通管理协会（TMA），它们是交通规划过程的新参与者（请参阅第19章"场地规划与影响分析"）。

18.3.1 特征和概念

活动中心指的是集办公和零售等土地混合使用于一体的大型开发中心。活动中心也可能包括机构综合体，如政府中心、学院和大学，以及医疗中心。活动中心的面积从几百英亩（1公里^{2}左右）到 6~8 英里^2（15.5~20.7 公里^2）不等。通常大型活动中心的办公用地多于住宅用地，包括大量的零售空间、综合办公区、零售、酒店、住宅或其他商业用途，比周围地区有更高的开发密度，并被认为是社区内活动的焦点。大多数较大的中心也受到总体规划的影响。

活动中心通常以以下一种或多种形式出现：

- 中央商务区（CBD）。
- 占地数百英亩以上的办公园区。
- 100 英亩（40 公顷）以上的零售中心。
- 数百至数千英亩的多功能中心。
- 一英里或更长的大型办公走廊。
- 主要的外围或郊区办公中心。
- 大学、医疗中心或其他机构综合体和园区。
- 具有附加用途的主要娱乐设施。
- 大型零售、餐饮和娱乐中心。

活动中心通常位于商业活动可以在合理的出行时间内进入大量消费者或劳动力市场的地方。从历史上看，它们是在有便利的交通和公路连接的焦点地区开发的，例如CBD、外围商业区和郊区铁路沿线的大型城镇中心。但是，过去50年来，随着城市高速公路系统的发展，人口的分散已经极大地改变了活动中心的位置。如今，高速公路交汇处和主要干道交汇处已成为许多活动中心设置的主要地点。

在诸如硅谷（加利福尼亚州）、三角研究园（北卡罗来纳州）和马萨诸塞州的128号公路等地区，聚集性经济活动的出现和成功发展已成为其他地区发展类似商业群的研究案例。这些聚集体（或"集群"）代表了相互关联的企业群体，它们由于这样或那样的原因选择同一处地点办公（ARC，2012）。美国人口普查局的一项研究调查了1970—2000年之间都市区就业的变化，结果显示，就业机会迅速向美国都市区的就业集群转移（Marlay和Gardner，2010）。表18-8展示了美国20个最大都市区的就业变化情况。可以看出，新的就业集群的数量在1970—2000年之间显著增加。该研究还观察到，在较大的都市区（人口 > 400万）中，有37%的就业机会位于就业集群区。对于中等规模的都市区（人口为100万~300万），这一比例约为34%；对于较小的都会区（人口 <100万），这一比例为25%。

表 18-8 美国 20 个人口最多的都市区统计区域的就业集群、都市区分区和边缘城市

都市区	2000 年人口/人	就业集群数量/个				边缘城市数量/个		
		1970 年	1980 年	1990 年	2000 年	CBD	边缘城市	新兴边缘
纽约-北新泽西-长岛	18323002	6	12	18	26	4	17	4
洛杉矶-长滩-加利福尼亚州圣安娜市	12365627	6	23	27	25	2	15	6
伊利诺伊州芝加哥-内珀维尔-乔利特	9098316	2	7	11	11	1	4	0
费城-卡姆登-威尔明顿	5687147	2	3	8	9	1	3	0
得克萨斯州达拉斯沃思堡阿灵顿堡	5161544	2	5	8	8	2	4	3
佛罗里达迈阿密-劳德代尔堡-迈阿密海滩	5007564	2	1	16	7	2	1	2
华盛顿-阿灵顿-亚历山大	4796183	1	3	10	14	1	16	7
得克萨斯州休斯敦	4715407	1	7	8	8	1	9	2
密歇根州底特律-沃伦-利沃尼亚	4452557	3	10	8	9	1	5	3
波士顿-剑桥-昆西, 马萨诸塞州	4391344	2	7	8	8	1	5	5
乔治亚州亚特兰大-桑迪斯普林斯-玛丽埃塔	4247981	1	4	8	8	1	4	4
加利福尼亚州旧金山-奥克兰-弗里蒙特	4123740	2	6	10	12	2	5	5
河滨-圣贝纳迪诺-安大略省	3254821	1	3	2	3	0	1	2
亚利桑那州菲尼克斯-梅萨-斯科茨代尔	3251876	0	2	7	10	1	3	4
华盛顿州西雅图-塔科马-贝尔维尤	3043878	2	4	6	2	1	3	3
明尼阿波利斯街保罗-布卢明顿	2968806	2	6	8	10	2	1	1
加利福尼亚州圣地亚哥-卡尔斯巴德-圣马科斯	2813833	1	3	4	4	1	1	1
密苏里州圣路易斯	2698687	1	4	5	7	1	2	1
马里兰州巴尔的摩-陶森	2552994	1	2	6	6	1	3	4
宾夕法尼亚州匹兹堡	2431087	1	3	3	1	1	1	0

来源: Marlay and Gardner, 2010

18.3.2 中央商务区（CBD）

CBD 是最大和最古老的城市活动中心，许多都可以追溯到大多数企业都集中在一个中心区域、且出行距离有限的时候。多年来，随着有轨街车、快速交通线、通勤铁路线的发展，市中心地区也随之发展，公共汽车和机动车也扩大了它们的覆盖范围和市场范围。然而，城市活动的分散化导致了城市中心区的优势、活力和功能的相应变化。尽管 CBD 相对于其他都市区的相对集中度有所下降，但它仍然是典型都市区的主要经济活动中心，仍然吸引着世界上大多数主要城市中最高的交通客流量。

1. 特点

除非受到地形限制，市中心通常位于城市地区的人口中心附近。它们通常占据 1~2 英里^2 的面积，代表着大多数城市地区办公面积和就业密度最高的集中地之一。但是，与整个地区相比，该地区的员工总数很小——在超过 100 万人口的大都市区，员工数量平均只有 7%。其中纽约市最高，占 22%（世界第二，仅次于东京）（Demographia，2014）。在大城市中，每英亩的员工人数从 100 到 400 多人不等。

就业和混合土地的集中使用带来了大量多样的 CBD 出行。CBD 通常是市区内交通可达性最高的区域，表现出最高的交通利用率（77% 的通勤者流入纽约市；50%~60% 的人流入波士顿、芝加哥和旧金山；约 40% 的人流入丹佛和西雅图市中心）。CBD 还将很高比例的土地用于交通用途——大约一半的市中心土地用于街道、人行道、小巷和停车场。一般来说，它的街道外服务和装载设施比郊区的开发区要少。出行高峰期比外围商业区更长。

一些市中心已经扩展到周边地区，超出了其原有的限制。芝加哥最初的 CBD 面积约为 1.2 英里^2（3.1 公里^2），然而，包括近北区和西区在内的扩大的中心区面积已经超过 4 英里^2（10.36 公里^2），使中心区的就业人数增加了约 50%。

往返于 CBD 的良好交通一直并仍然是市中心成功的一个重要因素。快速公共交通和通勤铁路服务为纽约市、芝加哥、波士顿、费城等美国主要城市的大型写字楼建设提供了支持，最近还支持了亚特兰大、巴尔的摩、洛杉矶、旧金山和华盛顿特区的发展。其他城市已经实施了轻轨或公共汽车专用道系统，既提高了移动性，又鼓励了市中心的发展。而且，在大多数情况下，考虑州际公路系统的最初目的是连接主要城市，市中心地区与该地区高速公路系统的连通性非常高。

2. 出行特征

市中心的出行特征因 CBD 的规模、就业密度、停车可用性和成本、交通可用性和票价、可用出行方式的相对可达性以及鼓励市区非机动车通行的地方交通政策而不同。小城镇可能会在 15 或 20 分钟的集中时段内产生高峰时段的出行需求。更大和更多样化的市中心会出现 2 小时及以上的高峰时段。这些特性范围要求交通规划工作必须建立在对所考虑的特定市中心的仔细研究和准确数据的基础上。

CBD 出行特征包括：

- 除了就业人数最多的市中心外，高峰时段、单向边界线的人流量通常少于 10 万人。这意味着所有交通方式的通道客流量小于 2.5 万／小时。
- 随着出行时间和距离的增加，到 CBD 的人均出行吸引力通常会减少。
- 在大多数城市，CBD 出行的增长率低于该地区总出行的增长率。现有社区与市中心之间的出行次数普遍减少，而郊区与市中心之间的出行次数普遍增加。结果，许多地区的平均出行时间增加，公共交通设施的使用逐年减少。
- 随着城市化地区人口的增加，前往中央商务区通勤出行的比例增加。在大多数大区域（人口超过 100 万），超过一半市中心区人群的出行终点是工作地。
- 行人和停车的步行距离因城市而异。它们反映了公共交通站点／场站及停车设施与主要零售和办公场所的位置。步行距离的中值大约是 500～600 英尺（150～180 米），80% 的行人步行距离不到 1/4 英里（400 米），除非是在非常大的城市。
- 员工停车时间通常为 6～8 小时，购物者和个人商务的停车时间通常为 2 小时左右。

3. 挑战

CBD 面临的挑战因城市而异。在丹佛、波特兰（俄勒冈）、圣地亚哥和西雅图等城市，正在经历市中心的新增长，而所面临的挑战在于为居民和通勤者提供出行选择。在其他尚未实现这种增长的城市，挑战在于将交通战略与发展以及城市设计战略相结合，以鼓励这种增长。通常，交通问题经常出现在城市中心的汀户通道和中心内部。但是，在许多 CBD 中，高峰时段的拥堵对出入通道设施的影响要比 CBD 内部严重得多。常见的问题包括：

- 区域快速交通服务不足。
- 高速公路和进出高速公路的道路较为拥堵。
- 靠近市中心的高速公路运营不佳，可能会切断与周边地区的交通联系。
- 矛盾的、不连续和不规则的街道模式。
- 分散的开发和长街区使步行困难。
- 狭窄和阻塞的人行道，使行人难以通行。
- 与所服务的活动相关的停车设施位置不佳，导致步行困难和缺乏吸引力。
- 建筑物内用于处理和运送货物、邮件、包裹和供应品的街外设施有限。

4. 规划步骤

城市中心区的交通规划应与 CBD 社区合作进行。此类规划通常包括交通规划师和工程师、城市规划师、景观设计师、土地经济学家和开发商。此过程中的步骤取决于规划改进的类型和规模。因此，交通改善规划可能包括不同的重点和时间范围，而不限于一个大的对市中心发展很关键的公共交通投资计划。

城市中心交通规划流程如图 18-9 所示。交通规划决策和改善策略应加强 CBD 的经济和环境目标。它们应相互协调，以改善 CBD 的可达性、特征、舒适度和经济性；促进有序紧凑的发展；鼓励在市中心及其周边地区建立住宅区；并保留必要的交通通道。应鼓励乘坐公共交通出行，特别是在大城市里。这意味着不仅要提供可靠、高容量的公共交通服务，而且还应采用停车管理和 TDM 策略来鼓励此类使用（见第 14 章"出行需求管理"和第 19 章"场地规划与影响分析"）。

如图 18-9 所示，市中心规划过程从明确目的、目标和指导原则开始。华盛顿州的贝尔维尤是这方面的一个很好的例子，其市议会通过了以下指导原则来集中规划工作。

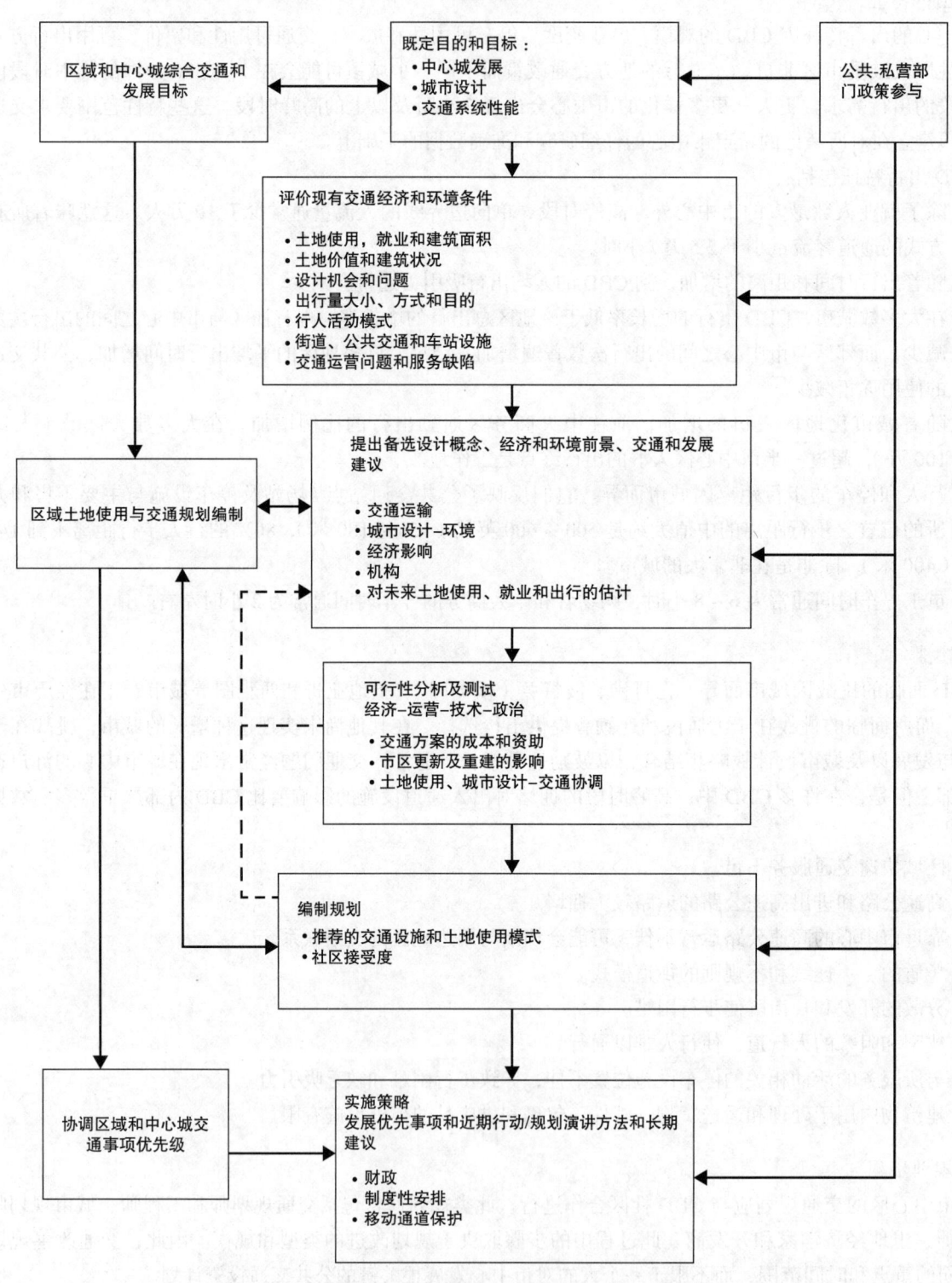

图 18-9 市中心区交通规划流程

1）*规划其内部和往返于贝尔维尤中心城的多种交通方式*：为贝尔维尤中心城制定创新的多式联运战略，更新现有的中心城子区规划项目清单。

2）*满足2030年土地使用预测的预期出行需求*：确保规划的交通系统能够适应2030年中心城住宅和就业增长的预测。

3）*推进贝尔维尤中心城所采用的愿景*：确保中心城交通系统的发展，并支持贝尔维尤中心城的土地使用和城市设计愿景——在中心城子区规划中明确提出一个充满活力的、宜居的、可达的和令人难忘的混合用途城市中心。

4）*确认区域及地方交通和土地使用环境的变化*：采纳自中心城子区规划通过以来已批准和实施的地方及区域交通项目和规划。

5）*统合市议会导向*：随着潜在中心城交通项目的确定，将市议会的导向纳入区域交通设施中。

6）*提供全面的公众参与*：确保更新中心城交通规划的过程能够引起广泛而包容的公众参与，包括多样的中心城商业和住宅社区、附近的住宅社区以及其他社区利益相关者。

7）*尽量减少对社区的交通影响*：考虑采取必要的措施，保护中心城居民和附近社区居民免受道路交通和通勤停车带来的重大不利影响。

8）*让区域交通和规划合作伙伴参与*：与区域交通和规划合作伙伴协调贝尔维尤中心城交通系统的规划。

9）*利用外部来源的资金来实施项目*：确定杠杆式有效利用拨款资助机会的交通系统项目。

10）*利用有效性指标来评估潜在项目*：使用有效性的定量和定性指标来评估项目理念与其他项目以及社区目标之间的关系。除了提高行人和骑行者的安全性、管理交通拥堵以及有效利用现有路权等措施外，还应将项目相对于其为出行带来效益的成本作为一项重要指标（City of Bellevue，2012）。

制定规划方向的另一种方法是提出规划应该回答的关键问题。例如，在明尼阿波利斯，中心城行动规划从以下几个问题开始。

- 哪些街道需要改造，以鼓励更多人选择骑行出行？
- 哪些街道需要改造，以鼓励更多人选择步行出行？
- 哪种公共交通服务模式最适合中心城，哪些街道需要强调公共交通的运行？
- 哪些街道对进出中心城的交通至关重要，哪些对中心城内的交通循环至关重要？
- 哪里需要更好的高速公路连接？
- 需要进行哪些街边改善或管理策略来解决物业使用需求，如进出停车坡道、送货、下客/上客、代客泊车和街边停车（City of Bellevue，2012）？

除上述问题外，该规划还与更广泛的中心城目标联系在一起，这些目标包括保持持续增长、维持和改善中心城的生活质量和特质，并有效利用有限的空间和现有的基础设施来吸引更多的人。这使得人们可以在没有机动车的情况下生活，也使市区对游客、顾客、居民和工人而言更具有吸引力并且易于引导。

在美国以外的一些著名城市中，已经采用了规划目标。例如不列颠哥伦比亚省的温哥华，该市采用了2040年的交通方式共享目标，如图18-10所示。该城市和中心城的交通规划都围绕实现该目标而制定。

对于较大的城市或想要在模型上进行投资的城市而言，用于评估当前交通系统性能和预测未来价值的分析过程，与区域交通规划使用的过程和工具非常相似。因此，在贝尔维尤案例中，出行需求模型的使用类似于都市规划组织（MPO）所使用的模型（请参阅第6章"出行需求与交通网络建模"）。自前次使用该模型后，必须收集数据来更新社会经济数据库，并且检查网络编码来反映网络的变化。如在地方规划章节中提到的，在许多情况下，MPO使用的区域出行需求模型是城市规划模型的基础，只是为了更能反映城市的规划需求而进行了修改。

良好的CBD行人出入通道和交通组织是有效的市区交通系统的重要组成部分。这可能需要沿着街道提供充足的人行道空间，街道两旁是排成一排的商业空间、与公共交通车站衔接良好的人行通道、清晰可见的交通管控和标志，以及有吸引力的行人聚集点或广场。有时，人们希望通过分离式立交将行人流线与公共汽车和小客车进行分隔。与机动车相比，不同城市对公共交通和步行的偏好程度有所不同。一些城市限制停车空间和车辆出入，目的是为了创建一个更适合步行的城市，并且促进公共交通的使用。例如，波士顿和波特兰（俄勒冈州）对市中心停车场的供应进行了限制，以及波士顿、密尔沃基（威斯康星州）和旧金山的高速公路路段的拆除。

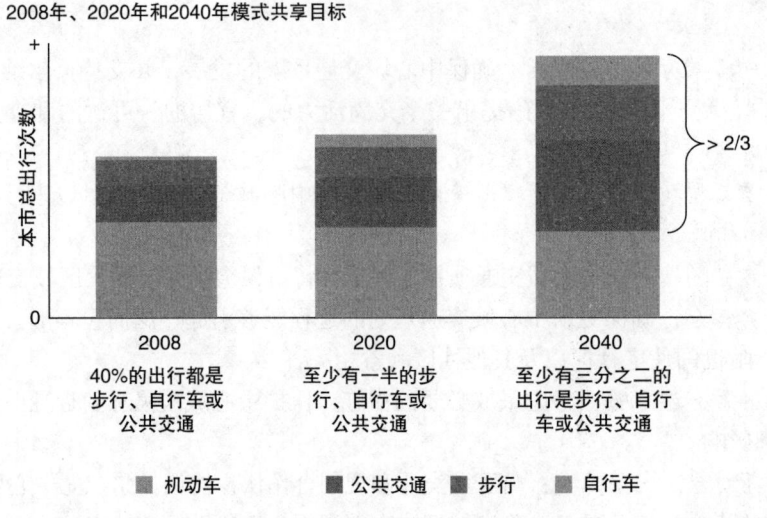

图 18-10　温哥华市模式共享 2040 目标

来源：City of Vancouver, undated

表 18-9 展示了典型中心城的交通规划原则。可以看出，其中一些出入通道概念和原则与郊区活动中心的概念和原则有所不同。在中心城环境中特别适用的原则包括：

- 主要出入通道和循环路线应集中在该区域的外围及附近。
- 核心区应致力于高强度使用，主要依赖于大型中心城的公共交通、步行和骑行。
- 如有机会，应向主要就业集中区和以顾客或游客为导向的商业活动提供公共交通服务；应鼓励提供公共交通服务，尤其是在道路服务水平、空气质量或其他条件将显著受益的地方，或中心城就业密度非常高的地方。
- 在鼓励使用公共交通的地方，应提供公共交通优先权和便利设施。
- 应在平面和立面上保持行人流通的连续性。
- 停车场应分为长期（员工）、短期（访客或顾客）和跑腿或服务停车场。路内或路外最便利的停车场都应预留给短时停车或跑腿停车。
- 应根据实际装载活动设置路边停车区，并尽量降低行人和车辆的冲突。
- 停车应以共享的方式使用，而非只供个别企业使用；应鼓励为公众服务的停车场。
- 员工停车场的位置应尽量远离最接近的中心城核心区，以减少市中心的交通拥堵。
- 在较大的中心城，免费的 CBD 内部交通服务、本地公共汽车循环服务和更近的轨道交通站间距可以增强交通流通。
- 总单位停车需求率将低于郊区。大面积而言，这一比例可能低至郊区开发项目的一半。在一些最大的中心城，由于高交通分担率和车辆拥有量，这只是典型需求率的一小部分。
- 在可能的情况下，进出中心城开发区的通道应直接连接到停车场或交通设施，以方便出入。
- 应提供充足容量的行人设施，并尽量减少与其他方式的冲突。在一些较大的中心城，立体化行人道路系统可能是较为合适的。
- 在中心城主要目的地和中转站或其他多式联运站，应提供安全便利的自行车停放设施。

典型的中心城交通规划推荐了一系列项目和政策，以改善中心城交通系统的性能。例如，图 18-11 所示为明尼阿波利斯中心城的人行道和桥梁需求。规划还可以建议在中心城街道采取一些物理设计和处理方法，如明尼阿波利斯规划中在街道公共汽车专用道上所做的那样（图 18-12）。图 18-13 所示为中心城地区推荐的改进措施。

表 18-9 典型中心城的交通规划原则

交通流通原则
- 应该建立中心城街道的层次结构（例如，主干道、次干道、集散街道和地方街道），以定义通过性交通和出入交通的相对重要性。应通过使用街道设计技术、交通控制措施和停车规定来实现此层次结构
- 高速公路应与市中心有足够的距离，并且不应使一侧与另一侧隔离。单向的"内部环路"比交织空间不足的紧凑高速公路环更为可取
- 主要的进出通道和循环路线应集中在该区域的外围或附近
- CBD 街道系统应具有足够的交通容量，以在规划期内最大限度地减少交通拥堵并处理高峰时段的交通负荷
- 应使用替代或绕行路线引导非 CBD 交通远离核心区域
- CBD 街道系统应为 CBD 交通提供充足的出入通道和循环道
- 中心区域的街道系统应为应急车辆和服务车辆提供直接通道
- CBD 的循环道系统应与 CBD 以外现有的和拟议的主要大道连接（例如，径向高速公路和主要干道）
- CBD 街道系统应提供多个到达目的地的机会
- CBD 的交通组织模式应该容易被普通驾驶人理解，并提供相对直接、不需要绕行的路线
- 交通组织规划应设计为增量实施，单个要素在完成后即可使用
- 街道的设计应提供连续的路线和通行能力
- CBD 的交通组织规划应允许驾驶人在产生高交通量的街区或区域周围绕行
- 主要的中心城街道应避免与主要的铁路平交道口发生冲突
- CBD 街道网络应通过街道扩展和封闭来实现规范化
- 应避免复杂的交叉口和多相位信号
- 街道和土地开发不应太大，以免造成交通组织困难。街道模式不应把土地分割成太碎的小块，以致不能良好发展

停车原则
- 应从主要的 CBD 出入路线进入 CBD 停车位，并应直接连通主要车辆入口点。
- CBD 停车设施应根据车辆进入区域的方向分布进行分配。
- 停车系统应为长期、短期、访客和跑腿停车提供明确的使用空间。
- CBD 停车系统应具有足够的容量来满足当前和未来的高峰停车需求，但不应削弱公共交通客流量（与机动车相比，对公共交通和行人的偏好程度因不同中心城而异。）
- 在可能的情况下，CBD 停车场应尽可能促进设施的双重使用或共享使用。
- 穿梭公共汽车应将周边通勤停车设施与最终的 CBD 目的地连接起来。
- 必须提供设施来满足常规送货车辆、快速停车服务（如邮递和报纸货车）以及特殊用途车辆（如建筑和维修货车）的需求。
- 员工停车场应尽可能远离中心城核心。
- 应根据实际的装载活动设置路边装载区，并将冲突最小化。
- 在快速公共汽车/BRT 系统、快速公共交通和通勤铁路沿线的外围停车换乘站应拦截驾车者进入，尤其是通勤者。
- 在主要的购物街道上不建议停车。
- 应鼓励停车楼的底层零售使用。
- 应该对露天停车场进行屏蔽和景观美化。

步行/骑行通行原则
- 中心城目的地之间的行人和自行车循环的连续性应作为优先事项。
- 应为行人创造合适的环境。除其他便利设施外，还应包括防风雨措施，特别是在人流量大的地区。此外，还应该为骑自行车的人创造安全的环境，尤其是避免与机动车发生冲突。
- 从主要的 CBD 停车设施、公共交通车站到 CBD 土地使用的步行者和骑行者出入通道应避免交通冲突并提高安全性。
- 主要的行人和自行车道应以景观美化和照明加以明确和识别。
- 为了保持人行横道的安全和便利，街道上的移动车道数不得超过 4 条，除非提供带有合适的行人安全岛的中央分隔带。
- 人行道和自行车道应远离杂物和障碍物。
- 应为行动不便者提供适当的方便。

公共交通原则
- 地面公共交通应优先使用街道设施。
- 为方便乘客，应提供直达 CBD 主要目的地的公共交通通道。
- 应让土地使用资助公共交通设施并最大化公共交通市场。
- 在可能的情况下，所有 CBD 公共交通设施都应采用直通线路的原则，避免公共交通车辆载重绕行。
- 应在就业集中度高的 CBD 中建立通过 CBD 的场外公共交通服务设施。
- 公共交通停靠站和车站应该具有鲜明的特色。

来源：Adapted from Edwards, J. (ed.). 1999. *Transportation Planning Handbook*, 2nd Edition. Washington, DC: Institute of Transportation Engineers.

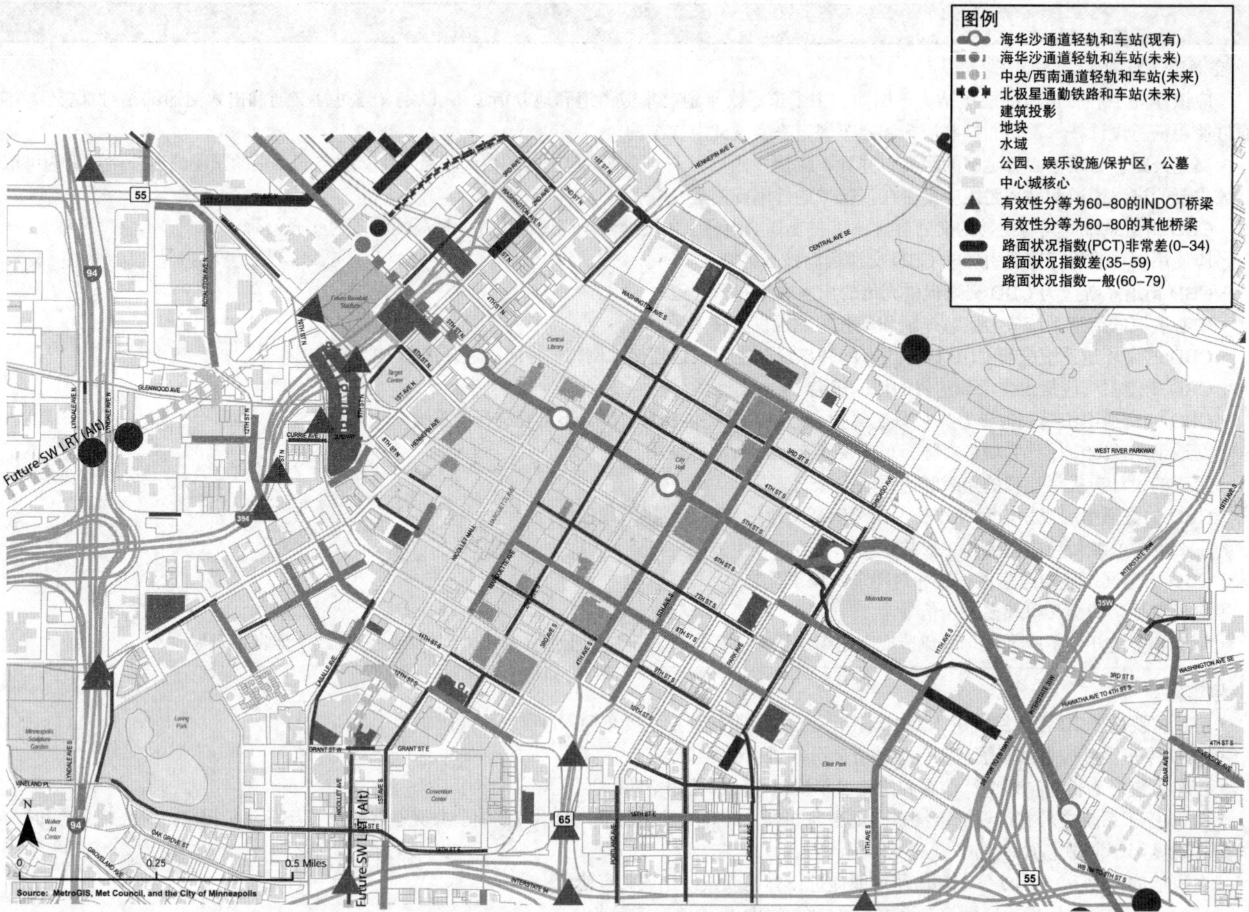

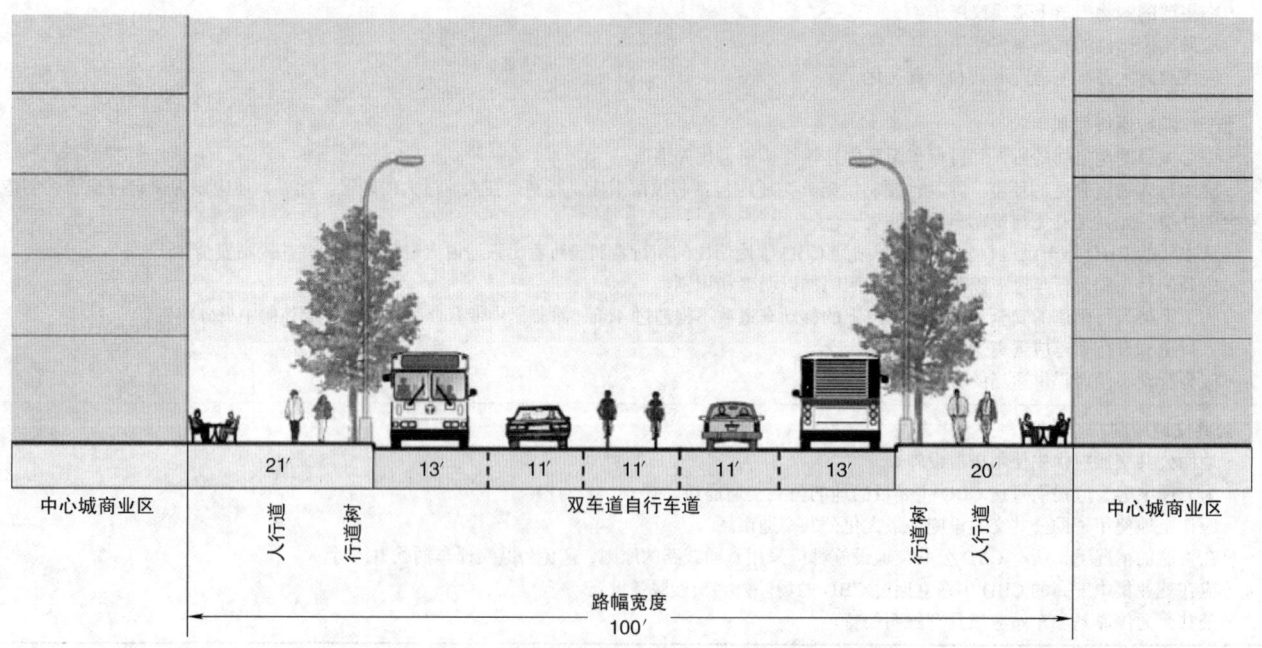

图 18-11 明尼苏达州明尼阿波利斯中心城的人行道和桥梁需求

来源：City of Minneapolis, 2007

图 18-12 明尼苏达州明尼阿波利斯中心城大街公共交通服务选项

来源：City of Minneapolis, 2007

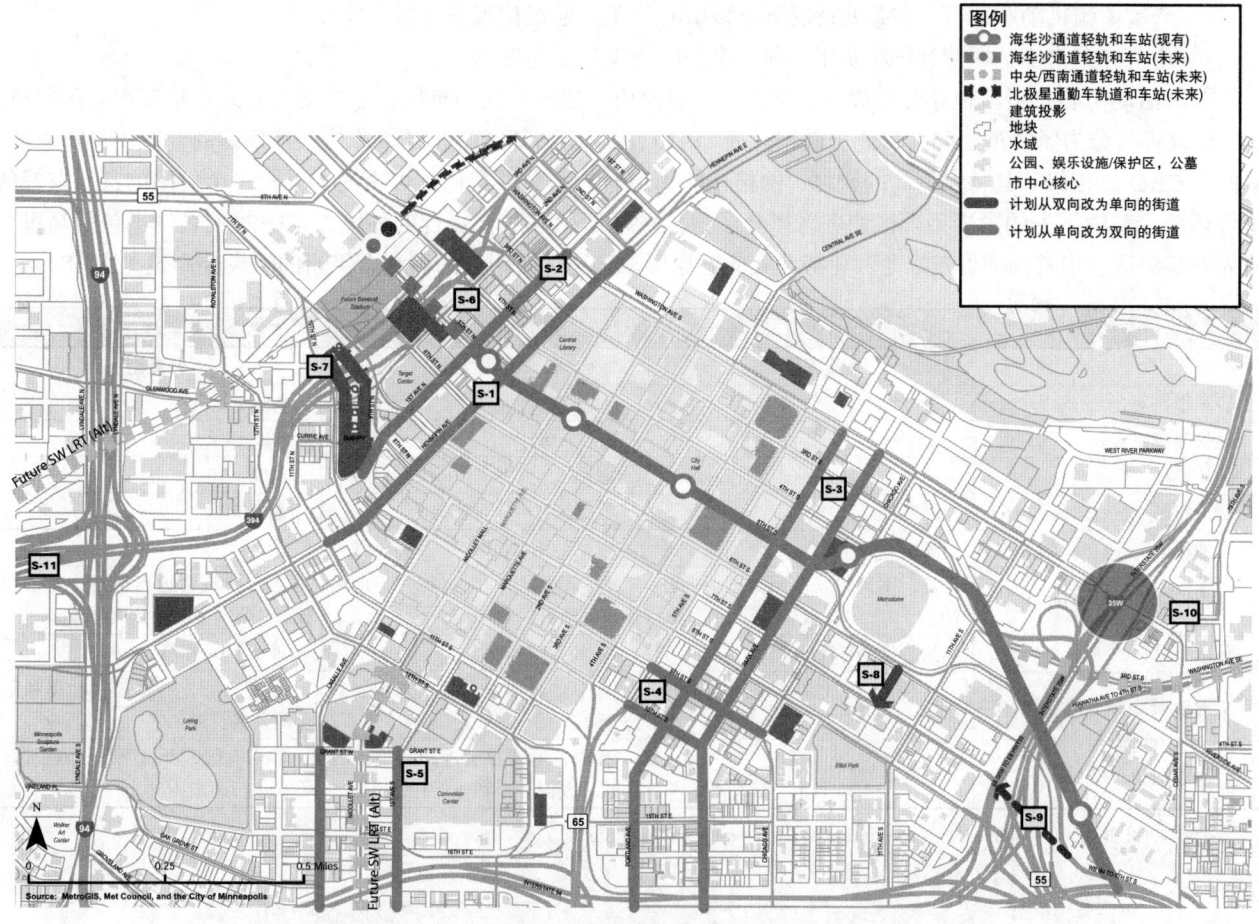

图 18-13 明尼苏达州明尼阿波利斯市中心改进措施

来源：City of Minneapolis, 2007

18.3.3 郊区活动中心（SAC）

郊区活动中心是第二次世界大战以来美国城市和许多其他西部城市去中心化的产物。因此，他们的建立有许多相同的原因：如市中心的机动车可达性高，为该地区大部分人口提供便利，以及该地区很大一部分经济发展需要商业的支持。他们与传统的市中心一样，是经济活动的主要节点，因此成为出行的主要吸引者和产生者。这些中心被称为郊区副中心、超级中心、郊区活动中心（SAC）或简称为郊区商业区。

1. 特点

城市土地研究所（Urban Land Institute，ULI）定义了美国郊区商业区发展的4个重叠时期（ULI，2001）。这段历史之所以重要，因为它将郊区活动中心及其交通挑战置于一个背景之中。第一次浪潮（20世纪60年代）始于零售业和办公室跟随居民搬迁到郊区。第二次浪潮（20世纪70年代）以较低的密度（靠近高管住宅）继续发展办公和零售业集群。第三次浪潮（20世纪80年代）和第四次浪潮（1990年至今）在离市中心较远的地方发展，通常处于校园般的环境中。在许多情况下，第四次浪潮活动中心位于高速公路沿线，以便于利用公路提供的可达性。

郊区活动中心通常包含以下大多数或全部功能：
- 巨大的建筑面积临界值——通常超过 500 万英尺^2（约 50 万米^2）。
- 主要用于办公和零售用途（以及一些娱乐活动）的土地混合使用，尽管通常不在同一建筑物内。
- 在许多情况下，尽管土地使用正在向更多的住宅用途倾斜，但就业机会依旧比居民多得多。

- 严重依赖机动车通行，在某些情况下，该中心位于交通机构服务区域之外。
- 免费停车为主，即使有停车费用，前几个小时通常也是免费的。

郊区活动中心有很多种分类方式——年龄、土地使用、建筑形式和布局、主要交通方式和距市中心的距离。ULI 建议将其分为紧凑型、碎片型或分散型（表 18-10）。紧凑型郊区商业区通常是三种郊区商业区中最古老的，它们与 CBD 最相似。其特点是高的密度、网格化的街道布局、公共交通的可用性，以及一个可用的甚至友好的步行环境。美国领先的紧凑型郊区商务区搭建了强烈的场所感和适合步行的环境，其中的主要例子包括马里兰州的贝塞斯达、华盛顿的贝尔维尤、亚特兰大的巴克黑德和芝加哥附近的伊利诺伊州的阿灵顿高地（图 18-14）。

表 18-10 郊区商业区类别

	紧凑型	碎片型	分散型
容积率	2.5 及以上	0.5～2.5	0.5 以下
地块建筑覆盖率	0.5 及以上	0.25～0.5	0.25 以下
地块面积/英亩	<1	>1	通常 >10
街道布局	网格状	超级街区	超级街区
土地价值	高	中	低
是否以建筑主导空间布局	是，建筑物是按照街道走向建造的	否，建筑物远离道路并与地面停车场隔开	否，建筑物远离道路；通常在校园/公园里有一到两层楼高
停车	构造化，有管理	地面，有管理	地面，无管理
交通选择	广泛，通常包括轻轨和重轨交通	有限，通常为小机动车和公共汽车	非常有限，通常是机动车和不多的公共交通
行人连接和开发互联	密集，鼓励行人活动	有限，通常没有连接；整体布局鼓励人们开车到邻近的地方	非常有限，开发项目相隔很远，不在步行距离内

来源：ULI, 2001, Reproduced with permission of the Urban Land Institute.

图 18-14　佐治亚州亚特兰大巴克黑德活动中心示例
来源：Photo courtesy of Buckhead Coalition

要将碎片型郊区改造成具有吸引力和活力的步行区，可能是最有挑战性的。它们的特点是中等密度、超级街区配置和相对恶劣的行人环境。尽管它们确实包含专用于停车和其他低强度用途的土地，但它们通常不包含大块空置或未使用的土地。它们的交通和土地使用方式通常是既定的，并且很难改变。要转变这些模式，通常需要强有力的公共干预、新的基础设施投资、公共和私人重建计划以及创造性的填充开发。在这些分散的美国郊区商务区中，最活跃的地区，例如华盛顿特区附近的弗吉尼亚州的泰森斯角，正面临强劲的需求增长和重新开发未充分利用土地的压力。

分散型的郊区商务区是这三种类型中最不成熟的，其特点是密度低、超级街区配置、不友好或不存在的步行环境，以及大量未开发或未充分利用的土地。公共部门和私营部门的适度干预可以有效地使它们变为行人友好型。

2. 出行特征

与郊区活动中心相关的出行特征和需求反映了每个中心的位置、规模、用途、密度和机动车依赖性。表 18-11 展示了中央商务区以外一些主要就业集群的公共交通分担率，可以看出，公共交通分担率差异很大。大多数具有较高公共交通分担率的就业中心都由地铁站提供服务。

零售中心通常是郊区中心的核心，就像以前（有时是现在）大型百货商店位于市中心的黄金地段一样。零售活动从郊区中心内的办公区和附近住宅区吸引顾客的能力降低了活动中心本身的平均出行生成率。零售中心的起点和目的地也显示出大型活动中心和小型活动中心之间的差异，尤其是在午间高峰期。这反映出光顾商店的上班族人数较多（请参阅第 19 章"场地规划与影响分析"）。

20 世纪 90 年代中期，一项针对郊区活动中心的研究表明，在所有高峰时段的行程中，大型活动中心的酒店吸引了活动中心本身 1/3 的出行；他们比同一个活动中心的办公室更独立运转。较小活动中心的酒店与相应活动中心的协同相对较少，但仍然显著；在早高峰时段，约有 20% 的内部出行往返于活动中心；27% 的晚高峰出行是内部出行（Hooper，1996）。

郊区活动中心的停车需求要比同等规模的独立开发项目少。这是因为当全天都有需求时，某些活动可以共享空间，而相当一部分零售客户来自中心内的办公室（因此，如果有 25%～35% 的购物者来自办公室，则可以合理假设购物者停车的数量也会相应减少）。

表 18-11　CBD 以外主要就业中心的公共交通方式分担率

都会区	公共交通方式分担率
亚特兰大	
亚特兰大机场区	4.4%
巴克海特区	12.4%
富尔顿工业和 I-285 通道	2.7%
周界中心	8.5%
芝加哥	
奥黑尔机场/麋鹿林村	4.6%
沙伯	2.5%
达拉斯-沃斯堡	
达拉斯北收费公路	1.2%
Love Field 和 I-35 北通道	2.2%
拉斯科林纳斯-欧文通道	0.4%
休斯敦	
能源通道（I-10 西部）	0.7%
得克萨斯医疗中心	7.6%
住宅区（凯丹广场）	3.3%
洛杉矶	
阿纳海姆城	3.7%
伯班克-格伦代尔 I-5 通道	5.6%
世纪城	6.9%
I-110/I-405 通道（南湾）	3.7%
圣克拉丽塔 I-5 通道	4.2%
华纳中心	6.8%
波特兰	
劳埃德中心和内东区	11.6%
波特兰机场和哥伦比亚河南部通道	4.3%
威尔森维尔	1.6%
圣路易斯	
圣路易斯机场区	1.3%
韦斯特波特广场-郡中通道	1.5%
华盛顿	
阿灵顿-巴尔斯顿通道	19.8%
银泉镇	23.0%

来源：Demographia, 2010, selected employment centers, Reproduced with permission of Demographia.

3. 挑战

许多郊区活动中心面临的交通挑战与机动车通行的主导地位有关（Dunham-Jones，2011）。根据活动中心所在的位置，交通方式将严重依赖于机动车使用（请注意，表 18-11 中公共交通分担率较高的就业中心由地铁站提供服务）。鉴于许多活动中心位于高速公路沿线和高速公路主要立交处，主要拥堵通常不会发生在活动中心本身，而是发生在主要的进出道路上。这导致了许多高速公路立交的重建，因为这些立交桥最初设计时并不是处理像现在这样多的交通量的。许多这些高速公路和主要干道都在州和地方交通机构的控制之下，因此活动中心的所有者对这些道路如何管理没有直接的发言权。随着活动中心新建筑物的重新开发和密度的增加（在某些情况下，这是为了更好地与该地区其他中心竞争），这种拥堵常常会加剧。

管理活动中心的停车资源是另一个挑战。这通常导致了共享停车策略（当租户同意这种策略时），在地面停车场容量不足的情况下修建停车场，并让更多的城市地区参与 TDM 计划，以降低停车需求。

表 18-12 展示了郊区活动中心的典型规划问题。随着大型活动中心的不断增长和发展，也许最严重和最具挑战性的问题是他们需要有适应交通需求的能力。提供足够的道路容量可能是困难的或不切实际的，在很多情况下，停车场可以转换为商业或住宅用途。这将导致在选址和设计中心时需要对公共交通进行长期关注，提高对交通系统的管理效率，或实施 TDM 计划以减少交通系统的高峰需求。

表 18-12　郊区活动中心（SAC）的典型规划问题

计划的活动中心大小和特征 ・集中度或蔓延度（混合使用对多重使用） ・密度和使用面积（实际对区划、公布或规划） ・开发率	**物业出入** ・主要干道出入 ・出入和移动之间的优先级权衡 ・禁止转弯和出入管理的使用 ・保护道路和交叉口通行能力 ・道路、信号和出入通道间距 ・物业之间的出入通道 ・出入连接设计和仓储出入
场地条件 ・尺寸、形状、地形和可见度 ・临街面积（出入连接的机会）	**服务** ・特殊服务需求 ・重型货车交通分离
出行需求预测 ・内部出行生成 ・共乘 ・车辆保有量 ・公共交通的使用 ・交通需求管理潜力（和承诺）	**停车** ・停车率 / 与相邻开发项目的协同 ・方便性 ・收费及其对市场接受力和需求的影响 ・与交通激励的冲突 ・地面供应与构造化供应 ・使用外围停车场 ・共享停车 / 设计特征
活动中心的区域出入通道 ・快速路（总通行能力、立交的数量和通行能力） ・干道（容量、服务连接的直接性和中心的渗透性） ・其他交通方式	**交通改善** ・高速公路和干道设计 ・高速公路立交桥（更多、重新设计） ・匝道改善 ・增加街道或改善连续性 / 连通性 ・交通线路和循环 ・快速交通线路和车站连接 ・交通需求管理策略 ・停车率降低 ・提供便利设施，在内部出行时鼓励乘坐公共交通和步行 ・改善优先级 ・成本 ・改善资金来源 ・环境影响
过境交通 ・与出入通道和内部循环交通的冲突 ・优先考虑过境与本地交通 ・过境交通的绕行或垂直分离	
内部循环 ・道路系统通行能力和连续性 ・行人系统需求、潜力和优先级 ・交通功能、生产力和成本因素 ・公共交通优先处理 / 单独路权 ・与过境和区域出入交通的冲突	
一般道路系统特征 ・进一步增加通行能力以适应密度 ・快速路立交、干道、集散道、当地街道和信号交叉口的间距 ・道路设计的连续性 ・特殊处理（例如，垂直分隔、匝道、单行道） ・运行改进的潜力	

4. 规划步骤

活动中心交通规划可以作为以下规划工作的一部分：区域、次区域或子区、独立的活动中心规划、通道规划、批准管线里的预期发展规划，以及综合土地使用规划或区域规划的修订。表 18-13 展示了用来指导郊区活动中心规划的交通规划的原则，这些原则可以适用于特定的活动中心。

表 18-13　郊区活动中心的典型交通规划原则

一般原则
- 活动中心交通系统的规划应鼓励协调并最有效地使用所有适当的交通方式和形式
- 交通和土地使用规划应相互支持
- 应安排活动中心的交通和土地使用，使出行产生最高的土地使用位于高可达性交通设施附近，尤其是公共交通路线和车站
- 交通设施应在美学上具有吸引力，并在经过的范围内与周围的环境和地形特征融合或形成标志物
- 对于日常使用者和不熟悉的访客，交通系统都应易于理解且易于使用
- 应通过尽早定义和保护足够的未来交通路权，来确保足够的系统容量、连续性和连通性，并与当地交通政策和潜在的开发建设保持一致
- 交通规划的所有要素应与政治和财务现实保持一致
- 该规划应该能够分阶段实施，并在各个单一要素完成时即可投入使用

道路系统与交通循环
- 街道系统应为活动中心的交通提供充足的出入和循环通道
- 活动中心的交通循环系统应与活动中心以外的现有和拟议中的主要通道（例如，径向高速公路和主要干道）连接
- 活动中心街道系统应提供多种到达目的地的机会
- 应使用替代路线或绕行路线引导过境交通远离核心区域
- 活动中心的流通方式应便于普通驾驶人轻松理解，并提供相对直接的路线
- 交通循环规划应设计为增量实施，并在各个要素完成后即可投入使用
- 街道的设计应能够提供连续的路线和通行能力
- 活动中心的交通规划应允许驾驶人在交通量大的街区或区域内循环
- 应急车辆必须能够以合理直接的方式到达活动中心的任何地方
- 给定的街道应执行特定功能（例如，主要干道、次要干道、集散街道和当地街道），并在一定程度上形成层级。应通过使用街道设计技术、交通控制措施和停车规定来实现这种层级结构。街道的外观应与其功能相一致。主要街道应该比次要街道具有更宽的路面、路权和建筑退距，以使街道外观看起来更重要。次要街道应鼓励低速行驶和行人通行
- 单行道应兼顾过境和到达当地目的地的便利性
- 单行道有助于信号控制、简化交叉路口、增加通行能力并减少碰撞事故，但是在某些情况下，单行道可能会带来不便
- 应避免复杂的交叉口和多相位信号
- 街道和土地开发的设计应相互补充。干道应该与活动中心的土地使用活动分离而不是切割开。地块不应太大，以免造成循环困难。街道模式不应把土地分割成太小块面积，以致不能良好发展
- 主干道应该提供足够的间距，以同时满足通行能力和交通循环需求
- 除了进行物理改进或建造新设施外，还应考虑有效利用现有设施
- 应根据适当的几何和安全标准改进或新建主要道路。但是，不应仅仅因为路权或其他限制因素而使所有设计标准不能完全满足就放弃所需要的改进。有时可能需要降低标准
- 活动中心高速公路系统应认识到路线通行能力和连续性是基本原则
- 必须注意确保立交有足够的通行能力。可能需要收集-分配设施将高速公路上的交通分散到几条干道上。可能需要特殊的匝道配置，包括直连匝道
- 在规划阶段，应考虑通过公共汽车和高载客量车辆（HOV）由公共汽车专用道和HOV车道直接连接到活动中心

停车原则
- 活动中心停车场应能从活动中心主要入口到达，并位于主要车辆入口处
- 活动中心停车设施应根据车辆进入开发区域的方向进行分布
- 停车场应提供明确的空间供长期、短期、访客和跑腿停车
- 活动中心应具有足够的停车容量，以满足高峰停车需求，并与已采用的停车政策和减少高峰车辆使用方案的有效性保持一致
- 活动中心停车场应通过设施的开发和运营促进设施的双重或共享使用
- 禁止在主干道上停车
- 应提供足够的路外设施，以满足日常送货车辆、快停服务（如邮递和报纸货车）以及特殊用途车辆（如建筑和维修货车）的需求

步行/骑行循环原则
- 应将中心主要建筑物之间的行人和自行车循环的连续性作为优先事项
- 与CBD相似，应为行人建立合适的环境。除其他便利设施外，还应包括防风雨连廊设施，尤其是在人流量大的地区。此外，还应该为骑行者创造安全的环境，尤其是避免与机动车发生冲突
- 应通过合适的景观绿化和照明定义和识别主要的行人和自行车道
- 为了保持安全和便捷的人行横道，除非设置了合适的人行安全岛，否则街道不得超过4个行驶车道
- 人行道和自行车道应保持整洁和畅通
- 应为行动不便者提供适当的便利

(续)

公共交通原则
- 服务应直接面向活动中心的主要目的地
- 应该使用最直接的可能路线
- 路线的设计应使不熟悉公共交通系统的人容易理解
- 应尽量减少活动中心的换乘次数
- 应尽量减少公共汽车与行人之间的冲突（急右转弯、车库出入、路边停车和装载、人行横道冲突等）
- 公共汽车转弯和行驶里程应最小化
- 服务设计应避免过度拥挤
- 应在需要的地方提供足够的乘客便利设施，例如信息系统和公共交通车站标志、足够的座位、公共交通车站的排队空间以及候车亭
- 应增强公共交通系统与活动中心环境的兼容性
- 应提供通往主要活动中心目的地区域的交通通道，以提供方便和鼓励零售活动对公共交通的支持
- 土地使用应该利于投资公共交通设施和最大限度地扩大公共交通市场
- 在可能的情况下，所有活动中心公共交通设施都应采用直达的原则，避免绕行和人为增加公共交通负载
- 地面交通应优先使用街道设施
- 活动中心的公交服务应便于人们在活动中心内以及任何主要场外停车设施和旅行目的地（通常适用于 CBD）之间的移动
- 一般而言，内部公共交通服务通常只适用于公共交通服务比步行快的场合
- 大多数服务应集中在有限数量的街道上，以向所有用户提供尽可能高的服务水平（车头时距）
- 从活动中心发展的角度来看，最重要的公共交通支持者是员工
- 在运输过程中最大限度地容纳员工负载，将最有效地减少高峰时段的车辆需求
- 在到达活动中心或在活动中心内时，可能需要街道外的轨道交通或公共汽车。车站应靠近主要旅客目的地

步行和骑行交通循环
- 应该通过将相关的土地使用相互靠近，使步行和骑行成为可行和可取的出行方式
- 在适当的地方，连续的人行道和自行车道应将所有活动中心节点连接起来
- 应设置从主要活动中心停车设施到活动中心土地使用的行人和自行车出入通道，并避免交通冲突和增强安全性
- 应通过合适的景观美化和照明定义和识别主要的人行道和自行车道
- 为了保持安全和便捷的人行横道，除非设置了合适的人行安全岛，否则街道不得超过 4 个行驶车道
- 应为行人和骑行者建立合适的环境。除其他便利设施外，还应包括防止恶劣天气和安全存放自行车的设施
- 正如行人交通循环规划中应该有连续性一样，高架也应有连续性。例如，从公共汽车下车的集中行人流应享有二层人行天桥和连廊
- 设计或修改人行道时，应为残疾人提供便利

表 18-14 概要地给出了分析过程。分析的类型和水平取决于研究的特定目的，这些目的应反映当地的政策和需求。步骤和过程包括：
- 评估现有的道路交通、公共交通、停车、骑行和步行系统。
- 评估潜在土地使用变化的影响。
- 根据现有或拟建的交通系统评估潜在的建设。
- 评估活动中心交通设施的间距和结构。
- 确定各种交通网络设施的规模。
- 修改（通常是加强）现有的交通规划。
- 评估道路或公共交通系统的运营和改进。
- 评估公共交通的潜力。
- 制定修订的区划策略或规划。
- 分析交通管理政策的潜力（例如，定价、停车率限制）。
- 评估活动中心周围若干个地点拟议开发的累积效应。
- 在既有的活动中心内评估一项重大新开发项目的影响。
- 准备阶段性改进规划。

表 18-14	分析过程概述
目的/类型	分析方法
活动中心综合用地和/或交通规划编制或修订	依据地块、地块组或分区的预期土地使用预测出行需求（取决于所需的详细程度）；使用计算机软件在次区域焦点或窗口上应用区域出行模型；使用每日或高峰小时交通量分析通道或连接线的需求。以类似方式测试其他替代方案（设施、土地使用和/或政策）
评估活动中心内特定交通设施的需求	将分析细节集中在活动中心内的子区或通道上，交通分区和网络细节增加到靠近子区/通道的位置；继续进行综合规划。在某些情况下，如果需求问题是非常基础的，手动分析就足以确定是否应将一个设施包括在规划中
制定修订的区划策略或规划	可能类似于活动中心综合规划流程；必须有足够详细的土地使用假设，以显示对高速公路、主干道和至少对集散街道以及公共交通的区划变化的敏感性；在某些情况下，要评估最终交通系统容量，以确定可行的土地使用密度
分析潜在的交通政策	可能类似于综合规划流程；详细程度必须足以显示对政策变化的敏感性，对于某些政策，可能需要使用出行生成的地块级别分析。许多变化可以通过详细的出行生成分析和活动中心网络分析进行评估
评估多个拟议开发项目的累积效应	为分区出行生成修改出行模型输入并返回出行预测；评估路段交通分配的变化以及由此产生的交通设施服务水平和/或改进要求
评估单个开发项目的交通影响	手动或使用计算机辅助方法估计场地交通量；分析场地和场地外流量需求，包括目标年的场地外变化

用于分析郊区活动中心交通需求的分析工具和方法，与前面所述的用于地方规划以及站点规划和交通影响研究的分析工具和方法非常相似，这些将在第 19 章进行描述。

5. 交通和场地规划策略

为那些在郊区活动中心工作或居住的人们提供出行选择，实际上从场地规划阶段就开始了，在这个阶段，会做出有关建筑物布局和配套基础设施的决策。多用途或混合用途的活动中心可以为该中心的顾客和周围社区提供一些好处。零售、办公、住宅和休闲活动的融合，尤其是在大型活动中心，在郊区重建了传统的城市中心，并减少了出行的需要，因为很多人不必去其他地方工作或购物。将办公室、商店、饭店和娱乐活动聚集在一起便于步行出行，并使每种活动都可以增强其他活动。将住宅和商业区混合在一起，或在主要商务中心附近设置中密度到高密度的住宅区，可以增加互动性并减少车辆行驶。一个有利于步行和公共交通的设计有助于实现这些好处。

规划应该通过提供独到的物理形式、别致的开放空间、混合的土地使用、良好的景观环境以及内部步行系统来营造一种场所感，并将其连接到相邻社区，多样性、适当的设计以及良好的可达性和循环性是必不可少的。图 18-15 所示为如何将各种活动整合到一个中心及其周围，以最大限度地增加人流量，并在保持良好的公路通行性的同时促进公共交通设施的使用。行人道路和区域是开发的核心，提供了主要的零售、办公和政府活动。住宅区和停车场则围绕着商业中心。

分层立体的公共交通通道通过中心，在商业中心和公寓附近设有车站。周边道路提供了内部循环的框架，并与出入道路连接。从平行高速公路到中心有直接连接。

交通策略包括与街道/公路、公共交通、行人、自行车、停车和 TDM 有关的策略。

街道和公路——大多数前往美国和加拿大活动中心的行程都是以汽车驾驶人或乘客的身份进行的（唯一的例外是高就业密度的大城市 CBD 高峰时段的通勤）。在环境条件允许的城市地区，以 4~6 英里（6.4~9.7 公里）为间隔的高速公路间隔是可取的。在地形允许的地方，应以 0.5~1 英里（0.8~1.6 公里）的间隔提供干道间距。高密度的活动通常要求中心内的道路间距更小。活动中心的干道间距应为 1/4~1/2 英里（在 CBD 中干道相隔不超过 3~4 个街区）。最好将间距决策作为整体开发规划的一部分，以确保路线的连续性和足够的路权。随着活动中心内新区的开发，有可能分阶段扩建道路来为它们服务。

在某些情况下，开发商可以通过影响费或其他许可条件来赞助路权或为道路改善提供资金。这种私有、本地和州的组合改进使得有组织的分期规划变得更加重要。

外围和到达道路的横断面应提供足够的路权，以满足预期的需求。它们应包括具有受保护的转弯车道、人行道、自行车道和缓冲区的中央分隔带、出入通道管理以及在某些情况下关键路口的分离式立交。最好将活动中心的出入点和高速立交进行整合。进入活动中心的出入点应设置在能够有效协调周边道路信号的地方。

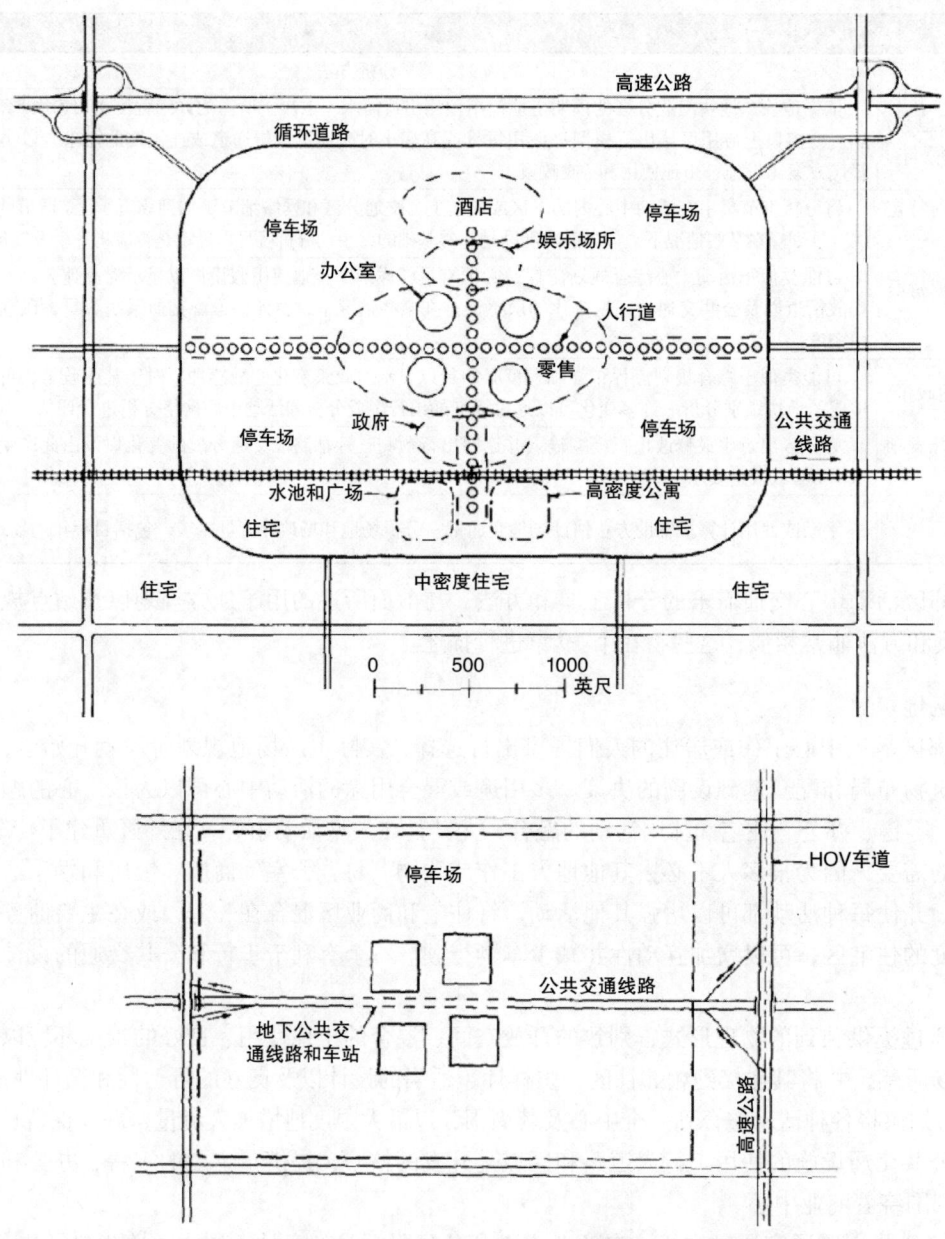

图 18-15 郊区活动中心综合愿景

来源：Koepke and Levinson, 1992, Reproduced with permission of the Transportation Research Board.

郊区中心内道路的规模和设计应反映其功能和未来用途。应该保留足够的路权，以满足最终需求，包括对物业出入的特殊供给。这意味着可能的出入供给应包括在分析过程中，行人和公共交通设施的供给也应包括在内。城市设计和其他便利设施也应纳入路权。如果需要和适当的话，还可以指定建筑退距，以帮助满足预期的需求。

横断面应足以提供人行道、出入缓冲、转弯车道，在某些情况下还应提供中央分隔带。但是，应避免过大的道路宽度，以使行人更容易通过人行横道，并尽量降低障碍物的影响。交叉口的通行能力和需求应基于估计的高峰时间交叉口到达流量；它们应该同时考虑上午和下午的高峰，以及任何其他可能由特定土地使用导致的高峰。由于某些交叉口需要额外的转弯车道，因此应尽早识别这些位置。大量转弯的位置最好从当前的转弯量模式中识别出来，并适当扩大以适应规划中的发展。干道和其他主要街道的车道要求应足以应付目标年预计达到的服务水平。

公交——良好的公共交通对于城市中心是必不可少的，尤其随着活动中心的发展和集约化。当停车位有限或停车费用高昂时,公共交通服务更为有效。在活动中心与员工和访客居住和停车的地区之间提供公共交通服务(在出行需求足够的情况下)是可取的,通常为员工提供大约10英里(16.1公里)的交通服务。

在不到1英里^{2}的范围内,至少有1000万英尺^2(93万米^2)的活动中心可以提供往返的公共汽车服务,并且其腹地的密度为每英亩至少七户住房。如果活动中心沿公共汽车线路布置,则可以降低活动中心的密度。通道上的高密度房屋、行程两端的短暂步行以及在时间和成本上有竞争力的公共交通服务,是鼓励人们乘坐交通工具往返活动中心(如贝塞斯达)的最佳方式。然而,在许多中心及其周围地区,免费停车和低密度是导致低公共交通客流量的普遍现象。可以使用标准或自定义方式划分模型来估计潜在的公共交通使用(请参阅第6章"出行需求与交通网络建模"、第12章"公共交通规划"、第14章"出行需求管理"以及第19章"场地规划与影响分析",提供了更详细的适用于郊区活动中心的公共交通策略类型的示例)。

行人和骑行者——良好的步行和骑行通行有助于活动中心的舒适性、宜居性和活力。许多企业、开发商和设计师都试图创建适合步行的中心,以使其发展成为独特的、有吸引力的目的地环境,而不是简单的郊区办公地点或购物中心。由于所有行程都是从步行开始的,无论是从停车场、公共交通车站还是附近的住宅或商业大楼出发,步行是活动中心规划的重要组成部分。此外,它们是成功公共交通的关键初始条件。正如一家全国知名的城市设计公司所指出的那样:"一个健康的步行环境可以在没有公共交通的情况下获得成功,但是如果没有行人,就不可能存在公共交通系统"(Calthorpe&Assocs,1997)。

要开发有效的步行和骑行通行系统,就需要精细、相互联系的街道模式。在较新的郊区开发项目中出现的超级街区模式,即使要到达名义上相邻的建筑物,也需要走很长的、迂回的步行路线。按行人比例缩放的街区模式,建筑物面向街道,可以在很大程度上有助于创造有吸引力的步行机会。行人和骑行者的通道应直接连接出行生成点、提供遮蔽或其他适当的便利设施,使他们走起来更有趣味,并且与车辆的冲突减至最少。欲了解更多信息,读者可参阅有关步行和骑行交通规划的第13章以获得更多信息。

从子区研究中推荐的一些策略示例包括:

明尼阿波利斯市中心市区行动计划(明尼阿波利斯市,2007年)
- 步行网络,包括主要的行人通道和架空通道。
- 骑行网络。
- 公共交通网络,包括:
  - 走廊公共交通设施和服务。
  - 中心城内循环服务。
  - 靠近中心城的社区服务。
  - 中途休息设施。
- 机动车/街道网络,包括:
  - 单向网络。
  - 双向网络。
  - 交通运营。
  - 路缘石使用管理。
- 交通需求管理:
  - 拼车。
  - 远程办公和弹性时间。
  - 激励措施。
  - 停车。
  - 设计准则。
  - 机构协调。

盐湖城市区规划(盐湖城,2008年)
- 步行和骑行建议:

- 增强了所有城市街道上的中心城人行道的可步行性。
- 整个中心城的人行道网络将包括一个综合的街区步道系统和一个完整的街区人行横道网络。
- 适合所有骑行技能水平的自行车基础设施：
    - 指定的自行车道的街道连续性。
    - 在没有指定自行车道的街道上，使用新的标线和标牌指示自行车/机动车共享使用右侧车道。
    - 在中心城的某些区域，人行道和街道之间有单独的自行车道。
    - 在特定条件下，允许在中心城人行道上骑自行车。
- 扩充中心城寻路系统。
- 新的城市设计特色、纪念物和贯穿中心城的门户。
- 街道和建筑物内的附加自行车架和储物柜。

- 轻轨建议：
    - 完成两个 TRAX 环路，以提供中心城轨道交通循环的骨干。
    - 从主街以南 400 号到西部 600 号沿线建设 TRAX 以及多式联运枢纽，从而构成中心城轨道交通的内环。
    - 沿南部 700 号线从西部 200 号到 400 号建造 TRAX，然后在西部 400 号继续向北，连接门户附近的现有系统，完成一个服务于中心城和新兴的市中心西南象限的外环路。
    - 进一步研究不直接享受 TRAX 服务的周边社区通往中心城的有轨电车。

- 机动车建议：
    - 更频繁地更新中心城交通信号配时计划，以支持交通发展。
    - 根据交通需求层级进行分类和设计的街道网络可改善运营状况，以改善出入中心城以及中心城内部的交通流。
    - 结合停车规划和寻路功能，可以更有效地进入中心城的停车位。
    - 扩大中等街区的街道网络。
    - 将新的城市设计元素纳入中心城街道。

- 公共汽车建议：
    - 修改了中心城公共汽车路线。
    - 新的公共汽车客运设施将位于南大街和道富街 200 号。
    - 更具吸引力和舒适度的中心城公共汽车站，包括有关公共汽车服务的更好信息。
    - 在中心城内循环的品牌公共汽车通道。

- 停车建议：
    - 立即成立停车管理小组，以协调中心城公共停车场的运营政策。
    - 改善街边停车位的方法。
    - 新的区划政策，可为游客提供便利的路外停车设施。
    - 新的停车计时器有更多的支付选项。
    - 改进的中心城停车验证系统。

- 循环/穿梭班车建议：
    - 延续和扩展免费区，包括图书馆轻轨站、多式联运枢纽和南部 600 号处的酒店。
    - 结合更频繁的轻轨服务、品牌公共汽车通道和中心城穿梭班车服务，改善中心城的交通流通。
    - 进一步研究没有轻轨直接服务的周围社区到中心城的其他有轨电车通道。
    - 在轻轨机场支线完成之前，穿梭班车服务间隔为 15 分钟，将连接机场、多式联运枢纽和沿 500 号南街和 600 号南街的酒店。

这两项计划都制定了分阶段实施时间表，一项为 6 年，另一项为 10 年。这些时间表确定了采取某些行动的时间和机构的责任。

18.4 交通规划的实施

活动中心和地方社区的交通规划需要私营和公共部门实体之间的合作。合作从规划开始，延伸到资金、建设、运营和其他领域。因此，所有各方应在规划过程中商定实施的优先次序、战略和责任。由于围绕公共和私人部门筹资的许多不确定性，在很长一段时间内做出有约束力的财政承诺几乎是不可能的。但是，每个实体都应同意对每个规划组成部分的路权、资金、建造、运营和维护的责任。在许多情况下，共同责任可能是适当的。应使用与全体参与者和活动中心目标一致的标准来设置优先级，并理解活动中心系统必须随着每次增量改进而发挥作用。

例如，在休斯敦，在当地企业的支持下，该地区最大的郊区中心的业主建立了一个改善区，允许业主支付改善费用并为债券融资。在佐治亚州，州法律允许成立社区投资区（Community Investment Districts, CID），商业地产所有者必须进行投票，该区每年征收一定比例的财产税，以资助其所在地区的交通改善。CID已成为该地区交通策略投资的重要资金来源。

前文所述的亚特兰大地区委员会的LCI计划导致了在实施LCI规划研究结果时各种制度安排和政策的变化。例如，从2000—2014年，采取了以下策略/行动来实施研究建议（括号中为示例的数量）：保护历史区域（16）、基于表单的区划法规（16）、特殊区划分区（20）、街道总体规划或法规（21）、街道设计标准或指南（46）、建筑设计标准（55）、覆盖区（56）、签署法令（57）和区划条例更改以允许混合用途开发（67）（ARC，2015）。此外，许多不同类型的组织参与了该项目，使研究得以实现，包括中心城发展当局、社区或邻里组织、主要街道计划、社区改善区和交通管理协会。

应该建立制度安排以执行规划的建议。有些行动可能需要法律和政治上的工作，而其他一些行动可能已经可行。用于产生资金投资交通的行动包括：

- 对分区覆盖区（具有特殊区划规定的区域）或具有特殊规定的特殊区域进行分区，以促进或确保计划的实施。
- 特殊评估或改善区。
- 制定联合出入通道协议的范本。
- 开发商与地方政府之间的开发协议，以指导长期的多阶段项目。
- 修改后的供地图册或出入通道政策的要素或权力。
- 地区特别公共权力。
- 交通或道路规划修订。
- 城市设计指南。
- 特殊的交通系统标准或设计标准。
- 额外的开发审查或批准阶段。
- 特别地区协会。

从20世纪70年代开始，许多中心城，如多伦多和新奥尔良，都面临着市政财政恶化的问题，结果就是创建了商业改善区（Business Improvement Districts, BID），使业主可以向自己征税以提供该市不再提供的那种服务。最初，这些项目强调垃圾收集和安全性，这是对公众最可见的服务。最近，一些人已经认识到有必要更广泛地参与长期规划和经济发展。这样的机构在得到官方批准的情况下，可以提供一个很好的方式，将企业、开发商和城市官员召集在一起，以解决中心城的关键需求。

在郊区，交通管理协会（Transportation Management Associations, TMA）的成立起到了与中心城相似的作用。尽管其早期的重点大多放在了运行或促进通勤援助计划上，但如今大多数都在满足长期交通需求方面发挥了积极作用。这种TMA的激增在许多郊区发展中心中形成了一种内在的制度，不仅有助于识别需求，而且支持规划的实施。在没有诸如BID或TMA之类的正式机构的情况下，创建一个非正式小组可能会很有用，该小组可以帮助树立愿景，并在最初的热情减弱后，对各方施加适当的压力，以实施他们的规划。

读者可以参考第5章"交通财政与资金"，以进一步讨论提供可实施规划建议所需资金的替代机制。

18.5 总结

本章重点介绍了随着时间的推移变得越来越重要的规划背景。世界上许多都市地区都遵循一种发展模式，在这种发展模式中，大部分是互补型的土地使用集聚正在成为经济活动的中心。传统上，这是中心城存在的目的，但是从20世纪60年代开始，随着人口和就业机会蔓延到郊区，更多的活动中心开始在郊区和城外地区涌现出来。这些中心最初的交通关注重点是物理基础设施、如何提供公路出入通道，以及在某些情况下为员工和访客提供公共交通出入。但是，随着这些中心的进化以及增长变得日趋拥挤，许多交通规划工作都集中在如何减少单人驾驶车辆出行上。如今，活动中心的大多数规划都包括对道路、公共交通和步行/骑行网络的物理改进，以及对交通需求管理策略、出入管理和停车管理的考虑。

本地社区和活动中心的规划过程在形式上与州DOT和MPO中的规划过程相似，应该进行数据收集和分析，以确定交通系统的现有条件和性能；需要阐明目的、目标和性能指标；需要基于对未来人口、就业和土地使用水平的某种判断来预测未来的表现；项目/行动/策略需要根据其成本效益来确定优先级。地方和活动中心的规划与州或都市层面的规划的真正区别在于应用的规模。例如，尽管许多大城市和大城市中的社区在交通规划中使用出行需求模型，但许多较小的城市和活动中心却没有这样做。尽管许多地方政府研究了减少拥堵的策略范围（包括TDM、停车和出入管理），但许多政府只关注关键路段和交叉口。因此，对于规划制定人员来说，在研究之初就必须对在流程结束时做出决定所需的信息类型进行布局，并进行反向工作以确定所需的数据类型，以及什么类型的工具将是合适的，这一点很重要。

参考文献

Atlanta Regional Commission (ARC). 2012. *Economic Cluster Review Metro Atlanta*. Submitted by Market Street Services Inc., Atlanta, GA. Accessed Feb. 24, 2016, from http://www.atlantaregional.com/local-government/economic-competitiveness.

_____. 2013: 2013 *Livable Centers Initiative Implementation Report, Executive Summary*. Atlanta, GA. Accessed Feb. 24, 2016, from http://www.atlantaregional.com/File%20Library/Land%20Use/LCI/lu_lci_impl_report_exec_summary_2013_05_29_final.pdf.

_____. 2015. *Livable Centers Initiative, 2015 Report*. Website. Atlanta, GA. Accessed July 29, 2015 from http://www.atlantaregional.com/land-use/livable-centers-initiative.

Calthorpe Associates. 1997. *Design for Efficient Suburban Activity Centers*, Phase I Report. Washington, DC: Federal Transit Administration.

City of Alpharetta. 2008. *North Point Activity Center, Livable Centers Initiative*. Alpharetta, GA. Accessed Feb. 19, 2016, from http://www.alpharetta.ga.us/docs/default-source/community-dev/cd/northpoint-plan-docs/executive-summary.pdf?sfvrsn=6.

_____. 2010. *North Fulton County Comprehensive Transportation Plan*. Alpharetta, GA. Accessed Feb. 19, 2016, from http://www.alpharetta.ga.us/docs/default-source/publications/transportation-resource-implementation-program/transportation-resource-implementation-program.pdf?sfvrsn=4.

City of Ann Arbor. 2008. *The City of Ann Arbor Transportation Master Plan Update, Appendix C*. Ann Arbor, MI. Accessed Feb. 25, 2016, from http://www.a2gov.org/departments/systems-planning/Transportation/Documents/A2_Transportation_Plan_Appendix_C_Existing_Conditions.pdf.

_____. 2009. *The City of Ann Arbor Transportation Master Plan Update*. Ann Arbor, MI. Accessed Feb. 25, 2016, from http://www.a2gov.org/departments/systems-planning/Transportation/Documents/2009_A2_Transportation_Plan_Update_Report.pdf.

City of Bellevue. 2012. *Planning Principles, Downtown Transportation Plan Update*. Bellevue, WA. Accessed Feb. 24, 2016, from http://www.ci.bellevue.wa.us/pdf/Transportation/FINAL_Principles.pdf.

_____. 2015. *Downtown Transportation Plan Update*. Website. Accessed Feb. 24, 2016, from http://www.ci.bellevue.wa.us/downtown-transportation-plan-documents.htm.

City of Charlotte. 2011. *Transportation Action Plan, Policy Document*. Charlotte, NC. Accessed Feb. 24, 2016, from http://charmeck.org/city/charlotte/Transportation/PlansProjects/Documents/2011%20TAP%20Update%20-%20Policy%20Document%20-%20Final.pdf.

City of Denver. 2008. *Moving People. Denver's Strategic Transportation Plan*. Denver, CO. Accessed Feb. 25, 2016, from http://www.denvergov.org/Portals/688/documents/DenverSTP_11x17.pdf.

City of Houston. 2015a. *Mobility*. Website. Houston, TX. Accessed Feb. 24, 2016, from http://www.houstontx.gov/planning/PD-site-map.

_____. 2015b. *City Mobility Planning, Northwest Sub-regional Study*. Houston, TX. Accessed Feb. 19, 2016, from http://houstontx.gov/planning/mobility/docs_pdfs/Northwest/00_ReportBody_NW_Final.pdf.

_____. 2015c. *City Mobility Planning, Northwest Sub-regional Study, Appendix C*. Accessed Feb. 23, 2016, from http://houstontx.gov/planning/mobility/docs_pdfs/Northwest/AppendixD.pdf.

City of Minneapolis. 2007. *Access Minneapolis, Downtown Action Plan, 10-year Transportation Action Plan*, Minneapolis, MN. Accessed Feb. 24, 2016, from http://www.minneapolismn.gov/www/groups/public/@publicworks/documents/webcontent/convert_269667.pdf.

City of Orlando. 2014. *Goals, Objectives and Policies*. Transportation Element Policy Document. Orlando, FL. Accessed Feb. 24, 2016, from http://www.cityoforlando.net/city-planning/wp-content/uploads/sites/27/2014/12/Transportation_2014-12.pdf.

City of Salem. 2007. *Salem Transportation System Plan Elements*. Salem, OR. Accessed Feb. 24, 2016, from http://www.cityofsalem.net/Departments/PublicWorks/TransportationServices/TransportationPlan/Documents/tsp_elements.pdf.

City of Salt Lake City. 2008. *Downtown in Motion*. Salt Lake City Downtown Transportation Master Plan. Salt Lake City, UT. Accessed Feb. 24, 2016, from http://www.slcdocs.com/transportation/DTP/pdf-ppt/DowntowInMotion-FINAL.pdf.

City of San Diego. 2005. *The City of San Diego General Plan, Mobility Element*. San Diego, CA. Accessed Feb. 24, 2016, from http://www.sandiego.gov/planning/genplan/pdf/discussiondraft/gpme.pdf.

City of Seattle. 2005. *Southeast Seattle Transportation Study*. Seattle, WA. Accessed Feb. 24, 2016, from http://www.seattle.gov/transportation/docs/SETSfinadec08.pdf.

City of Vancouver. Undated. *Transportation 2040 Moving Forward*. Accessed Feb. 24, 2016, from http://vancouver.ca/files/cov/transportation-2040-plan.pdf.

City of Winston-Salem. 2003. *Metro Activity Center Design Guidelines. Recommendations for Developing Focused, Mixed-Use Commercial/Residential Centers*. Winston-Salem, NC. Accessed Feb. 24, 2016, from https://www.cityofws.org/portals/0/pdf/planning/publications/legacy/concepts/MACbrochure.pdf.

Demographia. 2014. *United States Central Business Districts (Downtowns) With Data for Selected Additional Employment Areas*. 3rd ed. Washington, DC. Accessed Feb. 24, 2016, from http://www.demographia.com/db-cbd2000.pdf.

Dunham-Jones, E. 2011. *Retrofitting Suburbia: Urban Design Solutions for Redesigning Suburbs*. Hoboken, NJ: John Wiley & Sons. Hoboken.

Hooper, K. 1996. *Travel Characteristics at Large-Scale Suburban Activity Centers*. NCHRP Report 323. Washington, DC: Transportation Research Board.

Kimley-Horn & Assocs. 2014. *Chamblee Town Center Livable Centers Initiative, 10-year Update*. City of Chamblee, GA.

Koepke, F. and H.S. Levinson. 1992. Management Guidelines for Activity Centers. NCHRP Report 348. Washington, DC: Transportation Research Board.

Marlay, M. and T. Gardner. 2010. *Identifying Concentrations of Employment in Metropolitan Areas*. U.S. Census Bureau. Paper presented at 2010 Annual Meeting of the American Sociological Association, Atlanta, GA. Accessed Feb. 24, 2016, from http://www.census.gov/population/www/cen2000/EmploymentClusters-Methods.pdf.

Metropolitan Washington Council of Governments. 2014. *Place + Opportunity, Strategies for Creating Great Communities and a Stronger Region*. Washington D.C. Accessed Feb. 24, 2016, from http://www.mwcog.org/uploads/pub-documents/vV5cWFg20140218094537.pdf.

San Francisco Municipal Transportation Agency (SFMTA). 2012. *SFMTA Strategic Plan, Fiscal Year 2013 - Fiscal Year 2018*. San Francisco, CA. Accessed Feb. 24, 2016, from https://www.sfmta.com/sites/default/files/FY%202013%20-%20FY%202018%20SFMTA%20Strategic%20Plan.pdf.

Steiner, R. 2012. *Impact of Parking Supply and Demand Management on Central Business District (CBD) Traffic Congestion, Transit Performance and Sustainable Land Use*. Final Report. Department of Urban and Regional Planning, University of Florida. Florida DOT Project BDK 77 977-07, Tallahassee, FL. Accessed Feb. 24, 2016 from http://www.dot.state.fl.us/research-center/Completed_Proj/Summary_TE/FDOT_BDK77_977-07_rpt.pdf.

Town of Cary. 2014. *Alston Activity Center Concept Plan*. Cary, NC. Accessed Feb. 24, 2016, from https://www.townofcary.org/Assets/Planning+Department/Planning+Department+PDFs/alstonregionalactivitycenter/aacpfinal/pdf/ds-designzones.pdf.

Urban Land Institute. 2001. *Transforming Suburban Business Districts*. Washington, DC.

第 19 章

场地规划与影响分析

19.1 引言

本章涵盖两个主题。其中，*场地规划*是指在一块土地上放置一个拟建开发项目，并对其建设方式、与社区区划法规和综合规划的相容性等各个方面进行评估的过程。*交通出入和影响研究*分析了这个新开发场地可能对交通系统造成的变化和影响。影响研究对场地内部及周边交通提出改善措施，从而提升场地的可达性，减轻预期影响，同时它还确定了公共安全要求以及场地和周围道路系统的交通需求。影响研究通常是州环境影响评估过程的一部分，对于重大开发，影响研究可能会被纳入所谓的"区域影响性开发"（DRI）评估过程（FHWA，1992）。场地规划和影响研究都涉及场地的出行发生、到达和离开的方式，以及通过交通网络到达场地的路径，但是相较于场地规划，影响研究需要以更精细的程度去聚焦这些问题。

场地规划和影响研究是开发审查过程的重要组成部分，它们可以帮助私人开发商进行提案准备，也可以帮助公共机构进行提案审查。它们解决了广泛的问题，包括定义初步场地及其开发特征、获得出入（车行道）许可、确定必要的交通改善措施以及准备总体出入管理规划。研究可以帮助开发商和许可机构：

- 建立开发历程的基本特征。
- 评估出入点的数量、位置和设计。
- 基于公认的实践经验，预测拟建开发项目对交通的影响。
- 确定所需的交通改进以适应拟定的开发。
- 确定交通需求管理策略。
- 以具有成本效益的方式分配资金。
- 明确开发人员对场地及周边改进的责任。

场地规划审查为社区提供了一种将拟建开发项目与区划法规和条例中规定的开发特征相联系的方法。在决定这些条例的可取性和实施条件时，它们也提供了关键的指引。交通出入和影响研究在确保公共道路和其他地面交通设施的机动性和安全性的同时，为开发场地提供了安全便捷的通道。此外，影响研究为附近的业主提供了参考方法，以确保新的开发场所不会对其物业的使用造成负面影响，从而降低其价值。

多年来，进行影响研究的方法已经有了明确的定义。然而，许多社区目前的经验表明，应当扩大研究范围，以确保：①为公共交通乘客和行人/骑行者提供足够的出入；②出入新开发场地不会对周围街道系统的运行产生不利影响；③场地设计和出入不会对周围街道环境造成视觉效果上的破坏。此外，在许多社区，此类研究不仅列出了提供更好和更安全的场地出入所需的硬件设施建设（例如，在场地入口建立一条转弯车道），而且还确定了减少场地产生的与机动车相关的出行数量的出行需求管理（TDM）策略。

针对以上问题，影响分析还应考虑以下关键问题：

- 行人、骑行者、公共交通乘客、汽车驾驶人和乘客能否安全、方便地到达场地？
- 场地出入设计、内部循环系统、停车场和建筑布置是否允许车辆和人员安全有效地流通和移动？
- 能否在不影响周围道路性能的情况下提供出入？
- 规划的改进措施是否解决了当前和未来的问题？
- 是否有办法减少对场地出行的需求？

弗吉尼亚州交通部（VDOT）对此做出了典型案例，该部门指出，请求重新分区的交通影响分析应当：

① 评估拟建开发项目对交通系统的影响，并提出改善建议，以减轻或消除这些影响；② 确定与从场地到现有交通网络的出入相关的所有交通问题；③ 概述潜在问题的解决方案；④ 充分考虑未来交通网络的承载能力；⑤ 将改进措施纳入拟定开发中（VDOT，2014，2015）。

一些交通机构已将交通影响审查的过程置于更广泛的政策范围内。解决这些问题通常需要多交通方式视角，并且严肃对待出入管理问题、可持续性及其他政策。例如，马萨诸塞州交通部（MassDOT）指出，其影响评估的目的是：

确保交通影响评估过程反映并推进马萨诸塞州联邦政府的政策目标，尤其是促进马萨诸塞州交通部在完整街道上的项目开发和设计指南标准、全球变暖解决方案法案、马萨诸塞州绿色DOT倡议、交通方式转换倡议以及《健康交通契约》《健康交通政策指令》《马萨诸塞州共乘规则》《上学安全路线政策》（MassDOT，2012）。

除了马萨诸塞州，加利福尼亚州也通过了与可持续性、节能和温室气体减排相关的全州性政策（见 https://www.widlife.ca.gov/Conservation/CEQA/Purpose）。

以下部分描述了场地规划和影响分析的管理要求。这些要求规定了必须作为研究部分的信息类型，并且通常确定了何时需要此类研究的阈值。下一节将提供场地规划审查和交通影响研究中使用的关键术语的定义。接下来的两个部分将讨论场地规划审查和交通影响分析的具体内容。之所以对交通影响研究给予更多关注，是因为这是大多数与场地相关的交通规划工作的起点。本节讨论了一些关键问题，如确定分析年限和性能指标、出行需求模型和工具以及特定地点、通道和网络影响的分析方法。下一节重点介绍场地交通设计方案和策略，包括内部交通网络和停车管理。接下来讨论出入管理和许多不同类型的缓解策略，这些策略可以作为影响研究的一部分。最后一节给出了交通影响研究的目录样本。

ITE 在 2010 年发布了一份交通影响分析*推荐实施规程*，对分析过程进行了详细的、逐步的描述。本章并不是重复这个*推荐实施*。参考文献中的一些关键表格和图表将用于简单地说明影响分析过程的重要特征。感兴趣的读者应阅读本手册更详细的指南 (ITE，2010)。此外，本手册其他章节对交通影响研究中通常考虑的许多缓解策略进行了更详细的描述。读者可参考第 3 章"土地使用与城市设计"、第 4 章"环境考量"、第 6 章"出行需求与交通网络建模"、第 9 章"道路和公路规划"、第 11 章"停车规划"、第 12 章"公共交通规划"、第 13 章"步行和骑行交通规划"、第 14 章"出行需求管理"和第 23 章"安全性规划：交通规划过程中的安全考量"。

19.2　行政管理要求

政府制定的行政法规和要求为场地规划审查和交通影响研究过程提供了基本参考。然而，由于对影响组成部分的定义不同，不同的司法管辖区会因地制宜。重要的是，场地规划要求是区划过程的一部分，会在提出一定规模的开发项目时出现（见第 3 章"土地使用与城市设计"）。ITE（2012）指出，在如下情况之下，可以要求进行法规和程序中规定的交通影响研究：

- 开发将产生指定数量的每日出行。
- 开发将产生指定数量的高峰小时出行。
- 正在重新划分指定面积。
- 开发区包含指定数量的住宅单元或面积。
- 需要进行财务评估，并确定影响程度。
- 开发需要大量的交通改善。
- 先前对某一地点的影响分析已被视为过时。
- 开发地段处于敏感区域。
- 可根据以往的经验采纳员工的判断或自由裁量权。

一些可能触发影响研究的阈值示例包括：

爱荷华州交通部（IDOT）：影响报告有两种类型。如果年平均日交通量（AADT）小于或等于500辆，且高峰时段的车流量小于或等于100次，则需要*交通影响函*。超过这些阈值的流量需要进行*交通影响研究*（Iowa DOT，2013）。

加州交通部（Caltrans）：以下标准被认为是确定何时需要对加利福尼亚州立高速公路进行交通影响研究的起点（Caltrans，2002）。当一个项目满足以下条件的时候需要进行研究：

1）为州公路设施提供超过100次高峰小时出行。

2）为州公路设施分配50～100个高峰小时出行，受影响的州公路设施出现明显延误，产生不稳定的交通流状况［服务水平（LOS）为"C"或"D"］。

3）为州公路设施分配1～49次高峰小时出行，其中：

① 受影响的州公路设施出现严重延误或不稳定或不可控的的交通流状况（服务水平为"E"或"F"）。

② 交通事故的潜在风险显著增加（即与拥挤相关的碰撞、非标准视距的考量、交通冲突点的增加等）。

③ 当地交通网络的变化会影响州公路设施（即直接进入州公路设施、非标准公路几何设计等）。

俄勒冈州交通部（ODOT）：在以下情况下，俄勒冈州交通部可能会要求进行影响研究：

1）拟建开发项目位于立交匝道终端的1/4英里范围内。

2）当地开发规范要求有"足够的设施"来服务于拟建开发项目（通常适用于"用途变更"应用）。

3）俄勒冈州交通部初步审查确定与开发场地交通量增加或高速公路通行有关的运营或安全问题。

4）通往州公路的通道将是开发区通往道路网的唯一或主要通道（ODOT，2014）。

加州旧金山市：当一个项目具备以下条件时，需要进行影响分析：

1）可能会增加晚高峰时间至少50人次的出行。

2）可能会使附近街道的现有交通量增加至少5%。

3）可能影响附近的交叉口和/或干道，这些交叉口和/或干道目前的服务水平（LOS）为"D"或更差。

4）提供的停车场相对于预期的项目需求和规范要求至少有20%的不足。

5）具备可能对公共交通运营或附近公共交通服务的承载能力产生不利影响的因素。

6）具备可能对行人或自行车的安全或者对附近步行或骑行设施的承载力产生不利影响的因素。

7）无法完全满足场地货车装载需求，在预计交付数量和服务呼叫次数超过10次时（City of San Francisco，2015）。

佛罗里达州坦帕市：坦帕市要求分析和缓解邻近开发地主要道路网络接入点的*关键路段和交叉口*，前提是：

1）相邻主要道路连接线的年平均日交通量（AADT）小于该路段D级服务水平下日服务能力的95%，且目标开发项目消耗了相邻主要道路连接线D级服务水平下日服务能力的2%以上，且道路通行能力可用。

2）相邻主要道路连接线的AADT大于或等于该路段D级服务水平下日服务能力的95%，目标开发项目消耗了相邻主要道路连接线D级服务水平下日服务能力的1%以上，且道路通行能力不可用。

在下列情况下，需要对道路网的影响进行分析：

1）相邻主要道路连接线的AADT小于该路段D级服务水平下日服务能力的95%，且目标开发项目消耗了相邻主要道路连接线D级服务水平下日服务能力的5%以上。

2）相邻主要道路连接线的AADT大于或等于该路段D级服务水平下日服务能力的95%，且项目开发消耗了相邻主要道路连接线D级服务水平下日服务能力的2%以上。

当受到重大影响的路段（如网络影响分析中确定的）的AADT大于该路段D级服务水平下日服务能力的120%，并且目标开发项目交通消耗的服务水平为该路段D级服务水平的5%以上时，需要进行*增强的路网影响分析*（City of Tampa，2011）。

确定影响分析阈值的另一种方法是，社区确定由于开发本身的性质或当地条件（例如，旨在鼓励使用公共交通的开发项目），何时不需要进行交通影响研究。坦帕市的一个很好的例子是，交通影响研究要求的以下例外情况是规划法规的一部分。在坦帕，一般来说，任何每天净行程超过100次的开发项目都可能需要进行交通影响研究，除非开发项目位于中心城复兴区、城市再开发区或城市填充区，在这种情况下，开发商必须支付城市交通影响费（但不必承诺采取任何具体行动）。

如果项目位于经批准的交通总体规划区域（例如，坦帕国际机场、坦帕港或南佛罗里达大学），开发商必须减轻场地影响，并遵守城市土地开发规范和综合规划。同样，由一个或多个"主要公共交通设施"服务区提供服务的开发项目必须减轻场地影响。服务区的定义是：高频公共汽车线路的1/4英里（0.4公里）范围内、BRT车站的1/3英里（0.54公里）范围内、轨道交通站的半英里（0.8公里）范围内、公共交通换乘中心的1/3英里（0.54公里）范围内。

加利福尼亚州圣何塞的类似概念如图19-1所示，在交通影响研究过程中，公共交通设施和商业区附近的区域需要进行特殊分析。在规划方面，这些区域通常被称为区划法规中定义的重叠区（见第3章）。

尽管社区对于启动交通影响研究具有不同的阈值标准，但交通工程师协会（2012）建议对每天产生至少100次高峰小时车辆出行量的项目全部进行研究。然而，如前所述，此类开发的背景是一个重要的考虑因素，尽管小型开发项目产生的出行次数少于此，可能仍需要对场地出入和内循环进行审查，以确保出入连接位置的安全。

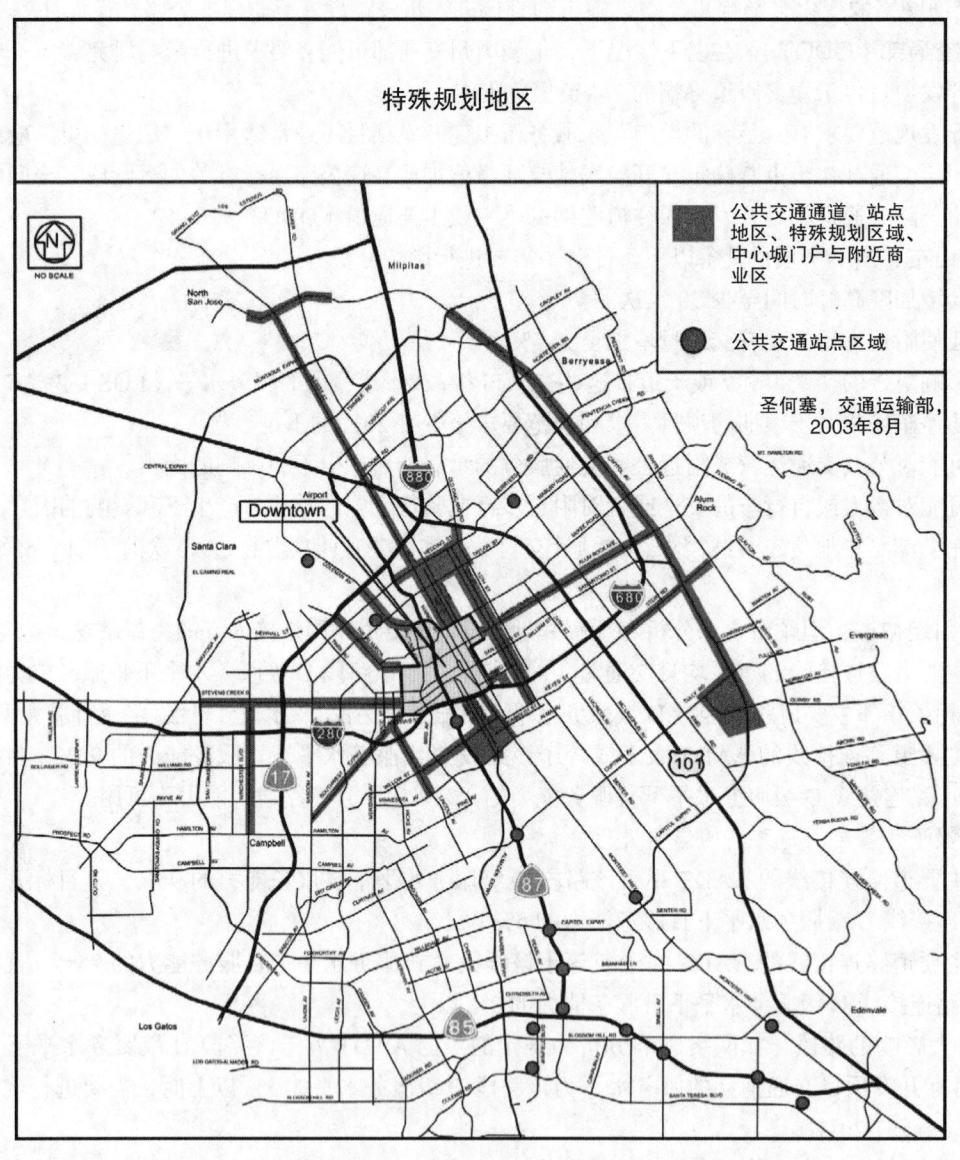

图19-1 交通影响研究要求的特殊地区（加利福尼亚州圣何塞）
来源：City of San Jose, 2009

19.3 重要术语定义

场地规划和交通影响分析中使用的一些关键术语包括：

- *出入管理*：管理从公共道路和私人车行道进入街道、道路和公路的策略。需要平衡已开发土地的出入，同时确保交通以安全和高效的方式流动。
- *分析小时*：对系统要素进行通行能力分析的单个小时。
- *临界密度*：给定设施通行能力下的交通密度。
- *临界车头时距*：主要交通流中允许一辆次要街道车辆进入的最小车头时距。
- *临界车道组*：给定信号相位具有最高流量比的车道组。
- *临界速度*：路段通行能力下的速度。
- *周期失效*：一辆或多辆排队车辆无法离开信号交叉口的情况。
- *需求与通行能力之比*：系统要素的需求流量与通行能力之比。
- *设计小时*：代表设施几何设计和控制要素的合理流量值的小时。
- *设计年*：项目通车后的目标年（通常为 20 年）。
- *开发交通量*：开发项目产生的交通量。
- *方向分布*：高峰或设计小时交通量的方向分量，通常以高峰和非高峰流向的百分比表示。
- *公平分担*：通过公共机构和私人开发商或土地所有者的合作，分担开发对交通设施影响的缓解成本的策略。
- *容积率*：一个或多个地块上建筑物的总建筑面积与该建筑物所在地块面积之比。
- *完全感应控制*：一种信号操作，在该信号操作中，车辆检测器在通往交叉口的每个进口道处控制每个相位的触发和时长。
- *内部捕获*：开发场地内部截流的那些交通出行。
- *服务水平（LOS）*：基于服务度量（如速度和行程时间、机动自由度、交通中断、舒适度和便利性）描述交通流中运行状况的定性指标。
- *缓解措施*：按照以下优先顺序采取措施，减少对环境的不利影响：
  - 不采取某项行动或某项行动的一部分，从而完全避免影响。
  - 通过限制行动及其实施的程度或规模，使用适当的技术，或采取积极措施避免或减少影响，从而尽量减少影响。
  - 通过修复、恢复或重建受影响的环境来纠正影响。
  - 通过在活动期间的保护和维护操作，减少或消除随时间推移造成的影响。
  - 通过替换、增强或提供替代资源或环境来补偿影响。
- *开通年份*：项目计划通车的年份。
- *过境交通*：已经使用相关道路的交通出行，并作为前往另一个目的地的中途站进入场地。
- *高峰小时*：一天中道路设施达到最大流量的一小时。用于确定交通分布的方向。注意，相关街道的高峰时段可能不是该开发区域的高峰时段。
- *规划年*：估计交通影响的目标年。
- *再开发场地*：产生交通的现有场地，并打算以不同的土地使用密度进行开发的场地。
- *服务流率*：在现有道路、交通和控制条件下，在不违反规定服务水平标准的情况下，给定路段上可维持的最大方向流率。
- *视距*：当视野不受交通阻碍时，客车驾驶人从指定位置沿道路正常行驶路径能看到的在道路上方指定高度测量的距离。
- *停车视距*：以给定速度行驶的车辆驾驶人在看到道路上的物体后停车所需的距离。它包括驾驶人在感知和反应时间内行驶的距离以及车辆制动距离。

- *交通影响声明*：根据成功专业实践和标准编制的文件，评估拟建开发项目对交通系统的影响，并提出改善建议以减轻或消除这些影响。
- *以公共交通为导向的开发*：位于重轨、轻轨、通勤铁路或BRT车站1/2英里（0.8公里）范围内的中度至高密度的商业和住宅开发区域，包括以下内容：①每英亩至少4个住宅单元的密度和至少0.4的容积率或二者的某种比例组合；②混合用途社区，包括混合住宅类型和住宅、办公和零售开发的一体化；③减少前院和侧院建筑退线；④行人友好的道路设计以及道路和步行网络的连通性（见第3章）。
- *出行（或交通）需求管理（TDM）*：通过改变出行需求来减少车辆出行量和提高交通系统效率的综合措施，包括但不限于扩大公共交通服务、雇主提供的公共交通福利、骑行和步行投资、共享乘车、错峰上班、远程办公和停车管理（包括停车收费）等方面（见第14章）。
- *车辆出行里程（VMT）*：使用场所的车辆数量乘以网络模型估计的平均出行距离。用于衡量对道路网的影响，以及空气质量和能源影响分析的输入。

19.4 场地规划数据审查

场地规划审查附带了许多与交通无关的项目审查信息类型，如法定归属权、财产的法律规定、开发过程的初步尺寸以及场地的区划和规划要求。关于场地规划审查的交通组成部分，以及交通相关的数据需求，以下来自西雅图的指南展现了场地规划提交的典型输入。

- 在相邻街道（按名称）、巷道或其他相邻公共财产的道路宽度之外的其他尺寸和通行权限制。
- 路缘石、人行道和行道树的类型、位置和尺寸。
- 街道和巷道改造类型和尺寸（沥青、混凝土、细砾石等）。
- 每个住宅单元的行人通道和各建筑物的主入口位置。
- 所有车行道、停车场和其他铺装区域（现有和拟建）的位置和尺寸。
- 如果提议变更出入通道或停车场，则以25英尺（7.62米）的间隔设置已开发道路的中心标高。如果提议变更出入通道或停车场，则确定建筑红线和车库入口处车行道的现有和完工坡度标高。
- 路缘开口宽度和与相邻建筑红线的距离（将路缘开口标记为"现有"或"拟建"）。
- 如果提议变更出入通道，则确定所有出入场地的物理限制（电线杆、假山、行道树、公共交通站等）（City of Seattle，2013）。

除了这些要求外，得克萨斯州奥斯汀市还要求提供以下与场地相关的详细信息。

- 所有车行道尺寸和设计规范，例如，车道宽度、车行道缘石转弯半径和完工坡道的剖面；当有多个建议的出入车行道时，应在场地规划上标记。
- 场地平面图上建议的车行道运行方式（即单向或双向运行）；识别并标记车辆出入的所有物理屏障。
- 在无中央分隔的道路上，显示街道对面120英尺（37米）范围内的现有车道，如果没有，则在注释中注明。
- 可能影响人行道/车行道位置的路权内的物理障碍物（电线杆、树木、雨水井等）。
- 如果上方净空受到限制，场地所有车行道和内部循环区域的消防车道内的垂直净空（包括树枝）尺寸。
- 所有街道外和街道内停车场；所需和提供的停车位数量，包括实际停车位的位置、数量和类型（标准型、紧凑型、残疾人专用型）；停车位尺寸（停车位深度和宽度、停车位角度、过道宽度和内部车行道宽度）。平面图应为每个停车位编号，显示结构支撑、转弯半径、交通循环、匝道坡度以及紧凑空间的编号和位置。
- 假设场地停车需求减少，停车位数量减少。
- 符合州标准的残疾人停车位。
- 连接场地所有可访问要素和空间的出行路线，可由轮椅使用者和其他残疾人使用（用虚线、阴影图案或其他可识别的图例表示）。
- 内部循环系统，显示车辆、自行车、行人通道以及与场外出入通道的连接。

- 规划图上的注释，说明每个小型停车位必须用"小型车专用"的标志，并在现场张贴指示驾驶人进入此类停车位的标志。
- 街道外的装载空间（如需要）。
- 自行车停车场的位置和类型。
- 排队区，供穿行车使用。
- 场地平面图上人行道的位置和宽度（如果奥斯汀市有要求）。
- 与场地施工相关的所有人行道坡道的位置和设计（City of Austin，2014）。

从这两个列表中可以看出，场地规划审查中与交通相关的数据要求因社区而异。参与场地规划的交通规划师需要非常熟悉社区区划和/或规划委员会的要求。有关场地规划审查指南的其他示例，可以参考相关文件（City of Alexandria，2013；County of Fairfax）。

19.5 交通出入及影响分析

影响分析应始终从与相关公共机构和开发商或业主建立基本参考术语开始。这至少包括定义交通需求、确定需求中建立的影响分析阈值、同意分析范围、定义研究区域范围、确立待分析的预测小时（和天）以及定义研究年限。另外，还应制定一套可行的出行方式和确定通行能力与服务水平的可接受方法。

交通影响研究的范围取决于拟建开发项目的类型、位置、时间和规模。

如果步行、骑行和公共交通出行是常见的（或有发展潜力的），则应分析行人和车辆的总出行量。这包括方式划分和车辆载客率的估计。此外，大多数场地影响研究都会检查将货物运送到场地的商用车辆的进出和活动。达成适当的交通和开发决策所需的信息类型通常包括：

- 现有道路和公共交通系统的特点。
- 当前和拟建附近开发项目的特点。
- 预计未来发展交通量和出入策略。
- 周围道路和进入道路的综合交通量。
- 交通增长率。
- 道路系统资源的充分性。
- 系统需求。
- 出入规划。

关于通道管理，场地出入应保持周围道路系统的运行完整性。这可以通过应用出入通道管理原则和设计来实现（见第3章和第9章）。出入通道管理提供（或管理）土地开发的出入通道，同时在安全性、通行能力和速度方面保护周围道路系统的交通流。它包括对车行道的位置、间距、设计和运行的系统控制，中央分隔带开口、立交，以及与道路的街道连接。它还包括中央分隔带处理、辅助车道和适当的交通信号间距等应用（Koepke和Levinson，1992）。一个重要的出入通道管理目标是确保一系列密集开发的累积效应不会造成周围道路系统相关的安全性和机动性恶化。

19.5.1 交通影响分析流程

图19-2所示为交通影响分析的主要步骤（ITE，2012）。每个步骤都使用其他章节中讨论过的数据和分析工具（见第2章和第6章）。从业主的角度来看，这一过程的主要成果是公共机构授予的建设开发项目的许可证和其他许可证。下面几节将讨论该分析过程的几个关键组成部分。

19.5.2 研究区域边界

研究区域边界应基于土地使用类型、开发规模、街道系统模式和地形确定。一种常用的方法是将分析边界设在场地产生的交通量占道路高峰小时到达通行能力的5%或更多的位置。研究区域应包括相邻路网上的关键（或拥堵）交叉口。表19-1展示了根据典型土地使用的规模、类型和出行生成特征确定研究区域范围的指南。注意,表 19-1 所示的交通影响研究的研究区域范围通常不能负责并发分析所需的更大的研究区域,此时开发商将按比例分摊拟建开发项目所需的道路/交叉口改善。此外,交通影响研究通常在地方政府的管辖范围内进行,但考虑到开发影响可能会超出当地道路网并延伸至州公路系统,地方和州当局在处理研究影响和缓解措施方面进行协调是非常重要的。

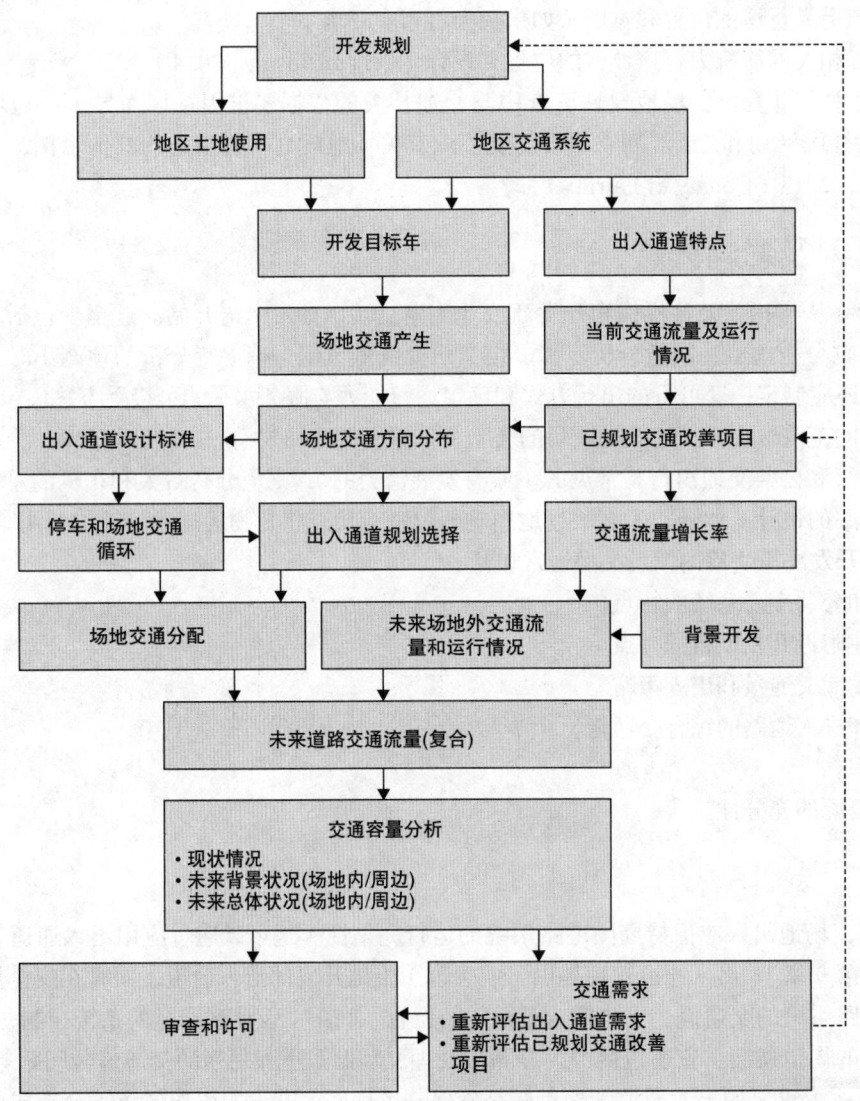

图 19-2 交通影响分析过程

来源:ITE, 2012

表 19-1 交通影响分析的建议研究区域范围

开发场地	研究区域
快餐店	如果在拐角位置,则为附近交叉路口
服务站点(带或不带快餐台)	如果在拐角位置,则为附近交叉路口
小型超市或者便利店(带或不带加油泵)	距离车辆入口 660 英尺(201 米)范围
高峰小时出行小于 200 次的其他开发场地	距离车辆入口 1000 英尺(304.8 米)范围
面积小于 70000 英尺^2(6503 米^2)或者高峰小时出行介于 200~500 次的购物中心	距离场地红线 0.5 英里(0.8 公里)范围内的所有信号交叉口和车辆入口,以及 0.25 英里(0.4 公里)范围内的所有无信号交叉口和车辆入口

(续)

开发场地	研究区域
面积介于 70000～100000 英尺²（6503～9290 米²），或者具有 300～500 个员工的办公/工业园区或者高峰小时出行大于 500 次的购物中心	场地建筑红线 1 英里（1.6 公里）范围内的所有信号和主要无信号交叉口和高速公路匝道
面积大于 100000 英尺²（9290 米²），或者具有 500 个以上员工的办公/工业园区，或者高峰小时出行大于 500 次的所有开发场地	建筑红线 2 英里（3.2 公里）范围内的所有信号交叉口和高速公路匝道，以及场地建筑红线 1 英里范围内的所有主要无信号出入通道（街道和车行道）
公共交通车站	0.5 英里（0.8 公里）半径范围

来源：ITE，2012

表 19-1 中所示的标准有时可由管辖区的运输机构自行决定取代。例如，在马萨诸塞州，即使交叉口或路段满足影响声明中交通量增加 5% 的阈值，马萨诸塞州交通部（MassDOT）也可免于研究：
- 交叉口或路段目前运行良好，场地开发影响不会导致通行能力或安全缓解需求。
- 之前已经明确了交叉口或路段的缓解措施，无须进一步分析（注意，为了跟踪或缓解评估，可能仍需要场地生成的交通分配）。
- 马萨诸塞州交通部认为其他原因也是合适的（MassDOT，2014）。

反过来说，即使交叉口或路段不满足交通量增加 5% 的阈值，马萨诸塞州交通部也可将其包括在研究区域内：
- 交叉口非常拥挤，接近或超过通行能力，即使交通量增加很小，也容易导致严重的运行恶化。
- 该位置预计会对州公路系统产生重大影响。
- 当地市政当局要求进行影响研究。
- 与该地点相关的特殊情况值得审查（MassDOT，2014）。

此外，对于在城市地区进行的研究，对研究区域的描述不仅应讨论可能受影响的主要公路和道路、交叉口和立交桥，还应讨论步行和骑行设施，以及作为研究区域交通系统一部分（或可能是其一部分）的公共交通网络。例如，Mass DOT 对城市研究区的定义包括：
- 步行、骑行和公共交通网络，特别关注连通性、期望路线和障碍分析，以最大限度地增加出行选择并推广这些交通方式。应考虑对公共交通、步行和骑行研究区域进行适当的分析（MassDOT，2012）。

19.5.3 目标年

规划目标年，即用于估计交通影响的未来年份，应与规划开发项目的规模和建设进度以及任何预期的重大交通系统变化保持一致。表 19-2 展示了建议的目标年限。一般的指导原则是，设定规划目标年，在拟定开发项目将全面投入运营并达到其市场目标的时间，通常是在开盘日后 3～5 年。

表 19-2 建议的研究年限

开发特征	建议年限
小规模开发（< 500 次高峰小时出行量）	·预计开业年份，假设全面建成并入住
中等规模单周期开发（500～1000 次高峰小时出行量）	·预计开业年份，假设全面建成并入住 ·开通日期后 5 年
大规模单周期开发（> 1000 次高峰小时出行量）	·预计开业年份，假设全面建成并入住 ·全面建成和入住 5 年后 ·如果开发量明显大于该地区既定规划或交通预测中包含的开发量，则为既定交通规划的目标年
中等或大型规模多周期开发	·各主要阶段的预计开盘年份，假设各阶段全面建成并入住 ·预计整体竣工和入住年份 ·如果开发量明显大于该地区既定规划或交通预测中包含的开发量，则为既定交通规划的目标年 ·开通日期后 5 年，如果从既定规划或区域交通预测来看，届时的出行生成量没有显著增加（低于 15%）

来源：TE，2012

19.5.4 现有（背景）条件数据

拟建开发区附近的现有交通和土地使用条件是交通影响研究的重要输入。分析应当清楚地说明拟建开发项目的市场影响区域，并说明道路、交通设施和步行/骑行网络目前的运行情况。进行现有条件分析的关键步骤包括：

- 与相关公共机构举行关于背景资料的会议。
- 收集和整理现有的交通、运输和土地利用信息。
- 对场地周围的物理和环境特征、交通设施、服务和条件进行实地勘察。
- 进行出行时间研究，帮助确定拟定开发项目的"范围"和市场。
- 获取有关公共交通路线、覆盖范围、频率和乘客数量的信息。
- 获取步行和骑行路线的数据和访问信息。
- 获取现有道路特征（如宽度、出入车道、交通控制）和几何特征（如坡度、线形和信号车道）。
- 审查工作日和周末（每天和每小时）高峰和非高峰时期关键交叉口的交通量研究。
- 评估现有服务水平和交通状况（包括运量与运力的比较）。
- 确定至少3年的撞车事故记录。

现有条件分析和结果应以清晰易懂的方式呈现，宜使用地块位置和土地使用图。应绘制公共汽车线路和服务范围。日交通量也有助于确定场地受通过交通的影响程度。高峰小时的交通流图必须显示交叉口的转向交通。车道、交通控制和服务水平也应该绘制出来。表19-3展示了作为背景分析的一部分应收集的数据。

表19-3 进行影响分析时建议调查的背景数据

范围	数据
交通量	·当前和历史日（如果需要分析）和小时交通量统计，包括高峰时段交通量（场地和街道峰值） ·近期的交叉口转向交通量，包括红灯时的右转 ·季节变化 ·车辆分类统计 ·高峰时段排队长度 ·以往研究或区域规划中的预测量 ·统计日与平均日和设计日的关系 ·标示的速度限制 ·当下运行速度 ·出行时间
土地使用	·场地附近的土地使用现状、密度和占用情况 ·批准的开发项目和计划竣工日期、密度和土地使用类型 ·其他未开发地块的预期开发 ·附近区划 ·按开发类型划分的吸收率
人口统计学	·按普查区或交通分析区划分的研究区域内当前和未来的人口和就业情况（用于场地交通分布）
交通系统	·当前街道系统特性，包括车流方向、车道数量和类型、路权宽度、出入控制类型以及交通控制（包括信号配时、视距） ·道路功能分类 ·路线的官方正当性 ·已经通过的地方和区域规划 ·研究区域内规划的大道和场地附近的当地街道 ·公共交通服务、使用和停靠站 ·步行和骑行道、使用和设施（例如人行道和自行车道） ·可用的路边和场外停车设施，以及停车条例 ·安全隐患 ·研究区域内交通改善的实施时间、资金来源和资金的确定性（是否在当前的改善项目资本计划中提供资金）
其他交通数据	·出发-目的地或出行分布数据 ·如果已经确定了危险情况，则收集场地附近和附近主要交叉口的事故历史（3年，如果可用）

来源：ITE, 2012 as edited

交通影响研究的可信度在很大程度上取决于收集数据的质量。一般来说，关于交通量和转向量的数据不应超过一年，这通常要求机构或顾问收集新的数据（见第 2 章）。邻近街道、主要公路和停车设施的高峰行为通常是人们的兴趣关注点。

不仅收集关注场地潜在影响的数据（如转向量）很重要，收集场地外流量的数据也很重要，这些数据能够让人感觉到背景流量如何随时间变化。特别是，应对起讫点不在研究区域内的穿行交通以及研究区域所有其他开发产生的交通量进行估计。稍后将讨论实现此目的的方法。

19.5.5 性能指标

交通规划师所关心的与场地影响相关的性能指标，是行政法规中要求或者当地决策者所期望的那些指标。下面给出一些示例。

马萨诸塞州剑桥市。马萨诸塞州剑桥市定义了"对城市交通产生重大不利影响"，因此必须提供的数据如下（City of Cambridge, 2014）：

工作日和周末 24 小时范围内的交通生成量，以及上午和下午高峰车辆出行。

影响的定义是基于项目的出行生成超过：

- 2000 次工作日或周末（24 小时）出行。
- 240 次高峰小时（上午、下午或周六中午）出行。

信号交叉口的服务水平会发生变化。

交叉口车辆服务水平（VLOS）发生以下变化时，会对交通产生影响：

现有通行车辆服务水平	项目下的服务水平
车辆服务水平 A	车辆服务水平 C
车辆服务水平 B、C	车辆服务水平 D
车辆服务水平 D	车辆服务水平 D 或者 7% 的道路流量增长
车辆服务水平 E	7% 的道路流量增长
车辆服务水平 F	5% 的道路流量增长

居民区街道的出行量会有所增加。

影响是基于两个参数定义的。第一个是研究区域内任何两个街区住宅路段上的项目诱导交通量增加，超过以下参数时会构成影响。

参数[①]：住宅量 1	参数[②]：当前高峰小时街道交通量（双向车辆）		
	<150 辆 / 时	150~400 辆 / 时	>400 辆 / 时
1/2 或者更多	20 辆 / 时	30 辆 / 时	40 辆 / 时
>1/3 但是 <1/2	30 辆 / 时	45 辆 / 时	60 辆 / 时
1/3 或者更少	（无最大值）	（无最大值）	（无最大值）

① 由一层临街路确定的两个街区路段的住宅数量。
② 每车道的项目额外车辆出行生成量，双向。

第二个是在指定的信号交叉口车辆排队长度的增加。项目引起的车道排队或车道排队增加超过下表允许的数量时会构成影响。

现有的排队长度	项目影响下的排队长度
15 辆车以下	15 辆车以下，或者在 15 辆车的基础上增加 6 辆车
15 辆车或者更多	增加 6 辆车

缺乏足够的步行和骑行设施。

项目影响的定义采用 3 个标准：

标准 1：项目引起的任何研究区人行横道的行人延误增加超过下表所允许的数量。

现有的行人服务水平（PLOS）	项目影响下必须达到的服务水平
行人服务水平 A	行人服务水平 A
行人服务水平 B	行人服务水平 B
行人服务水平 C	行人服务水平 C
行人服务水平 D	行人服务水平 D 或者增加 3 秒
行人服务水平 E、F	行人服务水平 D

安全步行设施是指符合城市设计标准（包括残疾人待遇）的任何公共可达街道或路权（ROW）上的人行道。

标准 2：安全的行人设施必须建立在任何邻近的公众可达的街道或路权（ROW）；并且必须连接到场地入口、内部人行道和相邻的行人设施。

安全骑行设施是指符合城市设计标准的沿公共道路或路权的路内自行车道或路外通道。

标准 3：在现有足够路权的情况下，骑行安全设施必须到位，或者必须在任何相邻的公共街道上保留足够的路权，并且必须连接到场地入口、内部通道和相邻的骑行设施。

下文列举了其他司法管辖区如何定义"影响"的一些示例。

弗吉尼亚州交通部。弗吉尼亚州交通部关注 3 个影响区域：

1）开发项目生成的研究区域内公路网、场地入口和内部道路的日交通量和高峰小时交通量预测，列表并图示。

2）延误和服务水平（按每个车道组列表并图示）。

3）如果在场内或场外有步行、骑行或公共交通出行的巨大潜力，则应分析行人和骑行设施、公共汽车线路和路段（如果设施存在或已规划，则应列表并图示）（VDOT，2015）。

亚特兰大地区委员会，佐治亚州亚特兰大。亚特兰大地区委员会（Atlanta Regional Commission，ARC）在审查有区域影响的开发（Developments of Regional Impact，DRI）时考虑了广泛的标准。这种审查的交通要素包括：

- 开发产生的交通量。
- 现有和拟建道路的通行能力。
- 开发商提出的需求管理策略。
- DRI 产生的交通对空气质量的影响。
- DRI 是否有助于减少日均行驶里程的开发模式。
- 快速公共交通的可用性（ARC，2013）。

如上所述，用于决策过程的指标范围较为广泛，并强调了许多不同的问题。一般来说，在几乎所有情况下，都会对类似的直接影响进行衡量，例如产生的出行次数、交通设施的服务水平等。在其他情况下，这些指标被用作进一步分析的输入，以确定相关影响，例如与机动车相关的污染物产生量。收集的数据和用于产生这种信息的工具显然将取决于决策过程所需的信息。

19.5.6　出行需求分析

图 19-3 所示为场地需求分析的 3 种主要出行方式。预计的最大交通量将是往返开发场地的主要起讫点间的出行。过境出行是指使用相邻道路到达场地的出行。车辆过境出行并非相邻道路的新出行，而是到场地车行道（和转向移动）的新出行。车辆改道出行是指那些被吸引到场地，但从路网上的附近道路（而不是从场地附近的道路）改道的出行。因此，改道出行对整个网络来说并非新出行；它们只是从原来的路径重新分配。

除了这 3 种出行类型之外，对于多用途且空间大的场地，还有一个"内部捕获"出行。内部捕获反映了根据出行生成计算，预计到达场地的出行，但是这些出行是由行人从场地的一部分步行到另一部分（例如，为了一杯咖啡或午餐）。因此，内部捕获出行不会在相邻道路或场地车行道上产生新的出行。

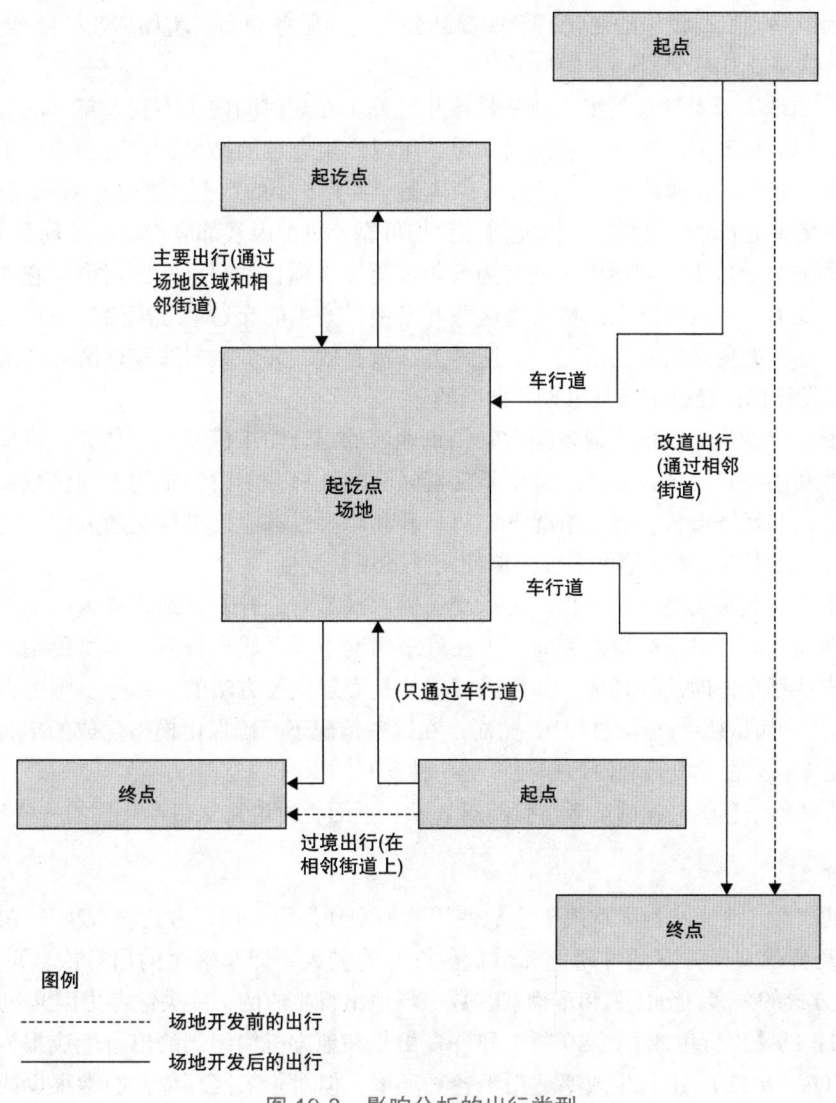

图 19-3 影响分析的出行类型

来源：ITE, 2012

作为一个例子，假设一个特定的土地使用产生 435 次出行，由出行生成方程确定。假设土地使用也吸引了 40 次过境出行到达场地，25 次离开场地。这意味着，根据出行生成步骤估算的 435 次车行道出行实际上意味着相邻道路上的 435 – (40+25) 次或 370 次新出行。假设 10% 的出行是内部捕捉，即 0.10 × 370=37 次。这意味着，由于拟定的开发项目，白天附近道路将有 370–37=333 次新的出行。

应当为每个规划目标年制定预期的出行需求、交通量和运行条件。它们应反映高峰时期背景交通量的可能增长；场地周围道路和公共交通的规划变化；规划开发的类型、规模和出行特征；场地交通量的方向及其在周围道路系统上的分布；以及道路和场地周围的组合（场地加背景）交通量。

1. 背景（非场地）交通量增长

有几种方法可用于估算未来背景交通量 [见 ITE 的《出行生成手册》（ITE，2012）和其中提供的背景交通增长示例]。最简单的方法是根据过去的趋势进行推断，尽管这种方法受到数据扰动的强烈影响（例如经济衰退的影响）。更详细的方法是确定拟建开发场地周围区域的主要土地开发，并将这些场地的估计交通量分配给附近的路网。最复杂的方法是使用交通需求网络模型来估计网络连接的影响（关于交通需求模型的讨论见第 6 章）。在某些情况下，将第一种和第二种方法结合起来可能是可取的。然而，在许多重大的发展影响研究中，区域和地方政府往往要求使用基于计算机的网络模型来评估可能的影响。无论采用哪种方法，都应检查结果的合理性。

每种方法都应考虑到道路和交通设施的变化，例如提高公共交通服务频率、增加高速公路或主干道的通行能力、修建新的道路或引入铁路或 BRT 线路。

增长趋势：检查当地交通量增长趋势（通常是按年计算）在短时间内（不到 5 年）的效果，尤其是在有良好的本地交通量数据库的情况下。这种方法使用简单，可以产生合理的结果。它特别适合于在相对较短时间内开放的小型开发项目，如银行和加油站。一般来说，其至少需要 5 年的数据。通过审查和比较人口、车辆登记、日交通量和高峰小时交通量的增长趋势，可以使估计更加可靠。每个因素都应与基准（现有）年份相关联。

建成方法：这种方法适用于规划期内（通常为 5 年或更短）项目情况已知的情形。它涉及将每个开发（或一系列连续的开发）视为一个新的开发。然后将这些开发项目产生的交通量分配给考虑中的设计小时内的道路系统。在有关于拟定开发的良好信息的情况下，这种方法最有效。大多数司法管辖区只考虑已批准的建成方法开发，特别是那些开发指标已经过市或县审查和批准的。

分区交通规划量：交通规划中的交通量通常采用该地区的出行需求模型进行估算，该模型适用于假定的交通网络和假定的土地利用模式。这种方法通常用于随着时间的推移分阶段实施的大型区域项目。这种方法特别适用于人口众多的地区和经济增长。理想情况下，每日和高峰时段都应该进行交通分配。随着新开发场地的加入，假设的模型输入可能不再有效，因此需要谨慎使用子区规划流量。

在大多数情况下，尤其是大型开发项目，运行交通需求模型时，开发场地将成为一个新的交通分区。这就需要一个更精细的网络编码。对于区域发展而言，在许多情况下，区域出行需求模型仅用于出行分布，即确定行程来自哪个方向或从哪个方向前往场地。如果区域模型是商定交通方法的一部分，则可以使用区域模型将出行分配给当地道路网（所谓的出行分配过程）。然而，在这些情况下，确保由模型生成的出行与 ITE 对项目出行生成的估计值相匹配（减去过境出行和内部捕捉）是一种良好的做法。

对交通需求建模其他信息感兴趣的读者请参阅第 6 章。下面将讨论需求建模过程的一些特定于场地的分析。

2. 场地出行生成

往返活动中心的次数（个人出行）取决于土地使用的类型和规模。出行方式将取决于场地位置、开发密度、周边地区的特点以及替代交通方案的可用性和质量。汽车驾驶人（即车辆）的出行次数取决于交通方式划分（使用每种可用出行方式的乘客百分比）和车辆载客数。场地出行生成的一些关键考虑因素包括：

人与车出行：ITE 的《出行生成》（第 9 版）和许多由州和地方机构编制的出行生成报告可以对预期出行数量进行合理估计（ITE，2012）。出行生成率适用于各种环境，但对于郊区环境，通常很少或根本没有公共交通或步行交通。在公共交通和行人通道良好的情况下，ITE 车辆出行率可以向下调整，以考虑作为行人或公共交通乘客的场地出行的可能百分比。一般来说，任何考虑减少车辆出行，代之以行人和公共交通乘客的情况，都将纳入交通方法，但要求场地提供具有类似行人和公共交通出入道的支持文件。

出行率：出行量估算应基于类似开发类型的当地出行费率计算。在某些情况下，可能需要在具有类似特征的地点进行出行生成研究。另一种选择是在适用的情况下，可采用州或地区类似开发制订的出行费率。制订出行率的重要变量是用于估算出行量的自变量，例如住宅单元数量、零售面积等。虽然这些变量是作为出行生成手册和手册的一部分给出的，但如果要估计特定法律管辖区的方程，那么自变量的选择将是至关重要的。估计出行率的其他方法包括：

- 当满足以下条件时，可使用回归方程：①自变量位于可能与拟定开发相关的数据范围内时；②至少有 20 个数据点；③ $R^2 \geq 0.75$ 时。当实际出行率随着开发规模的增加而降低时，可使用方程。例如，办公楼和购物中心。
- 当满足以下条件时，应使用加权平均率：①至少有 3 个（最好是 6 个）数据点；②自变量在数据点的范围内；③ $R^2 < 0.75$ 或未提供方程时。
- 如果标准差超过加权平均值的 110%（例如，变异系数），则可能需要进行额外的研究（见第 2 章）。

ITE 出行生成报告和《出行生成手册》中规定的出行率和出行方程以及《出行生成手册》中的程序经常被交通机构使用。在某些情况下，这些生成率通过额外的研究得到了增强（Daisa，2013）。方程比生成率更可取，因为方程在关键变量之间具有较高的统计关联性。图 19-4 所示为 ITE《出行生成手册》中的一些信息（ITE，2012）。

分析小时：当周围路网出现最大综合交通量时，应进行分析。应考虑正常背景公路交通量达到峰值的时间段以及场地交通量峰值的时间段是否重合。考虑到各个场地发生的不同活动，住宅、办公、工业、零售和娱乐发展的研究时间可能有所不同。通常，应在工作日上午和/或下午高峰时间进行分析；但是，在某些情况下，如主要零售业开发，应分析周六或周日的高峰时段。在许多情况下，学校的下午高峰时间与周围道路网络的下午高峰时间不一致，因为学校下午的高峰时间通常是 14∶00—16∶00，而周围道路网络的下午高峰时间通常是 16∶00—18∶00，学校下午高峰时段的交通量统计和运营分析可能需要考虑与传统高峰时段分析的偏离。

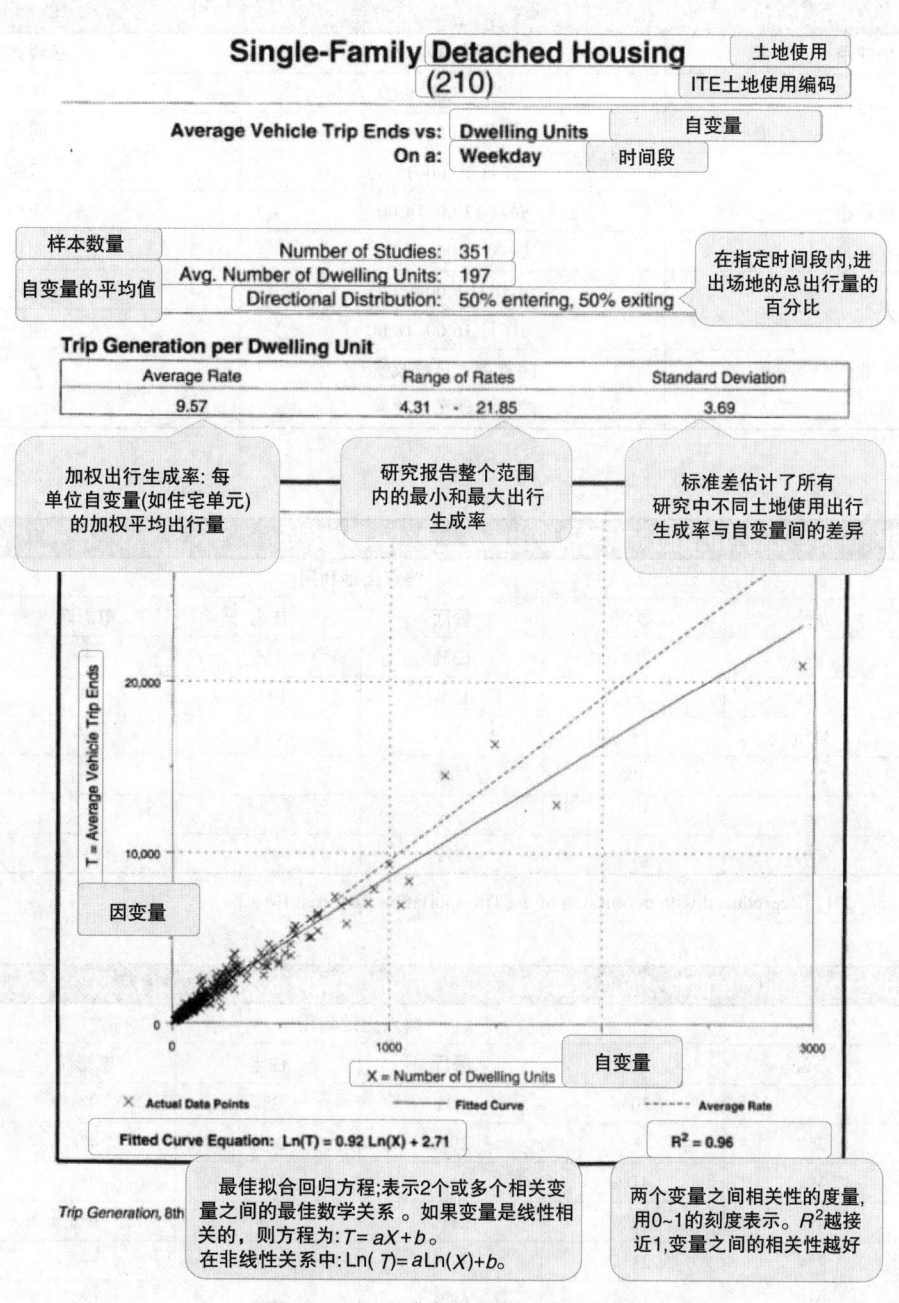

图 19-4　ITE《出行生成手册》示例
来源：Florida DOT, 2014

第 19 章　场地规划与影响分析 · 759

表 19-4 所示为选定土地使用产生峰值交通流的典型时间段。19：00—22：00，有时会在区域性购物中心产生大量交通量，因此也应对其进行研究。

多用途开发：多用途或混合用途开发将办公、零售、娱乐和/或住宅用途集中在一个项目中。6 种土地使用是多用途场所中最常见的组成部分，即办公、零售、餐厅、住宅、电影院和酒店。这种土地使用的混合促进了各种活动之间的内部出行，无论是乘小客车还是步行，与单个土地使用产生的出行总量相比，这减少了进入和离开开发项目的车辆出行数量。区域内部出行（即内部捕获）的数量随每种用途的类型和大小而变化。过去的经验表明，大约 20%～30% 的往返零售区的出行来自办公楼，而在中午和下午高峰时段，这一比例有所不同。零售和住宅以及办公和住宅之间的交换量较小。多用途的中心区报告的内部出行率见 NCHRP 报告 684 的表 19-5～表 19-8，该报告增强了混合用途开发项目的内部出行估算（Bochner，2011）。

表 19-4　选定土地使用的典型高峰交通流量小时

土地使用	典型高峰小时	高峰方向
居住	工作日 7:00–9:00	向外
	工作日 16:00–18:00	向内
区域购物	工作日 17:00–18:00	双向
	周六 13:00–14:00	向内
	周六 16:00–17:00	向外
办公	工作日 7:00–9:00	向内
	工作日 16:00–18:00	向外
工业	随着员工日程改变	—
娱乐	随着活动类型改变	—

来源：ITE，2012

表 19-5　离开出行的内部出行目的地分布的建议非约束值（上午高峰时段）

起点土地使用	终点土地利用					
	办公	零售	餐厅	住宅	电影院	酒店
办公	—	28%	63%	1%		0%
零售	29%	—	13%	14%		0%
餐厅	31%	14%	—	4%		3%
住宅	2%	1%	20%	—		0%
电影院					—	
酒店	75%	14%	9%	0%		—

来源：Bochner et al., 2011, Reproduced with permission of the Transportation Research Board.

表 19-6　离开出行的内部出行目的地分布的建议非约束值（下午高峰时段）

起点土地使用	终点土地利用					
	办公	零售	餐厅	住宅	电影院	酒店
办公	—	20%	4%	2%	0%	0%
零售	2%	—	29%	26%	4%	5%
餐厅	3%	41%	—	18%	8%	7%
住宅	4%	42%	21%	—	0%	3%
电影院	2%	21%	31%	8%	—	2%
酒店	0%	16%	68%	2%	0%	—

来源：Bochner et al., 2011, Reproduced with permission of the Transportation Research Board.

表 19-7　进入出行的内部出行起点分布的建议非约束值（上午高峰时段）

起点土地使用	终点土地使用					
	办公	零售	餐厅	住宅	电影院	酒店
办公	—	32%	23%	0%	—	0%
零售	4%	—	50%	2%	—	0%
餐厅	14%	8%	—	5%	—	4%
住宅	3%	17%	20%	—	—	0%
电影院	—	—	—	—	—	—
酒店	3%	4%	6%	0%	—	—

来源：Bochner et al., 2011, Reproduced with permission of the Transportation Research Board.

表 19-8　进入出行的内部出行起点分布的建议非约束值（下午高峰时段）

起点土地使用	终点土地使用					
	办公	零售	餐厅	住宅	电影院	酒店
办公	—	8%	2%	4%	1%	0%
零售	31%	—	29%	46%	26%	17%
餐厅	30%	50%	—	16%	32%	71%
住宅	57%	10%	14%	—	0%	12%
电影院	6%	4%	3%	4%	—	1%
酒店	0%	2%	5%	0%	0%	—

来源：Bochner et al., 2011, Reproduced with permission of the Transportation Research Board.

中央商务区（CBD）和其他密集发展区的活动通常会吸引许多来自附近地区的顾客。在这些情况下，应该估计每次使用的主要目的地，而不是处理内部行程。例如，零售商店和餐馆可能会吸引大量附近办公室的顾客，而且车辆出行率将大大低于 ITE 手册中所述的比率。

3. 过境出行

如前所述，新开发项目产生的部分出行将来自当前穿行的交通。尽管进入场地的入口（车行道）交通量将保持不变，但这些过境出行具有减少周围道路系统开发产生的预期交通量的效果。

从其他道路改道至边界道路到达场地的出行不会增加区域内道路的交通量，但会增加服务于场地的道路上的交通量。这些改道出行通常被视为场地产生交通量的一部分，而过境出行要从边界道路交通量中扣除。

一个场地的交通量中来自穿行交通量的比例取决于开发的类型和规模，以及一项活动本身是目的地还是仅仅是出行路线上的一站，例如是办公楼还是加油站（在去加油站的所有行程中，有多达 50% 的人是路过的旅客，而不是专程去加油站的人）。一般来说，随着开发规模的增加，过境交通的比例也相应减少。从对购物中心的报告百分比可以看出。

购物中心建筑面积净额 / 英尺^2	过境出行百分比
<100000	40%
100000～250000	30%
250000～500000	25%
500000～750000	22%
>750000	20%

ITE 的出行生成报告（2012）中罗列了各种土地使用的过境出行百分比。由于数据有限且具有高可变性，应谨慎进行调整。

出行需求管理（TDM）影响：TDM 策略的主要目的是影响出行需求，通常目标是减少高峰时期进入站点的单乘客车辆数量。他们在就业基数大的活动中心工作得最好，通常只有一个或少数雇主。以雇主为基础的 TDM

计划通常包括中客拼车和小客拼车的优先停车、公司赞助的客车、公共交通通行证、大雇主的合乘车协调以及弹性工作制。公共部门的激励措施包括在高速公路立交桥的免费停车、公共交通的财政支持、提供 HOV 和高占用率收费车道，以及鼓励合乘的开发商协议（见第 14 章）。

作为出行生成分析的一部分，汇总表应列出每种类型的土地使用、其规模以及每日、上午 / 下午高峰时段和其他相关高峰时段的拟定车辆出行生成率。因此，对于内部出行和多用途场地、TDM 行动和被开发项目取代的活动，可能需要进行折减。

在某些情况下，交通机构采用了减少出行的政策，并作为交通影响研究的一部分予以鼓励。例如，在马萨诸塞州，交通方式转换计划已经确立了一个全州目标，即将骑行、公共交通和步行出行的比例提高到原来的 3 倍。场地影响分析和项目建议的所有要素——出行生成、方式划分、出行分布、调整因素、停车场、选址等必须说明拟定缓解措施将如何帮助实现这一目标。

在阿尔伯塔省的卡尔加里，必须将步行和骑自行车等主动交通方式作为影响分析的一部分。如果无法预测预期数量，则使用默认值，包括：

- 极低影响区：10 名行人 / 时和 5 辆自行车 / 时。
- 低影响区：25 名行人 / 时和 10 辆自行车 / 时。
- 中度影响区：50 名行人 / 时和 20 辆自行车 / 时（City of Calgary，2011）。

审查还包括对拟建开发项目与该地区主要公共交通和自行车交通网络以及区域步道系统的连通性进行定性评估。

货物运输：在分析中，应考虑以下与研究区域内货车移动有关的问题。

- 研究区域现有货车的百分比是多少？
- 研究区域是否存在货车安全问题？拟定的开发项目会维持或改善这些状况吗？
- 拟建开发项目的具体土地使用和业务将如何影响货车出行量？
- 何时会出现货车出行高峰期？
- 货车在场地和场外的路线和循环是怎样的？
- 货车出行对车行道和交叉口的排队有何影响？
- 货车出行生成是否会对场地出入产生不利影响？
- 是否有足够的货车转弯半径？
- 是否需要一个单独的货车出入点，以尽量减少货车与其他车辆之间的冲突？
- 是否需要在场地入口设置减速车道以维护安全？
- 货车将如何影响拟建开发场地出入点的出入、循环和运营？对于整个研究区，影响又会如何（City of Fontana，2003；McRae，2006）？

货运规划，特别是货车出行生成，将在第 22 章中进行详细讨论。

4. 场地出行分布

对于进入场地环境的道路，应估计车辆和公共交通出行的方向。拟建开发项目的出行分布可根据邮政编码数据、人口普查数据、市场调研出行需求预测模型、现有出行模式和 / 或互补性用地的位置确定。场地产生的交通量的相对大小应根据特定的建筑占地面积和开发场地不同位置的相对开发面积分配给边界道路和出入点。出行分布将取决于场地具体因素，例如：

- 现有出行模式。
- 拟定开发项目的类型和规模。
- 影响区域的大小。
- 周边土地使用。
- 竞争性开发项目的位置（例如，购物中心）。
- 人口和购买力分布。
- 交通系统可用性、特征和出行时间。
- 规划的交通改善。

由于在任何特定地点都可能发现这些因素的组合，因此当地法规和条例不应要求使用特定的交通分布技术。应允许分析师进行适当的判断，同时应明确说明假设和分析方法。

俄勒冈州交通部确定了3种可用于研究区域出行分布的方法（ODOT，2014）。

类比法。类比法使用类似开发项目的交通信息来预测拟建开发项目的出行分布。这可以通过各种方法来完成，包括驾驶人调查、车牌起始地研究和车行道转向交通量。这种方法通常适用于中小型开发项目，例如：

- 在场地附近存在竞争的快餐店。
- 相邻街道服务站的交通量与场地预测的交通量类似。
- 现有汽车旅馆附近的汽车旅馆地点。
- 城市边缘的住宅开发。
- 待开发的住宅用地，该地块是开发区内为数不多的空置地块之一。
- 位于分阶段开发的办公综合体中的场所。

出行需求模型。出行需求模型可以有效地估计交通分布模式，特别是对于将产生或吸引大量出行的大型开发项目。由于出行需求模型通常与交通系统规划和综合规划一起开发，因此它们可以为快速增长的城市地区提供可靠的预测。应密切调查包含拟建开发项目的交通分区（TAZ），以确保土地使用、开发密度和出行特征符合现有条件（见第6章）。使用出行需求模型的步骤包括：

- 将土地使用和社会经济数据集插入开发阶段或项目竣工年份的预测条件中。
- 验证交通网络是否仅包括现有设施和承诺设施。
- 为拟建项目创建一个新的交通分区。在这个新区内，输入该项目的开发量。应用该模型确定项目交通分布。
- 确定新区产生的总出行量，以便确定模型分配的项目出行百分比。
- 如果有其他道路应该是研究区域网络的一部分，但没有包括在模型中，则可以进行模型后期调整，以将交通分配给这些设施。
- 计算分配给项目附近每个路段的出行百分比。
- 将项目交通量百分比乘以产生的外部出行量（GRTA，2013）。

替代数据。替代数据使用直接因果变量以外的相关信息来表示开发对出入场地的出行分布的影响。一个例子是使用该地区或研究区域的居住人口分布作为接近办公和零售用地的出行方向的替代物。例如，如果50%的与某个地点有关的居住人口位于该地点的东南方，则可以假定50%的实地出行将来自该方向。在谨慎和适当的土地使用情况下，该方法可以准确估计出行分布。它还需要一个城市各个地区可用的社会经济和人口统计信息数据库。

如果已经对某个房地产或开发项目进行了市场分析，则可以将该分析结果用作决定开发项目交通分布的一种手段。使用人可自行决定是否使用这些信息，但在进行研究之前，应得到审查机构的批准。

俄勒冈州交通部交通影响分析程序综合分析了社区和顾问用于场地影响研究的不同方法和工具的最佳实践。用于交通量分布的一些方法包括：

- 区域交通需求模型。
- 现有街道循环系统和现有交通量、交通循环方式和交叉口转向量的审查。
- 零售店提供的市场分析。
- 调查将使用服务的人，以确定居住地点（按邮政编码）和交通方式。
- 人口密度和交通分析判断。
- 本地对区域出行的百分比与居民出行分布分析（McRae，2006）。

报告显示，其中两个地点的出行分布预测在开发项目建成后实际出行分布的20%以内。新的出入控制、没有基础设施的改善以及场地附近的经济增长停滞被用来解释为什么会出现这种差异。报告得出的结论是，在交通影响研究中不包括预期或预测的其他发展可能会对出行分布估计产生重大影响，尤其是如果场地没有按照假设建造。

华盛顿州交通部鼓励使用情景，特别是对大型开发场地，以考虑可能的其他开发影响。情景可从简单的"有无项目的现有条件"到更复杂的分析，其中情景可能包括：现有的、有无项目的起始年、有无项目的中间年、有无项目的设计年（Washington State DOT，2004）。交通部建议中间年情景网络仅将预测过程中 10 年内发生概率最高的项目或开发纳入分析。圣何塞市建议采用"累积条件"情景，以确定多个未决项目或可预见开发的综合影响，用上这些项目或开发对交通系统的独立影响（City of San Jose，2009）。

出行分布应按方向用百分比表示（图 19-5）。应准备一张表格，说明贸易区内每个社区的抵达方向。然后，应将这些百分比及其对路网的分配结果应用于预期的场地出行生成，以获得道路系统各部分的设计规划。

如果可能有公共交通和步行交通，则应估计每种交通方式的方向。这需要为分析区域分配人员出行的模式。然后可以将每种交通方式的相对起点指定给道路、公共交通路线和人行道。在场地附近，如果合适，则应将公共交通乘客分配到特定的公共汽车站和火车站。主要来自附近区域的步行出行应分配给服务于场地的街道交叉口和人行道系统。

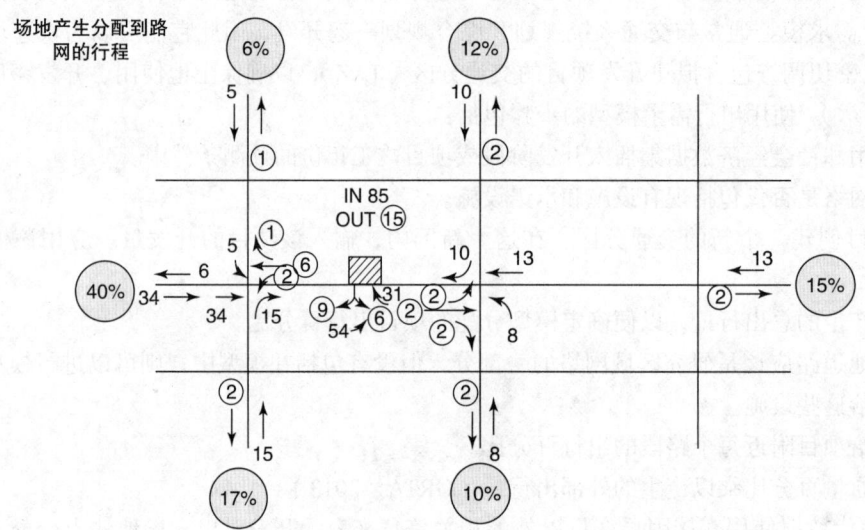

图 19-5　关于场地影响分析出行分布的案例

来源：FHWA，1985

5. 交通分配

应当通过针对每项未来条件的分析制定公共街道和场地出入通道的组合（复合）交通量。这包括在每个网络链路上添加未来后台流量和预期场地流量的成分，并对过境流量进行必要的调整。交通量应显示直行、左转和右转的每个转向流。预期的人流可以叠加在这些图表上。应在场地地图上绘制并检查其合理性。应将由此产生的高峰小时交通量与可用道路通行能力进行比较，以评估系统资源的充分性、道路改善的需要以及场地出入点的设计。这种比较是通过对交通网络进行出行分配来完成的。

出行分配包括确定在道路网中沿特定路径行驶的交通量。交通分配将说明研究区域内每个路段上项目产生的出行，包括出行方向和转向。该过程包括根据每个拟定用地的出行分布，将项目产生的交通量分配给道路网，并考虑到任何转向限制（例如，单向街道、匝道、通行限制和凸起的中央隔离带等）或其他道路特征（包括过度拥挤）。如果使用出行需求模型，那么这个过程只是建模工作的一部分。如果手动为道路网络分配交通量，则应考虑以下几个因素：

- 交通分配应考虑逻辑路线、可用道路通行能力、转向和预期出行时间（交通分配的基本目标是遵循最短的出行时间路径）。
- 应使用始发地和目的地之间的多条路径来实现实际结果（假设存在多条路径）。
- 未来几年的分配应考虑目标年可能的土地使用和交通状况。

- 分配应通过外部场地出入点进行，在大型项目中，也应在内部道路上进行。
- 当一个场地有多个出入点时，应使用逻辑路由和多条路径来获得实际的车行道流量（ITE，2010）。

读者可参考相关文献（Giaimo，2001）了解在场地影响分析中应用的交通分配程序。

19.6 分析步骤

分析的类型和范围不仅取决于开发本身的特点，而且还取决于可能考虑的改进类型。典型的场地交通改进项目见表19-9，并在ITE（2010）中进一步描述。

表 19-9 典型的场地交通改进项目

道路
· 安装交通信号或环形交叉口
· 协调沿边缘和出入道路的通用信号周期
· 提供右转和 / 或左转车道
· 增加直行车道
· 扩大和 / 或改善交叉口
· 渠化，如转弯车道
· 临街改造
· 采用双向左转车道（如适用）
· 采用物理中央分隔带（可使中央分隔带非连续，以便允许左转进入次要街道，或在交叉口提供所有转向）
· 移除灌木或以其他方式改善视距
· 拓宽通道
· 合并或关闭车行道（开发共享车行道）
· 仅限进入右转出口
· 建立单行道
· 修建一条"后方"道路
· 加宽和 / 或设置互通式立交匝道
· 在主要路口沿主流向修建"跨线桥"或"穿行通道"
· 重新配置高速公路立交
· 修建新的高速公路立交
公共交通
· 增加公共汽车站 / 候车亭
· 增加新的公共汽车线路
· 提高公共汽车服务频率
· 将公共汽车开到开发中心的站点
· 在开发区内建立中转中心
· 开发一条新的BRT或轻轨交通线路，并提供良好的行人出入通道以利于开发
行人 / 骑行者
· 在周边道路提供人行道
· 采用人行横道，最好有一个中央安全岛
· 骑行方便，如自行车道、自行车林荫道、自行车停车场
· 修建从周围道路到开发地的步行道
· 修建可遮风雨的天桥，将开发地与BRT车站连接起来，或避开主要的公路交叉口
交通需求管理
· 创建交通管理协会（TMA）
· 建立关于拼车的项目规划，如有可能，则给予一定补贴
· 限时和 / 或收费通勤停车
· 拼车奖励，如优先停车
· 酌情考虑弹性工作时间和远程办公工作计划

来源：ITE，2010

预计的道路交通、公共交通和行人流量为评估现有交通和建议改进措施的可行性提供了基础。当引入改进后，服务水平的计算可以表明设施的运行情况。这通常是一个迭代过程，取决于开发的规模和背景流量的增长量。理想情况下，所需的改进应与公共机构规划或计划一致。多交通方式评估对于密集开发地区和大型混合用途或商业开发至关重要。

19.6.1 模型或工具的选择

分析工具和方法的选择将取决于研究开始时商定的评估标准。在大多数情况下，一些服务水平和服务质量的度量用于评估系统影响。在美国，通常使用交通研究委员会（TRB）的《公路通行能力手册》（TRB，2010）和《公共交通通行能力和服务质量手册》（Kittelson，2013a）。此外，对于其他常用的交通方式，也有专门的方式方法。

FHWA《交通分析工具箱》第2卷提供了选择交通分析工具的方法（Jeannotte，2004）。交通工程师和规划师使用的许多不同交通分析工具之间的关系如图19-6所示。从报告中摘录的不同类型的工具在工具箱中描述如下：

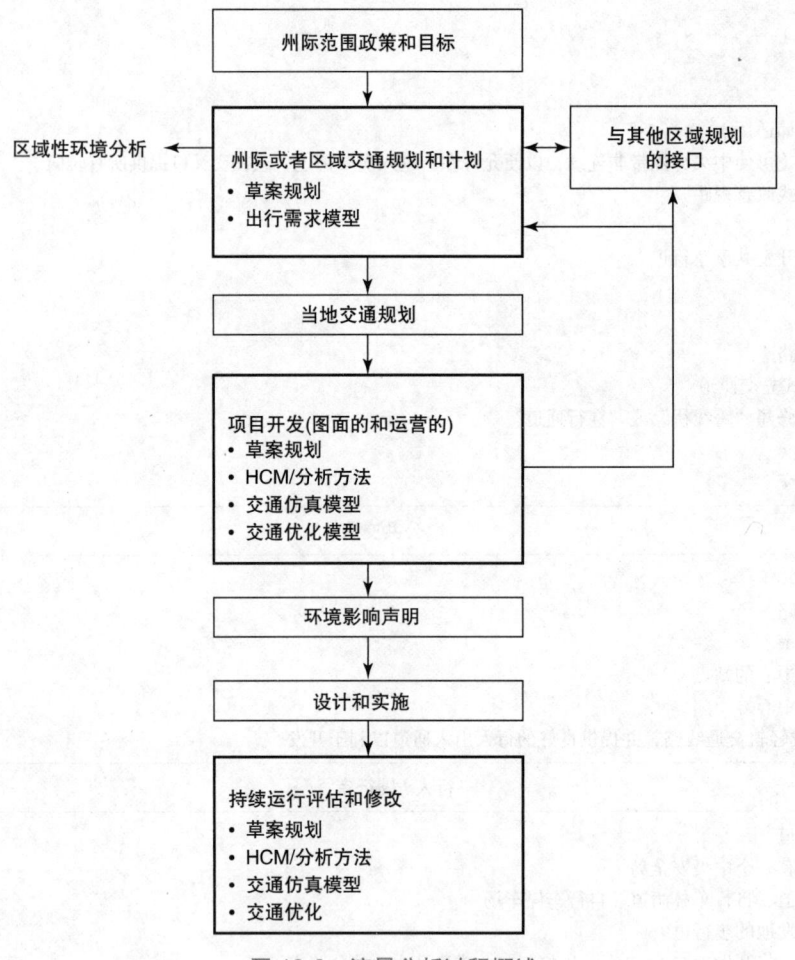

图 19-6　流量分析过程概述

注：用粗体线勾勒出的方框代表交通分析工具的主要应用领域。

来源：Jeannotte et al., 2004

草案规划工具：草案规划方法和工具产生了对交通需求和交通运行的一般数量级估计，以响应交通改善。它们允许在不进行深入工程分析的情况下对具体项目或备选方案进行评估。草案规划工具使用简化的技术和高度聚集的数据来执行其他分析工具的部分或全部功能。

出行需求模型：出行需求模型具有特定的分析功能，如对出行需求进行预测，并考虑路网中的目的地选择、

出行方式选择、出行时间选择和路线选择等。这些数学模型是基于家庭当前和未来的就业状况预测的。

分析/确定性工具（基于HCM）：大多数分析/确定性工具实现了HCM的程序。HCM程序是封闭式的、宏观的、确定性的和静态的分析程序，用于评估通行能力和性能指标，以确定服务水平（例如，密度、速度和延迟）。它们是封闭形式，因为它们不是迭代的。从业者输入数据和参数，在一系列分析步骤之后，HCM程序产生一个单一答案。分析/确定性工具适用于分析孤立或小规模交通设施的性能；但是，它们分析网络或系统影响的能力有限。

交通优化工具：与分析/确定性工具类似，交通优化工具方法主要基于HCM程序。然而，交通优化工具旨在为孤立的信号交叉口、主干道或信号网络开发最佳信号相位和配时计划。这可能包括通行能力计算、信号周期长度、信号划分优化（包括转向相位）和协调/相位差规划。

宏观仿真模型：宏观仿真模型是基于交通流的流量、速度和密度之间的确定关系。宏观模型中的仿真是在逐段的基础上进行的，而不是跟踪单个车辆。宏观仿真模型最初是用来模拟交通子网中的交通，例如高速公路、通道（包括高速公路和平行干道）、地面街道格网和乡村公路。

中观仿真模型：中观仿真模型结合了微观（下文讨论）和宏观仿真模型的特性。与微观模型一样，中观模型的交通流单位是单个车辆。与微观仿真模型类似，中观工具指定车辆类型并考虑驾驶员行为，及其与道路特性的关系。中观模型出行预测发生在集计水平上，不考虑动态速度/流量关系。

微观仿真模型：微观仿真模型基于跟车和换道算法，模拟单个车辆的移动。通常，车辆使用到达量的统计分布（随机过程）进入交通网络，并在很短的时间间隔内（例如1秒或1秒的几分之一）对其进行跟踪。在许多微观仿真模型中，每辆车的交通运行特性都是基于道路坡度、道路水平曲率和路面超高等众所周知的因素对车辆运行的影响。

每个工具和方法都有自己的应用背景。例如，表19-10展示了每种分析工具在分析规模方面的有用性；表19-11展示了工具与设施类型之间的关系；表19-12展示了不同性能指标的类似信息。

表19-10 分析工具与空间应用的比较

分析背景/地理范围	草案规划工具	出行需求模型	分析/确定性工具（基于HCM）	交通优化工具	宏观仿真模型	中观仿真模型	微观仿真模型
规划							
孤立交叉口	o	o	•	Ø	o	o	o
路段	•	o	•	o	Ø	Ø	Ø
通道/小型路网	Ø	•	o	Ø	Ø	Ø	Ø
地区	Ø	•	—	—	Ø	Ø	Ø
设计							
孤立地点	—	—	•	•	•	Ø	•
路段	—	o	•	Ø	•	•	•
通道/小型路网	—	Ø	o	o	•	•	•
地区	—	Ø	—	—	o	o	Ø
运营/施工							
孤立地点	—	—	•	•	•	Ø	•
路段	Ø	o	•	•	•	•	•
通道/小型路网	—	Ø	o	Ø	•	•	•
地区	—	Ø	—	—	Ø	Ø	Ø

注：• 代表特定情况通常由相应的分析工具/方法来处理。
　　Ø 代表有些分析工具/方法涉及特定情况，有些则不是。
　　o 代表特定的分析工具/方法通常不涉及特定情况。
　　— 代表特定的方法不适用于处理特定情况。
来源：Jeannotte et al., 2004

表 19-11 分析工具与设施类型的比较

设施类型	草案规划工具	出行需求模型	分析/确定性工具（基于HCM）	交通优化工具	宏观仿真模型	中观仿真模型	微观仿真模型
孤立交叉口	o	Ø	•	•	•	•	•
环形交叉口	o	o	•	o	Ø	o	Ø
干道	•	•	•	•	•	•	•
公路	•	•	•	Ø	•	•	•
高速公路	Ø	•	•	Ø	•	•	•
多乘客车道	Ø	•	o	Ø	•	•	•
多乘客超车道	o	•	o	Ø	•	Ø	Ø
匝道	Ø	•	•	•	•	•	•
辅助车道	o	o	Ø	•	•	•	•
可逆车道	o	Ø	•	•	•	•	Ø
货运车道	o	•	Ø	Ø	Ø	o	•
公交车道	o	•	o	o	Ø	o	•
收费站	o	Ø	Ø	o	o	o	•
轻轨线	o	•	o	o	o	o	•

注：• 代表特定情况通常由相应的分析工具/方法来处理。
Ø 代表有些分析工具/方法涉及特定情况，有些则不是。
o 代表特定的分析工具/方法通常不涉及特定情况。
来源：Jeannotte et al., 2004

表 19-12 分析工具与性能指标的比较

设施类型	草案规划工具	出行需求模型	分析/确定性工具（基于HCM）	交通优化工具	宏观仿真模型	中观仿真模型	微观仿真模型
服务水平	o	Ø	•	•	Ø	Ø	Ø
速度	•	•	•	•	•	•	•
出行时长	Ø	Ø	•	•	•	•	•
交通量	•	•	•	•	•	•	•
出行距离	o	o	o	o	o	•	•
乘客人数	o	Ø	o	o	o	Ø	Ø
平均车辆载客率	o	•	o	o	o	o	o
流量/通行能力	o	•	•	Ø	Ø	Ø	Ø
密度	o	o	•	•	•	•	•
VMT/PMT	Ø	•	Ø	Ø	•	•	•
VHT/PHT	Ø	•	Ø	Ø	•	•	•
延误	Ø	•	•	•	•	•	•
排队长度	o	o	•	•	•	•	•
停车次数	Ø	o	o	o	o	•	•
碰撞事故	Ø	o	o	o	o	Ø	Ø
事件时长	Ø	o	o	o	o	Ø	Ø
出行时长可靠度	Ø	o	o	o	o	Ø	Ø
排放量①	Ø	o	o	o	o	Ø	Ø
燃油消耗量①	Ø	o	o	o	Ø	Ø	Ø
噪声	Ø	o	o	o	o	Ø	Ø
出行方式划分	o	•	o	Ø	Ø	Ø	Ø
收益/成本	Ø	o	o	o	o	o	o

注：• 代表特定情况通常由相应的分析工具/方法来处理。
Ø 代表有些分析工具/方法涉及特定情况，有些则不是。
o 代表特定的分析工具/方法通常不涉及特定情况。
①大多数排放模型都是后处理模型，使用此表中模型的输入来估计排放量和燃油消耗量。此外，自该表编制来，出行需求模型也有了显著进步。
来源：Jeannotte et al., 2004

交通规划师应了解可用于影响分析的每种模型和工具的优缺点。在某些情况下，司法管辖区就哪些工具是可接受的提供了指导。例如，华盛顿州交通部提供了以下关于可接受的出行影响分析工具的信息：

- *高速公路路段*：公路通行能力手册/软件（HCM/S）；宏观、中观和微观仿真的运行和设计分析。
- *交织区*：设计手册（DM）、HCM/S、运行和设计分析、微观仿真。
- *匝道和匝道尽端*：HCM/S、运行和设计分析、DM、微观仿真。
- *多车道公路*：HCM/S；宏观、中观和微观仿真的运行和设计分析。
- *双车道公路*：HCM/S、运行和设计分析。
- *信号交叉口*：Sidra、Synchro、SimTraffic、HCM/S、Vissim。
- *交叉口、环形交叉口*：Sidra、Rodel、HCM、Vissim。
- *通道*：Sidra、Synchro、SimTraffic、HCM、Vissim。
- *停车控制交叉口*：计算通行能力时使用 HCM/S，计算信号配时使用 DM 第 1330 章和 MUTCD（如果考虑交通信号）。
- *公共交通*：HCM/S、运行和设计分析、道路交通手册。
- *行人*：HCM/S。
- *自行车*：HCM/S。
- *WSDOT 标准/保证*：MUTCD（信号、停车标志）、道路交通手册（学校交叉口）、DM 第 1040 章（高速公路照明、常规公路照明）。
- *渠化*：DM（WSDOT，2014，2015）。

以下关于设施性能分析的讨论集中在 3 种类型的设施上：交叉口、通道以及网络。上面描述的许多模型和工具可用于分析不同规模的设施和系统性能。

19.6.2 交叉口

所有可能因项目产生的附加交通而受到重大影响的交叉口，即现在就可能出现运行问题或可能触发交通信号许可阈值的交叉口，都应作为影响分析的一部分。HCM 和随附软件提供了一种评估交叉口服务水平影响的方法（TRB，2010）。读者可阅读本手册，详细讨论估算服务水平的方法和思路。对于交叉口分析，"车道组"的概念很重要。车道组是指定用于单独分析的一个车道或一组车道，其中包括专门服务于通过交叉口的一个车流的车道，以及由一个或多个车流共用的每条车道。

表 19-13 展示了信号交叉口的服务水平，定义为延误量（秒/辆）和进入交叉口进口道的交通量与通行能力的比率。请注意，任何大于 1.0 的交通量与通行能力之比都被视为服务水平 F。为了了解估计交叉口服务水平所需的数据类型，表 19-14 展示了所需数据以及依据。

表 19-13　信号交叉口的服务水平

控制延误/(秒/辆)	服务水平（按交通量/通行能力 ≤ 1.0）
≤ 10	A
≥ 10 ~ 20	B
> 20 ~ 35	C
> 35 ~ 55	D
> 55 ~ 80	E
> 80	F

资料来源：TRB, 2010, Reproduced with permission of the Transportation Research Board.

表 19-14　估计交叉口机动车服务水平的数据输入

数据类型	输入交通要素	基础
交通特征	·需求流量 ·红灯右转流量 ·重型车辆百分比 ·交叉口高峰小时系数 ·排队率 ·上游过滤调整系数 ·初始队列 ·基本饱和流量 ·车道利用调整系数 ·行人流量 ·自行车流量 ·路内停车周转率 ·本地公共汽车停车率	行流 进口道 行流组 交叉口 行流组 行流组 行流组 行流组 行流组 进口道 进口道 行流组 进口道
线性设计	·车道数 ·平均车道宽度 ·接收车道数 ·转向区长度 ·有路内停车位 ·进口道坡度	行流组 行流组 进口道 行流组 行流组 进口道
信号控制	·信号控制类型 ·相序 ·左转运行模式 ·达拉斯左转相位 ·通过时间（如果是感应控制） ·最大绿灯时间（或绿灯持续时间，如果定时控制） ·最短绿灯时间 ·黄灯变化 ·红灯清空时间 ·步行 ·行人清空时间 ·相位召回 ·双重进入（如果是感应控制） ·同时断开（如果是感应控制）	交叉口 交叉口 进口道 进口道 相位 相位 相位 相位 相位 相位 相位 相位 相位 进口道
其他	·分析期时长 ·限速 ·停车线传感器长度 ·区域类型	交叉口 进口道 行流组 交叉口

行流：每次左转弯、直行和右转弯交通的指代。
进口道：交叉口进口道的指代。
分枝：交叉口分枝（进口道 + 出口道）的指代。
交叉口：交叉口的指代。
相位：每个信号相位的指代或状态。
来源：TRB, 2010, Reproduced with permission of the Transportation Research Board.

应评估公共交通、骑行、步行和机动车的服务水平影响。有多种方法用于定义步行和骑行设施的性能，包括 HCM 中的方法。公共交通服务水平可以用 TCQSM 进行分析。表 19-15 展示了基于出行者定义的步行和骑行的重要方面的服务水平得分和相应的服务水平。基于主动交通方案的感知期望特征，HCM 软件包生成表 19-15 所示的分数。表 19-16 展示了该过程的输入数据，显示了这些特性的一些意义。

表 19-15　交叉口为步行和骑行的多方式服务水平

服务水平	服务水平得分
A	≤ 2.00
B	2.00 ~ 2.75
C	2.75 ~ 3.50
D	3.50 ~ 4.25
E	4.25 ~ 5.00
F	> 5.00

来源：TRB, 2010, Reproduced with permission of the Transportation Research Board.

表 19-16　估计交叉口非机动交通服务水平的数据输入

数据类型	输入数据要素	行人	自行车
交通特性	·机动车需求流量 ·红灯右转流量 ·允许左转流量 ·中段第 85 百分位速度 ·行人流量 ·自行车流量 ·街道停车位占用比例	行流 进口道 行流 进口道 行流	进口道 进口道 进口道
几何设计	·街道宽度 ·车道数 ·右转岛数量 ·外侧直行车道宽度 ·自行车道宽度 ·外侧铺装路肩（或停车道）的宽度 ·人行道总宽度 ·人行横道宽度 ·人行横道长度 ·拐角半径	 分支 分支 进口道 分支 分支 进口道	进口道 进口道 进口道 进口道 进口道
信号控制	·步行 ·行人清空 ·步行休息 ·周期长度 ·黄灯变化 ·红灯清空 ·为步行和骑行者提供服务的相位持续时间 ·行人信号灯显示	相位 相位 相位 交叉口 相位 相位 相位 相位	 交叉口 相位 相位 相位
其他	·分析期时长	交叉口	交叉口

来源：TRB, 2010, Reproduced with permission of the Transportation Research Board.

马萨诸塞州剑桥市提供了一种步行和骑行方法的示例，其中不仅包括 HCM 方法（City of Cambridge, 2014）。该市要求分析研究区所有交叉口和人行横道的早、晚高峰时段的行人服务水平，这些交叉口和人行横道有项目车辆出行和项目行人出行（上下公共汽车的）。报告包括每个人行横道的结果。此外，还应分析无保护人行横道（无信号或停车控制的人行横道）以及路段人行横道的间隙。每个交叉口处的最小可接受间隙以及高峰小时可用间隙的数量计算公式为

$$G_{MIN} = (W/S) + R \tag{19-1}$$

式中　W——通过距离，单位为英尺；

　　　S——步行速度，取 3.5 英尺/秒，除非另有批准；

　　　R——行人启动时间，取 3 秒，除非另有批准。

当最小间隙数量低于 60 个/时，应进行让行调查（对让出路权给行人的车辆数量进行调查）；并应对一个街区半径范围内和沿着主要出入通道（往返公共交通、停车场、附近零售店等）的行人进出情况进行分析。

对于骑行，分析应：

- 其中在有骑行设施的所有研究区域交叉口或在任何进口道的高峰小时自行车交通量超过 10 辆时，识别冲突的车辆转向活动。
- 评估沿街道和沿车辆出行路线分布的所有道路的交叉口或可能的合适替代地点（包括道路横断面、骑行设施的存在以及安装新的街道和非街道骑行设施的能力）的自行车通行情况。
- 评估场地内外可用的自行车停车场，包括停车出入通道、设施质量和场地安全。

对评估步行和骑行设施性能的其他方法感兴趣的读者，请参阅第 13 章。

交通安全应该是每项影响研究的一部分。例如，弗吉尼亚州交通部（2014）要求提供道路路段或交叉口的交通事故历史记录，并比较类似地点的总体交通事故记录，尤其要注意严重交通事故的发生密度和事故率。对于较长的路段，应将通道划分为具有相似配置和环境的路段（例如，横断面、地形和相邻土地使用/车行道密度）。

这种分析应该是对最重要的肇事因素的试错提炼。碰撞总数、死亡与受伤人数和碰撞类型的直方图或计数应作为碰撞分析的一部分。读者可参考第 23 章了解评估安全性能的其他方法。

一些司法管辖区还要求进行排队分析，作为交叉口评估的一部分（队列是等待进入交叉口的一排车辆）。例如，在马萨诸塞州，作为研究的一部分，需要提供第 50 百分位（平均值）和第 95 百分位"后排"计算，包括选定研究交叉口处第 50 百分位和第 95 百分位排队长度的图形表示。排队分析可以使用高速公路通行能力软件或专有软件（如 Synchro™）进行。

表 19-17 展示了俄勒冈州交通部（2014）的交叉口分析典型报告（注意：本表仅用于机动车服务水平，不包括对非机动用户的影响）。根据俄勒冈州交通部的影响研究要求，如果拟采用新信号，则交通影响研究应调查影响是否：

- 明确地表示需要交通信号。
- 降低现有、规划和拟建公共道路的能力，以使道路交通远离州设施。
- 影响研究区交叉口（ODOT, 2014）。

表 19-17　俄勒冈州交通部交通影响报告交通运行影响示例

互连	最高运行标准	工作日下午高峰时段		周六中午高峰时段	
		服务水平	流量/通行能力	服务水平	流量/通行能力
布恩斯费里路西南/图拉特特西南	0.99	B	0.63	未分析	未分析
布恩斯渡口西南/马丁纳齐大道西南	0.99	D	0.97	B	0.68
I-5 NB 匝道终端/尼伯格路西南	0.85	C	0.71	E	0.88
马丁纳齐大道西南/北侧站点道路		E	C	0.24	C	0.19
萨戈特街西南/马丁纳齐大道西南		D	F	—	未分析	未分析

注：报告的服务水平和 V/C 为关键行流的最大延迟。

来源：ODOT, 2014

此外，在无信号交叉口和私有进口道处的拟定右转或左转车道必须符合已采用的设计手册中的配置标准。

从行车安全的角度来看，大多数碰撞指南要求在所有研究交叉口和公路进口道处提供足够的交叉口视距。交叉口视距是公路进口道位置的标准；停车视距是在某些情况下可能使用的较低标准。视距应符合法律管辖区的设计标准或其他来源的设计标准（如AASHTO关于公路和街道几何设计的政策）。

应在影响报告中确定并解释交叉口缓解措施。应建议对所有预计无法通过性能评测的位置进行交通系统改进，至少应包括交叉口几何改善、信号控制和设备、信号配时、路面标线和路缘石开口位置；人行横道标线、行人信号和人行道；自行车道、自行车信号灯、街外自行车设施等。此外，还应包括与交叉口性能相关的公共交通措施。

19.6.3 通道

高速公路和干道通道可能会受到新开发项目产生的额外交通量的影响。HCM定义了三种可能受影响通道一部分的公路类型：高速公路、连续流公路和间断流道路。间断流道路是指有交叉口的道路。正如佛罗里达州交通部所指出的，"人们普遍认为，信号交叉口是干道通行能力的主要限制因素；与路段特征相比，应当更强调交叉口的特性。一般来说，中间路段的通行能力远远超过主要交叉口的通行能力，很少出现严重延误的情况。通过更大程度地对交叉口影响加权计算，可以更准确地进行总体估计"（FDOT，2013）。

在加利福尼亚州的圣何塞，交通影响分析条例要求对高速公路路段进行评估，前提是项目预计增加的交通量至少等于高速公路路段通行能力的1%（City of San Jose，2009）。可以使用基于HCM中交通流密度的程序对高速公路路段进行评估。密度表示为每车道英里小客车数。根据高速公路路段通行能力计算项目产生交通量的百分比时，使用以下理想通行能力：四车道高速公路路段每车道2200辆/时，六车道或更多车道高速公路路段每车道2300辆/时。对于五车道高速公路路段，双车道方向使用2200辆/时，三车道方向使用2300辆/时。

佛罗里达交通部已经开发了干道和高速公路的规划软件，实现了HCM和TCQSM中的许多概念（FDOT，2013）。例如，ARTPLAN是FDOT基于HCM城市街道方法的干线设施多交通方式概念规划软件。对于机动车估计，它提供了一个简化的路段或信号交叉口直车运行的服务水平分析。ARTPLAN仅将平均行驶速度作为服务量度。对于骑行和步行，ARTPLAN使用HCM中骑行服务水平方法和步行方法的规划应用。对于公共汽车，ARTPLAN是TCQSM方法在公共汽车线路路段和道路设施上的概念性规划应用。值得注意的是，FDOT ARTPLAN软件是一种评估服务水平的通用工具，因为其在计算服务水平时使用了大量的默认假设（即高峰小时出行特征）。FDOT软件为那些有兴趣在网络上同时查看机动车和非机动车交通流的人提供了一个很好的工具。然而，在进行交通影响分析时，该工具的使用者需要意识到工具和HCM之间的关键区别，指导文件明确阐述了这一点。

公路/道路通行能力和服务水平估算方法在第9章"道路和公路规划"中有更详细的介绍。读者应参考这些材料，因为它为确定新的行程对道路性能产生的影响提供了分析基础。但是，这里将讨论与公共交通服务水平相关的几个概念，因为站点对公共交通服务的影响可能会发生在通道上，而不是在交叉口或网络层面。

新开发项目造成的与交通有关的影响既有积极影响，也有潜在的负面影响（如果不减缓）。积极的影响是，更多的乘客将使用公共交通工具出行，在这一过程中，既减少了预期的机动车出行，又为公共交通系统增加了新的收入。从通道的角度来看，负面影响是新车站（或多个车站）或为进入开发场地而产生的路线偏离将增加公共汽车出行时间，并可能降低通道中其他乘客的服务水平。为了减轻这种影响，可能需要在路线上增加额外的公共汽车，以保持所需的车头时距。

以下讨论的重点是两种交通影响，即新开发场地对公共交通设施的需求，以吸引公共交通乘客，以及对通道公共交通服务的潜在影响。

1. 场内或附近公共交通服务特点

公共汽车站（例如在新开发场地）提供的便利设施类型会影响旅客乘坐公共汽车的意愿。正如TCQSM中所指出的，时间的价值以及人们对公共交通服务的看法是决定使用公共交通的一个因素。表19-18展示了不同公共交通便利设施时间价值的相对权重。可以看出，关注公共交通乘客出行的环境对于场地影响缓解策略的成功至关重要。

图 19-7 所示为一个潜在的公共交通乘客决策过程，它提供了理想的便利设施类型和服务特征的良好指示。例如，图中的第二个方框表明，公共汽车站点位置考虑一个新的开发是公共交通可取性的关键指标。第三个方框对时刻表信息也有同样的建议。该图可用于确定不同的缓解策略，这些策略可能是拟定开发场地总体 TDM 计划的一部分。

表 19-19 展示了一个人穿过不同车道数的道路到达另一侧的公共交通车站所需的平均时间。这不仅增加了人们到达公共交通车站的时间，而且也影响了交通信号灯必须提供的安全通行时间。

表 19-18　基于乘客交通便利设施的相对权重

交通设施	车内行驶时间当量 / 分钟
带屋顶和端板的站亭	1.3
基本站亭	1.1
照明	0.7
模制座椅	0.8
翻转座椅	0.5
长凳	0.2
环境恶劣的公共汽车站	−2.8

注：正值表示正特性。
来源：Kittelson et al., 2013b, Reproduced with permission of the Transportation Research Board.

表 19-19　行人过街平均延误（有信号灯的交叉口）

	公共交通过街距离							
车道	1	2U	2D	3	4U	4D	5	6D
英尺	15	24	28	36	48	54	60	78
米	4.6	7.3	8.5	11.0	14.6	16.5	18.3	23.8
假设周期长度 / 秒	60	60	60	90	90	120	140	180
假设步行时间 / 秒	7	7	7	7	7	7	7	9
延迟 / 秒	20	20	20	35	35	50	59	78
超过 30 秒的延迟	0	0	0	5	5	20	29	48

注：U——无分隔带；D——有分隔带（带凸起的中央分隔带或其他行人安全岛）。
来源：Kittelson et al., 2013b, Reproduced with permission of the Transportation Research Board.

Kittelson 等人的研究报告（2013b）表明，大多数公共交通乘客将步行 0.25 英里（400 米）或更少的距离到达车站，大约花费 5 分钟。2010 年蒙特利尔的一项研究发现步行距离稍长，大约一半步行到公共汽车站的人步行超过 0.25 英里（400 米）。对于火车站，我们可以假设合理的步行距离约为 0.5 英里（800 米），尽管这会因地区而异。如表 19-18 所示，不安全或维护不善的行人环境，无论离车站有多近，都会阻碍公共交通乘客的出行。

此外,那些希望鼓励骑行的人应该研究将骑行纳入公共交通服务的方法。许多骑行者都想把自行车带上公共汽车(2011年,美国约有74%的新公共汽车配备了外部自行车架,相比2001年的32%有很大上升)。自行车架允许骑行者转乘公共汽车,并使用公共交通工具到达一段距离之外的地点。把自行车带上公共交通车辆的替代方案包括在车站提供自行车存放处和自行车共享计划。

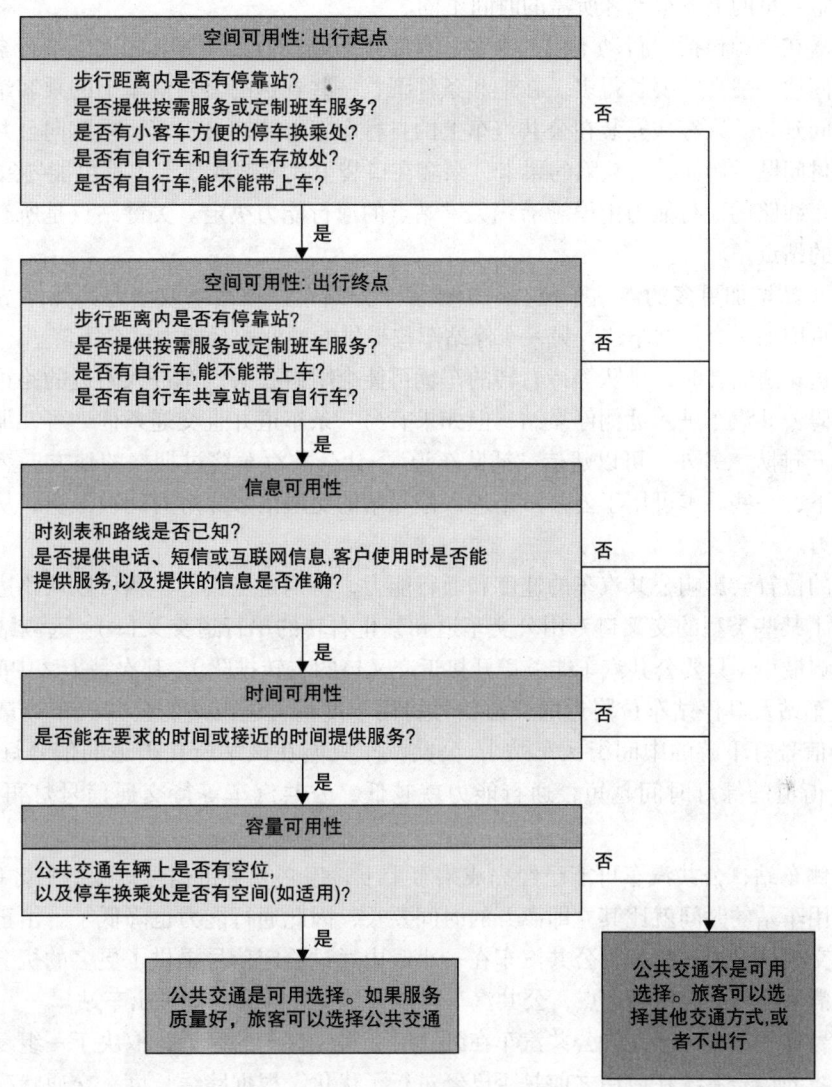

图 19-7　公共交通可用性因素

来源:Kittelson et al., 2013b, Reproduced with permission of the Transportation Research Board.

2. 场外公共交通通道性能特征

TCQSM 详细解释了如何分析通行能力和服务水平。此外,读者可参考第12章中的类似讨论。TCQSM 中与通道公共交通性能相关的关键概念包括:

- 公共交通通行能力是指在规定的运行条件下,在给定的时间段内,在没有不合理的延误、危险或限制的情况下,以及在合理的确定性下,有多少人和公共汽车可以经过一个给定的地点。
- 通行能力可定义为公共汽车和人员两种,也可定义为最大通行能力,即不考虑可靠性或运行问题的情况下最大化吞吐量,还可定义为设计通行能力,即可按所需服务品质提供服务的公共汽车或人员数量。

第 19 章　场地规划与影响分析・775

- 车速代表了人员和公共汽车从一个位置移动到另一个位置的速度。
- 可靠性涉及公共交通时刻表的遵守情况。
- 公共汽车通道的通行能力受到公共汽车车站和设施为公共汽车及其乘客提供服务的能力、运营公共汽车的数量和类型以及乘客需求分布的制约。
- 停留时间，即一辆公共汽车停留在一个站点以允许乘客上下车的时间，在不同的公共汽车之间可能有很大的不同。这是由于服务于给定站点的不同线路的乘客需求不同，给定线路上前后两次出行的需求不同，以及给定数量的上下车乘客所需的时间不同。
- 时间变化的潜在来源包括：行动不便的乘客、有婴儿车或其他大件工具的人、带行李的人等。这样的人上下车的时间比一般乘客要长得多。在饱和条件下，一些到达的公共汽车上的乘客站立荷载可能导致乘客上下车时间延长。乘客从安装在公共汽车上的自行车架上装卸自行车、乘客向公共汽车司机提出问题以及票价支付问题（例如，有缺陷的票卡、乘客在口袋里找零钱或票卡）都可能导致服务延误。
- 通道公共汽车线路的通行能力由设施沿线关键站点的通行能力决定。关键站点是所有公共汽车站点中通行能力最低的站点。
- 随着公共汽车站增加更多的停站车位，一个或多个停站车位被堵塞或堵塞其他停站车位的可能性就越大。因此，每增加一个停站车位，另一个停站车位提供的额外通行能力就会下降。
- 当允许从路边车道右转时，排队等待右转的车辆可能会阻碍公共汽车进入附近的路边停靠站。排队的汽车也可能阻碍公共汽车进入远侧停靠站，但如果有另一条车道并且交通条件许可，那么公共汽车可能会改变车道绕开排队。另外，可以建造"插队车道"，让公共汽车绕过拥挤的地方。然而，在公共汽车被阻塞的情况下，一些原本可用于公共汽车进入停靠站的交通信号绿灯时间被浪费，从而降低了整个停靠站的通行能力。
- 公共汽车站的位置会影响公共汽车的速度和通行能力，特别是当其他车辆可以从路边车道右转时（这是典型的，除了某些类型的交叉口专用公交车道和禁止右转的单行道交叉口）。远侧站点对速度和通行能力的负面影响最小（只要公共汽车能够避开接近交叉口的右转排队），其次是街区中间站点和近侧站点。
- 位于公共汽车站及其停站车位附近的交通信号将用于度量可进出站的公共汽车数量。例如，在远侧车站（或交通信号灯下游的中间街区车站），公共汽车只能在该站所在街道的信号灯为绿色时内进入该站。提供给街道的绿灯时间越短，通行能力就越低，公共汽车等待交通信号灯再次变绿的时间也就越长。
- 同样，在近侧车站，公共汽车可能已经完成乘客上下，但必须等待信号灯变绿后才能离开车站。结果，公共汽车占用车站的时间就比其立即离开的时间要长，因此通行能力也降低了。由于公共汽车运行的性质，较短的交通信号周期长度为公共汽车在一小时内通过给定信号提供了更多的机会。相比之下，在不受上游交通信号影响的无信号地点，公共汽车可以根据交通情况立即进出车站。
- 提供交通信号优先策略（即允许公共汽车在到达时获得绿灯）的好处，取决于一组复杂的相互依赖的变量，包括沿线的信号系统在应用之前是否已经进行了优化。根据路线长度、交通状况、公共汽车运营状况和所采用的策略，北美和欧洲的交通信号应用节省的出行时间从2%~18%不等。旅行时间节省8%~12%是常见的，信号灯总延误减少了15%~80%（Kittelson，2013c）。

服务水平的概念在公共交通规划中有两种使用方式。首先，公共交通可以包括在多式联运服务水平中。如果这样做，表19-20则展示了可以包括在分析中的因素类型。

表19-21展示了第二个衡量标准，它代表了服务质量指标，在本例中，是指公共交通车辆乘客的舒适水平。TCQSM中还发现了其他一些类似的指标。

作为场地影响分析的一部分，对公共交通服务的分析需要平衡在开发场地为新乘客服务的愿望和对通道服务的潜在影响。在几乎所有的情况下，公共交通机构都会对其服务进行更改，以提供进入场地的公共交通通道，开发商可能会提供资助。

表 19-20 多交通方式服务水平测算中的公共交通因素

项目	潜在来源
公共交通运营数据	
频率	• 时刻表
平均超额等待时间 / 分钟	• 存档的自动车辆定位（AVL）数据、现场数据
平均载客率	• 时刻表、HCM 方法、TRB 质量手册、现场数据
平均行程速度 /（英里 / 时）	• 默认值、国家公共交通数据库（NTD）、NTD 现场数据、存档的自动乘客计数器（APC）/ 智能卡
公共交通设施数据	
带站亭的路段停车百分比	• 现场数据、交通局基础设施数据库
带长凳的路段停车百分比	• 现场数据、交通局基础设施数据库
行人环境数据	
人行道宽度 / 英尺	• 现场数据、交通局基础设施数据库
人行道至街道的缓冲宽度 / 英尺	• 基础设施、航空照片
存在连续屏障	• 基础设施、航空照片
外侧车道、路肩和自行车道宽度	• 现场数据、航空照片、基础设施数据库
分析方向直行车道数 / 车道	• 现场数据、航空照片、基础设施数据库
机动车流量 /（辆 / 时）	• 交通量统计
机动车行驶速度 /（英里 / 时）	• 现场数据、HCM 方法、仿真

来源：Kittelson et al., 2013b, Reproduced with permission of the Transportation Research Board.

表 19-21 载客量和服务质量

站立乘客空间	乘客视角
> 10.8 英尺 ^{2} / 乘客 > 1.0 米 ^{2} / 乘客	• 能够分散开的乘客面积 • 当车辆提供相对较多的座位时，许多 / 所有乘客都能坐下
5.4 ~ 10.7 英尺 ^{2} / 乘客 0.5 ~ 1.0 米 ^{2} / 乘客	• 舒适的站立负载，保持乘客之间的空间
4.3 ~ 5.3 英尺 ^{2} / 乘客 0.40 ~ 0.49 米 ^{2} / 乘客	• 无身体接触的站立负载 • 站立乘客的个人空间与就座乘客相似
3.2 ~ 4.2 英尺 ^{2} / 乘客 0.30 ~ 0.39 米 ^{2} / 乘客	• 偶尔身体接触 • 站立乘客的空间比坐着的乘客小
2.2 ~ 3.1 英尺 ^{2} / 乘客 0.20 ~ 0.29 米 ^{2} / 乘客	• 接近北美人不舒服的环境 • 频繁的身体接触以及行李和公文包带来的不便
< 2.2 英尺 ^{2} / 乘客 < 0.20 米 ^{2} / 乘客	• 挤压负载条件

来源：Kittelson et al., 2013b, Reproduced with permission of the Transportation Research Board.

19.6.4 网络 / 通行能力分析

尤其是重大开发项目，通常会对场外道路网造成影响。在确定研究区域边界的过程中，这些路段和交叉口应在早期进行确定。例如，根据佐治亚州区域交通管理局（GRTA）制定的区域影响（DRI）指南，研究网络至少应包括主要道路上的所有出入口和接入点，并在每个方向延伸至与主要道路最近的交叉口（GRTA, 2013）。开发场地和这些端点之间的所有交叉口都将包括在研究网络中。

为了确定是否需要额外的交叉口，GRTA 建议使用出行需求模型将项目相关的交通分配到网络中，然后对项目交通分配与调整后的通用双向道路通行能力进行比较，并达到适当的服务水平。如果拟建开发项目产生的出行总量超过了相应服务水平下的双向日服务量的 7%，则该路段将被纳入研究网络。所有信号交叉口和任何主要的无信号交叉口（位于路段内或任一端）也应包括在研究网络中。

如图 19-8 所示，说明了远离开发场地的交叉口和路段如何受到开发产生的交通的影响。

一旦确定了受影响的位置并分配了交通量，规划人员可以使用华盛顿州交通部和其他许多机构提供的上述任何工具来分析开发交通的影响。然后概述上述所有分析的结果，并将其用作确定缓解策略和其他行动的基础，这些措施将减少开发对交通系统的影响。

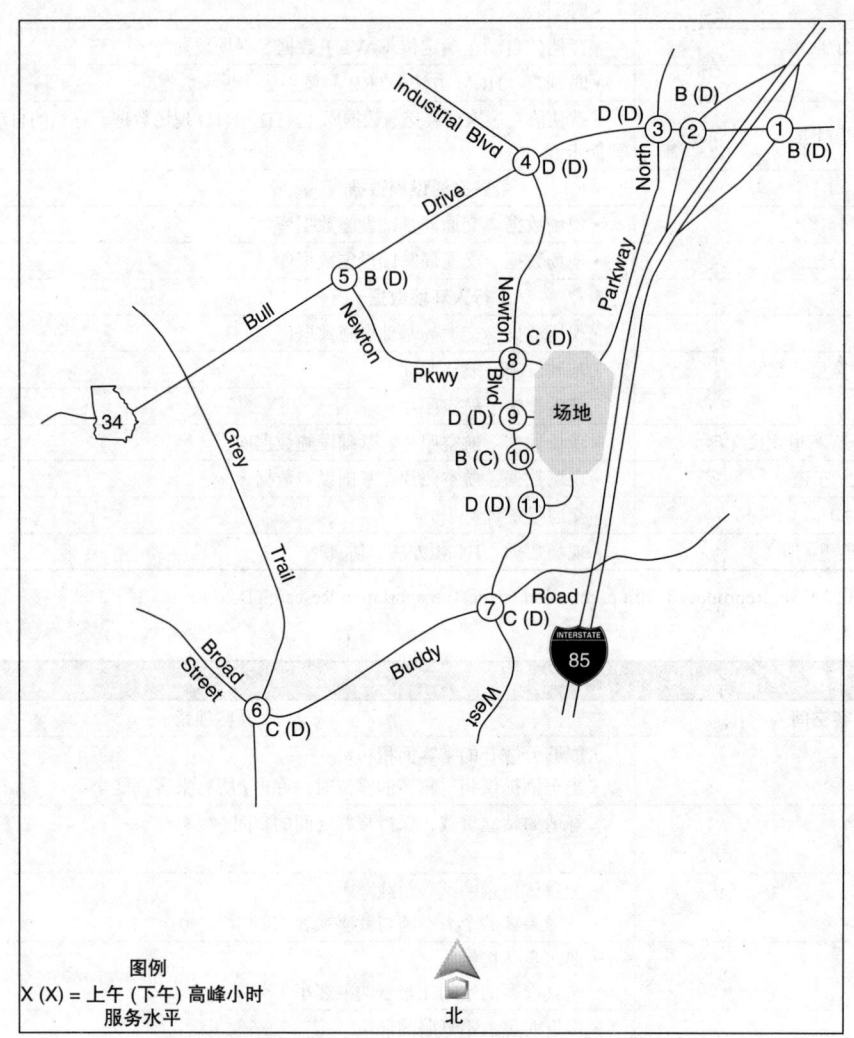

图 19-8　场地开发产生的交通量对路网的影响

来源：ITE, 2010 VII.

19.7　场地交通要素

作为场地规划审查过程和后续交通影响研究的一部分，交通工程师和规划师需要关注与交通相关的场地设计考虑因素。如前所述，这将包括车辆和行人 / 自行车接入点的位置和设计以及拟定的道路改进项目、停车场的位置和空间，以及场地内部和相邻街区的交通循环和控制设计。

建筑物在特定场地中的位置，也称为建筑足迹，是城市设计中的一个重要问题，会影响诸多与交通相关的考虑因素。例如，开发地内的建筑群可以鼓励建筑物之间的步行出行，减少到建筑物和公共交通车站的步行距离，并减少与带状开发相关的视觉混乱。这些目标有时可以通过建筑足迹的反推来实现，这样建筑物就可以靠近交叉的主干道，从而提供更加便捷的交通。下面将讨论另外两个重要的设计考虑因素。

19.7.1　内循环

汽车、货车、行人和自行车的内部有效循环是决定开发项目成功与否的关键因素之一。内循环的规划从布置建筑足迹和提供人行道和自行车道开始。场地规划审查经常检查建筑物的拟定位置（例如，建筑物的前部是否靠近预期的公共汽车站？停车区域在大楼前面还是后面？建筑物是否足够靠近，以鼓励人们在其间行走？）。这与建筑的总体密度常常是开发商和审查规划的政府机构讨论的主题。

一旦建筑足迹的基本模式建立起来，下一步就是设计一个有效的循环系统，这个系统不仅连接建筑物，而且连接当地的交通系统。根据法律管辖区的不同，道路、人行道和自行车道设计标准将由规划机构制定（例如，通过细分的法规），或由同一机构批准在现场应用。设计标准涉及车道宽度、可接受坡度、排水特性、车道和人行道之间的缓冲距离、可接受的交叉口设计控制等。

现场平面图审查过程至少应包括：
- 内部循环设计，保障所有车辆和非车辆的循环在场地内部发生，而不是溢出到相邻街道上。
- 入口和出口位置、所需车道和所需排队距离。
- 内部道路循环系统，用于在出入口和停车场、上下车点和穿行车道之间运送机动车辆、自行车和行人。
- 现场货车服务区、路线、转弯点和道路接入点（可能与一般接入点分开）。
- 适当的建筑入口位置、主要停车场、行人和自行车路线。
- 现场景观和公用设施立管，以尽量减少视距障碍物（ITE，2010）。

1. 接入点

对于那些审查现场平面图的人来说，最重要的问题之一是现场接入点的位置和设计。正是在这些地方，当地公路网的运营、安全和效率将受到很大的影响。接入点的设计应以公认的设计标准为基础，这些标准应反映出入口角度（有利于安全高效地进出现场）、宽度（允许所有类型的车辆安全运行）、视距（根据当地路侧条件提供安全操作）、车行道间距（足够远，以提供通往当地道路的高效和安全的出入）以及景观元素、公用设施和无障碍停车位空间要求。

ITE（2010）提供了以下关于接入点位置的指南：
- 相邻街道与车行道交叉口应保持足够的间距，以尽量减少排队造成的车道堵塞。
- 如果有信号，则接入点的位置应便于交通信号通过现场。
- 车行道应尽可能有效地拦截接近场地的交通。
- 必须根据场地交通分布比例提供足够的出入通行能力。应对每个接入点位置进行通行能力分析、空档检查或车道承载力检查。
- 双向车行道应与当地街道以 75°~90° 角相交。
- 场地交叉口的通行能力应足以防止交通拥堵返回到相邻街道上。
- 交通安全应是所有接入点设计的首要考虑因素，特别强调视距和停车视距。

2. 完整街道

一些城市采用了反映完整街道或背景敏感解决方案（CSS）设计理念的标准（见第9章）。这种方法认识到需要为街道的所有用户进行规划和设计，通常采用不同于基于道路层级的传统功能分类的道路分类方案（见第2章）。例如，北卡罗莱纳州的夏洛特市已经采用了城市街道设计指南，用于公共道路和将在大型开发场地修建的道路/街道（Charlotte Department of Transportation, 2007）。设计指南基于 5 种街道类型：主要街道、大道、林荫道、园路和当地街道。图 19-9 所示为这种完整街道方法设计道路的基础，因为它认识到道路使用者对需求往往有着截然不同的观点。设计指南中有更多这样的配图，以满足 5 类主要参与者——行人、骑行者、驾车者、公共交通乘客和邻居——所期望的所有特征。

以当地街道为例，设计指南指出，可供选择的横断面不止一种："窄"横断面和"宽"横断面，这两种横断面的交通量和车速都相对较低。这类道路的背景是更商业化或混合用途环境的土地使用，附近有有限的街道外停车场，可能会有短期访客，因此可能会对街内停车场有很高的需求。对于在街道外提供地面停车场的办公园区环境，情况可能并非如此。

设计指南根据不同进入道路类型的期望特性，说明了不同的交叉口设计。例如，图 19-10 所示为与其他道路类型相交的大道型道路的交叉口特征，以及与开发、行人、景观、自行车和道路交通有关的预期特征。在这些设计概念的基础上，为不同的街道类型和不同的道路使用者提供所需的服务水平（表19-22）。

		行人	骑行者	驾车者	公共交通乘客	邻居
驾车者希望减少延误/增加通行能力						
以下要素可以增加街道的通行能力和/或可能减少驾车者的延误						
更多的车道	每增加一条车道都会增加街道的通行能力，尤其是在交叉口处；直行车道和转弯车道的混合，在一定程度上可以使交叉口处理更多的交通量	◆	◇	◆	◆	◇
设计连贯性	通过提供连贯的设计（例如，车道的数量），驾车者不必意外停车或并道；然而，这可能很难实现	◇	◇	◆	◇	◆
分离式立交	允许不间断的车流；特别适用于交通量大的交叉口，但会破坏其他用户的城市环境	◆	◇	◇	◇	◆
无信控的交叉口	可能意味着较高流量分支的延误较小，但较低流量分支的延误更多；一般而言，信号较少意味着大道上的延误较少，但也可能意味着连通性较差	◇	◇	◇	◆	◇

◆ 积极影响　　◆ 消极影响　　◇ 混合影响或者谨慎使用

图 19-9　北卡罗来纳州夏洛特市道路设计特点的不同需求

来源：Charlotte Department of Transportation, 2007

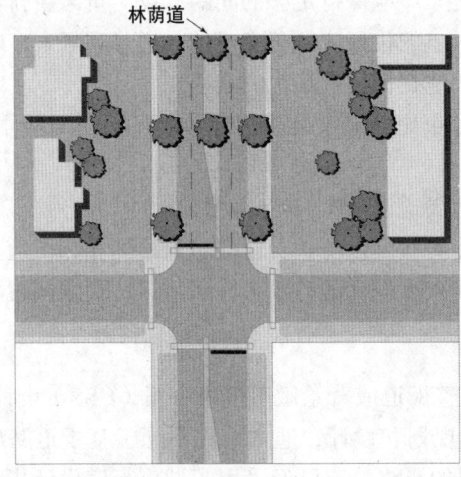

林荫道交叉口
图表反映了可能的情况，交叉口在设计上可能略有不同。
具体信息请参考表 4.3 中的指南。
开发区域：土地使用和设计会有所不同，但退线可能比大道上的更深，临街面并不总是直接通向街道；在所有情况下，与街道的良好物理连接仍然很重要。
行人区域：尽管平衡偏离了步行方向，但行人需要能够安全地沿着林荫道行走。该区域应始终包括足够宽度的人行道，以供相邻和周围土地使用。
绿化区域：在林荫大道上，速度和交通量更高，需要高度重视这一区域。为了起到行人与车辆之间重要的缓冲作用，以及为其他用户改善街道，该区域应包括草地、绿化带和宽敞的种植带和中间的遮荫树。如果使用平行的出入街道上的停车区，则绿地也应延伸到停车场和步行区（人行道后面）之间的区域。
停车区域：考虑到交通流和开发特点，该区域通常应从主要车行区域中移除；该区域要么不存在，要么就应位于出入街道上。
专用骑行区域：考虑到林荫大道上较高的速度和交通量，该区域应得到充分考虑，以提高骑行者的安全性。在这种类型的街道上，骑行者通常不喜欢混合交通。
机动车区域：这是一个非常重要的区域，因为林荫道更倾向于机动车导向；车道数量将因通行能力需求而变化，但在决定时应考虑对其他用户的影响。

图 19-10　北卡罗来纳州夏洛特市交叉口设计特征示例

来源：Charlotte Department of Transportation, 2007

其他类似夏洛特的设计指南包括：Boston Transportation Department，2014；City of New York，2013；Maricopa Association of Governments（MAG），2011；National Association of City Transportation Officials(NACTO)。更多关于完整街道的讨论见第 9 章。

表 19-22　北卡罗来纳州夏洛特市不同路口组合下的道路服务水平期望值

要素	通往林荫道/主干路交叉口的主干路进口道	通往林荫道/大道的交叉口的大道进口道	林荫道相互间交叉口或者林荫大道通往其他类型交叉口的进口道	园路通往林荫道/园路交叉口的进口道
服务水平（LOS）				
步行人员	LOS B（对于整个交叉口）	LOS B（对于整个交叉口）	LOS C（对于整个交叉口）	LOS D（对于整个交叉口）
骑行者	LOS B（对于整个交叉口）	LOS B（对于整个交叉口）	LOS C（对于整个交叉口）	LOS C/D（对于整个交叉口）
机动车 V/C 阈值	0.95（对于整个交叉口，上午/下午连续 2 个小时）	0.95（对于整个交叉口，上午/下午连续 2 个小时）	0.95（对于整个交叉口，上午 1 个小时和下午 1 个小时）	0.95（对于整个交叉口，上午 1 个小时和下午 1 个小时）
中央分隔带	非必要，但在特殊情况下允许	非必要。如果提供，则交叉口处至少应有 6 英尺（如果大道进口道有可能产生大量行人交通，则最好为 8 英尺）	在交叉口处应至少有 6 英尺；如果大道进口道有可能产生穿过林荫道的行人交通，则在主干道和大道至少为 8 英尺	交叉口处宽度最好有 9 英尺，至少 6 英尺（用于行人安全岛）

来源：Charlotte Department of Transportation, 2007

19.7.2　停车场管理

提供停车位是开发商做出的最重要的决定之一，公共审查机构也会进行审查。许多对停车供应的评价，特别是在郊区，得出的结论是，"免费"停车对单人驾车上班的盛行产生了显著影响。许多用于场地规划审查和交通影响研究的行政指导方针指出，停车场是审查的关键组成部分之一。例如，弗吉尼亚州亚历山大市在其场地影响分析指南中包含了以下语言：

- 采取措施，减少员工和其他往返于拟定用途的人员对单人车辆的依赖，其中可能包括为阻止单人车辆而量身定制的停车费结构、禁止承租人-雇主补贴单人车辆的停车费、场地停车设施中停车位的时间限制和其他进入限制，以及支持和鼓励使用替代交通方式的计划。
- 使用或配合使用设计方案，减少员工和其他往返拟建场地的人员对单人车辆的依赖，例如提供少于本条例规定的停车面积的停车场、安排停车共用、纳入住宅单元（在拟定商业用途的情况下）以及其他类似的设计特点。
- 邻近社区可能受到与拟定用途相关的车辆（停在公共街道上）影响程度、目前的拟定用途附近的路外停车可用性，以及市政局所决定的拟定用途的其他设计及运营特性，对与该拟定用途有关的停车位溢出有重大影响（City of Alexandria, 2013）。

为了管理停车场的供应，已经实施了许多不同的策略，从共享停车场计划到根据一天中的时间和停车场的占用率而进行的可变定价。第 11 章探讨了停车的各个方面，包括作为 TDM 计划一部分的停车策略的使用。

19.7.3　出入通道管理

出入通道管理的关键要素包括确定各种类型道路的出入允许、确定交通信号和车行道的间距、在无法提供合理出入的情况下提供允许变道的方法，以及制定执行标准的方法。出入的控制和管理的程度由法令、契约、区划以及运行和几何设计标准决定。美国许多州都有全面的全州出入管理条例。出入通道管理法规和条例规定了何时、何地以及如何为道路沿线的开发提供通道。出入通道分类系统是这些程序的一个组成部分，其使用间距准则定义相关的通道，并将允许的通道与每条道路的用途、重要性和功能特性联系起来。

功能分类系统提供了将公路分配给出入通道类别的起点。修正因素包括开发密度、车行道密度和几何设计特征，例如是否存在中央分隔带。与功能性道路等级相关的出入允许的一般框架基于 7 种通行类别，包括：

1) 完全控制出入（高速公路）。
2) 仅在公共街道交叉口通行（快速路）。
3) 仅右转出入。
4) 右转和左转进入，右转出。
5) 右转和左转出入都有转弯车道。
6) 右转和左转出入，左转车道可选。
7) 仅根据安全要求定位和设计出入通道。

对于每种类型的出入通道，交通信号间距指南通常可从州或地方交通机构获得。其他指南见相关文献（Rose et al., 2005; VTrans, 2015; TRB, 2015）和本手册第 3 章、第 9 章、第 17 章。

接入点的位置和设计取决于周围道路是否有一个有效的出入管理程序。车行道或连接道是加强道路功能分类的重要考虑因素。在许多情况下，这比交叉口的间距更重要。开发区的交通循环规划应协调场地通道与周围道路的通行，确保场地和周围道路之间的安全和高效出入，将交通分配到停车场，并允许在停车场和建筑物之间方便行人通行。如果场地有足够的密度，且出行方式有利于公共交通，则应提供公共交通服务。

一个重要的通行目标是通过简化车行道与公路和场内道路相交的路口来管理左转交通。可能的策略包括渠化交叉口、在车行道内设置中央分隔带、取消左转进入公共公路、将内部道路与公路充分分隔以减少冲突并增加保护距离。

19.8 实施行动与策略

19.8.1 申请和许可

准备申请和出入许可通常是对交通影响研究的重要补充。出入规划应反映出入口间隔和出入管理程序中规定的其他要求。许可证申请程序通常需要以下信息：

1) 请求出入的道路的出入分类。
2) 相对于允许的出入类型的请求出入类型。
3) 相关间距标准。
4) 公路和交叉口通行能力。
5) 几何设计考虑。
6) 建议的交通控制类型。
7) 如有需要，相对许可标准的任何偏差。

该程序应包括拒绝出入的指导原则，如果有对总体交通安全更好的替代出入可以考虑。

在确定特定接入点的控制类型时，可以遵循类似的过程。关键考虑因素包括该位置是否符合交通信号许可和既定的交通信号间距标准，以便提供有效的主干道绿波信号。

19.8.2 交通管理协会

交通管理协会（TMA）策略的概念对许多社区都很重要。TMA 通常是由主要雇主或开发商组成的非盈利组织，为其成员提供机动性服务。大多数现有的 TMA 都位于郊区交通拥堵严重的地区，那里有大型活动中心，或者在快速发展的城市办公大楼中。其典型的职责包括协调错开工作时间（或弹性工作制）计划、管理共享乘车计划、管理通勤站的班车系统、管理停车管理计划和制定交通流改善计划。

TMA 通过会费和个人自愿的评税产生收入。一些公司经营自己的服务，而另一些则与专业的交通服务顾问签订合同。它们有一个共同的目标，即改善公众的机动性，并为公共和私人决策合作提供一个论坛。有关 TMA 的更多信息，请参阅第 18 章"地方和活动中心规划"。

19.8.3 交通管理规划（TMP）

TMP 被定义为"TDM 策略的特定地点规划，鼓励居民和员工乘坐公共交通工具、步行、骑自行车或共享单车，而不是单独驾驶"（City of Alexandria，2013）。在弗吉尼亚州亚历山大市，条例要求 TMP 通过城市开发审查程序，具体取决于开发规模。超过以下阈值的每项开发都需要 TMP：

- 住宅：20 个或更多的住宅单元。
- 商业：10000 英尺^2（930 米^2）或以上。
- 零售：10000 英尺^2（930 米^2）或以上。
- 酒店：30 间或更多房间。
- 工业：30000 英尺^2（2800 米^2）或以上。
- 混合用途：每种用途单独评估。

费用也按开发类型分配。例如，2014 年 7 月 1 日—2015 年 6 月 30 日，标准化的城市 TMP 费率为：

- 商业：0.258 美元 / 英尺^2（2.777 美元 / 米^2）。
- 住宅：每个住宅单元 82.418 美元。
- 零售价：0.206 美元 / 英尺^2（2.217 美元 / 米^2）。
- 酒店：每间客房 41.209 美元。
- 工业：0.103 美元 / 英尺^2（1.109 美元 / 米^2）。

从这些费用中筹集的资金有助于资助 TMP 项目，包括支付 TMP 协调员的费用。较小的开发项目可加入全市性 TMP 计划；中型开发项目可加入城市计划或与相邻项目合作 TDM 计划；更大的开发项目可以与相邻的 TMP 计划合作或创建自己的计划。

重要的是，城市要求对 TMP 物业的居民和员工进行年度调查，以衡量 TMP 物业实施的交通策略的有效性。TMP 协调员需要花费资金支持开发项目 TMP 中规定的交通方式共享目标。每个 TMP 都包括一系列减少车辆交通的项目组成部分，包括公共交通补贴、鼓励拼车 / 班车、汽车共享和自行车共享会员资格，以及市场营销。

亚历山大项目说明了场地缓解计划的一个重要部分，即跟进以确保所需的改进已经完成并取得成功。

19.9 组织报告

场地影响报告的确切目录因辖区而异，可在该辖区的管理制度和法规中找到。例如，以下场地影响研究大纲来自华盛顿州交通部 (2014)。执行摘要如下：

1. 介绍
- 对拟建项目的目的和需求进行说明。
- "交通影响分析方法和假设"概述。
- 项目位置图。
- 场地规划，包括通往州道的所有出入通道（总平面图）。
- 交通循环网络，包括通往州道的所有出入通道（周边地图）。
- 土地使用和区划。

分阶段规划，包括项目（阶段）完工的拟定日期。
- 项目发起人和联系人。
- 参考其他交通影响研究。
- 考虑的其他缓解措施。

2. 流量分析
- 使用的交通影响分析方法。
- 场地的现有和预计条件：标示速度、交通量（包括转向）、视距、渠化、设计偏离、步行和骑行设施、设计车辆和交通控制，包括信号相位和多信号灯绿波（如适用）（附件）。
- DHV 和 ADT，项目出行生成和分布图，包括参考和预测未来出行所涉及过程的详细说明，包括表格。
- 与项目相关的交通方式划分，详细说明确定交通方式划分所涉及的过程。
- 项目生成的出行分布和分配，详细描述生成交通量分布和分配所涉及的过程，包括附件。
- 如果采用了交叉口控制装置，并假设了交通信号，则应包括功能和依据分析。对于环形交叉口或信号灯，应包括现有条件、累积条件和有无项目的最终规划条件。
- 安全性能分析。

3. 结论和建议
- 量化或合格的服务水平、服务质量（QOS）和其他适当的措施，以衡量受影响设施的有效性，无论是否采取缓解措施。
- 有无缓解措施的预期安全性能。
- 具有拟定缓解措施日程的缓解阶段规划。
- 明确实施缓解措施的责任。
- 缓解措施的成本估算和融资计划。

4. 附录
- 描述交通数据以及如何收集和操作数据。
- 描述分析中使用的方法和假设。
- 分析中使用的工作表，例如，信号依据、服务水平、服务质量和交通量统计信息。
- 如果使用微观仿真，则需提供置信和标定报告。

表 19-23 展示了不同开发规模的场地影响评审大纲示例。这个提议的目录来自于弗吉尼亚州的亚历山大市，该市非常重视通过 TDM 计划来缓解预期的交通影响。

表 19-23 场地影响报告内容示例（弗吉尼亚州亚历山大市）

	开发规模		
	小型	中型	大型
介绍			
项目介绍	×	×	×
项目研究范围	×	×	×
方法论	×	×	×
现状			
现有公共交通设施	×	×	×
现有自行车和行人机动性	×	×	×
现有道路网络	×	×	×
现有交通流量	×	×	×
现有通行能力分析	×	×	×
假设无开发的未来状况			
规划的背景改善项目	×	×	×
未来公共交通设施		×	×
未来自行车和行人机动性		×	×
未来道路网络	×	×	×
未来无开发的交通流量	×	×	×
未来无开发的通行能力分析	×	×	×

(续)

	开发规模		
	小型	中型	大型
假设有开发的未来状况			
场地出入	×	×	×
场地出行生成	×	×	×
场地出行分布	×	×	×
未来有开发的交通流量	×	×	×
未来有开发的通行能力分析	×	×	×
多交通方式缓解概述			
停车需求分析			×
综述		×	×
停车供应		×	×
停车需求		×	×
停车概述		×	×
共享停车的现占有率		×	×
共享停车的未来高峰土地使用需求		×	×
交通管理规划			
结论			

来源：City of Alexandria, 2013

19.10 总结

对新开发的场地进行规划是美国和许多其他国家采用的一种方法。研究交通影响的一个重要工具是交通影响评估。新的开发对当地交通系统和周围社区的影响不仅是交通机构感兴趣的，而且也是一系列公共团体和利益相关者感兴趣的。场地规划和影响研究的目的是让社区有机会检查提议的内容，并了解将要采用的缓解策略。在许多方面，场地规划和交通影响分析与其他交通规划过程相似。它们首先确定目标、目的和性能指标；然后使用模型和工具来确定出行生成、出行分布、出行方式划分和交通分配。它们在定义或建议一系列改进方面也与其他交通规划过程相似。然而，其研究区域的边界比其他规划工作要小得多，而且当地社区的参与往往要大得多。

本章描述了与交通相关的场地规划和交通影响分析的主要步骤。它还讨论了可考虑的不同类型的缓解策略，包括场内和场外。这些策略包括物质工程改变（例如，新的道路通道）和鼓励非机动化出入场地的措施。

拟建开发场地的交通服务系统应提供各种设施和服务，使人们能够通过各种交通方式安全高效地出行。场地规划审查和交通影响分析都强调了在审查新开发的潜在影响时评估出入通道和场地影响的重要性。

州和地方交通和规划机构制定了行政指导方针，指导规划过程中要生成的信息类型。这些指导方针在美国和其他国家各不相同，取决于主要关注的问题。所有指南都包括一些道路性能要素，例如，交通量与通行能力之比、车辆延误、服务水平、车辆出行里程和道路安全。需要对关键道路的进口道、内部道路和对相邻开发区的影响进行相应的分析，还应计算公共交通、步行和骑行服务水平，并对其进行评估。

分析应至少集中于以下情景：①基准年的现有条件；②扩建（场地开发）的未来条件；③场地开发和拟定出入通道改善的未来条件。根据开发规模和建议的实施阶段，还可以分析中期目标年。许多司法管辖区还要求提供在不进行场地开发的情况下未来的背景条件，以便在考虑项目交通量之前，为所需的背景改善提供基础。

场地影响分析的详细程度取决于开发的规模和类型。应对边界道路和每个关键交叉口进口道进行道路分析，包括场地接入点。经验表明，接入点的设计通常可以满足预期的需求。然而，由于大量转向交通、多相位交通信号灯以及无法增加更多的行车道，场地周围的公共道路交叉口可能会出现较严重的情况。

分析应解决以下问题：
- 现有交通系统的工作情况如何？
- 为开发服务，需要对道路、公共交通和行人进行哪些改进？
- 交通系统在拟定的改进措施下工作情况如何？他们的服务水平如何？
- 人们能否方便安全地到达开发地？
- 道路、出入通道和场地循环系统是否清晰且易于使用？
- 视距是否足够？
- 道路交通中是否有足够的间隙让车辆和行人安全地穿过道路？
- 是否提供公共交通服务，是否进入开发场地？
- 车站是否位于主要出行生成地附近？
- 车站是否为乘客提供足够的便利设施？它们能应付高峰需求吗？
- 公共交通服务是否频繁，能否到达乘客想要到达的地方？
- 主要公共交通站点是否方便地与主要开发项目相连？
- 行人能否安全方便地从周边地区到达开发地？
- 人行横道是否受到交通控制信号的保护？
- 中央隔离岛是否提供足够的行人保护区？
- 停车场与各接口点和主要建筑物之间的位置关系是否便利？
- 停车场到建筑物和建筑物之间的步行距离是否尽可能短？
- 是否有足够的停车位满足预期需求？
- 是否有适当的服务和配送车辆出入通道？
- 邻里的影响是否最小化？
- 提议的改进对视觉和城市设计有何影响？

拟定的场地缓解策略类型至少应包括道路网的物理变化。越来越多的缓解策略还包括公共交通、步行、骑行和交通需求管理措施。许多司法管辖区采用了出入通道管理政策，指导如何接入道路网。通过场地规划流程设计的任何场地出入都需要与这些政策保持一致。

参考文献

Atlanta Regional Commission (ARC). 2013. *Developments of Regional Impact*. Atlanta, GA. Accessed Feb. 25, 2016, from http://www.atlantaregional.com/land-use/developments-of-regional-impact.

Bochner, B., K. Hooper, B. Sperry, R. Dunphy. 2011. *Enhancing Internal Trip Capture Estimation for Mixed-Use Developments*, NCHRP Report 684. Washington, DC: Transportation Research Board, Washington D.C. Accessed Feb. 24, 2016, from http://onlinepubs.trb.org/onlinepubs/nchrp/nchrp_rpt_684.pdf.

Boston Transportation Department. 2014. *Boston Complete Streets*. Boston, MA. Accessed Feb. 24, 2016, from http://bostoncompletestreets.org.

California Department of Transportation. 2002. *Guide for the Preparation of Traffic Impact Studies*. Sacramento, CA. Dec. Accessed Feb. 21, 2016, from http://www.dot.ca.gov/hq/tpp/offices/ocp/igr_ceqa_files/tisguide.pdf.

Charlotte Department of Transportation. 2007. *Urban Street Design Guidelines*, Charlotte, NC. Accessed Feb. 27, 2016, from http://charmeck.org/city/charlotte/Transportation/PlansProjects/Pages/Urban%20Street%20Design%20Guidelines.aspx.

City of Alexandria. 2013. *Transportation Planning Administrative Guidelines*. Alexandria, VA. Accessed Feb. 27, 2016, from http://www.alexandriava.gov/uploadedFiles/tes/info/Transportation%20Planning%20Administrative%20Guidelines%20March%2025%202013.pdf.

City of Austin, 2014. *Consolidated Site Plan*, Administrative and Land Use Commission. Austin, TX. Accessed Feb. 27, 2016, from http://www.austintexas.gov/sites/default/files/files/Planning/Applications_Forms/11_consolidated_site_plan_app.pdf.

City of Calgary. 2011. *Transportation Impact Assessment Guidelines*. Calgary, Alberta. Accessed Feb. 25, 2016, from https://www.calgary.ca/Transportation/TP/Documents/Planning/Final-Transportation-Impact-Assessment-(TIA)-Guidelines.pdf?noredirect=1.

City of Cambridge. 2014. *Transportation Impact Study (TIS) Guidelines*. Cambridge, MA. Accessed Feb. 25, 2016, from https://www.cambridgema.gov/~/media/Files/Traffic/TRAFFICSTUDYGUIDELINES112811.pdf.

City of Chicago. 2007. *Chicago Department of Transportation Street and Site Plan Design Standards*. Chicago, IL. Accessed Feb. 23, 2016, from http://www.cityofchicago.org/dam/city/depts/cdot/StreetandSitePlanDesignStandards407.pdf.

City of Fontana. 2003. *Truck Trip Generation*. Fontana, CA. Accessed Feb. 21, 2016, from http://www.fontana.org/DocumentCenter/Home/View/622.

City of New York. 2013. *Street Design Manual*. Department of Transportation, 2nd ed. New York City, NY. Accessed Feb. 27, 2016, from http://www.nyc.gov/html/dot/downloads/pdf/nycdot-streetdesignmanual-interior-lores.pdf.

City of San Francisco. 2015. *Plan Submittal Guidelines*. San Francisco, CA. Accessed Feb. 24, 2016, from http://www.sf-planning.org/modules/showdocument.aspx?documentid=8676.

City of San Jose. 2009. *Traffic Impact Analysis Handbook, Volume I – Methodologies and Requirements*. San Jose, CA. Accessed Feb. 25, 2016, from http://www.sanjoseca.gov/DocumentCenter/View/4366.

City of Seattle. 2013. *Site Plan Requirements*. Seattle, WA. Accessed Feb. 25, 2016, from http://www.seattle.gov/DPD/Publications/CAM/cam103.pdf.

City of Tampa. 2011. *Transportation Impact Analysis and Mitigation Plan Procedures Manual*. Tampa, FL. Accessed Feb. 25, 2016, from http://www.tampagov.net/sites/default/files/transportation/files/Traffic_Impact_Analysis_and_Mitigation_Procedures_manual.pdf.

County of Fairfax. Undated. *Article 17, Site Plans*. Fairfax, VA. Accessed Feb. 25, 2016, from http://www.fairfaxcounty.gov/dpz/zoningordinance/articles/art17.pdf.

Daisa, J., M. Schmitt, P. Reinhofer, K. Hooper, B. Bochner, and L. Schwartz. 2013. *Trip Generation Rates for Transportation Impact Analyses of Infill Developments*, NCHRP Report 758. Washington, DC: Transportation Research Board. Accessed Feb. 26, 2016, from http://onlinepubs.trb.org/onlinepubs/nchrp/nchrp_rpt_758.pdf.

Federal Highway Administration (FHWA). 1985. *Site Impact Evaluation Handbook*. Washington, DC.

_____. 1992. *NEPA and Transportation Decision-making, Secondary and Cumulative Impact Assessment in the Highway Project Development Process*. Website. Washington, DC. Accessed Feb. 25, 2016, from http://www.environment.fhwa.dot.gov/projdev/tdm2_c_imp.asp.

_____. 2014. *Tools and Practices for Land Use Integration Roadway Design Guidelines and Standards*. Washington, DC. Accessed Feb. 27, 2016, from http://www.fhwa.dot.gov/planning/processes/land_use/land_use_tools/page04.cfm.

Florida DOT. 2013. *2013 Quality/Level of Service Handbook*. Tallahassee, FL. Accessed Feb. 27, 2016, from http://www.dot.state.fl.us/planning/systems/programs/sm/los/pdfs/2013%20QLOS%20Handbook.pdf.

_____. 2014. *Florida Site Impact Handbook*. Tallahassee, FL. Accessed Feb. 25, 2016, from http://www.dot.state.fl.us/planning/systems/programs/sm/siteimp/PDFs/TSIH_April_2014.pdf.

Georgia Regional Transportation Authority (GRTA). 2013. *GRTA DRI Review – Technical Guidelines*. Atlanta, GA. Accessed Feb. 25, 2016, from http://www.grta.org/dri/docs/GRTADRITechnicalGuidelines_Final02132013.pdf.

Giaimo, G. 2001. *Travel Demand Forecasting Manual 1, Traffic Assignment Procedures*. Columbus, OH: Ohio DOT.

Institute of Transportation Engineers. 2010. *Transportation Impact Analyses for Site Development., An ITE Recommended Practice*. Washington, DC.

_____. 2012. *Trip Generation Manual*, 9th ed. Washington, DC.

Iowa DOT. 2013. *Guidelines for Traffic Impact Analysis*. Des Moines, IA. Accessed Feb. 26, 2016, from http://www.iowadot.gov/systems_planning/pr_guide/Traffic/Traffic_Impact_Guidelines_120513.pdf.

Jeannotte, K., A. Chandra, V. Alexiadis, and A. Skabardonis. 2004. *Traffic Analysis Toolbox Volume II: Decision Support Methodology for Selecting Traffic Analysis Tools*. Report FHWA-HRT-04-039. Washington, DC: Federal Highway Administration. Accessed Feb. 27, 2016, from http://ops.fhwa.dot.gov/trafficanalysistools/tat_vol2/Vol2_Methodology.pdf.

Kittelson & Assocs, Parsons Brinckerhoff, KFH Group, Texas A&M Transportation Institute, and ARUP. 2013a. *Transit Capacity and Quality of Service Manual*, TCRP Report 165, Washington, DC: Transportation Research Board. Accessed Feb. 25, 2016, from http://onlinepubs.trb.org/onlinepubs/tcrp/tcrp_rpt_165fm.pdf.

_____. 2013b. *Transit Capacity and Quality of Service Manual, Chapter 4*, TCRP Report 165, Transportation Research Board, Washington D.C. Accessed Feb. 25, 2016, from http://onlinepubs.trb.org/onlinepubs/tcrp/tcrp_rpt_165ch-04.pdf.

_____. 2013c. *Transit Capacity and Quality of Service Manual, Chapter 5*, TCRP Report 165, Transportation Research Board, Washington D.C. Accessed Feb. 25, 2016, from http://onlinepubs.trb.org/onlinepubs/tcrp/tcrp_rpt_165ch-05.pdf.

Koepke, F. and H. Levinson. 1992a. *Access Management Guidelines for Activity Centers*. NCHRP Report 348. Washington, DC: Transportation Research Board.

Koepke, F. and H. Levinson. 1992b. *Access Management Guidelines for Activity Centers*. NCHRP Report 348. Transportation Research Board. Washington, DC: TRB, 1992. Accessed Feb. 23, 2016, from http://www.teachamerica.com/accessmanagement.info/pdf/348NCHRP.pdf.

Maricopa Association of Governments (MAG). (2011). *Complete Streets Guide*. Phoenix, AZ. Accessed Feb. 25, 2016, from https://www.azmag.gov/Documents/BaP_2011-01-25_MAG-Complete-Streets-Guide-December-2010.pdf.

Massachusetts DOT. 2012. *A Guide on Traffic Analysis Tools*. Boston, MA. Accessed Feb. 26, 2016, from http://www.massdot.state.ma.us/Portals/8/docs/traffic/TrafficAnalysisToolsGuide.pdf.

_____. 2014. *Transportation Impact Assessment (TIA) Guidelines*. Boston, MA. Accessed Feb. 25, 2016, from https://www.massdot.state.ma.us/Portals/17/docs/DevelopmentReview/TIA_Guidelines_3_13_2014.pdf.

McRae, J., L. Bloomberg, and D. Muldoon. 2006. *Best Practices for Traffic Impact Studies*. FHWA-OR-RD-06-15. Salem, OR. Accessed Feb. 25, 2016, from http://www.oregon.gov/odot/td/tp_res/docs/reports/bestpracticesfortraffic.pdf.

National Association of City Transportation Officials (NACTO). undated. *Urban Street Design Guide*. Website. Accessed Feb. 24, 2016, from http://nacto.org/usdg.

Oregon DOT. 2014. *Chapter 3.3 Traffic Impact Analysis Development Review Guidelines*. Salem, OR. August 7. Accessed Feb. 25, 2016, from http://www.oregon.gov/ODOT/TD/TP/Plans/DevRevCh3-3.pdf.

Rose, D., J. Gluck, K. Williams and J. Kramer. 2005. *A Guidebook for Including Access Management in Transportation Planning*, NCHRP Report 548. Transportation Research Board, Washington D.C. Accessed Feb. 25, 2016, from http://onlinepubs.trb.org/onlinepubs/nchrp/nchrp_rpt_548.pdf.

Transportation Research Board. 2010. *Highway Capacity Manual*. Washington, DC.

_____. 2013. *Transit Capacity and Quality of Service Manual*. Washington, DC.

_____. 2015. *Access Management Manual*. Washington, DC.

Vermont Agency of Transportation (VTrans). 2015. *Access Management Techniques*. Montpelier, VT. Accessed Feb. 27, 2016, from http://vtransplanning.vermont.gov/sites/aot_policy/files/vam/AM_techniques.pdf.

Virginia DOT. 2014. *Administrative Guidelines for the Traffic Impact Analysis Regulations*. Richmond, VA. Accessed Feb. 25, 2016, from http://www.virginiadot.org/projects/resources/chapter527/Administrative_Guidelines_2014.pdf.

_____ 2015. *Traffic Impact Analysis Regulations*. Website. Richmond, VA. Accessed Feb. 25, 2016, from http://www.virginiadot.org/info/traffic_impact_analysis_regulations.asp.

Washington State DOT. 2014. *Chapter 320 Traffic Analysis*. Olympia, WA. Accessed on Feb. 25, 2016, from http://www.wsdot.wa.gov/publications/manuals/fulltext/M22-01/320.pdf.

_____. 2015. *Traffic Analysis*. Website. Olympia, WA. Accessed Feb. 25, 2016, from http://www.wsdot.wa.gov/Design/Traffic/Analysis.

第 20 章

乡村及保留地规划

20.1 引言

乡村和保留地的社区居民占美国和加拿大人口的很大一部分，面积也占两国土地面积的很大一部分。根据2010年的美国人口普查，居住在乡村地区的人口超过5950万，占美国人口的19.3%（低于2000年的21.0%）。美国人口中还包括500多万印第安人，占总人口的2%（Bureau of Census，2015）。从地理角度来看，约2274万公顷的土地被美国托管给各个保留地，而美国97%以上的土地被认为是乡村土地（或者更恰当地说，是非城市土地）。

根据2011年的人口普查，超过630万加拿大人生活在乡村地区。这里，乡村被定义为居民人数不足1000人，人口密度低于1000人/平方英里（400人/平方公里）的地区。居住在乡村地区的加拿大人数比例一直在下降，2011年为18.9%。加拿大的土著居民（第一民族、梅蒂斯人和因纽特人）占总人口的4.3%。第一民族大会（Assembly of First Nations，AFN）确定了加拿大634个第一民族社区（AFN，2015）。

尽管乡村地区和保留地的交通规划与城市管辖区的监管环境（即与规划过程相关的联邦法律）相同，但是二者面临的交通问题类型不同，可用于解决这些问题的资源水平也不同。这导致了人员配置、资金支持的不足，并产生了解决非城市地区问题的技术工具的缺乏等诸多问题。乡村和保留地的评估目标往往与城市不同，而且通常更具主观性。乡村和保留地的规划人员也经常面临复杂的公共和政治环境，使得规划既不容易理解也很难接受。然而，交通规划对这些地区的长期发展至关重要，特别是在公共交通方面，有机会发展独特的伙伴关系和服务模式，而这些在较大的中心几乎是不可能的。此外，许多社区也积极参与到这一基础建设中来，并积极帮助发展其经济基础。

尽管城市交通规划与乡村和保留地的交通规划存在差异，但乡村和保留地的交通规划在许多方面是十分相似的。这两个地区往往缺乏经济机会和保健设施，道路线形缺乏设计，基础设施条件较差，而且缺乏其他交通工具，有些地区仍在使用农用车和马匹等非典型交通方式，旅游高峰时段会引起难以疏解的旅游交通需求。此外，在乡村地区和保留地与大城市地区接壤的地方，随着经济增长从大都市中心向外扩散，两者都可能面临越来越大的发展压力。这可能导致某些社区内部产生相互矛盾的需求和目标，比如有些人希望利用发展机会，而另一些人则希望保持他们的生活方式。乡村和保留地交通规划的主要区别在于部落具有有限的主权国家地位，这使得公认的规划原则和决策的制度结构变得更加复杂。

本章的组织反映了乡村与保留地交通规划的异同。这两个部分将在单独的小节分别讨论，每个小节都描述了基于乡村或保留地背景的规划过程的特点。不过，每一节也遵循了第1章提出的规划概念框架。因此，每一节都描述了以下方法：①了解问题；②确定愿景、目的、目标和性能指标；③分析数据，从而确定备选方案；④评估备选方案，并提出计划建议。每一节还描述了交通规划过程中的公众参与环境，这既带来了机遇，也带来了挑战。

20.2 乡村交通规划

20.2.1 背景

乡村地区可以用许多不同的方式来定义。在某些情况下，该术语用于表示大都市以外的小城市、城镇或村庄，而在另一些情况下，则表示由美国人口普查局定义为"乡村"的地区。例如，许多州成立了乡村规划组织（RPO），通常由几个乡村县组成，负责规划交通、经济发展、人力资源和社会服务。在某些情况下，会成立乡村交通规划组织（RTPO），专门关注交通问题。这里没有试图对构成乡村地区的人口设置门槛。虽然小社区规划在许多方面不同于乡村规划，但仍有许多相似之处。本章使用"乡村"一词来表示与大城市地区相距甚远的地区。为简便起见，除非另有必要，本章将使用地方政府一词来指镇、市、县和乡。

作为为数不多的涉及乡村地区规划的报告之一，《乡村地区遗产变革》将地方政府划分为3个地理位置的类别（Flora，2008）。美国西部和南部地区有强大的县政府，在加拿大也很常见。它们通常为小社区提供服务（其中许多社区没有合并），在某些方面，它们充当着地方政府的角色。大平原各州和加拿大各省的县和市通常提供类似的服务，但其功能不如美国南部和西部的县和市那么多。位于东北部的乡镇是最强大的地方政府。美国这个地区的县政府几乎没有全国其他地区各县的那么多责任。

这种分类并不能解释大都市规划组织（MPO）和区域规划组织（RPO）的重要性。MPO是美国各州州长指定的一个组织，负责人口超过50000人的城市化地区的交通规划。RPO是州政府支持的组织的通用术语，该组织协调其管辖范围内的规划活动，通常充当联邦和州资金的接受者。RPO为当地社区提供规划资源，并定期为区域资本投资制定区域交通战略规划。如果乡村地区包括在MPO边界内，则MPO可能是乡村地区的重要规划资源。如前所述，许多州已经成立了RTPO，专注于乡村交通规划。

《乡村地区遗产变革》讨论了乡村地区人口结构和人口变化的许多方面，以及其对于交通视角下乡村地区发展的影响。这些人口特征因国家地区和司法管辖区而异，但有一个特征正变得越来越重要。大多数小型乡村地区主要由居民和企业主两类人组成，一些是在那里出生或者是在类似环境中出生的，另一些是从城市搬来的。后一类人又可进一步分为3个亚组：最近搬来并在社区工作的人，最近搬来并通勤到附近城区的人，以及前一段时间搬到社区并理解和欣赏出生在那里的人的价值观的人。

一般来说，这些群体有明显不同的价值观，并将以完全不同的方式与规划人员互动。在社区生活了一辈子的居民更可能认为改变是过去实践的延伸，因此他们希望交通问题的解决办法与过去一样。这群人会希望参与决策，如果他们认为决策是公平的，就会普遍接受这个决策。

第二类人会以"我搬到这里来是为了摆脱交通拥堵、空气污染（和其他困扰），我不想看到这种情况在这里发生。"这一类人并不一定认为变化只是过去的延续，而是经常寻求改变，例如土地使用限制，防止不必要的增长（他们不想要）。他们也是对增加解决交通问题的多式联运方案投资的主要声音。这群人最关心的是是否增加多车道公路的建设，对他们来说，这等同于通过鼓励更多的增长来破坏社区特征。这会引起与第一类人，特别是土地所有者的冲突，他们经常计划在准备退休或将土地传给子女时，将土地分割出售。第二组成员可能还在附近的市区工作，会造成当地道路的拥堵。

第三类人是由在社区生活了足够长时间，能够欣赏当地价值观，但也了解社区面临的与发展相关的重大挑战的个人组成的。

与大城市地区一样，乡村地区也有自己的特点，这就导致了不同的、常常相互竞争的交通需求。乡村经济可以是以农业为基础的，以资源为基础的（木材和采矿业），以旅游业为基础的，或是某种集合。当地经济的性质和居民对未来的展望引起了一套针对特定社区的交通基础设施和服务的需求。

20.2.2 立法要求

与城市交通规划一样，乡村交通规划通常以联邦交通立法为指导。立法和后续法规为乡村、城市规划组织（MPO）和州交通局规划师提供指导，并间接地向地方机构规划人员提供指导，无论是否在大都市规划区。联邦立法的一个重要组成部分影响到全州的交通规划，因为它涉及乡村地区和小社区，这是在计划和计划制定过程中进行咨询的要求。根据联邦立法，"对于非城市地区，应与受影响的负责交通运输的非城市官员协商制定全州交通规划。应酌情与负责土地利用管理、自然资源、环境保护、保护和历史保护的州、部落和地方机构协商，制定长期交通规划"（美国联邦公路局，fhwa.dot.gov/planning/processes/rural/resources）。

除联邦立法和规则制定外，州和省也可能有交通规划要求。在州立法设立区域交通规划机构的地方，成员可以是自愿参加的，也可以要求地方政府成为成员。RPO 通常向当地社区提供规划补助金，作为满足某些规划要求的回报，这些要求通常与 MPO 类似。州交通部也可以向这些组织提供技术援助，特别是在获取数据和开发交通分析工具方面。

除上级政府规定的要求外，地方机构的规划要求还规定了当地交通系统的发展和支持，曾与土地开发项目相协调，确定资本投资改善计划的项目，要与州或省公路系统和其他交通服务相协调。当联邦、州或省法律未规定这些要求时，由当地管理机构制定。

20.2.3 乡村交通规划人员的工作

乡村交通规划人员通常可以单独工作，也可以作为一个非常小的团队的一部分。在极小的机构中，规划人员还可以承担额外的职责，如开发审查、路面管理或任何其他附加职责。因此，在一个特定的学科或责任领域的专业化是很困难的。大多数乡村规划人员必须熟悉广泛的主题，他们往往也具备一些专业知识，并通过这些知识以满足社区的需要。适用于乡村地区和小社区的交通专业包括交通运营、交通规划、交通稳静、娱乐交通、主要街道的规划和出行需求管理。

如果社区是 MPO 研究区域的一部分，则 MPO 可以成为社区规划的资源。MPO 所需的主要产品是长期交通规划、运输改善计划（TIP）和统一规划工作计划（UPWP）（见第 16 章）。MPO 制定各种支持或详细说明其系统计划的其他计划，包括划分区域、通道、特定路线、模式、通道管理、出行需求管理、非机动化、货运、风景公路和其他类型的交通规划，也可能包括乡村地区。通常，长期规划为更详细的研究提供了总体背景，并建议了具体的解决方案。在某种程度上，乡村地区属于 MPO 的管辖范围，社区的规划和项目可能成为该地区交通系统的更大愿景的一部分。

州或省交通部的规划人员也可以支持乡村交通规划工作，在某些情况下，甚至可以对社区进行规划研究。这些规划人员通常关心的是州公路系统的道路，但也可以检查有共同利益的地方的地方公路或公共交通服务。许多州交通部对乡村规划的主要贡献之一，是开发和支持可用于乡村交通规划的分析工具和交通模型。许多乡村机构没有资源来支持模型开发，因此各州交通局既可以提供资金来开发这种工具，也可以更经常性地开发某种标准的建模方法，在整个州的乡村地区使用。此外，由于人口普查单位往往覆盖较小社区中更广泛的地区，因此，关于人口密度的信息可能不够详细，无法进行决策。

20.2.4 乡村交通规划过程

联邦公路管理局（美国联邦公路局）已确定了制定乡村交通规划的以下成功因素。交通规划应：
- 设置区域的总体交通方向并定义交通的未来或前景。
- 提供决策结构，并纳入参与性的公众参与流程，以规划和优先考虑交通系统的改进。
- 利用现有的知识、资源和信息进行技术分析，包括对当前和未来状况的、预测和趋势的评估。
- 平衡多个相互竞争的利益相关者之间的目标和资金期望。
- 确定并提供长期资助计划。
- 提供一个框架，以根据政策目标确定支出的优先顺序。
- 将短期投资重点放在长期目标上。
- 向客户提供有关未来发展方向和实现目标的责任（FHWA，2012）。

除了前文所述（就像所有交通规划一样），将乡村规划与将来的土地使用联系起来并考虑各种综合交通方式也是至关重要的。

尽管以不同的规模应用，但第 1 章中描述的通用规划过程（请参见表 1-1）是讨论乡村地区交通规划的有用框架。以下各节将重点介绍在乡村环境中如何应用表 1-1 中的几个规划步骤的主要差异。读者可以参考本手册的其他章节，以更广泛地讨论交通规划的方法和工具。

1. 了解问题

明确表达社区面临的交通挑战，取决于研究是系统规划还是项目规划。系统规划通常会针对提供基本交通基础设施和服务的广泛环境。诸如在通道规划中进行的项目规划是针对特定或感知到的问题而进行的。使用

《国家环境政策法》(NEPA)的目的和需求声明格式来确定项目或规划何时将要达到 NEPA 的要求已日益成为一种普遍做法（请参阅第 4 章）。

如前所述，乡村地区基于多种因素面临独特的交通挑战，例如地形、缺乏公共交通选择以及通勤距离较长。全国乡村议会指出："乡村居民中老年人、年轻人和低收入人群的比例较高，这也带来了特殊的交通需求。乡村居民往往将其收入的大部分用于支付交通费用"(National Rural Assembly)。乡村地区面临的交通问题可能非常相似，也可能非常不同，具体如何取决于当地的具体情况。例如，根据位置的不同，乡村地区可能会由于发展受到限制，从而拥有较高的公路撞车事故率和道路拥堵程度，人们获得医疗设施的机会也相对有限。

乡村交通规划的第一步就是了解研究区域面临交通问题的类型和挑战。这可以通过诸如调查或公开会议之类的公共宣传活动来完成，也可以通过分析趋势数据来确定交通系统绩效的积极或消极方面来完成。南阿勒格尼地区乡村计划组织(RPO)的远程交通规划的表 20-1 展示了其在计划"了解问题"阶段所考虑的因素。有趣的是，确定的趋势不仅检查了交通系统的特征，而且还研究了许多可能影响交通系统使用的社会经济因素。

表 20-1　南阿勒格尼 RPO 影响交通的趋势

人口统计	
趋势/问题	可能影响
过去 30 年，该地区的人口略有增长	在这段时间里，该地区的人口增长了 2.8%，虽然这一增长不足以影响该地区的交通网络，但这表明该地区的交通需求保持不变
该地区的人口正在老龄化	老年人口对公共交通服务的需求更大

通勤	
趋势/问题	可能影响
过去 30 年，更多的人选择独自驾车去工作	地区对于机动车的依赖程度不断提升，机动车逐渐成为主要的交通方式。拼车的交通方式逐渐不受欢迎
过去 30 年，部分家庭开始拥有超过 3 辆汽车	
居住在自治市镇的人，步行上班的比例高于居住在乡镇的人	自治市镇当地居民对于步行街道和路口的安全需求仍然旺盛
通勤者的平均通勤时间是 27 分钟，其中超过 62% 的人通勤时间小于 25 分钟	过去 30 年，通勤者的出行时间得到了少许增加。大部分通勤者不存在职住分离的情况，但是过去 5 年内，职住分离的情况增加。那些职住分离的通勤者大多在布莱尔和坎伯利亚郡工作
从 1990 年开始，通勤时间超过 90 分钟的人数增加了一倍	
大部分人不存在职住分离的情况	然而，总体上通勤者的通勤时间有不断增加的趋势

经济	
趋势/问题	可能影响
在过去的 10 年，该地区的经济已经从制造业经济转向以服务业为基础的经济	在过去 10 年，制造业的就业人数有所下降，而且预计还会继续下降。该地区的经济正在更多地向以健康和服务为基础的经济转型，这将导致交通需求的变化
就业预测估计，制造业的就业人数将继续减少，而医疗保健和社会援助部门的就业人数将继续增加	
该地区的平均失业率在过去 10 年一直高于州内平均水平	该地区的经济水平在过去 10 年没有显著增加。该地区在 2007 年经历了严重的失业潮
自从 1999 年以来，位于贫困线以下的人口比例不断增加	

道路桥梁	
趋势/问题	可能影响
自从 2005 年以来，该地区的道路通行量不断下降	过去 5 年，由于失业率和油价的增长，该地区的交通出行受到了负面影响。当经济有所好转的时候，预计交通出行也会随着增加
该地区存在大量需要养护的国有、地方和其他机构拥有的公路网	宾夕法尼亚州 6.57% 的国有公路位于该地区，宾夕法尼亚州收费公路里程超过 15%，其他机构（PA DCNR、PA 委员会等）拥有的公路里程超过 10%
该地区超过一半的公路直线里程是当地拥有的	该地区拥有一个庞大的地方道路网络，需要当地市、县政府来养护
主干道上的道路质量最佳	主干道绝大多数道路质量是良好或者优秀的。只有大概一半的次干道道路质量是良好或者优秀的
该地区大量桥梁系统面临结构缺陷	该地区的桥梁需要在 2033 年前达到超过当前可用资金水平的条件目标。该地区超过 18% 的州桥和 41% 的超过 20 英尺的地方桥存在结构缺陷

(续)

其他交通方式	
趋势／问题	可能影响
该地区缺少足够的乘客和铁路货运机会	该地区大部分地区的铁路客运和铁路货运服务不足。有限的客运铁路服务阻碍了城市间的连通性，并加强了对汽车的依赖。铁路货运机会的缺乏阻碍了经济发展和货物运输，并加剧了公路网的拥堵
铁路货运交通量正在增长	铁路货运交通量的增长将会影响地区内摩托车或者行人通过路口时的安全
该地区公共交通方式不足	该地区的乡村属性给公共交通的建设带来了挑战。随着该地区人口不断老龄化，对公共交通的需求将继续增长

来源：Southern Alleghenies RPO, 2012

在某些情况下，乡村交通研究侧重于特定问题，例如老年人、低收入家庭或无车人士的交通。在这种情况下，研究区域面临的问题会更多地集中在特定人群上。例如，南阿勒格尼地区发展委员会就其管辖范围内的公共交通与人类服务协调进行了一项研究（Southern Alleghenies Regional Development Commission，2008）。正如研究中指出的那样，该地区在地理上是多样的，小城市地区被大乡村空间隔开，在该区域内的出行通常都是很长距离的机动车出行。该委员会在为低收入者和福利受助者提供通勤出行服务时存在以下挑战：

- 每个月都要为福利受助者购买汽车，因为没有其他交通工具可以满足他们上班或参加培训活动，以及将儿童带到儿童保育设施的需求。
- 在提供交通服务的县，仍然存在偏远地区的福利受助者由于提供的交通服务不足而无法参加活动。此外，由于县内缺乏在深夜运行的交通服务，那些换班工作的人受到了交通限制。
- 共享乘车计划很难使用，因为客户只能在其他旅客一起预订时才能使用它。
- 面包车服务成本大幅增加。
- 通过交通补助金，为一个县的福利受助者提供了面包车服务。该服务已经成功，但是根据客户的位置，在某些情况下提供服务的成本很高。

总而言之，定义研究区域所面临的交通挑战不仅为后续分析提供了背景，还能帮助公众和其他利益相关者了解（以直白的语言）规划过程的全部内容。

2. 制定愿景、目的、目标和性能指标

建立规划过程的愿景、目的和目标对于确保规划过程的结果与社区需求相符至关重要。这些可以通过各种渠道，从小组讨论到调查。最重要的是，它们的定义应反映公众的意见。另一个来源是联邦和州法律，这些法律通常指定在规划过程中应追求的目标，特别是由联邦或州资金来支持的研究和由此产生的投资计划。

如第7章所述，目的是总体上的概括性陈述，表达了社区及其交通系统的未来特征。目标是非常具体的、可衡量的、面向行动的声明，有助于实现目的。性能指标是交通系统绩效的指标，可以随时间进行监控，以显示实现规划目的的进度。美国联邦公路局认为，制定政策目的和目标的成功因素包括：

- 应根据谁来制定政策决策，这些角色是依靠咨询还是决策来指定角色。
- 制定政策目标应由地方官员参与，并应有广泛的利益相关者和模式参与。
- 目的和目标应具有足够的特异性来指导规划的制定。
- 目的和目标应与行动联系起来，并且对利益相关者或客户有意义。
- 应该为修改和更新策略的时间表和机制做出决策。
- 应该确定地方、县和地区政策如何与州规划相协调（FHWA）。

作为目的的一个示例，宾夕法尼亚州克林顿县作为其综合规划的一部分，确定了非常具体的目的以及为实现这些目的而设计的相关策略（Clinton County，2014）。克林顿县位于宾夕法尼亚州中北部，是一个人口达40000的乡村县。这些目的建立在2009年综合规划确立的一部分目的上。交通目的和策略包括：

目的：酌情鼓励发展替代性出行系统，包括公共交通和骑行或步行设施，以解决公共交通选择的匮乏。

- *策略*：发展公共班车服务。
- *策略*：提倡为特殊事件和特定目的地建立公共汽车服务。
- *策略*：评估偏远地区对停车和乘车设施的需求。
- *策略*：增加骑行和步行的设施和连接。

目标：改善货车前往克林顿县西部的通道，以协助该地区的经济发展。

- *策略*：与当地官员和 SEDA 政府委员会（SEDA-Council of Governments，SEDA-COG）合作，确定具体的改进措施，并将其添加到宾夕法尼亚州交通部（Penn DOT）的十二年规划中。

目的：鼓励继续和扩大该县的铁路服务。

- *策略*：继续与 SEDA-COG 联合铁路局紧密合作，以发现克林顿县内改善铁路服务的机会。
- *策略*：监控塔福克南方（Norfolk-Southern）的运营及其未来规划。
- *策略*：与现有和潜在的新企业合作，以确定铁路需求和问题。
- *策略*：与经济合作伙伴组织合作，推广县内现有的铁路服务，将其作为新业务发展的潜在资产。
- *策略*：探索与其他交通方式（包括航空、公路和运输）更好地连接的机会。
- *策略*：探索其他休闲游览列车的潜力。

目的：使派珀机场成为该县交通和经济发展网络的组成部分。

- *策略*：继续支持 PennDOT 十二年规划中确定的机场设施的必要改进。
- *策略*：改善与其他交通方式的连通性。
- *策略*：继续努力吸引更多的包机服务到机场。
- *策略*：发展市场运动飞行员执照和轻型运动飞机行业。

目的：进行组织以确保将 US 220 升级为 I-99 状态。

- *策略*：与邻近县和 SEDA-COG 建立战略联盟，恢复项目，以继续将 US 220 升级至州际标准并完成 I-99。
- *策略*：制定协调一致的改进措施，提高 PA 150 通道的视觉和安全标准。

这些目的强调了该县的一系列利益，从确保为行人和骑行者提供更好的环境，到促进将州域公路升级为州际公路（出于经济发展目的）。对于乡村地区，关注经济发展目的和机动性/可达性的需求并不少见。

绩效评估应反映研究确定的目的类型。南阿勒格尼 RPO 为长期计划采用了以下性能指标（Southern Alleghenies RPO，2012）。

保养/维护
- 结构缺陷桥梁的数量/甲板面积。
- 公路里程国际粗糙度指数（IRI）较差的百分比。
- 专门用于系统维护的资金百分比。

经济活力
- 失业率。
- 可能创造的新就业机会。

安全
- 死亡或重伤事故的数量。
- 已完成的道路安全项目数。

环境/土地使用
- 市政出入管理条例的数量。
- 已实施的与绿道有关的项目数。

可达性和移动性
- 公共交通按需乘车。
- 铁路客运。

步行和骑行
- 改善项目数量。

教育
- 开展的外联活动数量。
- RPO 新闻通讯打开率。

利益最大化
- 项目出租日期在预计日期或之前的百分比。

图 20-1 所示为加利福尼亚州乡村交通规划机构使用的性能指标范围（Caltrans，2006）。与主要城市区域普遍拥有许多系统的性能指标不同，乡村地区通常的性能指标类型与基础设施的物理条件有关。因此，例如，可以使用路面和桥梁状况测量来定义最关键的路段以进行维护或重建。但是，在交通规划的背景下，性能指标应链接并反映社区的期望，例如安全、经济发展和可达性。有关目标、目的和性能指标的更多讨论，请参见第 7 章。

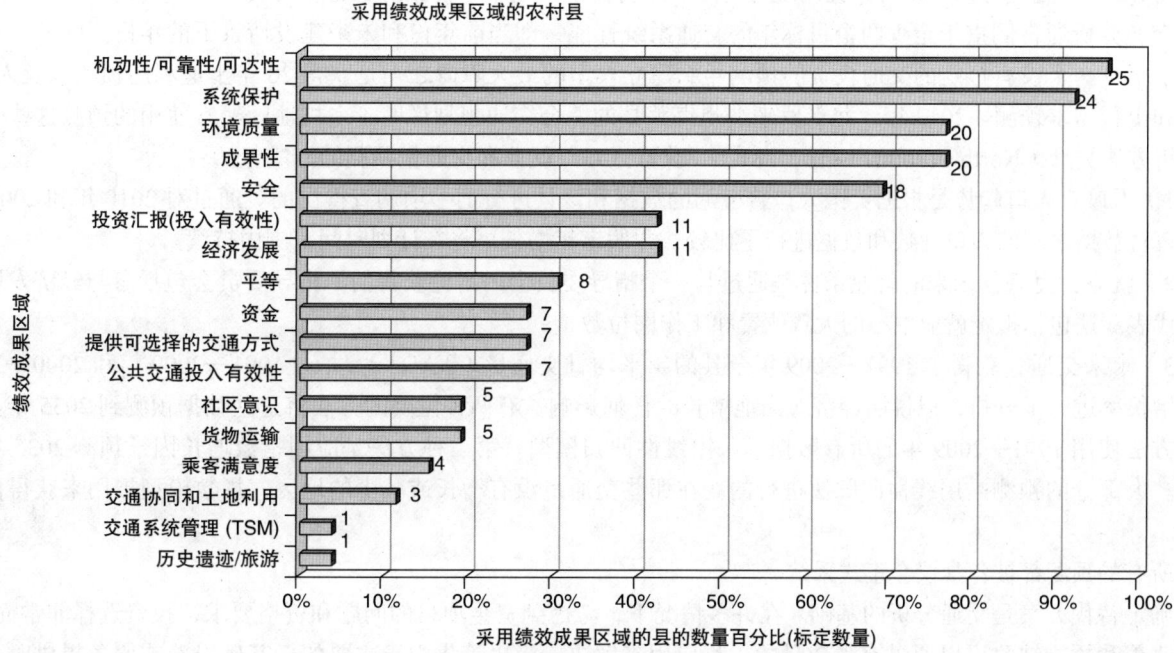

图 20-1 加利福尼亚州乡村县的绩效评估

来源：Caltrans, 2006

3. 确定需求（通过数据收集）并分析备选方案

数据收集是任何规划工作中的一个重要步骤。交通规划所需的数据包括土地利用信息、交通/车辆和人数、道路几何数据、碰撞数据、出行者偏好信息和财务数据。收集这些数据的成本可能很高，许多乡村地区无法负担有效的交通规划需要收集的数据类型。使问题更加复杂的是，高增长地区的数据很快就会过时。

在现有系统上收集数据有助于明确交通需求，在对这些需求进行分析后，以实现最具成本效益的投资计划。开发可用的数据库有三种可能的方法：①使用从类似社区收集的通用数据；②将默认值纳入分析方法，形成快速反应的应用；③从其他机构汇集资源，收集所需数据。

国家公路合作研究计划（NCHRP）第 365 号报告《城市规划出行估算技术》说明了小型社区建模的通用数据来源（Martin 和 McGuckin，1998）。本报告提供了不同变量和因素的默认值，这些变量和因素被用作交通分析工具的输入。

使用通用数据时需要谨慎。最重要的是，数据通常被定义为平均值。平均值可以掩盖许多在乡村地区可能很重要的差异。这些数据的有用性与构成平均值的样本数量、样本与研究背景的相关性以及数据的中心趋势成正比。乡村地区中，分布过于分散的数据系列将不被使用，分布集中的某些数据点可能会被使用。这些类型的数据只能在没有其他可能来源的情况下使用，或者作为对本地信息有效性和模型软件程序中包含的默认值的检查。

对于分析工具，都市交通规划人员通常依赖基于计算机的出行需求模型来预测未来的出行需求，然后识别交通网络相应的不足之处（有关出行需求预测的基本步骤，请参见第6章）。建立和维护一个出行需求模型对乡村地区来说是一项巨大的投资，可能完全没有必要，而且与正在进行的研究无关。事实上，对于一个增长缓慢且相对稳定的社区来说，可能没有什么理由去投资。许多模型步骤，如出行生成、出行分布、方式划分和交通分配，都可以通过简单的电子表格或手动模板来完成（Perone和Carr 2006；Maciejewski, 2009）。同样，在公共交通规划中，由驾驶人进行人工载客的数量统计或者载乘人员的问卷调查都是低成本且较简单的评估现有服务的方法，而社区研讨会、旅行调查邮件则会送到居民家中（取决于社区的参与意愿），确定社区的交通节点和密度的实地调查是规划新区域交通的一些附加工具。在其他情况下，如果乡村地区是更大研究区域的一部分，例如在MPO研究边界内，则可以使用现有的区域出行需求模型来分析旅游趋势和模式。

交通分析通常侧重于至少两个目标年的交通系统性能，即当前年份和未来建设情景下的年份。此外，它通常包括至少一个没有拟定的交通投资的预测年。建立模型的最大障碍之一是获得20年土地利用预测以及人口、就业和出行需求预测。2012年，北卡罗来纳州克莱县的综合交通规划说明了乡村地区经常使用的预测这些变量的分析方法类型（North Carolina DOT, 2012）。获取人口、就业和交通量预测的方法包括：

1）人口：人口趋势是根据美国人口普查局的数据和该县进行的一项调查得出的。通过对2010年和2000年人口普查数据之间的人口计数和数据进行了比较，并假定年增长率将在计划时间范围内持续。

2）就业：克莱县未来的就业条件是通过与一个指导委员会的讨论获得的，指导委员会包括参与经济发展的人的代表。这包括拟定就业中心的大致位置和工作岗位数量。

3）未来交通：获得了1991—2009年全县的年平均日交通量（AADT），并对1991—2009年和2000—2009年的增长率进行了分析，以说明经济对当地增长的任何影响。有两种主要的方法将这些数据预测到2035年。第一种方法使用1991—2009年的所有数据，采用线性回归模型。第二种方法是应用指数增长因子预测2035年的数据。大部分的预测是用线性回归法进行的。在那些交通量没有增长或减少的地区，指数模型被用来获得保守估计。

所有的预测都被各县议会正式采纳。

确定替代方案是交通分析的基础。在许多情况下，考虑到资金项目的问题和资格要求，投资选择非常简单。道路改善和桥梁缺陷可以通过有限数量的工程应用来解决。当决策集中于主要的新基础设施或服务提供时，更困难的分析过程会发生。在这一点上，分析备选方案的过程变得非常重要，而且往往更加复杂。

根据初步分析结果和公众的反应，尤其是对于有争议的项目，采用迭代不同的备选方案现在是规划过程中的常见步骤。这种迭代可以产生对备选方案的精确定义，甚至产生新的备选方案。然而，这个迭代过程可能非常长，并导致研究延迟，特别是对于有争议的项目。避免此类延误的最佳方法是使用尽可能透明的规划过程来确定替代方案，为社区提供许多参与的机会，并通过数据驱动的分析来支持该过程。

到目前为止的讨论都假设正在考虑的备选方案是针对具体项目的。许多其他类型的策略可以被视为计划研究的一部分（Easter Seals, 2006；2012）。例如，出入管理是通过使用道路中央隔离带、交叉口间距的设计、车道位置的设计以及相邻地块出入控制来提高道路安全和保持处理交通能力的一种方法。关于出入管理的3个有用的参考资料是《出入管理手册》（TRB, 2003）、《车道几何设计指南》（Gattis, 2010）和一本将出入管理纳入规划的指南（Rose, 2005）。美国国家公路和运输官员协会（AASHTO）手册《公路和街道几何设计政策》（第6版）作为一项行业标准，其中包含了出入管理技术（AASHTO, 2011）。感兴趣的读者还可以参考美国联邦公路局的出入管理网站，http://ops.fhwa.dot.gov/access_mgmt/resources.htm。

智能交通系统（ITS）技术是另一种新兴的乡村地区交通战略（见第10章）。美国联邦公路局在其网站上提供了关于在乡村环境中应用该技术的有用信息。它提供了一个"乡村智能交通系统工具箱"，将工具分为7个领域：
- 紧急服务。
- 旅游和出行信息。
- 交通管理。
- 乡村交通和机动。
- 防撞和安全。
- 运行和维护。
- 地面交通和天气。

在任何社区中应用智能交通系统的关键步骤是开发一个区域架构，以促进整个州和社区应用程序的一致性。通过确定所需服务的类型，可以确定最佳技术平台。为了取得成效，区域架构的发展需要公共和私人组织的参与。例如，表 20-2 展示了加州如何看待其交通技术在帮助非城市和乡村地区实现机构目标方面的潜在作用。

许多乡村交通研究也将潜在和创新的公共交通服务视为可行的投资选择（Ripplinger 和 Brand-Sargent，2010）。在大多数情况下，乡村地区（以及保留地）的交通运输历来都是由联邦方案资助的，并将继续获得更多的运营成本，其比例高于城市地区（参见 http：//www.fta.dot.gov/grants/15926_3553.html 的 5311c 计划以及 http：//www.fta.dot.gov/documents/MAP-21_Fact_sheet_-_Formula_Grants_for_Rural_Areas.pdf 的 5311 计划。联邦政府的拨款也可以覆盖很大一部分资本收购）。

许多州都有联邦政府支持的交通服务和服务于乡村地区的公共服务运输项目。另一些国家则成立了私人组织，提供搭车服务。在大多数情况下，乡村公共交通服务得到政府资金的大量补贴，票价结构仅占运营成本的一部分，这是因为公共交通正在确保公民能够获得基本的保证和服务，否则其服务的成本将非常高昂。对于乡村和保留地社区的公共交通选择，除了收集乘客人数、人口数量和旅行模式数据外，收集该地区现有交通资产和社区组织的信息通常也很有帮助。例如，一些地方政府可能已经拥有面包车或小型公共汽车，这可能构成交通解决方案的一部分，准备好提供卫生和外展计划的社区服务机构可能是帮助监督交通项目调度或交付的好人选。

表 20-2　将公共交通 ITS 与加州交通部的非城市和乡村 ITS 目标相结合

加州交通部目标	公共交通 ITS
安全 为员工和用户提供全国最安全的交通系统	包括车载安全摄像头和无声报警器等系统，可提高乘客和驾驶人的交通安全性。车辆跟踪允许交通和应急管理部门远程跟踪车辆并监控车辆状况
机动性 最大限度地提升交通系统的性能和可达性	包括改善固定路线和需求响应管理的系统。它们为公共交通供应商提供了更准确的计划和调度信息，从而提高了准时性能并增加了服务
物流 有效地提供高质量物流服务	可以通过为规划和调度生成更完整的信息，使乡村或非城市公共交通供应商能更快地响应客户需求，从而提高效率
管理 保护和加强加州的资源和资产	包括如实时公共交通信息等诸多系统，这些系统鼓励增加公共交通乘客数量，从而减少拥挤和乘客出行
服务 通过优秀的劳动力促进优质服务	可以为公共交通工作人员提供更好的工具和更全面的数据，从而提高工作效率

来源：Caltrans, 2012

虽然乡村和保留地的财政和技术资源通常比大中心地区少得多，但其通常有更强大的社会联系，更能够通过伙伴关系开发创造性的解决方案。例如，不列颠哥伦比亚省的斯凯纳区域交通系统通过筹资伙伴关系和共享服务模式运作，该模式包括 3 个第一民族（保留地）社区、2 个小城市、1 个地区政府、1 个卫生当局、1 个私营运营商和省交通局不列颠哥伦比亚交通局。

同样，不列颠哥伦比亚省的沃丁顿山交通系统由类似的保留地、地方政府、省合作伙伴运营，通过当地社区服务机构的运营，能够为其所在地区提供更广泛的服务。由于社区服务机构还为老年人提供诸如志愿者交通网络和车轮餐食计划之类的服务，因此它能够更好地协调这些志愿者的交通方式。反过来，向该机构提供的公共交通资金有助于确保志愿者计划的长期财政可持续性。

第 12 章"辅助公共交通和需求响应式服务"一节很好地概述了可用于满足小型社区、乡村和保留地公共交通需求的多种创新交通服务类型。另一个关键资源是交通研究委员会运输合作研究计划（TCRP）报告 101 中，乡村地区协调交通服务工具包，以及本章末尾所述的其他资源。作为可能性和性能的一个例子，表 20-3 展示了不列颠哥伦比亚省服务于总人口小于或等于 7000 人的所有交通系统的人口、乘客人数和服务类型。

表 20-3　不列颠哥伦比亚省乡村地区公共交通数据（2014 年加元）

公共交通系统	人口/人	车辆数/辆	服务小时/小时	每小时的出行次数/次	每次出行的平均花费/美元	日均出行次数（周一到周五）	服务描述
百里屋	3300	3	1988	4.0	18.94	7 辆，按照既定行程表，循环发车	这些系统大多是自给自足的，在周边乡村地区很少或根本没有服务；通过健康连接线路与城市中心的连接可能有限
阿什克罗夫特—克林顿	2264	2	1976	1.5	46.13	3 辆，按照既定行程表，循环发车	
贝拉·库拉	3300	2	3521	5.2	13.61	6 辆，按照既定行程表，循环发车	
边界	3985	2	1606	4.4	15.89	循环发车	
卡斯洛	2700	1	586	2.9	36.95	2 辆，按照既定行程表，循环发车	
普林斯顿	2724	2	1976	3.4	19.92	循环发车	
清水区域	2331	3	2092	3.0	23.44	6 辆，按照既定行程表，循环发车	该系统在其区域内的多个小型乡村地区之间提供服务，与城市中心没有连接或连接有限
黑泽尔顿地区	2158	2	2553	5.7	14.82	5 辆，按照既定行程表，循环发车	
华盛顿山	6513	3	4285	7.1	11.65	20 辆，按照既定行程表，限定循环发车	
纳库普	1759	1	1976	3.1	24.09	2 辆，按照既定行程表，循环发车	
阿加西—哈里森	5664	4	5379	7.3	9.55	10 辆直达	系统提供与邻近城市中心的日常联系，以及社区内某种程度的当地服务
奥卡纳根—西米卡门	1647	1	1690	5.0	16.57	4 辆直达	
奥索约奥斯	4845	1	1454	3.3	17.68	2 辆直达，循环发车	
尼尔森—斯隆谷	2800	4	5792	7.2	12.59	4 辆直达	
彭伯顿山谷	3675	2	1953	13.3	8.51	7 辆当地，4 辆换乘	
爱德华港	544	1	2063	16.9	6.84	7 辆直达	

来源：[BC Transit, 2014]

4. 评估备选方案并确定其优先级

很少有足够的资金来实施所有的研究建议，乡村地区尤其如此。因此，必须建立一些方法来确定所考虑的许多备选方案中，哪一个以有限的资金提供了最具成本效益的投资。

评估标准：评估标准或有效性度量（MOE）是分析备选方案的基础。评估标准与为研究制定的目标和目的直接相关（关于评估标准的更多讨论和示例，请参见第7章）。因此，例如，如果一项研究的目的是提供一个安全的道路网，而相应的目标是减少致命车祸的数量，那么投资备选方案的评估标准将是每个备选方案预期的车祸减少水平。根据研究的目标，可以为一项研究确定许多不同的评估标准（Amekudzi 和 Meyer, 2005）。不过，需要谨慎行事注意的是，在大多数情况下，研究中包含的评估标准越多，需要收集的数据就越多，必须进行的分析也就越多。在资源有限的社区，决策人员、规划人员和公众必须确定指导决策过程的最关键的标准集（分析过程中将产生的信息类型）。毫无疑问，数据的有效性再次成为评估标准可用性的关键因素。如果数据不可用、获取成本太高或难以预测未来，则除非使用草图规划方法（见第6章），否则标准将不起作用。然而，草图规划方法会为了效率而牺牲准确性。与项目规划相比，这些方法在系统规划中有更多的应用，在项目规划中，应该有更多的信息可用，并且正在做出的决策将很快导致实际项目的建设。

安全：道路安全是乡村地区最重要的问题之一。在大多数情况下，道路拥堵问题并不像大城市地区那样严重，除非季节性旅游的出现淹没了当地街道，或者由于临近大都市地区而导致经济迅速发展。从统计数据上看，乡村地区双车道公路上的道路交通事故比该州和全国其他地区的交通事故更为严重。2012年，乡村地区致命撞车事故（16443起）占全国的53%，死亡人数（18170人）占54%（NHTSA, 2014）。交通安全分析通常是交通工程师的职责范围，但交通规划应将安全考虑纳入建议和规划文件（Washington, 2006）。第23章将更详细地讨论安全性和交通规划。

环境因素：所有类型的交通规划必须考虑投资对自然环境、建筑环境和社会环境的影响。环境法规没有区分小社区和大社区可利用的资源，因此小社区没有捷径可走。在乡村地区（和保留地）规划中，有几个环境考虑因素往往特别重要。

空气质量是一个问题，可以是区域性的，也可以是特定地点的。近年来，由于环保部门的额外要求，许多小社区被列入空气质量不达标地区名单。对于小社区来说，几乎没有记录在案的处理这些问题的经验，但这种经验正在日益丰富。获取这些信息的一个很好的来源是交通研究委员会（TRB）中小型社区交通规划委员会的网站（http://www.trb.org/ADA30/ADA30.aspx）。

水质、栖息地破坏、考古和历史资源、社区凝聚力和美学是乡村地区和保留地交通研究经常关注的其他环境问题。每个地区的潜在影响不仅来自于交通设施的实际建设，也可能是新交通投资后经济或社区发展的次要影响。因此，对敏感的自然环境和社区环境的评估过程必须考虑交通改善的潜在间接和累积影响。

优先次序：一些交通分析软件包就总体有效性和研究目标对备选方案进行评分，但很少为决策者推荐最佳备选方案。即使是那些提供了备选方案之间的相对比较的方法，用户仍然必须为反映最终决策重要性的不同度量分配评价权重。

第7章对评估工具和方法进行了详细的描述，本节将不再重复这些信息。但是，需要注意的是，最适合乡村地区交通规划的评估方法很可能包括成本/效益分析和评分方法。乡村地区备选方案的范围和待评估的备选方案的数量都少于大城市地区，因为大城市地区必须考虑数以万计的项目。因此，乡村交通规划通常更容易实施。

乡村交通规划是在全州范围内进行的，因此必须了解相关的州规划和优先标准。州DOT经常制定标准，优先考虑乡村地区的项目。例如，得克萨斯州交通部在2012年制定了一项乡村交通投资计划，该计划使用以下标准来分配优先顺序，其中，只有两个目标被用于优先顺序划分（TxDOT, 2012）。

（1）**目标：连通性**
- 国家干线公路系统。
- 系统差距。
- 进出县城的货车商品流量（年吨位）。
- 往返人口或就业中心的综合出行时间。

- 飓风疏散路线。

（2）目标：机动性
- 5英里（8公里）缓冲区内的人口。
- 未来VMT的成本。
- 当前车流量及容量。
- 预测车流量及容量。
- 预测服务水平随项目的变化。
- 货车百分比。
- 现有货车交通量。
- 预计货车交通量。
- 现有平均日交通量。
- 预测平均日交通量。
- 安全通行需求。

参与计划制定过程的乡村交通利益相关者为这些标准分配了权重（即相对重要的指标）。

5. 公众参与

乡村地区在交通规划方面的公共推广工作往往与大城市地区的公共推广工作差别很大，这主要是因为参与者彼此之间以及对当地决策者的熟悉程度。因此，尽管在大城市地区，通常能够利用网站、重点小组、调查和信件接触到那些可能对交通研究感兴趣的人，但在乡村地区，社区会议可能比其他外联活动更有效。如果社区会议是在地方选举的官员或其他社区领导人的主持下举行的，那么这一点尤为正确（关于公众参与的更多细节，见第24章）。

需要再次指出的是，对于非都市地区的交通规划，联邦法律要求与规划伙伴协商。此类咨询能够了解不同合作伙伴对于交通系统的关注点，协调潜在改进策略的规划和实施，并在研究期间促进公共推广的合作方法。

20.3 保留地规划

20.3.1 背景

截至2013年，美国政府认可的印第安保留地、普韦布洛保留地、阿拉斯加土著村落等地区共566个（注：本节将使用"保留地"一词来代表所有这些社区）。美国土著人口比例超过10%的州包括：阿拉斯加（19.5%）、俄克拉荷马州（12.9%）、新墨西哥州（10.7%）和南达科他州（10.1%）（National Congress of American Indians and the Leadership Conference Education Fund, 2013）。联邦政府承认的美洲土著部落的人口范围从纳瓦霍族的20万人到加利福尼亚州卡胡拉印第安人奥古斯丁部落的6人不等（Myers, 2014）。

保留地存在于各种各样的环境中，有些共享保护区，有些保护区跨越州界线，有些则没有保护区。然而，每个人通常都对交通系统有类似的关注点和需求，即提供往返于工作、住所、娱乐、文化中心、服务、购物和其他目的地的交通服务。这种交通系统应提供方便和负担得起的交通，同时符合社区价值观，且能保护文化遗产和自然环境。

保留地交通规划的一个重要方面是必须在部落成员的文化价值体系内进行。华盛顿州交通部保留地交通规划指南对此进行了详细描述：

> 保留地交通规划通过设定特定于部落祖先土地、独特文化和环境的社区目标，对传统规划过程采取特殊的方法。
>
> 在保留地交通规划中制定备选方案和建议时，通常会考虑自然环境、建筑环境和社会环境，并覆盖指导性的文化和环境价值。选举产生的保留地委员会和保留地成员，如果他们根据一个已制定的规划来决定未来，那么他们可能希望看到这些价值观被纳入文件。

保留地居民希望他们自己的出行和活动模式、他们自己的生活节奏、野生动物的生活节奏以及尚未公开的路径和文化，将为保留地土地规划和项目提供指导。保留地交通规划必须维护文化的完整性，并在维护和保护祖先土地的主题范围内考虑环境质量，以及部落成员无论是否可以到达，都有权在这些地方居住和旅行（Washington State DOT，2009）。

承认保留地是主权国家，这给非保留地政府的规划过程带来了一层复杂性。更为复杂的是，许多保留地土地混合了联邦、州、县、乡、市和保留地道路，在某些情况下还包括其他类型的交通设施。例如，正如 Myers（2014）所指出的，以下美洲原住民使用的交通方式有很大区别：

- 阿拉斯加的土著村庄有冰路，主要水道上下都有独特的道路。交通工具包括雪地车、狗拉雪橇、船和丛林飞机。
- 华盛顿州普吉特湾的印第安人使用各种各样的船只用于旅游、工作和搬运货物。
- 北加州克拉马斯河上的尤洛克人和胡帕人使用喷气艇和其他类型的船只捕鱼、旅行和运送物资。
- 西南部的印第安人使用公路和越野车辆以及动物，在沙漠和恶劣的高原地区出行。
- 五大湖部落和东海岸部落使用公路和非公路车辆以及船只，地面设施包含未铺砌的道路和宽阔的水道等。

因此，尽管保留地交通规划的重点大部分集中在未铺砌和不安全的道路上，但在许多情况下，其他形式的交通问题也应得到解决。

对于超越交通运输的问题，美国印第安人全国代表大会是"主要的国家部落政府组织"（http://www.ncai.org）。另一组织-部落间交通运输协会（ITA），每年举行一次全国会议，出版季刊，并设有专门处理具体问题的小组委员会。

20.3.2 立法要求

美国有关保留地的联邦立法历史反映出人们对待美洲原住民的态度发生了变化。本部分将不会介绍这个跨越150多年的历史，有关该历史的详细内容，请参见相关文献（Glaze 和 Amdur-Clark，2014）。对于当今世界而言，最重要的是，联邦政府的政策是促进保留地内部的自决和自治。最近关于保留地的立法历史，大部分都集中在促进这种结果的规划上。

例如，2012年美国交通部通过的《迈向21世纪进程》（Moving Ahead for Progress in the 21st Century，MAP-21）建立了保留地交通项目（Tribal Transportation Program，TTP），之前又叫作印第安保留地道路项目。在公共交通方面，它将印第安保留地公共交通项目从拨款改为程式分配项目。《美国法典》第23篇第135节要求各州在实施规划过程中考虑部落的关注点，并在制定州的长期交通规划和全州交通改善计划（STIP）时与部落协商。MPO也有类似的要求[注：截至2016年1月，联邦政府只制定了指导保留地交通规划的MAP-21法规草案；我们鼓励读者查阅美国联邦公路局网站上的指南（http://www.fhwa.dot.gov/hep/guidance/#t23）]。

美国于2015年通过的最新交通立法，《修复美国的地面运输法案》（Fixing America's Surface Transportation Act，FAST法案），为保留地交通规划提供了资金，并授权为保留地交通规划提供资金。它还建立并扩大了美国交通部内部的保留地自治计划。该法律还包括一项保留地数据收集规定，要求接受保留地交通规划资金的保留地报告所资助项目的描述、项目的当前状态以及创造的就业机会数量。

运输法还要求在通道规划、多式联运研究、模式研究以及管辖权重叠的任何其他运输研究期间，应与保留地进行协调和协商。如果双方同意，则州或MPO可以对保留地土地内的区域进行这些研究。其他运输机构也应该与保留地协调。城市、县和乡镇可能有进入或穿过保留地土地的道路。港口和其他货运服务提供商可能毗邻或使用保留地土地。公共交通机构可以向保留地提供重要的服务，这些国家也可以成为公共交通系统的资助伙伴。特殊的公共交通服务，如dial-a-ride，可以提供专用的运营服务，在适当的情况下，固定路线公交服务可以提供可靠和更高容量的服务（Stoddard，2012）。

印第安事务局（BIA）和美国联邦公路局（FHWA）负责保留地交通规划，该计划为保留地土地上的道路项目提供规划和资金。正如美国联邦公路局所指出的，"保留地交通规划（TTP）为安全和充足的运输以及通往保留地保护区、保留地土地和阿拉斯加土著村庄的公共道路提供资金。TTP 项目的范围从阿拉斯加苔原沼泽地上的全地形车辆的公路到重要的道路建设"（FHWA，2013）。一个项目要获得 TTP 资助，它必须出现在保留地的长期计划中，并纳入 TTP 交通改善计划（TIP）。规划资金来自国家 TTP 保留地拨款，必须得到印第安事务局的批准。在某些情况下，美国联邦公路局和联邦交通管理局（FTA）分配给各州和 MPO 的交通规划也可用于 TTP 规划。这些资金用于研究保留地交通问题时，通常由国家或 MPO 管理。

与加拿大土著人民有关的立法可通过加拿大土著事务和北方发展局获得（https：//www.aadnc-aandc.gc.ca/eng/1100100010023/1100100010027）。与美国类似，加拿大对土著人民负有条约义务，主要是对第一民族、因纽特人和梅蒂斯人。

20.3.3 保留地规划人员的工作

如果一个保留地有明确的需求，并且与社区在分配有限资金方面存在共识，那么选择资金优先次序可能相对简单。然而，在需求众多、项目类型差异很大的地方，可能需要采取其他方法来确定需求的优先次序。帮助确定优先投资是保留地交通规划者最重要的职责之一。

与乡村地区一样，保留地可以与其他机构和组织合作，以帮助解决资金不足的需求和其他交通问题。在大多数情况下，这些机构将是州或省 DOT、MPO（如果保留地位于 MPO 研究边界内）或 RPO/RTPO。由于保留地的主权国家地位，与这些机构的正式伙伴关系虽然很复杂，但也有一些成功的例子。在华盛顿州，斯威诺米什保留地是斯卡吉特地区交通规划组织（RTPO）政策委员会的正式成员、卢米和诺克萨克保留地是沃克县政府委员会交通政策委员会的成员，亚利桑那州的帕斯卡亚基保留地是其 MPO 的正式合作伙伴。同样，在不列颠哥伦比亚省，西岸第一民族是奥卡纳根中部地区可持续交通伙伴关系的成员，该伙伴关系负责协调基隆拿地区内的交通规划和项目。

对于一个第一次进行交通规划的保留地来说，最重要的战略也许是检查其他部落所做的工作。这可以使保留地和其规划者之间形成一对一的关系。一些有用的资源包括：
- 为保留地政府提供交通决策信息工具，制定长期交通规划（FHWA，2005）。
- 保留地交通规划的相关地点，http：//www.tribalplanning.fhwa.dot.gov/reference_related.aspx。
- 许多州都制定了自己的保留地交通规划指南，其中加利福尼亚、明尼苏达和华盛顿就是最好的例子。纳瓦霍族 2009 年的交通规划是综合交通系统计划的另一个例子（Navajo DOT，2009）。

20.3.4 保留地交通规划

保留地交通规划面临的主要挑战包括解决不同、重叠、经常相互冲突的交通需求，以及确定最适合保留地环境的交通策略。鉴于一系列不同的战略和行动，确定在保留地进行规划的最适当方法成为必要的第一步。对适当的规划方法进行研究和指导，整合其中一些信息到交通规划的不同来源的文献中，某些特定主题的综合信息也可以使用，如智能交通系统（ITS）、公共交通和安全（Caltrans，2012）。

根据 FHWA 和 BIA 规划条例草案，保留地长期交通规划应包括：
- 评估各种交通方式：如铁路和公路之间的连接，以满足各种交通方式的需求。
- 出行生成研究：包括确定因土地使用而产生的交通量。
- 社会和经济发展规划：以确定交通改善或需要，以安全和经济的方式适应现有和拟定的土地使用。
- 与交通有关的改善健康和安全问题的解决措施。
- 审查现有和拟定的交通系统，以确定交通与环境之间的关系。
- 文化保护规划，确定重要的问题，并制订对保留地文化保护敏感的交通规划。
- 风景小道和旅游计划。
- 节能问题的解决措施。
- 短期和长期交通需求的优先清单。
- 分析执行计划建议的供资备选方案（BIA，2014）。

保留地交通规划的步骤示例如图 20-2 所示，这是美国最大的保留地纳瓦霍族的交通和决策过程。这一过程与其他规划过程步骤有一些相似之处，如交通改善计划（TIP）的制订和需求的确定。但是，也有一些不同之处，特别是在 BIA 的作用上，必须批准建设资金的分配。

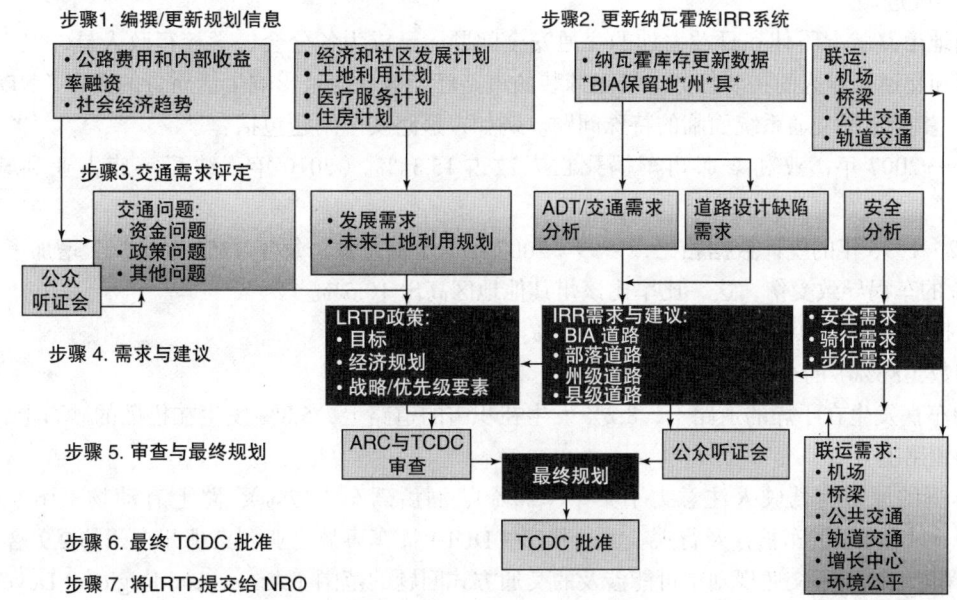

图 20-2 纳瓦霍族保留地交通规划过程
来源：NDOT, 2009

1. 了解问题

保留地面临着与乡村地区类似的交通问题，同时也面临着保留地研究领域特有的挑战。华盛顿州的保留地交通规划组织确定了如下最重要的交通挑战：

1）保留道路上的高车祸率可归因于许多因素，包括不良的道路设计和状况。

2）资金不足，资金来源和申请程序千差万别。

3）交通事故、交通量统计和其他方面的不完整交通数据，以及数据收集和分析中涉及多个司法管辖区的参与。

4）缺乏足够的预留交通规划人员来寻求所有的融资可能性，并与所有潜在的合作伙伴互动。

5）印第安人保护区上或附近的交通设施和道路地理位置偏僻，阻碍了消防、安全、维护和公共交通供应商高效、经济地提供服务。

6）不完整的印第安保留地道路（IRR）库存，以及满足更新库存的复杂 BIA 规则和法规的挑战。

7）条例变更导致内部收益率筹资的不公平。

8）过时的保留地交通改善计划（TIP），不再反映保留地当前的优先事项和需求。

9）与地方政府形成合作伙伴关系并在区域交通项目上和进行合作的历史性摩擦。

10）持续和充足的资金需求。不断减少的联邦预算，对 IRR（现在的保留地交通）计划的拨款无法满足保留地的实际需求（Washington State DOT，2009）。

纳瓦霍族保留地综合交通规划说明了纳瓦霍族社区面临的交通问题类型（纳瓦霍族包括亚利桑那州、新墨西哥州和犹他州的部分地区）：

- 纳瓦霍族是土地面积和人口最多的保留地，但由于纳瓦霍 IRR 项目资金不足，纳瓦霍 BIA 公路系统的 76% 未铺设。
- 社区交通调查受访者确定了以下重要主题：
    - 提高安全性是最高的交通目标，优先于经济发展、娱乐设施、公共交通和货运连接。

- 安全改进（道路线形、标牌、交通管制、护栏和路灯）。
- 道路改善（铺设现有的土路或碎石路）。
- 道路维护（坑洞维修和土路铲平）。
- 桥梁改进。

- 解决当地道路状况不佳和日益增加的交通安全问题，已成为各分会、学校行政人员、卫生服务提供者、保留地和交通领导人的主要任务。缺乏铺装的道路已经被认为是影响生活质量的因素（NDOT，2009）。

该计划进一步确定了交通系统面临的特殊问题。例如，道路安全问题包括：

- 从 1999—2007 年，亚利桑那州车祸死亡人数占 15.34%。（2010 年，纳瓦霍族占亚利桑那州人口的 1.6%）。
- 与 1992—1996 年的统计数据相比，1999—2007 年的车祸总数（每年 1253 起车祸）增加了 26%。
- 约 41% 的车祸导致受伤，这一比率比该州其他地区高出 10.5%。
- 单车碰撞占总碰撞的 55%，两车碰撞占 43%。
- 绝大多数（86%）的车祸发生在晴朗的天气。
- 73% 的车祸发生在干燥的道路上，8.2% 发生在积雪的道路上，5.8% 发生在松散的砂石上，4.7% 发生在潮湿的道路上。
- 导致车祸的原因有驾驶人注意力不集中（20%）、酒后驾车（17%）、路上有动物（16%）和超速行驶（14%）。只有 1% 的车祸涉及行人。酒后驾车（DUI）撞车事故是亚利桑那州全州的 2.9 倍。

丰迪拉克保留地说明了交通规划中可能涉及的交通方式问题的范围（Arrowhead Regional Development Commission，2011）。这些行动的类型包括：穿越保留地的主要州际公路、干线公路、县际援助公路、县道、乡道和保留地公路上的道路状况和安全问题；丰迪拉克交通系统；骑行或步行。

值得注意的是，纳瓦霍族保留地（及类似地区）面临的许多问题与州和城市交通规划中确定的不同。对铺装道路的需求、社区设施（尤其是卫生中心）的使用以及交通投资在刺激经济发展方面具有强大的扶持性，这一点得到了更多的重视。此外，许多导致交通事故的因素也各不相同。

2. 制定愿景、目标、目的和性能指标标准

与其他规划研究类似，保留地交通规划应为研究区域建立愿景，并确定可用于实现该愿景的目的、目标和性能指标。纳瓦霍族保留地综合交通规划确定了以下交通目标：

- 提供包括铁路、公共汽车和航空在内的所有交通方式的综合交通系统。
- 为纳瓦霍保留地提供安全高效的交通网络。
- 改善道路和桥梁的整体状况，以减少交通事故的数量和降低严重程度。
- 发展必要的多式联运系统，以促进和支持经济发展，增加就业机会。
- 在增长中心之间提供高水平的连通性，包括夏普洛克、蒂巴城、钦利、分水岭堡、窗岩、皇冠点和卡恩塔（NDOT，2009）。

为每个基础设施领域确定了具体的计划目标。例如，道路投资计划是基于以下内容确定的：

- 对 2 级、3 级和 4 级道路进行升级和改造，以满足设计标准和管理系统要求，纠正缺陷，提高整体出行的机动性和可达性。
- 改善出行安全，减少纳瓦霍 BIA 公路上的事故。
- 满足现有和未来的交通需求，以促进社区和经济活力。

机场投资计划有以下目标：

- 建立一个安全、高效的机场系统，满足联邦、州和地方机构以及航空业可接受的发展标准。
- 通过不断更新纳瓦霍族保留地航空系统规划，制定符合国家、州和地方航空交通需求的航空系统未来发展规划，并采取行动在现有机场和新机场建立陆上银行并避免运营限制。
- 提供机场系统，该系统将提供最低水平的服务，并达到可接受的性能标准。

- 确定所需的改进，以确保充分访问所有系统机场和用户。
- 根据地方增长政策和规划，增加地方经济发展和改善就业机会。
- 最大限度地利用公共航空设施和私人航空设施的创新发展机会，协助私营部门发展可行的航空设施。
- 制定运营程序、预算和组织架构，以确保所有纳瓦霍族保留地机场的正常维护。
- 为航空规划提供框架，以满足机场发展、空域利用和空中导航设施和服务等领域的需要。

有趣的是，该规划确定了增长中心特定的街道目的和目标，这些目标承认纳瓦霍族不同社区独特的文化和环境性质。例如，夏普洛克社区的街道规划目标是：

- 创建街道网络，以扩大土地利用率，促进南部经济发展，并服务于政府中心。
- 创建两个由圣胡安河隔开的街道网，每一个都具有有效的交通分配，以减少拥堵和事故。
- 在圣胡安河西侧提供一个备用交叉口。
- 创建备用路线并增加可达性。
- 通过保护圣胡安河附近的休闲区，并在现有的土路上修建新的改良路线，尽量减少对环境和文化的影响。
- 通过在圣胡安河上修建一座人行天桥，将夏普洛克内的两个主要开发区安全地连接起来，从而增强多交通方式的选择性和机动性。

另一个例子来自俄勒冈州中部的温泉保留地交通规划（Confederated Tribes of the Warm Springs Reservation, 2014）。该规划的目的和目标包括：

(1) 交通安全

- 改善车辆、行人和骑行者的安全性，特别是在温泉社区。
  - 提供额外的步行或骑行道。
  - 为人行道提供服务于城市发展的街道。
  - 在适当位置提供人行横道。
  - 在新建住宅街道的设计中加入"交通稳静"技术。
- 支持整个保留通道内 SR 26 的安全改进。
- 建立一个系统来记录和跟踪保留道路上的"碰撞"数据。

(2) 访问

- 提供进入未来住房区和保留地规划的其他开发区的机会。
- 确保通往保留地乡村地区住宅的道路具有全天候路面。

(3) 维护

- 为保留地和 BIA 道路制订和实施维护计划，以保护现有道路网络的公共投资，并加强交通安全。
- 为维护职能制订年度预算并提供资金。

(4) 公共交通

- 通过国家和联邦交通协会的拨款，提供维持运营和维护的资金以及资本需求。
- 在有机会提高效率、最大限度地提高服务或降低成本时，与区域公共交通供应商协调。

从上述列表可以看出该规划对预订设施和服务的安全性和便利性的强调。这通常是保留地交通规划中最明确的两个目标。

3. 识别需求（通过收集数据）和分析备选方案

保留地交通规划使用各种社区设施、服务和土地使用的数据作为规划分析的输入信息。通常收集以下方面的数据：

- 撞车事故。
- 当前土地开发特点。
- 开发计划和拟定开发场地。

- 人口和就业人口信息。
- 环境敏感地区，例如自然栖息地或野生动物保护区。
- 资金水平（通常为过去 5~10 年）。
- 历史和文化遗址。
- 基础设施清单，例如道路或小径的里程和位置。
- 路面和桥梁条件。
- 公众态度和愿望（通常通过调查获知）。
- 交通运行状况，如转向运动和信号定时。
- 交通性能，如拥挤或延误。
- 交通使用状况，如交通量、行人和自行车数量、公共交通乘客数量。
- 地形数据。

在现有系统上收集的数据有助于确定交通需求，通过对这些需求进行分析，以实现最具成本效益的投资计划。图 20-3 所示为纳瓦霍族保留地综合交通规划的需求评估过程，并显示了不同模式网络（如道路、机场和联运设施）和不同经济环境（如增长中心和旅游景点）如何定义交通需求及规划所需的数据。

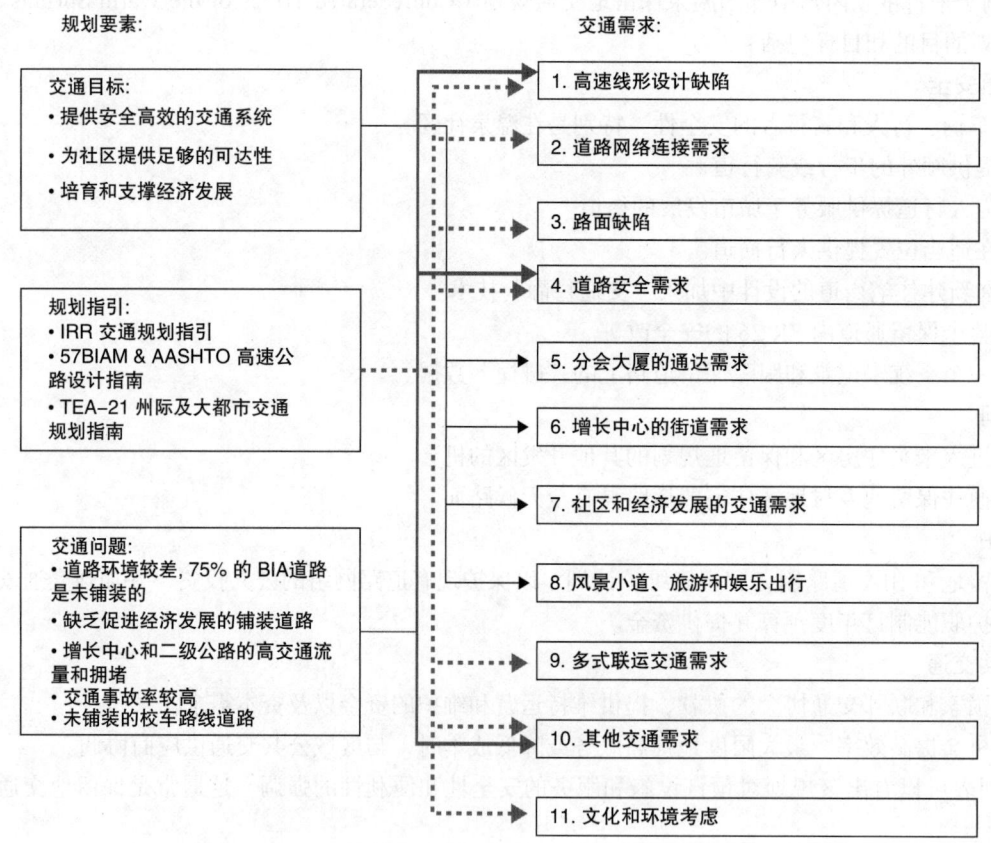

图 20-3　纳瓦霍族保留地交通规划 / 需求评定过程
来源：NDOT, 2009

风河印第安保留地关于行人和步行的研究是一个更有针对性的特定主题的研究示例。它涉及的数据的收集和分析不如更全面的交通规划那样广泛（Wind River Indian Reservation，2012）。位于怀俄明州东部的风河印第安保留地，在这项研究之前的几年中曾发生过多起行人及车辆的伤亡事故。该调查用于向家长和学童征集有关上学交通问题的信息。表 20-4 展示了家长调查的一些结果，其目的是确定影响入学方式的因素。利用这些数据，规划人员能够确定一个改进方案，以提高保留地内步行和骑行的安全性。

表 20-4 影响前往学校交通方式因素的调查数据（风河印第安保留地）

问题	比例（%）		
	是	否	不确定
距离	12.7	56.4	30.9
驾驶便利性	24.1	51.9	24.1
时间	24.5	43.4	32.1
学校吸引力	26.4	49.1	24.5
交通行驶速度	43.7	38.0	18.3
交通量	42.6	34.4	23.0
步行和骑行出行者	50.0	21.2	28.8
人行道或小路	59.0	19.7	21.3
道路交叉口安全性	44.8	37.9	17.3
道口防护装置	39.6	35.4	25.0
暴力犯罪	45.5	38.2	16.3
天气气候	46.9	32.8	20.3

来源：Wind River Indian Reservation, 2012

考虑到资金项目的问题和资质要求，保留地交通规划中考虑项目的备选方案很简单。例如，为纳瓦霍族保留地公路网制定的目标引发了有限数量的潜在投资战略——加强维护、路面修复、道路重建和铺筑新道路。同样，桥梁缺陷可以通过有限数量的工程应用来解决。当决策集中于提供主要的新基础设施或服务时，分析过程就会更加困难。在这一点上，分析备选方案的过程变得更加重要，而且往往更加复杂。

4. 评估备选方案

保留地评估过程与乡村地区的评估过程非常相似。在某些情况下，如交叉口改进或高碰撞位置安全对策的应用，评估方法可以是定量的。例如，碰撞修正系数（CMF）可用于确定在实施某些对策（见第 23 章）后可能减少的碰撞，交通交叉口软件可用于确定关键交叉口的未来运营特征，然后评估对交叉口改进产生的效益。例如，表 20-5 展示了 2030 年温泉保留地关键交叉口的预期交叉口性能（Confederated Warm Springs Indian Reservation，2014）。

表 20-5 示范交叉口分析（温泉保留地）

地点	服务水平	延误/秒	流量/容量（V/C）	95% 车辆排队长度/英尺			
				东向	西向	北向	南向
26 号公路派尤特大街	C	21.1	0.43	16	33	59	83
26 号公路好莱坞大道	B	14.0	0.30	8	57	70	—
特尼奴好莱坞大道[①]	B	14.4	0.39	75	85	99	113
26 号公路沃尔西路	E	39.2	0.67	44	13	37	111
26 号公路通道入口	C	16.5	0.28	54	0	—	67

① 通常使用的交叉口。
来源：Confederated Tribes of Warm Springs, 2014

在许多情况下，来自数据分析的信息会出现在公共论坛上，参与者被要求根据交通规划过程产生的信息对项目进行优先排序。然后，交通规划者应用分析结果，考虑保留地优先事项，纳入预期开发计划，并确定可用资金，以确定应优先考虑的项目。

5. 公众参与

保留地交通规划的公众参与使用了许多与其他规划研究相同的技术和工具，但只针对不同类型的群体。根据研究的规模，规划过程可能仅仅依靠咨询委员会或公开会议作为推广机会。对于更复杂的研究，可以制订一个公众参与计划，概述研究的主要受众和利益相关者以及将用于接触他们的技术和战略类型。下文将用一个例子来说明公众参与外展工作的特点。

作为华拉派印第安保留地远程交通规划工作的一部分，亚利桑那州交通部制订了一项公众参与计划（PIP），以"详细描述亚利桑那州交通部（ADOT）、华拉派印第安保留地和项目团队将如何征求公众意见。告知公众、保留地官员、机构和利益相关者，并让他们参与进来"（ADOT，2013）。PIP的目标是：①让利益相关者参与进来，以帮助确保最终报告包含机构和公众的参与；②提供清晰准确的信息，鼓励公众知情参与和加入；③为利益相关者提供多种方便的评论方式；④提供多种途径让公众了解项目。

确定并采访主要利益相关者，以了解他们对保留地面临的交通挑战的想法。这些利益相关者包括：
- 保留地执法联络委员会。
- 保留地教育委员会。
- 交通改善审查委员会。
- 水土保持部。
- 男孩女孩俱乐部。
- 大峡谷度假村公司董事会。
- 渔猎委员会。
- 青年营规划委员会。
- 华拉派青年委员会。
- 领先政策委员会。
- 健康委员会。
- 华拉派司法系统咨询委员会。
- 保留地文化咨询团队。
- 保留地娱乐委员会。

该计划建议设立一个技术咨询委员会，由具有对研究有价值的技术知识和专门知识的机构代表组成。此外，还建议建立一个研究网站，举行相关公开会议，联系保留地委员会、保留地长老和保留地其他重要群体，并建立电话评论热线。如上所述，这种公众参与计划虽然不是为保留地交通规划研究准备的，但它确实显示了可以使用的外联策略的类型。

6. 交通安全规划

交通安全，特别是道路安全，一直是保留地面临的首要问题。与保留地协调规划工作的联邦政府和州交通部都承认道路安全在保留地交通规划中的重要性。美国联邦公路局已经制定了关于如何制定部落交通安全规划的技术指南（FHWA，2015）。交通安全规划被定义为"确定交通安全问题及其解决策略的协作性和综合性文件。有效的交通安全规划会产生使交通系统更安全的项目。"此类计划应以数据和证据为导向，以便能够：
- *确定问题区域*：数据可以帮助保留地确定最严重安全问题和最大改进潜力的地点，从而确定优先事项。
- *评估安全策略*：通过创建和比较项目或社区层面的先后条件，通过数据跟踪或衡量进度。
- *评估结果*：数据对于跟踪进度和评估项目与计划的结果以了解其有效性至关重要。
- *资金合理化*：保留地通常必须证明不存在安全隐患，才有资格获得联邦安全计划下的拨款。

该指南确定了在保留地进行交通安全规划的 7 个步骤。

（1）第一步：建立安全领导框架

1）确定支持。

2）召集一个工作组。

3）确定并联系利益相关者。

4）制定愿景、使命宣言和目标。

5）获得保留地议会的支持。

（2）第二步：收集和分析安全数据

1）收集数据。

2）补充有限的数据。

3）分析数据。

（3）第三步：确定重点领域

1）确定潜在的重点领域。

2）优先考虑重点领域。

（4）第四步：研究并确定潜在的策略

1）研究策略。

2）确定潜在的策略。

3）确定目标结果。

（5）第五步：优先考虑并整合策略

1）确定优先次序并选择最终策略。

2）确定每个策略的责任。

（6）第六步：起草计划

（7）第七步：评估与更新交通规划

1）评估交通安全规划。

2）更新交通安全规划。

该指南提供了交通安全规划结果类型的示例，见表 20-6。

表 20-6 保留地交通安全规划的说明性策略和结果

分类	策略	目标成果	负责的组织或个人	目标完成时间
教育	开展公众教育及推广活动，提高驾驶人对行人及骑行者安全需要的认识	开展公众教育	开展公众教育	开展公众教育
执法	严格执行礼让行人的法律	减少人行横道违规事件	交通安全计划支持者（例如，风湖保留地执法人员）	正在进行
工程	实施有效的工程对策，如行人过街岛	通过提高能见度降低行人的风险	风湖交通工程首席安全工程师	2014 年 12 月
紧急医疗服务	提高行人撞车事故应急服务的响应速度	提高对行人碰撞的响应速度	风湖保留地紧急医疗服务协调员	正在进行

来源：FHWA, 2015

这些策略分为四类：教育、执法、工程和紧急医疗服务。此外，还确定了每种策略的目标成果以及目标完成时间。

红湖保留地交通安全规划中有一个例子说明了这种方法将如何应用于保留地（Red Lake Nation，2015）。

20.4 总结

人们对交通规划的兴趣和关注点主要集中在全州或大都市的问题上。许多规划工具和数据收集技术都是针对这种规模的城市和大都市规划的。然而，乡村和保留地社区也面临非常严峻的重大交通挑战。在某些情况下，鉴于其中一些社区经济落后且与世隔绝，这些地区的交通挑战甚至大于城市地区。乡村地区和保留地的交通规划过程遵循与其他规划类似的步骤。然而，问题的类型往往不同。通常，这种交通规划将更多的重点放在道路安全和条件、社区中心的可达性以及保护遗产和文化资源的需要上。由于需要投入巨量资金，乡村和保留地的数据获取和管理在交通规划研究中尤其困难。许多交通规划工具，如出行需求模型，可能不适合在这种情况下使用。此外，用于公众宣传的策略类型需要更多地针对接受服务的人群。

即使面临这些挑战，对乡村地区和保留地来说，有效的交通规划可能比其他情况更有必要，因为有效的交通投资可以显著改善乡村和美洲土著居民的生活。

注：除文中提到的参考文献外，美国社区交通协会还拥有乡村和保留地客运技术援助项目以及其他资源。联邦交通协会有一个乡村交通援助计划（RTAP），其中有一个乡村工具包，重点介绍了交通研究委员会公共交通合作研究计划（TCRP）报告 101：乡村地区协调交通服务工具包。美国公共交通协会的在线出版物部门和 TCRP 部门，提供了关于乡村交通的报告。所有 TCRP 报告均可购买或以 PDF 格式下载。美国联邦公路局的本地技术援助计划（LTAP）和保留地技术援助计划（TTAP）是小型社区和部落机构的重要资源。

参考文献

Amekudzi, A. and M. Meyer. 2005. *Incorporating Environmental Considerations into Transportation Planning*. National Cooperative Highway Research Program (NCHRP) Report 541. Washington, DC: Transportation Research Board (TRB).

American Association of State Highway and Transportation Officials. 2011. *A Policy on the Geometric Design of Highways and Streets,* 6th edition. Washington, D.C.

Arizona DOT. 2013. *Hualapai Indian Tribe Long Range Transportation Plan Public Outreach and Involvement Plan*. Phoenix, AZ. Accessed Jan. 22, 2016 from http://azdot.gov/docs/default-source/planning/hualapai-lrtp-pip.pdf?sfvrsn=2.

Arrowhead Regional Development Commission, 2011. *Fond du Lac Reservation 20-year Transportation Plan*. Accessed on Jan. 1, 2016 from http://www.arrowheadplanning.org/bicycleplanning/Plans/FDL-20YRTransportationPlan-2011.pdf.

Assembly of First Nations. 2015. Assembly of First Nations. Website. Accessed Jan. 25, 2016, from http://www.afn.ca/index.php/en/about-afn/description-of-the-afn.

BCTransit. 2014. *Southern Gulf Islands Service Discussion Document*. Victoria, British Columbia: Capital Region District. Accessed Jan. 25, 2016 from https://www.crd.bc.ca/docs/default-source/southern-gulf-islands-ea-pdf/sgi-feasibility-servicediscussion.pdf?sfvrsn=2.

Bureau of Census. 2015. *2010 Census Urban and Rural Classification and Urban Area Criteria*. Website. Washington, DC: Department of Commerce. Accessed Jan. 22, 2016 from, https://www.census.gov/geo/reference/ua/urban-rural-2010.html.

Bureau of Indian Affairs (BIA). 2014. Draft Proposed Regulations, 25 CFR 170. Washington, DC. Accessed Feb, 14, 2016, from http://bia.gov/cs/groups/webteam/documents/document/idc1-021714.pdf.

Caltrans. 2006. *Performance Measures for Rural Transportation Systems*, Technical Supplement. Accessed Feb. 14, 2016, from http://www.dot.ca.gov/perf/library/pdf/RSPMTechnicalDocument.pdf.

Caltrans. 2012. *Intelligent Transportation Systems (ITS) Rural/Non-Urban Transit Statewide Plan*, Sacramento, CA: Accessed Jan. 1, 2016, from http://www.dot.ca.gov/hq/MassTrans/Docs-Pdfs/ITS/its.rual.transit.plan_%202012-09-11c.pdf.

Clinton County. 2014. *Clinton County Comprehensive Plan 2014*. Lock Haven, PA. Accessed Jan. 22, 2016, from http://www.clintoncountypa.com/departments/county_departments/planning/pdfs/COMP%20PLAN%20ADOPTED%20APRIL%2010,%202014.pdf.

Confederated Tribes of Warm Springs Reservation. 2014. *Warm Springs Reservation Transportation Plan*. March. Accessed on Feb. 17, 2016, from http://www.wstribes.org/planning/transplan.pdf.

Easter Seals. 2006. *Transportation Services for People with Disabilities in Rural and Small Urban Communities Summary Report.* Chicago, IL. Accessed Feb. 23, 2016, from http://www.projectaction.org/ResourcesPublications/RuralTransportation/tabid/361/ctl/Edit/mid/883/ResourcesPublications/BrowseOurResourceLibrary/ResourceSearchResults.aspx?org=a2GSpnDbruI=&query=Expanding%20Mobility%20Options%20for%20Persons%20with%20Disabilities:%20A%20Practitioner's%20Guide%20to%20Community.

_____. 2012. *Assessing the Need for New Transportation Service in Rural Communities.* Chicago, IL. Accessed Feb. 23, 2016, from http://www.projectaction.org/ResourcesPublications/BrowseOurResourceLibrary/ResourceSearchResults.aspx?org=a2GSpnDbruI=&query=Needs%20Assessment.

Federal Highway Administration (FHWA). 2005. *Transportation Decision Making Information Tools for Tribal Governments; Developing a Long Range Transportation Plan.* Report FHWA-HEP-05-053. Washington, DC. Sept. Accessed Feb. 21, 2016, from http://www.tribalplanning.fhwa.dot.gov/training_lrtp_module.pdf.

_____. 2012. "Planning for Transportation in Rural Areas." Accessed Feb. 11, 2016, from https://www.fhwa.dot.gov/planning/publications/rural_areas_planning/page05.cfm.

_____. 2013. *Opportunities Exist To Strengthen FHWA's Coordination, Guidance, and Oversight of the Tribal Transportation Program,* Report No. MH-2014-003. Memorandum from Joseph Come to Federal Highway Administrator, Oct. 30. Accessed Feb. 12, 2016, from http://flh.fhwa.dot.gov/programs/ttp/documents/oig-audit-report.pdf.

_____. 2015. *Developing a Transportation Safety Plan, Information Tools for Tribal Governments.* Washington, DC. Accessed Feb. 21, 2016, from http://www.fhwa.dot.gov/planning/processes/tribal/planning_modules/safety/tribalsafetyplan.pdf.

_____. Undated. *Planning for Transportation in Rural Areas, Appendix A: Basic Steps Used to Develop Transportation Plans.* Website. Washington D.C. Accessed Feb. 22, 2016, from http://www.fhwa.dot.gov/planning/publications/rural_areas_planning/page06.cfm.

Flora, C. B. and J. L. Flora. 2008. *Rural Communities, Legacy and Change.* 3rd Ed. Boulder, CO: Westview.

Gattis, J., J. Gluck, J. Barlow, R. Eck, W. Hecker, and H. Levinson. 2010. *Guide for the Geometric Design of Driveways*, NCHRP Report 659, Washington, DC: Transportation Research Board. Accessed Feb. 12, 2016, from http://onlinepubs.trb.org/onlinepubs/nchrp/nchrp_rpt_659.pdf.

Glaze, J. and N. Ambur-Clark. 2014. *The Transformation to Tribal Self-Governance in the Transportation Arena*, TR News, September-October, No. 294. Washington DC: Transportation Research Board.

Maciejewski, C. 2009. Creating an Operations-Based Travel Forecast Tool for Small Oregon Communities. Accessed Feb. 23, 2016, from http://trbappcon.org/2009conf/TRB2009papers/1602_Maciejewski_TRB_App_Con__Paper.pdf.

Martin, W. and N. McGuckin. 1998. NCHRP Report 365: *Travel Estimation Techniques for Urban Planning.* Washington, DC: Transportation Research Board. Accessed Feb. 17, 2016, from http://ntl.bts.gov/lib/21000/21500/21563/PB99126724.pdf.

Myers, J. 2014. *Indian Country 101, History, Geography, Policies, and Initiatives Affecting Tribal Transportation Infrastructure*, TR News, September-October, No. 294. Washington DC: Transportation Research Board.

National Congress of American Indians and The Leadership Conference Education Fund, 2013. *Tribes & Transportation, Policy Challenges and Opportunities*, Accessed on Jan. 29, 2016, from http://www.ncai.org/attachments/PolicyPaper_YqsLwhwKqnsoykhODfdqeLvPgtHrddwCuXqohOzVyrIdnOXPFpV_NCAI%20Tribal%20Transportation%20Report.pdf.

National Highway Traffic Safety Administration (NHTSA). 2014. *Traffic Safety Facts, 2012 Data, Rural/Urban Comparison.* Report DOT HS 812 050. U.S. DOT, Washington, DC. Accessed Feb. 22, 2016, from http://www-nrd.nhtsa.dot.gov/Pubs/812050.pdf.

National Rural Assembly. Undated. Website. Accessed Feb. 22, 2016, from http://ruralassembly.org/the-rural-compact.

Navajo Department of Transportation (NDOT). 2009. *2009 Navajo Nation Long Range Transportation Plan.* Accessed Jan. 23, 2016, from http://navajodot.org/uploads/FileLinks/cc9b686acc8748c595432b79ee53efd2/2009lrtp.pdf.

North Carolina DOT. 2012. 2012 *Clay County Comprehensive Transportation Plan.* Accessed Feb. 22, 2016, from https://connectncdot.gov/projects/planning/TPBCTP/Clay%20County/Clay_Report.pdf.

Perone, S., T. Carr, and D. Upton. 2006. "Forecasting Traffic Impacts on a Citywide Street Network in the Absence of a Travel Demand Model." *Transportation Research Record: Journal of the Transportation Research Board*, No. 1981, Washington, DC: Transportation Research Board.

Red Lake Nation. 2015. *Red Lake Nation Transportation Safety Plan*, Red Lake, MN. Accessed Feb. 23, 2016, from http://www.redlakenation.org/vertical/Sites/%7B42AA5AD0-3699-49A6-B509-2D50578A7A6F%7D/uploads/safety.JPG.

Research and Innovative Technology Administration (RITA). 2013. *Traffic Safety Statistics*. Accessed Feb. 23, 2016, from http://www.rita.dot.gov/bts/sites/rita.dot.gov.bts/files/publications/national_transportation_statistics/html/table_02_18.html.

Ripplinger, D. and B. Brand-Sargent. 2010. *Technology Adoption by Small Urban and Rural Transit Agencies*. Upper Great Plains Transportation Institute, North Dakota State University. Accessed Feb. 16, 2016, from http://www.fltod.com/research/transportation/technology_adoption__by_small_urban_and_rural_transit_agencies.pdf.

Rose, D., J. Gluck, K. Williams, and J. Kramer. 2005. *A Guidebook for Including Access Management into Transportation Planning*. NCHRP Report 548, Washington, DC: Transportation Research Board. Accessed Feb. 17, 2016, from http://onlinepubs.trb.org/onlinepubs/nchrp/nchrp_rpt_548.pdf.

Southern Alleghenies Planning and Development Commission. 2008. *Coordinated Public Transit – Human Services Plan*. Altoona, PA. Accessed Feb. 22, 2016, from http://www.sapdc.org/documents/Coordinated_Public_Transit-Human_Services_Plan.pdf.

Southern Alleghenies Rural Planning Organization (RPO). 2012. *2013-2037 Long Range Transportation Plan*. Altoona, PA. Accessed Feb. 22, 2016, from http://www.sapdc.org/documents/2013-2037_S_Alleghenies_LRTP_Full_Doc.pdf.

Statistics Canada. 2011. Aboriginal Peoples. Website. Accessed Feb. 25, 2016, from http://www5.statcan.gc.ca/subject-sujet/theme-theme.action?pid=10000&lang=eng&more=0.

Stoddard, A., D. Sampson, J. Cahoon, R. Hall, P. Schauer, and V. Southern. 2012. *Developing, Enhancing, and Sustaining Tribal Transit Services: A Guidebook*. Transit Cooperative Research Program (TCRP) Report 154. Washington, DC: Transportation Research Board. Accessed Feb. 22, 2016, from http://www.wsdot.wa.gov/NR/rdonlyres/88CA9D22-7E54-40D1-8AAC-E5B735B196C3/0/TCRP_TribalTransitServicesGuidebook_154.pdf.

Texas Department of Transportation. 2012. *Texas Rural Transportation Plan 2035 - Final Report*. Austin, TX. Accessed on Feb. 23, 2016, from http://www.txdot.gov/government/reports/trtp-2035-report.html.

Transportation Research Board. 2003. *Access Management Manual*. Washington, DC: Transportation Research Board.

Washington, S., M. Meyer, I. van Schalkwyk, E. Dumbaugh, S. Mitra, and M. Zoxll. 2006. *Incorporating Safety into Long-Range Transportation Planning*. NCHRP Report 546. Washington, DC: Transportation Research Board. Transportation Research Board. Accessed Feb. 12, 2016, from http://onlinepubs.trb.org/onlinepubs/nchrp/nchrp_rpt_546.pdf.

Washington State DOT. 2009. *Tribal Transportation Planning Guide for Washington State*. Compiled by D. Winchell and R. Rolland, Washington State DOT and the Tribal Transportation Planning Organization. Olympia, WA. Accessed Feb. 22, 2016, from http://www.wsdot.wa.gov/NR/rdonlyres/D9668173-F25F-448B-B571-57EB32122036/0/TribalTransportationPlanningGuideforWashingtonState.pdf.

Wind River Indian Reservation. 2012. *Pedestrian and Walkway Long Range Transportation Plan*. Accessed Feb. 22, 2016, from http://www.jamesgoresandassociates.com/DocFiles/Final_Draft_Report_WRIR_Pathways_2_15_12.pdf.

第 21 章

休闲度假地规划

21.1 引言

在过去 50 年里，休闲区和国家公园的旅游出行是美国乃至全球范围增长最快的出行项目之一。这其中的主要原因是人口的增加，其次是偏远公园和休闲区可达性的提升。为满足休闲度假地的来往交通可达，保证园区内部交通畅通，休闲度假地规划已成为交通规划领域的一部分。休闲景点，特别是国家公园或野生动物保护区，往往对一个国家具有独特的生态价值；因此，它们所代表的资源需要得到可持续的管理。这就需要从战略角度来看待游客、员工和货物如何进入和使用公园的交通系统。在许多地方，道路及周边网络本身非常脆弱，而且通常难以承载大交通量或重型车辆。面对气候变化和极端天气事件，路网的脆弱性可能导致公园陷入瘫痪，因此有必要将韧性交通设计纳入休闲区交通规划。

休闲区具有非常多的类型。在美国，有 400 多个国家公园系统和 6600 多个州立公园。部分休闲区由联邦政府机构管理，包括美国林业局、美国鱼类和野生动物局和土地管理局。在州和地方层面，休闲区可以包括湖泊、河流和海滨；也有私人的休闲区。虽然休闲区交通规划的概念适用于上述所有内容，但本章中的许多例子都来自美国国家公园。

本章将描述休闲度假地交通规划的特点，其中主要集中在大型公园或休闲区。第 21.2 节和第 21.3 节将介绍休闲度假出行和游客使用的交通系统的特点。第 21.4 节将讨论游客自身的交通特征，以及这些特征导致的交通系统需求。第 21.5 节主要介绍休闲区的交通规划流程，主要规划步骤如图 1-1 所示。第 21.6 节将解释与休闲游客和周围社区沟通的重要性，最后一节将讨论休闲区交通规划未来面临的挑战。

21.2 休闲度假出行特点

在任何交通规划过程中，了解研究区域内的出行特征是重要的第一步。与休闲娱乐相关的交通规划尤其如此，因为与通勤出行或其他目的出行相比，休闲区本身的特点、为其服务的交通系统以及出行人群都有很大不同。

旅游和休闲出行在活力、重要性和交通复杂度方面都在增加。2014 年，美国有 18 个国家公园系统的游客量超过了 400 万人，42 个国家公园系统的游客量超过了 200 万人。各类休闲区参观人数的增加，造成道路拥堵日益严重，自然环境承受更大压力，而且在许多地区，交通对空气质量的影响重新引起人们的关注。这些问题潜在影响了游客的旅行体验，削减了度假地区的吸引力。人们希望在度假旅行中摆脱日常交通拥堵和停车难等问题，远离拥挤的交通系统和恶劣的周边环境。休闲社区的交通系统需要使游客感到舒适放松和服务周到（尽管对系统并不熟悉），从而对出行体验感到满意。

休闲社区是指经济严重依赖旅游业的任何社区。这一定义不作严格解释，因为许多社区更愿意将自己定位为休闲目的地。通常情况下，国家公园的门户社区应当紧邻公园。然而，距离公园入口几英里的社区有时也将自己称为门户社区。原因在于，重要景点可以对周边较大面积的地区产生经济和资源的积极影响。例如，2014 年优胜美地国家公园的 388 万名游客在公园附近的社区花费了 4.05 亿美元。这些支出支持了当地 6261 个就业岗位，并为当地经济带来了 5.35 亿美元的累计效益（National Park Service，2015）。

尽管一些大城市把经济的大部分目标放在吸引游客上（例如，拉斯维加斯、内华达和佛罗里达州奥兰多），但大多数休闲社区都是中小型城市。因此，尽管主要城市的交通系统都是针对当地居民并考虑到了游客，但许多较小的休闲社区全年都有本地人，出行人数也大得多。这些社区的交通系统往往侧重于处理涌入的游客，而不是相对较小的当地人口的流动需求。

休闲出行与城市出行的重要区别在于：

- 高峰需求可能出现在不寻常的时间，例如出现在用餐时间和日落时分，而不是在工作日的开始和结束时。城市附近的休闲目的地周末的游客量可能最大，而偏远的目的地周末和工作日的交通量可能保持一致。
- 尽管许多休闲区位于偏远地区，但游客通常来自大都市地区，这使得游客对旅行时间和交通频率非常敏感。因此，交通系统需要提供高质量的度假服务。如果交通服务质量达不到高标准，游客可能会选择其他目的地度假。
- 尽管交通规划通常侧重于游客的机动性，但休闲区的交通必须满足当地劳动力的通勤需求。此外，除非全年探访需要持续服务，否则公共交通和当地交通系统的运行也必须考虑季节性劳动力的出行需求。
- 在许多休闲区，超过一半的交通系统用户可能是第一次到访该地区；因此，特别需要高效传播方便游客出行的交通服务信息。
- 许多休闲区正是因为当地的复杂地形和天气而富有吸引力。但是这些地方的通行可能需要特殊车辆和驾驶技能。独特的生态系统和湿地的存在同时也需要对该地区进行特别的生态保护。由于休闲区往往具有生态敏感性，其交通规划应表现出对环境可持续性和生活质量的高度敏感性。这些特性是吸引游客到休闲区的第一要素，因此必须保持甚至加强这些特性。
- 以自然风光为特色的休闲区有很多野生动物，这为交通出行带来一定挑战。这些地区的道路安全工程师需要为驾驶人和野生动物的安全进行特别设计，公共关系专业人员需要让不熟悉的驾驶人意识到当地特有的危险，环保人士需要与交通专业人士合作，保护小型物种和植物免受行人和车辆交通的破坏，减少对栖息地的人为威胁。
- 休闲区的规划必须考虑到多个司法管辖区的要求和需求，因为游客的出行可能分布在公共和私人场所、当地街道、国家高速公路以及联邦土地。然而，与大都市的交通规划背景有所不同的是，休闲区会有环境保护组织和团体更多地参与规划过程。
- 休闲出行的交通需求对当地交通系统造成很大压力。通常情况下，交通系统的提升项目资金将依赖于游客游览票价或其他费用。然而，当交通系统的资金来自其他政府来源时，根据居民人口分配资金的传统分配公式，无法适应交通需求的显著季节变化。

在最受欢迎的美国国家公园，最常见的交通问题是出入口站点和交通系统的拥堵和停车困难。

21.3 为休闲度假区服务的交通系统特点

以下几个特点，在改善休闲区交通系统表现时需要重点考虑。

21.3.1 出行方式

休闲区交通分析，需要将交通方式的属性与休闲区特征，以及可能产生游客需求的旅游市场的特征进行匹配。许多休闲社区的一个重要特征是可以通过多种交通方式进入景点，例如出租车、摩托车、公共汽车、自行车、步行或者游船。考虑到交通方式的多样性，交通系统本身多式联运的连通性是很重要的，例如游客把自行车放在公共汽车货架上，乘坐公共汽车后可以骑行。

人们进入休闲区的方式影响着他们在休闲区内的出行行为和方式选择。如果游客租车来参观，则他们可能会在逗留期间使用这辆车。如果游客到达机场后，找到了方便的公共交通或出租车将把他们带往目的地，那么他们就不需要私家车在景区通行。因此，交通规划人员应该把景区门口作为休闲区出行方式选择的分水岭，游客在这里决定使用哪种交通方式。通过对前期出行决策点的关注，交通规划人员可以影响整个休闲区的交通需求。

一些偏远地区的休闲目的地，例如某些岛屿或者阿拉斯加，很难乘坐公路车辆进入。游客在这些地方就要使用当地的交通方式（如船只和小型飞机）到达目的地，非机动车或小型公共交通系统可能是景区内部流通的主要方式。例如，一半的阿拉斯加德纳利国家公园和保护区的游客乘坐游船抵达阿拉斯加的安克雷奇，然后乘坐铁路前往公园，并乘坐德纳利的公共汽车进行观光。在这些类型的地点，交通规划往往侧重于确保有足够的能力来满足需求。

小轿车和轻型货车：私人机动车辆造成的交通堵塞，在许多休闲区是一个日益严重的问题。考虑到自然屏障、历史保护要求、地方政府的管辖困难、私有土地或州政府或联邦政府的土地等，用传统的基础设施方法（例如增加更多的道路车道）来处理这种拥堵通常是不可行的。例如，在冰川国家公园，最拥挤的道路设施是向阳大道，它被列在3个历史登记册上。由于其历史性的设计，它不能加宽超过其历史上的两条11英尺（3.4米）车道。这一历史性的宽度，再加上山区的迂回，阻止了现代休闲车（RV）和大型皮卡车使用这条道路。

在许多休闲区，大部分道路拥堵都与停车有关。许多游客为了减少步行距离，都会开车到距离景点很近的停车场。对于热度很高的景点，会有许多车辆排队等候车位，这可能导致严重的停车拥堵。如果当地酒店在休闲景点步行距离内建立足够的停车位，这个问题可能会得到缓解。当停车需求超过停车位的供应时，游客通常会在路边停车，这将破坏敏感的生态系统。

交通安全问题也会以特殊形式出现。部分驾驶人可能不熟悉道路网络和停车场；有些心不在焉的驾驶人行驶的街道上，同时会出现在当地村庄闲逛的行人（包括小孩），或者在公路上徒步的旅客。在山区和蜿蜒的海岸线上，驾车行驶的困难也为交通安全带来进一步的挑战。

非机动交通方式：休闲社区的一个显著特点是拥有大量的步行游客。根据国家公园管理局交通规划指南，"骑自行车和步行比机动车出行更加舒适便捷，特别是与高效的公共交通服务相结合时。要使这些交通方式获得普及，它们必须是安全、令人愉快和便捷的。理想情况下，游客应在离家前了解汽车的替代出行方案，以便他们能够利用公园内的步行、骑行和公共交通设施以及可用的服务"（NPS，2014）。指南概述了提供交通标志、区分自行车道、改善人行横道、拓宽道路路肩、建立安全区、修缮桥梁、建立路线连接、执行道路规则、提高能见度、减少障碍物和规定行车时间的必要性和方法。该指南认可与自行车、自行车存放和自行车租赁的交通兼容性设施。

公共交通：休闲区的交通研究通常是从潜在可行的公共交通服务开始的。公共交通可以减少停车需求，减少交通拥堵（在某种程度上，汽车使用者正在用公共交通方式代替他们的汽车出行）。例如，图21-1所示为冰川国家公园的公共交通乘客人数和占游客总数的百分比。在持续约10周的运营季节，8年的平均载客量为144000人次。

为了提高效率，休闲区的公共交通系统必须提供高质量的度假服务，让人们倾向于认为这比私家车出行更好。在某些情况下，这得益于限制车

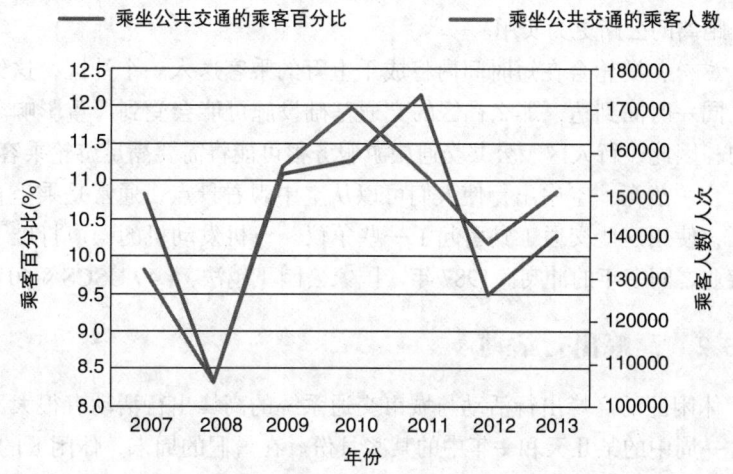

图21-1　冰川国家公园公共交通分担率及乘坐公共交通的人数（2007—2013年）
来源：Glacier National Park, 2012

辆使用的政策，例如限定公共交通作为进入某些地区的唯一途径。在没有此类限制的情况下，应针对访问休闲区的不同旅客市场开展营销活动。

广义上的公共交通有多种类型的车辆和服务。胶轮公共交通（主要是各种形状和尺寸的公共汽车，包括露天公共汽车和看起来像电车的公共汽车）为公共交通运营商提供了极大的服务灵活性。如果由于长期趋势或临时事件而出现需求，则可相应分配容量以满足需求。

公共汽车服务既可以为游客服务，也可以为员工服务。在休闲区景点工作的人中，没有私家车的比例很高，高土地价值使得经济适用房稀缺。例如，到南卡罗来纳州海滩工作的服务人员每天乘坐两小时的公共汽车，以

获得最低工资的服务工作。当地的经济适用房很可能是解决这一问题的办法，但公共交通是一种权宜之计。

公共汽车最大的缺点之一是它们使用现有的道路，因此经常像其他车辆一样陷入拥堵。这一缺点可以通过限定入口和信号调控（在城市地区）的方式解决，从而实现"公交优先"。公共汽车的另一个主要缺点是游客对公共汽车的行程不确定，但是合理的规划和营销可以解决这个问题。虽然信息发布是提升公共交通便捷度的关键因素，但简单的线形设计有时可以更有力地传递信息。在锡安国家公园，路边的公共汽车站很容易引导游客前往公共汽车方向，而位于停车场的站点则会使游客感到困惑，并导致公共汽车线路出现大量问题。

除了在高度城市化的公园环境下，公园游客不太可能选择轨道交通（轻轨、单轨、有轨电车、导轨胶轮列车，还有在休闲区不常见的地铁等重轨）。轨道系统对不断变化的服务需求几乎没有灵活性。在讨论休闲区的铁路时，有一种特殊的轨道模式值得特别注意。单轨铁路作为一种用于休闲区的铁路技术而享有盛誉（不论正当与否）。自从1962年在华盛顿西雅图世界博览会上首次使用单轨铁路以来，很少有城市采用这种系统，尽管迪斯尼主题公园和拉斯维加斯现在都有这样的系统。虽然迪士尼公司不向政府机构报告乘客人数，但单轨铁路协会（2013）报告说，佛罗里达迪士尼世界的单轨乘客日均超过15万人。

雪地车：在过去的几十年里，雪地车的使用有了显著的增长。2014年，美国注册的雪地车有140万辆（明尼苏达州和密歇根州远远超过其他州）；加拿大注册的雪地车有594276辆（International Snowmobile Association, 2014）。与摩托艇类似，因为噪声和空气污染物等相关环境影响，雪地车的使用经常受到批评。虽然一些公园，比如冰川国家公园，已经禁止在公园内使用雪地车，但其他已经允许使用雪地车的公园则以谨慎的方式进行管理。

需要联运连接的交通方式：休闲区的几种常用旅行方式通常不属于交通规划的主题，但它们的使用通常需要与个人车辆或公共交通服务的联运连接。划船和私人船艇，无论是机动的还是非机动的，在许多休闲区已经非常流行。划船者通常参加一系列活动。只有8%的人把时间花在划船上，而80%的租船人（40%的非本地船民）会去野餐，15%~20%的人会去远足。岛屿社区、公园和度假村经常鼓励乘坐小型飞机旅行；阿拉斯加是美国通用航空活动最频繁的地区，因为恶劣的冬季条件使始发地和目的地的小型跑道的维护比修建（和维护）连接长距离的公路更为实用。

游轮：游轮会在短时间内将成千上万的乘客送入一个社区，这给交通规划带来了独特的挑战。如果许多游轮在同一时间到达，那么社区的交通基础设施可能会受到严重影响。所有的乘客都是在没有私家车的情况下到达的；因此，行人区、公共交通旅游服务很可能将需要满足游轮乘客的大部分交通需求。

空中出行：空中出行使人们可以从空中观看景点，通常是乘坐直升机或小型飞机来实现。在某些类型的休闲区，使用这些交通工具引起了一些争议。飞机发动机的噪声打破了大自然的静谧，导致了保护主义者和航空旅游业之间多年的冲突。1987年《国家公园飞越法》（49 USCS § 40128）为国家公园制定了更严格的噪声标准。

21.3.2 高峰出行活动

休闲区的高峰出行活动与城市交通系统的高峰出行活动有很大不同。高峰旅行可以出现在一天中的某些时间、一周中的某几天和一年中的某些月份。在暑假的周末，休闲区的游客会激增。

年高峰（一年中的某些月份）：休闲区通常有三种类型的季节，即旺季、平季和淡季。旅游旺季是指一年中游客最多的月份。美国的旅游旺季通常发生在夏季的6月、7月和8月，学生们在这些时间放暑假。不同公园的旺季时间长短不同；天气状况通常会决定旺季的出现和持续时间。

平季发生在进入旺季之前的几周和结束之后的几周。休闲区的游客量从淡季的低游客量过渡到旺季的高游客量。同样，旺季过后，在旺季和淡季之间的时间内，游客数量通常适中。平季时期指的就是这样游客适中的时间。

在淡季，休闲区通常只接待少量游客。通常，景点和商业相关设施会在淡季关闭，因为淡季保留员工和继续运营将造成亏损。

休闲区的地理位置会影响其游客季节的持续时间和强度（图21-2）。像温泉国家公园（阿肯色州）一样，在一天车程内的城市休闲区全年都会有源源不断的周末游客，但大多数休闲区的游客都是在夏季（当然，除了那些提供滑雪旅游的景点）。北部旅游目的地，如阿拉斯加州的德纳利和缅因州的阿卡迪亚，夏季的几个月里道路通畅，而没有这些限制的南部旅游景点，旺季可能会提前开始，晚些时候结束。犹他州锡安国家公园的沙漠酷热，夏季平均温度为95~107 ℉（35~42 ℃），与气候较冷的地区相比，夏季游客较少。

季节性访问的时间和强度会影响当地的交通服务。最值得注意的是，交通服务和基础设施在淡季往往是不必要的和未使用的。具有短时间陡峭山峰的休闲区面临着困难的挑战，即在几个月内提供足够的容量来满足游客需求，然后在漫长的淡季期间维持成本。

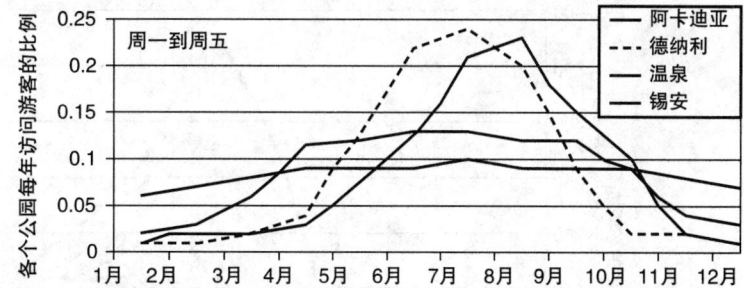

图 21-2　缅因州阿卡迪亚、阿拉斯加州德纳利、阿肯色州温泉和犹他州锡安 4 个国家公园的游客高峰期持续时间和强度（2015 年）
来源：Data from United States, National Park Service Traffic Counts

以基础设施为基础的交通系统，如公路网和自行车道，不会受到季节性的影响，除非在高峰时最容易感觉到拥堵。智能交通系统（ITS）技术（见第 10 章）通常可在需求不再证明其运行（和成本）合理时关闭。服务合同通常会相应地进行协商。

当大量的人想在多个集中点之间移动时，公共交通系统运行得最好，因此旺季的人群可以在公共交通上高效地移动。然而，高峰期短的季节意味着需要雇佣大量的司机从事短期工作。由于高峰较低，季节较长，需要较长时间运输的人数较少。这类地区的公共交通系统需要较少的季节性司机，但可能难以聚集足够的乘客来证明公共交通运营的成本，特别是如果该地区有分散的游客目的地。此外，游客季节较长的休闲区可能需要在阵亡将士纪念日之前和劳动节之后运营，这可能会使雇用司机变得困难，因为许多司机在不进行季节性运输的情况下驾驶校车。

周高峰（一周中的某几天）：每周的高峰行为也取决于休闲区的类型。偏远地区的度假目的地需要大量的出行前规划，而且通常需要预订住宿酒店，这往往会鼓励游客长期停留。在这样的地方，周末和平日的探访几乎没有区别。然而，人口中心内或附近的休闲区通常会在周末吸引更多的短途出行。

作为目的地的冰川国家公园（Glacier National Park），每天的游客量几乎没有变化，但当天气和野火使周末休闲游客望而却步时，就会出现一些差异。长途跋涉的度假者倾向于继续他们的计划，较平日出行保持稳定（图 21-3）。

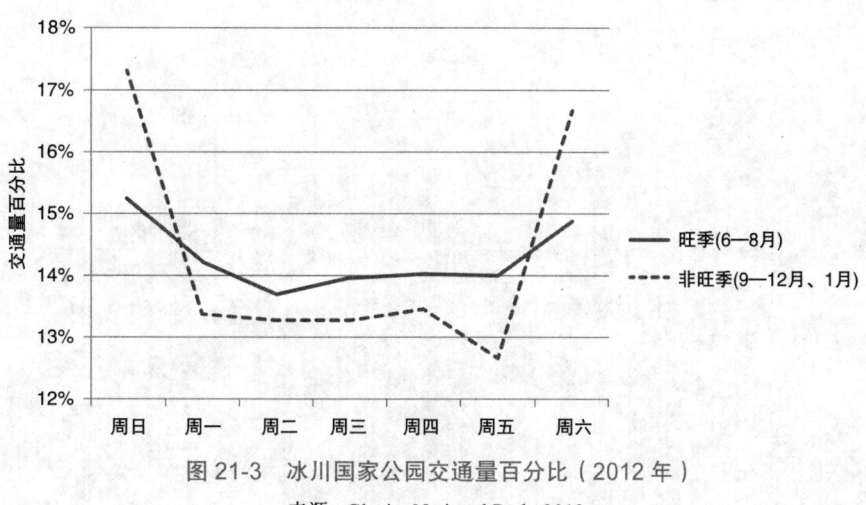

图 21-3　冰川国家公园交通量百分比（2012 年）
来源：Glacier National Park, 2012

日高峰（一天中的某些时间）：城市地区在上班族上下班的早晨和下午呈现出明显的高峰。小高峰出现在午餐时间和儿童上学日结束时。休闲区也会出现人们在相似时间离开住宿地去游览景点的现象，但需求往往不遵循传统的双峰模式（图 21-4）。城市高峰交通时间通常发生在传统的通勤时间，而休闲区交通高峰时间通常发生

在活动、用餐时间和日落时间。在大多数休闲区，早高峰开始时间较晚。

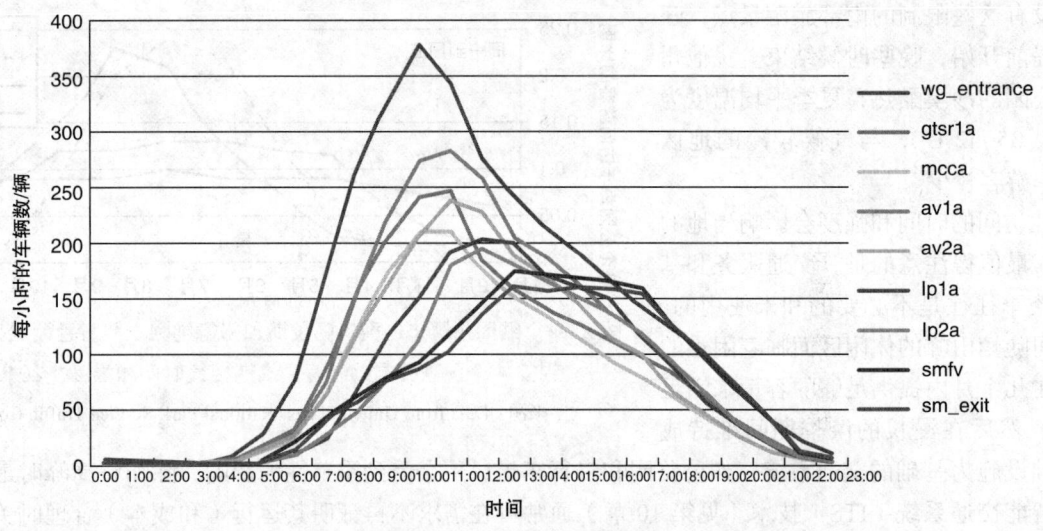

图 21-4　冰川国家公园通往向阳大道不同位置的每小时车辆数（2012 年）

来源：Glacier National Park, 2012

当休闲区有特殊活动时，活动日程安排可能会决定活动高峰。通常情况下，登山者在黎明前开始他们的旅程，这可能会产生一种特殊的需要，即比在大都市地区更早地确保道路畅通。夜间燃放烟花会在活动开始前带来逐渐增多的交通流量，导致驾驶人分心和演出期间交通拥堵，并在最后一场演出结束后突然造成大量返回住宿区的交通需求。

一年中的一天：休闲区的出行变化也可以通过一年中的一天来描述。例如，图 21-5 所示为 2014 年每天通过锡安国家公园南入口站的车辆数量。在总统节、春假、复活节、阵亡将士纪念日、独立日、劳动节、退伍军人节、感恩节和圣诞节 - 元旦期间，探视人数明显增加。在其他国家公园中也发现了类似的日复一日的概况。有些公园的"平季"很短，而在其他公园，平季则相当长。一些公园在许多周末都会出现高峰。图 21-6 所示为一年中每天进入的车辆数量，并以从高到低的柱状图格式显示数据。图片所示为在一年中 10 个最高日满足交通需求带来的挑战。这种影响在大多数休闲区都存在，无论是国家公园、州立公园还是其他类型的休闲区。

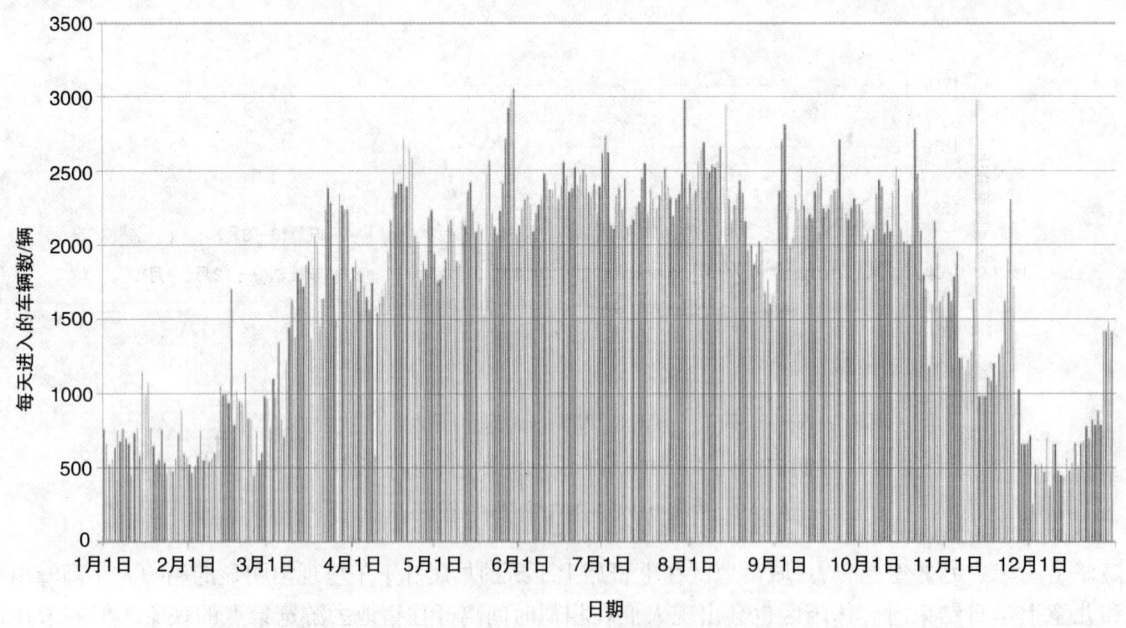

图 21-5　一年中的一天进入锡安国家公园的车辆数（2014 年）

来源：Courtesy of Dr. Jonathan Upchurch

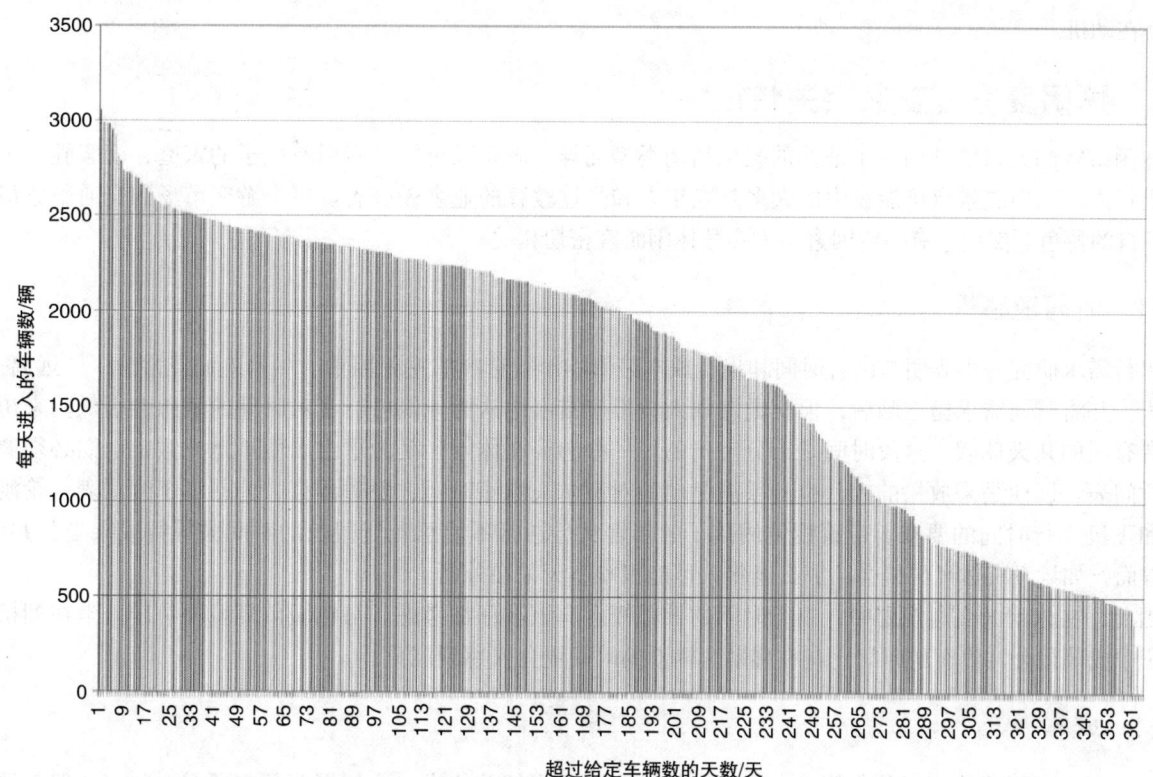

图 21-6 进入锡安国家公园的车辆从最高到最低排名（2014 年）
来源：Courtesy of Dr. Jonathan Upchurch

21.3.3 结伴出行和车辆占有率

人们通常不会单独去休闲区。国家公园管理局根据每辆车的平均载客量估计游客数量，大约为每辆车 2.8 或 2.9 名乘客。这一平均占有率与 2010 年美国全国平均车辆占有率 1.67（包括所有出行类型）形成对比。鉴于在休闲区结伴旅行的人数较多，交通规划人员应注意以下几点：

- 公共交通票价结构应考虑团体而非个人的总成本。对于一个四口之家来说，10 美元的个人票价相当于 40 美元的自付费用。这个家庭会比较 40 美元的交通费和 15 美元的停车费，然后做出相应的方式选择。
- 休息区、休息设施和购物区的设计应以潜在的巨大行人流量作为设计标准。

21.3.4 单程交通

某些娱乐活动（通常在自然环境中进行）会导致游客在离出发地几英里的地方结束旅行。在公园里，单程野外徒步旅行、划船或滑翔伞吸引了大量的参与者，交通规划人员可以通过提供交通服务来减少地面交通和停车拥堵。根据休闲区的特点，单向模式可能需要特殊规定。例如，在河上划船非常流行的地方，交通规划人员可能需要建立一个预约系统，以防止河道拥堵成为安全隐患。在这种情况下，出发点和车辆停放点之间的定期交通服务将减少交通和停车问题。在划船人数较少但数量可观的地区，按需服务可能是有意义的。

在游客不希望返回出发地的情况下，公共提供单程交通可能会变得困难。在河上划船的情况下，人们通常希望回到他们离开车辆的地方，并需要一些返回的方式。在一般旅游的情况下，人们通常不想因为他们要返回停放车辆处而再次看到这些景点。例如，黄石国家公园可以容纳大量的汽车交通量，然而许多人参观黄石国家公园是游览该地区其他公园（如大提顿和冰川国家公园）的一部分。从南部进入的游客可能希望向北出发，这就使得他们很难将车辆放在南部入口，然后乘坐公共汽车游览，下午返回，晚上再开车穿过公园继续向北出口的旅程。这些类型的出行模式表明，需要良好的出行数据和分析，以便规划人员能够理解在休闲场所进行出行的潜在动机。

21.4 休闲度假者交通相关特征

休闲游客的人口统计因一个地区的娱乐活动类型而异。游乐园可能会吸引有孩子的家庭，度假胜地可能会吸引成年人，而历史景点可能吸引的大多是老年人和受过教育的业余爱好者。每个游客市场的交通服务很可能需要各自的特色。然而，有一些因素与大多数休闲游客密切相关。

21.4.1 时间敏感性

出行需求研究一再表明，出行时间和出行成本是影响出行选择的主要因素。尽管人们经常为了"远离一切"而休假，并将时间需求抛在脑后，但交通规划人员不应错误地认为休闲旅行者对时间的敏感性很低。来访者通常只有有限的几天休假，这段时间是十分宝贵的。一些游客在休闲区是为了会议而不是度假，他们必须遵守严格的时间表。即使是来放松的人，也必须满足他们对高尔夫球座时间、晚餐预订、公共汽车时刻表、轮渡出发时间和飞机飞行时间的要求。带着疲倦的孩子的年轻父母通常不愿意花费很长的时间去等待或乘坐公共汽车。另一方面，如果没有休息的机会，那么老年人可能很难整天呆在外面。

因此，在休闲区交通规划中，出行时间的核心概念应该被仔细考虑。与在城市环境中一样，坐在拥挤的公共汽车中或等待公共汽车的时间比花在移动车辆上的时间更让人感到沉重。

21.4.2 成本

旅行成本会影响旅行者的决策，尤其是与旅行实际费用相关的成本。如果公共交通需要收费，但是停车是不收费的，那么大部分的旅行者都是选择小汽车出行。相反，如果私家车主必须付费停车，而公共交通服务是免费的，那么公共交通服务将更有吸引力。图21-7所示为在优胜美地国家公园，当公园特许经营员工在公园班车服务中失去免费通行证时所经历的交通方式转变……当员工乘坐私人车辆上班时，通勤乘客的季节性高峰消失了。

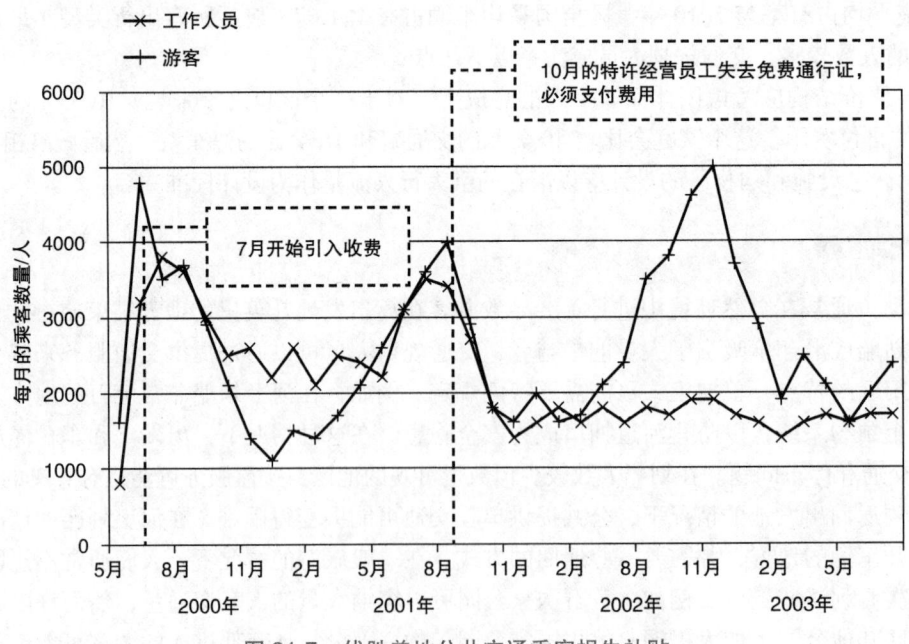

图 21-7　优胜美地公共交通乘客损失补贴

来源：Data from United States National Park Service Traffic Counts

21.4.3 服务灵活性

交通系统应能满足尽可能多的游客出行需求，同时具备性价比。因此，进入休闲区本身可能是此类社区中交通系统最重要的目的，但连接杂货店、宗教和医疗场所、多式联运中心（如机场或轮渡码头）和其他商业/餐厅的位置也需要交通服务。如果去餐馆吃早餐需要一辆私家车，那么这辆车很可能一整天都呆在路上，或者如果公共汽车线路无法到达热门商店，游客将开车去那里购物。在可能的情况下，休闲区应当提供尽可能灵活的交通选择，以满足大多数预期的出行。当然，特殊交通服务通常不能满足研究区域内的所有出行目的；在规划过程中，系统设计本身就应当考虑服务/成本权衡。

21.4.4 个人物品

度假的人往往比非娱乐出行的人有更多的行李和个人物品。这些行李不仅包括正常的换洗衣服和洗漱用品，而且通常还包括一系列特殊物品，如沙滩装备、滑雪设备、照相机和自行车。在公共交通服务中处理行李是一项挑战，因此，某些类型的游客可能需要不同形式的个人物品存储空间。出于安全问题的考虑，游乐园甚至可能禁止游客携带背包或大型摄像设备。

21.4.5 信息需求

到休闲区的游客通常不熟悉当地的交通网络。驾驶人不熟悉道路路线或道路封闭绕行等信息；公共交通乘客不知道站点的位置和到达站点所需的时间；行人几乎不知道如何在社区中导航。这些对道路陌生的游客需要更多交通信息的发布。这些信息应通过网站提供，以便游客规划行程，同时也应当在现场提供，以便游客在使用交通系统时及时获得信息。这也使得一线员工（酒店职员、服务员等）以及交通管理人员的培训变得至关重要。

21.4.6 安全

游客如果不熟悉周围环境也会引发安全问题。未曾使用过的交通服务和交通方式会让不熟悉的游客分心，也会使他们感到困惑。在某些情况下，旅客甚至可能需要紧急通道。例如，冰川国家公园的护林员必须经常营救那些在向阳大道上开车的人，因为一些驾驶人看到路边陡峭的悬崖时会惊慌失措（Glacier National Park, 2014）。

21.5 休闲度假地交通规划

休闲区交通规划是检查进入休闲区的交通通道以及游客、员工和货物分销商在这些场所内交通流通状况的过程。休闲区交通规划如图 21-8 所示。该过程在结构上类似于图 1-1 所示的总体交通规划过程，并反映了国家公园管理局制订的国家公园规划指南（NPS，2014）。以下章节提供了图 21-8 所示的规划步骤中的更多细节。

21.5.1 合作与公众参与

一般来说，交通规划涉及多方，每一方都与结果有利害关系。对于休闲区交通规划来说，这当然是正确的。除了当地投资方（表 21-1），一些州和联邦政府机构可根据所考虑的休闲区类型，为交通系统提供专业知识和财政支持。当地公园和休闲区不太可能有这种参与。

美国国家公园管理局（NPS）的交通规划人员发现，政府机构、私营企业、非营利组织和其他投资方之间的合作关系导致交通系统受到公园游客和门户社区的欢迎。例如，当社区合作伙伴参与锡安国家公园的规划过程时，规划的交通设计从仅限公园的系统变为服务于门户社区和公园的双环系统。由此产生的系统减少了在公园内停车的需要，并为游客提供了进入餐馆和商店的免费通道（Shea，2001）。阿卡迪亚国家公园的交通规划人员也对合作伙伴关系给予了肯定，他们创造了一个系统，用于满足当地企业的赞助者和雇员以及公园游客和工作人员的需求（Volpe Transportation Systems Center，2003）。

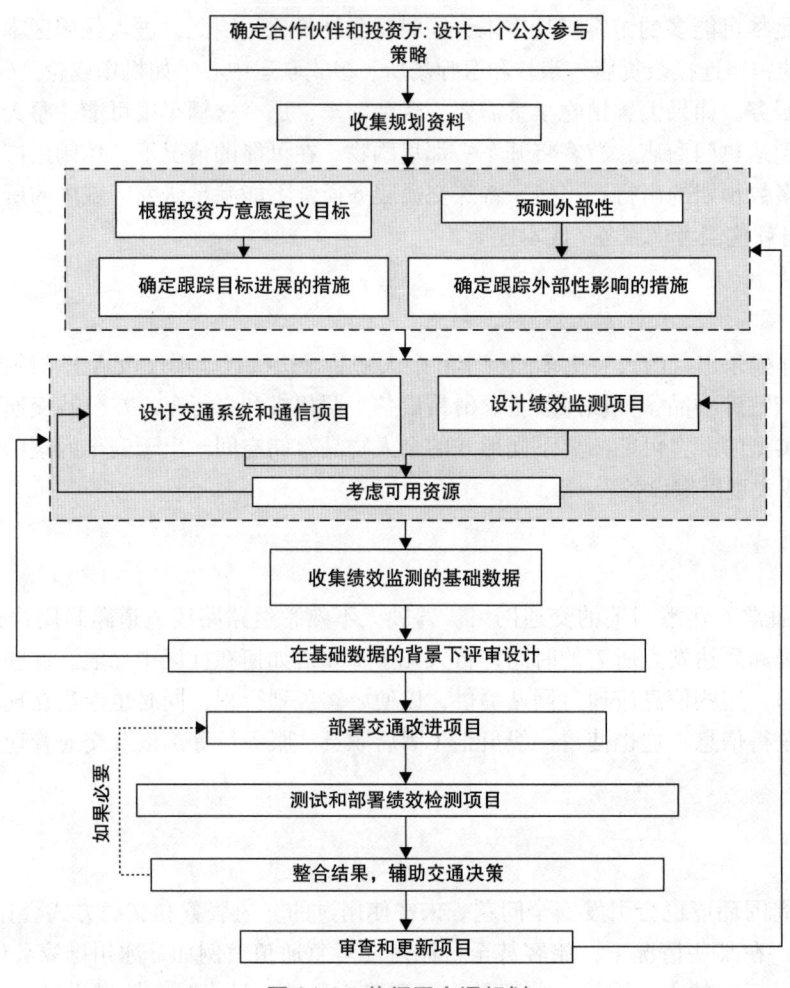

图 21-8　休闲区交通规划

来源：Dunning, 2005

表 21-1　休闲区的投资方

当地团体或部门	可能的代表
商务群体	商会
	旅游机构
	公园特许经营者
当地居民	民选代表（市长或市议员）及城镇管理者
当地经济发展规划	城镇规划部门
	规划专员
交通运营方	公共交通运营方
	私人出租车和旅游经营者
	交通控制中心
	应急响应人员
	拖车公司
景点管理方	在公共部门和非营利部门的各种代表
当地经验丰富者	各种代表

来源：Dunning, 2004

当马萨诸塞州联邦和科德角国家海岸组织打算为马萨诸塞州科德角（美国环境最敏感地区之一）制订一项交通规划时，马萨诸塞州交通部长任命了一个代表以下团体的顾问工作组成员：
- 美国国会（地方代表团）。
- 马萨诸塞州交通部长办公室。
- 科德角委员会。
- 科德角中央铁路。
- 科德角商会。
- 巴恩斯塔布尔县公共服务。
- 马萨诸塞州东南部私人汽车运输公司协会。
- 巴恩斯特堡代表大会。
- 下开普卫生和服务联盟。
- 马萨诸塞州公路局。
- 科德角国家海岸。
- 伍兹霍尔、玛莎葡萄园和南塔基特汽船管理局。
- 科德角地区交通管理局。
- 依赖公共交通的消费者（Federal Transit Administration，2012）。

此外，还为公众参与规划过程提供了许多机会。

该过程中的合作伙伴必须有能力将他们的需求引入计划过程并影响服务设计。这需要传播信息，并经常就休闲区面临的交通挑战的具体性质进行讨论。例如，当地企业需要关于交通可达性变化的预期信息，以及如何创造效益或减轻交通服务的潜在影响。如果企业主知道他们可以期待什么和正在发生什么，他们将会更多地参与计划过程。与企业的这种合作关系不仅需要一个简短的电子邮件列表和既定的委员会会议，它还需要个人通信、出版材料和信息交流会。它需要从许多不同的层面和利益方进行解释。

在交通规划过程中以及持续基础上，需求与受休闲出行影响的社区进行互动。特别是，那些每天为游客提供服务的个人需要了解可供游客选择的交通工具。锡安国家公园是如何做到这一点的典范。锡安峡谷班车的组织者在犹他州斯普林代尔的门户社区培训了一线工人，该社区位于国家公园边界之外。当季节性员工能够告知人们班车的信息时，城镇路线上的乘客数量增加，缓解了公园入口的拥堵。当地商会还与这项工作合作，向游客提供有关公共交通站附近的企业类型的信息。

与当地社区沟通的方式包括：
- *为所有与公众互动的季节性员工（无论是休闲区、特许经营者还是当地企业）举办季前和季初入职培训，为员工提供典型交通问题的答案。*
- *网站和当地报纸应发布规划重要事件和有关交通选择的报告，以便当地公众了解基础设施、服务变化和发展预期。*
- *在城镇和商会会议上的交通规划代表提供了向受系统影响的公众传达交通系统战略的另一种重要手段。*
- *出版的多式联运地图和时间表提供了有用的信息，游客可以借此更好地规划他们的交通路线。*

有效的沟通渠道应该避免误解，这可能会导致交通供应商丧失信誉。阿卡迪亚国家公园的岛屿探险家班车就是一个例子。在这项服务开始后不久，相信自己在为该系统做广告的当地企业，希望看到这项服务更大的营销力度。然而，由于乘客需求经常达到或超过载客量，对岛屿探险家的营销进行了有意限制。一些确保两个小组都知道这些服务的状况和运作情况的方法可以避免这种误解（Daigle 和 Lee，2000）。

休闲社区的领导者通常对媒体对其社区交通系统表现的描述表示失望。例如，优胜美地国家公园企业指出，当媒体报道公园因交通拥堵而关闭，引发限制通行计划时，游客表示担心自己无法进入公园。实际上，乘坐优胜美地地区区域交通系统（YARTS）班车的乘客可以保证进入；限制通行计划只是推迟车辆进入，直到离开优胜美地山谷的车辆腾出空间（Nelson 和 Tumlin，2000）。

21.5.2 目的、目标和性能指标

规划合作伙伴需要确定与规划研究相关的目标。这可能需要确定游客流量和机动水平，确定他们希望在该地区看到的结果，以及如何实现预期的未来。交通系统的设计将根据预期结果而有所不同，性能监控应针对实现这些目标的进度和与所选交通系统相关的外部影响进行。一项关于联邦土地交通需求的综合性国家研究确定了公园相关交通规划的以下目标：

- 增强游客的机动性和可达性。
- 保护敏感的自然、文化和历史资源。
- 提供更好的口译、教育和游客咨询服务。
- 减少污染。
- 改善门户社区的经济发展机会（Cambridge Systematics 和 BRW，2001）。

也有一些不太常见的目标，例如：

- 与当地社区建立伙伴关系。
- 通过提供服务提升游客体验。
- 提供与区域内其他休闲区相当的服务。

规划目标的另一个例子来自密西西比河国家河流和休闲区的绿色交通规划（HDR，2011）。制订该计划的目的是"为 NPS 提供一个框架，以实施为 NPS 工作人员和 MNRRA 访客提供服务的绿色交通系统的开发，并确定 72 英里通道中能够支持绿色交通规划愿景和目标的项目。"

该计划的愿景是："与合作伙伴合作，MNRRA 绿色交通规划将推动建立一个领导框架，以发展通往河道和沿河道的绿色交通系统，为该地区的文化、经济和环境可持续发展提供催化剂。"

规划目标是：

- 通过整合和提升沿密西西比河的交通、娱乐、教育和风景，改善游客体验。
- 通过与周围交通系统的整合，为每个人提供进入 MNRRA 的通道。
- 将地铁与区域交通和小径相结合，在不增加拥堵的情况下增加对 MNRRA 的访问量。
- 建立通往 MNRRA 的交通系统，以保护、加强和整合自然和文化资源。
- 促进环境、经济和社会适应能力以及可持续的交通和娱乐设施的发展。

公共机构的目标并不总是与休闲区企业的目标一致的。企业主不希望看到企业受到游客机动性变化的影响。因此，将交通设施或服务转移到更高效的地点，几乎总是会在创造其他机会的同时，使一些企业蒙受损失。

交通规划流程的下一个部分涉及定义期望、可接受的服务水平以及可能的结果，并监控研究目的和目标的总体实现情况。定义理想的绩效水平首先需要了解如何衡量它们。交通专业人士需要确定哪些性能指标将表明实现社区目标的进展，以及必须对外部性进行哪些监控。他们还必须考虑谁能最好地收集这些数据以及数据收集成本。

鉴于经常有大量的投资方对休闲区感兴趣，许多个人和团体应为交通系统的持续评估做出贡献。不同的投资方可以访问不同类型的数据，用于监视系统性能的数据应该服务于所代表的许多不同的利益。所需数据类型将根据当地需求和目标而有所不同（表 21-2）。旅客选择的数据来自交通和乘客人数统计项目和调查。这些工具可以显示探视的趋势，以及人们的交通选择。分析人士需要在可比地点以及地区和国家经济趋势的背景下审查这些数据。

即使不进行广泛的分析，趋势数据也可以提供洞察力。例如，随着时间的推移跟踪交通量，交通规划人员可以确定道路系统中交通量增长最大的地方。在可能的情况下，自动化系统应该有助于收集基本数据。交通计数器可以按时间提供自动车辆计数。遍布休闲区的车辆计数器可以提供休闲区的旅客流通情况。由于停车在许多地方都是一种挑战，停车场出入口的自动计数器或监控停留时间的停车计时器可以提供有关主要景点游客流量的重要信息。

表 21-2　绩效监控措施示例

		措施	监控	报告
交通、停车和拥挤	输入	·交通政策（描述） ·停车政策（描述） ·私人车辆限制（描述） ·执法（资金和就业）	交通部门，州内和当地政府机构	当发生变动的时候
	输出	·道路通行能力（车辆/时） ·停车容量（车位、位置和停车时间的典型分布）	交通机构	当发生变动的时候
	结果	·景点的车辆数量（按道路、一天中的时间、星期几和季节时间、高峰时段和高峰小时数计数） ·社区内的车辆数量（按道路、一天中的时间、星期几和季节时间、高峰时段和高峰小时数计算） ·国道上的车辆数量（按道路、一天中的时间、星期几和季节时间、高峰时段和高峰小时数计数） ·当地家庭车辆拥有量（调查） ·停车收入（金额）	交通部门，州内和当地政府机构	每年
交通安全	输入	·危险交通位置的交通替代方案（位置计数或是/否） ·交通替代品营销（资金） ·私人车辆限制（是/否） ·执行（资金） ·执法人员（雇员）	景点经营者和地方政府	每年
	输出	·危险交通地点的乘客人数（计数）	公共交通运营方	每年
		·减少危险交通地点的交通（车辆数量）	交通运输部门	
		·观察或调查危险地点	场馆	
	结果	·事件报告（计数） ·投诉（计数） ·观察到的近距离事故（计数） ·严重程度（伤害或损坏值）	法律执行	每年
环境影响	输入	·景点游客量（游客）	场馆	每十年
		·游客教育（资助） ·执行（资金） ·执法人员（雇员）	场馆	每年
	输出	·使用计量（访客/时间） ·游客教育计划（资助） ·标志和物理障碍（资金或计数） ·交通量上限（停车场或车辆）	场馆	每年
	结果	·违规（计数） ·指定位置的噪声持续时间（时间） ·指定位置的噪声级（测量） ·空气污染物（计数/体积） ·用于非正式停车的空间（地面和河流中的污染物数量/体积）	场馆	每年
机动性和覆盖率	输入	·景点边界内的道路（距离） ·应提供的景点（计数）	景点运营者	按需
		·社区道路服务（距离）	当地政府	每五年
		·待服务业务（计数）	企业界	每五年
	输出	·景点边界内的道路（距离） ·景点交通服务（计数和百分比） ·业务中转服务（固定站点和标志站点的数量和百分比）	公共交通运营者	每年

(续)

		措施	监控	报告
机动性和覆盖率	结果	·私家车游客（调查数量和百分比） ·无私家车出行的游客（调查数量和百分比） ·使用交通工具的访客（调查数量和百分比） ·游客统计（按季节统计的调查）	景点运营者	每五年
游客体验	输入	·交通信息和通信（资金） ·交通便利设施（资金、数量和说明） ·对交通乘客的解释（资金、员工、材料和描述）	指定合伙人	每年
	输出	·用于沟通的媒体（描述和计数） ·季节员工培训和教育（课程和参与者计数） ·沿交通路线的解释性计划（会话描述和计数）	指定合伙人	每年
		·信息请求（计数） ·网站点击率（计数） ·电话（计数）	指定合伙人	每年
	结果	·困惑投诉（数量和百分比） ·对信息可用性和沟通的认知（调查范围1~5） ·野生动物目击事件（对目击事件的调查计数，以及目击游客的数量和百分比） ·行程目的（调查计数） ·行程目的地（调查和停车计数） ·行程起点（调查和停车计数） ·骑手满意度（调查范围1~5）	公共交通运营者	每年

  地区机场将跟踪有关飞机起降和运行的信息。登机表显示了有多少乘客在机场乘坐了商务航班。操作显示有多少次起飞和降落发生。这些业务包括往返该地区的旅游航班和通用航空交通（这两个群体的人数几乎没有区别）。任何接受联邦资助的机场都必须跟踪这些空中交通措施，因此数据通常可以随时用于分析。

  客运渡轮数量来自私人或公共资源。一些渡轮由政府运营，一些公司经营私人渡轮业务。私营运营商可能不愿分享乘客数量，因为这些信息可能具有竞争敏感性；然而，这些运营商可能会在交通规划过程中成为自愿的合作伙伴。至少，渡轮乘客相对于基准年的百分比变化数据将为出行需求分析提供依据。

  由于业务的高度竞争性，游轮运营商不会轻易共享乘客数量的数据；然而，拥有港口的社区可以通过游轮接收大量旅游流量。虽然可能无法提供乘客人数统计，但游轮抵达的人数和这些游轮的载客量是随时可得的，应随时追踪。

  除趋势跟踪外，当多个数据源合并为一个唯一的度量时，性能度量可以提供重要的信息。比如，与估计的停车场或道路通行能力相比，交通量统计显示了道路通行能力的百分比，这对于许多参与规划过程的人来说是一个更容易理解的需求衡量标准。有了这些信息，交通管理人员就可以确定是否在极端高峰时段存在令人不舒服的拥堵状况，还是在整个运营期间都存在拥堵问题。

  安全条件应特别关注数据收集。大多数安全状况都是通过对交通事故、行人受伤和游客对危险状况的投诉等基本统计来揭示的。如果存在特别危险的交叉口或其他地点，交通工程师应考虑进行年度研究，观察现场的交通行为。有了明确的事件和未遂事件观察指南，交通工程师可以建立一个历史数据库，以显示安全趋势。

  自动计数技术同样可以计算公共汽车乘客人数，全球定位系统（GPS）可以指示路线和车辆性能，当其与自动乘客计数相结合时，便可以确定乘客活动的位置。自动数据收集提供跟踪方法的一致性。如果公共交通服务已经存在，交通规划人员需要建立一个运营的"基准年"，作为与服务变化进行比较的基准。如果不存在相关服务，那么新服务规划的一个方面将是定义所需的性能度量，并建立此类监视的流程。如果要将服务外包出去，则可能需要在服务合同中加入数据监控计划。

  在从未提供过公共交通的地区，设定可接受和期望的公共交通性能水平是一个挑战。表21-3展示了公共交通运营商通常收集的典型数据。乘客统计是最基本的数据收集。一些公共交通运营商还提供司机劳动力规模、轮椅辅助出行、执勤时间和距离等数据，以表明公共汽车何时在没有乘客的情况下运营（例如，从公共汽车场站到线路起点的行程）。除这些广泛使用的指标外，交通规划人员还应考虑是否应在绩效监测计划中纳入地方相关指标。

公共交通客流数据提供了一些游客对公共交通服务的感受。增加的乘客量表明两件事之一（或两者的结合）：要么更多的人乘坐公共交通，要么现有乘客乘坐公共交通出行的次数增多。公共交通服务质量的感知、路网拥挤程度和限制私人车辆的区域等因素将影响游客和当地居民的出行。不同游客市场的人口统计特征可能会影响使用公共交通工具的人口比例和人均出行次数。

在旅游公共汽车上收集资料的难易程度取决于每个休闲区的结构。对所有景点开放的地方可能难以监控，但有管理场馆的地方可能会以某种方式跟踪旅游公共汽车。例如，大多数国家公园对进入公园边界的旅游公共汽车收取费用，因此公园收费办公室应掌握旅游公共汽车数量或从旅游公共汽车运营商处收取的金额的信息。

表 21-3　公共交通运营商性能指标
• 年度车队库存，包括车辆/船舶的品牌、年限和里程
• 其他设施的年度清单（维护、储存、庇护所等）
• 按路线和月份划分的客流量
• 按路线和月份划分的收入
• 事故/安全记录
• 运营和维护成本
• 行车间隔
• 运营日期和时间
• 票价
• 每月的车辆服务里程
• 每月的车辆服务小时数
• 错过的行程
来源：Cambridge Systematics Inc. and BRW Group, 2001

游客是休闲交通出行策略评估的主要分析单位。游客调查提供了获取游客行为信息的最直接方法，并提供了一种评估游客对交通选择的反应的方法。调查计划应在重大交通变化开始之前开始，并在之后继续进行，通常在一年或两年之后，以确定发生了什么变化。游客调查也应定期进行（不少于每5年一次），以监测变化趋势或游客特征。

此类调查项目的信息将使交通规划人员能够在需要的地方提供适当的交通策略，并为当地企业提供信息，以制订能更好地吸引和服务客户的策略（见第2章"出行特征及数据"）。了解大学生、年轻家庭或老年人最常使用的交通方式将有助于规划人员针对特定人群的需求提供支持服务。人口概况也将有助于为那些不愿使用地方领导人希望推广的服务选项的目标群体进行规划。

游客调查通常包括关于日常开支、逗留时间和其他经济变量的问题。结果可以显示人们经常访问的地方和使用的交通工具出来。这些调查还对游客进行了人口统计分类。分析员在设计访客调查时，应包括访客分类问题。例如，与第一次来公园的游客相比，回头客在公园的花费是多少？与那些在公园里扎营数天的游客相比，日常游客花费多少（以及在哪里）？从一次调查到下一次调查问一些相同的问题是一个很好的做法，以便随着时间的推移进行比较；一些问题将被删除，新的问题将被添加。

当地企业通常拥有对交通规划人员有用的数据和信息。例如，商业清单和商店活动的数据可以提供对当地经济健康状况和趋势的重要见解，而商业调查和访谈则可以利用游客的统计数据。由于影响游客需求的交通变化，当地经济的商业构成可能会发生变化。锡安国家公园及周边地区的企业和特许经营者发现，在进入锡安峡谷被限制乘坐公共汽车和非机动交通工具后，购买纪念品的人减少了。以前会把纪念品放在汽车行李舱里的游客知道，他们必须在公共汽车上或小道上携带这些物品，所以他们减少了携带物品的数量。另一方面，服务业的需求有所增加。例如，当地企业注意到自行车租赁量增加，因为人们在交通量减少的道路上骑行会感到安全。

商业调查提供有关雇佣、裁员、季节性和永久性就业机会、季节性就业持续时间和员工流动性等就业趋势的信息。如果交通规划人员想作为规划研究的一部分进行商业调查，那么他们应该从一份完整的商业清单开始。商业清单可能已经存在。一些地方政府保留着详细的企业名单，尽管他们可能会只记录企业的成立，而不记录已经倒闭的企业。地方商会可以在确保上市方面发挥强大的作用；但是，仅仅是商会成员并不一定能准确地描述当地的商业团体。业务列表至少应注明企业名称、地址和业务类型。该地址可用于分析企业与交通服务（如公共交通车站）的距离。在小社区，商业收入可能过于敏感而无法获得，这是因为无法保证匿名性。

如何将调查作为规划过程的一部分的一个例子是胡德山多式联运交通规划的制订。作为这项规划工作的一部分，主要投资方进行了面谈，包括合作机构和工作人员、山区度假村、企业经营者和利益集团。这些访谈被用来"确定投资方的需求和核心价值，这些都是用来指导项目选择的"（Evans和Assocs, 2014）。此外，还使用了两次公众调查。第一次调查的目标是确定出行方式和公众对安全性和出行选择类型的支持。第二次调查的重点是公众对已确定为该进程一部分的若干项目备选方案的支持。表 21-4 展示了项目选择调查的结果以及 3 个市场受众 [波特兰都市区（PMA）居民、乡村居民和胡德河地区 / 胡德山东部居民（"所有受访者"包括这 3 个受众] 对交通系统改进的期望。表中的阴影区域表明该项目被选为该受访者群体的前 5 名。

表 21-4　胡德山多式联运计划优先项目调查回复

优先项目	将项目列为前 5 位的受访者的百分比			
	所有受访者（1862 人）	PMA（1434 人）	村庄居民（200 人）	胡德河地区 / 胡德山东部居民（112 人）
PriT-1：森林内运输服务	16%	16%	19%	16%
PriT-2：有轨电车	48%	50%	58%	20%
ITS-1：旅行者网页	16%	16%	11%	28%
ITS-4：提高手机覆盖率	43%	41%	47%	45%
IPB-1：骑行 / 步行交叉口改进	14%	15%	17%	4%
PB-3：镜湖项目	25%	25%	33%	8%
PB-4：政府营地人行横道	21%	21%	33%	5%
PB-5：加宽自行车路肩	18%	18%	15%	20%
PubT-1：扩建胡德河交通	6%	4%	2%	39%
PubT-2：从沙地到滑雪区的"快速山"公交系统	19%	18%	28%	13%
PubT-3：山下换乘枢纽，班车服务，建立公共交通	26%	27%	22%	31%
PubT-3b：政府营地交通枢纽	19%	19%	27%	9%
PubT-4：扩建停车场和游乐设施	14%	12%	15%	30%
Safe-9：林线交叉口改进	20%	22%	17%	10%
Safe-10：政府营地环路西侧改造	18%	20%	16%	6%
Safe-11：政府营地环路东侧改造	15%	15%	14%	8%
Safe-12：滑雪场西交叉口改造	13%	14%	7%	7%
Safe-13：滑雪场东交叉口改造	15%	15%	22%	5%

来源：Evans and Assocs., 2014, appendix B

21.5.3　生态影响和基准

由于周围自然或文化环境对干扰的敏感性，休闲区交通系统及其使用的生态影响通常比非休闲区大得多。游乐园等活跃的休闲区可能不会受到太大影响，但自然和遗产休闲区通常会以独特和敏感的资源吸引游客前往。影响可以通过多种方式发生：

- 车辆排放物导致空气质量和视野下降。
- 沥青路面径流导致地下水质量受损。
- 因驾驶、停车、骑行或踩踏物种而造成的植被损失。
- 来自山区海滩的人类活动。
- 栖息地入侵导致鸟类筑巢和繁殖减少。
- 由于设施通行权而切断了迁移路线。
- 历史建筑的磨损。

虽然私家车经常被指责为许多负面生态影响的产生者，但破坏性的影响也可能来自其他形式的交通工具。

例如，锡安国家公园发现，它的交通系统非常有效地将大量游客送到穿梭公共汽车站的步道起点。然而，剧烈的行人活动造成了对植被的践踏。当同一时间一个地方的人数过多时，公共交通系统也造成了拥挤的情况。

交通系统的设计应考虑到当地的生态环境。在有濒危物种的地区，可能需要重新安置交通设施和停车场（正式和非正式）。在车辆排放减少视域的地方，公共交通车辆应配备替代燃料，以尽量减少最具危害的污染物排放。在设计交通系统之前，应该对生态资产和威胁进行清查，以创建适合当地地区环境的解决方案。

许多休闲区已经建立了空气或水质监测系统。改变游客数量、每位游客的出行次数以及交通方式的选择都会改变人们与环境互动的方式。把人们从汽车转移到公共交通工具上会减少一些环境影响，同时也会产生或加剧其他影响。例如，将游客从汽油驱动的私家车转移到柴油驱动的公共汽车，将减少一氧化二氮的排放，但可能会增加空气中的颗粒物。在一个对一氧化二氮敏感并有能力处理更多颗粒物的地区，这种权衡是有道理的。当休闲区开始提供公共交通服务时，支持团体会暗中接受公共车辆和私家车对环境影响的权衡，并判断当地环境能够更好地承受公共交通车辆的影响。休闲交通的绩效监测应包括衡量环境改善和公共交通负面影响的方法。

在交通分析中通常会出现确定环境质量趋势和变化的措施，但敏感的自然环境可能需要新类型的监测。典型措施包括常见的空气污染物和能见度。对于噪声污染，国家公园保护协会在总统日周末进行了一项研究，以确定黄石国家公园雪地车噪声污染的普遍性。在周末两天的 9：00—13：00，志愿者们每小时对 13 个地点进行 20 分钟的调查，研究发现在大多数地点，人耳在 75% 以上的时间里都能听到雪地车的声音。研究中记录了缓解因素，如大风。

可以制订许多其他措施来解决当地需要和关切的问题。这些措施可能包括非正规停车场破坏自然路侧时造成的植被损失面积。优胜美地国家公园的总体管理计划特别指出需要减少车辆产生的眩光。野生动物目击事件和影响野生动物的交通事故也可以作为重要的环境指标。交通规划过程中的利益相关者需要确定交通的哪些环境影响对其特定区域的敏感性影响最大，以表明绩效监测所需的措施类型。

21.5.4　战略与行动的分析与评价

交通规划人员可以使用各种工具来分析交通需求和休闲区的潜在解决方案。传统的交通四步模型可应用于某些类型的休闲区（取决于研究区域的规模和复杂性），但在分析和建模工作中必须考虑一些独特的因素（见第 6 章"出行需求与交通网络建模"）。例如，虽然大多数模型都尽量减少人们在交通网络中出行的出行时间，但在休闲区，人们希望花更多的时间去观察和体验环境。其他差异与实际出行行为建模之前的输入变量有关，最重要的是土地利用模式。

土地利用模式影响着出行的出发地和目的地。例如，如果居住模式分布在整个社区，就很难为社区提供公共交通服务。公路沿线的带状开发也阻碍了公共交通和行人对其的使用。或者，在公共交通车站周围发展可以步行到达的互补商业服务，如餐厅、酒店和礼品店。在这种情况下，游客更容易获得当地的便利设施，他们花更少的时间寻找停车场或从一个地方到另一个地方。互补企业通过集聚获得共享客户的好处。休闲社区的政策制定者应熟悉当前有关公共交通导向发展的文献，以了解如何在当地社区特征范围内应用将公共交通纳入社区发展的现代原则，以促进行人和公共交通出行（见第 3 章"土地使用与城市设计"）。

在不同的土地利用类型中，停车场是定义出行模式最重要的一种。许多休闲区的地方领导人意识到，如果不严重破坏其所在地区的资源和生活质量，就无法满足日益增长的停车需求。在某些情况下，建筑物和自然特征等物理屏障阻止了停车场的扩张。在其他情况下，地方领导人希望就支持私家车出行的基础设施设置政策限制。在加利福尼亚州，优胜美地山谷计划要求减少停车容量，以响应公园 1980 年总体管理计划中减少山谷中私家车的目标。然而，即使所有游客都乘坐公共交通工具，也必须有停车的地方来停放游客用来到达休闲区的车辆。

1. 交通生成

虽然典型的出行生成方法特别关注居民区作为一天中第一次出行的起点，但对休闲社区的分析需要主要关注酒店和社区入口。研究区域的一些出行生成器和出行生成特征可能会对出行需求产生特别重要的影响，这取决于休闲区是作为度假目的地还是短期出游，包括：

- 主要酒店和集中的小旅馆。
- 露营地。
- 根据前面讨论的季节性高峰趋势，一日游和其他来自该地区以外的游客。
- 季节性服务员工住房。
- 当地自有住房。

毫无疑问，为工作而出行与为娱乐目的而出行是不同的。在交通生成步骤中需要考虑这两种情况。这种差异还意味着，在几乎所有情况下，都需要进行出行始发地—目的地调查，以了解所研究休闲区的出行特点。

2. 旅游景点

游客的行为不像他们在家里那样；旅行的出发地和目的地与传统的以工作为基础的出行有着截然不同的特点。越来越多的人去专卖店和餐馆购物，而杂货店购物的频率可能会下降到一个异常低的频率。通常，休闲区的主要旅游吸引因素很容易识别，因为它们出现在所有旅游文献中。支持当地主要娱乐形式的企业也将获得高于正常水平的光顾，例如海洋附近的潜水用品商店。确定出行吸引因素很可能需要收集一些数据，这可能是上述调查的一部分，除非社区已经根据历史出行模式制订了出行流量。

3. 交通方式划分

在休闲社区环境中，预测每种可用模式的出行次数可能是分析中最薄弱的部分。大多数方式划分的研究都集中在工作出行和出行者选择最快到达目的地的方式的愿望上。如前所述，这种出行者行为的基本假设不适用于休闲社区。在自然小径上骑自行车或在历史悠久的市中心使用传统电车可能会被选为首选体验，而不是最高效的出行。访客停留的时间也可能影响方式划分，尽管可能会产生相互冲突的效果。一个在某个地区有时间的游客可能会比一个匆忙使用熟悉的交通方式的人更愿意尝试新的交通方式。相反，在休闲区呆上几天的游客可能会对旅游交通系统感到厌倦（尤其是如果每次旅行都提供相同的旅游信息），并默认回到私人模式。方式划分数据将是许多本地区域独有的。休闲社区的方式划分分析需要考虑游客可使用的多种交通方式，以及他们尚未建立常规出行模式的事实。

由于拥挤已成为许多休闲区的一个问题，研究人员试图确定拥挤对游客体验以及他们的出行方式和娱乐选择的影响。视觉偏好调查和拥挤规范的自我评估技术提供了一些见解，尽管结果并不总是一致的。自我评估与价值评估相结合，可以衡量被调查者自我评估的有效性，为增加有效性提供了一些方法（Manning, 2001）。在曼宁的《公园及其容量》(2007) 中可以找到关于评估拥挤的当前思想的完整讨论。

4. 路线或路径分配

休闲区和非休闲区路线选择的主要区别在于出行者的动机。城市模型中的基本假设是，人们并不一定会选择从起点到终点的最短路径。旅行者可能会选择风景优美的环路，或者他们可能会选择"长途"，因为他们熟悉这条路线。对于游客来说，风景可能比速度更重要，而当地人可能擅长于绕道以避开游客流量。在大多数情况下，休闲区道路网的规模远远小于城市道路网的典型规模。在这样的网络中找到合理的路径并不像在网络编码中有数千个连接的网络那样具有挑战性。

分析结果将输入评估过程。评估是规划中最重要的步骤之一，因为信息会被概述并呈现给决策者，以便选择所需的行动（见第1章）。评价标准是评价过程的基础。此类标准应与规划过程中制订的目的和目标相关，并反映交通投资的不同目标"市场"，例如直达交通、本地游客、冬季游客和夏季游客。谨慎的做法是将评价标准的数目保持在可管理的水平，以便决策者能够集中精力处理那些最重要的问题。例如，以下评估标准被用来评估胡德山（俄勒冈州）国家森林不同交通策略的相对价值（CH2MHILL, 2012）。

- *增加交通选项*——该策略是否提供了额外的交通选项或扩大了现有的交通选项？
- *利用现有交通*——该策略将在多大程度上利用、扩展或整合现有的交通服务/系统或模式？
- *利用现有或创建新的交通需求管理（TDM）计划*——该策略将在多大程度上利用现有或创建新的TDM计划？

- *提高安全性*——该策略将在多大程度上提高安全性或促进安全的交通条件？更高的评级将被分配给定性确定的策略，以提高美国 26 号公路 / 俄勒冈州 35 号公路（或 35 号公路）沿线的安全性。符合该标准的策略可以通过减少美国 26 号 /35 号公路上的拥堵间接提高安全性，也可以通过安全导向计划直接达到该标准。
- *考虑全年季节性休闲市场的独特需求*——该策略如何满足不同季节休闲用户的不同需求？例如，该策略是否考虑了装车需求、目的地和行程时间的季节性变化？
- *考虑员工的独特需求*——该策略在多大程度上满足了研究区域内员工的需求？考虑员工上下班的地点，如桑迪、波特兰和胡德河，以及他们每天上下班的时间。
- *考虑居民的独特需求*——该策略如何满足地区居民的需求，包括山区社区之间的流通？
- *减少美国 26 号和 / 或 35 号州际公路通道的货运或直达交通需求*——TDM 策略可通过建议不同的路线、一天中的出行时间，甚至可能是出行模式来减少美国 26 号或 35 号公路的货运或直达交通需求。旨在减少或转移需求的策略将获得更高的评级。
- *增加商业企业的经济机会*——该策略是否有助于支持和扩大现有企业，并促进美国 26 号或 35 号公路沿线的新商业机会？考虑所有的赢家和输家，例如，一项提高一个地区经济增长的策略可能会成为另一个地区经济增长的限制因素。
- *为绿色交通方式提供财政或出行时间奖励*——用户（森林游客和员工）通过使用该策略提供的出行替代方案将获得哪些财政奖励？
- *提供可实施且财务上可持续的解决方案*——是否有可能在该试点项目的五年窗口内实施该策略？项目研究期结束后，该策略能否在财务上持续多年？是否有承诺的执行资金（用于资本支出的赠款比用于业务成本的资金更容易获得）？
- *从多个实体 / 伙伴关系的支持中获益*——该策略是否规定由多个实体实施？该策略是否形成了伙伴关系来支持它，无论是财政上还是其他方面？策略是否确定了要实施的主导实体，以及该实体是否支持该策略？
- *效益更高*——什么是效益的幅度？受益的用户 / 市场是多还是少？收益是否会随着用户天数的增加而增加？有利于更多用户、市场或用户天数的策略会获得更高的评级。
- *平等*——应当考虑策略带来的利益和影响的分配，努力为所有用户，无论年龄、残疾与否提供公平的交通选择。将不同人群和用户群体，特别是交通弱势群体（低收入、依赖公共交通、少数民族、老年人和儿童）的负担降至最低的策略将获得更高的评级。
- *资本成本*——策略资本成本的数量级是多少？
- *运营成本*——策略运营成本的数量级是多少？
- *受影响方的支持*——该策略是否得到受影响方的支持？受影响方可包括负责实施策略的机构或企业。例如，执行机构是否支持该策略？执行方是否存在近期无法克服的法律障碍？

每个标准都用一个"完整的圆圈"进行了定性评估，表示标准的完成；"半圈"表示完成程度较低；"空圈"表示没有完成。例如，圆圈代表的衡量完成度的标准是：

- *完整的圆圈*：大大增加了可供选择的交通方式或扩大了现有的交通方式（两种或两种以上的附加方案）。
- *半圈*：适度增加了备选交通方案或扩大现有交通方案（一个附加方案）。
- *空圈*：最低限度地增加或不增加备选交通方案或没有扩展现有交通方案。

有时还使用其他形式的评估，例如量化系统性能的变化或使用效益 / 成本方法。读者可参阅第 7 章"评估及优先级排序"，以进一步讨论这些方法。

21.5.5 系统需求和建议

可被视为休闲规划研究一部分的策略类型包括从传统道路改善到智能交通系统（ITS）技术的应用，见表 21-5。在设计服务时，多元交通模式存在的重要性怎么强调都不为过。存在性表明交通选择融入游客体验的程度。作为公共交通系统典型的存在性的体现方式，公交系统的标识、公交车辆的设计和站点的设计等展示出的服务特性和可见性都使得人们识别出公交系统的存在。同样重要的是，存在感可以捕捉到游客如何将交通选择视为他们在休闲区体验的一部分，例如步行街、自行车道路网或骑马前往景观处。作为一个具有强大影响力的交通选择的一个例子，冰川国家公园的红色公共汽车作为一项活动出现在大多数宣传册中，作为一种标志性的体验吸引游客，当这些公共汽车在1999年因车辆改造而停运时，人们抱怨说他们没有看到这种特殊公交车在路上行驶。以下章节将探讨可作为交通规划研究一部分的策略类型。

表 21-5 改善俄勒冈州胡德山多式联运的优先策略

	类型	ID	项目描述	时间框架
实施计划项目-集团行动计划（0~5年）	步行和骑行	PB-1	胡德山公路26号公路骑行/步行交叉口改善与卡拉克马斯县潜在的公共交通站点位置相协调	0~5年
		PB-3	镜湖项目：安全改进，包括重新安置频道起点和增加停车场	0~5年
		PB-5	胡德山公路自行车路肩加宽分析	0~2年
		PB-7	胡德山公路沿线的骑行/步行信息和寻路	0~4年
		PB-8	35号公路和胡德河历史悠久的哥伦比亚河公路（HCRH）（东州街）的自行车交叉口改造	0~2年
	公共交通	PubT-2	公共汽车：从桑迪到滑雪区的山地快车延伸服务	0~4年
	安全和道路改造	Safe-1	俄勒冈州35号公路的中央谷道/布思希尔路交叉口交通标志改进更新（里程标[MP]93.5）	已完成
		Safe-2	26号公路47.2~48.9里程标之间的车道偏离安全改进—齿形减速振动带	0~5年
		Safe-3	26号公路44.9~46.6里程标之间的车道偏离安全改进—齿形减速振动带	0~2年
		Safe-4	26号公路36.9~39.77和42.6~43.2里程标之间的车道偏离安全改进—齿形减速振动带	0~2年
		Safe-5	俄勒冈州35号公路60~93.75里程标之间的车道偏离安全改进—齿形减速振动带和弯道警告标志	0~2年
		Safe-6	俄勒冈州35号公路与德特曼山脊路段的交叉口改善—道路标线和标识	0~2年
		Safe-17	俄勒冈州35号公路和美国26号公路至诺丁汉的森林线道路安全审计实施（54.2~70.2里程标）—交通标志升级	0~4年
	智能交通系统	ITS-2	美国26号公路和俄勒冈州35号通道沿线的智能交通系统	0~3年

来源：Evans and Assocs., 2014

21.5.6 基础设施

1. 道路

道路通常是休闲区交通网络的支柱，这意味着它们在很大程度上塑造了游客的第一印象和随后的游客体验。道路通行能力表示一条道路在给定时间内可以容纳多少车辆。地形、速度限制、进入停车场和车道的入口点、路边停车场和车辆大小都会降低道路可容纳的进出车辆。由于道路蜿蜒穿过山区、受欢迎的休闲区在市中心有许多停靠站以及人们驾驶休闲车（RV）等，因此许多这些因素在这类休闲区被夸大了。宽阔的车道和大型停车场可以满足这些需求；在人流密集的地区（即使是餐厅区的一个简单环路）的公共交通可能是另一种可行的选择。在某些情况下，限制超大型车辆的政策可能是必要的。例如，锡安焦糖山隧道是在房车出现之前建造的。因车道无法容纳超大车辆的双向交通，超大车辆的驾驶人必须预订通过隧道的通道，并缴纳阻挡对向车辆通行的费用。

道路设计通常遵循交通局设计指南和《公路通行能力手册》中规定的休闲区设计标准（TRB，2010）。

作为基础设施设计过程的一部分，在设计时应提出几个问题，包括：

- 道路在多大程度上只是一种到达参观地点的方式，而不是作为游客体验的项目？
- 道路如何影响当地的自然或文化资源？例如，交通噪声是否会影响环境噪声水平？
- 环境敏感设计原则（见第9章"道路和公路规划"）能否用于更好地将道路设计与环境背景结合起来？在设计中，基础设施成本与美学的平衡点是什么？
- 道路设计是否也能安全处理其他交通工具，如自行车？
- 在保留道路的历史特征和改进道路设计以提供更好的运行和安全性之间，有什么适当的权衡？

考虑到美国约 1/3 的土地由联邦政府拥有和管理，负责联邦机构使用的设计原则和标准类型成为道路、桥梁和涵洞设计的重要指导。以下来自联邦公路管理局联邦土地部的定义有助于理解道路设计中可能包含在规划过程中的不同术语。

政策：指导原则；必须毫无例外地遵循的一般行动方针。如果引用了政策，则在适用和适当的情况下，还应参考政策的来源。

标准：指导工作成果和内容（产品）的固定参考文献。在大多数情况下，标准是在对产品的技术性能有着一致的预期，或者说，对于某一特定的工作存在着一致的风险情况下设立的。

准则：除标准外，用于衡量/判断适用政策或标准目标实现情况的测试或指标。准则可能因项目而异。

标准实践：标准规范是联邦土地公路办公室（FLH）为指导工程方法而采用的既定方法，通常会产生符合FLH预期的一致结果。标准规范是建立在需要某种过程或方法的情况下，除了保证设计符合规范，更是为了最终取得理想的设计成果。

指导：为满足政策和标准而给出的建议，需要使用者酌情使用。

酌情处理：从业人员可通过自身作为技术人员的直觉，在可接受的范围内选择运用自认为最佳的技术或方案（FHWA，2012）。

对国家公园相关道路设计感兴趣的读者可参考 http://www.nps.gov/transportation/library_manuals.html。通过停车观赏风景或野生动物，风景区道路通行能力会降低，从而降低紧急通行能力和减少一般交通流量。车辆往往排在一个慢行的领队后面，这使得慢行车辆的撤离成为道路设计的重要考虑因素。地形和建筑环境可能限制基础设施发展的选择，在某些情况下，政策标准可能会限制使用传统的道路扩建来解决这些问题。例如，在国家公园系统的早期管理中，联邦公园管理局的指导方针将道路宽度限制为可容纳汽车和货车的两车道；后来又增加了休闲车（RV）作为考虑因素（Albright 和 Schenck，1999）。

鉴于道路上有很大比例的不熟悉路的驾驶人，指路到信息中心的标志和指向很重要。信息需求的增强必须考虑到轻微迷失方向的驾驶人的信息过载。道路标志应该坚持这样的设计原则：在给定的时间内，驾驶人只需要做一个简单的决定。虽然街头广告可能是吸引顾客的一个重要手段，但标志条例会限制容易迷路的地区的路边广告数量以减少驾驶人的困惑。道路沿线标志的安全意义需要结合当地情况进行讨论。

许多偏远休闲区的极端条件可能需要特殊的道路管理系统。冰川国家公园每天会派一辆维修车上路一到两次，清除掉在路上的岩石，一年中任何一个月都可能需要扫雪机。有大量沙子的沙漠和沿海地区可能需要特殊的工程来防止沙子进入路面，避免产生牵引危险。大风和当地休闲区特有的其他危险对维护道路基础设施的完整性和性能提出了独特的挑战。

考虑到公园和休闲区的性质，道路可能会对野生动物的交配场、迁徙路线或其他栖息地造成长期危害。在这种情况下，道路设计人员应考虑野生动物天桥和地下通道作为可能的缓解措施（Morrall 和 McQuire，2000）。

2. 停车

休闲区的交通规划人员花费了大量时间考虑停车问题。私家车挤满了景点周围的停车场；购物区在用餐时间人满为患，人们常常把车停在风景优美的路边。即使是在非机动方式或公共交通占主导地位的休闲区，运送人们到该区域的私家车也必须存放在某处。

许多公园每天都会有车辆在一天的早些时候驶入公园，在一天的晚些时候驶出公园。因此，许多公园的停车高峰出现在中午至下午的中间时段。

停车供应可以有多种形式。例如，阿肯色州的温泉市，在该市标志性的浴场对面建了一个新的停车场。在其他情况下，停车场扩张面临障碍。例如，许多国家公园对于大多数游客想去的地方的停车土地有限。在其他情况下，通过的政策限制了基础设施对私家车交通的支持程度。例如，优胜美地山谷计划要求减少停车容量，以响应公园1980年总体管理计划中的一个目标，即减少优胜美地山谷的私家车辆（Yosemite National Park，1980）。

为停车换乘计划选择的策略将影响游客与公共交通班车系统和当地企业互动的方式。犹他州西南部的布莱斯峡谷和锡安国家公园采用了截然不同的停车计划。在锡安国家公园（Zion National Park），当地停车策略预计，许多游客将把车停在酒店或镇上。两个约有550个车位的停车场，可在公园入口附近的游客中心旁容纳一些车辆，门户社区在公园外提供了一个小型溢流停车场。然而，这两个地块加起来仍不能容纳锡安峡谷班车每年350万人次的所有车辆。事实上，在2012年，这两个地块在旺季的153天中，有109天达到了满负荷。

锡安国家公园将其大部分停车需求分散在门户社区和当地企业之间，而布莱斯峡谷国家公园则将其停车场集中在一个专用位置，其在公园外的门户社区设有停车场。

每种停车策略都有优点和缺点。一个专用的停车场提供了一个安全的地方来停放车辆、使用洗手间设施和获得公园的一般信息。系统设计者想要创造一种从进入公共交通的角度进入公园的感觉。不利的一面是，停车场无法证明有据可查的好处之一——买卖交易/经商活动更容易在人们换乘交通工具的地方发展。人们下车买纪念品的可能性远小于下车后在商店里等车的可能性。由于停车场周围没有商业活动，便无法为门户社区提供潜在的经济效益。

另一个经济考虑因素与停车费有关。这类费用可以用于产生公共资金，也可以用来培养塑造/引导出行习惯。停车费是鼓励拼车或模式转换的有效手段（Golias，Yannis和Harvatis，2002）。鉴于许多游客已经乘坐多种车辆到达，在休闲区实施拼车计划并不是一个有效的策略，因此，高停车费应只用于交通服务质量高的地点或便利的步行环境，为游客提供良好的服务。马萨诸塞州普罗文塞敦的城镇停车场每天收费25~35美元，人们愿意支付这项费用，因为停车场稀缺（Town of Provincetown，2015）。

大多数关于停车容量的讨论都是指一个停车场能容纳多少辆乘用车。由于车辆尺寸不同，客运车辆的停车容量必须能容纳大型房车（RV）。房车的水电连接也可能是必要的，但私人专用露营地通常提供这些装备。

3. 人行道和小径

行人环境应该得到交通规划人员和旅游公众的重视（见第13章"步行和骑行交通规划"）。尤其是休闲区，提供行人通道可能是理想的模式。在许多情况下，休闲区的步行环境决定了游客体验的质量。国家公园的平均徒步旅行时间为4~5小时。1/10的徒步旅行者会过夜，这些人通常都很年轻。不过，短途徒步旅行和自然漫步吸引了所有年龄段的人（Dunning，2005）。1990年颁布的《美国残疾人法案》（ADA）将注意力集中在为每个步道区域提供至少一些带有轮椅通道的小道，尽管许多偏远地区的自然特征为所有小道的通达性设置了障碍。

在城市地区，休闲社区通过人行道、购物和餐饮区、街头节日等创造出独特的地方特色。许多大城市都有历史小道旅游，如佐治亚州亚特兰大市、马丁·路德·金历史街区、马萨诸塞州波士顿自由之路和华盛顿特区的华盛顿购物中心。

4. 自行车路径、车道和小道

不同公园的自行车使用情况各不相同。大提顿国家公园在最近的交通研究中提出了自行车系统计划和行人流通计划。如前所述，"这项举措旨在通过选择性地实施自行车道（即宽阔的路肩）、独立通道、交通稳静、自行车标牌、自行车/公共交通一体化以及改善自行车停车场等，增加游客和员工骑自行车出行的比例，增加自行车旅游的机会，并提高大提顿游客体验的质量和安全性"（NPS，2006）。

大烟山国家公园设立了机动车限行时间段，以允许自行车和行人安全和无威胁地使用11英里（17.7公里）的环路穿过一个历史街区（Byrne，1999）。道路上经常有一辆接一辆的车，尤其是在夏天，骑自行车非常危险。

作为一项测试，公园每周有一天禁止机动车从日出到上午10点通行。这一措施非常受欢迎，以至于公园将其延长到每周两天（星期三和星期六）。12月的星期六，公园一直到中午都将禁止机动车进入环路。

相比之下，冰川国家公园以环境原因禁止自行车在徒步旅行的小道上行驶。山地自行车骑手离开赛道和滥用自然资源的担忧引导了这项公园政策。公园里的大部分徒步小道都位于建议划定为荒野的地区，这意味着在国会接受或拒绝这一建议之前，必须将它们视为已被指定的区域。1964年的《荒野法》规定，"在任何此类区域内不得有临时道路，不得使用机动车辆、机动设备或摩托艇，不得降落飞机，不得使用其他形式的机械运输，不得有任何结构或装置"（Public Law 88-577 16 U.S.C.1131-1136）。在冰川国家公园，禁止在野外小道上使用任何类型的非机动轮式车辆（即独木舟、手推车等）。ADA中定义的残疾人可以在小道上使用轮椅。

除了公园，许多城市休闲社区已经建立了自行车网络，作为游客交通系统的重要组成部分。纽约的消防岛和密歇根州的麦基诺岛就是典型的例子，与自行车相比，机动车辆的存在大大减少。

从设计的角度来看，骑行设施存在于单独的自行车道（1级）、划定的自行车道（2级）或指定的有共用通行权的自行车道上（3级）。一般骑行者在平坦的地形上可以保持10英里/时（16公里/时）的速度，这使得3~6英里到10~30英里之间的自行车道成为理想。自行车道应避免超过10%的短坡度和4%~8%的持续坡度。有效的设计可以减轻对安全的威胁、跟踪用户冲突和资源损坏的担忧。最佳实践尝试在可能的情况下，将骑行者与其他道路使用者分开，并在公园道路上提供安全的自行车通道。自行车路径、车道和小道的设计标准可在特定公园或公园管辖区采用的设计指南中找到 [FHWA（2008，2015b），了解联邦和非联邦设计指南以及鼓励在国家公园使用自行车的方法]。

在美国，联邦援助资金可用于符合资格标准的骑行和步行项目。这些项目基本上符合所有主要资助项目的资格，在这些项目中，它们与其他交通项目竞争州和市一级的可用资金（FHWA，2015a）。这笔资金被用于多种非机动交通方案，如将废弃铁路改造成小道、在市区提供街景和提供基本人行道。这些类型的非机动设施在休闲区有一席之地。对国家公园骑行和步行交通感兴趣的读者可访问以下网站，http：//www.nps.gov/transportation/pdfs/Federal_Transit_Bike Ped_Plan.pdf。

5. 小道

表21-6展示了9种常见的小道类型。在环境已经受到干扰的地方，小道有时将会遵循公用事业（如水电管线）路权。近几十年来，"铁轨到小道"的倡议已经将小道沿着废弃的铁路铺设，这样这些小道的坡度和曲线都比较平缓，而且还可能连接到市中心。对于自然步道，徒步旅行路线的分类范围从短道到日间徒步旅行者的长环路；通宵者会穿越越野小道。徒步旅行者可以共享不常用的马道，但由于马粪、加速的侵蚀、马的惊吓以及不同的步道长度等因素，还是推荐分开使用（Fogg，1990）。

表21-6 常见的小道类型

非机动车	冬季使用	特殊用途	水
徒步	越野滑雪	全地形车辆	独木舟、木筏或船
骑行	雪地摩托车	摩托车	
骑马		越野车	

来源：Fogg, 1990

城市小道（人行道）的设计应能使大量的人舒适地出行，这取决于人们到访的程度（如到访频率、到访人数）。拉斯维加斯大道上的人行道宽15英尺（4.6米），而赌场广场的容量要大得多。虽然如此宽度的人行道将给大多数休闲区带来很大压力，但应考虑宽度大于3英尺（0.9米）的人行道，尤其是如果电线杆和街道设施阻挡了行人通行权。

除了ADA的要求外，休闲区的交通规划人员必须认识到，来访人口比例过高可能需要额外考虑可达性。退休人员已经占旅游人口的很大一部分，尤其是在孩子返校后的秋季。即将退休的婴儿潮一代有足够的钱和时间去旅行，但随着他们人数的增加，他们的身体需求也会增加。人行道必须有坡道，坡道必须有明确的指示器，以提醒盲人接近道路，人行横道需要声音信息，公共交通站台需要足够的宽度来容纳轮椅。必须为各种残疾人士提供指路信息。休息区和辅助设施应在合理的时间隔内提供，以满足人们疲劳时的需求。

对于北方气候的小道来说，夏季徒步旅行和骑自行车的小道可以变成冬季的越野滑雪道，不过滑雪者需要更宽的步道和更柔和的曲线，而不是通常在夏季的野外小道上。雪鞋运动可能代替徒步旅行。在大多数情况下，与冬季使用相关的最紧迫的问题是如何充分标记此类路径的位置，尤其是在积雪较多或飘雪的地区。

21.5.7 公共交通服务

尽管公共交通服务也需要基础设施来支持车辆运行和乘客出行，但本章也将公共交通与基础设施分开讨论，因为成功的服务是以乘客为导向的。美国联邦公共交通管理局（FTA）的网站（http://www.fta.dot.gov/documents/transtinparks2011post.pdf）提供了国家公园可提供的公共交通服务类型的示例。

为休闲区服务的公共交通服务可以采取多种形式。它可以把其他地方的游客带到休闲区。或者，它可以是休闲区内的服务，将游客分散到不同的地点。在美国国家公园内，公共交通服务有时是强制性的（私家车不允许在道路上行驶），有时是自愿的（游客可以选择使用公共交通工具或他们的私家车）。

公共交通系统通常可以通过使用现有的路权网络，以最小的启动成本投入服务。初始资金可用于购买车辆和建造避难所。对于基于公共汽车的系统来说，建造避难所、设置标志和安装智能交通系统（ITS）技术（见下一节）的重要性怎么强调都不为过。易于理解的路线结构和系统便利设施对这种模式至关重要，因为休闲交通系统服务于一个不熟悉该地区的游客市场。在多条路线的交汇点以及公共汽车站并没有明确标示公共汽车方向的地方，游客可能会感到困惑。换言之，当一辆公共汽车停在路边，仍然指向行驶方向时，乘客知道它将要去哪里，但当它离开道路进入死胡同或停车场时，不熟悉该区域的乘客就会失去方向感。

公共汽车站的位置策略也会影响人们与系统的互动方式。不同的功能由固定的公共汽车站和乘客必须通过标记来请求公共汽车司机停车的情况来实现。经验表明，与固定站点相比，标志站点对游客和门户社区企业都没有好处。对于游客来说，当他们访问一个不熟悉的度假社区时，他们不知道该在哪里停下来。对于经销商来说，没有人会偶然在标志站下车并决定走进纪念品商店。

公共汽车站的结构很大程度上遵循预先确定的优先事项，例如在哪里有停车场，或者企业是否需要付费才能在前面建一个公共汽车站。常识也可以决定许多决定，比如在主要活动中心（风景名胜区、大型酒店或受欢迎的餐厅区）附近停车，并避开有安全隐患的地方。对当地企业的地理分析可以确定哪些站点将为最大数量的旅游企业提供服务。一般来说，许多公共交通规划人员认为，根据具体情况，大多数人走到公共汽车站的路程不会超过1/4~1/2英里（400~800米），因此，在固定车站距离内的经销商也由于公交站点的设置生意很好（Kittelson, 2013）。

根据系统规模和既定优先次序，交通规划可能还需要建造加油站和维修设施。确定加油站的位置可能很棘手，因为加油站需要在公共汽车可以到达的中心位置，但又不在其视线范围内。根据1992年的《能源政策法》，在大都市区内由50辆或更多车辆组成的新车队需要纳入替代燃料成分，这就需要考虑燃料供应线和加油站的位置。2007年1月23日第13423号行政命令加强了对联邦机构运营船队的要求，这影响到由国家公园管理局、美国森林管理局、美国鱼类和野生动物管理局和土地管理局经营的联邦休闲区。如果可以识别休闲区的其他车队（公共或私人）并将其转换为选定的替代燃料，则可以实现成本效益。美国能源部的清洁城市计划为建立地方和区域联盟提供支持，以促进替代燃料和汽车技术倡议（USDOE, 2015）。

在轨道交通方面，娱乐性经济地区很少有全年足够的活动量来证明轨道基础设施的成本是合理的；但是，迪士尼主题公园和拉斯维加斯等明显例外。轨道用地通常需要在安装新轨道时对现有基础设施进行大量的重新配置。获取路权是启动过程中最昂贵的一个方面，这使得长距离轨道的安装成本很高，除非系统将使用现有的废弃或共用轨道（见第12章"公共交通规划"）。

出行社区的出行需求特征和轨道运营成本结构是考虑服务选择时的重要因素。

- 运营成本主要发生在旺季和可能的平季，许多系统在淡季处于休眠状态。休闲社区可以通过改变运营日期来节省或花费交通服务费用。基于运营的系统需要考虑劳动力成本和技术工人（通常是司机）的可用性，他们只想在一年中的一部分时间工作。

- 基础设施和车辆的资本成本是预先发生的，无论何时或访问的可靠性如何，都需要支付。因此，基于资本的系统需要稳定的需求和稳定的收入流。

基于公共汽车系统的运营成本很高，因为系统要求每辆运营的公共汽车配备一名司机（如果是铰接式公共汽车，则为每辆车配备两名司机），但通过使用现有道路进行运营，资本成本可以降到最低。基于轨道的系统在获得路权和轨道建设方面会产生较高的资本成本，但安装的系统可以相对较低的每位乘客运营成本运送大量乘客。

票价结构是公共交通服务规划的另一个重要考虑因素。在乡村地区，公共交通运营商收回的票价比例通常低于城市运营商。因此，大多数关于娱乐性公共交通融资的讨论可能会从一个基本的认识开始，即公共交通服务需要补贴。由于这项补贴通常来自公共机构，因此更广泛的公共政策目标成为公共交通服务目标的一部分也就不足为奇了，比如减少汽车尾气排放、减少对停车场可用性的投诉登记数量、提高自然休闲区野生动物的观赏数量。收取公共交通服务费的一个可能的选择是将费用作为公园门票的一部分，因此公共交通服务将被视为游客支付费用的一部分，而且可能会更频繁地使用。

在休闲区，公共交通车辆必须提供足够有吸引力的服务，以便人们选择使用该服务度过假期。国家公园管理局举办了一次车辆设计研讨会，以确定休闲区公共交通车辆的特殊注意事项。研讨会使人们认识到，特定地区的特点决定了对燃料类型、推进力、座位、货物、安全选项和车辆尺寸的独特需求。舒适和畅通无阻的景观成为休闲区的首要考虑因素。考虑到外国游客的需求，建议车上信息使用自动语言翻译。另一个考虑因素是，国家公园强调保持公园道路和小路的历史性，从而尽量减少停车位的数量。将公共交通服务纳入基础设施的这一观点可能非常困难。

在市区，公共交通服务允许乘客在车辆行驶时站在过道上。然而，并不是所有的休闲区都适合允许站人的。地形会影响公共汽车安全容纳站立乘客的能力。例如，在优胜美地国家公园，当乘客人数超过车上的座位数时，司机会拒绝乘客上车，因为公共汽车需要穿过蜿蜒的山路。

休闲区的另一个考虑因素是满足短途旅客乘坐长途公共汽车的需求。例如，公共汽车需要容纳自行车、滑雪板和其他乘客下一段行程所需的其他工具。阿卡迪亚国家公园拥有一个庞大的自行车赛道网络，游客们白天可以尽情享受，但由于下午感到疲劳，许多游客都会乘坐大型公共汽车返回酒店。装有自行车架的公共汽车通常能载两辆自行车，有时甚至能载四辆。阿卡迪亚岛探险家穿梭巴士的自行车架很快就供不应求；下午晚些时候，一辆拖车被用来运送自行车。

21.5.8 智能交通系统

向公园或休闲区用户提供有关交通系统性能的信息，或提供通往所需目的地的最短路线的信息，是在现有条件下提供最高效系统运行的重要手段。指示下一辆公共交通车辆何时到达或停车位置的可变信息标志使游客充满信心，可以让他们知道他们在正确的地方并且没有使用过时的信息。旅行者信息511服务已经在全美国许多地方被采用，并且可以作为另一个关于系统性能的信息来源。

ITS技术可以在一些（尤其是更大的）休闲社区发挥重要作用（关于ITS技术的更多讨论，见第10章"交通系统管理和运营"）。从实用的角度来看，交通技术的运营费用要求有一个最小的拥挤阈值，以使系统值得支持。此外，在非常大的国家公园，互联网络连接非常差，信息的主要来源是电话，而电话的服务也不稳定。因此，在某些情况下，除非在园区内提供专用网络，否则应用ITS解决方案的机会是有限的。

然而，由于停车是休闲区交通系统的一个重点，创新的停车技术可以极大地影响交通效率。阿卡迪亚国家公园及其门户社区的实时停车信息改变了人们的出行方式：43%的使用停车信息的游客改变了他们访问目的地的时间；38%的使用停车信息的用户改变了他们的目的地，44%的查看实时停车信息的人决定改乘公共汽车。在8个需求量大的地段，尽管总访问量有所增加，但是停在指定车位外的车辆平均数，从2001年的325辆下降到2002年的274辆，实时停车场可用性信息已被证明可以随着时间推移分散需求、改变目的地选择和方式划分，但在许多休闲区，为偏远目的地服务的停车场本身距离最后一个交通方案很远。例如，山顶上的停车场和其他风景名胜区的停车场可能已经超出容量，使那些开车30分钟或更长时间才知道停车场已满的人感到沮丧。

随着 ITS 技术在公园和休闲社区环境中的初步尝试，定制化的创新想法不断涌现。德纳利国家公园和保护区在狼窝、鹰巢和其他独特的生态区安装了固定摄像头，这样一来，一辆配备无线设备的公共汽车到达目标区域附近时，会对传感器做出响应，并将摄像头的反馈信号传送到旅游公共汽车的监视器上。

有关公共汽车发车的实时信息可以帮助许多公共交通系统克服与低频线路相关的困难。对公共交通乘客的调查显示，每当公共汽车的发车间隔超过 10 分钟时，人们都会查阅时刻表。配备全球定位系统（GPS）的公共汽车的实时信息使人们对公共交通系统的可靠性充满信心，因为在这种情况下，初来乍到的游客没有乘坐该系统的经验。阿卡迪亚国家公园的岛屿探险家的经验表明，游客对技术做出反应，并做出相应的选择，2002 年对游客的调查显示，80% 的公共汽车乘客是因为看到了带有实时公共汽车发车信息的标牌而决定乘坐的（Daigle 和 Zimmerman，2003）。关于 ITS 在公园中的交通应用，可以参考 http：//www.nps.gov/transportation/pdfs/ITS_In_Parks_2011_Update.pdf。

21.5.9 需求管理

从一个地区到另一个地区，尽管大多数交通策略都是相似的，但可能有一些策略是针对特定社区的。其中一项策略包括交通需求管理（TDM）行动，这些行动旨在管理出行需求，而不是建设更大的容量（见第 14 章"出行需求管理"）。

虽然很少有休闲区希望减少其区域的游客数量，但许多休闲区希望管理对交通系统的需求，以提高交通系统的效率。休闲区的交通需求管理可以采取多种形式。这可能意味着鼓励模式转换，鼓励在访问量不足的场地开展更大型的活动，或者平抑需求，使峰值负荷不再那么严重。许多实行需求管理的公园都有现场通信系统，使游客在进行长途旅行之前没有机会获得预先的信息。表 21-7 展示了俄勒冈州胡德山 TDM 策略。

表 21-7　俄勒冈州胡德山交通需求管理策略

策略	潜在影响
建立一个交通管理协会或其他组织来协调公共交通和 TDM 计划	高
交通系统管理和智能交通系统	高
增加和扩建现有的公共交通	高
增加和扩建现有的私人交通	中/低
提升关于拼车网站等各方面信息的宣传	高/中
创建一个"一站式"胡德山旅行者网页，提供停车场、天气、路况、旅行时间和可用交通的动态信息	高
增加山区范围的手机信号覆盖率	高

来源：CH2MHILL，2012

在许多景点，大部分游客都去同一个目的地。例如，大多数第一次来黄石国家公园的游客可能会去拜访老信徒。因此，这些旅游目的地接待了大量的人群，导致拥挤的停车条件、自然资源受到破坏，游客体验质量因拥挤而下降。同时，其他景点可能有能力接待更多的游客。扩大游客需求的政策可以采取简单的形式，指示季节性员工推荐 2~3 个参观景点，并使每辆机动车交替进入现场。例如，第一辆车在入口大门听到 A 和 C 景点，下一辆车听到 A 和 D 景点，第三辆车听到 B 和 C 景点。因此，如果 A 景点往常接待了全部的 3 辆车，那么现在只接待 2/3 的数量。冰川国家公园指出，在修复向阳大道时，需要在其交通和游客使用研究中统一公园资源的使用。这项计划确立了在公园内可达性和机动性降低的时期内，利用水平调整作为减少拥挤的一种手段（Glacier-National Park，2014）。其他公园可以将这一概念扩展到处理典型的游客激增和高峰中去。

21.5.10　配套政策

土地使用、定价和开发设计政策都会影响交通系统的性能。规划机构、商会、公共交通运营商和其他机构都可以制订影响旅行行为并对当地经济产生影响的政策（见表21-8）。土地利用极大地影响了所有交通方式的出行行为和交通流量，然而，通常主要或仅依赖娱乐活动的中小型社区不具备可持续土地利用的规划专业知识。此外，土地利用产生的变化的长期性质使得没有经验或非专业人员很难确定土地利用的作用。休闲区交通规划的过程应包括对地方领导人进行教育，使他们了解土地利用策略（或缺乏土地利用策略）对当地未来机动性的重大影响。

表21-8　可能影响出行行为的政策

代理机构	政策
州或者当地交通运输部门	·停车政策 ·交通基础设施开发 ·公共交通信号优先 ·通信政策
商会或游客管理部门	·为商业广告或鼓励推荐的交通方式提供折扣会员资格 ·季节性员工培训和教育计划 ·交通信息传播 ·通信政策
公共交通运营商	·路线设计 ·票价政策 ·沟通政策
当地部门	·分区 ·企业停车指南 ·通信政策

在交通规划过程开始时，规划人员应记录所有机构的相关政策，并在可比社区和示范地点调查政策，以获得其他值得考虑的政策的想法。当地的政策清单应反映政策的变化。记录应该指出策略的开始时间，这样将来的分析可以确定策略在趋势数据中的影响。

21.5.11　其他类型的研究

休闲旅游通常对经济、环境、人口统计、财务偿付能力和休闲社区的许多其他方面有着独特的影响。因此，在实施交通系统改革之前，可能需要进行一些不同类型的研究。需要考虑的重要研究类型包括：①环境影响评估；②经济评估；③社会经济和公平分析；④财务影响分析；⑤项目评估。这类研究的例子可以参考相关文献（National Park Service，2006；Thomas et al.，2014）。

自20世纪90年代以来，疏散规划变得越来越重要，尤其是对于沿海社区而言，应对极端天气事件的疏散可能会使交通网络不堪重负。疏散不仅仅与休闲区有关；整个州和都市区都会受到疏散事件的影响。然而，在本章中讨论这种规划仅仅是因为休闲区可能被认为是疏散的一个具有挑战性的环境。大多数地区的交通网络有限，大多数休闲旅行者不熟悉这一网络。在处理一些特别脆弱的人口群体时，这些挑战变得尤为严峻（例如，在路易斯安那州的853例与卡特里娜飓风有关的死亡病例中，至少584例在60岁以上，接近70%，超过的有388例，接近45%）（Wolshon，2009）。

图21-9所示为不同类型的疏散原因。虽然有些过时，但疏散原因的相对分布在今天很可能是相似的（尽管随着气候变化，与恶劣天气相关的疏散频率可能会增加）。重要的是，疏散规划的重点和所涉及的不同类型的策略因是否提前通知即将发生的事件（如飓风）或是否没有提前警告（如地震）而不同。在这两种情况下，明确确定参与疏散的不同机构的作用和责任需要成为计划的一部分。

沃森（2009）概述了美国陆军工程兵团用于疏散规划的规划方法，该方法在概念上类似于第1章中描述的总体规划方法。该方法包括以下步骤：

- 根据风暴情况确定疏散交通区域。这些区域表示将在分析中使用的源区域和目标区域。
- 为每个区域开发住宅单元数据，包括人口、住宅单元数量和车辆数量的详细特征。

- 确定可作为疏散网络一部分的交通网络（通常是道路），以及关键特征，如容量和逆向车道的潜在使用。
- 根据历史数据或调查预测预期疏散行程的数量。这必须考虑到前往当地公共庇护所、当地亲友之家、当地酒店、汽车旅馆、教堂和其他类型的当地目的地以及当地以外的所有目的地的人员和车辆数量。正如沃森（2009）所指出的，在核电站行程分析中，评估了各种昼夜、工作日、周末、假期、夏季、冬季和晴雨雪条件。
- 在疏散交通区之间分配行程，生成每个风暴场景的始发地 - 目的地矩阵。
- 为连接出发地和目的地区域的路网分配疏散行程，并确定瓶颈点。

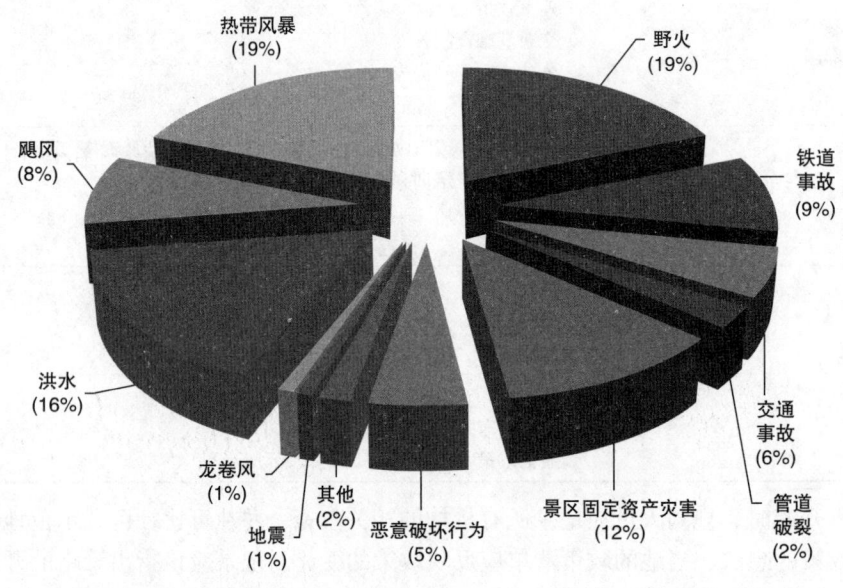

图 21-9　美国大规模疏散的主要原因（1990—2003 年）
来源：Dotson and Jones, 2005

如第 1 章所述，这种方法非常依赖于前面描述的四步规划过程。

有关疏散规划的信息可以从各种来源找到。已经公布了许多公开文件，包括以下两份联邦机构的文件：

- 联邦公路管理局：在疏散行动中使用高速公路，并提前通知有效疏散规划的路线（http : //ops.fhwa.dot.gov/publications/evac_primer/00_evac_primer.htm）。
- 国家海洋和大气管理局，规划和影响评估报告（http : //coast.noaa.gov/hes/hes.html？ redirect=301ocm ）。也鼓励感兴趣的读者回顾 (Wolshon，2009)。

21.6　信息沟通的必要性

鉴于许多游客是第一次体验，传播有关交通系统选择的信息是交通策略的一个重要组成部分。此外，对有效的交通服务感兴趣的利益相关者往往各不相同，这就要求参与提供这种服务的人和受其影响的社区群体之间进行信息交流和沟通。沟通包括对设计和运行交通系统的人员（规划人员、工程师和政治领导人）、使用系统的人员（访客）以及与使用系统的人员互动的人员（当地企业、一线员工和当地公民）进行教育并保持信息通知。沟通在塑造公众舆论和影响出行选择方面起着至关重要的作用。

21.6.1　公众咨询

除了作为创业服务一部分的有针对性的宣传活动，交通规划人员不能指望公众对他们的休闲交通系统有很强的熟悉度。休闲区的游客通常有一半以上的人是第一次来旅游，他们不知道可供选择的交通方式。随着时间的推移，居民逐渐熟悉服务并与新来者分享他们的知识，一些社区的公共服务提供者将从中受益。随着一些游客和季节性工作者的回归，知识每年都在延续。对受休闲交通影响的所有公众进行外联的最大需求来自于交通系统发生变化时，大多数资源通常用于做出改变，而不是致力于公共关系。

旅游业市场研究人员监测向到访公众传播信息的最佳方式，公园通常在游客使用调查中包括关于人们使用什么信息源来规划他们的休闲旅游的问题。典型的媒体包括旅游指南、旅游书籍以及关于休闲景点和周边商业和便利设施的网页。游客到达当地后，他们会参考当地旅游出版物、游客中心、商会和当地居民等资源。针对某个受众的消息有时会过滤到其他受众，有些组可能会归入多个类别。例如，当地居民经常使用与一般来访公众相同的娱乐设施，而提供给当地居民的信息往往被游客获取。

在交通方面，游客需要了解他们可以使用的交通工具，才会愿意使用它们。这意味着，在休闲社区的入口、游客住宿处以及其他容易到达的位置，必须随时提供有关交通工具、服务场所、时间表和站点的信息。对于实时信息，各种 ITS 技术，如信息亭和可变信息标志，可用于提供交通服务当前状态的信息。

每个地方的规划人员都需要根据自己的情况制订沟通计划。游客调查有助于确定游客是如何获得休闲区信息的。过去的调查表明，互联网的广泛使用已经逐渐改变了人们获取信息的来源，特别是自 20 世纪 90 年代末以来。另一方面，旅游指南和电话咨询等传统媒体继续影响着度假计划。交通运营商应设计由不同媒体组成的公共传播计划，该策略由定期游客调查更新的研究提供信息（见第 24 章"公众参与"）。

21.6.2 与当地社区的沟通

有时，即使是最深思熟虑的公众推广努力也会带来本不愿看到的负面反响。当缅因州交通部设计了一个宣传其 511 旅游信息网络的活动时，其中一部分活动涉及展示其在阿卡迪亚国家公园及其周边地区实施的 ITS 信息推广活动。巴尔港商会对此表示反对，因为他们担心提醒游客停车场没有余位可能会吓跑潜在游客。

虽然有些人可能会反对媒体报道拥堵状况，但实际上，媒体往往是最有效的传播信息的手段。与广播、互联网、报纸和电视台建立良好的关系是交通规划和交通系统管理过程的重要组成部分。

21.7 总结

长期以来，人们一直将休闲区作为远离城市社会的交通拥挤和污染等弊病的场所。但是，现代社会的这些特征正伴随着人们进入假期。为保持度假游客在休闲区的高质量体验，交通规划变得越来越重要。鉴于休闲区在独特的位置发挥着特殊作用，它们还区分了交通规划中需要考虑的特点。虽然优先次序会因休闲社区类型、地点和文化而有所不同，但任何依赖旅游业的社区在交通系统设计中都会将游客体验和生活质量视为头等大事。从一线员工的基本口碑到复杂的智能交通系统，信息和通信至关重要。

休闲区的交通规划需要考虑到广泛的影响，因此需要一个系统的方法来进行规划。系统方法可以预测期望目标之间的外部性和权衡，并使利益相关者了解实现社区最佳交通策略所需的权衡。这些权衡构成了平衡不同投资方利益和休闲区最佳利益的基础。在采用预期目标和运营目标后，监控系统性能提供了社区目标实现程度、相关成本和产生的外部影响的关键信息。交通规划人员、娱乐管理者和交通系统运营商可以利用这些信息来实现更有效和可持续的结果。

交通倡议的潜在积极和消极后果会以不同的方式影响许多人。休闲社区的交通规划人员需要采用开放式的规划方法，为系统变化的影响做好准备，并为特定的当地环境创造最理想的效果。与关注经济、环境、金融或任何其他特定类型的影响不同，交通运输必须通过一种系统方法来考虑，这种方法可以预测和教育人们关于外部性和目标之间的权衡。

交通规划人员不应该问交通变化会产生什么样的影响，而是应该清楚地说明他们打算产生的影响类型。这些因地制宜的目标需要在不同利益相关者的利益和追求任何特定目标的内在权衡之间取得平衡。

对于那些需要更多信息的人，可以在联邦土地交通协会的资源库（http://www.fedlandsinstitute.org/resource-brarysearch/Repository.aspx）中找到有关公园区域交通信息的极好资源。

参考文献

Albright, H. M., and M. A. Schenck. 1999. *Creating the National Park Service: The Missing Years*. Norman, OK: University of Oklahoma Press.

Byrne, B. 1999. "Traffic and Demand Management Experience in Selected National Parks." Conference proceedings, National Parks Transportation Alternatives and Advanced Technology for the 21st Century, Big Sky, MT, June.

Cambridge Systematics Inc. and BRW Group. 2001. "Federal Lands Alternative Transportation Systems Study: Congressional Report." Prepared for the Federal Transit Administration and the Federal Highway Administration. Accessed Feb. 10, 2016 from http://www.nps.gov/transportation/federal_lands_atp_study.html.

CH2MHILL. 2012. "Alternative Transit Opportunities and Transportation Demand Management within the Mt. Hood National Forest, Oregon DOT," Accessed Feb. 16, 2016, from http://www.oregon.gov/ODOT/HWY/REGION1/MHMTP/FS_TransitStudy_Pilot%20Program%20Final%20Report_9_28_12.pdf.

Daigle, J. J. and B. Lee. 2000. *Passenger Characteristics and Experiences with the Island Explorer Bus: Summer 1999*. National Park Service New England System Support Office Technical Report NPS/BSO-RNR/NRTR/00-15, Dec.

Daigle, J. and C. Zimmerman. 2003. *Acadia National Park ITS Field Operational Test: Visitor Survey*. Prepared by Battelle for the U.S. Department of Transportation ITS Joint Program Office, Feb. 10.

Dotson, L. and J. Jones. 2005. Identification and Analysis of Factors Affecting Emergency Evacuations, Report NUREG/CR-6864, Vol. 1, SAND2004-5901. Accessed Jan. 16, 2016, from http://pbadupws.nrc.gov/docs/ML0502/ML050250245.pdf.

Dunning, A. 2004. *Transit for National Parks and Gateway Communities: Impacts and Guidance*. Atlanta, GA: School of Civil and Environmental Engineering, Georgia Institute of Technology.

_____. 2005. "Impacts of Transit in National Parks and Gateway Communities." *Transportation Research Record: Planning and Analysis*, No. 1931. Washington, DC: Transportation Research Board.

Evans, D. and Assocs. 2014. Mt. Hood Multimodal Transportation Plan, 2014–2029, 15-Year Rolling Plan. Salem, OR: Oregon DOT, Accessed Feb. 16, 2016 from http://www.oregon.gov/ODOT/HWY/REGION1/pages/MHMTP.aspx.

Federal Highway Administration, Central Federal Lands Highway Division. 2008. *Guide to Promoting Bicycling on Federal Lands*. Report No. FHWA-CFL/TD-08-007, Accessed Feb. 13, 2016, from http://www.fedlandsinstitute.org/Documents/RepositoryDocuments/Guide_Promo_Bike_FL.pdf.

Federal Highway Administration, Federal Lands Division. 2012. Project Development & Design Manual (PDDM), Chapter 1, Nov. Accessed Feb. 16, 2016 from http://www.nps.gov/transportation/library_manuals.html.

Federal Highway Administration. 2015a. "Bicycle and Pedestrian Provisions of the Federal-aid Program." Accessed Feb. 12, 2016, from http://www.fhwa.dot.gov/environment/bicycle_pedestrian.

_____. 2015b. "Manuals and Guides for Trail Design, Construction, Maintenance, and Operation, and for Signs." Accessed Feb., 12, 2016, from http://www.fhwa.dot.gov/environment/recreational_trails/guidance/manuals.cfm#ntrp

Federal Transit Administration (FTA). 2012. *Cape Cod National Seashore Alternative Transportation Partnership*. Accessed Feb. 13, 2016, from http://www.nps.gov/transportation/pdfs/TRIPTAC_May2012_CACO_ATS_Partnerships.pdf.

Fogg, G.E. *Park Planning Guidelines, 3rd Edition*. National Recreation and Park Association, 1990.

Glacier National Park. 2001 Compendium: 36 CFR 1.7(b), Appendix J.

Glacier National Park. 2014. *Going-to-the-Sun Road Corridor Management Plan - Existing Conditions of the Transportation System*. Accessed Feb. 2, 2016, from http://ntl.bts.gov/lib/52000/52800/52811/DOT-VNTSC-NPS-14-07.pdf.

Golias, J., G. Yannis and M. Harvatis. 2002. "Off-Street Parking Choice Sensitivity." *Transportation Planning and Technology*, Vol. 25, No. 4: 333–348.

Grand Teton National Park, January 2001. *Transportation Study, Summary and Recommendations Final Draft*.

HDR, Inc. 2011. ATP Transportation Implementation Plan, Alternative Transportation Plan (ATP) –Mississippi National River and Recreation Area, Accessed Feb. 16, 2016, from http://www.nps.gov/miss/parknews/upload/FINAL-Transportation-Implementation-Plan_02-01-11-2.pdf.

International Snowmobile Association. 2014, "Facts and Figures," Accessed on Feb. 2, 2016, from http://www.snowmobile.org/docs/snowmobiling-fact-book-2013-2014.pdf.

Kittelson & Assocs., Parsons Brinckerhoff, KFH Group, Texas A&M Transportation Institute, and ARUP. 2013. *Transit Capacity and Quality of Service Manual*, 3rd ed. TCRP Report 165, Transportation Research Board, Washington D.C. Accessed Feb. 1, 2016 from http://onlinepubs.trb.org/onlinepubs/tcrp/tcrp_rpt_165fm.pdf.

Manning, R. 2007. *Parks and Carrying Capacity, Commons Without Tragedy*. Washington DC: Island Press.

Manning, R. E, P. Newman, W. A. Valliere, B. Wang, and S. R. Lawson. 2001. "Respondent Self-Assessment of Research on Crowding Norms in Outdoor Recreation," *Journal of Leisure Research* (Third Quarter).

Manning, R., P. Pettengill, and N. Reigner. 2012. *Using Indicators and Standards of Quality to Guide Transportation Management in Parks and Public Lands: A Best Practices Manual*, Federal Transit Administration. Sept. Accessed Feb. 15, 2016, from http://www.fedlandsinstitute.org/Documents/RepositoryDocuments/BestPractices_Manning_Final3.pdf.

Monorail Society. 2013. "Monorails of North America." Accessed Feb. 2, 2016, from http://www.monorails.org/tMspages/WDW.html

Morrall, J. F. and T. McGuire. 2000. "Sustainable Highway Development in a National Park." *Transportation Research Record*, No. 1702: 3–10, Washington, DC: National Academy Press.

National Park Service (NPS). 2006. *Grand Teton National Park Transportation Plan, Final Environmental Impact Statement*. Accessed Feb. 16, 2016, from http://www.nps.gov/grte/parkmgmt/upload/Entire%20FEIS-comp.pdf.

_____. 2014. *Transportation Planning Guidebook*. Accessed Feb. 12, 2016, from http://www.nps.gov/transportation/pdfs/transplan.pdf.

_____. 2015. Yosemite National Park Creates $535 Million in Economic Benefits. Website. Accessed Feb. 2, 2016, from http://www.nps.gov/yose/learn/news/yosemite-national-park-creates-535-million-in-economic-benefits.htm.

Nelson, B. W., and J. Tumlin. 2000. "Yosemite Regional Transportation Strategy: Creating a Public-Private Partnership." *Transportation Research Record*, No. 1735. Washington, DC: Transportation Research Board.

Shea, P. 2001. "Shuttle Service in National Parks: Reducing Congestion and Improving the Tourist Experience." Transit Cooperative Research Program (TCRP) Report 70: *Guidebook for Change and Innovation at Rural and Small Urban Transit Systems*. Washington, DC: Transportation Research Board, National Academy Press.

Thomas, C., Huber, C. and L. Koontz. 2014. National Park Visitor Spending Effects Economic Contributions to Local Communities, States, and the Nation, National Park Service, Natural Resource Report NPS/NRSS/EQD/NRR—2014/765, Accessed Feb. 16, 2016 from http://www.nature.nps.gov/socialscience/docs/NPSVSE2012_final_nrss.pdf.

Town of Provincetown, 2015. Provincetown Parking Department, Website. Accessed Feb. 13, 2016, from http://www.provincetown-ma.gov/index.aspx?NID=81.

Transportation Research Board. 2010. *Highway Capacity Manual*, 5th ed., Washington, DC: National Academy Press.

U.S. Department of Energy, 2015. "Energy Efficiency and Renewable Energy: Clean Cities." Website. Accessed Feb. 3, 2016, from http://www.eere.energy.gov/cleancities.

Volpe National Transportation Systems Center. 2003. "Partnering for Success: Techniques for Working with Partners to Plan for Alternative Transportation in National Park Service Units." Prepared for the National Park Service Alternative Transportation Program, U.S. Department of Transportation, Cambridge, MA, May.

Wolshon, B. 2009. Transportation's Role in Emergency Evacuation and Reentry, NCHRP Synthesis of Highway Practice 392. Washington, DC: Transportation Research Board: National Academy Press. Accessed Feb.16, 2016, from http://onlinepubs.trb.org/onlinepubs/nchrp/nchrp_syn_392.pdf.

Yosemite National Park, September 1980. "General Management Plan: Visitor Use/Park Management/Development." Washington, DC: National Park Service.

第 22 章

将货运纳入交通规划

22.1 引言

多年以来，交通规划过程几乎完全集中于客运，所开发的模型、为支持这些模型而收集的数据以及由此产生的政策和投资策略都主要与车辆和人员的流动有关。规划中考虑的货运量主要是用于估算公路通行能力的货车-客车当量系数。随着 1991 年《综合地面运输效率法案》（Intermodal Surface Transportation Efficiency Act, ISTEA）的通过，交通规划人员和政策制定人员对应用于客运和货运的多式联运概念越来越感兴趣。尽管典型州或大都市地区的大部分货物运输由私人公司负责，但这种运输的很大一部分发生在高速公路网络上，因此对负责道路和路网规划、建设和管理的人员具有重大意义。此外，法律、运营法规和分区规划可能会对货物运营产生重大影响，因此货运部门与公共决策之间的接口是运输政策框架的重要组成部分。

交通规划人员需要知道交通网络上的货物数量和货物类型，以及这些物流是从哪个分销/仓库中心发出的；需要了解有关运输方式、车辆或船只特性以及所用设施类型的数据，以此来跟踪和监视系统状况和性能，从而评估货运影响交通系统的多种方式。美国经济依赖于相互连接的交通网络来运输大量原材料和制成品。消费者比以往任何时候都可以更加方便地在当地的超市购买进口的新鲜食品，接收他们通过互联网购买的商品，并在网上跟踪快递包裹以随时了解其位置。庞大的交通网络结合货运服务以及货运流通的不断改进，使得这些日常事件成为可能，这在很大程度上归功于信息技术的进步。

负责运行和维护美国交通系统的公共机构正面临越来越多的挑战，货运活动正在给系统带来压力。本章旨在帮助规划人员将货运纳入其规划流程。第 22.2 节将概述美国本土的货物流通。第 22.3 节将讨论货运对社区、货运行业及交通系统的影响。第 22.4 节将介绍货运规划，包括制度方面、系统设计的需求、数据收集以及用于识别和评估不同货运相关策略的模型和分析工具。第 22.5 节将描述货运站设计的一些重要方面。最后一节将提供有关将货运问题整合到交通规划流程中一些关键方面中的想法。

22.2 美国货流概况

美国交通系统运送的货物数量十分庞大。通过航空、货车、铁路、水路和管道运输的货运总量超过 200 亿吨。2013 年，预计美国运输量将达到 6.2 万亿吨英里，比 2001 年增长了 3 万亿吨英里。吨英里数（货物运输量的主要物理指标）这一 100% 的增长表示 2001—2013 年（有完整数据的最新年份）之间的复合年增长率为 0.9%。表 22-1 汇总了 2013 年按吨和价值统计的美国货运量。2013 年，货车货运约占美国货运量的 70%，占美国货运价值的 64%。预计未来货车运输将在美国货运中占主导地位。

表 22-1 美国不同运输方式的价值和重量对比（2013 年）

	重量/百万吨	价值/亿美元
货车	13955	11444
铁路	1858	577
水运	808	284
空运	15	1167
多式联运①	1554	3065
管道	1539	1003
其他	333	363
总计②	20062	17903

① 多式联运包括美国邮政服务和快递运输以及除空运以外的所有多式联运组合。
② 数据不包括以任何方式从外国原产地到外国目的地的美国进出口商品。
来源：FHWA, 2013; BTS, 2015

> ### 货运规划中使用的术语
>
> 商品：一种对所运输货物进行分类的方法。假定同一类别的商品具有相同的每吨价值、密度和处理特性。最常见的商品分类方案包括美国铁路协会的运输商品标准分类（Standard Transportation Commodity Classification，STCC）和美国与加拿大政府制定的运输商品标准分类（Standard Classification of Transported Goods，SCTG）。
>
> 装运：装运是指将货物、商品或产品从企业转移到与原始企业相同的公司所拥有或经营的单个客户或另一个企业（例如，仓库、配送中心或零售或批发店）。仅当货车上的所有商品都运往同一地点时，全部或部分货车才算作单次装运。
>
> 装运价值：装运价值是企业装运的商品的市场价值（以美元为单位）。它代表净销售价值，不包括运费和税金。但是，它确实衡量了用于生产或制造产品的材料的装运价值，以及成品本身的装运价值。
>
> 装运吨数：此度量单位表示企业报告的装运总重量（以磅为单位）。与上面的装运价格一样，根据在生产和消费周期中运输产品的次数，可以多次计算产品的吨数。
>
> 吨英里：吨英里衡量的是货物重量乘以货物行进的里程。里程计算为货物出发地与目的地之间的距离。对于通过货车、铁路或吃水浅的船只运输的货物，里程不包括国际部分。例如，从阿拉斯加到邻近各州的里程不包括通过加拿大的里程。

美国人口普查局会定期对该国的货运情况进行一次调查，该调查使得交通规划制定人员可以大致了解美国国内货运市场若干特征。例如，2012年的调查结果显示（Census Bureau，2015）：

- 按价值和吨位计算，美国大部分货运货物的运输距离不足250英里（402千米），仅占重量的77%和被调查货物价值的60%以上。然而，超过250英里的行程占调查数据估计的吨英里的84%。只有4.5%的货物（按重量计）运输距离超过1000英里（1609公里），但这约占吨英里的32%。
- 包裹运送服务有了长足的发展。小于500磅（227千克）的包裹占所运送货物价值的25%，在2007—2012年之间增长了14%。小于50磅（23千克）的包裹总价值增长了24%。
- 按价值计算，货运量排名前5位的商品类型为混合货运、汽油、机动车辆和其他车辆、电子和其他设备以及医药产品。
- 按重量计算，货运量排名前5位的商品类型为砾石和混合石料、汽油、煤炭、燃料油和非金属矿物产品。
- 按吨英里计算，货运量排名前5位的商品类型为煤炭、预制食品和油脂、农产品、谷物和基本化学品。
- 超过50000磅（22680千克）的货物构成了吨英里数的64%和所运输吨数的51%，但仅占价值的16%。在过去的5年中，对于这些较重的负载，吨英里减少了1.6%，重量减少了4.3%，价值增加了3.6%。
- 在美国，危险品分为从放射性残留物到受污染的血液9种不同类别。调查估计，2012年美国运输了25.8亿吨危险品。其中，货车占54%，管道约占24%，其余则由铁路、水运和空运运输。但是，不同交通方式运输的有害物质的类型各异。例如，货车运载了98%的炸药、59%的易燃液体和63%的2类气体。

这些趋势警告我们未来商品市场具有不确定的前景。例如，Caplis和Phadnis（2013）通过情景分析对未来市场的特征进行了研究。他们发现，对未来市场影响最大且不确定性最大的因素是全球贸易水平、当前海外制造业的潜在再本土化以及资源的可获得性（例如，石油燃料）。他们认为，过去的趋势将持续，包括高昂且不稳定的燃油价格、电动汽车的使用增多、在交通网络管理中广泛使用传感技术以及虚拟工作和在线零售的使用增加。人口老龄化（以及对消费支出的影响）和不断增加的城市化进程被确定为"既定目标"。

此外，通常在货运描述中没有讨论过，数据的运输可能是货运中的一个重要促进因素（例如，更有效的货物订购），也可能成为货运出行的替代品。例如，3D打印可能会对货物的流动产生巨大影响；它只需发送产品尺寸，就可以在现场制造，而不必对产品进行装运。

每种货运模式都有各自的历史和预期增长趋势。美国交通部（U.S. DOT）运输统计局（Bureau of Transportation Statistics，BTS）是货运模式数据的可靠来源。下文描述的每种货运模式的一些关键特征均来自 BTS 的报告。

22.2.1 公路货运

2012 年，美国注册了 240 万辆载重牵引挂车。货车运输业，包括租用和私人使用，共运送了价值超过 12 万亿美元的货物，重达 138 亿吨，在 2012 年产生了约 2.5 万亿吨英里货运量（FHWA，2015）。货运模式份额不断增长的主要推动力是服务业的增长，而服务业与制造业的结合对国民经济变得越来越重要。货车活动对市区道路系统的两个主要影响是：①它们对服务于主要出行流量的道路通行能力的影响（货车占用更多空间，不像乘用车那样具有机动性）；②货车经常在当地道路上进入配送/仓储和其他主要目的地的交通拥堵和安全后果。

城市货物运输，有时也称为城市货运和服务活动，是都市交通规划的重要考虑因素。例如，国家合作货运研究计划（National Cooperative Freight Research Program Report，NCFRP）报告 19 "货运行程的产生和土地使用"得出的结论是：①一个城市地区的商业机构平均每天产生约 2.5 次货运和约 0.3 次服务行程；② 40% 的交通由少于 4 名员工的机构产生；③零售、住宿、食品服务部门产生约 40% 的交通（Holguin-Veras et al.，2012）。由于服务车辆长时间停放，这种交通的服务部分对路边空间有更大的需求。在许多人口稠密的城市中心，提供接送地点是一项挑战，那里的道路空间与许多不同的群体共享。

在某些大都市地区，陆上通道是进入美国的重要入境口岸，对其经济活动，以及交通网络上的出行需求量也是如此。例如，2013 年，墨西哥排名前 5 位的陆上通道仅处理了超过 500 万个货车集装箱，而得克萨斯州的拉雷多则处理了超过 400 万个货车集装箱（BTS，2015，表 1-54）。在加拿大边境，前 5 个过境点处理了 380 万个货车集装箱，密歇根州的底特律则处理了 150 万个集装箱（BTS，2015，表 1-52）。

在更广泛的政策层面，有人认为出于环境和道路通行能力的原因，应该通过铁路运送更多的货物。美国国税局（Internal Revenue Service，IRS）观察到，通常，在 100 英里（161 公里）货运里程以内，货车/铁路竞争仅发生在重量超过 60000 磅（27216 千克）的货物上，也就是说，货运是主要承载方式。在 100~300 英里（160~482 公里）货运里程之间时，重量在 60000~90000 磅（27216~40823 千克）的货物之间会发生竞争。在 300~500 英里（482~805 公里）货运里程之间时，重量在 30000~90000 磅（13608~40823 千克）的货物之间会发生竞争；在 500 英里（805 公里）以上的货运里程中，重量在 10000~60000 磅（4536~27216 千克）之间会发生竞争。如前所述，"对于 100 英里（160 公里）以内的出行，私人承运人是竞争对手。对于超过 100 英里（160 公里）的出行，由租车承运人提供竞争。唯一的例外是重量在 30000~60000 磅（13608~40823 千克）之间的负载在 100~200 英里（160~322 公里）之间的运输。在这种情况下，私人货运似乎是首选的载体"（IRS，2015）。

货车运营中潜在的重要变化之一是自动驾驶货车的发展，也就是说，货车将"自动驾驶"或至少拥有先进的车辆技术，驾驶人只需确保车辆高效运行即可。此类技术的广泛应用可能对货车和铁路行业以及交通机构提供的基础设施类型（例如，货车专用车道）都产生重大影响。

22.2.2 铁路

货运铁路可以运输各种货物和产品，从制成品到煤炭、谷物等散装资源。2013 年，美国的 7 条一级铁路（最主要的铁路）运输了 17.6 亿吨原产货物，使用了 2880 万辆货车和 12.8 辆多式联运货车（集装箱或火车车厢中的货车）。按价值计算，美国铁路运送的货物约占美国货运总量的 3%，按重量计算则占 11%（FHWA，2013）。煤炭和化学产品占 2013 年铁路运输量的 50%。对于城市交通而言，铁路运输的主要影响是双重的：①在那些铁路、公路平交道口较长的社区中，火车可能会破坏道路的运营；②铁路联运站会吸引大量货车运送或装卸货物，可能会导致当地道路拥堵。

铁路行业，特别是货运行业，对经济状况非常敏感。在 21 世纪 10 年代初期的经济衰退期间，由于需要运输的货物减少，铁路收入下降。铁路行业没有资本对其基础设施进行再投资。到 21 世纪 10 年代中期，情况已经好转，铁路轨道和制造厂商获得了投资，以应对货运量的预期增长。

22.2.3 内陆水运与海上运输

2012 年，在美国运输的总吨位中，有近 9% 的部分来自水上（Census Bureau，2015）。美国的水运货运（包括国内贸易和国际贸易）总吨位从 2007 年的 4.04 亿吨增长到 2012 年的 5.76 亿吨。2012 年，水路运输担负了 74% 的重量，占美国国际商品贸易总值的 47%（FHWA，2013）。

海港是国民经济以及各个州和大都市区经济的重要贡献者。2013 年，进入美国的前 20 个货运通道（按价值计算）中有 9 个是海港，其中洛杉矶港位居首位，处理的贸易额达 2130 亿美元（BTS，2015，表 1-51）。

内河航道系统包括 12000 英里的商业航道，并设有 200 多个闸室。此外，内陆水运包括大湖和码头沿海内河运输。每年有超过 5.66 亿吨的货物通过内陆水运系统运输，价值超过 1520 亿美元。据估计，内陆水道和河流每年约有 5100 万辆货车出行（ASCE，2013）。船只的类型以及由此运输的货物类型包括油轮、集装箱驳船、天然气、滚装货物、散装和普通货物。2013 年，总吨位超过 1000 吨的船舶在美国港口和码头处理的吨位最大的 3 个入境港是萨宾内斯水道（得克萨斯州博蒙特）、路易斯安那州新奥尔良和得克萨斯州休斯敦。这 3 个港口主要处理石油产品。

联邦政府设立了一个内陆水道信托基金，对驳船燃料征收每加仑 0.20 美元的税，用于投资内陆水道网络。目前，每年筹集的税收约为 8500 万美元；然而，估计的投资需求平均每年为 9 亿美元（ASCE，2013）。

22.2.4 航空货运

2014 年，美国全货运航空公司和其他商业航空公司创造了 650 亿吨英里的货运收入（BTS，2015b）。国际市场的航空货运吨英里增长快于国内市场。例如，2014 年，以吨英里收入为单位的国内航空货运市场增长了 3.36%，而仅太平洋市场就增长了 6.01%。现在，国际市场的货运量已超过国内市场。空运货物在总价值中所占的比例（22.5%）远大于总货运量的重量（不足 1%）。

2013 年，田纳西州的孟菲斯（联邦快递整合中心）处理的国内航空货运量最大，约 220 亿磅（100 亿千克）。安克雷奇位居第二（来自阿拉斯加安克雷奇的亚洲航班有很多要通过海关），路易斯维尔（UPS 整合中心）位居第三（FAA，2015）。纽约市约翰·肯尼迪（JFK）国际机场是按价值计算的美国国际空运的主要门户。

22.2.5 管道运输

交通规划很少考虑管道中液态商品的流通。但是，美国管道网络运输的货物量并不小。2012 年，美国管道输送的原油、石油产品和天然气略超过 15 亿吨英里（24.1 亿吨公里），约占所有运输方式总货运吨英里的 8%。其中，天然气液体约占总量的 1/3。2014 年，美国进口了超过 33.7 亿桶原油和石油产品，在从进入点到精炼厂、码头和最终消费市场的过程中，管道运输了大部分此类进口产品（EIA，2015a）。此外，每年有超过 260 万英尺^3（7.36 万米^3）的天然气从加拿大通过管道进口到美国（EIA，2015）。

22.2.6 联运货运

在海港处理的国际贸易中，一个特别重要的因素是，现在越来越多地使用集装箱作为装运工具。2013 年，进出美国港口的货物数量超过 4400 万标准集装箱（TEU），比 2003 年的 3270 万集装箱增长了 35%（World Bank，2015）。这些集装箱抵达和离开港口要么通过铁路或货车，要么通过一些货车-铁路多式联运的组合。洛杉矶港和加利福尼亚州长滩港拥有美国最多的集装箱，反映了与亚洲和太平洋沿岸国家贸易的增长。就增长率而言，佐治亚州萨凡纳市（Savannah）在过去几年中一直显示出年度百分比变化最快的增长。从 2003 年开始，多式联运服务为一级铁路带来的收入超过了煤炭，占铁路总收入的 43%。巴拿马运河的拓宽和加深可能会对进入美国的国际集装箱运输产生重大影响。

22.3 货运对社区、货运行业及交通系统的影响

货运量的增长会在许多方面影响交通机构。在物理基础设施方面，与较轻和较小的车辆相比，较大和较重的车辆对道路的破坏更大。例如，多年以来，交通运输工程师已经研究了重型车辆对桥梁和人行道设计的影响。

关于经济发展，现代经济取决于转移资源和货物的能力。因此，提供这种可达性和机动性成为国家、州或大都市经济发展政策的重要组成部分。最后，与其他运输设施类似，货运码头和运营对环境和社区产生影响，通常是社区领导者和居民非常关注的问题。

22.3.1 社区影响

国家公路合作研究计划（National Cooperative Highway Research Program，NCHRP）综合第320号报告《将货运设施和运营与社区目标相结合》，确定了社区官员关注的众多与货运相关的问题（Strauss-Wieder，2003）。如报告中所述，了解货运设施或运营与周围社区之间的关系正变得越来越重要，其原因如下：①货运量正在增加；②普通民众较少参与商品生产，因此可能不熟悉将商品生产和交付给消费者市场所需的步骤；③美国人口和土地开发的持续增长增加了不同类型用途之间发生冲突的可能性；④保持降低货运成本的持续压力。在对美国社区的一项调查中，社区官员提出了以下与货运有关的问题（Strauss-Wieder，2003）。

交通流量和拥堵
- 数量——货车的数量会影响其他交通工具用户的可用道路通行容量。
- 运行特性——货车以与乘用车不同的速度加速和减速。
- 道路几何形状——货车（尤其是大型货车）需要不同的车道宽度、转弯半径和转弯车道。
- 铁路平交道口——货运列车，尤其是长列火车，在通过平交道口时可能会造成严重的交通堵塞。
- 商业和零售场所的货车——倒入或停在零售和商业场所的装卸场的大型货车会堵塞道路。停在建筑物外的货车也会造成交通拥堵。
- 货车在路肩和坡道上停车——货车停车位和休息区不足，导致货车在路肩和坡道上停车，这种做法会影响道路运行。

安全保障
- 由于火车与车辆碰撞会造成重大损伤，需要考虑铁路平交道口的安全性。
- 危险物质的运输、搬运和储存。
- 车辆的大小、速度、停车距离、视线障碍以及与天气相关的对行人、骑行者和驾驶人的影响。
- 铁路通道沿线的侵入和潜在的人身伤害或生命损失。
- 重型货车在道路上的安全问题。

经济发展
- 评估如何最好地利用货运资产来实现经济发展目标。
- 制造业转移的影响以及此类业务返回美国本土的影响。
- 航空和铁路服务以保留或吸引企业。
- 确定现有的货运运营和设施与该地区的经济发展目标相抵触的情况。
- 利用一个地区的货运资产吸引行业。
- 维护或发展铁路服务以保留或吸引企业到该地区。

环境问题
- 从船舶压载物排放中释放入侵性水生物种，并对港口和水道产生影响。
- 有害物质泄漏和事故对水道和社区环境的影响。
- 货运业务和设施对低收入和少数族裔社区的潜在影响（环境公正）。
- 车辆和设施特有的空气污染物排放。
- 货运设施和运营对濒危物种和栖息地的潜在影响。
- 夜间运营期间，货运设施发出的光对附近社区的影响。

噪声和振动
- 火车鸣笛和火车运动产生的噪声。
- 来自飞机发动机的噪声，特别是夜间运行的货机的噪声，有时还来自较旧的设备。

- 与居民区相邻的零售商店和货运设施的货车装卸相关的噪声。
- 与较高水平的货运相关的噪声和振动。
- 重型货车交通、较重和较频繁的火车、海上通道深化以及飞机运行引起的振动。

土地使用与价值
- 海运业务与其他土地用途争夺海滨物业。
- 货运设施目前占用的物业的潜在替代土地用途。
- 货运设施使用的土地的生产力和经济价值。
- 重新启用铁路线或增加住宅区附近路权上的铁路运营。
- 不维护通行权,导致垃圾堆弃和杂草丛生。
- 增加当地道路上的货车数量。

这些类型的问题是运输研究的重要起点,旨在研究与货运设施和运营相关的经济发展机会,同时将环境因素作为重要考虑因素。在大多数情况下,这些类型的问题会在规划研究的早期阶段浮出水面,并且通常会纳入目标声明中。

加利福尼亚州在研究货运臭氧排放对健康的影响方面一直处于领先地位。柴油颗粒物(柴油是货运中使用的主要燃料)是人类健康的特殊关注点,因为其中50%~90%的颗粒非常小(超细),可以轻易进入并沉积在肺部。然而,应注意的是,超细颗粒物并非仅限于柴油排放物;超细颗粒物来源于使用任何燃料(包括汽油、压缩天然气和液态天然气)的燃烧过程。表22-2展示了2012年加利福尼亚州与导致颗粒物(2.5微米)的货运排放相关的健康影响和评估,并预测了2030年和2050年的数值。

表 22-2 加利福尼亚州全州范围内与导致 PM2.5 不确定范围的货运排放相关的健康影响和评估[1]

PM2.5 和 NO$_x$	2012 年	2030 年	2050 年
死亡数 / 人	1700~2700	770~1200	830~1300
住院治疗数[2] / 人	43~770	19~340	20~370
急诊就诊数[3] / 人	600~1300	260~570	280~620
估值 / 十亿美元	16~24	7~11	7~12

[1] 不确定范围仅反映浓度响应函数中的不确定性,而不反映排放量预测、空间插值和集合中的不确定性。
[2] 包括呼吸道和心血管病住院。
[3] 包括哮喘和心血管急诊室就诊。
资料来源:CARB, 2015

近年来,加利福尼亚州空气资源委员会(California Air Resources Board,CARB)将注意力集中在货运部门的污染物排放和减少排放的可行策略上。CARB已采用并实施了十几条法规以及与行业和激励计划达成的协议,以减少货运排放。这些努力以及国家和行业减少货运部门排放举措的收益,通过减少最重要的货运相关污染物排放,对加利福尼亚的空气质量产生了重要影响,如图22-1所示。

CARB为减少未来的排放而采取的一些示例性策略(不完全统计)包括(CARB,2015):

清洁燃烧:

货车
- 制订并提出策略以确保耐用性和使用中的性能。
- 为制造商提供更多的灵活性,以在重型应用中认证先进的创新货车发动机和车辆系统。
- 为新的重型货车发动机制定并提出针对加利福尼亚州的标准,以提供高于国家标准的收益。

远洋船
- 定义"超低排放高效船舶"的标准,并通过现有和增强的海港激励计划(例如,绿色船舶、船舶指数等),为较新的船舶尽早实施清洁技术(3级或更高水平的液化天然气)。
- 制定并提出对《泊位条例》的修正案,以包括其他船队和类型,并实现进一步的减排。

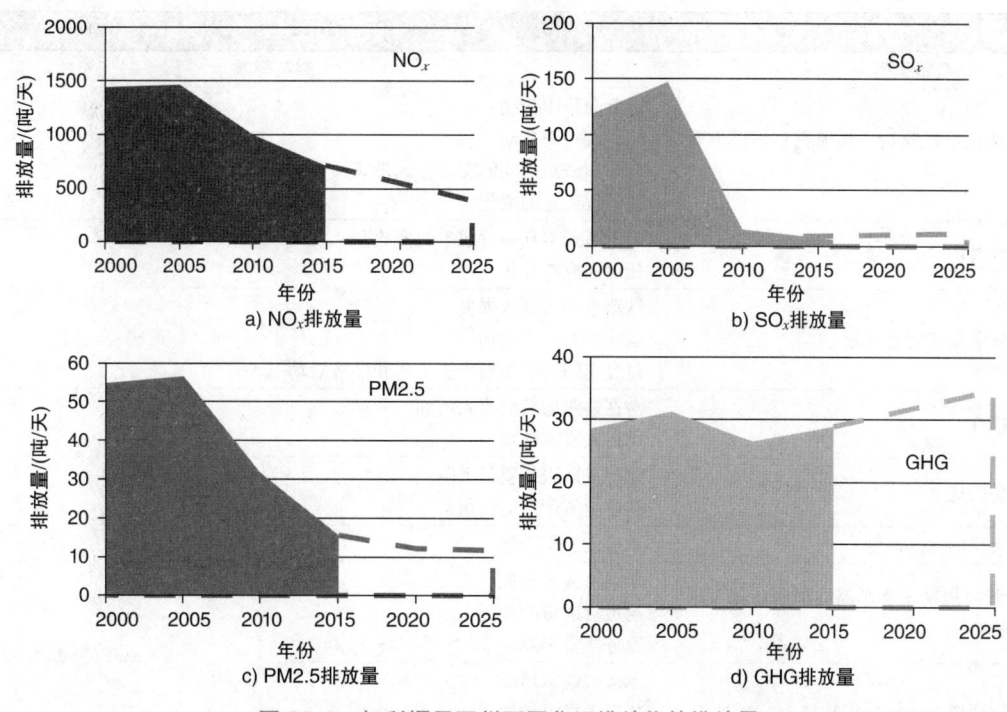

图 22-1　加利福尼亚州不同货运排放物的排放量

来源：CARB, 2015. Reprinted with permission of the Sustainable Freight Initiative of the California Air Resources Board.

机车
- 制定并提出适用于所有非新型机车的法规，以最大限度地利用 4 级发动机和液化天然气，并获得更好的运输线路、中等功率和转换机车（为零排放轨道里程和零排放机车提供信用）。

所有部门 / 货运枢纽
- 从港口、机场、铁路场、仓库和配送中心、货车停靠站等收集数据（例如，设施位置、设备、活动以及与敏感受体的距离），以识别和支持提案。
- 采取基于设施的方法和 / 或针对特定部门的行动，以减少排放和健康风险以及提高效率。

零排放：

运货车 / 小型货车
- 制订提案，以潜在的激励支持加速零排放货车在最后一英里货运应用中的渗透。

大型火花点火设备（铲车等）
- 制订提案以建立采购要求，以支持零排放设备的大规模部署。

奖励机制
- 对现有的奖励计划进行修改，以增加对货运操作中使用的零排放和近零排放设备的重视和支持，包括引入通过可选低 NO_x 标准认证的货车发动机。

由于与货运相关的社会影响，人们常常会发现许多规范货运设备和土地使用的运作和性能的公共政策、法律和法规。表 22-3 展示了政府机构经常使用的一些政策以及对货运业的潜在影响。

22.3.2　对货运部门的影响

与交通系统性能相关的许多影响，包括改善和恶化的状况，都是私营货运公司首先遇到的。行程时间、成本、可靠性、可达性、安全利益或成本都是运营商关注的系统性能特征。NCHRP 第 463 号报告《交通拥堵的经济影响》确定了受交通拥堵影响的五类出行。这些成本类别中的 3 个是与业务相关的成本，包括区域货运交付（车辆运营成本、驾驶人工资和库存 / 货运成本）、区域间货运交付以及区域服务交付（例如，与专业服务、包裹运输以及将运送时间纳入服务成本的快递公司）。

表 22-3　公共政策对货运系统影响的示例

政策类型	潜在影响
向承运人直接征税或收费（燃油税、车辆消费税、通行费）	运营商费用变动 托运人费用变动 货车和铁路之间的交通方式份额的转变 通道货运量的变化
提高设备或燃料价格的环境法规	运营商资本和运营成本的变化 托运人成本变化
温室气体排放上限和贸易计划	铁路承运人收入损失 运输燃料成本增加 过渡期间可能短期失去工作和经济活动
可再生燃料标准	潜在铁路运营商收入增加 承运人成本增加
客运航空货物筛选	航空货运服务质量下降 转向全货运航空公司
出境船舶和飞机的指纹规则	承运人成本增加
直接改变运营的规则（货车路线限制、停车限制、铁路运营限制）	承运人成本增加 通道货运量的变化 服务质量下降
影响货运设施位置的土地使用政策	承运人成本增加 托运人成本增加 服务可能降级
疏浚弃土处理政策	托运人成本增加 转移到其他港口
驾驶人服务时间规则	部分承运人成本增加
货车尺寸和重量规则	燃料使用变化 托运人费用变动
货车限速和调速器规则	降低燃料成本 一些承运人的资本成本增加 某些承运人的盈利能力变化

来源：ICF et al., 2011

根据市场情况，对承运人性能和成本的影响通常会转嫁到货运船主及其客户身上。货运托运人（而不是承运人）是货运系统的最终用户或客户。由于有能力且有必要重组其业务，托运人可能获得额外的利益或成本。系统性能恶化给托运人带来的重组成本的例子包括在货运中引入冗余和增加库存以避免缺货的成本。最终，托运人必须重新配置其业务运营和货运流程，以减轻低效货运的影响。

承运人和托运人成本的不断变化也对货运接收者（主要是零售商和批发商）产生了影响。这些可能对其他业务的供应材料、中间产品和最终产品的生产、分销和销售的市场格局产生进一步的影响。这些影响可以在本地、区域、国家和全球范围内发生。

货运业务的最终结果是业务生产力，这直接影响利润率。较高的货运成本导致较高的价格和/或较低的股东回报。最终，消费者、从业人员和所有者将承担低效货运的负担，或者从改善的货运系统性能中获益。

22.3.3 对交通系统的影响

对国家交通系统日益增长的货运需求可能会增加交通系统中的瓶颈。这些瓶颈可能发生在主要的码头位置，那里到达的货物数量过多，超出了港口通道设施和服务能力；也可能发生在干线沿线，例如货车与乘用车混合运输的主要大都市高速公路系统。在美国及其他发达国家中，交通拥堵程度一直在增加。得州交通运输研究院报告说（Schrank，2015），在 2000—2014 年间，美国城市地区的高速公路拥堵成本从 1140 亿美元增加到 1600 亿美元，增长了 40%。美国交通部估计，如果将生产力损失、与货运延误相关的成本以及其他经济影响都包括在内，则所有运输方式的拥堵成本可能会高出 3 倍，其中包括汽车驾驶人、货运公司、企业、消费者和公众的损失。

　　预测表明，货运需求和货车运输量将继续增长。图22-2所示为2040年美国高速公路上的预计货车流量。沿主要的东西向州际公路通道以及为往返于加拿大和墨西哥的贸易提供服务的南北通道的需求将增加。该地图还表明，几乎所有城市地区都可以预期使用道路系统的货车数量将显著增长，而乡村州际公路则有望实现更为温和的增长。图22-3所示为2040年美国国家公路系统中预计每天超过10000辆货车的路段。如图所示，美国2040年经历高峰期拥堵的许多主要城市高速公路也是主要的货车路线。

　　货运活动不仅影响美国交通系统的容量，还影响其运营和维护。美国的高速公路系统，尤其是州际高速公路系统，使货车运输成为可能。桥梁设计和人行道使重量至少达80000磅（36287千克）的货车能够长途行驶而无须重新配置。除了天气和地质条件，重型车辆也在很大程度上造成了美国高速公路的磨损。根据各州提交的数据，货车（重型、单辆和混合货车）占美国乡村州际公路交通量的21%，但根据等效单轴负载（Equivalent Single-Axle Load，ESAL）的影响计算，其造成了超过97%的路面损害。其中，ESAL是路面工程师用来衡量重型车辆对路面影响的术语。在城市州际公路系统上，重型货车占总交通量的9%，但造成了96%的人行道损坏（AASHTO，2012）。

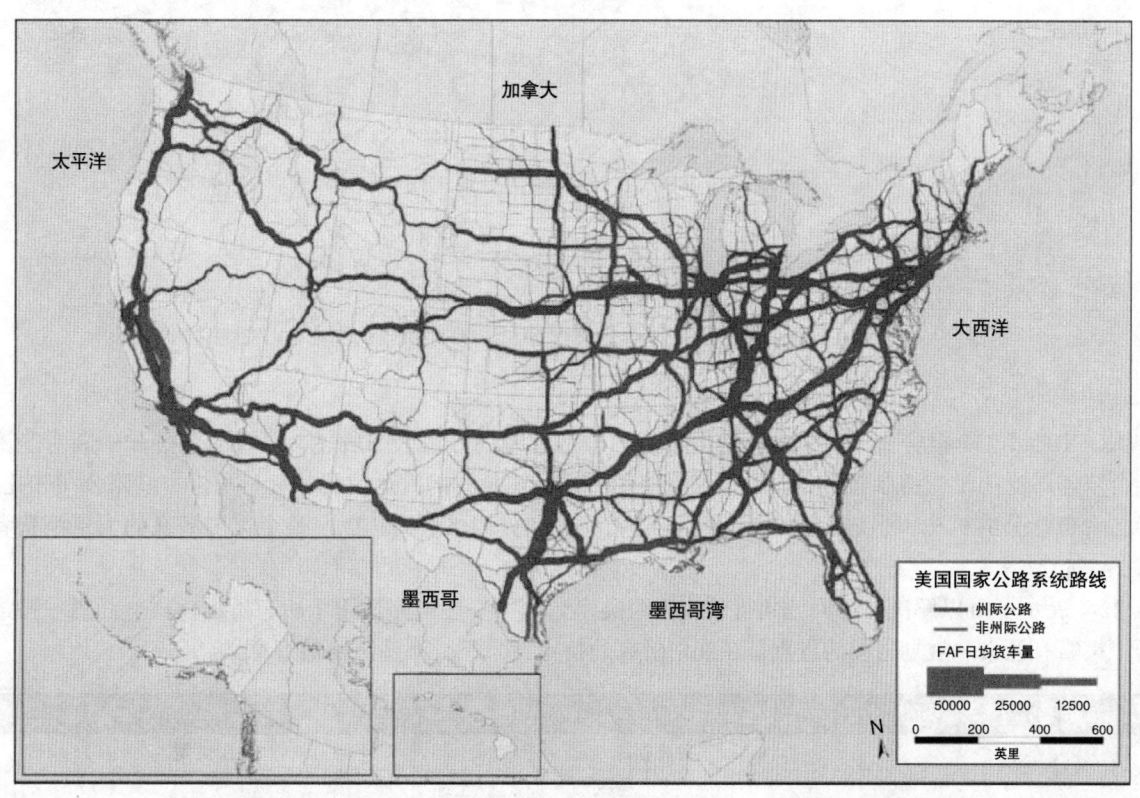

图22-2　美国国家公路系统预计的2040年日均长途货车交通量

注：长途货车的服务距离通常不少于50英里，不包括用于多种运输方式和邮件运输的货车。在MAP-21系统扩展之前，截至2011年的NHS里程。

来源：BTS，2015

　　另一个重要的系统影响反映了货运系统的互联性。在许多市场中，货运方式的选择受一种运输方式相对于另一种运输方式的价格、交付的可靠性和便利性以及确保货物到货时不受损坏或被盗的安全性影响。每当市场发生变化时，或当其他事件导致货运网络中断（例如，港口罢工或主要货运路线上的桥梁/隧道故障）时，货运系统的其他部分都可能受到影响。在过去的几十年中，美国发生的此类中断的例子包括多次飓风、港口大罢工、因降雪或洪水而导致铁路线关闭，以及9·11期间国家航空系统关闭。在国际上，供应链中断也是由公共卫生问题引起的，例如禽流感。

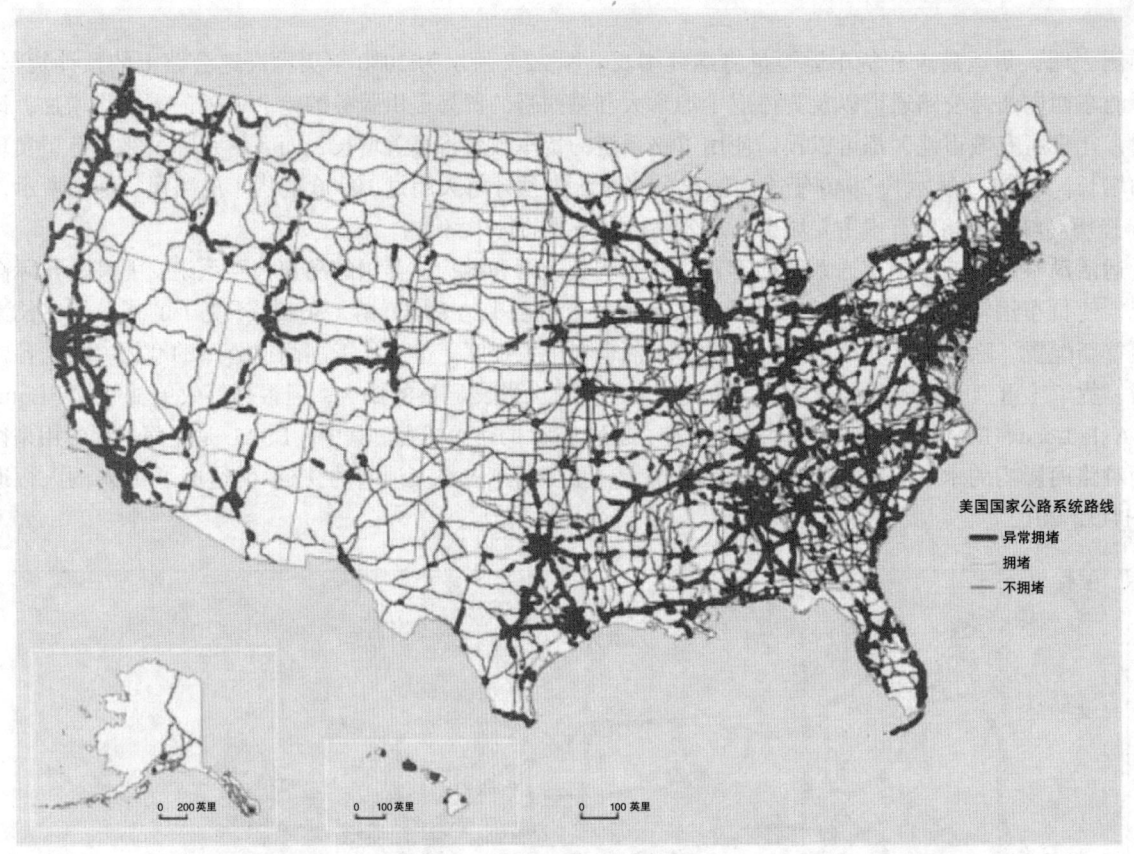

图 22-3 2040 年美国国家公路系统每天超过 10000 辆货车的高峰时段拥堵路段
来源：BTS, 2015

如 NCHRP 第 732 报告《评估中断对货运系统的经济影响的方法》中所述，严重的瓶颈和中断对经济的影响可能会牵连广泛的供应链参与者，而不仅仅是使用网络运输货物的海运公司、货车司机、铁路公司和托运人。这些参与者包括公共机构、当地工会、当地零售商、仓储和分销供应商，以及整个美国潜在的大量消费者和经济组织。

表 22-4 展示了可以解决上述问题的行动或策略类型。其中一些策略适用于所有货运模式，而另一些策略则对一两个策略有意义。规划过程的重点是在规划研究的特定背景下，哪些策略最有意义。

表 22-4 平衡社区问题与货运设施和运营的实践

实践做法	关注领域					货运类型					社区行动
	车流量	安全/安保	经济发展	空气质量/环境	噪声/振动	土地使用与价值	管道	铁路	货车	空运	水运	
用坡道分隔的交叉口代替平交道口	X	X		X	X			X	X			
将地面铁路线替换为地下铁路线	X	X	X		X	X		X				
修改铁路运营时间，以尽量减少冲突	X				X	X		X				
设置货车专用通道	X	X	X	X	X	X		X	X	X	X	
要求开发人员对货车的公路通道进行必要的改进	X	X	X			X			X			
参加州际通道分析	X		X					X	X			

(续)

实践做法	关注领域						货运类型					社区行动
	车流量	安全/安保	经济发展	空气质量/环境	噪声/振动	土地使用与价值	管道	铁路	货车	空运	水运	
鼓励从货车到铁路的模式转变	X			X				X	X		X	
制订货运/经济发展综合计划	X	X	X			X	X	X	X	X	X	X
封闭平交道口	X	X		X	X			X	X			
指定重型货车的路线	X	X			X		X		X			
在路线上禁止或限制货车	X	X			X	X			X			
建立更多的货车休息区和停车位	X	X							X			
现场改进	X	X						X	X	X		
创建事件管理程序或安全热线	X	X						X	X	X	X	X
使用 ITS 技术	X	X						X	X	X	X	
开发铁路支线	X		X	X		X		X				
重新安置铁路货场	X		X			X		X			X	
鼓励棕地再利用	X		X	X		X		X				
保留现有的工业区	X		X	X		X		X	X	X	X	
在建筑物上设置货车集结区	X			X					X			
安排货车预约	X			X			X	X	X		X	
减少空货车的运输次数	X							X	X		X	
进行公众教育		X						X	X	X	X	X
本地雇用			X				X	X	X	X	X	X
安装升级的铁路道口闸板		X						X				
建立隔墙/人行道以减少侵入		X						X				
创建基于货车的公路监控程序		X							X			X
加强货物检查		X						X	X	X	X	
制订驾驶人培训计划		X		X					X			
促进疏浚物的有益再利用				X	X						X	
购买废弃的铁路线和/或设施				X				X				
创建社区投资基金				X		X		X	X	X	X	
担任公众人物								X	X	X	X	X
制做公共宣传视频								X	X	X	X	X
设置"无哨"栏杆区域					X			X				
参加公开会议							X	X	X	X	X	X
不断吸引公众和民选官员								X	X	X	X	X
建立隔声墙/护堤				X	X			X				
包括缓冲区				X	X	X		X				
使用专用灯具减少漏光				X				X	X	X	X	
限制货车/装卸码头的营业时间				X	X	X			X			
使用低排放机车/减少空转				X				X				
促进社区与提供者之间的会议							X	X	X	X	X	X
在飞机上安装密封包				X	X					X		
鼓励/使用替代燃料的车辆				X					X	X	X	
安装电动龙门起重机/"绿色"港口技术				X							X	
制订统一的压载水排放国家计划				X							X	

（续）

实践做法	关注领域					货运类型					社区行动
	车流量	安全/安保	经济发展	空气质量/环境	噪声/振动	土地使用与价值	管道	铁路	货车	空运	水运	
开发更清洁的燃料				X				X	X	X	X	
使用设备减少运行货车发动机的需要				X				X		X		
创建800个号码或网站以供社区输入								X	X	X	X	X
成立咨询委员会								X	X	X	X	X
创建信息传播渠道							X	X	X	X	X	X
实施隔声方案					X					X		
退役旧运输机			X	X						X		
安装连续焊接导轨				X				X				

来源：Strauss-Wieder，2003

22.4 货运规划

货运规划涉及许多与交通规划流程相同的步骤。一般交通规划过程的愿景和目标通常包括与货运和货物运输有关的主题。与其他规划工作一样，货运规划研究也使用数据、分析工具和一套评估标准，旨在寻找最具成本效益的战略和实施措施（Holguin-Veras et al.，2015）。

有许多不同类型的面向货运的交通规划研究。最常规的是定期对州或大都市地区进行的标准交通规划研究。这些研究中的挑战是将货运考虑因素与国家或社区面临的货运问题相适应。许多机构也一直在进行针对特定货运的规划研究，这些研究专门针对研究区域内和通过研究区域的货车、铁路、航空、水运和多式联运。例如，州铁路计划、航空运输规划和海港/河道计划并不少见。货运规划研究的最后一种类型是研究特定的货运问题，例如货车停车或执法策略。圣地亚哥都市规划组织——圣地亚哥政府联合会（San Diego Association of Governments，SANDAG）的清单给出了在区域规划过程中可能发生的与货运相关的广泛研究的概念：

- *11号州际公路和奥泰梅萨东部入境口*：此创新项目将改善美国和墨西哥之间人员、货物和服务的高效流动。
- *分析与货车使用管理车道相关的高速公路运营策略*：分析在该地区高速公路上容纳和管理货车的不同策略。
- *货运门户研究更新*：提供了到2050年圣地亚哥和帝国县区域货运量的预测。
- *圣地亚哥港高速公路访问权限的改进*：包括I-5的海湾码头大道，海港大道和I-5的市民中心大道以及海港大道的第10大道的改进。
- *LOSSAN货运铁路通道*：改进包括双轨、曲线调整以及增加渡线，以增加容量并增强可靠性。
- *南线铁路货运能力项目*：通过建设改进的圣伊西德罗货场运力、轨道和列车控制安全性来扩大货运业务。
- *905号州道*：905号州道的完成将为奥泰梅萨入境口提供关键的联系。
- *货物运输策略和圣地亚哥的前进*：区域规划考虑了货运和货物运输对本地区经济繁荣的重要性，并力求平衡区域和国家货运的优先次序（SANDAG，2015）。

并非所有的MPO都有这样的货物规划活动。但是，此列表确实表明了交通规划人员和工程师可能参与交通规划的问题类型。

以下各节将讨论货运规划过程的一些关键方面。限于篇幅，无法详细介绍各个方面。但是，如前所述，许多货运规划活动与总体交通规划流程具有共同的特点。有关以货运为导向的规划研究的更多信息，请参见第2章"出行特征及数据"、第4章"环境考量"、第6章"出行需求与交通网络建模"以及第7章"评估及优先级排序"。

22.4.1 制度结构

如前所述，传统的交通规划通常不会在规划过程中考虑货运问题。因此，货运部门的代表很少参与交通规划。随着越来越多的规划研究开始考虑货运问题、越来越多的州和大都市地区在针对货运制订规划，很明显，货运利益方参与规划工作变得至关重要。早期以货运为导向的交通规划工作中的重要经验之一是需要建立一个能够促进承运人和托运人参与的研究结构。以下示例说明了各种规划/程序方法。

亚特兰大货运咨询工作组。作为区域货运规划过程的一部分，亚特兰都市区的MPO——亚特兰大区域委员会（Atlanta Regional Commission，ARC）成立了货运咨询工作组。该工作组每季度举行一次会议，成员包括来自铁路公司、货运公司、机场、商会、主要托运人、当地规划机构和当地大学的代表。该工作组的目标是：

- 提供有关货运机动性政策和改进的意见。
- 确定货运机动性和需求。
- 强调货运在该地区的重要性。
- 改善交通系统的安全性。
- 优先考虑货运需求和投资。

纽约奥尔巴尼货物运输咨询委员会。纽约奥尔巴尼地区的MPO成立了一个货物运输工作组，将私人货物运营商和公共货运规划人员召集在一起，以共享有关当地货运问题和事件的信息。该工作组为远程交通规划更新以及个别规划项目提供服务。考虑到货物运输对该地区的重要性，该工作组已经发展成为一个常设货运咨询委员会。

费城货物运输工作组。特拉华河谷地区规划委员会（Delaware Valley Regional Planning Commission，DVRPC）是费城都会区的MPO，多年来一直将货运代表纳入交通规划制定过程。DVRPC的货运咨询委员会、特拉华河谷货物运输工作组，对所有货车、铁路、港口、机场、托运人、货运代理、经济发展和成员政府代表开放。该工作组由州DOT和MPO共同主持。该工作组的目标是：

- 确保货运业参与规划过程。
- 确定改进措施，以促进货物的安全有效运输。
- 实施区域拥堵和联运管理计划。
- 改善通信、数据和技术共享。

工作组成员参加了技术研究，确定了运输设施的资本改进措施，并推动在短期和长期计划中更多地考虑货物流动。

俄勒冈州货运咨询委员会。俄勒冈州货运咨询委员会（Oregon Freight Advisory Committee，OFAC）的任务是就影响货运的优先事项、问题、货运流动性项目和资金需求，向俄勒冈州交通部（Oregon Department of Transportation，ODOT）、俄勒冈州交通委员会（Oregon Transportation Commission，OTC）和俄勒冈州立法机关提供建议，并倡导健全的货运系统对俄勒冈州经济活力的重要性。OFAC章程规定，除其他活动外，它还应：

- 作为讨论的论坛，采取联合行动的机会以及为影响货物运输的国家运输决策提供知识和建议的来源。
- 促进私营部门和公共部门之间关于货运问题的信息交叉共享。
- 提倡货运对俄勒冈州及该地区经济繁荣的重要性。
- 拥护完善的多式联运货运网络。
- 与其他组织，包括ODOT地区、交通运输区域委员会、MPO、区域合作伙伴、区域投资委员会、ODOT咨询委员会以及经济振兴小组等，进行沟通和协调区域优先事项。
- 就影响货运的政策、问题、项目和资金要求，向OTC和ODOT主管汇报并提供建议。

华盛顿州货运机动性战略投资委员会（Freight Mobility Strategic Investment Board，FMSIB）。在华盛顿州FMSIB中可以找到一种更为制度化的结构，其中包括货运代表参与交通投资决策。FMSIB的使命是制订一个全面协调的国家计划，以促进地方、国家和国际市场之间的货物运输，FMSIB为项目提供资金，并为项目发起人和货运倡导者提供技术援助。该委员会还在其使命声明中包含了一个目标，以减轻货运对社区的影响。

这些为运输规划提供货运部门投入的机构架构的示例仅说明了这种参与可能发生的不同方式。一项特定研究的确切形式将取决于这种参与的期望作用，以及货运参与者认为这种努力有价值的程度。

22.4.2 目标、目的和性能指标标准

与其他规划过程一样，货运规划研究通常从目标、目的和性能指标的确定开始。

1. 目标和目的

货运研究目标的一些示例包括：

佐治亚州亚特兰大（ARC 2008）

目标

- 在区域规划过程中为货运创造一个公平的竞争环境。
- 解决不同区域和通道对货运和活动的不同需求。
- 最小化成本并提高区域内货物运输的可靠性。
- 在便利性、可靠性和与交通系统相关的成本方面改善货物流通。

目的

- 通过鼓励便利和合作的多式联运货物来改善该地区的货物流动。
- 改善运输点和接收点之间与货物有关的运输系统的物理特性。
- 了解并解决货运界关注的问题

澳大利亚墨尔本（Melbourne，2012a 和 2012b）

- 墨尔本将拥有创新、高效的货运和货运基础设施，从而优化本地和全球的货物流通。墨尔本的货运系统将促进该市的经济。这将是环境可持续发展的，货运交通的设计和管理将提高该市的宜居性。
- 高效的公路和铁路基础设施可以完成与墨尔本港相关的主要货运任务。

纽约市（New York Metropolitan Transportation Council，2015）

- 通过消除繁重的政府法规和限制来改善货运。
- 改善交通系统在运输点和接收点之间与货物有关的运输基础设施。
- 鼓励多式联运，提高该地区货物整体运输的可靠性。
- 通过扩展货车替代品，提高该地区货物的可靠性和整体运输。

圣地亚哥（SANDAG，2014）

- 促进支持社区和企业的经济增长和繁荣。
- 减少货物运输活动对环境和社区的影响，以创建健康的社区和清洁的环境，并为受货物运输影响最大的那些社区改善生活质量。
- 提供安全、可靠、高效且维护良好的货物运输设施。
- 促进创新技术战略，以提高货物运输系统的效率。
- 保护并加强支持货物流动和通行的一体化、互连的多式联运货物运输系统，并与客运系统和当地土地使用决策相协调。

瑞典斯德哥尔摩（2015）

- 提供更可靠的交付时间。
- 为商用货运车辆提供便利。
- 推广使用清洁车辆。
- 推进城市与其他利益相关者之间的货运合作关系。

佛蒙特州运输局（2015）

- 建立州的人口和经济概况，以识别主要和新兴产业，并认识佛蒙特州与国内外市场之间的贸易趋势和机会。
- 提供有关该州货运基础设施状况以及当前和将来货运影响的最新评估。
- 通过分析和利益相关者的参与，汇总基础设施、运营、机构和监管需求的全面清单。

- 制定一揽子计划、政策和项目，以解决佛蒙特州的货运需求，并使该州的经济在当下和未来具有竞争力。

2. 性能指标

与其他现代交通规划流程一样，性能指标用于衡量与货运有关的运输系统的性能。在加利福尼亚州阿拉米达县的货运规划工作中，性能指标对货运规划过程的价值得到了最好的描述：

- *将策略与愿景、目标联系起来*。可以制定和应用性能指标标准，以帮助将规划策略与规划的愿景和目标联系起来。将性能指标与愿景、目标联系起来，对于开发基于性能的项目评估流程至关重要。
- *需求评估和策略制定*。绩效评估可以用于评估交通系统的状况、绩效和使用。它们还有助于确定可能需要其他项目、规划或策略的系统差距。
- *项目评估和优先级*。性能指标可以提供所需的信息，以了解何时何地在具有最大利益的项目和规划上进行投资。性能指标可以帮助确定哪些项目、规划和政策应包含在高优先级策略中，还可以帮助分析不同项目、规划和政策之间的权衡和/或协同作用。
- *性能管理*。应用性能指标可以改善规划、项目和服务的管理和交付。正确的性能指标可以强调对任何程序或项目的基本原则至关重要的技术、管理和财务问题。
- *沟通结果*。性能指标有助于传达公共交通投资的价值，并为利益相关方提供一种具体方式，使他们可以看到机构对改善交通系统的承诺，并帮助建立对交通投资的支持。
- *加强问责制*。性能指标可促进纳税人资源使用方面的问责制，并揭示了运输投资是否正在提供预期的绩效或表明有必要改进（Cambridge Systematics，2014a）。

如其他章节所述，美国联邦政府负责确定性能指标的国家类别，州 DOT 和 MPO 扩大了该类别。货运是要确定性能指标的领域之一。作为州级性能指标的一个示例，以下列表来自华盛顿州 DOT（WSDOT，2014）。性能评估发生在 DOT 所谓的货运经济通道上，该通道负责处理该州最重要的货流。

货车货运性能指标标准

降低：

- 货车出行时间——年度延误小时数，定义为州际公路系统上商用车辆以车辆小时数为单位的拥堵阈值之上的行驶时间。为了评估项目建议，WSDOT 使用区域出行需求模型来估计货车出行时间的减少或改变。
- 货车的直接运营成本——使用从全美国货车运输商调查中收集的时间价值，使用以下公式确定直接成本：*商用车辆出行时间的变化 × 每小时货车运营成本 = 货车直接运营成本的变化*。
- 货车发动机排放物——美国环境保护署（Environmental Protection Agency，EPA）的机动车排放模拟器（MOVES）建模系统可估算涵盖多种污染物的运输源排放物，并可以进行多尺度分析。WSDOT 使用源自 MOVES 的区域因素进行分析。

改进：

- 经济产出——定义为就业以及地区和州的经济产出。WSDOT 开发了一种方法来计算公路项目的经济产出和货车货运效益。
- 网络弹性——定义为能够减少由于恶劣天气或自然灾害而持续 24 小时或更长时间的州指定货车货运经济通道关闭的能力。
- 可靠性——作为 DOT 性能监测计划一部分而收集的现场速度数据。第 80 个百分位数可靠性指标的公式为

$$Freight\ RI_{80} = \frac{第80百分位出行时间}{机构出行时间}$$

航道性能措施。该州沿海深水和浅水港湾、水路以及哥伦比亚-斯内克河航道的性能目标包括通过以下方式改善良好的维修状态：

- 维护联邦授权的航道深度。
- 阻止入侵物种的扩散。

潜在的货运铁路性能指标。该州的铁路计划建议 WSDOT"应与其他州署、利益相关方和托运人合作，确定关键性能指标，这些指标将有助于向用户告知系统状况，并为公共基础设施改善方面的任何公共资金提供指导。WSDOT 应该考虑计划目标，并在确定措施时考虑该州的重要行业。"数据可用性也将是关键。

潜在绩效指标示例：
- 从加拿大、洛杉矶/长滩和西北太平洋地区到芝加哥的集装箱运费基准。
- 观察关键通道上列车的准点率。

潜在的航空货运性能指标。华盛顿航空货运设施的一项潜在性能指标包括与机场和交通规划人员协调，确定需要改善的地面通道以改善货车的通道，从而改善机场的地面通道。

另一个州的示例来自佛罗里达州，见表 22-5。

表 22-6 展示了 MPO 货运性能指标的一个示例。该示例来自佐治亚州的萨凡纳市，反映出该地区拥有全美发展最快的海港之一（因此，其重点放在组合货车上）。

表 22-5 佛罗里达州 DOT 的货运性能指标

模式	性能指标	机动性	报告周期
公路	组合货车出行里程	数量	每日
	货车出行里程	数量	每日
	行程时间可靠性	质量	高峰期
	组合货车延误时间（小时）	质量	高峰期
	组合货车平均行驶速度	质量	每日
	严重拥堵里程的百分比	质量	高峰小时
	每车道里程（英里）的车辆数	利用率	高峰小时
航空	吨位	数量	每年
铁路	吨位	数量	每年
海港	吨位	数量	每年
	20 英尺集装箱当量单位（TEU）	数量	每年

来源：Florida DOT, 2016

表 22-6 佐治亚州萨凡纳货运性能指标示例

模式	货运性能指标示例	参量
公路	组合货车出行里程	使用组合货车运输量和路段长度确定；组合货车定义为 FHWA8~13 等级
	货车出行里程	使用货车的交通量和路段长度确定
	行程时间可靠性	货运行程时间可靠性定义为高速公路上超过 45 英里/时的行程百分比
	组合货车平均行驶速度	组合货车的平均行驶速度的计算与（乘用车）车辆的平均行驶速度的方法相同，只是假定组合货车的自由流动速度较低，假定自由流货车的速度等于速度极限
	每车道里程（英里）的车辆数	每车道里程的车辆数（货运）的计算方式：每个道路段的高峰时段行车里程数的总和除以车道里程数
航空	吨位	所有空运货物都降落在公共机场
铁路	吨位	特定地区以铁路方式运输或终止的吨货物的吨数
海港	吨位	在特定区域的港口区域的公共码头和私人码头处理的国际和国内水运货物的吨数
	货车当量单位	包括在特定区域的港口区域的公共码头和私人码头处理的国际和国内水运货物

来源：CDM Smith, Inc., 2014

表 22-7 展示了一个来自俄勒冈州波特兰市的示例。请注意，性能指标的范围从运营特征（延迟时间）到基础设施状况（路面状况）再到公众投诉。

表 22-7 俄勒冈州波特兰市的货运性能指标

性能指标	描述
货车在晚高峰和中午延迟时间	道路拥堵导致的轨道延误。当前的基准数据将整个城市街道系统的货车延误时间与区域延误进行了比较，当前措施的改进包括关键交叉路口和沿货运通道的货车延误，以及通过重复发生和非重复发生的事件来区分拥堵原因。应根据交叉口和货车街道可直接到达货运站和转运设施的情况来选择
智能交通系统通道早高峰、晚高峰和非高峰时期的平均出行时间	使用 ITS 技术管理系统运营，以评估通道内的通行时间表现。扩大当前的通道选择范围，包括对货运至关重要的通道，包括河门、机场之路、哥伦比亚大道、美国 30 号公路和波特兰州际高速公路。按照目前的惯例，除了自动行驶外，还应跟踪货车的行驶时间
未满足路面需求的评估	跟踪减少路面维护积压的成功情况。评估并报告货运区和主要货运通道的路面状况
员工参加交通管理协会（TMA）	跟踪在扩大 TMA 项目的使用和参与方面取得的进展，以鼓励使用单人交通工具的替代品来进行通勤出行
每年货车碰撞/百万车辆行驶里程数（英里）	测量纽约市所有地点报告的涉及货车和其他方式（包括铁路）的碰撞次数
取消货车街道上的限重桥梁	跟踪修复或更换受限重桥梁的进度
评估货车投诉解决方案	评估 PDOT 收到的与货运相关的投诉数量和解决状态

来源：City of Portland, 2006

22.4.3 系统设计

与货运有关的运输规划中重要的初始步骤之一是确定为货运提供服务的设施、服务和/或市场区域。这通常需要指定一个特定的货运网络（例如，货车路线、主要铁路或航空货运机场）或大量货运活动所使用的运输网络的那些部分（例如，有大量货车行驶的主要道路）。此外，该系统名称还可以识别可能导致交通事故的货运活动与旅客活动相重叠的位置（例如，在铁路/高速公路交叉口处）。

州 DOT 和 MPO 已使用多种策略来识别货运系统。例如，华盛顿州 FMSIB 将货运通道标识为"综合货运系统中具有重要经济意义的运输通道"：

- 服务国际和国内州际和州内贸易。
- 通过区域和全球门户提高州的竞争地位。
- 运载的货运吨位至少：
  - 每年在国道、城市街道和县乡街道上的总量为 400 万吨。
  - 铁路每年货运量毛重 500 万吨。
  - 对于将来要建造的设施，即使不存在吨位数据，也可以通过与战略通道的新连接来提高货运量（State of Washington，2008）。

弗吉尼亚州交通部确定了对旅客和货物运输都具有重要意义的全州运输通道。选择这些通道的标准包括：

- 涉及多种模式（即公路、铁路、区域间运输、机场、港口）或者是货运通道，并延伸到单个区域之外。
- 连接地区/州/主要活动中心。
- 提供高水平/高运量的运输，包括：
  - I 级轨道。
  - 商业和/或救援机场。
  - 区域间的公共交通和车站。
  - 州际公路。
- 提供独特的州级功能和/或解决州级目标：
  - 疏散路线或严重冗余。
  - 安全性（军事访问，STRAHNET，STRACNET）。
  - 旅游业。
  - 货车路线。
  - 州骑行路线或区域间步道。

- 经济发展。

最广泛的货运网络设计之一来自佛罗里达州，该州已确定了战略式联运系统（Strategic Intermodal System，SIS），如图 22-4 所示。这一网络包括所有具有一定门槛和重要性的设施，使货物能够在该州流动。以下为该网络中面向货运的设施（联运网络也包括旅客联运设施）（Florida DOT，2014a，2014b）：

- 商业服务机场。
- 通用航空救援机场。
- 航天发射中心。
- 海港。
- 货运站。
- 多式联运货运中心。
- 货运通道。
- 水路通道。
- 公路通道。
- 联运接头。

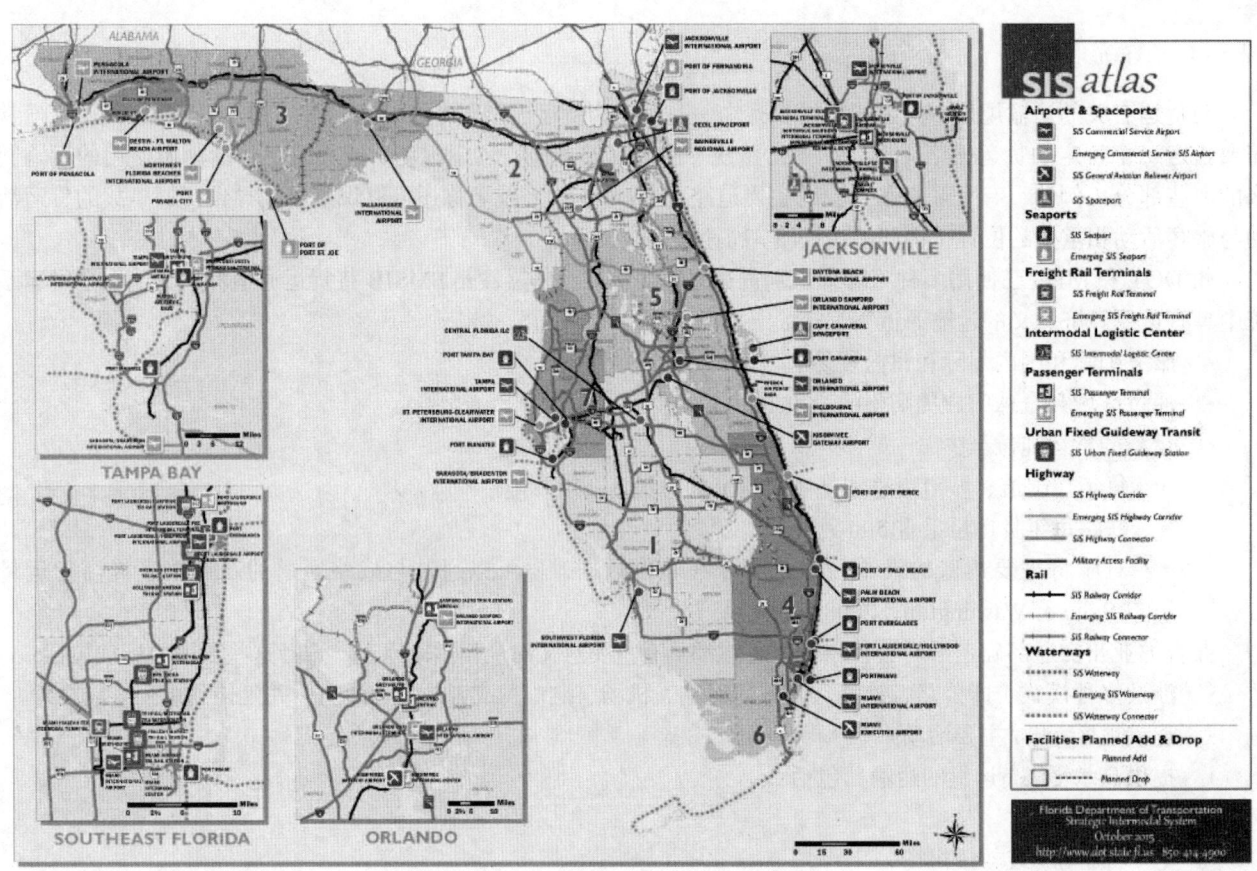

图 22-4　佛罗里达州的战略式联运系统

来源：Florida DOT，2014a

图 22-5 所示为大多数司法管辖区中的一种货车路线标识。在这种情况下，货车网络被视为连接明尼苏达州的主要经济中心。在许多情况下，货车路线网络被简单地定义为货车数量最多的道路。

图 22-6 所示为与佐治亚州亚特兰大市货车路线略有不同的表示。它显示了服务于大都市地区以及穿过大都市地区的货车运输的主要公路，还显示了该地区在 2004—2010 年间预期源自其区域的货车大幅度增加的情况。毫不奇怪，这些区域中有许多与指定的货车网络相邻。

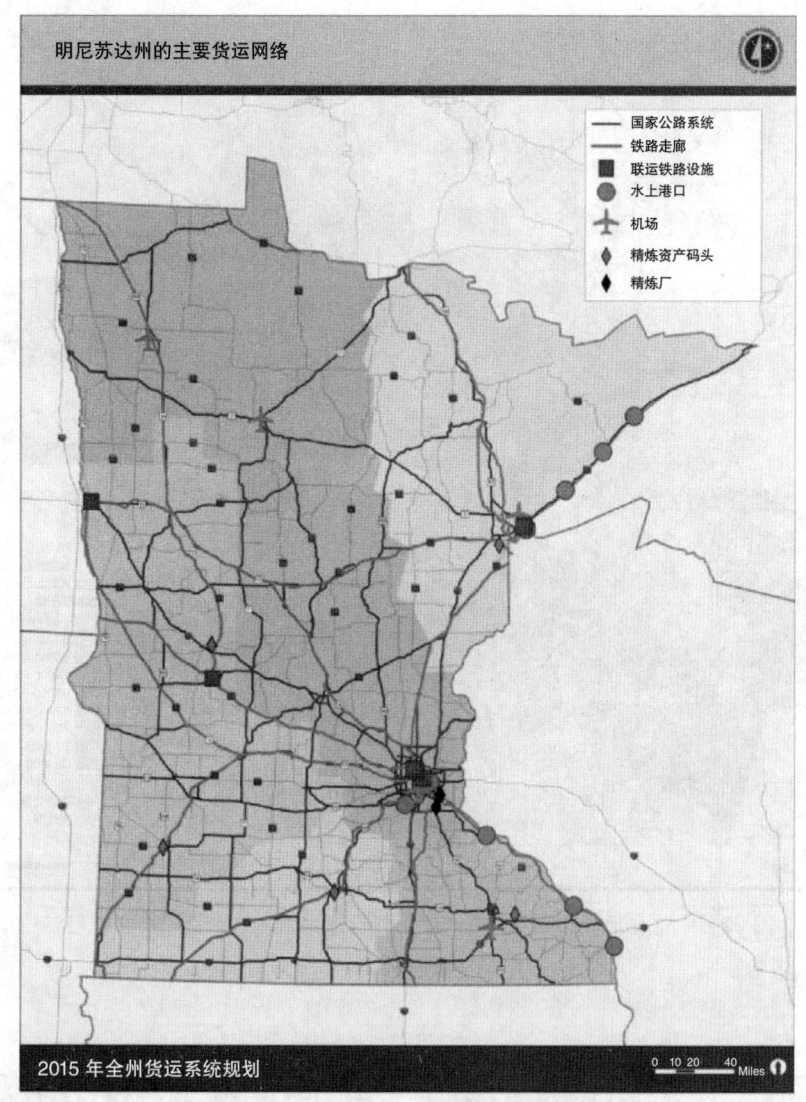

图 22-5　明尼苏达州的主要货运网络

来源：Statewide Freight Plan. St. Paul, MN: Minnesota Department of Transportation, 2005.

尽管大型规划研究从其研究区域内的主要货运系统和网络入手，但随着规划研究的进行，这些系统通常会不断完善。很多时候，指定的网络已经过时，或者出现了主要的新增长领域，从而导致现有网络的扩张。

22.4.4　数据收集与分析

与大多数规划一样，货运研究在很大程度上取决于数据的收集和分析。货运研究的数据收集面临的挑战之一是，了解货运流所需的许多数据通常是私有的，并由私人公司持有。不出意外，这些公司并不急于将有关其服务和生产特性的数据和信息公开到公共领域。因此，交通规划人员常常不得不依靠现有的数据库，或者必须通过各种手段来收集数据。此类数据可以与进出货物流量和商品类型的统计数据以及托运人、承运人和其他货物装卸人员的调查信息有关。表 22-8 ~ 表 22-10 以及图 22-7 和图 22-8 展示了通常的用于货运规划的数据类型。表 22-11 展示了旧金山湾区货运研究中用于"微调"商品流量估计值的一些数据源。

几种不同类型的行程运动是交通规划人员特别感兴趣的。全球定位系统（GPS）和地理信息系统（GIS）的新应用为规划人员提供了有关货车流量模式的重要信息（Zmud et al., 2014）。

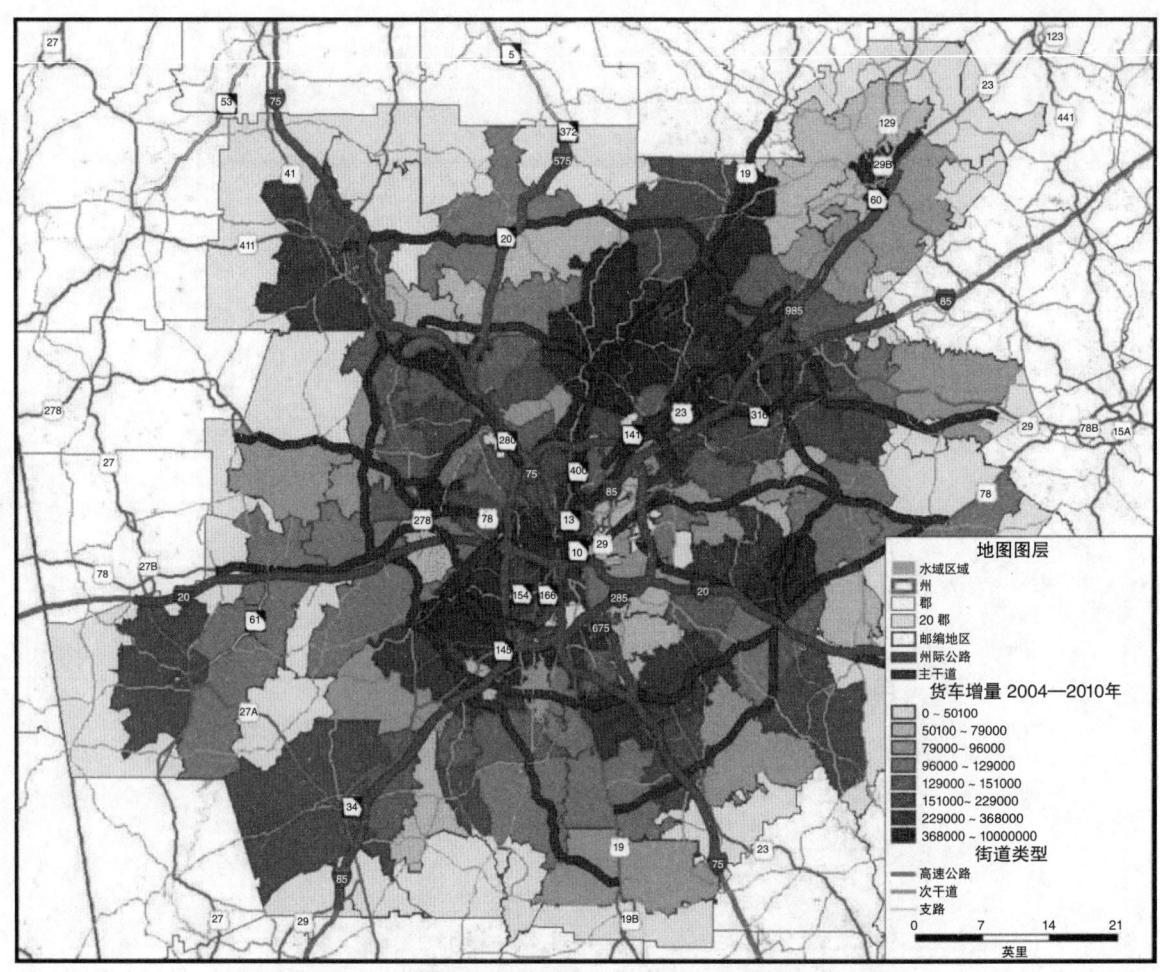

图 22-6　佐治亚州亚特兰大市的优先货运道路网和未来货车高容量区域

来源：ARC, 2008

表 22-8　美国国家通用货运数据源

公共货运数据源	机构
航空承运人财务报告	美国交通部，交通统计局（Bureau of Transportation Statistics，BTS）
航空承运人统计	美国交通部，交通统计局
制造商年度调查	美国商务部（Department of Commerce，DOC），人口普查局
业务动态统计	美国商务部，人口普查局
货运单样本	地面交通委员会
商品流量调查	美国交通部，交通统计局
县商业模式	美国商务部，人口普查局
能源信息管理局数据服务	美国能源部（Department of Energy，DOE），能源信息管理局（EIA）
病死率分析报告系统	美国交通部，国家公路交通安全管理局（NHTSA）
联邦铁路管理局安全数据库	美国交通部，联邦铁路局（FRA）
外贸	美国商务部，人口普查局
货运分析框架（FAF）	美国交通部
公路性能监测系统	美国交通部
管道与有害物质安全管理局	美国交通部（DOT），管道和有害物质安全管理局（Pipeline and Hazardous Material Safety Administration，PHMSA）
海事统计	美国交通部，海事管理局（Maritime Administration，MARAD）

(续)

公共货运数据源	机构
机动车辆管理信息系统	美国交通部，联邦机动车辆安全管理局（Federal Motor Carrier Safety Administration，FMCSA）
机动车辆安全测量系统	美国交通部，FMCSA
国家农业统计局（NASS）	NASS，美国农业部
国家公路规划网	美国交通部
服务年度调查	美国商务部，人口普查局
美国企业统计	美国商务部，人口普查局
业主调查	美国商务部，人口普查局
拓扑集成的地理编码和参考	美国商务部，人口普查局
跨境货运数据库	美国交通部，交通统计局
运输服务指数	美国交通部，交通统计局
美国经济账户	美国商务部，经济分析局（Bureau of Economic Analysis，BEA）
美国公路统计丛书	美国交通部
美国航道数据	美国陆军工程兵团
车辆库存和使用情况调查	美国商务部，人口普查局
车辆行驶信息系统	美国交通部

资料来源：Walton et al., 2015

表 22-9　货运性能指标数据源

性能指标	潜在数据源
安全性	
公路	事故报告系统（州级）
	死亡率分析报告系统（FARS）
	机动车辆管理信息系统
	安全测量系统
	安全与健康电子记录
铁路	FRA 国家货运铁路安全统计
航空	意外/事故数据系统
	航空安全报告系统
	近空碰撞系统
	跑道安全办公室跑道入侵数据库
港口/海洋	安全和执法信息
保养/维护	
公路	路面管理系统（州级）
	国家桥梁清单
铁路	铁路网数据（状态级别）
航空	机场路面管理系统（州级）
港口/海洋	美国陆军工程兵团导航数据中心
机动性、拥堵性和可靠性	
公路	公路性能监测系统
	美国货车研究所国家通道分析和速度工具
	INRIX 探测车数据
	动态称重数据
铁路	美国铁路协会铁路性能指标
航空	航空承运人统计
港口/海洋	美国陆军工程兵团锁定性能指标系统
	海上安全保卫信息系统

(续)

性能指标	潜在数据源
辅助功能和连接性	
公路	州、地区或 MPO 级别的 GIS 数据库
铁路	载货量，运单样本
航空	航空运输统计
港口/海洋	美国陆军工程兵团锁定性能指标系统
商品流动数据	州级商品流动模型
	货运分析框架
	搜寻数据库
	商品流动调查
环境	
公路	环保局的 MOVES 模式

来源：Walton et al., 2015

表 22-10 旧金山当前和未来货运数据

县/地区	2012/千吨吨数	2040/千吨吨数	2012—2040 年吨数 CAGR① (%)	2012 年价值/百万美元	2040 年价值/百万美元	2012—2040 年价值 CAGR① (%)
整个湾区	454246	728767	1.7	643836	1484944	3.0
阿拉米达	143863	232239	1.7	234667	487577	2.7
康特拉科斯塔	148901	226063	1.5	105306	206682	2.4
马林	16602	25388	1.5	13454	30466	3.0
纳帕	16275	23557	1.3	17847	32302	2.1
旧金山	56946	93872	1.8	56501	129022	3.0
圣马特奥	57399	91445	1.7	109489	286650	3.5
圣克拉拉	121423	183044	1.5	211955	493986	3.2
索拉诺	38340	58216	1.5	31192	71241	3.0
索诺玛	43089	65344	1.5	42756	98137	2.9

① CAGR 是指复合年增长率。

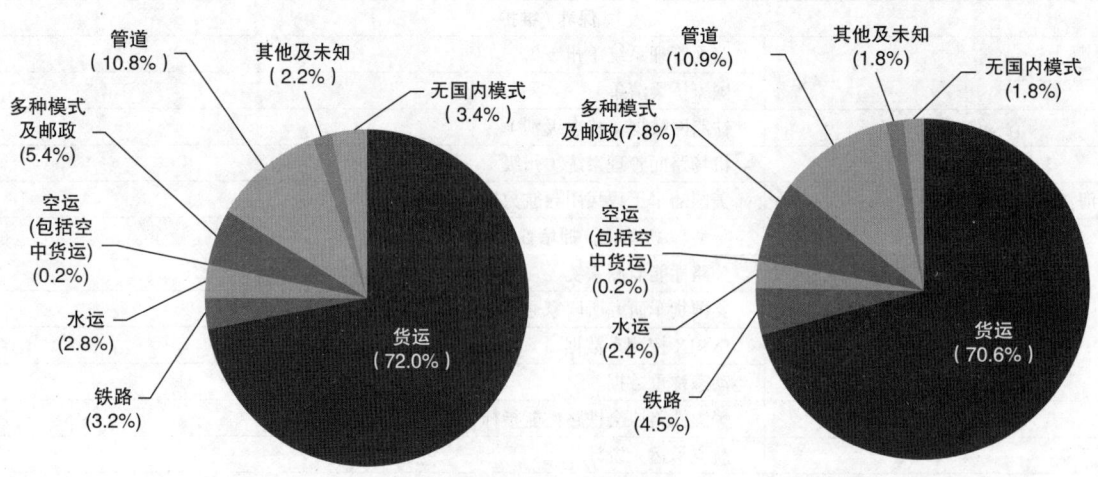

图 22-7 旧金山湾区当前和未来货运模式占比

来源：Cambridge Systematics, 2014c

这些货运问题对您的制造业务有多大影响？

	现在					将来				
	1	2	3	4	5	1	2	3	4	5
缺乏铁路通道		●						●		
州际公路通行不畅	●						●			
进货成本高				●					●	
桥梁/隧道空间不足，无法承受超高载荷	●						●			
全天候行车道不足	●						●			
缺少货车的上下车设施	●						●			
航运区缺乏集中接收区	●						●			
货车无法进入港口/机场	●						●			
缺乏通往港口/机场的铁路通道	●					●				
港口/机场的文书处理延误	●					●				
国际口岸的文书处理延误		●						●		

图 22-8　2011 年底特律行业调查的典型结果

注：1 代表不重要；5 代表非常重要。

来源：SEMCOG, 2011

表 22-11　旧金山湾区用于调整流量预测的数据源

商品	生产要素调整依据	生产要素计算来源	吸引力因素调整依据	吸引力因素来源
纺织品/皮革	各县在纺织厂、服装、皮革和相关产品制造业中的就业人数	美国人口普查 2012 年县商业模式就业数据	各县总人口	湾区政府协会湾区县 2010 年的人口数据；加州财政部 2010 年湾区以外县的人口数据
原油	县内油气开采就业情况	美国人口普查 2012 年县商业模式就业数据	各县的提炼能力	截至 2014 年 1 月，美国能源信息署炼油厂的可操作大气原油蒸馏总产能
煤炭和石油产品	各县煤炭和石油产品制造业就业人数	美国人口普查 2012 年县商业模式就业数据	各县总人口	湾区政府协会湾区县 2010 年的人口数据；加州财政部 2010 年湾区以外县的人口数据

来源：Cambridge Systematics, 2014c

1. 外部—内部货运

内部到外部货运的一端在研究区域的内部，另一端在研究区域的外部，主要是城市间的移动。它们代表研究区域与附近其他区域以及远处区域之间的互动。在某些情况下，内外货运包括国际贸易。这些货物运输与某个地区的经济基础有关，通常涉及几种运输方式，例如货车、铁路、航空、水路和管道。此外，内外货运通常涉及位于一个研究区域的不同模式的货运码头。

对于与这些流动相关的规划研究，商品流动数据很有用。对于涉及外部到内部货运的研究，该地区的 MPO 应该与其他机构密切合作，如州 DOT、商会，在某些情况下，还应与机场和港口的政府主管部门密切合作。

2. 直达式货运

直达式（外部—外部）货运的两个行程终点都位于研究区域之外。尽管这些出行不会影响本地街道网络（除了为货车服务区域提供服务的道路），但有时可能会引起严重的问题。例如，大量的大型货车经过市区会导致交通拥堵，以及对环境造成影响。铁路穿过某个区域可能会在铁路与公路平交道口造成延误和安全问题。

在许多情况下，货运问题的解决方案包括资本密集型行动，例如大型货车的旁路设施和繁忙铁路的立交。通常，可能需要进行覆盖市区以外大面积区域的研究，以识别其他类型的解决方案，例如将货运转换为其他方式。对于与通行有关的问题，需要地方和州机构的共同努力。

3. 内部货运

内部（如城市内部）货运几乎都是由货车承担的。这些运输中的大多数是使用单体货车和厢式货车来进行提货和交付（Pick-Up and Delivery，PUD）。但是，大型组合货车还会在位于市区内的码头和枢纽之间运送货物。内部货物运输具有分层模式，需要使用不同大小的货车。例如：

- 在机场和货运公司的枢纽站（如联合包裹运送服务）等主要活动中心之间的 PUD 运输通常使用大型组合货车。
- 从一个铁路终点站到另一个铁路终点站的 PUD 集装箱运输称为橡胶轮轨换乘，在某些由多个铁路部门提供服务的大型城市地区（如芝加哥和孟菲斯）很常见。
- 在一端的仓库和配送中心之间以及另一端的商店和办公室之间进行 PUD 运输可能会使用中型货车。
- 在一端的散货货运码头与另一端的办公室、房屋和商店之间的 PUD 运输通常使用小型货车和厢式货车。

除货车和运载厢式货车之外，货运规划人员还应注意管道工、电工、办公设备维护人员和其他提供类似服务的人员使用的服务车辆/汽车和小型货车。这些车辆通常有商业牌照，但不运载大量货物。对于交通规划人员来说，一个重要的问题是，在使用某些特殊区域（如路边装载区）时，是否应赋予这些车辆与货车相同的特权。

尽管规划师和交通工程师可能不需要通过商品流分析内部货物流动，但他们应该了解城市区域内货车运输的各种货物，包括建筑材料、食品、消费品（如电视机和家具）、石油、小包裹和邮件。

上述许多数据可以在本地收集。但是，大多数货运研究依赖于全国范围内收集和制表的数据。国家货运数据的有用来源可在 http://www.ops.fhwa.dot.gov/freight/freight_analysis/data_sources/index.htm 的"与货运相关的数据源"中找到。其中许多应用程序在全国范围内都有应用，因此，规划研究很可能必须调控数据，以使其与特定研究背景和研究规模相关。

交通规划人员必须收集原始数据以进行规划研究。在这种情况下，可以使用多种技术和工具（有关相关工具的详细讨论，请参见第 2 章）。亚特兰大 2008 年的一项区域货运研究说明了货运研究中可能使用的不同类型的数据收集工具（ARC，2008）。在该地区主要高速公路网络的特定位置进行了货车驾驶人调查。使用手持计算机可以加快数据收集速度，并且可以使用打印的地图来允许驾驶人跟踪他们通过道路网络的路线。收集的数据类型包括日期和时间、天气状况、车辆类型、出行起点和目的地、研究区域的停靠点数、出行频率、出行目的、所访问的设施、车辆负载状态、避开的路线以及路线灵活性。样本不到通过调查现场总量的 10%。

从数据收集中发现：

- 95% 的调查样本是拖拉机拖车。
- 37% 的货车在亚特兰大地区没有起点或终点，而 20% 的货车在该地区既没有起点也没有终点。
- 最重要的货运量来源是仓储和分销（46%）、制造业（17%）、零售（11%）、与机场相关的建筑（10%）、其他建筑（4%）和铁路堆场（4%）。
- 30% 的货车是空的。
- 85% 的驾驶人在路线上有一定的灵活性。
- 3% 的货车携带有害物质。

另一个数据收集从主要承运人那里获得了有关他们认为是该地区道路网中主要瓶颈的信息。收集的信息包括合流不良地区、交汇能力不足、车道狭窄、交叉路口几何设计不良以及缺乏标志和路面标记的位置。

商业利益相关者调查也在网上进行，调查对象是该地区主要货运公司的托运人和承运人。从调查中收集的信息包括业务类型，交付到仓库、配送中心和企业的数量，一周中的交货日，一天中的交货时间，入站和出站负载数，装载目的地和路线。这项调查的重要发现包括：

- 交付地点的安全性是受访者最大的担忧。从承运人的角度来看，货物和拖车资产的安全至关重要。照明不良、交通不便和人员水平不足会阻碍货运的安全可靠。
- 周一、周二和周三的航运活动量最高，在承运人的应对表现中也有所体现。
- 托运人的旺季出现在春季（3月、4月和5月）和秋季末到冬季（9~12月）。由于提供的产品多种多样，零售和食品托运人通常具有相同的交货时间表。例如，由于返校促销活动紧随假期之后，服装零售在夏末呈现上升趋势。
- 从托运人的角度来看，影响出境运输最重要的因素是成本，其次是服务绩效。

铁路服务被认为是一种具有成本效益的货物运输方式，但在准时可靠性方面仅被评为"一般"。由于货物可能被盗，安全被认为是一项潜在的责任。

与利益相关者进行了有针对性的访谈，访问了70位公共和私营部门的官员。候选利益相关者的选择反映了行业类型、县的位置和规模（包括大小公司/机构）。访谈活动一个重要的要求是要接触到研究区域内产生经济增长的部门。这些受访部门提供了该地区面临的与货运相关的问题信息，以及应采取的应对策略建议。

货运工作组还可以充当利益相关者外联活动的主要手段。工作组成员参加了各种各样的活动，包括邀请利益相关者候选人参加访谈、确定目标和宗旨、审查需求评估结果、为项目选择和优先级排序过程提供输入以及确定"快速启动"项目。

FHWA创建的有关货运数据的绝佳来源可以在 http://www.ops.fhwa.dot.gov/freight/freight_Freight_analysis / data_sources / index.htm 中找到。

22.4.5　需求分析与模型

货物分析过程可以检查与研究区域中货物流通有关的一系列问题。这种分析不仅适用于大都市地区，而且也适用于中小型社区（Cambridge Systematics，Inc.et al.，2007）。最新版本的联邦公路管理局（FHWA）《快速响应货运手册》提供了一个总体框架，指出了可以用作货运分析基础的问题类型：

- 为何需要货运——引起货运需求的经济/工业/商品因素。
- 谁运输货物——决定空间关系的物流因素、影响托运人和收货人的货物大小和频率，以及其他控制货物的因素。
- 货运的动因——交通方式决定了货运模式（货车、铁路、水运和航空）所涵盖的成本和服务水平。
- 货物运往何处——在各种运输方式网络上运送货物到不同目的地所涉及的车辆/运量因素。
- 货运的方式——制定货运必须遵守的规则和规定的公共政策（Beagan等，2007）。

确定当前和将来的系统需求是货运规划中重要的一步。确定当前的需求通常是通过检查系统性能数据来进行的，例如，拥挤的区域、缓慢的货运区域、货车或铁路撞车率高的位置。托运人和承运人的调查和访谈是识别现有交通系统中存在问题的重要工具。表22-12概括地展示了与旧金山湾区货运系统性能相关的需求和问题类型（Cambridge Systematics，2014b）。

更具挑战性的任务是预测未来的货运走势。使用《快速响应货运手册》中的上述问题，预测过程必须从将来的条件和需求的角度来研究这些主题。例如，要了解货运为什么会需要检查研究区域中影响货运量和相应出行方式的变化中的未来经济因素。表22-13展示了模型校准和验证所需的数据类型（请参阅第6章），表22-14展示了用于获取此类数据的数据收集方法的典型成本。

可能更具挑战性的是，分析必须考虑将来影响不同模式选择的成本和服务水平的模式因素。但是，与此问题相关的不确定性很大：什么类型的燃料和燃料成本可能会存在20年？哪种新的车辆或基础设施技术可以在一种模式下提供更高的生产率？这些问题几乎不可能有肯定的回答。因此，分析应采用敏感性评估和其他方法，例如情景分析。

《快速响应货运手册》描述了可用于预测未来货运量增长的一系列模型和分析方法，以及有关如何使用这些工具的详细说明。以下内容基于该手册，对最常用的工具进行了简短描述。

表 22-12 按功能区划分的货物运输系统需求和问题（加利福尼亚州旧金山湾区）

按功能区功能划分的货物运输系统需求和问题	需求和问题
国际出入口： 负责货运和客运的主要海运设施和国际机场	·奥克兰港的土地限制，货物装卸设备的不足 ·港口竞争加剧 ·海运码头拥堵及其对拖船驾驶人和邻近地区的影响 ·需要改善货车驾驶人与海运码头操作员之间的沟通 ·港口周围重载运输网络的影响和机会 ·扩大对散装出口设施的需求 ·工业/仓库空间之间的冲突需要支持增长和对社区的影响 ·航空货运组合的变化（与计算机相关的出口减少）以及国内市场的不确定增长
区域间和区域内通道： 主要高速公路和铁路线，用于将特大区域连接到该州其他地区以及其他地区的国内市场	·I-880、I-580 和国会大厦通道等有旅客通行的共用货运通道的拥挤和延误 ·由于合并和交织，货运通道沿线的货车安全问题 ·货运通道沿线的路面和桥梁状况问题 ·铁路瓶颈，尤其是马丁内斯地区 ·铁路与高速公路平交道口的安全问题 ·对第三方物流空间的需求不断增加，以及对在奥克兰港与集成商（例如联邦快递、UPS）枢纽的本地访问以及与区域间和区域内通道的连接需求增加
本地货物运输系统： 支持本地取货和送货的道路以及最后一英里的连接点——为主要货运设施（国际出入口、国内铁路枢纽、仓库/工业中心和工业园区）以及区域间和区域内的系统之间提供关键连接的道路	·公共卫生对货运活动密集的社区造成影响 ·传统工业走廊的土地使用冲突 ·缺乏货车停车场/邻里停车场侵占 ·货车与其他街道使用者（汽车、行人、自行车、交通工具）在收费路线和商业区之间的冲突 ·切断交通，避免主要通道拥堵 ·缺乏跨越城市边界的货车路线连接 ·当地道路和街道路面损坏 ·阻碍货车运输的道路和街道设计问题

来源：Cambridge Systematics, 2014b

表 22-13 替代货运建模方法的数据需求

方面		商品生成模型	分配模型	输入输出模型	货运选择模型	空行程模型	空间价格均衡模型	出行生成模型	分配模型	微观仿真模型	微观仿真混合模型	空间价格均衡模型	货运起点/目的地模型
信息/了解物流模式			C	C		C		C	C	C	C		
货运生成数据	生产	C		C,F			C		C,F	C	C		C,F
	消费	C		C			C		C,F	C	C		C,F
送货行程	序列									C,F		C,F	
	位置									C,F		C,F	
	OD 流量		C,F	C,F	C,F				C,F	C,F	C,F	C,F	
	空流量					C							
参与代理商的经济特征	承运人	C,F					C,F			C,F	C,F	C,F	
	托运人	C,F					C,F			C,F	C,F	C,F	
	接收者	C,F					C,F			C,F	C,F	C,F	
参与代理商的空间分布/位置	承运人	C,F								C,F	C,F	C,F	
	托运人	C,F								C,F	C,F	C,F	
	接收者	C,F								C,F	C,F	C,F	

(续)

方面		商品生成模型	分配模型	输入输出模型	货运选择模型	空行程模型	空间价格均衡模型	出行生成模型	分配模型	微观仿真模型	微观仿真混合模型	空间价格均衡模型	货运起点/目的地模型
路网特征	行程时间和费用		C,F	C,F		C,F			C,F	C,F	C,F	C,F	C,F
	使用限制		C,F	C,F		C,F			C,F	C,F	C,F	C,F	C,F
	容量		C,F	C,F		C,F			C,F	C,F	C,F	C,F	C,F
	交通量												C
特殊选择流程	模式选择				C					—			
	交货时间									—			
	模式属性				C,F					—			
其他经济数据	生产功能						C,F						
	需求功能						C,F						
	投入产出系数			C,F									

注：C=校准，F=预测。
来源：Holguin Veras et al., 2010

表 22-14 数据收集技术的单位成本示例

资料收集方法	费用说明	类型	平均花费/美元	备注
车辆分类计数	进行24小时车辆分类计数的每个站点的单位成本	手动计数	650	为了降低成本，应考虑使用现有计数程序中的计数数据
		视频计数	500	
		自动计数	—	
路边拦截调查	进行24小时拦截调查的每个站点的单位成本	路边访谈	5000	数据收集的实际成本可能会因站点的特性、收集数据的数量和质量以及收集数据的公司而有很大不同
机构调查	每次调查费用	寄出/寄回调查	100 (10%回复率)	—
		电话调查	250 (20%回复率)	
		邮件和电话综合调查	预计将高于电话调查	
出行日记调查	每次调查费用	没有GPS协助	—	由于设备成本和货车安装成本，GPS辅助测量中的成本是主要问题
		有GPS协助	—	

来源：Beagan et al., 2007

1. 增长因素

预测未来货运量最直接的方法之一是根据历史增长因素判断趋势并预测未来的货运量。可使用以下几种增长因素的方法。

直线或线性投影。此方法通过假设两个历史点之间确定的增长率持续到未来，以此来简单地将过去的增长推断到未来。例如，如果在第1年的货运量为 F_1，在第2年的货运量为 F_2，则未来第3年的预测货运量可以用数学方式表示为

$$F_3 = F_2 + \frac{(F_2 - F_1)}{(T_2 - T_1)}(T_3 - T_2)$$

式中 F_i——第 i 年的货运量；
T_i——第 i 年。

复合增长。通常，交通量的增长以每年一定的百分比表示。鉴于每年的增长基数都在变化（即明年的增长使用今年的增长加上变化的百分比作为明年变化的基数），数量的增长不是线性的。这称为复合增长率。分析师可以使用下面简单的利息公式：

$$F_2 = F_1 (1+i)^n$$

式中 F_2——未来美元价值；
F_1——现值；
i——利率；
n——时间段的个数，以计算 i 的值，即复合增长率。

在这种情况下，i 或复合增长率等于：

$$i = \left[\left(\frac{F_2}{F_1}\right)^{1/n}\right] - 1$$

如果 F 的值与以前相同，并且 $T_3 - T_2$ 是要计算的未来货运年数，则将估算未来货运量 F_3 为

$$F_3 = F_2 (1+i)^{(T_3 - T_2)}$$

规划研究通常利用经济或商品需求的增长来确定未来的货运量。在这种情况下，将使用复合增长因子方法确定未来的经济价值，然后使用模态因子来估计这将意味着多少货运量。行程生成因子（每单位经济活动产生的行程数量）通常基于历史记录。如《快速响应货运手册》所述："对于大多数商品类别，产出价值（以恒定美元计）与发货量（以磅、吨、立方英尺等计）之间的关系可能会随时间而变化。这些变化可能是由于给定商品组中生产的商品组合发生了变化（例如，铝增多而钢减少）或该组中主要产品每吨的平均实际价值发生了变化。这些变化可能会导致在任一方向上每吨的价值发生变化……当存在一两个特别感兴趣的商品组时，至少应以非正式的方式进行一些考虑，以确定这些商品组中每吨的实际价值如何变化以及在预测期内它可能如何变化。"

如前所述，将不确定性纳入分析的重要策略之一是进行敏感性评估。这是通过更改分析中的一些关键假设（如复合增长率）来完成的，以查看结果或结论是否有重大变化。根据该手册，纳入预测过程的主要假设以及敏感性评估的候选者包括：

- 经济增长——包括全国性和地方性。
- 经济部门的增长产生了由该设施处理的大量货运。
- 这些部门的运输要求，可能受到进口或出口增加或生产工艺变化的影响。
- 方式选择，可能会因运输要求的变化或竞争模式的成本和服务特性的变化而受到影响。
- 每单位货运量的设施使用情况，可能会受到装运尺寸或集装箱尺寸变化的影响。
- 替代设施的可用性和竞争力。
- 每吨产量的价值。
- 每位员工的产出（如果将就业作为指标变量）。

2. 四阶段模型

对于具有四步需求模型的州或大都市区，可能会进行更复杂的货运量分析。有关这种建模方法的更多详细信息，请参见第 6 章以及相关文献（Beagan et al., 2007；Bassok et al., 2013；Southworth, 2010）。如图 22-9 所示，此建模方法包括 4 个主要步骤：交通生成、交通分布、出行方式划分和路网分

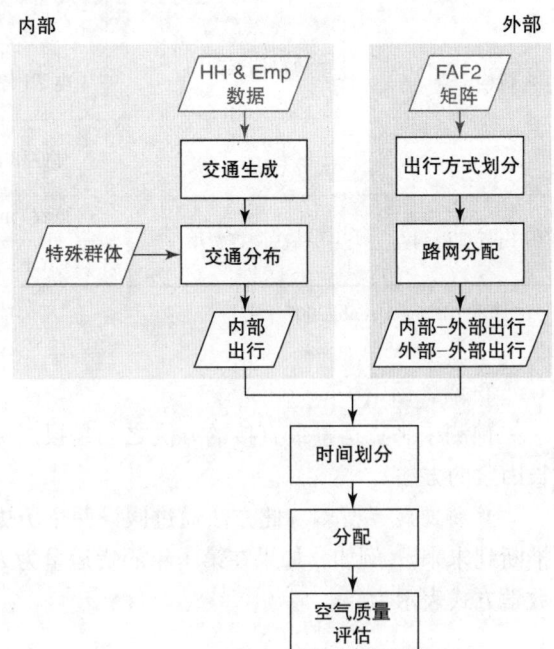

图 22-9 圣地亚哥货车的四步货运模型
来源：SANDAG, 2008

配。每个步骤都使用数学关系来确定输出，例如，出行生成的吨数。其中一些关系可以使用研究区域的历史数据来确定，而其他一些关系可以使用国家默认值。

交通生成。出行生成模型是基于一组年度或每日出行生成率或按商品和区域计算的方程式。然后根据人口或就业的区域活动因素，使用这些比率来确定在地理区域内产生或终止的每年或每日的商品流量。鉴于大多数大都市区都有交通分析区域（TAZ）系统，这些区域通常用作大都市区出行生成的参考。对于州和多个州的研究，县通常作为分区单位。客运和货运模型的出行生成之间的主要差异见表22-15。

表22-15 客运和货运模型在出行生成中的主要差异

特性	客运	货运
需求生成	旅客出行	在给定位置产生或消耗的货运量
交通出行生成	汽车出行、公共汽车出行等	货车出行、厢式货车出行等
影响变量	收入、土地使用、家庭结构、汽车拥有量、活动集中度	经济活动、业务范围、业务规模、土地用途
需求与交通出行之间的对应关系	非常紧凑，在交通分担率低的地区几乎一对一	非常松散，原因：①运输规模所起的作用，导致大型企业在产生大量货物的同时，由于其运输规模较大，产生的运输量按比例减少；②货运出行的不可分割性，即小企业产生的货运出行与产生的需求成比例增加

来源：Holguin Veras et al., 2012

按货车类型和/或出行目的/部门对货车进行分类很重要。分类方案包括FHWA车辆分类系统（请参阅第2章）、车辆总重额定值、运载的货物类型、轮胎/车轴数量和车身类型。例如，2007年华盛顿州西雅图市的区域模型更新定义了三种类型的货车：轻型货车（4个或4个以上轮胎、2根车轴且重量不到16000磅）、中型货车（单个车体单元、6个或6个以上轮胎、2~4根轴且重量为16000~52000磅）和重型货车（2个或3个车体单元、5根或5根以上轴和超过52000磅的重量）（Puget Sound Regional Council，2007）。此外，该区域模型将以下行业的就业作为估计货车出行次数的因素：农业/林业/养鱼、采矿、建筑、制造业（产品）、制造业（设备）、运输/通信/公用事业、批发、零售贸易、金融/保险/房地产（FIRES）和教育/政府等。

出行生成包括每个区域内产生和吸引的出行次数。根据每种商品类别或货车类型，为两种类型的行程开发了方程式（通常为线性回归模型）。除了在TAZ中生成的货车行程外，将与特殊出行发生源（如机场、港口或主要配送中心）相关的货运行程生成活动隔离开来也很重要。

Holguin Veras et al.（2012）为货运出行的生成提供了很好的参考。

交通分布。建模过程中的这一步骤使用出行生成中产生的信息来确定研究区域中货运行程的起点—终点对。出行分布的重要变量是按区域划分的生产量和吸引力，以及每个区域对之间的阻抗（通常是行进时间的某种度量）。估算起点—目的地流量的一种常用方法是使用重力模型，该模型根据两个区域中每个区域发生的经济活动水平或"质量"来估算出行吸引力，并且与两个区域之间的阻抗成反比。

有效的出行分布方法的关键是确保预测的行程与在道路网络上观察到的行程相匹配。重力模型，可以通过比较模型行程的行程长度分布与历史数据，并针对不同的货车行程，修改行程"摩擦因子"，直到分布匹配良好来完成。西雅图建模练习开发了以下摩擦因子方程式，以适应不同类型的货车类型和出行长度：

- 轻型货车，短途出行 = {EXP（3.75 − 0.08 × "每日出行时间"）.max.1}
- 中型货车，短途出行 = {EXP（4.75 − 0.05 × "每日出行时间"）.max.1}
- 轻型货车，长途出行 = {EXP（2.1 − 0.005 × "每日出行时间"）.max.1}
- 中型货车，长途出行 = {EXP（4.2 − 0.003 × "每日出行时间"）.max.1}
- 轻型货车，当地出行 = {EXP（4.0 − 0.05 × "每日出行时间"）.max.1}
- 中型货车，当地出行 = {EXP（5.0 − 0.10 × "每日出行时间"）.max.1}
- 重型货车，所有出行 = {EXP（4.0 − 0.10 × "每日出行时间"）.max.1}

出行需求模型也是以一天中的时间为基础进行开发的。因此，出行需求通常通过不同的时间段来估算。

出行方式划分。此步骤确定了在特定的出发地和目的地之间，商品和产品将使用哪种出行模式。在唯一可行的

模式是货车的研究中，不需要此步骤。在可能有不同模式的情况下，根据平均行进距离对模式选择进行分类，其逻辑是某些模式（如铁路）可能比其他模式更适合长途出行。以下是方式划分研究中的一些例子（Beagan et al.，2008）：

- *印第安纳州商品运输模式*。这种方式划分模型确定了9种单独的模式（如私人货车、出租货车、铁路和航空）和8种多种或组合模式（如货车和航空、货车和铁路、内河和湖泊）。此外，每种模式都根据出行时长进行了分类，例如，少于50英里、50~99英里以及最多"超过2000英里"。根据基准年商品流量调查的数据以及按距离进行商品模式运输的概率计算类别。然后将这些概率与未来的年度出行表一起使用，以估计研究时间范围内的方式划分。
- *佛罗里达州多式联运全州公路货运模式*。该模型估计了货车、散货/货车铁路、集装箱/联运铁路、空运和水运的年运输量。根据基准年中观察到的方式分担率开发了Logit模型（见第4章），然后用于预测未来的方式百分比（以吨计）。Logit模式方式划分模型中的决定因素是与每种方式关联的效用函数，其中效用函数表示与该方式关联的出行成本。例如，货车出行成本定义为0.0575美元/英里；铁路出行成本定义为（12 +0.025）美元/英里；对于联运，出行成本定义为（26 + 0.028）美元/英里。另外，效用函数还包含了每小时的服务成本。模型结果估计了各种可用运输方式之间的吨数。然后，通过使用建立这种关系的历史数据将每个载重量转换为出行量。
- *跨梯级通道研究*。这项研究是由华盛顿州开展的，以研究西雅图和华盛顿斯波坎之间的区域间客运和货运出行方式。出行需求模型的方式划分部分包括以下货运模式：航空货运、铁路货运、重型货车货运和中型货车货运。货物运输方式分配的确定取决于时间、距离和成本的货币价值。Logit模型用于分配选择一种模式与另一种模式的货运概率。表22-16展示了与货运成本函数相关的某些特征。

路网分配。建模过程中的这一步骤将行程分配给货运路网。如前所述，在此之前必须执行的步骤之一是将载重量或其他度量转换为出行量。这是根据每次出行平均载重量之间的历史关系使用转换因子完成的。对于铁路、航空和水运的分配，其网络不如公路网络广泛，分配过程遵循基于规则的方法。这意味着，预计通过这些方式之一行驶的载重量确实会受到所提供服务的供应限制和运营特性的影响。对于货车正在使用道路网络的货车分配（以及其他所有人），该模型按一天中的时间确定高速公路网络的性能特征（如网络路径的行进时间），然后基于最小成本路线分配货车出行。更复杂的模型使用随机分配过程，该过程考虑了货车将如何通过网络的一定程度的不确定性。

州货运规划将分析所有具有州级重要性的货运模式，因此可能会使用非常不同的分析工具。例如，乔治亚州州际货运和货运规划使用多种方法分析了9种不同的货运方式，包括（Georgia DOT，2015）：

- 海上港口项目：最近的报告。
- 铁路项目—"新月通道"：先前的分析。
- 铁路项目—其他改进：使用先前的报告进行自上而下的估算。
- 公路项目—增加产能：佐治亚州交通部全州出行需求模型。
- 公路项目—改善州际立交："偏离模型"的分析技术。
- 公路项目—城市"绕道"：佐治亚州交通部全州出行需求模型。
- 公路项目—乡村货运通道：佐治亚州交通部全州出行需求模型。
- 公路项目—安全项目："偏离模型"的分析技术。
- 航空货运项目：与机场工作人员讨论中的定性描述。

表22-16 华盛顿州货运成本函数中的因素

模式	终端费用/美元	距离收费范围（包括终端费用）/[美元/（吨·英里）]	假定的单价/[美元/（吨·英里）]
轻型货车	0	0.04 ~ 0.10	0.10
中型货车	20.50	1.25 ~ 2.50	0.08
重型货车	25.63	—	0.10
铁路货运	37.50	0.02 ~ 0.04 / 2.20 ~ 2.73	0.03
空运	70.00	4.90 ~ 7.50	3.00

来源：Cambridge Systematics et al.，2008

22.4.6 货运策略的评估和优先级

需求分析会得出一系列改善区域或州交通系统的策略或项目。可行项目类型的范围可能很大。例如，亚特兰大地区货运规划研究中提出的策略类型包括（ARC，2008）：
- 缓解互通式立交的瓶颈路段。
- 维护和增强多式联运连接通道。
- 增加干线铁路运输能力。
- 实施铁路等级分离。
- 使用智能交通系统（ITS）技术。
- 实施管理和运营策略——优化货运的公共部门运营技术（交通信号时序、标牌和重量或净空的几何设计限制）和优化货运的私营部门运营技术（非高峰运营、合并交付以及区域货场）。
- 保留货运用地。
- 实施机制改革以提高具有区域意义的货运项目（公私协调和/或伙伴关系）的可行性。
- 增强货运路网的安全性。
- 改进数据和分析方法。
- 促进区域交流和领导力。
- 提高公众对货运的认识。
- 增强公路基础设施。

注意，这些策略的范围从更传统的面向基础设施的道路改进到改善MPO的货运数据和分析能力。其中，某些活动可能很难用任何定量方法进行评估。因此，使用各种方法评估货运策略也就不足为奇了。表22-17展示了旧金山湾区都市区交通委员会（MTC）可以考虑的满足货运相关需求的另一类策略。

Beagan et al.（2007）、Rhodes et al.（2012）、Bassok et al.（2013）、Holguin-Veras et al.（2015）和Cambridge Systematics，Inc.（2015）等相关学者和机构的文献是可用于改善货运系统性能的策略和项目类型的良好参考。

表 22-17　旧金山湾区都市区交通委员会湾区区域货物运输系统的需求和策略综述

确定的需求类型	需求描述	解决需求的关键潜在策略
安全性		
公路	·I-880、I-580、I-80上的最高发事故位置 ·交通量大的立交附近交通事故率最高	·立交、干线、辅助车道、货车立交的旁路和几何形状的改进 ·ITS技术和出行者信息、货车安全计划、改进的货车行驶标志
铁路	·原油铁路运输增加对区域炼油厂的潜在危害，以及原油铁路运输穿越区域对中部沿海炼油厂的潜在危害	·在联邦监管程序以及州和联邦立法中进行监督和倡导，以提高铁路罐车的安全标准、危险品运输操作安全程序，并向当地应急人员提供有关通过城市运输危险品的信息 ·考虑支持加州跨部门工作组建议的政策，该工作组研究了铁路原油运输问题 ·协调与铁路部门合作的区域工作，以确保铁路与应急人员之间关于危险溢漏应急响应的培训和信息交流
当地街道和道路	·来自阿拉米达县的分析表明，在当地高速公路上，发生货车撞车事故的比例很高 ·高速乡村通勤路线上的潜在安全隐患，这些通勤路线还提供进入货物运输活动区域的通道（例如酒厂和农业生产者）	·对高速公路通道进行信号通知，并确保信号定时考虑货车的加速/减速特性 ·在高速公路的匝道入口处，为货车准备足够的转弯车道
基础设施条件		
公路	·沿美国北部101、东部SR 4选择公路路面和桥梁条件	·针对性的桥梁或路面改善 ·制订计划，以使道路保持良好的维修状态

（续）

确定的需求类型	需求描述	解决需求的关键潜在策略
拥堵、机动性和出行时间延迟		
国际出入口	·在奥克兰港的关口排队 ·货车在奥克兰港的平交路口延误 ·到达旧金山港的铁路延误 ·有限的散装码头容量，以满足不断增长的需求（所有港口） ·OAK 通道的拥堵	·奥克兰港口的 FRATIS 和 ITS，以及 OAK 周围的道路 ·减少奥克兰港排队和过境延误的事项 ·扩大散货和冷库终端的改进（所有端口） ·奥克兰和旧金山港口的铁路线（支线）改进 ·长期扩大联运码头的运营能力
公路	·许多货车通道（I-880、I-80、US 101、SR4、I-580、I-680）存在严重的延误和可靠性问题 ·关键货运瓶颈路段（I-80、I-680、SR12）	·立交、干线、辅助车道、货车公交旁路和几何改进 ·改进了货车行驶标志 ·与动脉系统协调的基于 ITS 的解决方案 ·替代模式的长期开发（例如短途铁路）
铁路	·国际多式联运和散货运输的增长（以及铁路运输原油的潜在增长）使马丁内斯、奥克兰、海岸、尼尔斯和斯托克顿等地的市场吃紧 ·干线列车的转换对马丁内斯分区容量产生的影响 ·未来需要扩大奥克兰的国内多式联运码头容量，以减少中央谷多式联运码头的货车运输量	·提高马丁内斯分公司的能力（在选定的位置增加支线并增加轨道） ·扩大尼尔斯和奥克兰分区的运力和协调策略，以更好地利用其作为通往奥克兰港的南部路线 ·奥克兰港联运码头的未来扩建（OHIT 第二阶段扩建） ·工业铁路支线计划，以改善工业准入（还促进了康特拉科斯塔北部海滨、北湾农业生产区、旧金山港附近的工业区和红木城等地区的经济发展）
当地街道和道路	·某些主要和次要干线货车路线的服务水平较差	·选择性地拓宽项目 ·包括干道在内的智能通道 ·货车路线上的信号计时和优先项目
客运系统		
国际出入口	·塞萨尔·查韦斯（Cesar Chavez）公路通往旧金山港口的方向，货车与汽车可能发生冲突 ·在通往奥克兰港和里士满港海运码头途中的货车路线可能与线路上的自行车道和人行道发生冲突 ·里士满港附近汽车的平交道口延误	·改进旧金山港口南部海滨地区的汽车通行计划 ·奥克兰港骑行和步行路线的物理分离 ·平交道口安全与立体交叉方案
公路	·货车交通与旅客交通冲突	·允许选择性使用旅客专用设施的项目和计划
铁路	·Caltrain、ACE 和 Capitol 通道服务的扩展将使多条线路的运力紧张 ·智能通勤服务的扩展限制了 NWP 短线服务的增长	·扩大轨道和支线，以允许货运和客运分离 ·通过马丁内斯细分区的埃默里维尔可能获得修路的特权 ·协调策略，将奥克兰、尼尔斯和海岸地区的货运和客运服务分开 ·根据 FRA 的新规定，重新审查 Caltrain 通道货运的操作窗口限制
当地街道和道路	·高频客车路线上的其他货车路线 ·某些货车路线上的骑行和步行路线	·进行日常管理，以减少冲突 ·可行的骑行和步行物理隔离 ·多用途提货单
多模式连接		
国际出入口	·改善平交道口 ·北铁路通向联运码头 ·改善当地流通	·奥克兰港七级分离工程 ·改善奥克兰港和 OAK 的当地流通 ·奥克兰港铁路通道的改善
公路	·与中央山谷和美国内陆有限的东—西连接	·改善主要通道的项目，这些通道可以替代 I-580，例如，SR 12 / SR37、SR4 和 SR 152

（续）

确定的需求类型	需求描述	解决需求的关键潜在策略
多模式连接		
当地街道和道路	·高速公路与主要货运枢纽之间的连通性较差的位置	·倡导制订州和联邦计划，以改善第一/最后一英里的连接 ·提供货车路线规划指导 ·具有每日时间限制的新货车路线名称（路线必须经过居民区） ·货车路线的选择性升级，需要在当地主要货车路线之间建立更好的连通性
铁路	·在圣马特奥县北部湾北部康特拉科斯塔海滨的工业托运人对工业铁路通道的需求	·工业铁路通道项目、短途铁路项目
空气质量、环境和社区影响（平等）		
	·货运中的PM2.5排放量一直在下降，但减少量可能会在2020—2025年期间趋于稳定	·鼓励改用低排放和零排放技术的发动机 ·货车零排放车辆技术演示 ·低排放铁路终端运营，包括鼓励使用低排放转换机车的激励措施
	·主要货车和铁路通道的柴油排放和铁路噪声/排放的局部健康影响（例如，I-880、I-80、SR-4、US101）	·针对关注社区的低/零排放策略（见上文）的计划 ·改善铁路平交道口（包括选择性隔离）、安静区域 ·协调工业区的货车路线规划与限制，并在邻近居民区执行
	·易受海平面上升影响的主要货车、铁路、机场和沿海湾和其他海滨地区的海港基础设施	·适应策略和堤坝系统的改进，以减少潜在的洪水
土地使用		
	·模式和土地使用的冲突以及与客运系统的协调（例如，在改造工业通道时进行住宅和商业开发会侵占活跃的铁路和货车通道） ·工业通道缺乏货车停车场和货车服务区	·土地使用指导方案 ·鼓励在项目计划中纳入货运通道周围缓冲区的保护措施 ·确定过夜和短期货车停车的地点，并与私营部门供应商合作，在这些地点的开发中实施货车服务 ·完成街道指导并将其纳入"One Bay Area Grants"中，用于送货窗口、路边撤离物等方案 ·夜间交付试点计划
工作计划		
	·近期货车驾驶人短缺 ·短期缺乏货运专业人员 ·货运中心附近社区的就业机会持续缺乏	·通过社区学院协调培训和劳动力发展项目 ·继续为货运枢纽附近的社区提供本地招聘目标

来源：Cambridge Systematics, 2015

评估包括检查不同货运策略的相对优点，以确定哪些货运策略将以最低的成本产生最佳收益。图22-10所示为货运规划的评估框架（Cambridge Systematics et al., 2011）。可以看出，主要影响因素是出行距离、出行时间和出行质量的预期变化。

与不同的货运策略相关的成本和收益类型可能有很大的不同。美国国家合作货运研究计划（NCFRP）第12号报告《估算特定货运网络投资效益的框架和工具》描述了以下货运研究中通常考虑的成本和效益类型（Cambridge Systematics et al., 2011）。

成本因素：
- 设施资本成本，通常由场地的位置和设计以及规划过程中涉及的合作伙伴决定。
- 设施维护成本，或维护设施以确保安全运行和维护的持续成本。
- 运营成本，如人工成本、燃料成本、设备成本以及因拥堵或有效供应链崩溃而浪费的时间。

效益和其他影响因素：
- 容量，包括减轻高速公路和铁路系统瓶颈的影响，以及减轻任何运输基础设施或设施接入点的吞吐量。
- 生产效率，或者说从始至终以最高效率运作供应链的能力。
- 损失和损坏，最大限度地提高货运操作和运输的安全性，以使托运人、承运人或社区的损失最小。
- 调度/可靠性，具有可预测和及时交货的能力，以简化库存，减少生产或供应过程中的中断，并提高供应链的效率。

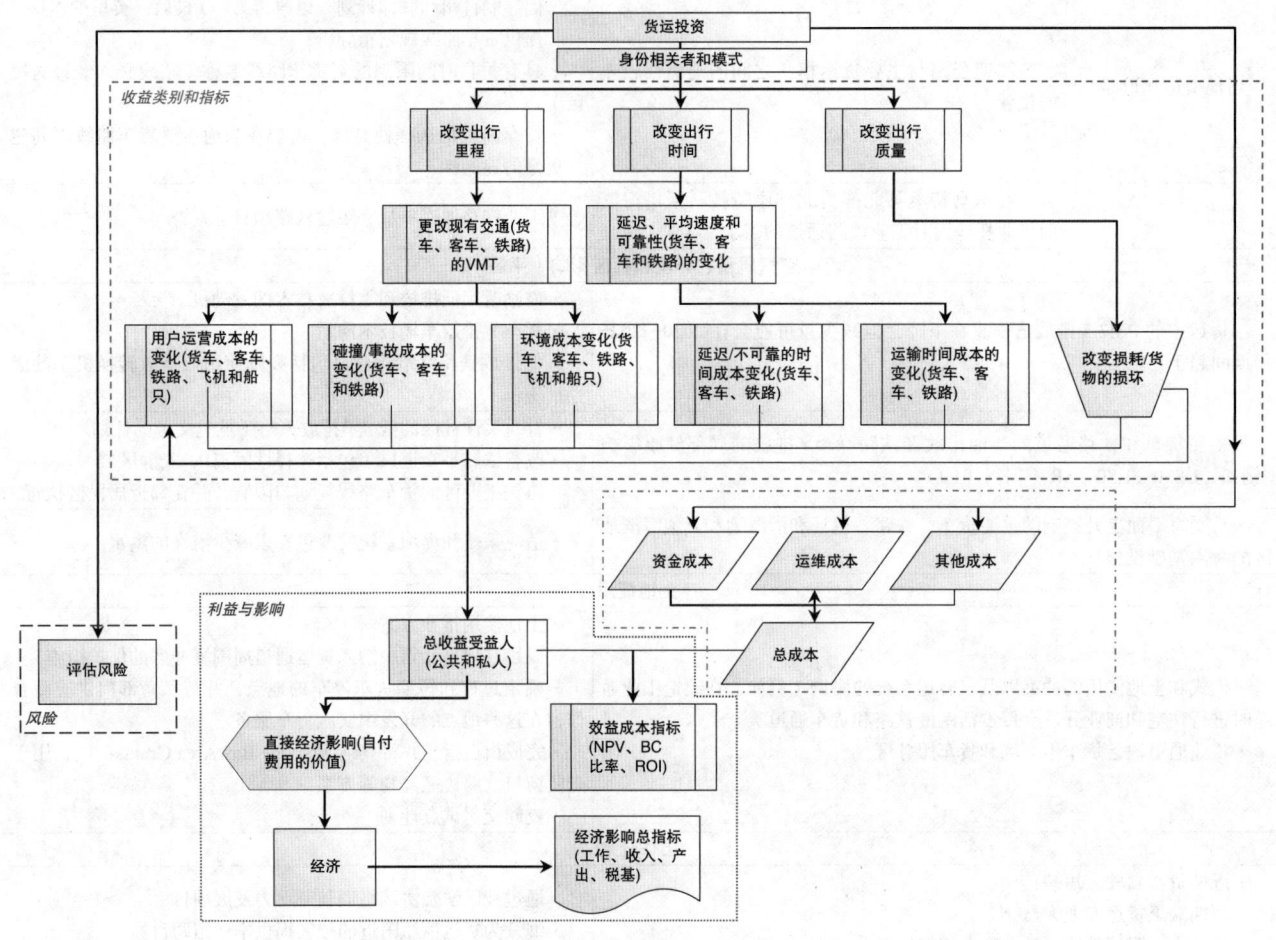

图 22-10 货运规划评估框架

来源：Cambridge Systematics et al., 2011

- 税收收入，例如新工业用地开发、配送中心或其他货运密集型土地使用所获得的税收。
- 更广泛的经济发展，例如配送中心、转运或联运设施带来的就业增加，以及对区域经济的乘数效应。
- 安全性，最大限度地减少货运土地使用对邻近社区的交通影响，以及货运车辆和设施的安全运行。
- 环境质量，如减轻空气或水质的影响、减少货车出行里程（VMT）以及降低噪声或振动。

表 22-18 展示了可以收集的信息类型，以支持评估不同类型的货运改进策略。这些评估性能指标中的许多是由上一节中描述的模型估算的。

另一个常用的方法是对不同策略的主观评估。在亚特兰大货运规划研究中，根据已确定的需求使用标准对项目类别进行了评估，包括（ARC，2008）：

1) *货车分流*：该项目或策略在多大程度上将货运从货车转移到铁路，并将货车运输从该地区的公路系统中移除？

2) *公路拥堵/延误*：该项目或策略将在多大程度上减少公路的拥堵和客运和货运的延误？

3) *铁路拥堵/延误*：该项目或策略将在多大程度上减少铁路拥堵和货运延误？

4) *出行时间/可靠性*：该项目或策略将在多大程度上改善客运和货运的出行时间和可靠性？

5）*货运行程时间*：该项目或策略可以将货运的行程时间缩短多少？

6）*货车交通高峰/非高峰时段份额*：该项目或策略会将多少货车交通份额从高峰时段转移到非高峰时段？

7）*货运车辆的出行里程*：该项目或策略将减少多少区域货车的车辆出行里程？

8）*货运车辆的出行时间*：该项目或策略将减少多少区域货车的车辆出行时间？

9）*安全性*：该项目或策略可在多大程度上减少货车撞车事故并改善通道上的行人安全？

10）*货车排放*：该项目或策略将减少多少货车排放？

11）*社区影响*：该项目或策略将在多大程度上减少沿运输通道和货运密集区（包括人口稠密地区）的货物运输对相关社区的影响？

12）*土地使用影响（运输通道）*：该项目或策略将在多大程度上减少运输通道沿线货物运输对土地使用的影响？

13）*土地使用影响（多式联运/仓库/配送设施）*：该项目或策略将在多大程度上减少与多式联运场、仓库和配送设施之间的货物流通相关的土地使用影响？

14）*区域经济产出/竞争力*：该项目或策略将在多大程度上提高该地区的经济产出和竞争力？

15）*工作/经济机会*：该项目或策略将增加多少与该地区货物运输相关的工作和经济机会（包括紧邻货运业务的工作和经济机会）？

16）*成本*：该项目或策略的总成本是多少？

表 22-18 性能评估信息

分析需求	性能指标
瓶颈路段	·多式联运设施延误的频率
商品流通	·单程平均费用 ·货运的平均装运时间、成本、到达时间的变化（本地或长途，按商品或按方式） ·按商品类别划分的业务量
交通方式转移	·每吨货运的成本；各模式每吨英里的成本 ·**每吨英里行驶的延迟（按出行方式）**
需求分析	·**行政、工程和建筑成本/吨英里（所有者成本）** ·每个行程的平均事故成本 ·**由于货运延误造成的经济损失** ·货物流通的经济指标 ·**每个"需求单位"（制造业产出的美元、商品运输的吨英里、人均、雇员等）的货运系统供应（路线英里、容量英里、承运人数量、港口、码头数量）** ·每吨英里行驶的燃料消耗
运营需求	·在平交道口的运动干扰——延迟时间和速度
路面与安全	·**行政、工程和建筑成本/吨·英里（所有者成本）** ·每个行程的平均事故成本 ·铁路交叉口的接触系数（年平均日通行量和日列车数）
性能评估	·选定行程（或装运）每次行程的平均燃料消耗 ·机动性指数（行驶的吨英里/车辆出行里程乘以平均速度）
项目发展	·**所选 O-D 模式下货车行驶的平均回路** ·联运设施的延误频率
项目优先级	·由于货运延误造成的损失
终端访问	·从特定场所到目的地的平均出行时间（按出行方式计算） ·**从特定场所到主要公路、铁路或其他网络的平均出行时间**
货车流量	·所选 O-D 模式下货车行驶的平均回路 ·代表性高速公路路段的平均速度（客运和商用车） ·在平交道口的运动干扰——延迟时间和速度

注：加粗字体表示更常用的性能指标。
来源：Cambridge Systematics，Inc.et al，2008

由此产生的标准由规划咨询委员会进行了审查。

关于确定项目的优先级,一种通用的方法是给不同的货运相关标准赋值。在华盛顿州找到了这种方法的一个示例,货运策略投资委员会(FMSIB)为预期项目确定了以下主要类别和权重(Washington,FMSIB,2014):

项目区域的机动性——最高 35 分
- 减少货车、火车或有轨电车的出行时间/延误,0~25 分。
- 增加高峰时段货车或火车的行驶能力,0~10 分。

区域、州和国家/地区的货运机动性——最高 35 分
- 对区域货运系统和区域经济的重要性,0~10 分。
- 对州货运系统和州经济的重要性,0~10 分。
- 直接进入港口或国际边界,0~10 分。
- 提供通道/系统解决方案,0~5 分。

一般机动性——最高 25 分
- 减少车辆出行时间/延误,0~10 分。
- 减少排队和备份,0~7 分。
- 减少使用替代铁路道口的延误,0~5 分。
- 处理城市主要干线,3 分;否则为 0 分。

安全性——最高 15 分
- 减少铁路道口事故,0~5 分。
- 减少非铁路道口事故,0~5 分。
- 提供紧急车辆通道;基本通道,5 分。
- 否则,0 分

关闭其他相关的铁路道口
- 封闭 2 个或更多额外的道口,5 分。
- 封闭 1 个额外的道口,3 分。

表 22-19 展示了另一个示例,其中确定了货运项目的优先级标准,并根据项目特征对预期结果的重要性打分。

人们也可以将权重分配给不同的标准,然后通过将权重乘以得分(通常是 1~3 或 1~5)对所有标准求和,主观地确定每个项目在优先级类别中获得了多少"分"。一个如何确定不同标准权重的示例来自佛罗里达州交通部,该州要求众多货运利益相关者以 1~5 的等级对标准的重要性进行评分,其中 5 的重要性最高。表 22-20 展示了其加权的结果。

有关对项目进行优先级排序的方法的详细讨

表 22-19 佛罗里达州迈阿密戴德县货运项目的优先选择标准

类别	项目	分数
设施类型	本地收集器	1
	县道	2
	国道	3
邻近货运中心密度	低	0
	中	1
	高	3
货车日均交通量/辆	<1000	1
	>1000	2
	>2500	3
工程造价/百万美元	>20	1
	>5	2
	<5	3
日常交通的吸引力	重要的	1
	中等的	2
	微不足道的	3
项目类型	容量	3
	运作方式	2
	智能交通系统	1

来源:Parsons Brinckerhoff et al., 2014

表 22-20 分配给佛罗里达州货运投资项目评估标准的权重

优先标准	平均重要性等级
目标产业	4.0
货运枢纽通道	4.5
多式联运货运中心(ILC)出口	3.9
独特的利基	4.1
确定的市场需求	4.2
佛罗里达货运网	4.1
货运瓶颈	4.4
专用货运设施	3.6
信息技术系统(ITS)	3.7
货车停车场和货车车道	3.4
休息站的安全与保障	3.3
海上高速公路	3.4
空回程	3.8
替代燃料通道	3.4
供应链成本	3.9
私人资金数量	4.1
当地货运规划	4.1
全州模态规划	3.9
新兴货运设施	3.7
好处	4.2
多式联运	4.1
成本	4.2
非联邦交通部资金状况	4.1
时机准备就绪	4.2
TIP/STIP	3.9
依赖性	4.1

来源:Florida DOT, 2013

论，请参见第 7 章。

一个日益重要的考虑领域是社区发展与货运土地使用之间的关系。当货运设施和码头位于人口稠密的城市社区时，尤其具有挑战性，货车交通和噪声/振动的影响可能会引起社区的关注。人们还担心城市发展会侵占传统上用于货运目的的土地用途。例如，对明尼阿波利斯-圣保罗的货运研究发现，沿大都市地区的河流和铁路重建工业用地的压力威胁着水利和铁路相关产业以及货运码头的生存。更普遍的是，该研究发现，非工业用地的发展和对城市化地区工业用地的侵占可能会影响货运码头的运营效率，并可能导致工业与居民社区、商业区和公园之间的冲突（Metropolitan Council，2013）。

另一个适用于中央商务区以外地点的以规划为导向的机会涉及运输园区或货运村的开发。在大多数城市地区，货运码头位于许多不同的位置，其中一些与周围的发展形成冲突。如果将终端以及为它们服务的企业集中在几个地点，则可以使用特殊策略来创建更多区域和/或提供特殊的进出设施。从私人企业的角度来看，这种集中可以使生产过程更加有效。这就是建设货运村或运输园区的逻辑。货运村代表了类似的概念，并包括更多与货运有关的活动。运输园区不仅可以帮助货运社区，还可以减少货运码头对住宅和其他敏感土地用途的负面影响。这一概念的实施需要积极的土地使用规划。

- 社区的土地使用规划过程应对这些问题保持敏感，规划者应在此过程中提出以下问题：
- 土地使用规划过程是否涉及货运码头及其当前和未来位置？
- 是否涉及仓库及其当前和未来的位置？
- 如何满足主要终端（机场、海港和铁路货车多式联运站）的扩建和/或搬迁需求？
- 是否正在检查货运设施的使用情况？

这些问题和其他类似问题的答案将揭示货运规划中现有土地使用规划过程的充分性或不足。下一节讨论货运站的其他方面。

22.5 货运站设计

本节将简要介绍货运码头影响交通规划的一些关键方面。关于货运码头更详细的讨论可以在第 3 版手册中找到（Goodman 和 Lutin，2009）。另请参阅本手册第 12 章，其中包括与货运站相关的码头的讨论，如安全问题。

22.5.1 货运站

各种面积和结构的站点构成了货运系统的关键因素。虽然它们的位置和功能与公共街道和公路系统密切相关，但货运站点运营在很大程度上（如果不是唯一的话）主要是私营部门的职能。它们通常由提供服务的货运公司（承运人）拥有和运营。

站点的功能是由工作量、按交通类型和来源划分的交通量、服务标准、工作量可用性和活动结束时间以及规划站点所需的信息来定义的。特定的位置要求是根据系统操作分析定义的。其目标是尽可能具体地将总体设施中需要设施的市场特征和条件联系起来。最后，对设施及其选择进行经济评估，从而得出设施设计的详细要求。这些步骤包括营销分析，以获取有关该地区的信息，例如，该地区的趋势、行业的增长或下降以及工商业扩展的地点。

制订站点场地计划的第一步是确定场地规格，包括场地的总体大小和结构。接下来，定义搜索区域，评估备选站点，然后选择最佳站点。当已知具体的地块后，便会制订一个计划，以充分利用空间并提供有效的流量（注意：以下信息只是为了向读者介绍在选定站点时应该考虑哪些问题；有兴趣的读者可以查阅本节的参考文献，以获得更多详细信息）。

1）*准备场地规格*。其目的是确定地块的大小及其最小尺寸，步骤包括：

① 活动区和建筑物。在这一点上，码头的尺寸，即其长度和宽度是已知的。该计划还应包括对办公室、商店、燃料通道和任何固定设施的要求。

② 停车场。其主要要求是停放拖车。根据运营计划，该设施必须能够满足高峰要求；还应该规划员工和访客

汽车的停车位。如果需要线路车辆停车，则也必须包括在内。作为总体规划因素，80%的员工将需要停车位。

③ 站点大小。根据增长预测，所需的土地面积通常是平台和办公空间的25~35倍。对于小型站点，例如，12~16扇宽度为40英尺（12.2米）的门，地块的最小宽度将为280英尺（85.3米）。该尺寸可以建设一个120英尺（36.6米）的停机坪区域，用于在码头两侧停放拖车。当然，其深度将取决于停车和扩建所需的总面积。

2）*定义搜索区域*。搜索区域应在约5英里半径内定义。这应该是一个位置优越的区域，可以支持现在和将来的业务来源。

3）*选择场地*。选址应包括以下条件：

① 使用权。尝试在距州高速公路或州际高速公路2英里（3.2公里）内获得一个场地，或可方便到达另一条主要交通干线的场地。

② 场地准备费用。估算场地改善费用，并确定准备建设用地所需的时间。

③ 区域分区。检查分区要求和场地计划审查要求以获取建议。

4）*准备区位图*。制订有效的地块布局的第一步是确定所选特定地块的建筑物、停车位和活动区的总体布置。接下来，准备一张显示站点运行的流程图，包括驾驶人进入入口并停放设备开始的步骤顺序。即使在开始时可能没有铺设好所有空间，也要在扩展的设计年中为整个员工停车区留出足够的空间。

5）*设计详细的平面图*。该计划应显示设施位置、铺路和所需的施工细节。

前面的内容介绍了开发高效且运行良好的货运站点的技术过程。将这些技术因素与实践相结合时，其他社区和环境因素往往成为重要问题。货运站点的位置可能是一个主要问题，也是引起争议的根源。货运站点通常不被认为是住宅区的理想邻居。它们在通向工地的道路上产生大量的货车流量，导致其附近发生各种实际和可感知的不利影响，包括交通拥堵、安全隐患、人行道老化、视觉和心理影响、噪声和空气污染。此外，它们倾向于吸引其他商业活动和以货车为导向的运营，例如，货车维修店和供应店。此外，货运站点在邻近的居民区还可能引起其他对居民身心不利的影响。例如，夜间在码头上用于工作和安全的高桅杆照明可能会影响附近的住宅，货车在码头内运输或空转的噪声也是周围居民不希望听到的，尤其是在晚上。

可以通过土地使用规划研究和工程研究来确定货运站点的合适位置。工业园区是货运站点的合适场所。可以建设一个运输园区来容纳一组码头，如果它位于一条主要的货车路线附近，那么就可以消除大型货车在区内道路（次要干线道路系统中的一种，主要用来满足居民社区间的交通出行）上不必要的出行。运输园区将为特殊的设计功能和处理方法（例如，专用通道和站点周围的缓冲区）提供机会和理由。

22.5.2 货运铁路站点

自第二次世界大战以来，美国的货运铁路码头发生了重大变化，特别是自1980年《斯泰格法案》（*Staggers Act*）放松了对铁路行业的管制以来，站点的功能已发生变化，并将随着海上运输、铁路、货车和航空模式集成度的提高而继续变化。取消管制之前，铁路货运已从散装技术过渡到更多使用集装箱化的方式，即驮背运输（Trailer on Flat Car，TOFC）和箱驮运输（Container on Flat Car，COFC）。在早期集装箱运输之前，货物最初是通过船只、当地货车或在托运人单独的铁路车厢送达传统的铁路货场的。当TOFC和COFC将预包装的货物以拖车或集装箱的形式作为一个单位装载（而不是散装装载）装载到平板车上时，情况发生了变化。

传统散装、TOFC和COFC的使用仍在继续。以下内容将描述这些铁路货运模式的设施和系统。在此基础上，将讨论当前和未来的条件，例如，单元列车、车场整合（枢纽）和双层列车。

22.5.3 TOFC 和 COFC

搭载是用于描述一种服务形式的流行术语，指其中一个承运人运输另一个承运人的单位。例如，公路机动货运拖车在托运人的门口或仓库装载，由牵引车带到铁路装卸平台或车场，放在平板车上，用火车运到目的地终点站。然后将拖车卸货，并通过货车将货物送到收货人门口。TOFC线路运输服务可能比公路运输更快，而站点时间实际上是相等的。公路运输的许多费用和麻烦都得以避免或显著减少，例如，交通拥堵、人员问题、交通违章、事故危险以及重量和尺寸的限制等。公认的TOFC（有变体）的五种系统有：

- *方案一*：普通公路运输工具的车辆通过铁路运输。托运人与公路交通机构打交道，而公路交通机构又与铁路打交道。
- *方案二*：仅运载铁路的公路拖车。公众直接与铁路或其公路子公司打交道。
- *方案三*：任何人的拖车，包括个人或私人货车的拖车，都是通过铁路运输的。
- *方案四*：中间人或货运代理人或经纪人将货物固定好，将其装载到拖车和自己的平板车上，然后将其移交给铁路进行拖运。第三方可能是一个或多个铁路公司拥有的公司，但托运人与第三方进行交易。
- *方案五*：方案一加上与公路承运人的联合铁路公路费率。托运人与货车司机或铁路公司打交道。

铁路堆场的用途多种多样，包括存储、存放、寄售和公共运输，并在更大范围内支持附近的工业活动。堆场的主要类型及功能是分类堆场，该堆场也集中了足够的车辆以装满火车。分类包括火车的接收和分解，以及将汽车分类为新的火车，以进行公路运输、转移到其他堆场或铁路，或在当地交付。一个大型分类堆场通常包含3个堆场单元：将火车从主线准备阶段移至分类阶段的接收场；分类场，进行分类或划分为共同的目的地的区块；出发场，将经过分类的组或块编成火车，并在等待主线运输的情况下存放。

22.5.4 联运场

如前所述，作为集装箱运输运动一部分而开发的重要铁路货运策略之一是陆桥概念，通过该概念，远东和美国东海岸之间的交通从船上转移到了铁路上，从而使COFC跨越美国运输到了东海岸城市，而不是通过巴拿马运河。某些船只通过运河在日本和大西洋沿岸之间的中转时间为32天。通过将集装箱转运到西部港口的轨道车辆，到东部沿海地区的转运时间可以减少到16天。这样做没有技术问题，但存在退回空集装箱的问题以及其他行政和监管问题。随着管制的放松和多式联运商业实体和安排的增加，人们找到了克服这些问题的方法。实际上，越来越多的空集装箱被装满了回程货物，这导致人们越来越多地使用和关注国内集装箱运输，特别是500英里长的高密度通道。

双层集装箱轨道车辆是另一重要的联运发展方向。在这种情况下，每个轨道车辆可携带两个集装箱。越来越多的双层集装箱使用以及每列火车的容量不断增加，对优先级高的道路几何规划、相关联运站点的规划和设计以及集装箱堆场通道的性能产生了明显影响。大型铁路通过将许多多式联运匝道（堆场）合并成几个地理位置优越、生产率高的多式联运枢纽，可以节省大量资金。

22.5.5 货运多式联运站点

多式联运货运站的运输通常涉及以下不同模式的组合：
- 货车和铁路（例如，搭载、TOFC、COFC或公路铁路两用车）。
- 船舶/驳船和货车或铁路（港口和集装箱）。
- 管道/船舶/驳船和货车（石油分配）。
- 货车和飞机（机场的空运货物）。

从本质上讲，多式联运站点是交通密集型地区，它们会产生大型货车和重型货车的移动。通往这些设施的通道和站点内货车的存储空间是整个运营的重要组成部分。在许多情况下，多式联运站点的设计未能满足所有相关模式的需求。例如，海港和铁路枢纽需要考虑为货车提供足够的通道和存储设施。

海港或河港是多式联运站点的一个很好的例子。当必须处理全新的交通或预计货运量将增加时，新港口或港口扩建就成为必要。原则上，当新港口产生的收入和相关的经济利益超过成本时，就可以证明新港口的容量是合理的。在经济方面无法量化的因素，如区域或人口发展的总体战略规划，在港口选址中起着重要的作用。考虑到这些一般准则，多式联运站点应考虑以下要素。

与现有和计划中的公路网的连接。与港口区域的公路网络的连通性是关键考虑因素。理想情况下，港口设施应位于主要道路附近，并应有足够的容量容纳大货车。例如，新泽西州的纽瓦克/伊丽莎白海运码头综合体直接由I-78和I-95提供服务，并且靠近I-278和I-280。

与现有和计划中的铁路网的连接。应该分析该地区的铁路系统，以确定在港口设施和服务于该地区的铁路

线之间提供铁路连接的可行性。例如，多轨道阿拉米达通道项目在加利福尼亚州长滩港提供了直接的立体货运铁路通道。

*与管道的连接。*如果要通过港口运输液态商品，则应对管道网络进行评估，以确定与新港口设施的连接是否可行。

对于海洋港口，使用水运服务（驳船或短途沿海船只）与河流或海湾上的较小港口建立联系。此类服务在欧洲成功运行。

对于内陆水道，商品是通过水路运输的。水路运输主要包括具有较低单位价值和较高单位重量的相对较慢的商品运输，这些商品以相对较低的成本大量运输。

*港口附近的行业数量和类型。*通常，一个地区通过利用水路交通系统的可达性来建立或升级港口以改善其经济发展。

集装箱港口是多式联运站点的另一个很好的例子。原则上，集装箱站点是陆上和海上运输之间接口处的快速转运设施。入境集装箱抵达站点后不久便继续向收货人进行内陆运输。出境货物通常在船舶启航前不久就驶抵站点。尽管最经济有效的策略是让出境集装箱在船舶启航前到达，而让入境集装箱在卸货后几乎立即离开站点，但这种情况通常不会发生。因此，满集装箱和空集装箱的储存时间都比预期要长得多，码头的吞吐能力大大降低，这与集装箱的平均储存时间（通常称为停留时间）成反比。图 22-11 所示为使用跨运车作为堆场设备的集装箱站点的典型布局。

图 22-11　佐治亚州萨凡纳港集装箱站点典型布局

来源：Courtesy of the Port of Savannah

给定时间段内 20 英尺当量单位（TEU）集装箱的吞吐量可用以下公式表示：

$$C = \frac{LHWK}{DF}$$

式中　C——一段时间内的 TEU 吞吐量；

　　　L——TEU 接地插槽数；

H——平均堆高（以集装箱数量计）；

W——地面插槽的平均利用率；

K——时间段的天数；

D——平均 TEU 储存时间（天）；

F——高于平均 TEU 吞吐量、低于平均堆叠高度并且存高于平均存储时间的峰值因数。

为了应对竞争压力，美国各地的海洋港口机构开发了新的方式来保留和扩大通过其港口运输的货物量。在 20 世纪 80 年代后期，对东南部港口（即"无水"内陆港口）的内陆拦截概念进行了分析和实施。弗吉尼亚内陆港口（VIP）于 1989 年 5 月开放，与汉普顿路的港口相连。在此之前，在卡罗来纳州有 2 个较早且有点相似的内陆港口项目，分别与北卡罗来纳州的威尔明顿和南卡罗来纳州的查尔站点斯顿港口相关。VIP 设施位于弗吉尼亚州弗兰特罗亚尔内陆 200 英里（322 公里）内，提供铁路货车多式联运站点，通过专用的诺福克南部铁路运输与弗吉尼亚州港口管理局（VPA）的汉普顿路相连。内陆港口的定位是拦截集装箱运输，该运输主要是通过货车运输到大西洋中部的竞争对手。对于 VPA 而言，新的内陆港口旨在大幅增加通过管理局的汉普顿路（Hampton Roads）站点的进出口集装箱运输量。

22.6　总结

货物的有效运输是经济富强且充满活力的基本先决条件。随着商品的生产者和消费者分布在全球各地，这一活动越来越具有全球视角。自 20 世纪 80 年代通过自由贸易协定以及经济开始稳定增长以来，美国交通系统中运输的货物数量急剧增加。尽管大部分货运业务由私营公司（铁路、货车运输公司、驳船公司和航空货运公司）承接，但公共机构正面临着通过投资和政策行动来支持货运量增长的挑战，而这些投资和政策行动反过来又影响到所有交通方式的运输服务提供商。为了满足全球贸易环境的需求，负责交通规划的政府机构必须通过提供支持响应式的可靠货运基础设施来培育综合运输系统。

考虑到经济的不断增长和国际贸易在这一增长中的作用，货运规划在未来几年可能会变得更加重要。多年来，货物运输和货运承运人面临的挑战被认为是私营部门的考虑范畴，但交通官员在 20 世纪 90 年代开始意识到，货运所面临的问题可能对州或大都市经济产生重大影响，并可能导致社区受影响，而这些影响往往需要政府官员来解决。

货运规划研究了一系列可以缓解货运问题的策略。这些策略包括将更传统的基础设施项目（如消除瓶颈）应用于 ITS 策略，以提高货运网络的安全性和运营效率。由于大部分货运活动发生在公路网上，因此，针对货运和客运的策略之间的相互作用成为规划过程中的一个重要考虑因素。例如，许多大都市地区已经实施或正在考虑使用货运铁路轨道来实施通勤铁路服务。这就需要从公共政策的角度（向该地区的通勤者提供公共交通选择）以及对铁路运输的潜在影响来研究这种服务。在港口城市，在检查与货运相关的社区影响（例如，噪声、空气排放和振动）时，公共政策与货运生产力之间的这种相互作用也会发生。规划过程可以成为讨论与此类问题相关的权衡因素并进行妥协的平台。

如本章所述，货运规划类似于本手册中讨论的其他类型的交通规划。该过程始于愿景、目标和目的；使用数据和分析工具来了解不同策略可能带来的影响；对策略进行评估以及确定优先次序，以便为该州或地区制订性价比最高的实施计划。但是，货运规划与其他规划也存在差异。特别是与货运规划相关的一些最重要的挑战，主要包括：

- *货运利益相关者的参与对规划过程很重要，但很难获得。*与大多数私营公司管理层习惯的做法相比，公共规划过程往往要长得多，也更容易接受公众的讨论。这种公开且漫长的过程导致许多货运主管官员不愿介入。
- *数据始终是良好交通规划的重要基础。*尤其是货运数据，对了解当前和预期的货运模式具有重要价值。但是，许多最有用的数据是私营公司专有的，毫不奇怪，他们不愿意将这些数据提供给公众。因此，许多货运研究依赖于针对特定研究进行了修改的国家货运数据库。这些国家的其他数据库在研究区域中没有站点特定的信息，如起点和目的地区域。在这种情况下，必须将货运数据作为规划研究的一部分进行收集。

- *在货运规划中，清楚地识别货运网络或系统很重要。* 这意味着最重要的货车路线、铁路线、航空货运机场、水上码头和仓库/配送中心应成为规划研究的基本参考点。在某些情况下，此类网络已经使用了一段时间，但是必须对其进行审查，以确定经济变化或其他与增长有关的现象是否影响了当前指定的用途。
- *无法获得主要用于某个特定公司或行业项目的公共资金。* 当使用公共资金来建设项目或运营服务时，公众应该可以使用它。除非能够确定明确的公共目的，否则就难以利用公共资金来改善仓库或配送中心、站点设施或为私营公司购买货运设备。近年来，避免这种问题的一种方法是使用公共/私人伙伴关系，其中公共和私人机构都为项目贡献特定的资金，并且明确了与每项资金相关的公共和私人利益。
- *模型是交通分析的重要组成部分。* 考虑到货运行业所服务的市场巨大，货运建模方法使用的研究领域要比客运研究大得多。在某些情况下，这可能包括检查全球贸易模式和边境口岸。如果一个州或大都市地区对全球供应链具有战略重要性，则交通规划人员应使用一种分析方法，对超出当前研究范围的货运量进行评估。

随着越来越多的交通规划人员认识到货物运输的重要性，似乎有可能开发出新的、创新的数据收集、建模和评估方法。更加重要的是，交通规划人员应当及时关注这些领域的发展，以便他们研究将货运纳入交通规划过程的最新方法。

货运规划中有用的参考资料包括：

- Bassok, A., et al. Smart Growth and Urban Goods Movement, National Cooperative Freight Research Program Report 24. Transportation Research Board, Washington, D.C., http://onlinepubs.trb.org/onlinepubs/ncfrp/ncfrp_rpt_024.pdf.
- Beagan, D. et al. Quick Response Freight Manual II, Report FHWA-HOP-08-010, Federal Highway Administration, Washington, D.C., http://www.ops.fhwa.dot.gov/freight/publications/qrfm2/index.htm.
- Cambridge Systematics, Inc., et al. Framework and Tools for Estimating Benefits of Specific Freight Network Investments. NCFRP Report 12, Transportation Research Board, Washington, DC, http://onlinepubs.trb.org/onlinepubs/ncfrp/ncfrp_rpt_012.pdf.
- Holguín-Veras, J. et al. 2015. Improving Freight System Performance in Metropolitan Areas: A Planning Guide, NCFRP Report 33, Transportation Research Board, Washington, DC, http://onlinepubs.trb.org/onlinepubs/ncfrp/ncfrp_rpt_033.pdf.
- Morris County Division of Transportation, Municipal Guide to Freight Planning, http://www.morrisplanning.org/boards/Transportation/Publications/Municipal_Guide_for_Freight_Planning.pdf.
- National Association of Regional Councils (NARC). Building Planning Capacity Between Public and Private Sector partners in the Freight Industry: A Resource Manual for Public and Private Freight Planning Interests, http://narc.org/uploads/freightresourcesmanual_final.pdf.

此外，有关世界上最先进的货运规划之一，请参阅伦敦市货运规划 https://www.tfl.gov.uk/cdn/static/cms/documents/London-Freight-Plan.pdf。

参考文献

American Association of State Highway and Transportation Officials (AASHTO). 2012. *Pavement Management Guide*. Washington, DC.

American Society of Civil Engineers (ASCE). 2013. *2013 Report Card for America's Infrastructure*. Website. Accessed Feb. 23, 2016, from http://www.infrastructurereportcard.org/a/#p/inland-waterways/glossary-and-sources.

Atlanta Regional Commission (ARC). 2008. *Atlanta Regional Freight Mobility Plan*, Atlanta, GA. Accessed Feb. 22, 2016, from http://documents.atlantaregional.com/transportation/freight/Freight_Mobility_Plan_Final_Report_Feb%206_%202008.pdf.

Alon Bassok, A. C. Johnson, M. Kitchen, R. Maskin, K. Overby, D. Carlson, A. Goodchild, E. McCormack, and E. Wygonik. 2013. *Smart Growth and Urban Goods Movement*, National Cooperative Freight Research Program Report 24. Transportation Research Board, Washington D.C. Accessed Feb. 22, 2016, from http://onlinepubs.trb.org/onlinepubs/ncfrp/ncfrp_rpt_024.pdf.

Beagan, D., M. Fischer, and A. Kuppam. 2007. *Quick Response Freight Manual II*, Report FHWA-HOP-08-010, Washington, DC: Federal Highway Administration. Accessed Feb. 22, 2016 from http://www.ops.fhwa.dot.gov/freight/publications/qrfm2/index.htm.

Bureau of the Census. 2015. *2012 Economic Census, 2012 Commodity Flow Survey*, Washington, DC: Department of Commerce. Accessed Feb. 17, 2016, from http://www.census.gov/econ/cfs/2012/ec12tcf-us.pdf.

Bureau of Transportation Statistics. 2015a. *Freight Facts and Figures*, Washington, DC: U.S. Department of Transportation. Accessed Feb. 22, 2016, from http://www.rita.dot.gov/bts/sites/rita.dot.gov.bts/files/publications/pocket_guide_to_transportation/2015/3_Moving_Goods/table3_1.

Bureau of Transportation Statistics. 2015b. *Air Cargo Summary Data (All)*. Washington, DC. Accessed Feb. 18, 2016 from http://www.transtats.bts.gov/freight.asp.

California Air Resources Board (CARB). 2015. *Sustainable Freight, Pathways to Zero and Near-zero Emissions, Discussion Paper*, Sacramento, CA. Accessed Feb. 19, 2016, from, http://www.arb.ca.gov/gmp/sfti/sustainable-freight-pathways-to-zero-and-near-zero-emissions-discussion-document.pdf.

Cambridge Systematics, Inc., TransManagement, Inc., TransTech, Inc., and K. Heanue. 2007. *Guidebook for Freight Policy, Planning, and Programming in Small- and Medium-Sized Metropolitan Areas*, NCHRP Report 570. Transportation Research Board, Washington D.C. Accessed Feb. 22, 2016, from http://onlinepubs.trb.org/onlinepubs/nchrp/nchrp_rpt_570.pdf.

Cambridge Systematics, Inc., Global Insight, Inc., H. Cohen, A. Horowitz, and R. Pendyala. 2008. *Forecasting Statewide Freight Toolkit,* NCHRP Report 606. Washington, DC: Transportation Research Board. Accessed Feb. 22, 2016, from http://www.camsys.com/pubs/nchrp_rpt_606_mar08.pdf.

Cambridge Systematics, Inc., Economic Development Research Group, Inc., Halcrow, Inc., DecisionTek, and Boston Strategies International. 2011. *Framework and Tools for Estimating Benefits of Specific Freight Network Investments*. NCFRP Report 12,

Washington, DC: Transportation Research Board. Accessed Feb. 23, 2016, from, http://onlinepubs.trb.org/onlinepubs/ncfrp/ncfrp_rpt_012.pdf.

Cambridge Systematics, Inc. 2014a. *Alameda County and MTC Regional Goods Movement Plans, Task 3a – Multimodal Performance Measures*. Oakland, CA: Metropolitan Transportation Commission. Accessed Feb. 21, 2016, from http://www.alamedactc.org/files/managed/Document/14310/3A_Final_Performance_Measures_ForWeb.pdf.

Cambridge Systematics, Inc. 2014b. *The Importance and Benefits of Goods Movement for Alameda County, the Bay Area, and the Northern California Megaregion*. Final White Paper. Paper prepared for the Metropolitan Transportation Commission and Alameda County Transportation Commission. Oakland, CA. Accessed Feb. 22, 2016, from http://www.alamedactc.org/files/managed/Document/14687/FR1_ACTC_GdsMVmt_Task2D_ImpGoodsMvt.pdf.

Cambridge Systematics, Inc. 2014c. *Alameda County and MTC Regional Goods Movement Plans, Task 3b – Freight Forecast and Growth in Freight Demand*. Metropolitan Transportation Commission. Oakland, CA. Accessed Feb. 21, 2016, from http://www.alamedactc.org/files/managed/Document/16011/AlamedaCTC_GdsMvmt_Task3B_FreightForecastsGrowthInFreightDemand.pdf.

Cambridge Systematics, Inc. 2015. *MTC Goods Movement Plan, Task 4a – Strategy Development*. Oakland, CA: Metropolitan Transportation Commission. Accessed Feb. 21, 2016, from http://www.mtc.ca.gov/planning/rgm/Draft_Strategies_Memo.pdf.

Caplice, C. and S. Phadnis. 2013. Scenario Planning for Freight Transportation Infrastructure Investment, Volume 1. NCHRP Report 750, Volume 1. Washington, DC: Transportation Research Board. Accessed Feb. 22, 2016, from http://onlinepubs.trb.org/onlinepubs/nchrp/nchrp_rpt_750v1.pdf.

CDM Smith, Inc. 2014. *Performance Measures,* Technical Memorandum, CORE Coastal Region MPO, Savannah, GA. Accessed Feb. 22, 2016, from http://www.thempc.org/documents/Transportation/Freight%20Transportation%20Plan/TechMemo/TM2%201%20-%20Freight%20Goods%20Movement%20_5-02-2014_%20Final.pdf.

City of Melbourne. 2012a. *Efficient Urban Freight*. Melbourne, Victoria. Accessed on Feb. 22, 2016, from https://www.melbourne.vic.gov.au/AboutCouncil/PlansandPublications/strategies/Documents/TransportStrategy/Transport_Strategy_2012_15_Central_City_freight_delivery.pdf.

City of Melbourne. 2012b. *Central City Freight and Delivery*. Melbourne, Victoria. Accessed on Feb. 22, 2016, from https://www.melbourne.vic.gov.au/AboutCouncil/PlansandPublications/strategies/Documents/TransportStrategy/Transport_Strategy_2012_14_Port_freight_logistics.pdf.

City of Portland. 2006. *Freight Master Plan*. Portland, OR. Accessed Feb. 22, 2016, from, http://www.portlandoregon.gov/transportation/article/357098.

City of Stockholm. 2015. *The Stockholm Freight Plan 2014–2017, An initiative for safe, clean and efficient freight deliveries*. Stockholm, Sweden. Accessed from Feb. 22, 2016, from, http://www.google.com/url?sa=t&rct=j&q=&esrc=s&source=web&cd=1&cad=rja&uact=8&ved=0CB4QFjAAahUKEwjEy5L56ezGAhVEjA0KHe1QAAk&url=http%3A%2F%2Fwww.stockholm.se%2FPageFiles%2F761673%2FStockholmFreightPlan.pdf&ei=9ouuVcT4CMSYNu2hgUg&usg=AFQjCNHuYCo2SrDZWFY3yLScrBZcTlDcTQ&sig2=2Qz2l4K_inQAVd43w8qeWg.

Energy Information Administration. 2015a. *Petroleum & Other Liquids*. Washington, DC. Accessed Feb. 18, 2016, from http://www.eia.gov/dnav/pet/pet_move_impcus_a2_nus_ep00_im0_mbbl_a.htm.

Energy Information Administration. 2015b. *U.S. Natural Gas Imports by Country*. Washington, DC. Accessed Feb. 18, 2016, from http://www.eia.gov/dnav/ng/ng_move_impc_s1_a.htm.

Federal Aviation Administration (FAA). 2015. *Final Calendar Year 2013 All-Cargo Data*. Washington, DC. Accessed Feb. 18, 2016, from http://www.faa.gov/airports/planning_capacity/passenger_allcargo_stats/passenger/media/cy13-cargo-airports.pdf.

Federal Highway Administration (FHWA). 2013. *Freight Facts and Figures 2013*. Report FHWA-HOP-14-004. Washington, DC: U.S. Department of Transportation. Accessed Feb. 17, 2016, from http://ops.fhwa.dot.gov/freight/freight_analysis/nat_freight_stats/docs/13factsfigures/pdfs/fff2013_highres.pdf.

_____. 2015. *Truck and Truck-Tractor Registrations*, 2013. Washington, DC: U.S. Department of Transportation. Accessed Feb. 17, 2016, from http://www.fhwa.dot.gov/policyinformation/statistics/2013/mv9.cfm.

Florida DOT. 2013. *Florida Freight Mobility & Trade Plan*, District 1 and 5 Presentation. Feb. 12 & 13. Accessed Feb. 21, 2016, from http://www.fsutmsonline.net/images/uploads/CFTPG/D1_and_D5_-_Freight_Plan_2014-02-12_[Compatibility_Mode].pdf.

_____. 2014a. *2010 SIS Strategic Plan: Implementation Guidance for Changes to Designation Criteria and Thresholds*, Tallahassee, FL. Accessed Feb. 21, 2016, from http://www.dot.state.fl.us/planning/sis/designation/desig-change.pdf.

Florida DOT. 2014b. *Florida Freight Mobility & Trade Plan*. Tallahassee, FL. Accessed Feb. 21, 2016, from http://www.freightmovesflorida.com/docs/default-source/fmtpdocs/bf2-plan-review-powerpoint_2014-03-31.pdf.

Florida DOT. 2016. *Florida's Strategic Intermodal System Strategic Plan*. Tallahassee, FL. Accessed Feb. 21, 2016, from http://floridatransportationplan.com/pdf/FDOT_FTP-SIS_PolicyPlan.pdf.

Georgia DOT. 2015. Georgia Statewide Freight and Logistics Plan, 2010-2050, Task 5 Report. Atlanta, GA. Accessed Feb. 22, 2016, from http://www.dot.ga.gov/InvestSmart/Freight/Documents/Plan/Task5-Recommendations.pdf.

Georgia Tech Research Corporation, Parsons Brinckerhoff, Inc. and A. Strauss-Wieder, Inc. 2012. *Methodologies to Estimate the Economic Impacts of Disruptions to the Goods Movement System,* NCHRP Report 732. Washington, DC: Transportation Research Board, Washington D.C. Accessed Feb. 23, 2016, from http://onlinepubs.trb.org/onlinepubs/nchrp/nchrp_rpt_732.pdf.

Goodman L. and J. Lutin, 2009. *Transportation Terminals, in* Transportation Planning Handbook, 3rd edition, Washington, DC: Institute of Transportation Engineers.

Holguín Veras, J., J. Ban, M. Jaller, L. Destro, and R. Marquis. 2010. *Feasibility Study for Freight Data Collection*, Final Report to the New York Metropolitan Transportation Council. Rensselaer Polytechnic Institute, Troy, NY. Accessed Feb. 22, 2016, from http://transp.rpi.edu/∼nymtc/NYMTC-Freight-Data-Final-rpt1.pdf.

Holguín-Veras, J. M. Jaller, I. Sanchez-Diaz, J. Wojtowicz, S. Campbell, H. Levinson, C. Lawson, E. Levine Powers, and L. Tavasszy. 2012. *Freight Trip Generation and Land Use*, National Cooperative Freight Research Program Report 19, Washington, DC: Transportation Research Board. Accessed Feb. 22, 2016, from http://onlinepubs.trb.org/onlinepubs/ncfrp/ncfrp_rpt_019.pdf.

Holguín-Veras, J. et al. 2015. *Improving Freight System Performance in Metropolitan Areas: A Planning Guide,* NCFRP Report 33, Washington, DC: Transportation Research Board. Accessed Feb. 22, 2016, from http://onlinepubs.trb.org/onlinepubs/ncfrp/ncfrp_rpt_033.pdf.

ICF International, Delcan Corporation, and Cheval Research. 2011. *Impacts of Public Policy on the Freight Transportation System,* National Cooperative Freight Research Program Report 6. Washington, DC: Transportation Research Board. Accessed Feb. 21, 2016 from http://onlinepubs.trb.org/onlinepubs/ncfrp/ncfrp_rpt_006.pdf.

Internal Revenue Service (IRS). 2015. *Trucking Industry Overview—Complete Version*, Washington, DC: Internal Revenue Service. Accessed Feb. 18, 2016, from http://www.irs.gov/Businesses/Trucking-Industry-Overview—Complete-Version.

Metropolitan Council. 2013. *Twin Cities Metropolitan Region Freight Study,* Summary Report, Minneapolis, MN, Aug. Accessed Feb. 22, 2016, from http://www.metrocouncil.org/METC/files/57/5752aae3-92e9-45ab-b314-a0e0994b998c.pdf.

New York Metropolitan Council. 2015. *Amended Regional Freight Plan*, New York City, NY. Accessed Feb. 22, 2016, from http://www.nymtc.org/files/RTP_PLAN_2040_docs/Public%20Review%20Drafts/Freight%20Modal%20Reports/Amended%20Regional%20Freight%20Plan.pdf.

Parsons Brinckerhoff, Cambridge Systematics, and Quest Corporation of America. 2014. 2014 *Miami-Dade County Freight Plan Update*. Miami, FL. Accessed Feb. 22, 2016, from http://miamidadempo.org/library/studies/freight-plan-update-2014-08.pdf.

Puget Sound Regional Council (PSRC). 2007. PSRC *Travel Model Documentation* (for version 1.0). Seattle, WA: Puget Sound Regional Council, Sept. Accessed Feb. 22, 2016 from http://www.psrc.org/assets/1511/model_doc_final_.pdf.

Rhodes S. and M. Berndt, P. Bingham, J. Bryan, T. Cherrett, P. Plumeau, and R. Weisbrod. 2012. *Guidebook for Understanding Urban Goods Movement*, National Cooperative Freight Research Program Report 14. Washington, DC: Transportation Research Board, Washington D.C. Accessed Feb. 22, 2016, from http://onlinepubs.trb.org/onlinepubs/ncfrp/ncfrp_rpt_014.pdf.

San Diego Association of Governments (SANDAG). 2008. *Development of a Truck Model for the San Diego Region*-Final Report, San Diego Association of Governments. San Diego, CA.

San Diego Association of Governments (SANDAG). 2014. Technical Appendix 3, *Goals and Performance Measurement, 2050 Regional Transportation Plan*. San Diego. Accessed Feb. 21, 2016, from http://www.sandag.org/uploads/2050RTP/F2050RTPTA3.pdf.

_____. 2015. Freight Studies, SANDAG, Website. Accessed Feb. 24, 2016, from http://www.sandag.org/index.asp?subclassid=96&fuseaction=home.subclasshome.

Schrank, D., B . Eisele and T. Lomax. 2015. *TTI's 2015 Urban Mobility Scorecard*. College Station, TX. Accessed Feb. 21, 2016, from http://d2dtl5nnlpfr0r.cloudfront.net/tti.tamu.edu/documents/mobility-scorecard-2015.pdf.

Southeast Michigan Council of Governments (SEMCOG). 2011. *Freight Industry Survey Results,* Appendix B. Detroit, MI. Accessed Feb. 23, 2016, from http://www.semcog.org/Portals/0/Documents/Plans-For-The-Region/Transportation/Freight/AppendixBFreightIndustrySurveyResults.pdf.

Southworth, F. 2010. *Modeling Freight Flows, in Intermodal Transportation, Moving Freight in a Global Economy,* Washington, DC: Eno Foundation.

Strauss-Wieder, A. 2003. *Integrating Freight Facilities and Operations with Community Goals*. NCHRP Synthesis 320. Washington, DC: Transportation Research Board. Accessed Feb. 21, 2016, from http://onlinepubs.trb.org/onlinepubs/nchrp/nchrp_syn_320.pdf.

Vermont Agency of Transportation. 2015. *Vermont Freight Plan*. Montpelier, VT. Accessed Feb. 18, 2016, from http://vtransplanning.vermont.gov/sites/aot_policy/files/Vermont_Freight_Plan_Update_Feb15_Finalcompressed.pdf.

Walton, M., D. Seedah, C. Choubassi, H. Wu, A. Ehlert, R. Harrison, L. Loftus-Otway, J. Harvey, J. Meyer, J. Calhoun, L. Maloney, and S. Cropley. 2015. *Implementing the Freight Transportation Data Architecture: Data Element Dictionary*, NCFRP Report 35. Washington, DC: Transportation Research Board. Accessed Feb.19, 2016, from http://onlinepubs.trb.org/Onlinepubs/ncfrp/ncfrp_rpt_035.pdf.

Washington Freight Mobility Strategic Investment Board, 2014. "*Freight Mobility Strategic Investment Program Criteria.*" Accessed Feb. 22, 2016, from http://www.fmsib.wa.gov/projects/CallForProjects/2014/20140108-FMSIBCriteriafor2014.pdf.

Washington State DOT. 2014. *Washington State Freight Mobility Plan*. Olympia, WA. Oct. Accessed Feb. 21, 2016, from http://www.wsdot.wa.gov/NR/rdonlyres/4AB1DCDE-5C29-4F08-B5E7-697F432C34D7/0/2014WashingtonStateFreightMobilityPlan.pdf.

Weisbrod G., D. Vary, and G. Treyz. 2001. *Economic Implications of Congestion*. NCHRP Report 463. Washington, DC: Transportation Research Board. Accessed Feb. 21, 2016 from http://onlinepubs.trb.org/onlinepubs/nchrp/nchrp_rpt_463-a.pdf.

World Bank. 2015. *Container port traffic (TEU: 20 foot equivalent units)*, Washington, DC. Accessed Feb. 22, 2016, from http://data.worldbank.org/indicator/IS.SHP.GOOD.TU?page=2.

Zmud, J., C. Lawson, and A. Pisarski. 2014. *Innovative Strategies for Obtaining Comprehensive Truck Activity Data*, NCFRP Report 29. Washington, DC: Transportation Research Board. Accessed Feb. 23, 2016 from http://onlinepubs.trb.org/onlinepubs/ncfrp/ncfrp_rpt_029.pdf.

第 23 章

安全性规划：交通规划过程中的安全考量

23.1 引言

在美国，人身伤害是导致 6 个月到 45 岁人群死亡的首要原因。由于其对年轻人群生命的巨大影响，人身伤害也成为导致生产寿命年数损失的首要因素。其中，与机动车有关的伤害占据绝大多数。因此，减少与机动车相关碰撞事故的数量，应当成为降低美国死亡率的主要手段。尽管美国和其他工业化国家在过去 30 年中在此方面取得了实质性进展，但美国每年仍然有 33000 多人在道路交通事故中丧生，以及近 250 万人受伤（National Highway Traffic Safety Administration，NHTSA，2014）。

为什么安全问题是交通规划制定者应该关注的问题？休斯顿-加尔维斯顿地区议会（Houston-Galveston Area Council，H-GAC）制订的交通安全计划的序言也许是对这个问题的最佳答案。休斯顿-加尔维斯顿地区议会是休斯顿地区的都市规划组织（MPO）。根据休斯顿的经验，安全对交通规划的重要性体现在：

- 与交通设施的建设和运营相关的其他问题（例如，空气质量、经济发展等）类似，出行安全显然会被交通系统的设计、构造、运营和维护方式影响。鉴于交通规划会导致交通系统发生变化，因此应将安全性全面整合到相关机构的规划过程中。
- 与机动车相关的死亡和交通事故的成本令人震惊。
- 在美国乃至世界范围内，机动车造成的人员死亡和碰撞事故都是首要的公共健康问题。
- 货车运输对出行安全的影响正在增加。这与未来 10 年内由于贸易增长带来的货物运输活动大幅增多息息相关，而以休斯顿为例，它还涉及港口货运和港口外距离远且分散的仓库货运。
- 骑行者和行人的死亡人数过多。这些问题以及公共交通安全问题对低收入人群有重大影响。
- 全面的安全计划包括涉及许多不同机构和团体的一系列不同策略和举措。因此，需要许多人之间的协作与协调才能取得成功。
- 美国全州和都市交通规划均反映了联邦政府的强制法规。在这两类规划中，国会都将交通安全列为规划过程中必须考虑的国家级优先事项。
- 对于正在应对高速公路和其他主要道路拥堵的州和都市地区来说，撞车是造成交通延误（称为非经常性拥堵）的主要原因。警察和/或应急服务人员到达事故现场、确保车祸受害者和其他救援人员的安全、照顾伤者、清除行车道上的车辆、收集车祸相关数据以及将事故车辆从道路上移开所需的各项时间总和会造成这些重要道路上的严重交通阻塞/延误（Levine，2006）。

本章将介绍如何将安全性纳入各个级别的交通规划流程中。特别是如何将安全性纳入州和都市规划过程的产物中，包括州交通规划书（Statewide Transportation Plans，STP）、州交通改善计划书（Statewide Transportation Improvement Programs，STIP）、都市交通规划书和交通改善计划书（Transportation Improvement Programs，TIP）。本章还说明了为什么应通过新的流程和制度关系，来加强原本仅专注于传统交通规划产物的交通安全规划，以协调跨组织边界的努力，从而减少高速公路上死亡和重伤事故的发生。

第 23.2 节将介绍美国的车祸和车祸事故率统计数据。此外，还将介绍公共交通和非机动交通的安全历史。第 23.3 节将简要介绍美国安全规划的立法和监管历史。第 23.4 节和第 23.5 节将介绍安全交通规划的特征以及如何将交通安全观念纳入交通规划过程的各个步骤。考虑到美国国家公路与运输官员协会（AASHTO）的《公路安全手册》对于当前道路安全措施选择和应用的重要性，第 23.6 节将介绍手册中的关键概念以及如何将其用作安全分析的一部分。第 23.7 节将介绍州交通规划书与州交通安全战略计划书之间的关系。第 23.8 节将简述从其他国家汲取的道路交通安全经验。

23.2 美国国家统计数据

美国在过去的 7 年中，虽然安全带使用普及率已大幅增加，且与酒驾相关的事故比例在下降，但是，与道路相关的死亡人数仍相对保持不变（尽管在任何一年中都有上升或下降的趋势）(NHTSA, 2014)。而且，如图 23-1 所示，在 2012 年，死亡人数甚至出现首次增加。这是自 20 世纪 90 年代初以来的首次显著增长。但是，如图 23-1 和图 23-2 所示，死亡率和受伤率仍在持续下降，因为总的车辆出行里程（VMT）是事故率计算中的分母（事故率 = 每 1 亿车辆出行里程发生的事故数量），在长期内有所增加（尽管近年来有所下降）。如果每年的交通事故数量保持现在的水平，那么在未来 10 年中，美国将有 33 万多人死于道路交通事故，按目前的统计生命货币价值计算，社会损失将接近 2 万亿美元。

NHTSA 的一项研究得出的结论是，2010 年发生的交通事故给社会造成的经济损失和社会危害损失总计达 8710 亿美元。其中包括 2770 亿美元的经济成本（当时在美国每个人将近 900 美元），以及因伤亡和痛苦以及生活质量下降而造成的 5940 亿美元损失（Blincoe et al., 2014）。考虑到巨大的生命损失和相应的经济影响，并且考虑到交通事故在很大程度上是可以避免的，交通规划人员应着眼于如何改善交通系统的安全性。

虽然死亡和重伤事故最受关注，但仅导致轻度伤害和财产损失的事故也会带来重大的经济影响。很多天的生产力损失、慢性病痛、经济资源被迫转移到维修上以及交通拥堵加剧，这些都是轻微交通事故的潜在负面后果。其中，造成交通拥堵的原因如图 23-3 所示。国家统计数据表明，所有交通拥堵中预计有 25% 是由交通事故引起的，在某些情况下，例如，在主要城市地区，这一比例可能超过 50%。车祸和其他事故不仅会立即导致延误事件的发生，而且其本身也有可能导致二次事故。撞车造成的交通拥堵也会减缓应急响应速度，潜在地增加事故的严重程度，并最终影响事故中的人员存活率。

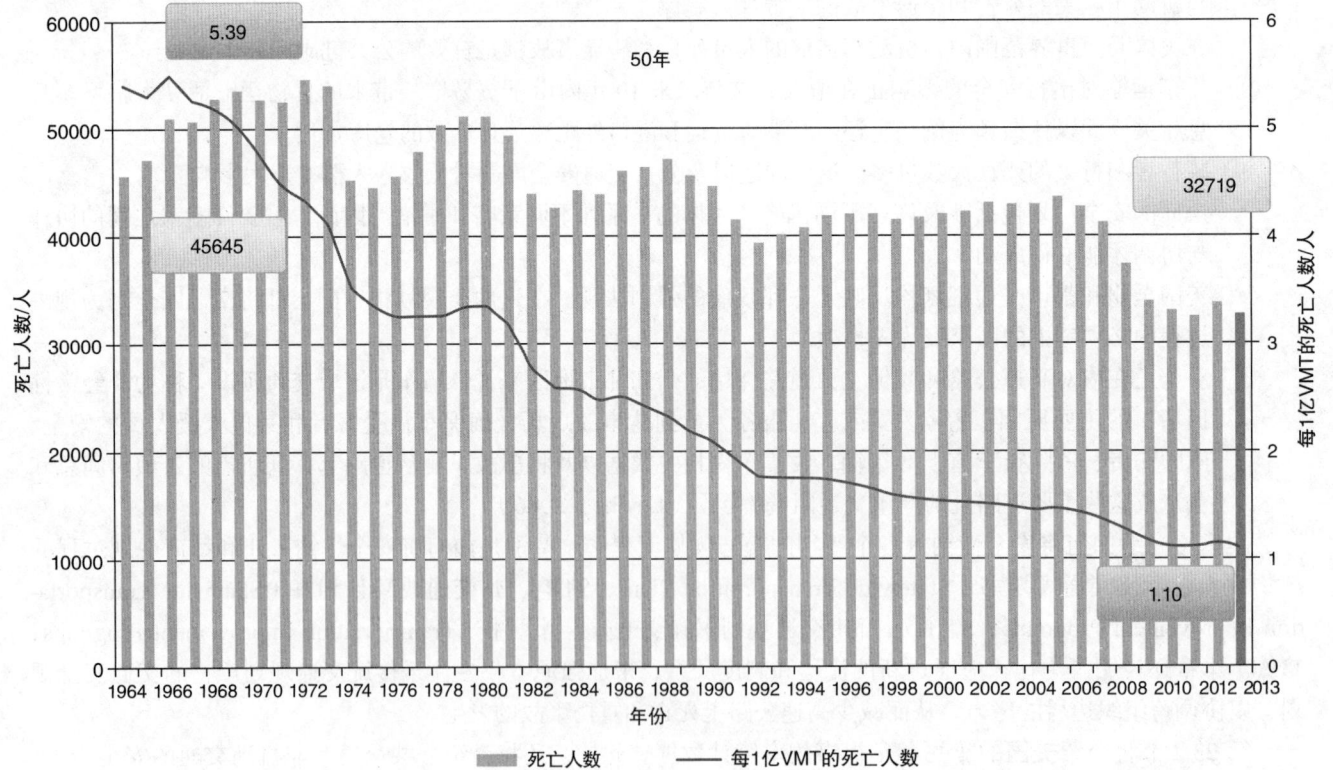

图 23-1　美国机动车事故死亡人数和死亡率（1964—2013 年）

来源：Based on, *Fatalities—National Highway Traffic Safety Administration Fatality Analysis Reporting System* (FARS). Washington, DC, USA: Federal Highway Administration.

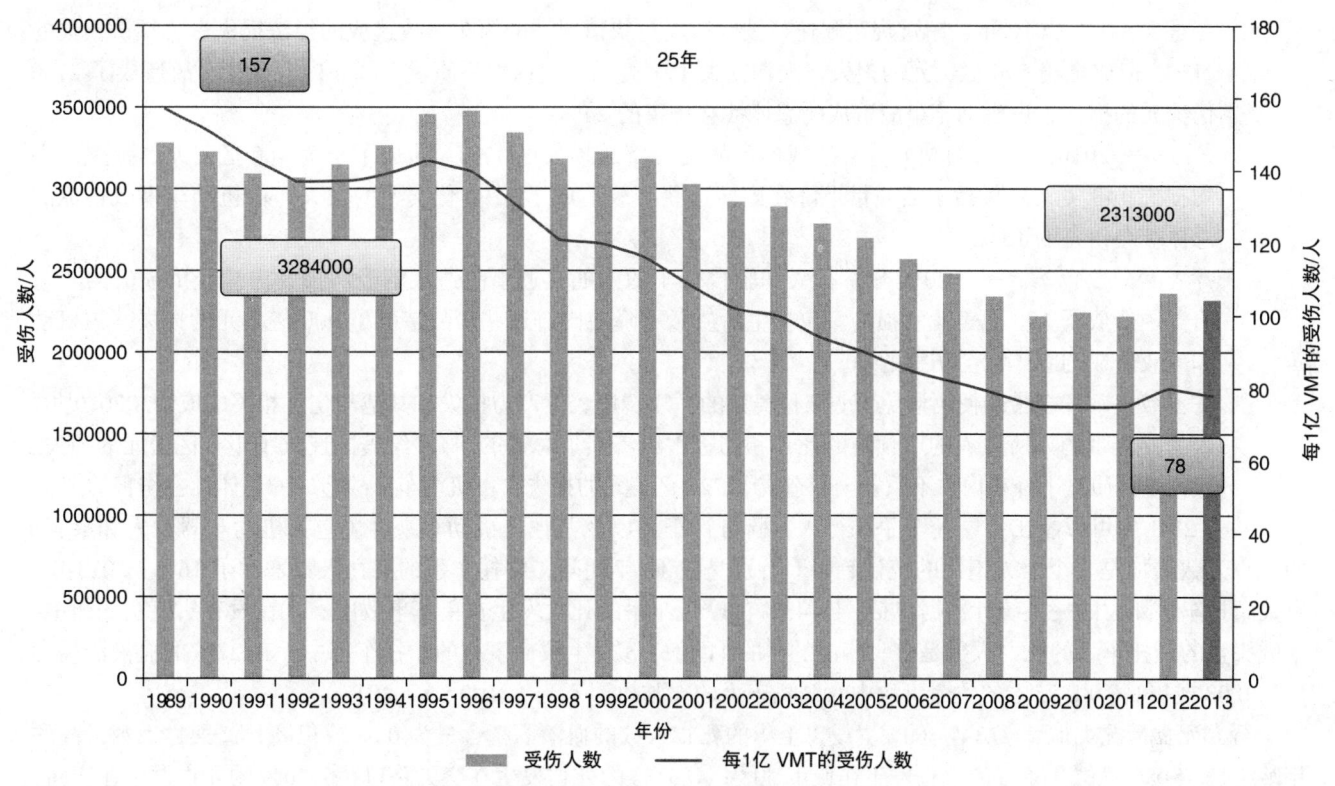

图 23-2 美国机动车事故受伤人数和受伤率（1989—2013 年）

来源：Based on, *Injuries—National Highway Traffic Safety Administration, General Estimates System* (GES). Washington, DC, USA: Federal Highway Administration.

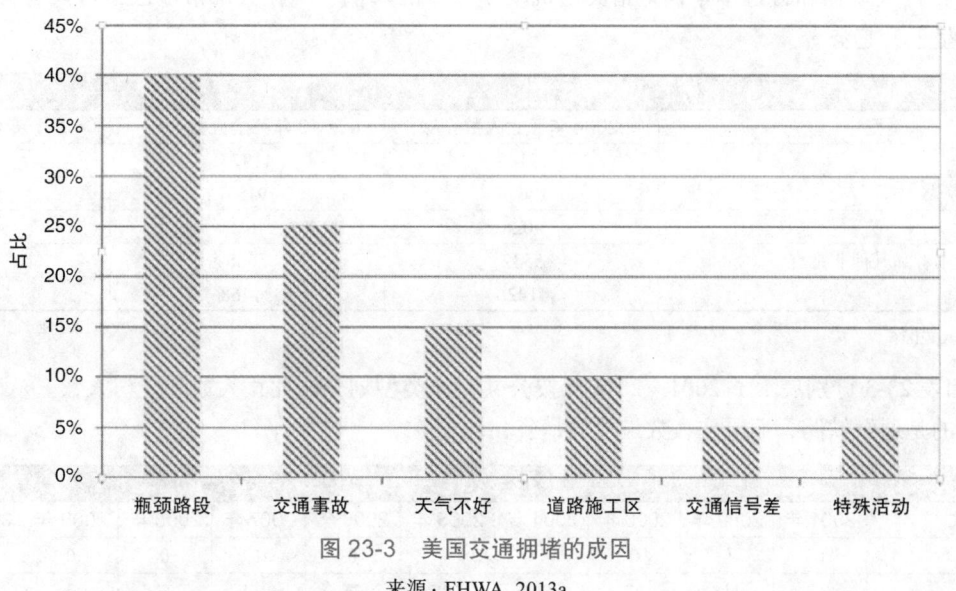

图 23-3 美国交通拥堵的成因

来源：FHWA, 2013a

国家统计数据也很好地说明了车祸的原因。根据 Blincoe 等人的相关文献（2014），这些原因包括：

- *酒后驾驶*——2010 年，酒后驾驶造成的事故占机动车事故经济总损失的 18%，造成了全美 490 亿美元的损失，相当于人均损失 158 美元。包括生活质量下降在内，这些事故造成了 1990 亿美元的损失，占机动车事故造成的总体社会伤害的 23%。超过 90% 的这些损失发生在涉及血液酒精浓度（Blood Alcohol Concentration，BAC）为 0.08 或更高的醉酒驾驶人的撞车事故中。

- *超速驾驶*——2010 年，超过规定限速行驶或速度过快情况下的撞车事故造成的经济损失占总经济损失的 21%，造成全美 590 亿美元的损失，人均损失 191 美元。包括生活质量下降在内，这些事故造成了 2100 亿美元的损失，占机动车事故造成的总体社会伤害的 24%。
- *分心*——2010 年，由驾驶人分心造成的事故占经济总损失的 17%，造成了全美 460 亿美元的损失，人均损失 148 美元。包括生活质量下降在内，这些事故造成了 1290 亿美元的损失，占机动车事故造成的总体社会伤害的 15%。
- *行人和骑自行车者*——2010 年，行人和骑自行车的人的交通事故造成的经济损失占总经济损失的 7%，给美国造成了 190 亿美元的损失。包括生活质量下降在内，这些事故造成了 900 亿美元的损失，占机动车事故造成的总体社会伤害的 10%。
- *安全带*——安全带的使用避免了 690 亿美元的医疗费用、生产力损失和其他与伤害相关的成本。2010 年，未系安全带的人所造成的可预防的死亡和伤害占经济损失总额的 5%，给美国造成了 140 亿美元的损失。包括生活质量下降在内，不系安全带造成了 720 亿美元的损失，占机动车事故造成的总体社会伤害的 8%。

从表 23-1 中可以看出，摩托车手和行人、骑自行车者以及其他非机动车乘客（包括机动车驾驶人和乘客）的死亡人数增加是一个令人担忧的统计趋势。特别是在 10 年期间，摩托车手的死亡人数增加了 16%。2013 年，有关摩托车手死亡的一些统计数据包括：①43% 的摩托车手的死亡发生在单车事故中；②在没有头盔法的州中，未戴头盔的摩托车手的死亡人数是有头盔法的州的 11 倍；③发生致命事故的摩托车手中，有 27% 的血液酒精含量为 0.08 或更高；④25% 的致命事故中，摩托车手的驾驶执照不当（NHTSA，2015）。

行人死亡情况类似：①34%（16 岁或以上）的死亡人数的血液酒精含量为 0.08 或更高；②死亡人数最高的年龄组是 45~54 岁；③68% 的死亡发生在城市地区；④31% 的死亡发生在交叉路口；⑤70% 的死亡发生在夜间；⑥69% 的死亡人数为男性。

对于丧生的骑自行车者来说：①20%（16 岁或以上）的死亡人数的血液酒精含量为 0.08 或更高；②平均年龄为 44 岁；③73% 的死亡发生在城市地区；④43% 的死亡发生在交叉路口；⑤56% 的死亡发生在下午 3 点和午夜之间（注：行人车辆和自行车车祸是指其与机动车相撞的车祸……在大都市地区，行人与自行车相撞的事故数量近年来呈上升趋势）。

表 23-1 按类型划分的美国交通事故死亡人数

类型	2004 年死亡人数/人	2013 年死亡人数/人	变化率（%）
客车乘客	19192	11977	-38
轻型货车乘客	12674	9155	-28
摩托车手	4028	4668	+16
行人、骑自行车者和其他非乘客	5532	5668	+2
总计	41426	31468	-24

来源：NHTSA，2015

表 23-2 和表 23-3 分别展示了 2001—2011 年按公共交通类型划分的死亡人数和受伤人数。从表中可以看出，死亡人数最多的是通勤铁路，而受伤人数最多的是公共汽车。

表 23-2 按公共交通类型划分的美国交通事故死亡人数（2001—2011 年）（单位：人）

交通方式	2001 年	2002 年	2003 年	2004 年	2005 年	2006 年	2007 年	2008 年	2009 年	2010 年	2011 年
自动导轨	0	0	0	1	3	0	1	0	0	1	0
通勤铁路	87	116	77	86	105	85	124	93	66	97	97
需求响应型公共交通系统	5	0	4	0	8	7	8	5	2	4	1
重轨	59	73	49	59	35	23	32	61	78	87	81
轻轨	21	13	17	22	19	17	32	14	25	21	25
电动公共汽车	95	78	87	77	66	94	90	67	48	68	64
通勤车	0	0	0	3	0	1	1	0	4	1	0

来源：U.S. DOT, Federal Transit Administration, http://transit-safety.fta.dot.gov/Data/samis/default.aspx?ReportID=2

表 23-3 按公共交通类型划分的美国交通事故受伤人数（2001—2011 年） （单位：人）

交通方式	2001 年	2002 年	2003 年	2004 年	2005 年	2006 年	2007 年	2008 年	2009 年	2010 年	2011 年
自动导轨	36	28	29	15	2	19	11	17	33	89	104
通勤铁路	1813	1483	1597	1364	1672	1426	1548	1700	1808	1928	1811
需求响应型公共交通系统	1374	347	401	296	447	553	553	703	1012	524	599
重轨	10641	4806	4158	4738	3814	4721	4789	7030	5706	7024	4731
轻轨	1201	557	539	633	618	659	838	956	840	731	601
电动公共汽车	38840	11995	11493	11898	11560	11812	12859	12796	11863	13089	12585
通勤车	40	44	18	38	18	48	27	20	44	33	10

来源：U.S. DOT, Federal Transit Administration, http://transit-safety.fta.dot.gov/Data/samis/default.aspx?ReportID=2

在过去的20年中，改善美国道路安全的主要重点和承诺一直在于提高车辆的抗撞能力和改变驾驶人的行为。然而，如图23-1所示，这些策略的有效性似乎已经趋于平稳。同样，许多道路改进措施都集中在现代化高速公路的匝道和交叉路口以提高安全性，从而带来更好的交通流量和更高的交通量。这些反过来又会抵消安全利益。由此可以提出一个问题：可以采取哪些措施来提高交通系统的安全性？

23.3 美国的体制和政策框架

1966 年，美国有 50894 人死于机动车碰撞事故，死亡率为每 1 亿 VMT 5.5 人。如果不采取任何措施解决这一问题，按照假设历史增长率，那么到今天，公路死亡人数将增加到每年 10 万多人。但是，过去 40 年来，联邦政府和各州一直积极致力于减少全国高速公路的死亡人数。长期以来，安全一直是公路项目开发的主要重点，也是公路投资的考虑因素。然而，其作为国家交通政策组成部分的作用和意义随着时间的推移而发生了变化，具体见表 23-4 和以下各段所述。

表 23-4 重要的美国道路安全法规

联邦立法	年份	重要的道路安全特征
公路安全法案	1966	·创建了联邦公路管理局（FHWA）安全补助计划 ·由美国交通部（U.S. DOT）批准的州高速公路安全计划 ·创建了国家公路交通安全管理局（NHTSA） ·包括骑行/步行安全、执法等具体举措
公路安全法案	1973	·建立了从工程角度改善道路安全的方法 ·要求进行危险场所调查、影响因素分析、缓解措施的收益/成本分析以及项目优先级排序 ·通过在 1979 年建立公路安全改进计划（Highway Safety Improvement Program，HSIP），扩展了方法
联运地面交通效率法案（Intermodal Surface Transportation Efficiency Act，ISTEA）	1991	·所需的规划过程，重点是州交通部（DOT）-都市规划组织（MPO）的协调 ·包括系统维护、施工、保养、机动性和环境保护 ·要求的管理系统，包括安全，但该要求后来被撤销
国家公路系统指定法案	1995	·实现了管理系统的可选性
21 世纪交通衡平法案	1998	·要求 DOT 和 MPO 将安全和安保结合起来作为优先规划因素 ·促成了安全意识规划（SCP）倡议的发展
安全、尽责、灵活、高效运输衡平法：用户权益（Safe, Accountable, Flexible, Efficient Transportation Equity Act: A Legacy for Users，SAFETEA-LU）	2005	·将安全和安保分开作为规划因素 ·将安全作为核心资助项目 ·在战略性公路安全规划（Strategic Highway Safety Plan，SHSP）和交通规划过程之间建立了牢固的联系 ·要求各州制订和实施战略性公路安全规划

(续)

联邦立法	年份	重要的道路安全特征
迈向21世纪进程（Moving Ahead for Progress in the 21st Century Act, MAP-21）	2012	·需要定期更新战略性公路安全规划 ·部长将制订措施，各州将设定伤亡人数（以及每VMT伤亡人数）的目标 ·各州应该： 　◆使用安全数据系统进行安全问题的识别和对策分析 　◆确定危险的位置、区域和元素 　◆确定这些位置的相对严重程度 　◆根据州的位置确定所有公共道路上的死亡和重伤人数 　◆考虑哪些项目可以最大限度地提高安全性 ·采用战略性和基于性能的目标： 　◆解决交通安全问题，包括行为和基础设施问题以及所有公共道路上的机遇 　◆将资源集中在最需要的区域，并与其他州公路安全计划进行协调 　◆确定优先级 　◆制订并实施公路安全改进项目时间表 　■建立由SHSP驱动的评估流程 　■扩展SHSP的参与者列表
修复美国地面运输法案（Fixing America's Surface Transportation Act, FAST）	2015	·对交通规划和安全之间关系的影响很小 ·为客运和货运铁路安全项目建立了新的竞争性赠款计划 ·通过加强对城市地区的监督，加强各州的问责制，以确保轨道交通安全性能 ·允许在重大灾害和紧急情况下灵活地运输危险物料，以提高执行应急响应和救济行动的能力

《公路安全法案》（1966年）

1966年的《公路安全法案》确立了解决公路安全问题的新方法。该法案建立了联邦公路安全补助计划，并由每个州的州长负责该计划的管理。指示州长任命一名州长的公路安全代表（GR）来管理该计划。资金是根据《美国法典》第402条提供的，该条款成为州公路安全计划的基本组成部分。美国交通部长负责批准这些计划。为了监督该计划，国会在美国交通部（U.S. DOT）内创建了国家公路交通安全管理局（NHTSA）。

实际上，1966年《公路安全法案》使联邦政府在公路安全方面处于领导地位，但它却将公路安全计划的实际实施交由各州执行，这种关系一直持续到今天。自1966年以来，国会对联邦公路安全计划进行了多次修订，增加了新的奖励金、处罚和制裁措施。随着时间的推移，一些修订要求安全计划需考虑到驾驶人和行人安全、骑行者安全、超速、乘员保护装置、受酒精或管制物质影响的驾驶人、摩托车、校车、执法服务以及碰撞数据收集和报告等因素。然而，该法案没有明确说明在全州或大都市交通规划过程中应如何考虑安全性，也没有建议制订符合第402条的州公路安全计划，可以通过在更广泛的交通规划过程中解决公路安全问题来消除。这些NHTSA安全规划要求仍然有效，尽管联邦交通立法《安全、尽责、灵活、高效运输衡平法：用户权益》（SAFETEA-LU）要求各州制订战略性公路安全计划。

《公路安全法案》（1973年）

1973年的《公路安全法案》制订了附加的安全计划，通过解决高事故发生地点的问题来减少公路相关事故的数量和严重性。要求各州对所有危险地点进行调查，研究在这些地点发生事故的原因，对拟议的缓解措施进行收益/成本分析，并确定改进措施的优先次序。这种方法在很大程度上是关于如何改善道路安全性的面向工程的观点。1979年，联邦公路管理局（FHWA）在建立公路安全改进计划（HSIP）的过程中建立了这种方法。该计划为选择需要安全改进地点提供了依据。HSIP的目的是帮助制定政策，以便在各州制订和实施全面的公路安全计划。其确定了3个主要的组成部分：计划、实施和评估。

《联运地面交通效率法案》（1991年）

在许多方面，《联运地面交通效率法案》（ISTEA）是基准立法，改变了联邦运输政策的重点。特别是，它使系统性保护以及机动性和环境保护成为联邦政策最重要的目标之一。投资于交通运输的目标是建立一个安全、便捷、可达的交通系统，该系统同时可以保护人类和自然环境。

ISTEA 需要考虑全州范围交通规划（STP）的 23 个规划因素和大都市规划的 16 个规划因素，包括人员和货物的机动性和可达性、系统性能、保护、环境和生活质量等。然而，此法案的任何地方都没有提到或规定安全问题。ISTEA 还要求各州制订和实施 6 项管理体系，包括一套安全管理体系。但是，此要求并非强制的，除交通管理中的拥堵管理系统外，根据 1995 年《国家公路系统指定法案》，州政府可自行酌情决定。

当时，公路安全管理系统（Safety Management System，SMS）被设想为识别各州安全项目并确定其优先级的过程。全面的碰撞数据库将作为这些决策的基础，而且应定义安全性能指标并将其用于监视一段时间内的安全进程。SMS 过程还将包括一个基础广泛的安全利益相关者联盟。实际上，大多数 SMS 活动只是为了构建事故数据库而设计的，这些事故数据库使交通人员可以识别高事故地点。另外，在联邦政府取消了 SMS 的要求之后，极少数州维持和扩展了安全管理体系，或者继续与其他对公路安全感兴趣的组织进行合作。

《21 世纪交通衡平法案》（1998 年）

尽管 ISTEA 要求各州制订和维护交通规划过程，但《21 世纪交通衡平法案》（TEA-21）更加关注特定问题。这两项法案的重点都在于鼓励州级规划与大都市规划之间的协调。此外，TEA-21 确定了 2 个规划过程都将考虑的 7 个优先规划因素。在 TEA-21 之前，安全性可能已被纳入州长途交通规划的愿景或目标中，但是提高州级安全性的具体策略却很少包含在全州和都市规划过程或文档中。TEA-21 首次要求州 DOT 和 MPO 将安全/安保作为其交通规划流程和活动的优先考虑因素。

将安全融入交通规划被称为安全意识规划（SCP）（Herbel，2001）。其目标是防止机动车和非机动车与出行者相关的交通事故而造成的人员和经济损失。SCP 鼓励州和地方交通规划人员与有关公路安全、数据管理和分析、商用车辆安全以及其他领域的官员合作，将安全问题列为所有交通规划和项目中的关键问题。

《安全、尽责、灵活、高效运输衡平法：用户权益》（2005 年）

《安全、尽责、灵活、高效运输衡平法：用户权益》（SAFETEA-LU）将安全和安保分为单独的规划因素。在 2001 年 9 月 11 日的恐怖袭击之前，安保问题一直是在联邦层面上解决的，主要是通过机场安保、公交驾驶人的安保，以及（在较小程度上）公交系统乘客的人身安保等措施实现的。9.11 之后，这一问题的影响显著扩大，桥梁、隧道、机场和其他设施的安全性成为更大的公共政策问题。由于 2005 年 9 月卡特里娜飓风的影响，疏散规划作为一个安保问题也变得更加紧迫，尤其是针对行动不便的居民或没有汽车的居民的疏散规划。

在安全方面，SAFETEA-LU 要求每个州制订和实施战略性公路安全规划（SHSP），作为 HSIP 要求的一部分。这些规划的内容要求、必须参与的利益相关者以及合格的资助类别都非常具体，其中，合格的资助类别大幅扩大（表 23-5）。

从许多方面来看，SHSP 的要求和 SAFETEA-LU 新的、灵活的安全资金来源既加强了 SCP 的过程和目标，也加强了 ISTEA 最初的 SMS 要求。这些规划将以数据分析为基础，并与众多利益相关者合作制订。重要的是，各州必须有一个 SHSP 才能利用新的和扩展的安全资金计划。同样，新的和扩大的安全专用资金计划（上学的安全路线、乡村道路等）要求通过这些计划资助的基础设施投资与执法和/或教育策略相协调。

SAFETEA-LU 的一些与安全相关的具体要求，要求各州：

- 考虑州、地区或当地交通和公路安全规划过程的结果。
- 配备能够在所有公共道路上进行安全问题识别和对策分析的事故数据系统。SAFETEA-LU 还要求各州提高其交通记录数据收集、分析以及与其他安全数据源整合的能力。
- 分析并有效利用州、地区或本地事故数据。
- 在与广泛的利益相关者协商后，制订和实施 SHSP，包括州长的公路安全代表、MPOs、主要运输方式的代表、交通执法官员、道路救援代表、机动车运输安全代表和机动车管理机构。
- 制订战略和性能目标，以解决所有公共道路上的交通安全问题（包括行为和基础设施问题与机遇）；这些目标必须将资源集中在最需要的领域，并与其他州立公路安全计划进行协调。
- 制订 SHSP，将公路安全的工程、管理、运营、教育、执法和紧急服务要素（包括集成的、可互操作的应急通信）作为评估公路项目的关键因素。HSIP 仍然是为此类战略提供资金的手段。
- 确定通过事故数据分析确定的危险道路位置、路段和要素（包括铁路与公路的交叉口改善）的校正重点。

表 23-5　战略性公路安全规划要求

过程和内容	参与者	合格的资助项目
·使用不同类型的事故数据 ·建立事故数据系统以识别问题并分析对策 ·强调工程、管理、运营、教育、执法和紧急医疗服务等方面的要素 ·确定危险场所、区域和要素；建立指示这些位置的相对碰撞严重程度的标准 ·通过战略和基于性能目标来解决广泛的安全改进（包括行为改进）问题，将资源集中在最需要的领域，并与其他公路安全规划进行协调 ·提高州的交通记录数据收集、分析能力以及与其他安全数据源整合的能力，包括所有公共道路的信息 ·考虑州、地区和当地交通与公路安全规划过程的结果 ·为高危险场所、路段和要素设置纠正措施的优先级 ·确定防止新的危险场所发展的机会 ·建立评估程序，以评估 HSIP 取得的成果 ·制订与 STIP 一致的项目规划 ·寻求州长或适当的州机构的批准	·州交通部 ·国家公路安全局 ·区域交通规划组织和 MPO ·主要交通方式的经营者 ·州和地方交通执法人员 ·负责管理联邦铁路平交道口规划的人员 ·道路救援 ·州 MCSAP 管理员 ·州机动车辆管理员 ·主要的州和地方利益相关者	·改善路口安全性 ·人行道和路肩加宽（包括行车道） ·不影响骑自行车者的隆声带或其他警告装置 ·提高行人和残疾人安全性的设备 ·交叉口或高碰撞位置的防滑表面 ·骑行者或行人安全性或残障人士的安全性 ·消除铁路道口的危险（包括隔离） ·铁路 - 公路平交道口（包括防护装置） ·在铁路 - 公路平交道口实施交通执法 ·交通稳静化 ·消除路旁障碍物 ·高速公路标志或路面标记 ·应急车辆信号交叉口的优先控制系统 ·在高事故地点的交通控制或其他警告设备 ·收集和分析事故数据 ·规划应急通信 ·工作区的运营改进或交通执法活动 ·安装护栏 ·安全栅和碰撞衰减器 ·消除或减少涉及野生动物事故的结构或其他措施 ·在人行横道/自行车道口和学校区域安装、维护和建造标志 ·高风险乡村公路的建设和运营改善 ·任何公共道路或公共自行车、人行道或步道上的改善项目

来源：Safe, Accountable, Flexible, Efficient Transportation Equity Act: A Legacy forUsers, Section 148 from Public Law 109-59, Title 6, U.S. Code.

《迈向 21 世纪进程法案》(2012)

《迈向 21 世纪进程法案》(MAP-21) 的关键条款之一是在州和地区投资决策中引入了基于性能的计划和决策。根据该项法律，各州将为重伤和死亡人数以及两者的每车出行里程设定目标。如果未在实现其安全目标方面取得进展，则该州必须将其公式拨款的一部分用于安全计划，并就该州如何在实现性能目标方面取得进展提出年度实施计划。MAP-21 还要求各州在老年驾驶人和行人的人均伤亡人数增加的情况下，纳入以老年驾驶人和行人为重点的战略（FHWA, 2012）。一个州的 SHSP 需要定期更新，行为安全计划（例如安全带合规资金）和 SHSP 之间必须有明确的联系。

对于公共交通，FTA 被要求发布国家公共交通安全计划，其中应包括所有公共交通方式的安全性能标准，以及不受其他联邦机构监管的车辆的最低安全性能标准。每个 FTA 资助的对象还必须有一份全面的机构安全计划，其中至少应包括识别和评估安全风险的方法、将危害和不安全状况的暴露降至最低的策略、员工安全培训计划，以及国家安全计划中制订的安全性能标准和良好维修状态标准的性能目标。MAP-21 还要求 FTA 建立一个监视和管理公共交通资产的系统，以提高安全性、可靠性和性能。

所有 FTA 受赠方都必须制订公交资产管理计划，其中至少应包括当前资本资产清单和状况评估以及投资优先级。还要求公交机构建立和使用资产管理系统来编制其资本资产清单和状况评估，并报告其系统的整体状况，说明自上次报告以来的状况变化（参见第 8 章"资产管理"）。

联邦安全法规的发展伴随着各种术语来描述机构规划和决策中考虑安全性的过程。在过去的几十年中，人们使用了各种各样的术语，例如"安全意识规划"（Herbel, 2001）和"安全集成"。随着 SAFETEA-LU 的通过，交通安全规划一词开始不仅包括传统的交通规划过程，还包括 SHSP 的开发。本章一致使用交通安全规划

（TSP）来描述通过开发 SHSP 进行的过程，从而在交通规划中明确解决安全问题。

23.4 为交通安全规划奠定基础

安全需要在规划决策中发挥更大、更突出的作用。这将有助于弥合安全项目实施的工程方面与整体安全规划的其他更多行为方面之间的差距。美国各州通常将与安全相关的职责分散在多个职能机构之间。例如，解决药物滥用问题的规划不是由州 DOT 管理，而是通常由专注于健康和公共服务的机构管理。另外，要使有障碍的驾驶人上路，需要执法部门（设在其他地方、州和保留地机构中）、法院系统（还有其他机构）和提供治疗的机构之间进行协调。跨机构的协调要比机构内的协调复杂得多，它包括诸如任务多样化、数据不一致、预算周期不同以及对资金资格的限制等问题。

规划过程需要对项目进行优先排序，从而确定州或地区投资计划的总体方向。在几乎所有的情况下，道路项目的设计和实施都是独立于其他安全措施（如执法和教育）的。规划过程解决了州和地方决策者各种重要的问题，如交通拥堵、货运、安全、运输、空气质量、系统保护等。通常，安全性是此规划过程的最初目标和愿景组成部分的一部分，但没有系统地将其纳入后续步骤中。导致这一现象的原因有很多，其中包括缺乏证明安全问题的数据以及评估安全替代方案的工具和技术不足，例如，交通规划人员如何预测未来 25 年的安全问题？

要成功地将安全问题整合到交通规划过程中，并最终整合到决策过程中，就需要改变交通组织的定位和业务流程。有许多方法可以实现这一目标，其中之一就是创建一个"保护伞"办公室，以协调组织各个部门的安全活动。该策略的其他关键要素是培训和提高整个组织中安全数据的可访问性。

当前，大多数州交通部和区域规划组织会确定高危位置并确定其优先级，并在资源可用时实施适当的解决方案，但这是一种被动的方法。TSP 通过具有以下几个特征的过程来解决此问题：

- TSP 是一种*主动的*方法，它不仅可以解决事故高发地的问题，还可以在问题发生之前进行预防。
- 它是*领导层驱动*的，并得到高层管理人员的承诺以及专用于其开发和实施的资源。强大而坚定的领导力是有效安全计划的前提。经验表明，必须有一位安全领袖来保持流程的向前发展。需要一个人（最好是专职人员）来识别和提供诸如数据、研究和其他信息之类的项目；执订计划议程；协助并记录会议和决定；跟踪进度；应对挑战。
- 这是一个*协作*过程，将 DOT、MPO、乡村计划机构、区议会、交通机构、公路安全从业人员和倡导者、机动车运输安全专业人员、应急响应和执法部门召集在一起。民选官员、公众和其他专业社区也需要参与此过程。在州一级，TSP 包括州 DOT、州长公路安全代表、州机动车运输安全主管、负责管理危害消除和铁路平交道口安全规定的人员、州和地方执法部门以及其他州和当地的安全利益相关者。在地方层面，TSP 与已经通过大都市或全州范围的交通规划流程制订出当地交通系统决策的地方决策者和民选官员合作。
- 它是*数据驱动*的，因为数据被用来识别当前问题并寻求适当的解决方案。数据驱动的方法在计划阶段提供了安全问题的文档，并提供了在项目的设计和实施阶段开发响应更快、更有效的解决方案所需的证据。
- 这是一个*全面综合*的方法，因为它包括交通安全工程、教育、公众意识、执法和紧急医疗服务的所有方面。它超越了传统的热点分析，并着眼于通道和系统范围的评估。它也是多模式的，并结合了与公共交通和非机动车辆用户（例如行人和骑自行车的人）有关的策略。
- 有效的 TSP 从一开始就注重*实施*，因为它考虑的许多策略都需要仔细考虑成功实施所需的步骤。作为一个合并的过程，TSP 将安全性的硬性方面（基础结构）与软性方面（行为）结合在一起，以开发一套从已建立的决策框架和过程中受益的更全面的策略。

23.5 将安全要素纳入交通规划

图 1-1（请参阅第 1 章）介绍了一种通用的交通规划流程，该流程用于描述在规划过程的每个步骤中如何考

虑安全性。特别是，可以将安全问题纳入以下主要步骤：
- 步骤1：与交通和安全利益相关者建立多学科协调。
- 步骤2：将安全性纳入愿景、目标和目的。
- 步骤3：制订安全性能指标和措施。
- 步骤4：收集和分析事故数据。
- 步骤5：分析和评估交通安全。
- 步骤6：将安全性作为决定因素。
- 步骤7：将安全性纳入规划过程和文件。

有关每个步骤的更多详细信息，请参见NCHRP报告546（Washington et al., 2006）。以下各节将简要介绍每个步骤。

23.5.1 与交通和安全利益相关者建立多学科协调

改善交通系统的安全性需要许多不同团体和组织的参与。特别是，安全和交通规划社区之间需要建立伙伴关系，以支持在货运规划中继续注重安全问题。在工作中处理安全问题的安全专家和模型专家可以为规划文件中的安全性考虑做出重要贡献。

安全规划方面的成功合作没有单一的方法。鉴于在大多数州和都市地区存在不同的体制结构、机构互动的历史和政治影响，这并不奇怪。然而，世界各地都有这种伙伴关系取得成功的例子。例如，对澳大利亚维多利亚州的安全措施进行的一项研究发现，以下制度因素使州政府机构能够大幅减少道路死亡人数：

- 基于立法和执法干预措施的成功历史有助于树立采取行动的政治意愿。
- 在每个政府机构中，交通安全研究团体与决策者之间都存在牢固的关系，从而促进了循证规划和目标设定。
- 这些关系不仅有助于创建合理的数据集，而且更重要的是，有助于形成一种对干预措施进行常规科学评估的氛围。
- 对交通安全进行广泛的公众教育有助于营造一种社区关注的道路安全氛围，并为有效的干预措施提供支持。
- 媒体历来支持有效的干预措施，从而进一步促进了采取行动的政治意愿（Washington et al., 2006）。

尽管维多利亚州（属澳大利亚）的政府机构与其他类似的政府部门不同，但这些成功的经验教训值得在几乎任何政府机构中得到充分的考虑。正如Herbel和Waldhem（2014）所指出的，促进多学科合作的一些机会包括"建立交通安全委员会；建立一个特设安全委员会，以在长期交通规划更新或项目选择期间召开会议；任命安全代表参加已成立的委员会，如技术咨询委员会或自行车和行人委员会；在不连续的规划活动（如通道计划）中确定并包括安全专家。"

参见TCRP报告106——《从握手到契约：促进协作、多模式决策的指导》，以获取有关协作成功因素的更多指导（Campbell et al., 2005）。

23.5.2 将安全性纳入愿景、目标和目的

为什么愿景很重要？如果负责运输和安全的机构的愿景/任务声明中未包含安全性，则不太可能在此过程的后期反映出来。每个规划过程（不仅是交通）都以某种形式的愿景开始。未来社区的期望特征是什么？交通如何适应这一愿景？愿景可能只是对所需最终状态的概括性说明，但它为其他规划过程提供了指导。

最近，在许多国家、州和省政府都采取了"迈向零死亡"的愿景。正如美国国家交通组织联盟指出的那样："国家战略远景是通过持续甚至加速减少与交通相关的伤亡，建立一个没有伤亡事故的公路系统。安全组织和专业人士认同这一愿景，并同意积极致力于实现其管辖权或他们关注的安全问题的中间目标"（Toward Zero Deaths, 2014）。

> **愿景声明示例**
>
> "新的 OTP 提升了安全问题的地位，从而更好地反映了 ODOT 的立场，即安全是我们的第一要务。结果是，OTC 采取了引人注目的步骤，在交通系统的所有管理层面注入了安全性讨论。将安全系统整合到俄勒冈州未来的交通系统中是一项挑战"（Oregon DOT，2011）。
>
> "夏延地区 TSMP 的任务是消除与交通有关的可预防的伤亡"（Cheyenne MPO，2008）。
>
> "实现道路零死亡目标"（South Central Planning and Development Commission，2013）。
>
> "零死亡–零伤害"（Maricopa Association of Governments，2015）。

制订愿景声明的过程通常包括许多不同的利益相关者，这是向重要利益相关者和决策者解释安全重要性的重要机会。通常，如前所述，用于理解问题的数据收集和分析工作成为定义安全愿景过程的一部分。

至少要有一个目的、几个目标和系统性能指标来解决交通规划过程中的安全问题。性能指标通常与减少事故、死亡和伤害以及与减少这些事故相关的资金节省最为相关。特定类别的事故的减少可以用作衡量特定方案有效性的性能指标。例如，针对不良驾驶的教育和执法计划可以通过减少与酒精有关的交通事故和死亡人数来衡量。使用性能指标来衡量进展并挑战交通事故是不可避免的这一观念是极其重要的。以下是一些目的、目标和性能指标的例子。

在最新的区域交通规划中，底特律地区的都市规划组织（MPO）——密歇根州东南政府委员会（SEMOCOG）确定了一套指导规划和后续行动的原则（SEMCOG，2013）。安全原则是"建立更安全的交通系统"，其后的行动如下：

- 提高所有模式下所有用户的安全性。
- 维护事故数据库，以用于区域和本地安全分析。
- 重点关注与其他机构进行分析和协调而得出的重点领域，以此作为提高安全性的有效方法。
- 确定并寻求资金来改善交通基础设施以提高安全性。
- 通过事件管理计划促进协调的应急响应。
- 将区域战略性公路安全规划（SHSP）的未来建议纳入区域交通规划。
- 促进和协调有关人员教育和市场安全的计划。
- 解决环境公正人群（包括老年人或残障人士）的安全需求。
- 促进审计服务的使用并协助成员使用（例如，道路安全、可步行、可骑自行车），以通过低成本改进减少撞车事故。
- 支持适当的教育和执法活动，以提高安全性。这包括为必要的立法举措积累知识，支持执法人员的相关专业发展，以及教育司法部门的成员经常减少收费的后果。

根据联邦政府对交通规划和州 SHSP 的要求，越来越多的规划将州 SHSP 的重点领域作为区域交通规划的目标。例如，在西雅图，普吉特海湾地区议会（PSRC）在最新的计划更新中表示："该地区明确地将其政策和规划方向与该州的零目标规划保持一致。该规划集中在 5 个关键领域：①驾驶人行为；②其他交通参与者（行人、自行车、摩托车和货运）；③道路改善；④紧急医疗服务；⑤交通管理。该地区支持该州的"零目标"规划，并将每年审核普吉特海湾中部地区的可用安全数据，并制订最能为该州的总体目标做出贡献的区域规划方向"（PSRC，2010）。

在 SHSP 和交通规划之间建立这种联系的另一个示例来自凤凰城 MPO，该规划明确显示了大城市地区的交通安全规划如何加强或取决于该州的安全规划。然后，MPO 的规划确定了该地区可以采取的提高交通安全性的众多措施。有趣的是，MPO 安全规划还建议："鼓励提交包含安全要素的 TIP 项目，以提高所有模式的安全性，方法是将安全性作为所有 TIP 项目明确的项目评估标准，这些项目目前有评估标准作为确定项目清单优先顺序的手段。这种做法的例外情况是那些通过 MAG TIP 资助的交通维护和运营计划"（Maricopa Association of Governments, 2015)。

换言之，MPO规划的每个项目都应考虑安全问题。关于SHSP，MPO采用适合该地区的重点领域可能更为合适。

图23-4说明了一个非常重要的概念，用于将安全问题整合到交通机构的规划和决策过程中。该图来自明尼苏达州交通部（MnDOT），该机构被认为是基于性能规划的全国领导者（MnDOT，2003）。就安全性而言，已经在DOT的各个级别上建立了相互关联的目标。这种等级制度是确保实施规划建议和对负责实施的人员负责的重要基础。例如，国家层面的安全目标是减少死亡人数。MnDOT的区域办事处将通过减少高事故地点的数量来实现这一目标。各区的商业规划目标是更换道路标线，以确保其对驾驶人可见。各地区的运营单位将通过调整碰撞记录表明需要进行修改的位置的信号相位，为总体安全目标做出贡献。

23.5.3 制订安全性能指标和措施

正如之前关于立法的讨论中提到，交通安全规划（以及所有联邦政府支持的规划）的一个主要变化发生在2012年的MAP-21中，当时要求将安全性能指标作为交通规划和决策过程的一部分，如图23-4所示。

MAP-21要求州DOT和MPO跟踪4项安全性能指标，包括死亡和重伤的数量和比率（每10万VMT）。但是，国家公路交通安全管理局（NHTSA）和州长公路安全协会（GHSA）制订了自己的性能指标清单（必须由州报告），其中包括10个核心成果指标，1个核心行为指标和3个活动指标。这些措施如下：

核心*成果*指标——各州将制订目标并报告以下方面的进展：

- 交通事故死亡人数（来自死亡事故报告系统，FARS）：鼓励各州酌情报告3年或5年的移运平均数（当年度计数足够小，随机波动可能会掩盖趋势时）。此评论适用于所有致命措施。
- 交通事故中严重受伤的人数（州事故数据文件）。
- 每VMT的死亡人数（FARS，FHWA）：各州应为每VMT的总死亡人数设定目标；各州应报告每VMT的城乡死亡人数以及总死亡人数。
- 所有座位位置未系安全带的乘员死亡人数（FARS）。
- 血液酒精浓度（BAC）为0.08或以上的驾驶人或摩托车驾驶者的交通事故死亡人数（FARS）。
- 与超速驾驶有关的死亡人数（FARS）。
- 摩托车驾驶者死亡人数（FARS）。
- 未戴头盔的摩托车驾驶者死亡人数（FARS）。
- 发生致命交通事故的20岁或20岁以下的驾驶人人数（FARS）。
- 行人死亡人数（FARS）。

核心*行为*指标——各州将设定目标并报告进展情况：

- 观察到的乘用车、前排座椅外侧乘客的安全带使用情况（调查）。

*活动*措施——各州将报告以下方面的进展：

- 在补助金资助的执法活动（补助金活动报告）期间发布的安全带引用数量。
- 在补助金资助的执法活动（补助金活动报告）期间因驾驶不当而被捕的人数。
- 在补助金资助的执法活动（补助金活动报告）期间发出的超速罚单数量。

表23-6展示了许多不同类型的安全问题可以考虑的潜在性能指标。Herbel et al.（2008）找到了有关如何在

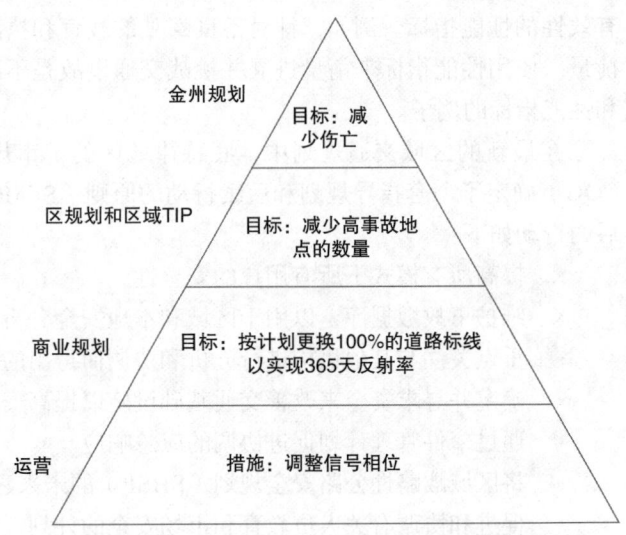

图23-4　明尼苏达州DOT的安全目标和目标层次结构

来源：MnDOT，2003

交通安全规划中使用安全性能指标的其他信息。

表 23-6　与安全相关的规划的可能性能指标

与碰撞事故数量相关的性能指标：
- 报告的事故总数
- 死亡人数
- 重伤事故的数量
- 轻伤事故数量
- 受伤事故数
- 仅财产损失的事故数量
- 在特定条件下发生的碰撞次数（例如，正面、追尾、侧击、一定角度、侧翻、闯红灯、非公路、行人、自行车、摩托车、学校、铁路交叉口、乡村、城市、交叉路口、白天、夜晚、潮湿、冰雪等）
- 道路施工区的交通事故数
- 按年龄、性别、种族划分的交通事故数量

标准化事故率性能指标：
- 每 VMT、PMT 的交通事故数量
- 人均或每 10 万人口的交通事故数量
- 每 10 亿 VMT 的死亡率
- 每 10 万人的行人死亡率
- 每 10 万人的骑行者死亡率
- 每 1 亿 VMT 的商用车碰撞事故率
- 每个有驾照的驾驶人的交通事故数量
- 每辆进入车辆（交叉路口）的交通事故数量
- 单位时间（月、年等）的交通事故数量

单位成本和成本效益：
- 每个事件的成本
- 因酒后驾车导致的交通事故赔偿
- 净区改善与非公路碰撞伤害的费用
- 每项活动的成本
- 每位处理酒驾涉案人员的费用
- 清除局部地区障碍物和保护局部地区的费用
- 事故减少带来的货币价值

与酒精和药物相关的事故：
- BAC 为 0.02 或更高的 15~20 岁驾驶人导致的致命和伤害交通事故的数量
- 涉及酒驾/毒品相关事故的 16~21 岁的年轻驾驶人人数
- 涉及 DWI/毒品相关事故的 16~34 岁男性驾驶人人数

其他性能指标：
- 驾驶人的事故率
- 按年龄段划分的每 10000 个有驾照驾驶人的车祸次数
- 按年龄划分的发生碰撞的驾驶人人数
- 发生碰撞的驾驶人的性别
- 速度是一个重要因素
- 涉及交通事故的驾驶人的约束装置的使用
- 所有驾驶人的约束装置的使用
- 所有非驾驶人的约束装置的使用
- 儿童安全座椅的使用（使用、未使用和正确使用）
- EMS 响应时间
- 手机的使用
- 执法传票（超速驾驶、激进驾驶、违反交通法规等）

MPO 安全性能指标的 2 个例子来自得克萨斯州的休斯顿和内华达州的瓦肖县。休斯顿大都市区的 MPO——休斯顿-加尔维斯顿地区委员会（H-GAC）将交通安全确定为其首要规划目标（HGAC，2014）。相应的性能指标包括：每 1 亿车辆出行里程（VMT）的交通事故数、每 10 万 VMT 的公共汽车事故、每 10 万 VMT 的轨道交

通事故、公共铁路交叉口的铁路事故、每1亿VMT的自行车事故率和每100 VMT的行人事故率。

内华达州瓦肖县的地区交通委员会多年来一直在其交通规划中强调交通安全（RTC，2014a）。正如其"2035年区域交通规划"中所指出的那样，"为出行的公众规划和建立安全的多式联运系统是RTC最重要的目标。安全涉及所有类型的出行：驾车、步行、骑自行车和乘坐公共交通工具。RTC致力于创新计划和数据分析、公共教育、跨学科协作、运营和设计，其目标是减少瓦肖县的事故数量和受伤人数"（RTC，2014b）。

为监测实现该目标的进度而确定的性能指标有：①每100000英里服务可预防的交通事故；②事故数和每VMT的事故数；③每VMT的重伤人数；④死亡人数和每VMT的死亡人数；⑤自行车道增加的英里数，完成骑行-步行总体规划的百分比（因为为骑自行车的人提供指定的空间是多式联运安全性的一个重要因素）；⑥增加或改善的人行道的英里数；⑦美国残疾人法案（ADA）过渡计划完成的百分比。此外，该规划还为每个性能指标制订了目标：

- 可预防的交通事故：0（进行中）。
- 事故数和每VMT的事故数：到2020年减少50%。
- 重伤人数：到2020年减少50%。
- 死亡人数和每VMT的死亡人数：0；到2020年减少50%。
- 自行车道增加的英里数和完成规划的百分比：每年实施规划的3%~7%。
- 人行道增加的英里数和完成规划的百分比：每年实施规划的3%~7%。（RTC，2014c）

23.5.4 收集和分析事故数据

一个特定管辖区的安全问题可以用许多不同的方式来定义，而实际上，它往往是许多因素的组合。检查事故数据是理解和阐明安全问题的出发点。这通常是一个反复的过程，首先要查看事故的总数，并特别注意事故的严重性（例如，死亡人数和重伤人数）。下一步通常是使用诸如VMT、进入交叉口的车辆数量等暴露指标来确定碰撞事故率或碰撞事故次数。这一步将导致识别事故高发地点、路段和/或通道（通常被称为"热点"分析）。

现场特定分析的另一种方法被称为"安全性系统方法"。FHWA对系统方法的定义是一种"更广阔的视野，并着眼于整个道路系统的风险。基于系统的方法认识到，事故本身并不总是足以决定采取何种对策，尤其是在事故密度较低的当地和乡村道路上，以及在许多城市地区，尤其是在车辆与易受伤害的道路使用者（行人、自行车手和摩托车手）存在冲突的地区。"从本质上讲，这种方法依赖于识别可能导致事故的风险因素。例如，存在不同类型的中央分隔带；水平曲率、道路边线或提前警告装置；水平曲线和切线速度差；路边或边缘危险等级（可能包括边坡设计）；车道密度可以作为道路网络上高风险位置的指标。随着时间的推移，交通机构可能会努力消除或改善导致这种风险的道路特征。FHWA开发了可用于进行系统安全规划的工具，请参阅（http://safety.fhwa.dot.gov/systemic/resources.htm#tool）。

对于热点分析，一旦确定了事故高发地点，分析人员便开始寻找影响因素，例如，道路状况、驾驶人人口统计信息（年龄、性别等）、环境状况（一天中的时间、一周中的某天、一年中的某月、天气条件等）、行为特征（涉及酒精和使用安全带）和涉及的车辆类型（包括乘用车、大型货车和摩托车）。凤凰城规划区面临的安全挑战示例如图23-5所示，由该地区的都市规划组织——马里科帕政府协会（Maricopa Association of Governments，MAG）编制（MAG，2015）。区域交通事故数据库被称为区域交通安全信息管理系统（Regional Transportation Safety Information Management System，RTSIMS），用于汇总事故数据，主要数据来自州交通部的交通事故数据库。MAG还比较了规划制定者认为可比较的、不同城市的交通事故统计数据和安全支出。

汉普顿公路交通规划组织，即汉普顿公路（弗吉尼亚州）大都市区的MPO，也分析了该地区的安全特征（HRTPO，2013）。图23-6和图23-7所示为作为此分析一部分的数据和信息的类型。根据对这些数据的分析，HRTPO得出以下结论："汉普顿路地区最致命的碰撞事故主要是由少数因素造成的，包括驾驶人在酒后驾驶和超速行驶。许多致命事故涉及多个因素，例如，驾驶人高速行驶、意识不清（受酒精、毒品、处方药影响）不系安全带等。涉及摩托车使用者、骑自行车的人和行人的死亡人数与其出行量相比也非常高"（HRTPO，2013）。

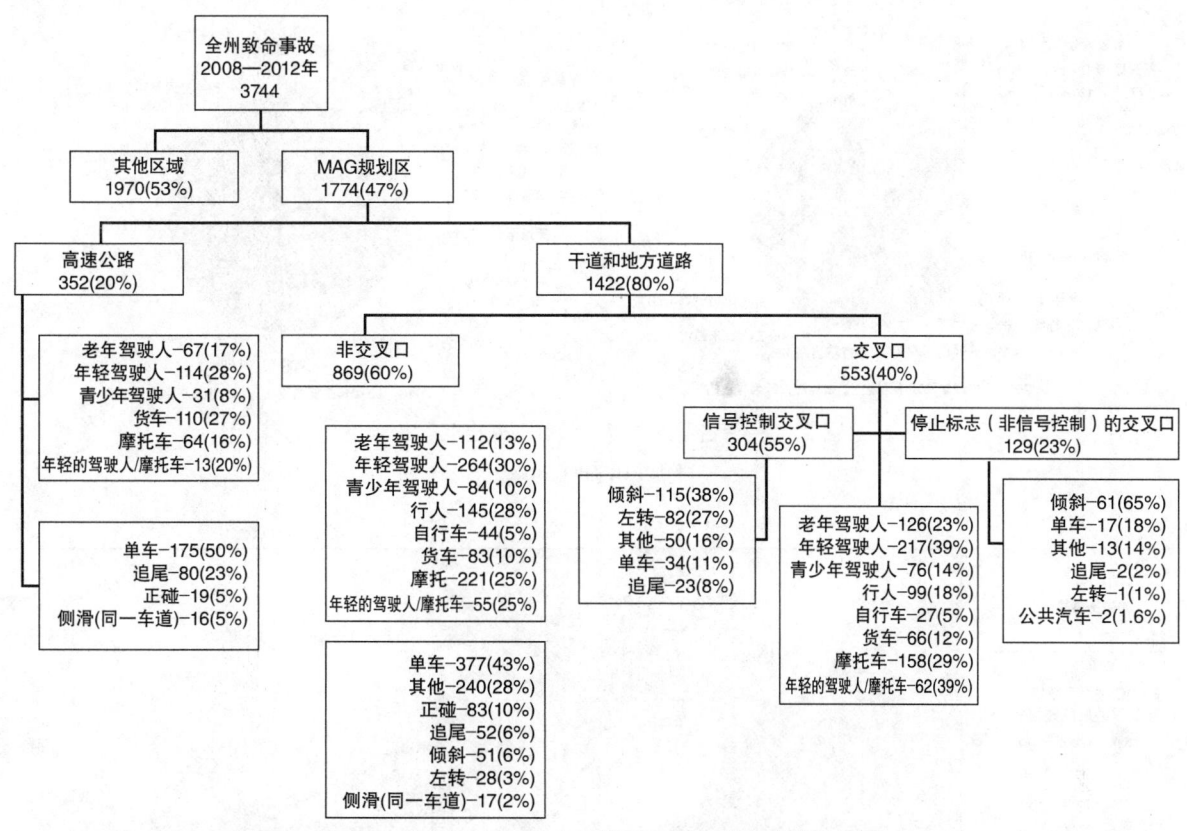

图 23-5　2008—2012 年凤凰城规划区致命事故树状图

来源：MAG, 2015

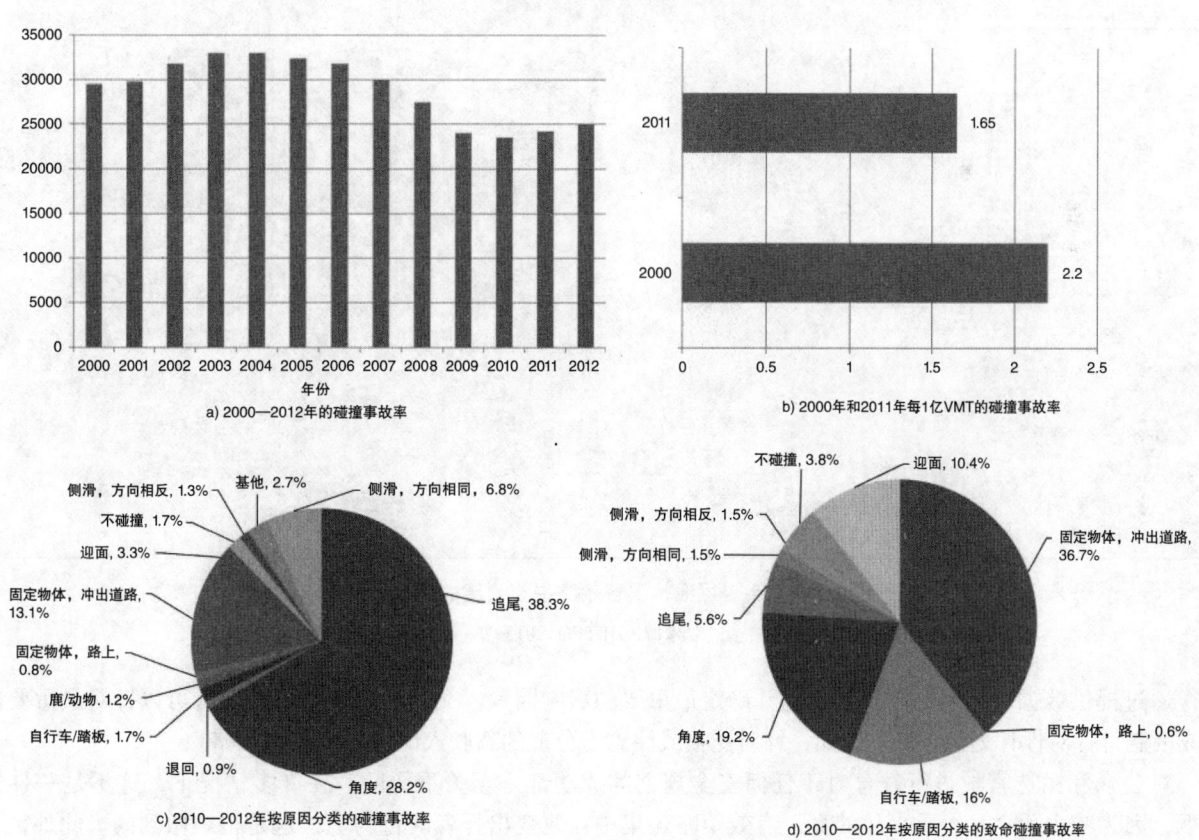

图 23-6　弗吉尼亚州汉普顿路的安全问题

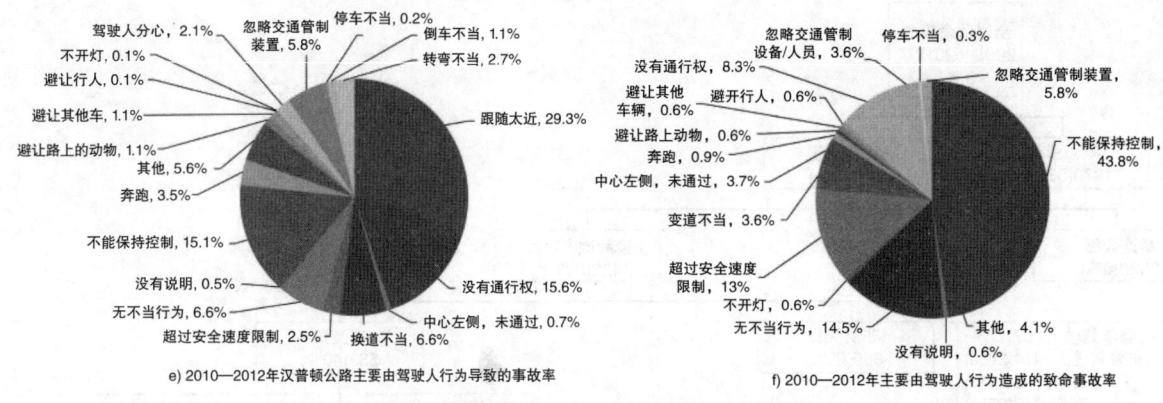

e) 2010—2012年汉普顿公路主要由驾驶人行为导致的事故率　　　f) 2010—2012年主要由驾驶人行为造成的致命事故率

图 23-6　弗吉尼亚州汉普顿路的安全问题（续）

来源：HRTPO, 2013

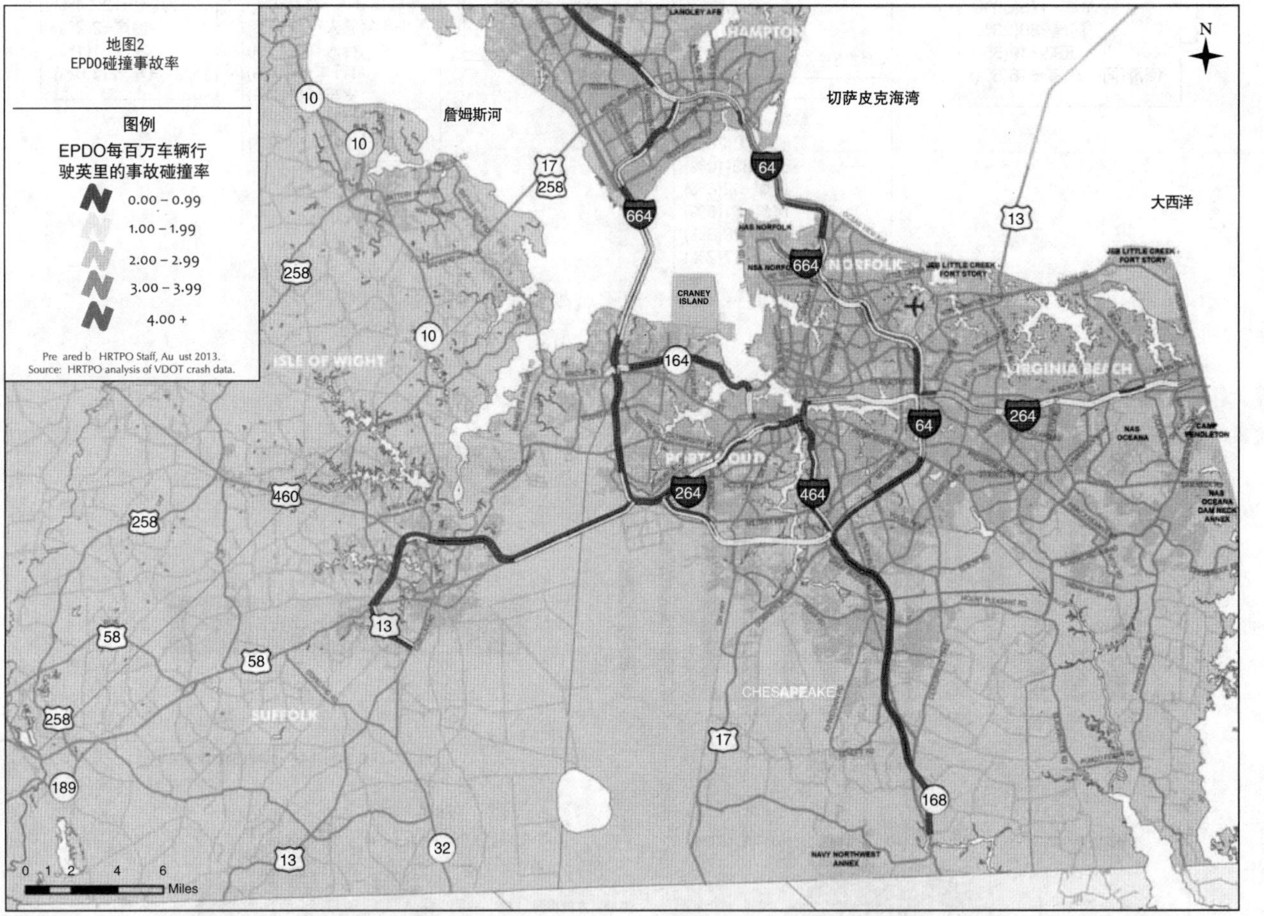

图 23-7　弗吉尼亚州汉普顿路主要公路的碰撞事故率

来源：HRTPO, 2013

通过提供数据以显示总体安全状况并确定最重要的影响因素，交通和安全利益相关者可以针对最重要的事故成因制订针对性计划和策略，例如，针对受损或注意力分散的驾驶人的执法和教育策略。

对公众和民选官员进行教育对于任何安全规划的成功都是至关重要的。在许多情况下，这不是一件容易的事，因为减少死亡和严重事故的真正有效策略还集中在改变出行者的行为上，这是很难做到的。此外，尽管图 23-6 和图 23-7 所示的数据对于交通和安全专业人员很重要，但它们对于民选官员和公众而言可能是难以理解的。因此，在适当情况下，安全规划需要以易于理解和简单的方式定义问题（注意：基于教育的安全项目以及执法项目可在"公路安全规划"中找到，并作为402节计划的一部分获得资助）。

图23-8用一种非常简单的方式来显示对佛罗里达州阿拉楚阿县最重要的事故类型。另一种可能的策略是比较安全和交通拥堵的社会成本。例如，得克萨斯交通机构（Texas Transportation Institute，TTI）每年都会列出美国最拥挤的城市。该清单受到了广泛关注，许多官员宣称政府需要做得更好。但是，在大多数城市中，交通事故造成的社会成本远远大于交通拥堵。Meyer（2005）估计，2001年亚特兰大交通事故的社会成本为33亿美元，而交通拥堵成本为20亿美元。在密苏里州堪萨斯城和得克萨斯州休斯顿进行的比较显示出相似的关系。通过使用一种易于掌握的措施并将其与其他项目的好处（仅针对公共消费）进行比较，官员可以了解他们所面临的问题的严重性。

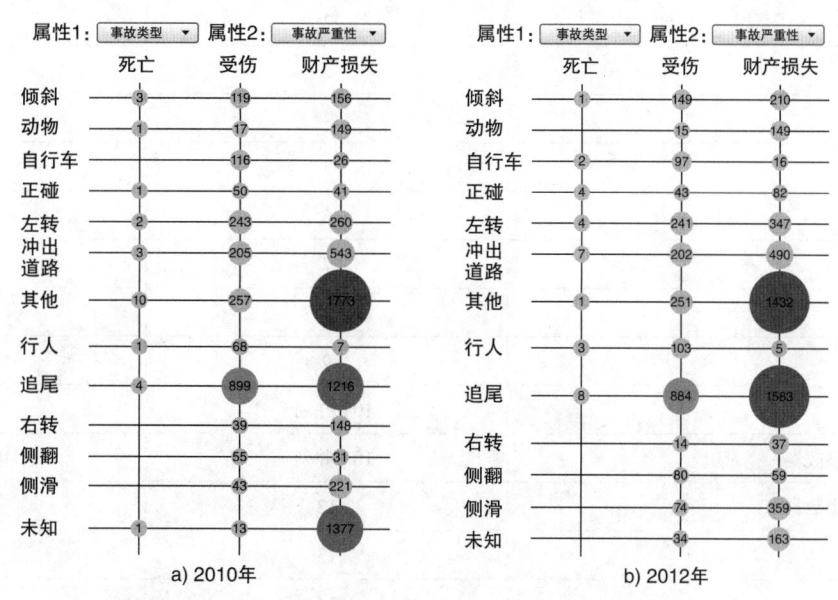

图23-8　佛罗里达州阿拉楚阿县事故类型与严重性对比

来源：Metropolitan Transportation Planning Organization for the Gainesville Urbanized Area, 2013

教育民选官员和公众的另一种策略是将犯罪统计数据与事故统计数据进行比较。使用这种被称为"事故警钟"的方法，司法管辖区通常会发现与交通事故相关的死亡和受伤人数高于犯罪人数。虽然综合措施可以是总结安全问题的有效方法，但其他方法也可能会有效，例如，说明不良驾驶的后果或着眼于不安全驾驶对个人生活的影响。

数据可用于识别事故高发的通道、路段和热点；分析影响；评估结果；并对计划和项目进行优先级排序和选择。监测性能数据还可以在项目实施过程中进行更正，以确保最有效地利用资源。使用的最明显的数据是由于车祸而收集的数据，但其他类型的数据也可能是有用的，例如，执法数据（引用、定罪、经验和观察）、道路（位置）数据、曝光数据、民选/任命官员和公众的调查数据、道路安全审计/评估和研究数据。

安全规划是一个数据驱动的过程；但是，由于以下原因，数据质量和可用性对规划过程提出了严峻的挑战。

- *漏报*——很少报告和调查轻微事故。
- *地方公路*——州交通部收集州公路和其他主要公路的交通事故数据；地方公路在交通事故数据库中的代表性通常不足。
- *现场报告*——在车祸现场，填写警察事故报告通常不是优先事项；警察专注于救治伤者，并使交通恢复正常。
- *参考系统*——通常使用不同的地理参考系统来定位车祸地点，即使是在同一州的司法管辖区之间。
- *不一致性*——状态数据库包含不同的变量，并以不同的格式表示。
- *及时性*——数据通常是2~3年前的，甚至更久。

- *可达性*——一些州和地区由于担心承担责任而未与其他机构共享数据。

了解收集方法、用于汇总和报告数据的方法、质量控制程序以及统计准确性有助于确定应使用哪些数据和分析方法。

许多数据源可用于交通安全规划。例如，表 23-7 展示了对州 DOT 和 MPO 进行的调查结果，这些调查涉及交通规划中最常用的与安全相关的数据类型。

表 23-7 按 MPO 和州 DOT 对安全相关交通规划中最常用的数据源进行排名

数据源	MPO	州 DOT
车辆碰撞	1	1
车辆出行里程	2	4
道路清单	3	2
受伤/致命	4	3
行人碰撞/受伤	5	6
骑行者碰撞/受伤	6	7
财产损失碰撞	7	8
空气质量/排放	8	9
空中交通失事	9	10（并列）
水上交通事故	10（并列）	15
公共交通/辅助交通事故	10（并列）	10（并列）
安全带/约束装置使用数据	12	14
紧急医疗响应	13	16
酒驾	14	12
铁路撞车事故	15	5
事故调查	16	13

来源：Washington et al., 2006, Reproduced with permission of the Transportation Research Board

不足为奇，对于州 DOT 和 MPO 而言，车辆碰撞数据、道路清单和损伤数据都是最重要的数据项。安全规划的最小数据元素应包括碰撞位置、影响因素、驾驶人特征和历史记录、碰撞方式、碰撞严重性、车辆类型、曝光数据（车辆出行里程）以及安全装置的使用。这些数据元素通常位于以下多个位置：

拥堵管理系统/过程数据。交通管理区域（Transportation Management Areas，TMA）需要维持拥堵管理流程（Congestion Management Process，CMP），以评估交通投资备选方案。在许多州，CMP包括一个关于道路分类、几何结构、总体交通量和流量的广泛的数据库。这对于计算碰撞率或进行其他安全分析很有用。

群众外包（众包）。现代通信技术使规划人员能够通过智能手机应用程序接触到大量的个体。众包是一个向存在安全问题的网络中尽可能多的人询问的过程。考虑到回应的人群样本的狭窄性，这一输入在统计上并不显著，但它确实提供了一些安全规划人员可能想要了解的信息。

驾驶人历史记录。所有涉及车祸的持照驾驶人和无照驾驶人的历史都会被记录下来。这些文件包含有关人口统计信息和驾驶证状态/限制、定罪的信息，有时还包括驾驶人的撞车事故历史记录。这些数据可用于根据特定类型的驾驶人违规（例如，酒驾、超速、闯红灯等）来确定程序的范围和目标。这些数据仅提供了最近的速览，因为有关定罪和碰撞事故的数据（如果有的话）通常会在一段时间后被清除。

死亡分析报告系统（Fatality Analysis Reporting System，FARS）。FARS 成立于 1975 年，旨在收集致命事故数据。该系统包含与致命碰撞有关的所有车辆和乘客的高质量数据。其可以在线运行查询，并可以获取存档文

件。数据库中记录了美国每个县的城市和县代码。

警方事故报告。任何安全分析的第一步是检查警方报告的碰撞事故。事故报告提供了一系列有关事件的具体情况、影响条件以及相关人员状况的数据。许多州针对该州报告的所有碰撞事故采用统一的报告格式；其他人仍具有特定于警察机关的表格。可以改善这些数据的质量和及时性的一项新技术是在事故现场的警车中使用计算机、全球定位系统和上行链路功能。

人口普查文件。美国人口普查局保存着有关政治分区内的性别、年龄和种族的文件。该数据还可以用作分母或曝光数据，尤其是用于识别道路使用者的问题，例如，与致命事故和伤害事故占总人口的百分比相比，年轻驾驶人占人口总数的百分比。

道路速度和运行性能。许多州和大多数主要都会区都设有交通运营中心，可对道路运营进行24小时监控。这些中心中的大多数使用视频或影像技术来收集实时数据。这些数据可用于识别碰撞发生时的交通状况，并且在存档后，这些数据可提供有关更改网络道路性能的历史信息。

道路清单，州公路系统。在大多数州，州交通部都会维护一个道路清单数据库，该数据库包含有关路段的数据（例如，车道数量以及路肩宽度和类型）。少数州拥有弯道和坡度信息或交叉路口/立交清单。许多州使用视频记录来收集此类数据，也可以将其用来在沿州公路上进行安全审核。联邦政府要求的公路性能监测系统（Highway Performance Monitoring System，HPMS）可以收集有关该州道路网络样本段的更完整的清单数据，可以用来更好地了解不同类型道路的安全性能，尤其是当样本量扩大到包括更多样本路段时。

货车碰撞事故统计。汽车运输管理信息系统（Motor Carrier Management Information System，MCMIS）由联邦汽车运输安全管理局（Federal Motor Carrier Safety Administration，FMCSA）管理，数据由州机构和汽车运输公司输入。它是美国最全面的货车安全数据库。这些文件包含有关车辆登记、碰撞、路边检查、遵守联邦法规和执法行动的信息。

区域出行需求模型数据。位于空气质量不达标地区的MPO必须进行空气质量合规性分析，以表明对其计划的投资不会使空气质量恶化。这通常是通过对模型进行建模来完成的，从而对当前和将来的交通量和流量进行系统范围的估计。数据可用于计算碰撞事故率或用于其他安全分析。

道路清单，地方辖区。地方道路清单数据库通常不如州数据库完整，其数据元素由不同部门（公共工程、交通和维护）维护。地方辖区有时会提供有关人行道和人行横道、自行车道和公共汽车站的补充数据。但是，这些数据与道路清单数据之间的联系还没有很好地建立起来。来自《公路安全手册》的表23-8展示了清单数据的类型，这些数据可用于预测项目中实施的任何特定对策的安全收益。可以看出，安全分析中可以包含许多因素（因此有很多数据）。有关地方机构数据收集活动的更详细讨论，请参见相关文献（Lefler，2014）。

交通量。通常在州公路系统的许多位置都可以获得交通量计数，据此可以估算出年平均-交通量（Average Annual Daily Traffic，AADT）。AADT估算数据的收集是在永久性的（全天）计数器上进行的，短期计数以2~3年为一个周期。该数据库中通常包含货车百分比和交通量，但它们通常基于较少的实际计数，因此数据不那么广泛。在许多州，永久性计数站的数目受到预算考虑的限制。短期计数也存在类似的问题，每年可能会有所不同。许多机构用他们的出行需求模型或前面描述的道路库存数据库的数量估算值来补充计数。尽管这些估算的质量和准确性差异很大，但它们的确为分析人员提供了道路系统上更完整的数据集。

车辆登记数据。在州内为每辆获得许可的车辆记录登记数据。该文件包括有关持有者、车辆类型、车辆识别号（VIN）的信息，以及与车辆有关的各种其他数据。车辆登记数据有时用作分母或曝光数据，例如，每辆登记车辆的交通事故数。

其他安全数据。一些执法机构保留罚单（而不是定罪）数据。这些数据可能有助于识别问题，并监测法院执行处罚和罚款的程度。一些州和地方机构进行了速度调查，自1998年以来，所有州都收集了观察到的乘员约束（安全带）使用数据。国家公路交通安全管理局每年都会公布各州的对比数据，但这些数据仅代表白天和前排安全带的使用情况。土地使用数据也可用于识别有特殊安全问题的地方，如学校、老年中心或公园附近。

表 23-8 《公路安全手册》中用于预测安全对策效益的数据

变量	第 10 章 乡村两车道，双向道路	第 11 章 乡村多车道公路	第 12 章 市区和郊区主干道
道路路段			
区域类型（乡村/郊区/市区）	X	X	X
年平均日交通量	X	X	X
路段长度	X	X	X
直通车道数	X	X	X
车道宽度	X	X	
路肩宽度	X	X	
路肩类型	X	X	
存在中央分隔带（已划分/未划分）		X	X
中央分隔带宽度		X	
存在混凝土中央分隔带		X	
存在超车车道	X	X	
存在短四车道路段	X		
存在双向左转车道	X		X
车道密度	X		
主要商业车道数量			X
小型商业车道数量			X
主要住宅车道数量			X
次要住宅车道数量			X
主要工业/机构车道数量			X
小型工业/机构车道数量			X
其他车道数量	X		
水平曲线长度	X		
水平曲线半径	X		
水平曲线超高	X		
存在缓和曲线	X		
坡度	X		
路侧危害等级	X		
路侧边坡		X	
路侧固定物体密度			X
路侧固定物体错位			X
路段停车长度百分比			X
路边停车类型			X
存在照明			X
交叉口			
区域类型（乡村/郊区/城市）		X	X
主干道日均交通量	X	X	X
次干道日均交通量	X	X	X
交叉口数量	X	X	X
交叉口交通控制类型	X	X	X
左转向信号配时（如果有信号）	X		X
存在可在红灯时右转（如果有信号）			X
存在闯红灯违法拍照			X
主干道上有中央分隔带		X	

（续）

变量	第 10 章 乡村两车道，双向道路	第 11 章 乡村多车道公路	第 12 章 市区和郊区主干道
主干道上有左转车道	X	X	X
主干道上有右转车道	X	X	X
次道上有左转车道		X	
次道上有右转车道		X	
交叉口斜角	X	X	
交叉口视距	X	X	
地形（平坦与水平或起伏）		X	
有路灯		X	X

来源：AASHTO, 2010, Reproduced with permission of AASHTO

> **注意事项**
>
> - 报告阈值可能因管辖区而异，因此在合并州和本地数据时要谨慎。
> - 分析 FARS 数据只会产生不具代表性的小样本，并且存在与碰撞/车辆/人员变量相结合的问题。
> - 仔细研究多年来对汽车运输管理信息系统数据的分析。自 2004 年以来，数据有了很大的改善。
> - 请记住，AADT 是大多数道路段的估计值，而不是实际计数。当地司法管辖区通常没有 AADT，只有路口转弯计数。
> - 请注意，不要将车辆登记数据用作曝光指标，因为它不包括每辆车的年出行里程，而且里程表可能包含错误。
> - 速度调查通常在特定地点进行，并不构成该道路类型或辖区的随机样本。

尽管持续提高数据质量和可用性很重要，但即使没有良好的数据，也可以在提高交通安全性方面取得进展。例如，如果碰撞热点数据不可用，可以通过对执法人员、货车驾驶人、当地工程师和其他人进行采访，根据观察和经验揭示碰撞问题。越来越多的司法管辖区正在使用道路安全审核或评估来主动发现潜在的安全问题，并制订有效的对策和解决方案。有关道路安全审核的更多信息，请访问 FHWA 的道路安全审核网站，网址为（http://safety.fhwa.dot.gov/rsa/）。

此外，在美国，国家公路交通安全管理局要求各州制订战略交通记录改善计划，并且必须设立一个交通记录协调委员会（Traffic Records Coordinating Committee，TRCC）。这些计划是整合各种数据源以进行改进和维护的关键步骤。

> **最佳实践**：休斯敦/加尔维斯顿地区委员会（H-GAC）和东南部密歇根州政府管理委员会（SEMCOG）能够整合、分析和显示其交通事故数据。它们按照交通事故和安全问题的原因进行分类，例如，货车/行人/自行车安全性、位置（热点）、不良驾驶等。此外，他们的作用还有①提供安全服务，例如，对本地工程师、市长和法官的培训以及学校教育计划；②与各级政府、私营部门、非盈利组织和社区团体建立伙伴关系；③审查项目设计的安全性；④鼓励其成员在设计中纳入安全性。

图 23-9 和图 23-10 所示为如何使用数据分析来评估在项目开发过程中的安全特性（Kentucky Transportation Cabinet, undated）。在项目层面的计划，尤其是作为环境影响报告的一部分，通常更针对特定地点，而对于事故数量下降的分析与具体项目特征有关（FHWA, 2011）。正如第 4 章有关环境分析所述，进行正式的环境影响研究的第一步是描述通道项目的目的和需求。在许多情况下，此需求声明可能会将安全性作为项目改进的动机。表 23-9 展示了将安全性包含在环境分析需求声明中的不同方式。

事故高发路段

福特路

MP 0.000–MP 3.702（里昂县）

事故类型	路段上的事故/起	路段事故百分比（%）	干道上的事故/起	干道事故百分比（%）
与动物相撞	16	38%	94	27%
与固定物体碰撞	15	36%	121	34%
冲出车道	5	12%	49	14%
所有其他类型	6	14%	90	25%

福特路

MP 3.702–MP 5.610（里昂县）

事故类型	路段上的事故/起	路段事故百分比（%）	干道上的事故/起	干道事故百分比（%）
与动物相撞	9	28%	94	27%
与固定物体碰撞	14	44%	121	34%
冲出车道	3	9%	49	14%
所有其他类型	6	19%	90	25%

Breathitt 路

MP 41.002–MP 42.437（霍普金斯县）

事故类型	路段上的事故/起	路段事故百分比（%）	干道上的事故/起	干道事故百分比（%）
与动物相撞	6	6%	156	22%
与固定物体碰撞	10	10%	134	19%
追尾	70	69%	154	21%
所有其他类型	15	15%	277	38%

▨ 事故百分比高于相应道路平均水平的路段

潜在的事故高发路段

福特路

MP 24.435–MP 31.581（霍普金斯县）

事故类型	路段上的事故/起	路段事故百分比（%）	干道上的事故/起	干道事故百分比（%）
与动物相撞	17	23%	94	27%
与固定物体碰撞	30	40%	121	34%
冲出车道	14	19%	49	14%
所有其他类型	14	19%	90	25%

图 23-9　肯塔基州事故高发路段和潜在事故高发路段的事故类型

Breathitt 路
MP 34.371–MP 37.070（霍普金斯县）

事故类型	路段上的事故/起	路段事故百分比（%）	干道上的事故/起	干道事故百分比（%）
与动物相撞	12	19%	156	22%
与固定物体碰撞	16	26%	134	19%
在车道追尾 两辆车都在行驶	7	11%	154	21%
所有其他类型	27	44%	277	38%

Breathitt 路
MP 42.437–MP 44.337（霍普金斯县）

事故类型	路段上的事故/起	路段事故百分比（%）	干道上的事故/起	干道事故百分比（%）
与动物相撞	15	16%	156	22%
与固定物体碰撞	10	11%	134	19%
追尾	37	40%	154	21%
所有其他类型	31	33%	277	38%

Breathitt 路
MP 55.003–MP 62.637（韦伯斯特县）

事故类型	路段上的事故/起	路段事故百分比（%）	干道上的事故/起	干道事故百分比（%）
与动物相撞	21	23%	156	22%
与固定物体碰撞	23	25%	134	19%
冲出车道	26	29%	107	15%
所有其他类型	21	23%	324	45%

Breathitt Parkway
MP 62.637–MP 65.305（韦伯斯特县）

事故类型	路段上的事故/起	路段事故百分比（%）	干道上的事故/起	干道事故百分比（%）
与动物相撞	7	19%	156	22%
与固定物体碰撞	11	31%	134	19%
冲出车道	4	11%	107	15%
所有其他类型	14	39%	324	45%

▨ 事故百分比高于相应道路平均水平的路段

图 23-9　肯塔基州事故高发路段和潜在事故高发路段的事故类型（续）
来源：Kentucky Transportation Cabinet, undated

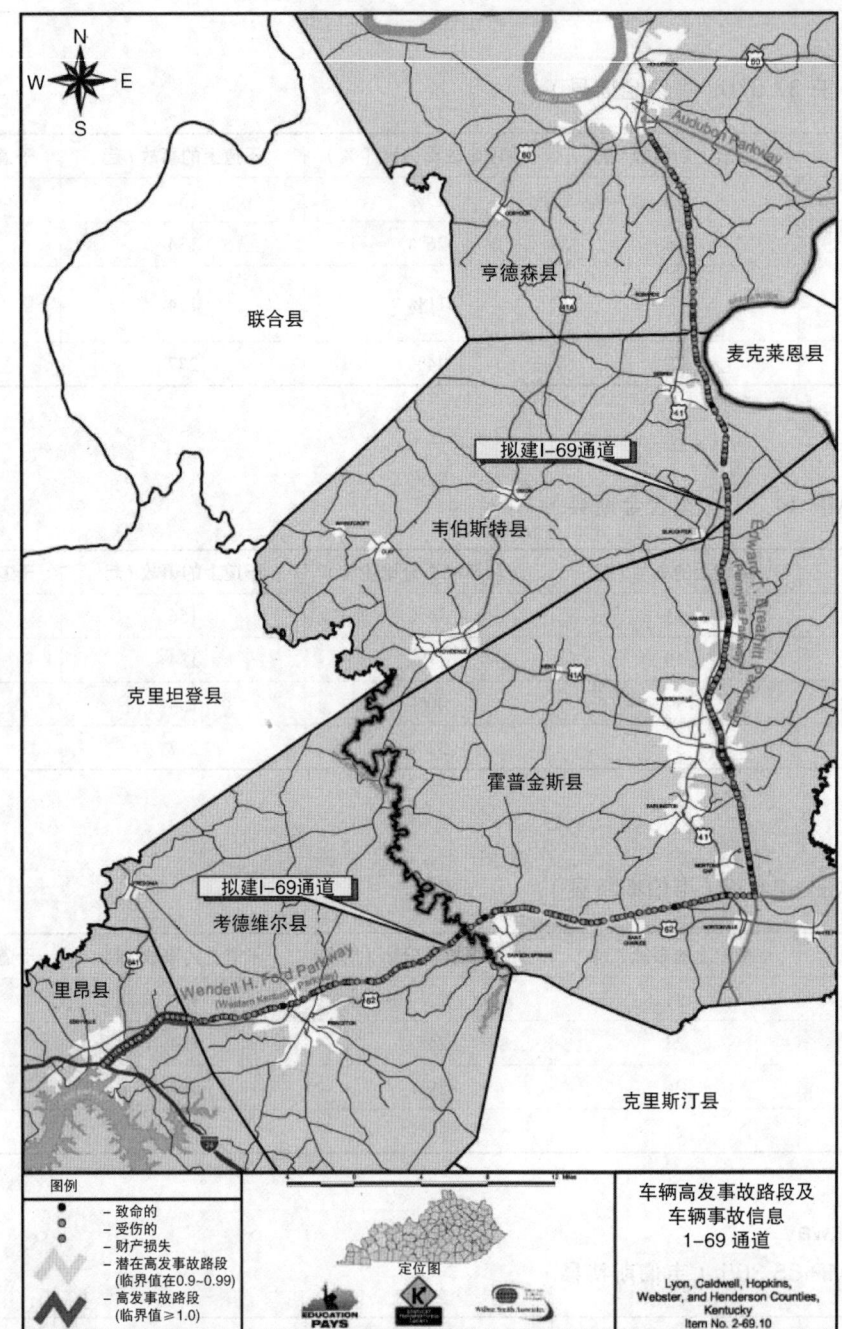

图 23-10 肯塔基州 I-69 通道高发、潜在高发事故段的事故类型

来源：Kentucky Transportation Cabinet, undated

23.5.5 分析和评估交通安全

1. 确定安全对策或项目

安全项目可以是专门用于"解决"安全问题（有多个联邦和州资助计划）的独立项目，或者更常见的是，可以将以安全为导向的行动作为任何项目的一部分，以增强其安全性特征。人员和车辆的安全行驶是设施设计最重要的标准，交通工程师使用的每本设计手册都从谈论安全性开始。许多项目都有资格获得联邦资助。例如，以下类型的项目有资格获得美国联邦政府公路安全改进计划（HSIP）的资助：

- 改善路口安全性。
- 路面和路肩加宽。
- 安装齿形减速振动带或其他警告装置。
- 提高用户对交叉路口和交汇处交通控制设备的认识并遵守这些要求。
- 改善行人和骑行者的安全性。
- 改善残疾人的安全性。
- 改善铁路 - 道路交叉口安全性。
- 交通稳静化。
- 消除路边危险。
- 安装、更换和改善公路的标志和路面标记。
- 紧急车辆优先控制。

表 23-9 以安全为重点的项目的目的和需求说明中包含的信息和数据

信息类型	考虑包含的示例信息
道路性能	在给定交通量的情况下，将道路碰撞率与类似设施类型的预期碰撞进行比较，以识别是否存在安全问题（有关分析技术，请参见《公路安全手册》） 多种类型道路使用者的撞车率
造成事故的因素	分析事故的历史记录以显示某些事故因素的主导地位
多式联运安全问题	特定类型道路使用者的安全问题，包括行人、自行车、货运车辆和公共交通车辆
公众看法	公众所关注的安全问题
道路安全审核（RSA）结果	RSA 结果表明了关于改进安全性能的缺陷/待改进的机会的任何发现

- 在事故高发地点安装交通控制或其他警告设备。
- 交通安全规划。
- 道路施工区的安全性。
- 安装护栏、障碍物和碰撞衰减器。
- 改善高风险的乡村道路。
- 道路几何形状的改进。
- 道路安全审计。
- 货车停车设施。
- 任何系统安全性改进。

对于公共交通，大多数安全措施都集中在使乘坐者/车辆界面的设计以及操作策略安全方面。因此，人们可以在文献中发现，如何安全地设计行人在公共交通线路附近的移动路线受到了极大的关注（Korve et al., 2001；Cleghorn et al., 2009；Fitzpatrick et al., 2015；Roberts et al., 2015）。

本章的范围不包括描述可作为交通规划过程一部分的所有安全措施。每个州都有一个 SHSP，其提供了该州为减少交通事故而采取的从交通工程方面以及人类行为学的描述。此外，以下参考资料有助于您了解可以考虑采用哪种类型的项目和行动来改善交通安全。

Federal Highway Administration. 2010. *Transportation Planners Safety Desk Copy* See http://tsp.trb.org/assets/FR1_SafetyDeskReference_FINAL.pdf.

Federal Highway Administration. Website，"Transportation Safety Planning (TSP)." See http://safety.fhwa.dot.gov/tsp/#pub.

FHWA. 2008. "Guidance Memorandum on the Consideration and Implementation of Proven Safety Countermeasures." See http://safety.fhwa.dot.gov/legislationandpolicy/policy/memo071008/.

Governors' Highway Safety Administration, 2013. Countermeasures That Work: A Highway Safety Countermeasure Guide for State Highway Safety Offices. See http://www.ghsa.org/html/publications/countermeasures.html.

Insurance Institute for Highway Safety, Website. "Highway Safety Topics." See http://www.iihs.org/iihs/topics.

National Highway Traffic Safety Administration (NHTSA). Website. "Bicycles" (http://www.nhtsa.gov/Bicycles) and "Pedestri- ans" (http://www.nhtsa.gov/Pedestrians).

Transportation Research Board. 2004–2006. NCHRP Report 500 series: Guidance for Implementation of the AASHTO Strategic Highway Safety Plan. Washington, DC: Transportation Research Board.

各州和 MPO 的有用示例如下：

Cheyenne, WY. Transportation Safety Plan. See http://www.plancheyenne.org/wp-content/uploads/2012/12/CheyenneTrans portationSafetyManagementPlan.pdf.

Hampton Roads Regional Safety Study, PART II: Crash Countermeasures. See http://www.hrtpo.org/uploads/docs/HR%20Regional%20Safety%20Study%202013-2014%20PART%20II%20Final%20Report.pdf.

New Jersey DOT. 2014. Pedestrian Safety Action Plan Toolbox. See http://www.dvrpc.org/transportation/safety/pdf/NJ_PedestrianSafetyActionPlan-Toolbox.pdf.

2. 分析

使用分析工具评估不同行动的后果，是交通规划过程的核心技术组成部分。然而，如前一节所述，由于与交通事故数据采集、分析相关的困难，分析备选安全策略的相对有效性具有挑战性。另外，许多针对改变驾驶人行为的策略并没有太多证据表明它们在实际改变行为方面有效。因此，很难估计特定行动的收益。相关文献确实为规划人员和安全人员可能要考虑的几种安全策略的有效性提供了一些指导。具体来说，NCHRP 500 报告系列指南（Transportation Research Board，2004—2006）和州长公路安全协会（GHSA）《有效的对策》（2013）提供了评估不同对策有效性的方法。目前，针对工程和行为策略的碰撞修正因子（Crash Modification Factors, CMF）的研究正在进行中（Bonneson 和 Zimmerman, 2006; Harkey et al., 2008）。FHWA 支持一个介绍碰撞修正因子的网站（http://safety.fhwa.dot.gov/tools/crf/resources/cmfs/），以及一个碰撞修正因子信息交换中心（http://safety.fhwa.dot.gov/tools/crf/resources/）。

当前，分析道路项目的安全效益最常用的方法是估算因安全对策而减少的事故数量（按类型），然后使用效益/成本分析来确定所考虑的备选方案之间的相对可取性（请参阅第 7 章有关评估及优先级排序）。可以使用两种方法来估计事故的减少。第一种方法是使用基于历史数据及其与道路特征的相关性而开发的安全绩效函数（SPF）。弗吉尼亚州高速公路的安全性能函数的一个示例见式（23-1）（Hampton Roads Transportation Planning Organization, 2014）。

$$\text{每年每个方向的预测事故频率} = e^{\alpha} \times (\text{同方向 AADT})^{\beta} \times \text{路段长度} \quad (23\text{-}1)$$

式中 α、β——根据弗吉尼亚联邦高速公路上历史事故的数据估算。

在这种情况下，可以根据 AADT 和段长度来估计事故频率。

式（23-2）给出了《公路安全手册》（AASHTO, 2010）中另一项关于安全性能函数的示例，该函数着重于每年的车辆-行人事故频率。在这种情况下

每年预计的车辆-行人事故频率

$$= \exp\left\{a + [b\ln(\text{Total AADT})] + \left[c\ln\left(\frac{\text{Minor AADT}}{\text{Major AADT}}\right)\right] + [d\ln(\text{PedVol})] + en_{\text{lanes}}\right\} \quad (23\text{-}2)$$

式中 Total AADT——主要道路和次要道路 AADT 的总和；

PedVol——每天穿过交叉路口的行人总数；

n_{lanes}——行人穿过交叉路口的最多车道数；

a、b、c、d、e——系数，可在《公路安全手册》中找到。

预估事故减少的第二种方法是使用事故修正因子（CMF）。CMF 是"在特定地点实施给定对策后，用于计

算预期事故数量的乘法因子"。例如，CMF 为 0.70，意味着实施对策将事故减少到现有事故的 70%。对于许多高发事故地点，可以同时实施多种处理方法。表 23-10 展示了丹佛地区政府议会（DRCOG）在确定区域交通改善计划（TIP）项目的收益时使用的事故减少因素的示例。

表 23-10 事故减少的因素（丹佛地区政府委员会）

改善特征	相关事故的减少百分比 （如果适用事故地点）	相关事故类型示例
交叉口		
新的交通信号灯	20%	直角，转弯
升级交通信号灯（正面）	20%	追尾，闯红灯
添加新的进近转弯车道（向左或向右）	25%	追尾
添加加速/减速车道	25%	追尾，侧滑
转换为环形交叉路口	40%	直角
转换为互通式立交	40%	直角
增加转弯半径	15%	转弯
铁路		
自动门	75%	车辆-火车
立交	100%	车辆-火车，追尾
路边/桥梁		
安装/升级护栏	60% 致死，40% 伤害	冲出道路
加宽/增加路肩	20%	冲出道路，超越行人/单车
加宽桥梁	40%	在桥上发生事故
移除障碍物	50% 致死，15% 伤害	有障碍物
骑行/步行分隔	80%	超越行人/单车
道路		
弯道重建	50%	冲出道路，正碰
纵面线形重新排列	45%	正碰，视线不佳
中央分隔带	60% 致死，10% 伤害	正碰
提高中央分隔带	40%	转弯碰撞，与转弯相关的追尾
攀爬/通过车道	15%	超车，追尾
车道加宽	20%	侧滑（多车道）
斜坡几何重建	25%	坡道
从 2 车道加宽到 4 车道	30%	追尾，正碰
连续中心左转弯车道	30%	追尾
路肩齿形减速振动带	80%	冲出道路
中心线隆起带	25%	正碰，侧滑
将路肩铺到全宽	10%	冲出道路
其他		
照明改善	90%	夜间事故
关闭中央分隔带开口	30%	转弯碰撞

注：1. 事故减少的因素仅适用于 TIP 项目评分指南。
2. 这些因素并不意味着精确预测已消除的事故。
3. 费率应仅适用于项目区域内的特定场所。
4. 费率应仅适用于改进所涉及的相关事故类型和事故发生的方向。
5. 不要重复计算类似的改进类型或已消除的事故。
6. 事故减少的因素可能适用于未在此表中显示的改进和事故类型；但是，申请人必须提供证明文件。
资料来源：DRCOG, 2015

除了所描述的简单的减少因素和性能函数外，许多其他分析工具也可用于进行安全性研究。有些工具面向比基于通道模型更具体的热点，可用于分析几何缺陷的影响。其中，许多已开发的工具可用于项目设计，但也可以用于规划。其中一些工具包括交互式设计软件包，这些软件包使项目设计人员可以修改设计以提高安全性，例如，交互式公路安全设计模型（IHSDM）、路边安全分析程序、SafeNET 和 SafetyAnalyst。其他代表提供数据分析功能并引导用户确定可能对策的专家系统，例如，行人和自行车事故分析工具（PBCAT）和行人安全指南和对策（PEDSAFE）。所有这些工具在相关文献中均有更详细的描述（Washington et al. 2006；Booz，Allen 和 Hamilton，2013）。

关于交通安全分析，自由贸易协定已就如何进行安全性能和分析制订了统一指导。自MAP-21通过以来，自由贸易协定一直在鼓励交通部门开发安全管理系统（SMS）。SMS被定义为"一种有组织的安全管理方法，包括必要的组织结构、安全目标和性能目标、职责和权限、责任、政策和将安全纳入日常运营的程序"（Ahmed，2011）。这个过程在很大程度上取决于性能指标的使用。关于接收联邦资金主要设施的建设，受援机构必须制订安全与安保管理计划（SSMP），以解决以下问题：①项目管理承诺和对安全与安保的理念；②将安全与安保纳入项目开发过程；③分配项目的组织安全和安保职责；④安全与安保分析以及危害和脆弱性管理过程；⑤制订安全与安保设计标准；⑥确保合格操作和维护人员的过程；⑦施工安全和安保管理活动。

理想情况下，本节描述的所有分析工具都可以与出行需求预测模型配合使用，并且能够预测交通系统的未来安全特性。但是，此类工具直到现在才可用。NCHRP报告546描述了开发用于交通需求模型的基于交通分析区域的预测工具的首次尝试之一。为FHWA开发的ITS部署分析系统（IDAS）提供了各种ITS和运营部署的安全效益的草图规划级预测（FHWA，2013b）。希望这些新兴工具有一天能够使安全问题在交通预测过程的输出中得到明确考虑（Washington et al，2006）。

评估综合分析结果，以确定每个方案的总体收益和成本。通过评估，可以确定最具成本效益的一组项目和策略，这些项目和策略基于指示在实施安全计划时哪些因素是最重要的措施而进行优先排序。评估还可以带来其他规划结果，如进一步的研究、提议的法规以及影响出行者行为的其他政策。为了使安全性在决策过程中得到认真考虑，面向安全的标准必须成为用于评估各种行动的相对利益和成本的评估标准的一部分。

23.5.6 将安全性作为决定因素

在开发STIP和大都市级别的TIP时，应充分考虑安全性。如以下材料所示，有几种方法可以实现这一点（Park et al，2016）。最大的挑战之一是优先资助不属于TIP或STIP的非基础设施项目，如执法和安全教育项目。通常，这些是在单独的安全性项目中找到的。

关于如何将安全性纳入评估和优先排序过程的例子有很多。两种最常见的方法中第一种是收益/成本分析，并根据可能产生的安全收益为每个项目打分。收益/成本分析非常简单，通过将由于实施对策（收益）而导致的预期事故减少的货币价值与项目的预期成本进行比较，来简单地评估每个项目。第7章介绍了如何正确地进行这种分析。

第二种方法是从项目可用的总分数中为项目的安全利益分配分数。例如，每个项目可能获得100分，这与它实现不同计划目标的程度相对应。在这100分中，最多可以分配20分用于安全性利益。考虑到安全性，每个被考虑加入TIP的项目排名最高不超过其排名的20%。以下示例说明了可用于建立包括安全性在内的项目优先级的方法范围。

在丹佛，DRCOG使用来自其分析的信息为每个安全项目分配分数。表23-11展示了可分配给道路运营改善和道路拓宽项目的分数，以及安全效益的可能分数。尽管对安全系数的估算不同，但新的骑行和步行设施也使用了类似的标准（表23-12）。

明尼苏达州的一个示例说明了一种面向过程的优先级排序方法。明尼苏达州交通部（MnDOT）建立了许多任务小组，其任务是集中精力应对州面临的许多不同类型的安全挑战，并考虑不同类型的对策。这些小组确定了153项可能为国家提供安全益处的策略，并被要求为这153项策略分配优先级；排名制成表格，153项策略缩减为69项高优先级策略。MnDOT随后举行了一次州研讨会，其中包括许多安全利益相关者，他们也对优先策略进行了投票。这导致该策略清单进一步减少到52项。这52项策略已提交给MnDOT的最高管理团队，该团队选择了15项策略在第一年实施。

表 23-11 科罗拉多州丹佛市公路项目安全分数分配

巷道运营改进

评价标准	分数 / 分	评分
拥堵	0~12	根据现有道路的拥堵程度（V/C），最多可得到 12 分
RTP 重点通道	0~3	重点高速公路或主要区域性干线上的项目得 3 分 重点主干道上的项目得 2 分
事故减少（安全）	0~5	根据项目预计的事故减少量和加权事故率，最多可得 5 分
延误减少	0~12	根据项目当前预计的早高峰时段和晚高峰时段减少的车辆出行小时数（VHT），如果项目在两个高峰时段中减少 200 VHT 或更多，则将获得 12 分；减少 20 VHT 或更少的项目获得 0 分
成本效益	0~10	根据项目当前预计的早高峰时段和晚高峰时段减少的每车 VHT 成本：每 VHT 减少 10000 美元或更多的项目将获得 10 分
交通系统管理	0~5	在整个项目长度内提供凸起、凹陷或障碍中央分隔带；通道整合（车道、小巷）；信号互连；提供 ITS 基础设施；提供实施经批准的事件管理计划的基础架构，将分别得 1 分
多模式连通性	0~15	考虑公共交通、行人、骑自行车者和多式联运设施等问题的各种要点
环境公正	0~3	如果项目长度的 75% 或更多位于 RTP 定义的环境公正区域内，则将获得 3 分
高匹配度	0~9	在本地资金匹配度至少达到 20% 的基础上：本地匹配度达到 47% 或更高的项目将获得 9 分，本地匹配度最低为 20% 的项目将获得 0 分，并且在两者之间进行直线插值
与项目相关的地铁愿景的实现和战略通道重点	0~18	最高 18 分
与赞助商相关的地铁愿景的实现	0~8	赞助实施 Metro Vision 的行动最高可获得 8 分
总计	100	

道路拓宽工程的安全分数			
加权碰撞事故率	预计每英里可减少的碰撞数量（3 年）/ 起		
	0~5	6~15	>16
0~0.99	0 分	2 分	3 分
1.0~2.99	1 分	3 分	4 分
>3.00	2 分	3 分	5 分

来源：DRCOG, 2015

表 23-12 为新的步行 / 骑行项目分配安全分数（科罗拉多州丹佛）

评价标准	分数 / 分	评分
安全性	0~10（共 100 分）	将通过建设非机动车出行的新设施来评估项目对现有安全问题的预期改善，提出以下 3 项安全改进措施： 相关的事故历史 基于拟建新设施影响区域内机动车和非机动车交通之间相互作用造成的有记录的伤害事故数量，且发生在有数据可用的最近 3 年期间： 每起适用的伤害事故将获得 1 分，最高为 5 分 冲突因素 如果现有设施是允许机动车和非机动车交通相互作用的道路，并且该项目将为消除或减少冲突因素的非机动车交通建设新设施，则该项目将获得安全分数。根据现有设施的速度限制，最高可得 4 分，具体如下： 1. 如果现有速度限制为 30 英里 / 时或更小，则将获得 1 分 2. 如果现有速度限制为 35 英里 / 时，则将获得 2 分 3. 如果现有速度限制为 40 英里 / 时，则将获得 3 分 4. 如果现有速度限制为 45 英里 / 时或以上，则将获得 4 分 照明设施 如果现有道路上目前没有照明设施，则将提供符合 ADA / AASHTO 标准的照明设施，以促进规划设施上的非机动出行，将获得 1 分

来源：DRCOG, 2015

根据工具的可用性和使用这些方法的历史，所采用的评估策略和确定优先次序的方法可能会因地点而异（Metropolitan Planning Council, undated）。第 7 章对评估方法进行了更详细的讨论，包括安全规划中常用的收益 / 成本分析。

23.5.7　将安全性纳入规划过程和文件

对交通系统的性能和状态进行的持续监测将反馈到目标、目的和性能指标中（请参阅第 1 章中的图 1-1）。反馈回路成为下一阶段安全规划的重要输入，因为它不仅提供了该特定时间点的性能概况，而且还可以将以前实施措施的经验告知决策者。监测应包括交通系统安全特性的趋势和绝对幅度。

在可行的情况下，应该对已实施的对策进行先行研究，而对于这些对策而言，可获得的受益信息很少（VicRoads，2015）。Hauer（2002）提供了详细的方法，定义了可以应用事前研究的目标碰撞，还提供了有关事前研究的各种版本的指南，包括原始的事前研究、比较组方法、多元方法和最先进的贝叶斯事前方法。此类研究对于开发可用于将来考虑不同对策的知识库至关重要。目前尚不清楚安全界是否能从单一的、统一的知识库中受益，或者是否足以将联邦和州政府以及独立组织赞助（如交通工程师协会和汽车工程师协会）的现有研究结合起来。

最后，安全性应包括在机构采用的仪表板或跟踪计划中，这些计划为决策者和公众提供高层次的机构性能衡量标准。这些计划相对较新，旨在衡量整个机构的性能并向公众传达有关机构性能的信息。这些计划面临的挑战是要找到有意义的进步衡量标准，使外行容易理解。图 23-11 所示为密苏里州 DOT 跟踪器报告中的图形，该图形说明了交通死亡和致伤的最新趋势。用 1~2 页的图表说明各种安全措施，可使机构迅速有效地向公众和决策者通报有关交通安全的趋势，使这些趋势透明化。

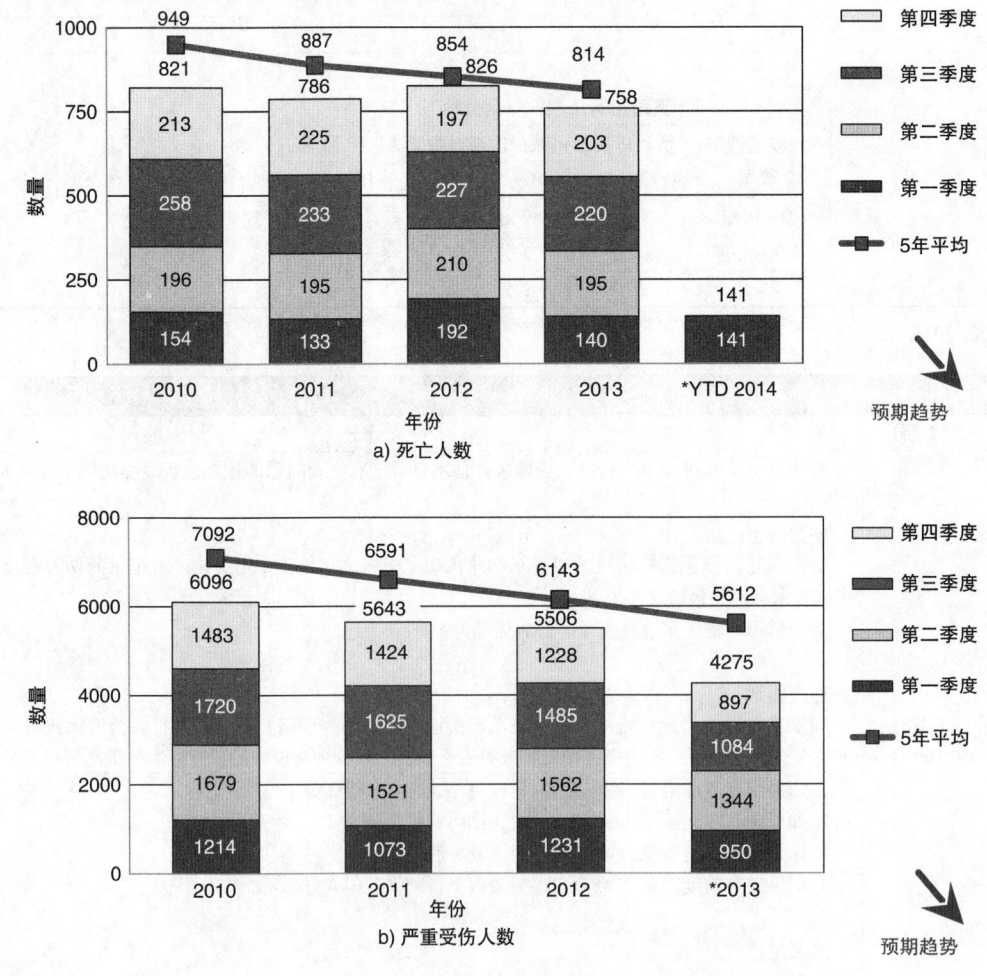

图 23-11　密苏里州交通部"追踪"的死亡和致残伤害报告

来源：MoDOT, 2014

23.6 公路安全手册

交通工程专业数十年来一直依赖《公路通行能力手册》作为最佳实践的权威手册之一。2010 年，AASHTO 编制了《公路安全手册》(HSM)，这是第一本用于识别和分析安全问题的手册（AASHTO，2010，2014）。HSM 的用途包括：

- 确定最有可能降低交通事故频率或严重程度的地点。
- 确定导致交通事故的因素，以及解决这些问题的潜在对策。
- 评估已实施的措施对减少交通事故的好处。
- 对改进项目进行经济评估，以确定优先级。
- 计算各种设计方案对交通事故频率和严重性的影响。
- 估计公路网中潜在的交通事故频率和严重程度，以及交通决策对交通事故的潜在影响（FHWA，2014）。

全面介绍 HSM 中的内容超出了本章的范围。但是，图 23-12 展示了该手册的组织方式和逻辑流程，从系统规划中的安全考虑到项目规划与基础工程，再到设计与施工，再到运营与维护。在规划阶段，该手册侧重于确定应考虑安全对策的地点和优先考虑此类对策的程序和方法。在项目规划级别，该手册介绍了用于识别特定项目交通事故模式的方法以及预测已实施对策的安全影响的方法。交通规划人员应充分了解这本重要手册中的方法和分析手段。

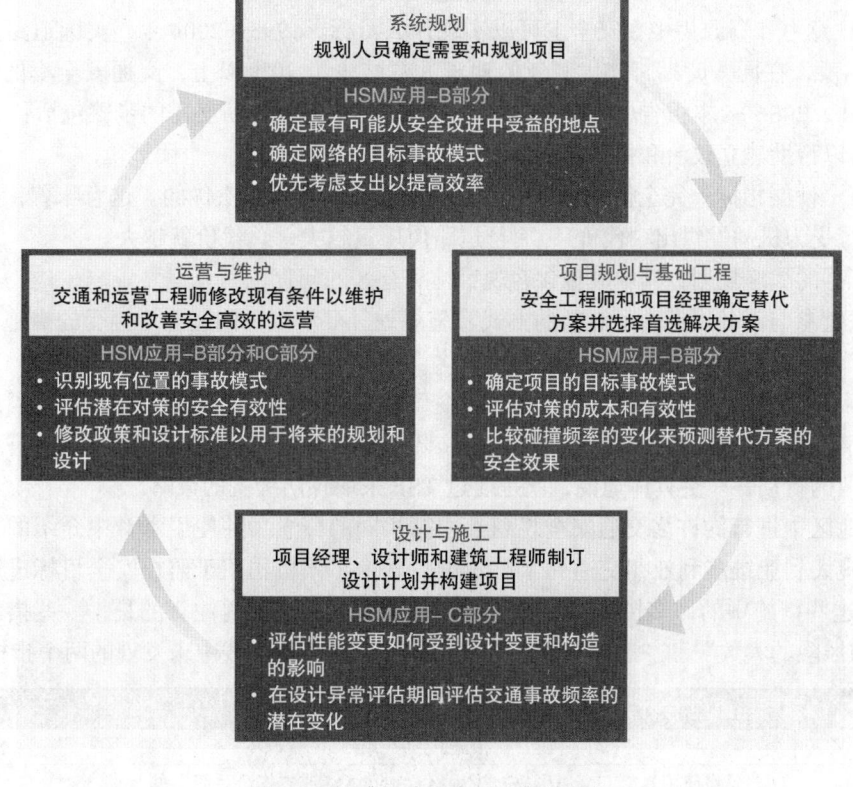

图 23-12 《公路安全手册》的架构

来源：FHWA, *HSM Fact Sheet*, http://safety.fhwa.dot.gov/hsm/factsheet/

23.7 交通安全规划与战略性公路安全规划的关系

鉴于各州需要制订一份 SHSP，有必要研究这项工作与前几节中描述的 TSP 过程之间的关系。这两个过程都是基于协作的结果，即①包括来自许多不同学科和利益的代表；②使用数据来识别事故高发地点；③分析并选择可提高交通安全性的规划和项目；④评估结果；⑤是全面的并解决安全问题的 4E，即工程、教育、执法和紧急医疗服务或应急响应。

TSP确保主要的交通规划产品——长期规划、TIP和STIP——在建议的政策、规划和项目中明确地解决安全问题。通过开发SHSP所需的合作，TSP有望影响其他机构的规划文化。STIP和TIP中的安全注意事项与"公路安全规划"、"HSIP"和"机动车辆安全规划"一起构成SHSP的一部分。该想法是将SHSP作为总括性文件，所有其他规划都将借鉴该规划进行安全性分析和策略布署。

　　SHSP为长期交通规划提供了基础，同时，规划中包含的安全政策与SHSP中的政策兼容。SHSP将提供满足交通规划的安全目标所需的信息，并且在长期规划和STIP/TIP中将包括面向安全的项目/规划。换句话说，交通规划将建立并纳入SHSP的组成部分，并实施交通规划的优先事项。

　　有些问题尚不清楚，例如，SHSP是否将解决多模式和全系统规划问题，或者其是否将只关注道路网。如果SHSP最初专注于道路网络，那么其可能只在开始阶段连接到交通规划过程，或者也可能在项目/方案选择阶段之后连接到交通规划过程。许多州将SHSP的重点放在多模式、全系统方法上，这是该要求的目的。

23.8　国际社会的经验教训

　　欧洲和澳大利亚的安全规划在减少道路网上的死亡人数方面处于世界领先地位。瑞典、荷兰和英国的人均道路交通事故死亡率是世界上最低的。澳大利亚紧随其后，并为美国提供了"有用的标准"，其部分原因是，澳大利亚也是一个联邦国家，但更主要的原因是，它是"新世界"的一部分。在这个"新世界"中，城市形态、区域发展和道路交通或多或少是同时发展的"（Washington et al., 2006）。来自澳大利亚维多利亚州的一个案例研究表明，将大量注意力和资源集中在安全上可以实现什么目标。1995—2004年，美国道路交通事故中丧生的人数增加了2%。相反，在同一时期，澳大利亚的遇难人数减少了20%以上，交通安全率的提高是美国的2~3倍（Washington et al., 2006）。本报告中确定的制订成功的道路安全规划所必需的步骤包括：

- 找到一个可以帮助建立政治和社区显著性的"引领者"（一个人或一个团体）。
- 引入交通安全性能指标。完全依靠每单位道路使用造成的死亡是次优的。这意味着，提高这一比率是一个充分的目标，并接受为机动性付出"代价"，而且道路使用量越大，总代价就越大。
- 制订基于证据的战略规划，其中应包含客观目标和有效的问责机制。
- 利用所有关键参与者并以综合、有效的方式实施规划。要解决的问题和可接受的措施范围将需要许多组织之间建成伙伴关系。

　　欧洲人和澳大利亚人都将安全策略的目标放在改变驾驶人的行为上，例如，主动实施酒后驾车计划、车速监控和驾驶人的教育。然而，欧洲的研究表明，进一步降低事故率需要将重点从驾驶人的行为主动性转变为使驾驶人更难发生事故的行动——更具体地说，就是通过TSP采取预防为主的策略。

　　在其他国家/地区中进行的许多交通安全规划都遵循相同的概念，并使用本章中介绍的相同分析方法。例如，表23-13来自澳大利亚维多利亚州交通局VicRoads，展示了该机构用于监控安全目标进展情况的性能指标类型。可以看出，这些措施中的许多措施都与美国任何一个州类似。值得注意的是，一些措施在美国几乎从未见过。例如，"承担风险的人数"和"感到安全的人数百分比"是美国实践中未发现的两个指标。

表23-13　澳大利亚维多利亚州使用的安全性能指标

指标	措施	数据环境
伤亡等级	·风险使用暴露、交通事故减少因素、ANRAM或"安全系统"的合规性 ·冲突点的频率	信息访问
火灾风险	·火灾风险等级（燃料负荷）	具体项目
伤亡事故发生频率	·按地点（交叉路口或道路长度）计算的人员伤亡事故数量 ·按类型（交叉路口、冲出道路、翻车）计算的人员伤亡数量 ·按使用者（行人、重型车辆、公共交通）计算的人员伤亡事故数量 ·每行驶1亿公里的伤亡事故数量	道路交通事故信息系统（Road Crash Information System，RCIS）/信息访问
人们承担风险的频率	·承担风险的人数（视觉计数）	具体项目
事故/危害响应时间	·以分钟为单位的平均响应时间 ·15分钟内处理或清除的事件百分比 ·在道路管理计划响应时间内管理危害的百分比	道路运营 具体项目

(续)

指标	措施	数据环境
步行和骑自行车进行本地出行	·步行和骑自行车进行本地出行的百分比 ·道路交叉口 20 米以内的道路交叉口数量	信息访问 具体项目
职业健康与安全风险	·使用"安全工作方法声明"评估的风险等级	具体项目
使用休息区	·重型车辆在指定时间内使用的休息区车位数量	具体项目
人们感到更安全	·感到更安全的人的百分比 ·在设施 20 米以内使用过街设施的人员百分比 ·收到安全投诉	具体项目
伤害风险（非碰撞）	·水污染水平（油、重金属和其他化学物质） ·关于水污染的投诉数量	具体项目
伤亡严重程度	·按地点（交叉路口或道路长度）计算的死亡事故和严重伤害事故的数量 ·按类型（交叉路口、冲出道路、翻车）计算的死亡事故和严重伤害事故的数量 ·按使用者（行人、重型车辆、公共交通）计算的死亡事故和严重伤害事故的数量	道路交通事故信息系统（RCIS）/信息 访问（行驶的车辆公里数）
交通事故等级（严重程度）	·风险使用暴露、交通事故减少因素、ANRAM 或"安全系统"的合规性 ·冲突点的频率	具体项目

来源：VicRoads, 2015

23.9 总结

交通安全一直被列为世界各地交通机构最重要的目标。然而，在许多国家，与道路交通相关的死亡人数持续增加，涉及驾驶人、乘客、行人和骑自行车者的交通事故仍然是世界上造成死亡的主要原因之一。在许多国家，如澳大利亚、英国、瑞典和荷兰，已通过积极执法、驾驶人培训和教育措施，成功减少了交通事故和死亡人数。在美国，政府计划已经实施多年，并将资源集中在这一严重问题上，但这项工作的大部分重点是针对特定安全的计划，而不是将安全纳入传统交通规划的方法。

交通规划者在州或地区的安全计划中扮演着至关重要的角色。他们参与了各级资本改善计划的初始步骤（例如州和 MPO 计划）。安全应该是交通规划过程的明确目标。因此，交通规划人员需要大力主张从多个不同角度审查交通的安全性。安全社区的合作模式、将安全性纳入规划文件，以及让规划人员参与 SHSP 的制订和实施等措施将鼓励当地官员在考虑基础设施项目和优先级时将安全作为重要因素。

最后，规划人员具有可以应用于安全分析的重要的专业知识。规划人员定期收集和分析数据，提出不同的解决方案，评估解决方案之间的优劣并进行取舍，确定最具成效和效率最高的方案，评估项目和计划的成果，并向正在进行的规划过程提供反馈。规划人员还可以通过向公众进行专业知识方面的普及，在规划过程中吸引更加广泛的参与者，例如非营利性安全组织、媒体和公众。这些方法能够为安全规划过程和安全利益相关者带来巨大价值，因为其中许多利益相关者未曾受过规划学科的培训或者具备相关的经验。

将安全性成功集成到规划过程中的几个关键点如下：

- 安全社区需要在交通规划过程中成为利益相关者。在确定资金标准和批准项目的过程中，交通代理商安全专家、应急响应和执法人员必须参与讨论。安全人员的参与可以更好地实现交通安全目标。同样，安全人员必须了解交通规划资金的批准流程，并且知道其中许多资金可用于解决他们的担忧。
- 需要通过改进分析工具和流程来梳理分析安全问题并记录安全改进带来的好处。应当着力提升整个数据链，从实地数据的收集到 DOT 和 MPO 的数据存储和处理，到制订交通事故预测方法，再到将安全分析纳入出行需求预测和模拟模型。
- 可能需要进行将安全问题纳入交通规划和项目开发各个方面的制度改革。这可能涉及组织结构的变化，使负责规划的人员和安全人员更紧密地联系在一起，或者跨机构进行更好的教育和培训。

以上要点的最终目标是使交通系统更安全，并减少每年过高的死伤人数。政策制订者已经通过联邦立法承认，将安全集成到规划过程中可以帮助实现这一目标。然而，只有交通、安全、教育、执法和应急服务部门共同努力，才能最终决定该目标是否能实现，别无他法。未来需要通过交通规划者、工程师、执法人员、安全专业人员以及其他人员协作，来共同设计和实施大胆、创新和全面的战略。为了取得更富成效的进展，在某些情况下有必要重构组织的优先事项和工作方法。

参考文献

American Association of State Highway and Transportation Officials. 2010. *Highway Safety Manual*, 1st ed. Washington, DC: AASHTO.

American Association of State Highway and Transportation Officials. 2014. *Highway Safety Manual Supplement*, 1st ed. Washington, DC: AASHTO.

Ahmed, S. 2011. *Transit Safety Management and Performance Measurement*, Report FTA-OK-26-7007.2011.1. Washington, DC: Federal Transit Administration. Accessed Feb. 14, 2016, from http://www.fta.dot.gov/documents/Transit_SMPM_Guidebook.pdf.

Blincoe, L. J., Miller, T. R., Zaloshnja, E., and Lawrence, B. A. 2014. *The economic and societal impact of motor vehicle crashes, 2010*, Report No. DOT HS 812 013. Washington, DC: National Highway Traffic Safety Administration, May. Accessed Feb. 12, 2016, from http://www-nrd.nhtsa.dot.gov/Pubs/812013.pdf.

Bonneson J. and K. Zimmerman. 2006. *Procedure for Using Accident Modification Factors in the Highway Design Process*, Report FHWA/TX-07/0-4703-P5. College Station, TX: Texas A&M University. Accessed Feb. 14, 2016, from http://d2dtl5nnlpfr0r.cloudfront.net/tti.tamu.edu/documents/0-4703-P5.pdf.

Booz, Allen, and Hamilton. 2013. *Tools and Practices for System Wide Safety Improvement, Gap Analysis Report*, Report Publication Number: FHWA-SA-13-033. Washington, DC: FHWA, July. Accessed Feb, 14, 2016, from http://safety.fhwa.dot.gov/tsp/fhwasa13033/fhwasa13033.pdf.

Campbell, S., D. Leach, K. Valentive, M. Coogan, M. Meyer, and C. Casgar. *From Handshake to Compact: Guidance to Foster Collaborative, Multimodal Decision-Making*, Transit Cooperative Research Program (TCRP) Report 106. Washington, DC: National Academy Press, 2005.

Cheyenne Metropolitan Planning Organization. 2008. *Cheyenne Transportation Safety Management Plan, New Frontiers in Safety*, Cheyenne, WY: Cheyenne MPO. Accessed Feb. 18, 2016, from http://www.plancheyenne.org/wp-content/uploads/2012/12/CheyenneTransportationSafetyManagementPlan.pdf.

Cleghorn, D., A. Clavelle, J. Boone, M. Masliah, and H. Levinson. 2009. *Improving Pedestrian and Motorist Safety Along Light Rail Alignments*, TCRP Report 137. Washington, DC: Transportation Research Board. Accessed on Feb. 14, 2016, from http://onlinepubs.trb.org/onlinepubs/tcrp/tcrp_rpt_137.pdf.

Denver Regional Council of Governments. 2015. *DRCOG TIP Project Evaluation Crash Reduction (Safety) Criteria Sample of Suggested Vehicle, Bicycle, and Pedestrian Crash Reduction Factors*. Denver, CO: DRCOG. Accessed on Feb, 14, 2016, from https://drcog.org/sites/drcog/files/resources/2012-2017%20TIP%20Policy%20-%20Amended%20March%202015.pdf.

Federal Highway Administration (FHWA). 2010. *Highway Safety Improvement (HSIP) Manual*, Report No. FHWA-SA-09-029, Jan., Section 4-3. Accessed Feb. 14, 2016, from http://safety.fhwa.dot.gov/hsip/resources/fhwasa09029/.

_____. 2011. *Integrating Road Safety into NEPA Analysis: A Primer for Safety and Environmental Professionals*, Report FHWA-SA-11-36, Washington, DC: FHWA. Accessed Feb. 16, 2016, from http://environment.fhwa.dot.gov/projdev/pd6rs_primer_foreword.asp.

_____. 2012. *Moving Ahead for Progress in the 21st Century Act (MAP-21), A Summary of Highway Provisions*. Washington, DC: Office of Policy and Governmental Affairs, July 17. Accessed Feb. 16, 2016, from http://www.fhwa.dot.gov/MAP21/summaryinfo.cfm.

_____. 2013a. *2012 Urban Congestion Trends, Operations: The Key to Reliable Travel*, Report FHWA-HOP-13-016. Washington, DC: FHWA. Accessed Feb. 12, 2016, from http://www.ops.fhwa.dot.gov/publications/fhwahop13016/fhwahop13016.pdf.

_____. 2013b. "ITS Deployment Analysis System (IDAS)." FHWA website. Accessed Feb. 14, 2016, from http://ops.fhwa.dot.gov/trafficanalysistools/idas.htm.

_____. 2014. "Highway Safety Manual Factsheet." FHWA website. Accessed Feb. 16, 2016, from http://safety.fhwa.dot.gov/hsm/factsheet/.

Fitzpatrick, K., J. Warner and M. Brewer, B. L. Bentzen, J. Barlow, and B. Sperry. 2015. *Guidebook on Pedestrian Crossings of Public Transit Rail Services*, Transit Cooperative Research Program Report 175. Washington, DC: Transportation Research Board. Accessed Feb. 16, 2016, from http://onlinepubs.trb.org/onlinepubs/tcrp/tcrp_rpt_175.pdf.

Governors Highway Safety Association. 2013. *Countermeasures that Work*, 7th ed. Washington, DC: GHSA. Accessed on Feb. 13, 2016, from http://www.nhtsa.gov/staticfiles/nti/pdf/811727.pdf.

Hampton Roads Transportation Planning Organization. Oct. 2013. *Hampton Roads Regional Safety Study*, Part I: *Crash Trends and Location*. Chesapeake, VA: Hampton Roads TPO. Accessed Feb. 10, 2016, from http://hrtpo.org/uploads/docs/HR%20Regional%20Safety%20Study%202013%20PART%20I%20Final%20Report.pdf.

_____. Oct. 2014. *Hampton Roads Regional Safety Study*, PART II: *Crash Countermeasures*. Chesapeake, VA: Hampton Roads TPO. Accessed Feb. 14, 2016, from http://www.hrtpo.org/uploads/docs/HR%20Regional%20Safety%20Study%202013-2014%20PART%20II%20Final%20Report.pdf.

Harkey, D., R. Srinivasan, J. Baek, F. Council, K. Eccles, N. Lefler, F. Gross, B. Persaud, C. Lyon, E. Hauer, and J. Bonneson. 2008. *Accident Modification Factors for ITS Improvements*, NCHRP Report 617. Washington, DC: Transportation Research Board. Accessed Feb. 14, 2016, from http://onlinepubs.trb.org/onlinepubs/nchrp/nchrp_rpt_617.pdf.

Hauer, E. 2002. *Observational Before-After Studies in Road Safety*. New York, NY: Pergamon Press Inc.

Hedlund, J. Aug., 2008. *Traffic Safety Performance Measures for States and Federal Agencies*, Report DOT HS 811 025. Washington, DC: U.S. DOT. Accessed Feb. 13, 2016, from http://www.nhtsa.gov/DOT/NHTSA/Traffic%20Injury%20Control/Articles/Associated%20Files/811025.pdf.

Herbel, S. B. 2001. "Safety Conscious Planning," Transportation Research E-circular, No. E-C025. Jan. Washington, DC: Transportation Research Board. Accessed Feb. 16, 2016, from http://onlinepubs.trb.org/onlinepubs/circulars/ec025.pdf.

Herbel, S., M. Meyer, B. Kleinern, and D. Gaines. 2008. *A Primer on Safety Performance Measures for the Transportation Planning Process*, Report FHWA-HEP-09-043. Washington, DC: Federal Highway Administration. Accessed Feb. 13, 2016, from http://safety.fhwa.dot.gov/tsp/fhwahep09043/toc.cfm.

Herbel, S. and N. Waldheim. May–June 2014. *Framework for Making Safe Transportation Decisions: Seven Principles for Prioritizing Safety*, TR NEWS 292. Washington, DC: Transportation Research Board.

Houston-Galveston Area Council. 2009. *The State of Safety in the Region*. Houston, TX: H-GAC. Accessed Feb. 10, 2016, from http://www.h-gac.com/taq/planning/documents/State%20of%20Safety%20Report%202009%20COMPLETE%20-%20070709.pdf.

_____. 2014. *Goals and Performance Measures*, Appendix E. 2040 RTP. Houston, TX: H-GAC. Accessed Feb. 18, 2016, from http://www.h-gac.com/taq/plan/2040/docs/Appendix%20E%20RTP%20Goals%20and%20Performance%20Measures%20Background.pdf.

Kentucky Transportation Cabinet. Undated. *Safety Analysis of I-69*, I-69 Corridor Planning Study. Frankfort, KY: Kentucky Transportation Cabinet. Accessed Feb. 16, 2016, from http://transportation.ky.gov/Planning/Planning%20Studies%20and%20Reports/i-69-interstateCH%203%20Operational%20Considerations.pdf.

Korve, H. et al. 2001. *Light Rail Service: Pedestrian and Vehicular Safety*, TCRP Report 69. Washington, DC: National Academy Press. Accessed Feb. 14, 2016, from http://www.tcrponline.org/PDFDocuments/tcrp_rpt_69.pdf.

Lefler, N. 2014. *Roadway Safety Data Interoperability Between Local and State Agencies*. NCHRP Synthesis 458. Washington DC: Transportation Research Board. Accessed March 2, 2016, from http://onlinepubs.trb.org/Onlinepubs/nchrp/nchrp_syn_458.pdf.

Levine, N. 2006. "Houston, Texas, Metropolitan Traffic Safety Planning Program." *Transportation Research Record: Journal of the Transportation Research Board*, No. 1969. Washington, DC: Transportation Research Board. pp. 92–100. Accessed on Feb. 12, 2016, from http://www.h-gac.com/taq/planning/documents/TRB%20paper%20on%20Houston%20Metropolitan%20Traffic%20Safety%20Planning%20Program%20vol%201969%20December%202006.pdf.

Maricopa Association of Governments. 2015. *2015 Strategic Transportation Safety Plan*, Draft Final Report. Phoenix, AZ: MAG. Accessed Feb. 17, 2016, from http://www.azmag.gov/Documents/STSP_2015-02-19_Draft-2015-Strategic-Transportation-Safety-Plan.pdf.

Metropolitan Planning Council. Undated. *States' Approaches to Transportation Project Prioritization Linking Policy, Planning and Programming*. Chicago, IL: MPC. Accessed Feb. 15, 2016, from http://www.metroplanning.org/uploads/cms/documents/NationalPractices.pdf.

Metropolitan Transportation Planning Organization for the Gainesville Urbanized Area. Dec. 31, 2013. *Incorporating Safety into Transportation Planning*, Gainesville, FL: Metropolitan TPO Gainesville Urbanized Area. Accessed Feb. 13, 2016, from http://ncfrpc.org/mtpo/publications/Safety/Incorporating_Safety_into_Transportation_Planning_dec13.pdf.

Minnesota Department of Transportation (MnDOT). 2003. *Statewide Transportation Plan*. St. Paul, MN: Minnesota Department of Transportation, Aug.

Meyer, M. 2005. "Presentation at the Safety Conscious Planning Forum," Macon, GA. May.

Missouri Department of Transportation. 2014. *Tracker, Measures of Departmental Performance*. Accessed Feb. 15, 2016, from http://www.modot.org/about/documents/April2014TrackerReduced.pdf.

National Highway Traffic Safety Administration. 2014. *2013 Motor Vehicle Crashes: Overview*, Report DOT HS 812 101, Dec. Washington, DC: NHTSA. Accessed Feb. 18, 2016, from http://www-nrd.nhtsa.dot.gov/Pubs/812101.pdf.

_____. 2015. *2013 Crash Overview*, Data Webinar, Jan. 13. Washington, DC: NHTSA. Accessed Feb. 12, 2016, from http://www-nrd.nhtsa.dot.gov/Pubs/13WPPP.pdf.

Oregon Department of Transportation. Oct. 20ll. *Transportation Safety Action Plan: An Element of the Oregon Transportation Plan*. Salem, OR: ODOT. Accessed Feb. 11, 2016, from http://www.oregon.gov/ODOT/TS/docs/tsap_revised_03-20-12.pdf.

Park, S., P. McTish, J. Holman, A. Giancola, and J. Davenport. 2016. *State Practices for Local Road Safety*, NCHRP Synthesis 486, Washington DC: Transportation Research Board. Accessed March 2, 2016, from http://onlinepubs.trb.org/onlinepubs/nchrp/nchrp_syn_486.pdf.

Puget Sound Regional Council. 2010. *Transportation 2040: Towards a Sustainable Transportation System*. Seattle, WA: PSRC. Accessed Feb. 12, 2016, from http://www.psrc.org/assets/4847/T2040FinalPlan.pdf.

Regional Transportation Commission. 2014a. *Washoe County 2035 Regional Transportation Plan*. Reno, NV: RTC. Accessed Feb. 18, 2016, from http://www.rtcwashoe.com/RTC2030/documents/Chapter%201%20Introduction_041913.pdf.

_____. 2014b. *Improving Safety*, Chapter 3, *Washoe County 2035 Regional Transportation Plan*. Reno, NV: RTC. Accessed Feb. 18, 2016, from http://www.rtcwashoe.com/RTC2030/documents/Chapter%203%20Improving%20Safety_041913.pdf.

_____. 2014c. *Monitoring Implementation and Performance*, Chapter 12, *Washoe County 2035 Regional Transportation Plan*. Reno, NV: RTC. Accessed Feb. 18, 2016, from http://www.rtcwashoe.com/RTC2030/documents/Chapter%2012%20Monitoring%20Implementation%20and%20Performance_041913.pdf.

Roberts, H., R. Retting, T.Webb, A. Colleary, B. Turner, X. Wang, R. Toussaint, G. Simpson, and C. White. 2015. *Improving Safety Culture in Public Transportation*, Transit Cooperative Research Program Report 174. Washington, DC: Transportation Research Board. Accessed Feb. 16, 2016, from http://onlinepubs.trb.org/onlinepubs/tcrp/tcrp_rpt_174.pdf.

South Central Planning and Development Commission. 2013. *South Central Regional Transportation Safety Plan*. Gray, LA: SCPDC. Accessed Feb. 10, 2016, from http://www.scpdc.org/wp-content/uploads/SCRTSP-Updated-Feb-2013_withAug2013Status.pdf.

Southeastern Michigan Council of Governments. June 20, 2013. *Creating Success with Our Transportation Assets: 2040 Regional Transportation Plan for Southeast Michigan*. Detroit, MI: SEMCOG.. Accessed Feb. 12, 2016, from http://www.semcog.org/Plans-for-the-Region/Transportation/Regional-Transportation-Plan-RTP.

Toward Zero Deaths. 2014. *Toward Zero Deaths: A National Strategy on Highway Safety*. Accessed Feb. 12, 2016, from http://www.towardzerodeaths.org/wp-content/uploads/TZD-Workshop-Summary.pdf.

Transportation Research Board. 2004–2006. *Guidance for Implementation of the AASHTO Strategic Highway Safety Plan*, NCHRP Report 500. Washington, DC: Transportation Research Board.

VicRoads. 2015. *Benefit Management Framework*, Version 2. Melbourne, Victoria, Australia: VicRoads. Accessed Feb. 16, 2016, from https://www.vicroads.vic.gov.au/planning-and-projects/evaluating-investments.

Washington, S., M. Meyer, I. van Schalkwyk, E. Dumbaugh, S. Mitra, and M. Zoll. 2006. *Incorporating Safety into Long-Range Transportation Planning*, NCHRP Report 546. Washington DC: Transportation Research Board. Accessed Feb. 13, 2016, from http://onlinepubs.trb.org/Onlinepubs/nchrp/nchrp_rpt_546.pdf.

第 24 章

公众参与

24.1　引言

在美国和许多其他国家，将公众参与纳入交通规划已有悠久的历史。在美国，许多人认为公众参与交通规划的开端是在 20 世纪 60 年代末，当时许多公众强烈反对在各城市建设城市高速公路（也称为"高速公路起义"）。随着公众团体越来越渴望被纳入影响其生活的政策决定中，各级政府都通过了立法，为公众提供参与规划和项目开发的机会。美国最值得一提的法律是 1969 年的《国家环境政策法》（National Environmental Policy Act，NEPA），其中要求对正在进行环境影响分析和审查的项目进行公开听证。如今，大量的立法历史已成为公民参与交通规划的法律和法规基础。交通规划人员需要了解这些法律要求，以确保规划过程和该过程的产物符合法律要求。

但是，除了法律观点外，在民主制度中为公众提供参与政府资助的规划和基础设施决策的机会也很有意义。这个想法在中美洲区域委员会（Mid-America Regional Council，MARC）（堪萨斯城都会区）公众参与规划的序言中得到了很好的说明。

> "公众参与是基于这样的信念，即生活受到交通规划和投资决策影响的人们有权参与决策过程并影响做出的选择。直接让公民参与这个过程，可以促进问题的成功解决，产生不同的声音和新想法，并使公众对已开发的解决方案拥有主人翁感"（MARC，2013）。

公众参与是双向的。公民不仅可以了解他们的社区正在计划什么，而且也有机会影响这些计划。在当今世界，社交媒体提供了越来越多的机会来与社区中发生的事情保持联系，这比以往任何时候都更加明显。

本章将介绍公众参与的定义；回顾要求公众参与交通规划和项目开发的美国联邦法律法规；描述公众参与规划（PPP），重点是 PPP 的目标和目的以及交通规划人员可以使用的大量策略和工具；并对项目开发层面的公众参与进行讨论。最后几节将介绍评估公众参与规划有效性的方法，并为那些希望提高其规划有效性的人提供一些"明智的建议"。

24.2　定义公众参与过程

美国的每个都市规划组织（MPO）和州交通部（DOT）必须有一个公众参与规划（PPP），该规划概述了在制订交通规划以及其他强制性规划和项目开发过程中公众参与的机会。例如，为促进市政道路项目而征用的土地（注意：有些人使用 PIP 来表示"公众参与规划"，本章将统一使用 PPP）。州 DOT 和 MPO 提供的一些公众参与的定义包括（另请参见 http://www.iap2.org）：

> "公众参与是与感兴趣和受影响的个人、组织、机构和政府实体进行协商并将其纳入决策过程的过程"（DVRPC，2007）。

> "公共参与为交通决策人员提供了社区见解，阐明了正在考虑的问题。社区的投入与技术数据、分析和专业知识一起，是帮助决策人员做出明智决定的重要的考虑因素"（Washington County Department of Land Use and Transportation，2015）。

"布劳沃德MPO的公众参与政策是为所有阶层的人们创造机会，让他们了解和反馈正在考虑的问题和建议，特别是那些受结果影响和/或有特殊需求的问题和建议。该政策为确保公众成为规划和决策过程中的重要参与者奠定了基础"（Broward County MPO, 2015）。

"蒙大拿州交通部将：①在项目的整个开发过程中，从规划、开发、初步工程批准到建设、运营和维护，向公众提供有用的、及时的信息；②积极寻求公众意见并纳入规划和项目开发过程；③促进有争议的问题的公开讨论；④回应意见和建议；⑤充分考虑公众意见，在资源和政策限制条件下，适当地将有用的想法纳入项目中"（Montana Department of Transportation, undated）。

"在规划和开发过程中，公众参与对科罗拉多州交通部（CDOT）的重要性在于：①允许公众向CDOT提供有价值的信息，以帮助指导规划和决策过程；②在相互信任的基础上建立CDOT与公众之间的持续关系；③通过向公众提供新信息来增加社区知识；④鼓励利益相关者积极参与规划或项目的开发；⑤提供反馈，帮助CDOT了解需要更多信息或存在误解的领域；⑥确定潜在的问题或需要额外的敏感性和公众教育的规划；⑦提供意见，以更好地告知其他未参加的人"（Colorado DOT, 2015）。

对公众参与的最好描述之一来自旧金山湾区的都市交通委员会（Metropolitan Transportation Commission, MTC），其公众参与规划采用了以下指导原则（MTC, 2015）。在公众参与的许多定义中都有（作者）强调的词语。

- 公众参与是一项*动态*活动，需要MTC组织各个级别的团队*合作*和*承诺*。
- 一种方法不能解决所有问题——*多元观点*的输入可以增强这一过程。
- 有效的公众宣传和参与需要与地方政府、利益相关者和咨询团体*建立关系*。
- 让感兴趣的人参与"区域"交通问题是具有挑战性的，但也是可能的，方法是使其具有*相关性*，*消除参与障碍*，并*简单地说出来*。
- *公开透明*的公众参与过程使所有社区有权参与*影响他们的决策*。所有社区都很重要！

在本章中，公众参与被定义为一个公开、透明地为规划和决策过程中各种观点提供机会的过程。因为它涉及人类行为，所以该过程必然是动态且灵活的。它依赖于与社区中主要利益相关者群体以及交通决策中代表性不足的利益相关者群体建立关系。规划人员可以为公众提供相关的有价值的机会，让他们发表意见，影响决策，并了解他们的意见是如何被考虑的。

法律法规要求

在美国，联邦法律和许多州法律要求公众参与交通规划和决策的机会。交通规划人员需要了解其管辖范围内适用于公众参与/外展活动的所有法律要求。许多州和较小的地区在自己的法律中重复了联邦公众参与的要求。以下是与公众参与和参与有关的更相关的联邦法律法规的讨论。请注意，这些法律与计划和项目级别的计划均相关，并且通常在计划或项目区域环境中包括受这些法律保护的人口时变得更加重要。

1. 交通法律和行政命令

《修复美国地面运输法案》（Fixing America's Surface Transportation Act, FAST）。该法律于2015年通过，修订了以前的所有运输法律，要求公众和其他利益相关者有机会参与交通规划过程。尤其是，该法律将公共港口和某些私人交通供应商（包括城际客车运营商和基于雇主的通勤计划）添加到利益相关方的清单中，MPO必须为其提供合理的机会来评论交通规划。

《迈向21世纪进程》（Moving Ahead for Progress in the 21st Century, MAP-21）。该法律于2012年通过，其中包含特定语言，概述了联邦对公众参与过程和项目的要求。MAP-21要求MPO为每个人提供合理的机会来评论交通规划。应纳入公众参与过程的个人和团体包括：公民、受影响的公共机构、公共交通机构雇员、货物托运人和承运人、私人交通供应商、公共交通乘客、行人、骑自行车者、残疾人和其他相关方。

《民权法案》，第六章（Civil Rights Act, Title VI）。1964年《民权法案》第六章禁止联邦机构和联邦资金的次级受助人因种族、肤色或国籍而受到歧视。随后的法律和总统行政命令在无歧视标准中增加了残疾、性别、年龄和收入状况。

第12898号行政命令（Executive Order 12898）：针对少数民族和低收入人群的环境公正联邦行动。该行政命令指示联邦机构识别和解决其规划、政策和活动对少数族裔和低收入人群造成的高度不利的人类健康或环境影响。它还规定，有必要向这些人群提供获取公共信息的机会，使公众有机会参与与人类健康或环境有关的事项。

第13166号行政命令（Executive Order 13166）：提升英语能力有限的人获得服务的机会。该行政命令要求联邦机构检查其提供的服务，确定对英语水平有限（LEP）的人的服务需求，并开发和实施一个系统来提供这些服务，以便LEP人员可以获得有意义的服务，如语言帮助。LEP指的是有限的读、说、写或理解英语的能力。该行政命令还要求联邦机构努力确保联邦财政援助的接受者能够有效地与其LEP申请人和受益人接触。

2. 非交通法律

《美国残疾人法案》（Americans With Disabilities Act，ADA）。1990年的《美国残疾人法案》（ADA）要求残疾人有平等的参与规划的机会，特别是参与辅助公共交通规划的机会。这些要求涉及外联（建立联系方式、邮寄名单和其他通知方式）、与残障人士协商、公众评论的机会、无障碍格式（例如，ASL手语翻译）、公开听证会、公众意见征询期内提出的重大问题的摘要，以及让残疾人参与的持续努力。

《国家环境政策法案》（National Environmental Policy Act，NEPA）。如前所述，从项目级规划的角度来看，NEPA是迄今为止最重要的法律。根据NEPA和联邦公路管理局（FHWA）的要求，州公众参与/公众听证程序必须规定：

- 协调公众参与活动和公开听证会，这是整个NEPA流程的一部分。
- 在项目开发过程中，公众应尽早和持续地参与到社会、经济和环境影响以及与个人、团体或机构搬迁相关的影响的识别中。
- 对于任何需要获取大量路权的联邦援助项目，州公路局应在方便的时间和地点举行一次或多次公开听证会或听证会。这些改变很大程度上连接着道路的布局或功能，会对邻接财产产生重大不利影响，或者会产生重大的社会、经济、环境或其他影响，或者FHWA认为公开听证会符合公共利益。
- 以合理的方式通知公众有关公开听证会或听证会的机会。此类通知将显示信息的可用性（例如，可在本地图书馆查看的计划）。通知还应提供符合其他法律、行政命令和法规的公众参与要求所需的信息（FHWA, undated）。

《国家历史保护法案》（National Historic Preservation Act）。该法案第106条要求相关机构就交通项目可能影响的历史遗产的宗教和/或文化意义与保留地进行协商。

3. 交通规划要求

当法规成为法律时，联邦机构可通过将关键要求纳入《联邦法规》（Code of Federal Regulations，CFR）来解释新的法律要求，其中第23篇与公路有关。联邦规章制度与规划人员在规划制订中采取的行动相对应。

- 23 CFR 450.210(a)(1)(ii)：向公众提供合理的技术和政策信息，以用于制订州范围内的长期交通规划和州范围内的交通改善规划。
- 23 CFR 450.210(a)(1)(iii)：提供足够的公众参与活动的公共通知，并为关键决策点的公众审查和评论提供时间，包括但不限于对拟议的全州范围内的长期交通规划交通规划和全州范围内的交通改善规划发表评论的合理机会。
- 23 CFR 450.210(a)(1)(iv)：在切实可行的最大范围内，确保公开会议在方便且可及的地点和时间举行。
- 23 CFR 450.210(a)(1)(v)：在切实可行的最大范围内，使用可视化技术描述拟议的全州长期交通规划和支持研究。
- 23 CFR 450.210(a)(1)(vi)：在切实可行的最大范围内，以适当的电子方式和手段（例如，万维网）公开信息，以提供合理的机会考虑公众信息。

- 23 CFR 450.210(a) (1) (vii)：在制订全州范围的长期交通规划和全州范围的交通改善规划期间，展示出对公众意见的明确考虑和回应。
- 23 CFR 450.210(a) (1) (viii)：要包括寻找和考虑那些传统上缺乏现有交通系统服务的人的需求的过程，例如，低收入和少数族裔家庭，他们可能面临就业和其他方面的挑战。
- 23 CFR 450.210(a) (1) (ix)：对公众参与过程的有效性进行定期审核，以确保该过程为所有利益相关方提供全面开放的访问渠道，并酌情对其进行修订。

4. NEPA 研究中的项目参与要求

- 23 CFR 771.111(a) (1)：与相关机构和公众进行早期协调，以帮助确定行动需要的环境审查文件的类型、文件的范围、分析水平以及相关的环境要求。这涉及从提出行动建议到准备环境审查文件的信息交流。
- 23 CFR 771.111(h) (2)：州公众参与／公开听证会程序必须规定以下几点。

1）将公众参与活动和公开听证会与整个 NEPA 流程进行协调。

2）在项目开发期间，为公众提供早期和持续的机会，使其参与社会、经济和环境影响以及与个人、团体或机构搬迁相关影响的识别。

3）对于或任何需要获取大量路权的联邦援助项目，州公路局应在方便的时间和地点举行一次或多次公开听证会或其他听证的机会。因为这类项目通常会在很大程度上改变连接着道路的布局或功能或正在改善的设施，会对邻接财产产生重大不利影响，或者对社会、经济、环境或其他方面有重大影响，或 FHWA 认为公开听证会符合公众利益。

4）向公众发出有关公开听证会或其机会的合理通知。此类通知将表明是否提供项目说明性信息。该通知还应提供符合其他法律、行政命令和法规的公众参与要求所需的信息。

5）在公开听证会上酌情解释以下信息：
① 该项目的目的、需求以及与其他任何本地城市规划目标的一致性。
② 项目的备选方案和主要设计特点。
③ 项目的社会、经济、环境及其他影响。
④ 动迁援助计划和通行权获取过程。
⑤ 州公路局接收公众口头和书面陈述的过程。

6）向 FHWA 提交每次公开听证的笔录，并提供所需听证或听证机会的证明。笔录将附有所有来自公众的书面声明的副本，无论是在公开听证会上还是在公开宣布的公开听证会期间提交的。

7）提供公众参与定义目的、需求和替代方案范围的机会，适用于 23 U.S.C.139 中项目开发过程规定的任何行动。

8）根据《美国法典》第 49 卷第 303 节（d）条的规定，对第 4（f）条 "最低限度影响调查结果" 进行公开通知和公开审查及评论的机会。

- 23 CFR 771.111(h) (4) (i)：FTA 计划中的资本援助申请者需要满足以下几点。

1）通过使公众参与活动（包括公开听证会、城镇会议和市政会议），并通过环境审查文件的范围界定过程征询公众的意见，实现公众对拟议项目的参与。根据 40 CFR 1506.6，可以使用电子或纸质媒体（例如，时事通讯、便条卡或电子邮件）向公众宣布项目节点／里程碑。对于需要 EIS 的项目，必须提早让公众参与，以明确行动的目的和必要性以及方案的范围，并在 EIS 草案发布期间举行公开听证会。对于实质上影响社区或其公共交通服务的其他项目，必须提供充分的机会进行公众审查和评论。

2）鼓励通过包括项目网站在内的公众可访问的电子方式发布和分发与环境审查过程相关的材料，包括但不限于 NEPA 文件、公开会议公告和会议记录。鼓励申请者在建设项目并开始运营之前，以电子方式向公众提供这些材料。

图 24-1 显示了位于弗吉尼亚州汉普顿路的 MPO 如何确定其公众参与规划中重要的法律和法规要求。

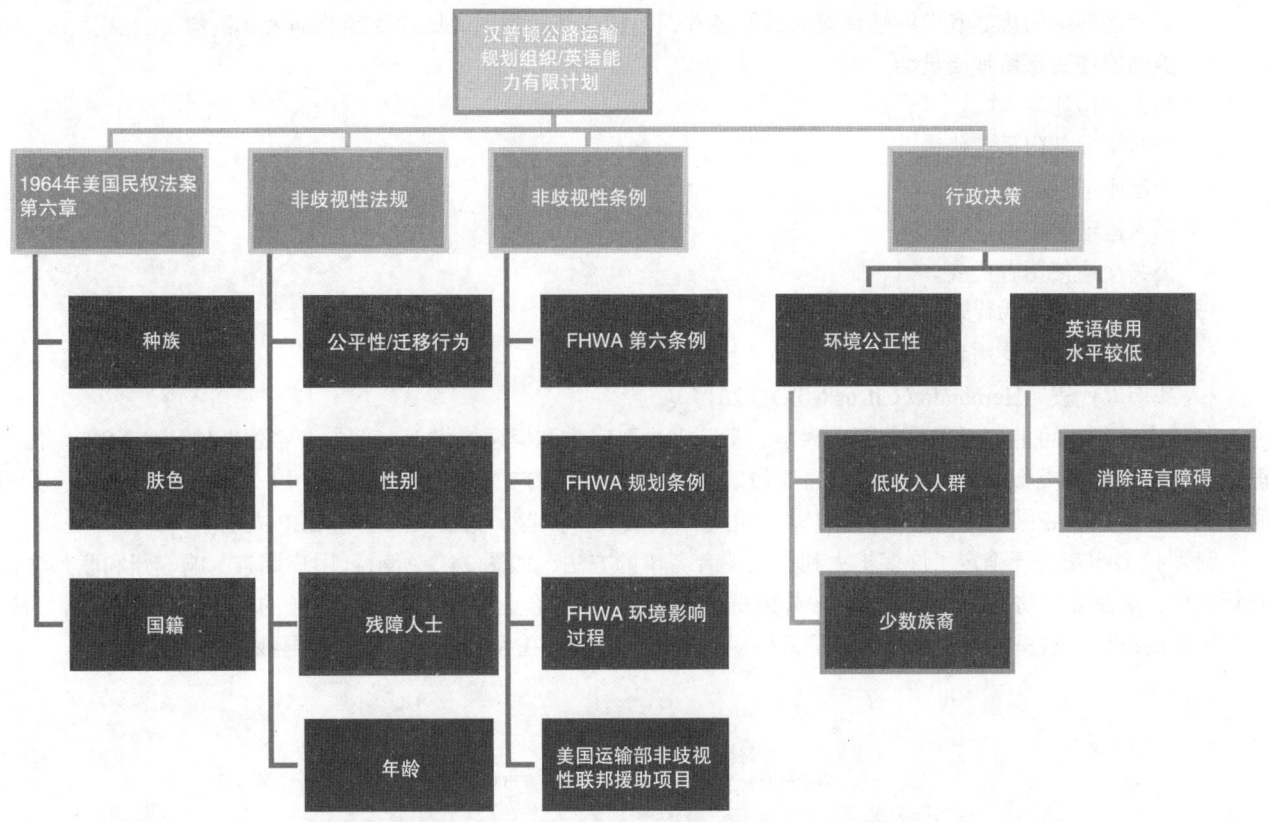

图 24-1　弗吉尼亚州汉普顿路 MPO 有关少数民族和英语能力有限的人群的法律法规

来源：HRTPO, 2013

24.3　了解公众及利益相关者

在讨论特定的公众参与方法和策略之前，首先要明确的问题是："谁应该参与交通规划过程？"规划人员需要接触的人包括公众、利益相关者、相关方和特定的目标人群。利益相关者可以定义为"与决策结果有利益关系的任何个人、个人团体、组织或政治实体"（IAP2, undated）。这些参与规划和决策过程的人将主要根据研究的地理区域来确定。

在某些情况下，法律和法规规定必须向谁提供参与规划和决策的机会（请参阅上面有关 MAP-21 的讨论）。在其他情况下，由规划机构或规划人员确定关键参与者应该是谁。技术和互联网搜索功能极大地改变了确定利益相关者的任务。此外，某些软件程序（如 SalesForce）允许按兴趣区域、组织和邮政编码对人员进行更有效的跟踪和分类。它还使人们能够从更具战略性的视角来看待参与度。例如，明尼苏达州双城的都市委员会将利益相关者定义为关心或可能受到委员会行动影响的人、团体或组织（MetCouncil, 2010）。佛罗里达州的 Hernando / Citrus MPO 确定了以下主要利益相关者：

- 当选官员。
- 地方政府工作人员。
- 运输机构（港口、机场、公共交通等）。
- 执法和应急服务管理、应急行动中心、商会和经济发展机构。
- 本地媒体（电视、广播、印刷品等）。
- 业主协会。
- 公民团体。
- 特殊利益集团（其他利益方）。
- 图书馆（供公众展示）。
- 负责土地使用管理、自然资源、环境保护、文物保护和历史保护以及其他环境问题的联邦、州和地方机构。

- 对交通网络的规划和发展感兴趣的其他各方，包括在交通规划区域内受影响的公共机构。
- 美国原住民保留地委员会。
- 私人货运托运人。
- 公共交通部门员工代表。
- 货运服务供应商。
- 私人运输供应商。
- 公共交通使用者代表。
- 人行道使用者的代表。
- 骑行交通设施使用者的代表。
- 残疾人代表（Hernando / Citrus MPO，2014）。

其他主要组织可能包括卫生部门、大学、学区、主要雇主和娱乐提供者。例如，希尔斯伯勒县 MPO（佛罗里达州坦帕市）的类似清单还包括公众、学校、家长教师协会（PTA）、社区发展公司、商会、专业组织、其他商业实体、应急服务供应商、老年人看护者、儿童和残疾人看护者、低收入人士和 LEP 人士。

科罗拉多州交通部确定了许多扩大利益相关者名单的方法，如图 24-2 所示：用户调查，响应州和联邦法律的新要求，联系业主协会、邻里团体、户外爱好者 / 环保团体、企业界、为老年人服务的机构、教育机构和为残疾人服务的机构。这里的主要观察结果是，科罗拉多州交通部正在为其规划过程积极寻找新的参与者。

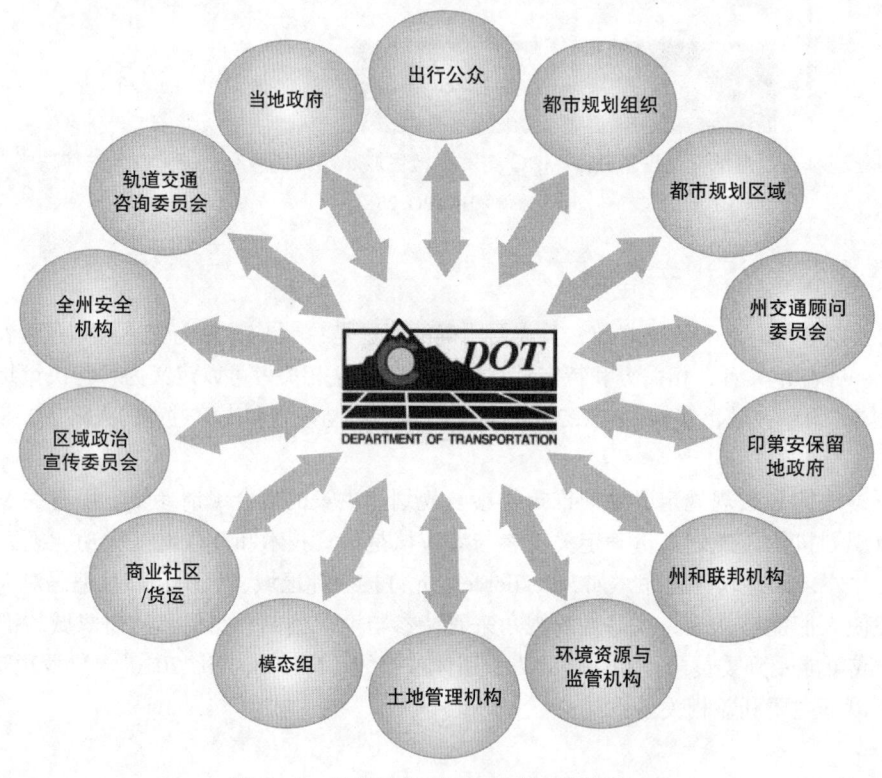

图 24-2 科罗拉多州交通部的利益相关者

来源：Colorado DOT, 2015

其他交通机构为其公众参与活动寻求的目标人群如图 24-3 所示。从图中可以看出，大多数交通机构（超过 50%）的目标是现有乘客、临时乘客、残疾人和老年人。表 24-1 展示了所报告的信息来源，有 45 个被调查的交通机构使用这些信息来识别潜在的交通规划活动参与者。

知道邀请谁参加规划过程是重要的第一步。但是，了解什么因素可以促使人们参与，以及可能存在的感知障碍也很重要。中美洲区域委员会（密苏里州堪萨斯市）进行的一项公众参与调查确定了人们选择不参与交通运输问题的 6 个原因，见表 24-2。

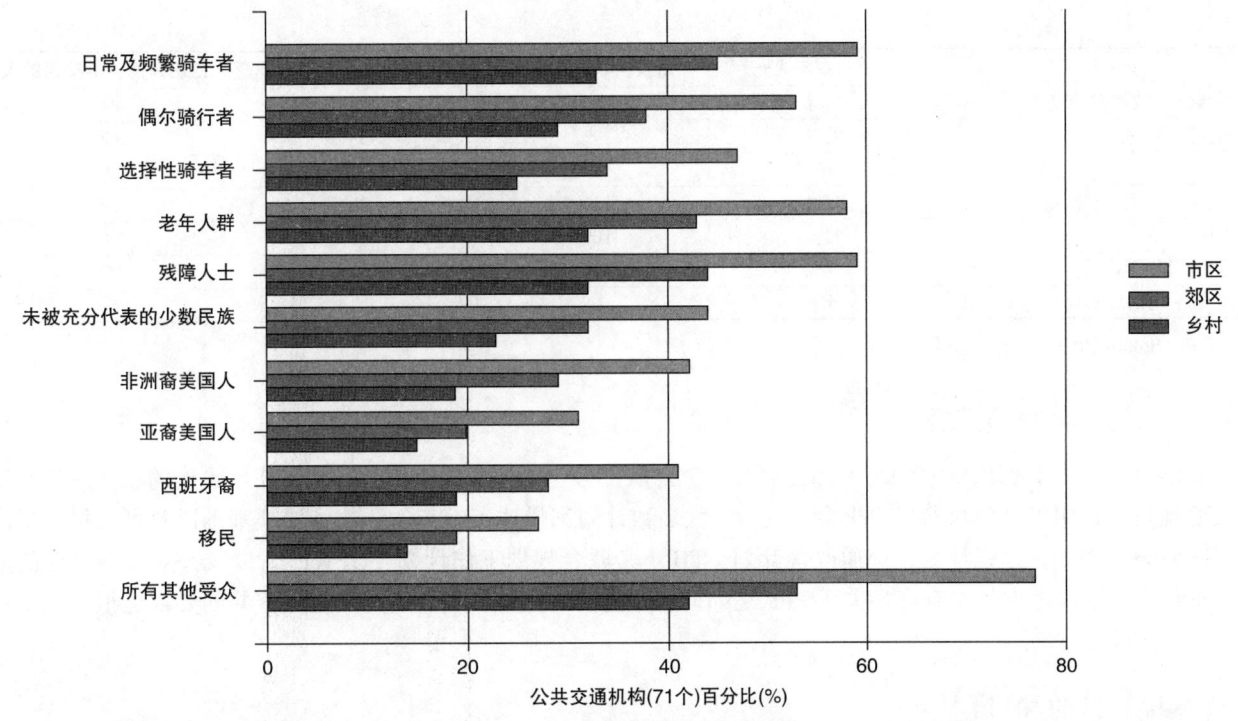

图 24-3　公众参与活动的目标受众

来源：Simon and Simon, 2014, Reproduced with permission of the Transportation Research Board.

表 24-1　交通供应商用于确定目标受众的信息来源	
信息来源	机构数量（共45家）
客户调查	27
乘客统计	25
规划研究	22
人力服务机构	19
历史数据	16
人口普查数据	15
焦点小组	9
票价数据	8

来源：Giering, 2011, Reproduced with permission of the Transportation Research Board.

表 24-2　堪萨斯城未参加公众参与活动的原因	
排名	原因
1	我不知道如何或何时参与
2	我认为决策是在不公开的情况下做出的
3	我认为我的意见无关紧要
4	会议地点或时间对我来说不方便
5	我不明白这些问题
6	我认为这些问题不会对我个人造成影响

来源：MARC, 2013

在当今的社交媒体世界中，了解人们如何获取信息以及如何解释这些信息也很重要。表24-3展示了最近一项关于不同人群如何使用手机的研究的统计数据。在制订一种策略以吸引研究区域中不同公众的策略时，此类信息可能会很有用。

表 24-3　2010年按人群划分的移动数据应用使用量				
活动	所有成年人	白人，非西班牙裔	非裔美国人，非西班牙裔	西班牙裔，讲英语的人
拥有一部手机	82%	80%	87%	87%
拍照	76%	75%	76%	83%
发送/接收短信	72%	68%	79%	83%
连接网络	38%	33%	46%	51%
发送/接收电子邮件	34%	30%	41%	47%
玩游戏	34%	29%	51%	46%
录制影片	34%	29%	48%	45%
播放音乐	33%	26%	52%	49%

活动	所有成年人	白人，非西班牙裔	非裔美国人，非西班牙裔	西班牙裔，讲英语的人
发送/接收即时消息	30%	23%	44%	49%
使用社交网站	23%	19%	33%	36%
观看影片	20%	15%	27%	33%
在线发布照片或视频	15%	13%	20%	25%
购买产品	11%	10%	13%	18%
使用状态更新服务	10%	8%	13%	15%
手机平均活跃次数	4.3	3.8	5.4	5.8

来源：Smith, 2010

24.4 公众参与规划

如前所述，每个 MPO 和州 DOT 都必须有一个公众参与规划（PPP）。PPP 必须描述该机构的总体战略，以在交通规划过程中提供公众参与的机会。其中，大多数计划都描述了参与的法律和法规基础以及可交付成果的计划时间表，例如，远程计划、交通改善计划（TIP）和联合规划工作计划（UPWP），以及公众参与机会的时机。本章末尾的参考文献中有许多关于 PPP 是如何组织的优秀示例。PPP 还有其他一些共同要素也很重要，这些将在下面进行讨论。

公众参与的目的和目标

PPP 应阐明公众参与过程的目的和目标。目的反映了期望的结果，而目标则反映了如何实现目的的详细说明。有许多 PPP 目的和目标的例子，其中大多数都提供了类似的预期结果。例如，以下目标清单来自俄勒冈州华盛顿县：

1）提供易于理解、及时且分布广泛的有关交通系统、规划和项目的一般信息。

2）帮助居民了解交通系统规划、项目选择、项目开发、设计和施工过程，以及他们如何保持知情或参与其中。

3）帮助纳税人了解他们的税金与县的各种交通规划和项目之间的关系。

4）鼓励并为利益相关者和公众提供机会，就交通系统、项目设计特点以及减轻潜在社区影响等问题提出有意义的意见。

5）为所有可能受影响的利益相关者提供公平访问相关信息的机会。这可能涉及通过口头或书面语言翻译或其他替代格式提供信息，或者是与基于社区的组织合作以使历史上服务欠缺的社区参与进来。

6）提供计划和特定项目的信息，其中可能包括项目需求、目标和约束；工作范围；时间表；资金来源；土地使用申请书和其他许可证状态（如果适用）；以及施工影响（如果适用）。

7）就相关的公开听证会、公开会议、开放日和评论期提供足够的提前通知。公开听证会通常有适用的现有通知要求。某些规划可能有适用的现有通知要求。在没有规定的通知要求的情况下，最好是提前 30 天通知，最少应该提前 15 天通知。

8）为公众意见征询期提供足够的时间。对于其他正式征求公众意见的交通规划或流程，建议 30 天的意见征询期为佳，最短意见征询期应为 15 天。

9）确保以书面形式记录公众意见，并以摘要形式（如有需要，逐字记录）提供给决策人员，以在关键决策之前进行考虑（Washington County Department of Land Use &Transportation, 2015）。

表 24-4 展示了来自多个 MPO 的目标陈述如何与不同的通用目标类别相关联。例如，"意识"是指旨在提高公众对交通规划或特定交通规划的认识的公众参与规划。"多样化"意味着鼓励一系列人口群体的参与，特别是代表性不足的社区的参与。表格中的所有 MPO 都有明确的目标，以提高公众对其社区所面临的交通问题以及规划项目本身的认识。其他目标反映了各个机构对每个目标的重视程度。

人们应该仔细解读表 24-4，不能因为某一特定类别缺少一个目标，就推断 MPO 不知道或不关心公众参与的这一方面。这只表示目标类别不是 MPO 的 PPP 总体目标声明的一部分。该表提供了可以视为 PPP 流程一部分的不同类型目标的快照。

表 24-4 按类别选定 MPO 列出的公众参与目标示例

	圣地亚哥, SANDAG (2011年)	亚特兰大, ARC (2015年)	堪萨斯城, MARC (2013年)	新泽西州北部, NJTPA (2007年)	佛罗里达州布罗沃德 MPO (2015年)	特拉华州威尔明顿, WILMAPCO (2010年)
意识	提高人们对2050年RTP的认识,将其作为该地区交通系统的最新蓝图,以提高人们的生活质量并满足未来的出行需求	在努力吸引公众参与以及规划人员、决策人员和民选官员分享项目成果方面保持高度的可见性	通知和教育公众	提供足够的机会,使NJTPA与公众就交通规划问题进行有意义的双向讨论	向公众通报交通会议、问题和其他相关事件。公众需要意识到他们在交通规划和决策过程中的作用	向居民、受影响的机构和有关方面广泛传播清晰、完整和及时的信息
公众投入	为公众提供更多机会,以提供有关2050年RTP及其SCS的意见,这是显州气候变化法规要求的2050年RTP的新功能	通过定期向参与者汇报,对参与者负责,并为所有感兴趣的个人提供一种方法,让他们随时了解并参与规划				创建一个开放的双向公众参与流程,以确保居民、机构和有兴趣居住的各方充分参与区域交通规划
对话	就圣地亚哥地区面临的交通挑战展开对话	设计一种社区参与策略以社区为基础的小型论坛、大型公共论坛和在线参与机会	吸引公众,并鼓励继续参与	使用一系列工具促进NJTPA与公众之间的及时、创新和信息丰富的双向教育		使公众尽早并持续参与交通规划、项目和方案的制订
多样化	开发切实可行的解决方案并纳入大规划,以解决该地区居民、访客和商人的多样化出行需求	与其他组织和机构合作,以最大限度地参与,并重点关注规划过程中代表性不足的群体	伸出援手,建立联系	不断努力吸引在新泽西州北部和中部生活、工作和出行的人们的多样化和广泛代表	将所有社区纳入规划区域,以便宣传并强调那些代表性不足和/或服务不足的社区	
对结果的影响	对2050年RTP中概述的交通改善建立公众支持		使用输入来制订政策、规划和方案	促进直接的对话,同更多公众对话,以增强公众对该区域交通规划和决策的影响		
评价		评估活动的有效性,必要时修改计划以达到预期的结果	评估公众参与策略	定期评估和提高NJTPA的公众参与度,以确保公众参与该地区交通规划和决策过程具有显著的影响	通过确定和纳入新的工具和策略来改善公众参与过程	
合规				维护有关MPO公众参与责任的联邦和州法律、法规和准则的文字和精神		

第24章 公众参与·935

特拉华州威尔明顿市 MPO（WILMAPCO）的目的和目标声明就是一个示例，该组织将其第一个目标确定为"向居民、受影响的机构和有关方面广泛传播清晰、完整和及时的信息"（WILMAPCO，2010）。下面是其他一些更具体的目标：

- *目标 1* ——WILMAPCO 将确定代表广泛社区利益的组织和个人，并鼓励他们参与交通规划过程。
- *目标 2* ——WILMAPCO 将与社区中的组织发展关系并建立伙伴关系。WILMAPCO 服务并利用这些伙伴系来加深其成员和选民之间对 WILMAPCO 的使命和活动的了解。
- *目标 3* ——将公众参与活动与其他类似计划进行协调，以在最大限度地减少公共时间需求的同时，充分利用人才和资源。
- *目标 4* ——信息将通过各种媒体传播。
- *目标 5* ——交通规划信息将以通俗易懂的语言和语境传达。

PPP 的另一个常见组成部分是对理想的公众参与过程的理想特征的说明。例如，科罗拉多州交通部公众参与计列出了以下"原则"，代表了其理想的公众参与过程的理想特征：

- 及早和持续参与。
- 及时准确的信息。
- 各种形式的信息可访问性，包括视觉/印刷、电子和口头信息。
- 传统上服务不足社区的参与。
- 合理地参加会议。
- 多样化的方法，提供交流的灵活性和创新性。
- 及时充分的通知。
- 加强利益相关者的关系。
- 纳入公众意见。
- 及时回应。
- 就公众参与过程的有效性和任何拟议的变更进行过程审查。

更多公众参与的目的和目标的例子，可以参考相关文献（WILMAPCO, 2010; MARC, 2013; Hillsborough County MPO, 2014a; Hernando/Citrus MPO, 2014; Boston Region MPO, 2014）。

24.5 公众参与的方法和途径

PPP 的主要目的是确定机构将使用的策略、方法和工具的类型，以为公众提供参与交通规划过程的机会。不仅要确定将使用哪种类型的策略，而且还要确定在哪种情况和目标受众中最适合应用这些策略。例如，表 24-5 展示了丹佛区域政府委员会（DRCOG）的主要规划活动，以及为每种活动提供的机会和方法的类型。这并不是说这些将是唯一可以使用的方法。相反，它确定了 DRCOG 认为适合规划活动的公众参与方法的主要类型。

表 24-5 丹佛主要规划活动和公众参与方法

活动	干系方	机会与方法
都市远景规划和都市远景区域交通规划	DRCOG	在整个开发过程的关键时刻举办公共利益论坛；DRCOG 委员会审查和建议；通过和修订之前的公开听证和意见征询期；工作人员利用研讨会、演讲稿，调查问卷、网站技术等与社区和组织保持联系
交通因素和步行/骑行因素	DRCOG	特设委员会或工作组；DRCOG 委员会的审查和建议；通过网站和电子邮件通知征集评论和意见；采纳之前的公开听证和意见征询期
战略规划或专题规划文件	DRCOG	利益相关者和从业者工作组；DRCOG 委员会的审查和建议；在委员会讨论和董事会采取行动之前，将文件草案发布在网站上
交通改善规划	DRCOG、地方政府、科罗拉多州交通部（CDOT）和区域交通区（RTD）	项目发起人在社区中就特定项目进行公众宣传；DRCOG 委员会的审查和建议；在采用新的 TIP 或需要符合性调查的 TIP 修正案之前举行公开听证会；在委员会讨论和董事会采取行动之前，将所有修正案发布在网站上
主要通道/分区研究	CDOT、RTD、DRCOG、地方政府	研究区域的工作队/委员会和公开会议；在相关社区举行的会议；其他外联活动（例如，时事通讯、网站、评论表）

(续)

活动	干系方	机会与方法
项目发展	实施管辖权	工作组／委员会和／或项目区域中的关键决策点上的公开会议
RTP 和 TIP 的一致性	DRCOG	DRCOG 委员会的审查和建议；关于符合性调查结果草案的公开听证会
统一规划工作方案	DRCOG、CDOT、RTD	定期举行交通论坛，以确定关键的规划任务；DRCOG 委员会的审查和建议

来源：DRCOG, 2010

进行有效的公众参与过程的一部分过程是了解哪种类型的策略和方法可能是最有效的。为了做出这样的决定，一些 MPO 对其研究区域的居民进行调查。这些调查询问了有关公众参与活动以及哪种类型的信息资源最有效或最无效的问题。表 24-6 和表 24-7 是在此类调查中收集的信息类型的示例。这项调查是由密苏里州堪萨斯城的中美洲区域委员会进行的，它是 MARC PPP 正式评估程序的一部分（请参阅下文）。

公众参与规划可以考虑许多不同的策略和方法，详细内容可以参考相关文献（Context Sensitive Solutions.org, 2005; Morris 和 Fragala, 2010; National Center for Mobility Management; FHWA, undated）。特别有用的指南来自 Hillsborough County MPO（2012），该指南中的表格位于本章的附录中。

以下按字母顺序列出了常见的策略和方法，但并未说明用于公共宣传时的优先次序。此外，社交媒体技术将在下一部分中进行讨论，并直接从列表中排除。重要的是，与地方政府和其他机构合作可以帮助确定有效的推广方法。国际公众参与协会（IAP2）已开发出详细的工具矩阵（IAP2, undated），而 FHWA 已出版了一份出版物——《公众参与交通决策》，提供了有用的汇编工具（FHWA, undated）。

咨询小组。交通机构指定的一个本地或区域性小组，为规划过程提供意见。这些小组有时也被称为咨询委员会、工作组、地方或区域协调委员会或者其他类似名称。一个例子是费城的 DVRPC 公众参与工作组，其由指定成员和一般会员组成。该工作组的任务是提供对区域规划和决策过程的持续访问、审查当前问题、充当 DVRPC 给该区域内的组织和社区传递信息的渠道，并协助委员会实施公共宣传策略。代表 DVRPC 董事会的市和县成员任命了该工作组的成员。

图 24-4 所示为咨询委员会的另一个例子，以及它如何在制度上适应 MPO 的治理结构。该图显示了丹佛 DRCOG 的交通咨询委员会（Transportation Advisory Committee，TAC）。TAC 有 29 个成员，分别代表当地县、科罗拉多州交通部、区域交通区（Regional Transit District，RTD）、区域空气质量委员会（Regional Air Quality Council，RAQC）、环境利益、货运利益、交通需求管理（Transportation Demand Management，TDM）和非机动交通利益、老龄化社区利益、非 RTD 交通利益、航空利益、商业／经济发展利益以及 FHWA／FTA 的工作代表。

表 24-6 参与区域交通问题的最佳方法（堪萨斯城）

排名	选择	占比
1	送到家的书面调查	50%
2	互联网讨论论坛	19%
3	附近或教堂的非正式会议	18%
4	市政厅公开会议	7%
5	其他	6%

来源：MARC, 2013

表 24-7 就区域交通问题进行沟通的最佳方法以及可以参与其中的方法（堪萨斯城）

排名	选择	其他
1	电子邮件	口耳相传、市政府网站、学校、公共交通机构的网站、CNN 等
2	堪萨斯城报纸	
3	邮寄	
4	电视	
5	无线电广播	
6	互联网站点	
7	城市或社区通讯	
8	其他当地报纸	
9	中美洲区域委员会	
10	电话	
11	其他	

来源：MARC, 2013

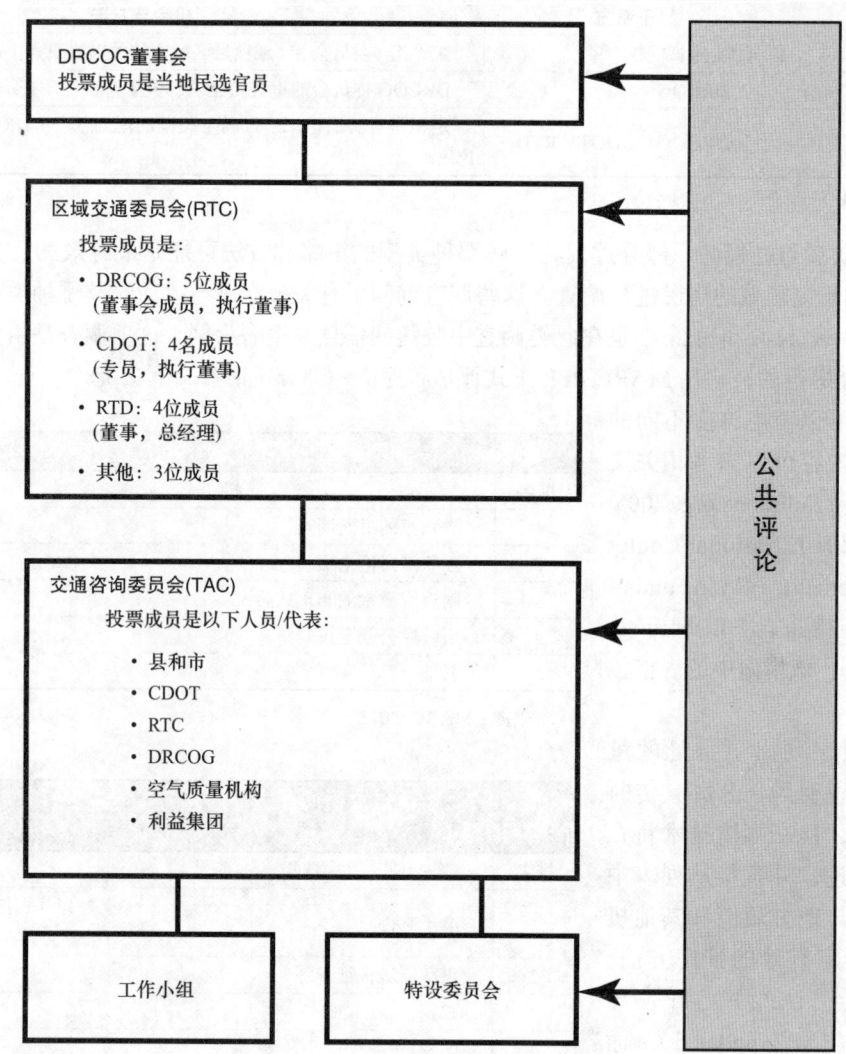

图 24-4　丹佛交通咨询委员会架构

来源：DRCOG，2010

基于社区的宣传。交通机构与社区组织之间的关系，使现有社区组织参与传播规划信息和主持论坛。在圣地亚哥就是一个很好的例子，该地区的 MPO SANDAG 向 8 个社区团体提供了资金以进行宣传，特别是在传统上不参与区域公共政策规划的社区。参与团体的类型包括残疾人宣传团体、宗教团体、西班牙裔社区合作组织、成人保健中心和商业协会。

社区参与团队。由当地代表和相关交通机构担任顾问的团队，专注于特定问题或利益。

社区参与圆桌会议。公民咨询小组的一种形式，充当公众舆论的发声委员会。圆桌会议正式审查规划并向 MPO 提出建议。佛罗里达州布劳沃德县的社区参与圆桌会议（Community Involvement Roundtable，CIR）就是一个例子，这是一个由 45 名成员组成的 MPO 公民咨询小组，其成员由董事会决定。

社区推广。在聚会场所/社区节日提供信息和/或工作人员，以传播项目信息并与公众接触。这种方法对于吸引多样化的受众非常有用。

概况介绍。提供有关 MPO 政策、规划和项目的摘要信息的论文或小册子。概况介绍可以作为社区推广的一部分进行分发（请参见上面的社区推广）。

焦点小组。代表研究区域社会人口统计学特征的一组随机选择的个体。这些人被有针对性地问及对交通机构很重要的问题。通常，该机构的代表会观察整个过程，并在会议期间向小组提出问题。典型的焦点小组人数

为8~15人，包括足够多的代表来收集各种观点，不需要太多的人，以至于有些与会者无法表达自己的意见。

互动投票。电子投票装置用于征求有关各种交通问题的一系列问题的答案。电子键盘记录参与者的回答，并以图形化的方式将其投影到屏幕上，从而为讨论和即时捕获公众意见提供机会。智能手机应用程序和手机短信也可用于即时轮询和投票。

跨学科团队。一个由不同类型的技能和专业知识组成的团队，用于特定的研究。这些团队有时被称为多学科团队。

"邀请我们过来。" 要求交通倡导团体、专业组织、交通公平组织和其他此类团体邀请员工参加定期安排的会议，讨论对他们来说很重要的交通问题。MPO工作人员在波士顿参加本地会议、做报告、回答问题和收集评论时，已经使用了这种方法。

主要利益相关者访谈。使用预定的标准问题来采访研究中的关键人物或群体。向每个参与者提出类似的问题，以便比较答案。

给予英语水平有限者群体的援助。提供口译和笔译服务，以满足英语水平不高的人口群体的需求。通过现代语言协会（MLA）语言地图以及美国人口普查提供的地理地图数据，可以识别主要说其他语言的居民所在的地区。

地方协调委员会。由交通机构任命的成员担任特定团体的正式代表，例如，老龄化、儿童福利、退伍军人事务和学校。例如，在佛罗里达州，佛罗里达交通弱势群体委员会（Florida Commission for the Transportation Disadvantaged，FCTD）为那些因身体或精神残疾、收入状况或年龄而无法自己乘车或购买交通工具以获取医疗保健、就业、教育、购物、社交活动或其他维持生命活动的人提供交通服务。此援助由地方协调委员会（Local Coordinating Boards，LCB）提供建议。

本地媒体联系人。与本地媒体建立联系。可以使用多种策略来使本地媒体对研究感兴趣，包括新闻发布、邀请记者参加新闻简讯、与社论人员会面、撰写意见/评论、展示广告、使用少数媒体渠道发布新闻、邀请演讲者参与广播/电视脱口秀，并在广播和电视上使用公共服务公告。媒体工具包是一种向众多记者传播有关项目的事实和信息的方法。该工具包可能包含拟议项目的地图或可视化图，以及包括使项目新闻有价值的独特或有趣方面的概况介绍。该工具包可以是印刷的，也可以是电子的。媒体工具包是供记者逐字逐句使用的快速便捷的参考工具，从而避免了潜在的错误信息。

邮件/传单。专门为研究准备的材料，提供有关当前状态的信息，并提供有关居民如何参与该过程的信息。其他交通机构也与社区组织合作，以分发文件或通过电子邮件发送目标数据库列表。

集中会议。当地公民或社区负责人为社区内的团体主持会议，会议材料作为独立的工具包准备。集中会议提供了会议所需的一切。主办方负责邀请与会者并确保会议地点的安全，会议地点可以是学校、私人住宅或其他集会地点。另外，主办方还负责反馈会议结果以及任何评论或注释（Colorado DOT，2015）。

移动参与网站。流动信息中心通常使用某种形式的车辆（如公共汽车）为该地区的不同部分提供会议和互动空间。位于俄克拉荷马州塔尔萨的印度国家政府委员会（Indian Nations Council of Governments，INCOG）是成功利用该策略的一个很好的例子。作为交通规划研究的一部分，INCOG规划人员在4个月内乘公共汽车去了12个不同辖区的117个车站。BC（不列颠哥伦比亚省）交通公司的未来公共汽车同样用于在社区活动和主要公共交通节点上征求意见。

时事通讯。无论是印刷形式和/或电子形式，定期发送到目标邮件列表的新闻通讯都可以为研究利益相关者提供最新信息。人们还可以获取全部或部分新闻通讯，并提交文章以在社区/企业新闻通讯中发表。

民意调查/调查。通过电话、邮件回复、基于网络或面对面调查收集广泛问题的信息。该数据源的可信度取决于采样策略以及与数据收集相关的质量控制（请参见第2章）。

公开听证会。作为项目开发的一部分，需要正式的法律程序，以及根据听证要求举行的其他会议。在项目开发中，符合NEPA定义标准的项目通常需要举行公开听证会，例如，完成环境影响声明（EIS）草案。听证会可能包括描述性陈述，而且所有人都必须让公众有机会对项目/拟议的行动发表评论。由法庭记者或录音设备在听证会上记录对公共记录的评论。通常在听证会之前或之后的意见征询期间收集公开记录的意见，该意见征询期必须持续标准的预定天数。

公开会议。不受法律程序规程的约束，但旨在传播计划信息并征询公众意见的会议或一系列会议。这些会议可以视需要在受影响区域的任何地方举行。堪萨斯城的 MPO 发现，当讨论成为组织会议的一部分（例如，基督教青年会、社区协会和扶轮社）时，公民更愿意参加交通讨论。如果可行，则交通机构应考虑共同主办此类会议，以最大限度地提高潜在参与度。

情景工具。该工具可让用户尝试各种选择、查看影响和结果以及提供有关其偏好的输入。场景测试可以在线或在会议上进行。这使公众对如何做出艰难的选择有了更好的理解（即基于平衡各种计划要素的总体收益和成本）。在圣地亚哥，地区交通规划草案发布后，使用了基于网络的交互式可视化工具，该工具以视觉方式展示了该计划草案中的优先事项、投资、交通系统以及其他关键要素和概念。该工具还包括英文和西班牙文的基于网络的表格，供公众提交意见。

讲师团。接受过标准演示和回答问题技巧培训的人员。这些演讲者被邀请参加社区会议或其他小组的研究议程。项目团队可能需要向小组"推销"演示文稿，而不是等待邀请。这可以通过确定社区团体并与他们联系来实现。

技术咨询委员会。一个由非 MPO／DOT 机构技术人员代表组成的咨询委员会。一个例子是位于佛罗里达州布劳沃德县的完整街道技术咨询委员会，该委员会为当地机构提供技术援助和资源。其成员包括当地市政当局、布劳沃德县政府、佛罗里达州交通部的工作人员以及非传统交通机构，例如，布劳沃德地区健康规划委员会、智慧成长伙伴关系、布劳沃德基督青年会和佛罗里达州卫生部。

电话市政厅。"市政厅"使用电话对交通改善或其他问题的大量参与者进行民意调查。科罗拉多州 DOT 使用的电话市政厅允许参与者通过电话向 DOT 工作人员提问。

值得信赖的倡导者。具有与其社区的紧密联系、社区参与背景以及有能力在社区内进行宣传和教育的个人。受信任的领导者也可以被称为意见领袖或拥护者。参与的方法包括一对一访谈、挨家挨户调研、讨论（在人流密集的地点或活动上摆桌子）、厨房餐桌会议／家访、小组会议和社区聚会。该策略已在明尼苏达州的双子城和华盛顿州的西雅图获得了巨大成功。

视频。制作用于教育公众和传播交通信息的视频，例如，描述规划过程中的步骤。这些视频通常放置在社交媒体网站上。

可视化。交互式地图、图片和／或显示器，有助于提高对现有或拟议的交通规划和项目的了解。

研讨会。具有固定议程的会议，通常包括研讨会参与者的参与。这些研讨会主要针对特定问题（例如，该地区的场景规划），通常由受过培训的主持人协助进行。他们可以向现有的团体和组织提供定制的演示文稿，并且可以与社区团体、商业协会等共同主办。研讨会使用的工具类型可以是公开讨论会、问答会议、分组讨论（针对多个主题的小组讨论）、互动练习、海报会议和专家研讨会。研讨会使用可视化技术来激发参与者的互动，例如，地图、图表、插图和照片、台式显示器和模型、网站内容和互动游戏、电子投票以及 PowerPoint 幻灯片放映。

如前所述，交通机构通常制订有针对性的规划，以吸引少数群体、老年人和残疾人参加规划过程。由于各种原因，这些群体参与规划工作极具挑战性。表 24-8 展示了来自科罗拉多州交通部的已报告的有关这些群体所面对的其他障碍的示例数据。只要提供针对群体的帮助，上述许多策略都是使这些群体参与交通规划的相关手段，例如，翻译、无障碍会议地点、前往会议地点的出行等。

表 24-8 科罗拉多州交通部（CDOT）确定公众参与的障碍

障碍	方法	CDOT 如何解决障碍
文化	研究文化、习俗、语言和社区风格 确定具有不同文化背景的员工，有助于改善联系和沟通 确定并联系当地社区组织和领导人	与 CDOT 的机会均等中心积极合作，通过文化培训和与当地社区领袖的联系来减少文化障碍
语言	确定社区双语者 确保资料使用能代表会议或外展地点的语言 提供口译员	与 CDOT 的机会均等中心积极合作，根据 13166 号行政命令"改善英语水平有限的人们获得服务的机会"，请内部口译员协助解决规划过程中的语言障碍。特别是，CDOT 在提供西班牙语网页和主要文档方面进行了改进

障碍	方法	CDOT 如何解决障碍
行动（和其他）障碍	确保设施便利 为残障人士提供大字体或盲文的材料 使用手语翻译 在会议上提供助听器放大器和其他助听设备 使用电信设备通过电话与有听力障碍的人进行通信	CDOT 员工会注意到其中个人请求协助参与规划和设计过程的任何电话或其他形式的沟通。这包括但不限于开会（符合修订后的《美国残疾人法案》）或使用盲文或大字体的会议材料
经济 / 收入	在方便的时间和地点安排会议或面对面的互动 通过当地社区成员或当地餐饮提供小吃 提供儿童看护服务 为参加会议提供财政激励	CDOT 从多模式可达性和会议时间的角度考虑会议地点，这不仅有助于为与会者提供便利，而且还可以在适当的情况下提供点心和儿童看护服务

来源：CDOT, 2015

Simon 和 Simon（2014）对交通研究委员会进行了一项研究，研究交通机构可以采取哪些类型的措施来鼓励残疾人、老年人和少数群体参与规划过程。他们发现，交通机构为受众群体使用了以下主要技术：

残疾人——咨询委员会，与宣传组织和残疾人组织以及交通机构咨询委员会的正式成员联系。

非裔美国人——与社区和邻里组织、教堂和社区领袖联系，并扩展到目标交通中心。

西班牙裔美国人——与社区和邻里组织的联系、媒体的使用、双语工作人员以及与交通中心的联系。

亚裔美国人——与社区和邻里组织的联系以及与目标交通中心的联系。

英语能力有限（LEP）小组——与社区和邻里组织、双语工作人员、少数媒体机构和翻译材料的联系。使其他移民参与的技巧包括与社区组织的联系、宣传组织的使用以及与社会服务机构的联系。

报告还建议，需要特别注意准备有利于这些群体参加的会议环境。此类元素包括实际操作演示、多语言翻、手语翻译、无身体障碍的 ADA 兼容场所、儿童看护、茶点、可通过公共交通工具到达的场所，以及以参与者能够理解的格式和媒介反馈给参与者。

24.6 技术及社交媒体角色的演变

新技术极大地影响了公众参与的方法和策略：
- 每个州的 DOT 和 MPO 都有一个网站，其中包含有关交通规划、计划和项目的信息。
- 即时通讯和信息门户为各机构提供了有吸引力的、具有成本效益的快速分发信息的方法。
- 新的可视化技术为规划人员提供了说明和解释概念的能力，这些概念是拟议规划和项目设计的基础。

社交网络 / 媒体被定义为任何当前的电子通讯形式，例如，聊天消息、文本消息和社交网站。Giering（2011）指出："随着社交媒体作为公众参与工具的重要性日益提高，从业者正在寻找关于使用什么、何时使用和如何使用的方向。这是一个快速发展的领域，需要一种深思熟虑的方法来研究社交媒体的益处、适用于社交媒体的概念、围绕其法律和隐私问题，以及它是否会改善公众参与的总体结果。"

基于新技术的一个方法示例是众包。众包是一种解决问题的方法，发起人从具有特定主题的专业知识或兴趣的人那里在线寻求意见。参与者提供可以被其他人分享和完善的观点和想法（同样是在线的），这为众包提供了一套策略或行动，这些策略或行动已经过最了解该主题的人的审查（Gazillo et al., 2013）。例如，按计划的细分进行众包推广可以向社区成员询问最想要的设施。按照这一思路，可以根据迄今收到的输入量身定制在线调查，以筛选最重要的答案并添加新的选择。众包本质上是一种动态调查，它根据公众的反馈和输入而变化。

Bregman（2012）对 35 个公共交通机构进行了调查，以找出最常用的社交媒体平台。调查发现，最常用的平台是：
- 博客或网络日志，个人或组织经常在其中发布有关特定主题的评论或新闻，并邀请他人发表评论和反馈。
- 鼓励会员相互联系的社交和专业网站，例如 Facebook、LinkedIn 和 GovLoop。
- 微博网站，主要是 Twitter，允许用户发布评论和网页链接。
- 媒体和文档共享站点，成员可以在其中发布和共享视频剪辑（YouTube）、文档（Scribd）和照片（Flickr）。

- 地理定位应用程序，如 Foursquare，它使用户可以与社交网络的其他成员共享他们的位置，并获得用于登录站点的虚拟"徽章"。

调查还发现了其他一些有趣的发现：
- 人员的可用性是采用社交媒体的最大障碍。
- 由于私人和专业沟通之间的界线越来越模糊，公共和私营部门机构必须解决员工使用社交媒体的问题（也许是不适当的使用）。
- 担心社交媒体会增加受挫乘客和不满员工的批评。
- 尽管在过去几年中，残疾人的互联网访问已大大改善，但是社交媒体应用程序已经落后，它们严重依赖于图形、视频和用户生成的内容，这给可访问性带来了挑战。
- 有关网络威胁和用户隐私的担忧。

该调查的其他一些结果见表 24-9~ 表 24-11。

表 24-12 显示了截至 2013 年，MARC 如何将社交媒体用于其交通规划的过程。从表中可以看出，MARC 主要使用 Facebook 和 Twitter 进行社交媒体推广。

州交通部也一直在积极寻求新技术以提高公众参与度。美国国家公路和交通官员协会（AASHTO）最新的州交通部调查（2014）显示，只有一个州报告其社交媒体计划未使用社交媒体技术（AASHTO，2014）。Facebook 和 Twitter 是排名最靠前的 2 个媒体，视频和照片共享程序的使用量显著增加。在 2014 年，州交通部平均有 16 个人致力于其通信团队。

表 24-9 提供的信息类型和所使用的社交媒体应用程序（美国公共交通机构）

平台	Twitter	Facebook	Blog	YouTube	LinkedIn
机构新闻	86%	80%	37%	23%	3%
服务警报	77%	49%	9%	3%	0%
比赛和促销	69%	77%	23%	17%	0%
会议和活动通知	66%	71%	31%	3%	3%
服务信息	63%	69%	29%	20%	9%
新闻稿和声明	63%	60%	23%	9%	3%
其他新闻	57%	63%	31%	14%	3%
专题报道	31%	57%	40%	29%	0%
工作清单	20%	23%	3%	0%	14%
公开听证会评论	11%	26%	20%	9%	0%
其他	11%	17%	6%	14%	3%

注：允许多个响应。响应以响应机构总数的百分比表示（$n = 35$）。
来源：Bregman, 2012, Reproduced with permission of the Transportation Research Board.

表 24-10 美国公共交通机构的社交媒体目标的重要性

目标	序号	不重要	有点重要	重要	非常重要	加权平均值
与现有的乘客交流	33	0%	0%	3%	97%	4.0
提高客户满意度	33	0%	6%	9%	85%	3.8
改善机构形象	33	0%	6%	18%	76%	3.7
接触潜在的乘客	32	0%	9%	22%	69%	3.6
分发实时服务信息	32	3%	13%	19%	66%	3.5
加强社区支持	33	0%	12%	21%	67%	3.5
分发常规服务信息	33	3%	6%	45%	45%	3.3
增加客流量	33	3%	15%	30%	52%	3.3
获得项目反馈	32	3%	19%	31%	47%	3.2
节省资金	29	17%	31%	24%	28%	2.6
招聘并留住员工	29	38%	41%	17%	3%	1.9

注：百分比基于回答问题的机构数量。使用四分制从响应中计算出加权平均值。
来源：Bregman, 2012, Reproduced with permission of the Transportation Research Board.

表 24-11 社交媒体对选民影响的有效性（美国公共交通机构）

目标	序号	无效	略有效果	有效	非常有效	加权平均值
日常乘客	31	0%	10%	55%	35%	3.3
年轻人	29	0%	14%	48%	38%	3.2
学生	30	0%	20%	40%	40%	3.2
外部利益相关者	26	0%	27%	50%	23%	3.0
机构员工	16	0%	25%	63%	13%	2.9
少数族裔	18	0%	33%	61%	6%	2.7
残疾人	21	5%	33%	57%	5%	2.6
低收入社区	18	0%	61%	28%	11%	2.5
老年人	23	17%	48%	30%	4%	2.2

注：百分比基于回答问题的机构数量。使用四分制从响应中计算出加权平均值。
来源：Bregman, 2012, Reproduced with permission of the Transportation Research Board.

表 24-12 堪萨斯城的社交媒体平台和信息传播

社交媒体平台	账户名称/句柄	内容
Facebook	www.facebook.com/MARCKCMetro	MARC 的一般内容，包括与交通有关的更新和通知
	www.facebook.com/rideshareKC	Rideshare 程序信息、警报等
	www.facebook.com/airQKC	空气质量计划更新、警报和偶尔的交通信息
Twitter	www.twitter.com/MARCKCMetro@ MARCMetroKC	MARC 的一般内容，包括与交通有关的更新和通知
	www.twitter.com/MARCKCMetro@MARCKCTrans	与常规 MARC 交通相关的更新和通知
	www.twitter.com/KCSmartMoves@KCSmartMoves	区域交通活动、项目更新和会议通知
	www.twitter.com/AirQKC@AirQKC	空气质量计划的更新、警报和偶尔的交通信息

来源：MARC, 2013

要注意的是，社交媒体平台发展如此之快，以至于当今使用的主要技术应用可能会在将来被新的和更高级的应用所取代。因此，交通规划人员需要了解通过互联网进行交互的最新方式。鼓励读者访问社交媒体上的 Pew 研究中心计划，以获取有关社交媒体使用的最新信息（http://www.pewresearch.org/topics/social-media/2015）。该站点（截至 2015 年）上一些可用的信息包括：

- 总体而言，成年人中有 85% 是互联网用户，67% 是智能手机用户。
- 36% 的智能手机用户使用诸如 WhatsApp、Kik 或 iMessage 等即时通讯应用，17% 的智能手机用户使用 Snapchat 或 Wickr 等能自动删除已发送消息的应用程序。
- 在 18~29 岁的智能手机用户中，有一半（49%）使用消息收发应用程序。
- 从 2014 年 9 月—2015 年 4 月，每天使用各自站点的 Instagram、Pinterest 和 LinkedIn 用户的比例显著增加。59% 的 Instagram 用户，27% 的 Pinterest 用户和 22% 的 LinkedIn 用户每天都会访问这些平台。
- Facebook 仍然是最受欢迎的社交媒体网站——72% 的成年网民是 Facebook 用户，占美国成年网民总数的 62%。大约 82% 的 18~29 岁的成年网民使用 Facebook；在 30~49 岁的受访者中，有 79% 的人选择了 Facebook；50~64 岁的受访者中，有 64% 的人选择了 Facebook；65 岁及以上的受访者中，有 48% 的人选择了 Facebook。Facebook 仍然拥有最活跃的用户——70% 的用户每天登录，其中每天登录几次的用户占 43%。
- Instagram 继续受到非白人和年轻人的欢迎：在 18~29 岁的成年网民中，有 55% 的人使用 Instagram；47% 的非洲裔美国人和 38% 的西班牙裔人也使用 Instagram。此外，女性网民仍然比男性网民更有可能成为 Instagram 用户（分别为 31% 和 24%）。
- LinkedIn 是唯一一个在 30~49 岁的人群中使用率高于 18~29 岁人群的主流社交媒体平台。大学毕业的成年网民中，有 46% 是 LinkedIn 用户，而拥有高中或以下文凭的成年网民中，这一比例仅为 9%（Pew Research Center，2015）。

随着其他社交媒体技术的上线，州 DOT 和 MPO 将不得不不断探索如何在交通规划过程中有效使用新功能。可以参考一些文献资料（Brabham, 2013; Barron et al., 2013）和相关网站（www.nepaandsocialmedia.com）。

24.7 公众参与和项目开发

如前文所述，用于项目规划和开发的公众参与活动使用非常相似的策略和工具。但是，有两个主要区别。首先，激励个人帮助制订一个为期25年的规划是一项挑战。许多潜在的参与者没有看到长期规划与他们的日常生活有关。但是，在NEPA以及其他联邦和州法律的监管下，公众参与的项目开发过程，尤其是正在进行环境分析的过程，通常将重点放在个人可以与之联系的非常具体的概念和影响上。他们知道拟议的道路或交通路线在哪里；他们知道受影响的社区；他们了解该项目可能带来的好处。因此，尽管互动可能会引起更多争议，但更容易吸引公众对特定项目规划和项目开发的兴趣。其次，在拟议项目的重要性足以进行环境分析的情况下，联邦和州法律还将要求进行正式的公开听证会，这对该机构如何回应公众意见具有法律意义。

下面介绍一些项目级公众参与的例子。请注意，在每种情况下，本地环境、影响程度和其他因素都会影响出行工具的选择。

暖泉区 BART 扩展，海湾地区，加利福尼亚州

该项目将从南部的现有车站到弗里蒙特市暖泉区的新车站增加 5.4 英里的新轨道，从而将 BART 的服务范围扩展到南部的阿拉米达县（BART，2015）。这项研究的公众参与活动包括：

- 在暖泉集水区和旧金山举行 5 次外展活动。
- 来自 BART 第六章和环境公正（Title VI / EJ）咨询委员会的意见。
- 对温泉镇居民以及现有乘客的调查。
- 以英语、西班牙语、越南语和印地语提供多语言咨询服务/邮件服务（包括会议翻译服务）。
- BART 车站展示的多语种传单的超大副本。
- BART 网站公告并发布了 Title VI 权益分析草案。
- BART 社交媒体公告（Twitter）。
- BART 车站用英语撰写的 BART 旅客公告（带有标准标语，以西班牙语、越南语、中文和韩语提供更多信息）。
- 每天在整个区域的所有 BART 站的 BART 目的地标志系统（DSS）上广播 7500 次公告，并在选定的车站广播有针对性的信息。
- 在当地民族媒体上刊登广告。
- 通过电子邮件将通知发送给 400 多个本地社区团体和公民组织。
- 通过 GovDelivery 向 Warm Springs Project 电子邮件订阅者列表上的大约 5200 个收件人发送电子邮件通知。

弗吉尼亚海滩延伸交通研究，汉普顿道路交通管理局，弗吉尼亚

汉普顿道路交通管理局（Hampton Roads Transit Authority）正在研究改善服务于弗吉尼亚州弗吉尼亚海滩市区的交通通道。这项研究着眼于多种交通改善方案，例如，开发轻轨延伸线、快速公交线路、改善公共汽车服务或无所作为（HRT，2010）。该项目的公众参与活动包括：

- 时事通讯。
- 电子邮件项目更新。
- 新闻稿和新闻文章。
- 重大项目新闻和会议的 Twitter 消息。
- Facebook 页面。
- 社区和商业组织的演讲。
- 公共访问有线频道演示。
- 公开会议和听证会。
- 站区车间。
- 利益相关者访谈。
- 社区咨询委员会。

用于项目开发的公众参与工具，华盛顿县，俄勒冈州

俄勒冈州华盛顿县土地使用和交通部（2015）已制订了一套指南，供公众参与项目开发过程中的项目。用于项目开发的公众参与工具和策略可能包括以下内容：

- 电子订阅（电子邮件列表）和/或相关方列表，以通知相关方。
- 将项目更新打印并通过电子邮件发送到相关方列表（可能包括明信片）。
- 公民参与组织（CPO）和其他社区会议。
- 印刷和电子通讯（县和 CPO 通讯）。
- 项目现场的项目信息标志。
- 包含相关文件的项目网站。
- 社交媒体更新。
- 重大项目里程碑的媒体发布。
- 开放日。
- 公民参与组织（CPO）和其他社区会议。
- 项目焦点小组或社区咨询委员会，专责选定对社区产生重大影响的项目。

对于重大项目，美国商务部要求通过公众参与规划，其中包括本章前面各节中介绍的所有步骤。

24.8 如何衡量有效性

Giering（2011）将交通行业经验与公众参与策略相结合，他指出："在所有参与这项工作的机构中，综合公众参与最困难的方面之一是定义'成功'。各机构之间需要并且希望以一种可用于收益成本分析的方式来量化公众参与的产出和结果。但是，没有一致的方法出现。"定义成功的一种方法是在过程中尽早确定单个公众参与策略的特定目标。以下是评估圣地亚哥一项项目的公众参与规划的指标：

- 将项目网站的点击量从 2380 次的基准提高 10%。
- 在通道中 5 个交通繁忙的位置显示项目信息。
- 通过讲师团计划进行 30 次演讲。
- 分发 3 期《中海岸电子新闻热点》。
- 参加 3 个社区活动。
- 发布 3 个新闻稿。
- 组织有 15 位参与者的详细介绍会。
- 举行 3 次沿海中部通道交通项目工作组会议。
- 在范围界定期间举行 5 次范围界定会议。
- 在补充环境影响研究草案/后续环境影响报告（SEIS/SEIR）公众评审期间举行 4 次公开听证会/会议（SANDAG，2010）。

不过，数量多少并不代表质量好坏，能够区分数量与质量是很重要的。发言人在办公室进行了 30 场演讲，但没有说明这些演讲在告知、教育、激励或鼓励听众方面效果如何。

在某种程度上，北新泽西州交通规划管理局（NJTPA）（2007）在其 PPP 中确定了不同公众参与战略的预期成果，并认可了这一点。例如，其目标"提供足够的机会，在 NJTPA 和公众之间就交通规划问题进行有意义的双向讨论"，以及举行公开会议、通过互联网传播信息以及与媒体互动的策略与以下结果相关：

1）在 NJTPA 规划过程中，更多的公众人士、民选官员和其他利益相关者参与其中。
2）中央工作人员和董事会更充分地与公众互动。
3）公众对 NJTPA 工作的重要性有了更多的了解，并且公众对交通决策过程的信任度和可信度更高。
4）有更好的机会就该地区的艰难决策达成共识。

这些都是值得称赞的结果，但它们仅仅依赖于相对的或定性的陈述，而没有说明如何评估每项战略的成功。

PPP 评估的主要挑战是建立一个系统的评估框架，以检查该机构评估的各个方面。例如，在评估中，评估应明确确定公众参与规划的既定目标，以及 PPP 措施如何帮助实现这些目标。规划人员应在计划或项目研究的背景下评估单个工具和技术的有效性，并确定可以在何处进行改进。图 24-5 和图 24-6 显示了系统评估 PPP 过程组成部分的方法。评估公众参与行为的一种常用方法是自我评估模板，该模板包括一系列与 PPP 的实施以及向参与者传播的信息的使用相关的问题。这产生了一个标准化的、有用的、将定性与定量相结合的评估工具。

评估公众参与（PI）

询问问题

评估原则1：评估措施符合目标

A. 在公众参与规划期间明确目标和成功标准

评估首先要了解您的项目需要完成哪些公众参与或公共信息。在公众参与规划中设定目标和成功标准。问问自己和您的项目团队：

- 我们的公众参与目标是什么？
- 我们对成功的定义是什么？
- 我们如何知道何时实现目标或取得成功？

每个UDOT区域对公众参与采取的方法略有不同。除了特定的项目目标外，还应根据您所在地区的预期公众参与结果向您自己和您的项目团队提出问题。下表概述了每个地区的公众参与方法。

UDOT区域	整体PI方法	基于区域PI成功愿景应考虑的问题
区域1	客户友好合作	我们是否提供主动信息？ 我们是否在项目中营造了利益相关者的主人翁感？ 我们是否与适当的利益相关者进行协调？
区域2	创建完成公众参与	我们是否在每个项目阶段都考虑了公众参与或信息？ 我们是否通知了相关利益相关者并使其参与其中？ 我们是否通过参与建立理解？
区域3	战略参与	我们是否与适当的社区进行协调？ 我们是否满足了利益相关者的需求？ 我们是否满足了项目对公众投入的需求？ 我们是否与利益相关者进行了有效的沟通？
区域4	沟通和建立关系	公众参与是否支持决策过程？ 公众参与是否有助于与利益相关者建立关系？ 公众参与是否有助于建立公众的信任？ 我们的方法是否符合社区价值观？

B. 将目标重新表述为自我提问以自省

如上所示，目标和成功标准可以被重新表述为问题。问自己和您的项目团队一些是/否的问题，以及有关目标是如何实现的以及为什么没有实现的问题。

C. 设定可定量衡量的目标

在公众参与规划期间将目标度量值设置为基准或期望值。确定衡量目标的方法，包括记录数字、成本效益、评估质量和效益、行为跟踪、消息保留以及定性或定量研究方法。

图24-5 将评估措施与公众参与目标相匹配

来源：Reprinted with permission of Eileen Barron.

评估公众参与
工具箱和评估思路
评估原则2：平衡定量和定性

数字只能说明部分问题。数字对于记录公众参与活动和跟踪趋势是有效的。问问您自己和您的团队，公众参与是如何在评估公众参与效果的过程中为项目做出贡献的。下面的列表为评估工具和方法提供了一些思路。

按数字

- 评论的数量
- 参加会议或活动
- （注意，出席率低并不总是表示失败）
- 信息请求数量
- 网站点击率
- 新增参与者数量
- 重复参与者数量
- 媒体报道数量

成本效益分析

- 设定切合实际的假设（已建立联系、吸引了读者）
- 考虑项目的持续收益
- 查看特定工具
- 将 PI 规划作为一个整体来看待
- 包括媒体报道的价值（印刷尺寸、广播时间分钟数）

质量与效益

- 将目标重新表述为问题（请参阅"询问问题"讲义）
- 确定公众参与如何为项目做出贡献
- 举行经验总结会议
- 使用项目评估表编写 PI 评估报告
- 收集咨询者或承包商的反馈

图 24-6　平衡评估公众参与规划的定量和定性措施

> 进行公众参与规划事后分析
>
> 评估媒体报道的准确性
>
> 跟踪媒体报道的基调（正面、负面或中立）
>
> 评估公众意见是否显示出对项目的理解
>
> 采访目标利益相关者
>
> 采访公共官员
>
> 对利益相关者进行随机采访
>
> 将公众参与包含在承包商奖励计划中
>
> 邀请利益相关者委员会评估委员会流程
>
> **行为追踪**
>
> > 分析前后的公众满意度
> >
> > 电话或评论数量
> >
> > 评论的基调（负面、正面、中性）
> >
> > 利用适当水平的定量或定性研究
>
> **定量或定性研究**
>
> > 舆论调查
> >
> > 问卷调查
> >
> > 内部调查
> >
> > 客户调查（项目或活动前后）
> >
> > 在公开会议上进行的非正式调查
> >
> > 小组讨论

图 24-6　平衡评估公众参与规划的定量和定性措施（续）

来源：Reprinted with permission of Eileen Barron.

以下问题是科罗拉多交通部评估其 PPP 规划的部分工作。

会议和宣传

- 在规划过程开始时，有多少人被确定为利益相关者？
- 工作人员与多少人进行了交谈？
- 会议是否在该州之前未触及的地区举行？
- 参与者的数量是否比以前的长期规划有所增加？
- 总体投票率/回应率是否高于以往水平？
- 收集的信息是否用于区域和州范围的规划？

网站和电子媒体

- 该网页有多少访问者？
- 网站是否及时更新了最新信息（即，在网络信息定稿后的一两天内）？

- 分发列表、新闻提要和其他电子交互式媒体中有多少用户？
- 一个文档从网站下载了多少次？
- 网站上发布了多少评论？
- 长期规划文件中收到了多少电子形式的评论？

外展方法评估
- 哪种外展方法最有效？为什么？
- 新闻和/或电子媒体的使用是否比以前有所增加？它是否提高了参与度？

印刷材料
- 是否提供了参考文件（手册、情况说明书、研究报告、白皮书）？
- 有多少篇报纸文章报道了规划或开发过程（CDOT，2015）？

华盛顿县（俄勒冈州）土地使用和交通部的另一个示例见表24-13。

表24-13 俄勒冈州华盛顿县公众参与规划的自我评估

评价标准	是/否	度量标准
通过提供有意义的参与机会来收集意见		是否努力吸引那些受规划、项目或服务影响最大的人
		社区组织是否参与并提供了与他们的网络共享的资料
		如果是决策过程，是否邀请人们在决策里程碑之前分享意见？而且，这些意见是否直接与会议上的决策人员共享
		有多少人访问了该项目的网站
		是否从合作伙伴、利益相关者或社区组织收到网站推荐
		有多少人订阅了新闻通讯
		有多少人未订阅新闻通讯
		"利害关系方"数据库在公众参与期开始后是否有所增长
		有多少人通过项目电子邮件单击了网站或调查（如果适用）
		有多少人打开了电子邮件或调查（如果适用）
		在社交媒体上收到了多少@和回复、提及或评论
		有多少人参加了公开会议或开放日
		是否有其他形式的在线参与机会
		是否有亲临现场的机会？在不同的时间？并辅以在线机会
		收到了多少评论
		发表了哪些类型的评论
		参与者的人口构成是什么
		公众参与活动是否有助于培养人们参与未来公共流程的能力
		人们将来会提供意见吗
		公众意见是否导致对项目的修改或更改
让服务水平不足的社区参与进来，例如，英语水平有限、文化背景多样、低收入、残疾、老年人和年轻人的社区		为了确定种族、语言能力和收入水平，是否对规划、项目或服务区域进行了人口统计分析
		是否完成了四因素LEP分析以帮助确定语言援助的方法
		材料是否已翻译和/或提供给英语能力有限的社区
		是否应要求提供翻译服务
		是否在可访问的位置（如医疗诊所、当地和民族市场、社区中心和学校）提供了项目信息
		收到了多少条非英语评论
		会议材料是否包括LUT的非歧视和语言协助通知
		会议材料是否包括ADA通知
		是否根据要求以其他格式提供材料
		会议地点是否畅通无阻
		服务于低收入社区、有色人种、英语水平有限的人、青年或残疾人的社区组织是否参与其中

评价标准	是/否	度量标准
传达完整、准确、易理解和及时的信息		由不参与规划、项目或服务的人员测试共享信息是否清晰
		是否对信息进行了准确性检查
		是否将"重要"文件翻译成其他语言
		人们是否通过电子邮件、网页或合作伙伴网络了解信息的可用性
		是否在项目网站上清楚地刊登了会议、研讨会、调查和其他参与机会，并通过电子邮件发送给了相关人员
		是否至少提前两周在项目网站上发布了由项目主办的会议
		人们是否在社区协会（如居委会）的会议上提前收到了关于项目简报的通知
		正式的公众意见征询期是否在适当通知下进行了宣传（首选30天，最少15天）
		人们是否觉得自己的参与得到考虑/采取了行动
		信息是否在Twitter、Facebook和其他社交媒体网站上清晰地刊登
		该项目收到什么类型的新闻或媒体报道
		在根据这些信息做出任何决定之前，是否至少要提前一周提供信息

来源：Washington County, 2015

24.9 一些明智的建议

许多MPO和州DOT的PPP已从先前的公众参与经验中吸取了经验，这些经验为未来的活动提供了指导。下面总结的这些内容，只是为了概述其他人对于是什么使公众参与取得成功的认识。对此清单贡献最大的PPP来自波士顿MPO（2014）、科罗拉多交通部（2015）、希尔斯伯勒县MPO（2014a）和旧金山湾区的MTC（2015）。

- *了解公众*。公众参与没有万能的方法。人口普查数据可以帮助确定每个社区的社会经济特征；但是，与人们交谈时，真正理解他们的疑问和担忧是很重要的。
- *了解参与者及其不同水平的专业技术*。组织会议和其他活动，以解决可能参加会议的人员的问题和顾虑。信息材料应清晰易读，并应提供足够详细的信息，以使公民能够形成和表达其独立观点。充分利用可视化技术来增强理解。
- *提供可预测的流程*。规划过程应易于理解并事先知道。规划过程中的这种一致性将使工作人员、公民和官员可以规划他们的时间并有效地利用他们的资源。
- *在沟通方式上具有创新性和灵活性*。应定期检查规划的方向和有效性，以确保其满足公众和交通机构的需求。该计划应继续发展，并包括新的沟通渠道，以扩大该机构的公共宣传渠道。
- *尽早参与是最好的*。按照MTC的要求，在整个规划过程中提供重大规划举措和资金决策，以提供有意义的机会来帮助塑造成果。但是，由于MTC的区域交通规划（RTP）是湾区新政策和投资的蓝图，RTP的更新是有兴趣的人参与的最佳场所之一。
- *面向所有人*。参加者，无论是否有残疾或语言障碍，都应该在公众参与会议上受到欢迎。尊重公众意见，并充分利用他们的意见和其他信息。
- *让人们知道他们的意见发生了什么*。交通机构应确保会议记录反映公众意见，并记录机构决定如何考虑这些意见。
- *与伙伴机构及其外联活动进行协调*。联合举行的会议，尤其是在社区中具有强大影响力的会议，是扩大潜在受众的好方法。潜在的合作伙伴包括其他市政机构（如当地村庄）以及社区组织（例如，商会、PTA和公民协会）。
- *在可行的情况下，采用新技术，让公众以互动的方式参与进来*。与不断发展的社交媒体和新技术保持同步。
- *有意义的参与*。随着公众逐渐意识到该机构不只是"走过场或做一些法律和法规所要求的最低限度的工作"，而是表现出对合作决策的真正承诺时，就会建立起信誉和信任。
- *培训员工开展公众参与*。适当的技能和培训对于成功吸引公众至关重要。例如，员工应该具有扎实的口头和书面沟通能力，对项目非常熟悉（从而能够回答问题），并且在要求反馈时能够表述的直接而不夸大或急于求成。

24.10 总结

公众参与在每个交通规划和项目开发过程中持续得到体现。出于立法和制度方面的原因，交通规划师需要明确高效且成功的规划的期望值。从决策的角度来看，决策过程需要来自众多利益相关者和公众的意见，以便为该地区制订最佳决策。公众参与的主要内容包括在交通规划过程中建立长期的工作关系机制，并在决策制订过程中提供有意义的观点建议。这些工作关系大多是与偏向传统的交通机构及数十年来参与规划过程的其他团体建立，而且为了扩大参与机会的范围，还可能与社区组织、宗教团体、公民咨询委员会以及类似类型的组织建立关系。

规划人员可以使用许多不同类型的策略和工具来吸引公众和主要利益相关者。想要吸引公众的兴趣，需要持续不断的关注和努力。在当今世界中，这些工具包括能够让交通机构触及公众的社交媒体技术平台。创建和利用可视化视频、互联网、内部网和社交网络的能力将继续改变我们彼此交流的方式。公众参与规划的基本内涵在于它阐明了通过使用适当的策略和工具来获得最有效的公众参与过程的策略。持续监控此过程的评估，使规划人员可以调整 PPP，在策略不再适用或新技术拥有新功能时修改计划。

TRB 公众参与委员会对公众参与交通的最新概述，指出了过去 10 年的 4 个主要经验教训（Gazillo et al., 2013）。首先，通过公众参与来提高透明度的行为正在成为一种准则，但是从业者不应当假定公众参与会自己主动发生，也不应对外展成果感到沾沾自喜。其次，增加参与群体的多样化，需要提升公众参与度，并适当改善和实施跨文化培训，从而真正吸引这些人群。第三，从业人员需要注意保持鼓励公众积极参与和防止将其用于谋取私利的过程之间的平衡。最后，需要对公众参与从业人员进行专业技能培训，从而有效地成功实施规划和项目。

参考文献

American Association of State Highway and Transportation Officials (AASHTO). 2014. *Fifth Annual State DOT Social Media Survey*. Washington, DC. Sept. Accessed Feb. 15, 2016, from http://communications.transportation.org/Documents/2014_AASHTOSocialMediaSurvey.pdf.

Atlanta Regional Commission (ARC). 2015. *Stakeholder Engagement Plan*, Draft. Atlanta, GA. Accessed Feb. 23, 2016, from http://www.atlantaregional.com/File%20Library/The%20Regional%20Plan/Stakeholder-Engagement-Plan.pdf.

Barron, E., S. Peck, M. Venner, and W. Malley. 2013. *Potential Use of Social Media in the NEPA Process*. NCHRP 25-25, Task 80, NCHRP, Transportation Research Board, Washington D.C. Accessed Feb. 21, 2016, from http://onlinepubs.trb.org/onlinepubs/nchrp/docs/NCHRP25-25(80)_FR.pdf.

Bay Area Rapid Transit (BART). 2015. *Warm Springs Extension Title VI Equity Analysis and Public Participation Report*. Oakland, CA. Accessed Feb. 28, 2016, from http://www.bart.gov/sites/default/files/docs/FINAL%20Warm%20Springs%20Final%20Equity%20Analysis%20and%20Public%20Participation%20Report%205_14_15.pdf.

Birmingham Metropolitan Planning Organization (MPO). 2014. *Public Participation Plan (PPP)*. Birmingham, AL. Accessed Feb. 28, 2016, from http://www.rpcgb.org/download/transportation/tip/ppp_updated_2013_Revised_April_2014.pdf.

Boston Region Metropolitan Planning Organization. 2014. *Public Participation Plan for the Boston Region Metropolitan Planning Organization*. Boston, MA. Accessed Feb. 28, 2016, from http://www.ctps.org/Drupal/data/pdf/programs/public_involvement/P3_October_2014.pdf.

Brabham, D. 2013. *Crowdsourcing*. The MIT Press, Cambridge, MA.

Bregman, S. 2012. *Uses of Social Media in Public Transportation*. TCRP Synthesis 99. Transportation Research Board, Washington D.C. Accessed Feb. 19, 2016, from http://onlinepubs.trb.org/onlinepubs/tcrp/tcrp_syn_99.pdf.

Broward County Metropolitan Planning Organization. 2015. *Public Participation Plan*. Ft. Lauderdale, FL. Accessed Feb. 28, 2016, from http://www.browardmpo.org/userfiles/files/PPP-BMPO-Feb-2015.pdf.

Colorado Department of Transportation (CDOT). 2015. *A Guide to the Transportation Planning and Programming Public Involvement Process*. Denver, CO. Accessed Feb. 28, 2016, from https://www.codot.gov/programs/statewide-planning/documents/PIGuide_DRAFTFinal_05112015.pdf.

Context Solutions.org. 2005. *Public Involvement Techniques*. Website. Accessed Feb. 19, 2016, from http://contextsensitivesolutions.org/content/topics/process/involving-stakeholders/public-involvement.

Delaware Valley Regional Planning Commission (DVRPC). 2007. *A Strategy for Citizen Involvement*. Philadelphia, PA. Accessed Feb. 28, 2016, from http://www.dvrpc.org/reports/TM14046.pdf.

Denver Regional Council of Governments. 2010. *Public Involvement in Regional Transportation Planning*. Denver, CO. April. Accessed Feb. 28, 2016, from https://drcog.org/sites/drcog/files/resources/FINAL%20DRCOG%20Public%20Involvement%20in%20Regional%20Transportation%20Planning%20Adopted%20April%202010.pdf.

Federal Highway Administration. Undated. *Public Involvement Techniques for Transportation Decision-Making*, Website. Washington, DC. Accessed Feb. 22, 2016, from http://www.planning.dot.gov/publicinvolvement/pi_documents/toc-foreword.asp.

_____. Undated. *NEPA and Transportation Decision Making*, Website. Washington, DC. Accessed Feb. 22, 2016, from http://environment.fhwa.dot.gov/projdev/tdmpubinv2.asp.

Gazillo, S., B. Strumwasser, M. Zmud, A. Morris and D. Kuehn, J. Weeks, and C. Bilotto. 2013. *Update on the State of the Practice: Public Involvement in the 21st Century*, Prepared by the TRB Committee on Public Involvement in Transportation, ADA60. Washington D.C.

Giering, S. 2011. *Public Participation Strategies for Transit*, TCRP Synthesis 89. Washington, DC: Transportation Research Board. Accessed Feb. 19, 2016, from http://onlinepubs.trb.org/onlinepubs/tcrp/tcrp_syn_89.pdf.

Hampton Roads Transit. 2010. *Draft Environmental Impact Statement, Virginia Beach Transit Extension Study, Public Involvement Plan*. Virginia Beach, VA. Accessed Feb. 18, 2016, from http://gohrt.com/vbtes/2013/Public-Involvement-Plan-March-2013.pdf.

Hampton Roads Transportation Planning Organization (HRTPO). 2013. *Hampton Roads Transportation Planning Organization Title VI & LEP Plan*. Chesapeake, VA. Accessed Feb. 18, 2016, from http://www.hrtpo.org/uploads/docs/HRTPO071813/071813TPO-Enclosure%2014K-HRTPO%20Title%20VI%20and%20LEP%20PLan-Updated%20May%202013.pdf.

Havasupai Indian Tribe. 2015. *Havasupai Indian Tribe Long Range Transportation Plan*, Final Public Involvement Plan. Supai, AZ. Accessed Feb. 18, 2016, from http://azdot.gov/docs/default-source/planning/havasupaipara_finalpip.pdf?sfvrsn=2.

Hernando/Citrus MPO. 2014. *Public Participation Plan*. Brooksville, FL. Accessed Feb. 18, 2016, from http://www.hernandocitrusmpo.us/index.php/downloads/public-participation-plan-files/267-2014-public-participation-plan-adopted-september-2014/file.

Hillsborough County MPO. 2012. *Public Participation Plan, Appendix B: Strategies Supporting Our Goals*. Tampa, FL. Accessed Feb. 19, 2016, from http://www.planhillsborough.org/wp-content/uploads/2013/02/Appendix-B_Strategies__Toolbox.pdf.

Hillsborough County MPO. 2014a. *Public Participation Plan*. Tampa, FL. Accessed Feb. 19, 2016, from http://www.planhillsborough.org/wp-content/uploads/2013/02/MPO-PPP-Amended-2014-FINAL.pdf.

Hillsborough County MPO. 2014b. *Public Participation Plan, Measures of Effectiveness*. Tampa, FL. Accessed Feb. 19, 2016, from http://www.planhillsborough.org/wp-content/uploads/2015/02/PPP-MOE-2012-2013-FINAL-report.pdf.

International Association for Public Participation (IAP2). "IAP2's Code of Ethics for Public Participation Practitioners." Website. Accessed Feb. 24, 2016, from http://www.iap2.org/?page=8&hhSearchTerms=%22stakeholders%22.

Iowa Department of Transportation. 2012. *State Public Participation Process for Transportation Planning*. Ames, IA. Accessed Feb. 18, 2016, from http://www.iowadot.gov/program_management/StatePublicParticipationProcess.pdf.

Metro Transit. 2012. *Central Corridor Transit Study Public Involvement in the Pre-Concept Plan Phase of the Planning Process*. St. Paul, MN. Accessed Feb. 19, 2016, from http://www.metrotransit.org/Data/Sites/1/media/pdfs/central/concept-plan/publicinvolvementreport.pdf.

Metropolitan Council. 2010. *Appendix C: Public Participation Plan, Regional 2030 TRANSPORTATION Policy Plan – Final*.

St. Paul, MN. Accessed Feb. 19, 2016, from http://www.metrocouncil.org/METC/files/1b/1b4bda2e-7380-4671-bdb4-b11473fe11b3.pdf.

Metropolitan Transportation Commission (MTC). 2015. *Public Participation Plan for the San Francisco Bay Area*. Oakland, CA. Accessed Feb. 19, 2016, from http://www.mtc.ca.gov/get_involved/ppp/Final_PPP_Dec_3_2010.pdf.

Mid-America Regional Council (MARC). 2013. *Public Participation Plan*, Kansas City, KS. Accessed Feb. 19, 2016, from http://www.marc.org/Transportation/Plans-Studies/Transportation-Plans-and-Studies/Public-Participation-Plan/pdfs/Public-Participation-Plan-2013_Oct2013.aspx.

Montana DOT. Undated. *Public Involvement Plan*. Helena, MT. Accessed Feb. 19, 2016, from http://www.mdt.mt.gov/publications/docs/manuals/pubinvhb.pdf.

Morris, A. and L. Fragala. 2010. *Effective Public Involvement Using Limited Resources*. NCHRP Synthesis 407. Washington, DC: Transportation Research Board. Accessed Feb. 19, 2016, from http://onlinepubs.trb.org/onlinepubs/nchrp/nchrp_syn_407.pdf.

National Center for Mobility Management. *Facilitating Public Input into Transportation Plans: The Role for Mobility Management Practitioners*. Website. Accessed Feb. 19, 2016, from http://nationalcenterformobilitymanagement.org/wp-content/uploads/2015/02/5.-Info_Brief_Transportation_Planning_The_Role_for_Mobility_Management.pdf.

North Jersey Transportation Planning Authority. 2007. *Public Participation Plan*. Newark, NJ. Accessed Feb. 19, 2016, from http://www.njtpa.org/getattachment/Get-Involved/Public-Participation/FinalPublicPartPlan.pdf.aspx/

Pew Research Center. 2015. *U.S. Smartphone Use in 2015*. Washington D.C. Accessed Feb. 15, 2016, from http://www.pewinternet.org/2015/04/01/us-smartphone-use-in-2015.

San Diego Association of Governments (SANDAG). 2010, *Mid-Coast Corridor Transit Project Public Involvement Plan*. San Diego, CA. Accessed Feb. 19, 2016, from http://kpbs.media.clients.ellingtoncms.com/news/documents/2014/07/11/projectid_250_11491.pdf.

_____. 2011. *From the Ground Up: A Comprehensive Public Involvement Program that Generated Input from Stakeholders Throughout San Diego County*, Chapter 9. San Diego, CA. Accessed Feb. 19, 2016, from http://www.sandag.org/uploads/2050RTP/F2050rtp9.pdf.

Simon & Simon Research and Associates, Inc. 2014. *Developing Partnerships between Transportation Agencies and the Disability and Underrepresented Communities*, Research Results Digest 107. Washington, DC: Transportation Research Board, Washington, DC. Accessed Feb. 24, 2016, from http://onlinepubs.trb.org/onlinepubs/tcrp/tcrp_rrd_107.pdf.

Smith, A. 2010. *Mobile Access 2010*, Washington, DC: Pew Research Center.

Washington County Department of Land Use & Transportation. 2015. *Public Involvement Guidelines for Transportation Planning, Programs and Projects*, Hillsboro, OR. Accessed Feb. 19, 2016, from http://www.co.washington.or.us/LUT/TransportationServices/upload/LUT-Public-Involvement-Guidelines-for-Transportation-complete-adopted-version-R-O-14-115.pdf.

Wilmington Area Planning Council. (WILMAPCO). 2010. *Public Participation Plan*. Newark, DE. Accessed Feb. 19, 2016, from http://www.wilmapco.org/Participation/Jan_2010_Update.pdf.

_____. 2014. *Public Participation Plan Evaluation*. Newark, DE. Accessed Feb. 19, 2016, from http://www.wilmapco.org/Participation/2014PPPEval.pdf.